Beck'sches Formularbuch
Erbrecht

Beck'sches Formularbuch Erbrecht

Herausgegeben von

Prof. Dr. Christopher Keim

Notar in Ingelheim am Rhein
Honorarprofessor an der Johannes Gutenberg-Universität in Mainz

und

Dr. Daniel Lehmann

Rechtsanwalt in München

Bearbeitet von:

Christian Braun, Notar in Erlangen; *Dr. Iris J. Bregulla-Weber*, Rechtsanwältin in Frankfurt am Main; *Dr. Thomas Diehn LL.M.*, Notar in Hamburg; *Heinrich Eckelskemper*, Notar a.D. in Leverkusen; *Dr. Martin Feick*, Rechtsanwalt in Mannheim; *Dr. Bernd A. von Garmissen*, Rechtsanwalt und Fachanwalt für Agrarrecht in Göttingen; *Dr. Stefan Gloser*, Notar in Naila; *Benedikt Goslich LL.M.*, Notar in Günzburg; *Dr. Thomas Hennig*, Notarassessor in Koblenz; *Dr. Malte Ivo*, Notar in Hamburg; *Dr. Norbert Joachim*, Rechtsanwalt und Fachanwalt für Erbrecht in Hannover; *Susanne Karsten*, Notarin in Leverkusen; *Prof. Dr. Christopher Keim*, Notar in Ingelheim am Rhein; *Dr. Michael Kleensang*, Notar in Heidelberg; *Dr. Reinhard Kössinger*, Notar in Illertissen; *Dr. Daniel Lehmann*, Rechtsanwalt in München; *Dr. Gabriele Müller-Engels*, Rechtsanwältin in Würzburg; *Dipl.-Finanzwirt (FH) Thorsten Müller LL.M.*, Rechtsanwalt in Hamburg; *Tim Remmel LL.M.*, Rechtsanwalt in Köln; *Dipl.-Rechtspflegerin (FH) Magrit Sass*, Rechtsanwältin und Fachanwältin für Erbrecht in Hamburg; *Dipl.-Finanzwirt Dr. Stefan Schmitz*, Notarassessor in Berlin; *Dr. Martin T. Schwab*, Notar in München; *Dr. Jens Tersteegen*, Notar in Köln.

4., überarbeitete und erweiterte Auflage 2019

C.H.BECK

Zitiervorschlag:
BeckFormB ErbR/*Bearbeiter* Form. A.I.1 (Formularzitat)
BeckFormB ErbR/*Bearbeiter* Form. A.I.1 Anm. 1 (Anmerkungszitat)

www.beck.de

ISBN 978 3 406 71430 6

Wilhelmstraße 9, 80801 München
Druck: Beltz Grafische Betriebe GmbH
Am Fliegerhorst 8, 99947 Bad Langensalza

Satz: Reemers Publishing Services GmbH, Krefeld
Umschlaggestaltung: Kunst oder Reklame, München

Gedruckt auf säurefreiem, alterungsbeständigem Papier
(hergestellt aus chlorfrei gebleichtem Zellstoff)

Vorwort

Gut vier Jahre nach der 3. Auflage des Beck'schen Formularbuchs Erbrechts freuen wir uns, Ihnen die 4. Auflage des Werkes präsentieren zu können.

Die Konzeption des Werkes ist im Wesentlichen unverändert geblieben: Das Buch möchte vom Normalfall ausgehend praxistaugliche Formulare für die Vermögensnachfolge zur Verfügung stellen und dabei die Erläuterungen einerseits so ausführlich halten, dass man die Einsatzmöglichkeiten des Formulars versteht und andererseits so knapp, dass der anwaltliche und notarielle Praktiker schnell einen Überblick gewinnt, um das Formular auch nutzen zu können.

An dieser Stelle möchten wir besonders den ausgeschiedenen Herausgebern Prof Dr. Günter Brambring und Dr. Christoph Mutter für ihre Leistung der Herausgabe und langjährigen Betreuung des Werkes unseren herzlichen Dank aussprechen. Damit konnten wir uns sozusagen in ein „gemachtes Nest" setzen und uns darauf konzentrieren, die aktuellen Entwicklungen der letzten Jahre im Erbrecht und Erbschaftsteuerrecht zu berücksichtigen und in die Formulare und Kommentierungen einzuarbeiten: Bereits die letzte Auflage hatte die 2012 in Kraft getretene Europäische Erbrechtsverordnung berücksichtigt, die auf alle Erbfälle seit dem 17.8.2015 anwendbar ist. Hier wurde in die Neuauflage auch die weitere Entwicklung der Literatur und Rechtsprechung eingearbeitet. Ein von Notar Dr. Stefan Gloser bearbeitetes neues Kapitel behandelt den digitalen Nachlass, der durch das Facebook-Urteil des BGH (NJW 2018, 3178) in den Fokus der Öffentlichkeit gerückt ist. Schließlich musste die Neuregelung des Unternehmenserbschaftsteuerrechts im Jahr 2016 berücksichtigt werden. Mit zusätzlichen Formularen wollten wir auch der gestiegenen praktischen Bedeutung von Vorsorgevollmachten und Vollmachten über den Tod hinaus bei der Nachfolgeplanung gerecht werden.

12 Jahre nach Erscheinen der ersten Auflage hat auch eine Verstärkung des Autorenteams stattgefunden: Neu im Autorenkreis sind neben dem bereits erwähnten Notar Dr. Stefan Gloser die Rechtsanwältinnen Dr. Iris Janina Bregulla-Weber und Magrit Sass, die Rechtsanwälte Dr. Martin Feick, Dr. Bernd A. von Garmissen, Thorsten Müller LL.M. und Tim Remmel LL.M., Notarin Susanne Karsten sowie die Notarassessoren Benedikt Goslich LL.M., Dr. Stefan Schmitz und Dr. Thomas Hennig.

Wir glauben, aufgrund der langjährigen praktischen Erfahrung der beteiligten Autoren die für Anwälte und Notare wichtigen kautelarjuristischen erbrechtlichen Formulare in dem Werk abgebildet zu haben. Für Anregungen und Verbesserungsvorschläge sind wir aber natürlich immer offen und dankbar.

Ingelheim am Rhein und München, im Oktober 2018

Dr. Daniel Lehmann
Prof. Dr. Christopher Keim

Inhaltsverzeichnis

Vorwort ... V
Verzeichnis der Bearbeiter ... XXI
Abkürzungs- und Literaturverzeichnis ... XXIII

A. Die Beratung des Erblassers

I. Vorbemerkung ... 1
II. Die vom Erblasser verfolgten Ziele der Nachfolgeregelung und die Ermittlung des letzten Willens ... 2
1. Die persönlichen Verhältnisse des Erblassers ... 3
2. Die vermögensrechtlichen Verhältnisse des Erblassers ... 10
3. Gesetzliche oder gewillkürte Erbfolge, Pflichtteilsrecht ... 12
4. Grenzen der Testierfreiheit ... 17
5. Die erbrechtlichen Gestaltungsmöglichkeiten ... 21
6. Die Bindung des Erblassers an seine Verfügungen von Todes wegen ... 42
7. Typische Regelungsziele ... 47
8. Testamentsgestaltung mit Auslandsberührung ... 48
9. Erbrecht und Gesellschaftsrecht ... 52
III. Testierfreiheit des Erblassers ... 55
1. Ist der Erblasser durch ein früheres gemeinschaftliches Testament oder einen Erbvertrag gebunden? ... 56
2. Widerruf früherer Verfügungen von Todes wegen bei Errichtung eines Testaments/Erbvertrags ... 60
3. Erklärung des Widerrufs/Rücktritts ... 62
4. Rückgabe des Erbvertrags aus der notariellen Verwahrung ... 65
IV. Kurzüberblick: Erbschaftsteuer- und Schenkungsteuerrecht ... 69
1. Sachliche Steuerpflicht ... 70
2. Persönliche Steuerpflicht ... 70
3. Entstehung der Steuer ... 71
4. Berechnung der Steuer ... 72
5. Steuerfestsetzung und -erhebung ... 84
V. Kurzüberblick: Notar- und Gerichtskosten im Erbrecht ... 89
1. Verfügungen von Todes wegen: Beurkundung und Beratung ... 89
2. Hinterlegung und Eröffnung ... 89
3. Erbschein ... 90
4. Vermächtniserfüllungen ... 90
VI. Kurzüberblick: Europäische Erbrechtsverordnung ... 91
1. Anwendungsbereich ... 91
2. Zuständigkeit ... 92
3. Anknüpfung an gewöhnlichen Aufenthalt ... 93
4. Rechtswahl ... 94
5. Ordre-public-Vorbehalt ... 96
6. Europäisches Nachlasszeugnis ... 97

B. Form der Verfügung von Todes wegen

I. Das eigenhändige Testament/gemeinschaftliche Testament ... 99
1. Eigenhändiges Testament ... 99
2. Gemeinschaftliches Testament ... 102
II. Beurkundungsrechtliche Hinweise beim notariellen Testament ... 105
1. Errichtung eines Testaments durch mündliche Erklärung ... 105
2. Errichtung eines Testaments unter Zuziehung eines Dolmetschers ... 111
3. Errichtung eines Testaments durch Übergabe einer Schrift ... 113
III. Sondervorschriften bei behinderten Personen ... 116
1. Vorbemerkung: Übersicht über die einschlägigen Sondervorschriften für Verfügungen von Todes wegen behinderter Personen ... 116
2. Schreibunfähigkeit des Erblassers ... 119
3. Sehbehinderung des Erblassers ... 120
4. Hörbehinderung des Erblassers ... 122
5. Sprachbehinderung des Erblassers ... 124
6. Hör- und Sprachbehinderung des Erblassers ... 125
IV. Erbvertrag ... 127
V. Benachrichtigungen in Nachlasssachen ... 130
1. Verwahrungs-, Mitteilungs- und Ablieferungspflichten: ... 130
2. Angaben auf dem Testamentsumschlag: ... 130
3. Benachrichtigung des Zentralen Testamentsregisters: ... 130

C. Erbrechtliche Gestaltungsmöglichkeiten

I. Erbe, Ersatzerbe, Schlusserbe ... 133
1. Checkliste: Erbeinsetzung, Ersatzerbe ... 133
2. Erbeinsetzung mit Ersatzberufung und Anwachsung ... 133
3. Auflösend bedingte Erbeinsetzung bei Ausschlagung und Pflichtteilsverlangen bzw. Zuwendungsverzicht ... 136
4. Erbeinsetzung auf gemeinschaftliche Erbteile ... 138
5. Beibehaltung der gesetzlichen Erbfolge ... 139
6. Erbeinsetzung einer juristischen Person/Personenvereinigung ... 140
7. Minderjähriger Erbe ... 142
8. Gegenseitige Erbeinsetzung und Schlusserbeinsetzung durch Ehegatten .. 145
II. Vor- und Nacherbfolge ... 157
1. Vor- und Nacherbeneinsetzung ... 157
2. Herausgabevermächtnis auf den Tod des Erben ... 162
3. Gegenständlich beschränkte Nacherbfolge ... 165
4. Auflösend bedingte Nacherbschaft mit lebzeitiger Übergabebefugnis ... 167
5. Mehrfache Nacherbfolge ... 169
6. Vorerbeneinsetzung im Ehegattenerbvertrag bei erstehelichen Kindern .. 171
7. Testamentsvollstreckung bei Vor- und Nacherbfolge, insbes. Nacherbenvollstreckung ... 175
8. Übertragung der Nacherbenanwartschaft auf den Vorerben ... 178
9. Übertragung einer Immobilie in das „nacherbenfreie" Vermögen des Vorerben ... 180
III. Enterbung (§ 1938 BGB) ... 184
Musterklausel ... 184
IV. Ausschluss der Auseinandersetzung/Teilungsanordnung/Vorausvermächtnis 186
1. Checkliste: Auseinandersetzung ... 186
2. Ausschluss der Auseinandersetzung, § 2044 BGB ... 188
3. Teilungsanordnungen des Erblassers, § 2048 BGB ... 190

4. Vorausvermächtnis, § 2150 BGB ... 194
V. Anordnung von Vermächtnissen und Auflagen ... 196
1. Vorbemerkungen und Checkliste: Vermächtnis, §§ 1939, 2147 ff. BGB .. 196
2. Sachvermächtnis, isoliertes Vermächtnis ... 202
3. Geldvermächtnis (Festbetrag/Quote an Kapitalvermögen) ... 205
4. Rentenvermächtnis ... 208
5. Forderungsvermächtnis und Schuldbefreiungsvermächtnis ... 210
6. Grundstücksvermächtnis, ergänzende Anordnung, Testamentsvollstreckung ... 211
7. Vermächtnis (Wohnungseigentum), Verschaffungsvermächtnis ... 215
8. Nießbrauchsvermächtnis, aufschiebend bedingtes Vermächtnis ... 217
9. Wohnungsrechtsvermächtnis als Untervermächtnis ... 221
10. Vermächtnisse mit Drittbestimmungsmöglichkeiten (§§ 2151 ff. BGB) – Bedachtenbestimmung, Wahlvermächtnis, Gattungsvermächtnis, Zweckvermächtnis ... 224
11. Checkliste: Auflage, §§ 1940, 2192 ff. BGB ... 228
12. Auflagen: Grabpflege, Versorgung von Haustieren ... 231
VI. Pflichtteilsrecht und Pflichtteilsentziehung ... 234
1. Checkliste: Pflichtteilsrecht in der Erbrechtsberatung ... 234
2. Pflichtteilsentziehung ... 239
3. Pflichtteilsbeschränkung in guter Absicht ... 243
4. Fakultative Pflichtteilsstrafklausel ... 247
5. Automatische Pflichtteilsstrafklausel ... 247
6. Jastrow'sche Klausel mit gestundeten Vermächtnissen ... 252
7. Jastrow'sche Klausel mit Herausgabe- bzw. Geldvermächtnissen auf den Überrest ... 254
8. Anfechtungsausschluss wegen Übergehens eines Pflichtteilsberechtigten . 256
9. Verteilung von Pflichtteilslast und Vermächtnislast ... 258
10. Pflichtteilsklauseln im Bereich von §§ 2306, 2307 BGB: Ausschluss der Ersatzerbfolge bei Ausschlagung; cautela Socini ... 259
11. Verzicht auf die Rechte nach § 2306 BGB bzw. nach §§ 2305, 2307 BGB ... 262
12. Pflichtteilsvollmacht für den Testamentsvollstrecker ... 264
13. Vermächtnisse zum Zwecke der Verlängerung der Verjährung von Pflichtteilsansprüchen ... 264
14. Familienrechtliche Anordnungen mit Bezug auf das Pflichtteilsrecht ... 266
VII. Testamentsvollstreckung ... 268
1. Vorbemerkung: Grundlagen der Testamentsvollstreckung ... 268
2. Anordnung der Testamentsvollstreckung, Bedingungen, Ernennung des Testamentsvollstreckers, Ersatztestamentsvollstrecker ... 295
3. Aufgabenbeschreibung, Auseinandersetzungsvollstreckung ... 303
4. Testamentsvollstreckung an einem Erbteil/Auseinandersetzungsvollstreckung ... 306
5. Testamentsvollstreckung an einem Erbteil, Verwaltungsvollstreckung 307
6. Zeitweiliger Ausschluss (Aufschub) der Auseinandersetzung und Teilungsanordnung ... 308
7. Testamentsvollstreckung zur Erfüllung eines Vermächtnisses ... 310
8. Testamentsvollstreckung zur Erfüllung eines Bestimmungsvermächtnisses ... 312
9. Testamentsvollstreckung bei Vor- und Nacherbschaft; Testamentsvollstreckung nur für den Vorerben ... 314
10. Testamentsvollstreckung nur für den Nacherben – Nacherbenvollstreckung ... 316
11. Testamentsvollstreckung nur für den Nacherben, beginnend mit der Nacherbschaft ... 317

12. Testamentsvollstreckung für Vor- und Nacherben ... 318
13. Probleme der wirksamen Testamentsvollstreckerberufung ... 319
14. Teilungsanordnung ... 322
15. Testamentsvollstreckung zum Vollzug einer Auflage ... 324
VIII. Letztwillige Schiedsklauseln ... 326
Checkliste ... 326
Musterformulierung ... 326

D. Einzeltestament/Gemeinschaftliches Testament/Erbvertrag – Bindung des Erblassers

I. Testament ... 329
1. Einzeltestament ... 329
2. Gemeinschaftliches Testament mit ausschließlich wechselbezüglichen Verfügungen ... 331
3. Gemeinschaftliches Testament mit wechselbezüglichen und einseitigen Verfügungen ... 334
4. Gemeinschaftliches Testament mit wechselbezüglichen Verfügungen und beschränktem Änderungsvorbehalt ... 334
II. Erbvertrag ... 335
1. Erbvertrag mit ausschließlich vertragsmäßigen Verfügungen ... 335
2. Erbvertrag mit vertragsmäßigen und einseitigen Verfügungen ... 336
3. Erbvertrag mit Verfügungen und beschränktem Änderungsvorbehalt ... 337
4. Erbvertragliche Bindung mit Änderungsmöglichkeit für den Längstlebenden hinsichtlich des von ihm eingesetzten Erben ... 337
5. Erbvertrag mit Rücktrittsvorbehalt ... 338
6. Rücktrittsvorbehalt bei einem zweiseitigen Erbvertrag ... 339
7. Verfügungsunterlassungsvertrag ... 339

E. Typische Fallgestaltungen

I. Einzeltestament ... 343
1. Testament eines Verwitweten mit erwachsenen Kindern ... 343
2. Testament eines Alleinstehenden ohne Kinder ... 345
3. Testament eines Geschiedenen mit minderjährigen Kindern ... 348
4. Testament zugunsten eines nicht verheirateten Lebensgefährten (nichteheliche Lebensgemeinschaft) ... 354
II. Verfügungen von Ehegatten mit gemeinsamen Kindern ... 358
1. Gegenseitige Erbeinsetzung und (abstrakt formulierte) Einsetzung der gemeinsamen Kinder zu Schlusserben („Berliner Testament“) ... 358
2. Gegenseitige Erbeinsetzung und (konkret formulierte) Einsetzung der gemeinsamen Kinder zu Schlusserben mit Teilungsanordnung/Übernahmerecht und Vorausvermächtnis ... 364
3. Gegenseitige Erbeinsetzung junger Ehegatten und Erbeinsetzung der (minderjährigen) Kinder zu Schlusserben mit Benennung eines Vormunds und Anordnung der Testamentsvollstreckung ... 366
4. Gegenseitige Erbeinsetzung und Einsetzung der gemeinsamen Kinder zu Schlusserben mit Ausschließung der Auseinandersetzung hinsichtlich einzelner Nachlassgegenstände ... 368
5. Gegenseitige Erbeinsetzung und Einsetzung der gemeinsamen Kinder zu Schlusserben mit Testamentsvollstreckung als Dauervollstreckung für ein Kind ... 369

6. Gegenseitige Erbeinsetzung und Einsetzung der Kinder zu Schlusserben mit Ausgleichung einer lebzeitigen Schenkung an ein Kind 370
7. Gegenseitige Erbeinsetzung und Einsetzung der Kinder zu Schlusserben mit fakultativer Pflichtteilsklausel 371
8. Gegenseitige Erbeinsetzung und Einsetzung eines Kindes zum Schlusserben und Enterbung des weiteren Kindes 373
9. Gegenseitige Erbeinsetzung vermögender Ehegatten und Einsetzung der gemeinsamen Kinder zu Schlusserben mit Anordnung eines Vermächtnisses durch den Erstversterbenden zugunsten der Kinder und des Überlebenden zugunsten der Enkelkinder 374
10. Gegenseitige Erbeinsetzung vermögender Ehegatten und Einsetzung der gemeinsamen Kinder zu Schlusserben mit Anordnung eines Vermächtnisses durch den Erstversterbenden zugunsten der Kinder mit Nießbrauchuntervermächtnis für den überlebenden Ehegatten und dessen Ernennung zum Testamentsvollstrecker 377
11. Ehegatten setzen die Kinder zu Erben ein mit Nießbrauchvermächtnis zugunsten des überlebenden Ehegatten und dessen Ernennung zum Testamentsvollstrecker 379
12. Einsetzung des überlebenden Ehegatten zum Vorerben und der gemeinsamen Kinder zu Nacherben des Erstversterbenden und zu Schlusserben des Überlebenden 381
III. Verfügungen von Ehegatten mit Kindern aus einer früheren Ehe 384
1. Vorbemerkung 384
2. Gegenseitige Erbeinsetzung und Einsetzung der „einseitigen“ und der gemeinsamen Kinder zu Schlusserben (mit Pflichtteilsklausel) 384
3. Gegenseitige Erbeinsetzung und Einsetzung der gemeinsamen Kinder als Schlusserben mit Anordnung eines Vermächtnisses in Höhe des Pflichtteilsanspruchs zugunsten der einseitigen Kinder 392
4. Gegenseitige Erbeinsetzung und Einsetzung der gemeinsamen Kinder als Schlusserben mit Anordnung von Vermächtnissen jedes Elternteils zugunsten seiner Kinder 394
5. Gegenseitige Erbeinsetzung der Ehegatten als Vorerben und Einsetzung der Kinder des Erstversterbenden als Nacherben und Einsetzung der Kinder des Längerlebenden als Schlusserben 395
6. Jeder Ehegatte setzt seine Kinder als Erben ein mit Anordnung von Vermächtnissen zugunsten des längerlebenden Ehegatten, kombiniert mit einem Pflichtteilsverzichtsvertrag 398
IV. Verfügungen von Lebenspartnern 402
1. Gegenseitige Erbeinsetzung der Lebenspartner und Einsetzung der jeweiligen Verwandten zu Schlusserben 402
2. Einsetzung des Kindes eines Lebenspartners mit Vermächtnissen zugunsten des anderen Lebenspartners 405
V. Verfügungen von Partnern einer nichtehelichen Lebensgemeinschaft 408
Lebensgefährten einer nichtehelichen Lebensgemeinschaft setzen die gemeinsamen Kinder zu Erben ein mit Vermächtnissen zugunsten des Längstlebenden 408
VI. Wiederverheiratungsklauseln 411
1. Ehegatten setzen sich gegenseitig zu Vorerben und die gemeinsamen Kinder zu Nacherben ein, bedingt für den Fall der Wiederverheiratung . 411
2. Gegenseitige Erbeinsetzung und Anordnung von Vermächtnissen zugunsten der gemeinsamen Kinder für den Fall der Wiederverheiratung ... 413

F. Besondere Fallgestaltungen

I. Verfügungen bei einem behinderten Kind ... 417
1. Checkliste: Behindertentestament ... 417
2. Verfügung von Ehegatten mit einem behinderten Kind und weiteren Kindern – Vor- und Nacherbschaftslösung ... 423
3. Verfügung von Ehegatten mit einem behinderten Kind und weiteren Kindern – Vermächtnislösung ... 434
4. Verfügung von Ehegatten mit einem behinderten Kind – Umgekehrte Vermächtnislösung ... 441
5. Verfügung von Ehegatten mit nur einem behinderten Kind – Verfügung zugunsten des Heimträgers ... 446
II. Verfügungen zugunsten verschuldeter Erben ... 451
1. Zuwendung nicht pfändbarer Vermächtnisse ... 451
2. Anordnung einer Vor- und Nacherbschaft mit Dauertestamentsvollstreckung ... 458
3. Ehegattenverfügung mit Einsetzung des Verschuldeten zum Nacherben . 461
4. Wegfall der Beschränkungen mit Wegfall der Verschuldung? ... 463
III. Verfügungen getrennt lebender Ehegatten ... 467
1. Vorbemerkung ... 467
2. Erbrechtliche Regelungen in einer Scheidungsvereinbarung (Aufhebung früherer Verfügungen, Erb- bzw. Pflichtteilsverzicht und Auswirkungen auf den Unterhalt) ... 470
3. Errichtung eines Vermächtnisvertrages zugunsten eines Kindes vor Scheidung ... 473

G. Unternehmensnachfolge und landwirtschaftliches Sondernachfolgerecht

I. Gesellschaftsvertragliche Nachfolgeregelungen ... 477
1. Personengesellschaftsvertragliche Fortsetzungsklausel ... 477
2. Personengesellschaftsvertragliche (einfache) Nachfolgeklausel ... 481
3. Personengesellschaftsvertragliche kombinierte (einfache) Nachfolge- und Umwandlungsklausel ... 484
4. Personengesellschaftsvertragliche qualifizierte Nachfolgeklausel ... 486
5. Personengesellschaftsvertragliche Eintrittsklausel ... 490
6. Personengesellschaftsvertragliche rechtsgeschäftliche Nachfolgeklausel .. 493
7. Kombinierte Einziehungs- und Abtretungsklausel in der GmbH-Satzung 495
8. Vorrangige Zwangsabtretungsklausel in der GmbH-Satzung ... 498
9. Einziehungsklausel in der AG-Satzung ... 499
10. Kombinierte Klauseln der GmbH & Co. KG: (Qualifizierte) Nachfolgeklausel der KG und kombinierte Abtretungs- und Einziehungsklausel der GmbH ... 502
11. Partnerschaftsgesellschaft: Nachfolgeklausel ... 504
II. Sonstige gesellschaftsvertragliche Regelungen ... 506
1. Gesellschaftsvertragliche Zulassung der Dauertestamentsvollstreckung am Gesellschaftsanteil ... 506
2. Gesellschaftsvertragliche Zulassung der Testamentsvollstreckung am Personengesellschaftsanteil durch Ersatzlösungen ... 508
3. Beschränkung der Abfindung des ausscheidenden Erben im Personengesellschaftsvertrag ... 509
4. Beschränkung der Abfindung der ausscheidenden Erben in der Satzung der Kapitalgesellschaft ... 512
5. Gesellschaftsvertragliche Stundung der Abfindung ... 513
6. Gesellschaftsvertragliches Präsentationsrecht ... 515

7. Gesellschaftsvertragliche Zulassung der Begründung einer stillen Gesellschaft im Erbfall ... 516
8. Gesellschaftsvertragliche Zulassung der Begründung eines Nießbrauchs 518
III. Vorweggenommene Erbfolge, vorbereitende Maßnahmen ... 521
1. Lebzeitige Übertragung eines Einzelunternehmens auf den Nachfolger ... 521
2. Vom Einzelunternehmen zur Personenhandelsgesellschaft durch Aufnahme ... 527
3. Schenkung von Gesellschaftsanteilen zu Lebzeiten ... 534
4. Schenkung eines Personengesellschaftsanteils unter Nießbrauchsvorbehalt ... 541
5. Schenkung eines Gesellschaftsanteils unter Vereinbarung von Versorgungsleistungen ... 549
6. Gesellschaftsvertrag der (Familien-)Personengesellschaft mit disquotalen Sonderrechten zugunsten der Eltern ... 552
7. Schenkung unter Begründung einer stillen Gesellschaft ... 556
8. Schenkung unter Begründung einer Untergesellschaft ... 560
9. Herausnahme von Gesellschaftsanteilen aus dem Zugewinnausgleich ... 565
10. Gegenständlich beschränkter Pflichtteilsverzicht bezüglich der Unternehmensbeteiligung ... 568
11. Gesellschaftervollmacht ... 570
IV. Implementierung von Familiengesellschaften ... 576
1. Gründung einer vermögensverwaltenden GbR mit implizierter Schenkung ... 576
2. Bargründung einer vermögensverwaltenden KG ... 579
3. Quotengleiche verdeckte Einlage in eine vermögensverwaltende KG ... 583
4. Regelungen in einer entprägten GmbH & Co. KG ... 589
5. Regelungen in einer Einheits-GmbH & Co. KG ... 591
6. Regelungen in einer Gesellschaft mit beschränkter Haftung ... 594
7. Rückforderungsrechte bei Schenkung eines Gesellschaftsanteils ... 597
8. Antrag auf Bestellung eines Ergänzungspflegers bei der Gesellschaftsbeteiligung von Minderjährigen ... 600
9. Antrag auf Erteilung einer familiengerichtlichen Genehmigung bei der Schenkung eines Personengesellschaftsanteils an einen Minderjährigen ... 603
V. Unternehmertestament ... 605
1. Unternehmertestament zugunsten eines Kindes ... 605
2. Unternehmertestament zugunsten mehrerer Kinder ... 609
3. Unternehmertestament zugunsten des Ehegatten ... 611
4. Unternehmertestament zugunsten des Ehegatten und des Kindes ... 612
5. Unternehmertestament bei Mitarbeit des Ehegatten im Unternehmen ... 613
6. Unternehmertestament zugunsten eines Dritten ... 616
7. Unternehmertestament des Einzelkaufmanns ... 618
VI. Besondere Regelungen des Unternehmertestaments ... 621
1. Bestimmung des Nachfolgers durch Dritte ... 621
2. Ersatzerbe ... 626
3. Vor- und Nacherbfolge über Beteiligungen an Gesellschaften ... 628
4. Auflage zur Unternehmensfortführung oder Unternehmensumgründung 631
5. Bedingungen ... 635
6. Überspringen einer Generation ... 638
VII. Vermächtnisweise Zuwendung eines Unternehmens ... 641
1. Zuwendung einer Beteiligung an einer Kapitalgesellschaft ... 641
2. Zuwendung einer Beteiligung an einer Personengesellschaft ... 644
3. Zuwendung eines einzelkaufmännischen Unternehmens ... 646
4. Vor- und Nachvermächtnis ... 649
5. Vorausvermächtnis/Teilungsanordnung ... 651

VIII. Vermächtnisweise Zuwendung von Beteiligungen oder Nutzungsrechten 653
1. Zuwendung eines Nießbrauchs an einer Kommanditbeteiligung 653
2. Zuwendung einer stillen Beteiligung 656
3. Zuwendung einer Unterbeteiligung 659
IX. Testamentsvollstreckung im Unternehmensbereich 661
1. Testamentsvollstreckung über eine Kommanditbeteiligung 661
2. Einzelkaufmännisches Unternehmen (Treuhandlösung) 665
X. Nachfolge bei Landwirtschaftlichen Betrieben/Höfeordnung 670
1. Checkliste: HöfeO 670
2. Testament eines Landwirts – Übernahmerecht zum Ertragswert (§§ 2049, 2312 BGB) 679
3. Einsetzung eines Abkömmlings zum Hoferben (HöfeO) durch den Alleineigentümer mit Altenteil (Wohnungsrecht und dauernde Last) für den überlebenden Ehegatten 683
4. Erbvertrag über einen Ehegattenhof (HöfeO) mit gegenseitiger Erbeinsetzung und Hoferbenbestimmungsrecht des überlebenden Ehegatten 689
5. Erbverzicht der weichenden Erben bzgl. des Hofes (HöfeO) 692
6. Hofübergabevertrag mit Altenteil (Wohnungsrecht, Pflegeverpflichtung und dauernde Last) und Abfindung der weichenden Erben 694

H. Stiftungen

I. Vorbemerkung 707
II. Errichtung einer Stiftung 710
1. Stiftungsgeschäft unter Lebenden zur Errichtung einer rechtsfähigen gemeinnützigen Stiftung 710
2. Stiftungsgeschäft unter Lebenden zur Errichtung einer rechtsfähigen Familienstiftung (als besondere Erscheinungsform der rechtsfähigen Stiftung) 715
3. Stiftungsgeschäft unter Lebenden zur Errichtung einer rechtsfähigen Verbrauchsstiftung 718
4. Stiftungsgeschäft der nichtrechtsfähigen (treuhänderischen) Stiftung unter Lebenden 719
5. Stiftungsgeschäft von Todes wegen zur Errichtung einer rechtsfähigen Stiftung 724
6. Stiftungsgeschäft durch gemeinschaftliches Testament (oder auch Erbvertrag) 728
7. Auflage zur Errichtung einer rechtsfähigen (hier gemeinnützigen) Stiftung 731
8. Einsetzung einer Stiftung als Ersatzerbin 733
9. Einsetzung einer Stiftung als Nacherbin 734
10. Vermögenszuwendung an eine rechtsfähige (hier gemeinnützige) Stiftung durch Vermächtnis 737
III. Stiftungssatzungen 739
1. Satzung einer rechtsfähigen gemeinnützigen Stiftung bürgerlichen Rechts 739
2. Satzung einer rechtsfähigen Familienstiftung 755
3. Satzung einer nichtrechtsfähigen (treuhänderischen) Stiftung 764
4. Stiftung & Co. KG – Gesellschaftsvertrag der KG 773
5. Stiftung & Co. KG – Satzung der Komplementärstiftung 784
6. Doppelstiftung – Satzung der Holding GmbH 791
7. Satzung einer rechtsfähigen Verbrauchsstiftung 800
IV. Anschreiben zur Anerkennung einer rechtsfähigen Stiftung 807

I. Rechtsgeschäfte unter Lebenden

I. Eheliches Güterrecht ... 811
1. Checkliste: Güterrecht ... 811
2. Ehebedingte Zuwendung ... 813
3. Ehebedingte Zuwendung unter Anrechnung auf Zugewinnausgleichs- und Pflichtteilsansprüche ... 826
4. Ehebedingte Zuwendung mit Rückforderungsrecht ... 831
5. Vereinbarung der Gütertrennung vor Eheschließung ... 837
6. Vereinbarung der Gütertrennung nach Eheschließung (Regelungen zum Ausgleich des bisher entstandenen Zugewinns) ... 843
7. Vereinbarung der Gütergemeinschaft ... 849
II. Erb- und Pflichtteilsverzicht ... 854
1. Checkliste: Erb- und Pflichtteilsverzicht ... 854
2. Erbverzichtsvertrag ... 855
3. Erbverzichtsvertrag gegen Abfindung ... 861
4. Teilverzichtsvertrag auf einen Bruchteil des Erbrechts ... 866
5. Verzicht auf ein gesetzliches Erbrecht unter Vorbehalt des Pflichtteils ... 868
6. Verzicht eines Abkömmlings auf den Pflichtteil nach dem erstversterbenden Elternteil gemäß § 2346 Abs. 2 BGB ... 869
7. Pflichtteilsverzicht von Abkömmlingen, der unter der Bedingung der Leistung von Abfindungen steht ... 874
8. Verzicht auf die Geltendmachung eines Pflichtteilsergänzungsanspruchs in Verbindung mit einer Grundstücksübertragung ... 876
9. Verzicht auf das Wahlrecht des § 2306 Abs. 1 Hs. 1 BGB ... 878
10. Gegenständlich beschränkter Pflichtteilsverzichtsvertrag ... 879
11. Gegenständlich beschränkter Pflichtteilsverzicht, indem zur Sicherung der Unternehmensnachfolge bei der Nachlassbewertung ein bestimmter Gegenstand außer Betracht bleibt ... 881
12. Pflichtteilsverzichtsvertrag gegen Abfindung mit einem zukünftigen Leistungsversprechen in Form eines erbvertraglichen Vermächtnisses ... 883
13. Persönlich beschränkter Pflichtteilsverzicht verbunden mit einem erbvertraglich vereinbarten Vermächtnis ... 885
14. Vereinbarung der Stundung eines Pflichtteilsanspruchs ... 887
15. Aufhebungsvertrag gemäß § 2351 BGB ... 889
16. Verzicht auf eine Zuwendung aus einem gemeinschaftlichen Testament . 892
17. Verzicht auf ein erbvertraglich zugewendetes Erbrecht ... 896
III. Lebzeitige Übertragung ... 899
1. Checkliste: Lebzeitige Übertragung ... 899
2. Grundstücksschenkung ... 906
3. Grundstücksschenkung an Minderjährige ... 917
4. Geldschenkung ... 921
5. Pflichtteils- und Zugewinnanrechnungsklausel ... 923
6. Erbausgleichungsklausel ... 925
7. Schenkung einer beweglichen Sache ... 927
8. Mittelbare Grundstücksschenkung ... 929
9. Mietwohnungsschenkung ... 931
10. Zuwendungswohnrecht ... 934
11. Nießbrauchsvorbehaltsklausel (beschenktenfreundlich) ... 936
12. Nießbrauchsvorbehaltsklausel (nießbraucherfreundlich) ... 940
13. Leibrentenklausel ... 941
14. Klausel zur Dauernden Last ... 944
15. Schuldübernahmeklausel ... 946
16. Pflegeverpflichtungsklausel ... 948
17. Geschwister-Abfindungsklausel ... 949

IV. Ausstattung mit lebzeitiger Übertragung ... 951
V. Rechtsgeschäfte auf den Todesfall ... 954
1. Schenkung der Bezugsberechtigung einer Lebensversicherung ... 954
2. Sparbuch auf fremden Namen ... 959
VI. Schenkungsversprechen von Todes wegen ... 962
VII. Verfügung über künftigen Erbteil ... 965
1. Vorbemerkung: Erbschaftsvertrag ... 965
2. Erbschaftsvertrag ... 966

J. Beratung und Vertretung nach dem Erbfall – Nachlassregelungen

I. Anfechtung einer Verfügung von Todes wegen ... 969
II. Geltendmachung von Auskunfts- und Rechenschaftsansprüchen ... 973
1. Außergerichtliches Auskunftsbegehren des Nacherben gegen den vom Vorerben Beschenkten ... 973
2. Außergerichtliches Auskunftsbegehren des Nacherben gegen den Vorerben ... 976
3. Außergerichtliches Auskunftsverlangen der Erben gegen den Bevollmächtigten einschließlich Widerruf der postmortalen Vollmacht ... 977
4. Auskunfts- und Herausgabeklage gegen den Erbschaftsbesitzer ... 978
5. Außergerichtliches Auskunftsverlangen über Vorerwerbe gegen Miterben ... 982
6. Außergerichtliches Auskunfts- und Rechenschaftsverlangen gegen den Testamentsvollstrecker ... 983
III. Ermittlung und (außergerichtliche) Geltendmachung von Pflichtteilsansprüchen ... 985
1. Checkliste: Pflichtteilsansprüche ... 985
2. Auskunftsbegehren eines pflichtteilsberechtigten Nichterben gegenüber einem Erben gem. § 2314 Abs. 1 S. 1 BGB ... 987
3. Notarielles Bestandsverzeichnis gem. § 260 Abs. 1 BGB ... 994
4. Auskunftsverlangen des pflichtteilsberechtigten Nichterben gegenüber einem Beschenkten gem. § 2314 Abs. 1 S. 1 BGB analog ... 1001
5. Auskunftsbegehren eines Miterben gegenüber einem anderen Miterben zur Durchsetzung eines Pflichtteilsergänzungsanspruchs ... 1003
6. Antrag eines Alleinerben auf Stundung des Pflichtteils, § 2331a BGB ... 1006
7. Außergerichtliche Vereinbarung über einen Pflichtteilsanspruch ... 1009
8. Fristsetzung eines Alleinerben gegenüber dem mit einem Vermächtnis bedachten Pflichtteilsberechtigten gem. § 2307 Abs. 2 BGB ... 1013
IV. Annahme und Ausschlagung der Erbschaft ... 1016
1. Checkliste: Ausschlagung der Erbschaft ... 1016
2. Annahme der Erbschaft ... 1016
3. Ausschlagung der Erbschaft durch den Erben (Grundfall) ... 1018
4. Ausschlagung der Erbschaft durch den Erben und seine nächstberufenen minderjährigen und ungeborenen Kinder ... 1024
5. Ausschlagung der Erbschaft durch den Betreuer ... 1027
6. Ausschlagung der gewillkürten Erbschaft bei Annahme als gesetzlicher Erbe ... 1029
7. Ausschlagung der Erbschaft durch den zum Alleinerben eingesetzten Ehegatten gegen Abfindung aus erbschaftsteuerlichen Gründen ... 1031
8. Ausschlagung der Erbschaft durch den Ehegatten zwecks Geltendmachung des kleinen Pflichtteils und des Zugewinnausgleichs ... 1036
9. Ausschlagung der Erbschaft durch den gemäß § 2306 BGB beschränkten bzw. beschwerten pflichtteilsberechtigten Erben ... 1037
10. Ausschlagung eines Hofes iSd HöfeO ... 1039

11. Annahme und Ausschlagung von Vermächtnissen ... 1040
12. Anfechtung der Erbschaftsausschlagung wegen Irrtums ... 1042
13. Anfechtung der Erbschaftsannahme wegen Irrtums ... 1044
14. Anfechtung der Versäumung der Ausschlagungsfrist wegen Irrtums ... 1045
V. Erbschein, ENZ und TV-Zeugnis ... 1047
1. Checkliste: Erbscheinsantrag ... 1047
2. Antrag auf Erteilung eines Erbscheins bei gesetzlicher Erbfolge ... 1059
3. Antrag auf Erteilung eines Erbscheins bei testamentarischer Erbfolge ... 1063
4. Antrag auf Erteilung eines Überweisungszeugnisses (§ 36 GBO) ... 1064
5. Erbscheinsantrag mit Hilfsantrag; Antrag des Vorerben auf Erteilung eines Erbscheins ... 1066
6. Gemeinschaftlicher Erbscheinsantrag aller als Erben in Betracht kommender Beteiligter, Berücksichtigung außerurkundlicher Gesichtspunkte, (möglicher) Auslegungsvertrag ... 1071
7. Antrag auf Erteilung eines Erbscheins mit der Beschränkung eines Erben durch Nacherbschaft und Testamentsvollstreckung unter Mitwirkung eines Betreuers ... 1076
8. Antrag auf Erteilung eines Erbscheins unter Berücksichtigung ausländischen Rechts/Fremdrechtserbschein/gegenständlich beschränkter Erbschein ... 1078
9. Antrag auf Ausstellung eines Europäischen Nachlasszeugnisses bei gesetzlicher Erbfolge ... 1089
10. Antrag auf Ausstellung eines Europäischen Nachlasszeugnisses bei testamentarischer Erbfolge ... 1098
11. Antrag auf Ausstellung eines Europäischen Nachlasszeugnisses als „Testamentsvollstreckerzeugnis“ ... 1100
12. Antrag auf Erteilung eines Erbscheins mit Hoffolgezeugnis (HöfeO) ... 1102
13. Erklärung der Annahme des Testamentsvollstreckeramtes ... 1104
14. Antrag auf Erteilung eines Testamentsvollstreckerzeugnisses ... 1108
VI. Erbauseinandersetzung ... 1113
1. Checkliste: Erbauseinandersetzung ... 1113
2. Vollständige Erbauseinandersetzung ... 1121
3. Gegenständliche Teilerbauseinandersetzung mit Ausgleichszahlung an die Miterben ... 1129
4. Gegenständliche Teilerbauseinandersetzung mit Ausgleichszahlung an die Erbengemeinschaft ... 1134
5. Gegenständliche Teilerbauseinandersetzung mit späterer Berücksichtigung ... 1135
6. Persönliche Teilerbauseinandersetzung durch Erbteilsübertragung ... 1137
7. Persönliche Teilerbauseinandersetzung durch Abschichtung ... 1143
VII. Erbteilsübertragung ... 1148
1. Checkliste: Erbteilsübertragung ... 1148
2. Erbteilskauf (kurze Variante ohne Absicherung) ... 1148
3. Erbteilskauf (ausführliche Variante – mit Absicherung) ... 1157
4. Erbteilsübertragung und Überlassung (vorweggenommene Erbfolge) ... 1167
5. Erbteilsverpfändung ... 1173
VIII. Erfüllung eines Vermächtnisses ... 1177
1. Checkliste: Erfüllung eines Vermächtnisses ... 1177
2. Erfüllung eines Grundstücksvermächtnisses – kurze Variante ... 1177
3. Erfüllung eines Grundstücksvermächtnisses – lange Variante ... 1187
4. Erfüllung eines Grundstücksvermächtnisses mit Nachvermächtnisanordnung ... 1192
IX. Nachlassregelung bei Testamentsvollstreckung ... 1198
1. Checkliste: Testamentsvollstreckung ... 1198
2. Aufstellung eines Nachlassverzeichnisses ... 1199

3. Auseinandersetzungsplan ... 1204
4. Antrag des Testamentsvollstreckers auf Befreiung von einer Anordnung des Erblassers ... 1210
5. Einvernehmliche Nichtbeachtung eines Auseinandersetzungsverbots und einer Teilungsanordnung; Beendigung der Testamentsvollstreckung ... 1212
6. Aufforderungsschreiben einer Testamentsvollstreckerin an einen nicht sehr kooperativen Erben, einer ihrer Handlungen zuzustimmen ... 1214
7. Handhabungsvertrag zwischen zwei Vertragserben und dem Testamentsvollstrecker ... 1219

X. Nachlassverwaltung und Nachlassinsolvenz ... 1220
1. Checkliste: Nachlassverwaltung und Nachlassinsolvenz ... 1220
2. Antrag des Nachlassgläubigers auf Anordnung der Nachlassverwaltung 1222
3. Antrag des Erben auf Eröffnung des Nachlassinsolvenzverfahrens ... 1225

K. Letztwillige Verfügungen mit Auslandsbezug

I. Aufgabe und Rechtsquellen des Internationalen Privatrechts ... 1229

II. Testamentsgestaltung und Vermeidung von hinkenden Rechtsverhältnissen . 1230

III. Hinweisvermerke bei möglicher Geltung ausländischen Rechts ... 1232
1. Hinweis auf eine mögliche Geltung ausländischen Rechts mit Haftungsausschlussklausel ... 1232
2. Hinweisvermerk bei Rechtswahl nach Art. 25 Abs. 2 EGBGB aF ... 1233

IV. Das auf die Form einer letztwilligen Verfügung und andere Verfügungen von Todes wegen anwendbare Recht ... 1234
1. Vorbemerkungen ... 1234
2. Zwei- und Dreizeugentestament – Common Law ... 1236
3. Self-proved will – Common Law attestation clause ... 1238
4. Contract to make or not to revoke a will or to die intestate – Common Law ... 1240

V. Testierfähigkeit ... 1241

VI. Das kraft Staatsvertrages auf die Rechtsnachfolge von Todes wegen anwendbare Recht ... 1242
1. Deutsch-türkischer Konsularvertrag vom 28.5.1929 ... 1242
2. Deutsch-sowjetischer Konsularvertrag vom 25.4.1958 ... 1243
3. Deutsch-iranisches Niederlassungsabkommen vom 17.2.1929 ... 1244
4. Das Haager Erbrechtsübereinkommen vom 1.8.1989 ... 1246

VII. Das nach autonomen Kollisionsrecht objektiv berufene Recht ... 1248
1. Heimatrecht ... 1248
2. Staatenlose ... 1250
3. Mehrstaater mit deutscher Staatsangehörigkeit ... 1250
4. Mehrstaater ohne deutsche Staatsangehörigkeit ... 1251
5. Asylberechtigte, Asylbewerber und Flüchtlinge ... 1252
6. Interlokales- und Interpersonales Privatrecht ... 1253
7. Rückverweisung ... 1255
8. Declaration of Domicile ... 1256
9. Nachlassspaltung ... 1257
10. Nachlasshaftung bei Nachlassspaltung ... 1258

VIII. Die Rechtswahl ... 1260
1. Die Rechtswahl nach deutschem Recht ... 1260
2. Die Rechtswahl nach ausländischem Recht ... 1260
3. Die Rechtswahl im Testament nach der EuErbVO ... 1262
4. Erbstatut und Rechtswahl bei gemeinschaftlichen Testamenten und Erbverträgen ... 1266

5. Die Rechtswahl bei gemeinschaftlichen Testamenten und Erbverträgen nach der EuErbVO ... 1267
6. Erbvertrag u. gemeinschaftliches Testament österreichischer Ehegatten .. 1270
IX. Gemeinschaftliches Testament mit Ersatzerbfolge ... 1272
X. Testament für eine Ferienimmobilie in England mit Alleinerbeinsetzung ... 1274
XI. Testament für eine Ferienimmobilie in England mit Einsetzung der Abkömmlinge und Nießbrauch zugunsten des Ehegatten ... 1276
XII. Waiver of a right of election of surviving spouse ... 1277
XIII. Last will and testament ... 1278
XIV. Joint and mutual will (Florida) ... 1280
XV. Das gesonderte Vermächtnistestament – Kanada ... 1283
XVI. Post- und transmortale Generalvollmacht ... 1284
XVII. Erb- und Pflichtteilsverzicht ... 1286
XVIII. Weitere Gestaltungen ... 1289
XIX. Länderübersicht ... 1292
1. Vorbemerkung ... 1292
2. Belgien ... 1292
3. Bosnien-Herzegowina ... 1294
4. Dänemark ... 1295
5. Frankreich ... 1296
6. Italien ... 1298
7. Niederlande ... 1300
8. Österreich ... 1302
9. Polen ... 1304
10. Portugal ... 1305
11. Schweiz ... 1306
12. Slowakei ... 1308
13. Spanien ... 1309
14. Tschechische Republik ... 1310
15. Türkei ... 1311
16. Vereinigtes Königreich ... 1313

L. Digitaler Nachlass

I. Vorbemerkung ... 1315
II. Verhinderung des Datenzugriffs ... 1318
III. Vermächtnisse ... 1319
1. Vermächtnis von Daten auf „Original-Datenträgern“ ... 1319
2. Vermächtnis rein digitaler Werkexemplare ... 1321
IV. Auflagen ... 1325
1. Löschungsauflage bezüglich Online-Daten ... 1325
2. Spezielle Behandlung bestimmter Onlineaktivitäten ... 1327
V. Besonderheiten bei Dauertestamentsvollstreckung ... 1329
VI. Vorsorgeurkunde, Vorsorgevollmacht ... 1332
1. Passwort-Vorsorgeurkunde ... 1332
2. Niederschrift über die Herausgabe eines Passworts ... 1338
3. Besonderheiten in Vorsorgevollmachten ... 1339

Sachverzeichnis ... 1343

Verzeichnis der Bearbeiter

Autor/in	Bearbeitungsabschnitte
Christian Braun	E.II–III; F.III; I.I; J.VI–VIII
Dr. Iris Janina Bregulla-Weber	H.I–IV
Dr. Thomas Diehn, LL.M.	A.V; B.V; Kostenrechtliche Redaktion
Heinrich Eckelskemper	C.VII; J.V; J.IX
Dr. Martin Feick	H.I–IV
Dr. Bernd A. von Garmissen	G.X
Dr. Stefan Gloser	L
Benedikt Goslich, LL.M	C.IV–V; E.I
Dr. Thomas Hennig	A.IV; Steuerrechtliche Redaktion (mit Ausnahme von G.I–IV)
Dr. Malte Ivo	J.IV
Dr. Norbert Joachim	I.II; J.III
Susanne Karsten	E.V–VI
Prof. Dr. Christopher Keim	A.I; A.II.1–7; A.III; B.II–IV; C.I–III; C.VIII; D
Dr. Michael Kleensang	C.VI; F.II
Dr. Reinhard Kössinger	C.IV–V; E.I
Dr. Daniel Lehmann	A.II.9; B.I; I.III–VII; J.I–II; J.X
Dipl.-Finanzwirt (FH) Thorsten Müller, LL.M.	G.I–IV
Dr. Gabriele Müller-Engels	J.VI–VIII
Tim Remmel, LL.M.	G.V–IX
Dipl.-Rechtspflegerin (FH) Magrit Sass	G.I–IV
Dipl-Finanzwirt (FH) Dr. Stefan Schmitz	C.VII; J.V; J.IX
Dr. Martin T. Schwab	A.II.8; A.VI; K
Dr. Jens Tersteegen	E.IV; F.I

Abkürzungs- und Literaturverzeichnis

aA	anderer Ansicht
aaO	am angegebenen Ort
abl.	ablehnend
ABl.	Amtsblatt
Abs.	Absatz
Abschn.	Abschnitt
AcP	Archiv für die civilistische Praxis (Zeitschrift)
aE	am Ende
aF	alte Fassung
AG	Aktiengesellschaft, Amtsgericht, Ausführungsgesetz
AGB	Allgemeine Geschäftsbedingungen
AGBG	Gesetz zur Regelung des Rechts der Allgemeinen Geschäftsbedingungen
AktG	Aktiengesetz
allgM	allgemeine Meinung
Alt.	Alternative
aM	andere Meinung
AnfG	Anfechtungsgesetz
Anh.	Anhang
Anl.	Anlage
Anm.	Anmerkung
AnwBl.	Anwaltsblatt (Zeitschrift)
AO	Abgabenordnung
Art.	Artikel
Aufl.	Auflage
Az.	Aktenzeichen
BAFA	Bundesamt für Wirtschaft und Ausfuhrkontrolle
BAG	Bundesarbeitsgericht
BAGE	Amtliche Sammlung von Entscheidungen des Bundesarbeitsgerichtes
BAnz.	Bundesanzeiger
Baumbach/Hueck	Gesetz betreffend die Gesellschaften mit beschränkter Haftung: GmbHG, Kommentar, 21. Aufl. 2017
BayObLG	Bayerisches Oberstes Landesgericht
BayObLGZ	Amtliche Sammlung von Entscheidungen des BayObLG in Zivilsachen
BayVBl	Bayerische Verwaltungsblätter
BB	Der Betriebs-Berater
Bd.	Band
BeckNotarHdB	*Heckschen/Herrler/Starke* (Hrsg.), Beck'sches Notarhandbuch, 6. Aufl. 2015
BeckOGK	beck-online.GROSSKOMMENTAR, Stand: 1.7.2018
BeckOK BGB	*Bamberger/Roth/Hau/Poseck* (Hrsg.), Beck'scher Online-Kommentar BGB, 46. Ed. 2018
Bengel/Reimann	Handbuch der Testamentsvollstreckung, 6. Aufl. 2017
bestr.	bestritten
betr.	betrifft

BetrVG	Betriebsverfassungsgesetz
BeurkG	Beurkundungsgesetz
BFH	Bundesfinanzhof
BFHE	Sammlung der Entscheidungen des Bundesfinanzhofes
BFH/NV	Sammlung der nicht veröffentlichten Entscheidungen des Bundesfinanzhofes
BGB	Bürgerliches Gesetzbuch
BGBl.	Bundesgesetzblatt
BGH	Bundesgerichtshof
BGHSt	Amtliche Sammlung von Entscheidungen des Bundesgerichtshofes in Strafsachen
BGHZ	Amtliche Sammlung von Entscheidungen des Bundesgerichtshofes in Zivilsachen
Bl.	Blatt
Blümich	EStG, KStG, GewStG, Kommentar, Loseblatt, 142. EL (Stand: 06/2018)
BMF	Bundesminister der Finanzen
BMJ	Bundesminister(ium) der Justiz
BMWi	Bundesminister(ium) für Wirtschaft
BNotO	Bundesnotarordnung
Bonefeld/Mayer	Testamentsvollstreckung, 4. Aufl. 2015
Bormann/Diehn/Sommerfeldt	Gesetz über Kosten der freiwilligen Gerichtsbarkeit für Gerichte und Notare: GNotKG, Kommentar, 2. Aufl. 2016
BR	Bundesrat
BR-Drs.	Drucksache des Bundesrates
BRAO	Bundesrechtsanwaltsordnung
BRAGO	Bundesrechtsanwaltsgebührenordnung
Brox/Walker	Erbrecht, 27. Aufl. 2016
BSG	Bundessozialgericht
BSHG	Bundessozialhilfegesetz
BStBl.	Bundessteuerblatt Teile I, II, III
BT	Bundestag
BT-Drs.	Drucksache des Deutschen Bundestages
Bunjes/Geist	Umsatzsteuergesetz: UStG, Kommentar, 17. Aufl. 2018
Burandt/Rojahn	Erbrecht, Kommentar, 2. Aufl. 2014
BVerfG	Bundesverfassungsgericht
BVerfGE	Amtliche Sammlung der Entscheidungen des BVerfG
BVerwG	Bundesverwaltungsgericht
BVerwGE	Amtliche Sammlung der Entscheidungen des BVerwG
BWNotZ	Zeitschrift für das Notariat in Baden-Württemberg
bzgl.	bezüglich
bzw.	beziehungsweise
cic	culpa in contrahendo
Crezelius	Unternehmenserbrecht, 2. Aufl. 2009
DB	Der Betrieb
DBA	Doppelbesteuerungsabkommen
DGVZ	Deutsche Gerichtsvollzieherzeitung
dh	das heißt
Diehn	Notarkostenberechnung, 5. Aufl. 2017
Diehn/Vollpert	Praxis des Notarkostenrechts, 2. Aufl. 2017
DNotZ	Deutsche Notar-Zeitschrift
DONot	Dienstordnung für Notarinnen und Notare

DÖV .... Die öffentliche Verwaltung
DRiZ .... Deutsche Richterzeitung
DStR .... Deutsches Steuerrecht
DtZ .... Deutsch-Deutsche Rechts-Zeitschrift
DVO .... Durchführungsverordnung
DWiR/DZWiR .... Deutsche Zeitschrift für Wirtschaftsrecht

Ebenroth .... Erbrecht, 1992
EFG .... Entscheidungen der Finanzgerichte
EG .... Europäische Gemeinschaft; Einführungsgesetz
EGBGB .... Einführungsgesetz zum BGB
1. EheRG .... Erstes Gesetz zur Reform des Ehe- und Familienrechts
Einf. .... Einführung
Einl. .... Einleitung
ErbbRVO .... Verordnung über das Erbbaurecht
ErbbauRG .... Erbbaurechtsgesetz
ErbStG .... Erbschaft- und Schenkungsteuergesetz
ErbStR .... Erbschaftsteuer-Richtlinie
Erman .... Handkommentar zum Bürgerlichen Gesetzbuch, 15. Aufl. 2017
Esch/Baumann/Schulze zur Wiesche .... Handbuch der Vermögensnachfolge, 7. Aufl. 2009
EStG .... Einkommensteuergesetz
EuErbVO .... Europäische Erbrechtsverordnung VO (EU) Nr. 650/2012
EuGH .... Europäischer Gerichtshof
EuGüVO .... Europäische Güterrechtsverordnung VO (EU) 2016/1103
Eylmann .... Bundesnotarordnung, Kommentar, 4. Aufl. 2016
EWiR .... Entscheidungen zum Wirtschaftsrecht, Loseblattsammlung

FamRZ .... Zeitschrift für das gesamte Familienrecht
f./ff. .... folgende Seite bzw. Seiten
Ferid/Firsching/Lichtenberger .... Internationales Erbrecht, Loseblatt, 105. EL 2018
MFG .... Finanzgericht
FGG .... Gesetz über die Angelegenheiten der freiwilligen Gerichtsbarkeit
Firsching/Graf .... Nachlassrecht, 10. Aufl. 2014
Fn. .... Fußnote
FR .... Finanz-Rundschau
FS .... Festschrift
FuR .... Familie und Recht (Zeitschrift)

GBO .... Grundbuchordnung
GE .... Das Grundeigentum
gem. .... gemäß
GenG .... Genossenschaftsgesetz
GewO .... Gewerbeordnung
GewStG .... Gewerbesteuergesetz
GG .... Grundgesetz
ggf. .... gegebenenfalls
GKG .... Gerichtskostengesetz
GmbH .... Gesellschaft mit beschränkter Haftung
GmbHG .... Gesetz betreffend die Gesellschaften mit beschränkter Haftung
Graf .... Erb- und Nachlassrecht, 2008

GrEStG	Grunderwerbsteuergesetz
GrStG	Grundsteuergesetz
GrdstVG	Gesetz über die Maßnahmen zur Verbesserung der Agrarstruktur und zur Sicherung land- und forstwirtschaftlicher Betriebe (Grundstücksverkehrsgesetz)
Groll	Praxis-Handbuch Erbrechtsberatung, 3. Aufl. 2010
GVBl	Gesetz- und Verordnungsblatt
GVG	Gerichtsverfassungsgesetz
GVKostG	Gesetz über Kosten der Gerichtsvollzieher
GWB	Gesetz gegen Wettbewerbsbeschränkungen
HaftpflG	Haftpflichtgesetz
Hs.	Halbsatz
Hartmann	Kostengesetze: KostG, Kommentar, 48. Aufl. 2018
Hartung/Schons/Enders	Rechtsanwaltsvergütungsgesetz: RVG, Kommentar, 3. Aufl. 2016
HausratsVO	Hausratsverordnung
HausTWG	Gesetz über den Widerruf von Haustürgeschäften und ähnlichen Geschäften
HeimG	Heimgesetz
HGB	Handelsgesetzbuch
hL	herrschende Lehre
hM	herrschende Meinung
HöfeO	Höfeordnung
Hrsg./hrsg.	Herausgeber/herausgegeben
HTÜ	Haager Testamentsformübereinkommen
idF	in der Fassung
idR	in der Regel
insbes.	insbesondere
InsO	Insolvenzordnung
IPRax	Praxis des Internationalen Privat- und Verfahrensrechts
iSd	im Sinne des/der
IStR	Internationales Steuerrecht
iSv	im Sinne von
iÜ	im Übrigen
iVm	in Verbindung mit
Jauernig	Bürgerliches Gesetzbuch, Kommentar, 17. Aufl. 2018
JFG	Jahrbuch für Entscheidungen in Angelegenheiten der freiwilligen Gerichtsbarkeit und des Grundbuchrechtes
JMBl	Justizministerialblatt
JR	Juristische Rundschau
JurBüro	Das juristische Büro
JuS	Juristische Schulung
Justiz	Die Justiz
JW	Juristische Wochenschrift
JZ	Juristen-Zeitung
Kap.	Kapitel
KG	Kammergericht, Kommanditgesellschaft
KGaA	Kommanditgesellschaft auf Aktien
Kipp/Coing	Erbrecht, 14. Aufl. 1990
KölnFormB ErbR	*Dorsel* (Hrsg.), 2. Aufl. 2015
KostO	Kostenordnung

KostRspr	Kosten-Rechtsprechung, Entscheidungssammlung
Krauß Vermögensnachfolge	Vermögensnachfolge in der Praxis, 5. Aufl. 2018
Krauß Immobilienkaufverträge	Immobilienkaufverträge in der Praxis, 8. Aufl. 2017
KreisG	Kreisgericht
Krug/Rudolf/Kroiß/Bittler	Anwaltformulare Erbrecht, 5. Aufl. 2015
Lange/Kuchinke	Lehrbuch des Erbrechts, 5. Aufl. 2001
Langenfeld/Föhler	Testamentsgestaltung, 5. Aufl. 2015
Langenfeld/Günther	Grundstückszuwendungen zur lebzeitigen Vermögensnachfolge, 6. Aufl. 2009
Langenfeld/Milzer	Handbuch der Eheverträge und Scheidungsvereinbarungen, 7. Aufl. 2014
Leipold	Erbrecht, Lehrbuch, 21. Aufl. 2016
LM	*Lindenmaier/Möhring*, Nachschlagewerk des BGH in Zivilsachen
Ls.	Leitsatz
m. abl. Anm.	mit ablehnender Anmerkung
MaBV	Makler- und Bauträgerverordnung
MAH ErbR	Münchener Anwaltshandbuch Erbrecht, 5. Aufl. 2018
MDR	Monatsschrift für Deutsches Recht
mE	meines Erachtens
Meincke/Hannes/Holtz	Erbschaftsteuer- und Schenkungssteuergesetz, 17. Aufl. 2018
MittBayNot	Mitteilungen des Bayerischen Notarvereins, der Notarkasse und der Landesnotarkammer Bayern
MittRhNotK	Mitteilungen der Rheinischen Notar-Kammer
Mot	Motive zu dem Entwurf eines Bürgerlichen Gesetzbuches für das Deutsche Reich (Bände I–V)
MüKoBGB	Münchener Kommentar zum BGB, 7. Aufl. 2016 ff.
MüKoHGB	Münchener Kommentar zum HGB, 4. Aufl. 2016 ff.
MüKoInsO	Münchener Kommentar zur Insolvenzordnung, 3. Aufl. 2013 ff.
MüKoZPO	Münchener Kommentar zur Zivilprozessordnung, 5. Aufl. 2016 f.
MVHdB I GesR	Münchener Vertragshandbuch Band 1: Gesellschaftsrecht, 8. Aufl. 2018
MVHdB VI BürgerlR II	Münchener Vertragshandbuch Band 6: Bürgerliches Recht II, 7. Aufl. 2016
mwN	mit weiteren Nachweisen
MwSt	Mehrwertsteuer
MwStSystRL	Richtlinie 2006/112/EG des Rates vom 28. November 2006 über das gemeinsame Mehrwertsteuersystem
m. zust. Anm.	mit zustimmender Anmerkung
NdsRpfl	Niedersächsische Rechtspflege
nF	neue Fassung
Nieder/Kössinger	Handbuch der Testamentsgestaltung, 5. Aufl. 2015
NJW	Neue Juristische Wochenschrift
NJW-FER	NJW- Entscheidungsdienst Familien- und Erbrecht
NJW-RR	NJW-Rechtsprechungs-Report Zivilrecht
NK-BGB	*Dauner-Lieb/Heidel/Ring* (Hrsg.), Anwaltskommentar BGB, 2010 ff.

Nr. .... Nummer(n)
nrk .... nicht rechtskräftig
NWB .... Neue Wirtschafts- Briefe für Steuer- und Wirtschaftsrecht

og .... oben genannte
OGHZ .... Entscheidungen des Obersten Gerichtshofs für die Britische Zone in Zivilsachen
OHG .... Offene Handelsgesellschaft
OLG .... Oberlandesgericht
OLGZ .... Rechtsprechung der Oberlandesgerichte in Zivilsachen
OVG .... Oberverwaltungsgericht
OWi .... Ordnungswidrigkeit
OWiG .... Gesetz über Ordnungswidrigkeiten

pa .... per annum
Palandt .... BGB, Kommentar, 77. Aufl. 2018
Prot .... Protokolle der Kommission für die 2. Lesung des Entwurfs des BGB
PStG .... Personenstandsgesetz
pVV .... positive Vertragsverletzung

RabelsZ .... Zeitschrift für ausländisches und internationales Privatrecht
RdL .... Recht der Landwirtschaft
Rn. .... Randnummer
RE .... Rechtsentscheid
RG .... Reichsgericht
Reimann/Bengel/J. Mayer .... Testament und Erbvertrag, 6. Aufl. 2015
RGBl. .... Reichsgesetzblatt
RGRK .... Das Bürgerliche Gesetzbuch, Kommentar, herausgegeben von Mitgliedern des Bundesgerichtshofs, 12. Aufl. 1974 ff.
RGZ .... Entscheidungen des Reichsgerichtes in Zivilsachen
Rpfl .... Der Deutsche Rechtspfleger
RpflegerG .... Rechtspflegergesetz
Rspr .... Rechtsprechung
RsprN .... Rechtsprechungsnachweis(e)
RWS .... Kommunikationsform Recht – Wirtschaft – Steuern

s. .... siehe
S. .... Satz, Seite(n)
Schauhoff .... Handbuch der Gemeinnützigkeit, 3. Aufl. 2010
SchlHA .... Schleswig-Holsteinische Anzeigen
Schlitt/Müller .... Handbuch Pflichtteilsrecht, 2. Aufl. 2017
Schlüter/Stolte .... Stiftungsrecht, 3. Aufl. 2016
Schmidt .... Einkommensteuergesetz: EStG, Kommentar, 37. Aufl. 2018
SeuffA .... Seufferts Archiv für Entscheidungen der obersten Gerichte
s.o. .... siehe oben
Soergel .... BGB, Kommentar, 13. Aufl. 2001 ff.
sog. .... sogenannt
Spiegelberger .... Vermögensnachfolge, 2. Aufl. 2010
Staudinger .... BGB, Kommentar, 13. Aufl. 1993 ff.
StBerG .... Steuerberatungsgesetz
StGB .... Strafgesetzbuch
StPO .... Strafprozessordnung
stRspr .... ständige Rechtsprechung

s.u. .... siehe unten, siehe unter
Sudhoff Unternehmensnachfolge .... Unternehmensnachfolge, 5. Aufl. 2005
Süß .... Erbrecht in Europa, 3. Aufl. 2016

Tanck/Krug .... Anwaltsformulare Testamente, 5. Aufl. 2015
TestG .... Gesetz über die Errichtung von Testamenten und Erbverträgen
TestÜbk .... Haager Testamentsübereinkommen
Thomas/Putzo .... ZPO, Kommentar, 39. Aufl. 2018
TGJG .... *Troll/Gebel/Jülicher/Gottschalk* (Hrsg.), Erbschaftsteuer- und Schenkungsteuergesetz: ErbStG, Loseblatt, 54. EL 2018

ua .... unter anderem, und andere
uÄ .... und Ähnliches
uE .... unseres Erachtens
UmwG .... Umwandlungsgesetz
UntStFG .... Unternehmenssteuer-Fortentwicklungsgesetz
Urt. .... Urteil
UWG .... Gesetz gegen den unlauteren Wettbewerb
UStG .... Umsatzsteuergesetz
usw .... und so weiter
uU .... unter Umständen
UVR .... Umsatz- und Verkehrsteuer- Recht

va .... vor allem
VG .... Verwaltungsgericht
VGH .... Verwaltungsgerichtshof
vgl. .... vergleiche
VO .... Verordnung
VOBl. .... Verordnungsblatt
Vorb. .... Vorbemerkung
vTw .... Von Todes wegen

WährG .... Währungsgesetz
Wandtke/Bullinger .... Praxiskommentar zum Urheberrecht: UrhR, 4. Aufl. 2014
Warn Rspr. .... Rechtsprechung des Reichsgerichts, hrsg. von Warneyer
WEG .... Gesetz über das Wohnungseigentum und das Dauerwohnrecht vom 15.3.1951, BGBl. 1951 I 175
Weirich .... Erben und Vererben, 6. Aufl. 2010
Winkler .... Beurkundungsgesetz: BeurkG, Kommentar, 18. Aufl. 2017
Winkler .... Der Testamentsvollstrecker: nach bürgerlichem, Handels- und Steuerrecht, 22. Aufl. 2016
WiStG .... Wirtschaftsstrafgesetz
WM .... Zeitschrift für Wirtschaft und Bankrecht, Wertpapiermitteilungen
WRP .... Wettbewerb in Recht und Praxis
WuM .... Wohnungswirtschaft und Mietrecht (Zeitschrift)
WürzNotHdB .... *Limmer/Hertel/Frenzen/Mayer* (Hrsg.), Würzburger Notarhandbuch, 5. Aufl. 2018

zB .... zum Beispiel
Zerb .... Zeitschrift für die Steuer- und Erbrechtspraxis
ZEV .... Zeitschrift für Erbrecht und Vermögensnachfolge

ZGB .... Zivilgesetzbuch der ehem DDR
Ziff. .... Ziffer
Zimmermann .... Die Testamentsvollstreckung, 3. Aufl. 2008
Zimmermann .... Praxiskommentar Erbrechtliche Nebengesetze, 2017
ZIP .... Zeitschrift für Wirtschaftsrecht
Zöller .... Zivilprozessordnung: ZPO, Kommentar, 32. Aufl. 2018
ZOV .... Zeitschrift für offene Vermögensfragen
ZPO .... Zivilprozessordnung
ZRP .... Zeitschrift für Rechtspolitik
ZSEG .... Gesetz über die Entschädigung von Zeugen und Sachverständigen
ZSW .... Zeitschrift für das gesamte Sachverständigenwesen
zT .... zum Teil
ZVG .... Zwangsversteigerungsgesetz
zzt. .... zurzeit
zzgl. .... zuzüglich

A. Die Beratung des Erblassers

I. Vorbemerkung

Die folgenden Ausführungen verstehen sich als eine **Anleitung zu einem systematischen Beratungsgespräch mit dem Erblasser** und als **Überblick der erbrechtlichen Gestaltungen** der in den Abschnitten C. und F. eingestellten Muster.

Nicht selten erklärt der Erblasser, er habe bereits konkrete Vorstellungen von dem Inhalt seiner letztwilligen Verfügung, oder er legt ein schriftliches Konzept vor, das der Notar ohne weitere Prüfung übernehmen soll. Der Rechtsberater handelt leichtsinnig, wenn er ohne Rückfragen den so geäußerten Willen des Erblassers als seinen wahren Willen unterstellt.

Nach § 17 Abs. 1 BeurkG ist es Amtspflicht des Notars, den wahren Willen des Erblassers zu erforschen, den Sachverhalt zu klären und den Erblasser über die rechtliche Tragweite seiner Verfügung von Todes zu belehren. Dabei soll er darauf achten, dass Irrtümer und Zweifel vermieden werden. Irrtümer des Bürgers über das Erbrecht sind eher die Regel als die Ausnahme; er ist sich deren aber nicht bewusst.

Nicht in jedem Beratungsgespräch hat der Notar alle Gestaltungsmöglichkeiten anzusprechen. Will der verwitwete Erblasser seine beiden erwachsenen Kinder zu gleichen Anteilen zu Erben einsetzen ohne weitere Bestimmungen, etwa einer Anordnung für die Auseinandersetzung des Nachlasses, und hat sich der Notar von der Testierfreiheit überzeugt, fehlt es an einem weiteren Beratungsbedarf. Regelmäßig anders ist es bei einem gemeinschaftlichen Testament oder einem Erbvertrag der Ehegatten, in dem zwei Erbfälle zu regeln sind, Pflichtteilsprobleme auftreten oder eine besondere Situation in der Person eines Kindes vorliegen kann, auch schwierige Fragen der Bindung (vor allem des Längstlebenden an seine Verfügungen von Todes wegen) zu entscheiden sind. Die Checkliste stellt daher insbesondere auf die **erbrechtliche Beratung von Ehegatten mit Kindern** ab.

Die **Unternehmensnachfolge** wird geschlossen in Abschnitt G. behandelt. In diesem Abschnitt geht es um die Beratung eines Erblassers und die zusätzlichen Fragestellungen beim Vorhandensein von Betriebsvermögen.

II. Die vom Erblasser verfolgten Ziele der Nachfolgeregelung und die Ermittlung des letzten Willens

Checkliste

1. Die persönlichen Verhältnisse des Erblassers
   a) Alter des Erblassers,
   b) Ist der Erblasser verwitwet, geschieden oder ledig?
   c) Ist der Erblasser verheiratet oder lebt er in einer Lebenspartnerschaft? Ist er Lebensgefährte einer nichtehelichen Lebensgemeinschaft?
   d) In welchem Güterstand leben die Ehegatten/Lebenspartner?
   e) Haben die Ehegatten gemeinsame Kinder, in welchem Alter sind die Kinder, haben diese Abkömmlinge, ist ein Kind vorverstorben? Soll eine Pflichtteilsklausel aufgenommen werden?
   f) Hat der Erblasser ein adoptiertes Kind?
   g) Gibt es ein Problemkind?
   h) Hat der Erblasser ein Kind aus einer früheren Ehe oder ein nichteheliches Kind?
2. Die vermögensrechtlichen Verhältnisse des Erblassers
   a) Über welche wesentlichen Vermögenswerte verfügt der Erblasser (Grundbesitz, Gesellschaftsbeteiligung, Einzelunternehmen, Geldvermögen). Zum Auslandsvermögen → Form. A.II.8.
   b) Die erbschaftsteuerliche Erstberatung
   c) Berücksichtigung denkbarer Veränderungen im Vermögen
3. Gesetzliche oder gewillkürte Erbfolge, Pflichtteilsrecht
4. Grenzen der Testierfreiheit
   a) Unwirksamkeitsgründe
   b) Nichtigkeit nach dem Heimgesetz
   c) Ausnahmen von der Gesamtrechtsnachfolge
5. Die erbrechtlichen Gestaltungsmöglichkeiten
   a) Vorsorgliche Rechtswahl (EU-Erbrechtsverordnung)
   b) Erbeinsetzung
   c) Ergänzende Regelungen zu der Erbeinsetzung
   d) Vor- und Nacherbfolge
   e) Familienrechtliche Anordnungen
   f) Vermächtnis
   g) Auflage
   h) Testamentsvollstreckung
6. Bindung des Erblassers an seine Verfügungen von Todes wegen
   a) Wechselbezügliche/vertragsmäßige oder einseitige Verfügung?
   b) Rücktrittsvorbehalt beim Erbvertrag
   c) Änderungsvorbehalt/Freizeichnungsklauseln
   d) Verfügungsunterlassungsvertrag
   e) Verzicht auf die Anfechtung wegen Übergehung eines Pflichtteilsberechtigten
   f) Belehrungsvermerk über die Bindung
7. Typische Regelungsziele
8. Testamentsgestaltung mit Auslandsberührung
9. Erbrecht und Gesellschaftsrecht

1. Die persönlichen Verhältnisse des Erblassers

Der Notar, vor dem ein Testament errichtet oder ein Erbvertrag geschlossen wird, hat nach § 1 der Testamentsregister-Verordnung folgende Angaben zur Aufnahme in das Zentrale Testamentsregister zu vermerken: Familienname, Geburtsnamen, Vornamen und Geschlecht, Tag und Ort der Geburt, Geburtsstandesamt und Geburtenregisternummer, wenn die Geburt im Inland beurkundet wurde.

Zum Erblasser mit einer **ausländischen** Staatsangehörigkeit → Form. A.II.8.

Die sachgerechte Beratung und Gestaltung einer Verfügung von Todes wegen verlangt zunächst die Ermittlung der persönlichen Verhältnisse des Erblassers.

a) Alter des Erblassers

Ehegatten in einem **fortgeschrittenen Alter** in einer intakten Familie wünschen weit mehr eine endgültige, verbindliche Regelung der Erbfolge, also über die gegenseitige Erbeinsetzung hinaus auch die wechselbezügliche/vertragsmäßige Einsetzung ihrer gemeinschaftlichen Kinder (ersatzweise deren Abkömmlinge), als jüngere Ehegatten. Auch wenn jeder Ehegatte unmittelbar die gemeinschaftlichen Kinder zu seinen Erben einsetzt (gegebenenfalls mit einem Versorgungsvermächtnis zugunsten des längstlebenden Ehegatten), soll der Längstlebende an seine Verfügungen von Todes wegen gebunden sein. Ältere Erblasser wünschen weit eher eine gegenständliche Zuweisung einzelner Nachlassgegenstände an ihre Kinder über eine Teilungsanordnung.

Jüngere Ehegatten ohne Kind müssen sich bewusst sein, dass eine letztwillige Verfügung zwingend erforderlich ist zur Korrektur der gesetzlichen Erbfolge, nach der der längstlebende Ehegatte nur beim Fehlen von Verwandten der ersten oder zweiten Ordnung und der Großeltern des Erblassers (ein äußerst seltener Fall) alleiniger Erbe ist (§ 1931 Abs. 2 BGB). Die gegenseitige Erbeinsetzung ist aber der Wunsch junger Ehegatten. Nichts anderes gilt beim Vorhandensein eines Kindes. Bei einem frühen Tod eines Ehegatten führt zwar die gesetzliche Erbfolge nicht zu untragbaren Ergebnissen, jedoch kann die Erbengemeinschaft mit einem minderjährigen Kind für den längstlebenden Ehegatten wirtschaftlich und rechtlich, obgleich ihm nach § 1680 Abs. 1 BGB die elterliche Sorge zusteht, zu erheblichen Problemen führen. Bei der Erbauseinandersetzung wird ein Minderjähriger nach §§ 1629 Abs. 2, 1795 Abs. 1 Nr. 1 BGB durch einen Ergänzungspfleger vertreten. Die Veräußerung eines zum Nachlass gehörenden Grundstücks bedarf nach § 1821 Abs. 1 Nr. 1, 4 iVm § 1915 BGB der Genehmigung des Familiengerichts. Die Praxis zeigt, dass das Familiengericht unter Berufung auf das Kindesinteresse selbst bei wirtschaftlich gebotenen Geschäften (Verkauf des hoch verschuldeten Familienwohnheims) die Genehmigung zumindest nicht zügig erteilt und allein das langwierige Verfahren den Verkauf scheitern lassen kann.

Jüngeren Ehegatten ist über die gegenseitige Erbeinsetzung hinaus von einer wechselbezüglichen oder vertragsmäßigen Einsetzung ihrer Kinder (bei kinderloser Ehe: dritter Personen, insbesondere ihrer nächsten Verwandten) zu Schlusserben abzuraten. Bei einem Erbvertrag wird sich jeder Ehegatte den Rücktritt vorbehalten (§ 2293 BGB). Wollen jüngere Ehegatten ein eigenhändiges Testament errichten, sind einseitige Testamente anzuraten, letztlich weil dem juristischen Laien unbekannt ist, dass der Widerruf der wechselbezüglichen Einsetzung des Ehegatten zum Erben der Form des Rücktritts bedarf, also der notariellen Beurkundung. Jüngere Ehegatten mit minderjährigen Kindern sollten darauf hingewiesen werden, dass sie familienrechtliche Anordnungen treffen können (und vorsorglich treffen sollten), falls ein Kind nach dem frühen Tod beider Elternteile

minderjährig ist (Benennung eines Vormunds, Testamentsvollstreckung, → Form. C.I.7, → Form. C.VII.1 ff.). Bei jüngeren Ehegatten ist der Wunsch nicht außergewöhnlich, bestimmte Vermögenswerte, insbesondere die Beteiligung an einer Familiengesellschaft oder eine Immobilie, die aus seiner Familie stammen, seinen Kindern zu vermachen, bei Kinderlosigkeit seinen Familienangehörigen.

b) Ist der Erblasser, verwitwet, geschieden oder ledig?

Ist der Erblasser **verwitwet**, stellt sich vorab die Frage der **Testierfreiheit**, da der Erblasser durch eine früheres gemeinschaftliches Testament oder Erbvertrag mit dem verstorbenen Ehegatten gebunden sein kann. Bei einem eigenhändigen gemeinschaftlichen Testament ist dem juristischen Laien meist unbekannt, dass eine wechselbezügliche Verfügung, wie zB die Einsetzung der Kinder zu Schlusserben oder ein vom Längstlebenden angeordnetes Vermächtnis, nach dem Tode eines Ehegatten nicht widerrufen werden kann (zur Testierfreiheit → Form. A.III). Die Vorlage des früheren gemeinschaftlichen Testaments oder Erbvertrags zur Prüfung, ob hierin wechselbezügliche oder vertragsmäßige Verfügungen enthalten sind, ist unverzichtbar.

Der **geschiedene** Ehegatte kann ausnahmsweise gebunden sein, wenn die Ehegatten im Zusammenhang mit der Scheidung der Ehe vertragsmäßig die gemeinsamen Kinder zu Erben eingesetzt haben (§ 2077 Abs. 3 BGB). Der geschiedene Ehegatte wünscht in aller Regel die Erbeinsetzung seiner Kinder, will aber ausschließen, dass bei einem Nachversterben eines Kindes der geschiedene Ehegatte hinsichtlich seines Nachlassvermögens erb-, zumindest pflichtteilsberechtigt wird (zum „Geschiedenentestament" → Form. E.I.3, → Form. E.III.1 bis → Form. E.III.5.

Auch der **ledige** Erblasser kann durch eine frühere Verfügung von Todes wegen gebunden sein, zB durch einen Erbvertrag mit seinen Eltern.

c) Ist der Erblasser verheiratet oder lebt er in einer Lebenspartnerschaft? Ist er Lebensgefährte einer nichtehelichen Lebensgemeinschaft?

Ehegatten und **Lebenspartner** treffen in aller Regel aufeinander abgestimmte Verfügungen von Todes wegen, so dass auch das Beratungsgespräch mit ihnen gemeinsam zu führen ist.

Will ein Ehegatte oder Lebenspartner allein ein Testament errichten, ergeben sich Anhaltspunkte dafür, dass die Ehe oder Lebenspartnerschaft bereits gescheitert ist. Stirbt der Erblasser vor Scheidung der Ehe bzw. Aufhebung der Lebenspartnerschaft (oder bevor die Voraussetzungen des § 1933 BGB, § 10 Abs. 3 LPartG vorliegen), ist nicht auszuschließen, dass der andere Ehegatte bzw. Lebenspartner seinen Pflichtteilsanspruch geltend macht. Auch hier stellt sich vorab die Frage, ob der Erblasser durch eine wechselbezügliche/vertragsmäßige Verfügung von Todes wegen an die Erbeinsetzung seines Ehegatten gebunden ist, oder ob er seine Testierfreiheit durch Widerruf des gemeinschaftlichen Testaments oder durch Rücktritt vom Erbvertrag zurück gewinnen muss. Zu empfehlen sind den Ehegatten der gemeinsame Widerruf der früheren letztwilligen Verfügungen und ein gegenseitiger Erbverzichtsvertrag.

Lebensgefährten einer **nichtehelichen Lebensgemeinschaft** steht neben Einzeltestamenten nur der Erbvertrag zur Verfügung, der regelmäßig bei einer verfestigten Lebensgemeinschaft mit einem gemeinsamen Kind gewünscht wird. Der Rücktrittsvorbehalt ist zwingend erforderlich, um dem Fall der Beendigung der Lebensgemeinschaft Rechnung zu tragen. Da Lebensgefährten erbschaftsteuerlich Ehegatten nicht gleichgestellt sind und ihr persönlicher Freibetrag lediglich 20.000,– EUR beträgt, ist bei einem gemeinschaftli-

chen Kind dessen Erbeinsetzung (gegebenenfalls verbunden mit einem Versorgungsvermächtnis zugunsten des Lebensgefährten und dessen Ernennung zum Testamentsvollstrecker auf seine Lebenszeit) zu empfehlen (→ Form. E.V).

d) In welchem Güterstand leben die Ehegatten/Lebenspartner?

Haben die Ehegatten oder Lebenspartner durch Ehevertrag oder Lebenspartnerschaftsvertrag **Gütertrennung** vereinbart, ist ein Anspruch auf Zugewinnausgleich im Todesfall nach § 1371 BGB bzw. § 6 LPartG ausgeschlossen. Beim Vorhandensein von zwei oder mehr Kindern verringert sich das gesetzliche Erb- und Pflichtteilsrecht des Ehegatten. Die Pflichtteilsansprüche der Kinder, deren Geltendmachung beim Tod des erstversterbenden Ehegatten unerwünscht ist, erhöhen sich. Dem überlebenden Ehegatten/Lebenspartner steht der erbschaftsteuerliche Freibetrag nach § 5 Abs. 1 ErbStG nicht zu.

Da bei der früheren Vereinbarung der Gütertrennung häufig die erbrechtlichen und erbschaftsteuerlichen Konsequenzen nicht gesehen wurden, ist mit den Ehegatten/Lebenspartnern zu erörtern, ob die Gütertrennung ehevertraglich aufgehoben oder durch die modifizierte Zugewinngemeinschaft ersetzt werden soll, bei der allein für den Fall der Scheidung der Ehe der Ausgleich des Zugewinns ausgeschlossen wird.

Haben die Ehegatten durch Ehevertrag **Gütergemeinschaft** vereinbart, gehört der Anteil des verstorbenen Ehegatten am Gesamtgut zum Nachlass. Der verstorbene Ehegatte wird nach den allgemeinen Vorschriften beerbt (§ 1482 BGB). Etwas anderes gilt bei der (sehr seltenen) fortgesetzten Gütergemeinschaft.

Leben die Ehegatten in **Zugewinngemeinschaft** und hat ein Ehegatte ein **großes Vermögen und einen hohen Zugewinn,** der andere Ehegatte dagegen kein oder nur ein geringes Vermögen, ist daran zu denken, über die Vereinbarung der **Gütertrennung** (und damit Beendigung des Güterstands auf andere Weise als durch den Tod eines Ehegatten, § 1372 BGB) einen lebzeitigen Ausgleich des Zugewinns durchzuführen, um so Vermögen aus erbschaftsteuerlichen Gründen auf den Ehegatten zu verlagern (→ Form. J.II.6). Die Übertragung von Vermögen in Höhe der tatsächlichen Ausgleichsforderung ist nicht schenkungsteuerpflichtig (§ 5 Abs. 2 ErbStG). Zu denken ist auch an die schenkweise Übertragung des zu eigenen Wohnzwecken genutzten Hauses/Eigentumswohnung (Familienheim) auf den vermögenslosen Ehegatten, da diese nach § 13 Abs. 1 Ziff. 4 a ErbStG steuerfrei bleibt. Setzen nach dem lebzeitigen Zugewinnausgleich die Ehegatten ihre Kinder zu Erben ein (oder zu Miterben neben dem längstlebenden Ehegatten), oder beschwert der erstversterbende Ehegatte den zum Alleinerben eingesetzten längstlebenden Ehegatten mit einem Vermächtnis zugunsten der Kinder, können auch beim Tode des zuvor vermögenslosen Ehegatten die Kinder den erbschaftsteuerlichen Freibetrag in Höhe von 400.000,– EUR ganz oder teilweise in Anspruch nehmen.

Die Vereinbarung der Gütertrennung (mit Ausgleich des Zugewinns) kann ein richtiger Gestaltungsvorschlag auch zur Lösung eines **Pflichtteilsproblems** sein. Will der vermögende Ehegatte zB sein ungeliebtes Kind aus erster Ehe enterben und überträgt er nach Vereinbarung der Gütertrennung Vermögenswerte in Höhe der Ausgleichsforderung auf den anderen Ehegatten, liegt keine Schenkung iSd § 2325 BGB vor, so dass ein Pflichtteilsergänzungsanspruch des enterbten Kindes insoweit ausgeschlossen ist.

e) Haben die Ehegatten gemeinsame Kinder, in welchem Alter sind die Kinder, haben diese Abkömmlinge, ist ein Kind vorverstorben? Soll eine Pflichtteilsklausel aufgenommen werden?

Bei einem gemeinschaftlichen Testament/Erbvertrag von Eheleuten mit **ausschließlich gemeinsamen Kindern** (zu vor- oder nichtehelichen Kindern → Form. E.III.2, → Form. E.III.3) ist es in aller Regel so, dass die Kinder zu gleichen Teilen bedacht werden sollen, zumeist als Schlusserben, also als Erben des Längstlebenden. Während die gegenseitige Erbeinsetzung der Ehegatten in einer intakten Ehe mit ausschließlich gemeinsamen Kindern als Regelungsziel von vornherein feststeht, sind die Vorstellungen des Erblassers über die Erbfolge nach dem Längstlebenden meist nur sehr vage und von falschen Vorstellungen geprägt.

Anzusprechen ist die Möglichkeit des **Vorversterbens eines Kindes** vor dem Erbfall und damit die Frage, ob die Abkömmlinge dieses Kindes Ersatzerben sein sollen. Die ausdrückliche Regelung der **Ersatzerbfolge** in der Verfügung von Todes wegen ist nahezu unverzichtbar, auch wenn die Auslegungsregel des § 2069 BGB auch beim Wegfall eines Schlusserben im gemeinschaftlichen Testament/Erbvertrag der Ehegatten gilt. Keineswegs selten wünscht der Erblasser, dass ein Enkelkind, insbesondere das nichteheliche Kind eines Sohnes, als Ersatzerbe ausgeschlossen wird (zur Ersatzerbeneinsetzung → Form. A.II.5 c) aa), → Form. C.I.1, → Form. E.II.6).

Ist ein Kind bei der Errichtung der Verfügung von Todes wegen **vorverstorben**, ist nicht allgemein bekannt, dass dessen Abkömmlinge als gesetzliche Erben erster Ordnung an seine Stelle treten und pflichtteilsberechtigt sind.

Dem juristischen Laien ist nahezu unbekannt, dass bei einer Einsetzung des längstlebenden Ehegatten zum alleinigen Erben die Kinder (bzw. Abkömmlinge eines vorverstorbenen Kindes) von diesem als Erben den Pflichtteil auch dann verlangen können, wenn sie zu Schlusserben eingesetzt sind. In einer intakten Familie und bei einem fortgeschrittenen Alter sehen die Eheleute die Geltendmachung von Pflichtteilsansprüchen der Kinder als ausgeschlossen. Gleichwohl sollte die Möglichkeit angesprochen werden, mit den Kindern einen Vertrag zu schließen, mit dem diese auf ihren Pflichtteil nach dem erstversterbenden Elternteil verzichten (→ Form. I.II.6).

Die Aufnahme einer **Pflichtteilsklausel,** die Abkömmlinge von der Geltendmachung von Pflichtteilsansprüchen nach dem Tod des Erstversterbenden abhalten sollen, ist zu empfehlen, wenn die Ehegatten einen konkreten Anlass haben, dass es hierzu kommen könnte (→ Form. C.VI.4, → Form. C.VI.5, → Form. E.II.7). Bei einer intakten Familie kann diese Klausel aber auch von den Kindern als verletzendes Misstrauen angesehen werden, so dass ich von einer generellen Aufnahme abrate. Ein Erfordernis hierfür wird am ehesten gegeben sein, wenn die Einsetzung der Kinder zu Erben des Längstlebenden wechselbezüglich oder vertragsmäßig (und ohne Änderungsvorbehalt) erfolgen soll, wozu nur älteren Ehegatten zu raten ist.

Die **klassische Pflichtteilsklausel** bestimmt, dass das Kind (oder der Abkömmling eines vorverstorbenen Kindes), das im ersten Erbfall vom längstlebenden Elternteil seinen Pflichtteil verlangt, im zweiten Erbfall von der Erbfolge ausgeschlossen ist (einschließlich seiner Abkömmlinge) und dessen Erbteil den anderen eingesetzten Erben anwächst. Sie wird richtigerweise um die **Jastrow'sche Klausel** ergänzt, nach der die Abkömmlinge, die im ersten Erbfall den Pflichtteil nicht gegen den Willen des längerlebenden Elternteils geltend machen, vom Erstversterbenden ein Vermächtnis im Wert ihres gesetzlichen Erbteils erhalten, das im zweiten Erbfall fällig wird. Damit wird erreicht, dass der dem erneuten Pflichtteilsanspruch des enterbten Kindes ausgesetzte Nachlass des längerlebenden Elternteils um den Wert der Vermächtnisse verringert wird (→ Form. C.VI.6, → Form. C.VI.7, → Form. E.II.7).

Ein zusätzlicher Regelungsbedarf besteht, wenn der Erblasser **ein Kind** gegenüber einem anderen Kind **bevorzugen** will, zB weil dieses Kind die Eltern versorgt, während das andere Kind den Kontakt zu seinen Eltern nach einem Zerwürfnis abgebrochen hat. Eine Bevorzugung kann aber auch gewünscht sein, weil die finanziellen Verhältnisse des einen Kindes erheblich schlechter sind als die des anderen Kindes, weil das eine Kind Abkömmlinge hat, das andere aber nicht, oder weil das eine Kind keine qualifizierte Ausbildung erhalten konnte, die das andere Kind mit Mitteln der Eltern erhalten hat.

Das Motiv für die unterschiedliche Behandlung der Kinder im Erbfall sollte ermittelt werden, jedoch nicht in der Verfügung von Todes wegen angeführt werden (Gefahr der Anfechtung nach § 2078 Abs. 2 BGB).

Die Besserstellung eines Kindes kann in der Verfügung von Todes wegen umgesetzt werden, indem es einen höheren Erbteil oder bei Erbeinsetzung der Kinder zu gleichen Teilen zusätzlich ein Vorausvermächtnis erhält. Alle Gestaltungen einschließlich der Enterbung eines Kindes sind anzusprechen.

Wird die **Enterbung** eines Kindes erwogen, ist der Erblasser auf das Pflichtteilsrecht des enterbten Kindes hinzuweisen, vorsorglich auch darauf, dass die guten Gründe für die Enterbung eines Kindes in den hier angesprochenen Fällen keinesfalls die Entziehung des Pflichtteils (§ 2333 BGB) rechtfertigen. Solange kein gravierendes Fehlverhalten eines Kindes vorliegt, sprechen die besseren Gründe gegen eine Enterbung dieses Kindes, soweit nicht davon ausgegangen werden kann, dass dieses Kind aus den ihm bekannten und von ihm respektierten Gründen für die Bevorzugung des anderen Kindes seinen Pflichtteilsanspruch nicht geltend machen wird. In anderen Fällen wird das Kind seine Nichtberücksichtigung im Erbfall als Affront sehen, was zumindest zu Unfrieden in der Familie führen kann. Denkbar ist die Lösung, mit der das Kind entweder zum Miterben in Höhe seiner Pflichtteilsquote eingesetzt wird oder (vorzugswürdig) in dieser Höhe ein Vermächtnis erhält. Geht der Erblasser davon aus, dass das eine Kind seinen Wunsch nach einer Bevorzugung des anderen Kindes respektiert, ist ein Pflichtteilsverzichtsvertrag mit diesem Kind zu empfehlen. Als Alternative kommt der Abschluss eines Erbvertrages mit diesem Kind in Betracht, in dem der Erblasser dem Kind vertragsmäßig ein Vermächtnis (zB einen bestimmten Geldbetrag) zuwendet, verbunden mit einem Pflichtteilsverzichtsvertrag (unter der Bedingung der Erfüllung des Vermächtnisses).

f) Hat der Erblasser ein adoptiertes Kind?

Hat der Erblasser nach dem **1.1.1977** einen Minderjährigen als Kind angenommen, ist dieser wie ein leiblicher Abkömmling erb- und pflichtteilsberechtigt. Es scheidet aus der gesetzlichen Erbfolge nach seinen leiblichen Eltern aus, die ihrerseits gegenüber diesem Kind nicht erb- und pflichtteilsberechtigt sind (zu den Altadoptionen Palandt/*Weidlich* BGB § 1924).

Ein als Kind angenommener **Volljähriger** hat den gleichen erbrechtlichen Status gegenüber dem Annehmenden, jedoch wird das Verwandtschaftsverhältnis zu seinen leiblichen Eltern nicht berührt (soweit nicht ausnahmsweise die Annahme mit den Wirkungen der Minderjährigenannahme erfolgt ist, § 1772 BGB). Der Erblasser ist darauf hinzuweisen, dass in dem Fall, dass der Angenommene Erbe wird und kinderlos verstirbt, sein Vermögen an dessen leibliche Verwandte fällt. Die Situation ist vergleichbar mit der beim Geschiedenentestament, so dass die dort vorgeschlagene Gestaltung zu empfehlen ist (→ Form. E.III.5).

g) Gibt es ein Problemkind?

Die Problemfälle, die aus der Sicht des Erblassers in der Person eines Kindes vorliegen, sind:
- er sieht die Gefahr des Verlusts des Vermögens durch Verschwendung oder Überschuldung (§ 2338 BGB),
- die in der Vergangenheit bereits bestätigte Befürchtung des Erblassers, dass das Kind „nicht mit Geld umgehen kann", zugleich der Wunsch des Erblassers, sein Vermögen für die Abkömmlinge dieses Kindes zu erhalten,
- das Kind ist drogensüchtig oder Alkoholiker,
- Zugehörigkeit des Kindes zu einer Sekte,
- tiefgreifendes Zerwürfnis zwischen dem Erblasser und dem Kind,

aber auch ganz allgemein der Wunsch, das Familienvermögen oder einzelne Gegenstände, insbesondere Immobilien, für die Enkelgeneration zu erhalten.

Der Rechtsberater hat in diesen Fällen mit besonderer Sorgfalt die wahren Gründe für den Wunsch des Erblassers zu ermitteln, sein Kind zu enterben oder durch die Einsetzung eines Nacherben und/oder durch die Ernennung eines Testamentsvollstreckers zu beschränken, zumal wenn der Anlass des Zerwürfnisses erst kurze Zeit zurück liegt und beim Erblasser eine spontane, nicht gründlich durchdachte Reaktion ausgelöst hat. Beschränkungen eines zum Erben oder Miterben eingesetzten Kindes, insbesondere durch die Einsetzung eines Nacherben und/oder die Ernennung eines Testamentsvollstreckers, müssen abgewogen werden gegen die Möglichkeit, dass dieses Kind nach § 2306 Abs. 1 BGB das Erbe ausschlägt und den Pflichtteil verlangt, und damit der Erblasserwille nicht umgesetzt wird.

Andere Regelungsziele verfolgt der Erblasser bei einem geistig oder körperlich schwer behinderten Kind (→ Form. F.I.1 ff.).

h) Gibt es Kinder aus einer früheren oder gescheiterten Ehe oder ein nichteheliches Kind?

Hat der Erblasser aus seiner jetzigen Ehe ein Kind und aus einer früheren Ehe ein Kind oder der Ehemann ein nichteheliches Kind, besteht ein weitergehender Regelungsbedarf.

Zu entscheiden ist insbesondere, ob dieses Kind neben dem gemeinsamen Kind Erbe des Längstlebenden sein soll und ob insoweit ergänzende Regelungen zu treffen sind. Zusätzliche Fragen sind vorab zu klären, wenn der Erblasser bei einer gescheiterten Ehe von seinem Ehegatten getrennt lebt.
- Will der **getrennt lebende Ehegatte** sein Kind aus dieser Ehe zum Erben einsetzen, ist zunächst festzustellen, ob der Erblasser durch ein gemeinschaftliches Testament oder einen Erbvertrag mit dem Ehegatten gebunden ist. Erst wenn die Voraussetzungen des § 2077 BGB iVm § 2268, 2279 BGB vorliegen, ist das gemeinschaftliche Testament bzw. der Erbvertrag bereits vor Auflösung der Ehe unwirksam. Anderenfalls ist der Widerruf des gemeinschaftlichen Testaments in der Form des § 2296 BGB zu erklären. Vom Erbvertrag kann der Erblasser nur zurücktreten, wenn er sich den Rücktritt im Vertrag vorbehalten hat (§ 2293 BGB). Da in der Regel davon auszugehen ist, dass auch der andere Ehegatte an dem Erbvertrag nicht festhalten will, ist dieser gemeinsam nach § 2290 BGB aufzuheben. Vor allem wenn eine Scheidung der Ehe kurzfristig nicht beabsichtigt ist, ist den getrennt lebenden Ehegatten ein Erbverzichtsvertrag zu empfehlen, um Testierfreiheit zurückzugewinnen.
- Setzt der **geschiedene** (oder getrennt lebende) **Ehegatte** sein Kind aus dieser Ehe zum Erben ein, ist er auf zwei denkbare Situationen nach dem Erbfall hinzuweisen.

Ist im Erbfall das Kind minderjährig, steht die **Vermögenssorge dem geschiedenen Ehegatten** zu. Will der Erblasser dies ausschließen, hat er im Testament zu bestimmen, dass der geschiedene Ehegatte das Vermögen nicht verwalten soll (§ 1638 Abs. 1 BGB), einen Pfleger zu benennen (§ 1917 BGB), und/oder Testamentsvollstreckung anzuordnen. Letztere hat den entscheidenden Vorteil, dass der Nachlass auch über das 18. Lebensjahr des Kindes hinaus der Verwaltung durch den Testamentsvollstrecker unterliegt.

Diese Vorsorgemaßnahmen lösen jedoch das Problem nicht, das beim Tode des Kindes nach dem Erbfall eintreten kann. Stirbt das Kind ohne Hinterlassung von Abkömmlingen und ohne eine Verfügung von Todes wegen, ist der **geschiedene Ehegatte gesetzlicher Erbe** (§ 1925 Abs. 3 S. 2 BGB). Liegt eine Verfügung von Todes wegen des Kindes vor, in dem es das Elternteil von der Erbfolge ausgeschlossen hat, steht dem geschiedenen Ehegatten beim Fehlen von Abkömmlingen des Kindes das **Pflichtteilsrecht** zu. Regelmäßig will der geschiedene Ehegatte eine Teilhabe des anderen Ehegatten an seinem Nachlass ausgeschlossen sehen. Dies kann dadurch erreicht werden, dass der Erblasser sein Kind zum (befreiten) Vorerben einsetzt, zu Nacherben dessen Abkömmlinge und zu Ersatznacherben dessen Geschwister, Kinder aus seiner jetzigen Ehe oder seine Verwandten (→ Form. E.I.3).

Die Anordnung der Nacherbfolge kann (und sollte) in der Weise bedingt angeordnet werden, dass sie mit dem Tode des geschiedenen Ehegatten entfällt, oder bereits zu dem Zeitpunkt, zu dem das Kind eine Verfügung von Todes wegen getroffen hat, in der es den geschiedenen Ehegatten nicht bedacht hat. Allerdings bleibt hier das Pflichtteilsrecht des geschiedenen Ehegatten bestehen, solange das Kind selbst keine Abkömmlinge hat.

Dieser Problemkreis gilt auch bei der **„Patchwork-Familie“** („meine Kinder, deine Kinder, unsere Kinder“), also bei der Situation, dass die Ehegatten ein gemeinsames Kind haben und beide oder einer von ihnen ein Kind aus einer ersten geschiedenen Ehe hat (→ Form. E.III.2, → Form. E.III.5) und der frühere Ehegatte lebt.

- Über die vorstehend dargestellten Regelungsmöglichkeit hinaus, die eine Teilhabe des geschiedenen Ehegatten beim Tod des Kindes nach dem Erbfall ausschließen, ergeben sich hier weitere Komplikationen.

  Beispiel: Die Ehegatten haben ein gemeinsames Kind, die Tochter A, der Mann hat aus erster Ehe den Sohn B, die Frau aus erster Ehe den Sohn C. Die Frau hat ein Vermögen von 400.000,– EUR, der Mann hat kein Vermögen. Alle Kinder sollen gleich behandelt werden. Die Ehegatten setzen sich gegenseitig zum alleinigen Erben ein und die Kinder A, B und C zu je $^{1}/_{3}$ Anteil zu Erben des Längstlebenden. Stirbt die Frau zuerst, kann nicht ausgeschlossen werden, dass der Sohn C seinen Pflichtteil (50.000,– EUR) zumindest dann verlangen wird, wenn seine Einsetzung zum Erben zu $^{1}/_{3}$ Anteil nach dem Mann nicht wechselbezüglich oder vertragsmäßig erfolgt ist. Er wird in diesem Fall seinen Pflichtteilsanspruch geltend machen, da er Gefahr läuft, beim Tode des Mannes „leer auszugehen“, da er diesem gegenüber nicht pflichtteilsberechtigt ist. Ist die Schlusserbeneinsetzung des Sohnes C wechselbezüglich/vertragsmäßig erfolgt, wird er gleichwohl, vor allem wenn es an einer familiären Beziehung zu dem Stiefvater fehlt, seinen Pflichtteil geltend machen, da er befürchten muss, dass der Mann wesentliche Teile des Nachlasses bereits zu Lebzeiten auf seine leiblichen Kinder schenkweise überträgt, ohne dass C ein Pflichtteilsergänzungsanspruch nach § 2325 BGB zusteht (→ Form. E.III.2, → Form. E.III.5).
- Näher liegend ist es im vorigen Beispiel, dass die vermögende Frau allein ihre leiblichen Kinder, die Tochter A und den Sohn C, bedenken will. Wird dagegen der Mann Alleinerbe seiner Frau, steht nach seinem Tode seinem Sohn B der Pflichtteil in Höhe von 100.000,– EUR zu, und zwar ausschließlich aus dem Vermögen der Frau, das im Wege der Erbfolge auf den vermögenslosen leiblichen Vater übergegangen ist.
- Beim Testament eines geschiedenen und in zweiter Ehe verheirateten Ehegatten („**Geschiedenentestament**“) gilt zunächst grundsätzlich die Überlegung, das Vermögen der

Frau und das Vermögen des Mannes im Erbfall getrennt zu halten, indem sich die Ehegatten gegenseitig zum Vorerben und ihre leiblichen Abkömmlinge zu Nacherben einsetzen. Soll darüber hinaus ausgeschlossen werden, dass der geschiedene Ehegatte nach dem Eintritt des Nacherbfalls und nach dem Tod seines Kindes an dem Nachlass partizipiert, können die Nacherben wiederum als Vorerben eingesetzt werden und als Nacherben deren Abkömmlinge bzw. leiblichen Geschwister mit der Bestimmung, dass die Nacherbfolge mit dem Tode des geschiedenen Ehegatten entfällt (als aufschiebende bzw. auflösende Bedingung). Zu den näheren Einzelheiten → Form. E.III.1 ff.

Das **nichteheliche Kind** (auch das vor dem 1.7.1949 geborene) ist dem ehelichen Kind in der Erbfolge nach dem Vater gleichgestellt, wenn dieser die Vaterschaft anerkannt oder diese förmlich festgestellt wurde, was auch noch nach dem Tod des Erblassers mit Rückwirkung auf die Zeit der Geburt möglich ist. Besteht kein Vater-Kind-Verhältnis, ist ein Erb- und Pflichtteilsverzicht des Kindes gegen Abfindung zu empfehlen (→ Form. I.III.3).

2. Die vermögensrechtlichen Verhältnisse des Erblassers

a) Über welche wesentlichen Vermögenswerte verfügt der Erblasser (Grundbesitz, Gesellschaftsbeteiligung, Einzelunternehmen, Geldvermögen)?

Der Inhalt einer Verfügung von Todes wegen hat sich auch an den wesentlichen Vermögenswerten des Erblassers zu orientieren. Zu ermitteln ist, wie sich das derzeitige Vermögen zusammensetzt:

- das eigengenutzte Einfamilienhaus (Familienheim),
- weiteres im Inland belegenes Immobilienvermögen (vermietete Objekte),
- Immobilienvermögen im Ausland, insbesondere ein Ferienhaus (→ Form. A.II.8),
- Beteiligung an einer Gesellschaft, in der der Erblasser als Freiberufler oder Unternehmer tätig ist, insbesondere als persönlich haftender Gesellschafter oder Kommanditist einer Familiengesellschaft (→ Form. A.II.9), Einzelunternehmen,
- Lebensversicherung, Bausparvertrag,
- Wertpapiere und sonstiges Geldvermögen,
- bewegliche Gegenstände von Wert, wie etwa Antiquitäten, Kunst, sonstige Sammlungen,
- Gegenstände, zu denen der Erblasser eine besondere persönliche Beziehung hat und die er bestimmten Personen zuwenden möchte, zB Schmuck, eine Fachbücherei, aus seiner Familie stammende Gegenstände wie Silberbesteck, wertvolles Porzellan, Antiquitäten, Ahnenbilder.

Dem Aktivvermögen ist das Passivvermögen gegenüber zu stellen.

Bei **Ehegatten** ist darüber hinaus zu ermitteln, **wem welche Vermögensgegenstände** gehören. Sind die Ehegatten zu $^1/_2$ Anteil Miteigentümer der Immobilie oder ist ein Ehegatte Alleineigentümer? Wer ist Begünstigter des Lebensversicherungs- oder des Bausparvertrages? Sind die Ehegatten gemeinsam Inhaber von Bankkonten oder Depots?

Richtigerweise wird der Rechtsberater eine für den Mann und die Frau getrennte Auflistung ihrer Vermögenswerte (mit ihrem heutigen Wert) anfertigen, um in der Verfügung von Todes wegen festzulegen, mit welchem Vermögensgegenstand welcher Erblasser eine bestimmte Person bedenkt (im Weg der Teilungsanordnung oder mit einem Vorausvermächtnis). Nur über eine getrennte Vermögensaufstellung kann auch die erbschaftsteuerliche Belastung im ersten Erbfall ermittelt werden.

Ermittelt werden kann nur der heutige Wert des Vermögens. Eine Prognose über die Zusammensetzung und den Wert des hypothetischen Nachlasses ist allenfalls bei älteren Erblassern möglich.

Bei jüngeren Erblassern gilt die Empfehlung, den Inhalt der letztwilligen Verfügungen von Zeit zu Zeit zu überprüfen, insbesondere nach einer Umschichtung des Vermögens, einem erheblichen Vermögensverlust oder Vermögenszuwachs.

Der Erblasser ist darauf hinzuweisen, dass sich ein Erwerb auf Grund von **Verträgen zu Gunsten Dritter auf den Todesfall,** insbesondere von Lebensversicherungen, Sparguthaben oder Bausparverträgen, grundsätzlich außerhalb des Erbrechts vollzieht. Der Bezugsberechtigte erwirbt „am Nachlass vorbei", so dass dieser Vermögenswert einer vom Erblasser für seinen Nachlass gewünschten Testamentsvollstreckung und/oder Vor- und Nacherbfolge nicht unterliegt. Ist bei einer Lebensversicherung „Zahlung an die Erben" ausbedungen, ist nach § 160 Abs. 2 VVG im Zweifel anzunehmen, dass sich der Rechtserwerb außerhalb der Erbfolge vollzieht. Will der Erblasser eine bestehende (widerrufliche) Bezugsberechtigung ändern, bedarf es der schriftlichen Anzeige bei der Gesellschaft.

Erhält der Berater von einer **lebzeitigen Grundstücksschenkung** der Eltern an den Erblasser Kenntnis, liegt es nahe, dass sich die Eltern im Vertrag den Nießbrauch und die Rückübertragung beim Vorversterben ihres Kindes vorbehalten haben. Der Erblasser muss sich bewusst sein, dass eine letztwillige Verfügung über das Grundstück im Erbfall gegenstandslos werden kann, jedenfalls dieses mit dem Nießbrauch bis zum Tod der Eltern belastet bleibt. Ein Regelungsbedarf ist gegeben, wenn das Rückforderungsrecht der Eltern nur ausgeschlossen ist, wenn beim Tode des beschenkten Kindes das Grundstück auf dessen Abkömmlinge übergeht. Hier ist es richtig, dem Wunsch der Schenkgeber dadurch Rechnung zu tragen, dass der Erblasser das Grundstück seinen Abkömmlingen vermacht.

b) Die erbschaftsteuerliche Erstberatung

Der Rechtsberater muss davon ausgehen, dass der Erblasser falsche Vorstellungen von der erbschaftsteuerlichen Belastung seines Erben hat. Unbekannt sind insbesondere der persönliche Freibetrag des Ehegatten in Höhe von 500.000,– EUR und der Kinder, der Stiefkinder und der Kinder vorverstorbener Kinder in Höhe von 400.000,– EUR. Dem längstlebenden Ehegatten steht zusätzlich der Versorgungsfreibetrag nach § 17 ErbStG zu (der aber um die nicht der Erbschaftsteuer unterliegenden Versorgungsbezüge gekürzt wird). Weit verbreitet ist auch der Irrtum, dass Verbindlichkeiten, insbesondere die auf den Erben übergehenden Darlehens- und sonstigen Verbindlichkeiten, steuerlich nicht in Abzug gebracht werden können. Richtig zu stellen ist, dass Grundbesitz nicht mehr nach dem Einheitswert sondern dem wirklichen Wert besteuert wird. In vielen Fällen unbekannt ist, dass die lebzeitige Schenkung nicht anders besteuert wird als der Erwerb von Todes wegen. Nur so ist der (zumeist törichte) Wunsch der Ehegatten zu erklären, ihr Einfamilienhaus bereits zu Lebzeiten auf ein Kind zu übertragen, „um Steuern zu sparen".

In vielen Beratungsfällen kann die Befürchtung, der „Fiskus werde Haupterbe", schnell zerstreut werden: Bei einem Steuerwert des Vermögens, das den Ehegatten je zur Hälfte gehört, von nicht mehr als 400.000,– EUR und einem Kind bleibt der Erwerb von Todes wegen in beiden Erbfällen steuerfrei, das gilt auch bei einem Vermögen von nicht mehr als 800.000,– EUR und zwei Kindern bzw. einem Vermögen im Steuerwert von 1,2 Mio. EUR und drei Kindern. Nach § 13 Abs. 1 Nr. 4a ErbStG ist im Erbfall das Eigentum/der Miteigentumsanteil am selbstgenutzten Familienheim steuerfrei, wenn der überlebende Ehegatte es weiterhin selbst nutzt; das gilt unabhängig von seinem Wert und ohne Anrechnung auf seinen persönlichen Freibetrag.

Auch bei einer geringfügigen Überschreitung der Freibeträge ist die erbschaftsteuerliche Belastung zu vernachlässigen (bis zum einem Wert von 75.000,– EUR beträgt der Steuersatz 7 %).

Bei der erbschaftsteuerlichen Beratung ist die Frage nach Schenkungen und ehebedingten Zuwendungen (die erbschaftsteuerlich einer Schenkung gleichgestellt sind) an den Ehegatten zu stellen, auch die Frage nach Schenkungen an die Kinder. Alle Erwerbe, die einem Erwerber innerhalb eines Zeitraums von zehn Jahren von derselben Person anfallen, sind nach § 14 ErbStG in der Weise zusammenzurechnen, dass dem letzten Erwerb durch Erbanfall frühere Zuwendungen des Erblassers mit ihrem damaligen Steuerwert hinzugerechnet werden.

c) Berücksichtigung denkbarer Veränderungen im Vermögen

Der Erblasser wünscht häufig eine gegenständliche Vererbung seines Vermögens und legt dessen derzeitigen Wert zugrunde: die Tochter soll das Einfamilienhaus, der Sohn das Geldvermögen und einen Bauplatz erhalten; die jeweiligen Werte sind gleich hoch.

Das ist über eine Teilungsanordnung möglich, die nach den derzeitigen Werten nicht zu einer Ausgleichung führt. Der Erblasser bedenkt nicht, dass sein Geldvermögen, etwa wegen Unterbringung in einem Pflegeheim, bis zu seinem Tode ganz oder teilweise verbraucht sein kann, das Einfamilienhaus wegen unterlassener Reparaturen an Wert verliert, oder er den Bauplatz veräußert, um den Erlös in das Einfamilienhaus zu investieren. Setzt der Erblasser seine Kinder zu je $^{1}/_{2}$ Anteil zu Erben ein und trifft er für die Auseinandersetzung unter seinen Erben die vorstehende Anordnung, ist Vorsorge für Wertveränderungen oder die Umschichtung seines Vermögens getroffen, da im Erbfall die wirklichen Werte der einzelnen Vermögensgegenstände zu ermitteln sind und ein Mehrwert unter den Erben auszugleichen ist.

Zu unbedachten Ergebnissen würde es aber führen, wenn der Erblasser die Teilungsanordnung mit einem Vorausvermächtnis verbindet, also bestimmt, dass, sollte eines seiner Kinder einen höheren Wert erhalten, dieser nicht auszugleichen, sondern im Voraus vermacht ist („wertverschiebende“ Teilungsanordnung).

Auch bei **Geldvermächtnissen** bedenkt der Erblasser mögliche Veränderungen seines Geldvermögens nicht. Hat der Erblasser sein einziges Kind zum Erben eingesetzt, das sein Einfamilienhaus und 50.000,– EUR erhalten soll, und ordnet er ein Geldvermächtnis in Höhe von 40.000,– EUR zugunsten einer dritten Person an, legt er den derzeitigen Bestand seines Geldvermögens von 90.000,– EUR zugrunde. Hat sich das Geldvermögen im Erbfall um 50.000,– EUR verringert, hat der Erbe das Vermächtnis gleichwohl zu erfüllen und geht insoweit leer aus. Richtig ist es, das Vermächtnis in Höhe eines bestimmten Prozentsatzes des im Erbfall vorhandenen Geldvermögens anzuordnen (→ Form. C.V.3).

3. Gesetzliche oder gewillkürte Erbfolge, Pflichtteilsrecht

Sind die persönlichen, familiären und vermögensrechtlichen Verhältnisse des Erblassers festgestellt, geht es um die Ermittlung des wirklichen Willens des Erblassers. Der Erblasser kann in der Regel nur vage seine Regelungsziele äußern, letztlich weil ihm selbst Grundkenntnisse des Erbrechts fehlen. Es empfiehlt sich daher, dem Erblasser zunächst die gesetzliche Erbfolge (einschließlich des Pflichtteilsrechts) zu erläutern, um anschließend den notwendigen Korrekturbedarf konkret herauszuarbeiten, der notwendig ist, um dem wirklichen Willen des Erblassers Rechnung zu tragen.

a) Der Rechtsberater sollte bedenken, dass insbesondere folgende falsche Vorstellungen weit verbreitet sind:

- Kinderlose Ehegatten, aber auch Ehegatten mit einem Kind, gehen davon aus, dass der längstlebende Ehegatte gesetzlich Alleinerbe ist.
- Ehegatten, die sich gegenseitig zum alleinigen Erben und die gemeinsamen Kinder zu Schlusserben einsetzen, ist schwer zu vermitteln, dass beim Tode des Erstversterbenden von ihnen die Kinder von dem Längstlebenden den Pflichtteil verlangen können. Die Gütertrennung führt zu einer höheren Pflichtteilsquote beim Vorhandensein von mehr als einem Kind.
- Dem Erblasser ist häufig nicht bekannt, dass er zwar die Personen, die gesetzliche Erben sind, insbesondere den Ehegatten und die Kinder, ohne jede Voraussetzung enterben kann, diesen aber der Pflichtteil bleibt. Allein ein persönliches Zerwürfnis ist kein Grund zur Entziehung des Pflichtteils nach §§ 2333 bis 2335 BGB. Nur in äußerst seltenen Ausnahmefällen wird ein Grund zur Entziehung des Pflichtteils gegeben sein.
- Die Höhe des Pflichtteils (= Hälfte des Wertes des gesetzlichen Erbteils) ist unbekannt, ebenso dass der Pflichtteilsanspruch erst mit dem Erbfall entsteht (also nicht bereits zu Lebzeiten geltend gemacht werden kann) und auf Zahlung in Geld gerichtet ist. Vor allem ist unbekannt, dass der Berechtigte seinen Pflichtteilsanspruch geltend machen kann, ihn aber nicht geltend machen muss. Haben die Ehegatten ein gemeinschaftliches Kind enterbt und das andere zum Schlusserben eingesetzt, sind sie darauf hinzuweisen, dass die Pflichtteilsquote des enterbten Kindes im 1. Erbfall $^1/_8$, im 2. Erbfall aber $^1/_4$ beträgt.
- Bei einer lebzeitigen Schenkung des Erblassers steht dem Pflichtteilsberechtigten der Pflichtteilsergänzungsanspruch nach § 2325 BGB zu, und zwar auch dann, wenn seine Pflichtteilsberechtigung im Zeitpunkt der Schenkung nicht bestand (BGH NJW 2012, 2730).
- Den Eltern des Erblassers steht das Pflichtteilsrecht nur zu, wenn der Erblasser keine Abkömmlinge hat. Hat der Erblasser keine Abkömmlinge, steht den Geschwistern nach dem Tode der Eltern kein Pflichtteilsrecht zu.
- Verwandte sowie der Ehegatte des Erblassers können durch Vertrag mit dem Erblasser auf ihr gesetzliches Erbrecht verzichten, der Verzicht kann auf das Pflichtteilsrecht beschränkt werden (§ 2346 BGB). Für den Verzicht kann eine Abfindung vereinbart werden. Wollen die Ehegatten ausschließen, dass Abkömmlinge von dem Längstlebenden ihren Pflichtteil aus dem Nachlass des Erstversterbenden verlangen, kann mit ihnen ein Vertrag geschlossen werden, in dem diese auf den Pflichtteil nach dem erstversterbenden Elternteil verzichten.
- Hinterlässt der Erblasser mehrere Erben, so wird der Nachlass gemeinschaftliches Vermögen der Erben, die bis zur Auseinandersetzung, also Realteilung des Nachlasses, über einen Nachlassgegenstand nur gemeinschaftlich verfügen können und den Nachlass bis zu diesem Zeitpunkt gemeinsam verwalten. Will der Erblasser bestimmte Nachlassgegenstände einem Erben zuweisen, muss er dies durch letztwillige Verfügung anordnen. Eine gegenständliche Vererbung ist ausgeschlossen.
- Der Erbe haftet für die Nachlassverbindlichkeiten, das sind die vom Erblasser herrührenden Schulden (Steuerschulden, Darlehensverbindlichkeiten, Mietschulden, etc) und die den Erben als solchen treffenden Verbindlichkeiten aus Pflichtteilsrechten, Vermächtnissen und Auflagen (§ 1967 BGB). Diese sind für ihn bei der Erbschaftsteuer abzugsfähig. Der Erbe trägt die Kosten der Beerdigung (§ 1968 BGB), nicht die Kosten der Grabpflege.

b) Nachdrücklich ist der Erblasser darauf hinzuweisen, dass für ihn Testierfreiheit besteht, er also allein entscheidet, wer sein Vermögen im Todesfall erhält. Dem Erblasser steht es frei, seine gesetzlichen Erben (den Ehegatten und/oder Kinder) zu enterben, um zB eine gemeinnützige Einrichtung oder eine Stiftung von Todes wegen zum Alleinerben einzusetzen. Das Pflichtteilsrecht schränkt die Testierfreiheit nicht ein, es beschränkt diese lediglich in der Weise, dass es den nächsten Angehörigen einen Mindestanteil am Nachlassvermögen garantiert.

Die Testierfreiheit ist dem Erblasser in der Weise näher zu erläutern, dass sie ihm das Recht gibt, sein Vermögen entsprechend seinem eigenen Willen Personen zuzuwenden, ohne Rücksicht darauf nehmen zu müssen, ob und in welcher Höhe diese oder andere Personen nach der gesetzlichen Erbfolge berufen wären. Es steht ihm insbesondere frei, seine Kinder ungleich zu behandeln. Zu bedenken ist aber auch, dass ein Erblasser (vor allem im fortgeschrittenen Alter) dazu neigt, unüberlegt und impulsiv ein Kind zu enterben, zB weil er sich über dieses geärgert hat, um einen entfernten Angehörigen zum Erben einzusetzen. Hier wird der Rechtsberater darauf hinwirken, eine so schwerwiegende Entscheidung gründlich zu überlegen und die Folgen für das Kind zu überdenken.

c) Die Grundzüge der gesetzlichen Erbfolge können wie folgt erläutert werden:

- Gesetzliche Erben der **ersten Ordnung** sind nach § 1924 BGB die Abkömmlinge des Erblassers, die zurzeit des Erbfalls leben, das sind die leiblichen und adoptierten Kinder, auch das nichteheliche Kind eines Mannes. Ein bereits gezeugter Abkömmling gilt nach § 1923 Abs. 2 BGB als vor dem Erbfall geboren. Kinder erben zu gleichen Teilen. An die Stelle eines vorverstorbenen Kindes treten dessen Abkömmlinge, also die Enkel des Erblassers, untereinander zu gleichen Teilen. Ist ein Abkömmling im Erbfall vorhanden, schließt er alle anderen Verwandten des Erblassers von der gesetzlichen Erbfolge aus.
- Hat der Erblasser keine Abkömmlinge, also keine Kinder oder Enkelkinder, sind gesetzliche Erben der **zweiten Ordnung** nach § 1925 BGB die Eltern und deren Abkömmlinge. Leben zur Zeit des Erbfalls die Eltern, so erben sie allein und zu gleichen Teilen. Ist ein Elternteil vorverstorben, erben dessen Abkömmlinge, also die Geschwister des Erblassers (beim Vorversterben deren Abkömmlinge), die Hälfte und das überlebende Elternteil die andere Hälfte. Sind Abkömmlinge nicht vorhanden, so erbt das überlebende Elternteil allein. Leben beide Elternteile nicht mehr, sind die Abkömmlinge des Vaters und der Mutter (also die Geschwister, aber auch Halbgeschwister) gesetzliche Erben.
- Sind Vater und Mutter vor dem Erblasser ohne Abkömmlinge verstorben, sind gesetzliche Erben der **dritten Ordnung** nach § 1926 BGB die Großeltern und deren Abkömmlinge. Leben zurzeit des Erbfalls die Großeltern, so erben sie allein und zu gleichen Teilen. Lebt zurzeit des Erbfalls von einem Großelternpaar der Großvater oder die Großmutter nicht mehr, so treten an die Stelle des Verstorbenen dessen Abkömmlinge, also Onkel und Tanten des Erblassers, beim Vorversterben eines von ihnen dessen Abkömmlinge, also Neffen und Nichten des Erblassers.
- Gesetzliche Erben der **vierten Ordnung** sind nach § 1928 BGB die Urgroßeltern des Erblassers und ihre Abkömmlinge.
- Ein Verwandter ist nach § 1930 BGB nicht zur Erbfolge berufen, solange ein Verwandter einer vorhergehenden Ordnung vorhanden ist.

- Die verbreitete Befürchtung des Erblassers, beim Fehlen naher Angehöriger erbe der Fiskus, ist also gegenstandslos. Andererseits ist einem Erblasser, der unverheiratet und ohne Abkömmlinge ist, dringend zu raten, durch Testament seine Erben zu bestimmen. In der Regel wird die Einsetzung der Eltern zu Erben gewünscht, jedoch – abweichend von der gesetzlichen Erbfolge – bestimmt, dass beim Vorversterben eines Elternteils das andere Elternteil Alleinerbe sein soll und nur beim Vorversterben beider Elternteile die Geschwister als Ersatzerben berufen sind.
- Leben die Ehegatten im gesetzlichen Güterstand der **Zugewinngemeinschaft**, erbt der überlebende **Ehegatte** neben den Verwandten der ersten Ordnung, das sind die Kinder des Erblassers (auch das Kind aus einer früheren Ehe, ein nichteheliches oder adoptiertes Kind) und die Abkömmlinge eines vorverstorbenen Kindes zur Hälfte. Dieser Anteil setzt sich zusammen aus dem eigentlichen gesetzlichen Erbteil von $^1/_4$ nach § 1931 Abs. 1 BGB, das sich um ein weiteres Viertel als pauschalierter Zugewinnausgleich nach § 1371 Abs. 1 BGB erhöht (erbrechtliche Lösung). Hierbei ist unerheblich, ob die Ehegatten einen Zugewinn erzielt haben.
- Neben Verwandten der zweiten Ordnung, das sind die Eltern des Erblassers und deren Abkömmlinge, erbt der Ehegatte zu $^3/_4$, ebenso neben Verwandten der dritten Ordnung, das sind die Großeltern. Sind alle vorgenannten Personen vorverstorben, erbt der Ehegatte allein.
- Bestand beim Erbfall **Gütertrennung** und sind als gesetzliche Erben neben dem überlebenden Ehegatten ein oder zwei Kinder des Erblassers berufen, so erben der überlebende Ehegatte und jedes Kind zu gleichen Teilen (§ 1931 Abs. 4 BGB). Ist im Erbfall ein Kind vorhanden, erben der überlebende Ehegatte und das Kind je zur Hälfte; sind zwei Kinder vorhanden, erben der überlebende Ehegatte und die beiden Kinder zu je $^1/_3$; sind drei Kinder vorhanden, erben der überlebende Ehegatte zu $^1/_4$ und die drei Kinder zu je $^1/_4$; sind mehr als drei Kinder vorhanden, erben der überlebende Ehegatte zu $^1/_4$ und die Kinder zu einem insgesamt $^3/_4$ Anteil, untereinander zu gleichen Teilen.

d) Sind die gesetzlichen Erben und die Höhe ihrer Erbteile ermittelt, lässt sich die Frage beantworten, in welcher Höhe dem von der Erbfolge ausgeschlossenen Abkömmling bzw. Ehegatten der Pflichtteil zusteht

- **Pflichtteilsberechtigt** sind nach § 2303 BGB die Abkömmlinge, die Eltern und der Ehegatte des Erblassers, wenn sie durch Verfügung von Todes wegen von der Erbfolge ausgeschlossen sind, die Eltern jedoch nur, wenn kein gesetzlicher Erbe der ersten Ordnung vorhanden ist, der Enkel nur bei einem vorverstorebenen Kind.
- Schlägt ein Erbe die Erbschaft aus, hat er keinen Pflichtteilsanspruch. **Ausnahmen** gelten für den Ehegatten bei Zugewinngemeinschaft aus § 1371 Abs. 3 BGB und für alle Pflichtteilberechtigten aus § 2306 BGB. Nach § 2306 Abs. 1 BGB kann ein zum Erben eingesetzter Pflichtteilberechtigter, der durch die Einsetzung eines Nacherben, die Ernennung eines Testamtsvollstreckers oder eine Teilungsanordnung beschränkt oder mit einem Vermächtnis oder einer Auflage beschwert ist, den Pflichtteil verlangen, wenn er den Erbteil ausschlägt. Dies gilt nach § 2306 Abs. 2 BGB auch, wenn der Pflichtteilsberechtigte als Nacherbe eingesetzt ist. Seit der Neufassung des § 2306 BGB mit Wirkung zum 1.1.2010 hat diese Vorschrift für die Beratung des Erblassers an Bedeutung gewonnen, da es nicht mehr auf die Größe des belasteten Erbteils ankommt, also auch der Alleinerbe oder der zur gesetzlichen Quote eingesetzte Miterbe, der durch Anordnung einer der vorgenannten Beschränkungen oder Beschwerungen belastet ist, ein Wahlrecht zwischen seinem Erbrecht und seinem Pflichtteilsrecht zusteht, eine Entscheidung, die er innerhalb der Ausschlagungsfrist ausüben muss.

Diese Fälle der Ausschlagung, die zum Pflichtteilsanspruch, beim Ehegatten auch zum güterrechtlichen Ausgleich führen (→ Form. J.IV.8), dürfen bei der erbrechtlichen Beratung nicht außer Acht gelassen werden und können flankierende erbrechtliche Maßnahmen erfordern.

- Enterben die Ehegatten, die im gesetzlichen Güterstand der **Zugewinngemeinschaft** leben, ein **Kind** (auch in der Weise, dass sie sich gegenseitig zum Alleinerben einsetzen), kann das Kind von dem längstlebenden Ehegatten den Pflichtteil in Höhe der Hälfte des Wertes seines gesetzlichen Erbteils verlangen (§ 2303 Abs. 1 BGB). Gesetzlich ist das Kind zur Hälfte der Erbschaft berufen, so dass sein Pflichtteil $^1/_4$ des Werts des Nachlasses zur Zeit des Erbfalls ausmacht (§ 2311 BGB). Sind zwei Kinder vorhanden, wären sie nach der gesetzlichen Erbfolge zu je $^1/_4$ Anteil berufen, jedem Kind steht daher ein Pflichtteil in Höhe von $^1/_8$ des Wertes des Nachlasses des Erblassers zu.
- Haben die Ehegatten **Gütertrennung** vereinbart und ist ein Kind vorhanden, beträgt sein Pflichtteil unverändert $^1/_4$ des Nachlasses, sind dagegen zwei Kinder vorhanden, beträgt der Pflichtteil für jedes Kind $^1/_6$, bei drei Kindern je $^1/_8$. Die Gütertrennung führt also beim Vorhandensein von zwei oder mehr Kindern nicht nur zu einem höheren gesetzlichen Erbteil sondern auch zu einer höheren Pflichtteilsquote des Kindes.
- Wollen die Ehegatten ein Kind enterben, ist ihnen zu erläutern, dass diesem Kind der Pflichtteil sowohl im 1. als auch im 2. Erbfall zusteht, im 2. Erbfall zudem zu einer höheren Quote und auch aus dem dann noch vorhandenen Nachlass des zuerst Verstorbenen. Ein Ausweg ist die gegenseitige Einsetzung der Ehegatten zum Vorerben und jeweils der weiteren Kinder zu Nacherben (→ Form. E.II.12)
- Ist die Ehe kinderlos, steht den **Eltern** nach § 2303 Abs. 2 BGB der Pflichtteil zu (jedoch nicht deren Abkömmlingen). Da der überlebende Ehegatte neben den Eltern des Erblassers gesetzlich zu $^3/_4$ Anteil berufen ist, beträgt der Pflichtteil $^1/_8$ des Nachlasses (bei Gütertrennung $^1/_4$).
- Will der Erblasser seinen **Ehegatten**, mit dem er in Zugewinngemeinschaft lebt, enterben, hat er zu bedenken, dass dieser nach seinem Tod neben dem kleinen Pflichtteil Ausgleich des Zugewinns wie im Fall der Scheidung der Ehe verlangen kann (§ 1371 Abs. 2 BGB).

Beispiel: Der Ehemann hat seinen Sohn zu seinem alleinigen Erben eingesetzt. Er hinterlässt ein Vermögen 900.000,– EUR hiervon sind 600.000,– EUR Zugewinn. Die Ehefrau hat keinen Zugewinn. Sie kann von dem Sohn Ausgleich des Zugewinns in Höhe von 300.000,– EUR verlangen und zusätzlich den kleinen Pflichtteil von $^1/_8$ aus dem verbleibenden Nachlassvermögen von 600.000,– EUR also weitere 75.000,– EUR.

Das Ergebnis ändert sich nicht, wenn der Erblasser den Ehegatten unzureichend bedacht hat, da dieser nach § 1371 Abs. 3 BGB die Erbschaft ausschlagen kann. Schlägt er nicht aus, weil der Erblasser keinen oder nur einen geringen Zugewinn hat (oder gar er ausgleichspflichtig wäre), kann er nach § 2305 BGB den Zusatzpflichtteil verlangen.

Hat im Beispiel der Erblasser seinen Ehegatten zu einem $^1/_{10}$ Anteil neben seinem Sohn zum Miterben eingesetzt, kann der Ehegatte zusätzlich zu seinem Erbteil im Wert von 90.000,– EUR von dem Sohn als Pflichtteil den Wert des an der Hälfte fehlenden Teils verlangen, also einen Betrag von 135.000,– EUR, da der große Pflichtteil $^1/_4$ aus 900.000,– EUR ausmacht.

Hat der Erblasser seinen Ehegatten mit einem unzureichenden Vermächtnis bedacht, kann dieser nach § 2307 Abs. 1 S. 1 BGB das Vermächtnis ausschlagen, es gilt § 1371 Abs. 3 BGB (kleiner Pflichtteil und daneben Zugewinnausgleich). Er kann aber auch den Zusatzpflichtteil verlangen (§ 2307 Abs. 1 S. 2 BGB).

Lebt der Erblasser im Güterstand der **Gütertrennung**, findet § 1371 BGB keine Anwendung. Dem enterbten Ehegatten steht der gesetzliche Pflichtteil in Höhe der Hälfte seines gesetzlichen Erbteils zu.

Für das gesetzliche Erbrecht und Pflichtteilsrecht der **Lebenspartner** einer eingetragenen Lebenspartnerschaft, die trotz der Einführung der „Ehe für alle" grundsätzlich bestehen blieben, gilt die gleiche gesetzliche Regelung. Der Lebenspartner ist dem Ehegatten im Erbrecht gleichgestellt. Der überlebende Lebenspartner des Erblassers ist nach § 10 LPartG neben Verwandten der ersten Ordnung zu $^1/_4$, neben Verwandten der zweiten Ordnung oder neben Großeltern zur Hälfte der Erbschaft gesetzlicher Erbe. Lebten die Lebenspartner im Güterstand der Zugewinngemeinschaft, gilt § 1371 Abs. 1 BGB entsprechend, dh der gesetzliche Erbteil des Überlebenden erhöht sich um $^1/_4$ der Erbschaft als pauschaler Zugewinnausgleich. Für das Pflichtteilsrecht des Lebenspartners gelten die Ausführungen zu dem des Ehegatten.

In Einzelfällen ist den Ehegatten, die ein gemeinschaftliches Testament oder einen Erbvertrag errichten, ein (vorsorglicher) **Pflichtteilsverzichtsvertrag** zu empfehlen. Das gilt insbesondere, wenn die vermögenden Ehegatten jeweils unmittelbar ihre Kinder zu Erben einsetzen (gegebenenfalls mit einem gegenseitigen Versorgungsvermächtnis).

e) Der Pflichtteilsergänzungsanspruch des enterbten Kindes, des Ehegatten oder der Eltern nach § 2325 BGB wegen einer lebzeitigen Schenkung des Erblassers an einen Dritten ist ein rechtlich selbständiger Anspruch neben Pflichtteilsanspruch und damit vom tatsächlichen Bestehen eines ordentlichen Pflichtteilsanspruch unabhängig. Er steht also auch dem pflichtteilsberechtigten Erben zu. Ob der Erblasser eine Schenkung gemacht hat, ist im Beratungsgespräch zu klären. auch zu welchem Zeitpunkt diese erfolgt ist. Schenkungen an den Ehegatten, denen ehebedingte Zuwendungen gleichgestellt sind, sind nach § 2325 Abs. 3 S. 3 BGB unbefristet ausgleichspflichtig. Bei Schenkungen an andere Personen gilt nach § 2325 Abs. 3 S. 1, 2 BGB für Erbfälle seit dem 1.1.2010 eine gleitende Ausschlussfrist (Pro-Rata-Lösung). Nur wenn die Schenkung innerhalb des ersten Jahres vor dem Erbfall liegt, wird sie in voller Höhe angerechnet, danach vermindert sich der Wert für jedes volle Jahr bis zum Erbfall um 10 % und bleibt nach Ablauf von 10 Jahren unberücksichtigt. Für den Fristbeginn kommt es auf den rechtlichen Leistungserfolg an.

Nach der Änderung der Rechtsprechung setzt der Pflichtteilergänzungsanspruch nicht voraus, dass die Pflichtteilsberechtigung bereits im Zeitpunkt der Schenkung bestand (BGH NJW 2012, 2730). Hat der Erblasser seinem Kind vor der Heirat mit seiner jetzigen Ehefrau eine Schenkung gemacht, ist dieses beim Tod des Erblassers vor Ablauf von zehn Jahren ganz oder teilweise ergänzungspflichtig. Hat der Erblasser dem Ehegatten eine Schenkung gemacht, ist diese auch gegenüber dem später geborenen Kind in voller Höhe ergänzungspflichtig, und zwar unabhängig vom Zeitablauf.

Eine kurze Erläuterung der gesetzlichen Erbfolge und des Pflichtteilsrechts erlaubt es dem Erblasser, seine Regelungsziele konkreter zu äußern. Hierbei geht es zunächst um die Einhaltung der Grenzen der Testierfreiheit.

4. Grenzen der Testierfreiheit

a) Allgemeine Unwirksamkeitsgründe

Der Rechtsberater hat bei der Regelung der Erbfolge die **Grenzen der Gestaltungsfreiheit** im Erbrecht zu beachten. Die Testierfreiheit lässt nicht jede beliebige Gestaltung durch den Erblasser zu, sie unterliegt den gesetzlichen Beschränkungen des erbrechtlichen **Typenzwangs.**

- Eine Erbeinsetzung auf bestimmte einzelne Gegenstände des Nachlasses ist mit dinglicher Wirkung nicht möglich (Grundsatz der Gesamtrechtsnachfolge, § 1922 Abs. 1 BGB), sie wird aber vom Erblasser häufig gewünscht. Der Erblasser kann nur solche Verfügungen treffen, die im Gesetz ausdrücklich als zulässig anerkannt sind oder deren Zulässigkeit sich aus dem Inhalt der gesetzlichen Bestimmungen ergibt. Das erbrechtliche Instrumentarium ist die Erbeinsetzung, das Vermächtnis, die Auflage und die Testamentsvollstreckung.
- Bei mehreren Erben sind die §§ 2032 ff. BGB zwingendes Recht, insbesondere kann jeder Miterbe jederzeit die Auseinandersetzung verlangen (§ 2042 Abs. 1 BGB) Der Erblasser kann jedoch die Auseinandersetzung unter den Erben in Ansehung des Nachlasses oder einzelner Nachlassgegenstände ausschließen (§ 2044 BGB), auch Anordnungen für die Auseinandersetzung treffen (§ 2048 BGB).
- Er kann die Ausgleichungspflicht einer lebzeitigen Zuwendung nicht nachträglich anordnen (§ 2050 Abs. 3 BGB), jedenfalls nicht mit pflichtteilsrechtlicher Wirkung.
- Ein Vermächtnis kann nicht mit unmittelbar dinglicher Wirkung angeordnet werden.
- Der Erblasser kann den Vorerben von den gesetzlichen Beschränkungen und Verpflichtungen nur im Umfang des § 2136 BGB befreien, den Testamentsvollstrecker nicht zu unentgeltlichen Verfügungen berechtigen, soweit sie nicht einer sittlichen Pflicht oder einer auf den Anstand zu nehmenden Rücksicht entsprechen (§§ 2205, 2207 BGB).

Darüber hinaus sind insbesondere folgende Wirksamkeitsvoraussetzungen zu beachten:

- Der Erblasser kann eine letztwillige Verfügung **nur persönlich** errichten (§ 2064 BGB) und muss sich hierbei über alle wesentlichen Teile seines letzten Willens klar werden und diesen eigenen Willen auch bekunden. Das Erbrecht erfordert von ihm eine höchstpersönliche Willensentscheidung und eine vollständige Willensbildung.
- Nach § 2065 BGB (**Ausschluss jeder Fremdbestimmung**) kann der Erblasser eine letztwillige Verfügung nicht in der Weise treffen, dass ein anderer zu bestimmen hat, ob sie gelten oder nicht gelten soll (Verbot der Drittbestimmung über die Geltung einer letztwilligen Verfügung), er kann auch nicht die Bestimmung der Person, die eine Zuwendung erhalten soll, sowie die Bestimmung des Gegenstands der Zuwendung einem anderen überlassen. Bei Vermächtnissen kann der Erblasser nach §§ 2154 bis 2156 BGB dagegen in bestimmtem Umfang die Auswahl des Bedachten dem Beschwerten oder einem Dritten überlassen, auch die Entscheidung, welchen Gegenstand der Vermächtnisnehmer erhält.
- Ein Vertrag, durch den sich jemand verpflichtet, eine Verfügung von Todes wegen zu errichten oder nicht zu errichten, aufzuheben oder nicht aufzuheben, ist nach § 2302 BGB nichtig.
- Fälle der **Sittenwidrigkeit** (§ 138 BGB) einer Verfügung von Todes wegen sind sehr selten. Es verstößt nicht gegen die guten Sitten, wenn der Erblasser unter Übergehung seines Ehegatten und der Kinder eine dritte Person zum alleinigen Erben einsetzt. Ein Verstoß gegen § 138 BGB kann zu bejahen sein, wenn der Erblasser einen nicht zu billigenden Druck auf die Entschließungsfreiheit oder andere Rechte des Bedachten ausübt, indem er zB dessen Erbeinsetzung von seiner Ehelosigkeit abhängig macht oder von der Eheschließung mit einer ebenbürtigen Frau (BVerfG NJW 2004, 2008; hierzu Palandt/*Ellenberger* BGB § 138 Rn. 49).
- Zuwendungen an eine Geliebte sind sittenwidrig, wenn sie ausschließlich den Zweck haben, geschlechtliche Hingabe zu belohnen oder zu fördern, ein Fall, der kaum vorstellbar ist.
- Es ist zulässig, dass die Eltern durch ein Behindertentestament (→ Form. F.I.1 ff.) den Zugriff des Sozialhilfeträgers auf den Nachlass verhindern (Vor- und Nacherbfolge, Dauertestamentsvollstreckung). Sowohl der Pflichtteilsverzicht als auch die Ausschlagung einer werthaltigen Erbschaft eines behinderten Sozialleistungsbeziehers sind

grundsätzlich nicht sittenwidrig; das Recht zur Ausschlagung der Erbschaft kann nicht auf den Sozialleistungsträger übergeleitet werden (BGH NJW 2011, 1586).

- Nach **§ 137 S. 1 BGB** kann die lebzeitige Verfügungsbefugnis über ein veräußerliches Recht nicht mit dinglicher Wirkung (Drittwirkung) durch Rechtsgeschäft (auch nicht mit dem Vertragserben) ausgeschlossen werden. Nach § 137 S. 2 BGB kann der Erblasser jedoch die schuldrechtliche Verpflichtung gegenüber dem Bedachten eingehen, über ein solches Recht nicht unter Lebenden zu verfügen (→ Form. D.XI). Er kann dem Erben kein dinglich wirkendes Verfügungsverbot auferlegen (dieses aber durch Anordnung der Testamentsvollstreckung erreichen).
- Zu Einschränkungen der Testierfreiheit durch die **Höfeordnung** → Form. G.X.1 ff.

b) Nichtigkeit nach dem Heimgesetz

Das Heimgesetz des Bundes ist in den Ländern (mit Ausnahme von Thüringen) durch landesrechtliche Vorschriften abgelöst worden, die aber weitgehend inhaltsgleiche Regelungen enthalten (Nachweise bei www.dnoti.de unter Gesetzesänderungen/Erbrecht).

Nach § 14 HeimG ist es dem Träger eines Heimes, also dem Betreiber, seinem Leiter, den Beschäftigten oder sonstigen Mitarbeitern des Heims untersagt, sich von oder zugunsten von Heimbewohnern oder Bewerbern neben der vom Träger erbrachten Vergütung Geld- oder geldwerte Leistungen für die Erfüllung der Pflichten aus dem Heimvertrag versprechen oder gewähren zu lassen, soweit es sich nicht um geringwertige Aufmerksamkeiten handelt. Durch die verfassungsrechtlich unbedenklichen Testierverbote (BVerfG NJW 1998, 2964) sollen die Heimbewohner vor wirtschaftlicher Ausbeutung und finanzieller Ausnutzung bewahrt und der Spekulation auf ihren baldigen Tod entgegen gewirkt werden, sowie verhindert werden, dass eine unterschiedliche Behandlung je nach Zahlung oder Versprechen von Vermögensvorteilen eintritt (BGH NJW 1990, 1603).

Eine **letztwillige Verfügung** des Heimbewohners zugunsten des vorgenannten Personenkreises ist nichtig, da § 14 HeimG ein Verbotsgesetz iSv § 134 BGB ist (BayObLG NJW 1992, 55). Dies gilt auch für Zuwendungen von Todes wegen Dritter, zB der Eltern, die ihr behindertes Kind zum Vorerben und das Heim zum Nacherben einsetzen (BGH NJW 2012, 155). Voraussetzung ist jedoch, dass die Verfügung von Todes wegen im **Einvernehmen** mit dem Bedachten erfolgt, dieser also hiervon Kenntnis erlangt hat. Am notwendigen Merkmal des „sich gewähren lassen" fehlt es beim **„stillen"** Testament des Heimbewohners (oder eines Dritten), von dem der Bedachte erst nach dem Tode des Erblassers Kenntnis erlangt. Hierbei ist das Wissen eines Repräsentanten vor Ort dem Träger oder dem Bedachten zuzurechnen (BayObLG DNotZ 1992, 258; 1993, 453; KG ZEV 1998, 437; *Kössinger* ZEV 1995, 13).

Das Testament des Angehörigen eines Heimbewohners, mit dem der Heimträger zum Nacherben eingesetzt wird und von dem dieser erst nach dem Tode des Erblassers erfährt, ist nicht nach § 14 Abs. 1 HeimG iVm § 134 BGB unwirksam (BGH NJW 2012, 124 = DNotZ 2012, 210).

Betroffen sind nicht nur Heime iSv § 1 HeimG, sondern auch Einrichtungen der Kurzzeitpflege und der Tages- und Nachtpflege sowie stationäre Hospize. Das gesetzliche Verbot gilt auch, wenn eine familienfremde Person in einer Privatwohnung gegen Entgelt Unterkunft und Pflege anbietet und wiederholt pflegebedürftige Personen in die Wohnung aufnehmen will (BayObLG NJW-RR 1999, 1454).

Das Wohn- und Teilhabegesetz NRW (hierzu *Tersteegen* RNotZ 2009, 222, dort auch zur Möglichkeit einer Spende durch Vermächtnis) hat den Begriff Heim durch „Betreuungseinrichtung" ersetzt und den Betreiber in § 4 Abs. 2 definiert. NRW hat § 14 HeimG nicht übernommen und in § 10 WTG NRW eine eigenständige, zum Teil abweichende

Regelung getroffen. Das Landesgesetz sieht die Ausnahmegenehmigung nach § 14 Abs. 6 HeimG inzwischen auch vor, § 7 Abs. 3 WTG NRW.

Das Verbot gilt auch für Heimbewerber, also solche Personen, die noch nicht im Heim wohnen (BGH NJW-RR 1995, 1272).

Zuwendungen an nahe Angehörige des Heimleiters/Bediensteten sind ebenso verboten (OLG Düsseldorf ZEV 1997, 459), wie an alle Personen, die vertraglich oder ehrenamtlich in dem Heim tätig sind, wie zB der Hausarzt oder der Psychologe (BayObLG ZEV 2001, 125), weiterhin an den Geschäftsführer des Trägers in der Rechtsform der GmbH (BayObLG NJW 2000, 1875) Ein Erbvertrag, den der Heimbewohner mit dem vorgenannten Personenkreis schließt, fällt unter das Verbot des § 14 HeimG.

Will ein im Heim befindlicher Erblasser zugunsten des Heimträgers oder einer ihm gleichgestellten Person ein notarielles Testament errichten, so ist der **Notar** sowohl gegenüber dem Erblasser als auch gegenüber dem Heimträger als dem Begünstigten verpflichtet, auf die Bedenken gegen die Wirksamkeit des Testaments im Hinblick auf § 14 HeimG hinzuweisen und über die Möglichkeit einer Ausnahmegenehmigung zu belehren (OLG München ZEV 1996, 146; *Rossak* ZEV 1996, 146). Nach § 14 Abs. 6 HeimG kann die Heimaufsichtsbehörde Ausnahmen zulassen, soweit es zum Schutz der Bewohner die Aufrechterhaltung des Verbots nicht erfordert (§ 14 Abs. 6 HeimG). Hierbei kann eine langjährige Verbundenheit des Erblassers mit dem Bedachten berücksichtigt werden (KG DNotI-Report 1998, 139). Eine nachträgliche Ausnahmegenehmigung ist nicht möglich und heilt die Unwirksamkeit der letztwilligen Verfügung nicht (BVerwG NJW 1988, 984). In NRW besteht die Möglichkeit einer Ausnahmegenehmigung nicht.

Auf das Verhältnis zwischen **Betreuer** und Betreutem ist § 14 HeimG nicht analog anwendbar. Zur Frage der Sittenwidrigkeit einer letztwilligen Verfügung, wenn der Betreuer auf die Entscheidung des Erblassers Einfluss genommen hat, BayObLG NJW 1998, 2369; OLG Braunschweig ZEV 2000, 448.

Ähnliche Verbote bestehen für **Beamte, BAT-Angestellte** (§ 43 BRRG, § 70 BBG, § 3 Abs. 2 TVöD) und für **Zivildienstleistende** (§ 78 Abs. 2 Zivildienstgesetz iVm § 19 Soldatengesetz). Diese Personen dürfen Zuwendungen nur mit Zustimmung des Dienstherrn annehmen. Ob eine letztwillige Verfügung zugunsten dieser Personen nichtig ist oder nicht, ist in der Rechtsprechung nicht entschieden (MüKoBGB/*Leipold* § 1943 Rn. 12; *Koos* ZEV 1997, 435; *Krug* FGPrax 2001, 120).

c) Gesamtrechtsnachfolge und Ausnahmen

Mit dem Tode einer Person (Erbfall) geht deren Vermögen (Erbschaft) als Ganzes auf ein oder mehrere andere Personen (Erben) über (§ 1922 BGB).

Ausnahmen von der Gesamtrechtsnachfolge gelten für die Hoferbfolge (→ Form. G.X.1 ff.) und für den Gesellschaftsanteil des persönlich haftenden Gesellschafter (→ Form. G.I.1 ff.) Hier findet eine Sondererbfolge (Singularzession) in der Weise statt, dass der Hof unmittelbar auf eine, die Gesellschaftsbeteiligung unmittelbar auf eine oder mehrere Person übergeht.

In das Mietverhältnis des Erblassers über seine **Wohnung** tritt nach § 563 BGB sein Ehegatte oder Lebenspartner (Familienangehöriger, Lebensgefährte) mit dem Tode des Mieters ein, wenn er mit ihm einen gemeinsamen Haushalt führt (zur Fortsetzung mit „überlebenden" Mietern vgl. § 563a BGB).

Im Übrigen geht mit dem Tode des Erblassers die Erbschaft unmittelbar und von selbst auf den Erben kraft Gesetzes über, kann also auch ohne Wissen des Erben und sogar gegen seinen Willen erfolgen. Der Besitz an den Nachlassgegenständen geht auf den Erben über (§ 857 BGB); er genießt also auch vor Erlangung der tatsächlichen Gewalt über diese Sache den Besitzschutz. Der Erbe haftet für die Nachlassverbindlichkeiten.

Hierzu gehören außer den vom Erblasser herrührenden Schulden die den Erben als solchen treffenden Verbindlichkeiten, insbesondere die Verbindlichkeiten aus Pflichtteilsrechten, Vermächtnissen und Auflagen (§ 1967 BGB). Der Erbe trägt die Kosten der Beerdigung des Erblassers.

Die Erbschaft geht auf den Erben über, unbeschadet des Rechts, die Erbschaft auszuschlagen (§ 1942 BGB).

5. Die erbrechtlichen Gestaltungsmöglichkeiten

a) Vorsorgliche Rechtswahl (EU-Erbrechtsverordnung)

Die **Europäische Erbrechtsverordnung** – EuErbVO – (→ Form. A.VI.) ist zwar erst ab dem 17.8.2015 anwendbar, eine (formgerechte) **Rechtswahl** ist nach Art. 83 Abs. 2 EuErbVO aber auch wirksam, wenn sie vor diesem Zeitpunkt getroffen wurde. Wurde eine Verfügung von Todes wegen vor dem 17.8.2015 nach dem Recht errichtet, welches der Erblasser gemäß der EuErbVO hätte wählen können, so gilt dieses Recht als das auf die Rechtsnachfolge von Todes wegen anzuwendende gewählte Recht (Art. 83 Abs. 4 EuErbVO).

Nach Art. 21 EuErbVO wird die im deutschen Recht bestimmte Anknüpfung an die Staatsangehörigkeit (Art. 25 EGBGB) durch eine Anknüpfung an den **gewöhnlichen Aufenthalt** des Erblassers im Zeitpunkt seines Todes ersetzt. Hat zB ein deutscher Staatsangehöriger seinen letzten gewöhnlichen Aufenthalt in Spanien, findet spanisches Erbrecht Anwendung. Nach Art. 22 Abs. 1 EuErbVO (**Rechtswahl**) kann eine Person für die Rechtsnachfolge von Todes wegen das Recht des Staates wählen, dem sie im Zeitpunkt der Rechtswahl angehört. Die Rechtswahl muss nach Art. 22 Abs. 2 EuErbVO ausdrücklich in einer Erklärung in **Form** einer Verfügung von Todes wegen getroffen werden (wie auch nach Art. 25 Abs. 2 EGBGB). Der deutsche Staatsangehörige kann (und sollte auch nur vorsorglich zur Vermeidung von Rechtsunsicherheit) die Erbfolge dem deutschen Recht unterstellen. Die Rechtsnachfolge von Todes wegen eines ausländischen Staatsangehörige mit gewöhnlichem Aufenthalt in Deutschland unterliegt künftig dem deutschen Recht, er kann aber sein Heimatrecht wählen (Überblick über die Europäische Erbrechtsverordnung, DNotI-Report 2012, 121).

Formulierungsvorschlag:
Der Erschienene erklärte vorab folgende Rechtswahl:
Ich bin deutscher Staatsangehöriger.
Für die Rechtsnachfolge von Todes wegen wähle ich das deutsche Recht.

Die richtige Empfehlung, in die Verfügung von Todes wegen eines deutschen Staatsangehörigen **vorsorglich** die Wahl des deutschen Rechts aufzunehmen, hat das Gerichts- und Notarkostengesetz, das am 1.8.2013 in Kraft getreten ist, obsolet gemacht. Nach § 104 Abs. 2 GNotKG beträgt bei der Beurkundung einer Rechtwahl, die eine Rechtsnachfolge von Todes betrifft, der Geschäftswert 30 Prozent des Werts, der sich in entsprechender Anwendung des § 102 GNotKG ergibt. Dieser Wert wäre nach §§ 111 Nr. 4, 35 Abs. 1 GNotKG hinzuzurechnen. Das Einzeltestament löst eine 1,0 Gebühr aus (Nr. 21200 KV), für ein gemeinschaftliches Testament und einen Erbvertrag fallen eine 2,0 Gebühr an (Nr. 21100 KV). Auch eine rein vorsorgliche Rechtswahl löst diese zusätzliche Gebühr aus, die mE unverhältnismäßig ist. Sie darf daher vom Notar nicht „formularmäßig“ vorgeschlagen werden, sondern nur dann aufgenommen werden, wenn der Erblasser erklärt, er werde künftig seinen gewöhnlichen Aufenthalt in das Ausland verlegen.

b) Checkliste: Erbeinsetzung

Der Erblasser kann durch letztwillige Verfügung

- ❐ eine Person zum **Alleinerben** einsetzen;
- ❐ mehrere Personen zu **Miterben** einsetzen; der Nachlass wird gemeinschaftliches Vermögen der Erben, §§ 2032 ff. BGB;
- ❐ mehrere Personen zu **gleichen** oder zu **unterschiedlichen** Teilen zu Miterben einsetzen;
- ❐ zulässig ist auch eine Erbeinsetzung nach **Vermögensgruppen** (BGH NJW 1997, 392). In diesem Fall hat das Nachlassgericht im Erbscheinsverfahren die Erbteile anhand der Wertverhältnisse im Zeitpunkt der Testamentserrichtung zu ermitteln (daher ist hiervon dringend abzuraten);
- ❐ einige von mehreren Erben auf einen und denselben Bruchteil der Erbschaft einsetzen **(gemeinschaftlicher Erbteil),** § 2093 BGB (→ Form. C.I.4). Kinderlose Ehegatten können zB die als gesetzliche Erben berufenen Verwandten des Mannes und der Frau je zur Hälfte auf einen gemeinschaftlichen Erbteil einsetzen, so dass Ersatzerbfolge oder Anwachsung zunächst in dem Personenkreis eintritt, der auf den gemeinschaftlichen Erbteil eingesetzt ist (§§ 2094 Abs. 1 S. 2, 2098 Abs. 2 BGB);
- ❐ einen Verwandten, den Ehegatten oder den Lebenspartner von der gesetzlichen Erbfolge ausschließen, also **enterben**, § 1938 BGB;
- ❐ für den Fall, dass ein Erbe vor oder nach dem Eintritt des Erbfalls wegfällt, einen anderen als Erben einsetzen **(Ersatzerbe)**, § 2096 BGB;
- ❐ die Ersatzerbfolge ausschließen und statt dessen **Anwachsung** anordnen, § 2094 BGB;
- ❐ **Vor- und Nacherbfolge** anordnen, §§ 2100 ff. BGB, und zwar auch in der Weise, dass der Erblasser eine Person zum unbeschränkten Erben einsetzt, eine andere Person zum Vorerben;
- ❐ Personen, die sich gegenseitig als Erben einsetzen, können bestimmen, dass nach dem Tode des Überlebenden der beiderseitige Nachlass an einen Dritten fallen soll (**Schlusserbe**), § 2269 Abs. 1 BGB („Berliner Testament").

Es gibt Fälle, in denen der Erblasser durch Testament lediglich einzelne Gegenstände bestimmten Personen oder einen Geldbetrag einer gemeinnützigen Einrichtung als Vermächtnis zuwenden will. Er ist darauf hinzuweisen, dass in diesem Fall die gesetzliche Erbfolge eintritt (vgl. auch die Auslegungsregel des § 2087 Abs. 2 BGB). Im Erbscheinsverfahren sind dann die gesetzlichen Erben zu ermitteln, bevor der Vermächtnisnehmer die Erfüllung seines Anspruchs verlangen kann. Da die Ermittlung der gesetzlichen Erben beim Fehlen naher Verwandter zeitaufwändig und schwierig sein kann, sollte auf den Erblasser hingewirkt werden, auch den oder die Erben bereits jetzt zu bestimmen unter Hinweis auf die Möglichkeit des jederzeitigen Widerrufs.

Die **Auslegungsregeln** der §§ 2087 bis 2099 BGB dürfen für ein vom Notar beurkundetes Testament oder einen Erbvertrag keine Bedeutung erlangen; dies gilt selbstverständlich auch für das unter Mithilfe des Rechtsanwalts errichtete eigenhändige Testament. Der Notar ist nach § 17 Abs. 1 BeurkG verpflichtet, die Erklärungen der Beteiligten „klar und unzweideutig" in der Niederschrift wiederzugeben. Das bedeutet, dass er die gesetzlichen Begriffe zu verwenden, sich also der erbrechtlichen Terminologie zu bedienen hat. Unklare Formulierungen in privatschriftlichen Testamenten führen zB zu der Auslegungsschwierigkeit, ob eine Person Ersatzerbe (§ 2096 BGB) oder Nacherbe (§ 2100 BGB) sein soll. Die Begriffe „unbeschränkter Erbe" und „Ersatzerbe" einerseits und „Vorerbe/Nacherbe" andererseits bringen die notwendige Klarheit.

Zur Erbeinsetzung einer **juristischen Person/Personenvereinigung,** → Form. C.I.6.

c) Checkliste: Ergänzende Regelungen zu der Erbeinsetzung

- ❐ Bestimmung des Ersatzerben oder Anwachsung
- ❐ Bestimmung des Schlusserben
- ❐ Vorausvermächtnis für einen Miterben
- ❐ Ausschluss der Auseinandersetzung
- ❐ Teilungsanordnung oder Übernahmerecht
- ❐ Ausgleichung lebzeitiger Zuwendungen, Ausgleichung von Pflegeleistungen, Anrechnung auf den Pflichtteil
- ❐ Wiederverheiratungsklausel

aa) Bestimmung des Ersatzerben oder Anwachsung. Dem Erblasser ist nachdrücklich zu empfehlen, ausdrücklich den oder die **Ersatzerben** zu bestimmen, um vorsorglich dem Fall Rechnung zu tragen, dass der berufene Erbe vor oder nach dem Eintritt des Erbfalls wegfällt (§ 2069 BGB). Vor dem Erbfall kann der eingesetzte Erbe wegfallen durch Vorversterben oder Erbverzichtsvertrag (→ Form. I.II.2), nach dem Erbfall durch Ausschlagung (§ 1953 Abs. 1 BGB).

Die **Ausschlagung** des eingesetzten Erben kann aus erbschaftsteuerlichen Gründen im Einzelfall richtig sein, zB die des zum Alleinerben eingesetzten Ehegatten in einem sehr hohen Alter, die zur Erbfolge der ersatzweise berufenen Kinder führt, um eine Doppelbesteuerung des Nachlasses des erstversterbenden Ehegatten zu vermeiden und den Kindern die steuerlichen Freibeträge auch nach dem erstversterbenden Elternteil zu verschaffen. Der ausschlagende Ehegatte und die hierdurch zu Erben berufenen Kinder können eine Abfindung für die Ausschlagung vereinbaren (zB Bestellung des Nießbrauchs an dem Immobilienvermögen oder Zahlung eines Geldbetrages in Höhe des Ehegattenfreibetrages), die nach § 3 Abs. 2 Ziff. 4 ErbStG die Steuerlast der Kinder mindert.

Ist die Bestimmung des Ersatzerben nicht ausdrücklich getroffen, entstehen Auslegungsprobleme beim Vorversterben des eingesetzten Erben. Die gesetzliche Auslegungsregel des § 2069 BGB gilt nur, wenn der Erblasser seine Abkömmlinge zu Erben eingesetzt hat, nicht dagegen bei der Einsetzung eines Dritten zum Erben. Haben die Ehegatten in einem gemeinschaftlichen Testament oder Erbvertrag ihre Abkömmlinge zu Schlusserben eingesetzt, und fällt einer von ihnen weg, gilt § 2069 BGB auch dann, wenn der Abkömmling von dem erstverstorbenen Ehegatten abstammt (BGH FamRZ 2001, 993).

Die Einsetzung als **Nacherbe** enthält im Zweifel auch die Einsetzung als Ersatzerbe (§ 2102 Abs. 1 BGB). Ist zweifelhaft, ob jemand als Ersatzerbe oder als Nacherbe eingesetzt ist, so gilt er als Ersatzerbe (§ 2102 Abs. 2 BGB).

Fehlt die Bestimmung des Ersatzerben, tritt nach § 2094 Abs. 1 BGB **Anwachsung** ein, dh der Erbteil des weggefallenen Erben wächst den übrigen Erben in dem Verhältnis ihrer Erbteile an. Nach § 2099 BGB geht das Recht des Ersatzerben dem Anwachsungsrecht vor.

Hat der Erblasser seine Kinder zu Erben eingesetzt und fällt ein Kind nach Errichtung des Testamentes weg, ist nach § 2069 BGB im Zweifel anzunehmen, dass dessen Abkömmlinge als Ersatzerben berufen sind, mehrere nach den Regeln über die gesetzliche Erbfolge. Dies entspricht in aller Regel dem Erblasserwillen. Es gibt aber auch Fälle, in denen der Erblasser die nach der Auslegungsregel ersatzweise berufenen Personen, zu denen auch ein adoptiertes oder nichteheliches Kind des Weggefallenen gehört, von der Ersatzerbfolge **ausschließen** will.

Setzt der Erblasser seine Eltern, Geschwister oder sonstige ihm nahe stehenden Personen zu Erben ein, ist § 2069 BGB auch nicht entsprechend anwendbar. Die Rechtsprechung. hilft in Einzelfällen über die Auslegung, sie ist aber nicht einheitlich (Beispiele bei Palandt/*Weidlich* BGB § 2069 Rn. 10).

Setzt der Erblasser (ohne Abkömmlinge) eine Person zum Alleinerben ein, zB den Partner einer nichtehelichen Lebensgemeinschaft, und stirbt dieser vor dem Erblasser, tritt die gesetzliche Erbfolge ein.

Die ausdrückliche Bestimmung des Ersatzerben ist hier unverzichtbar.

Die Entscheidung des BayObLG (MittBayNot 1993, 149) zum Verhältnis einer ausdrücklichen Ersatznacherbeneinsetzung zur Auslegungsregel des § 2069 BGB war Anlass für den Vorschlag von *J. Mayer* (MittBayNot 1994, 111), die Ersatzerbenbestimmung wie folgt zu formulieren:

Formulierungsvorschlag:
Abweichend von allen anderslautenden gesetzlichen Auslegungs-, Vermutungs- und Ergänzungsregelungen und anderen gesetzlichen Bestimmungen wird zum alleinigen und ausschließlichen Ersatzerben bestimmt ......

Diese von vielen Autoren übernommene Klausel ist jedenfalls entbehrlich, wenn die Abkömmlinge eines Kindes zu Ersatzerben berufen sind (also entsprechend der Auslegungsregel des § 2069 BGB). Wünscht der Erblasser, bestimmte Personen von der Ersatzerbfolge auszuschließen, zB das nichteheliche Kind eines männlichen Abkömmlings, hat er dies ausdrücklich zu bestimmen.

bb) Bestimmung des Schlusserben. Ehegatten mit (nur) gemeinschaftlichen Kindern wünschen in aller Regel die gegenseitige Einsetzung zum alleinigen und unbeschränkten Erben und die Einsetzung der Kinder zu Erben des Längstlebenden, also zu **Schlusserben** (§§ 2169 Abs. 1, 2280 BGB). Hinter dieser Einheitslösung steht die richtige Überlegung, dass das gemeinsam geschaffene Vermögen zunächst der Versorgung des Längstlebenden dienen und ihm zur freien Verfügung stehen soll. Sie ist in steuerlicher Hinsicht unschädlich, wenn die Ehegatten über ein Vermögen verfügen, das wegen der Freibeträge im ersten und im zweiten Erbfall steuerfrei oder nahezu steuerfrei bleibt.

- Eine beachtliche Zahl von Entscheidungen belegt, dass junge Ehegatten die Schlusserbfolge nur für den Fall des „**gleichzeitigen Versterbens**" oder „für den Fall, dass wir kurz hintereinander aus gleicher Gefahr versterben" geregelt haben, so dass fraglich ist, ob die Schlusserbeneinsetzung auch unabhängig von dem (seltenen) Fall des gleichzeitigen Versterbens gelten soll. Die Rechtsprechung (Nachw. bei Palandt/*Weidlich* BGB § 2269 Rn. 9) legt derartige Formulierungen im Grundsatz dahin aus, dass sie eine Regelung der Erbfolge nach dem (späteren) Tod des längstlebenden Ehegatten nicht enthält. Stimmt die gesetzliche mit der gewollten testamentarischen Erbfolge überein, ergeben sich hieraus keine Probleme. Haben die Ehegatten eine Person zum Erben eingesetzt, die nicht gesetzlicher Erbe ist, oder weitergehende Verfügungen von Todes wegen getroffen, können diese Verfügungen beim Tode des Längstlebenden gegenstandslos sein. Es ist daher dringend zu empfehlen, die Schlusserbeneinsetzung unabhängig von dem Fall des gemeinsamen Ablebens zu regeln (→ Form. C.I.8 Anm. 3).

Formulierungsvorschlag:
Jeder von uns beruft, sowohl für den Fall, dass er der Längstlebende von uns ist, als auch für den Fall, dass wir gleichzeitig oder kurz hintereinander aus gleichem Anlass versterben, zu seinen Erben unsere gemeinschaftlichen Kinder, und zwar zu gleichen Teilen. Dies sind zurzeit ......, geboren am ...... und ......, geboren am ......

- Ist der Schlusserbe in der letztwilligen Verfügung nicht namentlich benannt („*Erben des Längstlebenden sind unsere Kinder*"), hat dieser auch bei einem notariell beurkundeten Testament oder Erbvertrag hinsichtlich seiner Erbenstellung Nachweisprobleme, die dazu führen können, dass ein Erbschein erteilt werden muss, auch wenn im Grundbuchverfahren der Nachweis durch Personenstandsurkunden geführt werden kann. Die Schlusserben sollten also namentlich bezeichnet werden.

- Haben die Ehegatten ihre vorhandenen Kinder namentlich zu Erben eingesetzt, kann zweifelhaft sein, ob nach der Geburt eines weiteren Kindes die Verfügung von Todes wegen dahin ergänzend ausgelegt werden kann, dass auch dieses Kind zum Erben eingesetzt sein soll. Die Formulierung „ Erben des Längstlebenden sind unsere gemeinschaftlichen Kinder, dies sind zurzeit der Sohn ...... und die Tochter ......“ vermeidet jede Unklarheit.
- Setzen sich die Ehegatten lediglich gegenseitig zum alleinigen Erben ein, ohne die Kinder zu Erben des Längstlebenden von ihnen zu berufen, gilt § 2069 BGB nicht, der voraussetzt, dass der Erblasser einen seiner Abkömmlinge bedacht hat (BayObLG DNotZ 1989, 176). Da eine Schlusserbeneinsetzung nicht getroffen ist, gilt die gesetzliche Erbfolge (Erfordernis eines Erbscheins). Setzen die Ehegatten in einem gemeinschaftlichen Testament/Erbvertrag ihre Kinder als Schlusserben ein, folgt aus der Ergänzungsregelung des § 2069 BGB, dass auch die Abkömmlinge eines verstorbenen Kindes, das nur von dem erstversterbenden Ehegatten abstammt, zu Ersatzerben berufen sind (BGH FamRZ 2001, 993).

cc) Vorausvermächtnis für einen Miterben. Will der Erblasser einem oder mehreren Erben einen Nachlassgegenstand oder einen Geldbetrag zuwenden, ist er darauf hinzuweisen, dass dieser mit einem Vorausvermächtnis (§ 2150 BGB) zusätzlich zu seinem Erbteil begünstigt wird. Ist dies nicht gewollt, hat der Erblasser die Zuweisung einzelner Nachlassgegenstände über eine Teilungsanordnung vorzunehmen.

Da nach § 2160 BGB ein Vermächtnis unwirksam ist, wenn der Bedachte zur Zeit des Erbfalls nicht mehr lebt, ist mit dem Erblasser zu klären, ob er einen **Ersatzvermächtnisnehmer** (§ 2190 BGB) bestimmen will oder nicht. Fällt einer von mehreren Vermächtnisnehmern weg, wächst nach § 2158 Abs. 1 S. 1 BGB dessen Anteil den übrigen Bedachten an, soweit nicht ein Ersatzvermächtnisnehmer bestimmt ist.

„Klassiker“ eines Vorausvermächtnisses sind der Schmuck, den die Tochter, und die Jagdausrüstung, die der Sohn erhalten soll.

Formulierungsvorschlag:
Der Längstlebende von uns vermacht unserer Tochter ...... den Schmuck ihrer Mutter und unserem Sohn ...... die Jagdausrüstung seines Vaters jeweils im Voraus, also ohne Anrechnung auf den Erbteil. Ersatzvermächtnisnehmerin unserer Tochter ist unsere Enkelin ....., sollte unser Sohn ...... vorversterben, entfällt das zu seinen Gunsten angeordnete Vermächtnis.

Ein weiterer typischer Anlass für ein Vorausvermächtnis zugunsten eines Kindes ist die **Kompensation** einer **lebzeitigen Schenkung** an ein anderes Kind, bei der die Anordnung zur Ausgleichung im Erbfall unterblieben ist und die nicht nachgeholt werden kann (vgl. nachstehend unter → Form. A.II.5 lit. c) ff), → Form. E.II.6).

dd) Ausschluss der Auseinandersetzung. Nach dem Grundsatz des § 2042 BGB kann jeder Miterbe die Auseinandersetzung verlangen. Für die Auseinandersetzung gelten die nach § 2042 Abs. 2 BGB anzuwendenden §§ 752, 753 BGB, die bei fehlender Einigung der Erben über die Auseinandersetzung durch Verkauf von Nachlassgegenständen nach den Vorschriften über den Pfandverkauf, bei Grundstücken durch Zwangsversteigerung, und durch Teilung des Erlöses führt.

Der Erblasser kann nach § 2044 Abs. 1 BGB durch letztwillige Verfügung die Auseinandersetzung in Ansehung des Nachlasses oder einzelner Nachlassgegenstände ausschließen (→ Form. C.IV.2). Er kann die Auseinandersetzung auch nur erschweren, zB dass nur eine bestimmte Mehrheit der Erben sie verlangen kann. Das Teilungsverbot kann grundsätzlich nicht über einen Zeitraum von mehr als 30 Jahren angeordnet werden (§ 2044 Abs. 2 BGB).

Nicht selten will ein Erblasser sein Vermögen oder zumindest bestimmte Nachlassgegenstände (Immobilien, eine Kunstsammlung) nach seinem Tod den Erben in ungeteilter Erbengemeinschaft erhalten wissen. Dem Erblasser ist deutlich vor Augen zu führen,

dass ein Verbot der Auseinandersetzung hinsichtlich des Nachlasses insgesamt, vor allem des Geldvermögens, von seltenen Ausnahmen abgesehen, keinen Sinn macht.

Ein Auseinandersetzungsverbot kann richtig sein, wenn nicht auszuschließen ist, dass im Erbfall ein **Kind minderjährig** ist oder seine Berufsausbildung nicht abgeschlossen hat, und der Erblasser über ein Vorausvermächtnis bestimmt, dass die Erträge seines Vermögens (notfalls auch der Vermögensstamm) zunächst für den Unterhalt und die Ausbildung dieses Kindes zu verwenden ist. Dahinter steht die richtige Überlegung, dieses Kind seinen älteren Geschwistern gleichzustellen, die ihre Ausbildung auf Kosten des Erblassers bereits abgeschlossen haben. Die Anordnung einer Testamentsvollstreckung ist zu empfehlen, da das Teilungsverbot nur schuldrechtliche Wirkung hat, über das sich die Erben hinwegsetzen können. Der Testamentsvollstrecker hat den Nachlass bis zu einem bestimmten Lebensalter des jüngsten Kindes (in der Regel bis zum 25. Lebensjahr: Beendigung der Berufsausbildung) zu verwalten und anschließend die Auseinandersetzung unter den Erben zu bewirken.

Der Ausschluss der Auseinandersetzung auf Zeit ist auch sachgerecht, wenn der Erblasser ein **Nießbrauch- oder Rentenvermächtnis** zu Gunsten einer dritten Person anordnet, das von allen Erben gemeinsam zu erfüllen ist. Das gilt insbesondere, wenn jeder Ehegatte die gemeinsamen Kinder zu Erben einsetzt mit einem Nießbrauchvermächtnis zugunsten des Längstlebenden. Der Ausschluss der Auseinandersetzung hinsichtlich eines einzelnen Nachlassgegenstandes, zB eines Ferienhauses oder eines Grundstücks mit einem historischen Gebäude (einem Schloss, einer Burg), das seit Jahrhunderten als Familiensitz dient, kann dem berechtigten Interesse des Erblassers entsprechen. Dies gilt sicherlich nicht für das eigengenutzte Einfamilienhaus, das sich für die gemeinsame Verwaltung der Miterben mit meist geringen Mietüberschüssen nicht eignet. Die Aufteilung des Immobilienvermögens unter den Erben durch Teilungsanordnung oder Einräumung eines Übernahmerechts ist der vernünftigere Weg, um künftigen Streit der Erbengemeinschaft über die Verwaltung und Verwertung des Nachlassgrundstücks und gegebenenfalls dessen Zwangsversteigerung zu vermeiden.

Hält der Erblasser an seinem Wunsch fest, die Auseinandersetzung unter seinen Erben ganz oder teilweise auszuschließen, ist er darauf hinzuweisen, dass das Auseinandersetzungsverbot nur schuldrechtliche Wirkung hat, über das sich die Miterben einvernehmlich hinwegsetzen können. Will der Erblasser dies ausschließen, muss er **Testamentsvollstreckung** anordnen. Der Testamentsvollstrecker ist an das Teilungsverbot gebunden (§ 2208 Abs. 2 S. 1 BGB). Der Testamentsvollstrecker kann sich allerdings mit Zustimmung aller Miterben darüber hinwegsetzen und über Nachlassgegenstände verfügen (BGH DNotZ 1964, 623). Der Erblasser kann den Aufgabenkreis des Testamentsvollstreckers dahin beschränken, dass er ausschließlich das Auseinandersetzungsverbot zu überwachen hat.

ee) Teilungsanordnung oder Übernahmerecht. Setzt der Erblasser mehrere Personen zu Erben ein, setzen insbesondere Ehegatten ihre gemeinsamen Kinder zu Schlusserben ein, ist die Frage anzusprechen, ob Anordnungen für die Auseinandersetzung getroffen werden sollen, ob der Erblasser bestimmen will, in welcher Weise sein Nachlass unter den Erben aufzuteilen ist (**Teilungsanordnung,** § 2048 BGB). Die Teilungsanordnung wirkt schuldrechtlich im Verhältnis der Miterben zueinander und begründet das Recht des Erben, bei der Auseinandersetzung die dingliche Übertragung des zugewiesenen Nachlassgegenstandes zu verlangen, aber auch seine **Verpflichtung,** diesen in Anrechnung auf seinen Erbteil zu übernehmen. Jeder Miterbe hat einen Anspruch auf Einhaltung der vom Erblasser angeordneten Teilung. Die Teilungsanordnung mindert die wertmäßige Beteiligung der Erben am Nachlass nicht, so dass ein Mehrwert des zugewiesenen Gegenstandes den Miterben gegenüber auszugleichen ist. Ist dies aus dem sonstigen Nachlassvermögen nicht möglich, hat der Erbe einen dem Mehrwert entsprechenden Betrag aus seinem eigenen Vermögen an die übrigen Miterben zu zahlen. Zugrunde zu legen ist der Wert des zugewiesenen Gegen-

standes im Zeitpunkt der Auseinandersetzung. Bei der Teilungsanordnung geht es sehr häufig um das Einfamilienhaus des Erblassers, das eines seiner Kinder erhalten soll, zB weil es bereits in diesem Haus wohnt. Ist der Wert des sonstigen Nachlassvermögens nicht so hoch, dass hieraus die Ausgleichung gegenüber den Miterben erfolgen kann, zwingt der Erblasser den Erben zu einer Ausgleichszahlung aus seinem eigenen Vermögen. Verfügt er hierüber nicht, ist er auf die Aufnahme eines Darlehens oder gar auf den Verkauf des Hauses angewiesen. Im Einzelfall ist zu überlegen, dem Ausgleichspflichtigen das Recht auf Ratenzahlung einzuräumen.

Richtiger kann es hier sein, dem Kind ein **Übernahmerecht** einzuräumen. Mit ihm ordnet der Erblasser an, dass der Erbe selbst entscheiden kann, ob er das Einfamilienhaus übernehmen will oder nicht. Das Übernahmerecht räumt dem Erben ein Gestaltungsrecht ein. Erst durch seine Erklärung nach dem Erbfall, das vermachte Gestaltungsrecht auszuüben, entsteht der Anspruch auf Übertragung im Auseinandersetzungsverfahren und die Verpflichtung zur Ausgleichung. Das Übernahmerecht unterscheidet sich von der Teilungsanordnung dadurch, dass der Berechtigte nicht verpflichtet ist, den zugewiesenen Nachlassgegenstand in Anrechnung auf sein Erbteil zu übernehmen.

Letztlich hat der Erblasser zu entscheiden, ob der Erbe den ihm zugewiesenen Nachlassgegenstand zum wirklichen Wert oder aber zu einem niedrigeren Wert auszugleichen hat. Will der Erblasser durch die Zuweisung eines Nachlassgegenstandes zugleich einen Miterben begünstigen, indem er die **Ausgleichung zu einem geringeren** Wert anordnet, liegt insoweit ein Vorausvermächtnis (§ 2150 BGB) vor, das bei der Auseinandersetzung fällig wird. Spricht die letztwillige Verfügung von einer „Teilungsanordnung“, bedeutet dies eine Ausgleichungspflicht zum wirklichen Wert. Ausnahmsweise kann die Auslegung aber auch ergeben, dass es sich in Wirklichkeit um ein Vorausvermächtnis handelt („wertverschiebende“ Teilungsanordnung), mit dem der Erblasser den Erben begünstigen will, indem der Ausgleich nicht zum vollen, sondern zu einem geringeren Wert zu erfolgen hat.

Um Auslegungsschwierigkeiten von vornherein auszuschließen, ist in der Verfügung von Todes wegen klarzustellen, ob es sich um eine Teilungsanordnung (mit Ausgleich zum wirklichen Wert) oder um eine Teilungsanordnung verbunden mit einem Vorausvermächtnis hinsichtlich der Wertdifferenz handelt.

Formulierungsvorschlag für eine Teilungsanordnung:

Die Auseinandersetzung unter meinen Erben soll alsbald nach meinem Tode erfolgen. Hierfür ordne ich an, dass meine Tochter ...... mein Hausgrundstück Meisenweg 4 und mein Sohn ...... das Baugrundstück Amselweg 19 erhält.

Sollte eines meiner Kinder durch die angeordnete Teilung meines Nachlasses einen Mehrwert erhalten, so ist dieser auszugleichen. Können sich meine Kinder über den Wert der Grundstücke nicht einigen, ist dieser verbindlich durch einen vereidigten Grundstückssachverständigen festzustellen.

Formulierungsvorschlag für ein Übernahmerecht:

Meine Tochter ...... ist berechtigt, bei der Auseinandersetzung das Hausgrundstück Spatzenweg 3 mit Einfamilienhaus zu übernehmen. Übt sie dieses Recht aus, hat sie den Wert des Hausgrundstücks gegenüber meinen weiteren Erben auszugleichen. Können sich meine Erben über den Wert des Hausgrundstücks nicht einigen, ist dieser verbindlich durch einen vereidigten Grundstückssachverständigen festzustellen.

Formulierungsvorschlag für eine „wertverschiebende“ Teilungsanordnung:

Für die Auseinandersetzung unter meinen Erben ordne ich an, dass mein Sohn ...... das Einfamilienhausgrundstück Sperberweg 18 erhält. Er ist zur Ausgleichung gegenüber meinen weiteren Erben verpflichtet, jedoch nicht in Höhe des wirklichen Wertes, sondern zu einem um 30 % gekürzten Wert; die Wertdifferenz ist meinem Sohn im Voraus vermacht. Können sich meine

Erben über den Wert des Hausgrundstücks nicht einigen, ist dieser verbindlich durch einen vereidigten Grundstückssachverständigen festzustellen.

Nicht unkritisch sollte der Wunsch des Erblassers gesehen werden, über eine Teilungsanordnung jeweils einem von mehreren Erben Nachlassgegenstände mit der Bestimmung zuzuweisen, dass ein Mehrwert nicht auszugleichen ist, also ein etwaiger Mehrwert dem jeweiligen Erben im Voraus vermacht wird. Hat der Erblasser zB drei Immobilien, die er als gleichwertig ansieht, kann es sein Wunsch sein, dass jedes seiner drei Kinder bei der Erbauseinandersetzung eine Immobilie ohne Wertausgleich erhält, um einen Streit der Erben über die Werte von vornherein nicht aufkommen zu lassen. So vernünftig diese Überlegung ist, kann sie doch zu unvernünftigen Ergebnissen führen, wenn sich der Wert der Immobilien in der Zeit zwischen Testamentserrichtung und Erbfall unterschiedlich entwickelt, etwa weil der Erblasser an einer Immobilie umfangreiche Modernisierungs- und Renovierungsmaßnahmen durchführt, die zu einer realen Wertsteigerung führen, während er dies bei einer anderen Immobilie mit der Folge des Wertverlustes unterlässt. Bei einem jüngeren Erblasser ist daher die Teilungsanordnung mit Wertausgleich richtiger. Dem Streit der Erben kann vorgebeugt werden, indem bei fehlender Einigung der Erben die Verkehrswerte durch einen vereidigten Grundstückssachverständigen verbindlich festzustellen sind (zur Teilungsanordnung → Form. C.IV.3).

Die Unterscheidung zwischen einer Teilungsanordnung und einem Vorausvermächtnis hat erhebliche rechtliche Bedeutung:

- das Vorausvermächtnis kann ausgeschlagen werden (§ 2180 BGB), während die Erben nur im Einvernehmen eine von der Teilungsanordnung abweichende Aufteilung des Nachlasses vornehmen können;
- das Vorausvermächtnis kann schon vor der Auseinandersetzung geltend gemacht werden (§ 2176 BGB); das mit einer Teilungsanordnung verbundene Vorausvermächtnis (keine oder keine volle Ausgleichungspflicht) allerdings erst bei der Erbauseinandersetzung;
- das Vermächtnis kann wechselbezüglich/vertragsmäßig angeordnet werden, die Teilungsanordnung dagegen nicht.

ff) Ausgleichung lebzeitiger Zuwendungen, Anrechnung auf den Pflichtteil. Abkömmlinge (und nur diese), die als gesetzliche Erben zur Erbfolge gelangen, sind nach § 2050 BGB verpflichtet, eine Ausstattung (§ 1624 BGB), die sie von dem Erblasser zu dessen Lebzeiten erhalten haben, bei der Auseinandersetzung untereinander zur **Ausgleichung** zu bringen, soweit nicht der Erblasser bei der Zuwendung ein anderes angeordnet hat (§ 2050 Abs. 1 BGB). Gleiches gilt für Übermaßzuschüsse zu Einkünften und Übermaßaufwendungen für die Vorbildung zu einem Beruf (insbesondere Studienkosten) nach § 2050 Abs. 2 BGB.

Bei der gewillkürten Erbfolge besteht die Ausgleichungspflicht der Abkömmlinge nur, wenn diese genau auf ihre gesetzlichen Erbteile eingesetzt sind, oder ihre (höheren oder niedrigeren) Erbteile so bestimmt sind, dass sie zueinander in demselben Verhältnis stehen wie die gesetzlichen Erbteile (§ 2052 BGB).

In der Praxis von Bedeutung sind **andere Zuwendungen** unter Lebenden an einen Abkömmling, die nach §§ 2050 Abs. 3, 2052 BGB nur zur Ausgleichung zu bringen sind, wenn der Erblasser **vor oder bei der Zuwendung die Ausgleichung angeordnet hat**. Eine nachträgliche Anordnung ist nicht möglich. Hat der Erblasser die Anordnung nicht getroffen, oder kann er sie nicht beweisen, ein typischer Fall bei der Schenkung von Geld, kann er sie im Ergebnis durch ein Vorausvermächtnis in dieser Höhe zugunsten der weiteren Abkömmlinge bewirken, solange nicht das Pflichtteilsrecht des beschenkten Kindes beeinträchtigt wird (→ Form. E.II.6).

Bei der lebzeitigen Schenkung an einen Abkömmling hat der Notar in der Urkunde klarzustellen, ob ihr Wert im Erbfall auszugleichen ist oder nicht. Nach § 2055 Abs. 2 BGB bestimmt sich der Wert nach der Zeit, zu der die Zuwendung erfolgt ist. Der Erblasser

kann den Wert verbindlich festsetzen, auch dahin, dass der Wert im Zeitpunkt des Erbfalls maßgeblich ist. Die Ausgleichung erfolgt, ist der beschenkte Abkömmling aufgrund eines gemeinschaftlichen Testaments oder Erbvertrages Schlusserbe, auch dann erst beim Tode des überlebenden Ehegatten, wenn die ausgleichspflichtige Zuwendung aus dem Vermögen des erstversterbenden Ehegatte stammt (Palandt/*Weidlich* BGB § 2052 Rn. 2).

Pflegeleistungen sind nur ausgleichsfähig, wenn ein Abkömmling sie über einen längeren Zweitraum ohne Entgelt erbracht hat (§ 2057a Abs. 1 S. 2 BGB), Pflegeleistungen dritter Personen, zB der Schwiegertochter, sind nicht auszugleichen. Zu empfehlen ist in diesen Fällen die Vereinbarung eines Entgelts oder die Anordnung eines Vermächtnisses.

Nach § 2315 BGB hat sich der Pflichtteilberechtigte auf den Pflichtteil anrechnen zu lassen, was ihm von dem Erblasser durch Rechtgeschäft unter Lebenden mit der Bestimmung zugewendet worden ist, dass es auf Pflichtteil angerechnet werden soll. Auch diese **Anrechnungsbestimmung** muss **vor oder bei der Zuwendung** erfolgen und kann vom Erblasser nicht nachträglich getroffen werden.

Zur Grundstücksschenkung der Eltern an ein Kind folgender

Formulierungsvorschlag:
Der Erwerber hat den heutigen Wert der Schenkung in Höhe von EUR . . . . . . beim Tode des längerlebenden Elternteils bei der Erbauseinandersetzung zur Ausgleichung zu bringen.
Der Erwerber hat sich den Wert der Schenkung auf seinen Pflichtteil anrechnen zu lassen.

gg) Wiederverheiratungsklausel. Mit einer Wiederverheiratungsklausel wollen Ehegatten den Nachlass des Erstversterbenden den eigenen Abkömmlingen erhalten und diese davor schützen, dass ein neuer Ehegatte des Letztversterbenden und/oder aus dieser zweiten Ehe stammende Kinder an dessen Nachlassvermögen teilhaben.

Nach meiner Beobachtung ist die Bedeutung von „Wiederverheiratungsklauseln" in der Praxis weit geringer als das literarische Interesse, das dieses Thema findet. Es kommt kaum vor, dass junge Eheleute mit gemeinsamen Kindern eine zweite Ehe des Längstlebenden, vor allem bei einem frühen Tod eines von ihnen, als ein Problem sehen. Ihre Effizienz wird zunehmend in Zweifel gezogen, da der längstlebende Ehegatte in einer nichtehelichen Lebenspartnerschaft die Sicherungsmechanismen zu Gunsten der Abkömmlinge aushebeln kann. Richtig ist aber, dass nur bei einer Heirat mit dem neuen Partner dieser zumindest pflichtteilsberechtigt wird. Junge Ehegatten lehnen eine Wiederverheiratungsklausel sogar ab, da sie es bei dem frühen Tod eines Ehegatten als richtig ansehen, dass der Längstlebende erneut heiratet und aus dieser Ehe Kinder hat, ohne eine Einbuße hinsichtlich der ihm angefallenen Erbschaft hinnehmen zu müssen. Bei einem aus der Familie stammenden Vermögen, insbesondere einer Immobilie oder Beteiligung an einer Familiengesellschaft, ist es näher liegender, dass der Ehegatte dieses Vermögen seinem Kind vermacht (gegebenenfalls mit einem Nießbrauchvermächtnis zu Gunsten des längstlebenden Ehegatten), um es vor später hinzukommenden Erb- und Pflichtteilsberechtigten zu schützen.

Die herkömmliche Wiederverheiratungsklausel bestimmt, dass der längstlebende Ehegatte zum auflösend bedingten Vollerben und zugleich zum aufschiebend bedingten Vorerben für den Fall der Wiederverheiratung eingesetzt wird, die gemeinsamen Abkömmlinge zu Nacherben und der Nacherbfall mit der Wiederverheiratung eintritt. *Scheuren-Brandes* (ZEV 2005, 185) warnt zu Recht vor einer derartigen Klausel. Sie sollte (zumindest) in der Weise korrigiert werden, dass der Nacherbfall nicht mit Wiederverheiratung des längerlebenden Ehegatten, sondern erst mit seinem Tode eintritt (Einzelheiten und Formulierungsvorschlag → Form. E.VI.1).

Die weniger einschneidende Gestaltung sieht vor, dass der Erstversterbende den Längstlebenden zum Vollerben einsetzt und für den Fall, dass dieser wieder heiratet, den Kindern einen Geldbetrag vermacht in Höhe des Wertes, den ihr gesetzlicher Erbteil zum

Zeitpunkt des Todes des Erstversterbenden gehabt hat. Das Vermächtnis ist fällig mit der Wiederverheiratung (→ Form. E.VI.2).

Sind die gemeinsamen Abkömmlinge bindend zu Schlusserben eingesetzt, sollte der Ehegatte bei einer Wiederverheiratungsklausel gleich welchen Inhalts mit der Wiederverheiratung zumindest für sein eigenes Vermögen seine Testierfreiheit wieder erlangen.

d) Vor- und Nacherbfolge

Checkliste

- ❒ Gibt es einen **sachgerechten Grund**, dass sich Ehegatten zum Vorerben und eine dritte Person, insbesondere die gemeinsamen Kinder, zum Nacherben einsetzen? Das kann der Fall sein, wenn der Erblasser ein Kind enterbt, um dessen Pflichtteil auf sein Vermögen zu beschränken, ebenso bei der „Patchwork-Familie" (die Ehegatten haben ein gemeinsames Kind, ein jeder von ihnen ein Kind aus einer früheren Ehe) und beim „Geschiedenentestament" (→ Form. A.II.5 lit. d) bb). Für die Einsetzung eines Kindes zum Vorerben kann im Einzelfall ein berechtigtes Interesse bestehen.
- ❒ Soll der Vorerbe für den **gesamten Nachlass** durch die Anordnung der Nacherbfolge beschränkt sein, oder sollen ihm über ein Vorausvermächtnis einzelne Vermögenswerte zur freien Verfügung stehen?
- ❒ Soll der Vorerbe von den gesetzlichen Beschränkungen und Verpflichtungen ganz oder teilweise **befreit** werden (§ 2136 BGB)?
- ❒ Soll die Nacherbfolge mit dem Tode des **Vorerben** eintreten (§ 2106) oder zu einem anderen Zeitpunkt?
- ❒ Soll der Nacherbe auch **Ersatzerbe** sein (§ 2102 Abs. 1 BGB)?
- ❒ Soll der Nacherbe auch **Erbe des Längstlebenden** sein?
- ❒ Soll die **Vererblichkeit** und/oder die **Übertragbarkeit** des Nacherbenanwartschaftsrechts ausgeschlossen oder beschränkt werden (§ 2108 Abs. 2 BGB)?
- ❒ Ist die Anordnung einer **„doppelten Nacherbfolge"** in der Weise erforderlich, dass der Nacherbe wiederum nur Vorerbe eines nach ihm eingesetzten (weiteren) Nacherben wird?
- ❒ Ist die Anordnung der Nacherbfolge unbedingt oder auflösend **bedingt** gewollt?
- ❒ Soll ein **Testamentsvollstrecker** ernannt werden, der bis zum Eintritt der Nacherbfolge die Rechte des Nacherben ausübt und dessen Pflichten erfüllt (§ 2222 BGB), oder auch für den Vorerben während der Vorerbschaft und/oder für den Nacherben nach Eintritt der Nacherbfolge?

aa) Nachteile der Vor- und Nacherbfolge. Zu Beginn des Beratungsgesprächs hat der verheiratete Erblasser häufig das Regelungsziel, sein Vermögen für seine Kinder zu erhalten und dies über die Einsetzung seines Ehegatten zum Vorerben und der Kinder zu Nacherben sicherzustellen. Bei einer intakten Familie mit nur gemeinsamen Kindern ist die Vor- und Nacherbfolge regelmäßig nicht zu empfehlen. Als **Nachteile** sind zu nennen:

- Der Erblasser ist darauf hinzuweisen, dass der längstlebende Ehegatte als Vorerbe ohne die Zustimmung des Nacherben zum Nachlass gehörenden Grundbesitz oder Miteigentumsanteil am Grundbesitz, insbesondere das Familienwohnheim, weder veräußern noch beleihen kann (§ 2113 Abs. 1 BGB). Wird der Vorerbe von dieser Verfügungsbeschränkung befreit (§ 2136 BGB), ist aber das Regelungsziel, Erhaltung des Vermögens für die Kinder, nicht mehr sichergestellt, wenn der Verkaufserlös bis zum Eintritt des Nacherbfalls ganz oder teilweise nicht mehr vorhanden ist.
- Lebzeitige Schenkungen aus dem Nachlass des erstversterbenden Ehegatten, auch an eines der zu Nacherben eingesetzten Kinder, etwa als Zuschuss zum Hauskauf, sind dem Vorerben nicht erlaubt, es sei denn alle weiteren Nacherben stimmen zu (§ 2113 Abs. 2 BGB).

- Der Vorerbe kann nach dem Tode des erstversterbenden Ehegatten den Kreis der zur Nacherbfolge berufenen Personen nicht ändern, auch nicht deren Anteile (wofür es aber gute Gründe geben kann). Zur auflösend bedingten Nacherbfolge → Form. C.II.4.
- Unstimmigkeiten zwischen dem Vorerben und dem Nacherben über die Anlage des Vermögens (vgl. §§ 2116–2119 BGB), über die Kosten der Erhaltung von Gebäuden (vgl. § 2124 BGB), über Ersatzansprüche des Vorerben gegen den Nacherben im Falle des Eintritts der Nacherbfolge (§ 2125 BGB) führen schnell zum Streit.
- Nach § 6 Abs. 1, 2 ErbStG haben sowohl der Vorerbe als auch der Nacherbe die Erbschaft nach dem vollen Wert zu versteuern; die Beschränkungen, denen der Vorerbe unterliegt, werden bei der steuerlichen Bewertung nicht berücksichtigt. Die Vor- und Nacherbfolge bedeutet regelmäßig eine **doppelte Erbschaftsteuerbelastung.**
- Besonders nachteilig wirkt sich § 6 Abs. 2 S. 4 ErbStG aus. Danach kann für das eigene Vermögen des Vorerben ein Freibetrag nur gewährt werden, soweit der Freibetrag für das der Nacherbfolge unterliegende Vermögen nicht verbraucht ist (BFH ZEV 1999, 237). Haben sich zB Eheleute gegenseitig zum Vorerben und ihr einziges Kind zum Nacherben eingesetzt, das Kind auch zum Erben des Längstlebenden, und erbt das Kind als Nacherbe (nach dem erstverstorbenen Elternteil) ein Vermögen im Steuerwert von 400.000,– EUR steht ihm ein zusätzlicher Freibetrag als Erbe des längstlebenden Elternteils nicht zu.

Richtig ist, dass die Vor- und Nacherbfolge im Falle einer **Wiederheirat** des längstlebenden Ehegatten die zu Nacherben berufenen Kinder schützt, da der zweite Ehegatte und Kinder aus dieser Ehe hinsichtlich dieses Vermögens nicht erb- und pflichtteilsberechtigt werden.

Bei älteren Erblassern ist der Beschränkung des längstlebenden Ehegatten durch eine Nacherbfolge in aller Regel die wechselbezügliche/vertragsmäßige Erbeinsetzung der Kinder zu Schlusserben vorzuziehen. Ist der längstlebende Ehegatte nicht auf die Verwertung des Vermögensstamms angewiesen, ist auch daran zu denken, dass jeder Ehegatte die Kinder zu seinen Erben einsetzt mit einem Versorgungsvermächtnis zu Gunsten des Längstlebenden.

Bei jüngeren Ehegatten mit Kind kann der Befürchtung, das Vermögen des Erstversterbenden könne in seinem Bestand durch eine neue Eheschließung für das Kind gefährdet werden, dadurch Rechnung getragen werden, dass der Erstversterbende die Vermögenswerte, die er aus seiner Familie als lebzeitige Schenkung oder von Todes wegen erhalten hat, seinem Kind vermacht (gegebenenfalls mit einem Nießbrauchvermächtnis für den längstlebenden Ehegatten).

Letztlich ist anzusprechen, dass der überlebende Ehegatte die Erhaltung des Nachlasses für die Kinder im Falle einer neuen Eheschließung dadurch sicherstellen kann, dass er mit dem neuen Partner Gütertrennung vereinbart und einen auf den Nachlass des Erstverstorbenen gegenständlich beschränkten Pflichtteilsverzichtsvertrag schließt.

bb) Fälle, in denen die Anordnung der Nacherbfolge richtig ist. Es gibt Fallgestaltungen, in denen die Anordnung der Nacherbfolge **richtig,** zumindest **sinnvoll** ist:

- Vermeidung der wertmäßigen Erhöhung der Pflichtteilsansprüche der Personen, die allein dem Vorerben gegenüber pflichtteilsberechtigt sind.
  Beispiel: Die Ehegatten haben ein gemeinsames Kind, der Mann hat ein Kind aus erster Ehe, das er enterbt. Die Frau hat ein Vermögen von 1,0 Mio. EUR, der Mann von 40.000,– EUR. Stirbt der Mann zuerst, hat sein Kind einen Pflichtteilsanspruch von 5.000,– EUR. Setzt die Frau ihren Mann zum Vollerben ein und wird dieser Erbe, „gewinnt" das enterbte Kind beim späteren Tod seines Vaters einen Pflichtteilsanspruch auch aus dem Vermögen der nicht pflichtteilsbelasteten Ehefrau in Höhe von $^1/_4$ = 250.000,– EUR. Dieses äußerst unbefriedigende Ergebnis wird verhindert, wenn die vermögende Ehefrau ihren Ehemann zum (befreiten) Vorerben und das gemeinsame Kind zum Nacherben einsetzt (→ Form. C.II.6).

- Eine ähnliche Interessenlage ist gegeben, wenn die Eheleute jeweils aus erster Ehe ein Kind haben (**„Patchwork-Familie“**). Setzen sich die Ehegatten gegenseitig zum Vollerben ein, wächst auch hier dem Kind des Längstlebenden ein Pflichtteilsanspruch aus dem Vermögen des (nicht pflichtteilbelasteten) Erstversterbenden an.
  Alternative Gestaltungsmöglichkeit zur Vor- und Nacherbfolge ist, dass jeder Ehegatte sein Kind aus erster Ehe zum Erben einsetzt (gegebenenfalls mit einem Versorgungsvermächtnisvermächtnis zugunsten des längstlebenden Ehegatten).
  Entscheiden sich die Ehegatten, jeweils ihre Kinder unmittelbar zu Erben einzusetzen (mit oder ohne Vermächtnis zugunsten des längstlebenden Ehegatten), sollten sie zur Absicherung der gewünschten Erbfolge einen gegenseitigen Pflichtteilsverzichtsvertrag schließen (gegebenenfalls unter der Bedingung der Erfüllung des zugunsten des längstlebenden Ehegatten angeordneten Vermächtnisses).
- Die gleichen Überlegungen gelten für **Lebenspartner,** wenn einer von ihnen oder beide ein Kind haben (→ Form. E.IV.1 f.).
- Bei einer **nichtehelichen Lebensgemeinschaft,** bei der ein Lebensgefährte ein Kind hat, kann es aus erbschaftsteuerlichen Gründen richtig sein, dass dieser den Partner zum Vorerben und sein Kind zum Nacherben einsetzt. Wird das Kind einseitig zum Schlusserben eingesetzt, also Erbe nach dem anderen Partner, richtet sich die Besteuerung nach dem persönlichen Verhältnis dieses Kindes zum Erblasser, also dem mit ihm nicht verwandten Partner. Sein Erwerb unterliegt nicht der Steuerklasse I, ihm steht auch nicht der Freibetrag nach § 16 Abs. 1 Nr. 2 ErbStG zu. Dagegen kann das Kind bei Eintritt der Nacherbfolge nach § 6 Abs. 2 S. 2 ErbStG beantragen, bei der Versteuerung sein Verhältnis zum Erblasser, also seinem leiblichen Elternteil, zugrunde zu legen.
- Recht selten äußert der Erblasser den Wunsch, ein **Kind** zum Vorerben und dessen Abkömmlinge oder dritte Personen zu Nacherben einzusetzen (zum behinderten Kind → Form. F.I.2 ff.). Diese Gestaltung kommt zB in Betracht, wenn ein verheiratetes Kind keine Abkömmlinge hat, der spätere Anfall des Nachlassvermögens nach dem Tode des Erblassers an das Schwiegerkind ausgeschlossen sein soll, so dass der Erblasser dieses Kind zum Vorerben und die weiteren Kinder (ersatzweise deren Abkömmlinge) zu Nacherben einsetzt.
- Ein Sonderfall ist der **„überschuldete“ Abkömmling** (§ 2338 BGB). Hat der Erblasser ein überschuldetes Kind, ist dessen Einsetzung zum Vorerben und seiner gesetzliche Erben zu Nacherben nahezu zwingend geboten zum Schutz vor Vollstreckung seiner Eigengläubiger in den Nachlass (§ 2115 BGB). Da nach dieser Vorschrift Verfügungen über einen der Nacherbfolge unterliegenden Nachlassgegenstand im Wege der Zwangsvollstreckung nur relativ unwirksam sind, hat der Erblasser zusätzlich zum Schutz des Nacherben die Verwaltung des Nachlasses durch einen Testamentsvollstrecker anzuordnen. Nach § 2214 BGB können die Gläubiger des Erben, die nicht zu den Nachlassgläubigern gehören, sich nicht an die der Verwaltung des Testamentsvollstreckers unterliegenden Nachlassgegenstände halten (→ Form. F.II.2).

cc) Regelungsschwerpunkte.

- Hat sich der Erblasser für die Anordnung der Vor- und Nacherbfolge entschieden, sollte jedenfalls angesprochen werden, ob der Vorerbe für den **gesamten Nachlass** durch die Anordnung der Nacherbfolge beschränkt sein soll, oder ob ihm einzelne Vermögenswerte zur freien Verfügung stehen sollen. Ergebnis der Beratung kann sein, dass der Erblasser die Anordnung der Nacherbfolge nur für seinen **Grundbesitz** wünscht. Hier ist ein **Vorausvermächtnis** zugunsten des Vorerben hinsichtlich des sonstigen Nachlassvermögens anzuordnen (→ Form. C.II.3). Nach § 2110 Abs. 2 BGB erstreckt sich das Recht des Nacherben im Zweifel nicht auf ein dem Vorerben zugewendetes Vorausvermächtnis. Ein zugunsten des alleinigen Vorerben angeordnetes Vorausvermächtnis scheidet – ohne dass es einer dinglichen Übertragung bedarf – bereits mit dem Erbfall aus der Vorerbmasse aus (BGH NJW 1960, 959: „Der alleinige

Vorerbe erwirbt den ihm durch Vorausvermächtnis zugewandten Gegenstand ohne weiteres mit dem Vorerbfall"). Im Erbschein ist anzugeben, dass sich das Nacherbenrecht nicht auf den vermachten Gegenstand bezieht.

- Gehört **Grundbesitz** zum Nachlass, sind wenn irgend möglich, die Nacherben bereits namentlich zu bezeichnen, da anderenfalls das Grundbuchamt sich mit der eröffneten notariellen Verfügung von Todes wegen nicht begnügt und einen Erbschein verlangt, aus dem sich die Namen der Nacherben ergeben (OLG Hamm DNotZ 1966, 108).
- Der Erblasser kann den Vorerben von den in § 2136 BGB genannten Beschränkungen und Verpflichtungen **befreien**, insbesondere von der Verfügungsbeschränkung über Grundstücke (§ 2113 BGB). Diese Befreiung gilt nach § 2137 BGB als angeordnet, wenn der Erblasser den Nacherben auf dasjenige eingesetzt hat, was von der Erbschaft bei dem Eintritt der Nacherbfolge übrig sein wird. Der Erblasser kann dem Vorerben nicht die Befugnis einräumen, **unentgeltlich** über Nachlassgegenstände zum Nachteil des Nacherben zu verfügen. Eine wesentliche Beschränkung auch des befreiten Vorerben liegt darin, dass er ohne Zustimmung des Nacherben ein Nachlassgrundstück nicht mit einem Grundpfandrecht belasten kann, weil die finanzierende Bank nicht prüfen kann, ob das Darlehen ausschließlich den Nachlass betreffende Verbindlichkeiten sichern soll und im Rahmen einer ordnungsgemäßen Verwaltung aufgenommen wird (nur dies ist dem befreiten Vorerben gestattet), oder aber zur Sicherung eines Kredits, der rein privaten Zwecken dient (in diesem Fall ist die Grundschuld bei Eintritt der Nacherbfolge dem Nacherben gegenüber unwirksam). Der Erblasser kann die Rechtsstellung des befreiten (alleinigen) Vorerben nicht dadurch erweitern, dass er zum alleinigen Testamentsvollstrecker ernannt wird, um die Rechte des Nacherben bis zum Eintritt der Nacherbfolge auszuüben.
- Kommt es dem Erblasser allein darauf an, die Weitervererbung seines Nachlasses an eine unerwünschte Person zu verhindern, nicht aber den Erben in seiner Verfügungsfreiheit einzuschränken, bietet sich als Alternative die Anordnung eines **Herausgabevermächtnisses** an die gewünschte Person in Betracht, das erst beim Tode des Erben fällig ist (→ Form. C.II.2).
- Nach § 2106 BGB fällt mangels besonderer Bestimmung die Erbschaft dem Nacherben mit dem Tode des Vorerben an. Der Erblasser kann aber auch einen früheren Zeitpunkt oder ein Ereignis bestimmen, zB Wiederheirat des Vorerben.
- Nach § 2102 Abs. 1 BGB enthält die Einsetzung als Nacherbe im Zweifel auch die Einsetzung als Ersatzerbe.
- Setzen sich Ehegatten zum Vorerben und ein Kind zum Nacherben des Erstversterbenden ein, ist lediglich der erste Erbfall geregelt. Im zweiten Erbfall ist fraglich, ob der Nacherbe als Erbe des Längstlebenden berufen ist oder die gesetzliche Erbfolge eintritt. Da umstritten ist, ob die Auslegungsregel des § 2102 Abs. 1 BGB auch für den Fall der unterlassenen Bestimmung des Erben des Längstlebenden gilt, ist die ausdrückliche Bestimmung des **Erben des Längstlebenden** unverzichtbar.
- Die Rechtsstellung des Nacherben nach dem Erbfall bildet in ihrer Gesamtheit ein Anwartschaftsrecht, das der Nacherbe veräußern und nach § 2108 Abs. 2 BGB vererben kann.
  Der Erblasser kann die **Vererblichkeit** des Anwartschaftsrechts ganz **ausschließen** mit der Folge, dass beim Tod des Nacherben zwischen dem Erbfall und Eintritt des Nacherbfalls entweder der vom Erblasser Berufene Ersatznacherbe berufen ist, oder die Nacherbschaft mit dem Tode des Nacherben entfällt, so dass der Vorerbe Vollerbe wird. In der Berufung eines Ersatznacherben liegt die schlüssige Erklärung des Erblassers, dass die Vererblichkeit ausgeschlossen sein soll.
- Will der Erblasser die Übertragbarkeit der Nacherbenanwartschaft ausschließen (Vorsicht: das übertragbare Anwartschaftsrecht ist auch pfändbar!), sollte die **Übertragung**

auf den Vorerben ausgenommen werden, da hierfür im Einzelfall vernünftige Gründe sprechen können.

- Eine „**doppelte (gestufte) Nacherbfolge**" kann in der Weise angeordnet werden, dass der Nacherbe wiederum nur Vorerbe eines nach ihm eingesetzten (weiteren) Nacherben wird. Will der verheirate Erblasser sein Vermögen letztlich seinen Enkelkindern zukommen lassen, kann er seinen Ehegatten zum Vorerben und sein Kind zum Nacherben einsetzen, das als Vorerbe seinen Abkömmlingen als nachfolgenden Nacherben gegenübersteht.
  Ein „klassischer" Fall der Anordnung einer doppelten Nacherbfolge ist das **Geschiedenentestament** (→ Form. E.I.3).
- Nach § 2109 Abs. 1 S. 1 BGB wird die Einsetzung des Nacherben mit Ablauf von 30 Jahren nach dem Erbfall unwirksam, wenn nicht vorher der Fall der Nacherbfolge eingetreten ist.
- Der Erblasser kann die Anordnung der Nacherbfolge aufschiebend und auflösend **bedingt** anordnen. Die Zulässigkeit einer aufschiebend oder auflösend bedingten Nacherbfolge ergibt sich aus §§ 2074, 2075, 2108 Abs. 2 S. 2 BGB.
  Bei der aufschiebend bedingt angeordneten Nacherbfolge steht bereits zum Zeitpunkt des Erbfalls fest, ob der Erbe Vollerbe oder Vorerbe ist. Bei der auflösenden Bedingung wird der Erbe zunächst Vorerbe, mit Eintritt der Bedingung entfällt die angeordnete Nacherbfolge, so dass zu diesem Zeitpunkt der Vorerbe Vollerbe wird. Aufschiebende Bedingung kann sein, dass der Nacherbe beim Tode des Erblassers lebt (also der Erblasser die Vererblichkeit ausgeschlossen und keinen Ersatznacherben bestimmt hat). Beim „Geschiedenentestament", mit dem der Erblasser sein Kind aus erster Ehe zum Vorerben einsetzt und dessen Abkömmlinge zu Nacherben, geht es ihm letztlich allein darum, beim Nachversterben des Kindes das gesetzliche Erb- und Pflichtteilsrecht des geschiedenen Ehegatten auszuschließen. Die Nacherbfolge kann (und sollte) daher aufschiebend und auflösend bedingt sein und mit dem Tode des geschiedenen Ehegatten entfallen (→ Form. E.I.3). Zur auflösend bedingten Nacherbeneinsetzung unter Vorbehalt anderweitiger Verfügungen des Vorerben vgl. *Frank* MittBayNot 1987, 231, *Mayer* ZEV 1996, 104).
- Ein **Testamentsvollstrecker** kann ernannt werden, der bis zum Eintritt der Nacherbfolge die Rechte des Nacherben ausübt und dessen Pflichten erfüllt (§ 2222 BGB).
  Hiervon zu unterscheiden ist die Einsetzung eines Testamentsvollstreckers für den Vorerben während der Vorerbschaft und/oder die Einsetzung eines Testamentsvollstreckers für den Nacherben nach Eintritt der Nacherbfolge.
- Bei Anordnung der Vor- und Nacherbfolge ist der Erblasser darauf hinzuweisen, dass der (pflichtteilberechtigte) Vorerbe nach § 2306 Abs. 1 BGB den **Pflichtteil** verlangen kann, wenn er den **Erbteil ausschlägt.**

e) Familienrechtliche Anordnungen

- **Benennung eines Vormunds**
  Jüngere Erblasser mit einem minderjährigen Kind sind darauf hinzuweisen, dass bei ihrem frühen Tod das Kind einen Vormund erhält, den das Familiengericht auswählt. Die Eltern können einen Vormund benennen, wenn ihnen zurzeit ihres Todes die Sorge für die Person und das Vermögen des Kindes zusteht (§ 1777 Abs. 1 BGB). In diesem Fall ist als Vormund berufen, wer von den Eltern als Vormund benannt ist (§ 1776 Abs. 1 BGB). Der benannte Vormund darf nur übergangen werden in den in § 1778 BGB genannten Fällen.

Die Benennung des Vormunds muss durch letztwillige Verfügung erfolgen, also in der Form des § 2247 BGB oder durch notariell beurkundetes Testament oder Erbvertrag (§ 1777 Abs. 3 BGB). Sie ist jederzeit widerruflich.

- Die Eltern können auch bestimmte Personen vom Amt des Vormunds ausschließen (§ 1782 BGB) und die Führung der Vormundschaft durch mehrere Vormünder anordnen (§ 1797 Abs. 3 BGB). Die Eltern können den Vormund von den in §§ 1852 bis 1855 genannten Verpflichtungen befreien (§ 1856 BGB).
- Ist ein Elternteil verstorben und der Überlebende allein sorgeberechtigt, kann er den Vormund benennen; gleiches gilt, wenn bei der Scheidung einem Elternteil das alleinige Sorgerecht übertragen worden ist.
- Ist ein Vormund benannt, steht ihm im Erbfall die Personen- und Vermögenssorge für das minderjährige Kind zu (§ 1793 BGB).
- Mit dem Erblasser sollte die Frage besprochen werden, ob es nicht richtiger ist, für die Personensorge und für die Vermögenssorge zwei verschiedene Personen vorzusehen. Regelmäßig soll die Schwester oder der Bruder eines Ehegatten Vormund sein, die/der das Kind in die eigene Familie aufnimmt. Insbesondere bei einem größeren Vermögen kann es (auch im Interesse des Vormunds) richtig sein, über die Anordnung der **Testamentsvollstreckung** als Dauervollstreckung einer anderen Person die Vermögensverwaltung zu übertragen. Für die Trennung der Personen- und Vermögenssorge spricht auch, dass der Testamentsvollstrecker für die in §§ 1821, 1822 BGB genannten Rechtsgeschäfte nicht der Genehmigung des Familiengerichts bedarf und die Testamentsvollstreckung über die Volljährigkeit des Kindes hinaus angeordnet werden kann (→ Form. E.II.3).
  Die Eltern werden richtigerweise vor der Benennung des Vormunds bzw. des Testamentsvollstreckers die Person fragen, ob sie bereit ist, die ihr zugedachte Aufgabe zu übernehmen.
- **Beschränkungen der elterlichen Vermögenssorge**
  Der Erblasser hat ein Kind enterbt und an seiner Stelle dessen minderjährigen Abkömmling zu Erben/Miterben eingesetzt (oder zugunsten des Enkelkindes ein Vermächtnis mit einem großen Wert angeordnet). Er befürchtet, dass die sorgeberechtigten Eltern das ihrem Kind zufallende Vermögen nicht ordnungsgemäß verwalten. Nach § 1638 Abs. 1 BGB kann der Erblasser durch letztwillige Verfügung bestimmen, dass die Eltern das Vermögen nicht verwalten sollen. In diesem Fall ist gemäß § 1909 Abs. 1 S. 2 BGB ein Pfleger für den Minderjährigen zu bestellen. Der Erblasser kann nach § 1917 BGB durch letztwillige Verfügung die Person des Pflegers benennen. Richtiger ist auch hier, dass der Erblasser einen Testamentsvollstrecker ernennt mit der Aufgabe, den Nachlass bzw. den Erbteil bzw. die vermachten Vermögenswerte bis zur Volljährigkeit des Enkelkindes (oder für eine längere Dauer) zu verwalten.

f) Vermächtnis

Checkliste

- ❒ **Gegenstand** eines Vermächtnisses kann jeder Vermögensvorteil sein, eine bewegliche Sache, ein Grundstück, ein Geldbetrag, ein Gesellschaftsanteil, der Erlass einer Forderung.
- ❒ **Wer wird mit dem Vermächtnis beschwert?** Beschwert werden kann nach § 2147 S. 1 BGB der Erbe oder ein Vermächtnisnehmer. Es können alle Miterben zu gleichen oder zu unterschiedlichen Anteilen, ein einzelner Miterbe, der Hauptvermächtnisnehmer (§ 2187 BGB) bei Anordnung eines Untervermächtnisses (§ 2186 BGB), der Vorvermächtnisnehmer bei Anordnung eines Nachvermächtnisses (§ 2191 BGB) beschwert werden.

- ❒ Zu welchem Zeitpunkt ist der Anspruch aus dem Vermächtnis **fällig**? Der Anfall des Vermächtnisses erfolgt mit dem Erbfall (§ 2177 BGB); es ist zu diesem Zeitpunkt auch fällig, es sei denn der Erblasser hat einen späteren Zeitpunkt bestimmt
- ❒ Will der Erblasser einen **Ersatzvermächtnisnehmer** (§ 2190 BGB) bestimmen? Anderenfalls ist das Vermächtnis nach § 2160 BGB unwirksam, wenn der Bedachte zur Zeit des Erbfalls nicht mehr lebt.
- ❒ Soll die Erfüllung des Anspruchs aus dem Vermächtnis durch Anordnung einer **Testamentsvollstreckung** gesichert werden, oder **ohne Mitwirkung des Erben** ermöglicht werden?
- ❒ Wer trägt die **Kosten** der Erfüllung des Vermächtnisses und gegebenenfalls der Testamentsvollstreckung?
- ❒ Soll der Vermächtnisnehmer von der anteiligen **Pflichtteilslast** freigestellt werden (§ 2342 iVm § 2318 BGB).

Das Vermächtnis erlaubt es dem Erblasser, durch letztwillige Verfügung einem anderen, ohne ihn als Erben einzusetzen, einen Vermögensvorteil zuzuwenden (§ 1939 BGB). Wie § 2150 BGB zeigt, kann der Erblasser aber auch einem Erben zusätzlich zu seinem Erbteil einen Vermögensvorteil zuwenden (Vorausvermächtnis).

Der Erblasser ist darauf hinzuweisen, dass der Vermächtnisnehmer den Vermächtnisgegenstand nicht unmittelbar dinglich mit dem Erbfall erwirbt, sondern für ihn das Recht begründet, von dem Beschwerten die Leistung des vermachten Gegenstands zu fordern, ihm also (lediglich) ein schuldrechtlicher Anspruch gegen den Beschwerten auf Leistung zusteht (§ 2174 BGB). Es bedarf also nach dem Tode des Erblassers eines Vertrages zwischen dem Beschwerten (zumeist dem Erben) und dem Vermächtnisnehmer (Übereignung, Abtretung). Bis zur Erfüllung des Vermächtnisses (einem Grundstücksvermächtnis bis zur Auflassung und Eintragung im Grundbuch) ist der Vermächtnisnehmer ungesichert. Für seinen Anspruch und die gegenseitigen Rechte und Pflichten gelten die Vorschriften des allgemeinen Schuldrechts. Befürchtet der Erblasser, dass der Erbe das Vermächtnis nicht oder nicht unverzüglich erfüllt (zu denken ist zB an das Vermächtnis zugunsten eines Lebenspartners, mit dem der Ehegatte und die Kinder beschwert sind), kann er Testamentsvollstreckung anordnen mit der alleinigen Aufgabe, das Vermächtnis zu erfüllen.

Will der Erblasser ein Vermächtnis anordnen, sind folgende Fragen anzusprechen:

- **Gegenstand** eines Vermächtnisses kann alles sein, was als Inhalt einer Leistungspflicht eines Schuldners nach § 241 BGB vereinbart werden könnte, sofern nur ein Vermögensvorteil zugewendet wird. Typischerweise sind dies ein bestimmter Gegenstand (§ 2169 BGB), ein Grundstück, eine Gesellschaftsbeteiligung, ein Nutzungsrecht (Nießbrauch, Wohnungsrecht), eine Rente oder ein Geldbetrag (→ Form. C.V.2 bis → Form. C.V.8). Gegenstand eines Vermächtnisses kann auch der Erlass einer Forderung (zB aus Darlehen) sein.
- Wer wird mit dem Vermächtnis **beschwert**? Bestimmt der Erblasser nicht ein anderes, ist es der Erbe, mehrere Erben nach dem Verhältnis ihrer Erbteile (§§ 2147 S. 2, 2148 BGB). Bei einem Geldvermächtnis zugunsten der Enkelkinder kann es aber richtig sein, das Kind zu beschweren, dessen Abkömmlinge bedacht sind (→ Form. E.II.9).
- Das Vermächtnis **fällt an** mit dem Erbfall, der Anspruch entsteht also zu diesem Zeitpunkt (§ 2176 BGB). Das Vermächtnis kann aber unter einer aufschiebenden Bedingung oder mit der Bestimmung eines Anfangstermins angeordnet werden, in diesem Fall erfolgt der Anfall mit dem Eintritt der Bedingung oder des Termins (§ 2177 BGB).
- Hiervon zu unterscheiden ist, ob das Vermächtnis sofort nach dem Tod **fällig** ist (im Zweifel ja: §§ 2174, 271 Abs. 1 BGB), oder erst zu einem vom Erblasser bestimmten späteren Zeitpunkt (zB bei der Jastrow'schen Klausel, → Form. C.VI.6) oder nach Vorlage des Erbschaftsteuerbescheides.

- Bei der Anordnung eines Vermächtnisses sollte stets klargestellt werden, ob das Vermächtnis unwirksam ist, wenn der Bedachte zur Zeit des Erbfalls nicht mehr lebt (§ 2160 BGB), oder ob ein **Ersatzvermächtnisnehmer** (§ 2190 BGB) benannt werden soll.
- Die Anordnung eines **Vor- und Nachvermächtnisses** (§ 2191 BGB) ist äußerst selten.
- Es kommt schnell zu einem Streit zwischen dem Erben und dem Vermächtnisnehmer, wenn der vermachte Gegenstand, zB ein Grundstück, bestimmte Aktien, ein Gemälde, im Erbfall nicht mehr vorhanden ist, weil der Erblasser zu Lebzeiten darüber verfügt oder der Gegenstand untergegangen ist. Nach § 2169 Abs. 1 BGB ist das **Vermächtnis** eines **bestimmten Gegenstands unwirksam**, soweit der Gegenstand zurzeit des Erbfalls nicht zur Erbschaft gehört. Der Erblasser kann aber anordnen, dass in diesem Fall der Beschwerte den Gegenstand dem Bedachten zu verschaffen hat (Verschaffungsvermächtnis, § 2170 BGB) und, soweit er hierzu außerstande ist, zum Wertersatz verpflichtet ist. Hat der Vermächtnisnehmer den zugewendeten Gegenstand bereits zu Lebzeiten schenkweise vom Erblasser erhalten, ist das Vermächtnis wirkungslos.
- Ein zusätzlicher Beratungsbedarf besteht, wenn der Erblasser ein **Geldvermächtnis** anordnet. Bei der Verteilung seines Geldvermögens geht der Erblasser von seinem derzeitigen Geldvermögen aus, das sich aber bis zu seinem Tod verringern kann. Setzt der Erblasser zB sein einziges Kind zu seinem Erben ein (das sein Einfamilienhaus erhalten soll) und vermacht einen Betrag von 100.000,– EUR (der seinem derzeitigen Geldvermögen entspricht) einer gemeinnützigen Einrichtung, und verbraucht der Erblasser bis zu seinem Tode 40.000,– EUR, muss der Erbe den fehlenden Betrag von 40.000,– EUR aus dem eigenen Vermögen aufbringen, was der Erblasser aber im Zweifel nicht wollte. Richtig ist hier ein Zusatz, wonach der vermachte Betrag verhältnismäßig zu kürzen ist, wenn das Geldvermögen im Zeitpunkt des Erbfalls geringer als zurzeit ist, oder anzuordnen, dass das gesamte Geldvermögen vermacht ist, also ohne Angabe eines Betrages. In vielen Fällen ist zu empfehlen, das Vermächtnis in Höhe einer Quote („$^1/_3$ meines Geldvermögens“) anzuordnen. Ein Geldvermächtnis kann wertgesichert werden (→ Form. C.V.3).
- Bei einem **Grundstücksvermächtnis** sollte ausdrücklich geregelt werden, ob der Vermächtnisnehmer die eingetragenen Belastungen, insbesondere durch Grundpfandrechte gesicherte Darlehensverbindlichkeiten, zu übernehmen hat oder nicht (vgl. §§ 2165–2168 BGB), auch wer die Notar- und Gerichtskosten der Erfüllung des Vermächtnisses (Auflassung, Grundbucheintragung) trägt (→ Form. C.V.6).
- Beim Grundstücksvermächtnis trägt der Beschwerte die Notar- und Gerichtskosten. Der Erblasser kann – und dies wird auch regelmäßig richtig sein – bestimmen, dass diese Kosten der Vermächtnisnehmer zu tragen hat.
- Der Erblasser kann dem Vermächtnisnehmer zusätzlich einen Anspruch auf Erstattung der von ihm zu zahlenden Erbschaftsteuer gegen den Erben vermachen.
- Soll die Erfüllung des Anspruchs aus dem Vermächtnis durch Anordnung einer **Testamentsvollstreckung** gesichert werden?
  Der Erblasser kann den Testamentsvollstrecker allein mit der Aufgabe betrauen, das Vermächtnis zu erfüllen. Dies ist ihm immer dann zu empfehlen, wenn er befürchtet, dass der Erbe (als Beschwerter) die Erfüllung des Vermächtnisses verweigern oder verzögern könnte, wenn das Vermächtnis, insbesondere auf Übertragung eines Grundstücks oder Bestellung eines dinglichen Rechts (Nießbrauch, Reallast, Wohnungsrecht) an einem Grundstück von einer größeren Zahl von Erben (möglicherweise noch minderjährig) zu erfüllen ist, oder wenn er den Anspruch des Vermächtnisnehmers vor Verfügungen des Beschwerten schützen will.
- Hiervon zu unterscheiden ist der **Vermächtnisvollstrecker** (§ 2223 BGB), der für die Ausführung der dem Vermächtnisnehmer auferlegten Beschwerungen zu sorgen hat, zB für die Vollziehung einer Auflage oder die Erfüllung eines Untervermächtnisses. Dem

Testamentsvollstrecker kann auch die Verwaltung des vermachten Gegenstandes übertragen werden, zB solange der Vermächtnisnehmer minderjährig ist.

- Soll die **Erfüllung** des Vermächtnisses **ohne Mitwirkung des Erben** ermöglicht werden? Der Erblasser kann dem Vermächtnisnehmer in der Verfügung von Todes wegen eine **postmortale Vollmacht** erteilen, das zu seinen Gunsten angeordnete Vermächtnis zu erfüllen. Dies empfiehlt sich beispielsweise bei einem Grundstücksvermächtnis zugunsten eines neuen Lebenspartners, das anderenfalls unter Mitwirkung der zu Erben eingesetzten Familienangehörigen zu erfüllen ist. Um der Gefahr eines Widerrufs der Vollmacht durch den Erben vorzubeugen, kann der Erblasser den Vermächtnisnehmer vorsorglich zum Testamentsvollstrecker ernennen mit der alleinigen Aufgabe, das zu seinen Gunsten angeordnete Vermächtnis zu erfüllen.

Formulierungsvorschlag:
Ich bevollmächtige die Vermächtnisnehmerin, nach meinem Tode das ihr vermachte Grundstück an sich aufzulassen, überhaupt alle Erklärungen abzugeben, die zur Eigentumsumschreibung auf sie erforderlich sind.
Vorsorglich ordne ich Testamentsvollstreckung an und ernenne die Vermächtnisnehmerin zur Testamentsvollstreckerin. Alleinige Aufgabe der Testamentsvollstreckerin ist die Erfüllung des zu ihren Gunsten angeordneten Vermächtnisses. Die Testamentsvollstreckerin erhält keine Vergütung.

- Soll die **Pflichtteilslast** bei einem Vermächtnis geregelt werden?
Nach § 2318 BGB kann der Erbe die Erfüllung eines ihm auferlegten Vermächtnisses soweit verweigern, dass die Pflichtteilslast von ihm und dem Vermächtnisnehmer verhältnismäßig getragen wird. Der Erblasser kann aber nach § 2324 BGB durch Verfügung von Todes wegen von dieser gesetzlichen Regelung abweichen, also den Vermächtnisnehmer von der anteiligen Pflichtteilslast freistellen, sie ihm aber auch allein auferlegen.
Beispiel: Der verwitwete Erblasser setzt seine Tochter T zu seiner alleinigen Erbin ein, enterbt seinen Sohn S und vermacht dessen Kindern A und B einen Betrag von je 50.000,– EUR (in der Erwartung, dass S seinen Pflichtteil nicht geltend macht). Verlangt S im Erbfall von T seinen Pflichtteil, der bei einem Nachlasswert von 200.000,– EUR 50.000,– EUR beträgt, kann T nach § 2318 Abs. 1 BGB den Vermächtnisanspruch von A und B um je 12.500,– EUR kürzen.
Der Erblasser kann richtigerweise bestimmen, dass die Pflichtteilslast allein von den Vermächtnisnehmern A und B zu tragen ist (→ Form. C.VI.9).
Hat der Erblasser einem gemeinnützigen Verein einen Betrag von 50.000,– EUR vermacht, kann er ihn von der anteiligen Tragung der Pflichtteilslast (hier: 12.500,– EUR) freistellen, indem er sie allein seiner Erbin T auferlegt (§ 2324 BGB). Die Grenzen dieser Anordnungen zieht das Pflichtteilsrecht des Erben (§§ 2318 Abs. 3, 2319 BGB).
- Aus **erbschaftsteuerlichen Gründen** kann vermögenden Ehegatten, die sich gegenseitig zum Erben und ihre Kinder zu Schlusserben einsetzen, empfohlen werden, dass der Erstversterbende den Kindern Vermögenswerte bis zur Höhe ihres Freibetrages von 400.000,– EUR vermacht (→ Form. E.II.9). Damit wird die erbschaftsteuerliche Belastung des längstlebenden Ehegatten verringert, die Kinder gewinnen den Freibetrag nach beiden Elternteilen, letztlich kann im 2. Erbfall für die Kinder eine steuerliche Entlastung durch Vermeidung der Progression eintreten. Eine weitere steuerliche Entlastung kann über Vermächtnisse zugunsten der Enkelkinder erreicht werden, denen ein persönlicher Freibetrag von 200.000,– EUR zusteht. Auch wenn der Erblasser seine Kinder zu Erben einsetzt, macht das Vermächtnis zugunsten der Enkelkinder steuerlich Sinn (→ Form. E.II.9).
- Vermächtnisnehmer kann auch eine natürliche Person sein, die zurzeit des Erbfalls **noch nicht gezeugt** ist (§ 2178 BGB). Die Geburt eines Enkelkindes nach dem Erbfall führt hier zu Kürzung der Steuerschuld des Kindes.

g) Auflage

Der Erblasser kann nach § 1940 BGB durch Testament den Erben oder einen Vermächtnisnehmer zu einer Leistung verpflichten, ohne einem anderen ein Recht auf die Leistung zuzuwenden (Auflage). Im Unterschied zum Vermächtnis handelt es sich nicht um eine letztwillige Zuwendung, sondern um eine Leistungsverpflichtung des Beschwerten, dem kein Erfüllungsanspruch des eventuell Begünstigten gegenüber steht. Die Vollziehung der Auflage kann jedoch von jedem Miterben verlangt werden (§ 2194 BGB). Typischer Inhalt von Auflagen ist die Art der Bestattung, der Abschluss eines Grabpflegevertrages und die Versorgung von Tieren (→ Form. C.V.12).

Kommt der Erfüllung der Auflage für den Erblasser besondere Bedeutung zu, kann er Testamentsvollstreckung anordnen und als alleinige Aufgabe des Testamentsvollstreckers bestimmen, für die Vollziehung der Auflage zu sorgen (BayObLG DNotZ 1986, 549).

h) Testamentsvollstreckung

Im Beratungsgespräch können sich Anhaltspunkte ergeben, den Erblasser auf die Möglichkeit einer Testamentsvollstreckung hinzuweisen, mit der er über seinen Tod hinaus auf sein Nachlassvermögen Einfluss nehmen kann. Ein sachlicher Grund für die Anordnung der Testamentsvollstreckung kann zB sein:

- Der Erblasser befürchtet, dass seine Erben bei der **Auseinandersetzung** des Nachlasses in Streit geraten, weil seine zu Miterben eingesetzten Kinder bereits im Unfrieden miteinander leben, oder weil er Abkömmlinge aus verschiedenen Ehen zu Erben eingesetzt hat. Ein sachlicher Grund für eine **Abwicklungsvollstreckung** (§ 2204 BGB) besteht auch dann, wenn eine größere Zahl von Personen zu Erben berufen und/oder Vermächtnisse zugunsten mehrerer Personen von bedeutendem Wert angeordnet werden.
- Die Überzeugung des Erblassers, ein Erbe sei wegen jugendlichen Alters oder wegen seiner Veranlagung für die Verwaltung des Nachlasses noch nicht oder überhaupt nicht geeignet ist, führt zur Anordnung eine **Dauervollstreckung** (§ 2209 BGB). Das gilt insbesondere, wenn der Erblasser die Kompetenz des Erben in Zweifel zieht, der ein Unternehmen oder eine Gesellschaftsbeteiligung erbt.
- Bei der **Vor- und Nacherbfolge** sprechen gute Gründe für die Anordnung der Testamentsvollstreckung, sowohl für den Vorerben während der Vorerbschaft, für den Nacherben nach Eintritt des Nacherbfalls, als auch zu dem Zweck, bis zum Eintritt einer angeordneten Nacherbfolge die Rechte des Nacherben auszuüben und dessen Pflichten zu erfüllen (§ 2222 BGB).
- Die Testamentsvollstreckung schützt den Nachlass vor Eigengläubigern des **überschuldeten Erben,** § 2214 BGB (→ Form. F.II.2). Ihre Anordnung ist hier zwingend geboten.
- Hat der Erblasser zum Zeitpunkt der Errichtung seiner letztwilligen Verfügung **minderjährige Kinder** (oder minderjährige Abkömmlinge eines vorverstorbenen Kindes), die Erben werden, ist die Anordnung der Testamentsvollstreckung zumindest vorsorglich für den Fall, dass im Zeitpunkt des Erbfalls ein Bedachter minderjährig ist, nachdrücklich zu empfehlen. Die Praxis zeigt, dass der Erblasser in diesen Fällen nahezu ausnahmslos eine Dauervollstreckung über das 18. Lebensjahr des Abkömmlings hinaus wünscht, zumeist bis zum 25. Lebensjahr, also einem Alter, in dem eine qualifizierte Ausbildung abgeschlossen ist.
- Wünscht der Erblasser in anderen Fällen eine Dauertestamentsvollstreckung, sollte ihm deutlich gemacht werden, dass dies zu einer „Entmündigung" des Erben führt, da ihm die Verwaltung des Nachlasses und die Verfügungsmacht über Nachlassgegenstände entzogen wird. Nach § 2205 BGB hat der Testamentsvollstrecker den Nachlass zu verwalten. Er ist insbesondere berechtigt, den Nachlass in Besitz zu nehmen und über

Nachlassgegenstände zu verfügen. Über einen der Verwaltung des Testamentsvollstreckers unterliegenden Nachlassgegenstand kann der Erbe nicht verfügen (§ 2211 BGB).

- Auf die Auswahl eines für die jeweilige Aufgabe **geeigneten Testamentsvollstreckers** sollte besonderes Gewicht gelegt werden. Der Testamentsvollstrecker sollte möglichst eine Person des Vertrauens des Erblassers sein, muss aber bei einer anspruchsvollen Testamentsvollstreckung auch hierfür fachlich qualifiziert sein. Der ältere Erblasser neigt dazu, einen Verwandten oder Bekannten seines Alters benennen zu wollen. Hiervon ist vor allem bei Anordnung einer Dauervollstreckung abzuraten.

Checkliste

❒ **Person des Testamentsvollstreckers**

- ❒ Der Erblasser sollte die Person des Testamentsvollstreckers selbst bestimmen. Dies kann ein Mitglied seiner Familie sein (Bruder oder Schwester) oder ein Freund, bei einer anspruchsvollen Testamentsvollstreckung sollte es eine sachkundige Person, insbesondere ein Rechtsanwalt oder Steuerberater, sein.
- ❒ Soll vorsorglich neben dem ernannten Testamentsvollstrecker für den Fall, dass dieser vor oder nach Annahme des Amtes wegfällt (Tod vor dem Erbfall, Ablehnung des Amtes, späterer Tod), ein **Ersatztestamentsvollstrecker** (§ 2197 Abs. 2 BGB) ernannt werden?
- ❒ Sollen **mehrere Testamentsvollstrecker** ernannt werden, die das Amt gemeinschaftlich führen (§ 2224 BGB)?
- ❒ Soll der Testamentsvollstrecker ermächtigt werden, einen oder mehrere **Mitvollstrecker** oder (bei einer Dauervollstreckung nahezu unverzichtbar) einen **Nachfolger** zu ernennen (§ 2199 BGB)?
- ❒ Soll die **Bestimmung** der Person des Testamentsvollstreckers **einem Dritten überlassen** werden (§ 2198 BGB), oder soll der Testamentsvollstrecker vom Nachlassgericht ernannt werden (§ 2200 BGB)?
- ❒ Soll in den Fällen, in denen ein Dritter oder das Nachlassgericht die Person des Testamentsvollstreckers bestimmt, eine **berufliche Qualifikation** zur Voraussetzung gemacht werden, also zB nur ein Rechtsanwalt oder Steuerberater zum Testamentsvollstrecker bestimmt werden können?
- ❒ Die Benennung des **Urkundsnotars** oder seines **Sozius** zum Testamentsvollstrecker ist unwirksam (§§ 27, 3 Abs. 1 S. 1 Nr. 4 BeurkG). Die Regelung in einem notariellen Testament, dass der Notar die Person des Testamentsvollstreckers bestimmen soll (vgl. § 2198 Abs. 1 BGB), ist wegen des Verbots der Verschaffung eines rechtlichen Vorteils zugunsten des Notars gemäß § 7 Nr. 1 BeurkG unwirksam (BGH DNotZ 2013, 149).
- ❒ Wünscht der Erblasser den beurkundenden Notar zum Testamentsvollstrecker, können alle Anordnungen über die Testamentsvollstreckung in die Urkunde aufgenommen werden, ausgenommen die Benennung der Person des Testamentsvollstreckers. Der Erblasser kann in einem privatschriftlichen Ergänzungstestament den Notar hierzu bestimmen.

❒ **Aufgabenkreis des Testamentsvollstreckers**

Der Aufgabenkreis des Testamentsvollstreckers ist vom Erblasser möglichst konkret festzulegen. Zu unterscheiden ist zunächst, ob eine Abwicklungsvollstreckung oder eine Dauervollstreckung angeordnet werden soll.

- ❒ Bei der **Abwicklungsvollstreckung** hat der Testamentsvollstrecker die letztwilligen Verfügungen des Erblassers zur Ausführung zu bringen, insbesondere die Auseinandersetzung unter den Miterben zu bewirken, Vermächtnisse zu erfüllen und Auflagen zu vollziehen; er hat bis zu diesem Zeitpunkt den Nachlass zu verwalten (§§ 2203 bis 2205 BGB). Mit der Erledigung dieser Aufgaben endet sein Amt.
- ❒ Bei der **Dauervollstreckung,** die für höchstens 30 Jahre angeordnet werden kann (§ 2210 BGB mit den dort genannten Ausnahmen), hat der Testamentsvollstrecker den Nachlass für den angeordneten Zeitraum zu verwalten und nach dessen Ablauf, soweit vom Erblasser angeordnet, die Auseinandersetzung unter den Erben zu bewirken (§ 2209 BGB). Ein praktisch wichtiger Fall der Testamentsvollstreckung ist der, dass der erstversterbende Ehegatte (auch aus erbschaftsteuerlichen Gründen) sein Kind zu einem Anteil neben dem Ehegatten zum

Miterben einsetzt, oder (richtiger) dem Kind bestimmte Vermögenswerte vermacht, gegebenenfalls das Kind mit einem Vermächtnis (bzw. Untervermächtnis) zu Gunsten des Ehegatten beschwert (Nießbrauch, Wohnungsrecht) und das Kind von der Verwaltung und Verfügung in der Weise ausschließt, dass er den Ehegatten zum Testamentsvollstrecker ernennt.

- ❒ Bei der **Nacherbenvollstreckung** (§ 2222 BGB) nimmt der Testamentsvollstrecker die Rechte des Nacherben bis zum Eintritt der Nacherbfolge wahr und erfüllt dessen Pflichten. Die Nacherbenvollstreckung beschwert also nicht den Vorerben, sondern den Nacherben. Bei Vor- und Nacherbfolge kann Testamentsvollstreckung auch für den Vorerben während der Vorerbschaft und für den Nacherben nach Eintritt des Nacherbfalls angeordnet werden; die Anordnung der Testamentsvollstreckung kann für mehrere der vorgenannten Fälle kombiniert werden.

❒ **Beschränkungen des Testamentsvollstreckers**

Der Erblasser kann die Testamentsvollstreckung für den gesamten Nachlass ohne jede Beschränkung anordnen, die Rechte des Testamentsvollstreckers aber auch nach § 2208 BGB in verschiedener Hinsicht **beschränken**:

- ❒ gegenständlich auf **einzelne Nachlassgegenstände** (zB nur für Grundbesitz), § 2208 Abs. 1 S. 2 BGB;
- ❒ nur für **einen Erbteil** (zB des minderjährigen Kindes oder des Kindes, das überschuldet ist, oder dem der Erblasser die eigenverantwortliche Verwaltung seines Anteils am Nachlassvermögen nicht zutraut);
- ❒ **inhaltlich** in der Weise, dass er bestimmte Verfügungen über Nachlassgegenstände (zB Grundbesitz) überhaupt nicht oder nur mit Zustimmung der Erben vornehmen darf. Die Beschränkungen sind Dritten gegenüber wirksam, wenn sie ihnen bekannt oder im Testamentsvollstreckerzeugnis erwähnt sind.
- ❒ auch in der Weise, dass der Testamentsvollstrecker von der Verwaltung des Nachlasses ausgeschlossen ist, die von den Erben ausgeübt wird, ihm also allein die **Verfügungsbefugnis** über bestimmte Nachlassgegenstände (zB Grundbesitz) zusteht;
- ❒ nur zu dem Zweck, ein **Vermächtnis** oder eine Auflage zu erfüllen, oder für die Ausführung der einem Vermächtnisnehmer auferlegten Beschwerungen (Untervermächtnis, Nachvermächtnis, Auflage) zu sorgen.

❒ **Befreiungen des Testamentsvollstreckers**

Der Erblasser kann nach § 2207 BGB anordnen, dass der Testamentsvollstrecker in der Eingehung von Verbindlichkeiten für den Nachlass (§ 2206 BGB) nicht beschränkt ist. Er kann ihn von den Beschränkungen des § 181 BGB befreien.

❒ **Zur Testamentsvollstreckung bei einem einzelkaufmännischen Unternehmen oder der Beteiligung an einer Personengesellschaft** → Form. G.IX.1 f.

❒ **Soll der Testamentsvollstrecker einen geltend gemachten Pflichtteilsanspruch regeln?**

Nach § 2213 Abs. 1 S. 3 BGB kann ein Pflichtteilsanspruch, auch wenn dem Testamentsvollstrecker die Verwaltung des Nachlasses zusteht, nur gegen den Erben geltend gemacht werden.

Es gibt in der Praxis Fälle, in denen der Erblasser eine Testamentsvollstreckung ausschließlich und allein (aber auch zusätzlich) zu dem Zwecke anordnet, seinem Erben die oft streitige Auseinandersetzung mit dem Pflichtteilsberechtigten abzunehmen (*Klingelhöffer* ZEV 2000, 261).

Formulierungsbeispiel:

Alleinige Aufgabe des Testamentsvollstreckers ist es, etwaige Pflichtteilsansprüche zu regeln. Hierzu erteile ich ihm Vollmacht, alle Maßnahmen zu treffen, die zur Ermittlung und Erfüllung des Pflichtteilsanspruchs erforderlich sind. Meine Erben belaste ich mit der Auflage, diese Vollmacht nicht zu widerrufen.

❒ **Vergütung des Testamentsvollstreckers**

❒ Nach § 2221 BGB kann der Testamentsvollstrecker für die Führung seines Amtes eine **angemessene Vergütung** verlangen, sofern nicht der Erblasser etwas anderes bestimmt hat. Die fehlende Bestimmung der Vergütung, zB nach der „Neuen Rheinischen Tabelle“ (→ Form. C.VII.1), führt schnell zu einem Streit zwischen dem Testamentsvollstrecker und dem Erben. Der Erblasser kann auch eine Vergütung des Testamentsvollstreckers ausschließen.

❒ Hat der Erblasser Testamentsvollstreckung **nur für einen Erbteil** angeordnet, ist die Testamentsvollstreckervergütung als gemeinschaftliche Nachlassverbindlichkeit iSv §§ 2046 Abs. 1, 2058 BGB (bzw. als gemeinschaftliche Kosten der Verwaltung iSv §§ 2038, 748 BGB) von allen Miterben im Verhältnis ihrer Erbteile zu tragen, solange die Erbengemeinschaft nicht vollständig auseinandergesetzt ist (BGH ZEV 1997, 116). Dies kann bei einer Dauervollstreckung für ein Problemkind nicht richtig sein, so dass der Erblasser zu bestimmen hat, dass die Vergütung nur von diesem Kind allein und nicht von den Miterben anteilig zu tragen ist.

6. Die Bindung des Erblassers an seine Verfügungen von Todes wegen

a) Wechselbezügliche/vertragsmäßige oder einseitige Verfügung?

Erst wenn der Inhalt der Verfügung von Todes wegen feststeht, ist im Beratungsgespräch die oft schwierige Frage zu beantworten, ob und inwieweit sich die Ehegatten durch eine wechselbezügliche Verfügung im gemeinschaftlichen Testament oder eine vertragsmäßige Verfügung im Erbvertrag binden wollen.

Hierbei ist zu beachten, dass nur **Erbeinsetzungen, Vermächtnisse oder Auflagen sowie die Wahl des anzuwendenden Erbrechts wechselbezüglich bzw. vertragsmäßig** getroffen werden können (§§ 2270 Abs. 3, 2278 Abs. 2 BGB), dagegen nicht die Enterbung, die Anordnung einer Testamentsvollstreckung, eine Teilungsanordnung (soweit nicht mit einem Vorausvermächtnis verbunden), die Pflichtteilsentziehung und familienrechtliche Anordnungen, insbesondere die Benennung des Vormunds.

Erbeinsetzung, Vermächtnis und Auflage sowie die Rechtswahl können wechselbezüglich bzw. vertragsmäßig getroffen werden, jeder Erblasser kann sie im gemeinschaftlichen Testament oder Erbvertrag (§ 2299 BGB) aber auch **einseitig** treffen, so dass sie jederzeit von ihm widerrufen werden können. Der Erbvertrag setzt allerdings begrifflich voraus, dass er wenigstens eine vertragsmäßige Verfügung enthält.

Das gemeinschaftliche Testament von Ehegatten unterscheidet sich in der Bindungswirkung vom Erbvertrag dadurch, dass beim gemeinschaftlichen Testament jeder Ehegatte seine wechselbezüglichen Verfügungen zu Lebzeiten des anderen Ehegatten widerrufen kann (§ 2271 Abs. 1 BGB), beim Erbvertrag der Erblasser dagegen an seine vertragsmäßige Verfügung endgültig gebunden ist, es sei denn, er hat sich den Rücktritt im Vertrag vorbehalten (§ 2293 BGB).

Beim gemeinschaftlichen Testament und Erbvertrag von Ehegatten ist die Frage der Bindung getrennt für den **ersten** und für den **zweiten Erbfall** zu beantworten.

Regelmäßig ist es so, dass Ehegatten die gegenseitige Erbeinsetzung wechselbezüglich bzw. vertragsmäßig wünschen. Errichten die Ehegatten zwei einseitige Testamente, in denen sie sich jeweils zum Erben einsetzen, kann das Vertrauen in die Aufrechterhaltung der Erbeinsetzung durch Widerruf enttäuscht werden, da der andere Ehegatte davon nichts erfährt und so seinerseits von seiner Verfügung von Todes wegen nicht Abstand nehmen kann. Daher empfiehlt sich das gemeinschaftliche Testament, das durch das Erfordernis des Zugangs des notariell beurkundeten Widerrufs sicherstellt, dass der andere Ehegatte hiervon Kenntnis erlangt. Wollen die Ehegatten eine endgültige Bindung, müssen sie einen Erbvertrag schließen, in dem sie sich gegenseitig vertragsmäßig zum

Erben einsetzen. Die Form des Erbvertrages steht auch zur Verfügung, wenn die Ehegatten sich zunächst binden wollen aber mit „Widerrufsmöglichkeit", indem sich jeder Erblasser den Rücktritt im Vertrag vorbehält. Ordnet der Ehegatte für den Fall, dass er der Erstversterbende ist, zugunsten einer dritten Person ein Vermächtnis an (zB zugunsten des Kindes wegen des Steuerfreibetrages), sollte dies regelmäßig nicht bindend erfolgen und daher als einseitige Verfügung von Todes jederzeit widerrufbar sein.

Weit schwerer fällt erfahrungsgemäß den Ehegatten die Entscheidung, ob die letztwilligen **Verfügungen des Längstlebenden bindend** sein sollen oder nicht. Sind die gemeinsamen Kinder zu Schlusserben eingesetzt, wünschen ältere Ehegatten die endgültige Bindung weit eher als jüngere Ehegatten. Die wechselbezügliche/vertragsmäßige Einsetzung der Kinder zu Schlusserben hat den Vorteil, dass die Kinder erfahrungsgemäß im ersten Erbfall weit mehr von der Geltendmachung von Pflichtteilsansprüchen absehen, vor allem wenn die letztwillige Verfügung eine Pflichtteilsklausel enthält. Setzen die Ehegatten jeweils Kinder aus einer früheren Ehe zu Erben des Längstlebenden ein (gegebenenfalls neben einem gemeinsamen Kind), sprechen gute Gründe für eine wechselbezügliche/vertragsmäßige Schlusserbeneinsetzung, da nur sie einen effektiven Schutz davor bietet, dass das leibliche Kind des Erstversterbenden seinen Pflichtteil verlangt, weil dieses anderenfalls bei einem Widerruf seiner Erbeinsetzung durch den Längstlebenden bei dessen Tod nicht einmal den Pflichtteil erhält.

Die Ehegatten sind darauf hinzuweisen, dass eine vertragsmäßige Schlusserbeneinsetzung von ihnen gemeinsam jederzeit aufgehoben oder geändert werden kann (§ 2290 BGB), dies jedoch bei Geschäftsunfähigkeit eines von ihnen nicht mehr möglich ist, auch ein vorbehaltener Rücktritt im Zweifel mit dem Tod des anderen Ehegatten erlischt (§ 2298 Abs. 2 S. 2 BGB). In der Regel ist die einseitige Schlusserbeneinsetzung im gemeinschaftlichen Testament/Erbvertrag vorzuziehen

Haben die Ehegatten keine Kinder und setzen sie Verwandte des Ehemannes und Verwandte der Frau zu Schlusserben ein, soll der Längstlebende regelmäßig insoweit gebunden sein, als ein Widerruf der Einsetzung der Verwandten des Erstversterbenden zu Miterben ausgeschlossen ist, ihm dagegen freigestellt wird, die Erbeinsetzung seiner eigenen Verwandten zu Miterben zu widerrufen (→ Form. D.VIII).

Grundsätzlich gilt, dass – von Ausnahmefällen wie zB den vorstehend genannten – für die Ehegatten kein Anlass besteht, die Schlusserbeneinsetzung oder ein Vermächtnis wechselbezüglich/vertragsmäßig anzuordnen. Verfügt ein Ehegatte über ein erhebliches (voreheliches, geschenktes oder geerbtes) Vermögen, das letztlich seinem Kind zugutekommen soll, wird er die Sorge äußern, dass dieses Vermögen bei einer Wiederheirat des Überlebenden an die „neue Familie abwandert". Hier sind alternative Gestaltungen vorzusehen, zB ein Vermächtnis hinsichtlich dieses Vermögens zugunsten der Kinder (gegebenenfalls mit einem Nießbrauchuntervermächtnis zu Gunsten des zum Alleinerben eingesetzten Ehegatten). Bei einem gemeinsam erwirtschafteten Vermögen sprechen die besseren Gründe gegen eine Bindung des Längstlebenden.

b) Rücktrittsvorbehalt beim Erbvertrag

Wollen sich die Ehegatten vertragsmäßig gegenseitig zum Erben einsetzen, sollten sie zunächst darauf hingewiesen werden, dass sie diese und weitere vertragsmäßige Verfügungen von Todes wegen jederzeit einvernehmlich aufheben und ändern können (§ 2290 BGB). Dagegen ist (anders als beim gemeinschaftlichen Testament) beim Erbvertrag ein einseitiger Widerruf einer vertragsmäßigen Verfügung ausgeschlossen. Der Erblasser kann jedoch von dem Erbvertrag einseitig zurücktreten, wenn er sich den **Rücktritt** im Vertrag **vorbehalten** hat (§ 2293 BGB).

Zu einem Rücktrittsvorbehalt ist zu raten, wenn sich jüngere Ehegatten oder Verlobte im Erbvertrag (häufig in Verbindung mit einem Ehevertrag) zu Erben einsetzen. Bei Partnern einer nichtehelichen Lebensgemeinschaft ist der Rücktrittsvorbehalt zwingend erforderlich, da der Erbvertrag nicht gemäß § 2077 BGB (Scheidung der Ehe) unwirksam werden kann, aber bei Trennung nicht mehr gelten soll. Bei einer letztwilligen Verfügung, durch die der Erblasser seinen Lebenspartner bedacht hat, ist nach § 10 Abs. 5 LPartG § 2077 BGB entsprechend anzuwenden, sie wird also mit Aufhebung der Lebenspartnerschaft unwirksam. Gleichwohl behalten sich Lebenspartner in der Regel den Rücktritt vom Erbvertrag vor. Jeder von uns behält sich den zu unserer beiden Lebzeiten jederzeit möglichen und nicht von besonderen Voraussetzungen abhängigen Rücktritt von diesem Erbvertrag vor.

Mit der Ausübung des Rücktrittsrechtes werden alle Verfügungen dieses Erbvertrages unwirksam. Der Notar hat darauf hingewiesen, dass die Rücktrittserklärung der notariellen Beurkundung bedarf und dem anderen Teil in Ausfertigung zugehen muss.

Ein Rücktrittsrecht ist dann sachgerecht, wenn die vertragsmäßigen Verfügungen nicht der Sicherung des anderen Vertragschließenden im Erbfall dienen, zB die kinderlosen Ehegatten jeweils ihre Verwandten zu Erben einsetzen. In vielen Fällen ist es richtig, solche Verfügungen von Todes wegen erst überhaupt nicht vertragsmäßig zu treffen, sondern als einseitige jederzeit widerrufbare Verfügung von Todes wegen. Für eine vertragsmäßige Verfügung mit Rücktrittsvorbehalt spricht, dass über das Erfordernis des Zugangs der Rücktrittserklärung der andere Vertragschließende Kenntnis von der Unwirksamkeit des ganzen Erbvertrages erhält. Sind in einem Erbvertrag von beiden Teilen vertragsmäßige Verfügungen getroffen, wird durch den Rücktritt eines der Vertragschließenden der ganze Vertrag aufgehoben, so dass also auch alle Verfügungen des anderen Vertragschließenden unwirksam werden (§ 2298 Abs. 2 BGB).

Der Erblasser kann sich auch **über den Tod des anderen Vertragschließenden** hinaus den Rücktritt von seinen vertragsmäßigen Verfügungen als Längstlebender vorbehalten; in diesem Fall kann er die vertragsmäßige Verfügung durch Testament aufheben (§ 2297 Abs. 1 S. 1 BGB). Auch hier gilt, dass erst gar nicht vertragsmäßig verfügt werden sollte, wenn der Längstlebende berechtigt sein soll, nach dem Tode des Erstversterbenden vom Erbvertrag abweichende Verfügungen zu errichten.

c) Änderungsvorbehalt/Freizeichnungsklauseln

Als „goldener Mittelweg" zwischen einerseits der Bindung des längstlebenden Ehegatten an die Schlusserbeneinsetzung der Kinder durch eine vertragsmäßige Verfügung und andererseits der Erbeinsetzung der Kinder durch einseitige Verfügung von Todes wegen, die auch nach dem Tod des erstversterbenden Ehegatten vom anderen frei widerrufen werden kann, bietet sich die Vereinbarung eines **Änderungsvorbehalts** an. Dies gilt auch bei der Einsetzung dritter Personen, zB von Verwandten des Mannes und der Frau, zu Schlusserben.

Ein Änderungsvorbehalt im Erbvertrag ist jedenfalls zulässig, wenn folgende Voraussetzungen erfüllt sind:

- Der **Erbvertrag** muss mindestens **eine vertragsmäßige Verfügung** ohne uneingeschränkten Änderungsvorbehalt enthalten. Beim Erbvertrag von Ehegatten besteht diese regelmäßig in der gegenseitigen Erbeinsetzung. Ein Rücktrittsvorbehalt berührt die Vertragsmäßigkeit dieser Verfügung nicht.
- Unzulässig ist ein **„Totalvorbehalt"** in dem Sinne sein, dass jeder Ehegatte (zu Lebzeiten des anderen Ehegatten und nach dessen Tode) die vertragsmäßige Erbeinsetzung der Kinder zu Schlusserben aufheben kann. Der Vorbehalt darf nicht so weit gehen, dass der Erbvertrag seines eigentlichen Wesens entkleidet wird; es muss eine erbver-

tragsmäßige Bindung erhalten bleiben (Palandt/*Weidlich* BGB § 2289 Rn. 9). Zunächst macht ein solcher „Totalvorbehalt" keinen Sinn; er lässt sich auch nicht in die erbrechtlichen Gestaltungsmöglichkeiten einordnen, die dem Erblasser die Möglichkeit einräumt, die Schlusserbeneinsetzung einseitig letztwillig zu verfügen, oder sich den Rücktritt von der vertragsmäßigen Einsetzung der Kinder vorzubehalten, der auch dann in der Form des § 2296 BGB (zu Lebzeiten des anderen Vertragschließenden) oder durch Testament nach § 2297 BGB (nach dem Tode des anderen Vertragschließenden) zu erfolgen hat. Da beide Gestaltungsmöglichkeiten offen stehen, besteht für einen Totaländerungsvorbehalt weder ein praktisches Bedürfnis noch eine rechtliche Legitimation. Richtig ist, dass ein solcher Totaländerungsvorbehalt nichts anderes als eine einseitige Verfügung von Todes wegen ist. Dies sollte dann auch im Erbvertrag entsprechend geregelt werden.

• Dagegen besteht für den **beschränkten Änderungsvorbehalt** ein praktisches Bedürfnis; seine Zulässigkeit ist unbestritten. Unter einem beschränkten Änderungsvorbehalt versteht man, dass sich der Erblasser das Recht vorbehält, in einem bestimmten Rahmen einseitig und abweichend von der vertragsmäßigen Verfügung zu testieren. Ein typischer Änderungsvorbehalt ist der Fall, dass die Ehegatten ihre Kinder vertragsmäßig zu Schlusserben einsetzen, ein jeder von ihnen aber berechtigt sein soll, auch nach dem Tode des Erstversterbenden, seine Einsetzung der Kinder zu ändern, indem er die Erbteile der Kinder abweichend bestimmt, ein Kind zu enterben oder für ein Kind Nacherbfolge anzuordnen, zugunsten einzelner Kinder Vermächtnisse, in bestimmtem Umfang auch Vermächtnisse zugunsten dritter Personen anzuordnen (zB hinsichtlich seines Geldvermögens, nicht aber des zum Nachlass gehörenden Grundbesitzes), auch Testamentsvollstreckung anzuordnen (→ Form. D.VII).
Durch einen beschränkten Änderungsvorbehalt wird einerseits dem Wunsch der Ehegatten Rechnung getragen, das beiderseitige Vermögen letztlich den Kindern zukommen zu lassen, zumindest in dem Umfang, der von der Änderungsmöglichkeit durch Vermächtnis zugunsten Dritter ausgeschlossen ist, andererseits dem längstlebenden Ehegatten die rechtliche Möglichkeit eingeräumt wird, einer zukünftigen, heute nicht absehbaren Situation Rechnung zu tragen. Zu denken ist insbesondere daran, dass eine Entfremdung zwischen dem längstlebenden Elternteil und einem Kind eintritt, ein Kind vorverstirbt (Stichwort: Anordnung der Testamentsvollstreckung über den Erbteil des Abkömmlings), ein Kind unverschuldet in Not gerät und deshalb durch Erhöhung seines Erbteils oder ein Vorausvermächtnis zusätzlich bedacht werden soll, aber auch ein Kind in Vermögensverfall gerät (Stichwort: Vor- und Nacherbfolge, Testamentsvollstreckung). Eine „Öffnungsklausel" in dem Sinne, dass der Längstlebende Vermächtnisse zugunsten dritter Personen bis zu einer bestimmten Wertgrenze anordnen kann, erlaubt es ihm, außen stehenden Personen, die sich um ihn verdient gemacht haben, oder denen er sich sonst besonders verbunden fühlt, etwas zukommen zu lassen. Die Ausgleichung von Pflegeleistungen kann nach § 2057a BGB nur ein gesetzlicher Erbe verlangen. Es ist ein typischer Fall, dass der Erblasser einer dritten Person, zB der Schwiegertochter, als Anerkennung für unentgeltlich erbrachte Pflege eine Zuwendung machen will, was ihm ein Änderungsvorbehalt ermöglicht.
Die Abänderungsbefugnis sollte nicht davon abhängig gemacht werden, dass ein Ehegatte bereits verstorben ist (vgl. BayObLG DNotZ 1996, 316).

• Die dogmatischen Probleme, die sich bei einem „Totaländerungsvorbehalt" beim Erbvertrag ergeben, stellen sich beim **gemeinschaftlichen Ehegattentestament** nicht. Das gemeinschaftliche Testament kann eine **Freistellungsklausel** in dem Sinne enthalten, dass eine nach dem Tode des Erstversterbenden bindend gewordene wechselbezügliche Verfügung des Längstlebenden durch eine einseitige Verfügung von Todes wegen ganz oder teilweise widerrufen oder geändert werden kann (→ Form. D.IV). Die Ausübung des vorbehaltenen Widerrufs nach dem Tod des Ehegatten bedarf auch bei

einer wechselbezüglichen Verfügung nicht der notariellen Beurkundung, kann aber nur durch die Errichtung eines neuen Testaments erfolgen (entsprechend dem Rücktritt vom Erbvertrag nach § 2297 BGB).

d) Verfügungsunterlassungsvertrag

Da durch den Erbvertrag das Recht des Erblassers, über sein Vermögen durch **Rechtsgeschäft unter Lebenden** zu verfügen, nicht beschränkt wird (§ 2286 BGB, vgl. aber auch § 2287 BGB), kann in besonderen Fällen ein berechtigtes Interesse des erbvertraglich Begünstigten gegeben sein, das lebzeitige Verfügungsrecht des Erblassers schuldrechtlich auszuschließen.

Der Erblasser kann sich durch Rechtsgeschäft unter Lebenden verpflichten, zB über ein Grundstück nicht ohne Zustimmung des Bedachten zu verfügen. Der Verfügungsunterlassungsvertrag verstößt nicht gegen § 137 BGB. Der Unterlassungsanspruch selbst kann nicht durch Vormerkung gesichert werden, wohl aber der bedingte Anspruch auf (lebzeitige) Übertragung des Grundbesitzes, falls der Erblasser gegen das Verbot verstößt und den Grundbesitz anderweitig veräußert (→ Form. D.XI).

e) Verzicht auf die Anfechtung wegen Übergehung eines Pflichtteilsberechtigten

Wünschen die Ehegatten die wechselbezügliche/vertragsmäßige Einsetzung ihrer Kinder (oder anderer Personen) zu Schlusserben, ist diese gefährdet, wenn der Längstlebende der Ehegatten eine zweite Ehe eingeht und/oder ein leibliches oder adoptiertes Kind hinzukommt. Nach § 2079 BGB kann eine letztwillige Verfügung angefochten werden, wenn der Erblasser einen zur Zeit des Erbfalls vorhandenen Pflichtteilsberechtigten übergangen hat, dessen Vorhandensein ihm bei der Errichtung der Verfügung nicht bekannt war oder der erst nach der Errichtung geboren oder pflichtteilsberechtigt geworden ist. Nach Abs. 2 ist die Anfechtung ausgeschlossen, soweit anzunehmen ist, dass der Erblasser auch bei Kenntnis der Sachlage die Verfügung getroffen haben würde. Beim Erbvertrag ergibt sich das Anfechtungsrecht in diesen Fällen aus § 2281 BGB.

Es kann sachgerecht sein, dass die Ehegatten das Anfechtungsrecht nach § 2079 BGB ausschließen. Die Zulässigkeit ergibt sich aus § 2079 S. 2 BGB (→ Form. D.I.2 Anm. 5).

f) Belehrungsvermerk über die Bindung

Wer als Rechtsberater auch nur einmal die Frage der Testierfreiheit bei einem eigenhändigen gemeinschaftlichen Testament zu prüfen hatte (häufig ohne sicheres Ergebnis), wird der Empfehlung zustimmen, im gemeinschaftlichen Testament/Erbvertrag in einem Schlussabsatz ausdrücklich und im Einzelnen festzulegen, welche Verfügungen von Todes wegen bindend sein sollen und welche nicht (vgl. die deutliche Kritik an der Praxis der Notare, BayObLG DNotZ 1993, 127). Weiterhin sollte der Notar einen Belehrungsvermerk über die Bindung in die Niederschrift aufnehmen, einschließlich des Hinweises über die Förmlichkeiten des Widerrufs oder des Rücktritts, falls dieser vorbehalten wird (→ Form. E.II.1).

7. Typische Regelungsziele

a) Jüngere Ehegatten ohne Kind

Jüngere Ehegatten ohne Kind wünschen in der Regel die gegenseitige Erbeinsetzung, die Berufung der künftigen Kinder und – sollte die Ehe kinderlos bleiben- ihrer Verwandten zu Schlusserben. Beim Erbvertrag ist ein Rücktrittsvorbehalt regelmäßig zu empfehlen.

b) Ältere Ehegatten ohne Kind

Lebt der Erblasser in einer intakten Ehe und hat er keine Abkömmlinge, wird er den längstlebende Ehegatte zum Alleinerben und seine Verwandten oder eine ihm nahestehende Person zu Schlusserben einsetzen. Soweit nicht Eltern oder Geschwister versorgungsbedürftig sind, sollten möglichst Neffen und Nichten (bei einem größeren Vermögen auch aus erbschaftsteuerlichen Gründen) bedacht werden. Regelungsziel kann es aber auch sein, das beiderseitige Vermögen einem gemeinnützigen Verein zukommen zu lassen. Bei einem größeren Vermögen ist an die Errichtung einer rechtsfähigen Stiftung bereits unter Lebenden oder von Todes wegen zu denken.

c) Jüngere Ehegatten mit Kind

Über die gegenseitige Einsetzung zum Vollerben und Einsetzung der gemeinschaftlichen Kinder zu Schlusserben hinaus ist zu familienrechtlichen Anordnungen (Benennung eines Vormunds, Testamentsvollstreckung) zu raten. Im Erbvertrag erfolgt die gegenseitige Erbeinsetzung vertragsmäßig, aber mit Rücktrittsvorbehalt, die Berufung der Kinder zu Schlusserben einseitig (→ Form. E.II.3). In besonderen Einzelfällen wünscht ein Ehegatte, dass das Vermögen, das aus seiner Familie stammt, im Wege des Vermächtnisses auf seine Kinder übergeht.

d) Ältere Ehegatten mit Kind

Ältere Ehegatten mit Kind wollen nicht nur wechselbezüglich/vertragsmäßig sich zum Erben einsetzen sondern auch die Kinder zu Erben des Längstlebenden. Die Frage der Bindung des Längstlebenden an seine Verfügungen von Todes wegen sollte eingehend erörtert werden, gegebenenfalls ein beschränkter Änderungsvorbehalt aufgenommen werden.

Bei einem großen Vermögen sind erbschaftsteuerliche Überlegungen anzustellen (→ Form. E.II.9 bis → Form. E.II.11).

Die Fragen einer Teilungsanordnung, eines Vorausvermächtnisses zu Gunsten eines Kindes, eines Vermächtnisses zu Gunsten einer dritten Person, der sie Dank schulden (zB für unentgeltlich erbrachte Pflege), und einer Testamentsvollstreckung sind anzusprechen, auch die der Notwendigkeit einer Pflichtteilsklausel, oder – richtiger – der Abschluss eines Vertrages mit den Kindern zu empfehlen, mit dem diese auf den Pflichtteil nach dem erstversterbenden Elternteil verzichten.

Sondersituationen, wie Kinder aus einer geschiedenen Ehe, ein behindertes Kind oder die Enterbung eines Kindes erfordern weitergehende Regelungen.

e) Der verwitwete, ledige oder geschiedene Erblasser

Der **verwitwete** Ehegatte mit Abkömmlingen wird in aller Regel die gesetzliche Erbfolge seiner Abkömmlinge als eigenen Willensentschluss bestätigen.

Der **ledige** oder **verwitwete** Erblasser ohne Abkömmlinge wird seine Eltern als gesetzliche Erben nur dann bestätigen, wenn dies zu ihrer Versorgung notwendig ist. In diesem Fall wird er für den Fall des Vorversterbens eines Elternteils das andere Elternteil zum Alleinerben bestimmen. In anderen Fällen wird der Erblasser seine Geschwister (ersatzweise deren Abkömmlinge) oder auch unmittelbar seine Neffen und Nichten zu Erben einsetzen. Fehlt eine enge Beziehung zu den Geschwistern, soll häufig das Patenkind oder ein sonstige Person, die ihm nahe steht, Erbe sein. Sollen die Verwandten insgesamt von der Erbfolge ausgeschlossen werden, wird der Erblasser überlegen, eine gemeinnützige Einrichtung zum Erben einzusetzen.

Für den **geschiedenen** Erblasser kann es ein Anliegen sein, den früheren Ehegatten für den Fall, dass nach seinem Tod ein Kind ohne eigene Abkömmlinge verstirbt, von der gesetzlichen Erbfolge auszuschließen und – hat das Kind letztwillig verfügt – zu verhindern, dass dem früheren Ehegatten der Pflichtteil zusteht (→ Form. E.I.3).

Kriselt die Ehe oder leben die Ehegatten bereits getrennt, wird der Erblasser seinen Ehegatten von der gesetzlichen Erbfolge ausschließen und sein Kind zum Erben einsetzen, bei einer kinderlosen Ehe dritte Personen zu Erben berufen. Eine frühere wechselbezügliche/vertragsmäßige Verfügung von Todes wegen ist zu widerrufen bzw. der vorbehaltene Rücktritt auszuüben. Hat sich der Erblasser ein Rücktrittsrecht nicht vorbehalten, muss der Erbvertrag durch Vertrag mit dem anderen Ehegatten aufgehoben werden. Die Ehegatten sollten einen Erbverzichtsvertrag schließen.

8. Testamentsgestaltung mit Auslandsberührung

a) Vorbemerkung

Auslandsberührungen eines erbrechtlichen Mandates bedürfen besonderer Aufmerksamkeit. Sie erfordern regelmäßig einen höheren Zeit- und mitunter auch Kostenaufwand bei der Lösung anstehender Probleme. Gewohnte Fahrwasser müssen verlassen werden und oft wird es unerlässlich sein, einen mit dem entsprechenden Recht vertrauten Experten zu Rate zu ziehen oder ihm sogar das Mandat zu vermitteln. Auslandsberührungen können auf unterschiedliche Weise entstehen. Am häufigsten dürfte in Deutschland die **fremde Staatsangehörigkeit** Grund sein. Man schätzt, dass etwa 10,6 Millionen Ausländer in Deutschland leben, das entspricht 11,3 % der Bevölkerung. Sie haben – insbesondere wenn sie in zweiter oder dritter Generation in Deutschland leben – Vermögen angesammelt und suchen daher vermehrt die Beratung in erbrechtlichen Angelegenheiten. Zu erwähnen sind die mehrfachen Staatsangehörigkeiten, die juristisch schwierige Fragen des anwendbaren Rechts aufwerfen und zu sog. hinkenden Rechtsverhältnissen führen können. Die Freizügigkeit in Europa, aber auch darüber hinaus, bringt es mit sich, dass viele Personen nicht mehr in ihrem Heimatland leben und arbeiten. Europaweit soll es jedes Jahr ca. 500.000 grenzüberschreitende Erbfälle geben, bei den es zu Vermögensübertragungen von rund 120 Mrd. EUR kommt. Die Kosten dieser Nachlassabwicklungen werden auf ca. 3,7 Mrd. EUR geschätzt. Dies war unter anderem Anlass zur Harmonisierung innerhalb der Mitgliedsstaaten der Europäischen Union durch die EuErbVO (→ Form. A.VI), die für Erbfälle seit 17.8.2015 die bisherigen kollisionsrechtlichen Vorschriften der Art. 25, 26 EGBGB aF ersetzt. Nachlassgestaltungen mit Auslandsberührung sind daher häufig nun einfacher.

Auch durch den **gewöhnlichen Aufenthalt** des Testators im Ausland entstehen Auslandsberührungen. Allein die Staatsangehörigkeit oder den gewöhnlichen Aufenthalt des Testators im Inland zu ermitteln, ist aber nicht ausreichend, um jegliche Auslandsberührung auszuschließen. Auch die Staatsangehörigkeit oder der Aufenthaltsort des Ehegatten des Testators kann von Bedeutung sein, um die güterrechtlichen Fragen, die sich erbrechtlich auswirken, zu klären. Mehr als jede zehnte Ehe in Deutschland erfolgt unter Auslandsbeteiligung, dies mit stetig zunehmender Tendenz. Daneben ist häufiger Grund für eine zu beachtende Auslandsberührung die **Belegenheit des Vermögens** im Ausland. Man schätzt, dass etwa eine Million Deutsche Immobilien im EU-Ausland besitzen, vornehmlich in Spanien, Italien und Frankreich. Die Anzahl der Auslandskonten in Österreich, der Schweiz oder Luxemburg lässt sich nicht schätzen. Auslandsberührungen sind für den beratenden Rechtsanwalt oder Notar nicht immer offensichtlich. Vielfach werden sie von den Mandanten auch verschwiegen, etwa aus Unwissenheit der Parteien über die rechtlichen Auswirkungen oder um Kosten zu sparen. Da die gesetzliche Erbfolge je nach Land unterschiedlich ausfallen kann, ist eine erbrechtliche Gestaltung zwingend zu empfehlen. Hinzukommen die Fälle, in denen der Testator nach Testamentserrichtung Auslandsvermögen erwirbt, das Vermögen bei der Gestaltung also noch gar nicht berücksichtigt werden konnte. Hier ist das Gespür des Beraters gefragt zu ermitteln, ob solche Fälle auftreten können, um die Partei dann entsprechend zu belehren und die testamentarische Verfügung ggf. zu aktualisieren. Gleiches gilt bei Wechsel oder Hinzuerwerb der Staatsangehörigkeit oder bei einem Aufenthaltswechsel.

Um eine sachgerechte Erbrechtsregelung vornehmen zu können, ist es unerlässlich, den Sachverhalt zunächst genau zu ermitteln. Anschließend sind die besonderen kollisionsrechtlichen Fragestellungen zu untersuchen, die sich durch die EuErbVO vereinfacht haben. Insbesondere wenn ein späterer **Wechsel des Aufenthalts** nicht ausgeschlossen werden kann, empfiehlt sich eine vorsorgende Rechtswahl. Im Zweifel sollten komplizierten Gestaltungen, insbesondere Vor- und Nacherbfolge vermieden werden. Dabei ist auch zu überlegen, ggf. getrennte Testamente je anwendbarer Rechtsordnung zu errichten. Die steuerliche Prüfung rundet ab. Nachfolgend sollen die wichtigsten Fragen zum Sachverhalt und zur Ermittlung des anwendbaren Erbrechts wiedergegeben werden.

b) Ermittlung des Sachverhalts

Checkliste

❒ **Gewöhnlicher Aufenthalt/Wohnsitz**
Welchen gewöhnlichen Aufenthalt hat der Erblasser, Art. 21 EuErbVO? Wo ist sein Wohnsitz oder – bei mehreren – sind sie? Was sind die familiären, sozialen und beruflichen Anknüpfungspunkte für den Aufenthalt?

❒ **Staatsangehörigkeit des Testators**
Welche Staatsangehörigkeit hat der Testator? Ist es eine ausschließliche oder hat er mehrere (Art. 5 Abs. 1 EGBGB)? Wenn er mehrere hat, besitzt er auch die deutsche (Art. 5 Abs. 1 S. 2 EGBGB), wenn nein, welches ist seine effektive (Art. 5 Abs. 1 S. 1 EGBGB)? Ggf. bei Teilrechtsstaaten oder interpersonaler Rechtsspaltung: Welcher Teilrechtsordnung bzw. bei Bezügen zu Rechtsordnungen mit islamischen Einfluss (bzw. zu Israel) welcher Religionsgemeinschaft (bei Muslimen Sunnit oder Schiit bzw. nach der Konfession bei Christen) gehört der Testator an?

❒ **Domizil/Asyl/Flüchtling**
Bei ausländischen Erblassern zusätzlich: Wo ist ggf. sein Domizil – insbesondere bei Staatsangehörigen aus dem Common Law Rechtskreis? Ist der Testator in Deutschland asylberechtigt (Art. 5 Abs. 2 EGBGB) oder Flüchtling im Sinne der Genfer Flüchtlingskonvention (§§ 2,3 AsylVerfG)?

❐ **Staatsangehörigkeit und Aufenthalt der Pflichtteilsberechtigten**
Die Staatsangehörigkeit oder der Aufenthalt der Pflichtteilsberechtigten könnte sich auf die Testamentsgestaltung auswirken, wenn Schutzvorschriften am Aufenthaltsort oder nach dem Heimatrecht bestehen, so zB nach dem früheren Art. 46 des ital. IPRG, wonach sich die Pflichtteilsansprüche in Italien lebender Pflichtteilsberechtigter nach italienischem Recht bestimmten, trotz Rechtswahl des Erblassers. Der Aufenthalt im Ausland kann ferner Probleme des *forum shopping* aufwerfen, wenn die Zuständigkeit sich zB nach dem Aufenthaltsrecht des Pflichtteilsberechtigten richtet.

❐ **Güterrecht**
Bei der gesetzlichen Erbfolge und damit auch beim Pflichtteils- oder Noterbrecht kann sich der Güterstand der Eheleute auf die Höhe der Quoten auswirken. Es ist daher zu klären: Wann wurde die Ehe geschlossen (Art. 220 Abs. 3 EGBGB)? Liegt ein Ehevertrag vor? Haben die Ehegatten das anwendbare Recht ausdrücklich oder konkludent gewählt (Art. 15 Abs. 2 EGBGB) bzw. sind sie – verfassungskonform (BVerfG FamRZ 2003, 361) – von der Geltung eines bestimmten Rechts ausgegangen bzw. haben sie sich einem Recht unterstellt (Art. 220 Abs. 3 EGBGB)? Welche Staatsangehörigkeiten besaßen die Ehegatten zum Zeitpunkt der Eheschließung? Hatten sie keine gemeinsame Staatsangehörigkeit: Wo war ihr gewöhnlicher Aufenthalt zum Zeitpunkt der Eheschließung, bzw. mit welchem Recht waren sie am engsten verbunden (Art. 15 Abs. 1 iVm Art. 14 Abs. 1 Nr. 2 und 3 EGBGB)? Erfolgte ein Wechsel der Staatsangehörigkeit oder des Aufenthaltes? Sind die Ehegatten Spätaussiedler, Vertriebene, oder Flüchtlinge (VFGüterstandsG)? Bei Eheschließungen bzw. güterrechtlichen Rechtswahlen nach dem 29. Januar 2019 sind die kollisionsrechtlichen Vorschriften der EuGüVO (VO (EU) 2016/1103) zu beachten: erster gemeinsamer gewöhnlicher Aufenthalt, Art. 26 Abs. 1 lit. a EuGüVO, gemeinsame Staatsangehörigkeit, Art. 26 Abs. 1 lit. b EuGüVO oder hilfsweise das Rechts des Staates, mit dem die Ehegatten zum Zeitpunkt der Eheschließung gemeinsam am engsten verbunden sind, Art. 26 Abs. 1 lit. b EuGüVO.

❐ **Unbewegliches Inlandsvermögen**
Ist unbewegliches Vermögen im Inland vorhanden?

❐ **Auslandsvermögen**
Ist Auslandsvermögen vorhanden? Wenn ja, welches und wo? In welcher Rechtsform steht es dem Testator zu? Bestehen etwa ausländische Immobilien-Gesellschaften?

❐ **Zukünftige Entwicklungen**
Ist der Erwerb von Auslandsvermögen beabsichtigt oder steht er – ggf. auch im Wege einer Erbfolge oder lebzeitigen Übertragung – bevor? Ist künftig ein Wechsel des gewöhnlichen Aufenthalts möglich, der zum Wechsel des anwendbaren Rechts führt? Ist der Wechsel oder der Erwerb einer Staatsangehörigkeit möglich? Ist eine bindende Verfügung (Erbvertrag, gemeinschaftliches Testament) erforderlich und nach dem anwendbaren Recht zulässig (siehe auch Art. 25 EuErbVO)?

c) Ermittlung des anwendbaren Rechts

Checkliste

❐ **Formstatut**
Genügt die bei der Errichtung des Testaments vorgesehene Form auch den Anforderungen des Heimat- oder Aufenthaltsrechts und dem Recht am Belegenheitsort von Vermögen? Ist das Haager Testamentsformabkommen dort in Kraft getreten? Welche Formvorschriften sieht hilfsweise das autonome Recht vor? Sind ggf. bei der Errichtung Zeugen hinzuzuziehen, wie etwa in einigen Bundesstaaten der USA, Irak und Lettland? Wie können sie in Deutschland beachtet werden?

❐ **Vorrangige Staatsverträge**
Sind vorrangige Staatsverträge zu beachten, die das auf die Rechtsnachfolge von Todes wegen anwendbare Recht regeln: Iran, Türkei, Nachfolgestaaten der Sowjetunion (Art. 3 Nr. 2 EGBGB)?

❐ **Autonomes Kollisionsrecht**
Welches Recht findet auf die Rechtsnachfolge von Todes wegen Anwendung (Art. 21 EuErbVO)? Bei Mehrrechtsstaaten oder interpersonaler Rechtsspaltung, welche Teilrechtsordnung ist berufen? Erfolgen Rück- und/oder Weiterverweisungen durch das anwendbare Recht (Art. 4 Abs. 1 EGBGB)? Welches Recht ist das hypothetische Erbstatut, würde also zum Zeitpunkt der Testamentserrichtung zur Anwendung gelangen (Art. 24 EuErbVO)?

❐ **Nachlassspaltung/Entscheidungsdivergenz**
Seit Inkrafttreten der EuErbVO besteht kein abweichendes Belegenheitsrecht für Immobilien mehr, da insgesamt das Erbrecht am letzten gewöhnlichen Aufenthalt des Erblassers oder aufgrund Rechtswahl sein Heimatrecht anwendbar ist. Soweit ein gewöhnlicher Aufenthalt sich aber in einem Common Law-Staat befindet, kann es zu einer teilweisen Rückverweisung für eine deutsche Immobilie auf deutsches Erbrecht kommen, Art. 34 Abs. 1 lit. a EuErbVO. Für in einem Common Law-Staat belegende Immobilien gilt jedoch aus Sicht dieser Rechtsordnungen das Recht am Lageort, sodass es zu einer Entscheidungsdivergenz kommen kann. Sind daher gesonderte Testamente für die unterschiedlichem Recht unterstehenden Vermögensmassen zu empfehlen? Wie erfolgt die Regelung für Nachlassverbindlichkeiten?

❐ **Autonomes Kollisionsrecht aus der Sicht eines fremden Staates**
Welches Recht findet aus der Sicht des fremden Staates – wo sich der gewöhnliche Aufenthalt des Erblassers befindet bzw. dessen Staatsangehörigkeit der Erblasser besitzt oder in dem Vermögen belegen ist – Anwendung? Kommt es zu hinkenden Rechtsverhältnissen und können solche vermieden bzw. in ihrer Problematik durch entsprechende Gestaltungen gemindert werden?

❐ **Rechtswahl**
Kann der Testator nach Art. 22 EuErbVO eine Rechtswahl für sein Heimatrecht wählen? Kann er nach seinem Heimat- oder Aufenthaltsrecht eine Rechtswahl treffen? Soll eine Rechtswahl im Hinblick auf zukünftige Entwicklungen erfolgen, insbesondere bei künftigem Auslandsaufenthalt? Ist die Rechtswahl insbesondere unter Berücksichtigung möglicher Pflichtteilsansprüche vor- oder nachteilhaft? Kann ein hinkendes Rechtsverhältnis durch Rechtswahl vermieden werden?

❐ **Güterrecht**
Welchem Recht unterliegen die güterrechtlichen Wirkungen der Ehe (Art. 220 Abs. 3, Art. 15 EGBGB, ab 2019: EuGüVO)? Kann durch eine Güterrechtswahl eine erbrechtliche Besser- oder Schlechterstellung erreicht werden? Können Güter- und Erbrecht harmonisiert werden?

❐ **Ausländisches materielles Recht**
Lässt die berufene Rechtsordnung die gewünschte Gestaltung zu oder verbietet sie diese? Ist ein etwaiges Verbot ggf. formeller oder materieller Natur? Wäre ein etwaiges Verbot wegen Verstoßes gegen unseren *ordre public* unbeachtlich (Art. 6 EGBGB)? Kennt die ausländische Rechtsordnung alternative Gestaltungen, die zum Ziel führen? Empfiehlt sich die Einsetzung eines Nachlassabwicklers (sog. *„personal representative"* im anglo-amerikanischen Rechtskreis?)

❐ **Gestaltungen außerhalb des Erbrechts**
Können Gestaltungen außerhalb des Erbrechts zB durch postmortale Vollmachten, gesellschaftsrechtliche Lösungen, etc zum Ziel führen?

❐ **Zukunftsentwicklungen**
Empfiehlt sich ein Hinweis auf erforderliche Aktualisierungen der Verfügung von Todes wegen bei Wechsel des gewöhnlichen Aufenthalts, bei Wechsel bzw. Hinzuerwerb der Staatsangehörigkeit (soweit keine vorsorgende Rechtswahl getroffen wird) oder beim Erwerb von Auslandsvermögen?

❐ **Registrierung in Testamentsregister**
Ein in Deutschland beurkundetes Testament ist gem. § 34a Abs. 1 S. 1 BeurkG unabhängig davon zum Testamentsregister zu melden, ob der Testator die deutsche Staatsangehörigkeit hat oder auf die Erbfolge deutsches Recht anwendbar ist. Hat der Erblasser seinen Wohnsitz oder Immobilien im Ausland, so kann sich empfehlen, das Testament auch dort im zentralen Testamentsregister zu hinterlegen bzw. zu melden. Derartige Möglichkeiten bestehen auch für von deutschen Notaren beurkundete Testamente insbesondere in den europäischen Staaten, die das Basler Europäische Übereinkommen über die Einrichtung einer Organisation zur Registrierung von Testamenten ratifiziert haben, wie zB Belgien, Frankreich, Italien, Niederlande, Türkei, Spanien.

9. Erbrecht und Gesellschaftsrecht

Das Verhältnis des Erbrechts zum Gesellschaftsrecht ist in der Praxis von besonders großer Bedeutung. Dies ergibt sich nicht nur aus der Tatsache, dass große Vermögen meist in Unternehmen investiert sind und diese wiederum über Gesellschaften gehalten werden. Die gesellschaftsrechtlichen Gestaltungsmöglichkeiten und steuerrechtlichen Bestimmungen, insbesondere die schenkungsteuerlichen Begünstigungsregeln, führen dazu, dass Vermögen häufig gerade vor der Übertragung auf die nächste Generation in eine Gesellschaft eingebracht werden. Die Einsetzung einer Gesellschaft als Vermögensträger ermöglicht es, bereits zu Lebzeiten schrittweise Vermögen an die Nachfolger zu übergeben, ohne dass der das Vermögen Übertragende die Kontrolle über das Vermögen aus der Hand geben muss. Weiterhin kommt die Gesellschaft immer dann zum Zuge, wenn die Zersplitterung von Familienvermögen auf Grund Erbfolge(n) verhindert werden soll. Auch der Schutz der Erben vor Risiken aus dem Nachlassvermögen durch Gründung einer Gesellschaft mit beschränkter Haftung ist häufiges Motiv in der Nachfolgegestaltung. Gesellschaftsrechtliche Gestaltungen bieten darüber hinaus in vielerlei Hinsicht die Möglichkeit zur Herstellung einer den Fähigkeiten und Interessen der einzelnen Erben angepassten Vermögensstruktur. Als Beispiel sei hier nur die Einbringung von Vermögen in eine Gesellschaft mit aktiven und passiven Gesellschaftern genannt (GmbH & Co. KG, GmbH & Still, Stiftung & Co. KG, KGaA). Letztlich ist die Gesellschaft in der steuerlich motivierten Nachfolgegestaltung auf Grund der erbschaft- und schenkungsteuerrechtlichen Privilegierung von Betriebsvermögen in der Praxis ein wichtiges Instrument.

Da ein spezielles „Unternehmenserbrecht" nicht existiert, sind Fragen der Gesellschafternachfolge von Todes wegen mit den Werkzeugen des Gesellschaftsrechts und des Erbrechts zu lösen. Schnittpunkte zwischen Erb- und Gesellschaftsrecht zeigen zunächst folgende Problemkreise: Welche Rechtsfolge tritt beim Tode eines Gesellschafters ein? Sind Gesellschaftsanteile vererblich (so nach dem Gesetz: GmbH, AG, Kommanditbeteiligung), scheiden die Erben aus der Gesellschaft aus (so nach dem Gesetz: OHG, Komplementärbeteiligung) oder wird die Gesellschaft gar aufgelöst (so nach dem Gesetz: GbR)? Auch erbrechtliche Instrumente wie die Testamentsvollstreckung oder die Vor- und Nacherbfolge werfen hinsichtlich der Gesellschaftsbeteiligung besondere Fragen auf: welche Mitverwaltungsrechte hat der Testamentsvollstrecker innerhalb der Gesellschaft als (aus Sicht der Mitgesellschafter) Dritter? Wie verträgt sich seine grundsätzlich auf den Nachlass beschränkte Haftung mit der unbeschränkten Haftung aus dem OHG-Anteil? Wie soll der Gesellschaftsvertrag ausgestaltet sein für den Fall, dass die Nachfahren der Gesellschafter noch minderjährig sind? Von überragender Bedeutung ist letztlich die Abstimmung der Faktoren „gesetzliche Folgen nach Erb- und Gesellschaftsrecht" sowie „letztwillige Verfügung" und „gesellschaftsvertragliche Regelung". Im Kern geht es dabei um widerstreitende Interessen zwischen dem Erblasser als Gesellschafter einerseits und den Mitgesellschaftern andererseits. Wollen die Mitgesellschafter eine Gesellschaft mit allen (ggf. unbekannten) Erben ihres Mitgesellschafters eingehen? Oder nur mit einigen bestimmten? Sollen dann die ausscheidenden Erben mit dem Verkehrswert ihres Anteils abgefunden werden oder würde dies die Existenz der Gesellschaft gefährden? Die Regelung dieser Fragen erfolgt in letztwilliger Verfügung einerseits und Gesellschaftsvertrag andererseits. Besondere Sorgfalt ist bei der Abfassung von Nachfolgeregelungen darauf zu legen, dass die Regelungen miteinander korrespondieren. Sieht der Gesellschaftsvertrag beispielsweise vor, dass dem Gesellschafter A nur der X als sein Erbe in seinen Gesellschaftsanteil nachfolgen kann und hat der Gesellschafter A seinerseits den X nicht als Erben eingesetzt, so wird die Gesellschaft beim Tode des A unter Ausschluss seiner Erben fortgeführt. Dieses Ergebnis entspricht damit weder der Intention des Erblassers noch – mutmaßlich – der seiner

Mitgesellschafter. Durch die gesellschaftsvertragliche Regelung haben die Gesellschafter zum Ausdruck gebracht, dass die Gesellschaft beim Tode eines Gesellschafters nicht durch Abfindungsansprüche ausscheidender Erben belastet werden soll; war es andererseits Ziel der Regelung, dass ein Erbe des A in die Gesellschaft nachfolgt, werden beide Ziele mangels Abstimmung der Regelungen verfehlt. War es umgekehrt Ziel der gesellschaftsvertraglichen Regelung, dass allein X als Erbe nachfolgen darf, mag die eingetretene Rechtsfolge aus Sicht der Mitgesellschafter zumindest die zweitbeste Lösung darstellen. Die Regelung der Unternehmensnachfolge in der juristischen Beratung sollte durch folgende Schritte vorbereitet werden:

Checkliste

- ❒ Klärung der gesetzlichen Erbfolge der Gesellschafter.
- ❒ Klärung der getroffenen, gegebenenfalls bindenden, letztwilligen Verfügungen der Gesellschafter.
- ❒ Klärung der gesetzlichen Folgen beim Tode eines Gesellschafters nach Gesellschaftsrecht.
- ❒ Klärung der getroffenen gesellschaftsvertraglichen Regelungen.
- ❒ Klärung der Interessen der Gesellschafter hinsichtlich des Kreises der möglichen Nachfolger.
- ❒ Klärung der Interessen der Gesellschafter hinsichtlich des Abfindungsanspruches ausscheidender Erben.

Bevor gesellschaftsvertragliche und erbrechtliche Regelungen getroffen werden, sollte stets untersucht werden, ob ein den Interessen der Gesellschafter wirtschaftlich entsprechendes Ergebnis hergestellt werden kann, welches aus einkommen- und erbschaftsteuerlicher Sicht vorteilhaft ist. Weiterhin ist zu prüfen, ob die gefundene Regelung durch die Geltendmachung von Pflichtteilsansprüchen ausgehöhlt bzw. gefährdet werden kann und ob dieses Problem durch Vereinbarungen mit den Pflichtteilsberechtigten gegebenenfalls gelöst werden kann.

Insbesondere sind folgende Fragen im Rahmen der Gesellschafternachfolge zu klären:

Checkliste

- ❒ Welche Rechte sollen der oder die künftigen Erben in der Gesellschaft haben? (Umwandlung der Gesellschaft in KG oder KGaA bzw. Umwandlung des Anteils in eine stille Beteiligung; Beschränkung der Stimmrechte des Erben etc).
- ❒ Wie soll der Erbe am Gewinn beteiligt werden? (evtl. neue Gewinnverteilung zwischen aktiven und passiven Gesellschaftern)
- ❒ Soll das Austritts- oder Kündigungsrecht des Erben (temporär) eingeschränkt werden? (Ansonsten besteht die Gefahr, dass der durch die Nachfolgeregelung verhinderte Liquiditätsabfluss unmittelbar nach dem Erbfall stattfindet)
- ❒ Soll hinsichtlich der Beteiligung des Erben eine Verfügungsbeschränkung (Vinkulierung) bestehen? (Ansonsten besteht die Gefahr, dass der durch die Nachfolgeregelung bestimmte Kreis an Gesellschaftern unmittelbar nach dem Erbfall durch den Erben geändert wird)
- ❒ Welche Rechte soll ein Testamentsvollstrecker in der Gesellschaft innehaben?
- ❒ Sollen weitere Gesellschaftsorgane eingerichtet werden (Aufsichtsrat; Beirat etc)?

Schließlich muss stets beachtet werden, dass jeder Gesellschafter eine nachträgliche Änderung seiner letztwilligen Verfügung den Mitgesellschaftern anzeigt oder zumindest mit seinem Rechtsberater die geplante Änderung hinsichtlich einer notwendigen Änderung der korrespondierenden Gesellschaftsvertragsklausel bespricht.

Das Verhältnis von Gesellschaftsrecht und Erbrecht wirkt sich auch auf die Gestaltung lebzeitiger Vereinbarungen zur vorweggenommenen Erbfolge aus. Beteiligt der Gesellschafter seine künftigen Erben bereits zu Lebzeiten an seiner Gesellschaftsbeteiligung, sind die damit verbundenen Fragen abweichend gelagert:

Checkliste

- ❐ Unterliegt der Gesellschaftsanteil des zu Lebzeiten aufgenommenen Nachfolgers Verfügungsbeschränkungen?
- ❐ Sollen die Nachfolger bereits am Gewinn beteiligt werden?
- ❐ Soll den Nachfolgern bereits das Stimmrecht eingeräumt werden?
- ❐ Wie kann die Versorgung der übertragenden Generation sichergestellt werden? (Reziproke Ausgestaltung von Gewinnbezug und Vermögensbeteiligung; Nießbrauch)
- ❐ Soll die Übertragung des Gesellschaftsanteils widerruflich sein?
- ❐ Welche Tätigkeiten soll ein Nachfolger im Unternehmen übernehmen dürfen? (Ausschluss von der Geschäftsführung; Ausschluss von sämtlichen Tätigkeiten)

Die vorweggenommene Unternehmensnachfolge ist ein besonders interessantes Instrument zur steuerlichen Optimierung des Prozesses der Vermögensnachfolge. Es ist dringend geraten, sie nicht ohne Einholung steuerlichen Sachverstands zu gestalten.

III. Testierfreiheit des Erblassers

Aus § 17 BeurkG folgt die Pflicht des Notars zu klären, ob der Erblasser durch eine frühere Verfügung von Todes wegen gebunden ist.

Der Rechtsberater genügt dieser Pflicht durch die entsprechende Frage an den Erblasser; zu einer weiteren Nachforschung oder Überprüfung der Richtigkeit der Angaben ist er nicht verpflichtet

Wollen ein **Witwer** oder eine **Witwe** letztwillig verfügen und erklären, Alleinerbe des verstorbenen Ehegatten zu sein, weist dies auf die Existenz einer Verfügung von Todes wegen hin, auf deren Vorlage der Notar oder Anwalt bestehen sollte. Dem juristischen Laien ist unbekannt, dass er als längstlebender Ehegatte bei einem **gemeinschaftlichen Testament**, in dem über die gegenseitige Erbeinsetzung hinaus die Erben des Längstlebenden bestimmt sind, an die Schlusserbeneinsetzung (auch an die Anordnung eines Vermächtnisses) gebunden sein kann, also nicht anderweitig letztwillig verfügen kann, wenn diese wechselbezüglich iSd § 2270 BGB erfolgt ist.

Das eigenhändige gemeinschaftliche Testament enthält regelmäßig keine klare Aussage, ob die letztwilligen Verfügungen des Längstlebenden, insbesondere die Einsetzung der Kinder zu Schlusserben, wechselbezüglich gewollt sind oder nicht. Auch in notariell beurkundeten gemeinschaftlichen Testamenten und Erbverträgen fehlt nicht selten die präzise Abgrenzung zwischen wechselbezüglichen und nicht wechselbezüglichen bzw. vertragsmäßigen und nicht vertragsmäßigen Verfügungen von Todes wegen.

Nahezu ausnahmslos versichert der Erblasser (der die frühere Verfügung ändern möchte), dass ihm und dem Ehegatten bei der Testamentserrichtung eine Bindung des Längstlebenden an seine Verfügungen von Todes wegen nicht gewollt war.

Ob die getroffene Verfügung wechselbezüglich/vertragsmäßig ist oder nicht, ist durch Auslegung nach allgemeinen Grundsätzen zu ermitteln. Hierbei ist jede einzelne Verfügung getrennt zu prüfen. Bei der Auslegung (auch als ergänzende Auslegung) kommt es auf den übereinstimmenden Willen beider Ehegatten zum **Zeitpunkt der Testamentserrichtung** an, nicht auf den nunmehr geäußerten Willen des überlebenden Ehegatten.

Die Rechtsprechung ist durch eine reiche Kasuistik geprägt (Nachw. bei Palandt/*Weidlich* BGB § 2270 Rn. 5 ff.), die eine sichere Prognose des Rechtsberaters über eine spätere gerichtliche Entscheidung nahezu unmöglich macht.

Haben die Ehegatten sich gegenseitig zum Erben und Verwandte des einen und des anderen Ehegatten zu Erben des Längstlebenden eingesetzt, ist dies ein Indiz für die Wechselbezüglichkeit. Bestimmt das gemeinschaftliche Testament lediglich, dass jeder Erblasser die gemeinsamen Kinder zu Erben einsetzt, ist dies im Zweifel nicht wechselbezüglich. Bei der Frage, ob die Einsetzung der gemeinsamen Kinder zu Schlusserben wechselbezüglich erfolgt ist oder nicht, ist zunächst darauf abzustellen, ob die gegenseitige Erbeinsetzung der Ehegatten nur deshalb erfolgt ist, weil jeweils auch der andere so verfügt hat (was regelmäßig der Fall ist), weiterhin ist gesondert zu prüfen, ob der Längstlebende von dem vorverstorbenen Ehegatten nur deshalb zu seinem Erben eingesetzt worden ist, weil er seinerseits die gemeinsamen Kinder zu Schlusserben eingesetzt hat (was seltener der Fall ist). Sind Verwandte des überlebenden Ehegatten zu Schlusserben eingesetzt, wird die Auslegung regelmäßig ergeben, dass dies nicht wechselbezüglich geschehen ist. Gleiches gilt bei Einsetzung einer gemeinnützigen oder karitativen Organisation als Schlusserbe, oder bei Einsetzung von Personen zu Schlusserben, die weder mit dem einen noch mit dem anderen Ehegatten verwandt oder verschwägert sind. Indiz

gegen die Wechselbezüglichkeit ist, wenn der verstorbene Ehegatte den längstlebenden Ehegatten nicht zum Alleinerben eingesetzt hat, sondern nur zu einem geringen Anteil, oder ihn mit einem wertmäßig unbedeutenden Vermächtnis bedacht hat. Die Auslegungsregel des § 2270 Abs. 2 BGB greift erst dann ein, wenn die Ermittlung des wirklichen Willens beider Ehegatten durch Auslegung kein eindeutiges Ergebnis gebracht hat. Sie gilt nur, wenn zunächst der eine Ehegatte den anderen Ehegatten bedacht hat und für den Fall, dass dieser der Längstlebende ist, eine Verfügung zugunsten einer Person getroffen ist, die mit dem erstversterbenden Ehegatten (also nicht dem überlebenden Ehegatten) verwandt ist oder ihm sonst nahe steht.

In Zweifelsfällen kann und sollte der Rechtsberater keine verbindliche Aussage darüber machen, ob eine Verfügung von Todes wegen wechselbezüglich ist oder nicht, da die Wirksamkeit des späteren Testaments letztlich im Erbscheinsverfahren vom Nachlassgericht entschieden werden muss. Zu empfehlen ist, die Versicherung des Erblassers, die Verfügung sei von den Ehegatten bei Errichtung des gemeinschaftlichen Testaments nicht wechselbezüglich gewollt gewesen, und die hierfür vorgebrachten Gründe in die Testamentsurkunde aufzunehmen.

1. Ist der Erblasser durch ein früheres gemeinschaftliches Testament oder einen Erbvertrag gebunden?

Checkliste zur Prüfung der Testierfreiheit

- ❐ Ist der Erblasser durch eine frühere **wechselbezügliche** oder **vertragsmäßige** Verfügung von Todes wegen gebunden? Wechselbezüglich/vertragsmäßig können nur die Erbeinsetzung, das Vermächtnis oder die Auflage sein (§§ 2270 Abs. 3, 2278 Abs. 2 BGB).
- ❐ Ist die bindende letztwillige Verfügung, mit der der Erblasser seinen Ehegatten bedacht hat, nach **Scheidung** der Ehe unwirksam geworden (§§ 2077, 2268, 2279 BGB)?
- ❐ Ist die Bindung beim gemeinschaftlichen Testament durch **Widerruf**, beim Erbvertrag durch **Rücktritt** entfallen, oder kann sie auf diesem Wege beseitigt werden? Ist der Widerruf bzw. der Rücktritt formgerecht erklärt (§§ 2271 Abs. 1 S. 1, 2269 BGB)?
- ❐ Enthält die frühere Verfügung von Todes wegen einen **Änderungsvorbehalt?**
- ❐ Kann der Erblasser die bindende frühere Verfügung wegen **Übergehung eines Pflichtteilsberechtigten anfechten?**
- ❐ Will sich der Erblasser von der Bindung durch **Ausschlagung** befreien?
- ❐ Wird das **Recht des Vertragserben** durch das neue Testament **beeinträchtigt** oder nicht?
- ❐ Kann der Erblasser durch einen **Zuwendungsverzichtsvertrag** seine Testierfreiheit zurückgewinnen?
- ❐ Kann das Regelungsziel des gebundenen Erblassers durch **Rechtsgeschäft unter Lebenden** verwirklicht werden?

a) Ist der Erblasser durch eine frühere Verfügung von Todes wegen gebunden?

Nach dem Tode eines Ehegatten tritt die erbrechtliche Bindung des Überlebenden an seine wechselbezüglichen Verfügungen ein und damit der Verlust seiner Testierfreiheit (§ 2271 Abs. 2 BGB). Beim Erbvertrag ist nach § 2289 Abs. 1 S. 2 BGB eine spätere Verfügung von Todes wegen des vertragsmäßig gebundenen Erblassers unwirksam, soweit sie das Recht des vertragsmäßig Bedachten beeinträchtigen würde.

Wechselbezüglich/vertragsgemäß können nur sein: **Erbeinsetzung, Vermächtnis** oder **Auflage** sowie eine Rechtswahl (§§ 2270 Abs. 3, 2278 Abs. 2 BGB).

Andere Verfügungen, zB die Enterbung (BayObLG FamRZ 1993, 240), die Anordnung der Testamentsvollstreckung, die Teilungsanordnung (auch deren Änderung, soweit diese nicht zu einer Verschiebung der den bindend Bedachten zukommenden Erbquoten führt, vgl. Gutachten DNotI-Report 1999, 134), der Ausschluss der Auseinandersetzung, die Pflichtteilsentziehung und familienrechtliche Anordnungen (zB die Benennung eines Vormunds für minderjährige Kinder) sind stets widerruflich.

Ist der Bedachte ein pflichtteilsberechtigter Abkömmling des Erblassers, kann auch der gebundene Erblasser durch eine spätere letztwillige Verfügung die nach § 2338 BGB zulässigen Anordnungen treffen (Pflichtteilsbeschränkung).

b) Auflösung der Ehe/Lebenspartnerschaft

Nach §§ 2077, 2268, 2279 BGB ist eine letztwillige Verfügung, durch die der Erblasser seinen Ehegatten bedacht hat, unwirksam, wenn die Ehe vor dem Tode des Erblassers aufgelöst worden ist. Vor Scheidung der Ehe ist die letztwillige Verfügung nur unwirksam, wenn der Erblasser die Scheidung beantragt oder ihr zugestimmt hatte und zur Zeit des Todes des Erblassers die Voraussetzungen für die Scheidung der Ehe (§§ 1565 ff. BGB) gegeben waren (§ 2077 Abs. 2 BGB). Für den Ausschluss des Ehegattenerbrechts ist Voraussetzung, dass das Scheidungsbegehren rechtshängig ist, also der Scheidungsantrag des Erblassers vor seinem Tod dem Antragsgegner wirksam zugestellt worden ist; eine Rückbeziehung der Zustellungswirkung gemäß § 167 ZPO auf den Zeitpunkt der Einreichung des Scheidungsantrags ist nicht zulässig (BGH NJW 1990, 2382). Dies gilt für die Lebenspartnerschaft entsprechend (§ 10 Abs. 5 LPartG). Dagegen sind die Vorschriften auch nicht analog auf die Partner einer nichtehelichen Lebensgemeinschaft zwischen Mann und Frau anzuwenden.

Haben sich Ehegatten in einem Erbvertrag vertragsmäßig zu Alleinerben und ihr einziges Kind zum Schlusserben eingesetzt, so entfällt die vertragliche Bindung auch bezüglich der Einsetzung des Schlusserben mit der Scheidung der Ehe, es sei denn die Auslegung ergibt, dass sie bei Abschluss des Erbvertrages die Einsetzung des Kindes als Schlusserben auch für diesen Fall gewollt haben (§ 2077 Abs. 3 BGB). Bei getrennt lebenden Ehegatten (ohne konkrete Scheidungsabsicht) ist es keineswegs selten, dass sie vertragsmäßig ihre Kinder zu Erben einsetzen, sich gegebenenfalls auch gegenseitig bedenken, etwa mit einem Nießbrauchvermächtnis am Einfamilienhaus des einen Ehegatten, das der andere mit den Kindern bewohnt. Hier ist es, um nicht auf die Auslegungsregel des § 2077 Abs. 3 BGB zurückgreifen zu müssen, nahezu zwingend erforderlich, dass die Ehegatten ausdrücklich erklären, ihre vertragsmäßigen Verfügungen von Todes wegen auch für den Fall der Scheidung der Ehe aufrecht erhalten zu wollen.

c) Formgerechte Erklärung des Widerrufs bzw. des Rücktritts

Dem juristischen Laien ist unbekannt, dass der Widerruf einer wechselbezüglichen Verfügung in einem gemeinschaftlichen Testament zu Lebzeiten des Ehegatten nach der für den Rücktritt von einem Erbvertrag geltenden Vorschrift des § 2296 BGB zu erfolgen hat (§ 2271 Abs. 1 BGB). Danach bedarf die Erklärung der notariellen Beurkundung (→ Form. A.III.3 lit. b).

Das Recht zum Widerruf erlischt mit dem Tod des anderen Ehegatten. Nach § 2271 Abs. 2 S. 2 BGB ist der Überlebende zur Aufhebung seiner Verfügung nach Maßgabe des § 2294 und des § 2336 BGB berechtigt.

Beim Erbvertrag besteht ein gesetzliches Rücktrittsrecht nach §§ 2294, 2295 BGB, wenn sich der Bedachte einer Verfehlung schuldig macht, die den Erblasser zur Entzie-

hung des Pflichtteils berechtigt oder, falls der Bedachte nicht zu den Pflichtteilsberechtigten gehört, zu der Entziehung berechtigen würde, wenn der Bedachte ein Abkömmling des Erblassers wäre.

Nach § 2295 BGB kann der Erblasser von einer vertragsmäßigen Verfügung zurücktreten, wenn die Verfügung mit Rücksicht auf eine rechtsgeschäftliche Verpflichtung des Bedachten, dem Erblasser für dessen Lebenszeit wiederkehrende Leistungen zu entrichten, oder Unterhalt zu gewähren, getroffen ist und die Verpflichtung vor dem Tode des Erblassers aufgehoben wird. Eine rechtliche Einheit zwischen der übernommenen Verpflichtung und der vertragsmäßigen Verfügung ist nicht erforderlich.

Der Erblasser kann nach § 2293 BGB vom Erbvertrag im Übrigen nur zurücktreten, wenn er sich den Rücktritt im Vertrag vorbehalten hat.

Der Rechtsberater hat sich davon zu überzeugen, dass der Widerruf bzw. der Rücktritt formgültig erklärt wurde und dem anderen Ehegatten eine Ausfertigung (beglaubigte Abschrift genügt nicht) zugegangen ist (BGN NJW 1968, 496 [497]).

d) Änderungsvorbehalt

Der längstlebende Ehegatte kann bezüglich seiner wechselbezüglichen Verfügungen nach dem Inhalt des gemeinschaftlichen Testaments zum freien oder eingeschränkten Widerruf berechtigt sein.

Ist der längstlebende Ehegatte an die Einsetzung der Kinder zu seinen Erben durch eine vertragsmäßige Verfügung gebunden, kann ihm im Erbvertrag eine beschränkte Änderung vorbehalten sein, zB die Erbteile der Kinder zu ändern, Vorausvermächtnisse zugunsten einzelner Kinder und/oder Testamentsvollstreckung anzuordnen (→ Form. A.II.6 lit. c, → Form. D.I.4).

e) Anfechtung wegen Übergehung eines Pflichtteilsberechtigten

Der Erblasser kann wegen **Übergehung eines Pflichtteilsberechtigten** eine wechselbezügliche/vertragsmäßige Verfügung von Todes wegen nach §§ 2079, 2281 BGB anfechten. Der klassische Fall ist der, dass der längstlebende Ehegatte erneut heiratet und/oder ein weiteres Kind hat.

Die Anfechtung der eigenen wechselbezüglichen Verfügung in einem gemeinschaftlichen Testament erfolgt nach dem Tode des Ehegatten gegenüber dem Nachlassgericht (entsprechende Anwendung der §§ 2281 ff. BGB). Die Anfechtung kann nur binnen Jahresfrist erfolgen, § 2082 Abs. 1 BGB. Die Frist beginnt mit dem Zeitpunkt, in welchem der Anfechtungsberechtigte von dem Anfechtungsgrund Kenntnis erlangt, § 2082 Abs. 2 BGB. Die Anfechtungsfrist beginnt nur zu laufen, wenn sich der Anfechtungsberechtigte im Zeitpunkt der zweiten Eheschließung ohne weitere Gedächtnishilfe an die Schlusserbeneinsetzung erinnern würde, falls er sich mit der Frage der Nachlassregelung befassen sollte (BayObLG FamRZ 1995, 1924).

Für die **Anfechtung des Erbvertrages** gelten zusätzlich die Sondervorschriften in §§ 2281 ff. BGB. Danach kann die Anfechtung nicht durch einen Vertreter des Erblassers erfolgen (§ 2283 Abs. 1 S. 1 BGB) und bedarf der notariellen Beurkundung (§ 2283 Abs. 3 BGB).

f) Fortfall der Bindung bei Ausschlagung

Nach §§ 2271 Abs. 2 S. 1 Hs. 2, 2298 Abs. 2 S. 3 BGB kann der überlebende Ehegatte seine wechselbezügliche/vertragsmäßige Verfügung aufheben, wenn er das ihm Zugewendete, das auch nur ein Vermächtnis sein kann (BGH NJW 2011, 1353), ausschlägt.

Durch die Ausschlagung entfallen sowohl die Bindung als auch der Vermögensanfall (§§ 1953, 2180 BGB). Der überlebende Ehegatte erlangt nach dem Erbfall seine Testierfreiheit zurück, wenn er das Zugewendete noch nicht angenommen hat. Die Aufhebung erfolgt durch Widerruf nach §§ 2254 ff. BGB. Wird der überlebende Ehegatte auf Grund der Ausschlagung gesetzlicher Erbe und ist der ihm zufallende gesetzliche Erbteil nicht erheblich kleiner, sondern fast oder sogar gleich groß wie der ausgeschlagene, ist es zur Erlangung seiner Testierfreiheit notwendig, dass er aus beiden Berufungsgründen ausschlägt (KG RPfleger 1991, 22).

g) Beeinträchtigung des Vertragserben

Ist der überlebende Ehegatte an seine wechselbezügliche/vertragsmäßige Verfügung gebunden, ist eine spätere Verfügung unwirksam, wenn sie das Recht des durch eine wechselbezügliche/vertragsmäßige Verfügung Bedachten **beeinträchtigt** (§ 2289 Abs. 1 S. 1 BGB). Das ist zB der Fall bei einer Verringerung der Erbquote, Anordnung der Nacherbfolge, eines Teilungsverbots (§ 2044 BGB) oder der Testamentsvollstreckung (BGH NJW 1962, 912; OLG Hamm MittBayNot 1996, 44 mAnm *Reimann*), der Beschwerung mit einem Vermächtnis zugunsten eines Dritten oder einer Auflage. Von der Bindungswirkung sind letztwillige Verfügungen nicht ausgenommen, mit denen einer sittlichen Pflicht oder einer auf den Anstand zu nehmenden Rücksicht entsprochen werden soll (BGH DNotZ 1978, 298).

Dagegen ist eine Begünstigung des Vertragserben durch eine nachträgliche Verfügung von Todes wegen uneingeschränkt zulässig. Die Bindungswirkung steht einer späteren Teilungsanordnung nicht entgegen, durch die einem Miterben mehr zugewandt wird, als dem Wert seines Erbteils entspricht, wenn er diesem auferlegt, dem anderen Erben einen entsprechenden Ausgleich aus dem eigenen Vermögen zukommen zu lassen (BGH NJW 1982, 43). Sind zB bindend zwei Kinder zu Schlusserben eingesetzt, kann der längstlebende Ehegatte durch letztwillige Verfügung anordnen, dass ein Kind das Einfamilienhausgrundstück erhält mit der Verpflichtung zum wertmäßigen Ausgleich gegenüber dem anderen Kind.

h) Zuwendungsverzichtsvertrag

Der durch eine wechselbezügliche/vertragsmäßige Verfügung gebundene Erblasser gewinnt mit einem Zuwendungsverzichtsvertrag seine Testierfreiheit zurück. Nach § 2352 BGB kann derjenige, der durch Testament als Erbe eingesetzt oder mit einem Vermächtnis bedacht ist, durch Vertrag mit dem Erblasser auf die Zuwendung verzichten (→ Form. I.II.16 f.).

Der Verzicht auf die Zuwendung hat bei einer einseitigen Verfügung wegen der Möglichkeit des Erblassers, diese zu widerrufen, nur Bedeutung, wenn dieser nachträglich geschäftsunfähig geworden ist (§§ 2229 Abs. 4, 2347 Abs. 2 BGB).

Der klassische Fall des Zuwendungsverzichtsvertrages ist, dass der längstlebende Vertragschließende an die Erbeinsetzung oder das Vermächtnis durch eine wechselbezügliche/vertragsmäßige Verfügung gebunden ist und später ein sachlicher Grund eine Korrektur erfordert, der der Bedachte zustimmt.

Seit dem 1.1.2010 verweist § 2352 S. 2 BGB auch auf § 2349 BGB, so dass sich der Verzicht jetzt auch auf die Abkömmlinge des Verzichtenden erstreckt, soweit nicht ein anderes bestimmt wird (*Weidlich* FamRZ 2010, 166).

i) Ausweg über ein Rechtsgeschäft unter Lebenden

Ist der „gebundene" Erblasser gehindert, letztwillig zu verfügen, kann dies zu der Überlegung führen, das als ungerecht empfundene Ergebnis durch Rechtsgeschäft unter Lebenden zu korrigieren. Der klassische Fall ist, dass die Ehegatten bindend ihre Kinder zu gleichen Teilen zu Schlusserben eingesetzt haben und sich nach dem Tode des erstversterbenden Ehegatten das Verhältnis zwischen dem überlebenden Ehegatten und den Kindern unterschiedlich entwickelt hat, weil das eine Kind das Elternteil versorgt, das andere Kind sich nach einem Zerwürfnis von ihm abgewandt hat Nach § 2286 BGB, der auf wechselbezügliche Verfügungen im gemeinschaftlichen Testament entsprechend anwendbar ist, wird durch den Erbvertrag das Recht des Erblassers, über sein Vermögen durch Rechtsgeschäft unter Lebenden zu verfügen, nicht beschränkt. Dies gilt auch für unentgeltliche Verfügungen. Die Grenzen für eine Schenkung zieht § 2287 BGB. Entscheidend ist danach, ob der Erblasser in der Absicht gehandelt hat, den Vertragserben zu beeinträchtigen. Der BGH (DNotZ 1973, 421) sieht den Zweck des § 2287 BGB darin, dem Vertragserben bei Schenkungen vor missbräuchlicher Ausübung des dem Erblasser an sich verbliebenen Rechts, über sein Vermögen auch weiterhin durch Rechtsgeschäft unter Lebenden zu verfügen, Schutz zu bieten. Dieser Schutz greift aber nicht ein, wenn der Erblasser ein **lebzeitiges Eigeninteresse** an der von ihm vorgenommenen Schenkung hat. Ein lebzeitiges Eigeninteresse ist anzunehmen, wenn nach dem Urteil eines objektiven Beobachters die Verfügung in Anbetracht der gegebenen Umstände auch unter Berücksichtigung der erbvertraglichen Bindung als billigenswert und gerechtfertigt erscheint. Die Beweislast für ein fehlendes lebzeitiges Eigeninteresse hat der Vertragserbe. Ein lebzeitiges Eigeninteresse an einer unentgeltlichen Verfügung kann darin bestehen, dass der Erblasser sich die Versorgung durch eine ihm persönlich nahe stehende Person sichern will (Palandt/*Weidlich* BGB § 2287 Rn. 7).

2. Widerruf früherer Verfügungen von Todes wegen bei Errichtung eines Testaments/Erbvertrags

Der Rechtsberater hat sicher zu stellen, dass bei der Errichtung eines Testaments oder Abschluss eines Erbvertrages alle früheren Verfügungen von Todes wegen, an denen der Erblasser nicht festhalten will, ausdrücklich widerrufen werden. Durch die Errichtung eines Testaments wird ein früheres Testament nur insoweit aufgehoben, als das spätere Testament mit dem früheren in Widerspruch steht (§ 2258 Abs. 1 BGB). Es ist keineswegs selten, dass der Erblasser sich an ein früheres Testament nicht erinnert oder sich nicht bewusst ist, dass ein Schriftstück (auch wenn er es nicht als Testament bezeichnet hat) eine letztwillige Verfügung darstellt.

Es ist zu empfehlen, im Eingang einer letztwilligen Verfügung stets – auch nur vorsorglich – den Widerruf früherer Testamente (§ 2254 BGB) und die Aufhebung früherer Erbverträge (§ 2292 BGB) zu erklären.

Ein **Erbvertrag** kann (nur) durch Vertrag von den Personen aufgehoben werden, die den Erbvertrag geschlossen haben (§ 2290 Abs. 1 S. 1 BGB). Der Erblasser kann diesen Vertrag nur persönlich schließen (§ 2290 Abs. 2 S. 1 BGB). Der Aufhebungsvertrag kann nur zur Niederschrift eines Notars bei gleichzeitiger Anwesenheit beider Teile geschlossen werden (§§ 2290 Abs. 4, 2276 Abs. 1 S. 1 BGB).

Ein zwischen Ehegatten oder Lebenspartnern geschlossener Erbvertrag kann auch durch ein gemeinschaftliches Testament der Ehegatten oder Lebenspartner aufgehoben

werden (§ 2292 BGB). Das Aufhebungstestament nach § 2291 BGB kommt nur bei einer vertragsmäßigen Verfügung in Betracht, durch die ein Vermächtnis oder eine Auflage angeordnet ist (gilt also nicht für eine Erbeinsetzung) und bedarf der Zustimmung des anderen Vertragschließenden in notariell beurkundeter Form.

Hier ist zu beachten, dass nach § 2258 Abs. 2 BGB bei einem Widerruf des späteren Testaments ein früheres Testament im Zweifel wirksam ist, wie wenn es nicht aufgehoben worden wäre. Hat zB der Erblasser in seinem ersten Testament seinen Neffen und in seinem späteren Testament seine Nichte zum Erben eingesetzt, führt der Widerruf des späteren Testaments (ohne Erbeinsetzung) zur Widerherstellung des ersten Testaments.

Will der Erblasser dagegen ein früheres Testament, oder wollen die Vertragschließenden einen früheren Erbvertrag **ändern** oder **ergänzen**, ist die Vorlage des früheren Testaments/Erbvertrags nahezu unverzichtbar. In der neuen Verfügung von Todes wegen ist vom Erblasser eindeutig festzulegen, welche Verfügungen er aufrechterhält und welche er widerruft bzw. ändert.

Formulierungsvorschlag:
Mit Erbvertrag vom (UR.Nr. . . . . . .) des amtierenden Notars haben wir uns gegenseitig, der Erstversterbende den Längstlebenden, zum alleinigen Erben eingesetzt und unsere Kinder zu Erben des Längstlebenden von uns.
Die gegenseitige Erbeinsetzung halten wir aufrecht, dagegen heben wir die Erbeinsetzung unserer Kinder auf. Ebenfalls heben wir die zugunsten dritter Personen angeordneten Vermächtnisse auf.

Der Widerruf bzw. die Aufhebung einer wechselbezüglichen bzw. vertragsmäßigen Verfügung kann zu unbedachten **erbschaftsteuerlichen Konsequenzen** führen. In dem vom BFH (NJW 1991, 1080) entschiedenen Fall hatten sich Eheleute im gemeinschaftlichen Testament gegenseitig zu Alleinerben eingesetzt und als Schlusserben zu $^{1}/_{4}$ die Schwester des Ehemannes. Der überlebende Ehegatte war berechtigt, das Testament beliebig zu ändern. Nach dem Tode des Mannes errichtete die Frau ein neues Testament, in dem es heißt: „Aufgrund der Ermächtigung meines verstorbenen Mannes ändere ich dieses Testament wie folgt ab: Zu $^{1}/_{4}$ Anteil setze ich wie bisher die Schwester meines Mannes ein, im Übrigen bestimme ich . . . . . . zu meinem Erben."

Nach § 15 Abs. 3 ErbStG ist im Falle des § 2269 BGB auf Antrag für die Versteuerung das Verhältnis des Schlusserben oder Vermächtnisnehmers zum zuerst verstorbenen Ehegatten/Lebenspartner zugrunde zu legen, soweit sein Vermögen beim Tode des überlebenden Ehegatten noch vorhanden ist, allerdings nur wenn der „überlebende Ehegatte an die Verfügung gebunden ist". Dies ist nicht iSe vorbehaltlosen rechtlichen Bindung zu verstehen, es genügt vielmehr eine relative Bindung, so dass die Vorschrift auch anzuwenden ist, wenn die Ehegatten in einem Berliner Testament den Schlusserben vorbehaltlich einer anderen testamentarischen Regelung durch den überlebenden Ehegatten bestimmt haben, dieser aber von seinem Recht, ein abweichendes Testament zu errichten, keinen Gebrauch macht. Richtig wäre es also gewesen, das gemeinschaftliche Testament nur im Übrigen zu ändern, die Erbeinsetzung der Schwester des Mannes in dem gemeinschaftlichen Testament dagegen unberührt zu lassen (vgl. *Jülicher* ZEV 1996, 18). Dagegen bleibt § 15 Abs. 3 ErbStG zugunsten des Schlusserben insoweit anwendbar, als der überlebende Ehegatte durch eine spätere Verfügung von Todes wegen die Erbquote des Schlusserben nicht verändert hat. Setzt der überlebende Ehegatte diesem Schlusserben ein Vorausvermächtnis aus, kann dagegen für diesen Vermächtniserwerb § 15 Abs. 3 ErbStG nicht angewandt werden. Selbst bei einer bloßen Verminderung der Erbquote kann der Erwerber die Privilegierung nach § 15 Abs. 3 ErbStG insgesamt verlieren (*Jülicher* ZEV 1996, 18).

3. Erklärung des Widerrufs/Rücktritts

Der Erblasser kann ein Testament sowie eine einzelne in einem Testament enthaltene Verfügung jederzeit widerrufen (§ 2253 BGB). Ein Vertrag, durch den sich der Erblasser verpflichtet, seine Verfügung von Todes wegen aufzuheben oder nicht aufzuheben (Verzicht auf sein Widerrufsrecht) ist nach § 2302 BGB nichtig. Beim gemeinschaftlichen Testament erlischt das Recht zum Widerruf einer **wechselbezüglichen** Verfügung mit dem Tode des anderen Ehegatten, dagegen kann der Längstlebende seine einseitigen Verfügungen weiterhin widerrufen. Der erbvertraglich gebundene Erblasser kann seine **vertragsmäßigen** Verfügungen überhaupt nicht widerrufen, einseitige Verfügungen dagegen jederzeit. Ein Erbvertrag sowie eine einzelne vertragsmäßige Verfügung kann nur durch Vertrag von den Personen aufgehoben werden, die den Erbvertrag geschlossen haben. Nach dem Tod einer dieser Personen kann die Aufhebung nicht mehr erfolgen (§ 2190 Abs. 1 BGB). Der Erblasser kann von dem Erbvertrag zurücktreten, wenn er sich den Rücktritt im Vertrag vorbehalten hat (§ 2293 BGB) oder in den Fällen der §§ 2294, 2295 BGB. Tritt der Erblasser vom gegenseitigen Erbvertrag auf Grund des vorbehaltenen Rücktritts zurück, wird der ganze Vertrag aufgehoben (§ 2298 Abs. 2 S. 1 BGB). Das Rücktrittsrecht erlischt mit dem Tode des anderen Vertragschließenden (§ 2298 Abs. 2 S. 2 BGB), wenn nicht ein anderer Wille der Vertragschließenden anzunehmen ist. Beim einseitigen Erbvertrag kann der Erblasser nach dem Tod des anderen Vertragschließenden die vertragsmäßige Verfügung durch Testament aufheben (§ 2297 BGB).

a) Widerrufsmöglichkeiten bei einseitigen Verfügungen von Todes wegen

Einseitige Verfügungen von Todes wegen, also auch solche, die in einem gemeinschaftlichen Testament oder einem Erbvertrag getroffen sind, kann der Erblasser widerrufen:

- durch Errichtung eines reinen Widerrufstestaments (§ 2254 BGB) in der Form des Testaments (§ 2254 BGB): *Alle von mir getroffenen Verfügungen von Todes wegen widerrufe ich.* Es gilt die gesetzliche Erbfolge.
- durch Errichtung eines späteren formgerechten Testaments, das im Widerspruch zu dem früheren Testament steht (§ 2258 BGB).
- durch Vernichtung oder Veränderungen der Testamentsurkunde (§ 2255 BGB).
- durch Rücknahme des Testaments aus der amtlichen Verwahrung des Amtsgerichts (§ 2256 BGB). Ein gemeinschaftliches Testament kann nach § 2272 BGB nur von beiden Ehegatten zurückgenommen werden. Dagegen bleibt ein zurückgenommenes eigenhändiges Testament wirksam (§ 2256 Abs. 3 BGB) und muss vom Erblasser vernichtet werden.
- beim Erbvertrag durch Rücknahme aus der amtlichen oder notariellen Verwahrung (§ 2300 Abs. 2 BGB, der in S. 3 § 2256 Abs. 1 BGB für entsprechend anwendbar erklärt). Voraussetzung ist, dass der Erbvertrag nur Verfügungen von Todes wegen enthält (§ 2300 Abs. 2 S. 1 BGB). Ausgeschlossen von der Rücknahme sind daher Erbverträge, die ein zusätzliches Rechtsgeschäft unter Lebenden enthalten, insbesondere einen Ehevertrag, einen Erb- oder Pflichtteilsverzichtsvertrag, eine Pflegeverpflichtung (vgl. § 2295 BGB) oder einen Verfügungsunterlassungsvertrag. Wird der Erbvertrag gleichwohl zurückgegeben, bleibt er wirksam. Rückgabe bedeutet Aushändigung der Urschrift des Erbvertrages; sie kann nur an alle Vertragsschließenden persönlich und gemeinschaftlich erfolgen (zur Rückgabe aus der notariellen Verwahrung → Form. A.III.4).

- In den Fällen der Vernichtung/Veränderung und Rücknahme aus der amtlichen oder notariellen Verwahrung wird der **Widerruf** des Testaments (bzw. die Aufhebung des Erbvertrages) fingiert, bedarf also nicht der Form des § 2254 BGB. Die Widerrufs- und Aufhebungswirkung ist endgültig und kann nicht durch erneute amtliche oder notarielle Verwahrung rückgängig gemacht werden. Die zurückgebende Stelle (Amtsgericht oder Notar) soll den Erblasser über die Widerrufs- bzw. Aufhebungswirkung der Rückgabe belehren, die Tatsache der Rückgabe auf der Urschrift des Erbvertrages vermerken und aktenkundig machen, dass beides geschehen ist (§ 2256 Abs. 1 S. 2 BGB).
- Erfolgt der **Widerruf** durch **Testament**, muss er zu seiner Gültigkeit den Formerfordernissen eines Testaments entsprechen, also entweder denen des eigenhändigen Testaments (§ 2247 BGB), oder denen eines notariell beurkundeten Testaments. Das Widerrufstestament bedarf aber nicht der gleichen Form wie das zu widerrufende, so dass ein notariell beurkundetes Testament durch ein eigenhändiges widerrufen werden kann.
- Für den **Widerruf** einer **wechselbezüglichen Verfügung** im gemeinschaftlichen Testament bei Lebzeiten der Ehegatten gelten zusätzliche Erfordernisse:
  Der Widerruf erfolgt nach der für den Rücktritt von einem Erbvertrag geltenden Vorschrift des § 2296 BGB (§ 2271 Abs. 1 S. 2 BGB). Durch eine neue Verfügung von Todes wegen kann ein Ehegatte bei Lebzeiten des anderen seine Verfügung nicht einseitig aufheben, er muss also in jedem Fall zunächst den Widerruf erklären. Nach § 2296 Abs. 2 S. 2 BGB bedarf der Widerruf der notariellen Beurkundung und muss als empfangsbedürftige Willenserklärung dem anderen Ehegatten zugehen.
  Der Widerruf wird nur wirksam, wenn eine **Ausfertigung** dem anderen Ehegatten zugegangen ist. Der Zustellungsmangel kann nicht mehr dadurch geheilt werden, dass dem anderen Ehegatten nach dem Tod des Widerrufenden eine Ausfertigung zugestellt wird (BGH DNotZ 1968, 360). Die in § 132 BGB iVm § 170 Abs. 1 ZPO als Zustellungsform auch zugelassene Übergabe einer beglaubigten Abschrift durch den Gerichtsvollzieher genügt nicht (BGH DNotZ 1960, 260; 1962, 324). Um Zustellungsfehler durch den Gerichtsvollzieher von vornherein auszuschließen, sollten ihm **zwei** Ausfertigungen zur Verfügung gestellt werden.
  Da die Form des Widerrufs beim gemeinschaftlichen Testament dem juristischen Laien

unbekannt ist, ist zu empfehlen, in der Testamentsurkunde immer dann, wenn wechselbezügliche Verfügungen getroffen werden, auf das Erfordernis der notariellen Beurkundung des Widerrufs hinzuweisen, auch darauf, dass nach dem Tode des Erstversterbenden der Widerruf ausgeschlossen ist.

Formulierungsvorschlag für den Widerruf:
Der Erschienene erklärte folgenden

Widerruf einer letztwilligen Verfügung

1. **Ich habe mit meiner Ehefrau, ..., wohnhaft . . . . . ., am . . . . . . ein gemeinschaftliches Testament errichtet, in dem wir uns gegenseitig zu Erben und unsere Kinder zu Schlusserben eingesetzt haben.**
2. **Ich widerrufe gegenüber meiner Ehefrau sämtliche in dem Testament von mir getroffenen Verfügungen von Todes wegen.**
3. **Ich beauftrage den amtierenden Notar, eine Ausfertigung der Urkunde meiner Ehefrau förmlich zustellen zu lassen.**
4. **Mir ist bekannt, dass durch den Widerruf auch die letztwilligen Verfügungen meiner Ehefrau unwirksam werden, also das gemeinschaftliche Testament seinem gesamten Inhalt nach unwirksam wird.**
   Der Notar hat mich darauf hingewiesen, dass die gesetzliche Erbfolge gilt, solange ich kein neues Testament errichte.

Beim Widerruf sollten die **Motive** des Erblassers, die ihn zur Rückgängigmachung einer Erbeinsetzung oder eines Vermächtnisses bewogen haben, nicht angegeben werden, da

die Angabe von Beweggründen zu einer späteren Anfechtung führen kann, wenn der ursprünglich Begünstigte nachweisen kann, dass der Umstand in Wirklichkeit nicht vorlag oder später weggefallen ist.

Beim Widerruf ist der Erblasser nachdrücklich darauf hinzuweisen, dass infolge vollständiger Unwirksamkeit des gemeinschaftlichen Testaments die gesetzliche Erbfolge gilt, die zB beim Widerruf der Erbeinsetzung des Ehegatten dazu führt, dass dieser als gesetzlicher Erbe berufen bleibt, solange der Erblasser nichts anderes letztwillig verfügt hat. Dem Erblasser ist nachdrücklich zu raten, ein neues Testament zu errichten.

b) Rücktritt vom Erbvertrag

Anders als beim gemeinschaftlichen Testament kann der Erblasser vom Erbvertrag nur zurücktreten, wenn er sich den **Rücktritt** im Vertrag **vorbehalten** hat (§ 2293 BGB, vgl. auch §§ 2294, 2295 BGB).

Formulierungsvorschlag:
Die Erschienene erklärte folgenden

Rücktritt vom Erbvertrag

1. **Ich habe mit meinem Ehemann . . . . . . ,wohnhaft . . . . . . , am . . . . . . vor dem amtierenden Notar (URNr. . . . .) einen Erbvertrag geschlossen, in dem wir uns gegenseitig mit erbvertraglicher Bindung zu Erben eingesetzt haben. In diesem Erbvertrag hat sich ein jeder von uns den Rücktritt vorbehalten.**
2. **Ich trete hiermit von dem vorbezeichneten Erbvertrag zurück.**
3. **Ich beauftrage den amtierenden Notar, eine Ausfertigung dieser Urkunde meinem Ehemann örmlich zustellen zu lassen.**
4. **Mir ist bekannt, dass durch diesen Rücktritt der gesamte Erbvertrag unwirksam wird und die gesetzliche Erbfolge gilt, solange ich kein neues Testament errichte.**

Sind in einem gegenseitigen Erbvertrag von beiden Teilen vertragsmäßige Verfügungen getroffen, wird nach § 2298 Abs. 2 S. 1 BGB durch den Rücktritt eines der Vertragschließenden der ganze Vertrag aufgehoben. Nach Satz 2 erlischt das Rücktrittsrecht mit dem Tode des anderen Vertragschließenden. Der Erblasser kann sich aber auch für diesen Fall den Rücktritt vorbehalten, also zB von der vertragsmäßigen Einsetzung bestimmter Personen zu Schlusserben. Der rücktrittsberechtigte Erblasser kann wie beim einseitigen Erbvertrag, zB beim Erbvertrag eines Elternteils mit den Kindern, in dem vom Elternteil allein Verfügungen von Todes wegen getroffen werden, nach dem Tode des anderen Vertragschließenden die vertragsmäßige Verfügung durch Testament aufheben (§ 2297 BGB).

Auch für den Rücktritt gilt die Empfehlung, die Beweggründe für die Rückgängigmachung der Begünstigung nicht anzugeben.

Etwas anderes kann gelten, wenn sich der Erblasser kein „freies" Rücktrittsrecht vorbehalten hat, sondern zum Rücktritt nur berechtigt sein soll, wenn der andere Vertragschließende einer eigenen Verpflichtung, zB zu Pflegeleistungen, nicht nachkommt. In diesem Fall soll nach OLG Düsseldorf (FamRZ 1995, 58) der Rücktritt nur formgerecht erklärt werden können, wenn der Erblasser in der notariellen Rücktrittserklärung den Kernsachverhalt angibt, aus dem sich sein Rücktrittsrecht ergibt. Die Entscheidung ist abzulehnen (*Kirchner* MittBayNot 1996, 19).

In den Fällen der Widerrufsfiktion, insbesondere durch Rücknahme des Erbvertrages aus der amtlichen Verwahrung (§ 2256 BGB) oder aus der notariellen Verwahrung (§ 2300 Abs. 2 BGB), ist der Erblasser eindringlich darauf hinzuweisen, dass alle hierin enthaltenen Verfügungen von Todes wegen unwirksam werden, also auch ein hierin enthaltener **Widerruf früherer Verfügungen von Todes wegen**, so dass eine frühere (zumeist vergessene) Verfügung von Todes wegen nach § 2257 BGB im Zweifel wirksam wird.

In allen Fällen des Widerrufs ist daher dem Erblasser nachdrücklich zu empfehlen, zugleich eine neue Verfügung von Todes wegen zu errichten, in der (unabhängig von der bereits erfolgten Widerrufsfiktion) die frühere Verfügung von Todes wegen ausdrücklich widerrufen wird (der frühere Erbvertrag aufgehoben wird) mit der zusätzlichen Erklärung, dass **alle** früheren Verfügungen von Todes wegen widerrufen werden. Damit ist sichergestellt, dass auch eine vergessene Verfügung von Todes wegen nicht unerwartet Geltung erlangt.

4. Rückgabe des Erbvertrags aus der notariellen Verwahrung

Nach § 34 Abs. 2 BeurkG hat der Notar den Erbvertrag in die amtliche Verwahrung zu geben (§§ 2300, 2258a BGB), sofern nicht die Vertragschließenden dies ausschließen. Dies ist im Zweifel anzunehmen, wenn der Erbvertrag mit einem anderen Vertrag in derselben Urkunde verbunden ist, zB mit einem Ehevertrag. Haben alle Vertragschließenden die besondere amtliche Verwahrung ausgeschlossen, bleibt die Urkunde in der Verwahrung des Notars (§ 34 Abs. 3 S. 1 BeurkG). Nach Eintritt des Erbfalls hat der Notar die Erbvertragsurkunde an das Nachlassgericht abzuliefern, auch wenn der Erbvertrag von den Beteiligten aufgehoben wurde. Da das Nachlassgericht auch einen aufgehobenen Erbvertrag im Todesfall zu eröffnen hat und es die Beteiligten, also die hierin Bedachten, und alle gesetzlichen Erben vom Inhalt in Kenntnis zu setzen hat, gibt es Einzelfälle, in denen der Erblasser Wert darauf legt, den gegenstandslosen Erbvertrag aus der Welt zu schaffen. Dem Interesse des Erblassers an einer Geheimhaltung seines früheren letzten Willens gegenüber den Bedachten trägt § 2300 Abs. 2 BGB Rechnung. Danach kann unter strengen einschränkenden Voraussetzungen ein Erbvertrag aus der amtlichen oder notariellen Verwahrung zurückgenommen und den Vertragschließenden zurückgegeben werden.

Nach § 2256 Abs. 1 BGB, der auf Erbverträge, die nur letztwillige Verfügungen enthalten, entsprechend anzuwenden ist, gilt der Erbvertrag als widerrufen, wenn die Urkunde den Vertragschließenden zurückgegeben wird (gesetzliche Fiktion). Die körperliche Rückgabe der Urschrift des Erbvertrages führt also zur Unwirksamkeit des gesamten Urkundeninhalts, also aller vertragsmäßigen und einseitigen Verfügungen von Todes wegen.

Der Gesetzgeber hat das **Verfahren der Rückgabe** aus der notariellen Verwahrung (gleiches gilt für die Rückgabe aus der amtlichen Verwahrung) streng formalisiert und von mehreren zwingenden Voraussetzungen abhängig gemacht:

- Der Erbvertrag darf nur Verfügungen von Todes wegen enthalten
  Eine Rückgabe des Erbvertrages kommt nur in Betracht, wenn er **ausschließlich** Verfügungen von Todes wegen enthält, also nicht mit einem anderen Vertrag in derselben Urkunde verbunden ist (§ 2300 Abs. 2 S. 1 BGB).
  Eine Rückgabe scheidet daher aus, wenn der Erbvertrag mit einem Ehevertrag, mit einem Erb- oder Pflichtteilsverzichtsvertrag (auch einem gegenständlich beschränkten Pflichtteilsverzichtsvertrag), mit einem Verfügungsunterlassungsvertrag oder einem Pflegevertrag, uÄ verbunden ist.
  Der Notar hat daher vor der Rückgabe zu prüfen, ob der Erbvertrag ausschließlich Verfügungen von Todes wegen enthält. Ist dies nicht der Fall, scheidet eine Rückgabe zwingend aus.
- Die Rückgabe kann nur an alle Vertragschließenden gemeinschaftlich und an den Erblasser nur persönlich erfolgen (§ 2300 Abs. 2 S. 2 iVm § 2290 Abs. 2 S. 1 BGB).
  Aus der Verweisung auf § 2290 Abs. 1 S. 2 BGB folgt, dass eine Rückgabe ausgeschlossen ist, wenn einer der Vertragschließenden **verstorben** ist.
  Nach § 2290 Abs. 2 BGB (vgl. auch § 2256 Abs. 2 S. 2 BGB) darf die Rückgabe nur an den Erblasser **persönlich** erfolgen, also nicht an einen Bevollmächtigten.

Dagegen darf der Vertragspartner, der nicht selbst Erblasser ist, also im Erbvertrag selbst nicht letztwillig verfügt hat, auf Grund schriftlicher Vollmacht vertreten werden.
Bei **Geschäftsunfähigkeit** des Erblassers scheidet eine Rückgabe des Erbvertrages aus. Der Notar hat sich mit besonderer Sorgfalt von der Geschäftsfähigkeit der Beteiligten zu überzeugen.
Wird die Aufhebung des Erbvertrages durch Rücknahme aus der notariellen Verwahrung vom Aufgabenkreis eines Betreuers erfasst, so ist die Genehmigung des Betreuungsgerichts nach § 2290 Abs. 3 BGB erforderlich.
Da die Rückgabe nur an den Erblasser persönlich erfolgen darf, ist eine **Übersendung** des Erbvertrages **per Post** an den Erblasser unzulässig. Kann der Erblasser beim Notar nicht persönlich erscheinen, muss der Notar den Erbvertrag dem Erblasser überbringen; hierbei müssen alle Vertragschließenden anwesend sein.

- Die ordnungsgemäße Rückgabe, gilt als Widerruf des Erbvertrages (§ 2256 Abs. 1 S. 1 BGB)
  Diese Wirkung tritt auch dann ein, wenn der Erblasser nicht den Willen oder die Absicht hat zu widerrufen. Das erneute Verbringen in die notarielle Verwahrung macht einen wirksamen Widerruf nicht rückgängig (BayObLG DNotZ 1973, 630). Der durch Rücknahme erfolgte Widerruf kann nicht durch Widerrufstestament, sondern nur durch Errichtung eines neuen Testaments/Erbvertrages wirksam widerrufen werden. Die Rücknahme ist keine letztwillige Verfügung, sie hat deren Wirkung.
- Belehrung des Notars über die Rechtsfolgen und Vermerk auf der Urkunde
  § 2256 Abs. 1 S. 2 BGB verlangt, dass der Notar den Erblasser über die Rechtsfolgen der Rückgabe zu belehren, dies auf der Urkunde zu vermerken und aktenkundig zu machen hat, dass beides geschehen ist.
  Die Vorschrift ist eine Soll-Vorschrift, die gleichwohl eine unbedingte Amtspflicht des Notars begründet. Danach hat der Notar zunächst die Belehrung über die Widerrufswirkung auf der Erbvertragsurkunde zu vermerken und darüber eine zu den Akten zu nehmende Niederschrift aufzunehmen.
  Die Rücknahme aus der amtlichen Verwahrung ist als Rechtsgeschäft unter Lebenden und im Hinblick auf die damit verbundene Widerrufswirkung anfechtbar gemäß §§ 2078 Abs. 2, 2080 BGB, wenn geltend gemacht wird, der Erblasser habe die Bedeutung der Rücknahme eines Widerrufs nicht gekannt, oder sei widerrechtlich durch Drohung zur Rücknahme des Erbvertrages bestimmt worden oder durch die Vorstellung, er könne den fingierten Widerruf des § 2256 Abs. 1 BGB durch eine gegenteilige testamentarische Verfügung wieder aufheben und dem widerrufenen Erbvertrag Gültigkeit verschaffen.
- Ein besonderes **Problem** des fingierten Widerrufs durch Rücknahme des Erbvertrages sehe ich, wenn in diesem Erbvertrag eine **frühere** Verfügung von Todes wegen **widerrufen** worden ist.
  Beispiel: Eheleute haben in einem eigenhändigen gemeinschaftlichen Testament im Jahre 1992 ihren Neffen zum Schlusserben eingesetzt. Im Jahre 1999 haben sie einen Erbvertrag geschlossen, in dem sie zunächst alle früheren Verfügungen von Todes wegen widerrufen haben und sodann ihre Nichte zur Schlusserbin eingesetzt haben. Im August 2013 nehmen sie diesen Erbvertrag aus der notariellen Verwahrung zurück und vernichten ihn.
  Wird der durch Testament erfolgte Widerruf einer letztwilligen Verfügung widerrufen, so ist nach § 2257 BGB im Zweifel die Verfügung wirksam, wie wenn sie nicht widerrufen worden wäre. Die Rücknahme eines Erbvertrages aus der notariellen Verwahrung wirkt zwar nach § 2256 BGB als Widerruf; die Rücknahme selbst ist aber kein Testament und kann daher nicht gemäß § 2257 BGB widerrufen werden (BayObLG NJW-RR 1990, 1480). Solange der Erblasser nicht eine neue Verfügung von Todes wegen errichtet, gilt mithin die gesetzliche Erbfolge.

Fraglich ist, ob mit dem Widerruf des Erbvertrages durch Rücknahme aus der notariellen Verwahrung der in diesem Erbvertrag erklärte Widerruf des gemeinschaftlichen Testaments aus dem Jahre 1992 im Zweifel ebenfalls widerrufen ist mit der Folge, dass das widerrufene Testament von 1992 wieder wirksam ist, als ob es nie widerrufen worden wäre, also die Schlusserbeneinsetzung des Neffen wieder gilt.
Diese Frage dürfte nach § 2257 BGB zu bejahen sein (Palandt/*Weidlich* BGB § 2257 Rn. 1; Staudinger/*Baumann* BGB § 2257 Rn. 9). Gleiches gilt selbstverständlich für frühere Einzeltestamente der Eheleute. Um diesem Risiko zu begegnen, sollte der Notar bei der Rückgabe des Erbvertrages nachdrücklich empfehlen, möglichst im gleichen Termin eine neue Verfügung von Todes wegen zu errichten, in der eingangs alle früheren Verfügungen widerrufen werden.

- Beurkundungsrechtlich gilt:
  Die Rückgabe des Erbvertrages bedeutet Aushändigung der Urschrift iSd § 45 BeurkG. Nach dessen Abs. 2 soll die Urschrift einer Niederschrift nur ausgehändigt werden, wenn dargelegt wird, dass sie im Ausland verwendet werden soll, und sämtliche Personen zustimmen, die eine Ausfertigung verlangen können. § 2300 Abs. 2 BGB geht insoweit als materielle Spezialvorschrift der Verfahrensvorschrift vor und erlaubt die Aushändigung der Urschrift. Nicht anwendbar sind § 45 Abs. 2 S. 2 und 3 BeurkG, wonach der Notar eine Ausfertigung zurückbehalten soll und diese Ausfertigung an die Stelle der Urschrift tritt, weil gerade Zweck der Rückgabe des Erbvertrages die vollständige Vernichtung der Urkunde ist.
  Zu empfehlen ist, eine einfache Abschrift der Erbvertragsurkunde zur Urkundensammlung zu nehmen mit dem Vermerk nach § 2256 Abs. 1 S. 2 BGB.

Die Fälle werden in der Praxis selten bleiben, in denen es den Beteiligten darauf ankommt, einen früheren Erbvertrag „aus der Welt zu schaffen", es also ihnen darum geht, dass sein Inhalt im Erbfall nicht bekannt wird. Wollen die Beteiligten einen früheren Erbvertrag lediglich seinem Inhalt nach aufheben und durch einen neuen mit einem anderen Inhalt ersetzen, wird der Notar wie bisher verfahren. Es besteht für ihn kein Anlass, auf die Möglichkeit der Rücknahme des früheren Erbvertrages aus der amtlichen Verwahrung hinzuweisen.

Einen **Belehrungsbedarf** sehe ich insbesondere wegen der Widerrufswirkung nach § 2257 BGB, die dazu führen kann, dass eine frühere Verfügung von Todes wegen, an die sich die Beteiligten möglicherweise nicht mehr erinnern, die aber noch körperlich vorhanden ist, trotz Widerrufs/Aufhebung in dem zurückzugebenden Erbvertrag nun wieder wirksam wird.

Bei der Rückgabe eines Erbvertrages aus der notariellen Verwahrung kann es sich daher empfehlen, dass die Beteiligten nach § 2290 Abs. 1 BGB vertraglich (und nach Abs. 4 in der nach § 2276 BGB für den Erbvertrag vorgeschriebenen Form) vorsorglich frühere Verfügungen von Todes wegen aufheben mit der Klarstellung, dass nunmehr die gesetzliche Erbfolge gelten soll.

In aller Regel wird es aber so sein, dass die Beteiligten bei Rücknahme des früheren Erbvertrages aus der notariellen Verwahrung einen neuen Erbvertrag schließen wollen. In diesen Erbvertrag wird der Notar zumindest vorsorglich die Erklärung der Beteiligten aufnehmen, dass sie den früheren Erbvertrag aufheben. In diesem Fall ist der Notar davor geschützt, dass die Widerrufswirkung infolge nicht ordnungsgemäßer Rückgabe nicht eingetreten ist.

Bei der Rückgabe des Erbvertrages ist auf der Urschrift folgender Vermerk anzubringen:

Dieser Erbvertrag gilt durch die am . . . . . . erfolgte Rückgabe aus der notariellen Verwahrung als aufgehoben (§§ 2300 Abs. 2, 2290, 2256 BGB).

. . . . . ., den . . . . . .

(Name, Notar)

Darüber hinaus hat der Notar „aktenkundig zu machen“, dass der Erblasser über die Folge der Rückgabe belehrt und dies auf der Urkunde vermerkt wurde. Eine besondere Form ist hierfür nicht vorgesehen, insbesondere nicht die Aufnahme einer Niederschrift iSd §§ 8 ff. BeurkG. Es bietet sich die Form des Vermerks iSd § 39 BeurkG an, also eine Urkunde, die das Zeugnis, die Unterschrift und das Siegel des Notars enthält und Ort und Tag der Ausstellung angibt und der von den Beteiligten unterschrieben wird.

Am ...... erschienen Eheleute Herr ...... und Frau ......,
ausgewiesen durch ihre Personalausweise/dem Notar persönlich bekannt.
Der Notar überzeugte sich aus der mit den Eheleuten ...... geführten Unterredung von ihrer Geschäftsfähigkeit.
Die Beteiligten beantragten die Rückgabe des Erbvertrages vom ...... (URNr. ...... des amtierenden Notars) aus der notariellen Verwahrung.
Die Urschrift des Erbvertrages wurde den Beteiligten vorgelegt. Sie versicherten, dass es sich um den Erbvertrag handelt, dessen Rückgabe sie beantragen.
Der Notar überzeugte sich davon, dass der Erbvertrag nur Verfügungen von Todes wegen enthält.
Der Notar hat die Beteiligten darüber belehrt, dass der Erbvertrag durch die Rückgabe als aufgehoben gilt, gegebenenfalls aber eine frühere Verfügung von Todes wegen, die in diesem Erbvertrag widerrufen worden ist, wieder wirksam wird. Er wies ferner darauf hin, dass ohne eine neue Verfügung von Todes wegen die gesetzliche Erbfolge gilt.
Ein entsprechender Vermerk ist auf der Urschrift des Erbvertrages gemacht worden.
Die Urschrift des Erbvertrages mit dem Vermerk wurde den Beteiligten persönlich zurückgegeben, die sich damit einverstanden erklärten, dass der Notar eine einfache Abschrift mit der Urschrift dieses Vermerks in der Urkundensammlung verwahrt.
......, den ......
(Unterschriften der Erblasser)
(Unterschrift des Notars, Siegel)

Die Rückgabe des Erbvertrags aus der notariellen Verwahrung muss dem Zentralen Testamentsregister der Bundesnotarkammer gemeldet werden, § 4 Abs. 2 S. 1 ZTRV. Die Registrierung erfolgt gebührenfrei. Zum Ganzen: *Zimmermann/Diehn* BeurkG § 34a Rn. 9 ff.

IV. Kurzüberblick: Erbschaftsteuer- und Schenkungsteuerrecht

Die Erbschaftsteuer hat zum Besteuerungsziel, den unentgeltlichen Vermögensübergang von einer Person auf eine andere Person zu erfassen. Dieser kann als Erwerb von Todes wegen oder durch Rechtsgeschäft unter Lebenden eintreten. Die deutsche Erbschaftsteuer ist eine Erbanfallsteuer. Das heißt sie stellt darauf ab, was dem einzelnen Erwerber auf Grund des Erbanfalls zufällt. Das Erbschaft- und Schenkungsteuerrecht ist durch das sogenannte Bereicherungsprinzip geprägt. Es soll sowohl beim Erbfall als auch bei der Schenkung die erhöhte steuerliche und wirtschaftliche Leistungsfähigkeit erfasst werden, die beim Erwerber eingetreten ist. Das Besteuerungssystem berücksichtigt dabei das persönliche Verhältnis des einzelnen Erwerbers zum Erblasser oder Schenker. Das wird dadurch erreicht, dass sich bei der Steuerberechnung die Höhe der persönlichen Freibeträge und der anzuwendende gestaffelte Steuertarif unter anderem nach dem Verwandtschaftsgrad des Erwerbers zum Erblasser oder Schenker richten.

Das Bundesverfassungsgericht hatte mit Beschluss vom 7.11.2006 das bis dahin geltende Erbschaft- und Schenkungsteuerrecht für verfassungswidrig erklärt. Bemängelt wurde, dass für verschiedene Vermögensarten (Betriebsvermögen, Grundvermögen, Anteile an Kapitalgesellschaften und Betrieben der Land- und Forstwirtschaft) unterschiedliche Methoden der Wertermittlung (Ertragswertverfahren, Verkehrswertverfahren, Steuerbilanzwertansatz) angewendet wurden, jedoch auf diese gleichheitswidrig ausgestalteten Bemessungsgrundlagen ein einheitlicher Steuertarif angewendet wurde (§ 19 Abs. 1 ErbStG). Dadurch, dass nicht alle Vermögensarten mit einem in der Nähe des Verkehrswertes liegenden Wert erfasst würden, ergebe sich eine Ungleichbehandlung der einzelnen Vermögensarten (siehe hierzu im Einzelnen die Vorauflage). Das Bundesverfassungsgericht hatte dem Gesetzgeber eine Frist bis zum 31.12.2008 eingeräumt, um eine verfassungskonforme Neuregelung zu schaffen.

Am 27.11.2008 stimmte der Bundestag, am 5.12.2008 auch der Bundesrat, mehrheitlich dem Entwurf zur Reform des Erbschaftsteuer- und Bewertungsgesetzes (Erbschaftsteuerreformgesetz-ErbStRG, BT-Drs. 16/11.075) zu. Das reformierte Erbschaftsteuer- und Bewertungsgesetz trat mit Wirkung ab dem 1.1.2009 in Kraft. Durch die Erbschaftsteuer-Richtlinien von 2011 werden die Finanzbehörden angewiesen, den Grundsatz der Vereinheitlichung des Erbschaft- und Schenkungsteuerrechts zu befolgen.

Auf Erbfälle konnte das geänderte Erbschaftsteuerrecht auf Antrag bereits rückwirkend ab dem 1.1.2007 angewendet werden. Nach der Änderung des Erbschaftsteuer- und Bewertungsgesetzes werden Unternehmen und Grundstücke zum Verkehrswert bewertet. Kapital- und Personengesellschaften werden nicht mehr wie bisher anhand verschiedener Bewertungsmethoden, sondern gleich bewertet. Gerade der Wert ertragsstarker Personengesellschaften erhöhte sich dadurch deutlich. Im Gegenzug für die strengere Bewertung wurden gleichzeitig sehr weitgehende Befreiungen für unternehmerisches Vermögen geschaffen, §§ 13a, 13b ErbStG, die im Ergebnis zu einer vollständigen Steuerbefreiung von Betrieben oder Unternehmensbeteiligungen führen konnten (insbes. durch die sog. Optionsverschonung; vgl. → Anm. 4d)). Durch das sog. Alles-oder-Nichts-Prinzip konnte unter Einhaltung bestimmter Grenzen auch erhebliches unproduktives Vermögen (sog. Verwaltungsvermögen) von der Steuerbefreiung profitieren, solange dies nur im Betriebsvermögen eines begünstigungsfähigen Betriebs oder einer Gesellschaft gehalten wurde. Besonders prägend hierfür war die sog. „Cash-GmbH“, mit der unbegrenzte Beträge von

Barvermögen vollständig steuerfrei übertragen werden konnten, ua im Betriebsvermögen einer GmbH (TGJG/*Jülicher* ErbStG § 13b Rn. 156).

Diese weitreichende Befreiung und umfangreichen Gestaltungsmöglichkeiten für unternehmerisches Vermögen hat das BVerfG mit Urteil vom 17.12.2014 für gleichheitswidrig und damit die §§ 13a, 13b ErbStG in der Fassung des Erbschaftsteuerreformgesetzes 2008 für verfassungswidrig erklärt (BVerfG BStBl. II 2015, 50). Die durch das BVerfG gesetzte Frist zur Neuregelung der Verschonungsvorschriften bis spätestens zum 30. Juni 2016 hat der Gesetzgeber nicht eingehalten. Das Erbschaftsteuerreformgesetz 2016 wurde vom Bundestag am 29.9.2016 und vom Bundesrat am 14.10.2016 verabschiedet. Die Neufassung gilt kraft angeordneter Rückwirkung für alle Erwerbe ab dem 1.7.2016 (eingehend zur Neuregelung zB *Holtz* NJW 2016, 3750; *Jülicher/Kotzenberg* GmbHR 2016, 1135). Zu den Neuerungen gehören ua eine generelle Besteuerung jeglichen Verwaltungsvermögens (Ausnahme: unschädliches Verwaltungsvermögen § 13b Abs. 7 ErbStG) gemäß § 13b Abs. 2 S. 1 ErbStG, Abschaffung des sog. Kaskadeneffekts durch Verbundsvermögensaufstellung, Einschränkung des Verschonungsabschlags für sog. „Großvermögen" von über 26 Mio. EUR und Ausschluss des Verschonungsabschlags ab 90 Mio. EUR (§13c ErbStG) oder alternativ dazu (§ 28a Abs. 7 ErbStG) die sog. Verschonungsbedarfsprüfung für Erwerbe über 26 Mio. EUR mit der Möglichkeit eines Steuererlasses unter bestimmten Voraussetzungen (zu den dadurch neu entstandenen Gestaltungsmöglichkeiten unter Einsatz von Stiftungen zB *Theuffel-Wehrhahn* ZEV 2017, 17; *Blusz* DStR 2017, 1016; → Form. H.III.2 Anm. 8).

Während das gesamte Steueraufkommen aus der Erbschaft- und Schenkungsteuer in den Jahren bis 2012 meist leicht über 4 Mrd. EUR lag, ist bis zum Jahr 2016 eine konstante Steigerung auf 7,01 Mrd. EUR zu verzeichnen, vermutlich auch durch Mitnahmeeffekte vor der Erbschaftsteuerreform 2016 bedingt. Gerade angesichts der durch die Erbschaftsteuerreformen eingeführten Optionsmöglichkeiten und Begünstigungsvoraussetzungen sollte die Bedeutung einer rechtzeitigen und gut überlegten Steuergestaltung im Bereich der betrieblichen Nachfolge auf keinen Fall unterschätzt werden. Denn fehlende oder falsche steuerliche Gestaltungen können zu hohen finanziellen Belastungen führen, die in ungünstigen Fällen einen nicht unerheblichen Teil der Erbes aufzehren.

1. Sachliche Steuerpflicht

Die steuerpflichtigen Vorgänge, die der Erbschaftsteuer bzw. Schenkungsteuer unterliegen, sind in § 1 ErbStG geregelt. Es werden erfasst: der Erwerb von Todes wegen (§ 3 ErbStG), die Schenkung unter Lebenden (§ 7 ErbStG), die Zweckzuwendungen (§ 8 ErbStG) sowie bestimmtes Familienstiftungsvermögen (§ 1 Abs. 1 Nr. 4 ErbStG). Die §§ 3 bis 8 ErbStG erläutern dann die in § 1 Abs. 1 ErbStG genannten steuerpflichtigen Vorgänge näher. Gem. § 1 Abs. 2 ErbStG gelten die Vorschriften über den Erwerb von Todes wegen auch für Schenkungen und Zweckzuwendungen, die Vorschriften über Schenkungen auch für Zweckzuwendungen unter Lebenden. Dadurch wird die Schenkungsteuer in den Rechtsfolgen der Erbschaftsteuer weitestgehend gleichgestellt.

2. Persönliche Steuerpflicht

Die persönliche Steuerpflicht gem. § 2 ErbStG unterscheidet zwischen der unbeschränkten und der beschränkten Erbschaftsteuerpflicht. Die unbeschränkte Steuerpflicht gem. § 2 Abs. 1 Nr. 1 und Nr. 2 ErbStG, bei der das ErbStG mit all seinen Bestimmungen

Anwendung findet, umfasst sowohl inländisches als auch ausländisches Vermögen. Der beschränkten Steuerpflicht gem. § 2 Abs. 1 Nr. 3 ErbStG unterliegt dagegen nur der Erwerb von Inlandsvermögen im Sinne des § 121 BewG.

Die unbeschränkte Steuerpflicht tritt bei folgenden Erwerben ein:

- Allen Erwerben aus dem Nachlass eines inländischen Erblassers und für alle Schenkungen eines inländischen Schenkers. Das gilt auch dann, wenn der Erwerber kein Inländer ist.
- Allen Erwerben von Inländern, die von einem Erblasser oder Schenker stammen, der selbst nicht als Inländer gilt.

Unter den Begriff des Inländers fallen alle diejenigen natürlichen Personen, die ungeachtet ihrer Staatsangehörigkeit einen Wohnsitz (§ 8 AO) oder gewöhnlichen Aufenthalt (§ 9 AO) im Inland haben. Aufgrund der Fiktion des § 2 Abs. 1 S. 2 lit. b) ErbStG (sog. erweitert unbeschränkte Steuerpflicht, Meincke/*Hannes*/*Holtz* ErbStG § 2 Rn. 14) gelten auch deutsche Staatsangehörige, die sich nicht länger als fünf Jahre dauernd im Ausland aufgehalten haben, ohne im Inland einen Wohnsitz zu haben, als Inländer (sog. Wegzügler). Außerdem gelten auch sog. Auslandsbeamte, die – unabhängig von der vorgenannten Fünfjahresfrist – ohne Wohnsitz oder gewöhnlichen Aufenthalt im Inland in einem Dienstverhältnis zu einer inländischen juristischen Person des öffentlichen Rechts stehen, sowie die zu ihrem Haushalt gehörenden Angehörigen (§ 15 AO) mit deutscher Staatsangehörigkeit gem. § 2 Abs. 1 S. 2 lit. c) ErbStG als Inländer. Als Inländer gelten auch die Körperschaften, Personenvereinigungen und Vermögensmassen, die ihre Geschäftsleitung oder ihren Sitz (§§ 10, 11 AO) im Inland haben. Unter dem Inland ist das Gebiet der Bundesrepublik Deutschland zu verstehen (erweitert um den Festlandsockel iSd § 2 Abs. 2 ErbStG).

Die beschränkte Steuerpflicht greift immer dann ein, wenn keiner der am steuerpflichtigen Vorgang Beteiligten Inländer im o. g. Sinne ist, das heißt, wenn weder der Erblasser zurzeit seines Todes noch der Schenker zurzeit der Zuwendung noch der Erwerber zur Zeit der Entstehung der Steuer (§ 9 ErbStG) Inländer ist. Der Umfang der beschränkten Steuerpflicht wird durch die Vorschrift des § 2 AStG erweitert um weitere Vermögenspositionen (vgl. Anwendungserlass zum AStG BMF BStBl. I Sondernummer 1/2004, 3 [17]], sofern zum Zeitpunkt der Entstehung der Erbschaft- bzw. Schenkungsteuerschuld (§ 9 ErbStG) die Voraussetzungen des § 2 Abs. 1 S. 1 AStG beim Erblasser bzw. Schenker gegeben waren (Einzelheiten bei TGJG/*Jülicher* ErbStG § 2 Rn. 79 f.). Das ist der Fall, wenn der Erblasser bzw. Schenker in den letzten zehn Jahren vor seiner Auswanderung für mindestens fünf Jahre als Deutscher der unbeschränkten Steuerpflicht gem. § 1 Abs. 1 EStG unterlag, er seinen Wohnsitz in ein sog. Niedrigsteuerland (§ 2 Abs. 2 AStG) verlegt hat und er wesentliche wirtschaftliche Interessen im Inland hat bzw. hatte.

3. Entstehung der Steuer

Nach § 38 AO entsteht eine Steuerschuld, sobald der Tatbestand verwirklicht ist, an den das Gesetz die Leistungspflicht knüpft. Maßgeblich ist damit das Datum der Erfüllung des gesetzlichen Tatbestandes, nicht jedoch der Zeitpunkt der Beurteilung des Tatbestandes und der Festsetzung der Steuer durch die Finanzverwaltung.

Weitere Voraussetzung für die Entstehung der Erbschaft- und Schenkungsteuerschuld ist, dass durch die Verwirklichung der steuerpflichtigen Tatbestände iSd §§ 1 bis 8 ErbStG eine wirtschaftliche Bereicherung im Sinne des § 10 ErbStG eintritt. Diese ist grundsätzlich erst dann eingetreten, wenn eine tatsächliche Vermögensübertragung stattgefunden hat. Zum Verständnis der Konzeption, die dem § 9 ErbStG zugrunde liegt, ist dabei mit Meincke/*Hannes*/*Holtz* ErbStG § 9 Rn. 2 von folgender Überlegung auszuge-

hen: Mit der Erbschaftsteuer/Schenkungsteuer verschafft sich der Staat eine Teilhabe an dem dem Bedachten zufallenden Erwerb. Diese Teilhabe kann der Staat als Geldzahlung verlangen, weil der Bedachte den Erwerb, auch soweit er nicht in Geld besteht, jedenfalls in Geld umsetzen kann. Die Besteuerung soll nun nicht früher einsetzen, als dem Bedachten der Erwerb in Geld oder in Geld umsetzbar zur Verfügung steht und der Bedachte die Steuer aus dem Erwerb aufbringen kann. Die Steuer soll allerdings auch nicht später als zu diesem Termin entstehen, weil sich andernfalls ein Freiraum auftäte, innerhalb dessen der Steuerpflichtige Verfügungen treffen könnte, die den Vermögenserwerb und mit ihm den Steueranspruch kürzen.

Da der Entstehungszeitpunkt die Steuerschuld dem Grunde und der Höhe nach bestimmt, sind sämtliche für die Steuerberechnung bedeutsamen Merkmale aus der Sicht dieses Zeitpunktes zu beurteilen.

Der Zeitpunkt der Entstehung der Steuerschuld ist unter anderem von Bedeutung für die Beurteilung der persönlichen Steuerpflicht nach § 2 ErbStG, die Wertermittlung des Erwerbs gem. §§ 11, 12 ErbStG, die Zuordnung in die maßgebende Steuerklasse nach § 15 ErbStG, die Anrechnung ausländischer Erbschaftsteuer gem. § 21 ErbStG und die Steuerermäßigung bei mehrfachem Erwerb desselben Vermögens gem. § 27 ErbStG.

Die Steuer entsteht bei Erwerben von Todes wegen grundsätzlich mit dem Tod des Erblassers gem. § 9 Abs. 1 Nr. 1 ErbStG. Dies entspricht für den Erwerb auf Grund Erbanfalls auch der bürgerlich-rechtlichen Regelung gem. § 1922 BGB. § 9 Abs. 1 Nr. 1 ErbStG enthält darüber hinaus unter lit. a) bis j) eine konkrete Festlegung des Zeitpunkts der Steuerentstehung für alle Fälle des § 3 Abs. 1 und 2 ErbStG.

Bei Schenkungen unter Lebenden entsteht die Steuer mit dem Zeitpunkt der Ausführung der Zuwendung gem. § 9 Abs. 1 Nr. 2 ErbStG. Diese gilt als ausgeführt, wenn der Zuwendungsempfänger das erhalten hat, was ihm zugedacht war.

4. Berechnung der Steuer

Die Erbschaftsteuer ergibt sich unter Anwendung des Steuersatzes auf die Bemessungsgrundlage. Im Folgenden wird zunächst die Ermittlung der Bemessungsgrundlage dargestellt.

a) Steuerlicher Erwerb gem. § 10 ErbStG

Als steuerpflichtiger Erwerb gilt gem. § 10 Abs. 1 S. 1 ErbStG die gesamte Bereicherung des Erwerbers, soweit sie nicht steuerfrei (§§ 5, 13, 13a, 13c, 13d, 16, 17 und 18 ErbStG) ist. Bei Erwerben von Todes wegen gilt als Bereicherung der Betrag, der sich ergibt, wenn von dem nach § 12 ErbStG zu ermittelnden Wert des gesamten der Steuer unterliegenden Vermögensanfalls die abzugsfähigen Nachlassverbindlichkeiten mit ihrem steuerlichen Wert abgezogen werden (Nettovermögenszuwachs). Nur der Nettovermögenszuwachs beim Erwerber unterliegt der Erbschaftsteuer. Überwiegen die Abzugsposten den Wert des Vermögensanfalls, so ist ein steuerpflichtiger Erwerb nicht gegeben.

Bei den abzugsfähigen Nachlassverbindlichkeiten ist zu unterscheiden zwischen den **Erblasserschulden** gem. § 10 Abs. 5 Nr. 1 ErbStG, die noch in der Person des Erblassers begründet worden und mit seinem Tode noch nicht erloschen sind, und den Erbfallschulden nach § 10 Abs. 5 Nr. 2 und Nr. 3 ErbStG. Als **Erbfallschulden** gelten die den Erben treffenden Verbindlichkeiten, die unmittelbar aus Anlass des Erbfalls entstehen. In § 10 Abs. 5 ErbStG sind die Nachlassverbindlichkeiten abschließend aufgezählt, die vom steuerbar festgestellten, bewerteten Erwerb einzeln abgezogen werden können. Dazu

zählen: Erblasserschulden wie Kaufpreisschulden, Bürgschaftsverpflichtungen bei Inanspruchnahme, Unterhaltsschulden, Personensteuern mit Ausnahme der Schulden, die mit einem zum Erwerb gehörenden Gewerbebetrieb in wirtschaftlichem Zusammenhang stehen. Aber auch Erbfallschulden wie Verbindlichkeiten aus Vermächtnissen, Auflagen und geltend gemachten Pflichtteilen sowie Erbersatzansprüchen fallen darunter. Ebenso gehören dazu die Kosten der Bestattung des Erblassers sowie für ein angemessenes Grabdenkmal und die übliche Grabpflege mit ihrem Kapitalwert für eine unbestimmte Dauer. Schließlich zählen auch die Kosten, die dem Erwerber unmittelbar im Zusammenhang mit der Abwicklung, Regelung oder Verteilung des Nachlasses (zB Kosten der Testamentseröffnung, der Erteilung des Erbscheins, Kosten der Umschreibung im Grundbuch, angemessene Testamentsvollstreckergebühren, Erbauseinandersetzungskosten) entstehen oder die Kosten für einen wegen des Erwerbes des Nachlasses geführten Rechtsstreits zu den abzugsfähigen Nachlassverbindlichkeiten.

Bezogen auf diese Kosten wird ein Pauschbetrag von 10.300,– EUR gem. § 10 Abs. 5 Nr. 3 S. 2 ErbStG gewährt. Das bedeutet, dass der Erbe, der die Bestattungskosten trägt oder derjenige, der an seiner Stelle zur Kostenübernahme rechtlich oder sittlich verpflichtet ist, die Kosten in dieser Höhe ohne Nachweis zum Abzug bringen kann. Will er höhere Kosten geltend machen, muss er entsprechende Belege vorbringen. Der Pauschbetrag wird für jeden Erbfall einmal gewährt. Kosten für die Verwaltung des Nachlasses sind gem. § 10 Abs. 5 Nr. 3 S. 3 ErbStG nicht abzugsfähig. Besondere Bedeutung hat diese Regelung, wenn sich die Testamentsvollstreckung auf längere Zeit erstreckt und der Testamentsvollstrecker auch an der laufenden Vermögensverwaltung beteiligt ist. Die darauf entfallenden Kosten sind nicht abzugsfähig (TGJG/*Gottschalk* ErbStG § 10 Rn. 225). Weiterhin dürfen bei der Ermittlung des steuerpflichtigen Erwerbes solche Schulden und Lasten nicht abgezogen werden, die nicht in wirtschaftlichem Zusammenhang mit Vermögen stehen, das der Erbschaftsbesteuerung unterliegt (BFH BStBl. III 1967, 596; BFH BStBl. III 1962, 535).

Schulden und Lasten, die mit dem nach § 13a ErbStG befreiten Betriebsvermögen in wirtschaftlichen Zusammenhang stehen, sind nur in Höhe des Anteils abzugsfähig, der dem steuerpflichtigen Anteil am Betriebsvermögen entspricht (§ 10 Abs. 6 S. 4 ErbStG). Für Schulden und Lasten in Zusammenhang mit nach § 13c ErbStG befreitem Grundvermögen ist ebenfalls nur ein **anteiliger Abzug** (hier 90 %) möglich, § 10 Abs. 6 S. 5 ErbStG. Die vom Erwerber zu entrichtende eigene Erbschaftsteuer ist für Erbschaftsteuerzwecke nicht abzugsfähig.

b) Bewertungsstichtag gem. § 11 ErbStG

Der Zeitpunkt für die Wertermittlung bestimmt sich nach § 11 ErbStG. Bewertungsstichtag ist der Zeitpunkt der Steuerentstehung, wie er in § 9 Abs. 1 ErbStG festgelegt ist. Für die Wertermittlung kommt es auf die tatsächlichen Verhältnisse am Bewertungsstichtag an. Spätere Ereignisse, die den Wert des Vermögensgegenstands bzw. der Nachlassverbindlichkeit beeinflussen, sind grundsätzlich unbeachtlich. Wertschwankungen nach dem Erbfall bleiben nach der Rechtsprechung (BFH BStBl. II 1977, 425; FG Köln EFG 1989, 236; BFH/NV 2000, 320) unberücksichtigt, selbst wenn es zu erheblichen Wertänderungen gekommen ist. Deshalb sollte man überlegen, Wertpapiere mit hohen Kursschwankungen möglichst rasch nach dem Todesfall zu veräußern bzw. in eine sicherere Anlage umzuschichten.

Sind im Erbschaftsteuergesetz Sonderregelungen in Bezug auf den Wertermittlungsstichtag vorgesehen, ist § 11 ErbStG nicht anzuwenden. Das gilt zB für die Berücksichtigung früherer Erwerbe nach § 14 Abs. 1 S. 1 ErbStG. Diese sind dann zu berücksichtigen, wenn mindestens zwei steuerpflichtige Erwerbe demselben Erwerber innerhalb von zehn Jahren

von demselben Erblasser oder Schenker zufallen. Frühere Erwerbe sind mit ihrem damaligen Steuerwert bei der Zusammenrechnung nach § 14 Abs. 1 S. 1 ErbStG anzusetzen. Auch im Rahmen der Grundbesitzbewertung sieht das Gesetz vor, dass der von den Gutachterausschüssen zuletzt zu ermittelnde Bodenrichtwert anzusetzen sei. Ein abweichender Ermittlungsstichtag gilt hier jeweils allenfalls für die Wertverhältnisse; für die tatsächlichen Verhältnisse ist der Zustand im Besteuerungszeitpunkt maßgebend.

Bevor der Wertansatz für einen Vermögensgegenstand oder für eine Nachlassverbindlichkeit ermittelt wird, ist zunächst die Frage zu klären, ob ein Ansatz dem Grunde nach in Betracht kommt. Denn oftmals werden Vermögensgegenstände unter einer Bedingung übertragen. Für die Erbschaft- und Schenkungsteuer ist dabei zwischen einer aufschiebenden und einer auflösenden Bedingung zu unterscheiden. Bei einer **aufschiebenden Bedingung** hängen die Wirkungen eines Rechtsgeschäftes von einem künftigen ungewissen Ereignis ab. Daher sind Erwerbe unter einer aufschiebenden Bedingung erst dann zu berücksichtigen, wenn die Bedingung eingetreten ist (§ 9 Abs. 1 Nr. 1 a ErbStG; gleiches gilt für Schenkungen, TGJG/*Gottschalk* ErbStG § 9 Rn. 86). Mit aufschiebend bedingten Nachlassverbindlichkeiten wird gem. § 6 Abs. 1 BewG ebenso verfahren.

Die Wirkungen eines Rechtsgeschäftes fallen bei einer **auflösenden Bedingung** mit Eintritt der Bedingung nachträglich weg. Erwerbe eines Vermögensgegenstandes unter einer auflösenden Bedingung werden demzufolge so behandelt, als ob sie ohne Bedingung erworben worden wären (§ 5 Abs. 1 BewG). Bis zum Eintritt der Bedingung werden die Vermögensgegenstände dem Berechtigten zugerechnet. Tritt die auflösende Bedingung dann später ein und kommt es dadurch zu einer Übertragung des Vermögens auf einen Dritten, ist der bisherige Erbschaft- oder Schenkungsteuerbescheid unabhängig von einer etwaigen Bestandskraft gem. § 5 Abs. 2 BewG zu ändern. Derjenige, der das Wirtschaftsgut auf Grund des Eintritts der auflösenden Bedingung wieder herauszugeben hat, ist für die Behaltensdauer der Nutzungen zu besteuern, also im Ergebnis wie ein Nießbraucher zu behandeln (TGJG/*Jülicher* ErbStG § 12 Rn. 39). Besteuert wird bei dem Zwischenerwerber der Wert des Nießbrauchs mit Begrenzung gem. § 16 BewG.

Die Berichtigung der Steuerfestsetzung auf Grund des Eintritts der auflösenden Bedingung erfolgt nur auf Antrag des Steuerpflichtigen (§ 5 Abs. 2 S. 1 BewG), der zudem innerhalb eines Jahres nach Eintritt der Bedingung zu stellen ist (vgl. § 5 Abs. 2 S. 2 BewG). Gleiches gilt für aufschiebend bedingte Lasten gem. § 6 Abs. 2 BewG.

Nachlassverbindlichkeiten unter einer auflösenden Bedingung werden solange berücksichtigt, bis die Bedingung eingetreten ist. Dann erst fallen sie weg und der Erbschaftbzw. Schenkungsteuerbescheid ist gem. § 7 Abs. 2 BewG entsprechend zu ändern.

Von der Bedingung ist die Befristung zu unterscheiden. Sie liegt vor, wenn der Erwerb eines Vermögensgegenstandes oder die Entstehung bzw. der Wegfall einer Last von einem Ereignis abhängt, deren Eintritt gewiss ist. Der Zeitpunkt des Eintritts kann entweder bestimmt oder unbestimmt sein. Ist der Zeitpunkt unbestimmt, so sieht § 8 BewG die Gleichbehandlung der Befristung mit der Bedingung vor. Ist der Zeitpunkt des Eintritts des Ereignisses bestimmt, so wird die Befristung im Rahmen der Bewertung berücksichtigt, ohne dass es eines Bezugs zu §§ 4 f. BewG bedarf (Meincke/*Hannes*/*Holtz* ErbStG § 12 Rn. 16).

Eine weitere Variante ist die Betagung. Hierunter ist die bereits entstandene, aber – zB wegen einer Stundung – noch nicht fällige Forderung zu verstehen. Das Fälligkeitsdatum (Ende der Stundung) kann zum Erbfall feststehen oder noch unbestimmt sein. Die Regelung des § 9 Abs. 1 Nr. 1 a ErbStG, nach der betagte Erwerbe erst dann zu berücksichtigen sind, wenn das Ereignis eingetreten ist, ist nach der Rechtsprechung des BFH nur noch anzuwenden, wenn das Fälligkeitsdatum zum Erbfall unbestimmt ist (Meincke/*Hannes*/*Holtz* ErbStG § 9 Rn. 23).

c) Grundzüge des Bewertungsrechts gem. § 12 ErbStG

§ 12 ErbStG regelt die Bewertung des steuerpflichtigen Vermögens und der Nachlassverbindlichkeiten, indem er auf die Vorschriften des Bewertungsgesetzes verweist.

Grundsätzlich ist nach § 12 Abs. 1 ErbStG iVm §§ 1 bis 16 BewG der sog. gemeine Wert gem. § 9 BewG anzusetzen. Das ist der Preis, der im gewöhnlichen Geschäftsverkehr bei einer Einzelveräußerung zu erzielen wäre, § 9 Abs. 2 BewG. Dabei sind alle objektiven, wertbeeinflussenden Faktoren zu berücksichtigen, während persönliche Verhältnisse bei der Wertfindung außer Ansatz bleiben, § 9 Abs. 2, 3 BewG. Der gemeine Wert ist daher der Verkaufs- oder der Verkehrswert, dh der Wert des Objekts, den der Erwerber bei einer fiktiven Weiterveräußerung erzielen könnte (Verkehrswert). Soweit Verkaufspreise für vergleichbare Vermögensgegenstände bekannt sind, ist der gemeine Wert aus ihnen abzuleiten, sofern nicht bereits ein unmittelbarer Ansatz des Verkaufspreises gerechtfertigt ist (BFH BStBl. II 1969, 226). Es muss sich jedoch um zeitnah zu dem maßgeblichen Bewertungsstichtag erfolgte Verkäufe handeln (Rössler/Troll/*Halaczinsky* BewG § 9 Rn. 8).

Die §§ 10 f. BewG enthalten spezielle Vorschriften zur Ermittlung der gemeinen Werte einzelner Vermögensgegenstände. So sind etwa börsennotierte Wertpapiere nach § 11 Abs. 1 BewG mit dem Kurswert zum Bewertungsstichtag (→ Form. A.IV.4 lit. b)) anzusetzen. Kursverluste nach diesem Stichtag sind unbeachtlich. Kapitalforderungen und Schulden werden zum Nennwert angesetzt, § 12 Abs. 1 BewG. Noch nicht fällige Ansprüche aus Lebens-, Kapital- oder Rentenversicherungen werden mit dem Rückkaufswert bewertet, § 12 Abs. 4 BewG (bis zum 31.12.2008 bestand ein Wahlrecht zwischen dem Ansatz von $^2/_3$ der gezahlten Prämien und dem Ansatz des Rückkaufswertes). Der Wert von wiederkehrenden bzw. lebenslangen **Nutzungen und Leistungen** (zB Renten, Nießbrauchsrechte) wird durch Anwendung eines Vervielfältigers auf den Jahreswert ermittelt, §§ 13, 14 BewG. Der Vervielfältiger bestimmt sich nach der voraussichtlichen Restlaufzeit. Bei lebenslangen Nutzungen und Leistungen bemisst sich die voraussichtliche Restlaufzeit nach der jeweiligen im Bundessteuerblatt veröffentlichten Sterbetafel. Nach § 14 BewG wird danach nicht mehr (wie nach dem bis 31.12.2008 geltenden Recht) an die Vervielfältiger der Anlage 9 zu § 14 BewG angeknüpft, denen die Sterbetafel 1986/88 zugrunde liegt, sondern es ist der Vervielfältiger maßgebend, den das Bundesfinanzministerium auf Grundlage der jeweils letzten vor dem Besteuerungszeitpunkt vom Statistischen Bundesamt herausgegebenen Sterbetafel ermittelt hat. Aktuell sind diese Vervielfältiger im BMF-Schreiben vom 4.11.2016 (IV C 7 – S 3104/09/10001, BStBl. I 2016, 1166) veröffentlicht und gemäß BMF-Schreiben vom 24.11.2017 auch für Bewertungsstichtage ab dem 1.1.2018 anzuwenden (BStBl. I 2017, 1526).

Für bestimmte Vermögensgegenstände, insbesondere für Anteile an Kapitalgesellschaften, Grundbesitz und Betriebsvermögen, verweist § 12 Abs. 2 bis Abs. 6 ErbStG direkt auf die anwendbaren Vorschriften im Bewertungsgesetz. Danach wird der Wert von Anteilen an **Kapitalgesellschaften** vorrangig aus Verkäufen unter fremden Dritten abgeleitet, die weniger als ein Jahr zurückliegen. Lagen solche Verkäufe nicht vor, wurden Kapitalgesellschaftsanteile bis zum 31.12.2008 alternativ nach dem sog. Stuttgarter Verfahren bewertet, nach dem der Wert einer Kapitalgesellschaft nach einem in R 96 f. ErbStR näher geregelten Verfahren unter Einbeziehung von Vermögenswert und Ertragsaussichten der Gesellschaft ermittelt wurde.

Nach § 11 Abs. 2 S. 4 BewG iVm §§ 199 bis 203 BewG werden Kapitalgesellschaften seit 2009 mit dem sog. **vereinfachten Ertragswertverfahren** bewertet. Hierbei wird der Durchschnittsertrag der letzten drei Jahre mit einem Kapitalisierungsfaktor multipliziert. Der Kapitalisierungsfaktor ist nunmehr gesetzlich auf 13,75 festgesetzt (§ 203 Abs. 1 BewG), kann aber durch Rechtsverordnung des BMF mit Zustimmung des Bundesrates an die Entwicklung der Zinsstrukturdaten angepasst werden. Seit Neueinführung dieser

Regelung durch das Erbschaftsteuerreformgesetz 2016 wurde von der Verordnungsermächtigung noch kein Gebrauch gemacht.

Nicht im Rahmen des vereinfachten Ertragswertverfahrens mitbewertet, sondern gesondert bewertet werden Beteiligungen, nicht betriebsnotwendiges Vermögen sowie innerhalb der letzten zwei Jahre ins Betriebsvermögen eingelegte Wirtschaftsgüter, § 200 BewG. Zum nicht betriebsnotwendigen Vermögen zählen die Vermögensbestandteile eines Unternehmens, die in keinem direkten Zusammenhang zur operativen Geschäftstätigkeit des Unternehmens stehen.

Als Alternative zum vereinfachten Ertragswertverfahren kann der Verkehrswert der Kapitalgesellschaft durch ein Einzelwertgutachten (gängige Methoden sind zB IDW S 1, Ertragswertverfahren, Discounted Cashflow-Verfahren) ermittelt werden, § 11 Abs. 2 S. 2 BewG. Mindestwert der Kapitalgesellschaft ist in allen Fällen die Summe der gemeinen Werte der Wirtschaftsgüter des Unternehmens, § 11 Abs. 2 S. 3 BewG.

Die Bewertung von **Betriebsvermögen** einschließlich der Anteile an **Personengesellschaften** (§ 12 Abs. 5 ErbStG) richtet sich durch den Verweis in §§ 95 Abs. 1, 109 Abs. 1 iVm § 11 Abs. 2 BewG bzw. §§ 97 Abs. 1 Nr. 1, 109 Abs. 2 iVm § 11 Abs. 2 BewG nach den für Kapitalgesellschaftsanteile geltenden Grundsätzen. Bei der Bewertung eines Mitunternehmeranteils ist neben dem gem. § 97 Abs. 1a Nr. 1 BewG zu ermittelnden Anteil am gemeinen Wert des Betriebsvermögens der Mitunternehmerschaft zusätzlich der gemeine Wert von Schulden und Wirtschaftsgütern des Sonderbetriebsvermögens zu dem Mitunternehmeranteil hinzuzurechnen, § 97 Abs. 1a Nr. 2 BewG. Letztere werden im Wege der Einzelbewertung nach §§ 9 ff. BewG bewertet (Rössler/Troll/*Eisele* BewG § 96 Rn. 27b).

Grundbesitz iSv § 19 Abs. 1 BewG ist über den Verweis in § 12 Abs. 3 ErbStG iVm § 151 Abs. 1 S. 1 Nr. 1 BewG nach den §§ 157 ff. BewG zu bewerten. Gemäß § 157 BewG ist zunächst zwischen land- und forstwirtschaftlichen Vermögen, Betriebsgrundstücken und dem sog. Grundvermögen zu differenzieren.

Wirtschaftliche Einheiten des land- und forstwirtschaftlichen Vermögens sowie solche Betriebsgrundstücke, die losgelöst von ihrer Zugehörigkeit zu einem Gewerbebetrieb einen Betrieb der Land- und Forstwirtschaft bilden würden (§ 99 Abs. 1 Nr. 2 BewG), sind nach den Regeln für das land- und forstwirtschaftliche Vermögen zu bewerten (§ 157 Abs. 2 iVm § 158 BewG). Danach ist der Wirtschaftsteil des Betriebs (§ 160 Abs. 2 BewG) nach dem sog. Wirtschaftswert (§ 162 Abs. 1 S. 3 BewG) zu bewerten, eine Art von Ertragswertermittlung bei unterstellter Fortführung des Betriebes (Meincke/*Hannes*/*Holtz* ErbStG § 12 Rn. 56). Der Wohnteil und etwaige Betriebswohnungen werden gemäß §§ 160 Abs. 1, 167 Abs. 1 BewG nach den Vorschriften über die Bewertung von Wohngrundstücken (§§ 182 bis 196 BewG) bewertet. Die Summe dieser Werte ergibt den Wert des land- und forstwirtschaftlichen Vermögens. Das Grundvermögen und die übrigen Betriebsgrundstücke (§ 99 Abs. 1 Nr. 1 BewG) sind nach den §§ 176 bis 198 BewG zu bewerten. Unbebaute Grundstücke werden nach § 179 BewG mit dem Betrag, der sich aus der Fläche multipliziert mit dem Bodenrichtwert ergibt, angesetzt. Für bebaute Grundstücke ist je nach Art des Grundstücks in § 182 BewG festgelegt, welches der drei möglichen Bewertungsverfahren, dh Vergleichs-, Ertrags- oder Sachwertverfahren, anzuwenden ist. Die Wertermittlung im Rahmen der einzelnen Verfahren ist in den §§ 183 f. BewG näher geregelt. §§ 192 f. BewG regeln die Wertermittlung in Erbbaurechtsfällen, für Gebäude auf fremdem Grund und Boden sowie für Grundstücke mit Gebäuden im Zustand der Bebauung. Die in §§ 183 f. BewG geregelten typisierten Bewertungsverfahren haben zum Ziel, dem Verkehrswert des jeweiligen Grundbesitzes möglichst nahe zu kommen. Weist der Steuerpflichtige jedoch nach, dass der gemeine Wert des Grundbesitzes niedriger ist als der nach §§ 179, 182 bis 196 BewG ermittelte Wert, so ist der niedrigere Wert anzusetzen (§ 198 BewG).

d) Begünstigung von Betriebsvermögen

Zum begünstigungsfähigen Vermögen gehören (Teil-)Betriebe, Anteile an Personengesellschaften, Anteile an Kapitalgesellschaften von mehr als 25 % bzw. sog. poolgebundene Anteile sowie land- und forstwirtschaftliches Vermögen (§ 13b Abs. 1 ErbStG). Für die Begünstigung ist zunächst zwischen Vermögen bis 26 Mio. EUR und solches über 26 Mio. EUR (sog. Großvermögen) zu differenzieren. Um Betriebsvermögen bis 26 Mio. EUR begünstigt zu übertragen, kann der Erwerber zwischen der Regelverschonung und der Optionsverschonung wählen: Bei der **Regelverschonung** wird das begünstigte Betriebsvermögen zu 85 % von der Steuer befreit, wenn der Betrieb fünf Jahre fortgeführt wird, sog. Verschonungsabschlag (§ 13a Abs. 1 S. 1 ErbStG). Hat ein Betrieb mehr als fünfzehn Arbeitnehmer, so ist zusätzlich Voraussetzung für die Begünstigung, dass die Lohnsumme in diesem Zeitraum insgesamt mindestens 400 % der Ausgangslohnsumme betragen haben muss. Im Durchschnitt müssen also für jedes Jahr 80 % der Ausgangslohnsumme erhalten werden. Für Betriebe mit nicht mehr als 15 Beschäftigten beträgt die Mindestlohnsumme 300 %; für Betriebe mit nicht mehr als 10 Beschäftigten 250 %. Für die Anwendbarkeit der Regelverschonung ist gem. § 13b Abs. 2 S. 2 ErbStG Voraussetzung, dass das sog. Verwaltungsvermögen im Zeitpunkt der Übertragung nicht mehr als 90 % des Unternehmenswertes ausmacht. Dabei stellt die Ermittlung der Verwaltungsvermögensquote mit einer Vielzahl von Ausnahmen und Rückausnahmen in § 13b Abs. 2 bis 9 ErbStG einen sehr komplexen Vorgang dar (vgl. AEErbStG 2017, BStBl. 2017, 902 unter 13b.9). Verwaltungsvermögen in diesem Sinne umfasst grundsätzlich Dritten zur Nutzung überlassene Grundstücke, Anteile an Kapitalgesellschaften von nicht mehr als 25 %, Wertpapiere und vergleichbare Forderungen, Kunst- und Wertgegenstände sowie bestimmtes Finanzvermögen, § 13b Abs. 4 ErbStG. Unabhängig von der 90 %-Grenze ist Verwaltungsvermögen grundsätzlich nicht mehr begünstigtes Vermögen und unterliegt (mit Ausnahme des 10 %-Abschlags gem. § 13a Abs. 7 ErbStG) insgesamt der Besteuerung. In Einzelfällen kann diese Abkehr von der früheren Alles-oder-Nichts-Regelung bei Überschreitung einer Quote von 50 % Verwaltungsvermögen auch einen Vorteil für den Steuerpflichtigen darstellen, der unter der bis zum 30.6.2016 geltenden Rechtslage bei einer höheren Verwaltungsvermögensquote keine Verschonung erlangt hätte (Meincke/*Hannes*/*Holtz* ErbStG § 13b Rn. 43).

Wird der Betrieb nicht für den vollen Fünfjahreszeitraum fortgeführt, so kommt es zu einem zeitanteiligen Wegfall der Begünstigungen. Wird der Betrieb zB nur 3 Jahre fortgeführt, so ist die Übertragung zu $^3/_5$ begünstigt, die Begünstigung entfällt zu einem Anteil von $^2/_5$.

Der Betrieb gilt nach § 13a Abs. 6 ErbStG als nicht fortgeführt, wenn bzw. soweit:

- Der Betrieb bzw. die Gesellschaftsanteile ganz oder teilweise veräußert werden. Der Veräußerung steht die Aufgabe des Gewerbebetriebs sowie bei Kapitalgesellschaftsanteilen die verdeckte Einlage der Anteile in eine Kapitalgesellschaft gleich. Werden Anteile oder (Teil-)Betriebe gegen Gewährung von Gesellschaftsrechten nach §§ 20, 24 UmwStG in eine andere Gesellschaft eingebracht, so ist erst die Veräußerung der hierdurch erworbenen Anteile schädlich.
- Bei einer Kapitalgesellschaft ist die Auflösung oder Herabsetzung des Nennkapitals schädlich.
- Die Veräußerung oder die Entnahme funktional wesentlicher Betriebsgrundlagen, es sei denn die Veräußerung zielt nicht auf eine Einschränkung des Betriebs ab und der Veräußerungserlös wird im betrieblichen Interesse verwendet, zB in ein Ersatzwirtschaftsgut reinvestiert, § 13a Abs. 5 S. 4 ErbStG.
- Weiterhin ist schädlich, wenn der Erwerber Überentnahmen in Höhe von mehr als 150.000,– EUR tätigt, dh Entnahmen/Gewinnausschüttungen tätigt, die die Summe

seiner Einlagen und des ihm aus dem Betrieb oder der Gesellschaft zuzurechnenden Gewinns um mehr als 150.000,– EUR übersteigen.
- Der Poolvertrag im Fall des § 13b Abs. 1 Nr. 3 S. 2 ErbStG so geändert oder aufgehoben wird, dass die Verfügungsbeschränkung und/oder Stimmbindung entfällt.

Unschädlich ist hingegen die unentgeltliche Weiterübertragung des begünstigten Vermögens durch Schenkung, Erbauseinandersetzung, Erbanfall oder auf Grund der Erfüllung von Weitergabeverpflichtungen.

Wird die geforderte Lohnsumme in dem Fünfjahreszeitraum nicht erreicht, so kommt es zu einem anteiligen Wegfall der Begünstigungen.

Beispiel: Der Erwerber hat die Regelverschonung gewählt und die Summe der jährlichen Lohnsumme erreicht in den 5 Jahren nur 360 % der Ausgangslohnsumme. Sie liegt damit 10 % unter der Mindestlohnsumme von 400 %. Der Bewertungsabschlag verringert sich demnach um 10 % von 85 % auf 76,5 %, dh anstatt 15 % sind nun 23,5 % des Betriebsvermögens zu versteuern.

Die **Ausgangslohnsumme** ist die durchschnittliche Lohnsumme der letzten 5 vor dem Erwerb endenden Wirtschaftsjahre. Der Begriff Lohnsumme ist weit gefasst. Hierzu zählen
- Alle Vergütungen (Löhne und Gehälter und andere Bezüge und Vorteile), auch Geld- und Sachleistungen sowie Sondervergütungen, Prämien, Gratifikationen, Abfindungen, Zuschüsse zu Lebenshaltungskosten, Familienzulagen, Provisionen, Teilnehmergebühren und vergleichbare Vergütungen. Zu erfassen sind die Beschäftigten, die im maßgebenden Wirtschaftsjahr auf den Lohn- und Gehaltslisten erfasst sind. Außer Ansatz bleiben jedoch Vergütungen an Arbeitnehmer im Mutterschutz, Auszubildende, Bezieher von Eltern- und Krankengeld sowie solche, die nicht ausschließlich oder überwiegend in dem Betrieb tätig sind.
- Die genannten Vergütungen werden brutto erfasst, dh einschließlich aller von den Beschäftigten zu entrichteten Sozialbeiträge, Einkommensteuern und Zuschlagsteuern, auch dann, wenn sie vom Arbeitgeber direkt einbehalten und im Namen des Beschäftigten an den Sozialversicherungsträger und die Steuerbehörde abgeführt werden.
- Sofern die übertragene Gesellschaft Beteiligungen an Personen- oder Kapitalgesellschaften hält, sind deren Lohnsummen in die Ermittlung der Ausgangslohnsumme ebenfalls anteilig einzubeziehen, bei Kapitalgesellschaften ab einer unmittelbaren oder mittelbaren Beteiligung von mehr als 25 %.

Bei Begünstigung des Betriebsvermögens zu 85 % kann von dem 15%igen Wertansatz des Betriebsvermögens ein Abzugsbetrag in Höhe von bis zu 150.000,– EUR in Abzug gebracht werden. Übersteigt der 15 %ige Wertansatz den Betrag von 150.000,– EUR, so mindert sich der Freibetrag um 50 % des die 150.000,– EUR übersteigenden Betrages. Dh bei einem 15%igen Wertansatz in Höhe von 450.000,– EUR ist ein Abzugsbetrag nicht mehr abziehbar. Auf den Gesamtwert des Betriebsvermögens hochgerechnet bedeutet dies: Für Betriebsvermögen bis zu einem Wert von 1 Mio. EUR ist der Abzugsbetrag voll abziehbar. Für Betriebsvermögen mit einem Wert zwischen 1 Mio. EUR und 3 Mio. EUR ist der Abzugsbetrag nur anteilig abzugsfähig, § 13a Abs. 2 ErbStG. Übersteigt der Wert des Betriebsvermögens den Wert von 3 Mio. EUR, so ist der Freibetrag nicht abzugsfähig. Der Abzugsbetrag in Höhe von 150.000,– EUR kann innerhalb von zehn Jahren für von derselben Person anfallende Erwerbe nur einmal berücksichtigt werden, § 13a Abs. 2 S. 3 ErbStG. Daher sollte überlegt werden, Produktivvermögen rechtzeitig über einen längeren Zeitraum im Wege der vorweggenommenen Erbfolge zu übertragen, um so mehrfach in den Genuss des Abzugsbetrages gem. § 13a Abs. 2 ErbStG zu kommen.

Bei der **Optionsverschonung** ist das Betriebsvermögen (vorbehaltlich § 13c ErbStG) vollständig von der Erbschaftsteuer befreit, wenn das Unternehmen über sieben Jahre fortgeführt wird und die Lohnsumme in diesem Zeitraum mindestens 700 % der Ausgangslohnsumme (bzw. 565 % bei nicht mehr als 15 Beschäftigten und 500 % bei nicht mehr als 10 Beschäftigten) betragen hat, § 13a Abs. 10 ErbStG. Im Durchschnitt muss

hier für jedes Jahr 100 % der Ausgangslohnsumme erhalten werden. Wird der Betrieb nicht für den vollen Siebenjahreszeitraum fortgeführt (siehe oben) oder wird die geforderte Lohnsumme in dem Siebenjahreszeitraum nicht erreicht, so kommt es zu einem anteiligen Wegfall der Begünstigungen. Die Wahl der Optionsverschonung ist nur dann möglich, wenn das Verwaltungsvermögen nicht mehr als 20 % des Unternehmenswertes ausmacht. Die Wahl zwischen Regel- und Optionsverschonung erfolgt unwiderruflich.

Ein zusätzlicher Wertabschlag auf das begünstigte Vermögen, der vor dem Verschonungsabschlag nach § 13a Abs. 1 ErbStG abgezogen wird (Vorababschlag), kann bei sog. Familienunternehmen erlangt werden. Dies erfordert eine bestimmte qualifizierte Satzungsgestaltung bei der Gesellschaft, wonach die Entnahmen oder Ausschüttungen auf maximal 37,5 % des steuerrechtlichen Gewinns nach Abzug der auf die Gewinnanteile oder Ausschüttungen entfallenden Steuern begrenzt sind, die Verfügung über die Beteiligung an der Gesellschaft auf Mitgesellschafter, Angehörige (§ 15 AO) oder eine Familienstiftung beschränkt ist und für den Fall des Ausscheidens aus der Gesellschaft eine Abfindung unter dem gemeinen Wert vereinbart ist. Der Wertabschlag bemisst sich nach der Höhe der Abfindungsbeschränkung, beträgt jedoch maximal 30 %. Mit dem zusätzlichen Abschlag können verschiedene günstige Folgen erreicht werden: ggf. kann die Grenze von 26 Mio. EUR unterschritten werden; ist dies nicht der Fall, kann zumindest der Umfang der Abschmelzung des Verschonungsabschlags gem. § 13c ErbStG vermindert werden; im Falle der Vollverschonung wirkt sich der Abschlag nicht unmittelbar aus, kann aber die Höhe der Nachsteuer bei einem späteren Behaltensfrist- oder Lohnsummenverstoß reduzieren (*Holtz* NJW 2018, 3750 [3751]). Allerdings ist ein großes Maß an Vorplanung und noch größere Bindung nach dem Erwerb in Kauf zu nehmen, weil die vorstehend dargestellten Regeln bereits zwei Jahre vor dem Erwerb vorgelegen haben und für 20 Jahre eingehalten werden müssen (§ 13a Abs. 9 S. 4 und 5 ErbStG). Nichteinhaltung führt nachträglich zum völligen Entfall des Abschlags (verfassungsrechtliche Bedenken bei *Wachter* NZG 2016, 1168).

Das BVerfG hatte in seinem Urteil vom 17.12.2014 insbesondere auch die Unverhältnismäßigkeit der Verschonung über den Bereich kleiner und mittlerer Unternehmen hinaus ohne weitere Prüfung eines Verschonungsbedürfnisses bemängelt (BStBl. II 2015, 50). Diese Prüfschwelle mit entsprechenden Folgewirkungen für das Verschonungssystem hat der Gesetzgeber nunmehr bei Erwerben über 26 Mio. EUR gesetzt.

Für den Erwerb von Großvermögen über 26 Mio. EUR kann der Erwerber aus zwei unterschiedlichen Verschonungsmodellen wählen (hierzu auch *Holtz* NJW 2016, 3750). Bei dem sog. Abschmelzungsmodell des § 13c ErbStG bleibt es zunächst bei der Regelverschonung mit 85 % Befreiung bzw. Vollverschonung mit 100 % Befreiung, allerdings wird der Verschonungsabschlag um einen Prozentpunkt für jede 750.000 EUR, die der Wert des begünstigten Vermögens die Grenze von 26 Mio. EUR übersteigt, abgeschmolzen. Ab einem begünstigten Vermögen von 90 Mio. EUR wird gem. § 13c Abs. 1 S. 2 ErbStG kein Verschonungsabschlag mehr gewährt, selbst wenn im Falle der Vollverschonung noch ein Restabschlag von 15 % verbleiben würde. Im Übrigen bleibt es beim Abschmelzungsmodell bei den Behaltensfristen und Lohnsummen des § 13a Abs. 3 und 6 bzw. 10 ErbStG, je nach Verschonung. Bei der Ermittlung der Abschmelzungshöhe sind gem. § 13c Abs. 2 S. 2 ErbStG frühere Erwerbe von begünstigtem Vermögen von derselben Person innerhalb der letzten zehn Jahre hinzuzurechnen. Die so ermittelte Abschmelzung findet dann rückwirkend auch auf die frühen Erwerbe Anwendung, § 13c Abs. 2 S. 3 ErbStG. Die Hinzurechnung erfolgt auch von Erwerben vor dem 1.7.2016 (AEErbStG 2017, BStBl. I 2017, 902 unter 13c.4 Abs. 1 S. 4), allerdings insoweit ohne steuerliche Rückwirkung auf solche Erwerbe (Meincke/*Hannes*/*Holtz* ErbStG § 13c Rn. 7). Die Hinzurechnung gilt dagegen nicht für Vorerwerbe, für die nach § 28a ErbStG ein Erlass wegen Bedürftigkeit beantragt wurde. Der Antrag auf Durchführung des Abschmelzungsmodells ist unwiderruflich, § 13c Abs. 2 S. 6 ErbStG.

Entscheidet sich der Erwerber gegen das Abschmelzungsmodell, kann er stattdessen einen Antrag auf die sog. Verschonungsbedarfsprüfung nach § 28a ErbStG stellen. Danach ist bei einem Großvermögen von über 26 Mio. EUR die Steuer zu erlassen, soweit der Erwerber nachweist, dass er persönlich nicht in der Lage ist, die Steuer aus seinem verfügbaren Vermögen zu bezahlen. Der Erlass betrifft nur die Steuer auf das begünstigte Vermögen, nicht dagegen auf das Verwaltungsvermögen. Zum verfügbaren Vermögen gehören jeweils 50 % des bei dem Erwerb übergegangenen nicht begünstigungsfähigen und nicht begünstigten Vermögens (also insbes. Verwaltungsvermögen) sowie des eigenen Vorvermögens des Erwerbers (ohne begünstigtes Vermögen). Für die Zeit nach dem Steuererlass gelten die Vorschriften zur Lohnsummenkontrolle sowie die siebenjährige Behaltensfrist wie bei der Vollverschonung gem. § 13a Abs. 10 ErbStG entsprechend. Ein späterer Hinzuerwerb verfügbaren Vermögens iSv § 28a Abs. 2 ErbStG durch Schenkung oder Erwerb von Todes wegen führt zu einem rückwirkenden Wegfall des Erlasses, wobei den Erwerber insoweit eine Anzeigepflicht gegenüber dem Finanzamt trifft (§ 28a Abs. 5 ErbStG). Zu den Gestaltungsmöglichkeiten unter Einsatz von Stiftungen *Theuffel-Werhahn* ZEV 2017, 17; *Blusz* DStR 2017, 1016; *Wachter* FR 2018, 69 und 130.

e) Begünstigung von Grundvermögen

Bereits bisher waren Schenkungen des Familienwohnheims an den anderen Ehegatten von der Schenkungsteuer befreit, § 13 Abs. 1 Nr. 4a ErbStG. Nach dem seit dem 1.1.2009 geltenden Erbschaftsteuerrecht sind nun auch Erwerbe von Familienwohnheimen von Todes wegen durch den anderen Ehegatten von der Erbschaftsteuer befreit, § 13 Abs. 1 Nr. 4b ErbStG. Gleiches gilt für Erwerbe durch Kinder (§ 15 Abs. 1 Steuerklasse I Nr. 2 ErbStG) und Kinder vorverstorbener Kinder idS, soweit die Wohnfläche 200 qm nicht übersteigt, § 13 Abs. 1 Nr. 4c ErbStG. Soweit die Wohnfläche 200 qm übersteigt, kommt es zu einer anteiligen Erbschaftsteuerpflicht. Die Steuerbefreiung im Erbfalle ist allerdings an die Voraussetzung geknüpft, dass der Erwerber das Familienwohnheim für einen Zeitraum von zehn Jahren nach Erwerb selbst zu Wohnzwecken nutzt, es sei denn, der Erwerber ist aus zwingenden Gründen, zB aufgrund von Pflegebedürftigkeit, zu einer Selbstnutzung nicht in der Lage. Wohnt der Erwerber nicht bereits in der Immobilie, muss er diese unverzüglich für eigene Wohnzwecke beziehen. Dies soll in der Regel innerhalb von sechs Monaten nach den Erbfall geschehen (TGJG/*Jülicher* ErbStG § 13 Rn. 69a). Im Falle der freien Erbauseinandersetzung will die Finanzverwaltung den Begünstigungstransfer auf den Erwerber gem. § 13 Abs. 1 Nr. 4b bzw. 4c S. 4 ErbStG davon abhängig machen, dass die Auseinandersetzung und der Einzug zeitnah, dh innerhalb von sechs Monaten erfolgen (ZEV 2018, 229; RE 13.4 Abs. 5 S. 11 ErbStR 2011). Der BFH hat dagegen erklärt, dass es auf die Zeitnähe der Auseinandersetzung nicht ankommen soll (BFH ZEV 2015, 658).

Zu Wohnzwecken vermietete Grundstücke, die nicht bereits zu begünstigtem Betriebsvermögen iSd § 13a ErbStG gehören, werden nur mit 90 % ihres Wertes angesetzt, unterliegen also in Höhe von 10 % nicht der Erbschaft- und Schenkungsteuer, § 13d ErbStG.

f) Sachliche Steuerbefreiungen und Freibeträge

Die weiteren sachlichen Steuerbefreiungen sind in § 13 ErbStG geregelt. Die Folge dieser Befreiung ist, dass bestimmte Vermögensgegenstände bei der Berechnung des steuerpflichtigen Erwerbs ganz oder bis zu einem bestimmten Betrag außer Ansatz bleiben. So ist zB der Hausrat bei Erwerben durch Ehegatten und Kinder bis zu einem Betrag von 41.000,– EUR gem. § 13 Abs. 1 Nr. 1 a ErbStG steuerfrei. Andere körperliche

Gegenstände wie Schmuck, Fahrzeuge und Kunstgegenstände bleiben bei diesen Personen bis zu einem Betrag von 12.000,– EUR gem. § 13 Abs. 1 Nr. 1 b ErbStG steuerfrei. Aber auch Zuwendungen im Zusammenhang mit einem **Familienwohnheim** an einen Ehegatten sind bei einem Erwerb zu Lebzeiten von der Schenkungsteuer befreit (§ 13 Abs. 1 Nr. 4a ErbStG). Zur Steuerbefreiung für Zuwendungen eines Familienwohnheims an einen Ehegatten oder Kinder durch Erwerb von Todes wegen → Form. A.IV.4 lit. e). Zuwendungen eines Familienwohnheims an ein Kind durch Zuwendungen unter Lebenden unterliegen nicht der Steuerbefreiung.

Zum Sonderfall des § 5 Abs. 1 und 2 ErbStG siehe ausführlich → Form I.I.1 Anm. 6, → Form. I.I.6 Anm. 8.

Die **persönlichen Freibeträge** sind in §§ 16, 17 ErbStG geregelt. Der Freibetrag nach § 16 Abs. 1 ErbStG gilt sowohl im Falle einer Schenkung als auch bei einem Erwerb von Todes wegen. Dagegen wird der besondere Versorgungsfreibetrag des § 17 ErbStG nur bei Erwerben von Todes wegen gewährt. Diesen erhalten zum einen der Ehegatte, zum anderen die Kinder des Erblassers. Der Ehegatte hat neben dem persönlichen Freibetrag nach § 16 Abs. 1 ErbStG Anspruch auf einen Versorgungsfreibetrag in Höhe von 256.000,– EUR, § 17 Abs. 1 ErbStG. Bei Kindern ist die Höhe des Freibetrages abhängig von deren Alter, § 17 Abs. 2 ErbStG. Er wird mit steigendem Alter weniger und endet mit dem 27. Lebensjahr. Die Versorgungsfreibeträge sind allerdings gem. § 17 Abs. 1, 2 ErbStG um den Kapitalwert steuerfreier Versorgungsbezüge zu kürzen, die dem Ehegatten oder dem Kind aus Anlass des Todes des Erblassers zustehen.

Der persönliche Freibetrag gem. § 16 Abs. 1 ErbStG steht dem Steuerpflichtigen bei mehreren Erwerben von derselben Person im Zeitabstand von zehn Jahren nur einmal zu. Wurden für Zuwendungen innerhalb der letzten zehn Jahre bereits persönliche Freibeträge genutzt, so steht dem Erwerber für Zuwendungen nach dem 1.1.2009 noch ein persönlicher Freibetrag in Höhe der Differenz zur Höhe der ab 2009 geltenden Freibeträge zu. Bei Zuwendung über eine Mittelsperson kann der Freibetrag mehrmals gewährt werden. Es ist allerdings zu beachten, dass die Finanzverwaltung hierbei eine rechtsmissbräuchliche Kettenschenkung iSd § 42 AO annehmen könnte.

Beispiel: A will seinem Enkel B Kapitalvermögen in Höhe von 450.000,– EUR schenken. Dazu überträgt er seinem Sohn C als Mittelperson 250.000,– EUR und B 200.000,– EUR direkt. Die Zuwendung von A an B unterliegt wegen des Freibetrages in Höhe von 200.000,– EUR nicht der Schenkungsteuer. Der Sohn C hat gegenüber A einen Freibetrag in Höhe von 400.000,– EUR. Schenkt C den von A erhaltenen Betrag an seinen Sohn weiter, fällt auch hier wegen des Freibetrages von 400.000,– EUR keine Schenkungsteuer an. Allerdings ist bei dieser Gestaltung darauf zu achten, dass der Großvater die Zuwendung an seinen Sohn nicht mit der Auflage verbindet, den Geldbetrag an den Enkel weiter zu schenken. Dem Erstempfänger muss ein eigener Entscheidungsspielraum für die Weitergabe des Vermögens verbleiben (BFH BStBl. II 1994, 128; BFH BStBl. II 2013, 934).

Folgende Tabelle veranschaulicht die Gewährung der unterschiedlichen Freibeträge gem. §§ 16, 17 ErbStG:

Personenkreis	**Persönlicher Freibetrag gem. § 16 Abs. 1 und 2 ErbStG in EUR**	
	Bis 31.12.2008	**Seit 1.1.2009**
Ehegatte	307.000,–	500.000,–
Eingetragener Lebenspartner iSd LPartG	5.200,–	500.000,–

Personenkreis	Persönlicher Freibetrag gem. § 16 Abs. 1 und 2 ErbStG in EUR	
	Bis 31.12.2008	Seit 1.1.2009
Kinder, Stiefkinder sowie Enkelkinder, die anstelle eines bereits vorverstorbenen Elternteils Vermögen von den Großeltern erwerben	205.000,–	400.000,–
Übrige Enkel, Urenkel und weitere Abkömmlinge in gerader Linie	51.200,–	200.000,–
Eltern (bei Erbfällen)	51.200,–	100.000,–
Eltern (bei Schenkungen), Geschwister, Neffen und Nichten, Stiefeltern, Schwiegereltern und Schwiegerkinder, geschiedene Ehegatten	10.300,–	20.000,–
Übrige Erwerber	5.200,–	20.000,–

Personenkreis	Versorgungsfreibetrag gem. § 17 ErbStG in EUR
Ehegatte (ab 1.1.2009 auch Lebenspartner)	256.000,–
Kinder bis 5 Jahre	52.000,–
Kinder im Alter von mehr als 5 bis 10 Jahren	41.000,–
Kinder im Alter von mehr als 10 bis 15 Jahren	30.700,–
Kinder im Alter von mehr als 15 bis 20 Jahren	20.500,–
Kinder im Alter von mehr als 20 bis 27 Jahren	10.300,–

Beschränkt Steuerpflichtige erhalten nunmehr für Erwerbe nach dem 24.6.2017 grundsätzlich die gleichen Freibeträge wie unbeschränkt Steuerpflichtige, allerdings gekürzt in dem Verhältnis, in dem der beschränkt steuerpflichtige Erwerb zu dem gesamten Vermögenserwerb von derselben Person (Schenker, Erblasser) innerhalb der letzten zehn Jahre steht. Damit werden auch nicht der inländischen Steuer unterliegende Erwerbe zur Bemessung des Freibetrags herangezogen, freilich mit den damit verbundenen Bewertungsproblem bei Auslandsvermögen (TGJG/*Jülicher* ErbStG § 16 Rn. 19). Die bis zum 23.6.2017 geltende Regelung, die beschränkt Steuerpflichtigen nur einen Freibetrag in Höhe von 2.000,– EUR gewährte, mit dem Recht für Steuerpflichtige mit Wohnsitz in einem EU- bzw. EWR-Staat zur unbeschränkten Steuerpflicht zu optieren, hat der EuGH wegen Verstoßes gegen die auch für Drittstaater geltende Kapitalverkehrsfreiheit für unionsrechtswidrig erklärt (EuGH DStR 2017, 2269).

g) Berücksichtigung früherer Erwerbe gem. § 14 ErbStG

Gem. § 14 Abs. 1 S. 1 ErbStG sind mehrere innerhalb von zehn Jahren von derselben Person anfallende Vermögensvorteile zusammenzurechnen. Dabei sind die früheren Erwerbe immer mit ihrem damaligen Wert zu erfassen. Dagegen sind für die Ermittlung der Steuer die persönlichen Verhältnisse und die Rechtslage im Zeitpunkt des Letzterwerbs maßgebend (§ 14 Abs. 1 S. 2 ErbStG).

Bei einer Zusammenrechnung mit früheren Erwerben bildet nur der Letzterwerb den Besteuerungssachverhalt, für den die neue Steuer geschuldet wird. Die Zusammenrechnung kommt allein hinsichtlich der Bemessungsgrundlage zum Tragen und erhöht diese.

Da die früheren Erwerbe bereits selbstständig der Besteuerung unterlagen, muss von der Steuer auf den Letzterwerb ein Steuerbetrag abgezogen werden, der rechnerisch der Steuerbelastung auf die früheren Erwerbe entspricht. Ist die tatsächlich erhobene Steuer auf den früheren Erwerb höher, so ist dieser Betrag abzuziehen. Allerdings darf dadurch den Abzug die Steuer, die bei isolierter Betrachtung des jüngsten Erwerbs anfiele, nicht unterschritten werden. Auch ein nachträglicher Wegfall eines Vorerwerbs mit steuerlicher Rückwirkung führt zur rückwirkenden Änderung der Besteuerung eines späteren Erwerbs, § 14 Abs. 2 ErbStG.

h) Steuerklassen gem. § 15 ErbStG

Im Erbschaftsteuergesetz gibt es drei Steuerklassen. Maßgebend hierfür ist das Verwandtschaftsverhältnis des Erwerbers zum Erblasser bzw. zum Schenker. Nach den drei Steuerklassen richten sich die Freibeträge, der Steuertarif und bestimmte Steuervergünstigungen.

Zur **Steuerklasse I** gehören aus Sicht des Erblassers:

- sein Ehegatte, seine Kinder und Stiefkinder, die Abkömmlinge der Kinder und Stiefkinder, Eltern und Großeltern bei Erwerb von Todes wegen.

Zu Personen der **Steuerklasse II** zählen:

- Eltern und Großeltern bei Schenkungen unter Lebenden, Geschwister, Abkömmlinge ersten Grades von Geschwistern, Stiefeltern, Schwiegereltern, Schwiegerkinder, der geschiedene Ehegatte.

Zur **Steuerklasse III** gehören alle übrigen Erwerber, insbesondere Tanten und Onkel sowie Partner einer eheähnlichen Lebensgemeinschaft.

i) Steuersätze gem. § 19 ErbStG

Die unterschiedlichen Steuersätze sind in Abhängigkeit vom Wert des steuerpflichtigen Erwerbs und der Steuerklasse in § 19 Abs. 1 ErbStG geregelt. Nachfolgend ist die Rechtslage ab dem 1.1.2009 dargestellt:

Wert des steuerpflichtigen Erwerbs bis einschließlich . . . . . . EUR	**Prozentsatz in der Steuerklasse I**	**Steuerklasse II**	**Steuerklasse III**
75.000,–	7	15	30
300.000,–	11	20	30
600.000,–	15	25	30
6.000.000,–	19	30	30
13.000.000,–	23	35	50
26.000.000,–	27	40	50
über 26.000.000,–	30	43	50

Der Progressionsvorbehalt des § 19 Abs. 2 ErbStG sieht vor, dass, wenn im Falle der unbeschränkten Steuerpflicht ein Teil des Vermögens durch ein Doppelbesteuerungsabkommen der inländischen Besteuerung entzogen ist, die Steuer nach dem Steuersatz zu erheben ist, der für den ganzen Erwerb gelten würde.

Die Härteausgleichsregelung des § 19 Abs. 3 ErbStG verhindert, dass Belastungssprünge im Grenzbereich der Tarifstufen auftreten. § 19 Abs. 3 ErbStG bestimmt, dass

der Unterschied zwischen der Steuer, die sich bei Anwendung des regulären Steuersatzes ergibt, und der Steuer, die sich berechnen würde, wenn der Erwerb die letztvorhergehende Wertgrenze nicht überstiegen hätte, nur insoweit erhoben wird, als er
a) bei einem Steuersatz bis zu 30 % aus der Hälfte,
b) bei einem Steuersatz über 30 % aus drei Vierteln
des die Wertgrenze übersteigenden Betrags gedeckt werden kann.

Die Berechnung des Härteausgleichs wird wie folgt durchgeführt:
1. Schritt: Ermittlung des Steuerbetrags nach den üblichen Grundsätzen,
2. Ermittlung der Steuer auf den Höchstbetrag der nächstkleineren Wertstufe,
3. Wenn die Differenz aus 1. und 2. kleiner ist als 50 % bzw. 75 % des Betrags, um den der Erwerb den Höchstbetrag der nächst kleineren Wertstufe übersteigt, Ansatz des Differenzbetrags, im anderen Fall Begrenzung auf 50 % bzw. 75 % des Mehrerwerbs,
4. Addition der Beträge nach 2. und 3.

Für die ab 1.1.2009 geltenden Steuersätze stellen sich die Härteausgleichszonen (Werte abgerundet auf volle 100,– EUR) für alle drei Steuerklassen im Einzelnen wie folgt dar:

Härteausgleich gem. § 19 Abs. 3 ErbStG bei Überschreiten der letztvorhergehenden Wertgrenze bis einschließlich . . . . . . EUR in Steuerklasse			
Wertgrenze gem. § 19 Abs. 1 ErbStG in EUR	**I**	**II**	**III**
75.000,–	0,–	0,–	0,–
300.000,–	82.600,–	87.400,–	–
600.000,–	334.200,–	359.900,–	–
6.000.000,–	677.400,–	749.900,–	–
13.000.000,–	6.880.800,–	10.799.900,–	10.799.900,–
26.000.000,–	15.260.800,–	14.857.100,–	–
über 26.000.000,–	29.899.900,–	28.437.400,–	–

Eine weitere steuerliche Entlastung gewährt § 19a Abs. 1 ErbStG. Danach kommt für natürliche Personen der Steuerklasse II oder III ein Entlastungsbetrag zur Anwendung, wenn nach § 13b ErbStG begünstigtes Vermögen übergeht. Dieses Vermögen wird stets erwerberunabhängig nach dem Tarif der Steuerklasse I besteuert. Diese Tarifbegrenzung entfällt allerdings rückwirkend, soweit der Erwerber innerhalb der Behaltensfrist (je nach Option fünf bzw. sieben Jahre) gegen die Behaltensregelungen des § 13a ErbStG verstößt (zu den Behaltensvoraussetzungen → A.IV.4 lit. d)).

5. Steuerfestsetzung und -erhebung

Steuerschuldner bei Erwerben von Todes wegen ist nach § 20 Abs. 1 ErbStG der einzelne Erwerber (Erbe, Miterbe, Vermächtnisnehmer) für seinen Erwerb. Bei Schenkungen unter Lebenden sind Schenker und Beschenkter Gesamtschuldner der Schenkungsteuer. Die Finanzverwaltung muss sich aber in erster Linie an den Beschenkten halten (BFH BStBl. III 1962, 323).

Gem. § 20 Abs. 3 ErbStG haftet der Nachlass bis zur Auseinandersetzung (§ 2042 BGB) für die Steuer der am Erbfall Beteiligten. Die Haftung ist gegenständlich auf den Nachlass beschränkt. Zeitlich ist sie bis zur Auseinandersetzung und somit auf den ungeteilten

Nachlass beschränkt, da nach erfolgter Auseinandersetzung jeder Miterbe frei über das ihm angefallene Vermögen verfügen kann (Meincke/*Hannes*/*Holtz* ErbStG § 20 Rn. 21).

a) Auslandsvermögen

Gehört im Falle der unbeschränkten Steuerpflicht Auslandsvermögen zum steuerpflichtigen Erwerb, ist die dafür festgesetzte ausländische Erbschaftsteuer insoweit anzurechnen, als das Auslandsvermögen auch der deutschen Erbschaftsteuer unterliegt (§ 21 Abs. 1 ErbStG). Dies erfolgt zur Vermeidung einer Doppelbesteuerung desselben Erwerbes durch eine gleichartige ausländische und deutsche Steuer.

Die Anrechnung erfolgt unter folgenden Voraussetzungen:

- Unbeschränkte deutsche Steuerpflicht bei dem Erwerb von Auslandsvermögen;
- Fehlen eines Doppelbesteuerungsabkommens zur Erbschaft- oder Schenkungsteuer;
- Belastung durch eine der deutschen Erbschaftsteuer vergleichbare ausländische Steuer;
- Kein Ermäßigungsanspruch für ausländische Steuer;
- Antrag vor Bestandskraft des Steuerbescheides durch den Anrechnungsberechtigten.

Die Anrechnung der ausländischen Erbschaftsteuer ist nur bis zu dem Betrag möglich, zu dem das Auslandsvermögen im Inland besteuert wird. Wird Auslandsvermögen nur zum Teil erworben, ist für die Ermittlung des Höchstbetrages das Verhältnis des Auslandsvermögens zum gesamten steuerpflichtigen Vermögen des Erwerbers maßgebend.

Ist das Auslandsvermögen in verschiedenen Staaten belegen, muss der anrechenbare Teil der ausländischen Steuer für jeden einzelnen Staat gesondert berechnet werden.

Die ausländische Steuer ist allerdings nur dann auf die deutsche Steuer anrechenbar, wenn die deutsche Erbschaftsteuer innerhalb von fünf Jahren nach dem Zeitpunkt der Entstehung der ausländischen Erbschaftsteuer entstanden ist, § 21 Abs. 1 S. 4 ErbStG.

Für die Qualifizierung als Auslandsvermögen kommt es nur darauf an, ob der Erblasser oder Schenker Inländer iSd § 2 Abs. 1 Nr. 1 a bis d ErbStG ist. War der Erblasser zum Todeszeitpunkt Inländer, gelten als Auslandsvermögen alle in § 121 BewG aufgeführte Vermögensgegenstände, die auf einen ausländischen Staat entfallen (enger Begriff des Auslandsvermögens). War der Erblasser hingegen kein Inländer, so zählen zum Auslandsvermögen alle Vermögensgegenstände mit Ausnahme des Inlandsvermögens iSd § 121 BewG (weiter Begriff des Auslandsvermögens). Dem Erwerber von Vermögen eines ausländischen Erblassers bzw. Schenkers wurden damit umfangreichere Anrechnungsmöglichkeiten gewährt (Meincke/*Hannes*/*Holtz* ErbStG § 21 Rn. 28). Schließlich hat der Erwerber über die Höhe des Auslandsvermögens und über die Festsetzung und die Zahlung der ausländischen Steuer Nachweise zu führen (§ 21 Abs. 3 ErbStG).

b) Besteuerung wiederkehrender Nutzungen und Leistungen

Der Bezugsberechtigte eines Nießbrauches, eines Wohnrechts oder einer Rente hat gem. § 23 ErbStG die Wahl zwischen der Sofortversteuerung und der Jahresversteuerung. Dieses Wahlrecht soll in den Fällen Abhilfe schaffen, in denen der Erwerber gezwungen wäre, die Erbschaftsteuer aus dem erworbenen Vermögen vorzufinanzieren, da diese schon beim Erwerb des Rechtes vorab als Einmalzahlung erhoben wird, während die Nutzungen und Rentenleistungen dem Erwerber erst in Zukunft sukzessive zufließen.

Bei der Sofortversteuerung wird der Kapitalwert des Nutzungs- oder Rentenrechts angesetzt und nach Abzug von Freibeträgen der Steuer unterworfen. Bei der Jahresversteuerung berechnet sich die Steuer aus dem Jahreswert der Nutzung oder Rente und dem Steuersatz, der sich bei der Sofortversteuerung aus dem Kapitalwert und dem etwa noch

angefallenen sonstigen Vermögen nach Abzug der Freibeträge ergeben würde. Die Jahressteuer läuft bis zum Ende des Nutzungs- oder Rentenrechts.

Wird zu Lebzeiten Vermögen übertragen, das mit einem Nutzungsrecht (zB Nießbrauch, Wohnrecht oder Rente) zugunsten des Schenkers oder des Ehegatten des Schenkers belastet ist, kann der Kapitalwert der Nutzung in voller Höhe als Last abgezogen werden. Das Abzugsverbot des § 25 ErbStG aF wurde mit Wirkung ab 1.1.2009 aufgehoben. Der Kapitalwert ist bei wiederkehrenden Nutzungen und Leistungen nach § 13 BewG und bei lebenslänglichen Nutzungen und Leistungen nach § 14 BewG jeweils unter Anwendung des entsprechenden Vervielfältigers auf den Jahreswert zu ermitteln. Der Jahreswert ist gem. § 16 BewG für Nutzungen eines Wirtschaftsguts auf den Wert beschränkt, der sich bei Teilung des Wertes des Wirtschaftsguts durch 18,6 ergibt. Bei der Belastung von begünstigtem Vermögen gilt dies mit der Einschränkung, dass nur ein anteiliger Abzug in Höhe des mit Erbschaftsteuer belasteten Vermögensanteils möglich ist, § 10 Abs. 6 S. 4 und 5 ErbStG. Die Möglichkeit des endgültigen Abzugs erhöht die Attraktivität von Vermögensübertragungen unter Nießbrauchsvorbehalt erheblich. Zu beachten ist hierbei allerdings, dass ein späterer Verzicht des Schenkers auf das Nutzungsrecht zu einer Versteuerung des Nutzungsrechts zum Kapitalwert des Nutzungsrechts im Zeitpunkt des Verzichts führt. Es erfolgt bei einem Verzicht innerhalb von zehn Jahren außerdem die Zusammenrechnung mit dem ursprünglichen Erwerb.

c) Mehrfacher Erwerb desselben Vermögens gem. § 27 ErbStG

Fällt Personen der Steuerklasse I von Todes wegen Vermögen zu, das in den letzten zehn Jahren vor dem Erwerb bereits von Personen dieser Steuerklassen erworben worden ist und für das nach dem Erbschaftsteuergesetz eine Steuer zu erheben war, ermäßigt sich der auf dieses Vermögen entfallende Steuerbetrag gem. § 27 Abs. 1 ErbStG. Mit der nach Zeiträumen gestaffelten Verminderung der für den Letzterwerb zu berechnenden Erbschaftsteuer wird erreicht, dass es bei einem Mehrfacherwerb im engsten Familienkreis innerhalb kurzer Zeit nicht zu ungerechtfertigt hohen erbschaftsteuerlichen Belastungen kommt.

d) Erlöschen der Steuer in besonderen Fällen

In § 29 Abs. 1 ErbStG werden Sondertatbestände aufgeführt, wonach die Steuer in bestimmten Fällen mit Wirkung für die Vergangenheit entfällt. Dabei handelt es sich hauptsächlich um Fälle aus dem Schenkungsbereich. Betroffen sind einmal Zuwendungen, die zunächst als freigebige Zuwendungen der Schenkungsteuerpflicht unterworfen worden sind und später auf Grund eines Rückforderungsrechts des Schenkers rückgängig gemacht werden. Die Regelung des § 29 Abs. 1 Nr. 1 ErbStG ist sowohl anwendbar auf gesetzliche Rückforderungsrechte als auch auf vertragliche Rückforderungsrechte wie der Widerrufsvorbehalt oder das Rücktrittsrecht (TGJG/*Jülicher* ErbStG § 29 Rn. 51 ff. und 58 ff.). Greift § 29 Abs. 1 ErbStG, so erlischt die Schenkungsteuer für die rückgängig gemachte Zuwendung. Gleichzeitig entsteht eine neue Steuerpflicht nach § 29 Abs. 2 ErbStG im Hinblick auf die Nutzungsvorteile, die der Beschenkte während der Nutzung des überlassenen Vermögens ziehen konnte. Der Beschenkte wird wie ein Nießbraucher besteuert.

Zu unterscheiden ist hiervon die freiwillige Rückgabe. Gibt der Beschenkte den Schenkgegenstand ohne oder vor Ausübung des Widerrufs bzw. des Rücktritts heraus, handelt er freiwillig, so dass § 29 Abs. 1 Nr. 1 ErbStG nicht eingreift. Die freiwillige

Rückgabe stellt schenkungsteuerlich eine Rückschenkung dar, die wiederum eine Schenkungsteuerpflicht auslöst.

Von gestalterischem Interesse ist auch der Fall des § 29 Abs. 1 Nr. 3 ErbStG, wonach eine ursprünglich unentgeltliche Zuwendung an den Ehegatten durch geschickten Wechsel des Güterstandes nachträglich zu einem entgeltlichen Geschäft gemacht werden kann (→ Form. I.I.1 Anm. 6 lit. j, → Form. I.I.6 Anm. 8). Daneben erlaubt § 29 Abs. 1 Nr. 4 ErbStG die rückwirkende Beseitigung der Steuer durch Weiterübertragung des Erwerbs auf den Bund, ein Land, eine inländische Gemeinde oder eine Stiftung, die ausschließlich steuerbegünstigte Zwecke (§§ 52 bis 54 AO) verfolgt. Die Weiterübertragung muss innerhalb von 24 Monaten nach Entstehung der Steuer (§ 9 ErbStG) erfolgen. Es gelten jedoch Ausnahmen, § 29 Abs. 1 Nr. 4 S. 2 ErbStG.

e) Örtliche Zuständigkeit

Die örtliche Zuständigkeit des Finanzamtes ergibt sich aus § 35 Abs. 1 und 2 ErbStG. Sie richtet sich unter sinngemäßer Anwendung von §§ 19 Abs. 1, 20 AO nach dem Wohnsitz oder gewöhnlichen Aufenthalt bzw. dem Ort der Geschäftsleitung des Erblassers oder Schenkers, wenn dieser ein Inländer war. Es wird also auf die Person abgestellt, die das Vermögen hinterlassen hat. War der Erblasser oder Schenker kein Inländer, ist dagegen gem. § 35 Abs. 2 Nr. 2 ErbStG auf die Verhältnisse des Erwerbers abzustellen.

f) Erbschaftsteuer und Ertragsteuer

Die Erbschaftsteuer erfasst nur das unentgeltliche Zufließen von Vermögenswerten, so dass dieses grundsätzlich nicht der **Einkommensteuer** unterliegt, da kein Tatbestandsmerkmal der sieben Einkunftsarten des § 2 Abs. 1 Nr. 1 bis 7 EStG verwirklicht ist.

Anders verhält es sich hingegen, wenn für eine Vermögensübertragung eine unter dem Verkehrswert liegende Gegenleistung vereinbart wird und die Parteien dies wussten oder für möglich hielten (BFH BStBl. II 1982, 83). In diesem Fall liegt eine sog. **gemischte Schenkung** vor, bei der die Übertragung eines Vermögensgegenstandes in einen entgeltlichen und einen unentgeltlichen Teil aufzuteilen ist. Für den entgeltlichen Teil der Übertragung kann Einkommensteuer anfallen, während der unentgeltliche Teil der Schenkungsteuer unterliegt.

Dazu ein **Beispiel:** Der Vater V überträgt eine wesentliche Beteiligung iSd § 17 EStG, Anschaffungskosten 100,– EUR, Verkehrswert 200,– EUR, auf den Sohn S gegen Zahlung von 40,– EUR. Ein Fünftel der Anteile (Anschaffungskosten 20,– EUR) gelten somit als zum Preis von 40,– EUR veräußert. Der Gewinn beträgt 20,– EUR. Vier Fünftel der Anteile (Anschaffungskosten 80,– EUR) gelten als voll unentgeltlich übertragen.

Ferner hat der Erbe die aus dem Nachlassvermögen fließenden **Einkünfte** einkommensteuerlich zu versteuern. Erfolgt der Zufluss vor dem Tod des Erblassers, so tritt der Erbe in die bestehende Steuerpflicht des Erblassers ein. Erfolgt der Zufluss nach dem Tod des Erblassers, so wird der Erbe originär einkommensteuerpflichtig im Hinblick auf die zugeflossenen Einkünfte. Nachträglich zugeflossene Einkünfte können beispielsweise auch Stückzinsen und bis zum Todestag aufgelaufene Zinsen sein oder zum Nachlass eines Freiberuflers gehörende Forderungen, die in der Hand des Erblassers noch nicht der Einkommensteuer unterlegen haben. Da die persönliche Steuerpflicht des Erblassers mit dessen Tod endet, haben die Erben die Einkünfte dann zu versteuern, wenn es zum Zufluss nach dem Tod kommt (Schmidt/*Heinicke* EStG § 1 Rn. 14, 15).

An dieser Stelle sei noch darauf hingewiesen, dass nach der geänderten Rechtsprechung des BFH (Beschluss vom 17.12.2007 – GrS 2/04) der Erbe einen vom Erblasser nicht ausgenutz-

ten Verlustabzug nach § 10d EStG nicht bei seiner eigenen Veranlagung zur Einkommensteuer geltend machen kann. **Verlustvorträge** sind somit nicht vererblich. Dies gilt nicht für Erbfälle, die vor Veröffentlichung des BFH-Beschlusses vom 17.12.2007 eingetreten sind.

Zum 1.1.2009 neu eingeführt wurde eine Regelung zur **Anrechnung** von Erbschaftsteuer auf die Einkommensteuer (§ 35b EStG), um eine Doppelbelastung mit Erbschaft- und Einkommensteuer zu verringern. Soweit Einkünfte mit Vermögen erzielt werden, das in dem betreffenden Veranlagungszeitraum oder in den vier Jahren zuvor durch Erbfall erworben wurde und der Erbschaftsteuer unterlag, wird die Erbschaftsteuer auf Antrag nach einer in § 35b S. 2 EStG näher definierten Berechnungsformel prozentual auf die Einkommensteuer angerechnet. Eine Anrechnung kommt damit auch beim Verkauf eines Unternehmens innerhalb von fünf Jahren nach Erwerb von Todes wegen in Betracht. Bei Schenkungen ist eine Anrechnung der Schenkungsteuer auf die Einkommensteuer ausgeschlossen.

Im Hinblick auf die **Körperschaftsteuer** hat der BFH nunmehr klargestellt, dass jedenfalls Kapitalgesellschaften ertragsteuerlich über keine außerbetriebliche Sphäre verfügen, die ihnen zuzurechnenden Wirtschaftsgüter ausnahmslos als Betriebsvermögen zu qualifizieren sind und der Bereich der gewerblichen Gewinnerzielung sämtliche Einkünfte umfasst, gleichviel in welcher Form und Art sie ihr zufließen (BFH DStR 2017, 319 mAnm *Wacker*). Daher ist eine Erbschaft einer GmbH von einem gesellschaftsfremden Dritten einer Doppelbelastung mit Erbschaft- und Körperschaftsteuer ausgesetzt. Sofern eine lebzeitige Leistung tatsächlich auf die Bereicherung der Kapitalgesellschaft und nicht etwa ihrer Gesellschafter abzielt, liegt eine freigebige Zuwendung an die Kapitalgesellschaft iSv § 7 Abs. 1 Nr. 1 ErbStG vor (Gemeinsamer Ländererlass vom 20.4.2018, DStR 2018, 1178; FG Nürnberg DStRE 2011, 227). Sofern die Leistung des Dritten dagegen eher auf die mittelbare Bereicherung der Gesellschafter abzielt, liegt ein Fall von § 7 Abs. 8 ErbStG vor, der eine freigebige Zuwendung des Leistenden an die Gesellschafter fingiert. Insoweit ist für die §§ 15, 16 ErbStG das Verhältnis des Leistenden zum einzelnen Gesellschafter maßgeblich.

Im Ergebnis weitgehend geklärt ist nunmehr auch die erbschaft- und schenkungsteuerliche Behandlung der Beziehungen zwischen Kapitalgesellschaften und deren Gesellschaftern bzw. ihnen nahestehenden Personen (eine Zusammenfassung der Rechtsentwicklung bei *Kotzenberg/Lorenz* DStR 2018, 1346). Seit dem klarstellenden Urteil des BFH vom 30.1.2013 (BStBl. II 2013, 930) steht fest, dass es im Verhältnis einer Kapitalgesellschaft zu ihren (mittelbaren) Gesellschaftern neben betrieblich veranlassten Rechtsbeziehungen lediglich offene und verdeckte Gewinnausschüttungen sowie Kapitalrückzahlungen, aber keine freigebigen Zuwendungen gibt. Gerade eine verdeckte Gewinnausschüttung iSv § 8 Abs. 3 S. 2 KStG an einen Gesellschafter kann also im Verhältnis zur Gesellschaft keinen schenkungsteuerpflichtigen Vorgang darstellen. Vorübergehend offen war dagegen die Frage, ob eine verdeckte Gewinnausschüttung, die einer dem Gesellschafter nahestehenden Person zugute kommt, zB überhöhte Arbeitsentgelte für Familienmitglieder, eine freigebige Zuwendung der Kapitalgesellschaft an die nahestehende Person darstellt. Dies hat der BFH für mehrere Konstellationen in drei Urteilen vom 13.9.2017 mit jeweils ähnlicher Begründung jedenfalls für die Fälle abgelehnt, in denen der Gesellschafter, welchem die Person nahesteht, an dem Abschluss der Vereinbarung mitgewirkt hat (BFH BStBl. II 2018, 292; BStBl. II 2018, 296; BStBl. II 2018, 299). Nach dem daraufhin neugefassten Gemeinsamen Ländererlass vom 20.4.2018 (DStR 2018, 1178), der die vorgenannten Urteile umsetzt, reicht für eine solche Mitwirkung aus, dass der Gesellschafter die Vereinbarung mit der nahestehenden Person veranlasst hat.

Allerdings hat der BFH – obiter dicta – angemerkt, dass in einem solchen Fall eine freigebige Zuwendung des Gesellschafters an die nahestehende Person in Betracht komme. Dies hänge maßgeblich von der konkreten Rechtsbeziehung zwischen Gesellschafter und nahestehender Person ab, wobei verschiedene Gestaltungen denkbar seien (zB Darlehen, Schenkung, Kaufvertrag). Die Finanzverwaltung folgert aus dieser Rspr., dass

in solchen Konstellationen „regelmäßig" eine freigebige Zuwendung des Gesellschafters an die nahestehende Person vorliege (Gemeinsamer Ländererlass vom 20.4.2018, DStR 2018, 1178 Rn. 2.6.2; Kritik *Kotzenberg/Lorenz* DStR 2018, 1346).

g) Erbschaftsteuer und Grunderwerbsteuer

Gem. § 3 Nr. 2 GrEStG wird Grunderwerbsteuer nicht erhoben, soweit der Rechtsvorgang, der der Grunderwerbsteuer unterliegt, zugleich als Erwerb von Todes wegen oder als Schenkung unter Lebenden im Sinne des ErbStG anzusehen ist. Zweck dieser Regelung ist es, eine Doppelbelastung mit Erbschaft- und Grunderwerbsteuer zu vermeiden. Unbeachtlich ist jedoch, ob Schenkung- oder Erbschaftsteuer auch tatsächlich erhoben wird.

Bei Vorliegen einer gemischten Grundstücksschenkung ist der Übertragungsvorgang in einen entgeltlichen und einen unentgeltlichen Teil aufzuteilen. Der entgeltliche Teil ist grunderwerbsteuerpflichtig gem. §§ 1 Abs. 1, 8 Abs. 1, 9 Abs. 1 und 2 GrEStG, der unentgeltliche Teil unterliegt der Schenkungsteuer iSd § 3 Nr. 2 GrEStG.

V. Kurzüberblick: Notar- und Gerichtskosten im Erbrecht

1. Verfügungen von Todes wegen: Beurkundung und Beratung

Die bei der Gestaltung bzw. Beurkundung von Verfügungen von Todes wegen anfallenden Notarkosten sind **Wertgebühren**. Der Gebührensatz für die **Beurkundung** richtet sich nach der Art der letztwilligen Verfügung:
- Einzel-Testament: 1,0-Gebühr nach Nr. 21200 KV GNotKG,
- Erbvertrag und gemeinschaftliches Testament 2,0-Gebühr nach Nr. 21100 KV GNotKG.

Wird nicht beurkundet, sondern nur der **Entwurf** gefertigt, ist die Gebühr 24101 KV GNotKG beim Einzeltestament (0,3–1,0-Gebühr) bzw. 24100 KV GNotKG (0,5–2,0-Gebühr).

Beim Geschäftswert kommt es im Fall der Verfügung über den ganzen Nachlass gem. § 102 Abs. 1 GNotKG auf das **modifzierte Reinvermögen** des Erblassers an: Von seinem Vermögen werden Verbindlichkeiten abgezogen, wobei mindestens das halbe Aktivvermögen anzusetzen ist. Mehrere Erblasser werden dabei gesondert betrachtet; eine Verrechnung von Verbindlichkeiten findet nicht statt. **Rechtswahlen** werden nach §§ 104, 111 Nr. 4, 35 Abs. 1 GNotKG immer mit 30 % des Bezugswertes hinzugerechnet.

Kommt es nicht zur Fertigung eines Urkundsentwurfs oder der Beurkundung der Verfügung von Todes wegen ist die **notarielle Beratung** nach Nr. 24201 KV GNotKG bei Testamenten (Gebührensatzrahmen 0,3 bis 0,5) oder nach Nr. 24200 KV GNotKG bei Erbverträgen und gemeinschaftlichen Testamenten (Gebührensatzrahmen 0,5 bis 1,0) gebührenpflichtig. Der Gebührensatzrahmen ist nach § 92 Abs. 1 nach dem Umfang der Tätigkeit vom Notar festzusetzen, wobei nicht nur quantitative Aspekte eine Rolle spielen (Bormann/Diehn/Sommerfeldt/*Bormann* GNotKG § 92 Rn. 7). Der Geschäftswert ist nach billigem Ermessen gemäß § 36 Abs. 1 GNotKG zu schätzen, wobei im Rahmen der Ermessensausübung auf die für die Beurkundung geltenden Wertvorschriften abgestellt werden kann.

Ausnahmsweise fallen auch **neben** der Entwurfs- und Beurkundungstätigkeit des Notars Beratungsgebühren an, nämlich wenn der Beratungsgegenstand über die Amtspflichten des Notars aus dem Beurkundungsverfahren hinausgeht. Das ist insbesondere bei steuerrechtlicher Beratung des Erblassers durch den Notar denkbar (*Diehn* Notarkostenberechnungen Rn. 2050 ff.).

2. Hinterlegung und Eröffnung

Die **besondere amtliche Verwahrung** von Verfügungen von Todes wegen löst nach Nr. 12100 KV GNotKG eine wertunabhängige Festgebühr von 75 EUR aus. Damit wird neben der Verwahrung auch jede Herausgabe abgegolten.

Die **notarielle Verwahrung** eines Erbvertrags löst beim Notar keine zusätzlichen Kosten aus.

Die **Eröffnung** einer Verfügung von Todes kostet nach Nr. 12101 KV GNotKG 100 EUR. Werden mehrere Verfügungen von Todes wegen desselben Erblassers bei demselben Gericht gleichzeitig eröffnet, so ist die Gebühr nur einmal zu erheben.

3. Erbschein

Der Erbscheinsantrag löst wegen der **eidesstattlichen Versicherung** eine **1,0-Gebühr** nach Nr. 23300 KV GNotKG aus. Maßgeblich ist der Wert des Nachlasses im Beurkundungszeitpunkt, wobei nur Erblasserverbindlichkeiten abgezogen werden, nicht Erbfallschulden, § 40 Abs. 1 GNotKG.

Die Erbscheinserteilung durch das Amtsgericht – Nachlassgericht – löst aus dem gleichen Wert eine weitere 1,0-Gebühr aus, Nr. 12210 KV GNotKG.

Im Ergebnis kostet der Erbschein daher 2 volle Gebühren nach Tabelle B des GNotKG. Die den Erbschein entbehrlich machende notarielle Verfügung von Todes wegen (siehe Rechtsgedanke § 35 Abs. 1 S. 2 GBO) ist daher in vielen Konstellationen ein Kostensparmodell:

Geschäftswert (modifiziertes Reinvermögen)	Notarielle Beratung Testament	Notarielle Beratung Erbvertrag	Beurkundung, Registrierung und Hinterlegung Testament	Beurkundung, Registrierung und Hinterlegung gemeinschaftliches Testament	Erbscheinsantrag + Erbschein
20.000 EUR	74,73 EUR	125,66 EUR	241,13 EUR	383,46 EUR	256,23 EUR
50.000 EUR	102,34 EUR	180,88 EUR	310,15 EUR	521,50 EUR	383,25 EUR
100.000 EUR	153,75 EUR	283,70 EUR	438,67 EUR	778,54 EUR	619,77 EUR
300.000 EUR	326,06 EUR	628,32 EUR	869,45 EUR	1.640,10 EUR	1.412,55 EUR
500.000 EUR	468,86 EUR	913,92 EUR	1.226,45 EUR	2.354,10 EUR	2.069,55 EUR
1.000.000 EUR	849,66 EUR	1.675,52 EUR	2.178,45 EUR	4.258,10 EUR	3.821,55 EUR
5.000.000 EUR	3.896,06 EUR	7.768,32 EUR	9.794,45 EUR	19.490,10 EUR	17.837,55 EUR

4. Vermächtniserfüllungen

Während die nach Universalsukzession (§ 1922 BGB) erforderliche Grundbuchberichtung nach Anmerkung 1 zu Nr. 14110 KV GNotKG zwei Jahre seit dem Erbfall keine Grundbuchgebühren auslöst, ist insbesondere die Erfüllung von Grundstücksvermächtnissen mit Transaktionskosten verbunden. Diese belaufen sich auf 1 volle Notargebühr für die Beurkundung der Auflassung, wenn die maßgebliche Verfügung von Todes wegen notariell beurkundet war (Nr. 21102 KV GNotKG). Die Kosten verdoppeln sich (2,0-Gebühr nach Nr. 21100 KV GNotKG), wenn nur ein eigenhändiges Testament zu Grunde liegt. Die Eintragung des Eigentumswechsels löst bei Gericht jeweils eine weitere volle Gebühr nach Tabelle B des GNotKG aus, Nr. 14110 KV GNotKG.

VI. Kurzüberblick: Europäische Erbrechtsverordnung

Die **Europäische Erbrechtsverordnung** (VO (EU) Nr. 650/2012, ABl. 2012 L 201, 107, samt Berichtigung ABl. 2013 L 41, 16 nachfolgend: EuErbVO) hat in der Gestaltung von Testamenten und Erbverträgen sowie in der Nachlassabwicklung zu einem Paradigmenwechsel geführt. Das anwendbare Erbrecht bestimmt sich nicht mehr nach der Staatsangehörigkeit sondern maßgeblich nach dem Recht des Staates, in dem der Erblasser seinen letzten **gewöhnlichen Aufenthalt** hat, Art. 21 Abs. 1 EuErbVO. Daneben regelt die Verordnung auch die internationale Zuständigkeit, die Anerkennung und Vollstreckung von Entscheidungen und öffentlichen Urkunden in Nachlasssachen sowie die Einführung eines Europäischen Nachlasszeugnisses. Ziel ist es, insbesondere in grenzüberschreitenden Erbfällen die Abwicklung zu erleichtern und das Erbrecht europaweit zu harmonisieren. Das nationale Erbrecht der einzelnen Mitgliedsstaaten wird von der Verordnung nicht berührt.

Die EuErbVO gilt für alle **ab dem 17.8.2015** im Anwendungsbereich der Verordnung eintretenden Erbfälle. Maßgeblich ist dabei nicht der Zeitpunkt der Errichtung eines Testaments, sondern der Zeitpunkt des Erbfalls. Damit ist die EuErbVO anstelle der bisherigen kollisionsrechtlichen Regelungen in den Art. 25 und 26 EGBGB aF anwendbar, Art. 3 Nr. 1 lit. e EGBGB. Die bisherigen kollisionsrechtlichen Regelungen, die auf die Staatsangehörigkeit abstellten, sind bei der Gestaltung von Testamenten daher nicht mehr zu berücksichtigen.

1. Anwendungsbereich

Die EuErbVO ist anwendbar in den Mitgliedsstaaten der Europäischen Union mit Ausnahme von Dänemark, Großbritannien und Irland. Der *Brexit* hat daher keine Auswirkungen auf die Erbfolgegestaltung. Bei diesen drei Staaten ist damit weiterhin deren nationales Kollisionsrecht und Verfahrensrecht ebenso wie bei sonstigen, außereuropäischen Drittstaaten zu beachten. Soweit die Verordnung von Mitgliedsstaat spricht, ist dies nur auf die teilnehmenden EU-Staaten einschränkend auszulegen (*Lehmann* ZErb 2013, 25).

Die EuErbVO ist auch anzuwenden, wenn das danach anwendbare Recht dasjenige eines Drittstaats ist. Mittelbar ist die Verordnung damit auch in Drittstaaten anwendbar, soweit es zu einer Rück- oder Weiterverweisung auf das Recht eines Mitgliedsstaates oder eines anderen Drittstaates kommt, vgl. Art. 20, 34 Abs. 1 EuErbVO.

Beispiel: Ein deutscher Staatsbürger mit Immobilienbesitz in Deutschland verstirbt mit letztem Wohnsitz in Kalifornien/USA. Nach alter Rechtslage wäre für das anwendbare Erbrecht auf seine deutsche Staatsangehörigkeit abzustellen. Nunmehr richtet sich hingegen das Erbstatut nach dem gewöhnlichen Aufenthalt des Erblassers im Zeitpunkt des Todes, Art. 21 Abs. 1 EuErbVO. Dies ist das kalifornische Recht, auf das im Wege einer Gesamtnormverweisung nach Art. 34 EuErbVO verwiesen wird. Da dieses aber für Grundbesitz in Deutschland auf das Recht am Lageort verweist, kommt es zu einer Rückverweisung auf deutsches Recht, die nach Art. 34 Abs. 1 EuErbVO angenommen wird. Im Rahmen der Rückverweisung kommt es damit zu einer Nachlassspaltung und der Grundsatz der Nachlasseinheit wird durchbrochen.

Regelungsumfang der Verordnung sind insbesondere die gesetzliche und die gewillkürte Erbfolge, die Pflichtteils- und Noterbrechte, der Anfall und Übergang des Nachlasses, die Haftung der Erben sowie die Auseinandersetzung des Erbes, vgl. Art. 3 Abs. 1 lit. a, Art. 23 EuErbVO. Nicht von der EuErbVO geregelt wird das anwendbare Güterrecht des Erblassers, Fragen des ehelichen Unterhalts aufgrund Todes, lebzeitige Zuwendungen wie etwa Verträge zu Gunsten Dritter auf den Todesfall sowie Fragen des Gesellschaftsrechts oder des maßgeblichen Sachenrechts. Auch die Erfüllung von Testamenten richtet sich damit sowohl formell als auch materiell-rechtlich nach dem jeweiligen Lageort der Nachlassgegenstände, Art. 1 Abs. 2 lit. l EuErbVO. Daher war nach bisheriger hM bei Vindikationslegaten nach ausländischem Recht (dies betrifft etwa Frankreich, Italien, Polen, Spanien) für Grundbesitz in Deutschland weiterhin eine Vermächtniserfüllung samt Auflassung notwendig; dem ist der EuGH nun nicht gefolgt, sodass für Vindikationslegate nach einem ausländischen Erbrecht lediglich eine Grundbuchberichtigung erforderlich ist (EuGH DNotZ 2018, 33 – Kubicka; dazu *Weber* DNotZ 2018, 16; *Bandel* MittBayNot 2018, 99; *Leitzen* ZEV 2018, 311).

Internationale Abkommen, wie das Haager Testamentsübereinkommen vom 5.10.1961 oder binationale Abkommen – derzeit geschlossen mit dem Iran, den Nachfolgestaaten der ehemaligen Sowjetunion oder der Türkei – bleiben nach Art. 75 EuErbVO gegenüber der EuErbVO vorrangig anwendbar.

Für das anwendbare Erbrecht bestimmt Art. 21 Abs. 1 EuErbVO die Maßgeblichkeit des Rechts des Staates, in dem der Erblasser seinen **letzten gewöhnlichen Aufenthalt** hat. Es kann daher zu einem Wechsel des anwendbaren Rechts zwischen dem Zeitpunkt der Errichtung der Verfügung und dem Versterben des Erblassers kommen.

Eine Ausnahme hiervon bilden lediglich **Erbverträge**: für diese bleibt es aus Gründen der Rechtssicherheit bei der Anwendung des maßgeblichen Rechts bei Abschluss des Erbvertrages, Art. 25 Abs. 1, 2 EuErbVO. Für die Zulässigkeit, materielle Wirksamkeit und Bindungswirkung gilt damit ein hypothetisches Erbstatut im Zeitpunkt der Errichtung. Ein späterer Wechsel des Aufenthalts ändert damit nichts am anwendbaren Erbrecht. Damit kann die vertragsmäßige Bindung also nicht durch den Wegzug in einen Mitgliedsstaat mit schwächeren oder gar fehlenden Regelungen für Erbverträge beeinträchtigt werden. Dies soll gleichermaßen auch für Erb- und Pflichtteilsverzichte gelten. Ob auch gemeinschaftliche Testamente nach deutschem Recht unter Art. 25 EuErbVO fallen, ist umstritten (dafür Palandt/*Thorn* EuErbVO Art. 25 Rn. 3 mwN auch zur Gegenansicht). Wenn eine wechselbezügliche oder erbvertragliche Bindung gewünscht ist, sollte in der Gestaltung daher sicherheitshalber ein Erbvertrag verwendet werden.

Vor dem 17.8.2015 errichtete Verfügungen von Todes wegen bleiben aber materiell und formell wirksam, wenn sie nach dem zum Zeitpunkt ihrer Errichtung anwendbaren Erbstatut wirksam waren oder nach dem nach Maßgabe der EuErbVO anwendbaren Recht dann wirksam werden, Art. 83 Abs. 3 EuErbVO.

2. Zuständigkeit

Die internationale Zuständigkeit für Nachlassverfahren richtet sich nach dem letzten gewöhnlichen Aufenthalt des Erblassers. Dabei können nur Gerichte oder gerichtsähnliche Organisationen, wie zB Notare, eines einzigen Landes tätig werden, solange es sich nicht um untergeordnete Verfahren wie die Entgegennahme von Ausschlagungen oder vorläufige Sicherungsmaßnahmen handelt, vgl. Art. 13, Art. 19 EuErbVO. Damit soll vermieden werden, dass es künftig noch parallele Nachlassverfahren mit in der Praxis oft problematischen divergierenden Entscheidungen gibt. Daher ist auch die Ausstellung von Fremdrechtserbscheinen gemäß § 352c FamFG künftig nur selten noch möglich. Insofern

ist die Zuständigkeitsregelung des Art. 4 EuErbVO vorrangig gegenüber § 343 FamFG, sodass bei einem Nachlassfall im Ausland mit Vermögen in Deutschland ausschließlich das ausländische Nachlassgericht für die Ausstellung von Erbnachweisen zuständig ist (EuGH ZEV 2018, 465 – Oberle → Form. J.V.1 Anm. 11).

Daneben eröffnet die Verordnung die Möglichkeit einer schriftlichen **Gerichtsstandsvereinbarung** gemäß Art. 5 EuErbVO oder einer bindenden Verweisung an ein Gericht in dem Land, dessen Staatsangehörigkeit der Erblasser besaß. In beiden Fällen muss allerdings eine ausdrückliche oder konkludente Rechtswahl des Erblassers zu seinem Staatsangehörigkeitsrecht vorliegen; anderenfalls ist eine Änderung der internationalen gerichtlichen Zuständigkeit nicht möglich (MüKoBGB/*Dutta* EuErbVO Art. 5 Rn. 3). Wenn der Erblasser eine solche Zuständigkeitsverlagerung zu einem deutschen Gericht wünscht, empfiehlt sich die Aufnahme einer entsprechenden Bedingung oder Auflage im Testament, die die Begünstigten zu einer Gerichtsstandsvereinbarung verpflichtet (*Lehmann* ZEV 2015, 309 [314])

3. Anknüpfung an gewöhnlichen Aufenthalt

Das Erbstatut wird einheitlich an den Begriff des „**gewöhnlichen Aufenthalts**" angeknüpft, sog. Domizilprinzip. Dies gilt für den gesamten Nachlass, sodass der frühere Unterschied zwischen beweglichem und unbeweglichem Vermögen in den von der Verordnung erfassten Mitgliedsländern der Europäischen Union entfällt. Die Verordnung geht im Grundsatz daher von einer Nachlasseinheit aus. Nachlassspaltungen gehören damit der Vergangenheit an. Auch wenn etwa Grundbesitz im außereuropäischen Ausland oder in Großbritannien weiterhin der *lex rei sitae* unterworfen ist, umfasst aus europäischer Sicht das anwendbare Erbrecht auch solche Immobilien. Derartiges Auslandsvermögen stellt daher keine Möglichkeit mehr zur Pflichtteilsreduzierung dar (*Odersky* notar 2013, 4).

Der gewöhnliche Aufenthalt wird in der EuErbVO nicht selbst definiert und ist daher autonom auszulegen. Entscheidungen zum gewöhnlichen Aufenthalt in anderen Regelungsbereichen wie etwa dem Steuer- oder Asylrecht, auch zu anderen EU-Verordnungen sind nicht maßgeblich. Der gewöhnliche Aufenthalt ist zunächst nach objektiven Kriterien zu bestimmen. Entsprechend den Erwägungsgründen soll eine besonders enge und feste Beziehung zu einem bestimmten Staat maßgeblich sein, wozu eine Gesamtbeurteilung aller Lebensumstände des Erblassers in den Jahren vor und bis zu seinem Ableben entscheidend sei, vgl. Erwägungsgründe Nr. 23 und 24 EuErbVO. Dabei sind alle relevanten Tatsachen zu berücksichtigen, insbesondere die Dauer und die Regelmäßigkeit des Aufenthalts in dem betreffenden Staat sowie die damit zusammenhängenden Umstände und Gründe. Denklogisch kann eine natürliche Person dabei nur einen gewöhnlichen Aufenthalt haben. Für Berufspendler, *Expatriates* oder sonstigen Personen mit mehreren internationalen Wohnsitzen gilt nach Erwägungsgrund Nr. 24 der Vorrang der sozialen Verbindungen zu Familie und Freunden, hilfsweise auch die Staatsangehörigkeit oder die Tatsache, dass alle wesentlichen Vermögenswerte in einem Land belegen sind (eingehend *Lehmann* DStR 2012, 2085; *Odersky* notar 2013, 3 [5]). Daneben können auch subjektive Kriterien eine Rolle spielen (**Aufenthaltswille**, eingehend zu pflegebedürftigen Erblassern *Weber/Francastel* DNotZ 2018, 163; s. auch OLG München ZEV 2017, 333; OLG Hamm ZEV 2018, 343; zum „Mallorca-Rentner" s. *Steinmetz* ZEV 2018, 317). Die fehlende gesetzliche Definition des gewöhnlichen Aufenthalts führt in vielen Fällen zu einer Rechtsunsicherheit, sodass sich bei möglichen Aufenthaltswechseln eine vorsorgende Rechtswahl empfiehlt. In Zweifelsfällen sollten auch konkrete Indizien für einen bestimmten gewöhnlichen Aufenthalt im Testament dargelegt werden.

Maßgeblich ist der gewöhnliche Aufenthalt des Erblassers **im Zeitpunkt des Todes.** Dies ist unabhängig von der Staatsangehörigkeit des Erblassers, eines etwaigen abweichenden Sterbeorts oder wo sich Vermögen des Erblassers befindet. Auch auf den Aufenthaltsort bei Testamentserrichtung kommt es nicht an. Ausnahmen sind möglich, wenn der Erblasser zum Zeitpunkt seines Ablebens eine **offensichtlich engere Bindung** zu einem anderen Staat hatte, als der in dem er seinen gewöhnlichen Aufenthalt innehatte (Ausweichklausel des Art. 21 Abs. 2 EuErbVO). Gleiches gilt, wenn der Erblassers erst kurz vor seinem Tod in den Staat seines gewöhnlichen Aufenthalts umgezogen ist und sich aus den Gesamtumständen eine offensichtlich engere Verbindung zu einem anderen Staat ergibt (Erwägungsgrund Nr. 25 EuErbVO).

4. Rechtswahl

Die EuErbVO ermöglicht eine Rechtswahl zu Gunsten des Rechts des Staates, dem der Erblasser angehört, vgl. Art. 22 EuErbVO. Damit eröffnet die Verordnung abhängig von der bestehenden oder einer etwa erst künftigen Staatsangehörigkeit des Erblassers interessante Gestaltungsmöglichkeiten für die Praxis; Auslegungsschwierigkeiten und Zweifelsfragen bei der Bestimmung des gewöhnlichen Aufenthalts werden damit vermieden. Zugleich eröffnet eine Rechtswahl des Erblassers auch die Möglichkeit, die internationale Zuständigkeit für das Nachlassverfahren zu verlagern (→ Form. A.VI.2). Für Auslandsdeutsche mit überwiegendem Vermögen in Deutschland kann so die Nachlassabwicklung vereinfacht werden.

a) Wahl des Heimatrechts

Abweichend von der künftig generellen Anknüpfung an das Recht am letzten gewöhnlichen Aufenthalt des Erblassers ermöglicht Art. 22 EuErbVO die Wahl des Heimatrechts für den Erblasser. Insbesondere für Erblasser, die sich längere Zeit im Ausland aufhalten, empfiehlt sich die Aufnahme einer solchen Rechtswahl, um zu verhindern, dass sich die gewünschte erbrechtliche Gestaltung im Todesfall an einem fremden Recht orientiert, das gegebenenfalls bei der Nachlassplanung noch nicht absehbar ist. Soweit ein längerer Aufenthalt im Ausland oder ein Wegzug nicht gänzlich ausgeschlossen erscheint, sollte daher bei jeder Testamentsgestaltung, eine **vorbeugende Rechtswahl** erfolgen.

Zulässig ist sowohl die Rechtswahl zu Gunsten des Rechts des Staates, dem der Erblasser im Zeitpunkt der Rechtswahl angehört. Alternativ kann aber auch das Recht des Staates gewählt werden, dem der Erblasser zum Zeitpunkt seines Versterbens angehören wird, Art. 22 Abs. 1 EuErbVO. Letzteres wird in der Praxis ein Ausnahmefall sein, da im Falle eines Nichterwerbs der Staatsangehörigkeit die Rechtswahl unwirksam wäre.

Bei Staaten mit mehreren **Teilrechtsordnungen** ist die Wahl einer bestimmten Teilrechtsordnung zwar möglich, jedoch beschränkt auf die nach dem anwendbaren Kollisionsrecht des Heimatrechts zulässige Rechtsordnung. **Beispiel:** Ein Katalane mit Wohnsitz in Deutschland kann daher nicht galizisches Erbrecht wählen (nach *Leitzen* ZEV 2013, 128). Jedoch ist die Rechtswahl nicht auf das Recht eines anderen Mitgliedsstaates beschränkt, sondern kann auch für dasjenige eines Drittstaates ausgeübt werden. Eine Rück- oder Weiterverweisung aufgrund des Kollisionsrechts der gewählten Rechtsordnung ist dann ausgeschlossen, Art. 34 Abs. 2 EuErbVO.

Bei Mehrstaatern kann das Recht jedes einzelnen Staates gewählt werden, ohne dass es auf eine besonders enge Verbindung zu dem jeweiligen Staat ankäme. Die Frage einer effektiven Staatsangehörigkeit stellt sich also nicht. Nicht zulässig ist jedenfalls die Wahl

eines Rechts, dem der Erblasser weder zum Zeitpunkt seiner Rechtswahl noch zum Zeitpunkt seines Versterbens angehört. Damit ist auch eine Rechtswahl für das Recht am bestehenden oder früheren gewöhnlichen Aufenthalt nicht möglich. Ein EU-Ausländer kann also nicht etwa dauerhaft sein Domizilrecht wählen.

b) Umfang

Die Rechtswahl nach Art. 22 EuErbVO ist abweichend vom bisherigen Recht (Art. 25 Abs. 2 EGBGB aF) umfassend und gilt für den gesamten Nachlass. Die Rechtswahl für ein Erbrecht eines entsprechenden Staates ist eine Sachnormverweisung, sodass Rück- oder Weiterverweisungen nicht zu beachten sind, Art. 34 Abs. 2 EuErbVO.

Neben der Rechtswahl nach Art. 22 EuErbVO sollte weiter für Fragen der materiellen Wirksamkeit des Testaments, also etwa Testierfähigkeit, Auslegungsfragen und mehr nach Art. 26 EuErbVO, eine **gesonderte Rechtswahl** nach Art. 24 Abs. 2 EuErbVO getroffen werden.

Bei gemeinschaftlichen Verfügungen in einem Erbvertrag oder gemeinschaftlichem Testament können Erblasser spezifisch für die Zulässigkeit, die materielle Wirksamkeit und die Bindungswirkungen ihres Erbvertrags nach Art. 25 Abs. 3 EuErbVO („Erbvertragsstatut") ihr gemeinsames Heimatrecht bzw. bei verschiedenen Staatsangehörigkeiten eines der Heimatrechte eines der Erblasser wählen (*Odersky* notar 2013, 3 [8]). Daneben ist aber gesondert für jeden Erblasser die Möglichkeit einer Rechtswahl nach Art. 22 EuErbVO zu prüfen.

Beispiel: Ein deutsch-spanisches Ehepaar mit dauerhaftem Aufenthalt in Spanien kann zwar für die materielle Wirksamkeit eines Erbvertrages deutsches Recht wählen. Für die erbrechtlichen Verfügungen des spanischen Ehegatten kann aber nicht das deutsche Erbrecht gewählt werden.

Die Möglichkeit einer erbvertraglich bindenden Rechtswahl ist in der EuErbVO nicht geregelt. Dies ist Sache des anwendbaren materiellen Erbrechts; in Deutschland ist eine bindende Rechtswahl möglich, §§ 2270 Abs. 3, 2278 Abs. 2 BGB → Form. K.VIII.4.

Eine gegenständliche Beschränkung der Rechtswahl ist nicht möglich.

c) Form

Die Rechtswahl nach Art. 22 EuErbVO kann sowohl isoliert als auch zusammen mit anderen testamentarischen Verfügungen in einer wirksamen letztwilligen Verfügung erfolgen. Ebenso ist in einem Erbvertrag eine ausdrückliche Rechtswahl für das Heimatrecht des Erblassers möglich, Art. 25 Abs. 3 EuErbVO. Auch soweit keine ausdrückliche Rechtswahl erfolgt, kann sich gleichwohl aus den Bestimmungen im Testament eine **konkludente Rechtswahl** ergeben. Maßgeblich dafür dürfte nicht allein das Abfassen in einer bestimmten Sprache oder die Verwendung spezieller Rechtstermini sein. Jedoch kann von den verwendeten besonderen erbrechtlichen Instrumentarien wie etwa einer Vor- und Nacherbfolge auf eine entsprechende Rechtswahl geschlossen werden. In der Gestaltung sollte man eine konkludente Rechtswahl vermeiden und stattdessen vorsorgend eine ausdrückliche Wahl treffen.

d) Bestand früherer Rechtswahlen

Nach altem Recht ermöglichte Art. 25 Abs. 2 EGBGB aF eine isolierte Rechtswahl für im Inland belegenes unbewegliches Vermögen (→ Form. K.VIII.1). Auch einige andere

ausländische Rechtsordnungen wie beispielsweise das ital. IPRG ermöglichten bisher Rechtswahlen im Erbrecht.

Um das Vertrauen des Erblassers in eine wirksam errichtete Verfügung von Todes wegen oder eine Rechtswahl zu schützen, sieht die EuErbVO ausdrückliche Übergangsbestimmungen vor. Demnach haben solche Rechtswahlen Bestand, wenn diese nach dem bei Errichtung geltenden Kollisionsrecht wirksam getroffen wurden, Art. 83 Abs. 2 EuErbVO, oder nach den künftig anwendbaren Regelungen der EuErbVO wirksam sind. Dies gilt schließlich auch für die vorsorgliche Wahl eines Staatsangehörigkeitsrechts, die im Hinblick auf die Anwendbarkeit der EuErbVO vor dem 17.8.2015 getroffen wurde. Eine solche Rechtswahl wird mit Inkrafttreten der Verordnung dann wirksam, Art. 83 Abs. 2 EuErbVO (*Odersky* notar 2013, 3 [5]). Für testamentarische Rechtswahlen besteht mithin grundsätzlich ein Bestandschutz.

Für Altfälle ohne Rechtswahl, also testamentarische Verfügungen, die vor dem 17.8.2015 ohne eine ausdrückliche Rechtswahl für ein vom Erblasser wählbares Recht errichtet wurden, sieht Art. 83 Abs. 4 EuErbVO die Fiktion einer gesetzlichen Rechtswahl vor. Dies betrifft etwa Testamente oder Erbverträge eines deutschen Erblassers: für diese gilt also auch ohne ausdrückliche Rechtswahl die Vermutung einer Rechtswahl für deutsches Recht.

e) Bedeutung der Rechtswahl für die internationale Zuständigkeit

Rechtswahlen können nicht nur aufgrund inhaltlicher Präferenzen für das Staatsangehörigkeitsrecht sinnvoll sein, sondern auch der Verfahrensgestaltung dienen. Eine Verlagerung der internationalen Zuständigkeit zu den nationalen Gerichten des Mitgliedsstaates, dessen Staatsangehörigkeit der Erblasser besitzt, ist durch eine schriftliche Gerichtsstandsvereinbarung aller Beteiligten nach Art. 5 EuErbVO oder Antrag auf Verweisung eines Beteiligten nach Art. 6 EuErbVO möglich. Diese setzt aber voraus, dass der Erblasser eine entsprechende Rechtswahl zu Gunsten seines Heimatrechts getroffen hat.

5. *Ordre-public*-Vorbehalt

Die EuErbVO enthält in Art. 35 einen üblichen Vorbehalt für den inländischen *ordre-public*, wonach die Anwendung einer aufgrund der Verordnung geltenden einzelstaatlichen Rechtsnorm versagt werden kann, wenn dies mit der öffentlichen Ordnung des betroffenen Staates unvereinbar wäre. Dies kann maßgeblich sein bei der Nichtanerkennung der Entscheidung eines Mitgliedsstaates nach Art. 40 lit. a EuErbVO oder im Verfahren der Erteilung eines Europäischen Nachlasszeugnisses. Dies betrifft beispielsweise den Fall, dass das anwendbare ausländische Recht gegen Grundrechtsprinzipien oder den europäischen Wertekodex verstößt, wie etwa bei einer Benachteiligung weiblicher Erben gegenüber männlichen Abkömmlingen. Ob dies auch für Einschränkungen nationaler Pflichtteilsrechte gilt, ist zweifelhaft. Jedenfalls solange das anwendbare Recht, Pflichtteilsansprüche bzw. Noterbrechte kennt, ist von einem Verstoß gegen den *ordre-public* des betroffenen Mitgliedsstaates nicht auszugehen (Hausmann/*Odersky* IPR § 15 Rn. 344 f.).

6. Europäisches Nachlasszeugnis

Seit Inkrafttreten der EuErbVO besteht die Möglichkeit, neben nationalen Erbnachweisen wie etwa dem Erbschein oder dem notariellen Testament mit Eröffnungsniederschrift, ein europäisches Nachlasszeugnis zu beantragen, vgl. Art. 62 ff. EuErbVO. Dieses wird europaweit als einheitlicher Nachweis der Erbenstellung, der Rechte von Vermächtnisnehmern und der Befugnis als Testamentsvollstrecker oder Nachlassverwalter nach Art. 63 EuErbVO anerkannt werden. Das Europäische Nachlasszeugnis tritt neben die nationalen Erbnachweise. Seine Verwendung ist nicht verpflichtend, sondern freiwillig möglich. Insbesondere bei Nachlassverfahren mit Auslandsbezug empfiehlt sich dessen Verwendung.

Die zwingenden Vorschriften des formellen und materiellen Rechts in den Mitgliedsstaaten sind aber weiterhin zu beachten, dh, dass etwa für die Erfüllung eines Vermächtnisanspruchs wie bisher eine formgerechte Auflassung notwendig ist, vgl. Art. 69 Abs. 5 EuErbVO und Erwägungsgrund Nr. 18 (anders bei ausländischen Vindikationslegaten, hier genügt eine Berichtigung des Grundbuchs → Form. A.VI.1).

Zuständig für die Ausstellung ist das Gericht am letzten Wohnsitz des Erblassers. Das Zeugnis erstreckt sich dabei neben der Erbenstellung auch auf Vermächtnisse, eine etwa angeordnete Testamentsvollstreckung und das auf die Erbfolge anwendbare Recht. Anders als ein Erbschein ist die Wirkung des europäischen Nachlasszeugnisses aber auf die Dauer von sechs Monaten ab Ausstellung begrenzt.

Neben dem Europäischen Nachlasszeugnis sind nationale Erbnachweise weiterhin gültig (→ Form. J.V.1 Anm. 2). Solche öffentlichen Urkunden auf dem Gebiet des Erbrechts haben künftig in einem anderen Mitgliedsstaat die gleiche **formelle Beweiskraft** wie im Ursprungsmitgliedstaat, Art. 59 EuErbVO. Einwände gegen die Echtheit einer Urkunde sind zwingend vor den Gerichten des Ursprungsmitgliedstaates geltend zu machen. Der deutsche Erbschein kann damit grundsätzlich EU-weit verwendet werden. Näher zum Europäischen Nachlasszeugnis (→ Form. J.V.9–11).

B. Form der Verfügung von Todes wegen

I. Das eigenhändige Testament/gemeinschaftliche Testament

1. Eigenhändiges Testament

Mein Testament[1–5]

Zu meinem alleinigen Vollerben berufe ich meinen Neffen ..... (Name, Geburtsdatum, Wohnort).

Zum Ersatzerben für den Fall, dass er nicht Erbe werden will oder kann, berufe ich meine Nichte

...... (Name, Geburtsdatum, Wohnort).

...... (Ort, Datum)

......

(eigenhändig geschrieben und eigenhändige Unterschrift mit Vor- und Familiennamen)[6–12]

Anmerkungen

1. Testamentsformen. Testamente können in ordentlicher Form (§ 2231 BGB) eigenhändig (§ 2247 BGB) oder zur Niederschrift eines Notars (§ 2232 BGB) bzw. eines Konsuls (§§ 10, 11 KonsularG) errichtet werden. Erbverträge können nur vor einem Notar bzw. Konsul geschlossen werden (§ 2276 BGB). Zum Erbvertrag → Form. B.IV. Weil auch im eigenhändigen Testament alle zulässigen Verfügungen von Todes wegen getroffen werden können, sind öffentliche und privatschriftliche Testamente bezüglich ihrer erbrechtgestaltenden Wirkung gleichwertig. Zu den Voraussetzungen der Errichtung von Nottestamenten (Todesbesorgnis, Absperrung, nahe Todesgefahr, Absperrung eines Ortes von der Außenwelt, bei Seereisen an Bord eines deutschen Schiffes außerhalb eines inländischen Hafens) siehe §§ 2249 bis 2251 BGB, zur Gültigkeitsdauer eines Nottestaments siehe § 2252 BGB.

2. Formzwang. Verfügungen von Todes wegen unterliegen im Unterschied zu den meisten schuldrechtlichen Rechtsgeschäften einem strengen Formzwang: Es gilt der Grundsatz, dass ein letzter Wille unbeachtlich ist, wenn er nicht formgültig erklärt worden ist, § 125 S. 1 BGB. Der Formzwang erfüllt im Erbrecht drei Zwecke: eine Warn-, eine Rechtsklarheits- und eine Beweisfunktion. Selbst die bloße Schriftform des § 2247 BGB zwingt den Erblasser, seinen letzten Willen zu überdenken, ihn gedanklich-inhaltlich zu präzisieren, förmlich zu manifestieren und letztlich auch räumlich-gegenständlich niederzulegen. Die Formvorschriften müssen im Zeitpunkt der Errichtung der Verfügung von Todes wegen eingehalten werden; nur dieser Zeitpunkt ist für die Formwirksamkeit von Bedeutung: eine Heilung ist nur durch formgerechtes Wiederholen (Neuvornahme), nicht etwa durch stillschweigende oder schlüssige Billigung, mit Wirkung ex nunc möglich. Nach Art. 27 EuErbVO sind letztwillige Verfügungen formgültig, wenn sie insbesondere die Form am Ort der Errichtung der Verfügung

oder des Staates einhalten, dem der Erblasser zum Zeitpunkt der Errichtung oder seines Todes angehörte.

3. Folgen eines Formverstoßes. Je nachdem, ob es sich um den Formverstoß gegen eine Soll- oder um eine Muss-Vorschrift handelt, sind die Folgen verschieden: die Nichtbeachtung einer Soll-Vorschrift (§ 2247 Abs. 2 BGB) führt nicht zur Nichtigkeit der gesamten Verfügung. Wird hingegen eine Muss-Vorschrift (§ 2247 Abs. 1 BGB, fehlende Unterschrift nach Abs. 3) verletzt, ist die ganze Verfügung von Todes wegen gem. § 125 S. 1 BGB nichtig.

Eine Auslegung gem. § 2084 BGB kommt zur Formheilung nicht in Frage, weil diesbezüglich grundsätzlich feststehen muss, dass es sich bereits um eine Verfügung handelt (*Neust* RPfleger 62, 446; BGH NJW 1981, 1736). Die bloße Teilunwirksamkeit einer Verfügung von Todes wegen auf Grund eines Formverstoßes ist im Einzelfall möglich (BGH NJW 1955, 460). Ist nur ein Bestandteil einer Verfügung unwirksam, gilt § 139 BGB. Ist eine von mehreren Verfügungen unwirksam, gilt § 2085 BGB, wobei die formunwirksame Verfügung als Ausdruck des wirklichen Erblasserwillens beachtlich sein kann, wenn die formwirksame Verfügung eine hinreichende diesbezügliche Andeutung (sog. Andeutungstheorie, BGH NJW 1983, 672) enthält (vgl. dazu *Lehmann/Scherer* FS Spiegelberger, 2009, 1045 [1058 ff.]). Bei wechselbezüglichen Bestimmungen im gemeinschaftlichen Testament und Erbvertrag sind auch die §§ 2270, 2298 BGB zu beachten.

4. Höchstpersönlichkeit. Der Erblasser kann ein Testament nur persönlich errichten, rechtsgeschäftliche und gesetzliche (insbes. Minderjährige, § 2229 Abs. 2 BGB) Stellvertretung sind unzulässig, §§ 2064, 2065 Abs. 1 BGB, für den Erbvertrag s. § 2274 BGB, den Erbverzicht s. § 2347 Abs. 2 BGB. Eine Vertretung ist somit sowohl im Willen, als auch in der Erklärung ausgeschlossen (BGH NJW 195, 100). Eine Ausnahme gilt insoweit nur beim Erbvertrag, bei der ein nichttestierender Vertragsteil, nicht jedoch der Erblasser, auf Grund Vollmacht oder vollmachtlos vorbehaltlich seiner Genehmigung vertreten werden kann, §§ 2274, 2276 BGB. Minderjährige (von 16 bis 18 Jahren) und Leseunfähige können kein eigenhändiges Testament errichten, § 2247 Abs. 4 BGB.

5. Testierwille. Voraussetzung für das Vorliegen eines wirksamen Testaments ist das Vorhandensein eines ernstlichen Testierwillens des Erblassers bei der Errichtung dahin, dass er die privatschriftliche Willensäußerung als seinen rechtsverbindlichen letzten Willen betrachtet oder sich zumindest bewusst ist, dass sie als dieser angesehen werden könnte (BayObLG RPfleger 1980, 180 [189]; zur tatsächlichen Vermutung dafür s. KG OLGZ 1991, 144 [148]). Das Vorliegen eines Testierwillens kann in der Praxis bei Brieftestamenten (RGZ 87, 110; BayObLG FamRZ 2001, 944 und 2003, 1786) und Testamentsentwürfen (BayObLGZ 1970, 173 = NJW 1970, 2300) zweifelhaft sein. Der Testierwille des Erblassers ist immer tatsächlich zu ermitteln und nach § 133 BGB unter Heranziehung aller erheblichen – auch außerhalb der Urkunde liegenden – Umstände und allgemeiner Lebenserfahrung auszulegen; er darf nicht zur Anwendung von § 2084 BGB von vornherein unterstellt werden (BayObLG FGPrax 2004, 33).

6. Eigenhändige Niederschrift. Der Erblasser muss den gesamten Wortlaut des Testaments selbst mit der Hand (ggf. mit Prothese, Fuß, Mund) in individuellen Schriftzügen (nicht Schreibmaschine, Email, Telefax, Telegramm, Fotokopie, Diktat auf Tonband) objektiv lesbar (OLG Hamm NJW-RR 1991, 1352) schreiben, was nicht ausschließt, dass er sich einer unterstützenden Schreibhilfe (zum Führen des Armes oder der Hand) bedienen kann, solange seine Hand nicht völlig unter der Herrschaft und Leitung des Schreibhelfers steht (BGHZ 47, 68 [71] = NJW 1967, 1124; BGH NJW 1981, 1900). Zur Teilunwirksamkeit bei Zusätzen Dritter oder Einschaltungen in Maschinenschrift s. BayObLG FamRZ 1986, 726 [727]. Ein Sehbehinderter, der so schwachsichtig ist, dass

er Geschriebenes nicht lesen und deshalb auch nicht schreiben (er kann seine eigene Schrift ja nicht lesen) kann, kann kein eigenhändiges Testament errichten, § 2247 Abs. 4 BGB; → Form. B.III.1 ff. Das eigenhändige Testament kann auf jedes beliebige Material (zur „Blaupause" auch KG FamRZ 1995, 897) und in jeder lebenden oder toten Sprache niedergeschrieben werden, die der Erblasser hinreichend beherrscht und lesen kann. In Blindenschrift kann ein Testament nur durch öffentliches Testament durch Übergabe einer Schrift gem. § 2232 S. 1 BGB errichtet werden (→ Form. B.III.2; BGHZ 37, 85). Eine Bezugnahme auf selbst nicht eigenhändige Schriftstücke ist nur möglich, soweit es sich um in besonderer amtlicher Verwahrung befindliche, öffentliche und unwiderrufene Testamente des Erblassers handelt (MüKoBGB/*Hagena* § 2247 Rn. 20), da hier ein ausreichender Schutz vor Übereilung gegeben ist, oder auf sie nur zwecks Klarstellung, Erläuterung oder Auslegung verwiesen wird, der notwendige Inhalt der Anordnung aber selbst in dem eigenhändigen Testament enthalten sind (OLG Hamm FamRZ 2006, 1484). Eine insoweit nicht formgerechte zweite Urkunde kann jedoch bei der Auslegung des Erblasserwillens von Bedeutung sein (BGH NJW 1983, 672). Die Bezugnahme auf eine eigene frühere eigenhändige und unterschriebene Schrift ist selbstverständlich möglich.

7. Eigenhändige Namensunterschrift. Der Erblasser muss das Testament als Beweis für Echtheit und Urheberschaft (Identitätsfunktion) – auch zur Abgrenzung von Vorentwürfen der Verfügung – eigenhändig unterschreiben und zwar in einer Art und Weise, dass die Unterschrift – zum Schutz vor nachträglichen Zusätzen – räumlich nach dem äußeren Erscheinungsbild die Erklärung in ihrer Gesamtheit abdeckt und abschließt (Abschlussfunktion) (BGH NJW 1974, 1083; BayObLGZ 2004, 215 = DNotZ 2005, 57). Eine „Oberschrift" genügt nicht (BGHZ 113, 48). Das Testament muss deshalb aber nicht als Ganzes zeitlich zusammenhängend errichtet werden: selbst große zeitliche Unterbrechungen bei der Abfassung einzelner Abschnitte des Testaments werden als unschädlich angesehen (BayObLGZ 1984, 194). Die Unterschrift auf dem letzten Blatt eines mehrseitigen Testaments genügt, wenn sich aus dem Inhalt der Erklärungen ergibt, dass es sich um eine zusammenhängende Niederschrift handelt. Nach § 2247 Abs. 3 BGB soll die Unterschrift des Erblassers grundsätzlich den Vor- und Familiennamen enthalten; eine andere Unterzeichnung (mit Spitzname, Initialen, Paraphen, nicht jedoch bloße Schnörkel oder Handzeichen) ist ausreichend, wenn diese keine Zweifel an der Identität des Unterzeichners aufkommen lässt, vgl. Palandt/*Weidlich* BGB § 2247 Rn. 11. Die Unterschrift des Erblassers nur auf dem das (Brief-)Testament enthaltenden (verschlossenen) Umschlag kann das Formerfordernis der eigenhändigen Unterschrift im Einzelfall erfüllen (RGZ 110, 166; BayObLG NJW-RR 2002, 1520; BGH BWNotZ 1961, 230 mAnm *Mattern*). Zu nachträglichen Änderungen, Einschüben und Ergänzungen siehe ausführlich *Nieder/Kössinger* § 17 Rn. 55).

8. Orts- und Datumsangabe. Als Soll-Vorschrift, deren Verletzung die Formgültigkeit des Testaments nicht beeinflusst, verlangt § 2247 Abs. 2 BGB die Angabe von Ort und Zeit seiner Errichtung. Zur Beweislast beim Fehlen dieser Angaben s. Palandt/*Weidlich* BGB § 2247 Rn. 13. Die Angaben empfehlen sich auch bereits deswegen, um die zeitliche Reihenfolge und damit das zuletzt erstellte Testament zuordnen oder um zu klären, ob ein Testament im Falle späterer oder zeitweiliger Testierunfähigkeit wirksam ist (Palandt/*Weidlich* BGB § 2247 Rn. 12).

9. Verwahrung. Ein privatschriftliches Testament kann vom Erblasser in die besondere amtliche Verwahrung gegeben werden, § 2248 BGB, das Gericht versendet dann unverzüglich gem. § 347 FamFG eine elektronische Mitteilung an das Zentrale Testamentsregister bei der Bundesnotarkammer, das Testament selbst wird nicht übermittelt. Die Rückgabe des eigenhändigen Testaments aus der amtlichen Verwahrung hat gem. § 2256

Abs. 3 BGB jedoch keine Widerrufswirkung. Zur Verwahrung → Form. D.I.1 Anm. 3. Zum Zentralen Testamentsregister → Form. B.V Ziff. 3.

10. Nachteile. Das eigenhändige Testament hat den Vorteil der Ersparnis von Notar- und ggf. Verwahrungskosten. Außerdem kann der Erblasser frühere eigenhändige Testamente durch Vernichtung völlig spurlos vernichten und hiermit vermeiden, dass die Hinterbliebenen in früheren Testamentsfassungen die Entwicklung persönlicher Gunst oder Abneigung des Erblassers nachlesen können: Insbesondere in vorgerücktem Alter bereuen Testierende mitunter frühere, gegenüber Angehörigen „harte" Verfügungen, die sie im Fall von Notartestamenten zwar widerrufen, aber nicht vollständig aus der Welt schaffen können. Umgekehrt ist bei privatschriftlichen Testamenten die Gefahr der Fälschung durch Dritte zu beachten. Abhängig vom Aufbewahrungsort kann die Gefahr der Vernichtung zudem hoch sein. Wird ein privatschriftliches Testament schließlich ohne fachkundige Beratung errichtet, kann es im Erbfall dazu kommen, dass der Erblasserwille nicht zutreffend oder schon kein Testierwille festgestellt wird. Zum Nachweis der Erbfolge im Grundbuchverfahren muss bei einer privatschriftlichen Verfügung zusätzlich die Erteilung eines Erbscheins beantragt werden, § 35 Abs. 1 S. 1 GBO.

11. Außerordentliche Testamentsformen. Die Bedeutung von Nottestament vor dem Bürgermeister (§§ 2249, 2250 BGB), Dreizeugentestament (§§ 2250, 2251 BGB) und Seetestament (§§ 2251, 2250 Abs. 3 BGB) ist in der Praxis gering, weil es dem Testierer fast immer möglich ist, einen Notar zuzuziehen oder ein eigenhändiges Testament zu verfassen. S. dazu ausführlich *Nieder/Kössinger* § 17 Rn. 62 ff., Muster s. MVHdB VI BürgerlR II/*Nieder* Form. XV.13 und 14.

12. Kosten. Die Verwahrung löst eine Gebühr nach Nr. 12100 KV GNotKG in Höhe von 75,– EUR aus (Festgebühr). Die Registrierung eigenhändiger Testamente im Zentralen Testamentsregister kostet regelmäßig 18,– EUR (§ 1 Abs. 2 S. 2 ZTR-GebS). Die Herausgabe der Urkunde aus der besonderen amtlichen Verwahrung sowie die Registrierung der Rückgabe im Zentralen Testamentsregister sind gebührenfrei.

2. Gemeinschaftliches Testament

Unser Testament[1–5]

Wir heben hiermit alle unsere etwaigen früheren gemeinschaftlichen Testamente und Erbverträge auf und widerrufen ebenso alle etwaigen früheren einseitigen Verfügungen.

Der Erstversterbende von uns beiden beruft den überlebenden Ehegatten zu seinem alleinigen Vollerben.

Für den Fall der etwaigen Wiederverheiratung des überlebenden Ehegatten werden keine besonderen Bestimmungen getroffen.

Der Überlebende von uns beiden – im Falle des gleichzeitigen Todes jeder von uns – beruft zu seinen Vollerben zu gleichen Teilen unsere gemeinschaftlichen Kinder [Name, Geburtsdatum, Wohnort] und [Name, Geburtsdatum, Wohnort]. Ersatzerben eines Kindes sind die Abkömmlinge dieses Kindes nach den Regeln der gesetzlichen Erbfolge. Fehlen solche, wächst sein Erbteil dem anderen Kind, ersatzweise dessen Abkömmlingen, an.

Sämtliche getroffenen Verfügungen sind wechselbezüglich.

......
(Ort, Datum)[6]

......
(eigenhändige Unterschrift des Ehemannes bzw. eingetragenen Lebenspartners mit Vor- und Familiennamen)

Dies ist auch mein letzter Wille

......
(Ort, Datum)[6]

......
(eigenhändige Unterschrift der Ehefrau bzw. des anderen eingetragenen Lebenspartners mit Vor- und Familiennamen)

......
(von einem der Ehegatten eigenhändig geschrieben)[5, 7, 8]

Anmerkungen

1. Eigenhändiges gemeinschaftliches Testament. Zum Zeitpunkt der Errichtung miteinander verheiratete, jeweils volljährige Ehe- und eingetragene Lebenspartner (§ 10 Abs. 4 LPartG) können ein gemeinschaftliches Testament errichten, § 2265 BGB. Beschränkt geschäftsfähigen Ehe- und Lebenspartnern sowie Verlobten steht nach Maßgabe des § 2275 Abs. 2 BGB nur der Abschluss eines Erbvertrages offen. Die Unterschiede des gemeinschaftlichen Testaments zu zwei Einzeltestamenten liegen in den gesetzlichen Formerleichterungen (§§ 2266, 2267 BGB), im Ausschluss einseitiger Rücknahme aus der amtlichen Verwahrung (§ 2272 BGB) und in der Möglichkeit, die letztwilligen Verfügungen beider Ehegatten bzw. eingetragener Lebenspartner so miteinander zu verbinden, dass sie in ihrem Bestand voneinander abhängig sind (§ 2270 BGB) und nur nach § 2271 widerrufen werden können. § 2267 BGB bringt gegenüber § 2247 BGB für das eigenhändige gemeinschaftliche Testament insoweit eine Formerleichterung, als es genügt, wenn ein Ehe- oder eingetragener Lebenspartner das Testament eigenhändig schreibt und unterschreibt und der andere die gemeinschaftliche Erklärung eigenhändig mitunterzeichnet. Der Mitunterzeichnende soll hierbei angeben, zu welcher Zeit und an welchem Ort er seine Unterschrift beigefügt hat. Es müssen immer sämtliche Verfügungen von den Unterschriften beider Ehe- oder eingetragener Lebenspartner gedeckt sein: Allein vor der Unterschrift des beitretenden Ehe- oder eingetragenen Lebenspartners dürfen keine weiteren Anordnungen stehen (BGHZ 9, 113 = NJW 1958, 547). Ein gemeinschaftliches Testament liegt nicht vor, wenn die Unterschrift des anderen Partners fehlt oder ein Partner ohne eigenen Testierwillen die vom anderen getroffenen einseitigen Verfügungen lediglich zum Zeichen der Kenntnisnahme oder Billigung der Erklärung des anderen mitunterzeichnet. Zur Umdeutung in Einzeltestament vgl. Palandt/*Weidlich* BGB § 2267 Rn. 4. Auch Nachträge müssen wie beim Einzeltestament, soweit sie nicht mehr durch die ursprünglichen Unterschriften gedeckt sind, von beiden Testierenden unterschrieben sein. Es bleibt den Ehe- bzw. eingetragenen Lebenspartnern unbenommen, das gemeinschaftliche Testament gem. § 2247 Abs. 1 BGB zu errichten, indem jeder Ehe- oder eingetragener Lebenspartner seine Erklärung vollständig eigenhändig schreibt und unterschreibt – und dies in einer oder in zwei Urkunden.

2. Gemeinschaftliches Nottestament. Ehe- oder eingetragene Lebenspartner können nach § 2266 BGB auch dann ein gemeinschaftliches Testament vor dem Bürgermeister

(§ 2250 BGB) oder vor drei Zeugen (§ 2250 BGB) errichten, wenn die dort vorgesehenen Voraussetzungen nur bei einem von ihnen vorliegen.

3. Höchstpersönlichkeit. → Form. B.I.1 Anm. 4.

4. Gemeinschaftlichkeit der Errichtung. Beim gemeinschaftlichen Testament handelt es sich immer um zwei Verfügungen von Todes wegen: die Erblasser verfügen zwar gemeinschaftlich, aber jeder einseitig. Der Vertragscharakter wie beim Erbvertrag fehlt selbst dann, wenn es sich um wechselbezügliche Verfügungen (§ 2270 BGB) handelt. Das gemeinschaftliche Testament setzt voraus, dass jeder der Ehe- oder eingetragenen Lebenspartner eine letztwillige Verfügung trifft und eine Gemeinschaftlichkeit der Errichtung auf Grund eines gemeinsamen Entschlusses beider Ehe- oder eingetragener Lebenspartner vorliegt („Errichtungszusammenhang"). Es muss deshalb im Interesse der Rechtssicherheit aus der Testamentsurkunde selbst zumindest erkennbar sein, dass es sich um eine gemeinschaftliche Erklärung handelt, mag sich der volle Beweis dann auch erst durch Umstände außerhalb der Urkunde ergeben (BGHZ 9, 113; Frankfurt a. M. OLGZ 78, 267); ein gleichzeitiges Handeln ist nicht erforderlich. Der gemeinschaftliche Testierwille bezieht sich nur auf den Errichtungsakt, nicht auf inhaltliche Übereinstimmung oder Abstimmung der beiden letztwilligen Verfügungen, s. auch Palandt/*Weidlich* BGB Einf. v. § 2265 Rn. 2.

5. Eigenhändigkeit. → Form. B.I.1 Anm. 6, 7.

6. Orts- und Datumsangabe. → Form. B.I.1 Anm. 8.

7. Verwahrung. Auch ein eigenhändiges gemeinschaftliches Testament kann von den Erblassern in die besondere amtliche Verwahrung gegeben werden, § 2248 BGB; es kann nur von beiden Ehe- bzw. Lebenspartnern aus der besonderen amtlichen Verwahrung zurückgenommen werden, § 2272 BGB. Das Gericht versendet nach der Übernahme in die Verwahrung unverzüglich gem. § 347 FamFG eine elektronische Mitteilung an das Zentrale Testamentsregister bei der Bundesnotarkammer. Zur Verwahrung → Form. D.I.1 Anm. 3. Zum Zentralen Testamentsregister → Form. B.V Ziff. 3. Beim Tod eines Ehe- oder eingetragenen Lebenspartner werden – soweit möglich – nur seine Verfügungen eröffnet, während die davon sprachlich trennbaren Verfügungen des anderen Testierenden wegen dessen Interesse an der Geheimhaltung nicht verkündet werden, vgl. § 349 FamFG (RGZ 150, 315; BGH NJW 1984, 2098 [2099]; BVerfG NJW 1994, 2535; OLG Zweibrücken NJW-RR 2002, 1662). Gem. § 349 Abs. 2 FamFG wird nach erfolgter Eröffnung von den eröffneten Verfügungen des Erstverstorbenen eine beglaubigte Abschrift angefertigt, die im Rechtsverkehr an die Stelle der Urschrift tritt. Nachfolgend wird die Verfügung von Todes wegen verschlossen und in die amtliche Verwahrung zurückgebracht (vgl. Palandt/*Weidlich* BGB § 2267 Rn. 9. Zum Widerruf → Form. A.II.2, → Form. A.II.3. Auch die erneute besondere amtliche Verwahrung wird im Zentralen Testamentsregister der Bundesnotarkammer erfasst, damit der aktuelle Verwahrort der Urkunde für den zweiten Sterbefall verfügbar bleibt.

8. Kosten. Die Verwahrung der Urkunde löst eine Gebühr nach Nr. 12100 KV GNotKG in Höhe von 75,– EUR aus (Festgebühr). Die Registrierung im Zentralen Testamentsregister kostet regelmäßig 18,– EUR (§ 1 Abs. 2 S. 2 ZTR-GebS) je Erblasser, beim gemeinschaftlichen Testament also 36,– EUR. Die Eröffnung des Testaments kostet 100,– EUR nach Nr. 12101 KVGNotKG. Die erneute besondere amtliche Verwahrung sind gebührenfrei, ebenso deren Registrierung im Zentralen Testamentsregister.

II. Beurkundungsrechtliche Hinweise beim notariellen Testament

1. Errichtung eines Testaments durch mündliche Erklärung

[Notarieller Urkundeneingang][1, 2]

Die Erschienene verneinte die Frage nach einer Vorbefassung des Notars iSv § 3 Abs. 1 S. 1 Nr. 7 BeurkG.

Die Erschienene erklärte, ein Testament errichten zu wollen.[3] Sie ist nach meiner Überzeugung, die ich auf Grund der mit ihr am . . . . . . [Datum] und heute geführten Unterredungen gewonnen habe, voll geschäftsfähig.[4] Die Zuziehung von Zeugen oder eines zweiten Notars wurde nicht gewünscht.[5]

Die Erschienene erklärte ihren letzten Willen mündlich zur notariellen Niederschrift wie folgt:

Ich bin ausschließlich deutsche Staatsangehörige.[6]

Ich bin [ledig, verheiratet, geschieden, verwitwet].

Ich kann über meinen Nachlass frei verfügen und bin insbesondere nicht durch einen Erbvertrag oder ein gemeinschaftliches Testament gebunden. Vorsorglich widerrufe ich hiermit alle bisher von mir getroffenen Verfügungen von Todes wegen.[7] Ich erkläre meinen letzten Willen zur Niederschrift des Notars wie folgt:

[. . . . . . (es folgen die testamentarischen Verfügungen)]

Ich wurde vom Notar auf die Vorschriften des Pflichtteilsrechtes hingewiesen.

Ich trage die Kosten dieser Urkunde und ihrer Hinterlegung bei Gericht. Ich bitte, mir eine beglaubigte Abschrift dieser Urkunde zu erteilen. Eine weitere beglaubigte Abschrift ist für die Urkundensammlung des Notars zu fertigen.[9]

→ Form. D.I Ziff. 3 Zentrales Testamentsregister

Die vorstehende Niederschrift wurde der Erschienenen vom Notar vorgelesen, von der Erschienenen genehmigt und eigenhändig von der Erschienenen und dem Notar wie folgt unterschrieben:[8–10]

. . . . . .

Anmerkungen

1. Öffentliches Testament. Nach § 2232 BGB wird ein öffentliches Testament zur Niederschrift eines Notars errichtet, indem der Erblasser dem Notar entweder seinen letzten Willen erklärt oder ihm eine Schrift mit der Erklärung übergibt, dass die Schrift seinen letzten Willen enthalte. Zur Übergabe einer Schrift → Form. B.II.3. Die Mündlichkeit der Erklärung ist seit 1.8.2002 nicht mehr erforderlich. Seitdem genügt jede Äußerung des Erblassers, die seinen letzten Willen erkennen lässt, so dass auch jede nonverbale Verständigungsmöglichkeit mit der testierfähigen Person als Grundlage eines öffentlichen

Testaments ausreicht, und zwar auch dann, wenn diese nicht behindert ist. Zum Beurkundungsverfahren bei behinderten Personen → Form. B.III.1 ff. Ausreichend sind nunmehr stillschweigende, schlüssige und konkludente Willenserklärungen, die durch Gebärden, Zeichen, allgemein nicht verständliche Laute und Kommunikationshilfen wie Gebärdendolmetscher, Blindenschrift etc vermittelt werden. Damit kann ein sprachbehinderter und zugleich schreibunfähiger Erblasser seine Erklärung auch konkludent als Antwort auf Fragen des Notars durch Gebärden oder Zeichen (wie Kopfnicken oder -schütteln) oder auf andere Weise (durch Beantwortung auf schriftliche Fragestellung oder vorbereiteten Text Punkt für Punkt) abgeben (vgl. Palandt/*Weidlich* BGB § 2232 Rn. 2). Notar und Erblasser müssen aber unmittelbar miteinander kommunizieren können; es kommt allein darauf an, was der Notar als Adressat der Erblassererklärung akustisch und inhaltlich versteht, und nicht etwa nur ein hinzugezogener Zeuge. Bei der Beurkundung von Verfügungen von Todes wegen treten die §§ 27 bis 35 BeurkG als Sondervorschriften zu den allgemeinen Vorschriften über die Beurkundung von Willenserklärungen (§§ 1 bis 26 BeurkG) hinzu. Die notarielle Urkunde ist in deutscher Sprache zu errichten (§ 5 Abs. 1 BeurkG). Der Notar kann auf Verlangen die Urkunde auch in einer Fremdsprache errichten, wenn er dieser hinreichend kundig ist; dies hat er selbst nach pflichtgemäßem Ermessen im Einzelfall zu entscheiden. Zu den allgemeinen Erfordernissen der Niederschrift und zur Bezugnahme siehe §§ 8, 9, 10, 13, 13a BeurkG.

2. Mitwirkungsverbote, Ausschließungsgründe. Bei der Beurkundung von Testamenten und Erbverträgen hat der Notar einerseits die Mitwirkungsverbote des § 3 BeurkG, andererseits die absoluten Beurkundungsverbote der §§ 6, 7 iVm 27 BeurkG zu beachten. Es ist dabei zu unterscheiden zwischen Mitwirkungsverboten (§ 3 BeurkG), deren Verletzung nicht zur Unwirksamkeit der beurkundeten Verfügung führen (1.) und Ausschließungsgründen, deren Verletzung die beurkundete Verfügung insgesamt (2.) oder nur teilweise (3.) unwirksam machen. In der Praxis sollten dabei die absoluten Ausschlussgründe der §§ 6, 7 BeurkG vor den Mitwirkungsverboten des § 3 BeurkG geprüft werden.

Zu (1.): Der Notar soll (absolute Amtspflicht) nach § 3 Abs. 1 BeurkG keine Verfügung von Todes wegen beurkunden, an der als Testierender, Vertragspartei des Erbvertrages, Bedachter, Testamentsvollstrecker oder übergangener Pflichtteilsberechtigter in seinen Rechten und Pflichten unmittelbar betroffen ist bzw. sind: a) er selbst (wenn auch nur mitberechtigt oder –verpflichtet), b) sein Ehepartner, früherer Ehepartner oder Verlobter, c) sein eingetragener Lebenspartner, früherer eingetragener Lebenspartner oder Verlobter im Sinne des LPartG, d) Personen, die mit dem Notar in gerader Linie verwandt oder verschwägert oder in der Seitenlinie bis zum dritten Grade verwandt oder bis zum zweiten Grade verschwägert sind oder waren, e) Personen, mit denen sich der Notar zur gemeinsamen Berufsausübung verbunden hat oder mit denen er gemeinsame Büroräume hat, f) Personen, deren gesetzlicher Vertreter der Notar oder eine Person iSv lit. e) ist, g) Personen, deren vertretungsberechtigtem Organ der Notar oder eine Person iSv lit. e) angehört, mit Ausnahme von Gemeinde- oder Kreisvertretungen oder Kirchenorganen, wo den Notar nach § 3 Abs. 3 BeurkG nur eine Hinweispflicht trifft, h) Personen, für die der Notar oder eine Person iSv lit. e) oder eine mit dieser im Sinne von lit. e) oder einem verbundenen Unternehmen (§ 15 AktG) verbundene Person außerhalb seiner/ihrer Amtstätigkeit in derselben Angelegenheit bereits tätig war oder ist, es sei denn, die Tätigkeit wurde im Auftrag aller Personen ausgeübt, die an der Beurkundung beteiligt sein sollen, i) Personen, die den Notar oder eine Person iSv lit. e) in derselben Angelegenheit bevollmächtigt haben oder zu denen er oder eine Person iSv lit. e) in einem ständigen Dienst- oder ähnlichen Geschäftsverhältnis steht, j) Gesellschaften, an der der Notar nicht (nicht aber Ehefrau, sonstiger Angehöriger oder Sozius) mit mehr als 5 vH der Stimmrechte oder mit einem anteiligen Betrag des Haftkapitals von mehr als 2.500,– EUR beteiligt ist. Dies gilt jedoch jeweils nur, wenn nicht bereits absolute Ausschließungsgründe gem. §§ 6, 7 BeurkG die Mitwirkung des Notars verbieten. Der Notar hat vor der Beurkundung

nach einer Vorbefassung iSv § 3 Abs. 1 S. 1 Nr. 7 BeurkG (= vorstehend lit. h) zu fragen und die Antwort in der Urkunde zu vermerken, § 3 Abs. 1 S. 2 BeurkG. § 3 gilt für alle Urkundspersonen, ist somit auch vom Notarvertreter (§§ 39 Abs. 4, 41 Abs. 2 BNotO) zu beachten. Der Notariatsverwalter hingegen hat nur die in seiner eigenen Person stehenden Mitwirkungsverbote zu beachten, §§ 56, 57 Abs. 1 BNotO. Die Verhinderung eines zweiten, gem. §§ 22, 25, 29 BeurkG anstelle eines Zeugen beigezogenen Notars regelt nicht § 3 BeurkG, sondern § 26 BeurkG.

Zu (2.): Der Notar darf – bei Sanktion der Unwirksamkeit im Ganzen, die aufgenommene Urkunde kann höchstens als Privaturkunde aufrechterhalten werden (BeckOK BeurkG § 6 Rn. 10 mwN) – keine Verfügungen von Todes wegen beurkunden, bei denen als Testierender oder nichttestierender Partner eines Erbvertrages oder Ehe- und Erbvertrages formell iSv § 6 Abs. 2 BeurkG (Erklärungen im eigenen oder fremden Namen!) folgende Personen beteiligt sind: a) der Notar selbst, b) sein derzeitiger Ehegatte, c) sein derzeitiger Lebenspartner, d) ein mit ihm (derzeitig oder früher) in gerader Linie Verwandter, e) ein bevollmächtigter oder gesetzlicher Vertreter (auch Verwalter kraft Amtes) der in lit. a) bis d) genannten Personen, § 6 Abs. 1 Ziff. 1 bis 4 BeurkG. Für den Notarvertreter gilt dieselbe Regelung, §§ 39 Abs. 4, 41 Abs. 2 BNotO. § 6 BeurkG ist auch entsprechend anwendbar auf den Dolmetscher (§ 16 Abs. 3 S. 2 BeurkG), nicht aber auf Zeugen und den zweiten Notar gem. § 26 BeurkG. Für die von hör- oder sprachbehinderten Beteiligten gewählte (Vertrauens-)Personen ist § 24 Abs. 2 BeurkG zu beachten.

Zu (3.): Eine von einem Notar beurkundete Verfügung von Todes wegen ist insoweit unwirksam, als sie den folgenden Personen einen rechtlichen Vorteil (= Erweiterung ihrer Rechte oder Verminderung ihrer Verpflichtungen) bringt (§ 7 BeurkG), insbesondere soweit sie in der Verfügung von Todes wegen bedacht (= Einsetzung als Erbe, Nach-, Vorerbe, Ersatzerbe, Ersatznacherbe, Vermächtnisnehmer, Ersatz-, Nachvermächtnisnehmer, nicht jedoch als Auflagebegünstigter oder Berufung (mit oder ohne Vergütung) als Vormund, Gegenvormund, Betreuer, Pfleger, Beistand usw) oder zum Testamentsvollstrecker ernannt sind (§ 27 BeurkG): a) der Notar selbst, b) sein derzeitiger oder früherer Ehegatte, c) sein derzeitiger oder früherer Lebenspartner, d) Personen, die mit dem Notar (auch ehemals) in gerader Linie verwandt oder verschwägert oder in der Seitenlinie bis zum dritten Grade verwandt oder bis zum zweiten Grade verschwägert sind, § 7 Ziff. 1 bis 3 BeurkG. Dies gilt selbst dann, wenn der Testierende seinen letzten Willen in Form der Übergabe einer verschlossenen Schrift errichtet, deren Inhalt der Notar nicht kennt (*Winkler* BeurkG § 27 Rn. 13). Ist für den Notar erkennbar, dass der Erblasser ihn selbst zum Testamentsvollstrecker ernennen will, muss er die Beurkundung gem. § 14 Abs. 2 BNotO, § 4 BeurkG ablehnen. § 27 BeurkG geht wie § 7 BeurkG nicht vom formellen Beteiligtenbegriff des § 6 BeurkG, sondern von der Sachbeteiligung aus (*Winkler* BeurkG § 3 Rn. 23 ff.). Für den Notarvertreter gilt dieselbe Regelung, §§ 39 Abs. 4, 41 Abs. 2 BNotO. §§ 7, 27 BeurkG ist entsprechend anwendbar auf den Dolmetscher (§ 16 Abs. 3 S. 2 BeurkG); bei der (Vertrauens-)Person iSv § 24 Abs. 2 BeurkG, dem Gebärdensprachdolmetscher (§ 22 Abs. 1 S. 2 BeurkG), dem Zeugen oder zweiten Notar (§ 26 Abs. 1 Nr. 2 BeurkG) greift das Mitwirkungsverbot nur, wenn sie selbst bedacht oder zum Testamentsvollstrecker ernannt werden.

Ein Verstoß gegen §§ 7, 27 BeurkG führt nur zur Unwirksamkeit der einzelnen Zuwendung an den Bedachten oder der Testamentsvollstreckerernennung; ob dies zur Gesamtnichtigkeit der letztwilligen Verfügung führt, beurteilt sich bei Testamenten nach § 2085 BGB, bei Erbverträgen nach § 2298 BGB. Erfolgt die Verletzung hingegen durch einen Zeugen oder den zweiten Notar, so bleibt dies folgenlos, weil § 26 Abs. 1 Nr. 2 BeurkG als Sollvorschrift ausgestaltet ist (Siehe hierzu OLG Hamm DNotZ 2013, 233). Der Erblasser kann jedoch den beurkundenden Notar wirksam in einer privatschriftlichen oder von einem anderen Notar beurkundeten Verfügung von Todes wegen zum Testamentsvollstrecker ernennen; zur Vermeidung aufsichts- und disziplinarrechtlicher

Maßnahmen darf der andere Notar jedoch gem. § 3 Abs. 1 S. 1 Nr. 4 BeurkG nicht Sozius des Notars sein (ausführlich dazu DNotI-Report 1999, 101; BeckNotarHdB/*Bengel/Reimann* C. Rn. 44). Es wird in diesem Zusammenhang auch empfohlen, das ergänzende Testament nicht mit dem „Haupttestament" gem. § 34 BeurkG zu verschließen (*Reimann* DNotZ 1990, 433 und 1994, 663). Wird in einer Verfügung von Todes wegen von dem Erblasser lediglich der an das zuständige Nachlassgericht gerichtete Wunsch geäußert, nach Möglichkeit den beurkundenden Notar zum Testamentsvollstrecker zu berufen, so ist dies wirksam (OLG Stuttgart DNotZ 1990, 430 [433] mAnm *Reimann*; aA Eylmann/Vaasen/*Baumann* BeurkG § 27 Rn. 4; Zur Unwirksamkeit des Testamentes mit Bestimmungsrecht des Testamentsvollstreckers durch den Notar siehe BGH DNotZ 2013,149).

3. Erforschung des Willens der Beteiligten. Der Amtspflicht des Notars nach § 17 BeurkG, den Sachverhalt (zB die Familienverhältnisse des Testierende) aufzuklären und den Willen der Beteiligten zu erforschen, kommt bei der Gestaltung von Verfügungen von Todes wegen eine besondere Bedeutung zu, weil den Anschauungen der Beteiligten häufig eine Verkennung der Begrifflichkeiten und der Grundsätze des Erbrechts zugrunde liegt. In diesem Zusammenhang muss der Notar bei der Klärung von Rechtstatsachen (zB Güterstand, Bindungen auf Grund früherer Verfügungen von Todes wegen) prüfen, ob die Beteiligten nicht etwa rechtliche Begriffe falsch verstanden haben. Gleiches gilt für die Formulierungspflicht des Notars: so sind insbesondere eindeutige Rechtsbegriffe zu verwenden und der Rückgriff auf gesetzliche Auslegungsregelungen zu vermeiden. Zur sprachlichen Trennung von Verfügungen in einem gemeinschaftlichen Testament oder Erbvertrag → Form. B.IV Anm. 3. Zur Identitätsfeststellung siehe § 10 BeurkG, § 26 Abs. 2 DONot. Zum Umfang der Aufnahme der Personalien und den erforderlichen Angaben auf dem Testamentsumschlag → Form. B.V.

4. Testierfähigkeit. Bei der Beurkundung von Verfügungen von Todes wegen hat der Notar stets gem. § 28 BeurkG seine Wahrnehmungen über die erforderliche Geschäftsfähigkeit/Testierfähigkeit im Sinne von § 2229 BGB (bzw. § 2275 BGB beim Erbvertrag) des Erblassers in der Niederschrift zu vermerken. Werden insoweit keine Zweifel an der Geschäftsfähigkeit vermerkt, erzeugt die Urkunde einen Rechtsschein in Bezug auf die volle Geschäftsfähigkeit des Testators. Maßgebender Zeitpunkt ist dabei der Zeitpunkt des Verlesens und der Genehmigung des Testierenden. Zum Begriff der Testierunfähigkeit siehe § 2229 Abs. 4 BGB. Besteht für den Testator eine Betreuung, ist dieser schwer erkrankt oder liegen Anhaltspunkte für eine psychische Krankheit (insbesondere Demenzerkrankungen) vor, ist von dem Notar besondere Sorgfalt darauf zu verwenden, die Wahrnehmungen zur Testierfähigkeit, die sich ihm durch ein eigenes längeres Gespräch, den persönlichen Gesamteindruck von der Person des Testators oder durch Aussagen naher Angehöriger und behandelnder Ärzte erschließen, in der Urkunde niederzulegen. Eine Beurkundung sollte der Notar nur ablehnen, wenn er die sichere Überzeugung hat, dass Testierunfähigkeit gegeben ist, § 11 Abs. 1 S. 1 BeurkG. Ansonsten empfiehlt sich ein sehr großzügiges Verhalten: Der Notar sollte im Regelfall bei bloßen, auch gravierenden Zweifeln unter Schilderung seiner Wahrnehmungen und Zweifel die Beurkundung vornehmen. Zur Aufnahme seiner besonderen Beobachtungen ist der Notar nicht verpflichtet, wenn der Testator sich unauffällig verhält; ebenso wenig treffen ihn erhöhte Feststellungspflichten allein aus dem Umstand heraus, dass die Beurkundung in einem Krankenhaus stattfindet. Allgemeine und pauschale Formulierungen, die keinen Hinweis auf individuelle Wesensmerkmale und intellektuelle Leistungsfähigkeit des Testators enthalten, sollten in jedem Falle vermieden, stattdessen konkrete und zutreffende Aussagen zur psychischen Gesamtverfassung (mit unmittelbaren, detaillierten Verhaltensbeschreibungen) getroffen werden. Unter Umständen kann auch in Erwägung gezogen werden, einen solchen Vermerk (und ggf. entsprechendes Attest eines Psychiaters) nicht unmittelbar in der Urkunde anzubringen, sondern separat abzufassen, mit der Urschrift

der Urkunde zu verbinden und in die amtliche Verwahrung zu geben (*Kanzleiter* DNotZ 1993, 434 [441]).

Ein Minderjähriger kann ein Testament erst errichten, wenn er das 16. Lebensjahr vollendet hat, § 2229 Abs. 1 BGB. Der Notar muss die Vorschriften ausländischer Rechtsordnungen über die Geschäfts- und Testierfähigkeit (Art. 26 Abs. 3 EGBGB) nicht kennen, hat jedoch gem. § 17 Abs. 3 BeurkG darauf hinzuweisen, dass sich diese Frage nach dem Heimatrecht des Erblassers beurteilt und die letztwillige Verfügung deswegen unwirksam sein kann. An der wirksamen Errichtung einer Verfügung von Todes wegen ist auch eine unter Betreuung stehende Person nur gehindert, falls sie testierunfähig (§ 2229 Abs. 4 BGB) oder – bei Erbverträgen – geschäftsunfähig (§§ 2275, 104 Nr. 2 BGB) ist. Der nicht testier- oder geschäftsunfähige Betreute entscheidet dagegen selbst und alleine über die Errichtung einer letztwilligen Verfügung (s. statt aller BeckOK BGB/ *Müller* § 1903 Rn. 13). Gem. § 1903 Abs. 2 Variante 2 BGB kann die Wirksamkeit einer letztwilligen Verfügung auch nicht durch Anordnung eines Einwilligungsvorbehalts von der Zustimmung des Betreuers abhängig gemacht werden.

5. Zeugenzuziehung. Nur auf Verlangen aller an der Beurkundung Beteiligten hat der Notar gem. § 29 BeurkG (Sollvorschrift) bis zu zwei Zeugen oder einen zweiten Notar hinzuziehen und dies in der Urkunde zu vermerken; gegen den Willen eines Beteiligten darf der Notar dies nicht. Sind nach §§ 22 und 25 BeurkG bereits zwei Zeugen oder ein zweiter Notar zugezogen worden, so ist eine weitere Zuziehung nicht mehr zulässig. Nicht berührt wird die Zuziehung nach § 29 BeurkG, wenn bereits ein Dolmetscher nach §§ 16, 32 BeurkG oder eine (Vertrauens-)Person nach § 24 BeurkG mitwirkt; diese Personen können nicht gleichzeitig Zeuge sein. Zum Verbot der Mitwirkung als Zeuge oder zweiter Notar siehe § 26 BeurkG. Die Zeugen oder der zweite Notar haben während der Beurkundung zugegen zu sein und sollen die Niederschrift unterschreiben, § 29 S. 2 BeurkG. Es wird empfohlen, einen Vermerk in der Urkunde auch darüber aufzunehmen, dass die Zuziehung von Zeugen nicht gewünscht wurde (*Winkler* BeurkG § 29 Rn. 10).

6. Auslandsberührung. Zur Feststellung der Staatsangehörigkeit oder des gewöhnlichen Aufenthalts des Testierende ist der Notar nicht verpflichtet (BGH DNotZ 1963, 315); gleichwohl ist an die Möglichkeit der Anwendung ausländischen Rechts (Art. 21 ff. EuErbVO, zu den Staatsverträgen → Form. K.VI.1 ff.) für die Fälle zu denken, in denen der Erblasser sich gewöhnlich im Ausland aufhält oder in früheren Verfügungen wirksam ausländisches Recht gewählt hat, Art. 22, 25, 83 Abs. 2 und 4 EuErbVO. Die Anwendbarkeit ausländischen Rechts kann Bedeutung erlangen im Hinblick auf die Testier- und Geschäftsfähigkeit (Art. 7 Abs. 1 EGBGB, → Form. K.V), auf die faktische oder kollisionsrechtliche Nachlassspaltung, auf die Anerkennung der letztwilligen Verfügung im Ausland (ggf. strengere Errichtungsform mit Zeugen) und auf die Unwirksamkeit, Durchführbarkeit oder Abänderbarkeit einzelner oder aller Verfügungen, etwa weil die ausländische Rechtsordnung bindende Verfügungen von Todes wegen oder einzelne Institute des deutschen Erbrechts nicht kennt. Ist Auslandberührung gegeben, soll der Notar darauf hinweisen, dass ausländisches Recht zur Anwendung kommt oder kommen kann. Zur Gestaltung einer Verfügung von Todes wegen nach Maßgabe des ausländischen Rechts ist der Notar nicht verpflichtet (§ 17 Abs. 3 S. 2 BeurkG); hierzu und zur Aufnahme einer Teilunwirksamkeitsklausel vgl. *Lichtenberger* DNotZ 1986, 644 [676 ff.] und *Kohler* DNotZ 1961, 195. Zur Rechtswahl → Form. K.VIII.1 ff.

Gem. Art. 21 Abs. 1 EuErbVO unterliegt die Erbfolge dem Recht des Staates, in dem der Erblasser seinen letzten gewöhnlichen Aufenthalt hatte. Das Recht der Staatsangehörigkeit kann allerdings dann weiterhin Anwendung finden, wenn der Erblasser eine dahingehende Rechtswahl getroffen hat. Eine grundstücksbezogene Rechtswahl gem. Art. 25 Abs. 2 EGBGB aF kann nicht mehr getroffen werden, eine vor dem 17.8.2015 getroffene Rechtswahl bleibt aber gemäß Art. 83 Abs. 2 EuErbVO wirksam.

7. Testierfreiheit. Gem. § 17 BeurkG hat der Notar die Frage der Testierfreiheit des Erblassers zu klären. Der Testierende muss deshalb mit hinreichender Deutlichkeit befragt werden, ob er bereits früher bindende Verfügungen von Todes wegen (gemeinschaftliches Testament oder Erbvertrag) errichtet hat (→ Form. A.II.1). Der Notar ist zu weiteren Prüfungen nicht verpflichtet, wenn der Testierende diese Frage verneint, es sei denn, es bestehen ernste Zweifel (DNotZ 1974, 18; OLG Frankfurt DNotZ 1985, 244). Hat der Notar von einem gemeinschaftlichen Testament oder einem Erbvertrag Kenntnis, muss er prüfen, ob die sich daraus ggf. ergebende Bindung der beabsichtigten Verfügung von Todes wegen des Testierende entgegensteht. Zur Reihenfolge einer solchen Prüfung → Form. A.II.1 und BeckNotarHdB/*Bengel/Dietz* C. Rn. 30 ff. Der Notar muss den Umfang und das Ausmaß der Bindung eigenständig rechtlich beurteilen; auf die Beurteilung des Testierenden darf er sich nicht verlassen. Besteht tatsächlich eine Bindung, wird der Notar auf die Möglichkeiten der Befreiung (→ Form. A.II.2 ff.) hinweisen und in diesem Rahmen dafür sorgen, dass alle früheren Verfügungen von Todes wegen, die den neuen Anordnungen im Wege stehen, widerrufen werden. Ist die Rechtslage hinsichtlich der Bindung zweifelhaft, wünscht der Testierende aber dennoch eine Beurkundung, hat der Notar darüber zu belehren, dass die getroffene Verfügung wegen fehlender Testierfreiheit nichtig sein kann (BGH RPfleger 1974, 59). Der Notar muss seine Amtstätigkeit jedoch verweigern, wenn er vom Fehlen der Testierfreiheit überzeugt ist. Ergeben sich konkrete Anhaltspunkte, hat der Notar auch bestehende gesetzliche Beschränkungen der Testierfreiheit zu beachten: § 14 Abs. 1, 5 HeimG, wonach es der Leitung, dem Betreiber, den Beschäftigten oder sonstigen Mitarbeitern eines Heimes untersagt ist, sich von einem Heimbewohner durch testamentarische Zuwendung Geld oder geldwerte Leistungen versprechen zu lassen (zur Ersetzung des HeimG durch Landesgesetze in Baden-Württemberg, NRW und Bayern → Form. A.II.4 lit. a) bb); BayObLG FamRZ 2005, 142 mwN; BGH NJW 1990, 1603; zur erweiterten Anwendung s. *Dubischar* DNotZ 1993, 419; zu Umgehungstatbeständen s. BGH NJW 1991, 1060; BGH NJW 2012, 155; BayObLG NJW 2000, 1959; BayObLG NJW 2000, 1875 = ZEV 2000, 283; *Petersen* DNotZ 2000, 739). Im Hinblick auf die bestehende Möglichkeit der Erteilung einer Ausnahmegenehmigung gem. § 14 Abs. 6 HeimG und darauf, dass erst die Kenntnis von der letztwilligen Verfügung (BayObLG FamRZ 2005, 142 mwN) deren Unwirksamkeit begründet, wird der Notar in der Regel seine Amtstätigkeit nicht versagen können, in Zweifelsfällen aber über die Rechtsfolgen der Beurkundung eingehend belehren müssen. Zur Abfassung letztwilliger Verfügungen von Apothekern im Hinblick auf das Gesetz über das Apothekenwesen (ApoG) s. *Holland* DNotI-Report 1997, 222; *Fröhler* BWNotZ 2010, 12.

8. Genehmigung, Unterschrift des Testierenden. Die Niederschrift ist von dem Testierenden gem. § 13 Abs. 1 BeurkG nach der Verlesung in Gegenwart des Notars, eines etwaigen Schreibzeugen und einer etwaigen Verständigungsperson (§ 24 BeurkG) zu genehmigen; dies kann mündlich oder durch schlüssige Handlungen (Kopfnicken, widerspruchsloses Unterschreiben uÄ) geschehen, wobei das bloße Zuhören „mit dem Ausdruck der Befriedigung“ nicht genügen soll (BayObLGZ 1965, 341 [346] = NJW 1966, 56). Der Testierende hat die Niederschrift mit dem vollen Familiennamen, möglichst mit Zusatz des Vor-(besonders des Ruf-)namens eigenhändig zu unterschreiben. Die Unterzeichnung mit einem Handzeichen ist selbst dann nicht ausreichend, wenn es beglaubigt wird. Der Testierende kann bei Leistung der Unterschrift von einem Dritten unterstützt werden; die Schriftzüge dürfen aber nicht von dem Dritten durch Führung der Hand des Erblassers hergestellt werden (BayObLG DNotZ 1952, 78; BGHZ 27, 274 [276] = NJW 1958, 1398 = DNotZ 1958, 554). Bei Schreibunfähigkeit des Testierenden → Form. B.III.1. Zur Unterschrift des Notars vgl. §§ 13 Abs. 3, 35 BeurkG, hier genügt die Unterschrift des Notars auf dem Testamentsumschlag (MüKoBGB/*Hagena* BeurkG § 35 Rn. 7; zur Nachholung seiner versehentlich unterbliebenen Unterschrift s. *Winkler* BeurkG § 13 Rn. 91.

9. Verschließung und besondere amtliche Verwahrung. Vgl. §§ 34, 34a BeurkG, §§ 344 Abs. 1, 2; 346 FamFG und → Form. B.II.3 Anm. 5. Der Notar hat die Niederschrift über ein Testament in einen Umschlag zu nehmen und diesen mit dem Prägesiegel zu verschließen; vorherige Heftung ist nicht erforderlich, aber zweckmäßig. Zu den Angaben auf dem Testamentsumschlag → Form. B.V. Zur Anfertigung eines Vermerkblatts für die Urkundensammlung und Zurückbehaltung einer beglaubigten Abschrift auf Wunsch des Erblassers vgl. § 20 DONot. Das Testament ist von dem Notar unverzüglich (ohne schuldhaftes Zögern, § 121 BGB) in die besondere amtliche Verwahrung zu geben (§ 34 Abs. 1 S. 4 BeurkG), und zwar grundsätzlich bei dem Amtsgericht seines Amtssitzes, § 344 Abs. 1 S. 1 FamFG, auf ausdrücklichen Wunsch des Erblassers auch bei einem anderen Amtsgericht, § 344 Abs. 1 S. 2 FamFG. Gem. § 34 Abs. 2 BeurkG gilt diese Regelung auch beim Erbvertrag mit der Maßgabe, dass die Beteiligten die besondere amtliche Verwahrung ausschließen können. Dann wird der Erbvertrag von dem Notar offen in seiner Urkundensammlung verwahrt, § 34 Abs. 3 BeurkG. Zum Verfahren bei der Annahme zur Verwahrung sowie der Herausgabe s. § 346 FamFG . Dem Erblasser wird gem. § 346 Abs. 3 FamFG vom Amtsgericht ein Hinterlegungsschein erteilt. Der beurkundende Notar ist gem. § 34a BeurkG ferner verpflichtet, die erforderlichen Verwahrangaben an das Zentrale Testamentsregister zu übermitteln. Zum Zentralen Testamentsregister → Form. B.IV Anm. 6.

Eine beglaubigte Abschrift des Testaments darf der Notar nur auf Wunsch des Erblassers zurückbehalten (hierzu und zur Fertigung eines Vermerkblatts für die Urkundensammlung vgl. § 20 DONot).

10. Beweiskraft. Das öffentliche Testament stellt eine öffentliche Urkunde im Sinne der §§ 415, 418 ZPO dar und begründet den vollen Beweis der in ihm bezeugten Tatsachen: Ort und Zeit der Errichtung, Identität des Testierenden sowie Inhalt und Vollständigkeit der von ihm als letztwillig abgegebenen Erklärungen. Der Gegenbeweis der unrichtigen Beurkundung ist zulässig, § 415 Abs. 2 ZPO. Zum Nachweis der Erbfolge gegenüber dem Grundbuchamt siehe § 35 Abs. 1 S. 2 GBO. Ein unterbliebener vorgeschriebener Belehrungsvermerk führt zur Beweislast des Notars; eine Amtspflichtverletzung liegt allein darin noch nicht vor (vgl. OLG Frankfurt NJW 1985, 1229). Der beurkundende Notar ist grundsätzlich nicht verpflichtet, auf Notargebühren hinzuweisen (allgemeine Meinung, siehe nur BeckNotarHdb/*Waldner* J Rn. 15; aA nur OLG Naumburg DNotZ 2013, 512 m. abl. Anm. *Fackelmann*).

2. Errichtung eines Testaments unter Zuziehung eines Dolmetschers

[Notarieller Urkundeneingang]

Der Erschienene ist nach seinen Angaben ausschließlich spanischer Staatsangehöriger und gab mir, dem Notar, zu erkennen, dass er die deutsche Sprache nicht hinreichend verstehe,[1] jedoch ein Testament durch mündliche Erklärung errichten wolle. Er spreche Spanisch.

Aus diesem Grund wurde der allgemein vereidigte Dolmetscher:[3, 4]. . . . . . [Name, Geburtsdatum, Anschrift] beigezogen.

[Alternativ bei nicht allgemein vereidigtem Dolmetscher:

Als Dolmetscher wurde zugezogen: [Name, Geburtsdatum, Anschrift], der nicht allgemein vereidigt ist. Über die Bedeutung eines Eides und auf die strafrechtlichen Folgen

der Abgabe eines falschen Eides belehrt, leistete . . . . . . daraufhin den Dolmetschereid, indem er mir, dem beurkundenden Notar, die Worte nachsprach: „Ich schwöre, dass ich treu und gewissenhaft übersetzen werde.“]

[*Alternativ: Der Erschienene verzichtete nach Belehrung auf eine Vereidigung des Dolmetschers*].

Der Dolmetscher erklärte, die spanische Sprache zu beherrschen; er war während der ganzen Dauer der Beurkundung anwesend. Ein Grund, durch den der Dolmetscher nach §§ 6 oder 7 BeurkG von der Mitwirkung ausgeschlossen wäre, lag nicht vor. Die Zuziehung von Zeugen oder eines zweiten Notars wurde nicht gewünscht.[2]

Der Erschienene verständigte sich sodann mit dem Dolmetscher. Der Erschienene wurde vom Notar darauf hingewiesen, dass er eine schriftliche Übersetzung dieser Urkunde und deren Vorlage zur Durchsicht verlangen kann.[5] Er verlangte die Anfertigung einer schriftlichen Übersetzung.

[*Alternativ: Hierauf wurde nach eingehender Belehrung durch den beurkundenden Notar vom Erschienenen verzichtet*].

Der Dolmetscher gab die Erklärung des Erschienenen wieder wie folgt:

. . . . . .

Die Niederschrift wurde nunmehr vom Dolmetscher schriftlich in die spanische Sprache übersetzt, vom Dolmetscher unterschrieben, dem Erschienenen zur Durchsicht und Genehmigung vorgelegt und dann als Anlage zu dieser Urkunde genommen.

Die vorstehende Niederschrift wurde dem Erschienenen vom Notar in deutscher Sprache vorgelesen, vom Erschienenen genehmigt und eigenhändig von dem Erschienenen und dem Dolmetscher wie folgt unterschrieben:[6]

. . . . . .

Anmerkungen

1. Sprachunkundigkeit. Ist ein Beteiligter der deutschen Verhandlung- und Urkundssprache (oder der fremden Urkundssprache, § 5 Abs. 2 S. 1 BeurkG) nicht hinreichend kundig, so soll dies in der Niederschrift festgestellt werden, §§ 32, 16 BeurkG (zur Sprachunkunde s. *Winkler* BeurkG § 16 Rn. 5, 7). Fehlt diese Feststellung, verfährt der Notar aber mit einem sprachunkundigen Testierer wie mit einem Sprachkundigen, ist die Beurkundung dennoch wirksam (BGH DNotZ 2002, 536; *Winkler* BeurkG § 16 Rn. 11), aber anfechtbar (*Winkler* BeurkG § 16 Rn. 4) Wird diese Feststellung jedoch getroffen, muss die Niederschrift anstelle des Vorlesens (Vorsicht: bei Beteiligung eines Sprachkundigen ist Verlesen erforderlich) durch den kundigen Notar selbst oder durch einen Dolmetscher mündlich übersetzt werden. Die Übersetzung muss zusätzlich zwingend schriftlich erfolgen; ein eventueller Verzicht auf die schriftliche Übersetzung muss in der Niederschrift festgestellt werden, sonst ist die Verfügung unwirksam, § 32 BeurkG. Die Niederschrift muss in jedem Falle an Stelle des Vorlesens mündlich übersetzt (§ 16 Abs. 2 S. 1 BeurkG) werden, es sei denn, die schriftliche Übersetzung wird verlesen. Für die Beurkundung eines Erbvertrages gilt § 32 BeurkG gem. § 33 BeurkG auch dann, wenn nicht der Erblasser, sondern der andere, nur die Annahme erklärende Vertragsschließende (einseitiger Erbvertrag) sprachunkundig ist. § 32 BeurkG gilt nur für den Fall der Errichtung durch mündliche Erklärung oder Gebärden (*Winkler* BeurkG § 32 Rn. 6 mwN); wird der letzte Wille durch Übergabe einer Schrift erklärt, so ist allein

nach § 16 BeurkG zu verfahren: nur die Erklärung des Testators, dass die übergebene Schrift seinen letzten Wille enthalte, ist nach § 16 Abs. 2 S. 1 BeurkG mündlich, auf Verlangen auch schriftlich (§ 16 Abs. 2 S. 2 BeurkG) zu übersetzen.

2. Zeugenzuziehung. → Form. B.II.1 Anm. 5.

3. Dolmetscher. Der Notar kann selbst übersetzen, wenn er der anderen Sprache nach seinem Ermessen hinreichend kundig ist. Der insoweit kundige Notar kann auch selbst eine Ausfertigung der deutschen Übersetzung einer fremdsprachigen Urkunde erteilen, § 50 BeurkG. Ansonsten muss der zugezogene Dolmetscher, der nicht Berufs-Dolmetscher zu sein braucht, in der Lage sein, eine unmittelbare Verständigung zwischen dem Notar und dem sprachunkundigen Beteiligten zu ermöglichen; die Einschaltung eines weiteren Sprachmittlers ist unzulässig. Für den Dolmetscher gelten die Mitwirkungsverbote der §§ 6, 7 BeurkG entsprechend. Dolmetscher kann insbesondere keine Person sein, die mit dem Erblasser verwandt ist (*Winkler* BeurkG § 16 Rn. 23), durch die zu beurkundende Verfügung einen rechtlichen Vorteil erlangt oder als zweiter Notar, Zeuge oder Schreibzeuge an der Beurkundung mitwirkt. Dagegen kann die (Vertrauens-)Person (§ 24 BeurkG), deren Tätigkeit der des Dolmetschers ähnelt, gleichzeitig Dolmetscher sein.

4. Vereidigung. Der Dolmetscher ist in der Regel zu vereidigen (anders § 10 Abs. 3 Nr. 2 KonsularG), und zwar entsprechend § 189 GVG zeitlich vor der Übersetzung. Ist er bereits allgemein vereidigt, so genügt es, dass er sich auf diesen Eid beruft. Der Notar hat den Dolmetscher über die Bedeutung des Eides zu belehren. Die Vereidigung ist entbehrlich, wenn alle an der Beurkundung Beteiligten – nicht nur der Sprachunkundige – darauf verzichten.

5. Schriftliche Übersetzung. Die schriftliche Übersetzung ist den Beteiligten nach § 16 Abs. 2 S. 2 BeurkG zur Durchsicht vorzulegen und der Niederschrift beizufügen. Diese Tatsachen sollen in der Niederschrift festgestellt werden, § 16 Abs. 2 S. 4 BeurkG. Der Dolmetscher soll nach § 16 Abs. 3 S. 5 BeurkG die Niederschrift unterschreiben; dies ist jedoch keine Gültigkeitsvoraussetzung der Beurkundung. Eine Heftung von Niederschrift und Übersetzung ist zweckmäßig; der Notar soll beides gem. § 34 BeurkG in einem Umschlag verschließen und in die amtliche Verwahrung bringen.

6. Kosten. Die Zusatzgebühr nach Nr. 26001 KV GNotKG fällt nur an, wenn die Abgabe der zu beurkundenden Erklärung eines Beteiligten in einer fremden Sprache ohne Hinzuziehung eines Dolmetschers erfolgt (Fall 1), der Notar also selbst übersetzt. Fertigt der Notar zudem eine Übersetzung der Urkunde (Fall 3), entsteht die Zusatzgebühr nochmals (Bormann/Diehn/Sommerfeldt/*Diehn* GNotKG Nr. 26001 KV Rn. 14).

3. Errichtung eines Testaments durch Übergabe einer Schrift

[Notarieller Urkundeneingang]

Der Erschienene will ein Testament durch Übergabe einer offenen

[Alternativ: verschlossenen]

Schrift errichten.[1] Nach der von mir mit dem Erschienenen geführten, der Beurkundung vorangegangenen Besprechung und Befragung ist dieser nach meiner Überzeugung voll geschäftsfähig.[2, 3]

Sodann beurkunde ich auf Ersuchen des Erschienenen in dessen Anwesenheit was folgt:

Der Erschienene erklärte, dass er eine Verfügung von Todes wegen durch Übergabe einer Schrift errichten wolle.

Der Erschienene übergab eine offene Schrift,[4] die mit den Worten ...... beginnt und mit den Worten ...... endet.

[Alternativ: Der Erschienene übergab einen mit seinem persönlichen Siegelabdruck verschlossenen Umschlag,[5] welcher mit folgender Aufschrift versehen war: ......]

Der Erschienene erklärte sodann vor mir:[6]

„Diese von mir übergebene

[Alternativ: Die in diesem Umschlag befindliche]

Schrift, deren Inhalt ich lesen kann, enthält meinen letzten Willen." Die übergebene Schrift wurde dieser Niederschrift beigefügt.[7]

[bei verschlossener Schrift: „In dem Testament sind weder der beurkundende Notar noch einer der Zeugen noch der zweite Notar bedacht oder zum Testamentsvollstrecker ernannt. Der Erschienene wurde von mir darauf hingewiesen, dass sich durch seine eventuell mangelnden Rechtskenntnisse Gefahren für die Erreichung seiner mit dem Testament erstrebten Ziele ergeben können."]

Die Niederschrift wurde dem Erschienenen vom Notar vorgelesen, von ihm genehmigt und eigenhändig wie folgt unterschrieben:[8, 9]

......

Anmerkungen

1. Übergabe einer Schrift. Ein Erblasser kann ein Testament auch dadurch errichten, dass er dem Notar eine offene oder verschlossene Schrift mit der Erklärung übergibt, dass die Schrift seinen letzten Willen enthalte, § 2232 Abs. 1 S. 2 BGB, § 30 BeurkG. Ein Lesensunfähiger kann nach § 2233 Abs. 2 BGB sein Testament nicht durch Übergabe einer Schrift errichten, ein Minderjähriger (nach Erreichung des 16. Lebensjahres bis zur Vollendung des 18. Lebensjahres) kann dies nur durch Überreichung einer offenen Schrift tun, § 2233 Abs. 1 BGB. Dieses Beurkundungsverfahren kann sich etwa anbieten, wenn die Verfügung von Todes wegen von einem anderen Berater als dem Notar verfasst wurde, sehr umfangreich ist oder der Testierer schwerkrank, aber noch testierfähig ist, und er sich einer Vertrauensperson bedient, die die Schrift entweder selbst verfasst hat oder ihm dabei behilflich war. In Frage kommen auch Fälle mit sprachunkundigen Ausländern oder in denen die als Zeuge zugezogene Person von dem Inhalt der Verfügung von Todes wegen keine Kenntnis erhalten soll. Die Übergabe einer verschlossenen Schrift hat den Vorteil, dass im Fall eines späteren Widerrufs oder einer Testamentsneufassung die alte Verfügung vom Testierenden „spurlos" beseitigt werden kann, wodurch verhindert wird, dass die Hinterbliebenen auch die früheren, widerrufenen Verfügungen nachlesen können, zu deren Inhalt der Testierende nicht mehr stehen wollte. Die Übergabe einer verschlossenen Schrift verbindet den Vorteil der größeren Sicherheit des öffentlichen mit dem der Geheimhaltung des privatschriftlichen Testaments. Dennoch stellt die Errichtung eines Testaments durch Übergabe einer Schrift in der Praxis einen eher seltenen Fall dar, der aufgrund der eventuell mangelnden Rechtskenntnisse des Erblassers und fehlender Prüfungspflicht des Notars auch regelmäßig nicht empfohlen wird.

2. Testierfähigkeit. → Form. B.II.1 Anm. 4.

3. Zeugenzuziehung. → Form. B.II.1 Anm. 5.

4. Schrift. Die Schrift muss weder vom Erblasser stammen noch eigenhändig geschrieben oder unterschrieben sein, noch Orts- oder Datumsangaben enthalten. Sie kann auch in Maschinen-, Kurz- oder Blindenschrift oder in fremden Schriftzeichen in jeder lebenden oder toten Sprache verfasst sein. Allerdings muss der Testierer die Schrift kennen und entziffern können. Eine Formulierungspflicht für den Inhalt der letztwilligen Verfügung besteht für den Notar nicht, wenn die Schrift – die in einer Sprache verfasst ist, der der Notar hinreichend mächtig ist – offen übergeben wird. Der Notar muss eine übergebene offene Schrift allerdings nach §§ 30 S. 4, 17 BeurkG lesen, auf ihre Rechtswirksamkeit prüfen und wie bei einer selbst verfassten Verfügung belehren (BGH DNotZ 1974, 298; *Winkler* BeurkG Rn. 9), es sei denn, der Notar versteht die verwendete Sprache nicht. Eines Verlesens der Schrift bedarf es nicht. Der Erblasser braucht keine tatsächliche Kenntnis vom Inhalt der übergebenen Schrift haben (str. RGZ 76, 94 [95]; Palandt/*Weidlich* BGB § 2232 Rn. 3). Die körperliche Übergabe der Schrift an den Notar (zu den Voraussetzungen s. RGZ 150, 189) kann auch konkludent, beispielsweise durch mündliche Genehmigung der Niederschrift in Gegenwart des Notars, erfolgen.

5. Verschlossene Schrift. Wird eine verschlossene Schrift übergeben, darf der Notar nach dem Inhalt fragen und den Erblasser auf mögliche Bedenken (zB wenn er mit einer gegen § 27 BeurkG verstoßenden Klausel rechnet) hinweisen, verpflichtet ist er hierzu allerdings nicht. Der Notar hat die (verschlossene oder offene) Schrift derart kennzeichnen, dass eine Verwechslung ausgeschlossen ist. Es empfiehlt sich deshalb, auf den verschlossenen Umschlag (bzw. in die offene Schrift selbst) folgenden Satz zu schreiben:

Formulierungsvorschlag:
„Der Umschlag enthält (bzw. „Dies ist) das Testament des . . . . . ., geb. am . . . . . ., wohnhaft . . . . . .“

6. Erklärung. Bei der Übergabe der Schrift muss der Erblasser in Gegenwart des Notars erklären, dass die Schrift seinen letzten Willen enthalte. Diese Erklärung kann jetzt auch allein durch Gebärden, Zeichen oder nicht verständliche Laute abgegeben werden, → Form. B.II.1 Anm. 1. Der Notar sollte jedoch nach Möglichkeit auf einer mündlichen Erklärung bestehen.

7. Mischformen. Nach RGZ 82, 149 ist es möglich, die Errichtung des Testaments durch mündliche Erklärung und eine solche durch Übergabe einer Schrift miteinander zu verbinden (Anlage nach § 9 BeurkG).

8. Verschließung und Verwahrung. Der Notar hat die Niederschrift über ein Testament mitsamt der übergebenen Schrift (§ 30 S. 5 BeurkG) und einer etwaigen schriftlichen Übersetzung (§ 32 S. 1 BeurkG) in einen Umschlag zu nehmen und diesen mit dem Prägesiegel zu verschließen; vorherige Heftung ist nicht erforderlich, aber zweckmäßig. Zu der Verschließung und Verwahrung im Übrigen → Form. B.II.1.

9. Kosten. Die Notargebühren für die Errichtung der Verfügung von Todes wegen durch Übergabe einer Schrift unterscheiden sich nicht von den Gebühren für die Protokollierung des erklärten letzten Willens, also 1,0-Gebühr nach Nr. 21200 KV GNotKG bei Einzeltestamenten, im Übrigen die 2,0-Gebühr aus dem vollen nach § 102 GNotKG und ggf. nach § 104 GNotKG (Rechtswahl) ermittelten Wert.

III. Sondervorschriften bei behinderten Personen

1. Vorbemerkung: Übersicht über die einschlägigen Sondervorschriften für Verfügungen von Todes wegen behinderter Personen

Erblasser	Errichtung von Verfügungen von Todes wegen (Vfg. vTw)
Volljähriger (schreib- und lesefähig)	• Vfg. vTw nach § 2231 BGB durch eigenhändiges Testament (§ 2247 BGB), notarielles Testament oder Übergabe einer offenen oder einer verschlossenen Schrift (§ 2232 BGB).
Minderjähriger über 16 Jahre (schreib- und lesefähig)	• Vfg. vTw nur durch Erklärung gegenüber dem Notar oder durch Übergabe einer offenen Schrift (§ 2233 Abs. 1 BGB).
Sprachunkundiger	• Notar oder zugezogener Dolmetscher übersetzt (§ 16 Abs. 3 BeurkG). • Schriftliche Übersetzung, zwingend, die der Niederschrift beigefügt werden soll, es sei denn, Erblasser verzichtet, dies muss in der Niederschrift festgestellt werden (§ 32 BeurkG).
Leseunfähiger (auch bzgl. der Namensunterschrift)	• nur durch Erklärung zur Niederschrift eines Notars (§ 2233 Abs. 2 BGB). • Es ist ein Schreibzeuge oder ein zweiter Notar hinzuzuziehen (§ 25 BeurkG), wenn nicht bereits ein Zeuge oder ein zweiter Notar nach § 22 BeurkG zugezogen ist.
Schrift- und Leseunkundiger (nicht bzgl. des Namens)	• nur durch Erklärung (§ 2233 Abs. 2 BGB). • Ist kein Verzicht erklärt, ist ein Zeuge oder ein zweiter Notar hinzuzuziehen (§ 22 BeurkG).
Sehbehinderter (beherrscht Blindenschrift)	• durch Übergabe einer Blindenschrift oder durch Erklärung (§ 2232 BGB). • Ist kein Verzicht erklärt, ist ein Zeuge oder ein zweiter Notar hinzuzuziehen (§ 22 BeurkG).
Sehbehinderter (beherrscht Blindenschrift nicht)	• Vfg. vTw nur durch Erklärung (§ 2233 Abs. 2 BGB). • Ist kein Verzicht erklärt, ist ein Zeuge oder ein zweiter Notar hinzuzuziehen (§ 22 BeurkG).
Sehbehinderter (schreibunfähig)	• Vfg. vTw nur durch Erklärung (§ 2233 Abs. 2 BGB). • Es ist ein Schreibzeuge oder ein zweiter Notar hinzuzuziehen (§ 25 BeurkG), wenn nicht bereits ein Zeuge oder ein zweiter Notar nach § 22 BeurkG zugezogen ist.

Erblasser	Errichtung von Verfügungen von Todes wegen (Vfg. vTw)
Sprachbehinderter (schreib- und lesefähig)	• Alle Vfg. vTw mit nonverbaler Erklärung oder eigenhändiges Testament möglich. • Zuziehung eines Gebärdendolmetschers (§ 22 Abs. 1 S. 2 BeurkG) auf Verlangen. • Ist kein Verzicht erklärt, ist ein Zeuge oder ein zweiter Notar hinzuzuziehen (§ 22 BeurkG).
Sprachbehinderter (schreib- und leseunfähig)	• Alle Vfg. vTw mit nonverbaler Erklärung möglich. • Zuziehung einer Verständigungsperson notwendig (§ 24 BeurkG). • Ist kein Verzicht erklärt, ist ein Zeuge oder ein zweiter Notar hinzuzuziehen (§ 22 BeurkG).
Sprachbehinderter (leseunfähig, aber schreibfähig)	• Vfg. vTw nur durch nonverbale Erklärung (§ 2233 Abs. 2 BGB). • Zuziehung einer Verständigungsperson nicht notwendig (§ 24 BeurkG), da schriftliche Verständigung möglich. • Zuziehung eines Gebärdendolmetschers (§ 22 Abs. 1 S. 2 BeurkG) auf Verlangen. • Ist kein Verzicht erklärt, ist ein Zeuge oder ein zweiter Notar hinzuzuziehen (§ 22 BeurkG).
Sprachbehinderter (lesefähig, aber schreibunfähig)	• Vfg. vTw nur durch nonverbale Erklärung (§ 2233 Abs. 2 BGB) oder Übergabe eine Schrift unter Zuziehung einer Verständigungsperson (§ 24 BeurkG). • Ist kein Verzicht erklärt, ist ein Zeuge oder ein zweiter Notar hinzuzuziehen (§§ 24 Abs. 3, 22 BeurkG).
Hörbehinderter (schreib- und/oder lesefähig)	• Vfg. vTw in jeder Form möglich. • Niederschrift ist anstelle des Verlesens zur Durchsicht vorzulegen (§ 23 BeurkG). • Zuziehung eines Gebärdensprachdolmetschers (§ 22 Abs. 1 S. 2 BeurkG) auf Verlangen. • Ist kein Verzicht erklärt, ist ein Zeuge oder ein zweiter Notar hinzuzuziehen (§ 22 BeurkG).
Hörbehinderter (leseunfähig)	• Vfg. vTw nur durch Erklärung (§ 2233 Abs. 2 BGB). • Zuziehung einer Verständigungsperson notwendig (§ 24 BeurkG). • Zuziehung eines Gebärdensprachdolmetschers (§ 22 Abs. 1 S. 2 BeurkG) auf Verlangen. • Ist kein Verzicht erklärt, ist ein Zeuge oder ein zweiter Notar hinzuzuziehen (§ 22 BeurkG). • Ist auch mittels einer Verständigungsperson gem. § 24 BeurkG eine Verständigung nicht möglich, liegt faktische Testierunfähigkeit vor.

Erblasser	Errichtung von Verfügungen von Todes wegen (Vfg. vTw)
Sprach- und Hörbehinderter (schreib- und lesefähig)	• Alle Vfg. vTw mit nonverbaler Erklärung oder eigenhändiges Testament möglich. • Zuziehung eines Gebärdendolmetschers (§ 22 Abs. 1 S. 2 BeurkG) auf Verlangen. • Ist kein Verzicht erklärt, ist ein Zeuge oder ein zweiter Notar hinzuzuziehen (§ 22 BeurkG). • Die Niederschrift ist statt vorzulesen zur Durchsicht vorzulegen (§ 23 BeurkG).
Sprach- und Hörbehinderter (schreibunfähig, aber lesefähig)	• Vfg. vTw nur durch nonverbale Erklärung (§ 2233 Abs. 2 BGB). • Zuziehung einer Verständigungsperson nicht notwendig (§ 24 BeurkG), da schriftliche Verständigung möglich. • Zuziehung eines Gebärdendolmetschers (§ 22 Abs. 1 S. 2 BeurkG) auf Verlangen.
	• Ist kein Verzicht erklärt, ist ein Zeuge oder ein zweiter Notar hinzuzuziehen (§ 22 BeurkG). • Die Niederschrift ist statt vorzulesen zur Durchsicht vorzulegen (§ 23 BeurkG).
Sprach- und Hörbehinderter (schreibfähig, aber leseunfähig)	• Vfg. vTw nur durch Erklärung (§ 2233 Abs. 2 BGB). • Zuziehung einer Verständigungsperson notwendig (§ 24 BeurkG). • Zuziehung eines Gebärdensprachdolmetschers (§ 22 Abs. 1 S. 2 BeurkG) auf Verlangen. • Ist kein Verzicht erklärt, ist ein Zeuge oder ein zweiter Notar hinzuzuziehen (§ 22 BeurkG). • Die Niederschrift ist statt vorzulesen zur Durchsicht vorzulegen (§ 23 BeurkG). • Ist auch mittels einer Verständigungsperson gem. § 24 BeurkG eine Verständigung nicht möglich, liegt faktische Testierunfähigkeit vor.
Lesenskundiger, der hinsichtlich Unterschrift schreibbehindert ist	• Alle öffentlichen Vfg. vTw möglich. • Es ist ein Schreibzeuge oder ein zweiter Notar hinzuzuziehen (§ 25 BeurkG), wenn nicht bereits ein Zeuge oder ein zweiter Notar nach § 22 BeurkG zugezogen ist.

Prüfungsschema für Verfügungen von Todes wegen bei mehrfach Behinderten

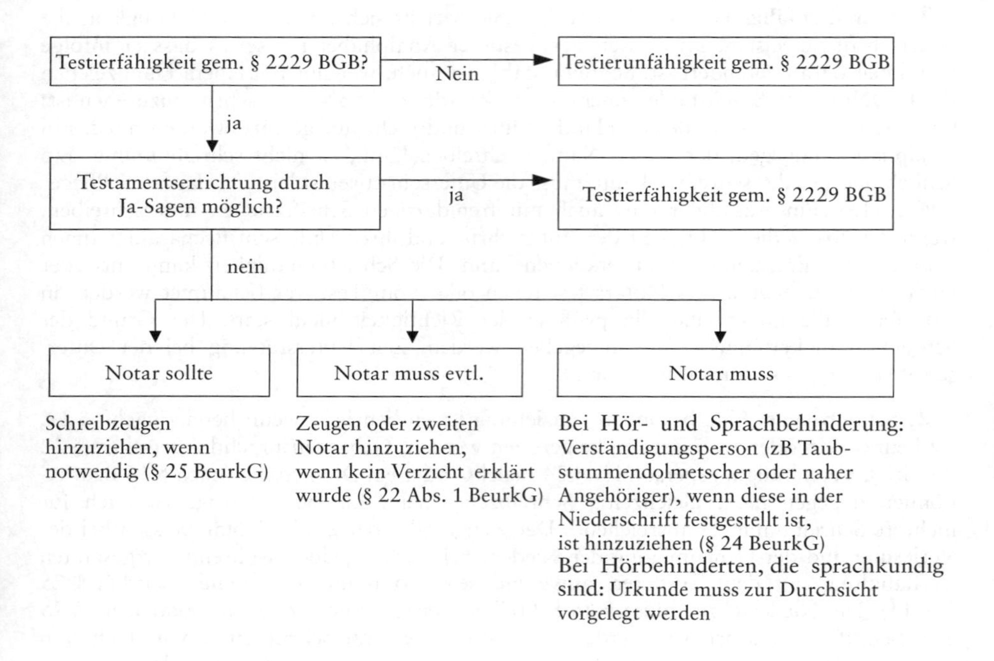

2. Schreibunfähigkeit des Erblassers

[Notarieller Urkundeneingang]

Der Erschienene will ein öffentliches Testament durch mündliche Erklärung errichten. Nach der von mir mit dem Erschienenen geführten, der Beurkundung vorangegangenen Besprechung und Befragung ist dieser nach meiner Überzeugung voll geschäftsfähig. Die Zuziehung von Zeugen oder eines zweiten Notars nach § 29 BeurkG wurde nicht gewünscht.

Da der Erschienene nach seinen Angaben und auch zu meiner Überzeugung nicht in der Lage ist, seinen Namen zu schreiben,[1] wurde als Schreibzeuge[2, 3] beim Vorlesen und der Genehmigung dieser Niederschrift beigezogen: [Herr . . . . . . Name, Geburtsdatum, Anschrift, ausgewiesen durch . . . . .]. Zeugenausschließungsgründe nach § 26 BeurkG lagen in seiner Person nicht vor. Herr . . . . . war während der gesamten Beurkundung anwesend.

Sodann erklärte der Erschienene mündlich zu notarieller Niederschrift: . . . . . .

Vorstehende Niederschrift wurde in Gegenwart des Schreibzeugen und des Notars dem Erschienenen vorgelesen, von diesem genehmigt und von dem Schreibzeugen und dem Notar eigenhändig wie folgt unterschrieben:[4]

. . . . .

Anmerkungen

1. Schreibunfähigkeit iSv § 25 BeurkG. Sie bezieht sich nur auf die Unfähigkeit, die Unterschrift zu leisten, sei es weil der Testierer Analphabet ist, sei es dass er infolge Krankheit daran gehindert ist. Schreibunfähig ist auch, wer nur mit einem Handzeichen (BGH DNotZ 1958, 650) oder einem Schnörkel (der nicht als Unterschrift anzusehen ist) unterzeichnen kann oder dessen Hand geführt und nicht nur gestützt werden muss. Ein Analphabet hingegen, der seinen Namen schreiben kann, ist nicht schreibunfähig. Ein Sehbehinderter, der schreiben kann, muss die Unterschrift selbst leisten (*Haegele* RPfleger 1969, 415). Ein Ausländer darf auch mit fremdartigen Schriftzeichen unterschreiben, wenn der Notar die Richtigkeit der Unterschrift und ihren Unterschriftscharakter (nach dem äußeren Erscheinungsbild) erkennen kann. Die Schreibunfähigkeit kann entweder nach der Überzeugung des Notars feststehen oder vom Testierer behauptet werden; in letzterem Falle findet eine Überprüfung der Richtigkeit nicht statt. Der Grund der Schreibunfähigkeit muss nicht angegeben werden. Zur Unterstützung bei der Unterschriftsleistung → Form. B.II.1 Anm. 8.

2. Schreibzeuge. Eine besondere Zuziehung ist entbehrlich, wenn bereits nach §§ 22, 29 BeurkG ein oder zwei Zeugen beigezogen werden; Gebärdensprachdolmetscher (§ 22 BeurkG), Verständigungsperson iSv § 24 BeurkG oder ein Dolmetscher nach § 16 BeurkG können dagegen nicht gleichzeitig Schreibzeuge sein. Ein Schreibzeuge ist auch für mehrere Schreibunfähige ausreichend. Der Zeuge oder der zweite Notar müssen bei der Verlesung und der Genehmigung der Niederschrift, nicht jedoch während der gesamten Verhandlung mit dem Testierer, anwesend sein (so nunmehr *Winkler* BeurkG § 25 Rn. 11). Die Niederschrift muss vom Schreibzeugen oder dem zweiten Notar gem. § 25 S. 3 BeurkG unterschrieben werden; es genügt die Unterschrift eines von mehreren Zeugen nach § 29 BeurkG, wenn deshalb kein Schreibzeuge zugezogen wurde.

3. Muss-Vorschrift. Der Schreibzeuge nach § 25 BeurkG muss zugezogen werden, und zwar nicht erst dann, wenn die Schreibunfähigkeit in der Niederschrift festgestellt ist. Auf die Zuziehung kann nicht verzichtet werden. In Bezug auf die Wirksamkeit kommt es auf das tatsächliche Geschehen an: behauptet der Testierer, schreiben zu können, misslingt die Unterschrift jedoch, so ist die Beurkundung ohne Schreibzeugen unwirksam s. auch Reimann/Bengel/*Bengel/Mayer* BeurkG § 25 Rn. 5 ff. Die Feststellung nach § 25 S. 2 BeurkG ist hingegen nur Sollvorschrift.

4. Kosten. Vom beurkundenden Notar zu zahlende Vergütungen an Urkundszeugen sind erstattungspflichtige Auslagen nach Nr. 32010 KV GNotKG. Der zweite, zugezogene Notar erhebt nach Nr. 25205 KV GNotKG Gebühren in Höhe von 50 % der dem beurkundenden Notar zustehenden Verfahrensgebühr. Kostenschuldner dieser Gebühr ist der beurkundende Notar: Er behandelt sie als Auslagen nach Nr. 32010 KV GNotKG.

Die Kosten von Zeugen regelt das GNotKG nicht; häufig verlangen sie keine Vergütung.

3. Sehbehinderung des Erblassers

[Notarieller Urkundeneingang]

Der Erschienene will ein öffentliches Testament durch mündliche Erklärung errichten. Nach der von mir mit dem Erschienenen geführten, der Beurkundung vorangegangenen Besprechung und Befragung ist dieser nach meiner Überzeugung voll geschäftsfähig. Die

Zuziehung von Zeugen oder eines zweiten Notars nach § 29 BeurkG wurde nicht gewünscht.

Der Erschienene ist nach seinen Angaben [und/oder: zu meiner, des Notars, Überzeugung] nicht fähig, zu sehen [oder: nicht fähig, hinreichend zu sehen].[1]

Die Zuziehung von Zeugen oder eines zweiten Notars nach § 22 BeurkG wurde nicht gewünscht.

***[Alternativ: als Zeuge/zweiter Notar wurde zugezogen: Herr ...... (Name, Geburtsdatum, Anschrift) ausgewiesen durch ......]. Zeugenausschließungsgründe nach § 26 BeurkG lagen in seiner Person nicht vor. Herr ...... war während der gesamten Beurkundung anwesend.]*[2]**

Der Erschienene erklärte dann mit dem Ersuchen um Beurkundung mündlich was folgt:

......

Die Niederschrift wurde vom Notar dem Erschienenen vorgelesen, von ihm genehmigt und von ihm[3] [dem Zeugen bzw. zweiten Notar] und dem Notar eigenhändig wie folgt unterschrieben:[4]

......

Anmerkungen

1. Möglichkeiten der Testamentserrichtung. Der Testierer kann nicht sehen, kann jedoch hören und sprechen. Ein Sehbehinderter kann ein Testament durch Übergabe einer Schrift auch in Blindenschrift errichten. Der Sehbehinderte kann ein Testament durch mündliche Erklärung vor dem Notar errichten. Ein Testierer kann dann nicht hinreichend iSv § 22 BeurkG sehen, wenn er den Beurkundungsvorgang nicht mehr mit dem Gesichtssinn zu beobachten vermag; hochgradige Schwachsichtigkeit genügt (s. *Winkler* BeurkG § 22 Rn. 7). Ob die Angaben des Testierers hinsichtlich seines Sehvermögens tatsächlich richtig waren oder ob der Notar zu Recht überzeugt war, dass der Testierer nicht hinreichend sehen kann, beeinflusst die Wirksamkeit der Beurkundung nicht. Leseunfähigkeit nach § 2233 Abs. 2 BGB ist nicht identisch mit dem Begriff der Sehbehinderung gem. § 22 BeurkG. Zur Feststellung der Behinderung s. *Winkler* BeurkG § 22 Rn. 12 ff.

2. Zeugen. Für Hör-, Sprach- und Sehbehinderte gilt gleichermaßen, dass zur Beurkundung ein Zeuge oder ein zweiter Notar zugezogen werden soll, es sei denn alle Beteiligten verzichten darauf, was in der Niederschrift festgestellt werden soll, § 22 BeurkG. Auch wenn mehrere Behinderte an der Beurkundung beteiligt sind, genügt nur ein Zeuge oder zweiter Notar. Als Zeuge kommt jede Person in Betracht, in der keine Mitwirkungsverbote nach §§ 26, 27 BeurkG vorliegen; ein Verstoß hiergegen führt jedoch nicht zur Unwirksamkeit der Beurkundung. Die Verantwortung für Auswahl und Zuziehung des Zeugen liegt beim Notar; ein Notar ist verpflichtet, auf Ersuchen als zweiter Notar mitzuwirken (§ 15 BNotO, aA Zimmermann/*Diehn* BeurkG § 29 Rn. 8). Der Zeuge wird nicht vereidigt, muss während der gesamten Beurkundung (Verlesen, Genehmigen, Unterschreiben) anwesend sein und hat die Aufgabe, den korrekten Ablauf des Beurkundungsverfahrens für den Sehbehinderten (nicht als dessen Vertreter) zu überwachen. Den Inhalt ggf. nicht vorlesbarer Anlagen zur Urkunde muss der Notar dem Sehbehinderten deutlich machen (BT-Drs. 8/3594, 3; *Winkler* BeurkG § 13 Rn. 20).

3. Schreibunfähigkeit. Kann der Sehbehinderte nicht unterschreiben, ist ein Schreibzeuge zwingend erforderlich, → Form. B.III.1 ff. § 25 BeurkG. Dass der Sehbehinderte die

Niederschrift, die er unterschreibt, nicht sehen kann, spielt keine Rolle (*Winkler* BeurkG § 13 Rn. 53).

4. Kosten. Vom beurkundenden Notar zu zahlende Vergütungen an Urkundszeugen sind erstattungspflichtige Auslagen nach Nr. 32010 KV GNotKG. Der zweite, zugezogene Notar erhebt nach Nr. 25205 KV GNotKG Gebühren in Höhe von 50 % der dem beurkundenden Notar zustehenden Verfahrensgebühr. Kostenschuldner dieser Gebühr ist der beurkundende Notar: Er behandelt sie als Auslagen nach Nr. 32010 KV GNotKG.

Die Kosten von Zeugen regelt das GNotKG nicht; häufig verlangen sie keine Vergütung.

4. Hörbehinderung des Erblassers

1. Alternative: Schriftliche Verständigung ist möglich[1]

[Notarieller Urkundeneingang]

Der Erschienene will ein öffentliches Testament durch mündliche Erklärung errichten. Der Erschienene ist nach seinen Angaben [und/oder: zu meiner Überzeugung] hörbehindert, kann aber lesen und seinen Namen schreiben.

Nach der von mir mit dem Erschienenen durchgeführten, der Beurkundung vorangegangenen schriftlichen Befragung ist dieser nach meiner Überzeugung voll geschäftsfähig. Die Zuziehung von Zeugen oder eines zweiten Notars nach § 29 BeurkG wurde ebenso nicht gewünscht wie die Zuziehung eines Gebärdendolmetschers nach § 22 BeurkG.[2]

[Alternativ: als Zeuge/zweiter Notar wurde zugezogen: [Herr . . . . . . Name, Geburtsdatum, Anschrift, ausgewiesen durch . . . . . .]. Zeugenausschließungsgründe nach § 26 BeurkG lagen in seiner Person nicht vor. Herr . . . . . . war während der gesamten Beurkundung anwesend.]

Der Erschienene erklärte dann mit dem Ersuchen um Beurkundung mündlich was folgt:

. . . . . .

Die Niederschrift wurde dem Erschienenen zur Durchsicht vorgelegt, von ihm genehmigt und von ihm [und dem Zeugen/zweiten Notar] und dem Notar eigenhändig wie folgt unterschrieben:[4, 5, 6]

. . . . . .

2. Alternative: Schriftliche Verständigung ist nicht möglich (§ 24 BeurkG)[1, 4]

[Notarieller Urkundeneingang]

Der Erschienene will ein öffentliches Testament durch mündliche Erklärung errichten. Der Erschienene ist nach seinen Angaben [und/oder: meiner Überzeugung nach] hörbehindert und kann sich auch nicht schriftlich verständigen.[3]

Deshalb wurde als Vertrauensperson gem. § 24 BeurkG [Herr . . . . . . Name, Geburtsdatum, Anschrift, ausgewiesen durch . . . . . .] zugezogen, der sich mit dem Erschienenen mittels Gebärdensprache zu verständigen vermag.[2] Mit dessen Zuziehung ist der Erschienene meiner Überzeugung nach einverstanden. Die Zuziehung von Zeugen oder eines zweiten Notars nach § 22 BeurkG wurde nicht gewünscht.

Herr . . . . . . verständigte sich mit dem Erschienenen so, dass ich mich einwandfrei von der Verständigungsmöglichkeit versichern und den Willen des Erschienenen ersehen

konnte. Herr . . . . . übermittelte dem Erschienenen meine Fragen; durch diese Befragung habe ich die Überzeugung gewonnen, dass der Erschienene voll geschäftsfähig ist.

Der Erschienene erklärte dann mit dem Ersuchen um Beurkundung mündlich was folgt:

. . . . .

Die Niederschrift wurde vom Notar dem Erschienenen vorgelesen, von ihm nach Übermittlung des Inhalts dieser Urkunde durch die Vertrauensperson genehmigt und von ihm, der Vertrauensperson und dem Notar eigenhändig wie folgt unterschrieben:[4, 5, 6]

. . . . .

Anmerkungen

1. Sachverhalt. Der Testierer kann nicht hinreichend hören, aber sprechen; eine schriftliche Verständigung mit ihm ist möglich (bzw. in der Variante nicht möglich). Der Hörbehinderte, also derjenige, mit dem eine Verständigung von Mund zu Ohr nicht möglich ist, kann sowohl ein eigenhändiges, als auch ein notarielles Testament in jeder Form errichten. Statt des Verlesens muss aber die Niederschrift in Gegenwart des Notars zur Durchsicht vorgelegt werden, § 23 BeurkG. Es genügt nicht, dass der Hörbehinderte die Fähigkeit besitzt, die Sprache dem Notar vom Munde abzulesen und dann entsprechend zu antworten.

2. Gebärdensprachdolmetscher. Auf Verlangen eines hör- oder sprachbehinderten Beteiligten ist ein Gebärdensprachdolmetscher hinzuzuziehen, § 22 Abs. 1 S. 2 BeurkG. Die Verletzung dieser Sollvorschrift führt nicht zur Unwirksamkeit der Beurkundung (BeckOK BGB/*Litzenburger* BeurkG § 22 Rn. 13). Für den Gebärdendolmetscher gelten die Mitwirkungsverbote nach §§ 6, 7, 26, 27 BeurkG nicht. Der Notar hat in der Niederschrift die Behinderung festzustellen und die Zuziehung von Zeugen/zweitem Notar/Gebärdensprachdolmetscher bzw. den Verzicht der Beteiligten hierauf zu vermerken.

3. Unmöglichkeit der schriftlichen Verständigung. Kann sich der hör- oder sprachbehinderte Beteiligte auch nicht schriftlich verständigen, ist eine Person, die sich mit dem behinderten Beteiligten zu verständigen vermag, hinzuziehen, § 24 Abs. 1 BeurkG (Verständigungsperson); diese muss während der gesamten Beurkundung anwesend sein. Der Beteiligte muss mit der Zuziehung dieser Person nach Überzeugung des Notars einverstanden sein. Bei der Auswahl sind die §§ 24, 27 BeurkG zu beachten und darauf zu achten, dass die Verständigungsperson nicht mit einem Zeugen, einem zweiten Notar oder einem Schreibzeugen identisch sein kann. Ausschließungsgründe nach §§ 6, 7 BeurkG finden auf die Verständigungsperson keine Anwendung. Der Notar hat die Doppelbehinderung in der Niederschrift festzustellen und sich davon zu überzeugen, dass sich die Verständigungsperson tatsächlich mit dem Testierer verständigen kann; darauf hat er besonders zu achten, wenn die Verständigungsperson aus dem Kreis der Angehörigen des Testierers stammt. Kann der Hörbehinderte nicht lesen, kann er nicht durch Übergabe einer Schrift testieren; eine Verständigungsperson nach § 24 BeurkG ist zuzuziehen. Ist der Hörbehinderte der Urkundssprache nicht hinreichend kundig, so muss die Übersetzung der Niederschrift schriftlich erfolgen und dem Hörbehinderten zur Durchsicht vorgelegt werden, auch wenn er dies nicht verlangt.

4. Schreibunfähigkeit. → Form. B.III.1, § 25 BeurkG.

5. Verlesen der Niederschrift. Hörbehinderten Beteiligten muss die Niederschrift anstelle des Vorlesens zur Durchsicht vorgelegt werden, § 23 BeurkG. Sind dagegen neben dem Hörbehinderten noch weitere Beteiligte (außer Zeugen gem. § 22 BeurkG)

vorhanden, so muss die Niederschrift auch verlesen werden. Die Vorlage zur Durchsicht ersetzt nur das Vorlesen, daneben bleibt die Genehmigung und die Unterschrift des Hörbehinderten nach § 13 BeurkG erforderlich. Liegt eine Doppelbehinderung iSv § 24 BeurkG vor, muss die Niederschrift dennoch vorgelesen werden, weil § 23 BeurkG wegen der Unmöglichkeit schriftlicher Verständigung nicht anwendbar ist. Die Verständigungsperson soll die Niederschrift unterschreiben; die Unterschrift des Gebärdendolmetschers ist nicht erforderlich, aber unschädlich. Beide ersetzen die Unterschrift eines zugezogenen Schreibzeugen nach § 25 BeurkG nicht.

6. Kosten. Vom beurkundenden Notar zu zahlende Vergütungen an Urkundszeugen, Dolmetscher und Übersetzer sind erstattungspflichtige Auslagen nach Nr. 32010 KV GNotKG.

5. Sprachbehinderung des Erblassers

[Notarieller Urkundeneingang]

Der Erschienene ist nach seinen Angaben und zu meiner Überzeugung sprachbehindert, kann jedoch lesen und schreiben.[1]

Er will durch Übergabe einer offenen

[Alternativ: verschlossenen]

Schrift ein Testament errichten.

Durch schriftliche Verständigung mit dem Erschienenen gewann ich, der Notar, die Überzeugung, dass der Erschienene voll geschäftsfähig ist.

Als Zeuge wurde gemäß § 22 BeurkG zugezogen [Name, Geburtsdatum, Anschrift, ausgewiesen durch . . . . . .][2]

Zeugenausschließungsgründe nach § 26 BeurkG lagen in seiner Person nicht vor. [. . . . . . war während der gesamten Beurkundung anwesend.]

Der Erschienene übergab sodann eine offene

[Alternativ: verschlossene]

Schrift,[3] die mit den Worten: . . . . . . beginnt und mit den Worten: . . . . . . endet.

[Alternativ: Der Erschienene übergab einen mit persönlichem Siegelabdruck verschlossenen Umschlag, welcher mit folgender Aufschrift versehen war: . . . . . .]

Der Erschienene erklärte mir gegenüber eigenhändig schriftlich:[4] „Diese von mir übergebene offene

[Alternativ: Die in diesem Umschlag befindliche]

Schrift enthält meinen letzten Willen.“ Die übergebene Schrift, die ich oben mit dem Vermerk „Dies ist das Testament des . . . . . ., geb. am . . . . . ., wohnhaft . . . . . .“ versah, wurde dieser Niederschrift beigefügt.

Die Niederschrift wurde dem Erschienenen vom Notar vorgelesen, vom Erblasser genehmigt und von diesem,[5] dem Zeugen sowie dem Notar eigenhändig wie folgt unterschrieben:

. . . . . .

Anmerkungen

1. Sachverhalt. Der Testierer kann nicht hinreichend sprechen, jedoch hören und lesen und schreiben. Ein Testierer ist sprachbehindert, wenn er sich infolge eines natürlichen Fehlers durch die Sprache in keiner Weise verständlich machen kann. Sprechfähig ist noch derjenige, der durch lautliche Wortbildung ein immerhin noch verständliches Ja-Wort aussprechen kann (BayObLGZ 1968, 268). Für die Errichtung eines öffentlichen Testaments durch „mündliche Erklärung" genügt es, wenn der Testamentsentwurf vorgelesen wurde und der Erblasser auf die Frage, ob das Verlesene seinem Willen entspricht, mit „Ja" antwortet. Seit dem 1.8.2002 können auch Gebärden ein „Ja" ersetzen. → Form. B.II.1 Anm. 1.

2. Zeugen. → Form. B.III.2 Anm. 2.

3. Übergabe einer Schrift. → Form. B.II.3 und die dortigen Anmerkungen. Der Sprachbehinderte, der lesen kann, kann die Erklärung, dass die übergebene Schrift seinen letzten Willen enthält, in jeder Weise gegenüber dem Notar erklären. Die zusätzliche Erklärung soll, wenn sie auf einem besonderen Blatt niedergeschrieben ist, der Niederschrift beigefügt werden.

4. Gebärdensprachdolmetscher. → Form. B.III.3 Anm. 2. Heute kann ein Sprachbehinderter auch dann mittels Verständigungsperson nach § 24 BeurkG ein Testament errichten, wenn mit ihm eine schriftliche Verständigung nicht möglich ist.

5. Schreibunfähigkeit. → Form. B.III.1, § 25 BeurkG.

6. Hör- und Sprachbehinderung des Erblassers

[Notarieller Urkundeneingang]

Der Erschienene ist zu meiner Überzeugung nicht fähig, hinreichend zu hören und zu sprechen.[1] An der Geschäftsfähigkeit bestehen jedoch nach meiner Überzeugung keine Zweifel.

Als Zeuge wurde gemäß § 22 BeurkG zugezogen [Name, Geburtsdatum, Anschrift, ausgewiesen durch . . . . . .][2]

Zeugenausschließungsgründe nach § 26 BeurkG lagen in seiner Person nicht vor . . . . . . war während der gesamten Beurkundung anwesend.]

Eine schriftliche Verständigung mit dem Erschienenen ist möglich. Auf diesem Wege erklärte der Erschienene, dass er ein Testament durch Übergabe einer offenen

[Alternativ: verschlossenen]

Schrift[3] errichten wolle. Er kann Geschriebenes lesen und schreiben.

Er übergab sodann eine offene Schrift, die mit den Worten: . . . . . . beginnt und mit den Worten: . . . . . . endet.

[Alternativ: Er übergab einen mit seinem persönlichen Siegelabdruck verschlossenen Umschlag, welcher mit folgender Aufschrift versehen war: . . . . . .]

Der Erschienene erklärte mir gegenüber eigenhändig schriftlich:[4] „Diese von mir übergebene offene

[Alternativ: Die in diesem Umschlag befindliche]

Schrift enthält meinen letzten Willen.“

Die übergebene Schrift, die ich oben mit dem Vermerk „Dies ist das Testament des . . . . . ., geb. am . . . . . ., wohnhaft . . . . . .“ versah, wurde dieser Niederschrift beigefügt.

Die Niederschrift wurde alsdann dem Erschienenen anstelle des Vorlesens zur Durchsicht vorgelegt, von ihm genehmigt und von ihm,[5] dem Zeugen und dem Notar eigenhändig wie folgt unterschrieben:

. . . . . .

Anmerkungen

1. Sachverhalt. Der Testierer ist hör- und sprachbehindert, kann aber lesen und schreiben. Auf Hör- und Sprachbehinderte finden die gleichen Vorschriften Anwendung wie auf Sprachbehinderte.

2. Zeugen. → Form. B.III.2 Anm. 2.

3. Übergabe einer Schrift. → Form. B.II.3 und die dortigen Anmerkungen. Der Hör- und Sprachbehinderte, der lesen kann, kann die Erklärung, dass die übergebene Schrift seinen letzten Willen enthält, in jeder Weise gegenüber dem Notar auch durch Gebärden, notfalls mittels einer Verständigungsperson, erklären. Die zusätzliche Erklärung soll, wenn sie auf einem besonderen Blatt niedergeschrieben ist, der Niederschrift beigefügt werden.

4. Gebärdensprachendolmetscher. → Form. B.III.3 Anm. 2. Heute kann ein Hör- und Sprachbehinderter auch dann mittels Verständigungsperson nach § 24 BeurkG ein Testament errichten, wenn mit ihm eine schriftliche Verständigung nicht möglich ist. Die Gebärdensprache ist keine fremde Sprache iSv § 5 BeurkG und der Gebärdensprachendolmetscher kein Dolmetscher iSv § 16 BeurkG.

5. Schreibunfähigkeit. → Form. B.III.1, § 25 BeurkG.

IV. Erbvertrag

[Notarieller Urkundeneingang]

Die Erschienenen erklärten, einen Erbvertrag durch mündliche Erklärung abschließen zu wollen, wobei beide Erblasser sind. Sie sind nach meiner Überzeugung, die ich auf Grund der mit ihnen am [Datum] und heute geführten Unterredungen gewonnen habe, jeweils voll geschäfts- und testierfähig. Die Hinzuziehung eines Zeugen oder zweiten Notars wurde von keinem der Erschienenen verlangt.

Die Erschienenen erklärten bei gleichzeitiger Anwesenheit,[1] mündlich zur notariellen Niederschrift den folgenden Erbvertrag schließen zu wollen:

[es folgen die vertragsmäßigen und ggf. einseitigen Verfügungen der Erschienenen][2, 3]

Wir nehmen die vorstehenden Erklärungen hiermit gegenseitig an.

Wir wurden vom beurkundenden Notar über die rechtliche Tragweite unserer Erklärungen belehrt,[4] insbesondere über

- **die Bedeutung und die Auswirkungen des Erbvertrages, insbesondere dass seine vertragsmäßigen Bestimmungen nicht einseitig aufgehoben oder abgeändert werden können und insoweit die Testierfreiheit eingeschränkt ist,**
- **das gesetzliche Erb- und Pflichtteilsrecht,**
- **den Grundsatz des freien lebzeitigen Verfügungsrechts, seine Einschränkungen und deren Auswirkungen.**

Der Notar hat uns ferner darauf hingewiesen, dass die Verfügungen des Längerlebenden beim ersten Erbfall nur dann nicht verkündet werden, wenn sie von denen des zuerst Verstorbenen sprachlich getrennt sind und dass Verfügungen von Todes wegen in angemessenen Abständen auf ihre Zweckmäßigkeit geprüft werden sollten.

Wir wünschen nicht, dass dieser Erbvertrag verschlossen und in die besondere amtliche Verwahrung beim Amtsgericht verbracht wird. Er soll vielmehr in der Urkundensammlung des Notars aufbewahrt werden. Der Notar hat darauf hingewiesen, dass er verpflichtet ist, die Verwahrangaben nach § 78b Abs. 2 S. 1 Bundesnotarordnung unverzüglich an die das Zentrale Testamentsregister führende Registerbehörde mitzuteilen.[5, 6, 7]

Die Niederschrift wurde den Erschienenen vom Notar vorgelesen, von ihnen genehmigt und von ihnen und dem Notar eigenhändig wie folgt unterschrieben:[8, 9]

. . . . . .

Anmerkungen

1. Gleichzeitige Anwesenheit, Geschäftsfähigkeit. Ein Erbvertrag kann nur zur Niederschrift eines Notars bei gleichzeitiger Anwesenheit beider (auch mehrerer) Vertragsteile geschlossen werden, § 2276 Abs. 1 BGB. Eine Sukzessivbeurkundung durch Angebot und Annahme (§ 128 BGB) ist ausgeschlossen. Damit ist die Form des Erbvertrages vorgeschrieben und es gelten weitgehend die dafür vorgesehenen Bestimmungen (§ 2276 Abs. 1 S. 2 BGB und BeurkG). Hinsichtlich der Form ist also jeder

Vertragsteil wie ein Erblasser zu behandeln, selbst wenn er gar nicht letztwillig von Todes wegen verfügt. Der Erblasser, dh derjenige Vertragspartner, der erbvertragsmäßige Verfügungen trifft, kann den Erbvertrag nur persönlich schließen, § 2274 BGB, während bei anderen Vertragsschließenden Stellvertretung möglich ist. Vertreter des anderen Vertragschließenden kann auch der Erblasser sein; die Vollmacht bedarf keiner Form, § 167 Abs. 2 BGB. Der Erblasser muss nicht nur testierfähig, sondern unbeschränkt geschäftsfähig sein. Ein Erbvertrag kann auch durch Übergabe einer offenen oder verschlossenen Schrift errichtet werden; unzulässig ist dies jedoch, wenn ein Ehevertrag damit verbunden ist. Hier sind die Bestimmungen der §§ 6 ff. BeurkG zu beachten, soweit sie strengere Anforderungen stellen. Möglich ist auch, dass sich der eine Vertragsteil mündlich erklärt, der andere eine Schrift übergibt. → Form. B.II.3 Anm. 7. § 28 BeurkG (Feststellungen über die Geschäftsfähigkeit) gilt bei einseitigen Erbverträgen nur für den Erblasser, nicht auch für den dessen Erklärung nur annehmenden Vertragsteil. Bestehen bei gegenseitigen Erbverträgen Zweifel hinsichtlich der Testierfähigkeit eines der Beteiligten, sollte ausdrücklich geregelt werden, ob die Verfügungen des anderen Teils wenigstens als einseitige testamentarische Verfügung gelten oder mit der Wirksamkeit der Verfügungen des anderen Teils stehen und fallen sollen. Zur Bindung → Form. A.II.5.

2. Testierfreiheit. → Form. B.II.1 Anm. 7. Beispielsweise bei Beurkundung der Aufhebung eines Erbvertrages zwischen Vater und Sohn muss der Notar nachfragen bzw. sich den alten Erbvertrag vorlegen lassen, um zu prüfen, ob nicht auch die Mutter am Erbvertrag beteiligt war (*OLG Schleswig* DNotI-Report 2005, 71, s. generell zur Überwindung der Bindungswirkung *Keim* RNotZ 2012, 496).

3. Formulierungen. Der Notar sollte darauf achten, dass ein Erbvertrag in Abgrenzung zum gemeinschaftlichen Testament in der Niederschrift auch als solcher bezeichnet wird. Darüber hinaus sollte exakt formuliert werden, welche Verfügungen der Beteiligten vertragsmäßig und welche einseitig getroffen werden. Im Hinblick auf § 349 Abs. 1 FamFG ist, sofern es den Beteiligten in besonderer Weise auf die Geheimhaltung der Erbfolge nach dem Längstlebenden ankommt, so zu formulieren, dass die Verfügungen des Erstversterbenden so getrennt von denen des Zweitversterbenden eröffnet werden können, dass sie auch ohne diese verständlich sind (vgl. BVerfG NJW 1994, 2535; BGH NJW 1984, 2098 [2099]). Zu vermeiden sind in solchen Fällen deshalb Formulierungen in der Wir-Form; es empfiehlt sich stattdessen beispielsweise „ich, ...“ oder „Für den Fall, dass ich der Erstversterbende von uns beiden bin, ...“. Alternativ kommt die Errichtung zweier Einzeltestamente in Betracht oder die Beteiligten verzichten darauf, die Erbfolge nach dem Längstlebenden bereits vor dem Tode des Erstversterbenden zu regeln.

4. Belehrungen. Der Notar sollte darüber belehren, dass für vertragsmäßige Verfügungen eine Bindung eintritt und spätere Verfügungen unwirksam sind, wenn sie das Recht des vertragsmäßig Bedachten beeinträchtigen (§§ 2278, 2279 BGB). Er sollte auch auf die Möglichkeiten der Einschränkung der Bindung durch individuelle Klauseln (Rücktrittsrecht, Abänderungsvorbehalt etc) hinweisen. Eine Belehrung über Pflichtteilsansprüche – wenn der Erblasser einen Abkömmling oder Ehegatten ausdrücklich oder stillschweigend von der Erbfolge ausschließt – sollte zur Verhinderung einer Anfechtung wegen Übergehung des Pflichtteilsberechtigten gem. § 2079 BGB vorgenommen werden, da diese Anfechtung auch bei Rechtsirrtum über das Pflichtteilsrecht eines bekannten Berechtigten zulässig ist.

5. Besondere amtliche Verwahrung. Zur Verschließung s. § 34 Abs. 1 und 2 BeurkG. Der Erbvertrag ist in die besondere amtliche Verwahrung zu bringen (§ 34 Abs. 1 S. 4 BeurkG §§ 344 Abs. 1, 2; 346 FamFG). Die Parteien des Erbvertrages können jedoch auch die besondere amtliche Verwahrung ausschließen § 34 Abs. 2 BeurkG; damit

müssen jedoch alle Vertragsbeteiligten einverstanden sein. Im Zweifel ist dies auch anzunehmen, wenn der Erbvertrag mit einem anderen Vertrag in derselben Urkunde verbunden wird. Die besondere amtliche Verwahrung kann auch noch später verlangt werden. Ist die besondere amtliche Verwahrung ausgeschlossen, verbleibt die Urschrift des Erbvertrages gem. § 18 DONot in der Urkundensammlung des Notars.

6. Rückgabe des Erbvertrages aus der notariellen Verwahrung. → Form. A.II.4 und BNotK-Rundschreiben Nr. 25/2002 v. 13.8.2002 in ZNotP 2002, 427; *Keim* ZEV 2003, 55.

7. Zentrales Testamentsregister. Zum Zentralen Testamentsregister → Form. B.V.3.

8. Erbvertragsverzeichnis, Ablieferung. Über die von ihm gem. § 34 Abs. 3 BeurkG in Verwahrung genommenen Erbverträge hat der Notar ein Verzeichnis zu führen; zu den Einzelheiten s. § 9 DONot. Nach Kenntniserlangung von dem Tod des Erblassers ist die Urschrift des Erbvertrages an das zuständige Nachlassgericht (Gericht des letzten Wohnsitzes des Erblassers, § 343 Abs. 1 FamFG, hilfsweise das seines letzten Aufenthaltsortes) zur Eröffnung abzuliefern, § 34a Abs. 3 BeurkG. Der Notar hat, wenn er einen Erbvertrag 30 Jahre in der amtlichen Verwahrung hat, Ermittlungen darüber anzustellen, ob der Erblasser noch lebt, § 351 S. 1 FamFG. S. auch § 20 DONot.

9. Kosten. Der Erbvertrag löst eine 2,0-Gebühr nach Nr. 21100 KV GNotKG aus. Der Geschäftswert der darin enthaltenen Verfügungen von Todes wegen ist nach § 102 GNotKG zu bestimmen, wobei Verfügungen über den ganzen Nachlass mit dem modifizierten Reinvermögen des Erblassers bewertet werden, das sich mindestens auf das halbe Aktivvermögen des Erblassers beläuft. Verfügungen von Todes wegen sind nach § 111 Nr. 1 GNotKG besondere Beurkundungsgegenstände, so dass alle anderen Erklärungen in derselben Urkunde gesondert bewertet werden. Allerdings entstehen insbesondere bei der Kombination mit rechtsgeschäftlichen Erklärungen (Pflegevereinbarung, Pflichtteilsverzicht) keine gesonderten **Gebühren** mehr; vielmehr erhöht sich nur der Verfahrenswert nach § 35 Abs. 1 GNotKG durch Addition der Geschäftswerte. Eine Rechtswahl ist mit weiteren 30 % des Bezugswertes hinzuzurechnen, § 104, 111 Nr. 4 GNotKG.

Die notarielle Verwahrung des Erbvertrags ist gebührenfrei.

V. Benachrichtigungen in Nachlasssachen

1. Verwahrungs-, Mitteilungs- und Ablieferungspflichten:

Die Verwahrungs-, Mitteilungs- und Ablieferungspflichten (§§ 34 und 34a BeurkG) des Notars sollen sicherstellen, dass einerseits Verfügungen von Todes wegen nicht verloren gehen und andererseits die Stellen, bei denen sich Testamente und Erbverträge sowie Erklärungen, nach deren Inhalt die Erbfolge geändert wird, in amtlicher Verwahrung befinden, rechtzeitig vom Eintritt des Erbfalls benachrichtigt werden. Verfügungen von Todes wegen werden ausschließlich im Original aufbewahrt und **nicht** nach § 56 BeurkG-2022 in die **elektronische Form** übertragen, § 34 Abs. 4 BeurkG-2022 (s. Diehn/*Diehn* BNotO § 78h Rn. 22).

2. Angaben auf dem Testamentsumschlag:

Auf dem Umschlag, in dem das Testament gem. § 34 BeurkG (ggf. einschließlich der nach den §§ 30 und 32 BeurkG beigefügten Schriften) mit dem Prägesiegel zu verschließen ist, hat der Notar zu vermerken:

- den Geburtsnamen, die Vornamen und den Familiennamen der Erblasserin oder des Erblassers,
- den Geburtstag und den Geburtsort; zusätzlich – soweit nach Befragen möglich – die Postleitzahl des Geburtsortes, die Gemeinde und den Kreis, das für den Geburtsort zuständige Standesamt und die Geburtenregisternummer,
- die Art der Verfügung von Todes wegen, das Datum der Urkunde und die Urkundenrollennummer sowie den Namen des Notars oder der Notarin nebst Amtssitz,
- das verwahrende Nachlassgericht und die ZTR-Verwahrnummer nach § 3 Abs. 1 S. 1 und S. 2 der Testamentsregister-Verordnung vom 11.7.2011 (ZTRV).

Der Umschlagaufdruck wird vom Zentralen Testamentsregister der Bundesnotarkammer nach Registrierung zur Verfügung gestellt.

3. Benachrichtigung des Zentralen Testamentsregisters:

Das bis Ende 2011 dezentrale Benachrichtigungswesen in Todesfällen (Benachrichtigung über verschiedene Verwahrstellen, Benachrichtigung des Geburtsstandesamtes) wurde durch das Zentrale Testamentsregister einfacher, moderner, schneller und effizienter. Ende 2016 war die Testamentsverzeichnisüberführung abgeschlossen, so dass die Bundesnotarkammer inzwischen ein vollständiges Register mit sämtlichen Verwahrangaben über amtlich verwahrte erbfolgerelevante Urkunden führt (frühere **„gelbe Karteikarten“**).

Das Zentrale Testamentsregister der Bundesnotarkammer enthält darüber hinaus Informationen über nichteheliche und einzeladoptierte Kinder (frühere **„weiße Karteikarten“**) und leistet damit einen wichtigen Beitrag zur Sicherung des gesetzlichen Erb- und Pflichtteilsrechts, §§ 78b, 78d Abs. 1 S. 1 Nr. 2 BNotO.

Der **Notar** ist nach Errichtung einer **erbfolgerelevanten Urkunde** im Sinne von § 78d Abs. 2 S. 1 BNotO (Testament, Erbvertrag oder andere Urkunden mit Auswirkungen auf die Erbfolge) gem. § 34a Abs. 1 BeurkG verpflichtet (Pflichtaufgabe), die Verwahrangaben im Sinne von § 78d Abs. 2 S. 2 BNotO (nicht: die eigentliche Urkunde) unverzüglich elektronisch an die das Zentrale Testamentsregister führende Registerbehörde, also die Bundesnotarkammer, zu melden. Die Mitteilungspflicht besteht auch bei jeder Beurkundung von Änderungen oder bei Rückgabe von verwahrten Urkunden aus der Verwahrung und in den Fällen, in denen die Urkunde in die besondere amtliche Verwahrung beim Amtsgericht gegeben wird bzw. war. Gleiches gilt gem. § 347 Abs. 1 S. 1 FamFG für **Gerichte**, die ein (Not-)Testament in amtliche Verwahrung nehmen.

Zur Übermittlung durch den Notar ist es erforderlich, dass eine Maske mit den Verwahrangaben ausgefüllt wird, hierdurch werden die erforderlichen Dokumente zur Übermittlung generiert. Praktisch bedeutsam ist, dass hier die Angaben der Geburtsurkunde (Geburtenregisternummer und Geburtsstandesamtes) eingegeben werden müssen, die zur Beurkundung nicht erforderlich sind, von dem Testierer daher eigens angefragt werden müssen.

Die jeweilige Urkunde ist mit der elektronischen Übermittlung der Verwahrdaten im Zentralen Testamentsregister registriert. Eine materielle Rechtswirkung kommt dieser Registrierung allerdings nicht zu. Das Zentrale Testamentsregister wird im Todesfall **elektronisch und automatisiert** durch das jeweilige Sterbestandesamt unterrichtet. Ergibt der hierauf folgende Abgleich mit dem Datenbestand des Zentralen Testamentsregister einen Eintrag, werden das Nachlassgericht und die verwahrenden Stellen über den Sterbefall und etwaige Verwahrangaben informiert. Die zugrunde liegenden Urkunden werden sodann von den verwahrenden Stellen an das Nachlassgericht übermittelt.

C. Erbrechtliche Gestaltungsmöglichkeiten

I. Erbe, Ersatzerbe, Schlusserbe

1. Checkliste: Erbeinsetzung, Ersatzerbe

- ☐ Erbeinsetzung oder Vermächtnis von Einzelgegenständen?
- ☐ Benennung von Ersatzerben?
- ☐ Auch nichteheliche/adoptierte Abkömmlinge als Ersatzerben?
- ☐ Anwachsung bei Wegfall eines von mehreren Erben ohne Abkömmlinge?
- ☐ Ausschluss des ganzen Stammes bei Pflichtteilsverlangen, wenn Fall des § 2306 BGB?
- ☐ Bei Personenvereinigung als Erbe – Erbfähigkeit?
- ☐ Bei minderjährigem Erben: Vormund/Testamentsvollstrecker/Entziehung der Verwaltung gegenüber Sorgeberechtigtem?
- ☐ Schlusserbeinsetzung des längerlebenden Ehegatten siehe Checkliste zu → Form. C.I.8: insbes. Bindung/Wechselbezüglichkeit?

2. Erbeinsetzung mit Ersatzberufung und Anwachsung

Zu meinen Erben berufe ich meine beiden Kinder, ... und . . . . . ., zu gleichen Teilen.[1, 2] Ersatzerben sind jeweils deren Abkömmlinge einschließlich adoptierter und nichtehelicher Kinder, zu unter sich gleichen Stammanteilen.[3] Sind solche nicht vorhanden, tritt Anwachsung an das andere Kind bzw. dessen Stamm gem. § 2094 BGB ein.[6]

[1. Alternative:

Abweichend von allen anderslautenden gesetzlichen Auslegungs-, Vermutungs- und Ergänzungsregelungen sind Ersatzerben nicht deren Abkömmlinge, sondern . . . . . .[5]]

[2. Alternative:

Ersatzerben möchte ich weder ausdrücklich noch stillschweigend nach § 2069 BGB bestimmen.[4, 7, 8]]

Anmerkungen

1. Sachverhalt. Der Erblasser ist alleinstehend und hat Kinder, die er zu seinen Erben einsetzen möchte.

2. Erbenbestimmung. Alleinerbe: Der oder die Erben erwerben im Zeitpunkt des Todes des Erblassers das Vermögen als Ganzes einschließlich etwaiger Verbindlichkeiten im Wege der **Gesamtrechtsnachfolge,** § 1922 BGB. Eine unmittelbare Zuwendung von Einzelgegenständen ist grundsätzlich nicht möglich. Ausnahmen von der Gesamtrechtsnachfolge bestehen bei der in einigen Bundesländern als Sondererbfolge ausgestalteten Hoferbfolge (Nordwestdeutsche HöfeO; HöfeO Rheinland-Pfalz; Bremische HöfeO)

sowie beim Übergang von Gesellschaftsanteilen an Personengesellschaften. Da der Erwerb aus Verträgen zugunsten Dritter auf den Todesfall, wie beispielsweise aus Versicherungen oder Sparverträgen mit Drittbegünstigung auf den Todesfall unmittelbar auf Grund des Vertrages selbst (Palandt/*Grüneberg* BGB § 331 Rn. 1) und nicht auf Grund des Erbrechts erfolgt, stellt dies im Ergebnis eine weitere Möglichkeit des unmittelbaren Erwerbs einzelner Gegenstände mit dem Tod dar. Ansonsten aber gebietet der Grundsatz der Gesamtrechtsnachfolge, dass eine fachmännisch verfasste Verfügung von Todes wegen die Erben ausdrücklich mit Erbquoten benennt und von bloßen Vermächtnisnehmern eindeutig unterscheidet.

Miterbe: Der Erblasser kann mehrere Personen nach von ihm zu bestimmenden Quoten zu Erben berufen. Der Nachlass steht den Erben in diesem Fall als Gesamthandsvermögen in Erbengemeinschaft zu, § 2032 Abs. 1 BGB. Die gesamthänderische Bindung beinhaltet, dass der einzelne Miterbe zwar über seinen **Anteil im Ganzen verfügen** kann, § 2033 Abs. 1 BGB, **nicht** jedoch über einzelne Nachlassgegenstände, § 2040 BGB, und auch nicht über einen Anteil an ihnen, § 2033 Abs. 2 BGB. Unzweckmäßig ist auch eine Erbeinsetzung nach Vermögensgruppen in der Weise, dass sich die Erbquoten nach den Wertverhältnissen der den einzelnen Erben zukommenden Gegenständen richten: Wegen des Verbotes eines dinglich wirkenden Vindikationslegates muss ohnehin eine Erbauseinandersetzung durchgeführt werden. Bei dieser Art von Testament lassen sich darüber hinaus die Erbquoten erst nach Wertermittlung der Einzelgegenstände bestimmen (*Langenfeld/Fröhler* Testamentgestaltung Kap. 3 Rn. 106). Sollen Einzelgegenstände bestimmten Erben zugewendet werden, so sollte dies durch Vorausvermächtnis (§ 2150 BGB) geschehen, wenn der betreffende Miterbe den Gegenstand zusätzlich zu seinem Erbteil erhalten soll, bzw. durch Teilungsanordnung (§ 2048 BGB), falls eine Ausgleichung des Wertes mit den anderen Erben gewollt ist. Die Einsetzung von Miterben ist dann unproblematisch, wenn der Nachlass ohnehin nicht geteilt oder an Dritte veräußert werden soll. Eine gegenständliche Verteilung entweder nach dem Willen des Erblassers durch Teilungsanordnung oder Vorausvermächtnisse oder Übereinkunft der Erben bedarf weiterer Vollzugsakte, bei Grundstücken beispielsweise eines notariell beurkundeten Erbauseinandersetzungsvertrages samt Auflassung nach § 925 BGB. Aus Kostengründen kann es daher angebracht sein, denjenigen, der das Immobilienvermögen erhalten soll, zum Alleinerben, die übrigen nur zu Vermächtnisnehmern zu berufen.

3. Ersatzerbenbestimmung. Der Ersatzerbe ist nach § 2096 BGB statt des Erben in der Verfügung von Todes wegen für den Fall berufen, dass der erstberufene Erbe vor oder nach Eintritt des Erbfalls mit Wirkung auf den Erbfall wegfällt. Er ist damit streng vom Nacherben (§§ 2100 ff. BGB) zu unterscheiden, dem der Nachlass zufällt, nachdem zunächst der Vorerbe ihn zeitlich befristet innehatte (*Nieder* ZEV 1996, 241). Die praktisch wichtigsten Fälle des Wegfalls geschehen durch **Vorversterben des Erben** sowie durch dessen **Ausschlagung.** Außerdem kommt ein Wegfall noch durch Erbverzicht (§ 2352 BGB), Erbunwürdigkeit (§ 2344 BGB), Nichterleben einer aufschiebenden Bedingung (§ 2074 BGB), Anfechtung (§§ 2078, 2079 BGB) und die Nichterteilung einer staatlichen Genehmigung einer Stiftung (§ 94 BGB) in Betracht. Falls mehrere Ersatzerben benannt werden, gehört zur Regelung der Ersatzerbfolge auch die Quote, zu der sie an die Stelle des Erben treten. Um alle Fälle des Wegfalls zu erfassen, sollte auch dieser Begriff verwandt und nicht lediglich auf das Vorversterben abgestellt werden.

4. Keine Ersatzerben. Da nach der Rechtsprechung auch alleine die Formulierung wonach „Ersatzerben ausdrücklich nicht bestimmt werden“, nicht zwingend zum Ausschluss des § 2069 BGB führen soll (OLG München ZEV 2009, 239 mit krit. Anm. *Dietz*), sollte dies – sofern gewünscht – wie in der Alternative vorgeschlagen, deutlich hervorgehoben werden.

5. Andere Ersatzerben als Abkömmlinge. Nach einer Auffassung schließt eine ausdrückliche Ersatzberufung eine stillschweigende Ersatzberufung der Abkömmlinge nach § 2069 BGB nicht unbedingt aus, da die Anordnung des Erblassers uU dahin auszulegen sei, dass die ausdrückliche Ersatzerbeneinsetzung nicht schon für den Tod des zunächst Berufenen, sondern erst für den Fall des Aussterbens seines gesamten Stammes gelten solle (Staudinger/*Otte* BGB § 2069 Rn. 20; BayObLG NJW-RR 1994, 460 = MittBayNot 1994, 149; aA MüKoBGB/*Rudy* § 2096 Rn. 8).

Der § 2069 BGB zugrunde liegende Rechtsgedanke kann nach der Rechtsprechung bei der ergänzenden Auslegung berücksichtigt werden, wenn anstatt eines Abkömmlings eine sonstige ursprünglich bedachte, dem Erblasser nahe stehende Person wegfällt (BayObLG NJW 1988 2744; *Nieder* ZEV 1996, 241 [244]). Auch in diesen Fällen könnte daher fraglich sein, ob der Stamm des Weggefallenen oder die ausdrücklich ernannten Ersatzerben Vorrang haben. Um Unsicherheiten entgegenzuwirken, sollte, falls **andere Personen als Abkömmlinge Ersatzerben** sein sollen, ein klarstellender Zusatz hinzugefügt werden, wonach diese ausdrückliche Ersatzerbeneinsetzung allen gesetzlichen Vermutungs- und Auslegungsregelungen vorgeht.

6. Anwachsung. Fällt einer von mehreren Miterben vor oder nach dem Eintritt des Erbfalls insbesondere durch Tod oder Ausschlagung weg, so ordnet § 2094 Abs. 1 S. 1 BGB die **Anwachsung** seines Erbteils an die übrigen Miterben nach dem Verhältnis ihrer Erbteile an. Unter Anwachsung versteht man bei der gewillkürten Erbfolge die vom Erblasser gewollte bei Wegfall eines Miterben eintretende Vergrößerung des einem anderen Miterben zugewendeten Erbteils (Staudinger/*Otte* BGB § 2094 Rn. 1). Allerdings geht der Anwachsung im Zweifel eine ausdrückliche oder stillschweigende Ersatzerbeneinsetzung vor (vgl. § 2099 BGB). Da die Anwachsung kraft Gesetzes eintritt, ist die Formulierung im Testament keine erbrechtliche Verfügung, sondern eigentlich nur eine Klarstellung, dass die Anwachsung nicht nach § 2094 Abs. 3 BGB ausgeschlossen sein soll. Daher könnte zweifelhaft sein, ob ein so angewachsener Erbteil an einer erbvertraglichen Bindung (§ 2278 Abs. 2 BGB) bzw. Wechselbezüglichkeit in einem Ehegattentestament (§ 2270 Abs. 3 BGB) teilhaben kann (*Keller* ZEV 2002, 439 [440]). Es wird daher vorgeschlagen, stattdessen eine weitere subsidiäre Ersatzerbfolge zugunsten der weiteren Miterben vorzusehen (*Keller* ZEV 2002, 439 [441]). Doch da die Anwachsung mittelbar eine gewillkürte Erbeinsetzung beinhaltet (*Keller* ZEV 2002, 439 [440]) dürften mE. diese Bedenken nicht entscheidend gegen die gebrauchte Formulierung sprechen.

7. Steuern. Die Erbeinsetzung ist kein steuerpflichtiger Vorgang. Zum steuerpflichtigen Erwerb des eingesetzten Erben kommt es gem. §§ 1 Abs. 1 Nr. 1, 3 Abs. 1 Nr. 1 ErbStG erst, wenn der Erbfall eintritt. Die Erbschaftsteuer entsteht dabei gem. § 9 Abs. 1 Nr. 1 ErbStG mit dem Tod des Erblassers. Beim Ersatzerben kommt es gem. § 3 Abs. 1 Nr. 1 ErbStG nur zu einem steuerpflichtigen Erwerb, wenn der eingesetzte Erbe vor ihm verstirbt, die Erbschaft ausschlägt oder auf das Erbe verzichtet.

8. Kosten. Die **Beurkundung** eines Einzeltestaments löst eine **1,0-Gebühr** aus (Nr. 21200 KV GNotKG). Beim Erbvertrag und gemeinschaftlichen Testament entsteht eine **2,0-Gebühr** (Nr. 21100 KV GNotKG). Die gleichen Gebührensätze gelten auch bei bloßen Ergänzungen oder Nachträgen. Wird über das Vermögen als Ganzes verfügt, ist der **Geschäftswert** nach § 102 Abs. 1 GNotKG das Reinvermögen des Erblassers (vererbbares Aktivvermögen abzüglich Verbindlichkeiten), mindestens aber das halbe vererbbare Aktivvermögen (*Diehn* Rn. 1122 ff.). Vermächtnisse und Teilungsanordnungen werden daneben nicht gesondert bewertet. Verfügt der Erblasser ausschließlich über bestimmte Vermögensgegenstände, ist deren Wert maßgeblich, wobei vom Begünstigten zu übernehmende Verbindlichkeiten abgezogen werden. Auch hier ist mindestens der halbe Aktiv-

wert der Vermögensgegenstände anzusetzen, § 102 Abs. 2 Satz 2 GNotKG. Maßgeblich sind stets die Verhältnisse im Zeitpunkt der Testamentserrichtung.

Wird nur ein **Entwurf** gewünscht, eröffnet Nr. 24101 KV GNotKG einen Gebührensatzrahmen von 0,3 bis 1,0 für Testamente und Nr. 24100 KV GNotKG von 0,5 bis 2,0 für gemeinschaftliche Testamente und Erbverträge, wobei für die vollständige Entwurfsfertigung nach § 92 Abs. 2 GNotKG der Höchstsatz anzuwenden ist. Der Geschäftswert bemisst sich wie bei der Beurkundung, § 119 Abs. 1 GNotKG. Die Entwurfsgebühr entsteht nach Vorbemerkung 2.4.1 Abs. 3 KV GNotKG auch für die Überprüfung eines eigenhändigen Testaments.

Für die **notarielle Beratung** ohne Entwurfsauftrag ist ein Gebührensatzrahmen von 0,3 bis 0,5 nach Nr. 24201 KV GNotKG für Einzeltestamente bzw. von 0,5 bis 1,0 nach Nr. 24200 KV GNotKG für gemeinschaftliche Testamente und Erbverträge vorgesehen. Der Notar setzt den Geschäftswert nach billigem Ermessen fest, § 36 Abs. 1 GNotKG, wobei sich eine Orientierung an den für die Beurkundung geltenden Vorschriften empfiehlt (*Diehn* Rn. 1122 ff.).

Wird zur **Vermächtniserfüllung** die Auflassung beurkundet, entsteht eine 2,0-Gebühr nach Nr. 21100 KV GNotKG bei eigenhändigen Testamenten bzw. eine 1,0-Gebühr nach Nr. 21102 KV bei notariellen Verfügungen von Todes wegen (*Diehn* Rn. 391 ff.).

Die Registrierung des Einzeltestaments im **Zentralen Testamentsregister** kostet 15,– EUR. Die Gebühr fällt bei gemeinschaftlichen Testamenten und Erbverträgen je Erblasser an. Der Notar nimmt diese Kosten für die Bundesnotarkammer (umsatzsteuerfrei) entgegen, was jetzt auch in Nr. 32015 KV GNotKG geregelt ist.

Die **besondere amtliche Verwahrung** der Verfügung von Todes wegen kostet **75,– EUR** nach Nr. 12100 KV GNotKG (Festgebühr). Die Eröffnung beim Amtsgericht kostet 100,– EUR nach Nr. 12101 KV GNotKG (Festgebühr). Wegen der seit 1.8.2013 eingeführten Festgebühren darf der Notar dem Nachlassgericht den Wert der Verfügung von Todes wegen nicht mehr mitteilen, § 39 Abs. 1 GNotKG.

3. Auflösend bedingte Erbeinsetzung bei Ausschlagung und Pflichtteilsverlangen bzw. Zuwendungsverzicht

§ 1 Erbeinsetzung[1]

Zu meinen Erben berufe ich meine beiden Kinder, ... und . . . . . ., zu gleichen Teilen. Ersatzerben sind jeweils deren Abkömmlinge, einschließlich adoptierter und nichtehelicher Kinder, zu unter sich gleichen Stammanteilen.[2] Sind solche nicht vorhanden, tritt Anwachsung an das andere Kind bzw. dessen Stamm gem. § 2094 BGB ein.[3]

Meine Erben beschwere ich mit folgenden Vermächtnissen: . . . . . .

Ein den Pflichtteil verlangender Bedachter ist mit seinem ganzen Stamm von der Erbfolge ausgeschlossen.[4] Gleiches gilt auch, wenn einer der Erben einen Zuwendungsverzicht erklärt hat. In diesen Fällen entfällt für diesen Erbteil jegliche ausdrückliche oder stillschweigende Ersatzerbeinsetzung.[5]

§ 2 Vermächtnisse

Ich beschwere meine Erben mit folgenden Vermächtnissen: . . . . . .[6, 7]

Anmerkungen

1. Sachverhalt. Der Erblasser setzt seine Kinder zu Erben ein, er möchte ihnen jedoch **Beschränkungen** oder **Beschwerungen** bspw. durch Testamentsvollstreckung, Nacherben, Teilungsanordnungen, Vermächtnisse oder Auflagen auferlegen. Der Erblasser will insbesondere verhindern, dass, falls die Erben die Erbschaft ausschlagen, um statt des beschränkten oder beschwerten Erbteils nach § 2306 Abs. 1 BGB den Pflichtteil geltend zu machen, deren Abkömmlinge bedacht werden.

2. Bei einer **wechselbezüglich** oder **erbvertraglich bindend** angeordneten Erbeinsetzung soll auch ermöglicht werden, dass nach dem Tod eines der Vertagspartner insbesondere der längerlebende Ehegatte durch einen Verzicht der Kinder auf die Zuwendung wieder völlige Testierfreiheit erlangt, ohne dass Ersatzerben beteiligt werden müssen.

3. → Form. C.I.2 Anm. 3, 5.

4. Pflichtteilsverlangen. Normalerweise kann ein Abkömmling, der seinen Erbteil ausschlägt, nicht den Pflichtteil geltend machen, da er nicht, wie dies § 2303 Abs. 1 BGB verlangt, durch Verfügung von Todes wegen von der Erbfolge ausgeschlossen ist (anders jedoch beim Ehegatten nach § 1371 Abs. 3 BGB). Nach § 2306 Abs. 1 BGB kann jedoch ein **als Erbe berufener Pflichtteilsberechtigter,** der durch Einsetzung eines Nacherben, Testamentsvollstreckung oder Teilungsanordnung beschränkt oder durch Vermächtnis oder Auflage beschwert ist, auch im Falle der Ausschlagung seinen Pflichtteil fordern: Da in diesem Fall der Stamm des Ausschlagenden uU **doppelt berücksichtigt** würde, indem die Abkömmlinge des Ausschlagenden Ersatzerben werden, wird vertreten, dass dann zumindest eine stillschweigende Ersatzerbeneinsetzung der Abkömmlinge entfalle (BGHZ 33, 60 [63] = NJW 1960, 1899). Für den Fall der ausdrücklichen Ersatzerbfolge hat die höchstrichterliche Rechtsprechung allerdings keine entsprechende Vermutung aufgestellt (Staudinger/*Otte* BGB § 2096 Rn. 7; so aber OLG München ZErb 2006, 383). Nach aA soll die stillschweigende Ersatzerbfolge auch in diesem Fall gelten, da die Doppelberücksichtigung durch Auferlegung der alleinigen Pflichtteilslast an den Ersatzerben nach § 2320 BGB vermieden werde (Palandt/*Weidlich* BGB § 2069 Rn. 4; Bamberger/Roth/*Litzenburger* BGB § 2069 Rn. 13). Will der Erblasser daher in diesem Fall den Stamm des den Pflichtteil Verlangenden sicher ausschließen, so muss er die vorgenannte Verwirkungsklausel in die Verfügung von Todes wegen aufnehmen.

5. Keine Ersatzerbfolge bei Zuwendungsverzicht. Relativ häufig möchte ein durch gemeinschaftliches Testament oder Erbvertrag an eine Schlusserbeinsetzung gebundener Ehegatte mit Zustimmung der Kinder etwas einem neuen Partner oder einer sonstigen Person von Todes wegen zuwenden. Die Bindung kann nach hM nur durch einen Zuwendungsverzichtsvertrag nach § 2352 BGB überwunden werden, in dem die Schlusserben der neuen Verfügung zustimmen (BGHZ 108, 252 = DNotZ 1990, 803; Reimann/Bengel/*J. Mayer* BGB § 2289 Rn. 44). Das bisher in diesem Zusammenhang bestehende Problem, dass sich der Zuwendungsverzicht nicht auf die Abkömmlinge des Verzichtenden erstreckt und daher auch deren Zustimmung erforderlich ist, wird durch die Neufassung des § 2352 BGB im Rahmen des Gesetzes zur Reform des Erb- und Verjährungsrechtes entschärft. Danach wirkt künftig der Zuwendungsverzicht gemäß §§ 2352, 2349 BGB auch gegenüber den Abkömmlingen des Verzichtenden, sodass nur die Kinder selbst, nicht jedoch deren Abkömmlinge der abweichenden Verfügung des länger lebenden Elternteils zustimmen müssen (*Keim* ZEV 2008, 161 [168]). Nach wohl überwiegender Meinung ist die Erstreckung nicht zwingend, sondern tritt nur im Zweifel ein, so dass nach wie vor der Wegfall der Ersatzerbeneinsetzung der Abkömmlinge bei einem Zuwendungsverzicht nicht völlig sicher ist. (Palandt/*Weidlich* BGB § 2352 Rn. 5;

Muscheler ZEV 2008, 105 [109]. Wenn andere Ersatzerben als die Abkömmlinge des Kindes bestimmt sind (beispielsweise Schwiegerkinder), so ist weiterhin auch deren Zustimmung in Form eines Zuwendungsverzichtes (§§ 2352, 2347, 2348 BGB) notwendig. Um sicher zu gehen, empfiehlt es sich daher zunächst weiterhin eine bindende Ersatzschlusserbeneinsetzung unter die auflösende Bedingung des Abschlusses eines Zuwendungsverzichtsvertrages mit dem primär berufenen Schlusserben zu stellen.

6. Steuern. Beim Ersatzerben kommt es nur zu einem steuerpflichtigen Erwerb gem. § 3 Abs. 1 Nr. 1 ErbStG, wenn der eingesetzte Erbe vor ihm verstirbt, die Erbschaft ausschlägt oder auf das Erbe verzichtet. Wird der Pflichtteil verlangt, ist dies ein steuerpflichtiger Erwerb gem. §§ 1 Abs. 1 Nr. 1, 3 Abs. 1 Nr. 1 ErbStG, zur weiteren steuerlichen Behandlung des Pflichtteils → Form. C.VI.1. Zum Vermächtnis vgl. die Anmerkungen → Form. C.V.1.

7. Kosten. → Form. C.I.1 Anm. 8. Regelungen zu Ersatzerben sind wie alle Gestaltungen der Verfügung von Todes wegen in den Notargebühren ohne Mehrkosten enthalten.

4. Erbeinsetzung auf gemeinschaftliche Erbteile

Zu meinen Erben setze ich ein:[1]

1. **auf einen gemeinschaftlichen hälftigen Erbteil die Kinder A und B meines vorverstorbenen Ehemannes,**
2. **auf einen gemeinschaftlichen hälftigen Erbteil meine Kinder C und D, jeweils untereinander zu gleichen Teilen.**
   Ersatzerben sind jeweils deren Abkömmlinge unter sich entsprechend den Regelungen der gesetzlichen Erbfolge erster Ordnung. Weitere Ersatzerben sind jeweils nur die Miterben innerhalb des jeweiligen gemeinschaftlichen Erbteiles.
   Fallen alle auf den gemeinschaftlichen Erbteil eingesetzten Miterben weg, tritt Anwachsung an die Miterben des anderen gemeinschaftlichen Erbteils ein.[2, 3, 4]

Anmerkungen

1. Sachverhalt. Der Erblasser möchte mehrere Erben einsetzen, bei deren Wegfall beispielsweise durch deren Vorversterben aber nur eine Ersatzberufung innerhalb deren Verwandtenkreises, nicht aber durch Verwandte des anderen Erben. Die Gestaltung bietet sich daher bei der Erbeinsetzung von **Kindern aus verschiedenen Ehen** an sowie bei kinderlosen Ehegatten, die jeweils die **Verwandten beider Ehegatten** als Schlusserben nach dem Längerlebenden bedenken möchten. Bei ersterer Gruppe sollte jedoch darauf geachtet werden, dass meist eine Wechselbezüglichkeit der Schlusserbeinsetzung der eigenen Kinder des Längerlebenden nicht gewollt ist und daher die Auslegungsregel des § 2270 Abs. 2 BGB vorsorglich ausdrücklich ausgeschlossen werden muss.

2. Gestaltung. Möchte man die Erbschaft auf verschiedene Stämme aufteilen, bietet sich die Möglichkeit eines **gemeinschaftlichen Erbteils** nach § 2093 BGB an, bei dem Anwachsung und Ersatzberufung zunächst nur innerhalb des Erbteiles stattfinden.

Nur wenn der gesamte Stamm wegfallen sollte, tritt der andere Stamm an dessen Stelle.

3. Steuern. Bei dem einzelnen Miterben liegt ein steuerpflichtiger Erwerb gem. §§ 1 Abs. 1 Nr. 1, 3 Abs. 1 Nr. 1 ErbStG in Höhe seiner jeweiligen Erbquote am Gesamterbe vor, wenn der Erbfall eintritt. Weiteres zur Erbeinsetzung → Form. C.I.2. Den persönli-

chen Freibetrag gem. § 16 Abs. 1 ErbStG erhält jeder Miterbe in voller Höhe. Zudem kann jeder Erbe von dem Verschonungsabschlag gemäß § 13a ErbStG profitieren, wenn die weiteren Voraussetzungen vorliegen.

4. Kosten. → Form. C.I.1 Anm. 8. Regelungen zu gemeinschaftlichen Erbteilen und Ersatzerben sind wie alle Gestaltungen der Verfügung von Todes wegen in den Notargebühren ohne Mehrkosten enthalten.

5. Beibehaltung der gesetzlichen Erbfolge

Eine Erbeinsetzung soll in dieser Verfügung von Todes wegen ausdrücklich nicht erfolgen.[1, 2] Ich vermache meiner Lebensgefährtin Frau . . . . . . ein lebenslanges Wohnungsrecht an dem Grundstück, eingetragen im Grundbuch des Amtsgerichts . . . . . . von . . . . . . Blatt . . . . . . Flur . . . . . . Nr. . . . . . . bestehend aus dem Recht zur ausschließlichen Bewohnung der Wohnung . . . . . . sowie der Mitbenutzung sämtlicher zum gemeinschaftlichen Gebrauch der Bewohner dienender Einrichtungen. Das Wohnungsrecht ist im Grundbuch durch Eintragung eines Wohnungsrechtes nach § 1093 BGB zu sichern.[3, 4]

Anmerkungen

1. Sachverhalt. Der Erblasser möchte die gesetzliche Erbfolge nicht ändern, sondern lediglich anderen Personen als seinen gesetzlichen Erben Einzelgegenstände zuwenden.

2. Auslegungsprobleme entstehen, wenn er jemandem Einzelgegenstände zuwendet. Nach der Auslegungsregel des § 2087 Abs. 2 BGB ist der Bedachte im Zweifel nicht Erbe, sondern nur Vermächtnisnehmer, wenn ihm einzelne Gegenstände zugewandt worden sind. Dies kann jedoch anders sein, wenn der Gegenstand wertmäßig einen Großteil des Nachlasses ausmacht (Staudinger/*Otte* BGB § 2087 Rn. 12). Um Auslegungszweifel zu vermeiden, sollte der Erbe immer ausdrücklich bezeichnet werden. Möchte der Erblasser es hingegen bei der gesetzlichen Erbfolge belassen und nur Vermächtnisse über einzelne Gegenstände anordnen, so sollte dies ausdrücklich klargestellt werden (BeckNotarHdB/*Bengel/Dietz* C Rn. 52). Wird ein Grundstück vermacht, so ist bei dieser Gestaltung allerdings zu beachten, dass zur Abwicklung mangels ausdrücklicher Erbeinsetzung ein Erbschein erforderlich ist (§ 35 Abs. 1 GBO) und zur Vollziehung des Vermächtnisses eine notariell beurkundete Übertragung auf den Vermächtnisnehmer. Die Kosten hierfür würden im Falle der Erbeinsetzung des Begünstigten nicht anfallen, vgl. § 35 Abs. 1 S. 2 GBO.

3. Steuern. Die Beibehaltung der gesetzlichen Erbfolge führt in erbschaftsteuerlicher Sicht in Höhe der gesetzlichen Erbquoten zu einem steuerpflichtigen Vorgang gem. §§ 1 Abs. 1 Nr. 1, 3 Abs. 1 Nr. 1 ErbStG, wenn der Erbfall eintritt. Zum Wohnungsrechtsvermächtnis → Form. C.V.9 Anm. 11. Die Lebensgefährtin unterfällt der Steuerklasse III, § 15 Abs. 1 ErbStG, sie erhält einen persönlichen Freibetrag in Höhe von 20.000,– EUR, § 16 Abs. 1 Nr. 5 ErbStG. Das lebenslange Wohnungsrecht berechnet sich gem. §§ 14, 15 BewG wie folgt:

Kapitalwert des Wohnungsrechts = Jahreswert des Wohnungsrechts multipliziert mit dem Vervielfältiger aus der Anlage 9 zum BewG. Angenommen die Lebensgefährtin ist 50 Jahre alt, dann beträgt der Vervielfältiger 15,693. Der Jahreswert des Wohnrechts beträgt 12.000,– EUR (das Wohnrecht wird mit der ortsüblichen Kaltmiete für die Wohnung angesetzt, im Beispiel monatlich 1.000,– EUR).

Der Kapitalwert beläuft sich damit auf 188.316,– EUR.

4. **Kosten.** → Form. C.I.2 Anm. 8. Wird nur über einzelne Vermögensgegenstände verfügt, ist deren Wert maßgeblich, wobei vom Begünstigten zu übernehmende Verbindlichkeiten abgezogen werden. Anzusetzen ist mindestens der halbe Aktivwert der Vermögensgegenstände, § 102 Abs. 2 S. 2 GNotKG. § 102 Abs. 1 GNotKG ist ohne Verfügung über den gesamten Nachlass oder einen Bruchteil nicht einschlägig.

Ist Gegenstand des Vermächtnisses ein Nutzungs- oder Leistungsrecht, wird dieses nach § 52 GNotKG bewertet. Bei Rechten, die auf Lebenszeit des Berechtigten bestellt werden, wie das Wohnungsrecht oder der Nießbrauch, ist der Jahreswert mit dem Multiplikator nach § 52 Abs. 4 GNotKG zu vervielfachen.

6. Erbeinsetzung einer juristischen Person/Personenvereinigung

§ 1 Erbeinsetzung

Ich setze die A-Vereinigung[1, 2, 3] zu meinem alleinigen Erben ein. Sollte die genannte Personenvereinigung mangels eigener Rechtspersönlichkeit zum Zeitpunkt des Erbfalles nicht erbfähig sein, dann bestimme ich, falls die Vereinigung Teil einer juristischen Person oder einer sonst erbfähigen Vereinigung ist, diese zur alleinigen Erbin. Gehört sie auch keiner erbfähigen juristischen Person oder Vereinigung an, dann bestimme ich zum weiteren Ersatzerben A mit der Auflage, das ererbte Nachlassvermögen nach Abzug der Verbindlichkeiten zu 90 % der oben genannten Vereinigung zur Verfügung zu stellen.

§ 2 Testamentsvollstreckung

Weiterhin ordne ich Testamentsvollstreckung an. Der Testamentsvollstrecker hat die Aufgabe, die Erfüllung der Auflage zu überwachen. Zum Testamentsvollstrecker bestimme ich den B, ersatzweise den C. Der Testamentsvollstrecker erhält eine Vergütung nach der neuen Tabelle des Rheinischen Notariats in der zum Zeitpunkt des Erbfalles geltenden Fassung.[4, 5]

Anmerkungen

1. **Sachverhalt.** Der alleinstehende Erblasser möchte sein Vermögen einer – meist gemeinnützigen – Organisation zukommen lassen, ist sich aber nicht sicher, ob diese bis zum Erbfall noch existiert bzw. noch erbfähig dh selbstständig ist.

2. **Juristische Personen als Erben.** Eine juristische Person des Privatrechts oder des öffentlichen Rechts ist grundsätzlich erbfähig, wenn sie im Zeitpunkt des Erbfalls rechtsfähig ist (Palandt/*Weidlich* BGB § 1923 Rn. 7). Eine Ausnahme macht § 84 BGB lediglich für Stiftungen, die durch Stiftungsgeschäft von Todes wegen gemäß § 83 BGB errichtet werden und deren Vermögensausstattung durch Erbeinsetzung, Vermächtnisanordnung oder Auflage erfolgt. Die Stiftung gilt gemäß § 84 Abs. 1 BGB als vor dem Erbfall entstanden, wenn die erforderliche behördliche Anerkennung als rechtsfähig (vgl. § 80 BGB) nachgeholt wird (vgl. dazu ausführlich → Form. H). Erbfähig sind insbesondere eingetragene Vereine, GmbHs oder Aktiengesellschaften. Falls nicht feststeht, ob die bedachte juristische Person existiert oder ihre Bezeichnung zweifelhaft ist, kann eine Ersatzformulierung empfehlenswert sein (*Tanck/Krug* Anwaltsformulare Testamente § 11 Rn. 31). Entsteht die juristische Person erst nach dem Erbfall, so kann sie nur **Nacherbe** sein, da zum Zeitpunkt des Erbfalles ein Erbe vorhanden sein muss (MüKoBGB/*Leipold* § 1923 Rn. 29), der durch ergänzende Auslegung zu ermitteln ist, hilfs-

weise sind dies die gesetzlichen Erben, §§ 2105 Abs. 2, 2106 Abs. 2 BGB. Falls nicht feststeht, ob die zu bedenkende juristische Person existiert bzw. ihre Bezeichnung nicht genau bekannt ist, ist eine **Ersatzerbenbestimmung** zu empfehlen. Soll die Bestimmung des Begünstigen durch einen Dritten erfolgen, so ist zwingend das Verbot der Erbenbestimmung durch Dritte nach § 2065 Abs. 2 BGB zu beachten. Soll die Bestimmung daher einer anderen Person übertragen werden, kommt nur ein Vermächtnis zugunsten der juristischen Person in Betracht, da dort das Drittbestimmungsverbot zwar ebenfalls gilt, aber durch zahlreiche Ausnahmen durchbrochen ist, §§ 2153 bis 2156 BGB (dazu BayObLG MittBayNot 1999, 484 und *J. Mayer* MittBayNot 1999, 453). **Kirchliche juristische Personen** haben die Eigenschaft einer juristischen Person auch nach staatlichem Recht, Art. 240 GG iVm Art. 137 Abs. 5 BRV (*Kemmer* ZEV 2004, 492 [493] auch zu Unterschieden zwischen katholischer und evangelischer Kirche). Soll eine bestimmte kirchliche karitative Einrichtung letztwillig bedacht werden, kann eine entsprechende Einsetzung der Kirchengemeinde oder der örtlichen Kirchenstiftung mit der Auflage vorgenommen werden, das Bedachte für die entsprechende Einrichtung zu verwenden. Nicht selten sind solche Einrichtungen aber auch vereinsrechtlich organisiert, so dass sie direkt erbfähig sind (dazu *Kemmer* ZEV 2004, 492 [494]).

3. Sonstige Personenvereinigungen als Erben. Neben den natürlichen und juristischen Personen werden auch OHG und KG als erbfähig anerkannt, da sie als Einheit im Rechtsverkehr auftreten. Dasselbe dürfte auf der Grundlage der neueren Rechtsprechung des BGH (BGHZ 146, 341 = NJW 2001, 1056; BGH NJW 2002, 1207) auch für **BGB-Gesellschaften** gelten, die Gesellschaftsvermögen gebildet haben bzw. nach außen hin als Einheit in Erscheinung getreten sind (MüKoBGB/*Leipold* § 1923 Rn. 31; *Scherer/Feick* ZEV 2003, 341 ff.). Die der Gesellschaft zugewandten Erb- und Vermächtnisrechte gelangen mit dem Anfall bzw. mit der Vermächtniserfüllung unmittelbar in das Gesamthandsvermögen der Gesellschaft (MüKoBGB/*Leipold* § 1923 Rn. 31). Auch die Erbfähigkeit des nicht rechtsfähigen Vereins besteht, nicht dagegen die einer ehelichen Gütergemeinschaft und einer bloßen Miterbengemeinschaft (MüKoBGB/*Leipold* § 1923 Rn. 33, 34; BGH ZEV 2007, 30).

4. Steuerliche Hinweise. Die persönliche Steuerpflicht ergibt sich für die juristische Person bzw. die Personenvereinigung aus § 2 Abs. 1 Nr. 1 d) ErbStG. Kommt es zum Erbfall, liegt ein Erwerb von Todes wegen gem. § 3 Abs. 1 Nr. 1 ErbStG vor, der gemäß § 1 Abs. 1 Nr. 1 ErbStG steuerpflichtig ist. Die juristische Person und die Personenvereinigung werden gem. § 15 Abs. 1 ErbStG in die Steuerklasse III (höchster Steuersatz) eingruppiert. Der persönliche Freibetrag gem. § 16 Abs. 1 Nr. 5 ErbStG wird in Höhe von 20.000,– EUR gewährt. Zweckzuwendungen an einen inländischen Verein sind gem. § 13 Abs. 1 Nr. 16 b ErbStG steuerfrei, wenn der Verein nach Satzung im Besteuerungszeitpunkt ausschließlich und unmittelbar gemeinnützigen, mildtätigen oder kirchlichen Zwecken dient. Zur Auflage → Form. C.V.11, zur Testamentsvollstreckung → Form. C.VII.1.

5. Kosten. → Form. C.I.2 Anm. 8. Auflagen werden wie Vermächtnisse neben Verfügungen über den Nachlass als Ganzes nach § 102 Abs. 1 S. 3 GNotKG nicht gesondert bewertet (*Diehn/Volpert* Notarkostenrecht Rn. 2134 ff.). Die Anordnung der Testamentsvollstreckung wird ebenfalls nicht gesondert bewertet (*Diehn/Volpert* Rn. 2140 f.).

7. Minderjähriger Erbe

§ 1 Erbeinsetzung und Vormundbenennung[1, 2]

Zu meinen Erben bestimme ich meine beiden Kinder A und B zu gleichen Teilen, ersatzweise deren Abkömmlinge entsprechend den Regelungen der gesetzlichen Erbfolge erster Ordnung. Soweit einzelne der Erben zum Zeitpunkt meines Todes noch minderjährig sind, benenne ich . . . . . . zum Vormund dieses Kindes. Der Vormund ist von den Beschränkungen der §§ 1852 bis 1854 BGB befreit.

§ 2 Testamentsvollstreckung

Weiterhin ordne ich Testamentsvollstreckung in Form der dauerhaften Verwaltungsvollstreckung an. Zum Testamentsvollstrecker bestimme ich den vorgenannten Vormund. Er ist von den Beschränkungen des § 181 BGB befreit. Falls er das Amt nicht annimmt oder aus sonstigen Gründen nicht Testamentsvollstrecker wird oder später wegfällt, soll das Nachlassgericht einen geeigneten Testamentsvollstrecker benennen. Zudem ermächtige ich den Testamentsvollstrecker, einen oder mehrere Mitvollstrecker gemäß § 2199 Abs. 1 BGB zu ernennen. Jedoch beschränke ich gemäß §§ 2208, 2224 Abs. 1 S. 3 BGB den Aufgabenkreis und die Rechte des jeweiligen Mitvollstreckers auf die Bereiche, die dem ernennenden Testamentsvollstrecker aufgrund einer Interessenkollision von der Verwaltung rechtlich entzogen sind bzw. bei denen er in seiner Amtsausübung gehindert ist.

Alternative: Die Testamentsvollstreckung beginnt mit der Beendigung der Vormundschaft über den Erben und endet mit der Vollendung des . . . . . . Lebensjahres des jeweiligen Erben. Da durch diese Regelung jedoch nur die Doppelbenennung von Vormund und Testamentsvollstrecker vermieden werden soll, beginnt die Testamentsvollstreckung sofort, wenn die zum Testamentsvollstrecker berufene Person nicht zum Vormund bestellt wird.

§ 3 Entzug des Verwaltungsrechts

Sollte mein geschiedener Ehegatte zum Zeitpunkt des Erbfalles noch leben und das Sorgerecht über einen meiner Erben erhalten, so entziehe ich ihm das Recht, den Erwerb von Todes wegen zu verwalten. Die Verwaltung des Vermögens – insbesondere auch eine neben einer Testamentsvollstreckung verbleibende Vermögenssorge[3] – soll . . . . . . als Pfleger übertragen werden. Dem Pfleger wird gemäß §§ 1852 ff. BGB umfassend Befreiung erteilt.[4, 5]

Checkliste

1. Vormundbenennung
   - ❒ Vormund erforderlich? Nur wenn keine elterliche Sorge.
   - ❒ Geeignete Person vorhanden?
   - ❒ Kombination mit Testamentsvollstreckung, dabei zu beachten: Interessenkonflikt, ggf. Ergänzungspflegschaft nötig
2. Familienrechtliche Anordnungen
   - ❒ Anwendungsfälle: Geschiedener, Alleinerziehender?
   - ❒ Entzug oder nur Beschränkung der Vermögensverwaltung?
   - ❒ Kombination mit Testamentsvollstreckung?
   - ❒ Benennung eines Ergänzungspflegers?

Anmerkungen

1. Sachverhalt. Eine Vormundbenennung in einem Testament ist dann zweckmäßig, wenn der Erblasser minderjährige Kinder hat und sicherstellen will, welche Person beim Versterben beider Eltern für die Kinder bis zu ihrer Volljährigkeit verantwortlich ist.

Die Kombination mit der Testamentsvollstreckung (§ 2) gewährleistet eine gewisse Kontrolle der Erben auch über die Vollendung des 18. Lebensjahres hinaus. Mit dem Entzug der Verwaltungsbefugnis (§ 3) verfolgt ein geschiedener Ehegatte das Ziel zu verhindern, dass im Falle seines Todes der frühere Ehegatte im Rahmen seines Sorgerechts Einfluss auf den Nachlass erhält.

2. Vormundbenennungsrecht der Eltern. Möglichkeiten der Vormundbenennung: Gemäß § 1777 Abs. 3 BGB können Eltern durch letztwillige Verfügung für ihre minderjährigen Kinder einen Vormund benennen, wenn ihnen zurzeit ihres Todes die Sorge für die Person und das Vermögen des Kindes zusteht. Haben der Vater und die Mutter verschiedene Personen benannt, so gilt die Benennung durch den zuletzt verstorbenen Elternteil, § 1776 Abs. 2 BGB. Die Benennung ist nicht mit erbvertraglicher Bindung oder Wechselbezüglichkeit, sondern nur frei widerruflich möglich (MüKoBGB/*Schwab* § 1776 Rn. 8; *Nieder/Kössinger* § 15 Rn. 323; aA *Soergel/Damrau* Rn. 4). Der benannte Vormund darf vom Vormundschaftsgericht nur übergangen werden, wenn einer der in § 1778 BGB genannten Ausschlussgründe vorliegt. Allerdings besteht auch keine Übernahmeverpflichtung. Die Eltern haben die Möglichkeit, den Vormund nach §§ 1851 bis 1854 BGB von gewissen gesetzlichen Beschränkungen, wie beispielsweise der Pflicht zur mündelsicheren Geldanlage oder zur Rechnungslegung gegenüber dem Vormundschaftsgericht, zu **befreien.** Schließlich können Verwaltungsanordnungen für das von Todes wegen erworbene Vermögen getroffen werden (*Nieder/Kössinger* § 15 Rn. 323).

Verhältnis zur Testamentsvollstreckung: Es bietet sich weiterhin an, den Vormund auch zum **Testamentsvollstrecker** zu ernennen (*Bengel/Reimann* Kapitel 98 II Rn. 183). Dies erleichtert insbesondere die Verfügung über Grundbesitz, da der Testamentsvollstrecker nicht den Genehmigungsvorbehalten der §§ 1821, 1822 BGB unterliegt, vgl. § 2205 BGB (*Damrau* ZEV 1994, 1). Darüber hinaus eröffnet dies die Möglichkeit, eine Bindung der Vermögensverwaltung an eine geschäftserfahrene Person auch über die Vollendung des 18. Lebensjahres des Mündels hinaus zu schaffen. Andererseits entstehen aber **Probleme im Zusammenhang mit der Doppelstellung,** da der Vormund im Gegensatz zum Testamentsvollstrecker nicht von den Beschränkungen des § 181 BGB befreit werden kann, § 1795 BGB. Dies macht nach teilweise vertretener Meinung die Anordnung einer Dauerpflegschaft für das minderjährige Kind erforderlich, um dessen Rechte gegenüber dem Testamentsvollstrecker wahrzunehmen, beispielsweise zur Entgegennahme des Nachlassverzeichnisses des Testamentsvollstreckers nach § 2215 BGB oder bei der Nachlassauseinandersetzung (OLG Hamm MittBayNot 1994, 53; OLG Nürnberg ZEV 2002, 158; aA *Damrau* ZEV 1994, 1; *Reimann* MittBayNot 1994, 55; MüKoBGB/*Schramm* § 181 Rn. 35; Soergel/*Siebert/Leptien* BGB § 181 Rn. 16). Die gleichen Probleme treten auch auf, falls das Interesse des Mündels zu dem Interesse einer Person, die zum Vormund eine in §§ 1795 Nr. 1 u. 1796 Abs. 2 BGB genannte Nähebeziehung hat, im Gegensatz steht, also beispielsweise der Testamentsvollstrecker Ehegatte des Vormundes ist (OLG Zweibrücken ZEV 2004, 161 mAnm *Spall* für das Parallelproblem beim Betreuer beim Behindertentestament). Nach der neuen Rechtsprechung des Bundesgerichtshofes ist jedoch im Einzelfall im Rahmen der tatrichterlichen Verantwortung zu entscheiden, ob eine Ergänzungspflegschaft angeordnet werden muss. Ein „typischer" Interessengegensatz soll danach zwar im Regelfall die Annahme rechtfertigen, dass es zu

Konfliktsituationen kommen kann, denen durch die Bestellung eines Pflegers rechtzeitig vorgebeugt werden sollte. Anderes könne sich jedoch dann ergeben, wenn aufgrund der bisherigen Erfahrungen und des engen persönlichen Verhältnisses zwischen Vater und Kind keinerlei Anlass zu der Annahme bestünde, der Vater werde unbeschadet seiner eigenen Interessen die Belange des Kindes nicht in gebotenem Maße wahren und fördern (BGH ZEV 2008, 330 mAnm *Muscheler*; ähnlich OLG Zweibrücken als Vorinstanz ZEV 2007, 333). Angesichts dieser auf den Einzelfall abstellenden Betrachtungsweise bleibt eine Rechtsunsicherheit, der vorgebeugt werden sollte: Um diesen Schwierigkeiten aus dem Weg zu gehen, bietet sich an, eine sonstige dem Erben nahe stehende Person zum Testamentsvollstrecker zu ernennen. Möchte man aber dennoch den gesetzlichen Vertreter zum Testamentsvollstrecker berufen, so schlägt Bonefeld (ZErb 2007, 2 ff.) vor zu bestimmen, dass dieser Testamentsvollstrecker nach § 2199 BGB einen **Mittestamentsvollstrecker** ernennen kann, der ausschließlich für den Aufgabenkreis zuständig ist, der aufgrund der vermeintlichen Interessenkollision des Hauptvollstreckers dessen Verwaltung entzogen ist (*Bonefeld* ZErb 2007, 2 [3]). Rein theoretisch bestünde dann allerdings immer noch das Bedürfnis eine Pflegerbestellung zur Wahrnehmung der Rechte der Erben gegenüber dem Testamentsvollstrecker (zB §§ 2215, 2216 BGB; dazu *Muscheler* ZEV 2008, 332 f.), da diese auch durch den Mitvollstrecker dem Erben nicht entzogen werden können. Um lediglich den Effekt zu erzielen, eine Kontrolle des Erben über dessen Minderjährigkeit hinaus zu ermöglichen, können Vormundschaft und Testamentsvollstreckung wie in der Alternative auch in der Weise hintereinander geschaltet werden, dass die Testamentsvollstreckung erst beginnt, wenn die Volljährigkeit eintritt (*Kirchner* MittBayNot 1997, 203 [205]).

3. Beschränkung der Vermögenssorge. Der Erblasser kann nach § 1638 Abs. 1 BGB durch letztwillige Verfügung bestimmen, dass bei einer Zuwendung eines Erbteils, eines Vermächtnisses oder des Pflichtteils an einen Minderjährigen die Eltern das zugewendete Vermögen ganz oder teilweise nicht verwalten dürfen. Damit wird dem ausgeschlossenen Elternteil auch das Recht genommen, den Minderjährigen bei einer Ausschlagung der Erbschaft zu vertreten (BGH NJW 2017, 1083). Eine Begründung für die Entziehung braucht nicht angegeben zu werden. Hat der Erblasser das Verwaltungsrecht nur eines Elternteils ausgeschlossen, so wird es für das betroffene Vermögen auf den anderen Elternteil übertragen, ist es beiden oder dem Längerlebenden entzogen, benötigt das Kind einen **Ergänzungspfleger nach § 1909 BGB.** Der Erblasser kann den Pfleger im Testament benennen (§ 1917 Abs. 1 BGB). Mit diesen Maßnahmen können geschiedene oder getrennt lebende Ehegatten verhindern, dass im Fall des Todes der überlebende Elternteil im Rahmen der Vermögenssorge der §§ 1629, 1680 BGB auch das ererbte Vermögen verwaltet, das der Erstversterbende dem gemeinsamen minderjährigen Kind hinterlässt. Häufig möchte der geschiedene Ehegatte auch noch verhindern, dass im Falle des kurz nach dem eigenen Tod eintretenden Todes des minderjährigen Kindes der andere Ehegatte durch Beerbung dieses gemeinsamen Kindes doch Vermögenswerte aus dem Nachlass des Erblassers erhält. Dies wird dadurch erreicht, dass in sog. **Geschiedenentestamenten** durch eine Vor- und Nacherbenbestimmung oder aber ein Nachvermächtnis auf den Tod des Kindes angeordnet wird (→ Form. E.I.3). Aber auch Großeltern oder die Mutter eines nichtehelichen Kindes können dieses Ziel verfolgen. Als Alternative oder Ergänzung bietet sich die **Testamentsvollstreckung** in Form der Verwaltungsvollstreckung an, wenn ein verlässlicher Verwalter zur Verfügung steht, da dieser gegenüber dem Pfleger die weitergehenden Befugnisse hat (keine Beschränkung nach §§ 1806 ff., 1821 ff. BGB). Die Testamentsvollstreckung hat auch den Vorteil, dass sie über das 18. Lebensjahr des Kindes hinaus angeordnet werden kann (*Damrau* ZEV 1998, 90). Um dem Elternteil auch die Kontrollrechte gegenüber dem Testamentsvollstrecker zu entziehen, ist schließlich auch eine Kombination beider Gestaltungen denkbar (*Damrau* ZEV

1998, 90 [91]). Die Anordnung nach § 1638 Abs. 1 BGB stellt keine Beschwerung im Sinne des § 2306 Abs. 1 BGB dar (Palandt/*Weidlich* BGB § 2306 Rn. 8). Der Sorgerechtsinhaber kann daher auch mit Zustimmung des Familiengerichtes nicht nach § 2306 Abs. 1 BGB über eine Ausschlagung des hinterlassenen Erbteils den von der Verwaltungsanordnung freien Pflichtteil erlangen, falls der hinterlassene Erbteil größer ist. Die Anordnungen nach § 1638 BGB sind auch bei **lebzeitigen** unentgeltlichen Zuwendungen an Minderjährige möglich (dazu ausführlich *Damrau* ZEV 2001, 176). Eine eingetretene Bindung durch Erbvertrag oder gemeinschaftliches Ehegattentestament steht einer Anordnung nach § 1638 BGB nicht entgegen (OLG Braunschweig DNotZ 1951, 374; *Frenz* DNotZ 1995, 908 [919]).

4. Steuern. Die persönliche Steuerpflicht im Erbschaftsteuerrecht, § 2 Abs. 1 ErbStG, ist altersunabhängig, dh auch die Erbschaft eines Minderjährigen ist steuerpflichtig, wenn die sachlichen und persönlichen Freibeträge überschritten werden. Auch für die Stellung als Steuerschuldner gem. § 20 Abs. 1 ErbStG spielt das Alter des Erben keine Rolle. Der Vormund ist gesetzlicher Vertreter gem. § 34 Abs. 1 AO und hat die steuerlichen Pflichten der minderjährigen Kinder zu erfüllen, die durch die Abgabenordnung und Einzelsteuergesetze begründet werden (BFH BStBl. II 1986, 577). Zur Testamentsvollstreckung → Form. C.VII.1.

5. Kosten. → Form. C.I.2 Anm. 8. Die Benennung eines Vormunds oder Pflegers sowie die Entziehung des Verwaltungsrechts werden wie die Anordnung von Testamentsvollstreckung neben Verfügungen über den Nachlass als Ganzes nach § 102 Abs. 1 S. 3 GNotKG nicht gesondert bewertet.

Bei **isolierter** Vormundbenennung durch Verfügung von Todes wegen ist der Geschäftswert gemäß § 36 Abs. 2 GNotKG nach billigem Ermessen zu bestimmen. Dabei wird regelmäßig von 5.000 EUR auszugehen sein (*Diehn* Rn. 1119). Bei günstigen Vermögensverhältnissen des Erblassers können Vielfache dieses Wertes angesetzt werden. Das gilt auch für isolierte Anordnungen über das Verwaltungsrecht. Bei nachträglicher Anordnung von Testamentsvollstreckung ist der Geschäftswert nach § 36 Abs. 1 GNotKG, analog § 51 Abs. 2 GNotKG 30 % des Aktivwertes des der Testamentsvollstreckung unterfallenden Vermögens (*Diehn* Rn. 1231). Beim bloßen Wechsel der Person des Testamentsvollstreckers sind es 10 % nach § 36 Abs. 2 GNotKG, analog § 65 GNotKG (*Diehn* Rn. 1236).

8. Gegenseitige Erbeinsetzung und Schlusserbeinsetzung durch Ehegatten

[Notarieller Urkundeneintrag]

Wir schließen den nachstehenden

Erbvertrag,

der unverschlossen in der amtlichen Verwahrung des Notars verbleiben soll.

§ 1 Vorbemerkungen[1]

Wir sind in jeweils erster Ehe verheiratet und haben ...... gemeinsame Kinder. Weitere Abkömmlinge sind und waren nicht vorhanden.

Jeder von uns und wir beide widerrufen rein vorsorglich alle etwa bisher von uns errichteten Verfügungen von Todes wegen und heben sie hiermit auf. An der Errichtung

des gegenwärtigen Erbvertrages sind wir nicht durch anderweitige Erbverträge oder gemeinschaftliche Testamente gehindert.

§ 2 Gegenseitige Erbeinsetzung[2]

Wir setzen uns gegenseitig zu alleinigen unbeschränkten Erben ein.

Ersatzerben sind die nachstehend benannten Schlusserben gemäß den dort getroffenen Verteilungsgrundsätzen.

§ 3 Erbfolge nach dem Längstlebenden

Schlusserben beim Tod des Längerlebenden von uns und Erben im Falle unseres gleichzeitigen Versterbens[3] sind unsere gemeinschaftlichen Kinder,

. . . . . .

zu gleichen Teilen.

Ersatzschlusserben sind jeweils deren Abkömmlinge unter sich nach den Regeln der gesetzlichen Erbfolge, einschließlich adoptierter und nichtehelicher, unter sich zu gleichen Stammanteilen. Sind solche nicht vorhanden, wächst deren Anteil den anderen Schlusserben an.

§ 4 Rücktrittsrecht[5]

Jeder von uns behält sich den zu unserer beider Lebzeiten jederzeit möglichen und nicht von besonderen Voraussetzungen abhängigen Rücktritt von diesem Erbvertrag vor.

Mit der Ausübung des Rücktrittsrechtes werden alle Verfügungen dieses Erbvertrages unwirksam.

Der Notar hat darauf hingewiesen, dass die Rücktrittserklärung der notariellen Beurkundung bedarf und dem anderen Teil in Ausfertigung zugehen muss.

§ 5 Erbvertragliche Bindung[4]

1. Alle vorstehenden Verfügungen von Todes wegen erfolgen mit erbvertraglicher Bindung.
2. Nach dem ersten Todesfall ist der Überlebende jedoch berechtigt, sämtliche Bestimmungen für den zweiten Todesfall in beliebiger Weise aufzuheben oder abzuändern.[5]

[Alternative:

Der Längerlebende ist berechtigt, nach dem Tod des Erstversterbenden die für den Schlusserbfall getroffenen Verfügungen von Todes wegen aufzuheben oder beliebig abzuändern, jedoch nur zugunsten gemeinschaftlicher Abkömmlinge. Dies schließt auch die Befugnis ein, einzelne Abkömmlinge zu enterben sowie Testamentsvollstreckung durch beliebige Personen anzuordnen. Verfügungen zugunsten sonstiger Personen sind jedoch ansonsten ausgeschlossen.[6]

Jede Ersatzschlusserbeneinsetzung in diesem Erbvertrag ist zudem auflösend bedingt dadurch, dass der betreffende Schlusserbe einen Zuwendungsverzichtsvertrag mit dem Längerlebenden abschließt.[8]]

3. Vorstehende Verfügungen sollen auch dann Bestand behalten, wenn beim Tod eines der Ehegatten nicht bedachte Pflichtteilsberechtigte, insbesondere aus einer Wiederverheiratung des Längerlebenden, vorhanden sein sollten.
   Das gesetzliche Anfechtungsrecht ist insoweit ausgeschlossen.[9]

§ 6 Ehescheidung[7]

Mit Scheidung unserer Ehe entfallen sämtliche Verfügungen zugunsten des anderen Ehegatten. Die Verfügungen zugunsten anderer Personen bleiben wirksam, können jedoch einseitig widerrufen werden.

Entsprechendes gilt, wenn beim Erbfall ein Scheidungsverfahren rechtshängig ist, unabhängig davon, ob die rechtlichen Voraussetzungen für eine Scheidung vorliegen.

§ 7 Belehrungen

Wir sind von dem Notar auf die bindende Wirkung der erbvertraglichen Bestimmungen dieser Urkunde sowie auf Pflichtteilsrechte hingewiesen worden.

§ 8 Schlussbestimmungen[10, 11]

. . . . . .

Checkliste

1. Ausgangssituation
   - ❒ Güterstand?
   - ❒ Kein Einfluss ausländischen Erbrechts?
   - ❒ Gemeinsame Abkömmlinge/einseitige Abkömmlinge?
   - ❒ Verteilung der Vermögenswerte unter den Ehegatten?
2. Gestaltung
   - ❒ Gemeinschaftliches Testament oder Erbvertrag?
     - ❒ bei gemeinschaftlichem Testament: Wechselbezüglichkeit, Freistellungsklauseln?
     - ❒ bei Erbvertrag: Bindungswirkung des Längerlebenden, Änderungsvorbehalte, Rücktrittsvorbehalte
   - ❒ Wiederverheiratungsklauseln?
   - ❒ Pflichtteilsstrafklauseln, Jastrowsche Klauseln?
   - ❒ Anfechtungsverzichte?
   - ❒ Auflösende Bedingung, Scheidungsantrag

Anmerkungen

1. Sachverhalt. Die Ehegatten im mittleren Alter haben zwei erwachsene gemeinsame Kinder. Hauptvermögensgegenstand stellt das Einfamilienhaus dar, das ihnen je zur Hälfte gehört. Die Eheleute wünschen, dass der längerlebende Ehegatte möglichst freie Verfügungsbefugnis über das gemeinsame Vermögen behalten soll, und zwar sowohl durch Verfügungen von Todes wegen als auch unter Lebenden. Die Kinder sollen erst zum Zuge kommen, wenn beide verstorben sind. Es handelt sich um das typische in der Praxis häufig verwandte Modell der gemeinschaftlichen Ehegattenverfügung.

2. Trennungslösung/Einheitslösung. Selbstverständlich können Ehegatten auch getrennte Verfügungen von Todes wegen errichten. Üblicherweise werden sie aber gemeinschaftliche Testamente oder Erbverträge bevorzugen, um gewisse mehr oder weniger starke Verbindungen und Abhängigkeiten ihrer Verfügungen von Todes wegen zu erreichen (WürzNotHdB/*Limmer* Teil 4 Rn. 329). Vorsicht ist jedoch bei Verwendung von gemeinschaftlichen Testamenten und Erbverträgen bei **Auslandsberührung** geboten, da viele Rechtsordnungen erbrechtliche Bindungen nicht kennen und auch nicht aner-

kennen (→ Form. K.I ff.; zu Italien OLG Koblenz ZEV 2013, 557). Möchten sich Ehegatten in einer gemeinsamen Verfügung von Todes wegen gegenseitig bedenken und soll der Nachlass nach dem Tode des Längstlebenden an einen oder mehrere Dritte fallen, so sind zwei verschiedene Gestaltungen denkbar: Setzen sich die Ehegatten gegenseitig zu Vorerben ein, §§ 2100 ff. BGB, und die Dritten, meist die gemeinschaftlichen Kinder, zu Nacherben und bestimmen außerdem diese auch zu Ersatzerben, falls der andere Ehegatte vorverstirbt, so wird dies als **Trennungslösung** bezeichnet, da die Kinder den Nachlass aus verschiedenen Berufungsgründen erhalten: Hinsichtlich des Nachlasses des Zuerstverstorbenen sind sie Nacherben, hinsichtlich des Nachlasses des Längerlebenden erben sie als dessen Vollerben (MüKoBGB/*Musielak* § 2269 Rn. 2).

Jeder Ehegatte kann aber auch den Anderen zum Vollerben und den Dritten zum Ersatzerben einsetzen. Da sich dann das gemeinsame Vermögen zunächst in der Hand des Längstlebenden vereinigt und der Dritte das gesamte Vermögen der Eheleute bei dessen Tod aus einer Hand erhält, bezeichnet man dies als **Einheitslösung** (MüKoBGB/*Musielak* § 2269 Rn. 3).

Möchte man vermeiden, dass der längerlebende Ehegatte den Verfügungsbeschränkungen des Vorerben nach §§ 2113 ff. BGB unterworfen ist, von denen er auch nicht vollständig befreit werden kann (vgl. § 2136 BGB), so sollte man die Einheitslösung bevorzugen. Um Auslegungszweifel zu vermeiden, empfiehlt sich jedoch dringend eine klare Bezeichnung des längerlebenden Ehegatten entweder als unbeschränkten Erben oder als Vorerben und des Dritten entweder als Schlusserben oder Nacherben. Damit klargestellt wird, dass der Dritte auch dann Erbe wird, wenn der andere Ehegatte die Erbschaft ausschlägt, sowie im Falle des gleichzeitigen Versterbens, sollte jedoch auch bestimmt werden, dass der Dritte nicht nur Schlusserbe nach dem Tod des Letztversterbenden, sondern ganz allgemein auch Ersatzerbe ist (*Britz* RNotZ 2001, 389).

3. Das gleichzeitige bzw. „annähernd" gleichzeitige Versterben der Ehegatten. Die Auslegung einer Schlusserbeneinsetzung ergibt regelmäßig, dass sie im Zweifel auch die Erbfolge im Falle des gleichzeitigen Versterbens erfasst. Dennoch kann zur Klarstellung eine ausdrückliche Regelung erfolgen. Nicht empfehlenswert dürfte es sein, dem häufigen Wunsch jüngerer Eheleute nachzukommen, **lediglich** die Erbfolge für den gemeinsamen Tod auf Grund eines Unfalles testamentarisch zu regeln. Denn kommt es dazu dann nicht und wird die Verfügung von Todes wegen auch nicht später ergänzt, so entstehen immer wieder erhebliche Auslegungsprobleme: Es fragt sich, ob eine derartige Klausel auch als umfassende Schlusserbfolge nach dem Längerlebenden erfassen soll oder nicht (dazu aktuell OLG München NJW-Spezial 2013, 711; *Keim* ZEV 2005, 10 ff.)

Häufig wird in der Praxis eine spezielle Klausel für den Fall des **annähernd gleichzeitigen Versterbens,** insbesondere auf Grund desselben Ereignisses, empfohlen (zB *Weirich* Erben und Vererben, 5. Aufl., Rn. 437; *Wegmann* Ehegattentestament und Erbvertrag Rn. 592). Ziel ist es, eine direkte Beerbung des zuerst versterbenden Ehegatten durch die Kinder für diesen Fall zu erreichen, um die erbschaftsteuerlichen Freibeträge besser ausnutzen zu können, da ansonsten zwei Erbfälle auch zweimal Erbschaftsteuer auslösen. Die Auslegung solcher Klauseln ist jedoch umstritten: Nach einer Auffassung wird der kurz länger überlebende Ehegatte dadurch trotzdem bis zu seinem Versterben kurzzeitig Vorerbe und die Abkömmlinge erst mit dessen Tod Nacherben. Dadurch würden nach § 6 Abs. 1, 2 ErbStG doch wieder zwei getrennte Erbfälle besteuert (so die hM *Reimann/Bengel/J. Mayer/Bengel* Testament und Erbvertrag Rn. 42, Fn. 21; *Keim* ZEV 2005, 10, 13; *Feick* ZEV 2006, 16 ff.; *Bestelmeyer* ZEV 2006, 146 ff., der die Klauseln aber aus pflichtteilsrechtlichen Gründen für notwendig erachtet). Nach aA wird so der Abkömmling durch das die gemeinsame Gefahr auflösende Ereignis sofort Vorerbe, jedoch auflösend bedingt durch das Überleben des anderen Ehegatten über eine gewisse Frist hinaus, so dass nur ein Erbfall besteuert werde (*Daragan* ZErb 2006,

119 ff.). Da die Auslegung der Klauseln daher zweifelhaft ist, kann Sicherheit nur eine im Sinne der abweichenden Auffassung ausführlich und klar formulierten Vor- und Nacherbeneinsetzung bringen (Formulierungsvorschläge bei *Daragan* ZErb 2006, 119 [122]). Das günstige erbschaftsteuerliche Ergebnis der direkten Beerbung des zuerst versterbenden Ehegatten durch die Kinder kann jedoch in derartigen Fällen regelmäßig auch ohne eine solche Klausel erzielt werden:

Die Kinder können mit dem nach § 1952 Abs. 1 BGB vom kurzzeitig längerlebenden Ehegatten an sie **vererbten Ausschlagungsrecht** dessen Alleinerbschaft nach dem erstversterbenden Ehegatten ausschlagen.

Die Ausschlagungsfrist dürfte regelmäßig nicht abgelaufen sein, da sie zum einen gem. § 1944 Abs. 2 S. 2 BGB nicht vor Eröffnung des Testaments beginnt und zum anderen während einer unfallbedingten Geschäftsunfähigkeit des kurzzeitig überlebenden Ehegatten bis zur Bestellung eines Betreuers nach §§ 1944 Abs. 2 S. 3, 210 Abs. 1 S. 2 BGB gehemmt ist. Die Ausschlagungsfrist endet dann nicht vor Ablauf der Ausschlagungsfrist nach dem längerlebenden Elternteil, § 1952 Abs. 2 BGB (dazu *Bestelmeyer* ZEV 2006, 146 [149]).

4. Bindungswirkung bei Erbvertrag und gemeinschaftlichem Testament. Umfang der Bindung des Längerlebenden. Erbvertrag: Der Erblasser kann nach §§ 1941, 2274 ff. BGB durch Vertrag einen Erben einsetzen sowie Vermächtnisse und Auflagen anordnen. Begünstigter kann sowohl der andere Vertragspartner als auch ein Dritter sein, § 1941 Abs. 2 BGB. Die Funktion des Erbvertrages liegt darin, eine Verfügung von Todes wegen mit Bindungswirkung auszustatten: Eine spätere Verfügung von Todes wegen ist unwirksam, soweit sie das Recht des vertragsmäßig Bedachten beeinträchtigen würde, § 2289 Abs. 1 S. 2 BGB. Andere Verfügungen als Erbeinsetzungen, Vermächtnisse und Auflagen können nicht vertragsgemäß getroffen werden, § 2278 Abs. 2 BGB. Daneben kann der Erbvertrag aber auch einseitig testamentarische Anordnungen enthalten, § 2299 BGB. Er muss jedoch zwingend **mindestens eine vertragsmäßige Verfügung** zum Inhalt haben. Andernfalls kann er nur durch Umdeutung in ein Testament nach § 140 BGB aufrechterhalten werden (*Reimann/Bengel/J. Mayer* vor §§ 2274 Rn. 19). Ob die gleichen Anforderungen auch an einen ändernden Nachtrag zu stellen sind oder eine Gesamtbetrachtung mit dem ursprünglichen Erbvertrag vorzunehmen ist, ist streitig (dafür *Kornexl* ZEV 2003, 62; aA Reithmann/Albrecht/*Riegel* Handbuch der notariellen Vertragsgestaltung Rn. 1134; im Ergebnis auch *Basty* MittBayNot 2003, 73; *Keller* ZEV 2004, 93 [96]). Sicherheitshalber sollten daher in einer Abänderung eines Ehegattenerbvertrages, die nur einseitige Anordnungen enthält, die früheren bindenden Verfügungen noch einmal kurz bestätigt werden. Die Bindungswirkung kann allerdings bis hin zu einem freien Rücktrittsrecht reduziert werden, da hier immerhin noch eine Bindung durch die Formerfordernisse des Rücktritts nach §§ 2293, 2296 BGB besteht (*Reimann/Bengel/J. Mayer* vor §§ 2274 Rn. 10; Bamberger/Roth/*Litzenburger* BGB § 2274 Rn. 1). Welche Verfügungen erbvertraglich bindend und welche lediglich einseitig vorgenommen werden, sollte zur Vermeidung von Auslegungsproblemen in dem Erbvertrag eindeutig festgelegt werden (BeckNotarHdB/*Bengel/Dietz* C. Rn. 33). Der Erbvertrag bedarf nach § 2276 BGB der **notariellen Beurkundung** bei gleichzeitiger Anwesenheit beider Parteien, was eine getrennte Beurkundung von Angebot und Annahme ausschließt. Der Erblasser kann den Erbvertrag nur persönlich schließen, § 2274 BGB, während beim anderen Vertragsteil Vertretung möglich ist. Die besondere amtliche Verwahrung des Erbvertrages durch das Nachlassgericht kann im Gegensatz zum Testament beim Erbvertrag nach § 34 Abs. 2 BeurkG ausgeschlossen werden, was im Zweifel bei einer Verbindung mit einem anderen Vertrag gewollt ist. In der Praxis wurde hiervon zur Vermeidung der gerichtlichen Hinterlegungsgebühr des § 101 KostO vielfach Gebrauch gemacht. Mit Wirkung zum 1.8.2013 wurde die **Hinterlegungsgebühr** in eine Festgebühr von **75,– EUR** (Nr. 12100 KV GNotKG) umgewandelt, was vor allem bei höheren Vermögen zu einer deutlichen

Reduzierung der Hinterlegungskosten führt. Nach § 2300 Abs. 2 BGB kann der Erbvertrag, soweit er nur Verfügungen von Todes wegen enthält, durch Rücknahme aus der amtlichen Verwahrung aufgehoben werden (dazu *v. Dickhuth-Harrach* RNotZ 2002, 384 ff.; *Keim* ZEV 2003, 55; Gutachten DNotI-Report 2003, 3 und DNotI-Report 2003, 53). Bei Inhalten, die uU im Falle ihres Widerrufes nicht zur Kenntnis der Erben gelangen sollen (zB Enterbung eines nahen Angehörigen oder Pflichtteilsentziehung) ist daher die Verbindung mit Rechtsgeschäften unter Lebenden (worunter auch ein Pflichtteilsverzicht fällt!) zu vermeiden.

Gemeinschaftliches Testament: Das gemeinschaftliche Testament kann nach § 2265 BGB nur **von Ehegatten** und eingetragenen gleichgeschlechtlichen Lebenspartnern (§ 10 Abs. 4 LPartG) errichtet werden (nicht von Verlobten Palandt/*Weidlich* BGB § 2265 Rn. 2). Die Erklärungen können in einer oder in getrennten Urkunden abgegeben werden, wenn nur der gemeinschaftliche Errichtungswille aus den Urkunden hervorgeht. Für Erbeinsetzungen, Vermächtnisse und Auflagen, die voneinander abhängig sind (wechselbezügliche Verfügungen), bedarf ein einseitiger Widerruf nach §§ 2271 Abs. 1, 2296 BGB der **notariell beurkundeten Widerrufserklärung** einschließlich des Zugangs einer Ausfertigung an den anderen Ehegatten, während sich der gemeinsame Widerruf nach den allgemeinen Vorschriften der §§ 2254, 2272 BGB richtet (Palandt/*Weidlich* BGB § 2271 Rn. 2). Erst nach dem Tod eines Ehegatten ist der überlebende Ehegatte an seine eigenen wechselbezüglichen Verfügungen wie beim Erbvertrag gebunden, wenn er die Erbschaft nicht ausgeschlagen hat, §§ 2271 Abs. 2, 2289 BGB. Für Ehegatten stehen als Instrumente sowohl das gemeinschaftliche Testament als auch der Erbvertrag zur Verfügung. Dabei spricht die flexiblere Ausgestaltungsmöglichkeit der Bindung für den Erbvertrag, da die lebzeitige Widerruflichkeit des § 2271 Abs. 1 BGB beim Ehegattentestament nicht ausgeschlossen werden kann, während eine der Widerruflichkeit wechselbezüglicher Verfügungen gleichkommende Regelung im Erbvertrag durch Einräumung eines Rücktrittsrechtes möglich ist (*Basty* MittBayNot 2000, 72). Außerdem besteht ein geringer Kostenvorteil, wenn der Erbvertrag nicht in die besondere amtliche Verwahrung des Gerichts gebracht wird, da so die dadurch anfallende Gebühr nicht anfällt (*Basty* MittBayNot 2000, 73). Das gemeinschaftliche Testament bietet demgegenüber nur den Kostenvorteil, wenn keine notarielle Beurkundung gewünscht wird, da es auch **privatschriftlich** errichtet werden kann. Dieser Kostenvorteil relativiert sich aber dadurch erheblich, dass nur beurkundete Verfügungen von Todes wegen im Grundbuchverkehr einen Erbschein entbehrlich machen, § 35 Abs. 1 S. 1 GBO. Auch Kreditinstitute erkennen regelmäßig als Erbnachweis ohne Erbschein notarielle Verfügungen von Todes wegen eher an als privatschriftliche (dazu *Starke* NJW 2005, 3184). Dies gilt heute umso mehr seit der BGH Allgemeine Geschäftsbedingungen von Banken, die diesen Ermessen einräumen, ob sie einen Erbschein verlangen können, als unwirksam ansieht (BGH BeckRS 2013, 18986).

Ein entscheidender Vorteil des Erbvertrages gegenüber dem gemeinschaftlichen Testament besteht auch in der einfacheren Möglichkeit der Gestaltung der Bindungswirkung. Die Wechselbezüglichkeit beim gemeinschaftlichen Testament muss für jede einzelne Verfügung gesondert geregelt werden, und zwar nicht nur bezogen auf die Verfügung, von der nachträglich abgewichen werden soll, sondern gerade hinsichtlich jeder Anordnung des anderen Ehepartners, von der sie abhängig sein soll (*Schmucker* MittBayNot 2001, 526 [527]; *Pfeiffer* FamRZ 1991, 1266 [1272 ff.]). Es müssen damit also stets zwei oder mehrere Verfügungen zueinander ausdrücklich in Abhängigkeit gesetzt werden. Beim Erbvertrag genügt eine Regelung, ob die entsprechende Verfügung vertragsmäßig oder einseitig widerruflich sein soll. Die Handhabung ist damit erheblich einfacher. Im Ergebnis dürfte für die Praxis daher für die Mehrzahl der Fälle der Erbvertrag das leistungsfähigere Instrument zur Gestaltung von Verfügungen von Ehegatten darstellen (so auch *Basty* MittBayNot 2000, 73 [74]).

5. Rücktrittsvorbehalt zu Lebzeiten beider Ehegatten. Um beim Ehegattenerbvertrag eine dem gemeinschaftlichen Testament vergleichbare **beschränkte Bindung** herbeizuführen, empfiehlt sich ein allgemeiner Rücktrittsvorbehalt, beschränkt auf die Lebenszeit beider Ehegatten (*Basty* MittBayNot 2000, 73 [79]). Zwar wird die Verfügung zugunsten eines Ehegatten nach §§ 2279, 2077 BGB mit Vorliegen der Scheidungsvoraussetzungen und eines Scheidungsantrages des Erblassers bzw. seiner Zustimmung zu einem des anderen Ehegatten unwirksam. Es liegt jedoch nahe, dass Ehegatten häufig bereits in der Phase der Trennung eine bindende gegenseitige Erbeinsetzung beseitigen wollen (*Basty* MittBayNot 2000, 73 [79]).

6. Änderungsvorbehalt. Zulässiger Umfang. Neben dem gesetzlich geregelten Vorbehalt zum Rücktritt erkennt die ganz hM auch die Zulässigkeit eines vertraglich vereinbarten Vorbehaltes an, durch nachträgliche einseitige Verfügung von Todes wegen erbvertragliche Verfügungen abzuändern oder aufzuheben (Palandt/*Weidlich* BGB § 2289 Rn. 8; *J. Mayer* DNotZ 1990, 755 ff.; *Reimann/Bengel/J. Mayer* BGB § 2278 Rn. 17 ff. mwN; aA *Lehmann* BWNotZ 1999, 1; 2000, 85 ff.). Die Grenzen der Zulässigkeit des **Abänderungsvorbehaltes** sind dagegen umstritten (Meinungsstand bei *Reimann/Bengel/J. Mayer* BGB § 2278 Rn. 17 ff.; Gutachten DNotI-Report 2002, 161). Beim gemeinschaftlichen Testament kann jedem Ehegatten eine völlige Abänderungsbefugnis im Wege einer Freistellungsklausel eingeräumt werden (*Nieder/Kössinger* Handbuch der Testamentsgestaltung, § 11 Rn. 87 mit Formulierungsvorschlag). Eine Gestaltung, die es dem Erblasser ermöglichen soll, durch einen Totalvorbehalt alle Verfügungen oder die einzig Bindende des Erbvertrages ohne jede Einschränkung aufzuheben, ist dagegen nicht möglich, da sich der Erbvertrag ohne Bindung nicht mehr von einem Testament unterscheiden würde (BGHZ 26, 204 [208]; BGH MittBayNot 1986, 265; OLG Köln NJW-RR 1994, 651; OLG Stuttgart DNotZ 1986, 551). Nach der Rechtsprechung muss in dem Erbvertrag noch mindestens eine vertragsmäßige Verfügung enthalten sein, die dem Änderungsvorbehalt entzogen ist (BGHZ 26, 204, 208; BGH NJW 1982, 441). Eine Auffassung in der Literatur stellt dagegen auf jede einzelne Anordnung des Erbvertrages ab und verlangt, dass ein vom Vorbehalt nicht erfasster Teil der einzelnen Verfügung sozusagen als unveränderbarer Kernbereich übrig bleiben muss, der seinerseits zum Inhalt einer vertragsgemäßen Verfügung gemacht werden könnte (MüKoBGB/*Musielak* § 2278 Rn. 18; *ders.*, ZEV 2007, 245).

Die inzwischen überwiegende Auffassung im Schrifttum hält einen Vorbehalt – auch wenn er alle im Erbvertrag enthaltenen Anordnungen betrifft – für zulässig, sofern die Ausübung nur unter bestimmten, genau festgelegten Voraussetzungen möglich ist (Palandt/*Weidlich* BGB § 2289 Rn. 8; Staudinger/*Kanzleiter* BGB § 2278 Rn. 13; *Herlitz* MittRhNotK 1996, 153 [157]; *J. Mayer* DNotZ 1990, 755 ff. [774]; *Reimann/Bengel/J. Mayer* BGB § 2278 Rn. 26 ff. mwN). Dabei können sich die Vorgaben für die Änderungsbefugnis sowohl auf die Tatbestandsseite (Bedingung oder Befristung) als auch auf die Rechtsfolgenseite (zB Änderungen nur innerhalb eines bestimmten Personenkreises oder bezüglich bestimmter Vermögensgegenstände) beziehen (*Reimann/Bengel/J. Mayer* BGB § 2278 Rn. 26). Für die Ausgestaltung in der Praxis kann die letztgenannte Meinung bei der Formulierung des Änderungsvorbehaltes zugrunde gelegt werden. Da die Rechtsprechung aber noch nicht ausdrücklich zu dieser Auffassung Stellung genommen hat, sollte der Erbvertrag immer noch eine vorbehaltlose Anordnung enthalten. Beim Ehegattenerbvertrag ist dies üblicherweise die gegenseitige Erbeinsetzung der Ehegatten (mit oder ohne Rücktrittsvorbehalt), während die Schlusserbeneinsetzung üblicherweise mit Änderungsvorbehalten versehen ist. Zulässig sind unter Zugrundlegung dieser Grundsätze in Ehegattenerbverträgen beispielsweise folgende Änderungsvorbehalte (*Reimann/Bengel/J. Mayer* BGB § 2278 Rn. 32; *Herlitz* MittRhNotK 1996, 153 [159]; *Basty* MittBayNot 2000, 73 ff.):

- Die Befugnis zur Umverteilung des Vermögens unter den eingesetzten Schlusserben einschließlich der beliebigen Änderung der Erbquoten (BayObLG DNotZ 1990, 53 [55]).
- Vorbehalt des Rechts, über einzelne Gegenstände oder Vermögensteile trotz einer bindenden Erbeinsetzung durch Vermächtnis zu verfügen oder Testamentsvollstreckung oder Geld- bzw. Sachvermächtnisse anzuordnen (BGHZ 26, 204 [208]).
- Abänderungsrecht bei Eintritt bestimmter Voraussetzungen oder eines bestimmten Zeitpunktes, zB erst nach dem Tod des erstversterbenden Ehegatten (OLG Koblenz DNotZ 1998, 218 [219], vgl. im Muster oben § 5 Nr. 2 als Alternative).
- Das Verbot, lediglich bestimmte Personen zu bedenken.
- Gestattung, den dinglich eingesetzten Schlusserben mit einem Wohnungsrecht oder Nießbrauchsvermächtnis zu belasten (*Basty* MittBayNot 2000, 73 [78]).

Stattdessen ist es selbstverständlich auch möglich, im Ehegattenerbvertrag die Schlusserbeneinsetzung neben der bindenden gegenseitigen Erbeinsetzung **einseitig testamentarisch** vorzunehmen, § 2299 Abs. 1 BGB.

Insbesondere bei jüngeren Ehegatten ist von einer zu weit gehenden Bindung des Längerlebenden abzuraten. In jedem Fall sind weitgehende Änderungsvorbehalte zu empfehlen, die aber klar formuliert werden müssen. Das Formular ermöglicht dem überlebenden Ehegatten eine umfassende Änderungsmöglichkeit und Aufhebungsmöglichkeit nach dem Tod des Erstversterbenden. Dies stellt in der Praxis aus meiner Erfahrung heraus die häufigste Gestaltung dar (zu den einzelnen Differenzierungen der Bindungswirkung vgl. Abschnitt Ehegattenverfügungen).

In der Alternative ist der Abänderungsvorbehalt auf den Kreis der Abkömmlinge beschränkt.

Bei dieser Art des Änderungsvorbehaltes sollten jedoch Auslegungszweifel vermieden werden: So ist eine klare Regelung nötig, ob der Vorbehalt auch die Möglichkeit mit einschließen soll, einzelne Abkömmlinge völlig zu enterben (dazu OLG Düsseldorf DNotZ 2007, 774 mit kritischer Anm. *Schmucker)* Da nach einem Beschluss des OLG München ein derartiger Änderungsvorbehalt nicht ohne weiteres eine Beschränkung der Erben durch eine Testamentsvollstreckung umfasst, sollte auch dies ausdrücklich klargestellt werden (OLG München ZEV 2008, 340).

Ausübung des Änderungsvorbehalts: Die Ausübung des Änderungsvorbehalts ist auch zu Lebzeiten des Vertragspartners die Abgabe einer neuen **Verfügung von Todes** wegen und bedarf daher nicht der Form des Rücktritts vom Erbvertrag des § 2296 Abs. 2 BGB (*Reimann/Bengel/J. Mayer* BGB § 2278 Rn. 35). Der Änderungsvorbehalt wird also durch Testament ausgeübt und braucht dem Vertragspartner nicht zuzugehen.

7. Auflösende Bedingung. Nach §§ 2279, 2077 Abs. 1 BGB werden im Zweifel mit Auflösung der Ehe bzw. Vorliegen der Voraussetzungen des § 1933 BGB Ehegattenerbverträge unwirksam.

Um die Unsicherheiten dieser bloßen Auslegungsregel zu vermeiden, die auch an die materiellen Scheidungsvoraussetzungen anknüpft, empfiehlt sich als klar formulierte auflösende Bedingung die Stellung des Scheidungsantrages durch einen Ehegatten (*J. Mayer* ZEV 1997, 208; *Frenz* ZNotP 2000, 67 ff.; *Kornexl* DAI-Skript, Ausgewählte Fragen des Erbrechts, 2004, 226). Weitere typische Fälle von Bedingungen in Ehegattenverfügungen sind zum einen **die Pflichtteilsklauseln** (→ Form. C.VI.5), nach denen ein Abkömmling von der Erbfolge ausgeschlossen wird, wenn er den Pflichtteil geltend macht, bzw. auch **Wiederverheiratungsklauseln** (→ Form. B.IV). Mit der erneuten Heirat des längerlebenden Ehegatten entfällt automatisch eine einzelne Verfügung oder der gesamte Erbvertrag und zwar mit ex nunc-Wirkung, § 158 Abs. 2 BGB.

8. Einvernehmliche Überwindung der Bindung des Längerlebenden. Die Bindungswirkung der erbvertraglichen Verfügung von Todes wegen steht späteren einseitigen Änderungen durch Verfügungen von Todes wegen entgegen, § 2289 Abs. 1 S. 2 BGB.

Bei gemeinschaftlichen Testamenten werden die wechselbezüglichen Verfügungen zugunsten der Kinder mit dem Tod des erstversterbenden Ehegatten entsprechend § 2289 BGB bindend (MüKoBGB/*Musielak* § 2271 Rn. 15).

Relativ häufig möchte der durch ein gemeinschaftliches Testament oder einen Ehegattenerbvertrag an eine Schlusserbeneinsetzung gebundene Ehegatte mit Zustimmung der Kinder etwas an einen neuen Partner vermachen: Die Bindungswirkung kann nach hM nur durch einen **Zuwendungsverzichtsvertrag** nach § 2352 BGB überwunden werden, in dem die Schlusserben der neuen Verfügung zustimmen (BGHZ 108, 252 = DNotZ 1990, 803; *Reimann/Bengel/J. Mayer* § 2289 Rn. 44). Das bisher in diesem Zusammenhang bestehende Problem, dass sich der Zuwendungsverzicht nicht auf die Abkömmlinge des Verzichtenden erstreckt und daher auch deren Zustimmung erforderlich ist, wird durch die Neufassung des § 2352 BGB im Rahmen des Gesetzes zur Reform des Erb- und Verjährungsrechtes entschärft (*Muscheler* ZEV 2008, 105 [109]): Danach wirkt künftig der Zuwendungsverzicht gemäß §§ 2352, 2349 BGB auch gegenüber den Abkömmlingen des Verzichtenden, sodass nur die Kinder selbst, nicht jedoch deren Abkömmlinge der abweichenden Verfügung des länger lebenden Elternteils zustimmen müssen (*Keim* ZEV 2008, 161 [168]). Nach wohl überwiegender Meinung ist die Erstreckung aber nicht zwingend, sondern tritt nur im Zweifel ein: Der Wegfall der Ersatzerbenbestimmung der Abkömmlinge des verzichtenden Kindes ist daher nicht völlig gesichert (Palandt/*Weidlich* BGB § 2352 Rn. 5) Wenn andere Ersatzerben als die Abkömmlinge des Kindes bestimmt sind (beispielsweise Schwiegerkinder), so ist ohnehin weiterhin auch deren Zustimmung in Form eines Zuwendungsverzichtes (§§ 2352, 2347, 2348 BGB) notwendig. Um sicher zu gehen, empfiehlt es sich daher weiterhin eine bindende Ersatzschlusserbeneinsetzung unter die auflösende Bedingung des Abschlusses eines Zuwendungsverzichtsvertrages mit dem primär berufenen Schlusserben zu stellen. Bei der im Formular vorgesehenen freien Abänderbarkeit ist dies nicht erforderlich, anders jedoch bei der Alternative, die nur eine Abänderung innerhalb des Kreises der Abkömmlinge zulässt.

9. Anfechtungsverzicht. Um die Überwindung der Bindungswirkung durch **Anfechtung** wegen Hinzutretens eines neuen Pflichtteilsberechtigten (zB Wiederheirat, Adoption) zu verhindern, sollte insbesondere bei der bindenden Schlusserbeneinsetzung in einem Ehegattenerbvertrag das Anfechtungsrecht nach §§ 2078, 2079 BGB zwar nicht insgesamt, aber auf diesen Grund beschränkt, ausgeschlossen werden (*Reimann/Bengel/J. Mayer* Formularteil B Rn. 42 Fn. 23).

10. Steuern. Das Berliner Testament führt zu zwei erbschaftsteuerlich relevanten Erbfällen, §§ 1 Abs. 1 Nr. 1, 3 Abs. 1 Nr. 1 ErbStG. Beim Tod des erstversterbenden Ehegatten erbt allein der überlebende Ehegatte. Die Kinder sind erst nach diesem als Erben eingesetzt. Damit verfallen die gegenüber dem erstversterbenden Ehegatten bestehenden Freibeträge der Kinder. Die Freibeträge für den Erwerb durch die Kinder nach §§ 16, 17 ErbStG, kommen erst nach dem Tod des überlebenden Ehegatten zur Anwendung, also nur einmal statt nach jedem Ehegatten. Um die den Kindern zustehenden Freibeträge auch im ersten Erbfall zu nutzen, kommt die Aussetzung von Vermächtnissen für die Kinder bereits für den ersten Erbfall in Betracht. Diese unterliegen bis zur Höhe der den Kindern zustehenden Freibeträgen keiner Erbschaftsteuer. Idealer Weise sollten diese Vermächtnisse mit dem Tod des erstversterbenden Ehegatten fällig werden. Ordnet der Erstversterbende dagegen an, dass die Vermächtnisse für die Kinder erst nach dem Tod des Längerlebenden fällig werden, gelten die Vermächtnisse erbschaftsteuerlich als Erwerb vom Längerlebenden (§ 6 Abs. 2 und 4 ErbStG). Eine Nutzung der Freibeträge nach dem Erstversterbenden wird auf diesem Weg nicht erreicht.

Beispiel:
Der Ehemann M hat ein Vermögen im Steuerwert von 2.000.000,– EUR, die Ehefrau F keines. Ein Zugewinnausgleich besteht nicht. Es sind zwei gemeinsame Kinder S und T vorhanden. Nach dem Tode des M wird F Alleinerbin und die Kinder Schlusserben.
In der ersten Konstellation der Beispielsrechnung erhalten die beiden Kinder S und T kein Vermächtnis. In der zweiten Konstellation erhalten die Kinder T und S nach dem ersten Todesfall je ein sofort fälliges Vermächtnis in Höhe von 400.000,– EUR.
Es werden gleich bleibende Vermögensverhältnisse sowie die Zahlung der Erbschaftsteuer aus dem Ersterwerb unterstellt. Versorgungsfreibeträge gem. § 17 ErbStG kommen für die Kinder nicht in Betracht.

	1. Erbfall Erbschaftsteuer	2. Erbfall Erbschaftsteuer	Gesamtbelastung
Ohne Vermächtnis	236.360,– EUR	144.546,– EUR	380.906,– EUR
Mit Vermächtnis	66.600,– EUR	36.674,– EUR	103.274,– EUR
Ersparnis			277.632,– EUR

Wie man der Beispielsrechnung entnehmen kann, ist die Reduktion der Gesamtsteuerbelastung des überlebenden Ehegatten und der Kinder erheblich, wenn diese bereits beim ersten Erbgang in Höhe der Freibeträge ein Vermächtnis bekommen. Die Ersparnis resultiert neben der doppelten Ausnutzung der Freibeträge für die Kinder daraus, dass mit Vermächtnis die Ehefrau F nur einer Erbschaftsteuer von 15 % anstatt von 19 % unterliegt.

Verstirbt F zuerst, wird M Alleinerbe und die Kinder Schlusserben und Vermächtnisnehmer. Ansonsten bleibt der obige Sachverhalt unverändert. Da F kein Vermögen hat, können die Kinder vom Freibetrag der F nicht profitieren. Deshalb sollte M der F schon zu Lebzeiten Vermögen (im Beispiel 500.000,– EUR, das entspricht dem Freibetrag gem. § 16 Abs. 1 Nr. 1 ErbStG) schenken, um seinen Freibetrag nach ihrem Tod ausnutzen zu können. Dann kommt es zu folgender Steuerbelastung:

	1. Erbfall Erbschaftsteuer	2. Erbfall Erbschaftsteuer	Gesamtbelastung
Ohne Schenkung	0,– EUR	180.000,– EUR	180.000,– EUR
Mit Schenkung und Vermächtnis	0,– EUR	105.000,– EUR	105.000,– EUR
Ersparnis			75.000,– EUR

Kommt es auf Grund des Berliner Testaments innerhalb von zehn Jahren zu zwei erbschaftsteuerlich relevanten Erbgängen gem. §§ 1 Abs. 1 Nr. 1, 3 Abs. 1 Nr. 1 ErbStG und sind die Beteiligten Personen solche, die der Steuerklasse I gem. § 15 Abs. 1 ErbStG unterfallen, so ermäßigt sich Erbschaftsteuer gem. § 27 Abs. 1 ErbStG.

Eine weitere typische Form der Erbeinsetzung ist das Frankfurter Testament oder auch Niedersches Testament genannt (*Felix* KÖSDI 1990, 8265; *Meincke/Hannes/Holtz* NJW 1991, 198).

Beim Frankfurter Testament werden Abfindungszahlungen in Barvermächtnisse umqualifiziert. Ziel ist es, dadurch bei einer Unternehmensnachfolge zum einen sowohl Erbschaftals auch Einkommensteuer zu vermeiden, zum anderen die Unternehmenssubstanz zu erhalten. Deshalb wird durch das Frankfurter Testament das Betriebs- und Privatvermögen innerhalb einer Erbengemeinschaft durch Teilungsanordnung entsprechend der Erbquote nach dem Wert des jeweiligen Nachlassgegenstandes aufgeteilt (Formulierungsbeispiel in: *Nieder/Kössinger* § 22 Rn. 32; MAH ErbR/*Ritter* § 8 Rn. 53).

Der Mehrempfang des Unternehmensnachfolgers rechtfertigt sich dabei angesichts der Erwägung, dass dieser das Unternehmensrisiko zu tragen hat und mit der Gewinnbesteuerung belastet ist, während seine Miterben ein wesentlich geringeres Unternehmensrisiko tragen oder sogar ausschließlich Anteile aus dem privaten Nachlass erhalten.

Für den Fall, dass der Erblasser die völlige wertmäßige Gleichstellung von Unternehmensnachfolge und sonstigen Erbfolgen wünscht, ist das Frankfurter Testament zur Vermeidung von Veräußerungsgewinnen entwickelt worden (*Felix* GmbHR 1992, 517). Da die rechtliche Verpflichtung zur Abfindungszahlung nur aus einer Wertdifferenz zwischen dem Erbteil und der Nachlassverteilung nach Vollzug der Teilungsanordnung entstehen kann, wird die Übereinstimmung zwischen Teilungsanordnung und Erbteil dadurch hergestellt, dass im Testament einerseits die Teilung angeordnet wird, andererseits aber keine Erbquoten genannt werden und bestimmt wird, dass sich die Erbquote nach dem Wertverhältnis der gegenständlichen Zuteilung zum Zeitpunkt des Erbfalls bestimmt. Die Gleichstellung geschieht, indem der wertmäßig benachteiligte Miterbe ein Vorausvermächtnis auf eine Geldsumme in Höhe der halben Wertdifferenz erhält. Bei entsprechender Erbauseinandersetzung entsteht keine Einkommensteuer (MAH ErbR/*Ritter* § 8 Rn. 52).

Beispiel:
A und B sind Erben von E. A erhält das Unternehmen im Wert von 500.000,– EUR und B das Privatvermögen im Wert von 300.000,– EUR. Die Erbquote von A beträgt somit $^5/_8$, die von B $^3/_8$. Der Erbteil beträgt für A und B je $^1/_2$.
Die Wertdifferenz beträgt 200.000,– EUR, das Vorausvermächtnis infolgedessen 100.000,– EUR. Der Ausgleich zwischen Erbquote (A: 500.000,– EUR und B: 300.000,– EUR) und Erbteil (A und B je 400.000,– EUR) wird durch das Vorausvermächtnis zugunsten von B in Höhe von 100.000,– EUR erreicht.

11. Kosten. Bei **Beurkundung** eines Erbvertrags oder gemeinschaftlichen Testaments entsteht eine **2,0-Gebühr** (Nr. 21100 KV GNotKG). Die gleichen Gebührensätze gelten auch für bloße Ergänzungen oder Nachträge. Als Geschäftswert ist bei Verfügungen über den ganzen Nachlass oder einen Bruchteil nach § 102 Abs. 1 S. 1 GNotKG der Wert des Vermögens oder der Wert des entsprechenden Bruchteils des Vermögens unter Abzug der Verbindlichkeiten des Erblassers zu Grunde zu legen. Mindestens muss das halbe Aktivvermögen angesetzt werden, § 102 Abs. 1 S. 2 Hs. 2 GNotKG. Bei der Wertermittlung ist jeder Verfügende gesondert zu betrachten; Verbindlichkeiten können also nicht verrechnet werden (*Diehn* Notarkostenberechnungen Rn. 1152 ff.).

Vermächtnisse, Auflagen und Teilungsanordnungen werden neben Verfügungen über den Nachlass als Ganzes nicht gesondert bewertet. Verfügt der Erblasser ausschließlich über bestimmte Vermögensgegenstände, ist deren Wert maßgeblich § 102 Abs. 3, S. 1 GNotKG, wobei vom Begünstigten zu übernehmende Verbindlichkeiten abgezogen werden. Auch hier ist mindestens der halbe Aktivwert der Vermögensgegenstände anzusetzen, § 102 Abs. 2 S. 2 GNotKG. Maßgeblich sind stets die Verhältnisse im Zeitpunkt der Beurkundung.

Wird nur ein **Entwurf** gewünscht, eröffnet Nr. 24100 KV GNotKG einen Gebührensatzrahmen von 0,5 bis 2,0 für gemeinschaftliche Testamente und Erbverträge, wobei für die vollständige Entwurfsfertigung nach § 92 Abs. 2 GNotKG der Höchstsatz anzuwenden ist. Der Geschäftswert bemisst sich wie bei der Beurkundung, § 119 Abs. 1 GNotKG. Die Entwurfsgebühr entsteht nach Vorbemerkung 2.4.1 Abs. 3 KV GNotKG auch für die Überprüfung eines eigenhändigen gemeinschaftlichen Testaments.

Für die **notarielle Beratung** ohne Entwurfsauftrag ist in Nr. 24200 KV GNotKG ein Gebührensatzrahmen von 0,5 bis 1,0 bei gemeinschaftlichen Testamenten und Erbverträgen vorgesehen. Der Notar setzt den Geschäftswert nach billigem Ermessen fest, § 36 Abs. 1 GNotKG, wobei sich eine Orientierung an den für die Beurkundung geltenden Vorschriften empfiehlt (*Diehn* Rn. 1122 ff.).

Die **Registrierung im Zentralen Testamentsregister** kostet 15,00 EUR je Registrierung, also pro Erblasser. Beim gemeinschaftlichen Testament fallen daher 30,00 EUR an, beim Erbvertrag kommt es auf die Zahl der von Todes wegen verfügenden Beteiligten an.

Die **besondere amtliche Verwahrung** der Verfügung von Todes wegen kostet **75,00 EUR** nach Nr. 12100 KV GNotKG (Festgebühr). Die Gebühr entsteht pro Urkunde, nicht pro Erblasser. Die Eröffnung beim Amtsgericht kostet 100,00 EUR nach Nr. 12101 KV GNotKG (Festgebühr). Wegen der seit 1.8.2013 eingeführten Festgebühren darf der Notar dem Nachlassgericht den Wert der Verfügung von Todes wegen nicht mehr mitteilen, § 39 Abs. 1 GNotKG.

II. Vor- und Nacherbfolge

1. Vor- und Nacherbeneinsetzung

Ich berufe . . . . . . zu meinem alleinigen Erben. Dieser wird jedoch nur Vorerbe.[1, 2] Er ist von den Beschränkungen der §§ 2113 ff. BGB (nicht) befreit.

Nacherben[3] sind dessen Kinder einschließlich adoptierter und nichtehelicher Kinder zu gleichen Teilen (*Alternativ: dessen Kinder X und Y*), ersatzweise deren Abkömmlinge einschließlich adoptierter und nicht ehelicher Nachkommen entsprechend den Regelungen der gesetzlichen Erbfolge erster Ordnung im Zeitpunkt des Nacherbfalles.

[Alternativ:

Abweichend von allen gesetzlichen Auslegungs-, Vermutungs- und Ergänzungsregelungen sind Ersatznacherben . . . . . .][4]

Der Nacherbfall tritt mit dem Tod des Vorerben ein.[5] Die Nacherben sind gleichzeitig Ersatzerben.

Die Nacherbenanwartschaft ist zwischen Erbfall und Nacherbfall nicht übertragbar, nicht verpfändbar und nicht vererblich, ausgenommen eine Veräußerung an den Vorerben. In diesem Fall entfällt auch jede ausdrückliche oder stillschweigende Ersatznacherbeneinsetzung.[6, 7]

Checkliste

- ❐ Person des Vorerben?
- ❐ Person des Nacherben
- ❐ Nacherbe auch Ersatzerbe?
- ❐ Eintritt des Nacherbfalles: regelmäßig mit dem Tod des Vorerben
- ❐ Person des Ersatznacherben?
- ❐ Ausschluss der Vererblichkeit und Übertragbarkeit der Nacherbenwartschaftsrechte?
- ❐ Regelmäßige Ausnahme: Übertragbarkeit der Nacherbenanwartschaft an den Vorerben: in diesem Fall Entfallen der Ersatznacherbschaft
- ❐ Befreiung des Vorerben nach § 2136 BGB vollständig/teilweise?

Anmerkungen

1. Sachverhalt. Nach § 2100 BGB kann der Erblasser einen Erben in der Weise einsetzen, dass er erst Erbe wird, nachdem zunächst ein anderer Erbe geworden ist. Sowohl der zunächst berufene Vorerbe als auch der danach berufene Nacherbe sind beide **Erben des Erblassers.** Der Nacherbe beerbt nicht den Vorerben, so dass nur die Erbschaft des Erblassers, nicht dagegen das sonstige Vermögen des Vorerben auf ihn übergeht. Die Nacherbfolge tritt mit dem Tod des Vorerben ein, soweit der Erblasser nicht etwas Anderweitiges bestimmt hat, § 2106 BGB. Der Zeitpunkt des Eintritts des Nacherbfalles kann jedoch auch vorverlagert werden, zB auf den der Wiederverheiratung des überlebenden Ehegatten. Da somit in der Hand des Erben zwei Vermögensmassen entstehen

und das Ererbte nach §§ 2113 ff. BGB gewissen Verfügungsbeschränkungen unterliegt, ist die Konstruktion der Vor- und Nacherbfolge für die Betroffenen nicht leicht handhabbar. Sie sollte daher nur bei **Vorliegen besonderer Gründe** (A.) eingesetzt werden. Andererseits eröffnet die Nacherbschaft die Möglichkeit für den Erblasser, in den zeitlichen Grenzen des § 2109 BGB seinen Willen über mehrere Generationen zu steuern. In der Praxis wird dieses Instrument üblicherweise in folgenden Konstellationen angewendet:

- **Ausschaltung von Pflichtteilsberechtigten des Vorerben:** Da der Nacherbe nicht Erbe des Vorerben ist, erhält der Pflichtteilsberechtigte des Vorerben seinen Pflichtteil lediglich aus dem Eigenvermögen des Vorerben. Der Erblasser kann so durch Einsetzung seines Ehegatten zum Vorerben verhindern, dass dessen ungeliebte einseitige Abkömmlinge nach seinem Tod auch aus dem ererbten Vermögen einen Pflichtteilsanspruch haben (Palandt/*Weidlich* BGB § 2100 Rn. 6; → Form. C.II.6).
- **Schutz des Vorerben vor seinen Gläubigern:** Da § 2115 BGB, § 773 ZPO, § 83 InsO einen gewissen Vollstreckungsschutz des Nachlasses gegen Vollstreckungsmaßnahmen der Eigengläubiger des Vorerben bewirken, empfiehlt sich die Einsetzung zum Vorerben bei überschuldeten Pflichtteilsberechtigten. (Vertragsmuster bei MVHdB VI/BürgerlR II/*Nieder/Otto* Form. XVI.17) Bei Testamenten zugunsten behinderter Kinder wird so auch der Zugriff der Sozialbehörde abgewehrt. (→ Form. F.I.1 bis → Form. F.I.5). Da § 2115 BGB aber lediglich die Verwertungsmaßnahmen verhindert, muss zusätzlich Testamentsvollstreckung angeordnet werden. (BeckNotarHdB/*Bengel/Dietz* C Rn. 133).
- **Reaktionen auf Verhaltensweisen des Erben:** Der Eintritt der Nacherbfolge kann von einem bestimmten nicht erwünschten Verhalten des Vorerben abhängig gemacht werden, etwa von dessen Wiederheirat (*Langenfeld/Fröhler* Kap. 3 Rn. 11 und → Form. E.V).

2. **Rechtsstellung des Vor- und Nacherben während der Vorerbschaft.** Obwohl der Vorerbe auf Zeit Inhaber aller Sachen und Rechte des Nachlasses ist, bleibt das Ererbte ein von seinem eigenen Vermögen zu unterscheidendes Sondervermögen, das gewissen Verfügungsbeschränkungen und Verwaltungspflichten nach §§ 2113 ff. BGB unterworfen ist.

Nicht befreiter Vorerbe: Soweit der Erblasser nicht von der Möglichkeit der Befreiung nach §§ 2136, 2137 BGB Gebrauch macht, kann der Vorerbe über Grundbesitz nach § 2113 Abs. 1 BGB, Hypothekenforderungen und Grund- und Rentenschulden (§ 2114 BGB) nur mit Zustimmung des Nacherben verfügen. Das Gleiche gilt für unentgeltliche Verfügungen mit Ausnahme bloßer Pflicht- und Anstandsschenkungen (§ 2113 Abs. 2 BGB). Er ist bezüglich der Anlegung von Geld auf eine mündelsichere Anlage beschränkt (§§ 2119, 1806 f. BGB), hat auf Verlangen des Nacherben Wertpapiere zu hinterlegen, § 2116 BGB, und ein Verzeichnis der Erbschaftsgegenstände anzulegen (§ 2121 BGB). Schließlich muss er über den Bestand der Erbschaft Auskunft geben (§ 2127 BGB). Wirtschaftlich stellt sich der nicht befreite Vorerbe daher nicht wesentlich besser als ein bloßer Nutzungsberechtigter (*Reimann/Bengel/J. Mayer* A Rn. 94).

Befreiter Vorerbe: Nach § 2136 BGB kann der Erblasser den Vorerben von einigen dieser Beschränkungen befreien. Auch der befreite Vorerbe unterliegt aber dem Schenkungsverbot des § 2113 Abs. 2 BGB und der Pflicht zur Errichtung eines Nachlassverzeichnisses (§ 2121 BGB). Weiterhin sind das Prinzip der dinglichen Surrogation nach § 2111 BGB und die Vollstreckungsbeschränkungen des § 2115 BGB unabdingbar. (Palandt/*Weidlich* BGB § 2136 Rn. 5). Eine **gegenständlich beschränkte Vorerbschaft ist zwar nicht zulässig** (Palandt/*Weidlich* BGB § 2087 Rn. 1), eine völlig freie Verfügungsbefugnis hinsichtlich einzelner Gegenstände kann aber dadurch erreicht werden, dass sie dem Vorerben als **Vorausvermächtnis** zugewendet werden (→ Form. C.II.3).

Will man dem Vorerben gestatten, über bestimmte Gegenstände auch unentgeltlich verfügen zu dürfen, ohne sie aus der Nacherbschaft herauszunehmen, bietet sich ein

bedingtes Vorausvermächtnis an. Hiermit kann auch ermöglicht werden, nur Verfügungen an bestimmte Personen, beispielsweise nur Abkömmlinge, zu gestatten (lebzeitige Übergabebefugnis) (→ Form. C.II.4).

3. Person des Nacherben. In der Praxis am häufigsten ist die Nacherbeneinsetzung von Abkömmlingen des Vorerben. Dabei werden die Nacherben in der Praxis oft nicht namentlich benannt, sondern – wie im Muster – nach allgemeinen Merkmalen beschrieben. Dies hat den Zweck, auch die Veränderungen im Kreis der Eingesetzten zwischen Testamentserrichtung und dem Erbfall bzw. dem Nacherbfall zu erfassen (MVHdB VI BürgerlR II/*Nieder/Otto* Form. XVI.6). Eine namentliche Benennung (vgl. Alt.) ist andererseits vorteilhaft im Hinblick auf Zustimmungserfordernisse der Nacherben nach § 2113 BGB zu Verfügungen des Vorerben: Ist es denkbar, dass zwischen Erbfall und Nacherbfall noch weitere Nacherben hinzukommen, so muss für diese unbekannten Nacherben ein Pfleger (§ 1913 BGB) bestellt werden, der die Zustimmung zu erteilen hat, und zu Grundstücksverfügungen auch die Zustimmung des Betreuungsgerichts benötigt (§§ 1915 Abs. 1, 1822 Abs. 1 Nr. 1 BGB).

Ist der eingesetzte Vorerbe zurzeit der Testamentserrichtung kinderlos und möchte der Erblasser eine **sonstige Person** zu dessen Nacherben bestimmen, beispielsweise einen Geschwisterteil des Vorerben, oder eine karitative Organisation, so ist die Auslegungsregel des § 2107 BGB zu beachten: Die mit dem Tod des Vorerben eintretende Nacherbfolge ist in solchen Fällen dadurch auflösend bedingt, dass der Vorerbe im Zeitpunkt seines Todes Nachkommen hinterlässt (Palandt/*Weidlich* BGB § 2107 Rn. 3). Möchte der Erblasser diese Rechtsfolge vermeiden, so hat er dies in der Verfügung ausdrücklich zu bestimmen. Um sich nicht auf die Auslegungsregel verlassen zu müssen, sollte aber auch klargestellt werden, falls die Nacherbeneinsetzung mit dem Vorhandensein von Abkömmlingen entfallen soll.

4. Ersatznacherbfolge, Ausschluss der Vererblichkeit der Nacherbenanwartschaft. Bis zum Nacherbfall hat allein der Vorerbe die Erbenstellung inne, der Nacherbe hat jedoch bereits ab dem Erbfall eine unentziehbare gesicherte und gemäß § 2108 Abs. 2 S. 1 BGB vererbliche Position, die man als Anwartschaftsrecht bezeichnen kann (RGZ 101, 185 [188]; BGHZ 87, 367 [369]; Palandt/*Weidlich* BGB § 2100 Rn. 11). Stirbt der Nacherbe zwischen dem Erbfall und dem Nacherbfall, so geht die Anwartschaft als Bestandteil des Nachlasses auf dessen Erben über. Allerdings kann die Vererblichkeit ausgeschlossen werden (Palandt/*Weidlich* BGB § 2108 Rn. 3).

Umstritten ist, ob die ausdrückliche **Einsetzung eines Ersatznacherben** oder die Ersatznacherbenberufung der Abkömmlinge auf Grund § 2069 BGB zu einem automatischen **Ausschluss der Vererblichkeit** der Anwartschaft führt. Nach heute hM soll dies nicht ohne weiteres der Fall sein, entscheidend sei vielmehr der durch individuelle Auslegung zu ermittelnde Wille des Erblassers im Einzelfall (BayObLG ZEV 1995, 25; Palandt/*Weidlich* BGB § 2108 Rn. 4; Soergel/*Harder/Wegmann* BGB § 2108 Rn. 5; *J. Mayer* MittBayNot 1994, 111), wobei jedoch meist die ausdrückliche Benennung eines Ersatznacherben zur Unvererblichkeit führen dürfte (OLG Braunschweig FamRZ 1995, 443). Wie beim „einfachen“ Ersatzerben so ist auch beim Ersatznacherben nicht von vornherein klar, ob eine ausdrückliche Ersatzerbenbenennung stets vorrangig gegenüber der Auslegungsregel des § 2069 BGB ist. In der Regel wird der Erblasser die Vererblichkeit der Anwartschaft verhindern wollen. Vor allem, wenn er Abkömmlinge zu Nacherben bestimmt, dürfte im Fall von deren Ableben ein Übergang auf die Schwiegerkinder im Wege der Erbfolge selten dem Willen des Erblassers entsprechen. Obwohl man auch von einem Anwartschaftsrecht des Ersatznacherben spricht (MüKoBGB/*Grunsky* § 2102 Rn. 9), stehen ihm die Schutzrechte der §§ 2113 ff. BGB vor Eintritt des Ersatzerbfalles nicht zu, insbesondere bedarf eine **Verfügung über Grundbesitz** bzw. eine unentgeltliche Verfügung über Nachlassgegenstände **nicht** seiner Zustimmung (BGHZ 40, 115 = NJW 1963, 2320; Palandt/*Weidlich* BGB § 2102 Rn. 5).

Zu unterscheiden ist der Ersatznacherbe vom **weiteren Nacherben** im Falle der gestuften Nacherbfolge, bei der der zunächst berufene Nacherbe seinerseits einem ihm folgenden Nacherben als Vorerben gegenübersteht (Palandt/*Weidlich* BGB § 2100 Rn. 1; → Form. C.II.5 i Formulierungsvorschlag bei MVHdB VI BürgerlR II/*Nieder/Otto*, 5. Aufl. 2003, Form. XVI.13, Testamentsgestaltung Rn. 217).

Die Nacherbenanwartschaft ist auch **veräußerlich**, und zwar auch für den alleinigen Nacherben. Sowohl das Verpflichtungsgeschäft als auch die dingliche Übertragung bedürfen nach §§ 2033, 2371 BGB der notariellen Beurkundung. Auch die Übertragbarkeit der Anwartschaft entspricht regelmäßig nicht dem Willen des Erblassers, der den Nachlass einer bestimmten Person erhalten möchte (MAH ErbR/*Hennicke* § 17 Rn. 107). Daher sollte sie in der Verfügung von Todes wegen ausgeschlossen werden, was nach hM zulässig ist (Palandt/*Weidlich* BGB § 2108 Rn. 9; MüKoBGB/*Grunsky* § 2100 Rn. 27; aA Staudinger/*Avenarius* BGB § 2100 Rn. 60). Eine Zulassung der Übertragung an den Vorerben ist allerdings sinnvoll, um diesem den rechtsgeschäftlichen Erwerb einer unbeschränkten Erbenstellung zu ermöglichen, da die Stellung des Ersatznacherben von der Übertragung ansonsten nicht erfasst wird (*J. Mayer* MittBayNot 1994, 111 [114]). In diesem Fall sollte jede Ersatznacherbschaft entfallen, um zu vermeiden, dass die Position des Erben durch Eintritt des Ersatznacherbfalles, beispielsweise durch Tod des Nacherben, bedroht ist.

5. Eintritt der Nacherbfolge. Hat der Erblasser unterlassen, das Ereignis zu bestimmen, mit dem der Nacherbfall eintreten soll, so ist dies nach der Ergänzungsregel des § 2106 Abs. 1 BGB im Zweifel der Zeitpunkt des Todes des Erben. Es kann jedoch auch ein abweichender Zeitpunkt gewählt werden, so zB der der Wiederverheiratung des überlebenden Ehegatten. In einem Testament sollte der Zeitpunkt des Eintritts der Nacherbfolge eindeutig bestimmt werden.

Mit dem Eintritt der Nacherbfolge hört der Vorerbe auf, Erbe zu sein, und die Erbschaft fällt dem Nacherben ohne weitere Übertragungsakte unmittelbar zu, § 2139 BGB. Der dem Vorerben erteilte Erbschein wird unrichtig und ist nach §§ 2361, 2363 BGB einzuziehen (Palandt/*Weidlich* BGB § 2363 Rn. 10).

Der Nacherbe muss einen auf ihn als unbeschränkten Erben lautenden Erbschein beantragen. Das Grundbuch wird unrichtig. Zur **Berichtigung des Grundbuches** bedarf es eines das Erbrecht des Nacherben nach Eintritt des Nacherbfalls ausweisenden Erbscheins. Der Nacherbenvermerk verbunden mit einer Sterbeurkunde des Vorerben ist kein ausreichender Nachweis (BGHZ 84, 196 = NJW 1982, 2499; Schöner/*Stöber* Grundbuchrecht Rn. 3525 a).

Jedoch genügt Vorlage der **notariellen Verfügung von Todes wegen** verbunden mit der Eröffnungsniederschrift und einem Nachweis in öffentlich beglaubigter Form, dass der Nacherbfall eingetreten ist (zB Sterbeurkunde) (Schöner/*Stöber* Grundbuchrecht Rn. 3525 a).

6. Steuern. Der Vorerbe gilt gem. § 6 Abs. 1 ErbStG als Erbe. Er hat den Nachlass gem. §§ 6 Abs. 1, 12 Abs. 1 ErbStG iVm §§ 9, 5 BewG so zu versteuern, als sei er ohne jegliche Beschränkungen Erbe geworden. Die Tatsache, dass er bei Eintritt der Nacherbfolge den Nachlass an den Nacherben herausgeben muss, bleibt beim Vorerben unberücksichtigt. Das führt bei wirtschaftlicher Betrachtung zu einer Verdoppelung der Erbschaftsteuer. Denn der Nachlass fällt zunächst steuerpflichtig an den Vor- und dann, ebenfalls steuerpflichtig, an den Nacherben. Dieses Ergebnis kann jedoch dann umgangen werden, wenn der Nacherbfall nicht an den Tod des Vorerben anknüpft, sondern an ein anderes Ereignis, etwa an das Erreichen einer bestimmten Altersgrenze des Vor- oder Nacherben. In diesem Fall lässt § 6 Abs. 3 S. 2 ErbStG die Anrechnung der vom Vorerben gezahlten Steuer auf die Steuer des Nacherben zu. Das kann unter Umständen zu beträchtlichen Einsparungen führen und sollte gerade bei größeren Nachlässen bei der Bestimmung der Nacherbfolge nicht außer Acht gelassen werden (MAH ErbR/*Wachter* § 17 Rn. 263).

Für die Besteuerung des Vorerben sind die Steuerklasse und die Freibeträge nach dem Verwandtschaftsverhältnis zum Erblasser maßgebend. Der Vorerbe ist Steuerschuldner gem. § 20 Abs. 1 ErbStG. Er kann aber die Steuer mit Mitteln aus der Vorerbschaft gem. § 20 Abs. 4 ErbStG iVm § 2126 BGB begleichen. Somit wird die auf den Nacherben übergehende Erbschaft entsprechend gekürzt.

Wandelt sich die Stellung des Vorerben gem. § 2142 Abs. 2 BGB in die eines Vollerben um, weil der Nacherbe die Erbschaft ausschlägt, kommt es dadurch beim Vorerben zu keinem weiteren steuerpflichtigen Erwerb. Deshalb sind die Abfindungszahlungen, die der Vorerbe an den Nacherben zur Ablösung des Nacherbenrechtes leistet, nicht als Nachlassverbindlichkeiten abzugsfähig. Sie betreffen nicht den Erwerb des Vorerben, sondern sie werden vielmehr durch einen weiteren, die Übertragung der Rechtsstellung des Nacherben betreffenden Vermögensübergang zwischen Vorerben und Nacherben ausgelöst (BFH BStBl. II 1996, 137). Für den Nacherben bilden die Abfindungszahlungen allerdings einen steuerpflichtigen Erwerb gem. § 3 Abs. 2 Nr. 6 ErbStG.

Der Nacherbe unterliegt vor dem Eintritt des Nacherbenfalls keiner Steuerpflicht, auch wenn er bereits mit dem Erbfall eine grundsätzlich veräußerliche und vererbliche Anwartschaft auf den späteren Erwerb erlangt (*Meincke/Hannes/Holtz* ErbStG § 6 Rn. 10). Die Anwartschaft des Nacherben gehört gem. § 10 Abs. 4 ErbStG nicht zu seinem Nachlass, so dass die Erben des Nacherben insoweit keine Erbschaftsteuerpflicht trifft, wenn der Nacherbe vor Eintritt des Nacherbfalls stirbt. Dagegen liegt eine steuerpflichtige Schenkung unter Lebenden vor, wenn der Vorerbe dem Nacherben mit Rücksicht auf die angeordnete Nacherbfolge Nachlassgegenstände vor dem Erbfall überträgt (§ 7 Abs. 1 Nr. 7 ErbStG). Jedoch kann gem. § 7 Abs. 2 ErbStG auf Antrag des Nacherben für die Versteuerung dessen Verhältnis zum Erblasser zugrunde gelegt werden. Die Schenkung der Nacherbenanwartschaft führt gem. §§ 1 Abs. 2, 10 Abs. 4 ErbStG zu keinem steuerpflichtigen Erwerb beim Beschenkten.

Der dem Nacherben zufallende Erwerb gilt erbschaftsteuerlich als vom Vorerben stammend (§ 6 Abs. 2 S. 1 ErbStG). Das bedeutet, dass grundsätzlich die Steuerklasse und die Freibeträge nach dem Verwandtschaftsverhältnis des Nacherben zum Vorerben zu bestimmen sind. Auf Antrag des Nacherben ist der Besteuerung jedoch gem. § 6 Abs. 2 S. 2 ErbStG das Verhältnis zum Erblasser zugrunde zu legen. Der Nacherbe kann dadurch die Höhe der anfallenden Erbschaftsteuer beeinflussen. Geht bei Eintritt des Nacherbenfalles kein eigenes Vermögen des Vorerben auf den Nacherben über, sind diese Fälle für die Beratungspraxis unproblematisch. Denn es ist nur zu prüfen, nach welchem Verwandtschaftsverhältnis des Nacherben eine günstigere Besteuerung zu erzielen ist. Das wäre zB dann der Fall, wenn der Nacherbe in einem engeren Angehörigkeitsverhältnis zum Erblasser als zum Vorerben steht.

Sollte sich durch die volle Besteuerung des Nachlasses beim Vor- und Nacherben eine Doppelbelastung ergeben, kann diese in Einzelfällen, beim Personenkreis der Steuerklasse I, durch die Steuerermäßigung des § 27 ErbStG abgemildert werden.

Wenn neben dem Vermögen des ursprünglichen Erblassers auch eigenes Vermögen des Vorerben auf den Nacherben übergeht, bestimmt § 6 Abs. 2 S. 3–5 ErbStG, dass beide Vermögensanfälle nur hinsichtlich der Steuerklasse getrennt zu behandeln sind. Obwohl beide Nachlassteile selbstständig zu ermitteln und zu bewerten sind, bilden sie steuerlich eine Einheit (TGJG/*Gebel* ErbStG § 6 Rn. 103). Maßgebend für die Bewertung sind immer die Verhältnisse im Zeitpunkt des Nacherbfalls gem. § 11 iVm § 9 Abs. 1 Nr. 1 h ErbStG. Für das eigene Vermögen des Vorerben wird ein persönlicher Freibetrag nur gewährt, soweit der Freibetrag für das der Nacherbfolge unterliegende Vermögen noch nicht verbraucht ist. Der BFH hat in diesem Fall entschieden, dass der nicht verbrauchte Freibetrag nur in Höhe des für den Erwerb vom Vorerben maßgeblichen Freibetrages bei dem eigenen Vermögen des Vorerben abgezogen werden kann (BFH BStBl. II 1999, 235). Die Erbschaftsteuer ist für jeden Erwerb jeweils nach dem Steuersatz zu berechnen, der für den gesamten Erwerb gelten würde.

Beispiel:
Der verwitwete Vater V setzt seinen älteren Sohn S1 als Vorerben und seinen jüngeren Sohn S2 als Nacherben ein. S1 wiederum setzt S2 als Alleinerben ein. Mit Versterben des S1 erwirbt S2 Nacherbschaftsvermögen von 100.000,– EUR Eigenvermögen von S1 von 100.000,– EUR. S2 beantragt Versteuerung nach § 6 Abs. 2 S. 2 ErbStG.
Der S2 im Verhältnis zu V zustehende Freibetrag von 400.000,– EUR (§ 16 Abs. 1 Nr. 2 ErbStG, Stkl. I) wird nur in Höhe von 100.000,– EUR verbraucht. Der Freibetragsrest von 300.000,– EUR wird beim Eigenvermögen des S1 nur in Höhe des S2 im Verhältnis zu S1 zustehenden Freibetrages von 20.000,– EUR (§ 16 Abs. 1 Nr. 4 ErbStG, Stkl. II) berücksichtigt, S1 muss also 80.000,– EUR versteuern.
Abwandlung:
Wie zuvor, nur beträgt das Nacherbschaftsvermögen 395.000,– EUR, das Eigenvermögen 100.000,– EUR.
Hier wird der Freibetrag für das Nacherbschaftsvermögen in Höhe von 5.000,– EUR nicht verbraucht. Vom Eigenvermögen können daher nur 5.000,– EUR abgezogen werden, die verbleibenden 95.000,– EUR sind zu versteuern.

7. Kosten. Die **Beurkundung** einer Verfügung von Todes wegen mit Vor- und Nacherbschaft löst die **gleichen Notarkosten** aus wie jede Verfügung von Todes wegen (→ Form. C.I.1 Anm. 8, → Form. C.I.7 Anm. 11). Das modifizierte Reinvermögen wird nicht etwa für die Vor- und Nacherbschaft doppelt angesetzt.

Der Vorerbe kann (noch) nicht im Testamentsregister als Erblasser mit Blick auf den Nacherben registriert werden. Der Eintritt des Nacherbfalls wird auch dann nicht vom ZTR mitgeteilt, wenn er auf den Tod des Vorerben bestimmt wurde.

2. Herausgabevermächtnis auf den Tod des Erben

§ 1 Erbeinsetzung

Ich setze hiermit meine Tochter A zu meiner alleinigen Erbin ein. Ersatzerben sind ihre Abkömmlinge einschließlich adoptierter und nichtehelicher Nachkommen gemäß der gesetzlichen Erbfolge erster Ordnung.

§ 2 Vermächtnis[1]

1. **Ich belaste meine Tochter A mit folgendem aufschiebend befristeten[2] mit ihrem Tod anfallenden Herausgabevermächtnis zu Gunsten ihrer vorgenannten Abkömmlinge unter sich im oben genannten Beteiligungsverhältnis zum Zeitpunkt des Anfalls des Vermächtnisses: Nach dem Tod meiner Tochter geht alles, was dann noch von meinem Nachlass übrig ist, auf ihre Abkömmlinge über.[3] Die Anwartschaft der Vermächtnisbedachten ist weder übertragbar noch vererblich.[4]**
2. **Meine Tochter kann und darf als unbeschränkte Erbin in jeder rechtlich möglichen Weise auch unentgeltlich über meinen Nachlass verfügen. Die Vermächtnisbedachten können ein Nachlassverzeichnis nicht verlangen, ebenso keine Sicherheiten für die Erfüllung des Vermächtnisses, beispielsweise die Bewilligung von Eigentumsvormerkungen an Grundstücken. Im Wege eines Verschaffungsvermächtnisses erhalten die Vermächtnisnehmer alle Surrogate im Sinne von § 2111 BGB, jedoch nur, soweit sie sich im Zeitpunkt des Todes der Erbin noch in ihrem Vermögen befinden.[5]**
3. **Die Nutzungen des Nachlasses gebühren der Erbin bis zum Vermächtnisanfall, Zinserträge jedoch nur, soweit sie nicht auf einheitlichen Konten mit der Nachlasssubstanz gebucht werden. Die Erbin hat keinen Anspruch auf Verwendungsersatz gegen die Vermächtnisnehmer.[6, 7, 8, 9]**

Checkliste

- ❐ Ziele: Verhinderung der Weitervererbung in ganz spezielle Richtung und Abhaltung von Pflichtteilsberechtigten des Erben bei möglichst weitgehender Verfügungsfreiheit des direkten Erben
- ❐ Gestaltung
  - ❐ Person des Vermächtnisnehmers/Ersatzvermächtnisnehmers
  - ❐ Anfall und Fälligkeit des Vermächtnisses
  - ❐ Verwendungsersatz des Vorerben?
  - ❐ Nutzungsersatz des Nacherben?
  - ❐ Ersatzgegenstände
  - ❐ Ausschluss der Vererblichkeit und Übertragbarkeit der Vermächtnisanwartschaft
  - ❐ (keine) Sicherung des Vermächtnisanspruchs bis zum Anfall

Anmerkungen

1. Sachverhalt. Auch der befreite Vorerbe unterliegt Verfügungsbeschränkungen und Sicherungs- und Kontrollrechten des Nacherben (*Langenfeld/Fröhler* Kap. 3 Rn. 9). Vor allem das nicht abdingbare Schenkungsverbot des § 2113 Abs. 2 BGB wird häufig nicht gewünscht. Kommt es dem Erblasser daher nur darauf an, die **Weitervererbung an unerwünschte Verwandte** des eingesetzten Erben zu verhindern, nicht aber den Erben in seiner Verfügungsfreiheit einzuschränken, so bietet sich als Alternative das auf den Tod des Erben aufschiebend befristete Herausgabevermächtnis an. Den Unterfall eines solchen bedingten oder befristeten Vermächtnisses stellt das **Nachvermächtnis** dar. Bei diesem in der Praxis relativ selten verwandten Gestaltungsmittel wird jedoch nicht der Erbe, sondern ein Vermächtnisnehmer seinerseits mit einem Vermächtnis beschwert, § 2191 BGB; ansonsten können die hier dargestellten Gestaltungsgrundsätze auch auf ein Nachvermächtnis übertragen werden (zum Nachvermächtnis *Hartmann* ZEV 2007, 458). Das aufschiebend befristete Herausgabevermächtnis bietet sich beispielsweise an, wenn der Erblasser anstelle des Schwiegerkindes die eigenen Enkel als Endbedachte seines Nachlasses sehen möchte, ohne dadurch aber das eigene Kind in seiner Dispositionsfreiheit über die ererbten Gegenstände beschränken zu wollen. Gleiches gilt, wenn das eigene Kind selbst kinderlos ist und der Erblasser letztlich seinen Nachlass nach dessen Tod einer gemeinnützigen Organisation zukommen lassen möchte. Schließlich wird diese Konstruktion auch im Rahmen des sogenannten **Geschiedenentestaments** (→ Form. E.I.3) verwendet, wo es dem geschiedenen Ehegatten darauf ankommt, dass der frühere Ehegatte nicht durch eine Beerbung der Kinder indirekt doch Vermögensgegenstände erhält, die vom Erblasser stammen. Hier soll nur der frühere Ehegatte von der Erbfolge ferngehalten werden, ohne dabei die eigenen Kinder durch die Beschränkungen der Nacherbfolge zu beeinträchtigen.

2. Aufschiebend befristetes Vermächtnis. Gemäß § 2177 BGB fällt hier das Vermächtnis erst mit dem Tod der Erbin an, dh der durchsetzbare Vermächtnisanspruch wird nicht schon mit dem Erbfall begründet (MüKoBGB/*Rudy* § 2177 Rn. 1). Da der Tod der Erbin kein ungewisses Ereignis darstellt, handelt es sich nicht um eine Bedingung sondern um eine Befristung. Vom Anfall des Vermächtnisses ist dessen Fälligkeit zu unterscheiden, also der Zeitpunkt, in dem das Vermächtnis zu erfüllen ist (Staudinger/*Otte* BGB § 2176 Rn. 3). Nach allgemeiner Auffassung ist es zulässig, den Anfall eines Vermächtnisses erst mit dem Ableben des Erben eintreten zu lassen (Palandt/*Weidlich* BGB § 2177 Rn. 2; Staudinger/*Otte* BGB § 2147 Rn. 2). Allerdings ist die zeitliche Schranke des § 2162 BGB zu beachten, wonach ein Vermächtnis, das unter einen aufschiebenden Bedingung oder

unter Bestimmung eines Anfangstermins angeordnet ist, unwirksam wird, wenn es nicht innerhalb von 30 Jahren nach dem Erbfall angefallen ist. Hiervon macht jedoch § 2163 BGB wichtige Ausnahmen, die hier einschlägig sind, da der Anfall des Vermächtnisses für den Fall angeordnet ist, dass in der Person des Beschwerten ein Ereignis eintritt – nämlich dessen Tod – und der beschwerte Erbe zurzeit des Erbfalls auch bereits lebt.

3. Vermächtnis auf den Überrest. Dadurch, dass nur der Überrest vermacht ist, kann der Erbe über die vermachten Gegenstände frei unter Lebenden verfügen. Eine derartige Konstruktion ist nach allgemeiner Auffassung zulässig (MüKoBGB/*Grunsky* § 2137 Rn. 3; Palandt/*Weidlich* BGB § 2137 Rn. 2). Da es beim Vermächtnis keine dingliche Surrogation wie bei der Nacherbschaft gibt (vgl. § 2111 BGB), gehören die vom Erben angeschafften Ersatzgegenstände nicht zum Nachlass. Es handelt sich daher, falls die Ersatzgegenstände ebenfalls mitvermacht werden sollen, um ein Verschaffungsvermächtnis. Aufgrund der ansonsten eintretenden Vermutung des § 2169 Abs. 1 BGB sollte dies ausdrücklich als solches angeordnet werden (MVHdB VI BürgerlR II/*Nieder*/*Otto* Form. XVI.6 Anm. 7). Auch die Vorschrift des § 2103 BGB, nach der in derartigen Fällen im Zweifel eine Nacherbeneinsetzung vorliegt, gilt als bloße Ergänzungsregel, die jederzeit widerlegbar ist. Sie steht einem derartigen Vermächtnis auf den Überrest nicht entgegen (*Reimann* MittBayNot 2002, 4 [5]).

4. Vermächtnisanwartschaft. Der mit dem aufschiebend befristeten Vermächtnis Bedachte hat zwischen Erbfall und Vermächtnisanfall eine Anwartschaft, die grundsätzlich ihrerseits vererblich, übertragbar, pfänd- und verpfändbar ist (MüKoBGB/*Rudy* § 2179 Rn. 7). Dies dürfte regelmäßig nicht gewünscht sein, da der Erblasser selbst bestimmen möchte, wer bei Ausfall eines Vermächtnisnehmers dessen Nachfolger sein soll. Dies ist daher durch den Ausschluss der Vererblichkeit und Übertragbarkeit in Verbindung mit der Benennung von Ersatzvermächtnisnehmern zu regeln (*Langenfeld*/*Fröhler* Kap. 3 Rn. 247).

5. Sicherung der Vermächtnisanwartschaft. Nach § 2179 BGB sind in der Schwebezeit zwischen dem Erbfall und dem Anfall des Vermächtnisses die §§ 160 Abs. 1, 162 BGB, nicht aber der nur für aufschiebend bedingte Verfügungen geltende § 161 BGB anwendbar (Palandt/*Weidlich* BGB § 2179 Rn. 2). Dies bedeutet, dass eine Verfügung des Erben über Vermächtnisgegenstände wirksam ist. Sie kann aber einen Schadensersatzanspruch des Vermächtnisnehmers nach § 160 BGB auslösen, wenn dessen Recht während der Schwebezeit durch Verschulden des Beschwerten vereitelt oder beeinträchtigt worden ist (Staudinger/*Otte* BGB § 2179 Rn. 2). Soweit Grundbesitz betroffen ist, ist die Anwartschaft des Bedachten bereits ab Eintritt des Erbfalles durch eine **Vormerkung** sicherbar (BayObLG RPfl 1981, 190; Palandt/*Weidlich* BGB § 2179 Rn. 1). Dann wird aber der Erstbedachte in seiner Verfügungsfreiheit stärker eingeschränkt als ein befreiter Vorerbe, so dass insofern Zurückhaltung angebracht ist, dient doch das Instrument des Herausgabevermächtnisses in erster Linie dazu, den Erben weiter zu befreien als bei Anordnung einer Nacherbfolge. Der Anspruch auf Sicherung des Vermächtnisnehmers ergibt sich jedoch nicht automatisch, sondern muss zusätzlich ausdrücklich mitvermacht werden (BGHZ 148, 187 [191] = NJW 2001, 2883). Insoweit ist eine eindeutige kautelarjuristische Regelung dieser Frage ausdrücklich vorzusehen.

6. Nutzungen und Verwendungen. Nach § 2185 BGB kann der Erbe für Verwendungen auf den Vermächtnisgegenstand vom Bedachten nach § 994 BGB Ersatz verlangen. Im Formular wurde im Interesse der Rechtsklarheit und Streitvermeidung der Verwendungsersatzanspruch vollständig ausgeschlossen, was angesichts der ansonsten freien Verfügungsmöglichkeit des Erben über die vermachten Gegenstände auch interessengerecht sein dürfte. Soweit der Nachlass des Erblassers aus Geldvermögen besteht, unterfallen **Zinserträge** nur insoweit als Nachlassfrüchte der Herausgabepflicht, als sie ab dem Zeitpunkt des Anfalls des Vermächtnisses erzielt wurden, § 2184 BGB. Fallen, wie im

Formular vorgesehen, Anfall und Fälligkeit zusammen, sind sie somit nicht an den Vermächtnisnehmer herauszugeben, auch soweit sie auf einheitlichen Konten mit der ursprünglichen Nachlasssubstanz angelegt sein sollten (*Reimann* MittBayNot 2002, 4 [7]). Zur Vermeidung der dadurch bedingten rechnerischen Abgrenzungsprobleme dient daher die im Formular vorgesehene Regelung, wonach derartige Zinsen als Verschaffungsvermächtnis ebenfalls dem Vermächtnisnehmer zufallen.

7. Pflichtteilsfestigkeit des Herausgabeanspruchs. Das Herausgabevermächtnis ist vorrangig gegenüber den **Pflichtteilsansprüchen** der gesetzlichen Pflichtteilsberechtigten des mit dem Vermächtnis belasteten Erben. Möchte der Erblasser sicher stellen, dass der Überrest seines Nachlasses nach dem Tode seines Kindes den Enkeln zugutekommt, so wird dieser durch Pflichtteilsansprüche des pflichtteilsberechtigten Schwiegerkindes nicht geschmälert. Denn der ansonsten geltende Nachrang von Vermächtnissen gegenüber Pflichtteilsansprüchen gilt nach § 327 Abs. 1 Nr. 2 InsO nur für vom Erblasser angeordnete Vermächtnisse. Dieser wäre hier aber das Kind, dessen Ehepartner jetzt die Pflichtteile fordert. Die Vermächtnisse, mit dem dieser Erblasser bereits selbst beschwert war, stellen dagegen in der Nachlassinsolvenz eine vollberechtigte Forderung dar. Sie genießen Rang vor den Ansprüchen der Pflichtteilsberechtigten des erstbedachten Erben (so hM *Reimann* MittBayNot 2002, 4 [7]; *Langenfeld/Fröhler* Kap. 3 Rn. 2; *Hölscher* ZEV 2011, 569 ff.; *Watzek* MittRhNotK 1999, 37 [42]; *Hartmann* ZEV 2007, 458; *Muscheler* AcP 2008, 69 [92 ff.]). Da diese Auffassung aber nicht unbestritten ist (aA *Werkmüller* ZEV 1999, 343 [344]; für das Nachvermächtnis; zweifelnd auch *Reimann/Bengel/J. Mayer* Abschnitt E Rn. 106), dürfte eine Vor- und Nacherbeneinsetzung dann vorzuziehen sein, wenn die Abwehr von Pflichtteilsberechtigten des Erben das primäre Gestaltungsziel des Erblassers ist.

8. Steuern. Beim Tode des Beschwerten fällig werdende Vermächtnisse stehen erbschaftsteuerlich den Nacherbschaften gleich, § 6 Abs. 4 ErbStG. Das hat zur Folge, dass § 6 Abs. 2 ErbStG anzuwenden ist. Für den Nachvermächtnisnehmer gelten die Vorschriften für den Nacherben.

Das Vermächtnis stellt für den Vermächtnisnehmer einen steuerpflichtigen Erwerb gem. § 3 Abs. 1 Nr. 1 ErbStG dar. Dieser Erwerb gilt als Erwerb vom Beschwerten, R 13 Satz 1 ErbStR. Für den Beschwerten hat dies zur Folge, dass das Vermächtnis keine Nachlassverbindlichkeit gem. § 10 Abs. 5 Nr. 2 ErbStG darstellt (*Meincke/Hannes/Holtz* ErbStG § 6 Rn. 30).

9. Kosten. → Form. C.I.2 Anm. 8, → Form. C.I.8 Anm. 11. Vermächtnisse werden neben Verfügungen über den Nachlass als Ganzes nach § 102 Abs. 1 Satz 3 GNotKG nicht gesondert bewertet. Werden sie isoliert, bspw. nachträglich angeordnet, erfolgt die Bewertung nach § 102 Abs. 3 GNotKG Maßgeblicher Zeitpunkt ist der der Beurkundung. Beim Herausgabevermächtnis auf den Überrest ist daher der volle Wert der aktuell vorhandenen Gegenstände abzüglich nach aktueller Lage zu übernehmender Verbindlichkeiten, mindestens jedoch der halbe Aktivwert anzusetzen.

3. Gegenständlich beschränkte Nacherbfolge

§ 1 Vor- und Nacherbfolge[1, 2]

1. **Ich berufe ...... zu meinem alleinigen Erben. Dieser wird jedoch nur Vorerbe. Er ist von den Beschränkungen der §§ 2113 ff. BGB nicht befreit.**

2. Nacherben sind dessen Kinder einschließlich adoptierter und nichtehelicher Kinder gemäß der gesetzlichen Erbfolge erster Ordnung zum Zeitpunkt des Nacherbfalles.
3. Ersatznacherben sind deren Abkömmlinge einschließlich adoptierter und nicht ehelicher Nachkommen entsprechend den Regelungen der gesetzlichen Erbfolge.
4. Der Nacherbfall tritt mit dem Tod des Vorerben ein. Die Nacherben sind gleichzeitig Ersatzerben.
5. Die Nacherbenanwartschaft ist zwischen Erbfall und Nacherbfall nicht übertragbar, nicht verpfändbar und nicht vererblich, ausgenommen eine Veräußerung an den Vorerben. In diesem Fall entfällt auch jede ausdrückliche oder stillschweigende Ersatznacherbeneinsetzung.

§ 2 Vorausvermächtnis[3]

Der Vorerbe erhält im Wege eines nicht der Nacherbfolge unterliegenden Vorausvermächtnisses sämtliche Nachlassgegenstände ohne Rücksicht auf Veränderungen im Bestand meines Vermögens bis zum Erbfall, mit Ausnahme sämtlicher Grundstücke und grundstücksgleicher Rechte. Ersatzvermächtnisnehmer möchte ich nicht bestimmen.[2, 4, 5]

Anmerkungen

1. Sachverhalt. Ein verheirateter Erblasser hat Kinder, er will seiner Ehefrau im Falle seines Todes sämtliches Vermögen zur freien Verfügung zuwenden. Seine Kinder sollen lediglich die Substanz der im Nachlass befindlichen **Grundstücke** erhalten. Die Gestaltung stellt eine Alternative zu dem aufschiebend befristeten Vermächtnis bestimmter Nachlassgegenstände zu Gunsten der Abkömmlinge dar. Dabei werden die Endbedachten aber nur durch die §§ 2177, 2179 BGB recht schwach geschützt, während sie bei der vorstehenden Lösung durch die Verfügungsbeschränkungen der §§ 2113 bis 2119 BGB weit besser abgesichert sind.

2. Wegen der Gestaltung der Vor- und Nacherbfolge → Form. C.II.1.

3. Vorausvermächtnis an Alleinerben. Nach § 2136 BGB kann der Erblasser den Vorerben von einigen dieser Beschränkungen befreien. Auch der befreite Vorerbe unterliegt aber dem Schenkungsverbot des § 2113 Abs. 2 BGB und der Pflicht zur Errichtung eines Nachlassverzeichnisses (§ 2121 BGB). Weiterhin sind das Prinzip der dinglichen Surrogation nach § 2111 BGB und die Vollstreckungsbeschränkungen des § 2115 BGB unabdingbar (Palandt/*Weidlich* BGB § 2136 Rn. 5). Eine **gegenständlich beschränkte Vorerbschaft ist zwar nicht zulässig** (Palandt/*Weidlich* BGB § 2087 Rn. 1), eine völlig freie Verfügungsbefugnis hinsichtlich einzelner Gegenstände kann aber dadurch erreicht werden, dass sie dem Vorerben als **Vorausvermächtnis** (§ 2110 Abs. 2 BGB) zugewendet werden: Der Vorerbe erwirbt so beim Erbfall von selbst dinglich die dem Vorausvermächtnis unterliegenden Gegenstände zum Eigenvermögen und diese unterliegen beim Nacherbfall weder dem Anfallsrecht des Nacherben nach § 2139 BGB noch der obligatorischen Herausgabepflicht des Vorerben nach §§ 2130, 2138 BGB (Staudinger/*Avenarius* BGB § 2110 Rn. 4). In einem Erbschein ist anzugeben, dass sich das Nacherbenrecht nicht auf den vermachten Gegenstand bezieht (KG JFG 21, 122). Falls die dem Vorausvermächtnis unterliegenden Gegenstände nicht wie im Formular aus beweglichem Vermögen bestehen, sondern Grundstücke sind, ist bei ihnen im Grundbuch auch kein Nacherbenvermerk einzutragen (OLG München JFG 23, 300).

4. Steuern. Die Zuwendung der Nachlassgegenstände, die beim Vorerben verbleiben sollen, erfolgt im Wege eines Vorausvermächtnisses. Dieses ist beim Vorerben gem. §§ 1 Abs. 1 Nr. 1, 3 Abs. 1 Nr. 1 ErbStG steuerpflichtig. Die Erbschaftsteuer entsteht gem. § 9

Abs. 1 Nr. 1 ErbStG mit dem Tod des Erblassers. Gleichzeitig kommt es beim Tod des Erblassers bezüglich der Gegenstände, die später auf den Nacherben übergehen, zu einem steuerpflichtigen Vorgang beim Vorerben gem. §§ 1 Abs. 1 Nr. 1, 3 Abs. 1 Nr. 1 ErbStG. Dieser gilt gem. § 6 Abs. 1 ErbStG als Erbe. Bei Eintritt der Nacherbfolge gelten die Ausführungen → Form. C.II.1 für das an den Nacherben übergegangene Vermögen entsprechend.

5. Kosten. → Form. C.I.2 Anm. 8, → Form. C.I.8 Anm. 11. Auch Vorausvermächtnisse werden neben Verfügungen über den Nachlass als Ganzes nach § 102 Abs. 1 S. 3 GNotKG nicht gesondert bewertet. Werden sie isoliert, bspw. nachträglich angeordnet, erfolgt die Bewertung nach § 102 Abs. 3 GNotKG.

4. Auflösend bedingte Nacherbschaft mit lebzeitiger Übergabebefugnis

§ 1 Vor- und Nacherbfolge[1, 2]

1. Ich berufe . . . . . . zu meinem alleinigen Erben. Dieser wird jedoch nur Vorerbe. Er ist von den Beschränkungen der §§ 2113 ff. BGB befreit.
2. Nacherben sind dessen Kinder einschließlich adoptierter und nichtehelicher Kinder gemäß der gesetzlichen Erbfolge erster Ordnung zum Zeitpunkt des Nacherbfalles, ersatzweise wiederum deren Abkömmlinge unter sich gemäß der gesetzlichen Erbfolge erster Ordnung zum Zeitpunkt des Nacherbfalles.
3. Der Nacherbfall tritt mit dem Tod des Vorerben ein. Die Nacherben sind gleichzeitig Ersatzerben.
4. Die Nacherbenanwartschaft ist zwischen Erbfall und Nacherbfall nicht übertragbar, nicht verpfändbar und nicht vererblich, ausgenommen eine Veräußerung an den Vorerben. In diesem Fall entfällt auch jede ausdrückliche oder stillschweigende Ersatznacherbeneinsetzung.

§ 2 Auflösende Bedingung[3]

1. Dem Vorerben wird jedoch gestattet, die Nacherbfolge dadurch zu beseitigen, dass er über seinen Nachlass innerhalb unserer gemeinschaftlichen Abkömmlinge (*alternativ: zugunsten beliebiger Personen*) durch notariell beurkundete Verfügung von Todes wegen nach seinem Belieben anderweitige Bestimmungen trifft. Dabei muss er ausdrücklich von der Änderungsbefugnis Gebrauch machen.
2. Die Anordnung der Vor- und Nacherbfolge ist an die vorstehende auflösende Bedingung geknüpft, so dass im Fall des Bedingungseintritts auch das Ererbte mit an die neubestimmten Erben übergeht. Die Bedingungsvoraussetzungen müssen, wenn die Nacherbfolge endgültig entfallen soll, noch im Zeitpunkt des Ablebens des Vorerben vorliegen, die vorgenannte abweichende Verfügung des Vorerben muss also wirksam werden.

§ 3 Bedingtes Vorausvermächtnis[4]

Der Vorerbe ist berechtigt, vor Eintritt des Nacherbfalles den zur Vorerbschaft gehörenden Grundbesitz und grundstücksgleiche Rechte samt Inventar und Mobiliar an einen oder mehrere unserer gemeinschaftlichen Abkömmlinge zu übertragen, und zwar auch unentgeltlich. Macht der Vorerbe von dieser Befugnis Gebrauch, so gilt das ihm überlas-

sene Vertragsobjekt als durch Vorausvermächtnis auf Eintritt des Erbfalls frei von der Vor- und Nacherbschaft zugewendet.[5, 6]

Anmerkungen

1. Sachverhalt. Dem Erblasser kommt es auch hier darauf an, die Verfügungsbeschränkungen, die durch die Anordnung der Nacherbfolge ausgelöst werden, möglichst gering zu halten, andererseits aber insbesondere die Pflichtteilsberechtigten des Erben von dem ererbten Nachlass fern zu halten. Diese Gestaltung bietet sich daher beispielsweise an, wenn einer der Ehegatten Kinder aus anderen Beziehungen hat, zu denen kein Kontakt besteht und die daher möglichst wenig aus dem Nachlass erhalten sollen. Dem Vorerben soll es möglich sein, **Schenkungen** vorzunehmen und auch noch anderweitig testieren zu können.

2. Wegen der Gestaltung der Vor- und Nacherbfolge → Form. C.II.1.

3. Bedingte Nacherbfolge. Nicht nur der Zeitpunkt des Eintritts des Nacherbfalles kann vom Eintritt einer Bedingung abhängig gemacht werden. Möglich ist auch, die Vorerbschaft selbst auflösend bedingt, gekoppelt mit einer aufschiebend bedingten Vollerbenstellung, anzuordnen (BeckNotarHdB/*Bengel/Dietz* C Rn. 59). Insbesondere kann nach hM die Nacherbfolge davon abhängig gemacht werden, dass der Vorerbe keine anderweitigen Verfügungen von Todes wegen über den Nachlass trifft (BGHZ 59, 220; BGH NJW 1981, 765; *J. Mayer* ZEV 2000, 1 [6]). Diese Variante bietet sich in Fällen an, in denen es dem Testator nicht darauf ankommt, den Vorerben zu beschränken, sondern lediglich dessen **unliebsame Pflichtteilsberechtigte** vom ererbten Nachlass fernzuhalten (ersteheliche Kinder des Nacherben, Vater der gemeinsamen Kinder nach Ehescheidung). Macht der Vorerbe allerdings von der Befugnis Gebrauch und liegt beim Tod des Vorerben eine entsprechende abweichende Verfügung noch vor, so steht fest, dass der Vorerbe von Anfang an Vollerbe war (*J. Mayer* ZEV 2000, 1 [6]). Damit entfallen auch die Vorteile, wegen derer die Anordnung einer Nacherbschaft erfolgte, rückwirkend, insbesondere die Bildung eines Sondervermögens zur Pflichtteilsreduzierung (*J. Mayer* ZEV 2000, 1 [6]). Das ererbte Vermögen wird dann bei der Berechnung des Pflichtteils nach dem nunmehr zum Vollerben gewordenen Erben mitberücksichtigt. Wünschenswert wäre eine Gestaltung, die es dem Erben erlaubt, die Person des Nacherben **unter Aufrechterhaltung der Nacherbschaft** abzuändern. Es wird vorgeschlagen, dass Nacherben die Personen sein sollen, die der Vorerbe zu seinen Erben bestimmt (*Dieterle* BWNotZ 1971, 15; *Langenfeld/Fröhler* Kap. 3 Rn. 24). Obwohl die hM darin keinen Verstoß gegen das Verbot der Drittbestimmung der Erben des § 2065 Abs. 2 BGB sieht, dürfte diese Variante im Hinblick auf teilweise abweichende Rechtsprechung problematisch sein (OLG Frankfurt DNotZ 2001, 143 mAnm *Kanzleiter; Ivo* DNotZ 2002, 260). Als Alternative bietet sich die Anordnung von Vermächtnissen an (→ Form. C.II.2).

4. Bedingtes Vorausvermächtnis. Eine Freistellung des befreiten Vorerben vom Schenkungs- und Vererbungsverbot ist unwirksam, die Rechtsprechung legt derartige Anordnungen regelmäßig als Vollerbschaft des Vorerben aus (Staudinger/*Avenarius* BGB § 2136 Rn. 11; *Reimann/Bengel/J. Mayer* Abschnitt A Rn. 99). Will man dem Vorerben gestatten, über bestimmte Gegenstände auch **unentgeltlich verfügen** zu können, ohne sie aus der Nacherbschaft herauszunehmen, bietet sich ein bedingtes Vorausvermächtnis an. Hierbei kann auch ermöglicht werden, nur Verfügungen an bestimmte Personen, beispielsweise nur an Abkömmlinge zu gestatten (lebzeitige Übergabebefugnis).

Stattdessen den Nacherben im Wege des Vermächtnisses zur Zustimmung zu unentgeltlichen Verfügungen zu verpflichten, ist problematisch, weil der Nacherbe erst be-

schwert werden kann, wenn der Nacherbfall eintritt (Palandt/*Weidlich* BGB § 2147 Rn. 1). Diese Konstruktion kann daher nicht als gesichert angesehen werden (*Reimann/Bengel/J. Mayer* Abschnitt A Rn. 99).

5. Steuern. Bei Eintritt der Bedingung kommt es nicht zur Nacherbschaft und damit auch nicht zu einen steuerpflichtigen Vorgang gem. § 6 Abs. 2 ErbStG. Durch den Eintritt der Vollerbenstellung kommt es aber ebenso wie beim Berliner Testament ggf. zu einer mehrfachen Belastung des Vermögens durch zwei Erbgänge. Allerdings kann der Erblasser auf diese Weise den Vorerben ermächtigen, die Vermögensnachfolge durch Änderung der Erbeinsetzung, Vermächtnisanordnung usw nach seinen Vorstellungen frei zu regeln und insbesondere durch lebzeitige Übertragungen bestehende Freibeträge optimal (ggf. auch mehrfach) ausnutzen.

6. Kosten. → Form. C.I.2 Anm. 8, → Form. C.I.8 Anm. 11. Vor- und Nacherbfolge ändern am nach § 102 Abs. 1 GNotKG zu ermittelnden Geschäftswert nichts. Vermächtnisse werden neben Verfügungen über den Nachlass als Ganzes nach § 102 Abs. 1 S. 3 GNotKG nicht gesondert bewertet.

5. Mehrfache Nacherbfolge

§ 1 Vorerbeneinsetzung[1]

Ich setze hiermit meine Ehefrau . . . . . . zu meiner alleinigen Vorerbin ein. Sie ist von den Beschränkungen der §§ 2113 ff. BGB befreit.

§ 2 Erste Nacherbfolge

Nacherben auf den Tod der Vorerbin sind unsere gemeinsamen Kinder . . . . . . zu gleichen Teilen, ersatzweise deren Abkömmlinge einschließlich adoptierter und nichtehelicher Nachkommen entsprechend den Regelungen der gesetzlichen Erbfolge erster Ordnung im Zeitpunkt des Nacherbfalles.[2] Die Nacherben sind gleichzeitig Ersatzerben.[3]

§ 3 Weitere Nacherbfolge[4]

Weitere Nacherben jeweils auf den Tod der ersten Nacherben sind jeweils deren Abkömmlinge einschließlich adoptierter und nichtehelicher Nachkommen gemäß der gesetzlichen Erbfolge erster Ordnung jeweils zum Zeitpunkt des Todes des ersten Nacherben. Weitere Nacherben sollen auch die Abkömmlinge der ersten Nacherben sein, die erst nach dem Eintritt des ersten Nacherbfalles bis zum Eintritt des weiteren Nacherbfalles geboren werden.[5] Die ersten Nacherben sind gegenüber den weiteren Nacherben von den Beschränkungen der §§ 2113 ff. BGB befreit.

§ 4 Nacherbenanwartschaften[7]

Alle Nacherbenanwartschaften dieses Testamentes sind weder veräußerlich noch vererblich, ausgenommen eine Veräußerung an den jeweiligen Vorerben. In diesem Fall entfällt jede ausdrückliche oder stillschweigende Ersatzerbeneinsetzung.

§ 5 Nacherbentestamentsvollstreckung[6]

Ich ordne für alle Nacherben Nacherbentestamentsvollstreckung an. Das Nachlassgericht wird ersucht, einen geeigneten Nacherbentestamentsvollstrecker für alle Nacherben zu bestimmen.[8]

Anmerkungen

1. Sachverhalt. Der Erblasser möchte das Familienvermögen möglichst lange für die Familie erhalten. Insbesondere soll der Nachlass letztlich nach dem Tod seiner Kinder an seine Enkelkinder fallen, da mit den Schwiegerkindern nicht das beste Verhältnis besteht.

2. Mehrere Nacherbfolgen/Höchstfristen. Mehrere Erben können auch nacheinander als Nacherben eingesetzt werden (gestufte Nacherbfolge). In diesem Fall steht der zunächst berufene Nacherbe dem folgenden Nacherben zunächst wieder als Vorerbe gegenüber (Palandt/*Weidlich* BGB § 2100 Rn. 1; OLG Zweibrücken RPfl. 1977, 308; BayObLG FamRZ 1998, 196). Es gilt allerdings die zeitliche Beschränkung des § 2109 Abs. 1 BGB, wonach die Nacherbenbindung die Gesamtfrist von 30 Jahren nicht überschreiten darf. Nach Ablauf der Frist wird die Nacherbenberufung unwirksam und der Nachlass wird freies Vermögen des bisherigen Vorerben, der seinerseits zum Vollerben wird (Staudinger/*Avenarius* BGB § 2109 Rn. 5). Allerdings gibt es zwei praktisch bedeutsame gesetzliche Ausnahmen von der Höchstfrist, die es dem Erblasser ermöglichen, den Nachlass für zwei Generationen innerhalb der Familie zu halten (MVHdB VI BürgerlR II/*Nieder/Otto* Form. XVI.13 Rn. 2):

a) Wenn die Nacherbfolge für den Fall angeordnet ist, dass in der Person des Vor- oder Nacherben ein bestimmtes Ereignis eintritt, und derjenige, in dessen Person das Ereignis eintreten soll, zurzeit des (Vor) Erbfalls lebt (§ 2109 Abs. 1 Nr. 1 BGB) oder bereits erzeugt war (§ 1923 Abs. 2 BGB). Als mögliches Ereignis kommen beispielsweise die eigene Heirat, der eigene Tod und wirtschaftliche Ereignisse in der eigenen Person des Vor- oder Nacherben in Betracht (BGH NJW 1969, 1112). Für den im Formular behandelten Fall bedeutet dies, dass die zweite Nacherbeneinsetzung der Enkel auch dann wirksam bleibt, wenn das Kind den Erblasser um mehr als 30 Jahre überlebt (BayObLGZ 1975, 63 [66]): Denn der zweite Nacherbfall tritt mit dem Tod des ersten Nacherben – einem in seiner Person eintretenden Ereignis – ein und der erste Nacherbe lebte bereits beim Tod des Erblassers (MVHdB VI BürgerlR II/*Nieder* Form. XVI.13 Rn. 2).

b) Nach dem eher weniger praxisrelevanten § 2109 Abs. 1 Nr. 2 BGB bleibt die Nacherbfolge auch über die 30 Jahresfrist hinaus wirksam, wenn der Erblasser dem Vorerben oder einem Nacherben dessen voll- oder halbbürtige Geschwister, die nach dem ihn betreffenden Nacherbfall geboren werden, als Nacherben bestimmt hat. Als Anwendungsfall ist denkbar – wenn auch nach der Interessenlage wahrscheinlich eher selten – dass ein wesentlich älterer Ehemann seine junge Frau zur Vorerbin, das gemeinsame Baby zum Nacherben und dessen etwaige (Halb-) Geschwister aus neuen Ehen zu weiteren Mitnacherben nicht bereits mit ihrer Geburt (ansonsten bereits Nr. 1!), sondern mit Erreichung eines bestimmten Lebensalters einsetzt. (MVHdB VI BürgerlR II/*Nieder/Otto* Form. XVI.13 Anm. 2).

3. Ersatznacherbfolge. → Form. C.II.1 Anm. 1.

4. Die weiteren Nacherbfolgen. Sind mehrere Nacherben hintereinander eingesetzt, haben die nachrangigen Nacherben schon mit Eintritt des Erbfalles – also bevor sie aufrücken – gegenüber dem Vorerben die Stellung „vollwertiger" Nacherben: Sie sind also im Erbschein (§ 2363 BGB) und im Grundbuch (§ 51 GBO) aufzuführen und nach §§ 2113 ff. BGB zustimmungsbedürftige Geschäfte bedürfen auch ihrer Zustimmung (Staudinger/*Avenarius* BGB § 2100 Rn. 26; OLG Zweibrücken ZEV 2011, 321). Sie unterscheiden sich dadurch von bloßen Ersatznacherben, deren Zustimmung insofern entbehrlich ist (BHGZ 40, 115 [119] = NJW 1963, 2320). Mit dem Eintritt des ersten Nacherbfalls erhält der erste Nacherbe die Stellung eines Vorerben gegenüber den weiteren berufenen Nacherben. Falls die ersten Nacherben gegenüber den weiteren Nacherben von den Beschränkungen der §§ 2113 ff. BGB befreit sein sollen (§ 2136 BGB), muss dies der Erblasser anordnen.

Die weiteren Nacherben müssen erst zum Zeitpunkt ihres **zweiten** Nacherbfalles leben oder erzeugt sein (§ 2108, 1923 BGB; Staudinger/*Avenarius* BGB § 2100 Rn. 32).

5. Nachgeborene Kinder als Nacherben. Der Erblasser muss sich entscheiden, welche Abkömmlinge seiner Kinder deren Nacherben werden sollen. Im Formular ist die meines Erachtens nächstliegende Variante gewählt, nämlich nur die zum Zeitpunkt des zweiten Nacherbfalles geborenen bzw. erzeugten Kinder zu berufen. Möchte man auch die später geborenen Kinder ihrer Ehefrauen einbeziehen, so entstünden erhebliche Probleme: Denn die zunächst geborenen Kinder könnten sich nicht ihrer vollen Erbquote als Vollerben sicher sein, vielmehr wären sie bis zur Geburt weiterer Halbgeschwister insofern nur Vorerben, da die nachgeborenen Halbgeschwister mit ihrer Geburt ebenfalls Erbteile erwerben würden (zu den Komplikationen *Nieder* DNotZ 1993, 816, MVHdB VI BürgerlR II/*Nieder* Form. XVI.13; *Damrau* ZEV 2004, 19). Bei der hier gewählten Variante stehen die endgültigen Erbquoten der Vollerben mit dem Eintritt des zweiten Nacherbfalles, also dem Tod der Kinder, dagegen fest.

6. Nacherbentestamentsvollstreckung. Um die Bestellung eines Pflegers nach § 1913 Abs. 2 BGB für unbekannte oder noch minderjährige Nacherben zu vermeiden, empfiehlt sich die Bestellung eines Nacherbentestamentsvollstreckers gemäß § 2222 BGB. Dieser kann die Rechte und Pflichten sämtlicher Nacherben sowohl während der Dauer der Vorerbschaft als auch der der ersten Nacherbschaft wahrnehmen und so die Handlungsfähigkeit bei der Verfügung über Nachlassgegenstände verbessern. Zu beachten ist allerdings, dass nach hM auch der Nacherbenvollstrecker gemäß § 2205 S. 3 BGB nicht die Zustimmung zu unentgeltlichen Verfügungen der Vorerben erteilen kann, sondern hierzu zusätzlich alle Nacherben mitwirken müssen (Staudinger/*Reimann* BGB § 2205 Rn. 52; krit. *Keim* ZErb 2008, 7).

7. Nacherbenanwartschaft. → Form. C.II.1 Anm. 4.

8. Kosten. → Form. C.I.2 Anm. 8, → Form. C.I.8 Anm. 11. Vor- und Nacherbfolge ändern am nach § 102 Abs. 1 GNotKG zu ermittelnden Geschäftswert nichts. Es kommt nicht darauf, wie viele Erbfälle geregelt werden. Der Geschäftswert kann das modifizierte Reinvermögen nach § 102 Abs. 1 GNotKG nur dann übersteigen, wenn zugleich über künftiges Vermögen nach § 102 Abs. 2 GNotKG verfügt wird. Auch insofern vermeidet aber § 102 Abs. 2 S. 3 GNotKG eine Doppelberücksichtigung bei gegenseitiger Erbeinsetzung mit Blick auf die Schlusserben.

6. Vorerbeneinsetzung im Ehegattenerbvertrag bei erstehelichen Kindern

[Notarieller Urkundeneingang]

Wir schließen den nachstehenden

Erbvertrag,[1]

der unverschlossen in der amtlichen Verwahrung des Notars verbleiben soll.

§ 1 Vorbemerkungen

Herr . . . . . . ist in zweiter Ehe verheiratet. Aus erster geschiedener Ehe ist der Sohn/die Tochter . . . . . . hervorgegangen.

Frau . . . . . . ist in erster Ehe verheiratet.

Aus der Ehe der Eheleute sind die gemeinsamen Kinder . . . . . . hervorgegangen.

Jeder von uns und wir beide widerrufen rein vorsorglich alle etwa bisher von uns errichteten Verfügungen von Todes wegen; an diesem Widerruf und an der Errichtung des gegenwärtigen Erbvertrages sind wir nicht durch anderweitige Erbverträge oder gemeinschaftliche Testamente gehindert.

§ 2 Vollerbeneinsetzung[2]

Ich, der in zweiter Ehe verheiratete Ehegatte, bestimme Folgendes:

Ich setze hiermit meinen Ehegatten, vorgenannt, zu meinem alleinigen und unbeschränkten Erben ein.

Ersatzerben sollen sein unsere gemeinsamen Kinder, und zwar . . . . . .

und . . . . . .,

wohnhaft bei uns,

zu gleichen Teilen,

ersatzweise deren Abkömmlinge unter sich entsprechend den Regelungen der gesetzlichen Erbfolge einschließlich adoptierter und nicht ehelicher, mangels solcher soll Anwachsung eintreten.

Auf etwaige Pflichtteilsansprüche meines Kindes aus erster Ehe wurde ich hingewiesen.

§ 3 Vor- und Nacherbeneinsetzung

Ich, der in erster Ehe verheiratete Ehegatte, bestimme Folgendes:

1. Ich, setze hiermit meinen hier mit erschienenen Ehegatten zu meinem alleinigen Vorerben ein, und zwar befreit von allen gesetzlichen Beschränkungen und Verpflichtungen, soweit dies zulässig ist.
   Mein Ehegatte soll also befreiter Vorerbe sein.[3]
   Dem Vorerben wird jedoch gestattet, die Nacherbfolge dadurch zu beseitigen, dass er über seinen Nachlass innerhalb unserer gemeinschaftlichen Abkömmlinge gemäß nachstehenden Änderungsvorbehalten (§ 4) durch notariell beurkundete Verfügung von Todes wegen anderweitige Bestimmungen trifft, wobei es ihm freisteht, die Erbquoten der Abkömmlinge abweichend von der gesetzlichen Regelung zu bestimmen, einzelnen Abkömmlingen Vermächtnisse zuzuwenden oder sie auf den Pflichtteil zu setzen; überhaupt darf er dann innerhalb dieses Personenkreises alle zulässigen Anordnungen treffen. Der Vorerbe kann jedoch keine anderen Personen als gemeinschaftliche Abkömmlinge bedenken. Dabei muss er ausdrücklich von dieser Änderungsbefugnis Gebrauch machen. Die Anordnung der Vor- und Nacherbfolge ist an die vorstehende auflösende, inhaltlich eingeschränkte Bedingung geknüpft, so dass im Fall des Bedingungseintritts auch das ererbte Vermögen mit an die neubestimmten Erben übergeht.
   Voraussetzung für den Bedingungseintritt ist weiter, dass die vorbezeichnete abweichende Verfügung des Vorerben wirksam sein muss.
   Der Notar hat darauf hingewiesen, dass dann, wenn der Vorerbe von dem Recht auf Änderung der Erbeinsetzung Gebrauch macht, die Anordnung der Vor- und Nacherbfolge entfällt und damit auch die Vorteile beseitigt werden, um derentwillen diese eigentlich angeordnet wurden.
2. Als Nacherben setze ich unsere gemeinschaftlichen Kinder ein, und zwar
   a) . . . . . .

b) ......
untereinander zu gleichen Teilen,
ersatzweise deren Abkömmlinge; mangels solcher soll Anwachsung eintreten.
Das Nacherbenanwartschaftsrecht ist nicht übertragbar und nicht vererblich; beim Wegfall eines Nacherben treten dessen Abkömmlinge gemäß gesetzlicher Bestimmungen an seine Stelle. Die Nacherben sind gleichzeitig Ersatzerben.
Die Nacherbfolge tritt nur mit dem Tode des Vorerben ein.

3. Vorausvermächtnis
Das mir gehörende gesamte bewegliche Vermögen, insbesondere Mobiliar, PKW, Barvermögen, Depots, Aktien oÄ erhält mein Ehegatte als Vorausvermächtnis zu freiem Eigentum.
Dies bedeutet, dass sich die vorstehend angeordnete Nacherbfolge lediglich auf den Grundbesitz von mir erstrecken wird.

§ 4 Schlusserbeneinsetzung

Schlusserben beim Tod des Längerlebenden von uns und Erben im Falle unseres gleichzeitigen Versterbens sind unsere gemeinschaftlichen Kinder,

zu gleichen Teilen.

Ersatzschlusserben sind jeweils deren Abkömmlinge, einschließlich adoptierter und nichtehelicher, unter sich zu gleichen Stammanteilen. Sind solche nicht vorhanden, wächst deren Anteil den anderen Schlusserben an.

Jede einzelne der vorstehenden Ersatzschlusserbeneinsetzungen ist auflösend bedingt für den Fall, dass der betroffene Schlusserbe mit dem Längerlebenden einen Zuwendungsverzichtsvertrag abschließt. In diesem Fall entfällt auch jede ausdrückliche oder stillschweigende Ersatzerbeneinsetzung.

Der Längerlebende ist befugt, die nach ihm geltende Erbfolge innerhalb der gemeinsamen Abkömmlinge einseitig beliebig abzuändern oder zu ergänzen, wobei es ihm freisteht, die Erbquoten der Abkömmlinge abweichend von der gesetzlichen Regelung zu bestimmen, einzelnen Abkömmlingen Vermächtnisse zuzuwenden oder sie auf den Pflichtteil zu setzen; überhaupt darf er dann innerhalb dieses Personenkreises alle zulässigen Anordnungen treffen. Der Überlebende von uns kann jedoch keine anderen Personen als gemeinschaftliche Abkömmlinge bedenken.

§ 5 Erbvertragliche Bindung und Belehrungen

Sämtliche Regelungen dieses Vertrages erfolgen mit erbvertraglicher Bindung, soweit in dieser Urkunde nichts anderes bestimmt ist.

Vorstehende Verfügungen sollen auch dann Bestand haben, wenn beim Tod eines der Ehegatten nicht bedachte Pflichtteilsberechtigte, insbesondere aus einer Wiederverheiratung des Längerlebenden, vorhanden sein sollten. Das gesetzliche Anfechtungsrecht ist insoweit ausgeschlossen.

Wir sind von dem Notar auf die bindende Wirkung der erbvertraglichen Bestimmungen in dieser Urkunde sowie auf Pflichtteilsrechte hingewiesen worden.

§ 6 Pflichtteilsverzicht[4]

Ich, der Ehemann, verzichte hiermit gegenüber meiner Ehefrau auf mein gesetzliches Pflichtteilsrecht. Ich, die Ehefrau, nehme diesen Verzicht hiermit an.

§ 7 Ehevertragliche Vereinbarungen[5]

In ehevertraglicher Weise vereinbaren wir, dass bei Auflösung unserer Ehe durch den Tod der Ehefrau ein Zugewinnausgleich ausgeschlossen ist.

§ 8 Schlussbestimmungen[6, 7]

……

Anmerkungen

1. Sachverhalt. Die Ehegatten haben gemeinschaftliche Kinder darüber hinaus hat der Ehemann noch ein weiteres Kind aus einer früheren Beziehung, zu dem er keinen Kontakt hat. Es soll verhindert werden, dass für den Fall, dass die Ehefrau zuerst verstirbt, das einseitige Kind des Ehemannes Pflichtteilsansprüche beim Tod des letztversterbenden Ehemannes auch aus dem ererbten Vermögen, das ursprünglich der Ehefrau gehört hat, herleiten kann.

2. Kombination Vollerbeneinsetzung/Vor- und Nacherbeneinsetzung. Der Ehegatte, der das einseitige Kind aus der früheren Beziehung hat, setzt den anderen Ehegatten zu seinem alleinigen, unbeschränkten Erben ein. Damit vereinen sich nach dessen Tod die Vermögensmassen in der Hand dieses anderen Ehegatten. Dagegen setzt der Partner, der keine einseitigen Kinder hat, den anderen Ehegatten nur zum Vorerben ein. Stirbt nun zuerst die Ehefrau und danach der Ehemann, so erben die gemeinsamen Kinder getrennt als direkte Erben des zuletzt verstorbenen Ehemannes sowie als Nacherben nach der zuerst verstorbenen Ehefrau, § 2100 BGB. Das Vermögen, das der Ehemann von seiner Ehefrau als Vorerbe geerbt hat, wird damit bei der Bemessung des Pflichtteils des einseitigen Kindes des Ehemannes nicht mit berücksichtigt.

3. Möglichst weitgehende Befreiung des Ehemannes als Vorerbe. Da das Ziel der Gestaltung darin besteht, den Abkömmling des Ehemannes möglichst von der Erbfolge fern zu halten, nicht aber den länger lebenden Ehemann selbst zu beeinträchtigen, sollten möglichst weitgehende Befreiungen erfolgen. Auch kann man dem Ehemann gestatten, anderweitig zu verfügen und die Nacherbeneinsetzung unter diese auflösende Bedingung einer abweichenden Verfügung von Todes wegen stellen. Dabei ist allerdings zu beachten, dass in diesem Fall die Vorteile der Vor- und Nacherbschaft wieder beseitigt werden, so dass der **pflichtteilsreduzierende Effekt** der Vor- und Nacherbeneinsetzung ebenfalls verloren geht. Besser wären insofern Gestaltungen, die es dem Erben erlauben, die Person des Nacherben zu ändern, ohne dabei die Nacherbschaft zu beseitigen. Obwohl solche Gestaltungen nach hM keinen Verstoß gegen § 2065 Abs. 2 BGB darstellen (zusammenfassend *Ivo* DNotZ 2002, 260) dürfte die Vereinbarkeit mit dem Drittbestimmungsverbot angesichts teilweiser abweichender Rechtsprechung (OLG Frankfurt DNotZ 2001, 143 m. abl. Anm. *Kanzleiter*) nicht als gesichert angesehen werden. Daher dürfte die hier vorgeschlagene vorsichtige Gestaltung trotz ihrer Nachteile vorzuziehen sein.

4. Kombination mit Pflichtteilsverzicht. Da der länger lebende Erbe, der lediglich als Vorerbe eingesetzt ist, nach § 2306 Abs. 1 BGB die Möglichkeit hat, die Erbeinsetzung auszuschlagen und stattdessen den Pflichtteil zu verlangen, ist eine Kombination mit einem Pflichtteilsverzicht empfehlenswert. Andererseits ist gerade der andere Ehegatte daran interessiert, möglichst die pflichtteilsreduzierende Wirkung der Konstruktion nicht zu gefährden, so dass der Pflichtteilsverzicht nicht unbedingt erforderlich sein dürfte.

5. Ehevertragliche Vereinbarungen. Gleiches gilt Gleiches gilt auch wegen der erheblichen Erhöhung der Beurkundungskosten (unten → Anm. 7) für den **Verzicht auf Zugewinnsausgleich,** der dem Ehepartner im Falle der Ausschlagung der Erbschaft zusätzlich zum Pflichtteil nach §§ 1931 Abs. 3, 1371 Abs. 3 BGB ansonsten zustünde. Auch dieser ist nur erforderlich, wenn damit zu rechnen ist, dass der letztversterbende Ehepartner wirklich die Erbschaft ausschlägt, um Pflichtteil und Zugewinnausgleich geltend zu machen. Dies dürfte vor allem dann der Fall sein, wenn das Vermögen hauptsächlich im Eigentum des anderen Ehepartners steht und außerdem noch hauptsächlich aus Zugewinn besteht. In diesem Fall ist es für den Längerlebenden unter Umständen attraktiv, die Erbschaft auszuschlagen und Pflichtteilsansprüche und Zugewinnausgleichsansprüche geltend zu machen.

6. Steuern. Zur Vor- und Nacherbeneinsetzung → Form. C.II.1, zum Vorausvermächtnis → Form. C.IV.4, zum Pflichtteilsverzicht → Form. I.II.2.

7. Kosten. Zum Erbvertrag → Form. C.I.8 Anm. 11. Neben dem Erbvertrag sind sowohl der Ehevertrag als auch der Pflichtteilsverzichtsvertrag gesondert zu bewerten, §§ 86 Abs. 2, 111 GNotKG. Die einzelnen Werte werden nach § 35 Abs. 1 GNotKG addiert, um daraus die Beurkundungsgebühr nach Nr. 21100 KV GNotKG zu ermitteln. Das Kostenprivileg aus § 46 Abs. 3 KostO zugunsten von Ehe- und Erbverträgen ist mit Wirkung zum 1.8.2013 entfallen.

Der **Ehevertrag** wird nach § 100 Abs. 1 GNotKG auch mit dem Reinvermögen der Eheleute, mindestens mit dem halben Wert des Aktivvermögens angesetzt. Berücksichtigt werden dabei anders als bei der Verfügung von Todes wegen nicht nur vererbliche Vermögensbestandteile, sondern alle. Auch bei bloßer Modifikation des Güterstands ist der volle nach § 100 Abs. 1 GNotKG maßgebliche Wert anzusetzen und nicht nur ein Teilwert (*Diehn* Rn. 1045).

Das **Pflichtteilsrecht** ist nach § 102 Abs. 4 S. 2 GNotKG wie ein entsprechender Bruchteil des Nachlasses zu behandeln. Für den Verzicht maßgeblich ist daher der mit der Pflichtteilsquote berechnete Teilwert aus dem modifizierten Reinvermögen des betroffenen Erblassers (*Diehn* Rn. 1237 ff.). Eintrittswahrscheinlichen etc wirken nicht wertmindernd (ausführlich *Diehn/Volpert* Rn. 1675 f).

7. Testamentsvollstreckung bei Vor- und Nacherbfolge, insbes. Nacherbenvollstreckung

§ 1 Vor- und Nacherbfolge[1]

1. **Ich berufe . . . . . . zu meinem alleinigen Erben. Dieser wird jedoch nur Vorerbe. Er ist von den Beschränkungen der §§ 2113 ff. BGB (nicht) befreit.[2]**
2. **Nacherben sind dessen Kinder einschließlich adoptierter und nichtehelicher Kinder gemäß der gesetzlichen Erbfolge erster Ordnung zum Zeitpunkt des Nacherbfalles, ersatzweise deren Abkömmlinge gemäß der gesetzlichen Erbfolge erster Ordnung im Zeitpunkt des Nacherbfalles.**
3. **Der Nacherbfall tritt mit dem Tod des Vorerben ein. Die Nacherben sind gleichzeitig Ersatzerben.**
4. **Die Nacherbenanwartschaft ist zwischen Erbfall und Nacherbfall nicht übertragbar, nicht verpfändbar und nicht vererblich, ausgenommen eine Veräußerung an den Vorerben. In diesem Fall entfällt auch jede ausdrückliche oder stillschweigende Ersatznacherbeneinsetzung.**

§ 2 Testamentsvollstreckung

1. Zur Wahrnehmung der Rechte und Pflichten der Nacherben ordne ich Nacherbentestamentsvollstreckung im Sinne des § 2222 BGB an.[3] Der Nacherbenvollstrecker hat die Rechte und Pflichten der Nacherben entsprechend der gesetzlichen Vorschriften wahrzunehmen. Sein Amt endet mit dem Eintritt des jeweiligen Nacherbfalles.
2. Sollte einer der Nacherben bei Eintritt des Nacherbfalles noch minderjährig sein, dann schließt sich an die Nacherbenvollstreckung ab diesem Zeitpunkt eine Verwaltungsvollstreckung über dessen Nachlassbeteiligung an. Die Verwaltungsvollstreckung endet mit der Volljährigkeit des Nacherben.
3. Zum Nacherbentestamentsvollstrecker und gegebenenfalls Verwaltungsvollstrecker[4] bestimme ich . . . . ., ersatzweise für den Fall, dass der Testamentsvollstrecker vor oder nach Annahme des Amtes entfällt . . . . ., wiederum ersatzweise soll das Nachlassgericht einen geeigneten Testamentsvollstrecker bestimmen. Der Nacherbentestamentsvollstrecker bzw. Verwaltungsvollstrecker erhält eine Vergütung nach der neuen Tabelle des Rheinischen Notarvereins in der Fassung zum Zeitpunkt des Erbfalles.[5, 6]

Checkliste

- ❒ Testamentsvollstreckung für die Vorerbschaft
  - ❒ Abwicklungsvollstreckung
  - ❒ Verwaltungsvollstreckung
- ❒ Testamentsvollstreckung für die Nacherbschaft
  - ❒ Abwicklungsvollstreckung
  - ❒ Verwaltungsvollstreckung
- ❒ Nacherbentestamentsvollstreckung iSd § 2222 BGB
- ❒ Kombinationslösungen
- ❒ Ausgestaltung der Testamentsvollstreckung: siehe Checkliste → Form. B.VII.1.

Anmerkungen

1. Sachverhalt. Bei der Anordnung der Testamentsvollstreckung im Rahmen der Vor- und Nacherbschaft muss ihr Umfang in der Verfügung von Todes wegen klar bezeichnet werden, da **mehrere Aufgabenbereiche** denkbar sind:
- Testamentsvollstreckung nur für die Vorerbschaft als bloße Abwicklungs- oder Verwaltungsvollstreckung,
- Testamentsvollstreckung nur für die Nacherbschaft als bloße Abwicklungs- oder Verwaltungsvollstreckung,
- Testamentsvollstreckung nur hinsichtlich der Ausübung der Rechte des Nacherben während der Vorerbschaft, sog. Nacherbentestamentsvollstreckung, § 2222 BGB,
- umfassende Testamentsvollstreckung hinsichtlich Vor- und Nacherben, zweckmäßigerweise einschließlich Nacherbenvollstreckung nach § 2222 BGB (*Nieder/Kössinger* § 10 Rn. 100; Handbuch der Testamentsgestaltung; *Langenfeld/Fröhler* Kap. 3 Rn. 1).

2. Schutz vor Eigengläubigern des Erben. Die Kombination Nacherbschaft/Verwaltungstestamentsvollstreckung für den Vorerben (§§ 2209, 2214 BGB) wird dabei hauptsächlich zur Abwehr von Eigengläubigern eines verschuldeten Abkömmlings oder von Sozialhilferegress gegenüber einem behinderten Abkömmling verwandt (→ Form. F.I.1 ff., → Form. F.II.1 ff.). Die Nacherbentestamentsvollstreckung verfolgt den Zweck, bei

minderjährigen oder während der Vorerbschaft uU noch gar nicht geborenen Nacherben eine Person zu benennen, die die nötigen Zustimmungen zu lebzeitigen Verfügungen (§ 2113 BGB) erteilt. Die anschließende Verwaltungsvollstreckung für den Nacherben ist angeordnet, wenn zu erwarten ist, dass der Nacherbe bei Eintritt des Nacherbfalls noch minderjährig sein wird.

Ergänzend zu § 2115 BGB verhindert die Vorschrift des § 2214 BGB jede Zwangsvollstreckungsmaßnahme – und nicht nur Verwertungsakte – in die der Testamentsvollstreckung unterliegenden Nachlassgegenstände durch die Eigengläubiger des Erben (MüKoBGB/*Zimmermann* § 2214 Rn. 3). Nach überwiegender Auffassung unterliegt der Vorerbentestamentsvollstrecker den Verfügungsbeschränkungen des Vorerben nach §§ 2113, 2114 BGB. (Palandt/*Weidlich* BGB § 2205 Rn. 28; MüKoBGB/*Zimmermann* § 2222 Rn. 9; Staudinger/*Reimann* BGB § 2205 Rn. 156; aA Soergel/*Damrau* BGB § 2222 Rn. 13). Der alleinige Vorerbe kann weder zum einzigen Testamentsvollstrecker noch zum Nacherbentestamentsvollstrecker benannt werden (RGZ 77, 177; OLG Karlsruhe MDR 1981, 943; vgl. aber Sonderfall BGH FamRZ 2005, 614). Dagegen ist es zulässig, den einzigen Nacherben als Testamentsvollstrecker einzusetzen (Staudinger/*Reimann* BGB § 2197 Rn. 54; Palandt/*Weidlich* BGB § 2197 Rn. 8).

3. Nacherbenvollstreckung. Die **Nacherbenvollstreckung nach § 2222 BGB** ist zweckmäßig, wenn eine unbestimmte Zahl von unter Umständen noch gar nicht geborenen oder noch minderjährigen Personen zu Nacherben bestimmt werden. Nur auf diese Weise können während der Dauer der Vorerbschaft Verfügungen über Nachlassgegenstände unabhängig von einer Vielzahl von Zustimmungserklärungen und Ergänzungspflegschaften für unbekannte Nacherben ermöglicht werden (BeckNotarHdB/*Bengel/Dietz* C Rn. 93). Der Nacherbenvollstrecker kann auch die notwendigen Genehmigungen bei Verfügungen über Nachlassgegenstände erteilen, ohne dass es bei den minderjährigen Nacherben einer zusätzlichen Genehmigung des Familiengerichts bedarf (MüKoBGB/*Zimmermann* § 2222 Rn. 2). Die einzelnen Formen der Testamentsvollstreckung können auch miteinander kombiniert werden, etwa die Verwaltungsvollstreckung für die Vorerbschaft mit der Nacherbenvollstreckung nach § 2222 BGB. Allerdings kann nach hM auch ein Nacherbenvollstrecker wegen des Schenkungsverbotes des § 2205 S. 3 BGB keine Zustimmung zu unentgeltlichen Rechtsgeschäften des Vorerben erteilen. Hierzu müssen zusätzlich die Nacherben selbst zustimmen (Staudinger/*Reimann* BGB § 2205 Rn. 56; Soergel/*Damrau* BGB § 2222 Rn. 7; kritisch *Keim* ZErb 2008, 5 [7]).

4. Verwaltungsvollstreckung. Im Formular schließt sich an die Nacherbenvollstreckung eine Verwaltungsvollstreckung an, wenn zum Zeitpunkt des Eintritts des Nacherbfalles der Nacherbe noch minderjährig ist. Auch dies erleichtert aus den oben genannten Gründen die Verfügung über einzelne Nachlassgegenstände, da andernfalls ein Vormund den Genehmigungserfordernissen der §§ 1821, 1822 BGB unterworfen wäre. Dies gilt für den Testamentsvollstrecker nicht, der lediglich dem Schenkungsverbot des § 2205 S. 3 BGB unterworfen ist. Um unentgeltliche Verfügungen über Nachlassgegenstände vornehmen zu können, benötigt er die Mitwirkung aller Erben und der noch nicht befriedigten Vermächtnisnehmer (MüKoBGB/*Zimmermann* § 2205 Rn. 80).

5. Steuern. Die Testamentsvollstreckung hat keine erbschaftsteuerlichen Auswirkungen, weiteres → Form. C.VII.1. Insbesondere die Anordnung der Testamentsvollstreckung hat keinen Einfluss auf den Zeitpunkt der Erbschaftsteuerentstehung (*Meincke/Hannes/Holtz* ErbStG § 9 Rn. 9). Zur Vor- und Nacherbfolge → Form. C.II.1.

6. Kosten. → Form. C.I.2 Anm. 8, → Form. C.I.8 Anm. 11. Vor- und Nacherbfolge ändern am nach § 102 Abs. 1 GNotKG zu ermittelndem Geschäftswert nichts. Es kommt nicht darauf, an, wie viele Erbfälle geregelt werden. Die Testamentsvollstreckung ist

ebenfalls Teil der einheitlichen Verfügung von Todes wegen, deren Geschäftswert nach § 102 Abs. 1 GNotKG abschließend bestimmt ist.

8. Übertragung der Nacherbenanwartschaft auf den Vorerben

§ 1 Vorbemerkungen[1]

Die Beteiligte zu 1, Frau . . . . . und ihr vorverstorbener Ehemann haben sich in dem gemeinschaftlichen Testament vom . . . . . gegenseitig zu Vorerben eingesetzt. Nacherbe ist der gemeinsame Sohn der Eheleute der zu 2. erschienene Herr . . . . . Ersatznacherben sind laut Erbschein ausdrücklich und stillschweigend nicht benannt worden. Der Nacherbfall tritt nach dem Testament mit dem Tode des Vorerben sein. Der Ehemann ist am . . . . . . verstorben laut Erbschein des Amtsgerichts . . . . . vom . . . . . Az. . . . . . ist die Beteiligte zu 1 nicht befreite Vorerbin und der zu 2 erscheine Nacherbe. Gemäß § 2108 Abs. 2 BGB steht dem Nacherben ein Nacherbenanwartschaftsrecht zu.

§ 2 Veräußerung des Anwartschaftsrechts[2]

Der Nacherbe veräußert hiermit der Vorerbin das in § 1 genannte Nacherbenanwartschaftsrecht am Nachlass seines verstorbenen Vaters des Ehemannes der Beteiligten zur 1 und überträgt es auch mit dinglicher Wirkung.

§ 3 Rechtsgrund

Die Übertragung erfolgt unentgeltlich ohne jede Gegenleistung.

§ 4 Gewährleistung

Die Übertragung des Anwartschaftsrechts erfolgt ohne Gewehr für die Beschaffenheit der zum Nachlass gehöhrenden Gegenstände. Der Nacherbe haftet jedoch für die Freiheit des Anwartschaftsrechts von Rechten Dritter, insbes. versichert er, dass das Nacherbenanwartschaftsrecht nicht gepfändet oder verpfändet worden ist.

§ 5 Anzeige an das Nachlassgericht

Der Notar wird hiermit beauftragt, entsprechend § 2384 BGB die Übertagung des Nacherbenanwartschaftsrechts dem zuständigen Nachlassgericht anzuzeigen.

§ 6 Grundbuchberichtigung

Zum Nachlass gehört der hälftige Miteigentumsanteil an folgendem Grundbesitz: Grundbuch des Amtsgerichts . . . . . von . . . . . Blatt . . . . . Flur . . . . . Flurstück . . . . . Das Grundbuch ist nach dem Erbfall bereits in der Weise berichtigt worden, dass die Vorerbin als Alleineigentümerin eingetragen ist.

In Abteilung 2 ist unter laufender Nummer . . . . . bezüglich des ehemaligen Hälteanteils des Erblassers an dem Grundbesitz ein Nacherbenvermerk eingetragen. Nacherbin ist die Beteiligte zu 2.

Aufgrund der heute vereinbarten Übertagung des Nacherbenanwartschaftsrechts

bewilligen und beantragen

die Beteiligten die Berichtigung des Grundbuches in der Weise, dass der Nacherbenvermerk zu löschen ist.

Der beurkundende Notar wird hiermit bevollmächtigt, alle Anträge aus dieser Urkunde gegenüber dem Grundbuchamt zu stellen, gestellte Anträge zurückzunehmen oder auch zu beschränken sowie alle Erklärungen und Bewegungen abzugeben, die zum Vollzug dieser Urkunde notwendig oder zweckmäßig sind.

§ 7 Kosten[3]

Die mit dieser Urkunde und ihrem Vollzug verbundenen Notar- und Gerichtskosten trägt die Vorerbin.

Checkliste

- ❒ Vor-Nacherbschaft
- ❒ Keine Ersatznacherben, auch nicht stillschweigend (§ 2069 BGB)
- ❒ Übertragbarkeit der Anwartschaft nicht ausgeschlossen
- ❒ Grundbesitz im Nachlass
- ❒ Gegenleistung, ggf. ihre Sicherung?
- ❒ Mitteilung an das Nachlassgericht analog § 2384 BGB
- ❒ Gewährleistung: nicht für im Nachlass befindliche Gegenstände, nur Rechtsmängel der Anwartschaft

Anmerkungen

1. Sachverhalt. Bis zum Eintritt des Nacherbfalls hat allein der Vorerbe die Erbenstellung, § 2139 BGB, der Nacherbe hat jedoch bereits mit dem Erbfall eine unentziehbare und gesicherte Rechtsposition, die man als **Anwartschaftsrecht** bezeichnen kann Nach der widerlegbaren Vermutung des § 2108 Abs. 2 BGB ist die Nacherbenanwartschaft vererblich und auch eine lebzeitige Übertragbarkeit wird angenommen (BGHZ 87, 367 [369]). Nach Eintritt des Erbfalls kann dem Vorerben durch Übertragung der Anwartschaft auf ihn prinzipiell die Stellung eines von Verfügungsbeschränkungen freien unbeschränkten Vollerben verschafft werden. Der Nacherbe kann dadurch aber nicht in Rechte eines Ersatzerben eingreifen. Tritt der Ersatznacherbfall beispielsweise durch Tod des Nacherben ein, so verliert der Erwerber wieder seine unbeschränkte Erbenstellung: Folglich handelt es sich nur um eine sichere Gestaltung, wenn entweder

- keine auch keine nach § 2069 BGB stillschweigende Ersatznacherbenberufung vorliegt, oder
- im Testament ausdrücklich geregelt ist, dass im Falle der Übertragung der Nacherbenanwartschaft auf den Vorerben sämtliche Ersatznacherbeneisetzungen entfallen sollen (Formulierung bei MAH ErbR/*Wacher* § 17 Rn. 195).

Falls keiner dieser Fälle vorliegt, könnte man eine Freistellungsverpflichtung vereinbaren, nach der die Nacherben bei Eintritt des Ersatzerbfalls den Erwerber so zu stellen haben, als ob er eine unbeschränkte Erbenstellung hätte. Das geht aber nur, wenn die Ersatznacherben (bsp. Kinder des Nacherben) selbst Erben des Nacherben sind, da sie sonst nicht an diese schuldrechtliche Verpflichtung gebunden wären (Nieder/Kössinger/*R. Kössinger* § 10 Rn. 90). Andernfalls könnte auf die Gestaltung unter → Form. C.II.9, dh die bloße Überführung eines einzelnen Gegenstandes (zB Grundstückes) in das nacherbenfreie Vermögen ausgewichen werden. Die Zustimmung der häufig noch gar

nicht geborenen oder noch minderjährigen Ersatznacherben wäre nur über einen Pfleger (§ 1913 S. 2 BGB) zu erlangen, der noch der Genehmigung des Betreuungsgerichts (§§ 1915, 1882 Nr. 1 BGB) bedürfen würde.

Ist allerdings die Vererblichkeit und Übertragbarkeit nach dem Testament völlig ausgeschlossen, so scheitert eine Übertragung der Anwartschaft.

2. Gestaltung und Form. Analog § 2033 BGB erfolgt die Übertragung im Wege der **Gesamtrechtsnachfolge** wie eine Erbteilsübertragung unter Miterben, ist aber auch bei einem alleinigen Nacherben möglich. Die Übertragung bedarf analog § 2033 Abs. 1 S. 2 BGB der notariellen Beurkundung, ebenso das zugrundeliegende schuldrechtliche Verpflichtungsgeschäft, §§ 1371, 2385, 1922 Abs. 2 BGB (Palandt/*Weidlich* BGB § 2100 Rn. 14). Falls eine Gegenleistung vereinbart werden soll und Absicherung des Leistungsaustausches gewollt ist, können die Sicherungen aus → Form. J.VII.4, übernommen werden mit einer durch Rücktritt wegen Nichtzahlung des Kaufpreises **auflösend bedingten** dinglichen Übertragung.

Gemäß § 2384 BGB analog ist die Übertragung des Anwartschaftsrechts dem Nachlassgericht gegenüber anzuzeigen.

3. Kosten und Steuern. Es handelt sich um einen Vertrag, sodass ein 2,0 Gebühr nach Nr. 21100 des KV zum GNotKG anfällt. Als Geschäftswert gemäß § 36 Abs. 1, 3 GNotKG ist nur ein Teilwert des Nacherbenvermögens anzusetzen, da nicht feststeht, ob und wann der Nacherbfall eintritt (LG München II MittBayNot 1984, 48). Gehört Grundbesitz zum Nachlass, ist die Löschung des Nacherbenvermerks im Grundbuch gebührenfrei (Bormann/Diehn/Sommerfeldt/*Gutfried* GNotKG Nr. 14151 Rn. 1). Die Schenkung einer Nacherbenanwartschaft führt zu keinem schenkung- oder erbschaftsteuerlichen Erwerb (BFH BStBl. II 1993, 158). Erfolgt die Übertragung entgeltlich, so unterliegt das gezahlte Entgelt gemäß § 3 Abs. 2 Nr. 6 ErbStG für den Erwerber der Erbschaftsteuerpflicht und zwar im Zeitpunkt des Nacherbfalls. Da dies auch gilt, wenn der Nacherbe seine Anwartschaft an den Vorerben verkauft. (BFH BStBl. II 1980, 46), trifft die Schenkungsteuerpflicht dann den Vorerben. Besteht das Entgelt in der Hergabe eines Grundstücks, ist das Entgelt nach dem Steuerwert des Grundstücks zu bemessen (BFH/NV 2001, 1406). Die Möglichkeit des Abzugs des Entgelts von seinem Erwerb wird dem Vorerben in diesem Fall nicht zugestanden (BFH BStBl. II 1996, 137).

9. Übertragung einer Immobilie in das „nacherbenfreie" Vermögen des Vorerben

Notarieller Urkundseingang[2]

§ 1 Vorbemerkungen[1]

Die Beteiligte zu 1 Frau . . . . ., und ihr Ehemann, ... haben sich mit Erbvertrag vom . . . . . . gegenseitig zu nicht befreiten Vorerben eingesetzt. Der Nacherbe ist der gemeinsame Sohn der Eheleute Herr . . . . ., der Erschienene zu 2. Ersatznacherben sind die Abkömmlinge des Nacherben. Der Nacherbfall tritt nach dem Erbvertrag mit dem Tode des Vorerben ein. Herr . . . . . ist am . . . . . verstorben die Beteiligte zu 1, nachstehend Vorerbin genannt und der Beteiligte zu 2, nachstehend Nacherbe genannt treffen folgende Vereinbarung.

§ 2 Grundbuchstand

Im Nachlass des verstorbenen Herrn ..... befindet sich folgender Grundbesitz:

Grundbuch des Amtsgerichtes ..... von ..... Blatt ..... Flur ..... Flurstück .....

Der Grundbesitz ist im Grundbuch in Abteilung II mit einem Nacherbenvermerk belastet, danach ist Nacherbe der Beteiligte zu 2 und Ersatznacherben sind dessen Abkömmlinge nach den Regeln der gesetzlichen Erbfolge.

Der Grundbesitz ist in Abteilung III lastenfrei.

§ 3 Freigabe aus der Nacherbenbindung

Die Vorerbin und er Nacherbe sind sich darüber einig, dass der vorgenannte Grundbesitz nicht mehr zu dem der Nacherbschaft unterliegenden Vermögen des Vorerben gehören soll und übertragen ihn in das nicht der Nacherbfolge unterliegende Vermögen des Vorerben. Der Nacherbe gibt den Grundbesitz ausdrücklich aus der Nacherbschaft frei.

Die Beteiligten sind sich über diese Rechtsänderung einig und bewilligen und beantragen die damit verbundenen Löschung des im Grundbuch eingetragenen Nacherbenvermerkes im Wege der Grundbuchberichtigung.

Die Übertragung in das nacherbenfreie Vermögen steht in ihrer Rechtswirksamkeit unter der aufschiebenden Bedingung, dass der Notar den vorgenannten Grundbuchberichtigungsantrag dem Grundbuchamt vorlegt.

Der Notar wird angewiesen, diesen Antrag erst dem Grundbuchamt vorzulegen, wenn ihm eine Bestätigung oder ein Nachweis vorliegt, dass die Zahlung des nachgenannten Abfindungsbetrages erfolgt ist. Der Nacherbe ist verpflichtet, dem Notar den Erhalt der Abfindungsleistung unverzüglich schriftlich zu bestätigen.

§ 4 Abfindungsleistung[3, 4]

Die Vorerbin verpflichtet sich als Abfindungsleistung zur Zahlung eines Geldbetrages in Höhe von .....

Der Betrag ist fällig innerhalb von ..... Tagen ab heute. Die Vorerbin unterwirft sich dem Nacherben gegenüber in Höhe des vorstehenden vereinbarten Abfindungsbetrags der sofortigen Zwangsvollstreckung in ihr gesamtes Vermögen. Dem Nacherben kann jederzeit eine vollstreckbare Ausfertigung dieser Urkunde erteilt werden, ohne dass es eines Nachweises der Fälligkeit bedarf.

§ 5. Gewährleistung, Haftung

Einer Gewährleistung für Güte und Beschaffenheit des Grundbesitzes übernimmt der Nacherbe nicht. Der Nacherbe versichert jedoch, dass er über das Nacherbenanwartschaftsrecht nicht anderweitig verfügt hat.

§ 6 Vollmachten an den Notar

Der Notar, dessen Vertreter oder Nachfolger im Amt, werden bevollmächtigt, alle Anträge aus dieser Urkunde dem Grundbuchamt gegenüber zu stellen, die Anträge auch einzeln oder beschränkt zu stellen und zurückzunehmen sowie alle Erklärungen und Bewilligungen abzugeben, die zum Vollzug dieser Urkunde notwendig oder zweckmäßig sind.

§ 7 Hinweise des Notars

Der Notar hat die Beteiligten auf die Rechtsfolgen der weiter fortbestehenden Nacherbschaft hingewiesen. Er hat darüber belehrt, dass die Freigabe des Grundstückes aus der Nacherbenbindung nicht zur Folge hat, dass die Nacherbschaft insgesamt aufgehoben ist, sondern diese vielmehr an übrigen Nachlassgegenständen weiter fortbesteht.

§ 8 Salvatorische Klausel

Sollte eine Bestimmung dieser Urkunde unwirksam sein, so wird die Gültigkeit dieser Urkunde im Übrigen hiervon nicht berührt. Die Beteiligten sind in einem solche Falle verpflichtet, unverzüglich eine anderweitige Vereinbarung zu treffen, die den erstrebten rechtlichen Erfolg möglichst ebenso gewährleistet.

§ 9 Schlussbestimmung, Kosten[5]

Die mit dieser Urkunde verbundenen Notarkosten trägt die Beteiligte zu 1. Der Notar hat über eine mögliche Schenkungsteuerpflicht belehrt mit beauftragt eine beglaubigte Kopie dieser Urkunden der Finanzamt Schenkungsteuerststelle zu übersenden.

Checkliste

- ❒ Befreite / unbefreite Vor- und Nacherbschaft/Ersatznacherben
- ❒ Beteiligte: Vorerbe Nacherbe, nicht: Ersatznacherbe
- ❒ Nur Einzelgegenstände, nicht gesamte Nacherbenanwartschaft
- ❒ Übernahme von Nachlassverbindlichkeiten durch den Vorerben?
- ❒ Gegenleistung: Abfindung Sicherung durch Bedingungszusammenhang
- ❒ Grundbuchberichtigung Löschung des Nacherbenvermerks

Anmerkungen

1. Sachverhalt Der Vorerbe ist zwar Inhaber der Nachlassgegenstände, er unterliegt jedoch gewissen Verfügungsbeschränkungen gemäß §§ 2113–2115 BGB. Um diesen Zustand zu beseitigen, hat der Nacherbe zwar die Möglichkeit, entsprechend § 2033 BGB seine ihm zustehende Nacherbschaft auf den Vorerben zu übertragen (→ Form. C.II.8). Durch eine solche Übertagung kann aber nicht in die Rechtsstellung von **Ersatznacherben** eingegriffen werden, sodass der Vorerbe zwar zunächst voll verfügungsbefugt wird, er aber im Falle des Eintritts des Ersatznacherfolgs seine Position wieder verliert. Eine vollständige Löschung des Nacherbenvermerks im Grundbuch erfolgt aufgrund einer solchen Übertragung daher nicht, falls Ersatznacherben bestimmt sind (*Keim* DNotZ 2003, 822 [823]). Zu beachten ist insbesondere § 2069 BGB: Falls Abkömmlinge zu Nacherben bestimmt sind, sind gemäß § 2069 BGB im Zweifel auch stillschweigend deren Abkömmlinge zu Ersatznacherben bestimmt, falls die Nacherben wegfallen (Palandt/*Weidlich* BGB § 2069 Rn. 6). Die Zustimmung ist insbesondere dann schwer zu erlangen, wenn die Ersatznacherben minderjährig oder überhaupt noch nicht geboren sind. Im letzteren Fall müsste gemäß § 1913 S. 2 BGB ein Pfleger bestellt werden, dessen Erklärungen vom Betreuungsgericht gemäß §§ 1915 Abs. 1, 1822 Nr. 1 BGB zu genehmigen wären. Dies dürfte in der Praxis kaum zu bewerkstelligen sein. Auch durch eine Ausschlagung des Nacherben, welche gemäß § 2142 Abs. 1 BGB zwar bereits vor dem Nacherbfall möglich ist, kann die Position des Ersatznacherben nicht beeinträchtigt werden. Möglich ist aber eine Freigabe einzelner Gegenstände aus der Nacherbenbindung durch die Nacherben mit der Folge, dass der

Vorerbe unbeschränkt Eigentümer wird. Diese bedarf im Gegensatz zur Übertagung der Nacherbenanwartschaft im Ganzen nicht der Zustimmung der Ersatznacherben, da diese kein Anwartschaftsrecht an einzelnen Nachlassgegenständen haben. Die dogmatische Konstruktion ist im Einzelnen allerdings noch nicht restlos geklärt (zugelassen im Ergebnis BGH DNotZ 2001, 392 [394]; *Hartmann* ZEV 2009, 107; *Heskamp* RNotZ 2014, 517; *Keim* DNotZ 2003, 822; *Keim* DNotZ 2016, 751).

2. Form. In der noch nicht abschließend geklärten Konstruktion eines solchen Eigenerwerbs – entweder Freigabe oder eine echte Übertragung auf den Vorerben – sollte sicherheitshalber die Form der Auflassung eingehalten werden (§ 925 BGB) und für das Verpflichtungsgeschäft die des § 311b BGB (zum Meinungsstand Palandt/*Weidlich* BGB § 2113 Rn. 5). Jedenfalls ist gemäß § 29 GBO zum Nachweis gegenüber dem Grundbuchamt zur Grundbuchberichtigung, die zur Löschung des Nacherbenvermerks notwendig ist, eine **öffentliche Beglaubigung** notwendig.

3. Gegenleistungen. Sofern für die Freigabe eine Gegenleistung vereinbart wird, kann man den Nacherben dadurch sichern, dass die Freigabe aus der Nacherbenbindung erst aufschiebend bedingt mit Zahlung der Gegenleistung eintritt. Da man die Zahlung aber dem Grundbuchamt gegenüber nicht in öffentlich beglaubigter Form (notwendig wegen § 29 GBO) nachweisen kann, muss nach außen gegenüber dem Grundbuchamt eine andere Bedingung gewählt werden. Daher sollte die Bedingung die Vorlage durch den Notar beim Grundbuchamt sein. Der Notar darf den Antrag auf Grundbuchberichtigung aber erst stellen, wenn ihm die Zahlung nachgewiesen oder vom Nacherben bestätigt worden ist.

4. Nachlassverbindlichkeiten. Etwaige auf dem Grundstück lastende Verbindlichkeiten würden ohne eine Regelung im Nacherbfall auf den Nacherben übergehen. Daher ist durch eine vertragliche Vereinbarung uU abzusichern, dass der Vorerbe entweder diese Verbindlichkeiten erfüllt oder durch eine Vereinbarung mit dem entsprechenden Gläubiger die Verbindlichkeit übernimmt (*Hartmann* ZEV 2009, 107 [112]). Die Schuldbefreiung kann auch als aufschiebende Bedingung für die Wirksamkeit der Freigabe des Grundstücks vereinbart werden.

5. Steuern und Kosten. Eine unentgeltliche Freigabe könnte als freigiebige Zuwendung gemäß § 1 Abs. 1 Nr. 2 ErbStG schenkungsteuerpflichtig sein. Da die zivilrechtliche Konstruktion der Übertragung bzw. Freigabe noch relativ neu ist, ist diese Frage nicht geklärt. Wahrscheinlich löst sie wie auch die Übertragung des Nacherbenanwartschaftsrechts (BFH BStBl. II 1993, 158) keine Schenkungsteuer aus. Sofern man den sichersten Weg geht und den Vertrag beurkundet, fällt eine doppelte Gebühr gemäß Nr. 21100 KV-GNotKG an. Die Löschung des Nacherbenvermerks im Grundbuch löst keine Grundbuchkosten aus (Bormann/Diehn/Sommerfeldt/*Gutfried* GNotKG Nr. 14151 Rn. 1).

III. Enterbung (§ 1938 BGB)

Checkliste

- ❐ Bloße Enterbung oder Kombination mit Erbeinsetzung?
- ❐ Enterbung des ganzen Stammes?
- ❐ Außerdem Pflichtteilsentziehung nach §§ 2333 ff. BGB?
- ❐ Keine erbvertragliche Bindung oder Wechselbezüglichkeit möglich

Musterklausel

Ich setze hiermit . . . . . . zu meinem alleinigen Erben ein.[1] Ersatzerben sind dessen Abkömmlinge unter sich entsprechend der gesetzlichen Erbfolge erster Ordnung. Meinen Sohn . . . . . . enterbe ich hiermit.[2] Die Enterbung soll nicht/auch für seine Abkömmlinge gelten.[3] Diese Enterbung gilt unabhängig von der Wirksamkeit der vorgenannten Erbeinsetzung.[4, 5, 6]

Anmerkungen

1. Sachverhalt. Der Erblasser hat zwei Söhne und ist verwitwet. Zu dem einem Sohn hat er ein prächtiges Verhältnis, während er zu dem anderen Sohn keinen Kontakt hat. Allerdings hat sich dieser andere Sohn auch keine schweren Verfehlungen gegenüber dem Erblasser zuschulden kommen lassen, die eine Pflichtteilsentziehung rechtfertigen würden.

2. Bedeutung: keine Pflichtteilsentziehung. Der Erblasser kann einen gesetzlichen Erben auch von der Erbfolge durch Verfügung von Todes wegen ausschließen, ohne einen anderen Erben einzusetzen, § 1938 BGB. Dadurch tritt die gesetzliche Erbfolge ein, jedoch so, als ob der testamentarisch Enterbte nicht vorhanden wäre. Die bloße Enterbung eines gesetzlichen Erben ohne Einsetzung eines anderen kann weder erbvertraglich bindend noch in einem Ehegattentestament wechselbezüglich angeordnet werden (Palandt/*Weidlich* BGB § 1938 Rn. 2). Im Falle der Enterbung bleibt der Pflichtteil des Enterbten trotzdem bestehen. Die Enterbung ist daher von der **Pflichtteilsentziehung nach §§ 2333 ff. BGB** zu unterscheiden, die nur bei Vorliegen der dort aufgezählten Gründe möglich ist. Im Gegensatz zur bloßen Enterbung müssen bei der Pflichtteilsentziehung die Gründe in der Verfügung von Todes wegen angegeben werden, § 2336 Abs. 2 BGB.

3. Erstreckung auf Abkömmlinge. Nach überwiegender Meinung gilt die Enterbung eines gesetzlichen Erben auch regelmäßig nur für seine Person und erfasst nicht seine Abkömmlinge (BGH FamRZ 1959, 149; Palandt/*Weidlich* BGB § 1938 Rn. 73; aA *Scherer* ZEV 1999, 41 [44]). Um Zweifel auszuschließen, sollte dies ausdrücklich geregelt werden.

4. Isolierte Aufrechterhaltung. Bei einer nur mittelbaren Enterbung durch Einsetzung anderer Erben besteht nach der Rechtsprechung keine Vermutung dafür, dass im Fall der Nichtigkeit der Erbeinsetzung die Enterbung aufrechterhalten bleibt (OLG Stuttgart

BWNotZ 1981, 141). Dies soll auch dann nicht der Fall sein, wenn der gesetzliche Erbe ausdrücklich auf den Pflichtteil verwiesen worden war, da hierin eine bloß deklaratorische Feststellung liegen kann (OLG Zweibrücken FG Prax 1996, 152).

Wünscht der Erblasser daher eine Enterbung auf jeden Fall, so empfiehlt sich eine ausdrückliche Anordnung, dass sie unabhängig von den übrigen Regelungen des Testaments gelten soll.

5. Steuern. Die Enterbung hat erbschaftsteuerlich zur Folge, dass kein steuerpflichtiger Erwerb vorliegt, solange der Enterbte nicht den Pflichtteil geltend macht. Macht er ihn geltend, so führt dies zu einem steuerpflichtigen Erwerb gem. §§ 1 Abs. 1 Nr. 1, 3 Abs. 1 Nr. 1 ErbStG.

6. Kosten. → Form. C.I.1 Anm. 8, → Form. C.I.7 Anm. 11. Die Enterbung in Kombination mit einer Erbeinsetzung hat keine kostenrechtlichen Sonderfolgen. Bei **isolierter Enterbung** handelt es sich um die Verfügung über einen Bruchteil des Nachlasses, nämlich die gesetzliche Erbquote des Enterbten. Maßgeblich ist dann der der gesetzlichen Erbquote des Enterbten entsprechende Bruchteil des modifizierten Reinvermögens.

IV. Ausschluss der Auseinandersetzung/Teilungsanordnung/ Vorausvermächtnis

1. Checkliste: Auseinandersetzung

- ❒ Ausschluss der Auseinandersetzung von Miterben (Teilungsverbot):[1]
  - ❒ Welche Rechtsnatur hat diese Anordnung?[2] Erbvertragsmäßig bzw. wechselbezüglich nur möglich als Vorausvermächtnis oder Auflage.[3, 4]
  - ❒ Umfasst der Ausschluss den gesamten Nachlass oder nur einzelne Nachlassgegenstände?[5]
  - ❒ Gilt der Ausschluss für eine bestimmte Frist oder bis zum Eintritt eines bestimmten Ereignisses?[6]
  - ❒ Soll die Auseinandersetzung nur von der Einhaltung einer Kündigungsfrist abhängen?[7]
  - ❒ Die Aufhebung kann gleichwohl verlangt werden, wenn ein wichtiger Grund vorliegt![8]
  - ❒ Ein zeitliches Teilungsverbot tritt im Fall des Todes eines Miterben außer Kraft, wenn nichts anderes angeordnet ist.[9]
  - ❒ Das Teilungsverbot gilt grundsätzlich auch für Sondernachfolger; es bestehen jedoch Ausnahmen.[10]
- ❒ Teilungsanordnung und Vorausvermächtnis
  - ❒ Grundlegend unterschiedliche Rechtsinstitute[11]
    - ❒ Bei gegenständlichen Zuweisungen von Vermögensgegenständen an Miterben: Teilungsanordnung oder Vorausvermächtnis? Mischformen sind zu vermeiden!
    - ❒ Die Ausführung einer Teilungsanordnung kann durch Auflage, bedingte Erbeinsetzung oder Vermächtnis sowie Testamentsvollstreckung sichergestellt werden.
    - ❒ Nur das Vorausvermächtnis kann wechselbezüglich (§ 2270 Abs. 3 BGB) bzw. vertragsmäßig (§ 2278 Abs. 2 BGB) getroffen werden.[11]
  - ❒ Ein vom Erblasser gewünschter Wertausgleich ist anzuordnen innerhalb der Teilungsanordnung, als Vermächtnis oder bei einem Vorausvermächtnis als Untervermächtnis.[12]
  - ❒ Teilungsanordnung bei Nacherbfolge-Anordnung: Ist die Teilung von den Vorerben oder erst von den Nacherben durchzuführen?
  - ❒ Bei Übernahmerechten ist festzulegen, ob durch sie auch Übernahmepflichten entstehen sollen, und wenn ja, in welcher Rechtsform.[13]

Anmerkungen

1. Zum **Ausschluss der Auseinandersetzung** siehe nachfolgend → Form. C.IV.2, ferner Überblick in Abschnitt → Form. A.II.5 lit. c) dd).

2. Zu den möglichen **Anordnungsformen:** → Form. C.IV.2 Anm. 1.

3. § 2278 Abs. 2 BGB.

4. § 2270 Abs. 3 BGB.

5. → Form. C.IV.2.

6. Die **Höchstdauer** der Frist beträgt grundsätzlich 30 Jahre ab Eintritt des Erbfalls (§ 2044 Abs. 2 S. 1, 3 BGB). Die Höchstfrist gilt jedoch nicht, wenn der Ausschluss bis zu einem bestimmten Ereignis in der Person eines Miterben, bis zum Eintritt einer Nacherbfolge oder bis zum Anfall eines Vermächtnisses gelten soll. → Form. C.IV.2.

7. Möglich ist auch eine **kumulative Anordnung** von zunächst befristetem Ausschluss und anschließender Anordnung einer Kündigungsfrist.

8. § 2044 Abs. 1 S. 2 BGB iVm § 749 Abs. 2 BGB. Dieses Recht ist nicht beschränkbar, § 2044 Abs. 1 S. 2 BGB iVm § 749 Abs. 3 BGB. → Form. C.IV.2 Anm. 5.

9. Im Fall des **Todes eines Miterben** gilt bei einem zeitlichen Teilungsverbot die Auslegungsregel des §§ 2044 Abs. 1 S. 2, 750 BGB, wonach die Anordnung dann außer Kraft tritt. Ein anderweitiger Wille des Erblassers ist ausdrücklich niederzulegen. → Form. C.IV.2.

10. Das Teilungsverbot gilt grundsätzlich auch für **Sonderrechtsnachfolger,** jedoch nicht gegenüber Pfändungsgläubigern eines Erbanteils. Gegenüber Sondernachfolgern von Miteigentum von Grundstücken gilt die Anordnung nur bei Eintragung im Grundbuch (§ 2044 Abs. 1 S. 2 BGB iVm §§ 751, 1010 Abs. 1 BGB). → Form. C.IV.2 Anm. 5.

11. Der **Vorausvermächtnisnehmer** ist mehrfach besser gestellt:
- Keine Anrechnung auf den Erbteil.
- Anspruch gegen die Erbengemeinschaft auf ungekürzte Gewährung des Vermögensvorteils. Während die Teilungsanordnung erst bei der Auseinandersetzung der Miterben zur Erfüllung kommt, kann das (Voraus-)Vermächtnis als Gesamthandsklage (§ 2059 Abs. 2 BGB) auch gegen den ungeteilten Nachlass geltend gemacht werden.
- Isolierte Ausschlagung des (Voraus-)Vermächtnisses möglich, § 2180 BGB:
  Nur durch Erbausschlagung wird die Teilungsanordnung gegenstandslos, das Vorausvermächtnis ist hingegen von der Annahme der Erbschaft unabhängig.
- Keine Ausschlagungsfrist.
- Bei gemeinschaftlichem Testament oder Erbvertrag kann nur für das Vorausvermächtnis Bindungswirkung bestehen, nicht für die Teilungsanordnung.
- Erweiterter Schutz des erbvertraglich bindend bedachten Vermächtnisnehmers vor Beeinträchtigungen, insbesondere Veräußerung und Belastung, gemäß § 2288 BGB mittels Anspruch gegen den Erben auf Wertersatz bzw. Verschaffung bzw. Belastungsbeseitigung, ersatzweise Bereicherungsanspruch gegen den schenkungsweise Begünstigten.
- Vorausvermächtnis unterliegt im Zweifel nicht der Nacherbschaft, § 2110 Abs. 2 BGB.
- Anders als beim normalen Vermächtnis ist im Falle des Vorausvermächtnisses der Bedachte (auch) sofort dinglich beteiligt auf Grund seiner Miterbenstellung.
- Aufgrund der grundlegenden Unterschiede sind Mischformen („Vorausvermächtnis bezüglich des Mehrwerts") zu vermeiden (aA MüKoBGB/*Rudy* § 2150 Rn. 8; Palandt/*Weidlich* BGB § 2048 Rn. 6; → Form. E.II.2, → Form. C.VII.14).
- Erbschaftsteuerlich stellt der Anspruch aus einem Vorausvermächtnis eine abziehbare Nachlassverbindlichkeit dar; der Anspruch aus einer Teilungsanordnung ist nur ausnahmsweise gleichgestellt (BFH MittBayNot 2011, 433, → Form. C.IV.3. Anm. 7).
  Zum Vorausvermächtnis auch → Form. A.II.5 lit. c) cc).

12. → Form. C.IV.3 Anm. 5, → Form. C.IV.4 Anm. 3.

13. **Übernahmepflicht.** Eine Teilungsanordnung enthält grundsätzlich auch die Verpflichtung des Miterben, den Gegenstand in Anrechnung auf seinen Erbteil zu übernehmen. Ist dies nicht gewünscht, sondern ein Gestaltungsrecht für den Miterben, ist dies entweder im Rahmen einer Teilungsanordnung deutlich zu machen oder als Vermächtnis auszugestalten. → Form. C.IV.3 Anm. 5. Zum Übernahmerecht auch → Form. A.II.5 lit. c) ee).

2. Ausschluss der Auseinandersetzung, § 2044 BGB

Ich schließe hiermit die Auseinandersetzung im Wege[1, 2] einer Anordnung gemäß § 2044 BGB aus[3] bezüglich folgender Nachlassgegenstände:

a) Hausgrundstück . . . . . . Flst. . . . . . . Gemarkung . . . . . .
Diese Verfügung wird unwirksam in dem Zeitpunkt des Ablebens meiner Ehefrau, frühestens jedoch mit Vollendung des 25. Lebensjahres meines jüngsten Kindes.
b) Sämtliche sich in meinem Nachlass befindlichen Bilder des Künstlers . . . . . .

Dieser Ausschluss der Auseinandersetzung wird grundsätzlich unwirksam, wenn 30 Jahre nach Eintritt des Erbfalls verstrichen sind.[4] Der Ausschluss bleibt auch dann wirksam, wenn ein Miterbe innerhalb vorgenannter Frist stirbt.[5, 6, 7]

Anmerkungen

1. Teilungsverbot. Will der Erblasser den Nachlass den Erben ungeteilt auf bestimmte Dauer erhalten, kann der Anspruch jedes Miterben, jederzeit die **Auseinandersetzung** gemäß §§ 2044 ff. BGB verlangen zu können, durch letztwillige Verfügung **ausgeschlossen** (richtiger: aufgeschoben) werden (Überblick in → Form. A.I.5 lit. c) dd). Die Anordnung kann sich entweder auf den Nachlass insgesamt oder auf einzelne Nachlassgegenstände beziehen. Insoweit bleibt die Erbengemeinschaft bestehen. Der Ausschluss, auch (Erb-) Teilungsverbot genannt, kann auch bei gesetzlicher Erbfolge angeordnet werden. Meist wird zweckmäßig sein, ergänzend eine Verwaltungstestamentsvollstreckung anzuordnen. Statt des Ausschlusses der Auseinandersetzung kann diese durch Anordnung des Erblassers auch von der Einhaltung einer **Kündigungsfrist** abhängig gemacht werden, um den Miterben eine Vorbereitungszeit zu schaffen. Gesetzlich ist die Auseinandersetzung ausgeschlossen, wenn und solange ein in § 2043 BGB bezeichneter Grund der Unbestimmtheit von Erbteilen (zB Geburt oder Annahme eines Kindes, Anerkennung einer Stiftung) vorliegt. Ferner kann die Auseinandersetzung gemäß § 2045 BGB während des Laufes eines gerichtlichen Aufgebotsverfahrens (§§ 1970 ff. BGB) bzw. eines Privataufgebots (§ 2061 BGB) verweigert werden.

2. Rechtsnatur. Die Rechtsnatur eines Teilungsverbots in einer letztwilligen Verfügung kann sein (*Bengel* ZEV 1995, 178):

- Bloßer **Ratschlag** oder Bitte. Dann ist der fehlende Rechtsbindungswille deutlich zu machen;
- Eine (ausschließliche) **Anordnung gemäß § 2044 Abs. 1 BGB** (so das → Form. C.IV.2), wonach hierdurch der Anspruch des einzelnen Miterben gegen die anderen auf unverzügliche Auseinandersetzung der Erbengemeinschaft (§ 2042 Abs. 1 BGB) ausgeschlossen ist (teils wird jedoch der Charakter des § 2044 BGB als Verfügung eigener Art bestritten, vgl. etwa MüKoBGB/*Ann* § 2044 Rn. 12 ff.)
- Ein **Vermächtnis** zugunsten einzelner oder aller anderen Miterben (Vorausvermächtnis, §§ 1939, 2150 BGB; → Form. C.V.4). Dies ist dann anzuordnen, wenn den anderen das Recht eingeräumt werden soll, Unterlassung der Auseinandersetzung vom Beschwerten zu verlangen. In diesem Fall ist der Begünstigungswille des Erblassers deutlich zu machen;
- Eine **Auflage** (§§ 1940, 2192 ff. BGB; → Form. C.V.11). Dies ist dann anzuordnen, wenn die Auseinandersetzung trotz übereinstimmenden Erbenwillens nicht durchgeführt werden darf (Palandt/*Weidlich* BGB § 2044 Rn. 2), wobei sich die Vollziehung der Auflage nach § 2194 BGB richtet;

- Das Teilungsverbot kann im Falle einer angeordneten Testamentsvollstreckung ergänzend als vom Testamentsvollstrecker zu befolgende **Verwaltungsanordnung** (§ 2216 Abs. 2 S. 1 BGB) getroffen werden.

Alle Anordnungen haben idR nur schuldrechtlichen Charakter (§ 137 BGB, Palandt/*Weidlich* BGB § 2208 Rn. 1; str. im Falle einer Beschränkung des Aufgabenkreises des Testamentsvollstreckers, § 2208 Abs. 1 S. 1 BGB; zum Streitstand *Keim* ZEV 2002, 132 [136]). Im Falle des Einverständnisses aller Miterben und ggf. des Testamentsvollstreckers ist daher eine Abweichung vom Erblasserwillen möglich. Um dies zu verhindern, könnten zB für diesen Fall bedingte Vermächtnisse für Dritte angeordnet werden.

3. Bindungswirkung. Die rechtliche Qualifikation hat auch weitreichende Bedeutung für deren mögliche Bindungswirkung und **Abänderbarkeit** durch den Längerlebenden bei zweiseitigen letztwilligen Verfügungen: Das Teilungsverbot kann nur im Wege eines Vermächtnisses oder einer Auflage als wechselbezügliche Verfügung in einem gemeinschaftlichen Testament (§ 2270 Abs. 3 BGB) oder als vertragsmäßige Verfügung im Erbvertrag (§ 2278 Abs. 2 BGB) niedergelegt werden.

4. Dauer. Die längstmögliche Frist für die Dauer eines Teilungsverbots beträgt grundsätzlich 30 Jahre (§ 2044 Abs. 2 S. 1 BGB). Für natürliche Personen kann der Erblasser gemäß § 2044 Abs. 2 S. 2 BGB anordnen, dass der Ausschluss auch nach Ablauf von 30 Jahren bis zum Eintritt eines bestimmten Ereignisses in der Person eines Miterben (zB dessen Ableben, Erreichung eines bestimmten Alters, Heirat ua) oder bis zum Eintritt einer angeordneten Nacherbfolge bzw. Anfall eines Vermächtnisses gelten soll.

5. Ende vor Fristablauf. Aus **wichtigem Grund** kann jedoch auch während des Ausschlusszeitraums oder vor Ablauf einer angeordneten Kündigungsfrist die Aufhebung verlangt werden (§ 2044 Abs. 1 S. 2 BGB iVm § 749 Abs. 2 S. 1 und 2 BGB). Dieses Recht ist nicht abdingbar (§ 2044 Abs. 1 S. 2 BGB iVm § 749 Abs. 3 BGB). Abdingbar ist jedoch die Auslegungsregel der §§ 2044 Abs. 1 S. 2 BGB iVm § 750 BGB, wonach im Zweifel die Regelung mit dem **Tode eines Miterben** außer Kraft tritt; ist dies anders geregelt als im → Form. C.IV.2, kann der Tod eines Miterben jedoch einen wichtigen Grund iSv § 749 Abs. 2 BGB darstellen (str., vgl. BeckOGK/*Fehrenbacher* BGB § 750 Rn. 3). Eine Unwirksamkeit bzw. Undurchsetzbarkeit der Anordnung kann sich auch ergeben bei **Insolvenz** eines Miterben aus § 84 Abs. 2 S. 2 InsO und bei Pfandgläubigern aus § 2044 Abs. 1 S. 2 BGB iVm § 751 S. 2 BGB. Ein Wegfall des Teilungsverbots gegenüber pflichtteilsberechtigten Erben kommt seit der Neufassung des § 2306 BGB nicht mehr in Betracht; die nunmehr allein bestehende Möglichkeit des untergebührlich bedachten Pflichtteilsberechtigten, das Zugewendete auszuschlagen und den Pflichtteil zu verlangen, lässt das Teilungsverbot gegenüber der ohne den ausscheidenden Pflichtteilsberechtigten fortbestehenden Erbengemeinschaft unberührt. Im Übrigen gilt die Anordnung auch für und gegen Sonderrechtsnachfolger (§ 2044 Abs. 1 S. 2 BGB iVm § 751 S. 1 BGB). Die gesetzliche Verweisung auf § 1010 Abs. 1 BGB ist irreführend (*Bengel* ZEV 1995, 178 [179]) und findet nur Anwendung, wenn der Erblasser bezüglich einer Nachlassimmobilie die Umwandlung der Erbengemeinschaft in eine Bruchteilsgemeinschaft gestattet, jedoch den Ausschluss der Aufhebung dieser Bruchteilsgemeinschaft angeordnet hat; solange die Erbengemeinschaft am Grundbesitz besteht, ist die Eintragung des Ausschlusses der Aufhebung im Grundbuch unzulässig. Ist die Umwandlung der Erben- in eine Bruchteilsgemeinschaft erfolgt, gilt die Anordnung gegenüber Sonderrechtsnachfolgern von einzelnen Bruchteilen nur bei Eintragung im Grundbuch (§§ 2044 Abs. 1 S. 2, 751, 1010 Abs. 1 BGB).

6. Steuern. Der Ausschluss der Auseinandersetzung hat zur Folge, dass die Einkünfte, die die weiterbestehende Erbengemeinschaft erzielt, für die Einkommensteuer den Beteiligten nach in Höhe der jeweiligen Erbteile (§§ 2038 Abs. 2, 743 Abs. 1 BGB) zugerechnet werden (BeckNotarHdB/*Wartenburger* C Rn. 516). Dies erfolgt im Wege einer einheitli-

chen und gesonderten Feststellung gem. § 180 Abs. 1 Nr. 2 AO. Gehört ein gewerbliches, freiberufliches oder land- und forstwirtschaftliches Unternehmen zum Nachlass, wird dieses nach dem Erbfall von Miterben als „geborenen" Mitunternehmern gem. § 15 Abs. 1 S. 1 Nr. 2 EStG betrieben (Schmidt/*Wacker* EStG § 16 Rn. 606). Diese Beurteilung hängt nicht von der Länge des Zeitraumes ab, in dem die Erbengemeinschaft das Unternehmen weiterführt. Die Erbengemeinschaft führt die Buchwerte des Erblassers gem. § 6 Abs. 3 EStG fort. Soweit zum Nachlass auch Privatvermögen gehört, beziehen die Erben – als Gesamthandsgemeinschaft gem. § 39 Abs. 2 Nr. 2 AO anteilig – Einkünfte aus zB Kapitalvermögen oder Vermietung und Verpachtung. Bei der Erbengemeinschaft sind die Einkunftsarten weiterhin getrennt zu betrachten.

Erbschaftsteuerlich hat der Ausschluss der Auseinandersetzung keine Auswirkungen.

7. Kosten. Erfolgt die Anordnung des Erbteilungsverbots im Rahmen der Erstellung einer **notariellen Verfügung von Todes wegen** (einseitiges Testament 1,0-Gebühr nach Nr. 21200 KV GNotKG, Erbvertrag oder gemeinschaftliches Testament 2,0-Gebühr nach Nr. 21100 KV GNotKG), wird das Teilungsverbot

- **nicht gesondert** bewertet, wenn über den Nachlass zugleich durch Erbeinsetzung verfügt wird. Dann berechnet sich der Geschäftswert aus dem modifizierten Reinvermögen des Erblassers (§ 102 Abs. 1 GNotKG). Dies gilt auch dann, wenn der Aktivwert des vom Teilungsverbot betroffenen Gegenstandes den Wert des modifizierten Reinvermögens übersteigt;
- **gesondert** bewertet, wenn es **isoliert** angeordnet wird. Dann berechnet sich der Geschäftswert nach dem Wert des betroffenen Nachlassgegenstandes nach § 102 Abs. 3 GNotKG. Teilwerte werden nicht gebildet. An den Gegenständen lastende Verbindlichkeiten sind jedoch bis zum halben Aktivwert des Gegenstandes nach § 102 Abs. 3, Hs. 2, Abs. 2 S. 2 GNotKG abzuziehen.

3. Teilungsanordnungen des Erblassers, § 2048 BGB

Ich treffe folgende Anordnungen für die Auseinandersetzung des Nachlasses,[1] wobei hiermit klargestellt wird, dass es sich um eine reine Teilungsanordnung handelt und der jeweilige Miterbe dies erhält[2] unter Anrechnung auf seinen Erbteil bzw. Ausgleichung aus seinem sonstigen Vermögen:[3, 4]

1. **Der Miterbe A erhält den Anspruch auf das Alleineigentum an dem Hausgrundstück Flst. . . . . . Gem. . . . . .**
2. **Die Miterbin B erhält den Anspruch auf das Alleineigentum an der Gemäldesammlung des Künstlers . . . . . ., die sich im Erdgeschoss des Anwesens . . . . . . befindet.**
3. **Der Miterbe C erhält das Übernahmerecht,[5] das Grundstück Flst. Gemarkung . . . . . . zum Verkehrswert zu übernehmen. Das Übernahmerecht ist durch den Miterben durch Erklärung gegenüber den anderen Miterben auszuüben binnen drei Monaten ab Kenntnis von dem Übernahmerecht. Der Miterbe ist zur Übernahme nur berechtigt, nicht verpflichtet.**
4. **Allgemein gilt: Der anzurechnende Wert ist durch einen vereidigten Sachverständigen auf Kosten des Nachlasses zu ermitteln, soweit sich die Miterben nicht einvernehmlich auf einen Wert verständigen. Sofern über die Person des Sachverständigen keine Einigung erzielt wird, ist dieser vom Präsidenten der IHK zu bestimmen. Die Kosten der Erfüllungsgeschäfte trägt die Erbengemeinschaft im Rahmen der Nachlassauseinandersetzung.[6, 7, 8]**

Anmerkungen

1. Teilungsanordnung. Die Auseinandersetzung unter Miterben erfolgt grundsätzlich nach den gesetzlichen Bestimmungen der §§ 2042 ff. BGB und der über § 2042 Abs. 2 BGB anwendbaren Vorschriften des **Gemeinschaftsrechts.** Der Erblasser kann jedoch gemäß § 2048 BGB Anordnungen für die Auseinandersetzung („Teilungsanordnung", vgl. § 2306 Abs. 1 S. 1 BGB) treffen (Überblick in → Form. A.II.5 lit. c) ee)). Wichtigste Teilungsanordnung ist die **Zuweisung einzelner Nachlassgegenstände** (ohne Wertverschiebung, → Anm. 4) – auch von Verbindlichkeiten. Sie kann aber auch andere Abweichungen vom gesetzlichen Auseinandersetzungsverfahren beinhalten, zB bezüglich der Verwaltung.

2. Anspruch, Erfüllung. Eine Teilungsanordnung begründet nur schuldrechtliche Ansprüche im Verhältnis der Miterben zueinander. Die dingliche Zuordnung hat in Erfüllung dieses Anspruchs mittels dinglicher Übereignung nach allgemeinen Regeln zu erfolgen. Sämtliche Miterben haben an dieser Übereignung seitens der Erbengemeinschaft mitzuwirken (vgl. § 2033 Abs. 2 BGB), sofern kein Testamentsvollstrecker mit entsprechendem Aufgabenbereich (→ Form. C.IV.4 Anm. 4 und zum Vermächtnis → Form. C.V.6) ernannt wurde.

3. Übernahmepflicht. Eine Teilungsanordnung beinhaltet zum einen das Recht des Miterben zur entsprechenden Berücksichtigung im Teilungsplan, jedoch umgekehrt auch die Pflicht des Miterben zur Übernahme. Anders als ein Vermächtnis ist eine Teilungsanordnung durch den Miterben nicht gesondert ausschlagungsfähig. Will der Miterbe den Gegenstand nicht, hat er das Erbe insgesamt auszuschlagen; dies gilt seit der Neufassung des § 2306 BGB stets auch für den pflichtteilsberechtigten Erben, der dann freilich den ungetrübten Pflichtteil verlangen kann. Zu unterscheiden hiervon ist die Einräumung eines **Übernahmerechts,** was ein bloßes, idR befristetes Recht des Bedachten ist, und anders als bei der Teilungsanordnung keine Pflicht des Erben beinhaltet (→ Anm. 5).

4. Vorausvermächtnis. Zu den grundsätzlichen Unterschieden zwischen Teilungsanordnung und Vorausvermächtnis → Form. C.IV.1 Anm. 11. Entscheidend ist, dass der Erblasser bei der Teilungsanordnung keine Änderung der Erbquote wünscht, sondern insbesondere nur festlegt, welcher Miterbe welche Nachlassgegenstände bei der Auseinandersetzung erhalten soll; will hingegen der Erblasser einem Miterben einen besonderen **Vermögensvorteil** zuwenden, ist ein Vorausvermächtnis anzuordnen. Die rechtliche Gestaltung hat auch Bedeutung für deren mögliche Bindungswirkung und Abänderbarkeit durch den Längerlebenden bei zweiseitigen letztwilligen Verfügungen: Nur ein Vorausvermächtnis kann als wechselbezügliche Verfügung in einem gemeinschaftlichen Testament (§ 2270 Abs. 3 BGB) oder als vertragsmäßige Verfügung im Erbvertrag (§ 2278 Abs. 2 BGB) niedergelegt werden, eine Teilungsanordnung nur als einseitige Verfügung.

5. Übernahmerecht. Ein bloßes Übernahmerecht kann auch Gegenstand einer Teilungsanordnung sein; der Miterbe ist dann nicht zur Übernahme verpflichtet (→ Form. C.IV.1 Anm. 13 ; zum Übernahmerecht auch → Form. A.II.5 lit. c) ee)). Übt der Miterbe sein Gestaltungsrecht aus, erhält er den Anspruch auf Übereignung im Rahmen der Erbauseinandersetzung und wird zugleich verpflichtet zur Übernahme und Anrechnung. Ist vom Erblasser jedoch ein bestimmter idR unter dem Verkehrswert liegender **Übernahmewert** gewünscht, sollte das Übernahmerecht insgesamt als Vermächtnis (→ Form. C.IV.4 Anm. 3.) ausgestaltet werden; eine Vermischung („Der übersteigende Wert ist vorausvermächtnisweise zugewendet.") sollte wegen der Systemunterschiede zwischen Teilungsanordnung und Vorausvermächtnis (→ Form. C.IV.4 Anm. 3) vermieden werden.

6. Kostentragung. Für die Kosten des Erfüllungsgeschäfts, zB bei Immobilien Notarkosten der Auflassung und Grundbuchkosten der Eintragung, gilt in Abwesenheit konkreter Anordnungen durch den Erblasser das Folgende: Handelt es sich um eine reine Teilungsanordnung, fallen die Kosten dem Nachlass anheim. Auch im Falle eines Vorausvermächtnisses hat der Verpflichtete (somit im Regelfall die Erben, § 2147 S. 2 BGB) die Kosten zu tragen. Da dies häufig nicht dem Erblasserwillen entspricht, sind abweichende Regelungen in der letztwilligen Verfügung möglich.

7. Steuern. Schenkungsteuer: Teilungsanordnungen sind wie eine freie Erbauseinandersetzung für die Besteuerung des Erwerbes durch Erbanfall gem. § 3 Abs. 1 Nr. 1 ErbStG grundsätzlich ohne Bedeutung (R E 3.1 ErbStR 2011). Der nach den steuerlichen Bewertungsvorschriften ermittelte Reinwert des Nachlasses wird den Erben grundsätzlich nach Maßgabe ihrer Erbanteile zugerechnet.

Beispiel:
Erblasser E setzt seine Kinder S und T je zur Hälfte als Erben ein. Der Nachlass besteht aus einem gewerblich vermieteten (dh erbschaftsteuerlich nicht begünstigten) Grundstück mit einem Verkehrswert in Höhe von 600.000 EUR. Der Steuerwert entspricht dabei grundsätzlich dem Verkehrswert (→ Form. A.IV.4 c)). E bestimmt testamentarisch durch Teilungsanordnung, dass S bei der Erbauseinandersetzung das Grundstück erhalten soll und dafür an T eine Ausgleichszahlung von 300.000 EUR leisten muss.
Als Erwerb durch Erbanfall sind bei S und T ohne Rücksicht auf die Teilungsanordnung jeweils die Hälfte des Steuerwerts des Nachlassgrundstücks, also jeweils 300.000 EUR anzusetzen, so dass nach Abzug des Freibetrags in Höhe von 400.000 EUR gem. § 16 Abs. 1 Nr. 2 ErbStG kein steuerpflichtiger Erwerb vorliegt.

Anders als nach dem bis 31.12.2008 geltenden Erbschaft- und Schenkungsteuerrecht können ab 2009 Begünstigungen für Betriebsvermögen nur noch von demjenigen in Anspruch genommen werden, der im Rahmen der Teilung des Nachlasses das begünstigte Vermögen erhält, §§ 13a Abs. 5 S. 1, 2 ErbStG. Korrespondierend hierzu kommen gemäß § 13a Abs. 5 S. 3 ErbStG die Begünstigungen demjenigen zugute, der sie nach der Nachlassteilung erhält. Hierdurch soll eine „Fehlallokation" der Begünstigungen vermieden werden. Gleiches gilt entsprechend für §§ 13c und 28a ErbStG.

Inhaltlich vergleichbare Regelungen sind vorgesehen für die Begünstigung der Übertragung von Familienwohnheimen (§§ 13 Abs. 1 Nr. 4 b S. 2, 3, Nr. 4 c S. 2, 3 ErbStG), von zu Wohnzwecken vermieteten Gebäuden (§ 13d Abs. 2 S. 2, 3 ErbStG) und die Tarifbegrenzung bei Übertragung von Betriebsvermögen, der Übertragung von Land- und Forstbetrieben und Anteilen an Kapitalgesellschaften (§ 19a Abs. 2 S. 2, 3 ErbStG) (vgl. insgesamt → Form. A.IV.4 lit. d).

Ertragsteuer: Ertragsteuerlich ergeben sich bei Vollzug der Teilungsanordnung im Rahmen der Erbauseinandersetzung die gleichen Folgen wie bei einer freien Erbauseinandersetzung, da eine dinglich wirkende Zuordnung der einzelnen Nachlassgegenstände durch die Teilungsanordnung selbst noch nicht bewirkt wurde. Daher ist zwischen Realteilungen von reinem Betriebsvermögen, reinem Privatvermögen und sog. Mischnachlässen zu unterscheiden.

Realteilung von Betriebsvermögen: Werden keine Ausgleichszahlungen geleistet und die einzelnen Wirtschaftsgüter oder Beteiligungen entweder innerhalb der Mitunternehmerschaft übertragen oder in ein anderes Betriebsvermögen überführt, ist die Realteilung von reinem Betriebsvermögen ein unentgeltlicher Vorgang. Anschaffungskosten und Veräußerungserlöse entstehen nicht. § 16 Abs. 3 S. 2 EStG schreibt zwingend Buchwertfortführung vor. Erfolgt eine unmittelbare Überführung in das Privatvermögen eines Miterben, entsteht ein Entnahmegewinn in Höhe der Differenz zwischen Teilwert und Buchwert des Gegenstands. Der Entnahmegewinn trifft die Erbengemeinschaft.

Wenn ein Erbe innerhalb einer Sperrfrist von drei Jahren einzelne Wirtschaftsgüter in Folge der Realteilung in sein Privatvermögen überführt, so sind insoweit rückwirkend die gemeinen Werte anzusetzen, § 16 Abs. 3 S. 3 EStG. Der hierbei entstehende Gewinn

unterliegt nicht den Begünstigungen der §§ 16, 34 EStG. Gleiches gilt gem. § 16 Abs. 3 S. 4 EStG, wenn Wirtschaftsgüter des auseinanderzusetzenden Betriebsvermögens auf eine Körperschaft, Personenvereinigung oder Vermögensmasse übertragen werden.

Erfolgt eine Aufteilung des Betriebsvermögens ohne Fortführung des Betriebs, liegt eine Betriebsaufgabe vor, bei der regelmäßig ein nach den §§ 16, 34 EStG begünstigter Aufgabegewinn entsteht (BMF BStBl. I 2006, 253 Rn. 11). Ein solcher Aufgabengewinn fällt wiederum nicht an soweit Gegenstände des Betriebsvermögens gem. § 16 Abs. 3 S. 2 bis 4 EStG bzw. § 6 Abs. 5 EStG in ein anderes Betriebsvermögens überführt werden, sofern mindestens eine wesentliche Betriebsgrundlage steuerverstrickt bleibt. Eine Betriebsaufgabe liegt zwingend auch dann vor, wenn Wirtschaftsgüter, die zu den wesentlichen Betriebsgrundlagen gehören, ins Privatvermögen der Miterben überführt werden (BMF BStBl. I 2006, 253 Rn. 13).

Erhält ein Erbe im Zuge der Erbauseinandersetzung mehr, als ihm nach seiner Erbquote zusteht und leistet er hierfür Ausgleichzahlungen, hat er in dieser Höhe Anschaffungskosten. Beim weichenden Erben findet ein Veräußerungsgeschäft statt.

Die Buchwerte können von dem Erben, der die Zahlungen leistet, nur insoweit fortgeführt werden, als kein Anschaffungsvorgang realisiert wurde. Die Finanzverwaltung ist der Auffassung, dass der hierdurch entstehende Veräußerungsgewinn nach §§ 16, 34 EStG nicht begünstigt ist, wenn die Miterben die aufgeteilten Wirtschaftsgüter weiterhin im Betriebsvermögen halten (BMF BStBl. I 2006, 253 Tz. 19). Insoweit liegt ein laufender Gewerbeertrag vor. Werden die erworbenen Wirtschaftsgüter dagegen insgesamt ins Privatvermögen der Miterben überführt, liegt eine nach §§ 16, 34 EStG begünstigte Betriebsaufgabe beim Miterben vor, deren Gewinn sich aus dem Entnahmegewinn und aus der Abfindungszahlung ergibt (BMF BStBl. I 2006, 253 Rn. 14). Die Miterben sind insoweit getrennt zu betrachten. Der BFH hat sich bisher noch nicht dazu geäußert, wie die Höhe des durch Ausgleichzahlungen entstehenden Veräußerungsgewinns zu ermitteln ist und wie die Anschaffungskosten auf die einzelnen Wirtschaftsgüter zu verteilen sind (vgl. Schmidt/*Wacker* EStG § 16 Rn. 619).

Nach Auffassung der Finanzverwaltung ist die Übernahme von Verbindlichkeiten der Erbengemeinschaft grundsätzlich und unabhängig von der Höhe nicht als Entgelt anzugeben (BMF BStBl. I 2006, 253 Rn. 18). Für die Übernahme von Nachlassschulden durch einen Miterben über seine Erbquote hinaus, etwa als Ausgleich für die quotenübersteigende Übernahme von Nachlassvermögen, hat sich der BFH allerdings für den Ansatz von Anschaffungskosten ausgesprochen (BFH BStBl. II 2006, 296; dagegen allerdings BMF BStBl. I 2006, 306).

Realteilung von Privatvermögen: Bei der Realteilung von Privatvermögen ohne Ausgleichzahlungen kommt es ebenfalls nicht zu Anschaffungskosten und Veräußerungserlösen. Sie erfolgt ertragssteuerneutral (vgl. Schmidt/*Wacker* EStG § 16 Rn. 625).

Werden dagegen vom Erben an den weichenden Miterben Abfindungszahlungen geleistet, liegt bezüglich des Teils an dem erworbenen Wirtschaftsgut oder an der erworbenen Beteiligung ein Veräußerungsgeschäft vor. Dies ist bei dem weichenden Erben nur im Rahmen der §§ 17, 23 EStG, § 21 UmwStG steuerbar. Dafür hat der die Abfindung leistende Erbe neues Potential für die Abschreibung für Abnutzung (BMF BStBl. I 2006, 253 Tz. 31).

Realteilung von Mischnachlässen: Auch bei Mischnachlässen ist die Realteilung ohne Ausgleichzahlung ein unentgeltlicher Vorgang (vgl. Schmidt/*Wacker* EStG § 16 Rn. 639). Entspricht der Wert des Betriebsvermögens dem Anteil des Erben am Gesamtnachlass, kann so eine Gewinnrealisierung vermieden werden. Dabei ist bei der Wertermittlung nicht etwa der Zeitpunkt des Erbfalls maßgebend, sondern der Zeitpunkt der Erbauseinandersetzung. Die Erben haben somit die Möglichkeit, Wertschwankungen eines lebenden Betriebes auszunutzen. Sie können den Zeitpunkt der Erbauseinandersetzung so wählen, dass sie ihn von den Wertverhältnissen der einzelnen Nachlassgegenstände abhängig machen (Blümich/*Schallmoser* EStG § 16 Rn. 60).

Leistet ein Erbe für die von ihm übernommenen Wirtschaftsgüter Ausgleichzahlungen an die Miterben und setzt sich das übernommene Vermögen sowohl aus Betriebs- als auch Privatvermögen zusammen, sind die Ausgleichzahlungen auf die einzelnen Wirtschaftsgüter aufzuteilen. Die Aufteilung erfolgt dabei im Verhältnis der Verkehrswerte zueinander (vgl. Schmidt/*Wacker* EStG § 16 Rn. 637). Die ertragsteuerlichen Auswirkungen der Abfindungszahlungen richten sich danach, ob sie auf Betrieb- oder Privatvermögen entfallen (vgl. Schmidt/*Wacker* EStG § 16 Rn. 636).

Grunderwerbsteuer: Hat der Erblasser im Wege der Teilungsanordnung ein bestimmtes Grundstück einem seiner Erben zugewiesen, löst der Vollzug dieser Anordnung durch Übertragung des Grundstücks gemäß § 3 Nr. 3 GrEStG keine Grunderwerbsteuer aus.

8. Kosten. → Form. C.IV.2 Anm. 7.

4. Vorausvermächtnis, § 2150 BGB

Die Erben werden mit folgendem Vermächtnis[1] beschwert:

Der [Miterbe] . . . . . ., ersatzweise dessen Abkömmlinge gemäß gesetzlicher Erbregel

– „der Vermächtnisnehmer" genannt –

erhält[2] vermächtnisweise

a) einen Geldbetrag von . . . . . . EUR;

b) das Übernahmerecht,[3] das Grundstück Flst. Gemarkung . . . . . . zum Wert von . . . . . . EUR zu übernehmen. Das Übernahmerecht ist durch den Vermächtnisnehmer durch Erklärung gegenüber den Erben auszuüben binnen drei Monaten ab Kenntnis des Vermächtnisses. Die Kosten der Vermächtniserfüllung hat der Vermächtnisnehmer zu tragen.

Soweit der Vermächtnisnehmer auch Miterbe ist, wird vorstehendes Vermächtnis als Vorausvermächtnis und ohne Anrechnung auf den Erbteil angeordnet.[4, 5, 6]

Anmerkungen

1. Ein **Vorausvermächtnis** ist das einem Erben zugewendete Vermächtnis (§ 2150 BGB). Es ist zu unterscheiden vom Vor- und Nachvermächtnis (§ 2191 BGB) sowie von der Teilungsanordnung (§ 2048 BGB; zu den grundsätzlichen Unterschieden → Form. C.IV.1 Anm. 11; zum Vorausvermächtnis auch Abschnitt → Form. A.II.5 lit. c) ee)). Ein Vorausvermächtnis ist vom Erblasser insbes. dann anzuordnen, wenn er dem Vermächtnisnehmer über dessen Erbteil hinaus einen **zusätzlichen,** nicht auf den Erbteil anzurechnenden **Vorteil** zuwenden will. Ferner kommt ein Vorausvermächtnis (in Abgrenzung zur Teilungserklärung) in Betracht, wenn ein von der Erbeinsetzung unabhängiger, selbstständig hinzutretender Grund für die Anordnung besteht, etwa weil die Erbschaft separat – ohne Einfluss auf die Zuweisung des Vermächtnisgegenstandes – ausschlagbar sein soll. Bedacht wird in der Regel ein Miterbe. Möglich ist jedoch auch, dem Alleinerben ein Vermächtnis auszusetzen. Der Alleinerbe ist dann zugleich Beschwerter und Bedachter; er kann dann das Vermächtnis ausschlagen und die Erbschaft annehmen oder umgekehrt. Allgemein zum Vermächtnis und zu weiteren Formulierungsvorschlägen → Form. C.V.1 bis 10.

2. Anspruch. Das Vorausvermächtnis wirkt wie jedes Vermächtnis nur schuldrechtlich und begründet für den Bedachten den Anspruch, vom Beschwerten die Leistung des

vermachten Gegenstandes zu fordern (§ 2174 BGB) mit der Besonderheit, dass der Bedachte als Miterbe zugleich auch dinglich mitberechtigt ist. Beschwert ist im Zweifel der Erbe (§ 2147 S. 2 BGB). Der Vorausvermächtnisnehmer kann die unverzügliche Erfüllung von der Erbengemeinschaft fordern (→ Form. C.IV.1 Anm. 11). Dies erfordert grundsätzlich ein gesondertes Erfüllungsgeschäft; einzige Ausnahme ist ein Vorausvermächtnis für einen Alleinvorerben (BGHZ 32, 60; Ausnahmefall einer gegenständlich beschränkten Vollerbschaft).

3. Ein **Übernahmerecht** für einen Miterben kann als Vorausvermächtnis oder als Teilungsanordnung (→ Form. C.IV.3 Anm. 5) ausgestaltet werden. Ist vom Erblasser – wie hier – ein bestimmter, idR unter dem Verkehrswert liegender **Übernahmewert** gewünscht, sollte das Übernahmerecht wegen des enthaltenen wertmäßigen Begünstigungswillen insgesamt als Vermächtnis ausgestaltet werden. Übt der bedachte Miterbe sein Gestaltungsrecht aus, erhält er den Anspruch auf Übereignung gegen die Erbengemeinschaft; anders als bei der Teilungsanordnung ist der Anspruch nicht erst im Rahmen der Erbauseinandersetzung zu erfüllen.

4. Eine ergänzende **Testamentsvollstreckung** kann häufig zweckmäßig sein. Die Erfüllung des Vermächtnisanspruchs erfolgt durch gesonderte **Erfüllungshandlung** nach allgemeinen Vorschriften, zB Übereignung von Geld, Abtretung vermachter Forderungen oder bei Grundstücken Auflassung und Grundbucheintragung. Zum jeweiligen Erfüllungsgeschäft ist neben dem Bedachten grundsätzlich auch die **Mitwirkung aller Miterben** erforderlich. Ist dies untunlich, zB bei einer Vielzahl von Miterben oder der Gefahr von deren Geschäftsunfähigkeit, oder aus sonstigen Gründen nicht gewünscht, zB bei Spannungen zwischen Erben und Bedachten, ist die ergänzende Anordnung einer Testamentsvollstreckung zweckmäßig. Hierbei kann
- der Aufgabenkreis des Testamentsvollstreckers darauf beschränkt werden, ausschließlich jenes Vermächtnis zu erfüllen;
- der Bedachte selbst zum Testamentsvollstrecker ernannt werden. In diesem Fall kann er die Erfüllung an sich selbst durchführen. Eine Befreiung von § 181 BGB ist nicht erforderlich, da es sich um die Erfüllung einer Verbindlichkeit handelt. Formulierungsbeispiel einer punktuellen Testamentsvollstreckung → Form. C.V.6.

5. Steuern. Das Vorausvermächtnis ist ein steuerpflichtiger Erwerb gem. §§ 1 Abs. 1 Nr. 1, 3 Abs. 1 Nr. 1 ErbStG. Für den beschwerten Erben ist das Vorausvermächtnis eine Nachlassverbindlichkeit gem. § 10 Abs. 5 Nr. 2 ErbStG (Meincke/*Hannes*/*Holtz* ErbStG § 10 Rn. 30). Bei der steuerlichen Wertermittlung ist das Vorausvermächtnis mit seinem Steuerwert vom Gesamtsteuerwert des Reinnachlasses als Nachlassverbindlichkeit abzuziehen, da es alle Miterben beschwert. Im nächsten Schritt ist es dem begünstigten Erben neben seinem Erbteil, der sich durch Aufteilung des verbleibenden Nachlasswertes nach dem Verhältnis der Erbquoten ergibt, vorab zuzurechnen.

6. Kosten. → Form. C.IV.2 Anm. 7.

V. Anordnung von Vermächtnissen und Auflagen

1. Vorbemerkungen und Checkliste: Vermächtnis, §§ 1939, 2147 ff. BGB

Checkliste[1]

- ❒ Vermächtnisgegenstand?[2]
- ❒ Wer ist beschwert?[3]
  Bei Ehegattenregelung: Erbe(n) des Erst- oder des Zweitversterbenden?
  Vermächtnisnehmer mit Untervermächtnis[4]
  Wegfall des Beschwerten[5]
  Mehrere Beschwerte
- ❒ Wer ist bedacht?[6]
  Vorversterben/sonstiger Wegfall eines Bedachten, Ersatzvermächtnis[7]
  Mehrere Bedachte
  Nachvermächtnis[8]
  Drittbestimmung?
- ❒ Anfall des Vermächtnisses[9]
- ❒ Fälligkeit des Anspruchs[10]
- ❒ Abweichende Regelungen zu Kosten: Grundsätzlich Kostentragung durch den Beschwerten![11, 14]
  Pflichtteilslast: Grundsätzlich Lastentragung durch Bedachten[12]
  Erbschaftsteuer[13]
- ❒ Ergänzende Regelungen, zB flankierende Ansprüche gegen den Beschwerten auf Rechnungslegung oder Sicherung der Erfüllung?

Anmerkungen

1. Begriff, Verfügung von Todes wegen. Das Vermächtnis ist gesetzlich definiert in § 1939 BGB: Der Erblasser kann durch Testament einem anderen, ohne ihn als Erben einzusetzen, einen **Vermögensvorteil** zuwenden; eine wirtschaftliche Bereicherung ist nicht erforderlich. Mit Anfall des Vermächtnisses entsteht der schuldrechtliche Anspruch des **Bedachten (Vermächtnisnehmer)** gegen den Beschwerten auf Leistung des vermachten Gegenstandes (§ 2174 BGB). Dies bedarf einer gesonderten Erfüllungshandlung (**Vermächtniserfüllung**) nach allgemeinen Vorschriften. Der Vermächtnisnehmer wird nicht Mitglied der Erbengemeinschaft, das Vermächtnis wird nicht im Erbschein vermerkt.

Zur Abgrenzung des Vermächtnisses von der Erbeinsetzung (→ Form. A.II.5 b) dienen die Auslegungsregeln des § 2087 BGB; hingegen ist die Auslegungsregel des § 2304 BGB nicht verwendbar für die Abgrenzung eines Vermächtnisses in Höhe des Pflichtteils von der bloßen Verweisung auf den gesetzlichen Pflichtteilsanspruch. Das Vermächtnis ist ferner abzugrenzen von der Schenkung unter Lebenden auf den Todesfall (§ 2301 BGB). Bei alledem sollte Ziel des Vertragsgestalters freilich stets sein, Raum für gesetzliche Auslegungsregeln gar nicht erst zu eröffnen.

Das Vermächtnis kann auch im **Erbvertrag** angeordnet werden (§ 1941 Abs. 1 BGB), sei es als vertragsmäßige Verfügung (§ 2278 Abs. 2 BGB), sei es als einseitige Verfügung (§ 2299 BGB). Im **gemeinschaftlichen Testament** kann das Vermächtnis als wechselbezügliche Verfügung angeordnet werden (§ 2270 Abs. 3 BGB). Besonderheiten zum **Vorausvermächtnis** für einen Miterben: → Form. C.IV.4.

Mögliche **Vermächtnisarten** sind zB Stückvermächtnis (§ 2169 BGB; → Form. C.V.2), Forderungsvermächtnis (§ 2173 BGB; → Form. C.V.5), Verschaffungsvermächtnis (§ 2170 BGB; → Form. C.V.7), Nießbrauchsvermächtnis (→ Form. C.V.8), Gattungsvermächtnis (§ 2155 BGB; → Form. C.IV.10), Wahlvermächtnis (§ 2154 BGB; → Form. C.V.10), Zweckvermächtnis (§ 2156 BGB; → Form. C.V.10), Quotenvermächtnis (bezüglich Bruchteils des verbleibenden Nachlassrestes), Universalvermächtnis (bezüglich gesamten Nachlasses nach Erfüllung von Nachlassverbindlichkeiten), Vorausvermächtnis (§ 2150 BGB; → Form. C.IV.4), Nachvermächtnis (§ 2191 BGB; → Anm. 8 und → Form. C.II.2), Untervermächtnis (§§ 2147, 2186 BGB; → Form. C.V.9). Zum Herausgabevermächtnis → Form. C.II.2 und unten → Form. E.I.3 Anm. 9. Überblick zu Vermächtnissen auch in → Form. A.II.5 lit. f).

2. Vermächtnisgegenstand. „Vermögensvorteil" iSd § 1939 BGB und **Gegenstand** eines Vermächtnisses kann alles sein, was Inhalt einer Leistung (§ 241 Abs. 1 BGB) und Ziel eines Anspruchs (§ 194 Abs. 1 BGB) sein kann. Da das Vermächtnis nur schuldrechtliche Wirkung (§ 2174 BGB, „Damnationslegat") und keine unmittelbare dingliche Rechtsfolge hat (Ausnahme: Vorausvermächtnis für den alleinigen Vorerben), unterliegt der Vermächtnisgegenstand nicht dem Gebot des „*numerus clausus*" erbrechtlicher Verfügungen. Möglich sind neben Geld und Sachen zB Nutzungsrechte, Übernahmerechte (auch vollentgeltlich; „Vermögensvorteil" iSd § 1939 BGB ist in diesem Fall das Recht zur Übernahme, → Form. C.IV.4), Gesellschaftsanteile, Renten, Sachgesamtheiten (auch Universalvermächtnis), Leistung von Diensten, Unterlassung, Erlass einer Forderung oder Befreiung von einer Verbindlichkeit.

Grundsätzlich geht das Gesetz davon aus, dass der Erblasser in der Annahme verfügt, dass ein vermachter bestimmter Gegenstand **zur Erbschaft gehört** und Stückvermächtnisse unwirksam sind, wenn der Gegenstand sich zurzeit des Erbfalls nicht mehr im Nachlass befindet (§ 2169 Abs. 1 BGB). Ebenso werden auch Gegenstände behandelt, zu deren Veräußerung der Erblasser verpflichtet ist (§ 2169 Abs. 4 BGB). Möglich ist jedoch auch, **fremde Gegenstände** zu vermachen als sogenanntes **Verschaffungsvermächtnis** (→ Form. C.V.7): In diesem Fall ist in der Verfügung von Todes wegen der qualifizierte Zuwendungswille des Erblassers deutlich zu machen, um eine Unwirksamkeit gemäß § 2169 Abs. 1 BGB auszuschließen.

Bezüglich des Vermächtnisgegenstandes besteht für den Erblasser abweichend von § 2065 Abs. 2 BGB die Möglichkeit, im Rahmen der §§ 2151 ff. BGB anderen die Bestimmung zu überlassen (**Drittbestimmung;** → Form. C.V.10).

3. Beschwerter, Vermächtnislast. Beschwert werden kann gemäß § 2147 S. 1 BGB der Erbe oder ein Vermächtnisnehmer. Ist der Beschwerte nicht benannt, gilt die Vermutung des § 2147 S. 2 BGB, wonach der Erbe beschwert ist. Ist hingegen ein Vermächtnisnehmer beschwert, handelt es sich um ein **Untervermächtnis** (vgl. § 2186 BGB; → Anm. 4). Sind mehrere Erben beschwert, gilt für deren Innenverhältnis die Auslegungsregel des § 2148 Alt. 1 BGB. Im Außenverhältnis haften jedoch alle Miterben gemäß §§ 1967, 2058, 421 BGB. Der Erblasser kann für den Wegfall des Beschwerten einen **Ersatzbeschwerten** benennen. Bei Beschwerung von Pflichtteilsberechtigten ist § 2306 Abs. 1 BGB zu beachten, wobei die Norm seit ihrer Neufassung an Brisanz verloren hat (→ Form. C.VI.10)

Erfolgt die Vermächtnisanordnung im Rahmen eines gemeinschaftlichen Testaments oder Erbvertrags der Ehegatten, sollte zur Vermeidung von Zweifeln niedergelegt werden, dass – im Regelfall – erst der **Letztversterbende beschwert** ist und der Anfall erst bei dessen Ableben erfolgt. Wird hingegen die Beschwerung des Erstversterbenden gewünscht, zB zur Ausnutzung von steuerlichen Freibeträgen nach dem Erstversterbenden (→ Anm. 13, → Form. C.V.7), ist – auch im Hinblick auf § 2269 Abs. 2 BGB – zu bestimmen, dass das Vermächtnis (bereits) anfällt nach dem Tode des Erstversterbenden.

Beschwert werden kann auch die Person, die durch ein Schenkungsversprechen auf den Todesfall gemäß § 2301 Abs. 1 BGB begünstigt ist, da dies bei zugewendeten Einzelgegenständen als Vermächtnis behandelt wird (Palandt/*Weidlich* BGB § 2301 Rn. 7). Umstritten ist, ob beschwert werden kann, wer aus einem Vertrag zugunsten Dritter (§§ 331 f. BGB; § 159 VVG) das Recht auf die versprochene Leistung mit dem Todes des Versprechensempfänger erwirbt ; dafür Bamberger/Roth/*Müller-Christmann* BGB § 2147 Rn. 5; dagegen die wohl hM, vgl. etwa MüKoBGB/*Rudy* § 2147 Rn. 6; BeckOGK/*Hölscher* BGB § 2147 Rn. 15).

4. Untervermächtnis → Anm. 3 und → Form. C.V.9, zur Fälligkeit § 2186 BGB.

5. Wegfall des Beschwerten. Fällt der Beschwerte weg, bleibt das Vermächtnis wirksam, sofern kein anderer Erblasserwille anzunehmen ist (§ 2161 S. 1 BGB). Mit dem Vermächtnis ist dann der beschwert, dem der Wegfall unmittelbar zustattenkommt (§ 2161 S. 2 BGB), insbesondere der Ersatzerbe bzw. beim Untervermächtnis der Ersatz-(Haupt-)Vermächtnisnehmer. Die Vorschrift hat Bedeutung, wenn ein konkret bezeichneter Erbe oder ein Vermächtnisnehmer beschwert ist, nicht wenn allgemein „der Erbe" beschwert ist, auch gem. § 2147 S. 2 BGB. Zur Sondervorschrift des § 2187 Abs. 2 BGB bei einem weggefallenen Hauptvermächtnisnehmer → Form. C.V.9 Anm. 2.

Art und **Grund des Wegfalls** des Beschwerten (Erbe oder Vermächtnisnehmer) sind unerheblich: Ein Wegfall eines – gesetzlichen oder gewillkürten – Erben kann erfolgen **vor dem Erbfall**, insbesondere durch Tod (§ 1923 Abs. 1 BGB) oder Erb- bzw. Zuwendungsverzicht (§§ 2346 Abs. 1, 2352 BGB) oder **nach dem Erbfall**, insbesondere durch Ausschlagung (§ 1953 Abs. 1 BGB), Nichterleben einer aufschiebenden Bedingung (§ 2074 BGB), Anfechtung (§§ 2078 ff. BGB) und Erbunwürdigkeitserklärung (§ 2344 Abs. 1 BGB).

6. Bedachter (Vermächtnisnehmer). Der Vermächtnisnehmer (Bedachter) muss bestimmt oder jedenfalls bestimmbar sein. Es kann eine natürliche oder juristische Person sein. Ist es ein (Mit-)Erbe, handelt es sich um ein Vorausvermächtnis (§ 2150 BGB; → Form. C.IV.4). Ist der Vermächtnisnehmer beim Erbfall bereits gezeugt, gilt § 1923 Abs. 2 BGB; ist er noch nicht gezeugt, erfolgt der Anfall des Vermächtnisses mit der Geburt (§ 2178 Alt. 1 BGB), sofern die Fristen der §§ 2162, 2163 BGB gewahrt bleiben.

Sind **mehrere bedacht** und sind vom Erblasser keine Regelungen getroffen, sind sie zu gleichen Teilen bedacht (§§ 2157, 2091 BGB).

Bezüglich des Bedachten besteht für den Erblasser abweichend von § 2065 Abs. 2 BGB die Möglichkeit, im Rahmen der §§ 2151 ff. BGB anderen die Bestimmung zu überlassen (**Drittbestimmung;** → Form. C.V.10).

7. Vorversterben oder sonstiger Wegfall eines Bedachten, Ersatzvermächtnis. Ein Vermächtnis ist unwirksam, wenn der Bedachte zzt. des Erbfalls (§ 1922 Abs. 1 BGB) nicht mehr lebt (§ 2160 BGB). Schlägt ein Bedachter das Vermächtnis aus, gilt der Anfall an den Ausschlagenden als nicht erfolgt (§ 2180 Abs. 3 iVm § 1953 Abs. 1 BGB). Voraussetzung für die Unwirksamkeit des Vermächtnisses ist jedoch, dass kein Ersatzvermächtnisnehmer vorliegt. Eine **Ersatzberufung** kann erfolgen ausdrücklich durch Ersatzvermächtnis (§§ 2190, 2097 bis 2099 BGB), im Wege der Auslegung (insbes. auf Grund der Auslegungsregel des § 2069 BGB „einen seiner Abkömmlinge bedacht"; → Form. C.V.2 Anm. 1), oder auf Grund gesetzlicher Anordnung, insbesondere **Anwachsung** (§ 2158 Abs. 1 BGB). Die Anwachsung ist ausgeschlossen, wenn und soweit der Erblasser Ersatzvermächtnisnehmer bestimmt hat (§ 2158 Abs. 2 BGB); dies ist grundsätzlich auch dann der Fall, wenn der Erblasser einen Abkömmling eingesetzt hat, dieser weggefallen ist und gem. § 2069 BGB dessen Abkömmlinge an dessen Stelle getreten sind (Palandt/*Weidlich* BGB § 2158 Rn. 2). Der Ersatzvermächtnisnehmer erhält das Vermächtnis auch bei sonstigen Wegfallgründen, so der Vermächtnisunwürdigkeit des Hauptbedachten (§ 2345 BGB) oder seinem Tod vor Eintritt einer aufschiebenden Bedingung (§§ 2074, 2177 BGB).

Rechtsfolge der Unwirksamkeit eines Vermächtnisses ist der Wegfall der Beschwerung des mit dem Vermächtnis Belasteten. Die (typischerweise den Erben begünstigende) Unwirksamkeit eines (Haupt-)Vermächtnisses führt jedoch nicht zur Unwirksamkeit eines **Untervermächtnisses:** Mit diesem ist dann (typischerweise) der Erbe beschwert (§ 2161 BGB), aus dem Untervermächtnis wird ein (Haupt-)Vermächtnis.

8. Nachvermächtnis. S. allgemein zur Vor- und Nacherbfolge → Form. C.II. Soll der Vermächtnisgegenstand nach dem Anfall an den (Vor-)Vermächtnisnehmer zu einem bestimmten Zeitpunkt oder Ereignis einem Dritten (Nachvermächtnisnehmer) zugewendet werden, kann der Erblasser ein Nachvermächtnis anordnen (*Muscheler* AcP 208 (2008) 69). Es handelt sich um ein aufschiebend bedingtes oder befristetes (§ 2177 BGB) Untervermächtnis. § 2191 Abs. 1 BGB enthält hierfür die Auslegungsregel (BeckOK BGB/*Müller-Christmann* § 2191 Rn. 4), dass der Vorvermächtnisnehmer beschwert ist, nicht der Erbe; damit stellt jedes Nachvermächtnis auch ein Untervermächtnis dar mit dem Charakteristikum, dass der Vermächtnisgegenstand derselbe ist.

§ 2191 Abs. 2 BGB verweist auf einzelne **Vorschriften der Nacherbschaft** (s. iE dazu → Form. C.II.1). Durch die damit anwendbare Auslegungsregel des § 2102 Abs. 1 BGB enthält die Einsetzung als Nachvermächtnisnehmer im Zweifel auch die Einsetzung als Ersatzvermächtnisnehmer; gem. §§ 2191 Abs. 2, 2102 Abs. 2 BGB liegt in Zweifelsfällen, ob eine Ersatz- oder Nachvermächtnisnehmereinsetzung vorliegt, eine Ersatzvermächtnisnehmereinsetzung vor. Ist kein abweichender Zeitpunkt oder abweichendes Ereignis bestimmt, fällt das Nachvermächtnis mit dem Tod des Vorvermächtnisnehmers an (§ 2106 Abs. 1 BGB). Ist der Vorvermächtnisnehmer Abkömmling des Erblassers und bei der Errichtung von Todes wegen kinderlos, ist auf Grund der über § 2191 Abs. 2 BGB anwendbaren Vorschrift des § 2107 BGB klarzustellen, falls das Nachvermächtnis auch gelten soll, wenn der Abkömmling (Vorvermächtnisnehmer) mit Nachkommenschaft sterben sollte. Gem. § 2110 Abs. 1 BGB erstreckt sich das Recht des Nachvermächtnisnehmers im Zweifel auf einen Vermächtnisanteil, der auf Grund des Wegfalls eines Mitbedachten dem Vorvermächtnisnehmer angefallen ist.

In der Schwebezeit zwischen dem Erbfall und dem **Anfall des Nachvermächtnisses** genießt der Nachvermächtnisnehmer den Schutz der §§ 2179, 160 BGB: Der Beschwerte ist zur ordnungsgemäßen Verwaltung des Vermächtnisgegenstandes verpflichtet und haftet hierbei für jedes Verschulden (§ 276 BGB); nach hM kann der Erblasser aber den Haftungsmaßstab mildern (BeckOK BGB/*Müller-Christmann* § 2179 Rn. 2 mwN).

Im Rahmen der Fristen der §§ 2162, 2163 BGB können auch mehrere Nachvermächtnisse hintereinander angeordnet werden. Ein **Rückvermächtnis** liegt vor, wenn Nachvermächtnisnehmer der ist, der mit dem Vorvermächtnis beschwert war.

9. Anfall des Vermächtnisses. Der **Anfall des Vermächtnisses** (Entstehung der Forderung des Vermächtnisnehmers) erfolgt grundsätzlich mit dem Erbfall (§ 2176 BGB), somit unmittelbar mit dem Tode des Erblassers (§ 1922 Abs. 1 BGB). Ausnahmen sehen hiervon vor § 2177 BGB für Bedingungen oder Befristungen, soweit diese in der Verfügung von Todes wegen bestimmt sind, und § 2178 BGB für noch nicht gezeugte oder bestimmte Bedachte.

§§ 2184 f. BGB enthalten dispositive Regelungen für den **Zeitraum zwischen Anfall des Vermächtnisses und dessen Erfüllung,** und zwar § 2184 BGB die grundsätzliche Pflicht des Beschwerten, gezogene Nutzungen (zB Mieterträge der vermachten Immobilie, Zinsen) dem Vermächtnisnehmer herauszugeben; ist hingegen der Nießbrauch vermacht, muss dieser erst bestellt werden, um Früchte tragen zu können, soweit sich nicht aus der Vermächtnisanordnung ergibt, dass ab Anfall und bis zur Wirksamkeit der Bestellung des Nießbrauchs (§§ 1030 ff. BGB; bei Grundstücken erst mit Grundbucheintragung, § 873 BGB) ein entsprechendes schuldrechtliches Nutzungsrecht vermacht ist. § 2185 BGB

bestimmt für das Stückvermächtnis, dass der Beschwerte Ersatz für Verwendungen nur unter den Voraussetzungen des Eigentümer-Besitzer-Verhältnisses erhält.

Zur erforderlichen Bestimmung bei Ehegattenverfügungen, ob der Anfall des Vermächtnisses erst nach dem Letztversterbenden (§ 2269 Abs. 2 BGB) oder bereits nach dem Erstversterbenden erfolgt → Anm. 3.

10. Fälligkeit. Die **Fälligkeit des Vermächtnisanspruchs** (§ 2174 BGB) ist von dem Anfall (→ Anm. 9) zu unterscheiden: Sieht die Verfügung von Todes wegen keine besondere Regelung vor, kann der Vermächtnisnehmer vom Erben – sofern dieser beschwert ist, § 2147 S. 2 BGB – sofort nach Anfall die Leistung verlangen, § 271 Abs. 1 BGB. Der Anspruch kann jedoch gegen den Erben erst ab **Annahme der Erbschaft** gerichtlich geltend gemacht werden, § 1958 BGB. Ferner steht dem Erben die **Dreimonatseinrede** zu, § 2014 BGB. Ist auf Grund Anordnung in der Verfügung von Todes wegen ein Vermächtnisnehmer beschwert, so hat der Hauptvermächtnisnehmer das Untervermächtnis erst zu erfüllen, wenn er die Erfüllung des Hauptvermächtnisses verlangen kann (§ 2186 BGB).

Der Erblasser kann in der Verfügung von Todes wegen eine abweichende Regelung zur Fälligkeit anordnen (**betagter Anspruch**), zB um dem Beschwerten einen längeren Zeitraum zur Bereitstellung der Geldmittel einzuräumen oder die Fälligkeit von dem Eintritt von Bedingungen abhängig machen. Weichen Entstehung und Fälligkeit des Vermächtnisanspruchs voneinander ab, ist für die Wertberechnung – etwa bei Anordnung eines Quotenvermächtnisses – auf die Umstände des Einzelfalles abzustellen (MüKoBGB/*Rudy* § 2176 Rn. 7). Fällt ein Vermächtnis zwar nach dem Todes des erstversterbenden Ehegatten an, aber wird es erst fällig nach dem Todes des Letztversterbenden, tritt keine erbschaftsteuerliche Entlastungswirkung ein (§ 6 Abs. 4 Alt. 2 ErbStG).

Ist die Fälligkeit dem Belieben des Beschwerten überlassen, gilt die Auslegungsregel des § 2181 BGB, so dass die Leistung erst mit dem Tode des Beschwerten fällig wird.

11. Kostentragung. Das Vermächtnis begründet einen schuldrechtlichen Anspruch gegen den Beschwerten (Vermächtnisanspruch, § 2174 BGB). Die **Kosten der Erfüllung** hat grundsätzlich der Beschwerte, also idR der Erbe, zu tragen (§ 242 BGB; vgl. auch § 448 Abs. 1 BGB). Insbesondere hat der Beschwerte eines Grundstücksvermächtnisses auch Notarkosten der Auflassung und Grundbuchkosten der Eigentumsumschreibung zu tragen; § 448 Abs. 2 BGB ist nicht entsprechend anzuwenden. Häufig geht jedoch der Erblasserwille abweichend dahin, dass der Bedachte die Kosten der Erfüllung seines Vermächtnisses zu tragen hat, so dass eine abweichende Erfüllungskostentragungsregelung erforderlich ist.

Zu den Notarkosten bei der **Erfüllung eines Grundstücksvermächtnisses** → Form. C.V.6 Anm. 3.

12. Pflichtteilslast. Grundsätzlich ist Schuldner des Pflichtteilsanspruchs der Erbe (§ 2303 Abs. 1 S. 1 BGB). Im Innenverhältnis zum Vermächtnisnehmer kann jedoch der Erbe die Pflichtteilslast abwälzen durch anteilige Kürzung von Vermächtnissen (und Auflagen) (§§ 2318 ff. BGB). Zu der gesetzlichen Regelung der Tragung der Pflichtteilslast bei pflichtteilsberechtigten Vermächtnisnehmern und abweichenden Regelungsmöglichkeiten durch den Erblasser nach § 2324 BGB → Form. C.V.2 Anm. 4 und → Form. C.VI.9.

13. Steuern. Erbschaftsteuerlich kommt es bei Vermächtnissen zu folgenden Auswirkungen:

Vermächtnisnehmer: Der Erwerb durch Vermächtnis gilt als Erwerb von Todes wegen gem. § 3 Abs. 1 Nr. 1 ErbStG und stellt damit einen erbschaftsteuerlichen Vorgang dar. Der Vermächtnisnehmer hat von dem zugewendeten Vermögensvorteil die Erbschaftsteuer zu bezahlen. Erwirbt der Vermächtnisnehmer begünstigtes Vermögen, so kann er nach § 13a Abs. 5, § 19a Abs. 2 S. 2 ErbStG bzw. § 13 Abs. 1 Nr. 4b S. 2, Nr. 4c S. 2

ErbStG die Begünstigungen allein in Anspruch nehmen. Für den Wert des begünstigten Vermögens beim Vermächtnisnehmer gilt die Regelung in § 13a Abs. 5 S. 3 ErbStG bzw. § 13 Abs. 1 Nr. 4b S. 4, Nr. 4c S. 4 ErbStG.

Erbe/Erbengemeinschaft: Beim Erben bzw. bei der Erbengemeinschaft ist das durch das Vermächtnis zugewandte Wirtschaftsgut als Teil des Erwerbs vom Erblasser mit dem für den Vermächtnisgegenstand maßgebenden Steuerwert zu versteuern. Die Erben können aber die Vermächtnisverbindlichkeit als Erbfallschuld nach § 10 Abs. 5 Nr. 2 ErbStG abziehen, so dass bei ihnen keine erbschaftsteuerliche Auswirkung eintritt.

Wird dem Vermächtnisnehmer das Recht eingeräumt, einen zum Nachlass gehörenden Gegenstand zu einem bestimmten Kaufpreis zu erwerben (**Kaufrechtsvermächtnis**), so ist zu versteuernder Wert nicht das jeweilige Wirtschaftsgut, sondern das Kaufrecht in der Höhe, in der der Verkehrswert des Wirtschaftsguts den Kaufpreis übersteigt (BFH BStBl. II 2001, 605). Erst mit der Ausübung des Gestaltungsrechts entsteht die Steuer in der Person des Vermächtnisnehmers (BFH BStBl. II 2001, 605). Entspricht der vom Erblasser festgelegte Erwerbspreis dem Verkehrswert der Kaufsache, so hat das Kaufrecht keinen messbaren Wert. Es ist dann lediglich die Kaufsache als Nachlassgegenstand mit ihrem Steuerwert beim Erben zu erfassen, während die Vermächtnislast außer Ansatz bleibt (TGJG/*Gebel* ErbStG § 3 Rn. 181). Grunderwerbsteuerlich ist ein Kaufrechtsvermächtnis zum Verkehrswert nach § 3 Nr. 2 GrEStG nicht begünstigt (FG Köln ZEV 2016, 407).

Die Bewertung eines **Grundstücksvermächtnisses** erfolgt mit dem Verkehrswert gem. § 12 Abs. 3 ErbStG iVm §§ 176 bis 198 BewG, der sich je nach Art des Grundstücks nach dem Vergleichs-, Ertrags- oder Sachwertverfahren bestimmt (vgl. die Erläuterungen → Form. A.IV.4 c). Die Rechtsprechung des BFH, nach der Grundstücksvermächtnisse mit dem gemeinen Wert und nicht dem (bislang niedrigeren) Steuerwert anzusetzen seien (BFH Urt. v. 2.7.2004 – II R 9/02; BFH Urt. v. 13.8.2008 – II R 7/07), dürfte sich mit Inkrafttreten der §§ 176 bis 198 BewG nF weitgehend erledigt haben, da danach der gemeine Wert der Grundstücke ermittelt werden soll (*Pach-Hanssenheimb* DStR 2008, 957 (958)). Der Vermächtnisnehmer kann ggf. die Vergünstigungen der § 13 Abs. 1 Nr. 4b und c ErbStG bzw. § 13d ErbStG in Anspruch nehmen.

14. Kosten. Vermächtnisse werden bei gleichzeitiger Verfügung über den ganzen Nachlass wertmäßig **nicht** berücksichtigt. Wird nur über einen Bruchteil verfügt, werden Vermächtnisse nur mit dem Anteil ihres Werts hinzugerechnet, der dem Bruchteil entspricht, über den nicht verfügt wird, § 102 Abs. 1 S. 3 GNotKG.

Nach § 102 Abs. 3 GNotKG ist bei Vermächtnissen der Wert der Vermögensgegenstände maßgeblich, über die verfügt wird. Jeder Vermögensgegenstand wird nach den für das GNotKG im Übrigen auch geltenden Kriterien bewertet, also Grundstücke nach dem Verkehrswert nach § 46 GNotKG, Gesellschaftsanteile nach § 54 GNotKG, Nutzungs- und Leistungsrechte nach § 52 GNotKG. Von dem Begünstigten zu übernehmende Verbindlichkeiten werden abgezogen, jedoch nur bis zur Hälfte des Vermögenswerts, § 102 Abs. 3 Hs. 2, Abs. 2 S. 2 GNotKG. Das ist eine Änderung der Rechtslage im Vergleich zur früheren Kostenordnung.

Verfügt der Erblasser außer über die Gesamtrechtsnachfolge daneben über Vermögenswerte, die noch nicht zu seinem Vermögen gehören, jedoch in der Verfügung von Todes wegen konkret bezeichnet sind, wird deren Wert nach § 102 Abs. 2 S. 1 GNotKG hinzugerechnet.

Der Gebührensatz richtet sich nach der Art der Verfügung von Todes wegen: 1,0 beim Testament nach Nr. 21200 KV GNotKG, 2,0 nach Nr. 21100 KV GNotKG bei Erbverträgen und gemeinschaftlichen Testamenten.

2. Sachvermächtnis, isoliertes Vermächtnis

Der Erbe wird mit folgendem Vermächtnis beschwert:

Der ......, ersatzweise dessen Abkömmlinge gem. gesetzlicher Erbregel

– „der Vermächtnisnehmer" genannt –

erhält vermächtnisweise das Bild ...... des Malers ......[1]

Allgemeine Vermächtnisbestimmungen:

Soweit der Vermächtnisnehmer auch Miterbe ist, wird vorstehendes Vermächtnis als Vorausvermächtnis und ohne Anrechnung auf den Erbteil angeordnet.[2]

Vorgenannter Vermächtnisanspruch ist fällig binnen 6 Monaten nach Eintritt des Erbfalls.[3]

Die Pflichtteilslast ist im Verhältnis zwischen Erbe und Vermächtnisnehmer vom Erben allein zu tragen.[4]

Der Vermächtnisanspruch entfällt ersatzlos und geht nicht auf Ersatzvermächtnisnehmer über, wenn und soweit der jeweilige Vermächtnisnehmer

- Pflichtteilsansprüche geltend macht oder
- das Vermächtnis ausschlägt.[5]

Soweit sich der Vermächtnisgegenstand beim Erbfall nicht mehr im Nachlass befindet, entfällt das Vermächtnis insoweit ersatzlos.[6]

Eine Erbeinsetzung ist mit vorgenannter Vermächtnisanordnung nicht verbunden. Ich weiß, dass im Übrigen die gesetzliche Erbfolge gilt, solange und soweit keine Erbeinsetzung durch letztwillige Verfügung getroffen wird.[7]

Die Kosten der Vermächtniserfüllung sowie eine für den Erwerb etwa anfallende Erbschaftssteuer trägt der Vermächtnisnehmer.[8, 9, 10]

Anmerkungen

1. Grundlegende Vermächtnisanordnungen. Als wesentliche Inhalte werden im Formular als Grundfall des Vermächtnisses angeordnet: der Beschwerte, die Rechtsnatur der Verfügung von Todes wegen (Vermächtnis), der Bedachte (Vermächtnisnehmer), der Ersatzvermächtnisnehmer (§ 2190 BGB), sowie der Vermächtnisgegenstand.

Zur Person des **Beschwerten** → Form. C.V.1 Anm. 3. Im Formular ist – entsprechend der Vermutung des § 2147 S. 2 BGB – der Erbe beschwert; soll der Erbe beschwert werden, ist an sich der Eingangshalbsatz auf Grund § 2147 S. 2 BGB entbehrlich. Zur Vermeidung der Erforderlichkeit des Rückgriffs auf gesetzliche Vermutungsregeln ist dennoch die ausdrückliche Bestimmung des Beschwerten empfehlenswert.

Sind oder werden mehrere Personen als Erben beschwert, trifft diese die **Vermächtnislast** gemäß ihren Erbteilen (§ 2148 BGB). Zu abweichenden Regelungen bei Vermächtniseinsetzung von Pflichtteilsberechtigten → Anm. 5.

Ist die **Rechtsnatur der Verfügung** nicht ausdrücklich bezeichnet, kann im Einzelfall die Abgrenzung zur Erbeinsetzung (Auslegungsregel des § 2087 Abs. 2 BGB), zur Auflage (→ Form. C.V.11) und zum Pflichtteil (§ 2304 BGB enthält hierzu keine Auslegungsregel) auslegungsbedürftig sein (§ 2084 BGB). Besondere Bedeutung hat die Definition der Rechtsnatur, wenn es sich um eine isolierte Vermächtnisanordnung – ohne gleichzeitige Erbeinsetzung – handelt; → Anm. 6.

Sind **mehrere Bedachte** mit dem gleichen Gegenstand ohne weitere Regelung bestimmt („gemeinschaftliches Vermächtnis"), so steht der Vermächtnisgegenstand allen Bedachten zu gleichen Teilen zu (§§ 2157, 2091 BGB).

Ist kein **Ersatzvermächtnisnehmer** ausdrücklich angeordnet und ergibt sich auch sonst kein Ersatzvermächtnisnehmer, weder auf Grund gesetzlicher Anordnung (§ 2158 BGB: Anwachsung) noch Vermutung, noch auf Grund Auslegung der Verfügung von Todes wegen, und lebt der Bedachte zurzeit des Erbfalls nicht mehr, ist das Vermächtnis unwirksam, § 2160 BGB. Wichtigster Fall einer Ersatzvermächtnisnehmerbestimmung im Wege der Auslegung ist § 2069 BGB, wonach im Zweifel für einen nach Testamentserrichtung **weggefallenen Abkömmling** dessen Abkömmlinge bedacht sind; sind nicht Abkömmlinge, sondern andere nahestehende Verwandte/Personen bedacht und weggefallen, ist § 2069 BGB nicht entsprechend anwendbar, jedoch kann sich durch Auslegung ein entsprechender Erblasserwille ergeben (Palandt/*Weidlich* BGB § 2069 Rn. 8 ff.).

Zum **Vermächtnisgegenstand** → Form. C.V.1 Anm. 2.

Hinsichtlich Vermächtnissen ist auch **Testamentsvollstreckung** möglich (§ 2223 BGB **„Vermächtnisvollstrecker"**). Der Erblasser kann – neben einer weitergehenden Testamentsvollstreckung oder gesondert hierzu – als Aufgabenkreis des Testamentsvollstreckers anordnen, dass dieser für die Ausführung der dem Vermächtnisnehmer auferlegten Beschwerungen sorgt (§ 2223 BGB), zB Erfüllung eines Untervermächtnisses, eines Nachvermächtnisses oder einer vom Vermächtnisnehmer zu erfüllenden Auflage. Ferner kann der Aufgabenbereich auch die Dauervollstreckung einschließlich der Verwaltung des Vermächtnisgegenstandes (§ 2209 S. 1 BGB) umfassen. Um keine Vermächtnisvollstreckung, sondern eine partielle Abwicklungsvollstreckung handelt es sich bei einer das Vermächtnis flankierenden Testamentsvollstreckung zur erleichterten Erfüllung des Vermächtnisses (Formulierungsbeispiel → Form. C.V.6 Abs. 2. Bezüglich Einzelheiten zur Testamentsvollstreckung → Form. C.VII.

2. **Vorausvermächtnis.** Ein Vermächtnis kann auch einem (Mit-) Erben zugewendet werden (Vorausvermächtnis, § 2150 BGB), wenn der Erblasser die bedachte Person hinsichtlich des Vermächtnisgegenstandes zusätzlich begünstigen will. Für den Fall, dass der Vermächtnisnehmer – entweder auf Grund Verfügung von Todes wegen oder gesetzlicher Erbfolge – Miterbe ist oder wird, dient die Anordnung der Vermeidung von Abgrenzungsfragen zu einer Teilungsanordnung. Zu den weitreichenden Unterschieden zwischen Vorausvermächtnis und **Teilungsanordnung** → Form. C.IV.1 Anm. 11, → Form. C.IV.4 Anm. 1.

3. Die **Fälligkeit** des Vermächtnisanspruchs (§ 2174 BGB) ist von dem **Anfall** (→ Form. C.V.1 Anm. 9, 10) zu unterscheiden: Sieht die Verfügung von Todes wegen keine besondere Regelung vor, kann der Vermächtnisnehmer vom Erben – sofern dieser beschwert ist, § 2147 S. 2 BGB – sofort nach Anfall die Leistung verlangen, § 271 Abs. 1 BGB. Der Anspruch kann jedoch gegen den Erben erst **ab Annahme der Erbschaft** gerichtlich geltend gemacht werden, § 1958 BGB. Ferner steht dem Erben die **Dreimonatseinrede** zu, § 2014 BGB. Ist auf Grund Anordnung in der Verfügung von Todes wegen ein Vermächtnisnehmer beschwert, so hat der Hauptvermächtnisnehmer das Untervermächtnis erst zu erfüllen, wenn er die Erfüllung des Hauptvermächtnisses verlangen kann (§ 2186 BGB).

In der Verfügung von Todes wegen kann eine abweichende Regelung zur Fälligkeit angeordnet werden, zB um dem Beschwerten einen längeren Zeitraum zur Bereitstellung der Geldmittel einzuräumen.

4. Trifft der Erblasser keine besonderen Anordnungen, ist die **Pflichtteilslast** vom Vermächtnisnehmer entsprechend seiner wirtschaftlichen Beteiligung am Nachlass mitzutragen. Das Gesetz verwirklicht diese Aufteilung der Lastentragung durch ein Kür-

zungsrecht des Erblassers bei Erfüllung des Vermächtnisses (§ 2318 BGB) bzw. bei unteilbaren Leistungen durch Gewährung eines entsprechenden Gegenanspruchs gegen den Vermächtnisnehmer (MüKoBGB/*Lange* § 2318 Rn. 4). Ihre Obergrenze findet die Kürzung stets im eigenen Pflichtteilanspruch eines pflichtteilsberechtigten Vermächtnisnehmers (§ 2318 Abs. 2 BGB); ihre Untergrenze im eigenen Pflichtteilsanspruch des Erben, welcher nicht ohnehin gem. § 2306 Abs. 1 BGB ausgeschlagen hat (§ 2318 Abs. 3 BGB). Voraussetzung für die Kürzung ist nach hM, dass sich die Pflichtteilslast zum Zeitpunkt der Vermächtniserfüllung zumindest in Gestalt der Geltendmachung des Pflichtteils konkretisiert hat (str., vgl. BeckOGK/*Reisenecker* BGB § 2318 Rn. 10 ff.). Aufgrund der damit verbundenen Unsicherheiten sowie aufgrund der unter Umständen ungewollten erheblichen Beeinträchtigung von Vermächtnisnehmern, sollte in der Beratung stets eine Abbedingung der Mitbelastung der Vermächtnisnehmer (§ 2324 BGB) erwogen und ggf., wie im Formular, angeordnet werden.

5. Ausschlagung, Pflichtteil. Jeder Bedachte kann ein Vermächtnis ausschlagen. Dies erfolgt durch Erklärung gegenüber dem Beschwerten (§ 2180 Abs. 2 S. 1 BGB). Das Gesetz bestimmt hierfür – anders als bei der Erbausschlagung, § 1944 BGB – **keine Frist** (Ausnahme: Erklärungsfrist bei pflichtteilsberechtigtem Vermächtnisnehmer gem. § 2307 Abs. 2 BGB). Wird ausgeschlagen, gilt der Anfall an den Bedachten als nicht erfolgt (§ 2180 Abs. 3 iVm § 1953 Abs. 1 BGB). Ergibt sich weder aus der Verfügung noch dem Gesetz (→ Anm. 1) ein Ersatzvermächtnisnehmer, ist das Vermächtnis unwirksam. Will der Erblasser verhindern, dass ein Vermächtnisnehmer durch seine Ausschlagung den Vermächtnisanspruch den ansonsten an seine Stelle tretenden Ersatzvermächtnisnehmern zufallen lassen kann, ist die im Formular vorgesehene auflösende Bedingung (zweiter Spiegelstrich) anzuordnen.

Ist der **Vermächtnisnehmer zugleich Pflichtteilsberechtigter,** steht ihm ein Wahlrecht zu: **Schlägt der Bedachte das Vermächtnis aus,** kann er den uneingeschränkten gesetzlichen Pflichtteil verlangen (§ 2307 Abs. 1 S. 1 BGB). Dessen Pflichtteilslast hat in Höhe des erlangten Vorteils gem. § 2321 BGB im Verhältnis der Erben und Vermächtnisnehmer derjenige zu tragen, dem die Ausschlagung zustattenkommt. Entfällt zB ein Untervermächtnis durch Ausschlagung, hat der dadurch entlastete Hauptvermächtnisnehmer anstelle des Erben (§ 2303 Abs. 1 S. 1 BGB) insoweit die Pflichtteilslast zu tragen. Verhindert wird dadurch auch ein wirtschaftlicher Vorteil, falls ein bedachter pflichtteilsberechtigter Abkömmling sein Vermächtnis ausschlägt und dessen Abkömmlinge durch ausdrückliche Anordnung – wie im Formular – oder durch Auslegung (§ 2069 BGB) ersatzweise das Vermächtnis erlangen: Diese haben nach § 2321 BGB anstelle des Erben die Pflichtteilslast nach ihrem Elternteil zu tragen, um eine Begünstigung dieses Familienstamms zu verhindern. Der Erblasser kann jedoch anderes anordnen (§ 2324 BGB).

Nimmt der Vermächtnisnehmer das Vermächtnis an, kann er daneben gem. § 2307 Abs. 1 S. 2 Hs. 1 BGB den **Pflichtteilsrestanspruch** verlangen, soweit der Wert des Vermächtnisses hinter dem Pflichtteil zurückbleibt. Beschränkungen und Beschwerungen iSd § 2306 BGB, zB Beschwerung mit einem Untervermächtnis oder Beschränkung mit Testamentsvollstreckung, sind beim Wertansatz des Vermächtnisses nicht zu berücksichtigen (§ 2307 Abs. 1 S. 2 Hs. 2 BGB), so dass in diesen Fällen der Bedachte häufig ausschlagen wird, um den vollen gesetzlichen Pflichtteil zu erhalten.

Will der Erblasser dem Bedachten das Wahlrecht auf den Pflichtteilsrestanspruch nehmen, ist die im Formular vorgesehene auflösende Bedingung (erster Spiegelstrich) anzuordnen.

6. Gehört der Vermächtnisgegenstand zzt. des Erbfalls nicht zum Nachlass, ist das Sachvermächtnis grundsätzlich unwirksam gem. § 2169 Abs. 1 BGB. Die Anordnung in der Verfügung von Todes wegen dient der Vermeidung von Zweifeln über den entsprechenden Erblasserwillen. Veräußert somit der Erblasser nach Errichtung der Verfügung

von Todes wegen den vermachten Gegenstand und legt den Kaufpreis als Kapitalvermögen an, wird das Sachvermächtnis regelmäßig gegenstandslos; ein Berater hat einen Vermächtnisnehmer hierauf und auf etwaigen Prüfungs- und ggf. Abänderungsbedarf im Falle von Änderungen hinsichtlich des Vermächtnisgegenstandes hinzuweisen. Ist anderes gewünscht (Verschaffungsvermächtnis, § 2169 Abs. 1 Hs. 2 BGB; → Form. C.V.7) oder die hilfsweise Zuwendung des Kaufpreises oder sonstigen Surrogats, ist dieser qualifizierte Zuwendungswille deutlich zu machen.

7. Bei einer **isolierten Vermächtnisanordnung** – ohne gleichzeitige Erbeinsetzung – hat die Definition der Rechtsnatur (→ Anm. 1) besondere Bedeutung. Der hier verwendete Zusatz kann in diesen Fällen zum einen angefügt werden zur Vermeidung von „Zweifeln" (§ 2087 Abs. 2 BGB) bezüglich der Rechtsnatur und späterer Auslegungsfragen, zum anderen zur Verdeutlichung für den Erblasser hinsichtlich der Beschränktheit seiner Verfügung.

8. Kostentragung. Enthält die Verfügung von Todes wegen keine abweichende Regelung (wie im Formular), gelten für die **Kostentragung der Vermächtniserfüllung** die allgemeinen Bestimmungen (§§ 242, 448 Abs. 1 BGB; → Form. C.V.1 Anm. 11; vgl. Palandt/*Weidlich* BGB § 2174 Rn. 9). Hiernach ist der Beschwerte zur Leistung verpflichtet und hat auch die Kosten der Erfüllung zu tragen. Dies gilt auch für Grundstücksvermächtnisse; § 448 Abs. 2 BGB ist hierauf nicht anwendbar. Häufig erfordert jedoch der Erblasserwille eine abweichende Verfügung, wonach der Bedachte die **Vermächtniserfüllungskosten** tragen soll (so im Formular).

9. Steuern. Das Sachvermächtnis wird nach R B 9.1 ErbStR 2011 mit dem Steuerwert des Vermächtnisgegenstandes angesetzt, zur weiteren steuerlichen Behandlung → Form. C.V.1.

10. Kosten. Im Beispielsfall wäre der Verkehrswert des Bildes des Malers anzusetzen.

3. Geldvermächtnis (Festbetrag/Quote an Kapitalvermögen)

Der Miterbe . . . . ., ersatzweise die an dessen Stelle tretenden Ersatzerben, wird mit folgenden Vermächtnissen beschwert:[1, 2]

1. Der . . . . ., ersatzweise dessen Abkömmlinge gem. gesetzlicher Erbregel

– „der Vermächtnisnehmer" genannt –

erhält vermächtnisweise einen Geldbetrag iHv EUR . . . . .[3]

– iW . . . . . EUR –.

Eine Wertsicherung dieses Betrages wird nicht angeordnet.[4] Soweit dieser Geldbetrag beim Erbfall nicht vorhanden ist, hat der Vermächtnisverpflichtete den fehlenden Betrag aus eigenen Mitteln zu leisten.

2. Der . . . . . . – bei dessen Wegfall dieses Vermächtnis ersatzlos entfällt; etwaige gesetzliche Vermutungen und Auslegungsregeln sind nicht anzuwenden[5] –

– „der Vermächtnisnehmer" genannt –

erhält vermächtnisweise einen Geldbetrag in Höhe von . . . . . %[6]

– iW . . . . . Prozent –

meines im Zeitpunkt meines Ablebens vorhandenen Bargelds, Guthabens bei Kreditinstituten und Wertpapieren – jedoch ausgenommen lebzeitige Verträge zugunsten

Dritter auf den Todesfall – (Kapitalvermögen) nach Abzug der Beerdigungskosten, Verbindlichkeiten aus Pflichtteilsrechten, sonstigen Vermächtnissen und etwaigen sonstigen Nachlassverbindlichkeiten iSd § 1967 BGB, jedoch ohne Abzug des in Ziff. 1. angeordneten weiteren Kapitalvermögensvermächtnisses. Trotz möglicher Nachweis- und Abgrenzungsschwierigkeiten wird die Niederlegung eines festen Geldbetrages nicht gewünscht.

3. Allgemeine Vermächtnisbestimmungen[7, 8, 9]
Für jedes der vorgenannten Vermächtnisse gelten die nachfolgenden allgemeinen Bestimmungen:
Soweit der Vermächtnisnehmer nach Miterbe ist. wird das Vermächtnis als Vorausvermächtnis und ohne Anrechnung auf den Erbteil angeordnet.
Der Vermächtnisanspruch ist fällig binnen 6 Monaten nach Eintritt des Erbfalls.
Die Pflichtteilslast ist im Verhältnis zwischen Erbe und Vermächtnisnehmer vom Erben allein zu tragen.
Der Vermächtnisanspruch entfällt ersatzlos und geht nicht auf Ersatzvermächtnisnehmer über, wenn und soweit der jeweilige Vermächtnisnehmer
– Pflichtteilsansprüche geltend macht oder
– das Vermächtnis ausschlägt.
Eine Erbeinsetzung ist mit der Vermächtnisanordnung nicht verbunden. Ich weiß, dass im Übrigen die gesetzliche Erbfolge gilt, solange und soweit keine Erbeinsetzung durch letztwillige Verfügung getroffen wird.
Die Kosten der Vermächtniserfüllung sowie eine für den Erwerb etwa anfallende Erbschaftsteuer trägt der Vermächtnisnehmer.[8, 9]

Anmerkungen

1. Sachverhalt. Geldvermächtnisse stellen in der Praxis neben dem Stückvermächtnis die wichtigste Vermächtnisart dar. Die Geldvermächtnisanordnung kann erfolgen durch Bestimmung eines festen Geldbetrages durch den Erblasser (vgl. Ziff. 1 im Formular) oder durch die Anordnung eines bestimmten Anteils (vgl. Ziff. 2 des Formulars) am im Einzelnen zu definierenden Kapitalvermögen, das im Zeitpunkt des Ablebens des Erblassers vorhanden ist.

2. Allgemeine Vermächtnisanordnungen, Beschwerter. Vgl. allgemein → Form. C.V.1 und → Form. C.V.2 Zum Beschwerten, dh dem, der den Vermächtnisanspruch zu erfüllen hat, und ggf. Ersatzbeschwerten → Form. C.V.1 Anm. 3, zum Wegfall des Beschwerten → Form. C.V.1 Anm. 5, zur Beschwerung eines Vermächtnisnehmers und Untervermächtnis → Form. C.V.1 Anm. 4. Im Formular soll abweichend von § 2147 S. 2 BGB nur ein bestimmter Miterbe beschwert werden.

3. Fester Geldbetrag. Die Geldvermächtnisanordnung kann erfolgen durch Bestimmung eines festen Geldbetrages durch den Erblasser. Vorteil hiervon ist die Klarheit der Anordnung und grundsätzlich einfache Abwicklung zwischen Beschwerten und Bedachtem; jedoch ist auch hier ein Dissens über die Höhe nicht auszuschließen, zB bei gesetzlichem Verweigerungsrecht des Erben nach § 2318 BGB oder Kürzungsrecht des Ersatzbeschwerten nach § 2322 BGB. Wesentlicher Nachteil der Festbetragsanordnung ist ein etwaiger **Abänderungsbedarf** bei künftigen unvorhergesehenen Änderungen der vom Erblasser zugrunde gelegten Berechnungsparameter, zB bei Verringerung des Kapitalvermögens durch spätere Pflegekosten, oder Erhöhung des Kapitalvermögens, zB durch späteren Verkauf anderer Wirtschaftsgüter. Das Formular sieht ein starres Geldvermächtnis vor, wonach der Beschwerte eine etwa fehlende Differenz aus seinem eigenen

Vermögen zu erbringen hat. Möglich wäre jedoch auch eine Kürzungsregelung im Vermächtnis, so dass für den Fall, dass der bestimmte Geldbetrag beim Erbfall im zu definierenden (→ Anm. 8) Kapitalvermögen nicht vollständig vorhanden ist, sich die Vermächtnishöhe verringert.

4. Wertsicherungsklausel. Ein fester Geldbetrag kann insbesondere bei längerem Zeitraum zwischen Vermächtnisanordnung und Fälligkeit des Vermächtnisanspruchs einer Geldwertänderung unterliegen, insbesondere einer Entwertung durch Inflation. Der Erblasser kann hierzu eine Wertsicherungsklausel für das Geldvermächtnis vorsehen. Die Zulässigkeit solcher Wertsicherungsklauseln für Zeiträume nach Eintritt des Erbfalls richtet sich nach dem Gesetz über das Verbot der Verwendung von Preisklauseln bei der Bestimmung von Geldschulden (Preisklauselgesetz, PrKG, BGBl. I 2007, 2247), welches in § 1 Abs. 1 PrKV ein grundsätzliches Verbot vorsieht. Soweit die in einem Testament enthaltenen Preisklausel den Anforderungen der Erlaubnisvorbehalte insbesondere nach §§ 3, 2 PrKG entspricht, ist diese kraft Gesetzes gültig. Hingegen unterliegen solche Klauseln für den Zeitraum zwischen Testamentserrichtung und Erbfall nach hM (Nieder/Kössinger/*R. Kössinger* § 9 Rn. 150 mwN) nicht dem Verbot des § 1 Abs. 1 PrKG, da in dieser Phase noch kein Schuldverhältnis vorliegt. Ein Formulierungsvorschlag für eine solche Wertsicherung ist enthalten in → Form. C.V.4.

5. Gesetzliche Vermutungen oder Auslegungsregeln bezüglich Ersatzbedachten. → Form. C.V.1 Anm. 7. Durch diese Klausel wird klargestellt, dass zB bei Wegfall des Bedachten nicht dessen Abkömmlinge über die Auslegungsregel des § 2069 BGB Vermächtnisnehmer werden.

6. Anteil am Kapitalvermögen. Die Geldvermächtnisanordnung auch kann erfolgen durch Bestimmung eines bestimmten Anteils am Kapitalvermögen, das im Zeitpunkt des Ablebens des Erblassers vorhanden ist. Es entspricht dem häufigen Wunsch von Erblassern, dass eine künftige Entwicklung des Kapitalvermögens, insbesondere bei künftiger Verringerung des Kapitalvermögens durch spätere Pflegekosten, aber auch durch etwaige künftige Vermehrungen, sich ohne weiteres auf die Höhe des Geldvermächtnisses auswirkt. Nachteilig ist hingegen das Erfordernis der Wertermittlung des Vermächtnisanspruchs zwischen Bedachtem und Beschwertem, was regelmäßig einen **Auskunftsanspruch** des Vermächtnisnehmers bezüglich des gesamten Kapitalvermögens im Nachlass begründet. Die Bezugsgröße, im Formular „das Kapitalvermögen", ist möglichst sorgfältig und gemäß Sachverhaltsdarstellung des Erblassers zu definieren. Abgrenzungsschwierigkeiten, zB bei neuen Kapitalmarktprodukten mit Merkmalen von Gesellschaftsanteil, Forderungen und Wertpapier sind nicht vollständig auszuschließen. Denkbar ist aber zB auch eine Bezugnahme auf ein bestimmtes Konto; ist dieses jedoch beim Erbfall nicht mehr existent, zB durch zwischenzeitliche Verlagerung auf ein anderes Konto, sollte zur Vermeidung von Zweifeln iSd § 2173 S. 2 BGB klargestellt werden, ob die entsprechende Geldsumme vermacht ist (→ Form. C.V.5 Anm. 2) oder eine Unwirksamkeit des Vermächtnisses gem. § 2169 Abs. 1 BGB gewünscht wird. **Nachlassverbindlichkeiten** iSd § 1967 BGB sind zum einen die vom Erblasser herrührenden Schulden (Erblasserschulden), zum anderen die den Erben als solchen treffenden Schulden, die aus Anlass des Erbfalls entstehen (Erbfallschulden; Beispiele bei Palandt/*Weidlich* BGB § 1967 Rn. 7). Abweichende Bestimmungen sind auch erforderlich, wenn eine mögliche Erblasserschuld, zB Darlehensverbindlichkeit für eine Immobilie, ein Dritter (zB der Immobilienvermächtnisnehmer) tragen soll und diese Verbindlichkeit das Kapitalvermögen als Bemessungsgrundlage des Geldvermächtnisses nicht schmälern soll. Sind mehrere Kapitalvermächtnisse angeordnet, ist deren Verhältnis zu klären, zB ob ein solches die Bemessungsgrundlage der anderen verringern soll oder nicht, da eine Verbindlichkeit aus Vermächtnis auch eine Nachlassverbindlichkeit darstellt (§ 1967 Abs. 2 BGB).

7. Sonstige Vermächtnisbestimmungen. Grundsätzlich → Form. C.V.2 Anm. 2–8. Vorsicht ist jedoch geboten bei den häufig standardisiert verwendeten Regelungen für den Fall, dass der Vermächtnisgegenstand nicht mehr im Nachlass vorhanden ist. Eine solche Regelung ist aufgrund der beim Geldvermächtnis konkret zu treffenden Kürzungsanordnung regelmäßig entbehrlich und sollte daher zur Vermeidung von Missverständnissen unterbleiben.

8. Steuern. Das Geldvermächtnis wird mit dem Nennwert gem. § 12 Abs. 1 BewG bewertet, zur weiteren steuerlichen Behandlung → Form. C.V.1 Anm. 13.

9. Kosten. Vgl. grundsätzlich → Form. C.V.1 Anm. 14. Das (isolierte) Geldvermächtnis wird auch kostenrechtlich mit dem Nennwert bewertet, § 102 Abs. 3 Hs. 1 GNotKG. Maßgeblich ist der Zeitpunkt der Testamentserrichtung, insbesondere wenn das Vermächtnis auf einen Überrest angeordnet wird. Wertsicherungsklauseln bleiben unberücksichtigt.

4. Rentenvermächtnis

Der Erbe wird mit folgendem Vermächtnis beschwert:

. . . . . ., ersatzweise dessen Abkömmlinge gem. gesetzlicher Erbregel,

– „der Vermächtnisnehmer" genannt –[1, 2]

erhält vermächtnisweise eine monatliche Geldrente in Höhe EUR . . . . . .

– iW . . . . . . EUR –

gem. folgenden Maßgaben:

Die Rente ist zu leisten erstmals für den vierten auf meinen Tod folgenden Monat und letztmals für den Monat, in dem der Vermächtnisnehmer sein 25. Lebensjahr vollendet, längstens jedoch auf die Dauer von zehn Jahren und längstens bis zu einem Ableben des Vermächtnisnehmers. Die Rente ist zahlbar bis zum dritten Werktag eines jeden Monats.[3]

Der monatliche Rentenbetrag basiert auf dem heutigen Kaufkraftniveau und wird wertgesichert wie folgt: Ändert sich der vom Statistischen Bundesamte festgestellte Verbraucherpreisindex für Deutschland (VPI) (Basis 2010 = 100) ab dem derzeitigen Monat bis zu dem Monat des Erbfalls, so ändert sich der monatliche Rentenbetrag in gleichem Maße. Eine weitergehende Wertsicherung[4] für eine Wertänderung ab dem Erbfall für die Dauer der Rentenzahlung wird nicht angeordnet.[5]

Allgemeine Vermächtnisbestimmungen[6, 7]

Anmerkungen

1. Sachverhalt. Der Erblasser möchte dem Bedachten für eine bestimmte Dauer eine monatliche Zahlung zuwenden.

2. Allgemeine Vermächtnisanordnungen. Allgemein → Form. C.V.1, → Form. C.V.2. Soll der Erbe beschwert werden, ist der Eingangshalbsatz auf Grund § 2147 S. 2 BGB an sich entbehrlich. Zur Vermeidung der Erforderlichkeit des Rückgriffs auf gesetzliche Vermutungsregeln ist dennoch die ausdrückliche Bestimmung des Beschwerten empfehlenswert.

3. Rentenvermächtnis. Auch eine Geldrente kann vermächtnisweise zugewendet werden. Diese kann auf eine bestimmte Dauer oder bis zu einem bestimmten Ereignis (zB Ableben des Bedachten oder dessen Eheschließung) angeordnet werden. Der Beginn der Zahlungen („vierter Monat") berücksichtigt die Dreimonatseinrede (§ 2014 BGB) des Erben und die erforderliche Dauer nach einem Erbfall zur Klärung der rechtlichen und tatsächlichen Situation. Soweit erforderlich, könnte der Erblasser ergänzend anordnen, dass die Zahlung abgesichert werden muss durch Bestellung einer **Reallast** (§§ 1105 ff. BGB) am Grundbesitz des Beschwerten.

4. Wertsicherung. Zu Wertsicherungsklauseln und deren Genehmigungsbedürftigkeit → Form. C.V.3 Anm. 5. Die im Formular gewählte Klausel erstreckt sich nur auf den Zeitraum bis zum Erbfall, so dass das Verbot des § 1 Abs. 1 PrKG von vorneherein nicht greift. Soll sich die Wertanpassung auch auf den Zeitraum nach dem Erbfall erstrecken, sind die Beschränkungen der §§ 1 ff. PrKG einzuhalten. Die Zulässigkeit der im Formular verwendeten Klausel würde sich für diesen Fall nach § 3 Abs. 1 Nr. 2 lit. a PrKG richten. Das Basisjahr des vom Statistischen Bundesamt ermittelten Verbraucherpreisindex als Bezugsgröße für die Preisänderung wird turnusmäßig alle fünf Jahre angepasst, wobei die Revision regelmäßig erst zwei bis drei Jahre nach Ende des neuen Basisjahrs erfolgt. Die für Anfang 2018 angekündigte Umstellung auf das Basisjahr 2015 wurde aus technischen Gründen um ein Jahr verschoben. Vom nationalen Verbraucherpreisindex (VPI) zu unterscheiden ist der zur innergemeinschaftlichen Vergleichbarkeit entwickelte und ebenfalls vom Statistischen Bundesamt berechnete Harmonisierte Verbraucherpreisindex (HVPI), dessen Basisjahr jährlich aktualisiert wird. Eine Bezugnahme auf diesen entspricht ebenfalls den Vorgaben des § 3 PrKG. In der Testamentsgestaltung sollte auf die genaue Bezeichnung des für die Wertanpassung maßgeblichen Index geachtet werden.

5. Sonstige Vermächtnisbestimmungen. Vgl. grundsätzlich zu den allgemeinen Vermächtnisbestimmungen → Form. C.V.2 Anm. 2–8. Zusätzlich ist beim Rentenvermächtnis insbesondere die Anordnung des Erblassers zu erwägen, dass der Beschwerte dem Bedachten für die Dauer der Rentenzahlung eine **Sicherheit** zu leisten hat, zB durch Eintragung einer Reallast (§ 1105 BGB) am Grundbesitz des Beschwerten.

6. Steuern. Das Rentenvermächtnis wird gem. § 13 Abs. 1 BewG grundsätzlich mit dem Vielfachen des Jahreswertes berechnet (vgl. zur Ermittlung des Jahreswertes ausführlich → Form. C.V.8 Anm. 10). Ist die Rente außerdem durch das Leben einer oder mehrerer Personen begrenzt, darf der Kapitalwert gem. § 14 Abs. 1 BewG nicht überschritten werden (§ 13 Abs. 1 S. 2 BewG). Dazu wird der Jahreswert mit dem Vervielfältiger multipliziert, den das Bundesministerium der Finanzen auf Grundlage der jeweils aktuellen Sterbetafel des Statistischen Bundesamtes veröffentlicht, § 14 Abs. 1 S. 2, 3 BewG. Für Bewertungsstichtage ab dem 1.1.2017 sind diese Vervielfältiger im BMF-Schreiben vom 4.11.2016 veröffentlicht; im Jahr 2017 wurde keine aktuelle Sterbetafel veröffentlicht.

Die Frage der ertragsteuerlichen Behandlung des Rentenvermächtnisses wird seit der Änderung des § 22 Abs. 1 Nr. 1a EStG aF uneinheitlich beurteilt. Klar dürfte sein, dass die Rente für den Erben im Privatbereich nicht mehr als Unterhaltsleistung abzugsfähig ist (§ 12 Nr. 2 EStG). Entsprechend wird überwiegend vertreten, dass die Rente beim Erwerber auch nicht der Einkommenssteuer zu unterwerfen ist (Schmidt/*Weber-Grellet* EStG § 22 Rn. 66; *Streck/Horst* DStR 2011, 959). Die neuere BFH-Rechtsprechung lässt jedoch auch eine anderslautende Beurteilung zu, wenn auch freilich allenfalls hinsichtlich des in der Rente enthaltenen Ertragsanteils gem. § 22 Nr. 1 S. 3 lit. a bb EStG (vgl. BFH DStR 2014, 2115, dort jedoch für Erträge aus einer Stiftung, welche in § 22 Nr. 1 S. 2 lit. a EStG speziell geregelt sind). Zu unterscheiden sind jedenfalls Fälle, in denen Vermächtnisgegenstand nicht eine Rente, sondern ein betagter und bis zur Fälligkeit verzinslicher Kapitalbetrag ist. Die Einkommenssteuerpflicht der Zinszahlungen folgt hier aus § 20 Abs. 1 Nr. 7 EStG (BFH DStR 2016, 666).

7. Kosten. Das Rentenvermächtnis ist nach § 102 Abs. 3 Hs. 1 GNotKG und wie ein Leistungsrecht nach § 52 GNotKG zu bewerten.

Maßgeblicher Betrachtungszeitpunkt ist der Moment der Beurkundung der Verfügung von Todes wegen. Ist der Berechtigte wie im Beispiel 18 Jahre im Monat der Beurkundung geworden, wären nach § 52 Abs. 2 S. 1 GNotKG 6 Jahre und 9 Monate maßgeblich (weil das Recht für die ersten drei Monate nach dem Sterbefall nicht bestehen soll). Die Begrenzung auf höchstens 10 Jahre spielt dann keine Rolle. Die Beschränkung auf die Lebenszeit des Berechtigten führt zur Anwendung von § 52 Abs. 4 GNotKG und spielt wegen der Begrenzung auf den 20-fachen Wert auch keine Rolle.

Die Wertsicherungsklausel ist nach § 52 Abs. 7 GNotKG nicht zu berücksichtigen.

5. Forderungsvermächtnis und Schuldbefreiungsvermächtnis

Der Erbe wird mit folgenden Vermächtnissen beschwert:[1]

1. Forderungsvermächtnis.[2] Mir steht gegen meine Tochter . . . . . . eine Forderung zu über EUR . . . . . . nebst . . . . . .% Jahreszinsen aus Gewährung eines Darlehens in dieser Höhe am . . . . . .
Mein Sohn . . . . . ., ersatzweise dessen Abkömmlinge gem. gesetzlicher Erbregel

– „der Vermächtnisnehmer“ genannt –

erhält vermächtnisweise vorgenannte Forderung, soweit diese beim Erbfall noch besteht. Soweit die Forderung vor dem Erbfall geleistet wurde, ist die entsprechende Geldsumme vermacht, unabhängig davon, ob sich die Geldsumme in der Erbschaft vorfindet.

2. Schuldbefreiungsvermächtnis.[3] Mein Sohn . . . . . . schuldet der . . . . . . Bank ein Darlehen über derzeit ca. . . . . . . EUR nebst . . . . . .% Jahreszinsen aus Gewährung eines Darlehens in Höhe von ursprünglich . . . . . . EUR am . . . . . .
Dieser Sohn . . . . . ., ersatzweise dessen Erben

– „der Vermächtnisnehmer“ genannt –

erhält vermächtnisweise den Anspruch gegen den Beschwerten, ihn von diesem Darlehen in der Hauptsache – ohne etwaige Zinsen – gegenüber dem Darlehensgeber zu befreien, soweit dieses Darlehen beim Erbfall noch besteht, höchstens jedoch in Höhe des ursprünglichen Darlehensbetrages.

3. Allgemeine Vermächtnisbestimmungen.[4, 5, 6]

Anmerkungen

1. Allgemeine Vermächtnisanordnungen. Allgemein → Form. C.V.1 und → Form. C.V.2. Soll der Erbe beschwert werden, ist an sich der Eingangshalbsatz auf Grund § 2147 S. 2 BGB entbehrlich. Zur Vermeidung der Erforderlichkeit des Rückgriffs auf gesetzliche Vermutungsregeln ist dennoch die ausdrückliche Bestimmung des Beschwerten empfehlenswert.

2. Forderungsvermächtnis. Eine Forderung, auch eine erst künftig entstehende, kann Gegenstand eines Vermächtnisses sein. Ausgenommen sind Forderungen, die nicht abtretbar (Überblick bei Palandt/*Grüneberg* BGB § 399 Rn. 2 ff.) sind; derartige Vermächtnisse wären gem. § 2171 Abs. 1 BGB unwirksam.

Die Erfüllung des Vermächtnisanspruchs (§ 2174 BGB) erfolgt durch **Abtretung** der Forderung durch den Beschwerten an den Vermächtnisnehmer.

§ 2173 BGB enthält eine Auslegungsregel für den Fall, dass die vermachte Forderung auf Grund Leistung erloschen ist, da ansonsten das Vermächtnis gem. § 2171 Abs. 1 BGB unwirksam wäre. Hat der Erblasser eine Eigenforderung vermacht und erfolgt die **Leistung vor dem Erbfall,** ist nach der Auslegungsregel des § 2173 S. 1 BGB im Zweifel anzunehmen, dass dem Bedachten der geleistete Gegenstand zugewendet sein soll, wenn der geleistete Gegenstand noch in der Erbschaft vorhanden ist (vgl. umgekehrt zum Stückvermächtnis § 2169 Abs. 3 BGB und unten zum Verschaffungsvermächtnis → Form. C.V.7). War die Forderung wie im Formular auf eine **Geldsumme** gerichtet, ist nach der Auslegungsregel des § 2173 S. 2 BGB im Zweifel anzunehmen, dass die entsprechende Geldsumme als vermacht gilt, auch wenn sich eine solche in der Erbschaft nicht vorfindet (hierzu OLG Karlsruhe ZEV 2005, 396; der Vermeidung dieses Zweifels dient die Anordnung im letzten Satz von Abs. 2). **Zinsen** stehen dem Vermächtnisnehmer zu ab dem Anfall des Vermächtnisses (§ 2184 S. 1 BGB).

3. Schuldbefreiungsvermächtnis. Gegenstand eines Vermächtnisses kann auch der Anspruch auf Befreiung von einer Schuld sein. Handelt es sich, wie im Formular, um eine Schuld gegenüber einem Dritten, hat der Beschwerte den Vermächtnisnehmer zu befreien, insbesondere durch befreiende Schuldübernahme (§§ 414 ff. BGB), Zahlung oder Aufrechnung (Palandt/*Weidlich* BGB § 2173 Rn. 4). Liegt eine Schuld gegenüber dem Erblasser vor und ist wie im gesetzlichen Regelfall der Erbe beschwert (§ 2147 S. 2 BGB), handelt es sich um ein **Erlassvermächtnis,** wonach der Vermächtnisnehmer Befreiung durch Erlass und Freigabe etwaiger Sicherheiten verlangen kann.

4. Sonstige Vermächtnisbestimmungen. Vgl. zu den allgemeinen Vermächtnisbestimmungen → Form. C.V.2 Anm. 2–8.

5. Steuern. Die Bewertung erfolgt mit dem Nennwert gem. § 12 Abs. 1 BewG, sofern nicht besondere Umstände einen höheren oder geringeren Wert begründen. Zur weiteren steuerlichen Behandlung von Vermächtnissen → Form. C.V.1.

6. Kosten. Der Wert des Vermächtnisses nach § 102 Abs. 3 Hs. 1 GNotKG entspricht dem Nennwert der Forderung oder Schuld im Zeitpunkt der Errichtung der Verfügung von Todes wegen.

6. Grundstücksvermächtnis, ergänzende Anordnung, Testamentsvollstreckung

1. Der Erbe wird mit folgendem Vermächtnis beschwert:
. . . . ., ersatzweise . . . . . .

– „der Vermächtnisnehmer" genannt –[1]

erhält vermächtnisweise das Hausgrundstück Flst. . . . . . Gemarkung . . . . . ., vorgetragen in meinem Eigentum im Grundbuch des Amtsgerichts . . . . . von . . . . . . Blatt . . . . . .

– nachfolgend auch „Vermächtnisgegenstand" genannt –.[2]

Der Vermächtnisnehmer hat

- **die Kosten des Vermächtniserfüllungsvertrages nebst Umschreibung im Grundbuch zu tragen[3] und**
- **an dem Vermächtnisgegenstand im Grundbuch in Abt. II und III eingetragene Rechte sowie etwa durch den Vermächtnisgegenstand gesicherte Verbindlichkeiten**

zu übernehmen, soweit ich beim Erbfall Darlehensnehmer war und die Darlehen dazu dienten, Verwendungen, auch weitreichende Umbaumaßnahmen (weiter Verwendungsbegriff), auf den Vermächtnisgegenstand zu machen.[4]

2. Ich ordne Testamentsvollstreckung nach meinem Tode gemäß nachfolgender Bestimmungen an.
Der Testamentsvollstrecker hat ausschließlich die Aufgabe, das in Abschnitt (1) angeordnete Vermächtnis zu erfüllen.[5]
Der Testamentsvollstrecker ist insoweit von den Beschränkungen des § 181 BGB befreit.
Zum Testamentsvollstrecker wird der in Abschnitt (1) bezeichnete Vermächtnisnehmer bestimmt.
Der Testamentsvollstrecker erhält für seine Tätigkeit keine gesonderte Vergütung.[6]

3. Allgemeine Vermächtnisbestimmungen[7, 8, 9]

Anmerkungen

1. Allgemeine Vermächtnisanordnungen. Hierzu allgemein → Form. C.V.1, → Form. C.V.2. Soll der Erbe beschwert werden, ist an sich der Eingangshalbsatz auf Grund § 2147 S. 2 BGB entbehrlich Zur Vermeidung der Erforderlichkeit des Rückgriffs auf gesetzliche Vermutungsregeln ist dennoch die ausdrückliche Bestimmung des Beschwerten empfehlenswert.

2. Grundstücksvermächtnis. Soll eine **Immobilie einer Person zugewiesen** werden, die nicht zum Alleinerben eingesetzt werden soll, ist dies möglich durch Erbauseinandersetzungsanordnung unter Miterben („Teilungsanordnung"; → Form. C.IV.3) oder – wie im Formular – durch Vermächtnisanordnung; Letztere ist auch möglich für einen Miterben („Vorausvermächtnis"; zu Besonderheiten → Form. C.IV.4). Zweckmäßig ist regelmäßig die vorherige Einholung einer aktuellen Grundbucheinsicht: Zum ersten ist nur dadurch die richtige Beschreibung des Vermächtnisgegenstandes gewährleistet, zum zweiten kann dabei überprüft werden, ob der Erblasser auch Alleineigentümer des Vermächtnisgegenstandes ist (ansonsten zu Besonderheiten des Verschaffungsvermächtnisses → Form. C.V.7), zum dritten ist eine Prüfung der Abt. II des Grundbuchs zweckmäßig, zB wegen fortbestehender Rechte und/oder vorrangiger Rechte (zB Vormerkung, die einen bedingten Rückübertragungsanspruch für den Fall des Vorversterbens des Erblassers sichert), zum vierten ist eine Prüfung der Abt. III des Grundbuchs zweckmäßig zur Klärung der Übernahme eingetragener Pfandrechte und etwa damit gesicherter Verbindlichkeiten (→ Anm. 4) und ggf. lebzeitige Löschung nicht mehr benötigter Pfandrechte anlässlich der Testamentserrichtung. Das Vermächtnis erstreckt sich im Zweifel auch auf das „zurzeit des Erbfalls vorhandene Zubehör" (§§ 97, 98 BGB) der Sache (§ 2164 Abs. 1 BGB); ggf. sind klarstellende oder abweichende Anordnungen möglich.

3. Kosten. Zu Kosten der Vermächtnisanordnung und Vermächtniserfüllung allgemein → Form. C.V.1 Anm. 14 sowie → Form. C.V.2 Anm. 8. Meist wird jedoch vom Erblasser nicht die gesetzliche Regelung gewünscht, sondern dass der Vermächtnisnehmer die Erfüllungskosten zu tragen hat, somit beim Grundstücksvermächtnis die Notar- und Grundbuchkosten. Handelt es sich um ein notarielles Grundstücksvermächtnis, fällt für die Beurkundung der Auflassung nur eine 1,0-Gebühr nach Nr. 21102 KV GNotKG an, ansonsten eine 2,0-Gebühr nach Nr. 21100 KV GNotKG (Bormann/Diehn/Sommerfeldt/*Diehn* GNotKG Nr. 21102 Rn. 12.)

4. Weitere Anordnungen zum Grundstücksvermächtnis. Besondere Bedeutung hat bei Grundstücksvermächtnissen die Regelung bezüglich der **Übernahme etwaiger Belastun-**

gen. Erforderlich zur Sachverhaltsermittlung ist zum einen die Feststellung des (aktuellen) Grundbuchstandes (→ Anm. 2), zum anderen ggf. die Ermittlung damit verbundener tatsächlicher Pflichten, deren Zuordnung zwischen Beschwertem (idR der Erbe) und Bedachten zu regeln ist. Erforderlich ist für Berater ferner der Hinweis an den Erblasser, dass bei Änderungen der Sachlage bezüglich des Vermächtnisgegenstandes und seiner Belastungen eine Überprüfung des Vermächtnisses geboten ist, zB wenn eine bei Testamentserstellung nicht mehr valutierte Grundschuld vor dem Erbfall neu beliehen wird.

Ausgangspunkt ist der Grundsatz des § 1967 Abs. 1 BGB: „Der Erbe haftet für die **Nachlassverbindlichkeiten**", sodass insbesondere beim Erbfall bestehende Darlehensschulden den Erben belasten, soweit nicht etwas anderes geregelt ist. Hinsichtlich Belastungen des Vermächtnisgegenstandes gilt beim Stückvermächtnis (vgl. zum Gattungs- und Verschaffungsvermächtnis: §§ 2182, 2183 BGB) der Grundsatz des § 2165 Abs. 1 S. 1 BGB, wonach der Vermächtnisnehmer im Zweifel nicht die Beseitigung der Rechte verlangen kann (**grundsätzliche Belastungsübernahmepflicht des Vermächtnisnehmers**). Ferner haftet der Beschwerte eines Grundstücksvermächtnisses gem. § 2182 Abs. 3 BGB im Zweifel nicht für die Freiheit des Grundstücks von Grunddienstbarkeiten, beschränkten persönlichen Dienstbarkeiten und Reallasten. Zur Vermeidung dieser Zweifel dient die Regelung zur Übernahmepflicht von Rechten in Abt. II und III des Grundbuchs. Ist das Vermächtnis jedoch in einem **Erbvertrag** als vertragsmäßige Verfügung angeordnet und hat der Erblasser den Vermächtnisgegenstand mit Beeinträchtigungsabsicht belastet, steht dem Vermächtnisnehmer gegen den Erben gem. § 2288 Abs. 2 S. 1 BGB ein Beseitigungsanspruch zu, ersatzweise gegen den durch die Belastung schenkungsweise Begünstigten gem. § 2288 Abs. 2 S. 2 BGB ein Bereicherungsanspruch; die Vorschrift wird auf wechselbezügliche Verfügungen in **gemeinschaftlichen Testamenten** entsprechend angewendet.

Bestehen **Eigentümer-Grundpfandrechte** am Vermächtnisgegenstand und sollen diese auch fortbestehen, sollte die Verfügung von Todes wegen stets eine Regelung treffen, ob – neben der Übernahme der Belastung – auch die Gläubigerrechte mitvermacht sind, da § 2165 Abs. 2 BGB hierzu auch keine Auslegungsregel enthält („. . . . . . aus den Umständen zu entnehmen . . . . . ."). Gem. § 2166 Abs. 1 S. 1 BGB ist im Verhältnis zwischen Erben und Vermächtnisnehmer im Zweifel letzterer verpflichtet, gesicherte Darlehensschulden bis zur Höhe des Grundstückswerts zu befriedigen. Die Vorschrift ergänzt die vorgenannte Belastungsübernahmepflicht des Vermächtnisnehmers, damit dieser nicht den Hypothekengläubiger befriedigen kann und gem. § 1143 BGB Inhaber der persönlichen Forderung gegen den Erben wird. § 2166 BGB begründet jedoch keine Haftung des Vermächtnisnehmers im Außenverhältnis gegenüber dem Gläubiger.

Die Rechtsprechung wendet § 2166 BGB entsprechend für eine **Grundschuld** an, die eine persönliche Schuld des Erben sichert, sofern diese Schuld in einem Bezug zum belasteten Grundstück steht (Palandt/*Weidlich* BGB § 2166 Rn. 3 mwN; BeckOGK/*Schellenberger* BGB § 2166 Rn. 30 f.). Zur Vermeidung von Zweifeln sollte die Vermächtnisanordnung neben der dinglichen Belastungsübernahmeverpflichtung bezüglich Rechten in Abt. II und III auch Regelungen treffen für die etwaige Pflicht zur **Übernahme von gesicherten Darlehen.** Im Formular ist vorgesehen, dass gesicherte Darlehen den Vermächtnisnehmer treffen, jedoch nur soweit sie für Verwendungen für den Vermächtnisgegenstand aufgenommen wurde. Die Klarstellung, dass der Erblasser als Verwendungen auch sog. umgestaltenende Verwendungen verstanden wissen will, verhindert, dass der insoweit im Rahmen von §§ 994 ff. BGB bestehende Streit zwischen BGH (enger Verwendungsbegriff) und dem Großteil der Literatur (weiter Verwendungsbegriff) (vgl. Palandt/*Bassenge* BGB § 994 Rn. 2 ff.) auf das Testament durchschlägt. Gem. dem Wortlaut im Formular müsste der Vermächtnisnehmer ein noch offenes Darlehen etwa auch dann befriedigen, wenn dies für einen wesentlichen Umbau der Immobilie verwendet wurde.

Ist das Grundstück Gegenstand eines Gattungsvermächtnisses (→ Form. C.V.10), besteht grundsätzlich eine beschränkte Rechtsmängelgewährleistungspflicht des Beschwerten gem. § 2182 Abs. 1, Abs. 3 BGB.

5. Ergänzende Anordnung Testamentsvollstreckung. Bei Vermächtnissen kann häufig die ergänzende Anordnung einer Testamentsvollstreckung zweckmäßig sein (siehe auch oben zum Verschaffungsvermächtnis → Form. C.IV.4 Anm. 4 sowie → Form. C.II.7; Nieder/Kössinger/*R. Kössinger* Handbuch der Testamentsgestaltung § 15 Rn. 17). Zur erforderlichen Erfüllung des Vermächtnisanspruchs (§ 2174 BGB) bedarf es des **dinglichen Rechtsgeschäfts** zwischen Erben als Gesamtrechtsnachfolger des Erblassers und dem Vermächtnisnehmer, bei Grundstücksvermächtnissen der Auflassungserklärung (§ 873 BGB) und Bewilligung der Grundbucheintragung (§ 19 GBO). Bei einer Erbengemeinschaft ist die Mitwirkung aller Miterben erforderlich. Dies kann vermieden werden, indem der Erblasser einen Testamentsvollstrecker mit entsprechendem Aufgabenkreis ernennt. Möglich ist dies im Rahmen einer umfassenden Testamentsvollstreckung, aber auch – wie im Formular in Abs. 2 vorgesehen – mit einer punktuellen, das Vermächtnis flankierenden Testamentsvollstreckeranordnung mit dem ausschließlichen **Aufgabenbereich** der Erfüllung jenes Vermächtnisses. Dies ist insbesondere empfehlenswert, wenn eine größere Erbengemeinschaft entstehen kann oder bei dieser Einschränkungen der Handlungsfähigkeit möglich sind, zB bei minderjährige Miterben. Ferner ist eine solche Testamentsvollstreckung besonders zweckmäßig, wenn zwischen Erben und Vermächtnisnehmer Spannungen bereits bestehen oder künftig nicht auszuschließen sind, zB bei Erbeinsetzung der Kinder des Erblassers aus erster Ehe und Vermächtnis für den zweiten Ehegatten (Stiefvater/-mutter). Zum Erfüllungsgeschäft ist dann nur die Anwesenheit des Vermächtnisnehmers erforderlich, der in der Auflassungsurkunde zugleich als Testamentsvollstrecker handelt.

6. Weitere Bestimmungen zur Testamentsvollstreckung. S. zu allgemeinen Bestimmungen eingehend → Form. C.VII. Die Befreiung von den Beschränkungen des § 181 BGB ist rechtlich nicht erforderlich, da der Testamentsvollstrecker zwar auch im eigenen Namen handelt, jedoch „in der Erfüllung einer Verbindlichkeit" (§ 181 BGB), und zwar des ihm zustehenden Vermächtnisanspruchs. Praktisch nutzt die Bestimmung bei gelegentlichen Rechtsunsicherheiten von Grundbuchämtern bezüglich dieser Rechtsfrage. Bei der „flankierenden Testamentsvollstreckung" zur ausschließlichen vereinfachten Abwicklung eines Vermächtnisses wird regelmäßig der Vermächtnisnehmer selbst zum Testamentsvollstrecker ernannt (§ 2197 Abs. 1 BGB). Da diese Anordnung zu seiner Erleichterung dient, ist es meist auch – wie im Formular – sachgemäß, einen Vergütungsanspruch auszuschließen (§ 2221 BGB). Der Testamentsvollstrecker hat beim Nachlassgericht die Annahme des Amtes zu erklären (§ 2202 BGB).

Zum Grundbuchvollzug der Vermächtniserfüllung durch den Testamentsvollstrecker muss va auch die Testamentsvollstrecker-Eigenschaft in grundbuchtauglicher Form (§ 29 GBO) nachgewiesen sein. Das an sich hierzu erforderliche Testamentsvollstreckerzeugnis ist gem. § 35 Abs. 2 Hs. 2 GBO entbehrlich, wenn sich die Testamentsvollstreckung aus einer notariellen letztwilligen Verfügung ergibt und diese dem Grundbuchamt zusammen mit der Eröffnungsniederschrift des Nachlassgerichts vorgelegt wird (§ 35 Abs. 1 S. 2 GBO). Zusätzlich ist jedoch stets die Annahme des Amtes (§ 2202 BGB) in öffentlicher Form nachzuweisen. Wird die Annahme privatschriftlich beim Nachlassgericht erklärt, hat dieses hierüber ein gesiegeltes Zeugnis zu erstellen, welches den Grundbuchvollzug ermöglicht. Sind, wie häufig, zuständiges Nachlassgericht und Grundbuchamt im konkreten Fall beim selben Amtsgericht angesiedelt, bietet sich als alternative Nachweismöglichkeit richtigerweise an, die Annahmeerklärung unmittelbar in die Vermächtniserfüllungsurkunde aufzunehmen. Mit Übermittlung dieser Urkunde an das Grundbuchamt sind dann automatisch sowohl Abgabe als auch Zugang der Annahmeerklärung ausreichend nachgewiesen; da Grundbuchamt und Nachlassgericht nur verschiedene Abtei-

lungen ein und desselben Gerichts sind, muss der Eingang in der allgemeinen Poststelle dieses Gerichts zum Nachweis der Wirksamkeit der Annahmeerklärung iSv § 2202 Abs. 1 BGB genügen (noch offen gelassen in OLG München ZEV 2016, 439).

7. Sonstige Vermächtnisbestimmungen. Grundsätzlich → Form. C.V.2 Anm. 2–8. Die Verpflichtung zur Tragung der Kosten der Vermächtniserfüllung ist aufgrund deren absehbar nicht unerheblicher Höhe (Notar- und Grundbuchkosten) im Formular besonders hervorgehoben (→ Anm. 3). Beim Grundvermögensvermächtnis ist überdies eine genaue Regelung für den Fall, dass das Grundstück im Erbfall nicht mehr im Nachlass vorhanden ist, von besonderer Bedeutung, weshalb die Anordnung im Formular nochmals ausdrücklich hervorgehoben ist. Nicht selten zieht der Erblasser bereits bei Testamentserrichtung einen möglichen Verkauf in Betracht, so dass, falls gewünscht, entgegen § 2169 Abs. 1 BGB auch der Kaufpreis oder das sonstige Surrogat in das Vermächtnis einbezogen werden könnten. Sofern dies nicht gewünscht ist, sollte wie auch sonst das ersatzlose Entfallen des Vermächtnisses ausdrücklich klargesellt werden.

8. Steuern. Zur Bewertung des Grundstücksvermächtnisses → Form. C.V.1 Anm. 13 sowie → Form. A.IV.4 c). Ein ausländisches Grundstück wird mit dem gemeinen Wert gem. § 12 Abs. 7 ErbStG iVm § 31 BewG angesetzt.

Gehört das Grundstück zum Betriebsvermögen, setzt die Übertragung an den Vermächtnisnehmer regelmäßig eine Entnahme aus dem Betriebsvermögen voraus. Hier muss geklärt werden, wer die durch einen möglichen Entnahmegewinn (Aufdeckung der stillen Reserven) veranlasste – ggf. zusätzlich zur Erbschaftsteuer anfallende – Ertragsteuer zu tragen hat. Handelt es sich bei dem vermachten Grundstück um eine wesentliche Betriebsgrundlage, kann zudem mit der Entnahme eine Betriebsaufgabe iSd § 16 Abs. 3 EStG ausgelöst werden (TGJG/*Gebel* ErbStG § 7 Rn. 419). Bei einem Grundstücksvermächtnis entsteht keine Grunderwerbsteuer (§ 3 Nr. 2 GrEStG). Zur weiteren steuerlichen Behandlung des Vermächtnisses → Form. C.V.1. Zur steuerlichen Behandlung der Testamentsvollstreckung → Form. C.VII.1.

9. Kosten. Der Bewertung des Vermächtnisses nach § 102 Abs. 3, Hs. 1 GNotKG ist der Verkehrswert des Grundstücks (§ 46 GNotKG) zu Grunde zu legen. Vom Vermächtnisnehmer zu übernehmende Verbindlichkeiten können nach § 102 Abs. 3 Hs. 2, Abs. 2 S. 2 GNotKG abzogen werden, allerdings nur bis zur Hälfte des Aktivwertes des Grundstücks. Mit anderen Worten wird mindestens der halbe Wert des Grundstücks angesetzt. Die Testamentsvollstreckung ist nicht gesondert zu bewerten.

7. Vermächtnis (Wohnungseigentum), Verschaffungsvermächtnis

Der Erbe wird mit folgendem Vermächtnis beschwert:[1]

. . . . ., ersatzweise dessen Abkömmlinge nach gesetzlicher Erbregel

– „der Vermächtnisnehmer" genannt –[2]

erhält vermächtnisweise die Wohnungseigentumseinheit Nr. . . . . . im Anwesen in . . . . ., ... str. . . . . ., vorgetragen im Grundbuch des Amtsgerichts . . . . . . von . . . . . . Blatt . . . . . . als . . . . . ./1000-Miteigentumsanteil am Grundstück Flst. . . . . . Gemarkung . . . . . . verbunden mit Sondereigentum an der Wohnung im ersten Obergeschoss

– nachfolgend auch „Vermächtnisgegenstand" genannt –.[3]

Diese Wohnungseigentumseinheit befindet sich im Miteigentum zu gleichen Teilen von mir und meiner Ehegattin, welche vorstehend in Abschnitt . . . . . . als Alleinerbin von mir eingesetzt wurde. Soweit sich der Vermächtnisgegenstand bei meinem Erbfall nicht in meinem Alleineigentum befindet, ist dieses als Verschaffungsvermächtnis angeordnet und vom Erben aus dessen eigenen Vermögen zu leisten, unabhängig vom Umfang der Erbschaft.[4]

Das Wohnungseigentum ist lastenfrei.[5]

Allgemeine Vermächtnisbestimmungen[6, 7, 8]

Anmerkungen

1. Verschaffungsvermächtnis. Gehört der bestimmte Vermächtnisgegenstand (Stückvermächtnis) zurzeit des Erbfalls **nicht zum Nachlass** und ist dieser Gegenstand (Sache oder Recht) entgegen der Vermutung des § 2169 Abs. 1 BGB nach dem Erblasserwillen dem Bedachten auch für diesen Fall zugewendet, liegt ein Verschaffungsvermächtnis vor (Nieder/Kössinger/*Kössinger* § 9 Rn. 61 ff.).

Die Vorschrift des § 2169 Abs. 1 BGB geht grundsätzlich davon aus, dass der Erblasser nur solche Gegenstände vermachen will, die ihm im Zeitpunkt seines Erbfalles gehören (zum bloßen Besitzvermächtnis § 2169 Abs. 2 BGB). Aus der Verfügung von Todes wegen muss sich daher der **qualifizierte Zuwendungswille** des Erblassers ergeben. Die Kenntnis des Erblassers im Zeitpunkt der Errichtung der Verfügung davon, dass der Gegenstand nicht zu seinem Vermögen gehört, ist ein wichtiges Indiz, jedoch keine zwingende Voraussetzung (BeckOK BGB/*Müller-Christmann* § 2169 Rn. 7).

Umfasst der Nachlass einen **Erwerbsanspruch** oder einen Wertersatzanspruch auf Grund Untergangs des vermachten Gegenstandes nach Anordnung des Vermächtnisses oder Entziehung, gilt im Zweifel dieser Anspruch als vermacht (§ 2169 Abs. 3 BGB; vgl. umgekehrt zum Forderungsvermächtnis § 2173 BGB und → Form. C.V.5). Ist der Bedachte der Leistungsverpflichtete, handelt es sich um ein Schuldbefreiungsvermächtnis. Umfasst zwar der Nachlass das Eigentum an dem vermachten Gegenstand, aber war der Erblasser zu dessen Veräußerung verpflichtet, gilt er gem. § 2169 Abs. 4 BGB als nicht zur Erbschaft gehörig.

Der Beschwerte hat beim Verschaffungsvermächtnis primär den vermachten Gegenstand zu verschaffen (§ 2170 Abs. 1 BGB). Ist er hierzu nicht imstande (subjektives Unvermögen), hat er dem Bedachten stattdessen **Wertersatz** zu leisten (§ 2170 Abs. 2 S. 1 BGB); liegt hingegen (objektive) Unmöglichkeit vor, ist das Vermächtnis gem. § 2171 Abs. 1 BGB unwirksam. Der Beschwerte kann Wertersatz gem. § 2170 Abs. 2 S. 2 BGB leisten und sich von seiner Pflicht zur Verschaffung befreien, wenn diese nur mit unverhältnismäßigen Aufwendungen möglich wäre.

Bezüglich **Rechtsmängeln** gilt für das Verschaffungsvermächtnis der Grundsatz des § 2182 Abs. 2 BGB, wonach der Beschwerte grundsätzlich wie ein Verkäufer haftet. Bestehen Lasten, sollten zur Vermeidung von „Zweifeln" iSd § 2165 Abs. 1 BGB (→ Form. C.V.6 Anm. 4) und § 2182 Abs. 3 BGB ausdrückliche Regelungen entweder zur Freistellungspflicht des Beschwerten oder Übernahmepflicht des Bedachten getroffen werden.

2. Allgemeine Vermächtnisanordnungen. Allgemein → Form. C.V.1, → Form. C.V.2. Soll der Erbe beschwert werden, ist an sich der Eingangshalbsatz auf Grund § 2147 S. 2 BGB entbehrlich. Zur Vermeidung der Erforderlichkeit des Rückgriffs auf gesetzliche Vermutungsregeln ist dennoch die ausdrückliche Bestimmung des Beschwerten empfehlenswert. Erfolgt die Vermächtnisanordnung im Rahmen eines gemeinschaftlichen Testaments oder Erbvertrags der Ehegatten, sollte im Hinblick auf § 2269 Abs. 2 BGB bestimmt werden, dass das Vermächtnis insgesamt bereits anfällt nach dem Tode des Erstversterbenden (→ Form. C.V.1 Anm. 3).

3. Grundstücksvermächtnis. Allgemein zum Grundstücksvermächtnis → Form. C.V.6, auch → Form. C.V.6 Anm. 2 zur im Regelfall zweckmäßigen aktuellen Grundbuchunterrichtung über Vermächtnisgegenstand, etwaige Belastungen und den für die Frage des Verschaffungsvermächtnisses bedeutsamen Umstand der Eigentümerverhältnisse.

4. Sachverhalt, Miteigentum des Erblassers. Dem Formular liegt ein Sachverhalt zugrunde, in dem die vermächtnisgegenständliche Eigentumswohnung im je hälftigen Miteigentum des Erblassers und seiner Ehefrau steht. Bezüglich seines eigenen Miteigentumshälfteanteils liegt ein normales Sachvermächtnis vor. Bezüglich des Miteigentumsanteils seiner Frau hingegen handelt es sich um ein Verschaffungsvermächtnis. Diese Fallgestaltung findet sich öfters, insbesondere in Ehegattenverfügungen, wenn gemeinschaftliche Vermögensgegenstände der Ehegatten insgesamt bereits beim ersten Todesfall an Kinder übertragen werden sollen, zB zur Ausnutzung des erbschaftsteuerlichen Freibetrags der Kinder nach dem erstversterbenden Elternteil. Die Verschaffungsverpflichtung (§ 2170 Abs. 1 BGB) des beschwerten überlebenden Elternteils als Erbe stellt eine nach § 10 Abs. 5 Nr. 2 ErbStG abzugsfähige Nachlassverbindlichkeit dar.

Möglich wäre das Verschaffungsvermächtnis auch, wenn sich der Vermächtnisgegenstand vollständig im Eigentum eines Dritten befindet. Im Regelfall ist dieser Dritte der Beschwerte des Vermächtnisses, als Erbe oder Bedachter eines anderen Vermächtnisses des Erblassers.

5. Belastungen. Zur Ermittlung von etwaigen Belastungen am Vermächtnisgegenstand und Regelungsmöglichkeiten → Form. C.V.6 Anm. 4.

6. Sonstige Vermächtnisbestimmungen. → Form. C.V.2 Anm. 2–8.

7. Steuern. Vgl. zur erbschaftsteuerlichen Behandlung von Grundstücksvermächtnissen grundsätzlich → Form. C.V.1 Anm. 13, → Form. C.V.6 Anm. 8 sowie → Form. A.IV.4 c). Der erbschaftsteuerliche Erwerb erfolgt auch beim Verschaffungsvermächtnis vom Erblasser. Der beschwerte Erbe kann die Verschaffungspflicht von seinem erbschaftsteuerlichen Erwerb abziehen (§ 10 Abs. 5 Nr. 2 ErbStG).

8. Kosten. Der Bewertung des Vermächtnisses nach § 102 Abs. 3 Hs. 1 GNotKG ist der Verkehrswert des Wohnungs- und Teileigentums (§ 46 GNotKG) zu Grunde zu legen. Vom Vermächtnisnehmer zu übernehmende Verbindlichkeiten können nach § 102 Abs. 3 Hs. 2, Abs. 2 S. 2 GNotKG abzogen werden, allerdings nur bis zur Hälfte des Aktivwertes des Wohnungs- und Teileigentums. Mit anderen Worten wird mindestens der halbe Wert des Wohnungs- und Teileigentums angesetzt. Ob es sich um ein Verschaffungsvermächtnis handelt oder nicht ist notarkostenrechtlich irrelevant.

8. Nießbrauchsvermächtnis, aufschiebend bedingtes Vermächtnis

Meine Kinder als Erben werden mit folgendem Vermächtnis beschwert:

Mein Lebensgefährte . . . . . . – bei dessen Wegfall dieses Vermächtnis ersatzlos entfällt; etwaige gesetzliche Vermutungen und Auslegungsregeln sind nicht anzuwenden –[1, 2]

– im Folgenden der Vermächtnisnehmer genannt –

erhält vermächtnisweise ein unentgeltliches Nießbrauchsrecht an dem Hausgrundstück Flst. . . . . . Gemarkung . . . . . ., vorgetragen in meinem Eigentum im Grundbuch des Amtsgerichts . . . . . . von . . . . . . Blatt . . . . . . Grundbesitz[3] mit folgendem Inhalt:

Die Ausübung des Nießbrauchs kann anderen nicht überlassen werden.

Der Nießbraucher hat, soweit gesetzlich zulässig, für die Dauer des Nießbrauchs zu tragen:

- alle mit dem Nießbrauchsgegenstand verbundenen privaten und öffentlichen Aufwendungen und Lasten, auch die außerordentlichen Lasten sowie Erschließungskosten,
- die außergewöhnlichen und zur Substanzerhaltung erforderlichen Ausbesserungen und Erneuerungen,

je auch soweit dies kraft Gesetzes der Eigentümer zu tragen hätte.

Im Übrigen gelten die gesetzlichen Bestimmungen zum Nießbrauch.[4]

Das Nießbrauchsvermächtnis ist aufschiebend bedingt mit der Vollendung des 21. Lebensjahres des jüngsten Kindes von mir sowie dass der Vermächtnisnehmer zu diesem Zeitpunkt nicht mit Dritten verheiratet ist.[5]

Dieses Nießbrauchsvermächtnis entfällt ersatzlos, wenn

- der Vermächtnisnehmer vor mir oder gleichzeitig mit mir verstirbt oder den Eintritt der Bedingung nicht erlebt,
- soweit der betroffene Grundbesitz sich beim Erbfall nicht mehr im Nachlass befindet.[6]

Der Nießbrauch ist unverzüglich nach dem Vermächtnisanfall auf Kosten des Berechtigten im Grundbuch an nächstoffener Rangstelle einzutragen mit dem Vermerk, dass zur Löschung des Rechts der Nachweis des Todes des Berechtigten genügt.[7] Ab Vermächtnisanfall bis zur Entstehung des Nießbrauchs ist ein inhaltsgleiches schuldrechtliches Nutzungsrecht vermacht.

Der Nießbrauch endet grundsätzlich mit dem Ableben des Berechtigten, jedoch bereits vorher im Falle von dessen Eheschließung mit Dritten; in diesem Fall ist er verpflichtet, unverzüglich die Nutzungen zu beenden und den Nießbrauch im Grundbuch löschen zu lassen.[8]

Allgemeine Vermächtnisbestimmungen[9, 10, 11]

Anmerkungen

1. Sachverhalt, Regelungsziel. Die Erblasserin hat Kinder, die als Erben eingesetzt sind. Sie lebt mit diesen sowie mit ihrem Lebensgefährten in ihrem Haus. Sie will ihrem Lebensgefährten die Nutzung von diesem Haus grundsätzlich auf Lebensdauer zur Verfügung stellen, jedoch erst nachdem das jüngste Kind ein bestimmtes Alter erreicht hat und nach Erwartung der Erblasserin die Nutzung dieses Hauses nicht mehr benötigt. Weitere Voraussetzung für die Entstehung des Nießbrauchsrechts ist, dass der Lebensgefährte nicht mit einer anderen Frau verheiratet ist; ggf. könnte auch die Bedingung erweitert werden auf eine Verpartnerung iSd Partnerschaftsgesetzes (zu deren unveränderten Relevanz auch nach dem 1.10.2017 → Form. E.I.4 Anm. 1). Alternativ oder kumulativ zum aufschiebend bedingten Nießbrauchsrecht käme für die Erblasserin in Betracht, dem Lebensgefährten sofort nach ihrem Ableben ein auf einzelne Räume beschränktes **Wohnungsrecht** (§ 1093 BGB; → Form. C.V.9) vermächtnisweise einzuräumen.

2. Allgemeine Vermächtnisanordnungen, Ersatzbedachte. Vgl. allgemein → Form. C.V.1, → Form. C.V.2, zu Ersatzbedachten → Form. C.V.1 Anm. 7.

3. Grundstücksverhältnisse. Allgemein zur gebotenen Ermittlung der Sach- und Rechtslage des betroffenen, zu belastenden Grundstücks → Form. C.V.6 Anm. 2, auch zu im Regelfall mittels aktueller Grundbuchunterrichtung zu ermittelnden etwaigen Belastungen (zB vorrangige Nutzungsrechte oder Pfandrechte, die den Bestand eines

nachrangigen Nutzungsrechts beeinträchtigen oder gefährden würden) und die für die Rechtsbestellung erforderlichen Eigentümerverhältnisse.

4. Nießbrauch. Der Nießbrauch (§§ 1030 ff. BGB) ist ein umfassendes Nutzungsrecht, insbesondere hinsichtlich des Gebrauchs und der Früchte (§ 99 BGB) der Sache. Einzelne Nutzungen (§ 100 BGB) können ausgeschlossen werden (§ 1030 Abs. 2 BGB). Der Nießbraucher ist nicht berechtigt, die Sache wesentlich zu verändern (§ 1037 Abs. 1 BGB) (zum Nießbrauchs(unter)vermächtnis → Form. E.II.10, → Form. E.II.11). Der Nießbrauch ist nicht übertragbar gemäß § 1059 S. 1 BGB. Im Formular wurde die grundsätzlich nach § 1059 S. 2 BGB zulässige (anders bei Wohnungsrecht, § 1092 Abs. 1 S. 2 BGB, → Form. C.V.9 Anm. 6) Überlassung der Ausübung an andere ausgeschlossen. Dies ist zweckmäßig für den Fall, dass nur dem Lebensgefährten höchstpersönlich die Nutzung zustehen soll. Will der Erblasser hingegen dem Bedachten ermöglichen, das Hausgrundstück an Dritte zu vermieten oder sonst Dritten die Nutzung zu gestatten, ist die Formulierung entsprechend anzupassen. Bezüglich der Tragung der Kosten des Nießbrauchsgegenstandes ist im Formular angeordnet, dass der Nießbraucher über die von ihm nach Gesetz (§ 1047 BGB) zu tragenden Kosten hinaus auch außerordentliche Lasten, zB Erschließungs- und Anliegerkosten, und allgemein alle mit dem Gegenstand verbundenen Kosten und Lasten zu tragen hat. Bezüglich der Erhaltung des Nießbrauchsgegenstandes ist im Formular angeordnet, dass der Nießbraucher über § 1041 BGB hinaus auch außergewöhnliche Erhaltungsmaßnahmen, zB Heizungserneuerung oder Dachsanierung, zu tragen hat.

Das **Nießbrauchsvermächtnis** hat seit der Aufhebung des § 25 ErbStG (Abzugsverbot ua für Nutzungen des Ehegatten des Erblassers) durch das ErbStG 2009 weiter an Bedeutung gewonnen. Dadurch besteht die Möglichkeit, zum einen die Vermögenssubstanz/das Eigentum zB an Kinder mittels Erbeinsetzung oder Vermächtnis zu übertragen und zum anderen die Nutzung Dritten, zB dem überlebenden Ehegatten mittels (Unter-)Vermächtnis zuzuwenden (zu steuerlich zweckmäßigen Gestaltungsmöglichkeiten Nieder/Kössinger/*Kössinger* § 6 Rn. 199 und 222 ff.). Besonders wichtiger Anwendungsfall ist die Ausnutzung des steuerlichen Freibetrags der Abkömmlinge nach dem Tod des erstversterbenden Elternteils, wobei dem Kind/Enkel bereits ein Nachlassgegenstand vom Erstversterbenden zugewendet wird und dem **überlebenden Ehegatten das Nießbrauchsrecht** auf Lebensdauer (oder befristet) eingeräumt wird (→ Form. E.II.10 und → Form. E.II.11). Es stellt eine rechtlich schwächere, aber steuerlich vorteilhafte Alternative zur Vor- und Nacherbfolge dar (WürzNotHdB *Keim* Teil 4 Kap. 1 Abschn. C.IV. Rn. 2229; *Schlieper* MittRhNotK 1995, 249); der kapitalisierte Nutzungswert wird vom Erwerb des Erben in Abzug gebracht (§ 10 Abs. 5 Nr. 2 ErbStG, §§ 13 ff. BewG, näher → Anm. 10).

Nießbrauchsgegenstand: Der Nießbrauch kann an **Sachen** (§ 1030 ff. BGB) oder **Rechten** (§§ 1068 ff. BGB) bestellt werden. Wichtig bei der Gestaltung und Formulierung ist, was Gegenstand des Nießbrauchsrechts sein soll: Die Erbschaft (§ 1922 Abs. 1 BGB) insgesamt, ein oder mehrere Erbteile (§ 1922 Abs. 2 BGB; Rechtsnießbrauch), einzelne Nachlassgegenstände (bewegliche oder unbewegliche Sachen – hier im Muster: das Hausgrundstück – und/oder Rechte), Sachgesamtheiten (§ 1085 BGB). Ferner besteht die Möglichkeit eines **Quotennießbrauchs**, wenn dem Bedachten nur ein Teil der Nutzungen zugewendet werden soll. Bei der Gestaltung dieses uU sich über Jahrzehnte erstreckenden Rechtsverhältnisses ist jeweils auch die Abgrenzung der Rechte und Pflichten des Eigentümers und des Nießbrauchers im gesetzlich vorgegebenen Rahmen wichtig.

5. Aufschiebende Bedingung. Vermächtnisse können unter aufschiebende – und auch auflösende – Bedingungen (§ 158 Abs. 1 BGB) gestellt werden (zB Palandt/*Weidlich* BGB § 2074 Rn. 1). Ist eine letztwillige Zuwendung unter einer aufschiebenden Bedingung getroffen, gilt die Auslegungsregel des § 2074 BGB, wonach im Zweifel die Zuwendung nur gelten soll, wenn der Bedachte den Eintritt der Zuwendung erlebt; zur Vermeidung von Zweifeln dient die nachfolgende Klarstellung.

Tritt die aufschiebende Bedingung erst nach dem Erbfall ein, so erfolgt der **Anfall** des Vermächtnisses gem. § 2177 BGB erst mit Eintritt der Bedingung.

Zum zugrunde gelegten Sachverhalt und Motivlage der Bedingung → Anm. 1.

6. Entfall des Vermächtnisses. Die Regelung dient zum einen der Vermeidung von Auslegungszweifeln, dass auch nicht auf Grund von Auslegungsregeln Ersatzbedachte bestimmt sind, zum zweiten, dass der Grundsatz des § 2074 BGB Anwendung finden soll (→ Anm. 5) und zum dritten, dass es sich nicht um ein Verschaffungsvermächtnis (§ 2169 Abs. 1, letzter Hs. BGB) handelt.

7. Nutzungsrecht, Grundbucheintragung. Das Nießbrauchsrecht **entsteht** als dingliches Recht erst mit Erfüllung, somit Einigung und Eintragung im Grundbuch (§ 873 BGB); zur möglichen flankierenden Anordnung einer Testamentsvollstreckung zur Rechtsbestellung siehe entsprechend → Form. C.V.6 Anm. 5, 6. Der Erblasserwille geht jedoch meist dahin, dass ab dem Zeitpunkt des Anfalls des Vermächtnisses (zum hierzu erforderlichen Bedingungseintritt → Anm. 5) dem Bedachten nicht nur ein Anspruch auf Einräumung des dinglichen Rechts, sondern direkt zur Nutzung zustehen soll. Dem trägt das Formular Rechnung mit dem dann sofort entstehenden schuldrechtlichen Nutzungsrecht.

Die **Eintragung im Grundbuch** erfolgt im Rahmen der Vermächtniserfüllung und bedarf neben dem Eintragungsantrag (§ 13 GBO) der Bewilligung (§ 19 GBO) des Eigentümers. Die Eintragung kann stets nur an „nächstoffener Rangstelle" erfolgen, also im Rang nach zum Zeitpunkt der Eintragung des Rechts bereits bestehenden Belastungen in Abt. II und III des Grundbuchs. Will der Erblasser den Vermächtnisnehmer weitergehend sichern, kann er die gewünschte, dem Bedachten vom Beschwerten zu verschaffende Rangstelle bestimmen, soweit etwaige Rangrücktritte überhaupt möglich sind.

Die sogenannte **Löschungserleichterung** durch Todesnachweis beruht auf § 23 Abs. 2 GBO und ermöglicht bei Grundbucheintragung dem Eigentümer die Löschung des Rechts nach dem Tod des Nießbrauchers ohne Einhaltung der Voraussetzungen und ggf. Jahresfrist des § 23 Abs. 1 GBO.

8. Auflösende Bedingung. Die auflösende Bedingung betrifft nicht das Vermächtnis, sondern das Nießbrauchsrecht. Zum Verhältnis von Nutzungen und rechtlicher Dauer des Nießbrauchsrechts → Anm. 4.

9. Sonstige Vermächtnisbestimmungen. Grundsätzlich → Form. C.V.2 Anm. 2–8. Regelungen zur Fälligkeit, zur Kostentragungspflicht und zum Entfallen des Vermächtnisses bei Nicht-Vorhandensein des betroffenen Grundbesitzes sind freilich bereits eigens im Formular enthalten.

10. Steuern. Nießbrauchsrechte werden mit dem Kapitalwert angesetzt, der durch Kapitalisierung ihres Jahreswertes zu ermitteln ist. Dabei ist zu unterscheiden zwischen Nießbrauch auf bestimmte Zeit, immerwährendem Nießbrauch, Nießbrauch auf unbestimmte Zeit und Nießbrauch auf Lebenszeit. Diese vier Gruppen sind nach §§ 13 bis 16 BewG zu bewerten. Der Kapitalwert ergibt sich bei

- Nießbrauch auf bestimmte Zeit (§ 13 Abs. 1 BewG) aus der Summe der einzelnen Jahreswerte abzüglich der Zwischenzinsen unter Berücksichtigung der Zinseszinsen. Dabei ist von einem Zinssatz von 5,5 % auszugehen. Der Jahreswert wird mit dem Vervielfältiger aus Anl. 9a zum BewG multipliziert;
- immerwährendem Nießbrauch (§ 13 Abs. 2 BewG) aus dem 18,6-fachen Jahreswert;
- Nießbrauch auf unbestimmte Zeit (§ 13 Abs. 2 BewG) aus dem 9,3-fachen Jahreswert;
- Nießbrauch auf Lebenszeit (§ 14 BewG) durch Multiplizierung des Jahreswerts mit dem Vervielfältiger, den das Bundesministerium der Finanzen auf Grundlage der jeweils aktuellen Sterbetafel des Statistischen Bundesamtes veröffentlicht, § 14 Abs. 1 S. 2, 3 BewG (dazu → Form. C.V.4 Anm. 6).

Der Jahreswert bestimmt sich nach § 15 BewG. Er kann allerdings nach § 16 BewG begrenzt sein. Diese Regelung findet sowohl beim Nutzungsberechtigten als auch beim Nutzungsverpflichteten Anwendung (BFH BStBl. II 1978, 257).

Beispiel:

N bekam von einem Verwandten testamentarisch ein auf drei Jahre befristetes Nießbrauchsvermächtnis an festverzinslichen Wertpapieren im Nominalwert von 10.000 EUR eingeräumt. Der maßgebende Kurswert beträgt 101,50 EUR je 100 EUR. Die vierteljährlichen Zinsen aus den Wertpapieren betragen 1.300 EUR.

Es betragen: der tatsächliche Jahreswert: 5.200 EUR (4 x 1.300 EUR): der begrenzte Jahreswert: 101.500 EUR / 18,6 = 5.457 EUR.

Eine Begrenzung erfolgt in diesem Fall also nicht. Wäre der tatsächliche Jahreswert höher als 5.457,– EUR, käme die Begrenzung zur Anwendung.

Der Kapitalwertermittlung ist also der tatsächliche Jahreswert von 5.200 EUR zugrunde zu legen. Der Vervielfältiger aus Anl. 9a zu § 13 Abs. 1 BewG beträgt: 2,772. Der Kapitalwert des Nießbrauchsrechtes beträgt somit: 5.200 EUR × 2,772 = 14.414,40 EUR.

Ein aufschiebend bedingtes Vermächtnis wird erbschaftsteuerlich erst dann berücksichtigt, wenn die Bedingung eingetreten ist, § 9 Abs. 1 Nr. 1a, Nr. 2 ErbStG (TGJG/*Gottschalk* ErbStG Rn. 31). Eine aufschiebend bedingte Last ist bei der Ermittlung der Bereicherung gem. § 10 ErbStG außer Ansatz zu lassen (§ 10 Abs. 5 Nr. 2 ErbStG, § 6 Abs. 1 BewG). Sie ist erst bei Eintritt der Bedingung abzugsfähig gem. § 6 Abs. 2 iVm § 5 Abs. 2 BewG. Zur weiteren steuerlichen Behandlung von Vermächtnissen → Form. C.V.1.

Wird der Vermächtnisgegenstand zur Einkünfte-Erzielung genutzt, ist zu beachten, dass der vermächtnisweise zugewandte Nießbrauch von Rechtsprechung und Finanzverwaltung einem unentgeltlichen **Zuwendungsnießbrauch** gleichgestellt wird, bei dem die AfA-Berechtigung verloren geht (BFH BStBl. II 1994, 319; BMF-Schreiben v. 30.9.2013 BStBl. I 2013, 1184 Rn. 32). Geht es dem Erblasser allein um die Zuwendung einer bestimmten monatlichen Geldzahlung, kann daher ein Rentenvermächtnis ertragsteuerlich vorzugswürdig sein (→ Form. C.V.4). Die ertragsteuerliche Belastung bleibt dann zwar beim Erben. Die Rentenzahlungen können bei der Übertragung von Privatvermögen insbesondere nicht gem. § 10 Abs. 1a Nr. 2 EStG als Sonderausgaben in Abzug gebracht werden, womit ein unter Umständen erhoffter Progressionsvorteil verloren geht. Der Erbe kann jedoch dann als Rechtsnachfolger gemäß § 11d EstDV weiterhin die Abschreibung für sich geltend machen.

11. Kosten. Das Nießbrauchsvermächtnis ist nach § 102 Abs. 3 Hs. 1 GNotKG und wie ein Nutzungsrecht nach § 52 GNotKG zu bewerten. Maßgeblicher Betrachtungszeitpunkt ist der Moment der Beurkundung der Verfügung von Todes wegen. Der Multiplikator ergibt sich aus § 52 Abs. 4 GNotKG. Der Jahreswert ergibt sich aus der Nettokaltmiete der Immobilie. Die aufschiebenden Bedingungen sind kostenrechtlich irrelevant, die auflösenden ebenso. Auch liegt kein Fall von § 52 Abs. 6 S. 3 GNotKG vor.

9. Wohnungsrechtsvermächtnis als Untervermächtnis

Der in Abschnitt ...... dieses Testaments bezeichnete Vermächtnisnehmer, ersatzweise der dort bezeichnete Ersatzvermächtnisnehmer, wird mit folgendem Untervermächtnis beschwert:[1, 2]

Herr ...... – bei dessen Wegfall dieses Vermächtnis ersatzlos entfällt; etwaige gesetzliche Vermutungen und Auslegungsregeln sind nicht anzuwenden –[3]

– im Folgenden der Untervermächtnisnehmer genannt –

erhält vermächtnisweise ein lebenslanges unentgeltliches Wohnungsrecht in dem Wohnhaus in ......, ... straße ......, Flst. ...... Gemarkung ......, vorgetragen in meinem Eigentum im Grundbuch des Amtsgerichts ...... von ...... Blatt ......[4] mit folgendem Inhalt:

Das Wohnungsrecht[5] besteht im Recht

1. der Benutzung – unter Ausschluss des Eigentümers – der folgenden Räumlichkeiten: Die beiden nach Süden und Osten gelegenen Zimmer im Dachgeschoss
2. und der Mitbenutzung der zum gemeinsamen Gebrauch der Bewohner bestimmten Anlagen und Einrichtungen, insbesondere der Küche und des Bades im Dachgeschoss, der beiden nach Norden gelegenen Abstellräume im Untergeschoss, sowie des Gartens. Die laufenden Nebenkosten für Beheizung, Strom, Wasser, Kanal, Kaminkehrer, Müllabfuhr und Schönheitsreparaturen für die dem Wohnungsrecht unterliegenden Räume hat der Untervermächtnisnehmer zu tragen.
   Die entgeltliche oder unentgeltliche Überlassung der Ausübung des Wohnungsrechts an Dritte ist nicht gestattet.[6]

Das Wohnungsrecht ist unverzüglich nach dem Vermächtnisanfall auf Kosten des Berechtigten im Grundbuch an nächstoffener Rangstelle einzutragen mit dem Vermerk, dass zur Löschung der Nachweis des Todes des Berechtigten genügt.[7] Ab Vermächtnisanfall bis zur Entstehung des Wohnungsrechts ist ein inhaltsgleiches schuldrechtliches Nutzungsrecht vermacht.

Dieses Untervermächtnis entfällt ersatzlos, wenn

- der Untervermächtnisnehmer vor mir oder gleichzeitig mit mir verstirbt,[8]
- wenn der betroffene Grundbesitz sich beim Erbfall nicht mehr im Nachlass befindet.[9]

Allgemeine Vermächtnisbestimmungen[10, 11, 12]

Anmerkungen

1. Untervermächtnis, Beschwerter, Sachverhalt. Ist – abweichend von der Vermutung des § 2147 S. 2 BGB, wonach der Erbe beschwert ist – ein (Haupt-)**Vermächtnisnehmer beschwert,** handelt es sich um ein **Untervermächtnis** (vgl. § 2186 BGB). Sind mehrere Vermächtnisnehmer beschwert, gilt für deren Innenverhältnis die Auslegungsregel des § 2148 Alt. 2 BGB. Beschwert werden können auch Personen, denen ein gesetzliches Vermächtnis zusteht, insbesondere der Ehegatte bezüglich Gegenständen des Voraus (§ 1939 BGB).

Zugrunde gelegter **Sachverhalt:** Der Erblasser hat gesondert über ein Wohnhaus ein Grundstücksvermächtnis angeordnet. Diesem Hauptvermächtnisnehmer soll – anders als bei einem Nießbrauch (→ Form. C.V.8) als Untervermächtnis – grundsätzlich die Nutzung und Kostenlast verbleiben. Die grundsätzliche Nutzungsbefugnis wird jedoch eingeschränkt durch das Wohnungsrecht für den Untervermächtnisnehmer.

2. Wegfall des Beschwerten. Fällt der Beschwerte, beim Untervermächtnis der Hauptvermächtnisnehmer, weg, bleibt das Vermächtnis wirksam, sofern kein anderer Erblasserwille anzunehmen ist (§ 2161 S. 1 BGB). Mit dem Vermächtnis ist dann der beschwert, dem der Wegfall unmittelbar zustattenkommt (§ 2161 S. 2 BGB), insbesondere der Erbe, der dann nicht mehr durch das Hauptvermächtnis beschwert ist. Der Ersatzbeschwerte haftet jedoch gem. § 2187 Abs. 2 BGB nur im Umfang des weggefallenen Hauptvermächtnisnehmers.

3. Allgemeine Vermächtnisanordnungen, Ersatzbedachte. Allgemein → Form. C.V.1 und → Form. C.V.2, zu – hier nicht gewünschten – Ersatzbedachten → Form. C.V.1 Anm. 7.

4. Grundstücksverhältnisse. Allgemein zur gebotenen Ermittlung der Sach- und Rechtslage des betroffenen, zu belastenden Grundstücks → Form. C.V.6 Anm. 2, auch zu im Regelfall mittels aktueller Grundbuchunterrichtung zu ermittelnden etwaigen Belastungen (zB vorrangige Nutzungsrechte oder Pfandrechte, die den Bestand eines nachrangigen Nutzungsrechts beeinträchtigen oder gefährden würden) und die für die Rechtsbestellung erforderlichen Eigentümerverhältnisse.

5. Wohnungsrecht. Das Wohnungsrecht (§ 1093 BGB) ist eine beschränkte persönliche Dienstbarkeit mit dem Inhalt, ein Gebäude oder den Teil eines Gebäudes als Wohnung zu benutzen; abweichend zu sonstigen Dienstbarkeiten ist der Eigentümer insoweit von der Nutzung ausgeschlossen. Anders als der Nießbrauch (→ Form. C.V.8) kann der Inhalt nur der Nutzung zu **Wohnzwecken** dienen. Der Wohnungsberechtigte ist nicht berechtigt, die Sache wesentlich zu verändern (§ 1093 Abs. 1 S. 2 BGB iVm § 1037 Abs. 1 BGB).

Das Wohnungsrecht ist nicht übertragbar gem. § 1092 Abs. 1 S. 1 BGB; zur nur bei Gestattung zulässigen Überlassung der Ausübung an andere → Anm. 6. Der Wohnungsberechtigte ist jedoch gem. § 1093 Abs. 2 BGB befugt, seine Familie und die dort näher bezeichneten Personen in die Wohnung aufzunehmen.

Der Wohnungsberechtigte hat die gewöhnlichen Unterhaltskosten, der Eigentümer außerordentliche Kosten zu tragen (§ 1093 Abs. 1 S. 2 BGB iVm §§ 1041, 1042 BGB).

6. Weitere Bestimmungen zum Wohnungsrecht. Der Erblasser kann in der Verfügung von Todes wegen für das Wohnungsrecht besondere Regelungen treffen, soweit dessen Regelungen dispositiv sind.

Belastet wird stets das gesamte Grundstück; jedoch kann – wie im Formular – die **Ausübung** auf einen **Teil des Gebäudes** beschränkt werden. Dann sind die vom Wohnungsrecht umfassten Räumlichkeiten ausreichend zu bezeichnen, entweder textlich wie im Formular oder durch Beifügung eines Planes. In Abs. 2 ist der Umfang der Mitbenutzung – neben dem Eigentümer – näher geregelt; im Übrigen gelten hier die Bestimmungen des § 1093 Abs. 3 BGB.

Das Vermächtnis kann die Kostentragung (→ Anm. 5) näher regeln.

Die **Überlassung der Ausübung** an einen anderen ist nur zulässig, wenn dies gestattet ist (§ 1092 Abs. 1 S. 2 BGB; anders beim Nießbrauch, § 1059 S. 2 BGB); die Regelung im Formular dient zur Klarstellung, dass keine Gestattung vorliegt.

7. Fälligkeit, Nutzungsrecht, Grundbucheintragung. Sieht die Verfügung von Todes wegen keine besondere Regelung vor, kann der Vermächtnisnehmer vom Beschwerten (§ 2147 S. 2 BGB) – sofort nach Anfall die Leistung verlangen, § 271 Abs. 1 BGB. Ist auf Grund Anordnung in der Verfügung von Todes wegen ein Vermächtnisnehmer beschwert, so hat der Hauptvermächtnisnehmer das Untervermächtnis erst zu erfüllen, wenn er die Erfüllung des Hauptvermächtnisses verlangen kann (§ 2186 BGB).

Das Wohnungsrecht **entsteht** als dingliches Recht erst mit Erfüllung, somit mit Einigung und Eintragung im Grundbuch; zur möglichen flankierenden Anordnung einer Testamentsvollstreckung zur Rechtsbestellung siehe entsprechend → Form. C.V.6 Anm. 5, 6. Der Erblasserwille geht jedoch meist dahin, dass ab dem Zeitpunkt des Anfalls des Vermächtnisses dem Bedachten nicht nur ein Anspruch auf Einräumung des dinglichen Rechts, sondern direkt zur Nutzung zustehen soll (→ Form. C.V.8 Anm. 7). Dem trägt das Formular Rechnung.

Die **Eintragung im Grundbuch** erfolgt im Rahmen der Vermächtniserfüllung und bedarf neben dem Eintragungsantrag (§ 13 GBO) der Bewilligung (§ 19 GBO) des Eigentümers. Die Eintragung kann stets nur an „nächstoffener Rangstelle“ erfolgen, also im Rang nach zum Zeitpunkt der Eintragung des Rechts bereits bestehenden Belastungen in Abt. II und III des Grundbuchs. Will der Erblasser den Vermächtnisnehmer weitergehend sichern, kann er die gewünschte, dem Bedachten vom Beschwerten zu verschaffende Rangstelle bestimmen, soweit etwaige Rangrücktritte überhaupt möglich sind.

Die sogenannte **Löschungserleichterung** durch Todesnachweis beruht auf § 23 Abs. 2 GBO und ermöglicht bei Grundbucheintragung dem Eigentümer die Löschung des Rechts nach dem Tod des Berechtigten ohne Einhaltung der Voraussetzungen und ggf. Jahresfrist des § 23 Abs. 1 GBO.

8. Vorversterben des Untervermächtnisnehmers. Die Anordnung dient der Klarstellung, dass der Grundsatz des § 2160 BGB dem Erblasserwillen entspricht und kein Ersatzbedachter bestimmt ist, zB im Wege der Auslegung gem. § 2069 BGB. Fällt hingegen der Hauptvermächtnisnehmer weg, bleibt das Untervermächtnis bestehen; idR ist dann gem. § 2161 S. 2 BGB der Erbe beschwert.

9. Betroffener Grundbesitz nicht im Nachlass. Gehört der Vermächtnisgegenstand zur Zeit des Erbfalls nicht zum Nachlass, ist das Sachvermächtnis grundsätzlich unwirksam gemäß § 2169 Abs. 1 BGB. Zur Vermeidung von Zweifel über den entsprechenden Erblasserwillen dient diese Anordnung in der Verfügung von Todes wegen, auch dass der Beschwerte nicht zur Verschaffung des Nutzungsrechts verpflichtet ist.

10. Sonstige Vermächtnisbestimmungen. Grundsätzlich → Form. C.V.2 Anm. 2–8. Regelungen zur Fälligkeit, zur Kostentragungspflicht und zum Entfallen des Vermächtnisses bei Nicht-Vorhandensein des betroffenen Grundbesitzes sind freilich bereits eigens im Formular enthalten.

11. Steuern. Das Wohnungsrechtsvermächtnis wird als wiederkehrende Nutzung und Leistung wie der Nießbrauch bewertet, (→ Form. C.V.8). Ertragsteuerliche Besonderheiten ergeben sich nicht, da das Wohnungsrecht begrifflich nicht zur Vermietung und damit nicht zur Einkünfte-Erzielung berechtigt.

12. Kosten. Vermächtnisse sind neben Verfügungen über den ganzen Nachlass gar nicht zu bewerten, § 102 Abs. 1 S. 3 GNotKG. Für Untervermächtnisse gilt zudem, dass sie neben Vermächtnissen nicht gesondert zu bewerten sind, soweit sie nur den Gegenstand des Hauptvermächtnisses betreffen. Soweit danach Raum für die Bewertung des Untervermächtnisses ist, wird es nach § 102 Abs. 3 Hs. 1 GNotKG und wie ein Nutzungsrecht nach § 52 GNotKG angesetzt. Maßgeblicher Betrachtungszeitpunkt ist der Moment der Beurkundung der Verfügung von Todes wegen. Der Multiplikator ergibt sich aus § 52 Abs. 4 GNotKG. Der Jahreswert ergibt sich aus der Nettokaltmiete der Immobilie. Die auflösenden Bedingungen sind kostenrechtlich irrelevant. Auch liegt kein Fall von § 52 Abs. 6 S. 3 GNotKG vor.

10. Vermächtnisse mit Drittbestimmungsmöglichkeiten (§§ 2151 ff. BGB) – Bedachtenbestimmung, Wahlvermächtnis, Gattungsvermächtnis, Zweckvermächtnis

Der Erbe wird mit folgenden Vermächtnissen beschwert:[1, 2]

1. Bestimmung des Bedachten:[3] Ich vermache das historische Motorrad . . . . . . einem Kind meines Bruders . . . . . . wie folgt:
Mein Bruder . . . . . ., ersatzweise der Erbe, hat zu bestimmen, welches Kind dieses Bruders das Vermächtnis erhalten soll.

2. Wahlvermächtnis:[4] Mein Neffe . . . . . .
– im Folgenden „der Vermächtnisnehmer" genannt –
erhält vermächtnisweise aus der sich im Nachlass befindlichen Sammlung von Armbanduhren ein Exemplar. Die Auswahl hat der Vermächtnisnehmer zu treffen.

3. Gattungsvermächtnis:[5] Mein Neffe . . . . . .

– im Folgenden „der Vermächtnisnehmer" genannt –

erhält vermächtnisweise ein Klavier im Wert zwischen 8.000,– EUR und 12.000,– EUR. Die Bestimmung hat der Beschwerte zu treffen.

4. Zweckvermächtnis:[6] Jedes Enkelkind von mir

– im Folgenden „der Vermächtnisnehmer" genannt –

erhält jeweils vermächtnisweise einen Geldbetrag. Zweck des Vermächtnisses ist einerseits, dem Erben, meinem Sohn . . . . . . und dessen Kindern das Ausnutzen der erbschaftsteuerlichen Freibeträge und Progression zu ermöglichen, andererseits die wirtschaftliche Situation und Liquidität des Beschwerten zu berücksichtigen.

Dem Beschwerten steht das Bestimmungsrecht nach billigem Ermessen zu. Er ist berechtigt

- **die von ihm geschuldete Leistung sowie Leistungszeitpunkt nach billigem Ermessen zu bestimmen;**
- **zu bestimmen, wer aus dem vorstehend festgelegten Kreis der Vermächtnisnehmer etwas erhält (§ 2151 BGB).**

Klargestellt wird, dass Beträge und Fälligkeitszeitpunkte für einzelne Vermächtnisnehmer unterschiedlich sein können und dass Beträge auch die Höhe der beim Erbfall geltenden erbschaftsteuerlichen Freibeträge unter- oder übersteigen können.[7]

Allgemeine Vermächtnisbestimmungen[8, 9, 10]

Anmerkungen

1. Drittbestimmung. Verfügungen von Todes wegen sind vom Erblasser höchstpersönlich zu treffen. Gemäß § 2065 Abs. 2 BGB kann der Erblasser die Bestimmung der Person, die eine Zuwendung erhalten soll, sowie die Bestimmung des Gegenstands der Zuwendung nicht einem anderen überlassen. Die §§ 2151 bis 2156 BGB stellen Ausnahmen von diesem Grundsatz dar, innerhalb deren Rahmen der Erblasser bei Vermächtnissen Einzelbestimmungen Dritten überlassen kann. Diese Möglichkeiten werden insbesondere auch genutzt beim **Unternehmertestament** (→ Form. G.V).

2. Allgemeine Vermächtnisanordnungen, Beschwerter. Vgl. allgemein → Form. C.V.1, → Form. C.V.2.

3. Bestimmung des Bedachten (§§ 2151, 2152 BGB). Gemäß § 2151 BGB kann der Erblasser einer anderen Person das Bestimmungsrecht über die **Auswahl des Bedachten** übertragen. Vom Erblasser selbst zu bestimmen ist der Vermächtnisgegenstand (ansonsten gelten ergänzend §§ 2154 bis 2156 BGB) sowie der hinreichend genaue **Personenkreis,** aus welchem der Vermächtnisnehmer ausgewählt werden soll. Für den Fall einer Änderung dieses Personenkreises bis zum Erbfall können durch den Erblasser Bestimmungen getroffen werden, die vorrangig wären zu §§ 2066 bis 2071 BGB.

Zum **Bestimmungsberechtigten** kann der Erblasser berufen entweder den Beschwerten oder einen Dritten, zB Ehegatten, Testamentsvollstrecker, Mitgesellschafter. Es können auch mehrere berufen werden; diese haben dann entsprechend § 317 Abs. 2 Hs. 1 BGB übereinstimmend zu entscheiden. Das Bestimmungsrecht ist nicht übertragbar. Gemäß § 2152 BGB kann im Zweifel der Beschwerte bestimmen, welcher von mehreren wahlweise Bedachten das Vermächtnis erhalten soll.

Die Bestimmung erfolgt gemäß § 2151 Abs. 2 BGB. Die ausgeübte Bestimmung ist unwiderruflich. Erfolgt die Bestimmung nicht, gilt § 2151 Abs. 3 BGB.

Gemäß § 2153 BGB kann der Erblasser dem Beschwerten oder Dritten das Recht einräumen, zu bestimmen, welchen – realen oder ideellen – **Anteil** von einem bestimmten

Vermächtnisgegenstand die Vermächtnisnehmer erhalten sollen. Der Erblasser hat entweder die Vermächtnisnehmer zu bestimmen oder – in Verbindung mit § 2151 BGB – jedenfalls den Personenkreis. Ferner hat der Erblasser den Vermächtnisgegenstand zu bestimmen; ansonsten sind §§ 2154 bis 2156 BGB anzuwenden.

4. Wahlvermächtnis, § 2154 BGB. Beim Wahlvermächtnis kann der Erblasser bestimmen, dass der Vermächtnisnehmer von mehreren bestimmten Gegenständen nur den einen oder anderen erhalten soll. Durch Wahlvermächtnis entsteht zwischen Beschwertem und Bedachten eine **Wahlschuld** gem. §§ 262 bis 265 BGB.

Der Erblasser hat die zur Auswahl stehenden Gegenstände zu bestimmen.

Nach § 262 BGB steht das **Wahlrecht** im Zweifel dem Schuldner, somit dem Beschwerten zu; er übt dies gemäß § 263 Abs. 1 BGB aus durch Erklärung gegenüber „dem anderen Teil“, somit dem Bedachten. Der Erblasser kann das Wahlrecht aber abweichend entweder dem Bedachten (Ausübung durch Erklärung des Bedachten gegenüber dem Beschwerten, § 263 Abs. 1 BGB) oder einem Dritten (Ausübung durch Erklärung des Dritten gegenüber dem Beschwerten, § 2154 Abs. 1 S. 2 BGB) einräumen.

Sind **mehrere wahlberechtigt,** ist für die Ausübung Einvernehmen erforderlich (für mehrere Bedachte entsprechend § 747 S. 2 BGB, für mehrere Beschwerte oder Dritte entsprechend § 317 Abs. 2 BGB).

Der wahlberechtigte Vermächtnisnehmer oder Dritte kann vom Beschwerten zur Ausübung des Wahlrechts nach §§ 242, 809 BGB die **Vorlage** der Gegenstände verlangen, unter denen die Wahl zu treffen ist (BeckOK BGB/*Müller-Christmann* § 2154 Rn. 8).

5. Gattungsvermächtnis, § 2155 BGB. Beim Gattungsvermächtnis bestimmt der Erblasser höchstpersönlich den Vermächtnisgegenstand, den er jedoch **nur der Gattung nach bestimmt.**

Ob der Gegenstand **im Nachlass vorhanden** ist, ist für ein Gattungsvermächtnis grundsätzlich nicht maßgeblich; § 2169 Abs. 1 BGB ist nur anwendbar für das Vermächtnis eines bestimmten Gegenstandes, nicht für das Gattungsvermächtnis (Palandt/*Weidlich* BGB § 2155 Rn. 1). Der Erblasser kann jedoch anordnen, dass die der Gattung nach bestimmte Sache nur aus den im Nachlass befindlichen Sachen zu leisten ist (sog. „gemischtgenerisches Verhältnis“); hierbei sollte klargestellt werden, ob es sich um ein solches beschränktes Gattungsvermächtnis oder ein Wahlvermächtnis (§ 2154 BGB; → Anm. 4) handelt.

Gemäß § 2155 Abs. 1 BGB ist der Beschwerte zur Leistung einer „den Verhältnissen des Bedachten entsprechenden Sache“ verpflichtet, nicht einer Sache mittlerer Art und Güte (abweichend zu § 243 Abs. 1 BGB).

Das **Bestimmungsrecht** steht grundsätzlich dem Beschwerten zu (vgl. § 243 Abs. 2 BGB). Der Erblasser kann jedoch das Bestimmungsrecht entweder dem Bedachten oder einem Dritten übertragen; in diesen Fällen gilt die Vorschrift des § 2154 BGB für die Wahl des Dritten (für das Wahlvermächtnis; → Anm. 4).

Für das Gattungsvermächtnis bestehen besondere Gewährleistungsvorschriften. Gemäß § 2182 Abs. 1 BGB hat der Beschwerte die gleichen Pflichten wie ein Verkäufer, auch die Pflicht, den Gegenstand frei von Rechtsmängeln (§ 2182 Abs. 1 S. 2, § 435 BGB) zu verschaffen. § 2183 BGB enthält eine auf Nachlieferung und Schadensersatz beschränkte Sachmängelgewährleistung.

6. Zweckvermächtnis, § 2156 BGB. Bestimmt der Erblasser den Zweck des Vermächtnisses, kann er – abweichend von § 2065 Abs. 2 BGB – gemäß § 2156 BGB die Bestimmung der Leistung dem Beschwerten oder einem Dritten überlassen.

Der **Vermächtniszweck** ist durch den Erblasser so genau zu bezeichnen, dass der Bestimmungsberechtigte hinreichend Anhaltspunkte für die Ausübung seines Ermessens hat.

Das **Bestimmungsrecht** kann der Erblasser entweder dem Beschwerten oder einem Dritten überlassen, nach überwiegender Meinung nicht dem Bedachten selbst (BGH DNotZ 1992, 509 ff. mit krit. Anm. *Kanzleiter* S. 511 ff.). Die Leistungsbestimmung

muss gemäß dessen **billigem Ermessen** ausgeübt werden. Das Bestimmungsrecht kann umfassen den konkreten Leistungsgegenstand und die Leistungszeit.

Gemäß § 2156 S. 2 BGB sind die §§ 315 bis 319 BGB anzuwenden. Ist der Beschwerte bestimmungsberechtigt, ist dessen Erklärung gegenüber dem Bedachten abzugeben. Ist ein Dritter bestimmungsberechtigt, kann dessen Erklärung gemäß § 318 Abs. 1 BGB entweder gegenüber dem Beschwerten oder dem Bedachten abgegeben werden.

Der **Bedachte** ist beim Zweckvermächtnis durch den Erblasser grundsätzlich zu bestimmen. Jedoch kann das Zweckvermächtnis verbunden werden mit der Bedachtenbestimmung gemäß § 2151 BGB (→ Anm. 3) oder Bestimmung der Anteile gemäß § 2153 BGB. Bei einer Kombination aller Drittbestimmungsmöglichkeiten spricht man von einem **„Supervermächtnis"**; dessen Anwendung ist insbesondere verbreitet im Bereich des Unternehmertestaments sowie im Privatbereich bei Ehegattenverfügungen zur Ausnutzung von Freibeträgen nach dem erstversterbenden Ehegatten: Der – typischerweise – nach dem ersten Todesfall zum Alleinerben eingesetzte überlebende Ehegatte kann dann bei der Leistungsbestimmung ua die bis dahin eingetretene Entwicklung der Kinder und sonstigen Abkömmlinge, die dann bestehende wirtschaftliche Situation sowie die zu diesem Zeitpunkt geltende steuerliche Rechtslage berücksichtigen.

7. Sachverhalt des Zweckvermächtnisses (Abs. 4). Im zugrunde gelegten Sachverhalt hat der Erblasser sein einziges Kind als Alleinerben eingesetzt. Der Erblasser hat noch keine abschließende Kenntnis über sein Vermögen im Zeitpunkt des Erbfalls, vermutet aber, dass der **erbschaftsteuerliche Freibetrag** des Kindes (§ 16 Abs. 1 Nr. 2 ErbStG: 400.000,– EUR) überschritten wird. Zur Verringerung der erbschaftsteuerlichen Bereicherung (§ 10 Abs. 1 S. 1 ErbStG) des Kindes können abzugsfähige Vermächtnisse genutzt werden (§ 10 Abs. 5 Nr. 2 ErbStG). Die Freibeträge jedes Enkelkindes (§ 16 Abs. 1 Nr. 3 ErbStG: 200.000,– EUR) bestehen neben dem Freibetrag des Kindes. Anstelle einer festen Anordnung eines Vermächtnisses bezüglich entweder eines Geldbetrages (→ Form. C.V.3 Abs. 2) oder eines prozentualen Anteils am vorhandenen Kapitalvermögen (→ Form. C.V.3 Abs. 2) ordnet der Erblasser zu Lasten des Kindes als Beschwerten das Zweckvermächtnis an, wonach dieser seine dann vorhandene wirtschaftliche Leistungsfähigkeit nach billigem Ermessen berücksichtigen kann.

8. Sonstige Vermächtnisbestimmungen. → Form. C.V.2 Anm. 2–8. Soweit kein konkretes Sachvermächtnis angeordnet wird, ist die Regelung für den Fall des Nichtvorhandenseins des Vermächtnisgegenstandes entsprechend anzupassen.

9. Steuern. Beim Wahlvermächtnis, bei dem das Wahlrecht dem Bedachten zusteht, wird bereits zum Zeitpunkt des Erbfalls ausschließlich der Gegenstand bewertet, für den sich der Bedachte später entscheidet und ist damit dem Sachvermächtnis gleichgestellt (BFH BStBl. II 2001, 725). Beim Gattungsvermächtnis ist der gemeine Wert des Vermächtnisanspruchs und nicht der Wert des letztlich vermachten Gegenstandes für die Bewertung maßgebend (TGJG/*Gebel* ErbStG § 3 Rn. 175). Ist das Zweckvermächtnis mit einem Sachvermächtnis gekoppelt, richtet sich die Bewertung nach dem Steuerwert des Vermächtnisgegenstandes. Ist das Zweckvermächtnis mit der Zuwendung eines Rechtes, zB Nießbrauch oder Rente verbunden, wird es mit dem Kapitalwert bewertet, → Form. C.V.8 Anm. 10, → Form. C.V.1.

10. Kosten. Vermächtnisse sind neben Verfügungen über den ganzen Nachlass gar nicht zu bewerten, § 102 Abs. 1 S. 3 GNotKG. Soweit es sich um isolierte Vermächtnisse handelt, gilt § 102 Abs. 3 GNotKG, wonach der Wert des Vermächtnisgegenstandes abzüglich der vom Bedachten zu übernehmenden Verbindlichkeiten maßgeblich ist, mindestens jedoch dessen halber Aktivwert.

Bei der **Bedachtenbestimmung** ergeben sich keine kostenrechtlichen Besonderheiten, weil der Vermächtnisempfänger kostenrechtlich irrelevant ist. Maßgeblich ist der Verkehrswert des Vermächtnisgegenstands im Zeitpunkt der Errichtung der Verfügung von Todes wegen.

Beim **Wahlvermächtnis** ist nur die höherwertige Alternative maßgeblich (vgl. Rechtsgedanke aus § 97 Abs. 3 GNotKG), nicht jedoch die Summe der Werte aller Gegenstände.

Auch beim **Gattungsvermächtnis** ist auf den höchsten in Betracht kommenden Wert des Vermächtnisgegenstandes im Zeitpunkt der Beurkundung der Verfügung von Todes wegen abzustellen.

Beim **Zweckvermächtnis** ist die Wertbestimmung ex ante besonders schwierig. Maßgeblich ist ebenfalls der höchste in Betracht kommende Wert. Es ist nicht ausgeschlossen, dass das Zweckvermächtnis deshalb kostenrechtlich wie eine Verfügung von Todes wegen über den gesamten Nachlass zu behandeln ist.

11. Checkliste: Auflage, §§ 1940, 2192 ff. BGB[1]

- ❒ Gegenstand der Auflage (Verpflichtung zur Leistung iSd § 1940 BGB)?[2]
  Drittbestimmung (Wahlauflage, Gattungsauflage, Zweckauflage)?
- ❒ Wer ist beschwert?[3]
  Bei Ehegattenregelung: Erbe(n) des Erst- oder des Zweitversterbenden?
  Verhältnis von Auflage und Zuwendung[4]
  Wegfall des Beschwerten[5]
- ❒ Wer ist begünstigt?[6]
  Wer ist berechtigt, die Vollziehung zu verlangen?[7]
- ❒ Fälligkeit der Auflage[8]
- ❒ Erbschaftsteuer[9, 10]

Anmerkungen

1. Begriff, Verfügung von Todes wegen. Die Auflage ist gesetzlich definiert in § 1940 BGB: Der Erblasser kann durch Testament den Erben oder Vermächtnisnehmer zu einer Leistung verpflichten, ohne einem anderen ein Recht auf die Leistung zuzuwenden. Im Unterschied zum Vermächtnis (→ Form. C.V.1 Anm. 1) erhält eine begünstigte Person kein Recht auf die Leistung. Eine Auflage enthält zwar eine Leistungspflicht, aber keine Zuwendung (Überblick zur Auflage in → Form. A.II.5 g)).

Die Auflage kann auch im **Erbvertrag** angeordnet werden (§ 1941 Abs. 1 BGB), sei es als vertragsmäßige Verfügung (§ 2278 Abs. 2 BGB), sei es als einseitige Verfügung (§ 2299 BGB). Im **gemeinschaftlichen Testament** kann die Auflage als wechselbezügliche Verfügung angeordnet werden (§ 2270 Abs. 3 BGB).

Die Auflage ist einerseits abzugrenzen vom Vermächtnis (*J. Mayer* ZEV 2004, 333; KG ZEV 1998, 306), andererseits von Bedingungen bezüglich einer Zuwendung, ferner von bloßen Wünschen und Ratschlägen ohne rechtliche Bindungswirkung (*Edenfeld* ZEV 2004, 141 ff.).

Über § 2192 BGB finden verschiedene Vorschriften des Vermächtnisrechts Anwendung für die Auflage. § 2192 BGB ist jedoch nicht abschließend: Weitere Vorschriften des Vermächtnisrechts können angewendet werden, soweit diese nicht durch das Fehlen einer Berechtigung des Begünstigten gerade ausgeschlossen sind (BeckOK BGB/*Müller-Christmann* § 2192 Rn. 2, 8).

2. Gegenstand der Auflage. Leistung" iSd § 1940 BGB (unterscheide vom „Vermögensvorteil" iSd § 1939 BGB) und Gegenstand der Verpflichtung innerhalb einer

Auflage kann alles sein, was Inhalt einer Leistung – Tun oder Unterlassen – (§ 241 Abs. 1 S. 2 BGB) sein kann. Ein Vermögensvorteil kann, muss aber nicht mit der Leistung verbunden sein.

Drittbestimmungsmöglichkeiten bestehen über § 2192 BGB wie beim Vermächtnis; somit sind möglich Wahlauflagen (§ 2154 Abs. 1 S. 1 BGB), Gattungsauflagen (§ 2155 Abs. 1 BGB) und insbesondere Zweckauflagen (§ 2156 S. 1 BGB). Die Möglichkeit, dem Beschwerten oder einem Dritten die Wahl des Bedachten zu überlassen, ergibt sich unmittelbar aus § 2193 Abs. 1 BGB (→ Anm. 6).

Der Erblasser kann durch Auflagen einen eigennützigen wie fremdnützigen **Zweck** für die Zeit nach seinem Tode verfolgen. Er kann dadurch auf das Verhalten bedachter Personen über seinen Tod hinaus Einfluss nehmen, als milderes Mittel gegenüber einer Bedingung der Zuwendung. Da die Auflage zwar Begünstigte benennen kann, aber dies nicht erforderlich ist, dient die Auflage auch zur Begünstigung der Allgemeinheit oder eines bestimmten Zwecks, ferner von **Erbunfähigen,** zB nicht rechtsfähigen Personenvereinigungen und Tieren. Ferner kann die Auflage auf Grund ihrer zeitlich unbegrenzten Wirksamkeit als Ersatzform für die rechtsfähige Stiftung (§§ 80 ff. BGB) dienen, indem einer Person eine Zuwendung (Erbschaft oder Vermächtnis) gemacht wird unter der Auflage, aus diesem zugewendeten Vermögen als sog. **unselbstständige Stiftung** auf Dauer zur Erreichung des vom Erblasser bestimmten (Stiftungs-)Zwecks Leistungen zugunsten bestimmter Zwecke oder Personen zu erbringen (Nieder/Kössinger/*Kössinger* § 9 Rn. 111, § 15 Rn. 310).

3. Beschwerter. Ist der Beschwerte nicht benannt, gilt die Vermutung des § 2147 S. 2 BGB iVm § 2192 BGB, wonach der Erbe beschwert ist. Sind mehrere Erben beschwert, gilt für deren Innenverhältnis die Auslegungsregel des § 2148 Alt. 1 BGB iVm § 2192 BGB. Im Außenverhältnis haften jedoch alle Miterben gem. §§ 1967, 2058, 421 BGB. Der Erblasser kann für den Wegfall des Beschwerten einen Ersatzbeschwerten benennen.

4. Verhältnis von Auflage und Zuwendung. Ist die Auflage unwirksam und erfolgt eine Zuwendung unter einer Auflage, so ist die Zuwendung gem. § 2195 BGB wirksam, sofern nicht anzunehmen ist, dass der Erblasser die Zuwendung nicht ohne die Auflage gemacht haben würde. Ist Letzteres vom Erblasser gewünscht, ist dies in der Verfügung von Todes wegen deutlich zu machen, insbesondere durch eine entsprechende Bedingung der Zuwendung.

Ist umgekehrt die Zuwendung unwirksam, bleibt die Auflage grundsätzlich wirksam (§ 2161 BGB iVm § 2192 BGB).

Ist die Auflage wirksam, aber deren Vollziehung infolge eines von dem Beschwerten zu vertretenden Umstands unmöglich, so besteht ein Bereicherungsanspruch gem. § 2196 Abs. 1 BGB.

5. Wegfall des Beschwerten. Fällt der Beschwerte weg, bleibt die Auflage wirksam, sofern kein anderer Erblasserwille anzunehmen ist (§ 2161 S. 1 iVm § 2192 BGB). Mit der Auflage ist dann der beschwert, dem der Wegfall unmittelbar zustattenkommt (§ 2161 S. 2 BGB iVm § 2192 BGB), insbesondere der Ersatzerbe. Die Vorschrift hat Bedeutung, wenn ein konkret bezeichneter Erbe oder ein Vermächtnisnehmer beschwert ist, nicht wenn allgemein „der Erbe" beschwert ist, auch gem. § 2147 S. 2 BGB iVm § 2192 BGB.

Art und Grund des Wegfalls des Beschwerten (Erbe oder Vermächtnisnehmer) sind unerheblich. Zu Gründen des Wegfalls eines – gesetzlichen oder gewillkürten – Erben → Form. C.V.1 Anm. 5.

6. Begünstigter. Der Erblasser kann eine oder mehrere Personen bestimmen, die durch die Auflage begünstigt werden; anders als beim Vermächtnis steht diesen jedoch kein Rechtsanspruch auf die Leistung zu. Eine Bestimmung des Begünstigten durch den Beschwerten oder einen Dritten ist gem. § 2193 Abs. 1 BGB über die Grenzen der §§ 2151–2156 iVm § 2192 BGB hinaus möglich. Insbesondere kann der Erblasser auch die Auswahl

des Begünstigten bei ausreichender Zweckbestimmung in das nur sehr eingeschränkt überprüfbare Ermessen des Beschwerten oder Dritten stellen. Die Anordnung eines bestimmten Personenkreises, wie beim Vermächtnis, ist nicht erforderlich, aber möglich (BeckOK BGB/*Müller-Christmann* § 2193 Rn. 3 f.). Ein weitreichendes Drittbestimmungsrecht hinsichtlich der Person des Begünstigten besteht insbesondere dann, wenn die Auflage gar keinen Begünstigten vorsieht; (zB Anordnung nur von Leistungen, die einem bestimmten Zweck, einer Sache, einem Tier oder der Allgemeinheit zugutekommen).

7. Vollziehungsberechtigter. Eine Auflage begründet – anders als ein Vermächtnis – keinen Anspruch. Um gleichwohl die Durchsetzung des letzten Willens des Erblassers durchsetzen zu können, räumt § 2194 BGB dem Vollziehungsberechtigten das Recht ein, die Vollziehung der Auflage verlangen zu können. Vollziehungsberechtigt ist gem. § 2194 S. 1 BGB der Erbe (bezüglich des mit einer Auflage beschwerten Vermächtnisnehmers; auch dann, wenn er selbst durch die Auflage begünstigt wird (OLG Karlsruhe ZEV 2004, 331 f.), der Miterbe (bezüglich des mit einer Auflage beschwerten Miterben), ein Ersatzvermächtnisnehmer (bezüglich des mit einer Auflage beschwerten Hauptvermächtnisnehmers), derjenige, dem der Wegfall des mit der Auflage zunächst Beschwerten unmittelbar zustattenkommen würde. Vollziehungsberechtigt ist gem. § 2194 S. 2 BGB ferner die zuständige Behörde, wenn die Vollziehung der Auflage im öffentlichen Interesse liegt.

Jedoch ist die Aufzählung in § 2194 BGB nicht abschließend: Anerkannt ist, dass auch der Testamentsvollstrecker die Vollziehung verlangen kann (BeckOK BGB/*Müller-Christmann* § 2194 Rn. 3). Ferner kann der Erblasser in der Verfügung von Todes wegen Personen das Recht einräumen, die Vollziehung zu verlangen. Str. ist, ob auch Begünstigte selbst Vollziehungsberechtigte sein können (dafür BeckOGK/*Grädler* BGB § 2194 Rn. 13 mwN zum Streitstand); bis zu einer höchstrichterlichen Entscheidung sollte eine solche Benennung vermieden werden.

Ferner kann der Erblasser einzelne der gesetzlich bestimmten Vollziehungsberechtigten durch Verfügung von Todes wegen ausschließen.

8. Fälligkeit. Die Fälligkeit der Auflage tritt ein spätestens mit dem Tode des Beschwerten (§ 2181 BGB iVm § 2192 BGB), sofern sich aus der Verfügung von Todes wegen keine Zeitangabe ergibt. Ist auf Grund Anordnung in der Verfügung von Todes wegen ein Vermächtnisnehmer beschwert, so hat der Vermächtnisnehmer die Auflage erst zu erfüllen, wenn er die Erfüllung des Vermächtnisses verlangen kann (§ 2186 BGB).

In der Verfügung von Todes wegen kann eine abweichende Regelung zur Fälligkeit angeordnet werden.

9. Erbschaftsteuer. Der aus einer Auflage resultierende Erwerb ist erbschaftsteuerpflichtig (§ 3 Abs. 2 Nr. 2 ErbStG). Auflage meint hier nur die für den Erben oder für den Vermächtnisnehmer verbindliche Anordnung des Erblassers, die den Erben oder Vermächtnisnehmer zur Ausführung verpflichtet. Der Erwerb auf Grund der Auflage gilt als vom Erblasser zugewendet (§ 3 Abs. 2 Nr. 2 ErbStG). Die Steuerpflicht des Auflagebegünstigten entsteht mit Vollziehung der Auflage gem. § 9 Abs. 1 Nr. 1d ErbStG.

Erfolgt die Zuwendung an den Begünstigten infolge von unverbindlichen Wünschen oder Ratschlägen des Erblassers, so ist der Erwerb des Begünstigten nach § 7 Abs. 1 Nr. 1 ErbStG zu würdigen (*Meincke/Hannes/Holtz* ErbStG § 3 Rn. 109).

Der mit einer Auflage belastete Erbe/Vermächtnisnehmer ist zunächst voll erbschaftsteuerpflichtig; er kann jedoch die aus der Auflage des Erblassers resultierende Belastung – auch schon vor Entstehung der Steuerpflicht des Begünstigten – als Nachlassverbindlichkeit nach § 10 Abs. 5 Nr. 2 ErbStG abziehen (TGJG/*Gebel* ErbStG § 10 Rn. 185). Der Erwerb aufgrund Vollziehung einer Auflage, die dem Beschwerten selbst zugutekommt, ist nicht nach § 3 Abs. 2 Nr. 2 ErbStG steuerpflichtig. Die Auflage kann andererseits bei ihm aber auch nicht als Nachlassverbindlichkeit berücksichtigt werden, § 10 Abs. 9

ErbStG (TGJG/*Gebel* ErbStG § 3 Rn. 324). Die Auflage, die dem Beschwerten selbst zugutekommt, wirkt sich damit erbschaftsteuerlich nicht aus.

Seit 2009 stehen beim Tode des Beschwerten fällige Auflagen den Nacherbschaften gleich (§ 6 Abs. 4 ErbStG). Nach der Gesetzesbegründung gilt damit, dass Erwerbe aufgrund beim Tode des Beschwerten fälligen Auflagen, wie bisher schon entsprechende Vermächtnisse, nicht als Erwerb vom Erblasser, sondern als Erwerb vom Beschwerten zu versteuern sind. Die Auflage kann daher in diesem Fall nicht als Nachlassverbindlichkeit abgezogen werden.

Sofern die Auflage keinen bestimmten Begünstigten ausweist, ist die aus ihr resultierende Zuwendung als **Zweckzuwendung** gem. § 1 Abs. 1 Nr. 3 iVm § 8 ErbStG beim Beschwerten zu versteuern (Meincke/*Hannes*/*Holtz* ErbStG § 1 Rn. 12). Bei der Zweckzuwendung wird eine Zuwendung an eine bestimmte Person mit der Anordnung verbunden, einen Teil des Empfangenen zu einem bestimmten, mit den Interessen des Empfängers nicht identischen, unpersönlichen Zweck zu verwenden. Würde dieser Teil des Empfangenen nicht als Zweckzuwendung erfasst, könnte der Empfänger der Zuwendung diesen Teilbetrag bei der Besteuerung des eigenen Vermögenserwerbs in Abzug bringen, weil er insoweit nicht bereichert ist (§ 10 Abs. 5 Nr. 2 ErbStG). Die steuerliche Erfassung beim Empfänger dient also dem Zweck, die Besteuerung sicherzustellen, da dieser Betrag ansonsten unversteuert bliebe (Meincke/*Hannes*/*Holtz* ErbStG § 1 Rn. 12). Gerade in den typischen Konstellationen der Zweckzuwendung (Zweckzuwendungen für kirchliche, gemeinnützige oder mildtätige Zwecke) greift allerdings in der Regel die Steuerbefreiung der Zweckzuwendung nach § 13 Abs. 1 Nr. 16, Nr. 17 ErbStG, sofern die Verwendung zu dem steuerbefreiten Zweck gesichert ist. Für die Beantwortung der Frage, ob die Auflage bestimmten Personen oder einem unbestimmten Personenkreis zugutekommt, ist nicht der Standpunkt des Erblassers entscheidend, sondern es ist von dem Standpunkt eines Beobachters auszugehen, der die Ausführung der Auflageverpflichtung verfolgt (Meincke/*Hannes*/*Holtz* ErbStG § 8 Rn. 6). Die Steuer entsteht bei Zweckzuwendungen gem. § 9 Abs. 1 Nr. 3 ErbStG mit dem Zeitpunkt des Eintritts der Verpflichtung der Zuwendung. Für die Zweckzuwendung gilt die Steuerklasse III (§ 15 Abs. 1 ErbStG). Der Freibetrag beträgt gem. § 16 Abs. 1 Nr. 7 ErbStG 20.000 EUR. Steuerschuldner ist der mit der Ausführung der Zuwendung Beschwerte (§ 20 Abs. 1 S. 1 ErbStG).

10. Kosten. Auflagen werden wie Vermächtnisse nur bei Verfügung über einen Bruchteil und nur mit dem Anteil ihres Werts hinzugerechnet, der dem Bruchteil entspricht, über den nicht verfügt wird. Sie werden neben Verfügungen über den gesamten Nachlass nicht berücksichtigt. Für isolierte Auflagen gilt § 102 Abs. 3 GNotKG: Sie sind mit dem Wert des betroffenen Vermögensgegenstandes anzusetzen. Gibt es für die Bewertung keinerlei Anhaltspunkte, ist nach § 36 Abs. 3 von 5.000 EUR anzugehen. 5.000 EUR sind in diesen Fällen kein Regelwert, sondern der Ausgangspunkt für eine weitere Ermessenausübung.

12. Auflagen: Grabpflege, Versorgung von Haustieren

1. Der Erbe wird mit der Auflage beschwert,[1] mein Grab auf dem ......-Friedhof auf dessen Liegezeit für Kaufgräber in ortsüblicher Weise zu pflegen, insbesondere mit Blumenschmuck zu versehen.[2]

2. Der Tierschutzverein ...... e. V. mit dem Sitz in ......, dem ich unter Ziffer ...... einen Geldbetrag von ...... EUR vermacht habe, wird mit der Auflage beschwert, die Versorgung, Unterbringung und Pflege meiner bei meinem Ableben vorhandenen Haustiere bis zu deren Lebensende durchzuführen. Klargestellt wird, dass das Vermächtnis nicht entfällt, sollten bei meinem Ableben keine Haustiere vorhanden sein.[3, 4, 5]

Anmerkungen

1. Grundlegende Anordnungen von Auflagen. Für eine Auflage ist durch den Erblasser mindestens der Inhalt der Leistungspflicht zu bestimmen sowie die Rechtsnatur als Auflage. Allgemein → Form. C.V.11.

Ist die **Rechtsnatur der Verfügung** (Auflage) nicht ausdrücklich bezeichnet, können im Einzelfall die Abgrenzung zur Bedingung einer Zuwendung, zum Vermächtnis und zu bloßen Wünschen und Ratschlägen auslegungsbedürftig (§ 2084 BGB) sein; → Form. C.V.11 Anm. 1.

Zur Person des **Beschwerten** → Form. C.V.11 Anm. 3. Bei der Auflage (1) im Formular ist – entsprechend der Vermutung des § 2147 S. 2 BGB iVm § 2192 BGB – der Erbe beschwert, bei der Auflage (2) ein bestimmter Vermächtnisnehmer. Bei Beschwerung von Pflichtteilsberechtigten ist § 2306 Abs. 1 BGB zu beachten.

Ein **Begünstigter** kann, muss aber nicht bezeichnet werden (§ 2193 BGB). Insbesondere dient die Auflage auch zu Zwecken, wonach die Leistungspflicht einer Sache (Auflage (1)) bzw. Tieren (§ 90a BGB; Auflage (2)) zugutekommt.

Ein **Vollziehungsberechtigter** kann, muss aber nicht bezeichnet werden. Ist keiner gesondert bezeichnet oder keiner der gesetzlich bestimmten gesondert ausgeschlossen, sind die in § 2194 S. 1 BGB bezeichneten Personen und ggf. die in § 2194 S. 2 BGB bezeichnete Behörde vollziehungsberechtigt → Form. C.V.11 Anm. 7).

Hinsichtlich Auflagen ist auch die ergänzende Anordnung einer **Testamentsvollstreckung** möglich. Da anders als beim Vermächtnis kein Bedachter als Anspruchsinhaber vorhanden ist, ist diese Anordnung häufig zweckmäßig zur Sicherstellung der Vollziehung der Auflage. Der Erblasser kann – neben einer weitergehenden Testamentsvollstreckung oder gesondert – hierzu als Aufgabenkreis des Testamentsvollstreckers anordnen, dass dieser für die Ausführung der dem Erben oder Vermächtnisnehmer auferlegten Beschwerungen sorgt und diese überwacht (Erfüllung der angeordneten Auflage). Vgl. für ein Formulierungsbeispiel → Form. C.VII.15.

2. Grabpflege. Die Verpflichtung zur Grabpflege trifft den Erben nur bei entsprechender Anordnung in der Verfügung von Todes wegen. Die Pflicht des Erben zur Tragung der Beerdigungskosten gem. § 1968 BGB umfasst nicht die spätere Grabpflege (hM, so Palandt/*Weidlich* BGB § 1968 Rn. 4 mwN; aM *Damrau* ZEV 2004, 456). Ein Begünstigter besteht bei dieser Auflage nicht. Die Auflage könnte auch dahingehend ergänzt werden, dass die Verpflichtung vom Beschwerten in bestimmter Weise zu erfüllen ist, zB mittels Abschluss eines auf einen bestimmten Umfang und eine bestimmte Dauer angelegten Grabpflegevertrages mit einem Friedhofsgärtner.

3. Versorgung von Haustieren. Da die Auflage keiner begünstigten Person bedarf, ist sie für den Erblasser auch das geeignete Mittel zur Begünstigung rechtsunfähiger Tiere.

Ist – wie im Formular – ein Vermächtnisnehmer mit einer Auflage beschwert, ist er zu deren Erfüllung erst verpflichtet, wenn er die Erfüllung des ihm zugewendeten Vermächtnisses verlangen kann (§ 2186 BGB). Daher sollte das Vermächtnis sofort fällig sein und sichergestellt werden, dass auch während der gesetzlichen Dreimonatsfrist gem. § 2014 BGB die Versorgung erfolgt.

Die Klarstellung am Ende dient der Vermeidung einer anderweitigen Annahme gem. § 2195 BGB oder einer etwaigen Anfechtbarkeit, so dass die Zuwendung auch unabhängig von der Auflage bzw. deren tatsächlicher Durchführbarkeit angeordnet wurde.

4. Steuern. Grundsätzlich ist die Zuwendung infolge einer Auflage als Zweckzuwendung beim Beschwerten gem. § 8 ErbStG zu versteuern, wenn sie keinen bestimmbaren Begünstigten ausweist. Eine Zweckzuwendung liegt allerdings nicht vor, wenn die

Zuwendung aus Sicht des Erblassers unmittelbar seiner eigenen Person, also einem bestimmten Begünstigten, zugutekommen soll, wie etwa bei der Grabpflege (BFH BStBl. II 1987, 861). Der Erbe kann im Rahmen seiner allgemeinen Erbschaftsteuerermittlung die Auflage damit gem. § 10 Abs. 5 Nr. 2 ErbStG abziehen. Die Kosten für die Grabpflege sind dann in voller Höhe des durch die Auflage umschriebenen Verpflichtungsumfangs abzugsfähig und sind nicht auf den Betrag gem. § 10 Abs. 5 Nr. 3 ErbStG beschränkt (TGJG/*Gebel* ErbStG § 10 Rn. 208).

Wird Geldvermögen an ein bestimmtes Tierheim vermacht mit der Auflage, dieses für die Versorgung und Pflege etwa vorhandener Haustiere des Erblassers zu verwenden, ergibt sich die Zweckzuwendung iSd § 8 ErbStG daraus, dass der Verwendungszweck (Pflege oder Betreuung eines Tieres) ein unpersönlicher ist (TGJG/*Gebel* ErbStG § 8 Rn. 51). Ist das Tierheim als gemeinnützig anerkannt, so ist die Zweckzuwendung an das Tierheim nach § 13 Abs. 1 Nr. 16, Nr. 17 ErbStG steuerbefreit. Die zweckgebundene Verwendung muss dabei gewährleistet sein. Ist das Tierheim nicht als gemeinnützig anerkannt und wird der Freibetrag von 20.000 EUR gem. § 16 Abs. 1 Nr. 5 ErbStG überschritten, so ist die Zweckzuwendung auf Ebene des Tierheims zu versteuern. Die Auflage ist als Nachlassverbindlichkeit nach § 10 Abs. 5 Nr. 2 ErbStG abziehbar.

5. Kosten. Erfolgt die Anordnung der Auflage im Rahmen der Erstellung einer notariellen **Verfügung von Todes wegen** (Testament 1,0-Gebühr nach Nr. 21200 KV GNotKG, Erbvertrag oder gemeinschaftliches Testament 2,0-Gebühr nach Nr. 21100 KV GNotKG), fällt für die Auflage

- **keine** gesonderte Gebühr an, wenn über den Nachlass zugleich durch Erbeinsetzung verfügt wird. Dann berechnet sich der Geschäftswert aus dem modifizierten Reinvermögen des Nachlasses (§ 102 Abs. 1 GNotKG).
- eine Gebühr an, wenn die Auflage isoliert angeordnet wird. Dann berechnet sich der Geschäftswert nach dem Wert der Leistungsverpflichtung, § 102 Abs. 3 GNotKG.

Bei der Bewertung einer **Grabpflegeauflage** kommt es darauf an, welchen Pflegezeitraum der Erblasser wünscht und mit welchen jährlichen Kosten er rechnet. Zu berechnen ist nach § 52 GNotKG, auch wenn die Auflage keinen Anspruch vermittelt. Bei jährlichen Kosten von 1.500 EUR ist bei 20-jähriger Pflege ein Geschäftswert von 30.000 EUR anzunehmen.

Sollte die **Tierpflegeauflage** ohne das Vermächtnis verfügt werden, müsste auch diese nach § 52 GNotKG bewertet werden, auch wenn die Auflage keinen Anspruch vermittelt. Jedenfalls wäre die Ermessensausübung nach § 36 Abs. 1 GNotKG daran auszurichten. Bei angenommenen jährlichen Pflegevollkosten von 2.000 EUR und einer Restlebenserwartung des Tieres von 4 Jahren wäre von 8.000 EUR auszugehen.

VI. Pflichtteilsrecht und Pflichtteilsentziehung

1. Checkliste: Pflichtteilsrecht in der Erbrechtsberatung

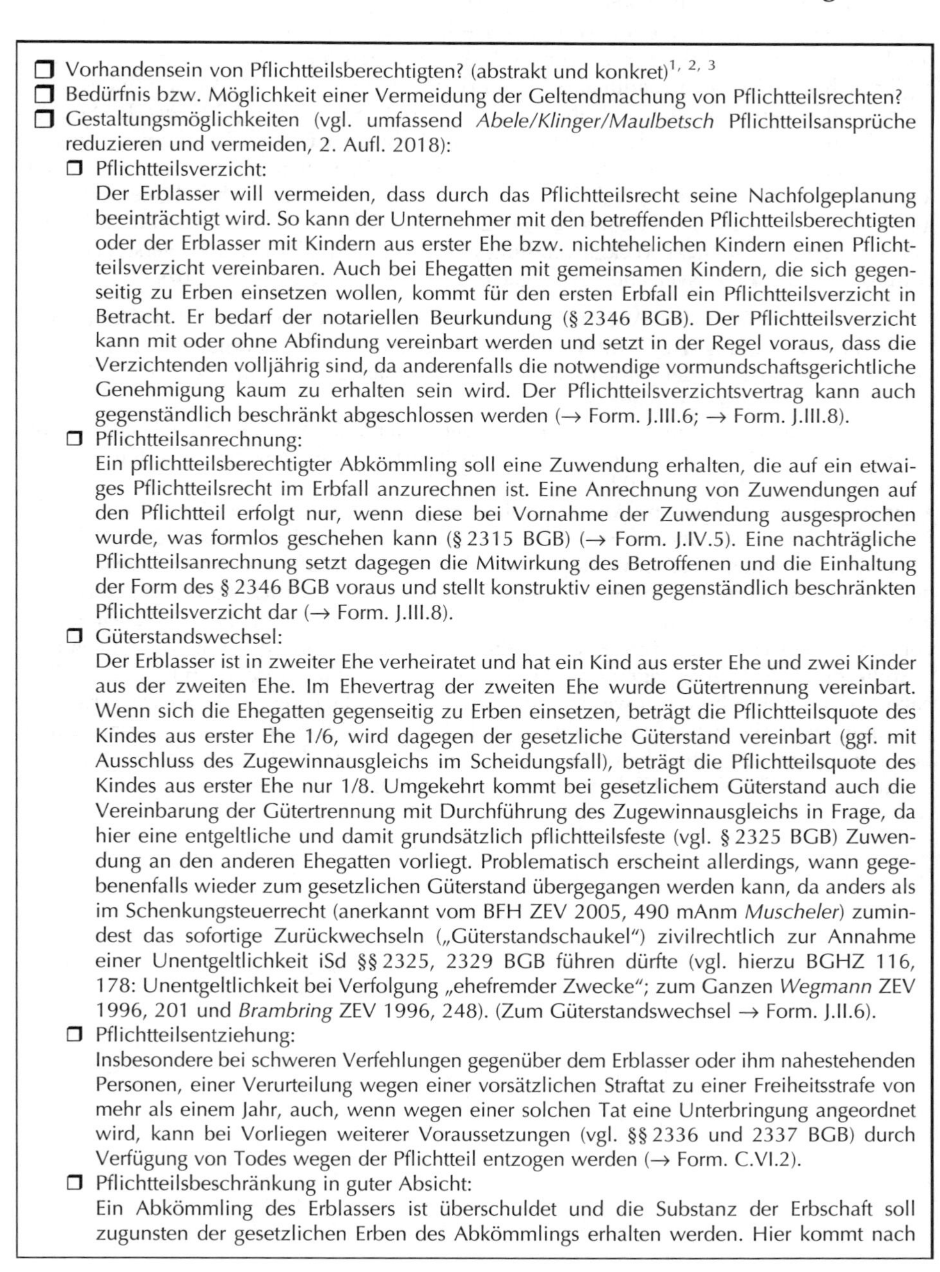

- ❒ Vorhandensein von Pflichtteilsberechtigten? (abstrakt und konkret)[1, 2, 3]
- ❒ Bedürfnis bzw. Möglichkeit einer Vermeidung der Geltendmachung von Pflichtteilsrechten?
- ❒ Gestaltungsmöglichkeiten (vgl. umfassend *Abele/Klinger/Maulbetsch* Pflichtteilsansprüche reduzieren und vermeiden, 2. Aufl. 2018):
  - ❒ Pflichtteilsverzicht:
    Der Erblasser will vermeiden, dass durch das Pflichtteilsrecht seine Nachfolgeplanung beeinträchtigt wird. So kann der Unternehmer mit den betreffenden Pflichtteilsberechtigten oder der Erblasser mit Kindern aus erster Ehe bzw. nichtehelichen Kindern einen Pflichtteilsverzicht vereinbaren. Auch bei Ehegatten mit gemeinsamen Kindern, die sich gegenseitig zu Erben einsetzen wollen, kommt für den ersten Erbfall ein Pflichtteilsverzicht in Betracht. Er bedarf der notariellen Beurkundung (§ 2346 BGB). Der Pflichtteilsverzicht kann mit oder ohne Abfindung vereinbart werden und setzt in der Regel voraus, dass die Verzichtenden volljährig sind, da anderenfalls die notwendige vormundschaftsgerichtliche Genehmigung kaum zu erhalten sein wird. Der Pflichtteilsverzichtsvertrag kann auch gegenständlich beschränkt abgeschlossen werden (→ Form. J.III.6; → Form. J.III.8).
  - ❒ Pflichtteilsanrechnung:
    Ein pflichtteilsberechtigter Abkömmling soll eine Zuwendung erhalten, die auf ein etwaiges Pflichtteilsrecht im Erbfall anzurechnen ist. Eine Anrechnung von Zuwendungen auf den Pflichtteil erfolgt nur, wenn diese bei Vornahme der Zuwendung ausgesprochen wurde, was formlos geschehen kann (§ 2315 BGB) (→ Form. J.IV.5). Eine nachträgliche Pflichtteilsanrechnung setzt dagegen die Mitwirkung des Betroffenen und die Einhaltung der Form des § 2346 BGB voraus und stellt konstruktiv einen gegenständlich beschränkten Pflichtteilsverzicht dar (→ Form. J.III.8).
  - ❒ Güterstandswechsel:
    Der Erblasser ist in zweiter Ehe verheiratet und hat ein Kind aus erster Ehe und zwei Kinder aus der zweiten Ehe. Im Ehevertrag der zweiten Ehe wurde Gütertrennung vereinbart. Wenn sich die Ehegatten gegenseitig zu Erben einsetzen, beträgt die Pflichtteilsquote des Kindes aus erster Ehe 1/6, wird dagegen der gesetzliche Güterstand vereinbart (ggf. mit Ausschluss des Zugewinnausgleichs im Scheidungsfall), beträgt die Pflichtteilsquote des Kindes aus erster Ehe nur 1/8. Umgekehrt kommt bei gesetzlichem Güterstand auch die Vereinbarung der Gütertrennung mit Durchführung des Zugewinnausgleichs in Frage, da hier eine entgeltliche und damit grundsätzlich pflichtteilsfeste (vgl. § 2325 BGB) Zuwendung an den anderen Ehegatten vorliegt. Problematisch erscheint allerdings, wann gegebenenfalls wieder zum gesetzlichen Güterstand übergegangen werden kann, da anders als im Schenkungsteuerrecht (anerkannt vom BFH ZEV 2005, 490 mAnm *Muscheler*) zumindest das sofortige Zurückwechseln („Güterstandschaukel") zivilrechtlich zur Annahme einer Unentgeltlichkeit iSd §§ 2325, 2329 BGB führen dürfte (vgl. hierzu BGHZ 116, 178: Unentgeltlichkeit bei Verfolgung „ehefremder Zwecke"; zum Ganzen *Wegmann* ZEV 1996, 201 und *Brambring* ZEV 1996, 248). (Zum Güterstandswechsel → Form. J.II.6).
  - ❒ Pflichtteilsentziehung:
    Insbesondere bei schweren Verfehlungen gegenüber dem Erblasser oder ihm nahestehenden Personen, einer Verurteilung wegen einer vorsätzlichen Straftat zu einer Freiheitsstrafe von mehr als einem Jahr, auch, wenn wegen einer solchen Tat eine Unterbringung angeordnet wird, kann bei Vorliegen weiterer Voraussetzungen (vgl. §§ 2336 und 2337 BGB) durch Verfügung von Todes wegen der Pflichtteil entzogen werden (→ Form. C.VI.2).
  - ❒ Pflichtteilsbeschränkung in guter Absicht:
    Ein Abkömmling des Erblassers ist überschuldet und die Substanz der Erbschaft soll zugunsten der gesetzlichen Erben des Abkömmlings erhalten werden. Hier kommt nach

§ 2338 BGB die Einsetzung des Erben nur zum Vorerben und die Einsetzung der gesetzlichen Erben des Letzteren als Nacherben unter gleichzeitiger Anordnung der Testamentsvollstreckung in Betracht (→ Form. C.VI.3).

- ❒ Ertragswertanordnung bei Landgütern/Höferecht:
Der Landwirt möchte erreichen, dass einer seiner Abkömmlinge den landwirtschaftlichen Betrieb fortführen kann, ohne durch das Pflichtteilsrecht der weichenden Erben übermäßig belastet zu werden. Hier kann bei Vorliegen der entsprechenden Voraussetzungen zum Zwecke der Pflichtteilsreduzierung eine Ertragswertanordnung nach § 2312 BGB erfolgen oder es können hierzu die Möglichkeiten des Landwirtschaftserbrechts nach der HöfeO bzw. den übrigen landwirtschaftlichen Anerbengesetzen genutzt werden (→ Form. G.X.2; → Form. G.X.6).
- ❒ Pflichtteilsstrafklauseln:
Ehegatten mit Kindern wollen sich gegenseitig zu Erben einsetzen und ihre Kinder möglichst davon abhalten, nach dem Tode des Erstversterbenden Pflichtteilsansprüche geltend zu machen. Hier kann verfügt werden, dass dasjenige Kind, das beim ersten Erbfall Pflichtteilsansprüche geltend macht, beim zweiten Erbfall enterbt wird bzw. werden kann. Zugunsten der anderen Kinder, die keinen Pflichtteil geltend gemacht haben, können entsprechend bedingte Vermächtnisse ausgesetzt werden (→ Form. C.VI.4; → Form. C.VI.7).
- ❒ Anordnung einer Vor-/Nacherbschaft oder eines Vor- und Nachvermächtnisses:
Ehegatten mit Kindern aus erster Ehe wollen sich gegenseitig bedenken, jedoch sollen die erstehelichen Kinder des Längerlebenden nicht über ihr Pflichtteilsrecht am Nachlass des erstverstorbenen Ehegatten teilhaben. Hier können sich die Ehegatten gegenseitig zu Vorerben und die gemeinsamen Kinder zu Nacherben einsetzen (→ Form. C.II.1; → Form. C.II.5).
Der Erblasser will verhindern, dass der geschiedene Ehegatte nach den gemeinsamen Kindern über sein Pflichtteilsrecht an seinem Nachlass partizipiert. Hier können die Kinder – ggfs. zeitlich beschränkt oder auflösend bedingt durch Geburt eigener Kinder – zu Vorerben bzw. Vorvermächtnisnehmern und wechselseitig oder deren Kinder bzw. andere eigene Verwandte zu Nacherben bzw. Nachvermächtnisnehmern eingesetzt werden (→ Form. E.I.3 Anm. 9).
Der Erblasser möchte verhindern, dass der Sozialhilfeträger auf den Pflichtteil des behinderten Erben zugreift, weshalb dieser zum (nicht befreiten) Vorerben (→ Form. F.I.2) bzw. zum Vorvermächtnisnehmer (→ Form. F.I.3) jeweils unter Anordnung einer Dauertestamentsvollstreckung und die nicht behinderten Kinder oder andere, denen die Erbschaft letztlich zukommen soll, zu Nacherben bzw. Nachvermächtnisnehmern berufen werden.
Eine andere Lösung ist die Einsetzung des behinderten Kindes zum alleinigen nicht befreiten Vorerben und die Aussetzung von Vermächtnissen zugunsten der nicht behinderten Kinder, die zugleich zu Nacherben berufen werden („umgekehrte Vermächtnislösung“, → Form. F.I.4).
Beim verschuldeten Erben können Gläubiger das Pflichtteilsrecht lediglich pfänden, nicht aber verwerten; etwas anderes gilt im Verfahren der Restschuldbefreiung und beim sozialhilfebedürftigen Erben, weshalb hier die Zuwendung unpfändbarer Vermächtnisse → Form. F.II.1), die Einsetzung des Verschuldeten nur zum nicht befreiten Vorerben unter gleichzeitiger Anordnung einer Dauertestamentsvollstreckung (→ Form. F.II.2 bzw. → Form. F.II.3) und iÜ die gleichen Gestaltungsmittel wie beim behinderten Erben in Betracht kommen (→ Form. F.I.3, → Form. F.I.4).
- ❒ Verjährungsvereinbarungen:
Ehegatten mit gemeinsamen oder einseitigen Kindern wollen verhindern, dass allein die drohende Verjährung des Pflichtteilsanspruchs (§§ 195, 199 BGB) gemeinsame oder einseitige Kinder zu einer Geltendmachung des Pflichtteils motiviert. Hier kann der Anspruch auf Abschluss einer entsprechenden Verjährungsvereinbarung vermacht werden, welcher bereits durch seine Vorwirkung den Eintritt der Verjährung hindert
(→ Form. C.VI.13).
- ❒ Anfechtungsausschluss wegen Übergehens eines Pflichtteilsberechtigten:
Im Fall einer Wiederverheiratung könnte der zweite Ehegatte eine frühere Verfügung seines Ehegatten anfechten, da er erst nach der Errichtung pflichtteilsberechtigt wurde (vgl. § 2079 S. 1 BGB). Durch eine entsprechende Klarstellung in der Verfügung von Todes

wegen kann erreicht werden, dass eine Anfechtung ausgeschlossen ist (§ 2079 S. 2 BGB) (→ Form. C.VI.8).

❒ Gesellschaftsrechtliche Gestaltungen:
Äußerst fraglich ist, inwieweit Pflichtteilsansprüche durch gesellschaftsvertragliche Regelungen, welche zB für den Tod eines Gesellschafters Abfindungsbeschränkungen oder sogar einen Abfindungsausschluss vorsehen, eingeschränkt oder ausgeschlossen werden können (hierzu *Reimann* ZEV 1994, 7; *Wegmann* ZEV 1998, 135; *Mayer* ZEV 2003, 355). Die pflichtteilsfreundliche Rechtsprechung der letzten Jahre dürfte hier zu Zurückhaltung Anlass geben (vgl. hierzu *Worm* KölnFormB ErbR, 2. Aufl., Kap. 10 Rn. 145) → Form. G.II.3).

❒ Nachlassspaltung:
Ebenfalls fraglich ist, ob durch „Flucht" (zB durch Erwerb von Grundbesitz im Ausland oder, nach EUErbVO durch Wohnsitzwechsel) in eine Rechtsordnung, die kein Pflichtteilsrecht oder eine weniger weitgehend ausgestaltete zwingende Beteiligung nächster Angehöriger am Nachlass kennt, Pflichtteilsansprüche nach deutschem Recht vermieden werden können (→ Form. K.III.1, → Form. K.III.4).

Anmerkungen

1. Grundsätzliches zum Pflichtteilsrecht. Das Pflichtteilsrecht ist eine als Geldanspruch gegen den Erben ausgestaltete Mindestbeteiligung bestimmter nächster Angehöriger (Ehegatten und Abkömmlinge, falls Abkömmlinge nicht vorhanden sind, auch Eltern; eingetragene Lebenspartner) am Nachlass des Erblassers in Höhe der Hälfte der sonst gegebenen Erbquote. Zumindest das Pflichtteilsrecht der Kinder hat Verfassungsrang (BVerfG ZEV 2005, 301; vgl. auch *Gaier* ZEV 2006, 2 [6]) Pflichtteilsrechte sind, soweit Pflichtteilsberechtigte vorhanden sind, bei jeder Gestaltung einer Verfügung von Todes wegen zu berücksichtigen. Der Notar hat auf das Bestehen von Pflichtteilsrechten hinzuweisen. Grundsätzlich ist ein Pflichtteilsrecht dann gegeben, wenn der Pflichtteilsberechtigte durch Verfügung von Todes wegen von der Erbfolge ausgeschlossen ist (§ 2303 BGB), aber auch der als Erbe Eingesetzte oder mit einem Vermächtnis Bedachte kann unter Umständen pflichtteilsberechtigt sein, so der im gesetzlichen Güterstand lebende Ehegatte (§ 1371 Abs. 3 BGB) oder der mit Anordnung einer Nacherbschaft, einem Vermächtnis oder der Testamentsvollstreckung Beschwerte (§ 2306 Abs. 1 BGB), wenn sie die Erbschaft ausschlagen, ferner, auch ohne vorherige Ausschlagung, der mit einem nicht zureichenden Erbteil (§ 2305 BGB) oder Vermächtnis Bedachte (§ 2307 Abs. 1 BGB).

Pflichtteilsberechtigt sind der Ehegatte oder Lebenspartner und die Abkömmlinge, wobei näher verwandte Abkömmlinge die entfernter verwandten Abkömmlinge nach Maßgabe des § 2309 BGB ausschließen (vgl. aber BGH ZEV 2011, 366 sowie BGH ZEV 2012, 474: an die Stelle des enterbten Abkömmlings tritt der entferntere Abkömmling, und dieser wird ggf. nur durch § 2309 BGB von der Pflichtteilsberechtigung ausgeschlossen, also nicht, wenn der nähere Abkömmling auf seinen Pflichtteil verzichtet hat; erklärt der nähere Abkömmling einen Erbverzicht, der entgegen der Auslegungsregel des § 2349 BGB nicht gegen Abkömmlinge wirkt, so ist der entferntere Abkömmling nicht durch § 2309 BGB an der Geltendmachung des Pflichtteils gehindert).Weiter entfernte Verwandte sind nicht pflichtteilsberechtigt. Sind Eltern, Ehegatte, Lebenspartner oder Abkömmlinge des Testierenden vorhanden, ist in einem zweiten Schritt daher zu prüfen, ob diese auch konkret pflichtteilsberechtigt sind.

Eltern sind nur pflichtteilsberechtigt, wenn keine Abkömmlinge vorhanden sind. Pflichtteilsberechtigt ist ferner nicht, wer auf sein Erbrecht oder sein Pflichtteilsrecht verzichtet hat, wer, ausgenommen in den Fällen der §§ 1371 Abs. 3 BGB und 2306

Abs. 1 BGB, die Erbschaft ausgeschlagen hat, wem der Pflichtteil wirksam entzogen ist, wer für erb- oder pflichtteilsunwürdig erklärt ist oder wessen Pflichtteilsanspruch verjährt ist. Bei der Ermittlung des für den Pflichtteil maßgebenden Erbteils werden diejenigen mitgezählt, die enterbt wurden, ausgeschlagen haben oder für erbunwürdig erklärt sind, nicht aber diejenigen, die auf ihr gesetzliches Erbrecht verzichtet haben (§ 2310 BGB). Zu beachten ist ferner, dass der Pflichtteilsanspruch vererblich ist und auch von dem Erben noch geltend gemacht werden kann. Auch das Ausschlagungsrecht ist vererblich, so dass Erben eines in Zugewinngemeinschaft lebenden Ehegatten oder Erben eines nach § 2306 Abs. 1 BGB beschwerten Erben gegebenenfalls noch Pflichtteilsansprüche geltend machen können. Hat ein Abkömmling auf sein Erbrecht oder sein Pflichtteilsrecht verzichtet, vermutet das Gesetz, dass der Verzicht auch gegen seine Abkömmlinge wirkt, § 2349 BGB.

2. Steuern. Der Pflichtteilsanspruch ist ein Geldanspruch (Meincke/*Hannes*/*Holtz* ErbStG § 3 Rn. 54). Er ist als Erwerb von Todes wegen gem. § 3 Abs. 1 Nr. 1 ErbStG nur dann steuerbar, wenn er geltend gemacht wird. Würde diese gesetzliche Regelung nicht bestehen, müsste der Pflichtteilsanspruch auch dann zur Erbschaftsteuer herangezogen werden, wenn er vom Pflichtteilsberechtigten nicht geltend gemacht wird. Dadurch würde der Pflichtteilsberechtigte faktisch zur Geltendmachung des Pflichtteils gezwungen. Auf der anderen Seite kann wegen des Korrespondenzprinzips beim Erben der Pflichtteilsanspruch erst dann als Nachlassverbindlichkeit nach § 10 Abs. 5 Nr. 2 ErbStG abgezogen werden, wenn der Pflichtteilsberechtigte seinen Anspruch auf Auszahlung des Pflichtteils geltend gemacht hat. Vorstehendes gilt auch dann, wenn der Pflitchteilsanspruch nicht gegenüber dem Erben, sondern nach dessen Tod gegenüber den Erben des Pflichtteilsschuldners geltend gemacht wird. Die Geltendmachung ist ein rückwirkendes Ereignis iSv § 175 Abs. 1 S. 1 Nr. 2 AO, das auf den Tod des ursprünglichen Erblassers zurückwirkt. Der Pflichtteilsanspruch ist als Nachlassverbindlichkeit von dem ursprünglichen Erwerb des Pflichtteilsverpflichteten abziehbar. Dies gilt nach Auffassung des BFH selbst dann, wenn der Pflichtteilsberechtigte auch Alleinerbe des Pflichtteilsverpflichteten wird, obwohl zivilrechtlich an sich Konfusion hinsichtlich des Pflichtteilsanspruchs eintritt (BFH DStR 2013, 523). Insoweit geht der erbschaftsteuerliche Grundsatz des § 10 Abs. 3 ErbStG vor. Für die Geltendmachung des Pflichtteils gegenüber sich selbst reicht eine Erklärung gegenüber dem Finanzamt aus. Hieraus folgen interessante Gestaltungsmöglichkeiten zur Vermeidung der steuerlich nachteiligen Folgen des sog. Berliner Testaments, und zwar auch noch nach dem Tod beider(!) Erblasser (TGJG/*Gebel* ErbStG § 3 Rn. 226). Im Entscheidungsfall war der gegenständliche Pflichtteilsanspruch allerdings noch nicht verjährt. Ob die Rspr. auch für bereits verjährte Pflichtteilsansprüche nutzbar ist, hat der BFH ausdrücklich offen gelassen (bejahend *Wachter* ZEV 2013, 222; *Geck* DStR 2013, 1368; TGJG/*Gebel* ErbStG § 3 Rn. 226). Vorsichtigerweise wird man zu Lebzeiten des Verpflichteten einen Verzicht auf die Verjährungseinrede oder eine Stundung des Pflichtteilsanspruchs vereinbaren müssen.

Vorsicht ist zudem geboten, wenn das Testament eine Pflichtteilsstrafklausel enthält. Ist darin anders als in → Form. C.VI.5 die einvernehmliche Erfüllung des Pflichtteils nicht ausdrücklich ausgenommen, kann es erbrechtlich zu unerwünschten Folgewirkungen kommen.

Nach neuer Rspr. des BFH ist ein nicht geltend gemachter Pflichtteilsanspruch nach dem Tod des Berechtigten von dessen Erben als zum Nachlass zugehöriger Erwerb aufgrund Erbanfalls zu versteuern (BFH BStBl. II 2018, 196). Auf die Geltendmachung durch die Erben soll es in diesem Fall nicht ankommen (Kritik *Wälzholz* NZG 2017, 554; *Wachter* ZEV 2017, 285; *Selbherr* MittBayNot 2018, 84). Eine Besonderheit lag in dem Entscheidungsfall darin, dass der Pflichtteilsanspruch noch nicht verjährt war, weil der ursprüngliche Erblasser und der Pflichtteilsberechtigte kurz nacheinander verstorben

waren. Ob dies auch für den bereits verjährten Pflichtteilsanspruch gilt, ist durch den BFH noch zu entscheiden (Revision anhängig unter II R 17/16). Gerade im Fall größerer Nachlässe ist aus gestalterischer Sicht darauf zu achten, nicht geltend gemachte Pflichtteilsansprüche durch rechtzeitige Verzichtserklärung der Berechtigten zu beseitigen, zumindest aufschiebend bedingt auf den Tod des Berechtigten (Meincke/*Hannes*/*Holz* § 3 Rn. 63).

Die Erbschaftsteuer für den Pflichtteilsanspruch entsteht, soweit er geltend gemacht wird, mit der Geltendmachung gem. § 9 Abs. 1 Nr. 1 b) ErbStG. Fordert der Berechtigte nur eine Teilleistung und gibt dabei zu erkennen, dass er keine weiteren Leistungen verlangen will, so entsteht die Erbschaftsteuer nur in Bezug auf den geltend gemachten Teil. Behält sich der Berechtigte jedoch ausdrücklich oder konkludent vor, auch den Restbetrag zu verlangen, so entsteht die Erbschaftsteuer auf den gesamten Pflichtteil bereits mit Geltendmachung des ersten Teilbetrags (TGJG/*Gebel* ErbStG § 3 Rn. 227). Nach der Entstehung des Steueranspruchs zwischen dem Erben und dem Pflichtteilsberechtigten getroffene Erfüllungsabreden, zB Ratenzahlung, können den einmal entstandenen Steueranspruch weder aufheben noch verändern (BFH NJW 2006, 3455). Selbst ein späterer Verzicht ist grundsätzlich ohne Bedeutung (FG München EFG 2005, 1887; BFH NJW 2006, 3455). Verlangt der Pflichtteilsberechtigte lediglich Auskunft über die Höhe des Nachlasses zur Berechnung des Pflichtteils, entsteht noch keine Steuer. Wird über die Höhe eines bestehenden, noch nicht geltend gemachten Pflichtteilsanspruchs mit den Erben verhandelt, steht auch dies der Geltendmachung noch nicht ohne Weiteres gleich (TGJG/*Gebel* ErbStG § 3 Rn. 226).

Der Verzicht des Pflichtteilsberechtigten auf seinen nicht geltend gemachten Anspruch ist steuerfrei gem. § 13 Abs. 1 Nr. 11 ErbStG. Erhält der Pflichtteilsberechtigte für den Verzicht eine Abfindung, dann gilt diese nach § 3 Abs. 2 Nr. 4 ErbStG als vom Erblasser zugewendet und ist ein erbschaftsteuerpflichtiger Erwerb von Todes wegen. Dies gilt jedoch nur, wenn der Verzicht mit den Erben nach dem Erbfall vereinbart wird. Erfolgt der Verzicht zu Lebzeiten des Erblassers ggü. den künftigen Erben, gilt die Abfindung als von den künftigen Erben zugewendet (BFH NJW 2017, 2783). Die Steuerschuld für die Abfindung entsteht nach § 9 Abs. 1 Nr. 1 f) ErbStG im Zeitpunkt des Verzichts. Der unentgeltliche Verzicht auf einen bereits ganz oder teilweise geltend gemachten Pflichtteilanspruch stellt dagegen eine freigebige Zuwendung iSv § 7 Abs. 1 Nr. 1 ErbStG dar.

Der Pflichtteil ist als Kapitalforderung für erbschaftsteuerliche Zwecke mit dem Nennwert anzusetzen, § 12 Abs. 1 ErbStG iVm § 12 Abs. 1 S. 1 BewG.

Die Übertragung eines Grundstücks als Abfindung für den Verzicht auf den entstandenen, aber nicht geltend gemachten Pflichtteilsanspruch (§ 3 Abs. 2 Nr. 4 ErbStG) ist gem. § 3 Nr. 2 GrEStG grunderwerbsteuerfrei. Die Übertragung eines Grundstücks an Erfüllungs Statt für den geltend gemachten Pflichtteils- oder Pflichtteilsergänzungsanspruch ist jedoch nach § 3 Nr. 2 S. 1 GrEStG nicht von der Grunderwerbsteuer befreit (BFH BStBl. II 2002, 775 – unter Aufgabe der bisherigen Rechtsprechung; vgl. auch Boruttau/*Meßbacher-Hönsch* GrEStG § 3 Rn. 177). Die Leistung eines Grundstücks auf den Pflichtteilsanspruch ist kein Grundstückserwerb von Todes wegen im Sinne des ErbStG. Der Pflichtteils- und der Pflichtteilsergänzungsanspruch sind auf Erfüllung in Geld gerichtet. Diese Geldansprüche wurden von Todes wegen erworben. Die Grunderwerbsteuerbefreiung gem. § 3 Nr. 2 S. 1 GrEStG setzt jedoch voraus, dass das Grundstück selbst Gegenstand des Erwerbs von Todes wegen im Sinne des ErbStG ist. Insoweit handelt es sich auch ertragsteuerlich um ein entgeltliches Veräußerungsgeschäft mit den Folgen des § 23 EStG.

3. Kosten. Der Pflichtteilsverzichtsvertrag ist nach Nr. 21100 KV GNotKG mit einer 2,0-Gebühr zu bewerten. Der Geschäftswert ist vom modifizierten Reinvermögen nach § 102 Abs. 1 GNotKG abzuleiten. Dabei ist nach § 102 Abs. 4 S. 2 GNotKG das Pflichtteilsrecht wie ein entsprechender Bruchteil des Nachlasses zu behandeln. Eintrittswahr-

scheinlichkeiten sind irrelevant und mindern den Geschäftswert nicht (mehr). Wechselseitige Pflichtteilsverzichte können im Gegenseitigkeitsverhältnis nach § 97 Abs. 3 GNotKG stehen; dann ist nur der höhere Wert maßgeblich (*Diehn* Rn. 1160). Wird der Pflichtteilsverzichtsvertrag mit erbrechtlichen Erklärungen verbunden, entstehen keine gesonderten Gebühren (mehr); vielmehr müssen die Geschäftswerte nach § 35 Abs. 1 GNotKG addiert werden (*Diehn* Rn. 1157 ff.).

2. Pflichtteilsentziehung

Variante 1: Pflichtteilsentziehung nach § 2333 Abs. 1 Nr. 1 BGB[1]

Meinem Sohn S entziehe ich den Pflichtteil. Er hat versucht, mich umzubringen, indem er am 15.4.2006 mit den Worten „jetzt bringe ich Dich um“ mit einem Brotmesser auf mich eingestochen hat. Der Vorfall hat sich in meinem Hause ereignet. Ich habe durch die letztgenannte Attacke lebensgefährliche Verletzungen erlitten. Derzeit wird von der Staatsanwaltschaft S unter dem Aktenzeichen . . . . . ein Ermittlungsverfahren wegen versuchten Totschlags durchgeführt.

Variante 2: Pflichtteilsentziehung nach § 2333 Abs. 1 Nr. 2 BGB[2]

Meinem Sohn S entziehe ich den Pflichtteil. Er hat mich am 24.12.2006 in meinem Hause im Beisein meiner Ehefrau und meiner weiteren Kinder B und C vorsätzlich von einer steilen Treppe gestürzt. Ich habe bei dem Sturz erhebliche körperliche Schäden erlitten, wozu ich auf das zur Anlage dieses Testamentes genommene ärztliche Attest des Kreiskrankenhauses . . . . . verweise.

Variante 3: Pflichtteilsentziehung nach § 2333 Abs. 1 Nr. 2 BGB[3]

Ich entziehe meinem Sohn S. den Pflichtteil auf Grund folgenden Sachverhalts:

Mein Sohn S. hat als Angestellter in meinem Erwerbsgeschäft wiederholt Unterschlagungen vorgenommen und ist vom LG . . . . . deswegen zu einer Freiheitsstrafe von 14 Monaten auf Bewährung verurteilt worden. Hinzu kommt, dass er mich wider besseres Wissen bei den Finanzbehörden der Steuerhinterziehung verdächtigt hat. Auch hierzu ist eine strafgerichtliche Verurteilung erfolgt, LG Az. . . . . .. Diese Taten wiegen deshalb besonders schwer, weil mein Sohn S. als Betriebsnachfolger vorgesehen war, was sämtliche Angestellte meines Betriebes bezeugen können.[4, 5]

Variante 4: Pflichtteilsentziehung nach § 2333 Abs. 1 Nr. 4 BGB[6]

Ich entziehe meiner Tochter T. den Pflichtteil, weil diese wegen vorsätzlich begangenen Betruges rechtskräftig zu einer Freiheitsstrafe von 14 Monaten ohne Bewährung verurteilt worden ist (LG . . . . ., Az. . . . . .). Die Tat wiegt deshalb besonders schwer, weil ich diese als meine Nachfolgerin im Unternehmen vorgesehen habe.[7, 8, 9, 10]

Anmerkungen

1. Die §§ 2333 ff. BGB formulieren einzelne, nach dem Willen des historischen Gesetzgebers sowie der bisherigen Rechtsprechung und Literatur nicht analogiefähige Tatbestände, die durch die Erbrechtsreform 2010 geringfügig geändert wurden. Neu ist der Tatbestand

des § 2333 Abs. 1 Nr. 4 BGB, der einerseits eine Straftat oder Unterbringung, andererseits für den Erblasser die Unzumutbarkeit der Teilhabe des Betreffenden am Nachlass voraussetzt (§ 2333 Abs. 1 Nr. 4 BGB). Der der Pflichtteilsentziehung zugrunde liegende Kernsachverhalt muss auch weiterhin zutreffend bezeichnet werden. Ungenügend ist daher eine Pflichtteilsentziehung wegen „wiederholter tätlicher Angriffe", vielmehr müssen diese örtlich und zeitlich nachvollziehbar sein. Dieser Kernsachverhalt muss in der Verfügung von Todes wegen angegeben werden (§ 2336 Abs. 2 BGB). Ein bloßer Verweis auf Erklärungen außerhalb der Verfügung genügt diesem Formerfordernis grundsätzlich nicht (BGH MittRhNotK 1985, 178), eine Verweisung auf amtliche Akten allenfalls bei Angabe konkreter Aktenzeichen (OLG Düsseldorf FamRZ 1999, 1469). Den Erben trifft die Beweislast für das Vorliegen des jeweiligen Tatbestandes, einschließlich des Vorliegens der im Regelfall erforderlichen Schuldfähigkeit des Pflichtteilsberechtigten (§ 2336 Abs. 2 BGB; die nach dieser Vorschrift Erblasser und Erben von der Rechtsprechung auferlegte Konkretisierungs- bzw. Beweispflichten sind verfassungsgemäß, BVerfG ZEV 2005, 388, und sie werden trotz entsprechender Forderungen in der Literatur im Zuge der Pflichtteilsreform auch nicht entschärft). Der Notar hat auf diese den Erben betreffende Beweislast hinzuweisen, wohl nicht dagegen auf die Möglichkeit einer Feststellungsklage vor dem Erbfall, mittels der der Erblasser die Wirksamkeit einer angeordneten Pflichtteilsentziehung gerichtlich klären lassen kann (vgl. OLG Köln ZEV 2003, 464 [465]. Die Tatbestände des § 2333 Abs. 1–4 BGB setzen grundsätzlich Verschulden des Abkömmlings voraus. Nur im Einzelfall kann auf das Schulderfordernis verzichtet werden, nämlich wenn die Belassung des Pflichtteils trotz wissentlicher und willentlicher Verletzung des Tatbestandes des § 2333 Nr. 1 BGB bei wertender Betrachtung die Testierfreiheit des Erblassers ungebührlich einschränkt (BVerfG ZEV 2005, 301 [305 f.]). Ob diese Einschränkung auf die anderen Tatbestände des § 2333 BGB übertragen werden kann, ist fraglich (vgl. *Kleensang* ZEV 2005, 277 [282 f.]).

Auf die Entscheidung des Bundesverfassungsgerichts (BVerfG ZEV 2005, 301), wonach im Einzelfall auf das Schulderfordernis zu verzichten ist, hat der Gesetzgeber mit dem neuen § 2333 Abs. 1 Nr. 4 BGB reagiert. Danach kann der Pflichtteil unter der Voraussetzung der Verurteilung des Abkömmlings wegen einer vorsätzlichen Straftat zu einer Freiheitsstrafe von mehr als einem Jahr ohne Bewährung oder der Unterbringung des Abkömmlings in einem psychiatrischen Krankenhaus wegen einer ähnlich schwerwiegenden vorsätzlichen Tat dann entzogen werden, wenn die Teilhabe des Abkömmlings am Nachlass für den Erblasser unzumutbar ist. Damit ist für besonders schwerwiegende Fälle ein Auffangtatbestand geschaffen. Freilich bleibt das Problem, festzustellen, wann eine solche Unzumutbarkeit vorliegt. Hier werden die bisherigen Grundsätze der Rechtsprechung, zB dass dem Erblasser nicht ein ähnliches Verhalten zum Vorwurf gemacht werden kann, weiterhin maßgebend sein.

2. § 2333 Abs. 1 Nr. 1 BGB erfordert ein „nach dem Leben Trachten", also wissentliches und willentliches Handeln iSd Strafrechts (Vorsatz), wobei zwar eine durch äußerliche Handlungen umgesetzte Tötungsabsicht, nicht aber die Erfüllung eines strafrechtlichen Tatbestandes verlangt wird, so dass auch eine bloße Vorbereitungshandlung oder ein untauglicher Versuch genügen können, MüKoBGB/*Lange* § 2333 Rn. 7. Einbezogen sind neben dem Erblasser und dessen Ehegatten auch die dem Erblasser ähnlich nahestehenden Personen, insbesondere Stief- und Pflegekinder, sowie der Lebenspartner. Entgegen dem Wortlaut kann Vorsatz im strafrechtlichen Sinne nicht verlangt werden, da die Entscheidung des BVerfG ZEV 2005, 301 lediglich das Vorliegen eines „natürlichen Vorsatzes" fordert und im Übrigen auf die Frage abstellt, ob das Belassen des Pflichtteils für den Erblasser zumutbar ist (vgl. MüKoBGB/*Lange* § 2333 Rn. 19).

3. Nach § 2333 Nr. 2 BGB ist ein Verbrechen oder ein schweres vorsätzliches Vergehen gegen eine in der Nr. 1 bezeichnete Person erforderlich. Die Rechtsprechung zu § 2333 Nr. 2 BGB aF verlangte darüber hinaus auch eine „schwere Pietätsverletzung",

verstanden als eine schwerwiegende Verletzung der dem Erblasser geschuldeten familiären Achtung (BGH NJW 1990, 911). Ob diese vorliegt, ist im Rahmen einer wertenden Betrachtung zu ermitteln, die zwischen der Testierfreiheit des Erblassers und den Rechten des Pflichtteilsberechtigten abzuwägen hat. Fraglich ist, ob diese Rechtsprechung für den neuen Tatbestand aufrechterhalten bleibt. Gleichermaßen stellt sich die Frage, ob die für den bisherigen § 2333 Nr. 3 BGB (Pflichtteilsentziehung wegen eines Verbrechens oder eines schweren vorsätzlichen Vergehens) nach der Rechtsprechung geforderte Erfüllung eines weiteren ungeschriebenen Tatbestandsmerkmals, nämlich das einer „groben Missachtung des Eltern-Kind-Verhältnisses", auch für § 2333 Abs. 1 Nr. 2 BGB weiterhin gefordert wird. Dies führte bisher zu dem Ergebnis, dass im Bereich der Vermögensdelikte nicht jede Straftat iSv § 12 StGB und nicht jedes schwere Vergehen genügte (BGH NJW 1974, 1084). Nachdem die bisherigen Tatbestände des § 2333 Nr. 2 und 3 BGB durch den einheitlichen Tatbestand des § 2333 Abs. 1 Nr. 2 BGB abgelöst sind, und die Reform insgesamt eine vorsichtige Tendenz zur Erweiterung der Pflichtteilsentziehungsgründe gezeigt hat, muss diese Frage zumindest gegenwärtig als offen bezeichnet werden (verneinend MüKoBGB/*Lange* § 2333 Rn. 22).

4. Nach § 2333 Nr. 3 BGB kann der Pflichtteil bei böswilliger Verletzung der Unterhaltspflicht, die außerdem noch in verwerflicher Gesinnung („böswillig") erfolgen muss, entzogen werden. Da der Unterhalt in Geld geschuldet wird (§ 1612 BGB), erweist sich die Vorschrift als weitgehend bedeutungslos, denn nur der selbst weitgehend mittellose Erblasser dürfte unterhaltsberechtigt sein (§ 1609 BGB) und daher kaum Anlass für eine Pflichtteilsentziehung haben, vgl. BeckOK BGB/*J. Mayer* § 2333 Rn. 4. Daher kann auch die Verweigerung von Pflege keine Pflichtteilsentziehung rechtfertigen, vgl. OLG Frankfurt NZFam 2014, 191.

5. § 2333 Abs. 1 Nr. 4 BGB einen Auffangtatbestand, innerhalb dessen eine Interessenabwägung zwischen den Interessen des Erblassers und denen des Pflichtteilsberechtigten stattfinden kann und muss. Voraussetzung ist allerdings eine rechtskräftige Verurteilung des Abkömmlings zu einer Freiheitsstrafe von mehr als einem Jahr ohne Bewährung wegen einer vorsätzlichen Straftat oder die Unterbringung in einem psychiatrischen Krankenhaus wegen einer ähnlich schwerwiegenden vorsätzlichen Tat. Ob eine Gesamtstrafenverurteilung ausreicht, ist ungeklärt (bejahend Gutachten DNotI-Report 2014, 116). Diese Tat muss sich nicht gegen den Erblasser oder ihm nahestehende Personen richten. Damit hat der Gesetzgeber bewusst keine allgemeine Zerrüttungs- und Entfremdungsklausel eingeführt, – einer solchen hatte auch das BVerfG aus rechtsstaatlichen Gründen bereits eine Absage erteilt –, sondern auf das Urteil des BVerfG ZEV 2005, 301, reagiert, das auch im Falle der Unzurechnungsfähigkeit des Abkömmlings die Möglichkeit einer Pflichtteilsentziehung gefordert hatte. Die Vorschrift stellt insofern eine Generalklausel innerhalb der Pflichtteilsentziehungsgründe dar, als lediglich an die Straftat oder die Unterbringung angeknüpft wird. Ist diese Schwelle überschritten, muss die Teilhabe des Abkömmlings am Nachlass für den Erblasser unzumutbar sein. Eine solche Unzumutbarkeit soll nach dem Willen des Gesetzgebers dann vorliegen, wenn die Straftat den persönlichen in der Familie gelebten Wertvorstellungen des Erblassers in hohem Maße widerspricht (vgl. *Bonefeld/Lange/Tanck* ZErb 2007, 292 [297]). Je schwerer die Straftat, desto eher dürften diese Voraussetzungen erfüllt sein. Ist aber der Erblasser selbst straffällig geworden oder an der Straftat beteiligt gewesen, ist keine Unzumutbarkeit gegeben. Bei der im Rahmen des Tatbestandsmerkmals der Unzumutbarkeit erforderlichen Abwägung zwischen den Interessen des Erblassers und denen des Pflichtteilsberechtigten geht es konstruktiv um das Verhältnis zwischen Testierfreiheit und dem Prinzip des Familienerbrechts. Beide haben nach dem Urteil des BVerfG vom 19.4.2005 Verfassungsrang.

6. Die Anordnung einer Pflichtteilsentziehung ist auch möglich, wenn ein Entziehungsgrund vom Erblasser nur vermutet wird, aber zum Zeitpunkt der Errichtung der Verfügung von Todes wegen noch nicht feststeht. Angesichts der Entscheidung des BVerfG zum Pflichtteilsrecht vom 19.4.2005 wird sich die Rechtsprechung möglicherweise auch bei weiteren Auslegungsfragen korrigieren, wobei insbesondere die bei den Tatbeständen des § 2333 Nr. 2 und Nr. 3 BGB die bisher vorausgesetzten „ungeschriebenen Tatbestandsmerkmale" fragwürdig sind (vgl. *Kleensang* ZEV 2005, 277). Vor einer „Pflichtteilsentziehung ins Blaue" hinein ist zwar weiterhin zu warnen (dagegen schon *J. Mayer* ZEV 2000, 448), angesichts der sich aus den Beschlüssen des BVerfG vom 19.4.2005 ergebenden Unwägbarkeiten (s. o.) kann die bisherige zivilgerichtliche Rechtsprechung auch vor dem Hintergrund der Pflichtteilsreform aber auch nicht ohne weiteres als alleinige Richtschnur für die Gestaltung einer Pflichtteilsentziehung betrachtet werden. Hiernach sind Grundrechte nicht nur bei der Auslegung zivilrechtlicher Generalklauseln, sondern auch bei Auslegung sonstiger Vorschriften zu beachten, und „dogmatische Blockaden" können durch die Privatrechtsrelevanz der Grundrechte durchbrochen werden (vgl. *Gaier* ZEV 2006, 2 [8]). Die Rechtsprechung wird sich vermutlich auf den Standpunkt stellen, dass diese „dogmatischen Blockaden" durch den neuen Tatbestand des § 2333 Abs. 1 Nr. 4 BGB aufgelöst sind. Die Frage der Unzumutbarkeit für den Erblasser wird hiernach erst dann eröffnet, wenn die in § 2333 Abs. 1 Nr. 4 BGB vorausgesetzte Straftat bzw. die Unterbringung gegeben sind. Dies dürfte den vom Bundesverfassungsgericht gestellten Anforderungen genügen. Spielraum bleibt bei der Frage, ob die erwähnten ungeschriebenen Tatbestandsmerkmale weiterhin anzuwenden sind. Immerhin kann aus der Entscheidung des BVerfG die Folgerung gezogen werden, dass dem Pflichtteilsentziehungsrecht – anders als bisher von Rechtsprechung und Schrifttum angenommenen – kein Strafzweck zukommt (*J. Mayer* FamRZ 2005, 1441 [1444]), sondern es vielmehr um die Frage geht, ob die Belassung des Pflichtteilsrechts für den Erblasser im Einzelfall schlechthin unzumutbar ist. (*J. Mayer* FamRZ 2005, 1441 [1444]; *Schöpflin* FamRZ 2005, 2025 [2030]; *Lange* ZErb 2005, 205 [208]). Ist dieser Fall gegeben, ist die Möglichkeit zur Pflichtteilsentziehung verfassungsrechtlich geboten und nach unter den Voraussetzungen des § 2333 Abs. 1 Nr. 4 BGB auch möglich.

Ausdrücklich Verfassungsrang hat in der erwähnten Entscheidung das BVerfG auch nur dem Pflichtteilsrecht der Kinder zuerkannt, während das Pflichtteilsrecht entfernterer Abkömmlinge, des Ehegatten, der Eltern oder des Lebenspartners nicht Gegenstand der Entscheidung war. Soweit eine Pflichtteilsentziehung über die bisher von der Rechtsprechung anerkannten Fälle hinausgreift, setzt sich der Testierende bereits mit Errichtung einer entsprechenden Verfügung von Todes allerdings einem gewissen Prozessrisiko aus, da dem Pflichtteilsberechtigten das Recht zusteht, die Wirksamkeit der angeordneten Pflichtteilsentziehung auch schon vor Eintritt des Erbfalls durch Feststellungsklage gerichtlich überprüfen zu lassen (BGH ZEV 2005, 243 mAnm *Kummer*). Auf dieses Risiko sollte der Testamentsgestalter den Erblasser hinweisen. Soweit Pflichtteilsentziehungen auf Tatbestände des § 2333 BGB aF gestützt waren, empfiehlt sich eine Überprüfung, da eine Umdeutung in der Regel schon am Substantiierungserfordernis des § 2336 Abs. 2 BGB scheitern dürfte. Eine Pflicht hierzu besteht für den Notar aber nicht (vgl. *J. Mayer* ZEV 2010, 2 [5]). Bei einer Pflichtteilsentziehung ist iÜ eine „Fernwirkung" zu beachten: Wird dem näheren Abkömmling der Pflichtteil entzogen, entfällt damit auch die „Sperrwirkung" des § 2309 BGB für den entfernteren Abkömmling (vgl. BGH ZEV 2011, 369 [370]), so dass ggf. ein Enkelkind pflichtteilsberechtigt werden kann. Das bloße Vorhandensein des näher Berechtigten führt, wenn dieser enterbt ist, nach der Rechtsprechung ferner nicht mehr zu einer Verdrängung der weiter entfernten Abkömmlinge so dass die Frage einer Pflichtteilsberechtigung nur mehr von den Voraussetzungen des § 2309 BGB abhängt (vgl. BGH ZEV 2011, 366 sowie *Lange* ZEV 2015, 69 ff.).

7. Nach dem § 2333 Abs. 2 BGB ist eine Entziehung des Ehegatten- und Elternpflichtteils unter den gleichen Voraussetzungen möglich ist wie bei Abkömmlingen. Die Entziehung des Ehegattenpflichtteils kann nur relevant werden, wenn das Erbrecht des Ehegatten noch nicht gem. § 1933 BGB entfallen ist.

8. Eine Pflichtteilsentziehung ist nicht mehr möglich, wenn der Erblasser dem Pflichtteilsberechtigten die Verfehlung verziehen hat, § 2337 BGB, iE, wenn der Erblasser durch sein Verhalten zum Ausdruck bringt, dass er die durch den jeweiligen Pflichtteilsentziehungsgrund hervorgerufene Kränkung nicht mehr als solche empfindet (vgl. OLG Nürnberg NJW-RR 2012, 1225). Die Anforderungen der Rechtsprechung an eine Verzeihung sind verhältnismäßig gering (vgl. MüKoBGB/*Lange* § 2337 Rn. 4). Liegt eine Verzeihung vor, erlischt, bezogen auf den ursprünglichen Pflichtteilsentziehungsgrund, das Recht der Pflichtteilsentziehung endgültig und kann nicht mehr aufleben. Daher ist vor Ausspruch einer Pflichtteilsentziehung auch zu prüfen, ob eine Verzeihung vorliegt.

9. Steuern. Ein Pflichtteilsentzug stellt keinen erbschaftsteuerlichen Vorgang iSd §§ 1 Abs. 1 Nr. 1, 3 Abs. 1 Nr. 1 ErbStG dar.

10. Kosten. Hat eine Verfügung von Todes wegen die Entziehung des Pflichtteils zum Gegenstand, ist diese Erklärung nach § 36 Abs. 1 GNotKG zu bewerten, wobei regelmäßig kein Anlass besteht, von der Bewertung des Pflichtteilsrechts nach § 102 Abs. 4 S. 2 GNotKG wie ein Bruchteil des Nachlasses abzuweichen. Es wird der volle Wert des betroffenen Pflichtteilsanspruchs im Zeitpunkt der Entziehungserklärung angesetzt, § 10 GNotKG. Der Gebührensatz richtet sich nach der Art der Verfügung von Todes wegen.

3. Pflichtteilsbeschränkung in guter Absicht

1. Mein Sohn S ist überschuldet.[1] Über sein Vermögen ist das Insolvenzverfahren eröffnet worden (AG A; Az. XY). Die im Insolvenzverfahren angemeldeten Forderungen übersteigen den Wert der Insolvenzmasse erheblich. Der künftige Vermögenserwerb meines Sohnes S ist hierdurch gefährdet. Ich beschränke daher seinen Pflichtteil nach § 2338 BGB.[2, 3] In der Höhe des ihm zugewendeten Erbteils von ½ Anteil soll er lediglich Vorerbe sein. Er ist von den Beschränkungen und Verpflichtungen, die das Gesetz dem Vorerben auferlegt, ausdrücklich nicht befreit. Nacherben sind seine gesetzlichen Erben nach dem Verhältnis ihrer gesetzlichen Erbteile. Der Nacherbfall tritt mit dem Tode des Vorerben ein. Die Nacherbanwartschaft ist nicht vererblich und nur auf den Vorerben übertragbar. Überträgt ein Nacherbe seine Nacherbenanwartschaft auf den Vorerben, erlöschen die Rechte aller betreffenden Ersatznacherben.

2. Ferner ordne ich hinsichtlich des Erbteils meines Sohnes S Dauertestamentsvollstreckung an.[4, 5, 6] Der Testamentsvollstrecker hat die Aufgabe, den Erbteil zu verwalten und den jährlichen Reinertrag an meinen Sohn auszubezahlen. Zum Testamentsvollstrecker ernenne ich N. N. Für den Fall, dass N. N. vor oder nach Annahme des Amtes wegfällt, soll das Nachlassgericht einen geeigneten Testamentsvollstrecker ernennen. (Falls der Erbteil größer als die Pflichtteilsquote ist: Die Testamentsvollstreckung soll sich dabei auch auf den Teil des jährlichen Reinertrags erstrecken, der den gem. § 863 Abs. 1 S. 1 ZPO unpfändbaren Betrag übersteigt, sofern mein Sohn mit dieser Beschränkung einverstanden ist.).

3. Die Anordnung der Testamentsvollstreckung gilt auch für den Fall, dass mein Sohn S den Erbteil ausschlägt und den Pflichtteil verlangt, für den ihm zustehenden Pflichtteil sowie unabhängig von einer Ausschlagung, für einen etwaigen Restpflichtteil.[7] Für das, was mein Sohn S durch Geltendmachung eines Pflichtteilsanspruchs erlangt,

ordne ich ein Nachvermächtnis an, das mit dem Tode meines Sohnes S anfällt und fällig wird. Nachvermächtnisnehmer sind seine gesetzlichen Erben nach dem Verhältnis ihrer gesetzlichen Erbteile. § 2111 BGB gilt für das Nachvermächtnis entsprechend. Dingliche Sicherheiten können von den Nachvermächtnisnehmern nicht verlangt werden.

4. **Bei den vorstehend zulasten meines Sohnes B angeordneten Beschränkungen habe ich mich von der Absicht leiten lassen, meinen Nachlass vor dem Zugriff von Eigengläubigern meines Sohnes B zu schützen. Dies ist lediglich ein Motiv für die vorstehend gewählte Gestaltung, jedoch ausdrücklich keine Rechtsbedingung für diese.**[8, 9]

Anmerkungen

1. Sachverhalt. Ein Abkömmling ist überschuldet, das ihm aufgrund seines Pflichtteilsrechts zustehende Vermögen soll zugunsten seiner gesetzlichen Erben vor dem Zugriff von Gläubigern geschützt werden. Vorstehend erfolgt eine Erbeinsetzung zu einer Quote, die über den Pflichtteil hinausgeht. Die Pflichtteilsbeschränkung greift dann nur für den Fall der Ausschlagung ein. Es ist aber auch denkbar, eine Enterbung vorzunehmen und die Beschränkungen nur für den Pflichtteil selbst anzuordnen. Eine nur drohende Überschuldung oder Zahlungsunfähigkeit genügt nicht.

2. Zum Zwecke der Erhaltung des Familienvermögens kann ein Abkömmling nach § 2338 BGB auch im Hinblick auf den ihm zustehenden Pflichtteil mit der Anordnung einer Nacherbschaft, eines Nachvermächtnisses bzw. einer Testamentsvollstreckung belastet werden. Die Pflichtteilsbeschränkung in guter Absicht ist nur gegenüber Abkömmlingen möglich. Ferner können als Nacherben bzw. Nachvermächtnisnehmer lediglich die gesetzlichen Erben des Abkömmlings nach dem Verhältnis ihrer gesetzlichen Erbteile eingesetzt werden. Da diese aber zum Zeitpunkt der Testamentserrichtung nicht feststehen, sollte für Nacherben-/Nachvermächtniseinsetzung der gesetzliche Wortlaut zugrunde gelegt und die Nacherben/Nachvermächtnisnehmer nicht individuell bezeichnet werden. Diese tatbestandlichen Voraussetzungen engen den Anwendungsbereich der Vorschrift erheblich ein, da somit auch der Ehegatte sowie auch nichteheliche Kinder bzw. Kinder aus früheren Verbindungen zwingend begünstigt werden müssen. Ferner müssen Verschwendungssucht oder Überschuldung sowohl zum Zeitpunkt der letztwilligen Anordnung als auch zum Zeitpunkt des Erbfalls vorliegen und zusätzlich den späteren Vermögenserwerb erheblich gefährden. Diese Voraussetzungen liegen beim nur sozialhilfebedürftigen Erben nicht vor, da dieser selbst dem Sozialhilfeträger grundsätzlich keinen Kostenersatz schuldet, es sei denn, die Sozialhilfe wird nach § 91 SGB XII als Darlehen gewährt.

3. Der betreffende pflichtteilsberechtigte Erbe muss die nach § 2338 BGB angeordneten Beschränkungen (Einsetzung eines Nacherben/Nachvermächtnisnehmers, Testamentsvollstreckung) hinnehmen, und zwar auch und gerade dann, wenn er die Erbschaft ausschlägt. Schlägt er sie nicht aus, ist er nach § 2306 BGB ohnehin an die Beschränkungen gebunden. Im Falle der Ausschlagung gelten die Beschränkungen auch für den Pflichtteil. Insofern ist § 2338 BGB eine Ausnahmevorschrift zu § 2306 BGB (*Lange/Kuchinke* ErbR § 20 Rn. 225). Nur solche Beschränkungen, die über die in § 2338 BGB hinausgehen, fallen durch die Ausschlagung weg. Auf die Höhe des Zugewandten kommt es für die Gültigkeit der Beschränkungen daher nicht mehr an. Ist die Erbquote geringer als die Pflichtteilsquote, steht dem Pflichtteilsberechtigten ein Ergänzungspflichtteil zu (§ 2305 BGB). Die gesetzlichen Erben erhalten den Pflichtteil dann als Nachvermächtnisnehmer. Ist der betreffende Abkömmling überhaupt nur mit einem Vermächtnis bedacht, kann angeordnet werden, dass die gesetzlichen Erben Nachvermächtnisnehmer sein sollen. Sofern nach § 2307 Abs. 1 S. 2 BGB ein Ergänzungspflichtteil gegeben wäre, erhalten die gesetzlichen Erben auch

diesen als Nachvermächtnisnehmer, desgleichen einen auf Grund Ausschlagung nach § 2307 Abs. 1 S. 1 BGB entstandenen Pflichtteil, sofern nicht jeweils ein anderer Wille des Erblassers anzunehmen ist. Deshalb sollten die gewünschten Rechtsfolgen auch für die Fälle der Ausschlagung der Erbeinsetzung bzw. des Vermächtnisses sowie für den Fall, dass ein Restpflichtteil besteht, ausdrücklich angeordnet werden. Ist schließlich der betreffende Abkömmling völlig enterbt, kann angeordnet werden, dass die gesetzlichen Erben den Pflichtteil als Nachvermächtnisnehmer erhalten sollen.

4. Um einen Gläubigerzugriff bzw. unerwünschte Verfügungen des beschränkten Erben selbst zu vermeiden, kann zusätzlich eine Dauertestamentsvollstreckung angeordnet werden. Der jährliche Reinertrag, auf den der Pflichtteilsberechtigte nach § 2338 S. 2 Hs. 2 BGB auch im Falle der Anordnung einer Testamentsvollstreckung Anspruch hat, unterliegt auch ohne Anordnung der Testamentsvollstreckung der Pfändungsbeschränkung nach § 863 Abs. 1 ZPO, wonach die Nutzungen der Erbschaft der Pfändung insoweit nicht unterworfen sind, als sie zur Erfüllung einer gesetzlichen Unterhaltspflicht des Schuldners oder seines standesmäßigen Unterhalts erforderlich sind und der Schuldner durch Einsetzung eines Nacherben beschränkt ist. Der von § 863 ZPO gewährte und mit der Erinnerung nach § 776 ZPO vom Schuldner oder dem begünstigten Dritten geltend zu machende Pfändungsschutz ist allerdings nur rudimentär, da hinsichtlich des Umfangs des Pfändungsschutzes auf § 850d ZPO zurückgegriffen, also nur der notwendige Unterhalt von einer Pfändung ausgenommen wird (vgl. *Engelmann* Letztwillige Verfügungen zugunsten Verschuldeter oder Sozialhilfebedürftiger, S. 180). Sofern aber aufgrund der Verfügung ein Pflichtteilsanspruch entsteht (nach § 2303 BGB durch Enterbung, nach § 2305 BGB durch Zuwendung eines nicht zureichenden Erbteils oder aufgrund Ausschlagung nach § 2306 Abs. 1 BGB) und für diesen Pflichtteilsanspruch ein Nachvermächtnis anzunehmen ist oder der Erblasser lediglich ein Vorvermächtnis angeordnet hat, wäre ein Schutz vor Pfändungen oder auch eigenen lebzeitigen Verfügungen des beschränkten Pflichtteilsberechtigten überhaupt nicht gegeben, da § 863 Abs. 1 ZPO das Nachvermächtnis nicht erwähnt. Hier kann nur eine zusätzliche Anordnung der Testamentsvollstreckung sowohl eigene Verfügungen des Bedachten als auch den Zugriff seiner Gläubiger abwehren. Schließlich kommt eine isolierte Anordnung der Testamentsvollstreckung in Betracht, die allerdings nicht verhindern kann, dass mit dem Tode des Begünstigten Nachlassgläubiger auf die Substanz der Erbschaft zugreifen können. Soweit vorgeschlagen wird, Testamentsvollstreckung auch für den Reinertrag des Nachlasses nach Art einer *cautela socini* unter der aufschiebenden Bedingung anzuordnen, dass der Erbe/Vermächtnisnehmer die Bedingung annimmt (*Baumann* ZEV 1996, 121 [124]; *Nieder/Kössinger* Rn. 518), dürfte dieser Weg nunmehr unproblematisch gangbar sein, da nach § 2306 BGB ohne Ausschlagung angeordnete Beschränkungen wirksam bleiben. Gleiches gilt im Bereich des § 2307 BGB (Zuwendung eines Vermächtnisses) (vgl. hierzu OLG Stuttgart FamRZ 1984, 213, Testamentsvollstreckung über den Reinertrag zulässig).

5. Der Grund der Beschränkung muss in der Verfügung angegeben werden (§ 2338 Abs. 2 S. 1 iVm § 2336 Abs. 2 BGB), und zwar hinreichend substantiell, sodass eine gerichtliche Überprüfung, ggf. durch Beweisaufnahme, erfolgen kann (vgl. zur Verfassungsmäßigkeit der von § 2336 Abs. 2 BGB gestellten Anforderungen BVerfG ZEV 2005, 388). Die Anforderungen der Rechtsprechung an die Darstellung der Entziehungsgründe sind äußerst streng (vgl. OLG Düsseldorf RNotZ 2011, 353). Die Beweislast für das Vorliegen der Voraussetzungen der Beschränkungen trägt derjenige, der sich auf die Beschränkungen beruft. Sind Verschwendungssucht bzw. Überschuldung zum Zeitpunkt des Erbfalls weggefallen, entfallen auch die angeordneten Beschränkungen. Zumindest eine notarielle letztwillige Verfügung sollte dann trotzdem geändert werden, um im Falle angeordneter Nacherbfolge den Nachweis des unbeschränkten Erbrechts allein mit der eröffneten Verfügung führen zu können (vgl. § 35 Abs. 1 S. 2 GBO bzw. BGH Rpfleger

2005, 536 zum Nachweis des Erbrechts gegenüber Banken). Eine Verzeihung führt anders als bei einer Pflichtteilsentziehung nicht zu einem Entfallen der angeordneten Beschränkungen.

6. Soll dagegen erreicht werden, dass die Beschränkungen bei Wegfall der Überschuldung nach dem Erbfall ebenfalls entfallen, dürfte die bisher empfohlene Gestaltung, diesen Umstand als auflösende Bedingung vorzusehen (*Baumann* ZEV 1996, 121 [127]; *Keller* NotBZ 2000, 253 [256]), zumindest im Falle der Überschuldung wegen eines dann pfändbaren bzw. in die Insolvenzmasse fallenden Anwartschaftsrechts problematisch sein (→ Form. F.II.4). Vielmehr sollte angesichts der Rechtsprechung, die eine solche Bedingung im Wege der Testamentsauslegung gelegentlich unterstellt (Nachw. bei MüKoBGB/*Lange* § 2338 Rn. 6), klargestellt werden, dass es sich nicht um eine Bedingung, sondern lediglich um eine Motivangabe handelt, um gegebenenfalls eine entsprechende Anfechtung der letztwilligen Verfügung zu ermöglichen (zu dieser Problematik näher → Form. F.II.4).

7. Soweit der belastete Erbe die Erbschaft ausschlägt und den Pflichtteil verlangt (§ 2306 Abs. 1 BGB) und damit hinsichtlich dieses Pflichtteils ein Nachvermächtnis besteht, wird zum Zweck der Erhaltung des Vermögens § 2111 BGB für entsprechend anwendbar erklärt, sodass eine Surrogation entsprechend der bei der Vor-/Nacherbschaft geltenden Regelung stattfindet. Eine derartige Ausgestaltung des Vor- bzw. Nachvermächtnisses müsste möglich sein, da § 2338 BGB auch die Anordnung der Vor-/Nacherbschaft zulässt und die Ausgestaltung der Vor-/Nacherbschaft bzw. des Vor-/Nachvermächtnisses nicht vorschreibt. Daher dürfte auch die Anordnung einer mehrstufigen Nacherbschaft zulässig sein, die den möglicherweise ebenfalls verschuldeten Ehegatten des Abkömmlings seinerseits wieder mit einer Nacherbschaft oder einem Nachvermächtnis zugunsten von Enkelkindern bzw. einer Testamentsvollstreckung belastet (hierzu *Baumann* ZEV 1996, 121 [125 f.]). Die Frage, ob die Nachvermächtnisnehmer bei im Nachlass befindlichen Grundbesitz eine Vormerkung beanspruchen und diese sogar im Wege des einstweiligen Rechtsschutzes zur Eintragung bringen können (vgl. *Bengel* NJW 1990, 1826 [1828 f.]), wird dahingehend klargestellt, dass dingliche Sicherheiten nicht beansprucht werden können. Weitergehende Anordnungen zur Besserstellung des Vorvermächtnisnehmers (Befreiung von der Schadensersatzpflicht, Befugnis zum Verbrauch des Vermögens) werden dagegen nicht angeordnet.

8. Steuern. Zur erbschaftsteuerlichen Behandlung des Pflichtteilsanspruchs → Form. C.VI.1. Bezüglich der Anordnung von Vor- und Nacherbschaft sowie von Vor- und Nachvermächtnis → Form. C.II.1, → Form. C.II.2. Zur Dauertestamentsvollstreckung → Form. C.VII.1.

9. Kosten. Die Beschränkungen des Pflichtteilsberechtigten durch Anordnung von Vor- und Nacherbschaft betreffen denselben Gegenstand wie die Verfügung von Todes wegen. Sie können daher nicht gesondert bewertet werden. Insofern verbleibt es bei § 102 GNotKG. Die Anordnung der Pflichtteilsbeschränkung als solche betrifft aber einen anderen Gegenstand als die Verfügung von Todes wegen, nämlich den Pflichtteilsanspruch. Sie ist daher hinzuzurechnen. Diese Erklärung wird nach § 36 Abs. 1 GNotKG bewertet, wobei es nahe liegt, einen Teilwert vom Wert des Pflichtteilsrechts nach § 102 Abs. 4 S. 2 GNotKG anzusetzen. Angemessen sind 20 bis 30 Prozent.

4. Fakultative Pflichtteilsstrafklausel

Verlangt ein Abkömmling oder sein Erbe nach dem Tode des erstversterbenden Ehegatten gegen den Willen des Längstlebenden in einer Weise, die geeignet ist, Verzug zu begründen, von diesem den Pflichtteil oder macht er oder sein Erbe in der vorbezeichneten Weise gegen diesen Pflichtteilsergänzungsansprüche geltend, so ist der Längstlebende von uns befugt, ihn und seine Abkömmlinge von der Schlusserbfolge auszuschließen. Der Notar hat uns darauf hingewiesen, dass ein solcher Ausschluss von der Schlusserbfolge nicht automatisch eintritt, sondern eine entsprechende abändernde Verfügung von Todes wegen durch den überlebenden Ehegatten voraussetzt.

Anmerkungen

Siehe Anmerkungen zu → Form. C.VI.6.

5. Automatische Pflichtteilsstrafklausel

Verlangt ein Abkömmling oder sein Erbe nach dem Tode des erstversterbenden Ehegatten[1, 2, 3, 4, 5, 6, 7] gegen den Willen des Längstlebenden in einer Weise, die geeignet ist, Verzug zu begründen, von diesem den Pflichtteil oder macht er oder sein Erbe in der vorbezeichneten Weise gegen diesen Pflichtteilsergänzungsansprüche geltend und werden die in dieser Weise geltend gemachten Pflichtteils- bzw. Pflichtteilsergänzungsansprüche von dem Längstlebenden erfüllt, so sind er und seine Abkömmlinge von der Erbfolge nach dem Längstlebenden von uns ausgeschlossen. Der Längstlebende von uns bleibt aber berechtigt, über den Erbteil des ausgeschlossenen Schlusserben in beliebiger Weise von Todes wegen anderweitig zu verfügen.[8, 9, 10, 11, 12]

Anmerkungen

1. Pflichtteilsklauseln haben ihren Platz in Ehegattenverfügungen, wenn pflichtteilsberechtigte Abkömmlinge vorhanden sind. Setzten sich Ehegatten gegenseitig zu Erben ein und ihre gemeinsamen oder auch nicht gemeinsamen Kinder zu Erben des Längstlebenden, so ist der beim Tode des erstversterbenden Ehegatten geltend gemachte Pflichtteil ein Störfaktor. Ist überdies die Einsetzung der Abkömmlinge für den überlebenden Ehegatten bindend, so muss Vorsorge dagegen getroffen werden, dass ein Kind schon beim Tode des erstversterbenden Ehegatten seinen Pflichtteil und nach dem Tode des Längstlebenden auch noch seinen regulären Erbteil erhält. Geschieht dies nicht, kann der überlebende Ehegatte die Verfügung allenfalls noch nach den §§ 2281, 2078 BGB innerhalb der Jahresfrist des § 2082 Abs. 1 BGB anfechten, wobei die wenigstens „unbewusste Vorstellung", der eingesetzte Schlusserbe werde nach dem Tode des Erstversterbenden sein Pflichtteilsrecht nicht geltend machen, anhand konkreter Umstände festgestellt werden müsste (vgl. MüKoBGB/*Leipold* § 2078 Rn. 33). Daher ist in die Verfügung entweder ein spezifischer Änderungsvorbehalt (fakultative Ausschlussklausel) oder eine automatische Ausschlussklausel aufzunehmen. Letztlich dürfte ein bloßer Änderungsvorbehalt vorzugswürdig sein, um auf die Besonderheiten des Einzelfalles

besser reagieren zu können und auch die Notwendigkeit der Vorlage eines Erbscheins oder zusätzlicher eidesstattlicher Versicherungen nach dem Längstlebenden zu vermeiden (vgl. § 35 Abs. 1 S. 2 GBO; zur Legitimation des Erben ohne Erbschein *Ivo* ZErb 2006, 7). Besonders problematisch ist eine automatische Ausschlussklausel dann, wenn der zweite Erbfall vor Ablauf der Verjährungsfrist des Pflichtteilsanspruches im ersten Erbfall eintritt, da bis zum Ablauf dieser Verjährungsfrist infolge der Ausschlussklausel auch die Schlusserbfolge nicht feststeht. Es handelt sich dann um einen Fall der sog. „konstruktiven" Vor-/Nacherbschaft (vgl. OLG Stuttgart DNotZ 1979, 104 und *v. Olshausen* DNotZ 1979, 707). Fehlt dagegen eine Schlusserbeneinsetzung und ist durch die Pflichtteilsstrafklausel lediglich eine Enterbung angeordnet, muss das Pflichtteilsverlangen bis zum Tode des Längstlebenden erfolgen, da die Enterbung als solche bedingungsfeindlich ist; spätere Handlungen können sie nicht mehr auslösen (vgl. OLG Stuttgart NJW-RR 2017, 1353). Um die mit einer konstruktiven Vor-/Nacherbschaft verbundenen Schwierigkeiten zu vermeiden, ist in dem vorstehenden Muster vorgesehen, dass das Pflichtteilsverlangen bzw. die Erfüllung der Pflichtteilsforderung noch gegenüber dem längstlebenden Ehegatten, der durch eine solche Klausel ja in erster Linie geschützt werden soll, erfolgen muss. Soweit nicht einseitige Abkömmlinge vorhanden sind und durch die Pflichtteilsklausel weitergehend eine Gleichstellung der Abkömmlinge erreicht werden soll, können die übrigen Abkömmlinge eine Gleichstellung dadurch erreichen, dass sie dann ebenfalls den Pflichtteil geltend machen. Im Übrigen ist eine Gleichstellung durch Pflichtteilsklauseln auch nicht in jedem Fall zu erreichen (→ Anm. 10).

2. Die Geltendmachung des Pflichtteils gegen den Willen des überlebenden Elternteils ist als Tatbestandsvoraussetzung vorgesehen, weil der erbschaftsteuerliche Freibetrag nach dem erstversterbenden Ehegatten auch durch einverständliche Erfüllung des Pflichtteilsanspruchs ausgenutzt werden kann. Offen ist dies zzt. im Hinblick auf bereits verjährte Pflichtteilsansprüche (→ Form. C.VI.1 Anm. 2). Die Geltendmachung in einer Weise, die geeignet ist, Verzug zu begründen (hierzu *Radtke* ZEV 2001, 136 [137]), verlangt eine an den Erben gerichtete Aufforderung, den Pflichtteilsanspruch zu erfüllen. Um Verzug herbeizuführen, muss die Pflichtteilsforderung nicht beziffert werden (BGHZ 80, 269 [277]). Pflichtteilsergänzungsansprüche werden einbezogen, soweit diese gegenüber dem überlebenden Ehegatten geltend gemacht werden. Statt auf die Auszahlung des Pflichtteils bzw. die Erfüllung des Pflichtteilsergänzungsanspruchs kann ebenso bei einer automatischen Ausschlussklausel auch auf seine bloße Geltendmachung abgestellt werden (so das vorstehende Muster einer fakultativen Ausschlussklausel). Allein die Geltendmachung des Pflichtteils kann den Überlebenden, insbesondere aufgrund des dem Pflichtteilsberechtigten zustehenden Wertermittlungs- und Auskunftsanspruchs (§ 2314 BGB), erheblich beeinträchtigen. Letztlich beantwortet sich die Frage, welches Verhalten zur Geltendmachung des Pflichtteils genügt, nach der Auslegung der letztwilligen Verfügung (vgl. OLG Düsseldorf RNotZ 2011, 554). Das bloße Auskunftsverlangen ist allerdings noch kein Geltendmachen des Pflichtteils (vgl. BayObLG FamRZ 1991, 494 [495]). Auch die Forderung nach Sicherstellung des Pflichtteils bedeutet in der Regel noch kein Pflichtteilsverlangen (Schleswig-Holsteinisches OLG ZEV 1997, 331; vgl. aber weitergehend OLG München MittBayNot 2007, 62). Nach „üblichem Verständnis" wird verlangt, dass das Pflichtteilsverlangen in Kenntnis der Verwirkungsklausel erfolgt (Palandt/*Weidlich* BGB § 2269 Rn. 14). Eine Abstandnahme von der Verfolgung des Pflichtteils mit Kenntniserlangung von der Pflichtteilsstrafklausel soll daher keine Verwirkung der Klausel bedeuten (OLG Rostock ZEV 2015, 306). Insgesamt kann man die Rechtsprechung hierzu als uferlos bezeichnen, was zu einer tatbestandlich exakten Formulierung für das Pflichtteilsverlangen besonderen Anlass gibt, vgl. zur Problematik *Radtke*, Das Berliner Testament, S. 93 ff.; *J. Mayer* MittBayNot 2007, 19; *ders.* ZEV 2001, 136 ff.

3. Wird die Erfüllung des Pflichtteilsanspruchs zur Voraussetzung für das Eingreifen der Verwirkungsklausel gemacht, ist ferner klarzustellen, ob es ausreicht, wenn die Erfüllung nach dem Tode des längstlebenden Ehegatten erfolgt. Auch dies ist nach dem jeweils gewählten Zweck der Klausel zu entscheiden. In der vorstehenden Klausel ist vorgesehen, dass die Erfüllung des Pflichtteilsanspruchs noch durch den überlebenden Ehegatten erfolgen muss, so dass eine Erfüllung nach dessen Tod nicht ausreicht. Die Vererblichkeit des Pflichtteilsrechts (§ 2317 Abs. 2 BGB) kann ferner dazu führen, dass nicht der Abkömmling, sondern sein Erbe den Pflichtteilsanspruch im ersten Erbfall geltend macht (vgl. *J. Mayer* MittBayNot 1996, 80 zu BayObLG MittBayNot 1996, 110). Hier muss entschieden werden, ob der Schutz des überlebenden Ehegatten vor der Pflichtteilsforderung vorrangig sein soll (dann genügt eine Geltendmachung auch durch den Erben) oder eine aufgrund der Verwirkungsklausel eintretende – vom Erblasser unter Umständen nicht gewollte – Verwirkung der Erbeinsetzung zu Lasten der Ersatzerben vermieden werden soll (dann ist auf eine persönliche Geltendmachung durch den Pflichtteilsberechtigten selbst abzustellen). In der vorstehenden Klausel wird dem Schutzinteresse des überlebenden Ehegatten Vorrang eingeräumt, sodass die Verwirkungsklausel auch dann eingreift, wenn ein Erbe des Pflichtteilsberechtigten den Pflichtteilsanspruch geltend macht. Sowohl ein Pflichtteilsverlangen als auch die Erfüllung des Pflichtteilsanspruchs sollten ausreichend dokumentiert werden, da zwischen dem ersten und dem zweiten Erbfall sehr lange Zeiträume liegen können. Soll ferner erreicht werden, dass Abkömmlinge eines vorverstorbenen Kindes, dessen Erben den Pflichtteil geltend machen (im Fall BayObLG MittBayNot 1996, 110 die Schwiegertochter!), ihren Schlusserbteil behalten, wäre gem. § 2320 Abs. 1 BGB die Verteilung der Pflichtteilslast entsprechend zu regeln (im Zweifel zu Lasten des entsprechenden Schusserben; vgl. *J. Mayer* MittBayNot 1996, 80 [82]).

4. Als Rechtsfolge der Pflichtteilsklausel genügt es, wenn der betreffende Abkömmling mitsamt seinem Stamm nach dem Längstlebenden von der Erbfolge ausgeschlossen wird. Andere Formulierungen ziehen die Gefahr nach sich, dass – unter Umständen auch gegen die Auslegungsregel des § 2304 BGB – eine Erbeinsetzung in Höhe des Pflichtteils oder ein Pflichtteilsvermächtnis anzunehmen ist (vgl. Palandt/*Weidlich* BGB § 2304 Rn. 2 mN zur Rechtsprechung). Dass die enterbende Wirkung auch gegenüber Abkömmlingen eingreift, wird zwar von der Rechtsprechung allgemein angenommen, sollte aber ausdrücklich klargestellt werden. Hinsichtlich des freigewordenen Erbteils des betroffenen Pflichtteilsberechtigten kann neben einer beliebigen Abänderungsbefugnis auch eine zB auf gemeinsame Abkömmlinge eingeschränkte Abänderungsbefugnis vorgesehen werden.

5. Wird ein bloßer Änderungsvorbehalt gewählt, sollte der Erblasser deutlich darauf hingewiesen werden, dass dann ein Änderungstestament des Überlebenden notwendig ist, um den betreffenden Pflichtteilsberechtigten von der Schlusserbfolge auszuschließen. In Kauf genommen werden muss dann auch, dass eine Änderung nicht mehr möglich ist, wenn der Überlebende nicht mehr testierfähig ist oder die Pflichtteilsansprüche erst nach dem Tode des Überlebenden geltend gemacht werden (vgl. hierzu *J. Mayer* MittBayNot 1999, 265), sowie dass der Abschreckungseffekt einer solchen Klausel abgeschwächt ist. Auch kann bei einem bloßen Änderungsvorbehalt nicht sinnvoll auf die Auszahlung des Pflichtteils abgestellt werden, da der Überlebende dann zur Auszahlung gedrängt würde, um seine Testierfreiheit wieder zu erlangen und ferner auch denkbar ist, dass die Auszahlung erst nach dem Tode des Überlebenden erfolgt (s. o.). Ferner muss auch bei einer lediglich fakultativen Pflichtteilsstrafklausel im Grundbuchbereich nach dem Letztversterbenden gegebenenfalls durch Vorlage eidesstattlicher Versicherung der Nachweis geführt werden, dass der überlebende Ehegatte zu einer abändernden Verfügung berechtigt war.

6. Auslegungsfragen zu Pflichtteilsklauseln sind in großer Zahl zum Gegenstand gerichtlicher Entscheidungen geworden (vgl. *Radtke* Das Berliner Testament S. 93 ff.). So ist bei einer automatischen Ausschlussklausel die Frage verneint worden, ob eine Erfüllung der Pflichtteilsforderung auch nach dem Tode des Letztversterbenden geeignet ist, den Ausschluss von der Schlusserbfolge zu bewirken (OLG Zweibrücken MittBayNot 1999, 293 = ZEV 1999, 187 mAnm *Loritz*). Eine Rückzahlung der Pflichtteilsforderung soll nach BayObLG FamRZ 2004, 1672 einen bindend angeordneten Ausschluss von der Erbfolge auch bei einem entsprechenden Änderungstestament des überlebenden Ehegatten nicht wieder beseitigen können. Wegen dieser im Zweifel bindenden „Reflexwirkung" der Enterbung des betreffenden Pflichtteilsberechtigten (bindend ist tatsächlich nur die aufschiebend bedingt angeordnete Anwachsung bei den übrigen Abkömmlingen, nicht die Enterbung als solche, vgl. § 2270 Abs. 3 BGB, hierzu OLG Nürnberg ZEV 2017, 642 mAnm *Litzenburger*) sollte daher klargestellt werden, dass der überlebende Ehegatte befugt bleibt, über den freigewordenen Erbteil des betreffenden Abkömmlings „beliebig" (ggfs. also auch zugunsten des infolge der Klausel enterbten Abkömmlings!) oder doch jedenfalls innerhalb des Kreises der anderen Abkömmlinge noch anderweitig zu verfügen. Eine Pflichtteilsstrafklausel kann in Kombination mit der Anordnung einer Gleichbehandlung der Kinder sogar zur Annahme einer Wechselbezüglichkeit der Anordnung der Schlusserbfolge führen (OLG München ZEV 2015, 246; im konkreten Fall wurde allerdings der Pflichtteilsstrafklausel kein entscheidendes Gewicht beigemessen, so zu Recht *Braun* MittBayNot 2016, 243), wenn es hinsichtlich der Bindungswirkung an einer entsprechenden Klarstellung fehlt. Auch sind von der Rechtsprechung aufgrund von Pflichtteilsklauseln für Patchwork-Konstellationen Pflichtteilsvermächtnisse angenommen worden, wo es an einem Pflichtteilsanspruch überhaupt fehlte (OLG Celle BeckRS 2009, 04740, hierzu *Kappler/Kappler* ZEV 2015, 437 [441] sowie *Odersky* notar 2014, 247 [249]. Bei einem Behindertentestament, das erst für den zweiten Erbfall eine Einsetzung des behinderten Kindes zum Vorerben vorsieht, ist anzuordnen, dass die Geltendmachung des Pflichtteils durch einen Sozialhilfeträger im ersten Erbfall nicht zum Eingreifen der Pflichtteilsstrafklausel im zweiten Erbfall führt (vgl. BGH DNotZ 2005, 296 mAnm *Spall*, wo ein entsprechendes Ergebnis erst durch eine – allerdings angreifbare, vgl. *Muscheler* ZEV 2005, 119 – entsprechende Testamentsauslegung erreicht wurde; vgl. hierzu jetzt OLG Hamm RNotZ 2013, 307: Eingreifen der Pflichtteilstrafklausel auch bei Geltendmachung durch den Sozialhilfeträger, wenn das Testament keine Regelungen im Sinne eines Behindertentestamentes enthält). Zu der Frage, ob die Pflichtteilsstrafklausel auch bei Geltendmachung des Pflichtteils durch einen Erben des Pflichtteilsberechtigten eingreift (BayObLG MittBayNot 1996, 110 mAnm *Mayer* MittBayNot 1996, 80), → Anm. 3. Zur Geltendmachung des Pflichtteils bei Stundung als Darlehen und Absicherung durch eine Grundschuld OLG München MittBayNot 2007, 62; bisher krit. *J. Mayer* MittBayNot 2007, 19.

7. Bei Anwendung der sogenannten „Trennungslösung", also der Einsetzung des Ehegatten nur zum Vorerben und der Abkömmlinge zu Nacherben und gleichzeitig zu Schlusserben des Längstlebenden, muss der pflichtteilsberechtigte Abkömmling schon beim ersten Erbfall seine Nacherbenstellung ausschlagen, um überhaupt den Pflichtteil verlangen zu können (§ 2306 Abs. 2 iVm Abs. 1 BGB). Im Nachlass des überlebenden Ehegatten befindet sich nur noch dessen Eigenvermögen, da der Nachlass des Erstverstorbenen bei Eintritt des Nacherbfalles unmittelbar an den oder die Nacherben fällt. Derjenige Pflichtteilsberechtigte, der schon beim ersten Erbfall seinen Pflichtteil geltend gemacht hat, kann beim zweiten Erbfall dann nur noch Pflichtteilsansprüche am Eigennachlass des überlebenden Elternteils geltend machen, wenn ihn eine entsprechende Verwirkungsklausel nach den Mustern 1 oder 2 von der Erbfolge nach dem Längstlebenden ausschließt. Die Abschreckungswirkung einer solchen Pflichtteilsklausel wird

also durch die Anordnung der Vor-/Nacherbschaft erheblich erhöht. Allein der erhöhte Abschreckungseffekt wird die Anordnung der Vor- und Nacherbschaft angesichts der den überlebenden Ehegatten treffenden Verfügungsbeschränkungen, von denen auch der befreite Vorerbe nicht dispensiert werden kann, regelmäßig allerdings kaum rechtfertigen können. Handelt es sich um Kinder aus verschiedenen Ehen, erhöht sich die Abschreckungswirkung einer Pflichtteilsklausel sowohl bei der Einheits- als auch der Trennungslösung dadurch, dass Pflichtteilsansprüche der Abkömmlinge des Vorverstorbenen nach dem Längstlebenden dann nicht bestehen. Hier ist aber in besonderem Maße eine Gleichstellung aller Abkömmlinge problematisch (→ Anm. 10).

8. Die Bezeichnung „Pflichtteilsstrafklausel" im Testament sollte vermieden werden, um nicht subjektiven Bewertungen das Feld zu eröffnen, wonach etwa ein nach strafrechtlichen Zurechnungskategorien „vorwerfbares" Verhalten oder eine „böswillige Auflehnung" gegen den Erblasserwillen für das Eingreifen der Klausel festgestellt werden müsste. Da in der erwähnten Rechtsprechung bei Auslegung der Klauseln auf den von den Testierenden mutmaßlich mit der Klausel verfolgten Zweck abgestellt wird, erscheint es erwägenswert, auch den mit der Klausel verfolgten Zweck (lediglich Schutz des überlebenden Elternteils vor Geltendmachung der Pflichtteilsansprüche; Schutz vor effektivem Vermögensverlust oder auch gleichmäßige Verteilung des Nachlasses) in der Verfügung von Todes wegen klarzustellen.

9. Besondere Problemfälle sind im Anwendungsbereich von Pflichtteilsstrafklauseln das Vorhandensein einseitiger Kinder und eine stark unterschiedliche Vermögensverteilung unter den Ehegatten. Verfügt nur der erstversterbende Ehegatte über wesentliches Vermögen, ist die Abschreckungswirkung einer für den zweiten Erbfall enterbenden Klausel erheblich eingeschränkt. Die Trennungslösung kann hier Vorteile bieten, da die Nacherbeneinsetzung gegenüber der Schlusserbeneinsetzung einen stärkeren Anreiz bietet, auf die Geltendmachung von Pflichtteilsansprüchen nach dem Erstversterbenden zu verzichten, zumal dann, wenn der überlebende Ehegatte lediglich nicht befreiter Vorerbe ist. Dagegen zu halten sind dann aber die hiermit verbundenen Beschränkungen des überlebenden Ehegatten, die oft nicht gewollt sein dürften. Bei einseitigen Kindern ist eine derartige Pflichtteilsklausel einerseits besonders effektiv, da das betreffende Kind gegenüber dem längerlebenden Elternteil gar nicht pflichtteilsberechtigt ist. Daher kann auch die Aussetzung von Vermächtnissen, die den Nachlass des überlebenden Ehegatten vermindern sollen (vgl. nachstehend zur Jastrow'schen Klausel), unterbleiben. Der betreffende Abkömmling erhält dann im zweiten Erbfall aus dem Nachlass des Längstlebenden gar nichts. Andererseits schießt eine solche Klausel insofern über das Ziel hinaus, als eine gegebenenfalls auch beabsichtigte Gleichstellung der Abkömmlinge verfehlt wird. Zudem ist auch hier die gegebenenfalls unterschiedliche Vermögensverteilung unter den Ehegatten zu berücksichtigen. Auch durch eine Aussetzung von auflösend bedingten Vermächtnissen aus dem Nachlass des Längstlebenden kann letztlich keine gleichmäßige Verteilung des Nachlasses erreicht werden (→ Anm. 10).

10. Soweit Pflichtteilsklauseln über den Abschreckungseffekt hinaus eine gleichmäßige Verteilung des Nachlasses herbeiführen sollen, ist dies nicht immer zu erreichen. Das Problem tritt insbesondere dann auf, wenn bei Vorhandensein einseitiger Abkömmlinge bereits die Pflichtteilsquote der einseitigen Abkömmlinge des längerlebenden Ehegatten größer ist als die ihnen zugedachten Erbteile nach dem Längstlebenden (Beispiel: Ein Ehegatte hat ein Kind A, der andere Ehegatte zwei Kinder aus erster Ehe B und C, die Schlusserbeinsetzung soll zu je $^1/_3$-Anteil erfolgen; der Pflichtteil des A liegt bereits bei $^1/_2$, wenn der leibliche Elternteil der Längstlebende ist). Gelöst werden kann das Problem durch die Anordnung einer Vor- und Nacherbschaft, da auf diese Weise das Kind des längerlebenden Ehegatten nicht über sein Pflichtteilsrecht am Nachlass des erstversterbenden

Ehegatten partizipiert. Fraglich ist aber, ob die Ehegatten die mit einer Vor-/Nacherbschaft zwingend einhergehenden Beschränkungen des Überlebenden akzeptieren wollen. Weiter könnte versucht werden, eine Gleichstellung durch ein vom erstversterbenden Ehegatten angeordnetes Vermächtnis zu erreichen. Dieses müsste von diesem entweder aufschiebend bedingt durch die Geltendmachung von Pflichtteilsansprüchen durch den Abkömmling des Längstlebenden oder auflösend bedingt dadurch, dass es nicht zur Geltendmachung des Pflichtteils des einseitigen Abkömmlings nach dem Längstlebenden kommt, angeordnet werden (vgl. hierzu *v. Olshausen* DNotZ 1979, 707 [713 ff.]). Die erstgenannte Variante ist schon im Hinblick auf § 2147 BGB bedenklich, da hiernach nur der Erbe, nicht aber der Erbeserbe mit Vermächtnissen belastet werden kann und auch eine Auslegung dahingehend, dass die Beschwerung der Erbeserben eine auf den Tod des Erben aufschiebend befristete Beschwerung des Erben darstellt (hierzu Staudinger/*Otte* BGB § 2147 Rn. 4), dann ausscheidet, wenn das Vermächtnis überhaupt erst nach dem Tode des Beschwerten entstehen kann (vgl. auch *Strecker* Pflichtteilsansprüche und gemeinschaftliches Testament im Verhältnis zwischen Ehegatten und ihren Abkömmlingen, Diss. jur. Bochum 1995, 143 f.). Die letztgenannte Version vermeidet zwar dieses Problem, jedoch stellt die Bemessung der Größe des Vermächtnisses ein kaum lösbares Problem dar: Einerseits können angeordnete Vermächtnisse allenfalls in Höhe des Nachlasses des Erstversterbenden als Abzugsposten aus dem Nachlass des Längstlebenden dienen, denn sonst stünde es dem Erblasser frei, durch Verzicht auf die Überschwerungseinrede des § 1992 BGB, Pflichtteilsansprüche bezüglich seines eigenen Nachlasses zu beeinträchtigen (vgl. v. *Olshausen* DNotZ 1979, 707 [717]; Staudinger/*Otte* BGB § 2311 Rn. 34). Der Nachlass des Erstversterbenden reicht aber für eine solche Gleichstellung möglicherweise nicht aus. Andererseits wird, wenn bei entsprechend hohem Nachlass des Erstversterbenden bei diesen Vermächtnissen auch Abkömmlinge des Längstlebenden bedacht werden müssen, wiederum die Neigung der Kinder des Erstversterbenden, ihren Pflichtteil geltend zu machen, erhöht. Hinzu kommt, dass die Gestaltung auf die Größe der jeweiligen Nachlässe der Ehegatten abstellen müsste, diese aber erst im jeweiligen Erbfall feststeht. Somit bleibt die gleichmäßige Nachlassbeteiligung einseitiger Kinder bei gegenseitiger Erbeinsetzung der Ehegatten ein letztlich nicht lösbares Problem (vgl. hierzu *J. Mayer* MittBayNot 1996, 265 [268]).

11. Steuern. Zur erbschaftsteuerlichen Behandlung des Pflichtteilsanspruches → Form. C.VI.1 Anm. 2.

12. Kosten. Pflichtteilsstrafklauseln betreffen denselben Gegenstand wie die Verfügung von Todes wegen. Sie können daher nicht gesondert bewertet werden. Insofern verbleibt es bei § 102 GNotKG.

6. Jastrow'sche Klausel mit gestundeten Vermächtnissen

1. Verlangt ein Abkömmling oder sein Erbe nach dem Tode des erstversterbenden Ehegatten gegen den Willen des Längstlebenden in einer Weise, die geeignet ist, den Verzug zu begründen, von diesem den Pflichtteil oder macht er oder sein Erbe in der vorbezeichneten Weise gegen diesen Pflichtteilsergänzungsansprüche geltend, so ist der Längstlebende von uns befugt, ihn und seine Abkömmlinge von der Schlusserbfolge auszuschließen. Der Notar hat uns darauf hingewiesen, dass ein solcher Ausschluss von der Schlusserbfolge nicht automatisch eintritt, sondern eine entsprechende abändernde Verfügung von Todes wegen durch den überlebenden Ehegatten voraussetzt.

2. Unter der aufschiebenden Bedingung, dass ein Pflichtteilsverlangen in der vorbeschriebenen Weise erfolgt, erhalten unsere übrigen Kinder, untereinander zu gleichen Teilen, ersatzweise deren Abkömmlinge nach den Regelungen der gesetzlichen Erbfolge erster

Ordnung im ersten Erbfall, jeweils ein Geldvermächtnis in Höhe des Wertes des übrigen Nachlasses des Erstversterbenden, abzüglich des ausgezahlten Pflichtteils. Die Vermächtnisse fallen mit der Geltendmachung des Pflichtteils nach dem Erstversterbenden von uns an und werden mit dem Tode des Längstlebenden von uns fällig. Die Vermächtnisse sind mit 3 % jährlich zu verzinsen, wobei die Zinsen jeweils nachträglich zum Jahresende zu entrichten sind. Verstirbt ein Begünstigter nach Anfall, aber vor Erfüllung des jeweiligen Vermächtnisses, sind dessen Abkömmlinge, untereinander nach den Regeln der gesetzlichen Erbfolge erster Ordnung, ersatzweise die übrigen Kinder, die keinen Pflichtteil verlangt haben, Nachvermächtnisnehmer. Dingliche Sicherheiten oder eine Sicherstellung im Wege des vorläufigen Rechtsschutzes können nicht verlangt werden. Verlangen alle unsere Abkömmlinge nach dem Erstversterbenden ihren Pflichtteil, erhält N. N. ein Vermächtnis in entsprechender Höhe. Für dieses gelten die vorstehenden Anordnungen entsprechend.[1, 2, 3]

Anmerkungen

1. Über eine bloß abschreckende Wirkung der Pflichtteilsklausel hinaus gelangt man, wenn ein Pflichtteilsverlangen oder ein entsprechendes Änderungstestament des überlebenden Ehegatten im ersten Erbfall neben der Enterbung im zweiten Erbfall auch noch aus dem Nachlass des Erstversterbenden zu erfüllende Vermächtnisse auslöst, und zwar zugunsten derjenigen Schlusserben, die beim ersten Erbfall keinen Pflichtteil geltend gemacht haben. Urtyp ist die sog. „Jastrow'sche Klausel" (*Jastrow* DNotV 1904, 424 ff., der eine solche Konstruktion als Alternative zur Vor-/Nacherbschaft betrachtete). Neben der enterbenden Wirkung werden durch den Erstversterbenden Vermächtnisse zugunsten der übrigen Abkömmlinge angeordnet, die erst beim Tode des Längstlebenden erfüllt werden müssen. Umstritten ist die Ausgestaltung dieser Vermächtnisse. Da der überlebende Ehegatte möglichst wenig beeinträchtigt werden soll, wird vorgeschlagen, die Vermächtnisse überhaupt erst mit dem Tode des Überlebenden anfallen zu lassen und dann auch noch auf den bei Eintritt des zweiten Erbfalles vorhandenen Überrest des Nachlasses des Erstversterbenden zu beschränken (*Nieder/Kössinger* § 14 Rn 79). Damit wäre der Überlebende, was ja auch beabsichtigt ist, hinsichtlich des Nachlasses des Erstversterbenden völlig freigestellt. Demgegenüber wird teilweise bezweifelt, ob eine (bedingte) Universalvermächtniseinsetzung auf den Überrest im Hinblick auf die Wertung des § 2065 BGB und trotz der Ausnahmen in §§ 2051, 2052 BGB überhaupt zulässig ist (*Wübben* Anwartschaftsrechte im Erbrecht S. 291 f., vgl. auch *Bengel* NJW 1990, 1826 [1829]; zweifelnd auch *Randt* BWNotZ 2001, 73 [78]), dann aber auch, ob bei einer solchen Ausgestaltung derartig bedingte Vermächtnisse nach § 2311 Abs. 1 BGB noch ein Abzugsposten gegenüber dem Pflichtteilsanspruch des betreffenden Abkömmlings im zweiten Erbfall sein können: Bei einem „Vermächtnis auf den Überrest" könne man nicht mehr von einer Vermächtnisanwartschaft der übrigen Abkömmlinge sprechen, die sich – als vom Erstversterbenden begründet – gegenüber Pflichtteilsansprüchen im zweiten Erbfall durchsetzen könne (*Reimann/Bengel/J. Mayer* Teil A Rn. 431). Um diesen Bedenken Rechnung zu tragen, fällt in dem vorstehenden Formulierungsvorschlag das Vermächtnis bereits mit einem Pflichtteilsverlangen nach dem erstversterbenden Ehegatten an und wird lediglich bis zum Tode des längstlebenden Ehegatten gestundet. Damit wird die Geltung des Vermächtnisses zwar vom Verhalten eines Dritten, nämlich des Pflichtteilsberechtigten, abhängig gemacht, was jedoch keinen Verstoß gegen § 2065 Abs. 1 BGB darstellt, da es sich um eine zulässige Potestativbedingung handelt. Unzulässig wäre es, wenn ein Dritter zu entscheiden hat, ob die letztwillige Verfügung gelten soll oder nicht. Hier wird dagegen Geltung des Vermächtnisses von einem Verhalten des Pflichtteilsberechtigten abhängig

gemacht, wobei der Erblasser im Einklang mit § 2065 Abs. 1 BGB für den Fall der Geltendmachung bzw. Nichtgeltendmachung des Pflichtteils jeweils eine Entscheidung über die Gültigkeit der Verfügung selbst getroffen hat. Auch nach den weiteren in der Literatur diskutierten Anforderungen an zulässige Potestativbedingungen ist eine derartige Verfügung wirksam (vgl. allg. zu Potestativbedingungen *Nieder/Kössinger* § 8 Rn. 38) Denkbar ist auch, die Vermächtnisse davon abhängig zu machen, dass der überlebende Ehegatte von seiner Abänderungsbefugnis Gebrauch macht und den betreffenden Abkömmling von der Schlusserbfolge ausschließt. Ihre Vererblichkeit an andere Personen als Abkömmlinge der Vermächtnisnehmer wird durch Bestimmung von Ersatzvermächtnisnehmern ausgeschlossen, nach Anfall der Vermächtnisse durch Berufung derselben Personen zu Nachvermächtnisnehmern. Ebenso ausgeschlossen wird die Befugnis der Vermächtnisnehmer, dingliche Sicherheiten zu verlangen.

2. Steuern. Zur erbschaftsteuerlichen Behandlung des Vermächtnisses → Form. C.V.1, → Form. C.V.3.

3. Kosten. Weder die Abänderungsbefugnis noch die bedingten Vermächtnisse, § 102 Abs. 1 S. 3 GNotKG, sind gesondert zu bewerten.

7. Jastrow'sche Klausel mit Herausgabe- bzw. Geldvermächtnissen auf den Überrest

Verlangt ein Abkömmling oder sein Erbe nach dem Tode des erstversterbenden Ehegatten gegen den Willen des Längstlebenden in einer Weise, die geeignet ist, den Verzug zu begründen, von diesem den Pflichtteil oder macht er oder sein Erbe in der vorbezeichneten Weise gegen diesen Pflichtteilsergänzungsansprüche geltend, so ist der Längstlebende von uns befugt, ihn und seine Abkömmlinge von der Schlusserbfolge auszuschließen. Der Notar hat uns darauf hingewiesen, dass ein solcher Ausschluss von der Schlusserbfolge nicht automatisch eintritt, sondern eine entsprechende abändernde Verfügung von Todes wegen durch den überlebenden Ehegatten voraussetzt.

[Variante 1: Vermächtnis auf den Überrest[1]

Unter der aufschiebenden Bedingung, dass der Längstlebende von uns von dieser Befugnis Gebrauch macht, ordnet der Erstversterbende zugunsten derjenigen Abkömmlinge, die keinen Pflichtteil verlangt haben, untereinander nach den Regelungen der gesetzlichen Erbfolge erster Ordnung im ersten Erbfall, ersatzweise deren Abkömmlingen, untereinander ebenfalls nach den Regelungen der gesetzlichen Erbfolge erster Ordnung im ersten Erbfall, jeweils ein Vermächtnis auf Dasjenige an, was aus seinem Vermögen nach Abzug der vom Erblasser herrührenden oder durch ordnungsgemäße Nachlassverwaltung entstandenen Verbindlichkeiten zum Zeitpunkt des Todes des Längstlebenden noch vorhanden ist. § 2111 BGB gilt für das Verhältnis von Vermächtnisnehmern und Erbe entsprechend. Die seit dem Erbfall angefallenen Früchte des Nachlasses des Erstversterbenden sind ebenfalls Gegenstand der Vermächtnisse. Die Vermächtnisse fallen mit dem Tode des Längstlebenden an. Verwendungs- und Aufwendungsersatzansprüche gegen die Vermächtnisnehmer sind ausgeschlossen. Dingliche Sicherheiten oder eine Sicherstellung im Wege des vorläufigen Rechtsschutzes können nicht verlangt werden. Verlangen alle unsere Abkömmlinge nach dem Erstversterbenden ihren Pflichtteil, erhält N. N. ein Vermächtnis in entsprechender Höhe. Für dieses gelten die vorstehenden Anordnungen entsprechend.]

[Variante 2: Geldvermächtnis auf den Überrest[2]

Unter der aufschiebenden Bedingung, dass der Längstlebende von uns von dieser Befugnis Gebrauch macht, ordnet der Erstversterbende zugunsten derjenigen Abkömmlinge, die keinen Pflichtteil verlangt haben, untereinander nach den Regelungen der gesetzlichen Erbfolge erster Ordnung, ersatzweise zugunsten deren Abkömmlingen, untereinander ebenfalls nach den Regelungen der gesetzlichen Erbfolge erster Ordnung, ein Geldvermächtnis an, und zwar in Höhe des Wertes des Nachlasses des Erstversterbenden im ersten Erbfall, abzüglich des ausgezahlten Pflichtteils, jedoch begrenzt auf das, was zum Zeitpunkt des Todes des Längstlebenden nach Abzug der vom Erblasser herrührenden oder durch ordnungsgemäße Nachlassverwaltung entstandenen Verbindlichkeiten vom Nachlass des Erstversterbenden noch vorhanden ist. Zum Zwecke der Wertberechnung der Vermächtnisse ist für das Verhältnis von Erben und Vermächtnisnehmern § 2111 BGB entsprechend anzuwenden. Das Vermächtnis fällt mit dem Tode des Längstlebenden an. Verlangen alle unsere Abkömmlinge nach dem Erstversterbenden ihren Pflichtteil, erhält N. N. ein Vermächtnis in entsprechender Höhe. Für dieses gelten die vorstehenden Anordnungen entsprechend.[3,4]]

Anmerkungen

1. Folgt man der herrschenden Meinung, ist auch ein Universalvermächtnis bezüglich des Nachlasses des Erstversterbenden möglich, welches auf Dasjenige begrenzt werden kann, was aus dem Vermögen des Erstversterbenden zum Zeitpunkt des Todes des Längstlebenden noch vorhanden ist (Variante 1). Auch unentgeltliche Verfügungen wären dem Überlebenden dann gestattet. Für die Zulässigkeit einer solchen Gestaltung sprechen auch die Befreiungsvorschrift des § 2136 BGB und die Auslegungsregel des § 2137 BGB, wonach sogar der Nacherbe auf den Überrest eingesetzt werden kann (vgl. Staudinger/*Avenarius* BGB § 2137 Rn. 4 zu der Frage, wann eine befreite Vorerbschaft oder ein Vermächtnis auf den Überrest anzunehmen ist). Will man den in → Form. C.VI.6 Ziff. 1 erwähnten Bedenken dennoch Rechnung tragen, können die Befugnisse des Längstlebenden ausdrücklich auf den Verbrauch der Vermächtnisgegenstände beschränkt werden, was jedenfalls unproblematisch ist (vgl. zum Universalvermächtnis *Wübben* S. 286). Hinsichtlich der Höhe der Vermächtnisse kann, dann aber mit entsprechend verminderter Abschöpfung aus dem Nachlass des Längstlebenden und damit geringerer Abschreckungswirkung, auch auf die gesetzlichen Erbteile nach dem Erstversterbenden abgestellt werden. Es sollte dann allerdings vermieden werden, die Vermächtnisse nach dem beim Tod des Überlebenden noch vorhandenen Nachlass des Erstversterbenden zu berechnen (so aber MVHdB VI BürgerlR II/*Nieder* Form. XVI.27 § 5 Abs. 2 sowie *Langenfeld* Muster 89), da sonst der den Pflichtteil verlangende Abkömmling von einer Verminderung des Nachlasses des Erstversterbenden zusätzlich profitiert und die Abschreckungswirkung der Klausel damit noch weiter eingeschränkt wird (vgl. *Radtke* Das Berliner Testament S. 118 f.). An sich können die Vermächtnisse zugunsten der Abkömmlinge, die im ersten Erbfall kein Pflichtteilsrecht geltend gemacht haben, in beliebiger Höhe festgesetzt werden. Ist aber der Nachlass des Zuerstversterbenden durch die Anordnung der Vermächtnisse überschuldet, so können derartige Vermächtnisse dennoch nur bis zum Wert des Nachlasses des Erstverstorbenen abgezogen werden. Anderenfalls würde der Verzicht des längerlebenden Ehegatten auf die Geltendmachung der Haftungsbeschränkung gem. § 1992 BGB zulasten der Pflichtteilsberechtigten gehen, vgl. *v. Olshausen* DNotZ 1979, 707 (717); Staudinger/*Haas* BGB § 2311 Rn. 34. Durch die Anordnung der Vermächtnisse kann also nicht erreicht werden, dass der Pflichtteilsberechtigte aus dem Nachlass des Längstlebenden gar nichts mehr erhält. Daher kommt

die in den vorstehenden Mustern angeordnete Verzinsung der Vermächtnisse, die den gesamten Nachlass des Erstversterbenden umfassen, auch nur dann zum Tragen, wenn ein entsprechender Zinsertrag für den längerlebenden Ehegatten tatsächlich anfällt.

2. Damit ist der Überlebende in weitest gehendem Umfang freigestellt. Nicht unproblematisch ist aber, dass – wie bei einer Vor- und Nacherbschaft – dann zwischen dem Eigenvermögen des Längstlebenden und dem Vermögen des Erstversterbenden unterschieden werden muss. Auch wenn das Vermächtnis auf den Überrest als Geldvermächtnis ausgestaltet wird (Variante 2), ist eine solche Unterscheidung nötig, wenn zur Wertberechnung auf die Verhältnisse im zweiten Erbfall abgestellt wird (so das Muster bei *Nieder/Kössinger* Rn. 840) oder das Vermächtnis wertmäßig auf das begrenzt wird, was beim Tode des Längstlebenden aus dem Vermögen des Erstversterbenden noch vorhanden ist. Bei einer derartigen Begrenzung auf den Überrest erübrigen sich Regelungen zur dinglichen Sicherstellung. Wenn das Vermächtnis erst mit dem Tode des Beschwerten anfällt, sind Früchte und Nutzungen (§§ 2184, 2177 BGB), also auch Zinserträge, nicht herauszugeben, was wiederum Probleme aufwirft, da dann zwar die Nachlasssubstanz, nicht aber die bis zum zweiten Erbfall angefallenen Erträge Gegenstand der Vermächtnisse sind und daher eine kontenmäßige Trennung von Substanz und Erträgen notwendig wäre. Daher ist vorgesehen, dass auch die seit dem Erbfall angefallenen Früchte herauszugeben sind. Zu entscheiden ist ferner, ob durch entsprechende Anordnung des § 2111 BGB eine Surrogation (konstruktiv ein Verschaffungsvermächtnis) stattfinden soll. Regelmäßig wird dies angebracht sein, da ohne eine derartige Anordnung Umschichtungen des Nachlasses den Vermächtnisgegenstand vermindern und damit demjenigen Abkömmling zugutekommen würden, der bereits im ersten Erbfall seinen Pflichtteil verlangt hat. Gleiches gilt für die Frage des Verwendungs- und Aufwendungsersatzes des Erben (§ 2185 BGB). Hier dürfte sich ein Ausschluss derartiger Verwendungs- und Aufwendungsersatzansprüche empfehlen, da anderenfalls der Umfang der Vermächtnisse wiederum zugunsten des Abkömmlings, der beim ersten Erbfall den Pflichtteil verlangt hat, vermindert würde. Entbehrlich ist eine solche Anordnung bei einem Geldvermächtnis auf den Überrest (Variante 2), da, anders als beim Universalvermächtnis, dann keine iSv § 2185 BGB „bestimmte, zur Erbschaft gehörende Sache" vermacht ist. Zu den mit einem bedingten Herausgabevermächtnis verbundenen Problemen eingehend *Reimann* MittBayNot 2002, 4 ff.

3. Steuern. Zur erbschaftsteuerlichen Behandlung des Vermächtnisses → Form. C.V.1, → Form. C.V.3.

4. Kosten. Weder die Abänderungsbefugnis noch die bedingten Vermächtnisse, § 102 Abs. 1 S. 3 GNotKG, sind gesondert zu bewerten.

8. Anfechtungsausschluss wegen Übergehens eines Pflichtteilsberechtigten

Sämtliche in dieser Urkunde getroffenen Verfügungen erfolgen unabhängig davon, ob und welche Pflichtteilsberechtigten gegenwärtig oder zum Zeitpunkt des jeweiligen Erbfalls vorhanden sind. Eine Anfechtung übergangener oder künftiger Pflichtteilsberechtigter wird ausgeschlossen.[1, 2, 3, 4, 5]

Anmerkungen

1. Eine letztwillige Verfügung kann nach § 2079 S. 1 BGB angefochten werden, wenn der Erblasser einen zurzeit des Erbfalls vorhandenen Pflichtteilsberechtigten übergangen hat, dessen Vorhandensein ihm bei der Errichtung der Verfügung von Todes wegen nicht bekannt war oder der erst nach der Errichtung geboren oder pflichtteilsberechtigt geworden ist. Die Anfechtung ist aber ausgeschlossen, soweit anzunehmen ist, dass der Erblasser auch bei Kenntnis der Sachlage die Verfügung getroffen haben würde (§ 2079 Abs. 1 S. 2 BGB). Es handelt sich hier um einen Spezialfall der allgemeinen Irrtumsanfechtung, aber anders als bei der Vorschrift des § 2078 Abs. 2 BGB wird die Anfechtbarkeit hier vermutet. Daher besteht im Zweifel Anlass, den entsprechenden hypothetischen Willen des Erblassers ausdrücklich festzuhalten, will man den Bestand der Verfügung von Todes wegen nicht gefährden.

2. Insofern kommt es auf den hypothetischen Willen des Erblassers zurzeit der Testamentserrichtung an, also darauf, wie er verfügt hätte, wenn er die vorhandene oder später eingetretene Sachlage hinsichtlich der Person des Pflichtteilsberechtigten richtig überblickt hätte (vgl. MüKoBGB/*Leipold* § 2079 Rn. 19). Um zu vermeiden, aus einem späteren Verhalten des Erblassers auf einen „Bestätigungswillen" hinsichtlich der Verfügung schließen zu müssen, und um die Wirksamkeit der Verfügung zu sichern, wird iSd § 2079 Abs. 1 S. 2 BGB der entsprechende hypothetische Wille des Erblassers klargestellt und durch Herbeiführung der Vermutungswirkung des § 2079 Abs. 1 S. 2 BGB die Anfechtung ausgeschlossen.

3. Das Offenlassen einer Anfechtungsmöglichkeit ist infolge der hiermit verbundenen Unwägbarkeiten dagegen grundsätzlich kein taugliches Gestaltungsmittel. Als Notlösung bietet sie sich nur zu dem Zweck an, Beschränkungen eines verschuldeten oder sozialhilfebedürftigen Erben nach Wegfall der entsprechenden Problemlage auch nach Eintritt des Erbfalls wieder zu beseitigen (→ Form. F.II.4). Insbesondere bei Ehegattenverfügungen sollte stattdessen gegebenenfalls ein umfassender Änderungsvorbehalt des überlebenden Ehegatten vorgesehen werden.

4. Steuern. Kann mit einem Anfechtungsausschluss im Rahmen der letztwilligen Verfügung eine Anfechtung durch einen Pflichtteilsberechtigten ausgeschlossen werden, so bleibt diesem lediglich die Geltendmachung des gesetzlichen Pflichtteilsanspruchs (zum Pflichtteilsrecht → Form. C.VI.1). Die Testamentsanfechtung durch einen bei der Erbeinsetzung übergangenen Pflichtteilsberechtigten, dessen Vorhandensein dem Erblasser bei der Testamentserrichtung nicht bekannt war oder der zu diesem Zeitpunkt noch nicht geboren oder pflichtteilsberechtigt geworden war (§ 2079 BGB), kann bereits als Geltendmachung des Pflichtteilsanspruchs zu werten sein (TGJG/*Gebel* ErbStG § 3 Rn. 231).

Zu den Grundzügen des Erbschaft- und Schenkungsteuerrechts einschließlich der Ermittlung der erbschaft- und schenkungsteuerlichen Besteuerungsgrundlagen → Form. A.IV Kurzüberblick: Erbschaft- und Schenkungsteuerrecht.

5. Kosten. Der Anfechtungsausschluss ist Teil der Verfügung von Todes wegen und kein gesonderter Beurkundungsgegenstand, so dass eine gesonderte Bewertung nicht in Betracht kommt.

9. Verteilung von Pflichtteilslast und Vermächtnislast

Die Pflichtteilslast ist im Verhältnis zwischen dem Erben und den Vermächtnisnehmern allein vom Erben zu tragen.[1]

[Alternative: Die Pflichtteilslast ist im Verhältnis zwischen den Erben und den Vermächtnisnehmern allein von den Vermächtnisnehmern zu tragen, und zwar von Vermächtnisnehmer A zu $^{2}/_{3}$ und von Vermächtnisnehmer B zu $^{1}/_{3}$ Anteil.[2]]

Verteilung der Vermächtnislast

Die Erben A und B, nicht jedoch den Miterben C, beschwere ich mit folgendem Vermächtnis: ......[3, 4, 5, 6]

Anmerkungen

1. Ist mehr als ein begünstigter Erbe oder Vermächtnisnehmer vorhanden, stellt sich die Frage, wie die Pflichtteilslast zu verteilen ist (umfassend hierzu *Dahlkamp* RNotZ 2014, 257; dort insbes. auch weiterführende Formulierungsvorschläge für jede denkbare Konstellation, 268f f.). Gegenüber dem Pflichtteilsberechtigten ist allein der Erbe Schuldner des Pflichtteilsanspruches. Ordnet der Erblasser nichts weiter an, kann der Erbe aber nach § 2318 Abs. 1 BGB die vom Erblasser ausgesetzten Vermächtnisse bzw. Auflagen soweit kürzen, dass die Pflichtteilslast von Erben und Vermächtnisnehmer bzw. Auflagenbegünstigten anteilig zu tragen ist. Hierbei ist von den Werten der Erbquoten und der Vermächtnisse bzw. Auflagen auszugehen. Bei unteilbaren Vermächtnisgegenständen kann der zur Kürzung des Vermächtnisses berechtigte Erbe verlangen, dass der Betrag, um den der Vermächtniswert zu kürzen wäre, in bar an ihn ausgezahlt wird (BGHZ 19, 309 [311]; hierzu *Tanck* ZEV 1998, 132 [133]). Soweit der Vermächtnisnehmer dazu nicht in der Lage oder Willens ist, kann er den Wert des gekürzten Vermächtnisses nur in Geld verlangen (BGHZ 19, 309 [311 f.]). Bei der Gestaltung der letztwilligen Verfügung ist daher zu prüfen, ob das Vermächtnis bzw. die Auflage auch bei Bestehen von Pflichtteilsrechten ungekürzt bleiben soll oder nicht. Ersterenfalls kann die Pflichtteilslast gemäß § 2324 BGB allein dem Erben auferlegt werden, wobei allerdings Pflichtteilsrechte des Erben und des Vermächtnisnehmers selbst nicht geschmälert werden können (§ 2318 Abs. 2, 3 BGB). Mehrere Erben haben die Pflichtteilslast anteilig nach dem Verhältnis ihrer Erbquoten zu tragen, wenn nicht ebenfalls nach § 2324 BGB eine abweichende Anordnung erfolgt. Auch unter mehreren Vermächtnisnehmern kann eine entsprechende Verteilung der Pflichtteilslast angeordnet werden, § 2189 BGB (vgl. *Kornexl* ZEV 2002, 142).

2. Die Vermächtnislast, die bei mehreren Beschwerten im Zweifel nach dem Verhältnis ihrer Erbteile bzw. nach dem Wert der Vermächtnisse zu tragen ist (§ 2148 BGB), hat hinsichtlich eines dem Pflichtteilsberechtigten zugewandten Vermächtnisses derjenige zu tragen, der an Stelle des Pflichtteilsberechtigten gesetzlicher (zu den Fällen BeckOK BGB/*J. Mayer* § 2320 Rn. 2) oder gewillkürter Erbe ist, sofern nicht der Erblasser ebenfalls etwas anderes anordnet (§ 2324 BGB). Auch die Pflichtteilslast hat vorbehaltlich anderweitiger Anordnung des Erblassers derjenige zu tragen, der an Stelle des Pflichtteilsberechtigten gesetzlicher oder gewillkürter Erbe wird (vgl. Beispiele bei Staudinger/*Otte* BGB § 2320 Rn. 13). Bei mehreren Erben ist also festzustellen, zu wessen Gunsten von der gesetzlichen Erbfolge abgewichen wurde. Der Begünstigte hat dann die Pflichtteilslast bzw. die Vermächtnislast hinsichtlich eines dem Pflichtteilsberechtigten zugewandten Vermächtnisses zu tragen. Auch hier sollte in der Verfügung von Todes wegen eine

ausdrückliche Regelung erfolgen, um Auslegungsschwierigkeiten vorzubeugen, da § 2320 BGB lediglich eine Auslegungsregel ist und es daher vorrangig auf den Willen des Erblassers ankommt.

3. Schlägt der Pflichtteilsberechtigte ein Vermächtnis aus (vgl. § 2307 Abs. 1 S. 1 BGB), hat die Pflichtteilslast derjenige zu tragen, welchem die Ausschlagung zustattenkommt, allerdings nur bis zur Höhe des durch Wegfall des Vermächtnisses erlangten Vorteils (§ 2321 BGB). Auch für diesen Fall kann durch Regelung der Pflichtteilslast in der Verfügung von Todes wegen eine anderweitige Anordnung getroffen werden (§ 2324 BGB).

4. Zu beachten ist, dass auch der pflichtteilsberechtigte Erbe, der die mit einem Vermächtnis belastete Erbschaft angenommen hat, das Vermächtnis auch dann erfüllen muss, wenn ihm nicht mehr sein eigener Pflichtteil verbleibt, ja sogar auch dann, wenn die Erbschaft durch das Vermächtnis völlig ausgehöhlt wird. § 2318 Abs. 3 BGB gewährt eine Kürzungsmöglichkeit des Vermächtnisses lediglich „wegen der Pflichtteilslast", also nur dann, wenn die Erfüllung der Pflichtteilslast zusätzlich zu dem Vermächtnis den eigenen Pflichtteil des Erben beeinträchtigen würde (vgl. Palandt/*Weidlich* BGB § 2318 Rn. 3 sowie *Schlitt* ZEV 1998, 91; *Tanck* ZEV 1998, 132 [133]; jetzt auch Soergel/*Dieckmann* BGB § 2319 Rn. 4, anders noch die Voraufl.). Auf diese Kürzungsmöglichkeit kann sich auch der Miterbe berufen (kein Umkehrschluss aus § 2319 BGB, BGHZ 95, 222 [226]). Vorrangig ist daher zu prüfen, inwieweit der Erbe nach § 2306 BGB das Vermächtnis hinnehmen muss. Insoweit steht ihm ein Kürzungsrecht dann nicht zu. Nur soweit durch die Pflichtteilslast zusätzlich in das Pflichtteilsrecht eingegriffen wird, kann der pflichtteilsberechtigte Erbe das Vermächtnis kürzen. Bei der Gestaltung der Verfügung von Todes wegen ist zu beachten, dass der Erblasser für das Kürzungsrecht des pflichtteilsberechtigten Erben (§ 2318 Abs. 3 BGB) bzw. das Kürzungsrecht gegenüber einem pflichtteilsberechtigten Vermächtnisnehmer (§ 2318 Abs. 2 BGB) zu Lasten des Pflichtteilsberechtigten keine abweichenden Anordnungen treffen kann (vgl. § 2324 BGB). Ferner ist vor allem in der Beratungspraxis nach Eintritt des Erbfalls in Rechnung zu stellen, dass Pflichtteilsquoten und Ansprüche auch durch Zugewinnausgleichsansprüche des Ehegatten des Erblassers beeinflusst werden, hinsichtlich des Zugewinnausgleichsanspruchs dem pflichtteilsberechtigten Erben in Bezug auf Vermächtnisse und Auflagen aber kein Kürzungsrecht zusteht (hierzu *Tanck* ZEV 1998, 132 [135]).

5. Steuern. Zur erbschaftsteuerlichen Behandlung der Pflichtteilslast → Form. C.VI.1, der Vermächtnislast → Form. C.V.1.

6. Kosten. Abweichende Anordnungen des Erblassers hinsichtlich der Pflichtteilslast sind Bestandteil der Verfügung von Todes wegen selbst und daher nicht gesondert zu bewerten.

10. Pflichtteilsklauseln im Bereich von §§ 2306, 2307 BGB: Ausschluss der Ersatzerbfolge bei Ausschlagung; cautela Socini

Sofern ein Erbe oder Vermächtnisnehmer das ihm Zugewendete ausschlägt und den Pflichtteil verlangt, sind auch die in dieser Verfügung für ihn eingesetzten Ersatzerben sowie seine Abkömmlinge von der Zuwendung ausgeschlossen.

Mein Sohn S erhält als Vermächtnis das im Wohnungsgrundbuch von eingetragene Wohnungseigentum . . . . . . Macht er jedoch einen etwaigen Restpflichtteil nach § 2307 BGB geltend, soll dieses Vermächtnis entfallen.[1–9]

Anmerkungen

1. Nach § 2306 Abs. 1 BGB kann ein pflichtteilsberechtigter Erbe, der durch Anordnung einer Nacherbschaft, einer Testamentsvollstreckung, eines Vermächtnisses, einer Teilungsanordnung oder einer Auflage beschwert ist, den Erbteil ausschlagen und den Pflichtteil verlangen. Das gleiche Recht hat nach § 2307 Abs. 1 S. 1 BGB der mit einem Vermächtnis bedachte Pflichtteilsberechtigte. Hier ist fraglich (zu den entsprechenden Auslegungsfragen ausführlich Staudinger/*Otte* BGB § 2069 Rn. 10 ff.), ob bei einer Ausschlagung dessen Abkömmlinge nach der Auslegungsregel des § 2069 BGB an seine Stelle treten oder das Nachrücken der Abkömmlinge entfällt, um eine Doppelbegünstigung des Stammes des Ausschlagenden mit Zuwendung einer Erbteils bzw. Vermächtnisses und eines Pflichtteils zu vermeiden. Ausdrücklich berufene Ersatzerben bzw. Ersatzvermächtnisnehmer kommen in jedem Fall zum Zug. Auch wenn der Ersatzerbe nach § 2320 BGB und der Ersatzvermächtnisnehmer nach § 2321 BGB an Stelle des Weggefallenen dann die Pflichtteilslast zu tragen haben (s. o.), sollte klargestellt werden, ob eine Ersatzberufung auch im Falle der Ausschlagung gilt oder nicht. Im Zweifel wird der Wille des Erblassers dahingehen, den ganzen Stamm des Ausschlagenden von der Zuwendung auszuschließen.

2. § 2306 Abs. 1 BGB zwingt den Pflichtteilsberechtigten auch dann zur Ausschlagung, wenn sein Erbteil geringer als seine Pflichtteilsquote ist: Entweder nimmt er die Beschränkungen an und muss diese dann ohne Rücksicht auf die Höhe seiner Erbquote akzeptieren oder er schlägt die Erbschaft aus und erhält den unbelasteten Pflichtteil (zur Frage des Fristlaufs für die Ausschlagung bei unklarem Inhalt der Verfügung von Todes wegen vgl. *Schindler* ZErb 2012, 149) . Die mit der Abgrenzung von § 2306 Abs. 1 S. 1 BGB aF und § 2306 Abs. 1 S. 2 BGB aF zusammenhängenden Fragen („Quoten- oder Werttheorie") sind für die Frage der Wirksamkeit der betreffenden Anordnungen damit zwar erledigt. Zu beachten bleibt aber, dass der Bedachte weiterhin bei einem Erbteil, der unter dem Pflichtteil bleibt, nach § 2305 einen (unbelasteten) Zusatzpflichtteil beanspruchen kann. Diese Vorschrift erhält nunmehr größere Bedeutung, da bisher bei einer Erbeinsetzung unterhalb oder entsprechend der Pflichtteilsquote angeordnete Beschwerungen und Beschränkungen ohnehin unwirksam waren (vgl. hierzu *Keim* ZEV 2008, 161 [162]). Bei der Frage, ob ein Zusatzpflichtteil nach § 2305 BGB gegeben ist, ist im Übrigen wieder die Erbquote maßgebend, und diese ist bei mehreren Erben und bei Bestehen von Ausgleichungs- oder Anrechnungspflichtigen auch hier (vgl. Palandt/*Weidlich* BGB § 2305 Rn. 1) nach der sog. „Werttheorie" vorzunehmen, dh es ist zu prüfen, ob der hinterlassene Erbteil auch wertmäßig die Hälfte des gesetzlichen Erbteils übersteigt (s. o.). Dadurch können auch Gestaltungen den Zusatzpflichtteil nach § 2305 BGB auslösen, bei denen der pflichtteilsberechtigte Erbe eine Quote von mehr als der Hälfte seiner Erbquote erhält. Früher gemachte Zuwendungen an einzelne Abkömmlinge und die Frage, ob hinsichtlich dieser Zuwendungen eine Ausgleichungspflicht besteht, sind daher bei der Gestaltung der Verfügung von Todes wegen weiterhin zu berücksichtigen.

Ein dem Pflichtteilsberechtigten zusätzlich zugewandtes Vermächtnis ist bei dem Größenvergleich zwar hinzuzurechnen, jedoch bleibt es dem Pflichtteilsberechtigten unbenommen, lediglich das Vermächtnis auszuschlagen (BGHZ 80, 263 [267]). Bei übergroßen Vermächtnisbelastungen ist die Werttheorie dagegen nicht anzuwenden (*Keim* ZEV 2003, 358 [359]; eindeutig auch die Entstehungsgeschichte und letztlich auch BGHZ 109, 222, wonach der Erbe, wenn er die Ausschlagung nach § 2306 Abs. 1 S. 2 BGB aF versäumt hat, angeordnete Vermächtnisse auch dann erfüllen muss, wenn in sein Pflichtteilsrecht eingegriffen wird; aA *Klingelhöffer* ZEV 1997, 299: generell für die Anwendung der Werttheorie).

3. In § 2305 S. 2 BGB ist – wie im Vermächtnisbereich bisher schon in § 2307 Abs. 1 S. 2 Hs. 2 BGB – nunmehr klargestellt, dass die Beschränkungen und Beschwerungen nicht vom hinterlassenen Erbteil in Abzug gebracht werden können und daher auch nicht zu einer weiteren Erhöhung des Pflichtteilsrestanspruchs führen. Der BGH hat die anfechtungsfreundliche Rechtsprechung, wonach der Pflichtteilsberechtigte die Möglichkeit hat, die Annahme der Erbschaft nach § 119 Abs. 1 BGB wegen Irrtums über die Folgen der Annahme anzufechten (OLG Hamm ZEV 2006, 168 m. zust. Anm. *Haas/Jeske*, bestätigt durch BGH DNotI-Report 2006, 170), aufrecht erhalten (BGH ZEV 2016, 574 mAnm *Lange*; dafür auch schon *Keim* ZEV 2008, 161 [163]; *Karsten* RNotZ 2010, 357 [360]). Erst wenn der Nachlass durch Vermächtnisse nicht nur ausgeschöpft, sondern überschuldet ist, kann (auch) der pflichtteilsberechtigte Erbe nach § 1992 BGB eine Beschränkung der Haftung auf den Nachlass erreichen, sofern nicht nach den §§ 1994 Abs. 1 S. 2 oder 2005 BGB bereits eine unbeschränkte Haftung für die Nachlassverbindlichkeiten eingetreten ist (§ 2013 Abs. 1 BGB).

4. Über § 2306 Abs. 1 BGB hinausgehend ist eine auflösend bedingte Erbeinsetzung auch in der Weise denkbar, dass der Pflichtteilsberechtigte nach Annahme der Erbschaft und Ablauf der Anfechtungsfrist des § 2308 iVm §§ 1954, 1955 BGB die Beschwerungen und Beschränkungen durch Anfechtung, Nichtigkeitsklage oder schlicht durch Nichtbefolgung der vom Erblasser getroffenen Anordnungen angreift und daran eine Enterbung des Pflichtteilsberechtigten geknüpft wird. (Zu derartigen allgemeinen Verwirkungsklauseln vgl. *Schlitt* Klassische Testamentsklauseln S. 84 f.). Die damit zwingend verbundene Vor-/Nacherbschaft (vgl. Staudinger/*Otte* BGB § 2074 Rn. 19 ff.), dürfte im Regelfall eine solche Gestaltung aber als nicht sachgerecht erscheinen lassen. Ferner schaffen derartige allgemeine Verwirkungsklauseln tatbestandliche Unsicherheiten und sind dann verfassungsrechtlich fragwürdig, wenn auf den Bedachten ein unangemessener wirtschaftlicher Druck ausgeübt wird (vgl. BVerfG ZEV 2004, 241 („Hohenzollern") sowie *Scheuren-Brandes* ZEV 2005, 185 speziell zu Wiederverheiratungsklauseln). Soweit durch eine solche Klausel ferner in das Wahlrecht des Pflichtteilsberechtigten zwischen beschränkter und beschwerter Erbschaft einerseits und freiem Pflichtteil andererseits eingegriffen wird, bestehen gerade nach der Neufassung des § 2306 BGB Bedenken gegen eine „*cautela Socini*", nach der für den Fall der Ausschlagung eines beschwerten Erbteils der Pflichtteilsberechtigte wiederum zum Erben eingesetzt wird: Anders als § 2306 Abs. 1 S. 1 BGB aF schützt § 2306 Abs. 1 BGB nunmehr nicht mehr den freien Erbteil, sondern den freien Pflichtteil (vgl. *J. Mayer* ZEV 2010, 2 [4]; ebenso *Karsten* RNotZ 2010, 357 [361]; weiterhin Bedenken gegen eine solche Klausel auch Nieder/*R. Kössinger* Handbuch der Testamentsgestaltung § 15 Rn 193; im Geltungsbereich des § 2306 Abs. 1 S. 1 BGB aF – Erbquote nicht höher als der Pflichtteil – hatte der BGH eine *cautela Socini* für unwirksam erklärt, BGH NJW 1993, 1005). Denkbar sind aber Gestaltungen, die gar nicht unter § 2306 BGB fallen, also etwa die Zuwendung eines Gesellschaftsanteils, wenn der Gesellschaftsvertrag entsprechende Beschränkungen des Erben vorsieht (vgl. *Schindler* ZErb 2012, 149 [150]), ferner Socinische Klauseln dergestalt, dass schlichtweg ein unter der Pflichtteilsquote liegender Erbteil ausgesetzt und für den Fall, dass sich der Pflichtteilsberechtigte hiergegen wendet, eine Enterbung angeordnet wird: jedenfalls durch Ausschlagung ist der freie Pflichtteil erreichbar (vgl. *Baumann/Karsten* RNotZ 2010, 95 [97]). Nach wohl überwiegender Meinung ist eine cautela Socini jedenfalls nach der Neufassung des § 2306 Abs. 1 BGB aber möglich (vgl. *Abele/Klinger/Maulbetsch* Pflichtteilsansprüche reduzieren und vermeiden, 2. Aufl. 2018, Rn. 146 m. Formulierungsbeispiel; ebenso MAH ErbR/*Horn* § 29 Rn. 119). Vgl. ferner *Daragan* ZErb 2018, 1, ebenfalls mit Formulierungsvorschlag.

5. Auch im Bereich des Vermächtnisrechts ist eine *cautela Socini* denkbar. Eine auflösend bedingte Vermächtniszuwendung entsprechend dem vorstehenden Muster

erscheint auf den ersten Blick ohne weiteres möglich. Allerdings wird dem Pflichtteilsberechtigten durch eine solche Klausel die Möglichkeit genommen, nach § 2307 Abs. 1 S. 2 Hs. 1 BGB zugleich den Restpflichtteil und die Vermächtniszuwendung zu verlangen, weshalb eine Mindermeinung in der Literatur auch dann, wenn ein wertmäßig unter dem Pflichtteil bleibendes Vermächtnis unter eine auflösende Bedingung gestellt wird, die Zulässigkeit einer solchen Klausel ablehnt (*Schlitt* Klassische Testamentsklauseln, 1991, 87 f.).

6. Eine „Renaissance der Socinischen Klausel" ist somit nach hier vertretener Ansicht durch die Erbrechtsreform nicht herbeigeführt worden, jedenfalls nicht für solche Klauseln, die den Pflichtteilsberechtigten an einem Erbteil festhalten wollen (vgl. *Mayer* ZEV 2010, 2 [4 f.]).

7. Soweit der Pflichtteilsberechtigte lediglich mit einem Vermächtnis bedacht wird, ist darauf zu achten, dass das Vermächtnis den Wert des Pflichtteils erreicht, ansonsten ist ein Zusatzpflichtteil gegeben (§ 2307 Abs. 1 S. 2 BGB). Nur wenn der Bedachte an der Verfügung von Todes wegen beteiligt oder sonst zu einer entsprechenden Mitwirkung bereit ist, kann durch einen gegenständlich beschränkten Pflichtteilsverzicht die Geltendmachung weitergehender Ansprüche ausgeschlossen werden. Wird der Wert dagegen erreicht, besteht ein Anspruch auf den Pflichtteil nur dann, wenn der Bedachte das Vermächtnis ausschlägt (§ 2307 Abs. 1 S. 1 BGB).

8. Steuern. Der Erbe bzw. der Vermächtnisnehmer, der ausschlägt und den Pflichtteil verlangt, hat diesen Pflichtteil gem. § 1 Abs. 1 Nr. 1, 3 Abs. 1 Nr. 1 ErbStG zu versteuern (siehe zum Pflichtteilsrecht → Form. C.VI.1). Bei den ausgeschlossenen Ersatzerben bzw. den Abkömmlingen kommt es nicht zu einem erbschaftsteuerpflichtigen Vorgang.

9. Kosten. Pflichtteilsstrafklauseln betreffen denselben Gegenstand wie die Verfügung von Todes wegen. Sie können daher nicht gesondert bewertet werden. Insofern verbleibt es bei § 102 GNotKG.

11. Verzicht auf die Rechte nach § 2306 BGB bzw. nach §§ 2305, 2307 BGB

Jeder Ehegatte nimmt die vorstehend zu seinen Lasten angeordneten Beschränkungen und Beschwerungen, soweit in dieser Urkunde ein Nacherbe eingesetzt bzw. ein(e) Teilungsanordnung/Testamentsvollstreckung/Auflage/Vermächtnis angeordnet ist, als wirksam hin und verzichtet gegenüber dem anderen Ehegatten für sich und seine Abkömmlinge ohne Bedingungen und Auflagen auf weitergehende Pflichtteilsrechte, insbesondere soweit sich diese aus § 2306 BGB ergeben. Die Ehegatten nehmen diese wechselseitigen beschränkten Pflichtteilsverzichte hiermit an.[1, 2, 3, 4]

[Alternative:

Der Notar hat darauf hingewiesen, dass der durch Einsetzung eines/er Nacherben/ Teilungsanornung/Testamentsvollstreckung/Auflage/Vermächtnisses beschwerte Pflichtteilsberechtigte die Erbschaft ausschlagen und nach § 2306 Abs. 1 BGB den Pflichtteil verlangen kann.]

[Alternative:

Die Ehegatten verzichten wechselseitig für sich und ihre Abkömmlinge ohne Bedingungen und Auflagen auf weitergehende Rechte, insbesondere auf weitergehende Pflicht-

teilsansprüche gemäß § 2305 BGB bzw. § 2307 Abs. 1 S. 2 BGB, wonach ihnen über den jeweils zugewandten Erbteil/über das jeweils zugewandte Vermächtnis hinaus weitergehende Pflichtteilsansprüche zustehen. Ferner verzichten die Ehegatten wechselseitig auf das Recht, nach § 2307 Abs. 1 S. 1 BGB das Vermächtnis auszuschlagen und den Pflichtteil zu verlangen. Die Ehegatten nehmen diese gegenständlich beschränkten Pflichtteilsverzichte wechselseitig an.[5]]

Anmerkungen

1. Enthalten Ehegattenverfügungen neben einer gegenseitigen Erbeinsetzung noch zusätzliche Verfügungen des Erstversterbenden, so bietet es sich an, die Ehegatten wechselseitig auf die Rechte nach § 2306 BGB verzichten zu lassen, um eine Ausschlagung und ein anschließendes Pflichtteilsverlangen zu vermeiden (§ 2306 Abs. 1 BGB). Auf die Größe des Erbteils kommt es nach der Neufassung des § 2306 Abs. 1 BGB nicht mehr an. In Betracht kommt ferner ein Verzicht auf den Zusatzpflichtteil nach § 2305 BGB bzw. nach § 2307 Abs. 1 S. 2 BGB, etwa dann, wenn Ehegatten sich gegenseitig mit Erbquoten bedenken, die geringer als die Pflichtteilsquoten sind oder sich gegenseitig nur Vermächtnisse zukommen lassen wollen. Schließlich ist auch ein Verzicht auf das Recht des § 2307 Abs. 1 S. 1 BGB, das Vermächtnis auszuschlagen und den Pflichtteil zu verlangen, möglich. Gleiches gilt in sonstigen Verfügungen, an denen pflichtteilsberechtigte Personen beteiligt sind. Konstruktiv handelt es sich jeweils um gegenständlich beschränkte Pflichtteilsverzichte.

2. Relevanz erhalten derartige gegenständlich beschränkte Pflichtteilsverzichte auch infolge der Vererblichkeit des Pflichtteilsanspruchs (§ 2317 Abs. 2 BGB) und des Ausschlagungsrechts (§ 1952 BGB). So kann etwa der Erbe eines Vorerben, wenn dieser innerhalb der Ausschlagungsfrist nach dem Tode des Erblassers verstirbt, als Erbeserbe die Erbschaft ausschlagen und den Pflichtteil verlangen. Auf diese Weise erhält der Erbeserbe den Pflichtteil nach dem Erblasser, obwohl die Nacherbschaft möglicherweise gerade deswegen angeordnet war, um das Vermögen des Erblassers am Nachlass des Vorerben vorbei an die Nacherben gelangen zu lassen (vgl. BGHZ 44, 152). Abhilfe kann hier nur ein Verzicht des Pflichtteilsberechtigten auf seine Rechte aus § 2306 BGB schaffen (s. vorstehendes Muster). Auch für die Fälle, in denen der an der Verfügung von Todes wegen Beteiligte mit den in § 2306 BGB erwähnten Beschränkungen und Beschwerungen belastet wird, zB der Ehegatte, empfiehlt sich die Aufnahme eines entsprechend gegenständlich beschränkten Pflichtteilsverzichts.

3. Wird kein Verzicht auf die Rechte nach §§ 2306, 2307 BGB vereinbart, sollte auf die Möglichkeit einer Ausschlagung bzw. eines Zusatzpflichtteils hingewiesen werden.

4. Für den Fall, dass der Nacherbe nach Eintritt des Erbfalls, aber vor Eintritt des Nacherbfalls und vor Verstreichen der Ausschlagungsfrist des § 1944 BGB verstirbt, ist ferner fraglich, ob seinen Erben das Ausschlagungsrecht des § 2306 Abs. 2 BGB und damit der vererbliche Pflichtteilsanspruch zusteht oder mangels Ausschlagung durch den Nacherben gar kein Pflichtteilsanspruch entstanden ist (vgl. *Bengel* ZEV 2000, 388). Ein gegenständlich beschränkter Pflichtteilsverzicht kommt hier meist nicht in Frage, da der Nacherbe an der Verfügung von Todes wegen in der Regel nicht beteiligt wird.

5. Kosten. Ein gegenständlich beschränkter Pflichtteilsverzicht ist nach § 102 Abs. 4, Abs. 3 (analog) GNotKG zu bewerten (*Diehn* Notarkostenberechnungen Rn. 419). Es kommt also auf die Pflichtteilsquote an, bezogen auf den Wert des betroffenen Gegenstands. Der Geschäftswert ist dem Wert der Verfügung von Todes wegen hinzuzurechnen, § 35 Abs. 1 GNotKG.

12. Pflichtteilsvollmacht für den Testamentsvollstrecker

Ich ordne Testamentsvollstreckung an.[1] Zum Testamentsvollstrecker ernenne ich ..... Er hat die Aufgabe, den Nachlass auseinanderzusetzen und Pflichtteilsansprüche zu regeln. Hierzu erteile ich ihm unter Befreiung von den Beschränkungen des § 181 BGB Vollmacht, alle Maßnahmen zu treffen, die zur Ermittlung und Erfüllung des Pflichtteilsanspruchs erforderlich sind. Meine Erben belaste ich mit der Auflage, diese Vollmacht nicht zu widerrufen. (Nach *Klingelhöffer* ZEV 2000, 261 [262]).[2, 3]

Anmerkungen

1. Allein der Erbe ist hinsichtlich der Pflichtteilsansprüche passivlegitimiert, auch wenn der Erblasser Testamentsvollstreckung angeordnet hat (§ 2213 Abs. 1 S. 3 BGB). Dagegen obliegt die Verwaltung des Nachlasses allein dem Testamentsvollstrecker (§ 2205 BGB). In der Regel dürfte es dem Erblasserwillen entsprechen, dass die Regelung der Pflichtteilsansprüche durch den Testamentsvollstrecker erfolgt, zumal es sich hierbei oft um den konfliktträchtigsten Teil der Nachlassabwicklung handelt. An der alleinigen Passivlegitimation des Erben kann zwar auch eine dem Testamentsvollstrecker erteilte Vollmacht nichts ändern. Der Testamentsvollstrecker wird aber durch eine ihm vom Erblasser erteilte Vollmacht in die Lage versetzt, Pflichtteilsansprüche zu regeln, sie insbesondere mit Wirkung gegen die Erben zu erfüllen bzw. anzuerkennen. Daher kann es sinnvoll sein, die Regelung der Pflichtteilsansprüche seitens der Erben einem Testamentsvollstrecker zu überantworten, vgl. *Klingelhöffer* ZEV 2000, 261 (262).

2. Um einen Vollmachtswiderruf durch die Erben zu vermeiden, empfiehlt sich eine erbrechtliche Verstärkung der Vollmacht dadurch, dass den Erben zur Auflage gemacht wird, die Vollmacht nicht zu widerrufen.

3. Kosten. Die Anordnung von Testamentsvollstreckung ist Teil der Verfügung von Todes wegen und daher nicht gesondert zu bewerten (*Diehn/Volpert* Rn. 1938 ff.). Das gilt nicht für die Vollmacht: Da die Verfügung von Todes wegen ein besonderer Beurkundungsgegenstand nach § 111 Nr. 1 GNotKG ist, wird sie zwingend gesondert bewertet. Bei Beurkundung ist eine 1,0-Gebühr nach Nr. 21200 KV GNotKG aus dem nach § 98 Abs. 1 GNotKG halben Wert der Pflichtteilsansprüche.

13. Vermächtnisse zum Zwecke der Verlängerung der Verjährung von Pflichtteilsansprüchen

Der Erstversterbende von uns ordnet ein Vermächtnis an, wonach seine Abkömmlinge jeweils gegenüber dem überlebenden Ehegatten einen Anspruch auf Abschluss einer Verjährungsvereinbarung über deren Pflichtteilsansprüche haben, mit dem Inhalt, dass die Verjährung der Pflichtteilsansprüche entgegen §§ 195, 199 BGB erst nach 30 Jahren vom Zeitpunkt des Todes des Erstversterbenden an eintritt.[1, 2, 3] Sollte eines unserer Kinder vor oder nach dem ersten Erbfall wegfallen, sind seine Abkömmlinge Ersatzvermächtnisnehmer. Die Vermächtnisforderung ist zudem nur an die Abkömmlinge des Vermächtnisnehmers vererblich und übertragbar. Macht jedoch ein Abkömmling nach dem Tod des Erstversterbenden entgegen dem Willen des Überlebenden zu dessen

Lebzeiten seinen Pflichtteil oder Pflichtteilsergänzungsansprüche geltend und erhält er diesen auch, so ist er mit seinem ganzen Stamm nach dem Längstlebenden von der Erbfolge ausgeschlossen. Der Überlebende von uns ist jedoch befugt, über den betreffenden Erbteil des jeweiligen Abkömmlings in beliebiger Weise anderweitig zu verfügen.[4, 5]

Anmerkungen

1. Die kurze Verjährungsfrist (drei Jahre) des Pflichtteilsanspruches aufgrund der allgemeinen Verjährungsvorschriften der §§ 195, 199 BGB kann pflichtteilsberechtigte Abkömmlinge zur Geltendmachung des Pflichtteils allein deswegen veranlassen, um hinsichtlich des Anspruches keine Verjährung eintreten zu lassen. Eine Verlängerung der Verjährungsfrist kann hier möglicherweise Abhilfe schaffen. Ferner würde vermieden, dass Abkömmlinge, die keinen Pflichtteil verlangt haben, gegenüber denjenigen Abkömmlingen, die diesen bereits nach dem ersten Erbfall geltend gemacht haben, durch Verjährungseintritt benachteiligt werden. Schließlich könnten auch die erbschaftsteuerlichen Freibeträge nach dem Erstversterbenden ohne Beeinträchtigung des überlebenden Ehegatten innerhalb der dreijährigen Verjährungsfrist des Pflichtteilsanspruchs noch geltend gemacht werden, vgl. *Brambring* ZEV 2002, 137 (138).

2. Zivilrechtlich ist aber zu beachten, dass dem Überlebenden dann zeitlebens Pflichtteilsansprüche drohen und der nicht verjährte Pflichtteilsanspruch weiterhin auch von einem Sozialhilfeträger auf sich übergeleitet werden kann (vgl. *J. Mayer* DStR 2004, 1371 [1373 f.] sowie *Worm* RNotZ 2003, 535 [555]). Auch wären die Pflichtteilsansprüche nach dem Erstversterbenden dann über die Drei-Jahres-Frist hinaus vererblich und übertragbar. Sind die Pflichtteilsberechtigten auch die Schlusserben, tritt ferner zivilrechtlich Konfusion ein, wenn die Schlusserben den Pflichtteil erst nach dem Tode des Längstlebenden geltend machen. Nach BFH MittBayNot 2013, 342 mAnm *Selbherr* ist dies aber entgegen früherer Auffassung in der Literatur (*J. Mayer* DStR 2004, 1371 [1373]) steuerlich unschädlich, jedenfalls so lange der Pflichtteilsanspruch noch nicht verjährt ist. Damit ist die Relevanz von verjährungsverlängernden Vereinbarungen deutlich gestiegen. Der Pflichtteil ist dann nach der Entscheidung gegenüber dem Finanzamt geltend zu machen (!) und auf die Frage, ob der Pflichtteilsschuldner zu Lebzeiten mit einer Geltendmachung rechnen musste, soll es nicht ankommen. Eine Geltendmachung noch zu Lebzeiten des überlebenden Ehegatten, womit dieser dann aber auch belastet würde, muss also nicht mehr erfolgen. Weiterhin relevant bleiben Gestaltungen, die Pflichtteilsberechtigten mit einem Untervermächtnis zu beschweren, wonach mit dem Erben im Falle der einverständlichen Geltendmachung des Pflichtteilsanspruchs nach Ablauf der Verjährungsfrist eine Vereinbarung zu treffen ist, mit dem Inhalt, dass die Auszahlung des Pflichtteils bis zum Tode des längerlebenden Elternteils gestundet wird (vgl. *Bonefeld* ZErb 2002, 321 [322]). Denkbar ist ein solches Untervermächtnis auch im Falle der Verjährungsverlängerung nach obigem Muster. Ob derartige Gestaltungen nicht wiederum unter § 6 Abs. 4 ErbStG fallen und damit die Geltendmachung des erbschaftsteuerlichen Freibetrages nach dem Erstversterbenden verhindern, bleibt aber fraglich. Vgl. zu Pflichtteilsklauseln in diesem Bereich auch *Tanck* ZErb 2018, 8.

3. Rechtstechnisch handelt es sich um ein Vermächtnis, das der Erstversterbende zugunsten des Pflichtteilsberechtigten aussetzt. Letzterer kann nach Eintritt des ersten Erbfalles gegenüber dem Längstlebenden den Abschluss einer entsprechenden Vereinbarung über die Verlängerung der Verjährungsfrist fordern. Eine „Vorwirkung" kommt dem Vermächtnis insoweit zu, als auch ohne Abschluss einer solchen Vereinbarung eine Berufung auf die Verjährung Treu und Glauben widersprechen würde. Zur Zulässigkeit einer derartigen Verfügung *Keim* ZEV 2004, 173. Zweifelnd, insbesondere in steuerlicher Hinsicht, *Bonefeld* ZErb 2002, 321 sowie *Lange* ZEV 2003, 133.

4. Wird eine bindende Schlusserbeneinsetzung getroffen, kann das Vermächtnis mit einer Pflichtteilsstrafklausel verbunden werden, die nur dann eingreift, wenn der Pflichtteil nach dem Erstversterbenden vor dem Tode des Längstlebenden und gegen seinen Willen geltend gemacht wird. Zu beachten ist ferner, dass Verjährungsverlängerungen erbschaftsteuerlich den Nachteil Jastrow'scher Klauseln, bei denen die Fälligkeit des aus dem Nachlass des erstversterbenden Ehegatten ausgesetzten Vermächtnisses auf den Todesfall nach dem Längstlebebenden verschoben wird, zwar vermeiden (vgl. *Brambring* ZEV 2002, 137 [138]), zivilrechtlich aber das Risiko für den überlebenden Ehegatten erhöhen, auch gegen seinen Willen, Pflichtteilsansprüchen ausgesetzt zu werden.

5. Kosten. Vermächtnisse werden neben Verfügungen über den Nachlass als Ganzes nicht bewertet, § 102 Abs. 1 S. 3 GNotKG. Bei isolierter Anordnung ist der Anspruch auf Abschluss einer Verjährungsvereinbarung mit einem Teilwert vom Wert des Pflichtteilsanspruchs anzusetzen. Angemessen sind 20 bis 30 Prozent.

14. Familienrechtliche Anordnungen mit Bezug auf das Pflichtteilsrecht

1. **Hinsichtlich meines/unseres Abkömmlings K schließe ich/schließt der Längstlebende von uns das Verwaltungsrecht seines leiblichen Vaters, ..., bezüglich der meinem/unserem Abkömmling K aufgrund dieser Verfügung angefallenen Erbschaft aus. Dieser Ausschluss des Verwaltungsrechts soll sich auch auf etwaige Pflichtteilsansprüche meines/unseres Abkömmlings K erstrecken.**[1, 2]
2. **Zum Ergänzungspfleger benenne ich/benennt der Längstlebende von uns: . . . . .**[3]

Anmerkungen

1. Im Rahmen einer nach § 1638 BGB angeordneten Beschränkung der Vermögenssorge für einen Minderjährigen kann auch angeordnet werden, dass sich die Vermögenssorge des gesetzlichen Vertreters nicht auf das erstrecken soll, was das Kind als Pflichtteil erlangt (OLG Hamm FamRZ 1969, 662; BeckOK BGB/*Veit* § 1638 Rn. 2). Der Ausschluss des Verwaltungsrechts stellt auch keine Beschränkung iSd § 2306 BGB dar (Staudinger/*Engler* BGB § 1638 Rn. 8; *Damrau* ZEV 1998, 90). Zusätzlich kann der Erblasser die zum Ergänzungspfleger zu bestellende Person benennen, wenn beide Eltern des Kindes von der Verwaltung des Vermögens ausgeschlossen werden (§ 1917 Abs. 1 BGB). Der vom Erblasser vorgeschlagene Pfleger kann vom Vormundschaftsgericht nur aus den Gründen des § 1778 Abs. 1 BGB übergangen werden. Der Erblasser kann den Pfleger zudem von den Verpflichtungen der §§ 1852 bis 1854 BGB befreien (vgl. *Damrau* ZEV 1998, 90).

2. Gegebenenfalls ist bei der Testamentsgestaltung zu berücksichtigen, dass nacheheliche Unterhaltsansprüche des geschiedenen Ehegatten gegen den Erblasser im Rahmen der Leistungsfähigkeit des Erben von diesem bis zur Grenze des kleinen Pflichtteils, welcher ohne Scheidung gegeben gewesen wäre, zu erfüllen sind, § 1586b BGB. Ob ein vorheriger Pflichtteilsverzicht diesen Anspruch entfallen lässt, ist streitig (vgl. Palandt/*Brudermüller* BGB § 1586b Rn. 8) und sollte daher bei jedem Pflichtteilsverzicht unter Ehegatten klargestellt werden.

3. Kosten. Die Beschränkung der Vermögenssorge über das Ererbte wird neben Verfügungen über den Nachlass als Ganzes nicht gesondert bewertet. Das gilt auch für die Benennung eines Ergänzungspflegers. Anordnung zur Vermögenssorge über Pflichtteilsansprüche betreffen jedoch gesetzliche Ansprüche, die von § 102 Abs. 1 bis Abs. 3 GNotKG nicht erfasst sind. Diese sind daher gesondert zu bewerten. Ausgehend vom nach § 102 Abs. 4 GNotKG ermittelten Wert der Pflichtteilsansprüche erscheint ein Teilwert nach § 36 Abs. 1 GNotKG von 10 % angemessen.

VII. Testamentsvollstreckung

1. Vorbemerkung: Grundlagen der Testamentsvollstreckung

Hier ist zunächst auf → Form. A.II.5 lit. h) zu verweisen. Im Übrigen enthalten viele **andere Formulare** dieses Handbuchs, die auf **spezielle Sachverhalte** zugeschnitten sind (zB Behindertentestament, Unternehmertestament) auch Formulierungen für eine **Testamentsvollstreckung**, zu einem großen Teil als vollständiges Formular, so dass im Folgenden im Wesentlichen **generelle Aspekte** der Testamentsvollstreckung thematisiert werden und auch nicht überall ein Volltext geliefert wird.

Ergänzend zur Auswahl der Person oder Institution, der die Testamentsvollstreckung anvertraut wird, sei auf Folgendes hingewiesen:

a) Auswahl des Testamentsvollstreckers

Der Erfolg einer Testamentsvollstreckung hängt ganz wesentlich von der **Eignung der Person** des Testamentsvollstreckers ab. In vielen Fällen wird der Kreis der in Frage kommenden Personen nicht allzu groß sein; denn neben den fachlichen Fähigkeiten ist häufig auch eine gewisse Nähe zu den Erben oder Vermächtnisnehmern, uU auch zu den Besonderheiten des Nachlasses, für die Auswahl des Testamentsvollstreckers von Bedeutung. Der Testamentsvollstrecker sollte im Idealfall haben:
- das volle **Vertrauen** des Erblassers
- die soziale **Kompetenz,** um mit möglichen persönlichen Schwierigkeiten umgehen und diese lösen zu können
- fachliche, dem Gegenstand der Testamentvollstreckung entsprechende **Kenntnisse**
- ausreichend **Zeit**
- ein noch so junges Alter, dass erwartet werden darf, dass er die gesamte **Dauer** der Testamentsvollstreckung zur Verfügung steht (Bengel/Reimann/*Reimann* § 2 Rn. 142, 143).

Rechtlich sind verschiedene Einschränkungen bei der Auswahl des Testamentsvollstreckers zu beachten: Im Kernbereich der die Testamentsvollstreckung regelnden Vorschriften findet sich nur ein Paragraph: § 2201 BGB – wer **geschäftsunfähig** oder **beschränkt geschäftsfähig** ist oder zur Besorgung seiner Vermögensangelegenheiten einen Betreuer erhalten hat, kann, wenn einer dieser Punkte zum Zeitpunkt des Amtsantrittes gegeben ist, **nicht Testamentsvollstrecker** sein.

Behörden können **nicht** zum Testamentsvollstrecker ernannt werden (zu juristischen Personen su), wohl aber grundsätzlich der Inhaber eines bestimmten Amtes. Damit ist idR auch für Kontinuität gesorgt – es ergibt sich von selbst eine Nachfolgeregelung, wenn nicht gerade diese Behörde aufgelöst wird (Bengel/Reimann/*Reimann* § 2 Rn. 205).

Ebenso kann das zuständige **Nachlassgericht** nicht mit der Testamentsvollstreckung betraut werden. Hinsichtlich der – natürlichen – Person des zuständigen **Nachlassrichters** als Testamentsvollstrecker wird man auch eine **Unvereinbarkeit** dieser Funktionen annehmen müssen, da der Erblasser es sonst in der Hand hätte – niemand kann Richter in eigener Sache sein! – den Nachlassrichter in seinem Fall aus dessen dienstlicher Funktion zu entfernen (Bengel/Reimann/*Reimann* § 2 Rn. 206). Diese Problematik kann auch in dem zuvor beschriebenen Fall eintreten, in dem der Inhaber eines bestimmten Amtes zum Testamentsvollstrecker berufen ist, wird aber dort nicht die Regel sein, jedoch bei der

geplanten Benennung eines bestimmten Amtsinhabers zum Testamentsvollstrecker zu beachten sein. So wird man wohl kaum den jeweiligen Leiter des örtlichen Bauaufsichtsamtes zum Testamentsvollstrecker eines örtlichen Bauunternehmens machen können.

Heimleiter und Heimmitarbeiter verstoßen dann, wenn sie eine Testamentsvollstreckung übernehmen, in der die Vergütung nicht bereits vom Erblasser ausgeschlossen wurde, gegen **§ 14 HeimG,** das teilweise durch Landesgesetze abgelöst wurde, die jedoch insoweit weitgehend entsprechende Regelungen enthalten (→ Form. A.II.4 lit. b), → Form. F.I.5 Anm. 6, 7). Aus § 14 HeimG iVm § 134 BGB ergibt sich dann, dass eine solche Testamentsvollstreckerernennung unwirksam ist (*Zimmermann* Rn. 115). Die Reichweite des Präventionscharakters des § 14 HeimG ist allerdings umstritten (→ Form. F.I.5 Anm. 6, 7).

Der **Notar,** der die Verfügung von Todes wegen **beurkundet,** ist durch die verfahrensrechtliche Norm des § 27 BeurkG, die auf § 7 BeurkG verweist, **gehindert,** in dieser Angelegenheit zum Testamentsvollstrecker ernannt zu werden. Möglich bleibt seine Berufung in einem **getrennten Ergänzungstestament,** das privatschriftlich verfasst oder von einem **anderen Notar** beurkundet sein kann. Hier kann es sinnvoll sein, einen gewissen zeitlichen Abstand einzuhalten, um nicht sofort den Vorwand unzulässiger Beeinflussung zu liefern. Nach Auffassung des OLG Köln (RNotZ 2018, 336) ist dieses jedoch nicht erforderlich. Eine Beurkundung durch einen Sozius ist abzulehnen wegen des in § 3 Abs. 1 S. 1 Nr. 4 BeurkG enthaltenen Mitwirkungsverbotes, das für sämtliche Ausprägungen gemeinsamer Berufsausübung gilt (Bengel/Reimann/*Sandkühler* § 11 Rn. 31). Anders als im Falle des Verstoßes gegen das HeimG dürfte bei einer Missachtung dieser Vorschrift jedoch keine Unwirksamkeit der Ernennung vorliegen, sondern nur die Verletzung einer dienstrechtlichen Vorschrift zu ahnden sein (Bengel/Reimann/*Sandkühler* § 11 Rn. 29, 30; Bonefeld/Mayer/*J. Mayer* § 24 Rn. 9).

Der beurkundende Notar kann auch nicht diejenige Person sein, die die Funktion haben soll, gemäß § 2198 Abs. 1 S. 1 BGB einen Testamentsvollstrecker zu bestimmen (BGH DNotZ 2013, 149; ZEV 2012, 657; Rpfl. 2013, 91). Dies gilt nach Sandkühler (aaO Rn. 32) auch für die anderen gemäß § 3 Abs. 1 S. 1 Nr. 4 BeurkG benannten Personen.

Keineswegs ausgeschlossen sind Familienangehörige, sonstige Nachlassbeteiligte – Vermächtnisnehmer, auch der Nießbraucher, Pflichtteilsberechtigte und Bevollmächtigte, sei es, dass sie schon zu Lebzeiten bevollmächtigt waren, sei es, dass sie erst für die Zeit nach dem Tod bevollmächtigt wurden (transmortale bzw. postmortale Vollmacht). Hinsichtlich **minderjähriger** oder unter **Betreuung** stehender Erben, kann es bei der an sich zulässigen Wahrnehmung der Testamentsvollstreckung zu **Kompetenzproblemen** kommen wie zB in dem Fall, dass der überlebende Ehegatte zum Testamentsvollstecker für noch minderjährige Kinder berufen ist. Hier hat der überlebende Teil eine Doppelstellung: Einerseits übt er das Amt des Testamentsvollstreckers aus und anderseits vertritt er die Kinder als Elternteil gegenüber dem Testamentsvollstrecker – sich selbst gegenüber. Hier hatten die Oberlandesgerichte unterschiedliche Akzente gesetzt (zB für Bestellung eines Pflegers auch ohne konkreten Anlass: OLG Hamm FamRZ 1993, 1122; MittBayNot 1994, 55 mAnm *Reimann,* dagegen OLG Zweibrücken ZEV 2007, 333; Übersicht zur Literatur bei *Bestelmeyer* Rfpl 2008, 552; *Zimmermann* Rn. 105) Nach Auffassung des BGH (ZEV 2008, 330 mAnm *Muscheler* Rfpl 2008, 421) ist eine Ergänzungs-Pflegschaft nur einzurichten, wenn sich im konkreten Einzelfall eine erhebliche Interessenkollision ergibt, die über den aus den Eltern-Kind-Verhältnis folgenden „typischen“ Interessengegensatz hinausgeht (so auch *Bestelmeyer* aaO). Ob eine **Ergänzungspflegschaft** und damit auch die Mitwirkung des Familiengerichts dadurch vermieden werden kann, dass für die Rechtsgeschäfte, an denen teilzunehmen der Testamentsvollstrecker verhindert sein könnte, vorsorglich ein **Mit-Testamentsvollstrecker** ernannt wird (so Bengel/Reimann/*Reimann* § 2 Rn. 218), erscheint eher zweifelhaft, weil jeder Testamentsvollstrecker für sich verpflichtet ist (vgl. zum Ganzen auch: Bengel/Reimann/

Reimann § 2 Rn. 215 und *Bengel/Dietz* § 5 Rn. 414 ff. *Zimmermann* Rn. 105; zur Frage, ob uU mehrere Pfleger zu bestellen sind, → Form. J.IX.3 Anm. 5). Maßgeblich kann nur die grundlegende Interessenlage sein, ob also gleichgerichtete oder gegensätzliche Interessen seitens der zu Vertretenden bestehen; im ersten Fall genügt die Bestellung eines Pflegers, im zweiten muss jeweils ein gesonderter Pfleger bestellt werden (s. auch die Anmerkungen hierzu in den einzelnen Formularen).

Weitere Einschränkungen ergeben sich aus der **Natur der Sache:** der **Alleinerbe** kann grundsätzlich nicht alleiniger Testamentsvollstrecker sein (Bengel/Reimann/*Reimann* § 2 Rn. 207 mwN insbes. zur Rspr.). Eine Ausnahme gilt jedoch dann, wenn die Testamentsvollstreckung einen **Vermächtnisnehmer beschwert,** wie das bei der Verwaltungsvollstreckung hinsichtlich eines Vermächtnisgegenstandes gegeben ist, oder der Testamentsvollstrecker nur für die Ausführung der dem Vermächtnisnehmer auferlegten Beschwerungen zu sorgen hat (§ 2223 BGB); hier wird nicht der Erbe, sondern der Vermächtnisnehmer beschwert (Bengel/Reimann/*Reimann* § 2 Rn. 209). Nach einer Entscheidung des BGH (ZEV 2005, 204 [205] mAnm *Adams*) kann der Alleinerbe sogar für die sofortige Erfüllung eines Vermächtnisses als Testamentsvollstrecker berufen werden, wenn sich seine Aufgabe darin erschöpft und das Nachlassgericht bei groben Verstößen einen anderen Testamentsvollstrecker bestimmen kann. Der Alleinerbe kann des Weiteren **mit anderen Testamentsvollstreckern** gemeinsam berufen werden, wenn das Amt gemäß § 2224 Abs. 1 BGB gemeinschaftlich geführt wird (Bengel/Reimann/*Reimann* § 2 Rn. 208). Ein **Miterbe** kann zum **Testamentsvollstrecker** ernannt werden, weil er dadurch Rechte erlangt, die er als Erbe in der Form so nicht hat (Bonefeld/Mayer/*J. Mayer* § 5 Rn. 38). Auch können **sämtliche Miterben** zu Testamentsvollstreckern ernannt werden, **ohne** dass noch ein **außerhalb** der Erbengemeinschaft stehender **Testamentsvollstrecker** berufen wird. Dadurch wird bewirkt, dass der Erblasser die **Verwaltung** durch Testamentsvollstrecker-Anweisungen anders als nach den Regeln der Erbengemeinschaft **beeinflussen** kann und Entscheidungen statt durch Mehrheit nach § 2038 Abs. 2 BGB nunmehr gemeinschaftlich zu treffen sind sowie bei Meinungsverschiedenheiten das Nachlassgericht zu entscheiden hat (BayObLG ZEV 2002, 24; Palandt/*Weidlich* BGB § 2197 Rn. 5). Fraglich mag in diesem Fall allerdings vielleicht sein, ob die Schutzfunktion der Testamentsvollstreckung gegenüber Gläubigerzugriffen auch hier gewährleistet ist. Es könnte der Vorwurf des Rechtsmissbrauches zu besorgen sein.

Bei der **Kombination von Vor- und Nacherben** zum Testamentsvollstrecker gilt: Der **alleinige Vorerbe** kann **nicht** zum einzigen Testamentsvollstrecker berufen werden, auch nicht zum Nacherbenvollstrecker gemäß § 2222 BGB. Eine **Ausnahme** gilt in den Fällen der **Vermächtnisvollstreckung,** wie sie auch für den nicht durch die Nacherbschaft beschränkten Erben im obigen Absatz beschrieben sind. Wesentlich ist dabei, dass in diesen Fällen die Beschwerung letztlich den Vermächtnisnehmer betrifft. Die vom BGH für möglich gehaltene Testamentsvollstreckung des Alleinerben zur sofortigen Vermächtniserfüllung dürfte aber auf die Vor- und Nacherbschaftssituation nicht übertragbar sein, da sich die Tätigkeit der Vermächtniserfüllung zumindest indirekt auf die Nacherben auswirkt, so dass sich die Tätigkeit des Testamentsvollstreckers nicht in der Vermächtniserfüllung erschöpft. **Der alleinige Vorerbe** kann **neben einem anderen oder mehreren anderen** Mittestamentsvollstreckern zum Testamentsvollstrecker berufen werden; zusätzlich muss hier gewährleistet sein, dass bei Wegfall der Mitvollstrecker der alleinige Vorerbe nicht plötzlich der alleinige Testamentsvollstrecker ist. Auch Mitvorerben können in diesem Fall zu Mit-Testamentsvollstreckern berufen werden. Es wird sogar für möglich gehalten, dass **mehrere Mitvorerben – ohne einen außenstehenden Dritten** – zu Testamentsvollstreckern für den Nachlass oder den Nacherben ernannt werden, da sie sich in einem gewissen Umfang gegenseitig kontrollieren. Von **mehreren** Vorerben kann **einer** zum **Nacherbenvollstrecker** gemäß § 2222 BGB berufen werden. Zu der häufig bejahten Frage, ob ein Mitvorerbe, der nicht zugleich die Nacherbenrechte gemäß § 2222

BGB wahrzunehmen hat oder ein alleiniger Vorerbe, der neben Dritten Mitvollstrecker ist, in seiner Verfügungsmacht wie der Vorerbe beschränkt ist, → Form. C.VII.9. Auch insoweit müssten die allgemeinen Gesichtspunkte gelten. Ein **Nacherbe,** auch einer von mehreren, kann zum den **Vorerben beschränkenden** Testamentsvollstrecker berufen werden; er unterliegt dann nicht den Beschränkungen der §§ 2113, 2114 BGB. Da der Vorwurf der Grenzüberschreitung seitens eines Erben leicht erhoben werden kann, sollten der Aufgabenbereich eines Testamentsvollstreckers genau beschrieben sein und die Ausschlussverhältnisse beachtet werden. Besonders ist klarzustellen, ob der Testamentsvollstrecker während der Dauer der Nacherbschaft die Rechte des Nacherben an dessen Stelle ausübt. Für die Auslegung gelten die in § 2084 BGB enthaltenen allgemeinen Grundsätze (vgl. zum Ganzen Palandt/*Weidlich* BGB § 2197 Rn. 5; Nieder/Kössinger/*R. Kössinger* § 15 Rn. 29 ff.; Bengel/Reimann/*Reimann* § 2 Rn. 207 ff.; Bonefeld/Mayer/*J. Mayer* § 5 Rn. 38 u. § 22 Rn. 29). Als **allgemeinen Grundsatz** kann man, wenn ein Erbe zum Testamentsvollstrecker berufen ist, die These aufstellen: Die Testamentsvollstreckung ist **nur zulässig,** wenn die mit der Erbschaft an sich verbundenen **Verwaltungs- und Verfügungsrechte wenigstens teilweise** zwischen Erben und Testamentsvollstrecker **aufgeteilt** sind, also eine gewisse gegenseitige Abhängigkeit und Kontrolle besteht, so dass niemand Richter in eigener Sache wird.

Juristische Personen und **Handelsgesellschaften** können Testamentsvollstrecker sein. In der Verfügung von Todes wegen sollte klargestellt werden, was in einem **Umwandlungsfall** gilt. Auch eine Gesellschaft bürgerlichen Rechts, sogar ein nicht rechtsfähiger Verein können nach neuerer Auffassung das Amt des Testamentsvollstreckers wahrnehmen (Bengel/Reimann/*Reimann* § 2 Rn. 204; Bonefeld/Mayer/*J. Mayer* § 5 Rn. 32). Insbesondere hinsichtlich der Tätigkeiten der **Kreditinstitute** (Banken und Sparkassen) als Testamentsvollstrecker hatte es insofern bis zur Entscheidung des BGH (NJW 2005, 969; ZEV 2005, 122) eine äußerst lebhafte **Kontroverse** gegeben. Dabei sind keineswegs alle Zweifelsfragen geklärt, besonders hinsichtlich des **Substitutionsverbots** besteht **Klärungsbedarf;** denn im Zweifel darf der Testamentsvollstrecker auch einzelne Obliegenheiten nicht auf Dritte übertragen, §§ 2218 Abs. 1, 664 Abs. 1 BGB. Das Substitutionsverbot soll allerdings dann **nicht gelten,** wenn die Wahrnehmung durch Dritte nach den Grundsätzen einer **ordnungsgemäßen Verwaltung** gemäß § 2216 Abs. 1 BGB unter Berücksichtigung der **Einzelumstände** und der **Verkehrssitte** unbedenklich ist (*Grunsky/Theiss* WM 2006, 1561 [1564]). In einem gewissen Umfang kann der Erblasser für Klärung sorgen, indem er entsprechend § 2216 Abs. 2 S. 1 BGB dem Testamentsvollstrecker die Delegation einzelner Tätigkeitsbereiche erlaubt (Bonefeld/Mayer/*Bonefeld* § 44 Rn. 5). Auch kann wegen bestehender Interessenkollision – es wird zB Nachlassvermögen in bankeigene Kapitalanlagen oder solche ihrer Tochterunternehmen investiert – § 181 BGB zu bisher in der Praxis kaum beachteten Problemen führen (Staudinger/*Reimann* BGB § 2197 Rn. 96; Bonefeld/Mayer/*J. Mayer* § 5 Rn. 36).

Rechtsanwälte, Steuerberater und Wirtschaftsprüfer können ebenfalls zu Testamentsvollstreckern ernannt werden; nach Auffassung des BGH verstoßen sie mit einer solchen Tätigkeit nicht gegen das RBerG (BGH NJW 2005, 968; ZEV 2005, 123 mAnm *Stracke*). Problematisch können jedoch **berufsrechtliche Aspekte** werden, wenn beispielsweise bei Fortführung eines einzelkaufmännischen Unternehmens oder einer Personengesellschaft eine werbende kaufmännische Tätigkeit entfaltet wird; dies gilt insbesondere dann, wenn auch das kaufmännische Risiko mitgetragen wird (Bengel/Reimann/*Sandkühler* § 11 Rn. 11, 45 [55]). Bei Notaren kommen noch besondere standesrechtliche Beschränkungen hinzu (Bengel/Reimann/*Sandkühler* § 11 Rn. 17 ff.).

b) Berücksichtigung potentieller Gründe für eine Unwirksamkeit der Testamentsvollstreckeranordnung

Anhaltspunkte, die zur Unwirksamkeit einer Testamentsvollstreckeranordnung führen können, sind zu überprüfen. Solche Unwirksamkeitsgründe können sich ergeben aus:

- **entgegenstehenden bindenden** Verfügungen von Todes wegen;
- **gesellschaftsrechtlichen** Vorgaben und Unvereinbarkeiten (→ Form. G.II.1, → Form. G.II.2 sowie → Form. G.IX.);
- **fehlender Zugehörigkeit** des gedachten Vollstreckungsgegenstandes zum Nachlass; hier ist insbesondere die Lebensversicherung zu nennen, die auf Grund der dort geregelten Bezugsberechtigung außerhalb des Nachlasses an den Berechtigten fließt (→ Form. J.VI.1; *Leitzen* RNotZ 2009, 129 [140]); ferner der Anspruch aus § 2287 BGB, der auf gemeinschaftliche Testamente entsprechend anzuwenden ist (Staudinger/*Kanzleiter* BGB § 2287 Rn. 2), dieser Anspruch entsteht von vornherein in der Person des Erben (Staudinger/*Kanzleiter* BGB § 2287 Rn. 22 und Staudinger/*Olshausen* BGB § 2325 Rn. 42).
- nach der Gesetzesänderung zum 1.1.2010 gilt die Testamentsvollstreckung zwar **nicht mehr als nicht angeordnet,** wenn ein als Erbe berufener Pflichtteilsberechtigter durch die Anordnung der Testamentsvollstreckung beschränkt wird und der ihm hinterlassene Erbteil die Hälfte des gesetzlichen Erbteils nicht übersteigt (§ 2306 Abs. 1 S. 1 BGB), doch kann nunmehr stets durch Ausschlagung, auch bei einem größeren hinterlassenen Erbteil, die Testamentsvollstreckung bei Beschränkung auf den Pflichtteil ausgehebelt werden (§ 2306 Abs. 1 Hs. 2 BGB; vgl. dazu auch → Form C.VI.11). Eine Ausnahme ergibt sich insoweit aus **§ 2338 BGB:** nicht nur durch Anordnung einer Nacherbschaft oder eines Nachvermächtnisses, sondern insbesondere auch durch Anordnung einer **Testamentsvollstreckung** kann die **Pflichtteilsbeschränkung in guter Absicht** verwirklicht werden, dazu im Einzelnen → Form. C.VI.3 **insbes.** → Form. C.VI.3 Anm. 2.

c) Prüfung/Neuerteilung etwaiger Vollmachten

- Dass der Erblasser eine Vollmacht **über den Tod hinaus** erteilen kann, ist im Grundsatz unbestritten (OLG Frankfurt ZEV 2012, 377; MüKoBGB/*Zimmermann* Vorb. § 2197 Rn. 7 ff.; Palandt/*Weidlich* BGB Einf. v. § 2197 Rn. 9 ff.). Postmortale bzw. transmortale Vollmachten und Testamentsvollstreckung können nach hM nebeneinander bestehen (Bengel/Reimann/*Bengel/Dietz* § 1 Rn. 36; *Winkler* Rn. 253; *Halding-Hoppenheit* RNotZ 2005, 311 [321]). Parallelen und Gegensätze dieser Rechtsinstitute kann man an folgendem Schema verdeutlichen:

	Testamentsvollstreckung	Vollmacht
Beginn:	mit Annahme des Amtes – nicht schon mit dem Tode des Erblassers – durch Erklärung gegenüber dem Nachlassgericht	mit Erteilung der Vollmacht, uU durch im Text beschriebene Fristen oder Ereignisse, wie zB Tod des Vollmachtgebers eingegrenzt

	Testamentsvollstreckung	Vollmacht
Beweis-Position:	1. TV-Zeugnis 2. notarielle Verfügung von Todes wegen mit Eröffnungs-Protokoll des Nachlassgerichtes und Annahmezeugnis, nach wohl hM reicht auch eine Eingangsbestätigung, wenn die Annahme beglaubigt oder beurkundet war.	Urschrift oder Ausfertigung der Urkunde
Befugnis der Erben:	im Rahmen der TV grundsätzlich ausgeschlossen sogar mit dinglicher Wirkung §§ 2211, 2208 Abs. 1 BGB	keine „verdrängende" Vollmacht. Abwehr von abweichendem Verhalten durch Strafklauseln möglich, aber nicht sicher
institutionelle Befugnisbegrenzung:	Schenkungsverbot (§ 2205 BGB), Verbindlichkeiten (§ 2206 BGB)	keine **derartigen** Grenzen
zeitliche Grenzen:	§ 2210 BGB: 30 Jahre, Personenbezug	keine **derartigen** Grenzen
Schutz des Nachlasses vor den Erben bzw. Eigengläubiger der Erben:	vorhanden, §§ 2211, 2214 BGB	nicht vorhanden

Im Hinblick auf den Beginn des Wirksamwerdens der Vollmacht kann man unterscheiden: Wenn der Bevollmächtigte die Möglichkeit haben soll, **schon vor dem Tod** des Vollmachtgebers – **und danach** – auf Grund der Vollmacht zu handeln, spricht man von **transmortaler Vollmacht**, soll die Handlungsmacht **erst** nach dem **Tode** des Vollmachtgebers entstehen, wird der Begriff der **postmortalen** Vollmacht benutzt. Vielfach werden die Begriffe, insbesondere der letztere, auch undifferenziert verwandt (Bengel/Reimann/*Bengel/Dietz* § 1 Rn. 35).

Ein **Handlungsbedarf** für eine Vollmacht kann sich insoweit ergeben, dass es gilt, etwa die Zeit bis zur Eröffnung des Testamentes, Erbvertrages, Erteilung des Erbscheines oder Testamentsvollstreckerzeugnisses zu **überbrücken.** Insbesondere darf bei der Testamentsvollstreckung in Unternehmen kein zeitliches Vakuum entstehen bis zB das Testamentsvollstreckerzeugnis erteilt ist. Es ist auch denkbar, dass die Aufgaben des Bevollmächtigten/Testamentsvollstreckers **möglicherweise einfacher** auf dem Weg über die **Vollmacht** erledigt werden können; dies kann etwa beim Gebrauch im Ausland der Fall sein. Nicht viele Länder haben ein solches Testamentsvollstreckungskonzept wie es im BGB enthalten ist (vgl. die Länderübersicht bei *Bengel/Reimann* in § 9). Vollmachten kennen jedoch alle Länder → Form. K.XVI. Es kann deshalb sinnvoll sein kann, **beide Möglichkeiten** zu eröffnen (vgl. auch *Herrler* DNotZ 2017, 508 [522]). Wenn auch die Vollmacht i. d. R. als Rechtsgeschäft unter Lebenden erteilt wird, bleibt dennoch die Möglichkeit, eine postmortale Vollmacht in eine Verfügung von Todes wegen aufzunehmen (vgl. das Formulierungsbeispiel in der Checkliste Vermächtnisse, → Form. A.II.5 lit. f). Die Zugangs- und Nachweisprobleme lassen sich lösen, denn auch das Nachlassgericht ist berechtigt, nach Eröffnung der Verfügung von Todes wegen eine Ausfertigung zu erteilen

und dem Grundbuchamt gegenüber gilt § 35 GBO analog, wobei allerdings darauf hinzuweisen ist, dass sich die Gerichte mit dieser Aufgabenstellung zT recht schwer zu tun scheinen (vgl. *Halding-Hoppenheit* RNotZ 2005, 311 [319 ff.], die auch dazu Stellung nimmt, ob eine Vollmacht im Erbvertrag die Rücknahme aus der amtlichen Verwahrung ausschließt, was sie – S. 328 – verneint; abratend auch Bengel/Reimann/*Bengel/Dietz* § 1 Rn. 46 f.).

Ohne dass an dieser Stelle auf Einzelheiten eingegangen werden soll, muss beachtet werden, dass von der hM die **Testamentsvollstreckung** in einigen Bereichen des **Gesellschaftsrechtes** für unzulässig gehalten wird. Als **Ersatzlösung** kommt die Erteilung einer **Vollmacht** an die als TV gedachte Person in Betracht, möglicherweise kombiniert mit Auflagen und/oder Bedingungen (im Einzelnen → Form. G.II.2, → Form. G.IX.).

aa) Person des Vertretenen. Nach dem **Tode** des Vollmachtgebers **vertritt** der **Bevollmächtigte** die **Erben,** auch wenn er seine Vollmacht nicht von den Erben, sondern vom Erblasser herleitet; dies ergibt sich aus dem Grundsatz der Universalzession. Dem steht nicht entgegen, dass es sich bei der postmortalen Vollmacht möglicherweise ab dem Todesfall um keine Vollmacht in eigentlichem Sinne mehr handelt, sondern um eine Art Rechtscheinsvollmacht (so *Zimmermann* Rn. 191). Allerdings bezieht sich die **Vollmacht nur** auf den **Nachlass,** nicht auf das andere Vermögen der *Erben* (ganz hM vgl. zB Bengel/Reimann/*Bengel/Dietz* § 1 Rn. 48; Palandt/*Weidlich* BGB Einf v § 2197 Rn. 10; *Sagmeister* MittBayNot 2013, 107 [108]; aA *Grunewald* ZEV 2014, 579 [583]). Der Bevollmächtigte kann mithin alle Rechtsgeschäfte so vornehmen, **wie** sie der **Erblasser selbst** hätte tätigen können. Demgemäß soll es möglich sein, dass der Bevollmächtigte nicht nur sachliche Grenzen, die sich aus der Verfügung von Todes wegen ergeben, wie zB die **Beschränkungen** aus einer Nacherbschaftsanordnung oder einer Testamentsvollstreckung, zu **überwinden** vermag, sondern auch persönliche Einschränkungen, wie zB Geschäftsunfähigkeit und Minderjährigkeit seitens eines Erben oder Vermächtnisnehmers mit der Folge, dass gerichtliche Genehmigungen nicht erforderlich wären. Auch sollen bei entsprechender Befreiung In-sich-Geschäfte möglich sein und im Gegensatz zur Testamentsvollstreckung auch unentgeltliche Geschäfte (so die hM vgl. zB MAH Erbrecht/*Lorz* § 20 Rn. 30; Nieder/Kössinger/*R. Kössinger* § 15 Rn. 95; Bengel/Reimann/*Bengel/Dietz* § 1 Rn. 49 f.; Bonefeld/Mayer/*J. Mayer* § 15 Rn. 7 f.; *Weidlich* ZEV 2016, 57 ff.; *Amann* MittBayNot 2013, 387 jeweils mwN).

bb) Maßstäbe im Innenverhältnis. Was für das Außenverhältnis möglich ist, ist jedoch nicht unbedingt auch zulässig; denn die Frage, nach **welchen Maßstäben** sich das **Innenverhältnis** richtet, ist nicht so eindeutig zu beantworten. Aus dem Aspekt, dass die Rechtsnachfolge auch in das der Vollmacht zugrunde liegende Rechtsverhältnis – idR ein Auftrag und nicht nur ein Gefälligkeitsverhältnis (*Grunewald* ZEV 2014, 579 [581]) – erfolgt, schließt die wohl hM dass der Wille und die Interessen des Erblassers vorrangig seien. Obwohl er die Erben vertrete, brauche der Bevollmächtigte vor einer Vertretung keine Rückfrage bei dem Erben zu halten, um dessen Zustimmung einzuholen (so zB Nieder/Kössinger/*R. Kössinger* § 15 Rn. 95) oder ihn auch nur zu informieren, um ihm Gelegenheit zu einem Widerruf der Vollmacht zu geben, was auch für unentgeltliche Zuwendungen gelte (MAH ErbR/*Lorz* § 20 Rn. 31 mwN). Etwas anderes gelte nur, wenn die Auslegung der Vollmachtserteilung ergebe, dass nach dem Tod des Erblassers die Pflichten aus dem Innenverhältnis auf die Erben ausgerichtet sein sollten (MAH ErbR/*Lorz* § 20 Rn. 32). Die Frage ist von erheblicher praktischer Bedeutung insbes. auch für die Banken, wenn es etwa darum geht, ein vom Erblasser abgegebenes **nicht formgerechtes aber heilbares Schenkungsversprechen** unter Lebenden durch Vollzug zur Erfüllung zu bringen; um diese Problematik geht es besonders häufig (*Grunewald* ZEV 2014, 579 [582]). Konkretes Beispiel:

Der Erblasser hatte seinem Enkel wiederholt – allerdings nicht notariell beurkundet – versprochen, ihm im Falle einer erfolgreichen Promotion 10.000,00 EUR zu schenken.

Der Abschluss der Promotion verzögerte sich erheblich, der Erblasser verstarb zuvor und hatte aufgrund von Gebrechlichkeit und Krankheit vorher hohe Aufwendungen tätigen müssen, die sein Vermögen mehr als halbierten. Seine Tochter als Vorsorgebevollmächtigte (Generalvollmacht über den Tod hinaus) überwies nach erfolgreicher Promotion ihrem Sohn die volle Summe. Die Bank wurde von ihr über den Sachverhalt nicht informiert; der Miterbe, ihr Bruder, der auch vor vollendete Tatsachen gestellt wurde, reagierte „säuerlich". Er meinte, wenn der Vater die Promotion noch erlebt hätte, dann hätte er zumindest die Schenkungssumme im Hinblick auf seine Vermögensschmälerung halbiert, wenn nicht gar vom Vollzug gänzlich abgesehen.

cc) **Neuausrichtung der maßgeblichen Interessen mit dem Tod des Erblassers.** Gemäß *Weidlich* (ZEV 2016, 57 [60 f.]), *Amann* (MittBayNot 2013 367 [368]), *Sagmeister* (MittBayNot 2013, 107 [110 f.]) und *Grunewald* (ZEV 2014, 579 [581]), die sich in ihren Aufsätzen – teils anhand bereits in der Rechtsprechung entschiedener Fälle – vertieft mit der Problematik auseinandergesetzt haben, ist mit dem Tod des Erblassers von einer **Neuausrichtung** der Interessen des Auftragsgebers zu rechnen. Denn ein irgendwie geartetes Interesse des Erblassers gibt es nach dessen Tod nicht mehr, „der Erblasser ist tot!", so *Sagmeister* (MittBayNot 2013, 107 [110]), der weiter ausführt, es sei systematisch schwer nachzuvollziehen (und er meint wohl nicht nachzuvollziehen), wie ein Bevollmächtigter zwar im Namen der Erben, aber im Interesse des Erblassers tätig werden können soll. Gemäß allgemeinen **Grundsätzen des Auftragsrechts** kann der **Auftraggeber** – und das ist durch die **Universalzukzussion der Erbe!** – seine Weisungen bis zur Ausführung jederzeit ändern (Palandt/*Sprau* BGB § 665 Rn. 4). Eine **Bindung an frühere Weisungen gibt es nicht** (*Grunewald* ZEV 2014, 579 [581]). Wenn man das „historische Interesse" des Erblassers ohne Interventionsmöglichkeit seitens des Erben für maßgeblich hielte, könnte dies, wie *Sagmeister* (aaO S. 111 ff.) zeigt, unter bestimmten Umständen zu gleichsam untragbaren Ergebnisses führen. Der Erbe könnte **ohne einen – irgendwie gearteten – realisierbaren erbrechtlichen Anspruch und ohne Regressmöglichkeit „dastehen"**. Denn die Vorschriften, die den durch Erbvertrag oder durch gemeinschaftliches Testament bedachten Erben/Vermächtnisnehmer oder den Pflichtteilungsberechtigten in einem gewissen Umfang vor Verfügungen des Erblassers schützen sollen, setzen Aktivitäten des Erblassers zu seinen Lebzeiten voraus. Wegen des im **Erbschaftsteuerrecht** streng geltenden **Stichtagsprinzips** kann zu der durch den Erbfall bereits angefallenen **Erbschaftsteuer** durch postmortale Schenkungen **zusätzlich auch noch Schenkungsteuer anfallen**, die die Substanz, die der Erbe erhält, weiter aushöhlt (*Sagmeister* aaO S. 113). Auch wenn es sich bei letzteren um öffentlich-rechtlichen Normen handelt, sind diese unter dem Aspekt der Einheit der Rechtsordnung (vgl. dazu *Rüthers/Fischer/Birk* Rechtstheorie Rn. 145 ff., 270 ff., 744 ff. und insbes. 774 ff.) in die Auslegung einzubeziehen. „Es ist unjuristisch, ohne das Gesetz als Ganzes zu berücksichtigen, nach irgendeinem Teil desselben ein Urteil zu sprechen oder ein Gutachten zu erteilen", dieses galt bereits im Römischen Recht (Digesten 1.3.24 – Celsus, Übersetzung von *Behrends/Knütel/Kupisch/Seiler*). Die hier befürwortete Auslegung ist uE naheliegender als mit Analogien etwa zu §§ 2325 ff. BGB helfen zu wollen (zu diesem Ansatz vgl. *Sagmeister* aaO S. 112).

Im Beispielsfall hat die Bevollmächtigte demgemäß pflichtwidrig gehandelt; sie hat missachtet, dass das formunwirksame Schenkungsversprechen keinen Anspruch auf Erfüllung gewährte und die Berufung auf den Erblasserwillen ohne eine entsprechende Verfügung von Todes wegen ohne Grundlage war. Die Bevollmächtigte hätte eine neue Weisung einholen müssen. Zu diesem Ergebnis käme man auch, wenn man sich den Beispielfall ein wenig umdenkt: Hätte der Erblasser im Zeitpunkt der Promotionsabschlusses noch gelebt und wäre auch noch geschäftsfähig gewesen, so hätte die Bevollmächtigte ihn fragen müssen, ob er nach seinem Vermögensverlust noch an dem alten Schenkungsversprechen festhalten wollte. Schließlich soll ja der Versprechende bis zum

Vollzug „zurückrudern“ können (vgl. zum Normzweck Palandt/*Weidenkaff* BGB § 518 Rn. 1a). Im Falle der Geschäftsunfähigkeit hätte sie sich selbst diese Frage stellen und gemäß dem aktuellen Interesse ihres Vaters entscheiden müssen. Ein einfacher Rekurs auf das historische Interesse des Betroffenen wäre auf jeden Fall zu kurz gegriffen gewesen.

Der **Schutz des Erben** spielt sich jedoch grundsätzlich **nur im Innenverhältnis** ab. Wenn der Erblasser es anders wünscht, dh dass seinem Willen auch über seinen Tod verlässlicher hinaus Rechnung getragen wird, muss er die erbrechtlichen Instrumente nutzen (*Grunewald* ZEV 2014, 579 [581 f.]; ihr folgend *Weidlich* ZEV 2016, 57 [61]; *Sagmeister* aaO S. 111) Bei der Vollmacht trägt der Vertretene (der Erblasser oder der Erbe) das Risiko des Vollmachtsfehlgebrauchs oder gar Missbrauchs. Ihm bleiben „nur“ die Regressansprüche (vgl. dazu *Weidlich* ZEV 2016, 57 [61]) Es gibt eben nicht „Birnen und Äpfel von einem Baum“. Ein Durchschlagen auf das Außenverhältnis ist nur im Falle eines objektiv zu beurteilenden evidenten Missbrauchs zu bejahen. Dazu ist es notwendig, dass sich entsprechende massive Verdachtsmomente zeigen. Diese ergeben sich nicht von selbst bereits daraus, dass der Bevollmächtigte ein unentgeltliches oder ein In-sich-Geschäft tätigt (*Weidlich* aaO S. 60). In vielen Fällen werden die Erben ja auch die Wünsche des Erblassers respektieren, auch wenn sie es nicht müssten. Hier wäre es uE wünschenswert, wenn Banken oder Berater eines Bevollmächtigten diesen auf die Probleme insbes. die Verpflichtungen, die sich für ihn aus dem Innenverhältnis ergeben könnten, aufmerksam machen würden. Der oft zitierte „Wettlauf zwischen dem Bevollmächtigten und den Erben“ (MAH ErbR/*Lorz* § 20 Rn. 34) birgt eben eine Menge Risiken. Es kommt durchaus vor, dass gerade im Bereich der Vorsorgevollmachten Bevollmächtigte sich mit dem Vollmachtgeber/Erblasser „überidentifizieren“ und Veränderungen nicht wahrhaben wollen. Eine neue – regressträchtige – Verpflichtung soll hiermit jedoch nicht befürwortet werden (ähnlich *Sagmeister* aaO S. 110).

dd) Alleinerbe als Bevollmächtigter? So wie bei der Testamentsvollstreckung bestimmte Personen nicht mit Erfolg zum Testamentsvollstrecker berufen werden können (vgl. oben Ziff. 1. a)), stellt sich diese Problematik sinngemäß auch bei Vollmachten, die der Erblasser über seinen Tod hinaus erteilt hat. Hier ist umstritten, ob sie auch dann im Rechtsverkehr zu akzeptieren sind, wenn sie **einem Erben, insbes. dem Alleinerben oder dem alleinigen Vorerben**, erteilt sind. Teilweise wird es abgelehnt, sich auf sie einzulassen, im Wesentlichen mit dem Argument, sie seinen erloschen, **weil niemand sich selbst vertreten könne** (sog. Konfusion oder auch Konsolidation genannt; besser, wenn auch ungebräuchlich: Koinzidenz). So haben etwa das OLG Hamm (DNotZ 2013, 689) und das OLG München (DNotI-Report 2016, 163) den Grundbuchvollzug in Fällen abgelehnt, in denen der Beteiligte zugleich als Alleinerbe und als Bevollmächtigter handelte. Dabei wird – wohl überwiegend aber nicht einhellig – vertreten, dies gelte nicht für den Miterben als Bevollmächtigten, weil die Struktur der Erbengemeinschaft mit ihrer gesamthänderischen Ausprägung dieses verhindere und auch dann nicht, wenn mit der Vollmacht Einschränkungen (zB Testamentsvollstreckung/Vor- und Nacherbschaft) in der Rechtsstellung des Alleinerben überwunden werden sollten (so etwa OLG Schleswig RNotZ 2015, 85; obiter auch OLG Hamm DNotZ 2013, 689). Weiter dürften mittels einer Vollmacht die Kontrollrechte des Nacherben nicht ausgehebelt werden. Zugestanden wird jedoch, dass der Bevollmächtigte bei Ausübung der Vollmacht nicht verpflichtet ist, sich zu informieren, ob der Vollmachtgeber noch lebt. Er soll sogar berechtigt sein, auch dann, wenn er weiß, dass er Alleinerbe geworden ist, den sich aus der Vollmachtsurkunde (Urschrift oder Ausfertigung) ergebenden Rechtsschein als Legitimierung zu nutzen. Auch die Partner auf der anderen Seite des rechtlichen Geschehens sollen nicht verpflichtet sein, auf der Seite des Bevollmächtigten nachzuforschen, ob dieser nicht etwa Alleinerbe oder auch nur Miterbe geworden ist, mit der Folge des ganzen oder vielleicht auch teilweisen Erlöschens der Vollmacht. Die Miterben müssten auch nicht benannt werden. Dem Grundbuchamt wird sogar im Rahmen des § 40 GBO, wo die anstehende

Problematik häufig bedeutsam wird, die Berechtigung zur Nachforschung abgesprochen. Nur **positives Wissen von der Koinzidenz soll die Akzeptanz der Vollmacht beim Grundbuchamt** hindern (zur Frage, ob bei Verkauf einer Immobilie mit dazu erforderlicher Eintragung einer Finanzierungsgrundpfandrechtes die Gestaltung ohne Voreintragung der Erben erfolgen kann → Form. J.V.1 Anm. 1). Im Hinblick auf die genannte Rechtsprechung wird im Schrifttum der irritierende Ratschlag gezogen: „Schweigen ist Gold!" (so zB *Keim* aaO; Bengel/Reimann/*Bengel/Dietz* § 1 Rn. 51 f.; Bonefeld/Mayer/*J. Mayer* § 15 Rn. 9; *Amann* MittBayNot 2013, 367 ausdrücklich gegen *Bestelmeyer* notar 2013, 147 [159 ff.], dem er vorwirft, ein Sonderrecht der transmortalen und portmortalen Vollmacht zu kreieren, wonach das Grundbuchamt verpflichtet sein soll, ohne konkrete Anhaltspunkte Nachweise ihres Nichterlöschens zu fordern sowie Nachweise, dass zu den Erben und Nacherben kein beschränkt Geschäftsfähiger zählt). Damit verursacht die OLG-Rechtsprechung letztlich verfehlte Anreizwirkungen; der Rechtsverkehr hat ein Interesse an weitgehender Transparenz, nicht an Verschleierung (*Herrler* DNotZ 2017, 508 [516 f.]).

Dieses mutet eigenartig an: geradezu sprichwörtlich ist der Ehrliche der Dumme. Wer sein Gegenüber vollständig informiert, damit sich dieser ein eigenständiges Gesamturteil bilden kann, wird benachteiligt: Er muss möglicherweise mehr Zeitaufwand einsetzen und hat auch idR noch höhere Kosen, denn die Kosten für den Erbnachweis mittels Erbschein werden regelmäßig – wenn auch nicht immer – höher sein als die Grundbuchkosten, zumal der Erbschein lediglich für Grundbuchberichtigungszwecke weggefallen ist (vgl. OLG München MittBayNot 2017, 138 Rn. 29; weiter *Zimmermann* Rn. 7 und *Weidlich* ZEV 2016, 57 [64]). Das fördert nicht die Sympathie mit dem Rechtsstaat. Es wäre zudem auch sachlich ungerechtfertigt, den bevollmächtigten Alleinerben – immerhin offenbar die primäre Vertrauensperson des Erblassers – schlechter zu stellen als einen bevollmächtigten Dritten (*Herrler* DNotZ 2017, 508 [524]).

Wie kommt man nun aus diesem Dilemma heraus? Für den privaten Rechtsverkehr werden sich kaum Probleme ergeben, weil dort die eigenständige Legitimität bzw. der sich aus der Vollmachtsurkunde ergebende Rechtsschein ausschlaggebend sind. Probleme gibt es jedoch in formalisierten Verfahrensrechtsordnungen, wobei der Anwendungsbereich des § 40 GBO der Klassiker zu sein scheint. Eine schlüssige Theorie liefert insoweit *Amann* (MittBayNot 2013, 367): Trotz der Konfusion (Koinzidenz) gebe es einen **materiellen Restbestand der Vollmacht**: Es verbleibe eine **Ermächtigung** zu Verfügungen; dogmatisch beruhe die Ermächtigung auf § 185 BGB, und Verpflichtungen könne der Erbe kraft eigenen Rechts eingehen. *Herrler* (DNotZ 2017, 508 [520 f.]) weist insofern zu Recht darauf hin, dass dem Gesetz auch sonst Fortbestandsfiktionen nicht fremd sind (vgl. zB § 2143 BGB).

Eine andere Betrachtungsweise legt den Fokus auf die Auslegung des § 40 GBO: Das Grundbuchamt könne nur solche Nachweise verlangen, die zu der beantragten Grundbucheintragung erforderlich seien, dh die **Erbfolge müsse für die Entscheidung des Grundbuchamtes über die Grundbucheintragung bedeutsam sein**. Wenn sich die Verfügungsmacht ausschließlich entweder aus der Erbenstellung oder aus der Vollmacht ergebe (maW die Situation vorliegt: Tertium non datur – ein Drittes gibt es nicht und dass damit die konkrete Grundbucheintragung ohne Bedeutung ist) sei dem nichts mehr hinzuzufügen und folglich ein Erbnachweis entbehrlich (vgl. *Weidlich* ZEV 2016, 57 [63]). Es sei **widersprüchlich** wie das OLG München (MittBayNot 2017, 140 Rn. 16 aE und MittBayNot 2017, 142 Rn. 29 f.) **denselben Vortrag als wahr zu unterstellen**, um die Legitimation des Bevollmächtigten abzulehnen und ihn **andererseits als nicht nachgewiesen** zu betrachten, um die Verfügungsbefugnis zu verneinen (*Keim* MittBayNot 2017, 111 [113]; *Herrler* DNotZ 2017, 508 [531 f.]; zur Problematik vgl. weiter auch den Beschluss des OLG München MittBayNot 2017, 138). Dem ist uE zu folgen. Noch mehr Nachweisstringenz fordert § 40 GBO nicht; im Rahmen dieses Paragraphen gibt es keinen voll-

ständigen Nachweistypenzwang (vgl. *Böttcher* NJW 2018, 831 [835]); Logik ist auch im Grundbuchverfahrensrecht nicht verboten. UE erübrigt es sich deshalb auch, eine Hierarchie anzugeben, wonach der Bevollmächtigte erklärt, primär als solcher und nur subsidiär im eigenen Namen zu handeln, sollte er denn Alleinerbe sein (so aber wohl *Herrler* DNotZ 2017, 508 [518 f., 526]).

Um die Frage zu beantworten, ob eine **Vollmacht auch den Nacherben zu binden** vermag und zwar auch dann, wenn sie den alleinigen Vorerben erteilt ist (was in der Tat unter den im Erbrecht angelegten strukturellen Kontrollmechanismen, die nicht nur im Innenverhältnis greifen, befremdlich anmutet), hilft eine Rückbesinnung auf die Machtmöglichkeiten, welche die Vollmacht bereits zu Lebzeiten des Erblassers eröffnete. Hier entspricht die Rechtsmacht des Bevollmächtigten die Erben zu binden der Rechtsmacht eines prämortal Bevollmächtigten den Vollmachtgeber (= Erblasser) zu binden (*Amann* MittBayNot 2013, 367; ihm folgend *Weidlich* ZEV 2016, 57 [64]) und in dieser **Universalsukzession steht auch der Nacherbe.** Dieser ist bekanntermaßen Erbe des „Ausgangserblassers" und nicht des Vorerben. Für Rechtsfragen im Umkreis der Vollmacht ist deshalb diese Beziehung entscheidend und nicht die Frage, welche Kontrollmöglichkeiten das Erbrecht dem Nacherben im Verhältnis zum Vorerben eröffnet. Daraus folgt, dass ein vom Erblasser Bevollmächtigter – bei entsprechender Ausgestaltung der Vollmacht im Übrigen – den Nacherben auch dann vertreten kann, wenn er alleiniger Vorerbe ist. Einen Mittelweg schlägt *Keim* (DNotZ 2008, 175 [181]) vor: Unabhängig davon, ob der Bevollmächtigte alleiniger oder Mit-Vorerbe ist, soll die Vertretungsmacht bei dieser Situation nur bis zur endgültigen Klärung der Erbenstellung bestehen. Bis zu diesem Zeitpunkt werde der Bevollmächtigte wegen der unsicheren Rechtssituation größere den Nachlass betreffende Dispositionen vermeiden, so dass eine Umgehung der Grenzen der zulässigen Befreiungsmöglichkeiten, wie sie gemäß § 2136 BGB gezogen sind, nicht zu befürchten sei.

ee) Hinweise für die Beratungspraxis. Für die **Beratungspraxis** bedeutet dieses, dass die **Bevollmächtigung eines Alleinerben** – sei er unbeschränkt oder durch Nacherbschaft beschränkt – den damit bezweckten Erfolg möglicherweise nicht bewirken kann und zumindest der Vollmachtgeber/Erblasser **darauf hingewiesen werden sollte**; uU ist es ratsam, einer Person, die nicht Erbe ist, eine Vollmacht zu erteilen – allerdings dann mit all den sich daraus ergebenden Risiken.

Weiter kann es empfehlenswert sein, wegen der Akzeptanzproblematik der Vollmacht insbes. bei den Grundbuchämtern auf mögliche Zeitverzögerungen aufmerksam zu machen und uU vorsorglich einen geeigneten Erbnachweis oder die Zustimmung der Nacherben zu besorgen. Rechtsprechung liegt zu diesem speziellen Problem der Bevollmächtigung des Vorerben – soweit ersichtlich- noch nicht vor.

Auch hier sind natürlich die sich aus dem **Innenverhältnis** ergebenden **Einschränkungen zu beachten**, worauf der Vorerbe/Bevollmächtigte hingewiesen werden sollte, auch wenn nach hier vertretener Auffassung keine solche Verpflichtung bestehen dürfte. Grundsätzlich und zum Teil sehr kritisch gegenüber der Vollmachtspraxis – schlagwortartig: Umgehung insbes. erbrechtlicher Vorschriften – äußert sich *Bestelmeyer* (Rpfl. 2012, 666 [678] und notar 2014, 147).

ff) Verhältnis des Testamentsvollstreckers zum Bevollmächtigten. Die Auslegung der Vollmacht und die der Verfügung von Todes wegen geben auch – eine mehr oder weniger schwierig zu erschließende – **Auskunft** darüber, wie die **Rechte und Pflichten** des **Bevollmächtigten** und des **Testamentsvollstreckers** zueinander stehen und voneinander abzugrenzen sind. Notwendig ist eine umfassende Auslegung beider Urkunden (OLG München FG Prax 2012, 14, wobei es sich um notarielle Urkunden handelte). Das OLG betonte, das Grundbuchamt sei dazu auch dann verpflichtet, wenn die Rechtsfragen schwierig seien. Dabei seien auch außerhalb der Urkunden liegende Umstände zu berück-

sichtigen, sofern sie sich aus öffentlichen Urkunden, etwa den beigezogenen Nachlassakten, ergäben.

Hier kann von Bedeutung sein, welche Anordnung der anderen folgt. Aus den **Begleitumständen** kann sich ergeben, dass die **zeitlich spätere** die **vorherige modifiziert. Klarheit** lässt sich aber nur schaffen, wenn eine **Aussage** zu der früheren Anordnung getroffen wird oder diese entsprechend angepasst wird. Dieses ist gerade im Hinblick auf die vielfach erteilten Vorsorgevollmachten, die in ihrem vermögensrechtlichen Teil häufig als Vollmacht über den Tod hinaus ausgestaltet sind, zu bedenken. Ist die Vollmacht nicht der Person erteilt, die auch mit der Testamentsvollstreckung betraut ist, kann es zu Konflikten zwischen ihnen kommen. Bei fehlerhaftem Gebrauch der Vollmacht kommt ein Widerruf derselben durch die Erben, möglicherweise auch durch den Testamentsvollstrecker in Frage. Auch dieses richtet sich nach den Auslegungsergebnissen der jeweiligen diesbezüglichen Willenserklärungen, wobei insbesondere auch das der Vollmacht zugrunde liegende Rechtsverhältnis in die Überlegungen einzubeziehen ist. Man wird wohl nicht sagen können, dass in dem Bereich, in dem der Testamentsvollstrecker sein Amt ausübe, dieser stets die Erben repräsentiere und somit etwa die einem Miterben durch den Erblasser erteilte Vollmacht widerrufen könne (für eine den Testamentsvollstrecker begünstigende „im-Zweifel-Regelung" wohl Staudinger/*Reimann* BGB § 2211 Rn. 12 und Vorb. zu 2197–2228 Rn. 80, dieses relativierend jedoch in Rn. 81; DNotIReport 1998, 171). Es ist ebenso gut vorstellbar, dass der Erblasser die Befugnisse des Testamentsvollstreckers einschränken oder leichter kontrollierbar gestalten wollte und deshalb die Position eines Erben durch Vollmacht stärken wollte, so dass man **nicht einfach** den **Vorrang des einen Rechtsinstitutes gegenüber dem anderen** erklären kann (Bengel/Reimann/*Bengel/Dietz* § 1 Rn. 36–41; *Winkler* Rn. 253; Palandt/*Weidlich* BGB Einf. vor § 2197 Rn. 12). In vielen Fällen werden Bevollmächtigte und Testamentsvollstrecker jedoch dieselbe Person sein.

gg) Widerruflichkeit oder Unwiderruflichkeit der Vollmacht. Grundsätzlich ergibt sich die **Widerrufbarkeit** oder **Nichtwiderrufbarkeit der Vollmacht** aus dem der Vollmacht zu Grunde liegenden Rechtsverhältnis. Ein Widerruf kann, wenn er gegen die aus Grundverhältnissen sich ergebenden Pflichten verstößt, eine unzulässige Rechtsausübung und damit unbeachtlich sein. Ob man bei einer Vollmachtserteilung, bei der sich die grundsätzliche Unwiderrufbarkeit aus dem konkreten Grundverhältnis ergibt, in den Text das Wort „unwiderruflich" aufnimmt, erscheint wegen der stets vorhandenen Möglichkeit, die Vollmacht aus wichtigen Grund zu widerrufen, eher fraglich; es wird dennoch oft empfohlen. In der Praxis wird dieses Wort manchmal geradezu gesucht und man erspart sich Schwierigkeiten, wenn man es hineinformuliert, ohne den wichtigen Grund als Ausnahme „mitzuformulieren". Dennoch ist weiter festzuhalten: **Jede Vollmacht** ist aus **wichtigem Grund widerrufbar.** Durch eine Vollmachtserteilung kann keine über die im Schuldrecht vorhandenen Grenzen, die vor übermäßiger oder gar ewiger Bindung schützen sollen, hinausreichende Bindung bewirkt werden. Nochmals zu betonen bleibt insbesondere: eine **abstrakte** – isolierte – **Generalvollmacht** ist **prinzipiell widerrufbar,** was jedoch nicht mit willkürlicher Widerrufbarkeit gleich zu setzen ist; denn es gibt kein Rechtsverhältnis, das eine Vollmacht zur unbeschränkten Vertretung eines Beteiligten durch einen anderen in allen Rechtsangelegenheiten einschließt. Eine Unwiderruflichkeitsklausel würde auch zu einer Selbstknebelung oder einer Knebelung der Erben führen und damit gegen § 138 BGB verstoßen (MüKoBGB/*Schramm* § 168 Rn. 20 ff., 30 ff.).

hh) Hinweis auf „Exkurs Vergütung". In Ergänzung zur allgemeinen Checkliste sei nochmals hervorgehoben: Wenn der Testator diesen Anspruch nicht ausschließt oder modifiziert, hat der Testamentsvollstrecker einen Anspruch auf eine **angemessene Vergütung,** so das **Gesetz** (§ 2221 BGB). Hier liegt ein beachtliches Konfliktpotential, weil auf beiden Seiten höchst unterschiedliche Erwartungshaltungen bestehen können. So mancher Erbe meint, der Freund des Erblassers müsse es besonders billig machen und manch ein Testamentsvollstrecker wird in Versuchung geführt. Häufig ist auch gar nicht

bekannt, dass das Gesetz prinzipiell eine Vergütung vorsieht. Aus diesem Grunde gehören in jede Verfügung von Todes wegen, die eine Testamentsvollstreckung enthält, Bemerkungen/Regelungen zur Vergütung des Testamentsvollstreckers. Diese sind zu jedem Formular hinzuzufügen. **Kriterien,** anhand derer ein Gespräch über die **angemessene Vergütung** geführt werden kann, sind in dem unter e) folgenden **„Exkurs"** dargestellt.

d) Verhältnis des Testamentsvollstreckers zum Nachlassverwalter bzw. Insolvenzverwalter

aa) Nachlassinsolvenz. Ist ein Nachlass überschuldet oder könnte dies der Fall sein, kann ein Erbe – abgesehen von der nur ihm persönlich zustehenden Möglichkeit der Ausschlagung, für die die Sondervorschrift des § 83 InsO gilt – seine Haftung auch durch Antrag auf Nachlassverwaltung (§§ 1975 ff. BGB) oder Eröffnung eines Nachlassinsolvenzverfahrens beschränken (§ 1980 BGB, §§ 11 Abs. 2 Nr. 2, 315–331 InsO). Das Nachlassverwaltungsverfahren kommt bei unübersichtlichem Nachlass in Betracht, hat der Erbe jedoch Kenntnis von der Zahlungsunfähigkeit des Nachlasses oder dessen Überschuldung, ist er gemäß § 1980 BGB verpflichtet, die Eröffnung des Nachlassinsolvenzverfahrens zu beantragen. Nach hM hat auch der für die **ganze Erbschaft** berufene Testamentsvollstrecker ein **Antragsrecht** (§ 317 Abs. 1 InsO), jedoch **keine Antragspflicht,** kann sich aber schadensersatzpflichtig machen, wenn er untätig bleibt; denn in einem solchen Verhalten könnte eine Pflichtwidrigkeit liegen, zB dann, wenn mangels ausreichender Informationen durch den Testamentsvollstrecker der Erbe es versäumte, entsprechende Anträge rechtzeitig zu stellen, der Erbteilsvollstrecker hat dagegen wegen der gesamthänderischen Bindung kein eigenständiges Antragsrecht (Bengel/Reimann/*Schaub* § 4 Rn. 270 ff., 280 ff., *Klumpp* Kap. 5 Rn. 503 f.; aA *Winkler* Rn. 170: Antragspflicht des für die ganze Erbschaft berufenen Testamentsvollstreckers).

Eingeleitete **Verfahren beenden** das Amt des Testamentsvollstreckers **nicht,** es wird nur zurückgedrängt, soweit die Funktionen des Nachlass- oder Insolvenzverwalters reichen. So bleiben etwa die Kontrollrechte des Testamentsvollstreckers erhalten; vorstellbar ist auch noch, dass die Testamentsvollstreckung weiter für insolvenzfreies Vermögen besteht (*Winkler* Rn. 173). Sind mehrere Testamentsvollstrecker berufen, können diese nur einheitlich handeln, notfalls muss eine Entscheidung des Nachlassgerichtes erwirkt werden (Bengel/Reimann/*Schaub* § 4 Rn. 280).

Durch § 316 Abs. 1 InsO wird klargestellt, dass es für die Eröffnung des Nachlassinsolvenzverfahrens nicht darauf ankommt, ob der Erbe die Erbschaft bereits angenommen hat, durch § 316 Abs. 3 InsO, dass es keine Erbteilsinsolvenz gibt. Aus § 11 Abs. 2 Nr. 2 InsO ergibt sich letztlich auch, dass die Rechtsprechung zur Rechtsfähigkeit/Insolvenztätigkeit anderer Gesamthandgemeinschaften (insbes. zur Gesellschaft Bürgerlichen Rechts) nicht auf die Erbengemeinschaft übertragen werden kann. Als Haftungsmasse ist nur der Nachlass Gegenstand des Insolvenzverfahrens. Da Nachlassinsolvenzverfahren in der Praxis relativ selten vorkommen (MAH ErbR/*Wiester* § 25 Rn. 1) wird hier auf die weitere Darstellung der Rechte und Pflichten und der Masseverbindlichkeiten verzichtet und zB verwiesen auf *Zimmermann* Rn. 643 ff. und 785 ff.; (ausführlich *Wiester* aaO).

bb) Erbeninsolvenz. Wurde über das Vermögen des Erben – auch eines unter mehreren – ein Insolvenzverfahren eröffnet, sei es vor oder nach dem Erbfall, stellt sich zunächst die Frage, ob die einer Testamentsvollstreckung unterliegende Erbschaft im Hinblick auf die Vorschrift des § 2214 BGB überhaupt in die Insolvenzmasse fällt; denn nach dem Wortlaut dieser Vorschrift können Gläubiger, die nicht zu den Nachlassgläubigern gehören, sich nicht an die der Verwaltung der Testamentsvollstreckung unterliegenden Gegenstände halten. So war denn auch die Massezugehörigkeit des Nachlasses bei angeordneter Testamentsvollstreckung zT schlicht generell verneint worden

(vgl. die Nachweise in BGH ZEV 2006, 405 unter Rn. 8). Dem ist der BGH in Einklang mit einem großen Teil der Literatur (vgl. BGH aaO mit Nachweisen) nicht gefolgt, vielmehr bilde dann der **Nachlass** eine **Sondermasse,** aus der nur etwaige Nachlassgläubiger zu befriedigen sind. Das **Insolvenzverfahren** über das Gesamtvermögen des Erben bedeutet **nicht,** dass die **Testamentsvollstreckung erlischt,** der Insolvenzverwalter tritt nur an die Stelle des Erben, muss somit auch die den Erben treffenden Verfügungsbeschränkungen gegen sich gelten lassen und Gläubiger des Erben können wegen § 2214 BGB bis zur Beendigung der Testamentsvollstreckung keine Befriedung aus den der Testamentsvollstreckung unterliegenden Vermögenswerten verlangen. Deshalb kann auch der Insolvenzverwalter bis zur Beendigung der Testamentsvollstreckung den Nachlass nicht verwerten, sondern erst danach (so auch Bengel/Reimann/*Klumpp* § 5 Rn. 501 f., 517; *Winkler* Rn. 474). Hiervon profitieren uU nicht nur der oder die Erben, sondern auch die Nachlassgläubiger.

Klagen auf Erfüllung von Verbindlichkeiten, die von Nachlassgläubigern erhoben werden, sind gegen den Insolvenzverwalter zu richten. Nur wenn er an die Stelle des Erben tritt, kann er die Berechtigung der Ansprüche prüfen, und so letztlich die Insolvenzmasse schützen – nach Beendigung der Testamentsvollstreckung kommt ja uU noch ein Zugriff auf das Erbe in Betracht. Dies gilt auch für Pflichtteilsansprüche, § 2213 Abs. 1 S. 3 BGB ist nicht analog anwendbar, denn dann würde die dem Insolvenzverwalter zugestandene Prüfungsmöglichkeit wertlos (BGH aaO mit zustimmender Anm. *Siegmann,* der jedoch noch weiter differenziert: War die Insolvenz bereits vor dem Erbfall eröffnet, soll es an der Passivlegitimation des Insolvenzverwalters fehlen und ein Titel gegen den Erben persönlich notwendig sein). Um in den der Testamentsvollstreckung unterliegenden Nachlass die Zwangsvollstreckung betreiben zu können, bedarf es dann noch eines Duldungstitels gegen den Testamentsvollstrecker; § 2213 Abs. 3 BGB, § 748 Abs. 3 ZPO (vgl. dazu *Winkler* Rn. 440). Nach Auffassung des BGH (ZEV 2006, 405 Rn. 34) ist die Zahlungsverpflichtung/Verurteilung wegen Pflichtteils- und Pflichtteilsergänzungsansprüchen auf das Sondervermögen des Nachlasses zu beschränken. Feststellung des Anspruchs zur Tabelle kann verlangt werden, wenn der Anspruch bereits vor Eröffnung des Insolvenzverfahrens erworben wurde. Befriedigung aus der Insolvenzmasse kann aber nur verlangt werden, wenn auf die Verwertung des Nachlasses verzichtet wird, oder der Erlös nicht zur vollständigen Befriedigung ausreicht (BGH aaO Tz 35).

Zu den Schutzwirkungen einer lebenslangen Testamentsvollstreckung, gegebenenfalls mit einer unbefreiten Vorerbschaft kombiniert, wird auf die Formulare zum sog. Behinderten- und Verschuldetentestament mit den dortigen Anmerkungen – auch zur Frage der Restschuldbefreiung und Freigabe von Nachlassgegenständen gemäß § 2217 BGB – verwiesen, weiter auf DNotI-Report 2006, 101.

e) Kosten der Testamentsvollstreckung und Vergütung des Testamentsvollstreckers

aa) Kosten. Da die Anordnung einer Testamentsvollstreckung regelmäßig im Zusammenhang mit einer Verfügung von Todes wegen erfolgt, die auch andere Anordnungen enthält, an die sie sich anschließt, fallen für die Anordnung der Testamentsvollstreckung in diesem Fall keine gesonderten Gebühren an. Etwas anderes kann sich allerdings ergeben, wenn die Testamentsvollstreckung in einer Änderungs- oder Ergänzungsurkunde angeordnet wird. Dann ist zunächst zu prüfen, inwieweit die Anordnung der Testamentsvollstreckung nur der Änderung oder Ergänzung folgt; in diesem Fall ist die Anordnung der Testamentsvollstreckung wohl ebenfalls nicht gesondert zu berücksichtigen. Beschränkt sich dagegen eine Verfügung auf die Anordnung der Testamentsvollstreckung, so ist nach § 36 Abs. 1 GNotKG iVm § 51 Abs. 2 GNotKG von 30 % vom

Bruttovermögen des Erblassers auszugehen (*Diehn* Notarkostenberechnungen Rn. 1231). Die Anordnung von Testamentsvollstreckung ist nach richtiger Auffassung eine vermögensrechtliche Angelegenheit (*Diehn* Notarkostenberechnungen Rn. 1229), so dass die Beschränkung von § 36 Abs. 2 GNotKG auf einen Geschäftswert von höchstens 1 Mio. EUR nicht gilt.

Wird durch Verfügung von Todes wegen nur die Person des Testamentsvollstreckers ausgewechselt, liegt eine nichtvermögensrechtliche Angelegenheit vor. Nach § 36 Abs. 2 GNotKG iVm § 65 GNotKG sollte in diesem Fall ein Geschäftswert von 10 % des Bruttovermögens des Erblassers angesetzt werden (*Diehn* Rn. 1236).

bb) Vergütung des Testamentsvollstreckers (1) Zivilrecht Das Gesetz enthält in § 2221 BGB nur eine einzige Vorschrift betreffend die Vergütung des Testamentsvollstreckers:

„Der Testamentsvollstrecker kann für die Führung seines Amtes eine angemessene Vergütung verlangen, sofern nicht der Erblasser ein anderes bestimmt hat".

(a) Daraus ergeben sich zunächst **Vorrang und Maßgeblichkeit** des **Erblasserwillens** und im Übrigen, wenn dieser keine Regelung getroffen hat, ein **Differenzierungsgebot** – Ungleiches darf nicht gleich behandelt werden. Dieses Differenzierungsgebot berührt sich mit dem Äquivalenzprinzip – schlagwortartig ausgedrückt: das Preis-Leistungsverhältnis muss stimmen (Bonefeld/Mayer/*J. Mayer* § 21 Rn. 18; Bengel/Reimann/*Eckelskemper* § 10 Rn. 6).

Die maßgeblichen Gesichtspunkte kann man etwa wie folgt zusammenfassen:

- Umfang und Wert des Nachlasses
- Besonderheiten der sich daraus ergebenden Tätigkeiten und Geschäfte
- Dauer der Testamentvollstreckung
- Einbringen besonderer Kenntnisse und Erfahrungen
- Zahl und Alter der Beteiligen
- Erfolg der Tätigkeit des Testamentsvollstreckers
- Steuerbelastung der Vergütung mit Umsatzsteuer (BGH NJW 1963, 487; BGH ZEV 2005, 22 [23]; KG NJW 1974, 752; *Winkler* Rn. 573, 660).

Der BGH erklärte in der zuletzt genannten Entscheidung ausdrücklich, dass eine **Wertgebühr** – Berechnung der **Vergütung nach Bruchteilen des Nachlasswertes – möglich** und im Grundsatz dem Rechtsfrieden und der Rechtssicherheit förderlich sei. Eine Orientierung ausschließlich am Zeiteinsatz (so MüKoBGB/*Zimmermann* § 2221 Rn. 17 f.; *Birck* S. 103 ff.) lehnt der BGH ab (ZEV 2005, 22, 24; zustimmend *Haas/Lieb* in der Anmerkung – ZEV 2005, 25). Für eine am Gegenstandswert orientierte Berechnung der Vergütung spricht, dass damit die Verantwortung des Testamentsvollstreckers deutlicher anerkannt wird und dass er mehr ein Repräsentant des Erblassers ist als ein bezahlter Arbeitnehmer (Staudinger/*Reimann* BGB § 2221 Rn. 31; Bengel/Reimann/*Eckelskemper* § 10 Rn. 11; *Lieb* Rn. 98 ff; *Haas/Lieb* Zerb 2002, 202 [203]). Ist die Testamentsvollstreckung **nicht gegenständlich beschränkt,** ist vom **Bruttowert** des Gesamtnachlasses auszugehen, wenn es auch zum Aufgabenbereich des Testamentsvollstreckers gehört, die Verbindlichkeiten des Erblassers zu regulieren (BGH NJW 1967, 2400 [2402]; inzwischen innerhalb der Befürworter der Wertgebühr im Grundsatz allgM, vgl. Staudinger/*Reimann* BGB § 2221 Rn. 33). Die Vorschrift des § 1836 Abs. 1 S. 3 BGB betrifft den Vormund und ist nicht analog anwendbar. Ob die Maßgeblichkeit des Bruttowertes uneingeschränkt gilt ist allerdings streitig; so wird vertreten, Angemessenheit ließe sich nur verwirklichen, wenn die Belange des Testamentsvollstreckers und der Erben in die Betrachtung Eingang fänden (*Lieb* Rn. 87, *Zimmermann* FS Damrau, 2007, 37 [59]). Es wird zB für unangemessen gehalten, wenn die Vergütung des Testamentsvollstreckers 30 % des Netto-Nachlasses überschreitet (MüKoBGB/*Zimmermann* § 2221 Rn. 17 a).

Hingegen betont das LG Köln (RNotZ 2007, 40 = BeckRS 2007, 4963), der Angemessenheitsbegriff sei ganz vorrangig an dem Vergleich der Arbeitsleistung zur Vergütungshöhe zu orientieren, was auch die Billigung des OLG Köln (RNotZ 2007, 548 mAnm

Eckelskemper) fand. Bei einer **Erbteilsvollstreckung** ist die **maßgebliche Bezugsgröße** der **Gesamtnachlass,** da sich der Pflichtenkreis des Testamentsvollstreckers nicht von sich aus auf den Erbteil beschränkt (BGH ZEV 2005, 22 [23] mit zustimmender Anmerkung von *Haas/Lieb* ZEV 2005, 25; aA OLG Celle Urt. v. 6.7.2017 – 6 U 117/16 nrk, NZB anhängig – bisher nicht veröffentlicht zitiert nach *Rott* Notar 2018, 43 [51] Fn. 74). Im Einzelfall wird man jedoch die Aufgabenstellung des Testamentsvollstreckers genau zu betrachten haben; es kann sich ergeben, dass die besonderen Schwierigkeiten, die sich aus einer Erbteilsvollstreckung ergeben, auch durch eine prozentuale Erhöhung der am Wert des Erbteils orientierten Vergütung ausgeglichen werden können (grundsätzlich für diesen Ansatz: *von Morgen* ZEV 1996, 170; *ders.* ZEV 1997, 117 und *Zimmermann* ZEV 2001, 334). Hinzuweisen bleibt noch darauf, dass in dem Beschluss des BGH (ZEV 2005, 22) der Gebührenabschlag möglicherweise nicht nur wegen des Gesichtspunktes der Erbteilsvollstreckung, sondern vielleicht auch mit Rücksicht auf die Stellung des Testamentsvollstreckers als Mittestamentsvollstrecker thematisiert wurde. Bei einer **reinen Vermächtnisvollstreckung** ist vom **Wert des Vermächtnisgegenstandes** auszugehen.

(**b**) Neben möglichen weiteren gegenständlichen Differenzierungen bietet sich eine **zeitliche Differenzierung** entsprechend der Dauer der Testamentsvollstreckung an. Hier wurde und wird auch noch zT versucht, dem Gesamtspektrum der Testamentsvollstreckung – von uU ganz kurzer Auseinandersetzungstätigkeit des Testamentsvollstreckers bis zur langdauernden Verwaltung eines Nachlasses – mit den Begriffen **„Konstituierungsgebühr, Verwaltungsgebühr und Auseinandersetzungsgebühr"** gerecht zu werden, teils auch darüber gestritten, wann die einzelnen Gebühren anfielen, wie sie voneinander abzugrenzen seien, gegebenenfalls sich wechselseitig beeinflussen könnten, und auch beklagt, dass es insoweit keine gesicherten Erkenntnisse gäbe (*Klingelhöffer* ZEV 1994, 118). Hier hilft der Grundgedanke weiter, dass **letztlich nur eine Gebühr** geschuldet wird und einzelne Betrachtungspunkte, auch wenn sie ein besonderes Schwergewicht aufweisen, nur einen Gesichtspunkt hinsichtlich der Angemessenheit bedeuten. Letztlich geht es um die Frage, welche **Typologien (Fallgruppen)** man entwickeln kann, um den Begriff der Angemessenheit transparenter und handhabbarer zu machen. Um die Komplexität zu reduzieren, bedarf es dazu gewisser Fixpunkte (Staudinger/*Reimann* BGB § 2221 Rn. 43; Bengel/Reimann/*Eckelskemper* § 10 Rn. 63 ff.; Bonefeld/Mayer/*J. Mayer* Rn. 54 in Rn. 58 mit dem Hinweis, dass man statt von Gebührenarten besser von Gebührenmerkmalen sprechen sollte, um Missverständnisse zu vermeiden). In der Literatur sind hierzu neben **typenbeschreibenden Fallgruppen** auch **Gebührentabellen** entwickelt worden, um von den wertenden Aussagen zu konkreten Zahlen zu kommen. Die einzelnen Gesichtspunkte, die man unterschiedlich systematisieren kann, werden im Folgenden in mehreren tabellarischen Übersichten dargestellt. Zu nennen ist zunächst die Tabelle, die der Verein für das Notariat in Rheinpreußen bereits im Jahre 1925 entwickelt hatte. Wegen ihrer prägenden Bedeutung wird sie im Folgenden wiedergegeben gemäß einer Veröffentlichung in JW 1935, 1831 = DNotZ 1935, 623:

Die „Rheinische Tabelle"

„Es wird empfohlen, als Gebühr für die Tätigkeit des Notars als Testamentsvollstrecker im Regelfall wie folgt zu berechnen:

RM Bruttowert		
1. bei einen Nachlasswert bis zu	20.000,–	4 %
2. darüber hinaus bis zu	100.000,–	3 %
3. darüber hinaus bis zu	1.000.000,–	2 %
4. darüber hinaus		1 %

Diese Sätze gelten für normale Verhältnisse und glatte Abwicklung. Folgt dagegen eine längere Verwaltungstätigkeit, zB beim Vorhandensein von Minderjährigen oder verursacht die Verwaltung eine besonders umfangreiche und zeitraubende Tätigkeit, so kann eine höhere Gebühr als angemessen erachtet werden, auch eine laufende, nach dem Jahresbetrag der Einkünfte zu berechende Gebühr gerechtfertigt sein."

Die Tabelle wurde dann später so angewandt, dass aus „RM" einfach „DM" wurde.

(c) Die Sätze dieser sogenannten „Rheinischen Tabelle" wurden in der Folgezeit vielfach als zu **niedrig bemessen kritisiert** (vgl. Bengel/Reimann/*Eckelskemper* § 10 Rn. 42 ff.). So schlug Erman/*Schmidt* § 2221 Rn. 7 vor, die „DM" wiederum nur in „EUR" umzuschreiben; auch wurde eine Reihe anderer Tabellen entwickelt (so von *Groll, Klingelhöffer, Tschischgale, Weirich, Möhring,* ferner die sogenannte Berliner Praxis, vgl. Bengel/Reimann/*Eckelskemper* Rn. 39 ff.; Bonefeld/Mayer/*J. Mayer* § 21 Rn. 34 ff.), von denen hier nur die sogenannte „Möhringsche Tabelle" und „Klingelhöffersche Tabelle" – eine Fortentwicklung der Möhringschen Tabelle – wiedergegeben werden:

„Möhringsche Tabelle"

Wert:	Vergütung
bis zu 10.225,84 EUR (20.000,– DM)	7,5 %
von dem Mehrbetrag bis zu 51.129,19 EUR (100.000,– DM)	5,4 %
von dem Mehrbetrag bis zu 51.1291,88 EUR (1 Mio. DM)	3,6 %
von dem Mehrbetrag bis zu 1.022.583,70 EUR (2 Mio. DM)	1,8 %
von dem darüber hinausgehenden Betrag	1,0 %

„Klingelhöffersche Tabelle"

Wert:	Vergütung
bis zu einem Betrag von 12.500,– EUR	7,5 %
bis zu einem Betrag von 25.000,– EUR	7,0 %
bis zu einem Betrag von 50.000,– EUR	6,0 %
bis zu einem Betrag von 100.000,– EUR	5,0 %
bis zu einem Betrag von 200.000,– EUR	4,5 %
bis zu einem Betrag von 500.000,– EUR	4,0 %
bis zu einem Betrag von 1.000.000,– EUR	3,0 %
von dem darüber hinausgehenden Betrag	1,0 %

(d) Den Versuch einer **Anpassung** der Gebührenansätze und die Entwicklung einer **differenzierten Fallgruppenbildung** gibt es in den Empfehlungen des Deutschen Notarvereins (notar 2000, 2 ff.; ZEV 2000, 181; www.dnotv.de) und in Bengel/Reimann/*Eckelskemper* Rn. 70, 82 ff. Bei diesen Tabellen wird zunächst von einem **Vergütungsgrundbetrag** ausgegangen, an den sich die **Differenzierungen** gemäß dem jeweiligen Schema anschließen.

DNotV-Empfehlungen (Neue Rheinische Tabelle)		Eckelskempersche Tabelle	
Wert:	**Vergütung**	**Wert:**	**Vergütung**
bis 250.000,– EUR	4,0 %	bis zu 50.000,– EUR	4,0 %
bis 500.000,– EUR	3,0 %	von dem Mehrbetrag bis zu 250.000,– EUR	3,0 %
bis 2.500.000,– EUR	2,5 %	von dem Mehrbetrag bis zu 1.250.000,– EUR	2,5 %
bis 5.000.000,– EUR	2,0 %	von dem Mehrbetrag bis zu 2.500.000,– EUR	2,0 %
über 5.000.000,– EUR	1,5 %	von dem darüber hinausgehenden Betrag	1,0 %

Fallgruppenbildung gemäß den Empfehlungen des DNotV
Abwicklungsvollstreckung

a) Aufwändige Grundtätigkeit	Konstituierung des Nachlasses aufwändiger als im Normalfall	Zuschlag von $^2/_{10}$ bis $^{10}/_{10}$	Fällig mit Beendigung der entspr. Tätigkeit
b) Auseinandersetzung	Aufstellung eines Teilungsplans und dessen Vollzug oder Vermächtniserfüllung	Zuschlag von $^2/_{10}$ bis $^{10}/_{10}$	Fällig mit der 2. Hälfte des Vergütungsgrundbetrages
c) Komplexe Nachlassverwaltung	Bei aus der Zusammensetzung des Nachlasses resultierenden Schwierigkeiten (Auslandsvermögen, Gesellschaftsbeteiligungen, Beteiligung an Erbengemeinschaften, Problemimmobilien, hohe oder verstreute Schulden, Rechtsstreitigkeiten, Besonderheiten wegen der Person der Beteiligten – Minderjährige, Pflichtteils-Berechtigte, Erben im Ausland)	Zuschlag von $^2/_{10}$ bis $^{10}/_{10}$ Zusammen mit dem Zuschlag nach d) idR nicht mehr als $^{15}/_{10}$ des Vergütungsgrundbetrages	Fällig wie vor
d) Aufwändige und schwierige Gestaltung	Bei Vollzug der Testaments- vollstreckung, die über bloße Abwicklung hinausgehen, zB Umstrukturierung, Umschuldung, Verwertung des Nachlasses.	Zuschlag von $^2/_{10}$ bis $^{10}/_{10}$ Zusammen mit Zuschlag nach c) idR nicht mehr als $^5/_{10}$ des Vergütungsgrundbetrages.	Fällig wie vor

e) Steuerangelegenheiten	Buchst. a) erfasst nur die Erbschaftsteuer, nicht jedoch die bereits vorher entstandenen oder danach entstehenden Steuern oder ausländische Steuerangelegenheiten. Soweit Steuerangelegenheit nur einzelne Nachlassgegenstände erfasst, bestimmt sich Zuschlag nur aus deren Wert, jedoch mit den og Prozentzahlen, die für den Gesamt-Nachlass gelten.	Zuschlag von $^{2}/_{10}$ bis $^{10}/_{10}$ des – Vergütungsgrundbetrags.	Fällig bei Abschluss der Tätigkeit.
Gesamtvergütung	Soll das Dreifache des Vergütungsgrundbetrages nicht überschreiten		

Dauervollstreckung

Normalfall	Verwaltung über den Zeitpunkt der Erbschaftsteuerveranlagung hinaus	$^{1}/_{3}$ bis $^{1}/_{2}$% jährlich des in diesem Jahr vorhandenen Nachlassbruttowerts oder – Wenn höher – 2 bis 4 % des jährlichen Nachlassbruttoertrages.	Fällig ist die Zusatzvergütung nach Ablauf d. üblichen Rechnungslegungszyklus, also idR jährlich.
Geschäftsbetrieb/Unternehmen	Übernahme und Ausübung bei Personengesellschaften, uU durch Vollrechtstreuhand, Tätigkeit als Organ einer Kapitalgesellschaft, GmbH & Co. KG, Stiftungen & Co., bei Ermächtigungstreuhand oder Handeln als Bevollmächtigter.	10 % des jährlichen Reingewinns. Branchenübliches Geschäftsführerbzw. Vorstandsgehalt und branchenübliche Tantieme.	Fälligkeit: wie branchenüblich bei solchen Zahlungen.
	Nur beaufsichtigende Tätigkeit (Aufsichtsrat, Beiratsvorsitz, Weisungsunterworfenheit der Erben)	Branchenübliche Vergütung eines Aufsichtssrats er. vorsitzenden bzw. Beiratsvorsitzenden.	Fälligkeit: wie branchenüblich bei solchen Zahlungen.

Fallgruppenbildung nach Eckelskemper

Fallgruppe	Beispiele	Zuschlagshöhe
A. Nachlassbezogene Erschwernisse		
1. Ungeordneter Nachlass	ungeordnete Unterlagen unvollständige Bank- unterlagen bzw. sons- tige Dokumente	Stundensätze für den zu- sätzlichen Aufwand
2. Vielgestaltiger Nachlass	zB Sammlungen als Nachlassgegenstand (Kunst, Münzen, Mine- ralien)	max. doppelte Vergütung idR begrenzt auf den spe- ziellen Nachlassgegenstand
3. Mit Rechtsproblemen be- lasteter Nachlass	Erbfallunabhängige Steuerprobleme Pro- zessführung	je nach Umfang und Bedeu- tung für den Nachlass
4. Auseinandersetzungsplan u. Vollzug; hierbei anfal- lende Gestaltungsauf- gaben	Vorbereitung eines Aus- einandersetzungsplans inkl. Bewertungspro- bleme	max. doppelte Vergütung idR begrenzt auf die betrof- fenen Nachlassgegenstände
5. Konstituierung und Ver- waltung bzw. Auseinan- dersetzung fallen aus- einander	Notwendigkeit neuer Bewertungen auf Grund Zeitablaufs seit der Konstituierung	max. doppelte Vergütung
6. Testamentsvollstreckung bei Unternehmen	a) beaufsichtigende Tä- tigkeit	a) Orientierung an der Vergütung von Aufsichtsratsmit- gliedern in der je- weiligen Branche
	b) geschäftsführende Tätigkeit	b) Orientierung an der Vergütung von Vorstandsmitglie- dern im betreffen- den Bereich evtl. Gewinnbeteiligung
B. Beteiligtenbezogene Erschwernisse		
1. Beteiligung Min- derjähriger, Be- treuter		Stundensätze für Sonder- aufwand
2. Vielzahl von Betei- ligten		Sonderaufwand von 125,– EUR per Beteiligten
3. Zerstrittene Erben/ Vermächtnisneh- mer	Schlichtungsbemühun- gen des TV Prozessführung unter den Beteiligten	Zuschlag je nach Streit- gegenstand und Zahl der Beteiligten

Bei Dauervollstreckung kommen 2 % bis 4 % der Jahreseinkünfte oder $^1/_3$% bis $^1/_2$% des Nachlassbruttowertes in Betracht (Bengel/Reimann/*Eckelskemper* § 10 Rn. 81).

Bei der Rheinischen Tabelle, der Möhring'schen Tabelle und der Eckelskemper'schen Tabelle erfolgt die Berechnung stufenweise, wie in der Tabelle jeweils angegeben. Die Gesamtsumme der auf die einzelnen Stufen anfallenden Beträge ergibt die Vergütung. Bei den Empfehlungen des Deutschen Notarvereins und bei der Klingelhöfferschen Tabelle wird die Vergütung aus dem jeweiligen Betrag abgelesen; sollte sich jedoch gemäß der vorgehenden Position ein höherer Betrag ergeben, ist dieser maßgeblich.

Den neuesten Vorschlag einer Tabelle hat *Zimmermann* (FS Damrau, 2007, 37 [60]) gemacht, der allerdings grundsätzlich, wie bereits gesagt, eine Zeitvergütung für die richtige hält; er befürwortet, wenn es denn schon eine Tabelle sein müsse, die Ansätze der alten Rheinischen Tabelle mit 12,5 zu multiplizieren. Dieser Faktor entspräche der Geldwertentwicklung. **Zuschläge** sollten die **Ausnahme** sein, allenfalls in 5–10 % der Testamentsvollstreckungen anzunehmen sein. Seine Tabelle sieht dann folgendermaßen aus:

Bei einen Nachlass bis 250.000,– EUR	4 %
darüber hinaus bis 1.250.000,– EUR	3 %
darüber hinaus bis 12.500.000,– EUR	2 %
darüber hinaus bis	1 %

jeweils zuzüglich Auslagen und Umsatzsteuer

Zur Frage von Vergütungsabzügen vgl. *Bengel/Reimann/Eckelskemper* § 10 Rn. 109 ff., 115 dortige Schemata.

Eine Übersicht der Auswirkungen der verschiedenen Tabellen auf die Höhe des Vergütungsergebnisses findet sich bei Bengel/Reimann/*Eckelskemper* in dem Schema unter Rn. 41. Dazu sei hervorgehoben, dass sich die Ergebnisse der hier vorgestellten Tabelle von der des DNotV bis zu dem Schwellenwert von etwa 4.000.000,– EUR nur wenig unterscheiden.

(e) Zu beachten und zu bedenken ist dabei: Anerkennung in der Rechtsprechung hatte zunächst einmal die alte Rheinische Tabelle gefunden (BGH NJW 1967, 2400 [2402]; OLG Köln NJW-RR 1994, 269 = ZEV 1994, 118), teilweise auch die Tabelle von *Tschischgale* (OLG Frankfurt OLG-Report 2000, 86) und auch die von *Möhring* (OLG Köln NJW-RR 1987, 1414).

In jüngerer Zeit hat das OLG Schleswig (ZEV 2009, 625; mAnm *Klumpp* MittBayNot 2010, 139; mAnm *Reimann* RNotZ 2010, 267; mAnm *Eckelskemper* RNotZ 2010, 242) die Neue Rheinische Tabelle in mehreren Fällen, die teils unveröffentlicht blieben, angewandt. Die Begründung, warum die Neue Rheinische Tabelle vorzugswürdig sein soll, erfuhr allerdings Kritik (vgl. Bengel/Reimann/*Eckelskemper*, 5. Aufl., § 10 Rn. 61. Darauf hat *Teschner* (SchlHA Teil A, 2014, 39 – 43 ff.) geantwortet: Der Senat habe die **Neue Rheinische Tabelle** – bei etwaigen anderen Tabellen sei das ebenso – **nur als Auslegungshilfe** für ein Annäherungsverfahren bei der Anwendung des § 2221 BGB betrachtet. Die kritischen Ausführungen dort betrachtet er als sehr gute **Ergänzung oder auch Kontrolle für die Anwendung der Neuen Rheinischen Tabelle.** Einer von der Rspr. entwickelten eigenen Tabelle bedürfe es nicht (aaO S. 45) Laut *Teschner* sind allerdings die älteren Tabellen zumindest teilweise überholt. Eine Tabelle mit einer Geltungsbedeutung ähnlich der Düsseldorfer Tabelle mit ihren „regionalen" Anpassungen im Familienrecht scheint also nicht in Sicht zu sein. Hinzuweisen bleibt noch auf Folgendes:

Die **Rechtsprechung** hat sich im Wesentlichen darauf **beschränkt,** zu überprüfen, ob die **festgesetzte Gebühr offensichtlich unangemessen** war. In seiner Entscheidung (ZEV 2005,

23 [24]) hat der BGH allerdings nur geprüft, ob der Tatrichter, der über die Vergütung zu entscheiden hatte, alle in Betracht kommenden Umstände erwogen und sein Ermessen nicht überschritten hat. *Haas/Lieb* äußern in ihrer Anmerkung zu diesem Beschluss deshalb die **Befürchtung,** dass die Auffassung des BGH so zu interpretieren sein könnte, dass **dem Testamentsvollstrecker selbst kein Ermessens – oder Beurteilungsspielraum** zugestanden sein könnte (ZEV 2005, 25). In diesem Sinne entschied denn auch das OLG Köln (RNotZ 2007, 548). Indessen ist es nicht sicher, ob damit die Rechtsprechung des BGH richtig verstanden wurde, denn dieser hatte von seiner Überprüfungssituation (Revisionsinstanz!) gar keine Veranlassung, zu dem Ermessens- oder Beurteilungsspielraum des Testamentsvollstreckers etwas zu sagen. Das OLG Schleswig ist indessen wohl so zu verstehen, dass dem Testamentsvollstrecker kein Ermessensspielraum zuzugestehen sei. Zur tatsächlichen Handhabung der Vergütung in Verfügungen von Todes wegen gibt es erstmals eine größere Untersuchung.

Im Rahmen seiner Dissertation hat *Rheinfeld* (Kurzdarstellung in Schiffer/Rott/Preus § 10 – von ihm selbst) wurden bei 88.000 eröffneten Verfügungen von Todes wegen aus dem Jahr 2004 in 2,1 % der Fälle eine Testamentsvollstreckung angeordnet. Nur in 30 % der Fälle gab es eine Regelung zur Vergütung und nur in 8 % der Fälle wurde auf eine der etablierten Tabellen Bezug genommen. Mit *J. Mayer* (Bonefeld/Mayer § 21 Rn. 47) ist also nach dem gegenwärtigen Stand eine praktische Dominanz einer der neueren Tabellen nicht feststellbar.

(f) **Ohne** nun die eine oder andere **Tabelle** für die **einzig Richtige** zu erklären, ist im Rahmen der vorsorgenden Streitvermeidung dem Testator für seine Verfügung von Todes wegen jedoch zu empfehlen, sich gegebenenfalls

- für eine Tabelle zu **entscheiden**
- wenn bestimmte **Schwerpunkte/Erschwernisse** zurzeit der Abfassung der Verfügung von Todes wegen (überhaupt) bereits erkennbar sind, diese zu **benennen** und
- dem Testamentsvollstrecker **ausdrücklich einen Ermessens- bzw. Beurteilungsspielraum einzuräumen**/vgl. dazu näher Bengel/Reimann/*Eckelskemper* § 10 Rn. 148 ff).

(g) Regelungsbedarf besteht weiter hinsichtlich der Frage, wie sich das **Hinzuziehen von Hilfskräften** auf die Vergütung auswirkt. Die Möglichkeit, die Sinnhaftigkeit oder gar Notwendigkeit einer solchen Maßnahme des Testamentsvollstreckers im Vorfeld zu erkennen, dürfte jedoch von Fall zu Fall höchst unterschiedlich ausfallen. Nach der Rechtsprechung kann das Hinzuziehen von Hilfskräften die Vergütung mindern (BGH NJW 1967, 876 [877] = BB 1967, 184). Nach *Zimmermann* (FS Damrau, 2007, 37 [59]) findet dieser Gesichtspunkt bei der Berechnung an Hand der Tabellen zu wenig Berücksichtigung.

(h) Wenn die Anordnung der Testamentsvollstreckung **verschiedene Beteiligte** mit mehr oder weniger großem Ausmaß betrifft, ist es ratsam, den **Schuldner der Vergütung** festzulegen und zwar auch für das Innenverhältnis. Erben sind idR nicht sehr begeistert, wenn sie die Kosten einer Vermächtnis- oder Nacherbenvollstreckung zahlen sollen. Aus spezifischem Anlass kann dieses dennoch gerechtfertigt sein. Den Betroffenen wird die Entscheidung des Erblassers am ehesten zu vermitteln sein, wenn er sich von der Frage hatte leiten lassen, wem die Vollstreckung objektiv letztlich nutzt bzw. wer ihrer bedarf, und er danach die Kostentragungslast verteilte. Dient die Testamentsvollstreckung primär der **Verbesserung der Rechtsstellung eines Beteiligten** – Erben oder Vermächtnisnehmer –, kann es ratsam sein, anzuordnen, dass eine Vergütung **entfällt,** wenn diese Person selbst Testamentsvollstrecker ist. Bei einer voraussichtlich **länger dauernden** Testamentsvollstreckung – nicht nur bei einer Verwaltungsvollstreckung – sind auch Regelungen hinsichtlich der **Fälligkeit** der Vergütung sinnvoll.

(i) Beruft der Erblasser **mehrere Testamentsvollstrecker,** sollte die Vergütung entsprechend den **Aufgabenbereichen** festgelegt werden. Wird das Amt ohne eine solche Aufteilung **gemeinschaftlich** geführt, ist es für den Erblasser empfehlenswert, einen **Maßstab**

aufzuzeigen, an dem eine Erhöhung der Vergütung im Vergleich zu einer üblichen Einzeltestamentsvollstreckung orientiert werden kann.

(j) detaillierte Formulierungsvorschläge – auch für Vergütungsvereinbarungen mit Erben oder Vermächtnisnehmern s. Bengel/Reimann/*Eckelskemper* § 10, auffindbar auch in dem dortigen speziellen Verzeichnis der Formulierungsvorschläge.

(2) Die Besteuerung der Testamentsvollstrecker-Vergütung (a) **Einkommensteuer/Erbschaftsteuer**

(**aa**) Ausgangsnorm ist § 18 Abs. 1 Nr. 3 EStG; auch die berufsmäßige Ausübung einer Tätigkeit im Sinne dieser Vorschrift wird entgegen ihrer primären Intention erfasst (*Kanzler* FR 1994, 114). Fehlt jedoch jedwede Absicht, die entsprechende Tätigkeit auszuweiten, liegen nur Einkünfte iSd § 22 Nr. 3 EStG vor (Schmidt/*Weber-Grellet* EStG § 22 Rn. 150). **Bei Rechtsanwälten, Steuerberatern, Wirtschaftsprüfern und Notaren** gehören die **Tätigkeiten iSd § 18 Abs. 1 Nr. 3 EStG (in der Regel) jedoch zur freiberuflichen Tätigkeit iSd § 18 Abs. 1 Nr. 1 EStG,** wenn sie gelegentlich wahrgenommen oder nur einen geringfügigen Umfang haben.

Diese Eingruppierung war vor allem bedeutsam im Hinblick auf die – jahrzehntelang praktizierte – sog. **Vervielfältigungstheorie.** Eine sonstige selbstständige Tätigkeit iSd § 18 Abs. 1 Nr. 3 EStG sollte nicht mehr vorliegen, wenn mehr als ein qualifizierter Mitarbeiter beschäftigt würde. Bereits dann wurde angenommen, die Grenze zur Gewerblichkeit sei überschritten, was zur Belastung nicht nur mit Einkommensteuer, sondern auch mit Gewerbesteuer führen konnte. Für die Tätigkeiten iSd § 18 Abs. 1 Nr. 1 EStG wurde die Vervielfältigungstheorie jedoch nicht angewandt. Es durften fachlich vorgebildete Mitarbeiter eingesetzt werden, wenn der qualifizierte Berufsträger weiterhin leitend und eigenverantwortlich tätig war (Bonefeld/Mayer/*Neubauer/Vassel-Knauf* § 45 Rn. 3).

Diese Vervielfältigungstheorie hat der BFH im Jahr 2010 aufgegeben (vgl. BFH BStBl. II 2010, 506 = DStR 2011, 563 = BeckRS 2011, 95749). Der BFH betont in dieser Entscheidung allerdings mehrfach, dass der Stempel der Persönlichkeit prägend bleiben müsse, wenn mehrere Mitarbeiter beschäftigt würden, was auch die Finanzverwaltung (OFD Koblenz BeckVerw 254007) besonders betont. Die Entscheidung wirft indessen einige Folgeprobleme auf: So fragt sich weiter, inwieweit der in § 18 Abs. 1 Nr. 1 EStG vorausgesetzte Tätigkeitstypus den in § 18 Abs. 1 Nr. 3 EStG vorausgesetzten absorbiert.

Wenn dieses der Fall wäre, würde die bei einer natürlichen Person ansonsten getrennt vorzunehmende Ermittlung der freiberuflichen und der gewerblichen Einkünfte bei den sog. Katalogberufen nach wie vor entfallen. Diese Frage ist ungeklärt.

(**bb**) Besonders problematisch wird die Unterscheidung jedoch bei Sozietäten. Während für Einzelpersonen eine gewerbliche und eine freiberufliche Tätigkeit nebeneinander stehen können, gilt das nicht bei Mitunternehmerschaften (§ 15 Abs. 3 Nr. 1 EStG). Hier gilt die sog. Abfärbe- oder Infektionstheorie. Nur wenn ein ganz geringfügiger gewerblicher Anteil vorliegt gemessen an der Gesamttätigkeit der Gesellschaft, findet keine Umqualifizierung der anderen Einkünfte in gewerbliche statt. Wann dies der Fall ist, war lange umstritten. Mittlerweile hat sich der BFH darauf festgelegt, dass keine Infektion eintritt, wenn die Nettoumsatzerlöse aus dieser auf den Angestellten übertragenen Tätigkeit 3 % der Gesamtnettoumsatzerlöse der Gesellschaft und den Betrag von 24.500 EUR im Veranlagungszeitraum nicht übersteigen (BGH NJW 2015, 1133, sa *Schmidt/Wacker* EStG § 15 Rn. 188, § 18 Rn. 44).

Die Problematik entsteht, wenn in einer Sozietät (im Bereich der sog. Katalogberufe) ein Mitglied eine Tätigkeit ausübt, die bei ihm, wenn er denn allein arbeiten würde, zu einer Aufspaltung der Einkünfte führen würde: Hier könnte die wegen der für die Sozietät anders gesehenen Abfärbung die Gefahr bestehen, dass die gesamten Sozietätseinkünfte vom Fiskus als gewerblich angesehen werden.

Um die **Gewerblichkeit zu vermeiden,** bietet sich der Ausweg, **jeweils** gesonderte, auch personengleiche **Gesellschaften** zu gründen (Schmidt/*Wacker* EStG § 15 Rn. 193 und § 18

Rn. 44, 55; Bonefeld/Mayer//*Neubauer/Vassel-Knauf* § 45 Rn. 10). Die beiden Gesellschaften müssen als solche nach außen erkennbar sein. Möglich ist auch der Weg, dass ein Gesellschafter die gewerblichen Tätigkeiten auf eigene Rechnung übernimmt – evtl. unter Herabsetzung seines Gewinnanteils an der Gesellschaft (Schmidt/*Wacker* EStG § 15 Rn. 193; *Lieb* Rn. 389 Fn. 599).

Führt ein Testamentsvollstrecker ein Unternehmen nach treuhändischer Übertragung auf ihn weiter und erhält er eine entsprechende Vergütung, könnten Einkünfte nach § 15 EStG vorliegen. Eine abweichende Zuordnung der Einkünfte des Testamentsvollstreckers nach **§ 15 EStG** wurde bisher von der Rechtsprechung jedoch **nur sehr zurückhaltend** angenommen; selbst bei der sog. **Vollrechtstreuhand** tat man diesen Schritt **nicht** (BFH BStBl. II 1995, 714), **anders** allerdings in dem Fall einer **Erfolgshonorierung** nach Art einer Maklerprovision (BFH NV 1990, 372). In der Literatur wird dennoch empfohlen, die Treuhandlösung bei der Testamentsvollstreckung zu meiden (Bengel/Reimann/*Piltz/Holtz* § 8 Rn. 110).

(cc) Die **Tarifermäßigung** des § 34 Abs. 1 und Abs. 2 Nr. 4 EStG wird dem **Freiberufler/Testamentsvollstrecker grundsätzlich nicht** gewährt, sondern nur dann, wenn er seine eigentliche freiberufliche Tätigkeit aufgegeben hatte, um sich einer einzigen Testamentsvollstreckung über mehrere Jahre zu widmen (vgl. zu den Einzelheiten Bengel/Reimann/*Eckelskemper* § 10 Rn. 198 ff.). In der Praxis lässt sich die progressionssteigernde Wirkung des Zuflusses der Testamentsvollstreckervergütung dadurch mindern bzw. **steuern,** dass dieser Zufluss auf **mehrere Jahre verteilt wird,** sei es durch Anordnung des Erblassers, sei es im Rahmen ordnungsgemäßer Entnahmen (Bengel/Reimann/*Eckelskemper* § 10 Rn. 204; Bonefeld/Mayer/*Neubauer/Vassel-Knauf* § 45 Rn. 28, die jedoch nur auf den Aspekt der Erblasseranordnung abstellen und noch darauf verweisen, dass sich eine praktische Relevanz nur ergibt, wenn der Testamentsvollstrecker nicht ohnehin – also auch ohne die Testamentsvollstreckervergütung – im Spitzensteuersatz als Grenzsteuersatz besteuert wird).

(dd) Im Regelfall ist die **gesamte Vergütung** des Testamentsvollstreckers **Betriebseinnahme** und damit gemäß dem EStG zu versteuern. Betriebseinnahmen sind alle Zugänge in Geld oder Geldwert, die durch den **Betrieb veranlasst** sind (BFH BStBl. II 1990, 1028 [1029] = NJW 1991, 319, Schmidt/*Heinicke* § 4 Rn. 440, der von „notwendigen" Betriebseinnahmen spricht). Bei entsprechender Veranlassung sind also **auch Zuwendungen ohne Rechtspflicht** Betriebseinnahme, wie zB die vermächtnisweise Zuwendung einer Eigentumswohnung, wenn daran die Bedingung geknüpft war, die Testamentsvollstreckung für den gesamten Nachlass zu übernehmen (FG Berlin EFG 1986, 603). In der Entscheidung (BStBl. II 1990, 1028) hatte der BFH eine überhöhte Testamentsvollstrecker-Vergütung zur Gänze der Einkommensteuer unterworfen und keine Aufspaltung in einen entgeltlichen und unentgeltlichen Teil vorgenommen; zum Thema „Erbschaftsteuer" schwieg der BFH. Entgegen einer anderslautenden Entscheidung der Vorinstanz hat der BFH (ZEV 2005, 357 mAnm *Billig*) nunmehr wiederum eine solche Aufspaltung abgelehnt. In Fortsetzung der ersten Entscheidung geht er davon aus, dass eine **Vermutung** dafür besteht, dass eine **vom Erblasser als Testamentsvollstreckerhonorar bezeichnete Vergütung** tatsächlich und rechtlich mit der Testamentsvollstreckung zusammenhängt; denn sie ist im Gegensatz zum Vermächtnis dadurch gekennzeichnet, dass der Testamentsvollstrecker sie nur erhält, wenn er sein Amt ausübt. Soweit **der unangemessene Teil der Vergütung zivilrechtlich als Vermächtnis** beurteilt wird, handelt es sich nach Auffassung des BFH um eine für das **Erbschaftsteuerrecht nicht verbindliche** Fiktion, deren Funktion darin liegt, bei einer Nachlassinsolvenz nur den angemessenen Teil den Masseschulden zuzuordnen und den unangemessenen Teil den nachrangigen Ansprüchen gemäß § 327 Abs. 1 Nr. 2 InsO – andere Nachlassgläubiger sollen durch eine unangemessen hohe Vergütung nicht benachteiligt werden. Diesem Zweck kommt für die Erbschaftsteuer keine Bedeutung zu. Entscheidend ist nach Auffassung des BFH, dass

der Testamentsvollstrecker-Vergütung, auch wenn sie überhöht ist, letztlich **das Merkmal der Unentgeltlichkeit** fehlt, da sie **Teil eines Leistungsaustausches** ist. Demgemäß scheidet ein steuerpflichtiger Erwerb nach § 1 Abs. 1 Nr. 1 iVm § 3 Abs. 1 Nr. 1 ErbStG aus. Ob die Begründung letztlich trägt – vgl. insoweit die kritische Urteilsanmerkung (*Billig* ZEV 2005, 358) – und ob nicht wegen der Abgrenzungsfragen eine an mehr objektiven Gegebenheiten anknüpfende Rechtsprechung richtiger wäre (vgl. dazu Bengel/Reimann/*Eckelskemper* § 10 Rn. 212 ff., 218) mag hier dahinstehen. Denn für die Praxis kann nunmehr davon ausgegangen werden, dass die **Doppelbelastung des unangemessenen Teils mit Einkommen- und Erbschaftsteuer,** von der das Finanzgericht noch ausgegangenen war, **erledigt** ist.

(ee) Die **Vermutung,** von der nach Auffassung des BFH auszugehen ist, ist **widerlegbar.** Es muss also für den Erblasser möglich sein, dem Testamentsvollstrecker darüber hinaus Vermächtnisse unter bestimmten Bedingungen zuzuwenden, die nicht als Betriebseinnahmen der Einkommensteuer unterliegen. Die Zuwendungen müssen nur klar von der Übernahme des Amtes als Testamentsvollstrecker unabhängig sein. Zu **warnen** ist auch vor dem **Missbrauch rechtlicher Gestaltungsmöglichkeiten.**

Vereinbaren die Erben/Vermächtnisnehmer mit dem Testamentsvollstrecker eine bestimmte Vergütung, ist grundsätzlich von ihrer **Angemessenheit** auszugehen. Zahlen diese von sich aus eine überhöhte Vergütung oder belassen sie diese dem Testamentsvollstrecker, wenn dieser absichtlich oder unabsichtlich eine zu hohe Vergütung entnommen hatte, kommt eine freigebige Zuwendung gemäß § 7 Abs. 1 Nr. 1 ErbStG in Betracht.

(b) Umsatzsteuer

(aa) Nach § 1 Abs. 1 Nr. 1 UStG unterliegen Lieferungen und sonstige Leistungen der Umsatzsteuer, die ein Unternehmer im Inland gegen Entgelt im Rahmen seines Unternehmens ausführt. Unternehmer ist, wer eine gewerbliche oder berufliche Tätigkeit selbstständig ausübt; dazu reicht jedwede Tätigkeit aus, wenn sie nachhaltig auf die Erzielung von Einnahmen gerichtet ist, auch wenn die Absicht Gewinn zu erzielen fehlt (§ 2 Abs. 1 UStG). Insoweit ist es inzwischen unstrittig, dass der Testamentsvollstrecker eine Leistung im Sinne des UStG erbringt, die auch in aller Regel selbstständig erbracht wird, da der Testamentsvollstrecker nicht weisungsgebunden ist.

Fraglich kann jedoch im Einzelfall das Tatbestandsmerkmal der **Nachhaltigkeit** seiner Tätigkeit sein. Im Sinne des UStG bedeutet dieser Begriff, der ansonsten seine Bedeutung in der Forstwirtschaft und im Naturschutz hat, dass die Tätigkeit eine gewisse zeitliche Ausdehnung haben und auch eine gewisse Menge von Einzelaktivitäten aufweisen muss. Nachhaltigkeit kann auch schon bei einer **„einaktigen" Tätigkeit** vorliegen, **wenn gleichwertige Handlungen unter Ausnutzung derselben Gelegenheit oder desselben dauernden Verhältnisse** vorgenommenen wurden (Bunjes/Geist/*Korn* § 2 Rn. 65). Die Rechtsprechung und auch die Praxis der Finanzverwaltung haben sich gemäß diesen weiten Kriterien hinsichtlich der Beurteilung der Tätigkeit des Testamentsvollstreckers dahingehend entwickelt, dass regelmäßig von einer nachhaltigen Tätigkeit ausgegangen wird, auch wenn es sich nur um eine Abwicklungsvollstreckung handelt (BFH NV 1992, 418 = UR 1993, 194; BFH NV 1996, 938 = UR 1997, 143; BFH ZEV 2002, 469). Dabei kommt es unter Abgrenzungsgesichtspunkten **nicht** auf den **Nachlasswert allein,** sondern auf **Umfang und Verschiedenheit** des Nachlasses, das Vorhandensein etwaiger **Schwierigkeiten** und den **Arbeitsaufwand** zur Bewältigung des Ganzen an (BFH NV 1996, 938 = UR 1997, 143). Selbst dann, wenn der Testamentsvollstrecker sein Amt gegen Entschädigung für sein entgangenes Honorar vorzeitig aufgibt, wurde eine umsatzsteuerbare Leistung bejaht (BFH ZEV 2004, 435 entgegen der Vorinstanz, FG München EFG 2002, 1557, 1558; aA auch *Lieb* Rn. 429), ebenso in einem Fall, in dem der Testamentsvollstrecker für die Nichtannahme seines Amtes abgefunden wurde (FG München BeckRS 2006, 26024297 – insbes. die letztere Entscheidung ist mE abzulehnen, vgl. näher Bengel/Reimann/*Eckelskemper* § 10 Rn. 232).

(**bb**) Man wird sich auf diese weite Auslegungspraxis einzustellen haben, Kritik scheint jedoch angebracht. Die Abgrenzungskriterien sind äußerst ungenau. Mit Bunjes/Geist/*Korn* (§ 2 Rn. 50 f., 64), der auf die Intention des historischen Gesetzgebers rekurriert, sollte man dem Kriterium der Nachhaltigkeit nur dann eine eigenständige Bedeutung zumessen, wenn die in Frage stehende Tätigkeit nicht von vornherein eine gewerbliche oder berufliche ist. In diesem Sinne dürfte es dann auch nicht ausreichend sein, wenn diese Geschäftsmäßigkeit dem Testamentsvollstrecker von außen aufgenötigt wird, indem man ihn in Prozesse verwickelt, denn dann würden Außenstehende über die Unternehmereigenschaft des Testamentsvollstreckers entscheiden. Die Entscheidung des BFH (BFH/NV 1992, 418 = UR 1993, 194) erscheint insoweit zweifelhaft. Eine andere Betrachtungsweise könnte nur angezeigt sein, wenn von vornherein die Aufgabe des Testamentsvollstreckers auf solche Abwehrkämpfe ausgerichtet war. Da eine Testamentsvollstreckertätigkeit im Hinblick auf die Vielfalt ihrer Ausgestaltungsmöglichkeiten nicht von vornherein eine berufliche oder gewerbliche ist, wäre stets zu fordern, dass der Testamentsvollstrecker bei der Bewältigung seiner Aufgaben mindestens auf **eine entsprechende Vorbildung und oder Erfahrung oder die Bündelung** von **auswärtigem Beraterwissen** nach methodischen Grundsätzen zurückgreifen muss. Die Abgrenzung ist deshalb so wichtig, weil sonst alle Dämme brechen könnten; es könnten Fälle der Umsatzsteuer unterworfen sein, bei denen man sich – psychologisch gesprochen – nur noch wundern würde. So hatte das FG München (DStR 2005, 595 [596]) unter Berufung auf die Rechtsprechung des EuGH angenommen, dass dann, wenn ein gemäß der Verfügung von Todes wegen begünstigter Miterbe als Testamentsvollstrecker lediglich ein Anwesen verkauft und ansonsten nur aufteilt bzw. verteilt, darin selbst bei ansonsten zu verzeichnender nachhaltiger Tätigkeit keine wirtschaftliche Tätigkeit iSd Art. 9 Abs. 1 UAbs. 2 MwStSystRL (seinerzeit freilich noch zur insoweit inhaltsgleichen 6. EG-Richtlinie) liege. Dies ergebe sich aus einer Gegenüberstellung dieser beiden Absätze mit Absatz 2, in dem es darum geht, dass auch **gelegentliche** Tätigkeiten der **Steuerpflicht** unterworfen werden **können,** sie dies also **nicht von sich aus** sind. **Umsätze,** die der Steuerpflichtige für **private Zwecke** ausführe, bedeuteten daher **keine wirtschaftliche Tätigkeit** gemäß Art. 9 Abs. 1 UAbs. 2 MwStSystRL. Dem ist der BFH (ZEV 2007, 45 [46]) nicht gefolgt; nach seiner Auffassung betrifft die Rechtsprechung des EuGH nur die Fälle, in denen die Tätigkeit des Steuerpflichtigen auf dem bloßen Eigentum beruht, also nicht die Fälle, in denen wie beim Testamentsvollstrecker Dienstleistungen hinzukommen. Zum Gesichtspunkt „Geschäftsmäßigkeit" äußerte sich der BFH (leider) nicht. Der BFH sollte seine übermäßig ausgreifende Rechtsprechung zurücknehmen; seine Praxis läuft darauf hinaus, dass nahezu alle Vergütungen, die die Kleinunternehmerregelung in § 19 UStG (dazu siehe unten) überschreiten, der Umsatzsteuer unterliegen. Das geht aus unserer Sicht zu weit. Wenn ein selbst begünstigter **Miterbe** oder **Vermächtnisnehmer** einen **Gegenstand** im Rahmen einer **Teilungsanordnung** oder einer **Vermächtniserfüllung auf sich selbst** überträgt (Bonefeld/Mayer/*Neubauer*/*Vassel-Knauf* § 45 Rn. 54), dürfte jedoch keine Umsatzsteuer anfallen, denn eine Dienstleistung, die man nur für sich selbst ausführt, sollte wohl auch iSd BFH keine unternehmerische Tätigkeit sein. Übt ein **Freiberufler** eine Testamentsvollstrecker-Tätigkeit im **Rahmen seiner Praxis** aus, unterliegt das entsprechende Entgelt ohne Zweifel der **Umsatzsteuer.** Eine **Ausnahme** liegt jedoch dann vor, wenn er diese Tätigkeit als **Miterbe oder Vermächtnisnehmer** im Wesentlichen **ohne Rückgriff** auf die Mittel seiner **Praxis** führt (*Zimmermann* Rn. 743; *Lieb* Rn. 425). Auch ein Unternehmer hat einen nichtunternehmerischen Betrieb (sog. Sphärentheorie, Bunjes/Geist/*Korn* UstG § 2 Rn. 155). Zur Frage, ob eine Sozietät Leistender iSd UStG ist und zur Leistungsart bzw. internationalen Steuerpflicht vgl. Bengel/Reimann/*Eckelskemper* § 10 Rn. 234 bzw. 236a.

(**cc**) Zu beachten ist weiter, dass § 10 UStG einen weiten Entgeltbegriff enthält – Entgelt ist alles, was der Leistungsempfänger aufwendet, um die Leistung zu erhalten, jedoch

abzüglich der Umsatzsteuer (§ 10 Abs. 1 S. 2 UStG). Auch die **Aufwendungen (Auslagen)** sind also um die **Umsatzsteuer** – seit dem 1.1.2007 19 % – zu erhöhen. Hier empfiehlt es sich, dass die **Erben** den Testamentsvollstrecker ermächtigen, die **Auslagengeschäfte** in **ihrem Namen** und auf ihre **Rechnung** abzuschließen. Damit kann man diese Aufwendungen gemäß § 10 Abs. 1 S. 6 UStG als **durchlaufende Posten** behandeln (Bonefeld/Mayer/*Neubauer* § 45 Rn. 65 f.). Erhält der Testamentsvollstrecker eine **überhöhte** Vergütung, wird die Rechtsprechung – soweit ersichtlich ist diesbezüglich noch keine bekannt geworden – voraussichtlich auf die Umsatzsteuer die **Grundsätze** übertragen, die sie insoweit zur Abgrenzung **Einkommensteuer/Erbschaftsteuer** entwickelt hat (vgl. oben, (a) (dd) und (ee) zur Einkommensteuer/Erbschaftsteuer). Es wird wohl die Vermutung aufgestellt werden, dass im Zweifel die gesamte Vergütung als entgeltlich anzusehen ist und es Sache des Steuerpflichtigen ist, diese Vermutung zu widerlegen; denn der Unternehmerbegriff des Umsatzsteuerrechts ist weiter als der des Einkommensteuerrechts (ähnlich Bonefeld/Mayer/*Neubauer/Vassel-Knauf* § 45 Rn. 69).

(dd) Eine hM, ob die Umsatzsteuer auf die **Erben/Vermächtnisnehmer** abwälzbar ist, wenn sich aus der Verfügung von Todes wegen insoweit nichts ergibt, kann wohl nicht mehr ausgemacht werden. Eine solche Aussage kann sich allerdings auch indirekt ergeben, wann zB auf eine Tabelle verwiesen wird, nach der ausdrücklich die Umsatzsteuer zusätzlich geschuldet wird, oder auf eine Tabelle, die zu einer Zeit aufgestellt wurde als die Umsatzsteuer erheblich niedriger war oder wenn der Erblasser einen Notar, einen Rechtsanwalt oder einen Steuerberater zum Testamentsvollstrecker beruft, dessen Tätigkeit stets umsatzsteuerpflichtig ist (vgl. zum Meinungsstand Bengel/Reimann/*Eckelskemper* Rn. 243 ff.). Ein ausdrücklicher Hinweis in der Verfügung von Todes wegen ist zu empfehlen. Im Urteil vom 26.9.2006 hat das Landgericht Köln RNotZ 2007, 40 die Umsatzsteuer dem Erben zugewiesen; das OLG Köln hält sich in seinem Hinweisbeschluss (RNotZ 2007, 548) insoweit zurück, verweist allerdings auf die bisherige hM Nach LG München (ZEV 2007, 529) ist bei einer Vergütung, die vom Erblasser geregelt wurde, im Zweifel davon auszugehen, dass die Vergütung inklusive Umsatzsteuer zu verstehen ist, wobei man sich über die vom LG München konkret vorgenommene Auslegung sehr wohl streiten kann.

(ee) Hinzuweisen ist noch auf die „**Kleinunternehmerregelung**" in § 19 UStG – Umsatzsteuer wird nicht erhoben, wenn der (Brutto-)Umsatz (also zzgl. der darauf anfallenden Steuer) im Vorjahr 17.500,– EUR nicht überstiegen hat und im laufenden Kalenderjahr 50.000,– EUR voraussichtlich nicht übersteigen wird. Diese Vergünstigung gilt jedoch nur für die Umsatzsteuer, nicht etwa für die Einkommensteuer. Nach *Kronthaler* (ZEV 2007, 46) mag, wer diese Grenzen überschritten hat, sich wenigstens damit trösten, dass er dann die im Zusammenhang mit dieser Tätigkeit entfallende Umsatzsteuer aus seinem für das Unternehmen bezogenen Leistungen als Vorsteuer nach § 15 UStG in Abzug bringen kann – ein etwas unverständlicher Trost, wenn die Umsatzsteuer vom Erben/Vermächtnisnehmer und nicht vom Testamentsvollstrecker zu tragen ist. Denn ein Vorsteuerabzug bei den Erben kommt nur in Frage, soweit diese das Nachlassvermögen zu umsatzsteuerpflichtigen Umsätzen im Rahmen der Verwaltung oder Auseinandersetzung verwenden (Bengel/Reimann/*Piltz/Holtz* § 8 Rn. 188), was längst nicht immer der Fall sein dürfte. Bei einer länger dauernden Testamentsvollstreckung kann der Testamentsvollstrecker hier ähnlich wie im Bereich des § 34 EStG eine gewisse Steuerung vornehmen (vgl. oben lit. (a)(cc)). Da sich die Regelung der § 19 UStG auch nachteilig auswirken kann (zB kein Vorsteuerabzug) kann der Testamentsvollstrecker auch auf sie verzichten. Hier hat *Rott* (notar 2018, 43 [54]) darauf aufmerksam gemacht, dass daraus Streit entstehen kann, die Erben könnten versucht sein, um sich von der Umsatzsteuer zu entlasten, den Testamentsvollstrecker zur Nutzung der Kleinunternehmerregelung zu zwingen, auch wenn dieses für ihn nachteilig wäre. Deshalb solle der Erblasser eine vorbeugende Regelung treffen. Eine Falle kann sich insoweit auch aus § 2 Abs. 1 S. 2 UStG ergeben: Jeder Unternehmer hat umsatzsteuerlich nur ein Unternehmen, auch wenn

die einzelnen Tätigkeiten sehr unterschiedlich sind (näher: Bengel/Reimann/*Eckelskemper* § 10 Rn. 235 f.). Demgemäß kann es vorkommen, dass ein in einem ganz anderen Sektor tätiger Kleinunternehmer, der nun eine Testamentsvollstreckung übernimmt, in **Kumulation beider** Tätigkeiten die **Umsatzschwelle überschreitet** und damit Umsatzsteuer auslöst; denn die Umsatzgrenzen müssen vom gesamten Unternehmen eingehalten werden (Bonefeld/Mayer/*Neubauer/Vassel-Knauf* § 45 Rn. 74). Eine Ausnahme müsste hier jedoch wohl für den Fall gemacht werden, dass im Rahmen der Testamentsvollstreckung gar nicht oder nur ganz geringfügig auf die Resourcen des bisherigen Unternehmens zurückgegriffen wird (s. auch oben bb) aE).

(ff) Besonderheiten ergeben sich bei einer **Unternehmensfortführung.** Führt der Testamentsvollstrecker ein solches Unternehmen auf Grund ihm erteilter **Vollmacht** weiter, sind die **Erben Unternehmer,** nicht der Testamentsvollstrecker. Bei Unternehmensfortführung als **Treuhänder,** sei es Ermächtigungstreuhand, sei es Vollstreckertreuhand – ist der **Testamentsvollstrecker Unternehmer** (Ziff. 2.1 Abs. 7 S. 3 UStAE; Bengel/Reimann/*Piltz/Holtz* § 8 Rn. 114). Insoweit ergeben sich also Abweichungen zur einkommensteuerlichen Betrachtungsweise. Führt der Testamentsvollstrecker einen Mitunternehmeranteil fort, bleibt stets die Gesellschaft Unternehmer iSd UStG. Den Testamentsvollstrecker treffen allerdings dann auch die Pflichten aus § 34 Abs. 1 AO (Bonefeld/Mayer/*Neubauer/Vassel-Knauf* § 45 Rn. 58; vgl. weiter → Form. C.VII.2, dort „Nach dem Erbfall anfallende Steuern").

(gg) **Auf Seiten der Erben** ergeben sich folgende Grundsätze: Die **Verwaltungsgebühr** einer **Dauervollstreckung** ist bei der **Einkommensteuer** der **Erben abzugsfähig, nicht** jedoch etwaige Gebühren, die – in besonderen Fällen – für die Verwaltung im Zusammenhang mit der **Konstituierung** des Nachlasses anfallen. Eine Abzugsfähigkeit bei der **Erbschaftsteuer scheidet** insoweit aus. Bei dieser sind hingegen abzugsfähig die Kosten der **Abwicklungsvollstreckung;** beim Fälligstellen seiner Vergütung sollte der Testamentsvollstrecker dieses beachten. Unsicherheiten bestehen hinsichtlich der Gebühren, die mit einer möglicherweise erst längere Zeit nach dem Erbfall stattfindenden Auseinandersetzung zusammenhängen (vgl. zum Gesamtkomplex: Bengel/Reimann/*Piltz/Holtz* § 8 Rn. 169 ff.; Bonefeld/Mayer/*Neubauer/Vassel-Knauf* § 45 Rn. 30 ff.). Die dortigen Ausführungen dürften jedoch im Hinblick auf die Konsequenzen, die sich aus dem Urteil des BFH ZEV 2005, 357 ergeben, zu überprüfen sein – wie weit reicht der Vorrang der Einkommensteuer vor der Erbschaftsteuer?

Bei der Einkommensteuer und der Erbschaftsteuer abzugsfähig sind die Kosten der Erstellung der Erbschaftsteuererklärung (Bengel/Reimann/*Piltz/Holtz* § 8 Rn. 175).

2. Anordnung der Testamentsvollstreckung, Bedingungen, Ernennung des Testamentsvollstreckers, Ersatztestamentsvollstrecker

Ich ordne Testamentsvollstreckung an für den Fall, dass . . . . . . mit dem Aufgabenkreis . . . . . .[1, 2]

Zum Testamentsvollstrecker ernenne ich . . . . . .

Sollte dieser aus irgendeinem Grund das Amt als Testamentsvollstrecker nicht antreten, entfällt die Anordnung der Testamentsvollstreckung.

[Alternativ:

Sollte dieser das Amt als Testamentsvollstrecker aus irgendeinem Grunde nicht antreten können, so bestimme ich zum Ersatztestamentsvollstrecker . . . . . . Dies gilt auch, wenn

der berufene Testamentsvollstrecker nach Annahme des Amtes dieses niederlegt oder nicht mehr ausüben kann. Sollte auch jener das Amt nicht antreten oder aus einem sonstigen Grunde ausfallen, entfällt die Testamentsvollstreckung.[3]

Eine Vergütung erhält der Testamentsvollstrecker nicht.]

[Alternativ:

Bei Wegfall dieses Ersatztestamentsvollstreckers hat der Testamentsvollstrecker das Recht, in einer Erklärung gegenüber dem Nachlassgericht, die öffentlich zu beglaubigen ist, von sich aus einen Ersatztestamentsvollstrecker zu benennen. Auch diesem steht – wie auch dem zunächst noch von mir selbstberufenen Ersatztestamentsvollstrecker – wiederum das Recht zu, einen Ersatztestamentsvollstrecker mit ebenfalls dieser Befugnis zu benennen. Sollte diese Möglichkeit nicht wahrgenommen werden, soll das Nachlassgericht einen geeigneten Testamentsvollstrecker benennen. Der jeweilige Testamentsvollstrecker hat auch das Recht, einen Mit-Testamentsvollstrecker zu benennen, dessen Aufgabenbereich gegenständlich beschränkt sein kann.[4, 5, 6, 7, 8]*]*

Anmerkungen

1. Der Wortlaut des § 2197 BGB ist nicht sehr präzise; rein sprachlich handelt dieser nur von der **Ernennung** des **Testamentsvollstreckers,** was aber notwendigerweise die **Anordnung** der Testamentsvollstreckung voraussetzt. Die beiden Elemente sind voneinander zu trennen, auch wenn beides häufig zusammenfällt (Bengel/Reimann/*Reimann* Kap. 2 Rn. 1; Bonefeld/Mayer/*J. Mayer* § 4 Rn. 2). Gemäß dem Abs. 1 dieser Vorschrift erfolgt die Anordnung durch **Testament.** Es ist jedoch allgemein anerkannt, dass diese Anordnung auch in einem **gemeinschaftlichen Testament** oder einem **Erbvertrag** getroffen werden kann, allerdings **nicht wechselbezüglich und nicht vertraglich bindend** (MüKoBGB/*Zimmermann* § 2197 Rn. 4, 5). Letzteres ergibt sich aus §§ 2270 Abs. 3, 2299 Abs. 1, 2278 Abs. 2 BGB – nur Erbeinsetzungen, Vermächtnisse, Auflagen und die Wahl des anzuwendenden Erbrechts können in die Wechselbezüglichkeit oder Bindung einbezogen werden. Durch **Rechtsgeschäft unter Lebenden** lässt sich eine Testamentsvollstreckung **nicht** anordnen. In Frage kommen allerdings Vereinbarungen über die Höhe der Vergütung; die Anordnung derselben muss allerdings in einer Verfügung von Todes wegen erfolgen (Bengel/Reimann/*Eckelskemper* 10 Rn. 2). Auch sind weitere Aufträge über den Tod hinaus denkbar, die allerdings von den Erben widerrufen werden können, wenn dieses nicht durch Auflagen verhindert wird (Bengel/Reimann/*Reimann* § 2 Rn. 22; zum Vermögensverwaltungsvertrag des Erblassers mit der Bank, die auch die Testamentsvollstreckung nach seinem Tod übernimmt, vgl. *Grunsky/Theiss* WM 2006, 1561 [1566]). Eine Testamentsvollstreckung kann bedingt angeordnet werden, zB für den Fall, das Minderjährige Ersatzerben werden (zur aufschiebend bedingten Testamentsvollstreckung s. *Hartmann* RNotZ 2008, 150).

2. Nur für die **Anordnung der Testamentsvollstreckung** als solcher gilt das Prinzip der **Eigenanordnung,** eine Vertretung im Willen ist insoweit völlig ausgeschlossen (allgM vgl. zB Staudinger/*Reimann* § 2198 Rn. 2; MüKoBGB/*Zimmermann* § 2198 Rn. 1). Hinsichtlich der **Person** des Testamentsvollstreckers ermöglichen es die §§ 2198 bis 2200 BGB, dass der Erblasser die Bestimmung des Testamentsvollstreckers **delegiert.** Im Formular werden die durch das Gesetz gegebenen Möglichkeiten ausgenutzt, bis auf diejenige, dass ein Außenstehender – mit Ausnahme des Nachlassgerichts – den Testamentsvollstrecker ernennt, obwohl er mit der Testamentsvollstreckung ansonsten nicht befasst ist. In der Praxis scheint diese Konstellation auch eher selten vorzukommen. Gelegentlich werden auch Vorschläge gemacht, dass zB eine dem Erblasser nahe stehende Person wie der Vermögensberater oder der örtliche Zweigstellenleiter der Hausbank den Testaments-

vollstrecker bestimmen. Ansonsten kann der Erblasser jeden als Bestimmungsberechtigten bezeichnen, den er auch selbst zum Testamentsvollstrecker ernennen könnte und sogar den Alleinerben selbst (Staudinger/*Reimann* BGB § 2198 Rn. 3; aA MüKoBGB/*Zimmermann* § 2198 Rn. 3). Der **Bestimmungsberechtigte** kann sich auch **selbst** zum Testamentsvollstrecker ernennen, **es sei denn,** er ist der **Alleinerbe** oder der **beurkundende** Notar (MüKoBGB/*Zimmermann* § 2198 Rn. 4, s. o. in der Einleitung unter lit. a).

3. Ein Testamentsvollstrecker kann eine **Ersatzbenennung** nur vornehmen, wenn er zuvor das **Amt angenommen** hatte und es auch noch **innehat,** wenn er nicht auch als Dritter iSv § 2198 BGB berufen ist. Ein solches Ergebnis kann sich im Einzelfall aus der Auslegung ergeben (Bonefeld/Mayer/*J. Mayer* § 5 Rn. 16; KölnFormB ErbR/*Dorsel* Kap. 9 Rn. 75). Nach hier vertretener Auffassung dürften auch keine Bedenken dagegen bestehen, dass der Testamentsvollstrecker und der Ersatztestamentsvollstrecker gemeinsam den nächsten Ersatztestamentsvollstrecker benennen, wenn es sicher ist, dass der erstberufene Ersatztestamentsvollstrecker das Amt nicht führen kann. Es erscheint dann nicht notwendig, den erstberufenen Ersatztestamentsvollstrecker nur für den einen Zweck – uU mit Erteilung eines Testamentsvollstreckerzeugnisses – zum Testamentsvollstrecker zu ernennen, dass dieser den Ersatztestamentsvollstrecker nach ihm benennt. Dies entspräche nicht mehr der Verfahrensökonomie. Daraus ergibt sich, dass die entsprechenden Willenserklärungen nicht schon zu Lebzeiten des Erblassers abgegeben werden können, sozusagen vorsorglich und auch heimlich, um ihn zu schonen. Nach hM kann das Ersatzbenennungsrecht mehrfach ausgeübt werden (Bonefeld/Mayer/*J. Mayer* § 5 Rn. 16 mwN).

Hingewiesen sei noch darauf, dass die hier angenommene „Hierarchie" der Ersatzbenennungsbefugnis auch umgekehrt möglich ist. Der Erblasser kann auch einen von ihm bestimmten Ersatzvollstrecker unter der Bedingung ernennen, dass der primär ernannte Testamentsvollstrecker keine Nachfolgeernennung vorgenommen hat (Nieder/Kössinger/*R. Kössinger* § 15 Rn. 25). Wichtig ist jedoch, dass insoweit kein Streit entsteht. Eine entsprechende Klarstellung des Erblassers sollte erfolgen (Nieder/Kössinger/*R. Kössinger* § 15 Rn. 23 f.).

4. Die Ernennung eines **Mit-Testamentsvollstreckers** kann aus verschiedenen Gründen sinnvoll sein. Diese können einfach daher rühren, dass die **Aufgaben** des Testamentsvollstreckers **gewachsen** sind oder dass der Testamentsvollstrecker den von ihm vorgesehenen nachrückenden Ersatztestamentsvollstrecker **einarbeiten** will. Auch in dem bereits angesprochenen Fall, dass zur Vermeidung einer Ergänzungspflegschaft bzw. Einschaltung des Vormundschaftsgerichts möglicherweise ein Mit-Testamentsvollstrecker ernannt werden kann, käme diese Ernennung durch den bisherigen Testamentsvollstrecker in Betracht (Bengel/Reimann/*Reimann* Kap. 2 Rn. 718 ff.; vgl. auch Einleitung Ziff. 1. a)). Für alle Fälle gilt: Es ist über § 2199 Abs. 3 BGB das sich aus § 2198 Abs. 1 BGB ergebende Verfahren einzuhalten: Die Erklärung ist in **öffentlich beglaubigter** Form dem Nachlassgericht einzureichen. Eine **unmittelbare Übertragung** des Amtes auf den Anderen ist **nicht** möglich, auch nicht mit Zustimmung der Erben; § 2199 Abs. 3 BGB steht nicht zur Disposition der Beteiligten (Bonefeld/Mayer/*J. Mayer* § 5 Rn. 17). Zur Zugangsproblematik vgl. Nieder/Kössinger/*R. Kössinger* § 15 Rn. 22.

5. Weil an der Person „fast alles hängt" (Bonefeld/Mayer/*J. Mayer* § 5 Rn. 41) wird der Erblasser sich idR die Mühe machen, den **Testamentsvollstrecker selbst** zu bestimmen. Da er aber die Zukunft nicht kennt und Ersatzbedarf zu einem Zeitpunkt entstehen kann, in dem der Testamentsvollstrecker nicht mehr auf die veränderten Umstände zu reagieren vermag, ist eine **Ersatzregelung** wichtig. Wegen der Dauerhaftigkeit, die in seiner institutionellen Einrichtung begründet ist, bietet es sich an, die auch vom Gesetz vorgesehene Möglichkeit zu ergreifen, das **Nachlassgericht** mit der Ernennung zu betrauen. Dieses hat nach pflichtgemäßem Ermessen zu entscheiden, ob es einen Testaments-

vollstrecker ernennt; erscheint dieses auf Grund der zwischenzeitlichen Entwicklung nicht mehr zweckmäßig, kann es ablehnend entscheiden (Staudinger/*Reimann* BGB § 2200 Rn. 10; MüKoBGB/*Zimmermann* § 2200 Rn. 5). Ebenfalls scheint es vorstellbar, die Benennung eines Testamentsvollstreckers dem Präsidenten einer berufsständischen Kammer (Notare, Rechtsanwälte, Steuerberater, Wirtschaftsprüfer) anzutragen.

Wichtig ist auch die Klarstellung, ob mit Wegfall des oder der gegebenenfalls ersatzberufenen Testamentsvollstrecker die Anordnung der Testamentsvollstreckung beendet ist. Die Gerichte neigen zu schnell dazu, im Wege der uU ergänzenden Auslegung die Berufung eines Ersatztestamentsvollstreckers zu bejahen (*Eckelskemper* RNotZ 2012, 412).

6. Hat der Erblasser das Ziel, durch die Testamentsvollstreckung die **Rechtsposition** eines von ihm **Bedachten zu stärken,** sollte er diesem die Möglichkeit geben, von sich aus eine ihm genehme Ersatzperson zu benennen, die dann dafür sorgen kann, dass seine Interessen sicher und gut gewahrt werden, wenn er es selbst nicht mehr kann.

7. Steuern. Steuerliche **Rechte und Pflichten des Testamentsvollstreckers:** Im Hinblick auf den steuerrechtlichen Status des Testamentsvollstreckers und die Frage, ob Steuerpflichten und -rechte dem Erben oder dem Testamentsvollstrecker zugewiesen werden, lässt sich keine durchgängige Aussage treffen. Vielmehr sind die gesetzlichen Regelungen zur steuerrechtlichen Stellung des Testamentsvollstreckers äußerst differenziert, indem Pflichten und Rechte zum Teil dem Erben, zum Teil dem Testamentsvollstrecker auferlegt werden. Daher ist die Aufteilung der steuerlichen Rechte und Pflichten zwischen Testamentsvollstrecker und Erben für jede Steuer gesondert zu prüfen. Weiterhin ist im Hinblick auf die steuerlichen Rechte und Pflichten des Testamentsvollstreckers zu unterscheiden zwischen denjenigen in Bezug auf vor dem Erbfall in der Person des Erblassers entstandenen Steuern, der Erbschaftsteuer und nach dem Erbfall durch die Erben verwirklichten Steuertatbeständen.

Der Testamentsvollstrecker gilt als Vermögensverwalter gem. § 34 Abs. 3 AO. Danach trifft ihn die Verpflichtung, die mit dem Nachlass zusammenhängenden Steuern aus diesem zu entrichten und an ihrer Erhebung mitzuwirken. Gem. § 69 AO haftet der Testamentsvollstrecker im Rahmen des durch § 34 AO begründeten Pflichtenverhältnisses, soweit Ansprüche aus dem Steuerschuldverhältnis infolge vorsätzlicher oder grob fahrlässiger Verletzung der ihm auferlegten Pflichten nicht oder nicht rechtzeitig festgesetzt oder erfüllt werden oder deswegen Steuervergütungen oder Steuererstattungen zu Unrecht gezahlt werden. Deshalb kann er auch Adressat eines Haftungsbescheides sein, § 191 Abs. 1 S. 1 AO. Bei erkennbar falschen Steuerbescheiden hat der Testamentsvollstrecker schließlich eine aus § 153 Abs. 1 AO folgende und gem. § 370 AO strafbewehrte Anzeige- und Berichtigungspflicht. Für die hinterzogenen Steuern haftet er gem. § 71 AO.

Steuern des Erblassers: Im Zeitpunkt des Erbfalls in der Person des Erblassers bereits entstandene, aber noch nicht beglichene Steuerschulden stellen Nachlassverbindlichkeiten dar, die im Wege der Gesamtrechtsnachfolge auf den oder die Erben übergehen, § 45 AO. Verschiedene steuerliche Pflichten des Rechtsnachfolgers werden gänzlich auf den Testamentsvollstrecker verlagert bzw. es treten Pflichten des Testamentsvollstreckers neben die Verpflichtungen des Erben. Dazu zählen unter anderem die Abgabe der Erbschaftsteuererklärung gem. § 31 Abs. 5 ErbStG.

Die Einkommensteuerpflicht des Erblassers endet mit seinem Tode. Die Einkünfte des Erblassers bis zu seinem Tode bleiben selbstständig und werden nicht mit denen der Erben zusammengerechnet. Die Einkommensteuererklärung erfasst folglich die vom Erblasser bis zu seinem Tode erzielten Einkünfte.

Im Einkommensteuerrecht gibt es zahlreiche Wahlrechte, mit denen der Steuerpflichtige die Höhe der Steuerbelastung beeinflussen kann (zB getrennte Veranlagung oder Zusammenveranlagung von Ehegatten, Wahlmöglichkeit zwischen verschiedenen Abschreibungsmethoden gem. § 7 Abs. 1 bis 3 EStG für vor dem 1.1.2008 angeschaffte

Wirtschaftsgüter). Soweit der Erblasser diese Wahlrechte hätte ausüben können, aber noch nicht ausgeübt hat, ist der Testamentsvollstrecker dazu befugt (MAH ErbR/*Lorz* § 19 Rn. 311). Auch in der Gewerbesteuer kann der Testamentsvollstrecker Wahlrechte ausüben (zB § 9 Nr. 1 S. 2 GewStG). Im Bereich der Umsatzsteuer bleibt im Falle einer Testamentsvollstreckung zwar der Erbe materiell-rechtlich Schuldner der vom Erblasser verwirklichten Umsatzsteuer. Als Verwalter des Nachlasses kann jedoch der Testamentsvollstrecker statt der Erben die für die Umsatztätigkeit des Erblassers noch erheblichen Erklärungen oder Handlungen vornehmen (zB Verzicht auf Steuerbefreiungen gem. § 9 Abs. 1 UStG oder Option zur Steuerpflicht). Zu den einmaligen Steuern, die der Erblasser möglicherweise vor seinem Tode verwirklicht, aber noch nicht getilgt hat, gehört die Erbschaftsteuer, wenn er vor seinem Tode etwas geerbt oder geschenkt bekommen hat. Auch das Erbschaftsteuerrecht kennt für den Erben oder Beschenkten eine Reihe von Wahlrechten, mit denen die Steuerhöhe beeinflusst werden kann (zB die Steuerklassenwahl bei Nacherbschaft gem. § 6 Abs. 2 S. 2, § 7 Abs. 2 ErbStG). Diese Wahlrechte kann der Testamentsvollstrecker nicht für den Erben gegenüber dem Finanzamt ausüben (Meincke/*Hannes*/*Holtz* ErbStG § 31 Rn. 18). Bei der Grunderwerbsteuer gibt es jedoch auch Wahlrechte (§ 16 GrEStG), die der Testamentsvollstrecker ausüben kann. Die Ausübung der Wahlrechte sollte der Testamentsvollstrecker immer in Absprache mit den Erben durchführen, um sich keinen Schadenersatzansprüchen auszusetzen.

Hat der Erblasser für die in seiner Person entstandenen Steuern noch keine Steuererklärungen abgegeben, so trifft diese Verpflichtung auf Grund von § 34 Abs. 3 AO jetzt den Testamentsvollstrecker (FG Baden-Württemberg EFG 1990, 400).

Steuerbescheide, die auf Grund von durch den Erblasser verwirklichten Steuertatbeständen ergehen, sind an den Erben als Steuerschuldner zu richten und grundsätzlich auch diesem bekannt zu geben (AEAO zu § 122 Rn. 2.12.1.). Nur wenn der Testamentsvollstrecker zugleich Empfangsbevollmächtigter der Erben ist, ist der Bescheid ihm bekannt zu geben (Niedersächsisches FG EFG 1983, 483). Ist der Testamentsvollstrecker im Rahmen seiner Verwaltung des gesamten Nachlasses nach § 2213 Abs. 1 BGB zur Erfüllung von Nachlassverbindlichkeiten verpflichtet und soll er zur Erfüllung der Steuerschuld aus dem von ihm verwalteten Nachlass herangezogen werden, kann der Steuerbescheid sowohl an ihn als auch an die Erben gerichtet werden (BFH BStBl. II 1988, 120). Wird der Bescheid in diesem Fall nur an die Erben gerichtet, ist dem Testamentsvollstrecker eine Ausfertigung des Steuerbescheides zu übersenden. Die persönliche Haftung des Testamentsvollstreckers für die Steuerschulden gem. § 69 iVm § 34 Abs. 3 AO besteht auch dann, wenn der Steuerbescheid nicht an ihn, sondern an den Erben gerichtet ist.

Zur Einlegung von Rechtsbehelfen gegen Steuerbescheide, die vom Erblasser verwirklichte Steuertatbestände betreffen, ist grundsätzlich nur der Erbe befugt. Ein durch den Testamentsvollstrecker eingelegter Rechtsbehelf ist unzulässig, sofern er nicht von den Erben eigens hierzu bevollmächtigt worden ist (TGJG/*Jülicher* ErbStG § 32 Rn. 22). Nur wenn der Testamentsvollstrecker selbst in Anspruch genommen wird, insbesondere durch Haftungs- oder Duldungsbescheid, ist auch er zur Einlegung von Rechtsbehelfen befugt, weil er selbst beschwert ist.

Aus § 34 Abs. 1 S. 2 AO ergibt sich die Verpflichtung für den Testamentsvollstrecker, die in der Person des Erblassers entstandenen Steuerschulden aus Nachlassmitteln zu tilgen. Im Umkehrschluss fallen alle Steuererstattungsansprüche des Erblassers in den Nachlass und sind deshalb vom Testamentsvollstrecker geltend zu machen. Bei vorsätzlicher oder grob fahrlässiger Verletzung seiner Pflicht haftet der Testamentsvollstrecker für die Steuerschulden des Erblassers (§ 69 AO iVm § 34 AO). Aber auch für vom Erblasser hinterzogene Steuern haftet er, wenn er seiner Anzeige- und Berichtigungspflicht gem. § 153 AO nicht nachkommt. Insbesondere hat der Testamentsvollstrecker dafür zu sorgen, dass die Steuern aus den von ihm verwalteten Mitteln entrichtet werden

können. Deshalb sollte der Testamentsvollstrecker genügend Mittel aus dem Nachlass zur Steuerzahlung zurückbehalten. Gerade in den Fällen, in denen für im Nachlass befindliche Unternehmen noch Betriebsprüfungen angeordnet werden können, ist dies von Bedeutung. Neben dem Steuerschuldner haftet der Testamentsvollstrecker gesamtschuldnerisch gem. § 44 Abs. 1 AO für die Steuerschulden.

Erbschaftsteuer: Der Erwerber ist gem. § 20 Abs. 1 ErbStG Steuerschuldner der Erbschaftsteuer. Er ist also die Person, die auf Grund eines der in § 3 ErbStG aufgeführten Vorgänge bereichert ist. Eine angeordnete Testamentsvollstreckung ändert hieran nichts. Der Testamentsvollstrecker tritt nicht in die steuerliche Pflichtenstellung des mit der Testamentsvollstreckung belasteten Erben oder Vermächtnisnehmers ein.

Den Testamentsvollstrecker trifft die gem. § 30 Abs. 1 ErbStG bestehende Pflicht zur Anzeige eines der Erbschaftsteuer unterliegenden Erwerbes nicht. Dagegen ist er gem. § 31 Abs. 5 ErbStG zur Abgabe der Erbschaftsteuererklärung für die Erben verpflichtet. Der Testamentsvollstrecker kann wie ein Erbe gem. § 31 Abs. 1 ErbStG die Aufforderung durch das Finanzamt abwarten, bevor er die Erbschaftsteuererklärung abgibt (BFH BStBl. I 2013, 924; zuvor noch offen gelassen durch BFH BStBl. II 1999, 529; Meincke/*Hannes/Holtz* ErbStG § 31 Rn. 15). In jedem Fall ist das Finanzamt nicht verpflichtet, die anderen am Erbfall Beteiligten vor dem Testamentsvollstrecker zur Abgabe der Steuererklärung aufzufordern (BFH ZEV 2000, 167). Gem. § 31 Abs. 5 S. 2 ErbStG kann das Finanzamt verlangen, dass auch der Erbe die Steuererklärung mitunterschreibt. Aus praktischer Sicht empfiehlt sich die Einholung der Unterschrift des Erben durch den Testamentsvollstrecker, um diesen in die Verantwortung einzubinden, die mit der Abgabe der Erklärung verbunden ist. Der Erbe ist aber nur beim amtlichen Verlangen zur Unterschrift verpflichtet (BFH BStBl. II 1999, 529).

Ist der Aufgabenkreis des Testamentsvollstreckers nicht umfassend, sondern auf die Ausführung bestimmter Anordnungen oder in Bezug auf bestimmte Personen beschränkt, so hat diese zivilrechtliche Beschränkung auch Bedeutung für die Pflicht gem. § 31 Abs. 5 ErbStG. Der Testamentsvollstrecker ist bei einer Vermächtnisvollstreckung nicht zur Abgabe der Erbschaftsteuererklärung für die Erben verpflichtet (BFH BStBl. II 1999, 529). Umgekehrt ist der Testamentsvollstrecker nicht zur Abgabe der Steuererklärung für etwaige Vermächtnisnehmer oder gar Pflichtteilsberechtigte verpflichtet. Die Verknüpfung der Pflichten gem. § 31 Abs. 5 ErbStG mit der zivilrechtlichen Ausgangslage ist auch dann von Bedeutung, wenn der Erblasser die Testamentsvollstreckung auf bestimmte Vermögensgruppen (zB auf sein Betriebsvermögen) beschränkt hat. Der Erwerber bleibt für die von der Testamentsvollstreckung nicht betroffenen Vermögensgruppen weiterhin erklärungspflichtig (BFH BStBl. II 1999, 529).

Probleme für den Testamentsvollstrecker im Zusammenhang mit der Abgabe der Erbschaftsteuererklärung ergeben sich insbesondere dann, wenn er verschiedene in der Erbschaftsteuererklärung verlangte Angaben nicht aus eigenem Wissen machen kann. Das trifft besonders auf die Frage nach möglichen Vorschenkungen gem. § 14 ErbStG zu. Dabei ist der Testamentsvollstrecker auf die Angaben der jeweiligen Erwerber angewiesen. Ob in diesem Fall dem Testamentsvollstrecker ein zivilrechtlicher Auskunftsanspruch gegen den Erben zuzubilligen ist, ist umstritten. Allerdings kann diese Frage richtigerweise nur bejaht werden, da der Testamentsvollstrecker seine Pflichten sonst nicht erfüllen kann (Bengel/Reimann/*Piltz/Holtz* Kap. 8 Rn. 157). Der Testamentsvollstrecker sollte dem Finanzamt eine fehlende Kooperation der Erben mitteilen und das Finanzamt zur weiteren Informationsgewinnung an die Erben verweisen. Das Finanzamt kann die Erben dann zur Mitunterzeichnung der Steuererklärung auffordern. Es ist für den Testamentsvollstrecker empfehlenswert, dem Finanzamt mitzuteilen, welche Angaben er in der Steuererklärung nicht aus eigener Kenntnis machen konnte.

Die Ausübung erbschaftsteuerlicher Wahlrechte in der Steuererklärung steht nur dem Erwerber selbst zu, nicht dem Testamentsvollstrecker (Meincke/*Hannes/Holtz* ErbStG § 31 Rn. 13). Hat der Erwerber den Testamentsvollstrecker nicht bevollmächtigt, einen

entsprechenden Antrag zu stellen, stellt sich die Frage, ob ein vom Testamentsvollstrecker unzulässigerweise ausgeübtes Wahlrecht zur Nichtigkeit des hierauf ergangenen Steuerbescheides oder nur zu dessen Anfechtbarkeit führt (TGJG/*Jülicher* ErbStG § 31 Rn. 34). Für die Nichtigkeit spricht, dass die Wahlrechte erhebliche Bedeutung für die Steuerbelastung des Erwerbers haben, das Finanzamt aber die Vor- und Nachteile nicht von sich aus übersehen kann. Folgt man der Ansicht, dass der Steuerbescheid nur anfechtbar ist, macht sich der Testamentsvollstrecker gegenüber dem Erwerber schadenersatzpflichtig, wenn er das Wahlrecht so ausübt, dass die Steuerbelastung des Erben erhöht wird und der Steuerbescheid durch Zeitablauf unanfechtbar wird (MAH ErbR/*Lorz* § 19 Rn. 322). Bei Nichtigkeit des Steuerbescheides ist gem. § 124 Abs. 3 AO jederzeit eine andere Steuerfestsetzung möglich. Der Testamentsvollstrecker sollte daher die Ausübung der Wahlrechte unbedingt dem Erwerber überlassen.

Ist die Erbschaftsteuererklärung durch den Testamentsvollstrecker abgegeben worden, ist diesem der Steuerbescheid mit Wirkung für und gegen den Erwerber bekannt zu geben (§ 32 Abs. 1 S. 1 ErbStG). Der Testamentsvollstrecker ist dann Adressat der Bekanntgabe, die für und gegen die Erben wirkt (AEAO zu § 122 Rn. 2.12.1.). In der Praxis erfolgt jedoch häufig eine zusätzliche Bekanntgabe an den Erwerber.

Mit Bekanntgabe des Erbschaftsteuerbescheides an den Testamentsvollstrecker beginnt die Rechtsbehelfsfrist für die Anfechtung zu laufen (BFH BStBl. II 1991, 52 = NJW 1991, 3303). Die Befugnis, gegen den Steuerbescheid Einspruch einzulegen, steht aber wiederum nur dem Erben zu, nicht jedoch dem Testamentsvollstrecker, da er durch den Steuerbescheid nicht beschwert ist (BFH BStBl. II 1982, 262). Einen Antrag auf Aussetzung der Vollziehung des Steuerbescheides nach § 361 Abs. 2 AO kann der Testamentsvollstrecker ebenfalls nicht stellen, es sei denn, er ist vom Erben dazu bevollmächtigt. Wird der Erbe vom Testamentsvollstrecker nicht über die Bekanntgabe des Erbschaftsteuerbescheides unterrichtet und versäumt dieser infolgedessen die Anfechtungsfrist, so ist ihm innerhalb der Jahresfrist des § 110 Abs. 3 AO Wiedereinsetzung in den vorigen Stand zu gewähren. Das Versäumnis des Testamentsvollstreckers wird dem Erben nicht zugerechnet (BFH BStBl. II 1991, 52). Kommt es durch das Versäumnis des Testamentsvollstreckers zu einem Schaden für den Erwerber, greift die Schadenersatzverpflichtung gem. § 2219 BGB ein. Die Einspruchsentscheidung ist wegen der fehlenden Anfechtungsbefugnis nicht dem Testamentsvollstrecker, sondern den Erben bekannt zu geben, sofern er den Einspruch nicht als Bevollmächtigter der Erben eingelegt hat (Erlass FinMin. Saarland DStR 2001, 1033).

Der Testamentsvollstrecker ist gem. § 32 Abs. 1 S. 2 ErbStG verpflichtet, für die Bezahlung der Erbschaftsteuer zu sorgen. Die dazu erforderlichen Beträge kann er aus dem Nachlass entnehmen, da dieser gem. § 20 Abs. 3 ErbStG bis zur Auseinandersetzung für die Erbschaftsteuerschuld der beteiligten Erwerber haftet. Das Finanzamt kann den Testamentsvollstrecker auf der Grundlage von § 32 Abs. 1 S. 2 ErbStG durch Bescheid auffordern, seiner Pflicht nachzukommen, die Erbschaftsteuer mit Mitteln des Nachlasses zu begleichen (Bengel/Reimann/*Piltz/Holtz* Kap. 8 Rn. 86). Ein solcher Steuerbescheid muss klar erkennen lassen, dass der Testamentsvollstrecker aus § 32 Abs. 1 Satz 1 ErbStG in Anspruch genommen werden soll und der Bescheid nicht nur an ihn als Zustellungsvertreter für den Erwerber ergeht (BFH BStBl. II 1986, 542). In einem solchen Fall ist der Testamentsvollstrecker auch zur Einlegung von Rechtsbehelfen befugt (BFH BStBl. II 1986, 524).

Der Testamentsvollstrecker hat auf Verlangen des Finanzamtes für die Erfüllung seiner Verpflichtungen aus § 32 Abs. 1 ErbStG Sicherheit zu leisten, § 32 Abs. 1 S. 3 ErbStG. Sollte die Erbschaftsteuer weder vom Testamentsvollstrecker noch vom Erwerber gezahlt werden, so hat der Testamentsvollstrecker gem. § 77 Abs. 1 AO auf entsprechenden Duldungsbescheid hin die Zwangsvollstreckung der Steueransprüche in den Nachlass zu dulden. Gegen den Testamentsvollstrecker kann ein Haftungsbescheid gem. § 191 Abs. 1 AO erlassen werden, wenn er die Pflicht zur Zahlung der Erbschaftsteuer verletzt und den

Nachlass vor deren Entrichtung an die Erben auskehrt. Bei der Frage, ob die für den Erlass eines Haftungsbescheides gem. § 69 AO erforderliche grobe Fahrlässigkeit vorgelegen hat, sind die persönlichen Kenntnisse und Fähigkeiten des Testamentsvollstreckers zu berücksichtigen (MAH ErbR/*Lorz* § 19 Rn. 326). Wurde hingegen aus dem der Testamentsvollstreckung unterliegenden Vermögen zu viel an Erbschaftsteuer bezahlt, so ist für einen entsprechenden Erstattungsanspruch allein der Testamentsvollstrecker verfügungsberechtigt und empfangszuständig. Das Finanzamt kann allein an ihn mit befreiender Wirkung zahlen (BFH BStBl. II 1986, 704). Haben jedoch die Erben oder sonstigen Erwerber die Erbschaftsteuer aus Mitteln außerhalb des Nachlasses überbezahlt, so steht ein etwaiger Erstattungsanspruch ihnen allein zu (Bengel/Reimann/*Piltz/Holtz* Kap. 8 Rn. 91).

Nach dem Erbfall entstehende Steuern: Für die Steuern, die sich aus der Verwaltung des Nachlasses ergeben, sind die Erben Steuerschuldner, nicht der Testamentsvollstrecker. Die durch die Verwaltung des Nachlasses verwirklichten Steuertatbestände werden allein den Erben als Eigentümern des Vermögens zugerechnet (BFH BStBl. II 1991, 820; BFH BStBl. II 1992, 781; BFH ZEV 1996, 156). Ihnen obliegt es, die aus dem Nachlass erzielten Einkünfte zu erklären. Um diese steuerlichen Pflichten erfüllen zu können, sind die Erben auf die Erteilung entsprechender Informationen durch den Testamentsvollstrecker angewiesen. Dieser ist gem. § 2218 iVm § 666 BGB verpflichtet, den Erben die zur Abgabe der Steuererklärung erforderlichen Informationen zu geben und benötigte Nachweise zur Verfügung zu stellen (Bengel/Reimann/*Piltz/Holtz* Kap. 8 Rn. 158). Bei einem vom Testamentsvollstrecker fortgeführten Handelsgeschäft sind das die Jahresabschlüsse mit Bilanz und Gewinn- und Verlustrechnung sowie die Vermögensaufstellung. Bei Einkünften aus Kapitalvermögen gehören die Steuerbescheinigungen über einbehaltene Kapitalertragsteuer oder ausländische Quellensteuer dazu.

Obwohl sich die steuerrechtlichen Ansprüche gegen die Erben und nicht gegen den Nachlass richten, ist der Testamentsvollstrecker verpflichtet, den Erben die Mittel zur Verfügung zu stellen, die sie benötigen, um die auf die Nachlasseinkünfte entfallenden Steuern zu begleichen. Darüber hinaus wird der Testamentsvollstrecker verpflichtet sein, auch die Kosten der von den Erben zur Erstellung der Steuererklärungen beauftragten Steuerberater aus dem Nachlass zu erstatten, soweit diese auf die aus dem Nachlass stammenden Einkünfte entfallen.

Die Bekanntgabe der Steuerbescheide, die sich auf die Einkünfte der Erben aus dem Nachlass beziehen, erfolgt gegenüber diesen und nicht gegenüber dem Testamentsvollstrecker. Die Rechtsbehelfsbefugnis steht daher ebenfalls allein den Erben zu (BFH BStBl. II 1996, 322).

Ein anderes Bild ergibt sich, wenn der Testamentsvollstrecker ein einzelkaufmännisches Unternehmen des Erblassers fortführt. Grundsätzlich sind auch hier nur die Erben und nicht der Testamentsvollstrecker als Mitunternehmer anzusehen; nur sie erzielen Einkünfte gem. § 15 EStG (BFH BStBl. II 1978, 499). Es ist aber umstritten, ob dies auch für den Fall gilt, dass der Testamentsvollstrecker das Unternehmen im Wege der Treuhandlösung fortführt oder einen Komplementäranteil als Treuhänder verwaltet (→ Form. C.VII.1 Ziff. (2) (a) (aa)). Dabei führt der Testamentsvollstrecker das Einzelunternehmen im eigenen Namen, wenn auch für Rechnung des Erben fort. In dieser Konstellation wird zum Teil der Testamentsvollstrecker als Mitunternehmer angesehen (Bengel/Reimann/*Piltz/Holtz* Kap. 8 Rn. 110). Die Folge davon ist, dass Honorare des Testamentsvollstreckers nicht mehr Einkünfte aus selbstständiger Tätigkeit gem. § 18 EStG sind, sondern gewerbliche Einkünfte iSd § 15 Abs. 1 Nr. 2 EStG. Diese Einkünfte sind dann auch noch gewerbesteuerpflichtig. Unabhängig von dem oben Genannten werden die Einkünfte aus dem fortgeführten Einzelunternehmen bzw. der Gesellschaft weiterhin allein den Erben zugerechnet werden. Der Testamentsvollstrecker, der die Gewerblichkeit seines Testamentsvollstrecker-Honorars nicht riskieren will, sollte die Treuhandlösung bei einzelkaufmännischen Unternehmen oder vollhaftenden Personengesellschaftsanteilen daher

vermeiden (Bengel/Reimann/*Piltz/Holtz* Kap. 8 Rn. 110). Bei der Wahl der Treuhandlösung ist weiterhin zu beachten, dass diese den Testamentsvollstrecker nach Auffassung der Rechtsprechung und der Finanzverwaltung zum umsatzsteuerlichen Unternehmer und damit zum Umsatzsteuerschuldner macht (BFH BStBl. II 1991, 191). Ferner ist zu bedenken, dass bei der Treuhandlösung der Testamentsvollstrecker verpflichtet ist, die sich hinsichtlich der Betriebssteuern (Umsatzsteuer, Gewerbesteuer, Lohnsteuer) ergebenden Pflichten zu erfüllen.

Für die Testamentsvollstreckung am Kommandit-Anteil ist unstreitig, dass nur die Erben und nicht noch daneben der Testamentsvollstrecker Mitunternehmer sind (BFH BStBl. II 1995, 714). Ist der Testamentsvollstrecker selbst Gesellschafter, so ist hiermit seine Mitunternehmerschaft verbunden. Das führt gleichzeitig zu einer Qualifizierung seines Testamentsvollstrecker-Honorars als Sondervergütung iSv § 15 Abs. 1 Nr. 2 EStG (Bengel/Reimann/*Piltz/Holtz* Kap. 8 Rn. 118).

An der Körperschaftsteuerpflicht, der Gewerbesteuerpflicht und der Umsatzsteuerpflicht der Kapitalgesellschaft ändert sich durch die Tatsache, dass die Beteiligung an der Kapitalgesellschaft unter Testamentsvollstreckung steht, nichts. Die Verwaltungsbefugnisse des Testamentsvollstreckers verleihen diesem nicht das wirtschaftliche Eigentum an der Beteiligung (BFH BStBl. III 1963, 62). Daher werden die Dividenden und etwaige Veräußerungsgewinne einkommensteuerlich allein dem Erben zugerechnet (Bengel/Reimann/*Piltz/Holtz* Kap. 8 Rn. 123).

8. Kosten. Die Anordnung von Testamentsvollstreckung löst neben Verfügungen von Todes wegen keine höheren Kosten aus. Beschränkt sich eine Verfügung auf die Anordnung der Testamentsvollstreckung, so ist nach § 36 Abs. 1 GNotKG iVm § 51 Abs. 2 GNotKG von 30 % vom Bruttovermögen des Erblassers auszugehen (*Diehn* Notarkostenberechnungen Rn. 1231). Die Anordnung von Testamentsvollstreckung ist nach richtiger Auffassung eine vermögensrechtliche Angelegenheit (*Diehn* Notarkostenberechnungen Rn. 1229), so dass die Beschränkung von § 36 Abs. 2 GNotKG auf einen Geschäftswert von höchstens 1 Mio. EUR nicht gilt.

Wird durch Verfügung von Todes wegen nur die Person des Testamentsvollstreckers ausgewechselt, liegt eine nichtvermögensrechtliche Angelegenheit vor. Nach § 36 Abs. 2 GNotKG iVm § 65 GNotKG sollte in diesem Fall ein Geschäftswert von 10 % des Bruttovermögens des Erblassers angesetzt werden (*Diehn* Rn. 1236).

3. Aufgabenbeschreibung, Auseinandersetzungsvollstreckung

Für meinen gesamten Nachlass ordne ich Testamentsvollstreckung an.[1]

Zum Testamentsvollstrecker ernenne ich ......

Aufgabe des Testamentsvollstreckers ist die Auseinandersetzung des Nachlasses unter den Miterben.[2]

Ich ordne an, dass er die Auseinandersetzung nach billigem Ermessen vornehmen soll.[3, 4]

In der Eingehung von Verbindlichkeiten für den Nachlass ist der Testamentsvollstrecker nicht beschränkt. Soweit gesetzlich zulässig ist er auch sonst von Beschränkungen insbesondere denen des § 181 BGB befreit.[5, 6]

Hinweis: Zur möglichen Aufgabe der Regelung etwaiger Pflichtteilsansprüche vgl. die allgemeine Checkliste → Form. A.II.5 lit. h) am Ende und das Formular in → Form. C.VI.12.

Anmerkungen

1. In manchen Fällen hat der Erblasser das Anliegen, dass ein **neutraler Dritter** die Aufteilung des Nachlasses organisiert. Dieses Anliegen kann sachlich und oder persönlich begründet sein. Schon der Terminus „Erbauseinandersetzung" erinnert bereits umgangssprachlich daran, dass eine gewisse **Konfliktträchtigkeit** nicht ausgeschlossen ist. Ein neutraler Dritter, der außerhalb der Erbengemeinschaft steht, kann solche möglichen Konflikte dämpfen. Pragmatisch können sich auch weitere Gründe ergeben; so kann die Notwendigkeit, dass die Erben sich des Öfteren treffen müssen, bei weit auseinanderliegenden Wohnsitzen ein Problem sein. Sind Minderjährige Miterben, ergibt sich auch für die reine Erbauseinandersetzung und nicht nur für die Verwaltungsvollstreckung eine Vereinfachung. Besteht die Erbmasse aus recht **unterschiedlichen Gegenständen,** die häufig gar nicht teilbar sind, steht die Frage der **Verwertung** und Aufteilung des Erlöses an.

2. Ein Erblasser muss für die Ausgestaltung der Testamentsvollstreckung keine Einzelanweisungen erteilen. Fehlt eine Aufgabenbeschreibung, hat der Testamentsvollstrecker unter mehreren Erben die **Auseinandersetzung** zu bewirken, § 2204 Abs. 1 BGB. Dabei sind die übrigen gesetzlichen Auseinandersetzungsregeln zu beachten, also schlagwortartig zusammengefasst, zunächst die sog. **Konstituierung** des Nachlasses (dh in Besitznehmen desselben, Aufstellen eines Nachlassverzeichnisses, Feststellung, inwieweit die Aktiva die Passiva übersteigen) herbeizuführen und die Nachlassverbindlichkeiten und die Begleichung der Erbschaftsteuer zu regeln. Ausstattungen und ausgleichungspflichtige Zuwendungen sind zu ermitteln und zu beachten. Danach ist ein Auseinandersetzungsplan aufzustellen, zu dem die Erben zu hören sind (Bonefeld/Mayer/*J. Mayer* § 8 Rn. 1, § 18 Rn. 1 ff.) ggf. auch einen Auseinandersetzungsvertrag zu „inspirieren".

3. Fehlt jedwede **Anordnung** zur Auseinandersetzung, sei es auch nur, diese nach billigem Ermessen betreiben zu dürfen, ist der Testamentsvollstrecker daran gebunden, die **gesetzlichen Regelungen** der §§ 2042 Abs. 2, 750–758 BGB zu befolgen, wenn sich nicht alle Erben über einen anderen Weg einig sind (Palandt/*Weidlich* BGB § 2204 Rn. 3). Dies wirkt sich insbesondere bei der dann zwingend vorzunehmenden Verwertung aus: ist eine Teilbarkeit nach der Natur der Sache nicht möglich, hat die Auseinandersetzung durch Verkauf der Sache zu erfolgen. Bei **beweglichen Sachen** geschieht das nach den Regeln des **Pfandverkaufs,** bei **Immobilien** durch **freihändigen** Verkauf; denn § 753 BGB wird durch die Sonderbefugnisse des Testamentsvollstreckers gemäß § 2205 BGB verdrängt (Bonefeld/Mayer/*J. Mayer* § 18 Rn. 13 f.). Der Erlös ist alsdann zu teilen. Im Einzelnen ist vieles streitig; so wird zB vertreten, dass auch bei beweglichen Sachen freihändiger Verkauf zulässig sei (*Winkler* Rn. 512), oder dass § 753 BGB insgesamt durch § 2205 S. 2 BGB ausgeschaltet sei (Staudinger/*Reimann* BGB § 2204 Rn. 32; vgl. weiter Bengel/Reimann/*Schaub* § 4 Rn. 228 ff.). Nach *Zimmermann* (Rn. 662 und MüKoBGB/*Zimmermann* § 2204 Rn. 14 ff.) ist es sogar möglich, auch vom Verkauf abzusehen und bestimmte einzelne Gegenstände bestimmten Erben zuzuweisen, wenn dies dem mutmaßlichen Willen des Erblassers entspricht. Steuerfolgen sind zu analysieren (→ Form C.IV.3).

4. Es ist allgemein anerkannt, dass der Testamentsvollstrecker **Dritter iSd § 2048** S. 2 BGB sein kann (MüKoBGB/*Ann* § 2048 Rn. 19). Auch wenn der Testamentsvollstrecker nach **billigem Ermessen** auseinanderzusetzen hat, bleibt er an die allgemeinen Regelungen gebunden, auch die Erbquoten sind selbstverständlich weiter zu beachten. In erster Linie wirkt sich diese Anordnung bei der **Verwertung und Zuteilung** der einzelnen Nachlassgegenstände aus. Hier ist der Testamentsvollstrecker sehr viel freier; er braucht sich um die Frage, wie weit er an die diesbezüglichen Vorschriften des Gesetzes gebunden ist, sehr viel weniger Gedanken zu machen. Will ein Erblasser noch **keine Teilungsanordnung**

treffen, liegt ihm aber dennoch daran, zu **verhindern,** dass alle **nicht teilbaren Nachlassgegenstände** in **fremde** Hände gelangen, ist eine solche Regelung zu empfehlen (MAH ErbR/*Lorz* § 19 Rn. 104). Diese muss nicht ausdrücklich erfolgen, es ist auch denkbar, dass sie sich aus den Umständen ergibt. Um Streitigkeiten mit dem Testamentsvollstrecker zu vermeiden, sollte ihm eine solche Ermächtigung zugesprochen werden.

5. Der Erblasser kann die Machtbefugnisse des Testamentsvollstreckers im originären Bereich nicht über die sich aus §§ 2203 bis 2210 BGB ergebenden Grenzen hinaus erweitern. Neben der Möglichkeit, dem Testamentsvollstrecker die Auseinandersetzung nach billigem Ermessen anzuvertrauen, kann der Erblasser ihm weiter gestatten, über den Ermächtigungsrahmen des § 2206 Abs. 1 BGB hinaus **anderweitige Verbindlichkeiten** für den Nachlass einzugehen, § 2207 S. 1 BGB. Bei einer Verwaltungsvollstreckung besteht gemäß § 2209 S. 2 BGB im Zweifel eine solche erweiternde Verpflichtungsermächtigung. Der Erblasser kann den Testamentsvollstrecker allerdings nicht ermächtigen, den Erben als Träger seines Eigenvermögens zu verpflichten (MüKoBGB/*Zimmermann* § 2206 Rn. 9). Lediglich **Schenkungsversprechen** bleiben dann gemäß §§ 2207 S. 2, 2205 S. 3 BGB **grundsätzlich verboten** – nur statthaft im Rahmen einer sittlichen Pflicht oder auf dem Anstand beruhend. Dabei ist auch eine teilweise Unentgeltlichkeit nicht zulässig (Bengel/Reimann/*Bengel/Dietz* § 1 Rn. 112 ff., 140, *Zimmermann* Rn. 473, 480). Hier können sich in der Praxis gewisse Probleme ergeben, denn ein Geschäftspartner wird zwar bei einem Verstoß gegen das Gebot ordnungsgemäßer Verwaltung durch den Grundsatz des Schutzes des Guten Glaubens geschützt. Auch wenn dieses bei der Testamentsvollstreckung für Verpflichtungen wie Verfügungsgeschäfte gilt, so erstreckt sich der Gutglaubensschutz aber nicht auf die Beantwortung der Frage nach der Entgeltlichkeit (Kölner FormB ErbR/*Dorsel* Kap. 9 Rn. 99, 102). Eine Erweiterung der Befugnisse der zum Testamentsvollstrecker berufenen Person käme nur über die Erteilung einer Vollmacht in Betracht. → Form. C.VII.1 unter c).

6. Ähnlich wie in diesem Formular ist in vielen Formularen der Mitautoren eine **Befreiung** des Testamentsvollstreckers von den Beschränkungen des **§ 181 BGB** enthalten. Die Formulierung in dieser allgemeinen Form ist nicht unumstritten. *Reimann* (Bengel/Reimann/*Reimann* § 2 Rn. 66 ff.) führt dazu aus, aus der selbstständigen Stellung des Testamentsvollstreckers könne gefolgert werden, dass dieser auch befugt sei, Rechtshandlungen vorzunehmen, die in seinem Interesse liegen, insbesondere wenn er Miterbe sei oder sonst Ansprüche gegen den Nachlass habe. Es könne davon ausgegangen werden, dass der Erblasser dem Testamentsvollstrecker alle diejenigen Rechtsgeschäfte, auch unter § 181 BGB fallende, gestattet habe, die im Rahmen ordnungsgemäßer Verwaltung des Nachlasses lägen. Auch im Falle einer Befreiung von § 181 BGB sei ein In-sich-Geschäft unwirksam, wenn es dem Gebot ordnungsgemäßer Verwaltung widerspreche; dies gelte selbst dann, wenn es einmal vom Willen des Erblassers gedeckt sein sollte, da der Erblasser von dem Gebot ordnungsgemäßer Verwaltung gemäß § 2220, 2216 BGB nicht befreien könne, (ebenso im Ergebnis LG Köln RNotZ 2007, 40, MüKoBGB/*Zimmermann* § 2205 Rn. 84 ff., *Eckelskemper* Anm. zu OLG Köln RNotZ 2007, 548). *Reimann* schlägt daher als Formulierung vor (Bengel/Reimann/*Reimann* § 2 Rn. 57): „Der Testamentsvollstrecker ist **im Rahmen der ordnungsgemäßen Verwaltung** des Nachlasses von den Beschränkungen des § 181 BGB befreit." Es ist jedoch zu befürchten, dass man mit dieser Formulierung „Steine statt Brot" verteilt: Man stößt hier auf ein ähnliches Problem wie bei der Frage der Unwiderruflichkeit der Vollmacht und einer entsprechenden Formulierung im Vollmachtstext (vgl. die Ausführungen zum Mitformulieren der Unwiderruflichkeit der Vollmacht in der Checkliste). Während es dort aus praktischen Erwägungen ratsam ist, die Unwiderruflichkeit der Vollmacht *expressis verbis* zu formulieren, ist es hier ratsam, den hervorgehobenen Bezug auf die ordnungsgemäße Verwaltung fortzulassen, da ein Außenstehender sonst befürchten könnte, ihm würde insofern eine verantwortliche Prüfung auferlegt – wo doch nur guter Glaube gefordert wird. In der Praxis

insbesondere der Grundbuchämter wird eher ein formeller Standpunkt eingenommen, vgl. insoweit auch das Beispiel in → Form. J.IX.8; weitere Einzelheiten s. Bengel/Reimann *Schaub* § 40 Rn. 160 ff.; MAH Erbrecht/*Lorz* § 19 Rn. 139.

4. Testamentsvollstreckung an einem Erbteil/ Auseinandersetzungsvollstreckung

Ich ordne Testamentsvollstreckung an, die sich jedoch nur auf den Erbteil des/der ...... erstreckt.[1]

Aufgabe des Testamentsvollstreckers ist es, bei der Erbauseinandersetzung mitzuwirken; eine Verwaltungsvollstreckung wird nicht angeordnet.[2]

Anmerkungen

1. Der Erblasser kann die Testamentsvollstreckung nicht nur wie in § 2208 Abs. 1 S. 2 BGB ausdrücklich angesprochen auf einzelne Nachlassgegenstände, sondern auch auf **einen oder mehrere Erbteile** von mehreren Miterben **beschränken** und so den einen oder anderen Erbteil von der Testamentsvollstreckung ausnehmen (Bengel/Reimann/*Klumpp* § 3 Rn. 44, 45; Bonefeld/Mayer/*J. Mayer* § 16 Rn. 1 f.; *Grunsky/Hohmann* ZEV 2005, 41 [42]). Aus dem Charakter der Erbengemeinschaft – Gesamthand, Mitverwaltung durch alle Erben, Auseinandersetzung – ergibt sich aber, dass sich die Testamentsvollstreckung auf den gesamten Nachlass bezieht (BGH ZEV 2005, 22 [23]). Die Rechte des Testamentsvollstreckers sind jedoch beschränkt durch die Rechte der anderen Erben, die nicht seiner Vollstreckungstätigkeit unterstehen. Mit anderen Worten, der **Testamentsvollstrecker** nimmt die **Rechte des Miterben wahr,** für den er das Amt führt (nicht mehr und nicht weniger), allerdings mit der Ausnahme der Verfügung über den Erbteil selbst; dieses kann nur der Erbe selbst, wenn nicht besondere Anordnungen des Erblassers dieses verhindern (Staudinger/*Reimann* BGB § 2208 Rn. 13; MüKoBGB/*Zimmermann* § 2208 Rn. 11; Bengel/Reimann/*Klumpp* § 3 Rn. 50). Daraus folgt auch, dass der Testamentsvollstrecker in einem solchen Fall die Auseinandersetzung nicht selbst bewirken, sondern nur wie jeder andere Miterbe fordern kann; dabei hat er dann mitzuwirken (Bengel/Reimann/*Klumpp* § 3 Rn. 49).

2. Eine gerade auf die Auseinandersetzung beschränkte Testamentsvollstreckung hinsichtlich eines Erbteils empfiehlt sich in den Fällen, in denen in der **Person eines Erben Besonderheiten** vorliegen, die ein normales Miteinander in der Gemeinschaft über das übliche Maß hinaus erschweren, dieser aber nach der Auseinandersetzung mit seinem Erbe normal weiter verfahren kann, andererseits der Erblasser für die übrigen Erben nicht zum Mittel der Testamentsvollstreckung greifen möchte. In diesem Zusammenhang ist bedeutsam, dass der mit der Testamentsvollstreckung belastete **Erbe selbst keinen Anspruch** auf die Auseinandersetzung des Nachlasses **geltend** machen kann; eine solche von ihm insoweit angestrengte Klage wäre abzuweisen. Bei einem möglicherweise querulantisch agierenden Miterben kann dieser Gesichtspunkt für die anderen Erben ein **hilfreicher „Puffer“** sein. Gegebenenfalls können so einerseits eine Auseinandersetzung zur Unzeit vermieden werden und andererseits unsinnige Blockaden durch das Verweigern oder fehlerhaftes Erfüllen von Mitwirkungshandlungen überwunden werden. Davon zu trennen ist die Frage, ob der betroffene Miterbe nicht vom Testamentsvollstrecker in dem diesbezüglichen Innenverhältnis verlangen kann, dass nunmehr die Auseinandersetzung vorangetrieben werden müsse und ihn notfalls auch darauf verklagen kann. Dieses Recht besteht natürlich, dies würde

auch nicht aufgehoben sein, wenn eine Auseinandersetzung nach pflichtgemäßem Ermessen angeordnet sein sollte. Obwohl es von manchen Erben, die mit einer Testamentsvollstreckung belastet sind und andererseits auch von manch einem Testamentsvollstrecker so empfunden werden mag, ist das zwischen ihnen bestehende Innenverhältnis kein rechtsfreier Raum, es besteht ein Anspruch auf ordnungsgemäße Amtsführung, § 2216 Abs. 1 BGB (s. auch Bonefeld/Mayer/*J. Mayer* § 16 Rn. 7). Einfacher ist es für die Abwicklung allerdings, wenn die Auseinandersetzung für alle Erben in die Hand des Testamentsvollstreckers gelegt wird und mit den übrigen Erben dieses Thema und seine spezifische Behandlung zuvor geklärt wurde, zumal mit der Erbteilsvollstreckung auch kaum Kosten gespart werden können (→ Form. C.VII.1 unter e) bb) (1) (a)).

5. Testamentsvollstreckung an einem Erbteil, Verwaltungsvollstreckung

Ich ordne Testamentsvollstreckung an, die sich jedoch nur auf den Erbteil des/der . . . . . . erstreckt.[1]

Neben der Mitwirkung an der Auseinandersetzung des Nachlasses hat der Testamentsvollstrecker die Aufgabe, die danach dem Erben zufallenden Gegenstände, wozu auch die Surrogate (Ersatzobjekte, Erlöse) gehören, bis . . . . . . zu verwalten und sodann an den Erben herauszugeben. Hinsichtlich der Einzelheiten der Verwaltung erteile ich dem Testamentsvollstrecker keine Weisungen; er ist sogar berechtigt, sich bei der Verwaltung auf eine beaufsichtigende Funktion zurückzuziehen.[2] Hierbei hat er jedoch darauf zu achten, dass nach „vernünftigem Ermessen" der Erhalt der Nachlasswerte gesichert ist. Verfügungen über Nachlassgegenstände bleiben deshalb von seiner Zustimmung abhängig.[3]

Anmerkungen

1. Auch bei der Erbteilsvollstreckung sind die verschiedenen Formen der Testamentsvollstreckung – beschränkt dann auf den einen oder anderen Erben – möglich: die Testamentsvollstreckung kann auf eine bestimmte Dauer eingerichtet, als reine Auseinandersetzungs- oder auch als Verwaltungsvollstreckung angeordnet werden (Bonefeld/Mayer/*J. Mayer* § 16 Rn. 2).

2. Ob sich **nach Teilung** des Nachlasses das **Verwaltungsrecht** des Testamentsvollstreckers an dem dem Erben zugeteilten Objekt **fortsetzt,** wenn keine eindeutige Aussage des Erblassers vorliegt, wird unterschiedlich beurteilt; es ist **umstritten,** in welcher Richtung das Regel-Ausnahme-Verhältnis verläuft. Überwiegend wird vertreten, **wenn kein entgegenstehender** Wille des Erblassers erkennbar sei, setze sich die **Verwaltung** an dem zugeteilten Objekt **fort** (Staudinger/*Reimann* BGB § 2205 Rn. 63; Bengel/Reimann/*Klumpp* § 3 Rn. 48; Bonefeld/Mayer/*J. Mayer* § 16 Rn. 5). Nach der Gegenmeinung ist zu fordern, dass **positiv festgestellt** werden kann, der Erblasser habe die Fortdauer der Testamentsvollstreckung auch nach der Teilung gewollt (so zB MüKoBGB/*Zimmermann* § 2208 Rn. 11). Da diese Frage für die Beteiligten von entscheidender Bedeutung ist, sollte der Erblasser eine eindeutige Anordnung treffen und möglichst keinen Auslegungszweifel aufkommen lassen. Dem dient auch die Klarstellung im Formular, dass sich die Verwaltung auch auf die **Surrogate** bezieht. Der Erbe könnte sonst argumentieren, mit der gegenständlichen Auflösung der Gesamthandsgemeinschaft sei der tragende Grund für die Verwaltung entfallen. Insbesondere dann, wenn eine Verwertung durch Verkauf stattgefunden hatte und der

Erlös geteilt wurde, könnte vorgetragen werden, der Testamentsvollstrecker bedürfe nun **Geld** nicht mehr zur Erfüllung seiner Obliegenheiten, es sei herauszugeben, § 2217 BGB. Hinzu kommt, dass bei einer Auseinandersetzungsvollstreckung die Erlösverteilung regelmäßig als Teilauseinandersetzung mit entsprechender Freigabe angesehen wird (Bengel/Reimann/*Bengel/Dietz* § 1 Rn. 108 und MAH ErbR § 4 Rn. 70). Hier gilt es, Missverständnisse zu vermeiden. Ratsam ist eine solche Gestaltung häufig schon dann, wenn die Möglichkeit besteht, dass noch sehr junge Erwachsene an viel Geld herankommen könnten. Ein verantwortlicher Umgang damit ist nicht selbstverständlich.

3. In § 2208 BGB kommt der Grundsatz zum Ausdruck, dass innerhalb der gesetzlichen Schranken der Wille des Erblassers die oberste Richtschnur für die Gestaltung und den Umfang der Aufgaben und Befugnisse des Testamentsvollstreckers ist. Der Erblasser kann dem Testamentsvollstrecker geringere Befugnisse zuweisen, als die vom Gesetz formulierten Möglichkeiten vorgeben (Staudinger/*Reimann* BGB § 2208 Rn. 1, 2). Dann muss es auch möglich sein, dass der Testamentsvollstrecker seinen Einfluss entsprechend seiner Aufgabenstellung, die auch so allgemein gehalten sein kann wie im Formular – gemäß dem Willen des Erblassers reduziert. Eine **beaufsichtigende Testamentsvollstreckung** kann nicht nur auf dem viel diskutierten Gebiet der Personengesellschaften eine Funktion haben, sondern auch ganz allgemein (s. Staudinger/*Reimann* BGB § 2205 Rn. 21 f.). **Beschränkt** der Erblasser die Verwaltungsrechte des Testamentsvollstreckers, ist zu bedenken, dass dies nach hM in dem angesprochenen Rahmen **dinglich** wirkt (Staudinger/*Reimann* BGB § 2208 Rn. 3; MüKoBGB/*Zimmermann* § 2208 Rn. 7). Anders verhält es sich jedoch bei reinen Verwaltungsanordnungen des Erblassers. Diese wirken nur schuldrechtlich. Da die Abgrenzung schwierig sein kann, ist es also denkbar, dass eine **Sonderung** gegenüber dem Eigenvermögen des Erben mit den Verfügungs- und Vollstreckungsverboten nach §§ 2211, 2214 BGB zweifelhaft werden kann (MüKoBGB/*Zimmermann* § 2208 Rn. 12). Dieses ist bei der Konzeption wie bei der Formulierung zu bedenken. Auch hat der Testamentsvollstrecker darauf zu achten, dass er einen Gegenstand nicht versehentlich freigibt. Das Formular sucht diese Fragen zu beantworten: Die Sonderung der Vermögensmassen tritt ein bzw. bleibt erhalten; etwaige Verfügungen der Erben bleiben in ihrer Wirksamkeit von der Zustimmung des Testamentsvollstreckers abhängig, nur dann sind sie wirksam (vgl. dazu MüKoBGB/*Zimmermann* § 2208 Rn. 12 aE; in der Konzeption ähnlich Kölner FormB ErbR/*Dorsel* Kap. 9 Rn. 119 ff.).

6. Zeitweiliger Ausschluss (Aufschub) der Auseinandersetzung und Teilungsanordnung

→ Form. A.II.5 unter c) dd) u. ee); → Form. C.IV.1, → Form. C.IV.2; → Form. C.IV.3; → Form G.IX.7[1]

Ich ordne für . . . . . . Jahre den Ausschluss der Auseinandersetzung des Nachlasses an. Für mein Immobilienvermögen wird diese Frist auf . . . . . . Jahre verlängert. Die zum Nachlass gehörigen Immobilien dürfen von den Erben während dieser Zeit auch nicht belastet und/oder veräußert werden.

Ich ordne Testamentsvollstreckung an. Der Testamentsvollstrecker hat dieses Verbot im Verhältnis zu den Erben zu realisieren und die Nachlassgegenstände bis zu diesem Zeitpunkt zu verwalten. Anschließend hat er die Auseinandersetzung nach billigem Ermessen vorzunehmen. Dabei soll jedoch mein ältester Sohn . . . . . . mein Einfamilienhaus erhalten.[2, 3]

Anmerkungen

1. Vergleiche zunächst die Checkliste → Form. A.II.5 unter c) dd) u. ee) und die dortigen Ausführungen unter aa). Mit dem Ausschluss der Auseinandersetzung und der Verwaltungsanordnung kann ein Erblasser zum Beispiel auch das **Ziel** verfolgen, eine **voreilige Einbringung** des ererbten Immobilienvermögens in Hypotheken- und Grundschuldbestellungen seitens der Erben zu verhindern und darüber hinaus, Gläubigern deutlich zu machen, dass dieses Vermögen nicht oder doch nur **sehr begrenzt** – eventuell nach Ablauf der Testamentsvollstreckung – als **Zugriffsmasse** zur Verfügung steht. Es ist keineswegs immer angezeigt, zum Schutze der Erben/Vermächtnisnehmer auch noch zusätzlich zu den Konstruktionen der Vor- und Nacherbschaft zu greifen, bringen doch diese Konstruktionen auch bei erklärten Befreiungen für die Betroffenen immer noch unliebsame Einschränkungen mit sich. Denn gemäß § 2214 BGB können sich Nachlassgläubiger nicht an das der Verwaltung des Testamentsvollstreckers unterliegende Nachlassvermögen halten (vgl. weiter zu dem Thema des Vollstreckungsschutzes oben Einleitung → Form. C.VII.1 lit. d) und die folgenden → Form. C.VII.7, → Form. C.VII.9 weiter → Form. F.I.2 sowie → Form. F.II.2).

2. Auch eine **vorzeitige Auseinandersetzung** durch eine **Pfändung** des Anspruchs auf Erbauseinandersetzung ist nach hM **ausgeschlossen.** Entgegen der Meinung des BayObLG (MittBayNot 2006, 249 [252] m. abl. Anm. *Damrau* MittBayNot 2006, 254) greift die Verweisungskette §§ 2204 Abs. 1, 2044, 751 BGB nicht. Denn § 2209 BGB verhindert wegen seiner systematischen Stellung als Spezialvorschrift die Anwendung des § 2204 BGB, so dass diese Kette nicht in Gang gesetzt werden kann. Bei dieser Entscheidung, die trotz zahlreicher überzeugender anderer Äußerungen in der Literatur (vgl. die Nachweise in der Anmerkung von *Damrau* MittBayNot 2006, 254 Fn. 5) nur die äußerst knappe Äußerung von Palandt/*Edenhofer* BGB § 2214 Rn. 2 zitierte, dürfte es sich um eine Entscheidung handeln, die hoffentlich vereinzelt bleibt (vgl. dazu nunmehr auch OVG Saarland MittBayNot 2007, 65 [66] und *Spall* MittBayNot 2007, 69 [70] zu den Sperrwirkungen einer Testamentsvollstreckung; vgl. allg. zur Pfändung des Auseinandersetzungsanspruchs Bengel/Reimann/*Schaub* § 4 Rn. 216; MAH ErbR/*Schlitt* § 13 Rn. 159).

Die Zwangsvollstreckungsmaßnahme ist allerdings nicht nichtig, der Testamentsvollstrecker muss sich mittels Erinnerung (§ 766 ZPO) wehren (Palandt/*Weidlich* BGB § 2214 Rn. 2).

3. Bei einem **Auseinandersetzungsverbot** – für ein Veräußerungs- und Belastungsverbot gilt Entsprechendes – ist darauf zu achten, dass es **„den Richtigen trifft"**; denn wenn diese Verbote gemäß §§ 2208, 2205 BGB den Testamentsvollstrecker beschränken sollen, wirken sie insoweit auch dinglich, dh er hat hier keine Verfügungsmacht mit der Folge, dass diese -womöglich ungewollt- bei den Erben liegt. Dieses ergibt sich letztlich aus § 137 S. 1 BGB (Staudinger/*Reimann* BGB § 137 Rn. 12). Will der Erblasser das Schwergewicht bei der Auseinandersetzung nicht unbeabsichtigt auf die Seite der Erben legen, muss er auf ein Auseinandersetzungsverbot zu Lasten des Testamentsvollstreckers verzichten (Bengel/Reimann/*Reimann* § 2 Rn. 79; vgl. auch Kölner FormB ErbR/*Dorsel* Kap. 9 Rn. 128, der darauf hinweist, dass anders als bei den dinglich wirkenden Beschränkungen die Sicherheit des Rechtsvertreters bei den nur schuldrechtlich wirkenden Verwaltungsanordnungen nicht beeinträchtigt wird).

7. Testamentsvollstreckung zur Erfüllung eines Vermächtnisses

Um sicherzustellen, dass das Vermächtnis auch tatsächlich erfüllt wird, ordne ich Testamentsvollstreckung an, sodass die Erben zunächst nicht über den Nachlass verfügen können. Weitere Aufgaben außer der Ausführung der Vermächtniserfüllung hat der Testamentsvollstrecker nicht.[1, 2, 3]

Im Hinblick darauf, dass es sich bei dem vermachten Gegenstand um eine Sache bzw. um ein Recht handelt, das der dauerhaften Duldung bzw. dauerhafter Leistungen des Beschwerten bedarf, gehört nicht nur die Verschaffung der Sache bzw. des Rechtes zu den Aufgaben des Testamentsvollstreckers; er hat vielmehr auch die dauerhafte Erfüllung zu überwachen und notfalls auch durchzusetzen.[4, 5]

Zum Testamentsvollstrecker ernenne ich . . . . . .

Anmerkungen

→ Form. A.II.5, → Form. C.V.6 iVm → Form. C.IV.4; zur Erfüllungsseite → Form. J.VIII.2, → Form. E.I.4.

1. Es ist möglich, dem Testamentsvollstrecker als **einzige Aufgabe** die **Erfüllung** eines **Vermächtnisses** zuzuweisen (*Winkler* Rn. 162; *Halding-Hoppenheit* RNotZ 2005, 311 [325]). Der Erblasser kann dem Testamentsvollstrecker **auch die Verwaltung** des vermachten Gegenstandes übertragen. Eine solche Aufgabenstellung wird **nicht** durch die Vorschrift des **§ 2223 BGB ausgeschlossen** (→ Form. C.V.2 Anm. 1, → Form. C.V.6, insbes. → Form. C.V.6 Anm. 7, 8). Es ist nicht Sinn dieser Vorschrift, den Wirkungskreis eines Vermächtnisvollstreckers auf die Ausführung der dem Vermächtnisnehmer auferlegten Beschwerungen zu beschränken. (MüKoBGB/*Zimmermann* § 2223 Rn. 6; Staudinger/*Reimann* BGB § 2223 Rn. 1, 7). Ein und dieselbe Person kann als Testamentsvollstrecker für den Erben und den Vermächtnisnehmer bestellt werden (Bengel/Reimann/*Reimann* § 2 Rn. 88).Wenn die Interessenlage es zulässt, ist es auch dem alleinigen Erben nicht versagt, Testamentsvollstrecker für die ihm auferlegten Beschwerungen zu sein (Staudinger/*Reimann* BGB § 2223 Rn. 20). Es bestehen auch keine Bedenken dagegen, den Vermächtnisnehmer selbst zum Testamentsvollstrecker zu ernennen (*Halding-Hoppenheit* RNotZ 2005, 311 [325] mwN).

2. Auch im Rahmen einer Nachlassabwicklung, die im Übrigen den Erben überlassen bleibt, ist die Testamentsvollstreckung ein geeignetes Mittel, die verhältnismäßig **schwache Rechtsposition** des **Vermächtnisnehmers** zu **stärken.** Wichtig ist dann die Klarstellung, dass die Testamentsvollstreckung zunächst auch zu einem Verfügungsentzug bei den Erben führt, und dem Testamentsvollstrecker auch die **Ausführung** obliegt und nicht nur eine beaufsichtigende Testamentsvollstreckung vorliegt (vgl. dazu Staudinger/*Reimann* BGB § 2223 Rn. 2). Obwohl das Vermächtnis nur einen schuldrechtlichen Anspruch gibt, – Ausnahme: das Vorausvermächtnis zu Gunsten des alleinigen Erben, auch Vorerben – wird durch die Testamentsvollstreckung der Vermächtnisnehmer in die Abwicklung des Nachlasses eingebunden, es ergibt sich eine dingliche Auswirkung. Auch die **beschränkte Testamentsvollstreckung,** bei der es ansonsten nicht unbedingt um eine Vermächtniserfüllung gehen muss, ist deshalb im **Erbschein** anzugeben; die Art und Weise der Beschränkung ist dabei zu benennen, wenn es sich um gegenständliche Beschränkungen handelt (Bengel/Reimann/*Reimann* Kap. 2 Rn. 289 f. mit Formulie-

rungsvorschlag Rn. 290: *Testamentsvollstreckung ist angeordnet, beschränkt auf das Grundstück . . . . . . oder alternativ: außer für . . . .*).

3. Der **Schutz** des Vermächtnisnehmers entfaltet seine volle Wirksamkeit bei derart beschränkter Testamentsvollstreckung allerdings nur dann, wenn diese so **verlautbart** wird, dass ein **gutgläubiger Erwerb ausgeschlossen** ist. Eine solche Regelung bietet sich besonders in Grundstücksangelegenheiten an, wo die Testamentsvollstreckung gemäß § 52 GBO ins **Grundbuch** eingetragen wird. Aber auch dann, wenn es um **Bankguthaben** geht, dürfte der Schutz durchaus wirksam sein; denn der Erbe müsste, wenn er verfügen wollte, entweder einen **Erbschein** vorlegen oder die **Verfügung von Todes** wegen **offen** legen, aus der dann die **Verfügungsbeschränkung** erkennbar würde. Diese müsste von dem Kreditinstitut im eigenen Interesse beachtet werden; denn eine „gutgläubige", also schuldtilgende Auszahlung oder anderweitige Leistung wäre dann an den Erben oder sonstigen Beschwerten nicht mehr möglich (*Halding-Hoppenheit* RNotZ 2005, 311 [326], die allerdings nur den Gesichtspunkt des Erbscheines anführt). Beim Vermächtnis **beweglicher Sachen** bleibt der **Schutz** des Vermächtnisnehmers allerdings **recht schwach,** weil der die Sache besitzende Beschwerte einen gutgläubigen Erwerb ermöglichen kann. In diesem Falle bliebe dem Vermächtnisnehmer nur ein Schadensersatzanspruch. Die Testamentsvollstreckung schützt jedoch auch den Vermächtnisnehmer vor Eigengläubigern des Erben, da diesen gem. § 2214 BGB die Vollstreckung in Gegenstände, die der Testamentsvollstreckung unterliegen, verwehrt ist. Ist die Testamentsvollstreckung zugleich für den Vermächtnisnehmer angeordnet, kann durch diese Beschränkung ein Schutz vor Eigengläubigern des Vermächtnisnehmers ebenfalls erreicht werden (allg. zu den Befugnissen des Vermächtnisvollstreckers s. o. Staudinger/*Reimann* BGB § 2223 Rn. 4 f.; auch → Form. F.I.3, insbes. → Form. F.I.3 Anm. 2).

4. In manchen, vielleicht sogar in vielen Fällen muss man leider die Beobachtung machen, dass erst im Laufe der **Zeit Probleme** bei der **Vermächtniserfüllung** entstehen. So werden zB die dem Wohnrecht unterliegenden Räume trotz entgegenstehender Verpflichtungen einfach nicht mehr renoviert oder Renten nur schleppend oder für einige Zeit auch gar nicht gezahlt. Besonders häufig scheint die Versuchung zu bestehen, Wertsicherungsklauseln zu missachten. Hier kann es angezeigt sein, eine entsprechende **Testamentsvollstreckung** anzuordnen, diese auch dann nicht in die Hände des Begünstigten zu legen, sondern gleich einem **Dritten anzuvertrauen.** Auf jeden Fall sollte dem Begünstigten/Testamentsvollstrecker die **Möglichkeit** gegeben werden, einen **Nachfolger zu ernennen,** um sich so entlasten zu können (→ Form. C.VII.2). Von besonderer Bedeutung ist das in den Fällen, in denen Sicherungen durchzusetzen sind, etwa Vollstreckungsmaßnahmen aus einer Unterwerfung unter die Zwangsvollstreckung einzuleiten und durchzuführen sind, oder gar die Verwertung aus einem Grundpfandrecht betrieben werden soll. Zu einer solchen Situation kann es zB dann kommen, wenn Renten wiederholt nicht gezahlt wurden und dann das Restkapital gemäß einer häufig verwendeten entsprechenden Klausel sofort fällig wird und anschließend die Verwertung aus einer diese Forderung sichernden Hypothek betrieben werden soll. **Gelegentlich** kann es auch ratsam sein, die **gesamte Sache,** auf die sich das Vermächtnis bezieht, der Verwaltung des Vermächtnisnehmers zu unterstellen, insoweit also Testamentsvollstreckung anzuordnen. Dadurch können Reibungsverluste vermieden werden. Denkbar ist eine solche Situation zB beim Wohnrecht an bestimmten Räumen eines Gebäudes oder auch dann, wenn eine Rente im Wesentlichen aus den Mieteinnahmen einer Immobilie erwirtschaftet wird. Die Verwaltung dieser Immobilie könnte dann insgesamt dem Vermächtnisnehmer/Testamentsvollstrecker anvertraut werden. Gepaart mit einem Veräußerungs- und Belastungsverbot gegenüber dem Beschwerten, welches durch ein durch Übernahmerecht im Falle der Verletzung dieses Verbotes flankiert und dieses durch eine Vormerkung gesichert

wird, lässt sich so eine Situation erreichen, wie sie auch in vielen Übergabeverträgen vereinbart und insoweit auch empfohlen wird.

5. Soll durch die Anordnung der Testamentsvollstreckung auch ermöglicht werden, dass der Vermächtnisnehmer nicht an der Erfüllung des Vermächtnisses mitwirken muss, wie zB bei der Entgegenahme der Grundstücks-Auflassung seitens des Erben, ist Testamentsvollstreckung anzuordnen bezüglich des Vermächtnisanspruchs und nicht eine Vermächtnisvollstreckung gemäß § 2223 BGB, etwa wie folgt:

Zugleich wird Testamentsvollstreckung in Bezug auf den Anspruch des Vermächtnisnehmers auf Erfüllung angeordnet. Der Testamentsvollstrecker hat somit die Aufgabe, alle Rechtshandlungen, die zur Erfüllung des Vermächtnisses von den Erben vorzunehmen sind, für diese und den Vermächtnisnehmer zu tätigen (Bengel/Reimann/*Reimann* § 2 Rn. 88 f.; → BeckNotarHdB/*Bengel/Dietz* Rn. 484; → Form. J.VIII.2 Anm. 12).

8. Testamentsvollstreckung zur Erfüllung eines Bestimmungsvermächtnisses

→ Form. C.V.10

Denjenigen Personen, die mich einmal pflegen werden, soll dies angemessen vergolten werden. Sie erhalten ein entsprechendes Geldvermächtnis.[1, 2] Hinsichtlich der Ermittlung der Höhe des Vermächtnisses ist maßgeblich, wer in welchem Umfang die Pflegedienste erbracht hat.[3] Ebenso ist zu berücksichtigen, ob die Pflege auf Grund meines körperlichen oder psychischen Zustandes zu bestimmten Zeiten besonders beschwerlich war. Im Übrigen ist zu berücksichtigen, was ich ansonsten für eine entsprechende anderweitige häusliche Pflege seitens der ortsnahen Hilfsdienste hätte bezahlen müssen.[4] Im Hinblick auf die trotz der gemachten Vorgaben nicht zu vermeidende Unbestimmtheit des Pflegevergütungsvermächtnisses ordne ich insoweit Testamentsvollstreckung an. Der Testamentsvollstrecker soll die einschlägigen Feststellungen treffen und die Bewertungen nach billigem Ermessen vornehmen. [3, 5]

Anmerkungen

1. Gerade im Bereich der **Bestimmungsvermächtnisse** (§§ 2151 ff. BGB) liegt ein **wesentlicher Anwendungsbereich** der Testamentsvollstreckung. In all den Fällen, in denen es dem Erblasser darauf ankommt, bestimmte Werte nach seinem Tode an die richtige Person gelangen zu lassen, er aber im Zeitpunkt der Errichtung der Verfügung von Todeswegen mangels Kenntnis der Zukunft eine solche Bestimmung noch nicht sinnvoll treffen kann, bietet sich eine Lösung mittels dieses Rechtsinstitutes an (→ Form. C.V.10). Während bei der Erbeinsetzung gemäß § 2065 Abs. 2 BGB nach der hM doch recht enge Grenzen im Hinblick auf den Personenkreis und den Bestimmungsmaßstab zu beachten sind (BGHZ 15, 199; BGH NJW 65, 2201; Nieder/Kössinger/W. *Kössinger* § 3 Rn. 35 ff; *Halding-Hoppenheit* Verbot der Drittbestimmung im Erbrecht S. 73) besteht im Rahmen einer Zuwendung durch Vermächtnis ein erheblich größerer Spielraum (Bengel/Reimann/*Pauli* § 5 Rn. 286 f.; MüKoBGB/*Rudy* § 2151 Rn. 1), der auch sinnvoll genutzt werden sollte – nicht nur in dem vielfach diskutierten Schulfall des vorzeitigen Unternehmertestamentes, gemäß dem der Testamentsvollstrecker die Firma dem am besten geeigneten Vermächtnisnehmer zuweisen soll. Allerdings wird der Erblasser durch

§ 2151 BGB **nicht** so weit von einer Festlegung befreit, dass der die Auswahl des Bedachten in das **Belieben des Bestimmungsberechtigten** stellen könnte. Der vom Erblasser benannte Personenkreis muss **objektiv bestimmbar** und **überschaubar** sein, so dass sich die Zugehörigkeit eines potenziell Bedachten zu diesem Kreis eindeutig ergibt (Nieder/Kössinger/*W. Kössinger* § 3 Rn. 47). Dieses Erfordernis ergibt sich aus § 2151 Abs. 3 BGB, wo für den Fall des Ausbleibens der Bestimmung Gesamtgläubigerschaft angeordnet wird. Die Grenzen des Kreises sind also erreicht, wenn die Anspruchsrealisierung der Gesamtgläubiger praktisch undurchführbar wird (*Halding-Hoppenheit* S. 74 f.).

2. Gelegentlich kann sich die Frage ergeben, ob die **Bestimmungsberechtigung nicht** dadurch **ausgeschlossen** sein kann, dass der **Berechtigte** selbst auf den Kreis der in Betracht kommenden Personen **Einfluss genommen** hatte. Dieses kann zB dann der Fall sein, wenn der Testamentsvollstrecker im Rahmen einer Vorsorgevollmacht die Pflegepersonen ausgewählt hatte. Als maßgebliches Abgrenzungskriterium können die zu Geschäftsführung ohne Auftrag zum Interesse des Geschäftsherrn entwickelten Grundsätze herangezogen werden. Bewegt sich der Bestimmungsberechtigte innerhalb derselben, ist der Rahmen des § 2151 BGB noch gewahrt, auch wenn der Bestimmungsberechtigte selbst auf den Kreis der Bedachten Einfluss genommen hatte. Demgemäß erscheint es auch nicht notwendig, dass der Erblasser den Personenkreis, der für seine Pflege in Betracht kommt, selbst bestimmt. Soweit ersichtlich, ist dieses Problem in Rechtsprechung und Literatur bisher noch nicht näher erörtert worden.

3. Nicht nur die Auswahl innerhalb des Kreises der möglicherweise Bedachten, auch die **Höhe der Anteile,** die jeder Bedachte erhält, kann seitens des Bestimmungsberechtigten festgelegt werden, § 2153 BGB. Ob der Bestimmungsberechtigte/Testamentsvollstrecker in Fällen, in denen der Erblasser nur ganz spärliche Vorgaben gemacht hat, auch berechtigt sein soll, ungleich zu verteilen oder jemanden aus dem vom Erblasser festgelegten Personenkreis ganz zu übergehen, kann nur aus den Umständen des Einzelfalles abgeleitet werden (MüKoBGB/*Rudy* § 2153 Rn. 4). Eine solche Reaktion des Bestimmungsberechtigten/Testamentsvollstreckers käme etwa dann in Frage, wenn bei einer pflegenden Person eine nur ganz geringfügige Leistung oder auch eine Schlechtleistung festzustellen wäre. Im Übrigen ist es **streitig,** ob und in welchem Umfang die **Bestimmungserklärung gerichtlich überprüfbar** ist, wenn in der Verfügung von Todes wegen sich keine derartige Andeutung findet. Die wohl hM schließt daraus, dass der Billigkeitsmaßstab nur in § 2156 S. 2 BGB angeordnet wird, dass eine gerichtliche Überprüfung nur darauf gerichtet sein kann festzustellen, ob vom Erblasser vorgegebene Richtlinien offensichtlich missachtet wurden (MüKoBGB/*Rudy* § 2151 Rn. 12 mwN) oder ein Verstoß gegen die guten Sitten vorliegt (Nieder/Kössinger/*W. Kössinger* § 3 Rn. 47). Richtig dürfte es jedoch sein, nach dem Willen des Erblassers zu differenzieren (vgl. dazu die Nachweise in MüKoBGB/*Rudy* § 2151 Rn. 12 Fn. 20). Maßgeblich ist, ob der Erblasser dem Auswahlberechtigten die Letztentscheidung zuweisen wollte, was eine gerichtliche Überprüfung bis auf die obigen Grenzen ausschließen würde, oder ob er Wert darauf legte, dass seine Vorgaben beachtet werden; was dazu führen würde, dass eine gerichtliche Kontrolle stattfinden könnte (Nieder/Kössinger/*W.Kössinger* aaO). Wenn der **Erblasser** den Bestimmungsberechtigten verpflichtet, seine Entscheidung nach **billigem Ermessen** zu treffen, was uE gerade im Bereich der Entgeltung von Pflegeleistungen angemessen ist, ist die Beachtung dieses Maßstabes naturgemäß gerichtlich überprüfbar.

Auch bei Bestimmungsvermächtnissen empfiehlt es sich, dem Testamentsvollstrecker möglichst klare Maßstäbe vorzugeben, an denen er sich zu orientieren hat. Dieses dürfte ihm bei den manchmal nicht zu vermeidenden Konflikten mit den Erben eine große Hilfe sein.

4. Es leuchtet unmittelbar ein, dass der Testamentsvollstrecker in ähnlichen Fällen wie in den zuvor beschriebenen Pflegevermächtnissen erhebliche Schwierigkeiten bekommen

kann, wenn er nicht über **Informationen** verfügt, die ihn den Umfang der Pflegeleistungen besser einschätzen lassen. Die wenigsten Erblasser werden darüber Buch führen. Selbst dann, wenn sie es eine Zeit lang genau getan haben sollten, werden mit zunehmendem Alter und einhergehender Schwäche alle Aufzeichnungen mit mehr oder weniger großen Zweifeln betrachtet werden müssen. Etwaigen Aufzeichnungen der pflegenden Personen allein zu vertrauen, ist wegen ihres eigenen bestehenden Interesses auch nicht unbedenklich. Nach Möglichkeit sollte deshalb der Testamentsvollstrecker schon zu **Lebzeiten des Erblassers** in die Sache eingebunden werden, im Rahmen des sog. Estate-Planing (vgl. dazu im Einzelnen Bengel/Reimann/*Reimann* § 2 Rn. 54).

5. Wer **Adressat** der Bestimmungserklärungen ist, regelt das Gesetz in §§ 2151 ff. BGB. Eine besondere Form ist nicht vorgeschrieben. Handelt es sich bei der pflegenden Person um einen **Abkömmling** des Erblassers, kommt auch eine **Ausgleichung** gem. § 2057a BGB in Frage. Diese Vorschrift ist jedoch dispositives Recht. Eine testamentarische/erbvertragliche Regelung bleibt also sinnvoll, um möglichst Eindeutigkeit anzustreben.

9. Testamentsvollstreckung bei Vor- und Nacherbschaft; Testamentsvollstreckung nur für den Vorerben

→ Form. C.II.5, → Form. C.II.7

Für meinen Nachlass ordne ich Testamentsvollstreckung an. Der Testamentsvollstrecker hat den Nachlass in Besitz zu nehmen, zu konstituieren und für die Zeit der Vorerbschaft gemäß den gesetzlichen Regelungen zu verwalten.[1, 2] Es wird ausdrücklich klargestellt, dass die den Vorerben für die Zeit der Vorerbschaft treffenden, sich aus dem Gesetz ergebenden Beschränkungen[3] den Testamentsvollstrecker gleichermaßen binden.

[Variante 1:

. . . . . . nur in folgendem Umfang binden: Das gesamte Immobilienvermögen unterliegt bis auf mein Einfamilienhaus in der X-Straße den allgemeinen, sich aus der Anordnung der Nacherbfolge ergebenden Beschränkungen;[4] für dieses Haus entfällt die Beschränkung nach § 2113 BGB und ebenso die Testamentsvollstreckung.[5] Für das gesamte übrige Vermögen binden die den Vorerben treffenden allgemeinen Beschränkungen den Testamentsvollstrecker nur begrenzt; insoweit kann er verfügen wie ein so weit wie möglich von den einschlägigen Beschränkungen befreiter Vorerbe. Sollte diese teilweise Befreiung bzw. die Reduktion der Beschränkung unwirksam sein, so besteht gegen den Nacherben ein entsprechender Anspruch auf Zustimmung.

Vorsorglich wird der Testamentsvollstrecker auch zum Nacherbenvollstrecker berufen.]

[Variante 2:

. . . . . . nicht binden bis auf das grundsätzliche Verbot unentgeltlicher Verfügungen.

Vorsorglich wird der Testamentsvollstrecker auch zum Nacherbenvollstrecker berufen.]

Anmerkungen

1. Wenn die Anordnung einer Nacherbschaft dem Vorerben **nicht primär** in dessen Interesse – zB wegen **unliebsamer Zugriffe Dritter** – auferlegt wird, sondern wegen spezifischer in seiner Person liegender Schwächen oder auch nur deshalb, weil man das

Vermögen letztlich an ganz bestimmte Personen weitergeben möchte, kommt es häufig zu größeren Animositäten zwischen dem Vor- und dem Nacherben. Das gilt insbesondere dann, wenn der Erblasser keine der vom Gesetz eröffneten Möglichkeiten ergriffen hat, die sich aus besagter Anordnung ergebenden Einschränkungen zu lockern. Auch eine fürsorgliche Bevormundung wird vielfach als Zumutung und Misstrauenskundgabe empfunden. Um die psychologischen Unzuträglichkeiten wenigstens teilweise zu neutralisieren, empfiehlt es sich häufig, einen **neutralen Dritten als Testamentsvollstrecker** einzuschalten; sonst ist die ordnungsgemäße Verwaltung des Erbgutes nicht gesichert.

2. Der möglicherweise bedeutsamste Anwendungsfall einer nicht befreiten Vorerbschaft in Verbindung mit einer Testamentsvollstreckung ist der **Schutz der Erbmasse** vor **Eigengläubigern des Vorerben.** Gemäß § 2214 BGB können sich Gläubiger des Erben – auch der Vorerbe ist Erbe in diesem Sinne – nicht an die der Verwaltung des Testamentsvollstreckers unterliegenden Gegenstände halten. § 2214 BGB ist konstitutiv für das Wesen, die Bedeutung und die Auswirkungen der Testamentsvollstreckung (Bengel/Reimann/*Bengel/Dietz* Kap. 1 Rn. 216, → Form. F.I.2, insbes. → Form. F.I.2 Anm. 3, 7, weiter → Form. F.II.2). Durch die Nacherbeneinsetzung gelangt der Nachlass letztlich dorthin, wo der Erblasser ihn haben möchte; dennoch bleibt es möglich (bei genügend Nachlassmasse), dem Vorerben ein gewisses Auskommen zu sichern.

3. Die **Klarstellung,** dass der Testamentsvollstrecker die den Vorerben betreffenden **gesetzlichen Einschränkungen nicht oder nicht in vollem Umfang oder doch insgesamt** zu beachten hat, ist im Hinblick darauf bedeutsam, ob – so die wohl bisher hM – den Testamentsvollstrecker nur die Einschränkung gemäß § 2205 S. 3 BGB mit seinem grundsätzlichen Verbot unentgeltlicher Verfügungen trifft (so zB *Winkler* Rn. 215; Nieder/Kössinger/*R. Kössinger* § 10 Rn. 98 jeweils mwN) oder ob für ihn auch die weitergehenden Beschränkungen nach den §§ 2113 ff. BGB gelten (OLG München RNotZ 2016, 399; Bengel/*Dietz* § 4 Rn. 333 und Bengel/Reimann/*Schaub* § 4 Rn. 198; Bonefeld/Mayer/*J. Mayer* § 22 Rn. 22). Den Beschränkungen der §§ 2113 ff. BGB unterliegt der Testamentsvollstrecker jedenfalls in dem Umfang nicht, wie auch der Vorerbe von ihnen befreit ist.

Bei fehlender entsprechender Klarstellung können dem Testamentsvollstrecker von der einen oder anderen Seite Vorwürfe gemacht werden, sei es, dass er eine gar nicht notwendige Zustimmung des Nacherben – eventuell mit einhergehender Zeitverzögerung und Kosten – eingeholt habe, oder aber umgekehrt, er habe die Rechte des Nacherben anmaßend missachtet, insoweit also in diesem Innenverhältnis dessen Rechte verletzt und in dem Verhältnis zu dem außenstehenden Dritten unwirksame Rechtsgeschäfte getätigt. Die Empfehlung, die Zustimmung des Nacherben in jedem Fall einzuholen (so Bengel/Reimann/*Schaub* Kap. 4 Rn. 199) entspricht zwar dem Vorsichtsprinzip, letztlich Rechtssicherheit zu erreichen, beseitigt aber nicht den beschriebenen Konfliktstoff. In vielen Fällen dürfte es daher angebracht sein, zwischen der **Befreiungssituation des Vorerben** und den **Befugnissen des Testamentsvollstreckers Übereinstimmung** herzustellen. In den Fällen aber, in denen dem Testamentsvollstrecker weitergehende Freiheiten zugestanden werden sollen, jedoch nicht dem Vorerben, weil dieser nach einem etwaigen Wegfall oder Ende der Testamentsvollstreckung engmaschiger gebunden bleiben soll, bleibt eine klarstellende Differenzierung sinnvoll. Dogmatisch lässt sich das damit rechtfertigen, dass gleichzeitig eine bedingte Befreiung des Vorerben im Rahmen der gesetzlich vorgesehenen Möglichkeiten und in dem von dem Erblasser bestimmten Umfang seitens desselben ausgesprochen wird. Bedingte Befreiungen können auch an Zustimmungen gebunden werden (so allgemein Staudinger/*Arenarius* BGB § 2136 Rn. 4). In der Regel sollte der Testamentsvollstrecker vorsorglich auch zum **Nacherbenvollstrecker** berufen (Die Einzelheiten sind nach wie vor umstritten (vgl. *Bestelmeyer* Rfpl 2008, 553; → Form. C.VII.12)).

4. Die Möglichkeit eine Testamentsvollstreckung gegenständlich zu beschränken ist unumstritten, die Möglichkeit die Befreiung des Vorerben gegenständlich zu orientieren – wenn man nicht zu dem Mittel des Vorausvermächtnisses evtl. gekoppelt mit einem Nachvermächtnis greifen will → Form C.II.3 – allerdings nicht (Nieder/Kössinger/*R. Kössinger* § 10 Rn. 39; Staudinger/*Arenarius* BGB § 2136 Rn. 3). *Wachter* empfiehlt deshalb, den Nacherben durch Vermächtnis zu verpflichten, den Verfügungen des Testamentsvollstreckers zustimmen zu müssen (MAH ErbR § 17 Rn. 172 f.; ebenso BeckNotarHdB/*Bengel/Dietz* Rn. 140).

5. Ordnet der Erblasser an, dass der Vorerbe ganz oder teilweise von den gesetzlichen Bestimmungen befreit sein soll, empfiehlt sich eine Klarstellung, ob im **Einzelfall** ein **bestimmter Gegenstand überhaupt der Testamentsvollstreckung unterliegt** oder nicht. Denn nach hM verdrängt das Verfügungs- und Verwaltungsrecht des Testamentsvollstreckers grundsätzlich auch das des befreiten Vorerben. Aus der Tatsache allein, dass der Erblasser bestimmt hat, der Vorerbe solle über den Nachlass frei verfügen können, ergibt sich eine solche Beschränkung der Befugnisse des Testamentsvollstreckers noch nicht (Bengel/Reimann/*Schaub* § 4 Rn. 195; *Winkler* Rn. 152, 215). Zu Recht wirft *Zimmermann* (MüKoBGB/*Zimmermann* § 2222 Rn. 10) allerdings die Frage auf, ob sich die Befreiung nur dann auswirken soll, wenn der Testamentsvollstrecker das Amt nicht annimmt oder ersatzlos kündigt, gegebenenfalls auch dann, wenn er gemäß § 2217 BGB Nachlassgegenstände freigibt. Er betont (aaO), dass die **Auslegung** ergeben kann, dass nicht die Testamentsvollstreckung die Befreiung verdrängt, sondern umgekehrt die **Befreiung des Vorerben** der **Testamentsvollstreckung vorgehen** soll, so dass in diesem Fall der Testamentsvollstrecker gemäß § 2208 BGB in seinen Befugnissen in dem Maße beschränkt ist, wie die dem Vorerben vom Erblasser zugedachte Befreiung reicht. Der BGH (DNotZ 1992, 241) verfolgt in der Praxis eine pragmatische Linie: auch wenn die **Befreiung** – wie sie sich etwa im Bereich des § 2134 BGB vorteilhaft für den Vorerben ergeben kann – diesem nicht unmittelbar zugutekommt, wirkt sie sich doch auf die Ausgestaltung der Rechte und Pflichten des Testamentsvollstreckers aus. Der Testamentsvollstrecker hat nämlich darauf zu achten, dass dem im entsprechenden Umfang befreiten Vorerben nicht nur die bloßen Nutzungen, sondern auch die Substanz des Nachlasses offen steht.

Zu den Grundzügen des Erbschaft- und Schenkungsteuerrechts einschließlich der Ermittlung der erbschaft- und schenkungsteuerlichen Besteuerungsgrundlagen → Form. A.IV. Kurzüberblick: Erbschaft- und Schenkungsteuerrecht.

10. Testamentsvollstreckung nur für den Nacherben – Nacherbenvollstreckung

→ Form. C.II.7

Ich ordne Nacherbenvollstreckung an, der Testamentsvollstrecker hat lediglich die Aufgabe, bis zum Eintritt der angeordneten Nacherbfolge die Rechte des Nacherben auszuüben und dessen Pflichten zu erfüllen.[1, 2]

Anmerkungen

1. In § 2222 BGB wird die Möglichkeit des Erblassers hervorgehoben, eine Testamentsvollstreckung für den **Nacherben** auch **während der Vorerbschaft** und nicht erst mit Eintritt der Nacherbschaft wirksam werden zu lassen und mit diesem Zeitpunkt auch ihre Beendigung anzuordnen (Palandt/*Weidlich* BGB § 2222 Rn. 1). Sinn dieser Nacherbenvollstreckung ist in erster Linie die **Kontrolle des Vorerben** (Bengel/Reimann/*Schaub* Kap. 4 Rn. 208). Der Nacherbenvollstrecker hat nicht die allgemeinen Befugnisse des Testamentsvollstreckers, insbesondere hat er kein eigenes Verwaltungs- und Verfügungsrecht. Seine Rechtsstellung ähnelt der eines **Pflegers** für **den Nacherben.** Soweit diese reicht, ist der Nacherbe gehindert, seine Rechte und Pflichten in eigener Person wahrzunehmen. Insoweit **beschränkt** die Nacherbenvollstreckung den Nacherben und nicht den Vorerben, dieser unterliegt nur den sich aus der Vorerbschaft ergebenden Beschränkungen (Bengel/Reimann/*Schaub* § 4 Rn. 209 sowie Bengel/Reimann/*Bengel/Dietz* § 5 Rn. 338). Eine nach § 2213 BGB etwa erforderliche Zustimmung des Erben zu erteilen, obliegt allein dem Nacherbentestamentsvollstrecker.

2. Zweckmäßig und mit einer beachtlichen Erleichterung für den Vorerben verbunden ist die **Nacherbenvollstreckung** vor allem dann, wenn zu erwarten ist, dass die **Nacherben** während der Vorerbschaftszeit **nicht voll handlungsfähig** sein werden, also bei Minderjährigen oder noch gar nicht geborenen, vielleicht auch unbekannten oder unter Betreuung stehenden Nacherben (Bonefeld/Mayer/*J. Mayer* § 22 Rn. 25; Bengel/Reimann/*Bengel/Dietz* aaO). Da der Nacherbentestamentsvollstrecker aus eigenem, vom Erblasser abgeleiteten Recht handelt, bedarf er nicht der sonst erforderlichen gerichtlichen Genehmigungen, wie sie ein Pfleger, dessen Bestellung sich durch die Nacherbentestamentsvollstreckung erübrigt, etwa für unbekannte Nacherben benötigen würde (BayObLG NJW 1960, 1966; BayObLG NJW-RR 1989, 1096; *Kanzleiter* DNotZ 1970, 326 [335 ff.]). Der Nacherbentestamentsvollstrecker unterliegt auch nicht der **Aufsicht** des **Familiengerichtes** (Bengel/Reimann/*Schaub* § 4 Rn. 208 und *Bengel/Dietz* aaO). Bei mehreren Nacherben wird durch deren Vertretung durch einen Nacherbentestamentsvollstrecker eine **einheitliche Rechtausübung** bzw. Pflichtenerfüllung ermöglicht. Dies entlastet den Vorerben von den Schwierigkeiten, sich mit einer Vielzahl von Nacherben auseinandersetzen zu müssen.

11. Testamentsvollstreckung nur für den Nacherben, beginnend mit der Nacherbschaft

→ Form. C.II.7

Für den Fall, dass der Nacherbe zum Zeitpunkt des Nacherbfalles noch minderjährig sein sollte, ordne ich Testamentsvollstreckung an. Der Testamentsvollstrecker hat den Nachlass in Besitz zu nehmen und bis zum Zeitpunkt der Volljährigkeit zu verwalten.[1]

Anmerkung

1. Besteht die Testamentsvollstreckung **nur für den Nacherben,** kann diese auch so ausgestaltet werden, dass sie erst mit dem Zeitpunkt der **Nacherbfolge** beginnt, die sich von diesem Zeitpunkt an als eine normale Erbfolge nach dem Erblasser erweist, der die

Erbfolge angeordnet hatte. Demgemäß unterscheidet sich eine solche Testamentsvollstreckung nicht von der üblichen Testamentsvollstreckung, bis auf den einen Gesichtspunkt, dass es sich um eine aufschiebend – für den Fall des Eintritts der Nacherbfolge – bedingte Testamentsvollstreckung handelt (Bengel/Reimann/*Schaub* § 4 Rn. 206).

12. Testamentsvollstreckung für Vor- und Nacherben

→ Form. C.II.7

Ich ordne für meinen Nachlass Testamentsvollstreckung an, die den Vor- wie auch den Nacherben betrifft.[1]

Der Testamentsvollstrecker hat den Nachlass in Besitz zu nehmen und zu konstituieren, danach unter Berücksichtigung der Nacherbenrechte zu verwalten. Der Testamentsvollstrecker hat auch die Nacherbenrechte wahrzunehmen. Sollte der Nacherbe bei Eintritt des Nacherbenfalles noch minderjährig sein, wandelt sich die Nacherbentestamentsvollstreckung in eine Verwaltungsvollstreckung um, die bis zur Volljährigkeit dauern soll. Bei der Verwaltung des Nachlasses während der Zeit der Vorerbschaft sind die Interessen beider Seiten angemessen zu gewichten. Grundsätzlich ist der Reinertrag, der aus dem Erbe fließt, in monatlichen Raten an den Vorerben auszuzahlen. Vorrangig ist jedoch die Nachlasssubstanz zu erhalten, so dass dazu notwendige Investitionen – möglicherweise zeitlich gestreckt – vorab zu tätigen sind. Die Mehrung des Nachlasses soll erst dann stattfinden, wenn die an den Vorerben fließenden Erträge auf absehbare Zeit gleich bleiben können.[2]

Anmerkungen

1. Bei Dauervollstreckungen kann sich das Problem stellen, dass die Testamentsvollstreckung sowohl den Vor- wie auch den Nacherben betrifft. Ein Testamentsvollstrecker kann einen Nachlass, welcher der Vor- und Nacherbschaft unterliegt, nicht in derselben Weise verwalten wie es ihm ohne diese Besonderheit gestattet wäre. Dem **Vorerben** stehen im Verhältnis zum Nacherben die **Nutzungen** seiner Vorerbschaft zu; für den **Nacherben** soll lediglich die **Substanz** erhalten bleiben. Daraus resultiert ein gewisser **Interessengegensatz:** Der Vorerbe könnte daran interessiert sein, möglichst hohe Nutzungen zu ziehen und Erhaltungsaufwand, insbes. Erhaltungskosten, zu sparen, was zumindest langfristig zu einer Substanzverschlechterung führen kann. Hingegen geht das Interesse des Nacherben in die gegenteilige Richtung; er könnte versucht sein, dem Vorerben Nutzungen streitig zu machen und einseitig die Substanzerhaltung, auch deren Mehrung, zu favorisieren. Für den Testamentsvollstrecker ist es hilfreich, wenn der Erblasser dieses berücksichtigt und in seiner Verfügung von Todes wegen gewisse Richtlinien gibt. Das Gesetz gibt gleichfalls in den §§ 2124 ff. BGB Maßstäbe vor, die den Ausgleich von Aufwendungen zwischen dem Vor- und Nacherben regeln (Bengel/Reimann/*Reimann* § 2 Rn. 98 und *Bengel/Dietz* § 5 Rn. 336 f.).

2. Die Nacherbenvollstreckung und die Verwaltungsvollstreckung für den Nacherben lassen sich kombinieren (Bengel/Reimann/*Bengel/Dietz* § 5 Rn. 336; Bonefeld/Mayer/*J. Mayer* § 22 Rn. 24). Ist der Testamentsvollstrecker zugleich für den Vor- und Nacherben eingesetzt, unterliegt er **nicht** den für den Vorerben gemäß den §§ 2113 bis 2115 BGB geltenden **Beschränkungen,** in seiner Person vereinigen sich die Verfügungsbefugnis für den Vorerben und das Zustimmungsrecht des Nacherben (Bengel/Reimann/*Schaub*

Kap. 4 Rn. 193, 198). Auf die Frage, ob und in welchem Umfang der Vorerbe von den ihn treffenden gesetzlichen Beschränkungen befreit ist, und wie weit dieses für den nur für den Vorerben tätigen Testamentsvollstrecker beachtlich ist, kommt es in diesem Fall nicht an. Für den Testamentsvollstrecker gelten bei dieser Konstellation nur die **allgemeinen Beschränkungen und Verpflichtungen,** die sich aus dem Gesetz ergeben, insbesondere das Verbot (teil-)unentgeltlicher Verfügungen (§ 2205 S. 3 BGB).

13. Probleme der wirksamen Testamentsvollstreckerberufung

→ Form. A.II.6

[Notarielle Eingangsformel]

Vorbemerkung[1]

In dem zwischen mir und meine. . . . . . inzwischen verstorbenen Ehe. . . . . . unter der Urkundenrollen-Nr. . . . . . des Notars . . . . . . am . . . . . . geschlossenen Erbvertrag hatten wir, die Eheleute . . . . . ., neben einer gegenseitigen Erbeinsetzung auch unsere beiden Kinder erbvertraglich bindend[2] zu Erben nach dem Überlebenden von uns berufen. Als Ersatzerben hatten wir deren Abkömmlinge nach den Regeln der gesetzlichen Erbfolge benannt. Außerdem waren Geldvermächtnisse zugunsten unserer Schwiegerkinder angeordnet. Für den Fall des Eintritts der Ersatzerbfolge war dem Überlebenden von uns das Recht vorbehalten, nach dem Tode des Erstversterbenden hinsichtlich des Erbteils des ersatzweise zum Erben Berufenen beliebig anders zu verfügen sowie für den gesamten Nachlass Teilungsanordnungen zu treffen und Testamentsvollstreckung anzuordnen. Leider ist inzwischen auch mein . . . . . . verstorben und hat seinerseits/ihrerseits wiederum ein Kind, meinen Enkel . . . . . . hinterlassen, der nun hoffentlich statt seiner Erbe nach meinem Tode wird. Außerdem hatte ich ihm zu Händen seiner Mutter/seines Vaters . . . . . . EUR geschenkt mit der Auflage . . . . . . Es ist nach wie vor jedoch mein Ziel, die beiden Stämme „möglichst gleich“ zu behandeln. Aus diesen Gründen ordne ich nunmehr Folgendes an:

§ 1 Vermächtnis

Mein Sohn/meine Tochter erhält demgemäß als Vorausvermächtnis ebenfalls einen Betrag von . . . . . . EUR nebst . . . . . .% Jahreszinsen vom Tage der Auszahlung des meinem Enkel geschenkten Betrages, letzteres um auch den Zinsvorteil zu kompensieren. Verstirbt mein Sohn/meine Tochter vor mir, so steht das Vermächtnis dessen Abkömmlingen entsprechend den Regeln der gesetzlichen Erbfolge zu. Dies gilt auch dann, wenn er/sie das Vermächtnis aus anderen Gründen nicht antritt, es sei denn, dass er/sie darauf verzichtet hat oder es ausgeschlagen hat, um den Pflichtteil zu verlangen.

§ 2 Testamentsvollstreckung[3]

Ich ordne Testamentsvollstreckung an und bestimme hierzu Folgendes:

a) Der Testamentsvollstreckung unterliegen grundsätzlich alle zum Nachlass gehörenden Gegenstände.
b) Der Testamentsvollstrecker hat die bereits in dem eingangs erwähnten Erbvertrag angeordneten Vermächtnisse zu erfüllen und auch die Befugnis, das zu seinen Gunsten bestehende Vermächtnis zu erfüllen, unter mehreren Erben die Auseinandersetzung nach billigen Ermessen zu bewirken und den Erbteil meines Enkels zu verwalten.

c) Die Verwaltung dieses Erbteils obliegt dem Testamentsvollstrecker mindestens solange, bis der Enkel das 20. Lebensjahr vollendet hat. Die Verwaltungstestamentsvollstreckung entfällt, wenn bei Eintritt des Erbfalles dieses Alter bereits erreicht wurde. Etwaige Erlöse sind, soweit sie nicht zu Ausbildungszwecken benötigt werden, einer Wiederanlage zuzuführen.
d) In der Eingehung von Verbindlichkeiten für den Nachlass soll der Testamentsvollstrecker nicht beschränkt sein. Auch sonst ist er in dem gesetzlichen zulässigen Umfang von Beschränkungen befreit, auch von den Beschränkungen des § 181 BGB.[4]
e) Der Testamentsvollstrecker erhält für seine Tätigkeit keine Vergütung, kann jedoch Ersatz der ihm entstehenden Aufwendungen aus den Mitteln des Nachlasses verlangen. Berufsspezifische Leistungen darf der Testamentsvollstrecker gesondert abrechnen.
f) Zum Testamentsvollstrecker ernenne ich meinen Sohn/meine Tochter . . . . . . Hinsichtlich der Benennung eines möglichen Ersatztestamentsvollstreckers . . . . . .[5, 6, 7]

. . . . . .

Anmerkungen

1. Sachverhalt Von einem Ehepaar, das sich gegenseitig zu Erben eingesetzt hatte, ist nach dem Erstverstrebenden von ihnen auch einer der Schlusserben gestorben.

2. Selbst dann, wenn eine starke **Bindung** des überlebenden Ehegatten/Erben an die gemeinsam verfügte Erbfolge, zB bei gemeinsamen Kindern, nach dem Überlebenden gewollt ist, sollte man sich **gewisse Gestaltungsspielräume** offen halten. Dies gilt insbesondere dann, wenn die Erblasser noch recht jung sind, schließlich ist die Zukunft ungewiss. Insoweit verweist der dem Text zu Grunde gelegte Sachverhalt auf eine Lebenssituation, wie sie durchaus eintreten kann und auf die ein familienorientiert denkender Mensch angemessen reagieren möchte. Im Hinblick auf die Minderjährigkeit seines Enkels erscheint dem Erblasser die Testamentsvollstreckung durch sein anderes Kind als eine sinnvolle Gestaltung.

3. An dieser Gestaltung sähe sich der Erblasser jedoch dann gehindert, wenn die Anordnung der **Testamentsvollstreckung gegen § 2289 Abs. 1 S. 2 BGB/§ 2271 Abs. 2 BGB** verstoßen würde (zur Frage der Rechtsbeeinträchtigung durch die nachträgliche einseitige Anordnung einer Testamentsvollstreckung vgl. OLG München RNotZ 2007, 619; MittBayNot 2009, 53; ZEV 2008, 340). In diesem Falle wäre die Anordnung der Testamentsvollstreckung wegen der in ihr liegenden Rechtsbeeinträchtigung der Erben unwirksam. Das bedeutet: Eine entsprechende Prüfung – → Form. C.VII.1 lit. b) – ist in jedem Falle vorzunehmen.

4. Es bietet sich insoweit zunächst an, dem **Überlebenden das Recht** einzuräumen, für den Fall des Eintritts der Ersatzerbfolge Testamentsvollstreckung anzuordnen, **möglicherweise beschränkt** auf den **Erbteil des Ersatzerben.** Eine solche dann später angeordnete Testamentsvollstreckung hat der andere – uU auch mehrere Erben – dann hinzunehmen, obwohl die Erbteilsvollstreckung sich wegen der besonderen Struktur der Erbengemeinschaft auf den gesamten Nachlass auswirkt; denn die **Pflichten** des Testamentsvollstreckers sind grundsätzlich weder gegenständlich noch inhaltlich auf den Erbteil beschränkt; solange die Erbengemeinschaft nicht auseinandergesetzt ist, umfasst die **Verwaltung** des Erbteilvollstreckers die **allen** Miterben **zustehenden Rechte** innerhalb der Erbengemeinschaft (BGH ZEV 2005, 22 [23] – vgl. weitere Anmerkungen → Form. C.VII.4). Wenn dem Überlebenden das Recht vorbehalten war, für bestimmte Fälle hinsichtlich **einzelner**

Erbteile Testamentsvollstreckung anzuordnen, ist damit **auch deren Auswirkung auf die anderen Erbteile** mitangeordnet.

5. Findet sich **kein spezifischer Vorbehalt,** sondern nur der allgemeine, dass keine erbvertragliche Bindung an die Ersatzerben bestünde und insoweit wieder frei verfügt werden könne, ist die nachträgliche Anordnung einer Testamentsvollstreckung wegen ihrer zuvor beschriebenen Auswirkungen gar **nicht** mehr **unproblematisch** (vgl. OLG München aaO; *Keim* NJW 2009, 818); schließlich kommt mit dem Testamentsvollstrecker – möglicherweise – eine weitere Person quasi in die Erbengemeinschaft hinein. Der **Beurteilungsmaßstab,** ob eine **Rechtsbeeinträchtigung** im Sinne der §§ 2289 Abs. 1 S. 2, 2271 Abs. 2 vorliegt, ist ein rechtlicher, nicht ein wirtschaftlicher (MüKoBGB/*Musielak* § 2289 Rn. 10 mit dem Hinweis in Fn. 18, es sei fraglich, ob die Befürworter einer wirtschaftlichen Betrachtungsweise zu anderen Ergebnissen kämen). Insoweit besteht Einigkeit, dass die Anordnung einer **Testamentsvollstreckung** eine Rechtsbeeinträchtigung des Erben sein kann (MüKoBGB/*Musielak* § 2271 Rn. 17, § 2289 Rn. 10, 16 mwN). Ob eine Rechtsbeeinträchtigung vorliegt, ist letztlich eine Frage nach dem Umfang eines durch Auslegung zu ermittelnden Abänderungsvorbehaltes (*Weidlich* MittBayNot 2011, 453).

6. Die Rechtsprechung (BGH NJW 1962, 912 [913]; BayObLG FamRZ 1991, 231 [233]) hat in Fällen, in denen ein Erbe auf Grund früherer bindender Verfügungen „testamentsvollstreckerfrei" berufen war und nachträglich für den gesamten Nachlass Testamentsvollstreckung angeordnet wurde, nur Teilunwirksamkeit angenommen, die Testamentsvollstreckung jedoch für die **Erbteile gebilligt,** hinsichtlich derer noch **keine ausdrückliche Bindung** bestand. Zu den mittelbaren Auswirkungen wird jedoch kaum Stellung genommen. Wegen der **Auswirkungen der** Testamentsvollstreckung auf den **gesamten Nachlass** sollte deshalb ein spezifischer Vorbehalt für den Überlebenden in der Verfügung von Todes wegen aufgenommen werden, für bestimmte **Erbteile oder sogar für den gesamten Nachlass Testamentsvollstreckung** anordnen zu dürfen. Letzteres empfiehlt sich, wenn dem Überlebenden noch **weitere Gestaltungsmöglichkeiten** eröffnet werden sollen, zB durch Teilungsanordnungen. Auch in den Fällen, in denen seitens der Partner eines Erbvertrags oder gemeinschaftlichen Testaments bereits eine Testamentsvollstreckung durch eine **bestimmte Person** vorgesehen wird, ist idR ein Vorbehalt empfehlenswert, dass der Überlebende einen anderen Testamentsvollstrecker benennen darf, auch ohne dass die besondere Situation für die Benennung eines Ersatztestamentsvollstreckers gegeben ist. Denn auch das bloße **Auswechseln der Person** des Testamentsvollstreckers wird **zum Teil als Rechtsbeeinträchtigung** angesehen. Die Rechtsprechung der Oberlandesgerichte war nicht einheitlich vgl. OLG Hamm ZEV 2001, 271 mAnm *Reimann* ZEV 2001, 273). Nach Auffassung des BGH (NJW 2011, 1733 = ZEV 2011, 306 mAnm *Reimann* = DNotZ 2011, 774 mAnm *Muscheler/Metzler*) kommt es für die Beantwortung der Frage nach der Beeinträchtigung darauf an, ob und mit welchem Umfang ein Abänderungsvorbehalt in der betroffenen Verfügung von Todes wegen enthalten ist (zustimmend *Weidlich* MittBayNot 2011, 453; Palandt/*Weidlich* BGB § 2289 Rn. 5; aA MüKoBGB/*Musielak* § 2289 Rn. 10; weitere Einzelheiten bei Bengel/Reimann/*Reimann* Kap. 2 Rn. 26 ff.; Nieder/Kössinger/*R. Kössinger* § 15 Rn. 35 b). Will man hingegen das Gegenteil **sicher** erreichen und verhindern, dass der Erblasser nach dem Tod des Vertragspartners einen anderen Testamentsvollstrecker bestimmt, muss ein Bedingungszusammenhang mit der vertraglichen bzw. wechselbezüglichen Bestimmung hergestellt werden (Bengel/Reimann/*Reimann* § 2 Rn. 202).

7. Zu warnen ist vor dem vereinfachenden Gedanken, das Problem würde sich dadurch lösen, dass der Erbe, der eigentlich nicht durch die Testamentsvollstreckung beschränkt werden soll, zum Testamentsvollstrecker berufen wird. Auch wenn bei der Verbesserung der Rechtsstellung eines Erben kein Verstoß gegen § 2289 BGB vorliegt (MüKoBGB/*Musielak* § 2289 Rn. 17), was im Rahmen von § 2271 BGB ebenfalls gelten muss, wird man doch darauf verweisen müssen, das mit einer **Testamentsvollstreckung**

einfach **zu viele Pflichten** – vgl. die §§ 2216, 2218 BGB – verbunden sind, als dass man darin nur eine Verbesserung der Rechtsstellung des zum Testamentsvollstrecker berufenen Erben sehen könnte (Staudinger/*Avenarius* BGB § 2136 Rn. 12).

14. Teilungsanordnung

(Weiterführung von → Form. C.VII.13)

[Notarielle Eingangsformel]

Sodann erklärte der Erschienene seinen letzten Willen wie folgt:[1]

§ 1 Bestätigung früherer Verfügungen

Ich nehme Bezug auf den Erbvertrag Urkundenrolle-Nr. . . . . . und das von mir errichtete Testament Urkundenrollen-Nr. . . . . .

Etwaige anderweitige Verfügungen von Todes wegen widerrufe ich.

Die beiden Verfügungen von Todes wegen ergänze ich wie folgt:

§ 2 Ergänzung von Vermächtnissen

Meinem Enkel . . . . . . habe ich zu Händen seiner Mutter/seines Vaters inzwischen neben dem Betrag von . . . . . . EUR seit dem . . . . . . monatlich einen Betrag von . . . . . . EUR zur Verfügung gestellt, inzwischen insgesamt . . . . . . EUR in der Zeit bis zum . . . . . .

Ich beabsichtige, meinem Enkel auch weiterhin diese monatlichen Beträge zuzuwenden.

Dem entsprechend ergänze ich § . . . . . . Ziffer . . . . . . meines Testamentes vom . . . . . . dahingehend, dass mein Sohn/meine Tochter . . . . . . als Vorausvermächtnis ebenfalls die Gesamtsumme der monatlichen Beträge erhält, die mein Enkel bis zu meinem Tod erhalten hat, hier allerdings zinslos.

§ 3 Teilungsanordnung[2, 3, 4]

Im Wege der Teilungsanordnung bestimme ich, dass erhalten sollen:

1. mein Sohn/meine Tochter . . . . . . meine Eigentumswohnung (Ferienwohnung) in . . . . . .
2. mein Enkel/meine Enkelin . . . . . . meine Eigentumswohnung (Studentenappartement) in . . . . . .

Soweit mit Mitteln des Restnachlasses keine Ausgleichung möglich ist, sind entsprechend Herauszahlungen zu leisten. Sollten sich mein Sohn und mein Enkel über den Wert der beiden Immobilien nicht einigen, soll diesen nicht der Testamentsvollstrecker, sondern jeweils der zuständige Gutachterausschuss feststellen. Der Gutachterausschuss soll zugleich feststellen, wem die Kosten seiner Inanspruchnahme zur Last fallen. Als Maßstab ist dabei insbesondere zu berücksichtigen, wie weit die jeweilige Auffassung von der Feststellung des Gutachterausschusses abwich. Sollte ein solcher Ausschuss nicht mehr gebildet werden, soll eine vergleichbare Instanz ersucht werden. Durch diese Bestimmung wird der spätere Rechtsweg nicht ausgeschlossen.

§ 4 Schlussbestimmungen

Im Übrigen gelten die Regelungen in den getroffenen Verfügungen von Todes wegen weiter, die Testamentsvollstreckeranordnung wird dahingehend ergänzt, dass der Testa-

mentsvollstrecker auch die Höhe des sich ergebenden Vermächtnisbetrages zu § 2 feststellen soll und auch für die Ausführung der Teilungsanordnung zu sorgen hat.[5, 6]

......

Anmerkungen

1. Gründe, dem Testamentsvollstrecker die Bewertung des Grundbesitzes trotz des ihm sonst entgegengebrachten Vertrauens nicht zu überlassen, können sich aus vielen Gesichtspunkten ergeben, angefangen von insoweit fehlender Kompetenz bis zu dem Wunsch des Erblassers, eine allzu große Übermacht – gerade bei verwandtschaftlichen Verhältnissen auch aus psychologischen Gründen – nicht entstehen zu lassen.

2. Mit der getroffenen Teilungsanordnung wollte der Erblasser – gut gemeint – den Vorlieben der Betroffenen Rechnung tragen. Solche Wünsche können sich jedoch ändern, auch kann ein Erbe wegfallen und die Ersatzerben haben ganz andere Ziele. Ohne den entsprechenden Änderungsvorbehalt, auch hinsichtlich des gesamten Nachlasses eine Testamentsvollstreckung zum Zweck der Durchführung einer Teilungsanordnung treffen zu können, wäre diese testamentarische Anordnung möglicherweise unwirksam. Es käme dann auf die Frage an, ob der **allgemeine Vorbehalt** eine Testamentsvollstreckung anordnen zu dürfen, so auszulegen wäre, dass der Überlebende im Rahmen derselben auch solche Vorgaben, wie die hier getroffene Teilungsanordnung, machen kann. Die Frage, ob bereits eine **Teilungsanordnung,** die **nicht zu Wertverschiebungen** führt – sei es, weil die Gegenstände gleichartig sind, sei es, weil Ausgleichsleistungen erbracht werden, zu einer **Rechtsbeeinträchtigung** des Bedachten führt, ist **umstritten.** Nach der Rechtsprechung des BGH (NJW 1982, 43; DNotZ 1982, 679 Ls.) und einem Teil der Literatur (*Lange/Kuchinke* § 25 VI 2) soll das nicht der Fall sein. Der BGH begründet dies mit § 2270 Abs. 3, § 2278 Abs. 2 BGB, gemäß denen eine Teilungsanordnung nicht bindend getroffen werden kann; daraus zieht der BGH ohne nähere Begründung die Folgerung, dass nicht wertverschiebende Teilungsanordnungen ohne weiteres zulässig seien. *Kuchinke* führt zur Begründung an, die Zulässigkeit ergäbe sich daraus, dass keiner der Erben einen Anspruch auf eine bestimmte Sache habe. Gegen diese Auffassung bestehen erhebliche Bedenken, denn aus dem Gesichtspunkt, dass Teilungsanordnungen nicht erbvertraglich bindend oder wechselbezüglich ausgestaltet werden können, ergibt sich nur, dass sie einseitig aufgehoben werden können, mehr nicht. Dann kann aus diesem Negativum nicht positiv geschlossen werden, dass Teilungsanordnungen neu getroffen werden können oder eine bestehende durch eine andere neue ersetzt werden kann. Auch aus dem Aspekt, dass ein Miterbe keinen Anspruch auf eine bestimmte Sache hat, ergibt sich nur diese negative Komponente und nicht, dass die Zuweisung einer bestimmten Sache durch eine Teilungsanordnung einfach hinzunehmen ist. Vielmehr wird durch einen solchen Akt das Mitspracherecht des Miterben beeinträchtigt (OLG Koblenz DNotZ 1998, 218; Staudinger/*Kanzleiter* BGB § 2271 Rn. 16, 33, 37; MüKoBGB/*Musielak* § 2271 Rn. 17 und Fn. 62). Im Ergebnis ist daher davon auszugehen, dass auch eine Teilungsanordnung zu einer Beeinträchtigung des Bedachten führt, weil durch sie der gesetzliche Auseinandersetzungsanspruch aufgehoben werden soll. Im Hinblick darauf, dass die Begründung des BGH wenig tragfähig erscheint und der BGH in beiden Entscheidungen wegen des jeweils vorbehaltenen Rechts, Teilungsanordnungen treffen zu dürfen, seine Ausführungen eher nebensächlich machte, erscheint es für die vorsorgende Rechtspflege ratsam, auch für Teilungsanordnungen einen spezifischen Änderungsvorbehalt ausdrücklich in den Text aufzunehmen.

3. Wenn man die Anordnung der Testamentsvollstreckung in den Fällen, in denen kein spezifischer Vorbehalt gemacht wurde, dass diese für den gesamten Nachlass eingerichtet

werden darf, auf sicheren Boden stellen wollte, müsste ein Vertrag nach § 2352 BGB geschlossen werden. Aber **Achtung:** Der **Verzicht bindet nur Abkömmlinge, nicht andere Ersatzerben,** es sei denn, die Verfügung von Todes wegen ist in diesem Sinne auszulegen.

Weiter geht die zum 1.1.2010 erfolgte Reform des § 2352 BGB nicht (zusammenfassende Darstellung s. MüKoBGB/*Wegerhof* § 2352 Rn. 13, → Form. I.III.16, → Form. I.III.17). Wenn es den Willen des Erblassers oder der Erblasser entspricht, sollte also in die Verfügung von Todes wegen eine Bestimmung aufgenommen werden, dass **bei** einem **Verzicht** des berufenen Erben auf das ihn zugewandte Erbe die **Ersatzerbenberufung entfällt oder geändert werden kann.** Der Erblasser muss die Willenserklärung höchstpersönlich abgeben, Vertretung ist nicht zulässig. Interessant und wichtig ist insofern, dass auf Seiten des **Verzichtenden Vertretung** zulässig ist. Für beide Seiten gilt: bei beschränkt Geschäftsfähigen ist die Zustimmung des gesetzlichen Vertreters erforderlich, außer bei Verzicht gegenüber dem – künftigen – Ehegatten. Bei Geschäftsunfähigen wird der Vertrag durch den gesetzlichen Vertreter – mit familiengerichtlicher Genehmigung – geschlossen (BeckNotarHdB/*BengelDietz* C Rn. 375).

4. Wo es wirklich wichtig ist, wegen veränderter Umstände zu einer – auch dann tatsächlich wirksamen – Testamentsvollstreckeranordnung zu kommen, sollte obiger Weg nicht unbeachtet bleiben. **Getrennte Beurkundung von Angebot und Annahme** ist **möglich,** die Beurkundungspflicht gilt auch für das dem Verzicht zugrunde liegende Verpflichtungsgeschäft (MüKoBGB/*Wegerhoff* § 2352 Rn. 6, § 2348 Rn. 2, 3). Die Genehmigungserklärung eines vollmachtlos Vertretenen bedarf gemäß § 182 Abs. 2 BGB keiner Form, wohl aber des Zugangs, der auch nachweisbar sein sollte. Notarielle Beurkundung, wenigstens Beglaubigung ist jedoch zu empfehlen.

Die **formlose Zustimmung** des Beeinträchtigten reicht nach hM nicht aus (OLG Hamm DNotZ 1974, 627), allenfalls in besonderen Ausnahmen kann die Einrede der Arglist erhoben werden, wenn sich jemand auf die Unwirksamkeit der formlosen Zustimmung berufen will (MüKoBGB/*Musielak* § 2289 Rn. 18; Palandt/*Weidlich* BGB § 2289 Rn. 7).

5. Zur erbschaft- und schenkungsteuerlichen Behandlung der Teilungsanordnung → Form. C.IV.3.

6. **Kostenrechtlich** ist die isolierte Teilungsanordnung, also eine solche, die sich auf Gegenstände bezieht, über die in der konkreten Verfügung von Todes wegen nicht verfügt wird, zusätzlich zu bewerten. Der Ansatz erfolgt wie beim Vermächtnis mit dem vollen Wert der betroffenen Gegenstände, § 102 Abs. 3 GNotKG (Streifzug Rn. 709).

15. Testamentsvollstreckung zum Vollzug einer Auflage

Meinem Erben mache ich zur Auflage,[1] meine . . . . . . – Sammlung und meinen eigenen künstlerischen Nachlass für . . . . . . Jahre nicht zu veräußern und ihn Künstlern, Kunststudenten und Kunsthistorikern auch zugänglich zu machen. Dem übrigen an meiner Sammlung und an meinem künstlerischen Schaffen interessierten Publikum soll dadurch gedient werden, dass ich die Auflage noch dahingehend ergänze, Museen – insbesondere denen in meiner näheren Heimat – in dieser Zeit Leihgaben in angemessenem Umfang zur Verfügung zu stellen.[2]

Den Vollzug dieser Auflage vertraue ich meinem Testamentsvollstrecker an, dem ich keine weiteren Aufgaben zuweise. Zum Testamentsvollstrecker berufe ich meinen Freund . . . . . ., der meine künstlerischen Interessen und mein Schaffen jahrzehntelang begleitet und gefördert hat. Sollte dieser das Amt des Testamentsvollstreckers nicht antreten oder

nach Annahme dieses Amtes dieses nicht mehr weiterführen – gleich aus welchem Grunde, auch im Falle seines Todes – entfällt die Testamentsvollstreckung. Ich gehe davon aus, dass mein Erbe die Auflage dann auch von sich aus im Sinne meines hier deutlich gemachten Bestrebens erfüllt. Eine Vergütung erhält der Testamentsvollstrecker nicht, nur den Ersatz seiner Aufwendungen.

Anmerkungen

1. Zu den Besonderheiten der erbrechtlichen Auflage → Form. C.V.11 mit dortiger Checkliste und → Form. C.V.12, ferner für den mehr wirtschaftlichen Aspekt → Form. G.V.1. Auflagen können auch zu dem Zweck gemacht werden, den Beschwerten zu **Mitwirkungshandlungen zu veranlassen,** wenn der vom Gesetzgeber und der Rechtsprechung vorgegebene Handlungsspielraum des Testamentsvollstreckers an seine Grenzen stößt (→ Form. G.IX.1, → Form. G.IX.2 Anm. 4).

2. Mit der Kombination Auflage/Testamentsvollstreckung lassen sich aber auch ganz **persönliche Anliegen** verbinden und auch deren Erfüllung absichern. So sind in dem vorliegenden Fall zwei Elemente sichtbar: Der Erblasser wollte gerade seinen Freund, eventuell auch Mentor oder Mäzen, in sein künstlerisches Weiterleben einbinden, auch um dessen Engagement zu ehren, nicht aber so sehr deshalb, weil er dem Erben misstraute. Dies soll dadurch deutlich gemacht werden, dass auch dem Erben das Vertrauen ausdrücklich ausgesprochen wird und der Testamentsvollstrecker seine Aufgabe ehrenamtlich führt. Außerdem ist die Zeitdauer der Auflage begrenzt; der Erblasser widersteht der Versuchung, sich zu überschätzen und die Herrschaft der Toten über die Lebenden zu sehr auszudehnen.

VIII. Letztwillige Schiedsklauseln

Checkliste

- ❒ Zweckmäßigkeit?
- ❒ Kosten(?), schnellere Entscheidungen, wirtschaftliche Kompetenz der Schiedsrichter, Akzeptanz der Schiedsrichter?
- ❒ Schiedsfähigkeit: nicht letztwillig schiedsfähig sind Pflichtteilsansprüche, Entscheidung über die Entlassung des Testamentsvollstreckers sowie nachlassgerichtliche Entscheidungen
- ❒ Schiedsklausel oder bloße Schiedsgutachterklausel?
- ❒ entgegenstehende erbvertragliche Bindung?
- ❒ Schiedsklausel selbst nicht erbvertraglich bindend möglich
- ❒ Person des Schiedsrichters:
- ❒ etabliertes Schiedsgericht, Testamentsvollstrecker oder sonstige Personen

Musterformulierung[1, 5]

Streitigkeiten der Erben, Vermächtnisnehmer und sonstigen Beteiligten, die ihren Grund im Erbfall haben und/oder im Zusammenhang mit der Verfügung von Todes wegen oder ihrer Ausführung stehen,[2] sind unter Ausschluss des ordentlichen Richters durch einen Schiedsrichter als Einzelrichter zu entscheiden. Dies gilt nicht für Streitigkeiten über den Pflichtteil.

Zum Schiedsrichter bestimme ich. . . . . .[6] Der Schiedsrichter entscheidet als Einzelrichter und hat zugleich die Aufgabe, sich in Bewertungsfragen als Schiedsgutachter[3] verbindlich zu äußern.[4] Der Schiedsrichter entscheidet, sofern keine zwingenden gesetzlichen Bestimmungen entgegenstehen, prozessrechtlich nach freiem Ermessen, im Übrigen nach den einschlägigen Bestimmungen der Zivilprozessordnung und Gerichtsverfassungsgesetztes, jedoch mit der Maßgabe, dass die Verhandlungen jeweils nicht öffentlich sind und kein Anwaltszwang besteht.

Anmerkungen

1. Sachverhalt. Bei Ausschöpfung des Rechtsweges dauern staatliche Gerichtsverfahren oft mehrere Jahre. Daher können Schiedsverfahren zu einer Beschleunigung der Entscheidung führen. Diesem Vorteil dürfte jedoch ein größeres Risiko gegenüberstehen, dass Fehlentscheidungen getroffen werden. (*Schmitz* RNotZ 2003, 591 ff.) Ob Schiedsverfahren wirklich kostengünstiger sind als die staatlichen Gerichtsverfahren, muss im Einzelfall beurteilt werden und zwar anhand der Gebührenordnung der jeweiligen Schiedsgerichtsbarkeit (hierzu der Vergleich von *Bandel* MittBayNot 2017, 1 [8]). Im Unternehmensbereich dürfte der Vorteil eines Schiedsrichters darin liegen, dass das Verfahren nicht öffentlich ist, sodass Interna des Unternehmens nicht in der Öffentlichkeit erörtert werden. Ebenfalls vorteilhaft dürfte sein, dass gegebenenfalls in unternehmerischen und in wirtschaftlichen Fragen besonders kompetente Schiedsrichter ausgewählt werden können. Andererseits

besteht bei Schiedsrichtern häufig die Gefahr, dass sie von einer Konfliktpartei nicht hinreichend akzeptiert werden (Kölner FormB ErbR/*Stöhr* 9. Kapitel Rn. 623)

2. Inhaltliche Grenzen von Schiedsklauseln. Zur Entscheidung erbrechtlicher Streitigkeiten kann gemäß § 1066 ZPO in der Verfügung von Todes wegen die ausschließliche Zuständigkeit eines Schiedsgerichts angeordnet werden. Das Schiedsgericht kann jedoch nur anstelle eines ordentlichen (**Prozess)Gerichts** tätig sein, sodass es nach herrschender Meinung keine nachlassgerichtlichen Zuständigkeiten, wie beispielsweise das Erbscheinsverfahren oder andere Bereiche der Freiwilligen Gerichtsbarkeit übernehmen kann (*Wendt* ErbR 2016, 248; *Lange* ZEV 2017, 1 f.; aA aber OLG Celle ZEV 2016, 337). Nach Auffassung des Bundesgerichtshofs erfordert auch der Schutz der Erben durch staatliche Gerichte, dass man die Entlassungsmöglichkeit eines Testamentsvollstreckers nicht auf ein Schiedsgericht übertragen kann. (BGH NJW 2017, 2112) Da es dem Erblasser nicht möglich ist, am Erbe nicht beteiligte Personen oder von ihm ausgeschlossene Dritte an einem Schiedsverfahren zu beteiligen, kann er auch nicht einseitig Streitigkeiten über den **Pflichtteil** unter Ausschluss der ordentlichen Gerichte einem Schiedsgericht zuweisen. (BGH NJW 2017, 2115)

3. Schiedsklauseln und Schiedsgutachterklauseln. Eine Schiedsklausel liegt vor, wenn das Schiedsgericht anstelle des staatlichen Gerichtes endgültig über die Rechtsstreitigkeit entscheiden soll. Gegen eine dennoch erhobene Klage vor den ordentlichen Gerichten steht der Gegenpartei die Schiedsreinrede gemäß § 1023 Abs. 1 ZPO zu. Eine **Schiedsgutachterklausel** ist im Gegensatz dazu nur eine materiell-rechtliche Vereinbarung, nach der einzelne Fragen gemäß § 317 BGB durch einen Dritten abschließend geklärt werden sollen. (BGHZ 6, 335) Die Entscheidung des Schiedsgutachters kann im Rahmen des § 319 BGB dann noch von staatlichen Gerichten überprüft werden. Schiedsgutachten sind der Rechtskraft auch nicht fähig. Als Beispiele für bloß gutachterliche Tätigkeit können Entscheidungen über die Teilung des Nachlasses nach billigem Ermessen (§ 2048 Abs. 2 BGB), die Bestimmung eines Vermächtnisses oder einer Auflage nach billigem Ermessen nach §§ 2156 ff. BGB, die Benennung des Vermächtnisnehmers gemäß § 2151 BGB oder auch die Festlegung eines Grundstücks- oder Geschäftswertes oder eines Übernahmepreises bestimmt werden (KölnFormB ErbR/*Stöhr* § 9 Rn. 634).

4. Erbvertragliche Bindung. Nach herrschender Meinung kann eine Schiedsgutachterklausel weder wechselbezüglich noch erbvertraglich bindend angeordnet werden, da es sich nicht um eine der in §§ 2270 Abs 3 und 2278 Abs. 2 BGB genannten Verfügungen handelt (MüKoBGB/*Leipold* § 1937 Rn. 30). Die Schiedsanordnung ist insbesondere auch keine Auflage, da ihre Hauptwirkung die Begründung einer prozessualen Einrede im staatlichen Gerichtsverfahren ist und nicht lediglich von den in § 2194 BGB genannten Vollzugsberechtigten erzwungen werden kann (Staudinger/*Otte* BGB § 2306 Rn. 15; *Keim* NJW 2017, 2652 [2654]). Ungeklärt, aber wohl im Ergebnis zu bejahen, ist die Frage, ob in der nachträglichen Einsetzung eines Schiedsgerichts eine Beeinträchtigung im Sinne des § 2289 BGB des vertragsmäßig oder wechselbezüglichen bedachten Erben oder Vermächtnisnehmers liegt (dafür OLG Hamm NJW-RR 1991, 455; MüKoBGB/*Leipold* § 1937 Rn. 30; aA OLG Celle NJW-RR 2016, 331)

5. Form von Schiedsklauseln. Da § 1066 ZPO eine letztwillige Verfügung voraussetzt, sind die **Formvorschriften für Testamente** oder Erbverträge einzuhalten (MüKoBGB/*Leipold* § 1937 Rn. 29). Dies gilt selbstverständlich nicht, wenn nach Eintritt des Erbfalles die Erben untereinander eine Schiedsvereinbarung treffen. Dort gelten lediglich die Formerfordernisse des § 1031 ZPO.

6. Person des Schiedsrichters. Der Erblasser kann entweder den Schiedsrichter genau für dieses spezielle Verfahren ad hoc bestellen oder aber Institutionen, die die Schiedsgerichtsbarkeit betreiben zu Schiedsrichtern bestellen. Der Deutsche Notarverein hat

beispielsweise als Zusammenschluss der Vereine des Notariats mit seiner Servicegesellschaft einen Schlichtungs- und Schiedsgerichtshof (SGH) gegründet, weiterhin existiert die deutsche Schiedsgerichtsbarkeit für Erbrechtsangelegenheiten e. V. (DSE) mit Sitz in Heidelberg (vgl. dazu dse-erbrecht.de). Möchte man den **Testamentsvollstrecker** zum Schiedsrichter bestellen, so muss beachtet werden, dass der Testamentsvollstrecker nicht Schiedsrichter in eigener Sache sein kann, also nicht in Streitigkeiten deren Gegenstand sich auf seine eigene Stellung als Testamentsvollstrecker bezieht (*Haas* ZEV 2007, 49 [54]). Für solche Fälle ist ein geeigneter Ersatztestamentsvollstrecker zu bestimmen.

D. Einzeltestament/Gemeinschaftliches Testament/Erbvertrag – Bindung des Erblassers

I. Testament

1. Einzeltestament

§ . . . . . Hinweise und Belehrungen[1, 2, 4]

1. Der Notar hat mich über das gesetzliche Erb- und Pflichtteilsrecht belehrt, insbesondere darüber, dass mein Sohn, den ich von der Erbfolge ausgeschlossen habe, nach meinem Tod von meiner Tochter als Alleinerbin den Pflichtteil verlangen kann, der in Höhe der Hälfte des Wertes seines gesetzlichen Erbteils besteht.
Mit Vertrag vom . . . . . (URNr. . . . . . des Notars . . . . .) habe ich meinem Sohn ein unbebautes Grundstück geschenkt mit der Bestimmung, dass er sich den damaligen Verkehrswert in Höhe von 40.000,– EUR auf den Pflichtteil anzurechnen hat.

2. Der Notar hat mich darauf hingewiesen, dass ich jederzeit dieses Testament sowie einzelne im Testament enthaltene Verfügungen widerrufen kann, der Widerruf aber nur wirksam ist, wenn er durch ein formgültiges Testament erklärt wird.

3. Mir ist bekannt, dass dieses Testament von dem Notar in einen Umschlag genommen und verschlossen wird und in die besondere amtliche Verwahrung beim Amtsgericht . . . . . . gebracht wird und mir hierüber ein Hinterlegungsschein erteilt wird.[3]
Der Notar hat mich darauf hingewiesen, dass er die Verwahrangaben an das von der Bundesnotarkammer geführte Zentrale Testamentsregister zu übermitteln hat und ich eine Eintragungsbestätigung des Zentralen Testamentsregisters erhalte.
Ich wünsche, dass der Notar eine beglaubigte Abschrift der Niederschrift zurückbehält und offen aufbewahrt. [BeckFormB BHW/Fenner empfiehlt als zusätzlichen Hinweis:]

4. Der Notar hat mich darauf hingewiesen, dass sich ein Erwerb auf Grund von Verträgen zugunsten Dritter auf den Todesfall, insbesondere von Sparguthaben, Lebensversicherungen oder Bausparverträgen, grundsätzlich außerhalb des Erbrechts vollzieht. Diese Zuwendungen können außerhalb des Nachlasses auf den Berechtigten übergehen und werden von den vorstehenden erbrechtlichen Anordnungen unter Umständen nicht erfasst. Bezugsberechtigungen sind daher vom Erblasser zu überprüfen und etwa erforderliche Anpassungen vorzunehmen. Bei Lebensversicherungen bedarf eine Änderung der Bezugsberechtigung in der Regel zu ihrer Wirksamkeit einer schriftlichen Anzeige an den Versicherer vor Eintritt des Versicherungsfalls.

Anmerkungen

1. Sachverhalt. Der Erblasser hat seine Tochter zur Alleinerbin eingesetzt und seinen Sohn enterbt. Hat der Erblasser dem enterbten Abkömmling zu Lebzeiten eine Zuwendung mit der Bestimmung gemacht, dass sie auf den Pflichtteil angerechnet wird (§ 2315 BGB), sollte dies in der Urkunde vermerkt werden, damit der Erbe hiervon Kenntnis erhält. Wünscht der Erblasser die Errichtung eines eigenhändigen Testaments, zu dem ihm der anwaltliche Berater den Text zur Verfügung stellt, besteht die Gefahr, dass der

Erblasser den maschinenschriftlichen Text lediglich unterschreibt, auch wenn er ausdrücklich darauf hingewiesen wurde, dass er ein Testament nur durch eine eigenhändig geschriebene und unterschriebene Erklärung errichten kann. Zu empfehlen ist die Vorlage des errichteten Testaments zu einer abschließenden Prüfung.

2. Es ist zu empfehlen, in die Testamentsurkunde im Anschluss an die Verfügungen von Todes wegen einen Abschnitt „Hinweise und Belehrungen" aufzunehmen, in dem der Erblasser insbesondere auf die Möglichkeit des jederzeitigen Widerrufs (und dessen Form) aufmerksam gemacht wird. Ein solcher Vermerk ist sinnvoll, weil der Erblasser die mündlichen Hinweise schnell vergisst.

3. Dem Erblasser ist nachdrücklich zu raten, sein eigenhändiges Testament in **besondere amtliche Verwahrung** zu geben (§ 2248 BGB). Nach § 23a Abs. 2 Nr. 2 GVG ist sachlich das Amtsgericht, nach § 344 Abs. 1 Nr. 3 FamFG ist örtlich jedes Amtsgericht zuständig. Das Verfahren bei besonderer amtlicher Verwahrung ist in §§ 346, 347 FamFG geregelt. Bei einem von ihm beurkundeten Testament hat der Notar dieses nach § 34 Abs. 1 S. 3 BeurkG unverzüglich in besondere amtliche Verwahrung zu bringen. Für die besondere amtliche Verwahrung eines Testaments, das vor einem Notar errichtet ist, ist das Gericht örtlich zuständig, in dessen Bezirk der Notar seinen Amtssitz hat (§ 344 Abs. 1 Nr. 1 FamFG). Der Erblasser kann jederzeit die Verwahrung bei einem anderen Gericht verlangen. Dies gilt auch für die besondere amtliche Verwahrung von Erbverträgen. Für Erbverträge, die nicht in besondere amtliche Verwahrung genommen worden sind, sowie für notariell beurkundete Erklärungen, nach denen die Erbfolge geändert worden ist, obliegt die Mitteilungspflicht dem Notar (vgl. auch § 34a BeurkG).

4. Kosten. Für die Beurkundung des Einzeltestaments entsteht eine 1,0-Gebühr nach Nr. 21200 KV GNotKG. Wird über das Vermögen als Ganzes verfügt, ist der Geschäftswert nach § 102 Abs. 1 GNotKG das Reinvermögen des Erblassers (vererbbares Aktivvermögen abzüglich Verbindlichkeiten), mindestens aber das halbe vererbbare Aktivvermögen (*Diehn* Rn. 1122 ff.). Vermächtnisse und Teilungsanordnungen werden daneben nicht gesondert bewertet. Verfügt der Erblasser ausschließlich über bestimmte Vermögensgegenstände, ist deren Wert maßgeblich, wobei vom Begünstigten zu übernehmende Verbindlichkeiten abgezogen werden. Auch hier ist mindestens der halbe Aktivwert der Vermögensgegenstände anzusetzen, § 102 Abs. 2 S. 2 GNotKG. Maßgeblich sind stets die Verhältnisse im Zeitpunkt der Testamentserrichtung.

Die Registrierung des Einzeltestaments im Zentralen Testamentsregister kostet 15,– EUR. Der Notar nimmt diese Kosten für die Bundesnotarkammer (umsatzsteuerfrei) entgegen, was jetzt auch in Nr. 32015 KV GNotKG geregelt ist.

Die besondere amtliche Verwahrung der Verfügung von Todes wegen kostet 75,– EUR nach Nr. 12100 KV GNotKG (Festgebühr). Die Eröffnung beim Amtsgericht kostet 100,– EUR nach Nr. 12101 KV GNotKG (Festgebühr). Wegen der seit 1.8.2013 eingeführten Festgebühren darf der Notar dem Nachlassgericht den Wert der Verfügung von Todes wegen nicht mehr mitteilen, § 39 Abs. 1 GNotKG.

Für die Beurkundung des Erbscheinsantrags, in dem der Antragsteller die Richtigkeit seiner Angaben nach den §§ 2354, 2355 BGB an Eides statt zu versichern hat, wird eine 1,0-Gebühr nach Nr. 23300 KV GNotKG erhoben. Der Geschäftswert bestimmt sich gemäß § 40 GNotKG nach dem Wert des Nachlasses zum Zeitpunkt des Erbfalls abzüglich der vom Erblasser herrührenden Verbindlichkeiten. Hierbei sind Pflichtteilsansprüche, Vermächtnisse und Auflagen nicht (mehr) in Abzug zu bringen. Für die Erteilung eines Erbscheins wird nach Nr. 12210 KV GNotKG eine weitere 1,0-Gebühr erhoben. Der Vergleich zwischen der Notargebühr für die Beurkundung eines Testaments (1 Gebühr) und den Gebühren im Erbscheinsverfahren (2 Gebühren) zeigt, dass die **notarielle Beurkundung eines Testaments in der Regel kostengünstiger** ist.

2. Gemeinschaftliches Testament mit ausschließlich wechselbezüglichen Verfügungen

§ . . . . . Bindung[1, 2, 3, 4]

1. Sämtliche in unserem gemeinschaftlichen Testament getroffenen Verfügungen sind wechselbezüglich.
2. Der Notar hat uns darüber belehrt, dass wir gemeinsam dieses Testament insgesamt aufheben oder auch in einzelnen Punkten ändern können. Ein jeder von uns ist berechtigt, zu Lebzeiten des anderen einseitig seine letztwilligen Verfügungen zu widerrufen. Der Widerruf bedarf der notariellen Beurkundung und des Zugangs beim anderen Ehegatten und führt zur Unwirksamkeit des Testaments insgesamt.
   Das Recht zum Widerruf erlischt mit dem Tode des erstversterbenden Ehegatten. Das Testament kann danach nicht mehr geändert werden. Das gilt insbesondere für die Einsetzung unserer Kinder zu gleichen Teilen zu Erben des Längstlebenden von uns. Wir sind auch darüber belehrt, dass der Längstlebende selbst für den Fall einer Wiederverheiratung und/oder der Geburt eines Kindes die Erbeinsetzung unserer gemeinsamen Kinder nicht ändern kann.
3. Auf das Anechtungsrecht wegen Übergehung eines Pflichtteilsberechtigten verzichten wir.[5]
4. Uns ist bekannt, dass das Testament von dem Notar in einen Umschlag genommen und verschlossen wird und in die besondere amtliche Verwahrung beim Amtsgericht . . . . . . gebracht wird und jedem von uns ein Hinterlegungsschein erteilt wird.Er hat uns darauf hingewisen,dass er die Verwahrangaben an das von der Bundesnotarkammer geführte Zentrale Testamentsregister zu übermitteln hat und wir einen Auszug aus dem Zentralen Testamentsregister erhalten.
   Wir wünschen, dass der Notar eine beglaubigte[6] Abschrift der Niederschrift zurückbehält und offen aufbewahrt.[7]

Anmerkungen

1. Sachverhalt. Eheleute im fortgeschrittenen Alter und mit einer intakten Familie haben sich in einem gemeinschaftlichen Testament gegenseitig zu Erben eingesetzt und ihre gemeinsamen Kinder zu Schlusserben. Sie haben Vermächtnisse und Auflagen angeordnet. Sie wünschen für alle Verfügungen die Bindung nach § 2271 BGB.

2. Bei einem notariell beurkundeten gemeinschaftlichen Testament ist dringend zu empfehlen, im Anschluss an die Verfügungen von Todes wegen in einem gesonderten Abschnitt „Bindung" ausdrücklich zu regeln, ob und welche Verfügungen von Todes wegen wechselbezüglich oder einseitig getroffen sind. Auf die Auslegungsregel des § 2270 Abs. 2 BGB darf nicht zurückgegriffen werden müssen. Nur die eindeutige Unterscheidung zwischen wechselbezüglichen und einseitigen Verfügungen von Todes wegen erlaubt es dem Rechtsberater, nach dem Tode des erstversterbenden Ehegatten die Frage nach der Testierfreiheit des längstlebenden Ehegatten verbindlich zu beantworten. Der Notar darf auch nicht davon ausgehen, dass sich die Ehegatten Jahre später an den mündlichen Hinweis auf die Möglichkeit des Widerrufs und dessen Form erinnern. Ein entsprechender Belehrungsvermerk in der Testamentsurkunde, auch über die Bedeutung des Ausschlusses des Anfechtungsrechts wegen Übergehung eines Pflichtteilsberechtigten, schützt auch den Notar.

3. Jüngeren Ehegatten ist nicht zu empfehlen, den längstlebenden Ehegatten hinsichtlich seiner Verfügungen von Todes wegen derart strikt zu binden. Dem Längstlebenden sollte zumindest ein beschränktes Änderungsrecht eingeräumt werden (→ Form. D.I.4). Statt einer sog. Freizeichnungsklausel, nach der der Längstlebende berechtigt wird, seine wechselbezüglichen Verfügungen nach dem Tode des Erstversterbenden beliebig zu ändern, sollten diese von vornherein als einseitige Verfügungen von Todes wegen getroffen werden (→ Form. D.I.3).

4. Nach § 2077 Abs. 1 S. 1 BGB ist eine letztwillige Verfügung, durch die der Erblasser seinen Ehegatten bedacht hat, mit Auflösung der Ehe (rechtskräftige Scheidung) unwirksam. Dies gilt nach § 2077 Abs. 1 S. 2 BGB auch, wenn beim Tode des Erblassers die materiellen Voraussetzungen für die Scheidung gegeben waren und der Erblasser die Scheidung beantragt oder ihr zugestimmt hatte. In diesen Fällen hat das Nachlassgericht im Erbscheinsverfahren selbstständig zu prüfen, ob der Scheidungsantrag begründet wäre (Palandt/*Weidlich* BGB § 1933 Rn. 6). Nach § 2077 Abs. 3 BGB ist die Verfügung nicht unwirksam, wenn anzunehmen ist, dass der Erblasser sie auch für den Fall der Auflösung der Ehe getroffen haben würde.

BeckFormB BHW/*Fenner* Form. VI.8 schlägt folgende Klausel vor:

Sollte unsere Ehe aufgelöst sein oder sollte beim Tode des Erstversterbenden ein Scheidungs- oder Auflösungsantrag rechtshängig sein, sollen sämtliche vorstehenden einseitigen und wechselseitigen Verfügungen ihrem ganzen Inhalt nach unwirksam sein, unabhängig davon, ob die gesetzlichen Voraussetzungen für die Auflösung unserer Ehe gegeben sind und ob der andere Ehegatte dem Auflösungsantrag zugestimmt hat. Für diesen Fall trifft jeder von uns die folgende einseitige Verfügung: Der Letztversterbende wird enterbt. Zu Erben werden die vorgenannten Schlusserben berufen.

Diese Klausel kann auch in einen Erbvertrag aufgenommen werden.

Das Vorziehen der Enterbung des Ehegatten bereits auf den Zeitpunkt der Rechtshängigkeit des Scheidungsantrags ist nicht unproblematisch, wenn es zur Rücknahme des Antrags und einer Versöhnung der Ehegatten kommt, diese aber die bereits eingetretene Änderung des gemeinschaftlichen Testaments nicht erkennen. Richtiger ist es, den Ehegatten zu raten, bereits zu Beginn des Getrenntlebens das gemeinschaftliche Testament zu widerrufen und anderweitig letztwillig zu verfügen.

Klarzustellen ist, ob die Auflösung der Ehe zur Unwirksamkeit des gemeinschaftlichen Testaments/Erbvertrages insgesamt führen soll oder nicht. Nach §§ 2077 Abs. 3, 2268 Abs. 2 BGB bleiben die Verfügungen insoweit wirksam, als anzunehmen ist, dass sie auch für diesen Fall getroffen worden sind.

Die Klarstellung ist aus einem anderen Grunde nahezu unverzichtbar. Nach dem Urteil des BGH (NJW 2004, 3113 = DNotZ 2005, 51) soll eine über § 2268 Abs. 2 BGB fortgeltende wechselbezügliche Verfügung (zB Einsetzung der Kinder zu Schlusserben) auch nach Scheidung der Ehe ihre Wechselbezüglichkeit behalten und nicht gemäß § 2271 Abs. 1 S. 2 BGB durch einseitige Verfügung von Todes wegen aufgehoben werden können. Diese Entscheidung ist zu Recht auf Kritik gestoßen (*Kanzleiter* ZEV 2005, 181). Sollen nach dem Willen der Ehegatten im Zeitpunkt der Testamentserrichtung ihre Verfügungen von Todes wegen auch für den Fall der Scheidung aufrecht erhalten bleiben, kann hieraus nicht geschlossen werden, dass sie auch wechselbezüglich weiter gelten sollen, also nicht widerrufen werden können. Das Urteil liefert ein zusätzliches Argument, bereits bei Errichtung des gemeinschaftlichen Testaments klarzustellen, dass dieses bei Scheidung der Ehe (und in den in § 2077 BGB gleichgestellten Fällen) insgesamt unwirksam sein soll und jeder Ehegatte volle Testierfreiheit zurückgewinnt.

5. Anfechtung wegen Übergehung eines Pflichtteilsberechtigten

Nach § 2079 BGB kann eine letztwillige Verfügung angefochten werden, wenn der Erblasser einen zur Zeit des Erbfalls vorhandenen Pflichtteilsberechtigten übergangen

hat, dessen Vorhandensein ihm bei der Errichtung der Verfügung nicht bekannt war oder der erst nach der Errichtung geboren oder pflichtteilsberechtigt geworden ist. Die Anfechtung ist ausgeschlossen, soweit anzunehmen ist, dass der Erblasser auch bei Kenntnis der Sachlage die Verfügung getroffen haben würde. Dies ist unzweifelhaft der Fall, wenn der Erblasser in der Verfügung ausdrücklich auf sein Anfechtungsrecht verzichtet hat.

Beim **Einzeltestament** ist ein Verzicht auf die Anfechtung wegen Übergehung eines Pflichtteilsberechtigten naturgemäß nicht möglich. Tritt nach Errichtung des Testaments ein Pflichtteilsberechtigter hinzu, kann der Erblasser die Anfechtbarkeit seiner früheren Verfügung von Todes wegen nur dadurch beseitigen, dass er in einem späteren Testament bestätigt, dass er an der früheren Verfügung von Todes wegen festhalten will.

Bei einem **gemeinschaftlichen Testament** steht den Ehegatten zu ihren Lebzeiten kein Anfechtungsrecht zu, da jeder von ihnen die Möglichkeit hat, sich durch Widerruf von den wechselbezüglichen Verfügungen zu lösen. Nach dem Tode des erstversterbenden Ehegatten steht dem Längstlebenden ein Anfechtungsrecht hinsichtlich seiner eigenen, nunmehr bindend gewordenen wechselbezüglichen Verfügungen von Todes wegen zu.

Nach § 2281 BGB kann der Erblasser eine vertragsmäßige Verfügung im **Erbvertrag** wegen Übergehung eines Pflichtteilsberechtigten durch Erklärung gegenüber dem Vertragspartner anfechten, nach dessen Tod ist die Anfechtung gegenüber dem Nachlassgericht zu erklären (§ 2281 Abs. 2 BGB). Unabhängig davon können die Verfügungen von Todes wegen des erstversterbenden Ehegatten von den nach § 2080 BGB berechtigten Personen angefochten werden. Im Fall des § 2079 BGB steht das Anfechtungsrecht nur dem übergangenen und beim Erbfall vorhandenen Pflichtteilsberechtigten zu (§ 2080 Abs. 3 BGB). Es ist nach § 2285 BGB beim Erbvertrag, auch beim gemeinschaftlichen Testament, ausgeschlossen, wenn das Anfechtungsrecht des Erblassers zur Zeit des Erbfalls erloschen ist, insbesondere weil er auf das Anfechtungsrecht nach § 2079 BGB verzichtet hat.

Im gemeinschaftlichen Testament und im Erbvertrag kann der Erblasser die Anfechtung wegen Übergehung eines Pflichtteilsberechtigten ausschließen (§§ 2079 Abs. 2, 2281 Abs. 1 BGB). Trotz fehlender gesetzlicher Regelung ist dies auch für das gemeinschaftliche Testament unbestritten. Von einem Verzicht auch auf die Anfechtungsmöglichkeiten nach § 2078 BGB wegen Irrtums oder Drohung ist dringend abzuraten. Jüngeren Ehegatten ist regelmäßig nicht zu empfehlen, auf das Anfechtungsrecht wegen Übergehung eines Pflichtteilsberechtigten zu verzichten, da beim frühen Tode eines von ihnen und Wiederverheiratung des anderen und/oder der Geburt eines Kindes die wechselbezügliche/vertragsmäßige Bindung des längstlebenden Ehegatten ohne Anfechtungsmöglichkeit unangemessene Konsequenzen haben kann.

6. Der Notar hat nach § 34 BeurkG das gemeinschaftliche Testament in die besondere amtliche Verwahrung des Amtsgerichts zu geben (→ Form. D.I.1 Anm. 3). Die Ehegatten können die besondere amtliche Verwahrung nicht ausschließen; dies ist nur beim Erbvertrag möglich (§ 34 Abs. 2 BeurkG).

7. Kosten. → Form. D.I.1 Anm. 4. Für die Beurkundung des gemeinschaftlichen Testaments wird eine 2,0-Gebühr nach Nr. 21100 KV GNotKG erhoben. Maßgeblich ist die Summe des modifizierten Reinvermögens beider Ehegatten.

Die Registrierung im Zentralen Testamentsregister kostet 15,– EUR je Erblasser, im Fall des gemeinschaftlichen Testaments also 30,– EUR.

Die Kosten der besonderen amtlichen Verwahrung (75,– EUR nach Nr. 12100 KV GNotKG) entstehen pro Urkunde nur einmal; die der Eröffnung (100,– EUR nach Nr. 12101 KV GNotKG) entstehen allerdings nur einmal, soweit die Eröffnung bei demselben Gericht und gleichzeitig erfolgt.

3. Gemeinschaftliches Testament mit wechselbezüglichen und einseitigen Verfügungen

§ . . . . . . Bindung[1, 2]

1. Die gegenseitige Erbeinsetzung erfolgt wechselbezüglich.
   Der Notar hat uns darüber belehrt, dass wir gemeinsam die gegenseitige Erbeinsetzung aufheben und ändern können und ein jeder von uns berechtigt ist, zu Lebzeiten des anderen diese einseitig zu widerrufen. Der Widerruf bedarf der notariellen Beurkundung und des Zugangs beim anderen Ehegatten und führt zur Unwirksamkeit des Testaments insgesamt.
2. Sämtliche weiteren Verfügungen, insbesondere die Regelung der Erbfolge nach dem Längstlebenden von uns, sind einseitig getroffen und können von jedem von uns jederzeit – auch nach dem Tode des Erstversterbenden von uns – einseitig widerrufen werden.

Anmerkungen

1. Sachverhalt. Jüngeren Ehegatten ist zu empfehlen, sich wechselbezüglich zum Erben einzusetzen, da anderenfalls der Widerruf des einen nicht zur Kenntnis des anderen Ehegatten gelangt, die Erbfolge nach dem Längstlebenden (und etwa vom Längstlebenden angeordnete Vermächtnisse) aber einseitig zu treffen.

2. Wollen ältere Ehegatten auch den Widerruf der gegenseitigen Erbeinsetzung ausschließen, müssen sie dies durch eine vertragsmäßige Verfügung im Erbvertrag (ohne Rücktrittsvorbehalt) tun.

4. Gemeinschaftliches Testament mit wechselbezüglichen Verfügungen und beschränktem Änderungsvorbehalt

§ . . . . . . Bindung[1, 2]

1. Sämtliche in unserem gemeinschaftlichen Testament getroffenen Verfügungen sind wechselbezüglich.
2. Der Notar hat uns darüber belehrt, dass wir gemeinsam dieses Testament insgesamt aufheben oder auch in einzelnen Punkten ändern können. Ein jeder von uns ist berechtigt, zu Lebzeiten des anderen einseitig seine letztwilligen Verfügungen zu widerrufen. Der Widerruf bedarf der notariellen Beurkundung und des Zugangs beim anderen Ehegatten und führt zur Unwirksamkeit des Testaments insgesamt.
   Das Recht zum Widerruf erlischt mit dem Tode des erstversterbenden Ehegatten. Wir sind darüber belehrt, dass der Längstlebende selbst für den Fall einer Wiederverheiratung und/oder der Geburt eines Kindes die Erbeinsetzung unserer gemeinsamen Kinder nicht ändern kann.
3. Auf das Anfechtungsrecht wegen Übergehung eines Pflichtteilsberechtigten verzichten wir.
4. Der Längstlebende von uns ist jedoch berechtigt, die Erbteile unserer Kinder (beim Vorversterben eines unserer Kinder ihrer zu Ersatzerben berufenen Abkömmlinge) zu

ändern, einen Abkömmling als Nacherben einzusetzen, Vorausvermächtnisse zugunsten einzelner unserer Kinder und der Abkömmlinge eines vorverstorbenen Kindes anzuordnen, auch Testamentsvollstreckung zum Zwecke der Auseinandersetzung oder als Dauervollstreckung über die Erbteile eines oder mehrerer Kinder (bzw. der Abkömmlinge des vorverstorbenen Kindes). Die letztwilligen Verfügungen des Erstverstorbenen bleiben hiervon unberührt.

Anmerkungen

1. Sachverhalt. Ältere Ehegatten wünschen die Bindung des längstlebenden Ehegatten an die Schlusserbeneinsetzung der gemeinsamen Kinder. Sie wollen ausschliessen, dass dieser insbesondere in einem hohen Alter von einer dritten Person beeinflusst wird, zu ihren Gunsten das Testament zu ändern. Der Längstlebende soll jedoch berechtigt sein, die Schlusserbeneinsetzung der Kinder im bestimmten Umfang zu ändern, ohne jedoch dritte Personen bedenken zu dürfen.

2. Zum Änderungsvorbehalt → Form. A.II.5 lit. c, → Form. C.I.7 Anm. 6. Zu weiteren Modifikationen → Form. D.II.3, → Form. D.II.4.

II. Erbvertrag

1. Erbvertrag mit ausschließlich vertragsmäßigen Verfügungen

§ . . . . . Bindung[1, 2, 3, 5]

1. Wir nehmen alle vorstehenden Verfügungen von Todes wegen mit erbvertraglicher Bindung gegenseitig an, auch die Erbeinsetzung unserer Kinder zu Schlusserben zu gleichen Teilen und das vom Längstlebenden von uns angeordnete Vermächtnis.
Ein vertragliches Rücktrittsrecht will sich keiner von uns vorbehalten.

2. Auf das Anfechtungsrecht wegen Übergehung eines Pflichtteilsberechtigten verzichten wir.[4]

3. Der Notar hat uns darüber belehrt, dass wir diesen Erbvertrag insgesamt sowie einzelne Verfügungen nur gemeinsam aufheben oder ändern können; dies kann nach dem Tode des Erstversterbenden von uns nicht mehr erfolgen.

Anmerkungen

1. Sachverhalt. Eheleute setzen sich mit Erbvertrag gegenseitig zum Erben ein und die gemeinsamen Kinder zu Schlusserben. Der Längstlebende ordnet ein Vermächtnis zugunsten eines gemeinnützigen Vereins an. Die Erblasser wünschen für alle Verfügungen eine sofortige und endgültige Bindung.

2. Auch für den Erbvertrag gilt die Empfehlung, im Anschluss an die Verfügungen von Todes wegen in einem gesonderten Abschnitt den Umfang der Bindung ausdrücklich zu regeln, also ausdrücklich zu bestimmen, welche Verfügungen von Todes wegen vertragsmäßig und welche einseitig getroffen sind. Zusätzlich sollte ein Belehrungsvermerk aufgenommen werden, der die Vertragschließenden darauf hinweist, dass die vertrags-

mäßigen Verfügungen sofort bindend werden und nicht einseitig aufgehoben oder geändert werden können (→ Form. A.II.5).

3. Eine derart strikte Bindung werden Ehegatten regelmäßig nur im fortgeschrittenen Alter wünschen und nur dann, wenn sie die Geltendmachung des Pflichtteils durch ein Kind beim Tod des erstversterbenden Elternteils als ausgeschlossen ansehen. Sind mehrere Kinder vertragsmäßig zu Schlusserben eingesetzt, sollte dem Fall Rechnung getragen werden, dass ein Kind beim Tod des erstversterbenden Elternteils seinen Pflichtteilsanspruch geltend macht. Wünschen die Ehegatten nicht die Aufnahme einer Pflichtteilsklausel (→ Form. C.VI.5, → Form. C.VI.6), nach der das Kind für diesen Fall vom Längstlebenden enterbt ist, hat jedenfalls die Bindung des Längstlebenden an die Einsetzung dieses Kindes zu entfallen.

In diesem Fall ist das Form. wie folgt zu ergänzen:

Sollte eines unserer Kinder (beim Vorversterben eines unserer Kinder dessen Abkömmlinge) oder sein Erbe nach Tode des Erstversterbenden gegen dessen Willen seinen Pflichtteil verlangen, so ist der Längstlebende berechtigt, über dessen Erbteil anderweitig letztwillig zu verfügen, jedoch nicht zugunsten dieses Kindes und seiner Abkömmlinge.

4. Zum Verzicht auf die Anfechtung wegen Übergehung eines Pflichtteilsberechtigten → Form. D.I.2 Anm. 5.

5. Kosten. Für die Beurkundung eines Erbvertrages wird eine Gebühr nach Nr. 21100 KV GNotKG erhoben. Im übrigen → Form. D.I.1 Anm. 4.

2. Erbvertrag mit vertragsmäßigen und einseitigen Verfügungen

§ . . . . . . Bindung[1, 2]

1. **Wir nehmen unsere Erklärungen über die gegenseitige Erbeinsetzung mit erbvertraglicher Bindung gegenseitig an.**
   Ein vertragliches Rücktrittsrecht will sich keiner von uns vorbehalten.
   Der Notar hat und darüber belehrt, dass wir die gegenseitige Erbeinsetzung nur gemeinsam aufheben oder ändern können.
2. **Die weiteren Verfügungen von Todes wegen, insbesondere die Regelung der Erbfolge nach dem Längstlebenden von uns, sind einseitig getroffen und sollen nur testamentarisch wirken. Sie können von jedem von uns jederzeit – auch nach dem Tode des Erstversterbenden von uns – einseitig widerrufen werden.**

Anmerkungen

1. Sachverhalt. Eheleute wollen sich mit erbvertraglicher Bindung gegenseitig zu Erben einsetzen; dagegen sollen die Schlusserbeneinsetzung der Kinder sowie die vom Längstlebenden angeordneten Vermächtnisse einseitig verfügt werden.

2. Von Ausnahmen abgesehen (zB bei Ehegatten in einem weit fortgeschrittenen Alter) ist diese Regelung, also vertragsmäßige gegenseitige Erbeinsetzung der Ehegatten und einseitige Einsetzung der Kinder zu Erben des Längstlebenden, sachgerecht und daher zu empfehlen.

3. Erbvertrag mit Verfügungen und beschränktem Änderungsvorbehalt

§ . . . . . Bindung[1, 2]

1. Wir nehmen alle vorstehenden Erklärungen, also auch die Einsetzung unserer Kinder zu Erben des Längstlebenden von uns, mit erbvertraglicher Bindung gegenseitig an. Ein vertragliches Rücktrittsrecht will sich keiner von uns vorbehalten.
   Der Notar hat uns darüber belehrt, dass wir diesen Erbvertrag insgesamt sowie einzelne Verfügungen nur gemeinsam aufheben oder ändern können; dies kann nach dem Tode des Erstversterbenden von uns nicht mehr erfolgen.
2. Der Längstlebende von uns ist jedoch berechtigt, die Erbteile unserer Kinder zu ändern und Vorausvermächtnisse zugunsten einzelner unserer Kinder anzuordnen. Dies gilt auch beim Vorversterben eines Kindes hinsichtlich seiner als Ersatzerben berufenen Abkömmlinge.
   Der Längstlebende von uns ist berechtigt, Testamentsvollstreckung hinsichtlich der Erbteile der Abkömmlinge eines vorverstorbenen Kindes anzuordnen, und zwar jeweils bis zum Erreichen des 25. Lebensjahres des Abkömmlings.
3. Auf das Recht zur Anfechtung wegen Übergehung eines Pflichtteilsberechtigten verzichten wir.

Anmerkungen

1. Sachverhalt. Ehegatten wünschen die Schlusserbeneinsetzung ihrer Kinder mit erbvertraglicher Bindung, um auszuschließen, dass der Längstlebende zugunsten dritter Personen letztwillig verfügt. Der Längstlebende soll jedoch die Möglichkeit haben, die Erbteile der Kinder anders festzulegen, Vorausvermächtnisse zugunsten einzelner Kinder und Testamentsvollstreckung für die Abkömmlinge eines vorverstorbenen Kindes als Ersatzerben anzuordnen Zum Inhalt einer Änderungsbefugnis → Form. D.I.4.

2. Weitere Modifikationen des Änderungsvorbehalts können sachgerecht sein, zB kann der Längstlebende berechtigt werden, Testamentsvollstreckung hinsichtlich des Erbteils eines Kindes anzuordnen und/oder Vermächtnisse zugunsten der Enkelkinder bis zu einer bestimmten Höhe (bei vermögenden Ehegatten wegen des erbschaftsteuerlichen Freibetrages der Enkelkinder von 200.000,– EUR) anzuordnen (→ Form. A.II.5, → Form. E.II.9).

4. Erbvertragliche Bindung mit Änderungsmöglichkeit für den Längstlebenden hinsichtlich des von ihm eingesetzten Erben

§ . . . . . Bindung[1, 2]

1. Wir nehmen alle vorstehenden Erklärungen mit erbvertraglicher Bindung gegenseitig an, insbesondere auch die Einsetzung der vorgenannten Personen zu Erben des Längstlebenden von uns.
   Ein vertragliches Rücktrittsrecht will sich keiner von uns vorbehalten.
   Der Notar hat uns darüber belehrt, dass wir diesen Erbvertrag insgesamt sowie einzelne Verfügungen nur gemeinsam aufheben oder ändern können; dies kann nach dem Tod des Erstversterbenden von uns nicht mehr erfolgen.

2. Der Längstlebende von uns ist berechtigt, die Einsetzung seines Neffen zum Miterben zu widerrufen, jedoch nicht die Einsetzung des Neffen des Erstversterbenden zum Miterben.

Anmerkungen

1. Sachverhalt. Zugrundegelegt ist der Erbvertrag kinderloser Ehegatten, die sich gegenseitig zum alleinigen Erben und zu Erben des Längstlebenden einen Neffen des Mannes und einen Neffen der Frau zu je $^1/_2$ Anteil einsetzen.

Hier hat der erstversterbende Ehegatte ein berechtigtes Interesse daran, dass die Erbeinsetzung seines Verwandten zum Miterben von dem längstlebenden Ehegatten nicht rückgängig gemacht werden kann, während es keinen vernünftigen Grund gibt, den Längstlebenden an die Einsetzung seines Verwandten zum Miterben zu binden. Die Bindung ist auch aus erbschaftsteuerlichen Gründen (§ 15 Abs. 3 ErbStG) sinnvoll (→ Form. A.II.2).

2. Ein weiterer Anwendungsfall für diese beschränkte Änderungsmöglichkeit ist der, dass die Ehegatten die Kinder des Mannes aus seiner ersten Ehe und die Kinder der Frau aus ihrer ersten Ehe zu Schlusserben berufen. Eine vertragsmäßige Verfügung des längstlebenden zugunsten der Kinder des erstversterbenden Ehegatten trägt dazu bei, dass diese ihren Pflichtteil gegenüber dem längstlebenden Ehegatten nicht geltend machen. Dagegen soll der Längstlebende die Einsetzung seiner Kinder widerrufen können.

5. Erbvertrag mit Rücktrittsvorbehalt

§ . . . . . . Bindung[1, 2]

1. Wir nehmen unsere Erklärungen über die gegenseitige Erbeinsetzung mit erbvertraglicher Bindung gegenseitig an.
Jeder von uns ist zum Rücktritt von diesem Erbvertrag berechtigt. Der Rücktritt bedarf der notariellen Beurkundung und des Zugangs beim anderen Ehegatten; er führt zur Unwirksamkeit des Erbvertrages insgesamt.

2. Die Regelung der Erbfolge nach dem Längstlebenden von uns ist einseitig getroffen und soll nur testamentarisch wirken. Sie kann von jedem von uns jederzeit, auch nach dem Tode des Erstversterbenden von uns, einseitig widerrufen werden.

Anmerkungen

1. Sachverhalt: Schließen junge Ehegatten (auch vor der Heirat) einen Ehevertrag, sollten sie ihn mit einem Erbvertrag verbinden, mit dem sie sich gegenseitig zum Alleinerben und ihre künftigen Kinder zu Schlusserben einsetzen. Eine sofortige und endgültige Bindung an die gegenseitige Erbeinsetzung wird jedoch nicht gewünscht, so dass sie sich den Rücktritt vom Erbvertrag vorbehalten (§ 2293 BGB). Der Vorbehalt des Rücktritts von der gegenseitigen Erbeinsetzung ist in der Regel sachgerecht beim Erbvertrag jüngerer Ehegatten, insbesondere bei Abschluss eines Ehe- und Erbvertrages vor der Heirat (ein gemeinschaftliches Testament können Verlobte nicht errichten), und bei Partnern einer nichtehelichen Lebensgemeinschaft. Regelmäßig wird auch von Lebenspartnern ein Rücktrittsvorbehalt gewünscht.

2. Durch den Vorbehalt des Rücktritts (§ 2293 BGB) kann der Erbvertrag hinsichtlich der Bindung dem gemeinschaftlicn Testament (mit Widerrufsmöglichkeit) gleichgestellt werden. Bei einem zweiseitigen, auch wenn er kein gegenseitiger ist, und verschiedene Dritte bedacht sind, führt der Rücktritt im Zweifel zur Nichtigkeit des gesamten Erbvertrages (§ 2298 Abs. 2 S. 1 BGB).

6. Rücktrittsvorbehalt bei einem zweiseitigen Erbvertrag

§ . . . . . Bindung[1, 2]

1. Wir nehmen unsere Erklärungen über die Einsetzung von Frau . . . . . ., der Schwester der Ehefrau, ersatzweise deren Abkömmlinge, zum Erben eines jeden von uns mit erbvertraglicher Bindung gegenseitig an.

2. Jeder von uns ist zum Rücktritt von diesem Erbvertrag berechtigt. Der Rücktritt bedarf der notariellen Beurkundung und des Zugangs beim anderen Ehegatten; er führt zur Unwirksamkeit des Erbvertrages insgesamt.
Nach dem Tode des Erstversterbenden von uns kann der Längstlebende die Erbeinsetzung von Frau . . . . . . durch Testament aufheben.

Anmerkungen

1. Sachverhalt. In einem **zweiseitigen** Erbvertrag hat jeder Ehegatte durch vertragsmäßige Verfügung die Schwester der Ehefrau (ersatzweise deren Abkömmlinge) zum alleinigen Erben eingesetzt. Sie wollen sich jedoch den Rücktritt vorbehalten. Der Vorteil des Erbvertrages gegenüber getrennten Einzeltestamenten der Ehegatten liegt auch hier darin, dass der Ehegatte über das Erfordernis des Zugangs der Rücktrittserklärung Kenntnis vom Sinneswandel des anderen Ehegatten erhält. Das Rücktrittsrecht beim zweiseitigen Erbvertrag, bei dem beide Vertragspartner als Erblasser hinsichtlich ihres Nachlasses vertragsmäßig verfügen, erlischt nach § 2298 Abs. 2 S. 2 BGB mit dem Tode des anderen Vertragsschließenden, soweit nicht ein anderer Wille der Vertragschließenden anzunehmen ist (§ 2298 Abs. 3 BGB).

2. Nach § 2297 BGB kann der Erblasser bei einem **einseitigen** Erbvertrag, in dem allein er Verfügungen von Todes wegen getroffen hat, soweit er zum Rücktritt berechtigt ist, nach dem Tode des anderen Vertragschließenden die vertragsmäßige Verfügung durch Testament aufheben.

7. Verfügungsunterlassungsvertrag

1. Herr A ist Eigentümer des im Grundbuch des Amtsgerichts . . . . . . von . . . . . . Blatt . . . . . . verzeichneten Grundstücks Gemarkung . . . . . . Flur . . . . . . Flurstück . . . . . .
Das Grundbuch ist frei von Belastungen und Beschränkungen.
Diesen Grundbuchinhalt hat der Notar am . . . . . . festgestellt.

2. Herr A hat mit Erbvertrag[1] vom heutigen Tag (URNr. . . . . . des amtierenden Notars) seinen Sohn S und seine Tochter T, die zu 2. Erschienene, mit erbvertraglicher Bindung zu seinen Erben zu je $^1/_2$ Anteil eingesetzt und für die Auseinandersetzung unter seinen Erben angeordnet, dass seine Tochter T das vorstehend bezeichnete

Grundstück zu Alleineigentum erhält gegen eine Ausgleichszahlung an ihren Bruder S in Höhe von 80 % des heutigen Verkehrswertes, der einvernehmlich auf ...... EUR festgesetzt wurde.

3. Herr A verpflichtet sich hiermit gegenüber seiner Tochter T, zu seinen Lebzeiten über dieses Grundstück nicht ohne deren Zustimmung zu verfügen, es also weder zu veräußern noch zu belasten.[2]
   Sollte Herr A gegen diese Verpflichtung verstoßen, ist Frau T berechtigt, die sofortige unentgeltliche Übertragung des unbelasteten Grundstücks auf sich zu verlangen.
   Herr A bewilligt und die Beteiligten beantragen die Eintragung einer Vormerkung zur Sicherung des nicht abtretbaren Anspruchs auf Eigentumsübertragung zu Gunsten von Frau T in das Grundbuch.
4. Frau T ist verpflichtet, auf Verlangen von Herrn A der Belastung des Grundstücks mit Grundpfandrechten mit beliebigen Zinsen und Nebenleistungen zuzustimmen, wenn das Darlehen ausschließlich für das Grundstück, insbesondere für Reparaturen und zur Modernisierung des Gebäudes verwendet wird, und dem Grundpfandrecht Rang vor der zu ihren Gunsten einzutragenden Vormerkung einzuräumen.
   In diesem Fall hat Frau T die durch das Grundpfandrecht gesicherten Darlehensverbindlichkeiten in der im Erbfall geschuldeten Höhe ohne Anrechnung auf die Ausgleichszahlung zu übernehmen und ihren Bruder S insoweit freizustellen. Anteilige Eigentümerrechte und sonstige Ansprüche, die durch Tilgung oder aus anderen Gründen bis zum Erbfall entstanden sind, tritt Herr A aufschiebend bedingt an Frau T ab.[3, 4, 5, 6]

Anmerkungen

1. Sachverhalt. Der verwitwete Erblasser hat mit einem einseitigen Erbvertrag seinen Sohn und seine Tochter zu je $^1/_2$ Anteil vertragsmäßig und ohne Rücktrittsvorbehalt zu seinen Erben eingesetzt und über eine Teilungsanordnung bestimmt, dass die Tochter das Hausgrundstück zu 80 % des heutigen Verkehrswerts (der richtigerweise betragsmäßig festzusetzen ist) erhält (wertverschiebende Teilungsanordnung mit Vorausvermächtnis). Anlass des Verfügungsunterlassungsvertrages ist, dass die Tochter, die im Haus des Vaters lebt, auf ihre Kosten Umbau- und Modernisierungsmaßnahmen in der von ihr genutzten Wohnung vornehmen wird und daher ausgeschlossen wissen will, dass der Vater das Haus zu Lebzeiten veräußert.

2. Da durch den Erbvertrag das Recht des Erblassers, über sein Vermögen durch Rechtsgeschäft unter Lebenden zu verfügen, nicht beschränkt wird (§ 2286 BGB), soweit nicht ausnahmsweise § 2287 BGB vorliegt, kann in besonderen Fällen ein berechtigtes Interesse des erbvertraglich Begünstigten gegeben sein, das lebzeitige Verfügungsrecht des Erblassers schuldrechtlich auszuschließen.

Der Erblasser kann sich durch Rechtsgeschäft unter Lebenden schuldrechtlich verpflichten, über das Grundstück nicht ohne Zustimmung des Bedachten zu verfügen. Dieser Verfügungsunterlassungsvertrag verstößt nicht gegen § 137 Abs. 1 BGB, da er lediglich eine schuldrechtliche Verpflichtung begründet (§ 137 Abs. 2 BGB). Der Unterlassungsanspruch selbst kann nicht durch Vormerkung gesichert werden, er kann aber durch den zusätzlichen Anspruch des Bedachten verstärkt werden, bei einem Verstoß die Übertragung bereits zu Lebzeiten zu verlangen. Dieser bedingte Anspruch auf lebzeitige Übertragung des Grundbesitzes kann durch Vormerkung gesichert werden. Die Vormerkungsfähigkeit des bedingten Anspruchs ist heute unbestritten (BGH NJW 1997, 861). Das BayObLG (DNotZ 1979, 27) hat klargestellt, dass die Vormerkung nicht eine Verdinglichung des schuldrechtlichen Verfügungsunterlassungsvertrages bewirkt, also

nicht als Verstoß gegen § 137 Abs. 1 BGB zu sehen ist, sondern einen bedingten schuldrechtlichen Anspruch auf Übertragung des Eigentums sichert, falls der Verpflichtete dieses ohne Zustimmung des Begünstigten veräußert oder belastet. In diesem Fall ist der Verfügungsunterlassungsvertrag beurkundungsbedürftig.

Eine andere Frage ist es, ob der Verfügungsunterlassungsvertrag mit dem Erbvertrag in eine Urkunde genommen werden soll. Der Erblasser hat ein Interesse an der Geheimhaltung seiner Verfügungen von Todes wegen, so dass jedenfalls dem Grundbuchamt nur eine auszugsweise beglaubigte Abschrift der Urkunde (ohne den Erbvertrag) mit dem Antrag auf Eintragung der Vormerkung einzureichen ist. Richtiger dürfte es sein, den Verfügungsunterlassungsvertrag in eine getrennte Urkunde aufzunehmen.

3. Die eingetragene Vormerkung nimmt dem Erblasser die Möglichkeit, das Grundstück ohne Zustimmung des Berechtigten mit einem Grundpfandrecht zu beleihen. Es wird daher vorgeschlagen, vom Verfügungsverbot die Bestellung von Grundpfandrechten bis zu einem bestimmten Höchstbetrag auszunehmen und einen entsprechenden Rangvorbehalt bei der Vormerkung einzutragen. Diese Belastungsmöglichkeit kann aber die Erwerbsaussicht des Begünstigten schmälern. Der alternative Lösungsvorschlag geht dahin, dass sich der Begünstigte im Vertrag verpflichtet, der Bestellung eines Grundpfandrechts zuzustimmen und diesem den Vorrang vor der Vormerkung einzuräumen, wenn die Aufnahme des Darlehens für Investitionen in das Grundstück bestimmt ist. Hier ist darauf zu achten, dass der Begünstigte, dem die Verwendung des Darlehens zugutekommt, dieses bei der Erbauseinandersetzung in der dann geschuldeten Höhe zu übernehmen hat. Will sich dagegen der Erblasser vorbehalten, für beliebige Zwecke ein Darlehen aufzunehmen, ist die Eintragung einer Eigentümergrundschuld (vor Eintragung der Vormerkung) ein praktikabler Weg. Da die Grundschuld, soweit der Erblasser von ihr durch Abtretung keinen Gebrauch macht, im Erbfall auf die Erbengemeinschaft übergeht, ist diese dem Begünstigten zu vermachen. Macht der

Erblasser von der Grundschuld für eigene Zwecke Gebrauch, ist die im Erbfall von der Begünstigten zu übernehmende Verbindlichkeit auf die Ausgleichszahlung anzurechnen.

4. Alternative Lösung ist der Abschluss eines **Schenkungsvertrages,** mit dem (im vorstehenden Beispiel) der Vater den Grundbesitz aufschiebend bedingt mit seinem Tode auf die Tochter überträgt. Der Nachweis des Bedingungseintritts ist durch Vorlage einer Sterbeurkunde zu führen. Die Auflassung kann mit dem schuldrechtlichen Vertrag bereits erklärt werden. Der Notar wird in der Urkunde angewiesen, den Umschreibungsantrag erst gegen Vorlage der Sterbeurkunde zu stellen (und vorher keine die Auflassung enthaltende Ausfertigung oder beglaubigte Abschrift zu erteilen). Der Anspruch der Tochter kann durch Eintragung einer Vormerkung gesichert werden. Zugleich ist als Vertrag zu Gunsten Dritter der Zahlungsanspruch des Bruders zu begründen (der durch eine nicht abtretbare Grundschuld im Grundbuch gesichert werden kann). Der Anspruch der Tochter auf Eigentumsübertragung ist vererblich zu stellen (abweichend von § 2301 Abs. 1 BGB).

5. Anders ist der Fall, dass dem Erben (zB dem längstlebenden Ehegatten) in der letztwilligen Verfügung untersagt wird, nach dem Tod des Erblassers über das Nachlassgrundstück zu verfügen, das ein Kind als Schlusserbe erhalten soll. Hier ist zugunsten des Kindes ein bedingtes Vermächtnis anzuordnen, das ihm den Anspruch gegen den Erben gibt, die Übertragung des Grundstücks bei einem Verstoß gegen das Verfügungsverbot auch vor dessen Tod zu verlangen. Dieser bedingte schuldrechtliche Anspruch kann **nach** dem Erbfall durch Vormerkung gesichert werden (vgl. hierzu *Jülicher* ZEV 1998, 201; *Schippers* MittRhNotK 1998, 69).

6. Kosten. Für den Verfügungsunterlassungsvertrag entsteht eine 2,0-Gebühr nach Nr. 21100 KV GNotKG. Geschäftswert ist nach § 50 Nr. 1 GNotKG 10 % des Verkehrs-

wertes der Sache (§ 46 GNotKG). Der Übertragungsanspruch und dessen Sicherung durch Vormerkung sind als Sicherungserklärungen nach § 109 Abs. 1 GNotKG nicht gesondert zu bewerten (vgl. *Diehn* Rn. 221 ff.). Die Verpflichtung, bestimmten Belastungen zuzustimmen, ist als Einschränkung des Verfügungsverbots ebenfalls nicht gesondert zu bewerten, sondern mit abgegolten.

E. Typische Fallgestaltungen

I. Einzeltestament

1. Testament eines Verwitweten mit erwachsenen Kindern

Mein letzter Wille[1]

§ 1 Frühere Verfügungen von Todes wegen

Ich unterliege keiner Bindung aus einer früheren Verfügung von Todes wegen.[2]

Vorsorglich hebe ich alle etwa bisher von mir getroffenen Verfügungen von Todes wegen auf. Mein letzter Wille soll sich ausschließlich nach diesem heutigen Testament richten.[3]

§ 2 Erbeinsetzung[4]

Zu meinen Erben setze ich meinen Sohn S und meine Tochter T je zur Hälfte ein. Ersatzerben sind jeweils deren Abkömmlinge nach gleichen Stammanteilen. Wiederum ersatzweise soll Anwachsung eintreten.

§ 3 Vermächtnis[5]

Mein weiteres Kind K, ersatzweise dessen Abkömmlinge nach gleichen Stammanteilen, erhält einen Geldbetrag in Höhe von einem Drittel meines im Zeitpunkt meines Ablebens vorhandenen Bargelds, Guthaben bei Kreditinstituten und Wertpapieren – jedoch ausgenommen lebzeitige Verträge zugunsten Dritter auf den Todesfall – (Kapitalvermögen) nach Abzug etwaiger Nachlassverbindlichkeiten und der Beerdigungskosten.[6] Der Vermächtnisanspruch ist fällig binnen 6 Monaten nach Eintritt des Erbfalls.

. . . . . ., den . . . . . .

. . . . . .[7, 8, 9]

Anmerkungen

1. **Sachverhalt.** Der Erblasser (Witwer bzw. Witwe, gleichgelagert auch lediges Elternteil; zum Testament eines Geschiedenen → Form. E.I.3) hat drei Kinder. Er will zwei Kinder (S und T) zu gleichen Teilen als Erben einsetzen. Das weitere Kind K soll nur zu einem Drittel am Kapitalvermögen im Wege eines Vermächtnisses bedacht sein (zB wegen lebzeitig bereits vorab von K erhaltenem Immobilienvermögen). K wird damit nicht Mitglied der Erbengemeinschaft. Die Erbeinsetzungsregelung der Kinder S und T kann auch unabhängig von dem Vermächtnis verwendet werden. Hinsichtlich besonderer erforderlicher Verfügungen bei Auslandsbezug (insbes. ausländische Staatsangehörigkeit, Vermögen im Ausland oder Erstellung des Testaments im Ausland) → Form. A.II.8, → Form. K; Musterformulierungen zu Rechtswahlen nach Art. 22 EuErbVO in → Form. K.VIII.3.

2. **Frühere Verfügungen von Todes wegen.** Die grundsätzliche Testierfreiheit (→ Form. A.III.1 ff.) des Erblassers kann eingeschränkt sein, falls eine Bindung aus einer früheren Verfügung von Todes wegen besteht (hierzu und zum Widerruf früherer Verfügungen auch

→ Form. A.III.1 ff.). Diese kann vorliegen auf Grund eines notariellen Erbvertrages (§ 2289 Abs. 1 S. 2 BGB) oder eines notariellen oder privatschriftlichen gemeinschaftlichen Testaments (§ 2271 Abs. 1 S. 2 BGB) mit einem früheren Ehegatten. Ist eine solche gemeinschaftliche Verfügung von Todes wegen getroffen worden und enthält diese auch Regelungen für den Tod des Erblassers, ist diese immer noch gültig (liegt also insbesondere keine Unwirksamkeit aufgrund Scheidung – §§ 2077, 2268, 2279 BGB – oder sonstiger gesetzlicher Unwirksamkeitsgrund vor) und enthält diese keine Abänderungsklausel für den Erblasser, ist eine **spätere** einseitige **Verfügung unwirksam,** soweit diese der früheren bindenden Verfügung entgegensteht. Zu sonstigen Grenzen der Testierfreiheit aufgrund gesetzlicher Bestimmungen (zB § 14 HeimG und landesrechtlicher Folgebestimmungen) → Form. A.II.4.

3. Aufhebung früherer Verfügungen von Todes wegen. Grundsätzlich wird ein früheres Testament unwirksam, soweit es durch ein späteres Testament aufgehoben wird (ausdrücklicher Widerruf, § 2254 BGB; widersprechende spätere Verfügungen, § 2258 Abs. 1 BGB). Diese Regelung dient zur Vermeidung von Zweifeln, inwieweit etwaige frühere Verfügungen von Todes wegen fortgelten sollen. Aufgehoben werden können freilich nur einseitig aufhebbare Verfügungen (s. zu bindend getroffenen Verfügungen → Anm. 2).

4. Erbeinsetzung. Zur Erbeinsetzung siehe eingehend → Form. C.I.1 ff.

5. Vermächtnis. Zum Vermächtnis siehe allgemein eingehend → Form. C.V.1. Das deutsche Erbrecht beruht auf dem Grundsatz der Gesamtrechtsnachfolge (Universalsukzession, § 1922 Abs. 1 BGB) auf den oder die Erben. Die Zuwendung einzelner Vermögensgegenstände hat im Wege von Vermächtnissen zu erfolgen. Zur Erfüllung des damit begründeten Anspruchs (§ 2174 BGB) des Bedachten/Vermächtnisnehmers ist ein Erfüllungsgeschäft nach allgemeinen Vorschriften erforderlich. Zu etwaigen pflichtteilsrechtlichen Fragen, da das Kind K durch die Erbfolge ausgeschlossen und mit einem Vermächtnis bedacht wurde (§§ 2303 Abs. 1, 2307 BGB) → Form. C.VI.10.

6. Geldvermächtnis. Zum Geldvermächtnis → Form. C.V.3 mit Varianten.

7. Form des eigenhändigen Testaments. → Form. B.I.1.

8. Kosten. Für die Beurkundung des Einzeltestaments entsteht eine 1,0-Gebühr nach Nr. 21200 KV GNotKG. Wird über das Vermögen als Ganzes verfügt, ist der Geschäftswert nach § 102 Abs. 1 GNotKG das Reinvermögen des Erblassers (vererbbares Aktivvermögen abzüglich Verbindlichkeiten), mindestens aber das halbe vererbbare Aktivvermögen. Vermächtnisse, Auflagen und Teilungsanordnungen werden daneben nicht gesondert bewertet. Verfügt der Erblasser ausschließlich über bestimmte Vermögensgegenstände, ist deren Wert maßgeblich, wobei vom Begünstigten zu übernehmende Verbindlichkeiten abgezogen werden. Auch hier ist mindestens der halbe Aktivwert der Vermögensgegenstände anzusetzen (§ 102 Abs. 2 S. 2 GNotKG). Maßgeblich sind stets die Verhältnisse im Zeitpunkt der Testamentserrichtung.

Die Registrierung des Einzeltestaments im Zentralen Testamentsregister kostet 15 EUR. Der Notar nimmt diese Kosten für die Bundesnotarkammer (umsatzsteuerfrei) entgegen, was jetzt auch in Nr. 32015 KV GNotKG geregelt ist.

Die besondere amtliche Verwahrung der Verfügung von Todes wegen kostet 75 EUR nach Nr. 12100 KV GNotKG (Festgebühr). Die Eröffnung beim Amtsgericht kostet 100 EUR nach Nr. 12101 KV GNotKG (Festgebühr). Wegen der seit 1.8.2013 eingeführten Festgebühren darf der Notar dem Nachlassgericht den Wert der Verfügung von Todes wegen nicht mehr gem. § 39 Abs. 1 GNotKG mitteilen.

Für die Beurkundung des Erbscheinsantrags, in dem der Antragsteller die Richtigkeit seiner Angaben nach den §§ 2354, 2355 BGB an Eides statt zu versichern hat, wird eine 1,0-Gebühr nach Nr. 23300 KV GNotKG erhoben. Der Geschäftswert bestimmt sich

gem. § 40 GNotKG nach dem Wert des Nachlasses zum Zeitpunkt des Erbfalls abzüglich der vom Erblasser herrührenden Verbindlichkeiten. Hierbei sind Pflichtteilsansprüche, Vermächtnisse und Auflagen nicht (mehr) in Abzug zu bringen. Für die Erteilung eines Erbscheins wird nach Nr. 12210 KV GNotKG eine weitere 1,0-Gebühr erhoben. Der Vergleich zwischen der Notargebühr für die Beurkundung eines Testaments (eine Gebühr) und den Gebühren im Erbscheinsverfahren (zwei Gebühren) zeigt, dass die notarielle Beurkundung eines Testaments in der Regel kostengünstiger ist.

Beispiel:

Bei einem Geschäftswert von 200.000 EUR fällt eine Gebühr von 435 EUR an (zzgl. Dokumentenpauschale, sonstiger Auslagen und Mehrwertsteuer sowie Hinterlegungskosten bei Gericht). Erbscheinsantrag und Erbschein würden zusammen mindestens 870 EUR kosten.

9. Steuern. Erbschaftsteuerlich wird dieser Fall gem. § 15 Abs. 1 ErbStG nach der Steuerklasse I behandelt. Für die Kinder kommt im Todesfall des Verwitweten neben ihrem persönlichen Freibetrag gem. § 16 Abs. 1 Nr. 2 ErbStG iHv 400.000 EUR eventuell ein Freibetrag nach § 17 Abs. 2 ErbStG in Betracht, solange sie das 27. Lebensjahr nicht vollendet haben. Die Tatsache, dass die Kinder volljährig sind, spielt für die Erbschaftsteuer keine Rolle. Verstirbt der Verwitwete innerhalb von zehn Jahren nach dem Tod des erstverstorbenen Ehegatten, kann unter Umständen eine Steuerermäßigung gem. § 27 Abs. 1 ErbStG bezüglich des Erwerbs durch die überlebenden Kinder in Betracht kommen.

Zur erbschaftsteuerlichen Behandlung des Vermächtnisses → Form. C.V.1 Anm. 13, → Form. C.V.3 Anm. 8.

Zu den Grundzügen des Erbschaft- und Schenkungsteuerrechts einschließlich der Ermittlung der erbschaft- und schenkungsteuerlichen Besteuerungsgrundlagen → Form. A.IV.

2. Testament eines Alleinstehenden ohne Kinder

Mein letzter Wille[1]

§ 1 Frühere Verfügungen von Todes wegen[2]

Ich unterliege keiner Bindung aus einer früheren Verfügung von Todes wegen. Vorsorglich hebe ich alle etwa bisher von mir getroffenen Verfügungen von Todes wegen auf. Mein letzter Wille soll sich ausschließlich nach diesem heutigen Testament richten.

§ 2 Erbeinsetzung[3]

Ich setze zu meinen Erben ein

- **meinen Neffen . . . . ., geboren . . . . ., derzeit wohnhaft . . . . ., ersatzweise . . . . . zu $^1/_3$;**
- **folgenden eingetragenen Verein: . . . . . . Hilfswerk e. V. mit dem Sitz in . . . . . ., eingetragen im Vereinsregister des Amtsgerichts . . . . . . unter VRNr. . . . . . zu $^2/_3$.**

§ 3 Vorausvermächtnis, Teilungsanordnung

1. Vorausvermächtnis[4]
   Das . . . . . Hilfswerk e. V., mit dem Sitz in . . . . ., erhält als Vorausvermächtnis, also ohne Anrechnung auf den Erbteil, meine gesamte Gemäldesammlung, bestehend derzeit aus . . . . .

2. Teilungsanordnung[5]
   Für die Auseinandersetzung des Nachlassvermögens unter den Miterben treffe ich folgende Anordnung:
   Mein Neffe . . . . ., ersatzweise . . . . ., erhält den Bauplatz in . . . . ., Flst. . . . . ., lastenfrei vorgetragen im Grundbuch von . . . . . . Blatt . . . . . . in Anrechnung auf seinen Erbteil. Sollte er dadurch einen Mehrwert erhalten, ist dieser auszugleichen. Sollten sich die Erben über den Wert der Nachlassgegenstände nicht einigen, so soll dieser verbindlich durch einen vom Testamentsvollstrecker zu bestimmenden öffentlich bestellten und vereidigten Sachverständigen festgestellt werden.

§ 4 Vermächtnisse, Auflagen[6]

1. Ich ordne folgendes Vermächtnis an:
   Herr . . . . . . geboren . . . . . ., derzeit wohnhaft . . . . . ., ersatzweise . . . . . . erhält vermächtnisweise das sich etwa in meinem Nachlass befindliche Kraftfahrzeug. Sollte sich im Nachlassvermögen kein Kraftfahrzeug befinden, entfällt dieses Vermächtnis ersatzlos.[7]
2. Grabpflege[8]
   Ich ordne folgende Auflage an:
   Meine Grabstätte ist auf die Dauer der vollen Ruhezeit für Kaufgräber zu unterhalten und zu pflegen, insbesondere regelmäßig mit dem üblichen Grabschmuck zu versehen. Damit wird ausschließlich der Miterbe . . . . . . Hilfswerk e. V. beschwert.
3. Versorgung Haustier[9]
   Der Tierschutzverein . . . . e.V. mit dem Sitz in . . . . . . eingetragen im Vereinsregister des Amtsgerichts . . . . . . unter VRNr. . . . . . erhält als Vermächtnis einen Geldbetrag von . . . . . . EUR – iW. . . . . . EUR –
   und wird mit der Auflage beschwert, die Versorgung, Unterbringung und Pflege meiner bei meinem Ableben vorhandenen Haustiere bis zu deren Lebensende durchzuführen. Klargestellt wird, dass das Vermächtnis nicht entfällt, sollten bei meinem Ableben keine Haustiere vorhanden sein.

§ 5 Testamentsvollstreckung[10]

Ich ordne Testamentsvollstreckung mit folgenden Maßgaben an:

1. Der Testamentsvollstrecker hat die Aufgabe, die in Abschnitten (3) und (4) dieses Testaments enthaltenen Verfügungen abzuwickeln, die Überwachung der Erfüllung der Auflagen jedoch nur bis zur Erfüllung der Vermächtnisse.
2. Zu meinem Testamentsvollstrecker bestimme ich Herrn . . . . . . in . . . . . . Ersatzweise bestimme ich zum Testamentsvollstrecker Herrn . . . . . . in . . . . . . mit der Ermächtigung, einen Nachfolger zu ernennen. Wiederum ersatzweise ersuche ich das Nachlassgericht, einen geeigneten Testamentsvollstrecker zu bestimmen.
3. Neben dem Ersatz seiner notwendigen Auslagen erhält der Testamentsvollstrecker eine angemessene Vergütung.

. . . . . ., den . . . . . .

. . . . . .[11, 12, 13]

Anmerkungen

1. Sachverhalt. Der Erblasser ist nicht verheiratet und hat keine Kinder oder sonstige Abkömmlinge (vgl. § 2068 BGB). Im Formular werden zwei Personen als **Miterben**

eingesetzt, und zwar eine natürliche Person (Neffe) und eine juristische Person (eingetragener Verein). Hinzu kommen weitere, für kinderlose Alleinstehende typische Regelungen, in denen weiteren Personen Zuwendungen gemacht werden, ohne dass diese dadurch Mitglied der Erbengemeinschaft werden. Um die Abwicklung der zweiköpfigen Erbengemeinschaft, der Vermächtnisse und der vorgesehenen Auflagen zu vereinfachen, sicherzustellen und in sachgerechte Hände zu legen, ist schließlich eine Testamentsvollstreckung vorgesehen.

„Nicht verheiratet“ umfasst

- Ledige (keine Ehe geschlossen),
- Verwitwete (Ehe aufgelöst durch Ableben eines Ehegatten) und
- Geschiedene (Ehe aufgelöst durch Rechtskraft des Scheidungsurteils; → Form. E.I.3, → Form. E.III, → Form. F.III),
- Partner in nichtehelicher Lebensgemeinschaft (s. hierzu unten Form. → Form. E.VI.4 sowie → Form. E.IV).

Kinderlos ist, wer weder leibliche (eheliche wie nichteheliche) Kinder noch angenommene (adoptierte) Kinder hat.

Im Gegensatz zum Erblasser mit Kindern (s. dazu oben → Form. E.I.1 und unten → Form. E.I.3), der im Normalfall diese ganz oder teilweise als Erben wünscht, fehlt dem kinderlosen Erblasser ein natürlicher Rechtsnachfolger. Ein solcher Rechtsnachfolger ist aber nicht nur erforderlich, um diesem das Nachlassvermögen zukommen zu lassen, sondern auch um eine Person zu wissen, die für die Regelung „der letzten Angelegenheiten“ des Erblassers nach dessen Tod zur Verfügung steht. Bei kinderlosen Erblassern ist eine testamentarische Erbeinsetzung aus diesen beiden Gründen besonders notwendig. Sind die Eltern des Erblassers vorverstorben und erfolgt keine testamentarische Erbeinsetzung, führt die dann geltende gesetzliche Erbfolge häufig zu einer Zersplitterung auf die Familienstämme der Geschwister, die dann miteinander eine Erbengemeinschaft bilden.

Sind die Eltern des nicht verheirateten und kinderlosen Erblassers vorverstorben, bestehen keine Pflichtteilsansprüche (§ 2303 BGB). Insbesondere wären Geschwister zwar gesetzliche Erben, sind aber nicht pflichtteilsberechtigt.

2. Frühere Verfügungen von Todes wegen. → Form. E.I.1 Anm. 2, 3.

3. Erbeinsetzung. → Form. C.I.1 ff.

Wird ein **Verein** eingesetzt, ist darauf zu achten, dass eine Rechtsperson erforderlich ist und es sich um einen eingetragenen Verein handelt mit hinreichend genauer Beschreibung. Sollen Einrichtungen gefördert werden, die keine Rechtsperson besitzen, zB ein von der Stadt betriebenes Tierheim, ist als Erbe oder Bedachter der Träger dieser Einrichtung (zB Stadt . . . . . .) vorzusehen und dieser Träger ist mit der Auflage zu beschweren, das Zugewendete für diese Einrichtung zu verwenden. S. zu derartigen Auflagen → Form. C.V.11 Anm. 2.

4. Vorausvermächtnis. S. zum Vorausvermächtnis allgemein → Form. C.IV.4.

5. Teilungsanordnung. S. zur Teilungsanordnung allgemein → Form. C.IV.3.

6. Vermächtnisse, Auflagen. S. zu Vermächtnissen und Auflagen allgemein → Form. C.V.1 und → Form. C.V.11.

7. Sachvermächtnis. Siehe hierzu eingehend → Form. C.V.2.

8. Grabpflege. Zur Auflage bezüglich einer Grabpflege → Form. C.V.12.

9. Geldvermächtnis, Versorgung Haustier. Zum Geldvermächtnis siehe ergänzend auch → Form. C.V.3, zur Auflage bezüglich der Versorgung von Haustieren → Form. C.V.12. Da bei einer Auflage keine begünstigte Person erforderlich ist, ist sie für den Erblasser das geeignete Mittel zur Begünstigung rechtsunfähiger Tiere.

Ist – wie im Formular ein Vermächtnisnehmer mit einer Auflage beschwert, ist er zu deren Erfüllung erst verpflichtet, wenn er die Erfüllung des ihm zugewendeten Vermächtnisses verlangen kann (§ 2186 BGB). Daher sollte das Vermächtnis sofort fällig sein und sichergestellt werden, dass auch während der gesetzlichen Dreimonatsfrist gem. § 2014 BGB die Versorgung erfolgt.

Die Klarstellung am Ende dient der Vermeidung einer anderweitigen Annahme gem. § 2195 BGB oder einer etwaigen Anfechtbarkeit, so dass die Zuwendung auch unabhängig von der Auflage bzw. deren tatsächlicher Durchführbarkeit angeordnet wurde.

10. Testamentsvollstreckung. S. hierzu eingehend → Form. C.VII.1 ff.

11. Form des Einzeltestaments. S. hierzu eingehend → Form. B.I.

12. Kosten. → Form. E.I.1 Anm. 8.

13. Steuern. Zur steuerlichen Behandlung der Erbeinsetzung → Form. C.I.2 Anm. 7. Der Neffe erhält einen persönlichen Freibetrag von 20.000 EUR (§ 16 Abs. 1 Nr. 5 ErbStG), da für ihn gem. § 15 Abs. 1 ErbStG die Steuerklasse II gilt. Der Verein erhält ebenfalls einen Freibetrag von 20.000 EUR, (§ 16 Abs. 1 Nr. 7 ErbStG iVm § 15 Abs. 1 ErbStG) (Steuerklasse III). Zur steuerlichen Behandlung des Vorausvermächtnisses → Form. C.IV.4 Anm. 5, der Teilungsanordnung → Form. C.IV.3 Anm. 7, der Vermächtnisse und Auflagen → Form. C.V.2 Anm. 9, → Form. C.V.3 Anm. 8, → Form. C.V.12 Anm. 4, der Testamentsvollstreckervergütung → Form. C.VII.1.

3. Testament eines Geschiedenen mit minderjährigen Kindern

Mein Letzter Wille

§ 1 Frühere Verfügungen von Todes wegen[1, 2]

Ich unterliege keiner Bindung aus einer früheren Verfügung von Todes wegen; ich habe mit meiner früheren Ehefrau F zwar einen Erbvertrag geschlossen, der jedoch auf Grund der Scheidung unwirksam ist. Vorsorglich hebe ich alle etwa bisher von mir getroffenen Verfügungen von Todes wegen auf. Mein letzter Wille soll sich ausschließlich nach diesem heutigen Testament richten.

§ 2 Einsetzung von Vorerben und Nacherben[3]

1. Ich setze zu meinen Vorerben ein
   - meinen Sohn A und
   - meine Tochter B

   je zur Hälfte.
   Die Vorerben sind von allen gesetzlichen Beschränkungen und Verpflichtungen befreit, soweit gesetzlich eine Befreiung möglich ist.
   Ich setze zum Ersatzerben eines jeden Vorerben dessen Nacherben ein.
2. Nacherbfolge tritt hinsichtlich eines jeden Vorerben mit dessen Tod ein, soweit die Vorerbschaft zu diesem Zeitpunkt noch besteht.[4]
   Ich setze zu Nacherben eines jeden Vorerben jeweils ein
   - dessen Abkömmlinge nach gleichen Stammanteilen,
   - ersatzweise das andere Kind,
   - wiederum ersatzweise dessen Abkömmlinge nach gleichen Stammanteilen,

- wiederum ersatzweise meine sonstigen Verwandten, mit Ausnahme meiner Abkömmlinge, nach den Regeln der gesetzlichen Erbfolge zum Zeitpunkt des Eintritts des Nacherbfalles.

Die Nacherbenanwartschaft ist nicht vererblich.

3. Die Anordnung der Nacherbfolge ist auflösend bedingt. Sie entfällt
   - im Zeitpunkt des Ablebens meines geschiedenen Ehegatten F; oder
   - soweit das jeweilige Kind eigene Abkömmlinge hat; oder
   - sobald mein jüngstes Kind das 25. Lebensjahr erreicht hat.

   Es tritt dann Vollerbschaft ein.

§ 3 Ausschluss der Auseinandersetzung[5]

Ich schließe die Auseinandersetzung meines Nachlasses aus, bis mein jüngstes Kind das 25. Lebensjahr vollendet hat. Dies gilt auch für den Fall des Todes eines Miterben.

§ 4 Testamentsvollstreckung[6]

Ich ordne Testamentsvollstreckung an als Dauerverwaltungsvollstreckung. Der Testamentsvollstrecker hat die Verwaltung fortzuführen, bis mein jüngstes Kind das 25. Lebensjahr vollendet hat. Der Testamentsvollstrecker ist auch Nacherbenvollstrecker bezüglich aller Nacherben; diese Vollstreckung endet erst mit Beendigung aller Vorerbschaften. Er ist in der Eingehung von Verbindlichkeiten für den Nachlass nicht beschränkt.

Zum Testamentsvollstrecker ernenne ich Herrn . . . . . . in . . . . . . Er ist ermächtigt, einen Nachfolger zu ernennen. Ersatzweise ersuche ich das Nachlassgericht, einen Testamentsvollstrecker zu ernennen.

§ 5 Beschränkung der Vermögenssorge, Pfleger[7]

Soweit Kinder von mir zum Zeitpunkt meines Todes noch minderjährig sind, bestimme ich, dass mein geschiedener Ehegatte F. das von Todes wegen erworbene Vermögen der Kinder nicht verwalten soll.

Zum Pfleger berufe ich meinen Bruder . . . . . ., ersatzweise meine Nichte . . . . . . Für den Pfleger gelten die in §§ 1852 bis 1854 BGB bezeichneten Befreiungen.

§ 6 Vormund[8]

Für den Fall, dass für meine Kinder eine Vormundschaft angeordnet wird, bestimme ich folgendes:

Zum Vormund benenne ich . . . . . ., ersatzweise . . . . . .

Gemäß § 1852 bis 1856 BGB wird der Vormund von allen dort niedergelegten Beschränkungen befreit, soweit gesetzlich möglich.

[Optional:

§ 7 Eventuelles Vermächtnis[9]

Zugunsten . . . . . . ordne ich folgendes Vermächtnis an: . . . . . .

. . . . . . *den* . . . . . .

. . . . . .[10, 11]*]*

Anmerkungen

1. Sachverhalt. Der Erblasser war verheiratet mit F. Diese Ehe wurde geschieden. Der Erblasser und F haben die beiden gemeinsamen Kinder A und B.

Der Erblasser will, dass sein Vermögen mit seinem Tode auf die beiden Kinder übergeht. Er möchte jedoch verhindern, dass sowohl das Eigentum als auch die Verwaltung seines Nachlassvermögens **mittelbar seiner geschiedenen Ehegattin** (oder deren Verwandten oder ggf. ihrem neuen Ehemann) zufällt (zur Gefahrenlage mit Beispiel „Ostmann": Bayer/Koch/*Kössinger* Schriften zum Notarrecht, Aktuelle Fragen des Erbrechts 2010, S. 105 ff.).

2. Frühere Verfügungen von Todes wegen. → Form. E.I.1 Anm. 2, 3.
Besonders zu beachten ist bei Geschiedenen, ob eine etwa getroffene gemeinschaftliche letztwillige Verfügung über die Scheidung hinaus Fortgeltung hat (§ 2077 Abs. 3 BGB iVm §§ 2268 Abs. 2, 2279 Abs. 2 BGB). In diesem Fall wäre durch die bindende Verfügung eine einseitige spätere Verfügung von Todes wegen unwirksam (§ 2271 Abs. 1 S. 2 BGB, § 2289 Abs. 1 S. 2 BGB), soweit diese der früheren bindenden Verfügung entgegensteht.

3. Vor- und Nacherben. S. hierzu eingehend → Form. C.II.
Zur Befreiung von Beschränkungen und Verpflichtungen: § 2136 BGB.
Die Regelung der Nacherbfolge beinhaltet – neben allgemeinen Besonderheiten der Nacherbfolge – zwei Probleme:

- Der Vorerbe kann nach dem Tod des Erblassers die **Nacherbfolge nicht mehr ändern;** Der Erblasser will aber nur den anderen Elternteil des Vorerben, die geschiedene Ehegattin, von der Erbfolge ausschalten.
- Ist der Nacherbfall einmal eingetreten, ist ein **Rückfall** an den geschiedenen Ehegatten wieder möglich über die Erbfolge in aufsteigender Linie (§§ 1925 Abs. 1 und 3, 1926 BGB).

Abänderungsmöglichkeiten („. . . . . . die Nacherbfolge entfällt, soweit der Abkömmling mittels eigener letztwilliger Verfügung eine Erbeinsetzung trifft und dabei nicht der geschiedene Ehegatte bedacht ist . . . . . ."), insbesondere die sog. „Dieterle-Klausel", unterliegen erheblichen Bedenken wegen des Verstoßes gegen das Drittbestimmungsverbot (§ 2065 BGB; OLG Frankfurt DNotZ 2001, 143 mAnm *Kanzleiter* („grenzwertige Gestaltung"). Vorgenannte Problematik ist Grund für den Formulierungsvorschlag § 2 Abs. 3:

Zum einen hat die Ersatz- Nacherbfolgeregelung ihre Hauptbedeutung verloren, wenn der **zu verhindernde gesetzliche Erbe** (Ehegatte F) **nicht mehr lebt;** anderes gilt dann, wenn der Erblasser auch sicherstellen will, dass die Eltern des geschiedenen Ehegatten von der gesetzlichen Erbfolge nach den Kindern ausgeschlossen werden sollen („böse Schwiegermutter"). Zum anderen gingen eigene Abkömmlinge des Kindes deren Mutter als gesetzliche Erben vor (§ 1924 Abs. 1 BGB); gleichwohl bleibt ein Restrisiko für den Fall des Nachversterbens der Abkömmlinge des Kindes. Wird in Abs. 3 die zweite Variante gewünscht, sind in Abs. 2 Abkömmlinge als (Ersatz-)Nacherben zu streichen. Die vorgeschlagene **zeitliche Beschränkung** bis zu einem bestimmten Lebensalter des jüngsten Kindes trägt dem Gedanken Rechnung, dass in diesem Alter das Kind einen eigenen Willen bezüglich der Erbfolge fassen kann und zB testamentarisch einen nicht verheirateten Partner als Erben einsetzen können soll. Durch die altersmäßige Beschränkung wird die Dauer der Nacherbenbindung und die damit auch verbundene Einschränkung der Verfügungsbefugnis der Kinder limitiert.

4. Nacherbfolge. Dadurch wird vermieden, dass bei einem Nachversterben eines Kindes nach dem Erblasser auf Grund der gesetzlichen Erbfolge nach dem Kind dessen

Mutter (der andere – geschiedene – Elternteil) Erbe nach dem Kind wird und auf diesem mittelbaren Wege Vermögen des Erblassers erwirbt. Hat das verstorbene Kind keine eigenen Abkömmlinge, wäre die Mutter grundsätzlich Miterbe zu $^{1}/_{2}$ (§ 1925 Abs. 1 BGB). Hatte der erstverstorbene Elternteil (Vater = Erblasser) außer dem nachverstorbenem Kind keine weiteren Abkömmlinge, würde die Mutter F Alleinerbin (§ 1925 Abs. 3 S. 2 BGB).

Die Anordnung, dass die **Nacherbenanwartschaft nicht vererblich** ist, ist bedeutsam als „anderer Wille" iSd § 2108 Abs. 2 S. 1 BGB für den Fall des Todes des eingesetzten Nacherben vor dem Eintritt des Nacherbfalles: Ansonsten ginge die Nacherbenanwartschaft im Rahmen der allgemeinen Erbfolge des Kindes über auf den anderen (geschiedenen) Elternteil. Dies wäre vorrangig zu einer Ersatz- Nacherbeneinsetzung.

5. Ausschluss der Auseinandersetzung. Allgemein zum möglichen Ausschluss der Auseinandersetzung (Teilungsverbot) und gesetzlicher Einschränkungen → Form. C.IV.2.

6. Testamentsvollstreckung. Allgemein zur Testamentsvollstreckung → Form. C.VII. Beim sog. Geschiedenentestament hat dies besondere Bedeutung: Grundsätzlich obliegt die Vermögenssorge des Kindes im Fall des Todes eines Elternteils dem anderen Elternteil allein (§§ 1680, 1626 BGB). Durch die Anordnung der Dauerverwaltungsvollstreckung (§ 2209 S. 1 Hs. 2 BGB) steht die **Verwaltungsbefugnis** (§§ 2205, 2216 BGB) und **Verfügungsmacht** (§ 2211 BGB) dem vom Erblasser benannten Testamentsvollstrecker zu.

7. Beschränkung der Vermögenssorge, Pfleger. Der Erwerb eines Minderjährigen von Todes wegen, insbesondere durch Erbschaft oder Vermächtnis, unterliegt grundsätzlich der Vermögenssorge der Eltern (§ 1626 BGB). Der Erblasser hat jedoch gem. § 1638 Abs. 1 Alt. 1 BGB die Möglichkeit durch letztwillige Verfügung zu bestimmen, dass sich die allgemeine Vermögenssorge nicht auf das Vermögen erstreckt, welches das Kind von Todes wegen erwirbt. Für diese abgespaltene Vermögenssorge ist gem. § 1909 Abs. 1 BGB ein Pfleger zu bestellen. Der Erblasser kann diesen Pfleger selbst in der Verfügung von Todes wegen benennen (§ 1917 Abs. 1 BGB). Der Erblasser kann dabei den Pfleger von bestimmten Pflichten (§§ 1852 bis 1854 BGB, zB Befreiung von Rechnungslegungspflichten) befreien (§ 1917 Abs. 2 BGB).

Diese Anordnung hat eine eigene Bedeutung zusätzlich zur Testamentsvollstreckung. Die Kontrollrechte gegenüber dem Testamentsvollstrecker stehen dann nicht den Eltern (hier: der geschiedenen Ehegattin F), sondern dem benannten Pfleger zu (eingehend *Frenz* DNotZ 1995, 908).

8. Vormund. → Form. C.I.7. Stirbt ein Elternteil, steht die elterliche Sorge regelmäßig dem überlebenden Elternteil zu (§ 1680 Abs. 1, 2 BGB; Ausnahme: Wenn dies dem Wohl des Kindes widerspräche). Im zugrunde gelegten Sachverhalt würde damit die geschiedene Ehegattin nach dem Tode des Erblassers insbesondere die Personensorge (§ 1626 Abs. 1 S. 2 Alt. 1 BGB) ausüben und ist insoweit auch vertretungsberechtigt (§ 1629 Abs. 1 S. 1, 3 BGB).

Der Erblasser kann jedoch in einer letztwilligen Verfügung einen Vormund benennen für den Fall, dass die Anordnung einer Vormundschaft erforderlich werden sollte, insbesondere für den Fall, dass auch der andere Elternteil (geschiedene Ehegattin F) versterben sollte.

Voraussetzung für eine Benennung des Vormunds durch die Eltern ist, dass ihnen zum Zeitpunkt ihres Todes die Vermögens- und Personensorge zusteht (§§ 1776, 1777 BGB). Ist ein Elternteil verstorben und der Überlebende alleinsorgeberechtigt, kann er eine Benennung vornehmen. Ist bei der Scheidung einem Elternteil das alleinige Sorgerecht übertragen worden, so kann dieser Elternteil einen Vormund benennen, und zwar auch einen anderen als den geschiedenen Ehepartner. Steht nach der Scheidung den Eltern das

Sorgerecht gemeinschaftlich zu, so kann ein Elternteil alleine keine Benennung vornehmen (*Frenz* DNotZ 1995, 908 [918]). Wurden durch den Vater und die Mutter verschiedene Personen benannt, so gilt die Benennung durch den zuletzt verstorbenen Elternteil (§ 1776 Abs. 2 BGB).

Die Benennung des Vormunds erfolgt durch letztwillige Verfügung (§ 1777 Abs. 3 BGB). Die Benennungsanordnung kann außer in einem Testament auch als einseitige Verfügung (§ 2299 BGB) in einem Erbvertrag getroffen werden; umgekehrt ist eine Benennung durch spätere einseitige Verfügung von Todes wegen möglich, auch wenn ein Erbvertrag mit (anderweitigen) bindend gewordenen Verfügungen von Todes wegen geschlossen wurde.

Erfolgte keine Benennung des Vormunds durch die Eltern, erfolgt die Auswahl der Person des Vormunds durch das Vormundschaftsgericht nach Anhörung des Jugendamtes (§ 1779 Abs. 1 BGB). Dabei ist insbesondere gem. § 1779 Abs. 2 S. 2 BGB auch die Verwandtschaft zu berücksichtigen. Will der Erblasser nicht positiv eine Person zum Vormund benennen, kann er unter den Voraussetzungen des § 1777 BGB jedoch gem. § 1782 BGB negativ einzelne Personen ausschließen, zB Verwandte des geschiedenen Ehegatten.

Ferner sind möglich Anordnungen über die Aufgabenverteilung bei mehreren Vormündern (§ 1797 Abs. 3 BGB), Anordnungen für die Verwaltung eines zugewendeten Vermögens (§ 1803 Abs. 1 BGB; → Anm. 6 – Testamentsvollstreckung – und → Anm. 7 – Beschränkung der Vermögenssorge nach § 1638 BGB –), sowie Befreiungen gem. §§ 1852 ff. BGB.

9. Vermächtnisse. Das Testament kann im Einzelfall als weitere Verfügung Vermächtnisse enthalten; siehe hierzu allgemein → Form. C.V.1.

a) Zum einen sind denkbar Vermächtnisse **für dritte Personen.** Bezüglich eines Vermächtnisses für einen nichtehelichen Lebensgefährten des Erblassers → Form. E.I.4.

b) Möglich sind auch Vermächtnisse **für** alle oder einzelne **Vorerben.** Dies wäre dann zweckmäßig, soweit einzelne Gegenstände dem Vermächtnisnehmer zur freien Verfügung stehen sollen und nicht der Nacherbenbindung unterliegen sollen.

c) Möglich sind aber auch Vermächtnisse **für** die (ansonsten als Nacherben vorgesehenen) **Ersatzbedachten** anstelle der Nacherbeneinsetzung (→ Form. C.II.2). Das sogenannte „Geschiedenentestament" kann damit in einer schwächeren Form erstellt werden im Wege der **Vermächtnislösung** (hierzu und zur „Kombinationslösung": MVHdB VI BürgerlR II/*Otto* Form. XII.16). Die Nachteile einer Vor- und Nacherbfolge, insbesondere die dingliche Bindung hinsichtlich der Nachlassgegenstände, kann vermieden werden durch ein in der Schutzwirkung jedoch auch weniger starkes bedingtes Herausgabevermächtnis (hierzu Formulierungsvorschlag sogleich sowie bei → Form. C.II.2):

- Vermächtnisnehmer sind jene Personen, die bei der Nacherbenlösung als Nacherben vorgesehen würden (im Formular: die Abkömmlinge des verstorbenen Kindes etc). Möglich wäre hier auch eine Drittbestimmung unter den Voraussetzungen der §§ 2151 ff. BGB (→ Form. C.V.10).
- Als Vermächtnisgegenstand werden bestimmt alle Gegenstände, die der später verstorbene (Voll-)Erbe aus dem Nachlass nach dem Erblasser erworben hat (Universalvermächtnis), jedoch beschränkt auf die bei Bedingungseintritt noch vorhandenen Gegenstände (§§ 2179, 160 BGB). Auch ein Nachvermächtnis auf den „Überrest", also auf das, was im Zeitpunkt des Nachvermächtnisanfalls bei dem frei verfügungsberechtigten Vorvermächtnisnehmer noch vorhanden ist, wäre möglich (BeckOK BGB/*Müller-Christmann* § 2191 Rn. 3 mwN), wenn die Kinder nicht als Erben, sondern als Vermächtnisnehmer eingesetzt würden.
- Das Vermächtnis ist aufschiebend bedingt für den Fall, als der Nacherbfall eintreten würde, also Ableben des gemeinschaftlichen Kindes (mit jenem Vermächtnis beschwer-

ter Vollerbe) nach dem Erblasser, aber vor dem anderen Elternteil (F), und ohne Hinterlassung eigener Abkömmlinge des Kindes und/oder ggf. Ehegatten des Kindes (beachte grundsätzliche 30-Jahres-Frist, §§ 2162 f. BGB).
Die Erben sind dadurch nur schuldrechtlich beschwert und könnten zu Lebzeiten Nachlassgegenstände übertragen, zB auch an die Mutter F, soweit nicht die Verfügungsmacht dem Testamentsvollstrecker eingeräumt wurde. Ferner entständen Schadensersatzansprüche bei Vereitelung des bedingten Vermächtnisanspruchs (§§ 2179, 160 Abs. 1 BGB).

Formulierungsvorschlag „Vermächtnislösung":
(1. Kinder S und T sind zu Vollerben eingesetzt mit Ersatzerbenregelung)
2. Bedingtes Herausgabevermächtnis auf den Überrest:
Jeder Miterbe wird mit folgendem bedingtem Vermächtnis beschwert:
Für den Fall, dass binnen 30 Jahren ab heute
- **ein Kind nach mir verstirbt, ohne selbst eigene Abkömmlinge (ggf.: oder einen Ehegatten) zu hinterlassen und**
- **mein geschiedener Ehegatte F und/oder dessen nicht mit mir verwandte Abkömmlinge und/oder dessen Verwandte in aufsteigender Linie**

von Todes wegen Vermögensgegenstände, die ursprünglich zu meiner Erbschaft gehört haben und/oder Surrogate dieser Vermögensgegenstände entsprechend § 2111 BGB erwirbt bzw. erwerben, erhält das andere Kind . . . . ., ersatzweise dessen Abkömmlinge gemäß gesetzlicher Erbregel, ersatzweise (zB mein Bruder . . . . .), vermächtnisweise alle Vermögensgegenstände einschließlich deren Surrogate, die das jeweilige Kind als Erbe aus meinem Nachlass erhalten hat und die sich beim Erbfall des Kindes noch in dessen Vermögen vorhanden sind.
Der Erbe kann diesbezüglich in jeder rechtlich möglichen Weise über meinen Nachlass verfügen, auch unentgeltlich; dem Vermächtnisnehmer stehen insoweit keine Ansprüche zu. Der Erbe hat gegenüber dem Vermächtnisnehmer keine lebzeitigen Erhaltungs- und Abrechnungspflichten. Der Vermächtnisnehmer kann weder ein Nachlassverzeichnis verlangen noch Sicherheiten. Umgekehrt hat der Erbe gegen den Vermächtnisnehmer keinen Anspruch auf Verwendungsersatz iSd § 2185 BGB.
Das Vermächtnis fällt an mit Eintritt der genannten Bedingung und ist dann sofort fällig. Die Ansprüche aus dieser Vermächtnisanordnung zwischen Erbfall und Anfall des Vermächtnisses sind nicht vererblich und nicht übertragbar.
Ich habe Kenntnis von der – gegenüber Vor- und Nacherbfolge – eingeschränkten Sicherungswirkung und ein mögliches Pflichtteilsrecht des anderen Elternteils, ferner von Abgrenzungsschwierigkeiten bezüglich den ursprünglich aus dem Vermögen des Erblassers stammenden Nachlassgegenständen und Surrogaten sowie der Zweckmäßigkeit eines Vermögensverzeichnisses.

10. Kosten. → Form. E.I.1 Anm. 8.

11. Steuern. Zur steuerlichen Behandlung der Vor- und Nacherbfolge → Form. C.II.1 Anm. 6. Erbschaftsteuerlich gilt für diesen Fall Steuerklasse I gem. § 15 Abs. 1 ErbStG. Für die Kinder kommt im Erbfall neben ihrem persönlichen Freibetrag in Höhe von je 400.000 EUR gem. § 16 Abs. 1 Nr. 2 ErbStG eventuell ein Freibetrag nach § 17 Abs. 2 ErbStG in Betracht, solange sie das 27. Lebensjahr nicht vollendet haben. Zur steuerlichen Behandlung des Auseinandersetzungsverbotes → Form. C.IV.2 Anm. 6, der Testamentsvollstreckervergütung → Form. C.VII.1.

Zu den Grundzügen des Erbschaft- und Schenkungsteuerrechts einschließlich der Ermittlung der erbschaft- und schenkungsteuerlichen Besteuerungsgrundlagen → Form. A.IV.

4. Testament zugunsten eines nicht verheirateten Lebensgefährten (nichteheliche Lebensgemeinschaft)

Mein Letzter Wille

§ 1 Frühere Verfügungen von Todes wegen[1, 2]

Ich unterliege keiner Bindung aus einer früheren Verfügung von Todes wegen.

§ 2 Erbfolge

Eine Verfügung zur Erbeinsetzung will ich heute nicht treffen. Ich weiß, dass die gesetzliche Erbfolge eintritt, solange ich insoweit keine Verfügung von Todes wegen treffe.[3]

§ 3 Vermächtnis zugunsten des nichtehelichen Lebensgefährten[4]

Zugunsten meines nichtehelichen Lebensgefährten L, geb. . . . . ., ordne ich folgende Vermächtnisse an:

1. Nießbrauchsrecht[5]
   Wir bewohnen zusammen die Eigentumswohnung in . . . . ., die sich in meinem Alleineigentum befindet und vorgetragen ist im Grundbuch von . . . . . Blatt . . . . .; die mit der eingetragenen Grundschuld gesicherte Schuld würde im Falle meines Todes durch eine Lebensversicherung bei der . . . . . getilgt.[6]
   Herr L erhält vermächtnisweise das unentgeltliche Nießbrauchsrecht an dieser Wohnungseigentumseinheit mit folgendem Inhalt:
   Die Ausübung des Nießbrauchs kann anderen nicht überlassen werden.
   Der Nießbraucher hat, soweit gesetzlich zulässig, für die Dauer des Nießbrauchs zu tragen:
   - alle mit dem Nießbrauchsgegenstand verbundenen privaten und öffentlichen Aufwendungen und Lasten, auch die außerordentlichen Lasten sowie Erschließungskosten,
   - die außergewöhnlichen und zur Substanzerhaltung erforderlichen Ausbesserungen und Erneuerungen,

   je auch soweit dies kraft Gesetzes der Eigentümer zu tragen hätte.
   Im Übrigen gelten die gesetzlichen Bestimmungen zum Nießbrauch.[7]
   Dieses Nießbrauchsvermächtnis entfällt ersatzlos, wenn der betroffene Grundbesitz sich beim Erbfall nicht mehr im Nachlass befindet.[8]
   Der Nießbrauch ist unverzüglich nach dem Vermächtnisanfall auf Kosten des Berechtigten im Grundbuch an nächstoffener Rangstelle einzutragen mit dem Vermerk, dass zur Löschung des Rechts der Nachweis des Todes des Berechtigten genügt.[9] Ab Vermächtnisanfall bis zur Entstehung des Nießbrauchs ist ein inhaltsgleiches schuldrechtliches Nutzungsrecht vermacht.
   Der Nießbrauch endet grundsätzlich mit dem Ableben des Berechtigten (Alternative: nach Ablauf von fünf Jahren nach meinem Ableben), jedoch bereits vorher im Falle von dessen Eheschließung mit Dritten; in diesem Fall ist er verpflichtet, unverzüglich die Nutzungen zu beenden und den Nießbrauch im Grundbuch löschen zu lassen.[10]
2. Herr L erhält vermächtnisweise zum Alleineigentum die zum gemeinsamen Haushalt gehörenden Gegenstände und ein bei meinem Tod vorhandenes Kraftfahrzeug, soweit diese Gegenstände in meinem Eigentum stehen.[11]

3. Vorstehendes Vermächtnis in Ziff. 1 und 2 ist angeordnet unter der Bedingung, dass Herr L bei meinem Tod mit mir einen gemeinsamen Wohnsitz in der vorgenannten Eigentumswohnung hat und mich überlebt.[12]

§ 4 Testamentsvollstreckung[13]

Ich ordne Testamentsvollstreckung nach meinem Tode gemäß nachfolgender Bestimmungen an.

Der Testamentsvollstrecker hat ausschließlich die Aufgabe, das in § 3 angeordnete Vermächtnis zu erfüllen. Der Testamentsvollstrecker ist insoweit von den Beschränkungen des § 181 BGB befreit. Zum Testamentsvollstrecker wird Herr L bestimmt. Der Testamentsvollstrecker erhält für seine Tätigkeit keine Vergütung.

. . . . . ., den . . . . . .

. . . . . .[14, 15]

Anmerkungen

1. Sachverhalt. Die Erblasserin wohnt mit ihrem **nichtverheirateten Lebensgefährten** in ihrer Eigentumswohnung (zu besonderen Regelungen zum Geschiedenentestament → Form. E.I.3). Soweit Kinder vorhanden sind, benötigen diese nicht die Nutzung der Eigentumswohnung der Erblasserin.

Die Erblasserin will, dass ihr Vermögen bei ihrem Tode grundsätzlich an ihre Verwandten gemäß gesetzlicher Erbregel fällt (zum sog. **„isolierten Vermächtnis"** → Form. C.V.2 Anm. 7) oder sonstige Personen, die sie gesondert als Erben einsetzt. Die Erblasserin möchte jedoch ihrem **Lebensgefährten vermächtnisweise einzelne Zuwendungen** machen, insbesondere ein Nutzungsrecht an der gemeinsam benutzten Eigentumswohnung.

Vom (andersgeschlechtlichen oder gleichgeschlechtlichen) Lebensgefährten zu unterscheiden ist der (stets gleichgeschlechtliche) **eingetragene Lebenspartner** iSd § 1 Abs. 1 Lebenspartnerschaftsgesetz – LPartG, der zivilrechtlich – auch erbrechtlich (§ 10 LPartG) weitestgehend dem Ehegatten gleichgestellt ist. Auch nach Inkrafttreten des Gesetzes zur Einführung des Rechts auf Eheschließung für Personen gleichen Geschlechts am 1.10.2017 – „Ehe für alle" – (BGBl. 2017 I 2787) bleibt die Unterscheidung von Bedeutung, da zwar keine neuen Lebenspartnerschaften mehr eingetragen werden können, bereits eingetragene Partnerschaften jedoch nur auf beidseitige Erklärung beider Teile in eine Ehe umgewandelt werden (§ 20a LPartG). Schon vor der nunmehr auch begrifflich vollzogenen Gleichstellung gleichgeschlechtlicher Ehen hatte der eingetragene Lebenspartner erbschaftsteuerlich die gleiche Stellung wie der Ehegatte (→ Anm. 15). Die Beratungssituation stellt sich damit gänzlich anders dar als bei Zuwendungen an den nichteheliche Lebensgefährten, der keinerlei erbschaftsteuerlichen Privilegien genießt (dh insbes. in Steuerklasse III gem. Art. 15 Abs. 1 ErbStG fällt). → Form. E.IV.

2. Frühere Verfügungen von Todes wegen. Vgl. grundsätzlich → Form. E.I.1 Anm. 2, 3. Hierbei ist zu beachten, dass neben der punktuellen Vermächtnisanordnung der Erblasser eventuell bereits bezüglich anderer Regelungsgegenstände, insbesondere der Erbfolge, eine frühere Verfügung von Todes wegen getroffen hat, die durch diese Vermächtnisanordnung nicht aufgehoben werden soll. Aus diesem Grund ist die ansonsten übliche vorsorgliche allgemeine Aufhebung früherer Verfügungen von Todes wegen nicht enthalten.

3. Keine Erbeinsetzungsanordnung. Beim zugrundeliegenden Sachverhalt (→ Anm. 1) will die Erblasserin nur punktuell das Vermächtnis anordnen, sei es auch aus Kostengründen (→ Anm. 14).

Ein Berater hat den Erblasser auf die rechtliche Tragweite hinzuweisen, insbesondere auf die damit meist entstehende Erbengemeinschaft und deren Rechtsfolgen sowie auf die erforderliche Erfüllung des Vermächtnisses durch die Erben; zu deren Erleichterung ist im Formular eine Abwicklungstestamentsvollstreckung angeordnet (→ Anm. 13).

4. Vermächtnis zugunsten des nichtehelichen Lebensgefährten. Dem nichtehelichen Lebensgefährten stehen grundsätzlich keine gesetzlichen Rechte zu: Insbesondere steht ihm kein „Voraus" iSd § 1932 BGB bezüglich der Haushaltsgegenstände zu. Umstritten ist, ob der nichteheliche Lebensgefährte ein „Familienangehöriger" des Erblassers ist iSd § 1969 BGB und diesem somit 30 Tage Anrecht auf ua Benutzung der Wohnung und der Haushaltsgegenstände zustehen (Palandt/*Weidlich* BGB § 1969 Rn. 1).

Soll der nichteheliche Lebensgefährte beim Tod des erstversterbenden Lebensgefährten begünstigt werden, ist durch letzteren eine Verfügung von Todes wegen erforderlich. Bezüglich erbschaftsteuerlicher Nachteile durch den niedrigen Freibetrag von 20.000 EUR (§ 16 Abs. 1 Nr. 7 ErbStG) und Erbschaftsteuerklasse III (§ 15 Abs. 1 ErbStG) → Anm. 15.

Im Formular soll dem Lebensgefährten zum einen das lebenslange **Nutzungsrecht** an der gemeinschaftlich genutzten Wohnung eingeräumt werden und zum anderen das **Eigentum an den Haushaltsgegenständen und einem Kraftfahrzeug.** Letzteres beruht auf dem häufigen tatsächlichen Umstand, dass bei einer länger dauernden nichtehelichen Lebensgemeinschaft derartige Gegenstände gemeinschaftlich erworben werden und das Eigentum an diesen Gegenständen zum Teil willkürlich vereinbart wird oder bei Barkäufen häufig nicht nachweisbar ist. Dies soll insbesondere auch der Streitvermeidung zwischen der Erbengemeinschaft einerseits und dem nichtehelichen Lebensgefährten andererseits dienen.

5. Nießbrauchsvermächtnis. Zum Nießbrauchsvermächtnis siehe eingehend oben → Form. C.V.8.

6. Grundbuchstand, vorgehende Lasten. Zur Zweckmäßigkeit einer genauen Ermittlung des Grundbuchstandes, etwaiger Belastungen und damit verbundener Verbindlichkeiten → Form. C.V.6 Anm. 2.

7. Nießbrauch, ergänzende Bestimmungen. Siehe hierzu eingehend → Form. C.V.8. Der Vermächtnisnehmer soll während der Dauer seines Nutzungsrechts auch über den gesetzlichen Regelfall hinaus die Kosten des Nutzungsgegenstandes tragen.

8. Betroffener Grundbesitz nicht mehr im Nachlass. → Form. C.V.2 Anm. 6.

9. Grundbucheintragung Nießbrauch. Siehe hierzu und zur Löschungserleichterung durch Todesnachweis (§ 23 Abs. 2 GBO) → Form. C.V.8 Anm. 7.

10. Ende des Nießbrauchs. Im Formular soll das Nießbrauchsrecht dem Bedachten grundsätzlich auf **Lebensdauer** eingeräumt werden. Das Nießbrauchsrecht ist nicht vererblich, es kann dann durch die Erben auf Grund der Löschungserleichterung (→ Anm. 9) nach dem Tod des Vermächtnisnehmers durch Vorlage einer Sterbeurkunde zur Löschung gebracht werden.

Im Formular ist ferner angeordnet, dass das Nießbrauchsrecht enden soll, falls sich der Vermächtnisnehmer verheiraten sollte.

Alternativ könnte das Nießbrauchsrecht auch nur für einen **bestimmten Zeitraum** bestellt werden, etwa bis der Lebensgefährte ausreichend Zeit hatte sich eine andere Wohnung zu suchen, so dass dann bereits früher den Erben die Nutzung der Immobilie zustände. Soweit es sich nur um einen kürzeren Zeitraum handelt, könnte aus Kostengründen von der Bestellung eines dinglichen Nießbrauchs abgesehen werden und lediglich ein schuldrechtliches Nutzungsrecht eingeräumt werden.

11. Sachvermächtnisse. Siehe bereits zum Regelungsziel → Anm. 1. Zum einen dient dieses Sachvermächtnis dem Schutz des Lebensgefährten, so dass dieser die vorhandenen

beweglichen Gegenstände zur Lebensführung bezüglich Haushalt und Kraftfahrzeug weiterhin besitzen kann. Zum anderen soll es Streit vermeiden zwischen den Erben als grundsätzlichen Rechtsnachfolgern des Erblassers einerseits und dem Lebensgefährten andererseits über häufig nur schwierig zu beweisende Eigentumsverhältnisse an derartigen Gegenständen (vgl. § 1006 Abs. 1 S. 1 BGB: Eigentumsvermutung für den Besitzer, wobei die Erben des Erblassers Mitbesitzer sind, §§ 857, 866 BGB) und der Auseinandersetzung etwaiger Eigentümergemeinschaften (§§ 749 ff. BGB) hieran. Da diese Gegenstände auch einem Wechsel und Erneuerung unterliegen, ist ein bloßes Nutzungsvermächtnis häufig unzweckmäßig. Die zum gemeinsamen **„Haushalt gehörenden Gegenständen“** entsprechen insoweit dem gesetzlichen Begriff im § 1932 Abs. 1 S. 1 BGB. Die Einschränkung, dass es sich um **Eigentum des Erblassers** handelt, ist eine Klarstellung, dass es sich um kein Verschaffungsvermächtnis (§§ 2170, 2169 Abs. 1 Hs. 2 BGB; → Form. C.V.7) handelt, zB bezüglich geliehener Gegenstände Dritter oder einem geleasten Kraftfahrzeug.

12. Bedingung. Allgemein zu bedingten Vermächtnissen → Form. C.V.8 Anm. 5, 8. Der Inhalt der Bedingung ist Motiv der Vermächtnisanordnung der Erblasserin. Anders als bei Auflösung der Ehe oder Verlobung, wonach sich gem. §§ 2077, 2268, 2279 Abs. 2 BGB im Zweifel die Unwirksamkeit letztwilliger Verfügungen ergibt (keine entsprechende Anwendung auf nichteheliche Lebensgemeinschaft, BeckOK BGB/*Litzenburger* § 2077 Rn. 2), bliebe das Vermächtnis auch nach einer Beendigung der Lebensgemeinschaft grundsätzlich wirksam und allenfalls anfechtbar (§ 2078 BGB). In jedem Fall ist aber zur Vermeidung von Zweifeln und der möglicherweise schwierigen Feststellung, ob ein gemeinsamer Wohnsitz noch bestanden hat, zweckmäßig, dass die Erblasserin im Falle einer **Trennung** das Testament ausdrücklich durch ein weiteres Testament widerruft (§ 2258 Abs. 1 BGB). Ferner dient die Bedingung auch zur Klarstellung, dass kein Ersatzbedachter im Wege einer Auslegung gewollt ist.

13. Testamentsvollstreckung. Vgl. zur ergänzenden Anordnung Testamentsvollstreckung beschränkt auf die Erfüllung eines Vermächtnisses → Form. C.V.6 Anm. 5, → Form. C.VII.7. Hierdurch wird die erforderliche Erfüllungshandlung für den Vermächtnisnehmer erleichtert. Insbesondere ist zur Übereignung der vermachten beweglichen Gegenstände und zur Bewilligung des Nießbrauchsrechts im Grundbuch nicht die Mitwirkung der Erben (ggf. Erbengemeinschaft) erforderlich.

14. Kosten. → Form. E.I.1 Anm. 8. Das Nießbrauchsrecht wird nach § 52 GNotKG bewertet. Der Jahreswert ist ausgehend von der Nettokaltmiete zu ermitteln. Der Multiplikator ergibt sich aus § 52 Abs. 4 GNotKG. Maßgeblich ist der Zeitpunkt der Beurkundung, auch bei der Ermittlung des Verkehrswertes der Haushaltsgegenstände und Kraftfahrzeuge. Die Bedingungen führen nicht zu einem Wertabschlag.

15. Steuern. Anders als der (gleichgeschlechtliche) **eingetragene Lebenspartner** iSd § 1 Abs. 1 Lebenspartnerschaftsgesetz – LPartG ist der (anders- oder auch geschlechtliche) Lebensgefährte erbschaftsteuerlich gegenüber ehelichen Lebenspartnern benachteiligt, da er als Person der Steuerklasse III (§ 15 Abs. 1 ErbStG) nur einen persönlichen Freibetrag iHv 20.000 EUR erhält (§ 16 Abs. 1 Nr. 7 ErbStG). Ein Versorgungsfreibetrag gem. § 17 ErbStG steht ihm nicht zu. Ebenso wenig ist der nichteheliche Lebensgefährte bei Zuwendungen des Familienheims gem. § 13 Abs. 1 Nr. 4a und 4b ErbStG privilegiert. Bei der Zuwendung von Betriebsvermögen kommt für den nichtehelichen Lebensgefährten jedoch eine Tarifbegrenzung der Erbschaftsteuer gem. § 19a Abs. 1 ErbStG in Betracht. Zudem erhält der nichteheliche Lebensgefährte nur den geringsten Befreiungsbetrag für Hausrat nach § 13 Abs. 1 Nr. 1c) ErbStG. Zur steuerlichen Behandlung des Nießbrauchsrechts → Form. C.V.8 Anm. 10.

II. Verfügungen von Ehegatten mit gemeinsamen Kindern

1. Gegenseitige Erbeinsetzung und (abstrakt formulierte) Einsetzung der gemeinsamen Kinder zu Schlusserben („Berliner Testament")

[Notarieller Urkundeneingang][3]

1. Herr ......, geboren am ...... in ...... (Standesamt ......, Registernummer ......);
2. Frau ......, geborene ......, geboren am ...... in ...... (Standesamt ......, Registernummer ......);

beide wohnhaft in ......,

ausgewiesen durch Vorlage ......

Die Erschienenen sind voll geschäfts- und testierfähig. Hiervon habe ich mich in dem mit ihnen geführten Gespräch überzeugt. Die Zuziehung von Zeugen oder eines zweiten Notars war weder veranlasst noch gewünscht.

Auf Ansuchen der Erschienenen beurkunde ich ihren persönlich und mündlich vor mir abgegebenen Erklärungen gemäß folgenden

ERBVERTRAG[2, 8]

§ 1 Vorbemerkungen[1]

Wir sind im gesetzlichen Güterstand verheiratet und beide ausschließlich deutsche Staatsangehörige.

Im Ausland belegenes Vermögen hat derzeit keiner von uns.

Weiter sind wir nicht an Gesellschaften beteiligt, bei denen die Gesellschaftsbeteiligung nur eingeschränkt erbrechtlich übertragbar ist.

Aus unserer Ehe sind zwei Kinder hervorgegangen, nämlich

1. ......, geboren am ......, und
2. ......, geboren am ......

Im Übrigen hat keiner von uns Kinder, auch keine adoptierten Kinder.

Dies vorausgeschickt vereinbaren wir jeweils unter gegenseitiger Annahme der Erklärungen des anderen Teils, was folgt:

§ 2 Frühere Verfügungen von Todes wegen

Wir sind beide weder durch ein gemeinschaftliches Testament noch durch einen Erbvertrag gebunden, auch nicht gegenüber dritten Personen. Auch einseitig hat keiner von uns beiden bisher Verfügungen von Todes wegen errichtet. Rein vorsorglich widerrufen wir sämtliche von uns beiden (allein oder gemeinsam) errichteten Verfügungen von Todes wegen. Der Widerruf bleibt auch dann bestehen, wenn die Verfügungen in der heutigen Urkunde später aufgehoben werden oder aus anderen Gründen nicht zur Anwendung

gelangen sollten. Auf eine vorherige Einsicht des Zentralen Testamentsregisters verzichten wir nach Hinweis auf die Bedeutung.

§ 3 Rechtswahl

Wir haben derzeit und wohl auch in der Zukunft unseren gewöhnlichen Aufenthalt in der Bundesrepublik Deutschland. Auf die EuErbVO wurden wir hingewiesen; eine Rechtswahl wünschen wir heute nicht.[4]

§ 4 Tod des Erstversterbenden

Wir setzen uns gegenseitig, der Erstversterbende den Überlebenden, zum alleinigen und unbeschränkten Erben ein.

§ 5 Tod des Längerlebenden

1. Schlusserben beim Tod des Überlebenden sind in einseitiger, also erbvertraglich nicht bindender Weise unsere gemeinschaftlichen Kinder (einschließlich gemeinschaftlich adoptierter Kinder), mehrere zu gleichen Teilen. Derzeit wären somit Erben ...... und ...... zu je ein Halb.[5]
2. Ersatzerben für die Genannten sind ihre jeweiligen Abkömmlinge, mehrere unter sich nach den Regeln der gesetzlichen Erbfolge. Weiter ersatzweise tritt Anwachsung ein.
3. Die Schlusserben sind auch Ersatzerben, insbesondere auch für den Fall des gleichzeitigen Versterbens.

§ 6 Bindungswirkung, Auslegung

1. Sämtliche Verfügungen von Todes wegen sind – soweit gesetzlich zulässig – erbvertraglich bindend, soweit nicht bei der jeweiligen Verfügung von Todes wegen die Bindung ausdrücklich ausgeschlossen wurde. Über die Folgen der Bindung wurden wir vom Notar unterrichtet. Mit etwaigen in dieser Urkunde vereinbarten Einschränkungen der Bindung erklären wir uns einverstanden.[6]

(Evtl.: Uns ist bewusst, dass die Regelungen zur Testamentsvollstreckung sowie familienrechtliche Regelungen nicht mit erbvertraglicher Bindung angeordnet werden können.)

2. Soweit bei Erben oder Vermächtnisnehmern Ersatzpersonen bestimmt wurden, haben diese Bestimmungen Vorrang vor gesetzlichen Auslegungs- und Bestimmungsregelungen. Erb- oder Pflichtteilsverzichte sind mit den in dieser Urkunde enthaltenen Regelungen nicht verbunden.

§ 7 Rücktrittsrecht, Anfechtungsrecht, Eheauflösung

1. Wir behalten uns hiermit jeweils das freie und uneingeschränkte Rücktrittsrecht von den in diesem Erbvertrag getroffenen vertragsmäßig bindenden Verfügungen vor.
2. Der Rücktritt eines von uns hat die Unwirksamkeit sämtlicher in dieser Urkunde enthaltenen Verfügungen von Todes wegen zur Folge, gleich ob diese erbvertraglich bindend sind oder nicht.
3. Der Notar wies darauf hin, dass der Rücktritt durch Erklärung gegenüber dem anderen Vertragsteil erfolgen muss und diese Erklärung der notariellen Beurkundung bedarf.

Variante:

1. *Ein Rücktrittsrecht wird nicht gewünscht.*
2. *Nach Hinweis des Notars auf das Anfechtungsrecht wegen Übergehens von Pflichtteilsberechtigten erklären wir, dass sämtliche vorstehenden Verfügungen von Todes*

wegen ohne Rücksicht darauf getroffen sind, ob, welche und wie viele Pflichtteilsberechtigte zum Zeitpunkt des jeweiligen Erbfalls vorhanden sind.
Auf das Anfechtungsrecht aus § 2079 BGB (evtl. iVm § 2281 BGB) wird daher ausdrücklich verzichtet.

3. *Sämtliche in dieser Urkunde getroffenen Verfügungen von Todes wegen sind unwirksam, wenn unsere Ehe vor dem Tod des Erstversterbenden von uns aufgelöst worden ist oder wenn einer von uns beiden einen rechtshängigen Scheidungsantrag gestellt hat. Bei Stellung eines Scheidungsantrages tritt die Unwirksamkeitsfolge auch dann ein, wenn bei Rechtshängigkeit des Scheidungsantrages die Voraussetzungen für die Scheidung der Ehe nicht gegeben waren.*[7]

§ 8 Hinweise

1. Der Notar hat uns darauf hingewiesen, dass sich ein Erwerb auf Grund von Verträgen zu Gunsten Dritter auf den Todesfall (wie zB Lebensversicherungen) außerhalb des Erbrechts vollzieht und daher von den in dieser Urkunde getroffenen Verfügungen von Todes wegen möglicherweise nicht erfasst wird. Eine etwa erforderliche Anpassung dieser Verträge werden wir selbst umgehend vornehmen.
2. Auf die Bestimmungen des gesetzlichen Erb- und Pflichtteilsrechts wurden wir hingewiesen.

§ 9 Kosten und Abschriften

Wir tragen die Kosten[9, 10] dieser Urkunde und ersuchen um Erteilung je einer Ausfertigung für uns.

Zur Urkundensammlung des Notars ist eine beglaubigte Abschrift zu nehmen, die dort offen verwahrt werden kann.

Wir wünschen die amtliche Verwahrung dieses Erbvertrages. Uns ist bekannt, dass die Urkunde beim Zentralen Testamentsregister registriert wird.

Anmerkungen

1. Sachverhalt. Es handelt sich um die klassische erbrechtliche Gestaltung, die regelmäßig von Ehegatten mit einer intakten Familie gewünscht wird, wenn
- nur gemeinsame Kinder vorhanden sind,
- das Verhältnis zu den Kindern gut ist,
- keines der Kinder, aus welchen Gründen auch immer, bevorzugt werden soll,
- die Vermögensverhältnisse der Ehegatten keine Überlegungen zur erbschaftsteuerlichen Entlastung erfordern.

Letzteres ist bei zwei Kindern sicher nicht der Fall, wenn das Vermögen den Ehegatten in etwa hälftig zusteht und der Steuerwert des Gesamtvermögens beider Ehegatten nicht wesentlich über 800.000,– EUR liegt, also der Erwerb im ersten Erbfall durch den länger lebenden Ehegatten innerhalb des persönlichen Freibetrages von 500.000,– EUR und der Erwerb der Kinder im zweiten Erbfall ebenfalls innerhalb der persönlicher Freibeträge von je 400.000,– EUR liegt.

2. Dieses und die folgenden Muster legen die Form des **Erbvertrages** zugrunde. Bei der Entscheidung, ob die Verfügungen in einem Erbvertrag, einem gemeinschaftlichen Testament (→ Anm. 8) oder einem einseitigen Testament niedergelegt werden, sind ua folgende Erwägungen zu berücksichtigen:

- Ein gemeinschaftliches Testament kann nur von Ehegatten und eingetragenen Lebenspartnern errichtet werden (§ 2265 BGB, § 10 Abs. 4 LPartG), nicht dagegen von Verlobten. Schließen die künftigen Ehegatten einen Ehevertrag, können sie diesen nur mit einem Erbvertrag verbinden. Andere Personen können, falls eine Bindung gewollt ist, nur einen Erbvertrag schließen (Eltern mit Kind, Verwandte, Partner einer nichtehelichen Lebensgemeinschaft).
- Sofern von den Beteiligten eine Bindung gewünscht wird, ist diese beim Erbvertrag stärker; ein einseitiges Loslösen ist auch zu Lebzeiten beider (anders als bei § 2271 Abs. 1 BGB) vom Gesetz nicht vorgesehen. Jedoch kann der Erblasser, wenn er sich im Erbvertrag den Rücktritt vorbehalten hat, seine letztwilligen Verfügungen – wie beim gemeinschaftlichen Testament durch Widerruf – durch den Rücktritt außer Kraft setzen.
- Der Erbvertrag bedarf zwingend der notariellen Beurkundung, das (gemeinschaftliche) Testament kann auch eigenhändig errichtet werden. Der Kostenersparnis für den Erblasser steht in aller Regel die Notwendigkeit von Erbscheinen im 1. und 2. Erbfall gegenüber, deren Beantragung und Erteilung höhere Kosten auslösen. Vor allem stellt die notarielle Beurkundung sicher, dass die letztwilligen Verfügungen nicht nur formgültig, sondern auch inhaltlich richtig und eindeutig, also nicht wie häufig beim eigenhändigen Testament des juristischen Laien im Erbfall auslegungsbedürftig sind.

3. Zu den erforderlichen Angaben im Urkundeneingang → Form. B.IV.

4. Die vorsorgliche Wahl des deutschen Rechts für die Rechtsnachfolge von Todes wegen (Art. 22 Abs. 1 EUErbVO kann wegen der höheren Gebühren (der Geschäftswert erhöht sich um 30 % nach § 104 GNotKG) nicht formularmäßig empfohlen werden (→ Form. A.VI). Der Erblasser sollte gefragt werden, ob eine Verlegung seines gewöhnlichen Aufenthalts ins Ausland in Betracht kommt. Ist dies der Fall oder lebt der Erblasser bereits im Ausland, ist in der Regel die Rechtswahl erforderlich.

5. Schließen die Ehegatten nicht aus, dass ein weiteres Kind geboren wird, können „die Kinder" abstrakt zu Erben eingesetzt werden. Zugleich sollten aber die derzeit vorhandenen Kinder namentlich benannt werden, letztlich auch um den Nachweis der Erbfolge auf Grund des vom Nachlassgericht eröffneten Erbvertrages beim Grundbuchamt ohne weitere Personenstandsurkunden führen zu können. Auch wenn die zu Erben eingesetzten Kinder jung sind, sollten Ersatzerben (→ Form. A.II.5 lit. c) aa) 1) bestimmt werden (in aller Regel die Abkömmlinge eines vorverstorbenen Kindes).

6. Bei den in einem Erbvertrag bzw. gemeinschaftlichen Testament enthaltenen Verfügungen ist immer auf die Bindung bzw. Wechselbezüglichkeit einzugehen. Zur vertragsmäßigen/wechselbezüglichen Bindung des länger lebenden Ehegatten an die Schlusserbeneinsetzung der Kinder vgl. auch → Form. D.II, → Form. D.VIII, → Form. C.I.8. Zu den beschränkten Änderungsmöglichkeiten vgl. auch → Form. D.VIII, → Form. C.I.8.

7. Nach Ansicht des OLG München (OLG München ZEV 2016, 401 m. abl. Anm. *Volmer*; anders KG RPfleger 2013, 199; Keller/Munzig/*Volmer* Grundbuchrecht GBO § 35 Rn. 86; Gutachten DNotI-Report 2006, 181: konkrete Anhaltspunkte erforderlich) ist die Vorlage der öffentlichen Urkunde samt Eröffnungsniederschrift, § 35 Abs. 1 S. 2 GBO, im Grundbuchverfahren nicht genügend, wenn eine Scheidungsklausel insoweit von § 2077 BGB erweiternd abweicht, dass allein auf den Scheidungsantrag für die Unwirksamkeit der Verfügungen abgestellt wird. Nach dieser Ansicht hat der länger lebende Ehegatte durch Versicherung an Eides statt zu erklären, dass ein Scheidungsantrag nie gestellt wurde und zwar unabhängig davon, ob konkrete Anhaltspunkte für ein solches Scheidungsverfahren vorliegen. Auch wenn dieser Ansicht nicht zugestimmt werden kann (vgl. die eingangs zitierten abweichenden Stimmen und *Braun* Nachlass-

planung bei Problemkindern § 3 Rn. 322), ist die weitere Entwicklung bei der Gestaltung im Auge zu behalten.

8. Ein **gemeinschaftliches Testament** kann nur von Ehegatten und eingetragenen Lebenspartnern (nicht von Verlobten) errichtet werden (§ 2265 BGB). Das gemeinschaftliche Testament würde in diesem Fall wie folgt lauten:

Herr ......, geboren am ...... in ...... (Standesamt ......, Registernummer ......);
Frau ......, geborene ......, geboren am ...... in ...... (Standesamt ......, Registernummer ......);
beide wohnhaft in ......,
ausgewiesen durch Vorlage ......
Die Erschienenen sind voll geschäfts- und testierfähig. Hiervon habe ich mich in dem mit ihnen geführten Gespräch überzeugt. Die Zuziehung von Zeugen oder eines zweiten Notars war weder veranlasst noch gewünscht.
Auf Ansuchen der Erschienenen beurkunde ich ihren persönlich und mündlich vor mir abgegebenen Erklärungen gemäß folgendes

TESTAMENT

§ 1 Vorbemerkungen
Wir sind im gesetzlichen Güterstand verheiratet und beide ausschließlich deutsche Staatsangehörige. Im Ausland belegenes Vermögen hat derzeit keiner von uns.
Weiter sind wir nicht an Gesellschaften beteiligt, bei denen die Gesellschaftsbeteiligung nur eingeschränkt erbrechtlich übertragbar ist.
Aus unserer Ehe sind zwei Kinder hervorgegangen, nämlich
1. ......, geboren am ......, und
2. ......, geboren am ......
Im Übrigen hat keiner von uns Kinder, auch keine adoptierten Kinder.
Dies vorausgeschickt vereinbaren wir jeweils unter gegenseitiger Annahme der Erklärungen des anderen Teils, was folgt:
§ 2 Frühere Verfügungen von Todes wegen
Wir sind beide weder durch ein gemeinschaftliches Testament noch durch einen Erbvertrag gebunden, auch nicht gegenüber dritten Personen. Auch einseitig hat keiner von uns beiden bisher Verfügungen von Todes wegen errichtet. Rein vorsorglich widerrufen wir sämtliche von uns beiden (allein oder gemeinsam) errichteten Verfügungen von Todes wegen. Der Widerruf bleibt auch dann bestehen, wenn die Verfügungen in der heutigen Urkunde später aufgehoben werden oder aus anderen Gründen nicht zur Anwendung gelangen sollten. Auf eine vorherige Einsicht des Zentralen Testamentsregisters verzichten wir nach Hinweis auf die Bedeutung.
§ 3 Rechtswahl
Wir haben derzeit und wohl auch in der Zukunft unseren gewöhnlichen Aufenthalt in der Bundesrepublik Deutschland. Auf die EuErbVO wurden wir hingewiesen; eine Rechtswahl wünschen wir heute nicht.
§ 4 Tod des Erstversterbenden
Wir setzen uns gegenseitig, der Erstversterbende den Überlebenden, zum alleinigen und unbeschränkten Erben ein.
§ 5 Tod des Längerlebenden
1. Schlusserben beim Tod des Überlebenden sind unsere gemeinschaftlichen Kinder (einschließlich gemeinschaftlich adoptierter Kinder), mehrere zu gleichen Teilen. Derzeit wären somit Erben ...... und ...... zu je ein Halb.
2. Ersatzerben für die Genannten sind ihre jeweiligen Abkömmlinge, mehrere unter sich nach den Regeln der gesetzlichen Erbfolge. Weiter ersatzweise tritt Anwachsung ein.
3. Die Schlusserben sind auch Ersatzerben, insbesondere auch für den Fall des gleichzeitigen Versterbens.

§ 6 Wechselbezüglichkeit, Auslegung
1. Die in § 4 enthaltenen Verfügungen sind zueinander, nicht jedoch zu anderen Verfügungen wechselbezüglich. Der Notar wies darauf hin, dass jeder von uns berechtigt ist, seine wechselbezügliche Verfügung zu Lebzeiten des anderen einseitig zu widerrufen; diese Erklärung bedarf der notariellen Beurkundung und muss dem anderen zugehen.

2. Dagegen sind die Verfügungen in § 5 einseitig getroffen; sie können von jedem von uns, jederzeit – auch nach dem Tode des Erstversterbenden von uns – einseitig widerrufen werden, ohne dass dies Auswirkungen auf den Bestand der anderen Verfügungen hat.
3. Soweit bei Erben oder Vermächtnisnehmern Ersatzpersonen bestimmt wurden, haben diese Bestimmungen Vorrang vor gesetzlichen Auslegungs- und Bestimmungsregelungen.
Soweit bei Erben oder Vermächtnisnehmern Ersatzpersonen bestimmt wurden, haben diese Bestimmungen Vorrang vor gesetzlichen Auslegungs- und Bestimmungsregelungen.
Erb- oder Pflichtteilsverzichte sind mit den in dieser Urkunde enthaltenen Regelungen nicht verbunden.

§ 7 Anfechtungsrecht, Eheauflösung

1. Nach Hinweis des Notars auf das Anfechtungsrecht wegen Übergehens von Pflichtteilsberechtigten erklären wir, dass sämtliche vorstehenden Verfügungen von Todes wegen ohne Rücksicht darauf getroffen sind, ob, welche und wie viele Pflichtteilsberechtigte zum Zeitpunkt des jeweiligen Erbfalls vorhanden sind.
2. Auf das Anfechtungsrecht aus § 2079 BGB (evtl. iVm § 2281 BGB) wird daher ausdrücklich verzichtet.
3. Sämtliche in dieser Urkunde getroffenen Verfügungen von Todes wegen sind unwirksam, wenn unsere Ehe vor dem Tod des Erstversterbenden von uns aufgelöst worden ist oder wenn einer von uns beiden einen rechtshängigen Scheidungsantrag gestellt hat. Bei Stellung eines Scheidungsantrages tritt die Unwirksamkeitsfolge auch dann ein, wenn bei Rechtshängigkeit des Scheidungsantrages die Voraussetzungen für die Scheidung der Ehe nicht gegeben waren.

§ 8 Hinweise

1. Der Notar hat uns darauf hingewiesen, dass sich ein Erwerb auf Grund von Verträgen zu Gunsten Dritter auf den Todesfall (wie zB Lebensversicherungen) außerhalb des Erbrechts vollzieht und daher von den in dieser Urkunde getroffenen Verfügungen von Todes wegen möglicherweise nicht erfasst wird. Eine etwa erforderliche Anpassung dieser Verträge werden wir selbst umgehend vornehmen.
2. Auf die Bestimmungen des gesetzlichen Erb- und Pflichtteilsrechts wurden wir hingewiesen.

§ 9 Kosten und Abschriften

Wir tragen die Kosten dieser Urkunde und ersuchen um Erteilung je einer Ausfertigung für uns.
Zur Urkundensammlung des Notars ist eine beglaubigte Abschrift zu nehmen, die dort offen verwahrt werden kann.
Uns ist bekannt, dass die Urkunde amtlich verwahrt und beim Zentralen Testamentsregister registriert wird.

9. Steuern. Beim Berliner Testament wird der überlebende Ehegatte Vollerbe des erstverstorbenen Ehegatten. Das Vermögen des überlebenden Ehegatten geht bei dessen Tod einschließlich der vom Erstverstorbenen stammenden Vermögensteile als Nachlass des zweitverstorbenen und nicht als Nachlass des erstverstorbenen Ehegatten auf den Schlusserben über. Die Freibeträge der Schlusserben gem. §§ 16, 17 ErbStG bleiben beim Berliner Testament beim ersten Erbgang auf den überlebenden Ehegatten unberücksichtigt. Werden die persönlichen Freibeträge überschritten, besteht daher die Gefahr, dass das Vermögen des erstversterbenden Ehegatten zweimal der Erbschaftsteuer unterliegt.

§ 15 Abs. 3 S. 1 ErbStG sieht in Anlehnung an das Recht der Vor- und Nacherbfolge vor, dass der Schlusserbe, der mit dem Erstverstorbenen näher verwandt ist als mit dem Zweitverstorbenen, auf Antrag kraft Fiktion nach dem Erstverstorbenen erwirbt. Für den Teil des vom Erstversterbenden stammenden Vermögens kann in diesem Fall die günstigere Steuerklasse herangezogen werden, vorausgesetzt, dass das Vermögen des Erstverstorbenen beim Tod des Zweitverstorbenen noch vorhanden ist. Nachdem im Zuge der Erbschaftsteuerreform zum 1.1.2009 die Steuersätze der Steuerklassen II und III aneinander angeglichen wurden, ist der praktische Anwendungsbereich des § 15 Abs. 3 ErbStG allerdings eher gering.

Dagegen kann die Steuerermäßigung gem. § 27 Abs. 1 ErbstG zu einer deutlichen Entlastung führen, wenn die Ehegatten innerhalb von zehn Jahren versterben und das

Vermögen wegen Überschreitung der persönlichen Freibeträge tatsächlich zweimal besteuert wird.

10. **Kosten.** → Form. D.I.1 Anm. 4 und → Form. D.I.2 Anm. 7.

2. Gegenseitige Erbeinsetzung und (konkret formulierte) Einsetzung der gemeinsamen Kinder zu Schlusserben mit Teilungsanordnung/ Übernahmerecht und Vorausvermächtnis

[Notarieller Urkundeneingang sowie §§ 1 bis 3 wie → Form. E.II.1][1]

§ 4 Tod des Erstversterbenden

Wir setzen uns gegenseitig, der Erstversterbende den Überlebenden, zum alleinigen und unbeschränkten Erben ein.

§ 5 Tod des Längerlebenden

1. Schlusserben beim Tod des Überlebenden sind in einseitiger, also erbvertraglich nicht bindender Weise unsere gemeinschaftlichen Kinder ...... (A), ... (B) und ...... (C) zu gleichen Teilen, also zu je ein Drittel.
2. Ersatzerben für die Genannten sind ihre jeweiligen Abkömmlinge, mehrere unter sich nach den Regeln der gesetzlichen Erbfolge. Weiter ersatzweise tritt Anwachsung ein.
3. Die Schlusserben sind auch Ersatzerben, insbesondere auch für den Fall des gleichzeitigen Versterbens.

§ 6 Teilungsanordnung/Übernahmerecht[2]

1. Der Überlebende von uns ordnet in einseitiger, also erbvertraglich nicht bindender Weise für die Auseinandersetzung des Nachlasses folgende Teilungsanordnung unter seinen Erben an:
   a) unser Sohn A erhält das Grundstück mit Dreifamilienhaus Meisenweg 4,
   b) unsere Tochter B erhält die Eigentumswohnung Sperberweg 8,
   c) unser Sohn C ist berechtigt, aber nicht verpflichtet, bei der Auseinandersetzung unser Hausgrundstück Amselweg 9 mit Einfamilienhaus zum Verkehrswert zu übernehmen. Das Übernahmerecht ist von unserem Sohn C durch Erklärung gegenüber den anderen Miterben innerhalb von sechs Monaten nach dem Tod des Überlebenden von uns und Kenntnis vom Inhalt des Testaments auszuüben.
2. Sollte eines unserer Kinder durch die angeordnete Teilung des Nachlasses einen Mehrwert erhalten, so ist dieser auszugleichen. Sollten sich unsere Kinder über den Verkehrswert nicht einigen, ist dieser verbindlich durch einen öffentlich bestellten und vereidigten Sachverständigen für Immobilienbewertung festzustellen. Sollten sich unsere Kinder über die Person des Sachverständigen nicht einigen, ist dieser auf Antrag eines Erben vom Präsidenten der örtlich zuständigen Industrie- und Handelskammer zu bestimmen. Die Kosten des Gutachtens und der zur Erfüllung der Teilungsanordnung erforderlichen Geschäfte trägt die Erbengemeinschaft.
3. Die Regelungen in diesem Abschnitt gelten für die Ersatzerben entsprechend.

§ 7 Vorausvermächtnisse[3]

1. Der Überlebende beschwert seine Erben mit folgenden Vermächtnissen:
Unser Sohn A erhält die Briefmarkensammlung seines Vaters, unsere Tochter B den gesamten Schmuck ihrer Mutter und unser Sohn C die komplette Jagdausrüstung seines Vaters.
2. Ersatzvermächtnisnehmer sind die jeweiligen Abkömmlinge eines Bedachten, mehrere unter sich nach den Regeln der gesetzlichen Erbfolge.
3. Vorstehende Vermächtnisse sind rechtlich selbstständig und stellen keine Verschaffungsvermächtnisse dar. Es handelt sich um Vorausvermächtnisse, die ohne Anrechnung auf den Erbteil gewährt sind. Die Vermächtnisse fallen mit dem Tod des Überlebenden an; sie sind innerhalb von sechs Monaten nach dem Anfall und Kenntnis vom Inhalt des Testaments auf Kosten des jeweiligen Vermächtnisnehmers zu erfüllen. Etwaige auf Grund des Vermächtnisses anfallende Steuern hat der jeweilige Vermächtnisnehmer zu tragen.
4. Die Vermächtnisse sind in einseitiger, also erbvertraglich nicht bindender Weise angeordnet.

[Weitere Regelungen vergleiche §§ 6 bis 9 in → Form. E.II.1][4, 5]

Anmerkungen

1. Sachverhalt. Die Ehegatten setzen sich gegenseitig zum alleinigen Erben und die gemeinsamen Kinder zu Schlusserben ein (→ Form. E.II.1). Eine Korrektur aus erbschaftsteuerlichen Gründen (→ Form. E.II.9, → Form. E.II.10, → Form. E.II.11) ist nicht geboten. Insbesondere ältere Erblasser haben regelmäßig den Wunsch, Anordnungen für die Auseinandersetzung unter ihren Kindern als Erben des Längstlebenden zu treffen, zumeist hinsichtlich des Immobilienvermögens, eines Unternehmens oder einer Gesellschaftsbeteiligung; letztlich soll damit ein späterer Streit unter den Miterben von vorneherein ausgeschlossen werden. Im zugrunde gelegten Fall haben die Ehegatten drei Immobilien (mit unterschiedlichen Werten), jedes der drei Kinder soll eine Immobilie erhalten.

2. Zu Teilungsanordnung, Übernahmerecht und Vorausvermächtnis → Form. A.II.5, → Form. C.IV.3, → Form. C.IV.4.

Die **Teilungsanordnung** (§ 2048 BGB) begründet das Recht des Erben, bei der Auseinandersetzung die dingliche Übertragung des zugewiesenen Nachlassgegenstandes zu verlangen. Damit verbunden ist aber auch die Verpflichtung, diesen Gegenstand in Anrechnung auf den Erbteil zu übernehmen und einen Mehrwert auszugleichen. Das **Übernahmerecht** räumt dagegen dem Erben, hier dem C, vermächtnisweise ein Gestaltungsrecht ein, nach dessen Ausübung er die Übertragung verlangen kann. Er ist also nicht verpflichtet ist, den zugewiesenen Nachlassgegenstand in Anrechnung auf seinen Erbteil zu übernehmen. Dies kann zB gewünscht sein, wenn er voraussichtlich die Ausgleichszahlung (teilweise) aus seinem eigenen Vermögen aufbringen muss. Aus diesem Grund sind Regelungen zur Bindungswirkung erforderlich.

Der Erblasser kann bei der Teilungsanordnung bestimmen, dass die Ausgleichung zu einem geringeren Wert als dem wirklichen Wert zu erfolgen hat; insoweit liegt hinsichtlich des Mehrwerts ein Vorausvermächtnis vor („wertverschiebende“ Teilungsanordnung).

Formulierungsvorschlag für eine „wertverschiebende" Teilungsanordnung als Ergänzung zu § 6 Ziff. 2:

B ist jedoch nicht in Höhe des wirklichen Werts zum Ausgleich verpflichtet, sondern, sofern dieser niedriger ist, in Höhe des heutigen Verkehrswerts, den wir mit . . . . . . EUR festsetzen; die Wertdifferenz ist B als Vorausvermächtnis zugewendet.

3. Ein **Vorausvermächtnis** (§ 2150 BGB) liegt vor, wenn die Bestimmung sich nicht auf die bloße Abwicklung der Auseinandersetzung (ohne vermögensmäßige Begünstigung eines Miterben) beschränkt, sondern der Erblasser durch die Zuweisung eines Nachlassgegenstandes zugleich einen Miterben begünstigen, ihm also zusätzlich zu seinem Erbteil etwas zuwenden will. Gegenstand eines Vorausvermächtnisses sind typischerweise persönliche Gebrauchsgegenstände (Schmuck, Sammlungen) oder wertvolle Gegenstände der Wohnungseinrichtung (Antiquitäten, Bilder, Besteck, Geschirr), die der Erblasser unter den Erben aufteilen möchte und deren Werte nicht auszugleichen sind (letztlich auch um einen Streit der Erben insoweit vorsorglich auszuschließen). Neben der Bezeichnung als „Vorausvermächtnis" stellen die Formulierungen „im Voraus" oder „ohne Anrechnung auf den Erbteil" klar, dass ein Vorausvermächtnis und nicht eine Teilungsanordnung gewollt ist. Zu regeln ist, ob die von einem Ehegatten zugunsten der Kinder angeordneten Vermächtnisse bereits bei seinem Tod oder aber erst beim Tod des Längerlebenden fällig sind.

4. **Steuern.** Bezüglich der erbschaftsteuerlichen Auswirkungen vgl. die Ausführungen unter → Form. E.II.1, zur Teilungsanordnung bei → Form. C.IV.3, zum Vorausvermächtnis bei → Form. C.IV.4.

5. **Kosten.** → Form. D.I.1 Anm. 4 und → Form. D.I.2 Anm. 7.

3. Gegenseitige Erbeinsetzung junger Ehegatten und Erbeinsetzung der (minderjährigen) Kinder zu Schlusserben mit Benennung eines Vormunds und Anordnung der Testamentsvollstreckung

[Notarieller Urkundeneingang sowie §§ 1 bis 3 wie → Form. E.II.1][1]

§ 4 Tod des Erstversterbenden

Wir setzen uns gegenseitig, der Erstversterbende den Überlebenden, zum alleinigen und unbeschränkten Erben ein.

§ 5 Tod des Längerlebenden

1. Schlusserben beim Tod des Überlebenden sind in einseitiger, also erbvertraglich nicht bindender Weise unsere gemeinschaftlichen Kinder (einschließlich gemeinschaftlich adoptierter Kinder), mehrere zu gleichen Teilen. Derzeit wären somit Erben . . . . . . und . . . . . . zu je ein Halb.
2. Ersatzerben für die Genannten sind ihre jeweiligen Abkömmlinge, mehrere unter sich nach den Regeln der gesetzlichen Erbfolge. Weiter ersatzweise tritt Anwachsung ein.
3. Die Schlusserben sind auch Ersatzerben, insbesondere auch für den Fall des gleichzeitigen Versterbens.

§ 6 Benennung eines Vormunds[2]

Wir benennen für den Fall, dass eines unserer Kinder beim Tode des Überlebenden von uns minderjährig ist, als Vormund Frau . . . . . ., geboren am . . . . . ., die Schwester der

Ehefrau, ersatzweise Herrn ....., geboren am ....., den Bruder des Ehemannes. Dem Vormund werden die in §§ 1852 bis 1855 BGB enthaltenen Befreiungen erteilt.

§ 7 Testamentsvollstreckung

1. Für den Fall, dass beim Tode des Überlebenden von uns unser jüngstes Kind das 25. Lebensjahr noch nicht vollendet hat, ordnen wir Testamentsvollstreckung an.
   Zum Testamentsvollstrecker ernennen wir Herrn ....., geboren am ....., den Bruder der Ehefrau.
   Sollte dieser vor oder nach der Annahme des Amtes wegfallen, so ernennen wir zum Testamentsvollstrecker Frau ....., geboren am ....., die Schwester des Ehemannes. Diese ist ermächtigt, einen Nachfolger zu ernennen.
2. Der Testamentsvollstrecker hat die Aufgabe, unseren gesamten Nachlass bis zum Erreichen des 25. Lebensjahres unseres jüngsten Kindes zu verwalten. Der Testamentsvollstrecker ist in der Eingehung von Verbindlichkeiten für den Nachlass nicht beschränkt. Er ist von allen Verpflichtungen befreit, soweit dies gesetzlich zulässig ist.
3. Der Testamentsvollstrecker hat dem Vormund, solange eines unserer Kinder in dessen Haushalt lebt, ausreichende Beträge für die Bestreitung der Kosten des Unterhalts und der Ausbildung des Kindes zur Verfügung zu stellen. Die Erträge unseres Vermögens sollen für den Unterhalt und die Ausbildung unserer Kinder verwendet werden; notfalls soll hierfür auch auf den Vermögensstamm zurückgegriffen werden.
4. Nach Vollendung des 25. Lebensjahres unseres jüngsten Kindes soll der Testamentsvollstrecker die Auseinandersetzung unter unseren Erben bewirken.
5. Der Testamentsvollstrecker erhält eine Vergütung, deren Höhe er selbst festlegen darf. Die Vergütung muss jedoch angemessen sein; sie hat sich deshalb nach den Empfehlungen des Deutschen Notarvereins für die Vergütung des Testamentsvollstreckers in ihrer jeweils aktuellsten Fassung zu richten. Eine auf die Vergütung anfallende Umsatzsteuer ist gesondert zu erstatten. Die Höhe der Vergütung kann gerichtlich überprüft werden.

[Weitere Regelungen vergleiche §§ 6 bis 9 in → Form. E.II.1][3]

Anmerkungen

1. Sachverhalt. Jüngere Eheleute haben zwei minderjährige Kinder. Er ist nicht auszuschließen, dass noch weitere Kinder hinzukommen. Sie wollen Vorsorge für den Fall treffen, dass sie beide zu einem Zeitpunkt versterben, zu dem ein Kind minderjährig ist.

2. Zu den **familienrechtlichen Anordnungen** → Form. A.II.5 lit. e), → Form. C.I.7.
Mit jüngeren Ehegatten sollte stets die Frage angesprochen werden, ob vorsorglich für den Fall eines frühen Todes beider ein Vormund für minderjährige Kinder benannt werden soll (§ 1777 BGB) und ob die Personen- und Vermögenssorge in der Weise getrennt werden soll, dass letztere einem Testamentsvollstrecker obliegt. Die Anordnung der Testamentsvollstreckung hat vor allem den Vorteil, dass sie über das 18. Lebensjahr des Kindes hinaus angeordnet werden kann (was regelmäßig gewünscht wird), zB bis zum 25. Lebensjahr, also zu einem Zeitpunkt, zu dem regelmäßig die Berufsausbildung abgeschlossen ist. Für die Beendigung der Testamentsvollstreckung und die Erbauseinandersetzung sollte auf ein bestimmtes Lebensalter des jüngsten Kindes abgestellt werden (nicht des jeweiligen Kindes), um alle Kinder insoweit gleich zu behandeln, als die Kosten des Unterhalts und der Ausbildung aus dem gesamten Nachlass aufgebracht werden.

3. Kosten. → Form. D.I.1 Anm. 4 und D.I.2 Anm. 7.

4. Gegenseitige Erbeinsetzung und Einsetzung der gemeinsamen Kinder zu Schlusserben mit Ausschließung der Auseinandersetzung hinsichtlich einzelner Nachlassgegenstände

[Notarieller Urkundeneingang sowie §§ 1 bis 3 → Form. E.II.1; Erbeinsetzungen, je nachdem, ob die Kinder abstrakt (→ Form. E.II.1 §§ 4 und 5) oder konkret (→ Form. E.II.2 §§ 4 und 5) benannt werden]

§ 6 Ausschluss der Auseinandersetzung[1, 2]

1. Wir sind zu je $^1/_2$ Anteil Miteigentümer des Hausgrundstücks in Berchtesgaden, Amann Weg 3, das als Ferienhaus genutzt wird.
   Der Überlebende von uns schließt als Anordnung nach § 2044 BGB die Auseinandersetzung hinsichtlich dieses Hausgrundstücks mit der gesamten Wohnungseinrichtung bis zum Tod des Längstlebenden unserer Kinder aus. Klargestellt wird, dass der Ausschluss über den Tod eines Miterben hinaus bestehen bleibt.
2. Sollten die Mitglieder der Erbengemeinschaft einvernehmlich vor diesem Zeitpunkt die Auseinandersetzung hinsichtlich des Hausgrundstücks wünschen, sind unsere Kinder in der Reihenfolge ihres Alters berechtigt, das Hausgrundstück mit der gesamten Wohnungseinrichtung zum Verkehrswert zu übernehmen. Dies gilt auch, wenn der Ausschluss der Auseinandersetzung unwirksam geworden ist. Sollten die Mitglieder der Erbengemeinschaft sich über den Verkehrswert nicht einigen, ist dieser verbindlich durch einen öffentlich bestellten und vereidigten Sachverständigen für Immobilienbewertung festzustellen. Sollten sie sich über die Person des Sachverständigen nicht einigen, ist dieser auf Antrag eines Mitglieds vom Präsidenten der örtlich zuständigen Industrie- und Handelskammer zu bestimmen. Die Kosten des Gutachtens und der zur Erfüllung der Übernahme erforderlichen Geschäfte trägt die Erbengemeinschaft.

[Weitere Regelungen vergleiche §§ 6 bis 9 in → Form. E.II.1]

Anmerkungen

1. **Sachverhalt.** Den Ehegatten geht es darum, ein Ferienhaus für ihre Kinder und deren Familien zu erhalten, so dass sie hinsichtlich dieses Nachlassgegenstandes die Auseinandersetzung ausschließen.

2. Zum Ausschluss der Auseinandersetzung → Form. A.II.4 lit. dd) und (insbesondere auch zu den möglichen Rechtsnaturen eines Auseinandersetzungsverbotes) → Form. C.IV.2.

Bei Einvernehmen können die Miterben sich über das Verbot hinwegsetzen. Über die Anordnung der Testamentsvollstreckung, bei der die Überwachung dieses Verbots alleinige Aufgabe des Testamentsvollstreckers ist, kann der Erblasser auch dies ausschließen. Das Auseinandersetzungsverbot kann grundsätzlich nur für die Dauer von 30 Jahren angeordnet werden, darüber hinaus bis zum Eintritt eines bestimmten Ereignisses in der Person eines Miterben, zB bis zum Tode des jüngsten Kindes. Es bietet sich an, dass der Erblasser jedem Miterben (in einer festgelegten Reihenfolge) ein Übernahmerecht einräumt.

5. Gegenseitige Erbeinsetzung und Einsetzung der gemeinsamen Kinder zu Schlusserben mit Testamentsvollstreckung als Dauervollstreckung für ein Kind

[Notarieller Urkundeneingang sowie §§ 1 bis 3 → Form. E.II.1; Erbeinsetzungen, je nachdem, ob die Kinder abstrakt (→ Form. E.II.1 §§ 4 und 5) oder konkret (→ Form. E.II.2 §§ 4 und 5) benannt werden]

§ 6 Testamentsvollstreckung[1, 2, 3]

1. Der Überlebende von uns ordnet Testamentsvollstreckung an.
Zum Testamentsvollstrecker ernennen wir Herrn ....., geboren am .....
Sollte dieser vor oder nach der Annahme des Amtes wegfallen, überlassen wir die Bestimmung der Person des Testamentsvollstreckers dem Präsidenten der Rechtsanwaltskammer ...... Der Testamentsvollstrecker muss ein Rechtsanwalt oder eine Rechtsanwältin sein. Er ist ermächtigt, einen Rechtsanwalt oder eine Rechtsanwältin als Nachfolger zu ernennen.
2. Aufgabe des Testamentsvollstreckers ist es, die Auseinandersetzung unter unseren Erben zu bewirken und die unserem Sohn A zufallenden Gegenstände einschließlich der Surrogate bis zu dessen Tod zu verwalten. Der Testamentsvollstrecker ist in der Eingehung von Verbindlichkeiten für den Nachlass nicht beschränkt. Er ist von allen Verpflichtungen befreit, soweit dies gesetzlich zulässig ist.
3. Der Testamentsvollstrecker erhält eine Vergütung, deren Höhe er selbst festlegen darf. Die Vergütung muss jedoch angemessen sein; sie hat sich deshalb nach den Empfehlungen des Deutschen Notarvereins für die Vergütung des Testamentsvollstreckers in ihrer jeweils aktuellsten Fassung zu richten. Eine auf die Vergütung anfallende Umsatzsteuer ist gesondert zu erstatten. Die Höhe der Vergütung kann gerichtlich überprüft werden. Die Kosten der Testamentsvollstreckung trägt unser Sohn A.

[Weitere Regelungen vergleiche §§ 6 bis 9 in → Form. E.II.1]

Anmerkungen

1. Sachverhalt. Die Ehegatten sprechen einem Kind die Fähigkeit ab, das geerbte Vermögen verantwortlich zu verwalten, aus welchen Gründen auch immer. Zum überschuldeten Erben → Form. C.VI.3 und → Form. F.II. Zudem befürchten sie, dass dieses Kind bei der Erbauseinandersetzung Probleme machen wird. Diese wird aber vom Erblasser gewünscht, da der Ausschluss der Auseinandersetzung mit Anordnung der Testamentsvollstreckung über den Erbteil dieses Kindes bedeuten würde, dass die weiteren Kinder nicht frei über ihr Erbe verfügen könnten. Durch die Testamentsvollstreckung soll der Lebensunterhalt dieses Kindes sichergestellt werden, zugleich das Vermögen, soweit es hierfür nicht verwendet wird, für dessen Erben erhalten werden.

2. Der Erblasser kann dem Testamentsvollstrecker **weitergehende Weisung** erteilen, zB dem Sohn aus den Erträgnissen des Vermögens nur einen bestimmten monatlichen Betrag für seinen Unterhalt zur Verfügung zu stellen und den Vermögensstamm zu erhalten. Der Erblasser ist darauf hinzuweisen, dass der Sohn als Pflichtteilsberechtigter wegen der Beschränkung durch die Testamentsvollstreckung den Pflichtteil verlangen kann, wenn er den Erbteil ausschlägt (§ 2306 Abs. 1 BGB).

3. Es ist nicht zu empfehlen, ein anderes Kind zum Testamentsvollstrecker zu ernennen. Insbesondere bei einer Dauervollstreckung sollte die Testamentsvollstreckervergütung in der Verfügung von Todes wegen geregelt werden. Da Schuldner der Vergütung die Erben sind, ist es im vorliegenden Fall sachgerecht, die Vergütung dem Erben aufzuerlegen, der für die Anordnung der Testamentsvollstreckung den Anlass gibt (zur Testamentsvollstreckervergütung → Form. C.VII.1).

6. Gegenseitige Erbeinsetzung und Einsetzung der Kinder zu Schlusserben mit Ausgleichung einer lebzeitigen Schenkung an ein Kind

[Notarieller Urkundeneingang sowie §§ 1 bis 3 → Form. E.II.1; Erbeinsetzungen, je nachdem, ob die Kinder abstrakt (→ Form. E.II.1 §§ 4 und 5) oder konkret (→ Form. E.II.2 §§ 4 und 5) benannt werden]

§ 6 Vorausvermächtnis[1, 2]

1. Ein jeder von uns hat unserem Sohn ...... am ...... zum Bau seines Hauses einen Betrag von 50.000,– EUR geschenkt, ohne die Ausgleichung bei der Erbauseinandersetzung angeordnet zu haben.
2. Der Überlebende von uns vermacht unserer Tochter ...... im Voraus, also ohne Anrechnung auf ihren Erbteil, einen (nicht wertgesicherten) Betrag von 100.000,– EUR.
3. Ersatzvermächtnisnehmer sind ihre Abkömmlinge, mehrere unter sich nach den Regeln der gesetzlichen Erbfolge.
4. Das Vermächtnis fällt mit dem Tod des Überlebenden an und ist binnen drei Monaten nach dem Anfall zu erfüllen. Etwaige auf Grund des Vermächtnisses anfallende Steuern hat der Vermächtnisnehmer zu tragen.

[Weitere Regelungen vergleiche §§ 6 bis 9 in → Form. E.II.1]

Anmerkungen

1. Sachverhalt. Die Ehegatten setzen ihren Sohn und ihre Tochter zu gleichen Teilen zu Erben des Überlebenden von ihnen ein. Sie erfahren im Beratungsgespräch, dass die Schenkung an den Sohn im Erbfall nicht auszugleichen ist (§ 2050 Abs. 3 BGB) und sich der Sohn die Zuwendung auch nicht auf den Pflichtteil anrechnen zu lassen hat (§ 2315 Abs. 1 BGB), da dies bei der Schenkung nicht angeordnet wurde. Diese Anordnung kann nicht nachgeholt werden, so dass die Erblasser die Tochter nur über ein Vorausvermächtnis des Überlebenden von ihnen „gleichstellen" können.

2. Für den Testamentserben gilt gesetzlich die **Ausgleichungspflicht** nur, wenn der Erblasser die Abkömmlinge auf dasjenige als Erben eingesetzt hat, was sie als gesetzliche Erben erhalten würden. Sind die Abkömmlinge zu Schlusserben des Überlebenden eingesetzt, erfolgt die Ausgleichung insgesamt erst beim Tode des Überlebenden, also auch für die Zuwendungen, die vom Erstversterbenden gemacht worden waren (→ Form. A.II.5 lit. c) ff)).

7. Gegenseitige Erbeinsetzung und Einsetzung der Kinder zu Schlusserben mit fakultativer Pflichtteilsklausel

[Notarieller Urkundeneingang sowie §§ 1 bis 3 wie → Form. E.II.1][1]

§ 4 Tod des Erstversterbenden

Wir setzen uns gegenseitig, der Erstversterbende den Überlebenden, zum alleinigen und unbeschränkten Erben ein.

§ 5 Tod des Längerlebenden

1. Schlusserben beim Tod des Überlebenden sind unsere gemeinschaftlichen Kinder ...... , ... und ...... zu gleichen Teilen, also zu je ein Drittel.
2. Ersatzerben für die Genannten sind ihre jeweiligen Abkömmlinge, mehrere unter sich nach den Regeln der gesetzlichen Erbfolge. Weiter ersatzweise tritt Anwachsung ein.
3. Die Schlusserben sind auch Ersatzerben, insbesondere auch für den Fall des gleichzeitigen Versterbens.

§ 6 Bindungswirkung, Änderungsbefugnisse, Auslegung

1. Sämtliche Verfügungen von Todes wegen sind – soweit gesetzlich zulässig – erbvertraglich bindend, soweit nicht bei der jeweiligen Verfügung von Todes wegen die Bindung ausdrücklich ausgeschlossen wurde. Über die Folgen der Bindung wurden wir vom Notar unterrichtet. Mit etwaigen in dieser Urkunde vereinbarten Einschränkungen der Bindung erklären wir uns einverstanden.[4]

   (Evtl.: Uns ist bewusst, dass die Regelungen zur Testamentsvollstreckung sowie familienrechtliche Regelungen nicht mit erbvertraglicher Bindung angeordnet werden können.)

2. Sollte nach dem Tod des Erstversterbenden ein Abkömmling oder sein Erbe den Pflichtteil (dazu zählt insbesondere auch ein etwaiger Pflichtteilsrest nach §§ 2305, 2307 BGB) gegen den Willen des Überlebenden geltend machen, ist der Überlebende von uns berechtigt, ihn und seine Abkömmlinge von der Schlusserbfolge auszuschließen und über diesen Erbteil anderweitig letztwillig zu verfügen. Gleiches gilt, wenn eine der genannten Personen Pflichtteilsergänzungsansprüche geltend macht, wenn diese aus ergänzungspflichtigen Zuwendungen herrühren, die jeweils dem Anderen von uns gemacht wurden.[2, 3, 5]
   Maßgeblich für das Änderungsrecht ist nur eine Geltendmachung des Pflichtteils bzw. Pflichtteilsergänzungsanspruchs in einer Weise, die den Verzug begründet oder, falls der Verzug bereits eingetreten ist, begründen würde. Die Verfolgung des Wertermittlungsanspruchs nach § 2314 Abs. 1 S. 2 BGB gilt gleichfalls als Pflichtteilsgeltendmachung. Unerheblich ist, ob die Geltendmachung durch den Pflichtteilsberechtigten selbst oder durch seinen (gesetzlichen) Vertreter erfolgt. Die Geltendmachung eines Auskunftsanspruchs oder die Geltendmachung durch den Sozialleistungsträger ist dagegen nicht ausreichend.
   Uns ist bewusst, dass die vorstehende Klausel bei einem Pflichtteilsverlangen nicht automatisch zur Enterbung führt, sondern ein Handeln des Überlebenden erforderlich ist.
3. Soweit bei Erben oder Vermächtnisnehmern Ersatzpersonen bestimmt wurden, haben diese Bestimmungen Vorrang vor gesetzlichen Auslegungs- und Bestimmungsregelungen.

Erb- oder Pflichtteilsverzichte sind mit den in dieser Urkunde enthaltenen Regelungen nicht verbunden.

[Weitere Regelungen vergleiche §§ 7 bis 9 in → Form. E.II.1]

Anmerkungen

1. Sachverhalt. Die (älteren) Ehegatten, die ihre drei Kinder zu Schlusserben einsetzen, haben einen konkreten Anlass für die Befürchtung, dass eines der Kinder, etwa weil es sich in finanziellen Schwierigkeiten befindet, beim Tod des Erstversterbenden von ihnen den Pflichtteil verlangen wird. Die Kinder sollen aber die Gewissheit haben, nach dem Tod beider Eltern zu erben, so dass eine Schlusserbeneinsetzung ohne Bindung (ausnahmsweise) nicht in Betracht kommt.

2. Eine **Pflichtteilsklausel** sollte nicht „formularmäßig" aufgenommen werden, da sie von den Kindern auch als unberechtigtes Misstrauen gesehen werden kann.

Die Aufnahme einer Pflichtteilsklausel kann angezeigt sein, wenn jeder Ehegatte als Überlebender sein Kind aus einer früheren Ehe (gegebenenfalls neben einem gemeinsamen Kind) zu seinem Erben einsetzt, da für das leibliche Kind des vermögenden Erstverbenden die Versuchung groß ist, seinen Pflichtteilsanspruch gegenüber dem überlebenden Ehegatten geltend zu machen, bei dessen Tod es nicht pflichtteilsberechtigt ist, zumal wenn dieser an dessen Schlusserbeneinsetzung nicht gebunden ist (zu dieser Konstellation mit „automatischer" Pflichtteilsklausel → Form. E.III.2).

3. Zur **inhaltlichen Ausgestaltung** von fakultativen und automatischen Pflichtteilsklauseln → Form. C.VI.4 ff. und → Form. E.III.2.

Die Pflichtteilsklausel sollte so gefasst werden, dass ein Abkömmling „gegen den Willen des Überlebenden" handeln muss. Damit wird die Möglichkeit offen gehalten, dass der überlebende Ehegatte „freiwillig" Pflichtteilsansprüche der Kinder erfüllt, insbesondere damit die Kinder den erbschaftsteuerlichen Freibetrag nach dem erstversterbenden Ehegatten in Anspruch nehmen können. Nach § 3 Abs. 2 Ziff. 4 ErbStG gilt als vom Erblasser auch zugewendet, was als Abfindung für einen Verzicht auf den entstandenen Pflichtteilsanspruch gewährt wird (→ Form. J.IV.7).

4. Nicht zu empfehlen ist es, bei Geltendmachung des Pflichtteils durch ein Kind die wechselbezügliche/vertragsmäßige Einsetzung der Kinder zu Schlusserben insgesamt zur Disposition des Längstlebenden zu stellen. Eine **freie Änderungsmöglichkeit** benachteiligt das Kind, das dem Wunsch der Eltern entsprechend den Pflichtteil nicht geltend gemacht hat, in der Erwartung, Erbe des Überlebenden zu werden, sich hierin aber getäuscht sieht, wenn der überlebende Elternteil anderweitig letztwillig zu seinen Ungunsten verfügt.

5. Allen Pflichtteilsklauseln überlegen ist der Abschluss eines (uU entgeltlichen) Vertrages, mit dem die Kinder auf ihr **Pflichtteil** nach dem erstversterbenden Elternteil **verzichten** (→ Form. I.II.6). Damit wird allerdings die Möglichkeit, im Erbfall eine Abfindungsvereinbarung nach § 3 Abs. 2 Ziff. 4 ErbStG zu treffen, ausgeschlossen. Bei vermögenden Ehegatten ist es von Anfang an richtig, dass der Erstversterbende Vermächtnisse zugunsten der gemeinsamen Kinder bis zur Höhe ihres erbschaftsteuerlichen Freibetrages von 400.000,– EUR anordnet (→ Form. E.II.9), gegebenenfalls unter der Bedingung, dass der Pflichtteilanspruch nicht geltend gemacht wird.

8. Gegenseitige Erbeinsetzung und Einsetzung eines Kindes zum Schlusserben und Enterbung des weiteren Kindes

[Notarieller Urkundeneingang sowie §§ 1 bis 3 wie → Form. E.II.1][1]

§ 4 Tod des Erstversterbenden

Wir setzen uns gegenseitig, der Erstversterbende den Überlebenden, zum alleinigen und unbeschränkten Erben ein.

§ 5 Tod des Längerlebenden

1. Alleinige und unbeschränkte Schlusserbin beim Tod des Überlebenden ist unsere Tochter T.
2. Ersatzerben für die Genannte sind ihre Abkömmlinge, mehrere unter sich nach den Regeln der gesetzlichen Erbfolge, mit Ausnahme ihres Sohnes A, geboren am . . . . . ., den wir samt seiner Abkömmlinge von der Ersatzerbfolge ausschließen. Weiterer Ersatzerbe ist . . . . . ., geboren am . . . . . .
3. Die Schlusserben sind auch Ersatzerben, insbesondere auch für den Fall des gleichzeitigen Versterbens.
4. Unseren Sohn S und seine Abkömmlinge enterben wir.[2, 3]

§ 6 Bindungswirkung, Auslegung

1. Sämtliche Verfügungen von Todes wegen sind – soweit gesetzlich zulässig – erbvertraglich bindend, soweit nicht bei der jeweiligen Verfügung von Todes wegen die Bindung ausdrücklich ausgeschlossen wurde. Über die Folgen der Bindung wurden wir vom Notar unterrichtet. Mit etwaigen in dieser Urkunde vereinbarten Einschränkungen der Bindung erklären wir uns einverstanden.
   (*Evtl.: Uns ist bewusst, dass die Regelungen zur Testamentsvollstreckung sowie familienrechtliche Regelungen nicht mit erbvertraglicher Bindung angeordnet werden können.)*
2. Sollte unsere Tochter ohne Hinterlassung weiterer Abkömmlinge als A seinen Abkömmlingen vorversterben, ist der Überlebende von uns berechtigt, anderweitig letztwillig zu verfügen, jedoch nicht zugunsten unseres Sohnes S, unseres Enkels A sowie deren Abkömmlingen.
3. Soweit bei Erben oder Vermächtnisnehmern Ersatzpersonen bestimmt wurden, haben diese Bestimmungen Vorrang vor gesetzlichen Auslegungs- und Bestimmungsregelungen.

   Erb- oder Pflichtteilsverzichte sind mit den in dieser Urkunde enthaltenen Regelungen nicht verbunden.

[Weitere Regelungen vergleiche §§ 7 bis 9 in → Form. E.II.1mit besonderem Hinweis auf die Pflichtteile des S und des A (bei A für den Fall, dass T vorversterben sollte) in beiden Erbfällen]

Anmerkungen

1. Sachverhalt. Das Formular trägt dem Wunsch der Erblasser Rechnung, den Sohn, der nach einem Zerwürfnis jeden Kontakt zu seinen Eltern abgebrochen hat, zu enterben. Weiterhin soll ein Abkömmling des zum Erben eingesetzten Kindes von der Ersatzerb-

folge ausgeschlossen werden. Dies ist zB denkbar, wenn jeder familiäre Kontakt zu diesem Enkel fehlt (Kind aus einer früheren Beziehung der T, ohne dass wegen der Vorrangstellung der T ein „Geschiedenentestament" gewünscht wird; dazu → Form. E.I.3). Ergänzend ist zu empfehlen, dass auch T selbst durch eine eigene Verfügung von Todes wegen Vorsorge trifft.

2. Nach § 1938 BGB kann der Erblasser durch Testament einen Verwandten, den Ehegatten oder den Lebenspartner von der gesetzlichen Erbfolge ausschließen, ohne einen Erben einzusetzen (sog. **negatives Testament**). Die reine Enterbung kann in einem gemeinschaftlichen Testament nicht wechselbezüglich und im Erbvertrag nicht vertragsmäßig erfolgen. Anders ist es, wenn der Erblasser andere Personen zu seinen Erben einsetzt und dadurch konkludent einen gesetzlichen Erben enterbt; über die bindende positive Erbeinsetzung wird quasi auch die Enterbung „bindend". Auf das Pflichtteilsrecht des Enterbten ist der Erblasser hinzuweisen.

Will der Erblasser lediglich eine Person von der gesetzlichen Erbfolge ausschließen, ohne einen Erben einzusetzen, gilt die gesetzliche Erbfolge (unter Ausschluss der enterbten Person). Stirbt diese vor dem Erblasser, treten an seine Stelle seine Abkömmlinge als gesetzliche Erben, wenn der Erblasser nicht auch diese von der gesetzlichen Erbfolge ausschließt. Im Zweifel ist nur der Genannte selbst ausgeschlossen, so dass es richtig ist, wenn dies dem Willen des Erblassers entspricht, auch die Abkömmlinge der enterbten Person von der gesetzlichen Erbfolge auszuschließen.

3. Erfolgt die Enterbung mit Rücksicht darauf, dass der gesetzliche Erbe vom Erblasser durch Rechtsgeschäft unter Lebenden eine Zuwendung mit der Bestimmung erhalten hat, dass er sie sich auf den Pflichtteil anzurechnen hat (§ 2315 BGB), sollte dies in der Verfügung von Todes wegen ausdrücklich erwähnt werden, da anderenfalls die eingesetzten Erben hiervon keine Kenntnis erhalten, um im Erbfall den Pflichtteilsanspruch ganz oder teilweise abwehren zu können.

9. Gegenseitige Erbeinsetzung vermögender Ehegatten und Einsetzung der gemeinsamen Kinder zu Schlusserben mit Anordnung eines Vermächtnisses durch den Erstversterbenden zugunsten der Kinder und des Überlebenden zugunsten der Enkelkinder

[Notarieller Urkundeneingang sowie §§ 1 bis 3 wie → Form. E.II.1][1]

§ 4 Tod des Erstversterbenden

Wir setzen uns gegenseitig, der Erstversterbende den Überlebenden, zum alleinigen und unbeschränkten Erben ein.

§ 5 Tod des Längerlebenden

1. **Schlusserben beim Tod des Überlebenden sind in einseitiger, also erbvertraglich nicht bindender Weise unsere gemeinschaftlichen Kinder . . . . . . und . . . . . . zu gleichen Teilen, also zu je ein Halb.**
2. **Ersatzerben für die Genannten sind ihre jeweiligen Abkömmlinge, mehrere unter sich nach den Regeln der gesetzlichen Erbfolge. Weiter ersatzweise tritt Anwachsung ein.**
3. **Die Schlusserben sind auch Ersatzerben, insbesondere auch für den Fall des gleichzeitigen Versterbens.**

§ 6 Vermächtnisse des Erstversterbenden zugunsten der Kinder[2, 3, 4]

1. Der Erstversterbende beschwert seine Erben mit folgenden Vermächtnissen:
   Jedes unserer Kinder erhält Vermögen im erbschaftsteuerlichen Wert von 400.000,– EUR.
2. Ersatzvermächtnisnehmer sind die jeweiligen Abkömmlinge eines Bedachten, mehrere unter sich nach den Regeln der gesetzlichen Erbfolge.
3. Es ist dem Beschwerten überlassen, welche Vermögenswerte er zur Erfüllung der Vermächtnisse überträgt.[4]
4. Die Vermächtnisse fallen mit dem Tod des Erstversterbenden an und sind binnen sechs Monaten nach dem Anfall auf Kosten des jeweiligen Vermächtnisnehmers zu erfüllen, jedoch nicht bevor der Erbschaftsteuerbescheid erteilt ist.
5. Die Vermächtnisse sind in einseitiger, also erbvertraglich nicht bindender Weise angeordnet.

§ 7 Vermächtnisse des Längstlebenden zugunsten der Enkelkinder[5]

1. Der Überlebende ordnet folgende Vermächtnisse an:
   Jedes unserer Enkelkinder, auch solche, die erst nach Errichtung des Erbvertrages geboren werden, erhält einen Geldbetrag in Höhe von 200.000,– EUR.
2. Ersatzvermächtnisnehmer sind die jeweiligen Abkömmlinge eines Bedachten, mehrere unter sich nach den Regeln der gesetzlichen Erbfolge.
3. Mit den Vermächtnissen beschwert ist jeweils das Kind, dessen Abkömmlinge bedacht sind.
4. Die Vermächtnisse fallen mit dem Tod des Überlebenden an und sind binnen sechs Monaten nach dem Anfall auf Kosten des jeweiligen Vermächtnisnehmers zu erfüllen, jedoch nicht bevor der Erbschaftsteuerbescheid erteilt ist.
5. Sollte ein Enkelkind Erbe des Überlebenden werden, entfällt das zu seinen Gunsten angeordnete Vermächtnis.
6. Die Vermächtnisse sind in einseitiger, also erbvertraglich nicht bindender Weise angeordnet.

§ 8 Testamentsvollstreckung[6]

Der Überlebende von uns ordnet hinsichtlich der unseren Enkelkindern vermachten Vermögenswerte Testamentsvollstreckung an. Testamentsvollstrecker ist das Kind, dessen Kinder bedacht sind; ein Ersatztestamentsvollstrecker wird ausdrücklich nicht bestimmt. Aufgabe des jeweiligen Testamentsvollstreckers ist es, die seinen Kindern vermachten Vermögenswerte bis zur Vollendung des 25. Lebensjahres des Kindes zu verwalten. Der Testamentsvollstrecker ist von allen Verpflichtungen befreit, soweit dies gesetzlich zulässig ist. Der Testamentsvollstrecker erhält weder eine Vergütung noch Ersatz seiner Auslagen.

[Weitere Regelungen vergleiche §§ 6 bis 9 in → Form. E.II.1]

Anmerkungen

1. **Sachverhalt.** Ehegatten in einem fortgeschrittenen Alter wünschen die gegenseitige Erbeinsetzung und die Einsetzung ihrer beiden Kinder zu Schlusserben. Sie haben vier Enkelkinder. Beide Ehegatten verfügen über ein großes Vermögen.

2. Dieses und die folgenden Formulare enthalten Gestaltungsvorschläge für **vermögende Ehegatten** zur steuerlichen Optimierung des „Berliner Testaments" (→ Form. E.II.1). Es ist

unbestritten, dass das „Berliner Testament“, in dem sich die Ehegatten gegenseitig zum Alleinerben und die gemeinsamen Kinder zu Erben des Überlebenden einsetzen, bei einem großen Vermögen erbschaftsteuerlich nachteilig ist, weil insbesondere der Freibetrag der Kinder nach dem erstversterbenden Elternteil „verschenkt“ wird. Das Erbschaftsteuerrecht gibt somit Anlass, „klassische“ Nachfolgeregelungen, wie insbesondere das „Berliner Testament“, zu überdenken.

Bei dem vorgestellten Testament stehen folgende steuerlichen **Regelungsziele** im Vordergrund:

- durch Anordnung von Vermächtnissen des Erstversterbenden zugunsten der Kinder deren Freibeträge in Höhe von 400.000,– EUR nach **jedem** Elternteil ganz oder teilweise zu erhalten,
- damit zugleich im 1. Erbfall die erbschaftsteuerliche Belastung des überlebenden Ehegatten um den Wert der Vermächtnisse als nach § 7 Abs. 5 Nr. 2 ErbStG abzugsfähige Nachlassverbindlichkeit zu verringern,
- durch Vermeidung der Progression die Kinder im 2. Erbfall nach dem Überlebenden steuerlich zu entlasten, und
- die Freibeträge der Enkelkinder in Höhe von 200.000,– EUR ganz oder teilweise auszunutzen.

Selbstverständlich kann auch der erstversterbende Ehegatte zugunsten der Enkelkinder Vermächtnisse anordnen, die zu einer weiteren steuerlichen Entlastung führen.

Auch Vermächtnisse zugunsten der Kinder/der Enkelkinder in geringerer Höhe (also unterhalb des jeweiligen Freibetrages) bewirken eine steuerliche Entlastung.

3. Die im Formular vorgestellte Gestaltung der Anordnung eines **Vermächtnisses** des erstversterbenden Ehegatten zugunsten der gemeinsamen Kinder setzt voraus, dass der überlebende Ehegatte für seine Versorgung nicht auf die Erträge des Vermögens des erstversterbenden Ehegatten angewiesen ist (zum Nießbrauchuntervermächtnis für den überlebenden Ehegatten → Form. E.II.10).

Der Formulierungsvorschlag unterstellt ein gutes Verhältnis zwischen den Eltern und den Kindern; anderenfalls würde der Wunsch nach steuerlicher Optimierung sehr wahrscheinlich in den Hintergrund treten. Daher wurde auf die Aufnahme von Schiedsgutachterklauseln zur Ermittlung der Werte, Regelungen zum Gemeinschaftsverhältnis bei der Übertragung von Miteigentumsanteilen an Immobilien und einer Testamentsvollstreckung zur Erfüllung der Vermächtnisse verzichtet (vgl. dazu ergänzend zB die Ausführungen beim Behindertentestament → Form. F.I.3); vorgesehen ist lediglich eine Verwaltungsvollstreckung bei den Enkeln.

Da sich das Vermögen der Ehegatten bis zum ersten Erbfall verringern kann, kann vorsorglich eine ergänzende Regelung aufgenommen werden, nach der sich der Wert des Vermächtnisses zugunsten des Kindes im gleichen Verhältnis verringert, um den das Nachlassvermögen des erstversterbenden Ehegatten einen bestimmten Betrag, von dem die Ehegatten bei Abschluss des Erbvertrages ausgehen, unterschreitet.

Dem Wert der Vermächtnisse zugunsten unserer Kinder in Höhe von 400.000,– EUR ist ein Vermögen des erstversterbenden Ehegatten von 2,0 Mio. EUR (nach Abzug der Verbindlichkeiten) zugrunde gelegt. Sollte dessen Vermögen im Erbfall niedriger sein, verringert sich der Wert des Vermächtnisses im gleichen Verhältnis.

Alternativ kann vorgesehen werden, dass das Vermächtnis zugunsten der Kinder in Höhe einer bestimmten Quote des Nachlassvermögens festgesetzt wird, begrenzt jedoch auf einen Betrag von 400.000,– EUR. Eine entsprechende Bestimmung kann auch für die Höhe der Vermächtnisse zugunsten der Enkelkinder getroffen werden. Denkbar ist auch, dass das Vermächtnis in Höhe des „jeweiligen steuerlichen Freibetrages“ angeordnet wird (dazu zB *Braun* Nachlassplanung bei Problemkindern § 1 Rn. 100).

4. Die Anordnung eines **Geld**vermächtnisses ohne Ersetzungsbefugnis (vgl. dazu zB → Form. F.I.3) zugunsten der Kinder ist nur zu empfehlen, wenn die Ehegatten über ein entsprechend hohes Geldvermögen verfügen. Anderenfalls sollte der überlebende Ehegatte (wie im Muster vorgesehen) berechtigt werden, selbst zu entscheiden, welche Vermögenswerte (insbesondere Grundbesitz) er zur Erfüllung der Vermächtnisse überträgt. Bei den Enkelkindern wurde, da die Vermächtnisse erst nach dem Überlebenden anfallen, dagegen ein Geldvermächtnis angeordnet.

5. Bei der Anordnung von Vermächtnissen zugunsten der **Enkelkinder** ist zu entscheiden, wer mit dem Vermächtnis beschwert wird, entweder das Kind, dessen Abkömmlinge bedacht sind, oder aber alle Erben entsprechend ihren Erbteilen. Diese Frage ist dann von Bedeutung, wenn im Zeitpunkt der Errichtung der letztwilligen Verfügung ein Kind ohne Abkömmling ist, oder die Kinder unterschiedlich viele Abkömmlinge haben. Auch das Enkelkind, das erst nach dem zweiten Erbfall gezeugt wird, kann mit dem Vermächtnis bedacht werden (§ 2178 BGB).

6. Es ist zu empfehlen, das jeweilige Kind zum **Testamentsvollstrecker** über die seinen Kindern vermachten Geldbeträge zu ernennen und Dauervollstreckung bis zu einem bestimmten Lebensalter des Enkelkindes anzuordnen.

10. Gegenseitige Erbeinsetzung vermögender Ehegatten und Einsetzung der gemeinsamen Kinder zu Schlusserben mit Anordnung eines Vermächtnisses durch den Erstversterbenden zugunsten der Kinder mit Nießbrauchuntervermächtnis für den überlebenden Ehegatten und dessen Ernennung zum Testamentsvollstrecker

[Notarieller Urkundeneingang sowie §§ 1 bis 5 → Form. E.II.9]

§ 6 Vermächtnisse[1, 2, 3]

1. Der Erstversterbende beschwert seine Erben mit folgenden Vermächtnissen: Jedes unserer Kinder erhält Vermögen im erbschaftsteuerlichen Wert von 400.000,– EUR.

2. Ersatzvermächtnisnehmer sind die jeweiligen Abkömmlinge eines Bedachten, mehrere unter sich nach den Regeln der gesetzlichen Erbfolge.

3. Es ist dem Beschwerten überlassen, welche Vermögenswerte er zur Erfüllung der Vermächtnisse überträgt.

4. Der Überlebende ist berechtigt, sich bei der Erfüllung der Vermächtnisse den lebenslangen Nießbrauch vorzubehalten; insoweit sind die Vermächtnisnehmer mit einem Untervermächtnis beschwert.
Der Nießbraucher ist berechtigt, sämtliche Nutzungen zu ziehen und verpflichtet, sämtliche auf dem Nießbrauchsgegenstand ruhenden privaten und öffentlichen Lasten, einschließlich der außerordentlichen öffentlichen Lasten, zu tragen. Der Nießbraucher hat auch die nach der gesetzlichen Lastenverteilungsregelung dem Eigentümer obliegenden privaten Lasten zu tragen, insbesondere auch außergewöhnliche Ausbesserungen und Erneuerungen. Bei Darlehensverbindlichkeiten, die auf zum Nachlass gehörenden Grundbesitz durch Grundpfandrechte gesichert sind, hat der Nießbraucher auch Zinsen und Tilgung zu tragen.
Bei Grundbesitz ist der Nießbrauch Zug um Zug gegen Erfüllung des Vermächtnisses mit dem vorstehenden Inhalt für den Überlebenden in das Grundbuch einzutragen mit

dem Vermerk, dass zur Löschung des Rechts der Nachweis des Todes des Berechtigten genügt.

5. Die Vermächtnisse fallen mit dem Tod des Erstversterbenden an und sind binnen sechs Monaten nach dem Anfall auf Kosten des jeweiligen Vermächtnisnehmers zu erfüllen, jedoch nicht bevor der Erbschaftsteuerbescheid erteilt ist.
6. Die Vermächtnisse sind in einseitiger, also erbvertraglich nicht bindender Weise angeordnet.

§ 7 Testamentsvollstreckung

1. Der Erstversterbende ordnet Testamentsvollstreckung an. Testamentsvollstrecker ist der Überlebende; ein Ersatztestamentsvollstrecker wird nicht bestimmt.
2. Aufgabe des Testamentsvollstreckers ist es, die nach § 6 vermachten Vermögenswerte bis zu seinem Tode zu verwalten und die in § 6 angeordneten Untervermächtnisse zu erfüllen . Der Testamentsvollstrecker ist in der Eingehung von Verbindlichkeiten für den Nachlass nicht beschränkt. Er ist von allen Verpflichtungen befreit, soweit dies gesetzlich zulässig ist. Der Testamentsvollstrecker erhält keinen Auslagenersatz und keine Vergütung.

[Weitere Regelungen vergleiche §§ 6 bis 9 in → Form. E.II.1]

Anmerkungen

1. Sachverhalt Aus erbschaftsteuerlichen Überlegungen (→ Form. E.II.9) vermacht der Erstversterbende den gemeinsamen Kindern Vermögen in Höhe eines bestimmten Werts (auch über den steuerlichen Freibetrag von 400.000,– EUR hinaus). Der überlebende Ehegatte ist zu seiner Versorgung nicht auf die Verwertung dieses Teils des Nachlassvermögens angewiesen, soll aber im Erbfall die Erträge für sich beanspruchen können. Als Untervermächtnis wird dem überlebende Ehegatten daher das Recht eingeräumt, sich bei der Erfüllung der Vermächtnisse zugunsten der Kinder den Nießbrauch vorzubehalten.

Über seine Ernennung zum Testamentsvollstrecker erlangt er die umfassende Verwaltungsbefugnis über die den Kindern vermachten Vermögenswerte.

2. Die Kinder als Vermächtnisnehmer können den dem Überlebenden vermachten **Nießbrauch** als Erbfallschuld abziehen, da das Abzugsverbot des § 25 ErbStG aufgehoben wurde. Der Kapitalwert des Nießbrauchs auf Lebenszeit wird ermittelt durch Multiplizieren des Jahreswerts mit dem Vervielfältiger, den das Bundesministerium der Finanzen auf der Grundlage der jeweils aktuellen Sterbetafel des Statistischen Bundesamtes veröffentlicht. Dies erlaubt es, das Vermächtnis auch über einer Betrag von 400.000,– EUR hinaus steuerfrei anzuordnen. Im Gegensatz zum reinen Nießbrauchsvermächtnis (→ Form. E.II.11) könnte dem Nießbraucher auf diesem Weg die AfA-Befugnis gesichert werden. Nach der Rspr. des BFH setzt die AfA-Berechtigung nicht das wirtschaftliche oder rechtliche Eigentum voraus. Voraussetzung ist vielmehr, dass der Nießbraucher die Anschaffungs- oder Herstellungskosten vor Übertragung des Eigentums unter Nießbrauchsvorbehalt getragen hat (zB BFH BStBl. II 1994, 319) oder diese ihm gem § 11d EStDV von seinem Rechtsvorgänger zuzurechnen sind (BFH BStBl. II 1983, 710). Der überlebende Ehegatte tritt hier zunächst gem. § 11d EStDV als Erbe in die Rechtsstellung des Erblassers ein. Das Vermächtnis zugunsten der Kinder ändert daran nichts (BMF BStBl. I 2006, 253 Rn. 60). Mit Erfüllung des Vermächtnisses übernimmt der Vermächtnisnehmer gem. § 11d EStDV den Steuerwert vom Erben, nicht etwa vom Erblasser (BMF BStBl. I 2006, 253 Rn. 62). Aus ertragsteuerrechtlicher Sicht ist der Erbe somit echter

Zwischenerwerber. Überträgt er den Gegenstand zur Erfüllung des Vermächtnisses auf den Vermächtnisnehmer unter gleichzeitiger Vereinbarung eines Nießbrauchs, dürfte es sich mE um einen Vorbehaltsnießbrauch handeln.

3. Eine ebenfalls erbschaftsteuerlich bedingte Gestaltung sieht vor, dass der erstversterbende Ehegatte neben dem überlebenden Ehegatten die Kinder zu einem bestimmten Anteil zu Miterben einsetzt (zB zu den Anteilen gemäß gesetzlicher Erbfolge), dem überlebenden Ehegatten den lebenslänglichen **Nießbrauch an den Erbteilen** der Kinder vermacht, weiterhin die Auseinandersetzung unter seinen Erben ausschließt und dem überlebenden Ehegatten bestimmte Nachlassgegenstände (zB das Familienheim, die Wohnungseinrichtung, aber auch Geldvermögen) im Voraus vermacht.

Diese Gestaltung führt zu einer erbschaftsteuerlichen Entlastung, hat aber den Nachteil, dass der überlebende Ehegatte mit den Kindern eine Erbengemeinschaft bildet und bei der Verwertung einzelner Nachlassgegenstände, insbesondere von Grundbesitz, auf deren Mitwirkung angewiesen ist (soweit er nicht zum Testamentsvollstrecker ernannt ist), jedenfalls den Erlös mit den Kindern teilen muss.

Dieser Lösungsvorschlag kann in der Weise ergänzt werden, dass der erstversterbende Ehegatte über eine Teilungsanordnung einzelne Nachlassgegenstände dem überlebenden Ehegatten bzw. den Kindern zuweist, zB das Familienheim dem Ehegatten, eine vermietete Eigentumswohnung den Kindern.

11. Ehegatten setzen die Kinder zu Erben ein mit Nießbrauchvermächtnis zugunsten des überlebenden Ehegatten und dessen Ernennung zum Testamentsvollstrecker

[Notarieller Urkundeneingang sowie §§ 1 bis 3 wie → Form. E.II.1]

§ 4 Erbeinsetzung[1]

1. **Ein jeder von uns beruft in einseitiger, also erbvertraglich nicht bindender Weise zu seinen Erben unsere gemeinschaftlichen Kinder ...... und ...... zu gleichen Teilen, also zu je ein Halb.**
2. **Ersatzerben für die Genannten sind ihre jeweiligen Abkömmlinge, mehrere unter sich nach den Regeln der gesetzlichen Erbfolge. Weiter ersatzweise tritt Anwachsung ein.**
3. **Die Auseinandersetzung zwischen unseren Erben schließen wir bis zum Tode des Überlebenden, längstens jedoch bis zum Ablauf von 30 Jahren seit dem Eintritt des Erbfalls, aus. Klargestellt wird, dass der Ausschluss über den Tod eines Miterben hinaus bestehen bleibt.**

§ 5 Vermächtnisse[2, 3, 4]

1. **Ein jeder von uns beschwert seine Erben hiermit mit folgenden Vermächtnissen: Der Überlebende erhält**
   a) **den Miteigentumsanteil des Erstversterbenden an dem eigengenutzten Hausgrundstück Akelei Weg 5, eingetragen im Grundbuch von ...... Blatt ......,**
   b) **sämtliche dem Erstversterbenden gehörenden Gegenstände unseres gemeinsam geführten Haushaltes, insbesondere das Mobiliar, Hausrat, technische Geräte und dergleichen. Dies gilt unabhängig davon, ob die Gegenstände in seinem Alleineigentum stehen oder ihm ein Miteigentumsanteil zusteht. Die Vermächtnisse erfassen auch solche Gegenstände, an denen ein Anwartschaftsrecht ganz oder teilweise in den Nachlass fällt,**

c) die persönlichen Gebrauchsgegenstände des Erstversterbenden,
d) die Guthaben auf gemeinsamen Konten und
e) den lebenslänglichen Nießbrauch an dem gesamten Nachlass des Erstversterbenden, soweit er ihm nicht nach lit. a bis d vermacht ist. Vom Nießbrauch ausgenommen ist der Geldbetrag, den die Erben als Erbschaftsteuer zu zahlen haben. Der Nießbraucher ist berechtigt, sämtliche Nutzungen zu ziehen und verpflichtet, sämtliche auf dem Nießbrauchsgegenstand ruhenden privaten und öffentlichen Lasten, einschließlich der außerordentlichen öffentlichen Lasten, zu tragen. Der Nießbraucher hat auch die nach der gesetzlichen Lastenverteilungsregelung dem Eigentümer obliegenden privaten Lasten zu tragen, insbesondere auch außergewöhnliche Ausbesserungen und Erneuerungen. Bei Darlehensverbindlichkeiten, die auf zum Nachlass gehörenden Grundbesitz durch Grundpfandrechte gesichert sind, hat der Nießbraucher auch Zinsen und Tilgung zu tragen.
Bei Grundbesitz ist der Nießbrauch in das Grundbuch einzutragen mit dem Vermerk, dass zur Löschung des Rechts der Nachweis des Todes des Berechtigten genügt.

2. Ersatzvermächtnisnehmer werden nicht bestimmt.
3. Die Vermächtnisse sind rechtlich selbstständig und stellen keine Verschaffungsvermächtnisse dar.
4. Die Vermächtnisse fallen mit dem Tod an und sind binnen drei Monaten nach dem Anfall auf Kosten des Vermächtnisnehmers zu erfüllen. Etwaige auf Grund des Vermächtnisses anfallende Steuern hat der Vermächtnisnehmer zu tragen.

§ 6 Testamentsvollstreckung

1. Der Erstversterbende ordnet Testamentsvollstreckung an. Testamentsvollstrecker ist der Überlebende; ein Ersatztestamentsvollstrecker wird nicht bestimmt.
2. Aufgabe des Testamentsvollstreckers ist es, die zu seinen Gunsten angeordneten Vermächtnisse zu erfüllen und im Übrigen den gesamten Nachlass bis zu seinem Tode zu verwalten. Der Testamentsvollstrecker ist in der Eingehung von Verbindlichkeiten für den Nachlass nicht beschränkt. Er ist von allen Verpflichtungen befreit, soweit dies gesetzlich zulässig ist. Der Testamentsvollstrecker erhält keinen Auslagenersatz und keine Vergütung.

[Weitere Regelungen vergleiche §§ 6 bis 9 in → Form. E.II.1]

Anmerkungen

1. **Sachverhalt.** Die Ehegatten sind in einem fortgeschrittenen Lebensalter, sie verfügen beide über ein großes Vermögen. Sie haben zwei gemeinsame erwachsene Kinder. Um eine Doppelbesteuerung des Nachlasses des Erstversterbenden zu vermeiden, setzt jeder von ihnen unmittelbar die Kinder zu seinen Erben ein. Die Versorgung des überlebenden Ehegatten erfolgt über ein Nießbrauchvermächtnis (gegebenenfalls auch nur zur Quote). Dieser erhält darüber hinaus zu Alleineigentum das Familienheim (der Erwerb ist nach § 13 Abs. 1 Nr. 4 b ErbStG steuerfrei), die Gegenstände des gemeinsamen Haushalts, die persönlichen Gebrauchsgegenstände des Erblassers und die Guthaben auf gemeinsamen Konten.

2. Zu unterscheiden sind der **Nießbrauch**

a) an der **Erbschaft** (§ 1089 BGB), der nach § 1085 BGB ausschließlich an den zum Nachlass gehörenden Gegenständen bestellt werden kann, bei Grundstücken und grundstücksgleichen Rechten gem. § 873 BGB durch Einigung und Eintragung im Grundbuch,

b) an **einzelnen Nachlassgegenständen** (Grundbesitz, Gesellschaftsbeteiligung) und
c) an dem **Erbteil eines Miterben.** Im letzten Fall ist die Erbauseinandersetzung der Kinder nur mit Zustimmung des Nießbrauchers möglich.

Zu überlegen ist, den Nießbrauch dem Ehegatten nur zu einer Quote zu vermachen, um den Kindern einen Teil der Erträge zukommen zu lassen. Anderenfalls ist vom Nießbrauch der Betrag auszunehmen, den die Kinder zur Zahlung der Erbschaftsteuer benötigen.

3. Der Erwerb des Nießbrauchs von Todes wegen unterliegt der Erbschaftsteuer (§ 3 Abs. 1 Ziff. 1. ErbStG). Die Verbindlichkeit der Erben aus dem Vermächtnis ist von ihrem Erwerb abzugsfähig (→ Form. C.V.8 Anm. 9). Dienen Gegenstände des PV allerdings zur Einkünfteerzielung, kann das Nießbrauchsvermächtnis ungünstig sein, da dieses wie ein Zuwendungsnießbrauch behandelt wird. Der Zuwendungsnießbraucher ist nicht AfA-berechtigt (BMF BStBl. I 2013, 1184 Rn. 32)

4. Bei der vorstehenden Gestaltung ist zu berücksichtigen, dass der überlebende Ehegatte nach § 2307 BGB das Vermächtnis ausschlagen und den Pflichtteil verlangen kann. Soll dies ausgeschlossen werden, ist der Erbvertrag um einen **Pflichtteilsverzichtsvertrag** zu ergänzen, der unter der Bedingung steht, dass die zugunsten des überlebenden Ehegatten angeordneten Vermächtnisse im Erbfall Bestand haben.

12. Einsetzung des überlebenden Ehegatten zum Vorerben und der gemeinsamen Kinder zu Nacherben des Erstversterbenden und zu Schlusserben des Überlebenden

[Notarieller Urkundeneingang sowie §§ 1 bis 3 wie → Form. E.II.1][1]

§ 4 Tod des Erstversterbenden[2, 3, 4]

1. Wir setzen uns gegenseitig, der Erstversterbende den Überlebenden, zum alleinigen Erben ein.
2. Der Überlebende ist jedoch nur Vorerbe. Er ist von den gesetzlichen Beschränkungen und Verpflichtungen nicht befreit.
3. Die Nacherbfolge tritt ein mit dem Tod des Vorerben.
4. Nacherben sind unsere gemeinschaftlichen Kinder ...... und ...... zu gleichen Teilen, also zu je ein Halb. Ersatznacherben sind die jeweiligen im Zeitpunkt des Nacherbfalls vorhandenen Abkömmlinge eines Nacherben, mehrere unter sich nach den Regeln der gesetzlichen Erbfolge. Weiter ersatzweise tritt Anwachsung ein.
5. Das Anwartschaftsrecht des jeweiligen Nacherben ist weder vererblich noch übertragbar, mit Ausnahme der Übertragung auf den Vorerben. Im Falle der Übertragung der Nacherbenanwartschaft entfällt jede ausdrückliche oder stillschweigende Ersatznacherbeinsetzung.

§ 5 Tod des Längerlebenden

1. Unbeschränkte Schlusserben beim Tod des Überlebenden sind unsere gemeinschaftlichen Kinder ...... und ...... zu gleichen Teilen, also zu je ein Halb.
2. Ersatzerben für die Genannten sind ihre jeweiligen Abkömmlinge, mehrere unter sich nach den Regeln der gesetzlichen Erbfolge. Weiter ersatzweise tritt Anwachsung ein.
3. Die Schlusserben sind auch Ersatzerben, insbesondere auch für den Fall des gleichzeitigen Versterbens.

§ 6 Vermächtnisse

1. Der Erstversterbende vermacht dem Überlebenden das gesamte Geld- und sonstige bewegliche Vermögen, überhaupt alles, mit Ausnahme der zum Nachlass des Erstversterbenden gehörenden Grundstücke und grundstücksgleichen Rechte.
2. Ersatzvermächtnisnehmer werden nicht bestimmt.
3. Die Vermächtnisse sind rechtlich selbstständig. Sofern der Überlebende Erbe wird, handelt es sich um Vorausvermächtnisse, die nicht den Beschränkungen der Vor- und Nacherbfolge unterliegen. Etwaige auf Grund der Vermächtnisse anfallende Steuern hat der Vermächtnisnehmer zu tragen.

§ 7 Bindungswirkung, Auslegung

1. Sämtliche Verfügungen von Todes wegen sind – soweit gesetzlich zulässig – erbvertraglich bindend, soweit nicht bei der jeweiligen Verfügung von Todes wegen die Bindung ausdrücklich ausgeschlossen wurde. Über die Folgen der Bindung wurden wir vom Notar unterrichtet. Mit etwaigen in dieser Urkunde vereinbarten Einschränkungen der Bindung erklären wir uns einverstanden.

   (Evtl.: Uns ist bewusst, dass die Regelungen zur Testamentsvollstreckung sowie familienrechtliche Regelungen nicht mit erbvertraglicher Bindung angeordnet werden können.)

   Der Überlebende von uns ist jedoch berechtigt, durch eine nach dem Tod des Erstversterbende errichtete Verfügung Vermächtnisse zugunsten dritter Personen anzuordnen, jedoch nicht hinsichtlich des ihm gehörenden Grundbesitzes und nur insoweit, als diese aus seinem Geld- oder sonstigen beweglichen Vermögen erfüllt werden können.
2. Soweit bei Erben oder Vermächtnisnehmern Ersatzpersonen bestimmt wurden, haben diese Bestimmungen Vorrang vor gesetzlichen Auslegungs- und Bestimmungsregelungen.
   Erb- oder Pflichtteilsverzichte sind mit den in dieser Urkunde enthaltenen Regelungen nicht verbunden.

[Weitere Regelungen vergleiche §§ 7 bis 9 in → Form. E.II.1]

Anmerkungen

1. Sachverhalt. Das Formular trägt dem Wunsch der Ehegatten Rechnung, den ihnen gehörenden **Grundbesitz** den gemeinsamen Kindern zu erhalten. Dies erfolgt, indem der überlebende Ehegatte zum (nicht befreiten) Vorerben und die Kinder zu Nacherben eingesetzt werden, weiterhin die Erbeinsetzung der Kinder zu Erben des Überlebenden vertragsgemäß erfolgt und dem überlebenden Ehegatten lediglich eine nur beschränkte Änderungsmöglichkeit eingeräumt wird, von der der Grundbesitz ausgenommen ist. Da es eine gegenständliche Vor- und Nacherbfolge nicht gibt, die Beschränkung des Ehegatten jedoch nur für den Grundbesitz gewünscht wird, muss hinsichtlich des sonstigen Vermögens ein Vorausvermächtnis zugunsten des Vorerben-Ehegatten angeordnet werden (→ Form. C.II.3). Nach § 2110 Abs. 2 BGB erstreckt sich das Recht des Nacherben im Zweifel nicht auf ein dem Vorerben zugewendetes Vorausvermächtnis. Ein zugunsten des alleinigen Vorerben angeordnetes Vorausvermächtnis scheidet – ohne dass es einer dinglichen Übertragung bedarf – bereits mit dem Erbfall aus der Vorerbmasse aus.

2. Diese erbrechtliche Gestaltung ist äußerst „**konservativ**" und, wenn überhaupt, nur älteren Erblassern zu empfehlen. Die Vor- und Nacherbfolge als Regelgestaltung der letztwilligen Verfügung von Ehegatten ist nicht zu empfehlen. Zur Ausgestaltung → Form.

C.II.1. Sie wird aber häufig vom Erblasser zum Schutz der Kinder als Endbedachten zunächst gewünscht. Der Notar wird darüber belehren, dass der überlebende Ehegatte (als nicht befreiter) Vorerbe über ein zur Erbschaft gehörendes Grundstück nicht ohne Zustimmung der Kinder als Nacherben verfügen kann, selbst wenn er auf dessen Verwertung zur Bestreitung seines Lebensunterhalts durch Verkauf bzw. Beleihung angewiesen ist. Diese erbvertragliche Gestaltung dürfte daher nur sachgerecht sein, wenn der überlebende Ehegatte ausreichend versorgt ist (oder über das von dem Erstversterbenden angeordnete Vermächtnis ausreichend versorgt wird) und er über nicht unerhebliches eigenes Vermögen verfügt, das er gegebenenfalls verwerten kann.

Die Vor- und Nacherbfolge kann die richtige Gestaltung in besonderen Familienkonstellationen sein, insbesondere in der „Patchwork-Familie" (→ Form. E.III.5), des geschiedenen Erblassers (→ Form. E.I.3) oder eines behinderten Kindes (→ Form. F.I.2).

3. Ergänzend ist auch möglich, dass der erstversterbende Ehegatte eine dritte Person zum **Testamentsvollstrecker** zu dem Zweck ernennt, dass dieser bis zum Eintritt der Nacherbfolge die Rechte der Nacherben ausübt und deren Pflichten erfüllt. Er kann den Testamentsvollstrecker auch anweisen, Verfügungen über ein zur Erbschaft gehörendes Grundstück, insbesondere wenn dieses dem überlebenden Ehegatten bereits vor dem Erbfall zu $^1/_2$ Anteil gehörte, auf Verlangen des überlebenden Ehegatten oder unter bestimmten weiteren Voraussetzungen zuzustimmen.

4. Steuerliche Hinweise. Bezüglich der erbschaftsteuerlichen Auswirkungen der Vor- und Nacherbeneinsetzung vgl. die Ausführungen unter → Form. C.II.1 sowie zum Vorausvermächtnis die Ausführungen unter → Form. C.IV.4. Aus erbschaftsteuerlicher Sicht kann diese Gestaltung mit Nachteilen verbunden sein → Form. E.II.1; zu alternativen Gestaltungen → Form. E.II.9.

III. Verfügungen von Ehegatten mit Kindern aus einer früheren Ehe

1. Vorbemerkung

Für die immer häufiger werdenden Patchworkfamilien gibt es keine Pauschalregelung. Ausgangspunkt der Gestaltung ist die Frage, wie die verschiedenen Kinder behandelt werden sollen. In Betracht kommen dabei drei Varianten:

- die Gleichbehandlung sämtlicher Abkömmlinge unabhängig von deren Abstammung;
- die „Bevorzugung" nur der gemeinsamen Abkömmlinge;
- die Begünstigung der jeweils eigenen Abkömmlinge, unabhängig davon, ob diese aus der aktuellen Ehe stammen.

Weiter ist von Bedeutung, wie der aktuelle Ehepartner gesichert werden soll. Dies kann durch eine (Voll- oder Vor-)Erbeinsetzung einerseits und durch Vermächtnisse (va Nießbrauchrechte oder Herausgabevermächtnis in Bezug auf den Hausrat der gemeinsam genutzten Wohnung) andererseits erfolgen.

Die Wahl der einzelnen Gestaltungsmittel wird insbesondere vom Alter der Beteiligten, der eigenen (wirtschaftlichen) Absicherung, dem Vermögensunterschied auf Seiten der Ehegatten, dem Verhältnis zu den einzelnen Kindern und dem Verhältnis der Kinder untereinander bestimmt. Von besonderer Bedeutung ist auch, ob alle (!) Kinder bereit sind, Pflichtteilsverzichte abzugeben. Pauschale Empfehlungen sind kaum möglich.

Bei minderjährigen Kindern ist zusätzlich zu überlegen, ob Regelungen zur Vormundsbenennung oder Testamentsvollstreckung erforderlich sind.

2. Gegenseitige Erbeinsetzung und Einsetzung der „einseitigen" und der gemeinsamen Kinder zu Schlusserben (mit Pflichtteilsklausel)

[Notarieller Urkundeneingang]

1. Herr . . . . . ., geboren am . . . . . . in . . . . . . (Standesamt . . . . . ., Registernummer . . . . . .);

2. Frau . . . . . ., geborene . . . . . ., geboren am . . . . . . in . . . . . . (Standesamt . . . . . ., Registernummer . . . . . .);

beide wohnhaft in . . . . . .,

ausgewiesen durch Vorlage . . . . . .

Die Erschienenen sind voll geschäfts- und testierfähig. Hiervon habe ich mich in dem mit ihnen geführten Gespräch überzeugt. Die Zuziehung von Zeugen oder eines zweiten Notars war weder veranlasst noch gewünscht.

Auf Ansuchen der Erschienenen beurkunde ich ihren persönlich und mündlich vor mir abgegebenen Erklärungen gemäß folgenden

ERBVERTRAG

§ 1 Vorbemerkungen[1]

Wir sind im gesetzlichen Güterstand verheiratet und beide ausschließlich deutsche Staatsangehörige.

Im Ausland belegenes Vermögen hat derzeit keiner von uns.

Weiter sind wir nicht an Gesellschaften beteiligt, bei denen die Gesellschaftsbeteiligung nur eingeschränkt erbrechtlich übertragbar ist.

Aus unserer Ehe ist ein Kind hervorgegangen, nämlich ....., geboren am ......

Ich, ... (Ehemann), habe eine Tochter aus erster Ehe, nämlich ....., geboren am ......

Ich, ... (Ehefrau), habe einen Sohn aus erster Ehe, nämlich ....., geboren am ......

Im Übrigen hat keiner von uns Kinder, auch keine adoptierten Kinder.

Dies vorausgeschickt vereinbaren wir jeweils unter gegenseitiger Annahme der Erklärungen des anderen Teils, was folgt:

§ 2 Frühere Verfügungen von Todes wegen

Wir sind beide weder durch ein gemeinschaftliches Testament noch durch einen Erbvertrag gebunden, auch nicht gegenüber dritten Personen. Auch einseitig hat keiner von uns beiden bisher Verfügungen von Todes wegen errichtet. Rein vorsorglich widerrufen wir sämtliche von uns beiden (allein oder gemeinsam) errichteten Verfügungen von Todes wegen. Der Widerruf bleibt auch dann bestehen, wenn die Verfügungen in der heutigen Urkunde später aufgehoben werden oder aus anderen Gründen nicht zur Anwendung gelangen sollten. Auf eine vorherige Einsicht des Zentralen Testamentsregisters verzichten wir nach Hinweis auf die Bedeutung.

§ 3 Rechtswahl

Wir haben derzeit und wohl auch in der Zukunft unseren gewöhnlichen Aufenthalt in der Bundesrepublik Deutschland. Auf die EuErbVO wurden wir hingewiesen; eine Rechtswahl wünschen wir heute nicht.

§ 4 Tod des Erstversterbenden

Wir setzen uns gegenseitig, der Erstversterbende den Überlebenden, zum alleinigen und unbeschränkten Erben ein.

§ 5 Tod des Längerlebenden

1. Es ist unser ausdrücklicher Wille, dass die in § 1 genannten erstehelichen Kinder und unsere (derzeitigen und künftigen) gemeinschaftlichen Kinder gleichbehandelt werden. Zu Schlusserben beim Tod des Überlebenden berufen wir daher jeweils unsere gemeinschaftlichen Kinder (einschließlich gemeinschaftlich adoptierter Kinder) zu jeweils gleichen Teilen und Herrn ...... sowie Frau ...... mit jeweils derselben Erbquote wie ein gemeinschaftliches Kind.
   Derzeit wären somit Herr ...... (Sohn der Ehefrau aus erster Ehe), Frau ...... (Tochter des Ehemannes aus erster Ehe) und ...... (gemeinschaftliches Kind) Erben zu jeweils einem Drittel.

2. Ersatzerben für die Genannten sind ihre jeweiligen Abkömmlinge, mehrere unter sich nach den Regeln der gesetzlichen Erbfolge. Weiter ersatzweise tritt Anwachsung ein.
3. Die Schlusserben sind auch Ersatzerben, insbesondere auch für den Fall des gleichzeitigen Versterbens.

§ 6 Pflichtteilsklausel[2]

1. Soweit eine der in § 5 genannten Personen oder ihr Erbe nach dem Tod des Erstversterbenden ihren Pflichtteil (dazu zählt insbesondere auch ein etwaiger Pflichtteilsrest nach §§ 2305, 2307 BGB) gegen den Willen des Überlebenden geltend macht, sind der Anspruchsteller und seine Abkömmlinge beim Eintritt des Schlusserbfalls enterbt. In diesem Fall tritt bei den verbleibenden Schlusserben Anwachsung ein. Dies gilt auch, wenn eine der genannten Personen Pflichtteilsergänzungsansprüche geltend macht, wenn diese aus ergänzungspflichtigen Zuwendungen herrühren, die jeweils dem Anderen von uns gemacht wurden. Die Geltendmachung von Pflichtteilsergänzungsansprüchen wegen Zuwendungen an andere Personen als dem jeweils anderen von uns (insbes. an andere Abkömmlinge) löst die Wirkungen dieser Klausel nicht aus. Sofern durch diese Klausel sämtliche in § 5 Abs. 1 und 2 genannte Schlusserben entfallen, bestimmen wir zum weiteren (Ersatz-)Erben . . . . . .
2. Zur Enterbung führt nur eine Geltendmachung des Pflichtteils bzw. Pflichtteilsergänzungsanspruchs in einer Weise, die den Verzug begründet oder, falls der Verzug bereits eingetreten ist, begründen würde. Die Verfolgung des Wertermittlungsanspruchs nach § 2314 Abs. 1 S. 2 BGB gilt gleichfalls als Pflichtteilsgeltendmachung. Unerheblich ist, ob die Geltendmachung durch den Pflichtteilsberechtigten selbst oder durch seinen (gesetzlichen) Vertreter erfolgt. Die Geltendmachung eines Auskunftsanspruchs führt dagegen nicht zur Enterbung. Die Geltendmachung durch den Sozialleistungsträger führt ebenfalls nicht zur Enterbung.

[Folgende Klausel kann aufgenommen werden, wenn ein Ehegatte mehr Kinder hat:]

§ 7 Vermächtnisse[3]

1. Für den Fall, dass ich, ... (Ehepartner mit mehr Kindern), der Erstversterbende sein sollte, beschwere ich . . . . . . (Ehepartner mit weniger Kindern) mit folgenden Vermächtnissen:
   Die in § 5 Abs. 1 genannten Kinder erhalten jeweils einen baren Geldbetrag. Die Höhe des Geldbetrages wird ermittelt, indem der Reinwert meines Nachlasses, der entsprechend § 2311 BGB zu ermitteln ist, durch die Anzahl der Vermächtnisnehmer geteilt wird.
2. Die Vermächtnisse fallen mit meinem Tod an. Sie sind beim Tod von . . . . . . (Ehepartner mit weniger Kindern) fällig und bis dahin nicht zu verzinsen (*alternativ: mit . . . . . . % jährlich zu verzinsen; die Zinsen sind mit der Hauptsumme fällig*). Jeder Vermächtnisnehmer wird im Wege der Auflage verpflichtet, eine Sicherung seines Vermächtnisanspruchs weder zu verlangen noch durch Vollstreckungsmaßnahmen durchzusetzen; die Geltendmachung eines Auskunftsanspruchs ist zulässig. Ein Verstoß gegen diese Auflage führt dazu, dass das jeweilige Vermächtnis entfällt. Der Wegfall eines Vermächtnisnehmers führt zur Anwachsung bei allen übrigen Vermächtnisnehmern. Die Vermächtnisse entfallen insgesamt ersatzlos, wenn . . . . . . (Ehepartner mit weniger Kindern) nicht Erbe wird; sie sind insoweit auflösend bedingt.
3. Das jeweilige Vermächtnis entfällt für einen einzelnen Vermächtnisnehmer, wenn er (oder sein [gesetzlicher] Vertreter) nach einem von uns Pflichtteilsansprüche (dazu zählt insbesondere auch ein etwaiger Pflichtteilsrest nach §§ 2305, 2307 BGB) gegen den Willen des Schuldners/der Schuldner geltend macht; die einzelnen Vermächtnisse

sind insoweit auflösend bedingt. Dies gilt auch, wenn einer der Vermächtnisnehmer Pflichtteilsergänzungsansprüche geltend macht, wenn diese aus ergänzungspflichtigen Zuwendungen herrühren, die jeweils dem Anderen von uns gemacht wurden. Die Geltendmachung von Pflichtteilsergänzungsansprüchen wegen Zuwendungen an andere Personen als den jeweils anderen von uns (insbes. an Abkömmlinge) führt nicht zum Bedingungseintritt. Zum Bedingungseintritt führt nur eine Geltendmachung des Pflichtteils bzw. Pflichtteilsergänzungsanspruchs in einer Weise, die den Verzug begründet, oder, falls der Verzug bereits eingetreten ist, begründen würde. Die Verfolgung des Wertermittlungsanspruchs nach § 2314 Abs. 1 S. 2 BGB führt gleichfalls zum Bedingungseintritt. Die Geltendmachung eines Auskunftsanspruchs führt dagegen ebenso wie die Geltendmachung durch den Sozialleistungsträger nicht zum Bedingungseintritt. Der Wegfall eines Vermächtnisnehmers führt in Abweichung von § 7 Abs. 4 zur Anwachsung bei allen übrigen Vermächtnisnehmern.

4. Ersatzvermächtnisnehmer sind die jeweiligen Abkömmlinge eines Vermächtnisnehmers, mehrere unter sich nach den Regeln der gesetzlichen Erbfolge. Weiter ersatzweise tritt Anwachsung bei allen übrigen Vermächtnisnehmern ein.
   Für den Fall, dass ein Vermächtnisnehmer nach dem Anfall des Vermächtnisses, jedoch vor seiner Erfüllung, verstirbt, treten an dessen Stelle ebenfalls dessen Abkömmlinge, mehrere unter sich nach den Regeln der gesetzlichen Erbfolge. Sind Abkömmlinge nicht vorhanden, so tritt Anwachsung bei allen übrigen Vermächtnisnehmern ein.
5. Die in Abs. 1 bis 4 genannten Vermächtnisse entfallen insgesamt, wenn kein Abkömmling von ...... (Ehepartnern mit weniger Kindern) nach seinem/ihrem Tod Pflichtteilsansprüche oder Pflichtteilsergänzungsansprüche, die aus ergänzungspflichtigen Zuwendungen an ...... (Ehepartner mit mehr Kindern) herrühren, geltend gemacht hat (zur Geltendmachung gelten die Ausführungen in Abs. 3 entsprechend); die Vermächtnisse sind insoweit auflösend bedingt.
   Die genannte auflösende Bedingung gilt als eingetreten, wenn sämtliche beim Tod von ...... (Ehepartner mit weniger Kindern) konkret pflichtteilsberechtigte Abkömmlinge
   - zu Lebzeiten von ...... (Ehepartner mit weniger Kindern) auf ihr Pflichtteilsrecht nach ...... (Ehepartner mit weniger Kindern) insgesamt verzichtet haben, oder
   - zu Lebzeiten von ...... (Ehepartner mit weniger Kindern) auf ihre Pflichtteilsansprüche nach ...... (Ehepartner mit weniger Kindern) sowie auf Pflichtteilsergänzungsansprüche, die aus ergänzungspflichtigen Zuwendungen an ...... (Ehepartner mit mehr Kindern) herrühren, verzichtet haben, oder
   - den Erben von ...... (Ehepartner mit weniger Kindern) sämtliche Pflichtteilsansprüche sowie etwaige Pflichtteilsergänzungsansprüche, die aus ergänzungspflichtigen Zuwendungen an ...... (Ehepartner mit mehr Kindern) herrühren, erlassen haben.

§ 8 Bindungswirkung,[4] Auslegung

1. Sämtliche Verfügungen von Todes wegen sind – soweit gesetzlich zulässig – erbvertraglich bindend, soweit nicht bei der jeweiligen Verfügung von Todes wegen die Bindung ausdrücklich ausgeschlossen wurde. Bindend ist daher insbesondere auch die in § 6 Abs. 1 geregelte (Ersatz-)Erbeinsetzung. Über die Folgen der Bindung wurden wir vom Notar unterrichtet. Mit etwaigen in dieser Urkunde vereinbarten Einschränkungen der Bindung erklären wir uns einverstanden.

   (Evtl.: Uns ist bewusst, dass die Regelungen zur Testamentsvollstreckung sowie familienrechtliche Regelungen nicht mit erbvertraglicher Bindung angeordnet werden können.)

2. Soweit bei Erben oder Vermächtnisnehmern Ersatzpersonen bestimmt wurden, haben diese Bestimmungen Vorrang vor gesetzlichen Auslegungs- und Bestimmungsregelungen.

   Erb- oder Pflichtteilsverzichte sind mit den in dieser Urkunde enthaltenen Regelungen nicht verbunden.

§ 9 Rücktrittsrecht, Anfechtungsrecht, Eheauflösung

1. Wir behalten uns hiermit jeweils das freie und uneingeschränkte Rücktrittsrecht von den in diesem Erbvertrag getroffenen vertragsmäßig bindenden Verfügungen vor.
   Der Rücktritt eines von uns hat die Unwirksamkeit sämtlicher in dieser Urkunde enthaltenen Verfügungen von Todes wegen zur Folge, gleich ob diese erbvertraglich bindend sind oder nicht.
   Der Notar wies darauf hin, dass der Rücktritt durch Erklärung gegenüber dem anderen Vertragsteil erfolgen muss und diese Erklärung der notariellen Beurkundung bedarf.

[Variante:

1. Ein Rücktrittsrecht wird nicht gewünscht.]

2. Nach Hinweis des Notars auf das Anfechtungsrecht wegen Übergehens von Pflichtteilsberechtigten erklären wir, dass sämtliche vorstehenden Verfügungen von Todes wegen ohne Rücksicht darauf getroffen sind, ob, welche und wie viele Pflichtteilsberechtigte zum Zeitpunkt des jeweiligen Erbfalls vorhanden sind.
   Auf das Anfechtungsrecht aus § 2079 BGB (evtl. iVm § 2281 BGB) wird daher ausdrücklich verzichtet.
3. Sämtliche in dieser Urkunde getroffenen Verfügungen von Todes wegen sind unwirksam, wenn unsere Ehe vor dem Tod des Erstversterbenden von uns aufgelöst worden ist oder wenn einer von uns beiden einen rechtshängigen Scheidungsantrag gestellt hat. Bei Stellung eines Scheidungsantrages tritt die Unwirksamkeitsfolge auch dann ein, wenn bei Rechtshängigkeit des Scheidungsantrages die Voraussetzungen für die Scheidung der Ehe nicht gegeben waren.

§ 10 Hinweise

1. Der Notar hat uns darauf hingewiesen, dass sich ein Erwerb auf Grund von Verträgen zu Gunsten Dritter auf den Todesfall (wie zB Lebensversicherungen) außerhalb des Erbrechts vollzieht und daher von den in dieser Urkunde getroffenen Verfügungen von Todes wegen möglicherweise nicht erfasst wird. Eine etwa erforderliche Anpassung dieser Verträge werden wir selbst umgehend vornehmen.
2. Auf die Bestimmungen des gesetzlichen Erb- und Pflichtteilsrechts wurden wir hingewiesen.

§ 11 Kosten und Abschriften

Wir tragen die Kosten dieser Urkunde und ersuchen um Erteilung je einer Ausfertigung für uns.

Zur Urkundensammlung des Notars ist eine beglaubigte Abschrift zu nehmen, die dort offen verwahrt werden kann.

Wir wünschen die amtliche Verwahrung dieses Erbvertrages. Uns ist bekannt, dass die Urkunde beim Zentralen Testamentsregister registriert wird.[5, 6]

Anmerkungen

1. Sachverhalt. Ein Ehepaar ist jeweils in zweiter Ehe verheiratet. Sie haben beide Kinder aus erster Ehe. Aus der gemeinsamen Ehe ist bisher ein Kind hervorgegangen. Weitere Kinder aus dieser Ehe sind geplant. Die Kinder sollen gleich behandelt werden. Mit den Ehegatten sollte, wie bei kleinen Kindern üblich, auch die Anordnung einer Vormundsbenennung sowie einer Testamentsvollstreckung erörtert werden.

2. Pflichtteilsklausel. Sollen nach dem Tod beider Ehegatten sämtliche (einseitigen und gemeinschaftlichen) Kinder gleich behandelt werden, ist zu berücksichtigen, dass dieser „Verteilungsplan“ durch die Geltendmachung von Pflichtteilsansprüchen nach dem Tod des Erstversterbenden gefährdet wird. Da die Abkömmlinge des Erstversterbenden durch die Alleinerbeinsetzung des Ehepartners enterbt sind, steht ihnen gem. § 2303 Abs. 1 S. 1 BGB jeweils der Pflichtteil (→ Form. I.I.5 Anm. 4, → Form. I.I.7 Anm. 4) zu (für den Fall, dass die Ersatzerbfolge eintritt, steht ihnen – abhängig von der Zahl der einseitigen Kinder des anderen Ehegatten – möglicherweise ein Pflichtteilsrestanspruch nach § 2305 BGB zu). Für diese Kinder besteht daher ohne Pflichtteilsklausel die Möglichkeit, sich gegenüber den einseitigen Kindern des Längerlebenden besser zu stellen, indem sie nach dem Tod des Erstversterbenden ihren Pflichtteil fordern und zusätzlich nach dem Tod des Längerlebenden gleichberechtigt neben den anderen Kindern erben. Mit der Pflichtteilsklausel soll dies vereitelt werden. Zu den Pflichtteilsklauseln vgl. auch → Form. C.VI.4 ff. und → Form. E.II.7.

Bei der Gestaltung der Pflichtteilsklausel ist va auf **drei Punkte** zu achten. Zu klären ist, **wann die Klausel eingreift.** Insbesondere der Fall der einverständlichen Pflichtteilsgeltendmachung (zB zur Ausnutzung erbschaftsteuerlicher Freibeträge) bereitet ohne nähere Ausführungen (Auslegungs-)Probleme. Die vorliegende Formulierung versucht diese Fragen zu vermeiden, indem auf die Geltendmachung gegen den Willen des Längerlebenden und in (wegen § 286 Abs. 2 und 3 BGB auch potentiell) Verzug begründender Weise abgestellt wird (vgl. ausführlich zu diesem Themenkomplex *Radke* ZEV 2001, 136 ff.). Auf diese Weise wird auch verhindert, dass die Geltendmachung des Pflichtteilsanspruchs nach Eintritt der Verjährung (so der Fall bei BGH NJW 2006, 3064 mAnm *Keim* NJW 2007, 974 ff.) die Wirkungen der Klausel auslöst. Hinsichtlich der Geltendmachung von Pflichtteilsergänzungsansprüchen ist zu berücksichtigen, dass der andere Ehegatte als Alleinerbe vorgesehen ist. Zuwendungen unter Lebenden, die an ihn gemacht wurden, sollen daher durch die Kinder des Erstversterbenden nicht durch die Geltendmachung von Pflichtteilsergänzungsansprüchen „torpediert“ werden. Die Geltendmachung von Pflichtteilsergänzungsansprüchen, die aus Zuwendungen an Dritte resultieren, soll dagegen nicht eingeschränkt werden. Anderenfalls hätte es der Erstversterbende (in den Grenzen der §§ 2287 f. BGB) in der Hand, die gemeinsam geplante Nachlassverteilung zu durchkreuzen. Sofern von den Beteiligten gewünscht, kann diese (eher atypische) Differenzierung auch unterbleiben. Nach dem Urteil des BGH (DNotZ 2005, 296 mAnm *Spall*) führt die Geltendmachung durch den Sozialhilfeträger grundsätzlich nicht zum Eingreifen der Pflichtteilsklausel; es empfiehlt sich dennoch – um Auslegungsfragen vorzubeugen – eine ausdrückliche Regelung in der Urkunde (so auch *Spall* DNotZ 2005, 301). Schädlich ist dagegen die Geltendmachung durch den (gesetzlichen) Vertreter (vgl. BayObLG BayObLGZ 1990, 58 zum Ergänzungspfleger); auch hier kann mE eine Klarstellung nicht schaden. Will man den Druck auf den Pflichtteilsberechtigten erhöhen, kann auch die Geltendmachung des Auskunftsanspruchs als „Auslöser“ festgelegt werden.

Weiter sind die **Folgen der Enterbung** (hier: Anwachsung bei den anderen Schlusserben bzw. weitere Ersatzerbenbestimmung) zu regeln. Alternativ könnte auch auf eine An-

wachsung bzw. Ersatzregelung verzichtet werden, so dass der Längerlebende über einen Teil der Erbschaft neu verfügen könnte. Schließlich ist zu regeln, ob die Folgen der Enterbung auch der erbvertraglichen **Bindung** unterliegen oder nicht. Dies erfolgt hier, indem alle Verfügungen mit erbvertraglicher Bindung vereinbart werden (vgl. § 6 Abs. 1); die Enterbung selbst kann nicht mit Bindungswirkung angeordnet werden (vgl. § 2278 Abs. 2 BGB). Zur eingeschränkten Bindungswirkung als Alternative bzw. Ergänzung zur Pflichtteilsklausel → Anm. 4.

3. Vermächtnisse. Der Verteilungsplan kann auch noch durch die mit dem Tod des Längerlebenden entstehenden Pflichtteilsansprüche gestört werden, wenn einer der beiden Ehegatten mehr Kinder als der andere hat und dieser Ehegatte vorverstirbt. Da auch die einseitigen Kinder dieses Ehegatten gleichberechtigt nach dem Tod des Längerlebenden erben sollen, kann dies den Anwendungsbereich der §§ 2305, 2306 BGB eröffnen.

Zur Veranschaulichung der Problematik soll folgendes **Beispiel** dienen: Der Ehemann hat drei Kinder aus erster Ehe. Weiter haben die Ehegatten ein gemeinsames Kind. Der Ehemann stirbt vor der Ehefrau. Nach dem Tod der Ehefrau wäre das gemeinsame Kind gesetzlicher Alleinerbe, vgl. § 1924 BGB. Ihm stünde nach § 2303 Abs. 1 BGB ein Pflichtteil in Höhe von $^1/_2$ zu. Nach der testamentarischen Regelung ist es jedoch „nur“ Erbe zu $^1/_4$. Das gemeinsame Kind könnte daher nach § 2305 BGB einen Zusatzpflichtteil in Höhe von $^1/_4$ in Geld verlangen, der wegen der Alleinerbeinsetzung des überlebenden Ehegatten beim ersten Erbfall aus dem vereinigten Vermögen der beiden Ehegatten zu berechnen wäre. Sind Vermächtnisse oder andere der in § 2306 Abs. 1 BGB genannten Beschwerungen angeordnet, könnte der beschwerte Erbe auch den Erbteil ausschlagen und seinen „vollen“ Pflichtteil fordern.

Das in dem Erbvertrag enthaltene Vermächtnis soll dem „durch das Gesetz bevorzugten“ Kind einen Anreiz geben, nach dem Tod des Längerlebenden keinen (Zusatz-) Pflichtteil zu fordern. Dies erfolgt dadurch, dass das Vermögen des Erstversterbenden (oder ein Bruchteil davon) durch Vermächtnis auf die anderen Kinder verteilt wird. Um den Längerlebenden wirtschaftlich nicht zu belasten, ist die Fälligkeit auf seinen Tod hinausgeschoben (um dem beschwerten Ehegatten die Erfüllung zu erleichtern, kann ihm zusätzlich eine lebzeitige – also vor Fälligkeit wirkende – Ersetzungsbefugnis eingeräumt werden, vgl. dazu *Braun* Nachlassplanung bei Problemkindern § 1 Rn. 91 ff.). Da diese Vermächtnisse vom Erstversterbenden herrühren sind sie nach hM. bei der Berechnung des Pflichtteils nach dem Längerlebenden (§ 2311 BGB) als Nachlassverbindlichkeit abzuziehen (nach *J. Mayer* ZEV 2000, 1 [9] soll dies nur dann gelten, wenn das Vermächtnis schon beim Tod des Erstversterbenden anfällt und nur die Fälligkeit auf den Tod des Längerlebenden hinausgeschoben ist; dagegen wendet sich die wohl überwiegende Auffassung, die es als ausreichend ansieht, wenn das Vermächtnis mit dem Tod des Längerlebenden anfällt, vgl. dazu *Reimann* MittBayNot 2002, 4 [7 f.]). Insbesondere dann, wenn der Erstversterbende der vermögendere Teil der Ehegatten war, kann dies zu einer empfindlichen Schmälerung des pflichtteilsrelevanten Nachlasses nach dem Längerlebenden führen. Die für die Berechnung des Vermächtnisses notwendige Nachlassbewertung ist in Kauf zu nehmen; soweit dies von den Beteiligten gewünscht wird, kann auch eine **Schiedsgutachterklausel** bezüglich der Bewertung des Nachlasses aufgenommen werden (Formulierungsvorschlag bei → Form. E.III.3 Anm. 2).

Das dargestellte Vermächtnis kann darüber hinaus **generell** im Rahmen der Pflichtteilsklausel genutzt werden, um den Wert des Nachlasses des Längerlebenden zu schmälern. Auch wenn zB nur gemeinschaftliche Kinder vorhanden sind, wird damit der Pflichtteil nach dem Längerlebenden reduziert; ein Kind, das nach dem Erstversterbenden seinen Pflichtteil gefordert hat, erhält damit keinen „Doppelvorteil“ (Pflichtteil nach dem Erstversterbenden und Pflichtteil aus dem vereinigten Vermögen nach dem Längerlebenden). Vgl. dazu auch → Form. C.VI.6.

4. Bindungswirkung. Soll die Regelung des Erbvertrages durch die einzelnen Abkömmlinge akzeptiert werden, muss sie „Sicherheiten" enthalten. Anders lässt sich zB die Enterbungswirkung der Pflichtteilsklausel den Abkömmlingen gegenüber kaum rechtfertigen. Diese Sicherheit wird dadurch gewährt, dass auch die Regelungen für den Tod des Längerlebenden (ausnahmsweise) mit erbvertraglicher Bindung getroffen werden. Sie können daher durch den Längerlebenden weder durch Verfügung von Todes wegen (§ 2289 Abs. 1 S. 2 BGB) noch durch lebzeitige Verfügungen mit Beeinträchtigungsabsicht (§ 2287 BGB) umgangen werden. Sollen dem Längerlebenden bestimmte Verfügungen von Todes wegen oder unter Lebenden ermöglicht werden, ist die Bindungswirkung entsprechend einzuschränken.

Im Rahmen der Bindungswirkung kann auch eine **Alternative zur Pflichtteilsklausel** geregelt werden. Es kann ein Änderungsvorbehalt (vgl. dazu ausführlich Reimann/Bengel/*J. Mayer* § 2278 Rn. 14 ff.) aufgenommen werden, wonach der Längerlebende bei einem (näher definierten) Pflichtteilsverlangen eines Abkömmlings des erstversterbenden Ehegatten über dessen Erbteil neu verfügen kann (sei es frei oder nur zwischen den anderen Abkömmlingen). Diese Regelung hat gegenüber der Pflichtteilsklausel den **Vorteil,** dass sie keinen Automatismus enthält (und damit nicht zwingend zu auf einen Sozialleistungsträger überleitbaren Ansprüchen führt). Dafür setzt sie ein gesteigertes Maß an Vertrauen zwischen den Ehegatten (und den Kindern) voraus und kann – wenn der Längerlebende keine neue Verfügung von Todes wegen trifft oder bei Testierunfähigkeit nicht treffen kann – ins Leere gehen. Dazu → Form. E.II.7

5. Steuern. Bezüglich der erbschaftsteuerlichen Auswirkungen der gegenseitigen Erbeinsetzung vgl. die Ausführungen unter → Form. E.II.1. Auch die Stiefkinder gehören wie die gemeinsamen Kinder gem. § 15 Abs. 1 ErbStG der Steuerklasse I an. Die Stiefkinder erhalten den Freibetrag gem. § 16 Abs. 1 Nr. 2 ErbStG in Höhe von 400.000,– EUR und den altersabhängigen Versorgungsfreibetrag gem. § 17 Abs. 2 ErbStG. Zum Geldvermächtnis → Form. C.V.1, → Form. C.V.3.

6. Kosten. Bei **Beurkundung** eines Erbvertrags oder gemeinschaftlichen Testaments entsteht eine **2,0-Gebühr** (Nr. 21100 KV GNotKG). Die gleichen Gebührensätze gelten auch für bloße Ergänzungen oder Nachträge. Als Geschäftswert ist bei Verfügungen über den ganzen Nachlass oder einen Bruchteil nach § 102 Abs. 1 S. 1 GNotKG der Wert des Vermögens oder der Wert des entsprechenden Bruchteils des Vermögens unter Abzug der Verbindlichkeiten des Erblassers zu Grunde zu legen. Mindestens muss das halbe Aktivvermögen angesetzt werden, § 102 Abs. 1 S. 2 Hs. 2 GNotKG. Bei der Wertermittlung ist jeder Verfügende gesondert zu betrachten; Verbindlichkeiten können also nicht verrechnet werden (*Diehn* Rn. 1152 ff.).

Vermächtnisse, Auflagen und Teilungsanordnungen werden neben Verfügungen über den Nachlass als Ganzes nicht gesondert bewertet. Verfügt der Erblasser ausschließlich über bestimmte Vermögensgegenstände, ist deren Wert maßgeblich, wobei vom Begünstigten zu übernehmende Verbindlichkeiten abgezogen werden. Auch hier ist mindestens der halbe Aktivwert der Vermögensgegenstände anzusetzen, § 102 Abs. 2 S. 2 GNotKG. Maßgeblich sind stets die Verhältnisse im Zeitpunkt der Beurkundung.

Die **Registrierung im Zentralen Testamentsregister** kostet 15,– EUR je Registrierung, also pro Erblasser. Beim gemeinschaftlichen Testament fallen daher 30,– EUR an, beim Erbvertrag kommt es auf die Zahl der von Todes wegen verfügenden Beteiligten an.

Die **besondere amtliche Verwahrung** der Verfügung von Todes wegen kostet **75,– EUR** nach Nr. 12100 KV GNotKG (Festgebühr). Die Gebühr entsteht pro Urkunde, nicht pro Erblasser. Die Eröffnung beim Amtsgericht kostet 100,– EUR nach Nr. 12101 KV GNotKG (Festgebühr). Wegen der seit 1.8.2013 eingeführten Festgebühren darf der Notar dem Nachlassgericht den Wert der Verfügung von Todes wegen nicht mehr mitteilen, § 39 Abs. 1 GNotKG.

3. Gegenseitige Erbeinsetzung und Einsetzung der gemeinsamen Kinder als Schlusserben mit Anordnung eines Vermächtnisses in Höhe des Pflichtteilsanspruchs zugunsten der einseitigen Kinder

[Notarieller Urkundeneingang sowie §§ 1 bis 3 wie → Form. E.III.2][1]

§ 4 Tod des Erstversterbenden

Wir setzen uns gegenseitig, der Erstversterbende den Überlebenden, zum alleinigen und unbeschränkten Erben ein.

§ 5 Tod des Längerlebenden

1. Zu Schlusserben beim Tod des Überlebenden berufen wir jeweils unsere gemeinschaftlichen Kinder (einschließlich gemeinschaftlich adoptierter Kinder), mehrere zu gleichen Teilen.
2. Ersatzerben für die Genannten sind ihre jeweiligen Abkömmlinge, mehrere unter sich nach den Regeln der gesetzlichen Erbfolge. Weiter ersatzweise tritt Anwachsung ein.
3. Die Schlusserben sind auch Ersatzerben, insbesondere auch für den Fall des gleichzeitigen Versterbens.
4. Ausdrücklich klargestellt wird, dass einseitige Abkömmlinge enterbt sind.

§ 6 Vermächtnis des Ehemannes

1. Ich, ... (Ehemann), beschwere meinen bzw. meine Erben hiermit mit folgendem Vermächtnis:
   Meine Tochter . . . . . . erhält einen baren Geldbetrag in Höhe ihres Pflichtteilsanspruchs nach § 2303 Abs. 1 BGB.[2]
2. Ersatzvermächtnisnehmer sind die Abkömmlinge meiner Tochter, mehrere unter sich nach den Regeln der gesetzlichen Erbfolge.
3. Vorstehendes Vermächtnis fällt mit meinem Tod an und ist binnen sechs Monaten nach dem Anfall auf Kosten der Vermächtnisnehmerin zu erfüllen. Etwaige auf Grund des Vermächtnisses anfallende Steuern hat die Vermächtnisnehmerin zu tragen. Für die Verjährung gelten die gesetzlichen Vorschriften.
4. Dieses Vermächtnis ist in einseitiger, also erbvertraglich nicht bindender Weise angeordnet.

§ 7 Vermächtnis der Ehefrau

1. Ich, ... (Ehefrau), beschwere meinen bzw. meine Erben hiermit mit folgendem Vermächtnis:
   Mein Sohn . . . . . . erhält einen baren Geldbetrag in Höhe seines Pflichtteilsanspruchs nach § 2303 Abs. 1 BGB.
2. Ersatzvermächtnisnehmer sind die Abkömmlinge meines Sohnes, mehrere unter sich nach den Regeln der gesetzlichen Erbfolge.
3. Vorstehendes Vermächtnis fällt mit meinem Tod an und ist binnen sechs Monaten nach dem Anfall auf Kosten des Vermächtnisnehmers zu erfüllen. Etwaige auf Grund des Vermächtnisses anfallende Steuern hat der Vermächtnisnehmer zu tragen. Für die Verjährung gelten die gesetzlichen Vorschriften.
4. Dieses Vermächtnis ist in einseitiger, also erbvertraglich nicht bindender Weise angeordnet.

[Weitere Regelungen vergleiche §§ 8 bis 11 in → Form. E.III.2][3, 4]

Anmerkungen

1. Sachverhalt. Ein Ehepaar ist jeweils in zweiter Ehe verheiratet. Sie haben je ein Kind aus erster Ehe. Aus der gemeinsamen Ehe ist bisher ein Kind hervorgegangen. Weitere Kinder aus dieser Ehe sind geplant. Sie wollen die gemeinsamen Abkömmlinge bevorzugen.

2. Pflichtteilsvermächtnis. Die gewählte Konstruktion führt dazu, dass die jeweils einseitigen Abkömmlinge (bei beiden Erbfällen) enterbt sind. Ihnen steht daher nach dem Tod des jeweiligen Elternteils ein Pflichtteilsanspruch nach § 2303 Abs. 1 BGB zu. Vor allem aus „psychologischen" Gründen werden sie daher mit einem Pflichtteilsvermächtnis bedacht. Allerdings gibt es auch beachtliche **Unterschiede**, die bei der Wahl des Pflichtteilsvermächtnisses zu beachten sind. Die bis zum 31.12.2009 bestehenden unterschiedlichen Verjährungsfristen für den Pflichtteilsanspruch (drei Jahre ab Kenntnis nach § 2332 Abs. 1 BGB) und für Vermächtnisse (30 Jahre nach § 197 Abs. 1 Nr. 2 BGB) wurden zwischenzeitlich angeglichen (nunmehr allgemeine Regelverjährung nach §§ 195, 199 BGB). Allerdings kann beim Vermächtnis nach hM die Verjährungsfrist durch einseitige Anordnung des Erblassers nach § 202 BGB auf bis zu 30 Jahre verlängert werden; beim Pflichtteil erfordert die Verlängerung dagegen einen Vertrag zwischen dem Erben und dem Pflichtteilsberechtigten (vgl. nur Palandt/*Ellenberger* BGB § 202 Rn. 6). Mit dem Vermächtnis kann somit eine längere „Bedenkzeit" zugewendet werden. Dagegen gilt die Pfändungsschutzvorschrift des § 852 Abs. 1 ZPO nur für den Pflichtteilsanspruch selbst und nicht für ein Pflichtteilsvermächtnis (Musielak/Voit/*Becker* ZPO § 852 Rn. 2); der Pflichtteilsberechtigte kann somit frei entscheiden, ob er den Anspruch anerkennt oder gerichtlich durchsetzt. Das Vermächtnis kann einseitig ausgeschlagen werden, während auf den Pflichtteil nach dem Erbfall nur durch einen (nicht formbedürftigen) Vertrag mit dem Erben verzichtet werden kann (MüKoBGB/*Lange* § 2304 Rn. 8). Im Gegensatz zum Verzicht auf den Pflichtteil (Palandt/*Weidenkaff* BGB § 517 Rn. 4) handelt es sich bei der Ausschlagung eines Vermächtnisses nicht um eine Schenkung, § 517 BGB. Weiter ist zu berücksichtigen, dass § 2314 BGB nur beim gesetzlichen Pflichtteilsanspruch Anwendung findet; dem Vermächtnisnehmer steht dagegen, soweit mit dem Vermächtnis selbst keine weiter gehenden Ansprüche zugewendet wurden, nur ein allgemeiner Auskunftsanspruch zu. Schließlich tritt die Erbschaftsteuerpflicht beim Vermächtnis bereits mit dem Anfall ein, während sie beim Pflichtteil erst mit der Geltendmachung eintritt.

Da die einseitigen Kinder ausdrücklich enterbt wurden und die Zuwendung des Pflichtteils ausdrücklich als Vermächtnis bezeichnet wurde, kommt die Auslegungsregel des **§ 2304 BGB** nicht zum Tragen.

Sofern aufgrund der Zusammensetzung des Nachlasses die Ermittlung der Höhe des vermächtnisweise zugewendeten Geldbetrages schwierig ist, kann auch eine **Schiedsgutachterklausel** aufgenommen werden.

Soweit zwischen Erben und Vermächtnisnehmer eine Einigung über den Wert des Nachlasses nicht zustande kommt, ist der Wert durch einen vom Hauptgeschäftsführer der örtlich zuständigen Industrie- und Handelskammer zu benennenden Schiedsgutachter verbindlich festzusetzen. Dieser hat auch die anfallenden Kosten in entsprechender Anwendung der §§ 91 ff. ZPO zu verteilen.

3. Steuern. Bezüglich der erbschaftsteuerlichen Auswirkungen der gegenseitigen Erbeinsetzung vgl. die Ausführungen → Form. E.II.1. Zum Geldvermächtnis → Form. C.V.1, → Form. C.V.3. Das für die enterbten Kinder ausgesetzte Vermächtnis ist gem. §§ 1 Abs. 1 Nr. 1, 3 Abs. 1 Nr. 1 ErbStG erbschaftsteuerpflichtig.

4. Kosten. → Form. E.III.2 Anm. 6.

4. Gegenseitige Erbeinsetzung und Einsetzung der gemeinsamen Kinder als Schlusserben mit Anordnung von Vermächtnissen jedes Elternteils zugunsten seiner Kinder

[Notarieller Urkundeneingang sowie §§ 1 bis 3 wie → Form. E.III.2; §§ 4 und 5 wie → Form. E.III.3][1]

§ 6 Vermächtnisse des Ehemannes[2]

1. Ich, ... (Ehemann), beschwere meinen bzw. meine Erben hiermit mit folgenden Vermächtnissen:
   Meine Tochter . . . . . . erhält . . . . . . sowie . . . . . .
2. Ersatzvermächtnisnehmer sind die Abkömmlinge meiner Tochter, mehrere unter sich nach den Regeln der gesetzlichen Erbfolge.
3. Vorstehende Vermächtnisse sind rechtlich selbstständig und stellen keine Verschaffungsvermächtnisse dar.
4. Vorstehende Vermächtnisse fallen mit meinem Tod an und sind binnen sechs Monaten nach dem Anfall auf Kosten der Vermächtnisnehmerin zu erfüllen. Die Erben können die Erfüllung der Vermächtnisse von einer (mindestens privatschriftlichen) Erklärung der Vermächtnisnehmerin abhängig machen, mit der diese den Erben etwaige Ansprüche aus § 2307 Abs. 1 S. 2 BGB erlässt. Etwaige auf Grund des jeweiligen Vermächtnisses anfallende Steuern hat die Vermächtnisnehmerin zu tragen.
5. Diese Vermächtnisse sind in einseitiger, also erbvertraglich nicht bindender Weise angeordnet.

§ 7 Vermächtnisse der Ehefrau

1. Ich, ... (Ehefrau), beschwere meinen bzw. meine Erben hiermit mit folgenden Vermächtnissen:
   Mein Sohn . . . . . . erhält . . . . . . sowie . . . . . .
2. Ersatzvermächtnisnehmer sind die Abkömmlinge meines Sohnes, mehrere unter sich nach den Regeln der gesetzlichen Erbfolge.
3. Vorstehende Vermächtnisse sind rechtlich selbstständig und stellen keine Verschaffungsvermächtnisse dar.
4. Vorstehende Vermächtnisse fallen mit meinem Tod an und sind binnen sechs Monaten nach dem Anfall auf Kosten des Vermächtnisnehmers zu erfüllen. Die Erben können die Erfüllung der Vermächtnisse von einer (mindestens privatschriftlichen) Erklärung des Vermächtnisnehmers abhängig machen, mit der dieser den Erben etwaige Ansprüche aus § 2307 Abs. 1. S. 2 BGB erlässt. Etwaige auf Grund des jeweiligen Vermächtnisses anfallende Steuern hat der Vermächtnisnehmer zu tragen.
5. Diese Vermächtnisse sind in einseitiger, also erbvertraglich nicht bindender Weise angeordnet.

[Weitere Regelungen vergleiche §§ 8 bis 11 in → Form. E.III.2][3, 4]

Anmerkungen

1. Sachverhalt. Ein Ehepaar ist jeweils in zweiter Ehe verheiratet. Sie haben beide je ein Kind aus erster Ehe. Aus der gemeinsamen Ehe ist bisher ein Kind hervorgegangen.

Weitere Kinder aus dieser Ehe sind geplant. Sie wollen die gemeinsamen Abkömmlinge bevorzugen.

2. Vermächtnis. Vgl. zu möglichen Vermächtnisgegenständen und der Formulierung die Ausführungen in → Form. C.V. Zusätzlich kann auch eine Testamentsvollstreckung zur Erfüllung der Vermächtnisse vereinbart werden; vgl. dazu → Form. C.VII.7.

Die gewählte Konstruktion führt auch hier dazu, dass die jeweils einseitigen Abkömmlinge (bei beiden Erbfällen) enterbt sind. Ihnen steht daher nach dem Tod des jeweiligen Elternteils ein Pflichtteilsanspruch nach § 2303 Abs. 1 BGB zu. Wird den Abkömmlingen ein Vermächtnis zugewendet, ist weiter § 2307 BGB zu berücksichtigen. Danach können sie den Pflichtteil auch dann verlangen, wenn sie das Vermächtnis ausschlagen (Abs. 1 S. 1). Nehmen die Abkömmlinge das Vermächtnis an, können sie nach § 2307 Abs. 1 S. 2 BGB eine Ergänzung ihres Pflichtteils verlangen, wenn das Vermächtnis weniger wert ist als der Pflichtteil. Soll Streit über den Wert der zugewendeten Gegenstände vermieden werden, empfiehlt sich eine Regelung wie in Abs. 4 des Vermächtnisses. Da die Abkömmlinge die mit dem Tod entstandenen (konkreten) Pflichtteilsansprüche gemäß § 397 BGB formlos erlassen können, kann dadurch der Familienfrieden gefördert werden. Allerdings setzt dies voraus, dass die Vermächtnisse annähernd den Wert des Pflichtteilsanspruchs erreichen, da anderenfalls die Ausschlagung der Vermächtnisse für die enterbten Abkömmlinge verlockender ist.

3. Steuern. Zu den steuerlichen Auswirkungen siehe die Anmerkungen unter → Form. E.III.2.

4. Kosten. → Form. E.III.2 Anm. 6.

5. Gegenseitige Erbeinsetzung der Ehegatten als Vorerben und Einsetzung der Kinder des Erstversterbenden als Nacherben und Einsetzung der Kinder des Längerlebenden als Schlusserben

[Notarieller Urkundeneingang sowie §§ 1 bis 3 wie → Form. E.III.2][1]

§ 4 Erbeinsetzungen des Ehemannes

1. Ich, ... (Ehemann), setze meine Ehefrau, Frau . . . . . ., zu meiner alleinigen und ausschließlichen Erbin ein.
2. Frau . . . . . . ist jedoch nur Vorerbin.[2] Von sämtlichen gesetzlichen Beschränkungen, von denen Befreiung erteilt werden kann, ist sie befreit.
3. Die Nacherbfolge tritt ein mit dem Tod der Vorerbin.
4. Nacherben sind meine Kinder (auch adoptierte), mehrere zu gleichen Teilen. Nach derzeitigem Stand wären somit . . . . . . und . . . . . . Nacherben zu je . . . . . . Ersatznacherben sind die jeweiligen im Zeitpunkt des Nacherbfalls vorhandenen Abkömmlinge eines Nacherben, mehrere unter sich nach den Regeln der gesetzlichen Erbfolge. Weiter ersatzweise tritt Anwachsung ein.
5. Das Anwartschaftsrecht des jeweiligen Nacherben ist weder vererblich noch übertragbar, mit Ausnahme der Übertragung auf die Vorerbin. Im Falle der Übertragung der Nacherbenanwartschaft entfällt jede ausdrückliche oder stillschweigende Ersatznacherbeinsetzung.
6. Die Nacherben (und – bezogen auf den Zeitpunkt des Ersatzerbfalls – Ersatznacherben) sind zugleich Ersatzerben (und weitere Ersatzerben), insbesondere auch für den Fall des gleichzeitigen Versterbens.

7. Die Einsetzung als Nacherbe sowie Ersatzerbe ist jeweils in einseitiger, also erbvertraglich nicht bindender Weise angeordnet.
8. Ich ordne Testamentsvollstreckung an. Zum Testamentsvollstrecker bestimme ich ...... Einen Ersatztestamentsvollstrecker bestimme ich ausdrücklich nicht, so dass die Testamentsvollstreckung entfällt, falls ...... das Amt nicht antreten kann oder will bzw. nach Annahme des Amtes wegfällt. Einzige Aufgabe des Testamentsvollstreckers ist es, bis zum Eintritt der Nacherbfolge die Rechte der Nacherben auszuüben und deren Pflichten zu erfüllen. Im Rahmen dieser Aufgabe hat der Testamentsvollstrecker alle Rechte, die ihm nach dem Gesetz zustehen können; er ist von sämtlichen Beschränkungen, von den Befreiung erteilt werden kann, befreit. Der Testamentsvollstrecker erhält weder eine Vergütung noch Ersatz seiner Auslagen. Mir ist bekannt, dass die Regelungen zur Testamentsvollstreckung nicht der erbrechtlichen Bindung unterliegen.

§ 5 Vermächtnisse des Ehemannes[3]

1. Ich, ... (Ehemann), beschwere meinen bzw. meine Erben hiermit mit folgenden Vermächtnissen:
   Meine Ehefrau, Frau ......, erhält sämtliche Gegenstände unseres gemeinsam geführten Haushaltes zum Alleineigentum, insbesondere das Mobiliar, Hausrat, technische Geräte und dergleichen. Nicht von den Vermächtnissen erfasst ist das Kapitalvermögen (Bargeld, Sparbücher, Guthaben bei Kreditinstituten, Wertpapiere), der Schmuck, der Pkw, ... (etwa ausgenommene Gegenstände aufführen). Die Vermächtnisse gelten unabhängig davon, ob die Gegenstände bei meinem Tod in meinem Alleineigentum stehen oder mir ein Miteigentumsanteil zusteht. Die Vermächtnisse erfassen auch solche Gegenstände, an denen ein Anwartschaftsrecht ganz oder teilweise in den Nachlass fällt.
2. Ersatzvermächtnisnehmer werden nicht bestimmt. Die Vermächtnisse entfallen somit ersatzlos, wenn meine Ehefrau nicht Vermächtnisnehmerin werden kann oder will.
3. Vorstehende Vermächtnisse sind rechtlich selbstständig und stellen keine Verschaffungsvermächtnisse dar. Sofern meine Ehefrau, Frau ......, Erbin wird, handelt es sich um Vorausvermächtnisse, die nicht den Beschränkungen der Vor- und Nacherbfolge unterliegen.
4. Vorstehende Vermächtnisse fallen mit meinem Tod an und sind binnen drei Monaten nach dem Anfall auf Kosten der Vermächtnisnehmerin zu erfüllen. Etwaige auf Grund des jeweiligen Vermächtnisses anfallende Steuern hat die Vermächtnisnehmerin zu tragen.

§ 6 Erbeinsetzungen der Ehefrau

1. Ich, ... (Ehefrau), setze meinen Ehemann, Herrn ......, zu meinem alleinigen und ausschließlichen Erben ein.
2. Herr ...... ist jedoch nur Vorerbe. Von sämtlichen gesetzlichen Beschränkungen, von denen Befreiung erteilt werden kann, ist er befreit.
3. Die Nacherbfolge tritt ein mit dem Tod des Vorerben.
4. Nacherben sind meine Kinder (auch adoptierte), mehrere zu gleichen Teilen. Nach derzeitigem Stand wären somit ...... und ...... Nacherben zu je ...... Ersatznacherben sind die jeweiligen im Zeitpunkt des Nacherbfalls vorhandenen Abkömmlinge eines Nacherben, mehrere unter sich nach den Regeln der gesetzlichen Erbfolge. Weiter ersatzweise tritt Anwachsung ein.
5. Das Anwartschaftsrecht des jeweiligen Nacherben ist weder vererblich noch übertragbar, mit Ausnahme der Übertragung auf den Vorerben. Im Falle der Übertragung der Nacherbenanwartschaft entfällt jede ausdrückliche oder stillschweigende Ersatznacherbeinsetzung.

6. Die Nacherben (und – bezogen auf den Zeitpunkt des Ersatzerbfalls – Ersatznacherben) sind zugleich Ersatzerben (und weitere Ersatzerben), insbesondere auch für den Fall des gleichzeitigen Versterbens.
7. Die Einsetzung als Nacherbe sowie Ersatzerbe ist jeweils in einseitiger, also erbvertraglich nicht bindender Weise angeordnet.
8. Ich ordne Testamentsvollstreckung an. Zum Testamentsvollstrecker bestimme ich ...... Einen Ersatztestamentsvollstrecker bestimme ich ausdrücklich nicht, so dass die Testamentsvollstreckung entfällt, falls ...... das Amt nicht antreten kann oder will bzw. nach Annahme des Amtes wegfällt. Einzige Aufgabe des Testamentsvollstreckers ist es, bis zum Eintritt der Nacherbfolge die Rechte der Nacherben auszuüben und deren Pflichten zu erfüllen. Im Rahmen dieser Aufgabe hat der Testamentsvollstrecker alle Rechte, die ihm nach dem Gesetz zustehen können; er ist von sämtlichen Beschränkungen, von den Befreiung erteilt werden kann, befreit. Der Testamentsvollstrecker erhält weder eine Vergütung noch Ersatz seiner Auslagen. Mir ist bekannt, dass die Regelungen zur Testamentsvollstreckung nicht der erbrechtlichen Bindung unterliegen.

§ 7 Vermächtnisse der Ehefrau

1. Ich, ... (Ehefrau), beschwere meinen bzw. meine Erben hiermit mit folgenden Vermächtnissen:
   Mein Ehemann, Herr ......, erhält sämtliche Gegenstände unseres gemeinsam geführten Haushaltes zum Alleineigentum, insbesondere das Mobiliar, Hausrat, technische Geräte und dergleichen. Nicht von den Vermächtnissen erfasst ist das Kapitalvermögen (Bargeld, Sparbücher, Guthaben bei Kreditinstituten, Wertpapiere), der Schmuck, der Pkw, ... (etwa ausgenommene Gegenstände aufführen). Die Vermächtnisse gelten unabhängig davon, ob die Gegenstände bei meinem Tod in meinem Alleineigentum stehen oder mir ein Miteigentumsanteil zusteht. Die Vermächtnisse erfassen auch solche Gegenstände, an denen ein Anwartschaftsrecht ganz oder teilweise in den Nachlass fällt.
2. Ersatzvermächtnisnehmer werden nicht bestimmt. Die Vermächtnisse entfallen somit ersatzlos, wenn mein Ehemann nicht Vermächtnisnehmer werden kann oder will.
3. Vorstehende Vermächtnisse sind rechtlich selbstständig und stellen keine Verschaffungsvermächtnisse dar. Sofern mein Ehemann, Herr ......, Erbe wird, handelt es sich um Vorausvermächtnisse, die nicht den Beschränkungen der Vor- und Nacherbfolge unterliegen.
4. Vorstehende Vermächtnisse fallen mit meinem Tod an und sind binnen drei Monaten nach dem Anfall auf Kosten des Vermächtnisnehmers zu erfüllen. Etwaige auf Grund des jeweiligen Vermächtnisses anfallende Steuern hat der Vermächtnisnehmer zu tragen.

[Weitere Regelungen vergleiche §§ 8 bis 11 in → Form. E.III.2][4, 5]

Anmerkungen

1. Sachverhalt. Ein Ehepaar ist jeweils in zweiter Ehe verheiratet. Sie haben beide Kinder aus erster Ehe. Aus der gemeinsamen Ehe ist bisher ein Kind hervorgegangen. Weitere Kinder aus dieser Ehe sind geplant. Sie wollen, dass nach dem Tod des Längerlebenden das jeweilige Vermögen auf die jeweils eigenen Abkömmlinge übergeht.

2. Vor- und Nacherbfolge. Durch die Vor- und Nacherbfolge kann erreicht werden, dass der Längerlebende vom Vermögen des Erstversterbenden profitiert und trotzdem das Vermögen letztendlich nur auf die eigenen Abkömmlinge des Erstversterbenden übergeht.

Der „Schutz“ der Abkömmlinge kann verbessert werden, wenn der Vorerbe von den gesetzlichen Beschränkungen nicht befreit wird. Allerdings ist dann auch die Handlungsfreiheit des Längerlebenden stärker eingeschränkt (vgl. zur Vor- und Nacherbfolge allgemein die Ausführungen in → Form. C.II.1 ff.). Da im Vorfeld nicht bekannt ist, wer von den Ehegatten zuerst verstirbt, sind die vorgesehenen Nacherben auch zu Ersatzerben (sowie die Ersatznacherben zu weiteren Ersatzerben) zu berufen, um Auslegungsprobleme zu vermeiden. Da die jeweils eigenen Kinder zu Nach- bzw. Ersatzerben eingesetzt werden, besteht m. E. kein zwingendes Bedürfnis für eine insoweit erbvertraglich bindende Einsetzung. Da die Person des Ersatznacherben erst im Zeitpunkt des Eintritts der Nacherbfolge feststeht, kann eine **Nacherbenvollstreckung** ratsam sein (vgl. dazu auch die Anmerkungen in → Form. C.VII.10 sowie ausführlich Nieder/Kössinger/*R. Kössinger* § 10 Rn. 67). Nach hM kann der alleinige Vorerbe nicht zum einzigen Testamentsvollstrecker bestellt werden; er kann jedoch zu einem von mehreren Testamentsvollstreckern oder Nacherbenvollstreckern bestellt werden (Staudinger/*Reimann* BGB § 2197 Rn. 83 mwN). Der Formulierungsvorschlag geht davon aus, dass einer der Nacherben zum Nacherbenvollstrecker bestellt wird, so dass eine Vergütung nicht erforderlich ist; bei anderen Personen ist dies gegebenenfalls anzupassen. Weiter ist mit den Beteiligten zu erörtern, ob für den Fall des Wegfalls des vorgesehenen Vollstreckers eine Ersatzperson bestellt, dem Vollstrecker ein Nachfolgerbestimmungsrecht eingeräumt (§ 2199 Abs. 2 BGB) oder ein Ersuchen an das Nachlassgericht gestellt wird (§ 2200 BGB).

3. Hausratsvermächtnis. Da der Hausrat für das tägliche Leben des Längerlebenden eine besondere Rolle spielt, wird er als Vorausvermächtnis (vgl. § 2110 Abs. 2 BGB) zugewendet. Dadurch wird erreicht, dass sich die Bindung der Vor- und Nacherbfolge nicht auf diese Gegenstände erstreckt, der Längerlebende insoweit also frei „wirtschaften“ kann.

4. Steuern. Zur Vor- und Nacherbeneinsetzung → Form. C.II.1, → Form. C.II.3. Zum Vorausvermächtnis → Form. C.II.2, → Form. C.V.1.

5. Kosten. → Form. E.III.2 Anm. 6. Die Vor- und Nacherbschaft löst keine zusätzlichen Kosten aus.

6. Jeder Ehegatte setzt seine Kinder als Erben ein mit Anordnung von Vermächtnissen zugunsten des längerlebenden Ehegatten, kombiniert mit einem Pflichtteilsverzichtsvertrag

[Notarieller Urkundeneingang sowie §§ 1 bis 3 wie → Form. E.III.2][1]

§ 4 Erbeinsetzung des Ehemannes

Ich, ... (Ehemann), setze hiermit in einseitiger, also erbvertraglich nicht bindender Weise, meine Abkömmlinge (auch adoptierte), mehrere unter sich nach den Regeln der gesetzlichen Erbfolge, zu Erben ein.

§ 5 Vermächtnisse des Ehemannes[2]

1. **Ich, ... (Ehemann), beschwere meinen bzw. meine Erben hiermit mit folgenden Vermächtnissen:**
   Meine Ehefrau, Frau . . . . . ., erhält sämtliche Gegenstände unseres gemeinsam geführten Haushaltes zum Alleineigentum, insbesondere das Mobiliar, Hausrat, technische Geräte und dergleichen. Nicht von den Vermächtnissen erfasst ist das Kapital-

vermögen (Bargeld, Sparbücher, Guthaben bei Kreditinstituten, Wertpapiere), der Schmuck, der Pkw, ... (etwa ausgenommene Gegenstände aufführen). Die Vermächtnisse gelten unabhängig davon, ob die Gegenstände bei meinem Tod in meinem Alleineigentum stehen oder mir ein Miteigentumsanteil zusteht. Die Vermächtnisse erfassen auch solche Gegenstände, an denen ein Anwartschaftsrecht ganz oder teilweise in den Nachlass fällt.
Weiter erhält meine Ehefrau, Frau . . . . ., ... sowie . . . . . .
2. Ersatzvermächtnisnehmer werden nicht bestimmt. Die Vermächtnisse entfallen somit ersatzlos, wenn meine Ehefrau nicht Vermächtnisnehmerin werden kann oder will.
3. Vorstehende Vermächtnisse sind rechtlich selbstständig und stellen keine Verschaffungsvermächtnisse dar.
4. Vorstehende Vermächtnisse fallen mit meinem Tod an und sind binnen drei Monaten nach dem Anfall auf Kosten der Vermächtnisnehmerin zu erfüllen. Etwaige auf Grund des jeweiligen Vermächtnisses anfallende Steuern hat die Vermächtnisnehmerin zu tragen.

§ 6 Erbeinsetzung der Ehefrau

Ich, ... (Ehefrau), setze hiermit in einseitiger, also erbvertraglich nicht bindender Weise, meine Abkömmlinge (auch adoptierte), mehrere unter sich nach den Regeln der gesetzlichen Erbfolge, zu Erben ein.

§ 7 Vermächtnisse der Ehefrau

1. Ich, ... (Ehefrau), beschwere meinen bzw. meine Erben hiermit mit folgenden Vermächtnissen:
Mein Ehemann, Herr . . . . . ., erhält sämtliche Gegenstände unseres gemeinsam geführten Haushaltes zum Alleineigentum, insbesondere das Mobiliar, Hausrat, technische Geräte und dergleichen. Nicht von den Vermächtnissen erfasst ist das Kapitalvermögen (Bargeld, Sparbücher, Guthaben bei Kreditinstituten, Wertpapiere), der Schmuck, der Pkw, ... (etwa ausgenommene Gegenstände aufführen). Die Vermächtnisse gelten unabhängig davon, ob die Gegenstände bei meinem Tod in meinem Alleineigentum stehen oder mir ein Miteigentumsanteil zusteht. Die Vermächtnisse erfassen auch solche Gegenstände, an denen ein Anwartschaftsrecht ganz oder teilweise in den Nachlass fällt.
Weiter erhält mein Ehemann, Herr . . . . ., ... sowie . . . . . .
2. Ersatzvermächtnisnehmer werden nicht bestimmt. Die Vermächtnisse entfallen somit ersatzlos, wenn mein Ehemann nicht Vermächtnisnehmer werden kann oder will.
3. Vorstehende Vermächtnisse sind rechtlich selbstständig und stellen keine Verschaffungsvermächtnisse dar.
4. Vorstehende Vermächtnisse fallen mit meinem Tod an und sind binnen drei Monaten nach dem Anfall auf Kosten des Vermächtnisnehmers zu erfüllen. Etwaige auf Grund des jeweiligen Vermächtnisses anfallende Steuern hat der Vermächtnisnehmer zu tragen.

§ 8 bis § 10

[Weitere Regelungen vergleiche §§ 8 bis 10 in → Form. E.III.2]

§ 11 Pflichtteilsverzicht[3]

1. Jeder von uns verzichtet hiermit für den Fall, dass er der Überlebende von uns beiden ist, auf sein gesetzliches Pflichtteilsrecht am Nachlass des Erstversterbenden. Die Verzichtserklärungen nehmen wir gegenseitig an.

2. Sollte unsere Ehe durch den Tod eines Ehegatten beendet werden, verzichten wir im Wege der ehevertraglichen Vereinbarung auf die Durchführung des Zugewinnausgleichs nach § 1371 Abs. 2 und 3 BGB. Die Regelung des § 1371 Abs. 1 BGB bleibt von dieser Vereinbarung unberührt; sie wird ebenso wie ein etwaiger Zugewinnausgleich bei einem ehevertraglichen Güterstandswechsel bzw. Scheidung der Ehe nicht ausgeschlossen. Weitergehende güterrechtliche Vereinbarungen wollen wir nicht treffen.
3. Die erklärten Verzichte und die ehevertragliche Vereinbarung sind jeweils auflösend bedingt. Sie gelten nur, wenn beim Tod des Erstversterbenden von den vorstehend vereinbarten Vermächtnissen (§§ 3 und 5 dieser Urkunde) diejenigen zugunsten des Längerlebenden nicht aufgehoben oder aus sonstigen Gründen unwirksam sind. Die Ausschlagung durch den Längerlebenden führt nicht zum Eintritt der Bedingung. Im Übrigen sind diese Vereinbarungen unabhängig von den sonstigen in dieser Urkunde enthaltenen Verfügungen getroffen.
4. Der Notar hat uns auf die Wirkungen des Pflichtteilsverzichts hingewiesen, insbesondere darauf, dass damit steuerliche Nachteile verbunden sein können. Weiter ist uns bekannt, dass durch die Verbindung des Erbvertrages mit einem Pflichtteilsverzicht die Rücknahme aus der amtlichen Verwahrung ausgeschlossen wird, vgl. § 2300 Abs. 2 BGB.

§ 12 Kosten und Abschriften

Wir tragen die Kosten dieser Urkunde und ersuchen um Erteilung je einer Ausfertigung für uns.

Zur Urkundensammlung des Notars ist eine beglaubigte Abschrift zu nehmen, die dort offen verwahrt werden kann.

Wir wünschen die amtliche Verwahrung dieses Erbvertrages. Uns ist bekannt, dass die Urkunde beim Zentralen Testamentsregister registriert wird.[4, 5]

Anmerkungen

1. Sachverhalt. Ein Ehepaar ist jeweils in zweiter Ehe verheiratet. Sie haben beide Kinder aus erster Ehe. Aus der gemeinsamen Ehe ist bisher ein Kind hervorgegangen. Weitere Kinder aus dieser Ehe sind geplant. Sie wollen jeweils primär die eigenen Abkömmlinge absichern.

2. Vermächtnis. Vgl. zu möglichen Vermächtnisgegenständen und der Formulierung die Ausführungen in Abschn. → Form. C.V. Zusätzlich kann auch eine Testamentsvollstreckung zur Erfüllung der Vermächtnisse vereinbart werden; vgl. dazu → Form. C.VII.7.

Die Besonderheit besteht bei dieser Gestaltung darin, dass sich die Ehegatten gegenseitig enterben. Soweit sich die Ehegatten nicht vollständig aus ihrem jeweils eigenen Vermögen versorgen können, sind sie durch Vermächtnisse abzusichern. Dies kann va durch Zuwendung des Hausrats und von Nießbrauchs- oder Wohnungsrechten erfolgen. Letztere haben den Vorteil, dass die Substanz des Vermögens nicht angetastet wird und damit vollständig den Abkömmlingen zugutekommt.

3. Pflichtteilsverzicht. Da sich die Ehegatten wechselseitig enterbt haben, empfiehlt sich ein wechselseitiger Pflichtteilsverzicht, um die geplante Vermögensverteilung nicht zu gefährden. Das Problem besteht hier weniger in der Durchsetzung des Pflichtteils durch den längerlebenden Ehegatten selbst (auch wenn dies natürlich nicht ausgeschlossen werden kann). Eine Geltendmachung des Pflichtteils droht vielmehr dann, wenn der Längerlebende verstirbt, bevor die Pflichtteilsansprüche verjährt sind. In diesem Fall

gehen diese Ansprüche als Nachlassbestandteil auf die Erben des Längerlebenden über, die nur zum Teil mit dem Erstversterbenden verwandt sind (und somit uU weniger „Hemmungen“ haben). Der Verzicht soll natürlich nur gelten, wenn beim Tod des Erstversterbenden die Absicherung des längerlebenden Ehegatten durch das Vermächtnis noch besteht; der Verzicht ist aus diesem Grund auflösend bedingt. Eine Regelung hinsichtlich **§ 1586b BGB** (→ Form. F.III.2 Anm. 2) erübrigt sich hier, da die Vermächtnisse mit der Rechtshängigkeit des Scheidungsantrages entfallen (→ Form. E.III.2 § 7 Abs. 2). Damit entfällt auch der wechselseitige Pflichtteilsverzicht. § 1586b BGB spielt aber nur für Unterhaltsansprüche eine Rolle, die mindestens die Rechtshängigkeit des Scheidungsantrags voraussetzen (originär für den Geschiedenenunterhalt und über § 1933 S. 3 BGB auch für Unterhaltsansprüche ohne eine Scheidung).

Eine weitere Besonderheit besteht bei einem Pflichtteilsverzicht durch Ehegatten darin, dass im gesetzlichen Güterstand neben Ansprüchen aus §§ 2303 ff. BGB auch solche aus § 1371 BGB bestehen (→ Form. I.I.5 Anm. 4). Aus diesem Grund sollte in einem Pflichtteilsverzicht auch das Schicksal dieser Ansprüche geregelt werden. Da § 1371 Abs. 1 BGB nur bei gesetzlicher Erbfolge greift, braucht er nicht ausgeschlossen zu werden (so dass er für die Berechnung von etwaigen Pflichtteilsansprüchen Dritter herangezogen werden kann). Da es sich bei § 1371 BGB um eine Norm des Güterrechts handelt, erfolgt die Modifikation durch Ehevertrag.

Zu den Wirkungen des § 2300 BGB vgl. ausführlich *von Dickhut-Harrach* RNotZ 2002, 384 ff.; zu § 5 ErbStG vgl. die Anm. → Form. I.II.3.

4. Steuern. Tritt der Erbfall ein, liegt ein erbschaftsteuerpflichtiger Vorgang gem. §§ 1 Abs. 1 Nr. 1, 3 Abs. 1 Nr. 1 ErbStG vor. Die Kinder erhalten die persönlichen Freibeträge gem. §§ 16 Abs. 1 Nr. 2, 17 Abs. 2 ErbStG, zum Vermächtnis → Form. C.V.1, zum Pflichtteilsverzicht → Form. I.II.5, → Form. I.II.6.

5. Kosten. → Form. E.III.2 Anm. 6. Der Wert jedes Pflichtteilsverzichtsvertrags ist hinzuzurechnen, § 35 Abs. 1 GNotKG (*Diehn* Rn. 1159). Er richtet sich nach § 102 Abs. 4 S. 2 GNotKG nach der Pflichtteilsquote jedes Berechtigten, bezogen auf das modifizierte Reinvermögen der Erblasser, § 102 Abs. 1 GNotKG.

IV. Verfügungen von Lebenspartnern

1. Gegenseitige Erbeinsetzung der Lebenspartner und Einsetzung der jeweiligen Verwandten zu Schlusserben

[Notarieller Urkundeneingang]

Die Erschienenen erklärten:[1, 2, 3]

Wir sind Partner einer eingetragenen Lebenspartnerschaft.

Wir wollen einen Erbvertrag schließen und sind durch frühere Verfügungen von Todes wegen hieran nicht gehindert. Wir sind deutsche Staatsangehörige und leben im gesetzlichen Güterstand der Zugewinngemeinschaft. Keiner von uns hat Abkömmlinge, weder leibliche noch adoptierte.

Wir verlangen keine Zuziehung von Zeugen.

Der Erbvertrag soll unverschlossen in der amtlichen Verwahrung des Notars bleiben. Der Notar hat uns darauf hingewiesen, dass er die Verwahrangaben an das von der Bundesnotarkammer geführte Zentrale Testamentsregister zu übermitteln hat und wir je eine Eintragungsbestätigung vom Zentralen Testamentsregister erhalten.

Der Notar überzeugte sich durch die Verhandlung von der erforderlichen Geschäftsfähigkeit der Erblasser.

Die Beteiligten erklärten dem Notar mündlich wie folgt:

Wir schließen den nachstehenden

ERBVERTRAG

§ 1 Widerruf

Alle Verfügungen von Todes wegen, die wir gemeinsam oder einzeln bisher errichtet haben, widerrufen wir.

§ 2 Rechtswahl

Nachdem wir von dem Notar über die Anknüpfung des Erbstatuts nach der Europäischen Erbrechtsverordnung belehrt wurden, erklären wir hierzu: Eine Wahl des deutschen Rechts für die Rechtsnachfolge von Todes wegen wollen wir nicht treffen, da wir nicht beabsichtigen, unseren gewöhnlichen Aufenthalt ins Ausland zu verlegen.

§ 3 Erbeinsetzung

1. Wir setzen uns gegenseitig, der Erstversterbende den Längstlebenden, zum alleinigen und unbeschränkten Erben ein.
2. Jeder von uns beruft sowohl für den Fall, dass er der Längstlebende von uns ist, als auch für den Fall, dass wir gleichzeitig oder kurz hintereinander aus gleichem Anlass versterben, zu seinen Erben seine gesetzlichen Erben und die gesetzlichen Erben des Lebenspartners zu je $^1/_2$ Anteil jeweils auf einen gemeinschaftlichen Erbteil.

§ 4 Erbvertragliche Bindung

1. **Wir nehmen unsere Erklärungen über die gegenseitige Erbeinsetzung mit erbvertraglicher Bindung gegenseitig an.**
   Jeder von uns ist zum Rücktritt von diesem Erbvertrag berechtigt. Der Rücktritt bedarf der notariellen Beurkundung und des Zugangs beim anderen Lebenspartner; er führt zur Unwirksamkeit des Erbvertrages insgesamt.
2. **Die Regelung der Erbfolge nach dem Längstlebenden von uns ist vertragsgemäß. Der Längstlebende von uns ist jedoch berechtigt, die Erbeinsetzung seiner eigenen gesetzlichen Erben zu 1/2 Anteil zu widerrufen.**[4, 5]

Anmerkungen

1. Sachverhalt. Kinderlose Lebenspartner nach dem LPartG setzen sich gegenseitig zum Erben und jeweils ihre gesetzlichen Erben (Eltern, Geschwister, Neffen und Nichten) zu Erben des Längstlebenden ein.

2. Die **Gleichstellung der gleichgeschlechtlichen** und der verschiedengeschlechtlichen **Ehe** hat sich in Deutschland bekanntlich in zwei Schritten vollzogen: Zunächst hat der Gesetzgeber die sog. Lebenspartnerschaft durch das LPartG eingeführt. Diese war nicht Ehe im Sinne des Art. 6 GG. Am 28.6.2017 hat der Bundestag dann das Gesetz zur Einführung des Rechts auf Eheschließung für Personen gleichen Geschlechts verabschiedet und damit erstmal für gleichgeschlechtliche Paare die Möglichkeit zur Schließung einer Ehe im Sinne des Art. 6 GG geschaffen. Paare, die in Anwendung dieses Gesetzes die **Ehe geschlossen** haben oder ihre Lebenspartnerschaft nach **Art. 20a LPartG in eine Ehe umgewandelt** haben, sind künftig rechtlich als Eheleute zu behandeln, sodass es hinsichtlich der Errichtung von Verfügungen von Todes wegen keine Unterschiede zu den bisherigen Verfügungen von Eheleuten mehr gibt. Auch die Tatsache, dass diese Paare häufig keine gemeinsamen Kinder haben, macht es nicht erforderlich, dies als besondere Fallgruppe zu behandeln. Die Lebenssachverhalte und die erforderlichen rechtlichen Regelungen unterscheiden sich nicht, von denen bei kinderlosen Ehegatten verschiedenen Geschlechts. Die kautelarjuristische Praxis sollte vorsichtig sein, hier letztlich auch diskriminierende Sondermaterien für gleichgeschlechtliche Ehegatten zu schaffen.

Allerdings stellt sich für den erbrechtlichen Berater auch nach der Einführung der „Ehe für Alle" die Frage, wie mit **weiter bestehenden Lebenspartnerschaften** umzugehen ist und welche Auswirkungen sich nach Umwandlung der Lebenspartnerschaft in eine Ehe für **früher errichtete Verfügungen von Todes** wegen ergeben.

Festzuhalten ist zunächst, dass nach Art. 3 Abs. 3 des Gesetzes zur Einführung des Rechts auf Eheschließung für Personen gleichen Geschlechts neue Lebenspartnerschaften nicht mehr begründet werden können. Es besteht nur noch die Möglichkeit zur Eheschließung. Freilich werden bestehende **Lebenspartnerschaften nicht automatisch in Ehen umgewandelt.** Hierzu bedarf es einer Erklärung nach § 20a LPartG. Bis dahin besteht die Lebenspartnerschaft als solche fort und muss bei der Testamentserrichtung besonders berücksichtigt werden.

Spannend ist dagegen die Frage, wie Verfügungen von Todes wegen von bisherigen Lebenspartnern zu behandeln sind, die ihre Lebenspartnerschaft nun **in eine Ehe nach § 20a LPartG umgewandelt** haben. Hierzu schweigt das Gesetz. Aus meiner Sicht spricht Vieles dafür, dass sich die erbrechtliche Rechtslage durch die Umwandlung nicht ändert, bisherige gemeinschaftliche Testamente und Erbverträge bestehen bleiben und eine Anpassung der Verfügungen von Todes wegen zumindest aus dem Grund der Umwandlung nicht erforderlich ist (DNotI-Report 2017, 145 [147]). Lebenspartner iSd § 1 LPartG konnten auch bisher nach § 10 Abs. 4 LPartG ein gemeinschaftliches Testament errichten. Ebenso stand

ihnen die Möglichkeit offen, einen Erbvertrag zu schließen. Beide Möglichkeiten bestehen auch nach der Umwandlung in eine Ehe fort. Die Umwandlung einer Lebenspartnerschaft in eine Ehe nach § 20a LPartG führt nicht zu einer Beendigung der Lebenspartnerschaft und Neubegründung einer Ehe, sondern lässt die Identität des Statusverhältnisses, wie man auch aus Art. 3 Abs. 2 des Einführungsgesetzes entnehmen kann, unberührt. Es findet eine identitätswahrende Umwandlung von einer Lebenspartnerschaft in eine Ehe statt (so zutreffend: DNotI-Report 2017, 145 [146]; *Schwab* FamRZ 2017, 1284 [1288]). Insofern spricht aus meiner Sicht alles dafür, die schlichte Fortgeltung bisheriger Verfügungen von Todes wegen anzunehmen, ohne dass Regelungsbedarf bestünde.

3. Bei einer **bestehenden Lebenspartnerschaft** ohne Kinder wird häufig die gegenseitige Erbeinsetzung und entweder die Einsetzung der gesetzlichen Erben eines jeden Lebenspartners zu je $^{1}/_{2}$ Anteil oder einer gemeinnützigen Einrichtung zum Erben des längstlebenden Lebenspartners gewünscht. Die gesetzlichen Erben der Lebenspartner sollten jeweils auf einen gemeinschaftlichen Erbteil (§ 2093 BGB) eingesetzt werden. Sollen die Eltern bedacht werden, kann dem Vorversterben eines Elternteils, das dazu führt, dass an dessen Stelle seine Abkömmlinge treten, dadurch Rechnung getragen werden, dass insoweit Anwachsung eintritt und erst nach dem Tode beider Elternteile die Geschwister bzw. deren Abkömmlinge ersatzweise berufen sind.

Der überlebende Lebenspartner ist, hat der Erstversterbende keine Abkömmlinge, gesetzlich neben den Verwandten der zweiten Ordnung nach § 10 Abs. 1 S. 4 LPartG iVm § 1371 Abs. 1 BGB zu $^{3}/_{4}$ Anteil gesetzlich zum Erben berufen, bei Gütertrennung jedoch nur zur Hälfte, so dass wegen des Pflichtteilsrechts der Eltern nach § 2303 Abs. 2 BGB von einer Vereinbarung der Gütertrennung unter diesem Gesichtspunkt abzuraten und die modifizierte Zugewinngemeinschaft vorzugswürdig ist, mit der allein für den Fall der Aufhebung der Lebenspartnerschaft Ausgleichsansprüche ausgeschlossen werden.

Das Erbrecht des Lebenspartners ist unter den Voraussetzungen des § 10 Abs. 3 LPartG ausgeschlossen. Die Aufhebung der Lebenspartnerschaft (§ 15 LPartG) und die ihr in § 10 Abs. 3 LPartG gleichgestellten Fälle führen wie beim gemeinschaftlichen Testament von Ehegatten nach §§ 2268, 2077 BGB zur Unwirksamkeit des gemeinschaftlichen Testaments der Lebenspartner; dies gilt auch für den Erbvertrag. Sollen die jeweiligen Verwandten der Lebenspartner Schlusserben sein, ist mit den Beteiligten zu erörtern, ob deren Einsetzung im Erbvertrag vertragsmäßig (im gemeinschaftlichen Testament: wechselbezüglich) erfolgen soll. In diesem Fall ist es regelmäßig richtig, dass der längstlebende Lebenspartner hinsichtlich der Einsetzung seiner Familienangehörigen zur Abänderung berechtigt ist.

§ 15 Abs. 3 ErbStG, der die mit dem verstorbenen Lebenspartner näher verwandten Erben und Vermächtnisnehmer steuerlich privilegiert, ist auf Lebenspartner anzuwenden.

4. Steuern. Erbschaftsteuerlich gehört der Lebenspartner wie der Ehegatte der Steuerklasse I an. Lebenspartner können einen persönlichen Freibetrag in Höhe von 500.000,– EUR (§ 16 Abs. 1 Nr. 6 ErbStG) sowie einen besonderen Versorgungsfreibetrag in Höhe von 256.000,– EUR (§ 17 Abs. 1 ErbStG) in Anspruch nehmen.

Die Zuwendung von Todes wegen bzw. die Schenkung des Familienwohnheims an den Lebenspartner ist nach § 13 Abs. 1 Nr. 4 lit. b bzw. a ErbStG steuerbefreit. § 15 Abs. 3 ErbStG, der die mit dem Erstverstorbenen näher verwandten Erben und Vermächtnisnehmer steuerlich privilegiert, ist auch im Hinblick auf erstversterbende Lebenspartner anwendbar. Auch die erbschaftsteuerlichen Regelungen zur fortgesetzten Gütergemeinschaft sowie zur Zugewinngemeinschaft (§§ 4 Abs. 1, 5 Abs. 1 S. 1 und 4, Abs. 2 ErbStG) sind auf Lebenspartner anwendbar.

5. Kosten. → Form. E.II.1.

2. Einsetzung des Kindes eines Lebenspartners mit Vermächtnissen zugunsten des anderen Lebenspartners

[Notarieller Urkundeneingang]

Die Erschienenen erklärten:[1-5]

Wir sind Partner einer eingetragenen Lebenspartnerschaft.

Frau A hat ein Kind, den Sohn S, geboren am . . . . . .Frau B hat dieses Kind ihrer Lebenspartnerin nicht angenommen.

Wir wollen einen Erbvertrag schließen und sind durch frühere Verfügungen von Todes wegen hieran nicht gehindert. Wir sind deutsche Staatsangehörige und leben im gesetzlichen Güterstand der Zugewinngemeinschaft.

Wir verlangen keine Zuziehung von Zeugen. Der Erbvertrag soll unverschlossen in der amtlichen Verwahrung des Notars bleiben. Der Notar hat uns darauf hingewiesen, dass er die Verwahrangaben an das von der Bundesnotarkammer geführte Zentrale Testamentsregister zu übermitteln hat und wir eine Eingangsbestätigung vom Zentralen Testamentsregister erhalten.

Der Notar überzeugte sich durch die Verhandlung von der erforderlichen Geschäftsfähigkeit der Erblasser.

Frau A und Frau B erklärten dem Notar mündlich wie folgt:

Wir schließen den nachstehenden

ERBVERTRAG

§ 1 Widerruf

Alle Verfügungen von Todes wegen, die wir gemeinsam oder einzeln bisher errichtet haben, widerrufen wir.

§ 2 Rechtswahl

Nachdem wir von dem Notar über die Anknüpfung des Erbstatuts nach der Europäischen Erbrechtsverordnung belehrt wurden, erklären wir hierzu: Eine Wahl des deutschen Rechts für die Rechtsnachfolge von Todes wegen wollen wir nicht treffen, da wir nicht beabsichtigen, unseren gewöhnlichen Aufenthalt ins Ausland zu verlegen.

§ 3 Erbeinsetzung

1. Ich, B, setze meine Lebenspartnerin, A, zu meiner alleinigen und unbeschränkten Erbin ein. Sollte diese vor mir versterben oder aus einem sonstigen Grunde nicht Erbin werden, so tritt ihr Sohn S an ihre Stelle, wiederum ersatzweise dessen Abkömmlinge entsprechend den Regeln über die gesetzliche Erbfolge.
2. Ich, A, setze meinen Sohn S zu meinem alleinigen und unbeschränkten Erben ein.
   Sollte dieser vor dem Erbfall versterben oder aus einem sonstigen Grunde nicht Erbe werden, so treten seine Abkömmlinge entsprechend den Regeln über die gesetzliche Erbfolge an seine Stelle.
   Sind solche nicht vorhanden, so setze ich meine Lebenspartnerin B zu meiner Erbin ein.

§ 4 Vermächtnisse

1. Ich, A, vermache meiner Lebenspartnerin B für den Fall, dass ich vor ihr versterbe, die mir gehörenden Gegenstände des gemeinschaftlichen Haushalts, meine persönlichen Gebrauchsgegenstände und, soweit bei meinem Tode vorhanden, meinen PKW, sowie meine Guthaben auf gemeinschaftlichen Girokonten.
   Weiterhin vermache ich meiner Lebenspartnerin B den lebenslänglichen Nießbrauch an dem mir gehörenden Grundbesitz, eingetragen im Grundbuch des Amtsgerichts ...... von ...... Blatt ...... als ...... mit folgendem Inhalt:
   Die Nießbraucherin ist berechtigt, sämtliche Nutzungen aus dem Grundbesitz zu ziehen und verpflichtet, sämtliche auf dem Grundbesitz ruhenden privaten und öffentlichen Lasten, einschließlich der außerordentlichen öffentlichen Lasten, zu tragen. Die Nießbraucherin hat auch die nach der gesetzlichen Lastenverteilungsregelung dem Eigentümer obliegenden privaten Lasten zu tragen, insbesondere auch außergewöhnliche Ausbesserungen und Erneuerungen, sowie Zinsen und Tilgung auf die Darlehensverbindlichkeiten, die auf dem Grundbesitz durch Grundpfandrechte gesichert sind.
   Der Nießbrauch ist mit dem vorstehenden Inhalt für meine Lebenspartnerin in das Grundbuch einzutragen mit dem Vermerk, dass zur Löschung des Rechts der Nachweis des Todes der Berechtigten genügt.
   Einen Ersatzvermächtnisnehmer bestimme ich nicht.
2. Die Kosten der Erfüllung der Vermächtnisse trägt meine Lebenspartnerin.
   Ich bevollmächtige meine Lebenspartnerin B unter Befreiung von den Beschränkungen des § 181 BGB, nach meinem Tod die Eintragung des Nießbrauchs in das Grundbuch zu bewilligen und zu beantragen.

§ 5 Erbvertragliche Bindung

1. Die Erbeinsetzung von Frau A durch Frau B und die von Frau A zugunsten von Frau B angeordneten Vermächtnisses sind vertragsgemäß.
   Jeder von uns ist zum Rücktritt von diesem Erbvertrag berechtigt. Der Rücktritt bedarf der notariellen Beurkundung und des Zugangs beim anderen Lebenspartner; er führt zur Unwirksamkeit des Erbvertrages insgesamt.
2. Alle weiteren Verfügungen von Todes wegen sind einseitig getroffen und sollen nur testamentarisch wirken. Sie können von jedem von uns jederzeit, auch nach dem Tod der Erstversterbenden von uns, einseitig widerrufen werden.

Anmerkungen

1. Sachverhalt. Eine Lebenspartnerin hat ein leibliches Kind, das von der anderen Lebenspartnerin nicht als Kind angenommen wurde. Frau A setzt ihr Kind unmittelbar zum Erben ein und bedenkt ihre Lebenspartnerin B mit Vermächtnissen, die bis zur Höhe ihres persönlichen Freibetrages von 500.000,– EUR steuerfrei sind. A ist Alleineigentümerin des Familienwohnheims, B erhält den Nießbrauch hieran.

2. Ist das Kind minderjährig, sind familienrechtliche Anordnungen und gegebenenfalls die Anordnung der Testamentsvollstreckung (auch über das 18. Lebensjahr des Kindes hinaus) zu empfehlen (→ Form. E.II.3). Zum Vormund und zum Testamentsvollstrecker soll in aller Regel die Lebenspartnerin ernannt werden.

3. Da Frau B beim Vorversterben von Frau A pflichtteilsberechtigt ist, kann der Erbvertrag mit einem Vertrag verbunden werden, in dem Frau B gegenüber Frau A auf

ihren Pflichtteil verzichtet, gegebenenfalls unter der Bedingung, dass die zu ihren Gunsten angeordneten Vermächtnisse im Erbfall weiterhin wirksam bestehen.

4. Steuern. Zur Erbeinsetzung eines Lebenspartners → Form. E.IV.1. Tritt der Erbfall nach der Lebenspartnerin A ein, so liegt beim Sohn der A ein erbschaftsteuerpflichtiger Vorgang gem. §§ 1 Abs. 1 Nr. 1, 3 Abs. 1 Nr. 1 Alt. 1 ErbStG vor. Der Sohn erhält die persönlichen Freibeträge gem. § 16 Abs. 1 Nr. 2 ErbStG (400.000,– EUR) und bis Vollendung des 27. Lebensjahres einen Versorgungsfreibetrag gem. § 17 Abs. 2 ErbStG. Zum Vermächtnis → Form. C.V.1, → Form. C.V.2, → Form. C.V.8.

Verstirbt B, liegt ein erbschaftsteuerpflichtiger Vorgang gem. §§ 1 Abs. 1 Nr. 1, 3 Abs. 1 Nr. 1 Alt. 1 ErbStG vor. A erhält in diesem Fall die persönlichen Freibeträge gem. § 16 Abs. 1 Nr. 6 ErbStG (500.000,– EUR) und § 17 Abs. 1 ErbStG (256.000,– EUR).

5. Kosten. → Form. E.II.1.

V. Verfügungen von Partnern einer nichtehelichen Lebensgemeinschaft

Lebensgefährten einer nichtehelichen Lebensgemeinschaft setzen die gemeinsamen Kinder zu Erben ein mit Vermächtnissen zugunsten des Längstlebenden

[Notarieller Urkundeneingang][1, 2, 3, 4]

Die Erschienenen erklärten:

Wir sind derzeit nicht miteinander verheiratet. Wir haben zwei gemeinsame Kinder, den Sohn S, geboren am ......, und die Tochter T, geboren am ...... Herr A hat die Vaterschaft anerkannt. Wir üben die elterliche Sorge gemeinsam aus.

Wir wollen einen Erbvertrag schließen und sind durch frühere Verfügungen von Todes wegen hieran nicht gehindert. Wir sind ausschließlich deutsche Staatsangehörige.

Wir verlangen keine Zuziehung von Zeugen.

Der Erbvertrag soll unverschlossen in der amtlichen Verwahrung des Notars bleiben. Der Notar hat uns darauf hingewiesen, dass er die Verwahrangaben an das von der Bundesnotarkammer geführte Zentrale Testamentsregister zu übermitteln hat und wir eine Eingangsbestätigung vom Zentralen Testamentsregister erhalten.

Der Notar überzeugte sich durch die Verhandlung von der erforderlichen Geschäftsfähigkeit der Erblasser.

Herr A und Frau B erklärten dem Notar mündlich wie folgt:

Wir schließen den nachstehenden

ERBVERTRAG

§ 1 Widerruf

Alle Verfügungen von Todes wegen, die wir gemeinsam oder einzeln bisher errichtet haben, widerrufen wir.

§ 2 Rechtswahl

Nachdem wir durch den Notar über die Anknüpfung des Erbstatuts nach der Europäischen Erbrechtsverordnung belehrt wurden, erklären wir hierzu: Eine Wahl des deutschen Rechts für die Rechtsnachfolge von Todes wegen wollen wir nicht treffen, da wir nicht beabsichtigen, unseren gewöhnlichen Aufenthalt ins Ausland zu verlegen.

§ 3 Erbeinsetzung

1. Ein jeder von uns setzt unsere gemeinsamen Kinder, den Sohn S und die Tochter T, zu je $^1/_2$ Anteil zu seinen alleinigen und unbeschränkten Erben ein.
2. Sollte ein Erbe vor dem Erbfall versterben oder aus einem sonstigen Grunde nicht Erbe werden, so treten seine Abkömmlinge entsprechend den Regeln über die gesetzliche Erbfolge an seine Stelle.

Sind solche nicht vorhanden, wächst der Erbteil des Weggefallenen dem oder den anderen eingesetzten Erben im Verhältnis ihrer Erbteile an.
Sind auch solche nicht vorhanden, so setzt ein jeder von uns den anderen zu seinem alleinigen Erben ein.

§ 4 Vermächtnisse

1. Ein jeder von uns vermacht dem Längstlebenden die ihm gehörenden Gegenstände des gemeinsamen Haushalts, seine persönlichen Gebrauchsgegenstände und, soweit im Erbfall vorhanden, seinen PKW, sowie seine Guthaben auf gemeinschaftlichen Girokonten.
2. Weiterhin vermacht der Erststerbende dem Längstlebenden von uns ......

§ 5 Erbvertragliche Bindung

1. Die Einsetzung unserer Kinder zu Erben durch den Erststerbenden von uns und die von dem Erststerbenden zugunsten des Längstlebenden angeordneten Vermächtnisse sind vertragsgemäß.
Jeder von uns ist zum Rücktritt von diesem Erbvertrag berechtigt. Der Rücktritt bedarf der notariellen Beurkundung und des Zugangs beim anderen Vertragsteil; er führt zur Unwirksamkeit des Erbvertrages insgesamt.
2. Die Regelung der Erbfolge nach dem Längstlebenden von uns ist einseitig getroffen und soll nur testamentarisch wirken. Sie kann von jedem von uns jederzeit, auch nach dem Tod des Erststerbenden von uns, einseitig widerrufen werden.[5]

Anmerkungen

1. **Sachverhalt.** Lebensgefährten mit gemeinsamen Kindern setzen diese unmittelbar zu Erben ein. Der Erststerbende setzt zugunsten des Längstlebenden Vermächtnisse aus, die dessen Versorgung dienen sollen.

Im Beratungsgespräch ist festzustellen, ob der Mann die Vaterschaft nach §§ 1592 ff. BGB anerkannt hat und ob das Familiengericht den Eltern die elterliche Sorge gemeinsam übertragen hat.

2. Bei Lebensgefährten wird der Begriff „Partner" bewusst nicht gewählt, um klarzustellen, dass es sich nicht um Lebenspartner iSd § 1 LPartG handelt. Da die Beteiligten nicht verheiratet sind, können sie nur mit einem Erbvertrag gemeinsam letztwillig verfügen. Da dieser eine vertragsmäßige Verfügung enthalten muss und § 2279 Abs. 2 iVm § 2077 BGB keine Anwendung findet, ist der **Rücktrittsvorbehalt** zwingend erforderlich.

Bei minderjährigen Kindern sind familienrechtliche Anordnungen und gegebenenfalls die Anordnung der Testamentsvollstreckung (auch über das 18. Lebensjahr des jüngsten Kindes hinaus) zu empfehlen (→ Form. E.II.3). Zum Testamentsvollstrecker ernennt jeder Lebensgefährte zunächst den jeweils anderen Lebensgefährten.

3. Sachgerechte letztwillige Verfügungen von Lebensgefährten einer auf Dauer angelegten nichtehelichen Lebensgemeinschaft mit gemeinsamen Kindern werden dadurch erschwert, dass dem Lebensgefährten lediglich ein persönlicher Freibetrag von 20.000,– EUR zusteht und er zur Steuerklasse III mit einem Eingangssteuersatz von 30 % gehört. Wollen sich Lebensgefährten mit einem größeren Vermögen gegenseitig zu Alleinerben einsetzen, sind sie auf die erbschaftsteuerliche Belastung hinzuweisen. Wenn der Längstlebende nicht auf die Versorgung aus dem Nachlass des Erststerbenden angewiesen ist, ist es aus erbschaftsteuerlichen Überlegungen sachgerechter, dass die Lebensgefährten unmittelbar ihre Kinder zu Erben einsetzen. Zur Versorgung des längstlebenden Lebens-

gefährten können Vermächtnisse angeordnet werden, zB auch der Nießbrauch am Miteigentumsanteil des Erststerbenden am gemeinsam genutzten Haus, ein Wohnungsrecht oder eine Rente. Zu beachten ist aber, dass auch hierfür der steuerliche Freibetrag von lediglich 20.000,– gilt. Derartige Versorgungsvermächtnisse können im Übrigen auch unter Bedingungen angeordnet werden, zB dass die Lebensgemeinschaft beim Tod des Erststerbenden noch fortbestand bzw. dass der Längstlebende beim Tod des Erststerbenden noch in der gemeinsam genutzten Immobilie gewohnt hat, oder dass sie bei einer späteren Eheschließung des längstlebenden Lebensgefährten entfallen.

4. Steuern. Tritt der Erbfall ein, so liegt ein erbschaftsteuerpflichtiger Vorgang gem. §§ 1 Abs. 1 Nr. 1, 3 Abs. 1 Nr. 1 ErbStG vor. Die Kinder erhalten die persönlichen Freibeträge gem. §§ 16 Abs. 1 Nr. 2, 17 Abs. 2 ErbStG. Zum Vermächtnis siehe → Form. C.V.1, → Form. C.V.2, zur Testamentsvollstreckung → Form. C.VII.1.

5. Kosten. → Form. E.II.1.

VI. Wiederverheiratungsklauseln

1. Ehegatten setzen sich gegenseitig zu Vorerben und die gemeinsamen Kinder zu Nacherben ein, bedingt für den Fall der Wiederverheiratung

[Notarieller Urkundeneingang → Form. E.II.1]

Wir schließen den nachstehenden

ERBVERTRAG[1, 2, 3, 4]

§ 1 Widerruf

Alle Verfügungen von Todes wegen, die wir gemeinsam oder einzeln bisher errichtet haben, widerrufen wir.

§ 2 Rechtswahl

Nachdem wir durch den Notar über die Anknüpfung des Erbstatuts nach der Europäischen Erbrechtsverordnung belehrt wurden, erklären wir hierzu: Eine Wahl des deutschen Rechts für die Rechtsnachfolge von Todes wegen wollen wir nicht treffen, da wir nicht beabsichtigen, unseren gewöhnlichen Aufenthalt ins Ausland zu verlegen.

§ 3 Erbeinsetzung

1. Wir setzen uns gegenseitig, der Erststerbende den Längstlebenden, zum alleinigen Erben ein. Der Längstlebende von uns ist unbeschränkter Vollerbe, solange er nicht wieder heiratet.
2. Sollte er wieder heiraten, so wird er zum Vorerben eingesetzt. Als Vorerbe ist er von allen gesetzlichen Beschränkungen und Verpflichtungen befreit, soweit dies gesetzlich zulässig ist.
   Der Erststerbende setzt zu Nacherben unsere gemeinsamen Kinder zu gleichen Teilen ein. Dies sind zurzeit:
   a) S, geboren am ......,
   b) T, geboren am ......
   c) Der Nacherbfall tritt ein mit dem Tode des Vorerben.
   Stirbt ein Nacherbe vor dem Eintritt des Nacherbfalls oder wird er aus einem sonstigen Grunde nicht Nacherbe, so treten seine Abkömmlinge entsprechend den Regeln über die gesetzliche Erbfolge an seine Stelle (Ersatznacherben). Das Nacherbenanwartschaftsrecht ist nicht übertragbar, ausgenommen eine Veräußerung an den Vorerben. In diesem Fall entfällt auch jede ausdrückliche oder stillschweigende Ersatznacherbeneinsetzung.
3. Jeder von uns beruft, sowohl für den Fall, dass er der Längstlebende von uns ist, als auch für den Fall, dass wir gleichzeitig oder kurz hintereinander aus gleichem Anlass versterben, zu seinen Erben unsere vorgenannten Kinder, mehrere zu gleichen Teilen. Sollte ein Erbe vor dem Erbfall wegfallen oder aus einem sonstigen Grunde nicht Erbe werden, so treten seine Abkömmlinge entsprechend den Regeln über die gesetzliche Erbfolge an seine Stelle. Sind solche nicht vorhanden, wächst der Erbteil des Weggefallenen dem oder den anderen eingesetzten Erben im Verhältnis ihrer Erbteile an.

§ 4 Vermächtnis

1. Der Erststerbende von uns vermacht dem Längstlebenden im Voraus die ihm gehörenden Gegenstände des gemeinsamen Haushalts, seine persönlichen Gebrauchsgegenstände, seinen PKW und Guthaben auf gemeinsamen Girokonten. Diese Vermögenswerte unterliegen also nicht der bedingten Anordnung der Nacherbfolge.
2. Die Vermächtnisse sind beim Tode des Erststerbenden fällig.

§ 5 Erbvertragliche Bindung

1. Wir nehmen unsere Erklärungen über die gegenseitige Erbeinsetzung und die zugunsten des Längstlebenden von uns angeordneten Vermächtnisse mit erbvertraglicher Bindung gegenseitig an.
   Jeder von uns ist zum Rücktritt von diesem Erbvertrag berechtigt. Der Rücktritt bedarf der notariellen Beurkundung und des Zugangs beim anderen Ehegatten; er führt zur Unwirksamkeit des Erbvertrages insgesamt.
2. Die Regelung der Erbfolge nach dem Längstlebenden von uns ist einseitig getroffen und soll nur testamentarisch wirken. Sie kann von jedem von uns jederzeit, auch nach dem Tod des Erststerbenden von uns, einseitig widerrufen werden.[5]

Anmerkungen

1. Sachverhalt. Zugrunde gelegt ist der Fall jüngerer Ehegatten, die beide über nicht unerhebliches Vermögen verfügen, das nicht während der Ehe erwirtschaftet wurde, sondern ihnen bereits vor der Eheschließung gehörte bzw. aus der jeweiligen Familie stammt. Sie wollen sicherstellen, dass bei einer Wiederheirat des Längstlebenden das Nachlassvermögen des Erststerbenden ungeschmälert den Kindern erhalten bleibt. Bei einer Erbeinsetzung des längstlebenden Ehegatten zum (unbedingten) Vollerben würde bei dessen Wiederheirat dem zweiten Ehegatten (und den aus dieser Ehe hervorgehenden Kindern) zumindest der Pflichtteil auch hinsichtlich des Nachlassvermögens des erststerbenden Ehegatten zustehen. Diese Pflichtteilsrechte werden durch die für den Fall der Wiederheirat angeordnete Nacherbfolge zugunsten der gemeinsamen Kinder ausgeschlossen.

2. Bei der hier vorgeschlagenen Lösung (sog. Einheitslösung) setzen sich die Ehegatten gegenseitig zu Vollerben unter der auflösenden Bedingung ein, dass der Längstlebende mit einer zweiten Eheschließung Vorerbe wird. Der Nacherbfall tritt jedoch nicht mit Wiederheirat ein (→ Anm. 3), sondern erst mit dem Tode des Längstlebenden. Der Nachteil dieser Wiederverheiratungsklausel liegt darin, dass der längstlebende Ehegatte bis zu seiner Wiederheirat auflösend bedingter Vollerbe und zugleich aufschiebend bedingter Vorerbe ist, also ab dem Erbfall den Verfügungsbeschränkungen der §§ 2113 ff. BGB unterliegt (der Nacherbenvermerk ist im Grundbuch einzutragen). Im Regelfall ist er also als befreiter Vorerbe (§ 2136 BGB) anzusehen. Diese Befreiung sollte ausdrücklich angeordnet werden. Die Einsetzung der gemeinsamen Kinder zu Nacherben erfolgt wiederum unter der aufschiebenden Bedingung der Wiederheirat; sie ist zugleich auflösend bedingt und entfällt mit dem Tode des längstlebenden Ehegatten, wenn dieser nicht erneut geheiratet hat. Im Unterschied zur sog. Trennungslösung, bei der der längstlebende Ehegatte von vornherein zum Vorerben eingesetzt und die gemeinsamen Kinder zu Nacherben auf den Tod des Vorerben, und zwar unabhängig von einer Wiederheirat des längstlebenden Ehegatten (→ Form. E.II.12), hat die Einheitslösung den Vorteil, dass der längstlebende Ehegatte, geht er keine zweite Ehe ein, Vollerbe bleibt und daher über den gesamten Nachlass letztwillig verfügen kann (soweit er nicht durch eine wechselbezügliche/vertragsmäßige Verfügung gebunden ist).

Die Zulässigkeit einer Wiederverheiratungsklausel, bei der die Nacherbfolge nicht bereits mit Wiederheirat, sondern erst mit dem Tode des längstlebenden Ehegatten eintritt, ist unbestritten. Der BGH (DNotZ 1986, 541) hat entschieden, dass in einem gemeinschaftlichen Testament mit einer Wiederverheiratungsklausel angeordnet werden kann, dass der Längstlebende zugleich auflösend bedingter Vollerbe und aufschiebend bedingter Vorerbe sein soll. Stirbt der Längstlebende, ohne wieder geheiratet zu haben, so ist seine Stellung als Vollerbe endgültig geworden. Umstritten ist jedoch, ob der längstlebende Ehegatte mit der Wiederheirat hinsichtlich seines eigenen Vermögens seine Testierfreiheit wieder gewinnt, also an seine wechselbezüglichen/vertragsmäßigen Verfügungen nicht mehr gebunden ist (Palandt/*Weidlich* BGB § 2269 Rn. 20). Im Formular ist die Einsetzung der Kinder zu Erben des Längstlebenden einseitig getroffen.

3. Die Bedeutung von „Wiederverheiratungsklauseln" in der Praxis ist weit geringer als das literarische Interesse, das dieses Thema findet. Zwar hatte es durch die „Hohenzollern-Entscheidung" des BVerfG v. 22.3.2004 (ZEV 2004, 241; hierzu *Otte* ZEV 2004, 393) zwischenzeitlich Aktualität erlangt. In der anwaltlichen und notariellen Beratungspraxis spielt das Thema heutzutage jedoch eine eher untergeordnete Rolle.

Bedenklich dürfte jedenfalls eine Klausel sein, nach der die Nacherbfolge bereits mit der Wiederheirat eintritt, der längstlebende Ehegatte den Nachlass des erstverstorbenen Ehegatten also bereits zu diesem Zeitpunkt an die gemeinsamen Abkömmlinge herauszugeben hat. Diese Lösung ist jedenfalls dann nicht sachgerecht und vom Rechtsberater nicht zu empfehlen, wenn der längstlebende Ehegatte über kein eigenes Vermögen verfügt und auf die Versorgung aus dem Nachlassvermögen des erstverstorbenen Ehegatten angewiesen ist. Da bei einer Wiederheirat die Ausschlagungsfrist von sechs Wochen abgelaufen sein wird, könnte der längstlebende Ehegatte nicht einmal seinen Pflichtteil fordern. Die vorstehende Klausel dürfte hingegen unter diesem Gesichtspunkt unbedenklich sein, da die Wiederheirat lediglich den Status des längstlebenden Ehegatten als Vorerben festschreibt (Zur allgemeinen Zulässigkeit von Wiederverheiratungsklauseln KölnFormB ErbR/*Hartmann* 5. Kap. Rn. 122 und KölnFormB ErbR/*Schleifenbaum* 6. Kap. Rn 106).

4. Steuern. Zur Vor- und Nacherbeneinsetzung → Form. C.II.1, → Form. C.II.3. Zum Vorausvermächtnis → Form. C.IV.4, → Form. C.V.1, → Form. C.V.2.

5. Kosten. → Form. E.II.1.

2. Gegenseitige Erbeinsetzung und Anordnung von Vermächtnissen zugunsten der gemeinsamen Kinder für den Fall der Wiederverheiratung

[Notarieller Urkundeneingang]

Wir schließen den nachstehenden

ERBVERTRAG[1, 2, 3]

§ 1 Widerruf

Alle Verfügungen von Todes wegen, die wir gemeinsam oder einzeln bisher errichtet haben, widerrufen wir.

§ 2 Rechtswahl

Nachdem wir durch den Notar über die Anknüpfung des Erbstatuts nach der Europäischen Erbrechtsverordnung belehrt wurden, erklären wir hierzu: Eine Wahl des deutschen Rechts für die Rechtsnachfolge von Todes wegen wollen wir nicht treffen, da wir nicht beabsichtigen, unseren gewöhnlichen Aufenthalt ins Ausland zu verlegen.

§ 3 Erbeinsetzung

1. Wir setzen uns gegenseitig, der Erststerbende den Längstlebenden, zum alleinigen und unbeschränkten Erben ein.
2. Jeder von uns beruft, sowohl für den Fall, dass er der Längstlebende von uns ist, als auch für den Fall, dass wir gleichzeitig oder kurz hintereinander aus gleichem Anlass versterben, zu seinen alleinigen Erben unsere gemeinsamen Kinder zu gleichen Anteilen.
   Dies sind zurzeit:
   a) ......, geboren am ......,
   b) ......, geboren am ......
3. Sollte ein Kind vor dem Erbfall versterben oder aus einem sonstigen Grunde nicht Erbe werden, so treten seine Abkömmlinge entsprechend den Regeln über die gesetzliche Erbfolge an seine Stelle.
   Sind solche nicht vorhanden, so soll der Erbteil des Weggefallenen dem oder den anderen eingesetzten Erben im Verhältnis ihrer Erbteile anwachsen.

§ 4 Vermächtnisse

1. Sollte der Längstlebende von uns wieder heiraten, vermacht der Erststerbende jedem unserer gemeinsamen Kinder einen Geldbetrag in Höhe seines gesetzlichen Erbteils, und zwar gerechnet aus dem Wert des Nachlasses des Erststerbenden (nach Abzug der Nachlassverbindlichkeiten) zum Zeitpunkt des Erbfalls.
   Ersatzvermächtnisnehmer sind die Abkömmlinge unserer Kinder, untereinander zu gleichen Teilen.
2. Jeder Abkömmling hat einen selbstständigen, von den übrigen unabhängigen Vermächtnisanspruch. Die Vermächtnisse sind innerhalb von drei Monaten nach der Wiederverheiratung fällig und bis dahin unverzinslich.
3. Sollte ein Abkömmling nach dem Tode des erststerbenden Ehegatten seinen Pflichtteil in verzugsbegründender Weise geltend gemacht haben, so entfällt das zu seinen Gunsten angeordnete Vermächtnis.

§ 5 Erbvertragliche Bindung

1. Wir nehmen unsere Erklärungen über die gegenseitige Erbeinsetzung mit erbvertraglicher Bindung gegenseitig an.
   Jeder von uns ist zum Rücktritt von diesem Erbvertrag berechtigt. Der Rücktritt bedarf der notariellen Beurkundung und des Zugangs beim anderen Ehegatten; er führt zur Unwirksamkeit des Erbvertrages insgesamt.
2. Die Regelung der Erbfolge nach dem Längstlebenden von uns ist einseitig getroffen und soll nur testamentarisch wirken. Sie kann von jedem von uns jederzeit, auch nach dem Tod des Erststerbenden von uns, einseitig widerrufen werden.
   Auch die von dem Erststerbenden zugunsten unserer Abkömmlinge angeordneten Vermächtnisse sind jederzeit einseitig widerrufbar.

Anmerkungen

1. Sachverhalt. Anders als in → Form. E.VI.1 setzt der erststerbende Ehegatte hier den längstlebenden Ehegatten zu seinem unbeschränkten Erben ein und ordnet Vermächtnisse zugunsten der Abkömmlinge in Höhe ihres gesetzlichen Erbteils an, die mit der Wiederheirat fällig sind. Die Vermächtnisse sind aufschiebend bedingt und entfallen, wenn der Längstlebende nicht wieder heiratet. Diese Gestaltung dürfte im Hinblick auf die Entscheidung des BVerfG (→ Form. E.VI.1 Anm. 3) unbedenklich sein, da dem längstlebenden Ehegatten bei einer Wiederheirat das Nachlassvermögen des Erstversterbenden zu seiner gesetzlichen Erbquote verbleibt. Unzulässig ist hingegen eine Gestaltung, bei der dem Längstlebenden bei der Wiederheirat aus dem Nachlass des Erststerbenden nichts verbleiben soll (OLG Saarbrücken DNotZ 2015, 691).

2. Die Bewertung des Nachlassvermögens des erstverstorbenen Ehegatten im Zeitpunkt der Wiederheirat, also möglicherweise viele Jahre nach dem Erbfall, kann zu Schwierigkeiten führen. Es wird daher empfohlen, dass der längstlebende Ehegatte unmittelbar nach dem Erbfall ein amtliches Nachlassverzeichnis zu erstellen und eine Nachlassschätzung vorzunehmen hat. Um dies möglichst zu vermeiden, könnte auch ein konkreter Geldbetrag genannt werden, der den gemeinsamen Kindern bei Wiederheirat vermächtnisweise zugewandt wird. Zum Schutz des längstlebenden Ehegatten sollte dieser aber auf einen bestimmten Prozentsatz des Nachlassvermögens als Höchstbetrag begrenzt werden. Umgekehrt könnte auch ein Vermächtnis in Höhe des gesetzlichen Erbteils ausgesetzt werden, dieses jedoch der Höhe nach auf einen konkreten Betrag begrenzt werden. In beiden Fällen steht es dem längstlebenden Ehegatten offen, nachzuweisen, dass das Nachlassvermögen beim Erbfall so gering war, dass der konkret genannte Betrag nicht erreicht wird, er kann aber auch die in der letztwilligen Verfügung genannten Beträge akzeptieren und so möglicherweise Streit innerhalb der Familie vermeiden.

3. Praktisch gesehen sind Wiederverheiratungsklauseln, gleichgültig wie sie ausgestaltet werden, eher nicht zu empfehlen. Verfügt jeder Ehegatte über Vermögenswerte, die seinen Kindern erhalten bleiben sollen (weil sie zB aus seiner Familie stammen), ist eine Regelung, nach der der Erststerbende diese Vermögenswerte seinen Abkömmlingen vermacht – gegebenenfalls verbunden mit einem Nießbrauchsuntervermächtnis zugunsten des längstlebenden Ehegatten und dessen Ernennung zum Testamentsvollstrecker – deutlich vorzuziehen. Auch erbschaftsteuerlich ist diese Lösung bei einem erheblichen Wert des Vermächtnisses der sinnvollere Weg.

F. Besondere Fallgestaltungen

I. Verfügungen bei einem behinderten Kind

1. Checkliste: Behindertentestament

Die Gestaltung eines Behindertentestaments[1] hängt von zahlreichen einzelnen Faktoren ab. Daher müssen bei der Beratung/Beurkundung ua folgende Fragen/Punkte berücksichtigt werden:

- ❒ Genaue Feststellung des Sachverhalts (Zahl der Kinder, Vermögensverhältnisse etc)[2]
- ❒ Lebt das behinderte Kind noch bei den Eltern oder in einem Heim? Werden bereits Leistungen durch den Sozialhilfeträger erbracht?[3]
- ❒ Welche Gestaltungsvariante kommt in Betracht? Gehört zum Nachlass ein Unternehmen?[4, 5]
- ❒ In welchem Güterstand leben die Ehegatten derzeit?[6]
- ❒ Sind lebzeitige Zuwendungen an die nicht behinderten Kinder erfolgt oder geplant?[7]
- ❒ Bestehen Gestaltungsmöglichkeiten durch einen Pflichtteilsverzicht?[8]
- ❒ Bestehen nachträgliche Gestaltungsmöglichkeiten?[9]

Anmerkungen

1. Einführung. Der nachfolgenden Darstellung liegen Fälle zugrunde, in denen Eltern ein behindertes Kind haben, das möglicherweise bereits in einem Heim lebt und Leistungen der Sozialhilfe bezieht. Zielsetzung der Erblasser ist es in derartigen Fällen regelmäßig, einerseits durch eine entsprechende Testamentsgestaltung abzusichern, dass der Lebensstandard des behinderten Kindes dauerhaft über dem Niveau der Sozialhilfe liegt, andererseits aber auch das Familienvermögen vor dem Zugriff des Trägers der Sozialhilfe zu schützen. Allerdings sollte man in der Beratung der Erblasser einen Punkt auch ganz deutlich herausstellen: Das Behindertentestament kann effektiv den Zugriff des Sozialhilfeträgers auf die Nachlasssubstanz verhindern. Dies wird aber um den Preis erkauft, dass der Behinderte häufig nur in geringem Umfang Zuwendungen aus dem Nachlass erhält. Eine Gestaltung, die einerseits dem behinderten Kind Zugriff auf eine volle Nachlassbeteiligung gibt, andererseits aber den Zugriff des Sozialhilfeträgers auf eben diese Nachlassbeteiligung verhindert, kann es nicht geben. Daher kann es auch im Einzelfall sinnvoll sein, sich gegen ein Behindertentestament zu entscheiden und stattdessen – unter Inkaufnahme des Zugriffs durch den Sozialhilfeträger bzw. der Verweigerung weiterer Leistungen – dem Behinderten ein selbstfinanziertes Leben zu ermöglichen. Dies hängt ua auch von der Höhe der Nachlassbeteiligung ab.

2. Sachverhaltsaufklärung. Die folgenden Muster enthalten Gestaltungsvorschläge für typische Behindertentestamente. Wie stets bei der Testamentsgestaltung ist dabei aber gerade beim Behindertentestament vor einer unkritischen Übernahme der Muster zu warnen. Gerade das Behindertentestament erfordert eine sehr genaue Anpassung an den konkreten Sachverhalt, der zunächst sorgfältig aufgeklärt werden muss. Ferner ist zu berücksichtigen, dass Behindertentestamente einer regelmäßigen Überprüfung bedürfen, um auf Änderungen der Rechtsprechung oder der Gesetze reagieren zu können.

3. Sozialhilferechtliche Grundlagen. Behinderte, die nicht in der Lage sind, ihren Lebensunterhalt durch den Einsatz eigenen Vermögens bzw. durch eigene Erwerbstätigkeit auf-

zubringen, erhalten derzeit Leistungen nach Sozialhilferecht. Erwachsene Behinderte mit dauerhafter Erwerbsminderung erhalten Leistungen der Grundsicherung nach §§ 41 bis 46 SGB XII. Für erwerbsfähige Hilfebedürftige wird Arbeitslosengeld II nach § 19 SGB II gewährt. Daneben erhalten behinderte Menschen Hilfe zur Pflege nach den §§ 61 bis 66 SGB XII bzw. Eingliederungshilfe nach den §§ 53 bis 60 SGB XII. Schließlich kann für noch bestehende Bedarfslücken Hilfe zum Lebensunterhalt nach den §§ 27 bis 40 SGB XII gewährt werden (zu den sozialhilferechtlichen Grundlagen: *Braun* Nachlassplanung § 2 Rn. 11 ff.; *Krauß* Vermögensnachfolge in der Praxis Rn. 480 ff.; ausführlich: *Vaupel* RNotZ 2009, 497; *v. Proff* RNotZ 2012, 272). Besondere Gestaltungsanforderungen für ein sog. Behindertentestament ergeben sich aus dem sozialhilferechtlichen Nachranggrundsatz. Sozialhilfeleistungen sind gemäß §§ 2, 19 Abs. 1 bis 3 SGB XII grundsätzlich nachrangige Hilfen, dh ihre Gewährung setzt Bedürftigkeit des Leistungsempfängers voraus. Der Sozialhilfeempfänger ist also grundsätzlich verpflichtet, vorrangig sein eigenes Vermögen und Einkommen einzusetzen (*Vaupel* RNotZ 2009, 497 [499 ff.]). Ohne besondere Vorkehrungen fällt hierunter auch ererbtes Vermögen, das der Behinderte dann für seinen Lebensunterhalt einsetzen muss. Dieses wird dabei aufgrund einer sturen, nicht am Gesetzeszweck orientierten und letztlich zu völlig willkürlichen Ergebnissen führenden Anwendung der Zuflusstheorie von der ganz überwiegenden Meinung (statt aller: BSG ZEV 2015, 484 mAnm *Tersteegen*; LSG Niedersachsen-Bremen ZEV 2015, 291 mAnm *Tersteegen*) als Einkommen und nicht als Vermögen des Sozialhilfeempfängers behandelt, sofern der Erbfall nach dem ersten Leistungsantrag erfolgt. Die Einordnung als Einkommen oder Vermögen ist dabei deswegen von erheblicher Bedeutung, weil bei der Einordnung als Vermögen die Schutzvorschriften des § 12 Abs. 2 SGB II greifen und eine nur begrenzte Verwertung der zugeflossenen Leistungen möglich ist, während die Zuordnung als Einkommen in wesentlich breiterem Maaß den Zugriff ermöglicht.

Der Träger der Sozialhilfe kann überdies gemäß § 93 SGB XII Ansprüche des Behinderten gegen Dritte auf sich überleiten (zur Schonung von Eltern behinderter Kinder aufgrund sozialhilferechtlicher Vorschriften: *Krauß* Vermögensnachfolge in der Praxis Rn. 729 ff.). Ebenso gehen Unterhaltsansprüche des Behinderten gemäß § 94 Abs. 1 SGB XII auf den Sozialhilfeträger über. Bei volljährigen Unterhaltsberechtigten ist der Übergang allerdings betragsmäßig begrenzt. Eltern behinderter Kinder müssen also nicht dauerhaft für den vollen Unterhaltsbedarf ihres behinderten Kindes aufkommen (dazu: *Krauß* Vermögensnachfolge in der Praxis Rn. 729 ff.). Zu berücksichtigen ist auch, dass die Erben des Sozialhilfeempfängers gem. § 102 SGB XII für die Kosten der Sozialhilfe haften, die in den letzten zehn Jahren vor dem Tod des Hilfeempfängers entstanden sind (ausführlich dazu: *Krauß* Vermögensnachfolge in der Praxis Rn. 648 ff.; *Braun* Nachlassplanung § 2 Rn. 31 ff.; zum sonstigen Sozialhilferegress: *Eberl-Borges/Schüttlöffel* FamRZ 2006, 569).

Aus diesen Grundsätzen des Sozialhilferechts ergibt sich, dass das Behindertentestament, um einen Schutz des Familienvermögens zu erreichen, vor allem **zwei Gesichtspunkte** berücksichtigen muss: 1. Die Nachlassbeteiligung des behinderten Kindes darf nicht auf die Sozialhilfe anrechenbar sein. 2. Die Nachlassbeteiligung des behinderten Kindes darf von diesem nicht weitervererbt werden. Einer besonderen Berücksichtigung bedürfen auch mögliche **Pflichtteilsansprüche** (unter Einschluss von Pflichtteilsrest- und Pflichtteilsergänzungsansprüchen) des behinderten Kindes. Wie der BGH in der Entscheidung vom 8.12.2004 (BGH NJW-RR 2005, 369 =FamRZ 2005, 448 = DNotZ 2005, 296 mAnm *Spall*) festgestellt hat, kann nämlich der Sozialhilfeträger unabhängig von der Entscheidung des Behinderten selbst, diesem zustehende Pflichtteilsansprüche überleiten und geltend machen (dazu auch: Soergel/*Dieckmann* BGB § 2306 Rn. 29; MüKoBGB/*Lange* § 2317 Rn. 18; BeckOK BGB/*G. Müller* § 2317 Rn. 7 und 9; zum Forderungsübergang infolge Überleitung durch Verwaltungsakt: MüKoBGB/*Roth* § 412 Rn. 324; Staudinger/*Busche* BGB § 412 Rn. 16). Es muss folglich bei der Testamentsgestaltung berücksichtigt werden, dass keine überleitbaren Pflichtteils- bzw. Pflichtteiler-

gänzungsansprüche entstehen. Das behinderte Kind kann also nicht einfach gänzlich von der Erbfolge ausgeschlossen werden. Wichtig ist auch, zu berücksichtigen, dass der Sozialhilfeträger zwar bestehende Pflichtteilsergänzungsansprüche auf sich überleiten kann, die **Überleitung des Ausschlagungsrechts** selbst ist aber nach ganz hM nicht möglich (OLG Hamm FamRZ 2017, 939 = ZEV 2017,158 = RNotZ 2017, 245; OLG Stuttgart NJW 2001, 3484, 3486 = ZEV 2002, 367 mAnm *J. Mayer;* OLG Frankfurt ZEV 2004, 24 [25] mAnm *Spall* ZErb 2004, 201; *Reimann* MittBay Not 1990, 248; *Bengel* ZEV 1994, 29 [30]; *Ivo* ZErb 2004, 174; aA *van de Loo* MittRhNotK 1989, 249 und NJW 1990, 2852 [2856]; offengelassen von: BGHZ 123, 368 [379] = NJW 1994, 248 [251]; BGH FamRZ 2005, 448 [449] = NJW-RR 2005, 369 = DNotZ 2005, 296). Dies hat so der BGH in der Entscheidung vom 19.1.2011 bestätigt und damit den bisher schwelenden Streit beendet (BGH NJW 2011, 1586 = DNotZ 2011, 381 mAnm *Ivo* = MittBayNot 2011, 138 mAnm *Spall* = BWNotZ 2011, 158 mAnm *Kleensang*). Nach Auffassung des Senats würde eine Überleitung des Ausschlagungsrechts dazu führen, dass der Sozialhilfeträger Einfluss auf die Erbfolge selbst erhalte. Die Entscheidung über die Ausschlagung sei aber höchstpersönlich und daher dem Bedachten selbst vorbehalten.

4. Gestaltungsvarianten. Um die genannten Ziele zu erreichen, werden unter dem Stichwort „Behindertentestament“ verschiedene Gestaltungsmöglichkeiten diskutiert. Dabei ist allen sinnvollerweise in Betracht kommenden Lösungen zunächst gemeinsam, dass der Zugriff des Sozialhilfeträgers auf die Substanz und die Erträge der Nachlassbeteiligung des behinderten Kindes durch die Anordnung einer Dauertestamentsvollstreckung mit speziellen Verwaltungsanweisungen vermieden wird (→ Form. F.I.2 Anm. 12; ausführlich zur zentralen Bedeutung der Dauertestamentsvollstreckung: *Tersteegen* ZEV 2008, 121). Unterschiede zwischen den verschiedenen Lösungen bestehen im Hinblick darauf, wie die Nachlassbeteiligung des behinderten Kindes ausgestaltet ist und wie im Hinblick auf die Regelung des § 102 SGB XII (→ Anm. 3) verhindert wird, dass die Nachlassbeteiligung beim Tod des Behinderten in dessen Nachlass fällt und so in diesem Zeitpunkt dem Zugriff des Sozialhilfeträgers unterliegt.

Bei der **Vor- und Nacherbschaftslösung** (→ Form. F.I.2) wird das behinderte Kind mit einer leicht oberhalb seiner Pflichtteilsquote liegenden Quote zum nicht befreiten Vorerben berufen. Dies hat freilich zur Folge, dass das behinderte Kind Miterbe wird. Die sog. **Vermächtnislösung** (→ Form. F.I.3) vermeidet dagegen eine Erbeinsetzung des behinderten Kindes und vermittelt ihm eine Nachlassbeteiligung durch die Zuwendung eines Vorvermächtnisses. Nachvermächtnisnehmer sind dieselben Personen, die bei der erstgenannten Lösung auch als Nacherben in Betracht kommen. Schließlich hat *Grziwotz* eine weitere Gestaltungsalternative (**umgekehrte Vermächtnislösung,** → Form. F.I.4) vorgeschlagen (*Grziwotz* ZEV 2002, 409; *Braun* Nachlassplanung § 2 Rn. 146 ff.; skeptisch: *Litzenburger* RNotZ 2004, 138 [140]; *Spall* FS 200 Jahre Notarkammer Pfalz S. 121 [136]). Dabei wird der Behinderte alleiniger, nicht befreiter Vorerbe. Die übrigen Personen (überlebender Ehegatte, Geschwister) erhalten lediglich Vermächtnisse, die aber unter Berücksichtigung der Pflichtteilsquote des Behinderten den wesentlichen Teil des Nachlasses ausmachen.

5. Sittenwidrigkeit der Gestaltungen. Die in der Vergangenheit viel diskutierte Frage der Sittenwidrigkeit des Behindertentestaments (Überblick bei: *Braun* Nachlassplanung § 2 Rn. 56 ff.) dürfte mittlerweile nach mehreren Entscheidungen sowohl des Erbrechtssenats des BGH (BGHZ 111, 36 = NJW 1990, 2055 = DNotZ 1992, 245; BGHZ 123, 368 = NJW 1994, 248 = DNotZ 1994, 380 = FamRZ 1994, 1; NJW 2011, 1586 = DNotZ 2011, 381 mAnm *Ivo* = MittBayNot 2011, 138 mAnm *Spall* = BWNotZ 2011, 158 mAnm *Kleensang)* und des Familienrechtssenats (BGH MittBayNot 2013, 390 mAnm *Tersteegen*) endgültig zu verneinen sein.

Zunächst stellt sich die Frage, ob eine Gestaltung, die dem Behinderten im Ergebnis nur die Erträge aus einer Nachlassbeteiligung zuwendet, die nur unwesentlich über der

Pflichtteilsquote liegt, nicht schon dem Behinderten gegenüber nach § 138 BGB unwirksam ist, mit der Folge, dass auch der Sozialhilfeträger auf die Nachlasssubstanz zugreifen kann. Jedoch entspricht es bereits nach den beiden ersten Entscheidungen des BGH (BGHZ 111, 36 = NJW 1990, 2055 = DNotZ 1992, 245; BGHZ 123, 368 = NJW 1994, 248 = DNotZ 1994, 380 = FamRZ 1994, 1) der überwiegenden Meinung, dass eine Sittenwidrigkeit unter diesem Gesichtspunkt ausscheidet (*Braun* Nachlassplanung § 2 Rn. 68 ff.). Der BGH hält es insoweit für maßgeblich, dass die dem Behindertentestament zugrunde liegende Konstruktion letztlich innerhalb der Testierfreiheit des Erblassers liegt, die nur durch das Pflichtteilsrecht eine Einschränkung erfährt (BGH NJW 1990, 2055 [2056]) und die Eltern gerade durch das Behindertentestament ihrer Verantwortung für das Wohl des Kindes Rechnung tragen (BGH DNotZ 1994, 380 [382]).

Der BGH hat auch verneint, dass sich eine Sittenwidrigkeit im Hinblick darauf ergeben könnte, dass durch die Konstruktion des Behindertentestaments das **sozialhilferechtliche Nachrangprinzip** unterlaufen werden soll (BGH NJW 1990, 2055 [2056]; BGH DNotZ 1994, 383; dazu auch: WürzNotHdB/*G. Müller* Teil 4 Kap. 1 Rn. 414; *Braun* Nachlassplanung § 2 Rn. 60 ff.). Der BGH führt insofern aus, dass dem Sozialhilferecht weder ein Verbot einer Gestaltung wie beim Behindertentestament noch auch nur ein Schutzzweck des Inhalts entnommen werden könne, dem Träger der Sozialhilfe müsse der Zugriff auf das Vermögen der Eltern eines Hilfeempfängers spätestens bei dessen Tod gesichert werden. Dies bestätigt der BGH auch in der beachtenswerten Entscheidung vom 19.1.2011 (BGH NJW 2011, 1586 = DNotZ 2011, 381 mAnm *Ivo* = MittBayNot 2011, 138 mAnm *Spall* = BWNotZ 2011, 158 mAnm *Kleensang*). Der BGH spricht insofern – wenn auch in einem obiter dictum – von einer **gefestigten Senatsrechtsprechung**, die dem Gedanken Rechnung trage, dass das Behindertentestament Ausdruck der sittlich anzuerkennenden Sorge für das Wohl des Kindes über den Tod der Eltern hinaus sei. Der BGH hebt dabei auch hervor, dass die Diskussion über das Behindertentestament seit langem geführt wird und seit der ersten Entscheidung des Senats über zwei Jahrzehnte vergangen sind, der Gesetzgeber aber gleichwohl keine Anstrengungen unternommen hat, um dem Sozialhilfeträger dennoch den Zugriff auf das Vermögen zu ermöglichen.

Die Rechtsprechung des BGH hat auch Anerkennung durch die **Verwaltungs- und Sozialgerichtsbarkeit** gefunden. Das OVG Saarland führt in der Entscheidung vom 17.3.2006 (OVG Saarland DNotI-Report 2006, 99 = ZErb 2006, 275) aus, dass die durch die Konstruktion eines Behindertentestaments (im konkreten Fall nur Dauertestamentsvollstreckung) bewirkte Durchbrechung des sozialhilferechtlichen Nachranggrundsatzes keine sittenwidrige Testamentsgestaltung darstelle. Es gäbe keinerlei gesetzgeberische Wertung, nach der die Angehörigen gehalten seien, dem Nachranggrundsatz Geltung zu verschaffen. Von Eltern behinderter Kinder könne nicht verlangt werden, dem öffentlichen Interesse an der finanziellen Leistungsfähigkeit der Sozialverwaltung Vorrang vor der Versorgung ihrer Kinder einzuräumen. Auf der sozialgerichtlichen Ebene hat die Entscheidung des BSG vom 17.2.2015 (ZEV 2015, 484 mAnm *Tersteegen*) viel zur Absicherung des Behindertentestaments beigetragen. Das BSG betont in dieser Entscheidung die Trennung der sozialrechtlichen und der zivilrechtlichen Ebene, indem es ausführt, dass die Frage, ob es sich um bei einer Erbschaft um bereite Mittel handelt allein vom Zivilrecht beantwortet werde. Die angeordnete Dauertestamentsvollstreckung schließe die Verwertbarkeit des zugeflossenen Nachlassvermögens als „bereite Mittel" im Sinne des Sozialleistungsrechts aus. Auch der Entscheidung des LSG Baden-Württemberg vom 9.10.2007 (ZEV 2008, 147) lässt sich entnehmen, dass die Verhinderung des Zugriffs des Sozialhilfeträgers durch die Anordnung von Dauertestamentsvollstreckung keine sittenwidrige Gestaltung darstellt. Zwar war Gegenstand der Entscheidung nicht unmittelbar ein Behindertentestament, aber der Senat führt unter Bezugnahme auf die genannten Entscheidungen des BGH aus, dass das Gesetz fürsorgerische Maßnahmen des Erblassers zum Erhalt des hinterlassenen Vermögens in weitem Umfang zulasse. Insofern

sei in der Anordnung von Dauertestamentsvollstreckung keine sittenwidrige Testamentsgestaltung zulasten der Träger der Sozialhilfe zu sehen. Mit der Entscheidung vom 13.9.2012 hat schließlich das LSG Hamburg aus sozialrechtlicher Sicht bestätigt, dass das Behindertentestament nicht sittenwidrig ist und der Gewährung von Leistungen nicht entgegensteht (LSG Hamburg BeckRS 2012, 73564). Der Senat führt aus, dass Behindertentestament sei nicht nur nicht sittenwidrig, es obläge sogar einer sittlichen Pflicht der Eltern Vorsorge für ihre Kinder zu treffen. Damit dürfte derzeit trotz bestehender Unsicherheiten davon auszugehen sein, dass die Konstruktion eines Behindertentestaments zumindest im Regelfall nicht als sittenwidrig erscheint. Den sozialgerichtlichen Entscheidungen lässt sich dabei entnehmen, dass die entscheidende Bedeutung für das Behindertentestament der Anordnung von Dauertestamentsvollstreckung zukommt.

Auch wenn sich die Konstruktion des Behindertentestaments im Regelfall nicht als sittenwidrig darstellt, so wurden doch in der Vergangenheit Zweifel **bei sehr hohen Nachlasswerten** geltend gemacht, wenn der Wert des Nachlasses bzw. die dem Behinderten als Pflichtteil zustehende Nachlassbeteiligung ausreicht, um sowohl die Kosten der Heimunterbringung als auch die Kosten der ihm nach den Verwendungsbestimmungen zugedachten Vorteile zu bestreiten (zweifelnd: OVG Saarland DNotZ-Rspr. 2006, 99 = ZErb 2006, 275; dazu auch: BGHZ 111, 36, 42 = NJW 1990, 2055). Auch wenn allgemein Einigkeit bestand, dass genaue Höchstgrenzen nicht angegeben werden können, wurde ebenso überwiegend vertreten, dass zumindest solange die jährlichen Erträge des Pflichtteils auf Grund des konkreten Nachlasswertes hinter den Aufwendungen des Sozialhilfeträgers zurückbleiben, nicht von Sittenwidrigkeit ausgegangen werden kann (*Braun* Nachlassplanung § 2 Rn. 74; *Nieder/Kössinger* Testamentsgestaltung § 21 Rn. 103; *Damrau* ZEV 1998, 1 [2]; *Litzenburger* RNotZ 2004, 138; WürzNotHdB/*G. Müller* Teil 4 Kapitel 1 Rn. 414). Jenseits dieser Grenze wurden aber in der Vergangenheit – wie erwähnt – Zweifel geäußert. Derzeit spricht nun vieles dafür, auch jenseits der genannten Grenze eine Sittenwidrigkeit des Behindertentestaments zu verneinen und grundsätzlich davon auszugehen, dass es auf den Nachlasswert nicht ankommt. So hat zunächst der BGH in der Entscheidung vom 19.1.2011 (BGH NJW 2011, 15 = DNotZ 2011, 381 mAnm *Ivo* = MittBayNot 2011, 138 mAnm *Spall*) die Frage der Sittenwidrigkeit bei sehr hohen Nachlässen nicht aufgegriffen. Zum Teil wird zwar in der Literatur davor gewarnt, dieses Schweigen als „beredt" anzusehen (*v. Proff* RNotZ 2012, 272 [278] mwN). Allerdings ist zu berücksichtigen, dass der Senat die Zulässigkeit des Behindertentestaments mit sehr grundsätzlichen grundrechtlich geprägten Ausführungen zur Testierfreiheit und zur Fürsorge der Eltern für ihre Kinder rechtfertigt. Dieser Prüfungsmaßstab müsste auch bei sehr hohen Vermögen erst einmal überwunden werden, wollte man zu einer Sittenwidrigkeit gelangen. In diesem Sinne hat nun auch das OLG Hamm entschieden (FamRZ 2017, 939 = ZEV 2017, 158 = RNotZ 2017, 245), wobei das OLG Hamm ausdrücklich die Argumentation des BGH aufgreift und feststellt, dass weder das sozialhilferechtliche Nachrangprinzip noch sonstige Erwägungen des Sozialrechts gegen eine derartige Testamentsgestaltung sprechen. Ausdrücklich stellt das OLG Hamm auch fest, dass der gesetzliche Vertreter des Behinderten zwar eine Ausschlagung erklären könne, es aber keine Verpflichtung gibt, eine Ausschlagung zu erklären und das Ausschlagungsrecht auch nicht überleitbar ist. *Braun* gelangt im Anschluss an die Entscheidung des Senats zu dem zutreffenden Ergebnis, dass eine Differenzierung nach der Höhe des Vermögens nicht erforderlich ist (*Braun* Nachlassplanung § 2 Rn. 76f; zweifelnd dagegen freilich zur Rechtslage vor der Entscheidung des OLG Hamm: WürzNotHdB/*G. Müller* Teil 4 Kapitel 1 Rn. 415). Wer gleichwohl für diesen Fall eine besondere Regelung im Rahmen der Verwaltungsanordnung treffen will, findet dort aber Formulierungsmuster (*Braun* Nachlassplanung § 2 Rn. 78). Die Entscheidung des OLG Hamm zementiert mit ihren sehr grundsätzlichen und überzeugenden Erwägungen weiter das positive Ergebnis, dass das Behindertentestament nicht als solches sittenwidrig ist. Auch nicht bei hohen Nachlasswerten.

Wahl der Gestaltungsvariante: Die Vor- und Nacherbschaftslösung hat den Vorteil, dass sie am gebräuchlichsten und somit auch am besten abgesichert ist. Auch die bisherigen Entscheidungen des BGH bezogen sich auf diese Gestaltungsvariante. Sie führt aber dazu, dass der Behinderte Mitglied der Erbengemeinschaft wird. Soll dies vermieden werden, beispielsweise, weil zum Nachlass ein einzelkaufmännisches Unternehmen gehört, dann bietet sich die Wahl der Vermächtnislösung an (→ Form. F.I.3 Anm. 1). Auch beim Vorliegen hoher Zuwendungen an die nicht behinderten Geschwister kann sich die Wahl der Vermächtnislösung anbieten (→ Form. F.I.2 Anm. 10). Im Ergebnis dürfte die Frage der Sittenwidrigkeit bei der Vermächtnislösung ebenso zu verneinen sein, wie bei der Vor- und Nacherbschaftslösung. Die gefestigte Rechtsprechung argumentiert zu allgemein von einem grundrechtlichen Standpunkt aus, als dass ernsthaft vertreten werden könnte, dass zwar die Vor- und Nacherbschaftslösung anzuerkennen, die Vermächtnislösung aber als sittenwidrig anzusehen sei. Letztlich sind beide Gestaltungsvarianten Ausdruck der Tatsache, dass die Eltern ihre grundrechtlich geschützte Testierfreiheit zum Wohle des behinderten Kindes ausgenutzt haben.

6. Einfluss des Güterrechts. Die Gestaltung eines Behindertentestaments betrifft in erster Linie erbrechtliche Fragestellungen. Gleichwohl sollten bei der Testamentsgestaltung auch die Schnittstellen zwischen Ehegüterrecht und Erbrecht bzw. Pflichtteilsrecht beachtet werden. Das behinderte Kind erhält beim Behindertentestament stets eine Nachlassbeteiligung, die leicht oberhalb seiner Pflichtteilsquote liegt. Insofern entspricht es also durchaus der Absicht der Erblasser, die Pflichtteilsquote des behinderten Kindes möglichst gering zu halten. Dies gilt auch im Hinblick auf eine mögliche Sittenwidrigkeit der Konstruktion des Behindertentestaments, weil das behinderte Kind in diesem Fall seinen Pflichtteil verlangen und der Träger der Sozialhilfe dann voll auf das so erlangte Vermögen zugreifen könnte (sozialhilferechtlicher Nachranggrundsatz, → Anm. 3). Da die Pflichtteilsquoten der Kinder auch davon abhängig sind, in welchem Güterstand die Eltern leben (vgl. § 1931 BGB, → Form. A.I), empfiehlt es sich für den erbrechtlichen Berater auch dieses zu berücksichtigen. Dabei sind die Pflichtteilsansprüche am geringsten, wenn die Ehegatten im Güterstand der Zugewinngemeinschaft leben.

7. Lebzeitige Zuwendungen an die nicht behinderten Kinder. Soweit die Eltern ausgleichspflichtige lebzeitige Zuwendungen an die nicht behinderten Kinder vorgenommen haben, kann dies zum Entstehen nach § 93 SGB XII überleitbarer Pflichtteilsergänzungsansprüche führen (→ Form. F.I.2 Anm. 10).

8. Pflichtteilsverzicht. Im Einzelfall kann es sich anbieten, neben dem Behindertentestament auch einen Pflichtteilsverzicht vorzusehen (dazu: *Ivo* DNotZ 2011, 387 [388]; *Spall* MittBayNot 2012, 141 [142]). In der bereits mehrfach zitierten Entscheidung des BGH vom 19.1.2011 (BGH NJW 2011, 15 = DNotZ 2011, 381 = MittBayNot 2011, 138; so auch das OLG Hamm in der ebenfalls schon mehrfach zitierten Entscheidung vom 17.10.2016, FamRZ 2017, 939 = ZEV 2017, 158 = RNotZ 2017, 245; im Ergebnis offen lassend, aber eher zweifelnd: LSG Nordrhein-Westfalen ZEV 2012, 273) hat dieser festgestellt, dass sich ein solcher Pflichtteilsverzicht nicht sittenwidrig ist (kritisch LSG Bayern ZEV 2016, 43 = MittBayNot 2016, 442). Der Pflichtteilsverzicht ist freilich für sich allein genommen noch keine Lösung, sondern vielmehr eine flankierende Maßnahme die das Risiko abfängt, dass durch eine Ausschlagung doch überleitbare Pflichtteilsansprüche entstehen. Allerdings ist zu berücksichtigen, dass der BGH nur über die zivilrechtliche Wirksamkeit des Behindertentestaments entschieden hat. Welche Folgen ein derartiger Pflichtteilsverzicht in sozialrechtlicher Hinsicht nach sich zieht, hat der BGH nicht thematisiert. Der Sozialhilfeträger könnte – auch wenn die Zulässigkeit im Hinblick darauf, dass der Pflichtteilsanspruch nur eine ungewisse Erwartung ist, zweifelhaft erscheint – erwägen, Sozialleistungen nach § 26 Abs. 1 S. 1 Nr. 1 SGB XII auf das

zum Lebensunterhalt Unerlässliche zu kürzen (dazu, im Ergebnis ebenfalls ablehnend: *Spall* MittBayNot 2012, 141 [143]). Solange diese Möglichkeit nicht durch entsprechende sozialgerichtliche Entscheidungen ausgeschlossen ist, ist meiner Ansicht nach von der Möglichkeit des Pflichtteilsverzichts nur vorsichtig Gebrauch zu machen. Dabei ist zu berücksichtigen, dass das LSG Bayern (LSG Bayern ZEV 2016, 43 = MittBayNot 2016, 442) äußert, das nicht jeder Verzicht und jede Ausschlagung vom Sozialrecht hinzunehmen sei. Außerdem ist zu berücksichtigen, dass der Abschluss des Pflichtteilsverzichtsvertrages durch das behinderte Kind selbst dessen Geschäftsfähigkeit voraussetzt. Ob zu einem durch den Betreuer abgeschlossenen Pflichtteilsverzichtvertrag eine Genehmigung des Betreuungsgerichts zu erlangen ist, erscheint zweifelhaft (*Spall* MittBayNot 2012, 141 [143]).

9. „Nachträgliche Behindertentestamente“ – Ausschlagungsverträge. Wurde nicht durch ein Behindertentestament Vorsorge getroffen und ist der Erbfall bereits eingetreten, war bisher klar, dass damit der Zugriff des Sozialhilfeträgers auf den Nachlass eröffnet war. Zumindest war davon auszugehen, dass überleitbare Pflichtteilsansprüche entstehen. Auch hier weist der BGH mit der Entscheidung vom 19.1.2011 möglicherweise einen Weg (BGH NJW 2011, 1586 = DNotZ 2011, 388 = MittBayNot 2011, 138). Der BGH führt in der Entscheidung – in einem obiter dictum – aus, dass der Pflichtteilsverzicht mit einer Ausschlagung einer bereits angefallenen Erbschaft vergleichbar sei. Daraus kann man folgern, dass möglicherweise eine Ausschlagung gegen Abfindung möglich ist, wobei die Abfindung so ausgestaltet werden kann, dass sie den Zuwendungen entspricht, wie sie auch lebzeitig im Rahmen eines Behindertentestaments durch den Erblasser hätten vorgesehen werden können (dazu *Ivo* DNotZ 2011, 387 [388]; *Spall* MittBayNot 2012, 141 [144]; *v. Proff* RNotZ 2012, 272 [279]; *Braun* Nachlassplanung § 2 Rn. 176). Ebenso kann erwogen werden, ob nicht, wenn bei einem schlichten Berliner Testament der erste Erbfall bereits eingetreten ist, im Rahmen eines Zuwendungsverzichts mit dem behinderten Kind für den zweiten Erbfall noch eine Absicherung erreicht werden kann (*Spall* MittBayNot 2012, 141 [144]) Gesichert sind diese Überlegungen noch nicht, sodass auch darauf verzichtet wurde, entsprechende Muster aufzunehmen. Sie können aber im Extremfall dem letzten Rettungsanker darstellen. Hier bleibt die Rechtsentwicklung abzuwarten.

2. Verfügung von Ehegatten mit einem behinderten Kind und weiteren Kindern – Vor- und Nacherbschaftslösung

[Notarieller Urkundeneingang]

GEMEINSCHAFTLICHES TESTAMENT[1]

Die Erschienenen erklärten:

Wir besitzen die deutsche Staatsangehörigkeit und leben im gesetzlichen Güterstand der Zugewinngemeinschaft.[2] Wir wollen ein gemeinschaftliches Testament errichten und sind hieran durch frühere Verfügungen von Todes wegen nicht gehindert. Rein vorsorglich widerrufen wir hiermit alle früheren Verfügungen von Todes wegen, die wir gemeinschaftlich oder die jeder von uns allein errichtet hat.

§ 1 Erbfolge nach dem Erstversterbenden

1. Der Erstversterbende von uns beruft zu seinen Erben unseren behinderten Sohn ...... und den überlebenden Ehegatten.[3, 4]

2. Die Erbquote[5] unseres behinderten Sohnes ...... beträgt drei Hundertstel mehr als die Hälfte seines gesetzlichen Erbteils. Im Übrigen ist wie vorerwähnt der überlebende Ehegatte zur Erbfolge berufen. Nach derzeitigem Stand wäre also der überlebende Ehegatte zu ...... und unser behinderter Sohn ...... zu ...... zum Erben berufen.
3. Unser behinderter Sohn ...... ist allerdings nur nicht befreiter Vorerbe.[6] Der Nacherbfall tritt mit dem Tod des Vorerben ein. Nacherbe ist der überlebende Ehegatte. Ersatzweise sind Nacherben die Abkömmlinge des Vorerben unter sich zu gleichen Teilen entsprechend den Regeln der gesetzlichen Erbfolge. Wiederum ersatzweise ist Ersatznacherbe unsere Tochter ...... Das Nacherbenanwartschaftsrecht ist ohne Zustimmung des Vorerben weder vererblich noch übertragbar. Im Falle der Übertragung mit Zustimmung des Vorerben entfällt jede ausdrückliche oder stillschweigende Ersatznacherbeneinsetzung.
   Sollte unser behinderter Sohn ...... bereits vorverstorben sein oder aus anderen Gründen nicht zur Erbfolge gelangen, so wird der überlebende Ehegatte Alleinerbe.

   [Fakultativ:

4. *Der überlebende Ehegatte ist ebenfalls Vorerbe. Er ist jedoch, soweit gesetzlich zulässig, von sämtlichen Beschränkungen der §§ 2113 ff. BGB befreit. Der Nacherbfall tritt ein mit dem Tod des Vorerben. Nacherbe ist unsere Tochter ......, ersatzweise deren Abkömmlinge nach den Regeln der gesetzlichen Erbfolge. Das Nacherbenanwartschaftsrecht ist ohne Zustimmung des Vorerben weder vererblich noch übertragbar. Im Falle der Übertragung mit Zustimmung des Vorerben entfällt jede ausdrückliche oder stillschweigende Ersatznacherbeneinsetzung.*[7]
   Sollte unser behinderter Sohn ...... bereits vorverstorben sein oder aus anderen Gründen nicht zur Erbfolge gelangen, so wird der überlebende Ehegatte Vollerbe und nicht nur Vorerbe.]

§ 2 Erbfolge nach dem Letztversterbenden – Schlusserbfolge[8]

1. Der Letztversterbende von uns und für den Fall, dass wir beide gleichzeitig versterben, ein jeder von uns beruft zu seinen Erben unseren behinderten Sohn ...... und unsere Tochter ......
2. Die Erbquote unseres behinderten Sohnes beträgt fünf Hundertstel mehr als die Hälfte seines gesetzlichen Erbteils. Im Übrigen ist wie vorerwähnt unsere Tochter ...... zur Erbfolge berufen. Nach derzeitigem Stand erbt also unser behinderter Sohn ...... zu ...... und unsere Tochter ...... zu ......
3. Unser behinderter Sohn ...... ist allerdings auch hinsichtlich der Schlusserbfolge nur nicht befreiter Vorerbe. Der Nacherbfall tritt mit dem Tod des Vorerben ein. Nacherben sind die Abkömmlinge des Vorerben unter sich zu gleichen Teilen entsprechend den Regeln der gesetzlichen Erbfolge. Ersatznacherbe ist unsere Tochter ......, wiederum ersatzweise deren Abkömmlinge nach den Regeln der gesetzlichen Erbfolge. Das Nacherbenanwartschaftsrecht ist ohne Zustimmung des Vorerben weder vererblich noch übertragbar. Im Falle der Übertragung mit Zustimmung des Vorerben entfällt jede ausdrückliche oder stillschweigende Ersatznacherbeneinsetzung.

§ 3 Bedingtes Vorausvermächtnis[9]

Ein jeder von uns ordnet unabhängig von der Reihenfolge unseres Versterbens das Folgende bedingte Vorausvermächtnis zugunsten unseres behinderten Sohnes ...... an: Dieses ist für den Tod des Erstversterbenden zulasten des überlebenden Ehegatten und für den Tod des letztversterbenden zulasten unserer Tochter ...... angeordnet:

1. Soweit unserem behinderten Sohn ...... bei einem der beiden Erbfälle im Hinblick auf lebzeitige Zuwendungen des jeweiligen Erblassers an eine andere Person Pflichtteilsergänzungsansprüche zustünden oder ihm Pflichtteilsrestansprüche zustünden, erhält er als Vorausvermächtnis einen baren Geldbetrag. Dieser beträgt 105 % des Wertes der Pflichtteilsergänzungsansprüche, wobei zu deren Berechnung eine Anrechnung nach § 2326 S. 2 BGB nicht stattfindet. Der bare Geldbetrag erhöht sich um 105 % des Wertes etwaiger Pflichtteilsrestansprüche nach § 2305 BGB, soweit unserem behinderten Sohn ...... solche zustehen.
2. Unser behinderter Sohn ...... ist hinsichtlich des vorstehend angeordneten bedingten Vorausvermächtnisses jedoch nur Vorvermächtnisnehmer. Das Nachvermächtnis fällt mit seinem Tod an. Nachvermächtnisnehmer sind seine Abkömmlinge zu gleichen Teilen nach den Regeln der gesetzlichen Erbfolge. Ersatznachvermächtnisnehmer ist für den Fall, dass das Vermächtnis nach dem ersten Erbfall anfällt, der überlebende Ehegatte, wiederum ersatzweise unsere Tochter ...... und letztlich ersatzweise deren Abkömmlinge zu gleichen Teilen nach den Regeln der gesetzlichen Erbfolge. Für den Fall, dass das Vermächtnis nach dem Tode des Letztversterbenden anfällt, ist Ersatznachvermächtnisnehmerin unsere Tochter ...... und wiederum ersatzweise deren Abkömmlinge zu gleichen Teilen nach den Regeln der gesetzlichen Erbfolge.
3. Bis zum Anfall des Nachvermächtnisses stehen die Nutzungen aus dem als Vorvermächtnis zugewandten Geldbetrag dem Vorvermächtnisnehmer zu. Hinsichtlich der Verwendung der Nutzungen gelten dieselben Beschränkungen wie für die sonstigen Nachlassbeteiligungen des Vorvermächtnisnehmers.

§ 4 Dauertestamentsvollstreckung[10, 11]

1. Wir gehen davon aus, dass unser Sohn ...... im Hinblick auf seine Behinderung dauerhaft nicht in der Lage sein wird, seinen Nachlass zu verwalten. Daher ordnet ein jeder von uns sowohl für den Erbfall nach dem Erstversterbenden als auch für den Erbfall nach dem Letztversterbenden Dauertestamentsvollstreckung beschränkt auf die Beteiligung unseres behinderten Sohnes ...... am Nachlass, dh seinen Erbteil und den ihm als bedingtes Vorausvermächtnis zugewiesenen Geldbetrag an. Die Testamentsvollstreckung endet mit dem Tode unseres behinderten Sohnes ......, jedoch nicht vor Erfüllung der etwaigen bedingten Nachvermächtnisse, die ausdrücklich zu den Aufgaben des Dauertestamentsvollstreckers als Vermächtnisvollstrecker gehört.
2. Zum Testamentsvollstrecker berufen wir beim Tod des Erstversterbenden von uns den überlebenden Ehegatten und beim Tod des Letztversterbenden unsere Tochter ...... Ersatzweise berufen wir für beide Fälle ...... zum Testamentsvollstrecker. Die Person wird auch Testamentsvollstrecker, wenn der ursprünglich benannte Testamentsvollstrecker später wegfällt. Sollten die genannten Personen das Amt des Testamentsvollstreckers nicht annehmen können oder wollen oder später wegfallen, so soll das Nachlassgericht eine geeignete Person, möglichst aus dem Kreis der Verwandten, zum Testamentsvollstrecker ernennen.
3. Der Testamentsvollstrecker ist von allen Beschränkungen befreit, von denen Befreiung erteilt werden kann. Insbesondere unterliegt er keinen Beschränkungen im Hinblick auf die Eingehung von Verbindlichkeiten für den Nachlass und ist vom Verbot des § 181 BGB befreit. Soweit der Nachlass auseinandergesetzt wurde, setzt sich die Dauertestamentsvollstreckung an den dem Vorerben zugeteilten Vermögensgegenständen fort.
4. Da wir davon ausgehen, dass unser Sohn ...... auf Grund seiner Behinderung nicht in der Lage sein wird, seinen Lebensunterhalt durch eigene Erwerbstätigkeit zu bestreiten, wollen wir durch die Anordnung der Dauertestamentsvollstreckung erreichen, dass unserem Sohn aus seiner Beteiligung am Nachlass dauerhaft ein angemessener Lebensstandard, der über das Niveau der Sozialhilfe als staatlicher Grundver-

sorgung hinausgeht, ermöglicht wird. Diese Zielsetzung wollen wir auch dann beachtet wissen, wenn in Zukunft auf Grund einer Änderung der derzeitigen Rechtslage die Anordnung von Dauertestamentsvollstreckung in der hier getroffenen Weise nicht möglich sein sollte.

5. Aufgabe des Testamentsvollstreckers ist es, die Beteiligung unseres behinderten Sohnes ...... am Nachlass, dh seinen Erbteil und einen ihm etwaig als bedingtes Vorausvermächtnis zugewandten baren Geldbetrag zu verwalten. Er soll hierzu zunächst gemeinsam mit den Miterben den Nachlass in Besitz nehmen, Nachlassverbindlichkeiten erfüllen und sodann bei der Auseinandersetzung der Erbengemeinschaft mitwirken. Danach soll er alle Vermögenswerte dauerhaft verwalten, die unserem behinderten Sohn ...... durch die Erbauseinandersetzung oder die Vermächtniserfüllung zugefallen sind. Der Testamentsvollstrecker nimmt bis zum Eintritt des Nacherbfalls insbesondere für die Auseinandersetzung auch die Rechte des Nacherben wahr (§ 2222 BGB).
6. Im Wege der Verwaltungsanordnung nach § 2216 Abs. 2 BGB weist ein jeder von uns den Testamentsvollstrecker verbindlich an, unserem behinderten Sohn ...... aus den jährlichen Reinerträgen der Nachlassbeteiligung und, soweit diese nicht ausreichend sind, aus der Substanz solche Geld- oder Sachleistungen zuzuwenden, die der Verbesserung der Lebensqualität unseres Sohnes dienen, auf die der Sozialhilfeträger aber nach den sozialhilferechtlichen Vorschriften (insbesondere Sozialhilfe, Grundsicherung o. a.) nicht zugreifen kann und hinsichtlich derer eine Anrechnung auf die unserem behinderten Sohn gewährte Sozialhilfe nicht in Betracht kommt. Der Testamentsvollstrecker soll unserem Sohn daher insbesondere zuwenden:
   - Geschenke zum Geburtstag, zum Namenstag und den üblichen Festen (Weihnachten, Ostern, Pfingsten etc)
   - Zuwendungen zur Befriedigung der individuellen Bedürfnisse unseres Sohnes ...... geistiger und künstlerischer Art sowie in Bezug auf Freizeitgestaltung und Hobbies,
   - Zuwendungen für die Teilnahme an Ferien- und Kuraufenthalten,
   - Aufwendungen für ärztliche Behandlungen, Heilbehandlungen, Medikamente oder Hilfsmittel, die von der Krankenkasse oder Pflegekasse nicht oder nicht vollständig (in diesem Fall beschränkt auf den nicht übernommenen Teil) übernommen werden,
   - Geldzuwendungen im Rahmen dessen, was unser Sohn ...... nach den einschlägigen sozialhilferechtlichen Vorschriften maximal zur freien persönlichen Verfügung haben darf.

   Bei der Verwendung der Mittel hat der Testamentsvollstrecker die Bedürfnisse und – soweit möglich – die Wünsche unseres behinderten Kindes zu berücksichtigen.
7. Werden jährliche Reinerträge nicht in voller Höhe in der genannten Weise verwendet, so soll der Testamentsvollstrecker sie nach seinem Ermessen gewinnbringend anlegen und entsprechend der genannten Ziele verwenden. Eine mündelsichere Geldanlage obliegt ihm nicht.
8. Der Testamentsvollstrecker erhält als Vergütung ...... Eine bis zur Erbauseinandersetzung anfallende Vergütung ist durch sämtliche Miterben im Verhältnis ihrer Erbquoten zu tragen. Die Gebühren für die anschließende Verwaltung der unserem behinderten Sohn ...... zugewandten Vermögenswerte gehen ausschließlich zu dessen Lasten.

§ 5 Bindungswirkung[12]

Die vorstehenden Verfügungen sind wechselbezüglich und damit bindend, soweit eine Bindungswirkung rechtlich zulässig ist. Der Überlebende von uns ist aber berechtigt, die Schlusserbfolge und das zugunsten unseres behinderten Sohnes ...... angeordnete Vermächtnis durch abweichende Verfügung von Todes wegen zu ändern.

§ 6 Hinweise

Der Notar hat den Inhalt der vorstehenden Verfügungen mit den Beteiligten eingehend erörtert und sie insbesondere über die gesetzliche Erbfolge und den Kreis der pflichtteilsberechtigten Personen belehrt. Er hat die Beteiligten insbesondere darauf hingewiesen, dass die Bestimmungen, die zur Absicherung des behinderten Kindes aufgenommen wurden, sich möglicherweise in Zukunft als unwirksam erweisen könnten, dh dass insbesondere eine Änderung der diesbezüglichen derzeitigen Rechtsprechung möglich ist.

Der Notar hat ferner darauf hingewiesen, dass bei Änderungen des zugrunde liegenden Lebenssachverhalts eine Anpassung des Testaments erforderlich sein kann. Dies gilt insbesondere für den Fall des Vorversterbens des behinderten Sohnes ...... Ebenfalls gilt dies im Fall der Gesundung des behinderten Kindes.[13]

§ 7 Salvatorische Klausel[14]

Sollte sich auf Grund einer Änderung der Rechtslage ergeben, dass die bezüglich unseres behinderten Sohnes ...... getroffenen Anordnungen als sittenwidrig bzw. aus sonstigen Gründen als unwirksam anzusehen sind, so erhält unser behinderter Sohn ...... in beiden Erbfällen nur seinen Pflichtteil.[15]

Anmerkungen

1. Sachverhalt. Eltern haben ein behindertes und ein nicht behindertes Kind. Das behinderte Kind lebt in einem Heim und bezieht Leistungen der Sozialhilfe. Dem Muster liegt die sog. **Vor- und Nacherbschaftslösung** zugrunde, bei der das behinderte Kind mit einer leicht oberhalb seiner Pflichtteilsquote liegenden Quote zum nicht befreiten Vorerben berufen wird. Nacherben sind die Abkömmlinge des behinderten Kindes bzw. der überlebende Ehegatte oder aber die Geschwister des behinderten Kindes.

2. Einfluss des Güterstands. Wie ausgeführt erhält das behinderte Kind stets eine Nachlassbeteiligung, die leicht oberhalb seiner Pflichtteilsquote liegt. Daher ist die Wahl des richtigen Güterstands von erheblicher Bedeutung (→ Form. F.I.1 Anm. 6).

3. Erbeinsetzung des Behinderten nach dem Erstversterbenden. Ein wesentlicher Unterschied zum Berliner Testament, das gerade dadurch gekennzeichnet ist, dass die Kinder erst beim zweiten Erbfall am Nachlass beteiligt werden, während die Eltern sich für den ersten Erbfall gegenseitig zu Erben einsetzen, besteht beim Behindertentestament darin, dass das behinderte Kind bereits beim ersten Erbfall eine Beteiligung am Nachlass erhält. Dies ist erforderlich, um zu vermeiden, dass dem für den ersten Erbfall enterbten behinderten Kind ein nach § 93 SGB XII überleitbarer Pflichtteilsanspruch nach § 2303 BGB entsteht. Der Überleitung des Pflichtteilsanspruchs stünde auch nicht entgegen, dass der Pflichtteilsanspruch gemäß § 852 Abs. 1 ZPO nur unter bestimmten Voraussetzungen pfändbar ist, denn § 93 Abs. 1 S. 4 SGB XII erklärt auch nicht pfändbare Ansprüche für überleitbar (vgl. BGH FamRZ 2005, 448, 449 = NJW-RR 2005, 369 = DNotZ 2005, 296). Lediglich, wenn der Pflichtteilsanspruch bei sehr geringem Nachlass nicht die Schonvermögensgrenze des § 90 Abs. 2 SGB XII überschreitet, kann erwogen werden, den Behinderten beim ersten Erbfall nicht zu berücksichtigen. Auch wenn der Behinderte derzeit bei den Eltern lebt und keine Leistungen der Sozialhilfe bezieht, kann man ihn uU beim ersten Erbfall unberücksichtigt lassen. Dann kann möglicherweise, weil ein Zugriff des Sozialhilfeträgers derzeit nicht droht, eine Berücksichtigung beim ersten Erbfall vermieden werden. Allerdings muss man berücksichtigen, dass sich die Hilfebedürftigkeit des behinderten Kindes auch vor dem zweiten Erbfall ändern kann, so dass

möglicherweise doch Leistungen des Sozialhilfeträgers erbracht werden. Die Berücksichtigung schon beim ersten Erbfall stellt also in jedem Fall den sichersten Weg dar.

4. Untauglichkeit der Pflichtteilsstrafklausel. Auch eine **Pflichtteilsstrafklausel,** die vorsieht, dass der Behinderte auch beim zweiten Erbfall nicht Erbe wird, wenn er beim ersten Erbfall seinen Pflichtteil verlangt, ermöglicht es nicht, den Behinderten beim ersten Erbfall unberücksichtigt zu lassen. Nach der Entscheidung des BGH vom 8.12.2004 (BGH NJW-RR 2005, 369 = FamRZ 2005, 448 = DNotZ 2005, 296 mAnm *Spall* = MittBayNot 2005, 314 mAnm *J. Mayer* MittBayNot 2005, 286; *Spall* MittBayNot 2003, 356 ff.; *Braun* Nachlassplanung § 2 Rn. 112 ff.; WürzNotHdB/*G.Müller* Teil 4 Kap. 1 Rn. 409) kann nämlich ungeachtet einer solchen Pflichtteilsstrafklausel und unabhängig von der Entscheidung des Betreuers der Sozialhilfeträger den Pflichtteilsanspruch für den ersten Erbfall auf sich überleiten und geltend machen. Im Ergebnis kann eine solche Pflichtteilsstrafklausel dann sogar zu dem nicht gewünschten Ergebnis führen, dass der Sozialhilfeträger auch den hinsichtlich des zweiten Erbfalls entstehenden Pflichtteilsanspruch auf sich überleiten kann (zur möglicherweise einschränkenden Auslegung von Pflichtteilsstrafklauseln: BGH NJW 2006, 3064 [3065]). Damit hätte dann die Pflichtteilsstrafklausel vollends ihr Ziel verfehlt.

5. Erbquote. Die Nachlassbeteiligung, die dem Behinderten zugewandt wird, sollte in allen Fällen des Behindertentestaments stets oberhalb seiner Pflichtteilsquote liegen, um zu vermeiden, dass der Behinderte (bzw. der für den Behinderten bestellte Betreuer oder der sonstige Vertreter des Behinderten) in Anwendung von **§ 2306 Abs. 1 BGB** ausschlägt und den unbeschwerten Pflichtteil verlangt, wozu der mit Beschwerungen berufene Erbe unabhängig von der Höhe des Erbteils jederzeit berechtigt ist. Insofern ist es auch nach neuer Rechtslage sinnvoll, dem behinderten Kind mehr zuzuwenden, als den Pflichtteil (*Braun* Nachlassplanung § 2 Rn. 115; WürzNotHdB/*G. Müller* Teil 4 Kap. 1 Rn. 410 f.).

Durch die Zuwendung einer Erbquote oberhalb der Pflichtteilsquote wird zunächst das Risiko verringert, dass der Behinderte selbst (soweit geschäftsfähig) oder sein gesetzlicher Vertreter, dh im Regelfall der Betreuer **ausschlägt und den Pflichtteil verlangt.** Berücksichtigt man, dass nach der Neufassung des § 2306 Abs. 1 BGB die Ausschlagung auch dann noch möglich ist, wenn mehr als der Pflichtteil zugewandt wurde, so spricht dies dafür, die Pflichtteilsquote eventuell sogar deutlich zu überschreiten. Allerdings ist zu berücksichtigen, dass das OLG Köln in der Entscheidung vom 29.6.2007 (ZEV 2008, 196 = ZErb 2008, 207) hinsichtlich der Erteilung einer betreuungsgerichtlichen Genehmigung zur Erbausschlagung durch den Betreuer ausführt, dass es nicht im Interesse des behinderten Kindes liegt, die durch ein Behindertentestament angeordneten Beschwerungen durch Ausschlagung zu beseitigen und dann aus dem Pflichtteil für eine beschränkte Zeit die Kosten seines Lebens selbst aufzubringen. Insofern dürfte eine durch den Betreuer erfolgte Ausschlagung zumindest im Regelfall nicht genehmigungsfähig sein. Allerdings wird das Betreuungsgericht bei der Genehmigungsentscheidung wohl auch berücksichtigen, ob der Behinderte nur den Pflichtteil oder eine darüber hinaus gehende Quote erhalten hat.

Im Übrigen kann durch eine Erbeinsetzung oberhalb der Pflichtteilsquote vermieden werden, dass ein **überleitbarer Pflichtteilsrestanspruch nach § 2305 BGB** entsteht (Schlitt/Müller/*G. Müller* § 10 Rn. 298; WürzNotHdB/*G.Müller* Teil 4 Kap. 1 Rn. 411; *Braun* Nachlassplanung § 2 Rn. 115). Ein Pflichtteilsrestanspruch aus § 2305 BGB besteht immer dann, wenn dem behinderten Kind im Ergebnis weniger zugewandt wurde, als der Pflichtteil. Für die Frage, ob weniger als der Pflichtteil zugewandt wurde, bleiben allerdings nach § 2305 S. 2 BGB Beschränkungen und Beschwerungen der in § 2306 BGB genannten Art außer Betracht, dh es wird nicht wertmindernd berücksichtigt, dass das behinderte Kind hier mit Dauertestamentsvollstreckung und Vor- und Nacherbfolge belastet ist (Burandt/Rojahn/*G. Müller* BGB § 2305 Rn. 16 f.). Unabhängig von den angeordneten Beschränkungen und Beschwerungen, kommt es folglich nur darauf an,

ob der Erbteil, der dem behinderten Kind hinterlassen wurde, größer ist als der Pflichtteil. Nur wenn dies nicht der Fall ist, besteht ein Pflichtteilsrestanspruch aus § 2305 BGB, den der Sozialhilfeträger auf sich überleiten kann. Ob mindestens der Pflichtteil zugewandt wurde, beurteilt sich grundsätzlich nach der sog. **Quotentheorie** (Burandt/Rojahn/*G. Müller* BGB § 2305 Rn. 6). Es wird die hinterlassene Erbquote mit der Pflichtteilsquote verglichen. Vermächtnisse sind hinzuzurechnen (BGH NJW 1981, 1837; Burandt/Rojahn/*G. Müller* BGB § 2305 Rn. 7). Auf die Wertverhältnisse kommt es grundsätzlich nicht an. Sind dagegen bei der Berechnung des Pflichtteils Anrechnungs- und Ausgleichspflichten (§§ 2315, 2316 BGB) zu berücksichtigen, dann findet die **Werttheorie** Anwendung, dh es kommt darauf an, ob der rechnerische Betrag des Pflichtteils unter Berücksichtigung gesetzlicher Ausgleichs- und Anrechnungspflichten hinter dem Wert des hinterlassenen Erbteils (ohne Abzug der Beschränkungen oder Beschwerungen) zurückbleibt (Burandt/Rojahn/*G. Müller* BGB § 2305 Rn. 9).

Abstrakte Erbquote: Im vorliegenden Muster ist die Erbquote abstrakt angegeben. Die Angabe einer konkreten Erbquote (als Bruch oder prozentual) erfolgt entgegen der Vorschläge vieler anderer Muster (beispielsweise: WürzNotHdB/*G. Müller* Teil 4, Kap. 1 Rn. 406, 411; Schlitt/Müller/*G. Müller* § 10 Rn. nach 301; wie hier dagegen: *Braun* Nachlassplanung § 2 Rn. 115; *Nieder/Kössinger* § 21 Rn. 88) nur erläuternd. Dies hat den Vorteil, dass Änderungen des Lebenssachverhalts (beispielsweise Vorversterben eines Kindes) nicht zwingend eine Anpassung des Testaments erforderlich machen und das Gestaltungsziel auch in diesen Fällen nicht gefährdet ist. Allerdings ersetzt ein öffentliches Testament, in dem nur abstrakte Erbquoten angegeben sind, nicht den Erbschein.

6. Einsetzung des behinderten Kindes nur zum nicht befreiten Vorerben: Wie bereits erwähnt, wird das behinderte Kind regelmäßig nur zum nicht befreiten Vorerben eingesetzt. Die Einsetzung nur zum **Vorerben** verhindert, dass die Erben des behinderten Kindes bei dessen Tod die Nachlassbeteiligung erhalten und dann gemäß § 102 SGB XII auf Kostenerstattung in Anspruch genommen werden können. Auch die Einsetzung zum **nicht befreiten Vorerben** ist sinnvoll: Dadurch wird verhindert, dass der Träger der Sozialhilfe bedarfsabhängige Leistungen mit dem Hinweis verweigert, dass der Behinderte die Nachlasssubstanz einsetzen könne, um seinen Lebensunterhalt zu bestreiten (*Otte* JZ 1990, 1027; *van de Leo* MittRhNotK 1989, 233 [241]; *Braun* Nachlassplanung § 2 Rn. 116). Zwar verhindert dies eigentlich schon die ebenfalls anzuordnende Dauertestamentsvollstreckung (OVG Saarland DNotI-Report 2006, 99 = ZErb 2006, 275; *Braun* Nachlassplanung § 2 Rn. 116), es könnte aber beim befreiten Vorerben ein Anspruch gegen den Testamentsvollstrecker auf Freigabe von Nachlassgegenständen behauptet werden (*Braun* Nachlassplanung § 2 Rn. 116). Unter dem Gesichtspunkt des „sichersten Weges" ist daher von einer Befreiung abzuraten. Eine Befreiung von der Verpflichtung zur mündelsicheren Geldanlage (§ 2119 BGB) ist aber gerade in Zeiten einer Niedrigzinsphase sinnvoll, damit der Vorerbe bzw. der Testamentsvollstrecker Geldbeträge auch in Aktien oä anlegen kann (*Braun* Nachlassplanung § 2 Rn. 116; *Spall* ZEV 2017, 26 [27]; WürzNotHdB/*G. Müller* 4. Teil Kap. 1 Rn. 413). Für die Befreiung des Vorerben spricht, dass der befreite Vorerbe dann auch auf die Substanz zugreifen darf, wenn aber – wie hier vorgesehen – der Testamentsvollstrecker auch zugleich Nacherbentestamentsvollstrecker im Sinne des § 2222 BGB ist, ist zumindest über diesen Weg der Zugriff auf die Nachlasssubstanz ermöglicht, ohne das es einer Befreiung des Vorerben bedürfte (*Braun* Nachlassplanung § 2 Rn. 116; *Spall* ZEV 2017, 26 [28]). Sollte ein bereits existierendes Behindertentestament keine Regelung zum Durchgriff des Testamentsvollstreckers auf die Nachlasssubstanz enthalten, wird man, wie der BGH in einem obiter dictum anklingen lässt (BGH ZEV 1994, 35) trotzdem gleichwohl im Wege ergänzender Vertragsauslegung zu diesem Ergebnis gelangen. *Braun* weist insofern zutreffend darauf hin, dass in derartigen Fällen trotz fehlender entsprechender An-

ordnung das Gestaltungsziel der Erhaltung der Nachlasssubstanz für die Familie hinter dem Ziel der Verbesserung des Lebensstandards des Behinderten zurückstehen müsse (*Braun* Nachlassplanung § 2 Rn. 116).

7. Einsetzung des überlebenden Ehegatten zum befreiten Vorerben. Das Muster sieht fakultativ vor, dass der überlebende Ehegatte ebenfalls nur zum Vorerben eingesetzt wird. Nacherben sind die nicht behinderten Kinder. Der überlebende Ehegatte ist aber von allen Beschränkungen befreit, von denen Befreiung erteilt werden kann. Die Einsetzung des überlebenden Ehegatten nur zum Vorerben und der nicht behinderten Kinder zu seinen Nacherben sollte unter Geltung des alten Rechts (§ 2306 BGB aF) zunächst die Gefahr der Anwendung des § 2306 Abs. 2 iVm Abs. 1 BGB aF ausschalten. Auch nach der Neuregelung durch die Erbrechtsreform kann es im Hinblick auf die Höhe der Nachlassbeteiligung des behinderten Kindes beim zweiten Erbfall sinnvoll sein, den überlebenden Ehegatten nur zum Vorerben zu berufen. Ist nämlich beim ersten Erbfall der überlebende Ehegatte Vollerbe des erstversterbenden Ehegatten geworden, so ist die Nachlassmasse, von der sich diese Pflichtteilsquote berechnet, deutlich höher, als wenn der überlebende Ehegatte nur Vorerbe und die gesunden Kinder Nacherben geworden sind. Der überlebende Ehegatte vererbt dann beim zweiten Erbfall nur sein eigenes Vermögen und nicht auch das vom erstverstorbenen Ehegatten erworbene Vermögen (*Ruby* ZEV 2006, 66 [67]). Sofern also erreicht werden soll, dass das behinderte Kind beim zweiten Erbfall eine möglichst geringe Nachlassbeteiligung erhält, ist es sinnvoll, den überlebenden Ehegatten nur zum Vorerben einzusetzen. Andererseits muss der erbrechtliche Berater aber auch berücksichtigen, dass dies regelmäßig nicht der Interessenlage der Ehegatten entspricht. Diese wollen eine größtmögliche Freiheit nach dem ersten Erbfall realisiert wissen, wie sie im Hinblick auf Schenkungen nicht einmal die befreite Vorerbschaft bietet.

8. Schlusserbfolge. Auch bei der Schlusserbfolge muss das behinderte Kind wieder mit einer Erbquote bedacht werden, die über der Pflichtteilsquote liegt. Auch hier muss verhindert werden, dass ein Pflichtteilsrestanspruch aus § 2305 BGB besteht oder der Betreuer im Hinblick auf eine zu geringe Erbquote des behinderten Kindes zur Ausschlagung motiviert wird (→ Anm. 5). Aus denselben Gründen, die beim ersten Erbfall dafür sprachen, wird das behinderte Kind auch beim zweiten Erbfall nur zum nicht befreiten Vorerben berufen. Nacherben sind in erster Linie seine Abkömmlinge, ersatzweise seine Geschwister bzw. wiederum deren Abkömmlinge. Auch dies dient dazu, der Familie die Nachlassbeteiligung des behinderten Kindes zu erhalten. Die rechtliche Begründung unterscheidet sich insofern nicht von den obigen Ausführungen (→ Anm. 3 ff.).

9. Bedingtes Vorausvermächtnis. Lebzeitige Zuwendungen an die nicht behinderten Kinder können dazu führen, dass Pflichtteilsergänzungsansprüche nach § 2325 BGB bestehen, die der Sozialhilfeträger auf sich überleiten kann (das früher bestehende Problem, dass sich aus der Anwendung der Werttheorie im Rahmen des § 2306 Abs. 1 S. 1 BGB aF ergab, hat sich mit der Erbrechtsreform erledigt – dazu noch die Vorauflagen). Außerdem besteht die Gefahr der Überleitung eventueller Pflichtteilsrestansprüche. Um dies zu vermeiden, wendet man dem Behinderten als **bedingtes Vorausvermächtnis** für den Fall des Bestehens von **Pflichtteilsergänzungsansprüchen** einen bestimmten Geldbetrag zu (Schlitt/Müller/*G. Müller* § 10 Rn. 299; *Braun* Nachlassplanung, § 2 Rn. 101 ff.; *Schindler* ZErb 2006, 186 [192 f.]; *Weidlich* ZEV 2001, 94 [96]). Dies führt dazu, dass das Entstehen überleitbarer Pflichtteilsergänzungsansprüche vermieden wird.

Zu berücksichtigen ist, dass sich die **Höhe des Geldbetrages** nicht auf das beschränken sollte, was dem Behinderten als Pflichtteilsergänzungsanspruch zustünde, denn dann ergäbe der Wert des Erbteils und der Wert des Pflichtteilsergänzungsanspruchs zusammen genau den Pflichtteil (*Schindler* ZErb 2006, 186 [193]; *Weidlich* ZEV 2001, 94 [96]). Folglich sollte dem behinderten Kind also im Wege des Vorausvermächtnisses mehr

zugewendet werden, als es als Pflichtteilsergänzung erhielte. Daher sieht das Muster vor, dass der Geldbetrag 105 % des Wertes der Pflichtteilsergänzungsansprüche beträgt. In der Literatur nicht diskutiert wird, ob das bedingte Vorausvermächtnis nicht auch auf **Pflichtteilsrestansprüche nach § 2305 BGB** ausgedehnt werden sollte. Bei Anwendung der Werttheorie kann man auch zu überleitbaren Pflichtteilsrestansprüchen kommen (→ Anm. 5). Daher erscheint es aus meiner Sicht sinnvoll, das Vermächtnis auch darauf zu erstrecken, um so jegliche Pflichtteilsansprüche auszuschließen. Auch hier kann sich eine Erhöhung auf 105 % anbieten, damit der Behinderte nicht genau den Pflichtteil erhält. Allein durch die Anordnung eines derartigen Vermächtnisses ist aber noch nicht ausgeschlossen, dass der **Sozialhilfeträger** den Vermächtnisanspruch nach § 93 SGB XII auf sich **überleitet** (*Weidlich* ZEV 2001, 94 [96]). Daher ist es erforderlich, auch den vermächtnisweise zugewandten Geldbetrag der **Testamentsvollstreckung** zu unterwerfen (vgl. § 4 Abs. 1 des Musters). Ebenso muss verhindert werden, dass der vermächtnisweise zugewandte Geldbetrag mit dem Tod des Behinderten an dessen Erben fällt, denn diese wären dann nach § 102 SGB XII insofern dem Sozialhilfeträger gegenüber ausgleichspflichtig. Daher ist im Muster vorgesehen, dass das behinderte Kind nur **Vorvermächtnisnehmer** ist. Die Konstruktion entspricht insofern in diesem Teil der sog. Vermächtnislösung. Dies führt freilich dazu, dass die gegen die Vermächtnislösung (zu Unrecht) vorgebrachten Bedenken auch hier von Bedeutung sind (→ Form. F.I.3 Anm. 1; *Weidlich* ZEV 2001, 94 [96 f.]).

Schließlich ist zu berücksichtigen, dass das bedingte Vorausvermächtnis für beide Erbfälle angeordnet werden muss, da sowohl ausgleichspflichtige Verfügungen der Mutter als auch ausgleichspflichtige Verfügungen des Vaters in Betracht kommen. Dabei sind regelmäßig – wie im Muster vorgesehen – auch unterschiedliche Nachvermächtnisnehmer vorzusehen.

10. Dauertestamentsvollstreckung. Eines der zentralen Elemente des Behindertentestaments ist die Anordnung von **Dauertestamentsvollstreckung** (§ 2209 BGB) in Verbindung mit einer Verwaltungsanordnung (§ 2216 Abs. 2 S. 1 BGB). Hierdurch wird der Zugriff auf die Nachlassbeteiligung des Behinderten effektiv ausgeschlossen und sozialhilferechtlich nicht verwertbares Vermögen geschaffen (WürzNotHdB/*G. Müller* 4. Teil Kap. 1 Rn. 420; Schlitt/Müller/*G.Müller* § 10 Rn. 293 ff.; *Tersteegen* ZEV 2008, 121). § 2214 BGB schließt den Zugriff von Gläubigern des behinderten Kindes auf die Nachlassgegenstände, die der Verwaltung des Testamentsvollstreckers unterliegen, aus und verhindert damit auch den Zugriff des Sozialhilfeträgers. Der Testamentsvollstrecker erhält zudem gemäß § 2205 S. 2 BGB die unbeschränkte Verfügungsbefugnis, die gleichzeitig gemäß § 2211 BGB dem Erben entzogen wird.

Verwaltungsanordnung: Ergänzt wird die Anordnung der Dauertestamentsvollstreckung durch eine **Verwaltungsanweisung** im Sinne von § 2216 Abs. 2 S. 1 BGB, durch die die Verwendung der Erträge im Sinne des Behinderten sichergestellt und ein Zugriff des Trägers der Sozialhilfe auf die Erträge ausgeschlossen wird. Ansonsten wäre der Dauertestamentsvollstrecker nämlich grundsätzlich, soweit dies einer ordnungsgemäßen Verwaltung des Nachlasses im Sinne von § 2216 Abs. 1 BGB entspricht, zur Herausgabe der Nutzungen an den Erben verpflichtet (BGH NJW-RR 1988, 386 = FamRZ 1988, 279 = DNotZ 1988, 440; BGH FamRZ 1986, 900 = RPfleger 1986, 434). Ein derartiger Anspruch des Behinderten gegen den Testamentsvollstrecker könnte der Sozialhilfeträger nach § 93 SGB XII auf sich überleiten. Daher wird die Verwaltungsanordnung so ausgestaltet, dass Erträge des Nachlasses dem Behinderten nur zum Zwecke der Steigerung seiner Lebensqualität und nur insoweit zugewandt werden, als eine Anrechnung auf die Sozialhilfe und ein Zugriff des Sozialhilfeträgers vermieden wird. Eine derartige Gestaltung der Verwaltungsanweisung wird von der hM. für zulässig gehalten (*Braun* Nachlassplanung § 2 Rn. 41; BeckOK BGB/*Haul*

Poseck § 2216 Rn. 27; *Bengel* ZEV 1994, 29 [30]; *J. Mayer* DNotZ 1994, 347 [357]; *Nieder* NJW 1994, 1264 [1266]).

Aufgaben: Neben den durch die Verwaltungsanordnung definierten Aufgaben gehört es auch zu den Aufgaben des Testamentsvollstreckers, den Nachlass in Besitz zu nehmen und sodann an der Auseinandersetzung der Erbengemeinschaft mitzuwirken. Insbesondere letzterem kommt ebenfalls besondere Bedeutung zu. Damit sich die zu Lasten des Behinderten angeordnete Vor- und Nacherbschaft nicht nachteilig für die übrigen Miterben auswirkt, ist es nämlich erforderlich im Wege der Erbauseinandersetzung für weitestgehend getrennte Vermögensmassen zu sorgen. So ist beispielsweise zum Nachlass gehörender Grundbesitz auch für die übrigen Miterben wirtschaftlich kaum verwertbar, wenn der Behinderte auch insofern am Nachlass beteiligt ist. Es wird daher regelmäßig sinnvoll sein, dem behinderten Kind bei der Erbauseinandersetzung eine Nachlassbeteiligung beispielsweise in Geld zukommen zu lassen. Eventuell bietet es sich hier daher auch an, zusätzlich noch eine **Teilungsanordnung** aufzunehmen, die dem Behinderten nur bestimmte Vermögenswerte zuweist (*Ruby* ZEV 2006, 66 [67]). Das Muster sieht vor, dass der Testamentsvollstrecker auch zugleich Nacherbentestamentsvollstrecker (§ 2222 BGB) ist. Dies ist sinnvoll, um ihm den Zugriff auf die Nachlasssubstanz zu ermöglichen → Anm. 6. Er kann insofern etwa erforderliche Zustimmungserklärungen (§ 2113 BGB) für die Nacherben abgeben.

Dauer: Grundsätzlich wird die Dauertestamentsvollstreckung, um einen effektiven Schutz vor dem Zugriff des Sozialhilfeträgers zu erreichen, für die Lebenszeit des behinderten Kindes angeordnet. Es wird also ausdrücklich von der dreißigjährigen Frist des § 2210 S. 1 BGB abgewichen. Aber auch mit dem Tode sollte die Testamentsvollstreckung noch nicht enden, wenn der Behinderte ein bedingtes Vorausvermächtnis zur Abdeckung eventueller Pflichtteilsergänzungsansprüche erhalten hat. Um in diesem Fall einen Zugriff des Sozialhilfeträgers auf den vermächtnisweise zugewandten Geldbetrag im Zeitpunkt des Todes des Behinderten gemäß § 102 SGB XII zu vermeiden, bietet es sich an, die Erfüllung des Nachvermächtnisanspruchs in den Aufgabenbereich des Dauertestamentsvollstreckers einzubeziehen (*Braun* Nachlassplanung § 2 Rn. 138; *Spall* ZEV 2002, 5 ff.; → Form. F.I.3 Anm. 1).

Person des Testamentsvollstreckers: Da der Testamentsvollstrecker auf viele Jahre die Interessen des Behinderten wahrnehmen muss, sollte es sich um eine nahestehende Person handeln. Testamentsvollstrecker kann auch der Nacherbe sein. Sofern allerdings der Betreuer gleichzeitig zum Testamentsvollstrecker berufen wird, macht dies eventuell die Bestellung eines Ergänzungsbetreuers erforderlich (OLG Nürnberg ZEV 2002, 158 mAnm *Schlüter* = MittBayNot 2002, 403 mAnm *Kirchner;* aA *Damrau* ZEV 1994, 1; gegen die Notwendigkeit der Bestellung eines Ergänzungsbetreuers kann auch die Entscheidung des BGH ZEV 2008, 330 herangezogen werden). In derartigen Fällen muss sorgfältig geprüft werden, wer zum Testamentsvollstrecker benannt wird, um eine Überschneidung mit dem Amt des Betreuers möglichst zu vermeiden.

Testamentsvollstreckervergütung: Ist Testamentsvollstrecker ein Verwandter, so wird regelmäßig angeordnet, dass dieser keine besondere Vergütung, sondern regelmäßig nur Auslagenersatz erhält. Ein Dritter als Testamentsvollstrecker wird wohl nicht bereit sein, diese Aufgabe ohne Vergütung zu übernehmen. Dabei kann angeordnet werden, dass die Vergütung aus der Nachlassbeteiligung des Behinderten zu entnehmen ist. Dies sollte dann aber bei der Bemessung der Erbquote des behinderten Kindes berücksichtigt werden, um nicht eine zusätzliche Motivation zur Ausschlagung zu schaffen (*Braun* Nachlassplanung § 2 Rn. 89).

11. Bindungswirkung. Es ist möglich, die Verfügungen erbrechtlich bindend (wechselbezüglich beim gemeinschaftlichen Testament oder als vertragsmäßige Verfügungen beim Erbvertrag) zu treffen. Allerdings dürfte es sinnvoll sein, für die Schlusserbfolge einen Abänderungsvorbehalt vorzusehen, damit der überlebende Ehegatte auf Änderungen des Lebenssachverhalts oder auch der Rechtsprechung zum Behindertentestament

rechtzeitig reagieren kann. Keiner Erwähnung bedarf es, dass nur Erbeinsetzung, Vermächtnis- und Auflagenanordnung erbrechtlich bindend erfolgen kann (§§ 2270 Abs. 3, 2278 Abs. 2 BGB).

12. Hinweise. Als Hinweis des Notars wurde in das Muster aufgenommen, dass bei einer Änderung des zugrunde liegenden Lebenssachverhalts eine Anpassung des Testaments erforderlich sein kann. Zu denken ist insofern zunächst an den Fall des **Vorversterbens des behinderten Kindes.** In einem solchen Fall werden die typischen Regelungen des Behindertentestaments überflüssig. Man kann daher erwägen, die Anordnungen des Behindertentestaments unter der auflösenden Bedingung des Vorversterbens des behinderten Kindes zu treffen (*Ruby* ZEV 2006, 66 [68]). Dies macht meiner Ansicht nach die gesamte Konstruktion aber sehr unübersichtlich. Für den Regefall sollte daher auf eine spätere Änderung des Testaments ausgewichen werden. Gleiches gilt für eine spätere Gesundung bzw. den Wegfall der Bedürftigkeit (zu den Gestaltungsmöglichkeiten insofern aber: *Braun* Nachlassplanung § 2 Rn. 166 ff.; *Ruby* ZEV 2006, 66 [71]).

13. Salvatorische Klausel. Nach derzeitigem Stand spricht nichts dafür, dass die Konstruktion des Behindertentestaments als sittenwidrig anzusehen ist (→ Form. F.I.1 Anm. 5). Gleichwohl sollte – um auch die spätere Rechtsentwicklung zu erfassen – für diesen Fall eine Ersatzregelung (hier: Einsetzung auf den Pflichtteil) vorgesehen werden (*Ruby* ZEV 2006, 66 [71]; zur Möglichkeit der Anordnung einer bedingten Auflage-*Braun* Nachlassplanung § 2 Rn. 173 ff.).

14. Steuern. Die Vor- und Nacherbenlösung ist → Form. C.II.1 erläutert, zum Vorausvermächtnis siehe die Anmerkungen → Form. C.IV.4, zur Dauertestamentsvollstreckung → Form. C.VII.1; sa → Form. F.I.3 Anm. 10. Erbschaftsteuerliche Erwägungen stehen beim Behindertentestament regelmäßig nicht im Vorgergrund. Vielmehr geht es um die Sicherstellung einer angemessenen Nachlassbeteiligung des behinderten Kindes und der Erhöhung seines Lebensstandards.

15. Kosten. Bei **Beurkundung** eines Erbvertrags oder gemeinschaftlichen Testaments entsteht eine **2,0-Gebühr** (Nr. 21100 KV GNotKG). Als Geschäftswert ist bei Verfügungen über den ganzen Nachlass oder einen Bruchteil nach § 102 Abs. 1 S. 1 GNotKG der Wert des Vermögens oder der Wert des entsprechenden Bruchteils des Vermögens unter Abzug der Verbindlichkeiten des Erblassers zu Grunde zu legen. Mindestens muss das halbe Aktivvermögen angesetzt werden, § 102 Abs. 1 S. 2 Hs. 2 GNotKG. Bei der Wertermittlung ist jeder Verfügende gesondert zu betrachten; Verbindlichkeiten können also nicht verrechnet werden (*Diehn* Rn. 1152 ff.).

Vermächtnisse, Auflagen und Teilungsanordnungen werden neben Verfügungen über den Nachlass als Ganzes nicht gesondert bewertet. Das gilt auch für die Anordnung von Vor- und Nacherbschaft und die Testamentsvollstreckung.

Die **Registrierung im Zentralen Testamentsregister** kostet 15,– EUR je Registrierung, also pro Erblasser. Beim gemeinschaftlichen Testament fallen daher 30,– EUR an, beim Erbvertrag kommt es auf die Zahl der von Todes wegen verfügenden Beteiligten an.

Die **besondere amtliche Verwahrung** der Verfügung von Todes wegen kostet **75,– EUR** nach Nr. 12100 KV GNotKG (Festgebühr). Die Gebühr entsteht pro Urkunde, nicht pro Erblasser. Die Eröffnung beim Amtsgericht kostet 100,– EUR nach Nr. 12101 KV GNotKG (Festgebühr).

3. Verfügung von Ehegatten mit einem behinderten Kind und weiteren Kindern – Vermächtnislösung

[Notarieller Urkundeneingang]

GEMEINSCHAFTLICHES TESTAMENT[1, 2]

Die Erschienenen erklärten:

Wir besitzen die deutsche Staatsangehörigkeit und leben im gesetzlichen Güterstand der Zugewinngemeinschaft.[3] Wir wollen ein gemeinschaftliches Testament errichten und sind hieran durch frühere Verfügungen von Todes wegen nicht gehindert. Rein vorsorglich widerrufen wir hiermit alle früheren Verfügungen von Todes wegen, die wir gemeinschaftlich oder die jeder von uns allein errichtet hat.

§ 1 Erbfolge nach dem Erstversterbenden

Wir setzen uns gegenseitig, der Erstversterbende den Überlebenden, zum unbeschränkten alleinigen Erben ein.

§ 2 Erbfolge nach dem Letztversterbenden – Schlusserbfolge[4]

1. Der Letztversterbende von uns und für den Fall, dass wir beide gleichzeitig versterben, ein jeder von uns beruft zu seinen Erben unsere Tochter . . . . . . und unsere Tochter . . . . . . zu gleichen Teilen. Ersatzerben sind die jeweiligen Abkömmlinge unserer Töchter nach den Regeln der gesetzlichen Erbfolge. Sollten solche nicht vorhanden sein, tritt Anwachsung ein.
2. Unseren behinderten Sohn . . . . . . berufen wir ausdrücklich nicht zum Erben des Längstlebenden. Er wird insofern enterbt.

§ 3 Vermächtnis zugunsten unseres behinderten Sohnes[5, 8]

Unabhängig von der Reihenfolge unseres Versterbens ordnet ein jeder von uns das folgende Vermächtnis zugunsten unseres behinderten Sohnes . . . . . . und zu Lasten seiner Erben an:

1. Unser behinderter Sohn . . . . . . erhält beim Tod eines jeden von uns, dh beim Tod des Erstversterbenden und beim Tod des Letztversterbenden einen baren Geldbetrag in Höhe einer bestimmten Quote vom Nachlasswert nach Abzug der Nachlassverbindlichkeiten, wie er gemäß § 2311 BGB für die Pflichtteilsberechnung zu ermitteln wäre. Die Quote beträgt jeweils fünf Hundertstel mehr als die Hälfte des jeweiligen gesetzlichen Erbteils unseres behinderten Sohnes . . . . . ., dh nach derzeitigem Stand nach dem Erstversterbenden von uns . . . . . .% und nach dem Letztversterbenden von uns . . . . . .%.
2. Dem Beschwerten wird folgende Ersetzungsbefugnis eingeräumt: Das Vermächtnis kann nach Wahl der beschwerten Erben durch die Übertragung von Grundbesitz, Wertpapieren und anderen Vermögensgegenständen aus dem Nachlass erfüllt werden. Soweit zur Erfüllung des Vermächtnisses das Miteigentum an Grundbesitz übertragen wird, wird zulasten des Vermächtnisnehmers, dh zulasten unseres behinderten Sohnes . . . . . . als bedingtes Untervermächtnis angeordnet, dass die Erben verlangen können, dass das Recht, die Aufhebung der Gemeinschaft zu verlangen, für immer ausgeschlossen wird. Der Ausschluss ist auf Verlangen der Erben gleichzeitig mit der Eigentumsumschreibung im Grundbuch einzutragen.

3. Soweit eine Einigung über den Wert des Nachlasses nicht zustande kommt, ist er durch einen von der örtlich zuständigen Industrie- und Handelskammer zu benennenden Sachverständigen verbindlich festzulegen. Der Schiedsgutachter hat über die Verteilung der anfallenden Kosten in entsprechender Anwendung von §§ 91 ff. ZPO zu entscheiden.
4. Unser behinderter Sohn . . . . . . ist hinsichtlich des vorstehend angeordneten Vermächtnisses jedoch nur Vorvermächtnisnehmer. Das Nachvermächtnis[7] fällt mit seinem Tod an. Nachvermächtnisnehmer sind seine Abkömmlinge zu gleichen Teilen nach den Regeln der gesetzlichen Erbfolge. Ersatznachvermächtnisnehmer ist der überlebende Ehegatte, wiederum ersatzweise . . . . . .
5. Bis zum Anfall des Nachvermächtnisses stehen die Nutzungen aus dem als Vorvermächtnis zugewandten Geldbetrag dem Vorvermächtnisnehmer zu. Hinsichtlich der Verwendung der Nutzungen gelten dieselben Beschränkungen wie für die sonstigen Nachlassbeteiligungen des Vorvermächtnisnehmers.
6. Das Nachvermächtnis erfasst auch solche Vermögensgegenstände, die wirtschaftlich betrachtet an die Stelle ursprünglich zur Erfüllung des Vorvermächtnisses übertragener Gegenstände getreten sind. Soweit jedoch übertragene Vermögenswerte aus dem Vermögen des Vorvermächtnisnehmers ausgeschieden sind, ohne dass hierfür ein Surrogat erlangt wurde, entfällt insoweit die Verpflichtung aus dem Nachvermächtnis. Der Vorvermächtnisnehmer ist nicht verpflichtet, Verluste der Vermögenssubstanz zu ersetzen.
7. Dem Vorvermächtnisnehmer sind notwendige und nützliche Verwendungen unverzinst zu ersetzen. Dies gilt hinsichtlich nützlicher Verwendungen jedoch nur, soweit der Wert des Vermögensgegenstands im Zeitpunkt der Fälligkeit des Nachvermächtnisses noch durch die Verwendung erhöht ist. Gewöhnliche Erhaltungskosten sind nicht zu ersetzen.
8. Zusätzlich vermacht der Letztversterbende von uns unserem behinderten Sohn . . . . . . das lebenslängliche jedoch durch den dauernden Wegzug auflösend bedingte Wohnungsrecht an allen Räumen im . . . . . . Stock unseres Wohnhauses in . . . . . . Der Wert dieses Wohnrechtsvermächtnisses ist auf den vorstehend vermachten Geldbetrag mit einer Quote von 50 % anzurechnen. Jedoch entfällt dieses Vermächtnis, wenn unser behinderter Sohn . . . . . . zum Zeitpunkt des Todes des Letztversterbenden von uns bereits in einem Heim oder einer anderen Pflegeeinrichtung lebt. In diesem Fall erhält er den oben genannten Geldbetrag ungeschmälert. Das Wohnungsrecht ist auf Verlangen unseres behinderten Sohnes bzw. des Testamentsvollstreckers im Grundbuch abzusichern.[6]

§ 4 Vermächtnis im Hinblick auf Pflichtteilsergänzungsansprüche[9]

Ein jeder von uns ordnet zusätzlich unabhängig von der Reihenfolge unseres Versterbens das Folgende bedingte Vermächtnis zugunsten unseres behinderten Sohnes . . . . . . an:

1. Soweit unserem behinderten Sohn . . . . . . bei einem der beiden Erbfälle im Hinblick auf lebzeitige Zuwendungen des jeweiligen Erblassers an eine andere Person Pflichtteilsergänzungsansprüche zustünden, erhält er als Vorausvermächtnis einen baren Geldbetrag. Dieser beträgt 105 % des Wertes der Pflichtteilsergänzungsansprüche, wobei zu deren Berechnung eine Anrechnung nach § 2326 S. 2 BGB nicht stattfindet.
2. Unser behinderter Sohn . . . . . . ist hinsichtlich des vorstehend angeordneten bedingten Vorausvermächtnisses jedoch nur Vorvermächtnisnehmer. Das Nachvermächtnis fällt mit seinem Tod an. Nachvermächtnisnehmer sind seine Abkömmlinge zu gleichen Teilen nach den Regeln der gesetzlichen Erbfolge. Ersatznachvermächtnisnehmer ist für den Fall, dass das Vermächtnis nach dem ersten Erbfall anfällt, der überlebende Ehegatte, wiederum ersatzweise unsere Töchter . . . . . . und . . . . . . sowie letztlich ersatzweise deren Abkömmlinge nach den Regeln der gesetzlichen Erbfolge. Für den

Fall, dass das Vermächtnis nach dem Tode des Letztversterbenden anfällt, sind Ersatznachvermächtnisnehmer unsere Töchter ...... und ...... sowie wiederum ersatzweise deren Abkömmlinge zu gleichen Teilen nach den Regeln der gesetzlichen Erbfolge.

3. Bis zum Anfall des Nachvermächtnisses stehen die Nutzungen aus dem als Vorvermächtnis zugewandten Geldbetrag dem Vorvermächtnisnehmer zu. Hinsichtlich der Verwendung der Nutzungen gelten dieselben Beschränkungen wie für die sonstigen Nachlassbeteiligungen des Vorvermächtnisnehmers.

§ 5 Dauertestamentsvollstreckung[10]

1. Wir gehen davon aus, dass unser Sohn ...... im Hinblick auf seine Behinderung dauerhaft nicht in der Lage sein wird, die ihm zugewandten Vermögenswerte zu verwalten. Daher ordnet ein jeder von uns sowohl für den Erbfall nach dem Erstversterbenden als auch für den Erbfall nach dem Letztversterbenden Dauertestamentsvollstreckung beschränkt auf die Beteiligung unseres behinderten Sohnes ...... am Nachlass, dh die ihm vermächtnisweise zugewandten Vermögenswerte an. Die Testamentsvollstreckung endet mit dem Tode unseres behinderten Sohnes ....., jedoch nicht vor Erfüllung der Nachvermächtnisse, die ausdrücklich zu den Aufgaben des Dauertestamentsvollstreckers als Vermächtnisvollstrecker gehört.
2. Zum Testamentsvollstrecker berufen wir beim Tod des Erstversterbenden von uns den überlebenden Ehegatten und beim Tod des Letztversterbenden unsere Tochter ...... Ersatzweise berufen wir für beide Fälle ...... zum Testamentsvollstrecker. Die Person wird auch Testamentsvollstrecker, wenn der ursprünglich benannte Testamentsvollstrecker später wegfällt. Sollten die genannten Personen das Amt des Testamentsvollstreckers nicht annehmen können oder wollen oder später wegfallen, so soll das Nachlassgericht eine geeignete Person, möglichst aus dem Kreis der Verwandten, zum Testamentsvollstrecker ernennen.
3. Der Testamentsvollstrecker ist von allen Beschränkungen befreit, von denen Befreiung erteilt werden kann. Insbesondere ist er vom Verbot des § 181 BGB befreit.
4. Da wir davon ausgehen, dass unser Sohn ...... auf Grund seiner Behinderung nicht in der Lage sein wird, seinen Lebensunterhalt durch eigene Erwerbstätigkeit zu bestreiten, wollen wir durch die Anordnung der Dauertestamentsvollstreckung erreichen, dass unserem Sohn aus den ihm zugewandten Vermögensgegenständen dauerhaft ein angemessener Lebensstandard, der über das Niveau der Sozialhilfe als staatlicher Grundversorgung hinausgeht, ermöglicht wird. Diese Zielsetzung wollen wir auch dann beachtet wissen, wenn in Zukunft auf Grund einer Änderung der derzeitigen Rechtslage die Anordnung von Dauertestamentsvollstreckung in der hier getroffenen Weise nicht möglich sein sollte.
5. Aufgabe des Testamentsvollstreckers ist es, die Beteiligung unseres behinderten Sohnes ...... am Nachlass, dh die ihm vermächtnisweise zugewandten Vermögensgegenstände, zu verwalten.
6. Im Wege der Verwaltungsanordnung nach § 2216 Abs. 2 BGB weist ein jeder von uns den Testamentsvollstrecker verbindlich an, unserem behinderten Sohn ...... aus den jährlichen Reinerträgen und, soweit diese nicht ausreichend sind, auch aus der Substanz solche Geld- oder Sachleistungen zuzuwenden, die der Verbesserung der Lebensqualität unseres Sohnes dienen, auf die der Sozialhilfeträger aber nach den sozialhilferechtlichen Vorschriften (insbesondere Sozialhilfe, Grundsicherung o.a.) nicht zugreifen kann und hinsichtlich derer eine Anrechnung auf die unserem behinderten Sohn gewährte Sozialhilfe nicht in Betracht kommt. Der Testamentsvollstrecker soll unserem Sohn daher insbesondere zuwenden:
   - Geschenke zum Geburtstag, zum Namenstag und den üblichen Festen (Weihnachten, Ostern, Pfingsten etc)

- **Zuwendungen zur Befriedigung der individuellen Bedürfnisse unseres Sohnes ...... geistiger und künstlerischer Art sowie in Bezug auf Freizeitgestaltung und Hobbies,**
- **Zuwendungen für die Teilnahme an Ferien- und Kuraufenthalten,**
- **Aufwendungen für ärztliche Behandlungen, Heilbehandlungen, Medikamente oder Hilfsmittel, die von der Krankenkasse oder Pflegekasse nicht oder nicht vollständig (in diesem Fall beschränkt auf den nicht übernommenen Teil) übernommen werden,**
- **Geldzuwendungen im Rahmen dessen, was unser Sohn ...... nach den einschlägigen sozialhilferechtlichen Vorschriften maximal zur freien persönlichen Verfügung haben darf.**

Bei der Verwendung der Mittel hat der Testamentsvollstrecker die Bedürfnisse und – soweit möglich – die Wünsche unseres behinderten Kindes zu berücksichtigen.

7. **Werden jährliche Reinerträge nicht in voller Höhe in der genannten Weise verwendet, so soll der Testamentsvollstrecker sie nach seinem Ermessen gewinnbringend anlegen und entsprechend der genannten Ziele verwenden. Eine mündelsichere Geldanlage obliegt ihm nicht.**
8. **Der Testamentsvollstrecker erhält als Vergütung ...... Die Gebühren für die Verwaltung der unserem behinderten Sohn ...... zugewandten Vermögenswerte gehen ausschließlich zu dessen Lasten.**

§ 6 Bindungswirkung[11]

Die vorstehenden Verfügungen sind wechselbezüglich und damit bindend, soweit eine Bindungswirkung rechtlich zulässig ist. Der Überlebende von uns ist aber berechtigt, die Schlusserbfolge und die zugunsten unseres behinderten Sohnes ...... angeordneten Vermächtnisse durch abweichende Verfügung von Todes wegen zu ändern.

§ 7 Hinweise[12] → Form. F.I.2 § 6

§ 8 Salvatorische Klausel[13] → Form. F.I.2 § 7[14, 15, 16]

Anmerkungen

1. Sachverhalt. Diesem Muster liegt der Fall zugrunde, dass Eltern ein behindertes und zwei nicht behinderte Kinder haben. Die Besonderheit gegenüber dem vorherigen Fall besteht nun aber darin, dass die Eltern oder einer von diesen ein einzelkaufmännisches Unternehmen betreiben bzw. an einer OHG beteiligt sind. Besonderes Ziel der Eltern ist es in diesem Fall, sicherzustellen, dass das Unternehmen auch beim Erbfall durch den überlebenden Ehegatten bzw. die gesunden Kinder weitergeführt werden kann, ohne dass die Anordnungen zugunsten des behinderten Kindes dies stören. In derartigen Fällen bietet sich nach meiner Auffassung die Wahl der **Vermächtnislösung** an. Nach dieser wird der Behinderte nicht Miterbe, sondern nur Vermächtnisnehmer. Der Wert des Vermächtnisses liegt dabei leicht oberhalb seines Pflichtteils, um das Entstehen überleitbarer Pflichtteilsrestansprüche zu vermeiden und eine Ausschlagung zu verhindern. Außerdem wird Dauertestamentsvollstreckung mit Verwaltungsanordnung angeordnet, um den Zugriff des Sozialhilfeträgers zu verhindern. Dadurch, dass der Behinderte hier nur Vermächtnisnehmer wird, wird die gesamthänderische Bindung des Nachlasses bei der Vor- und Nacherbschaftslösung verhindert. Das behinderte Kind ist nicht Mitglied der Erbengemeinschaft und nicht an der Nachlassauseinandersetzung beteiligt, ebenso wenig der Testamentsvollstrecker (dazu: WürzNotHdB/*G. Müller* Teil 4 Kap. 1 Rn. 430; *Braun* Nachlassplanung § 2 Rn. 129). Die **Wahl der Vermächtnislösung** bietet sich daher nach meiner Auffassung immer dann an, wenn verhindert werden soll, dass das behinderte

Kind an der Erbengemeinschaft beteiligt ist, beispielsweise weil ein einzelkaufmännisches Unternehmen oder eine Personengesellschaft fortzuführen ist. Sofern eine Beteiligung an einer Personengesellschaft zum Nachlass gehört, kann freilich auch (anstelle der Wahl der Vermächtnislösung oder ergänzend zu ihr) durch Regelungen auf der gesellschaftsvertraglichen Ebene (qualifizierte Nachfolgeklausel) erreicht werden, dass die Beteiligung nicht auf das behinderte Kind übergeht.

2. Zielerreichung. Inwieweit die Zielsetzung des Behindertentestaments durch die Vermächtnislösung erreicht werden kann, ist nach wie vor umstritten. Während sie in der Literatur zunehmend als taugliche Lösung genannt wird, fehlt insbesondere noch weitgehend dies bestätigende Rechtsprechung (zum Streitstand: *Balzer* ZEV 2008, 116; *Braun* Nachlassplanung § 2 Rn. 136 ff.; WürzNotHdB/*G. Müller* Teil 4 Kap. 1 Rn. 431 f.; *Spall* MittBayNot 2001, 249 ff.; *Hartmann* ZEV 2001, 89 ff.; *Damrau/J. Mayer* ZEV 2001, 293 ff.; *Joussen* NJW 2003, 1851; *ders.* ZErb 2003, 134 ff.; DNotI-Gutachten DNotI-Report 1999, 149 ff.). Einzig das LSG Nordrhein-Westfalen hatte sich in einem Verfahren auf Gewährung von Prozesskostenhilfe mit der Vermächtnislösung zu befassen (LSG Nordrhein-Westfalen ZEV 2012, 273 mAnm *Zimmer*). Dort hatte der Sozialhilfeträger den Vermächtnisanspruch des behinderten Kindes mit dem Ziel auf sich übergeleitet, das Vermächtnis auszuschlagen und den Pflichtteil zu fordern. Auch wenn das LSG im PKH-Verfahren nicht in der Sache zu entscheiden hatte, kommt in der Entscheidung doch zum Ausdruck, dass das LSG eine Überleitung des Anspruchs zum Zweck der Ausschlagung wohl für unzulässig hält. So ergibt sich schon aus der Entscheidung des BGH vom 19.1.2011, dass der Sozialhilfeträger das Recht aus § 2306 Abs. 1 BGB nicht überleiten und ausüben kann, weil er sonst Einfluss auf die Erbfolge nimmt (BGH NJW 2011, 1586 = DNotZ 2011, 381 mAnm *Ivo* = MittBayNot 2011, 138 mAnm *Spall* = BWNotZ 2011, 158 mAnm *Kleensang*) Auch wenn sich die Entscheidung des BGH mit der Vor- und Nacherbschaftslösung befasst, dürfte die Aussage, dass der Sozialhilfeträger nicht durch Ausschlagung Einfluss auf die Erbfolge nehmen darf, wohl auch hier gelten. Gleichwohl bleibt abzuwarten, wie die Sozialgerichte in der Sache entscheiden werden.

Gesichert ist mittlerweile, dass die Anordnung von Dauertestamentsvollstreckung einen Zugriff des Trägers der Sozialhilfe auf die vermächtnisweise zugewandten Vermögensgegenstände zu Lebzeiten des Behinderten verhindert (*Spall* FS 2000 Jahre Notarkammer Pfalz S. 121 [133]; *Braun* Nachlassplanung § 2 Rn. 136; WürzNotHdB/*G. Müller* Teil 4 Kap. 1 Rn. 431). Die Vermögensgegenstände stellen weder einzusetzendes Einkommen (§§ 82 ff. SGB XII) noch verwertbares Vermögen (§ 90 Abs. 1 SGB XII) dar. Umstritten ist aber, ob nicht im Zeitpunkt des Todes des behinderten Kindes ein Zugriff des Sozialhilfeträgers über § 102 Abs. 2 SGB XII auf das dem behinderten Kind nur als Vorvermächtnis zugewandte Vermögen in Betracht kommt (*Braun* Nachlassplanung § 2 Rn. 137; WürzNotHdB/*G. Müller* Teil 4 Kap. 1 Rn. 432; beide m. zahlr. w. Nw.). Hierbei stellt sich die Frage, in welchem Verhältnis der Vermächtnisanspruch des eingesetzten Nachvermächtnisnehmers und der Kostenerstattungsanspruch des Sozialhilfeträgers nach § 102 Abs. 2 SGB XII stehen. Von *Damrau* und *J. Mayer* wurde zur Ablehnung der Vermächtnislösung in zwei Aufsätzen 1998 und 2011 vorgebracht, dass beide Ansprüche Eigenschulden des Behinderten seien, so dass eine quotale Verteilung stattfinden müsse (*Damrau* ZEV 1998, 1 [3]; *Damrau/J. Mayer* ZEV 2001, 293 [295]). Folgt man dieser Auffassung, so vermag die Vermächtnislösung das Familienvermögen nicht zu erhalten, sondern ermöglicht den Zugriff des Sozialhilfeträgers. Die – soweit ersichtlich – restliche Literatur und mittlerweile wohl hM geht demgegenüber mit überzeugenden Argumenten davon aus, dass der Anspruch des Nachvermächtnisnehmers Vorrang vor dem Kostenerstattungsanspruch des Sozialhilfeträgers hat (*Baltzer* ZEV 2008, 116 [117 f.]; Schlitt/Müller/*G.Müller* § 10 Rn. 306; DNotI-Gutachten DNotI-Report 1999,

149 [150]; *Braun* Nachlassplanung § 2 Rn. 137; WürzNotHdB/*G. Müller* Teil 4 Kap. 1 Rn. 432; *Hartmann* ZEV 2001, 89 [92]; *Joussen* NJW 2003, 1851 [1853]; *Spall* Mitt-BayNot 2001, 249 [252]). Der Kostenerstattungsanspruch des § 102 Abs. 2 SGB XII ist nämlich auf den Nachlasswert beschränkt, der durch den Nachvermächtnisanspruch entsprechend gemindert ist. Die Vermächtnislösung kann also als taugliche Lösung zur Erreichung der genannten Gestaltungsziele angesehen werden. Gleichwohl dürfte im Hinblick auf die Wahl des sichersten Weges derzeit noch der Vor- und Nacherbschaftslösung der Vorzug zu geben sein. *Braun* empfiehlt ergänzend, um den Vorrang des Nachvermächtnisanspruchs zu erreichen, die Erfüllung dieses Vermächtnisanspruchs noch in den Aufgabenbereich des Dauertestamentsvollstreckers einzubeziehen, um so den Schutz des § 2214 BGB vor dem Zugriff von Eigengläubigern zu erhalten. Die Dauertestamentsvollstreckung geht dann beim Tod des Behinderten nahtlos in eine Vermächtnisvollstreckung nach § 2223 BGB über (Schlitt/Müller/*G. Müller* § 10 Rn. 307 f.; *Braun* Nachlassplanung § 2 Rn. 137; dazu auch: *Spall* ZEV 2002, 5).

3. Einfluss des Güterstands. Wie ausgeführt erhält das behinderte Kind stets eine Nachlassbeteiligung, die leicht oberhalb seiner Pflichtteilsquote liegt. Daher ist die Wahl des richtigen Güterstands von erheblicher Bedeutung (→ Form. F.I.1 Anm. 6).

4. Erbfolge. Wie oben ausgeführt, ist es charakteristisches Merkmal und Vorteil der Vermächtnislösung, dass das behinderte Kind nicht Miterbe wird. Folglich wird sowohl für den ersten als auch für den zweiten Erbfall die Erbfolge ohne Berücksichtigung des behinderten Kindes ausgestaltet. Das behinderte Kind wird folglich für beide Erbfälle zunächst enterbt. Zumindest im Hinblick auf die Schlusserbfolge ist es auch sinnvoll, dies ausdrücklich zu sagen. Sonst könnte beim Vorversterben der Geschwister und Fehlen sonstiger Ersatzerben der Fall eintreten, dass das behinderte Kind über die gesetzliche Erbfolge doch wieder zur Erbfolge gelangt.

5. Vermächtnis zugunsten des behinderten Kindes. Um überleitbare Pflichtteilsrestansprüche zu vermeiden, erhält das behinderte Kind auch hier eine Nachlassbeteiligung, die leicht über seiner Pflichtteilsquote liegt. Realisiert wird diese hier durch ein **Quotenvermächtnis,** dh dem Behinderten steht eine bestimmte Quote vom Reinwert des Nachlasses zu (Schlitt/Müller/*G. Müller* § 10 Rn. 304; *Spall* MittBayNot 2001, 249 [253]). Um allerdings zu vermeiden, dass dieses grundsätzlich in Geld zu erfüllende Vermächtnis die anderen Miterben zu stark belastet, wird eine **Ersetzungsbefugnis** dahingehend aufgenommen, dass das Vermächtnis auch durch die Übertragung von Grundbesitz, Wertpapieren oder sonstigen Vermögenswerten erfüllt werden kann. Um bei der Übertragung von Grundbesitz dessen Erhalt für die Familie sicherzustellen, wird das behinderte Kind zusätzlich im Wege des Untervermächtnisses mit der Verpflichtung belastet, auf Verlangen der übrigen Erben, das Recht, die Aufhebung der Gemeinschaft zu verlangen, auszuschließen. Dadurch schließt man die Möglichkeit einer Teilungsversteigerung auf Verlangen des Behinderten, seines Betreuers oder des Testamentsvollstreckers aus.

6. Leibrenten- bzw. Wohnungsrechtsvermächtnis: Anstatt des Quotengeldvermächtnisses oder ergänzend zu diesem kommt in Betracht, ein Leibrenten- bzw. Wohnungsrechtsvermächtnis anzuordnen. Beim **Leibrentenvermächtnis** erhält der Behinderte von den Erben monatlich eine lebenslang zu entrichtende Rente (*Spall* MittBayNot 2001, 249 [254] – mit Musterformulierung; Muster auch bei: *Braun* Nachlassplanung § 3 Rn. 50). Allerdings besteht beim Leibrentenvermächtnis stets das Risiko, dass ein Pflichtteilsrestanspruch entsteht. Das **Wohnungsrechtsvermächtnis** ist schließlich insofern problematisch, als seine Bewertung sehr schwierig ist. Möglicherweise entstehen auch Ersatzansprüche zugunsten des Behinderten, wenn dieser das Wohnungsrecht nicht ausüben kann (kritisch auch: *Braun* Nachlassplanung § 2 Rn. 132; *Spall* MittBayNot 2001, 249

[253]). Nach meiner Meinung sollte daher ein Wohnungsrechtsvermächtnis nur ergänzend und nicht primär zur Deckung der Pflichtteilsansprüche angeordnet werden (so auch in § 3 Abs. 8 des Musters). Daher ist es sinnvoll, das Wohnungsrecht nur mit dem halben Wert zu bewerten. Das Wohnungsrechtsvermächtnis dient dann in erster Linie tatsächlich dem Zweck, dem behinderten Kind dauerhaft eine kostenfreie Wohnmöglichkeit zu verschaffen. In beiden Fällen können allerdings Pflichtteilsrestansprüche durch die Anordnung eines Aufstockungsvermächtnisses vermieden werden.

7. Nachvermächtnis. Um zu verhindern, dass beim Tod des Behinderten der vermächtnisweise übertragene Vermögenswert an dessen Erben fällt und dort dem Kosterstattungsanspruch des § 102 SGB XII unterliegt, wird der Behinderte nur zum Vorvermächtnisnehmer eingesetzt. Seine Abkömmlinge, der überlebende Ehegatte oder die Geschwister sind Nachvermächtnisnehmer. Erforderlich ist, dass das Verhältnis zwischen Vor- und Nachvermächtnisnehmer im Detail ausgestaltet wird. *J. Mayer* weist insofern zutreffend darauf hin, dass die Regelungsdichte des Gesetzes insofern gering ist (NK-BGB/*J. Mayer* § 2179 Rn. 22). Das Muster enthält hierfür in § 3 Abs. 5 bis 7 entsprechende Regelungen zu Nutzungen, Surrogaten, Wertminderungen und Verwendungen (vgl. auch: *Braun* Nachlassplanung § 2 Rn. 140).

8. Ausschlagung durch den Betreuer: Auch bei der Vermächtnislösung besteht für den Betreuer bzw. den geschäftsfähigen Behinderten ein Wahlrecht zwischen Annahme und Ausschlagung des Vermächtnisses. Um hier den Betreuer nicht zu einer Ausschlagung zu bewegen, sollte der Aufschlag, der über die Pflichtteilsquote hinausgeht, nicht zu gering bemessen sein. Man sollte außerdem auf die theoretische Möglichkeit verzichten, die Fälligkeit des Vermächtnisses nach dem Erstversterbenden bis zum Tode des Letztversterbenden hinauszuschieben, da dies sonst ein Argument für eine Ausschlagung sein kann. Zu berücksichtigen ist aber auch hier, dass das OLG Köln die Genehmigungsfähigkeit einer durch den Betreuer erklärten Ausschlagung durchaus zweifelhaft sieht (OLG Köln ZEV 2008, 196 = ZErb 2008, 207; → Form. F.I.2 Anm. 5). Da der Behinderte nicht Erbe wird, ist § 2306 BGB nicht anwendbar. Vielmehr wird das Vermächtnis gemäß § 2307 Abs. 1 S. 2 BGB auf den Pflichtteil angerechnet.

9. Bedingtes Vermächtnis im Hinblick auf Pflichtteilsergänzungsansprüche. Auch bei der Vermächtnislösung besteht die Gefahr des Entstehens überleitbarer Pflichtteilsergänzungsansprüche bzw. die Gefahr der Ausschlagung durch den Betreuer. Soweit also nicht auszuschließen ist, dass lebzeitige ausgleichspflichtige Zuwendungen der Eltern zB an die Geschwister erfolgt sind, sollte hier ebenso wie bei der Vor- und Nacherbschaftslösung ergänzend noch ein bedingtes Vermächtnis aufgenommen werden. Inhaltlich entspricht es dem bedingten Vermächtnis, dass auch bei der Vor- und Nacherbschaftslösung aufgenommen wurde (→ Form. F.I.2 Anm. 10, 11). Mangels Erbeinsetzung handelt es sich aber nicht um ein Vorausvermächtnis. Da aufgrund der Berechnung der dem Behinderten zugewandten Nachlassquote bei Anwendung der Werttheorie auch hier die Entstehung von Pflichtteilsrestansprüchen zumindest theoretisch denkbar ist, wurden auch diese im Rahmen des bedingten Vermächtnisses berücksichtigt.

10. Dauertestamentsvollstreckung. Die Anordnungen zur Dauertestamentsvollstreckung entsprechen inhaltlich weitestgehend den Anordnungen im Muster zur Vor- und Nacherbschaftslösung (→ Form. F.I.2 Anm. 12). Auch hier ist eine **Verwaltungsanordnung** enthalten, die überleitbare Ansprüche auf Auskehrung der Erträge gegen den Testamentsvollstrecker ausschließen soll.

11. Bindungswirkung. → Form. F.I.2 Anm. 13.

12. Hinweise. → Form. F.I.2 Anm. 14.

13. **Salvatorische Klausel.** → Form. F.I.2 Anm. 13.

14. **Erbrechtsreform.** Die beabsichtigte Erbrechtsreform führt bei der Vermächtnislösung nicht zu wesentlichen Änderungen. Insbesondere wirkt sich hier die Änderung § 2306 BGB nicht aus.

15. **Steuern.** Die steuerliche Behandlung der Vor- und Nacherbschaft ist in → Form. C.II.1 erläutert. Zur Vermächtnislösung vgl. auf die Ausführungen unter → Form. C.IV.4. Zur Dauertestamentsvollstreckung → Form. C.VII.1. → Form. A.IV Kurzüberblick: Erbschaft- und Schenkungsteuerrecht.

16. **Kosten.** → Form. F.I.2 Anm. 15.

4. Verfügung von Ehegatten mit einem behinderten Kind – Umgekehrte Vermächtnislösung

[Notarieller Urkundeneingang]

GEMEINSCHAFTLICHES TESTAMENT[1]

Die Erschienenen erklärten:

Wir besitzen die deutsche Staatsangehörigkeit und leben im gesetzlichen Güterstand der Zugewinngemeinschaft. Wir wollen ein gemeinschaftliches Testament errichten und sind hieran durch frühere Verfügungen von Todes wegen nicht gehindert. Rein vorsorglich widerrufen wir hiermit alle früheren Verfügungen von Todes wegen, die wir gemeinschaftlich oder die jeder von uns allein errichtet hat.

§ 1 Erbfolge[2]

1. **Ein jeder von uns beruft unabhängig von der Reihenfolge unseres Versterbens zu seinem alleinigen Erben unseren behinderten Sohn . . . . . .**
2. **Unser behinderter Sohn . . . . . . ist allerdings nur nicht befreiter Vorerbe. Der Nacherbfall tritt mit dem Tod des Vorerben ein. Nacherbe des Erstversterbenden ist der überlebende Ehegatte. Ersatzweise sind Nacherben die Abkömmlinge des Vorerben unter sich zu gleichen Teilen entsprechend den Regeln der gesetzlichen Erbfolge. Nacherben des Letztversterbenden sind die Abkömmlinge des Vorerben unter sich zu gleichen Teilen entsprechend den Regeln der gesetzlichen Erbfolge. Ersatzweise ist . . . . . . Nacherbe. Das Nacherbenanwartschaftsrecht ist ohne Zustimmung des Vorerben weder vererblich noch übertragbar. Im Falle der Übertragung mit Zustimmung des Vorerben entfällt jede ausdrückliche oder stillschweigende Ersatznacherbeneinsetzung.**
3. **Sollte unser Sohn bereits vorverstorben sein, oder aus anderen Gründen nicht zur Erbfolge gelangen, so beruft der Erstversterbende den Überlebenden zum alleinigen und unbeschränkten Erben. Der Überlebende von uns beruft zu Schlusserben . . . . . .**

§ 2 Vermächtnis zugunsten des Letztversterbenden[3]

Der Erstversterbende von uns ordnet folgendes Vermächtnis zugunsten des Letztversterbenden von uns und zulasten unseres Erben an:

1. **Der überlebende Ehegatte erhält beim Tod des Erstversterbenden einen baren Geldbetrag in Höhe von 70 % des Reinwertes des Nachlasses nach Erfüllung sämtlicher**

Nachlassverbindlichkeiten, wobei auch das nachfolgend zugunsten unseres behinderten Sohnes angeordnete bedingte Vorausvermächtnis als Nachlassverbindlichkeit gilt, die vorweg zu befriedigen ist.
2. Das Vermächtnis kann nach Wahl des Testamentsvollstreckers durch die Übertragung von Grundbesitz, Wertpapieren und anderen Vermögensgegenständen erfüllt werden.

§ 3 Bedingtes Vorausvermächtnis[4]

Der Erstversterbende von uns ordnet das folgende bedingte Vorausvermächtnis zugunsten unseres behinderten Sohnes ...... an:

1. Soweit unserem behinderten Sohn ...... nach dem Tod des Erstversterbenden im Hinblick auf lebzeitige Zuwendungen des jeweiligen Erblassers an eine andere Person Pflichtteilsergänzungsansprüche zustünden, erhält er als Vorausvermächtnis einen baren Geldbetrag. Dieser beträgt 105 % des Wertes der Pflichtteilsergänzungsansprüche, wobei zu deren Berechnung eine Anrechnung nach § 2326 S. 2 BGB nicht stattfindet.
2. Unser behinderter Sohn ...... ist hinsichtlich des vorstehend angeordneten bedingten Vorausvermächtnisses jedoch nur Vorvermächtnisnehmer. Das Nachvermächtnis fällt mit seinem Tod an. Nachvermächtnisnehmer sind seine Abkömmlinge zu gleichen Teilen nach den Regeln der gesetzlichen Erbfolge. Ersatznachvermächtnisnehmer ist der überlebende Ehegatte, wiederum ersatzweise ......
3. Bis zum Anfall des Nachvermächtnisses stehen die Nutzungen aus dem als Vorvermächtnis zugewandten Geldbetrag dem Vorvermächtnisnehmer zu. Hinsichtlich der Verwendung der Nutzungen gelten dieselben Beschränkungen wie für die sonstigen Nachlassbeteiligungen des Vorvermächtnisnehmers.
4. Mit diesem bedingten Vorausvermächtnis beschwert der Erstversterbende von uns im Sinne eines Untervermächtnisses den überlebenden Ehegatten.

§ 4 Dauertestamentsvollstreckung[5]

1. Wir gehen davon aus, dass unser Sohn ...... im Hinblick auf seine Behinderung dauerhaft nicht in der Lage sein wird, seinen Nachlass zu verwalten. Daher ordnet ein jeder von uns sowohl für den Erbfall nach dem Erstversterbenden als auch für den Erbfall nach dem Letztversterbenden Dauertestamentsvollstreckung beschränkt auf die Beteiligung unseres behinderten Sohnes ...... am Nachlass, dh seinen Erbteil und den ihm als bedingtes Vorausvermächtnis zugewiesenen Geldbetrag an. Die Testamentsvollstreckung endet mit dem Tode unseres behinderten Sohnes ......, jedoch nicht vor Erfüllung der etwaigen bedingten Nachvermächtnisse, die ausdrücklich zu den Aufgaben des Dauertestamentsvollstreckers als Vermächtnisvollstrecker gehört.
2. Zum Testamentsvollstrecker berufen wir beim Tod des Erstversterbenden von uns den überlebenden Ehegatten und beim Tod des Letztversterbenden ...... Ersatzweise berufen wir für beide Fälle ...... zum Testamentsvollstrecker. Die Person wird auch Testamentsvollstrecker, wenn der ursprünglich benannte Testamentsvollstrecker später wegfällt. Sollten die genannten Personen das Amt des Testamentsvollstreckers nicht annehmen können oder wollen oder später wegfallen, so soll das Nachlassgericht eine geeignete Person, möglichst aus dem Kreis der Verwandten, zum Testamentsvollstrecker ernennen.
3. Der Testamentsvollstrecker ist von allen Beschränkungen befreit, von denen Befreiung erteilt werden kann. Insbesondere unterliegt er keinen Beschränkungen im Hinblick auf die Eingehung von Verbindlichkeiten für den Nachlass und ist vom Verbot des § 181 BGB befreit. Soweit der Nachlass auseinandergesetzt wurde, setzt sich die Dauertestamentsvollstreckung an den dem Vorerben zugeteilten Vermächtnisgegenständen fort.

4. Da wir davon ausgehen, dass unser Sohn ...... auf Grund seiner Behinderung nicht in der Lage sein wird, seinen Lebensunterhalt durch eigene Erwerbstätigkeit zu bestreiten, wollen wir durch die Anordnung der Dauertestamentsvollstreckung erreichen, dass unserem Sohn aus seiner Beteiligung am Nachlass dauerhaft ein angemessener Lebensstandard, der über das Niveau der Sozialhilfe als staatlicher Grundversorgung hinausgeht, ermöglicht wird. Diese Zielsetzung wollen wir auch dann beachtet wissen, wenn in Zukunft auf Grund einer Änderung der derzeitigen Rechtslage die Anordnung von Dauertestamentsvollstreckung in der hier getroffenen Weise nicht möglich sein sollte.
5. Aufgabe des Testamentsvollstreckers ist es, die Beteiligung unseres behinderten Sohnes ...... am Nachlass, dh seinen Erbteil und einen ihm etwaig als bedingtes Vorausvermächtnis zugewandten baren Geldbetrag zu verwalten. Er soll hierzu zunächst den Nachlass in Besitz nehmen, Nachlassverbindlichkeiten und Vermächtnisse erfüllen und sodann bei der Auseinandersetzung der Erbengemeinschaft mitwirken. Danach soll er alle Vermögenswerte dauerhaft verwalten, die unserem behinderten Sohn ...... durch die Erbauseinandersetzung oder die Vermächtniserfüllung zugefallen sind. Der Testamentsvollstrecker nimmt bis zum Eintritt des Nacherbfalls, insbesondere für die Auseinandersetzung, auch die Rechte der Nacherben wahr.
6. Im Wege der Verwaltungsanordnung nach § 2216 Abs. 2 BGB weist ein jeder von uns den Testamentsvollstrecker verbindlich an, unserem behinderten Sohn ...... aus den jährlichen Reinerträgen des Nachlasses und, soweit diese nicht ausreichend sind, auch aus der Substanzsolche Geld- oder Sachleistungen zuzuwenden, die der Verbesserung der Lebensqualität unseres Sohnes dienen, auf die der Sozialhilfeträger aber nach den sozialhilferechtlichen Vorschriften (insbesondere Sozialhilfe, Grundsicherung o.a.) nicht zugreifen kann und hinsichtlich derer eine Anrechnung auf die unserem behinderten Sohn gewährte Sozialhilfe nicht in Betracht kommt. Der Testamentsvollstrecker soll unserem Sohn daher insbesondere zuwenden:
   - Geschenke zum Geburtstag, zum Namenstag und den üblichen Festen (Weihnachten, Ostern, Pfingsten etc)
   - Zuwendungen zur Befriedigung der individuellen Bedürfnisse unseres Sohnes ...... geistiger und künstlerischer Art sowie in Bezug auf Freizeitgestaltung und Hobbies,
   - Zuwendungen für die Teilnahme an Ferien- und Kuraufenthalten,
   - Aufwendungen für ärztliche Behandlungen, Heilbehandlungen, Medikamente oder Hilfsmittel, die von der Krankenkasse oder Pflegekasse nicht oder nicht vollständig (in diesem Fall beschränkt auf den nicht übernommenen Teil) übernommen werden,
   - Geldzuwendungen im Rahmen dessen, was unser Sohn ...... nach den einschlägigen sozialhilferechtlichen Vorschriften maximal zur freien persönlichen Verfügung haben darf.

   Bei der Verwendung der Mittel hat der Testamentsvollstrecker die Bedürfnisse und – soweit möglich – die Wünsche unseres behinderten Kindes zu berücksichtigen.
7. Werden jährliche Reinerträge nicht in voller Höhe in der genannten Weise verwendet, so soll der Testamentsvollstrecker sie nach seinem Ermessen gewinnbringend anlegen und entsprechend der genannten Ziele verwenden. Eine mündelsichere Geldanlage obliegt ihm nicht.
8. Der Testamentsvollstrecker erhält als Vergütung ...... Eine bis zur Erbauseinandersetzung anfallende Vergütung ist durch sämtliche Miterben im Verhältnis ihrer Erbquoten zu tragen. Die Gebühren für die anschließende Verwaltung der unserem behinderten Sohn ...... zugewandten Vermögenswerte gehen ausschließlich zu dessen Lasten.

§ 5 Bindungswirkung – wie Muster → Form. F.I.2 § 5

§ 6 Hinweise – → Form. F.I.2 § 6

§ 7 Salvatorische Klausel – → Form. F.I.2 § 7[6, 7]

Anmerkungen

1. Sachverhalt. Eltern haben ein behindertes Kind. Es lebt in einem Heim. Weitere Kinder sind nicht vorhanden. Das vorstehende Muster ist bewusst relativ kurz gehalten und stellt nur die Grundlagen der umgekehrten Vermächtnislösung dar (begründet von: *Grziwotz* ZEV 2002, 409; ein ausführliches Muster findet sich bei: *Braun* Nachlassplanung § 2 Rn. 155 ff.) **Grundkonzeption** ist es, dass das behinderte Kind zum alleinigen nicht befreiten Vorerben seiner beiden Eltern eingesetzt wird. Der überlebende Ehegatte und eventuell vorhandene Kinder erhalten eine Nachlassbeteiligung nur in Form von Vermächtnissen. Darin liegt meiner Ansicht nach auch der entscheidende **Nachteil** der Konstruktion: Das Gesamtvermögen fällt zunächst dem Behinderten zu und muss von dort zur Erfüllung der angeordneten Vermächtnisse eventuell unter hohen Kosten an den überlebenden Ehegatten bzw. die Geschwister übertragen werden (so auch: Schlitt/Müller/*G.Müller* § 10 Rn. 309; WürzNotHdB/*G. Müller* 4. Teil Kap. 1 Rn. 433; *Spall in* FS 200 Jahre Notarkammer Pfalz S. 121 [136 f.]; *Litzenburger* RNotZ 2004, 138 [143]). Insbesondere, wenn Immobilienvermögen zum Nachlass gehört, kann dies nachteilig sein. Zutreffend ist es, wenn *Grziwotz* darauf hinweist, dass die umgekehrte Vermächtnislösung das Entstehen einer (fremdbestimmten) Erbengemeinschaft vermeidet (*Grziwotz* ZEV 2002, 409). Dies bietet aber keinen Vorteil. Dadurch, dass der Behinderte zunächst alle Nachlassgegenstände erlangt, ist, ebenso wie bei einer Erbengemeinschaft eine Erbauseinandersetzung erforderlich ist, nun die Übertragung von Vermächtnisgegenständen erforderlich. Soweit diese der Testamentsvollstrecker vornimmt, ist sie ebenfalls fremdbestimmt. Ein zum Nachlass gehörendes einzelkaufmännisches Unternehmen beispielsweise kann nicht ohne weiteres ohne Mitwirkung des Testamentsvollstreckers von den Vermächtnisnehmern weitergeführt werden. Der scheinbare Vorteil, dass keine Erbengemeinschaft entsteht, bedeutet also tatsächlich wenig. Gleichwohl mag es Einzelfälle geben, in denen auch auf die umgekehrte Vermächtnislösung ausgewichen werden kann.

2. Erbfolge. Die umgekehrte Vermächtnislösung kennzeichnet sich zunächst dadurch, dass das behinderte Kind zum Alleinerben berufen wird. Der überlebende Ehegatte und eventuell vorhandene weitere Kinder werden dagegen nicht Miterben. So wird das Entstehen einer Erbengemeinschaft verhindert. Um den Zugriff des Sozialhilfeträgers auf die Nachlassbeteiligung im Zeitpunkt des Ablebens des behinderten Kindes zu vermeiden, ist auch hier das behinderte Kind nur zum nicht befreiten Vorerben berufen (→ Form. F.I.2 Anm. 3).

3. Anordnung von Vermächtnissen zugunsten der sonstigen Pflichtteilsberechtigten. Zugunsten der sonstigen Personen, die der Erblasser bedenken will (insbesondere der Pflichtteilsberechtigten), dh insbesondere zugunsten des Ehegatten und eventueller Kinder, ordnet der jeweilige Erblasser bei der umgekehrten Vermächtnislösung Vermächtnisse an, die wesentliche Teile des Nachlasses umfassen. Dadurch wird im Ergebnis erreicht, dass die Nachlassbeteiligung des behinderten Kindes nur geringfügig oberhalb seiner Pflichtteilsquote liegt. Das Muster geht davon aus, dass neben dem behinderten Kind keine weiteren Kinder vorhanden sind, deshalb ist hier nur zugunsten des überlebenden Ehegatten ein Vermächtnis angeordnet. Er erhält im Wege eines **Quotenvermächtnisses mit Ersetzungs-**

befugnis einen Geldbetrag, der 70 % des Wertes des Nachlasses ausmacht. Aufgrund der angeordneten Ersetzungsbefugnis kann der Testamentsvollstrecker, dem die Erfüllung der Vermächtnisse obliegt, auch andere Vermögensgegenstände übertragen. Dies verhindert, dass der Nachlass versilbert werden muss. Statt eines Quotenvermächtnisses mit Ersetzungsbefugnis sieht *Grziwotz* in dem von ihm vorgeschlagenen Muster vor, dass der Vermächtnisnehmer alle Nachlassgegenstände mit Ausnahme einzelner, dem behinderten Kind verbleibender Nachlassgegenstände erhält (*Grziwotz* ZEV 2002, 409 [410]). Dies ist nicht unproblematisch, weil ein erhebliches Prognoserisiko besteht. Es ist im Zeitpunkt der Errichtung der Verfügung unklar, ob die dem Behinderten hinterlassenen Vermögenswerte im Zeitpunkt des Erbfalles noch vorhanden sind. Insofern besteht die Gefahr, dass der Behinderte bzw. sein gesetzlicher Vertreter nach § 2306 BGB ausschlägt (so auch: Schlitt/Müller/*G.Müller* § 10 Rn. 309).

4. Bedingtes Vorausvermächtnis. Die Gefahr, dass überleitbare Pflichtteilsergänzungsansprüche bestehen, ist auch hier gegeben, sodass die Anordnung eines entsprechenden bedingten Vorausvermächtnisses sinnvoll ist (→ Form. F.I.2 Anm. 10). Mit diesem bedingten Vorausvermächtnis kann freilich nicht der Erbe beschwert werden. Dies ist das behinderte Kind selbst. Vielmehr muss im Sinne eines Untervermächtnisses dem überlebenden Ehegatten als Vermächtnisnehmer dieses bedingte Vermächtnis zugunsten des behinderten Sohnes auferlegt werden. Zum wirtschaftlich gesehen gleichen Ergebnis könnte man gelangen, wenn man bei dem zugunsten des überlebenden Ehegatten angeordneten Vermächtnis regeln würde, dass dieses Vermächtnis wertmäßig insoweit gekürzt wird, wie dem behinderten Kind Pflichtteilsergänzungsansprüche zustehen. Dies hätte den Vorteil, dass vermieden wird, dass das behinderte Kind Alleinerbe und Untervermächtnisnehmer wird, sodass die Frage umgangen wird, ob sich der Sozialhilfeträger wegen Kostenersatzansprüchen gem. § 102 SGB XII aus dem vermächtnisweise Zugewandten befriedigen kann. Andererseits würde dadurch die Gesamtkonstruktion mE noch unübersichtlicher, sodass ich es für hinnehmbar halten, neben der Erbeinsetzung auch ein bedingtes Vermächtnis anzuordnen. Auf die Anordnung eines bedingten Vorausvermächtnisses für den zweiten Erbfall kann hier verzichtet werden, da der Behinderte insoweit Alleinerbe wird und auch nicht mit Vermächtnissen belastet wird, die die Nachlassbeteiligung des behinderten Kindes wertmäßig unterhalb seinen Pflichtteil absenken könnten. Dies ist freilich anders, wenn noch Geschwister am Nachlass beteiligt sind.

5. Dauertestamentsvollstreckung. Auch bei der umgekehrten Vermächtnislösung wird der Zugriff des Trägers der Sozialhilfe auf den Nachlass und dessen Erträge durch die Anordnung einer Dauertestamentsvollstreckung nebst Verwaltungsanordnung verhindert (→ Form. F.I.2 Anm. 12).

6. Steuern. Die umgekehrte Vermächtnislösung führt erbschaftsteuerlich dazu, dass das behinderte Kind Vorerbe wird. Vgl. insofern die Ausführungen unter → Form. C.II.1. Zur Dauertestamentsvollstreckung → Form. C.VII.1. → Form. A.IV Kurzüberblick: Erbschaft- und Schenkungsteuerrecht.

7. Kosten. → Form. F.I.2 Anm. 15.

5. Verfügung von Ehegatten mit nur einem behinderten Kind – Verfügung zugunsten des Heimträgers

[Notarieller Urkundeneingang]

GEMEINSCHAFTLICHES TESTAMENT[1]

Die Erschienenen erklärten:

Wir besitzen die deutsche Staatsangehörigkeit und leben im gesetzlichen Güterstand der Zugewinngemeinschaft.[2] Wir wollen ein gemeinschaftliches Testament errichten und sind hieran durch frühere Verfügungen von Todes wegen nicht gehindert. Rein vorsorglich widerrufen wir hiermit alle früheren Verfügungen von Todes wegen, die wir gemeinschaftlich oder die jeder von uns allein errichtet hat.

§ 1 Erbfolge nach dem Erstversterbenden

1. Der Erstversterbende von uns beruft zu seinen Erben unseren behinderten Sohn ...... und den überlebenden Ehegatten.
2. Die Erbquote unseres behinderten Sohnes ...... beträgt fünf Hundertstel mehr als die Hälfte seines gesetzlichen Erbteils. Im Übrigen ist wie vorerwähnt der überlebende Ehegatte zur Erbfolge berufen. Nach derzeitigem Stand wäre also der überlebende Ehegatte zu ...... und unser behinderter Sohn ...... zu ...... zum Erben berufen.
3. Unser behinderter Sohn ...... ist allerdings nur nicht befreiter Vorerbe. Der Nacherbfall tritt mit dem Tod des Vorerben ein. Nacherbe ist der überlebende Ehegatte. Ersatzweise sind Nacherben die Abkömmlinge des Vorerben unter sich zu gleichen Teilen entsprechend den Regeln der gesetzlichen Erbfolge. Wiederum ersatzweise ist Ersatznacherbe ...... Das Nacherbenanwartschaftsrecht ist ohne Zustimmung des Vorerben weder vererblich noch übertragbar. Im Falle der Übertragung mit Zustimmung des Vorerben entfällt jede ausdrückliche oder stillschweigende Ersatznacherbeneinsetzung.
   Sollte unser behinderter Sohn ...... bereits vorverstorben sein oder aus anderen Gründen nicht zur Erbfolge gelangen, so wird der überlebende Ehegatte Alleinerbe.

§ 2 Erbfolge nach dem Letztversterbenden – Schlusserbfolge

1. Der Letztversterbende von uns beruft zu seinem Alleinerben unseren behinderten Sohn ......
2. Unser behinderter Sohn ...... ist allerdings auch hinsichtlich der Schlusserbfolge nur nicht befreiter Vorerbe. Der Nacherbfall tritt mit dem Tod des Vorerben ein. Nacherben sind die Abkömmlinge des Vorerben unter sich zu gleichen Teilen entsprechend den Regeln der gesetzlichen Erbfolge. Ersatznacherbe ist ......, wiederum ersatzweise dessen Abkömmlinge nach den Regeln der gesetzlichen Erbfolge. Das Nacherbenanwartschaftsrecht ist ohne Zustimmung des Vorerben weder vererblich noch übertragbar. Im Falle der Übertragung mit Zustimmung des Vorerben entfällt jede ausdrückliche oder stillschweigende Ersatznacherbeneinsetzung.[3]

§ 3 Bedingtes Vorausvermächtnis des Erstversterbenden[4]

Ein jeder von uns ordnet das Folgende bedingte Vorausvermächtnis zugunsten unseres behinderten Sohnes ...... und beim Tod des Erstversterbenden zulasten des überlebenden Ehegatten an:

1. Soweit unserem behinderten Sohn ...... beim Tode eines jeden von uns im Hinblick auf lebzeitige Zuwendungen des jeweiligen Erblassers an eine andere Person Pflichtteilsergänzungsansprüche zustünden oder ihm Pflichtteilsrestansprüche zustünden, erhält er als Vorausvermächtnis einen baren Geldbetrag. Dieser beträgt 105 % des Wertes der Pflichtteilsergänzungsansprüche, wobei zu deren Berechnung eine Anrechnung nach § 2326 S. 2 BGB nicht stattfindet. Der bare Geldbertrag erhöht sich um 105 % des Wertes etwaiger Pflichtteilsrestansprüche nach § 2305 BGB, soweit unserem behinderten Sohn ...... solche zustehen.
2. Unser behinderter Sohn ...... ist hinsichtlich des vorstehend angeordneten bedingten Vorausvermächtnisses jedoch nur Vorvermächtnisnehmer. Das Nachvermächtnis fällt mit seinem Tod an. Nachvermächtnisnehmer sind seine Abkömmlinge zu gleichen Teilen nach den Regeln der gesetzlichen Erbfolge. Ersatznachvermächtnisnehmer ist der überlebende Ehegatte, wiederum ersatzweise ......
3. Bis zum Anfall des Nachvermächtnisses stehen die Nutzungen aus dem als Vorvermächtnis zugewandten Geldbetrag dem Vorvermächtnisnehmer zu. Hinsichtlich der Verwendung der Nutzungen gelten dieselben Beschränkungen wie für die sonstigen Nachlassbeteiligungen des Vorvermächtnisnehmers.

§ 4 Vermächtnis zugunsten des Heimträgers[5, 6]

Der Längstlebende von uns beschwert unseren behinderten Sohn ...... mit folgendem bedingten Vermächtnis:

1. Unser behinderter Sohn ...... lebt derzeit im Heim ...... Um die Lebensqualität unseres Sohnes dauerhaft abzusichern, wenden wir dem Förderverein ......, für den Fall, dass unser behinderter Sohn ...... im Zeitpunkt des Todes des Längstlebenden von uns noch in diesem Heim lebt, einen baren Geldbetrag in Höhe von $^{1}/_{3}$ des Wertes des Nachlasses zu. Wir machen es dem Vermächtnisnehmer zur Auflage, den Geldbetrag zur Anschaffung von Therapieeinrichtungen/zur Modernisierung der Gebäude zu verwenden. Die Überwachung der Erfüllung der Auflage obliegt dem Testamentsvollstrecker.
2. Das Vermächtnis kann nach Wahl des Testamentsvollstreckers auch durch die Übertragung von Grundbesitz, Wertpapieren und anderen Vermögensgegenständen erfüllt werden.
3. Soweit eine Einigung über den Wert des Nachlasses nicht zustande kommt, ist er durch einen von der örtlich zuständigen Industrie- und Handelskammer zu benennenden Sachverständigen verbindlich festzulegen. Der Schiedsgutachter hat über die Verteilung der anfallenden Kosten in entsprechender Anwendung von §§ 91 ff. ZPO zu entscheiden.
4. Der Notar hat die Beteiligten eingehend über mögliche Testier- bzw. Zuwendungsverbote aufgrund heimrechtlicher Regelungen belehrt. Er hat insbesondere darüber belehrt, dass Verfügungen zugunsten des Heimträgers oder einer diesem nahe stehenden juristischen Person unwirksam sind, wenn sich der Heimträger oder die nahe stehende juristische Person Geld- oder gleichwertige Leistungen gewähren- oder versprechen lässt. Der Notar hat darauf hingewiesen, dass die Möglichkeit bestehen kann, eine Ausnahmegenehmigung zu beantragen.[7] Er hat erläutert, dass in diesem Zusammenhang der Heimträger von der Zuwendung Kenntnis erlangt. Die Beteiligten erklären hierzu, auf die Einholung einer Ausnahmegenehmigung ausdrücklich zu verzichten und bestehen auf Beurkundung in der vorliegenden Form. Ferner erklären die Beteiligten, dass sie den Zuwendungsempfänger nicht über die Verfügung zu seinen Gunsten informiert haben und dass der Zuwendungsempfänger auch in keiner Weise eine Verfügung zu seinen Gunsten verlangt oder angeregt hat.

5. Sollte das vorstehend angeordnete Vermächtnis sich wegen eines Verstoßes gegen heimrechtliche Bestimmungen als unwirksam darstellen, so vermacht der Längstlebende von uns dem . . . . . . [Dachverband ohne konkreten Bezug zum Heim] einen baren Geldbetrag in Höhe von . . . . . . mit der Auflage, diesen Geldbetrag für die Behindertenhilfe einzusetzen. Sollte auch diese Verfügung wegen Verstoß gegen heimrechtliche Bestimmungen unwirksam sein, so vermacht der Längstlebende von uns dem . . . . . . [Dachverband einer anderen Organisation] einen baren Geldbetrag in Höhe von . . . . . . mit der Auflage, diesen Geldbetrag für die Behindertenhilfe einzusetzen. Im Übrigen bleiben alle sonstigen Verfügungen in diesem Testament unabhängig davon wirksam, ob das zugunsten des Heimträgers angeordnete Vermächtnis wirksam ist.[8]

§ 5 Dauertestamentsvollstreckung – → Form. F.I.2 § 4

§ 6 Bindungswirkung – → Form. F.I.2 § 5

§ 7 Hinweise – → Form. F.I.2 § 6

§ 8 Salvatorische Klausel – → Form. F.I.2 § 7[9, 10]

Anmerkungen

1. Sachverhalt. Dem vorstehenden Muster liegt eine besondere Fallkonstellation zugrunde: Eltern haben ein behindertes Kind, das in einem Heim lebt. Weitere gesunde Kinder sind nicht vorhanden. Die Eltern verfügen über erhebliches Vermögen und wollen dieses nicht nur ihrem behindertem Kind vererben, sondern auch dem Heim, in dem sich das Kind aufhält, zukommen lassen, um so eine Verbesserung der gesamten „Infrastruktur" des Heims (Gebäude, Therapieeinrichtungen etc) zu erreichen. Dabei muss man sich darüber bewusst sein, dass eine derartige Verfügung zugunsten des Heims im Hinblick auf **heimrechtliche Zuwendungs- bzw. Testierverbote** (früher: § 14 HeimG, heute: landesrechtliche Regelungen) **erhebliche Risiken** aufweist (→ Anm. 5, 6). Gleichwohl gibt es einen Bedarf für derartige Gestaltungen. Das Muster basiert auf der Vor- und Nacherbschaftslösung (→ Form. F.I.2) und ist nur um das Vermächtnis zugunsten des Heimträgers ergänzt. Daher können sich die Erläuterungen nachfolgend im Wesentlichen darauf beschränken.

2. Güterstand. → Form. F.I.1 Anm. 6.

3. Erbfolge. Die Erbeinsetzung mit Anordnung von Vor- und Nacherbfolge entspricht dem obigen Muster zur Vor- und Nacherbschaftslösung. Lediglich bei der Schlusserbfolge und hinsichtlich der Nacherben bzw. Ersatznacherben ergeben sich Abweichungen, da weitere Kinder nicht vorhanden sind.

4. Bedingtes Vorausvermächtnis. Auch hier sollte bedacht werden, dass möglicherweise Pflichtteilsergänzungsansprüche entstehen. Daher ist die Anordnung eines entsprechenden bedingten Vorausvermächtnisses sinnvoll (→ Form. F.I.2 Anm. 10, 11).

5. Vermächtnis zugunsten des Heimträgers. Das Vermächtnis zugunsten des Heimträgers ist die Besonderheit und gleichzeitig das zentrale **Problem der vorgeschlagenen Gestaltung.** Das Muster sieht vor, dass der Förderverein des Heimes, in dem der behinderte Sohn lebt, im Zeitpunkt des Todes des Letztversterbenden einen baren Geldbetrag in Höhe von $^1/_3$ des Wertes des Nachlasses als Vermächtnis erhält. Der Vermächtnisnehmer wird aber mit der vom Testamentsvollstrecker zu überwachenden Auflage

beschwert, dass er dieses Geld in bestimmter Weise (Modernisierung, Anschaffung von Therapiegeräten etc) verwenden muss.

6. Unwirksamkeit nach heimrechtlichen Vorschriften. Bei einer Zuwendung an den Heimträger bzw. eine nahe stehende Person (Förderverein), kann sich stets eine Unwirksamkeit nach heimrechtlichen Vorschriften iVm § 134 BGB ergeben. Im Zuge der Föderalismusreform (vgl. *Drasdo* NVwZ 2008, 639) ist die Gesetzgebungskompetenz vom Bund auf die Länder übergegangen. Mittlerweile haben – soweit ersichtlich – alle Bundesländer von der Möglichkeit Gebrauch gemacht, neue Heimgesetze zu erlassen. Daneben gilt § 14 HeimG prinzipiell weiter, soweit keine Landesgesetze bestehen (so erklärt beispielsweise § 1 Abs. 1 S. 3 Heimgesetz Niedersachsen die bundesrechtliche Regelung des § 14 HeimG ausdrücklich weiterhin für anwendbar). Weitgehend entsprechen die neuen landesrechtlichen Regelungen der bisherigen Regelung des § 14 HeimG (auch in Nordrhein-Westfalen, wo die ursprüngliche Regelung Anlass zu verfassungsrechtlichen Bedenken gab – dazu: *Tersteegen* NWVBl. 2011, 369 – ist mittlerweile mit § 7 WTG-NRW wieder eine Regelung eingeführt worden, die der des § 14 HeimG weitgehend entspricht). Allerdings bestehen zum Teil auch erhebliche Unterschiede, sodass der erbrechtliche Berater in jedem Einzelfall sehr genau prüfen muss, welche Vorgaben die landesrechtliche Regelung macht.

§ 14 Abs. 1 HeimG. Hier wird aus Gründen der Vereinheitlichung der Darstellung auf die Norm des § 14 HeimG abgestellt. Diese ist – wie ausgeführt – in der Regel Grundlage der landesrechtlichen Regelungen, wobei dennoch im Einzelfall sehr genau die landesrechtlichen Regelungen auf Abweichungen überprüft werden müssen. § 14 Abs. 1 HeimG verbietet es, dass sich der Heimträger von oder zugunsten von Bewohnern oder Bewerbern Geld oder geldwerte Leistungen versprechen oder gewähren lässt. Nach allgemeiner Ansicht ist § 14 Abs. 1 HeimG auch auf Zuwendungen durch Verfügung von Todes wegen anzuwenden. Insofern kann ein **„Sich-gewähren-lassen"** vorliegen, (umfassend zu § 14 HeimG: *G. Müller* Zehn Jahre Deutsches Notarinstitut S. 153 [157 ff.]; *Kunz/Butz/Wiedemann* HeimG § 14 Rn. 5 ff.; LPK-HeimG/*Plantholz* § 14 Rn. 5ff; *Dietz* MittBayNot 2007, 453). Dabei liegt ein Verstoß gegen § 14 Abs. 1 HeimG nicht nur dann vor, wenn die Zuwendung an den Heimträger selbst erfolgt, ausreichend ist uU auch die Zuwendung an eine diesem nahe stehende natürliche oder mit ihm verbundene juristische Person (BayObLGZ 2000, 48 = DNotI-Report 2000, 106 = MittBayNot 2000, 447; BayObLGZ 2003, 136 = DNotZ 2003, 873 = RPfleger 2003, 583; VG Würzburg ZEV 2008, 601 mAnm *Limmer;* DNotI-Gutachten, Abruf Nr. 12.158; *G. Müller* Zehn Jahre Deutsches Notarinstitut, 153 [167]). Allerdings setzt ein Sich-gewähren-lassen im Sinne von § 14 Abs. 1 HeimG eine ausdrückliche oder konkludente Annahmeerklärung des Begünstigten voraus. Daraus folgt, dass die letztwillige Verfügung nicht unwirksam ist, wenn der Heimträger von der Zuwendung zu seinen Gunsten erst nach dem Tod des Erblassers Kenntnis erlangt hat. Ein Verstoß gegen das heimrechtliche Testierverbot liegt nur vor, wenn ein Einvernehmen zwischen Heimträger und Erblasser erzielt wurde (vgl. BGH DNotZ 2012, 210 = MittBayNot 2012, 297 mAnm *G. Müller* = ZErb 2012, 144 = ZEV 2012, 39 = RNotZ 2012, 139; BayObLG DNotZ 1992, 258; DNotZ 1993, 453; *G. Müller* aaO S. 157; ausführlich: *Tersteegen* RNotZ 2012, 376; kritisch: *Sagmeister* ZEV 2012, 99 [100]). Der BGH spricht insofern davon, dass bei einem „stillen Testament" eines Heimbewohners ein Verstoß gegen heimrechtliche Testierverbote nicht vorliegen könne. Demgegenüber hatte das OLG München (OLG München NJW 2006, 2642 = DNotZ 2006, 933; ähnlich: *Dietz* MittBayNot 2007, 453 [455]) in einer oberflächlich begründeten Entscheidung einen Verstoß auch dann angenommen, wenn der Heimträger zwar erst nach dem Tod des Erblassers von der Zuwendung Kenntnis erlangt, ein Angehöriger (das behinderte Kind) aber weiterhin in dem Heim lebt (kritisch dazu: *Tersteegen* Zerb 2007, 414; *ders.* RNotZ 2009, 222; DNotI-Gutachten, Abruf

Nr. 12.158). Dieser Auffassung ist der BGH nun in der zitierten Entscheidung entgegengetreten (ausführlich: *Tersteegen* RNotZ 2012, 376 [378 f.]). Er gibt damit der Praxis die notwendige Rechtssicherheit. Der Notar sollte, wie im Muster vorgesehen (vgl. § 4 Abs. 4), darauf hinweisen, dass der Heimträger erst nach dem Tod der Ehegatten von der Zuwendung Kenntnis erlangen darf. Zu Beweiszwecken sollte insofern auch die Erklärung aufgenommen werden, dass der Heimträger bisher keine Kenntnis von der Zuwendung hat.

7. Ausnahmegenehmigung. Die heimrechtlichen Vorschriften der Länder sehen häufig die Möglichkeit einer Ausnahmegenehmigung vor (zu § 14 Abs. 6 HeimG: LPK-HeimG/*Plantholz* § 14 Rn. 25 ff.; *Kunz/Butz/Wiedemann* HeimG § 14 Rn. 26 ff.). Allerdings ist es eine Frage des Einzelfalls, ob eine derartige Ausnahmegenehmigung erteilt wird. *G. Müller* weist insofern zutreffend darauf hin, dass der Heimträger im Verfahren um die Erteilung der Ausnahmegenehmigung beteiligt wird und insofern Kenntnis von der Zuwendung erlangt (*G. Müller* Zehn Jahre Deutsches Notarinstitut 153 [171]). Wird die Genehmigung versagt, ist es ausgeschlossen, dennoch eine Zuwendung vorzusehen. Die Errichtung eines „stillen Testaments", bei dem nach der zitierten Entscheidung des BGH (BGH DNotZ 2012, 210 = MittBayNot 2012, 297) ein Verstoß gegen heimrechtliche Testierverbote nicht vorliegt, wäre damit nicht mehr möglich. Aus praktischer Sicht dürfte es sich empfehlen, vor Stellung eines Antrags auf eine Ausnahmegenehmigung durch persönliche Kontaktaufnahme mit der Genehmigungsbehörde die Erfolgsaussichten eines solchen Antrags zu klären.

8. Alternative Zuwendungsempfänger. Insgesamt muss die Zuwendung an den Heimträger als äußerst schwierig angesehen werden. Es ist sehr fraglich, ob eine wirksame Zuwendung erreicht werden kann. In jedem Fall muss daher ins Testament eine spezielle Salvatorische Klausel aufgenommen werden, in der geregelt ist, dass die Unwirksamkeit der Verfügung zugunsten des Heimträgers nicht dazu führen soll, dass das Testament insgesamt unwirksam ist. Ergänzend kann für den Fall der Unwirksamkeit der Zuwendung an den Heimträger ein weiteres Vermächtnis zugunsten der Dachorganisation des Heimträgers bzw. einer nicht mit dem Heim verbundenen gemeinnützigen Organisation vorgesehen werden. Hier sind auch mehrfach gestufte Ersatzkonstruktionen denkbar.

9. Steuern. In steuerrechtlicher Hinsicht weicht das Muster nicht vom Muster → Form. F.I.2 ab, soweit natürliche Personen betroffen sind. Für den Förderverein ergibt sich die persönliche Steuerpflicht aus § 2 Abs. 1 Nr. 1 d) ErbStG. Die juristische Person wird gem. § 15 Abs. 1 ErbStG in die Steuerklasse III eingruppiert, sodass nur ein persönlicher Freibetrag gem. § 16 Abs. 1 Nr. 5 ErbStG iHv 20.000,– EUR gewährt wird. Allerdings sind Zweckzuwendungen an einen inländischen Verein gem. § 13 Abs. 1 Nr. 16 b) ErbStG steuerfrei, wenn der Verein nach seiner Satzung und tatsächlicher Geschäftsführung ausschließlich und unmittelbar kirchlichen, gemeinnützigen oder mildtätigen Zwecken iSd §§ 52 bis 54 AO dient. Zur Auflage → Form. C.V.11.

10. Kosten. → Form. F.I.2 Anm. 15.

II. Verfügungen zugunsten verschuldeter Erben

1. Zuwendung nicht pfändbarer Vermächtnisse

1. Zu meinen Erben[1, 2] setze ich zu je 1/2 Anteil ein meinen Sohn A und meine Tochter B, ersatzweise deren Abkömmlinge nach den Regelungen der gesetzlichen Erbfolge erster Ordnung.

2. Mein Sohn C[4, 5, 6, 7, 8] erhält vermächtnisweise ein unentgeltliches Wohnungsrecht an der Eigentumswohnung, eingetragen im Wohnungsgrundbuch von ......
Das Wohnungsrecht kann nur höchstpersönlich ausgeübt und Dritten nicht zur Ausübung überlassen werden. Es ist unverzüglich nach meinem Tode an rangbereiter Stelle[3] in das Grundbuch einzutragen.[9, 10]

Anmerkungen

1. Sachverhalt. Bei letztwilligen Verfügungen zugunsten Verschuldeter soll der Begünstigte einerseits an der Erbschaft partizipieren, andererseits aber verhindert werden, dass Gläubiger auf das zugewandte Vermögen zugreifen können. Darüber hinaus kann es sinnvoll sein, auch das Entstehen von Pflichtteilsansprüchen zu vermeiden, nämlich bei Verfügungen zugunsten Sozialleistungsbeziehern, da die Geltendmachung des Pflichtteils zwar eine höchstpersönliche Entscheidung ist, dieses Recht aber bei Leistungen zur Sicherung des Lebensunterhalts (Grundsicherung für Arbeitssuche) nach § 33 Abs. 1 S. 1 SGB II (ALG II – „Hartz IV") auf den Leistungsträger übergeht, ohne dass nach hM eine Überleitungsanzeige erforderlich wäre (bestätigt durch BGH DNotZ 2005, 296 mAnm *Spall*). Insofern besteht eine ähnliche Problemlage wie bei Behindertentestamenten. Bei Beziehern einer Grundsicherung im Alter und bei Erwerbsminderung (§§ 41 ff. SGB XII) besteht das Problem ebenfalls.

2. Gläubiger des Pflichtteilsberechtigten können den Pflichtteilsanspruch pfänden, aber nicht verwerten (BGH NJW 1993, 2876; BGH ZEV 2011, 87). Es handelt sich dabei um eine Pfändung eines in seiner zwangsweisen Verwertbarkeit aufschiebend bedingten Anspruchs (BGH, ebd.). Solange der Schuldner den Pflichtteil selbst nicht geltend macht, kommt der Gläubiger letztlich nicht an ihn heran. Damit bleibt der Schuldner in seiner Entscheidung, ob er den Anspruch geltend machen will, mit Rücksicht auf die familiäre Verbundenheit von Erblasser und Pflichtteilsberechtigtem frei. Ist eine Pfändung erfolgt, kommt aber ein Erlassvertrag nicht mehr in Betracht, da der Schuldner über den Anspruch nach der Pfändung nicht mehr verfügen kann (vgl. *Reul* ZEV 2011, 88). Auch fehlt im Falle des Bezugs von ALG II aufgrund des automatischen Übergangs des Pflichtteilsanspruchs auf den Leistungsträger nach § 33 Abs. 1 S. 1 SGB II dem Leistungsempfänger bereits die Rechtszuständigkeit für einen solchen Verzicht (vgl. v. *Proff* RNotZ 2012, 272 [275]).

Die Enterbung ist beim Verschuldeten daher durchaus eine Option. Will der Erblasser diesen trotzdem bedenken, und will er sich nicht auf eine Ausschlagung durch den Verschuldeten selbst verlassen, sind die klassischen Sicherungsmittel anzuwenden: Vor-/Nacherbschaft bzw. Vor-/Nachvermächtnis sowie Dauertestamentsvollstreckung mit entsprechender Verwaltungsanweisung. Beim Sozialleistungsbezieher, dessen Pflichtteilsanspruch vom Sozialleistungsträger geltend gemacht werden kann, ist an eine Enterbung

dann zu denken, wenn die Bedürftigkeit bei Ehegatten erst nach dem zweiten Erbfall eintritt und sonstige Destinatäre, die begünstigt werden sollen nicht vorhanden sind oder auch bei kleinen Nachlässen bzw. geringer Pflichtteilsquote (vgl. *Krauss* Vermögensnachfolge in der Praxis, 2018, Rn. 6451).

3. Tritt der Erbfall vor oder während eines Insolvenzverfahrens ein, gehören Erb- und Pflichtteil zur Insolvenzmasse (vgl. § 35 InsO). An einer Verwertung ist der Insolvenzverwalter aber ebenso zunächst gehindert wie ein Gläubiger in der Einzelzwangsvollstreckung: Diese setzt wie dort eine Anerkennung oder gerichtliche Geltendmachung durch den Schuldner voraus (*Braun/Bäuerle* InsO § 35 Rn. 42).

Eine Erbschaft oder ein Vermächtnis muss allerdings aufgrund des Vonselbsterwerbs ausgeschlagen werden, sollen Insolvenzverwalter oder Gläubiger hierauf nicht zugreifen können. Eine Ausschlagung durch den Schuldner ist ohne weiteres möglich (vgl. § 83 InsO sowie *J. Mayer* MittBayNot 2011, 445 [446]).

Im Rahmen eines Restschuldbefreiungsverfahrens ist der Schuldner nach nunmehriger Rechtsprechung des BGH nicht verpflichtet, den Pflichtteil geltend zu machen und die Hälfte des Wertes des Pflichtteilsanspruchs an den Treuhänder herauszugeben (BGH MittBayNot 2010, 52 mAnm *Menzel*). Die Nichtgeltendmachung des Pflichtteils stellt keine Obliegenheitsverletzung dar, welche die Restschuldbefreiung gefährden würde.

Damit wird nunmehr eine Wertungskonkordanz zwischen Einzelzwangsvollstreckung, Insolvenzverfahren und Restschuldbefreiungsphase hergestellt: In allen Fällen kann der Schuldner das ihm Zugewendete ausschlagen und auch die Geltendmachung des Pflichtteils unterlassen, ohne dass sich ein Gläubiger hierüber hinwegsetzen kann oder ihm sonst Nachteile erwachsen. Damit muss nicht unbedingt zu den klassischen Gestaltungsvarianten (Vor-/Nacherbschaft, Vor-/Nachvermächtnis, Testamentsvollstreckung) gegriffen werden, um einen Zugriff Dritter auf die Erbschaft zu vermeiden. Erforderlich ist aber, dass sich der Verschuldete im Sinne des Erblassers verhält und in richtiger Weise aktiv wird, was keineswegs selbstverständlich ist.

In der Konsequenz dieser Grundsätze sind durch den Schuldner sowohl ein Pflichtteilsverzicht als auch ein Erlassvertrag über einen bestehenden Pflichtteilsanspruch nach Eintritt des Erbfalls möglich, ohne dass Gläubiger oder Insolvenzverwalter auf den Pflichtteil zugreifen kann und ohne dass eine Restschuldbefreiung gefährdet wird (vgl. *Menzel* MittBayNot 2010, 54). Der Verzicht auf einen bereits anerkannten oder rechtshängig gemachten Pflichtteilsanspruch ist dagegen insolvenzrechtlich und nach den Bestimmungen des AnfG anfechtbar (vgl. *J. Mayer* MittBayNot 2011, 445 [448]).

In geeigneten Fällen kommt insbesondere eine Enterbung in Betracht, ohne dass noch eine Zuwendung in Höhe des Pflichtteils allein deshalb erfolgen müsste, um die Verwertung des Pflichtteils zu verhindern.

Zu beachten ist aber, dass ein Pflichtteil, auch wenn zunächst nicht geltend gemacht, bei einem vor oder während des Insolvenzverfahrens eingetretenen Erbfall der Nachtragsverteilung nach § 203 InsO unterliegt (BGH ZEV 2011, 87 mAnm *Reul*), wenn der Pflichtteil später, auch gegebenenfalls erst nach Abschluss der Wohlverhaltensperiode, anerkannt oder rechtshängig gemacht wird. Die schlichte Enterbung kann somit eine erhebliche insolvenzrechtliche Langzeitwirkung haben, die der Erblasser nicht mehr beeinflussen kann (vgl. *J. Mayer* MittBayNot 2011, 445 [448] sowie ausführlich Reul/Heckschen/Wienberg/*Reul* Insolvenzrecht in der Gestaltungspraxis Teil P Rn. 167 ff.). Voraussetzung ist nur, dass der, wenn auch noch nicht verwertbare (s.o.) Pflichtteil zur Insolvenzmasse gehört hat. Eine Frist besteht nicht, sodass eine Nachtragsverteilung letztlich bis zur Verjährung des Pflichtteilsanspruches möglich ist, wenn nur der Erbfall vor oder während des Insolvenzverfahrens eingetreten ist.

Ist der Erbfall dagegen erst nach Aufhebung des Insolvenzverfahrens (§ 200 InsO), aber noch während der Wohlverhaltensperiode eingetreten, besteht hinsichtlich einer angefal-

lenen Erbschaft oder eines anerkannten oder rechtshängig gemachten Pflichtteilsanspruchs eine Herausgabepflicht zur Hälfte (§ 295 Abs. 1 Nr. 2 InsO). Erfolgt eine Geltendmachung bei einem nach Aufhebung des Insolvenzverfahrens eingetretenen Erbfall erst nach Ablauf der sechsjährigen Wohlverhaltensperiode, kommt es im Hinblick auf einen Pflichtteilsanspruch nicht mehr zu einer Nachtragsverteilung (vgl. *Braun/Kießner* InsO § 203 Rn 12). Ist der Pflichtteilsanspruch dann noch nicht verjährt, kann er vom Schuldner noch geltend gemacht werden. Insofern ergeben sich größere Gestaltungsspielräume, wenn sich der Schuldner bereits in der Wohlverhaltensperiode befindet.

4. Ist eine Enterbung nicht gewünscht, kann mit Rücksicht auf das Ausschlagungsrecht des Verschuldeten dennoch eine Zuwendung erfolgen. Nach § 83 Abs. 1 S. 1 InsO kann bei einem während des Insolvenzverfahrens eintretenden Erbfall und auch durch den Schuldner in der Einzelzwangsvollstreckung ausgeschlagen werden (s. o.). Diese Dispositionsbefugnis bleibt dem Schuldner auch in der Wohlverhaltensphase erhalten, ohne dass die Restschuldbefreiung gefährdet wird (vgl. BGH MittBayNot 2010, 52 [53]: keine Obliegenheit zur Geltendmachung des Pflichtteils). Wird allerdings bei im Erbfall fortbestehender Problemlage die Ausschlagung versäumt und kommt es infolgedessen zur Annahme der Erbschaft, können Gläubiger und Insolvenzverwalter auf die Zuwendung zugreifen. Gleiches gilt für zugewandte Vermächtnisse.

5. Oft ist aber keine „Alles oder Nichts"-Lösung gewünscht. Vielmehr soll der Verschuldete an der Erbschaft partizipieren, ohne dass seine Gläubiger auf sie zugreifen können. In Betracht kommt hier zunächst die Zuwendung unpfändbarer Vermächtnisse, insbesondere eines Wohnungsrechts, dessen Ausübung Dritten nicht überlassen werden kann (§ 1092 Abs. 1 S. 2 BGB; zur Unpfändbarkeit eines derartig ausgestalteten Wohnungsrechts *Rossak* MittBayNot 2000, 383 [386 f.]). Dagegen ist ein Nießbrauch grundsätzlich pfändbar (BGHZ 62, 133), und zwar auch dann, wenn die Überlassung der Ausübung des Nießbrauchs ausgeschlossen wurde (Palandt/*Bassenge* BGB § 1059 Rn. 5; aA *Rossak* MittBayNot 2000, 383 [384]). Rentenvermächtnisse sind pfändbar, soweit nach den Umständen des Falles, insbesondere nach der Art des beizutreibenden Anspruchs und der Höhe der Bezüge, die Pfändung der Billigkeit entspricht, worüber das Vollstreckungsgericht zu entscheiden hat (vgl. MüKoZPO/*Smid* § 850b Rn. 1). Bei dieser Entscheidung ist das Gesamteinkommen des Schuldners zu berücksichtigen (vgl. OLG Frankfurt ZEV 2001, 156 [157] mAnm *Gutbell*). Der Pfändungsschutz des § 850b Abs. 1 Nr. 3 ZPO setzt weiter voraus, dass es sich um Zuwendungen handelt, die „auf Grund der Fürsorge und Freigiebigkeit des Erblassers gewährt werden." Sie müssen also frei von jeder Gegenleistung ausgesetzt sein. Durch Anordnung einer Testamentsvollstreckung kann der Pfändungsschutz des § 850b Abs. 1 Nr. 3 ZPO auch für ein Nießbrauchsvermächtnis erreicht werden, soweit hierdurch die Ansprüche des Begünstigten auf die Auskehrung der Nutzungen gegen den Testamentsvollstrecker beschränkt werden (*Gutbell* aaO). Vgl. hierzu auch Bonefeld/Mayer/*Wälzholz/Weidlich* Rn. 575. Bei allen Sachvermächtnislösungen ist zudem zu beachten, dass die Gefahr eines Zusatzpflichtteils nach § 2307 BGB besteht, der wiederum von einem Sozialleistungsträger geltend gemacht werde könnte. Wenn die Gefahr eines Zusatzpflichtteils besteht, sollte daher beim Bedürftigentestament auf ein Quotenvermächtnis („x % des Wertes des Nachlasses nach Abzug aller Nachlassverbindlichkeiten") mit Ersetzungsbefugnis ausgewichen werden („Der Beschwerte ist jedoch berechtigt, das Vermächtnis nach seiner Wahl auch durch die Übertragung anderer Wirtschaftsgüter wie Immobilien etc zu erfüllen"), vgl. hierzu Formulierungsvorschlag bei *Krauß* Vermögensnachfolge in der Praxis, 2018, Rn. 6496).

Ob nur pfändbare oder auch unpfändbare Zuwendungen im **Restschuldbefreiungsverfahren** unter die Herausgabeobliegenheit des § 295 Abs. 1 Nr. 2 InsO fallen, diese also in Höhe der Hälfte der Zuwendung herausgegeben werden müssen, ist nicht geklärt (für

eine Herausgabepflicht lediglich für pfändbare Zuwendungen mit überzeugender Begründung *Hartmann* ZNotP 2005, 82 [83 f.]). Im Falle eines zu erwartenden Restschuldbefreiungsverfahrens sollte daher auch von der Zuwendung unpfändbarer Gegenstände Abstand genommen werden, soweit nicht eine Herausgabepflicht nach dem Inhalt des zugewandten Vermögensrechts überhaupt ausscheidet.

Gelegentlich wurde auch vorgeschlagen, lediglich ein Vermächtnis zugunsten des Verschuldeten auszusetzen, das aufgrund der fehlenden Ausschlagungsfrist beim Vermächtnis (vgl. §§ 1933, 1944 BGB) beliebig lange ausgeschlagen werden kann (*Limmer* ZEV 2004, 133 [136 f.]). Hier dürfte es allerdings zu einer Nachtragsverteilung gemäß § 203 InsO kommen, wenn das Vermächtnis nicht ausgeschlagen wurde und der Erbfall während des laufenden Insolvenzverfahrens eingetreten ist (vgl. BGH ZEV 2011, 87 mAnm *Reul* zum Pflichtteil). Auch ohne ausdrückliche Annahme kann ein Vermächtnis gepfändet werden, erst die Ausschlagung beseitigt die Wirkung einer Pfändung ex tunc (vgl. *J. Mayer* MittBayNot 2012, 18). Durch Erteilung der Restschuldbefreiung oder der Beendigung des Insolvenzverfahrens aufschiebend bedingte Vermächtnisse erzeugen Anwartschaftsrechte, die ebenfalls Gegenstand von Pfändungen oder von Herausgabepflichten sein können. Wird so testiert, müsste das Anwartschaftsrecht als unübertragbar ausgestaltet und im Hinblick auf die Rechtsprechung zu § 852 ZPO angeordnet werden, dass Nacherbschaft und Dauertestamentsvollstreckung bestehen bleiben, falls eine Pfändung oder eine Geltendmachung durch den Insolvenzverwalter erfolgt (vgl. *Hartmann* ZNotP 2005, 82 sowie das nachstehende Muster → Form. F.II.4 (Alt.), kritisch hierzu aber *J. Mayer* MittBayNot 2012, 18 [20], wegen möglicher Gläubigerbenachteiligung nach § 138 BGB und weil die beschränkenden Anordnungen dann so lange bestehen bleiben, als eine Pfändung des Anwartschaftsrechts möglich ist). Vermächtnisse müssten ebenfalls entsprechend auflösend bedingt werden (*Reul/Heckschen/Wienberg* Insolvenzrecht in der Gestaltungspraxis Teil P Rn. 175). Letztlich ist davon auszugehen, dass sämtliche vorgeschlagenen „Besserungsklauseln" problematisch sind (vgl. *J. Mayer* MittBayNot 2012, 18 [23]).

Ein etwaiges **Pflichtteilsrecht des Schuldners** ist nach § 2307 Abs. 1 S. 2 BGB um den Wert der Zuwendung reduziert und von Privatgläubigern – entgegen dem Wortlaut des § 852 Abs. 1 ZPO – zwar pfändbar, aber nicht verwertbar (BGH NJW 1993, 2876, s. o.). Insbesondere ist das dem Pflichtteilsberechtigten zustehende Recht, das Vermächtnis auszuschlagen und den Pflichtteil zu fordern (§ 2307 Abs. 1 S. 1 BGB), ebenso wenig auf den Gläubiger überleitbar wie im Bereich des § 2306 Abs. 1 BGB.

Ungeeignet ist dieser Weg allerdings bei sozialhilfeberechtigten Personen, soweit trotz Zuwendung des Vermächtnisses nach § 2307 Abs. 1 S. 2 BGB ein Restpflichtteil verbleibt. Denn dieser kann von dem Sozialhilfeträger auf sich übergeleitet und verwertet werden (und zwar nach § 33 Abs. 1 SGB II bzw. § 93 Abs. 1 SGB XII als den Sozialhilfeträger privilegierenden Sonderregelungen gegenüber § 852 Abs. 1 ZPO, vgl. BGH ZEV 2005, 117).

6. Bei Sozialleistungsbeziehern ergeben sich ferner weitere grundsätzliche Abweichungen: Zunächst ist zu beachten, dass Pflichtteilsansprüche entweder schon von Gesetzes wegen direkt (bei ALG II-Bezug) oder aufgrund Überleitung (bei sonstigen Sozialleistungen) auf den Sozialleistungsträger übergehen (§ 33 Abs. 1 S. 1 SGB II bzw. § 93 Abs. 1 S. 1 SGB XII). Insoweit steht Sozialleistungsbeziehern nicht die gleiche Dispositionsfreiheit über die Erbschaft zu wie Verschuldeten (vgl. *Menzel* MittBayNot 2010, 54). Daher kommt eine Enterbung von Pflichtteilsberechtigten nur in Betracht, wenn sich der Pflichtteil innerhalb von Freigrenzen bewegt oder diese nur geringfügig übersteigt. Bei Bedürftigentestamenten, verstanden als letztwillige Verfügung zugunsten von Sozialleistungsbeziehern, die nicht behindert sind, steht daher wie bei Behindertentestamenten die Vermeidung von Pflichtteilsansprüchen im Vordergrund. Auch die Gestaltungsmittel des Behindertentestaments (Vor-/Nacherbschaft, Vor-/Nachvermächtnis, Dauertestaments-

vollstreckung) kommen hier zur Anwendung. Die sozialrechtlichen Problemlagen, auf die die Gestaltung jeweils reagiert, sind im Übrigen vielfältig und nur mit vertieften Kenntnissen im Sozialrecht zu übersehen, zumal der Gesetzgeber in diesem Bereich ständig aktiv ist (vgl. den Überblick bei *Doering-Striening* ZErb 2017, 67 und 89). Wie im Feld des Steuerrechts dürfte sich daher empfehlen, Klienten zusätzlich auf eine einschlägige fachliche Beratung hinzuweisen. Der Notar wird sich auf die zivilrechtliche Gestaltung beschränken.

Des Weiteren stellt sich die Frage, inwieweit die nunmehrige Rechtsprechung des BGH zum Behindertentestament, wonach keine Sittenwidrigkeit solcher Verfügungen vorliegt, auf das Bedürftigentestament zu übertragen ist. Eine Entscheidung des SG Dortmund (ZEV 2010, 54) hatte hier zur Sittenwidrigkeit tendiert und in der Praxis Verunsicherung geschaffen (vgl. *Klühs* ZEV 2011, 15). Der Bedeutung der Testierfreiheit wurde diese Entscheidung nicht gerecht (vgl. *v. Dickhuth-Harrach* Handbuch der Erbfolgegestaltung, 2012, § 69 Rn. 18). Das OLG Hamm hatte entschieden, dass die Ausschlagung einer Erbschaft, die dazu führt, dass die Sozialhilfebedürftigkeit des Erben fortbesteht, sittenwidrig sein kann (OLG Hamm ZEV 2009, 471 mAnm *Leipold*). Nach dem Urteil des BGH (ZErb 2011, 121) zum Behindertenstestament dürften die tragenden Gründe der Entscheidung, nämlich die vom BGH angenommene „negative Erbfreiheit", die einen Pflichtteilsverzicht und auch eine Ausschlagung durch den Sozialleistungsbezieher rechtfertigt, und das aus der Testierfreiheit des Erblassers resultierende Recht, alle gesetzlich vorgesehenen konstruktiven Mittel des Erbrechts einschließlich ihrer Kombination nutzen zu können, dafür sprechen, dass auch ein Bedürftigentestament, bei dem Familienvermögen vor dem Zugriff des Sozialleistungsträgers geschützt wird, ebenso wenig sittenwidrig ist wie eine Ausschlagung der Erbschaft oder ein Pflichtteilsverzicht durch den Sozialhilfebezieher. Selbst der vom BGH im Falle des Behindertentestaments aus einer Analyse der sozialrechtlichen Vorschriften gewonnene Grundsatz des „Familenlastenausgleichs" dürfte bei ALG-II-Beziehern zu einem ähnlichen Ergebnis führen, da auch zugunsten von dessen Familienangehörigen der sozialrechtliche Subsidiaritätsgrundsatz wesentliche Einschränkungen erfährt (vgl. *Kleensang* ZErb 2011, 121; für Zulässigkeit des Bedürftigentestamentes auch ganz überwiegend die Literatur, vgl. *v. Dickhuth-Harrach* Handbuch d. Erbfolgegestaltung § 69 Rn. 19 mwN; MAH ErbR/*Wachter* § 17 Rn. 20; vorsichtiger *Krauß* Vermögensnachfolge in der Praxis, 2018, Rn. 6663 ff. sowie *Proff* RNotZ 2012, 272). Schließlich hatte der BGH im Zusammenhang mit einem Fall vorweggenommener Erbfolge festgestellt, dass ein Übergeber nicht gehindert sei, Versorgungsleistungen des Erwerbers auflösend bedingt mit seiner Heimunterbringung zu vereinbaren (BGH NJW 2009, 1346). Der Grundsatz, dass niemand verpflichtet ist, bei seiner Nachfolgeplanung auf Belange des Sozialhilfeträgers Rücksicht zu nehmen, muss auch für Verfügungen von Todes wegen gelten (*Litzenburger* ZEV 2009, 278 [281)]). Allerdings ist die Diskussion noch stark im Fluss, zumal die „negative Erbfreiheit" als „kühne Neuerung des BGH" (*Leipold*) noch der dogmatischen Durchdringung harrt (zum Stand der Diskussion nach diesem Urteil *v. Proff* RNotZ 2012, 272 sowie *Wendt* ZErb 2012, 262 und 313; krit. immer noch *Armbrüster/Wendt* ZErb 2013, 77). Vor diesem Hintergrund kann sich die Aufnahme einer salvatorischen Klausel in die Verfügung von Todes wegen empfehlen, wonach der Bedürftige enterbt wird, wenn sich die zulasten seines Erbteils angeordneten Beschränkungen als unwirksam erweisen sollten (vgl. *Tersteegen* MittBayNot 2010, 105 [107]). Mit Urteil vom 17.2.2015 (ZEV 2015, 484 mAnm *Tersteegen*) hat schließlich das BSG entschieden, dass bei einem Bedürftigentestament die angeordnete Dauertestamentsvollstreckung dazu führt, dass dem Leistungsempfänger-Erben keine „bereiten Mittel" zur Verfügung stehen, soweit die Verwaltungsanweisung keine Auszahlung durch den Testamentsvollstrecker erlaubt. Einerseits kann man darin die grundsätzliche Anerkennung des Bedürftigentestaments sehen, andererseits zeigt das Urteil die Wichtigkeit einer präzise formulierten Verwaltungsanweisung auf, die

nicht auf das bloße Ermessen des Testamentsvollstreckers abstellen und insbesondere nicht die Deckung des allgemeinen Lebensbedarfs durch den Testamentsvollstrecker beinhalten sollte (negatives Gegenbeispiel LSG Niedersachsen v. 13.11.2014 wiedergegeben bei *Doering-Striening* ZErb 2017 95 [104]). Ferner machte das Gericht weitere Ausführungen zum Vorliegen „bereiter Mittel" nach „Anfechtung" der Verfügung durch den Leistungsempfänger wegen Verstoßes gegen § 138 BGB, welcher im konkreten Fall verneint wurde, wiederum aber mit einer nicht verallgemeinerungsfähigen Begründung (rein „gewillkürte" Erbeinsetzung ohne Verwandtschaftsverhältnis zum Erblasser). Auf weiterbestehende Risiken ist daher bei Bedürftigentestamenten hinzuweisen (ebenso MAH ErbR/*Wachter* § 17 Rn. 20; „letzte Entwarnung kann also insoweit nicht gegeben werden", so *Krauß* Vermögensnachfolge in der Praxis, 2018, Rn. 6665. Sehr zurückhaltend auch *Doering-Striening* ZErb 2017, 95 [103 f.]).

7. Pflichtteilsverzichte sind während eines Insolvenzverfahrens und auch im Restschuldbefreiungsverfahren ohne Obliegenheitsverstoß möglich (DNotI-Report 2003, 179 [181] sowie BGH MittBayNot 2010, 50) und auch nicht anfechtbar nach AnfG oder InsO (BGH NJW 1997, 2384; *Schumacher-Hey* RNotZ 2004, 543 [556]). Bei Fällen von Sozialhilfebezug sind Pflichtteilsverzichte Behinderter nach BGH DNotZ 2011, 381 im Hinblick auf § 138 BGB nunmehr unproblematisch. Diese Wertung dürfte auch auf Pflichtteilsverzichte von Bedürftigen übertragbar sein, da der BGH grundrechtlich mit einer „negativen Erbfreiheit" argumentiert und unter anderem hieraus die Zulässigkeit eines Pflichtteilsverzichtes folgert (vgl. *Kleensang* ZErb 2011, 121 [124]). Auch eine Parallele zu einem sittenwidrigen Unterhaltsverzicht hat der BGH abgelehnt, da es gerade für Unterhaltsansprüche an einer Überleitbarkeit nach dem Sozialleistungrecht weitgehend fehlt. Gesichert ist dies allerdings nicht (vgl. *v. Proff* RNotZ 2012, 272 [280 f.]). Ferner hat der BGH in dem Urteil, obwohl nicht seiner Entscheidungskompetenz unterfallend, auch die Frage einer Kürzungsmöglichkeit von Sozialleistungen angesprochen, sodass der Pflichtteilsverzicht bei Sozialhilfebezug vorerst ein problematisches Mittel bleibt. Unproblematisch ist ein Verzicht in jedem Falle dann, soweit er vor dem Bezug von Sozialhilfe und nicht mit der Zielsetzung, Rückgriffsansprüche des Sozialhilfeträgers auszuschließen, abgeschlossen wurde.

8. Der Verzicht auf einen Pflichtteilsanspruch nach bereits eingetretenem Erbfall ist dagegen anders zu beurteilen. Das Argument der „negativen Erbfreiheit" trifft zwar auch hier zu, auch wenn nicht bloß auf eine Erwerbschance, sondern auf einen bereits bestehenden Vermögensvorteil verzichtet wird. Dann müsste aber beim Sozialleistungsempfänger konsequenterweise auch die einfachgesetzlich vorgesehene Überleitbarkeit des Pflichtteilsanspruches in Frage gestellt werden, jedenfalls dann, wenn man der „negativen Erbfreiheit" Verfassungsrang zuerkennt (vgl. *Leipold* ZEV 2011, 529). Auch wird eine Ausschlagung hingenommen, und zwar sowohl in Fällen der Insolvenz (§ 83 InsO) als auch in der Phase der Restschuldbefreiung bei einer Privatinsolvenz (BGH MittBayNot 2010, 52), schließlich auch beim Behinderten (BGH ZErb 2011, 117). Beim bereits angefallenen Pflichtteil sieht das Gesetz aber keine Ausschlagung vor. Anders als beim Verschuldeten, käme es beim Sozialleistungsbezieher aufgrund der Überleitungsmöglichkeit auch des bereits bestehenden Pflichtteilsanspruches zudem zu einem Wettlauf zwischen Verzicht und Überleitung (vgl. *Kleensang* ZErb 2011, 121). Beim Bedürftigen, der ALG-II bezieht, würde es aufgrund des gesetzlichen Forderungsübergangs zudem bereits an einer Forderungszuständigkeit für einen Verzicht fehlen (*Menzel* MittBayNot 2010, 52 [54]; *Klühs* ZEV 2011, 15 [17]). Damit kommt ein Erlassvertrag (§ 397 BGB), der einen Verzicht auf den bereits angefallenen Pflichtteil darstellt, bei ALG-II Empfängern nicht in Betracht, bei sonstigen Sozialleistungsbeziehern, die überdies geschäftsfähig sein müssen, erscheint er zumindest problematisch.

Ob der Verzicht auf einen bereits angefallenen (aber noch nicht geltend gemachten) Pflichtteil der Gläubigeranfechtung nach dem AnfG sowie der Insolvenzanfechtung (so *Klumpp* ZEV 1998, 123 [125 f.]; offen gelassen von BGH NJW 1997, 2384, für Unanfechtbarkeit *J. Mayer* MittBayNot 2011, 445 [447]) unterliegt, ist streitig. Bei einem Verzicht nach Eintritt der Verwertungsreife (§ 852 ZPO) ist eine Anfechtung jedenfalls möglich. Bei Bezug von Sozialleistungen ist ein Verzicht auf den Pflichtteil nach Eintritt des Erbfalls (Erlassvertrag) als unwirksam angesehen worden, wenn er im Hinblick auf einen gleichzeitigen Bezug von Sozialleistungen vereinbart wurde (VGH Mannheim NJW 1993, 2953). Eine Erbausschlagung eines Sozialleistungsempfängers wird vom LSG Bayern ZEV 2015, 601 als sittenwidrig gewertet, da bei bereits angefallener Erbschaft der Fall anders liege, als bei der vom BGH entschiedenen Konstellation eines Pflichtteilsverzichts (letzterenfalls nur ungewisse Erbaussicht).Umgekehrt ist ein Pflichtteilsverzicht, der im Gegenzug zu einer Übertragung erklärt wird, keine Gegenleistung, die die Übertragung zu einer entgeltlichen machen würde (BGHZ 113, 393).

Denkbar ist auch die **Zuwendung einer Auflage** (§ 1940 BGB), die allerdings dem Berechtigten kein Recht auf die Leistung gewährt. Anspruch auf Vollziehung haben vielmehr nur der Erbe, der Miterbe oder derjenige, dem der Wegfall des mit der Auflage zunächst beschwerten Erben oder Vermächtnisnehmers unmittelbar zustattenkommen würde (§ 2194 S. 1 BGB). Nur bei Auflagen, die im öffentlichen Interesse liegen, kann auch die zuständige Behörde deren Vollziehung verlangen (§ 2194 S. 2 BGB). Um die Durchführung der Auflage zu sichern, kann der Erblasser auch Testamentsvollstreckung anordnen oder sonst einer Person das Recht einräumen, die Vollziehung der Auflage zu verlangen. Da die Auflage, anders als ein Vermächtnis, dem Begünstigten unmittelbar kein Recht gewährt, ist sie auch nicht pfändbar und damit ein unter Umständen interessantes Gestaltungsmittel bei Vorhandensein verschuldeter Begünstigter. Sie ermöglicht es nämlich, eine Zuwendung testamentarisch anzuordnen, deren Durchführung aber zur Disposition des Vollziehungsberechtigten zu stellen, der eine Vollziehung nur dann und insoweit verlangen wird, als keine Pfändung des zugewendeten Vermögensgegenstandes droht. Bei der Auflage ist allerdings weiterhin zu bedenken, dass diese, anders als Vermächtnisse nach § 2307 BGB, nicht mit dem Pflichtteil verrechnet wird. Dieser bleibt also dem Begünstigten in voller Höhe zusätzlich zu der Auflage erhalten. Flankierend ist daher gegebenenfalls an einen bedingten bzw. gegenständlich beschränkten Pflichtteilsverzicht zu denken (vgl. hierzu *J. Mayer* MittBayNot 2012, 18 [21]).

9. Steuern. Erbschaftsteuerlich unterfällt der Vorgang der Steuerklasse I gem. § 15 Abs. 1 ErbStG. Für die Kinder kommt neben ihrem persönlichen Freibetrag gem. § 16 Abs. 1 Nr. 2 ErbStG in Höhe von je 400.000,– EUR eventuell ein Freibetrag nach § 17 Abs. 2 ErbStG in Betracht, solange sie das 27. Lebensjahr nicht vollendet haben. Die unpfändbaren Vermächtnisse sind erbschaftsteuerpflichtige Vorgänge gem. §§ 1 Abs. 1 Nr. 1, 3 Abs. 1 Nr. 1 ErbStG. Das unpfändbare Wohnungsrechtsvermächtnis wird als wiederkehrende Nutzung und Leistung wie der Nießbrauch bewertet, → Form. C.V.8. Zur weiteren steuerlichen Behandlung des Vermächtnisses → Form. C.V.1.

10. Kosten. Vermächtnisse werden neben Verfügungen über den gesamten Nachlass nicht gesondert bewertet, § 102 Abs. 1 S. 3 GNotKG.

2. Anordnung einer Vor- und Nacherbschaft mit Dauertestamentsvollstreckung

1. Zu meinen Erben setze ich meine Tochter A und meinen Sohn B, untereinander zu gleichen Teilen, also zu je $^1/_2$ Anteil ein. Mein Sohn B ist jedoch nur Vorerbe.[1] Er ist von den Beschränkungen und Verpflichtungen, die das Gesetz dem Vorerben auferlegt, ausdrücklich nicht befreit. Nacherbe ist mein Enkelsohn C, ersatzweise meine Tochter A, weiter ersatzweise deren Abkömmlinge nach den Regelungen der gesetzlichen Erbfolge erster Ordnung. Der Nacherbfall tritt mit dem Tode des Vorerben ein. Die Nacherbenanwartschaft ist nicht vererblich und nur auf den Vorerben übertragbar. Überträgt der Nacherbe seine Nacherbenanwartschaft auf den Vorerben, erlöschen die Rechte aller Ersatznacherben.[2–4]
2. Ferner ordne ich hinsichtlich des Erbteils meines Sohnes B Dauertestamentsvollstreckung[5] an. Zum Testamentsvollstrecker ernenne ich N. N. Der Testamentsvollstrecker hat die Aufgabe, den Erbteil meines Sohnes B sowie auch dessen Anteil am gegebenenfalls auseinandergesetzten Nachlass unter Einschluss etwaiger Nacherbenrechte zu verwalten, die Rechte der Nacherben wahrzunehmen und Erträge des Erbteils, soweit sie meinem Sohn B zustehen, nur insoweit an diesen herauszugeben, als diese Vermögenswerte von einem Gläubiger nicht gepfändet und von einem Sozialleistungsträger nicht herausverlangt oder mit Sozialleistungsansprüchen verrechnet werden können.[6, 7]

   [Optional:

3. *Die Auseinandersetzung des Nachlasses schließe ich zu Lebzeiten meines Sohnes B aus.]*

[Alternative:

Hinsichtlich des im Grundbuch des Amtsgerichts von ...... eingetragenen Grundbesitzes schließe ich die Auseinandersetzung meines Nachlasses zu Lebzeiten meines Sohnes B aus.]

[Alternative:

Hinsichtlich der Auseinandersetzung meines Nachlasses bestimme ich, dass meine Tochter A den im Grundbuch des Amtsgerichts von ...... und mein Sohn B den im Grundbuch des Amtsgerichts von ...... eingetragenen Grundbesitz erhalten sollen.]

4. Die vorstehend zulasten meines Sohnes B angeordneten Beschränkungen sollen dazu dienen, meinen Nachlass vor dem Zugriff von Gläubigern meines Sohnes B zu schützen. Hierbei handelt es sich lediglich um ein Motiv für die vorstehende Gestaltung, jedoch ausdrücklich nicht um eine Bedingung für diese.

Anmerkungen

1. Sachverhalt. Die Einsetzung des Verschuldeten lediglich zum nicht befreiten Vorerben und die gleichzeitige Anordnung einer Testamentsvollstreckung über den betreffenden Erbteil ist wohl die in der Praxis am weitesten verbreitete Gestaltung einer Verfügung von Todes wegen zugunsten Verschuldeter. Die angeordnete Testamentsvollstreckung verhindert die Zwangsvollstreckung durch Gläubiger des Erben (§ 2214 BGB). Die Anordnung der Nacherbschaft bewirkt, dass Gläubiger des Vorerben im

Falle seines Todes nicht auf das Vermögen zugreifen können, da das Vorerbschaftsvermögen ein Sondervermögen darstellt, dass die Nacherben mit Eintritt des Nacherbfalles nicht vom Vorerben, sondern vom Erblasser erhalten. Bei einem Miterben ist zwar trotz angeordneter Testamentsvollstreckung die Pfändung des Miterbenanteils möglich (§ 859 Abs. 2 ZPO) und in einem Restschuldbefreiungsverfahren wäre der innerhalb der sechsjährigen Treuhandphase angefallene Miterbenanteil gemäß § 295 Abs. 1 Nr. 2 InsO an den Treuhänder herauszugeben. Mit Beendigung der Testamentsvollstreckung ist der Miterbenanteil dann auch verwertbar. Ist aber Nacherbschaft angeordnet, ist die Verwertung des mit einer Nacherbschaft belasteten Erbteils wirtschaftlich sinnlos, da die Rechte des Nacherben mit Eintritt des Nacherbfalls nicht beeinträchtigt werden können (§ 2115 BGB). Die Anordnung der Nacherbschaft dient daher nicht nur dazu, im Falle des Todes des Begünstigten dessen Gläubigern die Erbschaft zu entziehen, sondern einen Gläubigerzugriff von vornherein sinnlos erscheinen zu lassen. Ob hieraus gefolgert werden kann, dass in der Treuhandphase überhaupt keine Herausgabepflicht hinsichtlich des mit einer Nacherbschaft belasteten Miterbenanteils besteht (vgl. *Damrau* MDR 2000, 255 [256]), erscheint aber fraglich (hierzu *Bonefeld/Mayer* Rn. 578). Daher sollte in geeigneten Fällen einer Alleinerbschaft mit Vermächtnissen der Vorzug gegeben werden (so auch *Damrau* MDR 2000, 255 [256]). Ist das nicht möglich, sollte neben der Anordnung einer Nacherbschaft erwogen werden, die Auseinandersetzung unter den Miterben entweder auszuschließen (§ 2044 BGB) oder aber für die Auseinandersetzung bestimmte Verteilungsanordnungen (§ 2048 BGB) zu treffen, und zwar unter Aufrechterhaltung der Dauertestamentsvollstreckung bezüglich der dem verschuldeten Miterben zugewiesenen Vermögensgegenstände (*Limmer* ZEV 2004, 133 [138]). Durch eine entsprechende Verwaltungsanweisung an den Testamentsvollstrecker kann sichergestellt werden, dass hinsichtlich der dem nicht befreiten Vorerben zustehenden Nutzungen des Nachlasses ein pfändbarer Herausgabeanspruch gegen den Testamentsvollstrecker nicht besteht (*Limmer* ZEV 2004, 133 [138] mwN; aA *Otte* JZ 1990, 1027 [1028]). Es wird allgemein empfohlen, den verschuldeten Erben nur zum nicht befreiten Vorerben einzusetzen, da anderenfalls ein Zugriff des Nachlassgläubigers auch auf die Vermögenssubstanz dann möglich sei, wenn zum angemessenen Unterhalt des Vorerben auf diese zugegriffen werden müsse (Nachw. bei *Limmer* ZEV 2004, 133 [139]). Bei der Einsetzung zum nicht befreiten Vorerben handelt es sich aber eher um eine zusätzliche Absicherung, falls man die Verwaltungsanweisung im Einzelfall nicht für wirksam erachtet. Denn das, was an den Vorerben herauszugeben ist, legt der Erblasser in erster Linie durch die getroffene Verwaltungsanweisung an den Testamentsvollstrecker (§ 2216 Abs. 2 S. 1 BGB) fest.

2. Der zugedachte Erbteil sollte die Pflichtteilsquote zumindest erreichen, da anderenfalls nach § 2305 BGB ein (unbeschränkter!) Zusatzpflichtteil gegeben ist, der allerdings, solange nicht geltend gemacht, dem Gläubiger letztlich nicht zur Verfügung steht (s. o.). Richtigerweise sollte der Erbteil den Pflichtteil zumindest geringfügig überschreiten, um den Nachteil der Erbenhaftung und der Auseinandersetzungspflicht zu kompensieren und um, wenn nur in Höhe eines Teil des Pflichtteils Sozialleistungen bezogen wurden, die mit Beschränkungen versehene Erbeinsetzung, ggfs. auch aus Sicht eines noch zu bestellenden Betreuers, als insgesamt vorteilhaft erscheinen zu lassen. In diesem Zusammenhang ist bei der Feststellung der Erbquote auch weiterhin die Frage nach der Quoten- bzw. Werttheorie von Bedeutung. So sind ausgleichungspflichtige Zuwendungen, insbesondere an andere Abkömmlinge zu berücksichtigen, da hier die Werttheorie zur Anwendung kommt und damit ein Zusatzpflichtteil nach § 2305 BGB unter Umständen auch dann gegeben ist, wenn die zugedachte Erbteilsquote die Pflichtteilsquote übersteigt. Um zu verhindern, dass in diesen Fällen § 2305 BGB eingreift, müsste die Erbquote des Betreffenden entweder abstrakt unter Bezugnahme auf den Pflichtteil festgesetzt (*Everts* ZErb

2005, 353 [354]) oder zusätzlich zum Erbteil dem pflichtteilsberechtigten Erben ein Vermächtnis zugewandt werden, das die Höhe des Differenzbetrages zwischen Pflichtteilsquote und dem sich nach Durchführung der Ausgleichung nach § 2316 BGB ergebenden Wert des Pflichtteils übersteigt.

3. Der pflichtteilsberechtigte Erbe selbst könnte zwar gemäß § 2306 Abs. 1 BGB den Erbteil ausschlagen und den Pflichtteil verlangen, jedoch können Gläubiger dieses höchstpersönliche Recht nicht an seiner Stelle geltend machen. Auch der Sozialhilfeträger kann dieses Recht nicht auf sich überleiten (vgl. *J. Mayer* MittBayNot 2005, 286 [289]). Im Restschuldbefreiungsverfahren besteht auch keine Obliegenheit zur Ausschlagung (vgl. § 295 Abs. 1 Nr. 2 InsO), sodass die Restschuldbefreiung nicht gefährdet wird (*Ivo* ZErb 2003, 250 [256]; nunmehr BGH MittBayNot 2010, 52 [53]).

4. Die Einsetzung des Verschuldeten lediglich zum Vorvermächtnisnehmer (§ 2191 BGB) – wertmäßig mindestens in Höhe der Hälfte seines Erbteils (§ 2307 Abs. 1 S. 2 BGB) – unter Anordnung der Testamentsvollstreckung (vgl. *Hartmann* ZEV 2001, 89) kann dagegen nur zu Lebzeiten des Erben über die Wirkung des § 2214 BGB sicheren Vollstreckungsschutz gewähren. Während bei der Vor-/Nacherbschaft das Vorerbschaftsvermögen beim Tode des Vorerben den Nacherben unmittelbar vom Erblasser anfällt und damit ein Sondervermögen darstellt, das dem Zugriff der Nachlassgläubiger des Vorerben entzogen ist (§ 2115 BGB), ist der Nachvermächtnisnehmer lediglich ein normaler Nachlassgläubiger. Er kann die an sich den Vorvermächtnisnehmer treffende Pflicht zur Erfüllung des Nachvermächtnisses nunmehr vom Erben des Vorvermächtnisnehmers verlangen (vgl. § 2191 BGB). Der Gegenstand des Vorvermächtnisses fällt in den Nachlass des Vorvermächtnisnehmers, der Anspruch gegen den Erben auf Erfüllung des Vermächtnisses ist eine Erblasserschuld. Ein Sozialhilfeträger hätte Anspruch auf Kostenersatz gegen den Nachlass, Ansprüche sonstiger Gläubiger sind normale Nachlassverbindlichkeiten (§ 1967 BGB), die deshalb auch auf den Nachlass zugreifen können und auch in der Nachlassinsolvenz ist der Nachvermächtnisnehmer lediglich gewöhnlicher, allerdings auch vollberechtigter Gläubiger (arg. § 327 Abs. 1 Ziff. 2 InsO, vgl. *Watzek* MittRhNotK 1999, 37 [41]). Bei Nachlassinsolvenz besteht daher eine Konkurrenz zwischen dem Anspruch des Nachvermächtnisnehmers und den übrigen Nachlassgläubigern, weshalb der Nachvermächtnisnehmer nur die Insolvenzquote erhält. Soll daher die Zuwendung an den überschuldeten zugunsten von weiteren Destinatären erhalten bleiben, dürfte die Vermächtnislösung beim Verschuldetentestament ausscheiden. Ob beim Bedürftigentestament ein Vorrang des Nachvermächtnisanspruches gegenüber dem Kostenerstattungsanspruch des Sozialhilfeträgers besteht, weil erstere eine an sich den Erblasser treffende Schuld (Erblasserschuld) ist, während der Kostenerstattungsanspruch des Sozialhilfeträgers erst mit dem Erbfall entsteht (Erbfallschuld) und ferner der Sozialhilfeträger nach § 102 SGB XII nur auf den Aktivnachlass zugreifen kann, ist streitig und von der Rechtsprechung bisher nicht geklärt (vgl. *Damrau/J. Mayer* ZEV 2001, 293 [295 f.] sowie *Bonefeld/Mayer* Rn. 581; ausführlich zum aktuellen Diskussionsstand *Krauß* Vermögensnachfolge in der Praxis, 2018, Rn. 6478 ff.). Ein Vorrang gegenüber anderen Nachlassverbindlichkeiten besteht, abgesehen von Pflichtteilsansprüchen (§ 2311 BGB), jedenfalls nicht. Eine Sicherung vor dem Zugriff von Gläubigern in der Einzelzwangsvollstreckung und des Sozialleistungsträgers nach § 102 SGB XII könnte daher nur eine kontinuitätswahrende, über den Tod des Vorvermächtnisnehmers hinausreichende Testamentsvollstreckung bieten (so *Hartmann* ZEV 2001, 89 [92 f.]), die auch die Ausführung des Nachvermächtnisses umfassen würde (vgl. § 2223 BGB). Deren Zulässigkeit ist aber ebenfalls umstritten (*Damrau/J. Mayer* ZEV 2001, 293 [294]). Daher empfiehlt sich eine solche Gestaltung nicht (so auch iE *Hartmann* ZEV 2001, 89 [94]; *Everts* ZErb 2005, 353 [355]).

5. Der jüngste, von *Kornexl* (Nachlassplanung bei Problemkindern, 2006, Rn. 423 ff.) entwickelte Vorschlag geht dahin, den verschuldeten Erben lediglich zum Vorerben bzw. Vorvermächtnisnehmer unter Anordnung einer Dauertestamentsvollstreckung einzusetzen und mit Wegfall der Verschuldung den Nacherbfall bzw. die Fälligkeit eines Nachvermächtnisses eintreten zu lassen. Der Vermögensanfall an den betreffenden Erben erfolgt mittels einer Auflage (§ 1940 BGB), die für diesen Fall aufschiebend bedingt ist und deren Vollziehung einem Testamentsvollstrecker oder einem sonst Vollziehungsberechtigten obliegt. Da die Auflage dem Begünstigten kein eigenes Forderungsrecht gewährt, besteht auch kein für Gläubiger pfändbares Anwartschaftsrecht. Die Erbeinsetzung bzw. Einsetzung zum Vorvermächtnisnehmer jeweils unter Anordnung der Dauertestamentsvollstreckung hat damit in erster Linie Abschirmungsfunktion. Sie soll den Zugriff von Gläubigern auf das vererbte Vermögen und auch das Entstehen eines im Restschuldbefreiungsverfahren herauszugebenden Pflichtteilsanspruchs verhindern und darüber hinaus eine Partizipation des Begünstigten auch schon vor dem Wegfall der Verschuldung insoweit ermöglichen, als ihm der Testamentsvollstrecker pfändungs- bzw. anrechnungsfreie Zuwendungen machen kann. Bei dieser Gestaltung besteht allerdings die Gefahr, dass die Vollziehung der Auflage unterbleibt, da insbesondere der Auflagenbegünstigte selbst nach überwiegender Meinung nicht zum Vollziehungsberechtigten bestellt werden kann (vgl. *Vorwerk* ZEV 1998, 297 f.).

6. Steuern. Zur Vor-/Nacherbschaft siehe die Ausführungen unter → Form. C.II.1, zur Testamentsvollstreckung → Form. C.VII.1, zum Ausschluss der Auseinandersetzung → Form. C.IV.2.

Zu den Grundzügen des Erbschaft- und Schenkungsteuerrechts einschließlich der Ermittlung der erbschaft- und schenkungsteuerlichen Besteuerungsgrundlagen → Form. A.IV Kurzüberblick: Erbschaft- und Schenkungsteuerrecht.

7. Kosten. Die Vor- und Nacherbschaft führt zu keinen Mehrkosten. Ebenso wenig die Anordnung von Testamentsvollstreckung oder eines Auseinandersetzungsausschlusses.

3. Ehegattenverfügung mit Einsetzung des Verschuldeten zum Nacherben

1. Wir[1, 2] setzen uns gegenseitig, der Erstversterbende den Längstlebenden von uns, zu Erben ein. Jeder Ehegatte soll jedoch nur Vorerbe sein. Er ist von allen Beschränkungen und Verpflichtungen befreit, von denen er befreit werden kann. Ihm stehen alle Rechte zu, die ihm nach dem Gesetz zustehen können, einschließlich das Recht zum Verbrauch des Nachlasses.

2. Nacherben des Zuerstversterbenden sind unsere Kinder K 1 und K 2. Ersatznacherben sind deren Abkömmlinge nach den Regelungen der gesetzlichen Erbfolge erster Ordnung und nach Stämmen. Der Nacherbfall tritt mit dem Tode des jeweiligen Vorerben ein. Die Nacherbenanwartschaft ist nur auf den Vorerben übertragbar und nicht vererblich. Überträgt ein Nacherbe seine Nacherbenanwartschaft auf den Vorerben, erlöschen die Rechte aller Ersatznacherben.

3. Mit Eintritt des Nacherbfalls ist unser Kind K 1 jedoch wiederum nur Vorerbe. Er ist von den Beschränkungen und Beschwerungen, die das Gesetz dem Vorerben auferlegt, ausdrücklich nicht befreit. Nacherbe ist unser Kind K 2. Ersatznacherben sind deren Abkömmlinge nach den Regelungen der gesetzlichen Erbfolge erster Ordnung und nach Stämmen. Der Nacherbfall tritt mit dem Tode des Vorerben ein. Die Nacherbenanwartschaft ist nur auf den Vorerben übertragbar und nicht vererblich. Überträgt der

Nacherbe seine Nacherbenanwartschaft auf den Vorerben, erlöschen die Rechte aller Ersatznacherben.

4. Die vorgenannten Nacherben sind zugleich Erben des Längstlebenden, unser Sohn K 1 jedoch wiederum nur als Vorerbe mit den vorstehend angeordneten Beschränkungen.
5. Ferner wird hinsichtlich der unserem Kind K 1 zufallenden Vorerbteile Dauertestamentsvollstreckung angeordnet. Der Testamentsvollstrecker hat alle Befugnisse, die ihm gesetzlich zustehen können. Er ist von den Beschränkungen des § 181 BGB befreit. Die Testamentsvollstreckung setzt sich nach einer etwaigen Auseinandersetzung des Nachlasses an den unserem Kind K 1 zufallenden Vermögenswerten fort. Der Testamentsvollstrecker hat die Aufgabe, den Erbteil unseres Kindes K 1 sowie auch dessen Anteil am gegebenenfalls auseinandergesetzten Nachlass unter Einschluss etwaiger Nacherbenrechte zu verwalten, die Rechte der Nacherben wahrzunehmen und Erträge des Erbteils sowie auch die Substanz der Erbschaft, soweit sie unserem Kind K 1 zusteht, nur insoweit an diesen herauszugeben, als diese Vermögenswerte von einem Gläubiger nicht gepfändet und von einem Sozialhilfeträger nicht herausverlangt oder mit Sozialleistungsansprüchen verrechnet werden können. Soweit der Testamentsvollstrecker unserem Kind K 1 Zuwendungen aus der Substanz der Erbschaft macht, gelten ihm diese als Vorausvermächtnis zugewandt. Zum Testamentsvollstrecker ernennen wir N. N.
6. Die vorstehend zulasten unseres Kindes K 1 angeordneten Beschränkungen sollen dazu dienen, unseren Nachlass vor dem Zugriff von Eigengläubigern unseres Kindes K 1 zu schützen und ihm zugleich ein regelmäßiges Einkommen für seinen Lebensunterhalt zu verschaffen, das über das Niveau einer staatlichen Grundversorgung hinausgeht bzw. von Gläubigern nicht gepfändet werden kann. Hierbei handelt es sich lediglich um ein Motiv für die vorstehende Gestaltung, jedoch ausdrücklich nicht um eine Rechtsbedingung für diese.[3, 4]

Anmerkungen

1. **Sachverhalt.** Eine weitere, bisher nur für die Fallkonstellation des Behindertentestaments vorgeschlagene Variante (vgl. *Litzenburger* RNotZ 2004, 138 [146 ff.]) bestünde bei Ehegattenverfügungen darin, dass sich die Ehegatten gegenseitig zu befreiten Vorerben, den Überschuldeten bzw. nicht behinderten Sozialleistungsbezieher – sowie etwaige weitere Abkömmlinge – zu Nacherben einsetzen (vgl. näher *Kleensang* RNotZ 2007, 24–29). Mit Eintritt des Nacherbfalls wird der betreffende Abkömmling seinerseits wieder zum bloßen Vorerben unter Anordnung der Dauertestamentsvollstreckung berufen, während die übrigen Abkömmlinge Vollerben werden. Die Nacherbeinsetzung kann auch auf den verschuldeten bzw. Sozialleistungen beziehenden Abkömmling beschränkt werden, der überlebende Ehegatte wird dann in Höhe der betreffenden Erbquote zum Vor- und im Übrigen zum Nacherben berufen. Wegen § 2305 BGB sollte die Einsetzung des Problemkindes zum Nacherben mit einer die Pflichtteilsquote zumindest erreichenden Erbquote erfolgen. Ein herauszugebendes bzw. pfändbares Anwartschaftsrecht, das sich aus der Nacherbeneinsetzung grundsätzlich ergeben würde, wäre durch die mit Eintritt des Nacherbfalles angeordnete Nacherbeneinsetzung und Testamentsvollstreckung überlagert und daher nicht verwertbar.

2. Bei Ehegattenverfügungen würde so auch im ersten Erbfall ein vom Sozialleistungsträger überleitbarer Pflichtteilsanspruch nur über eine Ausschlagung (§ 2306 Abs. 2 iVm Abs. 1 BGB) entstehen. Beim Verschuldeten mangelt es an der Verwertbarkeit des Nacherbenrechts, zu einer Ausschlagung können Gläubiger und Insolvenzverwalter ihn nicht zwingen. Auch wird vermieden, dass der Überschuldete/Sozialleistungsbezieher

als Mitvorerbe schon nach dem ersten Erbfall dinglich am Nachlass beteiligt ist. Hierin liegt der eigentliche Vorteil der Gestaltung. Wie bei § 2306 Abs. 1 BGB ist auch im Falle des § 2306 Abs. 2 BGB das Ausschlagungsrecht seitens des Sozialhilfeträgers nicht überleitbar, die unterlassene Ausschlagung bleibt im Insolvenzverfahren (§ 83 InsO), in der Einzelzwangsvollstreckung (Rechtsprechung zu § 852 ZPO) und im Restschuldbefreiungsverfahren (BGH MittBayNot 2010, 52) sanktionslos. Anders als beim Testament zugunsten von Behinderten, die unter Betreuung stehen, besteht ferner nicht die Gefahr, dass ein Betreuer sich veranlasst sehen müsste, eine Ausschlagung zu erklären, da der als Nacherbe Eingesetzte vor Eintritt des Nacherbfalls nichts erhält. Allerdings ist die Gestaltung nur dann sinnvoll, wenn davon ausgegangen werden kann, dass auch der Verschuldete selbst eine Ausschlagung unterlässt. Schließlich müssen die Nachteile, die bei der Anordnung einer Vor-/Nacherbschaft generell bestehen, auch hier hingenommen werden, nämlich das prinzipielle Verbot, unentgeltlich über Vorerbschaftsvermögen zu verfügen (§ 2136 BGB) und die sich aus § 2065 BGB ergebenden Grenzen späterer Eingriffe in die vom Erblasser angeordnete Nacherbschaft. Hier sind allerdings aufschiebend bedingte Vorausvermächtnisse zugunsten des Vorerben denkbar, wonach zB Grundbesitz, den der Vorerbe lebzeitig übergibt, frei von den Beschränkungen der Nacherbschaft als zugewandt gilt und auch eine auflösend bedingt angeordnete Nacherbschaft, die die angeordnete Nacherbfolge unter den Vorbehalt stellt, dass der Vorerbe nicht durch Verfügung von Todes wegen anderweitig über sein Vermögen verfügt, ist nach hM möglich (umfassend zu den Möglichkeiten, die Rechtstellung des Vorerben zu erweitern, aber auch zu deren Grenzen *J. Mayer* ZEV 2000, 1 ff.).

3. Steuern. Zur steuerlichen Behandlung der Vor-/Nacherbschaft → Form. C.II.1, zur Testamentsvollstreckung → Form. C.VII.1.

4. Kosten. Die Vor- und Nacherbschaft führt zu keinen Mehrkosten. Ebenso wenig die Anordnung von Testamentsvollstreckung.

4. Wegfall der Beschränkungen mit Wegfall der Verschuldung?

Die vorstehend zulasten von B angeordneten Beschränkungen sollen dazu dienen, meinen Nachlass vor dem Zugriff von Eigengläubigern meines Sohnes B zu schützen und ihm zugleich ein regelmäßiges Einkommen für seinen Lebensunterhalt zu verschaffen, das über das Niveau einer staatlichen Grundversorgung hinausgeht bzw. auf das seine Eigengläubiger nicht zugreifen können. Hierbei handelt es sich lediglich um ein Motiv für die vorstehende Gestaltung, jedoch ausdrücklich nicht um eine Rechtsbedingung für diese.[1–4]

[Alternative:

***1. Mit Vorlage einer Erklärung des Gläubigers N. N. über die Tilgung der bestehenden Schulden/einer gutachterlichen Feststellung eines Rechtsberaters über den Verjährungseintritt/eines Abschlusses des Restschuldbefreiungsverfahrens erlöschen Testamentsvollstreckung und Nacherbschaft. N.N. ist ab diesem Zeitpunkt unbeschränkter Vollerbe.
Das bis dahin gegebenenfalls bestehende Anwartschaftsrecht des Vorerben ist weder veräußerlich noch vererblich.
Sollte das gegebenenfalls bestehende Anwartschaftsrecht gepfändet werden, so entfällt die vorstehend angeordnete auflösende Bedingung. Die Anordnung der Nacherbschaft und die Testamentsvollstreckung bleiben nach Maßgabe der vorstehend getroffenen Anordnungen bestehen.***

2. Der Notar hat darauf hingewiesen, dass die vorstehend getroffene Regelung in einem Rechtsstreit möglicherweise nicht anerkannt wird und ein etwa bestehendes Anwartschaftsrecht des Vorerben auf Erlangung einer unbeschränkten Erbenstellung doch pfändbar und in einem Insolvenzverfahren verwertbar sein kann.]

(Nach *Hartmann* ZNotP 2005, 82 [91]).[5, 6]

Anmerkungen

1. Sachverhalt. Ein besonderes Problem stellt die Frage dar, wie die angeordneten Beschränkungen in Wegfall gebracht werden können, wenn der sie motivierende Grund weggefallen ist, wenn also Überschuldung oder Sozialhilfebezug nachträglich entfallen. Bei gemeinschaftlichen Ehegattenverfügungen ist schon aus diesem Grund eine gegebenenfalls beschränkte Abänderungsbefugnis des Längstlebenden vorzusehen. Dieser kann dann auf die zwischenzeitlich eingetretenen Veränderungen reagieren und die Beschränkungen in einer Änderungsverfügung aufheben. Ist aber der Erblasser hierzu aus rechtlichen oder tatsächlichen Gründen nicht mehr in der Lage, würden die angeordneten Beschränkungen weiter bestehen, obwohl der sie rechtfertigende Grund entfallen ist.

Zum Teil wird hier vorgeschlagen, die beschränkenden Anordnungen unter die auflösende Bedingung zu stellen, dass der Sozialhilfebezug des betreffenden Erben endet oder im Verfahren nach §§ 286 ff. InsO die Restschuldbefreiung eingetreten ist, bzw. Gläubigerforderungen verjährt sind. Der Nachteil dieser Bedingungslösung besteht zunächst darin, dass dem Vorerben, der bei Eintritt einer entsprechenden aufschiebenden Bedingung Vollerbe wird, wohl ein auf die Erlangung der unbeschränkten Rechtsinhaberschaft gerichtetes Anwartschaftsrecht zusteht, das ab dem Erbfall pfändbar und mit Eintritt der auflösenden Bedingung dann auch verwertbar wäre (*Limmer* ZEV 2004, 133 [140]; *Hartmann* ZNotP 2005, 82 [88]) und zwar trotz gegebenenfalls eingetretener Verjährung der Gläubigerforderung bzw. mittlerweile eingetretener Restschuldbefreiung (vgl. § 223 Abs. 1 BGB, § 301 Abs. 2 S. 1 InsO). Nach der Entscheidung des BGH vom 2.12.2012 zur Nachtragsverteilung (ZEV 2011, 87 mAnm *Reul*) gilt letztlich Gleiches im Insolvenzverfahren, da auch ein während des Insolvenzverfahrens zugewandter bedingter Erbteil oder ein bedingtes Vermächtnis in gleicher Weise wie der Pflichtteilsanspruch der Nachtragsverteilung unterliegt (*J. Mayer* MittBayNot 2012, 18 [22]).

Der weitere in der Literatur vertretene Vorschlag, eine Herausgabepflicht der Anwartschaft im Restschuldbefreiungsverfahren dadurch zu vermeiden, dass eine derartige Anwartschaft des Vorerben als unübertragbar und diese zur Abwehr einer Pfändung für diesen Fall als auflösend bedingt ausgestaltet wird (*Hartmann* ZNotP 2005, 82 [88 ff.]) ist ebenfalls noch keine abgesicherte Variante; sie zieht zudem das Problem nach sich, dass bei Kenntnis der Rechtslage seitens der Gläubiger regelmäßig eine solche Pfändung erfolgen wird, womit das eigentliche Ziel der Gestaltung, die Beschränkungen mit Wegfall der Verschuldensproblematik entfallen zu lassen, verfehlt wird (*Kornexl* Nachlassplanung bei Problemkindern Rn. 416). Tritt der Erbfall vor oder während eines laufenden Insolvenzverfahrens ein, wäre dieses Recht zur Masse zu rechnen, mit Wegfall der Beschränkung unterläge es – bei Verbraucherinsolvenzverfahren auch nach ausgesprochener Restschuldbefreiung – gemäß § 203 Abs. 1 Nr. 3 InsO der Nachtragsverteilung (vgl. BGH NZI 2011, 370 für den Pflichtteilsanspruch; BGH NJW 2006, 2698 für den Fall einer Testamentsvollstreckung). Daher kommt eine solche Gestaltung bei Insolvenzfällen allenfalls dann in Betracht, wenn das Insolvenzverfahren nach § 200 InsO bereits aufgehoben ist und sich der Schuldner bereits in der Wohlverhaltensphase befindet.

2. Eine weitere, von *Tönnies* (ZNotP 2003, 92 mit Formulierungsvorschlag) vorgeschlagene Möglichkeit bestünde darin, den Verschuldeten zum Vollerben einzusetzen

und ihn für den Fall, dass er die Erbschaft ausschlägt, aufschiebend bedingt zum Nacherben zu berufen. Die als Ersatzerben für den Fall der Ausschlagung berufenen Vorerben können Abkömmlinge des Verschuldeten oder andere Personen sein, denen die Erbschaft gegebenenfalls dauerhaft zukommen soll. Der Eintritt des Nacherbfalls kann zu einem geeignet erscheinenden Termin vorgesehen werden. Der Verschuldete kann dann beim Erbfall entscheiden, ob er ausschlägt, und er kann die Ausschlagung auf die Berufung zum Vollerben beschränken, wenn der Erblasser es ihm in der Verfügung von Todes wegen gestattet, die Vollerbschaft auszuschlagen und die Nacherbschaft anzunehmen (entspr. § 1951 Abs. 3 BGB, es liegen zwar nicht mehrere Erbteile, aber die Zuwendung eines Erbteils mit unterschiedlicher Ausgestaltung vor, vgl. MüKoBGB/*Leipold* § 1951 Rn. 7; abl. *Edenfeld* ZEV 1996, 427). Mit Eintritt des Nacherbfalls kann der Verschuldete dann nochmals entscheiden, ob er ausschlägt oder die Erbschaft annimmt. Der Nachteil dieser Lösung liegt einmal darin, dass er dem Verschuldeten innerhalb der normalerweise nur sechswöchigen Ausschlagungsfrist des § 1944 BGB eine komplizierte Teilausschlagung und zudem jeweils eine zutreffende Einschätzung der eigenen Vermögensverhältnisse abverlangt, woran es in der Praxis bei dem Verschuldeten gerade häufig fehlt (vgl. *Bonefeld/Mayer* Rn. 576). Zum anderen wäre die beim ersten Erbfall entstehende Nacherbenanwartschaft wohl auch dann pfändbar bzw. zur Insolvenzmasse zu rechnen, wenn ihre Übertragung ausgeschlossen ist (Rechtsgedanke des § 851 Abs. 2 ZPO), sodass der Verschuldete gezwungen wäre, auch das Nacherbenrecht auszuschlagen, um eine Verwertung durch den Gläubiger bei Eintritt des Nacherbfalls zu verhindern. Ferner gilt das Oben zur Nachtragsverteilung Gesagte auch hier.

3. Daher wird in den vorstehenden Mustern lediglich das Motiv für die gewählte Gestaltung angegeben, um gegebenenfalls eine teilweise Anfechtung der Verfügung zu ermöglichen, allerdings mit der Klarstellung, dass es sich hierbei um keine Rechtsbedingung für die gewählte Gestaltung handelt. Auch diese Lösung begegnet Zweifeln, da die Anfechtung einerseits fristgebunden ist (§ 2082 BGB), andererseits fraglich erscheint, ob überhaupt ein korrekturbedürftiger Irrtum vorliegt, wenn sich der Erblasser in Kenntnis der Problematik bewusst gegen eine Bedingungslösung entschieden hat (*Bonefeld/Mayer* Rn. 575, gleichwohl mit entspr. Formulierungsvorschlag Rn. 575).

4. Befindet sich der Verschuldete zum Zeitpunkt der Testamentserrichtung bereits im Verfahren der Restschuldbefreiung nach §§ 286 ff. InsO und sind nach Abschluss des Restschuldbefreiungsverfahrens keine weiteren Gläubigerzugriffe zu befürchten, so kann die Gestaltung dahingehend vereinfacht werden, dass der Betreffende zum Vorerben und aufschiebend bedingt durch den Eintritt der Restschuldbefreiung (§ 300 InsO) zum Vollerben berufen wird. Die aufschiebend bedingte Rechtsstellung als Vollerbe müsste allerdings als unübertragbar ausgestaltet werden, sodass für den Betreffenden auch keine Herausgabeobliegenheit nach § 295 Abs. 1 Nr. 2 InsO entsteht. Sieht man die Rechtsstellung des aufschiebend bedingt zum Vollerben eingesetzten Vorerben seinerseits als Nacherbenanwartschaft an (so ausdrücklich *Bonefeld/Mayer* Rn. 576), ist der in der Praxis weitgehend übliche und schon vom Reichsgericht anerkannte Ausschluss der Übertragbarkeit einer solchen Nacherbenanwartschaft unproblematisch (RGZ 170, 163 [168] sowie MüKoBGB/*Grunsky* § 2100 Rn. 27). Konstruktiv wäre der Vorerbe dann allerdings als sein eigener Nacherbe anzusehen. Sieht man in dieser Rechtsstellung dagegen ein Anwartschaftsrecht „sui generis", könnten dem Ausschluss einer Übertragbarkeit die zwingende Rechtsnatur des § 2033 BGB bzw. § 137 BGB entgegenstehen (vgl. MüKoBGB/*Heldrich* § 2033 Rn. 4). Daher erscheint es richtiger, die Einsetzung des Verschuldeten zusätzlich auflösend für den Fall zu bedingen, dass er seine Rechtsstellung überträgt.

5. Steuern. Wandelt sich die Vorerbschaft in eine Vollerbschaft um, weil die Bedingung ausfällt, an die der Erblasser die Nacherbfolge geknüpft hatte, so kommt es hierdurch beim Vorerben zu keinem zusätzlichen steuerpflichtigen Erwerb (*Meincke/Hannes/Holtz* ErbStG § 6 Rn. 8).

Schlägt der bisherige Nacherbe sein Anwartschaftsrecht gegen Abfindung aus oder überträgt er es gegen Entgelt auf den Vorerben, so kann dies auf Ebene des bisherigen Nacherben eine Erbschaftsteuerpflicht nach § 3 Abs. 2 Nr. 4, Nr. 6 ErbStG auslösen (*Meincke/Hannes/Holtz* ErbStG § 3 Rn. 118). Die Aufwendungen des Vorerben zur Herbeiführung des Ausfalls der Bedingung sind nach Auffassung des BFH allerdings nicht als Nachlassverbindlichkeit iSd § 10 Abs. 5 ErbStG abzugsfähig (BFH DStR 1996, 218).

6. Kosten. Die Vor- und Nacherbschaft führt zu keinen Mehrkosten. Ebenso wenig die Anordnung von Testamentsvollstreckung oder eines Auseinandersetzungsausschlusses.

III. Verfügungen getrennt lebender Ehegatten

1. Vorbemerkung

Bei einer Trennung der Ehegatten sollten (zur Vorbereitung einer einvernehmlichen Scheidung) nicht nur Vereinbarungen zB zur Vermögensauseinandersetzung, zu den (nachehelichen) Unterhaltsrechten bzw. zu etwaigen Versorgungsanwartschaften getroffen werden. Vernünftigerweise wird man bei der Beratung der Beteiligten auch auf die Folgen des Todes eines Beteiligten einzugehen haben. Von Relevanz sind dabei insbesondere folgende Problemkreise:

- Das aus der Ehe folgende Erb- und Pflichtteilsrecht des anderen Ehegatten.
- Frühere Verfügungen von Todes wegen.
- Verträge zugunsten Dritter (auf den Todesfall), insbes. Lebensversicherungen.

a) Beseitigung des Erb- und Pflichtteilsrechts

Nach der gesetzlichen Regelung ist der überlebende Ehegatte erbberechtigt, soweit die Ehe im Zeitpunkt des Todes rechtsgültig war (vgl. vertiefend zu den Erb- und Pflichtteilsquoten → Form. I.I.5 Anm. 4 sowie → Form. I.I.7 Anm. 4). Mit Rechtskraft der Scheidung verlieren die Ehegatten daher das gesetzliche Ehegattenerbrecht. Diese Rechtsfolge wird durch **§ 1933 S. 1 BGB** vorverlegt (als Kompensation gewährt § 1933 S. 3 BGB einen Unterhaltsanspruch, → Form. F.III.2 Anm. 2). Der überlebende Ehegatte hat danach kein gesetzliches Erbrecht, wenn beim Erbfall die Scheidung bereits vom Erblasser beantragt war oder dieser dem Scheidungsantrag des anderen (jetzt überlebenden) Ehegatten zugestimmt hatte und die Voraussetzungen für die Ehescheidung erfüllt waren. Letztlich soll damit erreicht werden, dass das Erbrecht des überlebenden Ehegatten nicht davon abhängig ist, ob der Erblasser zufällig noch die Rechtskraft des Scheidungsurteils erlebt. Ein gewisses Zufallsmoment besteht aber immer noch, da zum einen die Scheidungsvoraussetzungen tatsächlich vorliegen müssen (so dass bei einem Tod im Trennungsjahr grundsätzlich noch ein Erb- und Pflichtteilsrecht besteht) und § 1933 S. 1 BGB dann nicht greift, wenn nur der überlebende Ehegatte die Scheidung ohne Zustimmung des anderen beantragt hat. Soweit unter den vorgenannten Voraussetzungen das gesetzliche Ehegattenerbrecht entfällt, hat der überlebende Ehegatte auch kein Pflichtteilsrecht.

Um diese Zufälligkeiten zu vermeiden und die Wirkungen des § 1933 S. 1 BGB quasi auf den Zeitpunkt der Scheidungsvereinbarung vorzuverlegen, wird häufig ein **wechselseitiger Erb- und Pflichtteilsverzicht** (→ Form. I.II.2) vereinbart (*Grziwotz* FamRZ 1991, 1258; *Limmer* ZFE 2002, 55 [61]). Die Bedenken, die einem Erbverzicht in anderen Fällen wegen der Wirkung des § 2310 S. 2 BGB entgegengebracht werden, tragen hier nicht, da sich mit der Scheidung der Ehe und dem daraus resultierenden Wegfall des Ehegattenerbrechts die Pflichtteilsquoten sonstiger Pflichtteilsberechtigter sowieso ändern. Damit kann – evtl. in Verbindung mit der Aufhebung früherer Verfügungen von Todes wegen – die erbrechtliche Verfügungsfreiheit der Ehegatten hergestellt werden. Bei Vereinbarung des Erb- und Pflichtteilsverzichts sollten auch die Auswirkungen auf den Unterhaltsanspruch aus **§ 1586b BGB** geregelt werden (→ Form. F.III.2 Anm. 2).

b) Beseitigung früherer Verfügungen von Todes wegen

Die Trennung der Ehegatten hat auf bereits errichtete Verfügungen von Todes wegen keinen Einfluss. Diese werden – sofern in der konkreten Verfügung die Auswirkungen der Scheidung bzw. Trennung nicht explizit geregelt sind – nur unter den Voraussetzungen von § 2077 Abs. 1 S. 1 BGB (einseitiges Testament), § 2268 Abs. 1 iVm §§ 2077, 2268 Abs. 2 BGB (gemeinschaftliches Testament) bzw. § 2279 Abs. 1 iVm §§ 2077, 2298 Abs. 1, 2279 Abs. 2 BGB (Erbvertrag) unwirksam. Dabei ist jedoch zu berücksichtigen, dass es sich bei diesen Vorschriften „nur" um Auslegungsregeln handelt und somit nicht mit Sicherheit prognostiziert werden kann, ob die Verfügungen mit der Rechtskraft der Scheidung (bzw. Scheidungsantrag des Erblassers/Zustimmung zum Scheidungsantrag des anderen Ehegatten, soweit die Scheidungsvoraussetzungen vorliegen) auch tatsächlich unwirksam werden.

Bei **einseitigen Testamenten** ist diese Folge am ehesten „zu verkraften". Hier reicht es aus, wenn der jeweilige Ehegatte neu testiert (bzw. ein reines Widerrufstestament errichtet), um die Wirkungen der früheren Verfügungen zu beseitigen. Soweit an das frühere Testament gedacht wird, können unerwünschte Verfügungen somit unproblematisch widerrufen werden.

Komplizierter ist die Rechtslage bei wechselbezüglichen Verfügungen in **gemeinschaftlichen Testamenten.** Die Aufhebung durch einseitige Verfügung von Todes wegen ist dabei ausgeschlossen, § 2271 Abs. 1 S. 2 BGB. Zu Lebzeiten beider Parteien können wechselbezügliche Verfügungen entweder nur gemeinschaftlich aufgehoben werden oder einseitig durch Widerruf nach § 2271 Abs. 1 S. 1 BGB. Nach dem Tod ist eine Aufhebung durch den Längerlebenden grundsätzlich nur möglich, wenn er das ihm Zugewendete ausschlägt, § 2271 Abs. 2 S. 1 BGB. Mit Verlust der Ausschlagungsmöglichkeit (§ 1943 BGB) endet daher auch die Möglichkeit zur Aufhebung. Problematisch kann dies insbesondere dadurch werden, dass nach Ansicht des BGH (NJW 2004, 3113) die über § 2268 Abs. 2 BGB fortgeltenden wechselbezüglichen Verfügungen eines gemeinschaftlichen Testaments auch nach der Ehescheidung ihre Wechselbezüglichkeit behalten. Aus diesem Grund empfiehlt es sich, das gemeinschaftliche Testament aus der amtlichen Verwahrung zurück zu nehmen (§§ 2272, 2253 BGB) bzw. wechselbezügliche Verfügungen eines gemeinschaftlichen Testamentes gemeinsam aufzuheben oder die getroffenen wechselbezüglichen Verfügungen (vorsorglich) förmlich zu widerrufen (§ 2271 Abs. 1 S. 1 BGB), um den Ehegatten ein erneutes Testieren zu ermöglichen (→ Form. F.III.2).

Auch bei erbvertraglich bindenden Verfügungen in Ehegatten-**Erbverträgen** ist eine Reaktion auf die geänderten tatsächlichen Verhältnisse unverzichtbar. Vertragsmäßige Verfügungen können grundsätzlich nur durch beide Vertragsschließenden gemeinschaftlich aufgehoben werden, §§ 2290 ff. BGB. Mit dem Tod eines Beteiligten entfällt diese Möglichkeit endgültig, § 2290 Abs. 1 S. 2 BGB. Ein Rücktrittsrecht besteht – von den Sonderfällen der §§ 2294 f. BGB abgesehen – nur, wenn sich die Vertragsschließenden ein solches ausdrücklich vorbehalten haben, § 2293 BGB. Haben beide Ehegatten vertragsmäßige Verfügungen getroffen, erlischt das Rücktrittsrecht regelmäßig mit dem Tod, § 2298 Abs. 2 S. 2, Abs. 3 BGB; der Überlebende muss ausschlagen, um seine Verfügungen durch Testament aufheben zu können. Auch hier ist somit eine einvernehmliche Aufhebung anzustreben, um für die Zukunft bereinigte Verhältnisse zu schaffen.

c) Beseitigung früherer Verträge zugunsten Dritter

Die Scheidung kann zu unerwarteten Ergebnissen führen, wenn ein Ehegatte zugunsten des anderen Ansprüche gegen einen Dritten im Wege eines Vertrages zugunsten Dritter

(auf den Todesfall) nach §§ 328 ff. BGB begründet hat. Zu denken ist dabei insbesondere an das **Bezugsrecht aus einem Lebensversicherungsvertrag.** Nach der Rechtsprechung ist die Benennung des Ehepartners als Bezugsberechtigten nicht ohne weiteres durch Scheidung der Ehe auflösend bedingt (BGHZ 79, 295 [298]; BGHZ 118, 242 [245]). Auch kann § 2077 BGB nicht entsprechend angewendet werden (BGH, NJW 1987, 3131). Die im Verhältnis zum Versicherer bestehende Bezugsberechtigung tritt durch eine Scheidung der Ehe somit nicht zwingend außer Kraft.

Wird die Bezugsberechtigung nicht widerrufen, bedarf der bezugsberechtigte Ehegatte im Verhältnis zu dem Versicherten (im sog. Valutaverhältnis) eines Rechtsgrundes, um die Versicherungssumme behalten zu dürfen. Anderenfalls können die Erben die Versicherungssumme nach Bereicherungsrecht heraus verlangen (BGHNJW 1987, 3131). Als Rechtsgrund kommt ua eine sog. ehebedingte Zuwendung in Betracht (BGHZ 128, 125 [132 ff.] = NJW 1995, 1082), so dass bei einem Scheitern der Ehe Ansprüche nach den Grundsätzen der Störung der Geschäftsgrundlage gegeben sein können (→ Form. I.I.2 Anm. 4). Nach Ansicht des OLG Köln (FamRZ 1998, 193) ist dies nicht der Fall, wenn die Lebensversicherung nicht ausschließlich der persönlichen Absicherung des geschiedenen Ehegatten diente. Vgl. vertiefend zu dieser Problematik *J. Mayer* DNotZ 2000, 905 (906 ff.).

Bei Verträgen zugunsten Dritter kann somit ebenfalls nicht mit Sicherheit prognostiziert werden, wie sich eine Scheidung der Ehegatten auswirkt; ein Widerruf der Bezugsberechtigung ist daher – soweit die Begünstigung des Partners nicht mehr gewünscht wird – dringend zu empfehlen.

d) Steuern

Leben die Ehegatten nur getrennt, steht ihnen immer noch der Freibetrag gem. § 16 Abs. 1 Nr. 1 ErbStG zu (*Meincke/Hannes/Holtz* ErbStG § 16 Rn. 9). Dies gilt auch für den besonderen Versorgungsfreibetrag gem. § 17 Abs. 1 ErbStG. Erst mit der Rechtskraft des Scheidungsurteils verlieren die Ehegatten die Freibeträge. Die §§ 1933, 2077 BGB, mit denen Wirkungen des Scheidungsausspruchs im Hinblick auf das Erbrecht vorverlagert werden, gelten im Hinblick auf den erbschaftsteuerlichen Freibetrag gem. § 16 ErbStG nicht. Das bedeutet, dass auch der Ehegatte den Freibetrag gem. § 16 ErbStG erhält, der noch nicht geschieden ist, die Scheidung aber beantragt ist und der andere Ehegatte zwischenzeitlich verstirbt.

e) Kosten

Der wechselseitige Erb- und Pflichtteilsverzicht ist mit einer 2,0-Gebühr nach Nr. 21100 KV GNotKG zu bewerten. Es handelt sich um ein Austauschverhältnis, so dass nur der höherwertige Verzicht nach §§ 102 Abs. 4 S. 1, 97 Abs. 3 GNotKG anzusetzen ist (*Diehn* Rn. 1085). Der Wert kann in Erwartung des baldigen Erlöschens des gesetzlichen Erbrechts nicht reduziert werden. Liegen die Voraussetzungen nach § 1933 BGB bereits vor, kann ein Geschäftswert von 5.000 EUR nach § 36 Abs. 3 GNotKG angesetzt werden.

Das gemeinschaftliche Widerrufstestament ist ebenfalls mit einer 2,0-Gebühr nach Nr. 21100 KV GNotKG zu bewerten, nicht nach Nr. 21201 KV GNotKG (kein einseitiger Widerruf) und auch nicht analog Nr. 21102 Nr. 2 KV GNotKG (kein Vertrag). Die Widerrufserklärungen haben einen nach § 102 Abs. 5 Satz 1 GNotKG zu ermittelnden Wert in Höhe des aktuellen (§ 96 GNotKG) modifizierten Reinvermögens. Regelmäßig wird jedoch eine (gebührenfreie, siehe Anm. zu Nr. 12100 KV GNotKG) Rücknahme der Urkunde aus der besonderen amtlichen Verwahrung erfolgen (*Diehn* Rn. 1180 f.).

Die vollständige Aufhebung eines Erbvertrags löst eine 1,0-Gebühr nach Nr. 21102 KV GNotKG aus. Die Privilegierung der Aufhebung eines Erbvertrags nach Nr. 21102 KV GNotKG gilt unabhängig davon, ob eine Erbvertragsaufhebung gemäß § 2290 BGB beurkundet wurde oder eine Erbvertragsaufhebung durch weiteren Erbvertrag wie hier (*Diehn* Rn. 1193).

2. Erbrechtliche Regelungen in einer Scheidungsvereinbarung (Aufhebung früherer Verfügungen, Erb- bzw. Pflichtteilsverzicht und Auswirkungen auf den Unterhalt)

§ ...... Frühere Verfügungen von Todes wegen, Erbverzicht[1]

1. Wir haben zur Urkunde des Notars ...... in ...... vom ...... (URNr. ......) einen Erbvertrag errichtet. Ein gemeinschaftliches Testament oder einen weiteren Erbvertrag haben wir nicht errichtet, auch nicht mit dritten Personen. Auch einseitig hat keiner von uns beiden bisher Verfügungen von Todes wegen errichtet. Auf eine vorherige Einsicht des Zentralen Testamentsregisters verzichten wir nach Hinweis auf die Bedeutung. Wir widerrufen sämtliche von uns beiden (allein oder gemeinsam) errichteten Verfügungen von Todes wegen, insbesondere den vorgenannten Erbvertrag, auch soweit andere Personen als der jeweils andere Beteiligte bedacht wurden, vollinhaltlich und vorbehaltlos. Der Widerruf bleibt auch dann bestehen, wenn die heutige Urkunde später aufgehoben wird oder aus anderen Gründen nicht zur Anwendung gelangen sollte.
2. Wir verzichten hiermit wechselseitig auf das jeweilige gesetzliche Erb- und Pflichtteilsrecht am Nachlass des Anderen. Die Verzichtserklärungen nehmen wir gegenseitig an. Der vorstehende wechselseitige Erb- bzw. Pflichtteilsverzicht lässt Unterhaltsansprüche gegen den Erben des unterhaltsverpflichteten Ehegatten gem. § 1586b BGB unberührt.[2]

   [Alternative:

   Ferner verzichten wir gegenseitig auf etwaige Unterhaltsansprüche gegen den Erben des Unterhaltsverpflichteten gem. § 1586b BGB und nehmen den Verzicht gegenseitig an.]

3. Der Notar hat uns auf die Wirkungen der Aufhebung der bisherigen Verfügungen von Todes wegen und des gegenseitigen Erb- und Pflichtteilsverzichtes[3] hingewiesen sowie auf die gesetzliche Erbfolge, wie sie sich aufgrund dieser Verzichtserklärungen darstellt. Der Notar hat uns darüber hinaus darauf hingewiesen, dass jeder von uns nunmehr nach seinem freien Willen Verfügungen von Todes wegen errichten kann; der Notar hat in diesem Zusammenhang auf die diesbezüglich einzuhaltenden Formvorschriften hingewiesen.[4, 5]

Anmerkungen

1. Sachverhalt. Die Ehegatten treffen eine Scheidungsfolgenvereinbarung. Hinsichtlich des nachehelichen Unterhalts haben sie sich nicht auf einen Verzicht einigen können. Es stellt sich daher die Frage, ob nach einer Scheidung die Erben des Unterhaltsverpflichteten für Unterhaltsverpflichtungen aufzukommen haben (vgl. allgemein zu dem Themenkomplex „Tod und Unterhalt" *Horndasch* NJW 2015, 2168).

2. Unterhalt und Erbrecht. § 1361 BGB gewährt den Ehegatten einen Unterhaltsanspruch für die Dauer des **Getrenntlebens** bis zur Rechtskraft der Scheidung. Dieser Anspruch erlischt für die Zukunft nach § 1615 BGB (iVm §§ 1361 Abs. 4 S. 4, 1360a

Abs. 3 BGB) mit dem Tod des Unterhaltsverpflichteten. Die Erben haben rückständigen Unterhalt nur in engen Grenzen als Nachlassverbindlichkeit zu erfüllen, vgl. §§ 1615 Abs. 1, 1613 BGB. Der überlebende Ehegatte ist daneben – soweit kein Erbverzicht vorliegt – nach Maßgabe der §§ 1931, 1371 BGB gesetzlich erbberechtigt. Stirbt der unterhaltsverpflichtete Ehegatte nach Rechtshängigkeit des Scheidungsantrags, so verliert der überlebende Ehegatte unter den Voraussetzungen des § 1933 S. 1 BGB sein gesetzliches Erb- und Pflichtteilsrecht (→ Form. F.III.1 lit. a). Als Kompensation dafür gewährt ihm § 1933 S. 3 BGB einen Anspruch auf nachehelichen Unterhalt nach §§ 1569 bis 1586b BGB. Ist die Ehe im Zeitpunkt des Erbfalls noch nicht aufgelöst, jedoch ein Scheidungsverfahren anhängig, welches voraussichtlich zur Auflösung der Ehe geführt hätte, ist die unterschiedliche Behandlung von Trennungsunterhalt einerseits und Geschiedenenunterhalt (dazu sogleich) andererseits nicht mehr gerechtfertigt. Der überlebende Ehegatte soll in einem solchen Fall nicht schlechter stehen, als wenn die Ehe geschieden worden wäre (MüKoBGB/*Maurer* § 1586b Rn. 50).

Nach **§ 1586b Abs. 1 S. 1 BGB** erlischt die **nacheheliche Unterhaltspflicht** nicht mit dem Tod des unterhaltsverpflichteten (geschiedenen) Ehegatten. Sie geht auf die Erben des Verpflichteten als Nachlassverbindlichkeit über, ohne dabei ihre Rechtsnatur als Unterhaltspflicht zu ändern (BGH FamRZ 2004, 614 [615]). Begründen lässt sich die unterschiedliche Behandlung von Trennungsunterhalt einerseits und nachehelichem Unterhalt andererseits damit, dass der derzeitige Ehegatte grundsätzlich erbrechtliche Ansprüche am Nachlass des Erblassers hat, die wirtschaftlich betrachtet ein Äquivalent für den verlorenen Unterhalt darstellen, während der geschiedene Ehegatte von solchen gesetzlichen Erbansprüchen ausgeschlossen ist; aus diesem Grund muss die passive Vererblichkeit seines Unterhaltsanspruches anerkannt werden (BT-Drs. 7/650, 151). § 1586b Abs. 1 S. 3 BGB begrenzt die Haftung der Erben auf den fiktiven Pflichtteil, der dem geschiedenen Ehegatten zustünde, wenn die Ehe nicht geschieden worden wäre. Nach § 1586b Abs. 2 BGB bleiben dabei Besonderheiten auf Grund des Güterstandes, in dem die geschiedenen Ehegatten gelebt haben, außer Betracht. Maßgebend ist also die Berechnung des Pflichtteils auf Grund des gesetzlichen Ehegattenerbrechts nach § 1931 Abs. 1 und 2 BGB, ohne Rücksicht auf § 1931 Abs. 4 BGB und § 1371 BGB (*Bergschneider* FamRZ 2003, 1049 [1053]; vgl. zur Berechnung des Ehegattenerbteils → Form. I.I.5, → Form. I.I.7). Bei der Berechnung der Haftungsgrenze nach § 1586b Abs. 1 S. 3 BGB sind nach Ansicht des BGH und der hL auch fiktive Ansprüche auf Pflichtteilsergänzung gem. §§ 2325 ff. BGB einzubeziehen (vgl. nur BGH NJW 2007, 3207 [3208] bei Nr. 16 mwN aus der früheren Rspr.). Fraglich ist, ob im Rahmen des § 1586b Abs. 1 S. 3 BGB auch § 2329 BGB zur Anwendung gelangt. Soweit der Erbe zur Ergänzung des Pflichtteils nicht verpflichtet ist (etwa weil kein Nachlass vorhanden oder der vorhandene Nachlass überschuldet ist), kann der Pflichtteilsberechtigte gem. § 2329 Abs. 1 S. 1 BGB von dem Beschenkten die Herausgabe des Geschenks zum Zwecke der Befriedigung wegen des fehlenden Betrages nach den Vorschriften über die Herausgabe einer ungerechtfertigten Bereicherung fordern. Da sich der Unterhaltsanspruch nach dem insoweit eindeutigen Wortlaut des § 1586b BGB „gegen den Erben" richtet, besteht kein Anspruch gegen den Beschenkten, und zwar nach hM auch dann nicht, wenn Erbe und Beschenkter identisch sind (BGH NJW 2007, 3207 [3208 f.]; OLG Koblenz NJW 2003, 439 = ZEV 2003, 111 mAnm *Klingelhöffer; Schindler* FamRZ 2004, 1527 [1530]; *Bergschneider* FamRZ 2003, 1049 [1054]; einschränkend *Dressler* NJW 2003, 2430 [2431 f.], der eine Haftung des beschenkten Erben, nicht aber die des beschenkten Dritten bejaht). Wird der Nachlass durch lebzeitige Schenkungen ausgehöhlt, geht der geschiedene unterhaltsberechtigte Ehegatte daher nach hM leer aus.

Die **Auswirkungen eines Erb- und/oder Pflichtteilsverzichtsvertrages** nach § 2346 BGB (→ Form. I.II.2 bzw. → Form. I.II.6) auf die Rechte aus § 1586b BGB sind in der Literatur **umstritten.** Veröffentlichte Rechtsprechung liegt hierzu – soweit ersichtlich –

nicht vor. Ein Teil der Literatur geht unter Berufung auf den Wortlaut des § 1586b BGB davon aus, dass ein Erbverzichtsvertrag bzw. ein reiner Pflichtteilsverzichtsvertrag die Haftung der Erben des unterhaltspflichtigen Ehegatten entfallen lasse. Etwas anderes gilt nach dieser Ansicht nur, wenn bei einem Erbverzicht der Pflichtteil ausdrücklich vorbehalten wurde (Johannsen/Henrich/*Hammermann* BGB § 1586b Rn. 20; MüKoBGB/*Maurer* § 1586b Rn. 13; Soergel/*Häberle* BGB § 1586b Rn. 1; *Gernhuber/Coester-Waltjen* Lehrbuch des Familienrechts § 30 XIII 2 Fn. 5; *Dieckmann* NJW 1980, 2777 [2778]; *Dieckmann* FamRZ 1999, 1029). Der Ehegatte, der auf sein gesetzliches Erbrecht (ohne Pflichtteilsvorbehalt) oder sein Pflichtteilsrecht verzichtet habe, begebe sich mit diesem Verzicht aller Pflichtteilserwartungen. Es fehle daher auch an einem „fiktiven" Pflichtteil iSd § 1586b Abs. 1 S. 3 BGB, welcher die Unterhaltsschuld des Erben begrenzen könne. Auch gewähre das Gesetz den in den Nachlass verlängerten Unterhaltsanspruch „gleichsam als Ersatz" für den scheidungsbedingten Verlust einer erbrechtlichen Nachlassteilhabe (die bei bestehender Ehe ihrerseits den überlebenden Ehegatten – auch – für den verlorenen Unterhalt entschädigt). Die Gegenauffassung (Palandt/*Brudermüller* BGB § 1586b Rn. 8 mwN; *Bergschneider* FamRZ 2003, 1049 [1057]; *Schmitz* FamRZ 1999, 1569; *Pentz* FamRZ 1998, 1344 [1346]; für den bloßen Pflichtteilsverzicht auch *Grziwotz* FamRZ 1991, 1258 f.) stellt auf die Rechtsnatur des Anspruchs aus § 1586b BGB als Unterhaltsanspruch ab; bei der Beschränkung auf den Pflichtteil handele es sich danach nur um eine höhenmäßige Begrenzung. Aus diesem Grund **sollte ausdrücklich klargestellt werden,** ob der Verzicht auch unterhaltsrechtliche Wirkungen haben soll. Liegt ohnehin ein vollständiger Unterhaltsverzicht vor, kann darauf verzichtet werden.

Fehlt eine ausdrücklichen Regelung über die unterhaltsrechtlichen Folgen eines vereinbarten Erb- bzw. Pflichtteilsverzichts, sind – auch wenn man der erstgenannten Meinung folgt – Ansprüche aus § 1586b BGB nicht zwingend ausgeschlossen. Vorrangig ist im Wege der Auslegung (vgl. *Bergschneider* FamRZ 2003, 1049 [1056]) der mutmaßliche Wille der Eheleute, den sie gehabt hätten, wenn sie bei Vereinbarung des Erb- bzw. Pflichtteilsverzichts an spätere Ansprüche aus § 1586b BGB gedacht hätten, zu ermitteln. Diese Auslegung wird in Scheidungsvereinbarungen, in denen nicht vollständig auf nachehelichen Unterhalt verzichtet wird, regelmäßig dazu führen, dass Ansprüche aus § 1586b BGB unberührt bleiben. Der Erb- bzw. Pflichtteilsverzicht hat in Scheidungsfolgenvereinbarungen vorsorgenden Charakter, um den Beteiligten schon während des Getrenntlebens ihre volle erbrechtliche Verfügungsfreiheit zu garantieren (→ Form. F.III.1a)). Weiter wird in einer Scheidungsvereinbarung für den Erb- bzw. Pflichtteilsverzicht selbst regelmäßig eine Gegenleistung nicht erbracht. Gerade eine solche Gegenleistung lässt aber Rückschlüsse auf einen mutmaßlich gewollten Ausschluss der Rechte aus § 1586b BGB zu, da regelmäßig ein Beteiligter nicht zunächst ein Entgelt erhalten soll und später noch einmal Unterhalt bis zur Höhe des fiktiven Pflichtteils (siehe dazu auch *Bergschneider* FamRZ 2003, 1049 [1056]).

3. Erbverzicht und Zugewinnausgleich. Vergleiche dazu auch → Form. F.III.3 Anm. 3 und, falls in der Scheidungsvereinbarung keine Gütertrennung vereinbart wurde, die Ausführungen → Form. E.III.5 Anm. 3.

4. Steuern. Zum Verzicht auf den Erb- bzw. Pflichtteil siehe die Ausführungen → Form. I.II.2.

5. Kosten. → Form. F.III.1 lit. e.

3. Errichtung eines Vermächtnisvertrages zugunsten eines Kindes vor Scheidung

[Notarieller Urkundeneingang]

1. Herr ......, geboren am ...... in ...... (Standesamt ......, Registernummer ......);
2. Frau ......, geborene ......, geboren am ...... in ...... (Standesamt ......, Registernummer ......);

beide wohnhaft in ......,
ausgewiesen durch Vorlage ......

Die Erschienenen sind voll geschäfts- und testierfähig. Hiervon habe ich mich in dem mit ihnen geführten Gespräch überzeugt. Die Zuziehung von Zeugen oder eines zweiten Notars war weder veranlasst noch gewünscht.

Auf Ansuchen der Erschienenen beurkunde ich ihren persönlich und mündlich vor mir abgegebenen Erklärungen gemäß folgenden

ERBVERTRAG:

§ 1 Vorbemerkungen[1]

Wir sind im gesetzlichen Güterstand verheiratet und beide ausschließlich deutsche Staatsangehörige.

Aus unserer Ehe ist ein Kind hervorgegangen, nämlich ......, geboren am ......

Wir leben derzeit getrennt und beabsichtigen, uns scheiden zu lassen.

Dies vorausgeschickt vereinbaren wir jeweils unter gegenseitiger Annahme der Erklärungen des anderen Teils und unabhängig davon, ob unsere Ehe geschieden wird oder nicht, was folgt:

§ 2 Frühere Verfügungen von Todes wegen

Wir sind beide weder durch ein gemeinschaftliches Testament noch durch einen Erbvertrag gebunden, auch nicht gegenüber dritten Personen. Auch einseitig hat keiner von uns beiden bisher Verfügungen von Todes wegen errichtet. Rein vorsorglich widerrufen wir sämtliche von uns beiden (allein oder gemeinsam) errichteten Verfügungen von Todes wegen. Der Widerruf bleibt auch dann bestehen, wenn die Verfügungen in der heutigen Urkunde später aufgehoben werden oder aus anderen Gründen nicht zur Anwendung gelangen sollten. Auf eine vorherige Einsicht des Zentralen Testamentsregisters verzichten wir nach Hinweis auf die Bedeutung.

§ 3 Rechtswahl

Wir haben derzeit und wohl auch in der Zukunft unseren gewöhnlichen Aufenthalt in der Bundesrepublik Deutschland. Auf die EuErbVO wurden wir hingewiesen; eine Rechtswahl wünschen wir heute nicht.

§ 4 Erbeinsetzung

Eine Erbeinsetzung wollen wir beide in dieser Urkunde ausdrücklich nicht treffen.

§ 5 Vermächtnis durch den Ehemann

1. Ich, ... (Ehemann), beschwere meinen bzw. meine Erben hiermit mit folgendem Vermächtnis:
   Meine Tochter . . . . . . erhält . . . . . .[2]
2. Ersatzvermächtnisnehmer sind die Abkömmlinge meiner Tochter, mehrere unter sich nach den Regeln der gesetzlichen Erbfolge.
3. Das Vermächtnis fällt mit meinem Tod an und ist binnen sechs Monaten nach dem Anfall auf Kosten der Vermächtnisnehmerin zu erfüllen. Etwaige auf Grund des Vermächtnisses anfallende Steuern hat die Vermächtnisnehmerin zu tragen. Soweit die Vermächtnisnehmerin auch Miterbe sein sollte, ist das Vermächtnis als Vorausvermächtnis und ohne Anrechnung auf den Erbteil angeordnet.
4. Es wird nochmals klargestellt, dass es sich bei der angeordneten Regelung unabhängig von den Vermögensverhältnissen im Zeitpunkt der Errichtung der Urkunde oder des Todes um ein Vermächtnis und nicht um eine Erbeinsetzung handelt.[2]
5. Weitere Regelungen, wie zB eine Testamentsvollstreckung, will ich heute ausdrücklich nicht treffen.

§ 6 Erbverzicht, Weitere Regelungen

1. Jeder von uns verzichtet hiermit für den Fall, dass er der Überlebende von uns beiden ist, auf sein gesetzliches Erb- und Pflichtteilsrecht am Nachlass des Erstversterbenden. Die Verzichtserklärungen nehmen wir gegenseitig an. (Es folgt eine Regelung wie in → Form. F.III.2)
   Eine Modifikation der Regelungen des § 1371 BGB für den Fall, dass unsere Ehe durch den Tod eines Ehegatten beendet werden sollte, wird nach Hinweis auf den Inhalt dieser Regelung nicht gewünscht.[3]
   Der Notar hat uns auf die Wirkungen des Erb- und Pflichtteilsverzichts hingewiesen, insbesondere darauf, dass damit steuerliche Nachteile verbunden sein können. Weiter ist uns bekannt, dass durch die Verbindung des Erbvertrages mit einem Erb- und Pflichtteilsverzicht die Rücknahme aus der amtlichen Verwahrung ausgeschlossen wird, vgl. § 2300 Abs. 2 BGB.
2. Soweit gewünscht: weitergehende Bindung, zB durch Vereinbarung eines Verfügungsunterlassungsvertrages[4]

§ 7 Bindungswirkung, Auslegung

1. Sämtliche Verfügungen von Todes wegen in dieser Urkunde sind – soweit gesetzlich zulässig – erbvertraglich bindend.
   Herr . . . . . . ist berechtigt, die in § 5 Ziffer 2 getroffenen Regelungen zum Ersatzvermächtnisnehmer innerhalb des dort genannten Personenkreises abzuändern. Er darf somit neue Regelungen treffen, solange gewährleistet bleibt, dass der oder die Ersatzvermächtnisnehmer aus dem Kreis der Abkömmlinge unserer Tochter . . . . . . stammen. Weitere Abänderungsrechte (zB bezüglich der nachträglichen Anordnung einer Testamentsvollstreckung) bzw. Vorbehalte hinsichtlich lebzeitiger Verfügungen wollen wir nach Hinweis auf die bestehenden Möglichkeiten nicht vereinbaren.[4]
2. Soweit bei Vermächtnisnehmern Ersatzpersonen bestimmt wurden, haben diese Bestimmungen Vorrang vor gesetzlichen Auslegungs- und Bestimmungsregelungen.

§ 8 Rücktrittsrecht, Anfechtungsrecht, Eheauflösung

1. Ein Rücktrittsrecht wird nicht gewünscht.[4]
2. Nach Hinweis des Notars auf das Anfechtungsrecht wegen Übergehens von Pflichtteilsberechtigten erklären wir, dass sämtliche vorstehenden Verfügungen von Todes wegen ohne Rücksicht darauf getroffen sind, ob, welche und wie viele Pflichtteilsberechtigte zum Zeitpunkt des jeweiligen Erbfalls vorhanden sind.
Auf das Anfechtungsrecht aus § 2079 BGB (evtl. iVm § 2281 BGB) wird daher ausdrücklich verzichtet.
3. Sämtliche in dieser Urkunde getroffenen Verfügungen von Todes wegen sind unabhängig davon angeordnet, ob unsere Ehe künftig aufgelöst wird oder nicht. Es wird ausdrücklich klargestellt, dass eine Unwirksamkeit in Anwendung von § 2279 Abs. 2 iVm § 2077 BGB nicht eintreten soll.[5]

§ 9 Hinweise

1. Der Notar hat uns darauf hingewiesen, dass sich ein Erwerb auf Grund von Verträgen zu Gunsten Dritter auf den Todesfall (wie zB Lebensversicherungen) außerhalb des Erbrechts vollzieht und daher von den in dieser Urkunde getroffenen Verfügungen von Todes wegen möglicherweise nicht erfasst wird. Eine etwa erforderliche Anpassung dieser Verträge werden wir selbst umgehend vornehmen.
2. Auf die Bestimmungen des gesetzlichen Erb- und Pflichtteilsrechts wurden wir hingewiesen.

§ 10 Kosten und Abschriften

Wir tragen die Kosten dieser Urkunde und ersuchen um Erteilung je einer Ausfertigung für uns.

Zur Urkundensammlung des Notars ist eine beglaubigte Abschrift zu nehmen, die dort offen verwahrt werden kann.

Wir wünschen die amtliche Verwahrung dieses Erbvertrages. Uns ist bekannt, dass die Urkunde beim Zentralen Testamentsregister registriert wird.[6, 7]

Anmerkungen

1. Sachverhalt. Die Ehegatten leben getrennt und planen die Scheidung. Bisher haben sie eine Verfügung von Todes wegen nicht errichtet. Der Ehefrau ist jedoch daran gelegen, dass das (bisherige) Familienwohnheim beim Tod des Ehemannes, der derzeit Alleineigentümer ist, auf die gemeinschaftliche Tochter übergeht und nicht an eine neue Partnerin vererbt werden kann.

2. Vermächtnis. Vgl. zur Vermächtnisgestaltung allgemein die Ausführungen in → Form. C.V. und zum Grundstücksvermächtnis die Regelungen in → Form. C.V.6.
Die Klarstellung in § 3 Abs. 4 des Musters ist mE in notariell beurkundeten Erbverträgen nicht zwingend erforderlich. Sie kann aber gleichwohl nicht schaden, um die Anwendung von Auslegungsregeln, wie diejenige in § 2087 BGB, auszuschließen.

3. Erbverzicht und Zugewinnausgleich. Nach § 1371 Abs. 2 BGB kann der überlebende Ehegatte, der nicht Erbe wird und dem auch kein Vermächtnis zusteht, den Ausgleich des Zugewinns nach den dort genannte Vorschriften verlangen, sog. güterrechtliche Lösung (vgl. nur Palandt/*Brudermüller* BGB § 1371 Rn. 12). Ein wirksam vereinbarter Erbverzicht steht der Geltung des § 1371 Abs. 2 BGB nicht entgegen; ein

Erbverzicht schließt die güterrechtliche Lösung nicht aus (MüKoBGB/*Koch* § 1371 Rn. 36). Daher kann bei Vereinbarung eines Erbverzichtes mit den Beteiligten erörtert werden, ob auch durch (ehevertragliche) Vereinbarung von der güterrechtlichen Lösung abgewichen werden soll (→ Form. E.III.6 Anm. 3). Allerdings dürfte dies im hier gegebenen Sachverhalt nur selten eine Rolle spielen, da bei Regelungen, die zeitnah zu einer geplanten Scheidung abgeschlossen werden, die Ehegatten oft auch Gütertrennung als „Einstieg" in die gegenseitige Vermögensauseinandersetzung vereinbaren.

4. Bindung. Da der Ehefrau an der Zuwendung zugunsten der Tochter gelegen ist, wurde auf die Vereinbarung von weitgehenden Abänderungs- und Rücktrittsrechten verzichtet. Zudem kann durch einen Verfügungsunterlassungsvertrag (vgl. dazu ausführlich → Form. D.II.7 mit Anmerkungen), der auch in einer separaten Urkunde errichtet werden kann, die Bindung verstärkt werden.

5. Unwirksamkeit bei Scheidung. Bei einem zwischen Ehegatten errichteten Erbvertrag führt die Reglung des § 2279 Abs. 2 BGB dazu, dass auch bei einem einseitigen Erbvertrag bei Scheidung der Ehe (oder den sonst in § 2077 BGB genannten Fällen) im Zweifel (vgl. § 2077 Abs. 3 BGB) auch die zugunsten eines Dritten getroffene Regelung unwirksam ist. Um Auslegungsfragen zu vermeiden, sollte eine Klarstellung in die Urkunde aufgenommen werden.

6. Steuern. Zum Verzicht auf den Erb- bzw. Pflichtteil siehe die Ausführungen unter → Form. I.II.2, zum Vermächtnis → Form. C.V.1.

7. Kosten. → Form. F.III.1 lit. e. Der Wert des Vermächtnisses nach § 102 Abs. 3 GNotKG ist hinzuzurechnen, § 35 Abs. 1 GNotKG.

G. Unternehmensnachfolge und landwirtschaftliches Sondernachfolgerecht

I. Gesellschaftsvertragliche Nachfolgeregelungen

1. Personengesellschaftsvertragliche Fortsetzungsklausel

Beim Tode eines Gesellschafters wird die Gesellschaft nicht aufgelöst, sondern unter Ausschluss der Erben des verstorbenen Gesellschafters zwischen den verbleibenden Gesellschaftern fortgesetzt.[1, 2] Die Erben des verstorbenen Gesellschafters sind entsprechend der in § (. . . . .) des Gesellschaftsvertrags vereinbarten Regelung abzufinden.[3]

[Alternative: Klausel zur Fortsetzung durch Beschluss

1. ***Die Gesellschaft wird beim Tode eines Gesellschafters sowie beim Vorliegen eines gesetzlichen Auflösungsgrundes aufgelöst, sofern in diesem Gesellschaftsvertrag nichts abweichendes vereinbart ist.***
2. ***Nach Auflösung der Gesellschaft können die Gesellschafter einstimmig innerhalb von vier Wochen seit Eintritt des die Auflösung begründenden Umstandes die Fortsetzung der Gesellschaft beschließen.[4] Der Fortsetzungsbeschluss kann bereits vor der Auflösung für diesen Fall gefasst werden, sofern dem nicht zwingende gesetzliche Regelungen entgegenstehen.[5, 6]]***

Anmerkungen

1. Sachverhalt und Interessenlage. In dem Gesellschaftsvertrag der Personengesellschaft sollte geregelt werden, was beim Versterben eines Gesellschaftes mit dessen Gesellschaftsanteil geschieht. Meist ist gewollt, dass die Gesellschaft mit Tode eines Gesellschafters nicht aufgelöst wird, sondern weiter fortbesteht. Dies ist dann im Gesellschaftsvertrag ausdrücklich zu bestimmen, andernfalls löst sich die Gesellschaft beim Tode des GbR-Gesellschafters auf (§ 727 Abs. 1 BGB). Beim Tode des persönlich haftenden Gesellschafters der OHG/KG wird die Gesellschaft unter den verbleibenden Gesellschaftern fortgesetzt (§ 131 Abs. 3 Nr. 1, § 161 Abs. 2 HGB), während beim Versterben des Kommanditisten die Gesellschaft nach der gesetzlichen Regelung mit seinen Erben fortgesetzt wird (§ 177 HGB).

In dem im Muster geregelten Grundfall wird die Gesellschaft mit den verbleibenden Gesellschaftern fortgesetzt, und zwar unter Ausschluss der Erben, die eine Abfindung erhalten (einfache Fortsetzungsklausel). In der Alternative wird die Gesellschaft aufgelöst, es sei denn, die Gesellschafter beschließen innerhalb der vertraglich vereinbarten Frist die Fortsetzung der Gesellschaft (einfache Fortsetzungsklausel durch Beschluss).

Die einfache Fortsetzungsklausel empfiehlt sich nur in Fällen, in denen alle Gesellschafter fähig und gewillt sind, die Gesellschaft beim Versterben eines Mitgesellschafters weiter fortzuführen. Im Extremfall kann die Regelung dazu führen, dass die Gesellschaft infolge des Versterbens des letzten von zwei verbleibenden Gesellschaftern zum Geschäft eines Einzelkaufmanns wird, sofern nicht neue Gesellschafter unabhängig vom Todesfall

aufgenommen werden. Die Fortsetzungsklausel gewährleistet daher nicht den dauerhaften Fortbestand der Gesellschaft (*Nieder/Kössinger* § 20 Rn. 18).

2. Fortsetzungsklausel. Der Gesellschaftsvertrag einer Personengesellschaft kann für den Fall des Todes eines Gesellschafters die Fortführung der Gesellschaft zwischen den verbleibenden Gesellschaftern unter Ausschluss der Erben des Verstorbenen vorsehen. Eine solche Fortsetzungsklausel verhindert bei der GbR die Auflösung der Gesellschaft beim Tode eines Gesellschafters. Die Rechtsfolge der gesellschaftsrechtlichen Forstsetzungsklausel entspricht damit der gesetzlichen Regelung für die offene Handelsgesellschaft (§ 131 Abs. 3 Nr. 1 HGB). Somit ergibt sich die Notwendigkeit einer ausdrücklichen Vereinbarung einer Fortsetzungsklausel zur Vermeidung der Auflösung der Gesellschaft beim Versterben eines Gesellschafters nur für die GbR, § 727 Abs. 1 BGB, sowie für den Fall des Versterbens des Kommanditisten, wenn eine Vererblichkeit der Beteiligung nicht gewünscht ist (§ 177 HGB).

Sofern sich die Zahl der Gesellschafter seit Gründung der Gesellschaft auf zwei Gesellschafter reduziert hat, ist die in diesem Fall beim Versterben eines Gesellschafters ins Leere laufende Fortsetzungsklausel grundsätzlich als **Übernahmeklausel** auszulegen, also das dem verbleibenden Gesellschafter vertraglich eingeräumte Recht, gegenüber den Erben des Verstorbenen die Übernahme des Gesellschaftsanteils zu erklären (MüKoBGB/*Schäfer* § 736 Rn. 9, § 730 Rn. 69).

Die Fortsetzung der Gesellschaft unter Ausschluss der Erben des Verstorbenen kann auch nur für den Tod einzelner Gesellschafter vereinbart werden, während beim Tod anderer Gesellschafter deren Erben in die Gesellschaft nachfolgen sollen (Nieder/*Kössinger* § 20 Rn. 9).

Da sich der Rechtserwerb der verbleibenden Gesellschafter bei einer GbR im Zuge der Fortsetzungsklausel durch Anwachsung mittels Rechtsgeschäft unter Lebenden vollzieht (§ 738 Abs. 1 BGB), bedarf es keiner flankierenden Verfügung von Todes wegen. Die Beteiligung selbst fällt nicht in den Nachlass (zum Abfindungsanspruch der Erben gem. §§ 736 Abs. 1, 738 BGB → Anm. 3). Bei der OHG ist die Fortsetzung bereits gesetzlich normiert (§ 131 Abs. 3 Nr. 3 HGB), so dass dort den Erben ebenfalls ein – dispositiver – gesetzlicher Abfindungsanspruch zusteht.

Die Erben des ausgeschiedenen Gesellschafters haften den Gläubigern der Gesellschaft für Verbindlichkeiten, die bis zum Tode des Erblassers begründet wurden (§ 736 Abs. 2 BGB, §§ 128, 160 HGB), allerdings gem. §§ 1975 ff. BGB beschränkbar. Sie haben aber gem. § 738 Abs. 1 S. 2 BGB einen Freistellungsanspruch bzw. Rückgriffsanspruch gegen die Gesellschaft.

3. Abfindung. Die gesellschaftsvertragliche Fortsetzungsklausel sollte außerdem um eine Regelung zum Abfindungsanspruch der weichenden Erben des verstorbenen Gesellschafters ergänzt werden. Enthält der Gesellschaftsvertrag keine solche Regelung, fällt der gesetzliche Abfindungsanspruch des Verstorbenen (§ 738 BGB, §§ 105 Abs. 3, 161 Abs. 2 HGB) in den Nachlass. Hierbei bemisst sich die Höhe des Anspruches grundsätzlich nach dem wahren Wert des Gesellschaftsanteils. Die Erben könnten daher durch die Geltendmachung des Anspruches der Gesellschaft – ggf. erhebliches – Kapital entziehen. Durch entsprechende gesellschaftsvertragliche Bestimmungen ist es möglich, für den Fall des Todes eines Gesellschafters den Abfindungsanspruch der Erben auf den Buchwert zu **beschränken** oder einen völligen **Abfindungsausschluss** zu vereinbaren (→ Form. G.II.3). Insoweit besteht eine Ausnahme von dem Grundsatz der Unzulässigkeit eines vollständigen Abfindungsausschlusses (BGH BGHZ 22, 186 = NJW 1957, 180; MüKoBGB/*Schäfer* § 738 Rn. 60 mwN). Die Vereinbarung einer Fortsetzungsklausel nebst Abfindungsausschluss kann letztlich dazu führen, dass im Wege des „Zufallsprinzips" das gesamte Gesellschaftsvermögen demjenigen Gesellschafter zukommt, der alle übrigen Gesellschafter überlebt. Ein solcher Ausschluss der Abfindung kann für den Fall des

Versterbens aller Gesellschafter vereinbart werden, aber auch für das Versterben nur einzelner Gesellschafter. Zu den Folgen der Beschränkung oder des Ausschlusses eines Abfindungsanspruches → Form. G.II.3.

Der regelmäßige Zweck eines Abfindungsausschlusses, nämlich der Schutz der Gesellschaft vor Liquiditätsabflüssen und ihre damit verbundene wirtschaftliche Schwächung, kann alternativ durch abweichende Gestaltungen erreicht werden. So kann ggf. die Umwandlung der Beteiligung eines persönlich haftenden Gesellschafters in eine Kommanditbeteiligung oder in eine stille Beteiligung in Betracht gezogen werden, wenn eine Mitwirkung der Erben an der Geschäftsführung nicht gewünscht ist. Der Vorteil einer solchen Gestaltung gegenüber dem Abfindungsausschluss liegt darin, dass die Erben wirtschaftlich partizipieren und nicht völlig leer ausgehen.

4. Alternative: Fortsetzungsbeschluss. Alternativ zu der einfachen Fortsetzungsklausel kann der Gesellschaftsvertrag als Grundsatz die Auflösung der Gesellschaft beim Tode eines Gesellschafters bestimmen, den verbleibenden Gesellschaftern aber zugleich das Recht einräumen, einen Beschluss über die Fortsetzung der Gesellschaft zu fassen und dadurch die Fortsetzung der Gesellschaft unter Ausschluss der Erben des Verstorbenen herbeizuführen. Auch für diesen Fall sollte eine Regelung zum Abfindungsanspruch der Erben getroffen werden.

Ein solcher Fortsetzungsbeschluss muss grundsätzlich einstimmig gefasst werden. Jedoch kann der Gesellschaftsvertrag ggf. auch die Beschlussfassung durch Stimmmehrheit vorsehen (vgl. MüKoBGB/*Schäfer* § 736 Rn. 17, Vorb. zu § 723 Rn. 11).

5. Steuern. Erbschaftsteuerliche Auswirkungen: Die Anwachsung des Gesellschaftsvermögens bei den verbleibenden Gesellschaftern ist eine Schenkung auf den Todesfall. Es handelt sich um einen erbschaftsteuerpflichtigen Vorgang gem. § 3 Abs. 1 Nr. 2 S. 2 ErbStG, und zwar insoweit, als der erbschaftsteuerliche Wert des anwachsenden Gesellschaftsanteils die Abfindungsansprüche Dritter übersteigt. Das ist immer dann der Fall, wenn der Abfindungsanspruch der Erben durch den Gesellschaftsvertrag auf einen Betrag beschränkt wird, der unter dem für Erbschaftsteuerzwecke zu ermittelnden gemeinen Wert liegt, § 12 Abs. 5 ErbStG iVm §§ 151 Abs. 1 Nr. 2, 97 Abs. 1a Nr. 1, 109 Abs. 2, 9 Abs. 2, 11 Abs. 2 BewG, letzterer also abgeleitet aus Verkäufen bzw. nach einer anerkannten Ertragswertmethode ermittelt (vereinfacht nach §§ 199 ff. BewG), mindestens aber der Substanzwert (→ Form. G.II.3). Der Erblasser überträgt dabei unter den Voraussetzungen der §§ 13a, 13b ErbStG ggf. begünstigungsfähiges (Betriebs-)Vermögen auf seine Mitgesellschafter, die damit im Rahmen der Regel- oder Optionsverschonung für das davon begünstigte Vermögen iSd § 13b Abs. 2 ErbStG den Verschonungsabschlag nach § 13a Abs. 1 ErbStG sowie ggf. den Abzugsbetrag nach § 13a Abs. 2 ErbStG in Anspruch nehmen können. Daneben erhalten die verbleibenden Gesellschafter, soweit sie natürliche Personen sind, die Tarifbegrenzung gem. § 19a ErbStG. Bei Großvermögen kommt auf Antrag das Abschmelzungsmodell des § 13c ErbStG oder das Erlassmodell nebst Verschonungsbedarfsprüfung iSd § 28a ErbStG zur Anwendung.

Beispiel:

Der Erblasser E ist zu 30 % als Kommanditist an der ABC GmbH & Co. KG beteiligt. Die weiteren Kommanditisten sind A (40 %) und B (30 %). Die Komplementär-GmbH D ist am Vermögen der KG sowie am Gewinn und Verlust nicht beteiligt. Die Gesellschafter sind nicht miteinander verwandt. Für den Fall des Versterbens eines Kommanditisten sieht der Gesellschaftsvertrag die Fortführung der Gesellschaft unter den verbleibenden Gesellschaftern vor. Die Erben des ausscheidenden Gesellschafters sollen eine Abfindung in Höhe von 300.000,– EUR erhalten. Der Verkehrswert (= Steuerwert) der Beteiligung des E beläuft sich zum Zeitpunkt des Todes auf 800.000,– EUR. Für Zwecke der nachfolgenden Berechnung der Steuerpflicht des A und B wird unterstellt, dass diese die Voraussetzungen der 85%igen Regelverschonung erfüllen und vereinfacht kein Verwaltungsvermögen besteht, also das begünstigungsfähige Vermögen gänzlich dem begünstigten Vermögen iSd § 13b Abs. 2 ErbStG entspricht (siehe zur Begünstigung von Betriebsvermögen → Form. A.IV.4 d)).

Erbschaftsteuerlicher Erwerb des A:

Wert der gesamten Beteiligung nach § 12 Abs. 5 ErbStG	800.000,– EUR
. /. an Erben zu zahlende Abfindung	– 300.000,– EUR
Wert der gesamten Schenkung auf den Todesfall	500.000,– EUR
(§ 3 Abs. 1 Nr. 2 ErbStG)	
Anteil des A daran ($^4/_7$), da ursprünglich zu 40 % beteiligt	285.714.– EUR
. /. Verschonungsabschlag 85 % (§ 13a Abs. 1 ErbStG)	– 242.857,– EUR
verbleiben	42.857,– EUR
./. Abzugsbetrag max. 150.000,– EUR (§ 13a Abs. 2 ErbStG)	– 42.857,– EUR
Zu versteuern	0,– EUR

Die Anwachsung (= Schenkung auf den Todesfall) zugunsten von B iHv $^3/_7$ von 500.000,- EUR ist hiernach ebenfalls durch die Begünstigung schenkungsteuerfrei.Vereinbaren die verbleibenden Gesellschafter mit den Erben innerhalb der jeweils geltenden Behaltensfrist von fünf (Beispiel) bzw. sieben Jahren nach Anwachsung des Mitunternehmeranteils, die Erben gegen Verzicht auf ihren Abfindungsanspruch in die Gesellschaft eintreten zu lassen, kommt es zu einem zeitanteiligen Wegfall der Begünstigungen bei den Gesellschaftern, § 13a Abs. 6 ErbStG. Zur Begünstigung von Betriebsvermögen und ihren Voraussetzungen → Form. A.IV.4 d).

Die gesellschaftsvertragliche Fortsetzungsklausel hat zur Folge, dass der Mitunternehmeranteil nicht Teil des Nachlasses wird. Den Abfindungsanspruch erwirbt der Erbe als vom Erblasser übergegangenes Recht. Der Abfindungsanspruch fällt als reine Kapitalforderung in den Nachlass und ist ein erbschaftsteuerpflichtiger Erwerb gem. § 3 Abs. 1 Nr. 1 ErbStG. In § 10 Abs. 10 ErbStG wird klargestellt, dass auch dann, wenn der erbschaftsteuerliche Wert des Mitunternehmeranteils zur Zeit des Todes der Erblassers höher ist als der gesellschaftsvertraglich vereinbarte Abfindungsanspruch, der Wert des vertraglichen Abfindungsanspruchs für Erbschaftsteuerzwecke maßgeblich ist. Da es sich um eine Forderung des Privatvermögens handelt, kann der Erbe Begünstigungen für Betriebsvermögen gem. §§ 13a, 13b, 13c, 19a, 28a ErbStG nicht in Anspruch nehmen (TGJG/*Gottschalk* ErbStG § 3 Rn. 138).

Ertragsteuerliche Auswirkungen: Da der Mitunternehmeranteil nicht Teil des Nachlasses geworden ist, ist es aus steuerlicher Sicht der Erblasser, der durch Aufgabe seines Mitunternehmeranteils einen (ggf. nach §§ 16 Abs. 4, 34 EStG tarifbegünstigten) Veräußerungsgewinn erzielt, und zwar in Höhe des Unterschieds zwischen dem Abfindungsanspruch und dem Buchwert seines Kapitalkontos im Todeszeitpunkt (BMF BStBl. I 2006, 253 Tz. 69 mwN). Auch Sonderbetriebsvermögen (falls es vorhanden und daher steuerlich dem Mitunternehmeranteil zuzuordnen ist) verliert seine Eigenschaft bereits in der Person des Erblassers; auch insoweit realisiert der Erblasser – ggf. begünstigt – die stillen Reserven im Rahmen der Aufgabe seines Mitunternehmeranteils. Schließlich sind auch für die Ermittlung der Besteuerungsgrundlagen die Verhältnisse des Erblassers maßgebend. Da die Abfindungszahlungen beim Erblasser einkommensteuerlich erfasst werden, wird dieser Vorgang auf Ebene der Erben nicht zusätzlich berücksichtigt.

Die verbleibenden Altgesellschafter erwerben den Gesellschaftsanteil des Erblassers aufgrund der Abfindungszahlungen entgeltlich hinzu, was bei ihnen zur Aufstockung der Buchwerte und damit zu Anschaffungskosten in Höhe der Abfindungszahlungen führt (Schmidt/*Wacker* EStG § 16 Rn. 661).

Entsprechen die Abfindungszahlungen der Höhe nach dem Buchwert des Kapitalkontos des Erblassers, sind die Buchwerte der einzelnen Wirtschaftsgüter, soweit sie auf den Gesellschaftsanteil des Erblassers entfallen, fortzuführen. Eine wertmäßige Veränderung in der Bilanz gibt es nicht. Es entsteht weder ein Veräußerungsgewinn noch ein -verlust.

Beim Erblasser ist ein Veräußerungsverlust zu berücksichtigen, wenn die Abfindung unter dem Buchwert liegt und dies aus betrieblichen Gründen veranlasst ist. Die verbleibenden Gesellschafter sind verpflichtet, die bisherigen Buchwerte der Gesellschaft anteilig herabzusetzen. In Höhe der Differenz zwischen den herabgesetzten Buchwerten und der Abfindungsleistung entsteht bei den Altgesellschaftern ein laufender Gewinn (Schmidt/*Wacker* EStG § 16 Rn. 510, 511 mwN).

Bleibt die Abfindung hingegen aus privaten Gründen hinter dem Buchwert zurück, wird ein voll unentgeltliches Geschäft fingiert, das im ertragsteuerlich nicht relevanten Vermögensbereich stattfindet. Deshalb führt die Abfindungszahlung auch nicht zu Anschaffungskosten. Es sind stattdessen die Buchwerte des Erblassers fortzuführen, § 6 Abs. 3 EStG. In Höhe der Differenz zwischen Buchwert und Abfindung liegt eine Einlage der verbleibenden Gesellschafter vor. Besondere Vorsicht ist geboten, wenn es familiäre Beziehungen des Erblassers zu den verbleibenden Gesellschaftern gibt. Denn dies indiziert, dass private Gründe für die Abfindung unter dem Buchwert vorliegen.

Das Sonderbetriebsvermögen, das mit dem Erbfall auch steuerlich Privatvermögen wird, wird mit dem gemeinen Wert gem. § 16 Abs. 3 S. 7 EStG analog angesetzt und erhöht in diesem Maße den Abfindungsanspruch sowie den Veräußerungsgewinn des Erblassers. Die Entnahme des Erblassers gilt als Anschaffung im Sinne von § 23 EStG und löst bei Grundstücken die Zehnjahresfrist aus (§ 23 Abs. 1 S. 2 EStG).

6. Kosten. Fertigt der Notar den Entwurf eines entsprechenden Beschlusses zur Änderung des Gesellschaftsvertrags, entsteht eine 2,0-Gebühr nach Nr. 24100 KV GNotKG iVm § 92 Abs. 2 GNotKG. Der Geschäftswert beträgt 30.000 EUR (im Fall der GbR nach §§ 119 Abs. 1, 108 Abs. 4 GNotKG, im Fall der Personenhandelsgesellschaft nach §§ 119 Abs. 1, 108 Abs. 1 S. 1, 105 Abs. 4 Nr. 3 GNotKG). Daraus ergibt sich eine Gebühr in Höhe von 250,00 EUR.

2. Personengesellschaftsvertragliche (einfache) Nachfolgeklausel

Beim Tode eines Gesellschafters wird die Gesellschaft nicht aufgelöst, sondern mit dessen Erben oder dessen – bezüglich dieser Beteiligung benannten – Vermächtnisnehmern fortgesetzt.[1, 2, 3, 4]

Anmerkungen

1. Sachverhalt und Interessenlage. In dem Gesellschaftsvertrag der Personengesellschaft sollte geregelt werden, was beim Versterben eines Gesellschaftes mit seinem Gesellschaftsanteil geschieht. Häufig ist gewollt, dass die Gesellschaft mit Tod eines Gesellschafters nicht aufgelöst wird. Dies ist dann im Gesellschaftsvertrag ausdrücklich zu bestimmen, andernfalls löst sich die Gesellschaft beim Tode des GbR-Gesellschafters auf (§ 727 Abs. 1 BGB) bzw. wird beim Tode des persönlich haftenden Gesellschafters der OHG/KG unter den verbleibenden Gesellschaftern fortgesetzt (§ 131 Abs. 3 Nr. 1 HGB, ggf. iVm § 161 Abs. 2 HGB).

Bestimmt der Gesellschaftsvertrag wie hier, dass die Gesellschaft mit dem Tode eines Gesellschafters nicht aufgelöst wird, sollten zugleich die weiteren zivilrechtlichen und wirtschaftlichen Folgen gesellschaftsvertraglich geregelt werden. Nach der gesetzlichen

Regelung wächst der Gesellschaftsanteil den verbleibenden Gesellschaftern zu (vgl. § 738 Abs. 1 S. 1 BGB, ggf. iVm § 105 Abs. 3 bzw. § 161 Abs. 2 HGB). Nur beim Tod eines beschränkt haftenden Kommanditisten sieht das Gesetz vor, dass die Gesellschaft mit seinen Erben fortgesetzt wird (§ 177 HGB). Dies wird hier generell angeordnet, also auch beim Tod eines persönlich haftenden Gesellschafters. Zudem wird vorliegend ausdrücklich geregelt, dass die Gesellschaft auch mit einem Vermächtnisnehmer fortgesetzt werden kann. Dann sollte der Gesellschaftsvertrag aber regelmäßig gleichzeitig vorsehen, dass die Übertragung des Gesellschaftsanteils in Erfüllung des Vermächtnisses nicht der Zustimmung der übrigen Gesellschafter bedarf, um dem Willen des Erblassers Geltung zu verschaffen. Wenn dem Erblasser durch x-beliebige Einsetzung irgendeines Vermächtnisnehmers (was ggf. eher denkbar ist, als eine für die Mitgesellschafter unerwartete Erbeinsetzung) nicht völlig freie Hand gelassen werden soll, müsste der Kreis der Vermächtnisnehmer bzw. Erben gesellschaftsvertraglich wiederum begrenzt und damit eine qualifizierte Nachfolgeregelung getroffen werden. Der Nachteil der einfachen erbrechtlichen Nachfolgeklausel besteht in der Gefahr der Zersplitterung der Gesellschaftsanteile, der Vervielfältigung der Mitwirkungs- und Kontrollrechte und der damit verbundenen Gefährdung der Einheit der Unternehmensführung (*Nieder/Kössinger* § 20 Rn. 21). Dem kann durch entsprechende gesellschaftsvertragliche Bestimmungen, die die Erben im Wege der Universalsukzession mit dem Erbfall übernehmen, entgegengewirkt werden.

2. Einfache Nachfolgeklausel. Der Gesellschaftsvertrag kann für den Fall des Todes eines Gesellschafters die Fortführung der Gesellschaft mit den Erben bzw. Vermächtnisnehmern des verstorbenen Gesellschafters vorsehen. Hierdurch wird der Gesellschaftsanteil des verstorbenen Gesellschafters als Mitgliedschaft vererbbar und geht automatisch kraft Sonderrechtsnachfolge auf die gesetzlichen oder gewillkürten Erben des Verstorbenen bzw. durch Vermächtniserfüllung auf den bestimmten Vermächtnisnehmer über.

Gibt es mehrere Erben, so geht der Gesellschaftsanteil im Rahmen einer Sonderrechtsnachfolge auf jeden einzelnen Erben über und nicht auf die Erbengemeinschaft als Gesamthand, die nach den Grundsätzen des Personengesellschaftsrechts nicht Mitglied einer werbenden Personengesellschaft sein kann. Jeder Erbe wird in einer seiner Erbquote entsprechenden Höhe am Gesellschaftsanteil des verstorbenen Gesellschafters beteiligt (BGHZ 68, 225).

Wer Nachfolger des verstorbenen Gesellschafters wird, bestimmt sich in diesem Falle allein nach der gesetzlichen oder gewillkürten Erbfolge des Gesellschafters.

Gem. § 139 Abs. 1 HGB kann jeder in eine Handelsgesellschaft nachfolgende Erbe eines persönlich haftenden Gesellschafters (umstritten für den Fall der GbR; für eine analoge Anwendung von § 139 HGB im Falle der analogen Anwendung von § 130 HGB vgl. MüKoBGB/*Ulmer* § 714 Rn. 74) sein Verbleiben in der Gesellschaft davon abhängig machen, dass ihm unter Belassung des bisherigen Gewinnanteils die Stellung eines Kommanditisten eingeräumt und der auf ihn entfallende Teil der Einlage des Erblassers als seine Kommanditeinlage anerkannt wird. Dafür hat der Erbe einen formlosen Antrag an die übrigen Gesellschafter zu richten.

Wird ein solcher Antrag von den übrigen Gesellschaftern nicht angenommen, ist der Erbe gem. § 139 Abs. 2 HGB befugt, ohne Einhaltung einer Frist sein Ausscheiden aus der Gesellschaft zu erklären. Das Wahlrecht muss gem. § 139 Abs. 3 HGB jedoch innerhalb von drei Monaten nach dem Zeitpunkt, in welchem der Erbe Kenntnis von dem Anfall der Erbschaft erlangt hat, geltend gemacht werden.

Gem. § 139 Abs. 4 HGB kann der Erbe für Gesellschaftsverbindlichkeiten, die in dem Zeitraum zwischen dem Erbfall und seinem Ausscheiden oder der Umwandlung seiner Beteiligung in die eines Kommanditisten entstanden sind, seine Haftung gemäß der erbrechtlichen Bestimmungen des BGB auf den Nachlass beschränken.

§ 139 Abs. 1 bis 4 HGB kann gesellschaftsvertraglich nicht abbedungen werden. Allerdings kann im Falle der Umwandlung der Beteiligung in die eines Kommanditisten

der Gewinnanteil gegenüber dem des Erblassers durch gesellschaftsvertragliche Vereinbarung gekürzt werden (§ 139 Abs. 5 Hs. 2 HGB).

Gebräuchlich sind folgende gesellschaftsvertraglichen Gestaltungen zur Modifizierung der einfachen Nachfolgeklausel: kombinierte Nachfolge- und Umwandlungsklausel, Ausschluss einzelner Komplementäre oder der Kommanditisten von der Geschäftsführung und Vertretung, Ausschluss oder Beschränkung des Stimmrechts für einzelne Gesellschafter bzw. Regelung des Stimmgewichts, Vertreterklausel (= Gebot an die Kommanditisten, ihr Stimmrecht nur durch einen gemeinschaftlichen Vertreter wahrzunehmen), Verwaltungstreuhand (= Gebot der treuhänderischen Übertragung auf einen Altgesellschafter), sa *Nieder/Kössinger* § 20 Rn. 21 ff., → Form. G.I.3, → Form. G.II.6.

3. Minderjährige. Besonderheiten bei der Nachfolge in Gesellschaftsbeteiligungen sind zu beachten, wenn Minderjährige zur Erbfolge gelangen. Der automatische Eintritt des Minderjährigen im Wege der Sondererbfolge in die Gesellschaft auf Grund einer erbrechtlichen Nachfolgeklausel bedarf keiner familiengerichtlichen Genehmigung. Zum Eintritt eines Minderjährigen aufgrund einer Eintrittsklausel bedarf es demgegenüber eines (Gesellschafts-)Vertragsschlusses durch den gesetzlichen Vertreter und einer gerichtlichen Genehmigung gemäß §§ 1822 Nr. 3, 1643 Abs. 1 BGB, und zwar auch beim Eintritt als Kommanditist (abweichend: OLG Bremen FamRZ 2009, 621, für den Erwerb eines voll eingezahlten Kommanditanteils an einer vermögensverwaltenden Gesellschaft). Ist der gesetzliche Vertreter oder einer seiner Verwandten in gerader Linie Mitgesellschafter, muss ein Ergänzungspfleger bestellt werden, §§ 1629 Abs. 2, 1795 Abs. 2, 181 BGB (umstritten für Erwerb eines voll eingezahlten Kommanditanteils, OLG Bremen FamRZ 2009, 621). Werden mehrere Kinder in die Gesellschaft aufgenommen, ist grds. für jedes gesondert ein Ergänzungspfleger zu bestellen (BayObLG NJW 1959, 989; aber umstr. für Übertragung eines Kommanditanteils im Wege der Sonderrechtsnachfolge auf mehrere Geschwister, Palandt/*Ellenberger* BGB § 181 Rn. 7). Die Rechtsprechung und familiengerichtliche Praxis zur Bestellung eines Ergänzungspflegers und der Erforderlichkeit einer familiengerichtlichen Genehmigung ist leider sehr uneinheitlich; im Zweifel sollte ein Negativtestat beantragt werden, um sich nicht später – bspw. auch von der Finanzverwaltung – der Einwendung einer rechtsunwirksamen Übertragung ausgesetzt zu sehen. Der gesetzliche Vertreter des Minderjährigen kann diesen bei unternehmensbezogenen Geschäften vertreten und grundsätzlich auch über die Haftung mit dem ererbten Vermögen hinaus verpflichten. Nach § 1629a Abs. 1 S. 1 BGB beschränkt sich die Haftung des Kindes jedoch für Verbindlichkeiten, die sein gesetzlicher Vertreter mit Wirkung ihm gegenüber begründet hat oder die auf Grund eines während der Minderjährigkeit erfolgten Erwerbs von Todes wegen entstanden sind, auf den Bestand des bei Eintritt der Volljährigkeit vorhandenen Vermögens. Mit Genehmigung des Familiengerichts kann der Minderjährige gemäß § 112 BGB zur selbständigen Ausübung der Gesellschafterrechte ermächtigt werden. Schließlich muss § 723 Abs. 1 S. 3 Nr. 2 BGB beachtet werden, wonach der Eintritt der Volljährigkeit einen wichtigen Grund darstellt, der dem volljährig gewordenen Gesellschafter das Recht zur Kündigung einer bestehenden Gesellschaft gibt. Der volljährig Gewordene kann die Kündigung binnen drei Monaten von dem Zeitpunkt an erklären, zu dem er von seiner Gesellschafterstellung Kenntnis hatte oder haben musste. Das Kündigungsrecht ist ausgeschlossen, sofern der Gesellschafter bezüglich des Gegenstands der Gesellschaft zum selbständigen Betrieb gemäß § 112 BGB ermächtigt war oder der Zweck der Gesellschaft allein der Befriedigung seiner persönlichen Bedürfnisse diente (§ 723 Abs. 1 S. 5 BGB). Der Gesetzesbegründung zufolge soll die Vorschrift des § 723 Abs. 1 S. 3 Nr. 2 BGB auch im Rahmen des § 133 HGB für den OHG-Gesellschafter und den Komplementär Wirkung entfalten (Begründung zum Gesetzesentwurf der Bundesregierung, BT-Drs. 13/5624, 10; MüKoBGB/*Schäfer* § 723 Rn. 41 mwN), nicht jedoch für den Kommanditisten. Daher bietet sich insbesondere in Familiengesell-

schaften – unabhängig davon, ob vermögensverwaltend oder operativ tätig – anstelle einer GbR die Kommanditgesellschaft an, will man dieses Sonderkündigungsrecht bei Volljährigkeit gesellschaftsvertraglich ausschließen. Weitere Gründe wie Haftungsbegrenzung, Hereinwachsen in Verantwortung etc sprechen für eine Kommanditistenstellung eines Minderjährigen.

4. Steuern. Bei einer einfachen Nachfolgeklausel erwerben die Nachfolger unmittelbar einen ihrer Erbquote entsprechenden Teil der Gesellschaftsbeteiligung des Erblassers bzw. die Vermächtnisnehmer den (Teil-)Gesellschaftsanteil als Vermächtnisgegenstand als Erwerb von Todes wegen. Der Erwerb der Mitunternehmeranteile unterliegt bei den einzelnen Erben in Höhe der Erbquote bzw. im Umfang des Vermächtnisses der Erbschaftsteuer gem. § 3 Abs. 1 Nr. 1 ErbStG. Die Erben bzw. Vermächtnisnehmer können grundsätzlich die Begünstigungen für Mitunternehmeranteile nach §§ 13a, 13b, 13c, 19a, 28a ErbStG in Anspruch nehmen. Anders im Falle eines Ausscheidens bzw. als weichender Erbe, dessen Abfindung sodann nicht den erbschaftsteuerlichen Begünstigungen für Betriebsvermögen unterliegt. Für diesen Fall können lediglich die verbleibenden Gesellschafter, denen der Gesellschaftsanteil der verstorbenen Gesellschafters anwächst, die Betriebsvermögensvergünstigungen für Erbschaftsteuerzwecke geltend machen, soweit die damit einhergehenden Voraussetzungen erfüllt sind. Die Verschonungsregelungen (85 %ige Regelverschonung bzw. die sog. Option 100 iSd § 13a Abs. 10 ErbStG) der §§ 13a, 13b ErbStG sind grds. auch nach der sog. Unternehmenserbschaftsteuerreform (Gesetz vom 4.11.2016, BGBl. 2016 I 2464) weiter möglich, allerdings idR verschärfend ua durch den Wegfall des sog. „Alles-oder-Nichts“-Prinzips. Auf Antrag kommt bei Großvermögen das sog. Abschmelzungsmodell des § 13c ErbStG in Betracht bzw. das Erlassmodell mit einer Verschonungsbedarfsprüfung iSd § 28a ErbStG. Die jeweiligen Nachsteuertatbestände, insbesondere die Haltefristen iSd § 13a Abs. 6 ErbStG, sind sorgfältig zu beachten und zu überwachen.

In der Regel kann der Miterbe die erbschaftsteuerlichen Betriebsvermögensbegünstigungen geltend machen, der im Rahmen der Erbauseinandersetzung das begünstigte Vermögen erhält, vgl. § 13b Abs. 3 ErbStG. Ertragsteuerlich führt die Nachfolgeklausel zu einem unentgeltlichen und somit ertragsteuerneutralen Übergang des Gesellschaftsanteils. Die Erben führen die Buchwerte des Erblassers fort, § 6 Abs. 3 EStG. Dies gilt auch für etwaiges Sonderbetriebsvermögen, welches entsprechend der Erbquoten bzw. gezielt mit dem Vermächtnisgegenstand mit zu vererben bzw. mit zu vermachen ist. Nach der Rechtsprechung des BFH (NJW 1991, 2439) sollen Mitunternehmeranteile, die vom Erblasser gesondert auf die Miterben übergegangen sind, in die Erbauseinandersetzung einbezogen und abweichend aufgeteilt werden können. Ausgleichszahlungen an die weichenden Miterben führen ertragsteuerlich regelmäßig zu Anschaffungskosten (näher dazu BMF BStBl. I 2006, 253 Tz. 14).

5. Kosten. → Form. G.I.1.

3. Personengesellschaftsvertragliche kombinierte (einfache) Nachfolge- und Umwandlungsklausel

Beim Erbfall eines persönlich haftenden Gesellschafters erhalten dessen Erben die Stellung als Kommanditisten mit der Maßgabe, dass die Erben bzw., falls diese sich nicht binnen drei Monaten nach dem Erbfall einigen können, die übrigen Gesellschafter mit einfacher Mehrheit, einen der Erben binnen einen Jahres ab dem Erbfall als persönlich haftenden Gesellschafter bestimmen können. Für Erben eines Gesellschafters, die zum

Zeitpunkt des Erbfalls bereits als persönlich haftende Gesellschafter an der Gesellschaft beteiligt sind, gilt die vorstehende Umwandlungsklausel nicht.[1, 2]

Die Kommanditisten gewordenen Erben können ihr Stimmrecht nur gemeinschaftlich ausüben; ihr Widerspruchsrecht gegen die Geschäftsführung nach § 164 HGB ist ausgeschlossen.[3, 4]

Anmerkungen

1. Sachverhalt und Interessenlage. In dem Gesellschaftsvertrag der Personengesellschaft sollte geregelt werden, was beim Versterben eines persönlich haftenden Gesellschafters mit seinem Gesellschaftsanteil geschieht. Die Erben sollen nach dem Vertragstext zwar Gesellschafter werden (einfache Nachfolgeklausel), allerdings als beschränkt haftend als Kommanditisten und nicht wie der verstorbene Gesellschafter als Komplementär. Um zu verhindern, dass kein Komplementär mehr in der Gesellschaft vorhanden ist, ist binnen einer bestimmten Frist ein Miterbe als persönlich haftender Gesellschafter zu bestimmen. Da ein Gesellschafter nicht zugleich als Komplementär und Kommanditist an der Gesellschaft beteiligt sein kann (sog. Grundsatz der Einheitlichkeit der Mitgliedschaft), sollte eine Regelung für solche Gesellschaftererben aufgenommen werde, die bereits als persönlich haftende Gesellschafter beteiligt sind. Alternativ zu einer Fortführung der bereits gehaltenen und der geerbten Beteiligung als Komplementär kann auch eine Umwandlung des gesamten Anteils in eine Kommanditbeteiligung angeordnet werden.

Die Umwandlung der Gesellschafterstellung dient einerseits dem Schutz der Erben vor der unbeschränkten Gesellschafterhaftung. Die Gesellschafter und auch die Gesellschaft hingegen sollen durch die Verpflichtung zur Bestimmung eines Komplementärs geschützt werden, da auf diese Weise sichergestellt ist, dass mindestens ein persönlich haftender Gesellschafter in der Gesellschaft vorhanden ist. Dem Sicherungsbedürfnis der Alt-Gesellschafter dient auch die Verpflichtung der Erben zur **gemeinschaftlichen Ausübung des Stimmrechts** sowie der **Ausschluss des Widerspruchsrechts** gegenüber der Geschäftsführung.

2. Kombinierte Nachfolge- und Umwandlungsklausel. Die Klausel mit Umwandlungsautomatik (die Erben werden automatisch mit dem Erbfall Kommanditisten) ist auch in anderen Varianten denkbar. So kann den Erben ein schuldrechtlicher Anspruch auf Umwandlung der geerbten Beteiligung des persönlich haftenden Gesellschafters in eine Kommanditbeteiligung eingeräumt werden (sog. **obligatorische Umwandlungsklausel**) oder den Erben kann das Recht eingeräumt werden, die Umwandlung durch einseitige Erklärung gegenüber den Altgesellschaftern herbeizuführen (sog. **Optionsklausel**). Hierbei sollte jeweils im Gesellschaftsvertrag eine Frist bestimmt werden, binnen derer die Erklärung durch den Erben abzugeben ist. Im Zweifel ist bei sämtlichen Varianten der Umwandlungsklausel das Austrittsrecht der Erben nach § 139 Abs. 2 HGB ausgeschlossen (MüKoHGB/*Schmidt* § 139 Rn. 137). Die Gesellschaft wird dadurch vor Kapitalentzug geschützt.

3. Einschränkungen. Ergänzend zur Umwandlungsklausel sind weitere gesellschaftsvertragliche Beschränkungen der nachfolgeberechtigten Erben möglich (näher hierzu: *Nieder/Kössinger* § 20 Rn. 25 ff.). So kann die Fortsetzung der Gesellschaft mit den Erben zeitlich begrenzt oder von der Wahl der Mitgesellschafter abhängig gemacht werden. Ferner ist es zulässig, mittels einer „Vertreterklausel“ auszuschließen, dass sich die Gesellschafterrechte im Falle mehrerer nachfolgeberechtigter Erben vervielfältigen bzw. zersplittern (MVHdB I GesR/*Klein/Lindemeier* § 11 Rn. 25)

4. Kosten. → Form. G.I.1.

4. Personengesellschaftsvertragliche qualifizierte Nachfolgeklausel

Durch den Tod eines Gesellschafters wird die Gesellschaft nicht aufgelöst, sondern von den übrigen Gesellschaftern mit den nachfolgeberechtigten Erben fortgesetzt.[1, 2]

Nachfolgeberechtigt sind nur leibliche oder adoptierte Abkömmlinge des verstorbenen Gesellschafters oder Mitgesellschafter.

Etwaigen übrigen, nicht nachfolgeberechtigten Erben des verstorbenen Gesellschafters stehen gegen die Gesellschaft keinerlei Abfindungsansprüche zu. Etwaige Erbansprüche sind im Verhältnis zwischen dem Eintretenden und den übrigen Erben zu regeln.[5]

Hinterlässt der verstorbene Gesellschafter keine nachfolgeberechtigten Erben, wird die Gesellschaft von den verbleibenden Gesellschaftern fortgesetzt.[6, 7]

[Alternative:

Beim Tod eines Gesellschafters wird die Gesellschaft immer nur mit einem Erben als Nachfolger fortgesetzt. Der Nachfolger ist durch den jeweiligen Gesellschafter durch Erklärung gegenüber der Gesellschaft zu Lebzeiten oder durch Verfügung von Todes wegen zu bestimmen.[3]

Übt ein Gesellschafter sein Bestimmungsrecht nicht aus oder wird der als Nachfolger Vorgesehene nicht Erbe, so sind die Erben des Verstorbenen, denen dann der Gesellschaftsanteil zufällt, verpflichtet, ihn dem Bestimmten oder, falls niemand bestimmt ist, demjenigen zu übertragen, den ein etwaiger Testamentsvollstrecker oder, wenn ein solcher ebenfalls nicht bestimmt ist, die anderen Gesellschafter einstimmig aus der Zahl der Erben auswählen.[4]]

Anmerkungen

1. Sachverhalt und Interessenlage. Im Gesellschaftsvertrag der Personengesellschaft sollte geregelt werden, was beim Tode eines Gesellschafters mit seinem Gesellschaftsanteil geschieht. Dabei entspricht es häufig der Interessenlage der Gesellschafter, dass nur Personen aus einem bestimmten Personenkreis, wie zB Abkömmlinge oder Mitgesellschafter, in die Gesellschafterstellung nachfolgen. Wenn bereits feststeht, wer konkret beim Tode eines Gesellschafters nachfolgeberechtigt sein soll, kann diese nachfolgeberechtigte Person namentlich im Gesellschaftsvertrag genannt werden. So kann für einige Gesellschafter ein bestimmter, bereits namentlich im Gesellschaftsvertrag genannter Erbe nachfolgeberechtigt sein, während beim Tode eines anderen Gesellschafters dessen Erben gerade nicht Gesellschafter werden sollen und dieser Gesellschaftsanteil den Mitgesellschaftern zuwächst. In einem solchen Fall wird also zwischen den Gesellschaftern differenziert und nur bestimmte geeignete Nachfolger werden als Gesellschafter zugelassen.

2. Qualifizierte Nachfolgeklausel. Die qualifizierte Nachfolgeklausel lässt abweichend von einer einfachen Nachfolgeklausel nur im Gesellschaftsvertrag bestimmte Erben als Nachfolger für den verstorbenen Gesellschafter zu. Diese Nachfolgeklausel erlaubt daher den Gesellschaftern eine über den Tod des Mitgesellschafters hinausgehende Bestimmung des Gesellschafterkreises. Der Erblasser wird in seiner Dispositionsbefugnis dahingehend eingeschränkt, dass er durch die erbrechtliche Verfügung nur eine bestimmte Person oder Personengruppe zum Nachfolger bestimmen kann. Tut er dies nicht, wird die Gesellschaft

ohne die Erben des Verstorbenen fortgesetzt, wobei im Gesellschaftsvertag bestimmt werden sollte, ob eine Abfindung an die Erben zu zahlen ist oder ein solcher Abfindungsanspruch ausgeschlossen wird.

Die gesellschaftsvertraglich benannten Nachfolger müssen auch hier wie im Falle der einfachen Nachfolgeklausel gesetzliche oder gewillkürte Erben des Erblassers sein. Eine Verzahnung zwischen gesellschaftsvertraglicher und erbrechtlicher Regelung ist daher unumgänglich. Die Stellung des Nachfolgers als Vermächtnisnehmer reicht dabei nicht aus (MüKoBGB/*Schäfer/Ulmer* § 727 Rn. 42).

Die qualifizierten Nachfolger folgen dem Erblasser nicht nur im Umfang ihrer jeweiligen Erbquote in dessen Mitgliedschaft nach, sondern ein Nachfolger erwirbt den Anteil des verstorbenen Gesellschafters unmittelbar im Ganzen bzw. mehrere Nachfolger anteilig (BGH NJW 1977, 1339 [1343 f.] = BGHZ 68, 225).

Die qualifizierte Nachfolgeklausel kann einen nach eindeutigen Merkmalen bezeichneten Personenkreis („*nur Abkömmlinge des Gründungsgesellschafters XY, der Ehegatten der verstorbenen Gesellschafters, nur volljährige leibliche oder adoptierte Abkömmlinge des verstorbenen Gesellschafters*") oder namentlich bestimmte Personen als nachfolgeberechtigte Erben vorsehen. In einem solchen Fall stehen die nachfolgeberechtigten Personen bereits fest. Die namentliche Benennung der jeweils nachfolgeberechtigten Erben im Gesellschaftsvertrag kommt dabei dem Sinn der qualifizierten Nachfolgeklausel, die Nachfolge für die Mitgesellschafter kalkulierbar zu machen, am nächsten. Sie birgt jedoch das Risiko, dass der namentlich Bestimmte ausfällt (zB durch Vorversterben oder Erbausschlagung) oder der Erblasser diesen nicht als Erben einsetzt. Zudem muss der Nachfolgeberechtigte zum Zeitpunkt des Vertragsschlusses bereits feststehen.

3. Alternativ kann auch bestimmt werden, dass die nachfolgeberechtigten Personen zwar bereits anhand bestimmter Kriterien festgelegt werden, aber noch konkret zu benennen sind (zu § 2065 Abs. 2 BGB → Form. G.II.6). Durch eine solche gesellschaftsvertragliche Klausel, die lediglich den Personenkreis festlegt, aus dem der Nachfolgeberechtigte durch den Erblasser auszuwählen ist (→ Form. G.II.6), wird der Kreis der möglichen Nachfolger erweitert und das Risiko, dass kein Erbe von der Klausel erfasst wird, verringert. Eine solche lebzeitige Erklärung des Gesellschafters bedarf nicht der Form der letztwilligen Verfügung. Denn sie beinhaltet zwar die Bestimmung des Nachfolgers, enthält aber gerade keine letztwillige Verfügung. Es handelt sich um eine rein gesellschaftsrechtliche Erklärung (*Nieder/Kössinger* § 20 Rn. 35). Damit sich der automatische Rechtsübergang auf die durch lebzeitige Erklärung bestimmte Person im Erbfall auch vollzieht, muss diese Person gesetzlicher oder gewillkürter Erbe werden.

Hierbei muss wegen § 2065 Abs. 2 BGB beachtet werden, dass die **erbrechtlich automatische** unmittelbare Übertragungswirkung nur dann eintritt, wenn der Erblasser **selbst,** sofern durch den Gesellschaftsvertrag zur Auswahl berechtigt, den Nachfolger bestimmt. Eine Bestimmung durch einen Dritten nach dessen Ermessen scheidet nach dieser Vorschrift gerade aus. Hat die Auswahl lediglich feststellende Bedeutung, ist die Ermächtigung hingegen zulässig (BGHZ 15, 199 = NJW 1955, 100).

4. Eintrittsklausel. § 2151 BGB lässt die Auswahl des Vermächtnisnehmers aus einem überschaubaren Personenkreis durch Dritte zu. Der Gesellschaftsvertrag kann daher zulassen, dass zunächst die Erben den Gesellschaftsanteil erben, der Nachlass aber zugleich mit einem Vermächtnis belastet wird, den Gesellschaftsanteil an eine von dem auswahlberechtigten Dritten aus diesem Personenkreis auszuwählende Person zu übertragen. Dies stellt keine Nachfolgeklausel, sondern eine **rechtsgeschäftliche Eintrittsklausel** dar, bei der kein unmittelbarer Rechtsübergang des Geschäftsanteils auf den Nachfolgeberechtigten stattfindet. Vielmehr hat der auserwählte Nachfolgeberechtigte lediglich einen schuldrechtlichen Anspruch, von den verbleibenden Gesellschaftern in die Gesell-

schaft aufgenommen zu werden, so dass es bspw. eines Vermächtniserfüllungs- und Aufnahmevertrages bedarf.

Für den Fall des Scheiterns der qualifizierten Nachfolgeklausel wegen Inkongruenz zwischen Gesellschaftsvertrag und Erbfolgeregelung ist es **anzuraten,** die Folgen ihres Fehlschlagens im Gesellschaftsvertrag zu regeln. Üblicherweise geschieht dies durch eine subsidiäre erbrechtliche Eintrittsklausel (→ Form. G.I.5). Enthält der Gesellschaftsvertrag keine entsprechende Ersatzlösung, wird die Gesellschaft weitergeführt, da eine qualifizierte Nachfolgeklausel typischerweise eine einfache Fortsetzungsklausel enthält (*Nieder/Kössinger* § 20 Rn. 38). Ist aber der potentielle Nachfolger in der Klausel oder durch nachfolgende Erklärung eindeutig benannt, kommt ferner in Betracht, die fehlgeschlagene Nachfolgeklausel im Wege der ergänzenden Vertragsauslegung in eine Eintrittsklausel umzudeuten.

5. Wertausgleich. Die nicht nachfolgeberechtigten Erben haben einen Anspruch auf Wertausgleich gegen den oder die qualifizierten Nachfolger-Erben (und **nicht** gegen die Gesellschaft), da der Wert der Mitgliedschaft weiterhin zum Nachlassvermögen des Erblassers zählt. Zur Klarstellung sollte in den Gesellschaftsvertrag aufgenommen werden, dass Ansprüche gegen die Gesellschaft nicht bestehen. Soll ein Ausgleichsanspruch der nicht nachfolgeberechtigten Erben gegen den Nachfolger ausgeschlossen werden, kann der Erblasser dem oder den Nachfolger-Erben den Mehrwert des Gesellschaftsanteils als Vorausvermächtnis zuwenden und einen Wertausgleich an die nicht nachfolgeberechtigten Erben ausschließen (§ 2150 BGB). Jedoch findet ein solcher Abfindungsausschluss seine Grenzen im Pflichtteilsrecht.

Kann der nachfolgende Miterbe die Ausgleichsansprüche der nicht nachfolgeberechtigten Erben, Pflichtteilsansprüche und Ansprüche anderer Nachlassgläubiger nicht aus seinem Eigenvermögen befriedigen, kann das Gesellschaftsvermögen indirekt von den Gläubigern in Anspruch genommen werden, indem diese den in den Nachlass gefallenen Anspruch auf das künftige Auseinandersetzungsguthaben oder den Gesellschaftsanteil des Schuldners pfänden und dann die Gesellschaft nach § 135 HGB kündigen. Daher sollten bereits zu Lebzeiten des Erblassers (ggf. gegenständlich beschränkte) Pflichtteilsverzichtsverträge geschlossen werden (→ Form. G.III.10), insbesondere dann, wenn der Gesellschaftsanteil den voraussichtlich größten Teil des Nachlasses ausmacht.

Die **Haftung** des eintretenden Nachfolgers für Verbindlichkeiten, die vor seinem Eintritt begründet wurden, bestimmt sich für den persönlich haftenden OHG- und KG-Gesellschafter nach § 130 Abs. 1 HGB, wonach er nach Maßgabe der §§ 128, 129 HGB für alle Verbindlichkeiten haftet. Nach der Rechtsprechung des BGH ist eine solche Haftung auch für den Fall des Eintritts in eine GbR zu bejahen (BGHZ 154, 370 = NJW 2003, 1803). Ein Haftungsausschluss für Altschulden kann lediglich durch Individualvereinbarung mit den Gläubigern vereinbart werden. Eine Freistellung durch die Mitgesellschafter kann hingegen nur einen Regressanspruch gegen diese im Innenverhältnis begründen.

Die Haftung des nicht nachfolgeberechtigten Erben bestimmt sich nach § 736 Abs. 2 BGB iVm § 160 HGB. Durch Anordnung von Nachlassverwaltung oder Eröffnung des Nachlassinsolvenzverfahrens kann er jedoch die Haftung nach erbrechtlichen Vorschriften auf den Nachlass beschränken, § 1975 BGB. Sollten die weichenden Erben für Verbindlichkeiten in Anspruch genommen werden, steht ihnen ein Aufwendungsersatzanspruch gegen die Gesellschaft gem. §§ 677, 681, 667 BGB oder ein Ausgleichsanspruch gegen die nachfolgeberechtigten Miterben nach § 426 BGB analog zu (BGHZ 39, 319 [323 ff.] = NJW 1963, 1873).

6. Steuern. Erbschaftsteuer: Bei der qualifizierten Nachfolgeklausel geht der Gesellschaftsanteil auf die Erben, die nach dem Gesellschaftsvertrag zur Nachfolge in den Gesellschaftsanteil vorgesehen sind, unmittelbar über. Es handelt sich nicht um einen

Durchgangserwerb, sondern vielmehr um eine Sondererbfolge (BFH BStBl. II 1992, 512). Der im Wege der Sonderrechtsnachfolge übergegangene Gesellschaftsanteil des Erblassers wird zivilrechtlich damit nicht Teil des Gesamthandsvermögen der Erbengemeinschaft, ist aus erbschaftsteuerlicher Sicht aber als eine mit dem Erbfall wirksam gewordene, gegenständlich begrenzte Erbauseinandersetzung anzusehen (BFH BStBl. II 1983, 329). Damit ist nach der Rechtsprechung die qualifizierte Nachfolge einer Teilungsanordnung ohne Vorausvermächtnis vergleichbar und somit für die Ermittlung des Anteils des einzelnen Erben am Nachlass (§ 3 Abs. 1 Nr. 1 ErbStG) ohne Bedeutung. Dies bedeutet, der Gesellschaftsanteil fällt in den steuerlich ermittelten Reinnachlasswert und ist erbschaftsteuerlich den Miterben nach dem Verhältnis ihrer Erbquoten zuzurechnen. Die Sonderregelungen für Teilungsanordnungen bei den Steuerbegünstigungsvorschriften wie zB § 13a Abs. 5 ErbStG kommt auch bei der qualifizierten Nachfolgeregelung zur Anwendung, führt aber nicht zu einer Änderung der steuerlichen Zuordnung der Erwerbsgegenstände beim einzelnen Erben, sondern nur zu einer Änderung der Bemessungsgrundlage der Steuerbegünstigung (vgl. RE 3.1 ErbStR 2011). Die Begünstigung für Betriebsvermögen kann also nur von den qualifizierten Erben in Anspruch genommen werden (§ 13a Abs. 5 ErbStG). Können die qualifizierten Erben ihre Verpflichtung zum Wertausgleich nur dadurch erfüllen, dass sie Entnahmen aus dem Betriebsvermögen tätigen, verlieren sie rückwirkend die Betriebsvermögensbegünstigungen iSd §§ 13a, 13b ErbStG, wenn durch die Entnahmen Überentnahmen von mehr als 150.000,– EUR gem. § 13a Abs. 6 S. 1 Nr. 3 ErbStG hervorgerufen werden.

Ertragsteuern: Die qualifizierte Nachfolgeklausel führt zu einem unentgeltlichen Übergang des Gesellschaftsanteils. Für die Ertragsteuern ist somit kein relevanter Vorgang gegeben. Die qualifizierten Erben führen die Buchwerte des Erblassers fort, § 6 Abs. 3 EStG. Weder der Erblasser noch die weichenden Erben realisieren einen Veräußerungsgewinn nach § 16 EStG (Schmidt/*Wacker* EStG § 16 Rn. 672). Die nicht nachfolgeberechtigten Erben werden zu keiner Zeit Mitunternehmer. Den weichenden Erben steht aufgrund der Erbenstellung allein ein rein schuldrechtlicher Wertausgleichsanspruch zu. Die in Erfüllung dieses Wertausgleichsanspruches geleisteten Abfindungszahlungen des qualifizierten Erben stellen korrespondierend dazu keine Anschaffungskosten für die Beteiligung dar (Schmidt/*Wacker* EStG § 16 Rn. 672). Der qualifizierte Nachfolger hat eine private Wertausgleichsverbindlichkeit, die eine reine Erbfallschuld darstellt. Deswegen kann der qualifizierte Nachfolger Schuldzinsen, die ihm aus einer Finanzierung der Abfindungsleistung entstehen, nicht steuerlich als Sonderbetriebsausgaben geltend machen (BFH BStBl. II 1994, 625). Dem schließt sich die Finanzverwaltung an (BMF BStBl. I 1994, 603), bestätigt durch das Schreiben des BMF vom 14.3.2006 (BMF BStBl. I 2006, 253 Tz. 72) zur ertragsteuerlichen Behandlung der Erbengemeinschaft und ihrer Auseinandersetzung.

Hatte der Erblasser Sonderbetriebsvermögen, so wird dieses im Gegensatz zu dem Personengesellschaftsanteil zivilrechtlich Gesamthandsvermögen der Erbengemeinschaft. Einkommensteuerlich wird es bei den qualifizierten Miterben nur in Höhe der Erbquote zu deren Sonderbetriebsvermögen (Schmidt/*Wacker* EStG § 16 Rn. 674).

Soweit etwaiges Sonderbetriebsvermögen auf nicht qualifizierte Miterben entfällt, kommt es in Höhe der Erbquote der nicht qualifizierten Miterben zu einer anteiligen Entnahme des Sonderbetriebsvermögens. Der Entnahmegewinn ist dem Erblasser zuzurechnen und nicht den nicht qualifizierten Miterben, da diese nicht Mitunternehmer geworden sind (BMF BStBl. I 2006, 253 Rn. 74).

Soll hier eine Realisation der stillen Reserven verhindert werden, dürfen die privaten Vermögensgegenstände, die als Sonderbetriebsvermögen zu qualifizieren sind, von vornherein nicht der Erbengemeinschaft zugerechnet werden. Das Sonderbetriebsvermögen muss daher bereits im Zeitpunkt des Todes auf die qualifizierten Nachfolger-Miterben übergehen. Eine Entnahme des Sonderbetriebsvermögens kann durch Alleinerbschaft des

qualifizierten Erben, durch Übertragung des Mitunternehmeranteils nebst Sonderbetriebsvermögen im Wege der vorweggenommenen Erbfolge und durch Schenkung des Sonderbetriebsvermögens auf den Todesfall vermieden werden. Letzteres allerdings nur bei beweglichen Wirtschaftsgütern des Sonderbetriebsvermögens. Bei zum Sonderbetriebsvermögen gehörenden Grundstücken scheidet die Schenkung auf den Todesfall wegen § 925 Abs. 2 BGB als taugliche Maßnahme aus. Die Auflassung kann hier nur durch die Erben erfolgen. Es kommt somit hierbei grundsätzlich zu einem Durchgangserwerb der Erbengemeinschaft. Gleiches gilt auch für die Teilungsanordnung und das Vorausvermächtnis.

Den Entnahmegewinn könnte man auch durch die Einbringung des Sonderbetriebsvermögens in die Personengesellschaft vor dem Erbfall vermeiden (Schmidt/*Wacker* EStG § 16 Rn. 675). Erbschaftsteuerlich ist hierbei zu beachten, dass Sonderbetriebsvermögen, sofern es als Verwaltungsvermögen iSd § 13b Abs. 4 ErbStG anzusehen ist bzw. sich nicht um begünstigtes Vermögen iSd § 13b Abs. 2 ErbStG handelt, per se seit der Unternehmenserbschaftsteuerreform (Gesetz v. 4.11.2016, BGBl. 2016 I 2464) nicht mehr begünstigt ist, unabhängig vom Zeitpunkt der Einbringung bzw. Einlage. Zudem kann die Zuführung von nicht begünstigtem Sonderbetriebsvermögen vor einer Schenkung bzw. einem Erbfall dazu führen, dass ggf. der begünstigungsfähige Mitunternehmeranteil sodann vollständig nicht mehr begünstigt ist, wenn dadurch die 90 %-Grenze des § 13b Abs. 2 S. 2 ErbStG erreicht wird.

7. Kosten. → Form. G.I.1.

5. Personengesellschaftsvertragliche Eintrittsklausel

Beim Tode des Gesellschafters A erhält Herr/Frau ...... das Recht, in die Gesellschaft in einem der Beteiligung des verstorbenen Gesellschafters entsprechenden Umfang einzutreten.

Beim Tode der Gesellschafterin B erhält Herr/Frau ...... das Recht, in die Gesellschaft in einem der Beteiligung der verstorbenen Gesellschafterin entsprechenden Umfang einzutreten.

[*Alternative:*

***Beim Tode eines Gesellschafters steht demjenigen, den der Verstorbene durch lebzeitige schriftliche Erklärung gegenüber der Gesellschaft namentlich bestimmt hat oder, wenn eine solche Bestimmung nicht stattgefunden hat, dem durch den Testamentsvollstrecker Benannten, das Recht zu, in die Gesellschaft in einem der Beteiligung des verstorbenen Gesellschafters entsprechenden Umfang einzutreten.*]**[1, 2]

Der oder die Eintretende hat seinen/ihren Eintritt innerhalb von sechs Wochen nach (doppelter) Kenntnis über den Tod des Gesellschafters und sein Eintrittsrecht zu erklären. Bis zu diesem Zeitpunkt halten die übrigen Gesellschafter den Kapitalanteil des Verstorbenen treuhänderisch. Nimmt der Eintrittsberechtigte sein Eintrittsrecht nicht fristgerecht wahr, wird die Gesellschaft endgültig von den übrigen Gesellschaftern unter Abfindung der Erben des Verstorbenen fortgesetzt.

Macht der/die Eintrittsberechtigte von seinem/ihrem Eintrittsrecht fristgerecht Gebrauch, so sind die übrigen Gesellschafter verpflichtet, den Anteil unentgeltlich auf ihn/sie zu übertragen; ein Abfindungsanspruch der Erben des verstorbenen Gesellschafters gegen die Gesellschaft oder die übrigen Gesellschafter ist in diesem Fall ausgeschlossen.[3, 4, 5]

Anmerkungen

1. Sachverhalt und Interessenlage. In dem Gesellschaftsvertrag der Personengesellschaft soll geregelt werden, was bei dem Tod der Gesellschafter mit deren Gesellschaftsanteil geschieht. Im Gegensatz zu den Nachfolgeklauseln sollen hier bestimmte Personen das Recht haben, innerhalb einer Frist den Gesellschaftsanteil des verstorbenen Gesellschafters zu übernehmen und in die Gesellschaft einzutreten. Der **Vorteil** einer solchen Klausel liegt darin, dass sie als Rechtsgeschäft unter Lebenden nicht dem Verbot der Drittbestimmung des Zuwendungsempfängers gem. § 2065 BGB unterliegt. Daher ist es möglich, direkt im Gesellschaftsvertrag einer konkret bestimmten Person ein Eintrittsrecht zuzuweisen oder aber (vgl. die Alternative) einen Dritten – zB einen Testamentsvollstrecker oder die verbleibenden Gesellschafter – zu ermächtigen, einen Eintrittsberechtigten zu benennen. Eine Eintrittsklausel bietet sich daher an, wenn der Nachfolger erst bei Erfüllung bestimmter Voraussetzungen einrücken soll oder wenn sich die übrigen Gesellschafter die Auswahl des Eintretenden offen halten wollen. Beim Erbfall eines persönlich haftenden Gesellschafters ist ein weiterer Vorteil der Klausel, dass im Gegensatz zu einer erbrechtlichen Nachfolgeklausel keine Wahlmöglichkeit des Nachfolgers gem. § 139 HGB besteht. Ferner muss, den Ausschluss des Abfindungsanspruchs der Erben ausgenommen (→ Form. G.II.3), die Eintrittsklausel anders als die erbrechtliche Nachfolgeklauseln nicht mit der Erbfolge abgestimmt werden (*Nieder/Kössinger* § 20 Rn. 49). **Nachteilig** an der Eintrittsklausel ist die Ungewissheit, ob der Eintrittsberechtigte von seinem Eintrittsrecht Gebrauch macht und somit die Kontinuität der Gesellschaft gesichert ist, oder ob die Gesellschaft Abfindungen an die weichenden Erben zahlen und dazu das Gesellschaftsvermögen schmälern muss (BGHZ 68, 225 [233] = NJW 1977, 1339 [1341]). Daher sollte die Frist zur Eintrittsoption nicht zu lang, aber noch – bspw. gekoppelt an die Ausschlagungsfrist – angemessen sein.

2. Eintrittsklausel. Die Eintrittsklausel begründet die Fortsetzung der Gesellschaft unter den verbleibenden Gesellschaftern und räumt darüber hinaus einem Dritten, der anders als im Falle der Nachfolgeklausel **nicht** Erbe des verstorbenen Gesellschafters zu sein braucht, einen schuldrechtlichen Anspruch auf Eintritt in die Gesellschaft ein. Der Berechtigte wird hierbei nicht kraft Erbrecht Gesellschafter, sondern infolge der Wahrnehmung seines Eintrittsrechts durch Abschluss eines Aufnahmevertrags zu den im Gesellschaftsvertrag geregelten Konditionen. In der Regel übernimmt der Eintretende hierbei die Stellung des Verstorbenen mit all dessen Rechten und Pflichten, etwa der Einlageverpflichtung (BGH NJW 1978, 264).

Bei der Eintrittsklausel handelt es sich nicht um eine Verfügung von Todes wegen, sondern um ein reines Rechtsgeschäft unter Lebenden, das sich in einen schuldrechtlichen Teil (Begründung des Eintrittsrechts im Gesellschaftsvertrag) und einen vollziehenden Teil (Eintritt des Berechtigten in die Gesellschaft) aufspaltet (*Nieder/Kössinger* § 20 Rn. 45). Das Eintrittsrecht wird hierbei durch einen berechtigenden Vertrag zugunsten Dritter (§ 328 Abs. 1 BGB) begründet, wenn der Eintrittsberechtigte nicht schon lebzeitig an der Vereinbarung beteiligt ist. Wenn der Eintrittsberechtigte zugleich **Erbe oder Vermächtnisnehmer** des Gesellschafters wird, kann er indirekt durch eine testamentarische Auflage oder aufschiebend bedingte Erbeinsetzung oder Vermächtniszuwendung zum Eintritt veranlasst werden (*Nieder/Kössinger* § 20 Rn. 49).

Zum Schutze der verbleibenden Gesellschafter und zum Zwecke der Rechtsklarheit ist die Eintrittsklausel mit einer angemessenen Befristung zu versehen. Dementsprechend muss der Gesellschaftsvertrag auch eine Ersatzlösung für den Fall vorsehen, dass der Eintrittsberechtigte von seinem Eintrittsrecht keinen Gebrauch macht. Für diesen Fall

sollte die Fortsetzung der Gesellschaft unter Ausschluss der Erben und gegebenenfalls der Abfindungsanspruch der Erben geregelt werden.

3. Abfindung. Da die Eintrittsklausel als rechtliches Gebilde nichts anderes ist als eine Fortsetzungsklausel, ergänzt durch das Eintrittsrecht, steht den Erben ein Abfindungsanspruch gegenüber den verbleibenden Gesellschaftern gem. §§ 736, 738 Abs. 1 S. 2 BGB zu. Tritt der Berechtigte in die Gesellschaft ein, wird er dadurch Mitglied der Gesellschaft und erwirbt einen entsprechenden Gesellschaftsanteil, doch ist das für seine vermögensrechtliche Stellung in der Gesellschaft ohne Einfluss (MüKoBGB/*Schäfer* § 727 Rn. 58, § 718 Rn. 6 ff.). Der Eintrittsberechtigte ist seinerseits somit zur Leistung seiner Einlage verpflichtet, um die Vermögensposition des verstorbenen Gesellschafters zu erlangen (BGH NJW 1978, 264 [266]; MüKoBGB/*Schäfer* § 727 Rn. 58). Der Kapitalanteil des Erblassers steht dem Eintrittsberechtigten nicht automatisch zur Verfügung, da er grundsätzlich aufgrund der gesetzlich geschuldeten Abfindungszahlung an die Erben aufgezehrt wird. Um dies zu vermeiden, kann dem Nachfolger bereits im Gesellschaftsvertrag die Vermögensstellung des bisherigen Gesellschafters zugewendet werden. Dies kann dadurch geschehen, dass der Abfindungsanspruch beim Tod des Gesellschafters im Gesellschaftsvertrag ausgeschlossen wird (BGH WM 1971, 1338 [1339]) und die übrigen Gesellschafter sich nach § 328 BGB verpflichten, die mit dem Anteil verbundenen Vermögensrechte treuhänderisch für den Eintrittsberechtigten zu halten und bei dessen Eintritt auf diesen zu übertragen (**eigentliche rechtsgeschäftliche Eintrittsklausel**). Im Hinblick auf die Ungewissheit über die Ausübung des Eintrittsrechts sollte der Abfindungsausschluss auflösend bedingt durch den Nichteintritt des Berechtigten ausgestaltet werden. Alternativ kann dies auch durch eine rechtsgeschäftliche oder eine erbrechtliche Eintrittsklausel erreicht werden.

Rechtsgeschäftliche Eintrittsklausel: Der Gesellschafter kann dem Eintrittsberechtigten bereits lebzeitig seinen Kapitalanteil zuwenden durch Abschluss eines Schenkungsvertrages mit einer auf den Tod des Gesellschafters befristeten und durch das Überleben des Eintrittsberechtigten aufschiebend bedingten Abtretung seines Anteils. Hierfür bedarf es der Mitwirkung des Eintrittsberechtigten (*Nieder/Kössinger* § 20 Rn. 46). An diese Zuwendung ist der Gesellschafter dann aber bereits zu Lebzeiten gebunden. Darüber hinaus bedarf dies – je nach Gesellschaftsvertrag – zudem der Zustimmung der Mitgesellschafter.

Erbrechtliche Eintrittsklausel: Der Gesellschafter wendet dem Eintrittsberechtigten den Abfindungsanspruch auf erbrechtlichem Wege durch Erbeinsetzung oder ein entsprechendes Vermächtnis zu.

4. Steuern. Erbschaftsteuer: Bei einer Eintrittsklausel werden die Eintrittsberechtigten nicht unmittelbar Gesellschafter; sie erlangen lediglich das Recht, in die Gesellschaft einzutreten. Gleichwohl ist bei eintrittsberechtigten Erben von einem Erwerb durch Erbanfall gem. § 3 Abs. 1 Nr. 1 ErbStG auszugehen, der dem Grunde nach begünstigt ist (vgl. A 13b.1 Abs. 2 S. 2 ErbStR 2011). Soweit ein Nichterbe gegen Einlage des – zuvor vermachten – Abfindungsanspruches des verstorbenen Gesellschafters rückwirkend auf den Tod eintrittsberechtigt ist, handelt es sich bei Ausübung des Eintrittsrechts für den eintretenden Nichterben um einen grds. begünstigten Erwerb von Todes wegen nach § 3 Abs. 1 Nr. 4 ErbStG.

Wird das Eintrittsrecht nicht ausgeübt, können die Mitgesellschafter des Erblassers durch die Anwachsung des früheren Gesellschaftsanteils einen Erwerb von Todes wegen gem. § 3 Abs. 1 Nr. 2 S. 2 ErbStG verwirklichen, wenn der erbschaftsteuerliche Wert des anwachsenden Gesellschaftsanteils das Abfindungsguthaben überschreitet; dieser Erwerb ist grds. nach §§ 13a, 13b ErbStG unter den dortigen weiteren Voraussetzungen begünstigt (vgl. A 13b.1 Abs. 2 S. 4 ErbStR 2011). Nicht begünstigt ist hingegen die Abfindung, die die Erben von den überlebenden Mitgesellschaftern erhalten.

Einkommensteuer: Der Erblasser erzielt grds. einen tarifbegünstigten Veräußerungsgewinn (§§ 16, 34 EStG), wenn im Falle des Nichteintritts eine Abfindung gezahlt wird (vgl. BMF BStBl. I 2006, 253 Tz. 70), entsprechend der einkommensteuerlichen Folgen bei der Fortsetzungsklausel (→ Form. G.I.1 Fortsetzungsklausel).

Werden die Eintrittsrechte dagegen innerhalb von sechs Monaten nach dem Erbfall ausgeübt, so gelten bei Eintritt aller Erben die Ausführungen zur einfachen Nachfolgeklausel entsprechend (→ Form. G.I.2). Tritt dagegen nur ein oder einige Erben ein, gelten die Ausführungen zur qualifizierten Nachfolgeklausel entsprechend (→ Form. G.I.4).

5. Kosten. → Form. G.I.1.

6. Personengesellschaftsvertragliche rechtsgeschäftliche Nachfolgeklausel

1. **Beim Tode eines Gesellschafters wird die Gesellschaft unter den übrigen Gesellschaftern fortgesetzt.**
2. **Allerdings geht beim Tode des Gesellschafters A seine Beteiligung unmittelbar auf seine Tochter T über. Diese unterzeichnet diesen Vertrag als Mitgesellschafterin (oder: als zukünftige Gesellschafterin) neben allen übrigen Gesellschaftern zur Begründung ihrer Anwartschaft auf unmittelbaren Übergang der Beteiligung kraft Rechtsgeschäfts unter Lebenden auf sie – ohne dass es hierzu ihrer Erbeinsetzung bedarf – beim Tode ihres Vaters .[1, 2]**
3. **Ein Abfindungsanspruch der Erben des Gesellschafters A gegen die Gesellschaft oder die übrigen Gesellschafter ist ausgeschlossen.[3, 4, 5, 6]**

Anmerkungen

1. Sachverhalt und Interessenlage, rechtsgeschäftliche Nachfolgeklausel. In dem Gesellschaftsvertrag der Personengesellschaft sollte geregelt werden, was beim Versterben der Gesellschafter mit deren Gesellschaftsanteil geschieht. Vorliegend soll für den Erbfall des Gesellschafters A der Nachfolgeberechtigte bereits rechtsgeschäftlich (und nicht erbrechtlich) bindend festgelegt werden, so dass dieser mit dem Tod eines Gesellschafters unmittelbar und ohne weiteres Zutun in dessen Gesellschafterstellung nachrückt. Die rechtsgeschäftliche Nachfolgeklausel soll die Unsicherheit, die eine Eintrittsklausel durch die Möglichkeit des Eintrittsberechtigten, seinen Eintritt in die Gesellschaft abzulehnen, mit sich bringt, vermeiden. Es handelt sich rechtlich um eine einfache Fortsetzungsklausel, welche kombiniert wird mit einer auf den Tod des Gesellschafters befristeten und durch das Überleben des Nachfolgers aufschiebend bedingten Abtretung des Gesellschaftsanteils unter Zustimmung der übrigen Gesellschafter.

2. Beteiligung des Eintrittsberechtigten am Vertragsschluss. Erforderlich ist, dass der Eintrittsberechtigte bereits lebzeitig am Vertragsschluss beteiligt ist. Ist dies nicht der Fall, stellt die zwingende Nachfolge in das „Bündel von Rechten und Pflichten" der Mitgliedschaft einen unzulässigen Vertrag zu Lasten Dritter dar (MüKoBGB/*Schäfer* § 727 Rn. 50). Eine solche unwirksame Klausel ist je nach Fall in eine erbrechtliche Nachfolgeklausel oder eine rechtsgeschäftliche Eintrittsklausel umzudeuten (BGH NJW 1978, 264).

3. Abfindung. Auch hier sind die Abfindungsansprüche der nicht nachfolgeberechtigten Erben gegenüber der Gesellschaft zur Vermeidung von Streitigkeiten klarstellend

auszuschließen. Den weichenden Pflichtteilsberechtigten steht ggf. ein Anspruch auf Pflichtteilsergänzung gegenüber dem Erben oder subsidiär dem eintretenden Nachfolger zu (§§ 2325, 2329 BGB).

4. Sonstiges. Maßgebend für die **Auswahl der konkreten gesellschaftsvertraglichen Nachfolgeklausel** ist die Frage, ob mit der Nachfolgeregelung im Erbfall primär den Gemeinschaftsinteressen der verbleibenden Gesellschafter oder dem (Einzel-)Interesse des Gesellschafter-Erblassers an der Nachfolge in den Wert seiner Beteiligung Rechnung getragen werden soll.

Soll die Klausel vornehmlich zugunsten der verbleibenden Gesellschafter ausgestaltet sein, was eher bei der Nachfolge in vollhaftende Beteiligungen der Fall sein dürfte, bietet sich eine **rechtsgeschäftliche Nachfolgeklausel** an, da sie die Nachfolge für die verbleibenden Gesellschafter planbar macht. Der Erblasser-Gesellschafter ist bei der Wahl des Nachfolgers an die mit den Gesellschaftern abgestimmte Person gebunden. Nachteilig kann eine langfristige, starre Festlegung auf die bestimmte Nachfolgerperson sein. Größte Sicherheit und Berechenbarkeit der Nachfolge bietet eine **einfache Fortsetzungsklausel** mit Ausschluss von Abfindungsansprüchen der weichenden Erben. Die verbleibenden Gesellschafter führen die Gesellschaft ohne jegliche Beteiligung Dritter nach dem Todesfall weiter, Pflichtteilsansprüche entstehen nicht. Eine solche Klausel bietet sich allerdings im Hinblick auf den dauerhaften Bestand der Gesellschaft meist nur bei Familiengesellschaften an, bei denen die für die Nachfolge vorgesehenen Abkömmlinge bereits zu Lebzeiten in die Gesellschaft aufgenommen werden. Eine **rechtsgeschäftliche Nachfolgeklausel** garantiert den verbleibenden Gesellschaftern die Nachfolge einer bestimmten Person, die allerdings am Vertragsschluss mitbeteiligt sein muss. Sie kommt daher meist nur in Betracht, wenn der Erbfall bereits absehbar ist, wie beispielsweise bei hohem Alter oder Krankheit des Erblasser-Gesellschafters, oder wenn der Nachfolger bereits Mitgesellschafter ist.

Die alternative rechtsgeschäftliche Eintrittsklausel (→ Form. G.I.5) mit subsidiärem Benennungsrecht grenzt den Kreis der möglichen Nachfolger zwar ebenfalls ein, jedoch besteht für die verbleibenden Gesellschafter eine Unsicherheit im Hinblick darauf, ob der Eintrittsberechtigte von seinem Eintrittsrecht Gebrauch macht und dadurch die Gesellschaft vor Abfindungsansprüchen verschont bleibt. Generell haben rechtsgeschäftliche Klauseln den Nachteil, dass der Erblasser-Gesellschafter sich frühzeitig an eine Nachfolgeregelung bindet und diese nur unter Mitwirkung der übrigen Gesellschafter wieder rückgängig machen kann. Vorteile der rechtsgeschäftlichen Klauseln sind die Durchbrechung der Bindungswirkung gemeinschaftlicher Testamente und Erbverträge, die Möglichkeit der Auswahl des Nachfolgers durch Dritte ohne Verstoß gegen § 2065 BGB, der Ausschluss des Wahlrechts des Nachfolgers nach § 139 HGB und der Ausschluss von Pflichtteilsansprüchen, da der Gesellschaftsanteil am Nachlass vorbeigesteuert wird. Nicht ausgeschlossen sind hingegen Pflichtteilsergänzungsansprüche (Ausnahme: Fortsetzungsklausel mit wechselseitigem Abfindungsausschluss aller Gesellschafter). In der praktischen Umsetzung ist ferner vorteilhaft, dass die rechtsgeschäftlichen Klauseln keiner flankierenden Ergänzung durch übereinstimmende Verfügung von Todes wegen bedürfen (*Nieder/Kössinger* § 20 Rn. 57).

Soll die Klausel hingegen hauptsächlich den (Einzel-)Interessen der Gesellschaftererben dienen, was regelmäßig bei Kommanditbeteiligungen der Fall sein dürfte, bieten sich die erbrechtlichen Nachfolgeklauseln an. Die größte Gestaltungsfreiheit hat der Erblasser-Gesellschafter bei der einfachen Nachfolgeklausel, die qualifizierte Nachfolgeklausel kommt den Interessen der übrigen Gesellschafter an der Berechenbarkeit der Nachfolge eher entgegen. Im Falle einer qualifizierten Nachfolgeregelung muss aber den Ausgleichsansprüchen der weichenden Erben besondere Aufmerksamkeit zukommen. Ein Nachteil erbrechtlicher Klauseln ist die Notwendigkeit der Übereinstimmung des Gesellschaftsvertrags und der maßgeblichen Verfügung von Todes wegen.

5. Steuern. In **erbschaftsteuerlicher** Hinsicht ist zu unterscheiden, ob eine entgeltliche oder eine unentgeltliche rechtsgeschäftliche Nachfolge vereinbart wurde. Darüber hinaus ist der Zeitpunkt der Übertragung von Bedeutung. Eine Schenkung auf den Todesfall gem. § 3 Abs. 1 Nr. 2 S. 1 ErbStG liegt vor, wenn die Nachfolge unentgeltlich mit dem Tod des Gesellschafters eintritt oder das zu entrichtende Entgelt unter dem erbschaftsteuerlichen Wert des Gesellschaftsanteils liegt. Wird eine adäquate entgeltliche Nachfolge vereinbart, hat der Übergang keine erbschaft- oder schenkungsteuerlichen Folgen.

Aus **ertragsteuerlicher** Sicht ist bei einer unentgeltlichen rechtsgeschäftlichen Nachfolge die betriebliche Gesellschaftsbeteiligung gem. § 6 Abs. 3 S. 1 EStG zwingend zu Buchwerten fortzuführen. Die entgeltliche rechtsgeschäftliche Nachfolge in einen betrieblichen Gesellschaftsanteil führt hingegen zu einem Veräußerungsgewinn des Erblassers und zwar insoweit, als das Entgelt den Buchwert übersteigt. Die Steuerpflicht entsteht hier mit dem Übergang des Gesellschaftsanteils auf den Erwerber zum Zeitpunkt des Todes des Gesellschafters.

6. Kosten. → Form. G.I.1.

7. Kombinierte Einziehungs- und Abtretungsklausel in der GmbH-Satzung

1. Geschäftsanteile können jederzeit ganz oder teilweise eingezogen werden, wenn der betroffene Gesellschafter zustimmt.[1, 2]
2. Der Geschäftsanteil eines Gesellschafters kann im Falle seines Todes ganz oder teilweise auch ohne die Zustimmung seiner Erben eingezogen werden (<u>ggf.:</u> *jedoch nur dann, wenn der Geschäftsanteil auf andere Personen als den Ehegatten des verstorbenen Gesellschafters, seine Abkömmlinge oder Mitgesellschafter übergeht*).
3. Die Einziehung bedarf eines Gesellschafterbeschlusses, der mit einfacher/qualifizierter Mehrheit der abgegebenen stimmberechtigten Stimmen gefasst wird. Der Beschluss muss in der ersten auf die Kenntniserlangung über den Todesfall folgenden Gesellschafterversammlung gefasst werden.[3] Dem betroffenen Gesellschafter steht bei der Beschlussfassung kein Stimmrecht zu. Die Einziehung wird mit der Erklärung durch die Geschäftsführung wirksam, unabhängig davon, wann die gemäß § (. . . . . .) zu zahlende Abfindung an den weichenden Erben gezahlt wird.
4. Der Einziehungsbeschluss ist entweder mit einem Beschluss über die Aufstockung der übrigen Geschäftsanteile der verbleibenden Gesellschafter oder mit einem notariell zu beurkundendem Beschluss zur Kapitalherabsetzung, jeweils im Umfang des eingezogenen Geschäftsanteils, zu verbinden.
5. Anstelle der Einziehung können die Gesellschafter auch beschließen, dass der Geschäftsanteil ganz oder teilweise an die Gesellschaft, an einen oder mehrere Gesellschafter oder einen Dritten abzutreten ist.
6. Die Stimm- und Verwaltungsrechte der Erben des verstorbenen Gesellschafters ruhen, bis ein Beschluss über die Einziehung oder Abtretung gefasst ist.[4, 5, 6]

Anmerkungen

1. Sachverhalt und Interessenlage. In dem Gesellschaftsvertrag der GmbH soll geregelt werden, dass der Geschäftsanteil eines Gesellschafters im Falle seines Todes auch ohne Zustimmung seiner Erben eingezogen werden kann.

2. Einziehungsklausel. Eine Einziehung des GmbH-Geschäftsanteils kann gem. § 34 GmbHG nur erfolgen, soweit sie im Gesellschaftsvertrag der GmbH zugelassen ist. Während der sog. „freiwilligen Einziehung" nur geringe Bedeutung zukommt, hat die Zwangseinziehung erhebliche praktische Bedeutung.

3. Vererblichkeit. Im Todesfall geht der Geschäftsanteil des Erblassers auf den Erben über (§ 15 Abs. 1 GmbHG). Hinterlässt der Gesellschafter mehrere Erben, erwerben diese den Anteil zur gesamten Hand. Durch Satzungsregelung kann die Vererblichkeit des Geschäftsanteils nicht ausgeschlossen werden. Allerdings kann auf das Schicksal des Geschäftsanteils nach dem Tode des Gesellschafters durch entsprechende Satzungsbestimmungen (Einziehungs- und/oder Abtretungsklausel) Einfluss genommen werden. Solche Satzungsbestimmungen sind für den Erben verbindlich, da dieser von Todes wegen den mit der Einziehungs-/Abtretungsklausel belasteten Gesellschaftsanteil erwirbt. Bis zur Einziehung oder Abtretung verbleibt der Geschäftsanteil jedoch im Nachlass.

Die Einziehungsklausel sieht vor, dass beim Tode eines Gesellschafters die Gesellschaft zur Einziehung des Geschäftsanteils von den Erben gem. § 34 Abs. 1 GmbHG berechtigt ist. In Betracht kommt auch, die Befugnis zur Einziehung nur für den Fall der Vererbung des Geschäftsanteils auf bestimmte Personen zuzulassen. Die vorliegende Klausel schränkt zur Vermeidung fortdauernder Rechtsunsicherheit dieses Recht jedoch zeitlich ein, indem sie einen Gesellschafterbeschluss in der ersten auf den Todesfall folgenden Gesellschafterversammlung fordert. Die Satzung kann die Einziehung auch in das Ermessen des Beirats oder eines anderen Organs stellen (Baumbach/Hueck/*Fastrich* GmbHG § 34 Rn. 14). Neben der gesellschaftsvertraglichen Zulassung der Einziehung im Todesfall ist weitere Voraussetzung für eine Einziehung nach allgemeiner Meinung die Volleinzahlung des betreffenden Gesellschaftsanteils. Für den Fall, dass der einzuziehende Geschäftsanteil nicht voll einbezahlt ist, bleibt nur die Möglichkeit einer Kaduzierung nach § 21 GmbHG oder einer formellen Kapitalherabsetzung. Darüber hinaus darf die Zahlung einer grundsätzlich an die Erben zu entrichtenden **Abfindung** nicht zu einer Stammkapitalrückzahlung gem. §§ 34 Abs. 3, 30 Abs. 1 GmbHG führen. Die Abfindung muss also aus dem nicht zur Erhaltung des Stammkapitals erforderlichen freien Vermögen der Gesellschaft geleistet werden.

Ohne gesellschaftsvertragliche Regelung haben die Erben im Falle der Einziehung/Geltendmachung der Zwangsabtretung einen Anspruch auf Zahlung einer Abfindung bzw. eines Entgelts. Hierbei ist grundsätzlich der Verkehrswert des einzuziehenden/abzutretenden Geschäftsanteils als Entgelt/Abfindung anzusetzen. Zur Vermeidung von den Bestand der Gesellschaft gefährdenden Liquiditätsabflüssen kann der Abfindungsanspruch auf einen unter dem Verkehrswert liegenden Betrag gekürzt oder auch vollständig ausgeschlossen werden, sofern eine solche Regelung für alle Gesellschafter gleichermaßen gilt (Baumbach/Hueck/*Fastrich* GmbHG § 34 Rn. 34a; *Perzborn* DNotZ 2017, 405 [417 f.]).

4. Gesellschafterrechte. In der Zeit zwischen Erbfall und Einziehung des Geschäftsanteils sind die Erben Gesellschafter und haben somit alle Stimm- und Verwaltungsrechte aus dem geerbten Geschäftsanteil. Um diesen keine unerwünschte Einflussnahme auf die Geschäfte der Gesellschaft zu ermöglichen, sollte ein Ruhen dieser Rechte festgelegt werden. Ob bei der Beschlussfassung über die Einziehung ein Stimmrechtsverbot gem. § 47 Abs. 4 GmbHG der betroffenen Gesellschafter besteht, ist umstritten (Baumbach/Hueck/*Zöllner/Noack* GmbHG § 47 Rn. 88 ff. mwN). Der Gesellschaftsvertrag sollte daher vorsorglich ein solches Stimmrechtsverbot vorsehen, um zu verhindern, dass die Erben bei entsprechend hoher Beteiligung an der Gesellschaft die Einziehung vereiteln.

5. Steuern. Erbschaftsteuer: Im Falle einer Einziehungs- oder Abtretungsklausel ist der Erwerb durch die Erben lediglich auflösend bedingt. Der Erwerb wird zunächst wie ein

unbedingter Erwerb behandelt, § 5 Abs. 1 BewG. Wird das entsprechende Recht ausgeübt, so ist die Steuerfestsetzung auf Antrag zu berichtigen, § 5 Abs. 2 BewG, sollte diese überhaupt schon durchgeführt worden sein. Der Erbe ist ggf. wie ein Nießbraucher zu besteuern. Der Abfindungsanspruch, der dem Erben bei Eintritt der auflösenden Bedingung zusteht, gilt als Erwerb vom Erblasser gem. § 3 Abs. 1 Nr. 1 ErbStG und ist als reine Kapitalforderung mit dem Nennwert gem. § 12 Abs. 1 BewG zu bewerten. In § 10 Abs. 10 S. 2 ErbStG wird klargestellt, dass auch dann, wenn der erbschaftsteuerliche Wert des Kapitalgesellschaftsanteils iSd § 12 Abs. 2 ErbStG zur Zeit des Todes des Erblassers höher ist als der vertraglich vereinbarte Abfindungsanspruch, der vertragliche Abfindungsanspruch für Erbschaftsteuerzwecke maßgeblich ist. Da es sich um eine Forderung des Privatvermögens handelt, kann der Erbe Begünstigungen für Betriebsvermögen gem. §§ 13a, 13b, 13c, 19a, 28a ErbStG nicht in Anspruch nehmen.

Auf Ebene der Altgesellschafter liegt dann, wenn der Steuerwert des Kapitalgesellschaftsanteils die bestehenden Abfindungsansprüche übersteigt, im Fall der Einziehungsklausel eine Schenkung auf den Todesfall nach § 3 Abs. 1 Nr. 2 S. 3 ErbStG bzw. im Fall einer Abtretungsklausel beim Abtretungsempfänger, der bereits Gesellschafter ist, nach § 3 Abs. 1 Nr. 2 S. 2 ErbStG vor.

Bei reiner Einziehung des Geschäftsanteils mit der Rechtsfolge des Untergangs des Geschäftsanteils ist die Bereicherung der Mitgesellschafter mangels Übergangs des Geschäftsanteils nicht begünstigungsfähig (R E 3.4 Abs. 3 S. 7, 9 ErbStR 2011). Dagegen werden bei kombinierten Einziehungs- und Abtretungsklauseln dem Abtretungsempfänger die Begünstigungen der §§ 13a, 13b, 13c, 19a, 28a ErbStG grundsätzlich gewährt (R E 3.4 Abs. 3 S. 3–5 ErbStR 2011). Folglich ist in der Gestaltungspraxis eine kombinierte Einziehungs- und Abtretungsklausel vorzugswürdig. Zur Begünstigungsfähigkeit von Kapitalgesellschaftsanteilen generell vgl. A 13b.6 ErbStR 2011.

Ertragsteuer: Die Einziehung eines Kapitalgesellschaftsanteils gegen Entgelt ist ein Veräußerungsvorgang genauso wie die Abtretung gegen Abfindung. Für die jeweiligen ertragsteuerlichen Folgen kommt es darauf an, ob der Erblasser den Geschäftsanteil im Betriebs- oder im Privatvermögen gehalten hat und ob seine Beteiligungshöhe bei einer Beteiligung im Privatvermögen mindestens 1 % oder darunter beträgt.

Hielt der Erblasser den Geschäftsanteil im **Betriebsvermögen** zB seines Einzelunternehmens, so führt die entgeltliche Einziehung bzw. Abtretung zu einem Veräußerungsgewinn gem. § 15 Abs. 1 Nr. 1 EStG, soweit die Abfindung über dem Buchwert liegt. Auf diesen Veräußerungsgewinn findet das Teileinkünfteverfahren nach § 3 Nr. 40 Buchst. a EStG Anwendung, dh der Veräußerungsgewinn wird zu 60 % der Besteuerung unterworfen. Der Erblasser erzielt einen Veräußerungsverlust, wenn die Abfindung aus betrieblichen Gründen unter dem Buchwert liegt. In diesem Fall sind gem. § 3c Abs. 2 EStG die Veräußerungsverluste nur zu 60 % abzugsfähig. Sind für den Veräußerungsverlust private Gründe ausschlaggebend, tätigt der Erblasser eine Entnahme.

Hielt der Erblasser den Geschäftsanteil im **Privatvermögen** und war er zu mindestens 1 % iSd § 17 EStG an der Kapitalgesellschaft beteiligt, ist der Vorgang gem. § 17 EStG zu versteuern, sofern die Abfindung dem Verkehrswert des Geschäftsanteils entspricht und dadurch ein voll entgeltliches Rechtsgeschäft gegeben ist. Der Veräußerungsgewinn wird gem. § 3 Nr. 40 Buchst. c EStG nur zu 60 % der Besteuerung unterworfen (Teileinkünfteverfahren).

Erreicht die Abfindung nicht den Verkehrswert des Geschäftsanteils, könnte eine gemischte Schenkung vorliegen. Dagegen spräche eine gesellschaftsvertragliche Regelung, die die Höhe und Berechnung der Abfindung für alle Gesellschafter einheitlich regelt. Liegt eine solche nicht vor und handelt es sich bei den verbleibenden Gesellschaftern um Familienangehörige, deutet dies auf eine gemischte Schenkung hin (Schmidt/*Wacker* EStG § 16 Rn. 77).

Ist im Gesellschaftsvertrag eine Abfindung unter dem Buchwert vorgesehen, erzielt der Erblasser einen Veräußerungsverlust, wenn das Einziehungs- bzw. Abfindungsentgelt nicht dem Verkehrswert entspricht und es sich nicht um eine gemischte Schenkung handelt (Blümich/*Schallmoser* EStG § 16 Rn. 252 analog). Der Veräußerungsverlust ist gem. § 3c Abs. 2 EStG nur zu 60 % abzugsfähig.

Hielt der Erblasser den Anteil im Privatvermögen bei einer Beteiligungsquote von unter 1 %, so unterliegt der Unterschiedsbetrag zwischen Abfindungsbetrag und Buchwert des Geschäftsanteils als Veräußerungsgewinn nach § 20 Abs. 2 Nr. 1 EStG der Abgeltungsteuer in Höhe von 25 % zuzüglich Solidaritätszuschlag in Höhe von 5,5 % hierauf. Private – auch unwesentliche – Anteile an Kapitalgesellschaften sind – unabhängig von einer Spekulationsfrist – seit Einführung des Abgeltungsteuerregimes per se steuerverstrickt.

Bei den verbleibenden Gesellschaftern wirken sich die Abfindungszahlungen im Rahmen der Einziehung (Amortisation) durch die Gesellschaft grds. ertragsteuerlich nicht aus (BFH BStBl. III 1966, 245).

6. Kosten. Die Beurkundung eines Beschlusses zur Änderung des Gesellschaftsvertrags löst eine 2,0-Gebühr nach Nr. 21100 KV GNotKG aus. Der Geschäftswert beträgt 1 % des Stammkapitals, mindestens jedoch 30.000,– EUR, §§ 108 Abs. 1 S. 1, 105 Abs. 4 Nr. 1 GNotKG. Daraus ergibt sich eine Gebühr von mindestens 250,00 EUR (netto). Für die Anmeldung der Satzungsänderung zum Handelsregister entsteht eine 0,5-Gebühr nach Nr. 24102 KV GNotKG iVm § 92 Abs. 2 GNotKG aus dem gleichen Geschäftswert nach §§ 119 Abs. 1, 105 Abs. 2, Abs. 4 Nr. 1 GNotKG. Für den elektronischen Vollzug (XML-Daten) wird eine 0,3-Gebühr nach Nr. 22114 KV GNotKG erhoben. Für die Handelsregisteranmeldung entstehen daher Kosten von mindestens 100,00 EUR. Die Satzungsbescheinigung nach § 54 Abs. 1 S. 2 GmbHG ist gebührenfrei, Vorbemerkung 2.1 Abs. 2 Nr. 4 KV GNotKG.

8. Vorrangige Zwangsabtretungsklausel in der GmbH-Satzung

Beim Tode eines Gesellschafters sind die Erben, die nicht Familienmitglieder gemäß § (. . . . .) der Satzung sind, dazu verpflichtet, den Geschäftsanteil innerhalb von zwei Monaten nach dem Erbfall auf die Mitgesellschafter zu übertragen.[1] Den Erben ist von den übrigen Gesellschaftern eine Abfindung in der durch die Satzung festgelegten Höhe zu gewähren.

Erfolgt die Abtretung nicht innerhalb von drei Monaten nach dem Tod des Gesellschafters, kann der Geschäftsanteil eingezogen werden, ohne dass es der Zustimmung der Erben bedarf.[2, 3, 4]

Anmerkungen

1. Sachverhalt und Interessenlage. Durch vertragliche Bestimmung im Gesellschaftsvertrag der GmbH soll verhindert werden, dass Personen, die nicht als Mitgesellschafter gewünscht sind, beim Versterben eines Gesellschafters dauerhaft in der Gesellschaft verbleiben. Hierzu wird geregelt, dass diese nicht nachfolgeberechtigten Erben verpflichtet sind, den Geschäftsanteil des Verstorbenen innerhalb einer bestimmten Frist an die übrigen Gesellschafter gegen Gewährung einer Abfindung abzutreten.

2. Abtretungsklausel. Gesellschaftsvertraglich kann in der Satzung einer GmbH alternativ oder kumulativ zur Einziehungsklausel (→ Form. G.I.7) vereinbart werden, dass

beim Versterben eines Gesellschafters dessen Erben zur Abtretung des Geschäftsanteils an die Gesellschafter, an Dritte oder auch an die Gesellschaft selbst verpflichtet sind. Anders als bei der Einziehung bleibt der Gesellschaftsanteil mit allen Rechten und Pflichten bestehen. Die Abtretungspflicht kann zusätzlich an objektiv bestimmbare Erfordernisse, wie vorliegend die fehlende Familienmitgliedschaft, geknüpft werden. Auch die Bindung an weitere objektive Kriterien, wie zB ein vorhandener Hochschulabschluss oder eine abgeschlossene kaufmännische Ausbildung, ist möglich. Der durch die Abtretung Begünstigte kann ebenfalls anhand objektiver Kriterien bestimmt oder bestimmbar sein oder nach dem Erbfall durch Gesellschafterbeschluss bestimmt werden.

Da der Geschäftsanteil in den Nachlass fällt, können die Erben über den Geschäftsanteil grundsätzlich frei verfügen (§ 15 Abs. 1 GmbHG) und dadurch den Willen der übrigen Gesellschafter unterlaufen, den Anteil nur auf einen bestimmten Nachfolger zu übertragen. Es ist daher anzuraten, die Wirksamkeit der Abtretung des Geschäftsanteils durch eine entsprechende Satzungsbestimmung von der Zustimmung der Gesellschaft abhängig zu machen (§ 15 Abs. 5 GmbHG, Vinkulierung).

Die Satzung kann neben der Abtretungsverpflichtung auch die Ermächtigung der Gesellschaft nach § 185 BGB (Verfügungsermächtigung) vorsehen, die Abtretung selbst vorzunehmen; eine Mitwirkung der Erben ist in diesem Fall nicht erforderlich.

Für die Höhe und den Ausschluss eines Abfindungsanspruchs sowie den Ausschluss der Stimm- und Verwaltungsrechte der Erben gelten die im Rahmen der Einziehungsklausel dargelegten Grundsätze (→ Form. G.I.7).

3. Steuern. Erbschaftsteuer: → Form. G.I.7 Anm. 5.

4. Kosten. → Form. G.I.7 Anm. 6.

9. Einziehungsklausel in der AG-Satzung

1. Beim Tode eines Aktionärs kann die Hauptversammlung mit einfacher Mehrheit der abgegebenen stimmberechtigten Stimmen die Einziehung der Aktien des verstorbenen Aktionärs in der ersten auf den Todesfall des Aktionärs folgenden Hauptversammlung beschließen. Der oder die Rechtsnachfolger des Verstorbenen haben bei der Beschlussfassung kein Stimmrecht.

2. Die Einziehung der Aktien ist nicht möglich, sofern es sich bei dem oder den Rechtsnachfolgern um Abkömmlinge oder den Ehegatten des verstorbenen Aktionärs oder bereits vor dem Erbfall beteiligte Aktionäre der AG handelt oder die Aktien innerhalb von sechs Monaten nach dem Tod des Aktionärs auf ein oder mehrere Mitglieder dieses Personenkreises übertragen worden sind.

3. Der Vorstand hat die Einziehung gegenüber dem oder den Rechtsnachfolgern des betroffenen Aktionärs durch Einschreiben zu erklären. Ab dem Zugang der Erklärung des Vorstands über die Einziehung ruht das Stimmrecht des bzw. der Rechtsnachfolger.

4. Im Falle der Einziehung ist an den bzw. die Rechtsnachfolger des betroffenen Aktionärs als Einziehungsentgelt ein Betrag zu zahlen, der sich nach dem anteiligen tatsächlichen Unternehmenswert richtet. Das Entgelt ist zahlbar in vier gleich großen Jahresraten. Die erste Rate wird, soweit gesetzlich zulässig, drei Monate nach Zugang der Erklärung der Einziehung durch den Vorstand an den oder die betroffenen Rechtsnachfolger fällig. Die nachfolgenden Teilbeträge sind jeweils ein Jahr nach Fälligkeit des vorangegangenen Teilbetrags zur Zahlung fällig. Ausstehende Einziehungsentgelte sind ab Fälligkeit mit (. . . . . .) Prozentpunkte über dem jeweils im Jahr der Fälligkeit

gültigen Basiszinssatz nach § 247 BGB zu verzinsen. Die Gesellschaft ist im Rahmen des gesetzlich Zulässigen jederzeit berechtigt, Zahlungen vor Fälligkeit zu leisten. Soweit die Zahlung des Einziehungsentgelts gegen § 62 AktG verstoßen würde, gelten Zahlungen auf die Hauptsumme als zum vorstehend bestimmten Zeitpunkt verzinslich, Zinsen als unverzinslich gestundet.[1, 2, 3, 4]

Anmerkungen

1. Sachverhalt und Interessenlage. In der Satzung der AG soll geregelt werden, dass die Aktien eines Aktionärs im Falle seines Todes auch ohne Zustimmung seiner Erben eingezogen werden können. Diese Bestimmung ist zwar bei einer AG eher ungewöhnlich, kann aber gerade für mittelständische Gesellschaften und Familienunternehmen, die in der Rechtsform der AG geführt werden, zur Vermeidung des Eintritts von familienfremden Personen interessengerecht sein.

2. Vererblichkeit, Einziehungsklausel. Die Aktien an einer Aktiengesellschaft sind ebenso wie Geschäftsanteile an einer GmbH ohne weiteres vererblich und fallen in den Nachlass, wobei die Erbengemeinschaft die Aktien gesamthänderisch erwirbt. Gemäß § 69 Abs. 1 AktG können Miterben ihre Rechte aus den geerbten Aktien nur durch einen gemeinschaftlichen Vertreter ausüben. Einen Anspruch auf Bestellung eines solchen Vertreters hat die Gesellschaft zwar nicht, bis zur Bestellung ruhen jedoch die Verwaltungsrechte der Erben.

Die Vererblichkeit der Aktien kann nicht durch die Satzung der AG ausgeschlossen werden (MüKoBGB/*Leipold* § 1922 Rn. 78). Anders als bei der GmbH ist es bei der AG unzulässig, den Ausschluss unerwünschter Erben aus der AG durch eine (Zwangs-) Abtretungsklausel zu bestimmen, da eine solche Abtretungsverpflichtung gegen das Verbot der Begründung von Nebenverpflichtungen verstoßen würde, §§ 54, 55 AktG (*Perzborn* RNotZ 2017, 405 [424]). Die Satzung kann allerdings für bestimmte Sachverhalte die Zwangseinziehung von Aktien anordnen, wobei die einzelnen Einziehungsgründe gem. § 237 Abs. 1 AktG in der Satzung festzulegen sind. Ein solcher Einziehungsgrund kann der Tod eines Aktionärs sein.

Liegt ein durch die Satzung angeordneter Zwangseinziehungsgrund vor, genügt gem. § 237 Abs. 6 AktG eine Entscheidung des Vorstands, um die Einziehung durchzuführen. Liegt dagegen lediglich eine gestattete Zwangseinziehung vor, hat die Hauptversammlung durch Beschluss über die Zwangseinziehung zu entscheiden.

Das Formular sieht die Möglichkeit der Einziehung für den Fall des Todes eines Aktionärs vor, wobei der Beschluss über diese gestattete Einziehung der Aktien des Verstorbenen durch die Hauptversammlung zu fassen ist. Der Beschluss ist innerhalb einer bestimmten, in der Satzung niederzulegenden Frist zu fassen, um eine längere Rechtsunsicherheit für die betroffenen Erben zu vermeiden. Auch inhaltlich ist das Recht zur Einziehung insofern beschränkt, als Abkömmlinge, Ehegatten sowie solche Erben, die bereits Aktionäre der AG sind, hiervon ausgenommen sind. Solche Erben, deren Nachfolge daher nicht einer Ermessensentscheidung der Hauptversammlung unterworfen werden sollen, können durch eine solche Beschränkung bereits im Voraus von der Möglichkeit der Einziehung ausgeschlossen werden.

Die Klausel gewährt den ausscheidenden Aktionären eine dem tatsächlichen Unternehmenswert entsprechende Abfindung. Umstritten ist, inwieweit eine solche Abfindung eingeschränkt oder ausgeschlossen werden kann, wobei ein vollständiger Ausschluss nach wohl hM abgelehnt wird (vgl. *Hüffer/Koch* AktG § 237 Rn. 17 mwN). Eine Abfindung darf allerdings nach §§ 237 Abs. 2 S. 3, 225 Abs. 2 AktG erst an den betroffenen Rechtsnachfolger des Aktionärs ausgezahlt werden, wenn seit der Bekanntmachung der Kapital-

herabsetzung im Handelsregister sechs Monate verstrichen sind und den Gläubigern, die sich rechtzeitig gemeldet haben, Befriedigung oder Sicherheit gewährt worden ist. Entscheidet der Vorstand über die satzungsgemäße (Zwangs-)Einziehung (§ 237 Abs. 6 S. 2 AktG), wird die Kapitalherabsetzung bereits in dem Zeitpunkt der konkreten Einziehungshandlung (Zeitpunkt der Veröffentlichung in den Gesellschaftsblättern, wenn die Aktionäre nicht bekannt sind, ansonsten Bekanntmachung gegenüber dem betroffenen Aktionär) wirksam (§ 238 S. 2 AktG).

3. Steuern. Erbschaftsteuer: Bei allen Formen der erbrechtlichen Nachfolge in Kapitalgesellschaftsanteile (Geschäftsanteile, Aktien und Kommanditaktien) geht zunächst der Anteil auf die Erben über, die diese Übertragung als Erwerb von Todes wegen gem. § 3 Abs. 1 Nr. 1 ErbStG zu versteuern haben. → Form. G.I.7 Anm. 5.

Verschonungsabschlag und Abzugsbetrag nach § 13a Abs. 1 und 2 ErbStG kommen für die Erben gem. § 13b Abs. 1 Nr. 3 ErbStG nur in Betracht, wenn der Erblasser zuvor zu mehr als 25 % unmittelbar beteiligt war (Mindestbeteiligung) oder bei einer Beteiligung von 25 % oder weniger dem Erblasser aufgrund eines Anteils- und Stimmrechtspoolvertrages (Poolvertrag) mit Mitgesellschaftern mindestens mehr als 25 % der Anteile zugerechnet werden können. Es genügt zum Steuerentstehungszeitpunkt (§ 9 Abs. 1 ErbStG) das Bestehen dieser Mindestbeteiligung beim Erblasser bzw. Schenker, es muss nicht die gesamte Mindestbeteiligung gänzlich bzw. einheitlich übergehen. Bei dem Poolvertrag werden gem. § 13b Abs. 1 Nr. 3 S. 2 ErbStG Anteile weiterer unmittelbar beteiligter Gesellschafter für die Mindestbeteiligung von mehr als 25 % mitgezählt, wenn der Erblasser und die weiteren Gesellschafter untereinander verpflichtet sind, über die Anteile nur einheitlich zu verfügen oder ausschließlich auf andere derselben Verpflichtung unterliegende Anteilseigner zu übertragen und das Stimmrecht gegenüber nicht gebundenen Gesellschaftern einheitlich auszuüben. Der Poolvertrag kann noch kurz vor dem Erbfall privatschriftlich getroffen werden (sa A 13b.6 Abs. 6 ErbStR 2011), dieser muss dann allerdings während der jeweiligen Behaltensfrist von fünf (bei Regelverschonung) bzw. sieben Jahren (Optionsverschonung) gem. § 13a Abs. 6 Nr. 4, 13a Abs. 10 Nr. 6 ErbStG aufrecht erhalten werden, da ansonsten die zeitanteilige Nachversteuerung droht. Zu den Begünstigungsoptionen für Betriebsvermögen nach Inkrafttreten der Erbschaftsteuerreform → Form. A.IV.4 lit. d). Neben der Mindestbeteiligung von mehr als 25 % muss die Kapitalgesellschaft, deren Anteile begünstigt übertragen werden sollen, zum Zeitpunkt der Entstehung der Steuer Sitz oder Geschäftsleitung im Inland, der EU oder dem EWR haben, § 13b Abs. 1 Nr. 3 S. 1 ErbStG.

Werden begünstigte Kapitalgesellschaftsanteile im Rahmen der Erbauseinandersetzung auf einen oder mehrere Miterben übertragen, so können die Begünstigungen nach §§ 13a, 13b, 13c, 28a, 19a ErbStG nur von dem- oder denjenigen in Anspruch genommen werden, die den begünstigten Anteil letztlich erhalten, §§ 13a Abs. 5 S. 3, 13c Abs. 2 S. 1, 28a Abs. 1 S. 4 ErbStG (→ Form. C.IV.3).

Gestaltungsmöglichkeiten können sich in den Grenzen des zivilrechtlich Zulässigen dadurch ergeben, dass die Besteuerungsfiktionsnorm des § 3 Abs. 1 Nr. 2 S. 3 ErbStG, wonach letztlich Anwachsungserwerbe der verbleibenden Gesellschafter als Erwerbe von Todes wegen der Erbschaftsteuer unterliegen, wenn die Abfindung bzw. das Einziehungsentgelt hinter dem Wert der Anwachsung zurückbleibt, nur für die Einziehung eines Geschäftsanteils an einer GmbH, nicht aber für die Einziehung von Aktien gilt.

Auch → Form. G.I.7 Anm. 5.

4. Kosten. → Form. G.I.7 Anm. 6 Anstelle 1 % des Stammkapitals ist 1 % des Grundkapitals maßgeblich.

10. Kombinierte Klauseln der GmbH & Co. KG: (Qualifizierte) Nachfolgeklausel der KG und kombinierte Abtretungs- und Einziehungsklausel der GmbH

Gesellschaftsvertrag der KG

Beim Tod eines Gesellschafters wird die Gesellschaft nicht aufgelöst, sondern mit dessen (*ggf.: nachfolgeberechtigten*) Erben fortgesetzt. [Nachfolgeberechtigt sind (. . . . . .) (*zB die leiblichen Abkömmlinge des verstorbenen Gesellschafters, sein Ehegatte sowie Mitgesellschafter*).][1, 2]

Satzung der Komplementär-GmbH

Gleichlaufklausel:

1. Die Gesellschafter sollen stets im gleichen Verhältnis am Stammkapital beteiligt sein, in welchem sie als Kommanditisten am Festkapital der (. . . . . .) GmbH & Co. KG mit Sitz in (. . . . . .). (nachfolgend „KG" genannt) beteiligt sind (Gleichlauf der Beteiligungsquoten).
2. Die Gesellschafter, ihre Rechtsnachfolger und ggfs. die Gesellschaft selbst sind zur Herstellung der in Ziffer 1. niedergelegten Anforderung verpflichtet, Geschäftsanteile ganz oder teilweise in dem Umfang auf die Kommanditisten der KG zu übertragen oder von ihnen zu erwerben, dass dadurch jeweils ein Gleichlauf der Beteiligungsquoten besteht.
3. Solange kein Gleichlauf der Beteiligungsquoten besteht, ruht das Stimmrecht des betroffenen Gesellschafters in dem Umfang, in dem seine Beteiligungsquote am Stammkapital seine Beteiligungsquote an der KG übersteigt.
4. Eine Übertragung von Geschäftsanteilen ist zulässig,
   a) wenn gleichzeitig eine entsprechende verhältnismäßige Beteiligung des Übertragenden am Kommanditkapital der KG auf den Erwerber übertragen wird, oder
   b) soweit die Übertragung erfolgt, um einen Gleichlauf der Beteiligungsquoten zu erhalten oder herzustellen.[3]
5. Die Gesellschafter können mit einfacher Stimmmehrheit auch ohne Zustimmung des betroffenen Gesellschafters oder seiner Erben über die vollständige oder teilweise Einziehung des Geschäftsanteils beschließen, wenn und soweit der Geschäftsanteil von einem Gesellschafter gehalten wird, der nicht im entsprechenden Verhältnis am Festkapital der KG beteiligt ist und wenn der betroffene Gesellschafter der schriftlichen Aufforderung, einen Gleichlauf seiner Beteiligungen an beiden Gesellschaften herbeizuführen nicht binnen (. . . . . .) Monaten nach Zugang der Aufforderung nachkommt, wobei jeder Gesellschafter und jeder Geschäftsführer zur Erklärung der Aufforderung berechtigt ist.[4]
6. Kommt in den Fällen, in denen nach den vorstehenden Bestimmungen ein Geschäftsanteil ganz oder teilweise übertragen oder erworben werden muss, eine Einigung über die Höhe der Gegenleistung nicht zustande, so gelten die Bestimmungen des § (. . . . . .) über die Abfindung entsprechend.[5, 6]

Anmerkungen

1. Sachverhalt und Interessenlage. Bei der beteiligungsidentischen GmbH & Co. KG sollten die Gesellschaftsverträge der KG und der Komplementär-GmbH für den Fall

des Todes des Gesellschafters aufeinander abgestimmt sein und gesellschaftsvertragliche Beschränkungen für den Fall der Nachfolge vereinbart werden. Hierdurch werden auch nach dem Tode eines Gesellschafters dauerhaft gleiche Beteiligungsverhältnisse sichergestellt. So kann durch die gewählte Klausel gewährleistet werden, dass die Beteiligungsquoten an der KG und an der Komplementär-GmbH auch im Falle der Nachfolge eines Erben in die Gesellschaft identisch bleiben und somit ein nicht gewolltes Auseinanderlaufen von Kapital und Einfluss in der KG vermieden und steuerlichen Nachteilen vorgebeugt werden. Parallel zu den gesellschaftsvertraglichen Klauseln sind die erbrechtlichen Regelungen mit den gesellschaftsrechtlichen Bestimmungen in Einklang zu bringen. Von vornherein können solche Regelungs- und Überwachungsmechanismen dadurch vermieden werden, wenn anstelle einer beteiligungsidentischen GmbH & Co. KG eine sog. Einheits-GmbH & Co. KG geschaffen wird, also die Kommanditgesellschaft die Geschäftsanteile der Komplementär-GmbH hält. Dann wird nur ein Kommanditanteil verschenkt bzw. vererbt und inzident damit auch der Geschäftsanteil der GmbH im Gesamthandsvermögen der KG. Lebzeitige Übertragungen können zudem rein privatschriftlich erfolgen nebst Heilung des Formverstoßes durch Vollzug. Zu den gesellschaftsvertraglichen Regelungen eine Einheits-GmbH & Co. KG → Form G.IV.5.

2. Kombinierte Klauseln. Für den Fall des Todes des Gesellschafters der Komplementär-GmbH und der KG wird zunächst auf die grundsätzlichen Ausführungen zu den Personengesellschaften und zur GmbH verwiesen (→ Form. G.I.1; → Form. G.I.7).

Der Tod des Kommanditisten führt gem. § 177 HGB zur Fortsetzung der KG mit seinen Erben.

Sind mehrere Erben des Erblassers vorhanden, geht der Kommanditanteil im Verhältnis der Erbquoten unmittelbar im Wege der Sonderrechtsnachfolge anteilig auf die Erben über. Von dieser Rechtsfolge sind – wie in dem Muster vorgesehen – abweichende Regelungen im KG-Gesellschaftsvertrag möglich (vgl. Ausführungen zu Eintritts- und Nachfolgeklauseln). Ist der Erblasser zugleich auch an der Komplementär-GmbH beteiligt, wird sein Geschäftsanteil demgegenüber gesamthänderisch gebundenes Vermögen der Erbengemeinschaft. Diese unterschiedlichen Folgen der Vererblichkeit von Kommandit- und GmbH-Anteil können zu einer Durchbrechung der Beteiligungsidentität führen.

3. Gleichlaufklausel. Die Gleichlaufklausel in der Satzung der GmbH stellt sicher, dass die Beteiligungsverhältnisse bei KG und der Komplementär-GmbH beim Versterben eines Gesellschafters gleich sind bzw. bleiben. Maßgebend für den Gleichlauf, also den Umfang der jeweils entsprechenden quotalen Beteiligung der Erben an beiden Gesellschaften, ist die wirtschaftlich maßgebliche Beteiligung an der KG. Die Erben des verstorbenen (GmbH-)Gesellschafters sind hiernach verpflichtet, diese gesellschaftsvertragliche Bestimmung umzusetzen und einen Gleichlauf der Geschäftsanteile zu den Kommanditanteilen herzustellen. Hierzu sind ggfs. im Rahmen einer notariell zu beurkundenden Teilerbauseinandersetzung der Erbengemeinschaft (Teil-)Geschäftsanteile abzutreten oder zu erwerben. Eine solche in der GmbH-Satzung aufgenommene Verpflichtung wahrt die erforderliche notarielle Form des § 15 Abs. 4 GmbHG. Wenn ergänzend auch in dem Gesellschaftsvertrag der KG eine Verpflichtung zur Abtretung der GmbH-Geschäftsanteile aufgenommen würde, würde dies gem. § 15 Abs. 4 GmbHG zu einer Beurkundungspflicht des KG-Vertrages führen (*Binz/Mayer* NJW 2002, 3054 [3057]).

4. Einziehung. Die Gleichlaufklausel kann zusätzlich zu der Bestimmung über die Abtretungsverpflichtung ergänzt werden um die Befugnis zur Einziehung des Geschäftsanteils für den Fall, dass ein Gleichlauf zwischen Kommanditbeteiligung und Geschäfts-

anteil nicht innerhalb eines bestimmten Zeitraums – typischerweise nach einer vorangegangenen Aufforderung – durch die Erben hergestellt wird (näheres zur Einziehung → Form. G.I.7).

5. Steuern. Erbschaftsteuer: Eine gewerblich geprägte bzw. originär mitunternehmerische GmbH & Co. KG stellt grds. begünstigungsfähiges Vermögen iSd § 13b Abs. 1 Nr. 2 ErbStG dar. Diese Rechtsfolge trifft auch für die Einheits-GmbH & Co. KG zu, soweit die weiteren Voraussetzungen der §§ 13a, 13b ErbStG erfüllt werden. Zu beachten ist ua, dass Anteile an Kapitalgesellschaften von 25 % oder weniger zum Verwaltungsvermögen iSd § 13b Abs. 4 Nr. 2 ErbStG gehören und damit grds. von vornherein nicht mehr begünstigt sind (Wegfall des „Alles-oder-Nichts"-Prinzips nach der Unternehmens-Erbschaftsteuerreform), soweit kein Poolvertrag geschlossen wird.

Ertragsteuer: Soweit es sich bei den Geschäftsanteilen an der Komplementär-GmbH um Sonderbetriebsvermögen handelt oder diese bei der Einheits-KG Betriebsvermögen sind, werden diese als Teil des Mitunternehmeranteils gem. § 6 Abs. 3 S. 1 EStG im Todesfall oder bei einer Schenkung zum Buchwert übertragen. Es erfolgt keine Aufdeckung stiller Reserven.

Für den Fall, dass die Geschäftsanteile an der Komplementär-GmbH nicht Bestandteil des (Sonder-)Betriebsvermögens sind, wird für die erbschaft- und ertragsteuerliche Behandlung auf → Form. G.I.7 Anm. 5 verwiesen.

Die erbschaft- und ertragsteuerlichen Folgen für den oder die Erben von Kommanditanteilen richtet sich nach dem Rechtsgrund seines/ihres Erwerbs. Ausführungen zur Fortsetzungs-, einfachen bzw. qualifizierten Nachfolge- und Eintrittsklausel, vgl. (→ Form. G.I.1, → Form. G.I.2, → Form. G.I.3, → Form. G.I.4, → Form. G.I.5).

6. Kosten. Für die GmbH → Form. G.I.7 Anm. 6, für die KG → Form. G.I.1 Anm. 6.

11. Partnerschaftsgesellschaft: Nachfolgeklausel

Die Gesellschaft wird beim Tod eines Partners nicht aufgelöst, sondern mit denjenigen Erben fortgesetzt, die partnerschaftsfähig gem. § (. . . . . .) des Gesellschaftsvertrages sind und einer in der Partnerschaft bereits vertretenen Berufsgruppe angehören.[1, 2]

Etwaigen weiteren Erben des verstorbenen Partners stehen gegen die Partnerschaft keine Abfindungsansprüche zu. Etwaige Abfindungsansprüche sind im Verhältnis zwischen dem nachfolgeberechtigten Erben und den übrigen Erben zu regeln.[3, 4]

Anmerkungen

1. Sachverhalt und Interessenlage. Auch im Gesellschaftsvertrag der Partnerschaftsgesellschaft empfehlen sich Regelungen zur Nachfolge beim Versterben eines Partners. Zu beachten ist hier insbesondere, dass gem. § 9 Abs. 4 S. 2 PartGG zwar der Gesellschaftsvertrag die Vererblichkeit der Partnerschaftsbeteiligung bestimmen kann, jedoch nur zugunsten von partnerschaftsfähigen Erben gem. § 1 Abs. 1 und Abs. 2 PartGG. Zudem sind bei der Nachfolge die einschlägigen berufsrechtlichen Vorschriften zu beachten. So ist beispielsweise Rechtsanwälten nur die Zusammenarbeit mit den in § 59a BRAO genannten Berufsgruppen gestattet. Eine Zusammenarbeit zB mit Ingenieuren oder Ärzten sieht das Gesetz nicht vor. Daher kommt nur eine qualifizierte Nachfolgeklausel wie die vorstehende in Betracht (*Damrau/Tanck* BGB § 1922 Rn. 69).

Für die Partnerschaft mit beschränkter Berufshaftung gelten keine Besonderheiten bezüglich der Nachfolge. Ein qualitativer Unterschied zur „normalen" Partnerschaftsgesellschaft gilt lediglich im Hinblick auf die Haftungsbegrenzung der Partner für Schäden aufgrund fehlerhafter Berufsausübung.

2. Nachfolge: Für Partnerschaftsgesellschaften gelten beim Ausscheiden eines Gesellschafters gem. § 9 Abs. 1 PartGG die Bestimmungen der §§ 131–144 HGB entsprechend. Auch die Partnerschaftsgesellschaft wird danach beim Tode eines Partners nicht aufgelöst, sondern entsprechend der Regelung in § 131 Abs. 3 Nr. 1 HGB unter den übrigen Partnern fortgeführt. Die Beteiligung an der Partnerschaft ist gem. § 9 Abs. 4 S. 1 PartGG nicht vererblich, wenn nichts anderes vereinbart wird. Nach § 9 Abs. 4 S. 2 PartGG ist es möglich, den Anteil des Verstorbenen vererblich zu stellen, wie durch die vorliegende qualifizierte Nachfolgeklausel. Der Erbe des verstorbenen Partners, der die Voraussetzungen des § 1 Abs. 1 und Abs. 2 PartGG erfüllt, wird damit automatisch Partner. Es gilt daher auch hier, einen Gleichlauf zwischen der partnerschaftsvertraglichen Regelung und der erbrechtlichen Nachfolge herzustellen. Wird der in der Nachfolgeklausel Benannte nicht Erbe, wird er auch nicht Partner der Partnerschaftsgesellschaft. Ggfs. kann die Klausel in einem solchen Fall im Wege der ergänzenden Vertragsauslegung in eine Eintrittsklausel umgedeutet werden (BGHZ 68, 225). Mehrere Erben mit der Qualifikation des § 1 Abs. 1 PartGG erwerben jeweils mit der ihrem Erbteil entsprechenden Quote den Anteil des verstorbenen Partners (Sondererbnachfolge).

Erfüllt hingegen nur einer der Erben die Voraussetzungen des § 1 Abs. 1 PartGG, erhält dieser den ganzen Partnerschaftsanteil, während die Miterben hinsichtlich des Partnerschaftsanteils nichts erwerben. Ihnen steht auch kein Abfindungsanspruch gegenüber der Gesellschaft zu. Ein Wertausgleich findet nur zwischen den Erben statt (Meilicke/*Hoffmann* § 9 Rn. 42 mwN). Das Gleiche gilt, wenn einer von mehreren partnerschaftsfähigen Erben den gesamten Anteil erhält.

Bei partnerschaftsfähigen Nachfolgern wäre eine Nachfolge auch im Wege der sog. Eintrittsklausel denkbar (*Damrau/Tanck* BGB § 1922 Rn. 69). Der Erbe wird in diesem Fall erst durch Ausübung seines Eintrittsrechts Partner. Diese Gestaltung kann etwa dann sinnvoll sein, wenn der potentielle Nachfolger noch die Qualifikationen des § 1 Abs. 1 PartGG erwerben muss.

Umgekehrt hat jeder partnerschaftsfähige Erbe das Austrittsrecht gem. § 9 Abs. 4 S. 3 PartGG iVm § 139 Abs. 2 HGB.

3. Steuern. Erbschaftsteuer: → Form. G.I.4 Anm. 5

4. Kosten. → Form. G.I.1 Anm. 6.

II. Sonstige gesellschaftsvertragliche Regelungen

1. Gesellschaftsvertragliche Zulassung der Dauertestamentsvollstreckung am Gesellschaftsanteil

Jeder Gesellschafter kann bestimmen, dass der von ihm hinterlassene Gesellschaftsanteil von einem Testamentsvollstrecker zu verwalten ist. Der Testamentsvollstrecker ist berechtigt, sämtliche Gesellschafterrechte des verstorbenen Gesellschafters auszuüben, also auch die unmittelbar die Mitgliedschaft berührenden Rechte, soweit dem nicht zwingende gesetzliche Vorschriften entgegenstehen.[1, 2, 3]

Anmerkungen

1. Sachverhalt und Interessenlage. Im Gesellschaftsvertrag der Personengesellschaft sollte die Anordnung einer Testamentsvollstreckung zugelassen werden. Dies ist insbesondere dann sinnvoll, wenn der Erblasser dem Nachfolger die Unternehmensführung bzw. die eigenständige Wahrnehmung der Gesellschafterrechte (noch) nicht zutraut, zB wegen dessen Minderjährigkeit oder mangelnder Ausbildung/Erfahrung, oder wenn Konflikte unter den Erben vermieden werden sollen. Gleiches gilt, wenn der Erblasser den Fortbestand und die Nutzungen des Gesellschaftsanteils vor Privatgläubigern des Erben (§ 2214 BGB) oder vor eigenen Verfügungen des Erben (§ 2211 BGB) für längere Zeit nach dem Erbfall schützen will. Der Erblasser kann in diesen Fällen testamentarisch eine Dauertestamentsvollstreckung (§§ 2205 S. 1, 2209 S. 1 BGB) anordnen, damit der Testamentsvollstrecker das Unternehmen sichern und über den Tod des Erblassers fortführen soll.

2. Dauertestamentsvollstreckung. Gesellschaftsbeteiligungen **an Personengesellschaften** gehen im Wege der Sonderrechtsnachfolge auf die Erben über. Gleichwohl gehört der Gesellschaftsanteil nach Ansicht des BGH zum Nachlass des Erblassers (BGH NJW 1983, 2376), auf den sich die Befugnisse des Testamentsvollstreckers gem. §§ 2205 ff. BGB erstrecken. Damit umfasst eine vom Erblasser angeordnete Testamentsvollstreckung grundsätzlich auch den Gesellschaftsanteil, wobei die Rechtsprechung hinsichtlich des zulässigen Umfanges der Testamentsvollstreckung nach der Art der Beteiligung differenziert. So wird die Zulässigkeit einer reinen **Abwicklungsvollstreckung** an Personengesellschaftsanteilen uneingeschränkt anerkannt. Hinsichtlich der Zulässigkeit einer Dauertestamentsvollstreckung wird dagegen differenziert zwischen der Beteiligung eines persönlich haftenden Gesellschafters (OHG-Beteiligung, Komplementärbeteiligung, GbR-Beteiligung) und einer Kommanditbeteiligung.

Nach der höchstrichterlichen Rechtsprechung ist eine Dauertestamentsvollstreckung über einen **Kommanditanteil** zulässig, wenn der Gesellschaftsvertrag dies zulässt oder die übrigen Gesellschafter hiermit einverstanden sind (BGH NJW-RR 2012, 730 [731] = DStR 2012, 866; BGHZ 108, 187 = NJW 1989, 3152). Zwar können sich hinsichtlich der Wahrnehmung der Gesellschafterrechte der Erben durch den Testamentsvollstrecker nach der höchstrichterlichen Rechtsprechung Probleme daraus ergeben, dass der Testamentsvollstrecker nicht befugt ist, den Erben persönlich zu verpflichten, wie im Falle des Wiederauflebens der Haftung nach § 172 Abs. 4 HGB oder der Erhöhung der Kommanditeinlage (BGH BGHZ 108, 187 = NJW 1989, 3152). Die Mitwirkung des Testaments-

vollstreckers an einer solchen haftungsbegründenden Rückzahlung, Gewinnentnahme oder Geschäftsführungsmaßnahme wäre pflichtwidrig. Der daraus resultierende Überschuss des rechtlichen Könnens gegenüber der Pflichtenstellung beeinträchtigt aber nicht die Durchführbarkeit oder Zulässigkeit der Dauertestamentsvollstreckung schlechthin (MüKoBGB/*Zimmermann* § 2205 Rn. 44). Die dem Testamentsvollstrecker während der Dauer der Testamentsvollstreckung grundsätzlich zustehende Ausübung der mit dem Kommanditanteil verbundenen Gesellschaftsrechte wird lediglich dadurch beschränkt, dass solche Vertragsänderungen, die in den Kernbereich der Mitgliedschaftsrechte der Kommanditisten-Erben eingreifen, ihre persönliche Haftung begründen oder die erbrechtlichen Beschränkungen des Testamentsvollstreckeramtes tangieren, eines Zusammenwirkens von Testamentsvollstrecker und Erben bedürfen (*Ulmer* NJW 1990, 73 [79 ff.]). Eine Testamentsvollstreckung am Kommanditanteil ist daher auch im Innenbereich der Mitgliedschaft möglich, ohne dass auf die sog. Ersatzlösungen (→ Form. G.II.2) zurückgegriffen werden muss. Die Eintragung des Testamentsvollstreckervermerks im Handelsregister ist jedenfalls im Falle einer Dauertestamentsvollstreckung iSv § 2209 BGB zulässig (BGH NJW-RR 2012, 730 = DStR 2012, 866).

Bezüglich des von Todes wegen erworbenen **Gesellschaftsanteils eines persönlich haftenden Gesellschafters** ist die grundsätzliche Zulässigkeit sowohl der Abwicklungs- als auch der Dauertestamentsvollstreckung mittlerweile höchstrichterlich anerkannt (BGH BGHZ 201, 216 = DStR 2014, 1984; NJW 1998, 1313). Auf Grund der personalistischen Prägung einer Personengesellschaft kommt es jedoch ggf. zu Konflikten mit der Dauertestamentsvollstreckung als dauerhafter Fremdverwaltung des Gesellschaftsanteils eines persönlich haftenden Gesellschafters. Daher ist auch für die Dauertestamentsvollstreckung am Gesellschaftsanteil des persönlich haftenden Gesellschafters erforderlich, dass diese gesellschaftsvertraglich ausdrücklich zugelassen ist oder die übrigen Gesellschafter dieser im Wege des ad-hoc-Beschlusses zustimmen (Bengel/Reimann/*Pauli* TV-HdB § 5 Rn. 159).

Beschränkungen hinsichtlich des Umfangs der Testamentsvollstreckung ergeben sich jedoch aus dem Widerspruch zwischen der grundsätzlich unbeschränkten (personengesellschaftsrechtlichen) Haftung des persönlich haftenden Gesellschafters gem. §§ 128, 130 HGB einerseits und der (erbrechtlich) auf den Nachlass beschränkten Verpflichtungsmacht des Testamentsvollstreckers gem. § 2206 BGB und der möglichen Beschränkung der Erbenhaftung auf den Nachlass gem. §§ 1967, 1973 f., 1980, 1990, 2206 Abs. 2 BGB andererseits. Daher kommt eine Dauertestamentsvollstreckung am Gesellschaftsanteil des persönlich haftenden Gesellschafters nach der Rechtsprechung nur für die sog. **„Außenseite der Beteiligung"** in Betracht (BGH NJW 1998, 1313 = DStR 1998, 304; BGHZ 98, 48 = NJW 1986, 2431 [2433]). Hiernach unterliegen der Testamentsvollstreckung die mit der Beteiligung verbundenen vermögensrechtliche Ansprüche (künftige Auseinandersetzungs- und Abfindungsansprüche) sowie die laufenden Gewinnansprüche. Dem Testamentsvollstrecker obliegt danach die Entscheidung bezüglich der vermögensrechtlichen Rechte. Außerdem wird durch die Testamentsvollstreckung verhindert, dass der Erbe über seinen Gesellschaftsanteil verfügt oder Eigengläubiger des Erben in den Gesellschaftsanteil und in die daraus erwachsenden Vermögensrechte vollstrecken können, § 2214 BGB (BGHZ 98, 48 = NJW 1986, 2431 [2433]). Weitere Einzelheiten zum Umfang der Befugnisse des Verwaltungstestamentsvollstreckers sind jedoch weiterhin ungeklärt (umfassend: *Kämper* RNotZ 2016, 625 ff.). Eine Testamentsvollstreckung, die über die Außenseite des Gesellschaftsanteils des persönlich haftenden Gesellschafters hinausgeht, kann daher derzeit wohl nur wirksam durch flankierende Ersatzlösungen vereinbart werden (→ Form. G.II.2).

Zu beachten ist in diesem Zusammenhang auch, dass bei einem Erwerb des Gesellschaftsanteils aufgrund einer rechtsgeschäftlichen Nachfolge- oder Eintrittsklausel sich dieser Erwerb im Wege eines lebzeitigen Rechtsgeschäftes vollzieht und der Gesellschaftsanteil daher nicht der Dauertestamentsvollstreckung unterliegt.

3. Kapitalgesellschaften. Die Testamentsvollstreckung an Kapitalgesellschaftsanteilen ist zulässig und bedarf nicht der Zustimmung der Mitgesellschafter oder der Zulassung durch den Gesellschaftsvertrag. Dabei nimmt der Dauertestamentsvollstrecker die Rechte des Erben in vollem Umfang wahr. Sämtliche Verwaltungs- und Vermögensrechte des Erben, die die Gesellschaftsbeteiligung mit sich bringt, werden von der Verwaltungsbefugnis des Testamentsvollstreckers umfasst. Die Eintragung des Testamentsvollstreckervermerks in die Gesellschafterliste gem. § 40 GmbHG ist unzulässig (BGH NJW 2015, 1303; OLG München NJW-RR 2012, 732).

Eine Besonderheit ergibt sich im Falle der Wahl des Testamentsvollstreckers zum Geschäftsführer. In analoger Anwendung von § 181 BGB darf der Testamentsvollstrecker hierbei sein Stimmrecht nur dann ausüben, wenn ihm das vom Erblasser oder den Erben gestattet wurde (BGHZ 108, 21 = BB 1989, 1499). Eine **testamentarische** Befreiung von § 181 BGB ist daher bei entsprechender Interessenlage dringend erforderlich. Zur Vereinbarkeit der Ämter als Testamentsvollstrecker und Mitglied eines Organs einer AG s. gleichlautenden Aufsatz von *Grunsky* ZEV 2008, 1.

4. Steuern. Die Bestellung eines Testamentsvollstreckers wirkt sich für die Erben ertragsteuerlich nicht aus. Mitunternehmer bleibt allein der Erbe. Dies gilt sowohl für die Vollmachts- als auch für die Treuhandlösung (Schmidt/*Wacker* EStG § 15 Rn. 141). Die Einkünfte aus dem Gesellschaftsanteil sind dem Erben zuzurechnen. Der Testamentsvollstrecker ist im Gegensatz zum Erben nicht Mitunternehmer (BFH NJW 1995, 3406 = DStR 1995, 1423). Vgl. zur Testamentsvollstreckung auch → Form. C.VII.1, → Form. C.VII.2.

5. Kosten. Zu den Kosten der Änderung des Gesellschaftsvertrags einer Personengesellschaft → Form. G.I.1 Anm. 6.

2. Gesellschaftsvertragliche Zulassung der Testamentsvollstreckung am Personengesellschaftsanteil durch Ersatzlösungen

Die Anordnung einer Testamentsvollstreckung am Gesellschaftsanteil ist zulässig[1]. Der Testamentsvollstrecker kann auch berechtigt werden, als Bevollmächtigter[2] oder als Treuhänder[3] der Erben oder Vermächtnisnehmer sämtliche Gesellschafterrechte aus der Beteiligung – einschließlich höchstpersönlich eingeräumter Sonderrechte wie das Recht auf Geschäftsführung oder Vertretung – auszuüben. Für die treuhänderische Übertragung von Gesellschaftsanteilen auf den Testamentsvollstrecker und die Rückübertragung auf den Erben oder Vermächtnisnehmer ist die Zustimmung der Gesellschafter nach § (. . . . . .) des Gesellschaftsvertrags (*alternativ: nicht*) erforderlich.

Anmerkungen

1. Sachverhalt und Interessenlage. Im Gesellschaftsvertrag der Personengesellschaft sollte die Anordnung einer Testamentsvollstreckung zugelassen werden. In Ergänzung zum Grundfall in → Form. G.II.1 sollen hier „Ersatzlösungen" möglich sein, wonach der Testamentsvollstrecker als Bevollmächtigter oder Treuhänder der Erben/Vermächtnisnehmer auftreten kann.

2. Ersatzlösungen. Für eine über die „Außenseite" des Personengesellschaftsanteils hinausgehende umfassende Testamentsvollstreckung am Gesellschaftsanteil können durch gesellschaftsvertragliche Klauseln Ersatzlösungen zugelassen werden (siehe auch

→ Form. G.IX.2). Diese Ersatzlösungen sind notwendig, um den Testamentsvollstrecker auch zur Ausübung der nicht vermögensrechtlichen Mitgliedschaftsrechte des persönlich haftenden Gesellschafters (sog. „Innenseite") zu ermächtigen Die Personenbezogenheit der Personengesellschaft erfordert hierfür die Zustimmung der Mitgesellschafter durch den Gesellschaftsvertrag oder, sofern der Gesellschaftsvertrag keine entsprechende Regelung enthält, die Ad-hoc-Zustimmung durch die verbleibenden Gesellschafter nach Eintritt des Erbfalls (Bengel/Reimann/*Pauli* Handbuch der Testamentsvollstreckung § 5 Rn. 169). Hierbei kommen Klauseln in Betracht, durch die der Gesellschaftererbe/Vermächtnisnehmer des verstorbenen persönlich haftenden Gesellschafters dazu verpflichtet wird, den Testamentsvollstrecker zur Ausübung sämtlicher sich aus der Gesellschaft ergebenden Rechte zu bevollmächtigen (sog. **Vollmachtlösung**). Allerdings hindert diese Vollmacht den Erben nicht an der Wahrnehmung seiner Gesellschafterrechte und ist jederzeit frei widerruflich. Faktisch kann die Möglichkeit des Widerrufs auf erbrechtlicher Ebene eingeschränkt werden (durch entsprechende testamentarische Auflagen oder Sanktionierungen der Erben).

3. Treuhandlösung. Als weitere Ersatzlösung können Vereinbarungen getroffen werden, durch welche der Testamentsvollstrecker für die Dauer der Testamentsvollstreckung selbst als Treuhänder der Erben/Vermächtnisnehmer Gesellschafter der Gesellschaft wird (sog. Treuhandlösung). Der Erbe/Vermächtnisnehmer als Treugeber überträgt hierfür dem Testamentsvollstrecker seinen Anteil treuhänderisch für die Dauer der Testamentsvollstreckung. Die Stellung des Testamentsvollstreckers umfasst dabei auch die unbeschränkte Haftung als Gesellschafter nach § 128 HGB. Wegen dieser persönlichen Gesellschafterhaftung des Testamentsvollstreckers lässt sich in der Praxis hierfür meist nur schwer ein Testamentsvollstrecker finden.

Um sicher zu stellen, dass der Erbe/Vermächtnisnehmer dem Testamentsvollstrecker eine entsprechende Vollmacht erteilt oder ihm den Gesellschaftsanteil treuhänderisch überträgt, bedarf es neben der gesellschaftsvertraglichen Zulassung dieser Gestaltungen flankierende erbrechtliche Anordnungen im Testament/Erbvertrag. In Betracht kommt zB die Beschwerung des Nachfolgers mit einer entsprechenden Auflage oder einer auflösend bedingten Erbeinsetzung bzw. Vermächtniszuweisung.

3. Beschränkung der Abfindung des ausscheidenden Erben im Personengesellschaftsvertrag

Wird die Gesellschaft ohne die Erben des verstorbenen Gesellschafters fortgesetzt, erhalten diese von der Gesellschaft eine Abfindung[1, 2] in Höhe des Buchwertes[3] des Gesellschaftsanteils des Erblassers.[5, 6]

[Alternative:

Wird die Gesellschaft ohne die Erben des verstorbenen Gesellschafters fortgesetzt, erhalten die Erben des Gesellschafters X von der Gesellschaft eine Abfindung in Höhe des Buchwertes des Gesellschaftsanteils des verstorbenen Gesellschafters. Eine Abfindung der Erben des Gesellschafters Y im Falle der Fortführung der Gesellschaft nach dem Tode des Gesellschafters ist ausgeschlossen.[4]]

Anmerkungen

1. Sachverhalt und Interessenlage. In dem Gesellschaftsvertrag einer Personengesellschaft soll die Abfindung der weichenden Erben zum Schutz der Finanzsituation der Gesellschaft auf den Buchwert beschränkt bzw. in der Alternative ganz ausgeschlossen werden.

2. Abfindung. Wird die Gesellschaft beim Tode eines Gesellschafters zwischen den verbleibenden Gesellschaftern unter Ausschluss der Erben fortgesetzt (aufgrund einer gesellschaftsvertraglichen Fortsetzungsklausel oder kraft Gesetzes) und wächst dadurch der Gesellschaftsanteil des Erblassers den übrigen Gesellschaftern zu, steht den Erben gem. § 738 Abs. 1 S. 2 BGB, §§ 105 Abs. 3, 161 Abs. 2 HGB ein Abfindungsanspruch gegen die Gesellschaft zu, der in den Nachlass fällt.

3. Abfindungshöhe. Der Wert des Abfindungsanspruchs richtet sich dabei nach dem wirklichen Wert des Unternehmens, einschließlich der stillen Reserven sowie des *Good Will* des Unternehmens (BGH NJW 1985, 192). Dabei ist zur Ermittlung des Abfindungsguthabens nach der höchstrichterlichen Rechtsprechung regelmäßig das **Ertragswertverfahren** anzuwenden (näher: MüKoBGB/*Schäfer* § 738 Rn. 24, 35). Allerdings ist es zulässig, dass von der Bewertung nach dem Ertragswertverfahren zB durch die Vereinbarung einer sogenannten **Buchwertklausel** abgewichen wird. In einem solchen Fall ist bei der Berechnung des Werts des Abfindungsanspruchs der Buchwert des Gesellschaftsanteils des verstorbenen Gesellschafters zugrunde zu legen. Der Erbe erhält in diesem Fall keine Beteiligung an den stillen Reserven oder Erfolgschancen der Gesellschaft.

4. Beschränkung oder Ausschluss der Abfindung. Nach herrschender Ansicht ist es für den Fall des Ausscheidens von Todes wegen – anders als beim Ausscheiden des Gesellschafters zu Lebzeiten – sogar möglich, den Abfindungsanspruch durch unter dem Buchwert liegende gesellschaftsvertragliche Bewertungsklauseln zu beschränken oder auch gänzlich auszuschließen (BGH NJW 1957, 180 [181] = BGHZ 22, 194). Hierin liegt keine Beschränkung der Freiheit eines Gesellschafters, sich zu seinen Lebzeiten für eine Kündigung zu entschließen (§ 723 Abs. 3 BGB), die zur Nichtigkeit einer solchen Beschränkungsklausel führen würde (BGH NJW 1985, 192).

Eine Abfindungsbeschränkung oder ein Abfindungsausschluss beim Tode eines Gesellschafters stellt zivilrechtlich keine Schenkung dar, wenn sie **einheitlich für sämtliche Gesellschafter** vereinbart wird (BGH NJW 1957, 180 = BGHZ 22, 186). Ist im Gesellschaftsvertrag der Ausschluss für den Todesfall eines jeden Gesellschafters vorgesehen, liegt somit nach herrschender Meinung ein entgeltliches Geschäft vor. Ein solcher Abfindungsausschluss unterliegt daher nicht der Form des § 2301 Abs. 1 BGB. Der Chance, den eigenen Anteil im Falle des Todes eines Mitgesellschafters infolge Anwachsung zu erhöhen, steht das Risiko gegenüber, den eigenen Anteil zu verlieren, ohne dass die Erben einen Anspruch auf eine Abfindung erlangen (BGH NJW 1957, 180). Im Hinblick auf mögliche Pflichtteilsergänzungsansprüche der Erben bedeutet dies, dass solche mangels einer unentgeltlichen Zuwendung ausgeschlossen sind. Etwas anderes kann gelten, wenn bereits bei Vertragsschluss ein grobes Missverhältnis erkennbar ist, wie beispielsweise bei erheblichen Altersunterschieden der Gesellschafter oder einer vorhersehbar kürzeren Lebenserwartung eines Gesellschafters auf Grund einer Erkrankung. In einem solchen Fall handelt es sich gerade nicht um ein aleatorisches Rechtgeschäft mit gleichen Chancen und Risiken bei allen Gesellschaftern.

Wird ein Abfindungsanspruch hingegen nur für den Todesfall einzelner Gesellschafter ausgeschlossen, handelt es sich hierbei nach herrschender Meinung um eine unentgeltliche Zuwendung zugunsten der Gesellschafter, bei denen der Abfindungsausschluss nicht

zur Anwendung kommt. Dies hat zur Folge, dass auf den Gesellschaftsvertrag nach § 2301 Abs. 2 BGB die Vorschriften einer Schenkung unter Lebenden – also notarielle Beurkundung – Anwendung finden (MüKoBGB/*Lange* § 2325 Rn. 32). Die typischerweise nicht erfolgte notarielle Beurkundung der Klausel bzw. des Personengesellschaftsvertrages (§§ 2301 Abs. 2, 518 Abs. 1 BGB) wird durch den Vollzug der Zuwendung (hier also die Übertragung der Anwartschaft am Gesellschaftsanteil des Erblassers) geheilt. Anders als beim allseitigen Abfindungsausschluss kommt beim Abfindungsausschluss für den Tod nur einzelner Gesellschafter ein Pflichtteilsergänzungsanspruch gem. § 2325 BGB gegen den Erben und hilfsweise (§ 2329 BGB) gegen die restlichen Gesellschafter in Betracht. In einem solchen Fall stellt sich die Frage, welcher Wert (tatsächlicher wirtschaftlicher Wert des den Gesellschaftern angewachsenen Gesellschaftsanteils oder der vertraglich vereinbarte geringere Abfindungswert) der Bemessung des Pflichtteilsergänzungsanspruches zugrunde zu legen ist. Nach wohl vorherrschender Ansicht bestimmt sich der Pflichtteilsergänzungsanspruch der weichenden Erben grundsätzlich nach dem tatsächlichen wirtschaftlichen Wert des angewachsenen Anteils und nicht nach der gesellschaftsvertraglich bestimmten Abfindungsregelung, wobei nach den Besonderheiten der jeweiligen Sachverhaltskonstellation teilweise abweichende Ergebnisse vertreten werden (zu den differierenden Ansätzen: *Winkler* ZEV 2005, 89 [92 f.]; *Reimann* DNotZ 1992, 472).

Nachlassgläubiger können lediglich im engen Rahmen der Anfechtungsvorschriften nach §§ 129 ff. InsO, §§ 3 f. AnfG gegen allseitige und einseitige Abfindungsklauseln vorgehen (*Nieder/Kössinger* § 20 Rn. 14). Für einen ausschließlich auf den Todesfall beschränkten Abfindungsausschluss kommt nur die Schenkungsanfechtung in Betracht, wobei dieser Rückgriff bei einer allseitigen Vereinbarung des Ausschlusses wohl am fehlenden Merkmal der Unentgeltlichkeit scheitern wird.

5. Steuern. Der Steuerwert (= gemeiner Wert und damit letztlich der Verkehrswert) des Anteils an einer Personengesellschaft wird **für Erbschaft- und Schenkungsteuerzwecke** nach § 12 Abs. 5 ErbStG iVm §§ 151 Abs. 1 Nr. 2, 97 Abs. 1a Nr. 1, 109 Abs. 2, 9 Abs. 2, 11 Abs. 2 BewG aus Verkäufen abgeleitet bzw. nach einer anerkannten Ertragswertmethode ermittelt (vereinfacht nach §§ 199 ff. BewG), ist aber mindestens mit dem Substanzwert anzusetzen. Zur den Betriebsvermögensbegünstigungen von Personengesellschaftsanteilen nach Inkrafttreten der Unternehmenserbschaftsteuerreform → Form. G.I.1.

Der den verbleibenden Gesellschaftern zugutekommende Differenzbetrag zwischen dem Steuerwert des anwachsenden Gesellschaftsanteils zur Zeit des Todes des Erblassers und dem Abfindungsbetrag an die weichenden Erben ist ein steuerpflichtiger Erwerb von Todes wegen gem. § 3 Abs. 1 Nr. 2 S. 2 ErbStG für die verbleibenden Gesellschafter. Der Umstand, dass die verbleibenden Gesellschafter über den anwachsenden Vermögensvorteil nicht ohne weiteres verfügen können (§ 719 Abs. 1 BGB) ändert nichts an der Bereicherung und dem Besteuerungstatbestand (*Meincke/Hannes/Holtz* ErbStG § 3 Rn. 74). Die verbleibenden Gesellschafter können den Verschonungsabschlag nach § 13a Abs. 1 ErbStG sowie ggf. den Abzugsbetrag nach § 13a Abs. 2 ErbStG in Anspruch nehmen. Daneben erhalten die verbleibenden Gesellschafter, soweit sie natürliche Personen sind, die Tarifbegrenzung gem. § 19a ErbStG. Zu den Voraussetzungen der Inanspruchnahme der Begünstigungen und der weiteren Möglichkeiten für Großvermögen nach §§ 13c, 28a ErbStG → Form. G.I.1.

Auf Seiten der Erben besteht der schuldrechtliche Abfindungsanspruch, regelmäßig in Gestalt einer Geldzahlung. Diese ist mit ihrem Nominalwert gem. § 12 Abs. 1 BewG anzusetzen. Die Begünstigungen der §§ 13a, 13b, 13c, 19a, 28a ErbStG kommen in diesem Fall nicht in Betracht, da der Abfindungsanspruch als Teil des Privatvermögens des Erblassers anzusehen ist.

Im Übrigen wird auf die Ausführungen zur Fortsetzungs-, einfachen bzw. qualifizierten Nachfolge- und Eintrittsklausel verwiesen (→ Form. G.I.1, → Form. G.I.5).

6. Kosten. Zu den Kosten der Änderung des Gesellschaftsvertrags einer Personengesellschaft → Form. G.I.1 Anm. 6.

4. Beschränkung der Abfindung der ausscheidenden Erben in der Satzung der Kapitalgesellschaft

Im Falle der Einziehung oder Abtretung eines Gesellschaftsanteils infolge des Todes eines Gesellschafters gem. § (. . . . . .) des Gesellschaftsvertrages ist ein Anspruch der Erben des verstorbenen Gesellschafters auf Zahlung einer Abfindung gegen die Gesellschaft ausgeschlossen.[1, 2, 3, 4]

Anmerkungen

1. Sachverhalt und Interessenlage. In dem Gesellschaftsvertrag einer Kapitalgesellschaft soll die Abfindung der weichenden Erben zum Schutz der Finanzsituation der Gesellschaft vollständig ausgeschlossen werden.

2. Beschränkung oder Ausschluss der Abfindung. Ein GmbH-Geschäftsanteil geht gem. § 15 Abs. 1 GmbHG nach den allgemeinen Regeln des Erbrechts auf den Erben über. Zwar kann durch Satzungsregelung die Vererblichkeit eines Geschäftsanteils nicht ausgeschlossen werden. Es ist jedoch möglich, durch einschränkende Satzungsbestimmungen Einfluss auf das Schicksal des Geschäftsanteils zu nehmen. In Betracht kommt die Einziehung des Anteils des Verstorbenen sowie die Verpflichtung der Erben zur Abtretung des geerbten Anteils (→ Form. G.I.7, → Form. G.I.8). Die Satzung kann in diesem Zusammenhang auch die Höhe des Abfindungsanspruches des Erben festlegen, wobei nach herrschender Meinung sogar der vollständige Ausschluss einer Abfindung zulässig ist, sofern eine solche Regelung für sämtliche Gesellschafter vereinbart wird (BGH BB 1977, 563 [563]; *Baumbach/Hueck* GmbHG § 34 Rn. 34a).

Im Falle des gesellschaftsvertraglichen Abfindungsausschlusses bzw. der gesellschaftsvertraglichen Abfindungsreduzierung bei Einziehung oder Abtretung des Geschäftsanteils des Erblassers stellt sich im Hinblick auf etwaige Pflichtteils- und Pflichtteilsergänzungsansprüche der pflichtteilsberechtigten Erben die Frage nach dem Vorliegen einer unentgeltlichen Zuwendung zugunsten der Mitgesellschafter auf den Todesfall. Weiterhin ist zu klären, wonach sich ein etwaiger Pflichtteils- und Pflichtteilsergänzungsanspruch bemisst: Nach dem wahren Wert des Geschäftsanteils oder nach dem Wert der vertraglich zu zahlenden unterwertigen Abfindung.

Anders als bei den Personengesellschaften sieht die überwiegende Meinung bei der GmbH im Abfindungsausschluss bzw. der Abfindungsreduzierung kein entgeltliches aleatorisches Geschäft, selbst wenn ein solcher Ausschluss allseitig vereinbart wird (*Nieder/Kössinger* § 2 Rn. 65). Vielmehr handele es sich bei entsprechenden Klauseln nach der überwiegender Meinung um eine unentgeltliche Zuwendung zugunsten der Mitgesellschafter (bei der Einziehung) bzw. zugunsten des Erwerbers (bei der Abtretung).

Ob für die Berechnung des ordentlichen Pflichtteils nach § 2311 BGB der tatsächliche Geschäftsanteilswert zugrunde zu legen ist oder der an den Erben zu leistende Wert der Abfindung, ist umstritten (*Nieder/Kössinger* § 2 Rn. 65 mwN; MüKoBGB/*Lange*

§ 2311 Rn. 43 f.). Korrespondierend stellt sich auch die Frage, wonach sich bei der Vereinbarung einer unterwertigen Abfindung der Pflichtteilsergänzungsanspruch gem. § 2325 BGB bemisst (tatsächlicher Anteilswert, tatsächlicher Anteilswert unter Berücksichtigung der Wertminderung, die diesem aufgrund der statuarischen Abtretungsverpflichtung/Einziehungsermächtigung inne wohnt, unterwertiger vertraglicher Abfindungswert).

Bezüglich der **AG** fehlt es an einer gesetzlichen Regelung, ob und wenn ja, in welcher Höhe, dem von einer Einziehung seines Anteils betroffenen Aktionär eine Abfindung bzw. ein **Einziehungsentgelt** zu zahlen ist. Im Falle einer Zulassung der Einziehung in der Satzung ist daher auch eine Regelung zum Einziehungsentgelt zu treffen. Hierbei wird hinsichtlich der Höhe der Abfindung im Schrifttum wie folgt differenziert: Maßgebend sei, ob der AG der Charakter einer Anlagegesellschaft oder einer mitunternehmerisch (personalistisch) geprägten Gesellschaft zukomme (MüKoAktG/*Oechsler* § 237 Rn. 67 mwN). Im letzteren Fall sei eine Reduzierung der Abfindung auf den Buchwert und sogar deren Ausschluss nach den für die Personengesellschaften und die GmbH geltenden Regeln möglich. Diese Gleichbehandlung finde ihre Rechtfertigung in der vergleichbaren Interessenlage, die darin bestehe, die verbleibenden Gesellschafter und die Gesellschaft selbst vor einer Liquidierung des Unternehmens zwecks Erfüllung von Abfindungsansprüchen zu schützen.

Hingegen spreche bei einer um anonymisierte Kapitalanleger werbenden AG der Anlegerschutz gegen eine Beschränkung der Abfindung (MüKoAktG/*Oechsler* § 237 Rn. 67). Da die Aktionäre hier nicht in einer persönlichen, zur besonderen Treue verpflichtenden Bindung zueinander stehen, sei im Hinblick auf die Abfindungshöhe keine Rücksicht auf die Interessen der verbleibenden Aktionäre zu nehmen. Ein Ausschluss der Abfindung ist folglich unzulässig. (Zur Reduzierung der Abfindung auf einen Betrag unterhalb des Verkehrswertes vgl. Hüffer/Koch/*Koch* AktG § 237 Rn. 17 mwN)

3. Steuern. Übersteigt der Steuerwert des Geschäftsanteils zur Zeit des Todes des Erblassers den Abfindungsbetrag an die weichenden Erben, ist im Fall der Einziehungsklausel eine Schenkung auf den Todesfall nach § 3 Abs. 1 Nr. 2 S. 3 ErbStG zugunsten der verbleibenden Gesellschafter, bzw. im Fall einer Abtretungsklausel beim Abtretungsempfänger, der bereits Gesellschafter ist, eine Schenkung auf den Todesfall nach § 3 Abs. 1 Nr. 2 S. 2 ErbStG anzunehmen. Zur Begünstigung nach §§ 13a, 13b, 13c, 19a, 28a ErbStG vgl. R E 3.4 Abs. 3 ErbStR 2011 sowie A 13b.6 ErbStR 2011. Ertragsteuerlich muss bei Abfindungszahlungen generell die Problematik des § 17 EStG beachtet werden.

Zur Einziehung eines Anteils an einer AG → Form. G.I.9 Anm. 3.

4. Kosten. Zu den Kosten der Änderung des Gesellschaftsvertrags einer Kapitalgesellschaft → Form. G.I.7 Anm. 6.

5. Gesellschaftsvertragliche Stundung der Abfindung

Das Abfindungsguthaben[1, 2] ist in fünf gleichen, unmittelbar aufeinander folgenden Jahresraten auszuzahlen. Die erste Rate ist ein Jahr nach dem Ausscheidungsstichtag zur Zahlung fällig. Ab diesem Zeitpunkt ist das restliche Abfindungsguthaben mit jährlich (. . . . .) vH über dem jeweiligen Basiszinssatz nach § 247 BGB zu verzinsen. Die aufgelaufenen Zinsen sind mit den jeweiligen Jahresraten zu entrichten.

Das Abfindungsguthaben einschließlich Zinsen kann jederzeit ganz oder teilweise vorzeitig ausbezahlt werden. Ein Anspruch des ausscheidenden Gesellschafters bzw. seines

Rechtsnachfolgers hierauf besteht nicht. Solche vorzeitig gezahlten Beträge werden auf die nächstfällige Rate angerechnet.

Eine Sicherheitsleistung kann von dem ausscheidenden Gesellschafter bzw. seinem Erben nicht gefordert werden.[3, 4]

Anmerkungen

1. Sachverhalt und Interessenlage. In dem Gesellschaftsvertrag soll die Zahlung der Abfindung der weichenden Erben gestundet und Ratenzahlungen vereinbart werden. Dies dient dem Schutz der Finanzsituation der Gesellschaft.

2. Stundung der Abfindung. Gesellschaftsvertraglich kann die Abfindung des ausscheidenden Gesellschafters bzw. seiner Erben durch langfristige Stundungen und Ratenzahlungen zu niedrigen Zinsen innerhalb der Grenzen unverhältnismäßiger Benachteiligung des Anspruchsinhabers vereinbart werden, um so den verbleibenden Gesellschaftern die Aufbringung der Abfindungssumme zu ermöglichen. Angemessen verzinste Stundungen bis zu fünf Jahren gelten als unbedenklich (MüKoBGB/*Schäfer* § 738 Rn. 65), zehn Jahre hingegen werden als zu lang erachtet, wenn die Abfindungsbestimmung nicht nur für den Erbfall gilt, sondern auch für die sonstigen Fälle des Ausscheidens eines Gesellschafters nach § 738 Abs. 1 BGB, §§ 105 Abs. 3, 161 Abs. 2 HGB, wie zB durch Kündigung. Zweifelhaft ist, ob diese Anforderungen an den Inhalt der Auszahlungsvereinbarung auch dann gelten, wenn diese ausdrücklich nur für den Erbfall eines Gesellschafters vereinbart wird, da in diesem Fall auch ein vollständiger Abfindungsausschluss zulässig wäre (BGH NJW 1957, 180 [181] = BGHZ 22, 186). Die vorstehende Klausel ermöglicht den verbleibenden Gesellschaftern die Finanzierung der Abfindung durch Stundung und Ratenzahlung. Sie trägt den Interessen des Anspruchsinhabers auf Grund ihrer geringen Stundungsdauer von einem Jahr sowie der relativ geringen Laufzeit der Ratenzahlungen von insgesamt fünf Jahren und der Verzinsung Rechnung.

3. Steuern. Erbschaftsteuerlich wirkt sich die Stundung der Abfindung regelmäßig nicht aus. Zivilrechtlich betagte Forderungen, also entstandene, aber noch nicht fällige Ansprüche, sind **erbschaftsteuerlich zu differenzieren**: Soweit der Fälligkeitszeitpunkt für betagte Ansprüche konkret bestimmt ist und damit feststeht, entsteht die Erbschaftsteuer dafür bereits im Zeitpunkt des Todes des Erblassers (Regelfall des § 9 Abs. 1 Nr. 1 ErbStG). Dies kann wie hier zu Liquiditätsproblemen des Anspruchsberechtigten führen; eine abmildernde Abzinsung des Wertes für die erbschaftsteuerliche Bemessungsgrundlage nach § 12 Abs. 3 BewG kann dabei nur für unverzinsliche Forderungen erfolgen. Lediglich bei betagten Ansprüchen mit einem unbestimmten Fälligkeitszeitpunkt entsteht die Erbschaftsteuer entsprechend § 9 Abs. 1 Nr. 1 Buchst. a ErbStG erst mit dem Eintritt des Ereignisses, welches zur Fälligkeit des Anspruches führt (vgl. BFH BStBl. II 2003, 921).

Hinsichtlich der Höhe der Abfindung – soweit unter dem gemeinen Wert der Beteiligung liegend – sind die erbschaft- bzw. schenkungsteuerlichen Folgen für die verbleibenden Gesellschafter zu beachten gem. §§ 3 Abs. 1 Nr. 2 S. 1, 7 Abs. 7 ErbStG.

Ertragsteuerlich sind die Zinsen für die Stundung der Abfindung für den ausscheidenden Gesellschafter Einkünfte gem. § 20 Abs. 1 Nr. 7 EStG.

4. Kosten. Zu den Kosten der Änderung des Gesellschaftsvertrags einer Kapitalgesellschaft → Form. G.I.7 Anm. 6, bei einer Personengesellschaft → Form. G.I.1 Anm. 6.

6. Gesellschaftsvertragliches Präsentationsrecht

Die Gesellschafter haben für den Fall ihres Todes durch Erklärung gegenüber der Gesellschaft zu Lebzeiten oder durch Verfügung von Todes wegen aus dem Kreis ihrer Erben oder Vermächtnisnehmer einen Nachfolger zu bestimmen.[1, 2] Übt ein Gesellschafter sein Bestimmungsrecht nach Satz 1 nicht aus, so sind die Erben des Verstorbenen, denen dann der Gesellschaftsanteil zufällt, verpflichtet, den Gesellschaftsanteil demjenigen zu übertragen, den der Testamentsvollstrecker (oder: die Mitgesellschafter) als Nachfolger aus dem Kreis der Erben oder Vermächtnisnehmer bestimmt (bzw. bestimmen), wobei der Nachfolger folgende Qualifikationen und Eigenschaften aufzuweisen hat (. . . . . .)[3],

Anmerkungen

1. Sachverhalt und Interessenlage. In dem Gesellschaftsvertrag soll dem Gesellschafter gestattet werden, seinen Nachfolger in den Gesellschaftsanteil zu bestimmen. Tut er dies nicht, kann das Bestimmungsrecht durch den Testamentsvollstrecker oder die Mitgesellschafter ausgeübt werden, wobei der Nachfolger aus dem Kreis der Erben und Vermächtnisnehmer zu bestimmen ist. Hintergrund ist, dass der Gesellschafter bei noch jungen Erben vor der Schwierigkeit steht, dass er die spätere Eignung des oder der Erben zur Führung der Gesellschaft oder zur Mitwirkung in der Gesellschaft nicht vorhersehen kann. Der Nachfolger kann zu diesem Zeitpunkt noch nicht namentlich oder sonst wie eindeutig im Gesellschaftsvertrag bezeichnet werden. Es besteht dann die Möglichkeit, im Gesellschaftsvertrag einen Personenkreis festzulegen, aus dem der Nachfolger durch den Gesellschafter oder einen Bestimmungsberechtigten (zB Testamentsvollstrecker oder Mitgesellschafter) zu bestimmen ist, und zudem die Eigenschaften und Qualifikationen festzulegen (zB abgeschlossenes Hochschulstudium, Tüchtigkeit, Geeignetheit), die der Nachfolger aufweisen muss.

2. Präsentationsrecht. Eine solche gesellschaftsvertragliche Vereinbarung setzt die Bestimmung eines Bestimmungsberechtigten voraus. Es liegt nahe, dieses Präsentationsrecht dem zukünftigen Erblasser einzuräumen. Dabei bedarf die lebzeitige Erklärung des Gesellschafters gegenüber der Gesellschaft nicht der Form letztwilliger Verfügungen, da es sich eben nicht um eine solche, sondern um eine gesellschaftsrechtliche Erklärung handelt.

3. Bestimmung. Ein unmittelbarer Übergang der Mitgliedschaft kraft Erbrechts findet grundsätzlich nur im Falle der Ausübung des Präsentationsrechts durch den Erblasser statt. Die Bezeichnung des Nachfolgers durch einen Dritten mit der Folge eines unmittelbaren Übergangs der Mitgliedschaft auf den Nachfolger kommt wg. § 2065 Abs. 2 BGB nur dann in Betracht, wenn die testamentarischen Angaben des Erblassers es jeder mit genügender Sachkunde ausgestatteten Person ermöglichen, den Bedachten zu bezeichnen, ohne dass ein eigenes Ermessen des Dritten dabei bestimmend oder mitbestimmend ist (BGH NJW 1955, 100 [101] = BGHZ 15, 199 [202]). Aufgrund der oftmals schwierigen Abgrenzung zwischen Bestimmung und Bezeichnung birgt eine solche Konstellation jedoch ein erhebliches Risiko und ist damit wenig praktikabel.

In allen anderen Fällen kann der Gesellschaftsvertrag nur vorsehen, dass zunächst alle Erben den Gesellschaftsanteil erben (einfache Nachfolgeklausel). Zugleich sind sie testamentarisch mit dem Vermächtnis zu belasten, den Gesellschaftsanteil an einen von dem auswahlberechtigten Dritten aus ihren Reihen Ausgewählten zu übertragen. Denn anders

als § 2065 Abs. 2 BGB lässt § 2151 BGB die Bestimmung eines Vermächtnisnehmers durch einen Dritten aus einem überschaubaren Personenkreis zu. Auch wenn die so vermachte Unternehmensbeteiligung einen erheblichen Teil des Nachlasses darstellt, liegt im Falle eines ausdrücklichen Vermächtnisses nach herrschender Meinung keine Umgehung von § 2065 BGB vor (*Mayer* ZEV 1995, 247 [248]). § 2087 BGB steht dann hinter dem Willen des Erblassers zurück.

In jedem Fall ist auch bei dem gesellschaftsvertraglichen Präsentationsrecht darauf zu achten, dass **Testament** und Gesellschaftsvertrag aufeinander abgestimmt sind.

Im Rahmen eines gesellschaftsvertraglichen Eintrittsrechts (→ Form. G.I.5) kann der Eintrittsberechtigte ebenfalls von einem Dritten ausgewählt werden. Aufgrund dieses Eintrittsrechts wird der Nachfolger ebenfalls nicht automatisch mit dem Tode des Erblassers Gesellschafter, sondern hat entweder einen Anspruch gegen die Erben auf Übertragung des Anteils oder aber, sofern der Gesellschaftsanteil zunächst den verbleibenden Gesellschaftern zuwachsen soll, einen Anspruch gegen die Gesellschafter. Eine Einsetzung des Eintrittsberechtigten als Erbe oder Vermächtnisnehmer durch den Erblasser ist hier nicht erforderlich.

7. Gesellschaftsvertragliche Zulassung der Begründung einer stillen Gesellschaft im Erbfall

Im Falle des Todes eines Gesellschafters wird die Gesellschaft unter Ausschluss der Erben des verstorbenen Gesellschafters fortgeführt.[1] Jeder Gesellschafter ist aber berechtigt, seinen Erben eine typisch stille Beteiligung mit Teilnahme am Gewinn und Verlust aufschiebend bedingt durch seinen Todesfall einzuräumen.[2] Die Höhe der stillen Beteiligung richtet sich nach der Höhe der dem bzw. den Erben zu gewährenden Abfindung. Die Einlageforderung der Gesellschaft wird hierbei mit dem Abfindungsanspruch der Erben verrechnet. Machen die Erben von ihrem Recht nicht innerhalb von drei Monaten nach dem Erbfall gegenüber der Gesellschaft schriftlich Gebrauch, so erlischt der Anspruch. In diesem Fall reduziert sich die Abfindung nach § (. . . . . .) des Gesellschaftsvertrages um (. . . . . .) Prozent.

[***Alternativ*:**

***In diesem Fall ist ein Abfindungsanspruch der Erben ausgeschlossen*].[3, 4]**

Anmerkungen

1. Sachverhalt und Interessenlage. Die Erben des Erblassers sollen nicht die Nachfolge in dessen Gesellschaftsanteil antreten. Um dennoch finanziell am Unternehmenserfolg der Gesellschaft zu partizipieren, soll dem Erblasser in dem Gesellschaftsvertrag ermöglicht werden, seinen Erben eine stille Beteiligung im Umfang der Abfindung, aufschiebend bedingt auf den Todesfall, einzuräumen. Dies ist insbesondere dann sinnvoll, wenn die Gesellschafter die Gesellschaft vor Liquiditätsabfluss in Form einer Belastung mit Abfindungsansprüchen der Erben im Falle des Todes eines Gesellschafters schützen wollen, die Erben zugleich aber nicht ohne Abfindung ausgehen sollen. Hier kommt die Gründung einer stillen Gesellschaft mit den Erben des verstorbenen Gesellschafters in Betracht. Alternativ kann das Recht, eine stille Beteiligung an der Gesellschaft zu erwerben, nur bestimmten Personen (wie zB dem Ehegatten und den Abkömmlingen des Gesellschafters)

zugewendet werden. In diesem Fall ist der Gleichlauf der gesellschaftsvertraglichen Bestimmung mit der erbrechtlichen Nachfolge durch den Gesellschafter sicherzustellen.

2. Stille Gesellschaft. Das Formular sieht die Fortsetzung der Gesellschaft unter Ausschluss der Erben des verstorbenen Gesellschafters vor (Fortsetzungsklausel).

Die nachfolgende Begründung einer stillen Beteiligung setzt einen Vertrag zwischen der Gesellschaft und dem stillen Gesellschafter, hier also den Erben, voraus. Der Vertrag erfordert die Zustimmung aller Gesellschafter, wobei der Gesellschaftsvertrag auch eine Mehrheitsentscheidung zulassen kann. Das Formular sieht eine Zustimmung in Form einer Ermächtigung eines jeden Gesellschafters vor, seinen Erben eine stille Beteiligung, aufschiebend bedingt durch seinen Todesfall, einzuräumen. Es handelt sich hierbei um die Ermächtigung zur Abgabe eines Angebots zum Abschluss eines entsprechenden Vertrags. Nimmt die Erbengemeinschaft, die anders als im Fall einer Außengesellschaft Gesellschafterin einer stillen Gesellschaft sein kann (Baumbach/Hopt/*Roth* HGB § 230 Rn. 6), das Angebot an, kann der in den Nachlass gefallene Abfindungsanspruch mit einer deckungsgleichen Einlageforderung verrechnet werden.

Bei der Einräumung der stillen Beteiligung handelt es sich nicht um eine Schenkung. Es wird eine Gegenleistung in Form und Höhe des Abfindungsanspruchs erbracht.

Nimmt die Erbengemeinschaft das Angebot hingegen nicht innerhalb einer im Gesellschaftsvertrag zu bestimmenden Frist an, erlischt das Angebot und der Anspruch der Erbengemeinschaft auf Zahlung einer Abfindung ist wahlweise ausgeschlossen oder reduziert.

Die stille Beteiligung ist in mancherlei Hinsicht einer Kommanditbeteiligung vorzuziehen. Im Gegensatz zu einer Kommanditbeteiligung ist die Einlage des stillen Gesellschafters Fremdkapital und kann somit im Falle der Insolvenz zur Tabelle angemeldet werden (§ 236 Abs. 1 HGB). Auch kann im Gegensatz zur Kommanditbeteiligung eine Verlustbeteiligung des stillen Gesellschafters gesellschaftsvertraglich ausgeschlossen werden (§ 231 Abs. 2 HGB).

Durch den Tod des stillen Gesellschafters wird die stille Gesellschaft nicht aufgelöst (§ 234 Abs. 2 HGB), sondern im Zweifel mit seinen Erben fortgeführt. Der Tod des Inhabers des Handelsgeschäfts bzw. der ursprünglich verbleibenden Gesellschafter der Gesellschaft folgt den allgemeinen Regeln (§§ 727 Abs. 1, 736 BGB, § 131 Abs. 3 Nr. 1 HGB).

3. Steuern. Die **erbschaftsteuerliche** Behandlung der verbleibenden Gesellschafter und der Erben erfolgt wie bei der Fortsetzungsklausel. Das Gleiche gilt für die ertragsteuerliche Behandlung des Erblassers. Insofern kann auf die Ausführungen unter → Form. G.I.1 Anm. 5 verwiesen werden.

Für die Höhe der Ermittlung des Erwerbs von Todes wegen sowie für die Beurteilung, ob im Zuge der Einräumung der stillen Beteiligung trotz Verrechnung des Abfindungsanspruches der Erben mit der Einlageforderung ein partieller Schenkungsteuertatbestand gegeben sein kann, ist für die Bewertung der Einlage des typischen stillen Gesellschafters als Kapitalforderung R E 12.4 ErbStR 2011 und im Übrigen § 7 Abs. 6 ErbStG zu beachten.

Die **einkommensteuerliche** Beurteilung der Erbengemeinschaft bzw. des Erben als stiller Gesellschafter stellt sich wie folgt dar:

Durch die Verzinsung der Einlage einer typisch stillen Beteiligung erzielt die Erbengemeinschaft bzw. der Erbe Einkünfte gem. § 20 Abs. 1 Nr. 4 S. 1 Hs. 1 EStG, die für die Erbengemeinschaft gem. § 180 Abs. 1 S. 1 Nr. 2 Buchst. a AO gesondert festgestellt werden. Die Einkünfte unterliegen der Abgeltungsteuer nach § 32d Abs. 1 EStG in Höhe von 25 % zuzüglich Solidaritätszuschlag in Höhe von 5,5 % hierauf, es sei denn, § 32d Abs. 2 Nr. 1 oder Abs. 6 EStG greifen (dann persönlicher Einkommensteuertarif).

Bei einer vereinbarten Beteiligung des typisch stillen Gesellschafters am Verlust der jeweiligen Gesellschaft – ohne das er dadurch zum atypisch stillen Gesellschafter wird (s. a. BFH BStBl. II 2008, 126) – sind die auf ihn entfallenden Verlustanteile im Rahmen des Abgeltungsteuerregimes wohl als negative Einnahmen zu berücksichtigen (Schmidt/

Levedag EStG § 20 Rn. 82; näher BMF BStBl. I 2016, 85). Der Gewinn aus der Veräußerung einer typisch stillen Beteiligung unterliegt nach § 20 Abs. 2 Nr. 4 EStG der Einkommensteuer in Gestalt der Abgeltungsteuer; dazu gehört auch die Vereinnahmung eines Auseinandersetzungsguthabens gem. § 20 Abs. 2 S. 2 Hs. 2 EStG. Aus Sicht des Beteiligungsunternehmens stellen die Einlagen des typisch stillen Gesellschafters Fremdkapital dar. Deshalb handelt es sich bei dem Gewinnanteil des typisch stillen Gesellschafters um Betriebsausgaben des Beteiligungsunternehmens (Schmidt/*Levedag* EStG § 20 Rn. 81).

Die Erbengemeinschaft kann aber auch als atypisch stiller Gesellschafter auftreten. Der atypisch stille Gesellschafter ist unter anderem insbesondere nicht nur am laufenden Gewinn und Verlust beteiligt, sondern auch an den stillen Reserven des Unternehmens. Er bedarf Mitunternehmerrisiko und –initiative und erzielt sodann als Mitunternehmer gewerbliche Einkünfte gem. § 15 Abs. 1 Nr. 2 EStG. Seine Einlage ist für das Beteiligungsunternehmen dann gerade kein Fremd-, sondern vielmehr Eigenkapital. Der Gewinnanteil des atypisch stillen Gesellschafters stellt deshalb keine Betriebsausgabe für das Beteiligungsunternehmen dar.

Maßgebend für die Abgrenzung zwischen typisch und atypisch stillen Gesellschafter sind die Vereinbarungen im Gesellschaftsvertrag.

4. Kosten. Zu den Kosten der Änderung des Gesellschaftsvertrags einer Kapitalgesellschaft → Form. G.I.7 Anm. 6, bei einer Personengesellschaft → Form. G.I.1 Anm. 6.

8. Gesellschaftsvertragliche Zulassung der Begründung eines Nießbrauchs

Die Belastung von Gesellschaftsanteilen oder Teilen von Gesellschaftsanteilen mit einem Nießbrauch (*ggf.: zugunsten des Ehegatten des Gesellschafters und/oder seiner Abkömmlinge*) ist zulässig.[1, 2]

(*oder: Der Nießbrauch an Gesellschaftsanteilen kann durch Gesellschafterbeschluss zugelassen werden. Der Gesellschafterbeschluss bedarf der einfachen Mehrheit.*)

Der Gesellschafter kann sein Stimmrecht auf den Nießbraucher übertragen, soweit dies gesetzlich zulässig ist. Die Erteilung einer Stimmrechtsvollmacht durch den Gesellschafter oder ein Stimmbindungsvertrag zwischen dem Gesellschafter und dem Nießbraucher sind zulässig.[3]

Der Gesellschafter kann dem Nießbraucher die Geschäftsführungsbefugnis zuweisen.[4]

Dem Nießbraucher können die für die Ausübung seines Nießbrauchs notwendigen Kontroll- und Informationsrechte eingeräumt werden.[5, 6, 7]

Anmerkungen

1. Sachverhalt und Interessenlage. Der Gesellschaftsvertrag gestattet den Gesellschaftern die Bestellung eines Nießbrauchsrechts an der Gesellschaftsbeteiligung. Auf diese Weise wird es dem Erblasser ermöglicht, einen Dritten, zB seine Ehefrau oder die Kinder, durch die Zuwendung eines Nießbrauchs am Gesellschaftsanteil zu versorgen. Ein solches Nießbrauchsrecht kann bereits lebzeitig zugewendet werden oder im Falle des erbrechtlichen Erwerbs des Gesellschaftsanteils von Todes wegen begründet werden. Hierzu bedarf es einer entsprechenden letztwilligen Verfügung des Gesellschafters, in der er den

Erwerber des Gesellschaftsanteils mit einem Nießbrauchsrecht (zB zugunsten des längerlebenden Ehepartners) beschwert.

2. Nießbrauch. Der Nießbrauch an einer Mitgliedschaft an einer Personen- bzw. Kapitalgesellschaft ist grundsätzlich sachen- und gesellschaftsrechtlich zulässig. Die konkrete Ausgestaltung des Nießbrauchs durch die Gesellschafter und die gesetzlichen Folgen des Nießbrauchs werden jedoch durch das für Personen- und Kapitalgesellschaften geltende gesellschaftsrechtliche Abspaltungsverbot beschränkt, zum Beispiel im Hinblick auf die Teilhabe des Nießbrauchers an den Mitwirkungsrechten an der Gesellschaft. Voraussetzung für einen Nießbrauch ist gem. § 1069 Abs. 2 BGB die Übertragbarkeit der Mitgliedschaft. Für die Mitgliedschaft an einer Personengesellschaft sieht das Gesetz keine Übertragbarkeit vor, § 717 Abs. 1 BGB iVm §§ 105 Abs. 3, 161 Abs. 2 HGB. Die Gesellschafter können eine solche aber vertraglich vereinbaren. Ob eine solche gesellschaftsvertraglich vereinbarte Zulässigkeit der Übertragbarkeit des Gesellschaftsanteils auch die Belastung mit einem Nießbrauch beinhaltet, ist umstritten. Daher empfiehlt es sich, die Zulässigkeit der Belastung des Anteils mit einem Nießbrauch im Gesellschaftsvertrag ausdrücklich zuzulassen. Eine gesellschaftsvertragliche Nachfolgeklausel reicht nicht aus, um die Zulässigkeit einer lebzeitigen Übertragung des Gesellschaftsanteils unter Nießbrauchsvorbehalt zu begründen oder den Gesellschaftsanteil im Erbfall durch eine vermächtnisweise Nießbrauchszuwendung zu beschweren (MüKoBGB/*Pohlmann* § 1068 Rn. 34).

3. Stimmrecht. Der Umfang der dem Nießbraucher zustehenden Mitwirkungsrechte ist umstritten. So verbleibt nach der wohl überwiegenden Meinung das Stimmrecht grundsätzlich beim Gesellschafter, es sei denn, bei der Bestellung wird etwas abweichendes vereinbart (zur generellen Zulässigkeit der Übertragung des Stimmrechts → Form. G.III.4). Auch wenn teilweise vertreten wird, dass die vertragliche Zulassung einer Nießbrauchsbestellung zugleich auch die Zustimmung der Gesellschafter zur Übertragung des Stimmrechts auf den Nießbraucher beinhalte (*Kruse* RNotZ 2002, 69 [75]), sollte eine solche Übertragbarkeit des Stimmrechts ausdrücklich im Gesellschaftsvertrag zugelassen werden. Die rechtlichen Grenzen finden sich im Kernbereich der Mitgliedschaft, daher ist eine Nießbrauchsregelung im Einzelnen sehr differenziert auszugestalten, auch hinsichtlich der Stimmrechte. Umgekehrt ist es möglich, im Gesellschaftsvertrag zu bestimmen, dass der Nießbraucher nicht berechtigt ist, das Stimmrecht auszuüben, so dass dieses weiterhin allein dem Gesellschafter zusteht (reiner Ertragsnießbrauch).

Da die Zulässigkeit der Übertragung des Stimmrechts noch nicht eindeutig durch die höchstrichterliche Rechtsprechung anerkannt wurde (vgl. BGH NJW 1999, 571 f.), empfiehlt es sich, im Nießbrauchsbestellungsvertrag ergänzend eine Ersatzlösung in Form einer Stimmrechtsvollmacht vorzusehen. Auch insoweit sollte vorsorglich zur Vermeidung von Auslegungsstreitigkeiten über den Umfang der Mitwirkungsrechte des Nießbrauchers im Gesellschaftsvertrag eine Zustimmung der Gesellschafter zur Erteilung einer Stimmrechtsvollmacht aufgenommen werden.

4. Geschäftsführung. Ebenfalls ungeklärt ist die Frage, wem die Geschäftsführungsbefugnis zusteht. Die Ausübung der Geschäftsführung setzt ein hohes Maß an Vertrauen unter den Gesellschaftern voraus. Daher sollte eine Zuweisung der Geschäftsführungsbefugnis an den Nießbraucher nur mit Zustimmung der Gesellschafter erfolgen, wobei eine solche Zustimmung bereits im Gesellschaftsvertrag vorgesehen werden kann. Alternativ kommt in Betracht, die Ausübung der Geschäftsführungsbefugnis durch den Nießbraucher von einem noch zu fassenden Gesellschafterbeschluss abhängig zu machen oder gänzlich auszuschließen.

5. Kontroll- und Informationsrechte. Da hinsichtlich der Informations- und Kontrollrechte nach den § 716 BGB, §§ 118, 166 HGB, § 51a GmbHG und § 131 AktG ebenfalls

abweichende Rechtsauffassungen zu der Frage vertreten werden, wem diese zustehen (dem Gesellschafter, dem Nießbraucher, beiden) (zum Meinungsstand: MüKoBGB/*Pohlmann* § 1068 Rn. 82), empfiehlt sich eine entsprechende ausdrückliche Regelung im Gesellschaftsvertrag.

6. Steuern. → Form. G.III.4 Anm. 10.

7. Kosten. Zu den Kosten der Änderung des Gesellschaftsvertrags einer Kapitalgesellschaft → Form. G.I.7 Anm. 6, bei einer Personengesellschaft → Form. G.I.1 Anm. 6.

III. Vorweggenommene Erbfolge, vorbereitende Maßnahmen

1. Lebzeitige Übertragung eines Einzelunternehmens auf den Nachfolger

§ 1 Vorbemerkungen

V ist alleiniger Inhaber eines Einzelunternehmens unter der Firma (. . . . . .), eingetragen im Handelsregister des Amtsgerichts (. . . . . .) unter HRA (. . . . . .). Gegenstand des Unternehmens ist (. . . . . .). S ist der Sohn des V. V möchte im Zuge seiner lebzeitigen Nachfolgeplanung das vorbezeichnete Einzelunternehmen auf seinen Sohn S übertragen. Zu diesem Zweck vereinbaren V und S was folgt:

§ 2 Vertragsgegenstand

Zum Vermögen des vorbezeichneten Einzelunternehmens gehören insbesondere

(a) alle Einzelwirtschaftsgüter, die in dem Einzelunternehmen zum nachfolgend unter § 3 definierten Übertragungszeitpunkt auf den V aktiviert bzw. passiviert sind,
(b) sämtliche zum Übertragungszeitpunkt bestehenden betrieblichen Verbindlichkeiten und Vermögensgegenstände des Anlage- und Umlaufvermögens, unabhängig davon, ob diese bilanzierungsfähig oder bilanzierungspflichtig sind, sowie sämtliche immateriellen Wirtschaftsgüter, wie zB der Kundenstamm, IP-Rechte und der Geschäftswert,
(c) sämtlich im Zusammenhang mit dem Einzelunternehmen stehenden und zum Übertragungszeitpunkt bestehenden Verträge, Rechts- und Dauerschuldverhältnisse, wie Dienst- und Arbeitsverträge, Miet- und Pachtverträge, Leasing- und Lieferverträge, Angebote und sonstige Rechtspositionen, sowie
(d) die Firma des Einzelunternehmens, wobei S berechtigt ist, diese mit oder ohne Nachfolgezusatz fortzuführen.

Die vorstehend aufgeführten Vermögensgegenstände bilden das gemäß diesem Vertrag zu übertragende Einzelunternehmen („Schenkungsgegenstand"). Nach Übertragung des Schenkungsgegenstandes verbleiben V keine Gegenstände des Einzelunternehmens.

§ 3 Schenkung und Übertragung[1, 2]

1. V schenkt S hiermit den Schenkungsgegenstand mit sämtlichen nach Maßgabe dieses Vertrages zu übernehmenden Gegenständen des Anlage- und Umlaufvermögens, sämtlichen Forderungen, Rechten, Verbindlichkeiten und Pflichten aus bestehenden Vertrags- und Rechtsverhältnissen mit Wirkung zum Ablauf des 31.12.2018. Nach Inventur und Erstellung des Jahresabschlusses zum 31.12.2018 wird der Jahresabschluss des kaufmännischen Einzelunternehmens diesem Vertrag als Anlage beigefügt.
2. Zur Vollziehung der vorstehenden Schenkungsversprechens
   a) überträgt V dem S hiermit sämtliche zum nachfolgend unter Ziffer 3 definierten Übertragungszeitpunkt zum Anlagevermögen zählenden beweglichen Gegenstände einschließlich der Warenbestände,
   b) tritt V hiermit sämtliche zum nachfolgend unter Ziffer 3 definierten Übertragungszeitpunkt bestehenden Forderungen aus Lieferungen und Leistungen sowie die sonstigen Ansprüche, Rechte, und betrieblichen Verbindlichkeiten, die zum Über-

tragungszeitpunkt bestehen, an S ab; die Abtretung der Forderungen werden die Vertragsparteien den Schuldnern gemeinsam anzeigen,

c) tritt V hiermit sämtliche zum unter Ziffer 3 definierten Übertragungszeitpunkt bestehenden Rechts- und Dauerschuldverhältnisse nebst allen Verpflichtungen aus diesen Schuldverhältnissen an S ab unter der Verpflichtung, V von jeglicher Inanspruchnahme freizustellen. Die erforderliche Zustimmung der Vertragspartner werden V und S selbst einholen. Entsprechend der gesetzlichen Regelung des § 613a BGB tritt S in alle im Übertragungszeitpunkt bestehenden Arbeitsverhältnisse ein, wobei V versichert, dass betriebliche Pensionszusagen nicht erteilt wurden.

3. Maßgeblicher Zeitpunkt für die dingliche Erfüllung dieses Vertrages ist der 31.12.2018, 24 Uhr („Übertragungszeitpunkt").
   Für den Bestand der vorgenannten Aktiva und Passiva zum Übertragungszeitpunkt ist der von Steuerberater Z zum 31.12.2018 zu erstellende Jahresabschluss, der diesem Vertrag nach seiner Erstellung als Anlage beigefügt wird, maßgeblich. Der einem ordnungsgemäßen Geschäftsgang entsprechende Bestand an Vorräten wird hierfür durch eine am 31.12.2018 vorzunehmende Inventur ermittelt.
   S nimmt die vorstehenden Schenkungen sowie die Übertragungen und Abtretungen hiermit dankend an und erklärt, dass er das Handelsgeschäft unter der bisherigen Firma ohne Beifügung eines Nachfolge- oder Inhaberzusatzes fortführen wird. Bis zur Genehmigung der Schuldübernahme bzw. Haftentlassung durch die Vertragspartner verpflichtet sich S, V von jeglicher Inanspruchnahme freizustellen.[3]
4. Zum Übertragungszeitpunkt gehen Gefahr, Nutzungen und Lasten auf S über. Nicht bezahlte Sozialversicherungsbeiträge, betriebliche Steuern und Steuererstattungen, auch soweit sie sich auf die Zeit vor dem Übertragungszeitpunkt beziehen, trägt bzw. erhält S, sofern und soweit sie nach dem Übertragungszeitpunkt fällig werden. Die Zahlung der Einkommensteuer für die Veranlagungszeiträume bis zum Übertragungszeitpunkt obliegt V, auch soweit die Fälligkeit nach dem Übertragungszeitpunkt eintritt.

§ 4 Gegenleistung, Pflichtteilsanrechnung

S hat keine Gegenleistung zu erbringen. V behält sich auch keinen Nießbrauch am Schenkungsgegenstand vor.

Allerdings hat S sich den Wert des Schenkungsgegenstandes auf seinen Pflichtteil am Nachlass des V anrechnen zu lassen. Die Anrechnung entfällt, wenn das Widerrufsrecht nach § 6 gegenüber S noch vor Geltendmachung des Pflichtteilsanspruches ausgeübt wird. Nicht anrechnungspflichtig ist der zwischenzeitliche Nutzungsvorteil aus dem sodann zurück zu übertragenden Schenkungsgegenstand.

Eine Ausgleichungspflicht gegenüber anderen Abkömmlingen des V bei dessen Ableben gemäß §§ 2050 ff. BGB besteht nicht.[4]

§ 5 Ausschluss der Rechte bei Mängeln

V verpflichtet sich, das Einzelunternehmen bis zum Übertragungszeitpunkt in einem ordnungsgemäßen Zustand zu erhalten und wie bisher fortzuführen. Eine weitergehende Haftung für Rechts- und Sachmängel, insbesondere für Umsatz und Ertrag, ist ausgeschlossen.[5]

§ 6 Widerrufsrecht

V ist berechtigt, die Schenkungen gem. § 2 sowie die mit diesem Vertrag durchgeführten Abtretungen und Übertragungen durch schriftliche Erklärung gegenüber S bzw. seinen Erben zu widerrufen, wenn

- S vor V verstirbt, ohne dass der Schenkungsgegenstand auf leibliche Abkömmlinge des S übergeht,
- S das nach § 2 geschenkte Einzelunternehmen zu Lebzeiten des V ohne seine Zustimmung ganz oder teilweise veräußert oder belastet,
- die Zwangsvollstreckung in das Vermögen des S betrieben wird,
- die Eröffnung eines Insolvenzverfahrens über das Vermögen des S erfolgt oder mangels Masse abgelehnt wird,
- S geschäftsunfähig wird oder die Voraussetzungen für die Anordnung einer Betreuung gemäß § 1896 Abs. 1 BGB bei S eintreten und länger als ein Jahr andauern,
- bezüglich des Schenkungsgegenstandes durch den Ehegatten des Beschenkten ein Zugewinnausgleichs- oder Pflichtteilsanspruch geltend gemacht wird,
- in der Person des Beschenkten ein Umstand eintritt, der V als Schenker zur Entziehung des Pflichtteils berechtigen würde,
- ein gesetzlicher Widerrufsgrund vorliegt, oder
- das zuständige Schenkungsteuerfinanzamt für die Übertragung eine Schenkungsteuer von mehr als EUR (. . . . . .) festsetzt, unabhängig vom Zeitpunkt der Fälligkeit der Steuer; gleiches gilt bei der nachträglichen Festsetzung von Schenkungsteuer von insgesamt mehr als EUR (. . . . . .), beispielsweise wegen eines Verstoßes gegen die Lohnsummenkontrolle im Sinne des § 13a Abs. 3 ErbStG oder die Verwirklichung eines Nachsteuertatbestandes im Sinne des § 13a Abs. 6 ErbStG.

Mit der form- und fristgerechten Ausübung des Widerrufsrechts geht der Schenkungsgegenstand im Umfang des Widerrufs einschließlich etwaiger Surrogate unentgeltlich und mit dinglicher Wirkung (wieder) auf V als Schenker über. Der form- und fristgerecht erklärte Widerruf ist auflösende Bedingung sowohl für den Schenkungsvertrag mit dem Beschenkten als auch für die Abtretung und Übertragung des Schenkungsgegenstandes. Der Widerruf kann nur binnen einer Frist von drei Monaten erklärt werden, nachdem V von dem Widerrufsgrund Kenntnis erlangt hat. Der Widerruf ist schriftlich gegenüber S zu erklären; nach Ablauf der Frist erlischt das Recht zum Widerruf endgültig.

Das Widerrufsrecht des V ist nicht vererblich; es erlischt mit dem Tod des V.

Nutzungen, welche S vor dem Rückfall des Schenkungsgegenstandes gezogen hat, verbleiben ihm. Aufwendungen im Zusammenhang mit dem Vertragsgegenstand sind S nicht zu erstatten.

[*Alternativ: V hat nach Ausübung des Widerrufsrechts dem S dessen Aufwendungen und Verwendungen, die dieser auf das Einzelunternehmen getätigt hat, zu erstatten.*]

Sofern ein dinglicher Rückfall des Schenkungsgegenstandes nicht möglich ist, entsteht mit dem Widerruf ein schuldrechtlicher Rückforderungsanspruch bzw. Wertersatzanspruch. Etwaige Kosten der Rückübertragung trägt S.[6]

§ 7 Kosten und Steuern

Die Kosten dieses Vertrags trägt V.

Eine mit dieser Übertragung entstehende Schenkungsteuer trägt der Beschenkte S und wird ausdrücklich nicht vom Schenker V übernommen.

Die Kosten, Steuern und Gebühren im Zusammenhang mit einer Rückübertragung des Schenkungsgegenstandes trägt S. Entsprechendes gilt für eine schenkungsteuerliche und/ oder ertragsteuerliche Nachsteuer (bspw. ausgelöst durch Verstoß gegen die Haltefrist des § 13a Abs. 6 ErbStG).[7, 8]

Anmerkungen

1. Sachverhalt, Übertragungsvertrag. Der Einzelunternehmer kann im Wege der vorweggenommenen Erbfolge das von ihm betriebene Unternehmen unentgeltlich auf einen Nachfolger übertragen. Hierdurch besteht die Möglichkeit, den Nachfolger bereits lebzeitig in die unternehmerische Verantwortung hineinwachsen zu lassen, wobei der Übergeber dem Übernehmer weiterhin unterstützend zur Seite stehen kann (ggf. auch im Rahmen eines Anstellungsverhältnisses). Außerdem kann der Unternehmer hierdurch die Aufteilung seines Vermögens entsprechend seiner Vorstellungen vornehmen, seine eigene Versorgung sowie die seines Ehegatten durch entsprechende vertragliche Bestimmungen sicherstellen und durch flankierende Maßnahmen – wie zB einen Erb- und Pflichtteilsverzichtsvertrag mit etwaigen weiteren Kindern – möglichen Auseinandersetzungen nach dem Erbfall vorbeugen.

Im Falle einer Übertragung des einzelkaufmännischen Unternehmens auf mehrere Nachfolger begründet dies rechtlich eine OHG, im Falle einer Haftungsbeschränkung unter bei Beibehaltung eines persönlich haftenden Gesellschafters würde dies eine KG begründen.

Eine vollständige Überlassung des einzelkaufmännischen Unternehmens an einen Nachfolger führt zu einer persönlichen Haftung des Nachfolgers für die Altverbindlichkeiten, wenn dieser die bisherige Firma fortführt (§ 25 HGB) oder die Schuldübernahme „handelsüblich bekannt macht" (Baumbach/Hopt/*Hopt* HGB § 25 Rn. 1).

Auch dann, wenn der Übernehmer für den Erwerb des Einzelunternehmens keine Gegenleistung schuldet, handelt es sich aufgrund der Übernahme der persönlichen Haftung für die Unternehmensverbindlichkeiten wohl nicht um eine reine Schenkung, sondern zivilrechtlich um eine gemischte Schenkung; dies ist für das Pflichtteils(ergänzungs)recht von Bedeutung (zur Frage der unentgeltlichen Übertragung einer OHG-Beteiligung vgl. BGH NJW 1981, 1956). Davon ist die ertragsteuerliche und schenkungsteuerliche Behandlung zu unterscheiden.

Die Betriebsübergabe ist – sofern es sich um ein im Handelsregister eingetragenes Einzelunternehmen handelt – gem. 31 HGB durch den Notar in der Form des § 39a BeurkG beim zuständigen Registergericht zur Eintragung anzumelden.

Im Falle der lebzeitigen Übertragung auf einen **Minderjährigen** sind folgende Besonderheiten zu beachten: Ist der Übertragende zugleich gesetzlicher Vertreter des minderjährigen Übernehmers, ist gemäß § 181 BGB in Verbindung mit §§ 1629 Abs. 2 S. 1, 1795 Abs. 2, 1909 Abs. 1 BGB ein **Ergänzungspfleger** zu bestellen. Eine **familiengerichtliche Genehmigung** gem. § 1822 Nr. 3 BGB ist bei einer Schenkung des Einzelunternehmers nicht erforderlich. Ggf. ergibt sich ein Genehmigungserfordernis nach § 1822 Nr. 10 BGB aufgrund der vereinbarten Schuld-/Erfüllungsübernahme.

2. Form. Eine Übertragung des Einzelunternehmens als Sachgesamtheit ist nicht möglich. Vielmehr ist für die Übertragung des Einzelunternehmens die Übereignung bzw. Abtretung sämtlicher Vermögensgegenstände, Forderungen und Rechte unter Beachtung der für den jeweiligen Vermögensgegenstand geltenden Formvorschriften erforderlich (Baumbach/Hopt/*Hopt* HGB Einl. v. § 1 Rn. 42). Sofern zu dem Einzelunternehmen auch ein Grundstück gehört, welches auf den Übernehmer übertragen werden soll, bedarf es daher einer Beurkundung des Übertragungsvertrages, § 311b BGB.

Außerdem ist gem. § 518 Abs. 1 BGB im Falle einer Übertragung im Wege der vorweggenommenen Erbfolge für das Schenkungsversprechen die notarielle Form erforderlich. Ein etwaiger Formmangel wird jedoch durch den Vollzug der Schenkung geheilt, § 518 Abs. 2 BGB. Ob ein solcher den Formmangel heilender Vollzug möglich ist, richtet sich nach der Natur der an den Erwerber zu übertragenden/abzutretenden Vermögensgegenstände. Zumindest im Falle der Übertragung von Grundbesitz oder GmbH-Geschäftsanteilen ist eine Heilung nicht durch formlosen Vollzug möglich (§ 311b BGB, § 15 Abs. 3 GmbHG).

3. Übergang von Schuldverhältnissen. Durch die Übernahme der Dauerschuldverhältnisse durch den Erwerber und die Freistellung von einer Inanspruchnahme wird der übertragende Geschäftsinhaber geschützt. Eine Schuldübernahme durch Freistellung wirkt allerdings ohne Zustimmung der Gläubiger gem. § 414 BGB lediglich im Innenverhältnis (sog. Erfüllungsübernahme, §§ 329, 415 Abs. 3 BGB).

Arbeitsverhältnisse gehen gem. § 613a BGB kraft Gesetzes auf den Nachfolger über.

Zum Schutze des Übertragenden ist weiterhin die Vereinbarung einer befreienden Schuldübernahme für alle betrieblichen Verbindlichkeiten erforderlich, wobei diese ebenfalls nur mit Zustimmung der Gläubiger auch im Außenverhältnis wirkt.

4. Pflichtteils(ergänzungs-)ansprüche, Ausgleichung. Das Interesse des ausscheidenden Unternehmers besteht regelmäßig in der Sicherstellung der von ihm im Rahmen der vorweggenommenen Erbfolge getroffenen Maßnahmen sowie im Erhalt des Unternehmens. Um den Nachfolger vor Pflichtteilsergänzungsansprüchen anderer Abkömmlinge (§§ 2325, 2329 BGB) zu schützen, die als sofort mit dem Erbfall fällige Barzahlungsansprüche das Unternehmen gefährden können, sollte der Erblasser möglichst mit sämtlichen Pflichtteilsberechtigten zu Lebzeiten Vereinbarungen treffen, um solche Ansprüche auszuschließen. Dies erfolgt regelmäßig durch einen (notariell zu beurkundenden) umfassenden Pflichtteilsverzichtsvertrag oder durch die Vereinbarung eines Verzichts auf Pflichtteilsergänzungsansprüche (ggf. dinglich beschränkt auf das Einzelunternehmen), § 2346 Abs. 2 BGB (ggf. gegen Gewährung einer Abfindung) (→ Form. G.III.10).

Macht das Unternehmen einen wesentlichen Teil des Vermögens des ausscheidenden Unternehmers aus, ist es häufig das Interesse des Unternehmers, das verbleibende Vermögen im Erbfall den nicht in das Unternehmen nachfolgenden Abkömmlingen und/oder seinem Ehegatten zukommen zu lassen. Es empfiehlt sich daher die Vereinbarung eines Erb- und Pflichtteilsverzichtsvertrages zwischen dem künftigen Erblasser, seinem Nachfolger und seinen weiteren Kindern sowie dem Ehegatten.

Da eine Anrechnung der Schenkung auf den Pflichtteil des Beschenkten nachträglich nicht einseitig durch den Schenker erklärt werden kann, sollte der Vertrag eine entsprechende Anrechnungsbestimmung enthalten (§ 2315 BGB). Daneben sollte der Schenkungs- und Übertragungsvertrag eine Regelung enthalten, ob der Nachfolger die Zuwendung gegenüber anderen Abkömmlingen auszugleichen hat. Um die Unternehmensliquidität nicht durch Zahlungsansprüche gegen den Nachfolger zu gefährden, empfiehlt es sich regelmäßig, eine solche Ausgleichungspflicht auszuschließen (§ 2050 Abs. 1 BGB). (Zur Möglichkeit, durch Verfügung von Todes wegen nachträglich Anordnungen über die Ausgleichung oder den Ausschluss der Ausgleichung zu treffen (§ 2050 Abs. 4 BGB) und/oder die Anrechnung auf den Pflichtteil zu bestimmen (§ 2315 Abs. 1 S. 2 BGB) → Form. A.II.4 ff.).

5. Sach- und Rechtsmängelhaftung. In aller Regel soll die Übertragung ohne Haftung des Schenkers für Sach- und Rechtsmängel erfolgen. Im Falle der Übertragung eines verschuldeten Betriebs muss die oben genannte Haftung des Erwerbers gem. § 25 HGB und die Haftung für betriebliche Steuern gem. § 75 AO beachtet werden.

6. Widerrufsrecht. Regelmäßig ist es der Wunsch des Übertragenden, Vorkehrungen gegen unerwünschte und unerwartete Entwicklungen nach erfolgter Vermögensübertragung zu treffen. Der Unternehmer wird gerade im Hinblick auf den Fortbestand seines Unternehmens daran interessiert sein, die Übertragung in das Unternehmen gefährdenden Situationen rückgängig zu machen. Ergänzend zu den im Schenkungsfall bestehenden gesetzlichen Widerrufs-/Rückforderungsgründen sollten daher weitere Widerrufsgründe vertraglich vereinbart werden. Das Formular enthält insoweit typische **vertragliche Widerrufstatbestände.** Von einem sog. freien Widerrufsrecht – welches zivilrechtlich zweifelsohne zulässig ist – sollte wegen der möglichen steuernachteiligen Folgen abgesehen werden.

Hinsichtlich der **Ausübungsmodalitäten** sollte der Vertrag Regelungen darüber enthalten, in welcher Form der Widerruf zu erklären ist, ob die Ausübung fristgebunden ist und ab wann die Frist zu laufen beginnt. Außerdem sollte bestimmt werden, ob das Widerrufsrecht und/oder der durch den Widerruf geschaffene Rückübertragungsanspruch vererblich ist. Sofern im Rahmen der Übertragung des Einzelunternehmens auch ein Grundstück auf den Erwerber übertragen wird, sollte der diesbezügliche Rückübertragungsanspruch durch eine Rückauflassungsvormerkung gem. § 883 BGB im Grundbuch abgesichert werden.

Folge der Ausübung des Widerrufsrechtes ist nach dem Muster ein „Rückerwerb" des Unternehmens durch den Übergeber (fristgemäße Ausübung des Widerrufsrechtes als auflösende Bedingung der Schenkung und Übertragung).

7. Steuern. Die Schenkung eines Einzelunternehmens zu Lebzeiten führt zu einem schenkungsteuerpflichtigen Vorgang gem. §§ 1 Abs. 1 Nr. 2, 7 Abs. 1 Nr. 1 ErbStG. Der Beschenkte erhält neben den persönlichen Freibeträgen gem. §§ 16, 17 ErbStG die Begünstigungen der §§ 13a, 13b, 13c, 19a, 28a ErbStG unter den dortigen weiteren Voraussetzungen. Zu beachten ist der Wegfall des „Alles-oder-Nichts"-Prinzips durch die „Unternehmens-Erbschaftsteuerreform 2016", also die per se unbegünstigte Besteuerung des Verwaltungsvermögens. Die Bewertung des Betriebsvermögens richtet sich nach § 12 Abs. 5 ErbStG iVm §§ 95 Abs. 1, 109 Abs. 1 iVm § 11 Abs. 2 BewG (nF). Die Steuer entsteht gem. § 9 Abs. 1 Nr. 2 ErbStG mit der Ausführung der Zuwendung. Steuerschuldner der Schenkungsteuer sind der Schenker und der Beschenkte gem. § 20 Abs. 1 ErbStG. In der Regel hält sich das Finanzamt trotz Gesamtschuldnerschaft (§ 44 Abs. 1 S. 1 AO) an den Beschenkten, wenn der Schenker nicht ausdrücklich die Übernahme der Schenkungsteuer erklärt hat. Übernimmt und zahlt der Schenker die anfallende Schenkungsteuer, erhöht dies gem. § 10 Abs. 2 ErbStG den Wert der Schenkung.

Nach § 10 Abs. 6 S. 4 ErbStG sind Schulden und Lasten, die mit nach §§ 13a ff. ErbStG befreitem Vermögen in wirtschaftlichem Zusammenhang stehen, nur mit dem Betrag abzugsfähig, der dem Verhältnis des nach Anwendung der §§ 13a ff. ErbStG anzusetzenden Werts dieses Vermögens zu dem Wert vor Anwendung der §§ 13a ff. ErbStG entspricht.

Nur bei Erwerben von Todes wegen kann eine Erbschaftsteuer auf begünstigtes Vermögen iSd § 13b Abs. 2 ErbStG auf Antrag bis zu sieben Jahren gestundet werden gem. § 28 Abs. 1 ErbStG.

Ertragsteuerlich erzielt der Beschenkte mit dem Einzelunternehmen Einkünfte aus Gewerbebetrieb gem. § 15 Abs. 1 Nr. 1 EStG. Der Beschenkte hat die Buchwerte gem. § 6 Abs. 3 S. 3 EStG fortzuführen, weshalb keine stillen Reserven aufgedeckt werden. Folglich hat er keine Anschaffungskosten und beim Schenker tritt keine Gewinnrealisierung ein. Dies setzt aber eine unentgeltliche Übertragung voraus, ohne Vereinbarung einer Gegenleistung. Aufgrund der Einheitstheorie stellt die Übernahme betrieblicher Schulden keine Gegenleistung dar, näher dazu → Form. G.III.5 unter 3. Steuern.

Der Gewerbeverlust nach § 10a GewStG geht mangels Unternehmeridentität verloren (R 10a.3 Abs. 1 S. 1 und 2 sowie H 10a.3 Abs. 1 GewStR 2009 mit Hinweis auf BFH BStBl. II 1993, 616). Der Gewerbetreibende, der den Verlustabzug in Anspruch nehmen will, muss den Gewerbeverlust zuvor in eigener Person erlitten haben.

Gehören zum Einzelunternehmen Betriebsgrundstücke, fällt bei der Schenkung gem. § 3 Nr. 2 GrEStG keine Grunderwerbsteuer an, jedenfalls soweit nicht unter Nießbrauchvorbehalt geschenkt wird (beachte § 3 Nr. 2 S. 2 GrEStG). Es greifen darüber hinaus aber auch weitere, persönliche grunderwerbsteuerliche Befreiungsvorschriften wie bspw. § 3 Nr. 6 GrEStG durch.

Die unentgeltliche Übertragung des Unternehmens stellt eine nicht steuerbare Geschäftsveräußerung gem. § 1 Abs. 1a UStG dar. Der Beschenkte tritt an die Stelle des übertragenden Einzelunternehmers.

Die Haftung für betriebliche Steuern geht gem. § 75 Abs. 1 AO auf den Beschenkten über.

8. Notarkosten. Im Falle einer Beurkundung des Schenkungsvertrags entsteht eine 2,0-Gebühr nach Nr. 21100 KV GNotKG. Geschäftswert ist nach § 97 Abs. 1 GNotKG der volle Wert des Rechtsverhältnisses ohne Schuldenabzug, § 38 GNotKG. Anzusetzen ist daher der Wert aller Aktiva einschließlich stiller Reserven und des Firmenwerts. Ein Pflichtteilsverzicht des Erwerbers ist als Gegenleistung nach § 97 Abs. 3 GNotKG nicht werterhöhend zu berücksichtigen.

2. Vom Einzelunternehmen zur Personenhandelsgesellschaft durch Aufnahme

I. Vertrag über die unentgeltliche Aufnahme von Frau T (zugleich Schenkung)

zwischen Herrn V – nachfolgend auch „Aufnehmender" bzw. „Schenker" genannt – und Frau T – nachfolgend auch „Erwerberin" bzw. „Beschenkte" genannt –. Die Vertragsparteien vereinbaren hiermit was folgt:

Präambel

(1) Frau T ist die Tochter von Herrn V und arbeitet seit Jahren im Angestelltenverhältnis im bisherigen Einzelunternehmen ihres Vaters mit.

(2) Im Zuge der Nachfolgeplanung möchte Herr V seine Tochter durch Aufnahme in sein Einzelunternehmen XV daran unentgeltlich beteiligen. Die dadurch entstehende VT KG (nachfolgend auch „VT KG" genannt) gibt sich dabei eine gesellschaftsvertragliche Verfassung, die die Nachfolge und damit auch die Zukunft des von Herrn V aufgebauten Lebenswerkes in Gestalt des bisherigen Einzelunternehmens sichern soll. Das Handelsgewerbe soll unter Beibehaltung der persönlichen Haftung von Herrn V unverändert und dauerhaft fortgeführt werden, nunmehr lediglich in der Rechtsform der Kommanditgesellschaft.

§ 1 Aufnahme- und Vertragsgegenstand

(1) Herr V betreibt in den angemieteten Geschäftsräumen [. . . . . .] in [. . . . . .] unter der Firma „XV" ein Handelsgewerbe (Einzelunternehmen), das den An- und Verkauf von [. . . . . .] zum Gegenstand hat.

(2) Zum Vermögen des vorstehenden Einzelunternehmens gehören namentlich

(a) alle Einzelwirtschaftsgüter, die in dem Einzelunternehmen zum Zeitpunkt der Aufnahme der Erwerberin aktiviert bzw. passiviert sind. Als Anlage 1 wird nach Inventur und Erstellung der Jahresabschluss des kaufmännischen Einzelunternehmens zum 31.12.2018 später diesem Vertrag beigefügt;

(b) alle betrieblichen Verbindlichkeiten und Vermögensgegenstände des Anlage- und Umlaufvermögens, gleichgültig ob sie bilanzierungsfähig oder bilanzierungspflichtig sind, insbesondere auch alle immateriellen Wirtschaftsgüter, insbesondere der Kundenstamm, IP-Rechte und der Geschäftswert;

(c) alle dem einzelkaufmännischen Unternehmen zuzuordnenden Verträge, einschließlich Dienst- bzw. Arbeitsverträge, Miet- bzw. Pacht-, Leasing- und Lieferverträge, Betriebsführungsverträge, Konzessionsverträge, Angebote und sonstige Rechtsstellungen;
(d) das Recht, die Firma mit oder ohne Nachfolgezusatz fortzuführen.

Die in diesem Absatz (2) aufgeführten Vermögensgegenstände bilden das Einzelunternehmen („Aufnahmegegenstand").

(3) Herr V möchte seine Tochter durch die unentgeltliche Aufnahme in das Einzelunternehmen zu 30 % an dem Aufnahmegegenstand beteiligen. Folglich wendet der Aufnehmende hiermit zum Aufnahmestichtag der Erwerberin eine 30 %ige Kommanditbeteiligung – deren Kommanditeinlage iHv 30.000,00 EUR durch Umbuchung aus dem Einzelunternehmen geleistet ist – an der – im Zeitpunkt der Aufnahme entstehenden – VT KG unentgeltlich zu („Vertragsgegenstand"). Aufgrund des zugleich übertragenen und fortgeführten Handelsgewerbes im Sinne des § 1 Abs. 2 HGB ist die VT KG zum Aufnahmestichtag, der zugleich der Übertragungsstichtag ist (vgl. unter II. § 1 Abs. (3) dieser Urkunde), entstanden und die Eintragung in das Handelsregister nur noch deklaratorisch.

(4) Der Vertragsgegenstand in Gestalt der verschenkten 30%igen Kommanditbeteiligung umfasst

- die gesamte anteilige, durch den entsprechenden Teilbetrag des festen Kapitalkontos I vermittelte Rechtsstellung der Kommanditistin, dh sämtliche mit ihr zusammenhängenden Rechte und Pflichten, auch am Gesamthandsvermögen der – mit dem gleichzeitigen Übertragungsstichtag im Wege der Einzelrechtsnachfolge ausgestattete – VT KG;
- ferner – im Verhältnis der durch die festen Kapitalkonten vermittelten Beteiligung, dh entsprechend anteilig – etwaige Salden auf weiteren sich aus dem Gesellschaftsvertrag (Anlage 2) ergebenden Gesellschafterkonten. Sonderbetriebsvermögen ist nicht vorhanden und wurde daher auch nicht zurückbehalten;
- den entsprechenden Nominalbetrag der im Handelsregister einzutragenden und zu 100 % geleisteten Hafteinlage.

Die Vertragsparteien gehen davon aus, dass es sich bei dem Vertragsgegenstand, der zugleich „Schenkungsgegenstand" ist, um begünstigungsfähiges Vermögen im Sinne des § 13b Abs. 1 Nr. 2 ErbStG handelt.

(5) Die Aufnahme erfolgt ertragsteuerneutral durch zwingende Buchwertfortführung nach § 6 Abs. 3 S. 1 Hs. 2 Alt. 1 EStG.

§ 2 Aufnahme

(1) Herr V verspricht hiermit seiner Tochter die unentgeltliche Aufnahme in sein Einzelunternehmen „XV", und zwar mit Wirkung zum Ablauf des heutigen Tages, 24:00 Uhr. Dieses Schenkungsversprechen nimmt die Erwerberin dankend an.

(2) Damit nimmt der Aufnehmende schuldrechtlich, wirtschaftlich und steuerlich die Erwerberin mit Wirkung zum Ablauf des heutigen Tages, 24:00 Uhr, in sein kaufmännisches Einzelunternehmen auf („Aufnahmestichtag").

(3) Zum Aufnahmestichtag, also mit Wirkung zum Ablauf des heutigen Tages, 24:00 Uhr, entsteht damit die VT KG. Dazu schließen der Aufnehmende und die Erwerberin hiermit ebenfalls zum Aufnahmestichtag den als Anlage 2 beigefügten Gesellschaftsvertrag der VT KG, der für das Gesellschaftsverhältnis der Vertragsparteien untereinander ab dem Aufnahmestichtag maßgebend sein soll. Ab dem Aufnahmestichtag gilt das Einzelunternehmen als für Rechnung der VT KG geführt.

(4) Die Vertragsparteien sind sich einig, dass die Aufnahme der Erwerberin zum Aufnahmestichtag der Höhe nach dahingehend erfolgt, dass die Erwerberin als Kommanditistin mit einer Kommanditeinlage von 30.000,00 EUR (dies entspricht einer 30 %-Beteiligung) an der VT KG beteiligt wird. Die Kommanditeinlage ist dadurch geleistet, dass der Aufnehmende die Erwerberin unentgeltlich zu 30 % an dem Aufnahmegegenstand und damit insoweit am Gesamthandsvermögen der zum Aufnahmestichtag entstandenen VT KG beteiligt, ihr also den Vertragsgegenstand unentgeltlich zuwendet, der ua Kassenbestände beinhaltet, die entsprechend partiell auf Kapitalkonten umgebucht werden. Nach dem Gesellschaftsvertrag der VT KG spiegelt sich das Beteiligungsverhältnis anhand der Festkapitalanteile wieder.

(5) In Vollzug der vorstehenden schuldrechtlichen Verpflichtung wird zugleich ebenfalls mit Wirkung zum Ablauf des heutigen Tages, 24:00 Uhr, der unter II. geregelte Übertragungsvertrag geschlossen. Dabei entspricht der Aufnahmestichtag dem dortigen „Übertragungsstichtag". Es handelt sich in dieser Urkunde daher um ein einheitliches Vertragswerk zwecks Ausführung des Schenkungsversprechens durch zeitgleichen dinglichen Vollzug.

§ 3 Gegenleistung

Die Erwerberin hat aufgrund der Schenkung keine Gegenleistung zu erbringen. Der Schenker behält sich auch keinen Nießbrauch vor. Die Zuwendung erfolgt daher insgesamt voll unentgeltlich.

§ 4 Haftungsausschluss und Wirkungen der Aufnahme

(1) Die Haftung der Beschenkten für die im Geschäftsbetrieb des bisherigen Alleininhabers des Einzelunternehmens entstandenen Verbindlichkeiten wird – soweit gesetzlich zulässig – ausgeschlossen.

(2) Mit Eintragung als Kommanditistin in das Handelsregister haftet die Beschenkte auch lediglich nur begrenzt mit der eingetragenen, ihr vom Schenker (mit)zugewendeten Haftsumme.

(3) Die VT KG ist zum Aufnahmestichtag wirksam gegründet und zugleich aufgrund des deckungsgleichen Übertragungsstichtages werthaltig ausgestattet (Fortführung des bisherigen Einzelunternehmens), also mit Wirkung zum Ablauf des heutigen Tages, 24:00 Uhr.

(4) Alle auf den Schenkungsgegenstand entfallenden Ergebnisse der VT KG stehen ab dem Aufnahmestichtag der Beschenkten zu.

§ 5 Widerruf der Schenkung/auflösende Bedingung

→ Form. G.IV.7

§ 6 Anrechnung auf Pflichtteilsanspruch, Ausgleichung

→ Form. G.III.3

§ 7 Sonstiges

(1) Eine etwaige Schenkungsteuer hat die Beschenkte zu tragen und wird nicht vom Schenker übernommen.

(2) Die Vertragsparteien werden ihrer Anzeigepflicht gegenüber dem für die Schenkungsteuer zuständigen Finanzamt form- und fristgerecht nachkommen.

(3) Sollte eine schenkungsteuerliche bzw. ertragsteuerliche Nachversteuerung ausgelöst werden (bspw. durch Verstoß gegen die Haltefrist des § 13a Abs. 6 ErbStG), so verpflichtet sich hiermit im Innenverhältnis der Verursacher, diese Nachsteuer zu tragen.

II. Übertragung der Einzelwirtschaftsgüter auf die KG

zwischen Herr V in seiner Eigenschaft als Inhaber des bisherigen Einzelunternehmens „XV" – nachfolgend auch „Übertragender" genannt – und VT KG – nachfolgend auch „Übernehmende" und/oder „VT KG" genannt –, vertreten durch den einzelvertretungsberechtigten und von den Beschränkungen des § 181 BGB befreiten Komplementär V.

Der bisherige Alleininhaber des Einzelunternehmens schließt mit Wirkung zum Ablauf des heutigen Tages, 24:00 Uhr, mit der VT KG, vertreten durch den Komplementär und mit Zustimmung der Kommanditistin in Vollzug des vorstehenden unter I. geregelten unentgeltlichen Aufnahme- und Schenkungsvertrages folgenden Übertragungsvertrag:

§ 1 Dingliche Übertragung, Schuld- und Vertragsübernahme

(1) Im Zuge der Einzelrechtsnachfolge sind sich der Übertragende und die Übernehmende hiermit über den Eigentumsübergang an dem Übertragungsgegenstand (siehe nachfolgenden Absatz (2)), also ua an den beweglichen Vermögensgegenständen und betrieblichen Unterlagen des bisherigen Einzelunternehmens, sowie über die Abtretung der am Übertragungsstichtag bestehenden betrieblichen Forderungen und Rechte sowie – zumindest im Innenverhältnis – über den Übergang der an diesem Stichtag bestehenden betrieblichen Verbindlichkeiten und Vertragsverhältnisse einig.

(2) Hiermit überträgt und tritt der Übertragende mit Wirkung zum Ablauf des heutigen Tages, 24:00 Uhr, das in I. § 1 Abs. (1) genannte Einzelunternehmen in seiner Gesamtheit im Wege der Einzelrechtsnachfolge in Gestalt der einzelnen in I. § 1 Abs. (2) aufgeführten Vermögensgegenstände und Schulden (Aufnahmegegenstand zugleich „Übertragungsgegenstand") an die dies annehmende Übernehmende ab. Insbesondere übernimmt die Übernehmende auch sämtliche Rechte und Pflichten aus den bei dem einzelkaufmännischen Unternehmen bestehenden Arbeitsverhältnissen gem. § 613a BGB. Der Übertragende behält keinerlei Vermögensgegenstände des Einzelunternehmens zurück.

(3) Der Übertragungsstichtag entspricht dem Aufnahmestichtag. Stichtag für die Übertragungen im Wege der Einzelrechtsnachfolge an die Übernehmende ist also der Ablauf des heutigen Tages, 24:00 Uhr, („Übertragungsstichtag").

(4) Zum Übertragungsstichtag gehen Gefahr, Nutzungen und Lasten der Übertragungsgegenstände an die Übernehmende über. Nicht bezahlte Sozialversicherungsbeiträge, betriebliche Steuern und Steuererstattungen, auch soweit sie sich auf die Zeit vor dem Übertragungsstichtag beziehen, trägt bzw. erhält die Übernehmende, sofern und soweit sie nach dem Übertragungsstichtag fällig werden. Die Zahlung der Einkommensteuer für die Veranlagungszeiträume bis zum Übertragungsstichtag obliegt dem Übertragenden, auch soweit die Fälligkeit nach dem Stichtag eintritt.

§ 2 Durchführung

(1) Die Abtretung der Forderungen ist den Schuldnern vom Übertragenden anzuzeigen. Bis zur Genehmigung der Vertrags- bzw. Schuldübernahmen (§ 415 BGB) bzw. Haftentlassung durch die Vertragspartner verpflichtet sich die Übernehmende, den Übertragenden von jeder Inanspruchnahme freizustellen. Die Einholung der Genehmigung ist Sache des Übertragenden, eine etwaige Nichterteilung begründet keine über den internen Freistellungsanspruch hinausgehenden Rechte für die Übertragende.

(2) Nach Durchführung der Inventur und Feststellung der Bilanz zum Übertragungsstichtag werden die Vertragsparteien im Rahmen der Feststellung der Bilanz vorsorglich die sodann bereits vollzogene dingliche Übertragung der vorgenannten Gegenstände nochmals bestätigen. Soweit nicht ausdrücklich etwas anderes vereinbart wird, gilt hierbei die Unterschrift der Übernehmenden auf der Bilanz als Bestätigung, handelnd aufgrund der hiermit erteilten Vollmacht auch für den Übertragenden.

(3) Bei Uneinigkeit über den Umfang des übergebenen Einzelunternehmens steht das Leistungsbestimmungsrecht nach billigem Ermessen der Übernehmenden zu. Der Übertragende bevollmächtigt die Übernehmende unter Befreiung vom sog. Selbstkontrahierungsverbot und über den Tod hinaus, den Vertrag ggf. entsprechend zu ergänzen und eine ggf. noch fehlende Übertragung nachzuholen.

(4) Erforderliche Um- und Anmeldungen bzw. Mitteilungen, einschließlich der Unterrichtung der Arbeitnehmer, hat die Übernehmende vorzunehmen, ebenso hat sie etwa erforderliche behördliche Genehmigungen einzuholen; der Übertragende ist zur Mitwirkung verpflichtet, soweit dies erforderlich ist. Hiermit verbundene Kosten und Gebühren trägt die Übernehmende.

§ 3 Ausschluss einer Mängelhaftung

Der Übertragende verpflichtet sich, das Einzelunternehmen bis zum Übertragungsstichtag wie bisher fortzuführen. Im Übrigen werden Rechte der Übernehmenden wegen Rechts- und Sachmängel ausgeschlossen.

III. Allgemeine Bestimmungen

§ 1 Kosten und Sonstiges

Die Kosten dieser Urkunde und ihrer Durchführung trägt die VT KG.

Das Einzelunternehmen verfügt weder unmittelbar, noch mittelbar über Grundbesitz und/oder GmbH-Geschäftsanteile.

§ 2 Salvatorische Klausel

(. . . . . .)

Anmerkungen

1. Sachverhalt, mögliche Wege der Übertragung. Oftmals möchte ein Einzelunternehmer sein im Betrieb mitarbeitendes Kind sukzessive an mehr Verantwortung heranführen. Daher ist es häufig der Wunsch, als Senior zunächst weiterhin mehrheitlich beteiligt zu bleiben. Durch die Teilhabe des Kindes am Unternehmen kann es zukünftig nicht beim Einzelunternehmen bleiben, sondern bedarf einer mindestens zweigliedrigen Gesellschaftsstruktur. In der Regel möchte der einzelunternehmerische Kaufmann auch in Zukunft seinen Kunden dokumentieren können, dass er weiterhin persönlich und unbeschränkt haftet. Das vorliegende Formular sieht daher vor, dass der bisherige Einzelunternehmer in einer Personengesellschaftsstruktur – anstelle einer Kapitalgesellschaft – persönlich haftender Gesellschafter (Komplementär) wird und nur das aufnehmende Kind als beschränkt haftender Kommanditist aufgenommen wird. Zivilrechtlich muss das Vermögen des bisherigen Einzelunternehmens in die neue (Personen-)Gesellschaft übertragen werden. Dies kann entweder im Wege der **Einzelrechtsnachfolge durch Übertragung sämtlicher einzelner Vermögensgegenstände** auf die zuvor gegründete Ziel-

gesellschaft erfolgen, **oder** aber **im Wege der partiellen Gesamtrechtsnachfolge durch Ausgliederung zur Aufnahme nach §§ 152 ff. UmwG.** Bei kleineren überschaubaren betrieblichen Einheiten mit unkomplizierten Vermögenspositionen ist eine Einzelrechtsübertragung – wie im vorliegenden Formular vorgesehen – gut machbar. Erst bei größeren Einheiten mit umfassenden Betriebsvermögen bietet sich eine Ausgliederung als besondere Form der Spaltung nach dem Umwandlungsgesetz an. Dann sollte allerdings auch überlegt werden, ob in einem solchen Fall nicht doch die Komplementärstellung direkt von einer GmbH als juristische Person, die nicht am Vermögen der KG beteiligt ist, ausgefüllt wird. Denn im Falle des Versterbens des Seniors würde er im Wege der Sondererbfolge seine Beteiligung an seine Tochter, die bereits aufgrund der Schenkung Kommanditistin ist, vererben. Da es in diesem Falle weiterhin die Komplementär-GmbH gibt, muss die Tochter als verbleibende Kommanditistin keinen neuen Komplementär implementieren bzw. nicht selbst in die Komplementärstellung wechseln und auch keinen Geschwisterteil oder eigene Kinder bzw. Enkel beteiligen. Der Vorteil der Ausgliederung des gesamten Einzelunternehmens besteht in der partiellen Gesamtrechtsnachfolge, das bedeutet, dass alle Forderungen und Verbindlichkeiten, bewegliche und unbewegliche Sachen mit der Eintragung der Ausgliederung ohne weiteres auf den übernehmenden Rechtsträger übergehen nach § 124 Abs. 1 UmwG. Es erübrigen sich daher bei Grundstücken das schuldrechtliche – notariell zu beurkundende – Rechtsgeschäft, also die Auflassung und Eintragung (§ 873 BGB). Ebenso bedarf es bei der Übertragung von Verbindlichkeiten nicht der Genehmigung des Gläubigers nach § 415 BGB, wobei allerdings die persönliche Haftung des bisherigen Schuldners im Rahmen des § 147 Abs. 1 S. 1 Hs. 1 UmwStG fortbesteht.

2. Form. → Form. G.III.1 Anm. 2

3. Haftung. Bei der Aufnahme des Nachfolgers in ein von einem Alleininhaber geführtes einzelkaufmännisches Unternehmen entsteht eine **Personenhandelsgesellschaft** (OHG oder KG), deren Rechtsform sich nach der vereinbarten Gesellschafterhaftung bestimmt (→ Form. G.III.3 Anm. 1). Die Haftung des eintretenden Nachfolgers richtet sich nach den allgemeinen Regeln des HGB für die Haftung eines eintretenden Gesellschafters. Die Haftung der (neuen) Gesellschaft für Altverbindlichkeiten des Einzelkaufmanns bestimmt sich nach § 28 HGB. Gesellschaftsrechtlich vollzieht sich die Aufnahme des Nachfolgers in das Handelsgeschäft durch **Neugründung einer Personenhandelsgesellschaft** zwischen Nachfolger und bisherigem Geschäftsinhaber. Hierbei bringt der Geschäftsinhaber sein Einzelunternehmen im Wege der Einzelrechtsnachfolge – also durch Übertragung sämtlicher zum Unternehmen gehörender Gegenstände – in das Gesellschaftsvermögen der neu gegründeten Gesellschaft ein (BeckHdB PersGes/*Sauter* § 2 Rn. 182).

4. Übergang des Vermögens. Im Hinblick auf die vom Geschäftsinhaber gewollte vorweggenommene Erbfolge erfolgt die Aufnahme typischerweise **unentgeltlich.** Der Nachfolger ist daher nicht verpflichtet, die Einlage aus seinem eigenen Vermögen zu erbringen. Stattdessen wird die Einlage in die entstehende Personengesellschaft durch den Zuwendenden auf das Kapitalkonto des eintretenden Nachfolgers gebucht (sog. Einbuchungsfall). Der BGH betrachtet eine solche Einbuchung beim Erwerb eines Kommanditanteils als Schenkung (BGHZ 112, 40 = DNotZ 1991, 819). Alternativ zur Umbuchung kommt in Betracht, dem eintretenden Nachfolger den zur Erbringung der Einlage erforderlichen Geldbetrag vor Abschluss des Gesellschaftsvertrags unter der Auflage zu schenken, diesen in die Gesellschaft einzulegen. Im Wege der Einzelübertragung müssen die einzelnen Vermögensgegenstände sodann jeweils einzeln auf die Personengesellschaft übertragen werden, also bei beweglichen Sachen durch Einigung

und Übergabe sowie bei Forderungen durch Abtretung. Bei dem Übergang der Verbindlichkeiten ist hierfür die Genehmigung der Gläubiger erforderlich gemäß § 415 BGB.

5. Pflichtteilsansprüche, Ausgleichung. → Form. G.III.3 Anm. 2

6. Widerrufsrecht. → Form. G.III.1 Anm. 6

7. Steuern. Schenkungsteuer: Wird der Nachfolger am Unternehmen des Einzelkaufmannes zu dessen Lebzeiten durch die schenkweise Einräumung einer Kommanditbeteiligung beteiligt, liegt darin ein schenkungsteuerpflichtiger Vorgang gem. §§ 1 Abs. 1 Nr. 2, 7 Abs. 1 Nr. 1 ErbStG. Stellt der Schenker durch Umbuchung die Kapitaleinlage zur Verfügung, ist letztendlich Zuwendungsgegenstand der mit diesen Mitteln erlangte Gesellschaftsanteil (näher zum Ganzen TGJG/*Gebel* ErbStG § 7 Rn. 459) nebst der Werterhöhung des Kommanditanteils durch unentgeltliche Übertragung der Einzelwirtschaftsgüter des bisherigen Einzelunternehmens in das Gesamthandsvermögen der KG. Insgesamt sind damit dem Grunde nach die Betriebsvermögensbegünstigungen der §§ 13a ff. ErbStG möglich. Im Ergebnis richtet sich der Gegenstand der Schenkung danach, was nach der Schenkungsabrede geschenkt sein sollte und worüber der Beschenkte im Verhältnis zum Schenker tatsächlich und rechtlich verfügen kann (vgl. BFH, BStBl. II 1991, 320 mwN).

Eine **ertragsteuerneutrale Einzelübertragung** kann unter den Voraussetzungen des § 6 Abs. 3 S. 1 Hs. 2 Alt. 1 EStG bzw. § 6 Abs. 5 S. 3 Nr. 1 EStG oder § 24 UmwStG sichergestellt werden. Die Vorschrift des § 24 UmwStG setzt keine der Umwandlungsformen nach dem Umwandlungsgesetz voraus. Sie kann sowohl für die Ausgliederung, als auch für die Einzelübertragungen in Anspruch genommen werden. § 24 UmwStG ist also anwendbar sowohl für eine Einzelrechtsübertragung, als auch für die Ausgliederung. Erfolgt die Übertragung im Wege einer Gesamtrechtnachfolge, kann die Einbringung bis zu acht Monate zurückbezogen werden (vgl. § 24 Abs. 4 UmwStG iVm § 20 Abs. 6 UmwStG). In Abgrenzung zu § 24 UmwStG, der die Einbringung gegen Gewährung von Gesellschaftsrechten bzw. Mitunternehmerstellung und damit Fälle der offenen (Sach-) Einlage in eine Personengesellschaft regelt, erfasst § 6 Abs. 3 EStG die Fälle der unentgeltlichen Übertragung betrieblicher Einheiten. Unentgeltlichkeit im Sinne von § 6 Abs. 3 EStG liegt insbesondere vor, wenn betriebliche Einheiten durch Erbfall oder – wie hier – durch Schenkung übergehen. Es kommt beim Übergeber nicht zu einer steuerpflichtigen Veräußerung oder Aufgabe des Mitunternehmeranteils gem. § 16 Abs. 1 S. 1 Nr. 2 EStG bzw. § 16 Abs. 3 EStG (Schmidt/*Wacker* EStG § 16 Rn. 430). Der Beschenkte hat keine Anschaffungskosten und der Übergeber keine Gewinn- oder Verlustrealisierung. Die Übertragung des Mitunternehmeranteils ist aufgrund der bei Betriebsvermögen geltenden Einheitstheorie auch dann voll unentgeltlich, wenn der Beschenkte die Betriebsschulden des Schenkers übernimmt (BFH BStBl. II 1990, 847 [854]). Eine unentgeltliche Anteilsübertragung iSv § 6 Abs. 3 EStG mit Buchwertfortführung erfordert grundsätzlich, dass diejenigen Wirtschaftsgüter des (Sonder-)Betriebsvermögens mitübertragen werden, die für die Mitunternehmerschaft funktional wesentlich sind (Schmidt/*Wacker* EStG § 16 Rn. 435; Übersicht zu GmbH-Anteilen als SBV bei BFH BStBl. II 1995, 714 [715]). Wird wesentliches (Sonder-)Betriebsvermögen nicht mit übertragen, sondern ins Privatvermögen des Übergebers überführt, ist dies eine tarifbegünstigte Aufgabe des gesamten Mitunternehmeranteils (BFH BStBl. II 1995, 890). Die stillen Reserven im Gesamthandsvermögen und im Sonderbetriebsvermögen sind aufzudecken (BMF BStBl. I 2005, 458, dort Tz. 5). Im Hinblick auf die Einbuchung der Kapitalkonten und der Ansätze der übertragenen Einzelwirtschaftsgüter bei der KG kann es erforderlich werden, die korrekte kapitalmäßige Beteiligung über positive und negative Ergänzungsbilanzen herzustellen (sa BMF BStBl. I 1998, 268 Tz. 24.14). Der Beschenkte erzielt als Kommanditist Einkünfte

aus Gewerbebetrieb gem. § 15 Abs. 1 Nr. 2 EStG. Bei Verlusten aus seiner Beteiligung als Kommanditist ist § 15a EStG zu beachten.

Umsatzsteuerlich ist die Einbringung eines Einzelunternehmens regelmäßig als nicht der Umsatzsteuer unterliegende Geschäftsveräußerung im Ganzen im Sinne des § 1 Abs. 1a UStG zu qualifizieren. Bei Vorliegen einer Geschäftsveräußerung im Ganzen tritt die übernehmende Personenhandelsgesellschaft gem. § 1 Abs. 1a S. 3 UStG an die Stelle des Einbringenden. Dies ist vor allem für die Berechtigung des Vorsteuerabzuges nach § 15a UStG von Bedeutung. Nach § 15a Abs. 6a UStG wird der für ein Wirtschaftsgut maßgebliche Berichtigungszeitraum durch eine Geschäftsveräußerung im Ganzen bzw. Geschäftseinbringung im Ganzen nicht unterbrochen. Befindet sich im Einzelunternehmen ein Grundstück, so kommen **grunderwerbsteuerlich** die Besteuerungstatbestände bzw. Nachsteuertatbestände nach § 1 Abs. 1 Nr. 1 bzw. Nr. 3 GrEStG sowie § 5 Abs. 2 GrEStG in Betracht; in der Regel greifen vorliegend aber die persönlichen Grunderwerbsteuerbefreiungen, wie hier § 3 Nr. 2 bzw. Nr. 6 GrEStG.

8. Kosten. Die Gründung der KG kann durch privatschriftlichen Gründungsvertrag erfolgen. Im Falle einer Beurkundung des Gesellschaftsvertrages entsteht eine 2,0-Gebühr nach Nr. 21100 KV GNotKG. Geschäftswert ist der Wert aller Einlagen der Gesellschafter, § 97 Abs. 1 GNotKG, mindestens aber 30.000,00 EUR, § 107 Abs. 1 S. 1 GNotKG. Die Beurkundung des Vertrages über die Schenkung der Beteiligung durch Umbuchung der Einlage aus dem Kapitalkonto ist ein verschiedener Beurkundungsgegenstand nach § 86 Abs. 2 GNotKG und daher zusätzlich (mit dem Nominalbetrag nach § 97 Abs. 1 GNotKG) zu bewerten. Die Werte sind zu addieren, § 35 Abs. 1 GNotKG.

Der Entwurf der Handelsregisteranmeldung löst eine 0,5-Gebühr nach Nr. 24102 KV GNotKG iVm § 92 Abs. 2 GNotKG aus. Geschäftswert der Handelsregisteranmeldung ist nach § 105 Abs. 1 S. 1 Nr. 5 GNotKG die Summe der Kommanditeinlagen zuzüglich 30.000,00 EUR für den ersten und 15.000,00 EUR für jeden weiteren persönlich haftenden Gesellschafter. Für die elektronische Handelsregisteranmeldung fällt eine 0,3-Vollzugsgebühr nach KV 22124 aus dem vorgenannten Wert der Handelsregisteranmeldung an, maximal jedoch 250,00 EUR.

3. Schenkung von Gesellschaftsanteilen zu Lebzeiten

§ 1 Vorbemerkung

A (nachfolgend „Schenker“) ist als Kommanditist mit einem voll in bar eingezahlten Kommanditanteil in Höhe von EUR (. . . . . .) und einer im Handelsregister eingetragenen Hafteinlage in Höhe von EUR (. . . . . .) beteiligt an der Kommanditgesellschaft in Firma (. . . . . .)-KG mit Sitz in (. . . . . .), eingetragen im Handelsregister des Amtsgerichts (. . . . . .) unter HRA (. . . . . .).

S (nachfolgend „Beschenkter“) ist der Sohn des A. A beabsichtigt, seinem Sohn im Wege der vorweggenommenen Erbfolge seine Gesellschaftsbeteiligung schenkweise zu übertragen. Zu diesem Zwecke vereinbaren A und S was folgt:

§ 2 Schenkung und Übertragung

1. Der Schenker schenkt dem Beschenkten hiermit seinen in § 1 näher bezeichneten Kommanditanteil im Wege der vorweggenommenen Erbfolge aufschiebend bedingt auf die Eintragung des Beschenkten als Kommanditist der KG kraft Sonderrechtsnachfolge im Handelsregister („Stichtag“) sowie sämtliche für ihn bei der KG geführ-

ten laufenden Gesellschafterkonten nach Maßgabe von § (. . . . . .) des Gesellschaftsvertrages, jeweils zum Stand am Stichtag (nachfolgend „Schenkungsgegenstand").

2. In Vollzug des og Schenkungsversprechens tritt A im Wege der Sonderrechtsnachfolge aufschiebend bedingt zum Stichtag seinen Kommanditanteil zum Nennwert von EUR (. . . . . .) (fester Kapitalanteil) – mit einer davon im Handelsregister einzutragenden Hafteinlage von EUR (. . . . . .) – an den dies annehmenden S ab. Mit abgetreten sind sämtliche für A bei der KG geführten laufenden Gesellschafterkonten nach Maßgabe von § (. . . . . .) des Gesellschaftsvertrages, jeweils mit Stand zum Stichtag. Entsprechend sind die Umbuchungen der Konten vorzunehmen.
   Die Abtretung erfolgt sowohl im Innenverhältnis als auch im Außerverhältnis mit Wirkung zum Stichtag. Zu diesem Stichtag ist die Schenkung vollzogen und im schenkungsteuerlichen Sinne ausgeführt.
3. Der Beschenkte nimmt dankend sämtliche vorstehenden Erklärungen des Schenkers an. Er erkennt gleichzeitig an, dass die Übertragung mit den nachstehenden Auflagen und Vorbehalten verbunden ist, zu deren Einhaltung er sich und seine Erben verpflichtet.[1]

§ 3 Pflichtteilsanrechnung, Ausgleichung

Der Beschenkte hat sich den Schenkungsgegenstand auf einen etwaigen ihm durch den Tode des Schenkers entstehenden Pflichtteilsanspruch anrechnen zu lassen.

Dies gilt jedoch nicht, soweit er aufgrund der Regelungen dieses Vertrages, insbesondere wegen Widerrufs der Schenkung nach § 4 oder des Eintritts einer auflösenden Bedingung, den Schenkungsgegenstand noch vor Entstehung des Pflichtteilsanspruchs ganz oder teilweise wieder abzugeben hat. Nicht anrechnungspflichtig ist der zwischenzeitliche Nutzungsvorteil aus dem sodann zurück zu übertragenden Schenkungsgegenstand.

Der Beschenkte hat die Schenkung beim Tode des Schenkers nicht zur Ausgleichung (§§ 2050 ff. BGB) zu bringen.[2]

§ 4 Auflösende Bedingung, Widerrufsvorbehalt

→ Form. G.IV.7[3]

§ 5 Haftung des Schenkers

Der Schenker steht dafür ein, dass er der alleinige Inhaber des Schenkungsgegenstandes ist, er über diesen frei verfügen kann und der Schenkungsgegenstand frei von jeglichen Rechten Dritter ist, insbesondere also keine Treuhandverhältnisse, Nießbrauchsrechte oder Pfandrecht bestehen. Alle Ansprüche und Rechte des Beschenkten wegen etwaiger Mängel des Schenkungsgegenstandes sind ausgeschlossen, ausgenommen bei Vorsatz oder Arglist.

§ 6 Zustimmung

Die vorstehende Abtretung des Kommanditanteils zugunsten des Beschenkten bedarf gem. § (. . . . . .) des Gesellschaftsvertrages der KG nicht der Zustimmung der weiteren Gesellschafter.

[*Alternativ: Die gem. § (. . . . . .) des Gesellschaftsvertrages der KG zur Verfügung über den Gesellschaftsanteil erforderliche Zustimmung der Mitgesellschafter wurde bereits schriftlich erteilt. Eine Kopie des Beschlusses wird diesem Vertrag als Anlage beigefügt.*]

§ 7 Kosten, Steuern, Sonstiges

1. Die Kosten dieses Vertrages trägt der Schenker. Die Kosten einer etwaigen Rückabwicklung der Schenkung nach den Regelungen des § 4 trägt der Beschenkte. Eine etwaige Schenkungsteuer auf die Zuwendung übernimmt der Schenker nicht. Eine eventuell anfallende Nachsteuer gem. § 13a Abs. 3, Abs. 6 ErbStG trägt ebenfalls der Beschenkte.
2. Sollte eine Bestimmung diese Vertrages aus irgendeinem Grund unwirksam oder anfechtbar sein oder werden, so soll hierdurch die Gültigkeit der übrigen Bestimmungen nicht berührt werden. Anstelle der unwirksamen Bestimmung soll eine angemessene Regelung gelten, die – soweit rechtlich möglich – dem entspricht, was die Vertragsparteien gewollt haben. Entsprechendes gilt im Fall einer Lücke.[4, 5]

Anmerkungen

1. Personengesellschaften: Im Falle der Schenkung eines Gesellschaftsanteils wird im Gegensatz zum Fall der Aufnahme des Nachfolgers in die bestehende Gesellschaft kein neuer Gesellschaftsanteil gebildet, sondern ein bestehender Gesellschaftsanteil – ganz oder teilweise – vom Schenkenden auf den Beschenkten übertragen. Hierzu bedarf es entweder der durch ad-hoc-Beschluss zu erteilenden Zustimmung sämtlicher Mitgesellschafter oder der Zulassung einer solchen Abtretung im Gesellschaftsvertrag, wobei es gesellschaftsvertraglich möglich ist, die zustimmungsfreie Übertragung nur auf bestimmte Personen (wie zB Abkömmlinge, den Ehegatte und Mitgesellschafter) zuzulassen. Die Übertragung erfolgt gemäß den §§ 413, 398 BGB. Infolge des zwischen dem bisherigen Gesellschafter als Schenker und dem Eintretenden als Beschenkten geschlossenen Vertrages tritt dieser unmittelbar in sämtliche Gesellschafterrechte des Schenkers ein (Palandt/*Sprau* BGB § 736 Rn. 7).

Der Übertragungsvertrag bedarf hierbei grundsätzlich keiner besonderen Form. Dies gilt selbst dann, wenn zum Vermögen der Gesellschaft Grundbesitz oder Kapitalgesellschaftsanteile gehören (BeckHdB PersGes/*Sauter* § 8 Rn. 62). Sofern der Rechtsgrund der Übertragung – wie vorliegend – eine Schenkung ist, bedarf das Schenkungsversprechen jedoch gemäß § 518 Abs. 1 BGB der **notariellen Beurkundung**. Ein solcher Formmangel des meist privatschriftlich geschlossenen Schenkungs- und Übertragungsvertrages wird jedoch durch den Vollzug der Schenkung geheilt (§ 518 Abs. 2 BGB). Bei der Schenkung eines Gesellschaftsanteils liegt der Vollzug in der formlosen Abtretung des Anteils.

Der Erwerber rückt mit der Übertragung des Gesellschaftsanteils in die Gesellschafterstellung des Veräußerers mit allen mit ihr verbundenen Rechten und Pflichten ein. Dieser Eintritt ist für die nicht abspaltbaren Gesellschafterrechte und -pflichten zwingend. Höchstpersönliche Rechte sind hingegen nicht mit der Beteiligung verbunden und erlöschen bei Ausscheiden des Gesellschafters. Der Schenker kann aber bspw. von seinem Kommanditanteil einen Teilkommanditanteil übertragen, an welchem sodann in diesem Umfang alle damit verbundenen Rechte und Pflichten mit übergehen.

Hinsichtlich der **Haftung** des ausscheidenden Gesellschafters und des neu eintretenden Gesellschafters ist zwischen den Gesellschaftsformen zu unterscheiden:

GbR: Der ausgeschiedene Gesellschafter haftet für die Altverbindlichkeiten im Außenverhältnis fort. Gem. § 736 Abs. 2 BGB gelten die Nachhaftungsvorschriften des § 160 HGB entsprechend. Mangels Eintragungsfähigkeit des GbR-Gesellschafterwechsels in das Handelsregister beginnt die Haftungsbegrenzungsfrist von fünf Jahren mit positiver Kenntnis des Gläubigers vom Ausscheiden des Gesellschafters, für die dieser selbst sorgen muss (BGH NJW 2007, 3784 f.). Der eintretende Neugesellschafter haftet für alle vor

seinem Eintritt begründeten Verbindlichkeiten der Gesellschaft persönlich und gesamthänderisch.

OHG und Komplementär der KG: Der Altgesellschafter haftet für Altverbindlichkeiten gem. §§ 128, 161 Abs. 2 HGB weiter. Eine Haftung für nach seinem Ausscheiden begründete Verbindlichkeiten kann sich aus Rechtsscheinhaftung nach § 15 Abs. 1 HGB ergeben.

Maßgeblich für die **Enthaftung** des ausscheidenden Gesellschafters ist § 160 HGB. Danach haftet der Gesellschafter für die bis zu seinem Ausscheiden begründeten Verbindlichkeiten nur, wenn diese vor Ablauf von fünf Jahren nach dem Ausscheiden fällig geworden und daraus Ansprüche gegen ihn gerichtlich geltend gemacht worden sind, oder er den Anspruch schriftlich anerkannt hat. Bei der Haftungsbegrenzungsfrist handelt es sich um eine Ausschlussfrist, die gem. § 160 Abs. 1 S. 2 HGB fünf Jahre **nach Eintragung** des Ausscheidens endet. In Abweichung von der früher vorherrschenden Literaturmeinung, die für den Fristbeginn stets auf die Eintragung im Handelsregister abgestellt hat, beginnt nach dem BGH die Frist jedoch bereits bei einer vor Eintragung erlangten positiven Kenntnis des Gläubigers zu laufen und nicht erst mit einer möglicherweise zeitlich nachfolgenden Eintragung im Handelsregister (BGH NJW 2007, 3784 f.; Baumbach/Hopt/*Roth* HGB § 160 Rn. 5).

Der Neugesellschafter haftet für die vor seinem Eintritt begründeten Verbindlichkeiten des ausscheidenden Altgesellschafters.

Kommanditist: Im Falle der Übertragung des Kommanditanteils wird (anders als beim sog. „Austritt-Eintritt-Modell", bei welchem der Altgesellschafter zunächst aus der Gesellschaft austritt und gegenüber der Gesellschaft einen Abfindungsanspruch erlangt und der Neugesellschafter im nächsten Schritt in die Gesellschaft eintritt) kein neuer Kommanditanteil gebildet. Ist die Einlage zum Zeitpunkt der Übertragung voll geleistet, so haften weder der Alt- noch der Neugesellschafter, § 171 Abs. 1 HGB. War die Einlage zu diesem Zeitpunkt hingegen nicht oder nicht in voller Höhe der Hafteinlage geleistet, haften sowohl der Alt- wie auch der Neugesellschafter in Höhe der offenen Summe (BGH NJW 1981, 2747 = DNotZ 1982, 490). Selbiges gilt für den Fall, dass durch Rückzahlungen an den Altgesellschafter die Haftung nach § 172 Abs. 4 HGB vor der Übertragung wieder aufgelebt war. Leistet der Neugesellschafter die in diesem Fall noch ausstehende Einlage, kommt dies haftungsrechtlich auch dem Altgesellschafter zugute. Wird nach der Anteilsübertragung die Hafteinlage an den Neugesellschafter zurückgewährt, ist umstritten, ob in diesem Fall auch die Haftung des Altkommanditisten im Rahmen seiner Nachhaftung wieder auflebt (zum Meinungsstreit: MüKoHGB/*K. Schmidt* § 173 Rn. 33; Baumbach/Hopt/*Roth* HGB § 173 Rn. 12).

Bei dem sog. Übertragungsmodell ändert die Rechtnachfolge zwar nichts an der Identität der Gesellschaft. Um jedoch nicht den Eindruck zu erwecken, es trete ein neuer Kommanditist mit einer neuen Einlage in die Gesellschaft ein, sind im Hinblick auf § 15 Abs. 1 HGB folgende **registerrechtlichen Anforderungen** zu beachten: Der Kommanditistenwechsel stellt gem. § 162 HGB eine eintragungspflichtige Tatsache dar. Da dieser Wechsel sich nicht durch Austritt des Alt- und Eintritt des Neugesellschafters vollzieht, sondern im Wege der Rechtsnachfolge, ist ein entsprechender **Rechtsnachfolgevermerk** im Handelsregister einzutragen (BGH DNotZ 2006, 135; MüKoHGB/*K. Schmidt* § 173 Rn. 26). Fehlt ein solcher Vermerk, kann sich nur der Neukommanditist auf die vollständige Einlageleistung berufen, da dieses Recht aus § 171 Abs. 1 Hs. 2 HGB mit der Abtretung auf ihn übergegangen ist. Das Fehlen des Nachfolgevermerks geht also zu Lasten des Altkommanditisten, welcher in diesem Fall entsprechend § 172 Abs. 4 HGB für die Verbindlichkeiten haftet (BGH NJW 1981, 2747; Baumbach/Hopt/*Roth* HGB § 173 Rn. 13).

Die dingliche Abtretung der Kommanditbeteiligung sollte außerdem regelmäßig unter der aufschiebenden Bedingung der Eintragung der Sonderrechtsnachfolge im Handels-

register vereinbart werden. Ansonsten haftet der Neugesellschafter gem. § 176 Abs. 2 HGB für die zwischen Vertragsabschluss und Eintragung im Handelsregister begründeten Verbindlichkeiten der Gesellschaft persönlich. Dabei sollte aus ertrag- und schenkungsteuerlichen Gründen vorsorglich aber darauf geachtet werden, dass sodann etwaiges Sonderbetriebsvermögen zeitgleich, also ebenfalls aufschiebend bedingt auf die Eintragung mitübertragen wird (vgl. Rev. BFH II R 38/17).

Im Falle der **Minderjährigkeit des Beschenkten** ergeben sich folgende Besonderheiten: Zwar ist der Abschluss eines Schenkungsvertrags für sich genommen für den Minderjährigen lediglich rechtlich vorteilhaft, so dass, sofern die Eltern Mitgesellschafter sind, das Verbot des In-Sich-Geschäfts grundsätzlich nicht greifen würde (§§ 1629 Abs. 2, 1795 Abs. 2, 181 BGB). Der Vollzug der Schenkung wäre nur die Erfüllung einer Verbindlichkeit im Sinne von § 181 BGB. Jedoch macht der BGH die Wirksamkeit der Vertretung davon abhängig, ob die Erfüllung nach einer Gesamtbetrachtung des Verpflichtungs- und Verfügungsgeschäfts für den Minderjährigen lediglich rechtlich vorteilhaft im Sinne des § 107 BGB ist (BGH NJW 1981, 109 [111] = BGHZ 78, 28 [34]). Nach Teilen der Rechtsprechung und Fachliteratur scheidet eine solche Ausnahme vom Verbot des In-Sich-Geschäfts beim Erwerb einer Gesellschaftsbeteiligung durch den Minderjährigen regemäßig aus, da die Beteiligung an einer Personengesellschaft ein „Bündel von Rechten und Pflichten" für den Minderjährigen mit sich bringe, was stets einen rechtlichen Nachteil darstelle. Im Falle einer Übertragung eines Gesellschaftsanteils mit unbeschränkt persönlicher Haftung (GbR-Anteil, Anteil an einer OHG oder Komplementäranteil) liegt darüber hinaus bereits wegen der vom Minderjährigen zu übernehmenden persönlichen Haftung kein lediglich rechtlich vorteilhaftes Geschäft vor. Die Bestellung eines **Ergänzungspflegers** ist somit in jedem Fall erforderlich.

Ob ein solcher Vertretungsausschluss der Eltern auch für den Fall der Zuwendung einer voll eingezahlten Kommanditeinlage gilt, wenn der Erwerb aufschiebend bedingt auf die Eintragung des Minderjährigen im Handelsregister vereinbart wird, ist umstritten. Wohl überwiegend wird hier vertreten, dass ein solcher Erwerb für den Minderjährigen lediglich rechtlich vorteilhaft ist (OLG Bremen RNotZ 2008, 625 = ZEV 2008, 608; näher zum Meinungsstreit: *Pauli*, Unternehmensnachfolge mit Minderjährigen, ZErbB 2016, 131 ff.).

Weiterhin ist gemäß §§ 1822 Nr. 3, 1643 Abs. 1 BGB nach hM eine **familiengerichtliche Genehmigung** erforderlich (zum Meinungsstand vgl. OLG Frankfurt NZG 2008, 749). Soweit die betreffende KG rein vermögensverwaltend tätig ist (zB bei der Verwaltung des von den Gesellschaftern selbst genutzten Wohnhauses), bedarf der unentgeltliche Erwerb eines Kommanditanteils nach wohl überwiegender Meinung keiner familiengerichtlichen Genehmigung (OLG München ZEV 2008, 609 mAnm *Grunsky* = MittBayNot 2009, 52; OLG Bremen Beschl. ZEV 2008, 608 = RNotZ 2008, 625).

GmbH: Die Übertragung des Geschäftsanteils erfolgt durch Abtretung (§§ 413, 398 BGB). Der Gesellschaftsvertrag kann die Abtretung an bestimmte Voraussetzungen, wie die Zustimmung der Gesellschaft oder der Mitgesellschafter zur Abtretung, knüpfen.

Die Übertragung wie auch die Verpflichtung zur Abtretung selbst bedarf gem. § 15 Abs. 3, 4 GmbHG der notariellen Beurkundung. Im Falle der Schenkung eines GmbH-Geschäftsanteils bedarf folglich nicht nur das einseitige Schenkungsversprechen nach § 518 Abs. 1 BGB der notariellen Form, sondern der gesamte Schenkungsvertrag. Der Mangel der Form gilt jedoch gem. § 15 Abs. 4 S. 2 GmbHG, § 518 Abs. 2 BGB als geheilt, wenn die Verfügung (also Abtretung) formgerecht (also notariell) vollzogen wird.

Der eintretende Gesellschafter haftet im Falle der Abtretung eines Gesellschaftsanteils gem. § 16 Abs. 2 GmbHG für rückständige Einlageverpflichtungen neben dem Veräußerer.

Im Fall der **Schenkung eines GmbH-Geschäftsanteils an einen Minderjährigen** sind folgende Besonderheiten zu beachten: Sofern ein Elternteil als gesetzlicher Vertreter am Vertragsschluss beteiligt ist, bedarf es zur Übertragung des Geschäftsanteils der Bestellung eines Ergänzungspflegers zur Vertretung des Minderjährigen (§§ 1629 Abs. 2 S. 1, 1795 Abs. 2, 181 BGB). Unter anderem im Hinblick auf die als Rechtsnachteil zu

wertenden Haftungsrisiken des Minderjährigen (§§ 16 Abs. 2, 24, 31 Abs. 3 GmbHG) scheidet eine Ausnahme vom Verbot des „In-Sich-Geschäfts" nach wohl überwiegender Literaturmeinung aus. Bei der Schenkung an mehrere Minderjährige reicht regelmäßig in der Praxis die Bestellung eines Ergänzungspflegers. Der Schenkungsvertrag ist ein Vertrag zwischen dem Schenkenden und dem Minderjährigen und kein Geschäft zwischen den Kindern, bei dem der Ergänzungspfleger gegen das Verbot des „In-Sich-Geschäfts" verstieße. Das Verfügungsgeschäft ist ebenfalls lediglich ein Geschäft zwischen dem Übertragenden und dem Beschenkten. Auch wenn die Übertragung der Zustimmung der Mitgesellschafter bedarf, so ist diese kein Geschäft zwischen den erwerbenden Kindern.

Ob die unentgeltliche Übertragung eines GmbH-Anteils einer **familiengerichtlichen Genehmigung** bedarf, ist umstritten. Eine Genehmigungsbedürftigkeit nach § 1822 Nr. 3 Alt. 1 BGB scheidet mangels Entgeltlichkeit der Übertragung aus. Eine Anwendung des § 1822 Nr. 3 Alt. 2 BGB ist ebenfalls ausgeschlossen, da beim Erwerb von GmbH-Anteilen kein neuer Gesellschaftsvertrag geschlossen wird. Schließlich kann sich eine Genehmigungspflicht aus § 1822 Nr. 10 BGB ergeben. Der BGH stellt im Falle der Übernahme von GmbH-Anteilen auf eine konkrete Betrachtungsweise ab: Besteht bei Erwerb des Geschäftsanteils eine konkret mögliche Haftung des Erwerbers, insbesondere nach §§ 24 oder 31 Abs. 3 GmbHG, bedarf die Übertragung einer gerichtlichen Genehmigung; besteht zum Zeitpunkt des Erwerbs hingegen keine Haftung des Erwerbers, ist eine Anwendung des § 1822 Nr. 10 BGB ausgeschlossen (BGH NJW 1989, 1926). Da eine konkrete Belastung des Erwerbers im Zeitpunkt des Erwerbs nicht immer mit Sicherheit feststellbar ist, sollte zur Vermeidung von Rechtsunsicherheiten über die Wirksamkeit des Erwerbs beim zuständigen Familiengericht eine Genehmigung bzw. ein Negativattest, in welchem das Nichterfordernis einer familiengerichtlichen Genehmigung bestätigt wird, beantragt werden.

2. Ausgleichung, Pflichtteilsrecht. Sofern der Beschenkte nicht der einzige Abkömmling des Schenkers ist, ist mit den Beteiligten die Frage zu erörtern, ob der bedachte Abkömmling beim Tode des Erblassers die Zuwendung gegenüber den anderen Kindern auszugleichen hat (§§ 2050 ff. BGB). Außerdem sollte der Schenkungsvertrag eine Regelung darüber enthalten, ob der Bedachte im Wege eines Erb- oder Pflichtteilsverzichts auf eine Teilhabe am verbleibenden Nachlass des Erblassers im Erbfall verzichtet und ob er sich den Wert der Zuwendung auf einen etwaigen Pflichtteilsanspruch anrechnen lassen muss. Einen weiteren regelungsbedürftigen Punkt stellen die Pflichtteils- und Pflichtteilsergänzungsansprüche der übrigen Abkömmlinge dar. Zwar wird die zu Lebzeiten eingeräumte Beteiligung nicht Teil des Nachlasses und unterliegt damit nicht dem ordentlichen Pflichtteil gem. § 2311 BGB. Gemäß § 2325 Abs. 1 BGB können die Pflichtteilsberechtigen aber Ergänzung des Pflichtteils verlangen um den Betrag, um den sich ihr Pflichtteil erhöhen würde, wenn der geschenkte Gesellschaftsanteil dem Nachlass zugerechnet würde. Regelmäßig schmilzt der Pflichtteilsergänzungsanspruch jedes Jahr nach der Schenkung um $^1/_{10}$ ab. Eine umfassende Regelung sollte nach Möglichkeit unter Beteiligung aller Beteiligten erfolgen. In der Regel wird eine Ausgleichungspflicht des Beschenkten beim Todes des Schenkers nicht gewollt sein, um den Beschenkten nicht mit Zahlungspflichten zu belasten, die den Bestand der Gesellschaft gefährden könnten.

Sofern die Gesellschaftsbeteiligung den wesentlichen Teil des Vermögens des Erblassers darstellt, soll das verbleibende Vermögen oftmals ausschließlich den nicht zu Lebzeiten bedachten Abkömmlingen zufallen. Dies macht bei Großvermögen auch unter dem Aspekt der Nichtzuweisung von sog. „verfügbaren Vermögen" iSd § 28a Abs. 2 ErbStG an den Unternehmensnachfolger Sinn. Daher empfiehlt sich in solch einem Fall die Vereinbarung eines Erb- oder Pflichtteilsverzichts zwischen dem künftigen Erblasser und seinem Nachfolger. Da ein Erbverzicht gemäß § 2310 BGB zu einer Erhöhung der Pflichtteilsquoten der anderen Pflichtteilsberechtigten führt, sollte üblicherweise ein reiner

Pflichtteilsverzicht (§ 2346 Abs. 2 BGB) vereinbart werden. Flankierend zum Pflichtteilsverzicht bedarf es einer entsprechenden letztwilligen Verfügung des Erblassers, da der Nachfolger anderenfalls gesetzlicher Erbe wird. Oftmals bietet sich ein notarieller Erbvertrag zwischen allen Beteiligten an. Weiterhin sollte der Pflichtteilsverzicht unter der auflösenden Bedingung des Widerrufs der Schenkung durch den Schenker vereinbart werden.

Sofern ein solcher Verzicht nicht gewünscht oder nicht erreichbar ist, besteht gemäß § 2315 BGB die Möglichkeit, die lebzeitige Zuwendung auf den Pflichtteil des Beschenkten anzurechnen. Eine solche Anrechnungsbestimmung kann einseitig nicht nachträglich durch den Schenker getroffen werden, sondern muss gem. § 2315 Abs. 1 BGB unmittelbar im Schenkungsvertrag erklärt werden.

Zu etwaigen Verzichtserklärungen weiterer pflichtteilsberechtigter Erben → Form. G.III.10.

3. Widerruf. Zum Widerruf → Form. G.IV.7. Ebenso wie die Übertragung des Gesellschaftsanteils bedarf auch die Rückübertragung der Zustimmung der übrigen Gesellschafter, es sei denn, der (Rück-)Erwerb durch den Altgesellschafter ist bereits gesellschaftsvertraglich zugelassen. Kann eine für die Rückübertragung erforderliche Zustimmung der Mitgesellschafter nicht erreicht werden, schuldet der Beschenkte dem widerrufenden Schenker Wertersatz nach Maßgabe des Bereicherungsrechts.

4. Steuern. Wird der Nachfolger durch die schenkweise Einräumung eines Anteils an einer Personen- oder Kapitalgesellschaft beteiligt, liegt darin ein schenkungsteuerpflichtiger Vorgang gem. §§ 1 Abs. 1 Nr. 2, 7 Abs. 1 Nr. 1 ErbStG. Zur schenkung- und ertragsteuerlichen Behandlung → Form. G.III.2 Anm. 7.

5. Notarkosten. Für die Beurkundung des Schenkungsvertrags entsteht eine 2,0-Gebühr nach Nr. 21100 KV GNotKG. Geschäftswert ist gemäß § 97 Abs. 1 GNotKG der Wert des Rechtsverhältnisses, also der nach § 54 GNotKG ermittelte Wert der übertragenen Beteiligung.

Im Fall von Personenhandelsgesellschaften löst der Entwurf der Handelsregisteranmeldung eine 0,5-Gebühr nach Nr. 24102 KV GNotKG iVm § 92 Abs. 2 GNotKG aus. Wenn es sich um eine Kommanditbeteiligung handelt, ist der Geschäftswert nach § 105 Abs. 1 S. 1 Nr. 6 KV GNotKG zu bestimmen, im Umwandlungsfall nach Hs. 2 nur nach der einfachen Kommanditeinlage. Der Wert beträgt mindestens 30.000,00 EUR. Wenn es sich um eine Komplementärbeteiligung handelt oder bei einer OHG beträgt der Geschäftswert 30.000,00 EUR nach § 105 Abs. 2, Abs. 4 Nr. 3 GNotKG. Aus dem Wert für den Entwurf der Handelsregisteranmeldung ist auch die Gebühr für die Erstellung der XML-Strukturdaten nach Nr. 22114 KV GNotKG zu ermitteln.

Im Fall der GmbH entsteht für den Entwurf der neuen Gesellschafterliste eine 0,5-Vollzugsgebühr nach Nr. 22110 KV, die nach Nr. 22113 KV GNotKG höchstens 250,00 EUR beträgt. Geschäftswert ist nach § 112 GNotKG der Wert der Anteilsübertragung. Das gilt auch für die Gebühr zur Erstellung von XML-Strukturdaten nach Nr. 22114 KV GNotKG.

4. Schenkung eines Personengesellschaftsanteils unter Nießbrauchsvorbehalt

§ 1 Vorbemerkung

V ist als Kommanditist mit einem voll in bar eingezahlten Kommanditanteil in Höhe von EUR (. . . . . .) und einer im Handelsregister eingetragenen Hafteinlage in Höhe von EUR (. . . . . .) beteiligt an der Kommanditgesellschaft in Firma (. . . . . .)-KG mit Sitz in (. . . . . .), eingetragen im Handelsregister des Amtsgerichts (. . . . . .) unter HRA (. . . . . .).

S ist der Sohn des V. V beabsichtigt, seinen Sohn im Wege der vorweggenommenen Erbfolge an der KG zu beteiligen und ihm deshalb seine Gesellschaftsbeteiligung schenkweise, aber unter dem Vorbehalt eines lebenslangen Nießbrauchsrechts, zu übertragen.

Zu diesem Zwecke vereinbaren V und S was folgt:

§ 2 Schenkung und Übertragung

→ Form. G.III.3 § 2

§ 3 Nießbrauchsvorbehalt

(1) V (nachfolgend auch „Nießbraucher“ genannt) behält sich auf seine Lebensdauer ein Nießbrauchrecht an dem gem. § 2 übertragenen Kommanditanteil sowie den gem. § 2 mitübertragenen Gesellschafterkonten vor. Danach ist V berechtigt, ab dem Stichtag die Nutzungen aus dem Schenkungsgegenstand zu ziehen und verpflichtet, sämtliche auf dem Schenkungsgegenstand ruhenden privaten und öffentlichen Lasten (einschließlich der außerordentlichen Lasten) zu tragen.[1, 2, 3]
S stimmt der Einräumung des Vorbehaltsnießbrauchs an dem Kommanditanteil und den Gesellschafterkonten ausdrücklich zu.

(2) Dem Nießbraucher steht der entnahmefähige Gewinn zu. Ihm gebühren weiterhin die auf das Darlehenskonto entfallenden Zinsen, soweit diese entnahmefähig sind. Gewinne aus der Auflösung stiller Reserven gebühren S als Gesellschafter.[4]

(3) Ist das Kapitalkonto des S durch Verluste gemindert, so ist der Nießbraucher verpflichtet, künftige Gewinne zunächst zum Ausgleich des Kapitalkontos zu verwenden. Darüber hinaus ist er zum Ausgleich des Kapitalkontos nicht verpflichtet.
Entnahmerechte für Steuerzwecke nach dem Gesellschaftsvertrag stehen dem Nießbraucher zu. Wenn und soweit S Einkünfte aus dem geschenkten Gesellschaftsanteil ertragsteuerlich zugerechnet werden, verpflichtet sich V, den S von den daraus resultierenden Steuerverbindlichkeiten freizustellen.
Bei einer Kapitalerhöhung aus Gesellschaftsmitteln setzt sich der Nießbrauch an dem erhöhten Gesellschaftsanteil fort. (*Ggf.: Dies gilt auch, wenn das Kapital der Gesellschaft durch Einlagen des S erhöht wird. Der Nießbraucher kann in diesem Fall aber von dem auf den erhöhten Anteil entfallenden Gewinn nur denjenigen Betrag beanspruchen, der dem Verhältnis des Verkehrswerts des Anteils vor der Kapitalerhöhung zu dem eingelegten Betrag entspricht.)*[5]

(4) Nutzungen und Erträge, die infolge einer etwaigen Veräußerung von Vermögensgegenständen der KG aus dem Veräußerungserlös oder einem Reinvestitionswirtschaftsgut entstehen, sind vom Nießbrauch erfasst, nicht aber ein etwaiger realisierter Umschichtungsgewinn selbst. Entsprechendes gilt für etwaige Surrogate im Falle der

Umschichtung von Vermögensgegenständen der KG und hinsichtlich der Veräußerung des Schenkungsgegenstandes selbst.

(5) V ist als Nießbraucher zur Ausübung der Stimm- und Verwaltungsrechte aus dem Schenkungsgegenstand berechtigt, zumindest soweit es seine Position als Nießbraucher berührt. Die Stellung des S als Gesellschafter und seine mitunternehmerische Initiative und sein Risiko dürfen dadurch nicht berührt werden

[Zusatz alternativ, aber Vorsicht aus steuerlichen Gründen:

S bevollmächtigt V hiermit, während der Dauer des Nießbrauchs, die Stimm- und Mitverwaltungsrechte in seinem Namen auszuüben. Er verpflichtet sich, auf Verlangen des V diese Vollmacht gesondert in notarieller Urkunde zu wiederholen.

Diese Vollmacht kann nur aus einem wichtigen Grund widerrufen werden. V wird bei der Ausübung der Stimm- und Verwaltungsrechte die Interessen der Gesellschaft und des S angemessen berücksichtigen.]

Bei Beschlüssen, welche die Grundlagen der Gesellschaft oder den Kernbereich der Mitwirkungsrechte des Gesellschafters betreffen, steht das Stimmrecht S zu; dieser hat sich dabei aber mit V abzustimmen. Dies betrifft namentlich die Beschlussfassung in folgenden Angelegenheiten:

- Änderungen des Gesellschaftsvertrags, die die Rechtsstellung des Nießbrauchers beeinträchtigen,
- Maßnahmen der Kapitalbeschaffung und der Kapitalherabsetzung,
- Abänderung der Entnahmebefugnis gem. § (. . . . . .) des Gesellschaftsvertrages,
- Auflösung, Verschmelzung, Umwandlung und Vermögensübertragung der Gesellschaft,
- Zustimmung zur Verfügung über Gesellschaftsanteile,
- Aufnahme, Ausschluss und Kündigung der Mitgliedschaft von Gesellschaftern.[6]

(6) V steht neben seinem Sohn gegenüber der Gesellschaft in allen wirtschaftlichen Angelegenheiten der Gesellschaft ein umfassendes Informationsrecht, insbesondere das Einsichtsrecht in den Jahresabschluss, zu. Soweit erforderlich, bevollmächtigt S den V, sein Informationsrecht in seinem Namen gegenüber der Gesellschaft geltend zu machen.[7]

(7) Nach dem Ableben des V stehen alle in diesem § 3 eingeräumten Rechte in derselben Weise vollumfänglich seiner Ehefrau B zu. Insbesondere ist B nach dem Ableben des V auf ihre Lebenszeit berechtigt, den Schenkungsgegenstand als Nießbraucher gemäß den vorstehend getroffenen Vereinbarungen zu nutzen.

[*Zusatz:*
Die in Absatz (5) erteilte Vollmacht gilt auch für diesen Fall und wird vorsorglich wiederholt und bestätigt.]

Die Rechte aus dieser Bestimmung werden im Wege eines echten berechtigenden Vertrags zugunsten Dritter in der Weise begründet, dass sie ohne Zustimmung von B nicht mehr aufgehoben werden können. B stimmt diesem Vertrag zugunsten Dritter hiermit weder ausdrücklich noch konkludent zu; ihr als Dritter steht vielmehr bereits vor und nach dem Überlebensfall ausdrücklich ein Zurückweisungsrecht im Sinne des § 333 BGB zu, welches sie dem Versprechenden gegenüber bzw. nach dem Überlebensfall den Erben des Versprechenden gegenüber schriftlich erklären und damit ausüben müsste. Im Falle der Ausübung dieses Zurückweisungsrechts – vor oder nach dem Überlebensfall – gelten die Rechte aus dieser Bestimmung als von Anfang an nicht erworben; es handelt sich dann gerade nicht um einen Verzicht auf diese Rechte, sondern um eine Zurückweisung.

(8) Das Recht, die Ausübung des Nießbrauchs Dritten zu überlassen, wird ausgeschlossen.

(9) Eine Zustimmung der Mitgesellschafter zur Bestellung des Vorbehaltsnießbrauchs zugunsten des V und zur Bestellung des Zuwendungsnießbrauchs zugunsten der B ist gem. § (. . . . . .) des Gesellschaftsvertrages nicht erforderlich.

§ 4 Gegenleistung, Pflichtteilsanrechnung[8]

→ Form. G.III.3 § 3

§ 5 Auflösende Bedingung, Widerrufsvorbehalt[9]

→ Form. G.IV.7

§ 6 Kosten, Steuern, Sonstiges[10, 11]

→ Form. G.III.3 § 7

Anmerkungen

1. Sachverhalt. Nießbrauch. Die lebzeitige Übertragung der Gesellschaftsbeteiligung auf den Nachfolger hat für den Gesellschafter den Verlust seines Gewinnanspruches zur Folge. Aus Versorgungsgesichtspunkten kommt eine Übertragung der Beteiligung ohne eine finanzielle Absicherung des Schenkers – und ggf. auch seines Ehegatten – daher oft nicht in Betracht. Die gewünschte finanzielle Absicherung kann dadurch sichergestellt werden, dass der Schenker sich ein Nießbrauchsrecht am Schenkungsgegenstand vorbehält (sog. **Vorbehaltsnießbrauch**). Stirbt der Nießbraucher, so erlischt der Nießbrauch gem. § 1061 BGB. Zur Absicherung des Ehegatten des Schenkers oder eines Dritten kommt daher in Betracht, diesem flankierend ein Nießbrauchsrecht am Schenkungsgegenstand einzuräumen (sog. **Zuwendungsnießbrauch**), wobei es möglich ist, das Recht aufschiebend bedingt durch das Vorversterben des Schenkers einzuräumen. Da ungewiss ist, ob der Ehegatte nach dem Tode des Schenkers finanziell auf das Nießbrauchsrecht angewiesen ist, empfiehlt es sich, diesem das Nießbrauchsrecht mit dem Recht, dieses gem. § 333 BGB zurückzuweisen, zuzuwenden. Eine solche Zurückweisung des Nießbrauchs stellt keinen schenkungsteuerpflichtigen Verzicht des Ehegatten auf das Nießbrauchsrecht dar.

Neben der wirtschaftlichen Absicherung des Schenkers kommt es diesem ggf. auch darauf an, in den Angelegenheiten der Gesellschaft weiterhin Mitwirkungs- und Mitspracherechte zu haben (zB wegen der geschäftlichen Unerfahrenheit des Beschenkten). Auch dieses Bedürfnis des Schenkers kann durch eine – die rechtlichen und steuerlichen Anforderungen berücksichtigende – Nießbrauchsgestaltung abgesichert werden.

Die Bestellung eines Nießbrauchs an einem **Personengesellschaftsanteil** ist grundsätzlich zulässig und möglich (BGH NJW 1999, 571). Es bedarf hierfür eines Vertrages zwischen dem Besteller und dem Nießbraucher. Da es sich hierbei um den Nießbrauch an einem Recht handelt, ist der Nießbrauch gem. § 1069 Abs. 1 BGB nach den für die Übertragung des Rechts geltenden Formvorschriften einzuräumen. Während die Bestellung eines Nießbrauchs am GmbH-Anteil demnach gem. § 15 Abs. 3 BeurkG zu beurkunden ist, ist die Bestellung eines Nießbrauchs am Kommanditanteil formfrei möglich, §§ 398, 413 BGB, es sei denn, der Gesellschaftsvertrag fordert eine bestimmte Form. Außerdem ist für die wirksame Bestellung des Nießbrauchs am Gesellschaftsanteil einer Personengesellschaft erforderlich, dass der Gesellschaftsvertrag die Belastung des Gesellschaftsanteils mit einem Nießbrauchsrecht zulässt oder die Gesellschafter der Bestellung im Wege des ad-hoc-Beschlusses zustimmen (→ Form. G.II.8). Im Hinblick auf die hM,

nach der die erforderliche Zustimmung zur Belastung des Gesellschaftsanteils mit einem Nießbrauch nicht von einer generellen Zustimmung zur Veräußerung des Anteils umfasst wird (MüKoBGB/*Pohlmann* § 1068 Rn. 32), empfiehlt sich eine entsprechende Regelung im Gesellschaftsvertrag.

Inhaltlich kann der Nießbrauch unterschiedlich ausgestaltet sein. So spielt beim Nießbrauch an Gesellschaftsanteilen und am Einzelunternehmen regelmäßig die Unterscheidung zwischen Ertrags- und Vollrechtsnießbrauch eine Rolle. Maßgebend für die Differenzierung ist der Umfang der Befugnisse des Nießbrauchers. **Vollrechtsnießbraucher** ist, wer Verwaltung und Nutzung erhält, also selbst (mit-)unternehmerisch tätig wird. **Ertragsnießbraucher** ist, wem nur die auf den Gesellschaftsanteil entfallenden Gewinne oder die Reinerträge des Unternehmens zustehen, ohne dass er an den unternehmerischen Entscheidungen mitwirken kann (MüKoBGB/*Pohlmann* § 1030 Rn. 8).

Im Hinblick auf die erheblichen Rechtsunsicherheiten bei der Bestellung eines Nießbrauchs am Gesellschaftsanteil, sowohl unter zivilrechtlichen, aber insbesondere auch unter steuerrechtlichen Gesichtspunkten, ist eine umfassende vertragliche Regelung des Nießbrauchs an einer Mitgliedschaft erforderlich. Die Rechtsfolgen des Nießbrauchs rein nach den gesetzlichen Bestimmungen ohne vertragliche Modifikationen sind insoweit zu unklar bzw. umstritten.

2. Handelsregister. Ob ein Nießbrauchsrecht am Personengesellschaftsanteil im Handelsregister einzutragen ist, ist umstritten und richtet sich ua nach der Art des Nießbrauchs. Unzweifelhaft weder eintragungsfähig noch eintragungspflichtig ist der reine Ertragsnießbrauch am Gesellschaftsanteil. Inwieweit dies auch für den Vollrechtsnießbrauch am Kommanditanteil entsprechend gilt, ist in der obergerichtlichen Rechtsprechung umstritten. Während einige Gerichte in den vergangenen Jahren die Eintragungsfähigkeit bejaht haben (OLG Stuttgart DNotZ 2013, 793; OLG Oldenburg RNotZ 2015, 448; LG Oldenburg RNotZ 2003, 398), hat das OLG München mit Beschluss vom 8.8.2016 (RNotZ 2016, 608) das Interesse des Rechtsverkehrs an einer solchen Eintragung verneint und entschieden, dass es sich weder um eine eintragungspflichtige noch um eine eintragungsfähige Tatsache handle (s. auch MüKoHGB/*K. Schmidt* Vorb. § 230 Rn. 16 mwN). Aufgrund der nicht einheitlichen Rechtsprechung sollte bis zu einer abschließenden gerichtlichen Klärung der Eintragungsfähigkeit des Nießbrauchs der Notar aus haftungsrechtlichen Gründen die registerrechtliche Eintragung beantragen (*Kruse* RNotZ 2002, 69 [84]).

3. Bestellung an Kapitalgesellschaftsanteilen. Die Bestellung eines Nießbrauchs an einem **Kapitalgesellschaftsanteil** ist zulässig, da sowohl der Geschäftsanteil an einer GmbH als auch Aktien nach der gesetzlichen Regelung frei verfügbar und belastbar sind. Gem. § 15 Abs. 3 GmbHG ist für die Bestellung am Geschäftsanteil ein notarieller Vertrag erforderlich. Zulässiger Belastungsgegenstand kann sowohl der Gesellschaftsanteil selbst wie auch der Gewinnanspruch sein. Allerdings hat letzteres nur eine geringe praktische Bedeutung.

4. Rechte des Nießbrauchers. Im Falle des **Ertragsnießbrauchs** hat der Nießbraucher einen schuldrechtlichen Anspruch auf den Ertrag der Mitgliedschaft. Auch wenn diese Form des Nießbrauchs (ohne die Übertragung von Verwaltungsrechten) nach wohl überwiegender Meinung das gesetzliche Modell darstellt (vgl. MüKoBGB/*Pohlmann* § 1068 Rn. 27), ist eine **genaue Bezeichnung** zur Vermeidung von Auslegungsstreitigkeiten über den Umfang des Nießbrauchs ratsam. Nach §§ 1068 Abs. 2, 1030 Abs. 1 iVm §§ 99 Abs. 2 und Abs. 3, 100 BGB ist der Nießbraucher berechtigt, die Nutzungen der Mitgliedschaft zu ziehen. Dabei steht gem. § 99 Abs. 2 BGB der auf die Mitgliedschaft entfallende Gewinn im Vordergrund. Der Gewinnanspruch entsteht in der Person des

Nießbrauchers selbst, wobei sich nach herrschender Meinung das Gewinnbeteiligungsrecht nur auf **den entnahmefähigen Gewinn** erstreckt. Gewinne, die von der Entnahme/Ausschüttung ausgeschlossen sind, kommen nach herrschender Meinung als Substanzmehrung dem Besteller zugute. Im Vertrag sollte klargestellt werden, dass die Gewinne aus der Auflösung stiller Reserven im Anlagevermögen dem Besteller (hier also dem Erwerber des Gesellschaftsanteils) zustehen. Es handelt sich insoweit um außerordentliche Erträge, die nicht als „bestimmungsmäßiger" Ertrag des Nießbrauchs zu qualifizieren sind (näher bei *Kruse* RNotZ 2002, 69 [78]). Nach der überwiegenden Meinung im Schrifttum hat der Nießbraucher keine **Verluste** der Gesellschaft zu tragen, die während der Zeit seines Nießbrauchs anfallen. Jedoch erscheint eine Verlusttragungspflicht des Nießbrauchers im Innenverhältnis nicht unbillig, sofern der Nießbraucher unternehmerische Verantwortung übernimmt. Angesichts der nicht eindeutigen Rechtslage ist auch insoweit eine genaue Vertragsregelung empfehlenswert.

5. Kapitalerhöhung. Im Falle der Kapitalerhöhung/Erhöhung der Kapitalanteile aus Gesellschaftsmitteln ist unstreitig, dass der erhöhte Kapitalanteil dem Besteller und nicht dem Nießbraucher gebührt. Ob sich der Nießbrauch automatisch an dem erhöhten Kapitalanteil fortsetzt, ist nicht gesichert, wird aber wohl überwiegend bejaht (MüKoHGB/*K. Schmidt* Vorb. § 230 Rn. 17). Dem Nießbraucher stehen in diesem Fall die auf den erhöhten Kapitalanteil entfallenden Gewinne zu. Zur Vermeidung von Auslegungsstreitigkeiten empfiehlt sich jedoch eine klarstellende vertragliche Regelung. Entsprechendes gilt für den Fall der Kapitalerhöhung gegen Einlagen. Unzweifelhaft steht der erhöhte Kapitalanteil dem Besteller und nicht dem Nießbraucher zu; inwieweit der Nießbraucher an dem aus der Erhöhung resultierenden Gewinnanteil beteiligt ist, ist nach Rechtsprechung und Literatur umstritten (*Kruse* RNotZ 2002, 69 [80]). Auch diesbezüglich ist daher eine vertragliche Regelung anzuraten.

6. Mitwirkungsrechte, Stimmrecht, Geschäftsführungsbefugnisse. Inwieweit dem Nießbraucher gesellschaftsrechtliche Mitwirkungsrechte zustehen, sofern der Vertrag keinerlei Regelungen enthält, ist umstritten. Solche Mitwirkungsrechte sind insbesondere das Stimmrecht, das Recht zur Anfechtung von Beschlüssen, das Recht zur Teilnahme an Gesellschafterversammlungen, Informations- und Kontrollrechte sowie Geschäftsführungsbefugnisse.

Im Falle des **reinen Ertragsnießbrauchs** ist nach hM allein der Gesellschafter stimmberechtigt, da ein Übergang des **Stimmrechts** durch die Nießbrauchsbestellung nicht erfolgt (BGH NJW 1999, 571; MüKoBGB/*Pohlmann* § 1068 Rn. 69 ff.).

Soweit dem Nießbraucher über das Gewinnbezugsrecht hinausgehende Mitwirkungsrechte eingeräumt werden sollen, werden in Rechtsprechung und Lehre verschiedenste Rechtsauffassungen zu der Frage vertreten, wem diese Mitwirkungsrechte zustehen und in welchem Umfang (dem Gesellschafter, dem Nießbraucher, Gesellschafter und Nießbraucher gemeinsam) (zum Meinungsstreit: MüKoBGB/*Pohlmann* § 1068 Rn. 68 ff.). Vor diesem Hintergrund ist eine **vertragliche Regelung** dringend anzuraten. Dabei kann eine solche Regelung den Übergang des Stimmrechts ausdrücklich ausschließen oder anordnen. Bei der Vertragsgestaltung ist darauf zu achten, dass sich der Gesellschafter nicht sämtlicher Mitgliedschaftsrechte entledigen darf. Die Entscheidung über die sog. **Grundlagengeschäfte** muss nach der Rechtsprechung des BGH dem Gesellschafter verbleiben (BGH NJW 1999, 571). Ebenso ist für die Qualifikation der Mitunternehmerstellung, also für das Innehaben von Mitunternehmerrisiko und –initiative, ertrag- und schenkungsteuerlich auf eine sehr differenzierte und austarierte Nießbrauchsregelung zwischen beschenktem Gesellschafter und Schenker als Nießbraucher zu achten.

Im Hinblick auf das Abspaltungsverbot empfiehlt es sich, im Vertrag eine Ersatzlösung für den Fall einer etwaigen Nichtanerkennung der Stimmrechtszuweisung vorzusehen. Als

Ersatzlösung kommt insbesondere die Erteilung einer **Stimmrechtsvollmacht** zugunsten des Nießbrauchers in Betracht, sofern eine solche nicht durch den Gesellschaftsvertrag ausgeschlossen ist. Dabei ist zu beachten, dass eine den Gesellschafter verdrängende Vollmacht unzulässig ist. Weiterhin ist es nach überwiegender Meinung unzulässig, eine solche Vollmacht unwiderruflich zu gestalten. Daher sollte der Übertragungs- und Nießbrauchsbestellungsvertrag die Position des Nießbrauchers ggf. durch Sanktionen, wie die Verpflichtung zur Rückübertragung des Gesellschaftsanteils bei einem Verstoß gegen die Abrede zur Stimmrechtsausübung, stärken. Aber auch hier sind wiederum die steuerlichen Wirkungen vor allem in Gestalt der Gewährleistung der Mitunternehmerstellung des nießbrauchsbelasteten Gesellschafters zu beachten.

Wem die **Geschäftsführungsbefugnisse** bei einem Nießbrauch am Gesellschaftsanteil zustehen, ist ebenfalls umstritten. Daher ist auch hier eine vertragliche Regelung in den Vertrag aufzunehmen. Eine solche Regelung kann beispielsweise eine gemeinschaftliche Geschäftsführung zwischen dem Nießbraucher und dem Gesellschafter oder eine alleinige Geschäftsführung des Nießbrauchers in ihm besonders zugewiesenen Angelegenheiten vorsehen. Da die über das Stimmrecht hinausgehende Ausübung der Geschäftsführung ein besonderes Maß an Vertrauen unter den Gesellschaftern voraussetzt, sollten solche Vereinbarungen allerdings nur mit Zustimmung der übrigen Gesellschafter getroffen werden. Mangels Rechtsprechung zur Zulässigkeit der Übertragung der Geschäftsführungsbefugnisse auf den Nießbraucher sollte der Vertrag wie im Fall der Stimmrechtsübertragung flankierend eine Vollmacht als Auffanglösung vorsehen, sofern dem Nießbraucher Geschäftsführungsbefugnisse eingeräumt werden sollen.

Der Gesellschafter haftet im Außenverhältnis weiterhin für die Verbindlichkeiten der Gesellschaft. Umstritten ist, ob daneben eine **Haftung des Nießbrauchers** tritt. Da im Falle des reinen Ertragsnießbrauchs dem Nießbraucher keinerlei Mitwirkungsbefugnisse zustehen, ist eine Außenhaftung nach herrschender Meinung ausgeschlossen. Werden dem Nießbraucher hingegen Mitwirkungsrechte eingeräumt, wird teilweise eine Haftung des Nießbrauchers neben dem Gesellschafter vertreten (MüKoBGB/*Ulmer* § 705 Rn. 106). Nach anderer Ansicht scheidet eine Außenhaftung des Nießbrauchers aus (MüKoHGB/*K. Schmidt* vor § 230 Rn. 24) mit der Folge, dass Haftungsfragen rein im Innenverhältnis zwischen Nießbraucher und Gesellschafter abzuwickeln sind.

7. Kontroll- und Informationsrechte. Inwieweit dem Nießbraucher die mit dem Gesellschaftsanteil verbundenen Kontroll- und Informationsrechte zustehen, ist ebenfalls umstritten. Da es für den Nießbraucher von besonderem Interesse ist, sich über die wirtschaftliche Lage der Gesellschaft und damit über die Basis seiner Einkünfte zu informieren, ist daher anzuraten, diese Rechte dem Nießbraucher vertraglich zuzuweisen, wobei das Kontroll- und Informationsrecht des Nießbrauchers parallel zum Kontroll- und Informationsrecht des Gesellschafters begründet werden sollte. Für den Fall, dass die übrigen Gesellschafter einer solchen Einräumung nicht zustimmen, empfiehlt sich zusätzlich eine Bevollmächtigung des Nießbrauchers zur Ausübung der Kontroll- und Informationsrechte des Gesellschafters.

8. Anrechnung auf den Pflichtteil, Pflichtteilsergänzung. → Form. G.III.3 Gemäß § 2325 Abs. 1 BGB kann der Pflichtteilsberechtigte die Ergänzung des Pflichtteils um den Betrag verlangen, um den sich sein Pflichtteil erhöhen würde, wenn der verschenkte Gesellschaftsanteil dem Nachlass zugerechnet würde. In den Fällen einer Schenkung unter Nießbrauchsvorbehalt beginnt die 10-Jahresfrist des § 2325 Abs. 3 BGB mangels einer vollständigen Ausgliederung aus dem Vermögen des Schenkers nach der Rechtsprechung des BGH erst mit dem Tod des Nießbrauchers zu laufen (BGH NJW 1994, 784; nun differenzierend BGH ZEV 2016, 445). Eine Abschmelzung des Pflichtteilsergänzungsanspruches der nicht in die Gesellschaft nachfolgenden pflichtteilsberechtigten Erben

kommt daher nicht zur Anwendung. Vor diesem Hintergrund sollte eine umfassende Regelung aller durch die vorweggenommene Erbfolge auftretenden Fragen unter Mitwirkung sämtlicher pflichtteilsberechtigter Erben erfolgen, um den Nachfolger nach dem Tode des Schenkers nicht mit entsprechenden Zahlungspflichten, die den Bestand der Beteiligung gefährden könnten, zu belasten.

9. Widerruf. → Form. G.IV.7.

10. Steuern. Schenkungsteuerliche Folgen des Nießbrauchs: Die Schenkung eines Gesellschafts- oder Geschäftsanteils unter Vorbehaltsnießbrauch begründet eine Duldungsauflage. Der Vorbehaltsnießbrauch ist ertragsteuerlich keine Gegenleistung des Beschenkten (BFH BStBl. 1991, 791 [793]), mindert vielmehr seit 2009 mit seinem kapitalisiert Wert (§ 14 Abs. 1 BewG) die schenkungsteuerliche Bemessungsgrundlage. Ein vorzeitiger Verzicht auf das Nießbrauchsrecht ist aber wiederum ein neuer Schenkungsteuertatbestand; ebenso kann der vorzeitige (vor Ablauf der Lebenserwartung) Wegfall durch Tod zu einer Korrektur der ursprünglichen Schenkungsteuerfestsetzung durch Ansatz einer niedrigeren Abzugsposition führen gem. § 14 Abs. 2 BewG. Daher bietet es sich oftmals zumindest bei Grundstücksschenkungen unter Nießbrauchsvorbehalt an, das Nießbrauchsrecht nicht von der schenkungsteuerlichen Bemessungsgrundlage abzuziehen, sondern das nießbrauchsbelastete Grundstück als Schenkungsgegenstand mit einem niedrigeren Verkehrswert zu bewerten; dann sollten ua die nachteiligen Vorschriften des § 14 Abs. 2 BewG (nachträgliche Korrektur) und § 16 BewG (Begrenzung des Jahreswerts) nicht zur Anwendung kommen.

Die Schenkung unter Lebenden ist ein steuerpflichtiger Vorgang gem. § 1 Abs. 1 Nr. 2 ErbStG. Sie ist eine freigebige Zuwendung gem. § 7 Abs. 1 Nr. 1 ErbStG. Nur insoweit der Erwerber bereichert ist, unterliegt der Vermögenstransfer der Besteuerung. Bei der Übertragung eines Mitunternehmeranteils setzt die Anwendbarkeit der Begünstigungen der §§ 13a, 13b, 13c, 19a, 28a ErbStG voraus, dass der Beschenkte Mitunternehmer wird. Wird dem Beschenkten trotz seiner eingeräumten Gesellschafterstellung seine Mitunternehmerinitiative oder das Mitunternehmerrisiko durch das vorbehaltene Nießbrauchsrecht entzogen, entfallen die schenkungsteuerlichen Betriebsvermögensbegünstigungen. Gerade die Einräumung einer Stimmrechtsvollmacht zugunsten des Schenkers und Nießbrauchsberechtigten (dazu induktiv *Wachter* DStR 2016, 2065 ff.) ist regelmäßig zu vermeiden (strikt BFH BStBl. II 2009, 312 [314]; grundlegend BFH BStBl. II 2015, 821; FG Düsseldorf ZEV 2016, 663). Zu beachten ist zudem, dass der konkret geschenkte (Teil-)Kommanditanteil dem Bedachten die Stellung als Mitunternehmer vermitteln muss (vgl. BFH BStBl. II 2013, 635); es nützt also für eine vollständige Begünstigung nichts, wenn es sich nur um einen Quoten-Vorbehaltsnießbrauch handelt oder der Beschenkte zudem Alleingesellschafter der Komplementär-GmbH ist.

Gegenstand der Zuwendung beim Vorbehaltsnießbrauch ist der nießbrauchsbelastete Vermögensgegenstand, hier also der Gesellschafts- oder Geschäftsanteil. Der Kapitalwert des vorbehaltenen Nießbrauchs kann davon in Abzug gebracht werden.

Ertragsteuerliche Behandlung des Nießbrauchs an einer Personengesellschaft: Die Zuwendung unter Vorbehalt des Nießbrauches wird steuerlich als voll unentgeltliche Zuwendung behandelt, weil der Erwerber keine Gegenleistung aus seinem Vermögen für die Übertragung des Eigentums erbringen muss, sondern nur die mit dem Nießbrauchsvorbehalt verbundenen Einschränkungen hinzunehmen hat. Ertragsteuerlich ergeben sich für den Nießbrauchberechtigten deshalb keine Anschaffungskosten, für den Nießbrauchverpflichteten grds. keine Veräußerungsgewinne. Allerdings bleibt bei Gestaltungen in der Praxis zumindest hinsichtlich der Zuwendung eines gewerblichen Einzelunternehmens bzw. eines vollständigen Mitunternehmeranteils unter Vorbehaltsnießbrauch die weitere Entwicklung abzuwarten. Denn der BFH hat entschieden (DStR 2017, 1308), dass die ertragsteuerneutrale Übertragung nach § 6 Abs. 3 S. 1 EStG bei der Übertragung eines Einzel-

unternehmens nur anzuwenden ist, wenn der Übertragende seine bisherige gewerbliche Tätigkeit einstellt, und daran würde es fehlen, wenn die einzige wesentliche Betriebsgrundlage aufgrund des vorbehaltenen Nießbrauchs vom bisherigen Betriebsinhaber weiterhin gewerblich genutzt wird. Ggf. ist im Vorfeld einer Übertragung eines (Teil-)Mitunternehmeranteils zur Einholung einer verbindlichen Auskunft gem. § 89 Abs. 2 AO zu raten.

Der Nießbraucher und der Gesellschafter (Beschenkte) erzielen als Mitunternehmer Einkünfte gem. § 15 Abs. 1 Nr. 2 EStG, wenn sie eine rechtliche und tatsächliche Stellung innehaben, die der eines Mitunternehmers entspricht (ausführlich dazu BFH BStBl. II 1995, 241). Der Gesellschafter ist in der Regel Mitunternehmer; aber in Fällen eines zu umfassenden Nießbrauchs bzw. eines zu umfassenden Widerrufsvorbehalts ist die Mitunternehmerstellung gefährdet (Schmidt/*Wacker* EStG § 15 Rn. 309). Ist neben dem Gesellschafter auch der Nießbraucher als Mitunternehmer anzusehen, so werden dem Gesellschafter nur die Gewinne aus der Auflösung der stillen Reserven zugerechnet. Der Anteil am Gewinn der Personengesellschaft einschließlich der Sondervergütungen gem. § 15 Abs. 1 Nr. 2 EStG ist in diesem Fall dem Nießbraucher zuzurechnen.

Der Nießbraucher ist neben dem Gesellschafter als (weiterer) Mitunternehmer anzusehen, wenn er neben der Gewinnbeteiligung und ggf. einer mittelbaren Verlustbeteiligung stimmberechtigt ist oder mit der Mitgliedschaft verbundene Verwaltungsrechte (zB Stimmrechte) teilweise ausübt und er hierdurch Mitunternehmerinitiative entfaltet. Auch eine Mithaftung für Schulden der Gesellschaft soll genügen (Schmidt/*Wacker* EStG § 15 Rn. 306).

Wird der Nießbrauchberechtigte hingegen zivilrechtlich so eingeschränkt, dass er keine (Mit-)Verwaltungsrechte erlangt, wie etwa beim Ertragsnießbrauch, ist er kein Mitunternehmer und bezieht keine Gewinnanteile iSv § 15 Abs. 1 S. 1 Nr. 2 EStG. Mitunternehmer ist in diesem Fall nur der Gesellschafter. Die Gewinnanteile sind somit auf Ebene des Gesellschafters zu versteuern, auch soweit sie dem Nießbraucher zustehen. Der Gesellschafter kann die Zahlungen an den Nießbraucher auch nicht im Rahmen der Besteuerung abziehen (näher dazu Schmidt/*Wacker* EStG § 15 Rn. 308 mwN).

Verlustanteile sind in der Regel dem Gesellschafter zuzurechnen, es sei denn, dass nach einer Vereinbarung zwischen Gesellschafter und Nießbraucher dieser den Verlust im Innenverhältnis zu tragen hat (Schmidt/*Wacker* EStG § 15 Rn. 311).

Im Rahmen von Überschusseinkünften – bspw. bei einer vermögensverwaltenden Immobilienpersonengesellschaft – ist von der Einräumung eines reinen Zuwendungsnießbrauchs abzusehen, weil dann ein AfA-Leerlauf entsteht; weder Nießbraucher, noch der Eigentümer können die AfA geltend machen (siehe BMF BStBl. I 2013, 1184 Rn. 19, 24).

Ertragsteuerliche Behandlung des Nießbrauchs bei der Kapitalgesellschaft:

Beim hier vorliegenden Vorbehaltsnießbrauch werden die Einnahmen und Werbungskosten aus Kapitalvermögen dem Nießbraucher zugerechnet (BMF BStBl. I 1983, 508 Rn. 55 „Nießbrauch-Erlaß" – noch gültig für Einkünfte aus Kapitalvermögen). Dies ist auch gesetzlich normiert in § 20 Abs. 5 S. 2 EStG. Die realisierten stillen Reserven eines Wirtschaftsgutes des Anlagevermögens zählen grds. nicht zu den Nutzungen eines Vorbehaltsnießbrauchs an einem GmbH-Geschäftsanteil (BFH BStBl. II 1992, 605).

Liegt hingegen ein (unentgeltlicher) Zuwendungsnießbrauch vor, so sind die Einnahmen dem Nießbrauchbesteller zuzurechnen, auch wenn sie dem Nießbraucher zufließen (BMF BStBl. I 1983, 508 Rn. 57). Nur unter bestimmten Voraussetzungen können die Einkünfte dem Nießbraucher zugerechnet werden (vgl. hierzu Schmidt/*Levedag* EStG § 20 Rn. 176).

Die Übertragung der Kapitalgesellschaftsanteile kann beim Übertragenden zu einem Veräußerungsgewinn und beim Erwerber zu Anschaffungskosten führen, wenn sie entgeltlich oder teilentgeltlich erfolgt. Soweit die Anteile teilentgeltlich erworben wurden, sind sie nach dem Verhältnis des Verkehrswertes der übertragenen Anteile zur Gegenleistung in einen voll entgeltlichen und einen voll unentgeltlichen Teil aufzuspalten.

Befinden sich die Kapitalgesellschaftsanteile im Privatvermögen, so sind bei Anteilen von mind. 1 % Veräußerungsgewinne gem. § 17 Abs. 2 iVm § 3 Nr. 40 Buchst. c) EStG zu 60 % zu versteuern; Anteile unter 1 % unterliegen gem. § 20 Abs. 2 Nr. 1 EStG der Abgeltungsteuer in Höhe von 25 % zuzüglich Solidaritätszuschlag. Anteile im Betriebsvermögen werden nach dem Teileinkünfteverfahren (zu 60 %) besteuert.

Gewerbesteuer: Entsteht im Zuge der Schenkung eines Personengesellschaftsanteils ein Veräußerungs- oder Aufgabegewinn, so unterliegt dieser nicht der Gewerbesteuer, soweit er auf natürliche Personen entfällt, § 7 S. 2 GewStG. Bei der Übertragung eines Anteils an einer Personengesellschaft im Wege der vorweggenommenen Erbfolge geht der Gewerbeverlust nach § 10a GewStG mangels Unternehmeridentität verloren, soweit der Fehlbetrag anteilig auf den ausgeschiedenen Gesellschafter entfällt (BFH BStBl. II 1994, 331). Der Gesellschafterwechsel bei einer Kapitalgesellschaft führt nicht zu einem Untergang gewerbesteuerlicher Verlustvorträge.

Grunderwerbsteuer: Bei der unentgeltlichen Übertragung von Personengesellschaftsanteilen iSd § 1 Abs. 2a GrEStG greift die Befreiungsvorschrift des § 3 Nr. 2 GrEStG für Schenkungen unter Lebenden (BFH BStBl. II 2007, 409). Steuerfrei sind daneben sämtliche Grundstücksübertragungen an den Ehegatten (§ 3 Nr. 4 GrEStG) sowie Personen, die mit dem Übergeber/Veräußerer in gerader Linie verwandt sind (§ 3 Nr. 6 GrEStG). Bei der unentgeltlichen Übertragung von Kapitalgesellschaftsanteilen und Vereinigung iSd § 1 Abs. 3 Nr. 1 GrEStG ist die Steuerbefreiungsvorschrift des § 3 Nr. 2 S. 1 GrEStG anwendbar (Änderung der Rechtsprechung nach BFH BStBl. II 2012, 793); die Steuerbefreiungsvorschriften der § 3 Nr. 4 und 6 GrEStG sind im Rahmen des § 1 Abs. 3 Nr. 1 und Nr. 2 GrEStG aber weiterhin nicht anwendbar.

Eine Schenkung unter Auflage unterliegt jedoch der Besteuerung hinsichtlich des Werts solcher Auflagen, die bei der Schenkungsteuer abziehbar sind (§ 3 Nr. 2 S. 2 GrEStG). Dies ist insbesondere bei der Übertragung eines Betriebes auf die Kinder zu beachten, wenn der Übernehmer die Auflage erhält, ein Betriebsgrundstück als Gleichstellungsgeld an ein Geschwisterteil zu übertragen. Seitdem das kapitalisierte Nießbrauchsrecht von der schenkungsteuerlichen Bemessungsgrundlage abgezogen werden kann (Aufhebung des § 25 ErbStG aF seit 2009) – es darf dann nur nicht vorher schon zusätzlich in die Bewertung einfließen (§ 10 Abs. 6 S. 6 ErbStG) –, greift aber auch insbesondere bei einer Schenkung unter Nießbrauchsvorbehalt insoweit die Grunderwerbsteuerbefreiung nicht mehr gem. § 3 Nr. 2 S. 2 GrEStG.

11. **Kosten.** → Form. G.III.3 Anm. 5. Der Nießbrauch wird kostenrechtlich als Gegenleistung nach § 97 Abs. 3 GNotKG behandelt und daher nicht gesondert bewertet.

5. Schenkung eines Gesellschaftsanteils unter Vereinbarung von Versorgungsleistungen

§ 1 Vorbemerkung[1]

Der Vater hat die Absicht, seine Kommanditbeteiligung nebst seiner für ihn bei der Kommanditgesellschaft geführten Gesellschafterkonten einschließlich seines Darlehenskontos im Wege der vorweggenommenen Erbfolge unentgeltlich und damit schenkweise auf seine Tochter zu übertragen. In diesem Zusammenhang verpflichtet sich die Beschenkte aus den Erträgen der zu übertragenden Kommanditbeteiligung zur Zahlung von Versorgungsleistungen an den Schenker und nach seinem Tod an dessen Ehefrau, die nach dem gemeinsamen Verständnis der Beteiligten keine Gegenleistungen darstellen.

§ 2 Schenkungsgegenstand, Schenkung und Vollzug

(1) Der Schenker schenkt hiermit im Wege vorweggenommener Erbfolge seine in den Vorbemerkungen näher bezeichnete Kommanditbeteiligung im Nennwert von EUR ...... und alle damit verbundenen Rechte und Pflichten nebst aller seiner Gesellschafterkonten wie das variable Kapital- und das Rücklagenkonto sowie einschließlich seiner Darlehensforderung gegen die Kommanditgesellschaft (nachfolgend auch „Schenkungsgegenstand" genannt) an seiner Tochter.

(2) In Vollzug des vorstehenden Schenkungsversprechens tritt der Schenker im Wege der Sonderrechtsnachfolge den Schenkungsgegenstand zum nachfolgend festgelegten Stichtag an die Beschenkte ab. Die Beschenkte nimmt hiermit sämtliche Erklärungen dankend an.[2]

(3) Die Übertragung des Schenkungsgegenstandes wird aufschiebend bedingt wirksam, sobald die Beschenkte als Sonderrechtsnachfolgerin des Vaters als Kommanditistin mit dieser weiteren Kommanditbeteiligung im Handelsregister der Kommanditgesellschaft eingetragen ist („Stichtag").

(4) Sämtliche Gesellschafter der Kommanditgesellschaft haben der Übertragung der Kommanditbeteiligung in dem diesem Vertrag als Anlage 1 beigefügten Gesellschafterbeschluss zugestimmt.

(5) Die Ehefrau des Schenkers stimmt der vorstehenden Schenkung und Übertragung hiermit ausdrücklich und im vollen Umfang nach den Anforderungen des § 1365 BGB zu.

(6) Die Umbuchung des Festkapitalkontos und der übrigen Konten ist vorzunehmen.

§ 3 Versorgungsleistungen

(1) Die Beschenkte verpflichtet sich, dem Schenker auf Lebenszeit als wiederkehrende Bezüge monatlich einen Betrag in Höhe von EUR ...... zu zahlen. Es handelt sich bei diesen Versorgungsleistungen um keine Gegenleistung zum Schenkungsgegenstand, aus dem als existenzsichernde und ausreichend ertragsbringende Wirtschaftseinheit diese Versorgungsleistungen an den schenkenden Übergeber sicher gezahlt werden können.

(2) Der Versorgungsbetrag ist jeweils am Ende eines Monats fällig, erstmals für den auf die Übertragung des Schenkungsgegenstandes nach § 2 Abs. 3 folgenden Monats.

(3) Der von der Beschenkten zu leistende monatliche Versorgungsbetrag ist eine Leibrente und damit fest vereinbart. Eine Abänderbarkeit nach § 323 ZPO wird ausgeschlossen.

(4) Der monatliche Versorgungsbetrag ist wertgesichert. Er erhöht oder vermindert sich in demselben prozentualen Verhältnis, in dem sich der vom Statistischen Bundesamt festgestellten Verbraucherpreisindex für Deutschland gegenüber dem auf die Übertragung des Schenkungsgegenstandes nach § 2 Abs. 3 folgenden Monats festgesetzten Index erhöht oder vermindert. Eine Anpassung des Versorgungsbetrages erfolgt erst bei einer Veränderung um 10 vH und nur auf schriftliches Verlangen des Versorgungsberechtigten. Eine Besicherung der Versorgungsleistungen erfolgt nicht.

(5) Aufschiebend bedingt auf den Tod des Schenkers wendet dieser seiner Ehefrau eine solche lebenslange Versorgungsrente entsprechend der vorstehenden Vereinbarungen zu. Die Ehefrau erwirbt unmittelbar das Recht, die Leistung an sich von der Beschenkten zu verlangen (Vertrag zu Gunsten Dritter). Die Beschenkte erkennt diese Verpflichtung an, soweit die Ehefrau ihr Recht nach Bedingungseintritt entsprechend § 333 BGB nicht zurückweist.[3]

Anmerkungen

1. Sachverhalt. Versorgungsleistungen. In Abgrenzung zu einer Übertragung unter Nießbrauchsvorbehalt ist die Vereinbarung von Versorgungsleistungen im Zuge der schenkweisen Übertragung eines Gesellschaftsanteils (hier eines mitunternehmerischen Kommanditanteils) nicht gänzlich an die wirtschaftlichen Komponenten des zu übertragenden Gesellschaftsanteils gekoppelt. Es ist lediglich als eine Grundvoraussetzung erforderlich, dass die übertragende Einheit ausreichende Erträge generiert und letztlich der Beschenkte nicht privat zuzahlen muss (vgl. BFH BStBl. II 2004, 95; BMF BStBl. I 2004, 191); andernfalls handelt es sich idR um nichtabzugsfähige Unterhaltsleistungen iSd § 12 Nr. 2 EStG (sa BFH BStBl. II 2004, 100; insoweit aber inzwischen anders BMF BStBl. I 2010, 227 Rn. 31, sog. „4. Rentenerlass"). Schenker und Beschenkter haben bei solchen Versorgungsleistungen als Leibrentenzahlung die kalkulatorische Gewissheit, mit welcher Liquidität sie zu rechnen haben.

2. Zurückweisungsrecht. Allgemein sollte in der Beratungspraxis darauf geachtet werden, dem überlebenden Ehepartner, dem ein Recht des Vorverstorbenen zugewiesen wird (hier Versorgungsrente oder bspw. ein Zuwendungsnießbrauchrecht), ein Zurückweisungsrecht nach § 333 BGB vertraglich zuzugestehen. Sollte der überlebende Ehepartner nämlich schon ausreichend versorgt sein, kann er dieses zugewiesene vermögensmäßige Recht – idR zugunsten der zuvor beschenkten nachfolgenden Generation – zurückweisen, ohne dass dies eine zusätzliche Steuerbelastung auslöst. Ohne das vertraglich eingeräumte Zurückweisungsrecht würde das (zu kapitalisierende) Recht für den überlebenden Ehepartner entstehen und bei einem sodann erklärten Verzicht darauf zu einem weiteren Schenkungstatbestand führen.

3. Steuern. Nach § 10 Abs. 1a Nr. 2 S. 2 Buchst. a EStG können als Sonderausgaben berücksichtigt werden: Lebenslange, wiederkehrende Versorgungsleistungen – iZm nicht bei der Veranlagung außer Betracht bleibenden Einkünften – an einen unbeschränkt einkommensteuerpflichtigen Empfänger. Dabei müssen die Versorgungsleistungen im Zusammenhang stehen mit der Übertragung eines a) Mitunternehmeranteils an einer Personengesellschaft, die eine Tätigkeit iSd §§ 13, 15 Abs. 1 S. 1 Nr. 1 oder des § 18 Abs. 1 EStG ausübt, b) eines Betriebs oder Teilbetriebs (einschl. des Wohnteils eines Betriebs der Land- und Forstwirtschaft) oder c) mindestens 50 vH betragenden Anteils an einer GmbH, wenn der Übergeber als Geschäftsführer tätig war und der Übernehmer diese Tätigkeit übernimmt. Folglich ist bspw. die Übertragung von Anteilen an einer (nur) gewerblich geprägten GmbH & Co. KG gegen Versorgungsleistungen nicht möglich, an einer gewerblich infizierten Personengesellschaft iSd § 15 Abs. 3 Nr. 1 Alt. 1 EStG hingegen schon (vgl. BMF BStBl. I 2010, 227 Rn. 9).

Weitere Voraussetzungen für die Anerkennung solcher als Sonderausgaben zu berücksichtigenden Versorgungsleistungen sind zu beachten, bspw. beim Empfänger des Vermögens (BMF BStBl. I 2010, 227, Rn. 4) und bzgl. der ausreichend ertragsbringenden Wirtschaftseinheit (BMF BStBl. I 2010, 227 Rn. 26 ff.).

Der Versorgungsberechtigte hat korrespondierend die Versorgungszahlungen als sonstige Einkünfte nach § 22 Nr. 1a EStG zu versteuern.

Wichtig ist im Allgemeinen, dass keine entgeltlichen Gegenleistungen vereinbart werden, die zu einem steuerpflichtigen Veräußerungsgewinn durch die Übertragung führen würden. Bei der Übertragung von betrieblichen Einheiten sind die Vorgänge aufgrund der Einheitstheorie nicht aufzuspalten, sondern einheitlich zu beurteilen (vgl. BFH BStBl. II 1990, 847; BMF BStBl. I 1993, 80 Rn. 29 ff.). Die Übernahme betrieblicher Schulden (betriebliche Passiva) stellt bspw. kein Entgelt dar, anders als die Übernahme privater Schulden (letztere werden Abstandszahlungen gleichgestellt). Daraus schließt der BFH

(BStBl. II 1999, 269), dass im Rahmen der Übertragung eines Betriebes bzw. eines Mitunternehmeranteils mit zB einem negativen Kapitalkonto die Übernahme der diesem Konto entsprechenden Schulden kein Entgelt darstellt und damit die Übertragung voll unentgeltlich ist, wenn entsprechende stille Reserven vorhanden sind und keine (weiteren) Gegenleistungen erbracht werden. Wenn aber ein weiteres Entgelt vereinbart wird (dazu BFH BStBl. II 1993, 436), wirkt die Übernahme betrieblicher Schulden in Höhe des negativen Kapitalkontos sodann wie die Übernahme privater Schulden und damit als Entgelt.

6. Gesellschaftsvertrag der (Familien-)Personengesellschaft mit disquotalen Sonderrechten zugunsten der Eltern

Gesellschaftsvertrag der (. . . . . .)-KG

§ 1 Firma, Sitz, Geschäftsjahr

(. . . . . .)

§ 2 Gesellschafter, Gesellschaftsanteile, Gesellschaftskapital[1]

1. Die Gesellschafter sind mit den nachstehend aufgeführten festen Anteilen wie folgt an der Gesellschaft beteiligt (feste Kapitalanteile):

Gesellschafter	Gesellschaftsanteil
Herr X („Vater“)	10/100
Frau Y („Mutter“)	10/100
Herr A („Sohn“)	40/100
Frau B („Tochter“)	40/100

2. Die festen Kapitalanteile nach Ziffer 1. sind unveränderlich, so dass sich der Anteil eines jeden Gesellschafters, insbesondere durch Überschüsse oder Verluste, Einlagen oder Entnahmen nicht verändert.
3. X erbringt seine Einlage, indem er das im Grundbuch von (. . . . . .) Band (. . . . . .) Blatt eingetragene Grundstück, belegen (Straße, Ort), zu Gesamthandseigentum auf die Gesellschaft überträgt. Y erbringt ihre Einlage, indem sie das im Grundbuch von (. . . . . .) Band (. . . . . .) Blatt eingetragene Grundstück, belegen (Straße, Ort), zu Gesamthandseigentum auf die Gesellschaft überträgt. Mit Umschreibung der vorbezeichneten Grundstücke auf die Gesellschaft sind die Einlagen des X und der Y voll erbracht.
   Die Gesellschafter A und B haben keine Einlagen zu erbringen.

§ (. . . . . .) Überschussverteilung und Entnahmen

1. Innerhalb der ersten sechs Monate eines jeden Geschäftsjahres ist eine Einnahme-/Überschussrechnung für das vergangene Geschäftsjahr aufzustellen und allen Gesellschaftern zu übermitteln
2. Der nach Abzug der Vorabentnahmen und der Instandhaltungsrücklage verbleibende und festgestellte Jahresüberschuss kann nach Maßgabe der Bestimmungen dieses § (. . . . . .) von den Gesellschaftern voll entnommen werden.

3. An den Überschüssen und Verlusten der Gesellschaft nehmen die Gesellschafter abweichend von ihrer Beteiligung gem. § 2 Ziffer 1 wie folgt teil:

Herr X	**40/100**
Frau Y	**40/100**
Herr A	**10/100**
Frau B	**10/100**

§ (. . . . .) Gesellschafterbeschlüsse

1. Die von den Gesellschaftern in den Angelegenheiten der Gesellschaft zu treffenden Entscheidungen erfolgen durch Gesellschafterbeschluss. Die Gesellschafterbeschlüsse werden in Gesellschafterversammlungen möglichst am Sitz der Gesellschaft gefasst. Die Beschlüsse sind schriftlich zu fassen.

2. Die Beschlüsse der Gesellschafter erfolgen, soweit das Gesetz oder dieser Vertrag nicht zwingend etwas anderes bestimmen, mit einfacher Mehrheit aller in der Gesellschaft vorhandenen Stimmen.[2]

3. Unabhängig von ihrer Beteiligung an der Gesellschaft gem. § 2 Ziffer 1 bestimmen sich die Stimmrechte der Gesellschafter bei der Beschlussfassung wie folgt:

Herr X	**40 Stimmen**
Frau Y	**40 Stimmen**
Herr A	**10 Stimmen**
Frau B	**10 Stimmen**

Änderungen des Gesellschaftsvertrages müssen einstimmig erfolgen.[3, 4]

Anmerkungen

1. Sachverhalt. Disquotale Gewinnbeteiligung. Dem Wunsch der Elterngeneration, die Kinder zur Ausnutzung der Schenkungsteuerfreibeträge bereits lebzeitig am Vermögen zu beteiligen, steht vielfach das finanzielle Versorgungsbedürfnis der Eltern entgegen sowie der Wunsch, weiterhin bestimmenden Einfluss und Kontrolle auf das Vermögen zu haben. Zur Erreichung dieser Zielsetzung sind nach dem Muster-Gesellschaftsvertrag die Kinder (Gesellschafter A und B) am Vermögen der KG quotal hoch beteiligt, an den Stimmrechten und am Gewinn im Vergleich zur Kapitalbeteiligung aber disproportional, sprich reziprok (hier disquotal niedrig), beteiligt. Die Kinder A und B sind auf diese Weise zwar wirtschaftliche Träger des Vermögens, die Früchte und die Kontrolle verbleiben hingegen bei den Eltern. Dies entspricht letztlich einem vorbehaltenen Vollrechtsnießbrauch und ist damit zugleich ein Argument für die steuerliche Anerkennung, soweit keine exorbitante Disproportionalität zwischen Kapitalbeteiligung einerseits und Gewinn- und Stimmverteilung andererseits besteht (ausführlich dazu *Mutter* ZEV 2007, 512 mwN). Eine Abstimmung im Vorwege mit der Finanzverwaltung bis hin zu einem Antrag auf verbindliche Auskunft sollte in jedem Einzelfall Beraterpflicht sein.

Durch eine reziproke Ausgestaltung von Stimm- und Gewinnbezugsrechten einerseits und Vermögensanteil an der Gesellschaft andererseits kann erreicht werden, dass die Vorteile der vorweggenommenen Erbfolge genutzt werden können, ohne dass die (Groß-)

Elterngeneration ihre finanzielle Absicherung und den Einfluss auf das Vermögen verliert. Gleichzeitig können die Nachfolger durch frühzeitige Beteiligung an das Unternehmen und die gesellschaftsrechtliche Verantwortung herangeführt werden sowie die sich aus der stufenweisen Übertragung des Vermögens auf die Kinder ergebenden schenkungsteuerlichen Vorteile (ggf. mehrfache Ausnutzung von Freibeträgen) genutzt werden.

Zivilrechtlich ist eine solche disquotale Gewinnverteilung bei einer **Kapitalgesellschaft** zulässig. Denn bereits das Gesetz normiert für eine GmbH eine von dem Verhältnis der Geschäftsanteile abweichende Ergebnisverteilung, soweit dies der Gesellschaftsvertrag vorsieht, gem. § 29 Abs. 3 S. 2 GmbHG. Gleiches gilt für die AG, wenn die Satzung eine vom Grundkapital abweichende Gewinnverteilung bestimmt, gem. § 60 Abs. 3 AktG. Ebenso bestehen auch innerhalb der **Personengesellschaft** keine grundsätzlichen Bedenken gegen eine von den Köpfen bzw. Kapitalanteilen abweichende Gewinnverteilung. Eine Gewinn- und Verlustbeteiligung ist keine Voraussetzung für die Gesellschafterstellung in einer Personengesellschaft. Nach wohl überwiegender Meinung kann eine Beteiligung des Gesellschafters am Gewinn und Verlust sogar gänzlich ausgeschlossen werden (vgl. MHdb GesR II/*v. Falkenhausen/Schneider* § 23 Rn. 22). Für eine OHG sind vom Kapital abweichende Gewinnverteilungskriterien in § 121 Abs. 1 bis 3 HGB bereits normiert. Eine von der vermögensmäßigen Beteiligung abweichende Gewinnverteilung wird vom Schrifttum (Baumbach/Hopt/*Roth* HGB § 121 Rn. 8 mwN) und der Rechtsprechung (BFH BStBl. II 1973, 5) auch in der Personengesellschaft anerkannt, wenn dies vor der Gewinnentstehung gesellschaftsvertraglich mit allen Gesellschaftern vereinbart wird. Regelmäßig sind handelsrechtliche Gewinnverteilungsgrundsätze ebenso auf die einkommensteuerliche Gewinn- bzw. Überschussverteilung anzuwenden (vgl. BFH BStBl. II 1981, 164).

Alternativ zur beteiligungskonträren disquotalen Gewinnverteilung kommt die Bestellung eines Nießbrauchsrechts zugunsten der Eltern an den Gesellschaftsanteilen der Kinder in Betracht (→ Form. G.III.4). Durch die Schenkung von Gesellschaftsanteilen unter Vorbehaltsnießbrauch lassen sich sowohl die Übertragung des Familienvermögens zu Lebzeiten im Rahmen einer vorweggenommenen Erbfolge als auch die finanzielle Absicherung der übertragenden Generation erreichen.

2. Beschlussfassung, abweichende Stimmrechte. Wunsch der übertragenden Elterngeneration ist es vielfach, weiterhin den Einfluss auf das Vermögen zu erhalten. Zur Erreichung dieser Zielsetzung ist es möglich, neben dem Gewinn auch die Stimmrechte abweichend von den Beteiligungsquoten zu regeln. Dem wird das Formular gerecht, indem zur Beschlussfassung die einfache Stimmmehrheit ausreicht und die Stimmrechte unabhängig vom Umfang der Gesellschaftsbeteiligung überwiegend bei den Eltern verbleiben. Gesellschaftsrechtlich ist eine solche abweichende Zuweisung der Stimmrechte – oder sogar der vollständige Ausschluss – nach überwiegender Meinung in der **Personengesellschaft** zulässig (MHdb GesR I/*Weipert* § 57 Rn. 16; Baumbach/Hopt/*Roth* HGB § 163 Rn. 8). Für **Kapitalgesellschaften** ist eine vom Kapital abweichende Stimmrechtsverteilung jedenfalls bei der GmbH zulässig, gem. § 45 Abs. 2 GmbHG in Abweichung zu § 47 Abs. 2 GmbHG. Bei einer AG müsste aufgrund § 134 Abs. 1 S. 1 AktG mit stimmrechtslosen Vorzugsaktien operiert werden (§§ 139 Abs. 1 AktG).

Eine weitere Möglichkeit, den Eltern oder einem Elternteil bestimmenden Einfluss in der Gesellschaft zu sichern, ist die Zuweisung der (Einzel-)Vertretungs- und Geschäftsführungsbefugnis. Ferner kommt die Zuweisung eines Vetorechtes in Betracht.

3. Steuern. Die von den Kapital- und Gewinnanteilen abweichende Regelung von Stimmrechten ist steuerlich weitgehend ohne Relevanz. Zu beachten ist jedoch, dass eine zu weitgehende Einschränkung von Stimmrechten bei einer gewerblichen Personenhandelsgesellschaft wegen fehlender Mitunternehmerinitiative zu einem Verlust der Mitunternehmerstellung führen kann (BFH BStBl. II 1989, 758 sowie BStBl. II 1989, 762).

Abweichende Gewinnverteilung. Ertragsteuerlich: Im Falle einer **Kapitalgesellschaft** hat der BFH (BStBl. II 2001, 43) entschieden, dass von den Beteiligungsverhältnissen abweichende inkongruente Gewinnausschüttungen und inkongruente Wiedereinlagen steuerrechtlich anzuerkennen sind und grds. auch dann keinen Gestaltungsmissbrauch iSd § 42 AO darstellen, wenn andere als steuerliche Gründe für solche Maßnahmen nicht erkennbar sind. Nach dem BMF-Schreiben vom 17.12.2013 (BStBl. I 2014, 63) müssen inkongruente Gewinnausschüttungen zivilrechtlich wirksam gesellschaftsvertraglich bestimmt sein und es müssen zudem dafür beachtliche wirtschaftlich vernünftige außersteuerliche Gründe nachgewiesen werden. Der BFH erkennt grds. auch bei **Personengesellschaften** eine vom Kapital abweichende Gewinnverteilung an, wenn diese gesellschaftsvertraglich vereinbart wird und bei Familiengesellschaften einem Fremdvergleich stand hält (vgl. BFH BStBl. II 1996, 276). Es muss also eine Rechtfertigung im Gesellschaftsverhältnis vorliegen. Eine solche Rechtfertigung kann bspw. vorliegen, wenn ein Gesellschafter wertvolle Grundstücke der Gesellschaft unentgeltlich zur Verfügung stellt bzw. überträgt. Ebenso kann die Übernahme der Geschäftsführung und Vertretung durch die Gesellschafter X und Y bei Ausschluss der Gesellschafter A und B eine entsprechende Rechtfertigung liefern. Weitere kapitalunabhängige Gesellschafterbeiträge wie das Einbringen der Erfahrung und Geschäftsbeziehungen können höhere Gewinnzuweisungen rechtfertigen. Nach der Rechtsprechung des BFH ist eine disquotale Gewinnverteilung bei Familiengesellschaften jedoch nur in bestimmten Grenzen anzuerkennen. So kann bspw. bei nicht in der KG mitarbeitenden Kindern eine disquotale Gewinnverteilung nur mit steuerrechtlicher Wirkung vereinbart werden, die auf längere Sicht zu einer – unter Berücksichtigung der gesellschaftsrechtlichen Beteiligung der Kommanditisten – angemessenen, marktüblichen Verzinsung des tatsächlichen Werts des Gesellschaftsanteils führt. Der BFH würde in solchen Fällen eine Gewinnverteilung im Allgemeinen dann nicht beanstanden, wenn der Gewinnverteilungsschlüssel eine durchschnittliche Rendite von nicht mehr als 15 % des tatsächlichen Werts der Beteiligung ergibt (vgl. BFH BStBl. II 1973, 5). Ansonsten sind die die Angemessenheit übersteigenden Gewinnanteile den anderen Gesellschaftern für Besteuerungszwecke zuzurechnen (H 15.9 Abs. 3 EStR 2012; sa BFH BStBl. II 1987, 54 mwN).

§ 7 Abs. 6 ErbStG schafft einen eigenen **Schenkungsteuertatbestand**, bei dem das Übermaß einer Gewinnbeteiligung an einem Personengesellschaftsanteil mit dem Kapitalwert besteuert wird. Ein Übermaß an Gewinnbeteiligung ist hiernach insbesondere gegeben, wenn die Gewinnbeteiligung nicht der Kapitaleinlage, der Arbeits- oder der sonstigen Leistung des Gesellschafters für die Gesellschaft entspricht. Ist bei den Ertragsteuern eine Entscheidung über das Vorliegen und den Umfang eines überhöhten Gewinnanteils getroffen worden, will die Finanzverwaltung diese Entscheidung idR auch für die Schenkungsteuer übernehmen (vgl. R E 7.8 Abs. 1 ErbStR 2011). Die nachträgliche Gewährung einer überhöhten Gewinnbeteiligung soll zB ebenso unter § 7 Abs. 6 ErbStG fallen (R E 7.8 Abs. 2 ErbStR 2011). Das kann uE aber höchstens für eine unangemessene Gewinnbeteiligung der Beschenkten gelten, da eine vermeintliche überhöhte Gewinnbeteiligung der schenkenden Eltern vielmehr sodann einem Nießbrauchsvorbehalt entsprechen dürfte, der nicht nur keinen weiteren Schenkungsteuertatbestand auslöst, sondern vielmehr die schenkungsteuerliche Bemessungsgrundlage der beschenkten Kinder mindert. Das ist im Einzelfall mit der Finanzverwaltung im Vorwege zu klären. Lediglich soweit die gesamte Beteiligung auf mehrere Köpfe mit disquotaler Gewinnverteilung verschenkt wird, wäre zu prüfen, inwieweit sich diese disproportionale Gewinnverteilung bei der Bewertung der einzelnen unter- bzw. überquotalen Gewinnbeteiligungen bei Personen- bzw. Kapitalgesellschaftsanteilen niederschlägt (§ 12 Abs. 5 bzw. Abs. 2 ErbStG).

4. Kosten. → Form. G.III.3.

7. Schenkung unter Begründung einer stillen Gesellschaft

[Notarieller Urkundeneingang]

§ 1 Vorbemerkung

A ist Inhaberin des einzelkaufmännischen Unternehmens mit der Firma (. . . . . .), eingetragen im Handelsregister des Amtsgerichts (. . . . . .) unter HRA (. . . . . .). S ist der Sohn der A.

§ 2 Einräumung der stillen Beteiligung

A (nachfolgend auch „die Schenkerin" genannt) räumt hiermit ihrem Sohn S (nachfolgend auch „der Erwerber" genannt) an ihrem oben genannten Unternehmen eine typische stille Beteiligung mit einer Einlage im Wert von (. . . . . .) EUR ein. Die Einlage wird erbracht durch Umbuchung des vorbezeichneten Betrags vom Eigenkapitalkonto der Schenkerin auf das neu zu bildende Einlagenkonto des Erwerbers. Die Zuwendung erfolgt schenkweise im Wege der vorweggenommenen Erbfolge ohne Gegenleistung.

Der Beginn der stillen Gesellschaft und die Umbuchung erfolgen mit Wirkung zum (. . . . . .). Maßgeblich für das Rechtsverhältnis zwischen der Schenkerin und dem Erwerber ist der diesem Vertrag als Anlage 1 beigefügte Gesellschaftsvertrag.

Der Erwerber nimmt das Schenkungsangebot und die zum Vollzug der Schenkung erfolgende Abtretung hiermit dankend an.[1]

§ 3 Pflichtteilsanrechnung, Ausgleichung

Der Erwerber hat sich den heutigen Wert der schenkweisen Zuwendung auf seinen Pflichtteil am Nachlass der Schenkerin anrechnen zu lassen. Die Anrechnung entfällt, wenn das Widerrufsrecht nach § 4 gegenüber dem Erwerber noch vor Geltendmachung des Pflichtteilsanspruches ausgeübt wird. Nicht anrechnungspflichtig ist der zwischenzeitliche Nutzungsvorteil aus dem sodann zurück zu übertragenden Vertragsgegenstand.

Eine Ausgleichungspflicht gegenüber anderen Abkömmlingen der Schenkerin gem. §§ 2050 ff. BGB besteht nicht.[2]

§ 4 Widerruf

Die Schenkerin behält sich – unbeschadet ihrer gesetzlichen Rückübertragungsansprüche – das Recht vor, die schenkweise Einräumung der stillen Beteiligung zu widerrufen und die Rückübertragung auf sich zu verlangen, wenn

- der Erwerber vor der Schenkerin verstirbt,
- die nach § 2 zugewendete stille Beteiligung von dem Erwerber zu Lebzeiten der Schenkerin ohne ihre Zustimmung ganz oder teilweise veräußert oder belastet wird,
- die Zwangsvollstreckung in den Schenkungsgegenstand betrieben wird,
- die Eröffnung eines Insolvenzverfahrens über das Vermögen des Erwerbers erfolgt oder mangels Masse abgelehnt wird,
- die Pfändung der stillen Beteiligung oder einzelner Gesellschafterrechte erfolgt,
- die Ehe des Erwerbers geschieden wird und der Erwerber nicht durch ehevertragliche Regelung sichergestellt hat, dass die stille Beteiligung und die darauf folgenden Ansprüche nicht von einem etwaigen Zugewinnausgleich erfasst sind, oder
- ein gesetzlicher Widerrufsgrund vorliegt.

Der Widerruf kann nur schriftlich binnen drei Monaten seit Kenntnis der Schenkerin vom Vorliegen des Widerrufsgrunds gegenüber dem Erwerber erklärt werden. Das Widerrufsrecht ist weder vererblich noch übertragbar. Zur Sicherung der Rückgewährpflicht erklären die Vertragsparteien bereits jetzt, jedoch aufschiebend bedingt durch die wirksame Erklärung des Widerrufs, die Rückübertragung der stillen Beteiligung mit allen Rechten und Pflichten auf die Schenkerin. Die bis zur Rückübertragung gezogenen Nutzungen verbleiben dem Erwerber. Etwaige Aufwendungen des Erwerbers im Zusammenhang mit der geschenkten stillen Beteiligung sind ihm nicht zu erstatten.

Der Notar hat die Rechtsfolgen des Widerrufsrechts erläutert und darauf hingewiesen, dass die Rückgewähr der eingeräumten stillen Beteiligung im Falle des Widerrufs nicht in jedem Fall, zB nicht bei vorheriger Auflösung der stillen Gesellschaft, sichergestellt ist.[3]

§ 5 Kosten, Abschriften, Sonstiges[4, 5]

(. . . . . .)

Anmerkungen

1. Sachverhalt, Stille Gesellschaft. Für die Begründung einer stillen Gesellschaft mit einem Abkömmling, den der künftige Erblasser bereits lebzeitig an seinem Unternehmen beteiligen möchte, sprechen zum einen steuerlichen Vorteile (su). Zum anderen erlaubt es die schrittweise Einbeziehung von Abkömmlingen in das Unternehmen, ohne sie mit Geschäftsführungsaufgaben zu belasten und ohne die Entscheidungsbefugnis aus der Hand zu geben. Weiterhin ermöglicht die stille Beteiligung es, Abkömmlinge bereits lebzeitig wirtschaftlich am Unternehmen zu beteiligen und ihnen dadurch eigene finanzielle Mittel zukommen zu lassen.

Eine stille Gesellschaft ist eine Form der mittelbaren Unternehmensbeteiligung, wobei zwischen zwei Grundformen zu unterscheiden ist: Die **typische stille Gesellschaft** entspricht dem gesetzlichen Leitbild der §§ 230 ff. HGB. Der stille Gesellschafter hat keine oder nur geringe Mitwirkungsbefugnisse. Er ist am Gewinn und Verlust des Handelsgeschäftes beteiligt, nicht aber an den stillen Reserven. Der **atypische stille Gesellschafter** hingegen hat abweichend vom gesetzlichen Leitbild in der Regel weitergehende Mitwirkungsbefugnisse und ist an den stillen Reserven beteiligt. Das Formular sieht die Gründung einer typischen stillen Gesellschaft vor.

Die stille Gesellschaft wird vorliegend durch die im **Schenkungsvertrag** vereinbarte schenkweise Einräumung der Beteiligung zwischen dem Schenker als Inhaber des Handelsgewerbes und dem Beschenkten als stillen Gesellschafter gegründet. Außerdem bedarf es des Abschlusses eines **Gesellschaftsvertrages** zwischen dem Geschäftsinhaber und dem stillen Gesellschafter.

Wird die stille Beteiligung wie hier schenkweise eingeräumt, bedarf der Schenkungsvertrag (bzw. das Schenkungsversprechen) gem. § 518 Abs. 1 BGB der **notariellen Beurkundung.** Die Formbedürftigkeit des Schenkungsversprechens erstreckt sich aufgrund der Koppelung der Zuwendung mit der Gründung der Gesellschaft auch auf den Gesellschaftsvertrag. Nach wohl überwiegender Meinung reicht die bloße Einräumung der Innenbeteiligung nicht aus, um einen Vollzug der Schenkung und damit eine Heilung gem. § 518 Abs. 2 BGB herbeizuführen. Etwas anderes gilt nach der Rechtsprechung von BGH und BFH jedoch dann, wenn dem Beschenkten bei der Schenkung einer atypischen stillen Beteiligung oder Unterbeteiligung auch mitgliedschaftliche Rechte zugewendet werden (BGH DNotZ 2012, 713 [716]; BFH DNotZ 2014, 949 [951 f.]). In diesem Fall

ist die Schenkung mit dem Abschluss des (Innen-)Gesellschaftsvertrages vollzogen. Werden dem Beschenkten solche Rechte – wie vorliegend – nicht eingeräumt, sind sowohl der Schenkungsvertrag als auch der (Innen-)Gesellschaftsvertrag zu beurkunden.

Soll der Erwerb der stillen Beteiligung zivilrechtlich und wirtschaftlich nicht rein unentgeltlich erfolgen, kommen verschiedene Arten von Gegenleistungen oder Verpflichtungen in Betracht, wie zB die Vereinbarung von Pflegeleistungen. Die schenkungsteuerliche Würdigung ist davon gesondert vorzunehmen.

Ist der Beschenkte **minderjährig**, sind folgende Besonderheiten zu beachten:

Bei einer Schenkung der stillen Beteiligung durch ein (Groß-)Elternteil sind die Eltern als gesetzliche Vertreter grundsätzlich gem. §§ 181, 1795 Abs. 2, 1629 Abs. 2 BGB von der Vertretung ihres Kindes ausgeschlossen, so dass ein **Ergänzungspfleger** für den Minderjährigen zu bestellen ist. Etwas anderes gilt nur dann, wenn der Vertrag für den Minderjährigen lediglich rechtlich vorteilhaft ist (BGH NJW 1972, 2262 f.). Ob die Schenkung einer stillen Beteiligung ausschließlich vorteilhaft ist, wird in Rechtsprechung und Literatur unterschiedlich beurteilt, wobei ua die Frage der Verlustbeteiligung des Minderjährigen maßgebend ist. Schon die Verpflichtung des Minderjährigen, den ihm geschenkten Geldbetrag als Einlage einzubuchen, soll bereits einen rechtlichen Nachteil begründen (BFH BFHE 111, 85 = BStBl. II 1974, 289). Aufgrund der differierenden Rechtsauffassungen ist daher zur Vermeidung von Rechtsunsicherheiten über die Wirksamkeit der Schenkung grundsätzlich ein Ergänzungspfleger zu bestellen, wobei bei der Beteiligung mehrerer Kinder für jedes Kind ein eigener Ergänzungspfleger bestellt werden sollte, da die Interessen der Kinder hinsichtlich der Ausgestaltung ihrer stillen Beteiligung nicht zwangsläufig übereinstimmen (*Rust* DStR 2005, 1942 [1944]). Eine Dauerpflegschaft für die Dauer der Gesellschafterstellung des Minderjährigen ist hingegen nicht erforderlich.

Ob die Notwendigkeit einer **familiengerichtlichen Genehmigung** besteht, ist umstritten (vgl. MüKoHGB/*Karsten Schmidt* § 230 Rn. 106) und bestimmt sich maßgebend nach der inhaltlichen Ausgestaltung und der Art der Begründung der stillen Beteiligung. Zur Vermeidung einer Rechtsunsicherheit über die Wirksamkeit der Zuwendung der stillen Beteiligung sollte daher vorsorglich beim zuständigen Familiengericht eine gerichtliche Genehmigung eingeholt oder ein Negativattest beantragt werden.

2. Anrechnung auf den Pflichtteil. Die Anrechnung der Schenkung auf den Pflichtteil des Bedachten (§ 2315 BGB) trägt dem Umstand Rechnung, dass es sich bei der Einräumung der stillen Beteiligung um eine Regelung im Rahmen der vorweggenommenen Erbfolge handelt. Mit Zustimmung des pflichtteilsberechtigten Erwerbers könnte anstelle der Pflichtteilsanrechnung auch ein weitergehender Pflichtteilsverzicht (§ 2346 Abs. 2 BGB) vereinbart werden, der aber gemäß § 2348 BGB beurkundungspflichtig ist. Im Rahmen der umfassenden Nachfolgeplanung ist zu beachten, dass der Erwerber der stillen Beteiligung nach dem Erbfall des Schenkers möglicherweise Pflichtteilsergänzungsansprüchen nach §§ 2325 ff., 2329 BGB ausgesetzt ist.

Außerdem sollten etwaige **Ausgleichungspflichten** gegenüber weiteren Abkömmlingen und eine daraus resultierende Anrechnung der Zuwendung auf den Erbteil nach §§ 2050 ff. BGB beachtet werden. Meist empfiehlt es sich, die gesetzlichen Ausgleichungsregeln auszuschließen und stattdessen eine (sach-)gerechte Verteilung des übrigen Vermögens bereits zu Lebzeiten oder durch letztwillige Verfügung vorzunehmen. → Form. G.III.1 Anm. 4; → Form. G.III.3 Anm. 2.

3. Widerruf. Die gesetzlichen Regeln zur Rückabwicklung einer Schenkung (Rückforderung wegen Verarmung des Schenkers, § 528 BGB und Widerruf wegen schwerer Verfehlung oder groben Undanks, § 530 BGB) reichen meist nicht aus, um auf unvorhergesehene Ereignisse zu reagieren. Eine endgültige, vorbehaltlose Übertragung eines Gesellschaftsanteils oder einer stillen Beteiligung am Gesellschaftsanteil bzw. Einzelunter-

nehmen birgt Risiken, die durch vertragliche Gestaltungsmöglichkeiten verringert werden können. Es können eigenständige Rückforderungsrechte bei Vorliegen klar definierter Auslösetatbestände vereinbart werden. Verwirklicht sich in der Person des Beschenkten zu Lebzeiten des Zuwendenden kein Rückforderungstatbestand, entfällt nach dem Muster der Anspruch auf Rückübertragung (keine Vererblichkeit des Rückforderungsrechts). Typische Tatbestände, die ein Rückforderungsrecht des Schenkers begründen, sind insbesondere die Veräußerung oder Belastung des Schenkungsgegenstandes durch den Beschenkten, Insolvenz des Beschenkten, Zwangsvollstreckungsmaßnahmen in das Vermögen des Beschenkten, Versterben des Beschenkten vor dem Schenker, Nichtvollendung einer zur Unternehmensführung qualifizierenden Ausbildung, Eheschließung des Beschenkten ohne Abschluss eines Ehevertrages, Geschäftsunfähigkeit oder Krankheit des Beschenkten. Nach Ausübung des Widerrufsrechts ist der Schenkungsgegenstand einschließlich etwaiger Surrogate an den Schenker zurück zu übertragen, jedoch ohne die gezogenen Nutzungen, um den Beschenkten oder seine Erben nicht über Gebühr zu belasten und die Rückabwicklung zu vereinfachen. Korrespondierend sind dem Beschenkten etwaige von ihm auf den Schenkungsgegenstand erbrachte Aufwendungen nicht zu erstatten.

4. Steuern. Die unentgeltliche Zuwendung einer stillen Beteiligung unterliegt gem. §§ 1 Abs. 1 Nr. 2, 7 Abs. 1 Nr. 1 ErbStG der Schenkungsteuer. Je nach Verwandtschaftsgrad kommen die Freibeträge der §§ 16, 17 ErbStG in Betracht. Im Übrigen ist für die steuerliche Behandlung vor allem danach zu unterscheiden, ob eine typische oder eine atypische stille Beteiligung vorliegt.

Die **typisch stille Beteiligung** ist als Kapitalforderung gem. § 12 Abs. 1 ErbStG nach § 12 Abs. 1 BewG mit dem Nennwert der Einlage zu bewerten. Ist der typisch stille Gesellschafter auch am Verlust des Handelsgewerbes beteiligt und ist deshalb die Vermögenseinlage gemindert, ist die geminderte Einlage maßgeblich. Ist die Kündbarkeit der Einlage am Besteuerungszeitpunkt für mehr als fünf Jahre ausgeschlossen und liegt der Durchschnittsertrag über 9 %, so ist der Nennwert der Einlage allerdings um eine „Verzinsung der Einlage" zu erhöhen (R B 12.4 S. 2 ErbStR 2011 mit Berechnungs-Bsp. in H B 12.4 ErbStR 2011).

Der typisch stille Gesellschafter erzielt idR Einkünfte aus Kapitalvermögen gem. § 20 Abs. 1 Nr. 4 EStG. Die Einkünfte unterliegen der Abgeltungsteuer in Höhe von 25 % zuzüglich 5,5 % Solidaritätszuschlag hierauf. Zu weiteren steuerlichen Hinweisen → Form. G.II.7.

Gewerbesteuerlich sind auf Ebene des Handelsgeschäfts die Gewinnanteile des stillen Gesellschafters gem. § 8 Nr. 1 Buchst. c GewStG zu einem Viertel wieder hinzuzurechnen, mindern also die gewerbesteuerliche Bemessungsgrundlage nur zu 75 %.

Ist die stille Beteiligung als **atypisch stille Beteiligung** ausgestaltet, so bilden der atypisch stille Beteiligte und das Handelsgewerbe, an dem die atypisch stille Beteiligung besteht, eine Mitunternehmerschaft. Schenkungsteuerlich ist die atypisch stille Beteiligung als Mitunternehmeranteil gem. § 12 Abs. 5 ErbStG iVm §§ 151 Abs. 1 Nr. 2, 97 Abs. 1a Nr. 1, 109 Abs. 2, 9 Abs. 2, 11 Abs. 2 BewG zu bewerten. Die Begünstigungen der §§ 13a, 13b, 13c, 19a, 28a ErbStG sind für den Erwerber möglich, wenn er seinerseits als Mitunternehmer anzusehen ist und die weiteren, dort jeweils normierten Voraussetzungen erfüllt sind.

Ertragsteuerlich erzielt der atypisch stille Gesellschafter Einkünfte aus Gewerbebetrieb iSd § 15 Abs. 1 S. 1 Nr. 2 EStG. Gem. § 15 Abs. 4 S. 6 bis 8 EStG sind Verluste aus der atypisch stillen Beteiligung an Kapitalgesellschaften idR nur mit Verlusten aus derselben Einkunftsquelle verrechenbar (vgl. hierzu BMF BStBl. I 2008, 970). Darüber hinaus gilt die Begrenzung des Verlustausgleichs nach § 15a EStG auch für die atypisch stille Beteiligung gem. § 15a Abs. 5 Nr. 2 EStG. Der Gewinn der Mitunternehmerschaft wird

gem. § 180 Abs. 1 Nr. 2 AO einheitlich und gesondert festgestellt und sodann nach dem gesellschaftsvertraglichen Gewinn- und Verlustverteilungsschlüssel auf die Gesellschafter verteilt. Die Einlage des atypisch stillen Gesellschafters ist steuerlich nicht als Verbindlichkeit, sondern als Eigenkapital anzusehen. Dies gilt unabhängig von der Verwendung durch den Geschäftsinhaber; anders bei der typisch stillen Gesellschaft (vgl. BFH BStBl. II 2003, 656).

Gewinne aus der Veräußerung des erhaltenen Mitunternehmeranteils werden als Einkünfte aus Gewerbebetrieb gem. §§ 16, 34 EStG erfasst. Der Veräußerungs- oder Aufgabegewinn unterfällt gem. § 7 S. 2 GewStG nicht der Gewerbesteuer, soweit er auf natürliche Personen entfällt.

Schuldner der Gewerbesteuer der atypisch stillen Gesellschaft ist der Geschäftsinhaber, da die atypisch stille Gesellschaft nicht rechtsfähig ist. Auf Ebene des atypisch stillen Gesellschafters findet die gewerbesteuerliche Kürzung gem. § 35 EStG Anwendung (sa BFH BStBl. II 2012, 183).

Bei einer stillen Beteiligung unter Familienmitgliedern wird zudem gefordert, dass die vereinbarte Gewinnverteilung angemessen sein muss. Bei einer unentgeltlich eingeräumten stillen Beteiligung ist dies nach bis heute aktueller Ansicht der Finanzverwaltung in der Regel bei einer durchschnittlichen Rendite in Höhe von 15 % des Wertes der Beteiligung der Fall. Ist eine Verlustbeteiligung ausgeschlossen, so ist eine Rendite in Höhe von 12 % angemessen (H 15.9 Abs. 5 EStR 2012). Der über die genannten Grenzen hinausgehende Gewinnanteil wird dem Schenker zugerechnet. Die Gewinnauszahlung an den Beschenkten ist insoweit verdeckte Einkommensverwendung des Schenkers (BFH BStBl. II 1973, 5).

Zu den weiteren Voraussetzungen der steuerlichen Anerkennung von stillen Beteiligungen mit Angehörigen vgl. H 15.9 Abs. 2 EStR 2012 (Kinder als Mitunternehmer) bzw. H 15.9 Abs. 4 EStR 2012 (typisch stille Beteiligung).

5. Kosten. Die **Gründung der stillen Gesellschaft/Beurkundung des Gesellschaftsvertrages** löst eine 2,0-Gebühr nach Nr. 21100 KV GNotKG aus. Geschäftswert ist nach § 97 Abs. 1 GNotKG der Wert der Einlage des stillen Gesellschafters, mindestens jedoch 30.000,00 EUR, § 107 Abs. 1 S. 1 GNotKG. Bei der atypisch stillen Gesellschaft ist nicht nur die Einlage, sondern auch die Höhe der schuldrechtlichen Ansprüche am Geschäftsvermögen maßgeblich. Ausgangswert ist das Aktivvermögen des Einzelkaufmanns (§ 97 Abs. 1 GNotKG) ohne Schuldenabzug (§ 38 GNotKG). Wegen der nur schuldrechtlichen Beteiligung des atypisch stillen Gesellschafters kommt ein Wertabschlag von 20–30 % in Betracht.

Die **Schenkung** der stillen Beteiligung ist ein verschiedener Beurkundungsgegenstand nach § 86 Abs. 2 GNotKG und daher zusätzlich (mit dem Nominalbetrag nach § 97 Abs. 1 GNotKG) zu bewerten.

8. Schenkung unter Begründung einer Untergesellschaft

[Notarieller Urkundeneingang]

§ 1 Vorbemerkungen

A ist als Kommanditist an der Kommanditgesellschaft unter der Firma (. . . . . .) (nachfolgend „Hauptgesellschaft“ genannt) mit dem Sitz in (. . . . . .) mit einem vollständig in bar eingezahlten Kommanditanteil in Höhe von EUR (10.000,00) und einer im Handelsregister eingetragener Hafteinlage in Höhe von EUR (10.000,00) (nachfolgend „Hauptbeteiligung“ genannt) beteiligt. B (nachfolgend „Unterbeteiligter“ genannt) ist der Sohn des A (nachfolgend „Hauptbeteiligter“ genannt).

§ 2 Einräumung einer Unterbeteiligung

A räumt hiermit seinem Sohn B mit Wirkung zum (. . . . . .) schenkweise eine atypische Unterbeteiligung an seiner Hauptbeteiligung in Höhe von 1.000,– EUR ein. Die atypische Unterbeteiligung umfasst auch das anteilige Sonderbetriebsvermögen und das anteilige Rücklagenkonto des Hauptbeteiligten.

Aufgrund der Unterbeteiligung ist B mit 10 % an dem auf den Hauptbeteiligten entfallenden Anteil am Ergebnis (Gewinn und Verlust) der Hauptgesellschaft nach Maßgabe der Steuerbilanz sowie anteilig an den stillen Reserven der Hauptgesellschaft beteiligt. Der Hauptbeteiligte wird mindestens Entnahmen tätigen, wie sich die atypische Unterbeteiligung auf seine Hauptbeteiligung erstreckt. Dabei gelten für den Unterbeteiligten im Verhältnis zum Hauptbeteiligten aber die gleichen Entnahmebeschränkungen wie sie der Hauptbeteiligte gegenüber der Hauptgesellschaft hat. Mit Ausscheiden des Hauptbeteiligten aus der Hauptgesellschaft endet auch die Unterbeteiligung. Dem Unterbeteiligten stehen gegenüber dem Hauptbeteiligten 10 % der Abfindung zu, auf die der Hauptbeteiligte einen Anspruch gegenüber der Hauptgesellschaft hat. Im Zuge der Weiterleitung der anteiligen Abfindung wird der Saldo des für den Unterbeteiligten geführten Privatkontos mit abgerechnet.

Bei Tod des Hauptbeteiligten wird die Unterbeteiligung mit demjenigen Erben bzw. Vermächtnisnehmer des Hauptbeteiligten fortgesetzt, der die Hauptbeteiligung übernimmt. Bei Tod des Unterbeteiligten gehen die Rechte aus der Unterbeteiligung auf seine nachfolgeberechtigten Erben bzw. Vermächtnisnehmer über, andernfalls endet die Unterbeteiligung nebst Auszahlung der geregelten Abfindung. Nachfolgeberechtigt sind (...).

Für die durch die Unterbeteiligung entstehende Innengesellschaft gelten die Bestimmungen des zwischen A und B geschlossenen Vertrages über die Errichtung einer atypischen Unterbeteiligung, der dieser Urkunde als Anlage 1 beigefügt ist. Dort sind auch die stark ausgeprägten Mitverwaltungsrechte und –pflichten des Unterbeteiligten in der Unterbeteiligungsgesellschaft näher geregelt. Rechtsbeziehungen zwischen dem Unterbeteiligten B und der Hauptgesellschaft werde nicht begründet.

Die Schenkung wird vollzogen, indem dem für den Unterbeteiligten zu führenden Kapitalkonto ein Betrag von 1.000,– EUR gutgeschrieben wird. Im Übrigen werden für den Haupt- und Unterbeteiligten im Rahmen der Unterbeteiligung gleichartige Konten geführt wie für den Hauptbeteiligten in der Hauptgesellschaft.

B nimmt das Schenkungsangebot und die zum Vollzug der Schenkung erfolgende Abtretung hiermit dankend an.[1]

§ 3 Pflichtteilsanrechnung

Im Erbfall hat B sich den Schenkungsgegenstand mit seinem heutigen Verkehrswert auf einen etwaigen ihm durch den Tod des A entstehenden Pflichtteil anrechnen zu lassen. (Zur Anrechnung auf den Pflichtteil und einer etwaigen Ausgleichungspflicht → Form. G.III.7 § 3.)[2]

§ 4 Widerruf

→ Form. G.III.7 § 4.[3]

§ 5 Kosten, Steuern, Sonstiges[4, 5]

Eine etwa anfallende Schenkungsteuer sowie die Kosten dieses Vertrags und seiner Durchführung trägt (*A/B*).

[. . . . . .]

Anmerkungen

1. Sachverhalt, Unterbeteiligung. Möchte der Gesellschafter einer Personen- oder Kapitalgesellschaft einen Abkömmling oder sonstigen Dritten an seiner Gesellschaftsbeteiligung (Hauptbeteiligung) beteiligen, zugleich aber seine Rechtsstellung als Gesellschafter möglichst wenig schmälern, kommt die Begründung einer Unterbeteiligung des Abkömmlings (Unterbeteiligter) an der Hauptbeteiligung in Betracht. Der Abkömmling wird hierdurch bereits lebzeitig an die Gesellschafterstellung herangeführt und ihm werden eigene Einkünfte zugewendet.

Die hierbei zwischen dem Gesellschafter und dem Unterbeteiligten gegründete Untergesellschaft hat unabhängig von der Rechtsform der Hauptbeteiligung die Rechtsform einer BGB-Innengesellschaft (BGH NJW 1994, 2886 = DNotZ 1995, 542). Als Hauptbeteiligung kommen alle Arten von Gesellschaftsbeteiligungen in Betracht.

Der Inhaber des Gesellschaftsanteils räumt dem Unterbeteiligten einen Anteil an seinem Gesellschaftsanteil in Form einer obligatorischen Mitberechtigung ein, aufgrund derer der Unterbeteiligte zumindest am Gewinn beteiligt ist (MüKoBGB/*Schäfer* Vorb. § 705 Rn. 92 ff.). Werden dem Unterbeteiligten sogar Mitunternehmerinitiative und –risiko zugesprochen, geht es über eine typische Unterbeteiligung hinaus und wird zu einer im steuerlichen Sinne atypischen Unterbeteiligung. Bei einer Schenkung der Unterbeteiligung bedarf es daher des Abschlusses von zwei Verträgen: den Schenkungsvertrag über die Unterbeteiligung und den Unterbeteiligungs(gesellschafts)vertrag. Der Unterbeteiligte ist an der Hauptbeteiligung nur obligatorisch mitberechtigt. Der Hauptbeteiligte bleibt alleiniger Inhaber der Hauptbeteiligung und unterliegt im Außenverhältnis alleine der Haftung. Eine Zustimmung der Mitgesellschafter oder der Gesellschaft ist daher zur Begründung der Unterbeteiligung nicht erforderlich. (Ausnahmsweise kann aber etwas anderes gelten, wenn die Unterbeteiligung einer Treuhand stark angenähert ist oder dem Unterbeteiligten unmittelbar eigene Rechte gegenüber der Hauptgesellschaft eingeräumt werden, MüKoHGB/*K. Schmidt* § 230 Rn. 221; MüKoBGB/*Schäfer* Vorb. § 705 Rn. 101). Hier liegt gerade der Vorteil der Unterbeteiligung gegenüber der stillen Beteiligung an einem Handelsgewerbe. Bei letzterer wird ein Vertrag zwischen der Gesellschaft und dem stillen Gesellschafter geschlossen. Im Falle der Unterbeteiligung hingegen sind allein der Haupt- und der Unterbeteiligte Vertragsparteien. Gegenüber der Gesellschaft oder den anderen Gesellschaftern werden durch die Unterbeteiligung keine Rechtsbeziehungen begründet. Den Unterbeteiligten treffen die Rechte und Pflichten aus der Hauptbeteiligung nur mittelbar, nämlich nur in dem Umfang, in dem dies mit dem Hauptbeteiligten vereinbart wurde. Abweichendes kann jedoch unter Mitwirkung der übrigen Gesellschafter der Hauptgesellschaft vereinbart werden.

Da die Unterbeteiligung erhebliche Gemeinsamkeiten mit der stillen Gesellschaft aufweist, werden auf sie die §§ 230 ff. HGB entsprechend angewandt. Sofern die §§ 230 ff. HGB nicht passen oder lückenhaft sind, kommen die §§ 705 ff. BGB ergänzend zur Anwendung.

Das Formular sieht die Einräumung einer **atypischen Unterbeteiligung** vor. Anders als bei der **typischen Unterbeteiligung**, bei der der Unterbeteiligte lediglich eine Beteiligung am Jahresgewinn des Hauptbeteiligten erhält, nimmt der Unterbeteiligte bei der atypischen Unterbeteiligung außer am Gewinn auch an den Wertveränderungen des Gesellschaftsanteils und den stillen Reserven teil. Außerdem können dem Unterbeteiligten im Innenverhältnis zum Hauptbeteiligten mitgliedschaftliche Teilhaberrechte, wie zB ein Mitspracherecht bei der Verwaltung der Hauptbeteiligung eingeräumt werden (BGH DNotZ 2012, 713 f.). Maßgebend ist die Differenzierung für die steuerrechtliche Behandlung der Unterbeteiligung (siehe Ziff. 4.)

Der Gesellschaftsvertrag über die Unterbeteiligung bedarf keiner besonderen **Form.** Ausreichend ist die privatschriftliche Errichtung, auch bei der Begründung einer Untergesellschaft an einem GmbH-Anteil. § 15 Abs. 3 GmbHG gilt insoweit nicht (Muster für einen solchen Gesellschaftsvertrag s. *Schwedhelm/Wollweber* Formularbuch Recht und Steuern A. 6.48). Demgegenüber bedarf der Schenkungsvertrag – bzw. das Schenkungsangebot – über die Einräumung der Unterbeteiligung der notariellen Form, § 518 Abs. 1 BGB. Ein entsprechender Formmangel wird durch den Vollzug der Schenkung geheilt, § 518 Abs. 2 BGB, wobei ein solcher Vollzug in dem Abschluss des die Innengesellschaft begründenden Gesellschaftsvertrages zu sehen ist, wenn dem Beschenkten nicht nur das Recht auf Gewinnbeteiligung zugewendet wird, sondern dem Unterbeteiligten darüber hinaus auch mitgliedschaftliche Mitwirkungsrechte zugewendet werden (BGH DNotZ 2012, 713 [716]). Umstritten ist, ob bereits die bloße Einbuchung der Unterbeteiligung ohne Begründung von Mitwirkungsrechten zwischen Schenker und Beschenkten ein den Formmangel heilender Vollzug ist. Da diese Frage noch nicht höchstrichterlich entschieden ist, ist in diesem Fall eine Beurkundung des Schenkungsversprechens oder -vertrages anzuraten.

Im Hinblick auf die Schenkung im Rahmen der vorweggenommenen Erbfolge sind die bereits bei der Schenkung unter Begründung einer stillen Gesellschaft genannten Besonderheiten zu berücksichtigen, → Form. G.III.7.

Im Falle der Einräumung einer Unterbeteiligung an einen **Minderjährigen** gelten folgenden Besonderheiten:

Für die Einräumung der Unterbeteiligung durch einen Elternteil bedarf es aufgrund des Verbots des „In-Sich-Geschäfts" (§§ 181, 1795 Abs. 2, 1629 Abs. 2 BGB) grundsätzlich der Bestellung eines **Ergänzungspflegers.** Das gesetzliche Vertretungsverbot gilt nur dann nicht, wenn der Abschluss des Schenkungsvertrages für den Minderjährigen lediglich rechtlich vorteilhaft ist (BGH NJW 1972, 2262 f.). Aufgrund der restriktiven Rechtsprechung des BFH (BFH BStBl. II 1974, 289) ist zweifelhaft, ob das Vertretungsverbot auch gilt, wenn dem Unterbeteiligten lediglich ein Gewinnbezugsrecht eingeräumt wird und die Einräumung der Unterbeteiligung daher für den Minderjährigen möglicherweise lediglich rechtlich vorteilhaft ist, so dass das Vertretungsverbot nicht zur Anwendung kommen würde (MüKoHGB/*K. Schmidt* § 230 Rn. 225). Zur Vermeidung von Rechtsunsicherheiten über die Wirksamkeit der Zuwendung an den Minderjährigen ist die Bestellung eines Ergänzungspflegers anzuraten. Eine **familiengerichtliche Genehmigung** ist erforderlich, wenn der Unterbeteiligte eine aus dem Anteil folgende Haftung übernimmt, § 1822 Nr. 10 BGB (*Rust* DStR 2005, 1942 [1945]). Der Abschluss des Gesellschaftsvertrages über die Unterbeteiligung begründet, sofern die Verlustbeteiligung gänzlich ausgeschlossen ist, grds. kein Genehmigungserfordernis nach § 1822 Nr. 3 BGB (BFH BStBl. II 1974, 289). Ungewiss ist, ob dies auch gilt, wenn die Verlustbeteiligung ausschließlich auf die Einlage beschränkt ist. Zur Vermeidung von Rechtsunsicherheiten wird empfohlen, vorsorglich eine Genehmigung oder ein entsprechendes Negativattest beim zuständigen Familiengericht einzuholen.

2. Anrechnung auf den Pflichtteil. → Form. G.III.7 Anm. 2.

3. Widerruf. → Form. G.III.7 Anm. 3.

4. Steuern. Schenkungsteuer: Was bei der Schenkung einer Unterbeteiligung an einer Personengesellschaft Zuwendungsgegenstand ist, hängt laut BFH (BStBl. II 2008, 631) davon ab, ob eine typische oder atypische Unterbeteiligung vorliegt: Wird schenkweise eine **typische Unterbeteiligung** eingeräumt, wird kein Vermögensgegenstand zugewendet, über den rechtlich und tatsächlich frei verfügt werden kann. Bereichert ist der Zuwendungsempfänger erst, wenn ihm aus der Unterbeteiligung tatsächlich Gewinnausschüt-

tungen und Liquidationserlöse zufließen § 4 BewG, § 9 Abs. 1 Nr. 2 ErbStG. Erst die Geldzahlungen stellen freigebige Zuwendungen iSd § 7 Abs. 1 Nr. 1 ErbStG dar.

Die Rechtsprechung des BFH zur typischen Unterbeteiligung wird in der Literatur stark kritisiert (vgl. Urteilsanmerkung *Hübner* ZEV 2008, 252 [254]). Danach sei die typische Unterbeteiligung wie eine typisch stille Beteiligung als Kapitalforderung mit dem Nennwert der Einlage zu bewerten (→ Form. G.III.7 Anm. 4). Zudem würde die Schenkungsteuer bei der typischen Unterbeteiligung nach der BFH-Rechtsprechung zu einer laufend zu veranlagenden Steuer und die Gewinnanteile, die nach § 20 Abs. 1 Nr. 4 EStG der Einkommensteuer unterliegen, zugleich Besteuerungsgegenstand der Schenkungsteuer.

Wird schenkweise eine **atypische Unterbeteiligung** eingeräumt, so wird dieser Vorgang auch vom BFH (BStBl. II 2008, 631) als schenkungsteuerpflichtig gem. § 1 Abs. 1 Nr. 2 ErbStG, § 7 Abs. 1 Nr. 1 ErbStG angesehen.

Liegt eine atypische Unterbeteiligung an einer Personengesellschaft vor, so ist die Unterbeteiligung als Mitunternehmeranteil und unter Zugrundelegung des Vermögens der Hauptgesellschaft gem. § 12 Abs. 5 ErbStG iVm §§ 151 Abs. 1 Nr. 2, 97 Abs. 1a Nr. 1, 109 Abs. 2, 9 Abs. 2, 11 Abs. 2 BewG zu bewerten (TGJG/*Gebel* ErbStG § 12 Rn. 859). Allerdings liegt kein begünstigtes Vermögen iSd § 13b Abs. 2 ErbStG vor. Denn bei einer atypischen Unterbeteiligung handelt es sich nicht um eine Beteiligung einer (Haupt-)Gesellschaft (vgl. Bay. Staatsministerium der Finanzen vom 11.1.2008, DStR 2008, 508 Tz. 4).

Liegt eine atypische Unterbeteiligung an einem Kapitalgesellschaftsanteil vor, wird der Anteilswert des Kapitalgesellschaftsanteils zwischen Haupt- und Unterbeteiligtem aufgeteilt. Unterbeteiligungen an Kapitalgesellschaften sind nach der Finanzverwaltung generell nicht begünstigt (A 13b.6 Abs. 2 S. 3 ErbStR 2011).

Allgemeiner Hinweis: Zahlt der Schenker die anfallende Schenkungsteuer, erhöht dies gem. § 10 Abs. 2 ErbStG den Wert der Schenkung.

Ertragsteuern: Bei der **atypischen** Unterbeteiligung an einem **Personengesellschaftsanteil** stellt die Unterbeteiligungsgesellschaft neben der Hauptgesellschaft eine Mitunternehmerschaft dar (vgl. BFH BStBl. II 1994, 635). Steuerlich bestehen also zwei Mitunternehmerschaften (vgl. BFH BStBl. II 1992, 512). Liegen die Kriterien der Mitunternehmerinitiative sowie des Mitunternehmerrisikos beim Unterbeteiligten vor, so wird gem. § 15 Abs. 1 Nr. 2 S. 2 EStG über die Beteiligung an der Unterbeteiligungsgesellschaft die Mitunternehmerstellung des Unterbeteiligten an der Hauptgesellschaft fingiert (strittig für die Unterbeteiligung an einer nur gewerblich geprägten Personengesellschaft; ablehnend Schmidt/*Wacker* EStG § 15 Rn. 367 mwN).

Der atypisch Unterbeteiligte erzielt Einkünfte gem. § 15 Abs. 1 Nr. 2 EStG. Schließt der atypisch Unterbeteiligte mit dem Hauptbeteiligten oder mit der Hauptgesellschaft schuldrechtliche Verträge ab, werden die Vergütungen daraus als Sonderbetriebseinnahmen bzw. Vorabgewinn iSd § 15 Abs. 1 Nr. 2 EStG erfasst. Dem Hauptbeteiligten wird nur der um den Gewinnanteil des Unterbeteiligten gekürzte Gewinn zugerechnet. Er kann daher im Gegensatz zur typischen Unterbeteiligung den Gewinnanteil des Unterbeteiligten nicht als Sonder- bzw. Betriebsausgaben abziehen.

Verfahrensrechtlich wird die Unterbeteiligung nicht im Rahmen der Gewinnermittlung der Personengesellschaft erfasst. Die Gewinnverteilung im Rahmen der Untergesellschaft muss hier grundsätzlich in einem besonderen Gewinnfeststellungsverfahren für die Untergesellschaft festgestellt werden (BFH BStBl. II 1995, 531). Ist die Unterbeteiligung allen Beteiligten bekannt, können beide Gewinnfeststellungen allerdings in einem einheitlichen Verfahren zusammengefasst werden, wenn sich alle Beteiligten hiermit einverstanden erklären. Der atypische Unterbeteiligte kann auch Sonderbetriebsausgaben haben.

Bei einer **typischen** Unterbeteiligung an einer Personengesellschaft erzielt der Unterbeteiligte grundsätzlich Einkünfte aus Kapitalvermögen gem. § 20 Abs. 1 Nr. 4 EStG, die der Abgeltungsbesteuerung in Höhe von 25 % zuzüglich Solidaritätszuschlag unterliegen

(Schmidt/*Wacker* EStG § 15 Rn. 372). Für den Hauptgesellschafter ist der Gewinnanteil (Sonder-)Betriebsausgabe.

Zur Angemessenheit der Gewinnbeteiligung bei Angehörigen gilt das zur stillen Gesellschaft Gesagte entsprechend (→ Form. G.III.7 Anm. 4). Ist die Unterbeteiligung einkommensteuerlich nicht anzuerkennen, ist der Gewinnanteil nichtabzugsfähige Einkommensverwendung und nicht einkommensteuerpflichtige Vermögensmehrung (BFH BStBl. II 1996, 269).

Bei einer atypischen Unterbeteiligung an einem **Kapitalgesellschaftsanteil** werden die Einkünfte aus der Beteiligung auf den Unterbeteiligten verlagert (Schmidt/*Wacker* EStG § 15 Rn. 367), dort also die originären Einkünfte iSd §§ 17, 20 Abs. 1 Nr. 1 bzw. Abs. 2 Nr. 1 EStG erzielt (näher BFH BStBl. II 2006, 253). Dem Unterbeteiligten sind die Einkünfte iSd § 20 Abs. 1 Nr. 1 EStG und die Kapitalertragsteueranrechnung danach ertragsteuerlich zuzurechnen, wenn er nach dem Inhalt der getroffenen Abrede alle mit der Beteiligung verbundenen wesentlichen Rechte (Vermögens- und Verwaltungsrechte) ausüben und im Konfliktfall effektiv durchsetzen kann.

Liegt eine typische Unterbeteiligung an einem Kapitalgesellschaftsanteil vor, so werden die Dividenden weiter voll dem Anteilseigner zugerechnet. Der Unterbeteiligte erzielt Einkünfte aus Kapitalvermögen iSd § 20 Abs. 1 Nr. 4 EStG, die der Abgeltungsbesteuerung unterliegen. Der Hauptbeteiligte hat in Höhe der an den Unterbeteiligten weitergegebenen Erträge Werbungskosten bei seinen Einkünften aus Kapitalvermögen, jedoch begrenzt auf den Sparer-Pauschbetrag gem. § 20 Abs. 9 EStG, soweit nicht wiederum die Voraussetzungen des § 32d Abs. 2 Nr. 1 EStG erfüllt sind.

Weder die typische noch die atypische Unterbeteiligung unterhalten einen eigenständigen Gewerbebetrieb. Es kann nach den Prinzip der Einheitlichkeit nur einen Gewerbebetrieb, nämlich die Hauptgesellschaft geben (vgl. Glanegger/*Güroff* GewStG § 2 Rn. 31, 404 mwN).

Grunderwerbsteuer kann die Errichtung einer Unterbeteiligung nur auslösen, wenn der Unterbeteiligte eine grunderwerbsteuerpflichtige Einlage (Grundbesitz) leistet.

5. Kosten. → Form. G.III.7 Anm. 5.

9. Herausnahme von Gesellschaftsanteilen aus dem Zugewinnausgleich

§ 1 Vorbemerkung[1, 2]

Wir, die Erschienenen zu 1. und 2., beide ausschließlich deutsche Staatsangehörige, haben am (...) vor dem Standesbeamten in (...) die Ehe miteinander geschlossen. Einen Ehevertrag haben wir bislang nicht miteinander geschlossen. Die folgenden ehevertraglichen Regelungen sollen bereits für die Zeit ab Beginn unserer Ehe gelten.

Wir möchten heute verbindliche Regelungen für unsere Ehe und insbesondere für den Fall einer Scheidung bzw. dauerhaften Getrenntlebens treffen, die Rechtsstreitigkeiten im Falle einer Trennung vermeiden sollen. Ziel dieses Vertrages ist es ua, Rechtssicherheit zu haben und die wesentlichen Vermögensbestandteile in unseren jeweiligen Familien zu erhalten.

§ 2 Vereinbarung zum Güterstand

(1) Für unsere Ehe soll grundsätzlich der gesetzliche Güterstand der Zugewinngemeinschaft gelten.

(2) Abweichend von den für ihn vorgesehenen gesetzlichen Regelungen vereinbaren wir jedoch die nachstehend aufgeführten Modifikationen:
Für den Fall, dass unsere Ehe durch Scheidung oder Aufhebung enden sollte, schließen wir den Ausgleich des Zugewinns nach Maßgabe der nachfolgenden Bestimmungen zum Teil aus, indem folgende Vermögenswerte sowie insbesondere die Wertsteigerungen oder Verluste, die diese im Laufe der Ehe erfahren, bei der Ermittlung des Zugewinns außer Betracht bleiben, also weder dem Anfangs- noch dem Endvermögen zugerechnet werden:
Die gesamte (auch künftige) Beteiligung des Ehemannes nebst aller Konten an der (...)-KG mit Sitz in (...) sowie etwaige weitere, zukünftig übernommene Beteiligungen des Ehemannes an der vorgenannten Kommanditgesellschaft sowie etwaige Ersatzgegenstände (Surrogate) für die aus dem Zugewinn herausgenommene Kommanditbeteiligung. Zu den Surrogaten gehören insbesondere bei Veräußerungen die Veräußerungserlöse oder bspw. Anteile an Nachfolgegesellschaften. Die Kommanditbeteiligung bleibt auch dann aus dem Zugewinn ausgenommen, wenn sie die Rechtsform wechselt oder bspw. durch Umstrukturierung zu einer mittelbaren Beteiligung wird.
Die Eheleute sind einander verpflichtet, über derartige Ersatzgegenstände ein Verzeichnis anzulegen und fortzuführen; auf Verlangen hat diese Fortführung in notarieller Form zu erfolgen. Erträge aus dem aus dem Zugewinn herausgenommenen Vermögen unterliegen grundsätzlich dem Zugewinnausgleich.
Entsprechendes gilt für den Zugewinnausgleich im Todesfall sowie für einen Anspruch auf vorzeitigen Zugewinnausgleich, insbesondere bei einem Getrenntleben oder in sonstigen Fällen (vgl. §§ 1385, 1386 BGB).
Wir wissen, dass in diesen Fällen hinsichtlich der vorbezeichneten Vermögenswerte kein Ausgleich des Zugewinns stattfindet, wir uns also insoweit güterrechtlich so stellen, als wären wir nicht verheiratet. Sollten unsere Vereinbarungen dazu führen, dass sich die Ausgleichsrichtung umkehrt, mithin der hiervon Begünstigte nur wegen der Herausnahme des betreffenden Vermögensgegenstandes seinerseits ausgleichsberechtigt wird, reduziert sich der Zugewinnausgleichanspruch in diesem Fall entsprechend um den Betrag, der in Anrechnung zu bringen wäre, wenn der privilegierte Vermögensgegenstand dem Zugewinnausgleich unterliegen würde. Wir nehmen ausdrücklich in Kauf, dass dem privilegierten Ehegatten dadurch ggf. kein Zugewinnausgleich zusteht. Dies entspricht unserer gewollten Lasten- und Vermögensverteilung.
Eine Vollstreckung in das vom Zugewinn ausgenommene Vermögen ist nicht zulässig.

(3) Wir vereinbaren den Ausschluss der gesetzlichen Verfügungsbeschränkungen von Ehegatten, das heißt jeder von uns ist während der Dauer unserer Ehe berechtigt, über das ihm gehörende Vermögen, auch über das Vermögen im Ganzen und die ihm gehörenden Gegenstände des ehelichen Haushalts, frei und ohne Zustimmung des anderen Ehegatten zu verfügen und sich zu solchen Verfügungen zu verpflichten.

(4) Wir gehen davon aus, dass mit diesen Vereinbarungen keine Schenkung verbunden ist (vgl. § 517 BGB).

(5) Wir wissen, dass ein etwaiger Ausgleich für diesen teilweisen Verzicht auf Zugewinnausgleich eine Schenkung darstellen kann.

Anmerkungen

1. Sachverhalt. Im Falle der Übertragung eines Unternehmens oder einer Gesellschaftsbeteiligung im Rahmen der vorweggenommenen Erbfolge ist es regelmäßiges Bedürfnis des Übergebers, den Schenkungsgegenstand vor Ansprüchen des Ehegatten des Nachfolgers im Falle einer Trennung/Scheidung zu schützen. Ein solcher Schutz kann effektiv

nur durch eine entsprechende ehevertragliche Regelung des Übernehmers mit seinem Ehegatten erreicht werden, wobei ausreichend ist, dass ein solcher Ehevertrag sich ausschließlich auf güterrechtliche Regelungen beschränkt. Sonstige im Rahmen eines Ehevertrages übliche Regelungen, wie zB zum Unterhalt und Versorgungsausgleich, bedarf es daher nicht. Flankiert werden kann das durch gesellschaftsvertragliche Regelungen zum Erfordernis des Abschlusses eines solch gestalteten Ehevertrages für jeden Gesellschafter.

Als ehevertragliche Gestaltungen kommen die Vereinbarung einer Gütertrennung oder eine modifizierte Zugewinngemeinschaft in Betracht. Da die Rechtsfolgen der Gütertrennung oft als zu weitgehend empfunden werden, ist die Vereinbarung einer modifizierten Zugewinngemeinschaft regelmäßig vorzugswürdig. Mit einer modifizierten Zugewinngemeinschaft können ähnliche zivilrechtliche und wirtschaftliche Wirkungen erzielt werden, ohne auf die steuerlichen Vorteile des gesetzlichen Güterstandes der Zugewinngemeinschaft verzichten zu müssen. Durch die modifizierte Zugewinngemeinschaft werden die gesetzlichen Erb- und Pflichtteilsquoten des Ehegatten und der Kinder nicht verändert, wohingegen die Gütertrennung möglicherweise eine nicht gewünschte Erhöhung der Erb- und Pflichtteilsquoten der Kinder zur Folge haben kann (je nach Anzahl der Abkömmlinge, § 1931 Abs. 3 und 4 BGB).

Schenkung- bzw. erbschaftsteuerrechtlich entfällt durch den Wechsel in die modifizierte Zugewinngemeinschaft nicht der Anspruch auf den steuerfreien Zugewinn gem. § 5 ErbStG. Lässt man die **schenkungsteuerfreie Zugewinnausgleichsforderung** durch Beendigung des Güterstandes der Zugewinngemeinschaft bereits zu Lebzeiten entstehen, so ist das steuerfreie „Einfangen" des Zugewinnausgleiches auch rückwirkend möglich: Hierzu wird eine ehemals ehevertraglich vereinbarte Gütertrennung zunächst durch einen neuen Ehevertrag rückwirkend seit Heirat aufgehoben und die Wirksamkeit der Zugewinngemeinschaft seit Ehebeginn vereinbart. Sodann ist mit einem weiteren Ehevertrag diese Zugewinngemeinschaft durch Vereinbarung einer neuen Gütertrennung ab heute zu beenden (Nachteil mehrfache Notargebühr) und damit kann für alle bisherigen Ehejahre die Zugewinnausgleichsforderung berechnet werden. Die Erfüllung der Zugewinnausgleichsforderung ist dann gänzlich schenkungsteuerfrei gem. § 5 Abs. 2 ErbStG. Denn im Rahmen der Vorschrift des § 5 Abs. 2 ErbStG zum güterrechtlichen Zugewinnausgleich gibt es gerade keine Normierung entsprechend § 5 Abs. 1 S. 4 ErbStG (für den erbrechtlichen Zugewinnausgleich). Es ist nur darauf zu achten, dass generell keine überhöhte Zugewinnausgleichsforderung errechnet wird, weil dies überschießend zu einer Schenkung führen würde. Aus der rückwirkenden Vereinbarung der Zugewinngemeinschaft allein ergibt sich keine erhöhte güterrechtliche Ausgleichsforderung (R E 5.2 Abs. 2 S. 4 ErbStR 2011). Hingegen ist es unschädlich, wenn die Zugewinnausgleichsforderung ehevertraglich modifiziert bzw. gegenständlich oder der Höhe nach begrenzt worden ist (vgl. R E 5.2 Abs. 2 S. 1 ErbStR 2011). Zudem können durch einen solchen Güterstandswechsel ehemals steuerpflichtige Vorschenkungen (soweit über die persönlichen Freibeträge hinausgehend) nachträglich steuerfrei gestellt werden (§ 29 Abs. 1 Nr. 3 ErbStG), denn es gilt die gesetzliche Vermutung nach § 1380 BGB, dass Vorschenkungen im Zweifel auf eine spätere Zugewinnausgleichsforderung anzurechnen sind. **Ertragsteuerlich** ist darauf zu achten, dass die Zugewinnausgleichsforderung nicht mit sog. steuerverstrickten Wirtschaftsgütern erfüllt wird, weil dann die Erfüllung als entgeltliches Geschäft Einkommensteuer auslösen würde.

2. Kosten: 2,0-Gebühr nach Nr. 21100 KV GNotKG für den Ehevertrag. Der Geschäftswert bemisst sich gem. § 100 Abs. 2 GNotKG nach dem Wert der vom Ehevertrag betroffenen Vermögensgegenstände, maximal aber nach dem Wert des modifizierten Reinvermögens nach § 100 Abs. 1 Nr. 1 GNotKG (*Diehn* Rn. 1555 ff.).

10. Gegenständlich beschränkter Pflichtteilsverzicht bezüglich der Unternehmensbeteiligung

[Notarieller Urkundeneingang]

§ 1 Vorbemerkungen[4, 5]

V ist Gesellschafter der im Handelsregister unter HRA/HRB (. . . . . .) eingetragenen Gesellschaft in Firma (. . . . . .). S ist der Sohn des V. Weiterer Abkömmling des V ist seine Tochter T.

V plant, seiner Tochter T seine vorbezeichnete Gesellschaftsbeteiligung im Wege der vorweggenommenen Erbfolge [*alternativ: von Todes wegen*] zuzuwenden. Es ist sein Wunsch, dass seine Gesellschaftsbeteiligung dauerhaft und ungeschmälert erhalten bleibt und nach seinem Tode nicht durch Pflichtteils- oder Pflichtteilsergänzungsansprüche belastet wird. Dieser Wunsch ist S bekannt und wird von ihm mitgetragen.

§ 2 Gegenständlich beschränkter Pflichtteilsverzicht

S verzichtet hiermit gegenüber V für sich und seine Abkömmlinge gegenständlich beschränkt auf die in Satz 3 genannten Vermögensgegenstände auf sämtliche Pflichtteilsansprüche, die er gegenüber dem Nachlass des V haben könnte. Dies gilt insbesondere auch für etwaige Pflichtteilsergänzungsansprüche (§§ 2325 ff. BGB) sowie für Pflichtteilsrest- und Zusatzpflichtteilsansprüche (§§ 2305, 2307 BGB).

Bei der Berechnung des Pflichtteils ist die gesamte Beteiligung des V an der (. . . . . .) mit dem Sitz in (. . . . . .) nebst aller Konten nicht zu berücksichtigen. Die vorgenannte Gesellschaftsbeteiligung des V bleibt somit bei der Berechnung etwaiger Pflichtteils(ergänzungs-)ansprüche des S unberücksichtigt. Dieser Verzicht gilt unabhängig davon, wer Erbe ist und wem die Gesellschaftsbeteiligung lebzeitig oder von Todes wegen zugewendet wird.

V nimmt diese gegenständlich beschränkte Verzichtserklärung hiermit dankend an.

Die Vertragsparteien wurden darauf hingewiesen, dass durch diesen Vertrag der Verzichtende und seine Abkömmlinge lediglich ihre Pflichtteils- und Pflichtteilsergänzungsansprüche hinsichtlich des Wertes der Gesellschaftsbeteiligung verlieren, die Pflichtteilsansprüche bezüglich anderer Nachlassgegenstände des V aber bestehen bleiben. Die gesetzliche Erbfolge bleibt unberührt.[1]

§ 3 Abfindung[3]

Zum Ausgleich für den vorstehend in § 2 erklärten Verzicht verpflichtet sich V, dem S bis zum (. . . . . .) eine Abfindung in Höhe von EUR (. . . . . .) auf das Konto-Nr. (. . . . . .) zu zahlen. S nimmt diese Abfindung dankend an.[2]

Anmerkungen

1. **Sachverhalt, gegenständlich beschränkter Pflichtteilsverzicht.** Sofern nur eines oder einzelne von mehreren Kinder vom Erblasser als Unternehmensnachfolger **im Erbfall** bestimmt werden, stehen den übrigen Kindern ggf. **Pflichtteilsansprüche** zu, die den Bestand der Gesellschaftsbeteiligung und somit auch des Unternehmens mangels Eigenmitteln des Unternehmensnachfolgers zur Befriedigung der Pflichtteilsansprüche gefähr-

den können. Entsprechendes gilt im Falle einer bereits **lebzeitigen Zuwendung** von Gesellschaftsanteilen im Wege der vorweggenommenen Erbfolge an nur eines von mehreren Kindern. In diesem Fall steht den übrigen Kindern im Erbfall gegenüber dem Erben – und subsidiär gegenüber dem beschenkten Nachfolger – ein Anspruch auf eine sukzessiv abschmelzende Pflichtteilsergänzung zu, §§ 2325 ff. BGB, es sei denn, im Zeitpunkt des Erbfalls sind bereits zehn Jahre seit der Leistung des verschenkten Gegenstandes verstrichen (§ 2325 Abs. 3 S. 2 BGB). Bei einer Schenkung unter Nießbrauchsvorbehalt ist zu beachten, dass die 10jährige Abschmelzungsfrist nicht zu laufen beginnt. Das Gleiche gilt für eine Zuwendung an den Ehepartner, auch ohne Nießbrauchsvorbehalt (§ 2325 Abs. 3 S. 3 BGB).

Für die **Berechnung des Pflichtteils** ist gemäß § 2311 Abs. 1 S. 1 BGB der Bestand und der Wert des Nachlasses zur Zeit des Erbfalls zu Grunde zu legen. Maßgebend für die Wertermittlung ist der Verkehrswert der Nachlassgegenstände. Bei der **Berechnung von Pflichtteilsergänzungsansprüchen** aufgrund lebzeitiger Schenkungen ist bei einem Gesellschaftsanteil als verbrauchbare Sache der Wert zum Zeitpunkt der Schenkung maßgebend (§ 2325 Abs. 2 S. 1 BGB). Gehören zum Nachlass Unternehmen oder Gesellschaftsbeteiligungen, ist entsprechend deren wahrer Wert (Verkehrswert) zu ermitteln (Palandt/*Weidlich* BGB § 2311 Rn. 9). Die Bewertung von Anteilen an Kapital- oder Personengesellschaften sowie Einzelunternehmen kann – da das Gesetz keine Bewertungsmethode vorschreibt und der BGH sich bei der Frage der anzuwendenden Bewertungsmethode nicht festlegt – die Wertermittlung nach verschiedenen Verfahren erfolgen. In Betracht kommt – je nach Bewertungsgegenstand – neben dem wohl meist anzuwendenden **Ertragswertverfahren** ggf. auch die **Substanzwert- und Liquidationswertmethode** (zur Unternehmensbewertung im Zugewinnausgleich und zur Frage der Berücksichtigungsfähigkeit von latenten Steuern bei der Unternehmensbewertung s. *Münch* DStR 2014, 806 ff.).

Folglich ist ein gegenständlich beschränkter Pflichtteilsverzicht nicht nur zur Vermeidung eines kaum kalkulierbaren drohenden Liquiditätsentzuges empfehlenswert, sondern auch zwecks Vermeidung einer aufwändigen, streitanfälligen Bewertung der gesamten Gesellschaft. Soweit möglich, sollte daher der Erblasser bereits zu Lebzeiten mit den nicht als Unternehmensnachfolger vorgesehenen Kindern (sowie ggf. auch mit seinem ebenfalls pflichtteilsberechtigten Ehegatten) **Pflichtteilsverzichtsverträge** abschließen, um den Unternehmensnachfolger nicht mit Ansprüchen der nicht zur Unternehmensnachfolge Berufenen zu belasten. Hierbei ist nicht nur auf den Pflichtteilsanspruch zu verzichten, sondern der Verzicht sollte ausdrücklich auch den Pflichtteilsergänzungs- sowie Pflichtteilsrest- und Zusatzpflichtteilsanspruch umfassen.

Ein **Erbverzicht** hingegen ist meist nicht sinnvoll. Zwar sind mit einem Erbverzicht zugleich auch Pflichtteilsansprüche des Verzichtenden ausgeschlossen. Der Erbverzicht nur einzelner Erben führt aber zu einer Erhöhung der Pflichtteilsquoten der anderen pflichtteilsberechtigten Erben (§ 2310 S. 2 BGB). Daher ist ein Erbverzicht kein geeignetes Mittel zur Reduzierung von Pflichtteilsansprüchen, sofern nicht alle Pflichtteilsberechtigten auf ihr (Erb- und) Pflichtteilsrecht verzichten.

Anders als beim Erbverzicht ist die **gegenständliche Beschränkung** des Pflichtteilsverzichts auf bestimmte Vermögensgegenstände – zB wie im Muster eine Gesellschaftsbeteiligung – möglich. Der Pflichtteil ist anders als das Erbrecht ein schuldrechtlicher Geldanspruch. Es besteht daher keine Begrenzung durch den Typenzwang des Erbrechts (*Weirich* DNotZ 1986, 5 [11]). Der Vertrag über den gegenständlich beschränkten Pflichtteilsverzicht bedarf gemäß § 2348 BGB der **notariellen Beurkundung**. Der zwischen dem künftigen Erblasser und dem Pflichtteilsberechtigten geschlossene Vertrag bewirkt als Verfügungsgeschäft unmittelbar den Wegfall des Anspruchs.

2. Abfindung. Die Gewährung einer Abfindung für den Verzicht auf den Pflichtteil ist gesetzlich nicht vorgesehen. Meist wird ein Pflichtteilsverzicht der nicht an der Unternehmensnachfolge beteiligten Abkömmlinge jedoch nur zu erreichen sein, wenn diesen eine Abfindung zugewendet wird. Eine solche Vereinbarung über eine Gegenleistung ist ein **Abfindungsvertrag,** wobei Verzichtsvertrag und Abfindungsvertrag rechtlich selbständig nebeneinander stehen. Üblicherweise wird aber von den Beteiligten ein Zusammenhang zwischen beiden Rechtsgeschäften gewollt sein. Ein auf eine wechselseitige Abhängigkeit der Verträge gerichteter Parteiwille ist insbesondere dann anzunehmen, wenn beide Verträge in einer Urkunde erklärt werden. Für die Vertragsgestaltung empfiehlt es sich wg. § 139 BGB, eine solche vereinbarte Abhängigkeit herauszustellen, wie im Formular durch das Wort „Abfindung" vorgesehen.

Wenn die Abfindung zugunsten des Verzichtenden im Zuge einer lebzeitigen Vermögensübertragung vom Zuwendungsempfänger (anders als im Formular vorgesehen) geleistet werden, muss dieser am Vertragsschluss beteiligt werden. Die Gegenleistung kann als einmalige Kapitalzahlung oder als (schuldrechtliches) Rentenversprechen vereinbart werden. Auch die Einräumung einer mittelbaren Unternehmensbeteiligung zugunsten des Verzichtenden kommt in Betracht. Welche Variante im konkreten Fall vorzugswürdig ist, hängt ua stark von steuerlichen Erwägungen ab.

4. Steuern. Der gegenständlich beschränkte Pflichtteilsverzicht selbst ist nicht schenkungsteuerpflichtig, lediglich eine Abfindung dafür ist schenkungsteuerpflichtig entsprechend § 7 Abs. 1 Nr. 5 ErbStG. Ein Pflichtteilsverzicht selbst ist keine Bereicherung für den potentiell Pflichtteilsverpflichteten, weil sich noch kein wirtschaftlicher Wert konkretisiert hat bzw. ungewiss ist, ob es überhaupt jemals einen Pflichtteilsanspruch geben würde. Daher kann ein Pflichtteilsverzicht auch keine Gegenleistung für etwas dafür Erlangtes (Abfindung) darstellen, so dass das Erlangte jedenfalls schenkungsteuerpflichtig ist. Abzugrenzen ist dieser hier behandelte notarielle (gegenständlich beschränkte) Verzicht (auf ein noch nicht entstandenes) Pflichtteilsrecht von dem grds. privatschriftlich möglichen Verzicht auf die Geltendmachung eines nach dem Erbfall entstandenen Pflichtteilsanspruchs; eine Abfindung dafür ist nach § 3 Abs. 2 Nr. 4 ErbStG erbschaftsteuerpflichtig.

5. Kosten. Der Pflichtteilsverzichtsvertrag wird nach Nr. 21100 KV GNotKG mit einer 2,0-Gebühr bewertet. Auszugehen ist bei der Geschäftswertermittlung nach § 102 Abs. 4 S. 1 GNotKG vom modifizierten Reinvermögen des Erblassers. Für den gegenständlich beschränkten Pflichtteilsverzicht bestimmt sich der Geschäftswert in entsprechender Anwendung von § 102 Abs. 3 GNotKG nach dem Wert des vom Pflichtteilsverzicht betroffenen Vermögensgegenstandes unter Berücksichtigung der Pflichtteilsquote, § 102 Abs. 4 S. 2 GNotKG. Sowohl für die Wertermittlung als auch für die Quotenbestimmung ist auf den Zeitpunkt der Beurkundung abzustellen, § 96 GNotKG. Eintrittswahrscheinlichkeiten, Vermögensentwicklungen oder ein hypothetisches Vorversterben sind irrelevant.

11. Gesellschaftervollmacht

[Notarieller Urkundeneingang]

Gesellschaftervollmacht[1]

Ich, (. . . . .), nachfolgend auch „Vollmachtgeber" genannt, erteile hiermit Herrn [. . . . .], geb. am [. . . . .], wohnhaft [. . . . .], nachstehend „Bevollmächtigter" genannt, nachfolgende Gesellschaftervollmacht:

§ 1 Allgemeine Anordnungen

1. Die Vollmacht ist stets widerruflich.
2. Die Vollmacht ist im vollen Umfang sofort wirksam und bleibt gültig, wenn ich geschäftsunfähig werden oder versterben sollte.
3. (. . . . . .)

§ 2 Vollmacht in gesellschaftsrechtlichen Angelegenheiten

1. Der Bevollmächtigte ist befugt, mich hinsichtlich meiner Beteiligung als Gesellschafter an der (. . . . . .) GmbH & Co. KG (Amtsgericht (. . . . . .), HRA (. . . . . .) oder einer etwaigen Nachfolgegesellschaft umfassend und in jeder gesetzlich zulässigen Weise zu vertreten. Im Zweifel soll diese Vollmacht weit ausgelegt werden, damit der von ihr verfolgte wirtschaftliche Zweck erreicht werden kann.
   Der Bevollmächtigte ist insbesondere zur Ausübung sämtlicher Gesellschafterrechte aus meiner Beteiligung an der vorbezeichneten Gesellschaft oder einer etwaigen Nachfolgegesellschaft in und außerhalb von Gesellschafterversammlungen berechtigt.
   Dazu gehören ua
   - die Teilnahme an Gesellschafterversammlungen und die Ausübung sämtlicher Stimmrechte;
   - die Beschlussfassung über sämtliche zulässigen Beschlussgegenstände (insbesondere auch zu Veränderungen bei den Gesellschaftsorganen oder Gesellschaftern, Satzungsänderungen, Kapitalerhöhungen, Maßnahmen nach dem Umwandlungsgesetz, Zustimmungen zu Geschäftsführungsmaßnahmen und einer Liquidation sowie Zustimmungen zu Veräußerungen und Belastungen von Beteiligungen und ferner Beschlüsse nach § 179a AktG (analog);
   - die Abgabe und Entgegennahme von Zustimmungs- und Verzichtserklärungen gleich welchen Inhalts, insbesondere zu sämtlichen gesetzlichen Formalien, Formen und Fristen im Zusammenhang mit der Vorbereitung und/oder Abhaltung von Gesellschafterversammlungen und den dortigen Beschlüssen und Zustimmungen. Dies gilt entsprechend für etwaige Ankaufs-, Vorkaufs- und/oder Andienungsrechte und -pflichten. Dies schließt Erklärungen und Zustimmungen zu einem (auch eigenen) Bezugsrechtsausschluss ein;
   - der Abschluss und/oder die Änderung und/oder die Aufhebung von Treuhandverträgen und Optionsverträgen sowie die Abgabe und Annahme von Angeboten sowie die Ausübung von Benennungsrechten;
   - der Abschluss und die Änderung von Gesellschaftervereinbarungen;
   - Vornahme von sämtlichen Handelsregisteranmeldungen betreffend die jeweilige Gesellschaft.
     Dazu gehören bei Kommanditgesellschaften insbesondere
     - bezogen auf die übrigen Gesellschafter:
       Änderungen im Bestand der Gesellschafter, Herabsetzung oder Erhöhung von Kommanditeinlagen, Eintritt und Ausscheiden von Gesellschaftern, Änderungen der Firma, Liquidation und Erlöschen der Firma.
     - bezogen auf die eigene Beteiligung:
       Der eigene Eintritt (mit einer Hafteinlage in beliebiger Höhe) in oder das eigene Ausscheiden aus der Kommanditgesellschaft (jeweils auch durch Sonderrechtsnachfolge).
       Die Herabsetzung und/oder die Erhöhung der eigenen Kommanditbeteiligung.
     - die Abgabe und Entgegennahme von allen dazu erforderlichen Erklärungen und Versicherungen, die nach dem Gesetz von den Kommanditisten für die Vollständigkeit der Anmeldung verlangt werden, insbesondere im Zusammenhang mit einer Sonderrechtsnachfolge.

Der Bevollmächtigte ist dabei auch berechtigt, über meine Beteiligungen zu verfügen (Veräußerung, Übertragung und/oder Belastung sowie Abschluss des schuldrechtlichen Vertrags). Der Bevollmächtigte ist außerdem berechtigt, alle notwendigen oder zweckmäßigen Erklärungen (vertraglichen oder einseitigen, auch Zustimmungs- und Verzichtserklärungen) abzugeben oder entgegenzunehmen und deren Bedingungen und Inhalte festzulegen sowie alle Handlungen vorzunehmen und alle Voraussetzungen oder Bedingungen herbeizuführen. Dazu gehören insbesondere auch Erklärungen, Anmeldungen oder Anzeigen gegenüber und von Behörden, Gerichten, Notaren, Handelsregistern, anderen öffentlichen Registern und natürlichen oder juristischen Personen.
Diese beispielhafte Aufzählung ist nicht abschließend. Der Bevollmächtigte genießt mein volles Vertrauen und darf für mich auch notarielle Erklärungen abgeben.

2. Der Bevollmächtigte darf Untervollmacht erteilen. (Alternativ: Der Bevollmächtigte ist nicht berechtigt, Untervollmacht zu erteilen.)
3. Der Bevollmächtigte ist von den Beschränkungen des § 181 BGB (nicht) befreit.

§ 3 Betreuungsverfügung

Die Vollmacht soll auch zur Vermeidung der Anordnung einer Betreuung dienen und soll daher ausdrücklich nicht erlöschen, wenn ich aufgrund einer körperlichen, geistigen oder seelischen Behinderung ganz oder teilweise nicht mehr in der Lage bin, meine Angelegenheiten selbst zu besorgen.

Für den Fall, dass dessen ungeachtet die Bestellung eines Betreuers zur Wahrnehmung meiner gesellschaftsrechtlichen Angelegenheiten notwendig werden sollte, wünsche ich die Bestellung des Bevollmächtigten als Betreuer. Sollte der Bevollmächtigte nicht als Betreuer bestellt werden oder nachträglich als Betreuer wegfallen, soll ersatzweise (. . . . . .) als Betreuer bestellt werden.

§ 4 Innenverhältnis

1. Im Innenverhältnis ist der Bevollmächtigte nur dann berechtigt, von dieser Vollmacht Gebrauch zu machen, wenn
   - ich durch Alter, Krankheit oder andere Umstände ganz oder teilweise daran gehindert bin, für mich selbst zu sorgen („Vorsorgefall") oder
   - ich den Bevollmächtigten im Einzelfall oder generell dazu auffordere, von dieser Vollmacht Gebrauch zu machen.

(Ggf. Handlungsanweisungen an den Bevollmächtigten im Innenverhältnis zur Art und Weise der Ausübung der Gesellschafterrechte und zum Schicksal der Beteiligung zB bei dauerhaften Ausfall des Vollmachtgebers.)

2. Ich als Vollmachtgeber stelle den Bevollmächtigten im Innenverhältnis – soweit gesetzlich zulässig – von allen Kosten, Aufwendungen, Ansprüchen, Verbindlichkeiten und Schäden sowie von jeglicher Haftung frei, die aus oder im Zusammenhang mit der vereinbarten Ausübung der nach Maßgabe dieser Vollmacht gewährten Rechte entstanden sind, entstehen oder gegen ihn geltend gemacht werden. Die Haftung des Bevollmächtigten gegenüber mir als Vollmachtgeber oder gegenüber Dritten wegen Vorsatzes bleibt unberührt.
3. Da diese Anweisungen nur das Innenverhältnis zwischen mir und meinem Bevollmächtigten betreffen und daher die Wirksamkeit der Vollmacht nicht berühren, sind die Voraussetzungen von Dritten nicht zu überprüfen.

§ 5 Abschriften, Hinweise

(. . . . . .)

(Beurkundung der Vollmacht, wenigstens aber öffentlich beglaubigte Form wegen § 12 HGB)[2, 3]

Anmerkungen

1. Sachverhalt, Gesellschafter-/Unternehmer-Vollmacht. Um sicherzustellen, dass ein Einzelunternehmen auch im Falle der Handlungs-/Geschäftsunfähigkeit des Inhabers (zB aufgrund Alters, eines Unfalls oder einer Erkrankung) funktionsfähig bleibt bzw. die Gesellschafterrechte des handlungs-/geschäftsunfähigen Gesellschafters ausgeübt werden können, ist eine Vollmacht zur Wahrnehmung der Unternehmer- bzw. Gesellschafterrechte zu erteilen. Ein weiterer regelungsbedürftiger Fall ist der Ausfall des Alleingesellschafter-Geschäftsführers. Das Muster regelt den Fall der Handlungs-/Geschäftsunfähigkeit des Mitgesellschafters einer Personen-/Kapitalgesellschaft.

Im Rahmen der allgemeinen Bestimmungen sollte ua die Befreiung von § 181 BGB geregelt werden sowie die Wirksamkeit der Vollmacht über den Tod des Vollmachtgebers hinaus. Da die Erbfolge und Unternehmensnachfolge beim Versterben des Erblassers meist nicht sogleich geklärt sind, sollte die Vollmacht trans- bzw. **postmortal** erteilt werden, um den Zeitraum bis zur endgültigen Klärung der erbrechtlichen Nachfolge zu überbrücken. Hierdurch wird sichergestellt, dass es nicht zu einem etwaigen Handlungs- und Entscheidungsvakuum in der Gesellschaft kommt und die Gesellschafterrechte der (ggf. noch unbekannten) Erben ausgeübt werden können.

Ohne die Bestellung eines solchen Bevollmächtigten wäre im Falle der Handlungs-/Geschäftsunfähigkeit des Gesellschafters durch das Betreuungsgericht ein **Betreuer** zu bestellen, § 1896 Abs. 1, 2 BGB. Typischerweise widerspricht es den Interessen des Unternehmens und den Interessen des Betroffenen selbst, die Entscheidung über die Wahrnehmung der Gesellschafterrechte einem Dritten zu überlassen. Hier ist auch zu bedenken, dass der Betreuer gegenüber dem Betreuungsgericht zur Rechnungslegung verpflichtet ist, §§ 1908i Abs. 1, 1840 ff. BGB, und für bestimmte Maßnahmen, wie zB die Veräußerung der Beteiligung an einer ein Erwerbsgeschäft betreibenden Personengesellschaft (§§ 1822 Nr. 3, 1908i Abs. 1 BGB) einer **betreuungsgerichtlichen Genehmigung** bedarf. Zur Vermeidung der Anordnung einer solchen Betreuung ist eine ausdrückliche und wirksame Bevollmächtigung erforderlich. Daher sollte bei der Ausgestaltung der Gesellschaftervollmacht darauf geachtet werden, dass der Umfang der Bevollmächtigung zweifelsfrei festgelegt ist. **Alternativ** zur Einräumung einer speziellen Gesellschaftervollmacht kommt in Betracht, den Bevollmächtigten in einer umfassenden **General- und Vorsorgevollmacht** auch zur Wahrnehmung der gesellschaftsrechtlichen Angelegenheiten zu bevollmächtigen.

Mit einer über den privaten Vermögensbereich hinausgehenden Gesellschaftervollmacht hat der Vollmachtgeber die Möglichkeit, eine Person seines Vertrauens mit entsprechenden fachlichen Kenntnissen zu ermächtigen, seine Gesellschafterrechte wahrzunehmen bzw. – bei der Vollmacht des Einzelunternehmers – in seine unternehmerische Stellung einzutreten, damit der Betrieb des Unternehmens fortgesetzt oder dieses ggf. abgewickelt werden kann.

Bei der Person des Bevollmächtigten ist nicht nur auf dessen fachliche und persönliche Eignung zur Wahrnehmung der Gesellschafterrechte des Vollmachtgebers zu achten, sondern es ist außerdem anhand des Gesellschaftsvertrages zu prüfen, ob der Bevollmächtigte die **satzungsmäßigen Anforderungen an einen Gesellschaftervertreter** erfüllt. So findet sich in vielen Gesellschaftsverträgen die Bestimmung, dass ein Gesellschafter nur

durch Mitgesellschafter oder zur Berufsverschwiegenheit verpflichtete Personen in der Gesellschafterversammlung vertreten werden darf. Ggf. ist daher zunächst in Abstimmung mit den Mitgesellschaftern eine Änderung des Gesellschaftsvertrages zu beschließen, nach der auch sonstige Dritte, wie zB ein Abkömmling, zur Vertretung berechtigt sind.

Das **Innenverhältnis** zwischen Vollmachtgeber und Bevollmächtigtem ist typischerweise als Geschäftsbesorgungsverhältnis ausgestaltet. Dieses kann innerhalb der Vollmachtsurkunde niedergelegt werden – dann mit deutlicher Herausstellung, dass die Bestimmungen des Innenverhältnisses nur zwischen Vollmachtgeber und Bevollmächtigtem gelten und von Dritten nicht zu beachten sind – oder außerhalb der Vollmacht in einer separaten Vereinbarung. Typische Regelung des Innenverhältnisses ist die Anweisung, wann der Bevollmächtigte von der Vollmacht Gebrauch machen darf. Außerdem ist es möglich, im Innenverhältnis konkrete Handlungsanweisungen an den Bevollmächtigten niederzulegen. Eine solche Handlungsanweisung kann zB die Betriebsfortführung, den Verkauf, die Liquidation oder die Umwandlung in eine andere Gesellschaftsform vorsehen (*Reymann* ZEV 2005, 457 [458 f.]). Scheidet eine Fortführung des Einzelunternehmens oder der Ein-Personen-GmbH/GmbH & Co. KG ohne den Unternehmer/Alleingesellschafter aus (zB wenn es auf dessen besondere Kenntnisse ankommt oder wenn es besonderer berufsrechtlicher Anforderungen für die Fortführung bedarf), kann die Handlungsanweisung auch eine unentgeltliche oder entgeltliche Übertragung des Unternehmens vorsehen. Eine unentgeltliche Übertragung als Maßnahme der vorweggenommenen Erbfolge (→ Form. G.III.1) wird dabei regelmäßig nur in Betracht kommen, wenn es im Familienkreis einen geeigneten Nachfolger gibt, der bereit ist, das Unternehmen weiterzuführen. Eine weitere bedeutsame Regelung ist eine etwaige Haftungsfreistellung des Bevollmächtigten, um dessen Bereitschaft zur Vertretung des Vollmachtgebers zu erhöhen.

Im **Außenverhältnis** ist die Vollmacht **unbeschränkt** zu erteilen. Andernfalls ist die Vollmacht kaum gebrauchsfähig, da ein Dritter regelmäßig nicht erkennen kann, ob die Voraussetzungen für die Ausübung der Vollmacht (wie Handlungsunfähigkeit, dauerhafte Erkrankung des Vollmachtgebers) vorliegen. Die Erteilung einer Vollmacht setzt daher ein entsprechendes Vertrauen in den Bevollmächtigten voraus, dass dieser von der Vollmacht nur gemäß den im Innenverhältnis angeordneten Beschränkungen Gebrauch machen wird. Für den Fall, dass der Bevollmächtigte entgegen der Anweisungen im Innenverhältnis tätig wird, kann der Vollmachtgeber ggf. Schadensersatzansprüche gegenüber dem Bevollmächtigten geltend machen.

Bei der Erteilung einer Vollmacht zur Wahrnehmung der unternehmerischen/gesellschaftsrechtlichen Rechte und Pflichten des Vollmachtgebers ist zwischen den möglichen Rechtsformen (hier insbesondere Einzelunternehmen, Alleingesellschafter(-Geschäftsführer) bei der GmbH oder GmbH & Co. KG, Mitgesellschafter einer Personenhandels- oder Kapitalgesellschaft) zu differenzieren und es sind die jeweiligen Besonderheiten bei der inhaltlichen Ausgestaltung der Vollmacht zu berücksichtigen.

So stehen beispielsweise dem Einzelunternehmer für die Bevollmächtigung im **Außenverhältnis** neben der Einräumung einer (BGB-)**General- oder Spezialvollmacht** alternativ auch die Erteilung einer **Handlungsvollmacht** (§ 54 HGB) oder **Prokura** (§§ 48 ff. HGB) zur Verfügung. Die Vollmachterteilung durch den Gesellschafter-Geschäftsführer der Personenhandelsgesellschaft muss unter Berücksichtigung der Rechtsprechung des BGH erfolgen, nach der bei Personengesellschaften aufgrund des Grundsatzes der Selbstorganschaft Dritten keine organschaftliche Vertretungsmacht übertragen werden kann (BGH BGHZ 33, 105 = NJW 1960, 1997). Allerdings schließt der Grundsatz der Selbstorganschaft es nach dem BGH nicht aus, einen Dritten mit einer umfassenden (General-) Vollmacht zu bevollmächtigen (BGH BGHZ 36, 292 [296] = NJW 1962, 738). Auch bei den Kapitalgesellschaften kann die gesellschaftsrechtliche Aufgaben- und Kompetenzverteilung nicht durch eine rechtsgeschäftlich erteilte Vollmacht unterlaufen werden (BGH

NJW-RR 2002, 1325 = DNotZ 2003, 147). Nach dem BGH kann die Befugnis zur Geschäftsführung zwar nicht unmittelbar einem Dritten durch Vollmacht zugewiesen werden, dieser kann aber bevollmächtigt werden, in (Unter-)Vollmacht – und ohne eigene organschaftliche Befugnisse – für den Geschäftsführer tätig zu werden. (Zu den Besonderheiten der Bestellung eines **Organvertreters** bei der GmbH siehe BGH DNotZ 2003, 147; *Reymann* ZEV 2005, 457 [460]).

2. Steuern. Steuerlich hat die Erteilung einer Vorsorgevollmacht sowohl beim Vollmachtgeber als auch beim Bevollmächtigten keine Auswirkung. Der Bevollmächtigte wird nicht zum Mitunternehmer oder Gesellschafter.

3. Kosten. Die Vollmacht löst im **Beurkundungsfall** eine 1,0-Gebühr nach Nr. 21200 KV GNotKG aus, bei vollständiger **Entwurfsfertigung mit Unterschriftsbeglaubigung** dieselbe Gebühr nach Nr. 24101 KV GNotKG iVm § 92 Abs. 2 GNotKG. Der Geschäftswert richtet sich nach § 98 Abs. 3 GNotKG. Dabei ist vom Aktivvermögen des Unternehmens auszugehen, wobei der Geschäftswert nach § 98 Abs. 3 S. 2 GNotKG auf die Hälfte des Aktivvermögens des Vollmachtgebers begrenzt ist. Nach § 98 Abs. 4 GNotKG beträgt der Geschäftswert höchstens 1 Mio. EUR.

IV. Implementierung von Familiengesellschaften

1. Gründung einer vermögensverwaltenden GbR mit implizierter Schenkung

Heute, den [. . . . . .], erschienen vor mir, dem Notar [. . . . . .] mit dem Amtssitz in [. . . . . .], in meinen Amtsräumen [. . . . . .] Herr [. . . . . .] – nachfolgend „der Erschienene zu 1." und/oder „der Übertragende" genannt – und Frau [. . . . . .] – nachfolgend „die Erschienene zu 2." und/oder „die Beschenkte" genannt – mit der Bitte um Beurkundung des folgenden Gründungs- und Übertragungsvertrages:

§ 1 Vorbemerkungen[1]

[. . . . . .]

§ 2 Gründung einer Gesellschaft bürgerlichen Rechts

Der Erschienene zu 1. und die Erschienene zu 2. errichten hiermit eine Gesellschaft bürgerlichen Rechts gemäß §§ 705 ff. BGB und vereinbaren hierfür den als Anlage beigefügten Gesellschaftsvertrag, der wesentlicher Bestandteil dieser Urkunde ist. Wie aus dem beigefügten Gesellschaftsvertrag ersichtlich, sind die Erschienenen zu 1. und 2. je zur Hälfte an dieser mit heutiger Vereinbarung gegründeten „[*Straßenname, Hausnummer*] GbR" beteiligt. Die Erschienenen sind miteinander verheiratet.

§ 3 Übertragung von Grundbesitz, Auflassung

(1) Der Erschienene zu 1. verpflichtet sich, den in seinem Alleineigentum stehenden, im Grundbuch des Amtsgerichts [. . . . . .] von [. . . . . .] Band [. . . . . .] Blatt [. . . . . .], Gemarkung [. . . . . .], Flurstück [. . . . . .] eingetragenen Grundbesitz, belegen [*postalische Anschrift*], mit einer Größe von [. . . . . .] qm laut Grundbuch, mit allen Rechten und Bestandteilen sowie dem gesetzlichen Zubehör – im Folgenden auch „Übertragungsgegenstand" – auf die unter § 2 gegründete „[*Straßenname, Hausnummer*] GbR" – nachfolgend auch „Erwerberin" und/oder „Gesellschaft" genannt – zu übertragen.

Der Grundbesitz ist wie folgt belastet:

Abt. II: unbelastet

Abt. III: [*Grundschuld*]

[*Grundschuld*]

Die vorbezeichneten Grundpfandrechte valutieren nach Angaben des Erschienenen zu 1. zurzeit nicht.

Der vorstehenden Übertragung stimmt die Erschienene zu 2. zu. Die Vertragsparteien sind sich darüber einig, dass Besitz, Nutzungen und Lasten des Übertragungsgegenstandes von dem Erschienenen zu 1. auf die Gesellschaft, vertreten durch die Erschienenen zu 1. und 2., als Erwerberin mit Wirkung zum heutigen Tage übergeht. Bei dem Übertragungsgegenstand handelt es sich um vermietetes Mehrfamilienhaus (Mietwohngrundstück).

(2) Der Übertragende bewilligt und die Erwerberin beantragt die Eintragung der Rechtsänderung im Grundbuch. Auf die Eintragung einer Auflassungsvormerkung wird nach Hinweis über den damit verbundenen Sicherungszweck seitens der Vertragsparteien verzichtet.

(3) [*Bevollmächtigung Notar*]

§ 4 Schenkung

(1) Die Übertragung des unter § 3 Abs. (1) näher bezeichneten Grundbesitzes auf die Erwerberin erfolgt ohne jegliche Gegenleistung und damit unentgeltlich.

(2) Mit der Übertragung des Grundbesitzes auf die Gesellschaft ist aufgrund der entsprechenden Erhöhung des Gesamthandvermögens der Gesellschaft und der daran bestehenden hälftigen Beteiligung der Erschienenen zu 2. folglich eine Schenkung in Höhe des hälftigen Verkehrswertes des Übertragungsgegenstandes im Zeitpunkt der Übertragung („Schenkungsgegenstand") vom Erschienenen zu 1. als Übertragenden auf die Erschienene zu 2. als Beschenkte verbunden.

(3) Rückforderungsrechte werden hinsichtlich dieser Schenkung nicht vereinbart.

§ 5 Anrechnung auf Zugewinnausgleich und Pflichtteil[2]

(1) Der Übertragende und die Beschenkte sind sich einig und vereinbaren hiermit klarstellend ausdrücklich, dass der Schenkungsgegenstand mit seinem heutigen Verkehrswert auf einen etwaigen künftigen Zugewinnausgleichsanspruch der Beschenkten gegenüber dem Übertragenden anzurechnen ist. Allgemein gehen die Vertragsparteien bereits seit Ehebeginn mit der gesetzlichen Vermutungsregel des § 1380 Abs. 1 Satz 2 BGB konform.

(2) Die Anrechnung nach Absatz (1) hat Vorrang. Lediglich soweit bei der Anrechnung auf eine Zugewinnausgleichsforderung der Wert der Zuwendung noch nicht ganz verbraucht worden ist, wäre der noch nicht verbrauchte Teil des heutigen Verkehrswerts des Schenkungsgegenstandes auf einen etwaig geltend gemachten Pflichtteilsanspruch der Beschenkten anzurechnen.

(3) Den Erschienenen zu 1. und 2. ist bekannt, dass die 10-Jahresfrist des § 2325 BGB erst mit Auflösung der Ehe anläuft, mithin die Schenkung einem etwaigen Pflichtteilsergänzungsanspruch unterliegen kann.

§ 6 Übergang von Besitz, Nutzungen und Lasten, Gewährleistung

(1) Gefahr und Haftung sowie Nutzungen und private wie öffentliche Lasten bzw. Abgaben aller Art gehen mit sofortiger Wirkung auf die Gesellschaft als Erwerberin über. Der Übertragungsgegenstand ist vermietet; die Erwerberin tritt in alle bestehenden Mietverhältnisse des Übertragenden ein. Der Vermieterwechsel ist den Mietern anzuzeigen.

(2) Alle Ansprüche und Rechte der Erwerberin wegen etwaiger Mängel des Übertragungsgegenstandes sind ausgeschlossen, ausgenommen bei Vorsatz oder Arglist. Die Erwerberin übernimmt den Übertragungsgegenstand in seinem derzeitigen Zustand. Vereinbarungen zu dessen Beschaffenheit und Verwendbarkeit werden nicht getroffen. Der Übertragende haftet danach insbesondere nicht für das Flächenmaß, die Bodenbeschaffenheit oder einen bestimmten Bauzustand.

§ 7 Kosten, Steuern[3]

(1) Alle mit diesem Vertrag und seiner Durchführung verbundenen Kosten trägt die Erwerberin.

(2) Es wird die Befreiung von der Grunderwerbsteuer gemäß § 3 Nr. 2 und 4 GrEStG beantragt.

(3) Eine etwaig entstehende Schenkungsteuer trägt die Beschenkte. Dabei wird sie die 10 %ige Steuerbefreiung für Schenkungsteuerzwecke nach § 13d Abs. 1 und 3 ErbStG in Anspruch nehmen.

(4) Von dieser Urkunde erhalten die Vertragsparteien nach Vollzug im Grundbuch je eine Ausfertigung und vorab je eine beglaubigte Abschrift, das Grundbuchamt eine Ausfertigung, das Finanzamt – Schenkungsteuerstelle – eine beglaubigte Abschrift sowie das Finanzamt – Grunderwerbsteuerstelle – eine auszugsweise einfache Abschrift.

§ 8 Hinweise des Notars

Der Notar hat die Vertragsparteien insbesondere darauf hingewiesen, dass

- das Eigentum am Übertragungsgegenstand erst mit der Umschreibung im Grundbuch auf die Gesellschaft übergeht und der vertragsgemäße Vollzug erst erfolgen kann, wenn [*Unbedenklichkeitsbescheinigung und Kosten*]
- [. . . . . .]

Anmerkungen

1. Sachverhalt. Oftmals ist es der Wunsch von Eheleuten, den Vermögensaufbau gemeinsam voran zu treiben und mit der schenkweisen Übertragung „immobiliaren Startkapitals" den geringer verdienenden Ehepartner auch an zukünftigen Wertzuwächsen zu beteiligen. Damit wird ein substanzsteuerfreier Vermögensaufbau ermöglicht, der zugleich dazu dienen kann, dass der weniger vermögende Ehepartner eine disponible Vermögensmasse erhält und – soweit gewünscht – eigene Schenkungsteuerfreibeträge gegenüber den gemeinsamen Kindern ausschöpfen und ggf. auch die Schenkungsteuerprogression im dortigen Stufentarif brechen kann. Ferner kann die Verteilung einer solchen Einkunftsquelle in Gestalt eines vermieteten Mehrfamilienhauses unter ertragsteuerlichen Gesichtspunkten Sinn machen und zugleich liquiditätsmäßig aufgrund der Verteilung der Mieterträge für die eheliche Lebensgemeinschaft förderlich sein. Es ist immer daran zu denken, dass die Eheleute nicht nur in der Gütertrennung, sondern auch im gesetzlichen Güterstand der Zugewinngemeinschaft grundsätzlich getrennte „Vermögenstöpfe" haben und eine Zugewinnausgleichsforderung und deren schenkungsteuerfreie Erfüllung (ertragsteuerlich ist zu beachten, dass nicht mit steuerverstrickten Wirtschaftsgütern als Surrogat erfüllt wird) erst mit Beendigung dieser Zugewinngemeinschaft beispielsweise durch Scheidung, Tod oder ehevertragliche Gütertrennung ermöglicht wird. Bis zu einer solchen Beendigung wären sämtliche einseitige Vermögensverschiebungen zugunsten eines Ehegattens grundsätzlich schenkungsteuerpflichtig, sobald innerhalb von zehn Jahren der persönliche Schenkungsteuerfreibetrag zwischen Ehegatten in Höhe von 0,5 Mio. EUR überschritten wird. Durch die vorliegende Gestaltung bedarf es keines gesonderten Schenkungsvertrages, denn durch die einseitige Erhöhung des Gesamthandsvermögens bei gleichmäßiger Beteiligung an dieser vermögensverwaltenden, familiären Immobilien-GbR ist in der Werterhöhung der Beteiligung des nicht den Grundbesitz übertragenden Ehepartners zugleich eine Schenkung impliziert. Hier wäre daher die Schenkung schenkungsteuerpflichtig, soweit der hälftige Verkehrswert des Grundbesitzes

(zu bewerten ist hier der im Gesamthandsvermögen befindliche Vermögensgegenstand, § 10 Abs. 1 S. 4 ErbStG) den Freibetrag überschreitet. Zukünftige Wertsteigerungen fallen aber sodann beim Beschenkten an.

2. Anrechnung auf Zugewinn und Pflichtteil. Vorliegend wird klarstellend vereinbart, dass entsprechend der gesetzlichen Vermutungsregel des § 1380 BGB die Schenkung auf eine etwaige später entstehende Zugewinnausgleichsforderung der Beschenkten anzurechnen ist. Entsprechend müsste später eine ggf. noch offene restliche Zugewinnausgleichsforderung erfüllt werden, bei der bereits die – aus späterer Sicht – damalige Schenkung mit dem Wert zum Zeitpunkt der Schenkung abzuziehen ist. Wichtig ist es, zugleich eine Anrechnungsreihenfolge im Verhältnis zu einem etwaigen Pflichtteils(ergänzungs)anspruch des beschenkten Ehegatten festzuhalten. Soweit keine Anrechnungsreihenfolge bestimmt wird, ist im Zweifel von einer verhältnismäßigen Tilgung der beiden fälligen Schulden (Zugewinnausgleichsforderung und Pflichtteilsanspruch) auszugehen, § 366 Abs. 2 BGB; dies kann im Zweifel zu unerwünschten zivilrechtlichen und steuerrechtlichen Folgen führen (näher dazu BFH DStR 2013, 906).

Die zehnjährige Abschmelzungsfrist des § 2325 BGB fängt bei Schenkungen unter Eheleuten während des Bestehens der Ehe noch nicht an zu laufen (§ 2325 Abs. 3 S. 3 BGB).

3. Steuern. Unstreitig ist, dass grundsätzlich die persönlichen Grunderwerbsteuerbefreiungsvorschriften, hier § 3 Nr. 2 und 4 GrEStG, bei einer vermögensverwaltenden Personengesellschaft zur Anwendung kommen (vgl. Boruttau/*Meßbacher-Hönsch* GrEStG § 3 Rn. 43). Soweit beide Ehegatten Grundbesitz einbringen sollten, ist aber eine sukzessive Implementierungsreihenfolge (→ Form. G.IV.2 und → Form. G.IV.3) zu empfehlen.

Im Zuge der Erstellung der Schenkungsteuererklärung ist daran zu denken, dass die 10 %ige Schenkungsteuerbefreiung nach § 13d Abs. 1 und 3 ErbStG (vormals § 13c ErbStG) in Anspruch genommen wird. Im Übrigen ist es vorteilhaft, wenn es später zur Entstehung einer schenkungsteuerfreien Zugewinnausgleichsforderung kommt, auf die die heutige Schenkung aufgrund der Bestätigung der gesetzlichen Vermutungsregelung des § 1380 BGB angerechnet wird. Denn in diesem Falle wird die damalige Schenkung nachträglich – ganz oder teilweise – schenkungsteuerfrei bzw. eine damals gezahlte Schenkungsteuer wieder erstattet bzw. das Freibetragsvolumen nachträglich erhöht, weil die Schenkungsteuer mit Wirkung für die Vergangenheit aufgrund der Anrechnung auf eine güterrechtliche Zugewinnausgleichsforderung im Sinne des § 5 Abs. 2 ErbStG erlischt (§ 29 Abs. 1 Nr. 3 ErbStG).

2. Bargründung einer vermögensverwaltenden KG

Gründungs- und Einbringungsvertrag der MV-Familien-KG

nebst Gesellschaftsvertrag[1, 2]

zwischen Herrn V, geboren am [. . . . . .], – im Folgenden auch „Komplementär“ genannt –, und Frau M, geborene [. . . . . .], geboren am [. . . . . .], – im Folgenden auch „Kommanditistin“ genannt –, beide wohnhaft: [. . . . . .], und beide gemeinsam auch „die Einbringenden“ und „die Beteiligten“ genannt.

Der Komplementär und die Kommanditistin schließen folgenden Gründungs- und Einbringungsvertrag und errichten mit dem als Anlage beigefügten Gesellschaftsvertrag eine Kommanditgesellschaft:

I. Gründungsvertrag

(1) Wir, Herr V und Frau M, gründen eine Kommanditgesellschaft unter der Firma MV-Familien-KG mit dem Sitz in [. . . . . .].

(2) Gesellschafter werden:

Herr V als Komplementär mit einer in bar zu erbringenden Geldeinlage (fester Kapitalanteil/Pflichteinlage) in Höhe von 7.000,00 EUR und Frau M als Kommanditistin mit einer in bar zu erbringenden Geldeinlage (fester Kapitalanteil/Pflichteinlage) in Höhe von 3.000,00 EUR. Dieser Betrag entspricht zugleich der im Handelsregister einzutragenden Hafteinlage.[3]

(3) Die ins Handelsregister einzutragende Hafteinlage wird durch Einzahlung eines Barbetrages in EUR in dieser Höhe auf das Konto der Gesellschaft erbracht.

(4) Die Geldeinlagen werden entsprechend des unter II. geschlossenen Einbringungsvertrages in EUR erbracht.

(5) Die Kommanditgesellschaft beginnt sofort. Bis zur Eintragung ist sie eine Gesellschaft bürgerlichen Rechts.

(6) Der von den Beteiligten geschlossene Gesellschaftsvertrag ist diesem Gründungs- und Einbringungsvertrag als Anlage beigefügt.

(7) Die Registeranmeldung bezüglich der Neueintragung der Kommanditgesellschaft erfolgt in gesonderter Urkunde.

(8) Zweck der Gesellschaft ist die Gründung einer vermögensverwaltenden Familiengesellschaft zum gemeinschaftlichen Aufbau und Verwaltung des Vermögens und Verwirklichung des Gegenstandes des Unternehmens der Gesellschaft. Diese Familiengesellschaft soll rein vermögensverwaltend, also nicht originär gewerblich tätig sein, und auch nicht gewerblich geprägt oder infiziert werden. Zur Erfüllung der vorstehend übernommenen Einlageverpflichtung schließen die Beteiligten den nachfolgenden

II. Einbringungsvertrag gegen Gewährung von Gesellschaftsrechten

§ 1 Gegenstand der Einbringung[4]

(1) Der Komplementär bringt einen Betrag in Höhe von 7.000,00 EUR ein.

(2) Die Kommanditistin bringt einen Betrag in Höhe von 3.000,00 EUR ein.

§ 2 Einbringung gegen Gewährung von Gesellschaftsrechten

(1) Der Komplementär bringt den in Ziffer II. § 1 Abs. (1) näher bezeichneten Geldbetrag und die Kommanditistin bringt den in Ziffer II. § 1 Abs. (2) näher bezeichneten Geldbetrag in das Vermögen der Gesellschaft ein und überträgt diesen Geldbetrag spätestens bis zum 31.10.2018 durch Überweisung auf das noch zu benennende Konto der Gesellschaft an die dies hiermit annehmende Gesellschaft.

(2) Die Einbringung erfolgt zur Erfüllung der im Gründungsvertrag jeweils übernommenen Verpflichtung zur Erbringung der festen Kapitalanteile (Kapitalkonto I).

(3) Als Gegenleistung gewährt die Gesellschaft damit dem jeweiligen Einbringenden Gesellschafterrechte im Umfang der Höhe des Geldbetrages im Sinne der Ziffer II. § 1 und damit seines festen Kapitalanteils im Verhältnis zum gesamten Festkapital der Gesellschaft.

§ 3 Aufträge an den Notar, Versicherung des Einbringenden

Der Komplementär und die Kommanditistin werden den von ihnen gemeinsam ausgewählten Notar [. . . . . .] noch heute beauftragen, alle zu dieser Urkunde etwaig erforderlichen Zustimmungen und Bescheinigungen zu beantragen und entgegenzunehmen sowie – nach Beglaubigungsvermerk der in gesonderter Urkunde heute vorzunehmenden Anmeldung – die Anmeldung zum Handelsregister unverzüglich einzureichen.

§ 4 Kosten

Die mit diesem Vertrag und seiner Durchführung verbundenen Kosten tragen die Beteiligten im Verhältnis ihrer Beteiligung an der Gesellschaft.

§ 5 Schlussbestimmungen[5]

Sollten einzelne Bestimmungen dieses Vertrages ganz oder teilweise unwirksam oder unanwendbar sein oder werden oder sollte sich in dem Vertrag eine Lücke befinden, so soll hierdurch die Gültigkeit der übrigen Bestimmungen nicht berührt werden. An die Stelle der unwirksamen oder unanwendbaren Bestimmung oder zur Ausfüllung der Lücke soll eine angemessene Regelung treten, die – soweit rechtlich möglich – dem am nächsten kommt, was die Beteiligten gewollt haben oder nach dem Sinn und Zweck dieses Vertrages gewollt hätten, wenn sie den Punkt bedacht hätten.

. . . . . .	. . . . . .
[Unterschrift V]	[Unterschrift M]

Anmerkungen

1. Sachverhalt und Interessenlage. Dem Muster liegt die Zielvorstellung der Eheleute V und M zugrunde, ihr jeweiliges Immobilieneigentum dauerhaft für die Familie, namentlich ihre Kinder und die nachfolgenden Generationen, zu erhalten. Außerdem erwägen sie zur Ausnutzung der Schenkungsteuerfreibeträge der Kinder und ggf. Enkelkinder, diese bereits lebzeitig am Vermögen zu beteiligen, wobei die Entscheidungsbefugnis über die Verwaltung des Vermögens weiterhin bei den Eheleuten verbleiben soll. Anstelle einer lebzeitigen Direkt-Übertragung von Immobilien(mit-)eigentum auf die Kinder/Enkelkinder kommt zur Erreichung der vorgenannten Zielvorstellungen die **Errichtung einer Familien-Gesellschaft** in Betracht, in welche nach der Errichtung die jeweiligen Immobilien durch die Eheleute als Gründungsgesellschafter eingelegt werden (→ Form. G.IV.3). Vorteil einer solchen Gestaltung ist ua die Sicherstellung einer einheitlichen Verwaltung für die in die Gesellschaft eingebrachten Immobilien (und/oder etwaige sonstige Vermögensgegenstände). Die Einbringung in eine Familiengesellschaft ermöglicht einen sukzessiven Übergang von Vermögen auf die nachfolgenden Generationen, bei dem ua auch Steuerfreibeträge (ggf. auch mehrfach) ausgenutzt werden können. Ein späterer Übergang des Vermögens auf familienfremde Dritte, sei es zu Lebzeiten oder von Todes wegen, kann durch entsprechende Klauseln im Gesellschaftsvertrag der Familien-Gesellschaft ausgeschlossen werden. Die Entscheidungen über die Verwaltung des Vermögens können weiterhin durch die Eheleute als Gründungsgesellschafter getroffen werden und die Abkömmlinge sukzessive unter Anleitung der (Groß-)Eltern an die Vermögensverwaltung herangeführt werden. In Betracht kommt auch, zur Absicherung des Versorgungsbedürfnisses der Eheleute die Übertragung von Gesellschaftsanteilen an die Kinder/

Enkelkinder jeweils unter Vorbehalt eines Ertrags- oder Vollrechtsnießbrauchs zu vereinbaren (→ Form. G.III.4).

2. Gesellschaftsform. Als Rechtsform für die rein vermögensverwaltende Familiengesellschaft kommen grundsätzlich sowohl eine Kommanditgesellschaft (KG) oder eine Gesellschaft bürgerlichen Rechts (GbR) in Betracht. Ebenfalls mögliche Rechtsformen wären eine GmbH & Co. KG oder eine Familienstiftung, die allerdings nur mit einem erheblichen Mehraufwand zu realisieren und zu führen sind. Sofern vorgesehen ist, zukünftig auch minderjährige (Enkel-)Kinder an der Gesellschaft zu beteiligen, ist die **Gründung einer KG** empfehlenswert. Zwar ist die Errichtung einer KG aufgrund der hiermit verbundenen Registerpublizität mit einem etwas größeren Gründungsaufwand verbunden. Allerdings ist diese Registerpublizität von Vorteil, wenn sich, wie vorliegend, im Eigentum der Gesellschaft Immobilien (oder Miteigentumsanteile an Immobilien) befinden. Etwaige Gesellschafterwechsel innerhalb der KG müssen nicht jeweils im Grundbuch vermerkt werden, da nur die KG als Eigentümerin im Grundbuch steht. Ist demgegenüber eine GbR Eigentümerin des Grundbesitzes, muss jeder Gesellschafterwechsel in allen Grundbüchern eingetragen werden, wobei der Nachweis gegenüber dem Grundbuchamt stets in grundbuchtauglicher Form zu erbringen ist. Dies kann insbesondere bei einem Erwerb des Gesellschaftsanteils von Todes wegen aufwendig sein.

Ein weiterer Vorteil der KG ist die Haftungsbeschränkung des Kommanditisten, der anders als ein stets mit seinem gesamten Vermögen haftender GbR-Gesellschafter, Gläubigern nur in Höhe seiner Hafteinlage haftet (Voraussetzung ist, dass diese zu 100 % eingezahlt und im Handelsregister eingetragen ist). Wenn Minderjährige an der Familiengesellschaft beteiligt werden, wird die ggf. erforderliche **familiengerichtliche Genehmigung** (→ Form. G.III.3) deutlich eher erteilt, wenn der Minderjährige als beschränkt haftender Kommanditist beteiligt ist und nicht als unbeschränkt und unbeschränkbar haftender GbR-Gesellschafter. Des Weiteren gilt auch das **gesetzliche Sonderkündigungsrecht** nach § 723 Abs. 1 S. 2 Nr. 2 BGB, nach dem der minderjährige GbR-Gesellschafter mit dem Erreichen der Volljährigkeit berechtigt ist, die Gesellschaft zu kündigen, nicht für die KG bzw. kann ausgeschlossen werden.

Bei der Gestaltung der erbrechtlichen Nachfolge ist das **Vorversterben des Komplementärs** zu bedenken. Da die KG zwingend einen persönlich haftenden Gesellschafter haben muss, ist im Rahmen der Nachfolgeplanung auch zu klären, wer in einem solchen Fall die Rolle des Komplementärs übernehmen wird (zB der andere Ehegatte oder eines der nachfolgend zunächst als Kommanditisten beteiligten Kinder). Ohne persönlich haftenden Gesellschafter erlischt die KG mit dem Wegfall des einzigen Komplementärs und das Gesellschaftsvermögen geht auf die verbleibenden Gesellschafter über (→ Form. G.IV.4). Dies spräche für eine GmbH & Co. KG.

3. Bargründung. Die KG ist zunächst durch beide Ehegatten zu gründen. Hierbei ist zu entscheiden, wer sich als persönlich haftender Gesellschafter (Komplementär) beteiligt und wer die Kommanditistenstellung übernimmt. Beide Eheleute leisten im ersten Schritt bei Gründung der Gesellschaft zunächst eine reine Bareinlage. Hierbei sollte der Umfang der beiden Bareinlagen – und damit das Beteiligungsverhältnis der Eheleute als Gesellschafter an der KG – bereits prozentual das Verhältnis wiedergeben, in welchem beide zeitlich nachfolgend Vermögensgegenstände in die Gesellschaft einlegen. Im Falle einer nachfolgend vorgesehenen Einlage von Immobilien sollten diese daher vorab bewertet werden (Ermittlung des jeweiligen Verkehrswertes sowie als Kontrolle mit dem für Schenkungsteuerzwecke maßgebenden Bewertungsverfahren gem. § 182 BewG).

4. Einlage von Immobilien. Nach Gründung und Eintragung der KG im Handelsregister können im nächsten Schritt Vermögensgegenstände, hier also die Immobilien, in

die KG verdeckt eingelegt werden (ohne Gewährung weiterer Gesellschafterrechte). Hierfür bedarf es bei der Übertragung von Grundbesitz eines notariellen Übertragungsvertrages einschließlich Auflassung und der Eintragung des Eigentümerwechsels im Grundbuch. Entsprechendes gilt für die Übertragung eines Miteigentumsanteils an einer Immobilie. Zur zeitlich nachfolgenden Einlage von Immobilien (oder sonstigen Vermögensgegenständen) in das gesamthänderisch gebundene Vermögen der KG (→ Form. G.IV.3).

5. Steuern. Grunderwerbsteuer fällt für die Übertragung der Immobilien/Miteigentumsanteile in die KG nicht an, da beide Eheleute als Übertragende an der Gesellschaft beteiligt sind. Auch die nachfolgende Übertragung von Gesellschaftsanteilen an die (Enkel-)Kinder ist, da diese zum Personenkreis des § 3 GrEStG gehören, grunderwerbsteuerfrei. Die persönlichen Befreiungstatbestände schlagen trotz § 5 Abs. 3 GrEStG durch.

Steuererklärungstechnisch ist für die KG eine sogenannte einheitliche und gesonderte Feststellungserklärung jährlich abzugeben.

Indem beide Eheleute sich durch Bareinlagen an der Gesellschaft beteiligen, die wertmäßig im Verhältnis der zeitlich nachfolgend durch sie in die Gesellschaft (bzw. das gesamthänderische Vermögen der Gesellschaft) eingelegten Immobilien zueinander stehen, erhöht sich zwar reflexartig der Wert ihrer jeweiligen Gesellschaftsbeteiligung, jedoch jeweils proportional im Verhältnis zu ihrer Beteiligung. Eine Schenkung zwischen den Eheleuten findet mithin nicht statt. Ertragsteuerlich ist durch die verdeckte Einlage ohne Gewährung weiterer Gesellschafterrechte zugleich ein entgeltliches Geschäft bzw. ein Tausch grds. ausgeschlossen. Wichtig ist dabei aber eine beteiligungsgerechte Einlage (→ Form. G.IV.3). Zur Übernahme von Schulden (→ Form. G.III.5 Steuern).

3. Quotengleiche verdeckte Einlage in eine vermögensverwaltende KG

[Notarieller Urkundeneingang]

Vor mir, dem Notar [. . . . .] mit dem Amtssitz in [. . . . .], erschienen heute in meinen Amtsräumen [. . . . .]:

1. Frau M, geborene [. . . . .], geboren am [. . . . .], und

2. Herr V, geboren am [. . . . .],

beide wohnhaft: [. . . . .], beide von Person bekannt,

V handelnd seiner Erklärung nach a) in seiner Eigenschaft als einzelvertretungsberechtigter und von den Beschränkungen des § 181 BGB befreiter persönlich haftender Gesellschafter für die MV-Familien-KG mit dem Sitz in [. . . . .], Geschäftsanschrift: [. . . . .], (Amtsgericht [. . . . .], HRA [. . . . .]), sowie b) für sich persönlich. Hiermit bescheinige ich, der Notar, nach § 21 Abs. 1 Nr. 1 BNotO die zu 2. a) vorgenannte Vertretungsberechtigung, und zwar aufgrund Einsichtnahme in das betreffende elektronische Handelsregister vom heutigen Tage.

Zunächst wurde erklärt, dass ausreichend Gelegenheit bestanden habe, sich mit dem Gegenstand der Beurkundung auseinanderzusetzen. [*Bei nicht Nur-Notariaten: Keine Vorbefassung nach § 3 Abs. 1 S. 1 Nr. 7 BeurkG*].

Sodann wurde Folgendes zu meinem Protokoll erklärt:

Einlage- und Übertragungsvertrag

I. Vertragsparteien

(1) Vertragsparteien sind

- Frau M, als Überlassende 1 – in dieser Urkunde auch „der Überlassende 1“ genannt -,
- Herr V als Überlassender 2 – in dieser Urkunde auch „der Überlassende 2“ genannt -, und der Überlassende 1 und der Überlassende 2 in dieser Urkunde gemeinsam auch „der Überlassende“ genannt,
- und die MV-Familien-KG als Erwerber des Eigentums – in dieser Urkunde auch „der Erwerber“ oder „die Kommanditgesellschaft“ genannt.

(2) An dem Erwerber, der MV-Familien-KG, sind beteiligt:

a) als persönlich haftender Gesellschafter Herr V, und zwar mit einem festen Kapitalanteil/Pflichteinlage von 7.000,00 EUR (= 70,00 %),

b) als Kommanditistin Frau M, und zwar mit einem festen Kapitalanteil/Pflichteinlage von 3.000,00 EUR (= 30,00 %). Dieser Betrag entspricht zugleich der im Handelsregister einzutragenden Hafteinlage (Haftsumme).

Das gesamte Kapital (= Festkapital) beträgt 10.000,00 EUR.

Die festen Kapitalanteile können nur durch Änderung des Gesellschaftsvertrages mit einer Mehrheit von $^3/_4$ der in der Gesellschaft vorhandenen Stimmen geändert werden und werden als feste Kapitalkonten I geführt.

Das Verhältnis der festen Kapitalanteile zueinander ist maßgeblich für die Beteiligung der Gesellschafter am Gesellschaftsvermögen, am Ergebnis und am Liquidationserlös sowie für die Stimmrechtsausübung und die weiteren Mitgliedschaftsrechte und -pflichten.

(3) Die Beteiligten sind übereingekommen, dass der jeweilige Vertragsgegenstand künftig nicht mehr von dem Überlassenden 1 bzw. dem Überlassenden 2, sondern von dem Erwerber, der MV-Familien-KG, gehalten werden soll. Dies soll durch die nachfolgende Einlage und Übertragung sowie Auflassung erfolgen. Die Einlage und Übertragung erfolgt wie nachfolgend näher geregelt ohne Gegenleistung, insbesondere ohne Gewährung von Gesellschafterrechten.

(4) Die Wertverhältnisse der einzulegenden Grundstücke bzw. Miteigentumsanteile entsprechen im Verhältnis zueinander den festen Kapitalanteilen der Gesellschafter an der Kommanditgesellschaft.

(5) Im Hinblick auf das zwischen den Gesellschaftern bestehende Eheverhältnis und die wertidentischen Beteiligungsverhältnisse wird die Befreiung von der Grunderwerbsteuer in Anspruch genommen. Vorsorglich wird um Berücksichtigung der den Überlassenden zustehenden Steuerfreibeträge gebeten.

II. Sachstand[1]

(1) Der Überlassende 1 ist Alleineigentümer des im Grundbuch des Amtsgerichts [. . . . . .] von [A] Blatt [. . . . . .] verzeichneten Grundstücks der Gemarkung [. . . . . .], lfd. Nr. [. . . . . .], Flur [. . . . . .], Flurstück [. . . . . .], belegen laut Grundbuch [. . . . . .], mit einer Größe von [. . . . . .] m². Das Grundstück ist bebaut mit einem ausschließlich zu Wohnzwecken vermieteten Mehrfamilienhaus (Mietwohngrundstück). Im Folgenden werden das vorgenannte Grundstück auch „die Immobilie 1“ oder „der Vertragsgegenstand 1“ und das vorgenannte Grundbuch auch „das Grundbuch 1“ genannt.

(2) Der Überlassende 2 ist Alleineigentümer des im Grundbuch des Amtsgerichts [. . . . . .] von [B] Blatt [. . . . . .] verzeichneten Grundstücks der Gemarkung [. . . . . .], lfd. Nr. [. . . . . .], Flurstück [. . . . . .], belegen laut Grundbuch [. . . . . .], mit einer Größe von [. . . . . .] m². Das Grundstück ist bebaut mit einem ausschließlich zu Wohnzwecken vermieteten Mehrfamilienhaus (Mietwohngrundstück). Im Folgenden werden das vorgenannte Grundstück auch „die Immobilie 2", oder „der Vertragsgegenstand 2" und das vorgenannte Grundbuch auch „das Grundbuch 2" genannt.

(3) Der Vertragsgegenstand 1 und der Vertragsgegenstand 2 werden nachfolgend zusammen auch „der Vertragsgegenstand" genannt.

(4) Im Grundbuch von [A] sind folgende Belastungen eingetragen: Abteilung II [. . . . . .], Abteilung III [. . . . . .]. Im Grundbuch von [B] sind folgende Belastungen eingetragen: Abteilung II keine, Abteilung III keine.

(5) Der Notar hat sich über den jeweiligen Grundbuchinhalt am [. . . . . .] unterrichtet. [. . . . . .]

III. Einlage- und Übertragungsvertrag

§ 1 Vertragsgegenstand, Einlage[2, 3]

(1) Der Überlassende 1 verpflichtet sich hiermit, den Vertragsgegenstand 1 mit allen gesetzlichen Bestandteilen und sämtlichem Zubehör zu den nachfolgenden Bedingungen in den Erwerber einzulegen (an diesen zu übertragen). Der Überlassende 2 verpflichtet sich hiermit, den Vertragsgegenstand 2 mit allen gesetzlichen Bestandteilen und sämtlichem Zubehör zu den nachfolgenden Bedingungen in den Erwerber einzulegen (an diesen zu übertragen).

Das Eigentum Dritter ist von der jeweiligen Einlage ausgenommen.

(2) Die jeweilige Einlage erfolgt ohne Gegenleistung, insbesondere ohne Gewährung von Gesellschafterrechten. Mit dieser jeweiligen verdeckten Einlage möchten die Überlassenden jeweils eigenes Vermögen in das Gesamthandseigentum der Kommanditgesellschaft stellen, um den Zweck und den Gegenstand der Kommanditgesellschaft zu stärken. Für diese einzelnen verdeckten Einlagen gab es bislang niemals eine Einlageverpflichtung, vielmehr möchten die Überlassenden nunmehr jeweils mit ihrer Einlage freiwillig und unentgeltlich das Eigenkapital der Kommanditgesellschaft stärken.

(3) Es handelt sich jeweils um eine unentgeltliche Übertragung auf die Kommanditgesellschaft in Form einer (verdeckten) Einlage, die in dem gesamthänderisch gebundenen Rücklagenkonto gebucht wird. Mit dieser Einlage ist eine Erhöhung der festen Kapitalkonten nicht verbunden. Die festen Kapitalanteile bleiben der Höhe nach und auch zueinander unverändert. Es erhöht sich durch die Einlage auf das gesamthänderisch gebundene Rücklagenkonto und der Übertragung der Vertragsgegenstände 1 und 2 in das Gesamthandseigentum der Kommanditgesellschaft lediglich der Wert des jeweils quotal gleichbleibenden Gesellschaftsanteils der beiden Gesellschafter. Zusätzliche Gesellschafterrechte werden nicht gewährt.

(4) Da die steuerlichen Bedarfswerte und zugleich Verkehrswerte der jeweils von den Überlassenden eingelegten Immobilien (Überlassender 1 den Vertragsgegenstand 1 und Überlassender 2 den Vertragsgegenstand 2) im Verhältnis zueinander exakt dem bisherigen und weiterhin aktuellen Beteiligungsverhältnis am Festkapital der Kommanditgesellschaft entsprechen, ist mit dieser Einlage keine Be- und Entreicherungsabsicht und damit keine Schenkung unter den Gesellschaftern verbunden. Die Einlagen werden auf das gesamthänderisch gebundene Rücklagenkonto gebucht, so dass die Überlassenden da-

durch keine individuelle Rechtsposition erlangen, die ausschließlich den jeweils Überlassenden bereichert. Vielmehr werden durch die Einlagen die Auseinandersetzungsansprüche aller Gesellschafter entsprechend ihres jeweils festen Kapitalanteils gleichmäßig erhöht. Es handelt sich jeweils um eine reflexartige Wertsteigerung der jeweiligen Beteiligung eines jeden Gesellschafters.

(5) Die jeweilige Einlage erfolgt gänzlich ohne eine Gegenleistung (bspw. auch keine Übernahme von Schulden) und damit voll unentgeltlich. Die Kommanditgesellschaft räumt dem jeweils Überlassenden hierfür auch keinen Darlehensanspruch ein oder erteilt eine Gutschrift. Es handelt sich um eine Übertragung von – länger als zehn Jahren gehaltenem – Privatvermögen zu Privatvermögen, welches jeweils nicht steuerverstrickt ist. Die Einlage und Übertragung der Vertragsgegenstände 1 und 2 in das Gesamthandsvermögen der vermögensverwaltenden Kommanditgesellschaft ist damit ertragsteuerlich neutral. Die Einlage gilt folglich auch nicht (fiktiv) als Anschaffung bzw. Veräußerung im Rahmen eines Steuertatbestandes.

§ 2 Grundbuchbelastungen

(1) Der Vertragsgegenstand ist in den Abteilungen II und III des Grundbuches lastenfrei zu liefern. Ausgenommen sind die aus dem Sachstand ersichtlichen Rechte, die der Erwerber übernimmt. Die Übernahme der im Grundbuch von [A] in Abteilung III unter lfd. Nr. 1 eingetragenen Rechte erfolgt lediglich zur dinglichen Haftung. Eine Übernahme der etwaigen Darlehensverbindlichkeiten, die diesem Recht zugrunde liegen, ist damit nicht verbunden, so dass im Außenverhältnis allein der Überlassende 1 verpflichtet bleibt, Zins- und Tilgungsleistungen zu erbringen.

(2) Sämtliche Eigentümerrechte an Grundbuchbelastungen werden hiermit aufschiebend bedingt durch die Eigentumsumschreibung entschädigungslos an den Erwerber des Eigentums abgetreten.

§ 3 Übergabe und Verrechnung

(1) Die (mittelbare) Übergabe erfolgt am [. . . . . .] (Verrechnungstag).

(2) Mit dem Verrechnungstag tritt der Erwerber als künftiger Eigentümer in die Rechte und Pflichten aus dem jeweiligen Mietverhältnis ein. Die weitere wirtschaftliche Abgrenzung zum Verrechnungstag nehmen die Vertragsparteien selbst vor, so dass weitere Regelungen nicht erforderlich sind.

(3) Den Beteiligten ist bekannt, dass die Veränderung im Eigentum einem Gebäudeversicherer unverzüglich anzuzeigen ist, die Überlassung auch Auswirkungen auf die Verkehrssicherungspflicht und das Haftpflichtrisiko hat und dass andere als Gebäudeversicherungen nicht auf den künftigen Eigentümer übergehen.

§ 4 Rechte bei Mängeln

(1) Der Vertragsgegenstand wird in seinem gegenwärtigen Zustand übertragen, dh wie er steht und liegt.

(2) Alle Ansprüche und Rechte des Erwerbers wegen etwaiger Mängel des Vertragsgegenstandes sind ausgeschlossen, ausgenommen bei Vorsatz oder Arglist.

§ 5 Kosten, Verkehrsteuern und Sonstiges[4]

(1) Alle mit diesem Vertrag und seiner Durchführung verbundenen Kosten (zB Notarkosten, Gerichtskosten) trägt der Erwerber.

(2) Die Befreiung von der Grunderwerbsteuer wird geltend gemacht, insbesondere gemäß § 3 Nr. 4 und § 5 Abs. 2 GrEStG unter Berücksichtigung der ständigen höchstrichterlichen Rechtsprechung. Mit den verdeckten, ertragsteuerneutralen Einlagen in die vermögensverwaltende Kommanditgesellschaft werden keine Schenkungsteuertatbestände berührt, weder gegenüber der transparenten Kommanditgesellschaft, noch im Verhältnis der Gesellschafter zueinander, die aufgrund ihrer – korrespondierend zu ihren jeweiligen Einlagen – wertgesteigerten Beteiligung an der Kommanditgesellschaft jeweils nicht entreichert sind. Der Notar hat den für die Grunderwerbsteuer und – der guten Ordnung halber – für die Erbschaft- und Schenkungsteuer zuständigen Finanzämtern eine vollständige beglaubigte Abschrift dieser Urkunde zu übermitteln und Werte anzugeben. Zum Wert des Vertragsgegenstandes werden entsprechend folgende Angaben gemacht:

– Verkehrswert des Vertragsgegenstandes 1: 600.000,00 EUR

– Verkehrswert des Vertragsgegenstandes 2: 1.400.000,00 EUR

(3) [*Salvatorische Klausel*]

IV. Einreichung und Hinweise

(1) Der Notar soll eine mit der Auflassung versehene Ausfertigung beim jeweiligen Grundbuchamt einreichen, sobald ihm alle zur vertragsgemäßen Eigentumsumschreibung erforderlichen Unterlagen vorliegen.
(2) Den Beteiligten ist bekannt, dass [. . . . . .].

V. Vollmachten

(. . . . . .)

VI. Auflassung und Grundbucherklärungen

(1) Die Vertragsparteien sind sich darüber einig, dass das Eigentum an dem Vertragsgegenstand 1 von dem Überlassenden 1 auf den Erwerber übergeht (unbedingte Auflassung). Der Überlassende 1 bewilligt und der Erwerber beantragt, die Eigentumsänderung im Grundbuch 1 einzutragen.

(2) Die Vertragsparteien sind sich darüber einig, dass das Eigentum an dem Vertragsgegenstand 2 von dem Überlassenden 2 auf den Erwerber übergeht (unbedingte Auflassung). Der Überlassende 2 bewilligt und der Erwerber beantragt, die Eigentumsänderung im Grundbuch 2 einzutragen.

Schlussvermerk

Anmerkungen

1. Sachverhalt und Interessenlage. Nach Gründung der vermögensverwaltenden Familien-KG durch die Eheleute V und M und der nachfolgenden Eintragung der KG im Handelsregister (→ Form. G.IV.2) soll die KG im nächsten Schritt mit Vermögen, hier also den jeweils M und V als Alleineigentümer gehörenden Immobilien (vermietete Mehrfamilienhäuser), ausgestattet werden. Hierfür bedarf es eines notariell zu beurkundenden **Einlage- und Übertragungsvertrages**, durch den der Grundbesitz von dem jeweiligen Eigentümer an die KG als Erwerberin übertragen wird. Hierbei ist darauf zu achten, dass vertraglich geregelt wird, dass die Einlage des jeweiligen Grundstücks **ohne Gegenleistung**, hier insbesondere ohne die Gewährung weiterer Gesellschafterrechte,

erfolgt. Es handelt sich mithin um eine verdeckte Einlage, die in das Gesamthandseigentum der Kommanditgesellschaft gestellt wird und somit auf dem gesamthänderisch gebundenen Rücklagenkonto gebucht wird. Des Weiteren sollte vertraglich herausgestellt werden, dass die Verkehrswerte der Immobilien wertmäßig zueinander genau in dem Verhältnis stehen wie die Beteiligungsverhältnisse der Gesellschafter am Festkapital der KG.

Sofern die Immobilien mit Grundpfandrechten belastet sind, die noch valutieren, ist zu klären, ob die auf den Immobilien lastenden Verbindlichkeiten von der KG als Erwerberin übernommen werden oder ob die persönliche Verpflichtung zur Darlehenstilgung bei den ursprünglichen Eigentümern verbleibt. Grundsätzlich empfiehlt es sich, die Immobilien ohne Verbindlichkeiten auf die KG zu übertragen, also die Darlehensverbindlichkeiten privat zu tilgen, da für eine persönliche Schuldübernahme der KG die Gläubiger-Banken eingebunden werden müssten (§§ 414 ff. BGB). Zudem stellt die Schuldübernahme im steuerlichen Privatvermögen regelmäßig eine Gegenleistung dar (vgl. BMF vom 13.1.1993, BStBl. I 1993, 80, ber. 464, Tz. 9; sa BFH BStBl. II 1991, 791).

2. Reflexartige Wertsteigerung des jeweiligen Gesellschaftsanteils. Infolge der wertmäßigen Erhöhung des Gesellschaftsvermögens erhöht sich der jeweilige Gesellschaftsanteil wertmäßig entsprechend. Dies stellt keine wechselseitige Schenkung unter den Eheleuten dar, da die Wertsteigerungen jeweils quotal im Verhältnis der eingelegten Vermögensgegenstände erfolgen.

3. Nachfolgende Übertragung von (Teil-)Gesellschaftsanteilen an die Abkömmlinge. Nachdem das Vermögen in die Gesellschaft eingelegt wurde – mit der Folge der wertmäßigen Erhöhung des jeweiligen Gesellschaftsanteils – können im nächsten Schritt **(Teil-)Gesellschaftsanteile auf die (Enkel-)Kinder** übertragen werden. Dies geschieht durch Abschluss eines privatschriftlichen Schenkungs- und Übertragungsvertrages. Hierbei schenkt und überträgt zunächst derjenige Ehegatte, der als Kommanditist an der Gesellschaft beteiligt ist, von seiner Kommanditbeteiligung eine (Teil-)Kommanditbeteiligung den Kindern unter der aufschiebenden Bedingung der Eintragung der Beschenkten im Handelsregister. Sobald die Beschenkten als Kommanditisten im Handelsregister eingetragen sind, kann im zweiten Schritt auch der Komplementär von seinem Kapitalanteil einen quotalen Anteil schenken und übertragen, wobei bei der Schenkung ausdrücklich zu vereinbaren ist, dass der Beschenkte den Anteil als Kommanditist erwirbt. Diese weitere Schenkung und Übertragung ist unter der aufschiebenden Bedingung der Eintragung der Erhöhung der Hafteinlage im Handelsregister zu vereinbaren.

Der Schenkungs- und Übertragungsvertrag sollte ua ein Rückforderungsrecht enthalten sowie eine Bestimmung zur Anrechnung der Schenkung auf den Pflichtteil des Beschenkten (→ Form. G.III.3).

4. Steuern. Die Übertragung der Immobilien auf die KG ist grunderwerbsteuerfrei möglich, da die persönlichen Befreiungstatbestände nach § 3 GrEStG – unabhängig von § 5 Abs. 2 GrEStG und der dortigen Haltefrist nach § 5 Abs. 3 GrEStG – zur Anwendung kommen, weil der jeweils übertragende Ehegatte zugleich Gesellschafter der erwerbenden Gesellschaft ist.

Die verdeckte Einlage ohne Gegenleistung in eine vermögensverwaltende KG führt nicht zu einem privaten Veräußerungsgeschäft iSd § 23 EStG. Entgeltliche disquotale „Überkreuz"-Einbringungen sollten vermieden werden.

4. Regelungen in einer entprägten GmbH & Co. KG

Gesellschaftsvertrag der (. . . . . .) GmbH & Co. KG[1]

§ 1 ff.

(. . . . . .)

§ 4 Gesellschafter, Kapitalanteile[2]

(1) Komplementärin (persönlich haftende Gesellschafterin) ist die (. . . . . .) GmbH mit Sitz in (. . . . . .).
(2) Kommanditisten sind:
a) Herr/Frau (. . . . . .) mit einem festen Kapitalanteil von EUR (. . . . . .) (dies entspricht (. . . . . .) %)
b) Herr/Frau (. . . . . .) mit einem festen Kapitalanteil von EUR (. . . . . .) (dies entspricht (. . . . . .) %)
c) Herr/Frau (. . . . . .) mit einem festen Kapitalanteil von EUR (. . . . . .) (dies entspricht (. . . . . .) %).

§ 5 Geschäftsführung, Vertretung

(1) Die Geschäftsführung obliegt der Komplementärin und einem von den Kommanditisten aus ihrer Mitte zu wählenden Geschäftsführenden Gesellschafter. Die Komplementärin und ihre Organe sind für Geschäfte mit der Gesellschaft von den Beschränkungen des § 181 BGB befreit. Zur Vertretung der Gesellschaft ist allein die Komplementärin berechtigt.
(2) Der Geschäftsführende Gesellschafter kann sein Amt durch schriftliche Erklärung gegenüber der Komplementärin mit einer Frist von drei Monaten zum Ende eines jeden Kalenderquartals niederlegen.
Seine Bestellung kann durch Beschluß der Kommanditisten, mit dem zugleich ein neuer Geschäftsführender Gesellschafter zu bestellen ist, mit gleicher Frist widerrufen werden.
Im Falle einer Amtsniederlegung durch den Geschäftsführenden Gesellschafter oder im Falle eines sonstigen Wegfalls des Geschäftsführenden Gesellschafters ist aus dem Kreis der Kommanditisten unverzüglich ein Geschäftsführender Gesellschafter zu bestimmen. Bis zur wirksamen Bestellung eines neuen Geschäftsführenden Gesellschafters nimmt der an Lebensjahren älteste Kommanditist das Amt des Geschäftsführenden Gesellschafters wahr.
(3) Die Kommanditisten können aus ihrer Mitte einen stellvertretenden Geschäftsführenden Gesellschafter wählen; vorstehende Bestimmungen gelten entsprechend.
(4) Geschäftsführungsvorhaben, die über den gewöhnlichen, branchenüblichen Geschäftsbetrieb hinausgehen, bedürfen der Zustimmung des Geschäftsführenden Gesellschafters.
(5) Folgende Geschäftsführungsvorhaben bedürfen der Zustimmung des Geschäftsführenden Gesellschafters auch dann, wenn sie zum gewöhnlichen Betrieb des Handelsgewerbes der Gesellschaft gehören:
a) Feststellung des jährlich vor Beginn eines jeden Geschäftsjahres aufzustellenden Wirtschaftsplanes, bestehend aus dem Investitionsplan, dem Finanzplan und dem Ergebnisplan;
b) außerplanmäßige Investitionen;

c) Erwerb, Veräußerung und Belastung von Grundstücken und grundstücksgleichen Rechten;
d) Aufnahme oder Gewährung von Darlehen, die den Betrag von EUR (. . . . . .) übersteigen;
e) Erteilung und Widerruf von Prokuren, Handlungsvollmachten sowie Abschluss, Änderung und Beendigung von Dienstverträgen mit Angestellten in vergleichbaren Positionen.

(6) Den Gesellschaftern bleibt vorbehalten, den Umfang der Zustimmungsrechte des Geschäftsführenden Gesellschafters gem. Abs. (5) durch einfachen Gesellschafterbeschluss zu erweitern.

§ 6 Vergütung der Komplementärin und des Geschäftsführenden Gesellschafters

(1) Solange die Komplementärin ausschließlich für die Gesellschaft tätig ist, werden ihr von dieser sämtliche Ausgaben und Aufwendungen für die Geschäftsführung erstattet, sobald sie entstehen.

(2) Die Komplementärin erhält ferner eine jährliche, jeweils am Ende eines jeden Geschäftsjahres fällige Vorabvergütung in Höhe von 5 % ihres eingezahlten Stammkapitals, das zu Beginn des Geschäftsjahres in ihrer Bilanz ausgewiesen ist.

(3) Der Geschäftsführende Gesellschafter und sein Vertreter haben Anspruch auf Ersatz ihrer Auslagen sowie der darauf etwa entfallenden Umsatzsteuer in der jeweiligen gesetzlichen Höhe.

(4) Der Ausgaben- und Aufwendungsersatz nach Abs. (1) und (3) sowie die Vorabvergütung nach Abs. (2) sind im Verhältnis der Gesellschafter zueinander als Aufwand zu behandeln.

Anmerkungen

1. Sachverhalt. Motive. Vorliegend handelt es sich um eine rein vermögensverwaltende Kommanditgesellschaft, in der ausschließlich eine haftungsbegrenzende GmbH die Stellung des persönlich haftenden Gesellschafters (Komplementär) innehat. Die Besetzung der Komplementärstellung durch eine Kapitalgesellschaft erfolgt bei einer vermögensverwaltenden Kommanditgesellschaft nicht vorrangig aus Haftungsgründen. Denn in der Regel halten sich die Haftungsgefahren im Rahmen einer vermögensverwaltenden Tätigkeit in überschaubaren Grenzen. Vielmehr kann eine Komplementär-GmbH sinnvoll sein, weil die Kapitalgesellschaft „nicht stirbt". In der Gestaltungspraxis kann so bspw. eine vermögende Mutter allein eine GmbH & Co. KG implementieren, indem sie eine Komplementär-GmbH errichtet und zusammen mit dieser sodann eine Kommanditgesellschaft gründet, in der die Mutter als 100 %ige Kommanditistin allein am Vermögen und Ertrag der zugleich mit Vermögen ausgestatteten KG beteiligt ist. Die Komplementär-GmbH ist typischerweise nicht am Vermögen und Ertrag beteiligt. Gegebenenfalls kann durch Kauf- und Abtretungsvertrag zwischen der Mutter und der KG anschließend aus der beteiligungsidentischen GmbH & Co. KG eine Einheits-GmbH & Co. KG geschaffen werden, indem die KG die Geschäftsanteile der Komplementär-GmbH zum Nominalbetrag erwirbt. Anschließend könnte die Mutter ihrer Tochter einen Teilkommanditanteil schenkweise übertragen, sodass dann ausschließlich Mutter und Tochter vermögens- und ertragsmäßig an der Familien-KG beteiligt sind. Sollte später die Mutter versterben, kann die Tochter als Kommanditistin in der Familien-KG verbleiben, weil die Komplementärstellung weiterhin durch die GmbH ausgefüllt wird. Wäre hingegen die Mutter die einzige persönlich haftende Gesellschafterin, müsste sich die Tochter zur Aufrechterhaltung der Familien-KG (soweit gewünscht) einen neuen Komplementär suchen, oder selbst in die

Komplementärstellung eintreten und ihre gegebenenfalls noch minderjährigen Kinder in die Kommanditistenstellung bringen. Mit einer GmbH als Komplementärin kann in einem Erbfall ohne Zeitdruck viel flexibler reagiert werden.

2. Vermeidung von Steuernachteilen. Im Regelfall ist eine solche GmbH & Co. KG trotz ihrer rein vermögensverwaltenden Tätigkeit steuerlich gewerblich geprägt im Sinne des § 15 Abs. 3 Nr. 2 EStG und würde damit gewerbliche Einkünfte nach § 15 Abs. 1 EStG erzielen. Zudem würde eine gewerblich geprägte GmbH & Co. KG substanzsteuerlich zwar grundsätzlich begünstigungsfähiges Vermögen iSd § 13b Abs. 1 Nr. 2 EStG sein. Allerdings dürfte dies regelmäßig erbschaftsteuerlich keine Vorteile generieren, da die Wirtschaftsgüter im Gesamthandsvermögen in der Regel im Rahmen einer vermögensverwaltenden Tätigkeit kein begünstigtes Vermögen des § 13b Abs. 2 ErbStG darstellen. Zudem wäre steuerliches Betriebsvermögen auch ertragsteuerlich nicht sonderlich reizvoll, weil dadurch die Wirtschaftsgüter der Kommanditgesellschaft per se steuerverstrickt sind und beispielsweise Immobilien auch außerhalb der zehnjährigen Spekulationsfrist im Sinne des § 23 EStG nicht einkommensteuerfrei veräußert werden könnten.

Daher kann es in einer vermögensverwaltenden Familien-KG zweckmäßig sein, die **gewerbliche Prägung** zu **vermeiden** und daher dauerhaft zu „entprägen". Dies wird dadurch erreicht, dass die Voraussetzungen des § 15 Abs. 3 Nr. 2 EStG durch gesellschaftsvertragliche Gestaltung gerade nicht erfüllt sind. Da es nach § 15 Abs. 3 Nr. 2 EStG ausschließlich einer oder mehrerer Kapitalgesellschaften als persönlich haftende Gesellschafter der Kommanditgesellschaft bedarf, kann eine gewerblich geprägt Personengesellschaft dadurch vermieden werden, dass zusätzlich eine natürliche Person als Gesellschafter – hier folglich ein Kommanditist – zur Geschäftsführung befugt ist. Damit ist keine organschaftliche Geschäftsführungsbefugnis gemeint, sondern lediglich eine rechtsgeschäftliche. Eine solche Geschäftsführungsbefugnis eines Kommanditisten sieht der Gesellschaftsvertrag vor. Ferner stellt der Gesellschaftsvertrag sicher, dass auch bei Wegfall des geschäftsführenden Kommanditisten dieser unverzüglich ersetzt wird, um das Aufleben der gewerblichen Prägung zu vermeiden. Eine mittelbare Geschäftsführungsbefugnis eines Kommanditisten aufgrund des Umstandes, dass dieser Geschäftsführer der Komplementär-GmbH ist, ist zur Vermeidung der gewerblichen Prägung dagegen nicht ausreichend. Die Geschäftsführungsbefugnisse sollten durch einen Katalog der Geschäftsführungsaufgaben und deren Zustimmungsvorbehalte genau geregelt werden.

5. Regelungen in einer Einheits-GmbH & Co. KG

§ 5 Geschäftsführung und Vertretung durch die Komplementärin, Kontrollrechte[1]

(1) Zur Geschäftsführung und Vertretung der Gesellschaft ist die Komplementärin berechtigt und verpflichtet, soweit sich aus § 7 nichts anderes ergibt. Als Gesellschaft mit beschränkter Haftung handelt sie durch ihr satzungsmäßig bestelltes Vertretungs- und Geschäftsführungsorgan.

(2) Jeder Gesellschafter, der gleichzeitig Geschäftsführer der persönlich haftenden Gesellschafterin ist, ist von den Beschränkungen des § 181 BGB befreit.

(3) Jedem Kommanditisten steht über § 166 HGB hinaus ein Auskunfts- und Einsichtsrecht entsprechend des § 51 a Abs. (1) und (2) GmbHG zu.

§ 6 Vergütung der Komplementärin

(1) Solange die Komplementärin ausschließlich für die Gesellschaft tätig ist, werden ihr von dieser sämtliche Aufwendungen für die Geschäftsführung erstattet, sobald sie entstehen.

(2) Die Komplementärin erhält zudem für die Übernahme der persönlichen Haftung eine jährliche, jeweils zum Ende eines jeden Geschäftsjahres zu bezahlende Vergütung in Höhe von 5 % ihres eingezahlten Stammkapitals, das zu Beginn des Geschäftsjahres in ihrer Bilanz ausgewiesen ist, zzgl. einer etwaigen gesetzlichen Umsatzsteuer.

(3) Der Ersatz der Aufwendungen nach Abs. (1) und die Vergütung nach Abs. (2) sind im Verhältnis der Gesellschafter zueinander als Aufwand zu behandeln.

§ 7 Geschäftsführung und Vertretung durch die Kommanditisten

(1) Hinsichtlich der Geschäftsanteile an der Komplementärin, die der Gesellschaft gehören, sind statt der Komplementärin die Kommanditisten nach Maßgabe der folgenden Bestimmungen geschäftsführungs- und vertretungsbefugt. Die Komplementärin verpflichtet sich, insoweit von ihrer Vertretungsbefugnis nur nach Weisung der Kommanditisten Gebrauch zu machen.

(2) Die Kommanditisten üben ihre Gesellschafterrechte an der Komplementärin in der Weise aus, dass sie über die zu treffenden Maßnahmen Beschluss fassen und anschließend der von ihnen bestimmte Kommanditist die beschlossene Maßnahme namens der Gesellschaft unter Wahrung der vorgeschriebenen Form ausführt. Zum Zwecke der Ausführung der Beschlüsse der Kommanditistenversammlung wird jedem Kommanditist hiermit Vollmacht zur Vertretung der Gesellschaft erteilt, von der jedoch nur nach Maßgabe des Beschlusses der Kommanditistenversammlung Gebrauch gemacht werden darf. Alle Kommanditisten werden insoweit von den Beschränkungen des § 181 BGB befreit.

(3) Die Beschlüsse der Kommanditisten werden in Kommanditistenversammlungen am Sitz der Gesellschaft gefasst, falls nicht alle Kommanditisten mit einer Beschlussfassung in anderer Form oder an einem anderen Ort einverstanden sind. Für die Einberufung der Kommanditistenversammlung gilt § 8 Absatz (2) entsprechend.

(4) Beschlüsse der Kommanditisten, die Verfügungen über Geschäftsanteile an der Komplementärin, die Änderung ihres Gesellschaftsvertrages oder ihre Auflösung zum Gegenstand haben, bedürfen der Einstimmigkeit, sonstige Beschlüsse der Mehrheit von mindestens ¾ der Stimmen aller stimmberechtigten Kommanditisten.

(5) Je 50,00 EUR eines Kapitalanteils gewähren eine Stimme. Jeder Kommanditist kann sich bei der Beschlussfassung durch einen anderen Kommanditisten vertreten lassen. Ein Kommanditist, welcher auf Grund der Beschlussfassung entlastet oder von einer Verbindlichkeit befreit werden soll, hat hierbei kein Stimmrecht und kann ein solches auch nicht für andere ausüben. Dasselbe gilt für eine Beschlussfassung, welche die Vornahme eines Rechtsgeschäftes oder die Einleitung oder die Erledigung eines Rechtsstreites gegenüber dem Kommanditisten betrifft.

(6) Ein Kommanditist, der selbst oder dessen Privatgläubiger das Gesellschaftsverhältnis gekündigt hat, ist zur Geschäftsführung und Vertretung nicht mehr befugt.

§ 8 Gesellschafterversammlung/Gesellschafterbeschlüsse[2]

(1) Die von den Gesellschaftern in den Angelegenheiten der Gesellschaft zu treffenden Bestimmungen erfolgen durch Gesellschafterbeschluss. Die Gesellschafterbeschlüsse wer-

den in Gesellschafterversammlungen möglichst am Sitz der Gesellschaft gefasst, falls nicht die Kommanditisten eine Beschlussfassung in anderer Form oder an einen anderen Ort wünschen.

(2) Die Gesellschafterversammlung wird von dem Gesellschafter einberufen und geleitet, der den größten Festkapitalanteil an der Gesellschaft hält, andernfalls von dem an Lebensjahren ältesten Kommanditisten. Die persönlich haftende Gesellschafterin ist zur Einberufung verpflichtet, wenn es im Interesse der Gesellschafter erforderlich erscheint oder ein Kommanditist dies unter Angabe des Zwecks und der Gründe verlangt. Gesellschafterversammlungen können formlos einberufen und abgehalten werden. Sofern ein Gesellschafter binnen 7 Tagen widerspricht, gelten die Vorschriften des GmbHG über die Einberufung und Abhaltung von Gesellschafterversammlungen entsprechend.

(3) Gesellschafterbeschlüsse, durch die der Gesellschaftsvertrag geändert oder ergänzt (auch im Hinblick auf die Komplementärin) oder die Gesellschaft aufgelöst wird, bedürfen einer Mehrheit von mehr als ¾ aller nach dem Gesellschaftsvertrag vorhandenen Stimmen, soweit in zwingenden gesetzlichen Bestimmungen oder diesem Vertrag nicht ausdrücklich etwas anderes bestimmt ist. Sonstige Gesellschafterbeschlüsse bedürfen der einfachen Mehrheit aller nach dem Gesellschaftsvertrag vorhandenen stimmberechtigten Stimmen.

(4) Je 50 EUR eines Kapitalanteils gewähren eine Stimme.

(5) Jeder Gesellschafter kann sich bei der Beschlussfassung durch einen anderen Gesellschafter, einen Geschäftsführer oder durch eine von Berufs wegen zum Schweigen verpflichtete Person (Rechtsanwalt, Wirtschaftsprüfer, Steuerberater) vertreten lassen.

(6) Die Unwirksamkeit eines Gesellschafterbeschlusses kann nur binnen einer Ausschlussfrist von einem Monat nach Kenntniserlangung von dem Beschluss geltend gemacht werden. Nach Ablauf der Frist gilt ein etwaiger Mangel als geheilt.[3]

Anmerkungen

1. Sachverhalt. Im Rahmen einer sogenannten Einheits-GmbH & Co. KG, in der also die Kommanditgesellschaft die Geschäftsanteile ihrer eigenen Komplementär-GmbH selbst hält (Geschäftsanteile im Gesamthandsvermögen der KG), ist die Wahrnehmung von Gesellschafterrechten wie vorliegend in dem Gesellschaftsvertrag der KG ausdrücklich zu regeln. Ferner sind die Kapitalaufbringungs- und Erhaltungsvorschriften besonders zu beachten. Die Zulässigkeit einer Einheits-GmbH & Co. KG sollte heute nicht mehr streitig sein: Der BGH (DStR 2007, 1640) hält trotz des Trennungsprinzips zwischen zwei Gesellschaften diese Ausgestaltung offenkundig für zulässig. Ebenso sieht inzwischen das Gesetz in § 264c Abs. 4 HGB vor, dass eine Kommanditgesellschaft selbstgehaltene Anteile an Komplementärgesellschaften auf der Aktivseite auszuweisen hat.

In der Gestaltungsberatung hat die Einheits-GmbH & Co. KG den Charme, dass – beispielsweise im Gegensatz zu einer beteiligungsidentischen GmbH & Co. KG – rein privatschriftlich Kommanditanteile übertragen werden können (Heilung durch Vollzug) und damit zugleich impliziert auch verhältnisgleich die Komplementär-Geschäftsanteile. Dies hat nicht nur eine gebührenrechtliche Ersparnis zur Folge, sondern vielmehr können dadurch vor allem unerwünschte gesellschaftsrechtliche und steuerliche Folgen vermieden werden, indem bspw. „nicht vergessen wird", die Geschäftsanteile der Komplementär-GmbH im Falle einer schenkweisen Übertragung einer Kommanditbeteiligung mit zu übertragen.

2. Ausübung der Mitgliedschaftsrechte. In der Praxis empfiehlt sich eine ausdrückliche Regelung im Gesellschaftsvertrag der Kommanditgesellschaft zur Zulassung einer Kommanditistenversammlung, in der die Kommanditisten durch Mehrheitsbeschluss das der

Kommanditgesellschaft zustehende Stimmrecht in der Komplementär-GmbH ausüben. Alternativgestaltungen für die Wahrnehmung der Mitgliedschaftsrechte der Komplementär-GmbH im Rahmen einer Einheits-GmbH & Co. KG sind möglich, wie zB durch einen bei der KG implementierten Beirat (vgl. BeckHdB/*Watermeyer* § 13 Rn. 46 mwN). Nach § 172 Abs. 6 HGB muss die **Kapitalausstattung** bei einer GmbH & Co. KG ohne natürliche Personen als Komplementär kumulativ aus dem Stammkapital der GmbH und den Kommanditeinlagen bestehen. Grundsätzlich wäre aber auch eine darlehensweise Einlage im Sinne des § 19 Abs. 5 GmbHG denkbar.

3. Steuern. Die bisherigen Zweifelsfragen, ob durch die Ausgestaltung der Wahrnehmung der Mitgliedschaftsrechte in einer Einheits-GmbH & Co. KG die gewerbliche Prägung im Sinne des § 15 Abs. 3 Nr. 2 EStG gefährdet sein könnte, hat der BFH nunmehr ausgeräumt, indem er eine gewerblich geprägte Einheits-GmbH & Co. KG als gewerblich qualifiziert hat (DStR 2017, 2031). Ertragsteuerlich ist damit eine die Aufdeckung stiller Reserven vermeidende Buchwertfortführung nach § 6 Abs. 3 EStG gewährleistet, als auch die Betriebsvermögensverschonungen für Schenkung-/Erbschaftsteuerzwecke dem Grund nach sicher gestellt (sa *Geck* ZEV 2018, 19). Nach § 13b Abs. 1 Nr. 2 ErbStG gehört ua auch eine (nur) gewerblich geprägte Personengesellschaft bzw. ein Mitunternehmeranteil daran zum begünstigungsfähigen Vermögen (sa A 13b.5 Abs. 1 S. 3 koordinierte Ländererlasse betr. Anwendung der geänderten Vorschriften des Erbschaftsteuer- und Schenkungsteuergesetzes vom 22.6.2017, BStBl. I 2017, 902); es ist sodann nur zu prüfen, ob die im Gesamthandsvermögen befindlichen Vermögensgegenstände auch begünstigtes Vermögen iSd § 13b Abs. 2 ErbStG darstellen.

6. Regelungen in einer Gesellschaft mit beschränkter Haftung

Satzung der (. . . . . .)-GmbH

§ 1 ff.

(. . . . . .)

§ 8 Jahresabschluss, Ergebnisverwendung[1, 2]

(1) Der Jahresabschluss (Bilanz, Gewinn- und Verlustrechnung) – ggf. nebst Anhang und Lagebericht – ist von der Geschäftsführung innerhalb der gesetzlichen Frist nach Ablauf eines Geschäftsjahres aufzustellen und unverzüglich den Gesellschaftern zur Feststellung vorzulegen. Die Gesellschafter haben den Jahresabschluss innerhalb der gesetzlichen Frist festzustellen und über die Ergebnisverwendung zu beschließen; diese Beschlussfassung erfolgt mit einfacher Mehrheit der abgegebenen Stimmen.
(2) Die Gesellschafter haben Anspruch auf Gewinnausschüttung, es sei denn, die Gesellschafterversammlung beschließt die Bildung von Rücklagen und/oder Gewinnvorträgen.
(3) Der Gewinn wird im Verhältnis der Geschäftsanteile verteilt.
(4) Die Gesellschafterversammlung kann abweichend zu den Ziffern (2) und (3) mit Zustimmung sämtlicher Gesellschafter – auch alljährlich – eine vom Beteiligungsverhältnis abweichende (beteiligungsinkongruente) Gewinnverteilung beschließen, insbesondere durch eine unterschiedliche Gewinnausschüttung, eine unterschiedliche Bildung von Rücklagen und/oder eine unterschiedliche Zuweisung von Gewinnvorträgen. Entsprechendes gilt für eine beteiligungsinkongruente Zuführung von Leistungen in das Eigenkapital nach § 272 Abs. 2 Ziff. 4 HGB. Kommt es zu einer solchen beteiligungs-

inkongruenten Rücklagenbildung, Zuweisung von Gewinnvorträgen und/oder Zuführung von Leistungen, stehen diese bei deren späteren Ausschüttung (nur) den betreffenden Gesellschaftern in Höhe des ursprünglichen Betrages zu.

§ 9 Verfügungen über Geschäftsanteile[3]

(1) Zur Verfügung über Geschäftsanteile oder Teile eines Geschäftsanteiles ist die schriftliche Zustimmung von Gesellschaftern erforderlich, die zusammen mindestens 51 % der Stimmen auf sich vereinigen, wobei der verfügende Gesellschafter mitzählt. Dies gilt insbesondere für Abtretungen, Verpfändungen, Nießbrauchsbestellungen und sonstige Belastungen, aber auch für Unterbeteiligungen, Treuhandverhältnisse und sonstige Vereinbarungen, die Dritten Rechte einräumen. Dies gilt auch bei Übertragungen an und Verfügungen zugunsten von Mitgesellschafter(n).
(2) Von dem Zustimmungserfordernis sind Übertragungen aufgrund eines satzungsmäßigen Vorkaufsrechts ausgenommen.
(3) Den Gesellschaftern ist nach einer Veränderung im Gesellschafterkreis eine Ablichtung der aktuellen Gesellschafterliste zu übermitteln.

§ 10 Vorkaufsrecht[4]

(1) Verkauft ein Gesellschafter einen Geschäftsanteil oder Teile desselben, so steht den übrigen Gesellschaftern ein Vorkaufsrecht gemäß §§ 463 ff. BGB zu. Dies gilt auch bei Verkäufen an Mitgesellschafter. Das Vorkaufsrecht ist auch dann nicht ausgeschlossen, wenn eine Nebenleistung vereinbart wird, die sich nicht in Geld schätzen lässt.
(2) Jedem Gesellschafter steht das Vorkaufsrecht in vollem Umfang zu. Es kann auch nur in vollem Umfang ausgeübt werden. Üben mehrere Gesellschafter das Vorkaufsrecht aus, so erwerben sie den Geschäftsanteil im Verhältnis ihrer bisherigen Geschäftsanteile. Ein unteilbarer Restbetrag steht dem Gesellschafter mit der geringsten Beteiligungsquote zu. Der ursprünglich erwerbende Gesellschafter gilt als ein das Vorkaufsrecht ausübender Gesellschafter.
(3) Die Ausübungsfrist beträgt zwei Monate. Sie beginnt mit Zugang einer vollständigen Ausfertigung des Veräußerungsvertrages.
(4) Wird das Vorkaufsrecht ausgeübt, entspricht der zu zahlende Kaufpreis dem mit dem Käufer vereinbarten Kaufpreis. [*Alternativ*: *Wird das Vorkaufsrecht ausgeübt, hat der bzw. haben die erwerbende(n) Gesellschafter lediglich [75] % des mit dem Käufer vereinbarten Kaufpreises an den ausscheidenden Gesellschafter zu zahlen.*]

§ 11 Tod eines Gesellschafters[5]

(1) Geht der Geschäftsanteil eines Gesellschafters auf Erben über oder sind Vermächtnisnehmer eingesetzt, bei denen es sich jeweils nicht um einen Verwandten gerader Linie und/oder seinen Ehegatten und/oder um Mitgesellschafter handelt, kann der Geschäftsanteil des verstorbenen Gesellschafters eingezogen werden. Der Beschluss ist nur wirksam, wenn er binnen drei Monaten nach Kenntnis aller Gesellschafter von der Identität der Erben oder Vermächtnisnehmer des Gesellschafters gefasst wird. Handelt es sich um eine Erbengemeinschaft, so ist eine Einziehung möglich, wenn an der Erbengemeinschaft ein oder mehrere Erben beteiligt sind, in deren Person sich dieser Einziehungsgrund verwirklicht, und nicht die Erben zuvor durch eine Auseinandersetzung den Einziehungsgrund beseitigt haben.
(2) Mehrere Erben oder Vermächtnisnehmer, die bisher noch keine Gesellschafter waren, können auf Verlangen eines anderen Gesellschafters ihre Teilnahme- und Stimmrechte nur einheitlich durch einen gemeinsamen Vertreter ausüben; anderenfalls

ruhen sie. Sämtliche Gesellschafterrechte können durch einen Testamentsvollstrecker ausgeübt werden. Einladungen erfolgen dann nur an den benannten gemeinsamen Vertreter oder den Testamentsvollstrecker.

§ 12 Einziehungs- und Abtretungsklausel[6]

→ Form. G.I.7 und → Form. G.I.8

Anmerkungen

1. Sachverhalt. Aufgrund der Beschränkung der Haftung und der umfassenden vertraglichen Gestaltungsoptionen ist die GmbH auch eine für Familiengesellschaften geeignete Rechtsform. Im Gesellschaftsvertrag einer solchen Familien-Kapitalgesellschaft bedarf es zur Erreichung der familiären Zielsetzung allerdings häufig Regelungen, die von den üblichen gesellschaftsvertraglichen Bestimmungen einer Gesellschaft, deren Gesellschafter aus rein wirtschaftlichen Aspekten zusammengeschlossen sind, abweichen. Dies betrifft ua die Bestimmungen zur Ergebnisverwendung, zur Verfügung über die Geschäftsanteile, den Verkaufsfall sowie den Erbfall eines Gesellschafters.

2. Ergebnisverwendung. Entsprechend der gesetzlichen Regelung bestimmt sich die Gewinnverteilung im Muster nach dem Verhältnis der Geschäftsanteile (§ 29 Abs. 3 GmbHG), wobei die Gesellschafterversammlung grds. mit einfacher Stimmmehrheit – so auch in dem Muster – über die Verwendung des Ergebnisses (Ausschüttung, Rücklagen, Gewinnvorträge) beschließt (§ 46 Nr. 1 GmbHG). Alternativ kann bereits in der Satzung die Gewinnverwendung fixiert werden. Bei einer rein aus Familienmitgliedern bestehenden Gesellschaft, bei der die Gesellschafter ihre Gesellschafterstellung teilweise ggf. erst im Wege der vorweggenommenen Erbfolge erlangt haben, empfiehlt es sich, eine Gewinnausschüttung auch abweichend von den Beteiligungsverhältnissen zuzulassen, zB um auf besondere Situationen zu reagieren (beispielsweise ein akutes erhöhtes Versorgungsbedürfnis eines Gesellschafters, zB aufgrund einer Erkrankung, erhöhte Schul- oder Ausbildungskosten der Kinder usw). Damit eine solche beteiligungsinkongruente Gewinnausschüttung zivilrechtlich und steuerlich anerkannt wird, bedarf es einer entsprechenden Regelung in der Satzung, § 29 Abs. 3 S. 2 GmbHG (Baumbach/Hueck/*Fastrich* GmbHG § 29 Rn. 35 ff.).

Sofern für bestimmte Gesellschafter – zB die Eltern als Gründungsgesellschafter – ein Anspruch auf eine jährliche Mindestausschüttung bestehen soll, ist es möglich, auch dieses entsprechend in der Satzung zu fixieren.

3. Verfügung über Geschäftsanteile. Nach den gesetzlichen Bestimmungen sind Geschäftsanteile grundsätzlich frei veräußerlich, so dass die Abtretung an Dritte infolge einer Schenkung oder eines Verkaufs uneingeschränkt möglich ist (§ 15 Abs. 1 GmbHG). Allerdings ist es zulässig, die Übertragbarkeit des Geschäftsanteils gesellschaftsvertraglich durch Vinkulierungsklauseln zu erschweren oder gänzlich auszuschließen (§ 15 Abs. 5 GmbHG). Die Möglichkeit, frei über den Geschäftsanteil zu verfügen, widerspricht regelmäßig den Interessen einer Familiengesellschaft, deren Gesellschafterkreis typischerweise durch die Zugehörigkeit zu einem Familienstamm gekennzeichnet ist. Daher sind satzungsmäßige Bestimmungen sowohl zur Veräußerung, aber auch zur Belastung des Geschäftsanteils unbedingt zu treffen. Nach dem Muster sind Verfügungen über Geschäftsanteile (einschließlich der Belastung des Geschäftsanteils) zulässig, wenn hierüber ein mit einfacher Stimmmehrheit zu fassender Gesellschafterbeschluss vorliegt. Alternativ kann die Verfügung von der Zustimmung nur bestimmter Gesellschafter (zB der Gründungsgesellschafter) abhängig gemacht werden oder diesen ein Vetorecht – ggf. auch gegen den mit

Stimmmehrheit gefassten zustimmenden Gesellschafterbeschluss – eingeräumt werden. In Betracht kommt außerdem, Verfügungen zugunsten bestimmter Personen (zB zugunsten von Abkömmlingen oder zugunsten von Mitgesellschaftern) ausdrücklich in der Satzung zuzulassen, so dass hierüber kein separater Beschluss zu fassen ist.

4. Vorkaufsrecht. Sofern die Befugnis, über den Geschäftsanteil zu verfügen, nicht gänzlich ausgeschlossen werden soll, kommt in Betracht, den jeweils anderen Gesellschaftern ein Vorkaufsrecht einzuräumen. Dabei ist auch zu regeln, ob der durch die das Vorkaufsrecht ausübenden Gesellschafter zu zahlende Kaufpreis dem mit dem Kaufinteressenten vereinbarten Kaufpreis entspricht oder ob durch die erwerbenden Mitgesellschafter nur ein reduzierter Kaufpreis zu zahlen ist.

5. Versterben eines Gesellschafters. Geschäftsanteile sind entsprechend der gesetzlichen Regelung (§ 15 Abs. 1 GmbHG) zwingend vererblich. Anders als bei den Personengesellschaften ist es unzulässig, die Vererblichkeit vertraglich einzuschränken oder auszuschließen. Infolge der freien Vererblichkeit des Geschäftsanteils folgen beim Versterben eines Gesellschafters ggf. auch familienfremde Personen in die Gesellschaft nach (zB bei testamentarischer Erbeinsetzung des Lebensgefährten/der Lebensgefährtin oder eines sonstigen Dritten). Im Falle der Erbeinsetzung mehrerer Personen kommt es außerdem zu einer möglicherweise nicht gewünschten Zersplitterung des Geschäftsanteils im Rahmen der Erbauseinandersetzung. Um familienfremde Personen (oder ggf. auch nicht als Mitgesellschafter gewünschte Familienangehörige) aus der Gesellschaft ausschließen, sind gesellschaftsvertraglich wahlweise (bzw. vorzugsweise kumulativ) die Möglichkeit zur Einziehung des geerbten Geschäftsanteils und/oder zur Zwangsabtretung zu regeln (→ Form. G.I.7 und → Form. G.I.8). Um zu vermeiden, dass es nach dem Erbfall zu einer Zwangseinziehung/-abtretung des Geschäftsanteils kommt, ist durch die Gesellschafter ein Gleichlauf zwischen ihrer testamentarischen (oder ggf. auch gesetzlichen) Erbfolge und den gesellschaftsvertraglichen Nachfolgebestimmungen herzustellen.

Für den Fall der Einziehung des Anteils bzw. der Ausschließung des Gesellschafters sollte der Gesellschaftsvertrag außerdem eine Regelung zum Abfindungsanspruch des ausscheidenden Gesellschafters enthalten (Abfindungshöhe, Zahlungsmodalitäten) → Form. G.II.4.

6. Steuern. → Form. G.I.7 Anm. 5.

7. Rückforderungsrechte bei Schenkung eines Gesellschaftsanteils

§ (. . . . .) Auflösende Bedingung, Widerrufsvorbehalt[1]

(1) Die Schenkung nach § (. . . . .) entfällt, ebenso wie die Abtretung des Schenkungsgegenstandes nach § (. . . . .), wenn über das Vermögen des Beschenkten das Insolvenzverfahren eröffnet oder die Eröffnung mangels Masse abgelehnt wird (auflösende Bedingung).

(2) Der Schenker kann die Schenkung des Schenkungsgegenstandes gegenüber dem Beschenkten ganz oder teilweise widerrufen, wenn

(a) der Beschenkte vor dem Schenker stirbt, oder

(b) der nach § (. . . . . .) geschenkte Gesellschaftsanteil oder Teile davon von dem Beschenkten zu Lebzeiten des Schenkers ohne dessen Zustimmung ganz oder teilweise veräußert oder belastet wird, oder

(c) in den Schenkungsgegenstand im Wege der Zwangsvollstreckung vollstreckt und die Vollstreckungsmaßnahme nicht binnen einer Frist von 6 Monaten wieder aufgehoben wird, oder

(d) der Beschenkte geschäftsunfähig wird oder die Voraussetzungen für die Anordnung einer Betreuung gemäß § 1896 Abs. 1 BGB bei dem Beschenkten eintreten und länger als ein Jahr andauern, oder

(e) ein gesetzlicher Widerrufsgrund vorliegt, oder

(f) das zuständige Schenkungsteuerfinanzamt für die Übertragung eine Schenkungsteuer von mehr als EUR [. . . . . .] festsetzt, unabhängig von Zeitpunkt der Fälligkeit der Steuer; gleiches gilt bei der nachträglichen Festsetzung von Schenkungsteuer von insgesamt mehr als EUR [. . . . . .], beispielsweise wegen eines Verstoßes gegen die Lohnsummenkontrolle im Sinne des § 13a Abs. 3 ErbStG oder die Verwirklichung eines Nachsteuertatbestandes im Sinne des § 13a Abs. 6 ErbStG, oder

(g) bezüglich des Schenkungsgegenstandes durch den Ehegatten des Beschenkten ein Zugewinnausgleichs- oder Pflichtteilsanspruch geltend gemacht wird, oder

(h) der Beschenkte heiratet oder erneut heiratet, ohne mit seinem Ehegatten zuvor einen Ehe- und Pflichtteilsverzichtsvertrag geschlossen zu haben, nach dem der Schenkungsgegenstand vom Zugewinnausgleich ausgenommen und auch bei der Berechnung des Pflichtteils unberücksichtigt bleibt sowie rechtsgeschäftlich vor Vollstreckung geschützt wird. Entsprechendes gilt für eine im Zeitpunkt des Vertragsschlusses bereits bestehende Ehe des Beschenkten. Das Recht zum Widerruf entfällt, wenn der Beschenkte vor Ausübung des Widerrufsrechts mit seinem Ehepartner einen solchen Vertrag schließt und dem Widerrufsberechtigten zur Kenntnis bringt. Entsprechendes gilt bei der Begründung eines ausländischen Güterstandes und für ausländische Pflichtteils- und Noterbrechte, oder

(i) der Beschenkten einen Tatbestand verwirklicht, der den Schenker zur Entziehung des Pflichtteils berechtigen würde.

(3) Der geschenkte Gesellschaftsanteil bzw. sein etwaiges Surrogat fällt mit Eintritt der auflösenden Bedingung nach Absatz (1) oder nach vertragsgemäßer Ausübung des Widerrufsrechts nach Absatz (2) im Umfang des Widerrufs einschließlich der zum Stichtag übertragenen Guthaben auf den Gesellschafterkonten mit sofortiger dinglicher Wirkung unentgeltlich an den Schenker zurück. Die form- und fristgerechte Erklärung des Widerrufs ist auflösende Bedingung für die schuldrechtliche Schenkung nach § (. . . . . .) und ihren dinglichen Vollzug nach § (. . . . . .).

(4) Der Widerruf ist binnen einer Frist von sechs Monaten, nachdem der Schenker von dem Widerrufsgrund Kenntnis erlangt hat, durch eingeschriebenen Brief gegenüber dem Beschenkten oder seinem Rechtsnachfolger zu erklären. Das Recht zum Widerruf ist nicht vererblich.

(5) Die von dem Beschenkten vor Eintritt der auflösenden Bedingung oder vor Ausübung des Widerrufsrechts gezogenen Nutzungen verbleiben ihm. Etwaige von dem Beschenkten im Zusammenhang mit dem Schenkungsgegenstand erbrachte Aufwendungen sind ihm nicht zu erstatten. Sofern ein dinglicher Rückfall des Schenkungsgegenstandes nicht möglich ist, entsteht mit der Rückforderung ein schuldrechtlicher Rückforderungsanspruch bzw. Wertersatzanspruch.

(6) Der Beschenkte verpflichtet sich darüber hinaus ergänzend und höchst hilfsweise, den geschenkten Gesellschaftsanteil oder ein etwaiges Surrogat nach Eintritt der Bedingung nach Absatz (1) bzw. nach Ausübung eines Widerrufsrechts nach Absatz (2) an den

Schenker abzutreten und hierzu alle Erklärungen abzugeben, die für eine etwaige Rückübertragung des Schenkungsgegenstandes an den Schenker erforderlich sind. Zu diesem Zweck erteilt der Beschenkte dem Schenker bereits jetzt eine entsprechende Vollmacht, wobei der Schenker ausdrücklich von den Beschränkungen des § 181 BGB befreit wird. Auf Verlangen des Schenkers verpflichtet sich der Beschenkte, dem Schenker eine notarielle Vollmacht mit dem vorstehenden Inhalt zu erteilen.[2]

Anmerkungen

1. Auflösende Bedingung, Rückforderungsrecht. Vorliegend geht es um Rückfall- bzw. Rückforderungsmöglichkeiten im Zuge der Schenkung einer mitunternehmerischen Personengesellschaftsbeteiligung. Das Formular sieht sowohl eine auflösende Bedingung, als auch ausgewählte Rückforderungsrechte vor. Wenn das Bedürfnis nach einer besseren Abschottung bzw. höheren Absicherung des Rückfalls ausgeprägt ist, sollte für bestimmte Tatbestände eine auflösende Bedingung vorgesehen werden, um einen bei Bedingungseintritt automatischen Rückfall zu erreichen. Soweit jedoch die Flexibilität und Entscheidungsfreiheit über die mögliche Ausübung eines Rückforderungsrechts gewahrt werden soll, ist es vorzugswürdig, partielle Rückforderungsrechte zu formulieren und auch die Rückforderung in Teilen, nicht nur in Gänze, vorzusehen.

Erklärungen des ursprünglich beschenkten Gesellschafters im Zuge einer solchen unmittelbaren Rückübertragung sind eventuell aufgrund der individuellen gesellschaftsvertraglichen Bestimmungen nur mit Zustimmung der Gesellschafterversammlung möglich, wenn grds. Verfügungen über Gesellschaftsanteile ohne Zustimmung der Gesellschafter gesellschaftsvertraglich ausgeschlossen sind. Damit in einem solchen Fall die Rückabtretung wirksam erfolgen kann, müsste daher die Zustimmung sämtlicher Mitgesellschafter eingeholt werden. Folglich wäre als Berater zu besprechen, ob gesellschaftsvertraglich geregelt werden soll, dass Verfügungen zugunsten von Mitgesellschaftern ohne Zustimmung der Gesellschafterversammlung bzw. zumindest in solchen Rückforderungsfällen zulässig sind.

2. Steuern. Steuerlich machen ausgewählte vertragliche Rückforderungsrechte ebenfalls Sinn, weil nach § 29 Abs. 1 Nr. 1 ErbStG die Schenkungsteuer mit Wirkung für die Vergangenheit erlischt, wenn der Schenkungsgegenstand aufgrund der Ausübung eines Rückforderungsrechts herausgegeben werden muss. So fällt bspw. bei vertraglich vorbehaltener Rückforderung aufgrund des Todes des Beschenkten nicht nur keine Erbschaftsteuer an, sondern eine im Zuge der damaligen Schenkung ggf. festgesetzte und gezahlte Schenkungsteuer wird darüber hinaus vom Finanzamt erstattet.

Soweit die Schenkung unter einer auflösenden Bedingung steht (siehe Absatz 1 im Muster), wird der Schenkungsgegenstand wie als unbedingt erworben behandelt (§ 5 Abs. 1 S. 1 BewG), solange die auflösende Bedingung nicht eingetreten ist.

Insbesondere bei – wie hier – einer schenkweisen Übertragung eines mitunternehmerischen Personengesellschaftsanteils ist darauf zu achten, dass nur bestimmte ausgewählte Rückforderungsrechte vereinbart werden und kein sog. freies Widerrufsrecht. Denn wenn der Schenker jederzeit ohne Angabe von Gründen einseitig die Rückübertragung veranlassen könnte, ist der Beschenkte steuerrechtlich nicht als Mitunternehmer anzusehen (vgl. BFH BStBl. II 1989, 877) und die Betriebsvermögensbegünstigungen der §§ 13a ff. ErbStG für Schenkungsteuerzwecke kommen von vornherein nicht zur Anwendung.

8. Antrag auf Bestellung eines Ergänzungspflegers bei der Gesellschaftsbeteiligung von Minderjährigen

An das Amtsgericht [. . . . . .]

– Familiengericht –

Antrag auf Bestellung eines Ergänzungspflegers[1]

Sehr geehrte Damen und Herren,

hiermit beantragen wir die Bestellung eines Ergänzungspflegers für die minderjährigen Kinder [. . . . . .], geboren am [. . . . . .], und [. . . . . .], geboren am [. . . . . .].

Im Einzelnen:

(1) Wir vertreten Frau A, geboren am [. . . . . .], wohnhaft: [. . . . . .]. Vollmacht anbei. Die zwei vorbezeichneten minderjährigen Kinder stammen aus der Ehe zwischen Frau A und Herrn [. . . . . .], geboren am [. . . . . .], alle wohnhaft: [. . . . . .]. Der Lebensmittelpunkt der zwei gemeinschaftlichen Kinder befindet sich im ehelichen Haushalt, hier also [. . . . . .]. Sowohl die gemeinsam sorgeberechtigten Eltern, als auch die zwei gemeinsamen Kinder sind deutsche Staatsangehörige.

(2) Die Großmutter mütterlicherseits, Frau [. . . . . .], möchte ihren beiden vorgenannten Enkeln jeweils eine Schenkung im Rahmen einer vorweggenommenen Erbfolge zukommen lassen.[2] Im Einzelnen handelt es sich um je einen Kommanditanteil an der [. . . . . .]-KG mit Sitz in [. . . . . .]. Die Gesellschaft ist nicht gewerblich, sondern rein vermögensverwaltend tätig. Gesellschaftszweck ist das Halten und Verwalten des Familienvermögens, welches im Wesentlichen besteht aus einem vermieteten Mehrfamilienhaus in [. . . . . .], eingetragen im Grundbuch von [. . . . . .] Band [. . . . . .] Blatt [. . . . . .].

Der Entwurf des abzuschließenden Schenkungs- und Übertragungsvertrages sowie der geltende Gesellschaftsvertrag sind diesem Schreiben jeweils als Anlage beigefügt.

(3) Für den Abschluss des Schenkungs- und Übertragungsvertrages ist ggf. aufgrund eines hier einschlägigen gesetzlichen Vertretungsverbots der Eltern (§ 1795 Abs. 1 Nr. 1 iVm § 1629 Abs. 2 BGB) ein Ergänzungspfleger für die zu beschenkenden minderjährigen Kinder zu bestellen.

Als Ergänzungspfleger schlagen wir vor Herrn [. . . . . .], geboren am [. . . . . .], wohnhaft: [. . . . . .], [. . . . . .].

Herr [. . . . . .] ist bereit, das Amt des Ergänzungspflegers zu übernehmen. Er ist fachlich und aufgrund seiner persönlichen Beziehung zu den Kindern geeignet, das Amt auszuüben. Als Onkel der Minderjährigen kennt er beide seit der Geburt. Herr [. . . . . .] kann sich als pensionierter Finanzbeamter sehr sorgsam und ohne zeitliche Pression im Rahmen des Ausübung seines Amtes um die Angelegenheiten, für die eine Ergänzungspflegschaft angeordnet wird, kümmern.

Wir beantragen daher,[3, 4]

(a) Herrn [. . . . . .] für den in Ziffer (3) bezeichneten Wirkungskreis als Ergänzungspfleger zu bestellen,

oder,

sofern nach der Rechtsauffassung des Gericht ein gesetzliches Vertretungsverbot nicht einschlägig ist, zu bestätigen, dass die Eltern ihre minderjährigen Kinder bei Abschluss des Schenkungs- und Übertragungsvertrages wirksam vertreten können,

sowie

(b) ihn – soweit erforderlich – zur Vertretung der Minderjährigen in der jährlichen Gesellschafterversammlung und bei der Wahrnehmung ihrer Mitgliedschaftsrechte als Ergänzungspfleger zu bestellen.

Hierbei reicht die Bestellung eines Ergänzungspflegers für beide Kinder aus, da diese beim Abschluss des Schenkungs- und Übertragungsvertrages jeweils nur im Verhältnis zu ihrer Großmutter vertreten werden müssen, nicht aber in wechselseitige Vertragsbeziehungen zueinander treten (kein Fall des § 181 Alt. 2 BGB). Ferner haben die beiden Minderjährigen als Gesellschafter der vermögensverwaltenden KG gleichgerichtete und nicht gegenläufige Interessen, so dass auch im Falle einer Vertretung der Minderjährigen in den laufenden Gesellschaftsangelegenheiten keine Personenverschiedenheit geboten ist.

Sowohl die geplanten Schenkungen wie auch dieser Antrag sind mit den Eltern der Kinder und der schenkenden Großmutter einvernehmlich abgestimmt.

Sollten rechtliche Bedenken gegen die vorstehenden Anträge oder bezüglich bestimmter Regelungen des Vertragsentwurfes bestehen, bitten wir vor einer abschließenden Entscheidung um rechtliches Gehör.

Anmerkungen

1. Vertretungsausschluss der Eltern: Rechtsgeschäfte zwischen Eltern und ihren minderjährigen Kindern begründen grundsätzlich gem. §§ 1629 Abs. 2, 1795 Abs. 2, 181 BGB ein Vertretungsverbot der Eltern, es sei denn, das Rechtsgeschäft ist lediglich rechtlich vorteilhaft für den Minderjährigen im Sinne des § 107 BGB oder besteht ausschließlich in der Erfüllung einer Verbindlichkeit. Entsprechendes gilt – wie in dem Muster vorgesehen – für Rechtsgeschäfte zwischen einem Großelternteil und dem minderjährigen Enkelkind. Auch in diesem Fall sind die Eltern grundsätzlich gem. §§ 1629 Abs. 2, 1795 Abs. 1 Nr. 1 BGB von der Vertretung ihres Kindes ausgeschlossen, sofern das Rechtsgeschäft für den Minderjährigen nicht lediglich rechtlich vorteilhaft ist oder ausschließlich in der Erfüllung einer Verbindlichkeit besteht. Auch wenn das Vertretungsverbot dem Wortlaut nach nur ein Elternteil betrifft, führt dies aufgrund des Grundsatzes der elterlichen Gesamtvertretung zu einem Vertretungsausschluss auch des anderen Elternteils (BGH NJW 1972, 1708).

Im Falle eines gesetzlichen Vertretungsverbotes der Eltern ist für den Minderjährigen gem. §§ 1909 ff. BGB ein Ergänzungspfleger zu bestellen. Die Eltern sind gem. § 1909 Abs. 2 BGB verpflichtet, das Bedürfnis für eine solche Pflegschaft dem Familiengericht unverzüglich anzuzeigen. Örtlich ist das Familiengericht am Gericht des gewöhnlichen Aufenthalts des Kindes zuständig, § 151 Nr. 5 iVm § 152 Abs. 2 FamFG. Die Eltern haben die Möglichkeit, Vorschläge zur Person des Ergänzungspflegers zu machen. Zwar ist das Gericht nicht an diese gebunden, soll diese aber bei seiner Entscheidungsfindung berücksichtigen. Die persönliche und fachliche Eignung des Benannten sollte hierbei gegenüber dem Gericht möglichst umfassend dargelegt werden.

2. Vertretungsausschluss infolge der Schenkung eines Personengesellschaftsanteils: Ob das Rechtsgeschäft lediglich rechtlich vorteilhaft ist – mit der Folge einer Ausnahme vom gesetzlichen Vertretungsverbot – richtet sich nach dem Schenkungsgegenstand. Hinsichtlich der Schenkung von Gesellschaftsanteilen – und dem damit verbundenen Beitritt zur

Gesellschaft – ist nach der Gesellschaftsform zu differenzieren (Kapitalgesellschaft oder Personengesellschaft, dort wiederum Stellung als Kommanditist oder Komplementär/persönlich haftender Gesellschafter). Nach der Rechtsprechung unterliegen die Eltern des minderjährigen Kindes keinem Vertretungsverbot gem. §§ 1629 Abs. 2, 1795 BGB, wenn das Rechtsgeschäft für den Minderjährigen lediglich rechtlich vorteilhaft ist (ständige Rechtsprechung des BGH BGHZ 59, 236 [240] = NJW 1972, 2262). Maßgebend für die Frage der rechtlichen Vorteilhaftigkeit ist eine ausschließlich rechtliche Betrachtung des Rechtsgeschäftes, nicht aber dessen Wirtschaftlichkeit.

Nach Teilen der Rechtsprechung und Fachliteratur scheidet eine Ausnahme vom Verbot des In-Sich-Geschäfts beim Erwerb einer Beteiligung an einer Personengesellschaft regelmäßig aus, da eine solche Beteiligung ein „Bündel von Rechten und Pflichten" (wie zB die gesellschaftsrechtlichen Treuepflichten) für den Minderjährigen mit sich bringe, was stets einen rechtlichen Nachteil darstelle. Nach der – wohl überwiegenden – und vorzuziehenden Gegenauffassung ist die Zuwendung eines Kommanditanteils, sofern die Einlage voll eingezahlt ist und die Wirksamkeit des Erwerbs aufschiebend bedingt auf die Eintragung im Handelsregister vereinbart wird, lediglich rechtlich vorteilhaft (OLG Bremen RNotZ 2008, 625 = ZEV 2008, 608; MüKoHGB/*Grunewald* § 161 Rn. 24), so dass es im Beispielsfall der Bestellung eines Ergänzungspflegers nicht bedürfte. Allerdings sollte aufgrund der insoweit nicht einheitlichen Rechtsprechung zur Vermeidung von Rechtsunsicherheiten beim zuständigen Familiengericht die Bestellung eines Ergänzungspflegers sowie hilfsweise ein Negativattest des Gerichts beantragt werden.

Sofern dem Minderjährigen die Rechtsstellung eines persönlich haftenden (OHG-/KG-/GbR-)Gesellschafters zugewiesen werden soll, ist ein solches Rechtsgeschäft ua bereits aufgrund der unbeschränkten und unbeschränkbaren persönlichen Haftung des Minderjährigen nicht lediglich rechtlich vorteilhaft (Baumbach/Hopt/*Roth* HGB § 105 Rn. 26). In einem solchen Fall ist es aufgrund der vom BGH entwickelten Gesamtbetrachtungslehre auch nicht möglich, dass der – aufgrund des Vertretungsverbotes schwebend unwirksame Schenkungsvertrag – durch die Eltern vollzogen wird. Es bedarf daher zwingend der Bestellung eines Ergänzungspflegers zur Vertretung des Minderjährigen zum Abschluss des Schenkungs- und Übertragungsvertrages (zur Beteiligung von Minderjährigen an Unternehmen siehe auch *Pauli* ZErb 2016, 131 ff.)

3. Wahrnehmung der Gesellschafterrechte/laufende Verwaltung. Hinsichtlich der Wahrnehmung der Gesellschafterrechte der Minderjährigen unterliegen die Eltern auch dann keinem grundsätzlichen Vertretungsverbot gem. §§ 1629 Abs. 2, 1795 Abs. 2, 181 BGB, wenn die Eltern (oder ein Elternteil) selbst als Gesellschafter an der Personengesellschaft beteiligt sind (BGH NJW 1976, 49). Etwas anderes gilt jedoch nach überwiegender Meinung hinsichtlich der Vertretung des Minderjährigen bei den sog. Grundlagengeschäften, wie der Änderung des Gesellschaftsvertrages. Insoweit bedarf es der Bestellung eines Ergänzungspflegers zur Vertretung des Minderjährigen bei der Beschlussfassung.

4. Eintritt des Minderjährigen im Erbfall aufgrund einer Nachfolgeklausel. Anders als beim Eintritt des Minderjährigen in die Personengesellschaft im Wege der vorweggenommenen Erbfolge bedarf es beim Erwerb der Gesellschaftsbeteiligung durch den Minderjährigen als Erbe aufgrund einer gesellschaftsvertraglichen Nachfolgeklausel keines Vertragsschlusses zwischen dem Minderjährigen und der Gesellschaft oder den übrigen Gesellschaftern. Der Rechtserwerb vollzieht sich im Wege der Sonderrechtsnachfolge, ohne dass es einer Vertretung des Minderjährigen durch die Eltern oder einen Ergänzungspfleger bedarf (anders wiederum bei einer vermächtnisweisen Zuweisung des Gesellschaftsanteils oder der gesellschaftsvertraglichen Zuweisung eines Eintrittsrechtes).

9. Antrag auf Erteilung einer familiengerichtlichen Genehmigung bei der Schenkung eines Personengesellschaftsanteils an einen Minderjährigen

An das Amtsgericht [. . . . . .]

- Familiengericht –

Geschäftszeichen [. . . . . .]

Antrag auf Erteilung einer familiengerichtlichen Genehmigung/Erteilung eines Negativattests[1]

Sehr geehrte Damen und Herren,

wir nehmen Bezug auf unseren Antrag vom [. . . . . .] auf Bestellung eines Ergänzungspflegers für die minderjährigen Kinder, [. . . . . .], geboren am [. . . . . .], und [. . . . . .], geboren am [. . . . . .] (→ Form. G.IV.8), und bitten um Prüfung der Genehmigungsbedürftigkeit dieser zeitnah geplanten Schenkungen durch das Familiengericht.

In Ergänzung zum Antrag auf Bestellung eines Ergänzungspflegers beantragen wir

> die Erteilung eines Negativtestats über die Nichtgenehmigungsbedürftigkeit der anstehenden Erklärungen des noch zu bestellenden Ergänzungspflegers hinsichtlich der vorgesehenen Schenkungen
> sowie hilfsweise
> die familiengerichtliche Genehmigung des Beitritts der Minderjährigen in die Familien-KG durch Abschluss des dem Gericht bereits vorliegenden Entwurfs des Schenkungs- und Übertragungsvertrages.[2]

Begründung:

Die Genehmigungstatbestände wie zB §§ 1821 Abs. 1 Nr. 1, 1822 Nr. 3 BGB fehlen uE insbesondere vor dem Hintergrund, dass es sich hierbei nicht um Grundstücksverfügungen oder bspw. ein Erwerbsgeschäft handelt, sondern vielmehr um reine Schenkungen von Kommanditanteilen an einer rein vermögensverwaltenden KG ohne Vorbehalt eines Nießbrauchs oä, die Schenkungen erst mit Eintritt der Haftungsbegrenzung (Eintragung im Handelsregister) vollzogen werden und die Kommanditpflichteinlagen voll erbracht sind.

Sollten gerichtliche Bedenken gegen Teile dieses Antrages oder bezüglich bestimmter Regelungen in den Vertragsentwürfen bestehen, bitten wir vor einer abschließenden Entscheidung um die Gewährung rechtlichen Gehörs.

Anmerkungen

1. Die Gründung einer OHG, KG oder GbR unter Beteiligung eines Minderjährigen erfordert im Falle der Vertretung des Minderjährigen durch die Eltern gemäß §§ 1643 Abs. 1, 1822 Nr. 3 Alt. 3 BGB (bzw. im Falle einer Vertretung des Minderjährigen durch einen Ergänzungspfleger gem. §§ 1915 Abs. 1, 1822 Nr. 3 Alt. 3 BGB) **eine familiengerichtliche Genehmigung,** wenn der Gesellschaftsvertrag zum Betrieb eines Erwerbsgeschäfts eingegangen wird.

Entsprechend bedarf auch der Beitritt des Minderjährigen in eine gewerblich tätige Personengesellschaft einer familiengerichtlichen Genehmigung gem. § 1822 Nr. 3 Alt. 3

BGB, wobei es unbeachtlich ist, ob die Beteiligung dem Minderjährigen schenkweise zugewendet wird oder er diese entgeltlich erwirbt. Mit dem Abschluss des Schenkungs- und Übertragungsvertrages ist zugleich eine Aufnahme des Minderjährigen in die Gesellschaft verbunden und damit der Beitritt in den bestehenden Gesellschaftsvertrag.

2. Ein Ausschluss des Genehmigungserfordernisses kommt nur in Betracht, wenn es sich um eine **rein vermögensverwaltende Gesellschaft** handelt (OLG Bremen RNotZ 2008, 625 = ZEV 2008, 608; OLG München ZEV 2008, 609). Im Falle einer rein vermögensverwaltenden Gesellschaft fehlt es am gesetzlichen Merkmal des Erwerbsgeschäftes. Ein solches wird gerade nicht durch die reine Vermögensverwaltung begründet. Da die obergerichtliche Rechtsprechung insoweit noch nicht einheitlich ist, sollte zur Vermeidung von Rechtsunsicherheiten über die Wirksamkeit der Schenkung beim zuständigen Familiengericht (dieses ist sowohl im Falle der Vertretung des Minderjährigen durch die Eltern als auch im Falle der Vertretung des Minderjährigen durch einen Ergänzungspfleger sachlich zuständig) eine familiengerichtliche Genehmigung oder ein Negativattest, in welchem gerichtlich das Nichterfordernis der Genehmigung bestätigt wird, beantragt werden.

V. Unternehmertestament

1. Unternehmertestament zugunsten eines Kindes

§ 1 Erbeinsetzung[1]

Hiermit setze ich meinen Sohn ...... zu meinem alleinigen Erben ein.[2]

§ 2 Vermächtnisse

Meiner Ehefrau[3]...... wende ich als Vermächtnis zu:

a) Das Grundstück in der ...... Straße ......, Frankfurt am Main, eingetragen im Grundbuch des Amtsgerichts ...... von ......, Gemarkung ......, Flur ......, Flurstück ......, Größe ......, einschließlich des darauf stehenden Einfamilienhauses, des Hausrats und meiner persönlichen Habe.
b) Sämtliche Rechte und Pflichten, insbesondere Guthaben, in Bezug auf etwaig im Zeitpunkt meines Versterbens existierende Giro- und Festgeldkonten, insbesondere sämtliche Guthaben auf den Konten Nr. ...... und ...... bei der ...... Bank.

Meinem Sohn ...... wende ich als Vermächtnis zu: Sämtliche Wertpapiere (einschließlich hiermit verbundener Bezugsrechte) etwaig im Zeitpunkt meines Versterbens existierender Wertpapierdepots, insbesondere die Wertpapiere der Depots bei der ...... Bank, einschließlich der Rechte und Pflichten, insbesondere Guthaben, in Bezug auf Depot-Gegenkonten.

§ 3 Auflage

Zu dem Nachlass werden gehören meine sämtlichen Geschäftsanteile (100 % des Stammkapitals) an der ......-GmbH, mit Sitz in ......, eingetragen im Handelsregister des AG ...... unter HRB ...... Meinen Erben belaste ich mit der folgenden Auflage:[4] Sofern der Erbe Geschäftsanteile an der ......-GmbH innerhalb von sieben Jahren nach dem Erbfall veräußert, hat er je ein Drittel der Veräußerungserlöse an meine Ehefrau und meinen Sohn ...... abzuführen. Veräußert die ......-GmbH innerhalb des genannten Zeitraums mehr als 50 % ihrer Vermögenswerte (nach Buch- oder Verkehrswerten), hat mein Erbe an meine Ehefrau und meinen Sohn ...... einen Betrag in Höhe von je einem Drittel der von der Gesellschaft erzielten Veräußerungserlöse (nach Körperschaft- und Gewerbesteuer) zu zahlen.

Unter den Begriff „veräußern" im vorstehenden Sinn fallen auch Transaktionen mit Dritten, die einem Verkauf entsprechen, zB Tausch, Einbringung, Verschmelzung, Ab- und Aufspaltung, andere wirtschaftlich entsprechende Transaktionen und jede Kombination solcher Transaktionen. Die Veräußerungserlöse entsprechen dem Kaufpreis sowie jeder anderen Leistung, die der Erbe bzw. die Gesellschaft aus der Transaktion erlangt. Wenn oder soweit Sachleistungen gewährt werden (zB Anteile an anderen Gesellschaften), gilt der Verkehrswert der Sachleistung als Leistung.

Für den Fall, dass ein Verkauf oder eine entsprechende Transaktion für eine Gegenleistung getätigt wird, die niedriger ist als das, was für bei einem Verkauf an einen Dritten hätte erzielt werden können, ist zu unterstellen, dass der Veräußerer eine Gegenleistung erlangt hat, die dem Verkehrswert entspricht.

Der Erbe hat meine Ehefrau und meinen Sohn . . . . . . über den Verkauf oder andere wirtschaftlich gleichwertige Transaktionen, unter Vorlage von Abschriften der relevanten Dokumente, zu informieren.

§ 4 Testamentsvollstreckung

Ich ordne Testamentsvollstreckung (Abwicklungsvollstreckung) an und bestimme Herrn . . . . . . zum Testamentsvollstrecker. Der Testamentsvollstrecker hat die Aufgabe, die angeordneten Vermächtnisse zu erfüllen und für die Vollziehung der angeordneten Auflage zu sorgen.[5] Die Aufgabe des Testamentsvollstreckers endet nach der Erfüllung der angeordneten Vermächtnisse und Auflagen.

Für den Fall, dass der ernannte Testamentsvollstrecker vor oder nach der Annahme des Amts wegfällt, bestimme ich Herrn . . . . . . zum Testamentsvollstrecker.[6, 7, 8]

Anmerkungen

1. Sachverhalt. Der Erblasser ist einziger Gesellschafter und Geschäftsführer einer GmbH. Er ist verheiratet und hat zwei Kinder, von denen eines nach seiner Ansicht geeignet ist, das Unternehmen der GmbH fortzuführen und bereits seit einigen Jahren im Unternehmen tätig ist. Die nicht berufstätige Ehefrau soll das mit dem Eigenheim der Familie bebaute Grundstück erhalten. Ihren Unterhalt wird sie durch eine eigene Firmenrente teilweise bestreiten können; im Übrigen soll ihr Auskommen durch die Zuwendung von Bankguthaben für die Zeit nach dem Erbfall langfristig abgesichert werden. Des Weiteren verfügt der Erblasser über Wertpapierdepots, welche dem zweiten Sohn zukommen sollen. Die Beteiligung an der GmbH macht den wertmäßig größten Teil des Vermögens des Erblassers aus; die Vermächtnisgegenstände sind jedoch ebenfalls von erheblichem Wert.

2. Die Einsetzung des Unternehmensnachfolgers zum **Alleinerben** hat den Vorteil, dass den Unternehmensnachfolger neben den Vorteilen des Erwerbs des Unternehmens bzw. der Beteiligung auch etwaige Nachteile hieraus unmittelbar treffen (Gesamtrechtsnachfolge, § 1922 BGB). Neben steuerlichen Nachteilen können dies auch haftungsrechtliche Nachteile sein, etwa bei Verstößen gegen Kapitalerhaltungsvorschriften. Die Gründe für die Erbeinsetzung nur eines Kindes sollte der Erblasser den übrigen Familienmitgliedern eingehend erläutern, da diese in der Erbeinsetzung wohl eine Bevorzugung des Unternehmensnachfolgers sehen werden, zumal der Wert des vererbten Unternehmens den Wert des übrigen Vermögens oft übersteigt. Um einen teilweisen wertmäßigen Ausgleich zugunsten der Ehefrau und des zweiten Sohnes zu erreichen, erhalten diese die weiteren vorhandenen wesentlichen Vermögensgegenstände als Vermächtnis. Zudem ist im Hinblick auf die Wertunterschiede vorgesehen, dass der Erbe, sollte er Teile des Unternehmens versilbern, die Veräußerungserlöse mit seiner Mutter und seinem Bruder zu teilen hat. Die Verpflichtung zur Aufteilung von Veräußerungserlösen ist zeitlich begrenzt, da der Unternehmenswert mit zunehmendem Zeitablauf regelmäßig mehr und mehr auf den Leistungen des Unternehmensnachfolgers gründet und nicht auf jener des Erblassers. Die vorgeschlagene Klausel nennt ausdrücklich Umgehungstatbestände; ein vollständiger Schutz lässt sich allerdings nicht erreichen.

Klaffen der Wert des dem Alleinerben vererbten Vermögens und der Wert der Vermächtnisgegenstände so weit auseinander, dass durch Übertragung von Privatvermögen keine angemessene Berücksichtigung des Ehegatten und der übrigen Kinder zu erreichen ist, kann eine **Minderheitsbeteiligung** der letztgenannten Personen an dem Unternehmen in Betracht gezogen werden. Es sollte dann allerdings sichergestellt sein, dass der Unter-

nehmensnachfolger die Entscheidungen in der Gesellschafterversammlung notfalls auch gegen die Stimmen der übrigen Gesellschafter treffen kann.

Werden die neben dem Unternehmensnachfolger existierenden Nachkommen oder der Ehegatte nicht angemessen bei der Testamentsgestaltung berücksichtigt, haben diese uU **Pflichtteilsansprüche** (→ Form. C.VI). Wird eine wertmäßig ungleiche Verteilung angestrebt, so sollten bereits zu Lebzeiten (bedingte) Pflichtteilsverzichtsverträge abgeschlossen werden (→ Form. G.III.10).

Ergänzend kann es sinnvoll sein, **Ersatzerben** für den Fall des Wegfalls des Erben vorzusehen (→ Form. G.VI.2).

3. Wird ein Unternehmen nicht auf den **Ehegatten,** sondern auf die nächste Generation übertragen, stellt sich die Frage, wie die Zuordnung von Vermögenswerten erfolgen und die Versorgung des Ehegatten künftig sichergestellt werden soll.

In Bezug auf die **Zuordnung von Vermögenswerten** empfiehlt es sich regelmäßig, dass der Ehegatte die von den Ehegatten gemeinsam im Rahmen ihrer Ehe genutzten Gegenstände erhält, soweit sie ihm nicht ohnehin schon gehören. Hierzu zählen insbesondere etwa das Eigentum an dem privat genutzten Hausgrundstück und Einrichtungsgegenständen, PKW sowie die persönlichen Gegenstände des Erblassers. Aus erbschaftsteuerlichen Gründen kann für einzelne Gegenstände anstelle einer Übertragung aufgrund eines Vermächtnisses die Einräumung eines Nießbrauchs in Betracht gezogen werden. In der Regel dürfte es allerdings sachgerecht sein, dass dem überlebenden Ehegatten das Eigentum an den im Rahmen der Ehe genutzten Gegenständen übertragen wird und ihm diese allein gehören, selbst wenn hiermit erbschaftsteuerliche Nachteile verbunden sind.

Im Hinblick auf die künftige **Versorgung des Ehegatten** besteht regelmäßig der Wunsch des Erblassers, dem Ehegatten auch nach dem Ableben des Unternehmers einen vergleichbaren Lebensstandard zu sichern. Künftige Erträge aus bereits vorhandenen bzw. übertragenen Vermögenswerten sind schwer prognostizierbar, da sie insbesondere von der Entwicklung von Zinssätzen (insbesondere für Festgeld oder Sparguthaben sowie Rentenpapiere) und teilweise weiteren künftigen Faktoren (insbesondere für Aktien und andere Beteiligungen an Gesellschaften) abhängen. Auch die künftige Entwicklung der Ausgaben ist für die Ermittlung des künftigen Bedarfs zu bedenken. Wenn möglich, sollten Vermögenswerte, die eine möglichst sichere Anlage darstellen, berücksichtigt werden.

Bei der Schätzung der künftigen Erträge sollte ein Sicherheitsabschlag vorgenommen werden; bei der Schätzung der künftigen Kosten ein Sicherheitszuschlag, um die Versorgung des Ehegatten auch bei einer schlechteren als der angenommenen Entwicklung darstellen zu können.

In der dem Muster zugrunde liegenden Situation ist neben einer Witwenrente der überlebenden Ehefrau ausreichend Barvermögen vorhanden, durch das die Versorgung der Ehefrau gesichert werden kann.

Alternativ zu der Übertragung von Vermögenswerten kann eine Rentenzahlung an den Ehegatten vorgesehen werden (→ Form. G.VI.4 Gestaltungsalternative → Anm. 2). In diesem Fall erhält der Ehegatte als Vermächtnis eine monatliche **Rente,** welche der Erbe zu zahlen hat. Die Wertsicherung der Rente erfolgt entweder durch eine Indexklausel oder die Verknüpfung mit anderen variablen Parametern, etwa der Anpassung der Richter- oder Beamtenbesoldung. Der Rentenanspruch ist einerseits für den Erben eine Belastung, andererseits für den Ehegatten relativ unsicher, da die künftige Versorgung von der Solvenz des Erben abhängt. Unter Umständen kann der Rentenanspruch durch Sicherheiten wie Grundpfandrechte abgesichert werden. Entsprechende Sicherheiten belasten allerdings, wenn es sich um Betriebsvermögen handelt, die Kreditfähigkeit des betreffenden Unternehmens.

Eine weitere Alternative zu der Übertragung von Vermögensgegenständen und der Zuwendung einer Rente ist die Zuwendung von variablen Leistungen aus dem Nachlass

bzw. Unternehmen. In Betracht kommen insbesondere der Nießbrauch an einer Beteiligung (→ Form. G.VIII.1) oder ein schuldrechtliches Ertragsvermächtnis, welches Zahlungen aus den Dividenden bzw. Jahresüberschüssen der Gesellschaft an die Ehefrau beinhaltet (→ Form. G.III).

4. Gemäß § 1940 BGB kann der Erblasser durch Testament den Erben oder einen Vermächtnisnehmer zu einer Leistung verpflichten, ohne einem anderen ein Recht auf die Leistung zuzuwenden (**Auflage**). Durch die Auflage wird damit den Erben oder einem Vermächtnisnehmer eine rechtliche Verpflichtung auferlegt. Inhalt der Auflage kann jedes Tun oder Unterlassen sein, zu dem man sich schuldrechtlich verpflichten kann. Dementsprechend ist eine Auflage unwirksam, wenn sie sittenwidrige Ziele verfolgt oder gegen ein gesetzliches Verbot verstößt (§§ 2192, 2171 BGB). (Siehe zur Auflage ausführlicher unter → Form. C.V.11, → Form. C.V.12).

Inhalt einer Auflage kann es beispielsweise sein, eine Beteiligung nicht zu kündigen oder nicht zu veräußern (zu Letzterem: MüKoBGB/*Leipold* § 1940 Rn. 6) oder bestimmten Betriebsgrundbesitz nicht zu veräußern (*Esch/Baumann/Schulze zur Wiesche* Rn. I 1644 ff. mit weiteren Beispielen). Nach der im Muster vorgeschlagenen Regelung ist eine Veräußerung zwar nicht versagt, sie führt jedoch dazu, dass die Veräußerungserlöse bei einer Veräußerung innerhalb eines bestimmten Zeitraums mit den Vermächtnisnehmern zu teilen sind.

5. Oft empfiehlt sich die Anordnung von Testamentsvollstreckung, um die Erfüllung von Vermächtnissen und die Vollziehung von Auflagen in der letztwilligen Verfügung sicher zu stellen. Zur Testamentsvollstreckung siehe ausführlich → Form. G.IX.1 sowie oben → Form. C.VII. Der Erblasser kann die Einhaltung der Auflage auch dadurch absichern, dass er die Erfüllung der Auflage als Bedingung der Erbeinsetzung ausgestaltet (→ Form. G.VI.5 Anm. 2).

6. Da der Fall eintreten kann, dass der vom Erblasser ernannte Testamentsvollstrecker wegfällt, sollte ein Ersatztestamentsvollstrecker in die letztwillige Verfügung aufgenommen werden. Hierdurch kann der Erblasser verhindern, dass die Testamentsvollstreckung wegen Wegfalls des vorgesehenen Testamentsvollstreckers scheitert. Alternativ kann beispielsweise vorgesehen werden, dem Präsidenten der örtlichen Rechtsanwaltskammer ein Ernennungsrecht in Bezug auf den Ersatztestamentsvollstrecker einzuräumen.

7. Steuern. Tritt der Erbfall ein, liegt ein erbschaftsteuerpflichtiger Vorgang gem. §§ 1 Abs. 1 Nr. 1, 3 Abs. 1 Nr. 1 ErbStG vor. Das Kind erhält neben den persönlichen Freibeträgen gem. §§ 16 Abs. 1 Nr. 2, 17 Abs. 2 ErbStG auch die Vergünstigungen der §§ 13a, 13b, 13c, 28a ErbStG. Zur Bewertung der GmbH-Anteile → Form. A.IV.4 lit. c) und d). Die Erbschaftsteuer wird nach dem Steuersatz für die Steuerklasse I gem. §§ 15 Abs. 1, 19 Abs. 1 ErbStG berechnet. Sie entsteht gem. § 9 Abs. 1 Nr. 1 ErbStG mit dem Tod des Erblassers. Die Steuer für die Auflage entsteht dagegen gem. § 9 Abs. 1 Nr. 1 d) ErbStG erst mit deren Vollziehung.

Das im Wege des Vermächtnisses der Ehefrau zugewandte Familienheim ist unter den Voraussetzungen des § 13 Abs. 1 Nr. 4b) ErbStG steuerfrei.

Zur erbschaftsteuerlichen Behandlung der Vermächtnisse → Form. C.V.1 Anm. 13, → Form. C.V.5 Anm. 5, → Form. C.V.6 Anm. 8. Zur Auflage → Form. C.V.11 Anm. 9, zur Testamentsvollstreckung → Form. C.VII.1 lit. e) bb) (2) sowie → Form. C.VII.2 Anm. 7.

8. Kosten. 1,0-Gebühr nach Nr. 21200 KV GNotKG aus dem modifizierten Reinvermögen des Erblassers nach § 102 Abs. 1 GNotKG (Reinvermögen, mindestens halbes Aktivvermögen). Vermächtnisse, Auflagen und Testamentsvollstreckung sind daneben nicht gesondert zu bewerten.

2. Unternehmertestament zugunsten mehrerer Kinder

§ 1 Erbeinsetzung[1]

Hiermit setze ich meine Töchter . . . . . . und . . . . . . sowie meinen Sohn . . . . . . zu gleichen Teilen zu meinen Erben ein.[2]

Für jeden Erben setze ich seine leiblichen Abkömmlinge als Ersatzerben[3] **nach den Regeln der gesetzlichen Erbfolge ein. Sind keine solchen Abkömmlinge vorhanden, wächst der betreffende Anteil den übrigen Erben anteilsmäßig zu. Diese Regelungen haben Vorrang vor anders lautenden gesetzlichen oder sonstigen Auslegungs-, Vermutungs- oder Ergänzungsbestimmungen.**

§ 2 Vermächtnis

Meiner Ehefrau wende ich als Vermächtnis[4] **das lebenslange Recht auf Zahlung eines Betrags in Höhe von 30 % des auf meine in den Nachlass fallende Beteiligung an der . . . . . . GmbH & Co. KG mit Sitz in . . . . . ., eingetragen im Handelsregister des Amtsgerichts . . . . . . unter HRA . . . . . ., entfallenden Gewinnanteils zu. Auf den (anteiligen) Gewinnanteil ist eine monatliche Vorauszahlung in Höhe von je einem Zwölftel des Anspruchs zu leisten, die sich auf der Grundlage des Gewinnanteils für das jeweilige Vorjahr berechnet. Der Anspruch der Vermächtnisnehmerin, abzüglich geleisteter Vorauszahlungen, ist zwei Wochen nach Feststellung des Jahresabschlusses der Gesellschaft zur Zahlung fällig. Übersteigt die Summe der Vorauszahlungen den endgültigen Anspruch der Vermächtnisnehmerin, hat diese den überzahlten Betrag zurückzuerstatten. Bei Meinungsverschiedenheiten über die Höhe des Anspruchs entscheidet ein von der Vermächtnisnehmerin und den Erben gemeinsam benannter Wirtschaftsprüfer als Schiedsgutachter über dessen Höhe. Kommt eine Einigung über den Wirtschaftsprüfer nicht innerhalb eines Monats nach Feststellung des Jahresabschlusses zustande, wird der Schiedsgutachter auf Antrag eines der Beteiligten von dem Präsidenten der Industrie- und Handelskammer in . . . . . . benannt. Der Schiedsgutachter entscheidet über die Kosten des Verfahrens entsprechend den Vorschriften der §§ 91 ff. ZPO.**[5, 6]

Anmerkungen

1. Sachverhalt. Der Erblasser ist Mehrheitsgesellschafter einer GmbH & Co. KG sowie Gesellschafter und Geschäftsführer der Komplementärin. Er ist verheiratet und hat drei Kinder. In dem Unternehmen ist ein Geschäftsführer der Komplementärin tätig, welcher bereits an der Gesellschaft mit einer Minderheitsbeteiligung beteiligt ist. Die Mehrheitsbeteiligung soll an die Kinder übertragen werden. Der Gesellschaftsvertrag der GmbH & Co. KG enthält eine einfache Nachfolgeklausel, wonach die Gesellschaft nach dem Tod eines Gesellschafters mit den Erben oder den betreffenden Vermächtnisnehmern fortgesetzt wird. Der bereits existierende weitere, der Familie nicht angehörende Geschäftsführer soll das Unternehmen zunächst weiter führen. Der Unterhalt der Ehefrau wird durch ein schuldrechtliches Ertragsvermächtnis an den Erträgen der Beteiligung gesichert. Das mit dem Wohnhaus der Familie bebaute Grundstück ist bereits zu Lebzeiten auf die Kinder übertragen worden. Die Ehefrau hat einen Nießbrauch an dem Grundstück erhalten.

2. Nach dem Muster werden die drei Kinder die Erben des Erblassers. Zu dem Nachlass gehört seine Beteiligung an der GmbH & Co. KG ebenso wie die Beteiligung an der Komplementär-GmbH.

Die Vererbung der **Beteiligung** an der GmbH & Co. KG, einer **Personengesellschaft,** erfolgt aufgrund der **Sondererbfolge** (→ Form. G.I.2) derart, dass die Miterben entsprechend ihrer testamentarischen Erbquote Gesellschafter der GmbH & Co. KG werden. Die Erbengemeinschaft tritt hingegen nicht in die Gesellschafterstellung ein.

Der Gesellschaftsvertrag enthält nach der dem Muster zugrunde liegenden Konstruktion eine einfache Nachfolgeklausel, wonach sämtliche Erben oder Vermächtnisnehmer Gesellschafter werden können (zu den Nachfolgeklauseln siehe ausführlich → Form. G.I.1 ff.). Bei letztwilligen Verfügungen ist stets zu prüfen, ob diese mit den gesellschaftsvertraglichen Vorgaben in Einklang stehen.

Im Muster sind die Kinder zu gleichen Teilen als Erben eingesetzt worden. Es ist ratsam, in der letztwilligen Verfügung den oder die Unternehmensnachfolger als (Allein) Erben einzusetzen und übrige Personen im Wege von Vermächtnissen zu bedenken. Umgekehrt können auch Gestaltungen gewählt werden, bei denen das Privatvermögen auf einen oder mehrere Erben übergeht und das Unternehmen dem Nachfolger als Vermächtnis zugewendet wird. Von der auch als „Frankfurter Testament" bezeichneten Konstruktion ist abzuraten. In einem solchen Testament sind alle Bedachten als Erben eingesetzt, wobei ein Teil der Erben das Unternehmensvermögen, die anderen Erben das Privatvermögen erhalten. Die Erbquoten sind nicht festgehalten; sie sollen sich nach den Werten der jeweils zugewendeten Vermögensgegenstände richten. Diese Konstruktion ist letztlich eine unzulässige gegenständliche Erbeinsetzung; im Übrigen sind im Hinblick auf die Wertermittlungen Streitigkeiten vorprogrammiert (siehe hierzu: MAH ErbR/*Scherer*/*Ritter* § 8 Rn. 49 ff., 54, *Riede*l Unternehmensnachfolge-HdB § 8 Rn. 61).

Die Geschäftsanteile an der Komplementär-GmbH sind **Anteile an einer Kapitalgesellschaft.** Solche Anteile gehen nicht im Wege der Sondererbfolge auf die Miterben über; sie stehen vielmehr der **Erbengemeinschaft** zu. Zu der Zuwendung von Anteilen an Kapitalgesellschaften siehe ausführlich → Form. G.V.3 Anm. 2.

3. Der eingesetzte Erbe kann vor oder nach dem Eintritt des Erbfalls, etwa durch Tod des eingesetzten Erben vor dem Erbfall, Erbverzicht oder Ausschlagung, wegfallen. Daher sollte vorsorglich ein **Ersatzerbe** gemäß § 2096 BGB bestimmt werden (zu den Ersatzerben siehe ausführlich → Form. G.VI.2).

4. Das Muster sieht ein **schuldrechtliches Ertragsvermächtnis** vor, durch welches die Ehefrau einen Anspruch auf einen anteiligen Gewinn der GmbH & Co. KG erhält. Der Anspruch entspricht 30 % des auf die Beteiligung des Erblassers entfallenden Gewinnanteils. Monatliche Vorauszahlungen sind sinnvoll, um die Versorgung der Ehefrau im Wege von monatlichen Zahlungen darzustellen. Die **Versorgung des überlebenden Ehepartners** sollte nicht allein über ein entsprechendes Ertragsvermächtnis dargestellt werden, da in Verlustjahren (oder gar bei Insolvenz des Unternehmens) keine Zahlungen erfolgen würden und somit die Versorgung nicht gesichert wäre. Auch bei positiver wirtschaftlicher Entwicklung des Unternehmens können die Gesellschafter/Geschäftsführer, etwa durch Maßnahmen der Bilanzierung oder der Verlagerung von Gewinnen in andere Gesellschaften, den Anspruch des Ehegatten unterlaufen. Zur Absicherung des Ehegatten → Form. G.V.1 Anm. 3.

Vgl. zu eventuellen Pflichtteilsansprüchen → Form. C.VI und zu (bedingten) Pflichtteilsverzichtsverträgen → Form. G.III.10.

5. Steuern. Tritt der Erbfall ein, liegt ein erbschaftsteuerpflichtiger Vorgang gem. §§ 1 Abs. 1 Nr. 1, 3 Abs. 1 Nr. 1 ErbStG vor. Die Kinder erhalten neben den persönlichen Freibeträgen gem. §§ 16 Abs. 1 Nr. 2, 17 Abs. 2 ErbStG auch die Vergünstigungen der

§§ 13a, 13b, 13c, 28a ErbStG. Wird im Rahmen der Erbauseinandersetzung Betriebsvermögen auf einen oder mehrere Miterben übertragen, so kann der übertragende Miterbe die Vergünstigung nicht in Anspruch nehmen, § 13a Abs. 3 S. 2 ErbStG (vgl. hierzu auch → Form. C.IV.3 Anm. 17).

Zur Bewertung und Begünstigung der KG- und GmbH-Anteile → Form. A.IV.4 lit. c) und d). Zu Besonderheiten bei der Komplementär-GmbH → Form. G.I.10 Anm. 5.

Zur erbschaftsteuerlichen Behandlung des Vermächtnisses → Form. C.V.1 Anm. 13, → Form. C.V.3 Anm. 8.

Bei der Gestaltung von letztwilligen Verfügungen bei freiberuflichen Praxen oder freiberuflichen Gesellschaften ist in steuerlicher Hinsicht zu beachten, dass der ertragsteuerrechtlich günstigere Freiberuflerstatus gem. § 18 EStG verloren gehen kann, wenn nicht sämtliche Erben, die die Praxis im Wege der Erbfolge erwerben oder in die Gesellschaftsbeteiligung nachfolgen, ebenfalls den notwendigen steuerlichen Freiberuflerstatus haben. Gehören zu den Miterben Personen, die nicht die erforderliche Berufsqualifikation besitzen und führen die Miterben zusammen die Praxis fort, so erzielen die Erben gewerbliche Einkünfte gem. § 15 Abs. 1 Nr. 2 EStG (Schmidt/*Wacker* EStG § 18 Rn. 45, 46). Die Mitunternehmerschaft unterliegt der Gewerbesteuerpflicht.

6. Kosten. 1,0-Gebühr nach Nr. 21200 KV GNotKG aus dem modifizierten Reinvermögen des Erblassers nach § 102 Abs. 1 GNotKG (Reinvermögen, mindestens halbes Aktivvermögen). Vermächtnisse, Auflagen und Testamentsvollstreckung sind daneben nicht gesondert zu bewerten.

3. Unternehmertestament zugunsten des Ehegatten

Hiermit setze ich meinen Ehemann zu meinem alleinigen Erben ein.[1, 2, 3, 4]

Als Ersatzerben[5] **setze ich nach den Regeln der gesetzlichen Erbfolge unsere gemeinsamen ehelichen leiblichen Abkömmlinge ein. Diese Regelung hat Vorrang vor anders lautenden gesetzlichen oder sonstigen Auslegungs-, Vermutungs- oder Ergänzungsbestimmungen.**[6, 7]

Anmerkungen

1. Sachverhalt. Die Erblasserin betreibt ein Unternehmen in der Rechtsform der Aktiengesellschaft. Sie ist Mehrheitsaktionärin und Vorsitzende des Vorstands; Vorstandsmitglieder und Mitarbeiter des Unternehmens halten die übrigen Aktien. Die Erblasserin ist verheiratet und hat ein Kind. Das Unternehmen soll im Fall ihres Versterbens durch die übrigen Vorstandsmitglieder und gegebenenfalls durch zusätzliche durch den Aufsichtsrat zu suchende Vorstandsmitglieder weiter geführt werden. Die Aktien lauten auf den Namen und sind verbrieft. Die Übertragung der Aktien bedarf nach der Satzung der Zustimmung der Gesellschaft (Vinkulierung).

2. Im Erbfall tritt der Ehemann kraft Sonderrechtsnachfolge gemäß § 1922 BGB in vollem Umfang in die Rechtsstellung des Erblassers ein. Es ist streitig, ob auf den Erben alle mitgliedschaftlichen Rechte und Pflichten aus **Namensaktien** auch ohne **Eintragung in das Aktienregister** übergehen (siehe hierzu: MüKoAktG/*Bayer* § 67 Rn. 75 ff.). Bei Namensaktien ist deshalb im Erbfall eine unverzügliche Eintragung des Erben in das Aktienregister zu veranlassen. Ein eventuelles Einzelunternehmerzustimmungserfordernis der Gesellschaft gemäß § 68 Abs. 2 AktG (**Vinkulierung**) ist für die Übertragung im Wege

der Gesamtrechtsnachfolge unbeachtlich. Eine Vinkulierung betrifft lediglich rechtsgeschäftliche Übertragungen (*Hüffer/Koch* AktG § 68 Rn. 11).

Ob der Vorstand nach dem Erbfall zu ergänzen und ein neuer Vorstandsvorsitzender zu ernennen ist, hat der Aufsichtsrat zu entscheiden (§ 84 AktG).

3. Aktien sind **Anteile an einer Kapitalgesellschaft.** Sind mehrere Erben vorhanden, stehen Anteile an einer Kapitalgesellschaft der Erbengemeinschaft zu (→ Form. G). Erben in ungeteilter Erbengemeinschaft können Rechte aus einer Aktie nach § 69 Abs. 1 AktG nur durch einen gemeinschaftlichen Vertreter ausüben. Bei Namensaktien setzt die Anwendung der Vorschrift voraus, dass die Erben im Aktienregister eingetragen sind (*Hüffer/Koch* AktG § 69 Rn. 3).

4. Zu eventuellen **Pflichtteilsansprüchen** (siehe → Form. C.VI), zu Pflichtteilsverzichtsverträgen (→ Form. G.III.10 Anm. 1).

5. Der eingesetzte Erbe kann vor oder nach dem Eintritt des Erbfalls, etwa durch Tod des eingesetzten Erben vor dem Erbfall, Erbverzicht oder Ausschlagung, wegfallen. Daher sollte vorsorglich ein **Ersatzerbe** gem. § 2096 BGB bestimmt werden (zu den Ersatzerben siehe ausführlich → Form. G.VI.2).

6. Steuern. Tritt der Erbfall ein, liegt ein erbschaftsteuerpflichtiger Vorgang gem. §§ 1 Abs. 1 Nr. 1, 3 Abs. 1 Nr. 1 ErbStG vor. Da der Ehegatte neben den Vergünstigungen des § 13a ErbStG einen Versorgungsfreibetrag in Höhe von 256.000,– EUR gem. § 17 Abs. 1 ErbStG und einen persönlichen Freibetrag in Höhe von 500.000,– EUR gem. § 16 Abs. 1 Nr. 1 ErbStG erhält, ist es sinnvoll, ihn in die Unternehmensnachfolge einzubinden. Zur Bewertung und Begünstigung der AG-Anteile → Form. A.III.4 lit. c) und d).

7. Kosten. → Form. G.V.1 Anm. 8.

4. Unternehmertestament zugunsten des Ehegatten und des Kindes

§ 1 Erbeinsetzung[1]

Hiermit setze ich meine Ehefrau ...... und meinen Sohn ...... je zur Hälfte zu meinen Erben ein.[2]

Ersatzerbe für meine Ehefrau ist mein Sohn. Ersatzerbe für meinen Sohn sind dessen leiblichen Abkömmlinge. Diese Regelungen haben Vorrang vor anders lautenden gesetzlichen oder sonstigen Auslegungs-, Vermutungs- oder Ergänzungsbestimmungen.[3]

§ 2 Vermächtnis

Meiner Ehefrau[4] wende ich als Vermächtnis zu: Meinen Miteigentumsanteil an dem Grundstück in der ...... Straße ......, Hamburg, eingetragen im Grundbuch des Amtsgerichts ...... von ......, Gemarkung ......, Flur ......, Flurstück ......, Größe ...... einschließlich des darauf stehenden Einfamilienhauses, des Hausrats und meiner persönlichen Habe. Hiermit erteile ich meiner Ehefrau die Vollmacht, das Vermächtnis durch Auflassung des vorgenannten Grundbesitzes zu erfüllen. Meine Ehefrau ist dabei von den Beschränkungen des § 181 BGB befreit. Sie ist berechtigt, Untervollmacht zu erteilen.

Das Vermächtnis ist ein Vorausvermächtnis und nicht auf den Erbteil anzurechnen.[5, 6, 7]

Anmerkungen

1. Sachverhalt. Der Erblasser ist alleiniger Gesellschafter einer GmbH. Er ist verheiratet und hat ein Kind. Zu dem weiteren Vermögen des Erblassers zählt insbesondere das Miteigentum an dem mit dem Eigenheim bebauten Hausgrundstück; das übrige Miteigentum hält die Ehefrau.

2. Mit dem Erbfall geht der Geschäftsanteil an der GmbH, einer Kapitalgesellschaft, auf die **Erbengemeinschaft**, bestehend aus Ehefrau und Sohn, gemäß § 1922 BGB im Wege der Gesamtrechtsnachfolge über. Zu der Zuwendung von Anteilen an Kapitalgesellschaften siehe ausführlich → Form. G.VII.1.

3. Der eingesetzte Erbe kann vor oder nach dem Eintritt des Erbfalls, etwa durch Tod des eingesetzten Erben vor dem Erbfall, Erbverzicht oder Ausschlagung, wegfallen. Daher sollte vorsorglich ein **Ersatzerbe** gemäß § 2096 BGB bestimmt werden (zu den Ersatzerben siehe ausführlich → Form. G.VI.2).

4. Zu der Zuordnung von Vermögenswerten zugunsten des Ehegatten und zu der Versorgung desselben → Form. G.V.1 Anm. 2, → Form. G.V.1 Anm. 3. Bei der dem Muster zugrunde liegenden Konzeption hält die Ehefrau das Hausgrundstück der Familie nach Erfüllung des Vermächtnisses im Alleineigentum. Ihre Versorgung soll über die Dividenden der GmbH erfolgen.

5. Zum Vorausvermächtnis → Form. G.VI.3, Gestaltungsalternative → Form. G.VII.5.

6. Steuern. Tritt der Erbfall ein, liegt ein erbschaftsteuerpflichtiger Vorgang gem. §§ 1 Abs. 1 Nr. 1, 3 Abs. 1 Nr. 1 ErbStG vor. Sowohl der Ehegatte als auch das Kind erhalten die Begünstigungen gem. §§ 13a, 13b, 13c, 28a ErbStG neben ihren persönlichen Freibeträgen gem. § 16 Abs. 1 Nr. 1, 2 ErbStG und dem Versorgungsfreibetrag gem. § 17 Abs. 1, 2 ErbStG. Wird im Rahmen der Erbauseinandersetzung Betriebsvermögen auf einen oder mehrere Miterben übertragen, so kann der übertragende Miterbe die Vergünstigung nicht in Anspruch nehmen, § 13a Abs. 3 S. 2 ErbStG (→ Form. C.IV.3 Anm. 7). Zur Bewertung und Begünstigung der GmbH-Anteile → Form. A.IV.4 lit. c) und d).

Der im Wege des Vorausvermächtnisses vermachte Anteil am Familienheim ist unter den Voraussetzungen des § 13 Abs. 1 Nr. 4b ErbStG steuerfrei. Zur steuerlichen Behandlung des Vorausvermächtnisses siehe die Anmerkungen unter → Form. C.IV.4 Anm. 5, → Form. C.V.1 Anm. 13, → Form. C.V.6 Anm. 8.

7. Kosten. → Form. G.V.1 Anm. 8.

5. Unternehmertestament bei Mitarbeit des Ehegatten im Unternehmen

Gemeinschaftliches Testament bei Mitarbeit des Ehegatten im Unternehmen

§ 1 Erbeinsetzung[1]

1. Erster Erbfall
   Hiermit setzt der Erstversterbende von uns, den Eheleuten . . . . . . und . . . . . . den Überlebenden zu seinem alleinigen Vorerben ein.[2] Der Vorerbe ist von allen gesetzlichen Beschränkungen befreit, soweit dies zulässig ist.[3]

Zu unseren Nacherben setzen wir unsere gemeinsamen Abkömmlinge, dies sind zur Zeit unser Sohn . . . . . ., geboren am . . . . . ., und unsere Tochter . . . . . ., geboren am . . . . . ., gemäß gesetzlicher Erbfolge ein. Die Nacherbfolge tritt mit dem Tod des Vorerben ein.[4] Die Nacherben sind auch Ersatzerben.[5]
Verlangt einer dieser Abkömmlinge beim Eintritt des Nacherbfalls den Pflichtteil, so werden er und sein Stamm von der Nacherbfolge und der Erbfolge nach dem Überlebenden ausgeschlossen. Er und sein Stamm erhalten auch beim Tod des Überlebenden lediglich den Pflichtteil.[6]

2. Zweiter Erbfall
Der Überlebende setzt hiermit unsere gemeinschaftlichen ehelichen Abkömmlinge gemäß der gesetzlichen Erbfolge zu seinen Erben ein. Der Überlebende kann nach dem Tode des Erstversterbenden diese Erbeinsetzung beliebig ändern, sofern er dabei keine anderen Personen als unsere gemeinschaftlichen ehelichen Abkömmlinge bedenkt. Diese Erbeinsetzung gilt auch für den Fall, dass wir gleichzeitig versterben.[7]

3. Ersatznacherben
Für jeden Nacherben setzt der Überlebende die leiblichen Abkömmlinge des Nacherben als Ersatznacherben nach den Regeln der gesetzlichen Erbfolge ein. Sind keine solchen Abkömmlinge vorhanden, wächst der betreffende Anteil den übrigen Nacherben anteilsmäßig zu. Diese Regelungen haben Vorrang vor anders lautenden gesetzlichen oder sonstigen Auslegungs-, Vermutungs- oder Ergänzungsbestimmungen.[8]

§ 2 Vermächtnisse

Der Überlebende erhält sämtliche zum ehelichen Haushalt gehörenden Gegenstände des Erstversterbenden als Vorausvermächtnis.[9]

§ 3 Wechselseitige Verfügungen

Die Bestimmungen dieses Testaments sind wechselbezüglich, soweit dies gesetzlich zulässig ist. Sämtliche Verfügungen in diesem Testament erfolgen unabhängig davon, welche Pflichtteilsberechtigten im Zeitpunkt unseres jeweiligen Todes vorhanden sind. Wir wünschen keinen gegenseitigen Pflichtteilsverzicht.[10]

§ 4 Testamentsvollstreckung

Der Erstversterbende ordnet Testamentsvollstreckung an und bestimmt Herrn . . . . . . zum Testamentsvollstrecker. Der Testamentsvollstrecker hat die Aufgabe, die Rechte und Pflichten der Nacherben bis zu dem Eintritt des Nacherbfalls zu wahren.[11] Die Testamentsvollstreckung bezieht sich nicht auf den Vorerben.

In dem Fall, dass der jüngste Nacherbe im Nacherbfall das 18. Lebensjahr noch nicht vollendet hat, hat der Testamentsvollstrecker zusätzlich die Aufgabe, den Nachlass in Besitz zu nehmen und zu verwalten, bis der jüngste Nacherbe das 18. Lebensjahr vollendet hat.

Für den Fall, dass der ernannte Testamentsvollstrecker vor oder nach der Annahme des Amts wegfällt, bestimme ich Herrn . . . . . . zum Testamentsvollstrecker.[12], [13, 14]

Anmerkungen

1. **Sachverhalt.** Der Erblasser und seine Ehefrau sind Gesellschafter einer GmbH, in der beide auch als Geschäftsführer tätig sind. Die Eheleute haben zwei minderjährige Kinder. Sie wollen erreichen, dass der jeweils Überlebende das Unternehmen im Fall des

Versterbens eines Ehegatten weiterführen kann; das Unternehmen soll letztlich auf die gemeinsamen Kinder übergehen.

2. Der Erblasser kann gemäß § 2100 BGB einen Erben in der Weise als (Nach)Erben einsetzen, dass er erst Erbe wird, nachdem zunächst ein anderer Erbe geworden ist. Der Erblasser wird bei seinem Tod zunächst von dem Vorerben beerbt; der Nacherbe erbt zu einem in dem Testament bestimmten Zeitpunkt, regelmäßig mit dem Tod des Vorerben (siehe zur Vor- und Nacherbschaft ausführlich → Form. G.VI.3).

Die Anordnung der **Vor- und Nacherbfolge** kommt für die Unternehmensnachfolge häufig dann in Betracht, wenn der vorgesehene Unternehmensnachfolger die Gesellschafterstellung noch nicht ausfüllen kann oder wenn der Erblasser die Versorgung eines Familienangehörigen dinglich sichern möchte (vgl. hierzu: *Paschke* ZIP 1985, 129 [129 f.]; Staudinger/*Avenarius* BGB Vorb. zu §§ 2100 bis 2146 Rn. 15).

Gehört zum Nachlass, wie in der dem Muster zugrunde liegenden Konzeption, eine Beteiligung an einer Kapitalgesellschaft, so geht diese grundsätzlich zunächst auf den Vorerben und später auf den Nacherben über. Nach § 2111 Abs. 1 S. 1 BGB stehen dem Vorerben die Nutzungen der Erbschaft zu. Dies sind bei einer Beteiligung an einer Kapitalgesellschaft die Dividenden- und Gewinnanteile (Staudinger/*Avenarius* BGB § 2111 Rn. 38). Zu der Vorerbschaft bei einer Beteiligung an einer Personengesellschaft → Form. G.VI.3 Anm. 2; zu der Vorerbschaft beim einzelkaufmännischen Unternehmen siehe *Nieder/Kössinger* § 10 Rn. 113.

3. Nach § 2136 BGB kann der Erblasser den Vorerben von bestimmten Verpflichtungen und Beschränkungen, etwa der Pflicht zur ordnungsgemäßen Verwaltung nach § 2130 BGB, befreien. Der **befreite Vorerbe** haftet dann dem Nacherben nicht für die ordnungsgemäße Verwaltung der Beteiligung gemäß §§ 2130, 2131 BGB. Die Haftung des Vorerben beschränkt sich dann auf Verstöße gegen das Verbot unentgeltlicher Verfügungen nach § 2113 Abs. 2 BGB und auf den Fall, dass der Vorerbe die Erbschaft, in der Absicht, den Nacherben zu benachteiligen, geschädigt hat (§ 2138 Abs. 2 BGB).

4. Die Regelung entspricht der gesetzlichen Vermutung des § 2106 Abs. 1 BGB.

5. Die Einsetzung des Nacherben zum Ersatzerben entspricht der Auslegungsvorschrift des § 2102 Abs. 2 BGB. Wenn eine andere Person als der Nacherbe zum Ersatzerben bestimmt werden soll, ist folgende Formulierung zu empfehlen: „Abweichend von anders lautenden gesetzlichen oder sonstigen Auslegungs-, Vermutungs- oder Ergänzungsbestimmungen ist Ersatzerbe . . . . . .“ Die Klarstellung sollte erfolgen, da streitig ist, ob eine ausdrückliche Ersatzerbenbestimmung den gesetzlichen Vermutungsregelungen der §§ 2069, 2102 Abs. 1 BGB vorgeht.

6. Der Nacherbe, welcher bei dem Eintritt des Nacherbfalls den Pflichtteil verlangt, soll von der Nacherbfolge ausgeschlossen werden. Auch beim Tod des Überlebenden erhält dieser (bzw. sein Stamm) lediglich den Pflichtteil. Die Nacherbeneinsetzung ist somit durch ein entsprechendes Verlangen des Pflichtteils auflösend bedingt.

Eine weitere Möglichkeit bietet die sogenannte „*Jastrow'sche* Klausel“ (DNotV 1904, 425), durch die diejenigen Abkömmlinge, die beim ersten Erbfall den Pflichtteil nicht geltend machen, für den Fall der Geltendmachung des Pflichtteils durch einen anderen Abkömmling ein Vermächtnis erhalten. Diese Zuwendung fällt mit dem ersten Erbfall an, wird aber erst beim zweiten Erbfall fällig, wodurch der Nachlass nach dem Tod des Zweitversterbenden nochmals geschmälert wird (vgl. BeckNotarHdB/*Bengel/Dietz* C. 250).

Ausführlich zu **Pflichtteilsklausel** → Form. C.VI.5.

7. Nach der dem Muster zugrunde liegenden Konzeption treffen die Eheleute bereits in ihrem gemeinschaftlichen Testament Verfügungen für den Todesfall des Überlebenden.

Dies ist nicht zwingend. Sofern diese Konstruktion nicht gewünscht ist, sollte dies ausdrücklich in dem Testament festgehalten werden.

8. Da der Nacherbe vor oder nach Eintritt des Nacherbfalls wegfallen könnte, sollte ein **Ersatznacherbe** bestimmt werden (vgl. zum Ersatznacherben BayObLGZ 1993, 334 = NJW-RR 1994, 460 [461]). Ausführlich zu den Ersatzerben → Form. G.VI.2.

9. Nach § 2150 BGB kann einem Erben ein sogenanntes Vorausvermächtnis zugewendet werden. Ein Vorausvermächtnis zugunsten eines alleinigen Vorerben hat gemäß § 2110 Abs. 2 BGB die Wirkung, dass der Vorerbe den betreffenden Gegenstand ohne weiteres und **mit der Nacherbschaft nicht beschwert** erwirbt (BGH NJW 1960, 959 [960]; Palandt/*Weidlich* BGB § 2110 Rn. 2).

10. Wechselbezügliche Verfügungen in einem gemeinschaftlichen Testament sind voneinander im Sinne von §§ 2271 BGB abhängig. Der Widerruf und die Änderung solcher Verfügungen sind beschränkt (§ 2271 BGB). Deshalb ist klarzustellen, welche Verfügungen nach dem Willen der Eheleute wechselbezüglich sind. Zu beachten ist dabei, dass nach § 2270 Abs. 3 BGB nur Erbeinsetzungen, Vermächtnisse oder Auflagen wechselbezüglich sein können. Zu wechselbezüglichen Verfügungen siehe ausführlich → Form. E.II.1.

11. Oft empfiehlt es sich, Testamentsvollstreckung anzuordnen, um die Rechte der Nacherben sicher zu stellen. Ergänzend ist vorgesehen, dass der Testamentsvollstrecker zur Sicherung minderjähriger Nacherben den Nachlass verwaltet, bis der jüngste Nacherbe volljährig ist. Die **Verwaltungs- oder Dauervollstreckung** über Aktien und GmbH-Anteile ist zulässig (*Todtenhöfer* RNotZ 2017, 557 [560]; Groll/*Steiner* C.IX. Rn. 191 f.). Zur Testamentsvollstreckung siehe ausführlich → Form. G.IX.1 Anm. 2 ff.

12. Zum Testamentsvollstrecker → Form. G.V.1 Anm. 5.

13. Steuern. Zur steuerlichen Behandlung der Vor- und Nacherbschaft siehe → Form. C.II.1 Anm. 6, → Form. C.II.3 Anm. 4, zum Vermächtnis → Form. C.IV.4 Anm. 5, zur Testamentsvollstreckung → Form. C.VII.1 lit. e) bb) (2) sowie → Form. C.VII.2 Anm. 7. Zur Bewertung und Begünstigung der GmbH-Anteile → Form. A.IV.4 lit. c) und d).

14. Kosten. 2,0-Gebühr nach Nr. 21100 KV GNotKG aus dem modifizierten Reinvermögen beider Erblasser nach § 102 Abs. 1 GNotKG (jeweiliges Reinvermögen, mindestens jeweils halbes Aktivvermögen). Vermächtnisse, Auflagen und Testamentsvollstreckung sind daneben nicht gesondert zu bewerten.

6. Unternehmertestament zugunsten eines Dritten

§ 1 Erbeinsetzung[1]

Hiermit setze ich meine Ehefrau ......, meine Tochter ...... sowie meinen Sohn ...... zu meinen Erben zu je einem Drittel ein.[2]

Für meine Ehefrau setze ich unsere gemeinsamen Kinder und für meine Kinder ihre leiblichen Abkömmlinge als Ersatzerben[3] nach den Regeln der gesetzlichen Erbfolge ein. Sind keine solchen Abkömmlinge vorhanden, wächst der betreffende Anteil den übrigen Erben anteilsmäßig zu. Diese Regelungen haben Vorrang vor anders lautenden gesetzlichen oder sonstigen Auslegungs-, Vermutungs- oder Ergänzungsbestimmungen.

§ 2 Vermächtnis

Unter der Bedingung, dass Herr ...... im Zeitpunkt meines Todes (ungekündigter) Prokurist oder Geschäftsführer der ...... GmbH mit Sitz in ......, eingetragen im Handelsregister des Amtsgerichts ...... unter HRB ......, ist, erhält Herr ...... im Wege des Vermächtnisses das Recht, meine sämtlichen Geschäftsanteile an der genannten GmbH (derzeit ein Geschäftsanteil im Nennwert von 200.000 EUR) zu den nachfolgend genannten Konditionen zu erwerben.

Der Kaufpreis für meine sämtlichen Geschäftsanteile an der GmbH entspricht dem vierfachen durchschnittlichen Gewinn vor Steuern, Zinsen und Abschreibungen (EBIT-DA) der GmbH. Maßgeblich für die Berechnung des durchschnittlichen EBITDA sind die letzten drei vollen Geschäftsjahre vor dem Eintritt des Erbfalls. Der Kaufpreis ist in fünf gleichen Raten zu zahlen. Die erste Rate ist zwei Wochen nach der Beurkundung des Kaufvertrags für die Geschäftsanteile zur Zahlung fällig, die weiteren Raten im Abstand von jeweils sechs Monaten. Die Abtretung der Geschäftsanteile ist aufschiebend bedingt durch die Zahlung der ersten Rate des Kaufpreises. Der Kaufvertrag enthält lediglich Garantien in Bezug auf die Existenz der Geschäftsanteile und die Aufbringung des Stammkapitals; ansonsten sind weder Garantien noch Freistellungen vorzusehen.[4]

Herr ...... kann innerhalb von zwei Monaten nach dem Eintritt des Erbfalls schriftlich erklären, dass er das oben beschriebene Erwerbsrecht ausübt. In diesem Fall ist innerhalb von einem weiteren Monat der Kauf- und Abtretungsvertrag über den Erwerb der Geschäftsanteile zu beurkunden.

§ 3 Testamentsvollstreckung

Ich ordne Testamentsvollstreckung an und bestimme meine Ehefrau ...... zum Testamentsvollstrecker. Der Testamentsvollstrecker hat die Aufgabe, das angeordnete Vermächtnis zu erfüllen und die Gesellschafterrechte aus dem GmbH-Anteil bis zu der Erfüllung des Vermächtnisses fortzuführen.[5] Hierzu steht dem Testamentsvollstrecker die volle Verwaltungs- und Verfügungsbefugnis zu. Der Testamentsvollstrecker ist in der Eingehung von Verbindlichkeiten für den Nachlass nicht beschränkt und von den Beschränkungen des § 181 BGB befreit. Die Aufgabe des Testamentsvollstreckers endet nach der Auseinandersetzung des Nachlasses und der Übertragung des Geschäftsanteils an Herrn ......

Für den Fall, dass der ernannte Testamentsvollstrecker vor oder nach der Annahme des Amts wegfällt, bestimme ich Herrn ...... zum Testamentsvollstrecker.[6, 7]

Anmerkungen

1. Sachverhalt. Der Erblasser ist alleiniger Gesellschafter und Geschäftsführer einer GmbH. Er ist verheiratet und hat zwei Kinder. Da keines der Kinder nach Ansicht des Erblassers dazu geeignet ist, das Unternehmen fortzuführen, räumt der Erblasser einem Prokuristen der GmbH im Wege des Vermächtnisses das Recht ein, den Geschäftsanteil an der GmbH zu erwerben. Die Ehefrau und die Kinder erben die übrigen Vermögensgegenstände des Nachlasses.

2. Nach dem Muster werden die Ehefrau und die Kinder die Erben des Erblassers. Zu dem Nachlass gehört zunächst die Beteiligung an der GmbH, welche bei Ausübung des Erwerbsrechts auf den Prokuristen übertragen wird. Dem Prokuristen wird als Vermächtnis ein Erwerbsrecht zugewendet.

Zu eventuellen **Pflichtteilsansprüchen** (→ Form. C.VI) und zu (bedingten) Pflichtteilsverzichtsverträgen (→ Form. G.III.10).

3. Der eingesetzte Erbe kann vor oder nach dem Eintritt des Erbfalls, etwa durch Tod des eingesetzten Erben vor dem Erbfall, Erbverzicht oder Ausschlagung, wegfallen. Daher sollte vorsorglich ein **Ersatzerbe** gemäß § 2096 BGB bestimmt werden (zu den Ersatzerben siehe ausführlich → Form. G.VI.2).

4. Der **Kaufvertrag** enthält aus der Sicht des Erblassers für den Prokuristen günstige Regelungen in Bezug auf die Höhe des Kaufpreises und dessen Stundung. Da der Prokurist den Geschäftsbetrieb gut kennt und die Erben nicht mit Garantieansprüchen aus einem Anteilskaufvertrag belastet werden sollen, ist vorgesehen, dass der Vertrag insbesondere keine Garantien bezüglich der wirtschaftlichen Verhältnisse der Gesellschaft enthält. Der Kauf- und Abtretungsvertrag ist beurkundungspflichtig (§ 15 GmbHG).

5. Oft empfiehlt es sich, Testamentsvollstreckung anzuordnen, um die Erfüllung von Vermächtnissen sicher zu stellen. Zur Testamentsvollstreckung siehe ausführlich → Form. G.IX.1 Anm. 2 ff. sowie → Form. C.VII.1 ff.

6. Steuern. Tritt der Erbfall ein, liegt ein erbschaftsteuerpflichtiger Vorgang gem. §§ 1 Abs. 1 Nr. 1, 3 Abs. 1 Nr. 1 ErbStG vor. Sowohl der Ehegatte als auch die Kinder erhalten die Begünstigungen gem. §§ 13a, 13b, 13c, 28a ErbStG neben ihren persönlichen Freibeträgen gem. § 16 Abs. 1 Nr. 1, 2 ErbStG und dem Versorgungsfreibetrag gem. § 17 Abs. 1, 2 ErbStG. Wird im Rahmen der Erbauseinandersetzung Betriebsvermögen auf einen oder mehrere Miterben übertragen, so kann der übertragende Miterbe die Vergünstigung nicht in Anspruch nehmen, § 13a Abs. 3 S. 2 ErbStG (→ Form. C.IV.3 Anm. 7). Zur Bewertung und Begünstigung der GmbH-Anteile → Form. A.IV.4 lit. c) und d).

Erbschaftsteuerlich nachteilig an dem Vermächtnis zugunsten des Prokuristen ist, dass dieser als Dritter nur einen verhältnismäßig geringen persönlichen Freibetrag gem. § 16 Abs. 1 Nr. 7 ErbStG in Höhe von 20.000 EUR erhält.

Zur erbschaftsteuerlichen Behandlung des Vermächtnisses → Form. C.V.1 Anm. 13. Zum Kaufrechtsvermächtnis des Prokuristen → Form. C.V.I Anm. 13. Zur Testamentsvollstreckung → Form. C.VII.1.

7. Kosten. → Form. G.V.1 Anm. 8.

7. Unternehmertestament des Einzelkaufmanns

§ 1 Erbeinsetzung[1]

Hiermit setze ich meinen Sohn . . . . . . zu meinem alleinigen Erben ein.[2]

Ich willige in die Fortführung der Firma meines in Berlin unter der Firma . . . . . . e. K. betriebenen einzelkaufmännischen Unternehmens durch den Erben, mit oder ohne Beifügung eines das Nachfolgeverhältnis andeutenden Zusatzes, ausdrücklich ein.[3, 4]

§ 2 Vermächtnisse

Meiner Ehefrau wende ich als Vermächtnis[5] zu:

a) meinen Miteigentumsanteil an dem Grundstück in der . . . . . . Straße . . . . . ., Köln, eingetragen im Grundbuch des Amtsgerichts . . . . . . von . . . . . ., Gemarkung . . . . . ., Flur . . . . . ., Flurstück . . . . . ., Größe . . . . . . einschließlich des darauf stehenden Einfamilienhauses, des Hausrats und meiner persönlichen Habe; und

b) meine Guthaben auf Bankkonten einschließlich meiner Sparbücher, mit Ausnahme der zu meinem einzelkaufmännischen Unternehmen gehörenden betrieblichen Bankkonten.

Meiner Tochter . . . . . . wende ich als Vermächtnis zu:

a) meine Eigentumswohnung in der . . . . . . Straße Nr. . . . . . . in . . . . . ., also meinen Miteigentumsanteil an dem Grundstück, Gemarkung . . . . . ., Flur . . . . . ., Flurstück . . . . . ., Größe . . . . . . qm, verbunden mit der im Aufteilungsplan mit Nr. . . . . . . gekennzeichneten Wohnung im Erdgeschoss und einem Kellerraum im Kellergeschoss, eingetragen im Wohnungsgrundbuch des Amtsgerichts . . . . . . von . . . . . ., Blatt . . . . . ., einschließlich insbesondere der hiermit verbundenen Sondernutzungsrechte sowie des dazugehörigen Stellplatzes; und

b) einen Geldbetrag in Höhe von 200.000 EUR.[6, 7]

Anmerkungen

1. Sachverhalt. Der Erblasser betreibt ein Unternehmen als Einzelkaufmann. Er ist verheiratet und hat zwei Kinder. Der Sohn des Erblassers soll das Unternehmen fortführen. Die Ehefrau und die Tochter erhalten weitere erhebliche Vermögenswerte aus dem Privatvermögen.

2. Das **einzelkaufmännische Unternehmen** hat keine eigene Rechtspersönlichkeit. Vielmehr ist der Erblasser allein Träger von Rechten und Pflichten. Mit dem Erbfall gehen die dem Einzelunternehmen zuzurechnenden Rechte und Pflichten im Wege der Gesamtrechtsnachfolge auf den Erben über (§ 1922 BGB).

Die Einsetzung des Nachfolgers zum Erben eines Einzelunternehmens ist regelmäßig der Zuwendung eines solchen Unternehmens im Wege des **Vermächtnisses** vorzuziehen. Ein Vermächtnis in Bezug auf ein Einzelunternehmen birgt erhebliche rechtliche Schwierigkeiten, da das Einzelunternehmen keine eigene Rechtspersönlichkeit hat und deshalb im Hinblick auf die Bestimmung und Übertragung des Vermächtnisgegenstandes möglichst genau zu beschreiben ist. Zudem bedarf die Übertragung von Verbindlichkeiten und Vertragsverhältnissen weitgehend der Zustimmung des jeweiligen Gläubigers bzw. Vertragspartners (→ Form. G.VII.2 Anm. 2). Ist beabsichtigt, ein Einzelunternehmen einer anderen Person als dem Erben zuzuwenden, so ist es ratsam, das Unternehmen im Rahmen der Nachfolgeplanung vor der Errichtung des Testaments in eine andere Rechtsform zu überführen.

3. Nach § 22 Abs. 1 HGB kann der Erbe die **Firma** des Einzelunternehmens fortführen, wenn der bisherige Geschäftsinhaber in die Fortführung der Firma ausdrücklich einwilligt. Es ist streitig, ob das Recht des Erben zur Fortführung der Firma auch ohne ausdrückliche Einwilligung des Geschäftsinhabers besteht (siehe hierzu: MüKoHGB/*Heidinger* § 22 Rn. 36). Deshalb empfiehlt es sich, den Willen des Erblassers in dieser Hinsicht klarzustellen. Der Erbe ist frei, die Firma nach dem Erbfall zu ändern. Dies kann beispielsweise gewollt sein, um die handelsrechtliche Haftung (→ Anm. 4) zu vermeiden.

4. Der Erbe haftet für die durch den Erblasser begründeten Verbindlichkeiten des Einzelunternehmens nach § 1967 Abs. 1 BGB. Diese **Haftung** bezieht sich im Grundsatz auf eine Haftung des Erblassers mit seinem gesamten Vermögen; sie ist jedoch beschränkbar auf das ererbte Vermögen. Eine solche Beschränkung kann insbesondere durch eine Nachlassverwaltung (§§ 1975 ff. BGB) und Eröffnung des Nachlassinsolvenzverfahrens (§§ 1975 bis 1980 BGB) herbeigeführt werden (siehe zu den Möglichkeiten der Beschränkung der Erbenhaftung: Palandt/*Weidlich* BGB Vorb. § 1967 Rn. 2; Groll/*Endemann* C.V. Rn. 1 ff.).

Ergänzend zu der Erbenhaftung kann den Erben eine handelsrechtliche Haftung treffen: Führt der Erbe das Einzelunternehmen unter der Firma des Erblassers fort, haftet der Erbe – ohne Beschränkung – gemäß § 27 Abs. 1 iVm § 25 HGB für die dem Einzelunternehmen zuzurechnenden Verbindlichkeiten. Ob der Erbe die Möglichkeit hat, seine Haftung bei Firmenfortführung durch die Eintragung eines haftungsbeschränkenden Vermerks im Handelsregister zu beschränken, ist streitig (siehe hierzu: MüKoHGB/ *Thiessen* § 27 Rn. 46 f.) und damit ungewiss.

Die handelsrechtliche unbeschränkte Haftung tritt nach § 27 Abs. 2 HGB nicht ein, wenn der Erbe das Einzelunternehmen innerhalb von drei Monaten, nachdem er Kenntnis von seiner Erbschaft erlangt hat, einstellt; es bleibt bei der Erbenhaftung (zu Einzelheiten der handelsrechtlichen Haftung siehe Groll/*Stein* B.XI. Rn. 15 ff.).

5. Zu **Pflichtteilsverzichtsverträgen** → Form. G.III.10 Anm. 1, → Form. J.III.6 ff.

6. Steuern. Tritt der Erbfall ein, liegt ein erbschaftsteuerpflichtiger Vorgang gem. §§ 1 Abs. 1 Nr. 1, 3 Abs. 1 Nr. 1 ErbStG vor. Das Kind erhält neben den persönlichen Freibeträgen gem. §§ 16 Abs. 1 Nr. 2, 17 Abs. 2 ErbStG auch die Vergünstigungen der §§ 13a, 13b, 13c, 28a ErbStG. Die Erbschaftsteuer wird nach dem Steuersatz für die Steuerklasse I gem. §§ 15 Abs. 1, 19 Abs. 1 ErbStG berechnet. Die Steuer entsteht gem. § 9 Abs. 1 Nr. 1 ErbStG mit dem Tod des Erblassers. Zur Bewertung und Begünstigung des Betriebs (Einzelunternehmens) → Form. A.IV.4 lit. c) und d).

Bei Fortführung des Betriebs erzielt der Erbe hieraus laufende Einkünfte aus Gewerbebetrieb gem. § 15 Abs. 1 Nr. 1 EStG. Eventuelle Verlustvorträge gem. § 10d EStG gehen nicht auf den Erben über. Nach geänderter Rechtsprechung des BFH (Beschl. v. 17.12.2007 – GrS 2/04) sind Verlustvorträge nicht vererblich.

Gewerbesteuerlich gilt der Gewerbebetrieb als mit dem Tod des Einzelunternehmers eingestellt. Führt der Erbe den Betrieb fort, ist dies gewerbesteuerlich eine Neugründung durch den Erben (BFH BStBl. II 1971, 526). Mit dem Tod des Einzelunternehmers entfällt der Verlustabzug gem. § 10a GewStG vollständig (BFH BStBl. II 1994, 331).

Auch umsatzsteuerlich erlöschen das Unternehmen und die Unternehmereigenschaft des Erblassers mit dessen Tod. Der Erbe wird nicht durch den Erbfall zum Unternehmer, sondern erst dann, wenn er selbst Umsätze im Sinne des Umsatzsteuergesetzes ausführt (A 19 Abs. 5 S. 2 UStR). Dabei genügt es, wenn der Erbe lediglich kurzfristig das Unternehmen fortführt. Veräußert der Erbe jedoch das Unternehmen im Ganzen, ohne selbst unternehmerisch tätig zu werden, ist dies keine ausreichend nachhaltige Tätigkeit gem. § 2 Abs. 1 S. 3 UStG und begründet keine Unternehmereigenschaft des Erben (BFH BStBl. II 1987, 512).

Die Erben haften gem. § 45 AO für rückständige Steuern des Erblassers einschließlich der betrieblichen Steuern.

Sofern im Betriebsvermögen des Einzelunternehmens ein Grundstück vorhanden war, ist der Erwerb des Grundstücks durch den Tod des Einzelkaufmannes gem. § 3 Nr. 2 S. 1 GrEStG von der Grunderwerbsteuer befreit.

Zur steuerlichen Behandlung des Vermächtnisses → Form. C.V.1 Anm. 13, → Form. C.V.3 Anm. 8, → Form. C.V.5 Anm. 5, → Form. C.V.6 Anm. 8.

7. Kosten. → Form. G.V.1 Anm. 8.

VI. Besondere Regelungen des Unternehmertestaments

1. Bestimmung des Nachfolgers durch Dritte

§ 1 Erbeinsetzung[1]

Hiermit setze ich meine Ehefrau sowie meine beiden Söhne ...... und ...... zu meinen Erben zu je einem Drittel ein.

§ 2 Vermächtnisse

Meinen Geschäftsanteil (100 % des Stammkapitals) an der ......-GmbH, mit Sitz in ......, eingetragen im Handelsregister des Amtsgerichts ...... unter HRB ......, wende ich meinem Sohn ...... oder meinem Sohn ...... als Vermächtnis zu mit der Maßgabe, dass der Vorsitzende des Beirats der ......-GmbH, Herr ......, berechtigt ist, gemäß § 2151 BGB zu bestimmen, welcher meiner Söhne – als der für die Unternehmensführung besser geeignete – Vermächtnisnehmer wird.[2] Die Bestimmung des Vermächtnisnehmers erfolgt nach freiem Ermessen; sie unterliegt keiner gerichtlichen Nachprüfung.[3] Der Bestimmungsberechtigte kann vorsehen, dass die Beteiligung an der ......-GmbH unter Teilung des Geschäftsanteils zwischen meinen Söhnen aufgeteilt wird,[4] wobei er die Beteiligungsquote jedes Sohnes – im Rahmen der Vorgaben des GmbH-Gesetzes über Nennbeträge von Geschäftsanteilen[5] – frei bestimmen kann.

Sollte Herr ...... als Bestimmungsberechtigter wegfallen, benenne ich als Ersatzpersonen, jeweils einzeln bestimmungsberechtigt, meine Ehefrau, ersatzweise Herrn ......

Die Bestimmung des Vermächtnisnehmers hat zu erfolgen, nachdem mein jüngster Sohn ...... das 23. und bevor dieser das 25. Lebensjahr vollendet hat.[6] Ist das Bestimmungsrecht nicht bis zu dem letztgenannten Zeitpunkt ausgeübt, erhält jeder meiner Söhne einen Teilgeschäftsanteil in Höhe von 50 % des Geschäftsanteils an der ......-GmbH als Vermächtnis.[7]

Das Vermächtnis umfasst jeweils sämtliche künftigen weiteren Geschäftsanteile an der ...... GmbH, welche ich aufgrund Kaufs, Tauschs, Kapitalerhöhung, Umwandlung oder aus einem sonstigen Grund hinzuerwerbe.[8]

Die in diesem Testament vorgesehenen Vermächtnisse sind Vorausvermächtnisse und auf den Erbteil nicht anzurechnen.[9]

§ 3 Testamentsvollstreckung

Ich ordne Testamentsvollstreckung (Abwicklungsvollstreckung) an und bestimme den Vorsitzenden des Beirats der ......-GmbH, Herrn ......, zum Testamentsvollstrecker, ersatzweise meine Ehefrau, wiederum ersatzweise Herrn ...... Der Testamentsvollstrecker hat die Aufgabe, die angeordneten Vermächtnisse zu erfüllen und die Auseinandersetzung unter den Miterben entsprechend den in diesem Testament getroffenen Verfügungen durchzuführen.[10] Hierzu steht dem Testamentsvollstrecker die volle Verwaltungs- und Verfügungsbefugnis zu. Der Testamentsvollstrecker ist in der Eingehung von Verbindlichkeiten für den Nachlass nicht beschränkt und von den Beschränkungen des § 181 BGB befreit. Bis zu der Erfüllung der in diesem Testament angeord-

neten Vermächtnisse hat der Testamentsvollstrecker die Beteiligung an der ......-GmbH auch zu verwalten. Die Aufgabe des Testamentsvollstreckers endet nach der Auseinandersetzung des Nachlasses und der Erfüllung der angeordneten Vermächtnisse.

Für den Fall, dass der ernannte Testamentsvollstrecker und die genannten Ersatzpersonen vor oder nach der Annahme des Amts wegfallen, bestimme ich Herrn ...... zum Testamentsvollstrecker.

[Gestaltungsalternative: Teilungsanordnung § 2048 BGB

§ 1 Erbeinsetzung

Meine Tochter ...... und meinen Sohn ...... setze ich je zur Hälfte zu meinen Erben ein.[12]

Meine Beteiligung an der ...... AG, eingetragen im Handelsregister des Amtsgerichts ...... unter HRB ......, in Höhe von derzeit 80 % des Grundkapitals, sollen meine Tochter ...... oder mein Sohn ...... im Wege der Teilungsanordnung unter Anrechnung auf den betreffenden Erbteil erhalten.[13] *Soweit ein Erbe durch die Erfüllung der Teilungsanordnung mehr erhält, als seinem Erbteil entspricht, hat ein Ausgleich zu erfolgen.*

Die Teilungsanordnung hat durch den Testamentsvollstrecker zu erfolgen. Dabei hat der Testamentsvollstrecker die Auseinandersetzung nach billigem Ermessen dahingehend zu treffen, dass er das zur Unternehmensfortführung besser geeignete Kind auswählt.[14] *Gleichzeitig mit der Teilungsanordnung ist der Ausgleich durchzuführen.*

Die Teilungsanordnung umfasst sämtliche künftigen weiteren Aktien an der ...... AG, welche ich aufgrund Kaufs, Tauschs, Kapitalerhöhung, Umwandlung oder aus einem sonstigen Grund hinzuerwerbe.[15]

§ 2 ... (s. Ausgangsmuster)

§ 3 Testamentsvollstreckung[17]

Ich ordne Testamentsvollstreckung (Abwicklungsvollstreckung) an und bestimme Herrn ...... zum Testamentsvollstrecker. Der Testamentsvollstrecker hat die Aufgabe, die Auseinandersetzung unter den Miterben entsprechend den in diesem Testament getroffenen Verfügungen durchzuführen.[16] *Hierzu steht dem Testamentsvollstrecker die volle Verwaltungs- und Verfügungsbefugnis zu. Der Testamentsvollstrecker ist in der Eingehung von Verbindlichkeiten für den Nachlass nicht beschränkt und von den Beschränkungen des § 181 BGB befreit. Die Aufgabe des Testamentsvollstreckers endet nach der Auseinandersetzung des Nachlasses.*

Für den Fall, dass der ernannte Testamentsvollstrecker vor oder nach der Annahme des Amts wegfällt, bestimme ich Herrn ...... zum Testamentsvollstrecker.[11, 18, 19]*]*

Anmerkungen

1. Sachverhalt. Der Erblasser ist verheiratet und hat zwei minderjährige Kinder. Der Erblasser ist Alleingesellschafter und einer der Geschäftsführer eines in der Rechtsform der GmbH betriebenen Unternehmens. Die Gesellschaft hat einen Beirat. Neben der Beteiligung an der GmbH hat der Erblasser weiteres erhebliches Vermögen.

2. Ein Unternehmer sollte die Entscheidung, wer sein Nachfolger wird, selbst treffen. In besonderen Situationen kann es jedoch für den Unternehmer nicht oder noch nicht möglich sein, diese Entscheidung selbst zu fällen. Dies betrifft insbesondere den Fall, dass der Unternehmer eines seiner Kinder zu seinem Nachfolger bestimmen will oder muss (etwa wegen einer qualifizierten Nachfolgeklausel im Gesellschaftsvertrag), die Kinder jedoch noch minderjährig sind. In diesem Fall kann der Unternehmer die Entscheidung über die Person des Nachfolgers einem Dritten überlassen.

Gemäß § 2065 Abs. 2 BGB kann der Erblasser die Bestimmung einer Person, die eine Zuwendung erhalten soll, sowie die Bestimmung des Gegenstands der Zuwendung nicht einem Dritten überlassen. Die Rechtsprechung setzt vor diesem Hintergrund der Möglichkeit, **Erben durch Dritte** bestimmen zu lassen, enge Grenzen (siehe hierzu MüKoBGB/*Leipold* § 2065 Rn. 33 ff.). Dies gilt im Grundsatz auch für das Vermächtnis. Jedoch lässt das Gesetz von diesem Grundsatz der materiellen Höchstpersönlichkeit Ausnahmen zu für das Vermächtnis (§§ 2151 ff. BGB), die Auflage (§ 2193 BGB), die Teilungsanordnung (§ 2048 BGB) und die Ernennung des Testamentsvollstreckers (§§ 2198 ff. BGB).

In der Praxis werden Drittbestimmungsrechte meist im Rahmen von **Vermächtnissen** vorgesehen. Nach § 2151 BGB kann der Erblasser die Bestimmung des Vermächtnisnehmers dem Beschwerten oder einem Dritten, etwa dem Testamentsvollstrecker, überlassen. Der Erblasser muss einen bestimmbaren Personenkreis angeben, aus dem der Bestimmungsberechtigte den Vermächtnisnehmer durch formlose, empfangsbedürftige Willenserklärung auszuwählen hat. Die Zweckbestimmung selbst muss dabei jedenfalls so weit reichen, dass sich für die Ausübung des billigen Ermessens hinreichende Anhaltspunkte ergeben (Staudinger/*Otte* BGB § 2156 Rn. 2). Eine zugegangene Bestimmungserklärung ist unwiderruflich.

Umstritten ist, ob die Bestimmung des Vermächtnisnehmers durch einen Dritten auch dann zulässig ist, wenn das Vermächtnis den gesamten oder im Wesentlichen den gesamten Nachlass betrifft. Die herrschende und zutreffende Auffassung bejaht dies, wenn der Vermächtnisgegenstand im Wesentlichen den gesamten Nachlass ausmacht (Erman/*Nobis* BGB § 2151 Rn. 1a; BayObLG FamRZ 1996, 1036 f.; vgl. zum Streitstand: Staudinger/*Otte* BGB § 2151 Rn. 2). Teilweise wird dies auch für den Fall vertreten, dass das Vermächtnis den gesamten Nachlass ausmacht (Universalvermächtnis, siehe hierzu Staudinger/*Otte* BGB § 2151 Rn. 2).

Zu der Zuwendung von Geschäftsanteilen einer GmbH im Wege des Vermächtnisses siehe ausführlich → Form. G.VII.1 Anm. 2.

Zu eventuellen **Pflichtteilsansprüchen** (→ Form. C.VI) und zu (bedingten) Pflichtteilsverzichtsverträgen (→ Form. G.III.10).

3. Streitig ist, ob und in welchem Umfang die Bestimmung durch den Dritten **gerichtlich nachprüfbar** ist. Nach richtiger Ansicht dürfen vom Erblasser vorgegebene Richtlinien der Bestimmung nicht offensichtlich missachtet worden sein. Eine Überprüfung, ob die Bestimmung der Billigkeit entspricht, scheidet jedoch aus (siehe hierzu: Staudinger/*Otte* BGB § 2151 Rn. 8 ff.; MüKoBGB/*Schlichting* § 2151 Rn. 12). Das Muster stellt den Willen des Erblassers in dieser Hinsicht klar.

4. Gemäß § 2153 Abs. 1 BGB kann der Erblasser vorsehen, dass der Dritte zu bestimmen hat, was jeder von dem vermachten Gegenstand zu erhalten hat. Es ist zulässig, die Bestimmungsregeln der §§ 2151 und 2153 BGB miteinander zu kombinieren (MüKoBGB/*Schlichting* § 2153 Rn. 2).

5. Sieht der Bestimmungsberechtigte eine **Teilung** vor, genügt es seit Änderung durch das **MoMiG**, dass der Nennbetrag eines jeden Geschäftsanteils auf volle EUR lautet (§ 5 Abs. 2 GmbHG).

6. Ergänzend ist zu regeln, wer die Gesellschaft bis zu dem **Zeitpunkt der Ausübung** des Bestimmungsrechts (und der Übertragung des bzw. der Geschäftsanteile als Vollzug des Vermächtnisses) führt. Ist der Bestimmungsberechtigte, wie im Muster mit dem Vorsitzenden des Beirats vorgesehen, eine mit dem Unternehmen verbundene und mit dessen wirtschaftlichen Verhältnissen vertraute Person, so kann dieser als Testamentsvollstrecker (siehe zu der Testamentsvollstreckung nachfolgende → Anm. 10) mit Bezug zu der Beteiligung an der GmbH eingesetzt werden.

7. Der Fall, dass das Bestimmungsrecht nicht ausgeübt wird, ist zu regeln. Das Muster orientiert sich an § 2153 Abs. 2 S. 1 BGB.

8. Die Formulierung dient der Klarstellung, dass auch künftig hinzuerworbene Geschäftsanteile von dem Vermächtnis umfasst sind.

9. Nach § 2150 BGB kann einem Erben ein sogenanntes Vorausvermächtnis zugewendet werden. Ein Vorausvermächtnis zugunsten eines oder mehrerer Miterben hat die Wirkung, dass der betreffende Vermächtnisnehmer einen **über seine Erbquote hinaus** gehenden Vermögensvorteil erhält. Zum Vorausvermächtnis siehe ausführlicher unter → Form. G.VI.3, Gestaltungsalternative, → Anm. 10. Zur Teilungsanordnung siehe nachfolgendes → Form. G.VII.5 Anm. 2, 3.

10. Oft empfiehlt es sich, Testamentsvollstreckung anzuordnen, um die Erfüllung von Vermächtnissen sicher zu stellen. In der dem Muster zugrunde liegenden Konzeption ist es ratsam, den Bestimmungsberechtigten zum Testamentsvollstrecker einzusetzen. Zur Testamentsvollstreckung siehe ausführlich → Form. G.IX.1 Anm. 2 ff. sowie oben → Form. C.VII.

11. Steuern. Die Erben sind zunächst in Höhe ihrer Erbquote am Nachlass gem. §§ 1 Abs. 1 Nr. 1, 3 Abs. 1 Nr. 1 ErbStG entsprechend ihrer Steuerklasse erbschaftsteuerpflichtig. Sowohl der Ehegatte als auch die Kinder erhalten neben ihren persönlichen Freibeträgen gem. § 16 Abs. 1 Nr. 1, 2 ErbStG ggf. den Versorgungsfreibetrag gem. § 17 Abs. 1, 2 ErbStG.

Das Bestimmungsvermächtnis stellt ein Vorausvermächtnis dar. Zur erbschaftsteuerlichen Behandlung → Form. C.IV.4 Anm. 5. Das Vorausvermächtnis ist hier aufschiebend bedingt durch die Bestimmung des Vermächtnisnehmers durch den Dritten (TGJG/*Gebel* ErbStG § 10 Rn. 178; MVHdB VI BürgerlR II/*Otto* Form. XII.8 Anm. 12; für eine auflösende Bedingung: MüKoBGB/*Rudy* § 2151 Rn. 7; *Mayer* MittBayNot 1999, 447 [451]). Bei Annahme einer aufschiebenden Bedingung entsteht die Steuer für den Vermächtnisnehmer erst mit dem Eintritt der Bedingung gem. § 9 Abs. 1 Nr. 1a ErbStG. Die Erben können das Vermächtnis erst dann als Nachlassverbindlichkeit abziehen, wenn die Bedingung eingetreten ist (§ 4 BewG). Bis dahin ist der Vermächtnisgegenstand von den Erben als Teil des Nachlasses entsprechend ihrer Erbquote zu versteuern (§ 5 BewG).

Die Begünstigung für Betriebsvermögen gem. §§ 13a, 13b, 13c, 28a ErbStG kann nur von demjenigen in Anspruch genommen werden, der das Unternehmen nach der Bestimmung des Dritten fortführt, § 13a Abs. 3 S. 1 ErbStG (vgl. zur Weitergabe von Vergünstigungen auch → Form. C.IV.3 Anm. 7). Zur Bewertung und Begünstigung von GmbH-Anteilen → Form. A.IV.4 lit. c) und d).

Zur steuerlichen Behandlung der Testamentsvollstreckung → Form. C.VII.1 lit. e) bb) (2) sowie → Form. C.VII.2 Anm. 7.

12. Kosten. → Form. G.V.1 Anm. 8. Das Bestimmungsrecht erhöht den Wert nicht.

13. Gestaltungsalternative. Der Erblasser ist verwitwet und hat zwei Kinder. Der Nachlass umfasst neben anderen Vermögensgegenständen auch eine Mehrheitsbetei-

ligung an einer Aktiengesellschaft. Die sonstigen Vermögensgegenstände sind ausreichend, um einen Ausgleich durchzuführen.

14. Der Erblasser kann gemäß § 2048 BGB Anordnungen für die Auseinandersetzung der Erbengemeinschaft treffen (**Teilungsanordnungen**). Der Erblasser will durch eine solche Anordnung die von ihm gewünschte Erbquote unangetastet lassen. Die dem einzelnen Miterben zugewiesenen Gegenstände sind wertmäßig auf dessen Erbanteil anzurechnen. Will der Erblasser diese Anrechung nicht, liegt ein Vorausvermächtnis vor. Zum Vorausvermächtnis → Form. G.VI.3, Gestaltungsalternative → Anm. 10. Eine wertverschiebende Teilungsanordnung ist nach herrschender Meinung nicht zulässig, vgl. hierzu und zur Abgrenzung zwischen Teilungsanordnung und Vorausvermächtnis (Palandt/*Weidlich* BGB § 2048 Rn. 6).

15. Die Regelung des § 2048 S. 2 BGB stellt eine Lockerung des Prinzips der materiellen Höchstpersönlichkeit der Testamentserrichtung (vgl. § 2065 Abs. 2 BGB) dar. Gemäß § 2048 S. 2 BGB kann der Erblasser bestimmen, dass die Teilungsanordnung nach dem **billigen Ermessen eines Dritten** erfolgen soll. Dritter kann jede Person, daher auch ein Miterbe oder ein Testamentsvollstrecker sein. Ist der Dritte nicht gleichzeitig Testamentsvollstrecker, so kann er die Teilung allerdings nicht selbst vornehmen, sondern nur den Teilungsplan aufstellen. Ist der Dritte der Testamentsvollstrecker, so kann er den Teilungsplan selbst dinglich vollziehen (§§ 2203, 2204 BGB).

Die Übertragung des Bestimmungsrechts auf einen Dritten hinsichtlich der Teilungsanordnung birgt einen **Nachteil:** Da die Teilungsanordnung nur schuldrechtliche Wirkung entfaltet, können sich die Miterben einverständlich über sie hinwegsetzen. Auch der Testamentsvollstrecker hat zwar gemäß §§ 2203, 2204 BGB die Anordnung des Erblassers zu beachten, jedoch könnte er im Einverständnis mit den Erben eine andere Teilungsanordnung vornehmen. Der Erblasser kann – im Muster nicht vorgesehen – die Durchsetzung der Teilungsanordnung in der Weise sicherstellen, dass er die Erbeinsetzung unter die auflösende Bedingung des Nichtvollzugs der Teilungsanordnung stellt und für diesen Fall einen Ersatzerben einsetzt (BGHZ 40, 115; MüKoBGB/*Ann* § 2048 Rn. 16).

16. Die Formulierung dient der Klarstellung, dass auch künftig hinzuerworbene Aktien von der Teilungsanordnung umfasst sind.

17. Regelmäßig empfiehlt es sich, Testamentsvollstreckung anzuordnen, um die Erfüllung von Teilungsanordnungen sicher zu stellen. Zur Testamentsvollstreckung siehe ausführlich → Form. G.IX.1 Anm. 2 ff. sowie → Form. C.VII.

18. Steuern. Tritt der Erbfall ein, liegt ein erbschaftsteuerpflichtiger Vorgang gem. §§ 1 Abs. 1 Nr. 1, 3 Abs. 1 Nr. 1 ErbStG vor. Die Kinder erhalten neben den persönlichen Freibeträgen gem. § 16 Abs. 1 Nr. 2 ErbStG ggf. einen Versorgungsfreibetrag gem. § 17 Abs. 2 ErbStG.

Zur erbschaftsteuerlichen Behandlung der Teilungsanordnung siehe → Form. C.IV.3 Anm. 7, zur Testamentsvollstreckung → Form. C.VII.1 lit. e) bb) (2) sowie → Form. C.VII.2 Anm. 7, zur Bewertung der Beteiligung an der AG → Form. A.IV.4 lit. c) und d).

19. Kosten. → Form. G.V.1 Anm. 8.

2. Ersatzerbe

Einsetzung eines Ersatzerben

§ 1 Erbeinsetzung[1]

Hiermit setze ich meine Tochter . . . . . . zu meiner alleinigen Erbin ein.

Abweichend von anders lautenden gesetzlichen oder sonstigen Auslegungs-, Vermutungs- oder Ergänzungsbestimmungen setze ich meinen Bruder . . . . . . zum Ersatzerben ein.[2, 3]

§ 2 Vermächtnis

Meinen Enkeln, dies sind derzeit . . . . . . geboren am . . . . . . und . . . . . . geboren am . . . . . ., wende ich als Vermächtnis zu: Mein sämtliches Vermögen mit Ausnahme meiner Beteiligung an der . . . . . . GmbH, mit Sitz in . . . . . ., eingetragen im Handelsregister des Amtsgerichts . . . . . . unter HRB . . . . . ., in Höhe von derzeit 90 % des Stammkapitals. Diese Beteiligung fällt in den Nachlass und steht der Erbin zu.[4]

[***Gestaltungsalternative: Einsetzung eines Ersatzerben/Erbteilsverzicht***

§ 1 Erbeinsetzung

Zu meinem alleinigen Erben setze ich meinen Sohn . . . . . . ein.[5]

Zu Ersatzerben[6] *setze ich die Abkömmlinge meines Sohnes . . . . . . ein. Die Einsetzung der Abkömmlinge meines Sohnes . . . . . . als Ersatzerbe erfolgt nicht, falls der Erbe gegen vollständige Abfindung auf seinen Erbteil verzichtet.*[7, 8] *Für diesen Fall setze ich meine Tochter . . . . . . zum Ersatzerben ein. Diese Regelungen haben Vorrang vor anders lautenden gesetzlichen oder sonstigen Auslegungs-, Vermutungs- oder Ergänzungsbestimmungen.*[9, 10]]

Anmerkungen

1. Sachverhalt. Der Erblasser ist verwitwet und hat eine volljährige Tochter, die seit kurzem im Unternehmen tätig ist. Die Tochter wiederum hat zwei minderjährige Kinder. Der Nachlass umfasst neben anderen Vermögensgegenständen die Beteiligung an der Gesellschaft mit beschränkter Haftung.

2. Der eingesetzte Erbe kann vor oder nach dem Eintritt des Erbfalls, etwa durch Tod des eingesetzten Erben vor dem Erbfall, Erbverzicht oder Ausschlagung, wegfallen. Der Erblasser sollte deshalb in aller Regel vorsorglich einen **Ersatzerben** gemäß § 2096 BGB bestimmen. Dabei kann der Erblasser die Ersatzerbschaft auf bestimmte Wegfallgründe beschränken. Von dem Ersatzerben ist insbesondere der Nacherbe zu unterscheiden (→ Form. G.VI.3 Anm. 2).

Bei der Unternehmensnachfolge stellt sich die Frage, wer das betreffende Unternehmen erhalten soll, falls der auserkorene Nachfolger vor oder nach dem Erbfall wegfällt. Es verbietet sich eine schematische Antwort. Hat etwa der Unternehmensnachfolger bereits im Unternehmen eine wichtige Rolle übernommen und zu dessen Erfolg beigetragen, so kann es ratsam sein, die Abkömmlinge des Nachfolgers ganz oder teilweise als (Ersatz-) Erben zu bedenken. Diese Regelung entspräche der Auslegungsregel des § 2069 BGB, wonach bei Wegfall eines bedachten Abkömmlings nach der Testamentserrichtung im Zweifel die Abkömmlinge des Bedachten an dessen Stelle treten.

Im Muster hält der Erblasser für den Fall, dass seine Tochter als Erbin wegfällt, seinen Bruder für seinen am besten geeigneten Nachfolger. Rechtstechnisch kann der Erblasser diesen Willen zum Ausdruck bringen, indem er seinen Bruder zum Ersatzerben einsetzt. Das Vermächtnis zugunsten der Enkel soll diese absichern.

3. Bedenkt der Erblasser einen seiner Abkömmlinge und fällt dieser nach der Errichtung des Testaments weg, so ist im Zweifel anzunehmen, dass dessen Abkömmlinge insoweit bedacht sind, als sie bei der gesetzlichen Erbfolge an dessen Stelle treten würden (§ 2069 BGB). Es ist umstritten, ob der gesetzlichen Vermutungsregelung des § 2069 BGB „im Zweifel" der Vorrang vor der ausdrücklichen Ersatzerbenbestimmung einzuräumen ist (auf den Einzelfall abstellend BayObLGZ 1993, 334 = ZEV 1995, 25 f.; Staudinger/*Otte* BGB § 2096 Rn. 3; dafür: Erman/*Nobis* BGB § 2096 Rn. 1; für den Vorrang der ausdrücklichen Ersatzerbenbestimmung MüKoBGB/*Rudy* § 2096 Rn. 8; *Musielak* ZEV 1995, 5 [7]). Aus diesem Grund sollte, zumindest wenn andere als die Abkömmlinge des Erben bedacht werden sollen, eine klarstellende Formulierung in das Testament aufgenommen werden.

4. Steuern. Zur erbschaftsteuerlichen Behandlung des Ersatzerben → Form. C.I.2 Anm. 5, zur Behandlung des Vermächtnisses → Form. C.V.1 Anm. 13.

5. Kosten. → Form. G.V.1 Anm. 8.

6. Gestaltungsalternative. Der Erblasser ist verwitwet und hat einen Sohn und eine Tochter. Für den Fall, dass der Sohn gegen vollständige Abfindung auf seinen Erbteil verzichtet, möchte der Erblasser verhindern, dass der Stamm seines Sohnes erneut begünstigt wird.

7. Der eingesetzte Erbe kann vor oder nach dem Eintritt des Erbfalls, etwa durch Tod des eingesetzten Erben vor dem Erbfall, Erbverzicht oder Ausschlagung, wegfallen. Der Erblasser sollte deshalb in aller Regel vorsorglich einen **Ersatzerben** gemäß § 2096 BGB bestimmen.

8. Ein Erbe kann gemäß § 2352 BGB **durch Vertrag** mit dem Erblasser **auf die Zuwendung verzichten**. Durch das **Gesetzes zur Änderung des Erb- und Verjährungsrechts** wurde dem praktischen Bedürfnis, den Zuwendungsverzicht auch auf Abkömmlinge zu erstrecken, durch eine ausdrückliche Regelung Rechnung getragen, indem die Verweisung in § 2352 S. 3 BGB auch auf § 2349 BGB und damit auch auf die Abkömmlinge erweitert wurde und zwar unabhängig davon, ob der Verzichtende eine Abfindung erhält (ausführlich dazu Staudinger/*Schotten* BGB § 2352 Rn. 32 ff.; MüKoBGB/*Wegerhoff* § 2352 Rn. 13 ff.). Der Erblasser, der diese **Erstreckungswirkung** ausschließen will, muss dies ausdrücklich anordnen.

Soll der Fall des Erbverzichts im Testament berücksichtigt werden, ist vor diesem Hintergrund auch in Zukunft eine eindeutige Formulierung des Willens des Erblassers besonders wichtig.

9. Steuern. Zur erbschaftsteuerlichen Behandlung des Ersatzerben → Form. C.I.2 Anm. 5.

10. Kosten. → Form. G.V.1 Anm. 8.

3. Vor- und Nacherbfolge über Beteiligungen an Gesellschaften

§ 1 Erbeinsetzung[1]

Zu meiner Vorerbin setze ich meine Ehefrau . . . . . . ein.[2] Die Vorerbin ist von allen gesetzlichen Beschränkungen befreit, soweit dies zulässig ist.[3]

Zu meinem Nacherben setze ich meinen Sohn . . . . . . ein. Die Nacherbfolge tritt mit dem Tod der Vorerbin ein.[4]

Der Nacherbe ist auch Ersatzerbe.[5]

§ 2 Vermächtnis

Der Nacherbe wird mit dem Vermächtnis beschwert, folgenden unentgeltlichen Verfügungen des Vorerben zuzustimmen:[6]

a) Formwechsel der . . . . . . GmbH & Co. KG, mit Sitz in . . . . . ., eingetragen im Handelsregister des Amtsgerichts . . . . . . unter HRA . . . . . ., in eine Kapitalgesellschaft;
b) Abgabe von bis zu 5 % der Beteiligung an der . . . . . . GmbH & Co. KG, vor oder nach dem Formwechsel in eine Kapitalgesellschaft, an Geschäftsführer/Mitarbeiter des Unternehmens oder von diesen geeigneten Beteiligungsgesellschaften im Rahmen eines Geschäftsführer- bzw. Mitarbeiterbeteiligungsprogramms.

Stirbt der Nacherbe vor Eintritt des Nacherbfalls oder wird er aus sonstigen Gründen nicht Nacherbe, so ist abweichend von anders lautenden gesetzlichen oder sonstigen Auslegungs-, Vermutungs- oder Ergänzungsbestimmungen Ersatznacherbe mein Bruder . . . . . .[7–9]

[*Gestaltungsalternative: Vor- und Nacherbfolge/Beschränkung auf Beteiligung*

§ 1 Erbeinsetzung[10]

Zu meiner Vorerbin setze ich meine Ehefrau . . . . . . ein. Die Vorerbin ist von allen gesetzlichen Beschränkungen befreit, soweit dies zulässig ist.

Zu meinem Nacherben setze ich meinen Sohn . . . . . . ein. Die Nacherbfolge tritt mit dem Tod der Vorerbin ein.[11]

Der Nacherbe ist auch Ersatzerbe.

§ 2 Vermächtnis

Die Vorerbin erhält im Wege des nicht der Nacherbfolge unterliegenden Vorausvermächtnisses, welches auf den Erbteil nicht anzurechnen ist, sämtliche Nachlassgegenstände mit Ausnahme der Beteiligung an der . . . . . . GmbH & Co. KG, mit Sitz in . . . . . ., eingetragen im Handelsregister des Amtsgerichts . . . . . . unter HRA . . . . . .[12–14]]

Anmerkungen

1. Sachverhalt. Das Vermögen des Erblassers umfasst neben anderen Vermögensgegenständen auch eine 100 %ige Beteiligung an einer GmbH & Co. KG sowie sämtliche Geschäftsanteile an deren Komplementärin. Der Erblasser ist verheiratet und hat zwei

Kinder, die noch minderjährig sind. Der Gesellschaftsvertrag enthält eine einfache erbrechtliche Nachfolgeklausel.

2. Der Erblasser kann gemäß § 2100 BGB einen Erben in der Weise als (Nach-)Erben einsetzen, dass er erst Erbe wird, nachdem zunächst ein anderer Erbe geworden ist. Der Erblasser wird bei seinem Tod zunächst von dem Vorerben beerbt; der Nacherbe erbt in einem in dem Testament bestimmten Zeitpunkt, regelmäßig mit dem Tod des Vorerben (siehe zur Vor- und Nacherbschaft ausführlich → Form. C.II.1 Anm. 1).

Die Anordnung der **Vor- und Nacherbfolge** kommt für die Unternehmensnachfolge häufig dann in Betracht, wenn der vorgesehene Unternehmensnachfolger die Gesellschafterstellung noch nicht ausfüllen kann oder wenn der Erblasser die Versorgung eines Familienangehörigen dinglich sichern möchte (vgl. hierzu: *Paschke* ZIP 1985, 129 (129 f.); Staudinger/*Avenarius* BGB Vorbem. zu §§ 2100 bis 2146 Rn. 15).

Die **Beteiligung an einer Personengesellschaft** geht auf den Vorerben nur dann über, wenn der Gesellschaftsvertrag eine Fortsetzungs- oder Nachfolgeklausel enthält, die den Vorerben als Gesellschafter zulässt (→ Form. G.I.1 Anm. 1). Weiterhin ist auch für den Übergang der Beteiligung auf den Nacherben Voraussetzung, dass der Gesellschaftsvertrag den Übergang im Zeitpunkt des Nacherbfalls noch zulässt (MüKoBGB/*Grunsky* § 2112 Rn. 5 ff., auch zu den Rechtsfolgen der Fälle, in denen Vor- oder Nacherbe nicht Gesellschafter werden können). Da der Vorerbe nach § 2112 BGB über die zur Erbschaft gehörenden Gegenstände grundsätzlich verfügen kann, kann er vorbehaltlich der Regelungen der §§ 2113 bis 2115 BGB alle ihm aus seiner Mitgliedschaft zustehenden Rechte wahrnehmen (MüKoBGB/*Grunsky* § 2112 Rn. 8). So kann er auch mit den übrigen Gesellschaftern beschließen, dass nach seinem Tode die Gesellschaft ohne den Nacherben fortgesetzt wird (vgl. BGH NJW 1981, 115).

Nach § 2111 Abs. 1 S. 1 BGB stehen dem Vorerben die Nutzungen der Erbschaft zu. Bei einer Beteiligung an einer Personengesellschaft sind Nutzungen die Gewinne, die nach dem Gesellschaftsvertrag entnommen werden können (BGH NJW 1981, 115 [117]; *Hefermehl* FS Westermann 223 [232 ff.]; aA MüKoBGB/*Grunsky* § 2111 Rn. 39 f.).

Gehört zum Nachlass eine **Beteiligung an einer Kapitalgesellschaft**, so geht diese grundsätzlich zunächst auf den Vorerben und im Nacherbfall auf den Nacherben über. Nutzungen sind in diesen Fällen die Dividenden- und Gewinnanteile (Staudinger/*Avenarius* BGB § 2111 Rn. 38, auch zur Gewinnabgrenzung). Zu der Vorerbschaft beim einzelkaufmännischen Unternehmen siehe *Nieder/Kössinger* § 10 Rn. 113.

3. Nach § 2136 BGB kann der Erblasser den Vorerben von bestimmten Verpflichtungen und Beschränkungen, etwa der Pflicht zur ordnungsgemäßen Verwaltung nach § 2130 BGB, befreien. Der **befreite Vorerbe** haftet dann dem Nacherben nicht für die ordnungsgemäße Verwaltung der Beteiligung gemäß §§ 2130, 2131 BGB. Die Haftung des Vorerben beschränkt sich dann auf Verstöße gegen das Verbot unentgeltlicher Verfügungen nach § 2113 Abs. 2 BGB (→ Anm. 6) und auf den Fall, dass der Vorerbe die Erbschaft, in der Absicht, den Nacherben zu benachteiligen, geschädigt hat (§ 2138 Abs. 2 BGB).

4. Die Regelung entspricht der gesetzlichen Vermutung des § 2106 Abs. 1 BGB.

5. Die Einsetzung des Nacherben zum **Ersatzerben** entspricht der Auslegungsvorschrift des § 2102 Abs. 2 BGB. Wenn eine andere Person als der Nacherbe zum Ersatzerben bestimmt werden soll, ist folgende Formulierung zu empfehlen: „Abweichend von anders lautenden gesetzlichen oder sonstigen Auslegungs-, Vermutungs- oder Ergänzungsbestimmungen ist Ersatzerbe . . . . . ." Die Klarstellung sollte erfolgen, da streitig ist, ob eine ausdrückliche Ersatzerbenbestimmung den gesetzlichen Vermutungsregelungen der §§ 2069, 2102 Abs. 1 BGB vorgeht (→ Form. G.VI.2 Anm. 3).

6. Verfügungen des Vorerben über einen Erbschaftsgegenstand, die unentgeltlich oder zum Zwecke der Erfüllung eines von dem Vorerben erteilten Schenkungsversprechens erfolgen, sind nach § 2113 Abs. 2 BGB unwirksam. Gehört zur Vorerbschaft auch eine Beteiligung an einer Personengesellschaft, so ist zu differenzieren: Verfügt der Vorerbe über einzelne Gegenstände des Gesellschaftsvermögens, so unterliegt er nicht der Beschränkung des § 2113 Abs. 2 BGB, da diese Gegenstände der Disposition der Personengesellschaft unterstehen. Die unentgeltliche Verfügung über seine Beteiligung an der Personengesellschaft ist nach § 2113 Abs. 2 BGB unwirksam. Nach ständiger Rechtsprechung liegt eine unentgeltliche Verfügung vor, wenn der Vorerbe den Nachlass durch Rechtsgeschäft ohne eine objektiv gleichwertige Gegenleistung schmälert und deren Ungleichwertigkeit erkennt oder jedenfalls bei ordnungsgemäßer Verwaltung erkennen müsste (BGH NJW 1981, 115; BGH NJW 1984, 366 [367]).

Umstritten ist in diesem Zusammenhang, ob auch die Mitwirkung an einer Änderung des Gesellschaftsvertrags, die sich rechtsmindernd auswirkt, als unentgeltliche Verfügung anzusehen ist. Nach der Rechtsprechung ist eine solche Änderung des Gesellschaftsvertrags dann keine unentgeltliche Verfügung iSd § 2113 Abs. 2 BGB, wenn entweder die Änderungen zu Lasten aller Gesellschafter gehen oder wenn die Änderung zwar nur den Vorerben belastet, die anderen Gesellschafter hingegen nur bei Änderung des Gesellschaftsvertrags zu zusätzlichen Leistungen, etwa Einlagen oder verstärkte Arbeitsleistung, bereit sind (BGH NJW 1981, 115 [117]; MüKoBGB/*Grunsky* § 2113 Rn. 27). Im Zweifel sollte der Vorerbe bei einer anstehenden Änderung des Gesellschaftsvertrags vorsorglich die Zustimmung des Nacherben einholen.

Der Erblasser kann den Nacherben durch Vermächtnis damit beschweren, unentgeltliche Verfügungen des Vorerben zu genehmigen (sog. „Genehmigungsvermächtnis"; OLG Düsseldorf NJW-RR 2000, 375 [376]; Staudinger/*Avenarius* BGB § 2136 Rn. 7). Im Nacherbfall ist der Nacherbe durch ein solches Vermächtnis verpflichtet, die betreffende Verwaltungsmaßnahme als ordnungsgemäß anzuerkennen.

Im Muster soll der Nacherbe die Beteiligung des Managements an der Gesellschaft dulden müssen. Das Muster nennt zum einen den Formwechsel der GmbH & Co. KG nach den Vorschriften der §§ 190 ff. UmwG, zum anderen die Abgabe einer Minderheitsbeteiligung an das Management/Mitarbeiter. Die erstgenannte Maßnahme ist nach den oben genannten Grundsätzen keine unentgeltliche Verfügung; sie wird vorsorglich genannt. Beteiligungsmodelle für Geschäftsführer/Mitarbeiter beziehen sich üblicherweise auf Kapitalgesellschaften (insbes. die GmbH oder die AG). Die Abgabe einer Beteiligung an Geschäftsführer/Mitarbeiter kann als (teilweise) unentgeltliche Verfügung anzusehen sein, wenn der Erwerber nicht den Verkehrswert der Beteiligung vergütet.

7. Da der Nacherbe vor oder nach Eintritt des Nacherbfalls wegfallen könnte, sollte ein **Ersatznacherbe** bestimmt werden. (vgl. zum Ersatznacherben BayObLGZ 1993, 334 = NJW-RR 1994, 460 [461]).

8. Steuern. Zur Vor- und Nacherbfolge wird auf die Ausführungen → Form. C.II.1 Anm. 6 verwiesen, zum Vermächtnis → Form. C.V.1 Anm. 13.

9. Kosten. → Form. G.V.1 Anm. 8. Die Anordnung einer Vor- und Nacherbfolge erhöht den Geschäftswert nicht.

10. Gestaltungalternative. Das Vermögen des Erblassers umfasst neben anderen Vermögensgegenständen auch eine 100%ige Beteiligung an einer GmbH & Co. KG sowie sämtliche Geschäftsanteile an deren Komplementärin. Der Erblasser ist verheiratet und hat zwei Kinder, die noch minderjährig sind. Der Gesellschaftsvertrag enthält eine einfache erbrechtliche Nachfolgeklausel. Unterschied zu dem Sachverhalt in vorstehendem → Form. G.VI.3 Anm. 1: Der Erblasser beabsichtigt, nur hinsichtlich der Beteiligung an der Personengesellschaft Vor- und Nacherbfolge anzuordnen.

11. Zu der Vor- und Nacherbfolge siehe vorstehendes → Form. G.VI.3 Anm. 2–5. Da eine gegenständliche Erbeinsetzung unzulässig ist (vgl. § 2087 Abs. 2 BGB), kann auch die Vor- und Nacherbfolge nicht auf einzelne Gegenstände beschränkt werden. Der Erblasser kann jedoch faktisch die Nacherbfolge auf einzelne Gegenstände beschränken, indem er dem Vorerben sämtliche Nachlassgegenstände mit Ausnahme des Gegenstandes, der dem Nacherben zufallen soll, im Wege des Vorausvermächtnisses zuwendet. Bei dem alleinigen Vorerben hat das **Vorausvermächtnis** nach herrschender Auffassung ausnahmsweise **dingliche Wirkung** (BGHZ 32, 60 [61 f.]; BGH NJW 1960, 959 [960]; Erman/*M.Schmidt* BGB § 2110 Rn. 3; aA Staudinger/*Otte* BGB § 2150 Rn. 5 f.). Die dem Vorerben im Wege des Vorausvermächtnisses zugewendeten Gegenstände fallen von Anfang an in das freie Vermögen des Vorerben und sind dem Recht des Nacherben entzogen. In diesem Fall ist das Vermächtnis nach überwiegender Auffassung ausnahmsweise ein – durch das BGB (vgl. § 2174 BGB) sonst abgelehntes – **Vindikationslegat**, bei dem der Vermächtnisnehmer den zur Erbschaft gehörenden Gegenstand unmittelbar erwirbt (MüKoBGB/*Rudy* § 2174 Rn. 1; *Brand* Jura 2011, 330; aA Staudinger/*Avenarius* BGB § 2110 Rn. 7).

12. Werden die neben dem Unternehmensnachfolger existierenden Nachkommen oder der Ehegatte nicht angemessen bei der Testamentsgestaltung berücksichtigt, haben diese uU **Pflichtteilsansprüche** (→ Form. C.VI). Wird eine wertmäßig ungleiche Verteilung angestrebt, so sollten bereits zu Lebzeiten (bedingte) Pflichtteilsverzichtsverträge abgeschlossen werden (→ Form. G.III.10).

13. **Steuern.** Zur Vor- und Nacherbfolge wird auf die Ausführungen unter → Form. C.II.1 Anm. 6 verwiesen, zum Vermächtnis → Form. C.V.1 Anm. 13.

14. **Kosten.** → Form. G.V.1 Anm. 8. Weder die Anordnung einer Vor- und Nacherbfolge noch das Vorausvermächtnis erhöhen den Geschäftswert.

4. Auflage zur Unternehmensfortführung oder Unternehmensumgründung

§ 1 Erbeinsetzung[1]

Zu meiner alleinigen Erbin setze ich meine Tochter . . . . . ein.

§ 2 Auflagen

Meine Erbin belaste ich mit den folgenden Auflagen:[2]

a) Die Erbin darf meine Beteiligung an der . . . . .-GmbH, mit Sitz in . . . . ., eingetragen im Handelsregister des Amtsgerichts . . . . . unter HRB . . . . ., in Höhe von derzeit 60 % des Stammkapitals für die Dauer von 5 Jahren nicht kündigen;
b) Die Erbin darf den Geschäftsanteil (oder Teile hiervon) an der vorgenannten . . . . .-GmbH für die Dauer von 5 Jahren nicht veräußern. Unter den Begriff „veräußern" im vorstehenden Sinn fallen auch jegliche Transaktionen mit Dritten, die einem Verkauf entsprechen, zB Tausch, Einbringung, Verschmelzung, Ab- und Aufspaltung, andere wirtschaftlich entsprechende Transaktionen und jede Kombination solcher Transaktionen.

Die Auflage umfasst jeweils sämtliche künftigen weiteren Geschäftsanteile an der . . . . .-GmbH, welche ich aufgrund Kaufs, Tauschs, Kapitalerhöhung, Umwandlung oder aus einem sonstigen Grund hinzuerwerbe.[3]

§ 3 Testamentsvollstreckung

Ich ordne Testamentsvollstreckung an und bestimme Herrn ...... zum Testamentsvollstrecker. Der Testamentsvollstrecker hat die Aufgabe, die Vollziehung der angeordneten Auflagen durchzusetzen.[4]

Für den Fall, dass der ernannte Testamentsvollstrecker vor oder nach der Annahme des Amts wegfällt, bestimme ich Herrn ...... zum Testamentsvollstrecker.[5, 6]

[Gestaltungsalternative: Auflage zur Unternehmensumgründung

§ 1 Erbeinsetzung[7]

Hiermit setze ich meinen Sohn ...... zu meinem alleinigen Erben ein.

§ 2 Vermächtnis

Meiner Ehefrau ...... wende ich als Vermächtnis zu:[8]

a) Das lebenslange Recht auf Zahlung eines Betrags in Höhe von monatlich EUR ...... (Rente). Die Rente meiner Ehefrau ist jeweils am ersten Werktag eines Monats zur Zahlung fällig, beginnend mit dem auf meinen Tod folgenden Monat.
Die Höhe der Rente verändert sich sowohl in der Zeit vom heutigen Tage bis zu meinem Tode als auch danach, wenn sich der vom Statistischen Bundesamt festgestellte Index der Lebenshaltungskosten für die mittlere Verbrauchergruppe um mehr als 10 % geändert hat. Die Rente ändert sich im gleichen prozentualen Verhältnis wie dieser Index; die geänderte Rente ist nach einer solchen Änderung ab dem 1. Januar des darauffolgenden Jahres zu zahlen. Eine mehrfache Änderung der Rente ist möglich.

b) Meinen Miteigentumsanteil von 1/2 an dem Grundstück in der ...... Straße ......, München, eingetragen im Grundbuch des Amtsgerichts ...... von ......, Gemarkung ......, Flur ......, Flurstück ......, Größe ...... einschließlich des darauf stehenden Einfamilienhauses, des Hausrats und meiner persönlichen Habe.

§ 3 Auflage

Meinen Erben belaste ich mit der Auflage, das unter der Firma ...... e. K. betriebene, im Handelsregister des Amtsgerichts ...... eingetragene einzelkaufmännische Unternehmen im Wege der Sachgründung in eine Gesellschaft mit beschränkter Haftung mit einem Stammkapital von 100.000 EUR einzubringen.[9, 10] *Zum alleinigen Geschäftsführer ist mein Sohn ...... zu bestellen. Es können ein oder mehrere weitere Geschäftsführer bestellt werden, jedoch nicht Herr ......*

Der Erbe darf, bis zu der im Zeitpunkt der Gründung geltenden gesetzlichen Mindestanforderung, ein geringeres Stammkapital wählen, wenn ein Stammkapital von 100.000 EUR durch Einbringung des einzelkaufmännischen Unternehmens nicht darstellbar ist.

§ 4 Testamentsvollstreckung

Ich ordne Testamentsvollstreckung (Abwicklungsvollstreckung) an und bestimme Herrn ...... zum Testamentsvollstrecker.[11] *Der Testamentsvollstrecker hat die Aufgabe, die Vermächtnisse zur erfüllen und die Vollziehung der angeordneten Auflage durchzusetzen. Hierzu steht dem Testamentsvollstrecker die volle Verwaltungs- und Verfügungsbefugnis zu. Der Testamentsvollstrecker ist in der Eingehung von Verbindlichkeiten für*

den Nachlass nicht beschränkt und von den Beschränkungen des § 181 BGB befreit. Die Aufgabe des Testamentsvollstreckers endet nach der Erfüllung der angeordneten Vermächtnisse und Auflagen.

Für den Fall, dass der ernannte Testamentsvollstrecker vor oder nach der Annahme des Amtes wegfällt, bestimme ich Herrn . . . . . . zum Testamentsvollstrecker.[12, 13]]

Anmerkungen

1. Sachverhalt. Der Erblasser ist verwitwet und hat eine Tochter. Der Nachlass umfasst neben anderen Vermögensgegenständen auch eine Mehrheitsbeteiligung an einer Gesellschaft mit beschränkter Haftung. Der Gesellschaftsvertrag sieht eine ordentliche Kündigungsfrist für Gesellschafter von einem Jahr zum Jahresende vor. Der Erblasser möchte verhindern, dass die Erbin diese Beteiligung kurz nach dem Erbfall veräußert und die Beteiligung an dem Unternehmen nicht mehr durch Familienmitglieder gehalten wird.

2. Gemäß § 1940 BGB kann der Erblasser durch Testament den Erben oder einen Vermächtnisnehmer zu einer Leistung verpflichten, ohne einem anderen ein Recht auf die Leistung zuzuwenden (**Auflage**). Durch die Auflage wird damit den Erben oder einem Vermächtnisnehmer eine rechtliche Verpflichtung auferlegt. Inhalt der Auflage kann jedes Tun oder Unterlassen sein, zu dem man sich schuldrechtlich verpflichten kann. Dementsprechend ist eine Auflage unwirksam, wenn sie sittenwidrige Ziele verfolgt oder gegen ein gesetzliches Verbot verstößt (§§ 2192, 2171 BGB). Siehe zur Auflage allgemein → Form. C.V.11, → Form. C.V.12.

Inhalt einer Auflage kann es beispielsweise sein, – wie im Muster vorgesehen – eine Beteiligung nicht zu kündigen oder nicht zu veräußern (zu Letzterem: MüKoBGB/*Leipold* § 1940 Rn. 6), bestimmten Betriebsgrundbesitz nicht zu veräußern (*Esch/Baumann/Schulze zur Wiesche* Handbuch der Vermögensnachfolge Rn. I 1644 ff. mw Beispielen), die Erben zu verpflichten, eine Gesellschaft zur Fortführung des Unternehmens des Erblassers zu gründen (*Strothmann* ZIP 1985, 969 (976)) oder die Verpflichtung, einen Dritten nicht zum Prokuristen einer GmbH zu bestellen (OLG Koblenz NJW-RR 1986, 1039 [1040], vgl. MüKoBGB/*Leipold* § 1940 Rn. 6 mw Beispielen). Die Auflage wirkt nur obligatorisch, nicht dinglich, (vgl. § 137 BGB) und sie entzieht dem Erben nicht die Verfügungsmacht über den betreffenden Nachlassgegenstand.

3. Die Formulierung dient der Klarstellung, dass auch künftig hinzuerworbene Geschäftsanteile von der Auflage umfasst sind.

4. Ein Merkmal der Auflage ist, dass einem Begünstigten – wenn es ihn überhaupt gibt – kein Anspruch auf **Einhaltung der Auflage** zusteht. Vielmehr beschreibt § 2194 BGB einen Personenkreis, welcher die Vollziehung der Auflage verlangen kann. Auch der Testamentsvollstrecker ist Vollziehungsberechtigter. Er ist zwar nicht in § 2194 BGB genannt, seine Befugnis folgt jedoch aus den §§ 2203, 2208 Abs. 2 BGB (Staudinger/*Otte* BGB § 2194 Rn. 5). Regelmäßig empfiehlt es sich, Testamentsvollstreckung anzuordnen, um die Erfüllung von Auflagen sicher zu stellen. Zur Testamentsvollstreckung siehe ausführlich → Form. G.IX.1 Anm. 2 ff.

Der Erblasser kann die Einhaltung der Auflage auch dadurch absichern, dass er die Erfüllung der Auflage zur Bedingung der Erbeinsetzung bestimmt (→ Form. G.VI.5 Anm. 2).

Da der Fall eintreten kann, dass der vom Erblasser ernannte Testamentsvollstrecker wegfällt, sollte ein Ersatztestamentsvollstrecker in die letztwillige Verfügung aufgenommen werden. Hierdurch kann der Erblasser verhindern, dass die Testamentsvollstreckung wegen Wegfalls des vorgesehenen Testamentsvollstreckers scheitert. Alternativ kann

beispielsweise vorgesehen werden, dem Präsidenten der örtlichen Rechtsanwaltskammer ein Ernennungsrecht in Bezug auf den Ersatztestamentsvollstrecker einzuräumen.

5. Steuern. Tritt der Erbfall ein, liegt ein erbschaftsteuerpflichtiger Vorgang gem. §§ 1 Abs. 1 Nr. 1, 3 Abs. 1 Nr. 1 ErbStG vor. Das Kind erhält neben den persönlichen Freibeträgen gem. §§ 16 Abs. 1 Nr. 2, 17 Abs. 2 ErbStG die Vergünstigungen der §§ 13a, 13b, 13c, 28a ErbStG. Die Erbschaftsteuer wird nach dem Steuersatz für die Steuerklasse I gem. §§ 15 Abs. 1, 19 Abs. 1 ErbStG berechnet. Sie entsteht gem. § 9 Abs. 1 Nr. 1 ErbStG mit dem Tod des Erblassers.

Zur steuerlichen Behandlung der Auflage → Form. C.V.11 Anm. 9, zur Bewertung der GmbH-Anteile → Form. A.IV.4 lit. c) und d), zur Testamentsvollstreckung → Form. C.VII.1 lit. e) bb) (2) sowie → Form. C.VII.2 Anm. 7.

6. Kosten. → Form. G.V.1 Anm. 8. Weder Auflagen noch die Anordnung von Testamentsvollstreckung erhöhen den Geschäftswert.

7. Gestaltungsalternative. Der Erblasser ist Inhaber eines einzelkaufmännischen Unternehmens. Sein einziger und bereits volljähriger Sohn soll das Unternehmen fortführen. Der künftige Unterhalt der Ehefrau wird über ein Vermächtnis abgesichert.

8. Die Ehefrau des Erblassers erhält im Wege des Vermächtnisses eine monatliche Rente (**Rentenvermächtnis**). Die Rente ist durch Anbindung an einen Lebenshaltungskostenindex wertgesichert. Alternativ könnte eine Anknüpfung an die Beamten- oder Richterbesoldung gewählt werden. Die Zulässigkeit von Wertsicherungsklauseln richtet sich nach dem **Gesetz über das Verbot der Verwendung von Preisklauseln bei der Bestimmung von Geldschulden** (PreisklauselG), das das bisherige PaPkG und die Preisklauselverordnung ersetzt hat. Die nach der alten Rechtslage einzuholende Erlaubnis für bestimmte Wertsicherungsklauseln ist entfallen. Jedoch gelten gemäß § 9 PreisklauselG die nach § 2 des Preisangaben- und Preisklauselgesetzes erteilten Genehmigungen fort.

Ergänzend und allgemein zur Absicherung des Ehegatten des Unternehmers → Form. G.V.1 Anm. 3.

Zu eventuellen **Pflichtteilsansprüchen** (→ Form. C.VI) und zu (bedingten) Pflichtteilsverzichtsverträgen (→ Form. G.III.10).

9. Der Erblasser kann den Erben auch die Auflage erteilen, dass Unternehmen in eine andere Rechtsform umzuwandeln (*Riedel* Unternehmensnachfolge-HdB § 8 Rn. 73; *Bengel/Reimann* Kap. 5 Rn. 143; *Nieder/Kössinger* § 9 Rn. 115). Da die Fortführung eines ererbten Handelsgeschäfts durch eine ungeteilte Erbengemeinschaft zwar zulässig, aber aus Organisationsgründen wenig geeignet ist (vgl. *Strothmann* ZIP 1985, 969 [974 ff.]), ist eine solche Auflage empfehlenswert. Zu Auflagen siehe ausführlich → Form. G.VI.4 Anm. 2). Besser ist es in der Regel, das Unternehmen schon zu Lebzeiten in eine andere Rechtsform zu überführen.

10. Der Erblasser kann den Gesellschaftsvertrag detailliert vorgeben und sollte dies im Falle von mehreren Erben/Gesellschaftern erwägen (vgl. *Esch/Baumann/Schulze zur Wiesche* Handbuch der Vermögensnachfolge Rn. 1648). Ist nur ein einziger Gesellschafter vorhanden, so kann dieser den Gesellschaftsvertrag sofort nach der Beendigung des Amtes des Testamentsvollstreckers beliebig ändern, so dass die Vorgabe eines Gesellschaftsvertrags durch den Erblasser nicht notwendig ist.

11. Oft empfiehlt es sich, Testamentsvollstreckung anzuordnen, um die Erfüllung von Vermächtnissen sicher zu stellen. Zur Testamentsvollstreckung siehe ausführlich → Form. G.IX.1 Anm. 3 ff. sowie → Form. C.VII.

12. Steuern. Tritt der Erbfall ein, liegt ein erbschaftsteuerpflichtiger Vorgang gem. §§ 1 Abs. 1 Nr. 1, 3 Abs. 1 Nr. 1 ErbStG vor. Das Kind erhält neben den persönlichen

Freibeträgen gem. §§ 16 Abs. 1 Nr. 2, 17 Abs. 2 ErbStG im Hinblick auf das Einzelunternehmen die Begünstigungen der §§ 13a, 13b, 13c, 28a ErbStG. Die Erbschaftsteuer wird nach dem Steuersatz für die Steuerklasse I gem. §§ 15 Abs. 1, 19 Abs. 1 ErbStG berechnet. Sie entsteht gem. § 9 Abs. 1 Nr. 1 ErbStG mit dem Tod des Erblassers. Zur Bewertung und Begünstigung des Betriebs (Einzelunternehmens) → Form. A.IV.4 lit. c) und d). Zur steuerlichen Behandlung des Vermächtnisses → Form. C.V.4 Anm. 6, → Form. C.V.6 Anm. 8, zur Testamentsvollstreckung → Form. C.VII.1 lit. e) bb) (2).

Die Auflage, das Einzelunternehmen in eine GmbH umzuwandeln, ist gem. § 10 Abs. 9 ErbStG nicht abzugsfähig. Sofern mehrere Erben eingesetzt sind, ist die Anordnung der Umwandlung rechtlich als Teilungsanordnung in Verbindung mit einer Auflage zu werten. Vgl. in diesem Fall zur Teilungsanordnung → Form. C.IV.3.

Die Umwandlung des Einzelunternehmens in eine Kapitalgesellschaft im Wege der Sachgründung erfolgt gem. § 20 UmwStG als Einbringung des Betriebs gegen Gewährung von Gesellschaftsrechten. Sind die Voraussetzungen des § 20 Abs. 2 UmwStG erfüllt, kann die Aufdeckung stiller Reserven vermieden werden, da das eingebrachte Vermögen von der Kapitalgesellschaft auf Antrag mit dem Buchwert angesetzt werden kann, § 20 Abs. 2 S. 1 UmwStG. Demzufolge erfolgt eine Aufdeckung und Versteuerung stiller Reserven im Rahmen der Einbringung nur bei Ansatz des Teilwerts oder eines Zwischenwerts.

Bewertet die GmbH das eingebrachte Betriebsvermögen mit einem unter dem gemeinen Wert liegenden Wert, tritt sie hinsichtlich der AfA, erhöhten Absetzungen, Sonderabschreibungen, Inanspruchnahme von Bewertungsfreiheiten oder eines Bewertungsabschlages sowie gewinnmindernder Rücklagen in die Rechtsstellung des Einzelunternehmers ein (§ 23 Abs. 1 iVm § 12 Abs. 3 S. 1 iVm § 4 Abs. 2 UmwStG).

Erfolgt die Einbringung unter dem gemeinen Wert und veräußert der Einbringende die erhaltenen Anteile an der Kapitalgesellschaft innerhalb einer Frist von sieben Jahren oder erfüllt er einen der Ersatztatbestände des § 22 Abs. 1 S. 6 UmwStG, so sind die stillen Reserven des Betriebs rückwirkend zeitanteilig aufzudecken, § 22 Abs. 1 UmwStG.

Gewerbesteuer fällt bei der Einbringung des Betriebs nicht an (Schmitt/Hörtnagl/Stratz/*Schmitt* UmwStG § 20 Rn. 433).

Die Umwandlung unterliegt nach § 1 Abs. 1a UStG nicht der Umsatzsteuer.

Werden Grundstücke bei der Umwandlung auf die GmbH übertragen, fällt gem. § 1 Abs. 1 Nr. 1 GrEStG Grunderwerbsteuer an. In diesem Fall wäre zu überlegen, als Auflage die Einbringung in eine Personengesellschaft gem. § 24 UmwStG anzuordnen, da hier § 5 Abs. 2 GrEStG Anwendung findet.

13. Kosten. → Form. G.V.1 Anm. 8. Weder Vermächtnisse, Auflagen noch die Anordnung von Testamentsvollstreckung erhöhen den Geschäftswert.

5. Bedingungen

§ 1 Erbeinsetzung[1]

Zu meiner alleinigen Erbin setze ich meine Tochter ...... ein.

§ 2 Auflage

Meine Erbin belaste ich mit den folgenden Auflagen:[2]

a) Die Erbin darf meine Beteiligung an der ......-GmbH, mit Sitz in ......, eingetragen im Handelsregister des Amtsgerichts ...... unter HRB ......, in Höhe von derzeit 60 % des Stammkapitals für die Dauer von 5 Jahren nicht kündigen;

b) Die Erbin darf den Geschäftsanteil (oder Teile hiervon) an der vorgenannten . . . . . .-GmbH für die Dauer von 5 Jahren nicht veräußern. Unter den Begriff „veräußern" im vorstehenden Sinn fallen auch jegliche Transaktionen mit Dritten, die einem Verkauf entsprechen, zB Tausch, Einbringung, Verschmelzung, Ab- und Aufspaltung, andere wirtschaftlich entsprechende Transaktionen und jede Kombination solcher Transaktionen.

Die Auflage umfasst jeweils sämtliche künftigen weiteren Geschäftsanteile an der . . . . . .-GmbH, welche ich aufgrund Kaufs, Tauschs, Kapitalerhöhung, Umwandlung oder aus einem sonstigen Grund hinzuerwerbe.

Die Erbeinsetzung steht unter der auflösenden Bedingung der Nichterfüllung einer der vorstehenden Auflagen.[3] Für den Fall des Eintritts der auflösenden Bedingung setze ich meinen Bruder zu meinem alleinigen Erben ein.[4–6]

Anmerkungen

1. Sachverhalt. Der Erblasser ist verwitwet und hat eine Tochter. Der Nachlass umfasst neben anderen Vermögensgegenständen auch eine Mehrheitsbeteiligung an einer Gesellschaft mit beschränkter Haftung. Der Gesellschaftsvertrag sieht eine ordentliche Kündigungsfrist für Gesellschafter von einem Jahr zum Jahresende vor. Der Erblasser möchte verhindern, dass die Erbin diese Beteiligung kurz nach dem Erbfall veräußert und die Beteiligung an dem Unternehmen nicht mehr durch Familienmitglieder gehalten wird. Der Sachverhalt entspricht dem → Form. G.VI.4 Anm. 1.

2. Zur Auflage → Form. G.VI Anm. 1–3.

3. Letztwillige Verfügungen können grundsätzlich mit Bedingungen verbunden werden (BayObLGZ 1993, 248 (251); Staudinger/*Otte* BGB § 2074 Rn. 1). Eine Bedingung liegt vor, wenn der Erblasser die Wirksamkeit seiner Anordnung vom Eintritt oder Unterbleiben eines künftigen ungewissen Ereignisses abhängen lassen will. Eine Bedingung kann aufschiebend (§ 158 Abs. 1 BGB) oder auflösend (§ 158 Abs. 2 BGB) sein. Eine Bedingung kann dergestalt mit einer Auflage verbunden werden, dass die Nichterfüllung der Auflage zur auflösenden Bedingung der Erbeinsetzung gemacht wird (sog. **Verwirkungs- oder Strafklausel**; BeckOK BGB/*Litzenburger* § 2074 Rn. 4; Staudinger/*Otte* BGB § 1940 Rn. 3).

Die Möglichkeit, eine Zuwendung unter eine auflösende Bedingung zu stellen, gibt dem Erblasser ein psychologisches Sicherungsmittel für die Erfüllung der Auflage zur Hand.

Es ist zulässig, die Veräußerung eines Erbschaftsgegenstandes oder den Abschluss oder Nichtabschluss eines Gesellschaftsvertrags mit bestimmtem Inhalt zum Verwirkungsfall zu bestimmen. Die Veräußerung als solche unter Verstoß gegen diese Auflage ist als solche nach zutreffender Ansicht nicht unwirksam (vgl. § 137 S. 1 BGB); die Verfügung über den Erbschaftsgegenstand ist die eines Berechtigten (zu der Zulässigkeit solcher Bedingungen siehe Staudinger/*Otte* BGB § 2074 Rn. 62 ff. und Rn. 24; MüKoBGB/*Leipold* § 2074 Rn. 29 ff.).

Die Grenzen für Bedingungen in letztwilligen Verfügungen setzt § 138 Abs. 1 BGB. Ein Verstoß gegen die guten Sitten kann dann vorliegen, wenn die Bedingung zu einer unzulässigen Beschränkung der Entscheidungsfreiheit des Bedachten führt (hierzu ausführlich: Staudinger/*Otte* BGB § 2074 Rn. 30 ff.). Die Feststellung der Sittenwidrigkeit ist allerdings von den Umständen des Einzelfalles abhängig. Dabei spielt der Umfang der Zuwendung sowie der Umstand, inwieweit der Bedachte auf die Zuwendung angewiesen ist, eine entscheidende Rolle (Staudinger/*Otte* BGB § 2074 Rn. 45 ff.; MüKoBGB/*Leipold* § 2074 Rn. 18 ff.).

Im sog. „Hohenzollern"-Beschluss (BVerfG NJW 2004, 2088) hat das BVerfG klargestellt, dass durch letztwillige Verfügungen auf erbrechtlich Bedachte kein unzumutbarer wirtschaftlicher Druck in Bezug auf ihr familiäres Verhalten ausgeübt werden darf. Diese Entscheidung hat in der Lehre viel Ablehnung erfahren (vgl. *Gutmann* NJW 2004, 2347–2349; *Isensee* DNotZ 2004, 754–766). Es bleibt abzuwarten, welche Auswirkungen die Entscheidung auf die richterliche Kontrolle von Bedingungen in letztwilligen Verfügungen haben wird.

Alternativ zu der auflösend bedingten Erbeinsetzung kann der Erblasser auch die Erfüllung einer Auflage durch Einsetzung eines Testamentsvollstreckers anstreben (→ Form. G.VI.4 Anm. 4).

4. Bei einer Erbeinsetzung unter Bedingungen ist der Grundsatz zu beachten, dass die Erbschaft sofort mit dem Eintritt des Erbfalls auf den Erben übergeht (§ 1922 Abs. 1 BGB). Bei einer **aufschiebend bedingten Erbeinsetzung** geht die Erbschaft mit Eintritt des Erbfalls zunächst auf einen anderen Erben über und der unter einer aufschiebenden Bedingung eingesetzte Erbe ist Nacherbe. Hat der Erblasser keine bestimmte Person zum Vorerben bzw. Nacherben eingesetzt, so sind Vorerben bzw. Nacherben im Zweifel die gesetzlichen Erben (§§ 2104, 2105 BGB). Um zu verhindern, dass die gesetzlichen Auslegungsrichtlinien der §§ 2104, 2105 BGB zum Zuge kommen, sollte der Erblasser einen Vorerben bzw. Nacherben bestimmen.

Für den Fall, dass ein Erbe unter einer **auflösenden Bedingung** eingesetzt worden ist, ist streitig, ob der eingesetzte Erbe bis zum Eintritt der Bedingung Vollerbe oder Vorerbe ist (siehe hierzu Staudinger/*Otte* BGB § 2074 Rn. 19 ff.).

5. Steuern. Tritt der Erbfall ein, liegt zunächst ein erbschaftsteuerpflichtiger Vorgang gem. §§ 1 Abs. 1 Nr. 1, 3 Abs. 1 Nr. 1 ErbStG vor. Das Kind erhält neben den persönlichen Freibeträgen gem. §§ 16 Abs. 1 Nr. 2, 17 Abs. 2 ErbStG die Vergünstigungen für Betriebsvermögen gem. §§ 13a, 13b, 13c, 28a ErbStG. Zur Bewertung und Begünstigung der GmbH-Anteile siehe → Form. A.III.4 lit. c) und d). Die Erbschaftsteuer wird nach dem Steuersatz für die Steuerklasse I gem. §§ 15 Abs. 1, 19 Abs. 1 ErbStG berechnet. Sie entsteht gem. § 9 Abs. 1 Nr. 1 ErbStG mit dem Tod des Erblassers.

Die Auflage ist gem. § 10 Abs. 9 ErbStG nicht gem. § 10 Abs. 5 Nr. 2 ErbStG als Nachlassverbindlichkeit abziehbar (*Meincke/Hannes/Holtz* ErbStG § 10 Rn. 74). Allgemein zur Auflage → Form. C.V.11 Anm. 9.

Der Erbanfall unter einer auflösenden Bedingung wird gem. § 5 Abs. 1 BewG steuerlich so behandelt, als ob er ohne Bedingung erfolgt wäre. Tritt die auflösende Bedingung dann später ein und kommt es dadurch zu einer Übertragung des Vermögens auf einen Dritten, ist der bisherige Erbschaft- oder Schenkungsteuerbescheid gem. § 5 Abs. 2 BewG zu ändern. Der Erbe ist ggf. wie ein Nießbraucher zu versteuern (Rössler/Troll/*Halaczinsky* BewG § 5 Rn. 4).

Die Erbeinsetzung des Ersatzerben ist aufschiebend bedingt. Bei ihm fällt Erbschaftsteuer erst dann an, wenn die Bedingung eingetreten ist (§ 9 Abs. 1 Nr. 1a ErbStG).

6. Kosten. → Form. G.V.1 Anm. 8. Die Bedingungen sind kostenrechtlich ebenso irrelevant wie die Auflagen.

6. Überspringen einer Generation

§ 1 Erbeinsetzung[1]

Hiermit setze ich meinen Enkel ...... zu meinem alleinigen Erben ein.[2] Zu Ersatzerben[3] setze ich die leiblichen Abkömmlinge des Erben nach den Regeln der gesetzlichen Erbfolge ein. Diese Regelungen haben Vorrang vor anders lautenden gesetzlichen oder sonstigen Auslegungs-, Vermutungs- oder Ergänzungsbestimmungen.

§ 2 Vermächtnis

Meinem Sohn ...... wende ich als Vermächtnis nach Maßgabe der folgenden Bestimmungen einen lebenslangen Nießbrauch[4] zu an meiner Beteiligung in Höhe von 100 % des Stammkapitals (Geschäftsanteil im Nennbetrag von 150.000 EUR) an der ...... GmbH mit Sitz in ......, eingetragen im Handelsregister des Amtsgerichts ...... unter HRB ......

a) Der Nießbrauch besteht an der gesamten Beteiligung und zwar auch für den Fall einer Erhöhung des Stammkapitals aus Gesellschaftsmitteln. Der Nießbrauch erstreckt sich im Fall der Auflösung der Gesellschaft auf den Liquidationserlös, im Fall des Ausscheidens des Gesellschafters auf die Abfindung.
Die Früchte der Mitgliedschaft können von dem Nießbraucher verbraucht werden, ohne dass er bei Beendigung die Nießbrauchs zum Wertersatz verpflichtet ist.
b) Die Gesellschafterrechte, insbesondere die Stimm- und Verwaltungsrechte, verbleiben dem Gesellschafter. In Bezug auf sämtliche Fragen der Bilanzierung und Ergebnisverwendung, insbesondere bei Beschlussfassungen über Gewinnausschüttungen, ist der Gesellschafter an die Weisungen des Nießbrauchers gebunden.
c) Der Gesellschafter bedarf für beeinträchtigende Verfügungen über seine Beteiligung der Zustimmung des Nießbrauchers, insbesondere für den Verkauf oder die sonstige Veräußerung, die Zustimmung zu Maßnahmen nach dem Umwandlungsgesetz oder zu dem Verkauf von mehr als 50 % (nach Buch- oder Verkehrswerten) der Vermögensgegenstände der Gesellschaft, die Kündigung der Gesellschaft oder den Austritt aus der Gesellschaft oder die Zustimmung zur Einziehung der Geschäftsanteile. Er ist gegenüber dem Nießbraucher verpflichtet, keine sonstigen Maßnahmen zu treffen, welche den Nießbrauch beeinträchtigen.
d) Der Gesellschafter ist im Rahmen der ihm zustehenden Informationsrechte verpflichtet, den Nießbraucher jederzeit umfassend über Angelegenheiten der Gesellschaft zu informieren.

§ 3 Testamentsvollstreckung

Ich ordne Testamentsvollstreckung (Abwicklungsvollstreckung) an und bestimme Herrn ...... zum Testamentsvollstrecker. Der Testamentsvollstrecker hat die Aufgabe, das angeordnete Vermächtnis zu erfüllen. Hierzu steht dem Testamentsvollstrecker die volle Verwaltungs- und Verfügungsbefugnis zu. Der Testamentsvollstrecker ist in der Eingehung von Verbindlichkeiten für den Nachlass nicht beschränkt und von den Beschränkungen des § 181 BGB befreit. Die Aufgabe des Testamentsvollstreckers endet nach der Erfüllung der angeordneten Vermächtnisse.[5]

Für den Fall, dass der ernannte Testamentsvollstrecker vor oder nach der Annahme des Amts wegfällt, bestimme ich Herrn ...... zum Testamentsvollstrecker.[6, 7]

Anmerkungen

1. Sachverhalt. Der Erblasser hat einen verheirateten Sohn, welcher seinerseits einen Sohn hat. Der Erblasser beabsichtigt, mit erbrechtlichen Mitteln den Verbleib des in der Rechtsform der GmbH betriebenen Unternehmens über die erste ihm nachfolgende Generation hinaus zu sichern.

2. Die Einsetzung eines Enkels als Erben ist eine Möglichkeit, die **Einbindung des Unternehmens in die Familie** über die dem Unternehmer direkt nachfolgende Generation hinaus zu sichern. Durch die Erbeinsetzung wird das Unternehmen in die zweite Generation übertragen. Die erste dem Erblasser nachfolgende Generation wird beispielsweise, wie im Muster vorgeschlagen, durch die Zuwendung eines Nießbrauchs an dem Unternehmen bzw. der Beteiligung am Unternehmen eingebunden.

Als Alternative zu der im Muster vorgeschlagenen Lösung könnte der Erblasser auch eine Vor- und Nacherbschaft (→ Form. G.VI.3 Anm. 2) wählen, um die zweite Generation mit erbrechtlichen Mitteln in die Nachfolge einzubinden (siehe hierzu *Nieder/Kössinger* § 22 Rn. 19).

3. Der eingesetzte Erbe kann vor oder nach dem Eintritt des Erbfalls, etwa durch Tod des eingesetzten Erben vor dem Erbfall, Erbverzicht oder Ausschlagung, wegfallen. Daher sollte vorsorglich ein **Ersatzerbe** gemäß § 2096 BGB bestimmt werden (zu den Ersatzerben siehe → Form. G.VI.2).

Zu eventuellen **Pflichtteilsansprüchen** (→ Form. C.VI) und zu (bedingten) Pflichtteilsverzichtsverträgen (→ Form. G.III.10).

Besteht das Vermögen des Erblassers im Wesentlichen aus einem Unternehmen, wird der Erbe sich oftmals gezwungen sehen, das Unternehmen zu zerschlagen, um den Pflichtteil auszahlen zu können – wie hier beim Überspringen einer Generation oder aber bei der Erbeinsetzung von außerhalb der Familie stehenden Dritten. Die Möglichkeit der **Stundung des Pflichtteilsanspruchs** nach § 2331a BGB kann den Erben davor schützen. Seit Inkrafttreten des Gesetzes zur Änderung des Erb- und Verjährungsrechts kann jeder Erbe, unabhängig von seiner Pflichtteilsberechtigung, kann nunmehr Stundung verlangen. Die sofortige Erfüllung des gesamten Anspruchs muss für ihn eine „unbillige Härte" darstellen (ihn aber nicht mehr „ungewöhnlich hart" treffen). Dabei sind die Interessen des Pflichtteilsberechtigten „angemessen" zu berücksichtigen, (zuvor musste ihm die Stundung „zumutbar" sein).

4. Die Bestellung eines **Nießbrauchs** an einer Beteiligung an einem GmbH-Geschäftsanteil ist zulässig (Scholz/*H. Winter/Seibt* GmbHG § 15 Rn. 212); die Bestellung des Nießbrauchs erfolgt gemäß § 15 Abs. 3 GmbHG, § 1069 BGB durch notariell beurkundete Vereinbarung. Der Gesellschaftsvertrag kann vorsehen, dass zur Bestellung eines Nießbrauchs die Zustimmung der Gesellschafter oder der Gesellschaft im Sinne von § 15 Abs. 5 GmbH erforderlich ist.

Zu den Nutzungen, die dem Nießbraucher nach §§ 1030, 100 BGB zustehen, gehört der (ausgeschüttete) Gewinnanteil. Da der Nießbraucher thesaurierte Gewinnanteile während des Nießbrauchs nicht erhält, wird zT für die Beendigung des Nießbrauchs ein Ausgleichsanspruch des Nießbrauchers gegen den Gesellschafter für thesaurierte Gewinne vertreten (vgl. *Schön* ZHR 1994, 240 ff. mwN). Der Nießbrauch erfasst auch den Liquidationserlös oder die Abfindung im Fall des Ausscheidens (hM MüKoGmbHG/*Reichert/Weller* § 15 Rn. 346 mwN; Baumbach/Hueck/*Fastrich* GmbHG § 15 Rn. 54; aA Palandt/*Herrler* BGB § 1068 Rn. 3). Bei Kapitalerhöhungen aus Gesellschaftsmitteln erstreckt sich der Nießbrauch auch auf den durch die Kapitalerhöhung hinzuerworbenen Anteil des Gesellschafters (BGHZ 58, 319; Scholz/*H. Winter/Seibt* GmbHG § 15

Rn. 216). Das Bezugsrecht steht bei Kapitalerhöhungen gegen Einlagen jedoch dem Gesellschafter zu; der Nießbraucher hat einen Anspruch auf Bestellung eines zusätzlichen Nießbrauchs nur insoweit, als der belastete Geschäftsanteil einen Wertverlust erlitten hat (Scholz/*H. Winter/Seibt* GmbHG § 15 Rn. 216; *Petzold* GmbHR 1987, 381 [389]).

Hinsichtlich des **Umfangs der Gesellschafterrechte**, welche auf den Nießbraucher übertragen werden können, ist vieles streitig und unklar. Der Bundesgerichtshof hat zumindest festgestellt, dass dem Gesellschafter das Stimmrecht in Bezug auf Grundlagenbeschlüsse wie etwa die Feststellung des Jahresabschlusses verbleibt und nicht auf den Nießbraucher übertragen werden kann (BGH NJW 1999, 571 [572]). Der Bundesgerichtshof hat sich nicht zu der Frage geäußert, inwieweit sonstige Stimm- oder Verwaltungsrechte auf den Nießbraucher übertragen werden können. Nach herrschender Auffassung ist eine Übertragung des Stimmrechts auf den Nießbraucher unzulässig (OLG Koblenz NJW 1992, 2163; Scholz/*H. Winter/Seibt* § 15 GmbHG Rn. 217 mwN (auch zum Streitstand); Palandt/*Herrler* BGB § 1068 Rn. 3). Im Muster ist die Konstruktion gewählt, dass der Gesellschafter weiterhin Inhaber des Stimmrechts und des Verwaltungsrechts ist, er jedoch den Weisungen des Nießbrauchers unterliegt.

Zu dem Nießbrauch an einer Beteiligung an einer Personengesellschaft → Form. G.VIII.1 Anm. 3. Zu dem Nießbrauch am einzelkaufmännischen Unternehmen siehe *Esch/Baumann/Schulze zur Wiesche* Rn. I 1748 ff.).

5. Oft empfiehlt es sich, Testamentsvollstreckung anzuordnen, um die Erfüllung von Vermächtnissen sicher zu stellen. Zur Testamentsvollstreckung siehe ausführlich → Form. G.IX.1 Anm. 3 ff. sowie → Form. C.VII.1 ff.

6. Steuern. Tritt der Erbfall ein, liegt ein erbschaftsteuerpflichtiger Vorgang gem. §§ 1 Abs. 1 Nr. 1, 3 Abs. 1 Nr. 1 ErbStG vor. Der Enkel erhält neben den persönlichen Freibeträgen gem. §§ 16 Abs. 1 Nr. 3 ErbStG die Vergünstigungen des §§ 13a, 13b, 13c, 28a ErbStG im Hinblick auf den GmbH-Anteil, da er den Anteil fortführt. Die Regelung des § 13a Abs. 5 S. 1 ErbStG führt nicht zu einer Weitergabe der Begünstigung, da im Rahmen des Vermächtnisses nicht das Betriebsvermögen übertragen wird, sondern nur mit einem Nießbrauch belastet wird. Voraussetzung für die Anwendung der Begünstigung nach § 13a ErbStG ist allerdings, dass der Enkel nach ertragsteuerlichen Kriterien Mitunternehmer wird. Der Wert des Nießbrauchs ist mit seinem Kapitalwert (→ Form. C.V.8 Anm. 10) abziehbar, allerdings nur, soweit das Betriebsvermögen nicht gem. §§ 13a, 13c ErbStG steuerbefreit ist, § 10 Abs. 6 S. 4 ErbStG. Zur Bewertung und Begünstigung der GmbH-Anteile → Form. A.IV.4 lit. c) und d).

Die Erbschaftsteuer wird nach dem Steuersatz für die Steuerklasse I gem. §§ 15 Abs. 1, 19 Abs. 1 ErbStG berechnet. Sie entsteht gem. § 9 Abs. 1 Nr. 1 ErbStG mit dem Tod des Erblassers.

Zur Testamentsvollstreckung → Form. C.VII.1 lit. e) bb) (2) sowie → Form. C.VII.2 Anm. 7. Zur steuerlichen Behandlung geltend gemachter Pflichtteilsansprüche → Form. C.VI.1.

7. Kosten. → Form. G.V.1 Anm. 8. Weder die Anordnung von Testamentsvollstreckung noch das Vermächtnis erhöhen den Geschäftswert.

VII. Vermächtnisweise Zuwendung eines Unternehmens

1. Zuwendung einer Beteiligung an einer Kapitalgesellschaft

§ 1 Erbeinsetzung[1]

Hiermit setze ich meine Ehefrau . . . . . . zu meiner alleinigen Erbin ein.

Zu Ersatzerben[2] setze ich unsere ehelichen leiblichen Abkömmlinge nach den Regeln der gesetzlichen Erbfolge ein. Diese Regelung hat Vorrang vor anders lautenden gesetzlichen oder sonstigen Auslegungs-, Vermutungs- oder Ergänzungsbestimmungen.

§ 2 Vermächtnisse

Mein Sohn . . . . . . erhält im Wege des Vermächtnisses meine sämtlichen Geschäftsanteile (derzeit: Geschäftsanteile im Nennwert von 500.000 EUR, welche 50 % des gesamten Stammkapitals entsprechen) an der . . . . . . GmbH mit Sitz in . . . . . ., eingetragen im Handelsregister des Amtsgerichts . . . . . . unter HRB . . . . . .[3] Das Vermächtnis umfasst auch meine Ansprüche gegen die Gesellschaft aus den von mir gewährten Gesellschafterdarlehen.[4]

Meine Tochter . . . . . . erhält im Wege des Vermächtnisses meine sämtlichen Aktien (derzeit: 10.000 Stückaktien im fiktiven Nennwert von je 1 EUR, welche 85 % des gesamten Grundkapitals entsprechen) an der . . . . . . AG mit Sitz in . . . . . ., eingetragen im Handelsregister des Amtsgerichts . . . . . . unter HRB . . . . . .[5]

Die Vermächtnisse umfassen jeweils sämtliche künftigen weiteren Geschäftsanteile, Gesellschafterdarlehen oder Aktien an den Gesellschaften, welche ich aufgrund Kaufs, Tauschs, Kapitalerhöhung, Umwandlung oder aus einem sonstigen Grund hinzuerwerbe.[6]

§ 3 Testamentsvollstreckung

Ich ordne Testamentsvollstreckung (Abwicklungsvollstreckung) an und bestimme Herrn . . . . . . zum Testamentsvollstrecker. Der Testamentsvollstrecker hat die Aufgabe, die angeordneten Vermächtnisse zu erfüllen.[7] Hierzu steht dem Testamentsvollstrecker die volle Verwaltungs- und Verfügungsbefugnis zu. Der Testamentsvollstrecker ist in der Eingehung von Verbindlichkeiten für den Nachlass nicht beschränkt und von den Beschränkungen des § 181 BGB befreit. Die Aufgabe des Testamentsvollstreckers endet nach der Auseinandersetzung des Nachlasses und der Erfüllung der angeordneten Vermächtnisse.

Für den Fall, dass der ernannte Testamentsvollstrecker vor oder nach der Annahme des Amts wegfällt, bestimme ich Herrn . . . . . . zum Testamentsvollstrecker.[8, 9]

Anmerkungen

1. **Sachverhalt.** Der Erblasser ist verheiratet und beabsichtigt, seine Ehefrau zur Alleinerbin einzusetzen. Er ist an einer GmbH in Höhe von 50 % des Stammkapitals und an einer Aktiengesellschaft in Höhe von 85 % des Grundkapitals beteiligt. Der Erblasser beabsichtigt, die Beteiligung an der GmbH seinem Sohn, die Beteiligung an

der Aktiengesellschaft seiner Tochter zu vermachen. Die Gesellschaft hat auf den Namen lautende Aktien, deren Übertragung an die Zustimmung der Gesellschaft gebunden ist (Vinkulierung). Nach der Vorstellung des Erblassers sind die beiden Beteiligungen annähernd gleichwertig.

2. Der eingesetzte Erbe kann vor oder nach dem Eintritt des Erbfalls, etwa durch Tod des eingesetzten Erben vor dem Erbfall, Erbverzicht oder Ausschlagung, wegfallen. Daher sollte vorsorglich ein **Ersatzerbe** gemäß § 2096 BGB bestimmt werden (zu den Ersatzerben → Form. G.VI.2).

Zu eventuellen **Pflichtteilsansprüchen** siehe → Form. C.VI, zu (bedingten) Pflichtteilsverzichtsverträgen → Form. G.III.10.

3. Geschäftsanteile an der GmbH sind **Anteile an einer Kapitalgesellschaft** und nach der ausdrücklichen Bestimmung des § 15 Abs. 1 GmbHG vererblich.

Anteile an Kapitalgesellschaften gehen, anders als Beteiligungen an Personengesellschaften, nicht im Wege der Sondererbfolge auf mehrere Miterben über; sie stehen vielmehr der **Erbengemeinschaft** zu. Nach § 18 Abs. 1 GmbHG können die Rechte durch die Miterben nur gemeinschaftlich ausgeübt werden. Eine solche Regelung ist unpraktikabel, weswegen in der Satzung der GmbH anzuordnen ist, dass die Miterben einen gemeinsamen Vertreter zur Stimmausübung zu benennen haben und ihr Stimmrecht ruht, solange dies nicht erfolgt ist.

Für die **Teilung** des Geschäftsanteils zur Zuteilung von Teilgeschäftsanteilen an die Miterben im Rahmen der Auseinandersetzung der Erbengemeinschaft genügt es seit Änderung durch das **MoMiG**, dass der Nennbetrag eines jeden Geschäftsanteils auf volle EUR lautet (§ 5 Abs. 2 GmbHG).

Geschäftsanteile können Gegenstand eines Vermächtnisses sein. Die Anordnung des Vermächtnisses bedarf nicht der notariellen Beurkundung gemäß § 15 Abs. 4 GmbHG; die Form der letztwilligen Verfügung richtet sich vielmehr nach erbrechtlichen Regeln (GroßKommGmbHG/*Winter/Löbbe* § 15 Rn. 21). Der betreffende Geschäftsanteil geht zunächst mit dem Tode des Erblassers nach allgemeinen Regeln ipso iure auf den Erben bzw. die Erbengemeinschaft über. Erfüllt wird der Anspruch des Vermächtnisnehmers durch Abtretung des Geschäftsanteils an den Vermächtnisnehmer gemäß § 15 GmbHG. Die Abtretung bedarf der notariellen Beurkundung gemäß § 15 Abs. 3 GmbHG. Seit Änderung durch das **MoMiG** bestimmt § 40 Abs. 1 GmbHG, dass die Geschäftsführer unverzüglich nach Wirksamwerden jeder Veränderung in den Personen der Gesellschafter oder des Umfangs ihrer Beteiligung eine von ihnen unterschriebene Liste der Gesellschafter zum Handelsregister einzureichen haben. Anders wenn ein Notar an einer solchen Veränderung mitgewirkt hat: In diesem Fall trifft ihn nach § 40 Abs. 2 GmbHG die Einreichungspflicht.

Fraglich ist, ob eine Klausel, durch die die Wirksamkeit der Abtretung eines Geschäftsanteils gemäß § 15 Abs. 5 GmbHG an die Zustimmung der Gesellschaft oder von Gesellschaftern gebunden wird (Vinkulierung), die Abtretung eines Geschäftsanteils zur Erfüllung eines Vermächtnisses erfasst (siehe dazu: MüKoGmbHG/*Reichert/Weller* § 15 Rn. 466; Scholz/*H. Winter/Seibt* GmbHG § 15 Rn. 36 f., jeweils mwN). Der Gesellschaftsvertrag sollte gegebenenfalls klarstellend im Rahmen einer Nachfolgeregelung zu Lebzeiten möglichst dahingehend geändert werden, dass Abtretungen zur Erfüllung eines Vermächtnisses nicht der ansonsten vorgesehenen Zustimmung der Gesellschaft bzw. eines oder mehrerer Gesellschafter bedürfen.

Der mit dem Vermächtnis beschwerte Erbe hat alles in seiner Kraft Stehende zu tun, um die Abtretung des Anteils zu ermöglichen. Hierzu gehört auch die Stellung eines Antrags auf eine satzungsmäßige Zustimmung sowie ggf. eine entsprechende Stimmabgabe. Zu den Rechtsfolgen eines Scheiterns der Abtretung an den Erben siehe GroßKommGmbHG/*Winter/Löbbe* § 15 Rn. 22.

Die Anordnung einer Testamentsvollstreckung über einen GmbH-Geschäftsanteil ist zulässig, und zwar auch in der Form der Verwaltungs- bzw. Dauervollstreckung (→ Form. G.IX.1 Anm. 2 ff.).

4. Wenn auch Gesellschafterdarlehen vermacht werden sollen, bedarf dies einer zusätzlichen Regelung. Das Vermächtnis in Bezug auf einen GmbH-Geschäftsanteil beinhaltet ohne weitere Regelung auch das Gewinnbezugsrecht, nicht jedoch Gesellschafterdarlehen.

5. Die Aktien sind ebenfalls **Anteile an einer Kapitalgesellschaft** und gehen im Wege der Gesamtrechtsnachfolge (§ 1922 BGB) bei mehreren Erben auf die Erbengemeinschaft über, nicht auf einzelne Miterben.

Die Gesellschaft hat im Beispielsfall vinkulierte Namensaktien (§ 68 Abs. 2 AktG). Während die Übertragung von vinkulierten Namensaktien (bei Inhaberaktien ist eine Vinkulierung nicht möglich) im Wege der Gesamtrechtsnachfolge nicht der Zustimmung der Gesellschaft bedarf (→ Form. G.V.3 Anm. 2), fällt die Erfüllung eines Vermächtnisses unter die Vinkulierung (OLG Düsseldorf ZIP 1987, 227 [230 f.]; der BGH hat die Annahme der Revision abgelehnt BGH ZIP 1988, 374). Ausführlich zu Möglichkeiten der Ausgestaltung der Vinkulierung siehe MüKoAktG/*Bayer* § 68 Rn. 57 ff.). Die Satzung sollte gegebenenfalls im Rahmen einer Nachfolgeregelung zu Lebzeiten möglichst dahingehend geändert werden, dass Abtretungen zur Erbauseinandersetzung und zur Erfüllung eines Vermächtnisses nicht der ansonsten vorgesehenen Zustimmung der Gesellschaft bzw. eines oder mehrerer Aktionäre bedürfen.

6. Die Formulierung dient der Klarstellung, dass auch künftig hinzuerworbene Geschäftsanteile bzw. Aktien von dem Vermächtnis umfasst sind.

7. Oft empfiehlt es sich, Testamentsvollstreckung anzuordnen, um die Erfüllung von Vermächtnissen sicher zu stellen. Zur Testamentsvollstreckung siehe ausführlich → Form. G.IX.1 Anm. 3 ff. sowie → Form. C.VII.

8. Steuern. Tritt der Erbfall ein, liegt ein erbschaftsteuerpflichtiger Vorgang gem. §§ 1 Abs. 1 Nr. 1, 3 Abs. 1 Nr. 1 ErbStG vor. Die Ehefrau erhält neben dem Versorgungsfreibetrag in Höhe von 256.000 EUR gem. § 17 Abs. 1 ErbStG ihren persönlichen Freibetrag in Höhe von 500.000 EUR gem. § 16 Abs. 1 Nr. 1 ErbstG. Die Vermächtnisse sind bei der Ehefrau gem. § 10 Abs. 5 Nr. 2 ErbStG als Nachlassverbindlichkeit abziehbar. Die Kinder als Vermächtnisnehmer erhalten neben den persönlichen Freibeträgen gem. §§ 16 Abs. 1 Nr. 2, 17 Abs. 2 ErbStG die Begünstigungen des § 13a ErbStG, § 13a Abs. 3 S. 1 ErbStG. Die Erbschaftsteuer wird nach dem Steuersatz für die Steuerklasse I gem. §§ 15 Abs. 1, 19 Abs. 1 ErbStG berechnet. Sie entsteht gem. § 9 Abs. 1 Nr. 1 ErbStG mit dem Tod des Erblassers.

Zur Bewertung und Begünstigung von Kapitalgesellschaftsanteilen → Form. A.IV.4 lit. c) und d). Zum Vermächtnis allgemein wird auf die Ausführungen unter → Form. C.V.1 Anm. 13 verwiesen. Zur Testamentsvollstreckung → Form. C.VII.1 lit. e) bb) (2) sowie → Form. C.VII.2 Anm. 7.

9. Kosten. → Form. G.V.1 Anm. 8. Die Zuwendung von Vermächtnissen neben der Verfügung über den ganzen Nachlass erhöht den Geschäftswert nicht.

2. Zuwendung einer Beteiligung an einer Personengesellschaft

§ 1 Erbeinsetzung[1]

Hiermit setze ich meinen Sohn ...... zu meinem alleinigen Erben ein.

Zur Ersatzerbin[2] setze ich meine Tochter ein. Diese Regelung hat Vorrang vor anders lautenden gesetzlichen oder sonstigen Auslegungs-, Vermutungs- oder Ergänzungsbestimmungen.

§ 2 Vermächtnis

Meine Tochter ...... erhält im Wege des Vermächtnisses meine gesamte Beteiligung (derzeit: Kommanditbeteiligung in Höhe des gesamten Festkapitals der Gesellschaft in Höhe von 200.000 EUR) an der ...... GmbH & Co. KG mit Sitz in ......, eingetragen im Handelsregister des Amtsgerichts ...... unter HRA ......[3] Das Vermächtnis umfasst auch die betrieblich genutzten Grundstücke, an denen ich Alleineigentümer oder Miteigentümer bin, sowie sämtliche Rechte und Pflichten in Bezug auf für mich bei der Gesellschaft geführte Kapital-, Darlehens- und sonstige Konten.[4]

Das Vermächtnis umfasst weiterhin meine sämtlichen Geschäftsanteile (100 % des Stammkapitals) an der Komplementärin, der ...... GmbH in Sitz in ......, eingetragen im Handelsregister des Amtsgerichts ...... unter HRB ......

Das Vermächtnis umfasst jeweils sämtliche künftigen weiteren Geschäftsanteile an der Komplementärin sowie weitere von mir (mit)geeignete, betrieblich genutzte Grundstücke, welche ich aufgrund Kaufs, Tauschs, Kapitalerhöhung, Umwandlung oder aus einem sonstigen Grund hinzuerwerbe. Erhöht oder verringert sich meine Beteiligung am Festkapital der ...... GmbH & Co. KG, so unterliegt stets meine gesamte Beteiligung dem Vermächtnis.[5]

§ 3 Testamentsvollstreckung

Ich ordne Testamentsvollstreckung (Abwicklungsvollstreckung) an und bestimme Herrn ...... zum Testamentsvollstrecker. Der Testamentsvollstrecker hat die Aufgabe, das angeordnete Vermächtnis zu erfüllen.[6] Hierzu steht dem Testamentsvollstrecker die volle Verwaltungs- und Verfügungsbefugnis zu. Der Testamentsvollstrecker ist in der Eingehung von Verbindlichkeiten für den Nachlass nicht beschränkt und von den Beschränkungen des § 181 BGB befreit. Die Aufgabe des Testamentsvollstreckers endet nach der Erfüllung des angeordneten Vermächtnisses.

Für den Fall, dass der ernannte Testamentsvollstrecker vor oder nach der Annahme des Amts wegfällt, bestimme ich Herrn ...... zum Testamentsvollstrecker.[7, 8]

Anmerkungen

1. Sachverhalt. Die Erblasserin ist verwitwet und hat einen Sohn und eine Tochter. Letztere ist nach Auffassung der Erblasserin die geeignete Unternehmensnachfolgerin. Die Erblasserin ist die einzige Kommanditistin einer GmbH & Co. KG und hält auch sämtliche Geschäftsanteile an der Komplementär-GmbH.

2. Der eingesetzte Erbe kann vor oder nach dem Eintritt des Erbfalls, etwa durch Tod des eingesetzten Erben vor dem Erbfall, Erbverzicht oder Ausschlagung, wegfallen. Daher

sollte vorsorglich ein **Ersatzerbe** gemäß § 2096 BGB bestimmt werden (zu den Ersatzerben siehe ausführlich → Form. G.VI.2).

Zu eventuellen **Pflichtteilsansprüchen** → Form. C.VI, zu (bedingten) Pflichtteilsverzichtsverträgen → Form. G.III.10.

3. Die Beteiligung an der Kommanditgesellschaft ist eine Beteiligung an einer Personengesellschaft. Eine **Beteiligung einer Personengesellschaft** wird im Wege der **Sonderrechtsnachfolge** vererbt; jeder Erbe tritt einzeln als Gesellschafter in die Gesellschaft ein (siehe hierzu und zu den gesellschaftsvertraglichen Gestaltungsmöglichkeiten im Hinblick auf Nachfolgeklauseln → Form. G.I.1 ff.).

Eine dingliche Sonderrechtsnachfolge des Vermächtnisnehmers gibt es grundsätzlich nicht; zunächst wird der Erbe Gesellschafter. Gehört der Erbe nach dem Gesellschaftsvertrag nicht zu dem Kreis der nachfolgeberechtigten Personen, so ist der Vermächtnisnehmer als Miterbe einzusetzen. In diesem Fall ist die von dem Erblasser gewollte Aufteilung des Vermögens nicht durch Vermächtnis, sondern durch entsprechende Teilungsanordnung herzustellen.

Der Vermächtnisnehmer hat einen schuldrechtlichen Anspruch auf Übertragung der Beteiligung gegen den Erben (§ 2174 BGB). Der Anspruch wird durch Abtretung der Beteiligung erfüllt. Soweit gesellschaftsvertraglich eine Zustimmung der übrigen Gesellschafter für diese Abtretung erforderlich ist, gilt dieses Erfordernis auch für die Übertragung einer Kommanditbeteiligung zur Erfüllung eines Vermächtnisses. Der Gesellschaftsvertrag sollte gegebenenfalls im Rahmen einer Nachfolgeregelung zu Lebzeiten möglichst dahingehend geändert werden, dass Abtretungen zur Erfüllung eines Vermächtnisses nicht der ansonsten vorgesehenen Zustimmung der Gesellschaft bzw. eines oder mehrerer Gesellschafter bedürfen.

4. Die Behandlung der für den Gesellschafter bei der Gesellschaft geführten **Konten** ist ausdrücklich zu regeln. Im Beispielsfall sollen auch Betriebsgrundstücke von dem Vermächtnis erfasst werden. Auch dies ist ausdrücklich zu regeln.

5. Die Formulierung dient der Klarstellung, dass auch künftig hinzuerworbene Geschäftsanteile an der Komplementärin sowie Betriebsgrundstücke von dem Vermächtnis umfasst sind. Die Kommanditbeteiligung soll ebenfalls vollständig dem Vermächtnis unterfallen, auch wenn sich der Anteil am Festkapital verändert. Die Formulierung nennt in diesem Zusammenhang nicht den Erwerb von Anteilen, da eine Beteiligung eines Gesellschafters an einer Personengesellschaft eine einheitliche ist und keine „Anteile“ hinzuerworben oder abgegeben werden können.

6. Oft empfiehlt es sich, Testamentsvollstreckung anzuordnen, um die Erfüllung von Vermächtnissen sicher zu stellen. Zur Testamentsvollstreckung siehe ausführlich → Form. G.IX.1 Anm. 3 ff. sowie → Form. C.VII.

7. Steuern. → Form. G.VII.1 Anm. 8. Zur Bewertung des Personengesellschaftsanteils vgl. → Form. A.IV.4 lit. c) und d) sowie → Form. G.III.2 Anm. 7.

8. Kosten. → Form. G.V.1 Anm. 8. Die Zuwendung von Vermächtnissen neben der Verfügung über den ganzen Nachlass erhöht den Geschäftswert nicht.

3. Zuwendung eines einzelkaufmännischen Unternehmens

§ 1 Erbeinsetzung[1]

Hiermit setze ich meinen Sohn ...... zu meinem alleinigen Erben ein.

Zu dem Ersatzerben[2] setze ich meinen Sohn ...... ein. Diese Regelung hat Vorrang vor anders lautenden gesetzlichen oder sonstigen Auslegungs-, Vermutungs- oder Ergänzungsbestimmungen.

§ 2 Vermächtnis

Mein Sohn ...... erhält im Wege des Vermächtnisses mein Unternehmen (Produktion und Vertrieb von ......, welches ich als Einzelkaufmann unter der Firma ...... e. K., derzeit auf dem Grundstück ...... in, ..., betreibe.[3] Zu dem Vermächtnis gehören die nachfolgend beschriebenen Aktiva und Passiva:

1. Vermögensgegenstände
   a) Zu dem Vermächtnis gehören die nachfolgend beschriebenen Vermögensgegenstände:
      aa) sämtliche gewerblichen Schutzrechte, insbesondere die Marken ...... sowie die Internetdomain ......, einschließlich aller hierzu vorhandener Unterlagen.
      bb) Sämtliche immateriellen Vermögenswerte des Geschäftsbetriebs, insbesondere deren Firma, das Know-how und der gesamte Kundenstamm.
      cc) Sämtliche zu dem Geschäftsbetrieb gehörenden Forderungen, insbesondere Forderungen aus Lieferungen und Leistungen, geleistete Anzahlungen, Forderungen aus Darlehen, Forderungen gegenüber dem Finanzamt, sowie Schadensersatzforderungen mit sämtlichen Zins- und sonstigen Nebenforderungen und allen eventuell zur Sicherung dieser Forderungen bestellten Rechten.
      dd) Sämtliche Bankguthaben bei allen Banken und Kreditinstituten mit Bezug zu dem Geschäftsbetrieb mit ihrem jeweiligen ausgewiesenen Bestand.
      ee) Sämtliche nicht in den vorgenannten lit. a)–d) bezeichneten und nicht ausdrücklich ausgenommenen sonstigen Vermögensgegenstände, die zum Unternehmen gehören.
   b) Mit diesem Vermächtnis werden, soweit nicht ausdrücklich anders bezeichnet, sämtliche Vermögensgegenstände und Verbindlichkeiten des Unternehmens einschließlich der nicht bilanzierten sowie der nicht bilanzierbaren Vermögensgegenstände und Vermögensvorteile sowie sämtlicher Schulden und Verpflichtungen des Inhabers übertragen, auch soweit diese nicht ausdrücklich bezeichnet sind.
2. Übernahme der Verbindlichkeiten, Überleitung
   a) Der Vermächtnisnehmer übernimmt im Wege der befreienden Schuldübernahme mit wirtschaftlicher Wirkung zum Stichtag sämtliche Verbindlichkeiten des Unternehmens sowie das Verlustrisiko aus schwebenden Geschäften.[4] Dies gilt auch für Steuerverbindlichkeiten einschließlich solcher Steuerverbindlichkeiten, welche aufgrund von Betriebsprüfungen entstehen.
   b) Der Erbe und der Vermächtnisnehmer werden gemeinsam in geeigneter Form die für die Übernahme der Verbindlichkeiten erforderlichen Zustimmungserklärungen der Gläubiger einholen.
   c) Sollte eine Zustimmung nicht erteilt werden, werden sich der Erbe und der Vermächtnisnehmer im Innenverhältnis so stellen, als ob die Übernahme der Verbindlichkeiten zum Zeitpunkt des Vollzugs des Vermächtnisses wirksam vollzogen worden wäre. In diesem Fall bleibt der Erbe im Außenverhältnis Schuldner

der jeweiligen Verbindlichkeit; der Vermächtnisnehmer stellt den Erben im Innenverhältnis von einer Verpflichtung zur Leistung und von jedweder Haftung in diesem Zusammenhang frei.

d) Erbe und Vermächtnisnehmer haben alle Handlungen vorzunehmen und Erklärungen abzugeben, die zur Durchführung der Übernahme der Verbindlichkeiten und der Übertragung der Passiva erforderlich sind. Soweit der Erbe formal Partei eines Verfahrens (einschließlich steuerrechtlicher Verfahren) ist, hat er dieses Verfahren auf Weisung des Vermächtnisnehmers zu betreiben. Der Vermächtnisnehmer trägt die Kosten des betreffenden Verfahrens.

3. Überleitung der Vertragsbeziehungen

a) Der Erbe überträgt mit wirtschaftlicher Wirkung zum Vollzug des Vermächtnisses im Wege der Vertragsübernahme sämtliche Rechte, Ansprüche und Verbindlichkeiten aus den zu dem Unternehmen gehörenden Verträgen auf den diese Übertragung annehmenden Vermächtnisnehmer.

b) Der Erbe und der Vermächtnisnehmer werden gemeinsam in geeigneter Form die für die Übertragung der Verträge erforderlichen Zustimmungserklärungen der dritten Vertragsparteien einholen.

c) Sollte eine Zustimmung nach vorstehendem Lit b. nicht erteilt werden, werden sich der Erbe und der Vermächtnisnehmer im Innenverhältnis so stellen, als ob die Übernahme der Vertragsverhältnisse zum Vollzug des Vermächtnisses wirksam vollzogen worden wäre. In diesem Fall bleibt der Erbe im Außenverhältnis Partei des betreffenden Vertragsverhältnisses; er wird im Innenverhältnis aber ausschließlich für Rechnung und auf Weisung des Vermächtnisnehmers unentgeltlich tätig. Der Vermächtnisnehmer verpflichtet sich, alles zu unternehmen, um dem Erben die Erfüllung der vertraglichen Verpflichtungen zu ermöglichen. Der Erbe tritt dem Vermächtnisnehmer für diesen Fall mit Wirkung zum Zeitpunkt des Vollzugs des Vermächtnisses alle Ansprüche und Rechte aus den übernommenen Vertragsverhältnissen ab.

d) Der Erbe wird spätestens zum Vollzug des Vermächtnisses die gesamten Unterlagen und Datenträger, welche das Unternehmen betreffen, an den Vermächtnisnehmer übergeben.

4. Arbeitnehmer

a) Der Vermächtnisnehmer wird nach § 613a BGB in alle Rechte und Pflichten aus den im Zeitpunkt des Vollzugs des Vermächtnisses bestehenden Arbeitsverhältnisse mit den Arbeitnehmern des Unternehmers eintreten.

b) Der Erbe und der Vermächtnisnehmer werden durch ein von ihnen gemeinsam unterzeichnetes Schreiben die betroffenen Arbeitnehmer gemäß § 613a Abs. 5 BGB unterrichten. In diesem Schreiben sind die Arbeitnehmer schriftlich aufzufordern, gemäß § 613a Abs. 6 BGB gegenüber dem Erben oder dem Vermächtnisnehmer innerhalb eines Monats nach Zugang des Unterrichtungsschreibens zu widersprechen, falls ihre Arbeitsverhältnisse nicht auf den Vermächtnisnehmer übergehen sollen.[5]

§ 3 Testamentsvollstreckung

Ich ordne Testamentsvollstreckung (Abwicklungsvollstreckung) an und bestimme Herrn . . . . . . zum Testamentsvollstrecker. Der Testamentsvollstrecker hat die Aufgabe, das angeordnete Vermächtnis zu erfüllen. Hierzu steht dem Testamentsvollstrecker die volle Verwaltungs- und Verfügungsbefugnis zu. Der Testamentsvollstrecker ist in der Eingehung von Verbindlichkeiten für den Nachlass nicht beschränkt und von den Beschränkungen des § 181 BGB befreit. Die Aufgabe des Testamentsvollstreckers endet nach der Erfüllung des angeordneten Vermächtnisses.[6]

Für den Fall, dass der ernannte Testamentsvollstrecker vor oder nach der Annahme des Amts wegfällt, bestimme ich Herrn . . . . . . zum Testamentsvollstrecker.[7, 8]

Anmerkungen

1. Sachverhalt. Der Erblasser ist verwitwet und hat zwei Söhne. Zu dem Nachlass gehört ein einzelkaufmännisches Unternehmen, welches ein Sohn als Unternehmensnachfolger im Wege des Vermächtnisses erhalten soll. Dieser Sohn ist kinderlos.

2. Der eingesetzte Erbe kann vor oder nach dem Eintritt des Erbfalls, etwa durch Tod des eingesetzten Erben vor dem Erbfall, Erbverzicht oder Ausschlagung, wegfallen. Daher sollte vorsorglich ein **Ersatzerbe** gemäß § 2096 BGB bestimmt werden (zu den Ersatzerben siehe ausführlich → Form. G.VI.2).

Zu eventuellen **Pflichtteilsansprüchen** → Form. C.VI, zu Pflichtteilsverzichtsverträgen (→ Form. G.III.10 Anm. 1).

3. Ein einzelkaufmännisches Unternehmen ist kein eigenes Rechtssubjekt. Das Unternehmen besteht vielmehr aus den einzelnen Gegenständen des Aktiv- und Passivvermögens. Diese gehen mit dem Erbfall im Wege der Gesamtrechtsnachfolge (§ 1922 BGB) zunächst auf den Erben über. Der Vermächtnisnehmer hat einen schuldrechtlichen **Anspruch auf Übertragung der einzelnen Gegenstände des Aktiv- und Passivvermögens.**

Der Erbe hat damit – ähnlich einem Unternehmenskaufvertrag – die möglichst genau bezeichneten Gegenstände des Aktiv- und Passivvermögens auf den Vermächtnisnehmer zu übertragen. In dem Muster werden die einzelnen Bestandteile des Aktiv- und Passivvermögens, welche dem Unternehmen zuzuordnen sind, entsprechend einem Unternehmenskaufvertrag (sogenannter Asset-Deal) beschrieben. Nach dem sachenrechtlichen Bestimmtheitsgrundsatz ist es erforderlich, die einzelnen Bestandteile des Unternehmens bei der Übertragung genau zu bezeichnen.

Das rechtliche Erfordernis, die einzelnen Vermögensgegenstände des Unternehmens, ebenso wie die Verbindlichkeiten und Verträge, auf den Vermächtnisnehmer zu übertragen, beinhaltet auch die wesentlichen Nachteile der vermächtnisweisen Zuwendung eines einzelkaufmännischen Unternehmens: Das Unternehmen und die zu ihm gehörenden Vermögensgegenstände verändern sich im Laufe der Zeit; die Beschreibung, welche bei Errichtung des Testaments zutraf, wird ungenau. Die Übernahme von Verbindlichkeiten bedarf der Zustimmung der Gläubiger. Die Übertragung von Vertragsverhältnissen erfordert regelmäßig die Zustimmung der anderen Vertragspartei. Zudem stellt die Übertragung des einzelkaufmännischen Unternehmens einen Fall des § 613a BGB dar, welcher ua Informationspflichten in Bezug auf die Arbeitnehmer enthält.

Vor diesem Hintergrund ist in aller Regel davon **abzuraten,** ein einzelkaufmännisches Unternehmen im Wege des **Vermächtnisses** zuzuwenden. Besser ist es, entweder den Unternehmensnachfolger zum Erben einzusetzen (→ Form. G.V.7 Anm. 2) oder das einzelkaufmännische Unternehmen in eine andere Rechtsform zu überführen und die Beteiligung an der betreffenden Gesellschaft sodann als Vermächtnis dem Vermächtnisnehmer zuzuwenden.

4. Auf den Erwerb des einzelkaufmännischen Unternehmens durch den Vermächtnisnehmer ist § 25 HGB anwendbar, wenn der Vermächtnisnehmer das Unternehmen unter der bisherigen Firma fortführt (Baumbach/Hopt/*Hopt* HGB § 25 Rn. 4). Der Übernehmer haftet für alle im Betrieb des Unternehmens begründeten Verbindlichkeiten des früheren Inhabers, wenn das Unternehmen unter der bisherigen Firma fortgeführt wird. Eine abweichende Vereinbarung im Sinne von § 25 Abs. 2 HGB, wonach der Vermächtnisnehmer nicht für solche Verbindlichkeiten haftet, ist denkbar, im Muster jedoch nicht vorgesehen. Um die Vereinbarung Dritten entgegen halten zu können, wäre sie gemäß § 25 Abs. 2 HGB in das Handelsregister einzutragen.

Auf den Erben eines einzelkaufmännischen Unternehmens ist § 27 HGB anwendbar (→ Form. G.V.7 Anm. 4); diese Vorschrift gilt nicht für den Vermächtnisnehmer.

5. Auf die Übertragung des Unternehmens durch den Erben auf den Vermächtnisnehmer ist § 613a BGB anwendbar. Es handelt sich um einen **Betriebsübergang** „durch Rechtsgeschäft" im Sinne dieser Vorschrift. Überträgt ein Erbe zur Erfüllung eines Vermächtnisses einen Betrieb oder einen Betriebsteil auf den Vermächtnisnehmer, so handelt es sich um einen Fall des § 613a BGB (ErfK/*Preis* BGB § 613a Rn. 59; Staudinger/*Annuß* BGB § 613a Rn. 120).

Der Übergang des Unternehmens auf den Erben im Wege der Gesamtrechtsnachfolge ist hingegen kein Fall des § 613a BGB, da die Übertragung nicht „durch Rechtsgeschäft", sondern direkt auf gesetzlicher Grundlage erfolgt.

Gemäß § 106 Abs. 2 BetrVG ist zudem der Wirtschaftsausschuss rechtzeitig und umfassend über die wirtschaftlichen Angelegenheiten des Unternehmens unter Vorlage der erforderlichen Unterlagen zu unterrichten, soweit dadurch nicht die Betriebs- und Geschäftsgeheimnisse des Unternehmens gefährdet werden, und die sich daraus ergebenden Auswirkungen auf die Personalplanung darzustellen. In Unternehmen, in denen kein Wirtschaftsausschuss besteht, ist im Fall der Übernahme der Betriebsrat entsprechend § 106 Abs. 1 und 2 BetrVG zu beteiligen.

6. Oft empfiehlt es sich, Testamentsvollstreckung anzuordnen, um die Erfüllung von Vermächtnissen sicher zu stellen. Zur Testamentsvollstreckung siehe ausführlich → Form. G.IX.1 Anm. 3 ff. sowie oben → Form. C.VII.

7. Steuern. → Form. G.VII.1 Anm. 8. Zur Bewertung des Einzelunternehmens → Form. A.IV.4 lit. c) und d). Zur steuerlichen Behandlung im Übrigen → Form. G.V.7 Anm. 6.

8. Kosten. → Form. G.V.1 Anm. 8. Die Zuwendung von Vermächtnissen neben der Verfügung über den ganzen Nachlass erhöht den Geschäftswert nicht.

4. Vor- und Nachvermächtnis

§ 1 Erbeinsetzung[1]

Hiermit setze ich meine Ehefrau . . . . . . zu meiner alleinigen Erbin ein.

Zu dem Ersatzerben[2] setze ich meinen Sohn . . . . . . ein. Diese Regelung hat Vorrang vor anders lautenden gesetzlichen oder sonstigen Auslegungs-, Vermutungs- oder Ergänzungsbestimmungen.

§ 2 Vermächtnis

Mein Sohn . . . . . . erhält als Vorvermächtnis meine sämtlichen Geschäftsanteile (derzeit: Geschäftsanteile im Nennwert von 100.000,– EUR welche 100 % des gesamten Stammkapitals entsprechen) an der . . . . . . GmbH mit Sitz in . . . . . ., eingetragen im Handelsregister des Amtsgerichts . . . . . . unter HRB . . . . . .[3] Nachvermächtnisnehmer sind die Abkömmlinge des Vorvermächtnisnehmers. Der Nachvermächtnisfall tritt ein mit dem Ableben des Vorvermächtnisnehmers.

Vor- und Nachvermächtnis umfassen jeweils sämtliche künftigen weiteren Geschäftsanteile, welche aufgrund Kaufs, Tauschs, Kapitalerhöhung, Umwandlung oder aus einem sonstigen Grund hinzuerworben werden.[4]

§ 3 Testamentsvollstreckung

Ich ordne Testamentsvollstreckung (Abwicklungsvollstreckung) an und bestimme Herrn ...... zum Testamentsvollstrecker. Der Testamentsvollstrecker hat die Aufgabe, die angeordneten Vermächtnisse (Vor- und Nachvermächtnis) zu erfüllen.[5] Hierzu steht dem Testamentsvollstrecker die volle Verwaltungs- und Verfügungsbefugnis zu. Der Testamentsvollstrecker ist in der Eingehung von Verbindlichkeiten für den Nachlass nicht beschränkt und von den Beschränkungen des § 181 BGB befreit. Die Aufgabe des Testamentsvollstreckers endet nach der Auseinandersetzung des Nachlasses und der Erfüllung der angeordneten Vermächtnisse.

Für den Fall, dass der ernannte Testamentsvollstrecker vor oder nach der Annahme des Amts wegfällt, bestimme ich Herrn ...... zum Testamentsvollstrecker.[6, 7]

Anmerkungen

1. Sachverhalt. Der Erblasser ist verheiratet und hat einen Sohn, welcher wiederum zwei Kinder hat. Der Sohn soll das Unternehmen fortführen. Der Erblasser will durch die letztwillige Verfügung die Überleitung des Unternehmens auf die zweite Generation (seine Enkel) vorsehen.

2. Der eingesetzte Erbe kann vor oder nach dem Eintritt des Erbfalls, etwa durch Tod des eingesetzten Erben vor dem Erbfall, Erbverzicht oder Ausschlagung, wegfallen. Daher sollte vorsorglich ein **Ersatzerbe** gemäß § 2096 BGB bestimmt werden (zu den Ersatzerben → Form. G.VI.2).

3. Der Erblasser kann mehrere Personen zeitlich hintereinander als Vermächtnisnehmer in Bezug auf denselben Vermächtnisgegenstand einsetzen (§ 2191 BGB). Ziel kann es sein, einen Vermögensgegenstand einer Bindung an die Familie zu unterlegen. Der Nachvermächtnisfall kann an einen bestimmten Zeitpunkt oder ein Ereignis, etwa das Ableben des ersten Vermächtnisnehmers, geknüpft sein. Beschwert ist, anders als beim Ersatzvermächtnis, der erste Vermächtnisnehmer (§ 2191 Abs. 1 BGB). Die zeitliche Abfolge von **Vor- und Nachvermächtnis** ähnelt der Konstruktion der Vor- und Nacherbschaft; § 2191 Abs. 2 BGB erklärt einige Vorschriften über den Nacherben für entsprechend anwendbar. Der Schutz des Nachvermächtnisnehmers ist jedoch deutlich schwächer ausgestaltet als der Schutz des Nacherben (siehe ausführlich zum Vor- und Nachvermächtnis → Form. C.V.1 Anm. 8).

Zu eventuellen **Pflichtteilsansprüchen** → Form. C.VI, zu (bedingten) Pflichtteilsverzichtsverträgen siehe → Form. G.III.10.

4. Die Formulierung dient der Klarstellung, dass auch künftig hinzuerworbene Geschäftsanteile von dem Vor- bzw. Nachvermächtnis umfasst sind.

5. Oft empfiehlt es sich, Testamentsvollstreckung anzuordnen, um die Erfüllung von Vermächtnissen sicher zu stellen. Zur Testamentsvollstreckung siehe ausführlich → Form. G.IX.1 Anm. 2 ff. sowie oben → Form. C.VII.1 ff.

6. Steuern. Tritt der Erbfall ein, liegt ein erbschaftsteuerpflichtiger Vorgang gem. §§ 1 Abs. 1 Nr. 1, 3 Abs. 1 Nr. 1 ErbStG vor. Die Ehefrau erhält neben dem Versorgungsfreibetrag in Höhe von 256.000,– EUR gem. § 17 Abs. 1 ErbStG ihren persönlichen Freibetrag in Höhe von 500.000,– EUR gem. § 16 Abs. 1 Nr. 1 ErbStG.

Zum Vermächtnis siehe die Ausführungen unter → Form. C.V.1 Anm. 13, zum Nachvermächtnis → Form. C.II.2 Anm. 8 iVm → Form. C.II.1. Das Vorvermächtnis des Sohnes ist bei der Ehefrau gem. § 10 Abs. 5 Nr. 2 ErbStG als Nachlassverbindlichkeit

abziehbar. Zur Bewertung und Begünstigung der GmbH-Anteile → Form. A.IV.4 lit. c) und d).

Das Kind als Vermächtnisnehmer erhält neben den persönlichen Freibeträgen gem. §§ 16 Abs. 1 Nr. 2, 17 Abs. 2 ErbStG die Begünstigungen der §§ 13a, 13b, 13c, 28a ErbStG. Die Erbschaftsteuer wird nach dem Steuersatz für die Steuerklasse I gem. §§ 15 Abs. 1, 19 Abs. 1 ErbStG berechnet. Sie entsteht gem. § 9 Abs. 1 Nr. 1 ErbStG mit dem Tod des Erblassers.

7. Kosten. Siehe → Form. G.V.1 Anm. 8. Die Zuwendung von Vermächtnissen neben der Verfügung über den ganzen Nachlass, auch in der Form von Vor- und Nachvermächtnissen, erhöht den Geschäftswert nicht.

5. Vorausvermächtnis/Teilungsanordnung

§ 1 Erbeinsetzung[1]

Hiermit setze ich meine Ehefrau, meine Tochter ...... sowie meinen Sohn ...... zu meinen Erben zu je einem Drittel ein.

Für meine Tochter ...... und meinen Sohn ...... setze ich deren leibliche Abkömmlinge zu Ersatzerben[2] nach den Regeln der gesetzlichen Erbfolge ein. Sind keine solchen Abkömmlinge vorhanden, wächst der betreffende Anteil den übrigen Erben anteilsmäßig zu. Diese Regelungen haben Vorrang vor anders lautenden gesetzlichen oder sonstigen Auslegungs-, Vermutungs- oder Ergänzungsbestimmungen.

§ 2 Vermächtnis

Meine Tochter ...... erhält im Wege des Vermächtnisses meine sämtlichen Aktien (derzeit: 100.000,– EUR auf den Inhaber lautende Aktien mit einem Nennwert von je 1,– EUR, welche 100 % des gesamten Grundkapitals entsprechen) an der ...... AG mit Sitz in ......, eingetragen im Handelsregister des Amtsgerichts ...... unter HRB ......[3]

Das Vermächtnis umfasst sämtliche künftigen weiteren Aktien an der ...... AG, welche ich aufgrund Kaufs, Tauschs, Kapitalerhöhung, Umwandlung oder aus einem sonstigen Grund hinzuerwerbe.[4]

Das Vermächtnis ist ein Vorausvermächtnis und auf den Erbteil nicht anzurechnen.[5]

§ 3 Testamentsvollstreckung

Ich ordne Testamentsvollstreckung (Abwicklungsvollstreckung) an und bestimme Herrn ...... zum Testamentsvollstrecker. Der Testamentsvollstrecker hat die Aufgabe, die angeordneten Vermächtnisse zu erfüllen und die Auseinandersetzung unter den Miterben entsprechend den in diesem Testament getroffenen Verfügungen durchzuführen.[6] Hierzu steht dem Testamentsvollstrecker die volle Verwaltungs- und Verfügungsbefugnis zu. Der Testamentsvollstrecker ist in der Eingehung von Verbindlichkeiten für den Nachlass nicht beschränkt und von den Beschränkungen des § 181 BGB befreit. Die Aufgabe des Testamentsvollstreckers endet nach der Auseinandersetzung des Nachlasses und der Erfüllung der angeordneten Vermächtnisse.

Für den Fall, dass der ernannte Testamentsvollstrecker vor oder nach der Annahme des Amts wegfällt, bestimme ich Herrn ...... zum Testamentsvollstrecker.[7, 8]

Anmerkungen

1. Sachverhalt. Der Erblasser ist verheiratet und hat eine Tochter und einen Sohn. Die Tochter soll Nachfolgerin des Erblassers im Unternehmen werden.

2. Der eingesetzte Erbe kann vor oder nach dem Eintritt des Erbfalls, etwa durch Tod des eingesetzten Erben vor dem Erbfall, Erbverzicht oder Ausschlagung, wegfallen. Daher sollte vorsorglich ein **Ersatzerbe** gemäß § 2096 BGB bestimmt werden (zu den Ersatzerben → Form. G.VI.2).

3. Die Aktien sind **Anteile an einer Kapitalgesellschaft** und gehen im Wege der Gesamtrechtsnachfolge (§ 1922 BGB) bei mehreren Erben auf die Erbengemeinschaft über, nicht auf einzelne Miterben. Die Erbengemeinschaft hat den Vermächtnisanspruch des Vermächtnisnehmers zu erfüllen.

4. Die Formulierung dient der Klarstellung, dass auch künftig hinzuerworbene Aktien von dem Vermächtnis umfasst sind.

5. Nach § 2150 BGB kann einem Erben ein sogenanntes **Vorausvermächtnis** zugewendet werden. Ein Vorausvermächtnis zugunsten eines oder mehrerer Miterben hat die Wirkung, dass der betreffende Vermächtnisnehmer einen **über seine Erbquote hinaus** gehenden Vermögensvorteil erhält. Das Vorausvermächtnis ist von der Teilungsanordnung nach § 2048 BGB abzugrenzen, bei der grundsätzlich keine Wertverschiebung erfolgen kann. Bei einer Teilungsanordnung erfolgt die Zuwendung unter Anrechnung auf den Erbteil. Ein Miterbe, welcher durch eine Teilungsanordnung einen „überquotalen" Vermögensvorteil erhält, hat den Mehrwert im Rahmen der Auseinandersetzung auf andere Weise wieder auszugleichen (siehe hierzu und zur Abgrenzung des Vorausvermächtnisses von der Teilungsanordnung BGH NJW-RR 1990, 1220, 1221; zur Teilungsanordnung → Form. G.VI.1 Anm. 13 ff.).

Zu eventuellen **Pflichtteilsansprüchen** → Form. C.VI. Zum (bedingten) Pflichtteilsverzichtsvertrag → Form. G.III.10.

6. Oft empfiehlt es sich, Testamentsvollstreckung anzuordnen, um die Erfüllung von Vermächtnissen sicher zu stellen. Zur Testamentsvollstreckung siehe ausführlich → Form. G.IX.1 Anm. 2 ff. → Form. C.VII.1 ff.

7. Steuern. Tritt der Erbfall ein, liegt ein erbschaftsteuerpflichtiger Vorgang gem. §§ 1 Abs. 1 Nr. 1, 3 Abs. 1 Nr. 1 ErbStG vor. Die Tochter erhält als Vermächtnisnehmerin neben den persönlichen Freibeträgen gem. §§ 16 Abs. 1 Nr. 2, 17 Abs. 2 ErbStG auch die Vergünstigungen der § 13a, 13b, 13c, 28a ErbStG. Die Erbschaftsteuer wird nach dem Steuersatz für die Steuerklasse I gem. §§ 15 Abs. 1, 19 Abs. 1 ErbStG berechnet. Sie entsteht gem. § 9 Abs. 1 Nr. 1 ErbStG mit dem Tod des Erblassers. Zum Vorausvermächtnis siehe die Ausführungen unter → Form. C.IV.4 Anm. 5, zur Bewertung der Aktien siehe → Form. A.IV.4 lit. c) und d), zur Teilungsanordnung siehe die Ausführungen unter → Form. C.IV.3 Anm. 7, zur Testamentsvollstreckung → Form. C.VII.1 lit. e) bb) (2) sowie → Form. C.VII.2 Anm. 7.

8. Kosten. → Form. G.V.1 Anm. 8. Weder Vorausvermächtnisse noch Teilungsanordnungen erhöhen den Geschäftswert bei Verfügungen über den ganzen Nachlass.

VIII. Vermächtnisweise Zuwendung von Beteiligungen oder Nutzungsrechten

1. Zuwendung eines Nießbrauchs an einer Kommanditbeteiligung

§ 1 Erbeinsetzung[1]

Hiermit setze ich meinen Sohn . . . . . . zu meinem alleinigen Erben ein.

Für meinen Sohn . . . . . . setze ich dessen leibliche Abkömmlinge zu Ersatzerben[2] nach den Regeln der gesetzlichen Erbfolge ein. Diese Regelungen haben Vorrang vor anders lautenden gesetzlichen oder sonstigen Auslegungs-, Vermutungs- oder Ergänzungsbestimmungen.

§ 2 Vermächtnis

Meiner Ehefrau . . . . . . wende ich als Vermächtnis zu:

1. Nach Maßgabe der folgenden Bestimmungen einen lebenslangen Nießbrauch[3] an meiner Beteiligung als Kommanditist an der . . . . . . GmbH & Co. KG mit Sitz in . . . . . ., eingetragen im Handelsregister des Amtsgerichts . . . . . . unter HRA . . . . . . zu. Meine Beteiligung am Festkapital (entsprechend der im Handelsregister eingetragenen Haftsumme) besteht derzeit in Höhe von nominal 200.000,– EUR; das sind 20 % des gesamten Festkapitals.
   a) Der Nießbrauch besteht an der gesamten Kommanditbeteiligung und zwar auch für den Fall einer Erhöhung des Festkapitalanteils aus Gesellschaftsmitteln oder aufgrund von Einlagen der Gesellschafter. Der Nießbrauch erstreckt sich im Fall der Auflösung der Gesellschaft auf das Auseinandersetzungsguthaben.
   b) Der Nießbrauch umfasst auch Guthaben auf dem bei der Gesellschaft geführten Darlehenskonto in seiner jeweiligen Höhe.
   c) Die Früchte der Mitgliedschaft können von der Nießbraucherin verbraucht werden, ohne dass sie bei Beendigung des Nießbrauchs zum Wertersatz verpflichtet ist.
   d) Die Gesellschafterrechte, insbesondere die Stimm- und Verwaltungsrechte, verbleiben dem Gesellschafter. In Bezug auf sämtliche Fragen der Bilanzierung und Ergebnisverwendung, insbesondere bei Beschlussfassungen über Gewinnausschüttungen, ist der Gesellschafter an die Weisungen der Nießbraucherin gebunden. An Weisungen, welche die persönliche Haftung des Gesellschafters gemäß § 172 Abs. 4 HGB wieder aufleben lassen, ist der Gesellschafter nicht gebunden.
   e) Der Gesellschafter bedarf für beeinträchtigende Verfügungen über seine Beteiligung der Zustimmung der Nießbraucherin, insbesondere für den Verkauf oder die sonstige Veräußerung, die Zustimmung zu Maßnahmen nach dem Umwandlungsgesetz oder zu dem Verkauf von mehr als 50 % (nach Buch- oder Verkehrswerten) der Vermögensgegenstände der Gesellschaft, der Kündigung der Gesellschaft oder dem Austritt aus der Gesellschaft. Er ist gegenüber der Nießbraucherin verpflichtet, keine sonstigen Maßnahmen zu treffen, welche den Nießbrauch beeinträchtigen.
   f) Der Gesellschafter ist im Rahmen der ihm zustehenden Informationsrechte verpflichtet, die Nießbraucherin jederzeit umfassend über Angelegenheiten der Gesellschaft zu informieren.

2. Das Grundstück in der . . . . . . Straße . . . . . ., Stuttgart, eingetragen im Grundbuch des Amtsgerichts . . . . . . von . . . . . ., Gemarkung . . . . . ., Flur . . . . . ., Flurstück . . . . . ., Größe . . . . . . einschließlich des darauf stehenden Einfamilienhauses, des Hausrats und meiner persönlichen Habe.

§ 3 Testamentsvollstreckung

Ich ordne Testamentsvollstreckung (Abwicklungsvollstreckung) an und bestimme Herrn . . . . . . zum Testamentsvollstrecker. Der Testamentsvollstrecker hat die Aufgabe, das angeordnete Vermächtnis zu erfüllen.[4] Hierzu steht dem Testamentsvollstrecker die volle Verwaltungs- und Verfügungsbefugnis zu. Der Testamentsvollstrecker ist in der Eingehung von Verbindlichkeiten für den Nachlass nicht beschränkt und von den Beschränkungen des § 181 BGB befreit. Die Aufgabe des Testamentsvollstreckers endet nach der Erfüllung des angeordneten Vermächtnisses.

Für den Fall, dass der ernannte Testamentsvollstrecker vor oder nach der Annahme des Amts wegfällt, bestimme ich Herrn . . . . . . zum Testamentsvollstrecker.[5, 6]

Anmerkungen

1. Sachverhalt. Der Erblasser ist verheiratet und hat einen Sohn. Er beabsichtigt, den Sohn als Erben einzusetzen, welchem auch die Beteiligung des Erblassers als Kommanditist an einer Kommanditgesellschaft zufällt. Die Versorgung der Ehefrau soll durch die Beteiligung an dem Ertrag der Gesellschaft sichergestellt werden.

2. Der eingesetzte Erbe kann vor oder nach dem Eintritt des Erbfalls, etwa durch Tod des eingesetzten Erben vor dem Erbfall, Erbverzicht oder Ausschlagung, wegfallen. Daher sollte vorsorglich ein **Ersatzerbe** gem. § 2096 BGB bestimmt werden (zu den Ersatzerben siehe ausführlich → Form. G.VI.2).

3. Die Bestellung eines Nießbrauchs an einer Beteiligung an einer Personengesellschaft ist nach heute herrschender Auffassung zulässig (BGH NJW 1999, 571 [572]; BGHZ 58, 316 [318 ff.], BGHZ 108, 187 [199], *K. Schmidt* ZGR 1999, 601, zum Streitstand siehe Staudinger/*Frank* BGB Anh. zu §§ 1068 f. Rn. 47 ff.)

Die Gegenauffassung sieht in der Bestellung eines Nießbrauchs an einer Beteiligung an einer Personengesellschaft einen Verstoß gegen das in § 717 S. 1 BGB verankerte Abspaltungsverbot, wonach die Abspaltung einzelner Teilbefugnisse an einer Beteiligung nicht zulässig sei. Vor diesem Hintergrund wurden ausweichende Gestaltungen diskutiert (vgl. zu den einzelnen Gestaltungen *Esch/Baumann/Schulze zur Wiesche* Rn. I 466 ff.). Auf der Grundlage der herrschenden Auffassung ist es nicht mehr erforderlich, auf die Ausweichgestaltungen im Einzelnen einzugehen.

Zu den Nutzungen, die dem Nießbraucher zustehen, gehört der nach dem Gesellschaftsvertrag entnahmefähige Ertrag, das ist der Gewinn einschließlich Zinsen auf Guthaben der Gesellschafterkonten (BGH WM 85, 1343 [1344]) abzüglich von den Gesellschaftern beschlossener Rücklage (BGH DNotZ 1975, 735; Palandt/*Herrler* BGB § 1068 Rn. 5). Nicht zu den Nutzungen gehören ausgeschüttete stille Reserven und Auseinandersetzungsguthaben (BFH NJW 1995, 1918).

Hinsichtlich des **Umfangs der Gesellschafterrechte**, welche auf den Nießbraucher übertragen werden können, ist vieles streitig und unklar → Form. G.VI.6 Anm. 4. Im Muster ist die Konstruktion gewählt, dass der Gesellschafter weiterhin Inhaber des Stimmrechts und des Verwaltungsrechts ist, er jedoch den Weisungen der Nießbraucherin unterliegt.

Zu dem Nießbrauch am einzelkaufmännischen Unternehmen siehe *Esch/Baumann/Schulze zur Wiesche* Rn. I 1748 ff.

Es sollte geregelt werden, ob der Nießbrauch sich auch auf einen eventuell erhöhten Kapitalanteil erstreckt, da dies ohne Regelung nicht eindeutig ist (vgl. hierzu *Teichmann* ZGR 1972, 1 [16 ff.]; MüKoBGB/*Pohlmann* § 1068 Rn. 43 ff.). Voraussetzung für die Zulässigkeit des Nießbrauchs an der Beteiligung ist die Zustimmung der übrigen Gesellschafter, entweder im Gesellschaftsvertrag oder ad hoc.

Zu eventuellen **Pflichtteilsansprüchen** → Form. C.VI. Zum (bedingten) Pflichtteilsverzichtsvertrag → Form. G.III.10.

4. Oft empfiehlt es sich, Testamentsvollstreckung anzuordnen, um die Erfüllung von Vermächtnissen sicher zu stellen. Zur Testamentsvollstreckung siehe ausführlich → Form. G.IX.1 Anm. 2 ff. sowie oben → Form. C.VII.1 ff.

5. Steuern. Tritt der Erbfall ein, liegt ein erbschaftsteuerpflichtiger Vorgang gem. §§ 1 Abs. 1 Nr. 1, 3 Abs. 1 Nr. 1 ErbStG vor. Zur Steuerlichen Behandlung der Übertragung eines Personengesellschaftsanteils unter Nießbrauchsvorbehalt → Form. G.III.5 Anm. 10. Der Sohn erhält die persönlichen Freibeträge gem. §§ 16 Abs. 1 Nr. 2, 17 Abs. 2 ErbStG sowie die Begünstigungen der §§ 13a, 13b, 13c, 28a ErbStG für den Personengesellschaftsanteil, sofern er als Mitunternehmer anzusehen ist (→ Form. G.III.5 Anm. 10). Die Regelung des § 13a Abs. 5 S. 1 ErbStG ist nicht anzuwenden, da im Rahmen des Vermächtnisses nicht der Anteil übertragen, sondern nur mit einem Nießbrauch belastet werden soll. Zur Bewertung und Begünstigung der KG-Anteile → Form. A.IV.4 lit. c) und d), zur Bewertung der Komplementär-GmbH → Form. G.I.10 Anm. 5.

Der Nießbrauch mindert mit seinem Kapitalwert den Wert des Nachlasses, allerdings nur, soweit der Personengesellschaftsanteil nicht gem. § 13a ErbStG begünstigt ist, § 10 Abs. 6 S. 4 ErbStG. Zum Nießbrauchsvermächtnis siehe die Ausführungen unter → Form. C.V.8 Anm. 10.

Die Ehefrau als Vermächtnisnehmerin erhält die persönlichen Freibeträge gem. §§ 16 Abs. 1 Nr. 1, 17 Abs. 1 ErbStG. Die Begünstigung der §§ 13a, 13b, 13c, 28a ErbStG gelten nicht für die Einräumung des Nießbrauchs.

Die Erbschaftsteuer wird nach dem Steuersatz für die Steuerklasse I gem. §§ 15 Abs. 1, 19 Abs. 1 ErbStG berechnet. Sie entsteht gem. § 9 Abs. 1 Nr. 1 ErbStG mit dem Tod des Erblassers.

Zur Testamentsvollstreckung → Form. C.VII.1 lit. e) bb) (2) sowie → Form. C.VII.2 Anm. 7.

6. Kosten. → Form. G.V.1 Anm. 8. Die Zuwendung von Vermächtnissen neben der Verfügung über den ganzen Nachlass, auch in der Form von Nießbrauchsvermächtnissen, erhöht den Geschäftswert nicht.

2. Zuwendung einer stillen Beteiligung

§ 1 Erbeinsetzung[1]

Hiermit setze ich meine Tochter ...... und meinen Sohn ...... zu meinen Erben je zur Hälfte ein.

Für jeden Erben setze ich dessen leibliche Abkömmlinge zu Ersatzerben[2] nach den Regeln der gesetzlichen Erbfolge ein. Diese Regelungen haben Vorrang vor anders lautenden gesetzlichen oder sonstigen Auslegungs-, Vermutungs- oder Ergänzungsbestimmungen.

§ 2 Vermächtnis

Meiner Ehefrau ...... wende ich als Vermächtnis meine Beteiligung als (typisch) stiller Gesellschafter an der ...... GmbH & Co. KG mit Sitz in ......, eingetragen in das Handelsregister des Amtsgerichts ...... unter HRA ...... zu.[3] Das Vermächtnis umfasst insbesondere sämtliche zum Zeitpunkt des Erbfalls noch nicht erfüllten oder nicht entstandenen Ansprüche aus dem Vertrag über die (typisch) stille Beteiligung, beispielsweise Ansprüche auf Auszahlung von Gewinnbeteiligungen, Guthaben auf für den stillen Gesellschafter geführten Konten und etwaige Ansprüche auf Rückzahlung geleisteter Einlagen.

Die Übertragung der stillen Beteiligung ist nach § ...... des stillen Gesellschaftsvertrags zulässig.[4]

§ 3 Testamentsvollstreckung

Ich ordne Testamentsvollstreckung (Abwicklungsvollstreckung) an und bestimme Herrn ...... zum Testamentsvollstrecker. Der Testamentsvollstrecker hat die Aufgabe, das angeordnete Vermächtnis zu erfüllen und die Auseinandersetzung unter den Miterben entsprechend den in diesem Testament getroffenen Verfügungen durchzuführen.[5] Hierzu steht dem Testamentsvollstrecker die volle Verwaltungs- und Verfügungsbefugnis zu. Der Testamentsvollstrecker ist in der Eingehung von Verbindlichkeiten für den Nachlass nicht beschränkt und von den Beschränkungen des § 181 BGB befreit. Die Aufgabe des Testamentsvollstreckers endet nach der Auseinandersetzung des Nachlasses und der Erfüllung des angeordneten Vermächtnisses.

Für den Fall, dass der ernannte Testamentsvollstrecker vor oder nach der Annahme des Amts wegfällt, bestimme ich Herrn ...... zum Testamentsvollstrecker.[6, 7]

Anmerkungen

1. **Sachverhalt.** Der Erblasser ist verheiratet und hat eine Tochter und einen Sohn. Er beabsichtigt, seiner Ehefrau eine stille Beteiligung an einer Kommanditgesellschaft zu vermachen. Aus der stillen Beteiligung werden auch künftig stabile Erträge erwartet, durch welche die Ehefrau finanziell abgesichert ist. Das Erbe umfasst des Weiteren erhebliche Vermögensgegenstände, welche den Kindern als Erben zufallen sollen.

2. Der eingesetzte Erbe kann vor oder nach dem Eintritt des Erbfalls, etwa durch Tod des eingesetzten Erben vor dem Erbfall, Erbverzicht oder Ausschlagung, wegfallen. Daher sollte vorsorglich ein **Ersatzerbe** gemäß § 2096 BGB bestimmt werden (zu den Ersatzerben → Form. G.VI.2).

Zu eventuellen **Pflichtteilsansprüchen** → Form. C.VI. Zum (bedingten) Pflichtteilsverzichtsvertrag → Form. G.III.10.

3. Die stille Gesellschaft ist eine **Personengesellschaft,** bei der sich der stille Gesellschafter an dem Handelsgewerbe eines anderen beteiligt. Der stille Gesellschafter leistet eine Einlage und erhält dafür einen Anteil am Gewinn des Handelsgewerbes. Die stille Gesellschaft ist in den §§ 230 bis 237 HGB geregelt.

Zwei Grundformen der stillen Gesellschaft sind zu unterscheiden: Die **typisch stille Gesellschaft** entspricht dem gesetzlichen Leitbild der §§ 230 ff. HGB. Der typisch stille Gesellschafter ist insbesondere nicht an den stillen Reserven des Handelsgewerbes beteiligt. Er hat keine oder nur geringe Mitwirkungsbefugnisse im Hinblick auf den Betrieb des Handelsgewerbes. Der Begriff „atypisch stille Gesellschaft" bezeichnet Gesellschaften, die in wesentlichen Punkten von dem gesetzlichen Leitbild der stillen Gesellschaft abweichen. Der atypisch stille Gesellschafter ist an den stillen Reserven des Handelsgewerbes beteiligt und hat regelmäßig weitergehende Mitwirkungsbefugnisse hinsichtlich des Betriebes des Handelsgewerbes als der typische stille Gesellschafter (BGH NJW 1992, 2696 [2697 f.]; vgl. zu den Gestaltungsmöglichkeiten: Ebenroth/Boujong/*Gehrlein* HGB § 230 Rn. 66 f.)

Die stille Gesellschaft ist eine **reine Innengesellschaft** und tritt im Rechtsverkehr zu Dritten nicht in Erscheinung. Sie ist generell rechtsunfähig und kann weder Rechte noch Pflichten haben. Niemand kann sie gesetzlich oder rechtsgeschäftlich vertreten; sie ist weder delikts- noch partei- noch insolvenzfähig. Sie ist auch keine Handelsgesellschaft und wird nicht im Handelsregister eingetragen. Sie wird als Schuldverhältnis, als Rechtserwerbs- und Verpflichtungsgemeinschaft charakterisiert. Dennoch ist sie eine Personengesellschaft, auf die ergänzend zu den Regelungen der §§ 230 ff. HGB die §§ 705 ff. BGB Anwendung finden (Baumbach/Hopt/*Hopt* HGB § 230 Rn. 2; Ebenroth/Boujong/*Gehrlein* HGB § 230 Rn. 3 f.; vgl. BGHZ 127, 176 [184]).

Durch den Tod des stillen Gesellschafters wird die stille Gesellschaft nicht aufgelöst (§ 234 Abs. 2 HGB); die Beteiligung als stiller Gesellschafter an einem anderen Unternehmen ist vererbbar. Diese Vorschrift ist abdingbar; es kann im Gesellschaftsvertrag beispielsweise vorgesehen werden, dass die Gesellschaft mit dem Todesfall aufgelöst ist (siehe hierzu MüKoHGB/*K. Schmidt* § 234 Rn. 58).

Anders ist die gesetzliche Regelung für den Geschäftsinhaber, wenn dieser ein Einzelunternehmen betreibt. Der Tod des Geschäftsinhabers ist dann ein gesetzlicher Auflösungsgrund (§ 727 Abs. 2 BGB).

Die stille Beteiligung gehört zum Nachlass des stillen Gesellschafters und geht mit dem Erbfall auf den Erben über. Bei mehreren Erben gelten die Grundsätze über die **Sonderrechtsnachfolge** nicht, so dass die Erben nicht einzeln, sondern als Erbengemeinschaft in die Gesellschafterstellung rücken (Ebenroth/Boujong/*Gehrlein* HGB § 234 Rn. 36; RGZ 126, 386 [391 f.]).

Der Vermächtnisnehmer hat einen schuldrechtlichen Anspruch auf Übertragung der stillen Beteiligung (§ 2174 BGB). Die Übertragung bedarf der Zustimmung des Inhabers des Handelsgewerbes, hier also der Kommanditgesellschaft. Die Zustimmung kann bereits im Gesellschaftsvertrag der stillen Gesellschaft erteilt werden, was ratsam ist. Die Geschäftsführung der Gesellschaft bedarf bei der typischen stillen Gesellschaft lediglich im Innenverhältnis der Zustimmung der Gesellschafter entsprechend den Bestimmungen des Gesellschaftsvertrags bzw. aufgrund des Umstands, dass es sich um ein außergewöhnliches Geschäft im Sinne der §§ 116, 164 HGB handelt. Zu weitergehenden Anforderungen bei der atypisch stillen Gesellschaft siehe MüKoHGB/*K. Schmidt* § 230 Rn. 179.

4. Ist eine Kommanditgesellschaft **Inhaberin des Unternehmens,** so bedarf die Übertragung der stillen Beteiligung der **Zustimmung** der Kommanditgesellschaft und die Geschäftsführung bedarf – entsprechend den in der vorstehenden → Anm. 3 dargelegten

Grundsätzen für die Begründung der Beteiligung – im Innenverhältnis der Zustimmung der Gesellschafter. Weitergehende Anforderungen bestehen nicht. In der dem Muster zugrunde liegenden Konstruktion ist die Zustimmung der Kommanditgesellschaft bereits im stillen Gesellschaftsvertrag enthalten.

Anders ist dies bei Kapitalgesellschaften: Gewährt eine Aktiengesellschaft einem Dritten eine stille Beteiligung, so wird die Aktiengesellschaft beim Abschluss dieses Vertrags nach den allgemeinen Regeln von ihrem Vorstand vertreten. Nach der herrschenden und zutreffenden Auffassung ist die stille Beteiligung ein **Teilgewinnabführungsvertrag** im Sinne von § 292 Abs. 1 Nr. 2 AktG, da sich die Aktiengesellschaft dazu verpflichtet, einen Teil ihres Gewinns an den stillen Gesellschafter abzuführen (BFH BFH/NV 1998, 1339 [1340]; OLG Stuttgart NZG 2000, 93 [94]; OLG Hamm NZG 2003, 228 [229]; MHdB GesR/*Bezzenberger/Keul* § 76 Rn. 64 ff.; Ebenroth/Boujong/*Gehrlein* HGB § 230 Rn. 29). Eine ähnliche Diskussion wird für die GmbH geführt. Dementsprechend muss der Vertrag über die stille Gesellschaft bei der Aktiengesellschaft schriftlich abgeschlossen werden, er bedarf zu seiner Wirksamkeit zumindest eines zustimmenden Beschlusses der Hauptversammlung mit einer Mehrheit von drei Vierteln des in der Hauptversammlung vertretenen Grundkapitals und der Eintragung in das Handelsregister der Aktiengesellschaft (§§ 293 Abs. 1, 3, 294 AktG; zu den Einzelheiten siehe §§ 293 ff. AktG). Gemäß § 294 AktG kann beim Bestehen einer Vielzahl von Teilgewinnabführungsverträgen anstelle des Namens des anderen Vertragsteils eine Bezeichnung in das Handelsregister eingetragen werden, die den jeweiligen Teilgewinnabführungsvertrag konkret bestimmt. Die Regeln für die Aktiengesellschaft gelten auch für die Kommanditgesellschaft auf Aktien (§ 278 Abs. 3 AktG).

Die Übertragung der stillen Beteiligung beinhaltet einen Wechsel des Vertragspartners der Aktiengesellschaft. Bei dem Vertrag über die stille Beteiligung als Teilgewinnabführungsvertrag liegt in dem Wechsel des Vertragspartners eine Änderung des Vertrags im Sinne des § 295 AktG (*Hüffer* AktG § 295 Rn. 5). Deshalb ist für die Wirksamkeit der Übertragung der stillen Beteiligung von der Erbengemeinschaft auf den Vermächtnisnehmer insbesondere die Zustimmung der Hauptversammlung, Schriftform und die Eintragung in das Handelsregister erforderlich (§§ 295 Abs. 1, 294 Abs. 2 AktG). Vor diesem Hintergrund ist ein Vermächtnis in Bezug auf eine stille Beteiligung an einer Aktiengesellschaft (ebenso wie eine solche an einer GmbH) aufwändig und **möglichst zu vermeiden.**

Da eine Gesamtrechtsnachfolge keine Vertragsänderung im Sinne von § 295 AktG beinhaltet, stellen sich die entsprechenden Fragen für den Übergang der stillen Beteiligung auf den Erben nicht.

5. Oft empfiehlt es sich, Testamentsvollstreckung anzuordnen, um die Erfüllung von Vermächtnissen sicher zu stellen. Zur Testamentsvollstreckung siehe ausführlich → Form. G.IX.1 Anm. 2 ff. sowie oben → Form. C.VII.1 ff.

6. Steuern. Zur steuerlichen Behandlung der Zuwendung einer stillen Beteiligung → Form. G.III.7 Anm. 4.

Tritt der Erbfall ein, liegt ein erbschaftsteuerpflichtiger Vorgang gem. §§ 1 Abs. 1 Nr. 1, 3 Abs. 1 Nr. 1 ErbStG vor. Die Ehefrau als Vermächtnisnehmerin erhält die persönlichen Freibeträge gem. §§ 16 Abs. 1 Nr. 1, 17 Abs. 1 ErbStG. Bei den Erben ist das Vermächtnis als Nachlassverbindlichkeit gem. § 10 Abs. 5 Nr. 2 ErbStG mit dem Steuerwert der stillen Beteiligung abziehbar, allerdings nur, soweit die stille Beteiligung nicht gem. §§ 13a und 13c ErbStG begünstigt ist, § 10 Abs. 6 S. 4 ErbStG. Die Erbschaftsteuer wird nach dem Steuersatz für die Steuerklasse I gem. §§ 15 Abs. 1, 19 Abs. 1 ErbStG berechnet. Sie entsteht gem. § 9 Abs. 1 Nr. 1 ErbStG mit dem Tod des Erblassers.

Zum Vermächtnis siehe die Ausführungen unter → Form. C.V.1 Anm. 13, zur Testamentsvollstreckung → Form. C.VII.1 lit. e) bb) (2) sowie → Form. C.VII.2 Anm. 7.

7. **Kosten.** → Form. G.V.1 Anm. 8. Die Zuwendung von Vermächtnissen neben der Verfügung über den ganzen Nachlass erhöht den Geschäftswert nicht.

3. Zuwendung einer Unterbeteiligung

§ 1 Erbeinsetzung[1]

Hiermit setze ich meine Tochter . . . . . . zu meiner alleinigen Erbin ein.

§ 2 Vermächtnis

Meiner Ehefrau[3]**. . . . . . wende ich als Vermächtnis zu eine Unterbeteiligung**[2] **an meiner Beteiligung als Kommanditist an der . . . . . . GmbH & Co. KG mit Sitz in . . . . . ., eingetragen in das Handelsregister des Amtsgerichts . . . . . . unter HRA . . . . . . Das Vermächtnis umfasst insbesondere sämtliche Rechte auf Auszahlungen von Gewinnen entsprechend der Unterbeteiligungsquote sowie etwaige Ansprüche des Unterbeteiligten in Bezug auf Guthaben auf Darlehenskonten.**[4, 5]

Anmerkungen

1. **Sachverhalt.** Der Erblasser ist verheiratet und hat eine Tochter. Er beabsichtigt, seiner Ehefrau eine Unterbeteiligung an einer Kommanditgesellschaft zu vermachen.

2. Die Unterbeteiligung an einer Beteiligung (des Hauptbeteiligten) ist eine Innengesellschaft in der Form der Gesellschaft bürgerlichen Rechts, welche **der stillen Gesellschaft nahesteht** (BGHZ 50, 316 [320]; BGH NJW 1994, 2886; Baumbach/Hopt/*Roth* HGB § 105 Rn. 38).

Nach zutreffender Auffassung ist auf die Unterbeteiligung § 234 Abs. 2 HGB analog anwendbar (MüKoHGB/*K.Schmidt* § 234 Rn. 63; *Ebenroth/Boujong/Gehrlein* HGB § 234 Rn. 37 mwN), so dass die Rechtslage derjenigen für die stille Beteiligung entspricht (→ Form. G.VIII.2 Anm. 3 ff.) Da dies nicht zweifelsfrei ist (vgl. MüKoBGB/*Schäfer* vor § 705 Rn. 102), sollte der Vertrag über die Unterbeteiligung die Rechtsfolgen des Todes des Unterbeteiligten eindeutig regeln.

Entsprechend der Rechtslage bei der stillen Beteiligung geht eine Unterbeteiligung nicht im Wege der Sonderrechtsnachfolge auf die einzelnen Miterben, sondern auf die Erbengemeinschaft über.

Anders als die stille Beteiligung (→ Form. G.VIII.2 Anm. 4) ist die Einräumung einer Unterbeteiligung an einer Beteiligung an einer Kapitalgesellschaft kein Teilgewinnabführungsvertrag (Oetker/*Schubert* HGB § 230 Rn. 126).

Die Begründung einer Unterbeteiligung ist zulässig ohne besondere Zulassung durch die Mitgesellschafter des Hauptbeteiligten (BGHZ 50, 316 [325]; Baumbach/Hopt/*Roth* HGB § 105 Rn. 38). Die Gesellschafterrechte des Unterbeteiligten sind nach § 717 S. 1 BGB grundsätzlich nicht übertragbar. Ausgenommen sind die in § 717 S. 2 BGB genannten Ansprüche. Auch die Abtretung dieser Ansprüche kann vertraglich ausgeschlossen werden (§ 399 BGB). Die Übertragung der Unterbeteiligung von dem Erben bzw. der Erbengemeinschaft auf den Vermächtnisnehmer bedarf somit – jedenfalls teilweise – der Zustimmung des Hauptbeteiligten. Diese sollte bereits in den Gesellschaftsvertrag über die Unterbeteiligung aufgenommen werden.

3. Zu eventuellen **Pflichtteilsansprüchen** → Form. C.VI. Zum (bedingten) Pflichtteilsverzichtsvertrag → Form. G.III.10.

4. Steuern. Zur steuerlichen Behandlung der Zuwendung einer Unterbeteiligung → Form. G.III.8 Anm. 4.

Tritt der Erbfall ein, liegt ein erbschaftsteuerpflichtiger Vorgang gem. §§ 1 Abs. 1 Nr. 1, 3 Abs. 1 Nr. 1 ErbStG vor. Die Ehefrau als Vermächtnisnehmerin erhält die persönlichen Freibeträge gem. §§ 16 Abs. 1 Nr. 1, 17 Abs. 1 ErbStG. Die Personengesellschaftsbeteiligung, an dem durch Vermächtnis eine Unterbeteiligung eingeräumt werden soll, ist Teil des Nachlasses. Ist die Erbin als Mitunternehmerin anzusehen, erhält sie die Begünstigungen der §§ 13a, 13b, 13c, 28a ErbStG. Zur Bewertung und Begünstigung eines Personengesellschaftsanteils → Form. A.IV.4 lit. c) sowie → Form. G.III.2 Anm. 5.

Das Vermächtnis ist als Nachlassverbindlichkeit gem. § 10 Abs. 5 Nr. 2 ErbStG mit dem Steuerwert der Unterbeteiligung abziehbar. Soweit die Personengesellschaftsbeteiligung gem. § 13a ErbStG begünstigt ist, ist der Abzug allerdings eingeschränkt, § 10 Abs. 6 S. 4 ErbStG. Zum Vermächtnis siehe auch die Ausführungen unter → Form. C.V.1 Anm. 13. Die Erbschaftsteuer wird nach dem Steuersatz für die Steuerklasse I gem. §§ 15 Abs. 1, 19 Abs. 1 ErbStG berechnet. Sie entsteht gem. § 9 Abs. 1 Nr. 1 ErbStG mit dem Tod des Erblassers.

5. Kosten. → Form. G.V.1 Anm. 8. Die Zuwendung von Vermächtnissen neben der Verfügung über den ganzen Nachlass erhöht den Geschäftswert nicht.

IX. Testamentsvollstreckung im Unternehmensbereich

1. Testamentsvollstreckung über eine Kommanditbeteiligung

§ 1 Erbeinsetzung[1]

Hiermit setze ich meinen Sohn . . . . . . zu meinem alleinigen Erben ein.

§ 2 Vermächtnisse

Meiner Ehefrau wende ich als Vermächtnis[2] zu:

a) meinen Miteigentumsanteil an dem Grundstück in der . . . . . . Straße . . . . . ., Hannover, eingetragen im Grundbuch des Amtsgerichts . . . . . . von . . . . . ., Gemarkung . . . . . ., Flur . . . . . ., Flurstück . . . . . ., Größe . . . . . ., einschließlich des darauf stehenden Einfamilienhauses, des Hausrats und meiner persönlichen Habe und
b) meine Guthaben auf Bankkonten einschließlich meiner Sparbücher.

§ 3 Testamentsvollstreckung

Ich ordne Testamentsvollstreckung (Verwaltungsvollstreckung) an.[3] Die Testamentsvollstreckung ist auf die Beteiligung als Kommanditist an der . . . . . .-GmbH & Co. KG mit Sitz in . . . . . ., eingetragen im Handelsregister des Amtsgerichts . . . . . . unter HRA . . . . . . beschränkt.[4] Die Zustimmung der übrigen Gesellschafter zu einer Testamentsvollstreckung ist in § . . . . . . des Gesellschaftsvertrags bereits erteilt worden.

Zum Testamentsvollstrecker bestimme ich Herrn . . . . . .[5] Sollte dieser das Amt nicht annehmen oder nach Annahme wegfallen, bestimme ich Herrn . . . . . . zum Testamentsvollstrecker.

Der Testamentsvollstrecker hat die Kommanditbeteiligung an der . . . . . .-GmbH & Co. KG zu verwalten. Die Verwaltung umfasst sämtliche vermögens- und mitgliedschaftlichen Rechte (einschließlich des Stimmrechts) sowie sämtliche Rechte und Pflichten in Bezug auf für mich bei der Gesellschaft geführte Kapital-, Darlehens- und sonstige Konten.[6] Der Testamentsvollstrecker darf Maßnahmen, die eine persönliche Haftung des Erben begründen oder wieder aufleben lassen, sowie der Verpflichtung zu der Leistung einer weiteren Einlage nicht ohne schriftliche Zustimmung des Erben zustimmen.

Zu folgenden weiteren Maßnahmen ist der Testamentsvollstrecker nur mit schriftlicher Zustimmung des Erben berechtigt:

- Zustimmung zu der Änderung des Stimmrechts, der Gewinnverteilung oder von Abfindungsregelungen;
- Zustimmung zu der Auflösung der Gesellschaft, der Änderung des Unternehmensgegenstands, der Übertragung von Beteiligungen an der Gesellschaft oder zur Aufnahme neuer Gesellschafter;
- Maßnahmen nach dem Umwandlungsgesetz.

Die Vergütung des Testamentsvollstreckers[7] bemisst sich wie folgt: Seine Tätigkeit wird nach Zeitaufwand vergütet. Die Vergütung pro Stunde beträgt . . . . . . EUR brutto. Die Vergütung beträgt jedoch maximal . . . . . .% der auf die Kommanditbeteiligung

entfallenden entnahmefähigen Gewinne eines Jahres. Für den Fall, dass der auf die Kommanditbeteiligung entfallende Gewinn eines Jahres . . . . . . EUR nicht übersteigt oder die Gesellschaft einen Jahresfehlbetrag erzielt, beträgt die Vergütung des Testamentsvollstreckers für dieses Jahr pauschal . . . . . . EUR brutto.

Die Testamentsvollstreckung endet mit dem Tag, an dem mein Sohn das 25. Lebensjahr vollendet.[8-10]

Anmerkungen

1. Sachverhalt. Der Erblasser ist verheiratet und hat einen Sohn, welcher sich in der Ausbildung befindet und das Unternehmen fortführen soll. Bis zur Vollendung des 25. Lebensjahres des Sohnes und Alleinerben, setzt der Erblasser eine Vertrauensperson dauerhaft als Testamentsvollstrecker ein. Nach dem Gesellschaftsvertrag entspricht die GmbH & Co. KG im Wesentlichen dem gesetzlichen Bild, dh der persönlich haftende Gesellschafter führt die Geschäfte, die Kommanditisten halten lediglich eine Kapitalbeteiligung. Der Gesellschaftsvertrag enthält bereits die Zustimmung der Testamentsvollstreckung. Der künftige Unterhalt der Ehefrau soll über Vermächtnisse abgesichert werden.

2. Zu der Versorgung des Ehegatten → Form. G.V.1 Anm. 3. Zu eventuellen **Pflichtteilsansprüchen** → Form. C.VI. Zum (bedingten) Pflichtteilsverzichtsvertrag → Form. G.III.10

3. Die Anordnung der Testamentsvollstreckung muss durch den Erblasser selbst erfolgen (§ 2065 Abs. 1 BGB). Von der Anordnung der Testamentsvollstreckung ist die Ernennung des Testamentsvollstreckers zu unterscheiden. Neben der Ernennung des Testamentsvollstreckers durch den Erblasser ermöglichen die §§ 2198, 2200 BGB, dass der Erblasser die Bestimmung der Person des Testamentsvollstreckers einem Dritten überlässt (§ 2198 BGB) oder das Nachlassgericht ersucht, einen Testamentsvollstrecker zu ernennen (§ 2200 BGB). Ferner kann der Erblasser einen Ersatztestamentsvollstrecker ernennen (§ 2197 Abs. 2 BGB). Die Anordnung der Testamentsvollstreckung erfolgt durch Testament (Staudinger/*Reimann* BGB § 2197 Rn. 15; siehe allgemein zu der Testamentsvollstreckung → Form. C.VII).

Der Aufgabenkreis des Testamentsvollstreckers sollte von dem Erblasser konkret festgelegt werden. In Betracht kommen die Anordnung von **Abwicklungsvollstreckung** (§§ 2203, 2204 BGB) oder **Verwaltungs- bzw. Dauervollstreckung** (§§ 2205, 2209 BGB) durch den Erblasser. Die Anordnung der Abwicklungsvollstreckung kommt dann in Betracht, wenn der Testamentsvollstrecker lediglich den Nachlass gemäß dem Willen des Erblassers abwickeln soll. Die Nachlassabwicklung umfasst unter anderem die Erfüllung von Vermächtnissen und Auflagen, die Auseinandersetzung des Nachlasses sowie die Festlegung der Unternehmensstruktur und Einsetzung einer Geschäftsführung (*Bengel/Reimann* Kap. 2 Rn. 45). Die Anordnung von Verwaltungs- bzw. Dauervollstreckung (§§ 2205, 2209 BGB) bietet sich an, wenn der Testamentsvollstrecker ein Unternehmen auf längere Zeit an Stelle der Erben verwalten soll, etwa bis zur Volljährigkeit der Erben. Der Erblasser sollte die Art der von ihm angeordneten Testamentsvollstreckung eindeutig bestimmen. Die bloße Anordnung von (einer nicht näher spezifizierten) Testamentsvollstreckung, ist im Zweifel als Abwicklungsvollstreckung zu verstehen (Palandt/*Weidlich* BGB § 2203 Rn. 1).

Ferner sollte der Erblasser den Umfang der Testamentsvollstreckung genau bestimmen. Die Beschränkung der Testamentsvollstreckung auf einzelne Nachlassgegenstände ist zulässig (§ 2208 Abs. 1 S. 2 BGB).

Bei Anordnung von Dauertestamentsvollstreckung über einen Kommanditanteil, ist dieser Umstand auf Antrag des Testamentsvollstreckers in das **Handelsregister** einzutragen (BGH NZG 2012, 385 ff.).

4. Die **Testamentsvollstreckung** über ein **Unternehmen** bzw. eine **Beteiligung** an einem Unternehmen führt zum Teil, insbesondere bei einzelkaufmännischen Unternehmen und bei Beteiligungen als persönlich haftender Gesellschafter an einer Personengesellschaft, zu Schwierigkeiten (zum umfangreichen Schrifttum siehe etwa die Nachweise in MüKoBGB/*Zimmermann* § 2205 vor Rn. 14), welche im Kern in dem Konflikt zwischen erbrechtlichen und handels- bzw. gesellschaftsrechtlichen Regeln begründet sind: Der Testamentsvollstrecker kann nach der erbrechtlichen Vorschrift des § 2206 Abs. 1 S. 1 BGB nur den Nachlass, nicht jedoch den Erben, persönlich verpflichten. Nach handels- bzw. gesellschaftsrechtlichen Vorschriften begründet ein Handeln eines Testamentsvollstreckers im Rahmen der Verwaltung eines Unternehmens hingegen eine persönliche Haftung des Erben als Inhaber des Unternehmens bzw. als persönlich haftendem Gesellschafter. Vor diesem Hintergrund ist im Hinblick auf die Zulässigkeit der Testamentsvollstreckung bei der Unternehmensnachfolge folgende Unterscheidung zu treffen:

Die reine **Abwicklungsvollstreckung** ist stets zulässig, und zwar sowohl über einzelkaufmännische Unternehmen als auch in Bezug auf Beteiligungen an Personengesellschaften (auch als persönlich haftender Gesellschafter) oder Kapitalgesellschaften (Groll/*Groll* C.IX. Rn. 181; zu Einzelheiten siehe MüKoBGB/*Zimmermann* § 2205 Rn. 29 ff.).

Die **Verwaltungs- oder Dauervollstreckung** über Aktien und GmbH-Anteile ist zulässig (Groll/*Groll* Praxis-Handbuch Erbrechtsberatung C.IX. Rn. 191 f.). Der Bundesgerichtshof sieht auch die – im Muster vorgesehene – Verwaltungsvollstreckung über eine Kommanditbeteiligung als zulässig an (BGHZ 108, 187 [192]). Voraussetzung ist die Zustimmung der übrigen Gesellschafter der Kommanditgesellschaft zu der Testamentsvollstreckung. Diese kann im Gesellschaftsvertrag oder ad hoc erteilt werden; es ist ratsam, im Zusammenhang mit der Erstellung der letztwilligen Verfügung die entsprechende Zustimmung der Gesellschafter im Gesellschaftsvertrag zu verankern, da anderenfalls das in der Verfügung vorgesehene Konzept an der Zustimmung der Mitgesellschafter scheitern kann.

Zu der Zulässigkeit der Verwaltungsvollstreckung an einem **einzelkaufmännischen Unternehmen** oder der **Beteiligung eines persönlich haftenden Gesellschafters** an einer Personengesellschaft siehe nachfolgendes → Form. G.II.1 Anm. 2.

Es muss beachtet werden, dass Rechtsausübung durch den Testamentsvollstrecker der **Zustimmung der Mitgesellschafter** bedarf. Ist die Zustimmung nicht bereits im Gesellschaftsvertrag enthalten, genügt auch eine ad-hoc Zustimmung der Mitgesellschafter (BGH NJW 1985, 1953 [1954]; BGH NJW 1989, 3152 [3153]; MüKoBGB/*Zimmermann* § 2205 Rn. 34, 38; *Bengel/Reimann* Kap. 5 Rn. 153, 163; Staudinger/*Reimann* BGB § 2205 Rn. 145). Diese kann auch als Genehmigung (§ 184 BGB) rückwirkend erteilt werden (*Ulmer* NJW 1990, 73 [76]; *Klein* DStR 1992, 326 [327]).

Nach Ansicht der Rechtsprechung ist die Zustimmung der Mitgesellschafter jedoch nur dann notwendig, wenn es um die „Innenseite" der Beteiligung geht (BGHZ 98, 48 [50 ff.]; BGH NJW 1996, 1284; BGH NJW 1998, 1313 [1314]). Dabei umfasst die Innenseite die höchstpersönlichen Mitgliedschaftsrechte, etwa das Stimmrecht, das Recht auf Teilnahme an der Gesellschafterversammlung, das Recht auf Vertretung und Geschäftsführung, das Informationsrecht etc Ist dagegen die „Außenseite" der Beteiligung betroffen, so hat der Testamentsvollstrecker auch ohne Zustimmung der Mitgesellschafter und ohne Duldung der Erben eine „beaufsichtigende Funktion" über die Erben. Der Testamentsvollstrecker kann zwar nicht selbst mit Wirkung für den Erben in seiner Funktion als Gesellschafter handeln, der Erbe bedarf aber zu Maßnahmen, die die Außenseite der Beteiligung betreffen, der Zustimmung des Testamentsvollstreckers (*Ben-*

gel/Reimann Kap. 5 Rn. 160 f.). Die Außenseite umfasst die vermögensrechtliche Zuordnung des Gesellschaftsanteils, etwa Maßnahmen hinsichtlich der Gewinnverwendung oder des Abfindungsguthabens.

5. Bei der Wahl der Person des Testamentsvollstreckers kann es zu unterschiedlichen Zweifelsfragen kommen. Das ist zunächst der Fall, wenn bei **Minderjährigen** ein Elternteil als Testamentsvollstrecker bei gleichzeitigem Ausschluss des anderen Elternteils von der Vertretung für das ererbte Vermögen eingesetzt wird. Allerdings ist nach BGH NJW-RR 2008, 963–965 grundsätzlich auch in einer solchen Konstellation kein Ergänzungspfleger zur Wahrnehmung der Rechte des Minderjährigen hinsichtlich ererbter Geschäftsanteile zu bestellen. Das ist nur dann anders, wenn eine konkrete Konfliktsituation nachgewiesen wird.

Ebenfalls problematisch kann sich im Fall der Errichtung eines **öffentlichen Testaments durch notarielle Beurkundung** die – häufig erwünschte – Bestimmung des beurkundenden Notars zum Testamentsvollstrecker darstellen. Denn dieser kann seine Einsetzung gemäß §§ 27, 7 BeurkG nicht wirksam protokollieren. Die Anordnung ist gemäß § 27 BeurkG, § 125 BGB nichtig. Soll der beurkundende Notar gleichwohl zum Testamentsvollstrecker eingesetzt werden, so können alle Bestimmungen über die Vollstreckung durch ihn beurkundet werden mit Ausnahme der Benennung der Person des Testamentsvollstreckers. Diese bleibt einem privatschriftlichen Testament vorbehalten (vgl. BeckNotarHdB/*Bengel/Dietz* C. Rn. 70, 194).

6. Fraglich ist, ob die Befugnisse des Testamentsvollstreckers auch den sogenannten **Kernbereich der Rechte des Gesellschafters** umfassen können. Zum Kernbereich zählen solche Maßnahmen, die unmittelbar in die mitgliedschaftliche Rechtsstellung des Gesellschafters eingreifen, etwa die Änderung des Stimmrechts, der Gewinnverteilung, Abfindungsregelungen, die Auflösung der Gesellschaft oder die Änderung im Mitgliederbestand. Der Bundesgerichtshof hat diese Frage ausdrücklich offen gelassen (BGHZ 108, 187 [198]). In der Literatur wird vertreten, dass der Testamentsvollstrecker im Kernbereich der Gesellschafterrechte der Zustimmung des Erben bedürfe (vgl. hierzu *Bengel/Reimann* Kap. 5 Rn. 176, 249 f.). In der dem Muster zugrunde liegenden Konzeption bedürfen solche Geschäfte deshalb (vorsorglich) der Zustimmung des Erben.

7. Es ist dem Erblasser zu empfehlen, eine Regelung über die **Vergütung** des Testamentsvollstreckers aufzunehmen. Das Muster sieht – vor dem Hintergrund, dass die Kommanditbeteiligung nach dem gesetzlichen Leitbild nicht die Führung der Geschäfte beinhaltet – eine Vergütung nach Zeitaufwand vor, welche in Abhängigkeit von der Ertragslage der Gesellschaft begrenzt wird. Soweit der Testamentsvollstrecker auch ganz oder teilweise die Geschäfte der Gesellschaft zu führen hat, kann eine höhere, möglicherweise auch ertragsabhängige Vergütung angemessen sein (vgl. hierzu: Groll/*Groll* Praxis-Handbuch Erbrechtsberatung C.IX. Rn. 246 ff.). Der Erblasser kann auf einschlägige Tabellen Bezug nehmen, zB die Rheinische Tabelle (DNotZ 1935, 635) oder die Empfehlungen des Deutschen Notarvereins (= Neue Rheinische Tabelle ZEV 2000, 181); eine ausführliche Übersicht findet sich bei BeckOGK/*Tolksdorf* BGB § 2221 Rn. 21 f.; im Übrigen vgl. zu Vergütungsfragen ausführlich Staudinger/*Reimann* BGB § 2221 Rn. 28 ff. Ohne Regelung in der letztwilligen Verfügung ist eine „angemessene Vergütung" geschuldet (§ 2221 BGB).

8. Bei Anordnung der Verwaltungsvollstreckung ist deren **Ende** festzulegen. Grundsätzlich sieht § 2210 BGB eine Höchstdauer der Verwaltungsvollstreckung von 30 Jahren vor. Nach § 2210 S. 2 BGB kann der Erblasser anordnen, dass die Verwaltung bis zum Tod des Erben oder des Testamentsvollstreckers oder bis zum Eintritt eines anderen Ereignisses in der Person des einen oder des anderen fortdauern soll. BGHZ 174, 346–359 konkretisiert dies dahin, dass die Anordnung der Dauertestamentsvollstreckung ihre

Wirksamkeit mit dem Tod des letzten Testamentsvollstreckers verliert, der innerhalb der 30-Jahresfrist ernannt wurde, wenn die Testamentsvollstreckung nach dem Willen des Erblassers über 30 Jahre hinaus bis zum Tod des Testamentsvollstreckers fortdauern soll.

9. Steuern. Zum Grundstücksvermächtnis → Form. C.V.6 Anm. 9, zum Forderungsvermächtnis → Form. C.V.5 Anm. 5. Zur Bewertung und Begünstigung von Personengesellschaftsanteilen → Form. A.III.4 lit. c) und d), → Form. G.III.2 Anm. 5. Zu Komplementär-GmbHs siehe → Form. G.I.10. Zur Testamentsvollstreckung und zur Vergütung des Testamentsvollstreckers wird auf die Ausführungen unter → Form. C.VII.1 lit. e) bb) (2) sowie → Form. C.VII.2 Anm. 7. verwiesen.

10. Kosten. → Form. G.V.1 Anm. 8.

2. Einzelkaufmännisches Unternehmen (Treuhandlösung)

§ 1 Erbeinsetzung[1]

Hiermit setze ich meinen Sohn ...... zu meinem alleinigen Erben ein.

§ 2 Vermächtnisse

Meiner Ehefrau wende ich als Vermächtnis[2] zu:

a) meinen Miteigentumsanteil an dem Grundstück in der ...... Straße ......, Hannover, eingetragen im Grundbuch des Amtsgerichts ...... von ......, Gemarkung ......, Flur ......, Flurstück ......, Größe ......, einschließlich des darauf stehenden Einfamilienhauses, des Hausrats und meiner persönlichen Habe und
b) meine Guthaben auf Bankkonten einschließlich meiner Sparbücher.

§ 3 Testamentsvollstreckung

Ich ordne Testamentsvollstreckung (Verwaltungsvollstreckung) an.[3] Die Testamentsvollstreckung ist auf mein in ...... in Firma ...... e. K. betriebenes einzelkaufmännisches Unternehmen mit Sitz in ......, beschränkt.[4]

Zum Testamentsvollstrecker bestimme ich Herrn ...... Sollte dieser das Amt nicht annehmen oder nach Annahme wegfallen, bestimme ich Herrn ...... zum Testamentsvollstrecker.

Der Testamentsvollstrecker handelt in Bezug auf das einzelkaufmännische Unternehmen als Treuhänder im eigenen Namen, jedoch für Rechnung des Erben (Verwaltungstreuhand). Der Erbe bleibt Eigentümer des Betriebsvermögens. Der Erbe wird im Wege einer Auflage verpflichtet, dem Testamentsvollstrecker sämtliche zur Durchführung der Testamentsvollstreckung erforderlichen Befugnisse einzuräumen. Im Innenverhältnis zu den Erben ist der Testamentsvollstrecker von seiner nach außen bestehenden unbeschränkten Haftung freizustellen, soweit er im Rahmen ordnungsgemäßer Verwaltung handelt.

Der Testamentsvollstrecker erhält eine Vergütung,[5] die sich wie folgt bemisst: Für seine Tätigkeit erhält der Testamentsvollstrecker eine Vergütung nach Zeitaufwand. Die Vergütung pro Stunde beträgt ...... EUR brutto. Die Vergütung beträgt jedoch maximal ......% des Gewinns des einzelkaufmännischen Unternehmens eines Jahres. Für den Fall, dass der Gewinn eines Jahres EUR ...... nicht übersteigt, beträgt die Vergütung des Testamentsvollstreckers für dieses Jahr pauschal EUR ...... brutto.

Die Testamentsvollstreckung endet mit dem Tag, an dem mein Sohn das 25. Lebensjahr vollendet.[6-8]

Anmerkungen

1. Sachverhalt. Der Erblasser ist verheiratet und hat einen Sohn, welcher sich in einer Ausbildung befindet. Zu dem Nachlass zählt ein einzelkaufmännisches Unternehmen. Für die Zeit bis der Sohn und Alleinerbe das 25. Lebensjahr vollendet hat, setzt der Erblasser eine Vertrauensperson dauerhaft als Testamentsvollstrecker (Treuhandlösung) ein. Der künftige Unterhalt der Ehefrau soll über Vermächtnisse abgesichert werden.

2. Zu der Versorgung des Ehegatten → Form. G.V.1 Anm. 3. Zu eventuellen **Pflichtteilsansprüchen** → Form. C.VI. Zum (bedingten) Pflichtteilsverzichtsvertrag → Form. G.III.10.

3. Siehe allgemein zur Anordnung der Testamentsvollstreckung und der Ernennung des Testamentsvollstreckers vorstehendes → Form. G.IX.1 Anm. 3. Siehe allgemein zu der Testamentsvollstreckung → Form. C.VII.1 ff.

Der Erblasser sollte den Umfang der Testamentsvollstreckung genau bestimmen. Die Beschränkung der Testamentsvollstreckung auf einzelne Nachlassgegenstände ist zulässig (§ 2208 Abs. 1 S. 2 BGB).

4. Die **Testamentsvollstreckung** über ein **Unternehmen** bzw. eine **Beteiligung** an einem Unternehmen führt insbesondere bei einzelkaufmännischen Unternehmen und bei Beteiligungen als persönlich haftender Gesellschafter an einer Personengesellschaft, zu Schwierigkeiten (vgl. hierzu und allgemein zu den Arten der Testamentsvollstreckung → Form. G.IX Anm. 4).

Umfasst der Nachlass ein **einzelkaufmännisches Unternehmen** oder die **Beteiligung eines persönlich haftenden Gesellschafters** an einer Personengesellschaft, so ist nach herrschender Auffassung eine Verwaltungstestamentsvollstreckung unzulässig (RGZ 132, 138 [144]; BGHZ 12, 100; BGHZ 24, 106 [113]; aA Bengel/Reimann/*Pauli* Kap. 5 Rn. 113 mwN; Überblick über den Streitstand: Staudinger/*Reimann* § 2205 Rn. 147). Diese Ansicht beruht, wie oben angedeutet, auf der Kollision handelsrechtlicher und erbrechtlicher Prinzipien. Während der Inhaber eines einzelkaufmännischen Unternehmens (§§ 22, 25, 27 HGB) und der persönlich haftende Gesellschafter einer Personengesellschaft (§§ 128, 130 HGB) für die Geschäftsverbindlichkeiten unbeschränkt mit ihrem Privatvermögen haften, kann der Testamentsvollstrecker Verbindlichkeiten nur für den Nachlass eingehen. Die Haftung der Erben ist daher in Bezug auf die vom Testamentsvollstrecker eingegangenen Verbindlichkeiten auf den Nachlass beschränkt.

Es werden Ersatzlösungen diskutiert, bei denen entweder der Erbe (sog. Vollmachtlösung) oder der Testamentsvollstrecker (sog. Treuhandlösung) unbeschränkt persönlich haften. Das Muster beinhaltet die Treuhandlösung.

Bei der sogenannten **Vollmachtlösung** führt der Testamentsvollstrecker das Unternehmen im Namen der Erben als deren Bevollmächtigter weiter. Ob eine solche Gestaltung gegen den Willen der Erben zulässig ist, ist unsicher (siehe weiter unten in dieser Anm.). Die Befürworter der Vollmachtlösung verfolgen im Einzelnen folgendes Konzept:

Für neu entstandene, durch den Testamentsvollstrecker als Bevollmächtigten begründete Geschäftsverbindlichkeiten haften die Erben persönlich und unbeschränkt, für alte Geschäftsverbindlichkeiten haften sie nach Maßgabe der §§ 25, 27 HGB. Im Handelsregister werden die Erben als Inhaber des einzelkaufmännischen Unternehmens eingetragen, die Eintragung eines Testamentsvollstreckervermerks ist in diesem Fall unzulässig (BGHZ 12, 100 [102]). Um die Erben persönlich verpflichten zu können, bedarf der

Testamentsvollstrecker einer entsprechenden Bevollmächtigung durch die Erben. Der Erblasser sollte, um die Bevollmächtigung des Testamentsvollstreckers sicher zu stellen, in der letztwilligen Verfügung die Erben durch Auflage oder Bedingung hierzu verpflichten (BGHZ 12, 100; Staudinger/*Reimann* BGB § 2205 Rn. 153).

Die Vollmacht sollte weiterhin unwiderruflich ausgestaltet sein, da der Testamentsvollstrecker nach dem Willen des Erblassers das Unternehmen unabhängig von den Erben für die von ihm vorgesehene Dauer weiterführen soll (MüKoBGB/*Zimmermann* § 2205 Rn. 25). Auch den Widerruf der Vollmacht kann der Erblasser durch eine entsprechende Auflage verhindern (*Bengel/Reimann* Kap. 5 Rn. 132).

Neben der Anweisung der Erben, dem Testamentsvollstrecker eine entsprechende Vollmacht zu erteilen, kann der Erblasser dem Testamentsvollstrecker auch eine von vornherein auf seinen Todesfall beschränkte Vollmacht erteilen, die erst beim Erbfall zur Entstehung gelangt (sog. **postmortale Vollmacht**).

Der Verwaltungsbefugnis des Testamentsvollstreckers im Rahmen der Vollmachtlösung sind jedoch auch Grenzen gesetzt. So kann die Vollmachtlösung nicht verhindern, dass die Erben selbst tätig werden, denn der Vollmacht kommt keine verdrängende Wirkung zu (Palandt/*Ellenberger* BGB § 167 Rn. 15).

Gegen die Zulässigkeit der Vollmachtlösung werden gewichtige Bedenken vorgetragen. Der Erblasser könne einen Erben nicht testamentarisch dazu zwingen, dem Testamentsvollstrecker Verfügungsmacht auch über das Privatvermögen des Erben einzuräumen (für die Vollmachtlösung zB BGHZ 12, 100 [102]; kritisch *Bengel/Reimann* Kap. 5 Rn. 134; gegen die Vollmachtlösung MüKoBGB/*Zimmermann* § 2205 Rn. 26; *John* BB 1980, 757 [758]).

Ein weiterer Nachteil der Gestaltung ist, dass die Erben sowohl die im Rahmen einer Vollmachtlösung erteilte Vollmacht als auch die postmortale Vollmacht nach dem Erbfall widerrufen können. Wird die Anweisung der Erben, dem Testamentsvollstrecker eine entsprechende Vollmacht zu erteilen, sowie die Unwiderruflichkeit der Vollmacht durch Auflage oder Bedingung gesichert, so stellt sich wiederum mit entsprechender Argumentation die Frage der Zulässigkeit dieser erbrechtlichen Druckmittel.

Vor dem Hintergrund, dass die Zulässigkeit der Vollmachtlösung unsicher ist, sollte diese Gestaltungsvariante **in der Regel gemieden** werden. Der Streit zwischen Erben und Testamentsvollstrecker ist vorprogrammiert, mit negativen Folgen für die Beteiligten sowie das betroffene Unternehmen. Soweit eine Verwaltungsvollstreckung gewünscht ist, sollte das Unternehmen entweder zu Lebzeiten oder über eine testamentarische Anordnung möglichst in eine andere Rechtsform überführt werden, für welche die Verwaltungsvollstreckung sicher zulässig ist.

Bei der dem Muster zugrunde liegenden **Treuhandlösung** führt der Testamentsvollstrecker das einzelkaufmännische Unternehmen nach außen im eigenen Namen und unter eigener persönlicher Haftung als Treuhänder fort. Im Innenverhältnis hat der Testamentsvollstrecker gegenüber den Erben gemäß §§ 2218, 670 BGB einen Anspruch auf Befreiung von seiner unbeschränkten Haftung (Staudinger/*Reimann* BGB § 2205 Rn. 151). Strittig ist, ob die Erben ihre Haftung auf den Nachlass beschränken können (bejahend Staudinger/*Reimann* BGB § 2205 Rn. 151; MüKoBGB/*Zimmermann* § 2205 Rn. 28; *John* BB 1980, 757 [761]; wohl dagegen BGHZ 12, 100 [104]; verneinend *Bengel/Reimann* Kap. 5 Rn. 127).

Hinsichtlich der vom Erblasser begründeten Geschäftsverbindlichkeiten kann der Testamentsvollstrecker seine Haftung entsprechend §§ 25, 27 HGB auf den Nachlass beschränken (*Bengel/Reimann* Kap. 5 Rn. 125; aA RGZ 132, 138 [144]; *Reuter* ZHR 135, 511). Die Erben können die Haftung gemäß § 27 Abs. 2 HGB für Altschulden beschränken, da die treuhänderische Übertragung des Unternehmens an den Testamentsvollstrecker einer Geschäftseinstellung gleichsteht (MüKoBGB/*Zimmermann* § 2205 Rn. 27; *Bengel/Reimann* Kap. 5 Rn. 124 f.).

Auch die Treuhandlösung bedarf einer **Mitwirkung der Erben.** So kann der Testamentsvollstrecker seine Befugnisse nur ausüben, wenn die Erben ihm das einzelkaufmännische Unternehmen (bzw. die Verfügungsbefugnis hierüber) treuhänderisch übertragen. Die Erben sollten daher von dem Erblasser durch Auflage oder Bedingung der Erbeinsetzung verpflichtet werden, dem Testamentsvollstrecker das Unternehmen zu treuen Händen zu übertragen (*Bengel/Reimann* Kap. 5 Rn. 123).

Es sind zwei Ausgestaltungen der Treuhand möglich: Bei der im Muster gewählten **Verwaltungstreuhand bzw. Ermächtigungstreuhand** wird dem Testamentsvollstrecker die Verfügungsbefugnis über die zu verwaltenden Gegenstände übertragen, der Erbe bleibt Inhaber des Betriebsvermögens. Bei der Vollrechtstreuhand überträgt demgegenüber der Erbe dem Testamentsvollstrecker das Eigentum an dem Handelsgeschäft. Dies ist allerdings aufgrund der notwendigen Einzelübertragung aller Gegenstände in der Regel sehr umständlich und kostspielig (etwa bei Betriebsgrundstücken).

Bei der Treuhandlösung wird der Testamentsvollstrecker als Inhaber des Handelsgeschäfts – ohne Testamentsvollstreckervermerk – im Handelsregister eingetragen. Die Erben haben bei der Handelsregisteranmeldung mitzuwirken, da sie nach außen die Übertragung eines Handelsgeschäftes anmelden (Staudinger/*Reimann* BGB § 2205 Rn. 152; MüKoBGB/*Zimmermann* § 2205 Rn. 27; aA *Krafka/Willer/Kühn* Registerrecht Rn. 563).

Die Treuhandlösung ist für den Testamentsvollstrecker aufgrund der persönlichen und unbeschränkten Haftung mit großen Risiken verbunden. Er haftet nach außen unbeschränkt, während er nach einer vertretenen, allerdings bestrittenen Auffassung auf den Nachlass beschränkt haftet. Demzufolge ist fraglich, ob sich ein Testamentsvollstrecker vernünftigerweise bereit erklären wird, das Amt anzunehmen. Teilweise wird vorgeschlagen, das Amt durch eine Umsatz- oder Gewinnprovision für den Testamentsvollstrecker attraktiver zu gestalten (siehe dazu *Bengel/Reimann* Kap. 5 Rn. 140; *John* BB 1980, 757 [761]). Eine solche zusätzliche Vergütung für den Testamentsvollstrecker schmälert allerdings die Rendite der Erben.

Vor dem Hintergrund der mit der Treuhandlösung verbundenen Schwierigkeiten, insbesondere der Gefahr der Inkongruenz der Haftungen des Testamentsvollstreckers und der Erben, ist auch eine solche **Gestaltung in aller Regel zu vermeiden.** Das Unternehmen sollte entweder zu Lebzeiten oder über eine testamentarische Anordnung möglichst in eine andere Rechtsform überführt werden, für welche die Verwaltungsvollstreckung sicher zulässig ist.

Umfasst der Nachlass die Gesellschaftsbeteiligung eines **persönlich haftenden Gesellschafters** und will der Erblasser diesbezüglich Verwaltungsvollstreckung anordnen, so können auch für diese Beteiligung, wie beim einzelkaufmännischen Unternehmen, die Ersatzkonstruktionen (Vollmacht- bzw. Treuhandlösung) erwogen werden.

5. Es ist dem Erblasser zu empfehlen, eine Regelung über die **Vergütung** des Testamentsvollstreckers aufzunehmen. Das Muster sieht eine Vergütung nach Zeitaufwand vor, welche in Abhängigkeit von der Ertragslage des Unternehmens begrenzt wird. Soweit der Testamentsvollstrecker die Geschäfte des Unternehmens zu führen hat, kann eine höhere, möglicherweise auch ertragsabhängige Vergütung angemessen sein (→ Form. C.IX; Groll/*Groll* Rn. 246 ff.). Der Erblasser kann auf einschlägige Tabellen Bezug nehmen, zB die Rheinische Tabelle (DNotZ 1935, 635) oder die Empfehlungen des Deutschen Notarvereins (= Neue Rheinische Tabelle, ZEV 2000, 181); hierzu auch → Form. G.IX.1 Anm. 7. Ohne Regelung in der letztwilligen Verfügung ist eine „angemessene Vergütung“ geschuldet (§ 2221 BGB).

6. Bei Anordnung der Verwaltungsvollstreckung ist deren **Ende** festzulegen. Grundsätzlich sieht § 2210 BGB eine Höchstdauer der Verwaltungsvollstreckung von 30 Jahren vor. Nach § 2210 S. 2 BGB kann der Erblasser anordnen, dass die Verwaltung bis zum

Tod des Erben oder des Testamentsvollstreckers oder bis zum Eintritt eines anderen Ereignisses in der Person des einen oder des anderen fortdauern soll. BGHZ 174, 346–355 konkretisiert dies dahin, dass die Anordnung der Dauertestamentsvollstreckung ihre Wirksamkeit mit dem Tod des letzten Testamentsvollstreckers verliert, der innerhalb der 30-Jahresfrist ernannt wurde, wenn die Testamentsvollstreckung nach dem Willen des Erblassers über 30 Jahre hinaus bis zum Tod des Testamentsvollstreckers fortdauern soll.

7. Steuern. Zum Grundstücksvermächtnis → Form. C.V.6 Anm. 8, zum Forderungsvermächtnis → Form. C.V.5 Anm. 5. Zur Bewertung und Begünstigung von Einzelunternehmern → Form. A.IV.4 lit. c) und d), zur steuerlichen Behandlung im Übrigen → Form. G.V.7 Anm. 6.

Zur Testamentsvollstreckung und zur Vergütung des Testamentsvollstreckers wird auf die Ausführungen unter → Form. C.VII.1 lit. e) bb) (2) sowie → Form. C.VII.2 Anm. 7. verwiesen. Bei der Vollmachtlösung wird der Testamentsvollstrecker durch die Vollmacht nicht zum Mitunternehmer iSd § 15 Abs. 1 Nr. 2 EStG, dies bleiben der/die Erben (Sudhoff/*von Sothen* Unternehmensnachfolge § 54 Rn. 138). Dies gilt nach hM auch für die Treuhandlösung (BFH, Urt. v. 16.5.1995 – VIII R 18/93; Schmidt/*Wacker* § 15 Rn. 301).

8. Kosten. → Form. G.V.1 Anm. 8. Eine etwaige **Vollmacht** ist neben der Verfügung von Todes wegen nach §§ 86 Abs. 2, 111 Nr. 1 GNotKG gesondert zu bewerten, und zwar mit einer 1,0-Gebühr nach Nr. 21200 KV GNotKG aus einem nach § 98 Abs. 3 GNotKG bestimmten Geschäftswert.

X. Nachfolge bei Landwirtschaftlichen Betrieben/Höfeordnung

1. Checkliste: HöfeO

- ❒ Geltungsbereich landwirtschaftlichen Sondererbrechts
  - ❒ Höfeordnung (HöfeO)[1]
  - ❒ Landesrechtliche Anerbengesetze[2]
- ❒ Vorliegen eines Hofes iSd HöfeO?
  - ❒ Begründung der Hofeigenschaft[3]
  - ❒ Hofesbestandteile und Hofeszubehör[4]
  - ❒ Verlust der Hofeigenschaft[5]
- ❒ Gesetzliche Hoferbfolge
  - ❒ Sondererbfolge[6]
  - ❒ Gesetzliche Hoferben[7]
  - ❒ Wirtschaftsfähigkeit[8]
  - ❒ Ehegattenhof[9]
- ❒ Gewillkürte Hoferbfolge[10]
- ❒ Hofübergabevertrag[11]
- ❒ Abfindung der weichenden Miterben[12]
- ❒ Nachabfindung der weichenden Erben[13]
- ❒ Landguterbrecht des BGB[14]
- ❒ Zuweisung eines landwirtschaftlichen Betriebs nach dem GrdstVG[15]

Anmerkungen

1. Geltungsbereich der HöfeO. Die HöfeO (neu gefasst durch Bekanntmachung v. 26.7.1976, BGBl. 1976 I 1933, zuletzt geändert durch Art. 24 des Gesetzes v. 20.11.2015, BGBl. 2015 I 2010) wurde durch Verordnung der britischen Militärregierung zum 24.4.1947 in Kraft gesetzt und galt nur für die britische Besatzungszone, deren Gebiet die heutigen Bundesländer Hamburg, Niedersachsen, Nordrhein-Westfalen und Schleswig-Holstein umfasste. Durch das 2. Änderungsgesetz zur HöfeO vom 29.3.1976 (BGBl. 1976 I 881) wurde die HöfeO in partielles Bundesrecht umgewandelt und ihr räumlicher Geltungsbereich ausdrücklich auf diese Bundesländer beschränkt (§ 1 Abs. 1 S. 1 HöfeO). Eine land- oder forstwirtschaftliche Besitzung kann daher nur Hof iSd HöfeO sein, wenn sich ihr räumlicher Mittelpunkt (dh die Hofstelle bzw. die überwiegende Fläche) in einem der vier Höfeordnungsländer befindet; ist dies der Fall, können auch Ausmärkergrundstücke (dh Grundstücke, die vom Hof aus bewirtschaftet werden, aber außerhalb der vier Höfeordnungsländer gelegen sind) zum Hof gehören (*Lüdtke-Handjery/von Jeinsen* HöfeO § 1 Rn. 3; s. dazu ausführlich *v. Proff* RNotZ 2013, 27).

2. Landesrechtliche Anerbengesetze. Auf der Grundlage des Vorbehalts in Art. 64 EGBGB bestehen folgende landesgesetzliche Vorschriften über die Vererbung land- oder forstwirtschaftlicher Betriebe (Abdruck der Gesetzestexte bei *Wöhrmann* S. 509 ff.):

- **Baden-Württemberg:** Badisches Gesetz, die geschlossenen Hofgüter betreffend, v. 20.8.1898 (GVBl. S. 405), zuletzt geändert durch Gesetz v. 19.11.1991 (GBl. S. 681). Der räumliche Geltungsbereich ist in § 1 dieses Gesetzes festgelegt. Das Württembergische Gesetz über das Anerbenrecht v. 14.2.1930 (RegBl. S. 5) ist durch das 3. Gesetz zur Bereinigung des Baden-Württembergischen Landesrechts vom 18.12.1995

(GBl. 1996 S 29) mit Ablauf des 31.12.2000 aufgehoben worden. Es bleibt aber übergangsweise auch für spätere Erbfälle anwendbar, wenn der Erblasser vor dem 1.1.1930 geboren war.

- **Bremen:** Bremisches Höfegesetz v. 18.7.1899 (GBl. S. 327), zuletzt geändert durch Gesetz v. 22.3.2005 (GBl. S. 91). Dieses Gesetz trat mit Ablauf des 31.12.2014 außer Kraft (§ 32 Bremisches HöfeG).
- **Hessen:** Hessische Landgüterordnung v. 1.12.1947 (GVBl. 1948 S. 12), in der Fassung der Bekanntmachung v. 13.8.1970 (GVBl. I S. 547).
- **Rheinland-Pfalz:** Landesgesetz über die Höfeordnung in der Fassung der Bekanntmachung v. 18.4.1967 (GVBl. S. 138), zuletzt geändert durch Art. 6 des Gesetzes v. 15.9.2009 (GVBl. S. 333).

In den anderen Bundesländern gibt es keine landesrechtlichen Anerbengesetze. Noch immer nicht abschließend geklärt ist allerdings, ob und – wenn ja – für welche Geltungsdauer die vor 1933 geltenden landesrechtlichen Anerbengesetze (s. die Zusammenstellung bei *Lange/Wulff/Lüdtke-Handjery* HöfeO Einleitung Rn. 12) in **den neuen Bundesländern** nach 1947 wieder anzuwenden waren. Diese landesrechtlichen Anerbengesetze wurden durch das zum 1.10.1933 in Kraft getretene Reichserbhofgesetz aufgehoben. Mit der Aufhebung des Reichserbhofgesetzes durch das Gesetz Nr. 45 des Kontrollrats v. 20.2.1947 (KRABl. S. 256) wurden sie allerdings grundsätzlich wieder in Kraft gesetzt. Sie sind dann aber wiederum gegenstandlos geworden, und zwar entweder mit Inkrafttreten der Verfassung der DDR am 7.10.1949 (OLG Celle AgrarR 1998, 63; *Adlerstein/Desch* DtZ 1991, 193; *Janke* NJ 2001, 117 [120 f.]) oder – spätestens – mit Inkrafttreten des ZGB zum 1.1.1976 (*Schäfer* NotBZ 1998, 139 [140]; *Lange/Wulff/Lüdtke-Handjery* HöfeO Einleitung Rn. 12 mwN zum Streitstand).

3. Begründung der Hofeigenschaft. Ein Hof iSd HöfeO ist **kraft Gesetzes** (§ 1 Abs. 1 S. 1 HöfeO) eine land- oder forstwirtschaftliche Besitzung im räumlichen Geltungsbereich der HöfeO (→ Anm. 1), die im Alleineigentum einer natürlichen Person oder im gemeinschaftlichen Eigentum von Ehegatten (Ehegattenhof, → Anm. 9) steht oder zum Gesamtgut einer fortgesetzten Gütergemeinschaft gehört, sofern sie einen Wirtschaftswert (§ 46 BewG) von mindestens 10.000,– EUR hat. Die Eintragung des Hofvermerks im Grundbuch (§ 2 der Verfahrensordnung für Höfesachen – HöfeVfO – v. 29.3.1976, BGBl. 1976 I 885; 1977 I 288, zuletzt geändert durch Art. 99 des Gesetzes v. 17.12.2008, BGBl. 2008 I 2586; Abdruck zB bei *Lüdtke-Handjery/von Jeinsen* HöfeO S. 437 ff.) hat bei einer solchen Besitzung nur **deklaratorische** Bedeutung. Liegt der Wirtschaftswert der Besitzung unter 10.000,– EUR, erreicht er aber mindestens 5.000,– EUR, wird die Besitzung gem. § 1 Abs. 1 S. 3 HöfeO Hof, wenn der Hofeigentümer erklärt, dass sie Hof sein soll (**positive Hoferklärung** in öffentlich beglaubigter Form, § 4 HöfeVfO; Muster bei Hannes/*Roemer* Formularbuch Vermögens- und Unternehmensnachfolge, 2017, → Form. C.4.31) und wenn der Hofvermerk im Grundbuch eingetragen wird. In diesem Fall wirkt die Eintragung des Hofvermerks **konstitutiv** und entfaltet Rückwirkung auf den Zeitpunkt des Eingangs der Erklärung beim Landwirtschaftsgericht (§ 1 Abs. 7 HöfeO).

4. Hofesbestandteile und Hofeszubehör. Zum Hof gehören dessen **Bestandteile** nach § 2 HöfeO und das **Zubehör** nach § 3 HöfeO. **Hofesbestandteile** sind zum einen alle Grundstücke des Hofeigentümers, die regelmäßig von der Hofstelle aus bewirtschaftet werden (§ 2a HöfeO). Ihre zeitweilige Verpachtung oder ähnliche vorübergehende Benutzung durch andere schließt die Hofzugehörigkeit nicht aus (§ 2 lit. a Hs. 2 HöfeO). Mit „Grundstück" ist nach hM das Grundstück im katasterrechtlichen Sinne gemeint, dh die abgegrenzte und mit einer eigenen Flurstücksnummer bezeichnete Parzelle (OLG Köln Rd L 1983, 76 [77]; *Wöhrmann* § 2 Rn. 12). Wird ein solches Grundstück teils landwirtschaftlich, teils nicht landwirtschaftlich genutzt, ist es nur dann hofeszugehörig, wenn die landwirtschaftliche Nutzung überwiegt (Faßbender/Hötzel/v. Jeinsen/Pikalo/*Faßben-*

der HöfeO § 2 Rn. 39 auch zu dem Fall, dass ein Grundstück im grundbuchrechtlichen Sinne aus mehreren Katastergrundstücken besteht). Hofesbestandteile sind zum anderen alle Mitgliedschaftsrechte, Nutzungsrechte und ähnliche Rechte, die dem Hof dienen (§ 2 b) HöfeO). Hierzu zählen insbesondere Beteiligungen an einer Molkerei, Bezugs-, Kredit- oder Winzergenossenschaft oder an ähnlichen Verwertungsgesellschaften. Das **Hofeszubehör** erfasst nach § 3 S. 2 HöfeO insbesondere das auf dem Hof für die Bewirtschaftung vorhandene Vieh, Wirtschafts- und Hausgerät, den vorhandenen Dünger und die für die Bewirtschaftung bis zur nächsten Ernte dienenden Vorräte an landwirtschaftlichen Erzeugnissen und Betriebsmittel. Die Hofesbestandteile und das Hofeszubehör nehmen an der Sondererbfolge nach der HöfeO teil.

5. Verlust der Hofeigenschaft. Das Höferecht ist **fakultativ.** Gem. § 1 Abs. 4 HöfeO verliert eine Besitzung die Hofeigenschaft, wenn der Eigentümer erklärt, dass sie kein Hof mehr sein soll (**negative Hoferklärung** in öffentlich beglaubigter Form, § 4 HöfeVfO; Muster bei Hannes/*Roemer* Formularbuch Vermögens- und Unternehmensnachfolge, 2011, Form. C.4.33), und wenn der Hofvermerk im Grundbuch gelöscht wird. Auch die Löschung des Hofvermerks wirkt auf den Eingang der Erklärung beim Landwirtschaftsgericht zurück (§ 1 Abs. 7 HöfeO). Der Betrieb vererbt sich dann nicht mehr nach den Vorschriften der HöfeO, sondern nach dem allgemeinen BGB-Erbrecht. Der Hofeigentümer kann die Hofeigenschaft auch dann durch negative Hoferklärung „beseitigen", wenn er sich zuvor durch formlose Hoferbenbestimmung (§§ 6 Abs. 1 S. 1 Nr. 1, 7 Abs. 2 S. 1 HöfeO) oder Erbvertrag bzw. gemeinschaftliches Testament **gebunden** hat, da es sich bei der **negativen Hoferklärung** um ein gem. **§ 2286 BGB** wirksames **Rechtsgeschäft unter Lebenden handelt** (BHGZ 73, 324 = NJW 1979, 1453; BGHZ 101, 57 = NJW 1988, 710; *Lüdtke-Handjery/von Jeinsen* HöfeO § 17 Rn. 57; aA Faßbender/Hötzel/v. Jeinsen/Pikalo/*Faßbender* HöfeO § 1 Rn. 81). Den formlos bestimmten Hoferben verweist der BGH auf Ansprüche nach § 2057a BGB oder aus ungerechtfertigter Bereicherung (BGHZ 73, 324 [328] = NJW 1979, 1453). Bindende letztwillige Verfügungen sind dahin auszulegen, ob der angestrebte Schutz des Hoferben im Rahmen des allgemeinen bürgerlichen Erbrechts verwirklicht werden soll und kann, etwa durch eine Teilungsanordnung (§§ 2048, 2084, 2085 BGB) unter Anwendung der Regeln der Landgutvererbung gem. §§ 2049, 2312 BGB (BGHZ 101, 57 = NJW 1988, 710). Auch der **Vorerbe** kann die Hofeigenschaft durch negative Hoferklärung aufheben, benötigt hierzu allerdings die Zustimmung des Nacherben (BGH ZEV 2004, 335 = FamRZ 2004, 1196). Das fakultative Höferecht erlaubt sogar die von vornherein nur **zeitlich beschränkte Aufgabe der Hofeigenschaft** zu dem Zweck, bei der Übertragung des Hofes die Schwierigkeiten zu vermeiden, die sich aus der Anwendung der höferechtlichen Vorschriften ergeben (BGH ZEV 2009, 144). Zulässig ist auch eine **vorsorgliche negative Hoferklärung**, wenn nicht sicher ist, ob es sich bei einer landwirtschaftlichen Besitzung um einen Hof iSd HöfeO handelt, und zwar **auch** dann, wenn, im **Grundbuch kein Hofvermerk** eingetragen ist (OLG Köln RNotZ 2009, 323 mAnm *Roemer*).

Gem. § 1 Abs. 3 S. 1 HöfeO verliert eine Besitzung ihre Eigenschaft als Hof, wenn keine der in Abs. 1 aufgezählten Eigentumsformen mehr besteht oder eine der übrigen Voraussetzungen auf Dauer wegfällt. Insbesondere kann – unabhängig von der Löschung des Hofvermerks – die Hofeigenschaft entfallen, wenn keine landwirtschaftliche Besitzung mehr vorhanden ist (BGH AgrarR 2000, 227 [228]; 2000, 299 [300]). Ob dies der Fall ist, bestimmt sich aus einer Gesamtwürdigung sämtlicher Umstände. Entscheidend ist insoweit, ob es zu einer **Auflösung der wirtschaftlichen Betriebseinheit** gekommen ist (BGHZ 84, 78 = NJW 1982, 2665; BGH AgrarR 1995, 235). Dies wird in der Rechtsprechung beispielsweise dann angenommen, wenn der Eigentümer das lebende und tote Inventar veräußert, die Ländereien einzeln, aber auch zusammen langfristig verpachtet und die Hofstelle als solche entwidmet und einer anderen Nutzung, zB als Mehrfamilien-

haus, Gasthof, Altersheim und dergleichen, zuführt (OLG Celle RdL 2000, 45 [46]). Bejaht wurde der Verlust der Hofeigenschaft auch in einem Fall, in dem die Betriebseinheit eine dauerhafte Auflösung erfahren und der Eigentümer die Bewirtschaftung des Betriebs schon über Jahre hinweg aufgegeben hatte (OLG Hamm AgrarR 1999, 311 [312]). Andererseits verliert eine landwirtschaftliche Besitzung ihre Hofeigenschaft nicht schon dann, wenn sie nur unrentabel bewirtschaftet wird (OLG Oldenburg AgrarR 1999, 309). Die Verpachtung einer Besitzung an mehrere Pächter kann dann zu einer Auflösung der Betriebseinheit führen, wenn die Wiedervereinigung der Hofstelle mit dem gesamten oder nahezu dem gesamten Land in absehbarer Zeit nicht mehr erwartet werden kann (BGHZ 84, 78 (84) = NJW 1982, 2665). Das Absinken des Wirtschaftswertes unter 5.000,– EUR (s. dazu BGH NJW 2011, 2133 = DNotZ 2012, 72: Maßgeblich ist der vom Finanzamt ermittelte Wert, auch wenn er sich nicht aus einem förmlichen Bescheid ergibt) führt für sich genommen noch nicht zu einem „automatischen“ Verlust der Hofeigenschaft, ebenso wenig der Verlust einer zur Bewirtschaftung geeigneten Hofstelle. In diesen Fällen tritt der Verlust der Hofeigenschaft erst mit der Löschung des Hofvermerks ein (§ 1 Abs. 3 S. 2 HöfeO), es sei denn, auch die wirtschaftliche Betriebseinheit wurde im vorstehenden Sinne aufgelöst.

Wie sich der **Verlust der Hofeigenschaft während der Hofvorerbschaft** auf die angeordnete **Nacherbfolge** auswirkt, war sehr umstritten (OLG Köln AgrarR 1978, 87; OLG Oldenburg AgrarR 1978, 288; *Dressler* AgrarR 2001, 265 [272]: [fiktiver] Fortbestand der Hofeigenschaft bis zum Nacherbfall; aA OLG Hamm AgrarR 1981, 196: Vollerbschaft des [vormaligen] Hofvorerben und weitere Vererbung nach BGB-Erbrecht, ggf. aber Auslegung als Vermächtnis für den Hofnacherben; vgl. zu einer solchen Auslegung *Dressler* AgrarR 2001, 265 [270]). Der **BGH** (DNotI-Report 2013, 54) hat die Frage nunmehr dahingehend entschieden, dass sich eine landwirtschaftliche Besitzung, die bei **Eintritt des Vorerbfalls** ein **Hof** iSd HöfeO war, bei Eintritt der Nacherbfolge auch dann nach dem **Sondererbrecht** vererbt, wenn die **Hofeigenschaft vor Eintritt des Nacherbfalls** weggefallen ist (im Einzelfall kann aber die Berufung auf das Sondererbrecht gegen **§ 242 BGB** verstoßen, wenn alle Erbprätendenten bereits beim Vorerbfall (sei es auch zu Unrecht) das allgemeine Erbrecht für anwendbar hielten).

6. Sondererbfolge nach HöfeO. Der wesentliche Unterschied zwischen dem allgemeinen BGB-Erbrecht und dem Sondererbrecht der HöfeO – und damit Kern des Höferechts – besteht darin, dass der Hof „als Teil der Erbschaft“ lediglich **einem** der Erben (dem **Hoferben**) zufällt (§ 4 S. 1 HöfeO), und zwar entweder kraft gesetzlicher Hoferbfolge (§§ 5, 6, 8 HöfeO) oder kraft letztwilliger Verfügung (§ 7 Abs. 1 S. 1 Var. 1 HöfeO). Diese Sondererbfolge kann der Hofeigentümer nicht ausschließen (§ 16 Abs. 1 S. 1 HöfeO), wohl aber beschränken (§ 16 Abs. 1 S. 2 HöfeO; näher → Anm. 10). Dies gilt auch, wenn der Hofeigentümer den Hof im Wege der vorweggenommenen Erbfolge an den Hoferben übergibt (§§ 7 Abs. 1 S. 1 Var. 2, 17 Abs. 1 HöfeO). Da der Hof nach § 1 Abs. 1 S. 1 HöfeO Ehegatten gemeinschaftlich gehören kann, ist auch die Vererbung an Ehegatten möglich (*Lüdtke-Handjery/von Jeinsen* HöfeO § 4 Rn. 3).

Wie die höferechtliche Sondererbfolge dogmatisch einzuordnen ist, wird unterschiedlich beurteilt (*Wöhrmann* HöfeO § 4 Rn. 7: höferechtliche Nachlassspaltung; aA früher *Lange/Wulff/Lüdtke-Handjery* HöfeO § 4 Rn. 8: dinglich wirkende gesetzliche Teilungsanordnung). Die praktische Bedeutung dieser Frage ist gering. Für die **Erbschaftsausschlagung** gilt die ausdrückliche gesetzliche Regelung in § 11 HöfeO. Danach kann der Hoferbe den Anfall des Hofes ausschlagen und die Erbschaft im Übrigen (also hinsichtlich des hofesfreien Vermögens) annehmen (→ Form. J.IV.10). Da für den umgekehrten Fall (Annahme des Hofes bei Ausschlagung des hofesfreien Vermögens) eine Sonderregelung fehlt, bleibt es hierfür bei der allgemeinen Regel des § 1950 S. 1 BGB, so dass die Ausschlagung nur des hofesfreien Vermögens nicht möglich ist (*Lüdtke-Handjery/von*

Jeinsen HöfeO § 11 Rn. 20; NK-BGB/*Ivo*, 3 Aufl. 2010, § 1950 Rn. 7; aA *Wöhrmann* HöfeO § 11 Rn. 1). Auch ein auf den Hof beschränkter **Erbverzicht** (§ 2346 BGB) ist zulässig (→ Form. G.X.5). Der Erblasser kann letztwillig über **zwei getrennte Vermögensmassen** verfügen, nämlich über den Hof nach den Vorschriften der HöfeO und über das hofesfreie Vermögen nach den Vorschriften des BGB.

Die erbrechtlichen Sonderregelungen der HöfeO kommen freilich nur dann zur Anwendung, wenn die **Hofeigenschaft im Erbfall** noch fortbesteht, da nur dann der Hof „als Teil der Erbschaft" in den Nachlass fällt (BGH AgrarR 1976, 350 [351]; *Pikalo* AgrarR 1976, 342 [343]). Will der Hofeigentümer die Vererbung nach der HöfeO ausschließen, kann er die Hofeigenschaft durch negative Hoferklärung aufheben (→ Anm. 5). Eine Aufhebung der Hofeigenschaft durch letztwillige Verfügung ist jedoch nicht möglich.

Gem. § 10 HöfeO vererbt sich der Hof nach den Vorschriften des **allgemeinen Rechts,** wenn nach den Vorschriften der HöfeO kein Hoferbe vorhanden oder wirksam bestimmt ist (sog. **verwaister Hof**). Diese Vorschrift trägt dem Umstand Rechnung, dass eine Vererbung nach den höferechtlichen Grundsätzen nicht möglich ist, wenn es an einem Hoferben fehlt. Kein Hoferbe ist vorhanden, wenn im Zeitpunkt des Erbfalls Angehörige, die nach den §§ 5, 6 HöfeO zur gesetzlichen Hoferbfolge berufen sind, nicht leben oder aber aus rechtlichen Gründen als Hoferben ausscheiden, insbesondere wegen Wirtschaftsunfähigkeit, Ausschlagung, Erbverzichts oder Erbunwürdigkeit (*Lüdtke-Handjery/von Jeinsen* HöfeO § 10 Rn. 1). Der Hofeigentümer kann wegen § 16 Abs. 1 S. 1 HöfeO allerdings nicht willkürlich einen verwaisten Hof durch Ausschluss aller seiner hoferbenberechtigten Verwandten herbeiführen (OLG Hamm Rd L 1960, 92; *Lüdtke-Handjery/von Jeinsen* HöfeO § 10 Rn. 9), indem er zB eine juristische Person zu seinem Hoferben einsetzt, obwohl wirtschaftsfähige gesetzliche Hoferben vorhanden sind (BGHZ 32, 288 = NJW 1960, 1251).

7. Gesetzliche Hoferben. Die gesetzliche Hoferbenordnung ergibt sich aus den §§ 5, 6 HöfeO, modifiziert durch § 8 HöfeO für den Ehegattenhof (→ Anm. 9). Wie nach dem Erbrecht des BGB greift die gesetzliche Hoferbenordnung nur, wenn der Hofeigentümer keine anderweitige Hoferbenbestimmung durch letztwillige Verfügung oder unter Lebenden durch Übergabevertrag trifft (§§ 5, 7 Abs. 1 S. 1 HöfeO). Hat der Hofeigentümer allerdings eine formlose Hoferbenbestimmung nach § 6 Abs. 1 S. 1 Nr. 1 und 2 HöfeO getroffen, ist er hieran gebunden (§ 7 Abs. 2 HöfeO).

Als gesetzliche Hoferben sind nach § 5 HöfeO in folgender **Ordnung** berufen:
- die Kinder des Erblassers und deren Abkömmlinge (1. Hoferbenordnung),
- der Ehegatte des Erblassers (2. Hoferbenordnung),
- die Eltern des Erblassers, wenn der Hof von ihnen oder aus ihren Familien stammt oder mit ihren Mitteln erworben worden ist (3. Hoferbenordnung),
- die Geschwister des Erblassers und deren Abkömmlinge (4. Hoferbenordnung).

Anders als das BGB-Erbrecht (§§ 1926, 1928, 1929 BGB) kennt die HöfeO fernere Hoferbenordnungen nicht. Lässt sich mit den Regelungen der Höfeordnung kein Hoferbe ermitteln und hat der Hofeigentümer keine anderweitigen wirksamen Verfügungen getroffen, dürfte der Hof als „verwaist" im Sinne von § 10 HöfeO gelten und wird nach den Vorschriften des allgemeinen Rechts vererbt. Wer innerhalb einer Hoferbenordnung zum Hoferben berufen ist (Sondererbfolge, § 4 HöfeO), bestimmt § 6 HöfeO:

1. Hoferbenordnung (§ 6 Abs. 1 HöfeO): Hoferbe ist nach
- **Nr. 1:** in erster Linie der Miterbe, dem vom Erblasser die Bewirtschaftung des Hofes im Zeitpunkt des Erbfalles auf Dauer übertragen ist, es sei denn, dass sich der Erblasser dabei ihm gegenüber die Bestimmung des Hoferben ausdrücklich vorbehalten hat.
- **Nr. 2:** in zweiter Linie der Miterbe, hinsichtlich dessen der Erblasser durch die Ausbildung oder durch Art und Umfang der Beschäftigung auf dem Hof hat erkennen lassen, dass er den Hof übernehmen soll. Liegen diese Voraussetzungen bei mehreren

Miterben vor, gilt – wie nach Nr. 3 – unter ihnen das Ältesten- bzw. Jüngstenrecht (§ 6 Abs. 1 S. 2 HöfeO).

- **Nr. 3:** in dritter Linie der älteste der Miterben oder, wenn in der Gegend Jüngstenrecht Brauch ist, der jüngste von ihnen (zur Feststellung des Erbbrauchs s. die Zusammenstellung der einschlägigen Vorschriften bei *Wöhrmann* HöfeO Anh. zu § 6).

2. Hoferbenordnung (§ 6 Abs. 2 HöfeO): Der Ehegatte scheidet als gesetzlicher Hoferbe 2. Ordnung (ausnahmsweise) aus, wenn Verwandte der 3. oder 4. Hoferbenordnung leben und ihr Ausschluss von der Hoferbfolge, insbesondere wegen der von ihnen für den Hof erbrachten Leistungen, grob unbillig wäre oder wenn sein Erbrecht nach § 1933 BGB ausgeschlossen ist.

3. und 4. Hoferbenordnung: Es gelten die näheren Bestimmungen in § 6 Abs. 3 bis 5 HöfeO. Für die Erbfolge von Geschwistern des Erblassers und deren Abkömmlingen gilt nicht das Gradualsystem, sondern das Stammesprinzip (BGH ZEV 2007, 175).

8. Wirtschaftsfähigkeit. Gem. § 6 Abs. 6 S. 1 HöfeO scheidet als Hoferbe aus, wer nicht wirtschaftsfähig ist. Wirtschaftsfähig ist gem. § 6 Abs. 7 HöfeO, wer nach seinen körperlichen und geistigen Fähigkeiten, nach seinen Kenntnissen und seiner Persönlichkeit in der Lage ist, den von ihm zu übernehmenden Hof **selbstständig ordnungsgemäß zu bewirtschaften.** Diese Erfordernisse sind bezogen auf den konkreten Hof zu ermitteln. Sie richten sich zum einen nach der Hofesgröße, indem bei kleineren Betrieben etwa die Fähigkeit zu körperlicher Mitarbeit für notwendig erachtet wird (vgl. BGH RdL 59, 124), während bei größeren, zur Einstellung von Hilfskräften geeigneten Höfen mehr die Fähigkeit in den Vordergrund tritt, einen Wirtschaftsplan aufzustellen und durchzuführen sowie die rein körperlichen Arbeiten zu überwachen und ggf. daran mitzuwirken (Faßbender/Hötzel/v. Jeinsen/Pikalo/*von Jeinsen* HöfeO § 6 Rn. 49). Zum anderen kommt es auf die jeweilige Wirtschaftsart des Hofes an, so dass zB ein Weidehof mit seiner Viehwirtschaft andere Ansprüche stellt als ein Ackerbetrieb und Spezialbetriebe, wie zB Obst- oder Gemüsebau (Spargelanbau), Weinbau oder Viehzucht, die Spezialkenntnisse auf ihrem Gebiet erfordern (vgl. *Lüdtke-Handjery/von Jeinsen* HöfeO § 6 Rn. 97). Eine landwirtschaftliche Ausbildung genügt in jedem Fall zur Annahme der Wirtschaftsfähigkeit; sie ist aber keine Voraussetzung zur Wirtschaftsfähigkeit (vgl. *Wöhrmann* HöfeO § 6 Rn. 93 ff.). Scheidet der zunächst berufene Hoferbe wegen fehlender Wirtschaftsfähigkeit aus, so fällt der Hof demjenigen an, der berufen wäre, wenn der Ausscheidende zur Zeit des Erbfalls nicht gelebt hätte (§ 6 Abs. 6 S. 3 HöfeO).

Die Wirtschaftsfähigkeit ist nicht nur Voraussetzung für die Berufung zum gesetzlichen Hoferben, sondern wird auch bei einer **Bestimmung durch den Hofeigentümer** durch letztwillige Verfügung oder durch Übergabevertrag verlangt (§ 7 Abs. 1 S. 2 HöfeO). Wirtschaftsfähig muss der Hoferbe nach hM bereits im **Zeitpunkt** des Erbfalls sein (BGH AgrarR 1979, 313; *Lange/Wulff/Lüdtke-Handjery* HöfeO § 6 Rn. 83), der Hofnacherbe (nur) bei Eintritt der Nacherbfolge (BGH RdL 1965, 176; *Dressler* AgrarR 2001, 265 [269]). Bei vorweggenommener Erbfolge kommt es allein auf die Wirtschaftsfähigkeit bei Abschluss des Übergabevertrages an, nicht aber (zusätzlich) auf den Zeitpunkt des Erbfalls (BGH RdL 1963, 270).

Vom Erfordernis der Wirtschaftsfähigkeit des Hoferben macht das Gesetz folgende **Ausnahmen:**

- Die Wirtschaftsunfähigkeit eines Kindes allein wegen **mangelnder Altersreife** steht seiner Berufung zum Hoferben nicht entgegen (§§ 6 Abs. 6 S. 2, 7 Abs. 1 S. 2 Hs. 1 HöfeO).
- Der **überlebende Ehegatte** des Hofeigentümers muss als Hoferbe nicht wirtschaftsfähig sein (§§ 6 Abs. 6 S. 2, 7 Abs. 1 S. 2 Hs. 1 HöfeO).
- Sind **sämtliche Abkömmlinge** des Hofeigentümers wirtschaftsunfähig und ist auch ein wirtschaftsfähiger Ehegatte nicht vorhanden, kann der Hofeigentümer gleichwohl

einen der wirtschaftsunfähigen Abkömmlinge zum Hoferben bestimmen (§ 7 Abs. 1 S. 2 Hs. 2 HöfeO).

9. Ehegattenhof. Eine Besitzung ist Ehegattenhof, wenn sie im gemeinschaftlichen Eigentum (zu Bruchteilen oder zur gesamten Hand, zB in Gütergemeinschaft oder in Gesellschaft bürgerlichen Rechts) von Ehegatten steht (§ 1 Abs. 1 S. 1 HöfeO, Ehegattenhof kraft Gesetzes) oder wenn beide Ehegatten erklären (→ Anm. 3), dass sie Ehegattenhof sein soll und der Ehegattenhofvermerk im Grundbuch eingetragen wird (§ 1 Abs. 2 HöfeO, Ehegattenhof kraft Erklärung, Muster bei Hannes/*Roemer* Formularbuch Vermögens- und Unternehmensnachfolge, 2017, Form. C.4.32). Bei einem Ehegattenhof fällt der Anteil des Erblassers dem überlebenden Ehegatten als gesetzlichem Hoferben zu (§ 8 Abs. 1 HöfeO), der dadurch – unter Ausschluss auch der sonst vorgehenden Abkömmlinge (→ Anm. 7) – zum Alleineigentümer wird.

10. Gewillkürte Hoferbfolge. Der Hofeigentümer kann den Hoferben durch **Verfügung von Todes wegen** (Testament, gemeinschaftliches Testament, Erbvertrag) bestimmen (§ 7 Abs. 1 S. 1 HöfeO). Hierbei ist neben den nach dem allgemeinen Erbrecht des BGB möglichen Bindungen an ein früheres gemeinschaftliches Testament oder an einen früheren Erbvertrag (§§ 2270, 2289 Abs. 1 S. 2 BGB) die etwaige Bindung an eine formlose Hoferbenbestimmung gem. § 6 Abs. 1 S. 1 Nr. 1 und 2 HöfeO zu beachten (§ 7 Abs. 2 HöfeO).

Inhaltlich stehen dem Hofeigentümer grundsätzlich alle Gestaltungsmittel des Erbrechts zur Verfügung. Er kann allerdings die Sondererbfolge in den Hof (§ 4 HöfeO, s. → Anm. 6) nicht ausschließen, sondern nur beschränken (§ 16 Abs. 1 HöfeO). Als zulässige bloße Beschränkung der Hoferbfolge wird die Anordnung der **Vor- und Nacherbfolge** angesehenen (*Lüdtke-Handjery/von Jeinsen* HöfeO § 7 Rn. 4), ebenso die Einsetzung eines **Testamentsvollstreckers** (*Wöhrmann* HöfeO § 16 Rn. 40), grundsätzlich auch in der Form der Dauertestamentsvollstreckung iSd § 2209 BGB (Faßbender/Hötzel/v. Jeinsen/Pikalo/*Faßbender* HöfeO § 16 Rn. 81). Unzulässig und wegen Verstoßes gegen § 16 Abs. 1 S. 1 HöfeO nichtig ist dagegen die Einsetzung **mehrerer Personen** zu Hoferben (Ausnahme: Ehegatten). Kann in einem solchen Fall der Hoferbe auch nicht im Wege der Auslegung oder Umdeutung ermittelt werden (s. dazu *Wöhrmann* HöfeO § 7 Rn. 70), tritt die gesetzliche Hoferbfolge ein. Ebenso wenig kann der Hofeigentümer eine **juristische Person** oder eine Personengesellschaft (Ausnahme: GbR durch Ehegatten) zum Hoferben berufen. Außerdem muss der eingesetzte Hoferbe grundsätzlich **wirtschaftsfähig** sein (→ Anm. 8 auch zu den Ausnahmen). Die Hoferbenbestimmung kann der Hofeigentümer einem Dritten nur in den von § 2065 Abs. 2 BGB gestatteten engen Grenzen überlassen (*Wöhrmann* HöfeO § 7 Rn. 16 ff.; großzügig OLG Köln FamRZ 1995, 57 [58], das die Angabe näherer Kriterien für die Auswahl des Hofnacherben unter den Abkömmlingen für entbehrlich hält). Allerdings kann der Hofeigentümer seinem Ehegatten gem. **§ 14 Abs. 3 HöfeO** die Befugnis einräumen, unter den Abkömmlingen den Hoferben zu bestimmen.

Beim **Ehegattenhof** können die Ehegatten einen Dritten als Hoferben nur gemeinsam bestimmen und eine solche Bestimmung nur gemeinsam wieder aufheben (§ 8 Abs. 2 S. 1 HöfeO). Damit ist nach hM nur der weitere Hoferbe nach dem Tod beider Ehegatten gemeint; kein Ehegatte kann über seinen Anteil am Hof zugunsten eines Dritten verfügen, und ebenso wenig kann ein Dritter auf den Tod des ersten Ehegatten zum Hoferben des gesamten Hofes bestimmt werden (*Lüdtke-Handjery/von Jeinsen* HöfeO § 8 Rn. 17 ff.). Haben die Ehegatten den Hoferben nicht gemeinsam bestimmt, kann dies der überlebende Ehegatte allein (§ 8 Abs. 2 S. 2 HöfeO).

11. Hofübergabevertrag. Der Hofeigentümer kann dem Hoferben den Hof im Wege vorweggenommener Erbfolge (Übergabevertrag) übergeben (§ 7 Abs. 1 S. 1 HöfeO).

Auch durch einen solchen Hofübergabevertrag kann die Sondererbfolge kraft Höferechts nicht ausgeschlossen, sondern nur beschränkt werden (§§ 17 Abs. 1, 16 Abs. 1 HöfeO). Übernehmer kann daher nur **eine natürliche Person** oder ein **Ehepaar** sein. Vorausgesetzt wird außerdem grundsätzlich seine Wirtschaftsfähigkeit (→ Anm. 8 auch zu den Ausnahmen). Der Übernehmer muss nicht zum Kreis der gesetzlichen Hoferben gehören. Der Hofeigentümer kann den Hof alternativ durch „negative Hoferklärung" der HöfeO entziehen und dem Erwerber ohne Rücksicht auf die höferechtlichen Voraussetzungen übertragen, und zwar auch mit Verpflichtung, den Hof sodann wieder der HöfeO zu unterstellen (BGH ZEV 2009, 144).

Die **Rechtsnatur** der Hofübergabe wird nach wie vor nicht einheitlich beurteilt. Gem. § 7 Abs. 1 S. 1 HöfeO ist der Übergabevertrag eine Form der Hoferbenbestimmung, nach § 17 Abs. 2 HöfeO löst er in bestimmten Fällen einen fingierten Erbfall aus, jedenfalls bedeutet er die Vorwegnahme der sonst erst beim Tode des Eigentümers anstehenden Hofnachfolge. Wegen dieser besonderen Wirkung wird dem Hofübergabevertrag von Teilen der Literatur und der älteren Rechtsprechung eine **Doppelnatur** sowohl als Rechtsgeschäft unter Lebenden als auch als testamentsähnliche Verfügung beigelegt (BGH NJW 1962, 447; Faßbender/Hötzel/von Jeinsen/Pikalo/*Faßbender* HöfeO § 17 Rn. 2; *Lüdtke-Handjery/von Jeinsen* HöfeO § 17 Rn. 11). Dies äußert sich etwa darin, dass eine **Stellvertretung** des Übergebers beim Abschluss eines Hofübergabevertrages von Teilen der Literatur nur über eine Analogie zu § 1 Abs. 6 HöfeO (für den gesetzlichen Vertreter) für zulässig gehalten wird (früher *Lange/Wulff/Lüdtke-Handjery* HöfeO § 17 Rn. 28). Demgegenüber wird zT eine Doppelnatur des Hofübergabevertrages mit Blick auf die Regelung in § 1 Abs. 6 HöfeO abgelehnt und der Hofübergabevertrag ausschließlich als ein Rechtsgeschäft unter Lebenden angesehen (*Wöhrmann* HöfeO § 17 Rn. 10, 22; so wohl auch OLG Celle AgrarR 1997, 162: Rechtsgeschäftliche Stellvertretung des Übergebers bei Abschluss eines Hofübergabevertrages zulässig).

Damit bei der Hofübergabe der Hoferbe bestimmt wird (§ 7 Abs. 1 S. 1 HöfeO), sind **Bindungen** an ein früheres gemeinschaftliches Testament oder einen früheren Erbvertrag ebenso zu beachten wie die Bindung an eine formlose Hoferbenbestimmung gem. § 6 Abs. 1 S. 1 Nr. 1 und 2 HöfeO (§ 7 Abs. 2 HöfeO; vgl. *Lüdtke-Handjery/von Jeinsen* HöfeO § 17 Rn. 58 mwN).

Der Hofübergabevertrag bedarf der **notariellen Beurkundung** gem. § 311b Abs. 1 BGB und gem. § 2 Abs. 1 S. 1 GrdstVG der **Genehmigung durch das Landwirtschaftgericht** (§ 17 Abs. 3 HöfeO). Die Sonderregelung in § 8 Nr. 2 GrdstVG gilt nach § 31 Abs. 1 GrdstVG nicht für Höfe, die der HöfeO unterstehen. Die Genehmigung zu einem Hofübergabevertrag darf nur versagt werden, wenn ein bestimmter **Versagungsgrund** nach dem GrdstVG oder der HöfeO vorliegt (OLG Celle Rd L 1999, 329; *Lüdtke-Handjery/von Jeinsen* HöfeO § 17 Rn. 146 ff.). Die zivilrechtliche Wirksamkeit des Vertrages hat das Landwirtschaftsgericht hingegen grundsätzlich nicht zu prüfen. Lediglich bei offensichtlicher Unwirksamkeit des Vertrages kommt eine Versagung der Genehmigung in Betracht (OLG Celle AgrarR 1998, 256).

12. Abfindung der weichenden Miterben. Das Gesetz weist den **Miterben,** die nicht Hoferben geworden sind, lediglich einen **Abfindungsanspruch** zu (§ 12 Abs. 1 HöfeO). Miterbe ist, wem bei Eintritt der gesetzlichen Erbfolge nach dem BGB der Nachlass einschließlich des Hofes angefallen wäre. Dazu zählt nicht, wer durch Erbverzicht (§ 2346 BGB) oder durch Enterbung von der gesetzlichen Erbfolge ausgeschlossen ist. Steht dem Enterbten ein **Pflichtteilsanspruch** zu (§ 2303 BGB), ist bei dessen Ermittlung der Hofeswert in gleicher Weise zu bestimmen wie bei der Berechnung der Abfindungsansprüche der Miterben (§ 12 Abs. 10 HöfeO). Aus der bloßen Einsetzung eines Hoferben folgt indes noch nicht die konkludente Enterbung der Miterben. Denn der Ausschluss einzelner Miterben von der Hoferbfolge ist der vom Gesetz vorausgesetzte

Normalfall (§ 4 S. 1 HöfeO; BGHZ 28, 194 (200 f.) = NJW 1958, 2114). Die bloße Einsetzung eines Dritten – etwa eines anderen Abkömmlings oder des überlebenden Ehegatten – zum Hoferben und zum Alleinerben hinsichtlich des hoffreien Vermögens genügt daher nicht für die Annahme, dass der Erblasser die weiteren Miterben auch hinsichtlich ihrer Abfindungsansprüche auf den Pflichtteil setzen wollte (OLG Celle RdL 1982, 333; *Lüdtke-Hanjery/vn Jeinsen* HöfeO § 16 Rn. 80).

Bei der Berechnung des Abfindungsanspruchs wird der Hoferbe gegenüber dem allgemeinen BGB-Erbrecht privilegiert, da Bemessungsgrundlage nicht der Verkehrswert, sondern grundsätzlich nur das 1,5-Fache des letzten **Einheitswerts** ist (§ 12 Abs. 2 HöfeO). Zweck dieser Privilegierung ist es, einen leistungsfähigen Hof auch im Erbgang zu erhalten. Kommen besondere Umstände des Einzelfalles, die für den Wert des Hofes von erheblicher Bedeutung sind, in dem Hofeswert nicht oder ungenügend zum Ausdruck, können gem. § 12 Abs. 2 S. 3 HöfeO auf Verlangen Zuschläge oder Abschläge nach billigem Ermessen gemacht werden. Diese Abfindungsregelung ist nach der neueren Rechtsprechung des BGH (BGHZ 146, 74 = NJW 2001, 1726) infolge der nur unregelmäßigen Feststellung des Einheitswerts seit dem Inkrafttreten der Neufassung der HöfeO im Jahre 1976 lückenhaft geworden. Diese Lücke ist danach durch eine entsprechende Anwendung des § 12 Abs. 2 S. 3 HöfeO zu schließen, soweit sich im Einzelfall die seinerzeit zugrunde gelegte Wertrelation zwischen Einheitswert und Ertragswert des Hofes infolge der Entwicklung der allgemeinen wirtschaftlichen Verhältnisse erheblich verschoben hat. Für die Berechnung der Abfindung enthält § 12 Abs. 3 bis 9 HöfeO weitere Detailregelungen. Die Abfindungsansprüche nach § 12 HöfeO entstehen mit dem **Erbfall,** im Fall der Hofübergabe an einen hoferbenberechtigten Abkömmling zugunsten der anderen Abkömmlinge bereits mit der **Übertragung** (Fiktion des Erbfalls bei Hofübergabe, § 17 Abs. 2 HöfeO), also mit der Grundbuchumschreibung (BGHZ 1, 343 = DNotZ 1951, 352; *Lüdtke-Handjery/von Jeinsen* HöfeO § 17 Rn. 1313).

13. Nachabfindung der weichenden Erben. Veräußert der Hoferbe innerhalb von 20 Jahren nach dem Erbfall den Hof, so können die nach § 12 HöfeO Berechtigten unter Anrechnung einer bereits empfangenen Abfindung die Herausgabe des erzielten Erlöses zu dem Teil verlangen, der ihrem nach dem allgemeinen Recht bemessenen Anteil am Nachlass oder an dessen Wert entspricht (**§ 13 Abs. 1 S. 1 HöfeO**). Dies gilt auch, wenn zum Hof gehörende Grundstücke einzeln oder nacheinander veräußert werden und die dadurch erzielten Erlöse insgesamt $^1/_{10}$ des Hofeswertes übersteigen, es sei denn, dass die Veräußerung zur Erhaltung des Hofes erforderlich war (§ 13 Abs. 1 S. 2 HöfeO) oder wenn der Hoferbe den Hof oder Teile davon innerhalb von 20 Jahren nach dem Erbfall auf andere Weise **als land- und forstwirtschaftlich nutzt** und dadurch erhebliche Gewinne erzielt (§ 13 Abs. 4 lit. b HöfeO) zB durch Verpachtung von Flächen zur Gewinnung von **Windenergie** (BGH ZEV 2009, 568). Die **Nachabfindung** (Ergänzungsabfindung) soll das den weichenden Erben zugemutete wirtschaftliche Opfer (Abfindung nur zum niedrigen Hofeswert) kompensieren, wenn nachträglich der höferechtliche Zweck der Privilegierung des Hoferben fortfällt.

Der Hofeigentümer kann sowohl die Abfindungs- (§ 12 HöfeO) als auch die Nachabfindungsansprüche (§ 13 HöfeO) durch letztwillige Verfügung oder durch Hofübergabevertrag abweichend vom Gesetz regeln. Er kann sie erhöhen, herabsetzen oder auch ganz ausschließen, soweit nicht die Mindestteilhabe der Pflichtteilsberechtigten in Höhe der Hälfte des gesetzlichen Anteils eingreift. Zum Erb- bzw. Pflichtteilsverzicht → Form. G.X.5.

Mehrere (nach-)abfindungsberechtigte Erben können vor einer (teilweisen) Auseinandersetzung der Erbengemeinschaft nicht Zahlung der Abfindung an sich selbst, sondern nur an die noch ungeteilte Erbengemeinschaft verlangen (BGH ZEV 2007, 272).

14. **Landguterbrecht des BGB.** Wird der Hof nicht nach der HöfeO oder den landesrechtlichen Anerbengesetzen vererbt, weil er nicht „Hof" im Sinne dieser Vorschriften ist, ist eine privilegierte Vererbung aufgrund letztwilliger Verfügung gem. §§ 2049, 2312 BGB möglich. → Form. G.X.2.

15. **Zuweisung eines landwirtschaftlichen Betriebs nach dem GrdstVG.** Kommt eine Vererbung des Hofes nach der HöfeO oder den landesrechtlichen Anerbengesetzen aus den in → Anm. 14 genannten Gründen nicht in Betracht, ist auf Antrag (Muster bei BeckFormB BHW/*Lüdtke-Handjery*, 9. Aufl., Form. E.III.9) die gerichtliche Zuweisung des Hofes an einen Miterben nach Maßgabe der §§ 13 ff. GrdstVG möglich, wenn

- es sich um einen landwirtschaftlichen Betrieb handelt (§ 13 Abs. 1 S. 1 GrdstVG), der über eine zur Bewirtschaftung geeignete Hofstelle verfügt und dessen Erträge im Wesentlichen zum Unterhalt einer bäuerlichen Familie ausreichen (§ 14 Abs. 1 GrdstVG),
- der Erblasser aufgrund gesetzlicher Erbfolge von mehreren beerbt wurde (§ 13 Abs. 1 S. 1 GrdstVG),
- die Miterben sich über die Auseinandersetzung nicht einigen oder eine von ihnen vereinbarte Auseinandersetzung nicht vollzogen werden kann (§ 14 Abs. 2 GrdstVG),
- kein Ausschluss der Auseinandersetzung vorliegt und kein Testamentsvollstrecker zur Auseinandersetzung bestellt wurde (§ 14 Abs. 3 GrdstVG) und
- der Zuweisungsempfänger bereit und in der Lage ist, den Betrieb fortzuführen (§ 15 GrdstVG).

Mit der Rechtskraft der zuweisenden Entscheidung geht das Eigentum an den zugewiesenen Gegenständen auf den Zuweisungsempfänger über (§ 13 Abs. 2 GrdstVG). Die weichenden Miterben sind nach dem Ertragswert gem. § 2049 BGB abzufinden (§ 16 GrdstVG). Für die Dauer von 15 Jahren können sie außerdem – ähnlich wie nach § 13 HöfeO (→ Anm. 13) – eine Nachabfindung verlangen, wenn der Zuweisungsempfänger durch zweckwidrige Verwendung, insbesondere durch Veräußerungen, erhebliche Gewinne erzielt (§ 17 GrdstVG).

2. Testament eines Landwirts – Übernahmerecht zum Ertragswert (§§ 2049, 2312 BGB)

[Notarieller Urkundeneingang]

Testament[1]

§ 1 Widerruf

Ich widerrufe alle bisher von mir errichteten Verfügungen von Todes wegen.

§ 2 Erbeinsetzung

Zu meinen Erben setze ich meine Kinder

1. . . . . . .
2. . . . . . .
3. . . . . . .

je zu $^1/_3$ ein. Ersatzerben sind ihre Abkömmlinge nach den Regeln der gesetzlichen Erbfolge. Sind Abkömmlinge nicht vorhanden, tritt Anwachsung an die anderen Kinder bzw. deren Stämme nach § 2094 BGB ein.

§ 3 Übernahmerecht

Mein Sohn . . . . . . erhält als Vorausvermächtnis das Recht,[2] meinen landwirtschaftlichen Betrieb,[3] eingetragen im Grundbuch von . . . . . ., mit allen Bestandteilen und allem Zubehör zum Ertragswert[4] zu übernehmen. Er ist verpflichtet, jeweils den Übernahmepreis (Anteil am Ertragswert) an die Miterben entsprechend ihrer Erbquoten zu zahlen.

Der Übernahmepreis ist wie folgt zinslos zahlbar: $^1/_4$ innerhalb von drei Monaten nach Beurkundung des Auseinandersetzungsvertrages, der Rest in drei gleich großen Jahresraten, die jeweils ein Jahr nach der vorhergehenden Rate fällig sind.

§ 4 Nachabfindung[5]

Macht mein Sohn . . . . . . von seinem Übernahmerecht nach vorstehendem § 3 Gebrauch, ordne ich folgendes Vermächtnis an: Unter den Voraussetzungen und nach Maßgabe des § 13 HöfeO in der heute geltenden Fassung sind die weichenden Miterben berechtigt, eine Nachabfindung zu verlangen.

. . . . . .[6, 7]

Anmerkungen

1. Sachverhalt. Der alleinstehende (geschiedene oder verwitwete) Erblasser ist Eigentümer eines landwirtschaftlichen Betriebs, der nicht Hof im Sinne der HöfeO oder der landesrechtlichen Anerbengesetze ist (→ Form. G.X.1 Anm. 1–5). Er will seine Kinder zu Miterben einsetzen. Eines von ihnen soll das Recht haben, den Betrieb zu übernehmen, und dann seine Geschwister nicht nach dem Verkehrswert, sondern nur nach dem Ertragswert abfinden müssen.

2. Übernahmerecht. Bei der Einsetzung von Miterben geht der gesamte Nachlass und damit – anders als bei der Sondererbfolge nach HöfeO (→ Form. G.X.1 Anm. 6) – auch der landwirtschaftliche Betrieb mit dem Erbfall zunächst in das Gesamthandseigentum der Erbengemeinschaft über (§ 1922 Abs. 1 BGB). Der Erblasser kann aber einem Miterben das Recht zuwenden, einzelne Nachlassgegenstände bei der Erbauseinandersetzung zu übernehmen. Aufgrund des Optionscharakters einer solchen Zuwendung handelt es sich nicht nur um eine Teilungsanordnung (§ 2048 BGB), sondern um ein **Vorausvermächtnis** (§ 2150 BGB; NK-BGB/*Eberl-Borges* § 2048 Rn. 11).

Bezieht sich das Übernahmerecht auf ein Landgut (zum Begriff → Anm. 3), ist nach der Zweifelsregel des § 2049 Abs. 1 BGB anzunehmen, dass das Landgut zu dem (regelmäßig wesentlich niedrigeren) Ertragswert angesetzt werden soll (s. auch die Parallelvorschrift des § 1515 Abs. 2 BGB für die fortgesetzte Gütergemeinschaft). Hierzu empfiehlt sich freilich – wie im Formular vorgesehen – eine ausdrückliche Regelung. Die Bedeutung einer solchen **Ertragswertklausel** liegt vor allem im **Pflichtteilsrecht.** Wird nämlich von dem Übernahmerecht Gebrauch gemacht, ist der Ertragswert auch für die Berechnung des Pflichtteils Dritter, etwa der weichenden Geschwister, maßgebend (§ 2312 Abs. 1 S. 1 BGB), sofern auch der Übernahmeberechtigte zu den nach § 2303 BGB pflichtteilsberechtigten Personen zählt (§ 2312 Abs. 3 BGB). Der Erblasser kann auch einen anderen Übernahmepreis bestimmen, sofern dieser zwischen dem Ertrags- und dem Verkehrswert liegt (§ 2312 Abs. 1 S. 2 BGB).

Gestaltungsalternative: Setzt der Erblasser den vorgesehenen Nachfolger zum Alleinerben ein, ist dessen Privilegierung im Pflichtteilsrecht aufgrund entsprechender Anordnung des Erblassers ebenfalls möglich (§ 2312 Abs. 2 BGB). Formulierungsvorschlag: „Für das in meinen Nachlass fallende Landgut . . . . . . ordne ich an, dass der Berechnung hierauf bezogener Pflichtteils- und

Pflichtteilsergänzungsansprüche der Ertragswert zugrunde gelegt werden soll, soweit dieser zum maßgeblichen Berechnungszeitpunkt niedriger ist als der Verkehrswert.“

3. Landgut. Landgut iSd §§ 1515 Abs. 2, 2049, 2312 BGB ist eine Besitzung, die eine zum selbstständigen und dauernden Betrieb der Landwirtschaft einschließlich der Viehzucht oder der Forstwirtschaft geeignete und bestimmte Wirtschaftseinheit darstellt und mit den nötigen Wohn- und Wirtschaftsgebäuden versehen ist (BGH NJW-RR 1992, 770). Sie muss eine gewisse Größe erreichen und nicht unerheblich zum Lebensunterhalt des Inhabers beitragen, ohne dass eine sog. „Ackernahrung“ vorliegt. Mit dieser Maßgabe kann auch ein nebenberuflich geführter Betrieb ein „Landgut“ sein (BGHZ 98, 375 [377 f.] = NJW 1987, 951). Für die Feststellung der Landgutseigenschaft kommt es auf die Verhältnisse im Erbfall an (BGHZ 98, 375 [381] = NJW 1987, 951; zur gerichtlichen Aufklärungspflicht s. BGH ZEV 2008, 40). Dabei schadet es nicht, wenn die Bewirtschaftung zu diesem Zeitpunkt bereits aufgegeben war, wenn nur die geeignete Besitzung noch vorhanden ist und die begründete Erwartung besteht, dass der stillgelegte Betrieb durch den Eigentümer oder einen Abkömmling wieder aufgenommen wird (BGH NJW-RR 1992, 770).

4. Ertragswert. Der Ertragswert bestimmt sich gem. § 2049 Abs. 2 BGB nach dem **Reinertrag,** den das Landgut nach seiner bisherigen wirtschaftlichen Bestimmung bei ordnungsgemäßer Bewirtschaftung nachhaltig gewähren kann. Im Übrigen bleiben gem. Art. 137 EGBGB die landesgesetzlichen Vorschriften über die Grundsätze, nach welchen der Ertragswert festzustellen ist, unberührt. Die Landesgesetze bestimmen durchweg (nur) den **Kapitalisierungsfaktor,** mit dem der **jährliche Reinertrag** zu vervielfältigen ist. Dieser Faktor liegt zwischen 17 und 25. Soweit keine Ausführungsbestimmungen vorliegen, wird der Faktor 18 empfohlen (DGAR AgrarR 1994, 5 [10]). Im Einzelnen gilt: **Baden-Württemberg:** 18facher Jahresreinertrag; **Bayern:** 18facher Jahresertrag; **Berlin:** 25facher Jahresreinertrag; **Brandenburg:** 25facher Jahresreinertrag mit VO-Ermächtigung an die Landesregierung, Abweichungen festzulegen; **Bremen:** keine Ausführungsbestimmung; **Hamburg:** keine Ausführungsbestimmung; **Hessen:** 25facher Jahresreinertrag; **Mecklenburg-Vorpommern:** keine Ausführungsbestimmung; **Niedersachsen:** 17facher Jahresreinertrag; **Nordrhein-Westfalen:** 25facher Jahresreinertrag; **Rheinland-Pfalz:** 25facher Jahresreinertrag mit VO-Ermächtigung an die Landesregierung, Abweichungen festzulegen; **Saarland:** 25facher Jahresreinertrag mit VO-Ermächtigung an das Justizministerium, Abweichungen festzulegen; **Sachsen:** keine Ausführungsbestimmung; **Sachsen-Anhalt:** keine Ausführungsbestimmung; **Schleswig-Holstein:** keine wirksame Ausführungsbestimmung (BVerfGE 78, 132); **Thüringen:** 18facher Jahresreinertrag mit VO-Ermächtigung an das Justizministerium, Abweichungen festzulegen (Zusammenstellung der Rechtsgrundlagen bei Staudinger/*J. Mayer* EGBGB Art. 137 Rn. 55 ff.; *Wöhrmann* BGB § 2049 Rn. 87 ff.).

Während die Länder von dem Vorbehalt des Art. 137 EGBGB durch Festsetzung eines Vervielfältigers Gebrauch gemacht haben, fehlen Konkretisierungen für die Ermittlung des **Reinertrags** (DGAR AgrarR 1994, 5). Aus diesem Grund wird, wenn sich die Beteiligten über die Bestimmung des Reinertrages nicht einigen können, für dessen Ermittlung die Einschaltung eines Sachverständigen unerlässlich sein (vgl. *Piltz* Bewertung landwirtschaftlicher Betriebe bei Erbfall, Schenkung und Scheidung, S. 100). Der von der DGAR herausgegebene Leitfaden (AgrarR 1994, 5) ist für die Bewertungspraxis und vor allem für die Gerichte nicht verbindlich (*Piltz* Bewertung landwirtschaftlicher Betriebe bei Erbfall, Schenkung und Scheidung, S. 101 f.).

5. Nachabfindung. Das Recht, ein Landgut zum Ertragswert übernehmen zu können, privilegiert den Übernehmer gegenüber den weichenden Miterben regelmäßig erheblich. Der Zweck dieser Privilegierung (Erhalt leistungsfähiger landwirtschaftlicher Betriebe im

Erbfall) entfällt, wenn der Übernehmer das Landgut nach dem Erbfall zweckwidrig verwendet (insbesondere durch Veräußerung) und hierbei erhebliche Gewinne erzielt. Gesetzliche Nachabfindungsansprüche wie in §§ 13 HöfeO, 17 GrdstVG (→ Form. G.X.1 Anm. 12, 14) bestehen in diesen Fällen nicht (BGHZ 98, 98 [382] = NJW 1987, 1260). Es bleibt dem Erblasser aber unbenommen, den weichenden Miterben entsprechende Nachabfindungsansprüche durch Vermächtnis zuzuwenden. Dabei erscheint die Bezugnahme auf die sehr differenzierte Regelung in § 13 HöfeO praktikabel und empfehlenswert.

6. Steuern. Tritt der Erbfall ein, liegt ein erbschaftsteuerpflichtiger Vorgang gem. §§ 1 Abs. 1 Nr. 1, 3 Abs. 1 Nr. 1 ErbStG vor. Derjenige, der den land- und forstwirtschaftlichen Betrieb fortführt, erhält neben den persönlichen Freibeträgen gem. §§ 16 Abs. 1, 17 Abs. 2 ErbStG auch die Begünstigungen der § 13a, 13b, 13c, 28a ErbStG (→ Form. C.IV.3 Anm. 7).

Der Wert des Hofes ermittelt sich nach § 12 Abs. 1 ErbStG iVm §§ 158 f. BewG. Der Betrieb der Land- und Forstwirtschaft umfasst gem. § 160 Abs. 1 BewG den Wirtschaftsteil, die Betriebswohnungen und den Wohnteil. Einen gesondert zu bewertenden Betrieb der Land- und Forstwirtschaft bilden auch die Stückländereien, § 160 Abs. 7 BewG. Ausgenommen vom land- und forstwirtschaftlichen Vermögen sind die in § 158 Abs. 4 BewG aufgeführten Wirtschaftsgüter; diese sind mit dem gemeinen Wert zu bewerten.

Begünstigt iSd § 13b Abs. 1 Nr. 1 ErbStG ist nur der Wirtschaftsteil mit Ausnahme der Stückländereien und der übrigen in § 13b Abs. 1 Nr. 1 ErbStG genannten Grundstücke.

Der **Wirtschaftsteil** wird nach einem typisierten Ertragswertverfahren bewertet, das sich am gemeinen Wert unter Berücksichtigung der Betriebsfortführung orientiert (modifizierter Verkehrswert). Dabei ist ein normierter durchschnittlicher Reingewinn für vergleichbare Betriebe zugrunde zu legen und mit einem Kapitalisierungsfaktor von 18,6 zu multiplizieren, § 163 BewG. Als **Mindestwert** für den Wirtschaftsteil wird gem. § 164 BewG die regional übliche mit 5,5 % kapitalisierte Netto-Pacht für den Grund und Boden, die Gebäude und die Betriebsmittel angesetzt. Hierzu werden Nettopachterträge für die land- und forstwirtschaftlichen Flächen vorgegeben. Nach *Hutmacher* (ZNotP 2008, 228) sind bei den landwirtschaftlichen Betrieben durchgängig für sämtliche Regionen und alle Betriebsformen bei den kleineren und mittleren Betriebsgrößen die Werte negativ. Nur bei den größeren Betrieben der Landwirtschaft werden positive Reingewinne erzielt. Pachtpreis und Wert des Besatzkapitals hingegen sind sämtlich positiv. Die Mindestbewertung ist daher die Regelbewertung.

Die Bewertung von **Betriebswohnungen** und dem **Wohnteil** des Land- und Forstwirts erfolgt nach den Vorschriften, die für die Bewertung von Wohngrundstücken im Grundvermögen (§§ 182 bis 196 BewG) gelten (→ Form. A.IV.4 lit. c)). Um der eingeschränkten Verkehrsfähigkeit der Bauten Rechnung zu tragen, die in engem räumlichen Zusammenhang zum land- und forstwirtschaftlichen Betrieb stehen, ist der Wert des Wohnteils und der Wert des Betriebsvermögens gem. § 167 Abs. 3 BewG um 15 % zu ermäßigen. § 167 Abs. 4 BewG eröffnet die Möglichkeit des Nachweises eines niedrigeren Verkehrswertes.

Zur steuerlichen Behandlung des Vorausvermächtnisses → Form. C.IV.4 Anm. 5.

Ertragsteuerlich erzielt der Übernehmer mit dem Hof Einkünfte iSd § 13 Abs. 1 EStG. Unter den Voraussetzungen des § 13a Abs. 1 EStG ermittelt sich der Gewinn dabei nach Durchschnittsätzen (§ 13a Abs. 3 bis 7 EStG), ansonsten nach § 4 Abs. 1 EStG durch Betriebsvermögensvergleich bzw. nach § 4 Abs. 3 EStG durch Überschussrechnung.

Sofern der Hof nicht kraft Sondererbfolge unmittelbar auf den Hoferben übergeht, liegt ertragsteuerlich ein Durchgangserwerb durch die Erbengemeinschaft vor (BMF BStBl. I 2006, 253 Rn. 76). Die zu leistenden Abfindungen sind daher steuerpflichtige Veräußerungsentgelte für die weichenden Miterben, soweit sie das Kapitalkonto übersteigen. Der Hoferbe hat insoweit Anschaffungskosten.

7. Kosten. Für die Beurkundung des Testaments ist eine 1,0-Gebühr gem. Nr. 21200 KV GNotKG zu erheben. Geschäftswert ist der Wert des reinen Vermögens nach Abzug der Verbindlichkeiten (§ 102 Abs. 1 GNotKG), wobei mindestens der halbe Aktivwert des Vermögens anzusetzen ist, § 102 Abs. 1 S. 3 GNotKG.

Der landwirtschaftliche Betrieb wird nach § 48 GNotKG grundsätzlich nur mit dem 4-fachen Einheitswert angesetzt, wenn die Voraussetzungen der Privilegierung vorliegen. Begünstigt ist nur die Zuwendung an natürliche Personen, nicht an Gesellschaften, auch nicht an Personengesellschaften. Ferner muss der Erbe die unmittelbare Fortführung des Betriebs selbst beabsichtigen. Vermietung und Verpachtung sind nicht privilegiert. Schließlich muss der Betrieb unmittelbar nach Vollzug der Zuwendung einen nicht nur unwesentlichen Teil der Existenzgrundlage des zukünftigen Inhabers bilden. Das setzt auch eine gewisse Ertragskraft des land- oder forstwirtschaftlichen Betriebs voraus. Auf ihm lastende Verbindlichkeiten sind (nur) anteilig im Verhältnis des 4-fachen Einheitswerts zum Verkehrswert abzuziehen (BayObLG ZEV 2003, 83 für den Geschäftswert der Erbscheinserteilung).

3. Einsetzung eines Abkömmlings zum Hoferben (HöfeO) durch den Alleineigentümer mit Altenteil (Wohnungsrecht und dauernde Last) für den überlebenden Ehegatten

[Notarieller Urkundeneingang]

Testament[1]

§ 1 Widerruf

Ich widerrufe hiermit alle bisher von mir errichteten Verfügungen von Todes wegen.

§ 2 Hof[3]

1. Hoferbe[4]

Ich bin Eigentümer des im Grundbuch von . . . . . . , Blatt . . . . . .eingetragenen Hofes (Hof iSd HöfeO). Einen Hoferben habe ich auch nicht formlos – etwa durch Überlassung der Bewirtschaftung des Hofes – bestimmt.[2] **Zum Erben dieses Hofes setze ich meinen Sohn A ein.**

2. Altenteil[5]

a) Meine Ehefrau . . . . . . erhält im Wege des Vermächtnisses:
- **aa) Ein lebenslängliches unentgeltliches Wohnungsrecht an allen Räumen der von uns genutzten Wohnung im Erdgeschoss des Wohnhauses . . . . . . sowie das Recht zur Mitbenutzung der gemeinschaftlichen Räume (Flur, Keller, Dachboden), Anlagen und Einrichtungen einschließlich des Hofraumes und des Hofgartens. Das Wohnungs- und Mitbenutzungsrecht ist als beschränkte persönliche Dienstbarkeit im Grundbuch einzutragen. Die Ausübung des Rechts kann Dritten nicht überlassen werden. Die Kosten der Instandhaltung trägt der Hoferbe, ebenso die verbrauchsabhängigen Kosten (Heizung, Strom, Wasser etc).**
- **bb) Eine Rente in Form einer dauernden Last in Höhe von EUR . . . . . . monatlich. Die Rente soll bis zu meinem Ableben wertgesichert sein und an eine Änderung des Verbraucherpreisindexes für Deutschland (VPI) vom heutigen Tage bis zu**

meinem Ableben angepasst werden.[6] Nach meinem Ableben soll die Höhe der Rente nicht an den VPI oder einen anderen Preisindex gekoppelt sein. Bei einer wesentlichen Veränderung der Verhältnisse, insbesondere der Bedürfnisse meiner Ehefrau . . . . . ., der Kaufkraft des Geldes oder der Leistungsfähigkeit des Hoferben, kann die entsprechende Anpassung der monatlichen Zahlungen gem. § 238 FamFG verlangt werden. Ein Mehrbedarf meiner Ehefrau . . . . . ., der auf einem Wegzug vom Hof beruht, rechtfertigt keine Anpassung der Rente, es sei denn, der Hoferbe hat den Wegzug zu vertreten.

cc) Die dauernde Last (bb) ist zugunsten meiner Ehefrau . . . . . . durch Eintragung einer Reallast an dem Grundbesitz . . . . . . zu sichern. Der Hoferbe ist berechtigt, diesen Grundbesitz vorrangig mit Grundpfandrechten iHv EUR . . . . . . nebst bis zu 20 % Zinsen und 5 % einmaliger Nebenleistungen zu belasten. Mit dem Wohnungs- und Mitbenutzungsrecht und der Reallast sind entsprechende Rangvorbehalte im Grundbuch einzutragen.[7]

b) Ein Recht zur Verwaltung und Nutznießung am Hof steht meiner Ehefrau . . . . . . im Übrigen nicht zu.[5] Abfindungs- und Nachabfindungsansprüche meiner Ehefrau . . . . . . gem. §§ 12, 13 HöfeO[8] sind ebenfalls ausgeschlossen.

3. Abfindungs- und Nachabfindungsansprüche der weichenden Abkömmlinge[8]

Die Ansprüche meiner weiteren Kinder B und C (ersatzweise ihrer Abkömmlinge) hinsichtlich des Hofes . . . . . . richten sich nach §§ 12, 13 HöfeO. Auf diese Ansprüche ist ihr jeweiliger Anteil am hofesfreien Vermögen (§ 3) anzurechnen.

§ 3 Hofesfreies Vermögen[3]

Zu Erben meines hofesfreien Vermögens setze ich meine Kinder

a) B
b) C

je zu $^1/_2$ ein. Ersatzerben sind ihre Abkömmlinge nach den Regeln der gesetzlichen Erbfolge. Sind Abkömmlinge nicht vorhanden, tritt Anwachsung an das andere Kind bzw. dessen Stamm nach § 2094 BGB ein.

Meine Ehefrau . . . . . . erhält vermächtnishalber unseren gemeinsamen Hausstand und den Pkw mit dem amtlichen Kennzeichen. . . . . . zu Alleineigentum.

§ 4 Wegfall der Hofeigenschaft[9]

Sollte der Hof . . . . . . bei meinem Ableben nicht mehr Hof iSd HöfeO sein, setze ich zu Erben meines gesamten Nachlasses meine Kinder

a) A
b) B
c) C

je zu $^1/_3$ ein. Ersatzerben sind ihre Abkömmlinge nach den Regeln der gesetzlichen Erbfolge. Sind Abkömmlinge nicht vorhanden, tritt Anwachsung an die anderen Kinder bzw. deren Stämme nach § 2094 BGB ein.

Mein Sohn A erhält als Vorausvermächtnis das Recht, den ehemaligen Hof . . . . . . mit allen Bestandteilen und allem Zubehör zum Ertragswert zu übernehmen. Er ist verpflichtet, den Übernahmepreis gem. § 2049 Abs. 1 BGB an die Miterben entsprechend ihrer Erbquoten zu zahlen. Meine Kinder B und C, ersatzweise ihre Abkömmlinge, erhalten als Vorausvermächtnis alle übrigen Nachlasswerte.

Meine Ehefrau . . . . . . erhält als Vermächtnis ein Altenteilsrecht nach den Bestimmungen gem. § 2 Abs. 2. Macht mein Sohn A von seinem vorstehend eingeräumten Übernahmerecht Gebrauch, hat er die Verpflichtung aus dem Altenteilsrecht allein zu tragen. Zusätzlich erhält sie vermächtnishalber unseren gemeinsamen Hausstand und den Pkw mit dem amtlichen Kennzeichen. . . . . . zu Alleineigentum.

Der Notar hat auf das gesetzliche Pflichtteilsrecht hingewiesen.[10]

. . . . . .[11, 12]

Anmerkungen

1. Sachverhalt. Der Erblasser ist Alleineigentümer eines Hofes iSd HöfeO. Eines seiner drei Kinder (A) soll testamentarisch zum Hoferben bestimmt werden. Das hofesfreie Vermögen will der Erblasser seinen weiteren Kindern (B und C) zuwenden. Der überlebende Ehegatte soll ein Altenteilsrecht (im Formular ein Wohnungsrecht und eine dauernde Last) erhalten, sowie den gemeinsamen Hausstand.

2. Keine Bindung des Erblassers. Neben der nach allgemeinem BGB-Erbrecht möglichen Bindung an ein früheres gemeinschaftliches Testament oder einen früheren Erbvertrag (§§ 2270, 2289 Abs. 1 S. 2 BGB) kann die Bindung an eine **formlose Hoferbenbestimmung** nach § 6 Abs. 1 S. 1 Nr. 1 und 2 HöfeO (→ Form. G.X.1 Anm. 7, 10) bestehen. Eine anderweitige Hoferbenbestimmung ist dann unwirksam (§ 7 Abs. 2 HöfeO).

3. Hof und hofesfreies Vermögen. Zählt zum künftigen Nachlass des Erblassers ein Hof iSd HöfeO, sind **zwei Vermögensmassen** zu unterscheiden, nämlich der Hof (zu Bestandteilen und Zubehör → Form. G.X.1 Anm. 4) einerseits und das hofesfreie Vermögen andererseits. Über beide Vermögensmassen ist gesondert zu verfügen (→ Form. G.X.1 Anm. 6).

4. Hoferbe. Der Erblasser kann nur **eine** (Ausnahme: Ehegatten) **natürliche Person** zum Hoferben einsetzen (→ Form. G.X.1 Anm. 10). Außerdem muss der Hoferbe grundsätzlich **wirtschaftsfähig** sein (zum Begriff und den Ausnahmen → Form. G.X.1 Anm. 8).

5. Altenteil des überlebenden Ehegatten. Ist der Hoferbe ein Abkömmling des Erblassers, steht dem überlebenden Ehegatten kraft Gesetzes (§ 14 Abs. 1 S. 1 HöfeO) die **Verwaltung und Nutznießung am Hof** zu, bis der Hoferbe das 25. Lebensjahr vollendet. Dieses Recht kann der Erblasser durch letztwillige Verfügung verlängern, beschränken oder aufheben (§ 14 Abs. 1 S. 2 HöfeO). Steht dem überlebenden Ehegatten die Verwaltung und Nutznießung am Hof nicht zu oder endet sie, kann er unter den weiteren Voraussetzungen des § 14 Abs. 2 HöfeO ein nach den Verhältnissen des Hofes übliches **Altenteil** verlangen. Der Erblasser kann das Altenteilsrecht freilich auch – wie im Formular vorgesehen – durch letztwillige Verfügung oder vertragliche Vereinbarung anderweitig regeln (*Wöhrmann* HöfeO § 14 Rn. 40 f.). Zum Altenteil → Form. G.X.6 § 5 und → Anm. 9.

6. Wertsicherung. Bis zum 31.12.1998 wurden Wertsicherungsklauseln zum Schutz der Geldwertstabilität durch § 3 S. 2 WährG Grenzen gezogen. Diese Vorschrift wurde durch das EUR-EinführungsG (BGBl. 1998 I 1242) aufgehoben. Gleichwohl hat der Gesetzgeber an dem grundsätzlichen Indexierungsverbot aus stabilitäts-, preis- und verbraucherpolitischen Gründen festgehalten und es in § 2 Preisangaben- und PreisklauselG verankert, auf dessen Grundlage die konkretisierende Preisklauselverordnung (PrKV) ergangen ist. Mit dem am 14.9.2007 in Kraft getretenen Gesetz vom 13.9.2007

(BGBl. 2007 I 2246) wurden das Preisangaben- und PreisklauselG und die PrKV aufgehoben und durch ein neues **Preisklauselgesetz** (PreisklauselG) ersetzt (s. dazu *Reul* MittBayNot 2007, 445). Die **bisherige Genehmigung von Wertsicherungsklauseln** durch das Bundesamt für Wirtschaft und Ausfuhrkontrolle (BAFA) ist **entfallen**. Stattdessen sind unmittelbar im Gesetz geregelte Legalausnahmen vorgesehen. Die Betroffenen haben nunmehr selbst zu prüfen, ob die verwendete Klausel zulässig ist. Die Unwirksamkeit einer Preisklausel tritt nach § 8 PreisklauselG allerdings erst mit rechtskräftig festgestelltem Verstoß gegen das Gesetz ein. Die Rechtswirkungen der Klausel bleiben bis zu diesem Zeitpunkt unberührt (§ 8 S. 2 PreisklauselG). § 1 Abs. 1 S. 1 PreisklauselG normiert ein grundsätzliches Indexierungsverbot. Danach darf der Betrag von Geldschulden nicht unmittelbar und selbsttätig durch den Preis oder Wert von anderen Gütern oder Leistungen bestimmt werden, die mit den vereinbarten Gütern oder Leistungen nicht vergleichbar sind. Von diesem Verbot ausgenommen sind unter den weiteren Voraussetzungen des § 2 PreisklauselG die in §§ 3 bis 7 PreisklauselG genannten zulässigen Preisklauseln.

Ob das Indexierungsverbot auch für letztwillige Verfügungen gilt, war unter Geltung des WährG zunächst sehr umstritten. Durchgesetzt hat sich eine differenzierende Auffassung, nach der zu unterscheiden ist, ob die Wertsicherungsklausel nur den **Zeitraum zwischen Testamentserrichtung und Erbfall** oder auch die **Zeit nach dem Erbfall** umfassen soll. Da es sich im ersten Fall nur um die Sicherung einer künftig erst entstehenden Schuld handelt, ging die hM davon aus, dass keine Genehmigungspflicht besteht (*Dürkes* Wertsicherungsklauseln, Rn. D 340, Rn. D 654; *v. Oertzen* ZEV 1994, 160). Dies galt auch unter Geltung des § 2 Abs. 1 Preisangaben- und PreisklauselG (*Limmer* ZNotP 1999, 148 [158]; *Kluge* MittRhNotK 2000, 409 (418 f.)). Unter Geltung des neuen PreisklauselG wird man ebenfalls von der Zulässigkeit der im Formular vorgesehenen Wertsicherung der Reallast bis zum Erbfall auszugehen haben. Ein Verstoß wäre im Übrigen wegen § 8 S. 2 PreisklauselG unschädlich.

7. Rangvorbehalt. Das Altenteilsrecht des überlebenden Ehegatten sollte regelmäßig – wie im Formular vorgesehen – durch Eintragung im Grundbuch gesichert werden. Der Hoferbe ist allerdings häufig darauf angewiesen, den Hof vorrangig mit Grundpfandrechten belasten zu können, insbesondere bei notwendigen Investitionen in den Hof. Im Formular ist ein entsprechender Rangvorbehalt vorgesehen, der eine vorrangige Belastung mit Grundpfandrechten bis zu der angegeben Höhe ohne Mitwirkung des überlebenden Ehegatten ermöglicht. Alternativ kann dem Hoferben auch nur der Anspruch eingeräumt werden, von dem überlebenden Ehegatten (ggf. unter näher bestimmten Voraussetzungen) einen Rangrücktritt zu verlangen.

8. Abfindungs- und Nachabfindungsansprüche. Die nicht zum Hoferben eingesetzten Abkömmlinge und der überlebende Ehegatte sind gem. §§ 12, 13 HöfeO abfindungs- und nachabfindungsberechtigt. Der Erblasser kann allerdings die Abfindungs- und Nachabfindungsansprüche bis zur Grenze des Pflichtteilsrechts (→ Anm. 10) durch letztwillige Verfügung oder durch Hofübergabevertrag ausschließen (→ Form. G.X.1 Anm. 12), wie dies im Formular für den überlebenden Ehegatten vorgesehen ist. Ist der abfindungsberechtigte Miterbe am hofesfreien Vermögen beteiligt – wie im Formular B und C als Erben –, kann er insoweit keine Abfindung vom Hof mehr verlangen, als das ihm zufallende Vermögen seinen Erbteil am gesamten Nachlass deckt (s. mit unterschiedlicher dogmatischer Begründung *Wöhrmann* HöfeO § 15 Rn. 21). Im Formular ist dies zur Klarstellung ausdrücklich angeordnet.

9. Wegfall der Hofeigenschaft. Verliert der Hof bis zum Erbfall seine Eigenschaft als Hof iSd HöfeO (→ Form. G.X.1 Anm. 5), muss bei Fehlen einer ausdrücklichen Regelung durch **Auslegung** ermittelt werden, welche Bedeutung die Einsetzung zum Hoferben hat

(zur möglichen Auslegung als Übernahmerecht gem. § 2049 BGB s. BGHZ 101, 57 = NJW 1988, 710; *Wöhrmann* HöfeO § 7 Rn. 70). Zur Vermeidung einer solchen Auslegung empfiehlt es sich, diesen – in der Praxis nicht seltenen – Fall ausdrücklich zu regeln. Das Formular sieht die Einsetzung aller Kinder zu Miterben mit Übernahmerecht zum Ertragswert zugunsten des „Hoferben" (→ Form. G.X.2) und Vorausvermächtnis bzgl. der übrigen Nachlasswerte für die anderen Abkömmlinge vor. Da keine gesetzliche Erbfolge eintritt, kommt eine Zuweisung des Hofes nach dem GrdstVG (→ Form. G.X.1 Anm. 14) nicht in Betracht. Ist nur geringes hofesfreies Vermögen vorhanden, bietet es sich alternativ an, den „Hoferben" zum Alleinerben einzusetzen und die anderen Kinder ggf. mit Vermächtnissen zu bedenken. Schließlich ist es auch denkbar, das ehemalige Hofvermögen der Erbengemeinschaft zufallen zu lassen (wie den restlichen Nachlass), zB wenn es ohnehin nur noch vergleichsweise geringwertig ist.

10. Pflichtteilsrecht. Abhängig von den Wertverhältnissen sind folgende Pflichtteilsansprüche denkbar: Der **Hoferbe** (A) ist von der Erbfolge in das hofesfreie Vermögen ausgeschlossen und insoweit pflichtteilsberechtigt. Ohne Rücksicht auf die Streitfrage, ob eine höferechtliche Nachlassspaltung eintritt (→ Form. G.X.1 Anm. 6), besteht Einigkeit, dass dem Hoferben ein Pflichtteilsrestanspruch (§ 2305 BGB) hinsichtlich des hofesfreien Nachlasses nur dann zusteht, wenn der Wert des Hofes hinter dem aus dem Gesamtnachlass (abzüglich der Nachlassverbindlichkeiten) errechneten Pflichtteilsanspruch zurückbleibt (*Lange/Wulff/Lüdtke-Handjery* HöfeO § 16 Rn. 60, 64). Dabei ist der Hof mit dem Hofeswert gem. § 12 Abs. 2 HöfeO anzusetzen (§ 16 Abs. 2 S. 2 HöfeO). Den **weichenden Miterben** (der überlebenden Ehefrau und den Kindern B und C) stehen nach dem Gesetz Abfindungs- und Nachabfindungsansprüche zu (§§ 12, 13 HöfeO). Schließt der Erblasser sie aus (wie im Formular hinsichtlich der überlebenden Ehefrau), kommt ein Pflichtteilsanspruch in Betracht (§ 12 Abs. 10 HöfeO), im Formular aber nur, wenn die Ehefrau das ihr zugewandte Vermächtnis ausschlägt (§ 2307 Abs. 1 S. 1 BGB), oder als Pflichtteilsrestanspruch, wenn das Vermächtnis hinter dem Wert ihres aus dem Gesamtnachlass errechneten Pflichtteils zurückbleibt (§ 2307 Abs. 1 S. 2 BGB). Berechnungsbeispiele bei *Wöhrmann* HöfeO § 16 Rn. 46 ff. Zur Anrechnung des hofesfreien Nachlasses auf Abfindungs- und Nachabfindungsansprüche → Anm. 8. Kommen Pflichtteilsansprüche nach den Wertverhältnissen im Einzelfall in Betracht, ist an einen flankierenden **Pflichtteilsverzicht** zu denken (→ Form. G.X.5).

11. Steuern. Die Hoferbenbestimmung nach der Höfeordnung ist ein Sonderfall der Teilungsanordnung und daher grundsätzlich erbschaftsteuerlich unbeachtlich (R E 3.1 Abs. 3 ErbStR 2011; → Form. C.IV.3 Anm. 9).

Sofern die Hoferbenbestimmung zu einer Besserstellung des Hoferben im Vergleich zu seiner Erbquote führt, ist von einem Vorausvermächtnis auszugehen (R E 3.1 Abs. 4 ErbStR 2011).

Zur weiteren erbschaftsteuerlichen Behandlung der Erbeinsetzung siehe die Ausführungen unter → Form. G.X.2 Anm. 6. Das Wohnrecht und die dauernde Last, die hier zusammen das Altenteil darstellen, sind mit ihrem Kapitalwert erbschaftsteuerlich abzugsfähig. Zum Kapitalwert des Wohnrechts → Form. C.V.9 Anm. 11, zum Kapitalwert der Rente als dauernden Last → Form. C.V.4 Anm. 6. Der Abzug ist allerdings gem. § 10 Abs. 6 S. 4 ErbStG beschränkt, soweit die Last in wirtschaftlichem Zusammenhang mit nach §§ 13a und 13c ErbStG begünstigtem land- und forstwirtschaftlichen Vermögen steht. Zur steuerlichen Behandlung des Vorausvermächtnisses → Form. C.IV.4 Anm. 5.

Im Fall einer höferechtlichen Sondererbfolge ist der Erwerb des Hoferben ertragsteuerlich als rein unentgeltlicher Erwerb gem. § 6 Abs. 3 S. 1 EStG zu behandeln (BMF BStBl. I 2006, 253 Rn. 77). Die weichenden Miterben erhalten die Abfindung nach § 12 HöfeO und die Nachabfindung nach § 13 HöfeO nicht als Entgelt für die Aufgabe ihrer Erbquote am Hof, da der Hof tatsächlich nicht Teil des Nachlasses wird. Die Abfindun-

gen sind als gesetzlich angeordnete Vermächtnisse zu sehen. Sog. hoffreies Vermögen, welches nicht an der Sondererbfolge teilnimmt, aber trotzdem im Betriebsvermögen des Hofes steht, geht auf die Erbengemeinschaft über und ist in dem Umfang, in welchem der Hoferbe nicht an der Erbengemeinschaft beteiligt ist, aus dem Betriebsvermögen entnommen. Insoweit kommt es zu einer Aufdeckung stiller Reserven (BMF BStBl. I 2006, 253 Rn. 78).

Wird eine Wohnung aufgrund eines Altenteilsvertrages überlassen, ist der Nutzungswert der Wohnung weder beim Verpflichteten als Versorgungsleistung gem. § 10 Abs. 1a Nr. 2 EStG noch beim Altenteiler als wiederkehrende Bezüge iSd § 22 Nr. 1a EStG zu erfassen. Mit der Wohnungsüberlassung verbundene Aufwendungen, die dem Altenteiler als wiederkehrende Leistungen zufließen, sind dagegen als Versorgungsleistung abzugsfähig und beim Altenteiler als wiederkehrende Bezüge zu berücksichtigen. Dies gilt gemäß § 10 Abs. 1a Nr. 2 S. 3 EStG auch für den Teil der Versorgungsleistungen, der auf den (im Privatvermögen des Erwerbers stehenden) Wohnanteil des Betriebs entfällt (BMF BStBl. I 2010, 227 Rn. 48). Dazu gehören insbesondere Aufwendungen für Strom, Heizung, Wasser und Schönheitsreparaturen, nicht hingegen Absetzungen für Abnutzung und Zinsen (BFH BStBl. II 1992, 1012).

Die Rente ist mit ihrem tatsächlichen Wert gem. § 10 Abs. 1a Nr. 2 EStG abzugsfähig und korrespondierend beim Altenteiler als Einkünfte iSd § 22 Nr. 1a EStG zu versteuern.

Zur Bewertung unbarer Altenteilsleistungen vgl. LfSt Bayern uA v. 4.3.2008. S 2221 – 3 St32/St33, Rn. 1.

Die im landwirtschaftlichen Anwesen befindliche selbstgenutzte Wohnung des Landwirts sowie die Altenteilerwohnung zählten früher zum einkommensteuerlichen Betriebsvermögen des Landwirts. Spätestens seit dem Ablauf des Veranlagungszeitraumes 1998 gelten die Wohnung des Landwirts und die Altenteilerwohnung sowie der dazugehörende Grund und Boden als entnommen, wobei ein Entnahmegewinn außer Ansatz bleibt. Ein Hausgarten bis zu einer Größe von 1000 qm ist in der Regel allein dem Wohnteil zuzuordnen. Ist ein katastermäßig abgegrenztes Flurstück dem Wohnhaus zugeordnet, gilt dies als steuerfrei entnommen (MVHdb VI BürgerlR II/*Spiegelberger* S. 42).

Der Erwerb durch den Hoferben ist gem. § 3 Nr. 2 GrEStG grunderwerbsteuerfrei; ebenso der Übergang hoffreien Vermögens auf die Erbengemeinschaft. Überträgt der Hoferbe allerdings zur Abgeltung des Nachabfindungszuspruchs gem. § 13 HöfeO Grundbesitz auf einen weichenden Erben, ist der Grundstückserwerb weder nach § 3 Nr. 2 GrEStG noch nach § 3 Nr. 3 GrEStG befreit. Der Nachabfindungsanspruch ist auf Geld gerichtet, daher stellt der Erwerb weder einen Erwerb von Todes wegen noch im Wege der Erbauseinandersetzung dar. Zudem steht der Nachabfindungsanspruch nicht dem Pflichtteilsanspruch gleich, sodass auch § 3 Nr. 2 S. 1 GrEStG iVm § 3 Abs. 2 Nr. 4 ErbStG nicht einschlägig ist (vgl. BFH BStBl. II 2016, 104). Vorstehendes dürfte gleichermaßen für den Abfindungsanspruch gem. § 12 HöfeO gelten (Boruttau/*Meßbacher-Hönsch* GrEStG § 3 Rn. 152).

12. Kosten. → Form. G.X.2 Anm. 7. Für den Hof gilt nach § 48 Abs. 3 Nr. 1 GNotKG die Kostenprivilegierung. Das hoffreie Vermögen unterliegt demgegenüber den allgemeinen kostenrechtlichen Bewertungsvorschriften.

4. Erbvertrag über einen Ehegattenhof (HöfeO) mit gegenseitiger Erbeinsetzung und Hoferbenbestimmungsrecht des überlebenden Ehegatten

[Notarieller Urkundeneingang]

Erbvertrag,[1]

der unverschlossen in der amtlichen Verwahrung des Notars bleiben soll.

§ 1 Widerruf

Wir widerrufen alle bisher von uns errichteten Verfügungen von Todes wegen und heben vertragsmäßig getroffene Verfügungen von Todes wegen auf.

§ 2 Hof[3]

1. Hoferbfolge nach dem Erstversterbenden[4]
   Wir sind Eigentümer des im Grundbuch von . . . . . . eingetragenen Ehegattenhofes im Sinne der Höfeordnung. Einen Hoferben haben wir auch nicht formlos – etwa durch Überlassung der Bewirtschaftung des Hofes – bestimmt.[2] Der Erstversterbende von uns setzt den Überlebenden zum Hoferben seines Anteils an diesem Ehegattenhof ein. Abfindungs- und Nachabfindungsansprüche unserer Abkömmlinge gem. §§ 12, 13 HöfeO sind ausgeschlossen.
2. Hoferbfolge nach dem Zweitversterbenden[5]
   Die Hoferbfolge nach dem Überlebenden von uns wollen wir heute nicht abschließend regeln. Der Überlebende von uns kann daher den Hoferben allein bestimmen. Übt der Überlebende sein Bestimmungsrecht nicht aus, wird Hoferbe das älteste unserer lebenden Kinder.
   Der Erwerb durch den Hoferben ist gem. § 3 Nr. 2 GrEStG grunderwerbsteuerfrei; ebenso der Übergang hoffreien Vermögens auf die Erbengemeinschaft. Überträgt der Hoferbe allerdings zur Abgeltung des Nachabfindungsanspruchs weder nach § 3 Nr. 2 GrEStG noch nach § 3 Nr. 3 GrEStG befreit. Der Nachabfindungsanspruch ist auf Geld gerichtet, daher stell der Erwerb weder einen Erwerb von Todes wegen nach im Wege der Erbauseinandersetzung dar. Zudem steht der Nachabfindungsanspruch nicht dem Pflichtteilsanspruch gleich, so dass auch § 3 Nr. 2 S. 1 GrEStG iVm § 3 Abs. 2 Nr. 4 ErbStG nicht einschlägig ist (vgl. BFH BStBl. II 2016, 104). Vorstehendes dürfte gleichermaßen für den Abfindungsanspruch gem. § 12 HöfeO gelten (Boruttau/*Meßbacher-Hönsch* GrEStG, § 3 Rn. 152).

§ 3 Hofesfreies Vermögen[3]

1. Erbfolge nach dem Erstversterbenden
   Wir setzen uns gegenseitig, der Erstversterbende den Überlebenden, zu alleinigen und unbeschränkten Erben unseres hofesfreien Vermögens ein.
2. Erbfolge nach dem Zweitversterbenden
   Der Überlebende von uns setzt unsere gemeinsamen Kinder
   a)
   b)
   c)

zu je $^1/_3$ zu seinen Erben hinsichtlich des hofesfreien Vermögens ein. Ersatzerben sind ihre Abkömmlinge nach den Regeln der gesetzlichen Erbfolge. Sind Abkömmlinge nicht vorhanden, tritt Anwachsung an die anderen Kinder bzw. deren Stämme nach § 2094 BGB ein.

3. Pflichtteilsklausel[6]
   Durch einseitige, nicht vertragsmäßige Verfügung bestimmen wir: Macht ein Abkömmling nach dem Tod des Erstversterbenden von uns gegen den Willen des Überlebenden den Pflichtteil geltend, sind er und seine Abkömmlinge von der Schlusserbfolge nach dem Überlebenden ausgeschlossen. Vorbehaltlich einer anderweitigen letztwilligen Regelung durch den Überlebenden von uns wächst der frei werdende Erbteil den übrigen Miterben entsprechend ihrer Erbteile an.

§ 4 Wegfall der Hofeigenschaft[7]

Sollte der Hof ...... beim Ableben des Erstversterbenden von uns nicht mehr Hof iSd HöfeO sein, gelten für unseren gesamten Nachlass (also einschließlich des Hofes) die Bestimmungen unter § 3 dieses Erbvertrages. Der Überlebende von uns ist jedoch berechtigt, über den ehemaligen Hof unter Lebenden oder von Todes wegen ohne Einschränkung anderweitig zu verfügen, insbesondere den ehemaligen Hof unter Anwendung des BGB-Landguterbrechts (§ 2049 BGB) einem einzigen Erben zuzusprechen.

Diese Bestimmungen gelten sinngemäß, wenn der Hof ...... seine Eigenschaft als Hof iSd HöfeO nach dem Ableben des Erstversterbenden von uns verliert.

§ 5 Erbvertragliche Bindung

Die vorstehenden Verfügungen von Todes wegen sind unbeschadet der Verfügungen gem. § 3 Abs. 3 und § 4 vertragsmäßig getroffen. Der Überlebende von uns ist jedoch berechtigt, die Schlusserbfolge gem. § 3 Abs. 2 zu ändern, soweit lediglich unsere gemeinschaftlichen Abkömmlinge bedacht werden. Dies schließt die Enterbung einzelner Abkömmlinge sowie die Anordnung von Vor- und Nacherbfolge, Testamentsvollstreckung, Vermächtnissen und Auflagen ein. Macht der Überlebende von diesem Änderungsvorbehalt Gebrauch, hat dies auf die Wirksamkeit der übrigen Verfügungen keinen Einfluss.

Sind beim Tod eines Ehegatten übergangene Pflichtteilsberechtigte vorhanden (zB aufgrund Wiederverheiratung des Überlebenden von uns), hat dies auf den Bestand und die Wirksamkeit dieses Erbvertrages keine Auswirkungen. Das gesetzliche Anfechtungsrecht gem. § 2079 BGB ist ausgeschlossen.

§ 6 Ehescheidung

Ist unsere Ehe vor dem Tod eines Ehegatten aufgelöst worden, sind die vorstehend getroffenen Verfügungen ihrem ganzen Inhalt nach unwirksam. Gleiches gilt, wenn beim Erbfall ein Antrag auf Scheidung der Ehe gestellt war, und zwar unabhängig davon, wer den Antrag gestellt hat und ob die rechtlichen Voraussetzungen für eine Scheidung vorgelegen haben.

§ 7 Belehrungen

Der Notar hat auf die Bindungswirkung der vertragsmäßig getroffenen letztwilligen Verfügungen und auf das gesetzliche Pflichtteilsrecht[8] hingewiesen.

§ 8 Schlussbestimmungen

Der Notar wird beauftragt, uns je eine Ausfertigung dieser Urkunde zu erteilen und eine weitere Ausfertigung unverschlossen zu seiner Urkundensammlung zu nehmen.

...... [9, 10]

Anmerkungen

1. Sachverhalt. Die Eheleute sind Eigentümer eines Ehegattenhofes iSd § 8 HöfeO. Sie haben drei Kinder, von denen keines als Hoferbe in Betracht kommt. Wer den Hof nach dem Tod beider Ehegatten übernehmen wird, ist offen. Die Eheleute wollen sich sowohl hinsichtlich des Hofes als auch hinsichtlich des hofesfreien Vermögens gegenseitig zu Alleinerben einsetzen. In der Auswahl des weiteren Hoferben soll der Überlebende frei sein. Damit ein Verwaistsein des Hofes gem. § 10 HöfeO jedoch vermieden wird, bestimmen die Eheleute gewillkürt das Ältestenrecht und nutzen damit das Bestimmungsprivileg gem. § 7 Abs. 1 HöfeO. Ohne diese erste Festlegung würde der Hof für den Fall, dass alle Kinder nicht wirtschaftsfähig sind, an einen wirtschaftsfähigen Verwandten einer ferneren Ordnung fallen können (§ 5 HöfeO) oder verwaist sein und nach den allgemeinen Vorschriften in eine Erbengemeinschaft fallen (§ 10 HöfeO). Dagegen soll die Schlusserbfolge in das hofesfreie Vermögen nur innerhalb der Abkömmlinge geändert werden können.

2. Keine Bindung der Erblasser. → Form. G.X.3 Anm. 2.

3. Hof und hofesfreies Vermögen. → Form. G.X.3 Anm. 3.

4. Hoferbfolge nach dem erstversterbenden Ehegatten. Die gegenseitige Einsetzung zum Hoferben des Anteils am Ehegattenhof entspricht der gesetzlichen Regelung in § 8 Abs. 1 HöfeO. Die Vererbung dieses Anteils an einen Dritten ist nach richtiger Ansicht nicht möglich (s. *Lüdtke-Handjery/von Jeinsen* HöfeO § 8 Rn. 19), ebenso wenig die Bestimmung eines Dritten zum Erben des gesamten Hofes (→ Form. G.X.1 Anm. 10). Die Abfindung der weichenden Erben (§§ 12, 13 HöfeO) ist (nur) aus dem Anteil des erstversterbenden Ehegatten zu berechnen. Im Formular sind diese Abfindungsansprüche ausgeschlossen (→ Form. G.X.1 Anm. 12 und zum Pflichtteilsrecht → Anm. 8).

5. Hoferbfolge nach dem zweitversterbenden Ehegatten. Regeln die Ehegatten die weitere Hoferbfolge – abweichend vom Formular – nicht, steht das Bestimmungsrecht allein dem überlebenden Ehegatten zu (→ Form. G.X.1 Anm. 10). Es wird durch Testament oder Erbvertrag ausgeübt.

6. Pflichtteilsklausel. Zur Gestaltung von Pflichtteilsklauseln ausführlich → Form. C.VI.5.

7. Wegfall der Hofeigenschaft. Zunächst → Form. G.X.3 Anm. 9. Fällt die Hofeigenschaft vor dem Tod des erstversterbenden Ehegatten weg, kann der Hof unproblematisch dem überlebenden Ehegatten als „normaler" Nachlassbestandteil aufgrund der gegenseitigen Erbeinsetzung (§ 3 Abs. 1) zufallen. Da der überlebende Ehegatte in der lebzeitigen und letztwilligen Verfügung über den Hof frei sein soll, sieht das Formular insoweit einen uneingeschränkten **Änderungsvorbehalt** zu seinen Gunsten vor (anders § 5, der eine Änderung der Schlusserbfolge nur innerhalb der Abkömmlinge zulässt). Fällt die Hofeigenschaft erst nach dem Tod des erstversterbenden Ehegatten weg, kann im zweiten Erbfall die höferechtliche Sondererbfolge gleichfalls nicht eintreten; der „Hof" wird vielmehr mit dem sonstigen Nachlass nach allgemeinem Recht vererbt. Auch für diesen

Fall enthält das Formular einen uneingeschränkten Änderungsvorbehalt zugunsten des überlebenden Ehegatten.

8. Pflichtteilsrecht. S. zunächst → Form. G.X.3 Anm. 10. In pflichtteilsrechtlicher Sicht ist der erste Erbfall problematisch, da die Abkömmlinge sowohl von Abfindungs- und Nachabfindungsansprüchen ausgeschlossen (§ 2 Abs. 1) als auch hinsichtlich des hofesfreien Vermögens enterbt (§ 3 Abs. 1) sind. Vorsorge kann insoweit durch einen – ggf. auf den Hof beschränkten (→ Form. G.X.5) – Pflichtteilsverzicht getroffen werden.

9. Steuern. Bezüglich der gegenseitigen Erbeinsetzung vgl. die Ausführungen unter → Form. C.I.8 Anm. 10, zum Hoferbenbestimmungsrecht siehe → Form. G.X.3 Anm. 11. Zur steuerlichen Behandlung der Vor- und Nacherbfolge bzgl. des hoffreien Vermögens siehe → Form. C.II.1 Anm. 6.

10. Kosten. Für die Beurkundung des Erbvertrags ist eine 2,0-Gebühr nach Nr. 21100 KV GNotKG zu erheben. Geschäftswert ist nach § 102 Abs. 1 GNotKG der Wert der Vermögen der Erblasser abzüglich der jeweiligen Verbindlichkeiten, mindestens aber das jeweils halbe Aktivvermögen eines jeden Erblassers. Zur Bewertung des Hofes → Form. G.X.2 Anm. 7.

5. Erbverzicht der weichenden Erben bzgl. des Hofes (HöfeO)

[Notarieller Urkundeneingang]

. . . . . . erschienen:

1. der Landwirt . . . . . . – nachstehend „Erblasser" genannt,
2. dessen Kinder . . . . . .

Die Erschienenen ließen folgenden

Erbverzichtsvertrag

beurkunden und erklärten:

1. Der Erblasser ist Eigentümer des Hofes, eingetragen im Grundbuch von . . . . . ., Blatt . . . . . . Bei dieser Besitzung handelt es sich um einen Hof iSd HöfeO.
2. Wir, [die Kinder des Erblassers], verzichten hiermit für uns und unsere Abkömmlinge hinsichtlich des Hofes . . . . . . auf unser gesetzliches Erb- und Pflichtteilsrecht nach dem Erblasser.[2] Damit sind auch Ansprüche auf Abfindung und/oder Nachabfindung gem. §§ 12, 13 HöfeO ausgeschlossen.[3] Der Erblasser nimmt diesen Verzicht an. Das Erb- und Pflichtteilsrecht von . . . . . . hinsichtlich des hofesfreien Vermögens des Erblassers bleibt unberührt.
3. Der Erblasser verpflichtet sich, als Abfindung für den vorstehenden Verzicht an . . . . . . jeweils einen Betrag iHv EUR . . . . . . zu zahlen. Diese Beträge sind jeweils fällig und zahlbar wie folgt: . . . . . . [Fälligkeits- und Verzugsregelung; ggf. Unterwerfung unter die sofortige Zwangsvollstreckung].

. . . . . .[4, 5]

Anmerkungen

1. Sachverhalt. Der Alleineigentümer eines Hofes iSd HöfeO beabsichtigt, eines seiner Kinder testamentarisch zum Hoferben einzusetzen. Die Geschwister des Hoferben sollen von ihrem Vater eine Abfindung erhalten. Weder sie noch ihre Abkömmlinge sollen dann aber wegen des Hofes noch Ansprüche haben. Die erbrechtlichen Ansprüche hinsichtlich des hofesfreien Vermögens sollen unberührt bleiben. Die Geschwister des Hoferben wollen daher einen auf den Hof beschränkten Erbverzicht erklären.

2. Zulässigkeit eines auf den Hof beschränkten Erbverzichts. Gem. § 2346 Abs. 1 S. 1 BGB können Verwandte sowie der Ehegatte des Erblassers durch Vertrag mit dem Erblasser auf ihr gesetzliches Erbrecht verzichten. Der Verzichtende ist von der gesetzlichen Erbfolge ausgeschlossen, wie wenn er zur Zeit des Erbfalls nicht mehr lebte; er hat kein Pflichtteilsrecht, § 2346 Abs. 1 S. 2 BGB. Ein **gegenständlich beschränkter Erbverzicht** ist (anders als ein gegenständlich beschränkter Pflichtteilsverzicht) nicht möglich, da ein solcher Verzicht mit dem Grundsatz der Gesamtrechtsnachfolge nicht vereinbar wäre (Palandt/*Weidlich* BGB § 2346 Rn. 3). Aufgrund der unter Geltung der HöfeO eintretenden Sondererbfolge (→ Form. G.X.1 Anm. 6) ist aber anerkannt, dass sich auch ein Erbverzicht wahlweise auf den Hof oder das hofesfreie Vermögen oder beides erstrecken kann (BGH NJW 1952, 103; OLG Oldenburg FamRZ 1998, 645; *Lüdtke-Handjery/von Jeinsen* HöfeO § 11 Rn. 20). Alternativ sind auch **isolierte Verzichte** auf Abfindungs- (§ 12 HöfeO) oder Nachabfindungsansprüche (§ 13 HöfeO) möglich (Formulierungsvorschläge bei *Ivo* ZEV 2004, 316). Eine getrennte Betrachtung ist angesichts der Schutzfunktion der Nachabfindungsansprüche gem. § 13 HöfeO auch empfehlenswert. Ein abschließender Verzicht auf Nachabfindungsansprüche aus § 13 HöfeO stellt den Hoferben von jeder formalen Erhaltungspflicht – sowohl gegenüber dem Hofabgeber als auch gegenüber den weichenden Erben – unangemessen frei.

3. Rechtswirkungen eines auf den Hof beschränkten Erbverzichts. Miterbe iSd § 12 Abs. 1 S. 1 HöfeO ist nicht, wer einen Erbverzicht gem. § 2346 BGB erklärt hat, so dass durch einen Erbverzicht **Abfindungsansprüche** aus § 12 HöfeO ausgeschlossen werden (BGH ZEV 1997, 69; *Lüdtke-Handjery/von Jeinsen* HöfeO § 12 Rn. 11). Ein (auf den Hof beschränkter) Erbverzicht hat außerdem zur Konsequenz, dass auch **Nachabfindungsansprüche** gem. § 13 HöfeO ausgeschlossen sind (BGH ZEV 1997, 69). Denn nach § 13 Abs. 1 HöfeO können „die nach § 12 Berechtigten" unter den weiter genannten Voraussetzungen eine Nachabfindung verlangen. Diese Rechtswirkungen sind im Formular ausdrücklich klargestellt. Der (auf den Hof beschränkte) Erbverzicht der Abkömmlinge des Erblassers wirkt gem. § 2349 BGB im Zweifel auch gegenüber den Abkömmlingen der Verzichtenden. Dies sollte ausdrücklich geregelt werden (Ziffer 2 S. 1 des Formulars).

4. Steuern. Zum Erbverzicht gegen Abfindung → Form. I.II.3 Anm. 7.

Einkommensteuerlich sind die Abfindungen und Ergänzungsabfindungen, die der Übernehmer eines landwirtschaftlichen Betriebes nach §§ 12, 13 HöfeO an weichende Erben zahlen muss, kein Entgelt (Schmidt/*Seeger* EStG § 14 Rn. 21). Es ist dabei unerheblich, ob die betreffenden Leistungen den Buchwert des Hofes übersteigen. Aufwendungen für die Finanzierung der Abfindung sind nicht als Betriebsausgabe abzugsfähig (BMF BStBl. I 2006, 253 Rn. 77). Nur soweit hoffreies Vermögen übertragen wird, stellen Abfindungsleistungen, die das hoffreie Vermögen betreffen, ein Entgelt dar. Allerdings kommt es zu keiner Gewinnrealisierung, wenn die Abfindungsleistungen nicht den Buchwert des hoffreien Vermögens überschreiten (MVHdb VI BürgerlR II/*Spiegelberger* S. 43).

5. Kosten. Für die Beurkundung eines (auf den Hof beschränkten) Erbverzichts ist eine 2,0-Gebühr gem. Nr. 21100 KV GNotKG zu erheben. Für den Geschäftswert ist der Wert des Erbverzichts mit dem Wert der vom Erblasser versprochenen Abfindung (Gegenleistung) zu vergleichen und der höhere Wert anzusetzen (§ 97 Abs. 3 GNotKG). Der Wert des auf den Hof bezogenen Erbverzichts ist nach § 48 GNotKG (4-facher Einheitswert) unter Beachtung der entsprechenden Erbquote des Verzichtenden zu bestimmen (§ 102 Abs. 4 S. 1 GNotKG). Der Grad der Wahrscheinlichkeit des Überlebens des Verzichtenden und der Änderung der Vermögensverhältnisse sind nicht mehr durch Abschläge zu berücksichtigen (zutreffend bereits zur KostO Korintenberg/*Bengel/Tiedtke* KostO § 39 Rn. 30a). Werden – wie im Formular – mehrere Verzichtsverträge zusammen beurkundet, sind die maßgebenden Werte nach §§ 86 Abs. 2, 35 Abs. 1 GNotKG zu addieren, und es ist eine Gebühr, § 93 Abs. 1 GNotKG, nach Nr. 21100 KV GNotKG aus der Summe zu erheben (s. auch *Diehn* Rn. 1243 ff., zur ZTR-Registerung Rn. 1248).

6. Hofübergabevertrag mit Altenteil (Wohnungsrecht, Pflegeverpflichtung und dauernde Last) und Abfindung der weichenden Erben

Hofübergabevertrag

Vor mir, dem Notar Dr. . . . . ., mit Amtssitz in . . . . . . im Bezirk des Oberlandesgerichts . . . . . .

erschienen heute, am . . . . . . und baten um Beurkundung eines Hofübergabe-, Altenteils- und Abfindungsvertrages:

1.

- Abgeber -

2. Ehefrau

3.

- Annehmer -

4.

5.

Präambel

(1) Ich, ..., bin Eigentümer des im Grundbuch von . . . . . . Blatt . . . . . . eingetragenen landwirtschaftlichen Betriebes mit der Hofstelle; es handelt sich um einen Hof im Sinne der Höfeordnung. Dieser Grundbesitz hat eine Eigentumsgröße von ca. . . . . . . ha und einen Einheitswert von . . . . . . 000 EUR.

(2) Ich, ..., bin ausgebildeter Landwirt von Beruf und bewirtschafte den Grundbesitz in . . . . . . An meiner Wirtschaftsfähigkeit im Sinne der Höfeordnung kann somit nicht gezweifelt werden.

§ 1. Übertragung

(1) Herr ...... – nachstehend „Abgeber" genannt – überträgt seinen im Grundbuch von ......, Blatt ......, eingetragenen Grundbesitz, im Wege der vorweggenommenen Erbfolge auf seinen Sohn ...... – nachstehend „Annehmer" genannt -. Die Übertragung erfolgt mit allen zugehörigen Rechten und Gerechtigkeiten, den aufstehenden Gebäuden und allen sonstigen wesentlichen Bestandteilen sowie allem Zubehör gem. §§ 2 und 3 der HöfeO, soweit nachstehend nicht ausdrücklich etwas anderes vereinbart ist.

(2) Übertragen wird nachfolgender Grundbesitz:
- Flur ......, eingetragen im Grundbuch von ......, Blatt ......, lfd. Nr. ...... des Bestandsverzeichnisses,
- ......

(3) Mitübertragen bzw. abgetreten werden an den Annehmer insbesondere:
1. das gesamte vorhandene lebende und tote Hof- und Wirtschaftsinventar, soweit es nicht ausdrücklich von der Übertragung ausgenommen wird;
2. die Feldbestellung mit stehenden Früchten sowie sämtliche Vorräte;
3. folgende Anteile bzw. Gerechtigkeiten mit allen sich hieraus ergebenden Rechten und Pflichten:
   (a) sämtliche Zuckerrübenlieferrechte der Zuckerfabrik ......
   (b) sämtliche Aktien der Zuckerfabrik ......
   (c) die Anteile des Abgebers an der landw. GbR ......
   (d) die Anteile an der Genossenschaftsbank...... eG
   (e) sämtliche Anteile an der Molkerei ......eG
   (f) ...... Anteile an der Realgemeinde Forstgenossenschaft ......
   (g) Beteiligungen an der Biogasanlage ...... GmbH & Co KG
   (h) die Photovoltaikanlage auf der großen Feldscheune
4. ferner alle sonstigen Grundstücke, Quoten, Anteile, Lieferrechte und Berechtigungen, die wirtschaftlich mit zum übertragenen Grundbesitz gehören. Hierzu zählen insbesondere alle betriebsindividuellen und regionalen Zahlungstitel, Prämien- und Ausgleichsansprüche des Abgebers für die Vergangenheit und Zukunft im Rahmen der aktuellen bzw. künftigen GAP der Europäischen Union.
5. Von der Übertragung bleibt das hoffreie Vermögen ausgeschlossen. Dies ist insbesondere:
   (a) die Möbel und sonstigen Hausratsgegenstände sowie die persönlichen Bedarfs- und Gebrauchsgegenstände des Abgebers und seines Ehepartners
   (b) der Pkw mit dem Kennzeichen ......
   (c) das gesamte übrige Vermögen des Abgebers, das wirtschaftlich nicht mit zum übertragenen Grundbesitz gehört.

(4) Der Annehmer nimmt die Grundbesitzübertragung mit allen Rechten und Pflichten ausdrücklich an.

§ 2. Übergang und Lasten

(1) Der Abgeber beendet seine betriebliche Tätigkeit zum ...... Dementsprechend sind sich Abgeber und Annehmer darüber einig, dass der Grundbesitz zum ...... auf den Annehmer übergeht. Die Übergabe erfolgt im augenscheinlichen Zustand ohne Haftung für eine bestimmte Größe, Güte und Beschaffenheit. Vom genannten Zeitpunkt an gehen die Gefahr der Nutzungen und Lasten hinsichtlich des übertragenen Grundbesitzes mit den sich aus den nachfolgenden Vereinbarungen ergebenden Maßgaben auf den Annehmer über. Mit den jeweiligen vertraglichen Maßgaben trägt der Annehmer vom selben Zeitpunkt an als Selbst- und Alleinschuldner sämtliche mit dem Grundbesitz und dem ihm weiter übertragenen Vermögen verbundenen bzw.

darauf ruhenden Lasten und Abgaben sowie die öffentlichen und privaten Verpflichtungen. Falls am Tage der Übergabe noch Rückstände bestehen, übernimmt der Annehmer auch diese als Selbst- und Alleinschuldner.

(2) Der Annehmer übernimmt folgende, in Abteilung 2 des Grundbuches eingetragenen Rechte und Belastungen:
1.
2.

(3) Der Annehmer übernimmt folgende, in Abteilung 3 des Grundbuches eingetragenen Rechte und Belastungen und die durch diese Rechte gesicherten Verbindlichkeiten nach Maßgabe der Schuldurkunden:
1.
2.

(4) Der Abgeber erklärt, dass die vorstehenden Grundpfandrechte mit ca. . . . . .EUR valutieren.
Die sonstigen, nicht durch Grundpfandrechte abgesicherten Verbindlichkeiten gibt der Abgeber mit . . . . . .EUR an.

(5) Der Annehmer unterwirft sich wegen sämtlicher vorstehender Ansprüche an Kapital, Zinsen, Nebenleistungen und Kosten der sofortigen Zwangsvollstreckung in sein gesamtes Vermögen mit der Maßgabe, dass die Zwangsvollstreckung in den belasteten Grundbesitz aus dieser Urkunde zulässig sein soll und die Gläubiger/-innen berechtigt sind, den Annehmer aus der persönlichen Haftung schon vor der Vollstreckung in den Grundbesitz in Anspruch zu nehmen. Die Gläubiger/-innen können sich auf Antrag vollstreckbare Ausfertigungen dieser Urkunde auf Kosten des Grundstückseigentümers erteilen lassen. Der Notar wird beauftragt, die Genehmigung der Schuldübernahme von den Gläubigerinnen einzuholen.

(6) Der Annehmer verpflichtet sich schuldrechtlich gegenüber dem Abgeber und dessen Ehepartner, die noch aus der Bewirtschaftung des übertragenen Grundbesitzes bis zum. . . . . .resultierenden Steuerzahlungen zu übernehmen.

(7) Die nach der Besitzübergabe anfallenden privaten Steuern und Verpflichtungen hat jede Partei für sich zu tragen.

(8) Der zwischen Abgeber und Annehmer seit . . . . . . geschlossene Pachtvertrag über den Hof wird zum. . . . . . aufgehoben. Gegenseitige Ansprüche bestehen mit Aufhebung des Pachtvertrages aus dem Vertrag nicht mehr.

(9) Der Annehmer tritt ferner in alle bestehenden Versicherungs- und Pachtverträge ab Besitzübergang ein. Er ist darüber informiert, dass die Verpächter hierüber unverzüglich zu benachrichtigen sind.

§ 3. Altenteil

(1) Der Annehmer verpflichtet sich für sich und seine Rechtsnachfolger im Eigentum des ihm übertragenen Grundbesitzes dem Abgeber und seinem Ehegatten (Altenteiler) als Gesamtberechtigten nach § 428 BGB das nachfolgende Altenteil zu gewähren. Der Ehegatte verzichtet dabei nach § 14 Abs. 2 HöfeO auf die nach § 12 HöfeO zustehenden Ansprüche sowie auf alle Ansprüche aus der Verwendung eigenen Vermögens für den Hof. Dieser Verzicht erhöht nicht den Abfindungsanspruch der übrigen weichenden Erben. Dieser Verzicht umfasst auch eventuell später nach § 13 HöfeO entstehende Ansprüche.

(2) Das lebenslange Altenteil umfasst:
1.
(a) Freies Wohnrecht in dem Haus in . . . . . ., ..., in sämtlichen Zimmern im Erdgeschoss sowie im Gästezimmer im 1. OG nach dem Treppenaufgang links, unter Mitbenutzung sämtlicher Kellerräume, des Bodens, der Wirt-

schaftsräume, des Gartens, der Hoffläche und der sonstigen gemeinschaftlichen Einrichtungen.

(b) Die auf die Wohnung entfallenden Kosten für Wasser, Strom, Heizung, Abwasser, Müll und ähnliche Gebühren trägt der Annehmer. Die Wohnräume der Altenteiler sind in der Heizperiode auf mind. 22 Grad C zu heizen.

(c) Die regelmäßigen Schönheitsreparaturen tragen die Altenteiler.

(d) Das Wohnrecht eines Altenteilers erlischt, wenn der Altenteiler die Wohnung auf Dauer verlässt. Letzteres ist jedenfalls auch dann der Fall, wenn der Altenteiler auf Dauer in ein Pflegeheim umzieht. An die Stelle des Wohnrechts tritt in diesem Fall eine monatliche Geldrente in Höhe von . . . . . .EUR für den ersten die Wohnung verlassenden Altenteiler und weitere . . . . . .EUR für den zweiten die Wohnung verlassenden Altenteiler.

2. Freien Umgang in allen Räumen des Wohnhauses, soweit sie nicht zu den privaten Räumen des Annehmers zählen oder von Dritten genutzt werden. Außerdem freien Umgang in den Wirtschaftsgebäuden, auf dem Hof und im Feld.

3.

(a) Zahlung eines monatlichen Unterhaltsbetrages in Höhe von . . . . . . EUR auf ein noch anzugebendes Konto der Altenteiler, beginnend mit dem Monat . . . . . . 20__, fällig im Voraus bis zum 5. eines jeden Monats. Beim Tod eines Alteinteilers ermäßigt sich mit dem folgenden Monat der Unterhaltsbetrag um 1/3. Eine Wertsicherungsklausel sowie Zwangsvollstreckungsklauseln sollen nicht vereinbart werden.

(b) Diese Altenteilsleistungen stehen unter dem Vorbehalt der Üblichkeit (§ 14 Abs. 2 HöfeO). Die Barleistungen sind von dem Annehmer unabhängig von anderen Leistungen, die die Altenteiler erhalten, zu zahlen. Sie dürfen nicht mit Gegenansprüchen aufgerechnet oder verrechnet werden. Sie sind im Übrigen in entsprechender Anwendung des § 238 FamFG unter Berücksichtigung der Bedürfnisse der Altenteiler und der Leistungsfähigkeit des Hofes bei dessen ordnungsgemäßer Bewirtschaftung nach dem Grundsatz von Treu und Glauben im Rechtsverkehr (§§ 157, 242 BGB) abänderbar. § 238 FamFG wird zwischen den Parteien nur schuldrechtlich vereinbart. Ein etwaiger finanzieller Mehrbedarf wegen einer Unterbringung eines Altenteilers in einem Altenwohn- oder Pflegeheim bzw. einer altersbedingten Unterbringung in einem Krankenhaus oder einer ähnlichen Einrichtung begründet keine Änderung der Verhältnisse im vorgenannten Sinne (§ 238 FamFG).

Alternativ: Wertsicherungsklausel

Die dauernde Last samt Anpassungsklausel ist im Grundbuch als Reallast einzutragen.

(3) Die Vertragsparteien bewilligen und beantragen die Eintragung des vorstehenden Altenteils im Grundbuch von . . . . . . Blatt . . . . . ., Best.-Verz. Nr . . . . . . (Hofstelle) und Nr. . . . . . . verzeichneten Grundbesitz. Zur Löschung des Altenteils soll der Todesnachweis des jeweiligen Altenteilers genügen.

(4) Nicht für die Eintragung ins Grundbuch bestimmt wird noch Folgendes vereinbart:

1. *[nur wenn ausdrücklich gewünscht!]*

(a) Der Annehmer hat den Altenteilern bei Krankheit und Gebrechlichkeit die erforderliche Pflege in dem Haus zu erbringen, solange sich diese in dem Haus aufhalten und solange die Pflegeverpflichtung für ihn zumutbar und nicht erheblich ist. Als zumutbar wird dabei angesehen, wenn der gesundheitliche Zustand der Altenteiler noch keine Pflegeleistungen des Pflegegrades 2 gem. § 15 Abs. 3 Satz 4 Nr. 2 SGB XI erfordert. Für darüber hinausgehende Pflegeleistungen hat der Annehmer nach diesem Vertrag nicht einzustehen.

(b) Danach sind pflegebedürftig gem. des Pflegegrades 2 Personen, die in ihrer Selbstständigkeit wesentlich beeinträchtigt sind.
(c) Die Leistungsverpflichtungen ruhen bzw. erlöschen für einen der Altenteiler in der Zeit, in der sich dieser nicht im übergebenen Haus aufhält, insbesondere bei Aufenthalt des jeweiligen Altenteilers in einem Krankenhaus, Alten- oder Pflegeheim. Eine Umwandlung des Pflegeanspruchs in eine Geldersatzrente findet nicht statt. Insoweit wird § ...... AGBGB abbedungen.
(d) Die Verpflichtung ruht darüber hinaus für den jeweiligen Altenteiler insoweit, als dieser aufgrund seiner Pflegebedürftigkeit häusliche Pflegehilfe oder Pflegegeld nach den gesetzlichen Vorschriften beanspruchen kann. Soweit dem Annehmer das Pflegegeld überlassen wird, sind die vorgenannten zumutbaren Pflegeleistungen zu erbringen. Die entsprechenden Anträge auf Erhalt der gesetzlichen Pflegeleistungen sind von den antragberechtigten Altenteilern zu stellen.

2. Freie Benutzung des Telefons des Annehmers.
3.
(a) Nutzung eines Pkw-Einstellplatzes so lange, wie die Altenteiler noch einen eigenen Pkw halten.
(b) Sollte keiner der Altenteiler mehr ein eigenes Kraftfahrzeug fahren können oder wollen, so gewährt der Annehmer den Altenteilern freie Fahrt zum Arzt, zum Zahnarzt, zur Apotheke und zu allen aus Krankheitsgründen erforderlichen Behandlungen, soweit diese Kosten nicht von der gesetzlichen Krankenkasse oder anderen Stellen übernommen werden. Des Weiteren gewährt er Fahrten zu Verwandten, Bekannten und für evtl. notwendige Behördengänge. Die Fahrten dürfen jedoch nicht zu Unzeiten erfolgen und den Betriebsablauf bzw. die Berufstätigkeit des Annehmers nicht wesentlich stören.

4. Der Annehmer verpflichtet sich, den Altenteilern eine standesgemäße Beerdigung auszurichten, die Errichtung eines Grabmales vorzunehmen und die Grabpflege für die Dauer der Liegezeit zu übernehmen. Dem Annehmer stehen dafür die Sterbegelder und eventuelle Versicherungsbeträge zu.

(5) Soweit Altenteilsleistungen bis zum 31. Dezember eines Jahres nicht abgenommen werden, gelten sie als verfallen.
(6) Den Jahreswert des Altenteils geben die Vertragsparteien mit ...... EUR an. Die Altenteiler sind ...... (Abgeber) und ...... (Ehepartner) Jahre alt.
(7) Der Annehmer tritt in die Altenteilsverpflichtungen des Abgebers gegenüber ...... aus dem Übergabevertrag vom ......, § ...... (Altenteil) ein und stellt den Abgeber von allen Verpflichtungen aus diesem Vertrag frei.

§ 4. Abfindungen

(1) Die Abfindungsansprüche der weichenden Erben richten sich nach § 12 HöfeO mit folgender Maßgabe:
1. Die Erschienene zu ...... hat bereits aus dem Hof eine Abfindung durch Übertragung des Grundstücks......oder Zahlung von...... EUR erhalten und erklärt sich hiermit bezüglich ihrer Ansprüche gem. § 12 HöfeO für sich und ihre Rechtsnachfolger als abgefunden.
2. Der Annehmer zahlt an den Erschienenen zu ...... einen Abfindungsbetrag von jeweils insgesamt ...... EUR. Der Betrag wird in fünf gleichen Jahresraten, jeweils zum ......, beginnend mit dem ...... fällig und ist in dieser Zeit nicht zu verzinsen. Mit der Zahlung des vereinbarten Betrages erklärt sich der Erschienene zu ...... als gem. § 12 HöfeO abgefunden.

(2) Die Nachabfindungsansprüche der weichenden Erben richten sich nach § 13 HöfeO, jedoch mit folgender Maßgabe:
   1. Die Erschienenen zu . . . . . . und . . . . . . haben Anspruch auf Nachabfindungen gem. § 13 HöfeO.
   2. Abweichend von § 13 Abs. 2 HöfeO findet eine Nachabfindung jedoch nicht statt, wenn der Veräußerungserlös bzw. die finanziellen Vorteile aus einer Umwidmung innerhalb von vier Jahren in land- bzw. forstwirtschaftlichen Grundbesitz (Betriebsvermögen) investiert wird. Gleichgestellt sind Investitionen in land- und forstwirtschaftliche Gebäude und der Abbau von betrieblichen Verbindlichkeiten, die nicht durch übermäßige Privatentnahmen entstanden sind. Diese Regelung gilt entsprechend für Erlöse gem. § 13 Abs. 4 der Höfeordnung.

(3) Auf etwaige weitergehende Ansprüche gem. § 12 HöfeO einschließlich etwaiger diesbezüglicher Pflichtteilsrechte verzichten die Beteiligten zu . . . . . .und. . . . . . als weichende Erben. Übergeber und Übernehmer nehmen diesen Verzicht an. Etwaige Nachabfindungsansprüche gem. § 13 HöfeO (gem. Absatz 2 Nr. 2 dieses Vertrages) bleiben davon unberührt, ebenso das Pflichtteilsrecht der Erschienenen zu . . . . . . und zu . . . . . . am hofesfreien Vermögen des Übergebers.

(4) Die Erschienene zu . . . . . . und Ehefrau des Abgebers erklärt, mit den ihr unter § 3 dieser Urkunde eingeräumten Rechten hinsichtlich des unter § 1 dieser Urkunde genannten Hofes abgefunden zu sein. Sie verzichtet hiermit auf etwaige weitergehende Ansprüche aus den §§ 12, 13 HöfeO sowie auf Pflichtteils- und Pflichtteilsergänzungsansprüche nach ihrem Ehemann, dem Erschienenen zu 1., hinsichtlich des Hofes. Der Übernehmer und der Erschienene zu 1. nehmen diesen Verzicht an. Das Pflichtteilsrecht der Erschienenen zu 2. am hofesfreien Vermögen des Erschienenen zu 1. bleibt unberührt.

§ 5. Pflichtteilsverzicht

(1) Bezüglich des hoffreien bzw. nicht mit übertragenen Vermögens muss sich der Annehmer das mit diesem Vertrag übernommene Vermögen bis zu einem Betrag der sich gem. §§ 2049, 2312 BGB (Ertragswert) ergibt, auf seine diesbezüglichen Pflichtteils- und Pflichtteilsergänzungsansprüche anrechnen lassen (§ 2315 BGB).

(2) Der Abgeber erklärt sich mit dem vorstehenden Verzicht des Annehmers auf weitergehende Ansprüche einverstanden und nimmt ihn an. Der Verzicht beschränkt sich aber ausdrücklich auf Pflichtteils- und Pflichtteilsergänzungsansprüche und erfasst das gesetzliche Erbrecht nicht.

§ 6. Verfügung über Vermögen im Ganzen

Für den Fall, dass es sich bei dem hier übertragenen Hofvermögen um das Vermögen im Ganzen des Abgebers im Sinne von § 1365 BGB handelt, willigt der Ehepartner, als Beteiligter zu 2. der Übertragung im Sinne von § 1365 Abs. 1 Satz 1 BGB zu.

§ 7. Auflassung

Abgeber und Annehmer sind sich über den Eigentumsübergang des mit diesem Vertrag in § 1 genannten Grundbesitzes einig.

Sie bewilligen und beantragen die Eintragung der Eigentumsänderung im Grundbuch und Übertragung auf den Annehmer.

Auf die Eintragung einer Vormerkung zur Sicherung des Anspruchs auf Erwerb des Eigentums zugunsten des Annehmers im Grundbuch verzichten die Vertragsparteien nach eingehender Belehrung durch den amtierenden Notar.

§ 8. Kosten des Vertrages

Alle durch die Beurkundung und Durchführung dieses Vertrages entstehenden Kosten einschließlich etwaiger Steuern trägt der Annehmer.

§ 9. Durchführung

Die Vertragsparteien beauftragen und bevollmächtigen die Notarmitarbeiterinnen ...... und ......, und zwar jede für sich selbst, für sie alle zur eventuellen Abänderung, Ergänzung und Ausführung des Vertrages erforderlichen Erklärungen abzugeben und Anträge zu stellen. Die Vollmacht soll nicht den im § 181 BGB erwähnten Beschränkungen unterliegen und auch die Befugnis umfassen, eventuelle Beanstandungsverfügungen des Grundbuchamtes zu erledigen.

§ 10. Beratungsinhalt

Der Notar wies daraufhin, dass er die steuerlichen Auswirkungen nicht überprüft hat. Er wird insofern von einer Beratung und Haftung freigestellt. Er hat darauf hingewiesen, dass Teile der Regelungen in Bezug auf die Altenteilsverpflichtungen noch nicht höchstrichterlich bestätigt worden sind.

§ 11. Salvatorische Klausel

Sollte ein Teil des Vertragsinhaltes unwirksam oder nichtig sein, so bleibt der übrige Vertragsinhalt hiervon unberührt. Die Vertragsparteien verpflichten sich für diesen Fall, einvernehmlich eine Ersatzregelung zu treffen, die nach den Grundsätzen von Treu und Glauben dem Zweck des Vertrages möglichst nahe kommt. Das gleiche gilt bei einer eventuellen Lücke des Vertrages.

§ 12. Schlussbestimmungen

(1) Die Erschienenen wurden vom Notar darauf hingewiesen, dass

- der Vertrag zu seiner Rechtswirksamkeit der Genehmigung durch das Landwirtschaftsgericht bedarf;
- die Eigentumsumschreibung im Grundbuch erst nach Vorlage der erwähnten Genehmigungen bzw. Negativbescheinigung und der steuerlichen Unbedenklichkeitsbescheinigung erfolgen kann.

(2) Der Notar wird beauftragt, alles zum vertragsgemäßen Vollzug Erforderliche vorzunehmen.

(3) Auf die Eintragung einer Auflassungsvormerkung wurde nach Belehrung durch den Notar verzichtet.

......

Ort/Datum

......

Unterschriften

......

Anmerkungen

1. Sachverhalt. Der Alleineigentümer eines Hofes iSd HöfeO übergibt diesen einem seiner Kinder, das damit vom Nachlass seines Vaters (auch vom hofesfreien Vermögen) abgefunden sein soll. Die Geschwister des Übernehmers sollen eine Abfindung erhalten. Die Abfindungsansprüche sollen sich an den Vorgaben der §§ 12 und 13 Höfeordnung orientieren, wobei es zu den Nachabfindungen eine leichte Modifizierung geben soll. Für den Übergeber und seine Ehefrau soll ein Altenteil vorbehalten werden. Ausführliche Anmerkungen und Erläuterungen zu dem hier vorliegenden Formular finden sich bei MAH AgrarR/*von Garmissen* § 11 Rn. 215 ff.

2. Stellvertretung beim Hofübergabevertrag? Zu der Frage, ob sich der Hofeigentümer beim Abschluss eines Hofübergabevertrages durch einen Bevollmächtigten vertreten lassen kann, → Form. G.X.1 Anm. 11. Im Formular scheidet eine Stellvertretung auf Seiten des Übergebers jedenfalls wegen der erklärten Pflichtteilsverzichte (§§ 6 bis 8) aus (§ 2347 Abs. 2 S. 1 BGB).

3. Person des Übernehmers. Zu den Anforderungen an die Person des Übernehmers → Form. G.X.1 Anm. 11.

4. Hof iSd HöfeO. Zum Vorliegen eines Hofes iSd HöfeO → Form. G.X.1 Anm. 1, 3–5.

5. Keine Bindung des Erblassers. Der Hofübergabevertrag ist eine Form der Hoferbenbestimmung. Daher sind bestehende Bindungen aufgrund letztwilliger Verfügung oder formloser Bestimmung des Hoferben zu beachten (→ Form. G.X.1 Anm. 11).

6. Zustimmung des Ehegatten. Ist der Hofeigentümer im gesetzlichen Güterstand der Zugewinngemeinschaft verheiratet, ist die Zustimmung seines Ehegatten zur Hofübergabe erforderlich, wenn der Hof das (nahezu) ganze Vermögen des Übergebers ausmacht (zu den Grenzen s. Palandt/*Brudermüller* BGB § 1365 Rn. 2 ff.). Zum Pflichtteilsverzicht des Ehegatten → Anm. 12.

7. Umfang der Hofübergabe. Die Hofübergabe soll sich regelmäßig auf alle Aktiva und Passiva des landwirtschaftlichen Betriebes mit den Bestandteilen und dem Zubehör (§§ 2 und 3 HöfeO, → Form. G.X.1 Anm. 4) beziehen. Eine Einzelaufzählung aller Gegenstände ist weder erforderlich noch sinnvoll. Den Betrieb umschreibende Übergabebesonderheiten (Beteiligungen, Gesellschaftsanteile, Photovoltaikanlagen, besondere Lieferrechte etc) sollen jedoch exemplarisch aufgeführt werden. Etwas anderes gilt mit Blick auf den Grundbuchvollzug für den Grundbesitz, der vollständig aufzuführen ist. Gerade bei größeren Höfen werden dabei gelegentlich einzelne zum Hof gehörende Grundstücke „vergessen", etwa deshalb, weil der Grundbesitz in verschiedenen Grundbüchern gebucht ist. Für diese Fälle ist eine Vollmacht für den Übernehmer sinnvoll, diesen Grundbesitz an sich aufzulassen. Zur Abgrenzung zwischen dem zu übergebenden Hof und dem sonstigen, zurückbehaltenen Vermögen kann es sinnvoll sein, auch die hofnahen Gegenstände aufzuführen, die explizit nicht übergeben werden sollen.

Die **EU Agrarförderung** ist zum Jahr 2005 grundlegend und zuletzt 2016 neuerlich geändert worden (zur Agrarförderung s. ausführlich Bundesministerium für Verbraucherschutz, Ernährung und Landwirtschaft (Hrsg.), Förderung landwirtschaftlicher Unternehmen 2009, im Internet unter www.verbraucherministerium.de). Die meisten bisherigen produktionsbezogenen Direktzahlungen entfallen. Nunmehr erhält jeder Betriebsinhaber Zahlungsansprüche entsprechend der von ihm bewirtschafteten Fläche. Diese Zahlungsansprüche können – wie im Formular klarstellend vorgesehen – bei einer

Hofübergabe mitübertragen werden (s. näher *v. Jeinsen* AgrarR 2003, 293; *Schmitte* MittBayNot 2004, 95).

8. Schuldübernahme. Betriebliche Verbindlichkeiten des Übergebers mitsamt den zu ihrer Sicherung bestellten Grundpfandrechten sollen häufig auf den Übernehmer übergehen. Die für den Übergeber **befreiende Schuldübernahme** ist gem. § 415 Abs. 1 BGB im Außenverhältnis von der Genehmigung des Gläubigers abhängig (s. auch die Genehmigungsfiktion gem. § 416 BGB). Wird diese Genehmigung versagt, gilt die Vereinbarung zwischen Übergeber und Übernehmer gem. § 415 Abs. 3 BGB im Zweifel als **Erfüllungsübernahme.** Der Vertrag sollte hierzu eine ausdrückliche Regelung enthalten. Oft ist es auch sinnvoll, an den Gläubiger bereits vor der Beurkundung des Hofübergabevertrages heranzutreten, um sich die Genehmigung zu der beabsichtigten Schuldübernahme zusagen zu lassen, da zu diesem Zeitpunkt die Verhandlungsposition des Übergebers gegenüber dem Gläubiger oft besser ist (der Vertrag könnte bei Verweigerung der Genehmigung noch scheitern). Damit den Vertragsbeteiligten auch der Umfang der real valutierenden Verbindlichkeiten bekannt ist, sollte der Umfang ebenso aufgeführt werden.

Eine befreiende Schuldübernahme gem. §§ 414 ff. BGB führt nach hM **nicht** zu einer **Rechtsnachfolge** auf der Schuldnerseite gem. § 727 ZPO (BGHZ 61, 140 = NJW 1973, 1700; BGH NJW 2001, 1217; aA *Wolfsteiner* Die vollstreckbare Urkunde Rn. 44.52). Der Gläubiger macht daher die Genehmigung der Schuldübernahme regelmäßig davon abhängig, dass der Übernehmer wegen der persönlichen Zahlungsverpflichtung (§ 780 ZPO) erneut die Unterwerfung unter die sofortige Zwangsvollstreckung erklärt.

Bei der Übernahme von Grundpfandrechten stellt sich das Problem des **Rangverhältnisses** zu den für den Übergeber (und seinen Ehegatten) bestellten Rechten (Altenteil). Ein Rangrücktritt der übernommenen Grundpfandrechte ist regelmäßig gegenüber dem Gläubiger nicht durchsetzbar. Als alternative Sicherungen für den Übergeber kommen die Einschränkung der Zweckbestimmungserklärung und Vereinbarungen hinsichtlich der Eigentümer- und Rückgewähransprüche in Betracht (s. näher *J. Mayer* Der Übergabevertrag Rn. 334 ff.). Über das Risiko der nur nachrangigen Sicherung des Altenteils hat der Notar gem. § 17 Abs. 1 S. 1 BeurkG zu belehren (BGH NJW 1996, 522 [523]).

9. Altenteil. Der Begriff „Altenteil" ist gesetzlich nicht definiert. § 49 GBO spricht von „Leibgeding, Leibzucht, Altenteil und Auszug". Diese Begriffe werden regional unterschiedlich gebraucht, betreffen aber denselben Sachverhalt (OLG Frankfurt Rpfleger 1972, 20). Als die heute gebräuchlichste Bezeichnung kann der Begriff „Altenteil" angesehen werden und wird nachstehend auch für die Synonyma verwendet. Die Rechtsprechung verwendet den Begriff „Altenteil" (leider) nicht einheitlich, sondern unterscheidet zwischen einem Altenteil im grundbuchrechtlichen Sinne (§ 49 GBO) und einem Altenteil gem. Art. 96 EGBGB. Unter einem **Altenteil im Sinne des § 49 GBO** versteht man ein durch Vertrag oder Verfügung von Todes wegen begründetes Rechtsverhältnis, das durch einen Inbegriff von dinglich gesicherten Nutzungen und Leistungen zum Zwecke der persönlichen Versorgung des Berechtigten gekennzeichnet ist (BGH DNotZ 1994, 881 [882] = NJW 1994, 1158). Für ein **Altenteil gem. Art. 96 EGBGB** verlangt der BGH weitergehend, dass der Verpflichtete in eine die Existenz wenigstens teilweise sichernde Wirtschaftseinheit nachrückt (BGH NJW-RR 1989, 451; DNotZ 1996, 636 [638]; NJW 2003, 1126 [1127]; 2003, 1325 [1326]). Dieses Rechtsverhältnis muss zwar nicht mit der Überlassung von Grundvermögen verbunden sein. In der Praxis sind die Altenteilsvereinbarungen – wie im Formular – in der Regel jedoch Teil einer Grundstücksübertragung. Wegen der regional unterschiedlichen Rechtstraditionen hat der Gesetzgeber des BGB darauf verzichtet, das Altenteil als Vertragstyp einheitlich zu regeln und die schuldrechtliche Ausgestaltung in Art. 96 EGBGB dem **Landesgesetzgeber** vorbehalten. Von diesem Vorbehalt haben mit Ausnahme von Hamburg alle Länder der

alten Bundesrepublik und Thüringen Gebrauch gemacht (Fundstellen s. Palandt/*Bassenge* EGBGB Art. 96 Rn. 6). Diese Landesgesetze enthalten Auslegungsgrundsätze sowie vertragsergänzende Regeln; sie sind deshalb bei der inhaltlichen Ausgestaltung des schuldrechtlichen Vertragsverhältnisses der Partner sowie bei einer späteren Auslegung des Vertrages zu beachten. Diese Regeln gelten aber nur, soweit die Beteiligten nichts anderes vereinbart haben (s. zB § 2 AGBGB Rheinland-Pfalz).

Im Formular ist vorgesehen, das Altenteil für den Übergeber und seine Ehefrau als **Gesamtberechtigte** gem. § 428 BGB zu bestellen. Dies ist auch dann möglich, wenn nur der Übergeber Eigentümer des Übergabeobjektes ist, kann dann aber im Einzelfall schenkungsteuerlich wegen der damit verbundenen Zuwendung an den anderen Ehegatten nachteilig sein. Im Anwendungsbereich der Höfeordnung besteht für den Ehepartner gem. § 14 Abs. 2 HöfeO ein Wahlrecht zwischen dem Erhalt einer Abfindung gem. 12 HöfeO oder dem Erhalt eines Altenteils. Grundsätzlich entscheiden sich alle Ehepartner für das sehr viel wertvollere Altenteilsrecht, so auch hier.

Regelmäßig ist es sachgerecht, den Leistungsumfang der Wart- und Pflegeverpflichtung zu beschränken. Hierbei kann auf die **Pflegegrade** nach § 15 SGB XI Bezug genommen werden. Angesichts der veränderten Lebenswirklichkeiten auf den Höfen wird zunehmend auf die Vereinbarung von Hege- und Pflegeverpflichtungen gänzlich verzichtet. Nach den landesgesetzlichen Bestimmungen über den Altenteilsvertrag wandelt sich das Altenteilsrecht im Fall des dauernden Wegzugs des Übergebers (etwa in ein Pflegeheim) in eine **Geldrente** in Höhe der ersparten Aufwendungen um (zB § 14 AGBGB Rheinland-Pfalz), die auf den Sozialhilfeträger übergeleitet werden kann (§ 93 Abs. 1 S. 4 SGB XII). In der Vertragsgestaltung wird deshalb erwogen, die aufgrund des Altenteils geschuldeten Leistungen auf die Erbringung im eigenen Anwesen zu beschränken und die Umwandlung in eine vorher verbindlich festgelegte Geldrente umzuwandeln. Solche Klauseln erscheinen als Interessenausgleich der Beteiligten gerecht und vermeiden die spätere Feststellung als ein **unzulässiger Vertrag zu Lasten Dritter** (nämlich des Sozialhilfeträgers); die Einstufung ist allerdings strittig (BGH ZEV 2003, 211 = MittBayNot 2004, 180 mAnm *J. Mayer* NJW-RR 2003, 577 gegen BGH DNotZ 2002, 702 = ZEV 2002, 116). Davon unberührt bleiben natürlich die allgemeinen gesetzlichen Unterhaltsansprüche iSd §§ 1601 ff. BGB.

10. Pflichtteilsverzicht des Übernehmers. Ein (Teil-)Pflichtteilsverzicht des Übernehmers bietet sich an, wenn er nach der Hofübergabe keine weiteren Ansprüche an den Nachlass des Übergebers haben soll. Ggf. ist der Pflichtteilsverzicht auch gegenüber dem anderen Elternteil zu erklären, wenn der Übernehmer mit der Hofübergabe am elterlichen Vermögen insgesamt abgefunden wird.

11. Geschwisterabfindung. Bei einer Hofübergabe an einen hoferbenberechtigten Abkömmling fingiert § 17 Abs. 2 HöfeO zugunsten der anderen Abkömmlinge den Erbfall mit der Folge, dass die Abfindungsansprüche nach § 12 HöfeO zur Entstehung gelangen (→ Form. G.X.1 Anm. 12). Zur Streitvermeidung ist eine einvernehmliche Regelung der Abfindung im Hofübergabevertrag unter Beteiligung der „weichenden Geschwister" erstrebenswert. Hierbei handelt es sich um einen sog. **„Abfindungsvertrag"**, der als (entgeltlicher) Erlassvertrag (§ 397 BGB) hinsichtlich des Abfindungsanspruches zu qualifizieren und zwischen den Berechtigten (= weichende Geschwister) und dem Verpflichteten (= der Hoferbe) zu schließen ist (*Ivo* ZEV 2004, 316 [317]). Bei den sog. Nachabfindungsansprüchen gem. § 13 der HöfeO ist hier eine leichte Modifizierung vorgesehen. Ziel ist es dem Hofannehmer etwas mehr Gestaltungsspielraum zu gewähren, soweit und solange Erträge aus nachabfindungspflichtigen Tatbeständen vollständig in den Betrieb reinvestiert werden. Sollen – wie im Formular vorgesehen – auch etwaige Pflichtteilsrechte der „weichenden Geschwister" hinsichtlich des Hofes ausgeschlossen sein, muss der Vertrag als **Pflichtteilsverzicht** außerdem mit dem Übergeber geschlossen werden. Die in Übergabeverträgen häufig abgegebene Erklärung, die weichenden Erben seien vom elterlichen

Vermögen völlig abgefunden und hätten keine Erb- und Pflichtteilsansprüche mehr zu stellen, wird in Rechtsprechung und Literatur im Zweifel als ein bloßer Abfindungsvertrag verstanden mit der Folge, dass die weichenden Erben aus Anlass der Hofübergabe von dem Hofübernehmer keine Abfindungsleistungen mehr verlangen können (OLG Celle RdL 1960, 295; *Wöhrmann* HöfeO § 12 Rn. 146). Auf etwaige Nachabfindungsansprüche gem. § 13 HöfeO soll sich eine solche Erklärung hingegen nicht auswirken (OLG Oldenburg AgrarR 1978, 232; *Wöhrmann* HöfeO § 12 Rn. 146). Denn ein regelrechter Erbverzicht liege in einer solchen Abfindungserklärung in aller Regel nicht. In der **Gestaltungspraxis** ist daher ausdrücklich **klarzustellen**, welche Reichweite der Verzicht haben soll. Der im Formular vorgesehene Verzicht auf weitergehende Abfindungsansprüche gem. § 12 HöfeO (Abfindungsvertrag) einschließlich etwaiger diesbezüglicher Pflichtteilsrechte (Pflichtteilsverzichtsvertrag) lässt **Nachabfindungsansprüche** gem. § 13 HöfeO ausdrücklich unberührt. Ein solcher **isolierter Verzicht nur auf Abfindungsansprüche gem. § 12 HöfeO** spielt in der Praxis eine erhebliche Rolle. Denn oft ist es der Wille der Beteiligten, dass die weichenden Geschwister zwar grundsätzlich im Interesse der Erhaltung des Hofes nur die vereinbarte (geringe) Abfindung erhalten sollen, dem Hoferben dieser Vorteil jedoch nicht verbleiben soll, wenn er später den Hof veräußert und hierdurch einen Gewinn erzielt.

12. Abfindung der Ehefrau des Übergebers. Die Hofübergabe fingiert den Hoferbfall gem. § 17 Abs. 2 HöfeO nur zugunsten der anderen Abkömmlinge des Übergebers, nicht aber zugunsten seines Ehegatten (Faßbender/Hötzel/v. Jeinsen/Pikalo/*Faßbender* § 17 Rn. 170). Ihm können bezüglich des Hofes aber gem. § 12 Abs. 10 HöfeO Pflichtteilsrechte und gem. § 13 HöfeO Nachabfindungsansprüche zustehen (*Wöhrmann* § 17 Rn. 65). Soll der Ehegatte in jedem Fall nur die ihm eingeräumten Rechte erhalten, empfiehlt sich – wie im Formular vorgesehen – ein entsprechender (Pflichtteils-)Verzicht.

13. Rückforderungsrechte. Ein Rückforderungsrecht des Übergebers ist im Formular nicht vorgesehen. Soll – wie bei sonstigen Übergaben häufig vorgesehen – ein enumeratives Rückforderungsrecht vereinbart werden, kann dies je nach Ausgestaltung der Genehmigungsfähigkeit des Vertrages (→ Anm. 14) entgegenstehen. Namentlich die Vereinbarung eines umfassenden **Veräußerungs- und Belastungsverbots** führt nach der Rechtsprechung des OLG Celle grundsätzlich zur Versagung der Genehmigung aus grundstücksverkehrsrechtlichen und höferechtlichen Gesichtspunkten (OLG Celle RdL 2006, 45; RdL 1999, 329; AgrarR 1998, 256; vgl. *Lüdtke-Handjery* DNotZ 1985, 332 [351]; zur Problematik eines langfristigen, umfassenden Veräußerungs- und Belastungsverbotes unter dem Aspekt des **§ 138 BGB**, s. BGH NJW 2012, 3162 = ZEV 2012, 550). Es bedeute eine ungesunde Verteilung des Grund und Bodens iSd § 9 Abs. 1 Nr. 1 GrdstVG, wenn der Übergeber über seine Zustimmung zu Belastungen des Hofes und damit zur Aufnahme von Krediten weiterhin Einfluss auf die Betriebsführung nehmen könne. Außerdem könne eine solche Klausel den Übernehmer wirtschaftlich einengen und seine objektive Wirtschaftsfähigkeit beeinträchtigen. Andererseits wurden in der Rechtsprechung Rückforderungsrechte für zulässig und genehmigungsfähig gehalten, so etwa für den Fall der Ehescheidung des Übernehmers (OLG Köln AgrarR 1997, 160) oder dessen Vorversterben ohne Hinterlassung von Abkömmlingen (OLG Köln RdL 1982, 49). Als zulässig wird es ferner angesehen, ein Rücktrittsrecht bei nachhaltigen und schwerwiegenden Vertragsverletzungen durch den Übernehmer hinsichtlich der übernommenen (Altenteils-)Verpflichtungen zu vereinbaren (*Wöhrmann* HöfeO § 17 Rn. 76; Bedenken noch bei *Lüdtke-Handjery* DNotZ 1985, 332 [351]). In Zweifelsfällen empfiehlt es sich, die Genehmigungsfähigkeit im Vorfeld mit dem Landwirtschaftsgericht abzustimmen.

14. Landwirtschaftsgerichtliche Genehmigung. Die Übergabe eines Hofes iSd HöfeO bedarf regelmäßig der Genehmigung durch das Landwirtschaftsgericht gem. §§ 2 Abs. 1 S. 1 GrdstVG, § 17 Abs. 3 HöfeO (→ Form. G.X.1 Anm. 11).

15. Unbedenklichkeitsbescheinigung. Nach § 22 GrEStG darf der Erwerber eines Grundstücks grundsätzlich erst dann in das Grundbuch eingetragen werden, wenn die Unbedenklichkeitsbescheinigung des Finanzamts vorgelegt wird. Bei einem Grundstückserwerb durch Verwandte in gerader Linie ist nach den landesrechtlichen Ausnahmeregelungen allerdings überwiegend keine Unbedenklichkeitsbescheinigung erforderlich (s. die Zusammenstellung im BeckNotarHdB Anh. 7).

16. Steuern. Die Hofübergabe ist ein steuerpflichtiger Vorgang gem. §§ 1 Abs. 1 Nr. 2, 7 Abs. 1 Nr. 1 ErbStG. Zu den erbschaft- und schenkungsteuerlichen Auswirkungen → Form. G.X.2 Anm. 7. Zur Behandlung des Altenteils vgl. die Ausführungen unter → Form. G.X.3 Anm. 12. Zur Abfindung → Form. G.X.5 Anm. 5.

Außerhalb des Geltungsbereiches der HöfeO und der vergleichbaren Landes-Höferechte sind Abfindungszahlungen und Geschwistergleichstellungsgelder sowie eine Ergänzungsabfindung bei einem späteren Verkauf des landwirtschaftlichen Betriebes Entgelte, die der Betriebsübergeber zu versteuern hat, sofern sie das Kapitalkonto übersteigen (MVHdb VI BürgerlR II/*Spiegelberger* S. 43). Der Hofübernehmer hat mehr an land- und forstwirtschaftlichem Betriebsvermögen bekommen, als ihm nach seiner Erbquote zustand (BMF BStBl. I 2006, 253 Tz. 80).

Die Betriebsübergabe im Wege der vorweggenommenen Erbfolge führt gem. § 6 Abs. 3 S. 1 EStG nicht zu einer Gewinnrealisierung. Die Zurückbehaltung von Grundbesitz gefährdet die unentgeltliche Betriebsübernahme. Wenn ein Landwirt seinen Betrieb unentgeltlich auf seinen Sohn überträgt, jedoch 18 % der landwirtschaftlichen Fläche zurückbehält und ins Privatvermögen überführt, so liegt keine Betriebsübertragung im Ganzen, sondern eine steuerpflichtige, wenn auch tarifbegünstigte Betriebsaufgabe vor. Dies gilt jedenfalls dann, wenn die zurückbehaltene Fläche gegenüber der übertragenen der Bonität nach annähernd gleichwertig ist (BFH Urt. v. 1.2.1990 – IV R 8/89). Abzuraten ist insbesondere von der früher weit verbreiteten Zurückbehaltung von Grundstücken bei der Hofübergabe als sogenannter „Notpfennig". Sie stellt in jedem Fall eine Entnahme dar. Bei forstwirtschaftlichen Grundstücken wird hierbei relativ großzügig verfahren. Wird vom Übergeber ein Waldgrundstück mit einer Fläche von einigen Hektar zurückbehalten, das mit echter Gewinnabsicht bewirtschaftet werden kann, kann der Übergeber Forstwirt bleiben und das Grundstück in seinem Betriebsvermögen ohne Gewinnrealisierung fortführen (BFH DStR 1991, 873; BFH BeckRS 1985, 22007300).

17. Kosten. Notar: Der Hofübergabevertrag ist ein Austauschvertrag iSd § 97 Abs. 3 GNotKG. Daher sind die Leistungen des Übergebers mir denen des Übernehmers zu vergleichen, und aus dem höheren Wert ist eine 2,0-Gebühr gem. Nr. 21100 KV GNotKG zu erheben. Die Leistung des Übergebers (Hofübergabe) ist nach § 48 GNotKG mit dem 4-fachen Einheitswert anzusetzen. Die Leistung des Übernehmers setzt sich zusammen aus der Schuldübernahme (§ 2 Ziffer 6 – zu bewerten mit dem Nominalbetrag nach § 97 Abs. 1 GNotKG), dem Wohnungsrecht (§ 5 Ziffer 1 – zu bewerten nach § 52 GNotKG), der dauernden Last (§ 5 Ziffer 2 – zu bewerten nach § 52 GNotKG), der Wart- und Pflegeverpflichtung (§ 5 Ziffer 3 – zu bewerten nach § 52 GNotKG), dem Pflichtteilsverzicht (§ 6 – zu bewerten nach § 102 Abs. 4 GNotKG) und der Geschwisterabfindung (§ 7 Ziffer 1 – zu bewerten mit dem Nominalbetrag nach § 97 Abs. 1 GNotKG). Die mitbeurkundeten (Pflichtteils-)Verzichtsverträge der weichenden Geschwister (§ 7 Ziffer 2) und der Ehefrau des Übergebers (§ 8) sind gegenstandsverschieden und daher außerhalb des Gegenleistungsvergleichs in jedem Fall wertmäßig hinzuzurech-

nen, § 35 Abs. 1 GNotKG (zum Ganzen s. *Diehn* Rn. 414 ff.). Für die Einholung der Genehmigung zur Schuldübernahme (§ 2 Ziffer 6) erhält der Notar eine 0,5-Vollzugsgebühr gem. Nr. 22110 KV GNotKG aus dem vollen Wert des Übergabevertrags (§ 112 GNotKG). Damit ist auch die Einholung der landwirtschaftsgerichtlichen Genehmigung abgegolten.

Landwirtschaftsgericht: 0,5-Gebühr gem. Nr. 15112 KV GNotKG nach Tabelle A des GNotKG aus dem Hofeswert gem. § 60 GNotKG.

Grundbuchamt: Eigentumsumschreibung: 1,0-Gebühr gem. Nr. 14110 KV GNotKG nach Tabelle B des GNotKG aus dem Wert gem. § 48 GNotKG – es gibt keine Gebührensatz-Privilegierung mehr für Abkömmlinge. Eintragung des Altenteils: 1,0-Gebühr gem. Nr. 14121 KV GNotKG nach Tabelle B des GNotKG aus der Summe der Einzelwerte.

H. Stiftungen

I. Vorbemerkung

Die Errichtung einer Stiftung kann aus ganz unterschiedlichen Gründen eine geeignete Gestaltung zur Vorbereitung einer vorweggenommenen Erbfolge sein. Die ganz überwiegende Anzahl der derzeit über 22.000 Stiftungen bürgerlichen Rechts in Deutschland sind (nach Bundesverband Deutscher Stiftungen 95 %, vgl. zu den Zahlen: www.stiftungen.org) gemeinnützig bzw. steuerbegünstigt (zu den Begrifflichkeiten → Form. H.III.1 Anm. 8) und fördern vor allem Kultur, Wissenschaft und Soziales. Eine Stiftung bietet insoweit die ideale Möglichkeit, ideelle Ziele zu fördern und gleichzeitig die Vermögensnachfolge zu regeln. Neben der gemeinnützigen (steuerbegünstigten) Stiftung ist dabei als Gestaltungsinstrument die Familienstiftung zu nennen. Sie bezweckt die Versorgung bestimmter Familien bzw. Familienmitglieder. Der Stifter kann durch eine solche Stiftung erreichen, dass das Vermögen der Disposition der Familie, die aber gleichwohl von den Erträgen der Stiftung profitiert, entzogen ist. Mit der Errichtung einer Stiftung lässt sich zudem die Fortführung eines Unternehmens sichern. Die wichtigsten Anwendungsbereiche von Stiftungen zur Vorbereitung einer vorweggenommenen Erbfolge sind damit benannt. Natürlich sind auch Mischformen möglich (vgl. dazu *Müller/Schubert* DStR 2000, 1289). So kann beispielsweise eine unternehmenstragende Stiftung mit den Erträgen zum einen gemeinnützige Zwecke verfolgen, zum anderen die Stifterfamilie versorgen (vgl. § 58 Nr. 6 AO).

Eine Stiftung ist eine Organisation, die mit Hilfe eines ihr dauerhaft gewidmeten Vermögens einen bestimmten, durch das Stiftungsgeschäft festgelegten Zweck verfolgt (BayObLG NJW 1973, 249). Sie hat keine Mitglieder und ist durch die drei wesentlichen Elemente Stiftungszweck, Stiftungsvermögen und Stiftungsorganisation gekennzeichnet. In dem Stiftungszweck konkretisiert sich der Wille des Stifters. An ihm hat sich das Handeln der Stiftungsorgane zu orientieren. So kann der Stifter seinen Willen institutionalisieren, zugleich ist der Stiftungszweck aber auch seiner späteren Disposition entzogen. Ein Stiftungsvermögen ist unverzichtbar, denn die Stiftung muss grundsätzlich in der Lage sein, den Stiftungszweck aus den Erträgen des Stiftungsvermögens zu fördern. Das vom Stifter zur Verfügung gestellte Grundstockvermögen muss in seinem Bestand erhalten werden (anders nur bei der Verbrauchsstiftung). Die Stiftungsorganisation bestimmt sich nach dem Stiftungsgeschäft einschließlich Stiftungssatzung, dem einschlägigen Landesstiftungsgesetz und dem BGB. Obligatorisch ist ein Vorstand, fakultativ können weitere Organe hinzukommen, deren Kompetenzen zueinander präzise abzugrenzen sind. Die rechtsfähige Stiftung entsteht durch das Stiftungsgeschäft und die Anerkennung durch die Landesstiftungsbehörde. Auf die Anerkennung besteht ein Anspruch, wenn das Stiftungsgeschäft die Voraussetzungen des § 81 Abs. 1 BGB erfüllt, die dauernde und nachhaltige Erfüllung des Stiftungszwecks gesichert erscheint und der Stiftungszweck das Gemeinwohl nicht gefährdet. Rechtsfähige Stiftungen unterliegen der Stiftungsaufsicht durch die Aufsichtsbehörden der Länder.

Es ist zwischen **verschiedenen Typen** bzw. Erscheinungsformen von Stiftungen zu unterscheiden. Neben der im BGB geregelten privatrechtlichen Stiftung ist die öffentlichrechtliche Stiftung zu nennen. Zum anderen kann zwischen der privatnützigen und der gemeinnützigen Stiftung unterschieden werden. Wendet eine Person einer anderen Person

Vermögenswerte mit der Maßgabe zu, die übertragenen Werte dauerhaft zur Verfolgung eines bestimmten Zwecks einzusetzen, dann spricht man von einer fiduziarischen Stiftung. Das Stiftungsrecht des BGB, aber auch weitestgehend die Landestiftungsgesetze sind auf eine solche unselbständige Stiftung allerdings nicht anzuwenden. Zu nennen sind weiterhin die kirchlichen Stiftungen, die neben der staatlichen Anerkennung auch der Anerkennung durch die zuständige kirchliche Behörde bedürfen und die kommunalen Stiftungen, die einer kommunalen Gebietskörperschaft zugeordnet sind und meistens auch von dieser verwaltet werden und dabei die öffentlichen Aufgaben dieser Körperschaft erfüllen. Die Familienstiftung dient dem Wohle eines oder mehrerer Familien (mitglieder). Sie ist einer alle 30 Jahre anfallenden Erbersatzsteuer unterworfen. Die unternehmensverbundene Stiftung betreibt ein Unternehmen und muss dabei häufig besondere Rechnungslegungs- und Publizitätspflichten beachten. Die uneingeschränkt den Regelungen des BGB unterworfene Bürgerstiftung ist durch die Beteiligung vieler Stifter gekennzeichnet und übernimmt häufig lokale oder regionale Aufgabenstellungen.

Das **„Gesetz zur Modernisierung des Stiftungsrechts"** vom 15.7.2002 (BGBl. 2002 I 2634), in Kraft getreten am 1.9.2002, enthält erstmals in der Geschichte des Stiftungsrechts anstelle der 16 Landesgesetze eine bundeseinheitliche Regelung zur Errichtung von Stiftungen. Dieses Gesetz hat die Grundstrukturen des bis dahin geltenden Stiftungsrechtes nicht wesentlich verändert. In Verbindung mit dem überwiegend rückwirkend zum 1.1.2000 in Kraft getretenen „Gesetz zur weiteren steuerlichen Förderung von Stiftungen" vom 14.7.2000 (BGBl. 2000 I 1034) ist aber die Stiftungserrichtung wieder mehr in das Interesse der Allgemeinheit gerückt. Mit der gesetzlichen Neuregelung des Stiftungsrechts hat der Gesetzgeber einen vorläufigen Schlusspunkt unter eine Jahrzehnte währende Reformdiskussion gesetzt. Er hat die teilweise differierenden landesrechtlichen Regelungen zugunsten einer einheitlichen Regelung der Voraussetzungen zur Erlangung und zum Anspruch auf Anerkennung der Rechtsfähigkeit sowie zur Errichtung von Stiftungen beseitigt. Die §§ 80 ff. BGB regeln seit dem die abschließenden materiell-rechtlichen Voraussetzungen für die Errichtung einer Stiftung. Insoweit noch bestehende, weitergehende oder abweichende landesrechtliche Regelungen werden durch die bundeseinheitliche Fassung verdrängt. Der Gesetzgeber hat klargestellt, dass jedem Stifter ein Anspruch auf Anerkennung der Rechtsfähigkeit der Stiftung zusteht und dass Stiftungen zu jedem gemeinwohlkonformen Zweck errichtet werden können, sofern die bundeseinheitlichen abschließenden materiell-rechtlichen Voraussetzungen Beachtung finden. Die landesrechtlichen Kodifikationen sind zurzeit folgende Gesetze: **Baden-Württemberg:** StiftG v. 4.10.1977 (GBl. 1977,408), zuletzt geänd. durch Art. 6 der Verordnung v. 23.2.2017 (GBl. 2017, 99 (100)); **Bayern:** StiftG idF der Bek. v. 26.9.2008 (GVBl. 2008, 834), zuletzt geänd. durch § 2 Nr. 46 Ges. v. 12.5.2015, 82; **Berlin:** StiftG idF v. 22.7.2003 (GVBl. 2003, 293); **Brandenburg:** StiftG v. 20.4.2004 (GVBl. I/04 [Nr. 07], 150); zuletzt geänd. durch Art. 16 des Gesetzes v. 25.1.2016 (GVBl. I/16, [Nr. 5]); **Bremen:** StiftG v. 7.3.1989 (Brem GBl. 1989, 163), zuletzt geänd. durch Art. 1 des Gesetzes v. 27.2.2007 (Brem GBl. 2007, 181); **Hamburg:** StiftG v. 14.12.2005 (HmbGVBl. 2005, 521, ber. 2007, 202); **Hessen:** StiftG v. 4.4.1966 (GVBl. 1966 I 77), zuletzt geänd. durch Art. 5 Siebtes Ges. zur Geltungsdauerverlängerung u. Änd. befristeter Rechtsvorschriften v. 27.9.2012 (GVBl. 2012, 290); **Mecklenburg-Vorpommern:** StiftG v. 7.7.2006 (GVOBl. MV 2006, 366); zuletzt geänd. durch Art. 2 des Gesetzes v. 15.11.2012 (GVOBl. MV 2012, 502 (503)); **Niedersachsen:** StiftG v. 24.7.1968 (Nds GVBl. 1968, 119), zuletzt geänd. durch Art. 3 des Gesetzes v. 25.6.2014 (Nds. GVBl. 2014, 168); **Nordrhein-Westfalen:** StiftG v. 15.2.2005 (GV. NRW 2005, 52), zuletzt geänd. durch ÄndG. v. 9.2.2010 (GV. NRW 2010, 112); **Rheinland-Pfalz:** LStiftG v. 19.7.2004 (GVBl. 2004, 385); **Saarland:** StiftG idF der Bek. v. 9.8.2004 (Amtsbl. 2004, 1825), zuletzt geänd. mit Gesetz v. 15.2.2006; **Sachsen:** StiftG v. 7.8.2007 (SächsGVBl. 2007, 386), zuletzt geänd. durch Art. 18 des Gesetzes v. 27.1.2012

(SächsGVBl. 2012, 130 (141)); **Sachsen-Anhalt:** StiftG LSA v. 20.1.2011 (GVBl. LSA 2011, 14), zuletzt geänd. durch Art. 16 des Gesetzes v. 17.6.2014 (GVBl. LSA 2014, 288 (341)); **Schleswig-Holstein:** StiftG idF der Bek. v. 2.3.2000 (GVOBl. SchlH. 2000, 208), zuletzt geänd. durch Art. 8 LVO v. 16.3.2015 (GVOBl. SchlH 2015, 96); **Thüringen:** StiftG v. 16.12.2008 (GVBl. 1998, 361), zuletzt geänd. durch Art. 2 des Gesetzes v. 13.3.2014 (GVBl. 2014, 92 (94)). Zu den Überlegungen zu einer **Europäischen Stiftung** s. v. Campenhausen/Richter/*Hof* § 4 Rn. 249 ff.

II. Errichtung einer Stiftung

1. Stiftungsgeschäft unter Lebenden zur Errichtung einer rechtsfähigen gemeinnützigen Stiftung

Stiftungsgeschäft[1]

Hiermit errichte ich,[2] . . . . . ., geb. am . . . . . ., wohnhaft . . . . . ., die „. . . . . .-Stiftung" mit dem Sitz in . . . . . . als rechtsfähige Stiftung des bürgerlichen Rechts.[5]

Zweck der Stiftung ist die Förderung von Wissenschaft und Forschung sowie die Förderung von Kunst und Kultur.

Die Stiftung erhält folgende Vermögensausstattung:[1, 4]

a) Barvermögen in Höhe von EUR . . . . . .
b) Grundstücke
   aa) in . . . . . . (Ort, Gemarkung, Flurstücksnummer oder Grundbuchbezeichnung) im Wert von EUR . . . . . .
   bb) in . . . . . .
c) Wertpapiere
   aa) Aktien im Nennwert von EUR . . . . . .
   bb) Bundesobligationen im Nennwert von EUR . . . . . .
d) Sonstiges (Nennung) . . . . . .

Die Stiftung soll durch einen aus (zB bis zu 3) . . . . . . Mitgliedern bestehenden Vorstand verwaltet werden.

[Alternative:

Die Stiftung soll durch 2 Organe verwaltet werden:

a) einen aus (zB bis zu 3) . . . . . . Mitgliedern bestehenden Vorstand und
b) einen aus (zB 3 bis evtl. 5) . . . . . . Mitgliedern bestehenden Stiftungsrat (alternative Bezeichnung zB Kuratorium oder Beirat).

Für ein Amt im Vorstand bzw. im Stiftungsrat benenne ich folgende Persönlichkeiten:

a) Vorstand: (Name, Geburtsdatum, Anschrift)
b) Stiftungsrat: (Name, Geburtsdatum, Anschrift)

Die vorgenannten Personen sind zur Annahme des Amtes bereit. Eine entsprechende schriftliche Bestätigung der vorgenannten Personen ist als Anlagenkonvolut beigefügt.

Ich gebe der Stiftung die beigefügte Satzung, die wesentlicher Bestandteil dieses Stiftungsgeschäfts ist.]

. . . . . ., den . . . . . .

. . . . . .[3, 6]

Anmerkungen

1. Stiftungsgeschäft unter Lebenden. Die selbständige Stiftung bürgerlichen Rechts entsteht als rechtsfähige juristische Person gem. § 80 Abs. 1 BGB durch Stiftungsgeschäft und Anerkennung durch die zuständige Behörde des Landes, in dem die Stiftung ihren Sitz haben soll. Die Errichtung einer Stiftung ist sowohl durch Stiftungsgeschäft unter Lebenden als auch durch Stiftungsgeschäft von Todes wegen möglich (zum Stiftungsgeschäft von Todes wegen → Form. H.II.3).

Die Errichtung einer Stiftung unter Lebenden erfolgt durch eine einseitige, nicht empfangsbedürftige Willenserklärung. Die Errichtung durch mehrere Stifter ist in gleicher Weise möglich; sie erfolgt als Gesamtakt durch mehrere parallele nicht empfangsbedürftige Willenserklärungen (MüKoBGB/*Weitemeyer* § 81 Rn. 7). Durch das Stiftungsgeschäft muss der Stifter seinen Willen zum Ausdruck bringen, eine rechtlich selbständige Stiftung errichten zu wollen. Die allgemeinen Vorschriften über Rechtsgeschäfte finden Anwendung, bei (beschränkter oder voller) Geschäftsunfähigkeit sind daher die Regelungen der §§ 1641, 1804, 1915 BGB (Schenkungsverbot) zu beachten.

Das Stiftungsgeschäft besteht einerseits aus einem organisationsrechtlichen Teil, der auf die Schaffung einer juristischen Person gerichtet ist, und andererseits aus einem die Widmung des Stiftungsvermögens betreffenden vermögensrechtlichen Teil. Der Stifter muss verbindlich erklären, einen bestimmten Teil seines Vermögens auf Dauer der Erfüllung eines oder mehrerer von ihm selbst vorgegebener Zwecke zu widmen. Dabei muss die Absicht, eine selbständige Stiftung zu errichten, zum Ausdruck kommen (v. Campenhausen/Richter/*Hof* § 6 Rn. 21).

Die Anforderungen an die Erlangung der Rechtsfähigkeit sind durch die §§ 81 Abs. 1, 80 Abs. 2 BGB bundeseinheitlich geregelt. Soweit sich aus landesrechtlichen Regelungen weitere Erfordernisse ergeben, werden diese gem. Art. 31 GG verdrängt. Das Stiftungsgeschäft muss gem. § 81 Abs. 1 S. 2 BGB die verbindliche Erklärung des Stifters enthalten, ein Vermögen zur Erfüllung eines vom Stifter vorgegebenen Zwecks zu widmen. Weiterhin muss es gem. § 81 Abs. 1 S. 3 BGB eine Satzung bestimmen, die Regelungen über Namen, Sitz, Zweck, Vermögen und Bildung des Vorstandes der Stiftung enthält.

Die Stiftung erwirbt gem. § 82 S. 1 BGB durch ihre Anerkennung einen Anspruch auf Übertragung des vom Stifter zugesicherten Vermögens. Der Erwerb der zugesicherten Vermögensgegenstände erfolgt durch einzelne Übertragungsakte, die jeweils den sachenrechtlichen Vorschriften folgen. Verspricht der Stifter im Stiftungsgeschäft bestimmte Vermögensgegenstände, so hat er diese auch zu übertragen. Der Stiftungsvorstand kann jedoch gleichwertige Vermögensgegenstände erfüllungshalber oder an Erfüllungs statt annehmen. Rechte, zu deren Übertragung ein Abtretungsvertrag genügt, gehen gemäß § 82 S. 2 BGB grundsätzlich mit Anerkennung ipso iure auf die Stiftung über.

Ist das Stiftungsgeschäft nicht eindeutig, ist der tatsächliche Wille des Stifters im Wege der Auslegung zu ermitteln (zur Maßgeblichkeit des Stifterwillens BVerfGE 46, 73 [85]; BVerwGE 40, 347; BGHZ 99, 344 = NJW 1987, 2364 [2365]).

Umstritten ist, ob das Stiftungsgeschäft unter eine Bedingung gestellt werden kann. Der BGH hat dies im Grundsatz bejaht (BGH NJW 1978, 943 [944]). In der Literatur werden unterschiedliche Auffassungen vertreten, wobei richtigerweise solche Bedingungen ausgeschlossen sein dürften, die den Rechtsverkehr im Unklaren über den Bestand der Stiftung als juristische Person lassen würden (hierzu MüKoBGB/*Weitemeyer* § 81 Rn. 43).

Ein Widerruf des Stiftungsgeschäfts ist gem. § 81 Abs. 2 S. 1 BGB nur bis zur Anerkennung der Stiftung möglich. Solange der Stifter die Anerkennung der Stiftung bei der zuständigen Behörde noch nicht beantragt hat, kann das Stiftungsgeschäft jederzeit durch eine einseitige nicht empfangsbedürftige Willenserklärung widerrufen werden. Ausrei-

chend ist dabei jede Handlung, die nach außen den Widerrufswillen dokumentiert (wie zB die Vernichtung der Stiftungsurkunde), MüKoBGB/*Weitemeyer* § 81 Rn. 44. Ist die Anerkennung bereits bei der zuständigen Behörde beantragt, so kann der Widerruf nur dieser gegenüber erklärt werden (§ 81 Abs. 2 S. 2 BGB). Bei mehreren Stiftern kann jeder einzelne Stifter das Stiftungsgeschäft widerrufen; widerruft ein Mitstifter seine Stiftungserklärung, infiziert dieser Widerruf gem. § 139 BGB im Zweifel das gesamte Stiftungsgeschäft, dh auch die übrigen Stiftungserklärungen (vgl. MüKoBGB/*Weitemeyer* § 81 Rn. 7). Das Widerrufsrecht ist grundsätzlich vererblich (§ 1922 BGB), bei Vorliegen der Voraussetzungen des § 81 Abs. 2 S. 3 BGB jedoch ausgeschlossen. Ausführlich zum Widerruf des Stiftungsgeschäftes *Muscheler* ZStV 2017, 172.

Bei der Bestimmung des richtigen Zeitpunktes für die Errichtung einer Stiftung unter Lebenden (gleich ob gemeinnützig oder nicht) muss je nach Fallkonstellation beachtet werden, dass bei Ableben des Stifters etwaige Pflichtteilsergänzungsansprüche der Pflichtteilsberechtigten gem. §§ 2325 Abs. 3, 2329 Abs. 1 BGB auch noch innerhalb von zehn Jahren nach der Zuwendung an die Stiftung geltend gemacht werden können (vgl. BGH NJW 2004, 1382 = NZG 2004, 971 [„Stiftung Dresdner Frauenkirche"]; *Kollhosser* ZEV 2004, 117; v. Campenhausen/Richter/*Hof* § 6 Rn. 40; ausführlich zu Pflichtteilsergänzungsansprüchen bei Zuwendungen an Stiftungen *Schauer* npoR 2018, 49). Soll die Ergänzung des Pflichtteils um den Betrag der Zuwendung verhindert werden, sollte der Stifter mit der Errichtung der Stiftung nicht bis ins hohe Alter warten. Allerdings wird die Zuwendung nur dann mit dem vollen Wert angesetzt, wenn die Zuwendung innerhalb des ersten Jahres vor dem Erbfall erfolgte; liegt sie weiter zurück, wird sie innerhalb jeden weiteren Jahres vor dem Erbfall um jeweils ein Zehntel weniger berücksichtigt (§ 2325 Abs. 3 S. 1 BGB). Zu den Besonderheiten bei der Familienstiftung (Fristlauf) → Form. H.II.2.

2. Stifter. Der Stifter hat ein Grundrecht auf Stiftung (ganz hM; vgl. nur BeckOGK/*Jakob/Uhl* BGB § 80 Rn. 76; v. Campenhausen/Richter/*Hof* § 4 Rn. 8 ff.). Teils wird dabei auf die Eigentums- und Erbrechtsgarantie des Art. 14 GG abgestellt, teils auf die in Art. 2 Abs. 1 GG verankerte Regelungsfreiheit. Stifter können sowohl natürliche als auch juristische Personen, und zwar auch mehrere, sein. Der Stifter muss unbeschränkt geschäftsfähig sein; ist der Stifter verheiratet und lebt im gesetzlichen Güterstand der Zugewinngemeinschaft sind bei der Stiftungserrichtung unter Lebenden die Regelungen der §§ 1365 ff. BGB zu beachten.

3. Form. Das Stiftungsgeschäft bedarf nach § 81 Abs. 1 S. 1 BGB der schriftlichen Form und muss deshalb gem. § 126 Abs. 1 BGB vom Stifter eigenhändig durch Namensunterschrift oder mittels notariell beglaubigten Handzeichens unterzeichnet werden. Bei mehreren Stiftern gilt § 126 Abs. 2 BGB. Eine notarielle Beglaubigung der Unterschrift(en) ist nicht erforderlich. Nach § 126 Abs. 3 und 4 BGB kann die Schriftform durch die elektronische Form (§ 126a BGB) oder durch notarielle Beurkundung ersetzt werden.

Die Frage, ob eine notarielle Beurkundung gemäß § 311b Abs. 1 BGB erforderlich ist, wenn zum Stiftungsvermögen auch Grundstücke gehören, ist nach wie vor umstritten; nach hM im Stiftungsrecht reicht die Schriftform auch dann aus, wenn das Stiftungsgeschäft die Übertragung von Grundstücken vorsieht, vgl. OLG Schleswig SchlA 1995, 303 = DNotZ 1996, 770; MüKoBGB/*Reuter* § 81 Rn. 8 mwN (dort auch näher zum Streitstand). Gleichwohl kann es sich in der Praxis aus Gründen der Rechtssicherheit anempfehlen, das Stiftungsgeschäft bei Grundstücksübertragungen notariell zu beurkunden (zur „Kostenneutralität" einer solchen Vorgehensweise Feick Stiftung/*Fischer* § 6 Rn. 11).

Für die Übertragung von GmbH-Anteilen mittels Stiftungsgeschäft ist Schriftform ausreichend, da das Stiftungsgeschäft keine Vereinbarung iSd § 15 Abs. 4 GmbHG darstellt, sondern ein einseitiges Rechtsgeschäft ist (BeckHdb GmbH/*Schacht* § 12 Rn. 22; Lutter/Hommelhoff/*Bayer* GmbHG § 15 Rn. 53).

4. Steuerliche Behandlung der Errichtung und laufenden Vermögensausstattung einer Stiftung unter Lebenden. Die steuerliche Behandlung sowohl der Errichtung als auch der laufenden Vermögensausstattung einer Stiftung ist zunächst abhängig von der Frage, ob die Stiftung die Voraussetzungen der §§ 51 ff. AO für eine Steuerbefreiung auf Grund einer privilegierten gemeinnützigen, mildtätigen oder kirchlichen Tätigkeit erfüllt (nachfolgend als „gemeinnützige Stiftung" bezeichnet, wenngleich korrekterweise als Oberbegriff der Begriff „steuerbegünstigte Stiftung" verwendet werden müsste, wenn man nicht nur von einer gemeinnützigen Stiftung im engeren Sinne gem. § 52 AO spricht, sondern auch mildtätige und kirchliche Stiftungen meint, s. hierzu → Form. H.III.1 Anm. 8).

Geht man vom gesetzlichen Grundfall aus (keine gemeinnützige Stiftung), stellt der Übergang von Vermögen auf Grund eines Stiftungsgeschäfts unter Lebenden einen schenkungsteuerlich relevanten Vorgang iSd § 7 Abs. 1 Nr. 8 S. 1 ErbStG dar; spätere Zuwendungen sind nach § 7 Abs. 1 Nr. 1 ErbStG ebenfalls schenkungsteuerpflichtig. Ertragsteuerlich unterliegen Zuwendungen aus einem Betriebsvermögen des Stifters an die Stiftung als Privatentnahmen (§ 6 Abs. 1 Nr. 4 S. 1 EStG) der Besteuerung. Überträgt ein Stifter Betriebsvermögen auf eine nicht gemeinnützige Stiftung, so hat er die stillen Reserven aufzudecken und der Einkommensbesteuerung zu unterwerfen; erfolgt die unentgeltliche Zuwendung aus dem Privatvermögen des Stifters, so ist sie hingegen ertragsteuerlich unbeachtlich (vgl. hierzu im Einzelnen v.Campenhausen/Richter/*Richter* § 40 Rn. 41 ff.).

Das Gesetz sieht allerdings erhebliche steuerliche Vorteile für den Fall vor, dass die Stiftung den Anforderungen des Gemeinnützigkeitsrechts der Abgabenordnung entspricht (vgl. zu den gemeinnützigkeitsrechtlichen Anforderungen an eine Satzung AEAO zu § 60). So ist die Vermögensausstattung einer gemeinnützigen Stiftung durch den Stifter ebenso wie spätere Zuwendungen gem. § 13 Abs. 1 Nr. 16 lit. b ErbStG schenkungsteuerfrei möglich (ausführlich zur Besteuerung einer gemeinnützigen Stiftung Feick/*Ponath/Raddatz* Stiftung § 19 Rn. 2 ff.). Zu beachten ist jedoch, dass die Steuerbefreiung rückwirkend entfällt und es somit zur Nachversteuerung kommt, wenn die Anerkennungsvoraussetzungen innerhalb von zehn Jahren nach der Zuwendung wegfallen und das Vermögen nicht einem steuerbegünstigten Zweck zugeführt wird. In ertragsteuerlicher Hinsicht kann der Stifter bei Übertragung von Betriebsvermögen auf eine gemeinnützige Stiftung bei Einhaltung der Grundsätze des § 6 Abs. 1 Nr. 4 S. 4 EstG – anders als bei der nicht privilegierten Stiftung – das Buchwertprivileg in Anspruch nehmen mit der Folge, dass stille Reserven nicht aufzudecken und nicht der Einkommensbesteuerung zu unterwerfen sind. Die (laufende) Vermögensausstattung von gemeinnützigen Stiftungen bietet zudem die Möglichkeit des Spendenabzugs nach § 10b EStG bzw. § 9 Abs. 1 Nr. 2 KStG (ausführlich zu Steuervergünstigungen für Stifter und Spender Feick/*Ponath/Raddatz* Stiftung § 19 Rn. 8 ff.). Auch kommt dem Stifter für lebzeitige Vermögenszuwendungen in den Vermögensstock einer gemeinnützigen Stiftung das Privileg des Sonderausgabenabzugs gem. § 10b Abs. 1a EStG zu (hierzu ausführlich Feick/*Ponath/Raddatz* Stiftung § 19 Rn. 46 ff.).

Ein besonderes Anerkennungsverfahren hinsichtlich der Gemeinnützigkeit der Stiftung ist nicht vorgesehen. Ob eine Stiftung gemeinnützig ist, stellt das Finanzamt im Veranlagungsverfahren durch Steuerbescheid (ggf. Freistellungsbescheid) fest (Klein/*Gersch* AO § 59 Rn. 3). Angesichts der erheblichen Steuerkonsequenzen bei Nichtanerkennung empfiehlt es sich jedoch, die Stiftungssatzung vorab mit dem zuständigen Finanzamt hinsichtlich der Anerkennung der Gemeinnützigkeit der Stiftung abzustimmen (vgl. *Meincke/Hannes/Holtz* ErbStG § 13 Rn. 73). Eine vorläufige Bescheinigung des Finanzamtes in Bezug auf die Gemeinnützigkeit wird allerdings nicht mehr erteilt. Seit Inkrafttreten des § 60a AO gibt es vielmehr die Möglichkeit, das Vorliegen der satzungsmäßigen

Voraussetzungen der §§ 51, 59, 60 und 61 AO bei Neugründung einer Stiftung auf Antrag verbindlich feststellen zu lassen (hierzu Klein/*Gersch* AO § 60a Rn. 5).

Beabsichtigt der Erbe (nicht der Erblasser!), eine Stiftung zu errichten oder eine bereits bestehende Stiftung finanziell zu unterstützen, so eröffnet ihm § 29 Abs. 1 Nr. 4 ErbStG die Möglichkeit, das von Todes wegen erworbene Nachlassvermögen innerhalb von 24 Monaten nach Entstehung der Erbschaftsteuer einer gemeinnützigen inländischen Stiftung zuzuwenden und so ein rückwirkendes Erlöschen der Steuerlast zu erzielen. Entsprechendes gilt für die Weiterübertragung von Schenkungen unter Lebenden. Die Erbschaftsteuer auf den erworbenen Nachlass entsteht grundsätzlich mit dem Tod des Erblassers (§ 9 Abs. 1 Nr. 1 ErbStG), die Schenkungsteuer entsteht gem. § 9 Abs. 1 Nr. 2 ErbStG mit dem Zeitpunkt der Ausführung der Schenkung. Die Anwendung des § 29 Abs. 1 Nr. 4 ErbStG führt zu einer Steuerbefreiung in doppelter Hinsicht: Zum einen entfällt für die Zuwendung an den Erben bzw. den Beschenkten rückwirkend die Besteuerung, zum anderen ist die Zuwendung an die Stiftung selbst steuerbefreit (vgl. § 13 Abs. 1 Nr. 16b ErbStG).

Zur Grunderwerb- und Umsatzsteuer → Form. H.II.2 Anm. 5.

Zur Steuerschuldnerschaft und freien Wahlmöglichkeit des Stiftungserrichtungszeitpunkts → Form. H.II.2 Anm. 5.

5. Anerkennungsverfahren durch die zuständige Stiftungsbehörde. Die Entstehung der rechtsfähigen Stiftung bedarf gem. § 80 Abs. 1 BGB neben dem Stiftungsgeschäft der Anerkennung durch die zuständige Behörde des Landes, in dem die Stiftung ihren Sitz haben soll. Die Stiftung ist gem. § 80 Abs. 2 BGB auf Antrag als rechtsfähig anzuerkennen, wenn das Stiftungsgeschäft den Anforderungen des § 81 Abs. 1 BGB genügt, die dauernde und nachhaltige Erfüllung des Stiftungszwecks gesichert erscheint und der Stiftungszweck das Gemeinwohl nicht gefährdet (dazu insgesamt ausführlich *Burgard* NZG 2002, 697).

Die Prognose der Stiftungsbehörde hinsichtlich der „dauernden und nachhaltigen" Erreichbarkeit des Stiftungszwecks muss sich auf die finanzielle Erreichbarkeit des Stiftungszwecks und somit letztlich auf die Feststellung eines positiven Verhältnisses zwischen den voraussichtlichen Kosten zur Erreichung des Stiftungszwecks und den voraussichtlichen Erträgen aus dem Stiftungsvermögen richten. Sind künftige Zustiftungen mit einer gewissen Sicherheit zu erwarten, sind sie in die Prognoseentscheidung mit einzubeziehen (RegE BT-Drs. 14/8765, 8). Zur rechtsfähigen Verbrauchsstiftung noch unter → Form. H.II.3.

Eine Gefährdung des Gemeinwohls durch das Stiftungsgeschäft erachtet die Gesetzesbegründung unter Bezugnahme auf eine Entscheidung des Bundesverwaltungsgerichts dann für gegeben, wenn es hinreichend wahrscheinlich ist, dass die Erlangung der Rechtsfähigkeit und die damit verbundene Verfolgung des Stiftungszwecks durch die dann rechtsfähige Stiftung zu einer Beeinträchtigung von Verfassungsrechtsgütern führen würde (BVerwGE 106, 177 [„Republikaner-Stiftung"]; darauf bezugnehmend: RegE BT-Drs. 14/8765, 9). In der Literatur wird dieser Auffassung jedoch nicht gefolgt; einige Stimmen halten den Gemeinwohlvorbehalt für schlicht verfassungswidrig und damit unbeachtlich, andere wiederum – die den Vorbehalt im Grundsatz anerkennen – sehen eine Gemeinwohlgefährdung nur dann als gegeben an, wenn die Erfüllung des Stiftungszwecks gesetzes- oder sittenwidrig ist (in dem Fall wären Stiftungsgeschäft und – satzung aber ohnehin nichtig, hierzu ausführlich BeckOGK/*Roth* BGB § 80 Rn. 275 ff.; MüKoBGB/*Weitemeyer* § 80 Rn. 98 ff.).

Zur Beurteilung der Einhaltung der Anforderungen des § 81 Abs. 1 BGB (→ Anm. 1) hat der Stifter seinem Antrag das Stiftungsgeschäft und die Stiftungssatzung beizulegen. Je nach Bundesland wird die Einreichung weiterer Unterlagen gefordert, wie beispielsweise ein Vermögensnachweis, Einverständniserklärungen der Organmitglieder etc.

6. Kosten. Wird das Stiftungsgeschäft, das grundsätzlich nur der Schriftform bedarf (→ Anm. 3), notariell beurkundet, löst dies eine 1,0-Gebühr nach Nr. 21200 KV GNotKG aus und zwar unabhängig von der Zahl der Stifter. Sofern im Zuge der Errichtung weitere Geschäfte notariell beurkundet werden (zB eine spätere Auflassung), können weitere Gebühren anfallen. Der Geschäftswert richtet sich nach dem Wert aller Leistungen der Stifter, also nach dem Stiftungsvermögen (§ 97 Abs. 1 GNotKG).

Für die Anerkennung der Stiftung wird von der zuständigen Stiftungsbehörde eine Gebühr nach den betreffenden Landesvorschriften erhoben; gemeinnützige Stiftungen sind von der Gebührenpflicht in einigen Bundesländer allerdings befreit (s. Campenhausen/Richter/*Hof* § 6 Rn. 360).

2. Stiftungsgeschäft unter Lebenden zur Errichtung einer rechtsfähigen Familienstiftung (als besondere Erscheinungsform der rechtsfähigen Stiftung)

Stiftungsgeschäft[1, 2]

Hiermit errichte ich, ..., geb. am . . . . . ., wohnhaft . . . . . . die „. . . . . .-Stiftung" mit dem Sitz in . . . . . . als rechtsfähige Stiftung des bürgerlichen Rechts.[7]

Die Stiftung soll folgende Zwecke[3] verfolgen:

1. die finanzielle Unterstützung des Stifters, seines Ehegatten und seiner leiblichen Abkömmlinge, insbesondere, aber nicht ausschließlich in Fällen der persönlichen oder wirtschaftlichen Not oder sonstigen Bedürftigkeit,
2. die finanzielle Unterstützung der Aus- und Weiterbildung der leiblichen Abkömmlinge des Stifters,
3. (der Erhalt und die Förderung der . . . . . . KG mit ihren jeweiligen Beteiligungsunternehmen/die Förderung von . . . . . . (zB eines gemeinnützigen Zwecks iSd §§ 51 ff. AO)).[5]

Zur Erfüllung dieser Zwecke erhält die Stiftung folgende Vermögensausstattung . . . . . .[6]

Die Stiftung soll durch einen aus (zB bis zu 3) . . . . . . Mitgliedern bestehenden Vorstand verwaltet werden.

[Alternative:

Die Stiftung soll durch 2 Organe verwaltet werden:

a) einen aus (zB bis zu 3) . . . . . . Mitgliedern bestehenden Vorstand und
b) einen aus (zB 3 bis evtl. 5) . . . . . . Mitgliedern bestehenden Stiftungsrat (alternative Bezeichnung zB Kuratorium oder Beirat).

Für ein Amt im Vorstand bzw. im Stiftungsrat benenne ich folgende Persönlichkeiten:

Vorstand: (Name, Geburtsdatum, Anschrift)
Stiftungsrat: (Name, Geburtsdatum, Anschrift)

Die vorgenannten Personen sind zur Annahme des Amtes bereit. Eine entsprechende schriftliche Bestätigung der vorgenannten Personen ist als Anlagenkonvolut beigefügt.

Ich gebe der Stiftung die beigefügte Satzung,[5] die wesentlicher Bestandteil dieses Stiftungsgeschäfts ist.]

. . . . . ., den . . . . . .

. . . . . .[4, 8]

Anmerkungen

1. Sachverhalt. Die rechtsfähige Familienstiftung ist eine besondere Erscheinungsform der Stiftung, die ganz oder teilweise den Interessen einer oder mehrerer bestimmter Familien dient (s. zur Begriffsbestimmung → Form. H.III.2 Anm. 2. Durch das vorliegende Formular wird eine Familienstiftung unter Lebenden errichtet. Die korrespondierende Satzung einer Familienstiftung ist zu finden unter → Form. H.III.2.

2. Stiftungsgeschäft. → Form. H.II.1 Anm. 1. Auch bei der Familienstiftung ist zu berücksichtigen, dass je nach Einzelfall unter Umständen Pflichtteilsergänzungsansprüche gemäß §§ 2325, 2329 BGB geltend gemacht werden können. Hier ist allerdings ungeklärt, wann der Fristlauf gem. § 2325 Abs. 3 BGB in Gang gesetzt wird, wenn der Erblasser einer Stiftung, deren Begünstigter er ist, Vermögen zuführt (hierzu ausführlich *Scherer/Pawlytta* Jubiläumsschrift 10 Jahre DVEV 1995-2005, S. 127 ff., die sich auch mit der Frage befassen, wie der Fall zu behandeln ist, dass der Erblasser nicht nur Begünstigter, sondern zugleich auch einziges Vorstandsmitglied der Stiftung ist; s. allgemein zur sog. Genussrechtsprechung auch MAH ErbR *Scherer/Bregulla-Weber* § 20 Rn. 48).

3. Stiftungszweck. Das Formular sieht als Stiftungszweck ua die finanzielle Unterstützung des Stifters, seines Ehegatten und seiner leiblichen Abkömmlinge vor; daneben können auch weitere Zwecke formuliert werden. Sollen Unternehmensbeteiligungen in die Familienstiftung eingebracht werden, wird weiterer Zweck regelmäßig der Erhalt und die Förderung dieser Unternehmen sein. Daneben werden in der Stiftungssatzung in der Regel Angaben zu den Modalitäten der Auszahlung von Stiftungserträgen getroffen. Beispielsweise kann dem Vorstand freies Ermessen eingeräumt werden, ob die Voraussetzungen für die Auszahlung von Stiftungserträgen vorliegen und in welchem Umfang Auszahlungen an einen Begünstigten vorgenommen werden. Auch können dem Vorstand Kriterien zur Verteilung der Erträge unter den Begünstigten vorgegeben werden (zB dass Ausschüttungen zu Gunsten der Familienangehörigen eine bestimmte Prozentzahl der jährlichen Erträge des Stiftungsvermögens nicht überschreiten dürfen).

Der Stiftungszweck kann innerhalb der Schranken des § 80 Abs. 2 BGB (dauernde und nachhaltige Erfüllbarkeit; keine Gefährdung des Gemeinwohls) frei gewählt werden, solange die Stiftung nicht nur sich selbst oder nur dem Stifter dient. Eine unzulässige Selbstzweckstiftung liegt vor, wenn außer der Vermögenserhaltung und Vermögensbewirtschaftung keine weiteren Zwecke verfolgt werden. Gleiches gilt für die „Stiftung für den Stifter" (v. Campenhausen/Richter/*Hof* § 7 Rn. 60), die ausschließlich dem Nutzen des Stifters dient und insofern aus der Sicht des Stifters nicht (auch) uneigennützig ist.

4. Form. → Form. H.II.1 Anm. 3.

5. Stiftungssatzung → Form. H.III.2.

6. Steuerliche Behandlung der Errichtung einer Familienstiftung. Eine den Interessen einer Familie dienende Stiftung kann grundsätzlich nicht von den Steuerbegünstigungen des Gemeinnützigkeitsrechts nach §§ 51 ff. AO profitieren (vgl. aber § 58 Nr. 6 AO zur Möglichkeit der teilweisen Verwendung der Stiftungserträge einer gemeinnützigen Stiftung zur Unterstützung der Familie). Zur Stiftungsgestaltung im Lichte des neuen Erbschaftsteuerrechts *Blusz* DStR 2017, 1016.

Schenkungsteuerlich gelten bei Vermögensübertragungen zu Lebzeiten auf die Familienstiftung (wie auch auf alle sonstigen Stiftungen mit Ausnahme der gemeinnützigen Stiftung iSd §§ 51 ff. AO, hierzu → Form. H.II.1 Anm. 4) die allgemeinen Bestimmungen gem. §§ 1 I Nr. 2, 7 Abs. 1 Nr. 8 ErbStG; dh Vermögensübertragungen sind grundsätzlich

schenkungsteuerpflichtig. Allerdings können die Vergünstigungen nach §§ 13a, 13b ErbStG für Betriebsvermögen Anwendung finden (nicht hingegen die Tarifbegünstigung gem. § 19a ErbStG).

Grundsätzlich unterliegt der Übergang des Vermögens auf eine Stiftung der ungünstigen Besteuerung nach Steuerklasse III (vgl. § 15 Abs. 1 ErbStG). Für Familienstiftungen ergibt sich aus § 15 Abs. 2 S. 1 ErbStG allerdings eine Besonderheit: Bei Übergang von Vermögen auf eine vom Erblasser angeordnete Familienstiftung bzw. bei Übergang von Vermögen auf Grund eines Stiftungsgeschäftes unter Lebenden ist für die Ermittlung der Steuerklasse das Verwandtschaftsverhältnis des nach der Stiftungsurkunde entferntest Berechtigten zu dem Erblasser oder Schenker zu Grunde zu legen, sofern die Stiftung wesentlich im Interesse einer Familie oder bestimmter Familien im Inland errichtet ist. Zum Begriff des „entferntest Berechtigten" vgl. RFH RStBl. 1930, 556; TGJG/*Jülicher* ErbStG § 15 Rn. 103.

Durch entsprechende Satzungsgestaltung kann also eine deutlich günstigere Steuerklasse als die (normalerweise für Stiftungen geltende) Klasse III erreicht werden. Bei der Ermittlung der Steuerklasse und der persönlichen Freibeträge sind nicht nur die aktuellen Destinatäre zu berücksichtigen, sondern auch solche, die bei Errichtung der Stiftung noch nicht unmittelbar bezugsberechtigt sind, es aber in der Generationenfolge werden (vgl. RE 15.2 Abs. 1 ErbStR 2011). Nach Auffassung der Finanzverwaltung gilt die Steuerklasse I gem. § 15 Abs. 1 Nr. 2 iVm § 16 Abs. 1 Nr. 2 ErbStG (Freibetrag 400.000,– EUR), wenn neben dem Stifter nur die Kinder sowie Kinder vorverstorbener Kinder bezugsberechtigt sein sollen (vgl. HE 15.2 ErbStR 2011). Sollen darüber hinaus Enkel des Stifters bereits zu Lebzeiten ihrer Eltern oder entferntere Abkömmlinge des Stifters – unabhängig davon, ob ihre Eltern jeweils noch leben oder nicht – bezugsberechtigt sein, ist die Besteuerung hingegen nach der Steuerklasse I gem. § 15 Abs. 1 Nr. 3 iVm § 16 Abs. 1 Nr. 3 bzw. Nr. 4 ErbStG (Freibetrag 200.000,– EUR bzw. 100.000 EUR) vorzunehmen. Wird die Familienstiftung nur allgemein zugunsten der Familie des Stifters und ihrer Angehörigen errichtet, ist für die Besteuerung die Steuerklasse III (§ 15 I Steuerklasse III iVm § 16 Abs. 1 Nr. 7 ErbStG, Freibetrag 20.000,– EUR) einschlägig.

Soll die Stiftung neben der Begünstigung der Stifterfamilie noch weitere Zwecke verfolgen (zB gemeinnützige Zwecke iSd §§ 51 ff. AO), ist daran zu denken, dass diese ggf. das Steuerklassenprivileg des § 15 Abs. 2 ErbStG gefährden können (hierzu *v. Oertzen/Friz* BB 2014, 87 (88)). Die Regelung des § 15 Abs. 2 ErbStG greift jedoch nur für die Errichtung der Stiftung. Spätere Zuwendungen an die Stiftung (Zustiftungen) werden immer nach der Steuerklasse III besteuert. Eine stufenweise Errichtung der Familienstiftung kann somit schenkungsteuerlich nachteilig sein.

Die Finanzverwaltung nimmt eine Familienstiftung an, wenn nach der Satzung der Stifter, seine Angehörigen und deren Abkömmlinge entweder zu mehr als der Hälfte bezugs- oder anfallsberechtigt sind (§ 15 Abs. 2 AStG) oder wenn – neben einer entsprechender Berechtigung von mehr als einem Viertel – zusätzliche Merkmale wie zB der wesentliche Einfluss der Familie auf die Geschäftsführung der Stiftung ein „wesentliches Familieninteresse" belegen (R E 1.2 Abs. 2 S. 2 und 3 ErbStR 2011). Eine Stiftung dient dann wesentlich dem Interesse einer Familie oder bestimmter Familien, wenn nach der Satzung und gegebenenfalls dem Stiftungsgeschäft die Möglichkeit besteht, das Stiftungsvermögen, soweit es einer Nutzung zu privaten Zwecken zugänglich ist, zu nutzen und die Stiftungserträge an sich zu ziehen (vgl. R E 1.2 Abs. 3 S. 3 ErbStR 2011). Inwieweit von dieser Möglichkeit tatsächlich Gebrauch gemacht wird, ist nicht entscheidend (BFH 10.12.1997, BStBl. II 1997, 114; R E 1.2 Abs. 3 S. 6 ErbStR 2011). Es ist auch nicht schädlich, wenn die Stiftung nur den Interessen eines einzelnen Familienangehörigen dient (RFH RStBl. 1934, 75).

Steuerschuldner bei einer Stiftungserrichtung unter Lebenden sind gem. § 20 Abs. 1 S. 2 ErbStG die Stiftung und der Stifter. Bei der Errichtung der Stiftung unter Lebenden kann der Stifter – im Gegensatz zur Errichtung von Todes wegen – den Zeitpunkt der Errichtung frei wählen. Die freie Wahlmöglichkeit des Zeitpunkts der Stiftungserrichtung

kann im Hinblick auf die zu entrichtende Höhe der Schenkungsteuer von erheblichem Vorteil sein. So kann sich bei einer zeitweilig günstigen Bewertung des zuzuwendenden Vermögens die Gelegenheit bieten, entsprechend niedrige Werte mit der Folge entsprechend niedriger Steuerlast auf die Familienstiftung zu übertragen. Erhebliche Steuervorteile lassen sich beispielsweise nach § 11 BewG hinsichtlich zuzuwendender Aktien bei einer starken Börsenbaisse erzielen.

Die Übertragung von Vermögenswerten auf die Stiftung kann beim Stifter **Ertragsteuern** (ESt, KSt, GewSt) auslösen, wenn Wirtschaftsgüter aus einem Betriebsvermögen übertragen und dadurch stille Reserven aufgelöst werden. Das Buchwertprivileg des § 6 Abs. 1 Nr. 4 S. 4 EStG greift nicht ein, da das Wirtschaftsgut nicht einer steuerbefreiten Stiftung zur Verwendung für steuerbegünstigte Zwecke überlassen wird. Auf Seiten der Stiftung löst der Übertragungsvorgang keine Ertragsteuern aus.

Grunderwerbsteuerlich ist die unentgeltliche Zuwendung eines Grundstückes an eine Stiftung gem. § 3 Nr. 2 GrEStG steuerbefreit.

Die Übertragung von Vermögensgegenständen auf eine Stiftung unterliegt der **Umsatzsteuer,** wenn die Übertragung gleichzeitig eine Entnahme nach § 3 Abs. 1b UStG aus dem Unternehmen des Zuwendenden darstellt. Die Übertragung eines ganzen Betriebes oder Teilbetriebes ist umsatzsteuerbefreit (§ 1 Abs. 1a UStG), wenn der übertragene Geschäftsbetrieb bei der Stiftung weiter umsatzsteuerpflichtig ist.

7. Anerkennungsverfahren durch die zuständige Stiftungsbehörde. → Form. H.II.1 Anm. 5. Seit Inkrafttreten des Gesetzes zur Modernisierung des Stiftungsrechts vom 15.7.2002 besteht auch für Familienstiftungen ein bundesweiter Anspruch auf Anerkennung, vgl. § 80 Abs. 2 BGB. Die bis dahin geltenden verbietenden bzw. einschränkenden Regelungen der Landesstiftungsgesetze sind auf Grund der bundeseinheitlichen Neuregelung der §§ 80, 81 BGB unbeachtlich geworden (vgl. Palandt/*Ellenberger* BGB § 80 Rn. 8).

8. Kosten. → Form. H.II.1 Anm. 6.

3. Stiftungsgeschäft unter Lebenden zur Errichtung einer rechtsfähigen Verbrauchsstiftung

Stiftungsgeschäft[1]

Hiermit errichte ich,. . . . . ., geb. am . . . . . ., wohnhaft . . . . . ., die „. . . . . .-Stiftung“ in Form einer Verbrauchsstiftung mit dem Sitz in . . . . . . als rechtsfähige Stiftung des bürgerlichen Rechts.

[Im Übrigen wie bei → Form. H.II.1][3, 4]

. . . . . ., den . . . . . .

. . . . . .[2, 5]

Anmerkungen

1. Stiftungsgeschäft unter Lebenden zur Errichtung einer rechtsfähigen Verbrauchsstiftung. Das Formular sieht die Errichtung einer rechtsfähigen Verbrauchsstiftung unter Lebenden vor; die Verbrauchsstiftung kann aber auch als unselbständige Stiftung und/oder von Todes wegen errichtet werden.

Das Stiftungsgeschäft weist – hier mit Ausnahme des ausdrücklichen, aber nicht zwingenden Hinweises, dass die Stiftung in Form einer Verbrauchsstiftung errichtet wird

– grundsätzlich keine Besonderheiten zum Stiftungsgeschäft einer „normalen" rechtsfähigen Stiftung auf, die – anders als die Verbrauchsstiftung (siehe zur Legaldefinition § 80 Abs. 2 S. 2 BGB) – auf unbestimmte Zeit errichtet und deren Vermögen nicht gänzlich für die Zweckverfolgung verbraucht werden soll. Allerdings sind in der Satzung (die zugleich wesentlicher Bestandteil des Stiftungsgeschäftes ist) besondere Spezifikationen wie zB die zeitliche Mindestvorgabe von 10 Jahren als Anerkennungsvoraussetzung für eine Verbrauchsstiftung (vgl. § 80 Abs. 2 S. 2 BGB) zu beachten (hierzu → Form. H.III.7 Anm. 7; siehe auch die Musterformulierung für eine Satzungsregelung zum Vermögensverbrauch Feick/*Fischer* Stiftung § 6 Rn. 6). Zum wesentlichen Unterschied zwischen Verbrauchsstiftung und Dauerstiftung MHdB GesR/*Schwake*, Bd. 5, § 83 Rn. 14 ff.

2. Form. → Form. H.II.1 Anm. 3.

3. Stiftungssatzung. → Form. H.III.7, aber → Anm. 1 zu den besonderen Spezifikationen.

4. Steuerliche Behandlung der Errichtung und laufenden Vermögensausstattung einer rechtsfähigen Verbrauchsstiftung unter Lebenden. Die steuerliche Behandlung der Errichtung und laufenden Vermögensausstattung einer Verbrauchsstiftung unter Lebenden richtet sich zunächst nach denselben Grundsätzen wie die einer rechtsfähigen Stiftung im Allgemeinen und ist somit von der Frage abhängig, ob die Verbrauchsstiftung steuerbegünstigte Zwecke iSd §§ 51 ff. AO verfolgt (hierzu ausführlich → Form. H.II.1 Anm. 4). Ist die Stiftung als Familienverbrauchsstiftung ausgestaltet (allgemein zur Familienverbrauchsstiftung Feick Stiftung/*Lehmann/Hahn* § 14 Rn. 14 ff.), ist entsprechend auf die Ausführungen zur rechtsfähigen Familienstiftung unter → Form. H.II.2 Anm. 5 zu verweisen.

Zu beachten ist ganz grundsätzlich allerdings, dass das besondere Spendenabzugsprivileg gem. § 10b Abs. 1a EStG nicht für Zuwendungen/Zustiftungen an eine Verbrauchsstiftung gilt (s. § 10b Abs. 1a 2 EStG). Für Verbrauchsstiftungen verbleibt es bei der regulären Spendenabzugsmöglichkeit gem. § 10b I EStG.

Zu der Frage, ob Verbrauchsstiftungen begünstigte Empfänger iSd § 29 Abs. 1 Nr. 4 ErbStG sein können *v. Oertzen/Schienke-Ohletz* ZEV 2015, 609.

5. Kosten. → Form. H.II.1 Anm. 6.

4. Stiftungsgeschäft der nichtrechtsfähigen (treuhänderischen) Stiftung unter Lebenden

Stiftungsgeschäft der nichtrechtsfähigen (treuhänderischen) . . . . . .-Stiftung unter Lebenden[1, 2]

Zwischen . . . . . .

– nachfolgend „Stifter"[3] –

und . . . . . .

– nachfolgend „Stiftungsträger" –

wird hiermit das folgende Stiftungsgeschäft[4] unter Lebenden abgeschlossen:

1. **Der Stifter errichtet hiermit die . . . . . .-Stiftung" als nichtrechtsfähige Stiftung des bürgerlichen Rechts in der Verwaltung des Stiftungsträgers mit dem Sitz in . . . . . .**
2. **Zweck der Stiftung ist die Förderung der Volksbildung, insbesondere die Förderung der pädagogischen Bildung auf dem Gebiet von Naturwissenschaft und Technik.**

3. Die Einzelheiten ergeben sich aus der als Anlage beigefügten Stiftungssatzung.[4] Die Satzung ist wesentlicher Bestandteil des Stiftungsgeschäfts. Sie ist darüber hinaus in gesonderter Urkunde niedergelegt.
4. Der Stifter stattet die Stiftung mit einem Vermögen im Wert von EUR . . . . . . (in Worten: Euro . . . . . .) aus. Zu diesem Zweck überträgt er . . . . . . in Höhe von EUR . . . . . . auf den Stiftungsträger. Der Stiftungsträger nimmt die Abtretung und Übertragung an.
5. Das Vermögen und die Erträge der Stiftung sind nach den in der als Anlage beigefügten Stiftungssatzung niedergelegten Grundsätzen vom eigenen Vermögen des Stiftungsträgers getrennt zu halten, zu verwalten und zu verwenden.[1, 2, 6]
6. Die Rechte und Pflichten des Stiftungsträgers ergeben sich im Übrigen aus der als Anlage beigefügten Satzung.
7. Zu Mitgliedern des ersten Stiftungsrats bestimmt der Stifter:
   . . . . . .
8. Für die Verwaltung des Stiftungsvermögens erhält der Stiftungsträger aus den Erträgen der Stiftung die Aufwendungen erstattet, die ihm durch die Tätigkeit als Stiftungsträger entstehen. Eine darüber hinaus gehende Vergütung erhält der Stiftungsträger nicht.
9. Die vertragstypologische Einordnung des Stiftungsgeschäfts unter Lebenden ist bislang nicht eindeutig geklärt. Die Parteien gehen einvernehmlich davon aus, dass es sich um einen Treuhandvertrag handelt.[2] Der Rücktritt von diesem Vertrag sowie die Ausübung eines eventuell bestehenden Widerrufs- oder Kündigungsrecht ist nur aus wichtigem Grund zulässig. Der Vertrag endet nicht durch den Tod des Stifters. Die Rechte und Pflichten aus diesem Stiftungsgeschäft (Treuhandvertrag) gehen auf dessen Erben über. Der Stifter und die Erben können die Erfüllung der vom Stiftungsträger übernommenen Pflichten verlangen.
10. Sollten Bestimmungen dieses Stiftungsgeschäfts (Treuhandvertrages) oder künftig in ihm aufgenommene Bestimmungen ganz oder teilweise rechtsunwirksam sein oder ihre Rechtswirksamkeit oder Durchführbarkeit später verlieren, soll hierdurch die Gültigkeit der übrigen Bestimmungen des Vertrages nicht berührt werden. Das Gleiche gilt, soweit sich herausstellen sollte, dass der Vertrag eine Regelungslücke enthält. An Stelle der unwirksamen oder undurchführbaren Bestimmungen oder zur Ausfüllung der Lücke soll eine angemessene Regelung gelten, die, soweit rechtlich möglich, dem am nächsten kommt, was die Vertragsparteien gewollt haben würden, soweit sie bei Abschluss dieses Vertrages oder bei der späteren Aufnahme einer Bestimmung den Punkt bedacht hätten. Dies gilt auch, wenn die Unwirksamkeit einer Bestimmung etwa auf einem in dem Vertrag vorgeschriebenen Maß der Leistung oder Zeit (Frist oder Termin) beruht; es soll dann ein dem Gewollten möglichst nahe kommendes, rechtlich zulässiges Maß der Leistung oder Zeit (Frist oder Termin) als vereinbart gelten.

(Ort, Datum) ([. . . . . .], Stifter)[3]

(Ort, Datum) ([. . . . . .], Stiftungsträger)[2, 5, 7]

Anmerkungen

1. Sachverhalt; allgemeine Errichtungsvoraussetzungen einer nichtrechtsfähigen (unselbständigen) Stiftung. Die unselbständige Stiftung ist keine rechtsfähige Stiftung im Sinne der §§ 80 ff. BGB, aber gleichwohl eine Stiftung im funktionalen Sinne (vgl. BayOblG NJW 1973, 249; Palandt/*Ellenberger* BGB Vorb. v. § 80 Rn. 10). Unter einer unselbstständigen (nichtrechtsfähigen) Stiftung versteht man die Übertragung von Vermögenswerten des Stifters an eine natürliche Person oder an einen anderen mit Rechtsfähigkeit ausgestatteten Stiftungsträger (juristische Person) mit der Maßgabe, die übertragenen Werte wirtschaftlich getrennt von seinem Eigenvermögen als Sondervermögen zu verwalten und dauerhaft zur Verfolgung von Zwecken zu nutzen, die der Stifter festgelegt hat (BGH DStR 2015, 1123 [1125]; BGH NJW 2009, 1738; OFD Frankfurt a. M. DStR 2012, 610).

Die unselbständige Stiftung zeichnet sich dabei ebenso wie die selbständige Stiftung durch eine nichtverbandsmäßige Struktur und durch die Widmung von Vermögen für eine bestimmte Zweckverwendung aus (Schauhoff/*Schauhoff* Gemeinnützigkeits-Hdb § 3 Rn. 181). Im Gegensatz zur selbständigen Stiftung entsteht die unselbständige Stiftung nicht durch einen einseitigen Organisationsakt und staatliche Anerkennung, sondern durch ein Vertragsverhältnis zwischen Stifter und Stiftungsträger (dazu noch nachfolgend → Anm. 2), vgl. BGH NJW 2009, 1738; v. Campenhausen/Richter/*Hof* § 36 Rn. 35. Denn anders als die selbständige Stiftung ist die unselbständige Stiftung keine juristische Person; ihr fehlt die eigene Rechtspersönlichkeit. Sie bedarf deswegen, um rechtswirksam handeln zu können, eines rechtsfähigen Trägers (v. Campenhausen/Richter/*Hof* § 36 Rn. 1), der nach vertraglicher Maßgabe des Stifters das Stiftungsvermögen treuhänderisch als Sondervermögen verwaltet. Darüber hinaus bedarf es der Übertragung des Stiftungsvermögens auf den Stiftungsträger; erst dann ist die unselbständige Stiftung errichtet (Schlüter/Stolte StiftungsR Kap. 4 Rn. 32).

Die unselbständige Stiftung hat gegenüber der selbständigen Stiftung den Vorteil, dass weder eine staatliche Aufsicht besteht, noch ein besonderer organisatorischer Stiftungsaufwand durch Bestellung von Organen, Genehmigung von Satzungsänderungen etc erforderlich wird (ausführlich zu den Vorteilen und dem Anwendungsbereich unselbständiger Stiftungen in der Nachfolgepraxis Feick/*Pawlytta/Pfeiffer* Stiftung § 34 Rn. 11 ff.). Die unselbständige Stiftung kann die bereits beim Stiftungsträger bestehenden Strukturen nutzen. Der Stiftungsträger tritt nach außen im eigenen Namen auf und ist im Innenverhältnis an die schuldrechtlichen (oder bei einer unselbständigen Stiftung von Todes wegen an die erbrechtlichen) Vorgaben aus dem Stiftungsgeschäft, insbesondere an den Stiftungszweck, gebunden. Zur Überwachung und Prüfung der Geschäftstätigkeit des Stiftungsträgers im Hinblick auf die Erhaltung des Stiftungsvermögens und die Erfüllung der Stiftungszwecke kann es empfehlenswert sein, einen Stiftungsrat zu bestellen, der aus ehrenamtlich tätigen, besonders qualifizierten Personen besteht.

Die Errichtung einer unselbständigen Stiftung ist in der Praxis insbesondere dann interessant, wenn das zu stiftende Vermögen ein Volumen von unter 250.000,00 EUR hat. Der geringe Verwaltungsaufwand macht es möglich, auch mit einem geringen Vermögen den Stiftungszweck dauerhaft effektiv zu verfolgen.

2. Stiftungsgeschäft unter Lebenden. Die Errichtung einer unselbständigen Stiftung kann sowohl durch Stiftungsgeschäft unter Lebenden als auch durch Stiftungsgeschäft von Todes wegen erfolgen (zur unselbständigen Stiftung von Todes wegen *Muscheler* ZEV 2014, 573). Das Stiftungsgeschäft zur Errichtung einer unselbständigen Stiftung unter Lebenden ist ein schuldrechtlicher Vertrag zwischen dem Stifter und dem Stiftungsträger. Durch den Stiftungsvertrag verpflichtet sich der Stifter, dem Träger die zur

Erfüllung des Stiftungszwecks erforderlichen Vermögensgegenstände zu übertragen. Der Stiftungsträger verpflichtet sich, diese als Sondervermögen zu verwalten und dem Stiftungszweck entsprechend zu verwenden (v. Campenhausen/Richter/*Hof* § 36 Rn. 35). Aufgrund des Vertragscharakters ist das Stiftungsgeschäft zur Errichtung einer unselbständigen Stiftung unter Lebenden im Gegensatz zum Stiftungsgeschäft der selbständigen Stiftung folglich empfangsbedürftig und von der Annahme durch den vorgesehenen Stiftungsträger abhängig. Die Auslegung des Stiftungsgeschäfts richtet sich dementsprechend nach dem Empfängerhorizont und nicht wie beim Stiftungsgeschäft zur Errichtung einer selbständigen Stiftung allein nach dem Stifterwillen.

Das Stiftungsgeschäft kann in Form einer Schenkung unter Auflage (§§ 518, 525 BGB), in Form eines Treuhandvertrags als Auftrag oder bei Entgeltlichkeit als Geschäftsbesorgungsvertrag oder durch Vertrag sui generis erfolgen (BGH DStR 2015, 1123 [1125]; BGH NJW 2009, 1738). Es steht den Parteien regelmäßig frei, welche Vertragsgrundlage sie für die Errichtung einer unselbständigen Stiftung wählen (BGH DStR 2015, 1123 [1125]; BGH NJW 2009, 1738 [1739]). Da die vertragstypologische Einordnung der unselbständigen Stiftung bis heute nicht eindeutig geklärt ist, sollte jedes Stiftungsgeschäft die ausdrückliche Angabe der gewählten Vertragsart enthalten. Keine der genannten Vertragsarten ist allerdings frei von Problemen (hierzu BeckOK BGB/*Backert* § 80 Rn. 22). Bei der Treuhand stellt sich insbesondere die Frage der Kündbarkeit dieses Verhältnisses. Hier ist unter anderem bei der Verwendung vorformulierter Musterverträge, die häufig bei der professionellen Verwaltung von unselbständigen Stiftungen zum Einsatz kommen, daran zu denken, dass sie nach Auffassung des BGH dem Recht der Allgemeinen Geschäftsbedingungen unterfallen (hier ist insbesondere § 309 Nr. 9a BGB zu beachten), BGH NJW 2009, 1738 [1739]).

3. Stifter. → Form. H.II.1 Anm. 2. Der Stifter und Stiftungsträger müssen grundsätzlich personenverschieden sein, da die Errichtung einer unselbständigen Stiftung in Personalunion von Stifter und Stiftungsträger (sog. „Eigenstiftung“) aufgrund des Vertragscharakters der unselbständigen Stiftung nach herrschender Meinung unzulässig ist.

4. Inhalt des Stiftungsgeschäfts. Durch das Stiftungsgeschäft wird zum einen die Verpflichtung des Stifters zur Übertragung bestimmter Vermögenswerte auf den Stiftungsträger festgelegt. Zum anderen sind Regelungen hinsichtlich der zweckgebundenen Verwaltung des Stiftungsvermögens durch den Stiftungsträger zu treffen. Da die Vorgaben des § 81 Abs. 1 BGB nicht greifen, kann der Stifter die Stiftung flexibler ausgestalten. Es empfiehlt sich dennoch, eine Regelung hinsichtlich Name und Ort des Sitzes der Stiftung, des Stiftungszwecks, des Stiftungsvermögens und der Stiftungsorganisation und -verwaltung zu treffen. Die Einzelheiten sind dabei in der Stiftungssatzung zu regeln (→ Form. H.III.3), die in das Stiftungsgeschäft miteinbezogen wird.

5. Form. Die Errichtung einer unselbständigen Stiftung setzt grds. keine besondere Form voraus. Rechtlich wäre es ausreichend, dass der Stifter dem Stiftungsträger das Stiftungsvermögen übergibt und ihm den Stiftungszweck erläutert. Die Schriftform ist aber aus Beweisgründen zu empfehlen. Etwas anderes gilt allerdings für den Fall, dass es sich bei dem Stiftungsgeschäft um eine Schenkung unter Auflage handelt. Diese bedarf gem. § 518 Abs. 1 BGB der notariellen Beurkundung. Ein Formmangel würde allerdings gem. § 518 Abs. 2 BGB durch die Bewirkung der versprochenen Leistung geheilt. Vom Übertragungsobjekt abhängige Formvorschriften wie § 15 Abs. 3, 4 GmbHG oder § 311b Abs. 1, 3 BGB sind zu beachten.

6. Steuerliche Behandlung der Errichtung einer unselbständigen Stiftung unter Lebenden. Zur Errichtung der unselbständigen Stiftung wird das vertraglich fixierte (Stiftungs-) Vermögen auf den Stiftungsträger übertragen, der das Vermögen treuhänderisch nach Maßgabe des Stiftungszwecks verwaltet. Es stellt sich mithin die Frage, wie die treu-

händerische Vermögensübertragung steuerlich zu behandeln ist. Zunächst ist im Grundsatz festzuhalten, dass die unselbständige Stiftung gem. § 1 Abs. 1 Nr. 5 KStG ein eigenes Körperschaftsteuersubjekt ist; dies bedeutet zugleich, dass unselbständige Stiftungen, die steuerbegünstigte Zwecke iSd §§ 51 ff. AO verfolgen, von der Körperschaftsteuerbefreiung gem. § 5 Abs. 1 Nr. 9 KStG und von den ertragsteuerlichen Spendenabzugsregelungen der § 10b Abs. 1 und 1a EStG profitieren können (Feick/*Pawlytta/Pfeiffer* Stiftung § 34 Rn. 8; zum Spendenabzug vgl. auch BFH/NV 2011, 769; BeckOK EStG/*Unger* § 10b Rn. 240). Wenn die Anforderungen an die Steuerbegünstigung nach §§ 51 ff. AO erfüllt werden, ergibt sich darüber hinaus eine Gewerbesteuerbefreiung aus § 3 Nr. 6 GewStG, eine Grundsteuerbefreiung aus § 3 Abs. 1 Nr. 3 lit. b GrStG und Vergünstigungen bei der Umsatzsteuer nach §§ 4a Abs. 1, 12 Abs. 2 Nr. 8 UStG. Zudem können Entnahmen aus dem Betriebsvermögen zum Zwecke von Zuwendungen an eine steuerbegünstigte Stiftung zum Buchwert angesetzt werden, wenn das entnommene Wirtschaftsgut der Stiftung unmittelbar überlassen wird, § 6 Abs. 1 Nr. 4 S. 5 EStG. Diese Regelung ist über den Verweis auf § 5 Abs. 1 Nr. 9 KStG auch bei Zuwendungen an unselbständige Stiftungen anwendbar. Zuwendungen aus dem Privatvermögen sind ertragsteuerrechtlich grundsätzlich unbeachtlich.

Im Erbschaft- und Schenkungsteuerrecht ist in Bezug auf die steuerliche Einordnung der unselbständigen Stiftung zu differenzieren: Die schenkungsteuerliche Behandlung der Errichtung einer unselbständigen Stiftung unter Lebenden (wie auch die laufenden Zuwendungen an sie) ist einerseits vom Stiftungszweck und andererseits vom Kreis der Begünstigten abhängig. Ist der Stiftungszweck unpersönlich oder begünstigt er einen unbestimmten Personenkreis, liegt bezüglich des zugewandten Vermögens eine nach § 1 Abs. 1 Nr. 3 ErbStG steuerbare Zweckzuwendung im Sinne von § 8 ErbStG vor (TGJG/*Gottschalk* ErbStG § 8 Rn. 50 ff.). Die Übertragung des Stiftungsvermögen unterliegt in dem Fall der ungünstigsten Steuerklasse III, § 15 Abs. 1 ErbStG. Steuerschuldner ist hier nach § 20 Abs. 1 S. 1 ErbStG der Beschwerte. Er kann die Steuerschuld aus dem Stiftungsvermögen begleichen; der Beschwerte gilt als in dem Umfang, in dem er aus dem Stiftungsvermögen die Steuerschuld begleicht, von der Zweckbindung befreit (*Meincke/Hannes/Holtz* ErbStG § 20 Rn. 14). Ist der begünstigte Personenkreis dagegen zumindest bestimmbar (so zB bei unselbständigen Familienstiftungen), stellt die Zuwendung von Vermögenswerten keine Zweckzuwendung iSd § 8 ErbStG dar (TGJG/*Jülicher* ErbStG § 13 Rn. 53). Zuwendungen sind dann unmittelbar bei den Begünstigten nach § 7 Abs. 1 Nr. 1 ErbStG steuerbar. Bei einem eng begrenzten Kreis der Begünstigten soll jedoch ausnahmsweise dann eine einheitlich zu versteuernde Zweckzuwendung angenommen werden können, wenn sich die Verwaltung des Zweckvermögens über einen längeren Zeitraum erstreckt und das Vermögen letztlich einer rechtsfähigen Stiftung zugeführt werden soll.

Ist die unselbständige Stiftung als gemeinnützig iSd §§ 51 ff. AO einzustufen, ist der Beschwerte in Bezug auf die zu ihrer Errichtung zugewendeten Vermögensgegenstände (aber auch hinsichtlich späterer Zuwendungen) gem. § 13 Abs. 1 Nr. 16b ErbStG von der Schenkungsteuer befreit (hierzu TGJG/*Jülicher* ErbStG § 13 Rn. 188). Auf die gemeinnützige Zweckverfolgung des Stiftungsträgers iSd §§ 51 ff. AO kommt es hingegen nicht an. Eine weitere Steuerbefreiungsmöglichkeit ergibt sich aus § 13 Abs. 1 Nr. 17 ErbStG (TGJG/*Gottschalk* ErbStG § 8 Rn. 55 mwN). Allerdings muss in einem solchen Fall eine Versicherung des Empfängers über die Verwendung der Zuwendung für die begünstigten Zwecke ausgestellt werden; bei größeren Zuwendungen kann sich die notarielle Beurkundung einer Verwendungsauflage empfehlen (TGJG/*Jülicher* ErbStG § 13 Rn. 223, 225).

Handelt es sich bei der nichtrechtsfähigen Stiftung um eine unselbständige Familienstiftung, wurde in der Vergangenheit diskutiert, ob sie – wie die rechtsfähige Familienstiftung – der Ersatzerbschaftsteuer nach § 1 Abs. 1 Nr. 4 ErbStG unterliegt. Der BFH hat

sich mit Urteil vom 25.1.2017 (DStR 2017, 597) eindeutig gegen eine Ersatzerbschaftsteuerpflicht der unselbständigen Familienstiftung ausgesprochen; der Anwendungsbereich des § 1 Abs. 1 Nr. 4 ErbStG ist nicht eröffnet.

7. Kosten. → Form. H.II.1 Anm. 6, allerdings entsteht für die Gründung einer unselbständigen Stiftung durch notarielle Vereinbarung eine 2,0-Gebühr (Nr. 21100 KV GNotKG).

5. Stiftungsgeschäft von Todes wegen zur Errichtung einer rechtsfähigen Stiftung

Testament

Ich, ..., geb. am . . . . . ., wohnhaft . . . . . ., errichte hiermit ein Testament. Ich bin ausschließlich . . . . . . Staatsangehöriger und habe meinen gewöhnlichen Aufenthalt in Deutschland. Ich bin verwitwet und habe keine Kinder. Ich bin weder durch ein bindend gewordenes gemeinschaftliches Testament noch durch Erbvertrag in meiner Testierfreiheit beschränkt. Vorsorglich hebe ich alle bislang von mir errichteten Verfügungen von Todes wegen in vollem Umfang auf. Es haben ausschließlich nachfolgende Verfügungen von Todes wegen Gültigkeit.

§ 1 Erbeinsetzung

Zu meiner alleinigen Erbin setze ich eine (gemeinnützige) Stiftung ein, die ich, wenn sie bei meinem Tod noch nicht besteht, hiermit von Todes wegen nach Maßgabe der folgenden Bestimmungen errichte: [1, 2, 3, 8]

a) Die Stiftung ist eine selbständige, rechtsfähige Stiftung iSd §§ 80, 81 BGB, die den Namen . . . . . . trägt und ihren Sitz in . . . . . . hat.
b) Ich bestimme, dass EUR . . . . . . meines Geld-/Kontenvermögens sowie meine gesamten Beteiligungen an . . . . . . das Grundstockvermögen der Stiftung bilden soll.
c) Als Zweck der Stiftung bestimme ich . . . . . . (zB einen gemeinnützigen Zweck iSd §§ 51 ff. AO).
d) Das einzige Organ der Stiftung, der Stiftungsvorstand, soll aus drei Personen bestehen, die vom Testamentsvollstrecker benannt werden.
e) Die Stiftung erhält die als Anlage 1 beigefügte Satzung[4], die Bestandteil dieses Testaments und des Stiftungsgeschäfts von Todes wegen ist und zudem weitere Einzelheiten über die Organisation der Stiftung, die Verwirklichung des Zwecks und die Begünstigtenstellung regelt.
   → Form. H.III.1 (Satzung einer rechtsfähigen gemeinnützigen Stiftung bürgerlichen Rechts)

§ 2 Testamentsvollstreckung[5]

Ich ordne Abwicklungstestamentsvollstreckung an. Zu meinem Testamentsvollstrecker ernenne ich . . . . . ., geb. am . . . . . ., wohnhaft/dienstansässig . . . . . . Er ist berechtigt, einen Ersatz-Testamentvollstrecker für den Fall zu benennen, dass er das Amt nicht antritt oder nach Annahme des Amtes wegfällt. Soweit eine Benennung nicht erfolgt oder der Ersatz-Testamentsvollstrecker das Amt nicht antritt oder nach Annahme des Amtes wegfällt, wird das zuständige Nachlassgericht ersucht, eine geeignete Person zum Testamentsvollstrecker zu ernennen.

Der Testamentsvollstrecker hat insbesondere die Aufgabe, das Anerkennungsverfahren der Stiftung, soweit sie noch nicht lebzeitig errichtet ist, zu betreiben. Sollte zur Anerkennung[6] der Stiftung oder zur Erlangung der Steuerbefreiung wegen Verfolgung steuerbegünstigter Zwecke eine Änderung der Satzung erforderlich werden, so ist der Testamentsvollstrecker befugt diese vorzunehmen.[8] Der Testamentsvollstrecker bestimmt ferner die Vorstandsmitglieder; er darf sich auch selbst zum Vorstandsmitglied bestellen.

Der Testamentsvollstrecker ist von den Beschränkungen des § 181 BGB befreit. In der Eingehung von Verbindlichkeiten für den Nachlass ist er nicht beschränkt.

Der Testamentsvollstrecker erhält eine Vergütung, deren Höhe sich nach den üblichen Stundensätzen des Testamentsvollstreckers für seine berufliche Tätigkeit richtet, pro Stunde als Zeithonorar nebst Auslagen sowie zuzüglich Umsatzsteuer.[5]

. . . . ., den . . . . . .

. . . . . .[7, 9]

Anmerkungen

1. Stiftungsgeschäft bei Errichtung einer Stiftung von Todes wegen. Die Errichtung einer Stiftung von Todes wegen geschieht – wie hier – durch Einzeltestament gem. §§ 2247 ff. BGB, durch gemeinschaftliches Testament gem. §§ 2265 ff. BGB oder Erbvertrag gem. §§ 2274 ff. BGB (zur Wirksamkeit einer Ehegattenstiftung durch Erbvertrag BGH NJW 1978, 943 ff.; zum Stiftungsgeschäft durch gemeinschaftliches Testament/Erbvertrag → Form. H.II.6 Anm. 5). Es gelten sowohl die stiftungsrechtlichen als auch die erbrechtlichen Vorschriften. Die Stiftungserrichtung von Todes wegen stellt ein höchstpersönliches Rechtsgeschäft dar, Stellvertretung ist gem. §§ 2064, 2065 BGB ausgeschlossen. Ein testamentarisches Stiftungsgeschäft ist gemäß der gesetzlichen Vorgaben für eine wirksame Testamentserrichtung nach § 2247 Abs. 1 bis 3 BGB vom Stifter eigenhändig zu unterschreiben und mit Zeit- und Ortsangabe zu versehen. Die Vermögenszuwendung kann dabei im Wege einer Erbeinsetzung, eines Vermächtnisses oder einer Auflage erfolgen. Der Erblasser kann darüber hinaus dem Erben zur Auflage machen, aus der Erbmasse eine Stiftung unter Lebenden zu errichten (grds. zur Errichtungsverpflichtung einer rechtsfähigen Stiftung im Wege der Auflage (→ Form. H.II.7 Anm. 3). Bei Unklarheiten im Stiftungsgeschäft kommen die erbrechtlichen Auslegungsregeln zur Anwendung (vgl. ausführlich v. Campenhausen/Richter/*Hof* § 6 Rn. 72 ff.).

Ist eine Stiftung (gleich ob bereits zu Lebzeiten oder erst von Todes wegen errichtet) nur Miterbe, so empfiehlt sich die konkrete Zuordnung von Vermögensgegenständen im Sinne einer Teilungsanordnung, um durch Schaffung klarer Vermögensverhältnisse eine Erbauseinandersetzung zu erleichtern. Für den Vermögensübergang gelten allein erbrechtliche Regelungen. Bei Anerkennung der Stiftung als rechtsfähig erst nach dem Tod des Stifters gilt die Fiktion des § 84 BGB.

Die Stiftung haftet gemäß §§ 1967 ff. BGB als Erbe für die Nachlassverbindlichkeiten des Erblassers.

Der Widerruf eines durch letztwillige Verfügung errichteten Stiftungsgeschäfts von Todes wegen bestimmt sich ausschließlich nach erbrechtlichen Grundsätzen (Staudinger/*Hüttemann/Rawert* BGB § 83 Rn. 23). Es kann daher vom Stifter grundsätzlich jederzeit widerrufen werden, §§ 2253 ff. BGB. Beim gemeinschaftlichen Testament und Erbvertrag sind allerdings Besonderheiten und Einschränkungen zu dem vorgenannten Grundsatz zu beachten (beim gemeinschaftlichen Testament sind insbesondere die Regelungen der §§ 2270 bis 2272 BGB zu berücksichtigen, beim Erbvertrag die Regelungen der §§ 2290 bis 2299 BGB). Den Erben des Stifters steht hingegen nach ganz hM im Falle des § 83

BGB kein Widerrufsrecht zu, da die Regelung des § 81 Abs. 2 BGB, nach der der Stifter bis zur Anerkennung der Stiftung zum Widerruf berechtigt ist, auf das Stiftungsgeschäft von Todes wegen nicht anwendbar ist (zum Widerruf statt aller Staudinger/*Hüttemann/Rawert* BGB § 83 Rn. 24 mwN).

2. Pflichtteils- und Pflichtteilsergänzungsansprüche. Setzt ein Stifter eine Stiftung (gleich ob bereits zu Lebzeiten oder erst von Todes wegen errichtet) als Erbin ein, so kommen bei Eintritt des Erbfalls die Regeln der Universalsukzession nach §§ 1922 ff. BGB zur Anwendung. Sofern keine entsprechende Vorsorge getroffen wurde, können Pflichtteilsansprüche Dritter gegen die Stiftung als Erbin bestehen. Ist beispielsweise ein Abkömmling des Erblassers aufgrund letztwilliger Verfügung zu Gunsten einer Stiftung als Alleinerbin von der Erbfolge ausgeschlossen, kann dieser von der Stiftung die Hälfte des Wertes seines gesetzlichen Erbteils verlangen (§ 2303 Abs. 1 BGB). Um dies zu vermeiden, empfiehlt es sich regelmäßig, dass der Stifter zu seinen Lebzeiten mit den betreffenden pflichtteilsberechtigten Personen einen notariellen Pflichtteilsverzichtsvertrag (zB gegen Abfindung) abschließt, §§ 2346 Abs. 2, 2348 BGB. Sollten pflichtteilsberechtigte Personen zum Abschluss eines derartigen Vertrages nicht gewillt sein, kann es sich anbieten, die Stiftung doch bereits zu Lebzeiten zu errichten und sie lebzeitig mit Vermögen auszustatten; die durch die Vermögensausstattung der Stiftung entstehenden Pflichtteilsergänzungsansprüche gem. § 2325 BGB reduzieren sich der Höhe nach um ein Zehntel des Zuwendungswertes pro Jahr, bis sie letztlich gänzlich ausgeschlossen sind, wenn zwischen der Zuwendung an die Stiftung und dem Erbfall mehr als zehn Jahre liegen (zum Beginn des Fristlaufs bei der Familienstiftung → Form. H.II.2 Anm. 2). Wird die Stiftung später Erbin, reduziert sich auch der Pflichtteil als solches, da der Wert des verbleibenden (und ggf. fiktiven) Nachlassvermögens als Bezugsgröße für die Berechnung des Pflichtteils entsprechend niedriger ist.

3. Alternative: Vorratsstiftung. Möchte sich der Erblasser noch nicht zu Lebzeiten von seinem ganzen Vermögen oder einem Großteil davon zu Gunsten einer Stiftung trennen, möchte er die Stiftungserrichtung bzw. deren Vollzug aber auch nicht einem Testamentsvollstrecker (oder einem Erben im Wege der Auflage) überlassen, so kann sich die Errichtung einer Vorratsstiftung anempfehlen. Zu diesem Zweck errichtet der Stifter zu Lebzeiten eine Stiftung mit relativ geringer Vermögensausstattung und setzt sie durch Verfügung von Todes wegen (Testament, Erbvertrag) zum Allein- oder Miterben ein. Der Stifter kann damit einerseits selbst Einfluss auf die Stiftungserrichtung ausüben, steht für Rückfragen bei Unklarheiten zur Verfügung, sieht selbst die Tätigkeit der Stiftung und entäußert sich andererseits zunächst nur in geringerem Umfang seines Vermögens.

Die Errichtung der Stiftung folgt den Regelungen über die Errichtung einer Stiftung unter Lebenden, Erbeinsetzung oder Vermächtnis folgen den erbrechtlichen Regelungen.

4. Satzung. → Form. H.III.1. Die Satzung einer von Todes wegen errichteten Stiftung unterscheidet sich nicht von der Satzung einer unter Lebenden errichteten Stiftung. Fehlt eine den Anforderungen des § 81 Abs. 1 S. 3 BGB genügende Satzung, so soll die Stiftungsbehörde – oder gegebenenfalls der Testamentsvollstrecker, wenn ihm diese Aufgabe übertragen worden ist – die Satzung ergänzen, § 83 S. 2 BGB. Der Begriff „soll" ist in der Weise zu verstehen, dass der Wille des Stifters für die Behörde bindend ist, solange der tatsächliche Wille des Stifters ermittelt werden kann (vgl. Palandt/*Ellenberger* BGB § 83 Rn. 2).

Das Formular sieht vor, dass die Satzung dem Testament als Anlage beigefügt wird. Bei dieser Vorgehensweise ist darauf zu achten, dass das Formerfordernis des § 2247 BGB gewahrt bleibt. Dies bedeutet, dass die Anlage in jedem Fall eigenhändig geschrieben werden sollte (maschinengeschriebene Anlagen genügen dem Formerfordernis grundsätzlich nicht, vgl. OLG Stuttgart ZEV 2010, 200) und ggf. separat zu unterzeichnen ist

(hierzu MüKoBGB/*Hagena* § 2247 Rn. 37 und 38). Aus Gründen der Rechtssicherheit kann es sich allerdings auch anempfehlen, das Testament nebst Anlage notariell zu beurkunden. Alternativ könnte auch der Satzungstext in das Testament als solches integriert werden, um so die Bezugnahme auf eine Anlage zu vermeiden.

5. Testamentsvollstreckung. Obwohl die Testamentsvollstreckung nicht zwingend vorgeschrieben ist, bringt ihre Anordnung für den Stifter eine Vielzahl von Vorteilen mit sich. Zwar ist das Nachlassgericht gemäß § 83 S. 1 BGB verpflichtet, der Stiftungsbehörde das letztwillige Stiftungsgeschäft zur Anerkennung mitzuteilen; auch sieht § 83 S. 2 bis 4 BGB behördliche Rechte zur Ergänzung der Satzung vor, doch wird ein sorgfältig ausgewählter Testamentsvollstrecker wegen seiner besonderen Nähebeziehung zum Stifter den Stifterwillen häufig effektiver durchsetzen können als eine staatliche Institution. Während der Stifter die Stiftungssatzung grundsätzlich selbst abfassen wird, sollte dem Testamentsvollstrecker die Befugnis eingeräumt werden, die Satzung entsprechend den Anforderungen der Anerkennungsbehörde oder der Finanzverwaltung anzupassen. Aufgabe des Testamentsvollstreckers ist es, die Anerkennung der Stiftung herbeizuführen und für die Vermögensausstattung der Stiftung gemäß dem Stifterwillen zu sorgen. Bei allen seinen Handlungen ist dabei der Stifterwille oberstes Gebot. Stiftungszweck und Vermögensausstattung kann nur der Stifter selbst bestimmen. Diese kann der Testamentsvollstrecker nicht verändern oder ergänzen.

Der Stifter sollte für den Testamentsvollstrecker eine angemessene Vergütung bestimmen und testamentarisch festlegen.

Wenn nicht der Stifter etwas anderes bestimmt hat, endet das Amt des Testamentsvollstreckers mit Erfüllung seiner bestimmungsgemäßen Aufgaben, sofern er nicht vorher verstirbt, selbst kündigt oder durch das Nachlassgericht entlassen wird (vgl. §§ 2225 bis 2227 BGB).

6. Anerkennung. Die Anerkennung obliegt wie auch bei der Errichtung einer Stiftung unter Lebenden den durch die Landesgesetze bestimmten Stiftungsbehörden und folgt den bundeseinheitlichen Kriterien der §§ 80, 81 BGB und den landesgesetzlich festgelegten Regelungen zum Anerkennungsverfahren (→ Form. H.II.1 Anm. 5). Ein Anerkennungsermessen steht den jeweiligen Behörden nicht zu. Eine Anerkennung der Stiftung von Todes wegen kann erst nach dem Tod des Stifters erfolgen. Ein Anerkennungsantrag ist nicht zwingend erforderlich, da das Nachlassgericht der zuständigen Behörde gemäß § 83 S. 1 BGB ein Stiftungsgeschäft von Todes wegen von Amts wegen mitzuteilen hat. Genügt die Satzung nicht den gesetzlichen Anforderungen des § 81 Abs. 1 S. 3 BGB, muss sie durch die Stiftungsbehörde bzw. den Testamentsvollstrecker gem. § 83 S. 2 BGB vervollständigt oder ergänzt werden (→ Anm. 4). Der Stifter kann allerdings auch schon zu Lebzeiten in Erfahrung bringen, ob die von ihm geplante Errichtung einer Stiftung von Todes wegen als rechtsfähig anerkannt werden kann, indem er die Erteilung einer entsprechenden Zusage gem. § 38 VwVfG bei der zuständigen Stiftungsbehörde beantragt (Staudinger/*Hüttemann*/*Rawert* BGB § 83 Rn. 26).

7. Form. Als Verfügung von Todes wegen bedarf das Testament zu seiner Wirksamkeit zwingend der Form einer eigenhändig geschriebenen und unterschriebenen Erklärung unter Angabe von Ort und Datum (§ 2247 Abs. 1 bis 3 BGB), wenn es nicht notariell beurkundet wird (§§ 2231, 2232 BGB).

8. Steuerliche Behandlung der Errichtung einer rechtsfähigen Stiftung von Todes wegen. Die Errichtung einer Stiftung von Todes wegen ist ein erbschaftsteuerrechtlich relevanter Vorgang, § 1 Abs. 1 Nr. 1 iVm § 3 Abs. 2 Nr. 1 ErbStG. Die §§ 13a, b ErbStG finden grundsätzlich Anwendung.

Erfüllt die Stiftung die Kriterien der Gemeinnützigkeit gem. §§ 51 ff. AO, ist die Zuwendung an die Stiftung gem. § 13 Abs. 1 Nr. 16b ErbStG von der Erbschaftsteuer

befreit (→ Form. H.II.1 Anm. 6). Die Anerkennung der vom Erblasser angeordneten Stiftung als gemeinnützig setzt voraus, dass die Anordnungen des Stifters der Gemeinnützigkeit nicht entgegenstehen. Möchte der Erblasser sicherstellen, dass nach seinem Tode die Stiftung als gemeinnützig anerkannt wird, empfiehlt es sich, dass der Testamentsvollstrecker (oder der Erbe in Erfüllung der Auflage zur Stiftungserrichtung) frei ist, die Stiftungssatzung so zu ändern oder zu ergänzen, dass die Stiftung von der Finanzverwaltung als gemeinnützig anerkannt wird.

9. Kosten. Die Errichtung einer Stiftung von Todes erfolgt in dem vorliegenden Formular durch Testament; die Kosten richten sich nach den allgemeinen kostenrechtlichen Grundsätzen für Testamente. Wird das Testament privatschriftlich errichtet, fallen keine Notargebühren für die Errichtung an. Bei notarieller Beurkundung des Testaments fällt grundsätzlich eine 1,0-Gebühr an (Nr. 21200 KV GNotKG). Der Geschäftswert ist, wenn über den ganzen Nachlass oder einen Bruchteil verfügt wird, der Wert des Vermögens oder der Wert des entsprechenden Bruchteils des Vermögens; Verbindlichkeiten des Erblassers werden abgezogen, jedoch nur bis zur Hälfte des Vermögenswertes (§ 102 Abs. 1 GNotKG). Als Teil des Testamentes nicht gesondert zu bewerten ist die Satzung der Stiftung, die Erbe werden soll; sie wird von dem nach § 102 GNotKG ermittelten Geschäftswert umfasst (Korintenberg/*Reimann* GNotkG § 102 Rn. 44).

Ein ausführlicher Vergleich zwischen dem privatschriftlichen und notariell beurkundeten Testament insbesondere im Hinblick auf die übrigen Kosten, die im Verlauf der Abwicklung einer Nachlasssache anfallen und bereits im Vorfeld der Testamentserrichtung bedacht werden sollten, findet sich bei *Langel* NJW 2017, 3617.

6. Stiftungsgeschäft durch gemeinschaftliches Testament (oder auch Erbvertrag)

Gemeinschaftliches Testament

Wir, die Eheleute . . . . . ., geb. am . . . . . ., wohnhaft . . . . . ., und . . . . . ., geb. am . . . . . ., wohnhaft . . . . . ., errichten hiermit ein gemeinschaftliches Ehegattentestament. Wir sind ausschließlich deutsche Staatsangehörige mit gewöhnlichem Aufenthalt in Deutschland. Wir haben keine Kinder. Durch Erbvertrag oder bindend gewordene Verfügungen in einem gemeinschaftlichen Ehegattentestament sind wir in unserer Testierfreiheit nicht beschränkt. Vorsorglich heben wir alle bislang von uns einzeln oder gemeinsam errichteten Verfügungen von Todes wegen in vollem Umfang auf. Es haben ausschließlich nachfolgende Verfügungen von Todes wegen Gültigkeit.

§ 1 Erbeinsetzung

Wir setzen hiermit jeweils zur Alleinerbin des Erstversterbenden und des Überlebenden von uns die hiermit vom erstversterbenden Ehegatten von Todes wegen nach den folgenden Maßgaben errichtete . . . . . . – Stiftung ein:[1, 2, 7]

(zu den Maßgaben einschließlich der beizufügenden Satzung[3] im Einzelnen → Form. H.II.5)

Der Erstversterbende von uns beiden bestimmt, dass sein gesamter Nachlass in das Grundstockvermögen der . . . . . .-Stiftung einfließt. Der Überlebende von uns beiden bestimmt weiterhin, dass sein gesamter Nachlass bei seinem Tod als Zustiftung ebenfalls in das Grundstockvermögen der . . . . . .-Stiftung einfließt.

Sollte die Stiftung nicht innerhalb eines Jahres nach dem Tode des Erstversterbenden von uns von der zuständigen Stiftungsbehörde als rechtsfähig anerkannt worden sein, so setzen sowohl der Erstversterbende als auch der Überlebende von uns die . . . . . (steuerbegünstigte Körperschaft) zur Alleinerbin ein. Dieser macht jeder von uns zur Auflage, den jeweiligen Nachlass jeweils ausschließlich für . . . . . zu verwenden.

§ 2 Testamentsvollstreckung[4]

Der Erstversterbende von uns ordnet Abwicklungstestamentsvollstreckung an. Zum Testamentsvollstrecker über den Nachlass des Erstversterbenden von uns und zum ersten Vorstand der Stiftung bestimmen wir den Überlebenden von uns, ersatzweise Herrn/Frau . . . . . Der Testamentsvollstrecker hat das Recht, einen Nachfolger zu ernennen. Sollte der Testamentsvollstrecker das Amt nicht annehmen können oder wollen, steht ihm als Drittem das Bestimmungsrecht gemäß § 2198 BGB zu. Soweit eine Bestimmung bzw. Nachfolgebestimmung nicht erfolgt, wird das zuständige Nachlassgericht ersucht, eine geeignete Person zum Testamentsvollstrecker zu ernennen.

Der Testamentsvollstrecker ist von den Beschränkungen des § 181 BGB befreit. In der Eingehung von Verbindlichkeiten für den Nachlass ist er nicht beschränkt.

Der Testamentsvollstrecker hat insbesondere die Aufgabe, den Vollzug der vorgenannten Stiftungserrichtung sowie deren Vermögensausstattung an diese zu überwachen.

Sollte zur Anerkennung[5] der Stiftung oder zur Erlangung einer Steuerbefreiung wegen Verfolgung steuerbegünstigter Zwecke eine Anpassung oder Änderung der Satzung erforderlich werden, so soll der Testamentsvollstrecker diese vornehmen, um dem hier niedergelegten Stifterwillen Geltung zu verschaffen.

Eine Vergütung für den Testamentsvollstrecker ist ausgeschlossen.

§ 3 Wechselbezüglichkeit

Sämtliche von uns vorstehend getroffenen Verfügungen sind, soweit gesetzlich zulässig, wechselbezüglich getroffen.

§ 4 Ausschluss der Anfechtung

Die Anfechtung dieses Testaments wegen Übergehung eines Pflichtteilsberechtigten schließen wir hiermit ausdrücklich aus.

. . . . .

(Ort, Datum, Unterschrift des einen Ehegatten)

Dies entspricht auch meinem letzten Willen.

. . . . .

(Ort, Datum, Unterschrift des anderen Ehegatten)[6, 8]

Anmerkungen

1. Stiftungsgeschäft durch gemeinschaftliches Testament (Erbvertrag). Vgl. zum Stiftungsgeschäft von Todes wegen allg. → Form. H.II.5. Das Stiftungsgeschäft kann nicht nur in einem Einzeltestament, sondern auch in einem gemeinschaftlichen Testament oder Erbvertrag enthalten sein. Die Ehegatten können darin beispielsweise vereinbaren, dass die Stiftung bereits mit dem Tod des Erstversterbenden durch beide Ehegatten oder

aber durch den Erstversterbenden von ihnen errichtet wird. Soll die Stiftung durch beide Ehegatten errichtet werden, kommt dem Stiftungsgeschäft ein Doppelcharakter zu: Für den überlebenden Ehegatten stellt es eine Stiftungserrichtung unter Lebenden unter der aufschiebenden Bedingung dar, dass der andere Ehegatte zuerst verstirbt, für den erstversterbenden Ehegatten ist es ein Stiftungsgeschäft von Todes wegen unter der Bedingung, dass er als erster verstirbt (so im Falle BGHZ 70, 313; vgl. Palandt/*Ellenberger* BGB § 80 Rn. 1). Die Stiftungserrichtung durch beide Ehepartner zum Zeitpunkt des Erstversterbens einer der Ehegatten führt dazu, dass auch dem überlebenden Ehepartner das von ihm zur Übertragung auf die Stiftung zugesicherte Vermögen mit dem Zeitpunkt des Todes des Erstversterbenden entzogen wird. Hierdurch kann ausgeschlossen werden, dass der überlebende Ehegatte seinen Vermögensanteil künftig anderweitig vermindert, allerdings steht dieses Vermögen dem überlebenden Ehepartner auch dann nicht mehr zur Bestreitung des Lebensunterhalts zur Verfügung. Soll der überlebende Ehegatte Mitstifter sein, aber in seiner weiteren Lebensführung nicht allzu beschnitten werden, kann er auch nur einen geringen Vermögensanteil zur Stiftungserrichtung aufwenden; schließlich ist es nicht erforderlich, dass der überlebende Ehegatte einen gleichwertigen Beitrag (wie der Erstversterbende) zur Vermögensausstattung leistet. Verstirbt der überlebende Ehegatte als Mitstifter noch vor Anerkennung der Stiftung, findet auf dessen letztwillige Verfügung zu Gunsten der Stiftung als Alleinerbin die Regelung des § 84 BGB Anwendung.

In dem vorliegenden Formular wird allerdings der Fall behandelt, dass Stifter allein der Erstversterbende ist, gleichwohl aber jeder Ehegatte sein Vermögen mit dem eigenen Tode auf die Stiftung überträgt. Der überlebende Ehepartner kann nach dem Ableben des Erstversterbenden in dieser Konstellation zwar weiterhin sein Vermögen schmälern, eine Änderung der letztwilligen Verfügung ist ihm hingegen verwehrt, § 2270 BGB. Mangels Mitstiftereigenschaft des überlebenden Ehepartners ist § 84 BGB auf dessen letztwillige Verfügung zu Gunsten einer bei seinem Tod noch nicht anerkannten Stiftung allerdings nicht anwendbar; sie ist jedoch im Zweifel als Nacherbeinsetzung gem. § 2101 BGB anzusehen, Vorerben werden in diesem Fall die gesetzlichen Erben gem. § 2105 BGB (vgl. Feick/*Lehmann*/*Hahn* Stiftung § 16 Rn. 4).

Ganz allgemein ist allerdings zu beachten, dass die Alleinerbeneinsetzung der Stiftung durch den Erstversterbenden dazu führt, dass der überlebende Ehegatte mit dem Tod des Erstversterbenden grundsätzlich keine Vermögenswerte zugewendet erhält; etwas anderes gilt lediglich in Bezug auf Pflichtteilsansprüche, sofern und soweit diese nicht ausgeschlossen sind, oder im Hinblick auf Vermächtnisse, sofern der Überlebende solche zu Gunsten des überlebenden Ehegatten festgelegt hat. Aus diesem Grunde wird eine solche Gestaltung regelmäßig nur dann in Betracht kommen, wenn beide Ehegatten sich selbst durch hinreichende eigene Mittel nach dem Tod des anderen weiter versorgen können.

Soll ein gemeinschaftliches, die Stiftungserrichtung als wechselbezügliche Verfügung regelndes Testament zu Lebzeiten der Ehegatten widerrufen werden, müssen die §§ 2271, 2272 BGB beachtet werden. Wird das Stiftungsgeschäft als Teil eines Erbvertrages vereinbart, ist auch eine Aufhebung nach den Vorgaben des § 2290 BGB möglich. Der Widerruf kann dann nach der für den Rücktritt vom Erbvertrag geltenden Vorschrift des § 2296 BGB erfolgen. Ein Widerruf durch den Erben ist ausgeschlossen.

2. Alternative: Vorratsstiftung. → Form. H.II.5 Anm. 3. Insbesondere in der vorliegenden Konstellation kann sich eine alternative Gestaltung über die Vorratsstiftung anbieten. Beide Ehepartner errichten dabei eine Stiftung unter Lebenden und schließen beispielsweise einen bindenden Erbvertrag ab, durch welchen sie die Stiftung jeweils als ihre Alleinerbin einsetzen.

3. Satzung. → Form. H.III.1.

4. **Testamentsvollstreckung.** → Form. H.II.5 Anm. 5. Das Formular setzt als Testamentsvollstrecker den Letztversterbenden ein, da dieser der gemeinsamen Willensbildung und somit auch der Idee des Erblassers hinsichtlich der Errichtung einer Stiftung am nächsten steht. Sollen jegliche Gefahren ausgeschlossen werden, dass die Stiftungserrichtung nach dem Ableben des Erstversterbenden durch den Überlebenden nicht effizient verfolgt wird, bietet es sich an, einen außenstehenden Dritten als Testamentsvollstrecker und ersten Vorstand der Stiftung zu benennen.

5. **Anerkennung.** → Form. H.II.5 Anm. 5.

6. **Form.** Gemäß § 2267 BGB genügt es für die Errichtung eines gemeinschaftlichen Testaments, wenn einer der Ehegatten das Testament in der nach § 2247 BGB vorgeschriebenen Form (→ Form. H.II.5 Anm. 7) errichtet und der andere Ehegatte die gemeinschaftliche Erklärung eigenhändig mitunterzeichnet. Der mitunterzeichnende Ehegatte soll hierbei angeben, zu welcher Zeit (Tag, Monat und Jahr) und an welchem Orte er seine Unterschrift beigefügt hat.

Der Erbvertrag bedarf zwingend der notariellen Beurkundung (§ 2276 BGB).

7. **Steuerrecht.** → Form. H.II.5 Anm. 8. Das vorliegende Formular führt dazu, dass eine Stiftung Alleinerbin des jeweiligen Erblassers wird; je nachdem, ob es sich bei der zu errichtenden Stiftung um eine gemeinnützige Stiftung handelt oder nicht, ergeben sich unterschiedliche Steuerkonsequenzen.

8. **Kosten.** → Form. H.II.5 Anm. 9. Der Gebührensatz für gemeinschaftliche Testamente bzw. Erbverträge beträgt 2,0 nach Nr. 21100 KV GNotKG (s. auch die Vorb. 2.1.1 Nr. 2 KV GNotKG). Der Geschäftswert ergibt sich aus § 102 GNotKG.

7. Auflage zur Errichtung einer rechtsfähigen (hier gemeinnützigen) Stiftung

Testament

(Vorbemerkung, Erbeinsetzung, usw)

(1) Meinen Erben/Vermächtnisnehmer . . . . . . beschwere ich mit der Auflage, eine selbständige, rechtsfähige Stiftung des bürgerlichen Rechts zu errichten und diese mit einem Grundstockvermögen bestehend aus EUR . . . . . . und sämtlichen meiner Geschäftsanteile an der . . . . . GmbH aus meinem Nachlass/Vermächtnis auszustatten.[1, 2, 4, 6]

(2) Die Stiftung trägt den Namen . . . . . .-Stiftung und hat ihren Sitz in . . . . . .

(3) Als Zweck der Stiftung bestimme ich:

. . . . . .

. . . . . .

(4) Die Satzung der Stiftung muss so ausgestaltet werden, dass die Stiftung als rechtsfähig gem. §§ 80 ff. BGB und als gemeinnützig iSd §§ 51 ff. AO anerkannt[5] wird; die in den vorstehenden Absätzen 1 bis 3 getroffenen Vorgaben sind zwingend. Innerhalb dieser Grenzen ist der Erbe/Vermächtnisnehmer . . . . . . in der Ausgestaltung der Stiftung frei.[3]

(5) Der Erbe/Vermächtnisnehmer . . . . . . soll auch der erste Vorstand der Stiftung sein.

. . . . . .[7]

Anmerkungen

1. Sachverhalt. Die Auflage zur Errichtung einer Stiftung von Todes wegen führt dazu, dass der mit einer Auflage gemäß § 1940 BGB beschwerte Erbe oder Vermächtnisnehmer eine Stiftung mit dem vom Erblasser vorgegebenen Zweck zu errichten hat. Die Auflage kann auch vertragsmäßig bindend (§ 2278 Abs. 2 BGB) in einem Erbvertrag und wechselbezüglich in einem gemeinschaftlichen Ehegattentestament (§ 2270 Abs. 3 BGB) angeordnet werden.

2. Auflage zur Errichtung einer Stiftung. Sieht ein Erblasser eine Stiftungserrichtung durch Auflage an den Erben oder Vermächtnisnehmer vor, hängt es für die Frage, ob als Stifter der Erblasser (dann Stiftung von Todes wegen) oder der mit der Auflage Beschwerte (dann Stiftung unter Lebenden) anzusehen ist, davon ab, ob die Auflage das Stiftungsgeschäft bereits vollständig enthält. Deckt die Auflage das Stiftungsgeschäft vollständig ab, handelt es sich um ein Stiftungsgeschäft von Todes wegen mit der Folge, dass § 83 BGB Anwendung findet; andernfalls ist das Stiftungsgeschäft zur Errichtung der Stiftung als ein Stiftungsgeschäft des mit der Auflage Beschwerten und damit als Stiftungsgeschäft unter Lebenden zu qualifizieren.

Mit der Auflage kann nur ein Erbe oder ein Vermächtnisnehmer beschwert werden, kein Auflagebegünstigter. Der vom Erblasser von Todes wegen errichteten Stiftung steht ein Anspruch auf Vollziehung der Auflage nicht zu (§ 1940 BGB), jedoch kann gemäß § 2194 S. 1 BGB der Erbe, Miterbe oder derjenige, dem der Wegfall des mit der Auflage zunächst Beschwerten unmittelbar zustattenkommen würde, die Vollziehung der Auflage verlangen. Liegt die Vollziehung im öffentlichen Interesse, kann auch die nach Landesrecht zuständige Behörde die Vollziehung verlangen, § 2194 S. 2 BGB (eine Übersicht der landesrechtlichen Vorschriften zur Bestimmung der zuständigen Behörde bei MüKoBGB/*Rudy* § 2194 Rn. 8 Fn. 12). Gleichwohl kann es sich anempfehlen, die Vollziehung der Auflage (das heißt, die Stiftung mit Nachlassmitteln zu errichten) einem Testamentsvollstrecker zu übertragen (hierzu Riedel/*Riedel* Unternehmensnachfolge-HdB § 13 Rn. 62 mit Formulierungsvorschlag in Rn. 61).

3. Inhalt der Auflage. Der Erblasser verpflichtet den Erben oder Vermächtnisnehmer, eine Stiftung nach den Wünschen des in der Auflage niedergelegten Willens des Erblassers zu errichten (zum Auflageninhalt und zu der Unterscheidung zwischen Stiftungsgeschäft von Todes wegen oder zu Lebzeiten s. auch BeckOGK/*Tolksdorf* BGB § 83 Rn. 44 ff.). Das Formular sieht vor, dass der Erblasser das Dotationskapital, den Namen, den Ort des Sitzes und den Zweck der Stiftung vorgibt. Die nähere Ausgestaltung der Satzung überlässt er – in den Grenzen des §§ 51 ff. AO – dem Erben oder Vermächtnisnehmer. Alternativ könnte der Erblasser auch ganz konkrete Vorgaben machen oder eine Satzung beifügen. Durch die Anweisung, die Stiftung gemeinnützig im Sinne der §§ 51 ff. AO auszugestalten, stellt der Stifter sicher, dass der von ihm vorgegebene gemeinnützige Zweck umgesetzt wird. Das Dotationskapital wird in diesem Fall weder sofort bei Errichtung durch Schenkungsteuer noch später – wie bei der inländischen Familienstiftung – durch regelmäßig wiederkehrende Erbersatzsteuer geschmälert. Durch eine aufschiebende oder auflösende Bedingung der mit der Auflage beschwerten Zuwendung, also durch entsprechend – aufschiebend oder auflösend – bedingte Erbeinsetzung oder – aufschiebend oder auflösend – bedingtes Vermächtnis könnte der Erblasser zudem verstärkt auf die Erfüllung der Auflage durch den Beschwerten „hinwirken“ und ihn entsprechend motivieren.

Mehrere Beschwerte sind im Innenverhältnis im Zweifel im Verhältnis ihrer Zuwendung beschwert (§§ 2192, 2148 BGB).

Eine Auflage ist nicht unter dem Gesichtspunkt ihrer Unmöglichkeit infolge veränderter Umstände unwirksam, wenn dem mit ihr zum Ausdruck gebrachten und durch Auslegung

zu ermittelnden Anliegen des Erblassers durch eine andere Art der Vollziehung Rechnung getragen werden kann (BGHZ 42, 327 [330]; Palandt/*Weidlich* BGB § 2195 Rn. 1).

4. Gefährdung der Stiftungserrichtung durch Ausschlagung. Die zur Auflage gemachte Leistungsverpflichtung ist unbedingt und entsteht grundsätzlich sofort (bei einem Vermächtnis allerdings nicht vor dessen Fälligkeit, vgl. § 2186 BGB), sofern der Beschwerte seine ihm zustehende Zuwendung nicht ausschlägt. Im Grundsatz kann jeder beschwerte Erbe oder Vermächtnisnehmer, gleich ob pflichtteilsberechtigt oder nicht, sein Erbe oder Vermächtnis ausschlagen und sich somit von seiner als Auflage definierten Verpflichtung zur Stiftungserrichtung befreien; die Gefahr einer derartigen Ausschlagung wird aber in der Regel nur dann bestehen, wenn der Erbe oder Vermächtnisnehmer infolge der Ausschlagung gleichwohl Vermögenswerte beanspruchen kann. Dies ist insbesondere dann der Fall, wenn der Erbe oder Vermächtnisnehmer pflichtteilsberechtigt ist (vgl. §§ 2306 Abs. 1, 2307 BGB). Es kann sich daher anempfehlen, vorab mit den jeweiligen Beschwerten die Bereitschaft zur Errichtung der Stiftung anzusprechen und mit diesen – sofern möglich – Pflichtteilsverzichtsverträge abzuschließen, um das Risiko einer möglichen Befreiung von der Verpflichtung des beschwerten Erben oder Vermächtnisnehmers zu minimieren.

5. Anerkennung der Stiftung. Je nachdem, ob eine Stiftung von Todes wegen oder unter Lebenden vorliegt, ist auf die Ausführungen unter → Form. H.II.1 Anm. 5 bzw. → Form. H.II.5 Anm. 5 zu verweisen.

6. Steuerliche Behandlung der Auflage. Der Erbe/Beschwerte unterliegt hinsichtlich des Wertes der Auflage nicht der Erbschaftsteuer, § 10 Abs. 5 Nr. 2 ErbStG. Eine Ausnahme gilt gem. § 10 Abs. 9 ErbStG zwar dann, wenn dem durch die Auflage Beschwerten die Auflage selbst zugutekommt. Ein solcher Fall ist allerdings dann nicht gegeben, wenn der Beschwerte – wie im Formular vorgesehen – zur Errichtung einer gemeinnützigen Stiftung verpflichtet wird. Der Fall, dass der Beschwerte durch die Auflage zur Errichtung einer Familienstiftung verpflichtet wird, deren Destinatär (auch) er ist, ist dagegen nicht eindeutig geklärt.

Für die steuerliche Behandlung der zu errichtenden Stiftung gelten die Ausführungen in → Form. H.II.1 Anm. 4 bzw. → Form. H.II.5 Anm. 8 entsprechend.

7. Kosten. → Form. H.II.5 Anm. 9. Die Auflage wird als Teil der Verfügung von Todes iRv § 102 GNotKG grundsätzlich nicht zusätzlich bewertet (beachte aber § 102 Abs. 1 S. 3 GNotKG).

8. Einsetzung einer Stiftung als Ersatzerbin

Testament

Ich setze A, geb. am . . . . . ., zu meinem alleinigen Erben ein. Für den Fall, dass A als Erbe wegfällt, gleich aus welchem Grund, setze ich zum Ersatzerben die X-Stiftung ein, die ich hiermit von Todes wegen nach Maßgabe der folgenden Bestimmungen errichte:[1]

[Hierzu → Form. H.II.5.]

Die X-Stiftung erhält die nachfolgende Satzung, die wesentlicher Bestandteil des Stiftungsgeschäfts ist:

[→ Form. H.III.1; Satzung einer rechtsfähigen gemeinnützigen Stiftung bürgerlichen Rechts]

Fällt auch die X-Stiftung als Erbin weg, gleich aus welchem Grund, setze ich ersatzweise die bestehende Y-Stiftung zu meiner Alleinerbin ein.[2, 3, 4]

Anmerkungen

1. Formular. Das Formular enthält eine Testamentsklausel, welche für den Fall, dass der ursprünglich vorgesehene Erbe A als Erbe wegfällt, die X-Stiftung als Ersatzerbin gem. § 2096 BGB einsetzt. Kann auch diese nicht Erbin werden, beispielsweise weil sie von der Stiftungsbehörde nicht anerkannt wird (dazu noch sogleich unter → Anm. 2.), sieht das Formular als weitere Ersatzerbin eine bereits bestehende Stiftung vor. Hinsichtlich der allgemeinen Ausführungen zur testamentarischen Regelung einer Ersatzerbschaft wird auf → Form. C.I.1 verwiesen. Im Folgenden werden die zu beachtenden Besonderheiten der Ersatzerbeinsetzung einer Stiftung besprochen.

2. Stiftung als Ersatzerbin. Hinsichtlich der Einsetzung einer Stiftung als Ersatzerbin muss unterschieden werden, ob die Stiftung bereits besteht oder erst von Todes wegen errichtet werden soll. Wird eine bestehende Stiftung als Ersatzerbin eingesetzt, ergeben sich keine weiteren Besonderheiten. Bei der Einsetzung einer noch zu errichtenden Stiftung (hier der X-Stiftung) ist hingegen zu beachten: Wird die Stiftung als Ersatzerbin eingesetzt, kann die Anerkennung erst im Ersatzerbfall erteilt werden (v. Campenhausen/Richter/*Hof* § 6 Rn. 86). Wird die Stiftung von der Stiftungsbehörde in der vom Stifter vorgesehenen Form nicht anerkannt, steht sie als Erbin ebenfalls nicht zur Verfügung (→ Form. H.II.5 Anm. 6). Empfiehlt es sich auf Grund dessen normalerweise, dass die Stiftung bereits zu Lebzeiten mit einem verringerten Grundstockvermögen errichtet wird, um das Grundstockvermögen anschließend durch die Erbschaft aufzustocken, ist dieser Weg im Falle einer Ersatzerbeinsetzung meist nicht ratsam, da der Eintritt des Ersatzerbfalles ungewiss ist. Es bietet sich an, für den Fall der Nichtanerkennung der eigenen (X-)Stiftung eine weitere, bereits bestehende (Y-)Stiftung als Ersatzerbin vorzusehen. Auch kann der Erblasser anordnen, dass – soweit der Ersatzerbfall eintritt – ein Testamentsvollstrecker die Erfüllung der Stiftungserrichtung sowie deren Vermögensausstattung überwacht. Das Formular ist in diesem Fall, um die in → Form. H.II.5 Anm. 5 aufgenommene Anordnung der Testamentsvollstreckung zu ergänzen.

3. Steuerrecht. → Form. H.II.5 Anm. 8.

4. Kosten. → Form. H.II.5 Anm. 9. Die Bestimmung von Ersatzerben wird als Teil der Verfügung von Todes iRv § 102 GNotKG nicht zusätzlich bewertet (Bormann/Diehn/Sommerfeldt/*Pfeiffer* GNotKG § 102 Rn. 13). Findet eine isolierte Ersatzerbenbestimmung durch Nachtragstestament statt, ist der volle Wert nach § 102 GNotKG maßgeblich.

9. Einsetzung einer Stiftung als Nacherbin

Testament

1. **Zu meinem Vorerben setze ich meinen Ehegatten A ein. Zu meinem Nacherben bestimme ich die Z-Stiftung.[1, 2, 7] Der Nacherbfall tritt mit dem Tod des Vorerben ein.[2]**
2. **Der Vorerbe ist nicht befreit im Sinne von § 2136 BGB.[2, 3] Ihm ist es untersagt, in die Substanz des Nachlasses einzugreifen. Zum Nachlass gehörendes Geld hat er nach den Regeln einer ordnungsgemäßen Wirtschaft dauernd entsprechend den §§ 1806 ff. BGB anzulegen. Die Erträge aus der Substanz des Nachlasses stehen dem Vorerben zur freien Verfügung.**
3. **Bei Eintritt des Nacherbfalls ist die Z-Stiftung nach den folgenden Vorgaben zu errichten:[4]**

Der auf die Z-Stiftung entfallende Nachlass bildet das Grundstockvermögen der Z-Stiftung.[6]

Die Z-Stiftung ist eine selbständige, rechtsfähige Stiftung gemäß §§ 80 ff. BGB.

Als Zweck der Stiftung bestimme ich: . . . . . .

Die Stiftung erhält die nachfolgende Satzung, die wesentlicher Bestandteil des Stiftungsgeschäfts ist:

[→ Form. H.III.1; Satzung einer rechtsfähigen gemeinnützigen Stiftung bürgerlichen Rechts]

4. Zum Testamentsvollstrecker ernenne ich . . . . . .[5] Er soll insbesondere für die Erhaltung der Substanz des Nachlasses bis zum Eintritt des Nacherbfalls nach Ziffer 2 sowie für die Errichtung der Z-Stiftung nach Eintritt des Nacherbfalls nach Ziffer 3 sorgen. Der Testamentsvollstrecker soll der erste Vorstand der Z-Stiftung sein.

Anmerkungen

1. Formular. Das Formular sieht eine testamentarische Nacherbeneinsetzung der Z-Stiftung gemäß § 2100 BGB für den Eintritt des Nacherbfalls, das Versterben des Vorerben A, vor. Die Regelung ermöglicht es dem Erblasser, sein Vermögen grundsätzlich einer Stiftung zukommen zu lassen, dies aber erst dann, wenn das Vermögen nicht mehr für einen vorrangigen Zweck (wie beispielsweise die Versorgung des Ehegatten A) erforderlich ist. Hinsichtlich der allgemeinen Ausführungen zur Vor- und Nacherbschaft wird auf die Formulare unter → Form. C.II verwiesen. Im Folgenden werden die zu beachtenden Besonderheiten der Nacherbeinsetzung einer Stiftung besprochen.

2. Stiftung als Nacherbe. Mit Eintritt des Nacherbfalls fällt die Erbschaft dem Nacherben an (§ 2139 BGB). Bei der Einsetzung einer Stiftung als Nacherbin ist zwischen der Nacherbeneinsetzung einer bereits bestehenden Stiftung und der Nacherbeneinsetzung einer von Todes wegen zu errichtenden Stiftung zu differenzieren. In der ersten Konstellation ergeben sich zur allgemeinen Nacherbschaft keine abweichenden Vorgaben. Diesbezüglich wird auf die Ausführungen in den Formularen unter → Form. C.II verwiesen.

Wird eine zu Lebzeiten des Erblassers noch nicht bestehende Stiftung als Nacherbin eingesetzt, stellt sich die Frage, ob die Stiftung bereits vor Eintritt des Nacherbfalls anerkannt werden kann, um beispielsweise selbst die Kontroll- und Sicherungsrechte eines Nacherben (§§ 2121 bis 2123, 2127 bis 2129 BGB) ausüben zu können. Die Frage stellt sich insofern, als die Anerkennung einer positiven Prognose der Stiftungsbehörde hinsichtlich der dauernden und nachhaltigen Erreichbarkeit des Stiftungszwecks bedarf (zum Anerkennungsverfahren durch die zuständige Stiftungsbehörde → Form. H.II.5 Anm. 5 und → Form. H.I.1 Anm. 5). Eine für die Anerkennung vor Eintritt des Nacherbfalls abzugebende Prognose kann sich bei einer bei Ableben des Erblassers noch nicht bestehenden Stiftung, die erst mit Eintritt des Nacherbfalls den maßgeblichen Vermögensbestand erhalten soll, als schwierig erweisen. Zumal es dem Vorerben abgesehen von den in §§ 2113 ff. BGB geregelten Fällen unbenommen ist, über die Erbschaft zu verfügen, § 2112 BGB. Allerdings darf er im gesetzlichen Regelfall grundsätzlich nicht in die Substanz des Vermögens eingreifen (Palandt/*Weidlich* BGB § 2100 Rn. 11; MüKoBGB/*Grunsky* § 2100 Rn. 3), es sei denn, der Erblasser trifft hiervon abweichende Regelungen. Aus diesem Grund wird in der Lehre für die Frage der Anerkennungsmöglichkeit einer Stiftung vor Eintritt des Nacherbfalls unter anderem danach differenziert, ob bzw. inwieweit der Vorerbe von den Beschränkungen der §§ 2113 ff. BGB befreit wird (hierzu Feick/*Lehmann*/*Hahn* Stiftung § 16 Rn. 14 ff.). Aufgrund der Unsicherheiten, die mit einer Anerkennung einer Stiftung vor Eintritt des Nacherbfalls verbunden sein können,

kann es sich nicht nur im Falle eines befreiten Vorerben anempfehlen, die als Nacherbin eingesetzte Stiftung – wie im Formular vorgesehen – erst auf den Zeitpunkt des Nacherbfalls zu errichten (§ 84 BGB).

Wird die Stiftung auf den Zeitpunkt des Nacherbfalls errichtet, sollte ein Testamentsvollstrecker zur Wahrnehmung der Nacherbenrechten eingesetzt werden, der auch für die spätere Anerkennung der Stiftung Sorge zu tragen hat. Da sich je nach Nachlassvermögen und Ausgestaltung der Vorerbenrechte auch bei Eintritt des Nacherbfalls das Problem ergeben kann, dass zum Zeitpunkt des Nacherbfalls ein für die Erreichung des Stiftungszwecks ausreichender Vermögensbestand nicht gesichert ist, mithin die Anerkennung der Stiftung versagt wird, kann in bestimmten Fällen die Regelung eines Ersatznacherben (zB die Einsetzung einer bereits bestehenden Stiftung als Ersatzerbin) sinnvoll sein.

3. Beschränkung des Vorerben hinsichtlich der Verwaltung. Wie in vorstehender → Anm. 2 angeführt, kann die Anerkennung der Stiftung dadurch günstig beeinflusst werden, dass es für den Vorerben – wie im vorliegenden Formular vorgesehen – bei den gesetzlichen Bestimmungen bleibt; er folglich nicht gem. § 2136 BGB von den gesetzlich vorgesehenen Beschränkungen und Verpflichtungen befreit wird und somit grundsätzlich nicht in die Substanz des Nachlasses eingreifen darf. Hinsichtlich der Verwaltung des im Nachlass befindlichen Geldes wird entsprechend der Regelung des § 2119 BGB auf die mündelsichere Anlage gemäß §§ 1806 ff. BGB Bezug genommen. Die Einhaltung dieser Vorgaben kann durch die Bestellung eines Testamentsvollstreckers abgesichert werden.

Darüber hinaus kann die Anerkennung der Stiftung als Nacherbin dadurch gesichert werden, dass der Stifter dem Vorerben weitergehende Beschränkungen in Bezug auf die Verwaltung des Vermögens auferlegt; zB kann das Nutznießungsrecht des Vorerben durch Vermächtnis zu Gunsten des Nacherben oder einer anderen Person eingeschränkt oder sogar ausgeschlossen werden oder dem Vorerben die Verwaltungs- und Verfügungsbefugnis durch Einsetzung eines Testamentsvollstreckers entzogen werden (vgl. dazu Palandt/*Weidlich* BGB § 2136 Rn. 1; MüKoBGB/*Grunsky* § 2136 Rn. 7).

Allerdings ist stets im Einzelfall zu hinterfragen, welchen Interessen (ob den Interessen des Vorerben oder den Interessen der Stiftung als Nacherbin) der Vorrang einzuräumen ist. Verfügt der Vorerbe beispielsweise nicht über ausreichend eigenes Vermögen, kann es durchaus gewünscht sein, dass er im Rahmen der gesetzlichen Möglichkeiten weitestgehend frei über die Verwendung des Nachlasses entscheiden kann und die Stiftung nur das erhalten soll, was bei Eintritt des Nacherbfalls im Nachlass noch vorhanden ist. Für diesen Fall würde man den Vorerben von allen Beschränkungen und Verpflichtungen befreien, soweit dies gesetzlich möglich ist (§ 2136 BGB). Möchte der Erblasser den Vorerben nicht vollumfänglich befreien, ihn aber beispielsweise bei Bedürftigkeit abgesichert wissen, wäre die Aufnahme einer Härteklausel (ggf. in Kombination mit einer Testamentsvollstreckerregelung) anzudenken, nach welcher der Vorerbe bei dauernder Krankheit, Pflegebedürftigkeit oder bei Eintritt eines sozialen Härtefalles auch in die Substanz des Nachlasses eingreifen kann. Besteht die Sorge, dass die Errichtung der Stiftung nach Eintritt des Nacherbfalls auf Grund eines dann möglicherweise eingetretenen Substanzverlustes nicht gesichert ist, kann es sich anbieten (hierzu auch → Anm. 2), eine bereits bestehende Stiftung als Ersatznacherbin für den Fall einzusetzen, dass (hier) die Z-Stiftung, gleich aus welchem Grund, nicht Nacherbin wird.

4. Errichtung der Stiftung. → Form. H.II.5 Anm. 1.

5. Testamentsvollstreckung. Vgl. zur Testamentsvollstreckung allgemein die Formulare unter → Form. C.VII; im Zusammenhang mit Vor- und Nacherbschaft → Form. C.VII.9–12; im Zusammenhang mit Stiftungserrichtungen → Form. H.II.5 Anm. 5.

6. Steuerrecht. → Form. H.II.5 Anm. 8; → Form. H.III.1 Anm. 8.

7. Kosten. → Form. H.II.5 Anm. 9. Die Anordnung von Vor- und Nacherbschaft wird als Teil einer letztwilligen Verfügung iRv § 102 GNotKG nicht zusätzlich bewertet (Bormann/Diehn/Sommerfeldt/*Pfeiffer* GNotKG § 102 Rn. 13).

10. Vermögenszuwendung an eine rechtsfähige (hier gemeinnützige) Stiftung durch Vermächtnis

Testament

(Vorbemerkung, Erbeinsetzung uä)

Der rechtsfähigen ......-Stiftung mit Sitz in ...... vermache[1, 2] ich zu Lasten meiner Erben einen Geldbetrag in Höhe von EUR ...... und sämtliche meiner Geschäftsanteile an der xy GmbH mit Sitz in ...... als Zustiftung.[3]

Einen Ersatzvermächtnisnehmer bestimme ich nicht.

Die Kosten der Vermächtniserfüllung trägt der Vermächtnisnehmer.[4]

......

Anmerkungen

1. Formular. Jeder Stiftung, gleich ob gemeinnützig oder nicht, kann im Wege des Vermächtnisses Vermögenswerte zugewendet werden. Das vorliegende Formular sieht vor, dass der Erblasser einer bereits bestehenden rechtsfähigen (und gemeinnützigen) Stiftung im Falle seines Todes vermächtnisweise einen Geldbetrag für die Zwecke der Stiftung zuwendet.

2. Vermächtnis. Vgl. hierzu die Ausführungen zu den → Form. C.V.

3. Zustiftung. Bei Zuwendungen an steuerbegünstigte Stiftungen ist die Abgrenzung zwischen Zustiftungen und Spenden besonders zu beachten. Denn Spenden unterliegen dem Gebot der zeitnahen Mittelverwendung gem. § 55 Abs. 1 Nr. 5 AO und sind somit Zuwendungen, die zum (sofortigen) Verbrauch bestimmt sind. Als Zustiftungen bezeichnet man hingegen Zuwendungen von Dritten oder auch vom Stifter selbst an die Stiftung, die der Aufstockung des Grundstockvermögens dienen. Die Entscheidung, ob eine Zuwendung als Zustiftung oder als Spende zu behandeln ist, obliegt dem Zuwendenden. Der Erblasser kann (und sollte) folglich bestimmen, ob die vermächtnisweise zugewendeten Vermögenswerte zeitnah von der Stiftung für die Zweckerfüllung zu verwenden sind oder ob mit ihnen langfristig durch Erhöhung des Grundstockvermögens Erträge erzielt werden sollen. Fehlt es an einer ausdrücklichen (oder konkludenten) Bestimmung, so kann das zuständige Stiftungsorgan entscheiden (*Ebersbach* S. 116 ff.; MHdB GesR/*Helios/Friedrich*, Bd. 5, § 95 Rn. 5).

Die Annahme einer Zustiftung bedarf grundsätzlich keiner Genehmigung durch die bzw. Anzeige an die Stiftungsaufsichtsbehörde. In einigen Landesstiftungsgesetzen wird die Möglichkeit der Annahme von Zustiftungen allerdings dann von der Genehmigung durch die Stiftungsaufsicht bzw. ihrer vorherigen Anzeige an die Stiftungsaufsicht abhängig gemacht, wenn die Annahme der Zustiftung mit einer Last verbunden ist, welche nachhaltig den Wert der Zustiftung übersteigt oder anderen Zwecken als der Hauptstiftung dient (vgl. zur Anzeigeverpflichtung § 13 Abs. 1 StiftG BW, zum Genehmigungserfordernis Art. 19 Nr. 1 BayStiftG; zu den Voraussetzungen einer Zweckänderung MüKoBGB/*Weitemeyer* § 80 Rn. 195).

Losgelöst von einer etwaigen Anzeige- oder Genehmigungspflicht kann allerdings eine Regelung in der Stiftungssatzung zur Zulässigkeit der Annahme von Zustiftungen durch den Stiftungsvorstand enthalten sein (hierzu Feick/*Fischer* Stiftung § 8 Rn. 12; *Rawert* DNotZ 2008, 5 (9)).

Schließlich sollte das Testament eine Regelung enthalten, wer die Kosten der Vermächtniserfüllung trägt; so fallen beispielsweise für die Übertragung von Geschäftsanteilen an den Vermächtnisnehmer ua Beurkundungskosten an. Ist eine ausdrückliche Regelung nicht getroffen, fallen die Kosten dem Erben zur Last.

4. Kosten. Das Vermächtnis wird neben einer Verfügung über den ganzen Nachlass nicht gesondert bewertet. Das isolierte Vermächtnis hat den Wert der Vermögensgegenstände, über die verfügt wird (§ 102 Abs. 3 GNotKG), wobei etwaige vom Begünstigten zu übernehmende Verbindlichkeiten – jedoch nur bis zur Hälfte des betreffenden Vermögenswertes – abgezogen werden (§ 102 Abs. 3 Hs. 2, Abs. 2 S. 2 GNotKG). Der Gebührensatz richtet sich nach der Art der Verfügung von Todes wegen, wobei für Testamente eine 1,0-Gebühr nach Nr. 21200 KV GNotKG und für gemeinschaftliche Testamente und Erbverträge eine 2,0-Gebühr nach Nr. 21100 KV GNotKG anfällt.

III. Stiftungssatzungen

1. Satzung einer rechtsfähigen gemeinnützigen Stiftung bürgerlichen Rechts

Satzung der ......-Stiftung mit dem Sitz in ......[1]

§ 1 Name, Rechtsform, Sitz

1. Die Stiftung führt den Namen „......-Stiftung“[2]
2. Sie ist eine rechtsfähige Stiftung bürgerlichen Rechts[3] mit Sitz in ......[4]

§ 2 Stiftungszweck[5]

1. Zwecke der Stiftung sind die Förderung von
   a) Erziehung, Volks- und Berufsbildung einschließlich der Studentenhilfe,
   b) Jugendhilfe und
   c) Wissenschaft und Forschung.
2. Die in Abs. 1 genannten Stiftungszwecke werden insbesondere durch folgende Maßnahmen bzw. Projekte verwirklicht:[6]
   a) auf dem Gebiet der Erziehung, Volks- und Berufsbildung einschließlich der Studentenhilfe durch Projekte zur Verbesserung der Kenntnisse und Fähigkeiten des Einzelnen und zwar sowohl bei der allgemeinen Bildung als auch der Berufs- oder Fortbildung einschließlich eines Studiums;
   b) auf dem Gebiet der Jugendhilfe, durch Förderung von Chancen und den Ausgleich von Nachteilen von Kindern und Jugendlichen im Rahmen von Projekten zur Unterstützung von Kindergärten, Schulen, Jugendherbergen etc sowie der Kinder- und Jugendbetreuung im In- und Ausland;
   c) auf dem Gebiet der Wissenschaft und Forschung durch Unterstützung von Forschungsvorhaben auf dem Gebiet der Pflanzen-, Lebensmittel- und Heilkunde.
3. Die Erfüllung der Stiftungszwecke ist nicht auf das Gebiet der Bundesrepublik Deutschland beschränkt, sondern kann auch durch entsprechende Maßnahmen oder die Förderung entsprechender Projekte im Ausland verfolgt werden.[7]

§ 3 Gemeinnützigkeit[8]

1. Die Stiftung verfolgt ausschließlich und unmittelbar steuerbegünstigte Zwecke im Sinne des Abschnittes „Steuerbegünstigte Zwecke“ der Abgabenordnung (§§ 51 bis 68 AO).
2. Die Stiftung ist selbstlos tätig; sie verfolgt nicht in erster Linie eigenwirtschaftliche Zwecke.
3. Die Mittel der Stiftung dürfen nur für die satzungsmäßigen Zwecke verwendet werden. Die Mitglieder erhalten keine Zuwendungen aus Mitteln der Stiftung.[9]
4. Es darf keine Person durch Ausgaben, die dem Stiftungszweck fremd sind, oder durch unverhältnismäßig hohe Vergütungen oder sonstige Vermögenszuwendungen begünstigt werden.
5. Die Stiftung kann Mittel für die Verwirklichung der steuerbegünstigten Zwecke einer anderen Körperschaft oder für die Verwirklichung steuerbegünstigter Zwecke durch eine Körperschaft des Öffentlichen Rechts beschaffen; die Beschaffung von Mitteln für eine unbeschränkt steuerpflichtige Körperschaft des privaten Rechts setzt voraus, dass diese selbst steuerbegünstigt ist.

6. Die Stiftung darf einen Teil, jedoch maximal 1/3 ihres Einkommens dafür verwenden, um in angemessener Weise den Stifter und seine nächsten Angehörigen zu unterhalten, ihre Gräber zu pflegen und ihr Andenken zu ehren.
7. Den durch die Stiftung Begünstigten steht aufgrund dieser Satzung kein Rechtsanspruch auf Leistungen der Stiftung zu.[10]

§ 4 Stiftungsvermögen,[11] Umschichtungen, Rücklagen

1. Das Stiftungsvermögen zum Zeitpunkt der Stiftungserrichtung (Grundstockvermögen) ergibt sich aus dem Stiftungsgeschäft vom ......[12]
2. Im Interesse des langfristigen Bestandes der Stiftung ist das Stiftungsvermögen (Grundstockvermögen einschließlich evtl. Zustiftungen) in seinem Wert ungeschmälert zu erhalten.[13]
3. Die Stiftung kann um Zustiftungen[14] und Spenden[15] werben. Zustiftungen sind, auch in der Form von Sachwerten, möglich. Über ihre Annahme entscheidet der Vorstand.
4. Die Stiftung erfüllt ihre Zwecke aus den Erträgen des Stiftungsvermögens und aus anderen Zuwendungen, soweit diese nicht zur Vermehrung des Vermögensstocks der Stiftung bestimmt sind.
5. Das Stiftungsvermögen darf zum Zwecke der Werterhaltung oder der Wertsteigerung jederzeit umgeschichtet werden.[16] Der Vermögensteil der Stiftung, der aus bei Gründung gestifteten oder aus später zugestifteten Aktien besteht, kann auch langfristig ausschließlich und schwerpunktmäßig nur in Aktien angelegt werden. Gewinne aus der Vermögensumschichtung dürfen ganz oder teilweise zur Erfüllung der Stiftungszwecke verwendet werden.
6. Die Stiftung darf im Rahmen der steuerrechtlichen Vorschriften Rücklagen bilden, soweit sie dadurch nicht ihren Status als steuerbegünstigt verliert.[17]

§ 5 Geschäftsjahr[18]

Das Geschäftsjahr der Stiftung ist das Kalenderjahr. Das erste Geschäftsjahr ist ein Rumpfgeschäftsjahr.

§ 6 Stiftungsorgane, Haftpflichtversicherungen[19]

1. Organe der Stiftung sind der Vorstand (§ 7 bis § 10) und der Stiftungsrat (§ 11 bis § 13).
2. Eine Person darf nicht zugleich Mitglied in mehr als einem Organ der Stiftung sein.
3. Die Stiftung ist berechtigt, auf eigene Kosten Haftpflichtversicherungen für Vermögensschäden (D&O-Versicherungen) abzuschließen, um die Haftungsrisiken für Organmitglieder möglichst weitgehend zu reduzieren.[20]

§ 7 Stiftungsvorstand[21]

1. Der Vorstand besteht aus bis zu drei natürlichen Personen. Der Vorstand hat einen Vorsitzenden.
2. Der erste Vorstand wird zum Gründungszeitpunkt durch den Stifter bestellt. Der Stifter bestimmt auch den Vorsitzenden.
3. Danach werden die Vorstandsmitglieder und der Vorsitzende auf Vorschlag des Stiftungsvorstands vom Stiftungsrat bestellt. Der Stiftungsrat kann durch einstimmigen Beschluss vom Vorschlag des Vorstands abweichen.
4. Die Bestellung der Vorstandsmitglieder erfolgt für eine Amtszeit, die mit Ablauf des fünften vollständigen Geschäftsjahres ab dem Beginn der Amtszeit endet. Die Wiederbestellung ist zulässig, sie kann jedoch frühestens 12 Monate vor Ablauf der Amtszeit erfolgen. Ist bei Ablauf der Amtszeit ein Nachfolger noch nicht bestellt,

bleibt das Vorstandsmitglied, dessen Amtszeit abgelaufen ist, bis zur Bestellung eines Nachfolgers im Amt.[22]
5. Scheidet ein Mitglied vor Ablauf der in Abs. 4 Satz 1 genannten Amtszeit aus, so wird der Nachfolger für die restliche Amtszeit des Ausgeschiedenen bestellt.
6. Das Amt endet[23] ferner
 a) mit Ablauf des Geschäftsjahres, in dem das Mitglied sein 75. Lebensjahr vollendet,
 b) durch Niederlegung oder
 c) wenn der Stiftungsrat bei höchstens einer Gegenstimme die Abberufung beschließt.
7. Die Amtsperiode des Vorsitzenden endet mit dem Ende seiner Amtszeit als Vorstandsmitglied. Die mehrfache Ernennung als Vorsitzender ist zulässig, sie kann jedoch frühestens 12 Monate vor Ablauf der Amtszeit erfolgen.
8. Die Ernennung eines Vorstandsmitglieds zum Vorsitzenden kann durch den Stiftungsrat jederzeit einstimmig widerrufen werden.

§ 8 Vertretung; Rechte und Pflichten des Vorstands

1. Der Vorstand vertritt die Stiftung gerichtlich und außergerichtlich. Ist nur ein Vorstandsmitglied bestellt, vertritt es die Stiftung allein. Im Übrigen wird die Stiftung durch zwei Vorstandsmitglieder gemeinschaftlich vertreten.[24]
2. Der Stiftungsrat kann im Einzelfall dem Vorstand insgesamt oder einzelnen seiner Mitglieder im Einzelfall Befreiung von den Beschränkungen des § 181 BGB erteilen.
3. Dem Vorstand obliegt die Geschäftsführung der Stiftung unter Beachtung etwaiger Weisungen und Beschlussfassungen des Stiftungsrats sowie unter Beachtung der Zuständigkeiten des Stiftungsrats gemäß § 12 dieser Satzung. Dem Vorstand obliegt insbesondere die ordnungsgemäße Verwaltung des Stiftungsvermögens und die Entscheidung über die Vergabe der Stiftungsmittel.
4. Der Vorstand kann zur Erfüllung seiner Aufgaben unentgeltlich oder entgeltlich dritte Personen heranziehen oder die Erledigung ganz oder teilweise auf Dritte übertragen.
5. Der Vorstand hat die Rechnungslegung nach den Grundsätzen ordnungsmäßiger Buchführung zu fertigen sowie innerhalb angemessener Fristen einen Jahresabschluss aufzustellen und nach Prüfung durch den beauftragten Abschlussprüfer – sofern ein solcher zu bestellen ist (§ 14) –, dem Stiftungsrat zur Feststellung vorzulegen.
6. Der Vorstand ist verpflichtet, an Stiftungsratssitzungen teilzunehmen, wenn er hierzu gemäß § 13 Abs. 5 eingeladen wird.
7. Die Vorstandsmitglieder üben ihre Tätigkeit als Vorstandsmitglied ehrenamtlich aus.[25] Jedes Vorstandsmitglied hat jedoch Anspruch auf Ersatz der ihm entstandenen und nachgewiesenen Auslagen und Aufwendungen in angemessener Höhe, sofern das Mitglied die Auslagen und Aufwendungen für notwendig erachten durfte.
8. Im Innenverhältnis, ohne dass damit die Vertretungsmacht im Außenverhältnis beschränkt ist, dürfen die übrigen Mitglieder des Vorstands die Stiftung nur vertreten, wenn der Vorsitzende verhindert ist.
9. Die Vorstandsmitglieder haften nur für Vorsatz und grobe Fahrlässigkeit.[26]

§ 9 Vorstandssitzungen[27]; Geschäftsordnung[28]

1. Die Einberufung von Vorstandssitzungen erfolgt durch den Vorsitzenden.
2. Die Vorstandssitzung ist in Textform unter Angabe der Tagesordnung mit einer Frist von zwei Wochen einzuberufen, in die der Tag der Absendung der Einberufung und der Tag der Versammlung nicht eingerechnet werden.
3. Vorstandssitzungen finden mindestens einmal jährlich statt. Ferner sind Vorstandssitzungen einzuberufen, wenn die Belange der Stiftung dies sachdienlich erscheinen lassen oder wenn mindestens zwei Vorstandsmitglieder oder mindestens 1/3 der vorhandenen Mitglieder des Stiftungsrats dies schriftlich gegenüber dem Vorsitzenden

des Vorstands unter Angabe der Gründe verlangen. Sollte der Vorsitzende dem Verlangen nicht innerhalb einer Frist von drei Wochen Folge leisten, sind diejenigen Personen, die das Einberufungsverlangen gestellt haben, selbst berechtigt, eine Vorstandssitzung einzuberufen.

4. Der Vorsitz in Vorstandssitzungen und die Leitung von Beschlussfassungen außerhalb solcher Sitzungen obliegt dem Vorsitzenden, im Falle seiner Verhinderung dem an Lebensjahren ältesten anwesenden Vorstandsmitglied. In der Sitzung kann mit einfacher Mehrheit der abgegebenen Stimmen ein anderer Sitzungsleiter gewählt werden. Der Sitzungsleiter ist berechtigt und verpflichtet, die Beschlussergebnisse zu den erfolgten Abstimmungen verbindlich festzustellen. Der Sitzungsleiter ist ferner berechtigt, über die Zulassung von weiteren Teilnehmern an Vorstandssitzungen zu entscheiden (wie zB steuerliche Berater, Rechtsberater, Stiftungsratsmitglieder oder sonstige Dritte).
5. Über jede Sitzung ist ein Protokoll zu errichten. Es hat zu enthalten:
   a) Tag und Ort der Versammlung,
   b) Namen der anwesenden und vertretenen Vorstandsmitglieder sowie der sonstigen Teilnehmer,
   c) Tagesordnung und Anträge,
   d) Ergebnisse der Abstimmungen, Wortlaut der gefassten Beschlüsse sowie
   e) Angaben über die sonstige Erledigung von Anträgen.
6. Das Protokoll ist vom Sitzungsleiter zu unterzeichnen. Das Protokoll ist in Kopie allen Vorstandsmitgliedern binnen einer Frist von vier Wochen nach der Vorstandssitzung zu übermitteln.
7. Der Vorstand kann sich eine Geschäftsordnung geben, welche insbesondere die Aufgabenzuteilung innerhalb des Vorstands näher regelt. Die Wirksamkeit einer solchen Geschäftsordnung bedarf der Zustimmung des Stiftungsrats.

§ 10 Beschlussfassungen des Vorstands[29]

1. Vorstandsbeschlüsse werden grundsätzlich in Vorstandssitzungen gefasst.
2. Soweit in zwingenden gesetzlichen Vorschriften und in dieser Satzung nichts Abweichendes geregelt ist, fasst der Vorstand seine Beschlüsse mit der einfachen Mehrheit der abgegebenen Stimmen. Jedes Vorstandsmitglied hat eine Stimme. Im Falle von Stimmengleichheit entscheidet die Stimme des Vorsitzenden.
3. Der Vorstand ist beschlussfähig, wenn mehr als die Hälfte der Mitglieder anwesend oder vertreten sind. Ein abwesendes Mitglied kann sich aufgrund schriftlicher Vollmacht durch ein anwesendes Mitglied vertreten lassen. Die Vertretung setzt die Übergabe der Vollmachtsurkunde in der Vorstandssitzung voraus. Erweist sich eine Vorstandssitzung hiernach als nicht beschlussfähig, soll binnen einer Woche eine zweite Sitzung mit gleicher Tagesordnung und einer Einberufungsfrist, die bis auf 7 Tage verkürzt werden kann, einberufen werden. Diese Vorstandssitzung ist ohne Rücksicht auf die Höhe der vertretenen Stimmrechte beschlussfähig; hierauf ist in der wiederholten Einberufung hinzuweisen.
4. Jedes Vorstandsmitglied ist berechtigt, Beschlüsse der Stiftung auch außerhalb einer Vorstandssitzung im Wege schriftlicher Abstimmung, per Telefax, elektronisch (e-mail etc), per Telefon, per Videokonferenz oder im Wege anderer vergleichbarer Formen der Beschlussfassung herbeizuführen, wenn sich alle Vorstandsmitglieder an dieser Art der Abstimmung beteiligen und der gemischten Beschlussfassung nicht vor der Beschlussfassung schriftlich widersprechen.
5. Gemischte Beschlussfassungen, dh Beschlussfassungen bei denen sich die Vorstandsmitglieder in unterschiedlichen Formen im Sinne des Abs. 4 an der Beschlussfassung beteiligen, sind ebenfalls zulässig, wenn sich alle Vorstandsmitglieder an der gemisch-

ten Beschlussfassung beteiligen und der gemischten Beschlussfassung nicht vor der Beschlussfassung schriftlich widersprechen.

6. Die nach Abs. 4 und Abs. 5 gefassten Beschlüsse sind in einem Protokoll festzustellen, für das § 9 Abs. 5 and 6 entsprechend Anwendung finden mit der Maßgabe, dass zusätzlich zu den Ergebnissen der Abstimmungen festgehalten wird, wer wie abgestimmt hat.
7. Vorstandsbeschlüsse können nur innerhalb eines Monats nach Zugang des Protokolls durch Klage gegenüber der Stiftung angefochten werden.

§ 11 Stiftungsrat[30]

1. Der Stiftungsrat besteht aus mindestens drei und höchstens fünf Mitgliedern. Er hat einen Vorsitzenden und einen stellvertretenden Vorsitzenden. Zu Lebzeiten des Stifters ist dieser Mitglied des Stiftungsrates, danach soll mindestens ein Mitglied des Stiftungsrates Abkömmling des Stifters in gerader Linie sein. Ein Mitglied soll über besondere Kenntnisse auf den Gebieten des Stiftungszwecks gemäß § 2 Abs. 1 verfügen bzw. ein anerkannter Wissenschaftler oder Dozent einer Hochschule auf einem dieser Gebiete sein.
2. Die ersten Mitglieder des Stiftungsrats werden bei Errichtung der Stiftung von dem Stifter bestellt. Nach Errichtung der Stiftung werden die Mitglieder des Stiftungsrats durch den Stiftungsrat mit einer Mehrheit von $^2/_3$ der abgegebenen Stimmen (durch Kooptation seitens des Stiftungsrats) bestellt. Dies gilt auch für die Bestellung weiterer Mitglieder des Stiftungsrats, wenn dieser aus weniger als fünf Mitgliedern besteht. Ein ausscheidendes Mitglied ist bei der Abstimmung über die eigene Wiederwahl und die Wahl eines Nachfolgers stimmberechtigt.
3. Der Vorsitzende und dessen Stellvertreter werden durch den Stiftungsrat mit einfacher Mehrheit der abgegebenen Stimmen ernannt. Ein Mitglied des Stiftungsrats ist bei der Abstimmung über die eigene Ernennung zum Vorsitzenden oder Stellvertreter stimmberechtigt.
4. Die Bestellung der Mitglieder des Stiftungsrats erfolgt für eine Amtszeit, die mit Ablauf des fünften vollständigen Geschäftsjahres ab dem Beginn der Amtszeit endet. Scheidet ein Mitglied vor Ablauf der in Satz 1 genannten Amtszeit aus und wird ein Nachfolger für ihn bestellt, so wird der Nachfolger für die restliche Amtszeit des Ausgeschiedenen gemäß Satz 1 bestellt. Ist bei Ablauf der Amtszeit ein Nachfolger noch nicht bestellt, bleibt das Stiftungsratsmitglied, dessen Amtszeit abgelaufen ist, nur dann bis zur Bestellung eines Nachfolgers im Amt, wenn im Falle seines Ausscheidens die Zahl der Mitglieder des Stiftungsrats unter drei sinken würde.
5. Das Amt endet in jedem Fall und unbeschadet der Regelung in Abs. 4 letzter Satz
   a) mit Ablauf des Geschäftsjahres, in dem das Mitglied sein 80. Lebensjahr vollendet,
   b) durch Niederlegung,
   c) wenn auf Vorschlag aller anderen Mitglieder des Stiftungsrats der Vorstand mit einer Mehrheit von $^2/_3$ der abgegebenen Stimmen die Abberufung beschließt. Das betreffende Mitglied des Stiftungsrats ist bei der Abstimmung nicht stimmberechtigt.
6. Die Amtsperiode des Vorsitzenden und seines Stellvertreters endet jeweils mit dem Ende ihrer Amtszeit als Stiftungsratsmitglied. Die mehrfache Ernennung als Vorsitzender und dessen Stellvertreter ist zulässig.
7. Die Ernennung eines Stiftungsratsmitglieds zum Vorsitzenden oder Stellvertreter kann durch den Stiftungsrat mit einer Mehrheit von $^2/_3$ der abgegebenen Stimmen widerrufen werden. Ein Stiftungsratsmitglied ist bei der Abstimmung über die eigene Abberufung als Vorsitzender oder Stellvertreter nicht stimmberechtigt.

§ 12 Rechte und Pflichten des Stiftungsrats[31]

1. Der Stiftungsrat nimmt die ihm durch diese Satzung übertragenen Aufgaben wahr.
2. Der Stiftungsrat berät und überwacht den Vorstand bei der Erfüllung seiner Aufgaben, insbesondere bei der Verfolgung des Stiftungszwecks. Der Stiftungsrat kann einen Katalog zustimmungsbedürftiger Geschäfte für den Vorstand beschließen und diesen jederzeit ändern.
3. Der Stiftungsrat hat folgende weitere Aufgaben:
   a) Bestellung und Abberufung der Mitglieder des Vorstands sowie Entscheidung über die Erteilung der Befreiung von den Beschränkungen des § 181 BGB gemäß § 8 Abs. 2;
   b) Bestellung und Abberufung des Vorsitzenden im Vorstand;
   c) Bestellung des unabhängigen Kontrollorgans gemäß § 14;
   d) Genehmigung einer Geschäftsordnung für den Vorstand;
   e) Genehmigung der Jahresrechnung und anschließende Entscheidung über die Entlastung des Stiftungsvorstands
   f) Erteilung der Zustimmung zu Zweckänderungen, Auflösung und Zusammenlegung der Stiftung sowie zu sonstigen Satzungsänderungen (§ 15) und
   g) Entscheidung über die Verwendung des Vermögens der Stiftung im Falle der Auflösung oder Aufhebung gemäß § 15.
4. Die Mitglieder des Stiftungsrats sind ehrenamtlich für die Stiftung tätig. Jedes Mitglied hat jedoch Anspruch auf Ersatz der ihm entstandenen und nachgewiesenen Auslagen und Aufwendungen in angemessener Höhe, sofern das Mitglied die Auslagen und Aufwendungen für notwendig erachten durfte.
5. Die Stiftungsratsmitglieder haften nur für Vorsatz und grobe Fahrlässigkeit.
6. Gegenüber dem Vorstand und bei Rechtsgeschäften mit dem Vorstand oder einzelnen Vorstandsmitgliedern wird der Stiftungsrat durch dessen Vorsitzenden vertreten.

§ 13 Beschlussfassungen des Stiftungsrats[32]

1. Soweit in zwingenden gesetzlichen Vorschriften und in dieser Satzung nichts Abweichendes geregelt ist, fasst der Stiftungsrat seine Beschlüsse mit der einfachen Mehrheit der abgegebenen Stimmen. Im Falle von Stimmengleichheit entscheidet die Stimme des Vorsitzenden, im Falle dessen Verhinderung, die Stimme seines Stellvertreters.
2. Der Stiftungsrat kann sich eine Geschäftsordnung geben, welche insbesondere
   – Beschlussverfahren und
   – Aufgabenzuteilung

   regelt.
3. Die Stiftungsratssitzung ist vom Vorsitzenden in Textform unter Angabe der Tagesordnung mit einer Frist von drei Wochen einzuberufen, in die der Tag der Absendung der Einberufung und der Tag der Versammlung nicht eingerechnet werden. Die Ladungsfrist kann in dringenden Fällen auf zehn Tage verkürzt werden. Das Vorliegen eines dringenden Falles kann der Vorsitzende nach seinem billigen Ermessen für alle Stiftungsratsmitglieder verbindlich feststellen. Hat der Vorsitzende eine entsprechende Feststellung getroffen, so ist hierauf in der Einladung gesondert hinzuweisen.
4. Stiftungsratssitzungen finden mindestens einmal jährlich statt. Sie sind ferner einzuberufen, wenn mindestens ein Drittel der Mitglieder des Stiftungsrates oder ein Mitglied des Stiftungsvorstands dies schriftlich gegenüber dem Vorsitzenden unter Angabe der Gründe verlangt. Sollte der Vorsitzende dem Verlangen nicht innerhalb einer Frist von drei Wochen Folge leisten, sind diejenigen Personen, die das Einberufungsverlangen bestellt haben, selbst berechtigt, eine Stiftungsratssitzung einzuberufen.

5. Auf Verlangen des Stiftungsrats haben einzelne oder alle Vorstandsmitglieder an Stiftungsratssitzungen teilzunehmen. In einem solchen Fall sind die betreffenden Vorstandsmitglieder gemäß Abs. 3 zu der Stiftungsratssitzung einzuladen.
6. Für Stiftungsratssitzungen gelten im Übrigen die Regelungen in § 9 entsprechend mit der Maßgabe, dass die Leitung von Beschlussfassungen im Falle der Verhinderung des Vorsitzenden dem stellvertretenen Vorsitzenden obliegt und nur dann, wenn auch er verhindert ist, dem an Lebensjahren ältesten anwesenden Stiftungsratsmitglied.
7. § 10 Abs. 1 bis Abs. 6 gelten für Beschlussfassungen des Stiftungsrats entsprechend. Abs. 2 gilt mit der Maßgabe entsprechend, dass im Falle der Nichtteilnahme des Vorsitzenden an der Beschlussfassung die Stimme des Stellvertretenden bei Stimmengleichheit den Ausschlag gibt.
8. Stiftungsratsbeschlüsse können nur innerhalb eines Monats nach Zugang des Protokolls durch Klage gegenüber der Stiftung angefochten werden.

§ 14 Unabhängiges Kontrollorgan[33]

1. Die Stiftung ist von einem unabhängigen Wirtschaftsprüfer, einem Steuerberater oder einer unabhängigen Wirtschaftsprüfungsgesellschaft als Abschlussprüfer für jedes Geschäftsjahr zu prüfen.
2. Dieser Abschlussprüfer ist das Kontrollorgan der Stiftung. Das Kontrollorgan übt während des Geschäftsjahres die in § 8 Abs. 2 BWStiftG genannte Funktion aus.
3. Der Abschlussprüfer ist insbesondere verpflichtet, die Jahresrechnung mit Vermögensübersicht und Bericht über die Erfüllung des Stiftungszwecks im Hinblick auf die Vorschriften des Stiftungsgesetzes für Baden-Württemberg sowie der Satzung zu prüfen und das Ergebnis seiner Prüfung in einem (uneingeschränkten) Bestätigungsvermerk zusammenzufassen.
4. Der Abschlussprüfer soll auch die Jahresabschlüsse von Beteiligungsgesellschaften der Stiftung prüfen, die nicht von einem anderen Abschlussprüfer geprüft werden, sofern die Beteiligung nach seiner Beurteilung wesentliche Bedeutung für die Vermögens- oder Finanz- und Ertragslage der Stiftung hat.
5. Der Abschlussprüfer wird vom Stiftungsrat bestellt.

§ 15 Zweckänderungen[34], Aufhebung und Zusammenlegung der Stiftung, sonstige Satzungsänderungen[35]

1. Wird die Erfüllung des Stiftungszwecks (§ 2) unmöglich oder erscheint sie angesichts wesentlicher Veränderungen der Verhältnisse nicht mehr sinnvoll, so kann der Stiftung vom Vorstand ein neuer Zweck gegeben oder dieser den Zeitverhältnissen angepasst werden. Voraussetzung hierfür ist, dass auch der geänderte Zweck steuerbegünstigt ist und dies durch die zuständige Finanzbehörde schriftlich bestätigt wird. Der Vorstand wird hierbei etwaige mündliche oder schriftliche Hinweise und Anregungen des Stifters berücksichtigen.
2. Unter den in Abs. 1 Satz 1 genannten Voraussetzungen kann der Vorstand auch die Aufhebung der Stiftung[36] oder die Zusammenlegung mit einer anderen Stiftung,[37] deren Zwecke denen der Stiftung entsprechen oder nahestehen, beschließen.
3. Sonstige Satzungsänderungen sind jederzeit zulässig.
4. Beschlüsse gemäß Abs. 1 und Abs. 2 bedürfen jeweils der Einstimmigkeit im Vorstand. Beschlüsse gemäß Abs. 3 bedürfen einer Mehrheit von $^2/_3$ der abgegebenen Stimmen der Vorstandsmitglieder.
5. Maßnahmen gemäß Abs. 1, Abs. 2 und Abs. 3 bedürfen zusätzlich der Zustimmung des Stiftungsrats. Die Zustimmung zu Beschlüssen des Vorstands gemäß Abs. 1 und Abs. 3 bedarf einer Mehrheit von $^3/_4$ der abgegebenen Stimmen der Stiftungsrats-

mitglieder. Die Zustimmung zu Beschlüssen des Vorstands nach Abs. 2 bedarf der Einstimmigkeit im Stiftungsrat.
6. Beschlüsse gem. Abs. 1 bis 3 bedürfen ferner – sofern gesetzlich vorgesehen – der Genehmigung der für die Rechtsaufsicht zuständigen Behörde und dürfen erst nach Erteilung der Zustimmung ausgeführt werden.
7. Für die Abwicklung der Auflösung ist ausschließlich der Vorstand zuständig. Er bleibt auch bei der Abwicklung der Auflösung an etwaige Weisungen des Stiftungsrats gebunden.

§ 16 Vermögensbindung[38]

1. Im Falle der Auflösung oder Aufhebung der Stiftung oder bei Wegfall steuerbegünstigter Zwecke fällt das Vermögen der Stiftung an eine oder mehrere durch den Stiftungsrat zu benennende juristische Person(en) des öffentlichen Rechts oder andere steuerbegünstigte Körperschaft(en) zwecks Verwendung zur Förderung von Bildung und Erziehung, des öffentlichen Gesundheitswesens und/oder der Jugendhilfe. Hierüber entscheiden die Mitglieder des Stiftungsrats mit einfacher Mehrheit der abgegebenen Stimmen.
2. Beschlüsse über die künftige Verwendung des Vermögens sollen möglichst vorab mit der zuständigen Finanzbehörde abgestimmt werden.

§ 17 Stiftungsaufsicht[39]

Die Stiftung unterliegt der staatlichen Aufsicht nach Maßgabe des jeweils geltenden Stiftungsrechts.

§ 18 Salvatorische Klausel[40]

Sollten Bestimmungen dieser Satzung oder künftig in sie aufgenommene Bestimmungen ganz oder teilweise rechtsunwirksam sein oder ihre Rechtswirksamkeit oder Durchführbarkeit später verlieren, soll hierdurch die Gültigkeit der übrigen Bestimmungen der Satzung nicht berührt werden. Das Gleiche gilt, soweit sich herausstellen sollte, dass die Satzung eine Regelungslücke enthält. An Stelle der unwirksamen oder undurchführbaren Bestimmungen oder zur Ausfüllung der Lücke soll eine angemessene Regelung gelten, die, soweit rechtlich möglich, dem am nächsten kommt, was der Stifter gewollt haben würde, soweit er bei Abfassung dieser Satzung oder bei der späteren Aufnahme einer Bestimmung den Punkt bedacht hätte. Dies gilt auch, wenn die Unwirksamkeit einer Bestimmung etwa auf einem in der Satzung vorgeschriebenen Maß der Leistung oder Zeit (Frist oder Termin) beruht; es soll dann ein dem Gewollten möglichst nahekommendes, rechtlich zulässiges Maß der Leistung oder Zeit (Frist oder Termin) als vereinbart gelten.

Anmerkungen

1. Stiftungssatzung. Die Stiftungssatzung ist das Herzstück der Stiftung. Auf ihre Abfassung ist besondere Sorgfalt anzuwenden. Denn sie stellt den Aufgaben- und Organisationsplan der Stiftung dar und bietet daher die Gewähr für den Bestand und die Effektivität der Stiftung, insbesondere auch über den Tod des Stifters hinaus (MAH ErbR/*Feick* § 38 Rn. 48). Nachträgliche Satzungsänderungen bedürfen der Genehmigung durch die zuständige Stiftungsbehörde und sind nur zulässig, wenn sie in der Satzung selbst ausdrücklich vorgesehen oder von Gesetz gestattet sind (vgl. v. Campenhausen/Richter/*Hof* § 6 Rn. 211). Vor diesem Hintergrund sollte man sehr gründlich und sorgfältig die Regelungen in der Satzung formulieren. Sofern es sich nicht um eine Verbrauchsstiftung handelt (→ Form. H.III.7), soll die Satzung über einen sehr langen Zeitraum Bestand haben.

Für die Auslegung der Satzung gelten die allgemeinen zivilrechtlichen Bestimmungen der § 133 BGB und § 157 BGB.

Mindestanforderungen an die Satzung, die aber – wie vorstehend schon ausgeführt – in der Praxis nicht alleine ausreichend sind, sind Angabe zu Name, Sitz, Zweck, Vermögen und Bildung des Vorstands nach § 81 Abs. 1 S. 3 BGB.

2. Name. Gemäß § 81 Abs. 1 S. 3 Nr. 1 BGB hat der Stifter einen Namen für die Stiftung auszuwählen, damit die Stiftung unter ihrem Namen im Rechtsverkehr auftreten kann. Der gewählte Name unterfällt dem Schutz des § 12 BGB. Zwar ist der Stifter grundsätzlich bei der Namensauswahl völlig frei, er muss aber seinerseits § 12 BGB und den damit verbundenen Namensschutz beachten. Der ausgewählte Name darf weder in Rechte Dritter eingreifen, noch sollte er zu Verwechslungen im Rechtsverkehr führen, gegen die Dritte bei teilweisen Namensübereinstimmungen nach §§ 5 ff. MarkenG, §§ 30, 37 HGB und § 16 UWG vorgehen könnten (v. Campenhausen/Richter/*Hof* § 6 Rn. 148; *Fischer/Ihle* DStR 2008, 1692 mwN). Mögliche Namen sind der Name des Stifters, der Zweck der Stiftung oder eine Kombination aus beiden. Will man von dritter Seite Zuwendungen einwerben, dürfte es in der Praxis leichter fallen, wenn die Stiftung nicht den Namen des Stifters trägt, sondern einen neutralen Namen oder einen Namen, der bereits den Zweck der Stiftung widerspiegelt. Ferner sollte auch im Vorfeld im Hinblick auf einen eventuell geplanten Internetauftritt der Stiftung geprüft werden, ob entsprechende Domainnamen noch verfügbar sind.

3. Rechtsform. Es empfiehlt sich in der Satzung die Erwähnung der Rechtsform zur Klarstellung, da von der Rechtsform die Anwendbarkeit der Stiftungsgesetze und die Zuständigkeit der Stiftungsbehörden abhängt. Durch entsprechende Klarstellung kann insbesondere eine Verwechslung mit einer treuhänderischen (nicht rechtsfähigen/unselbständigen) Stiftung vermieden werden.

4. Sitz. Die Stiftungssatzung muss gemäß § 81 Abs. 1 S. 3 Nr. 2 BGB bestimmen, wo der Stiftungssitz liegen soll. Nach dem Ort des Stiftungssitzes bestimmt sich, welche Landesbehörde für die Durchführung des Anerkennungsverfahrens zuständig ist, § 80 Abs. 1 BGB, sowie für die laufende Geschäftstätigkeit bis hin zu einer etwaigen Auflösung der Stiftung.

Durch die grundsätzlich freie Wahl des Sitzes kann der Stifter somit auch die Anwendbarkeit des jeweiligen Landesstiftungsrechts beeinflussen (vgl. *Mecking* ZST 2004, 199). In der Praxis wird aber ein rein fiktiver Sitz ohne Bezug zur Verwaltung der Stiftung oder zur Erfüllung ihrer Stiftungszwecke als unzulässig anzusehen sein. Unabhängig hiervon ist steuerrechtlich zu beachten, dass gemäß § 20 Abs. 1 AO nicht der statutarische Sitz, sondern in erster Linie der Sitz der Geschäftsleitung die örtliche Zuständigkeit der betreffenden Finanzbehörde begründet (Feick/*Fischer* Stiftung § 7 Rn. 7).

5. Stiftungszweck. Der Stiftungszweck ist nach § 81 Abs. 1 S. 3 Nr. 3 BGB ebenfalls zwingend in der Satzung zu regeln. Er gibt den Willen des Stifters wieder und bestimmt, welche Zwecke durch die Stiftung gefördert werden sollen. Bei steuerbegünstigten Stiftungen, wie sie dem vorliegenden Muster zugrunde liegt, sollte der Zweck nicht zu eng gefasst werden und ggf. eine Mehrheit von Zwecken zugelassen werden. Denn § 55 Abs. 1 Nr. 5 AO bestimmt ausdrücklich, dass die steuerbegünstigte Stiftung ihre Mittel grundsätzlich zeitnah zu verwenden hat. „Zeitnah" bedeutet nach § 55 Abs. 1 Nr. 5 S. 3 AO, dass die Mittel grundsätzlich im Jahr des Zuflusses oder in den beiden darauffolgenden Jahren zu verwenden sind. Wird der Zweck zu eng gefasst, kann es bei der Verwendung der Erträge zu Schwierigkeiten kommen, wenn man einerseits die Begünstigten nicht übermäßig unterstützen möchte, andererseits der Zweck der Stiftung so eng gefasst ist, dass der Kreis der potentiellen Begünstigten sehr klein ist. Der Stiftungszweck muss auf Dauer, nicht aber auf die Ewigkeit angelegt sein. Zulässig ist auch eine

Verbrauchs- oder Aufbrauchsstiftung (→ Form. H.III.7). Unzulässig ist dagegen nach herrschender Meinung die sog. „Selbstzweckstiftung"; der Zweck also nicht nur im Erhalt und der Vermehrung liegen (vgl. v. Campenhausen/Richter/*Hof* § 7 Rn. 61 ff.; aA *Burgard* NZG 2002, 697 [700]).

Inhaltlich ist darauf zu achten, dass der Stiftungszweck hinreichend bestimmt ist. Stiftungszwecke, die zB „die Förderung des Gemeinwohls" oder den „Schutz der Menschheit" zum Gegenstand haben, genügen den Anforderungen nicht. Der Stifter kann im Übrigen grundsätzlich jeden nicht gemeinwohlgefährdenden oder nicht unmöglichen Stiftungszweck wählen (Umkehrschluss aus § 87 Abs. 1 BGB).

Nach der Anerkennung der Stiftung kann der Stiftungszweck in der Regel nur noch in Ausnahmefällen geändert werden – basierend auf dem „historischen Stifterwillen", also dem Willen des Stifters zum Zeitpunkt der Anerkennung. Auch der Stifter selbst kann nicht, ohne entsprechende Ermächtigung in der Stiftungssatzung, selbst seinen „historischen Willen" ändern. Freilich gilt etwas anderes, wenn die Verfolgung des Stiftungszwecks unmöglich geworden ist. In diesem Fall kann der Zweck der Stiftung gemäß § 87 BGB geändert werden.

6. Zweckverwirklichungsmaßnahmen. In der Satzung selbst muss der Stiftungszweck so genau bestimmt sein, dass allein aus der Lektüre der Satzung geprüft werden kann, ob die Voraussetzungen für eine Steuerbegünstigung vorliegen (vgl. § 60 Abs. 1 S. 1 AO). In der Praxis hat es sich bewährt – bzw. wird von den Finanzbehörden verlangt –, dass in der Satzung die geplante Erfüllung der abstrakt beschriebenen Stiftungszwecke konkret dargelegt wird. Dies wird in dem vorliegenden Muster in § 2 Abs. 2 berücksichtigt. Hierbei ist nicht erforderlich, dass die steuerbegünstigte Stiftung sämtliche geplanten Maßnahmen vollständig und umfassend in ihre Satzung aufnimmt. Es reicht vielmehr und ist auch zur Beibehaltung der notwendigen Flexibilität in der Zukunft zu empfehlen, die wichtigsten geplanten Zweckverwirklichungsmaßnahmen zu umschreiben und durch Einfügung des Wortes „insbesondere" klarzustellen, dass die Stiftung auch andere Maßnahmen ergreifen darf, vgl. hierzu auch die zwingend zu verwendende „Mustersatzung" gemäß Anlage 1 zu § 60 AO.

In der Praxis muss insbesondere der Spagat gelingen zwischen einer möglichst präzisen Formulierung, um einerseits die Anerkennung der Stiftung als steuerbegünstigt durch die Finanzbehörde zu erreichen und andererseits den Stiftungsorganen einen möglichst weiten Handlungsspielraum zu belassen, so dass auch auf gesellschaftliche, politische, wirtschaftliche oder sonstige Veränderungen in der Zukunft zur Verwirklichung der Satzungszwecke reagiert werden kann.

7. Zweckverwirklichung im Ausland. Wenn die Stiftung beabsichtigt, Stiftungszwecke auch im Ausland zu fördern, sollte dies vorsorglich in der Satzung entsprechend klargestellt werden.

8. Gemeinnützigkeitsrecht. In der Praxis haben die steuerbegünstigten Stiftungen eine erhebliche Bedeutung, da schätzungsweise über 95 % aller Stiftungen steuerbegünstigt sind (vgl. zu den Zahlen Bundesverband Deutscher Stiftungen: www.stiftungen.org). Häufig wird der Begriff der „gemeinnützigen Stiftung" umgangssprachlich als Oberbegriff für alle Stiftungen, die steuerbegünstigte Zwecke im Sinne der §§ 51 ff. AO verfolgen, benutzt. Das Gesetz unterscheidet jedoch zwischen gemeinnützigen (§ 52 AO), mildtätigen (§ 53 AO) und kirchlichen (§ 54 AO) Stiftungen. Genau genommen bilden daher die gemeinnützigen Zwecke ebenso wie die mildtätigen und kirchlichen Zwecke nur eine Untergruppe aller steuerbegünstigten Zwecke. Aus juristischer Sicht sollte daher korrekterweise der Begriff „steuerbegünstigte Stiftung" verwendet werden, wenn man nicht nur von einer gemeinnützigen Stiftung im engeren Sinne von § 52 AO spricht, sondern auch mildtätige und kirchliche Stiftungen meint.

Das Gesetz verlangt inzwischen in § 60 Abs. 1 S. 2 AO, dass bestimmte Formulierungen aus der Mustersatzung gemäß Anlage 1 zu § 60 AO in der Stiftungssatzung enthalten sein müssen, damit die Stiftung als steuerbegünstigt anerkannt werden kann. Es empfiehlt sich daher dringend, den Wortlaut aus der Mustersatzung zu übernehmen, auch wenn er im Einzelfall nicht richtig passt (→ Anm. 9).

Eine Stiftung verfolgt gemeinnützige Zwecke nach § 52 AO, wenn sie ihre Tätigkeit darauf richtet, die Allgemeinheit auf materiellem, geistigem oder sittlichem Gebiet selbstlos zu fördern. Handelt es sich bei dem geförderten Personenkreis um einen fest abgeschlossenen oder infolge seiner Abgrenzung dauernd nur kleinen Personenkreis, so ist nach § 52 Abs. 1 S. 2 AO eine Förderung der Allgemeinheit nicht gegeben. Die Unterstützung darf nicht nur bereits feststehenden bestimmten oder bestimmbaren Personen zugutekommen.

Eine Stiftung verfolgt mildtätige Zwecke nach § 53 AO, wenn sie Personen selbstlos unterstützt, die infolge ihres körperlichen, geistigen oder seelischen Zustandes hilfsbedürftig sind. Anders als in § 52 AO ist eine Förderung der Allgemeinheit nicht Voraussetzung der Mildtätigkeit. Daher können auch bestimmte bedürftige Personen unterstützt werden, wie zB Verwandte des Stifters, solange das Kriterium der Verwandtschaft keine Voraussetzung der Förderung ist (AEAO zu § 53, Ziff. 3 S. 6 und 7).

Eine Stiftung verfolgt kirchliche Zwecke nach § 54 AO, wenn sie ihre Tätigkeit auf die selbstlose Förderung einer Religionsgemeinschaft, die Körperschaft des öffentlichen Rechts ist, gerichtet hat.

§ 55 AO bestimmt (im Wesentlichen durch negative Abgrenzungen), was unter selbstloser Förderung oder Unterstützung zu verstehen ist. Da die Stiftung nicht in erster Linie eigenwirtschaftliche Zwecke verfolgen darf, muss nach hM der gemeinnützige Tätigkeitsteil prägend oder beherrschend sein (vgl. BFH BStBl. II 1992, 62 [64]; Tipke/Kruse/*Seer* § 55 Rn. 1 ff.). Zu berücksichtigen sind darüber hinaus die zusätzlich in § 55 AO genannten Kriterien, die im Zusammenhang mit § 58 AO zu lesen sind, der wiederum Ausnahmen zu § 55 AO enthält.

Die nach § 56 AO ausschließlich zu verfolgenden steuerbegünstigten Zwecke müssen immer satzungsmäßige Zwecke sein. Ein Zweck der an sich steuerbegünstigt wäre, aber nicht der Satzung entspricht, darf nicht verfolgt werden, wenn die Steuerbegünstigung angestrebt wird. Mehrere in der Satzung festgelegte steuerbegünstigte Zwecke dürfen jedoch ohne weiteres nebeneinander verfolgt werden.

Nach § 57 AO muss eine Stiftung ihre steuerbegünstigten Zwecke auch unmittelbar verfolgen, dh sie muss diese Zwecke selbst verwirklichen. Möglich ist dies auch bei Einsatz von Hilfspersonen, wenn die Rechtfolgen ihres Handelns der Stiftung haftungsrechtlich wie eigenes Handeln zuzurechnen sind.

Früher gab es kein besonderes Verfahren zur Anerkennung der Steuerbegünstigung einer Stiftung. Dies ist durch die Einführung von § 60a AO geändert worden. Demnach wird die Einhaltung der satzungsmäßigen Voraussetzungen der §§ 51 ff. AO durch das Finanzamt durch einen bindenden Verwaltungsakt gesondert festgestellt, der die früher unverbindliche vorläufige Gemeinnützigkeitsbescheinigung ersetzt (vgl. AEAO Nr. 1 ff. zu § 60a AO sowie *Hüttemann* DB 2014, 442 und *Kirchhain* DStR 2014, 289). In der Praxis ist zu empfehlen, nach Anerkennung der Stiftung als rechtsfähig eine entsprechende Bescheinigung gemäß § 60a AO bei der zuständigen Finanzbehörde zu beantragen. Liegt eine entsprechende Bescheinigung vor, ist die Stiftung berechtigt, Zuwendungsbestätigungen (Spendenbescheinigungen) auszustellen.

9. Mitglieder. Die Mustersatzung in Anlage 1 zu § 60 AO enthält diesen Satz, obwohl er für Stiftungen schlicht nicht passt. Denn Stiftungen haben keine Mitglieder. In der Praxis wird von den Stiftungsbehörden und Finanzämtern dennoch teilweise diese Formulierung verlangt, weil diese sich an dem Wortlaut der Anlage 1 zu § 60 AO orientieren. Teilweise wird auch ein abgewandelter Wortlaut verlangt, wie zB: „Die

Organmitglieder sowie der Stifter und seine Rechtsnachfolger erhalten keine Zuwendungen aus Mitteln der Stiftung.“. In der Praxis empfiehlt sich insoweit vor Beantragung der Anerkennung der Stiftung eine Abstimmung des Wortlauts der Satzung mit dem zuständigen Finanzamt.

10. Kein Rechtsanspruch. Zur Vermeidung der Anerkennung der Steuerbegünstigung wegen fehlender Förderung der Allgemeinheit und zur Vermeidung der Einkommensteuerpflicht bei den Destinatären (vgl. § 22 Nr. 1 S. 2 EStG) sollte in der Satzung klargestellt werden, dass die Destinatäre (Begünstigten) keinen klagbaren Anspruch auf Zuwendungen haben (vgl. v. Campenhausen/Richter/*Hof* § 7 Rn. 170 ff.).

11. Stiftungsvermögen. Der Stifter ist gemäß § 81 Abs. 1 S. 2 BGB verpflichtet, der Stiftung verbindlich ein bestimmtes Vermögen zuzuwenden. Durch die Anerkennung erlangt die Stiftung einen durchsetzbaren schuldrechtlichen Anspruch auf Übertragung des ihr zugesagten Vermögens, für dessen Erfüllung der Stifter nach herrschender Auffassung in entsprechender Anwendung der schenkungsrechtlichen Bestimmungen gemäß §§ 521 ff. BGB haftet (vgl. Feick/*Fischer* Stiftung § 7 Rn. 23). Die Übertragung selbst erfolgt nach den allgemeinen Vorschriften der §§ 925 ff., 873 ff., 829 ff. BGB.

Die Zuwendung eines Stifters an eine gemeinnützige Stiftung im Rahmen ihrer Gründung ist gemäß § 13 Abs. 1 Nr. 16 lit. b) ErbStG von der Schenkungsteuer befreit. Sollte die Stiftung aber innerhalb von zehn Jahren nach der Zuwendung keine gemeinnützigen Zwecke mehr verfolgen und das Vermögen der Stiftung nicht einem steuerbegünstigten Zweck zugeführt werden, entfällt diese Steuerbegünstigung rückwirkend (§ 13 Abs. 1 Nr. 16 lit. b) S. 2 ErbStG). Darüber hinaus ist die Übertragung von Vermögen des Stifters auf die Stiftung schenkungsteuerpflichtig (§ 1 Abs. 1 Nr. 2 iVm § 7 Abs. 1 Nr. 8 ErbStG). Für Stiftungen gilt nach § 15 Abs. 1 ErbStG die Steuerklasse III, der Freibetrag gemäß § 16 Abs. 1 Nr. 7 ErbStG beträgt 20.000,00 EUR.

Begrifflich umfasst das Stiftungsvermögen alle Vermögenswerte der Stiftung (vgl. Staudinger/*Hüttemann*/*Rawert* § 81 Rn. 53). Man unterscheidet zwischen dem Vermögensstock oder Grundstockvermögen und den Erträgen hieraus. Es gibt kein gesetzlich fixiertes Mindestvermögen der Stiftung. Die Stiftungsbehörden der Länder empfehlen für die Gründung von selbständigen Stiftungen mit eigener Stiftungsverwaltung in der Regel ein Mindestvermögen von 50.000,00 EUR, angesichts der schon seit langem anhaltenden Niedrigzinsen und damit einhergehender niedriger Erträge von Stiftungen teilweise auch von 100.000,00 EUR. Je nach Stiftungszweck kann aber auch ein höherer Vermögensstock erforderlich sein. In der Praxis empfiehlt es sich daher, in Zweifelsfällen mit der zuständigen Stiftungsbehörde vorab das erforderliche Mindestkapital abzustimmen. Für kleinere Vermögen bietet sich die unselbständige Stiftung als Alternative an (→ Form. H.III.3).

Grundstockvermögen ist das der Stiftung vom Stifter zugewendete Vermögen, das nicht zum Verbrauch bestimmt ist. Vermögen ist dabei nicht nur Geld, sondern jede vermögenswerte Rechtsposition, die einen bestimmten Wert hat, wie zB auch Grundstücke, Wertpapiere oder bewegliche Sachen. Das Grundstockvermögen darf nicht verbraucht werden, sondern muss als finanzielle Grundlage der Stiftung erhalten bleiben.

Entsprechend dem Willen des Stifters kann ein Teil des Stiftungsvermögens jedoch vorläufig zum Verbrauch bestimmt werden, um damit später Erträge erwirtschaften zu können.

12. Wenn der Stifter nicht möchte, dass bei Vorlage der Satzung publik wird, welches Vermögen er der Stiftung anlässlich ihre Gründung zugewandt hat, empfiehlt es sich, in der Stiftungssatzung das Stiftungsvermögen nicht im Einzelnen aufzuführen, sondern auf das Stiftungsgeschäft zu verweisen. Das Stiftungsgeschäft ist grundsätzlich nicht für Dritte einsehbar.

13. Eine solche Formulierung wird von den meisten Landesstiftungsgesetzen verlangt. In der Praxis kann sich empfehlen, hier noch detailliertere Ausführungen zu machen, zB dahingehend, ob das Vermögen grundsätzlich nur nominal oder auch real, dh nach Berücksichtigung des Kaufkraftschwunds, in seinem Wert zu erhalten ist.

14. Zustiftungen. Zustiftungen sind Zuwendungen nach Entstehen der Stiftung. Sie werden durch den Stifter selbst oder durch Dritte in das Grundstockvermögen geleistet. Sie sind nicht zur sofortigen Verwendung im Rahmen der Verfolgung des Stiftungszwecks bestimmt. Ob es sich bei der Zuwendung von Vermögen um eine Zustiftung oder eine Spende handelt, ist grundsätzlich nach dem Willen des Zuwendenden abzugrenzen. Lässt sich dieser Wille nicht ermitteln, entscheidet der Vorstand. Ferner sieht das vorliegende Muster vor, dass Zustiftungen vom Vorstand angenommen werden müssen. Hierdurch können ggf. unerwünschte Zustiftungen abgelehnt werden (vgl. Feick Stiftung/*Fischer* § 8 Rn. 12). Verschiedene Landestiftungsgesetze machen Zustiftungen von der Genehmigung der Aufsichtsbehörde abhängig (zB Art. 19 Nr. 1 BayStG).

15. Spenden. Spenden sind freiwillige Ausgaben zur Förderung des Stiftungszwecks ohne Gegenleistung, die nach dem Willen des Zuwendenden für den alsbaldigen Verbrauch bestimmt sind (v. Campenhausen/Richter/*Hof* § 9 Rn. 22). Die Zuwendung ist freiwillig, wenn die Ausgabe ohne rechtliche Verpflichtung erbracht wurde oder aber auf einer freiwillig eingegangenen Verpflichtung beruht (BFH BStBl. II 1992, 748). Um die Stiftung in die Lage zu versetzen, steuerlich anzuerkennende Spendenquittungen erteilen zu können, sollte die Satzung unbedingt eine klarstellende Regelung über die Berechtigung zum Empfang von Spenden enthalten.

Durch das Spendenabzugsrecht sind die jeweiligen Spender steuerlich begünstigt (§ 10b EStG, § 9 Abs. 1 Nr. 2 KStG). Der Spender darf eine Zuwendung nur dann steuerlich abziehen, wenn die Stiftung als Zuwendungsempfänger eine Zuwendungsbestätigung gemäß § 50 EStDV auf amtlich vorgeschriebenem Vordruck ausgestellt hat. Die Vorlage der Zuwendungsbestätigung ist zwingende sachliche Voraussetzung für den Spendenabzug (BFH BStBl. II 1992, 748). Die Zuwendungsbestätigung muss dabei insbesondere Angaben zum Empfänger, zur Person des Zuwendenden, zur Art, zur Höhe sowie zum Zeitpunkt der Zuwendung enthalten. Der Verwendungszweck ist ausdrücklich zu bezeichnen (str., aA Schleswig-Holsteinisches FG EFG 01, 815 für best. Spendenzwecke bis einschl. VZ 1999). Die gemeinnützige Stiftung hat als Spendenempfänger gemäß § 50 EStDV einen buchmäßigen Nachweis der Zuwendungen zu führen. Sie hat ein Doppel der Zuwendungsbestätigung aufzubewahren. Entsprechende Aufzeichnungspflichten ergeben sich ebenfalls aus § 63 Abs. 3 AO.

16. In der Satzung sollte in jedem Fall klargestellt werden, ob das Grundstockvermögen umgeschichtet, dh insbesondere veräußert werden darf. Insbesondere wenn der Stifter einen Unternehmensanteil oder auch bestimmte Immobilien oder sonstige Sachwerte in die Stiftung einbringt, stellt sich regelmäßig die Frage, ob die Stiftungsorgane diese Vermögensgegenstände veräußern dürfen. Viele Stifter wünschen, dass das von ihnen eingebrachte Vermögen nie veräußert wird. Da jedoch niemand die Zukunft sicher vorhersehen kann, empfiehlt es sich häufig eine Veräußerung zuzulassen und insoweit den zuständigen Stiftungsorganen zu vertrauen, dass sie in Zukunft die richtigen Entscheidungen treffen werden.

17. Rücklagen. Der gemeinnützigkeitsrechtliche Rücklagenbegriff ist grundsätzlich weiter als der handelsrechtliche. Er umfasst solche Mittel, die als Überschuss der Einnahmen über die Ausgaben nicht dem Gebot zeitnaher Mittelverwendung unterfallen und folglich thesauriert werden können (vgl. Feick/*Ponath* Stiftung § 18 Rn. 106 mwN). Aus steuerrechtlicher Sicht ist eine ausdrückliche Zulassung der Rücklagenbildung in der Satzung nicht erforderlich. Zur Vermeidung von Unklarheiten ist jedoch eine entspre-

chende Regelung zu empfehlen. Die Zulässigkeit der Rücklagenbildung ist überwiegend in § 62 AO geregelt (vgl. zu den unterschiedlichen Rücklagen ausführlich Feick/*Ponath* Stiftung § 18 Rn. 107 ff.).

18. Geschäftsjahr. Regelmäßig wird das Geschäftsjahr mit dem Wirtschaftsjahr übereinstimmen. Eine abweichende Regelung wird steuerlich anerkannt. In der Satzung sollte eine klarstellende Regelung getroffen werden.

19. Organe der Stiftung. Einziges gesetzlich vorgeschriebenes Organ der Stiftung ist nach §§ 81 Abs. 1 S. 3 Nr. 5, 86, 26 Abs. 1 BGB der Vorstand. Die Bestellung eines Vorstands reicht aus, um der Stiftung Handlungsfähigkeit im Rechtsverkehr zu verschaffen. Daneben ist es möglich, noch andere Organe einzurichten. Die konkrete Ausgestaltung weiterer Organe ist abhängig von der Stiftungsorganisation, dem Stiftungszweck und dem zur Verfügung stehenden Stiftungsvermögen. Bei einer einfachen Stiftung mit einer relativ geringen Vermögensausstattung mag ein Vorstand ausreichen. Der Vorstand hat damit alle Aufgaben selbst wahrzunehmen. Als weitere Organe kommen – wie im vorliegenden Satzungsvorschlag – ein Stiftungsrat oder ein Kuratorium in Betracht, denen Mitwirkungs-, Kontroll- oder Zustimmungsrechte eingeräumt werden können. Da die Stiftung eine vom Stifter losgelöste Rechtsperson ist, kann nur durch ein Kontrollorgan die ordnungsgemäße Überwachung des Vorstands gewährleistet werden. Die staatliche Aufsicht ist hierzu oftmals nicht in der Lage.

20. Haftung der Stiftungsorgane. Die Organmitglieder (und sonstigen Bediensteten) der Stiftung haften in der Regel nach § 280 BGB aus positiver Forderungsverletzung des mit ihr geschlossenen Anstellungsvertrages oder Auftrags (vgl. v. Campenhausen/Richter/*Hof* § 8 Rn. 297). Ehrenamtlich Tätige haften grundsätzlich ebenfalls nach den allgemeinen Regeln. Allerdings gibt es für ehrenamtlich tätige Organmitglieder oder solche, deren Vergütung im Jahr 720,00 EUR nicht übersteigt, eine Haftungserleichterung gemäß § 31a BGB, so dass sie nur bei Vorsatz oder grober Fahrlässigkeit haften. Die Satzung kann auch Haftungserleichterungen vorsehen (→ Anm. 26). Aufgrund der bestehenden Haftungsrisiken kann es sich empfehlen, eine Vermögensschadens-Haftpflichtversicherung oder sog. D&O-Versicherung für die Stiftungsorgane abzuschließen. Das Formular sieht eine entsprechende Möglichkeit ausdrücklich vor.

21. Stiftungsvorstand. Gemäß § 81 Abs. 1 S. 3 Nr. 5 BGB muss die Satzung eine Regelung über die Bildung des Vorstands der Stiftung treffen. In der Regel bestimmt der Stifter den ersten Vorstand. Darüber hinaus kann die Satzung vorsehen, dass nach dem Tod des Stifters ein anderes Organ der Stiftung wie zB der Stiftungsrat oder auch ein außenstehender Dritter den Vorstand bestimmt. Nach § 86 BGB sind auf den Vorstand die Vorschriften über den Verein anwendbar. Nach § 26 BGB kann der Vorstand aus einer oder mehreren Personen bestehen. Von einer einzelnen Person als Vorstand ist grundsätzlich abzuraten. Die Anzahl der Vorstandsmitglieder sollte vielmehr dem zu verwaltenden Stiftungsvermögen verhältnismäßig angepasst sein. Vorstandsmitglieder können neben natürlichen auch juristische Personen sein, die ihr Stimmrecht durch ihre gesetzlichen Vertreter ausüben.

22. Amtszeit. Weder das Stiftungs- noch das Vereinsrecht enthalten zur Amtszeit genauere Regelungen, so dass darauf geachtet werden sollte, in der Stiftungssatzung klare und eindeutige Regelungen zur Bestellung und Amtsdauer sowie auch zur Abberufung von Vorstandsmitgliedern vorzusehen. Wenn es hinsichtlich der Organbesetzung einmal zu Unstimmigkeiten kommt, können unklare und unvollständige Regelungen in der Satzung leicht zu Streit und zu langwierigen Auseinandersetzungen über die Besetzung der Stiftungsorgane führen.

23. Beendigung des Amtes. Die vorstehenden Ausführungen gelten auch entsprechend für Regelungen bei der Beendigung des Amtes. Auch hier ist an eine klare und eindeutige und vollständige Regelung aller Beendigungsgründe zu denken.

24. Vertretung. Der Vorstand ist der gesetzliche Vertreter der Stiftung und vertritt diese gerichtlich und außergerichtlich (§§ 86 Abs. 1, 26 Abs. 1 S. 2 BGB).

Soweit der Vorstand aus mehreren Mitgliedern besteht, kann Einzel- oder Gesamtvertretung vorgeschrieben werden. Die Vertretungsmacht ist grundsätzlich unbeschränkt.

25. Die Satzung sollte klare Regelungen über die Vergütung ihres Vorstands treffen und insbesondere darüber, wer die Vergütung festlegt. Das Formular geht allerdings von einer ehrenamtlichen Tätigkeit aus, so dass nur ein Anspruch auf Ersatz von Auslagen und Aufwendungen vorgesehen ist.

26. Die Stiftungssatzung kann Haftungserleichterungen vorsehen (ausführlich hierzu *Wehnert* ZSt 2007, 67 [69 ff.]); v. Campenhausen/Richter/*Hof* § 8 Rn. 300). Insbesondere bei ehrenamtlicher Tätigkeit der Organmitglieder kann eine Haftungserleichterung geboten und angemessen sein.

27. Vorstandssitzungen. Wenn es zu Unstimmigkeiten in Stiftungsorganen kommt, gibt es häufig auch Streit darüber, wie die Formalitäten der Einberufung und Durchführung von Vorstandssitzungen abzulaufen haben. Leider fehlen hierzu häufig in Satzungen detaillierte Regelungen. Weder das BGB zum Stiftungs- und Vereinsrecht noch die Landesstiftungsgesetze enthalten hierzu detaillierte Regelungen, so dass auf eine umfassende Regelung der Verfahrensvorschriften große Sorgfalt gelegt werden sollte. Insoweit kann man sich sicherlich auch an entsprechende Regelungen für die Durchführung von Gesellschafterversammlungen in Gesellschaftsverträgen orientieren.

28. Geschäftsordnung. Die Geschäftstätigkeit einer Stiftung bedarf in vielerlei Hinsicht einer Regulierung. Allerdings müssen nicht alle Regelungen zur Geschäftstätigkeit in der Satzung getroffen werden. Notwendige Regelungen zB über die Ladung der Mitglieder zu Sitzungen des Stiftungsvorstands (oder anderen Organen), das Entscheidungsverfahren in Sitzungen, die Protokollierung von Beschlüssen sowie die Vertretung von Organmitgliedern können in einer Geschäftsordnung des jeweiligen Organs geregelt werden. Gleiches gilt für die zum Entscheidungsverfahren notwendigen Bestimmungen zur Beschlussfähigkeit, die Abstimmungsmodalitäten, das Verfahren bei Anträgen in eigener Sache und der Möglichkeit einer Abstimmung im schriftlichen Verfahren.

29. Beschlussfassungen. Ausführliche Regelungen zur Beschlussfassung und zur möglichen Beschlussanfechtung sind aus den in den vorstehenden Anmerkungen genannten Gründen ebenfalls zu empfehlen. Heutzutage sollte auch geregelt werden, inwieweit Beschlussfassungen online oder per sonstiger elektronischer Kommunikationsmöglichkeiten zulässig sind, vgl. hierzu § 10 Abs. 4 des Formulars.

30. Stiftungsrat. Der Stiftungsrat ist ebenso wie jedes weitere Organ der Stiftung außer dem Vorstand ein rein fakultatives Organ. Gerade bei größeren Stiftungen mit einem größeren Vermögen empfiehlt sich in der Regel allerdings die Installierung eines weiteren Organs neben dem Vorstand, das den Vorstand beraten, kontrollieren und überwachen kann. Der Satzungsautonomie sind insoweit keine Grenzen gesetzt. Das Kontrollgremium kann rein beratende Funktion haben oder – wie im Formular vorgesehen – gewisse Entscheidungsbefugnisse und Zustimmungsrechte haben oder sogar so weitgehende Befugnisse eingeräumt bekommen, dass der Vorstand (zB aufgrund Weisungsbefugnis des Stiftungsrats) zum reinen ausführenden Organ degradiert wird. Die Vertretungsbefugnis der Stiftung steht allerdings zwingend dem Vorstand zu.

31. Rechte und Pflichten des Stiftungsrats. Für die Regelungen der Rechte und Pflichten des Stiftungsrats in der Stiftungssatzung gelten die vorstehenden Ausführungen zum Vorstand in → Anm. 24–26 entsprechend.

32. Beschlussfassungen des Stiftungsrats. Auch insoweit gelten die Ausführungen zu Beschlussfassungen des Vorstands in → Anm. 29 entsprechend.

33. Unabhängiges Kontrollorgan. Manche Landesstiftungsgesetze, wie zB § 8 Abs. 2 S. 2 BWStiftG, sehen vor, dass die Stiftung ein zusätzliches Kontrollorgan einrichten kann. Wenn dieses eingerichtet ist, reduzieren sich die Aufgaben und Befugnisse der Stiftungsaufsicht. Dies ist oft im Interesse des Stifters, der sich häufig keine Einmischung in die laufenden Stiftungsangelegenheiten durch die Stiftungsaufsicht wünscht.

Aber auch unabhängig davon kann es sich generell empfehlen, zwingend einen Abschlussprüfer für die Stiftung vorzusehen, um ein weiteres Kontrollgremium gegenüber dem Vorstand zu installieren. Freilich ist insoweit stets zu berücksichtigen, ob die voraussichtlich anfallenden Kosten für eine Abschlussprüfung in einer angemessenen Relation zu den zu erwartenden Erträgen der Stiftung stehen.

34. Zweckänderungen. Eine Änderung des Stiftungszwecks setzt nach § 87 BGB voraus, dass dessen Erfüllung aus rechtlichen oder tatsächlichen Gründen unmöglich geworden ist. Ferner muss die Zweckänderung durch den ursprünglichen Stifterwillen gedeckt sein. Die Stiftungssatzung kann für eine Zweckänderung auch weitere Kriterien aufstellen (vgl. Feick/*Fischer* Stiftung § 7 Rn. 29).

35. Sonstige Satzungsänderungen. Sonstige Satzungsänderungen sind zulässig, wenn sie durch Satzung oder Gesetz gestattet werden. Die meisten Landesgesetze enthalten hierzu entsprechende Ermächtigungen (vgl. zB § 6 BWStiftG, § 5 Abs. 1 NRWStiftG; § 8 RhPfStiftG). Nach allen Landesgesetzen bedarf eine entsprechende Satzungsänderung jedoch der Genehmigung durch die Stiftungsbehörde.

36. Aufhebung. Die vorstehenden Ausführungen gelten entsprechend für die Möglichkeit der Stiftungsorgane, die Aufhebung der Stiftung oder die Zusammenlegung mit einer anderen Stiftung zu beschließen.

37. Zusammenlegung. Zusammenlegung meint die Vereinigung zweier Stiftungen. Für die Durchführung dieses Verfahrens gibt es keine besonderen Regelungen, insbesondere gilt das Umwandlungsgesetz nicht. Zivilrechtlich wird sich daher eine Zusammenlegung letztlich stets durch Übertragung aller Vermögensgegenstände von einer Stiftung auf eine andere Stiftung und anschließende Aufhebung der Stiftung, die dann über kein Vermögen mehr verfügt, umsetzen lassen.

38. Vermögensbindung. In der Satzung soll bestimmt werden, an wen das Vermögen im Falle des Erlöschens der Stiftung fällt, § 88 S. 1 BGB. Fehlt eine solche Regelung, fällt das Vermögen an den Fiskus des Bundeslandes, in dem die Stiftung ihren Sitz hatte. Bei steuerbegünstigten Stiftungen, wie der vorliegenden, kommt hinzu, dass die Stiftung nur dann als steuerbegünstigt anerkannt wird, wenn in der Satzung sichergestellt ist, dass das Vermögen der Stiftung im Falle des Erlöschens weiterhin ausschließlich gemeinnützigen Zwecken zugutekommt. Für diese sog. „Vermögensbindung" ist wiederum der Wortlaut der Mustersatzung in Anlage 1 zu § 60 AO zu verwenden, wie dies im vorliegenden Muster geschehen ist.

Um zu vermeiden, dass die Stiftungsorgane versehentlich eine Verwendung des Vermögens beschließen, die aus Sicht des Finanzamts nicht als steuerbegünstigt anerkannt wird, sieht § 16 Abs. 2 der Satzung vor, dass die zu fassenden Beschlüsse vor ihrer Umsetzung mit dem Finanzamt abgestimmt werden sollen.

39. Stiftungsaufsicht. Rechtsfähige Stiftungen unterliegen staatlichen Stiftungsaufsichten nach dem Recht der einzelnen Bundesländer. Diese staatliche Stiftungsaufsicht soll

gewährleisten, dass der Stifterwille auf Dauer beachtet wird, der Stiftung das ihr zustehende Vermögen zufließt und das Stiftungsvermögen sowie seine Erträge in Übereinstimmung mit den einschlägigen gesetzlichen und satzungsmäßigen Bestimmungen verwaltet und verwendet werden (Feick/*Fischer* Stiftung § 10 Rn. 1). Die Aufsicht ist hierbei als reine Rechtsaufsicht konzipiert, dh die Aufsichtsbehörde hat die Handlungen und Maßnahmen der Stiftungsorgane nur auf reine Rechtmäßigkeit und nicht auf Zweckmäßigkeit hin zu überprüfen. Die Stiftungsbehörde darf insbesondere nicht die Ermessensentscheidung der Stiftungsorgane ersetzen, indem sie ihr eigenes Ermessen an die Stelle des Ermessens der Stiftungsorgane stellt. In der Praxis beschränkt sich die Stiftungsaufsicht häufig auf die Entgegennahme der jährlich zu erstellenden und der Stiftungsbehörde vorzulegenden Jahresrechnung. Will der Stifter eine effektive Kontrolle der Stiftung erreichen, sollte er insbesondere auf die Einrichtung eines zweiten Kontrollorgans sowie auch auf die Einsetzung eines unabhängigen Abschlussprüfers hinwirken, sofern der zu erwartende Aufwand bzw. die zu erwartenden Kosten für die Einrichtung entsprechender Organe im Verhältnis zu den erwartenden Erträgen als vertretbar erscheinen.

40. **Salvatorische Klausel.** Wie in Gesellschaftsverträgen auch, empfiehlt sich vorsorglich für die Satzung der Stiftung die Aufnahme einer allgemeinen salvatorischen Klausel.

2. Satzung einer rechtsfähigen Familienstiftung

Satzung der . . . . . . – Familienstiftung mit dem Sitz in . . . . . .[1, 2]

§ 1 Name, Rechtsform, Sitz

1. Die Stiftung führt den Namen „. . . . . .-Familienstiftung“.[3]
2. Sie ist eine rechtsfähige Stiftung bürgerlichen Rechts mit Sitz in . . . . . .[4]

§ 2 Stiftungszweck[5]

Zweck der Stiftung ist

1. die finanzielle Unterstützung des Stifters, seiner Ehefrau und seiner leiblichen Abkömmlinge, insbesondere, aber nicht ausschließlich in Fällen der persönlichen oder wirtschaftlichen Not oder sonstigen Bedürftigkeit und
2. die finanzielle Unterstützung der Aus- und Weiterbildung der leiblichen Abkömmlinge des Stifters Herrn . . . . . .

§ 3 Begünstigte nach § 2[6] und deren Rechte

1. Der Vorstand entscheidet nach freiem Ermessen,[7] ob die Voraussetzungen für die Auszahlung von Stiftungserträgen vorliegen und wenn ja, in welchem Umfang Auszahlungen an einen Begünstigten iSv § 2 vorgenommen werden.
2. Ein Rechtsanspruch auf Ausschüttungen besteht nicht, er wird auch durch die wiederholte Gewährung von Leistungen nicht begründet.[7]
3. Etwaige Steuern, die auf die Ausschüttungen von der Stiftung an die Begünstigten anfallen, trägt der jeweilige Begünstigte.[8]

§ 4 Stiftungsvermögen[9]

1. Das Vermögen der Stiftung besteht im Zeitpunkt ihrer Errichtung aus: 100.000,00 EUR in bar.
2. Vermögensumschichtungen sind jederzeit zulässig.

§ 5 Organe der Stiftung[10], Haftpflichtversicherung

1. Einziges Organ der Stiftung ist der Vorstand.
2. Die Stiftung ist berechtigt, auf eigene Kosten Haftpflichtversicherungen für Vermögensschäden (D&O-Versicherungen) abzuschließen, um die Haftungsrisiken für Vorstandsmitglieder zu reduzieren.[11]

§ 6 Vorstand[12]

1. Der Vorstand besteht aus drei natürlichen Personen. Solange der Stifter Mitglied des Vorstands ist, gilt abweichend hiervon, dass der Vorstand auch nur aus einer Person bestehen kann. Der Vorstand hat – soweit der Vorstand aus drei Personen besteht – einen Vorsitzenden und einen stellvertretenden Vorsitzenden.
2. Dem Vorstand soll mindestens eine Person angehören, die über langjährige Erfahrung bei der Vermögensanlage und -verwaltung verfügt. Mindestens ein Mitglied soll über besondere Kenntnisse und Erfahrungen in der Anwendung von Rechnungslegungsgrundsätzen und internen Kontrollverfahren verfügen. Ein weiteres Mitglied soll über besondere finanzwirtschaftliche Erfahrung, jedenfalls aber über fundierte Wirtschaftskenntnisse und Erfahrungen verfügen.
3. Der erste Vorstand wird zum Gründungszeitpunkt durch den Stifter bestellt.
4. Vorbehaltlich der Regelung in § 9 werden die Mitglieder des Vorstands, auf Vorschlag von Mitgliedern des Vorstands durch den Vorstand mit einfacher Mehrheit der abgegebenen Stimmen (durch Kooptation seitens des Vorstands) berufen. Das ausscheidende Mitglied ist hierbei stimmberechtigt. Die Vorstandsmitglieder bestimmen darüber hinaus, vorbehaltlich der Regelung in § 9, die Person des Vorsitzenden sowie seines Stellvertreters mit einfacher Mehrheit aus ihrem Kreis; sämtliche Vorstandmitglieder sind hierbei stimmberechtigt.
5. Soweit der Stifter bei Bestellung des Stiftungsvorstands nichts Abweichendes bestimmt hat, endet das Amt der Vorstandsmitglieder mit Ablauf des vierten vollständigen Geschäftsjahres ab dem Beginn der Amtszeit.
6. Die Wahl zum Vorsitzenden und stellvertretenden Vorsitzenden erfolgt jeweils für die Dauer der jeweiligen Amtsdauer des gewählten Vorstandsmitglieds.
7. Wiederbestellung der Vorstandsmitglieder und Wiederwahl des Vorsitzenden und seines Stellvertreters sind zulässig, sie kann jedoch frühestens 12 Monate vor Ablauf der Amtszeit erfolgen.
8. Unbeschadet des Abs. 5, endet das Amt für Vorstandsmitglieder
   a) mit Ablauf des Geschäftsjahres, in dem das Mitglied sein 75. Lebensjahr vollendet hat,
   b) durch Niederlegung, oder
   c) wenn der Vorstand die Abberufung beschließt. Sie ist nur aus wichtigem Grund zulässig. Der Abberufungsbeschluss bedarf der Einstimmigkeit. Das betreffende Vorstandsmitglied ist hierbei nicht stimmberechtigt.
9. Scheidet ein Mitglied vor Beendigung seiner Amtszeit aus, beginnt für den Nachfolger die Amtszeit von neuem zu laufen. Die Dauer der neuen Amtszeit bemisst sich nach Abs. 5.
10. Außer in den Fällen der Abberufung aus wichtigem Grund oder der Niederlegung bleibt ein ausscheidendes Mitglied bis zur Wahl seines Nachfolgers im Amt.
11. Soweit in zwingenden gesetzlichen Vorschriften oder in dieser Satzung nichts Abweichendes geregelt ist und der Stifter nicht alleiniges Vorstandsmitglied ist, fasst der Vorstand seine Beschlüsse mit der einfachen Mehrheit der abgegebenen Stimmen. Im Falle von Stimmengleichheit entscheidet die Stimme des Vorsitzenden, im Falle von dessen Verhinderung die Stimme seines Stellvertreters. Wenn der Stifter nicht alleiniges Vorstandsmitglied ist, ist der Vorstand beschlussfähig, wenn mindestens zwei

Vorstandsmitglieder anwesend oder vertreten sind und die Vorstandssitzung ordnungsgemäß einberufen wurde. Vertretung ist nur durch ein anderes Vorstandsmitglied zulässig; sie setzt die Vorlage einer schriftlichen Vollmacht voraus.

12. Sofern und soweit in einer Geschäftsordnung nichts Abweichendes geregelt ist, gilt für die Einberufung von Vorstandssitzungen Folgendes: Die Einberufung erfolgt durch den Vorsitzenden oder seinen Stellvertreter schriftlich oder in Textform (zB E-Mail) unter Angabe der Tagesordnung mit einer Ladungsfrist von mindestens drei Wochen. Hierbei werden der Tag der Absendung der Einladung und der Tag der Versammlung nicht mitgezählt. Erweist sich der Vorstand als nicht beschlussfähig, weil nicht mindestens zwei Vorstandsmitglieder anwesend oder vertreten sind, soll binnen einer Woche eine zweite Sitzung mit der gleichen Tagesordnung und einer Einberufungsfrist, die bis auf 7 Tage verkürzt werden kann, einberufen werden. In dieser zweiten Sitzung ist der Vorstand ohne Rücksicht auf die Anzahl der anwesenden und vertretenen Vorstandsmitglieder beschlussfähig; hierauf ist in der wiederholten Einberufung hinzuweisen.
13. Der Vorstand kann sich eine Geschäftsordnung geben, welche insbesondere
    - Beschlussverfahren und
    - Aufgabenzuteilung

    regelt.

§ 7 Allgemeine Rechte und Pflichten des Vorstands

1. Dem Vorstand obliegt die Geschäftsführung der Stiftung.
2. Der Vorstand hat die Rechnungslegung nach den Grundsätzen ordnungsmäßiger Buchführung zu fertigen sowie innerhalb angemessener Fristen einen Jahresabschluss in Anlehnung an handelsrechtliche Rechnungslegungsgrundsätzen unter Berücksichtigung der Besonderheiten, die sich durch die Rechtsform der Stiftung ergeben, aufzustellen.
3. Die Vorstandsmitglieder können, soweit es Art und Umfang der für die Stiftung zu leistenden Tätigkeit rechtfertigen und es die Stiftungsmittel zulassen, eine angemessene Vergütung erhalten, die vom Vorstand mit einfacher Mehrheit der abgegebenen Stimmen festgelegt wird. Sämtliche Vorstandsmitglieder haben Anspruch auf Ersatz der ihnen entstandenen und nachgewiesenen Auslagen in angemessener Höhe.
4. Der Vorstand hat bei allen seinen Entscheidungen die Sorgfalt eines ordentlichen Kaufmannes zu wahren.

§ 8 Vertretung[13]

1. Der Vorstand vertritt die Stiftung gerichtlich und außergerichtlich. Besteht der Vorstand aus mehr als einem Mitglied, wird die Stiftung durch zwei Vorstandsmitglieder gemeinschaftlich vertreten. Abweichend hiervon gilt, dass der Stifter als Vorstandsmitglied stets einzelvertretungsberechtigt ist.
2. Der Vorstand kann einem Vorstandsmitglied im Einzelfall Befreiung von den Beschränkungen des § 181 BGB erteilen. Das Vorstandsmitglied, das von den Beschränkungen des § 181 BGB befreit werden soll, ist hierbei nicht stimmberechtigt.

§ 9 Besondere Regelungen für den Stifter[14]

1. Solange der Stifter lebt und geschäftsfähig ist, ist ausschließlich er berechtigt, sämtliche Mitglieder (sich selbst eingeschlossen) des Stiftungsvorstands zu bestellen und abzuberufen. Er kann sich auch zum alleinigen Vorstand bestellen (§ 6 Abs. 1 S. 2). Der Stifter hat im Übrigen das Recht, jeweils den Vorsitzenden und seinen Stellvertreter zu bestimmen. Hat der Vorstand weniger als die nach dieser Satzung vorgesehene Anzahl von Mitgliedern, greifen die allgemeinen Regeln der Bestellung von Vorstandsmit-

gliedern (§ 6 Abs. 2 ff.), wenn der Stifter nicht innerhalb von drei Monaten nach Absinken der Mitgliederzahl so viele neue Vorstandsmitglieder bestellt, dass die Anzahl der vorgesehenen Vorstandsmitglieder wieder erreicht wird.

2. Der Stifter kann darüber hinaus im Voraus für den Fall seiner Verhinderung (zB Tod oder Geschäftsunfähigkeit) bestimmen, wer Mitglied des Stiftungsvorstands wird, wenn und soweit die allgemeinen Regeln dieser Satzung zur Bestellung von Vorstandsmitgliedern nicht greifen und der Vorstand bei Eintritt seiner Verhinderung nur aus seiner Person besteht. Die Bestimmung hat hierbei unter ausdrücklicher Bezugnahme auf diese Regelung der Satzung durch schriftliche, mit Ort und Datum versehene unterzeichnete Erklärung des Stifters gegenüber der Stiftungsbehörde zu erfolgen. Trifft der Stifter keine Bestimmung im vorgenannten Sinne oder aber nimmt eine zum Vorstandsmitglied bestimmte Person das Amt nicht an (zB aufgrund Tod, Krankheit, oÄ), gilt Folgendes:
   Die fehlenden Vorstandsmitglieder sind unter Berücksichtigung der Vorgaben des § 6 Abs. 2 von der Stiftungsbehörde zu bestimmen. Die Benennung der Person des Vorsitzenden sowie seines Stellvertreters erfolgt sodann durch die von der Stiftungsbehörde bestimmten Vorstandsmitglieder nach § 6 Abs. 4 S. 3.
3. Solange der Stifter Mitglied im Vorstand ist, gelten für ihn die nachfolgenden Sonderregelungen:
   a) Der Stifter ist stets Vorsitzender des Organs, sofern er nicht schriftlich einen anderen Vorsitzenden bestimmt oder er alleiniges Mitglied des Organs ist.
   b) Der Stifter ist von den Beschränkungen des § 181 BGB befreit.
   c) Die Amtszeit des Stifters ist nicht begrenzt. Die Altershöchstgrenze, mit der ein Mitglied aus dem Organ auszuscheiden hat, gilt für ihn nicht.
   d) Ausschließlich der Stifter hat das Recht, Änderungen der Satzung der Stiftung, einschließlich des Zwecks unter den Voraussetzungen des § 12 Abs. 1, sowie die Zusammenlegung mit einer anderen Stiftung alleine zu beschließen. § 12 Abs. 4 bleibt unberührt.
4. Der Stifter kann von seinem Amt als Organmitglied nicht abberufen werden. Die Befugnisse der für die Rechtsaufsicht zuständigen Behörde bleiben hiervon unberührt.

§ 10 Geschäftsjahr[15], Dauer

1. Geschäftsjahr ist das Kalenderjahr. Das erste Geschäftsjahr ist ein Rumpfgeschäftsjahr.
2. Die Dauer der Stiftung ist zeitlich unbegrenzt.

§ 11 Stiftungsaufsicht[16]

Die Stiftung unterliegt der staatlichen Aufsicht nach Maßgabe des jeweils geltenden Stiftungsrechts.

§ 12 Zweckänderungen[17], Zusammenlegung der Stiftung[18], sonstige Satzungsänderungen[19]

1. Wird die Erfüllung des Stiftungszwecks (§ 2) unmöglich oder erscheint sie angesichts wesentlicher Veränderungen der Verhältnisse nicht mehr sinnvoll, so kann der Vorstand, vorbehaltlich des § 9 Abs. 3, durch einstimmigen Beschluss sämtlicher vorhandener Vorstandsmitglieder der Stiftung einen neuen Zweck geben oder diesen den Zeitverhältnissen anpassen. Der Vorstand wird hierbei mündliche oder schriftliche Hinweise und Anregungen des Stifters berücksichtigen, sofern dieser nicht selbst Vorstandsmitglied ist (vgl. § 9 Abs. 3 lit. d)).

2. Der Vorstand kann ferner, vorbehaltlich des § 9 Abs. 3, einstimmig, das heißt durch Beschlussfassung sämtlicher vorhandener Vorstandsmitglieder, die Zusammenlegung mit einer anderen Stiftung beschließen.
3. Sonstige Satzungsänderungen werden vom Vorstand, vorbehaltlich des § 9 Abs. 3, durch einstimmigen Beschluss sämtlicher vorhandener Vorstandsmitglieder der Stiftung beschlossen.
4. Beschlüsse gemäß Abs. 1 bis 3 bedürfen zu ihrer Wirksamkeit – sofern gesetzlich vorgesehen – der Genehmigung der Stiftungsbehörde und dürfen erst nach Erteilung der Genehmigung ausgeführt werden.

§ 13 Auflösung der Stiftung[20]

1. Wird die Erfüllung des Stiftungszwecks (§ 2) unmöglich oder erscheint sie angesichts wesentlicher Veränderungen der Verhältnisse nicht mehr sinnvoll, so kann der Vorstand durch einstimmigen Beschluss sämtlicher vorhandener Vorstandsmitglieder die Auflösung der Stiftung beschließen.[21]
2. Der Beschluss zur Auflösung bedarf – sofern gesetzlich vorgesehen – der Genehmigung der Stiftungsbehörde und darf erst nach Erteilung der Genehmigung ausgeführt werden.
3. Im Falle der Auflösung oder der Aufhebung ist der Vorstand für die Abwicklung zuständig.

§ 14 Vermögensanfall[22]

Im Falle der Auflösung oder Aufhebung der Stiftung ist das Vermögen an die zu dem Zeitpunkt lebenden Begünstigten gemäß § 3 Abs. 1 untereinander nach den Regeln der gesetzlichen Erbfolge im Verhältnis zum Stifter als fiktivem Erblasser zu übertragen. Der Vorstand kann einstimmig, das heißt durch Beschlussfassung sämtlicher vorhandener Vorstandsmitglieder, etwas Abweichendes beschließen. Soll ein Begünstigter aufgrund Vorstandsbeschluss gemäß Satz 2 weniger erhalten, als ihm nach Satz 1 zusteht, bedarf der Vorstandsbeschluss gemäß Satz 2 zu seiner Wirksamkeit der Zustimmung des bzw. der betroffenen Begünstigten.

§ 15 Salvatorische Klausel[23]

Sollten Bestimmungen dieser Satzung oder künftig in sie aufgenommene Bestimmungen ganz oder teilweise rechtsunwirksam sein oder ihre Rechtswirksamkeit oder Durchführbarkeit später verlieren, soll hierdurch die Gültigkeit der übrigen Bestimmungen der Satzung nicht berührt werden. Das Gleiche gilt, soweit sich herausstellen sollte, dass die Satzung eine Regelungslücke enthält. An Stelle der unwirksamen oder undurchführbaren Bestimmungen oder zur Ausfüllung der Lücke soll eine angemessene Regelung gelten, die, soweit rechtlich möglich, dem am nächsten kommt, was der Stifter gewollt haben würde, soweit er bei Abfassung dieser Satzung oder bei der späteren Aufnahme einer Bestimmung den Punkt bedacht hätte. Dies gilt auch, wenn die Unwirksamkeit einer Bestimmung etwa auf einem in der Satzung vorgeschriebenen Maß der Leistung oder Zeit (Frist oder Termin) beruht; es soll dann ein dem Gewollten möglichst nahekommendes, rechtlich zulässiges Maß der Leistung oder Zeit (Frist oder Termin) als vereinbart gelten.

Anmerkungen

1. Formular. Dem Formular liegt ein Sachverhalt zugrunde, bei dem der Stifter sowohl für sich selbst, für seine Ehefrau als auch für seine leiblichen Abkömmlinge eine Familienstiftung errichten möchte. Die Begünstigten sollen keinen einklagbaren Anspruch auf

Ausschüttungen erhalten, so dass es sich um eine klassische „Ermessensstiftung" handelt. Ferner enthält die Satzung auch keine bestimmten Vorgaben über die Besetzung des Stiftungsvorstands, zB durch Familienangehörige, was möglich wäre. Die vorstehende Satzung ist im Interesse einer bequemen und kostengünstigen Verwaltung der Stiftung einfach gehalten.

2. Familienstiftung. Es gibt keine allgemein gültige Definition für den Begriff der Familienstiftung. Eine Familienstiftung ist ganz oder teilweise auf die Förderung oder Verfolgung des Interesses oder des Wohls einer oder mehrerer bestimmter Familien ausgerichtet. So oder ähnlich finden sich Definitionen in einigen Landesstiftungsgesetzen (vgl. zB § 21 Abs. 1 HessStiftG und § 19 1 SchlHStiftG). Allerdings wird die Quantifizierung des Merkmals der „Familienbegünstigung" in verschiedenen Gesetzesvorschriften unterschiedlich bestimmt (vgl. die graphische Darstellung bei v. Campenhausen/Richter/*Richter* § 13 Rn. 6). Nach Ansicht des BFH (BStBl. II 1998, 114) dient eine Stiftung dann wesentlich dem Interesse einer Familie oder bestimmter Familien, wenn nach der Satzung ggf. nach dem Stiftungsgeschäft ihr Wesen darin besteht, es den Familien zu ermöglichen, das Stiftungsvermögen, soweit es einer Nutzung zu privaten Zwecken zugänglich ist, zu nutzen und die Stiftungserträge an sich zu ziehen. Nach § 15 Abs. 2 AStG liegt eine Familienstiftung vor, wenn der Stifter, seine Angehörigen und deren Abkömmlinge zu mehr als der Hälfte bezugs- oder anfallsberechtigt sind. Die Finanzverwaltung wiederum geht davon aus, dass eine Familienstiftung bereits dann vorliegt, wenn der Stifter, seine Angehörigen und deren Abkömmlinge, lediglich zu mehr als 25 % bezugs- oder anfallsberechtigt sind und zusätzliche Merkmale ein wesentliches Familieninteresse indizieren (zB wesentlicher Einfluss auf die Geschäftsführung der Stiftung) oder wenn die vorgenannten Personen zu mehr als 50 % bezugs- oder anfallsberechtigt sind (vgl. R E 1.2 Abs. 2 ErbStR). Im vorliegenden Formular ist das Vorliegen einer Familienstiftung unstreitig, da die Stiftung ausschließlich zum Wohle der Familie des Stifters errichtet ist und der Stifter und seine Familie zu 100 % Begünstigte sind.

Für Familienstiftungen gelten dieselben zivilrechtlichen Regelungen in §§ 80 ff. BGB und den jeweiligen Landesstiftungsgesetzen wie auch für steuerbegünstigte Stiftungen. Bei einer Familienstiftung handelt es sich nicht um eine besondere Rechtsform. Es besteht ferner ein Rechtsanspruch auf Anerkennung einer Familienstiftung gemäß § 80 Abs. 2 iVm § 81 Abs. 1 BGB, sofern die Familienstiftung nicht gegen den Grundsatz der Gemeinwohlkonformität verstößt. Der Grundsatz der gemeinwohlkonformen Allzweckstiftung stellt nämlich keine Beschränkung der zulässigen Stiftungszwecke ausschließlich auf steuerbegünstigte Zwecke dar (vgl. Gesetzesentwurf der Bundesregierung vom 11.4.2002 BT-Drs. 14/8765, 9 li. Sp.).

3. Name. → Form. H.III.1 Anm. 2.

4. Sitz. → Form. H.III.1 Anm. 4.

5. Zweck. Ebenso wie bei der gemeinnützigen Stiftung ist bei der Familienstiftung auf die Abfassung des Stiftungszwecks größte Sorgfalt zu legen. Denn der Stiftungszweck legt den Rahmen fest, innerhalb dessen die Stiftung Ausschüttungen an die Begünstigten vornehmen darf (bzw. muss). Bei einer Familienstiftung ist insbesondere festzulegen, ob Begünstigte nur bei Vorliegen bestimmter Voraussetzungen unterstützt werden sollen (zB Ausbildung, Fortbildung, Krankheit, Alter oder sonstige Notlagen) oder ob die Begünstigten nur aufgrund ihrer Zugehörigkeit zum Kreis der Begünstigten berechtigt sind, Ausschüttungen zu erhalten.

Die Festlegung des Stiftungszwecks hängt sicher von der Zielrichtung des jeweiligen Stifters ab. Geht es darum, Familienangehörige, die in finanziellen Angelegenheiten schlicht unerfahren sind oder aufgrund Krankheit oder sonstiger persönlicher Umstände nicht mit Vermögen umgehen können, zu unterstützen, wird man möglicherweise eine

restriktivere Ausschüttungspolitik und einen entsprechend engeren Stiftungszweck vorsehen. Geht es primär um die Bündelung und Zusammenhalt des Vermögens (zB auch eines Unternehmens), wird man eventuell den Zweck etwas weiter fassen, so dass die Begünstigten unabhängig von ihrer persönlichen Situation Zuwendungen aus der Familienstiftung erhalten können.

6. Begünstigte. In der Satzung ist klar zu definieren, wer zu dem Kreis der Begünstigten gehört, damit es später hierüber keinen Streit gibt. Insbesondere bei der Verwendung des Begriffs Abkömmlinge sollte klargestellt werden, ob – wie im Muster vorgesehen – nur leibliche Abkömmlinge begünstigt sind oder ob auch Adoptivkinder hierunter zählen. Möchte man Adoptivkinder grundsätzlich zulassen, aber einen Missbrauch durch zB Erwachsenenadoption vorbeugen, könnte man auch aufnehmen, dass Adoptivkinder als leibliche Abkömmlinge im Sinne der Stiftungssatzung gelten, sofern sie als Minderjährige adoptiert worden sind.

7. Ermessensstiftung. Anders als bei der steuerbegünstigten Stiftung ist es nicht zwingend, dass die Begünstigten der Stiftung keinen Rechtsanspruch auf Ausschüttungen haben. Vielmehr kommt es bei Familienstiftungen durchaus häufig vor, dass die Begünstigten einen Rechtsanspruch haben, insbesondere dann, wenn der Stiftungsvorstand nicht durch Familienangehörige besetzt ist und die Begünstigen somit nicht aufgrund ihrer Stellung als Stiftungsvorstand mitentscheiden können, ob und wie viel ausgeschüttet wird. Im Formular wird jedoch von einer Ermessensstiftung ausgegangen, so dass hier Vertrauen in den Vorstand gesetzt wird, richtig zu entscheiden, wer wann welche Ausschüttungen bekommt. Insbesondere wenn bei Begünstigten unterschiedliche steuerliche Rahmenbedingungen vorliegen, zB weil einzelne Begünstigte im Ausland leben, kann es sinnvoll sein, nicht starr Ausschüttungen nach den Vorgaben der Satzung vornehmen zu müssen, sondern individuell auch unter Berücksichtigung der jeweiligen steuerlichen Vor- und Nachteile der einzelnen Begünstigten.

8. Steuerrecht. Die Familienstiftung ist anders als eine steuerbegünstigte (gemeinnützige) Stiftung nicht steuerlich privilegiert. Vor Errichtung einer Familienstiftung ist im jeweiligen Einzelfall sorgfältig zu prüfen, ob aus steuerlicher Sicht die Familienstiftung eine sinnvolle Gestaltung darstellt.

So unterliegt die erstmalige Ausstattung und auch die spätere Zuwendung von Vermögen an die Familienstiftung der Erbschaft- oder Schenkungsteuer. Für inländische Familienstiftungen, wie im Formular vorgesehen, wird bei der Errichtung und erstmaligen Ausstattung mit Vermögen eine Vergünstigung insofern gewährt, als die Bestimmungen der Steuerklasse nach dem Verhältnis zwischen dem Stifter und dem entferntest Berechtigten erfolgt, § 15 Abs. 2 S. 1 ErbStG. Insofern sollte aus steuerlichen Gründen der Kreis der Begünstigten möglichst nicht auf entferntere Verwandte ausgedehnt werden, damit nicht für die Vermögensausstattung Steuerklasse II oder Steuerklasse III Anwendung findet. Für spätere Zustiftungen nach Errichtung der Stiftung findet nach herrschender Meinung § 15 Abs. 2 ErbStG keine Anwendung, so dass dann stets die ungünstige Steuerklasse III gilt (vgl. *Meincke/Hannes/Holtz* ErbStG § 15 Rn. 22).

Für die Übertragung von Betriebsvermögen finden die Verschonungsregeln gemäß §§ 13a, 13b, 13c und § 28a ErbStG Anwendung. Entsprechendes gilt auch für die Steuerbegünstigung für zu Wohnzwecken vermietete Grundstücke. Das Steuerklassenprivileg gemäß § 19a ErbStG gilt hingegen nicht für Zuwendungen an Familienstiftungen, da nur natürliche Personen als Erwerber insoweit begünstigt sind. Durch die im Rahmen der Erbschaftsteuerreform 2016 neu eingeführte sog. „Bedürfnisprüfung“ gemäß § 28a ErbStG bei sog. Großerwerben von über 26 Mio. EUR kann die Familienstiftung im Rahmen der Unternehmensnachfolgeplanung eine bedeutende Rolle zukommen. Gemäß der gesetzlichen Regelungen muss ein Erwerber unternehmerisches Vermögen, wenn der

Erwerb größer als 26 Mio. EUR ist, zugleich 50 % seines sonstigen „verfügbaren Vermögens" für die Steuerzahlung einsetzen. Insbesondere wenn von der sog. „Bedürfnisprüfung" gemäß § 28a ErbStG Gebrauch gemacht werden soll, kann es sich anbieten, eine Familienstiftung neu zu errichten, mit möglichst wenig Kapital auszustatten und sodann unternehmerisches Vermögen auf diese Familienstiftung zu übertragen. Mangels eigenem Vermögen (mit Ausnahme des zur Errichtung der Stiftung notwendigen Mindestkapitals) entfällt dann eine Steuerpflicht gemäß § 28a ErbStG (vgl. *Theuffel-Werhahn* ZEV 2017, 17; *Blusz* DStR 2017, 1016). Ob bei Errichtung der Familienstiftung Ertragsteuern anfallen, hängt ebenso wie bei der gemeinnützigen Stiftung davon ab, ob Vermögensgegenstände aus dem Privatvermögen oder Betriebsvermögen des Stifters übertragen werden und welcher Art diese Vermögensgegenstände sind. Wenn der Stifter Vermögensgegenstände aus seinem Privatvermögen unentgeltlich auf die Familienstiftung überträgt, fällt keine Ertragsteuer an. Das Buchwertprivileg des § 6 Abs. 1 Nr. 4 S. 4 EStG findet jedoch auf nicht steuerbegünstigte Stiftungen keine Anwendung, so dass die Zuwendung von einzelnen Wirtschaftsgütern (zB Betriebsgrundstück) aus dem Betriebsvermögen zu einem einkommensteuerpflichtigen Entnahmegewinn durch Aufdeckung der stillen Reserven in Höhe des Differenzbetrags zwischen Buchwert und Teilwert führt. Die unentgeltliche Übertragung eines Betriebs, Teilbetriebs oder eines ganzen Mitunternehmeranteils auf eine Familienstiftung löst nach § 6 Abs. 3 S. 1 Hs. 1 EStG regelmäßig keine Ertragsteuern aus. Ein Teilanteil eines Mitunternehmeranteils wird dagegen nach dem Wortlaut des § 6 Abs. 3 S. 1 Hs. 2 EStG stets zum Teilwert auf die Stiftung übertragen (vgl. hierzu MAH ErbR/*Feick* § 39 Rn. 24 mwN).

Die laufende Besteuerung der Familienstiftung entspricht der anderer juristischer Personen. Sie ist gemäß § 1 Abs. 1 Nr. 4 KStG unbeschränkt körperschaftsteuerpflichtig. Im Gegensatz zu einer GmbH und AG erzielt die Familienstiftung allerdings nicht zwingend gewerbliche Einkünfte. Lediglich wenn die Stiftung nach den Vorschriften des HGB zur Führung von Handelsbüchern verpflichtet ist, liegen stets Einkünfte aus Gewerbebetrieb vor. Im Übrigen kann eine Stiftung theoretisch sämtliche Einkunftsarten iSv § 2 Abs. 1 EStG erzielen.

Eine wesentliche Besonderheit der Familienstiftung ist die alle 30 Jahre anfallende Erbersatz- oder auch Ersatzerbschaftsteuer. Diese Steuer benachteiligt die Sonderform der Familienstiftung gegenüber der „normalen" privatnützigen Stiftung. Nach § 1 Abs. 1 Nr. 4 ErbStG hat jede Familienstiftung in einem Zeitabstand von jeweils 30 Jahren die Erbersatzsteuer zu entrichten. Sie fällt erstmals nach Ablauf von 30 Jahren nach dem ersten Übergang von Vermögen auf die Stiftung an und bemisst sich so, als entfalle das zum Stichtag vorhandene Gesamtvermögen der Stiftung auf zwei Kinder (vgl. hierzu näher v. Campenhausen/Richter/*Richter* § 13 Nr. 85). Es wird somit ein Freibetrag von 800.000,00 EUR gewährt (2x 400.000,00 EUR), § 15 Abs. 2 S. 3 iVm § 16 Abs. 1 Nr. 2 ErbStG. Auch wenn die Erbersatzsteuer grundsätzlich nachteilig ist, kann sie im Einzelfall günstiger sein als die Erbschaftsteuer im normalen Erbgang, so zB bei schnellerer Erbfolge als 30 Jahre aufgrund von Schicksalsschlägen, bei ungünstigerer Steuerklasse als die Steuerklasse I oder wenn nur ein Kind als Erbe im normalen Erbgang vorhanden wäre. Auch die Verschonungsregeln für betriebliches Vermögen gemäß §§ 13a, 13b, 13c und § 28a ErbStG finden gemäß § 13a Abs. 11 ErbStG bei der Erbersatzsteuer entsprechend Anwendung. Wesentlicher Vorteil ist aber vor allem, dass die Fälligkeit der Erbersatzsteuer im Voraus planbar ist, so dass die zu zahlende Steuer über einen Zeitraum von 30 Jahren angespart und das Vermögen ggf. so auf den Stichtag strukturiert werden kann, dass möglichst wenig Erbschaftsteuer anfällt.

Die Begünstigten einer Familienstiftung müssen die erhaltenen Ausschüttungen gemäß §§ 20 Abs. 1 Nr. 9, 43 Abs. 1 S. 1 Nr. 7a iVm § 43 Abs. 5 EStG der Abgeltungsteuer unterwerfen (vgl. Feick/*v. Löwe* Stiftung § 26 Rn. 6 ff.). Schenkungsteuer fällt dagegen für

die bei der Stiftung nicht abzugsfähigen satzungsmäßigen Zuwendungen an Destinatäre grundsätzlich nicht an (vgl. v. Campenhausen/Richter/*Richter* § 41 Rn. 81).

Zur Besteuerung der Familienstiftung bei ihrer Auflösung → Anm. 20.

9. Stiftungsvermögen. → Form. H.III.1 Anm. 11. Vgl. auch das dortige → Form. H.III.1 Anm. 12 , falls das Stiftungsvermögen nicht in der Satzung offengelegt werden soll.

10. Organe der Stiftung. → Form. H.III.1 Anm. 19–29.

11. Haftpflichtversicherung. → Form. H.III.1 Anm. 20.

12. Vorstand. → Form. H.III.1 Anm. 21–29.

13. Vertretung. → Form. H.III.1 Anm. 24.

14. Besondere Regelungen für den Stifter. Das Formular sieht besondere Rechte für den Stifter vor. Häufig möchte sich der Stifter Sonderrechte vorbehalten. Diese sollten dann zwingend in die Satzung aufgenommen werden, da der Stifter nicht bloß Kraft seiner Funktion als Stifter berechtigt ist, zB Vorstandsmitglieder zu benennen oder abzuberufen oder Satzungsänderungen vorzunehmen.

15. Geschäftsjahr. → Form. H.III.1 Anm. 18.

16. Stiftungsaufsicht. Allgemein zur Stiftungsaufsicht vgl. → Form. H.III.1 Anm. 39. Etliche Bundesländer sehen jedoch in ihren Landesstiftungsgesetzen eine deutlich reduzierte Aufsicht vor (so zB § 10 Abs. 2 NdsStiftG, § 6 Abs. 3 NRWStiftG) oder verzichten auf die Stiftungsaufsicht ganz (so Art. 10 BayStiftG). Dies wird insbesondere damit begründet, dass es nicht staatliche Aufgabe sei, die Kontrolle über Stiftungen auszuüben, die rein privatnützigen Zwecken unterliegen. Somit kommt insbesondere auch bei der Familienstiftung der Wahl des Sitzes der Stiftung besondere Bedeutung zu.

17. Zweckänderungen. → Form. H.III.1 Anm. 34.

18. Zusammenlegung der Stiftung. → Form. H.III.1 Anm. 37.

19. Sonstige Satzungsänderungen. → Form. H.III.1 Anm. 35.

20. Auflösung. Wird eine Familienstiftung aufgelöst, geht ihr Vermögen auf die in der Satzung bezeichneten Personen über. Dieser Vermögensübergang stellt eine Schenkung unter Lebenden dar, die gemäß § 7 Abs. 1 Nr. 9 ErbStG steuerpflichtig ist. Auch hier gilt der Stifter und nicht die Stiftung zur Bestimmung der Steuerklasse als Schenker, § 15 Abs. 2 S. 2 ErbStG. Auch bei Auflösung der Stiftung finden die Vergünstigungen für betriebliches Vermögen gemäß §§ 13a bis 13c und § 28a ErbStG Anwendung. Ferner findet auch das Steuerklassenprivileg gemäß § 19a ErbStG Anwendung, sofern der Erwerber eine natürliche Person ist. Zu beachten ist, dass nach Ansicht der Finanzverwaltung neben der Schenkungsteuerpflicht auch eine Einkommensteuerpflicht gemäß § 20 Abs. 1 Nr. 9 EStG tritt, vgl. BMF-Schreiben vom 27.6.2006, ZEV 2006, 553. Unter § 20 Abs. 1 Nr. 9 EStG fallen alle Leistungen einer Stiftung, die aus den Erträgen ausgekehrt werden. Zur Vermeidung einer Doppelbesteuerung mit Schenkung- und Einkommensteuer bei Auflösung der Stiftung empfiehlt es sich daher, rechtzeitig vor der Auflösung der Familienstiftung sämtliche Erträge an die Destinatäre auszuschütten, so dass im Zeitpunkt der Auflösung der Stiftung keine thesaurierten Erträge mehr vorhanden sind.

21. Auflösungsbeschluss. Nach wohl überwiegender Ansicht hat der Stifter die Möglichkeit, selbst in der Stiftungssatzung die Organe zur Auflösung einer Stiftung zu ermächtigen (vgl. Staudinger/Hüttemann/*Rawert* BGB § 87 Rn. 17). Allerdings ist umstritten, ob Inhalt und Grenzen der Ermächtigung zur Auflösung der Stiftung in der Satzung vorgegeben sein müssen oder ob dem Vorstand generell, ohne dass bestimmte

Voraussetzungen vorliegen müssen, die Beschlussfassung über die Auflösung der Stiftung gestattet wird. Das Formular trägt dem Bedenken Rechnung, indem Auflösung nur dann möglich ist, wenn die Erfüllung des Stiftungszwecks unmöglich wird oder nicht mehr sinnvoll erscheint. Unabhängig von dem vorstehenden Meinungsstreit bedarf in jedem Falle die Auflösung der Stiftung der Genehmigung der Stiftungsbehörde.

22. Vermögensanfall. In der Satzung sollte klar geregelt werden, wer im Falle der Auflösung das Vermögen erhält. Im Formular ist vorgesehen, dass wie im Fall der gesetzlichen Erbfolge die Abkömmlinge des ursprünglichen Stifters bedacht werden. Insbesondere aus steuerlichen Gründen kann es sinnvoll sein, dass Teile des Vermögens an entferntere Abkömmlinge ausgeschüttet werden, die allerdings nach den Regeln der gesetzlichen Erbfolge von einer Ausschüttung ausgeschlossen wären, solange nähere Abkömmlinge vorhanden sind. Daher sieht das Formular in § 14 vor, dass der Vorstand auch abweichende Verteilung des Vermögens vornehmen darf, jedoch nur mit Zustimmung derjenigen Begünstigten, die durch den Beschluss des Vorstands weniger erhalten würden als ihnen nach Satz 1 des Formulars zusteht.

23. Salvatorische Klausel. Wie in Gesellschaftsverträgen auch, empfiehlt sich vorsorglich für die Satzung der Stiftung die Aufnahme einer allgemeinen salvatorischen Klausel.

3. Satzung einer nichtrechtsfähigen (treuhänderischen) Stiftung

Satzung der . . . . . .-Stiftung[1]

§ 1 Name, Rechtsform und Sitz[2]

1. Die Stiftung führt den Namen

„. . . . . . Stiftung“.

2. Sie ist eine nichtrechtsfähige Stiftung (unselbstständige Stiftung).
3. Die Stiftung hat ihren Sitz in . . . . . .
4. Der Stiftungsträger ist verpflichtet, bei allen Geschäften für Rechnung der Stiftung den Namen der Stiftung zu verwenden.

§ 2 Stiftungsträger

1. Stiftungsträger, der die nichtrechtsfähige . . . . . . Stiftung verwaltet und diese im Rechtsverkehr vertritt, ist die

gemeinnützige Stiftung . . . . . ., rechtsfähige Stiftung bürgerlichen Rechts

mit dem Sitz in . . . . . . (nachfolgend: „Stiftungsträger“).

2. Durch Beschluss des Stiftungsbeirates kann das Stiftungsvermögen auf einen anderen Stiftungsträger übertragen werden, wobei sich die durch diese Satzung festgelegte Vermögensbindung des Stiftungsvermögens nicht ändern darf.

§ 3 Zweck der Stiftung[3]

1. Zweck der Stiftung ist die Förderung der Volksbildung, insbesondere die Förderung der pädagogischen Bildung auf dem Gebiet von Naturwissenschaft und Technik.
2. Dieser Zweck wird verwirklicht durch die Unterstützung des Museums in . . . . . .

§ 4 Gemeinnützigkeit[4]

1. Die Stiftung verfolgt ausschließlich und unmittelbar steuerbegünstigte Zwecke iSd Abschnitts „Steuerbegünstigte Zwecke der Abgabenordnung".
2. Die Stiftung ist selbstlos tätig; sie verfolgt nicht in erster Linie eigenwirtschaftliche Zwecke.
3. Mittel der Stiftung dürfen nur für die satzungsmäßigen Zwecke verwendet werden. Die Stiftungsorgane erhalten keine Zuwendungen aus Mitteln der Stiftung.
4. Niemand darf durch Ausgaben, die dem Stiftungszweck fremd sind, oder durch unverhältnismäßig hohe Vergütungen begünstigt werden.
5. Ein Rechtsanspruch auf Leistungen der Stiftung besteht nicht.
6. Die Stiftung kann Mittel für die Verwirklichung der steuerbegünstigten Zwecke einer anderen Körperschaft oder für die Verwirklichung steuerbegünstigter Zwecke durch eine Körperschaft des öffentlichen Rechts beschaffen; die Beschaffung von Mitteln für eine unbeschränkt steuerpflichtige Körperschaft des privaten Rechts setzt voraus, dass diese selbst steuerbegünstigt ist.

§ 5 Stiftungsvermögen[5]

1. Das Vermögen der Stiftung besteht zum Zeitpunkt ihrer Errichtung aus zunächst

   EUR . . . . . . (in Worten: EUR . . . . . .) in bar.
2. Umschichtungen des Stiftungsvermögens sind zulässig.
3. Der Stiftungsträger ist verpflichtet, das Stiftungsvermögen getrennt von seinem übrigen Vermögen als Sondervermögen zu halten, zu verwalten und zu verwenden.
4. Die Stiftung darf im Rahmen der steuerlichen Vorschriften Rücklagen bilden und freie Rücklagen dem Stiftungsvermögen zuführen.[6] Der Stiftungsträger entscheidet über die Verwaltung des Stiftungsvermögens.
5. Der Stiftungsträger ist berechtigt, Zuwendungen anzunehmen, sofern der Stiftungsbeirat dem zustimmt. Zustiftungen sind dem Stiftungsvermögen zuzuführen, soweit das steuerliche Gemeinnützigkeitsrecht dem nicht entgegensteht und der Zuwendende keine anderslautende Verwendung vorgeschrieben hat.[7] Die übrigen Zuwendungen (Spenden) sind zeitnah zur Erfüllung des Stiftungszwecks zu verwenden, sofern sie nicht gemäß Abs. 4 zur Rücklagenbildung verwendet werden.
6. Sämtliche die Stiftung betreffenden Unterlagen und Schriftstücke sind über einen Zeitraum von zehn Jahren aufzubewahren.

§ 6 Stiftungsbeirat[8, 9]

1. Der Stiftungsbeirat ist das einzige Organ der Stiftung. Er besteht aus mindestens drei Personen. Er kann auch aus mehr Personen bestehen. Dem ersten Stiftungsbeirat gehören an:
   a) . . . . . .,
   b) . . . . . .,
   c) . . . . . .
2. Die Mitglieder des Stiftungsbeirats werden auf die Dauer von fünf Jahren ernannt. Die Ergänzung oder Erweiterung des Stiftungsbeirats erfolgt durch Zuwahl durch die vorhandenen Mitglieder des Stiftungsbeirats. Sind alle Mitglieder des Stiftungsbeirats weggefallen, ohne dass ein Nachfolger bestellt ist, wird der Stiftungsbeirats vom Stiftungsträger bestimmt. Wiederwahl ist zulässig. Bei der Entscheidung über die Wiederwahl ist das betroffene Mitglied stimmberechtigt. Mitglieder des Stiftungsbeirats dürfen nicht zugleich Gesellschafter oder Organmitglieder des Stiftungsträgers sein.

3. Spätestens mit Vollendung des 75. Lebensjahres scheidet ein Mitglied aus dem Stiftungsbeirat aus. Im Übrigen ist eine Abberufung nur aus wichtigem Grund zulässig. Über die Abberufung entscheidet der Stiftungsbeirat mit der einfachen Mehrheit seiner Mitglieder. Das betroffene Mitglied hat dabei kein Stimmrecht.
4. Die Mitglieder des Stiftungsbeirats haben Anspruch auf Ersatz ihrer nachgewiesenen Auslagen in angemessener Höhe; im Übrigen sind sie ehrenamtlich tätig. Sie haften nur für Vorsatz und grobe Fahrlässigkeit.[10]

§ 7 Beschlussfassung durch den Stiftungsbeirat

1. Die Beschlüsse des Stiftungsbeirats werden mit einfacher Mehrheit der Stimmen gefasst, soweit in dieser Satzung nichts Abweichendes geregelt ist. Bei Stimmengleichheit gibt die Stimme des Vorsitzenden den Ausschlag. Beschlüsse über eine Änderung des Stiftungszwecks oder die Auflösung der Stiftung bedürfen der Zustimmung aller Stiftungsbeiratsmitglieder.
2. Der Stiftungsbeirat wählt aus seiner Mitte einen Vorsitzenden mit einfacher Mehrheit der abgegebenen Stimmen. Die Wahl zum Vorsitzenden erfolgt jeweils für die Dauer der jeweiligen Amtsdauer des gewählten Mitglieds des Stiftungsbeirats.
3. Der Stiftungsbeirat fasst seine Beschlüsse grundsätzlich in Sitzungen. Sitzungen werden vom Vorsitzenden mit einer Ladungsfrist von 14 Tagen, in die der Tag der Absendung der Einladung und der Tag der Versammlung nicht eingerechnet werden, einberufen. Der Vorsitzende ist verpflichtet, den Stiftungsbeirat mindestens einmal jährlich einzuberufen. Der Vorsitzende leitet die Sitzungen. Ist er an der Teilnahme oder Leitung der Sitzung verhindert, wählen die Stiftungsratsmitglieder einen Sitzungsleiter.
4. Der Stiftungsbeirat ist beschlussfähig, wenn mindestens zwei seiner Mitglieder anwesend sind. Beschlüsse können im Einverständnis aller Stiftungsbeiratsmitglieder auch im schriftlichen Verfahren, per Telefax oder per E-Mail gefasst werden.
5. Die Beschlüsse des Stiftungsbeirats sind in einem Protokoll niederzulegen, das vom Vorsitzenden, im Falle dessen Verhinderung von den übrigen Mitgliedern zu unterzeichnen und allen Mitgliedern unverzüglich zu übermitteln ist.

§ 8 Aufgaben und Befugnisse des Stiftungsbeirats[11]

1. Der Stiftungsbeirat hat die Aufgabe, über die Verwendung der Stiftungsmittel und die Verwaltung der Stiftung durch den Stiftungsträger zu wachen. Er hat zu überwachen, dass sämtliche Maßnahmen des Stiftungsträgers der Erfüllung des Stiftungszwecks dienen.
2. Der Stiftungsbeirat hat insbesondere folgende Befugnisse und Aufgaben:
   a) Die laufende Überwachung der Verwaltung der Stiftung,
   b) die Überwachung der Einhaltung der gemeinnützigkeitsrechtlichen Bestimmungen durch die Stiftung,
   c) die Genehmigung der Jahresrechnung,
   d) die Erteilung der Entlastung für den Stiftungsträger,
   e) die Überprüfung des Tätigkeitsberichts.
3. Der Stiftungsbeirat kann jederzeit vom Stiftungsträger Auskunft über alle das Stiftungsvermögen betreffenden Vorgänge und Einsicht in alle Unterlagen der Stiftungsverwaltung verlangen.
4. Jedes Mitglied des Stiftungsbeirats ist berechtigt und verpflichtet, die Unterlassung pflichtwidriger Handlungen des Trägers des Stiftungsvermögens und den Ersatz eines etwaigen Schadens zu verlangen.

§ 9 Aufgaben des Stiftungsträgers

1. Der Stiftungsträger übernimmt die Verwaltung des Stiftungsvermögens und die Mittelvergabe.[12] Er führt die Geschäfte der Stiftung. Er ist an Weisungen des Stiftungsbeirats gebunden.
2. Der Stiftungsträger hat für den Schluss eines jeden Geschäftsjahres eine Jahresrechnung zu erstellen und unverzüglich allen Stiftungsratsmitgliedern zu übersenden. Er kann dabei auf seine Kosten die Hilfe eines steuerlichen oder rechtlichen Beraters in Anspruch nehmen.

§ 10 Vergütung, Kosten[13]

Für die Übernahme sämtlicher Verpflichtungen aus dem Stiftungsgeschäft und dieser Stiftungssatzung erhält der Stiftungsträger eine Vergütung in Höhe von . . . . . . % des vom Stiftungsträger verwalteten Stiftungsvermögens. Die Vergütung für ein Geschäftsjahr wird auf Basis des Stands des Stiftungsvermögens zum 31. Dezember des Vorjahres ermittelt. Die Vergütung ist in 12 gleichen monatlichen Raten jeweils zum Ende eines Monats zur Zahlung fällig. Mit Zahlung dieser Vergütung sind sämtliche Kosten des Stiftungsträgers abgegolten. Ein darüber hinaus gehender Auslagenersatz erfolgt nicht.

§ 11 Geschäftsjahr, Dauer

1. Geschäftsjahr der Stiftung ist das Kalenderjahr. Das erste Geschäftsjahr ist ein Rumpfgeschäftsjahr.[14]
2. Die Dauer der Stiftung ist zeitlich unbegrenzt.

§ 12 Satzungsänderungen[15]

1. Satzungsänderungen sind zulässig. Sie bedürfen – vorbehaltlich der Regelung in Abs. 2 – zu ihrer Wirksamkeit eines einstimmigen Beschlusses des Stiftungsbeirats mit den Stimmen aller seiner Mitglieder. Sie sind unverzüglich dem Stiftungsträger zur Kenntnis zu bringen.
2. Änderungen der Stiftungssatzung die den Status der Stiftung als steuerbegünstigt gefährden könnten, sollen vorab mit der zuständigen Finanzbehörde abgestimmt werden.

§ 13 Vermögensanfall, Zweckbindung[16]

1. Die Auflösung der Stiftung kann durch einstimmigen Beschluss aller Mitglieder des Stiftungsbeirats und durch schriftliche Zustimmung des Stiftungsträgers beschlossen werden.
2. Bei Auflösung oder Aufhebung der Stiftung oder bei Wegfall steuerbegünstigter Zwecke fällt das Vermögen der Stiftung an, die es unmittelbar und ausschließlich für gemeinnützige Zwecke zu verwenden hat.
3. Im Falle der Auflösung oder des Wegfalls des Stiftungsträgers kann der Stiftungsbeirat die Fortsetzung der Stiftung bei einem anderen Träger oder die Fortsetzung als rechtsfähige Stiftung beschließen.

§ 14 Salvatorische Klausel

Sollte eine der Bestimmungen dieses Vertrages oder eine später in diesen aufgenommene Bestimmung ganz oder teilweise nichtig oder undurchführbar sein oder werden oder sollte sich eine Lücke in diesem Vertrag herausstellen, wird dadurch die Wirksamkeit der übrigen Bestimmungen nicht berührt (Erhaltung). Den Parteien ist die Rechtsprechung des Bundesgerichtshofs bekannt, wonach eine salvatorische Erhaltensklausel lediglich die

Beweislast umkehrt. Es ist jedoch der ausdrückliche Wille der Parteien, die Wirksamkeit der übrigen Bestimmungen unter allen Umständen aufrechtzuerhalten und damit § 139 BGB insgesamt abzubedingen. Anstelle der nichtigen oder undurchführbaren Bestimmung oder zur Ausfüllung der Lücke gilt mit Rückwirkung diejenige wirksame und durchführbare Regelung als bestimmt, die rechtlich und wirtschaftlich dem am nächsten kommt, was die Parteien gewollt haben oder nach dem Sinn und Zweck dieser Satzung gewollt hätten, wenn sie diesen Punkt bei Abschluss dieses Vertrags bzw. bei Aufnahme der Bestimmung bedacht hätten; beruht die Nichtigkeit einer Bestimmung auf einem darin festgelegten Maß der Leistung oder der Zeit (Frist oder Termin), so gilt die Bestimmung mit einem dem ursprünglichen Maß am nächsten kommenden rechtlich zulässigen Maß als vereinbart (Ersetzungsfiktion). Ist die Ersetzungsfiktion nicht möglich, ist anstelle der nichtigen oder undurchführbaren Bestimmung oder zur Schließung der Lücke eine Bestimmung bzw. Regelung nach inhaltlicher Maßgabe des vorstehenden Satzes zu treffen (Ersetzungsverpflichtung). Betrifft die Nichtigkeit oder Lücke eine beurkundungspflichtige Bestimmung, so ist die Regelung bzw. die Bestimmung in notariell beurkundeter Form zu vereinbaren.

Anmerkungen

1. Formular. Die unselbständige Stiftung zeichnet sich durch die Übertragung von Vermögenswerten an eine natürliche oder juristische Person aus, die diese Werte als ein von ihrem übrigen Vermögen getrenntes Vermögen verwaltet (MüKoBGB/*Weitemeyer* § 80 Rn. 199) und zur Verfolgung eines vom Stifter bestimmten Zwecks verwenden soll (*Wochner* ZEV 1999, 125 [126]).

Unselbständige Stiftungen unterfallen nicht den §§ 80 ff. BGB. Vom zivilrechtlichen Stiftungsbegriff sind dem Grunde nach aber auch sie umfasst (*Hüttemann* DB 2004, 1001 [1002]). Unselbständige Stiftungen sind im BGB nicht speziell geregelt, weshalb sie grundsätzlich den allgemeinen zivilrechtlichen Vorschriften unterfallen. Sie bedürfen keiner staatlichen Zustimmung und unterliegen auch nicht der Stiftungsaufsicht. Mangels Rechtsfähigkeit bedürfen unselbständige Stiftungen eines Rechtsträgers, der für sie im eigenen Namen im Rechtsverkehr handelt und deshalb nicht bloß deren satzungsgemäßer Vertreter ist. Es besteht dementsprechend auch keine Haftung nach § 31 BGB (MVHdB I GesR/*Hof* Form. VIII.6 Anm. 4), da der Rechtsträger gerade in eigenem Namen tätig wird. Rechtsträger kann eine natürliche oder eine juristische Person sein. Juristischen Personen kommt der Vorteil zu, dass sie nicht wegen Todes als Rechtsträger wegfallen können, womit aber auch nicht verhindert werden kann, dass die Stiftung durch einseitige Kündigung durch den Rechtsträger endet (→ Anm. 17). Im Gegensatz zur selbständigen Stiftung ist die Dauerhaftigkeit keine Voraussetzung der unselbständigen Stiftung. Sie kann ohne weiteres auch auf bestimmte Zeit angelegt sein (*Wochner* ZEV 1999, 125 [131]). Solange sie die steuerrechtlichen Voraussetzungen während ihres Bestehens erfüllt, kann sie Steuervergünstigungen in Anspruch nehmen (→ Anm. 4).

Die wesentliche Gemeinsamkeit mit der selbständigen Stiftung liegt darin, dass ein Stifter auch bei der unselbständigen Stiftung ein bestimmtes Vermögen einem bestimmten Zweck widmet, zu dessen Verfolgung es vom Rechtsträger eingesetzt werden soll (zu den Unterschieden und Gemeinsamkeiten siehe auch *Wachter* Stiftungen S. 186 Rn. 2).

Die Errichtung einer unselbständigen Stiftung ist vor allem dann zu empfehlen, wenn eher geringe Vermögenswerte eingebracht werden sollen. Eine solche Einbringung wäre bei einer selbständigen Stiftung auf Grund des höheren Verwaltungsaufwands nicht wirtschaftlich (MVHdB I GesR/*Hof* Form. VIII.6 Anm. 11), weil schon die Verwaltungskosten einen Großteil des Vermögens aufbrauchen könnten. Des Weiteren fällt auch das

ansonsten vorgesehene Anerkennungsverfahren weg, da die unselbständige Stiftung nicht staatlich genehmigt werden muss.

Rechtstechnisch schließen der Stifter und der Rechtsträger mit Errichtung der Stiftung einen Vertrag, der also der Zustimmung beider Beteiligter bedarf. Der Stifter verpflichtet sich, das Vermögen in das Eigentum des Rechtsträgers zu übertragen. Dieser verpflichtet sich, das Vermögen im Sinne des Stifters zu verwalten.

Umstritten ist in der Literatur allerdings, ob dieser Vertrag als Treuhandvertrag oder Schenkung unter Auflage nach §§ 525, 516 ff. BGB zu qualifizieren ist (vgl. *Wachter* Stiftungen S. 189 Rn. 7; v. Campenhausen/Richter/*Hof* § 36 Rn. 8 ff., 33 ff.; MVHdB I GesR/*Hof* Form. VIII.6 Anm. 2). Für einen Treuhandvertrag spricht, dass der Rechtsträger zwar ebenso wie bei einer Schenkung unter Auflage Eigentum am vom Stifter zugewendeten Vermögen erwirbt, bei der Zuwendung aber von vornherein keine Verschmelzung mit dem sonstigen Vermögen des Rechtsträgers beabsichtigt ist. Das zugewendete Vermögen soll allein für Stiftungszwecke verwendet werden, während dagegen bei der Schenkung unter Auflage das Vermögen dauerhaft übertragen und der Eintritt einer Bereicherung beim Beschenkten vorausgesetzt wird (v. Campenhausen/Richter/*Hof* § 36 Rn. 8 ff., 39). Es dürfte aber zulässig sein, eine unselbständige Stiftung sowohl als Treuhandvertrag als auch als Schenkung unter Auflage zu gründen (*Wochner* ZEV 1999, 125 [126]). Es sollte nur eindeutig erkennbar sein, um welche Art von Rechtsverhältnis es sich handelt, da insofern Unterschiede in den Voraussetzungen zB beim Widerrufsrecht des Stifters nach § 671 Abs. 1 BGB bzw. im Fall einer Schenkung nach § 530 Abs. 1 BGB bestehen oder der Schenker auch unter den Voraussetzungen des § 528 BGB ein Rückforderungsrecht hat, während den Parteien des Treuhandvertrages grundsätzlich nach §§ 621, 675, 671 BGB das Recht zur Kündigung zusteht. Der BGH hatte erst einmal Gelegenheit zu der Rechtsnatur der nichtrechtsfähigen Stiftung Stellung zu nehmen. Im Urteil vom 12.3.2009 (BGH NJW 2009, 1738) hat er jedoch keinen der vorgenannten Vertragstypen als für die nichtrechtsfähige Stiftung zwingend angesehen. Entscheidend sei vielmehr, welche Rechtsform die Parteien in der Vereinbarung gewählt haben. Vor diesem Hintergrund ist besonders auf die genaue Bezeichnung des Vertragstyps zu achten.

Geht man vom Treuhandvertrag aus, so kann dieses Rechtsverhältnis sowohl ein unentgeltlicher Auftrag nach §§ 662 ff. BGB als auch ein Dienstverhältnis nach §§ 611 ff. BGB sein, auf das nach § 675 BGB auch Vorschriften über das Auftragsverhältnis anwendbar sein können (v. Campenhausen/Richter/*Hof* § 36 Rn. 47 ff.). Zu beachten ist, dass die jederzeitige Kündigung (§§ 620, 621, 671 BGB) bzw. der jederzeitige Widerruf (§ 671 BGB) durch den Stiftungsträger und Stifter ebenso möglich ist, wie eine einvernehmliche Änderung der Satzung/des Vertrages. Zur Frage der Kündbarkeit bei der Verwendung vorformulierter Musterverträge siehe allerdings → Form. H.II.4 Anm. 2. Die Satzung sollte als Bestandteil oder Anlage in den Vertrag aufgenommen werden oder der Vertrag sollte auf eine ausgearbeitete Satzung Bezug nehmen. Jedenfalls ist darauf zu achten, dass die Regelungen der Satzung den Rechtsträger direkt in seiner Tätigkeit binden.

2. Name, Rechtsform und Sitz. Namensführung und Angabe von Rechtsform und Sitz sind nicht gesetzlich vorgeschrieben. Klarstellend sollte jedoch immer ein Name gewählt werden, um das Vermögen im Eigentum des Rechtsträgers zumindest erkennbar der Stiftung zuordnen zu können (v. Campenhausen/Richter/*Hof* § 36 Rn. 139) und um potentiellen Spendern bekannt zu sein. Im Gegensatz zur selbständigen Stiftung kann sich die unselbständige Stiftung aber nicht auf § 12 BGB berufen. Da sie nicht rechtsfähig ist (→ Anm. 1), kann sie nicht Träger dieses Schutzrechts sein.

3. Stiftungszweck. Die Angabe des Stiftungszwecks ist wesentliches Element der Satzung. Der Stifter hat hier seinen Willen zur Verwendung des von ihm zur Verfügung gestellten Vermögens zu manifestieren. Zu beachten ist auch, da die nicht rechtsfähige Stiftung gemeinnützige Zwecke verfolgen soll, dass dem Stiftungszweck wegen § 60 AO

bereits die Voraussetzungen der §§ 52 ff. AO zu entnehmen sein müssen. Grundsätzlich ist der Stifter in der Bestimmung des Stiftungszwecks vollkommen frei. Da jedoch das Einverständnis des Rechtsträgers mit dem Stiftungszweck immer seine Annahmeerklärung im Rahmen des Vertragsabschlusses bedingen wird, ist eine vorherige Abklärung zwischen Stifter und Rechtsträger sinnvoll. Hervorzuheben ist, dass das Kriterium der Dauerhaftigkeit bei unselbständigen Stiftungen nicht im Vordergrund steht (→ Anm. 1 und *Wochner* ZEV 1999, 125 [131]). Dem Stifter steht es zB offen, die Stiftung zum kurzzeitigen Verbrauch des Vermögens zu gründen. Wenn dies vorgesehen ist, sollte eine ausdrückliche Regelung in der Satzung erfolgen, die auch bestimmt, was mit eventuell verbleibenden Restbeträgen zu geschehen hat (zur Steuervergünstigung → Anm. 4, 17). Da eine befristete Stiftung einen Sonderfall darstellt, sollte die Befristung immer ausdrücklich in der Satzung geregelt werden (v. Campenhausen/Richter/*Hof* § 36 Rn. 168).

4. Steuervergünstigung. Auch unselbständigen Stiftungen steht die Möglichkeit zur Inanspruchnahme von Steuervergünstigungen offen. Nach § 51 S. 2 AO iVm § 1 Abs. 1 Nr. 5 KStG gehören unselbständige Stiftungen zu den steuerbegünstigten Körperschaften, wenn sie steuerbegünstigte Zwecke verfolgen (zum Gemeinnützigkeitsrecht → Form. H.II.1 Anm. 6). Darauf, ob der Stiftungsträger (= Verwalter) selbst die Voraussetzungen der §§ 51 ff. AO erfüllt, kommt es nicht an (*Hüttemann* DB 2004, 1001 [1005]).

Voraussetzung einer Steuervergünstigung ist neben der Verfolgung gemeinnütziger Zwecke, dass das Vermögen gemäß §§ 60, 61, 55 I Nr. 4 AO nach Auflösung oder Aufhebung der Stiftung an einen steuerbegünstigten Zweck fallen soll. § 13 Abs. 2 des Formulars nimmt diese Vorgabe auf (→ Anm. 17; zu den Steuervergünstigungen im Einzelnen → Anm. 6). Die Finanzverwaltung erhält so die Möglichkeit, die Voraussetzungen einer Steuerbegünstigung bereits anhand der Satzung zu überprüfen.

5. Stiftungsvermögen. Für unselbständige Stiftungen gilt der Grundsatz der Erhaltung desjenigen Grundstockvermögens, aus dessen Erträgen der Stiftungszweck zu erfüllen ist, nicht (vgl. v. Campenhausen/Richter/*Hof* § 36 Rn. 159). Daher sollte der Stifter in der Satzung ausdrücklich regeln, wie sich das Stiftungsvermögen zusammensetzt. Darüber hinaus muss er vorgeben, ob der Stiftungszweck mit den Erträgen des Grundstockvermögens zu verfolgen ist oder ob das Stiftungsvermögen vollständig zum Verbrauch bestimmt ist, bzw. in welchem Umfang das Grundstockvermögen zum Verbrauch bestimmt ist (zum Stiftungsvermögen → Form. H.II.1 Anm. 7).

6. Rücklagen. Zwar sind unselbständige Stiftungen nicht nach den Landesstiftungsgesetzen zur zeitnahen Ausschüttung ihrer Erträge verpflichtet, soweit aber eine Steuervergünstigung nach § 55 Abs. 1 Nr. 5 AO angestrebt wird, sollte geregelt werden, dass Rücklagen nur unter den Voraussetzungen nach § 58 Nr. 6 AO möglich sind, um die Steuervergünstigung nicht zu verlieren (→ Form. H.II.1 Anm. 15).

7. Zustiftungen. Zum Begriff → Form. H.II.1 Anm. 14. Die Zulässigkeit von Zustiftungen ist ausdrücklich zu bestimmen. Es sollte insbesondere geregelt werden, unter welchen Voraussetzungen diese erfolgen können bzw. welches Organ an der Entscheidung in welcher Weise zu beteiligen ist.

8. Stiftungsorgane. Im Gegensatz zu selbständigen Stiftungen, für die nach §§ 86, 26 BGB die Bestellung eines Vorstands vorgeschrieben ist, muss die nichtselbständige Stiftung nicht zwingend Organe einrichten. Die Einrichtung eines Organs, wie hier eines Stiftungsbeirats oder eines Kuratoriums, ist allerdings empfehlenswert, um die Tätigkeiten des Stiftungsträgers kontrollieren zu können. Dieser ist zwar an die Satzung gebunden, unselbständige Stiftungen werden aber nicht von der Stiftungsaufsicht überwacht. Daher findet zunächst keine Kontrolle statt. Die Kompetenzausstattung des

Stiftungsbeirats kann den Gegebenheiten oder den Vorstellungen des Stifters angepasst werden. Das Organ kann zB nur Kontroll-, aber auch Mitbestimmungsrechte erhalten.

Der Satzungsvorschlag sieht eine ehrenamtliche Tätigkeit der Stiftungsbeiratsmitglieder vor. Dies ist nicht zwingend. Die Mitglieder können auch im Angestelltenverhältnis für die Stiftung tätig werden. Das kommt vor allem bei größeren Stiftungen in Betracht, die einen erhöhten Verwaltungsaufwand mit sich bringen. Die Satzung kann vorsehen, ob und in welchem Umfang den Mitgliedern des Organs Aufwendungen erstattet werden und ob sie für ihre Tätigkeit eine Geldleistung erhalten sollen.

9. Zusammensetzung des Stiftungsbeirats. In der Satzung kann die Zusammensetzung des jeweiligen Organs beliebig festgelegt werden. Zumeist wird der Stifter den ersten Stiftungsbeirat bestimmen, zwingend ist dies aber nicht. Für den Fall des Todes des Stifters ist daran zu denken, zu regeln, wer die zu ersetzenden Mitglieder bestellt. Es ist auch festzulegen, ob die Mitglieder auf Lebenszeit oder – was zu bevorzugen ist – auf bestimmte Zeit bestellt werden. Zu regeln ist auch eine eventuelle Möglichkeit zu ihrer Wiederbestellung. Festzulegen ist schließlich auch, mit welchem Stimmverhältnis die Beschlüsse gefasst werden müssen. Es ist darüber hinaus möglich, für eine bestimmte Art von Beschlüssen (zB Satzungsänderungen) ein bestimmtes Stimmverhältnis (zB Einstimmigkeit) vorzusehen.

10. Haftung der Stiftungsorgane. Der Satzungsentwurf sieht vor, dass die Mitglieder des Stiftungsbeirats ehrenamtlich tätig werden. Da diese also keinen finanziellen Vorteil aus ihrer Tätigkeit erzielen, sollte ihr Haftungsrisiko beschränkt werden.

11. Aufgaben des Stiftungsbeirats. Die Satzung bietet die Möglichkeit, dem Stiftungsbeirat sowohl reine Kontroll- als auch bestimmte Mitbestimmungsrechte einzuräumen. Insbesondere sollte für Satzungsänderungen ein Zustimmungserfordernis vorgesehen werden, wenn nicht schon der Stifter selbst an diesen zu beteiligen ist (→ Anm. 16). Eine entsprechende Regelung ist mit der in § 9 getroffenen Regelung der Befugnisse des Stiftungsträgers auf den Einzelfall bezogen abzustimmen. Das Formular enthält einen entsprechenden Vorschlag. Die konkreten Regelungen sind dem Stiftungszweck und den jeweiligen Bedürfnissen anzupassen. Es ist darauf zu achten, dass dem Stiftungsbeirat in der Satzung alle Informations- und Einsichtsrechte eingeräumt werden, die erforderlich sind, um sich jederzeit Einblick in die laufende Verwaltung zu verschaffen (*Wochner* ZEV 1999, 125 [130]).

12. Verwaltung des Vermögens. Das vom Stifter übertragene Vermögen geht rechtlich nicht auf die Stiftung, sondern vielmehr in das Eigentum des Rechtsträgers über. Dieser darf darüber zwar im Innenverhältnis nur so, wie in der Satzung/im Stiftungsgeschäft vereinbart, verfügen. Dennoch verfügt er über eigenes Vermögen, da das „Stiftungsvermögen" lediglich wirtschaftlich nicht seinem Vermögen zuzurechnen ist, rein rechtlich aber schon (dazu BFH NVwZ 2003, 1020). Bei Beendigung des Schuldverhältnisses zwischen Stifter und Stiftungsträger ist dieser verpflichtet, noch vorhandenes „Stiftungsvermögen" an den Stifter oder dessen Erben zurück zu übertragen (v. Campenhausen/Richter/*Hof* § 36 Rn. 215). Dies kann insbesondere bei einer Kündigung durch den Rechtsträger der Fall sein. Besonderheit der unselbständigen Stiftung ist damit, dass das Vermögen weder dem Stifter noch dem Rechtsträger vollständig und uneingeschränkt zugeordnet werden kann. Das bedeutet aber nicht, dass ein Sondervermögen entstanden ist, in das weder von Gläubigern des Stifters noch von Gläubigern des Rechtsträgers vollstreckt werden kann (*Wachter* Stiftungen S. 189 Rn. 7). Das Vermögen wird vielmehr beiden Gläubigern nicht vollständig entzogen (v. Campenhausen/Richter/*Hof* § 36 Rn. 90 ff.).

Solange das Stiftungsvermögen im Eigentum des Rechtsträgers steht, haftet dieses nicht für Verbindlichkeiten des Stifters. Gemäß §§ 115, 116 InsO erlischt aber bei Insolvenz das Vertragsverhältnis zwischen Stiftungsträger und Stifter, so dass das Vermögen zurück zu übertragen ist (§§ 667, 675 Abs. 1, 611 BGB). Gläubiger können dann darauf

zugreifen (*Wachter* Stiftungen S. 190 Rn. 7). Für Verbindlichkeiten des Rechtsträgers haftet das Vermögen solange, wie dieser Eigentümer ist. Dem Stifter steht allerdings die Drittwiderspruchsklage nach § 771 ZPO gegenüber Gläubigern des Rechtsträgers zu. Im Insolvenzfall hat er ein Aussonderungsrecht nach § 47 InsO (*Wachter* Stiftungen S. 189 Rn. 7; v. Campenhausen/Richter/*Hof* § 36 Rn. 194; siehe zur Haftung des Stiftungsvermögens auch MVHdB I GesR/*Hof* Form. VIII.6 Anm. 11).

Der Stiftungsträger ist gegenüber dem Stifter schuldrechtlich verpflichtet, das ihm übertragene Vermögen zur Verwirklichung des Stiftungszwecks zu verwalten (*Wachter* Stiftungen S. 189 Rn. 7). Für Schäden, die aus einer schuldhaften Verletzung seiner Pflichten entstehen, haftet der Rechtsträger auch mit seinem eigenen Vermögen. Es ist Aufgabe des kontrollierenden Stiftungsbeirats, diese Pflicht zu überwachen und gegebenenfalls Ersatzansprüche zu verfolgen (v. Campenhausen/Richter/*Hof* § 36 Rn. 191).

13. Vergütung des Stiftungsträgers. Das Formular enthält einen Vorschlag für eine Vergütungs- bzw. Aufwandsentschädigungsregelung. Eine Klarstellung, ob der Rechtsträger unentgeltlich oder entgeltlich tätig wird, ist deshalb zu empfehlen, weil sich dieser im Zweifel bei entsprechender Gestaltung des Rechtsverhältnisses auf § 612 Abs. 1, 2 BGB berufen könnte, wenn davon auszugehen ist, dass seine Tätigkeit den Umständen nach nur gegen eine Vergütung zu erwarten gewesen wäre. Auch Regelungen zur konkreten Höhe und Berechnung einer Aufwandsentschädigung helfen, Missverständnisse zu vermeiden. Es sollte auch klargestellt werden, ob § 740 BGB abbedungen ist. Bei einer entgeltlichen Tätigkeit nach § 675 BGB ist zu klären, ob zusätzlich eine Aufwandsentschädigung geleistet werden soll oder diese bereits mit dem Entgelt abgegolten ist.

14. Geschäftsjahr. Die Angabe hat klarstellende Funktion.

15. Satzungsänderungen. Wie bereits in → Anm. 1 ausgeführt, liegt zwischen Stifter und Rechtsträger ein Schuldverhältnis vor, dessen Inhalt grundsätzlich durch übereinstimmende Willenserklärungen geändert werden kann. Soll dem Rechtsträger darüber hinaus die Möglichkeit eingeräumt werden, die Tätigkeit der Stiftung an veränderte Bedingungen anzupassen, so ist es erforderlich, ihm die Befugnis zur Satzungsänderung zu erteilen. Dabei sollte geregelt werden, ob und gegebenenfalls welche anderen Organe (zB der Stiftungsbeirat) an dieser Entscheidung zu beteiligen sind. Zu regeln ist gegebenenfalls auch, mit welchen Stimmverhältnissen darüber zu entscheiden ist. Für Änderungen des Stiftungszwecks und sonstige Satzungsänderungen können unterschiedliche Anforderungen vorgesehen werden. Soll eine Änderung des Stiftungszwecks grundsätzlich nicht zulässig sein, so ist zu beachten, dass dennoch die Möglichkeit vorgesehen werden sollte, diesen einer evtl. eintretenden Unmöglichkeit oder Sinnlosigkeit der Verfolgung des Stiftungszwecks anzupassen. Möglich ist es, bereits in der Satzung Ersatzzwecke zu bestimmen (*Wochner* ZEV 1999, 125 [130]). Satzungsänderungen sollten von der Erteilung einer Unbedenklichkeitsbescheinigung bzw. der Zustimmung des Finanzamts abhängig gemacht werden, wenn dem Stifter daran gelegen ist, dass die Gemeinnützigkeit der Stiftung erhalten bleibt (v. Campenhausen/Richter/*Hof* § 36 Rn. 171).

16. Auflösung, Vermögensanfall. Bei unselbständigen Stiftungen ist zu beachten, dass der Rechtsträger grundsätzlich jederzeit den mit ihm geschlossenen Vertrag kündigen bzw. widerrufen kann. Um eine Beendigung durch Kündigung oder Widerruf zu vermeiden, sollte die Satzung regeln, wer als Rechtsträger nachfolgen soll oder wer über diese Nachfolge zu befinden hat. Möglich ist es, den Stiftungsbeirat an der Entscheidung zu beteiligen, schon zuvor einen Nachfolger zu bestimmen oder den Stifter darüber befinden zu lassen. Im letzteren Fall ist zu regeln, was im Falle des Todes des Stifters gelten soll. Eine ebensolche Regelung sollte, wenn der Rechtsträger eine natürliche Person ist, für den Fall seines Todes getroffen werden (vgl. dazu v. Campenhausen/Richter/*Hof* § 36 Rn. 213).

Im Übrigen ist auch zu beachten, dass generell auch der Stifter bzw. dessen Erben die unselbständige Stiftung kündigen können. Nach allgemeinen Rechtsgrundsätzen ist jedes Dauerschuldverhältnis irgendwann kündbar. Die Vereinbarung einer unselbständigen Stiftung ist – unabhängig davon, ob man sie als Treuhandverhältnis oder Schenkung unter Auflage oder sonstiges Rechtsgeschäft qualifiziert – in jedem Falle auch ein Dauerschuldverhältnis, so dass eine Kündigung auf ewige Zeiten nicht ausgeschlossen werden kann. Vor diesem Hintergrund ist auch stets zu überlegen, ob man nicht mit dem Tod des Stifters die unselbständige Stiftung in eine echte rechtsfähige Stiftung „umwandelt".

Darüber hinaus ist für Fälle, in denen sich die Fortsetzung der Stiftung nicht mehr lohnt oder unmöglich geworden ist, zu regeln, wer in welcher Weise und unter welchen Voraussetzungen über die Auflösung der Stiftung beschließen kann.

Verfolgt die Stiftung gemeinnützige Zwecke, ist wegen §§ 61, 55 Abs. 1 Nr. 4 AO eine dauernde Bindung an steuerbegünstigte Zwecke sicherzustellen. Dies bedeutet, dass bei Auflösung oder Ende der Stiftung das verbleibende Stiftungsvermögen gemeinnützigen Zwecken iSd AO zugeführt werden muss. Dies muss aus der Satzung hervorgehen. Nach § 62 AO braucht diese Vermögensbindung in der Satzung nicht festgeschrieben zu werden, wenn die unselbständige Stiftung von einer Körperschaft des öffentlichen Rechts verwaltet wird. Aber auch in diesem Fall muss das Stiftungsvermögen tatsächlich bei Aufhebung oder Auflösung der Stiftung steuerbegünstigten Zwecken zufallen.

4. Stiftung & Co. KG – Gesellschaftsvertrag der KG

Gesellschaftsvertrag der . . . . . .-KG mit dem Sitz in . . . . . .[1, 2]

§ 1 Sitz der Gesellschaft, Zweck der Gesellschaft, Gesellschafter

1. Die Firma der Gesellschaft lautet:

. . . . . . Stiftung & Co. KG

2. Die Gesellschaft hat ihren Sitz in . . . . . .

3. Zweck der Gesellschaft ist . . . . . .

4. Alleinige persönlich haftende Gesellschafterin ist die . . . . . . Stiftung mit Sitz in . . . . . . Sie ist mit einer Einlage von 100,00 EUR am Kapital der Gesellschaft beteiligt.[3]

5. Alleiniger Kommanditist bei Gründung ist . . . . . ., geb. am . . . . . . , mit einer Kommanditeinlage in Höhe von 900,00 EUR. Die Summe der Kommanditeinlagen beträgt somit 900,00 EUR. Die Kommanditeinlage ist in voller Höhe in bar zu erbringen. Die im Handelsregister einzutragende Haftsumme entspricht der Kommanditeinlage. Die Summe aller Kapitaleinlagen beträgt somit 1.000,00 EUR.

6. Die Kapitaleinlagen sind fest, so dass sich der Anteil eines jeden Gesellschafter insbesondere nicht durch Gewinne oder Verluste, Einlagen oder Entnahmen verändert.[4]

§ 2 Dauer der Gesellschaft und Geschäftsjahr

1. Die Gesellschaft ist auf unbestimmte Zeit errichtet.

2. Das Geschäftsjahr ist das Kalenderjahr. Das erste Geschäftsjahr ist ein Rumpfgeschäftsjahr.

§ 3 Geschäftsführung und Vertretung[5]

Zur Geschäftsführung und Vertretung ist die persönlich haftende Gesellschafterin allein berechtigt und verpflichtet. Sie übt die Geschäftsführung durch ihre eigenen vertretungsberechtigten Organe aus. Sie und ihre Organmitglieder sind von den Beschränkungen des § 181 BGB insbesondere auch im Verhältnis zur . . . . . . Stiftung & Co. KG befreit.

§ 4 Zustimmungspflichtige Geschäfte

Für die Durchführung der nachstehenden Maßnahmen bedarf die persönlich haftende Gesellschafterin der vorherigen Zustimmung der Gesellschafterversammlung durch Beschluss:[6]

Geschäftspolitik, Investitionen, Finanzierung

a) Änderung der Geschäftspolitik der Gesellschaft und dieses Gesellschaftsvertrages, insbesondere der Grundsätze der Vermögensverwaltung;
b) Veräußerung eines Immobilienobjektes oder einer Beteiligung im Gesellschaftsvermögen bzw. eines anderen ähnlichen Wirtschaftsguts ab dem Wert von EUR ......;
c) Investitionen, einschließlich Um- und Ausbauten, mit einem Volumen von mehr als EUR ...... pro Einzelmaßnahme und mehr als EUR ...... alle Einzelmaßnahmen eines Geschäftsjahres zusammengenommen, jeweils einschließlich ihrer Finanzierung;
d) Aufnahme oder Gewährung von Darlehen, die den Betrag (Kapital zuzüglich Zinsen eines Geschäftsjahres) von EUR ...... im Einzelfall überschreiten.
e) Aufnahme neuer Geschäftszweige, teilweise oder vollständige Aufgabe bisher bestehender Geschäftszweige;
f) Errichtung oder Aufhebung von Betriebsstätten und Zweigniederlassungen oder Zweigbetrieben;
g) Erwerb, Veräußerung oder Belastung von Beteiligungen an anderen Unternehmen.

§ 5 Informationsrechte der Kommanditisten[7]

1. Die persönlich haftende Gesellschafterin ist verpflichtet, den Kommanditisten über die Geschäftslage der Gesellschaft sowie über Vorgänge, die nicht die laufende Verwaltung betreffen, allgemein unterrichtet zu halten und sich mit ihm hierüber zu beraten, wenn sie es für notwendig erachtet.
2. Das Widerspruchsrecht nach § 164 HGB ist ausgeschlossen.

§ 6 Jahresabschluss; Gesellschafterkonten

1. Der Jahresabschluss ist von der Geschäftsführung aufzustellen und der Gesellschafterversammlung zur Feststellung vorzulegen. Auf Antrag von Gesellschaftern, bei denen die Summe ihrer Kommanditeinlagen mindestens 10 % des Kommanditkapitals beträgt, ist der Jahresabschluss zu prüfen. Die Wahl des Abschlussprüfers erfolgt durch Gesellschafterbeschluss.
2. Es werden die folgenden Konten geführt:
   a) Für jeden Gesellschafter ein Kapitalkonto, auf das die Kapitaleinlage gebucht wird (Kapitalkonto);
   b) ein gesamthänderisch gebundenes Rücklagenkonto, auf das nicht entnahmefähige Gewinne gutgeschrieben werden. Kapitalrücklagen im Sinne des § 272 Abs. 2 HGB sind ebenfalls auf das gesamthänderisch gebundene Rücklagenkonto I zu buchen (gesamthänderisches Rücklagenkonto);
   c) für jeden Kommanditisten ein Verlustvortragskonto, auf das der auf den Gesellschafter entfallende Anteil eines Verlustes gebucht wird (Verlustvortragskonto); und
   d) für jeden Gesellschafter ein Darlehenskonto, auf das die entnahmefähigen Gewinnanteile sowie der sonstige Zahlungsverkehr zwischen der Gesellschaft und dem Gesellschafter gebucht werden (Darlehenskonto).
3. Das Kapitalkonto, die gesamthänderischen Rücklagenkonten und das Verlustvortragskonto sind unverzinslich. Über eine angemessene Verzinsung des Darlehenskontos entscheidet die Gesellschafterversammlung. In Ermangelung eines entsprechenden

Beschlusses ist das Darlehenskonto sowohl im Soll wie auch im Haben mit 2 Prozentpunkten über dem Basiszinssatz gemäß § 247 BGB zu verzinsen.
4. Auf die Auszahlung von Guthaben auf dem Kapitalkonto und den Rücklagenkonten hat der Gesellschafter keinen Anspruch. Die Guthaben auf dem Darlehenskonto sind jederzeit entnahmefähig. Einlagen zum Ausgleich eines negativen Darlehenskontos sind jederzeit zulässig. Der Gesellschafter hat keinen Anspruch auf die dauerhafte Führung von Guthaben auf dem Darlehenskonto; die Gesellschaft kann jederzeit vorhandene Guthaben auf Darlehenskonten an die Gesellschafter auszahlen. Der Grundsatz der anteilsmäßigen Gleichbehandlung aller Gesellschafter ist hierbei zu beachten.
5. Die Auszahlung von Guthaben auf dem gesamthänderischen Rücklagenkonto bedarf eines Gesellschafterbeschlusses mit einer Mehrheit von 95 % der abgegebenen Stimmen. Wird ein solcher Beschluss gefasst, erfolgt die Verteilung des Guthabens durch Gutschrift des auszuzahlenden Betrags auf den Darlehenskonten der Gesellschafter anteilig entsprechend ihren Kapitalanteilen.

§ 7 Ergebnisverteilung

1. Für die Verteilung von Gewinnen und Verlusten ist jeweils der festgestellte Jahresabschluss maßgeblich.
2. Unabhängig vom Jahresergebnis der Gesellschaft und vor Verteilung des Jahresergebnisses erhält die Komplementärin vorab für die Übernahme der persönlichen Haftung pro Geschäftsjahr einen Betrag in Höhe von 5 % ihres jeweiligen Stammkapitals. Daneben sind vorab Aufwendungsersatz sowie gegebenenfalls Tätigkeitsvergütungen in Abzug zu bringen. Sämtliche Vorabvergütungen sind im Verhältnis der Gesellschafter zueinander als Aufwand zu behandeln und am Ende eines jeden Geschäftsjahres zahlbar. Im Übrigen nimmt die Komplementärin nicht am Gewinn oder Verlust der Gesellschaft teil.
3. Die Verzinsung der Darlehenskonten der Gesellschafter ist, abhängig davon, ob diese im Haben oder Soll geführt werden, ebenfalls vor der Verteilung des Jahresergebnisses von diesem in Abzug zu bringen bzw. ihnen zuzurechnen. Die Verzinsung der Darlehenskonten erfolgt auch in Verlustjahren.
4. Das sich danach ergebende Ergebnis (Gewinn oder Verlust) wird auf die Gesellschafter im Verhältnis ihrer Kapitaleinlagen (Kapitalkonto) jeweils gemäß dem Stand zum Ende des jeweiligen Geschäftsjahres der Gewinnverteilung verteilt. Die Gewinnanteile der Kommanditisten werden zunächst zum Ausgleich etwaiger Salden auf den Verlustvortragskonten verwendet. Im Übrigen werden den Gesellschaftern die Gewinnanteile zu 50 % auf dem gesamthänderischen Rücklagenkonto und zu 50 % auf ihren Darlehenskonten gutgeschrieben. Die Gesellschafter können mit einer Mehrheit von 95 % der abgegebenen Stimmen eine nach Ausgleich etwaiger Salden auf den Verlustvortragskonten abweichende Gewinnverwendung beschließen.
5. Ein Verlust wird auf die Gesellschafter im Verhältnis ihrer Kapitaleinlagen verteilt und für die Kommanditisten auf den Verlustvortragskonten verbucht.

§ 8 Gesellschafterversammlungen

1. Die Einberufung von Gesellschafterversammlungen erfolgt durch die Komplementärin. Sie kann auch einen Dritten mit der Einberufung beauftragen.
2. Die Gesellschafterversammlung ist schriftlich oder in Textform unter Angabe der Tagesordnung mit einer Frist von vier Wochen einzuberufen, in die der Tag der Absendung der Einberufung und der Tag der Versammlung nicht eingerechnet werden.

3. Gesellschafterversammlungen finden mindestens einmal jährlich statt. Im Übrigen sind Gesellschafterversammlungen einzuberufen, wenn die Belange der Gesellschaft dies sachdienlich erscheinen lassen.
4. Der Vorsitz in Gesellschafterversammlungen und die Leitung von Beschlussfassungen außerhalb solcher Versammlungen obliegt dem an Lebensjahren ältesten Kommanditisten, wenn nicht die Gesellschafterversammlung einen anderen Versammlungsleiter wählt. Der Versammlungsleiter bzw. Leiter von Beschlussfassungen ist berechtigt und verpflichtet, die Beschlussergebnisse zu den erfolgten Abstimmungen verbindlich festzustellen.
5. Über jede Gesellschafterversammlung ist ein Protokoll zu errichten. Es soll enthalten:
   a) Tag und Ort der Versammlung,
   b) Namen der anwesenden und vertretenen Gesellschafter sowie der Vertreter und der sonstigen Teilnehmer,
   c) Tagesordnung und Anträge,
   d) Ergebnisse der Abstimmungen, Wortlaut der gefassten Beschlüsse sowie
   e) Angaben über die sonstige Erledigung von Anträgen.
6. Das Protokoll ist vom Versammlungsleiter zu unterzeichnen. Das Protokoll ist allen Gesellschaftern binnen einer Frist von sechs Wochen nach der Gesellschafterversammlung zu übermitteln.
7. Gesellschafter, bei denen die Summe ihrer Stimmrechte mindestens 10 % aller Stimmrechte der Gesellschafter beträgt, können die Einberufung einer Gesellschafterversammlung und die Ergänzung der Tagesordnung einer solchen Versammlung verlangen. Im Übrigen findet § 50 GmbHG entsprechende Anwendung.
8. Jeder Gesellschafter kann sich ausschließlich durch einen anderen Mitgesellschafter bei Beschlussfassungen innerhalb und außerhalb von Gesellschafterversammlungen vertreten lassen. Die Vertretung setzt bei Gesellschafterversammlungen die Übergabe einer Vollmacht in Schrift- oder Textform an den Versammlungsleiter und bei Beschlussfassungen außerhalb von Versammlungen die Vorlage an einen der geschäftsführenden Gesellschafter voraus. Die Hinzuziehung eines zur Berufsverschwiegenheit verpflichteten Angehörigen der rechts- und steuerberatenden Berufe als Berater in Gesellschafterversammlungen ist zulässig.
9. Die Anordnung einer Testamentsvollstreckung am Gesellschaftsanteil und die Wahrnehmung sämtlicher Verwaltungsrechte durch einen Testamentsvollstrecker ist zulässig.

§ 9 Gesellschafterbeschlüsse

1. Gesellschafterbeschlüsse werden grundsätzlich in Gesellschafterversammlungen gefasst.
2. Die Gesellschafterversammlung ist beschlussfähig, wenn mehr als die Hälfte der Stimmrechte vertreten sind. Erweist sich eine Gesellschafterversammlung hiernach als nicht beschlussfähig, soll binnen einer Woche eine zweite Versammlung mit gleicher Tagesordnung und einer Einberufungsfrist, die bis auf 7 Tage verkürzt werden kann, einberufen werden. Diese Gesellschafterversammlung ist ohne Rücksicht auf die Höhe der vertretenen Stimmrechte beschlussfähig; hierauf ist in der wiederholten Einberufung hinzuweisen.
3. Gesellschafterbeschlüsse werden mit einfacher Mehrheit der abgegebenen Stimmen gefasst, soweit nicht in diesem Gesellschaftsvertrag oder in zwingenden gesetzlichen Bestimmungen Abweichendes bestimmt ist.
4. Je 1,00 EUR einer Kapitaleinlage gewähren eine Stimme.
5. Die Komplementärin ist berechtigt, Beschlüsse der Gesellschafter auch außerhalb einer Gesellschafterversammlung im Wege schriftlicher Abstimmung, per Telefax, elektronisch (E-Mail etc), per Telefon, per Videokonferenz oder im Wege anderer vergleich-

barer Formen der Beschlussfassung herbeizuführen, wenn sich alle Gesellschafter an dieser Art der Abstimmung beteiligen oder ihr ausdrücklich zustimmen.

6. Gemischte Beschlussfassungen, dh Beschlussfassungen bei denen sich die Gesellschafter in unterschiedlichen Formen im Sinne des Abs. 5 an der Beschlussfassung beteiligen, sind ebenfalls zulässig, wenn sich alle Gesellschafter an der Abstimmung beteiligen oder der gemischten Beschlussfassung ausdrücklich zustimmen.
7. Die nach Abs. 5 und Abs. 6 gefassten Beschlüsse sind von der Geschäftsführung in einem Protokoll festzustellen, für das § 8 Abs. 5 und Abs. 6 entsprechend Anwendung finden, mit den Maßgaben, dass zusätzlich zu den Ergebnissen der Abstimmungen festgehalten wird, wer wie abgestimmt hat, und dass das Protokoll von dem Leiter der Beschlussfassung zu unterzeichnen ist.
8. Die Unwirksamkeit eines fehlerhaften Gesellschafterbeschlusses ist durch Klage gegen die Gesellschaft geltend zu machen. Gegen einen fehlerhaften Gesellschafterbeschluss, der nicht gegen zwingende gesetzliche Vorschriften verstößt, kann nur innerhalb einer Frist von einem Monat seit der Absendung der Niederschrift über den Beschluss Klage erhoben werden. Wird nicht innerhalb der Frist Klage erhoben oder findet das Klageverfahren ohne Entscheidung in der Sache seine Erledigung (zB durch Klagerücknahme), ist der Mangel des Beschlusses geheilt.

§ 10 Lebzeitige Verfügungen über Gesellschaftsanteile; Definition Familienangehörige

1. Lebzeitige Verfügungen über Gesellschaftsanteile oder einen Teil eines solchen sind ohne Zustimmung der Gesellschafterversammlung nur an Familienangehörige zulässig. Jede übrige Verfügung über Gesellschaftsanteile oder einen Teil eines solchen ist nur mit Zustimmung der Gesellschafterversammlung wirksam. Dies gilt auch für die Einräumung von Unterbeteiligungen. Ein Anspruch auf Erteilung der Zustimmung besteht nicht.
2. „Familienangehörige" im Sinne dieses Gesellschaftsvertrages sind Herr/Frau ...... sowie alle seine/ihre leiblichen Abkömmlinge. Den leiblichen Abkömmlingen gleichgestellt sind Adoptivkinder, die bis zur Vollendung ihres 7. Lebensjahres von einem leiblichen Abkömmling von ...... angenommen worden sind. Maßgeblicher Zeitpunkt ist das Wirksamwerden des Beschlusses des Familiengerichts. Adoptivkinder, die nach Vollendung ihres 7. Lebensjahres von einem Abkömmling von ...... angenommen werden, können durch Gesellschafterbeschluss leiblichen Abkömmlingen gleichgestellt werden. Der Beschluss bedarf einer Mehrheit von 95 % der abgegebenen Stimmen. Der Adoptivelternteil, der Gesellschafter ist, hat hierbei kein Stimmrecht.

§ 11 Ausschluss aus der Gesellschaft

1. Ein Gesellschafter kann durch Gesellschafterbeschluss aus der Gesellschaft ausgeschlossen werden, wenn
   a) in seiner Person ein die Ausschließung rechtfertigender wichtiger Grund vorliegt;
   b) von Seiten eines Gläubigers des Gesellschafters Zwangsvollstreckungsmaßnahmen in den Gesellschaftsanteil des Gesellschafters vorgenommen werden und es dem Inhaber des Gesellschaftsanteils nicht binnen sechs Monaten seit Beginn dieser Maßnahme gelungen ist, ihre Aufhebung zu erreichen;
   c) er seinen Gesellschaftsanteil verpfändet hat und die Pfandreife eintritt; oder
   d) er gegen das Wettbewerbsverbot (§ 14) verstößt.
2. Der Ausschließungsbeschluss in den Fällen des Abs. 1 bedarf einer Mehrheit von 95 % der abgegebenen Stimmen. Der betroffene Gesellschafter hat kein Stimmrecht.
3. Wird über das Vermögen eines Gesellschafters ein Insolvenz- oder ähnliches Verfahren eröffnet, wird die Eröffnung eines dieser Verfahren mangels Masse abgelehnt oder hat ein Privatgläubiger von dem Kündigungsrecht des § 725 BGB Gebrauch gemacht, so

scheidet der betroffene Gesellschafter aus der Gesellschaft aus. Eine etwaige Kündigung des Gesellschaftsverhältnisses durch einen Gläubiger hat keine Rechtswirkung. Wird die gegen den Gesellschafter getroffene Maßnahme binnen sechs Monaten wieder aufgehoben, gilt der betroffene Gesellschafter als nicht ausgeschieden. Innerhalb dieser Frist dürfen in Ansehung des Gesellschaftsanteils des ausgeschiedenen Gesellschafters keine Veränderungen im Gesellschaftsverhältnis erfolgen.
4. Ein Gesellschafter kann mit seiner Zustimmung jederzeit aus der Gesellschaft ausgeschlossen werden.
5. Die Mitgliedschaft des Ausgeschlossenen endet bereits mit der Bekanntgabe des Gesellschafterbeschlusses, der den Ausschluss des Gesellschafters anordnet. Die Wirksamkeit des Ausschlusses ist nicht abhängig von der Zahlung des Abfindungsentgelts.
6. Der Ausscheidende als Abfindungsgläubiger erhält von der Gesellschaft als Abfindungsschuldner eine Abfindung nach Maßgabe von § 13.

§ 12 Versterben eines Gesellschafters

1. Verstirbt ein Gesellschafter, so wird die Gesellschaft mit dessen Erben fortgesetzt, soweit es sich um Familienangehörige im Sinne des § 10 Abs. 2 handelt.
2. Sind Erben eines Gesellschafters ausschließlich Personen, die nicht Familienangehörige (§ 10 Abs. 2) sind, und wird daher die Gesellschaft mit den Erben des Verstorbenen nicht fortgesetzt, so steht denjenigen, die der Verstorbene durch Verfügung von Todes wegen aus dem Kreis der Familienangehörigen (§ 10 Abs. 2) als seine Nachfolger der Beteiligung bestimmt hat (zB per Vermächtnis), das Recht zu, zu den Bedingungen der Mitgliedschaft des Verstorbenen ihren Eintritt in die Gesellschaft – oder, sofern sie bereits Gesellschafter sind, die Übernahme des Anteils des Verstorbenen – zu erklären. Die Frist zur Ausübung dieses Rechts endet neun Monate nach dem Erbfall, frühestens jedoch drei Monate nach Kenntnis vom Eintritt des Erbfalls und der Vererbung ausschließlich an Personen, die nicht Familienmitglieder sind.
3. Die Erklärung hat gegenüber einem geschäftsführenden Gesellschafter durch eingeschriebenen Brief zu erfolgen. Zur Fristwahrung genügt die rechtzeitige Aufgabe des Einschreibebriefs zur Post. Der geschäftsführende Gesellschafter hat die übrigen Gesellschafter hierüber unverzüglich zu informieren.
4. Nach fruchtlosem Ablauf der Frist gemäß Abs. 2 wächst der Anteil des Verstorbenen den übrigen Gesellschaftern endgültig an. Die Gesellschaft wird dann von den übrigen Gesellschaftern unter Ausscheiden des Verstorbenen fortgesetzt. In diesem Fall steht den Erben als Abfindungsgläubigern gegen die Gesellschaft als Abfindungsschuldner ein Anspruch auf eine Abfindung nach Maßgabe von § 13 zu.
5. Treten Eintrittsberechtigte in die Gesellschaft gemäß Abs. 2 neu ein oder übernehmen sie gemäß Abs. 2 den Anteil des Verstorbenen, so haben die überlebenden Gesellschafter den Eintrittsberechtigten, wozu sie sich hiermit ihnen gegenüber verpflichten, den bis dahin treuhänderisch gehaltenen Anteil des verstorbenen Gesellschafters zu übertragen. Ein Anspruch auf Abfindung der weichenden Erben gemäß § 13 ist in diesen Fällen ausgeschlossen.

§ 13 Abfindung

In den Fällen, in denen dieser Gesellschaftsvertrag zum Zweck der Ermittlung der Abfindung auf diesen § 13 verweist, gilt was folgt:

1. Ein Gesellschafter hat Anspruch auf Zahlung einer Abfindung, die 75 % des nach Abs. 2 zu ermittelnden Wertes seiner Beteiligung („Beteiligungswert“) entspricht. Maßgeblicher Bewertungsstichtag ist der Zeitpunkt des Wirksamwerdens des Ausscheidens des Gesellschafters aus der Gesellschaft („Bewertungsstichtag“).

2. Abfindungsregelung
   a) Der Beteiligungswert ermittelt sich nach dem Verkehrswert des Gesellschaftsvermögens („Unternehmenswert"), der auf die Beteiligung eines Gesellschafters nach dem Verhältnis seiner Kommanditeinlage zum gesamten Kommanditkapital entfällt.
   b) Können sich der Abfindungsgläubiger und der Abfindungsschuldner nicht binnen einer Frist von 30 Kalendertagen nach Zugang einer entsprechenden schriftlichen Aufforderung durch eine Partei bei der jeweils anderen Partei auf einen Wert der Beteiligung einigen, ist auf den Zeitpunkt des Ausscheidens von einem unabhängigen Wirtschaftsprüfer oder einer unabhängigen Wirtschaftsprüfungsgesellschaft (beide nachfolgend jeweils nur „Gutachter" genannt) ein Unternehmenswert nach einer geeigneten, anerkannten Bewertungsmethode zu ermitteln. Sofern für eine zutreffende Wertermittlung geeignet, erfolgt die Bewertung anhand einer Auseinandersetzungsbilanz unter Anwendung der handelsrechtlichen Grundsätze zum Bewertungsstichtag, bei der stille Reserven aufzulösen sind. Hinsichtlich der Wertansätze für den Grundbesitz der Gesellschaft sind Verkehrswerte unter Heranziehung eines öffentlich bestellten Grundstückssachverständigen, der von dem Gutachter ausgewählt und beauftragt wird, zugrunde zu legen.
   c) Änderungen der steuerlichen Feststellungen bei der Gesellschaft, insbesondere aber nicht ausschließlich aufgrund einer finanzamtlichen Außenprüfung, haben auf die Höhe des Beteiligungswerts keinen Einfluss. Dem ausgeschiedenen Gesellschafter steht auch ein im Zusammenhang mit der Änderung eines Jahresabschlusses entstehender Mehrgewinn nicht mehr zu. Soweit dem ausgeschiedenen Gesellschafter jedoch nachträglich steuerliche Gewinne zugerechnet werden, hat die Gesellschaft ihn von den hierauf entfallenden Steuernachzahlungen freizustellen, soweit ihm nicht der der Nachzahlung zugrunde liegende Mehrgewinn wirtschaftlich zu Gute gekommen war.
   d) Abfindungsgläubiger und Abfindungsschuldner sind verpflichtet, sich um eine Einigung über die Person des Gutachters zu bemühen. Kommt eine solche Einigung nicht in Schriftform binnen einer Frist von 30 Kalendertagen nach Zugang der Aufforderung durch eine Partei bei der jeweils anderen Partei zustande, dürfen sowohl Abfindungsgläubiger als auch Abfindungsschuldner das Institut der Wirtschaftsprüfer in Deutschland eV, Düsseldorf („IDW") anrufen und dieses um Benennung eines unabhängigen Gutachters zur Ermittlung des Unternehmenswerts ersuchen. Die Benennung des Gutachters durch das IDW ist für die Parteien verbindlich. Abfindungsgläubiger und Abfindungsschuldner sind verpflichtet, den Gutachter, auf den sie sich geeinigt haben, oder der vom IDW benannt wurde, mit der Ermittlung des Unternehmenswerts gemäß den Bestimmungen dieses Absatzes 2 zu beauftragen. Hierzu wird der jeweils anderen Partei bereits unwiderruflich die Vollmacht erteilt, den Gutachter mit Wirkung für beide Parteien als Gutachter zu beauftragen.
   e) Der von dem Gutachter ermittelte Unternehmenswert ist für die Parteien verbindlich.
   f) Die Kosten und Auslagen des Gutachters tragen Abfindungsgläubiger und Abfindungsschuldner je zur Hälfte. Abfindungsgläubiger und Abfindungsschuldner tragen im Übrigen jeweils ihre eigenen Kosten und die Kosten ihrer Berater selbst.
3. Die Abfindung ist wie folgt auszuzahlen:
   a) Die Abfindung ist in fünf nachträglich zahlbaren gleichen Jahresraten zu tilgen. Die erste Jahresrate ist sechs Monate nach dem Ausscheiden des Gesellschafters zur Zahlung fällig. Die Gesellschaft ist jederzeit berechtigt, den Abfindungsbetrag ganz oder teilweise vor Fälligkeit zu leisten.
   b) Die Abfindung ist ab dem Kündigungsstichtag mit einem Prozentpunkt über dem Basiszinssatz gemäß § 247 BGB zu verzinsen. Die anfallenden Zinsen sind jeweils

gemeinsam mit der nächsten fälligen Rate zu zahlen. Ist die Abfindung nicht innerhalb eines Zeitraums von 3 Jahren nach Fälligkeit in voller Höhe geleistet, so erhöht sich der Zinssatz ab diesem Zeitpunkt auf 5 Prozentpunkte über dem Basiszinssatz gemäß § 247 BGB.

4. Der Abfindungsgläubiger kann nicht verlangen, dass ihm vom Abfindungsschuldner eine Sicherheit für die noch nicht fälligen Abfindungsraten gestellt wird.
5. Das Darlehenskonto des ausscheidenden Gesellschafters bleibt bei der Berechnung der Abfindung außer Betracht. Ein Guthaben auf dem Darlehenskonto ist dem ausscheidenden Gesellschafter unverzüglich nach seinem Ausscheiden auszuzahlen; einen Schuldsaldo hat der ausscheidende Gesellschafter unverzüglich auszugleichen.
6. Mehrere Abfindungsschuldner haften dem Abfindungsgläubiger nur anteilig entsprechend dem auf sie entfallenden Anteil der Abfindung; eine gesamtschuldnerische Haftung besteht nicht.
7. Sollte durch eine Finanzbehörde auf Grundlage der nach obigen Maßstäben ermittelten Abfindung ein steuerpflichtiger Erwerb von Todes wegen oder eine steuerpflichtige Schenkung unter Lebenden angenommen werden (insbesondere gemäß § 3 Abs. 1 Nr. 2 S. 2 und § 7 Abs. 7 ErbStG), ist die darauf entfallende Erbschaft-/Schenkungsteuer von dem oder den Abfindungsgläubiger(n) zu tragen.
8. Den Gesellschaftern ist bekannt, dass die vorstehende Abfindung geringer ist, als eine Abfindung auf Basis des vollen Verkehrswerts der Beteiligung. Die Gesellschafter halten jedoch ausdrücklich an der vorstehenden vereinfachten Ermittlung eines Abfindungsbetrags und den vereinbarten Wertabschlägen in vorstehendem Abs. 1 fest und verzichten vorsorglich im Vorhinein wechselseitig auf einen etwa weitergehenden Abfindungsanspruch. Sollten die vorstehenden Abs. 1 bis Abs. 7 nach Gesetz oder Rechtsprechung gleichwohl nicht rechtswirksam oder nicht anwendbar sein, so erhält der ausscheidende Gesellschafter den Betrag, der ihm nach Gesetz oder Rechtsprechung mindestens gezahlt werden muss.

§ 14 Wettbewerbsverbot; Geheimhaltungspflicht

1. Kein Gesellschafter darf sich während der Zugehörigkeit zu der Gesellschaft unmittelbar oder mittelbar, gelegentlich oder gewerbsmäßig, unter eigenem oder fremdem Namen, auf eigene oder auf fremde Rechnung im Geschäftszweig und räumlichen Tätigkeitsbereich der Gesellschaft oder deren Beteiligungsunternehmen betätigen, ein Unternehmen, das Geschäfte im Geschäftszweig der Gesellschaft oder deren Beteiligungsunternehmen betreibt (Konkurrenzunternehmen), erwerben, sich an einem solchen Unternehmen beteiligen oder es auf andere Weise unterstützen. Als Beteiligungsunternehmen im Sinne dieser Regelung gelten alle Unternehmen, an denen die Gesellschaft unmittelbar oder mittelbar mehr als 10 % des Kapitals oder der Stimmen hält. Dieses Verbot gilt bis zum Ablauf von zwei Jahren nach dem Ausscheiden eines Gesellschafters aus der Gesellschaft. Im Falle der Verletzung des Wettbewerbsverbotes gilt § 113 HGB entsprechend.
2. Bei Verstoß gegen das Wettbewerbsverbot hat der Zuwiderhandelnde für jeden Fall des Verstoßes eine Vertragsstrafe von EUR ...... zu bezahlen. Je vier Wochen eines fortgesetzten Verstoßes gelten als selbständiger und unabhängiger neuer Verstoß. Weitergehende Rechte, insbesondere das Recht, Unterlassung zu verlangen, bleiben unberührt. Das Recht, den Gesellschafter bei einem Verstoß aus der Gesellschaft auszuschließen (§ 11 Abs. 1 lit. d)), bleibt daneben ebenfalls bestehen.
3. Die Gesellschafterversammlung kann mit einer einfachen Mehrheit der abgegebenen Stimmen Befreiung vom vorstehenden Wettbewerbsverbot erteilen.
4. Die Gesellschafter sind verpflichtet, über alle Angelegenheiten der Gesellschaft, namentlich über Geschäfts- und Betriebsgeheimnisse, gegenüber Außenstehenden Still-

schweigen zu bewahren. Ausgenommen ist das Recht der Gesellschafter, bei Besprechungen mit zur Berufsverschwiegenheit verpflichteten Personen (Rechtsanwälten, Wirtschaftsprüfern, Steuerberatern, Notaren etc) die im Interesse der Gesellschaft oder einzelner Gesellschafter notwendigen Informationen zu geben. Diese Verpflichtung dauert auch nach dem Ausscheiden aus der Gesellschaft zeitlich unbegrenzt fort.

§ 15 Wirksamwerden; Dauer der Gesellschaft; Kündigung

1. Die Gesellschaft wird für eine feste Laufzeit bis zum ...... abgeschlossen. Bis dahin ist eine Kündigung ausgeschlossen, soweit in Abs. 2 nichts Abweichendes geregelt ist. Die Laufzeit verlängert sich jeweils um zehn Jahre, wenn nicht ein Gesellschafter mit einer Frist von zwölf Monaten, auf das Ende der Vertragslaufzeit kündigt.
2. Das Recht zur Kündigung aus wichtigem Grund bleibt unberührt.
3. Die Kündigung ist schriftlich gegenüber der Komplementärin zu erklären; diese hat die übrigen Gesellschafter unverzüglich zu benachrichtigen.
4. Kündigt ein oder kündigen mehrere Gesellschafter gemäß Abs. 1, so kann jeder andere Gesellschafter innerhalb von einem Monat nach Zugang der Benachrichtigung gemäß Abs. 3 auf denselben Zeitpunkt kündigen. Abs. 3 findet hinsichtlich Form und Adressat der Kündigung entsprechende Anwendung. Die Anschlusskündigung sämtlicher verbleibender Kommanditisten hat die Anwachsung des Vermögens bei der Komplementärin zur Folge. Die Kommanditisten erhalten eine Abfindung, die sich nach § 13 richtet.
5. In allen übrigen Fällen scheidet nur der kündigende Gesellschafter mit Wirksamwerden der Kündigung aus der Gesellschaft aus. Er erhält als Abfindungsgläubiger eine Abfindung von der Gesellschaft als Abfindungsschuldner nach Maßgabe von § 13.

§ 16 Auflösung

1. Die Gesellschaft kann durch Gesellschafterbeschluss aufgelöst werden. Der Beschluss bedarf der Zustimmung von 95 % der abgegebenen Stimmen.
2. Liquidatorin ist die im Zeitpunkt des Auflösungsbeschlusses vorhandene Komplementärin. Sie ist für die Durchführung der Auflösung (Liquidation) im selben Umfang geschäftsführungs- und vertretungsberechtigt, wie sie zuvor als Komplementärin geschäftsführungs- und vertretungsberechtigt war. Durch Gesellschafterbeschluss, der einer Mehrheit von 95 % der abgegebenen Stimmen bedarf, können andere Personen als Liquidatoren und abweichende Geschäftsführungs- und Vertretungsberechtigungen der Liquidatoren vereinbart werden.

§ 17 Gesellschaftsvertragsänderungen

1. Sämtliche Änderungen dieses Gesellschaftsvertrags können durch Mehrheitsbeschluss mit 95 % der abgegebenen Stimmen beschlossen werden, soweit in Abs. 2 nichts Abweichendes geregelt ist. Mit dieser Mehrheit können die Gesellschafter auch grundlegende Änderungen des Gesellschaftsvertrages jeder Art beschließen. Dies gilt insbesondere, aber nicht ausschließlich für
   a) Änderung der Gesellschafterkonten, Erhöhung oder Herabsetzung des Kapitals, wobei überstimmte Gesellschafter nicht zu einer Erhöhung ihrer Kapitaleinlage verpflichtet werden können,
   b) Änderung der Geschäftsführung und Vertretung,
   c) Änderung der Regelung zu Verfügungen über Geschäftsanteile und Ausschließung von Gesellschaftern,
   d) Änderung der Regelungen zur Dauer der Gesellschaft und zur Kündigung sowie
   e) Maßnahmen zur Umstrukturierung, wie zB Wechsel der Rechtsform.

Die vorstehende Aufzählung ist nur beispielhaft und nicht abschließend zu verstehen.
2. Lediglich soweit Änderungsbeschlüsse den Grundsatz der anteiligen Gleichbehandlung aller Gesellschafter verletzen oder den Gesellschaftern zusätzliche Verpflichtungen, insbesondere Einlageverpflichtungen, auferlegen, bedürfen sie der Zustimmung des jeweiligen betroffenen Gesellschafters.

§ 18 Salvatorische Klausel

Sollte eine der Bestimmungen dieses Vertrages oder eine später in diesen aufgenommene Bestimmung ganz oder teilweise nichtig oder undurchführbar sein oder werden oder sollte sich eine Lücke in diesem Vertrag herausstellen, wird dadurch die Wirksamkeit der übrigen Bestimmungen nicht berührt (Erhaltung). Den Parteien ist die Rechtsprechung des Bundesgerichtshofs bekannt, wonach eine salvatorische Erhaltensklausel lediglich die Beweislast umkehrt. Es ist jedoch der ausdrückliche Wille der Parteien, die Wirksamkeit der übrigen Bestimmungen unter allen Umständen aufrechtzuerhalten und damit § 139 BGB insgesamt abzubedingen. Anstelle der nichtigen oder undurchführbaren Bestimmung oder zur Ausfüllung der Lücke gilt mit Rückwirkung diejenige wirksame und durchführbare Regelung als bestimmt, die rechtlich und wirtschaftlich dem am nächsten kommt, was die Parteien gewollt haben oder nach dem Sinn und Zweck dieser Satzung gewollt hätten, wenn sie diesen Punkt bei Abschluss dieses Vertrags bzw. bei Aufnahme der Bestimmung bedacht hätten; beruht die Nichtigkeit einer Bestimmung auf einem darin festgelegten Maß der Leistung oder der Zeit (Frist oder Termin), so gilt die Bestimmung mit einem dem ursprünglichen Maß am nächsten kommenden rechtlich zulässigen Maß als vereinbart (Ersetzungsfiktion). Ist die Ersetzungsfiktion nicht möglich, ist anstelle der nichtigen oder undurchführbaren Bestimmung oder zur Schließung der Lücke eine Bestimmung bzw. Regelung nach inhaltlicher Maßgabe des vorstehenden Satzes zu treffen (Ersetzungsverpflichtung). Betrifft die Nichtigkeit oder Lücke eine beurkundungspflichtige Bestimmung, so ist die Regelung bzw. die Bestimmung in notariell beurkundeter Form zu vereinbaren.

Anmerkungen

1. Formular. Im Rahmen einer Stiftung & Co. KG lassen sich Stiftungen als Träger von Gesellschaftsbeteiligungen einsetzen, mit denen unterschiedliche Ziele verfolgt werden können. Ein wesentliches Ziel solcher Gestaltungen kann es sein, die Entscheidungen der Geschäftsführung innerhalb einer KG über den Tod des Stifters hinaus nach dessen Willen zu gestalten. Eine Stiftung als Beteiligungsträger kann auf diese Weise den Willen des Stifters innerhalb einer Gesellschaft dauerhaft umsetzen. Die Stiftung bietet insoweit gegenüber einer Testamentsvollstreckung Vorteile, da diese gem. § 2210 S. 1 BGB nach 30 Jahren endet. Die Gestaltung einer Auflage bietet ebenfalls nicht die Gewähr für eine dauerhafte Umsetzung bestimmter Willensvorstellungen, da diese unter den Voraussetzungen des § 2306 Abs. 1 BGB entkräftet werden kann. Die Kombination von Personengesellschaft und Stiftung ermöglicht es dem Stifter also, sein Vermögen langfristig zu erhalten und nach seinem Willen zu gestalten und darüber hinaus eine umfangreiche finanzielle Versorgung seiner Abkömmlinge sicherzustellen. Zur Erreichung solcher Ziele können gemeinnützige und nicht gemeinnützige Stiftungen mit verschiedenen Gesellschaftstypen kombiniert werden. Eine solche Kombinationsmöglichkeit stellt die sog. Stiftung & Co. KG dar.

Eine Stiftung & Co. KG ist grundsätzlich vergleichbar einer GmbH & Co. KG ausgestaltet. Sie besteht aus einer Kommanditgesellschaft, deren einzige Komplementärin eine Stiftung ist. Über die Zuweisung der Komplementärstellung an die Stiftung kann der Stifter seinen Herrschaftswillen in der Kommanditgesellschaft dauerhaft festschreiben (vgl. v. Campenhausen/Richter/*Richter* § 12 Rn. 77 ff.).

An der Zulässigkeit der Stiftung & Co. KG werden zuweilen Zweifel erhoben (zum Meinungsstand s. v. Campenhausen/Richter/*Richter* § 12 Rn. 80). Es gibt zwar noch keine Gerichtsentscheidung zur Zulässigkeit der Stiftung & Co. KG. Sie wird aber bislang in der Praxis von den Stiftungsbehörden regelmäßig anerkannt (prominente Beispiele aus der Praxis sind: Lidl Stiftung & Co. KG, Diehl Stiftung & Co. KG, Vorwerk Deutschland Stiftung & Co. KG, Fiege Logistik Stiftung & Co. KG). Daneben gibt es in der Praxis auch Kommanditgesellschaften auf Aktien in der Rechtsform der Stiftung & Co. KGaA, wie zB die CEWE Stiftung & Co. KGaA. Für die Zulässigkeit spricht auch, dass die Stiftung & Co. KG in die Publizitätspflichten durch den Gesetzgeber einbezogen wurde (vgl. § 264a HGB). Zur Vermeidung von Schwierigkeiten bei der Anerkennung der Stiftung empfiehlt sich eine frühzeitige Einbeziehung der Stiftungsaufsicht. Gegebenenfalls kann man die Wahl eines anderen Sitzes der Stiftung und damit die Zuständigkeit einer anderen Stiftungsbehörde in Erwägung ziehen.

Um zu vermeiden, dass die Stiftung wegen Vorliegens einer sog. unzulässigen „Selbstzweckstiftung", die ausschließlich das Ziel hat, ihr eigenes Vermögen zu vermehren, nicht anerkannt wird, kann die Stiftung neben der Übernahme der Komplementär-Stiftung weitere Zwecke verfolgen (zB Unterstützung des Stifters und seine Familie oder Förderung gemeinnütziger Zwecke (→ Form. H.III.5).

Die Stiftung & Co. KG unterliegt nicht der Mitbestimmung (*Habersack/Ulmer* MitbestG § 4 Rn. 7). Hervorzuheben ist darüber hinaus, dass die Stiftung & Co. KG durch die Beteiligung der Stiftung nicht zur gewerblich geprägten Personengesellschaft im Sinne von § 15 Abs. 3 EStG wird, da die Stiftung nicht Kapitalgesellschaft iSd § 1 Abs. 1 Nr. 1 KStG ist.

2. Gesellschaftsvertrag der Kommanditgesellschaft. Der Gesellschaftsvertrag der Kommanditgesellschaft weist grundsätzlich gegenüber üblichen Gesellschaftsverträgen von Kommanditgesellschaften keine Besonderheiten auf. Da es vorliegend primär um die stiftungsrechtlichen Besonderheiten geht, wird auf eine Kommentierung aller gesellschaftsvertraglichen Regelungen des Musters des Gesellschaftsvertrags verzichtet. Insoweit wird verwiesen auf die Muster und Kommentierungen in den Formularbüchern zum Gesellschaftsrecht (vgl. BeckFormB BHW und MVHdB I GesR). Nachfolgend werden ausschließlich Besonderheiten, die von üblichen Gesellschaftsverträgen der GmbH & Co. KG abweichen, kommentiert.

3. Einlage der Komplementärin. Häufig ist bei einer GmbH & Co. KG die GmbH nicht am Kapital der Gesellschaft beteiligt. Es wäre daher auch denkbar, die Stiftung nicht am Kapital der Stiftung zu beteiligen. Durch die hier vorgesehene Kapitalbeteiligung soll die Stiftung jedoch einen Teil der Erträge erhalten können. Ferner kann in der Stiftung durch die mit der Kapitalbeteiligung verbundenen Stimmrechtsmacht eine Einflussnahme auf Beschlussfassungen in der Kommanditgesellschaft (zB durch Vetorechte) eingeräumt werden.

4. Einlage der Kommanditistin. In dem Formular wird unterstellt, dass die Gesellschaft zunächst vom Stifter als alleinigen Kommanditisten errichtet wird. Er kann dann im Rahmen der (vorweggenommenen) Erbfolge seine Kommanditanteile an die Nachfolger übertragen.

5. Geschäftsführung und Vertretung. Zur Geschäftsführung in der Gesellschaft und der Vertretung der Gesellschaft im Außenverhältnis ist die Komplementärin berechtigt und verpflichtet. Die Stiftung als Komplementärin der KG wird ihrerseits durch ihren Vorstand gem. § 86 BGB iVm § 26 Abs. 2 BGB vertreten.

6. Zustimmungskatalog. Je nachdem, wie stark die Stellung der Stiftung gegenüber den Kommanditisten ausgestaltet sein soll, kann der Zustimmungskatalog gefasst werden. Sollen die Kommanditisten gar keine Mitspracherechte haben, könnte man auf einen

solchen Katalog insgesamt verzichten. Im Formular wird davon ausgegangen, dass die Kommanditisten auch gewisse Mitspracherechte bei grundlegenden Entscheidungen haben sollen. Dies ist jedoch nicht zwingend.

7. Informationsrechte. Hier gilt ähnliches wie zu → Anm. 5. Je nachdem wie stark die Stellung der Kommanditisten sein sollen, kann man hier mehr oder weniger Rechte einräumen. Das Formular geht davon aus, dass Kommanditisten durch entsprechende Informationsrechte in die Angelegenheit des Unternehmens miteinbezogen werden sollen.

5. Stiftung & Co. KG – Satzung der Komplementärstiftung

Satzung der . . . . . .-Stiftung mit dem Sitz in . . . . . .[1]

§ 1 Name, Sitz und Rechtsform

1. Die Stiftung führt den Namen „. . . . . . Stiftung“.[2]
2. Die Stiftung ist eine rechtsfähige Stiftung bürgerlichen Rechts.[3]
3. Sie hat ihren Sitz in . . . . . .[4]

§ 2 Zweck der Stiftung

1. Zweck der Stiftung ist, aus den Erträgen, die nicht für die Erfüllung der Zwecke gemäß nachstehendem Abs. 2 benötigt werden, den Stifter, seine leiblichen Abkömmlinge, sowie die leiblichen Abkömmlinge seiner Schwester . . . . . . finanziell zu unterstützen und zwar insbesondere zur Bestreitung eines angemessenen Lebensunterhalts, bei der Aus- und Weiterbildung sowie auch in Fällen der persönlichen oder wirtschaftlichen Not oder sonstigen Bedürftigkeit.[5]
2. Zweck der Stiftung ist es weiter, durch die Beteiligung als persönlich haftende und geschäftsführende Gesellschafterin an der . . . . . . Stiftung & Co. KG für eine gesunde und nachhaltige wirtschaftliche Entwicklung der. . . . . . Unternehmensgruppe zu sorgen sowie diese Unternehmensgruppe als Familienunternehmen langfristig zu erhalten.
3. Die Erfüllung des Stiftungszwecks gemäß Abs. 2 erfolgt insbesondere gemäß der in § 10 niedergelegten Grundsätze.

§ 3 Begünstigte nach § 2 Abs. 2 und deren Rechte[6]

1. Der Vorstand entscheidet nach freiem Ermessen, ob die Voraussetzungen für die Auszahlung von Stiftungserträgen vorliegen und wenn ja, in welcher Höhe insgesamt Auszahlungen an die Begünstigten iSv § 2 Abs. 1 vorgenommen werden. Ein Rechtsanspruch auf Ausschüttungen besteht nicht, er wird auch durch die wiederholte Gewährung von Leistungen nicht begründet. Solange der Stifter lebt, entscheidet der Vorstand nach freiem Ermessen auch, welcher der Begünstigten in welchem Umfang Ausschüttungen erhält. Nach dem Ableben des Stifters sind Ausschüttungen stets in folgendem Verhältnis an die Begünstigten vorzunehmen, wobei auch in diesen Fällen der Vorstand nach freiem Ermessen entscheidet, in welcher Gesamthöhe Ausschüttungen an die Begünstigten erfolgen.[7]
2. Die beiden Kinder des Stifters, ... und . . . . . ., erhalten jeweils 30 % der Ausschüttungen. Sie bilden gemeinsam den Stamm Stifter, der stets 60 % der Ausschüttungen erhält.
3. Die beiden Kinder der Schwester des Stifters, ... und . . . . . ., erhalten jeweils 20 % der Ausschüttungen. Sie bilden den Stamm Schwester, der stets 40 % der Ausschüttungen erhält.

4. Verstirbt einer der Begünstigten, treten dessen leibliche Abkömmlinge nach den Regeln der gesetzlichen Erbfolge an die Stelle des Verstorbenen. Jeder Begünstigte kann abweichend von den vorstehenden Regelungen in einer Verfügung von Todes wegen eine andere Aufteilung seiner Begünstigung unter den nachfolgeberechtigten Personen vornehmen. Diese Aufteilung ist für die Stiftung bindend.
5. Nachfolgeberechtigte Personen im Sinne dieser Satzung sind sämtliche leiblichen Abkömmlinge des Stifters ...... und seiner Schwester ......
6. Verstirbt ein Begünstigter ohne Hinterlassung von nachfolgeberechtigten Personen, geht seine Begünstigtenstellung auf die übrigen Begünstigten desselben Stammes, innerhalb des Stammes nach den Regeln der gesetzlichen Erbfolge über.
7. Verstirbt der letzte Begünstigte des Stammes Stifter und sind keine nachfolgeberechtigten Personen aus diesem Stamme vorhanden, geht die Begünstigtenstellung des Verstorbenen auf die Begünstigten des Stammes Schwester über und zwar anteilig entsprechend ihrer jeweiligen Begünstigtenquote. Dies gilt auch umgekehrt, wenn der letzte Begünstigte des Stammes Schwester wegfällt.
8. Erklärt ein Begünstigter bereits zu Lebzeiten schriftlich gegenüber dem Vorstand ganz oder teilweise einen Verzicht auf seine Stellung als Begünstigter, treten – bei einem teilweisen Verzicht nur bezüglich der Quote, auf die sich der Verzicht erstreckt – diejenigen nachfolgeberechtigten Personen an seine Stelle, die der Begünstigte in der Verzichtserklärung benannt hat. Enthält die Verzichtserklärung keine Bestimmungen, treten die leiblichen Abkömmlinge des Begünstigten nach den Regeln der gesetzlichen Erbfolge an seine Stelle. Im Falle des Fehlens eigener leiblicher Abkömmlinge und des Fehlens einer ausdrücklichen abweichenden Bestimmung, wächst seine Begünstigungsquote den anderen Begünstigten desselben Stammes entsprechend deren Begünstigungsquote anteilig an.
9. Die Begünstigten haben einen Rechtsanspruch auf den Gewinn der Stiftung nur insoweit, als der Vorstand der Stiftung beschließt, von dem im festgestellten Jahresabschluss ausgewiesenen Jahresüberschuss bzw. Bilanzgewinn einen bestimmten Betrag an die Begünstigten auszuschütten.
10. Etwaige Steuern, die auf die Ausschüttungen von der Stiftung an die Begünstigten iSv § 2 anfallen, trägt der jeweilige Begünstigte selbst.

§ 4 Stiftungsvermögen[8]

1. Das Vermögen der Stiftung besteht im Zeitpunkt ihrer Errichtung aus 100.000,00 EUR in bar.
2. Vermögensumschichtungen sind jederzeit zulässig.
3. Sofern die Stiftung eine unmittelbare oder mittelbare Beteiligung an Unternehmen der ......-Unternehmensgruppe hält, gehören diese Beteiligungen stets zum Grundstockvermögen, dh nur die Ausschüttungen aus dieser Beteiligung dürfen für die Erfüllung der Stiftungszwecke gemäß § 2 verwendet werden.
4. Die Stiftung kann Unternehmen der ......-Unternehmensgruppe Darlehen oder andere finanzielle Hilfen gewähren.[9]

§ 5 Organe der Stiftung, Haftpflichtversicherung[10]

1. Einziges Organ der Stiftung ist der Vorstand.
2. Die Stiftung ist berechtigt, auf eigene Kosten Haftpflichtversicherungen für Vermögensschäden (D&O-Versicherungen) abzuschließen, um die Haftungsrisiken für Vorstandsmitglieder zu reduzieren, sofern sichergestellt ist, dass der Stiftung diese Kosten durch die Gesellschaft, deren Geschäfte sie führt, erstattet werden.

§ 6 Vorstand, Zusammensetzung[11]

1. Der Vorstand besteht aus bis zu fünf natürlichen Personen. Der Vorstand hat sofern er aus zwei Personen besteht einen Vorsitzenden und sofern er aus mehr als zwei Personen besteht zusätzlich einen stellvertretenden Vorsitzenden.
2. Dem Vorstand soll mindestens eine Person angehören, die sich in der Geschäftsführung eines Unternehmens der . . . . . .-Unternehmensgruppe (als geschäftsführendes Organ) bewährt hat.[12] Mindestens ein Mitglied soll über besondere Kenntnisse und Erfahrungen in der Anwendung von Rechnungslegungsgrundsätzen und internen Kontrollverfahren verfügen.[13]
3. Dem Vorstand hat mindestens eine Person anzugehören, die nicht Begünstigte im Sinne des § 2 Abs. 1 ist. Besteht der Vorstand aus mehr als drei Personen, so haben dem Vorstand mindestens zwei Personen anzugehören, die nicht Begünstigte im Sinne des § 2 Abs. 1 sind.
4. Von dem Amt als Vorstand sind Personen ausgeschlossen, die in näherer Beziehung zu einem Unternehmen stehen, das als unmittelbares Konkurrenzunternehmen eines Unternehmens der . . . . . .-Unternehmensgruppe anzusehen ist.
5. Der erste Vorstand wird zum Gründungszeitpunkt durch den Stifter bestellt.
6. Danach werden die Mitglieder des Vorstands auf Vorschlag von Mitgliedern des Vorstands durch den Vorstand mit einfacher Mehrheit der abgegebenen Stimmen (durch Kooptation seitens des Vorstands) berufen. Das ausscheidende Mitglied ist hierbei stimmberechtigt. Die Vorstandsmitglieder bestimmen darüber hinaus die Person des Vorsitzenden sowie seines Stellvertreters mit einfacher Mehrheit aus ihrem Kreis.
7. Soweit bei Bestellung des Stiftungsvorstands nichts Abweichendes bestimmt wurde, endet das Amt der Vorstandsmitglieder mit Ablauf des vierten vollständigen Geschäftsjahres ab dem Beginn der Amtszeit.
8. Die Wahl zum Vorsitzenden und stellvertretenden Vorsitzenden erfolgt jeweils für die Dauer der jeweiligen Amtsdauer des gewählten Vorstandsmitglieds.
9. Wiederbestellung der Vorstandsmitglieder und Wiederwahl des Vorsitzenden und seines Stellvertreters sind zulässig, sie kann jedoch frühestens 12 Monate vor Ablauf der Amtszeit erfolgen.
10. Unbeschadet des Abs. 7 endet das Amt für Vorstandsmitglieder
    a) mit Ablauf des Geschäftsjahres, in dem das Mitglied sein 75. Lebensjahr vollendet hat,
    b) durch Niederlegung, oder
    c) wenn der Vorstand die Abberufung beschließt. Sie ist nur aus wichtigem Grund zulässig. Der Abberufungsbeschluss bedarf der Einstimmigkeit. Das betreffende Vorstandsmitglied ist hierbei nicht stimmberechtigt.
11. Scheidet ein Mitglied vor Beendigung seiner Amtszeit aus, beginnt für den Nachfolger die Amtszeit von neuem zu laufen. Die Dauer der neuen Amtszeit bemisst sich nach Abs. 7.
12. Außer in den Fällen der Abberufung aus wichtigem Grund oder der Niederlegung bleibt ein ausscheidendes Mitglied bis zur Wahl seines Nachfolgers im Amt.

§ 7 Beschlussfassungen des Vorstands; Einberufung von Sitzungen, Geschäftsordnung

1. Soweit in zwingenden gesetzlichen Vorschriften oder in dieser Satzung (siehe insbesondere nachfolgenden Abs. 2) nichts Abweichendes geregelt ist, fasst der Vorstand seine Beschlüsse mit der einfachen Mehrheit der abgegebenen Stimmen. Im Falle von Stimmengleichheit entscheidet die Stimme des Vorsitzenden, im Falle von dessen Verhinderung die Stimme seines Stellvertreters.

2. Folgende Beschlüsse bedürfen der einfachen Mehrheit der abgegebenen Stimmen, wobei mindestens ein Vorstandsmitglied, das nicht Begünstigter gemäß § 2 Abs. 1 ist, der Beschlussfassung zustimmen muss:
   a) Ausübung aller Gesellschafterrechte der Stiftung aus ihren unmittelbaren und mittelbaren Beteiligungen an der . . . . . .-Unternehmensgruppe;
   b) Beschlussfassungen über Ausschüttungen gemäß § 3 Abs. 1;
   c) Erwerb, Veräußerung oder Belastung von Grundstücken und grundstücksgleichen Rechten;
   d) Eingehung von Verbindlichkeiten, die allein oder zusammen mit anderen bereits eingegangenen und nicht genehmigten Verbindlichkeiten 20.000,00 EUR pro Kalenderjahr übersteigen;
   e) Übernahme von Bürgschaften, Garantien oder ähnlichen Haftungen für fremde Verbindlichkeiten sowie Eingehen von Wechselverbindlichkeiten;
   f) Eingehung von Verpflichtungen der Gesellschaft mit einer Laufzeit von mehr als 12 Monaten;
   g) Gründung, Erwerb, Veräußerung von Tochtergesellschaften oder sonstige Verfügungen über Tochtergesellschaften;
   h) Gründung, Änderung oder Beendigung von Anstellungsverhältnissen für Mitarbeiter der Stiftung;
   i) Bestellung eines Abschlussprüfers, sofern die Stiftung einen Jahresabschluss erstellt und dieser gemäß § 11 zu prüfen ist.
3. Sofern der Vorstand aus mindestens drei Vorstandsmitgliedern besteht, ist er beschlussfähig, wenn mindestens zwei Vorstandsmitglieder anwesend oder vertreten sind und die Vorstandssitzung ordnungsgemäß einberufen wurde. Die Vertretung ist nur durch ein anderes Vorstandsmitglied zulässig; sie setzt die Vorlage einer schriftlichen Vollmacht voraus. Ist der Stifter Vorstandsmitglied, ist ferner Voraussetzung für die Beschlussfähigkeit, dass der Stifter an der Beschlussfassung mitwirkt.
4. Sofern und soweit in einer Geschäftsordnung nichts Abweichendes geregelt ist, gilt für die Einberufung von Vorstandssitzungen Folgendes: Die Einberufung erfolgt durch den Vorsitzenden oder seinen Stellvertreter schriftlich oder in Textform (zB E-Mail) unter Angabe der Tagesordnung mit einer Ladungsfrist von mindestens drei Wochen vor dem Termin, wobei der Tag der Absendung der Einladung und der Tag der Sitzung nicht mitgerechnet werden. Erweist sich der Vorstand – sofern er aus drei Mitgliedern besteht – als nicht beschlussfähig, weil nicht mindestens zwei Vorstandsmitglieder anwesend oder vertreten sind, soll binnen einer Woche eine zweite Sitzung mit der gleichen Tagesordnung und einer Einberufungsfrist, die bis auf 7 Tage verkürzt werden kann, einberufen werden. In dieser zweiten Sitzung ist der Vorstand ohne Rücksicht auf die Anzahl der anwesenden und vertretenen Vorstandsmitglieder beschlussfähig; hierauf ist in der wiederholten Einberufung hinzuweisen.

§ 8 Allgemeine Rechte und Pflichten des Vorstands; Vergütung

1. Dem Vorstand obliegt die Geschäftsführung der Stiftung. Sie erfolgt gemeinschaftlich durch alle Vorstandsmitglieder, die über alle Geschäftsführungsangelegenheiten Beschluss zu fassen haben. Abweichend hiervon gilt, dass der Stifter als Vorstandsmitglied stets einzelgeschäftsführungsberechtigt ist.
2. Der Vorstand kann sich eine Geschäftsordnung geben, welche insbesondere
   – Beschlussverfahren und
   – Aufgabenzuteilung

   regelt. Soweit in einer Geschäftsordnung einzelne Aufgaben einzelnen Vorstandsmitgliedern einzeln oder gemeinsam zur ausschließlichen Geschäftsführung zugewiesen sind, bedarf es insoweit keiner gesonderten Beschlussfassung des Vorstands mehr über

entsprechende Geschäftsführungsmaßnahmen. Der Erlass, die Änderung und Aufhebung einer Geschäftsordnung bedarf der einfachen Mehrheit aller Vorstandsmitglieder, wobei mindestens ein Vorstandsmitglied zustimmen muss, das nicht Begünstigter gemäß § 2 Abs. 1 ist.
3. Der Vorstand hat die Rechnungslegung nach den Grundsätzen ordnungsmäßiger Buchführung zu fertigen sowie innerhalb angemessener Fristen einen Jahresabschluss in Anlehnung an handelsrechtliche Rechnungslegungsgrundsätzen unter Berücksichtigung der Besonderheiten, die sich durch die Rechtsform der Stiftung ergeben, aufzustellen.
4. Die Vorstandsmitglieder erhalten für ihre Tätigkeit eine angemessene Vergütung, die vom Vorstand mit einfacher Mehrheit der abgegebenen Stimmen festgelegt wird. Sämtliche Vorstandsmitglieder haben Anspruch auf Ersatz der ihnen entstandenen und nachgewiesenen Auslagen in angemessener Höhe.
5. Der Vorstand hat bei allen seinen Entscheidungen die Sorgfalt eines ordentlichen Kaufmannes zu wahren.

§ 9 Vertretung[14]

1. Der Vorstand vertritt die Stiftung gerichtlich und außergerichtlich. Besteht der Vorstand aus mehr als einem Mitglied, wird die Stiftung durch zwei Vorstandsmitglieder gemeinschaftlich vertreten. Abweichend hiervon gilt, dass der Stifter als Vorstandsmitglied stets einzelvertretungsberechtigt ist.
2. Für Rechtsgeschäfte zwischen der Stiftung und Gesellschaften, an denen die Stiftung als persönlich haftende Gesellschafterin beteiligt ist, sind die Vorstandsmitglieder von den Beschränkungen des § 181 BGB befreit.
3. Einem Vorstandsmitglied kann durch einstimmigen Beschluss der übrigen Vorstandsmitglieder in sonstigen Angelegenheiten im Einzelfall oder generell Befreiung von den Beschränkungen des § 181 BGB erteilt werden.

§ 10 Besondere Rechte und Pflichten des Vorstands in Bezug auf die ......-Unternehmensgruppe

Der Vorstand begleitet das wirtschaftliche Leben und Schicksal der ......-Unternehmensgruppe. Er hat – soweit es in seiner Macht steht – dafür zu sorgen, dass alle für eine gesunde wirtschaftliche Existenz der Unternehmen erforderlichen Entscheidungen getroffen werden.[15]

§ 11 Rechnungslegung, Jahresabschluss[16]

1. Der Vorstand entscheidet nach seinem Ermessen, wie die Stiftung ihre Jahresabrechnung bzw. ihren Jahresabschluss erstellt. Sofern es aus Sicht des Vorstands der Stiftung nicht unzweckmäßig ist, soll die Stiftung möglichst einen Jahresabschluss angelehnt an die Erstellung eines Jahresabschlusses für Kapitalgesellschaften erstellen.
2. Auf Verlangen von mindestens einem Vorstandsmitglied ist die Stiftung für vorangegangene Geschäftsjahre durch einen unabhängigen Wirtschaftsprüfer oder eine andere zur Erteilung eines gleichwertigen Bestehungsvermerks befugte unabhängige Person oder Gesellschaft zu prüfen. Erfolgt eine solche Prüfung, so hat sich diese auch auf die satzungsgemäße Verwendung der Stiftungsmittel zu erstrecken.

§ 12 Geschäftsjahr, Dauer

1. Geschäftsjahr ist das Kalenderjahr.[17] Das erste Geschäftsjahr ist ein Rumpfgeschäftsjahr.
2. Die Dauer der Stiftung ist zeitlich unbegrenzt.

§ 13 Stiftungsaufsicht[18]

Die Stiftung unterliegt der staatlichen Aufsicht nach Maßgabe des jeweils geltenden Stiftungsrechts.

§ 14 Zweckänderungen, Zusammenlegung der Stiftung, sonstige Satzungsänderungen[19]

1. Wird die Erfüllung des Stiftungszwecks (§ 2) unmöglich oder erscheint sie angesichts wesentlicher Veränderungen der Verhältnisse nicht mehr sinnvoll, so kann der Vorstand durch einstimmigen Beschluss sämtlicher vorhandener Vorstandsmitglieder der Stiftung einen neuen Zweck geben oder diesen den Zeitverhältnissen anpassen. Der Vorstand wird hierbei mündliche oder schriftliche Hinweise und Anregungen des Stifters berücksichtigen, sofern dieser nicht selbst Vorstandsmitglied ist.
2. Der Vorstand kann durch einstimmige Beschlussfassung sämtlicher vorhandener Vorstandsmitglieder, die Zusammenlegung mit einer anderen Stiftung beschließen. Er hat bei seiner Entscheidung die in § 10 genannten Belange der . . . . . .-Unternehmensgruppe zu berücksichtigen.
3. Sonstige Satzungsänderungen werden vom Vorstand mit einer Mehrheit von 2/3 der abgegebenen Stimmen beschlossen.
4. Beschlüsse gemäß Abs. 1 bis 3 bedürfen zu ihrer Wirksamkeit – sofern gesetzlich vorgesehen – der Genehmigung der Stiftungsbehörde und dürfen erst nach Erteilung der Genehmigung ausgeführt werden.

§ 15 Auflösung der Stiftung[20]

1. Wird die Erfüllung des Stiftungszwecks (§ 2) unmöglich oder erscheint sie angesichts wesentlicher Veränderungen der Verhältnisse nicht mehr sinnvoll, so kann der Vorstand durch einstimmigen Beschluss sämtlicher vorhandener Vorstandsmitglieder die Auflösung der Stiftung beschließen.
2. Sofern die Stiftung weder eine unmittelbare oder mittelbare Beteiligung an einem Unternehmen der . . . . . .-Unternehmensgruppe hält, kann der Vorstand ebenfalls durch einstimmigen Beschluss sämtlicher vorhandener Vorstandsmitglieder die Auflösung der Stiftung beschließen.
3. Der Beschluss zur Auflösung bedarf – sofern gesetzlich vorgesehen – der Genehmigung der Stiftungsbehörde und darf erst nach Erteilung der Genehmigung ausgeführt werden.

§ 16 Vermögensanfall[21]

1. Im Falle der Auflösung oder Aufhebung der Stiftung ist das Vermögen an die zu dem Zeitpunkt vorhandenen Begünstigten gemäß § 2 anteilig entsprechend ihrer jeweiligen Begünstigungsquote zu übertragen. Solange der Stifter lebt, ist das Vermögen ausschließlich an ihn zurück zu übertragen, sofern er dies verlangt.
2. Der Vorstand kann durch einstimmige Beschlussfassung sämtlicher vorhandener Vorstandsmitglieder eine abweichende Aufteilung des Vermögens beschließen.
3. Im Falle der Auflösung oder der Aufhebung ist der Vorstand für die Abwicklung zuständig.

§ 17 Salvatorische Klausel[22]

Sollten Bestimmungen dieser Satzung oder künftig in sie aufgenommene Bestimmungen ganz oder teilweise rechtsunwirksam sein oder ihre Rechtswirksamkeit oder Durchführbarkeit später verlieren, soll hierdurch die Gültigkeit der übrigen Bestimmungen der Satzung nicht berührt werden. Das Gleiche gilt, soweit sich herausstellen sollte, dass die

Satzung eine Regelungslücke enthält. An Stelle der unwirksamen oder undurchführbaren Bestimmungen oder zur Ausfüllung der Lücke soll eine angemessene Regelung gelten, die, soweit rechtlich möglich, dem am nächsten kommt, was der Stifter gewollt haben würde, soweit er bei Abfassung dieser Satzung oder bei der späteren Aufnahme einer Bestimmung den Punkt bedacht hätte. Dies gilt auch, wenn die Unwirksamkeit einer Bestimmung etwa auf einem in der Satzung vorgeschriebenen Maß der Leistung oder Zeit (Frist oder Termin) beruht; es soll dann ein dem Gewollten möglichst nahekommendes, rechtlich zulässiges Maß der Leistung oder Zeit (Frist oder Termin) als vereinbart gelten.

. . . . . .

Anmerkungen

1. Formular. Bei dem Formular handelt es sich um die Satzung einer Stiftung, die insbesondere als Komplementärin einer Kommanditgesellschaft fungieren soll. Zur generellen Zulässigkeit der Rechtsform der Stiftung & Co. KG siehe bereits → Form. H.III.4 Anm. 1.

2. Name. → Form. H.III.1 Anm. 2.

3. Rechtsform. → Form. H.III.1 Anm. 3.

4. Sitz. → Form. H.III.1 Anm. 4.

5. Zweck der Stiftung. Um zu vermeiden, dass die Stiftung möglicherweise nicht anerkannt wird, wenn ihr Zweck ausschließlich in der Übernahme der Geschäftsführung und persönlichen Haftung für die KG besteht, ist in dem Formular vorgesehen, dass die Stiftung zusätzlich die typischen Zwecke einer Familienstiftung verfolgt. Denkbar wäre hier im Übrigen auch die Verfolgung gemeinnütziger Zwecke oder auch sonstiger nicht gemeinwohlschädlicher Zwecke vorzusehen. Als Variante zu dem → Form. H.III.2. ist hier zusätzlich vorgesehen, dass neben der Familie des Stifters auch die Familie seiner Schwester mitbedacht wird.

6. Begünstigte. → Form. H.III.2 Anm. 6.

7. Ermessensstiftung. → Form. H.III.2 Anm. 7.

8. Stiftungsvermögen. → Form. H.III.1 Anm. 11.

9. Darlehen. Dies ist zur Klarstellung aufgenommen. Da der Stiftungszweck auch in der Förderung des Unternehmens besteht, wären auch Darlehen, die gegenüber einem Fremdvergleich günstigere Konditionen für das Unternehmen vorsehen, möglich.

10. Organe der Stiftung. → Form. H.III.1 Anm. 19–29.

11. Vorstand. → Form. H.III.1 Anm. 21–29.

12. Vorstandsbesetzung. Das Formular sieht vor, dass ein ehemaliger Geschäftsführer aus der Unternehmensgruppe im Vorstand der Stiftung vertreten ist. Eine solche Regelung macht freilich nur Sinn, wenn das Unternehmen groß genug ist und auf eine ausreichende Zahl geeigneter Personen zurückgegriffen werden kann.

13. Qualifikation des Vorstandes. Die hier vorgesehene Qualifikation entspricht den Empfehlungen des Corporate Governance Codex für die fachliche Qualifikation des Vorsitzenden des Prüfungsausschusses oder Aufsichtsrat einer AG (vgl. Ziff. 5.3.2 Satz 2 DCGK). Ob diese Anforderung für die Stiftung sinnvoll ist, muss in jedem Einzelfall entschieden werden.

14. **Vertretung.** → Form. H.III.1 Anm. 24.

15. **Besondere Aufgaben.** Durch diese allgemeine Regelung soll verdeutlicht werden, dass der Vorstand die unternehmerische Verantwortung trägt und übernimmt.

16. **Rechnungslegung.** Regelungen hierzu sind den Landesstiftungsgesetzen überlassen, da die Rechnungslegung für die Stiftungsaufsicht eine wesentliche Voraussetzung zur effektiven Ausübung ihrer Befugnisse ist (vgl. die Übersicht zu den landesgesetzlichen Regelungen bei v. Campenhausen/Richter/*Römer/Spiegel*, § 37 Rn. 5 und die dort erwähnten Fußnoten). Es gibt keine stiftungsspezifische Rechtspflicht zur Art und Weise der Rechnungslegungen und auch nicht zur Offenlegung bzw. Publizität. Will der Stifter sicherstellen, dass die Rechnungslegung auf bestimmte Art und Weise erfolgt – im Formular entsprechend den Regelungen für Kapitalgesellschaften – ist dies in der Satzung explizit zu regeln. Daneben gibt es auch IDW-Grundsätze zur Rechnungslegung von Stiftungen (IDW ERS HFA 5.)

17. **Geschäftsjahr.** → Form. H.III.1 Anm. 18.

18. **Stiftungsaufsicht.** → Form. H.III.1 Anm. 39 und → Form. H.III.2 Anm. 16.

19. **Satzungsänderungen.** → Form. H.III.1 Anm. 34–37.

20. **Auflösung.** → Form. H.III.2 Anm. 20.

21. **Vermögensanfall.** → Form. H.III.2 Anm. 22.

22. **Salvatorische Klausel.** Wie im Gesellschaftsvertrag auch, empfiehlt sich vorsorglich für die Satzung der Stiftung die Aufnahme einer allgemeinen salvatorischen Klausel.

6. Doppelstiftung – Satzung der Holding GmbH

Satzung der ...... – Holding GmbH mit dem Sitz in ......[1, 2]

§ 1 Firma, Sitz

1. **Die Gesellschaft ist eine Gesellschaft mit beschränkter Haftung. Ihre Firma lautet: „...... Holding GmbH“.**
2. **Die Gesellschaft hat ihren Sitz in ......**

§ 2 Gegenstand des Unternehmens

1. **Gegenstand des Unternehmens ist die Führung der ......-Unternehmensgruppe. Ferner ist Gegenstand des Unternehmens die Beteiligung an anderen Unternehmen und die Verwaltung eigenen Vermögens.**
2. **Die Gesellschaft ist berechtigt, Unternehmen jeder Art zu errichten, zu erwerben oder zu pachten oder sich an solchen in jeder Form zu beteiligen sowie alle damit zusammenhängenden Geschäfte und Handlungen vorzunehmen, soweit sie zur Erreichung des Geschäftszwecks als dienlich erscheinen oder die Unternehmungen der Gesellschaft zu fördern geeignet sind.**

§ 3 Stammkapital[2]

1. **Das Stammkapital der Gesellschaft beträgt 25.000,00 EUR. Die Einlage ist in voller Höhe erbracht.**
2. **Die Stammeinlagen verteilen sich auf folgende zwei Geschäftsanteile:**

a) Geschäftsanteil Nr. 1 im Nominalbetrag von 24.750,00 EUR[3]
b) Geschäftsanteil Nr. 2 im Nominalbetrag von 250,00 EUR[4]
insgesamt 25.000,00 EUR

§ 4 Dauer, Geschäftsjahr, Bekanntmachungen

1. Die Gesellschaft ist auf unbestimmte Zeit errichtet.
2. Das Geschäftsjahr ist das Kalenderjahr.
3. Die notwendigen Bekanntmachungen der Gesellschaft erfolgen im elektronischen Bundesanzeiger für die Bundesrepublik Deutschland.

§ 5 Organe der Gesellschaft

Organe der Gesellschaft sind:

1. die Geschäftsführung,
2. die Gesellschafterversammlungen und
3. der Beirat.[5]

§ 6 Geschäftsführung

1. Die Gesellschaft hat einen oder mehrere Geschäftsführer, die vom Beirat bestellt und abberufen werden.
2. Die Geschäftsführer sind verpflichtet, die Geschäfte der Gesellschaft in Übereinstimmung mit dem Gesetz, mit diesem Gesellschaftsvertrag, der Geschäftsordnung für die Geschäftsführung sowie den Beschlüssen des Beirats und der Gesellschafterversammlung zu führen. Die Geschäftsführer bedürfen für die Durchführung derjenigen Maßnahmen, die der Beirat in einer Geschäftsordnung für die Geschäftsführung festgelegt hat, der vorherigen Zustimmung des Beirats durch Beschluss.
3. Maßnahmen und Geschäfte, die im Rahmen eines vor Beginn eines Geschäftsjahres vorzulegenden Investitions- und Finanzplanes liegen, bedürfen keiner erneuten Einzelzustimmung durch den Beirat, sofern der Beirat den Investitions- und Finanzplan genehmigt hat.

§ 7 Vertretung

1. Ist nur ein Geschäftsführer bestellt, so vertritt er die Gesellschaft allein. Sind mehrere Geschäftsführer bestellt, so wird die Gesellschaft von zwei Geschäftsführern oder einem Geschäftsführer in Gemeinschaft mit einem Prokuristen vertreten.
2. Der Beirat kann einem oder mehreren Geschäftsführern Befreiung von den Beschränkungen des § 181 BGB erteilen und ihnen Einzelvertretungsmacht erteilen.

§ 8 Gesellschafterversammlung, Beschlüsse

1. Gesellschafterversammlungen finden jeweils mindestens einmal pro Kalenderjahr statt.
2. Die Geschäftsführer sind berechtigt, Beschlüsse der Gesellschaft auch außerhalb der Gesellschafterversammlung im Wege schriftlicher Abstimmung sowie per Telefax oder auf elektronischem Wege (E-Mail etc) herbeizuführen, wenn alle stimmberechtigten Gesellschafter dieser Art der Abstimmung zustimmen. Die nach diesem Absatz gefassten Beschlüsse werden von der Geschäftsführung in einer Niederschrift festgestellt, mit der Maßgabe, dass festgehalten wird, wer wie abgestimmt hat. Die Niederschrift ist jedem Gesellschafter unverzüglich zu übersenden.
3. Über jede Gesellschafterversammlung ist ein Protokoll zu errichten. Es soll enthalten
   a) Tag, Ort und Sitz der Versammlung,
   b) Namen der anwesenden und vertretenen Personen,

c) Tagesordnung und Anträge,
d) Ergebnisse der Abstimmung, Wortlaut der gefassten Beschlüsse,
e) Angaben über die sonstige Erledigung von Anträgen.
Das Protokoll ist vom Versammlungsleiter oder von einem von ihm bestimmten Protokollführer zu unterzeichnen. Das Protokoll ist allen Gesellschaftern unverzüglich zu übermitteln.

4. Zur Gesellschafterversammlung sind alle Gesellschafter in Textform zu laden. Die Ladung hat mit einer Frist von zwei Wochen zu erfolgen, wobei der Tag der Absendung der Einladung und der Versammlung nicht mitzurechnen sind. Tagungsort, Tagungszeit und Tagesordnung sind in der Ladung mitzuteilen.
5. Die Gesellschafterversammlung ist beschlussfähig, wenn mindestens 50 % der Stimmen vertreten sind. Erweist sich eine Gesellschafterversammlung hiernach als nicht beschlussfähig, so ist innerhalb von zwei Wochen eine neue Versammlung mit gleicher Tagungsordnung und einer Einberufungsfrist, die bis auf sieben Tage verkürzt werden kann, einzuberufen. Diese Gesellschafterversammlung ist ohne Rücksicht auf die Höhe der vertretenen Stimmen beschlussfähig; hierauf ist in der wiederholten Einberufung hinzuweisen.
6. Gesellschafterbeschlüsse werden mit einfacher Mehrheit der abgegebenen Stimmen gefasst, soweit nicht in diesem Vertrag oder in zwingenden gesetzlichen Bestimmungen Abweichendes bestimmt ist.
7. Stimmberechtigt sind die Geschäftsanteile wie folgt:[6]
   a) Der Geschäftsanteil Nr. 1 gewährt 10 Stimmen.
   b) Der Geschäftsanteil Nr. 2 gewährt 90 Stimmen.
8. Folgende Maßnahmen bedürfen eines einstimmigen Gesellschafterbeschlusses aller Gesellschafter:
   a) Kreditgewährungen an Gesellschafter;
   b) Kapitalherabsetzungen oder Entnahmen aus der Kapitalrücklage;
   c) Satzungsänderungen gemäß § 20 der Satzung sowie
   d) Veräußerung des Gesellschaftsvermögens als Ganzes.
9. Die Unwirksamkeit von Gesellschafterbeschlüssen kann nur innerhalb einer Frist von sechs Wochen nach Zugang des Protokolls (Abs. 3) oder des Abstimmungsergebnisses (Abs. 2) durch Anfechtungsklage geltend gemacht werden.

§ 9 Beirat, Zusammensetzung

1. Die Gesellschaft hat einen Beirat.
2. Der Beirat besteht aus mindestens drei Mitgliedern. Die Anzahl wird von der Gesellschafterversammlung durch Beschluss festgelegt. Die Mitglieder werden von der Gesellschafterversammlung bestellt und abberufen.
3. Im Beirat sollen möglichst Personen vertreten sein, die sich in der Führung eines Unternehmens (als geschäftsführendes Organ) bewährt haben. Mindestens ein Mitglied soll über besondere Kenntnisse und Erfahrungen in der Anwendung von Rechnungslegungsgrundsätzen und internen Kontrollverfahren verfügen.
4. Von dem Amt eines Mitglieds sind ausgeschlossen:
   a) Personen, die in näherer Beziehung zu einem Unternehmen stehen, das als unmittelbares Konkurrenzunternehmen der Gesellschaft oder einer ihrer Beteiligungsgesellschaften anzusehen ist und
   b) Abschlussprüfer der Gesellschaft oder einer ihrer Beteiligungsgesellschaften.
5. Die Amtszeit endet mit Ablauf des dritten vollständigen Geschäftsjahres ab dem Beginn der Amtszeit, sofern die Gesellschafter bei der Bestellung keine abweichende Amtsdauer festlegen. In jedem Fall endet die Amtszeit aber für ein Mitglied mit dem Ende des Geschäftsjahres, in dem dieses Mitglied das 75. Lebensjahr vollendet. Ist ein

Mitglied des Beirats vorzeitig weggefallen, ist sein Nachfolger für die restliche ordentliche Amtszeit zu bestellen. Eine Wiederbestellung ist zulässig.

6. Die Abberufung eines Mitglieds ist nur aus wichtigem Grund zulässig und bedarf der Zustimmung der Gesellschafterversammlung durch Beschluss.

§ 10 Aufgaben, Verhältnis zur Gesellschafterversammlung

1. Dem Beirat werden alle nicht in Abs. 2 genannten Aufgaben und Rechte der Gesellschafterversammlung zur alleinigen Behandlung und Entscheidung anstelle der Gesellschafter übertragen.
2. Die Gesellschafterversammlung bleibt zuständig für:
   a) Beschlüsse, die nach zwingender gesetzlicher Vorschrift ausschließlich der Gesellschafterversammlung vorbehalten sind, insbesondere Änderung der Satzung, Kapitalerhöhung oder -herabsetzung und Auflösung der Gesellschaft;
   b) Beschlüsse über die Veräußerung des Gesellschaftsvermögens als Ganzes;
   c) Beschlüsse über die Verwendung des Bilanzergebnisses auf Vorschlag der Geschäftsführung und des Beirats.
3. Dem Beirat kommt nicht die Rechtsstellung eines Aufsichtsrats zu. Die gesetzlichen Bestimmungen über den Aufsichtsrat finden demgemäß auf ihn keine Anwendung.
4. Der Beirat ist in jeder Beziehung unabhängig und nicht weisungsgebunden. Bei der Erfüllung aller seiner Aufgaben hat er sich ohne Ansehung der Person der Gesellschafter und/oder der Geschäftsführer allein davon leiten zu lassen, was nach seinem Ermessen im Interesse der Gesellschaft liegt und dem Zweck dient, die Stabilität des Gesellschafterkreises und damit die Unabhängigkeit des Unternehmens für möglichst lange Zeit zu erhalten, sowie die Stetigkeit der Geschäftsführung zu gewährleisten.

§ 11 Besondere Aufgaben des Beirats

Der Beirat hat insbesondere die folgenden Aufgaben:

1. Beratung und Überwachung der Geschäftsführung der Gesellschaft;
2. Erlass und Abänderung einer eigenen Geschäftsordnung;
3. Erlass und Abänderung einer Geschäftsordnung für die Geschäftsführung der Gesellschaft;
4. Erteilung von Richtlinien für die Geschäftspolitik und für die Geschäftsführung der Gesellschaft, Billigung der von der Geschäftsführung zu erarbeitenden Strategie für das Unternehmen sowie Ausübung des Weisungsrechts der Gesellschafterversammlung;
5. Bestimmung der Anzahl der Geschäftsführer;
6. Vorschlag für die Entlastung der Geschäftsführung;
7. Einberufung einer Gesellschafterversammlung im Bedarfsfalle; für die Einberufung gilt § 8 Abs. 4 entsprechend;
8. Bestimmung der Arten von Geschäften, zu deren Vornahme die Geschäftsführung der vorherigen Zustimmung des Beirats bedarf;
9. Beschlussfassung über die Erteilung der Zustimmung zu dem von der Geschäftsführung rechtzeitig vor Beginn eines Geschäftsjahres vorzulegenden Investitions- und Finanzplan und
10. Ausübung der Befugnisse gemäß § 12 Abs. 2.

§ 12 Sonstige Aufgaben und Rechte des Beirats

1. Die Mitglieder des Beirats sind zu Gesellschafterversammlungen einzuladen, soweit Gegenstand der Verhandlung und Beschlussfassung nicht das Rechtsverhältnis der Gesellschaft zum Beirat oder zu einzelnen seiner Mitglieder ist.

2. Soweit dies zur Erfüllung seiner Aufgaben erforderlich oder zweckmäßig ist, hat der Beirat das Recht sich jederzeit von den Angelegenheiten der Gesellschaft zu unterrichten, insbesondere die Handelsbücher und Papiere der Gesellschaft einzusehen oder durch einen von ihm bestellten Sachverständigen einsehen zu lassen. Die Mitglieder der Geschäftsführung sind verpflichtet, ihm jede gewünschte Auskunft über alle geschäftlichen Verhältnisse zu erteilen sowie auf Aufforderung zu den Sitzungen des Beirats zu erscheinen und in diesen über alle Umstände, die für Entschließungen des Beirats von Belang sein können, zu berichten, namentlich über die Lage der Gesellschaft und ihrer Beteiligungsgesellschaften.

§ 13 Innere Ordnung des Beirats und allgemeine Bestimmungen für ihn

1. Der Beirat soll mindestens vier Sitzungen im Kalenderjahr abhalten.
2. Der Beirat fasst seine Beschlüsse mit einfacher Mehrheit der Mitglieder, die an der Beschlussfassung teilnehmen. Enthaltungen werden nicht gezählt. Abwesende Mitglieder des Beirats können dadurch an der Beschlussfassung teilnehmen, dass sie andere Beiratsmitglieder schriftlich bevollmächtigen. Bei Stimmengleichheit gibt die Stimme des Vorsitzenden oder seines Stellvertreters den Ausschlag; der stellvertretende Vorsitzende hat die Rechte des Vorsitzenden nur, wenn dieser verhindert ist.
3. Der Beirat gibt sich selbst eine Geschäftsordnung (§ 11 Nr. 2), in der auch der Vorsitz, der stellvertretende Vorsitz, die Form der Beschlussfassung und die Ladungsfristen geregelt werden.
4. Die Sitzungen des Beirats werden durch den Vorsitzenden unter Mitteilung der Gegenstände der Tagesordnung mit einer Frist von zwei Wochen in Textform einberufen. In dringenden Fällen kann der Vorsitzende die Frist abkürzen und mündlich oder fernmündlich einladen.
5. Der Vorsitzende bestimmt die Reihenfolge der Verhandlungsgegenstände und die Art der Abstimmung. Schriftliche, fernschriftliche oder fernmündliche Beschlussfassungen sowie Beschlussfassungen per Telefax oder per Email sind zulässig, wenn kein Mitglied diesem Verfahren innerhalb einer vom Vorsitzenden bestimmten angemessenen Frist widerspricht. Beschlüsse, die nicht in Sitzungen gefasst worden sind, werden vom Vorsitzenden schriftlich festgestellt und allen Mitgliedern zugeleitet.
6. Über die Verhandlungen und Beschlüsse des Beirats ist eine Niederschrift zu fertigen, die vom Vorsitzenden zu unterzeichnen ist. Die Niederschrift ist den Mitgliedern des Beirats sowie – sofern der Beirat nichts Abweichendes beschließt – den Gesellschaftern und den anwesenden Gästen der Beiratssitzung zuzuleiten.
7. Der Beirat ist beschlussfähig, wenn mindestens zwei Mitglieder anwesend sind.
8. Die Mitglieder des Beirats haften nicht für leichte Fahrlässigkeit.

§ 14 Vergütung der Mitglieder des Beirats

1. Die Mitglieder des Beirats haben Anspruch auf eine angemessene Vergütung und Ersatz ihrer notwendigen Auslagen sowie die darauf entfallende Mehrwertsteuer in der jeweiligen gesetzlichen Höhe durch die Gesellschaft. Zu den notwendigen Auslagen gehören auch Kosten für den Abschluss von Beratungsverträgen mit Dritten, die der Beirat im Zusammenhang mit der ordnungsgemäßen Ausübung seiner Beiratstätigkeit abschließt.
2. Der Beirat beschließt über die Höhe der Vergütung seiner Mitglieder. Die jährliche Vergütung soll sich an der üblichen und angemessenen Vergütung für Mitglieder von Beratungs- und Aufsichtsgremien vergleichbarer Unternehmen orientieren und darf für alle Beiratsmitglieder zusammen nicht mehr als 25 % der jährlichen Vergütung (einschließlich der variablen Vergütung) eines Geschäftsführers der Gesellschaft be-

tragen. Der Vorsitzende soll die 2- bis 3-fache Vergütung eines einfachen Beiratsmitglieds erhalten.

§ 15 Gewinnverwendung; Vorzugsgewinn

1. Über die Gewinnverwendung entscheidet die Gesellschafterversammlung.
2. Der Jahresüberschuss zuzüglich eines Gewinnvortrags und abzüglich eines Verlustvortrags ist wie folgt zu verwenden:[7]
   a) Sofern die gemeinnützige . . . . . .-Stiftung mit Sitz in . . . . . . Inhaberin des Geschäftsanteils Nr. 1 ist, erhält sie aus dem Jahresüberschuss zunächst einen Vorzugsgewinnanteil. Dieser entspricht jeweils dem Nennwert des von ihr gehaltenen vorzugsberechtigten Geschäftsanteils. Wurde in vorangegangenen Geschäftsjahren wegen eines zu geringen Jahresergebnisses der Vorzugsgewinnanteil nicht oder nicht in voller Höhe ausgeschüttet, ist dies vor anderen Verwendungen des Jahresüberschusses nachzuholen.
   b) Über den danach verbleibenden Betrag entscheidet die Gesellschafterversammlung unter Beachtung der gesetzlichen Vorschriften; sie kann insbesondere Rücklagen bilden oder Gewinn vortragen. Auf Ausschüttungen an die gemeinnützige . . . . . .-Stiftung nach diesem lit. b) werden die nach lit. a) gezahlten Vorzugsgewinnanteile angerechnet.
3. Die Gesellschafterversammlung soll bei ihren Entscheidungen dafür Sorge tragen, dass die für eine gesunde Entwicklung des Unternehmens erforderliche angemessene Thesaurierung von Gewinnen erfolgt. Im Interesse am langfristigen Fortbestand der Gesellschaft und damit auch im Interesse am langfristigen Fortbestand ihrer Beteiligungsstiftungen sollen nur diejenigen Gewinnanteile entnommen werden, welche die nachhaltige wirtschaftliche Entwicklung des Unternehmens der Gesellschaft und ihrer Beteiligungsgesellschaften nicht beeinträchtigen.
4. Die Geschäftsführer können unter Beachtung der gesetzlichen Vorschriften einen Dividendenvorschuss zahlen.

§ 16 Verfügung über Geschäftsanteile

Die Gesellschafter sollen über ihre Geschäftsanteile nicht verfügen. Sollte entgegen diesem ausdrücklichen Wunsch der Gründungsgesellschafter über Geschäftsanteile oder Teile von Geschäftsanteilen (insbesondere Abtretung, Nießbrauchsbestellung, Verpfändung) verfügt werden, bedarf jede Verfügung zu ihrer Wirksamkeit der Zustimmung aller übrigen Gesellschafter. Der betroffene Gesellschafter ist hierbei nicht stimmberechtigt. Ein Anspruch auf Erteilung der Zustimmung zu Verfügungen besteht nicht.

§ 17 Einziehung von Geschäftsanteilen, Abfindung

1. Die Einziehung von Geschäftsanteilen ist mit Zustimmung des betroffenen Gesellschafters jederzeit zulässig. Einer Zustimmung des betroffenen Gesellschafters bedarf es nicht, wenn in der Person des Gesellschafters ein wichtiger, seinen Ausschluss rechtfertigender Grund vorliegt.
2. Ein Gesellschafter soll aus der Gesellschaft nicht ausscheiden. Scheidet er dennoch gleich aus welchen Gründen aus, erhält er eine Abfindung, die 60 % des Verkehrswerts seiner Beteiligung beträgt, wobei für die Ermittlung des Verkehrswerts die unterschiedlichen Stimm- und Gewinnrechte zu berücksichtigen sind.[8] Die Abfindung ist in fünf gleichen Jahresraten zur Zahlung fällig. Die erste Rate ist sechs Monate nach dem Ausscheiden fällig und wird vom Zeitpunkt des Ausscheidens an mit 2 Prozentpunkten über dem jeweiligen Basiszinssatz gemäß § 247 BGB verzinst. Die

Abfindung darf auch vor Fälligkeit geleistet werden. Ein Anspruch auf Stellung von Sicherheiten steht dem Ausscheidenden nicht zu.

§ 18 Wettbewerbsverbot, Verschwiegenheit

1. Soweit nicht zwingende gesetzliche Vorschriften entgegenstehen, ist es den Gesellschaftern untersagt, ohne vorherige schriftliche Zustimmung durch die Geschäftsführung aufgrund eines Beschlusses der Gesellschafter im In- oder Ausland direkt oder indirekt ein Unternehmen zu errichten oder zu erwerben, sich an einem solchen irgendwie zu beteiligen oder es durch Rat oder Tat zu unterstützen, das mit der Gesellschaft oder mit einer ihrer unmittelbaren oder mittelbaren Beteiligungsgesellschaften, im Wettbewerb steht. Als Beteiligung gilt nicht der Erwerb von Wertpapieren, die im amtlichen Verkehr oder im Freiverkehr der Börsen gehandelt werden, soweit er nicht unmittelbar oder mittelbar zu einem maßgeblichen Einfluss auf ein Wettbewerbsunternehmen führt.
2. Die Gesellschafter sind verpflichtet, über alle betrieblichen und geschäftlichen Angelegenheiten der Gesellschaft oder deren Beteiligungsgesellschaften gegenüber unbefugten Dritten striktes Stillschweigen zu wahren.

§ 19 Auflösung

Der Beschluss über die Auflösung der Gesellschaft bedarf der Zustimmung aller Gesellschafter.[9]

§ 20 Satzungsänderungen[10]

1. Änderungen der Satzung bedürfen der Zustimmung sämtlicher Gesellschafter, sofern sie folgende Gegenstände betreffen:
   - Organe der Gesellschaft (§ 5),
   - Stimmberechtigung der Geschäftsanteile (§ 8 Abs. 7),
   - Gewinnverwendung (§ 15),
   - Verfügung über Geschäftsanteile (§ 16),
   - Abfindung (§ 17 Abs. 2) und
   - Auflösung der Gesellschaft (§ 19).
2. Sonstige Satzungsänderungen bedürfen einer Mehrheit von 75 % der abgegebenen Stimmen.

§ 21 Salvatorische Klausel

Sollten Bestimmungen dieses Vertrages oder künftig in ihn aufgenommene Bestimmungen ganz oder teilweise rechtsunwirksam sein oder ihre Rechtswirksamkeit oder Durchführbarkeit später verlieren, soll hierdurch die Gültigkeit der übrigen Bestimmungen des Vertrages nicht berührt werden. Das Gleiche gilt, soweit sich herausstellen sollte, dass der Vertrag eine Regelungslücke enthält. An Stelle der unwirksamen oder undurchführbaren Bestimmungen oder zur Ausfüllung der Lücke soll eine angemessene Regelung gelten, die, soweit rechtlich möglich, dem am nächsten kommt, was die Vertragsparteien gewollt haben würden, soweit sie bei Abschluss dieses Vertrages oder bei der späteren Aufnahme einer Bestimmung den Punkt bedacht hätten. Dies gilt auch, wenn die Unwirksamkeit einer Bestimmung etwa auf einem in dem Vertrag vorgeschriebenen Maß der Leistung oder Zeit (Frist oder Termin) beruht; es soll dann ein dem Gewollten möglichst nahe kommendes, rechtlich zulässiges Maß der Leistung oder Zeit (Frist oder Termin) als vereinbart gelten.

. . . . .

Anmerkungen

1. Doppelstiftung. Die Kombination einer unternehmenstragenden Holding GmbH mit einer gemeinnützigen und einer nicht gemeinnützigen Stiftung – regelmäßig einer Familienstiftung – bezeichnet man als Doppelstiftung (Feick Stiftung/*Godron* § 30 Rn. 1). Solche Gestaltungen dienen der langfristigen Versorgung eines bestimmten Personenkreises mit fortlaufenden Einkünften. Sie können darüber hinaus steuerlich motiviert sein, denn sie dienen insbesondere auch der Verringerung einer Erbschaftsteuerbelastung, da die Familienstiftung nur mit einem geringen Anteil am Kapital der Holding GmbH beteiligt ist. Hinzukommt, dass die gemeinnützige Stiftung nach § 13 Abs. 1 Nr. 16 lit. b) ErbStG von der Erbschaftsteuer, nach § 5 Abs. 1 Nr. 9 KStG von der Körperschaftsteuer und nach § 3 Nr. 6 GewStG von der Gewerbesteuer befreit ist.

Bei dem begünstigten Personenkreis der Familienstiftung handelt es sich regelmäßig um Verwandte des Stifters, in den meisten Fällen um dessen Abkömmlinge. Während die gemeinnützige Stiftung, will sie ihre Gemeinnützigkeit nicht verlieren, maximal ein Drittel ihrer Erträge zur Unterhaltung des Stifters bzw. seiner nächsten Angehörigen zukommen lassen darf (siehe zur Ausgestaltung als Kombinationsstiftung iSd § 58 Nr. 6 AO Feick/*Godron* Stiftung § 30 Rn. 8 ff.), ist die Familienstiftung bei der Verwendung ihrer Erträge nur an ihre satzungsmäßigen Zwecke, respektive den Willen des Stifters gebunden.

Die praktische Umsetzung beginnt meist schon zu Lebzeiten des Stifters: Bereits zu Lebzeiten des Stifters werden diejenigen Gesellschaftsanteile an der Holding GmbH auf die Familienstiftung übertragen, die zur späteren Versorgung der Familie erforderlich sind. Die verbleibenden Anteile können entweder auch zu Lebzeiten oder erst von Todes wegen der gemeinnützigen Stiftung zugewandt werden (Feick/*Godron* Stiftung § 30 Rn. 3).

Zur Sicherung des Einflusses der Familienstiftung – damit auch des Stifterwillens – auf die Holding GmbH sind die Stimmrechte umgekehrt zur Beteiligung am Stammkapital ausgestaltet. Der Familienstiftung wird somit, trotz der geringen Beteiligung am Kapital der GmbH, der beherrschende Einfluss auf diese gewährt.

Um die gemeinnützige Stiftung nicht vollends auf eine Kapitalbeteiligung zu verweisen, enthält das Muster für bestimmte Vorgänge ein Einstimmigkeitserfordernis. Im Übrigen sind sowohl die Organe der gemeinnützigen Stiftung als auch die Organe der Familienstiftung bei ihrer Willensbildung dauerhaft an ihre satzungsmäßigen Zwecke gebunden und tragen diese damit in die Holding GmbH. Der Stifter kann damit weit über den Zeitpunkt seines Todes hinaus die Entscheidungsfindung in beiden Stiftungen und mittelbar auch in der Holding GmbH bestimmen. Dies hat aber auch zur Folge, dass bei der Errichtung einer Doppelstiftung die einzelnen Satzungen genau abzustimmen sind und genau zu prüfen ist, ob diese Konstruktion den individuellen Zielen des Stifters und des (Familien-) Unternehmens entsprechen. Nach der Errichtung ist die Konstruktion aufgrund der Einbindung von zwei Stiftungen nicht mehr sehr flexibel.

In der Literatur werden darüber hinaus vereinzelt Bedenken gegen die Gestaltung von Doppelstiftungen dem Grunde nach erhoben (vgl. *Rawert* ZEV 1999, 294 ff.; *K. Schmidt,* Stiftungswesen – Stiftungsrecht – Stiftungspolitik, 27 [30], die in solchen Gestaltungen eine „Perversion des Stiftungsgedankens" erblicken wollen; vgl. auch *K. Schmidt* Gesellschaftsrecht § 56 VII, 3; *ders.* ZHR 2002, 145). Sie lehnen Gestaltungen, bei denen Stiftungen Unternehmen tragen, die mit ihrem Stiftungszweck in keinerlei Verbindung stehen, ab. Die Kombination von stiftungseigenen und stiftungsfremden Interessen gefährde den „guten Leumund" der Stiftung. Ist aber die reziproke Ausgestaltung der Beteiligung durch die Übernahme bestimmter Tätigkeiten gerechtfertigt, so bietet die Gestaltung einer Doppelstiftung trotz der in der Literatur erhobenen Bedenken gerade für durch erbschaftsteuerliche Erosion gefährdete große Vermögen eine erwägenswerte Alternative.

2. Gesellschaftsvertrag der GmbH. Der Gesellschaftsvertrag der GmbH weist, abgesehen von der unterschiedlichen Beteiligung an Kapital und Gewinn einerseits und Stimmrechten andererseits, grundsätzlich keine Besonderheiten auf. Daher wird auf eine Kommentierung aller gesellschaftsvertraglichen Regelungen des Musters des Gesellschaftsvertrags verzichtet. Insoweit wird verwiesen auf die Muster und Kommentierungen in den Formularbüchern zum Gesellschaftsrecht (vgl. BeckFormB BHW und MVHdB I GesR). Nachfolgend werden ausschließlich Besonderheiten, die von üblichen Gesellschaftsverträgen der GmbH abweichen, kommentiert.

3. Gemeinnützige Stiftung. Mehrheitsgesellschafterin mit einer Beteiligung von 90 % am Stammkapital der Gesellschaft ist eine gemeinnützige Stiftung des bürgerlichen Rechts. Ihr stehen nur 10 % der Stimmen in der Gesellschafterversammlung zu. Siehe zur Ausgestaltung der Satzung einer gemeinnützigen Stiftung bürgerlichen Rechts im Übrigen → Form H.III.1.

4. Familienstiftung. Minderheitsgesellschafterin der Holding GmbH ist eine Familienstiftung. Sie ist nur mit 10 % am Stammkapital beteiligt, hat aber 90 % der Stimmen in der Gesellschafterversammlung. Siehe zur Ausgestaltung der Satzung einer Familienstiftung im Übrigen → Form H.III.2.

An die Stelle der Familienstiftung kann als Minderheitsgesellschafterin auch eine Kapitalgesellschaft treten. Hierbei gilt es aber zu bedenken, dass deren Satzung jederzeit geändert werden könnte. Diese Möglichkeit besteht bei einer Familienstiftung nicht, da eine Änderung der Stiftungssatzung der Zustimmung der Stiftungsaufsicht bedürfte und mithin der Willkür der Erben entzogen ist.

5. Beirat. Die Satzung sieht einen starken Beirat vor, der insbesondere die unternehmerischen Entscheidungen bezüglich der Holding GmbH zu treffen hat (vgl. insoweit auch § 10 des Formulars).

6. Stimmrechte. Nach § 47 Abs. 2 GmbHG gewährt grundsätzlich jeder EUR eines Geschäftsanteils eine Stimme. Diese Vorschrift ist jedoch abdingbar (vgl. Baumbach/Hueck/*Zöllner*/*Noack* GmbHG § 47 Rn. 67). Hier ist durch Zuweisung von 90 % der Stimmen an die Familienstiftung auch die satzungsändernde Mehrheit der Familienstiftung zugewiesen. Dies kann freilich auch anders ausgestaltet werden, indem zB die Familienstiftung nur eine einfache Stimmrechtsmehrheit erhält.

7. Gewinnverwendung. Da in dem vorliegenden Formular die gemeinnützige Stiftung mangels entsprechender Stimmrechte keinen Einfluss auf die Ausschüttungspolitik hat, sieht das Formular eine Mindestausschüttung zugunsten der gemeinnützigen Stiftung vor. Insbesondere wenn die Beteiligung an der Holding GmbH die einzige Dotationsquelle für Einkünfte der gemeinnützigen Stiftung ist, kann es durchaus sein, dass das Finanzamt zum Nachweis dafür, dass die gemeinnützige Stiftung in der Lage ist, ihre gemeinnützigen Zwecke nachhaltig zu erfüllen, eine Mindestausschüttung verlangt.

8. Abfindung. Im Formular ist die Abfindung recht stark beschränkt. Hierdurch soll der Anreiz für beide Stiftungen als Gesellschafter gesetzt werden, die Beteiligung fortzuführen und nicht zu kündigen. Es ist im jeweiligen Einzelfall zu prüfen, ob die Abfindungsbeschränkung eventuell wegen einer zu großen Abweichung vom tatsächlichen Verkehrswert unwirksam sein könnte.

9. Auflösung. Um zu verhindern, dass die Familienstiftung mit ihrer satzungsändernden Mehrheit die Auflösung alleine beschließen kann, ist die Auflösung der Gesellschaft nur mit Zustimmung aller Gesellschafter vorgesehen.

10. Satzungsänderungen. Grundsätzlich bedürfen Satzungsänderungen einer Mehrheit von 75 % der abgegebenen Stimmen (vgl. § 53 Abs. 2 S. 1 GmbHG). Um bei besonders

bedeutsamen Entscheidungen zu verhindern, dass die Familienstiftung mit ihrer satzungsändernden Mehrheit alleine Satzungsänderungen beschließen kann, bedürfen die im Einzelnen aufgeführten Satzungsänderungen der Einstimmigkeit. Je nachdem, was im Einzelfall für besonders bedeutsam erachtet wird, kann der Katalog entsprechend angepasst werden. Alternativ könnte auch freilich der gemeinnützigen Stiftung ein Stimmrecht von mehr als 25 % aller Stimmen eingeräumt werden, so dass dann alle Satzungsänderungen der Zustimmung der gemeinnützigen Stiftung bedürfen.

7. Satzung einer rechtsfähigen Verbrauchsstiftung

Satzung der . . . . . .-Stiftung mit dem Sitz in . . . . . .[1]

§ 1 Name, Rechtsform, Sitz

1. Die Stiftung führt den Namen „. . . . . .-Stiftung".[2]
2. Sie ist eine rechtsfähige Stiftung bürgerlichen Rechts[3] mit Sitz in . . . . . .[4]

§ 2 Zweck und Gegenstand der Stiftung[5]

1. Zweck der Stiftung ist die Förderung
   a) von Wissenschaft und Forschung,
   b) des Denkmalschutzes sowie
   c) von Kunst und Kultur.
2. Die Verwirklichung der einzelnen Stiftungszwecke gemäß Abs. 1 wird insbesondere durch folgende Maßnahmen bzw. Projekte erfolgen:
   a) Abs. 1 lit. a):
   Durchführung wissenschaftlicher Veranstaltungen und Forschungsvorhaben, die Vergabe von Forschungsaufträgen und die Vergabe von Preisen;
   b) Abs. 1 lit. b):
   Förderung und Durchführung von Maßnahmen zur Pflege, Wiederherstellung, Instandsetzung und Erhalt der Modernisierung von Kulturdenkmalen sowie deren denkmalgerechter Unterhaltung und Nutzung, die Förderung der Öffentlichkeitsarbeit im Bereich Denkmalschutz;
   c) Abs. 1 lit. c):
   Förderung von Museen, von Künstlern sowie von kunstnahen Institutionen einschließlich der Öffentlichkeitsarbeit.
3. Die Erfüllung der Stiftungszwecke ist nicht auf das Gebiet der Bundesrepublik Deutschland beschränkt, sondern kann auch durch entsprechende Maßnahmen oder die Förderung entsprechender Projekte im Ausland verfolgt werden, sofern dadurch die Stiftung nicht ihren Status als steuerbegünstigte (gemeinnützige) Stiftung verliert.
4. Die Stiftung ist nicht verpflichtet, in jedem Geschäftsjahr sämtliche ihrer Stiftungszwecke zu fördern. Die Stiftung kann nach freiem Ermessen entscheiden, welche der genannten Zwecke wie und in welchem Umfang gefördert werden.

§ 3 Gemeinnützigkeit[6]

1. Die Stiftung verfolgt ausschließlich und unmittelbar gemeinnützige Zwecke im Sinne des Abschnitts „Steuerbegünstigte Zwecke" der Abgabenordnung (§§ 51 bis 68 AO).
2. Die Stiftung ist selbstlos tätig; sie verfolgt nicht in erster Linie eigenwirtschaftliche Zwecke. Die Mittel der Stiftung dürfen nur für die satzungsmäßigen Zwecke verwendet werden. Es darf keine Person durch Ausgaben, die dem Zweck der Stiftung fremd sind oder durch unverhältnismäßig hohe Vergütungen begünstigt werden.

3. Die Stiftung darf, soweit dies im Rahmen der rechtlichen, insbesondere gemeinnützigkeitsrechtlichen Vorschriften zulässig ist, Rücklagen bilden und freie Rücklagen dem Stiftungsvermögen zuführen.
4. Die Stiftung darf Mittel für die Verwirklichung der steuerbegünstigten Zwecke einer anderen Körperschaft oder für die Verwirklichung steuerbegünstigter Zwecke durch eine juristische Person des öffentlichen Rechts beschaffen; die Beschaffung von Mitteln für eine Körperschaft des privaten Rechts setzt voraus, dass diese selbst steuerbegünstigt ist.
5. Die Stiftung darf ihre Mittel teilweise einer anderen, ebenfalls steuerbegünstigten Körperschaft oder einer juristischen Person des öffentlichen Rechts zur Verwendung zu steuerbegünstigten Zwecken zuwenden.
6. Den durch die Stiftung Begünstigten steht aufgrund dieser Satzung kein Rechtsanspruch auf Leistungen zu.

§ 4 Stiftungsvermögen; Verbrauchsstiftung; Verwendung der Vermögenserträge und Zuwendungen[7, 8]

1. Das Vermögen der Stiftung besteht zum Zeitpunkt ihrer Errichtung aus Wertpapieren im Wert von 1.000.000,00 EUR.
2. Die Stiftung hat nach dem Tod des Stifters neben ihren Erträgen das Stiftungsvermögen in einer Weise zu verwenden, dass bei ungefähr gleich hohen Mittelverwendungen pro Geschäftsjahr nach dem Ableben des Stifters das Stiftungsvermögen nach 20 vollen Geschäftsjahren nach dem Tod des Stifters aufgebraucht ist (Verbrauchsstiftung). Ist das Stiftungsvermögen auf einen Betrag in Höhe von 50.000,00 EUR reduziert, ist die Stiftung zu liquidieren. Das nach Abzug aller Kosten verbleibende Vermögen ist gemäß § 16 der Satzung zu verwenden. Sofern aus Sicht des Stiftungsvorstands die Auflösung und Abwicklung der Stiftung Kosten von mehr als 50.000,00 EUR voraussichtlich verursacht, ist der Vorstand berechtigt, die Auflösung und Liquidation bereits bei entsprechend höherem verbleibenden Stiftungsvermögen durchzuführen.
3. Umschichtungen des Stiftungsvermögens sind jederzeit zulässig. Der Vermögensteil der Stiftung, der aus bei Gründung gestifteten oder aus später zugestifteten Aktien besteht, kann auch langfristig ausschließlich und schwerpunktmäßig nur in Aktien angelegt werden.

§ 5 Stiftungsorgane; Haftpflichtversicherungen

1. Organe der Stiftung sind der Vorstand (§ 6 und § 7) und der Stiftungsbeirat (§§ 9 ff.).
2. Eine Person darf nicht zugleich Mitglied in mehr als einem Organ der Stiftung sein.
3. Die Stiftung ist berechtigt, auf eigene Kosten Haftpflichtversicherungen für Vermögensschäden (D&O-Versicherung) abzuschließen, um die Haftungsrisiken für Vorstands- und Stiftungsbeiratsmitglieder möglichst weitgehend zu reduzieren.

§ 6 Vorstand[9]

1. Der Vorstand besteht aus bis zu drei natürlichen Personen. Der Vorstand hat – soweit der Vorstand aus drei Personen besteht – einen Vorsitzenden und einen stellvertretenden Vorsitzenden.
2. Der erste Vorstand wird zum Gründungszeitpunkt durch den Stifter bestellt. Der Stifter bestimmt auch den Vorsitzenden und dessen Stellvertreter, sofern der erste Vorstand aus drei Personen besteht.
3. Nach Ablauf der ersten Amtszeit werden die Mitglieder des Vorstands vom Stiftungsbeirat mit einfacher Mehrheit gewählt. Die Personen, die vom Stiftungsbeirat zu

Mitgliedern des Stiftungsvorstands gewährt werden, sollen zum Zeitpunkt der Wahl oder Bestellung das 75. Lebensjahr noch nicht vollendet haben.

4. Ein Mitglied des Vorstands, das durch den Stiftungsbeirat gewählt wird, soll eine in der Verwaltung größerer Vermögen besonders erfahrene Person sein.
5. Nach Ablauf der ersten Amtszeit werden die Person des Vorsitzenden sowie dessen Stellvertreter auf Vorschlag von Mitgliedern des Vorstands durch den Vorstand mit einer Mehrheit von $^2/_3$ der abgegebenen Stimmen (durch Kooptation seitens des Vorstandes) bestellt. Ein ausscheidendes Mitglied ist bei der Abstimmung über die eigene Wiederwahl und die Wahl eines Nachfolgers stimmberechtigt.
6. Die Amtszeit der Vorstandsmitglieder endet jeweils mit Ablauf des fünften vollständigen Geschäftsjahres ab dem Beginn der Amtszeit.
7. Die Wahl zum Vorsitzenden und stellvertretenden Vorsitzenden erfolgt jeweils für die Dauer der jeweiligen Amtszeit des gewählten Vorstandsmitglieds.
8. Wiederbestellung der Vorstandsmitglieder und Wiederwahl des Vorsitzenden und seines Stellvertreters sind zulässig, sie kann jedoch frühestens 12 Monate vor Ablauf der Amtszeit erfolgen.
9. Unbeschadet des Abs. 6 endet das Amt
   a) mit Ablauf des Geschäftsjahres, in dem das Mitglied sein 80. Lebensjahr vollendet,
   b) durch Niederlegung oder
   c) wenn der Stiftungsbeirat die Abberufung beschließt. Sie ist nur aus wichtigem Grund zulässig. Der Beschluss bedarf der Einstimmigkeit.
10. Scheidet ein Mitglied vor Beendigung seiner Amtszeit aus, beginnt für den Nachfolger die Amtszeit von neuem zu laufen. Die Dauer der neuen Amtszeit bemisst sich nach Abs. 6.
11. Außer in den Fällen der Abberufung aus wichtigem Grund bleibt ein ausscheidendes Mitglied bis zur Wahl seines Nachfolgers im Amt.
12. Soweit in zwingenden gesetzlichen Vorschriften und in dieser Satzung nichts Abweichendes geregelt ist, fasst der Vorstand seine Beschlüsse mit der einfachen Mehrheit der abgegebenen Stimmen. Im Falle von Stimmengleichheit entscheidet die Stimme des Vorsitzenden, im Falle dessen Verhinderung die Stimme seines Stellvertreters. Besteht der Vorstand aus mehr als einer Person, ist er beschlussfähig, wenn mindestens zwei Mitglieder anwesend sind. Beschlüsse können im Einverständnis aller Vorstandsmitglieder auch im schriftlichen Verfahren, per Telefax oder per E-Mail gefasst werden.
13. Der Vorstand kann sich eine Geschäftsordnung geben, welche insbesondere die Aufgabenzuteilung innerhalb des Vorstands näher regelt. Die Wirksamkeit einer solchen Geschäftsordnung bedarf der Zustimmung des Stiftungsbeirats.

§ 7 Allgemeine Rechte und Pflichten des Vorstandes; Vergütung

1. Dem Vorstand obliegt die Geschäftsführung der Stiftung, insbesondere die ordnungsgemäße Verwaltung des Stiftungsvermögens und die Verwendung der Stiftungsmittel in Übereinstimmung mit dieser Satzung und den Gesetzen.
2. Der Vorstand hat die Rechnungslegung nach den Grundsätzen ordnungsmäßiger Buchführung zu fertigen sowie innerhalb angemessener Fristen einen Jahresabschluss in Anlehnung an handelsrechtliche Rechnungslegungsgrundsätze unter Berücksichtigung der Besonderheiten, die sich durch den gemeinnützigen Charakter der Stiftung ergeben, aufzustellen.
3. Die Vorstandsmitglieder erhalten für ihre Tätigkeit eine angemessene Vergütung. Über die Höhe der Vergütung entscheidet der Stiftungsbeirat in Abstimmung mit der zuständigen Stiftungsaufsichtsbehörde. Jedes Vorstandsmitglied hat ferner Anspruch

auf Ersatz der ihm entstandenen und nachgewiesenen Auslagen und Aufwendungen in angemessener Höhe.

§ 8 Vertretung der Stiftung

Der Vorstand vertritt die Stiftung gerichtlich und außergerichtlich. Besteht der Vorstand aus mehr als einem Mitglied, wird die Stiftung durch zwei Vorstandsmitglieder gemeinschaftlich vertreten; dabei muss es sich bei einem der beiden Vorstandsmitglieder stets um den Vorsitzenden oder dessen Stellvertreter handeln.

§ 9 Stiftungsbeirat[10]

1. Der Beirat der Stiftung besteht aus bis zu drei Mitgliedern. Der Stifter bestimmt den ersten Vorsitzenden und den ersten Stellvertreter. Danach bestimmen die Beiratsmitglieder selbst, wer von ihnen Vorsitzender und wer Stellvertreter des Vorsitzenden ist.
2. Nach Ablauf der ersten Amtszeit (fünf vollständige Geschäftsjahre ab Beginn der Amtszeit) werden die Mitglieder des Beirats und die Person des Vorsitzenden sowie dessen Stellvertreter auf Vorschlag von Mitgliedern des Beirats durch den Beirat mit einer Mehrheit von $^{2}/_{3}$ der abgegebenen Stimmen (Kooptation) bestellt. Sämtliche Beiratsmitglieder sind stimmberechtigt, auch wenn ein Mitglied selbst betroffen ist. Bei der Bestellung soll die betroffene Person das 75. Lebensjahr noch nicht vollendet haben.
3. Die Amtszeit der Beiratsmitglieder endet mit Ablauf des fünften vollständigen Geschäftsjahres ab dem Beginn der Amtszeit. Die Bestellung zum Vorsitzenden und stellvertretenden Vorsitzenden erfolgt jeweils für die Dauer der jeweiligen Amtszeit des gewählten Beiratsmitglieds.
4. Wiederbestellung der Beiratsmitglieder sowie des Vorsitzenden und seines Stellvertreters sind zulässig, sie kann jedoch frühestens 12 Monate vor Ablauf der Amtszeit erfolgen.
5. Unbeschadet des Abs. 3, endet das Amt
   a) mit Ablauf des Geschäftsjahres, in dem das Mitglied sein 80. Lebensjahr vollendet,
   b) durch Niederlegung oder
   c) wenn der Beirat die Abberufung beschließt. Sie ist nur aus wichtigem Grund zulässig. Der Beschluss bedarf der Einstimmigkeit. Das betreffende Beiratsmitglied ist hierbei nicht stimmberechtigt.
6. Scheidet ein Mitglied vor Beendigung seiner Amtszeit aus, beginnt für den Nachfolger die Amtszeit von neuem zu laufen. Die Dauer der neuen Amtszeit bemisst sich nach Abs. 3 Satz 1.
7. Die Beiratsmitglieder erhalten eine Vergütung, für deren Höhe § 7 Abs. 3 mit der Maßgabe gilt, dass nicht der Beirat, sondern der Vorstand nach Rücksprache mit der zuständigen Stiftungsaufsichtsbehörde die Höhe festlegt.

§ 10 Beschlussfassung durch den Stiftungsbeirat

1. Die Beschlüsse des Beirats werden mit einfacher Mehrheit der Stimmen gefasst, soweit in dieser Satzung nichts Abweichendes geregelt ist. Bei Stimmengleichheit gibt die Stimme des Vorsitzenden den Ausschlag, im Falle seiner Verhinderung die seines Stellvertreters.
2. Der Beirat ist beschlussfähig, wenn mindestens zwei seiner Mitglieder anwesend sind. Beschlüsse können im Einverständnis aller Beiratsmitglieder auch im schriftlichen Verfahren, per Telefax oder per E-Mail gefasst werden.

3. Die Beschlüsse des Beirats sind in einem Protokoll niederzulegen, das vom Vorsitzenden, im Falle von dessen Verhinderung von dessen Stellvertreter zu unterzeichnen und allen Beiratsmitgliedern unverzüglich zu übermitteln ist.

§ 11 Aufgaben und Befugnisse des Stiftungsbeirats

1. Der Beirat berät den Stiftungsvorstand in allen Angelegenheiten der Stiftung. Ihm obliegen darüber hinaus folgende Aufgaben:
   a) die laufende Überwachung der Verwaltung der Stiftung,
   b) die Überwachung der Einhaltung der gemeinnützigkeitsrechtlichen Bestimmungen durch die Stiftung,
   c) die Feststellung der vom Vorstand vorgelegten Jahresabrechnung, Vermögensübersicht und des Berichts über die Erfüllung des Stiftungszwecks.
2. Der Beirat kann jederzeit vom Stiftungsvorstand Auskunft über alle das Stiftungsvermögen betreffenden Vorgänge und Einsicht in alle Unterlagen der Stiftungsverwaltung verlangen.
3. Weitere, in dieser Satzung vorgesehene Aufgaben und Befugnisse des Beirats bleiben von dieser Regelung des § 11 unberührt, zB die Wahl des Vorstands gemäß § 6 Abs. 3 dieser Satzung.
4. Dem Vorsitzenden des Beirats und im Falle seiner Verhinderung seinem Stellvertreter steht das Recht zu, an Sitzungen des Stiftungsvorstands persönlich und ohne Stimmrecht teilzunehmen.

§ 12 Geschäftsjahr, Dauer

1. Geschäftsjahr ist das Kalenderjahr. Das erste Geschäftsjahr ist ein Rumpfgeschäftsjahr.[11]
2. Die Dauer der Stiftung ist zeitlich begrenzt auf 20 volle Geschäftsjahre nach dem Tod des Stifters (Verbrauchsstiftung).

§ 13 Stiftungsaufsicht

Die Stiftung unterliegt der staatlichen Aufsicht nach Maßgabe des jeweils geltenden Stiftungsrechts.

§ 14 Zweckänderungen[12], Zusammenlegung der Stiftung, sonstige Satzungsänderungen[13]

1. Satzungsänderungen bedürfen eines einstimmigen Beschlusses des Stiftungsvorstands mit den Stimmen aller seiner Mitglieder. Sofern ein satzungsändernder Beschluss nicht der Zustimmung des Stifters oder seiner Ehefrau bedarf, weil diese nicht mehr im Vorstand tätig sind, erfordert die Satzungsänderung zudem der Zustimmung des Stiftungsbeirats.
2. Satzungsänderungen, die den Stiftungszweck (§ 2) betreffen, sind nur zulässig, wenn
   a) die Erfüllung des Stiftungszwecks (§ 2) unmöglich wird,
   b) angesichts wesentlicher Veränderungen der Verhältnisse nicht mehr sinnvoll erscheint oder
   c) durch die Änderung gerade die Verwirklichung des Stiftungszwecks ermöglicht wird.
3. Der Vorstand kann ferner einstimmig mit den Stimmen aller seiner Mitglieder die Zusammenlegung der Stiftung mit einer anderen Stiftung, deren Zwecke denen der Stiftung entsprechen oder nahestehen, beschließen, indes nur unter der Voraussetzung des Abs. 2.
4. Beschlüsse gemäß Abs. 1 bis 3 bedürfen – sofern gesetzlich vorgesehen – zu ihrer Wirksamkeit der Genehmigung der Stiftungsaufsichtsbehörde. Sie dürfen erst nach Genehmigung ausgeführt werden.

§ 15 Auflösung der Stiftung

1. Die Auflösung der Stiftung bedarf eines einstimmigen Beschlusses des Stiftungsvorstands mit den Stimmen aller seiner Mitglieder sowie der Zustimmung des Stiftungsbeirats.
2. Nach Ablauf der in § 12 Abs. 2 vorgesehenen Dauer ist der Vorstand verpflichtet, die Auflösung der Stiftung zu beschließen. Der Stiftungsbeirat ist in diesem Fall zur Zustimmung verpflichtet.
3. Im Falle der Auflösung und Liquidation ist der Vorstand für die Abwicklung zuständig.

§ 16 Vermögensbindung

Bei Auflösung oder Aufhebung der Stiftung oder bei Wegfall der steuerbegünstigten Zwecke fällt das Vermögen der Stiftung an ......, die es unmittelbar und ausschließlich für gemeinnützige Zwecke im Sinne des § 2 Abs. 1 zu verwenden hat.

§ 17 Salvatorische Klausel[14]

Sollten Bestimmungen dieser Satzung oder künftig in sie aufgenommene Bestimmungen ganz oder teilweise rechtsunwirksam sein oder ihre Rechtswirksamkeit oder Durchführbarkeit später verlieren, soll hierdurch die Gültigkeit der übrigen Bestimmungen der Satzung nicht berührt werden. Das Gleiche gilt, soweit sich herausstellen sollte, dass die Satzung eine Regelungslücke enthält. An Stelle der unwirksamen oder undurchführbaren Bestimmungen oder zur Ausfüllung der Lücke soll eine angemessene Regelung gelten, die, soweit rechtlich möglich, dem am nächsten kommt, was der Stifter gewollt haben würde, soweit er bei Abfassung dieser Satzung oder bei der späteren Aufnahme einer Bestimmung den Punkt bedacht hätte. Dies gilt auch, wenn die Unwirksamkeit einer Bestimmung etwa auf einem in der Satzung vorgeschriebenen Maß der Leistung oder Zeit (Frist oder Termin) beruht; es soll dann ein dem Gewollten möglichst nahekommendes, rechtlich zulässiges Maß der Leistung oder Zeit (Frist oder Termin) als vereinbart gelten.

Anmerkungen

1. Stiftungssatzung. Mit dem Gesetz zur Stärkung des Ehrenamtes vom 21.3.2013 (BGBl. 2013 I 556 ff.) hat der Gesetzgeber der Diskussion um die Zulässigkeit und Anerkennungsfähigkeit der Verbrauchsstiftung ein Ende gesetzt und die Verbrauchsstiftung als Variante der rechtsfähigen Stiftung ins BGB aufgenommen (Feick/*Fischer* Stiftung § 6 Rn. 16 ff.). § 80 Abs. 2 S. 2 BGB definiert die Verbrauchsstiftung als eine *„Stiftung, die für eine bestimmte Zeit errichtet und deren Vermögen für die Zweckverfolgung verbraucht werden soll"*. Die Verbrauchsstiftung ist somit, im Gegensatz zur gewöhnlichen rechtfähigen Stiftung, nicht auf einen ewigen Bestand, sondern auf eine „Selbstzerfleischung" angelegt (Feick/*Fischer* Stiftung § 6 Rn. 17). Da nach § 80 Abs. 2 S. 2 BGB und somit auch für die Anerkennung durch die zuständige Stiftungsaufsicht eine Sicherung der Erfüllung des Stiftungszweckes für einen Zeitraum von mindestens zehn Jahren gewährleistet sein muss, ist auf eine ausreichende Vermögensausstattung zu achten (→ Anm. 7).

Nicht im vorliegenden Muster vorgesehen, aber durchaus möglich, ist auch die Entstehung einer Verbrauchsstiftung durch Umwandlung einer normalen Stiftung, sofern die Erträge aus dem Stiftungsvermögen nicht mehr zur dauerhaften und nachhaltigen Erfüllung des Stiftungszwecks ausreichen. Denkbar ist auch der umgekehrte Weg, die Umwandlung einer Verbrauchsstiftung in eine normale Stiftung (vgl. hierzu MüKoBGB/*Weitemeyer* § 80 Rn. 93 ff.).

2. Name. → Form. H.III.1 Anm. 2.

3. Rechtsform. → Form. H.III.1 Anm. 3.

4. Sitz. → Form. H.III.1 Anm. 4.

5. Stiftungszweck. Eine Verbrauchsstiftung wird im Regelfall als gemeinnützige Stiftung vorkommen, da es an dem für Familienstiftungen typischen ewigen Bestand der Stiftung fehlt. Nichts desto trotz kann sich auch in vereinzelten Konstellationen eine Gestaltung als Familienverbrauchsstiftung anbieten, da hierdurch bei ausreichender Vermögensausstattung eine deutlich längere Bindung als durch eine Dauertestamentsvollstreckung ermöglicht werden kann (vgl. hierzu Feick/*Lehmann*/*Hahn* Stiftung § 14 Rn. 14 f.; *Tielmann* NJW 2013, 2934 ff.).

6. Gemeinnützigkeitsrecht. Die vorliegende Mustersatzung sieht eine Verbrauchsstiftung in Form einer rechtsfähigen gemeinnützigen Stiftung vor, sodass insoweit auf die dortigen Anmerkungen verwiesen werden kann. → Form. H.III.1 Anm. 8.

7. Stiftungsvermögen. Die Verbrauchsstiftung ist auf den vollständigen Verbrauch des Stiftungsvermögens ausgerichtet. Gleichzeitig muss durch eine entsprechende Regelung im Stiftungsgeschäft oder in der Stiftungssatzung gewährleistet werden, dass die Förderung des Stiftungszweckes für mindestens zehn Jahre gesichert ist. Hierfür bietet es sich an, den Vorstand der Stiftung zu ermächtigen, jedes Jahr 5 % des anfänglichen Grundstockvermögens (lineare Verbrauchsklausel) oder jedes Jahr 10 % des zum Ende des vorangegangenen Kalenderjahrs noch vorhandenen Grundstockvermögens (degressive Verbrauchsklausel) zu verbrauchen (Feick/*Fischer* Stiftung § 6 Rn. 18).

Obwohl es für Stiftungen kein gesetzlich vorgeschriebenes Mindestgrundstockvermögen gibt, werden Stiftungen mit einem Grundstockvermögen von weniger als 25.000,00 EUR von der zuständigen Aufsichtsbehörde regelmäßig nicht anerkannt (v. Campenhausen/Richter/*Hof* § 9 Rn. 35 f.). Dieser gelebten Untergrenze für das Grundstockvermögen dürfte im Rahmen der Errichtung einer Verbrauchsstiftung noch mehr Bedeutung zukommen, insbesondere da etwaigen Gläubigern der Stiftung nach dem Verbrauch des Vermögens keine Haftungsmasse mehr zur Verfügung steht (Feick/*Fischer* Stiftung § 6 Rn. 21).

8. Spendenempfangsberechtigung. Zuwendungen an eine Verbrauchsstiftung, welche dem verbrauchbaren Vermögen der Stiftung zufließen, kommen nicht in den Genuss des besonderen Spendenabzugs nach § 10b Abs. 1a EStG (Feick Stiftung/*Fischer* § 6 Rn. 27; vgl. auch bereits OFD Frankfurt a. M. DB 2008, 2002 Ziff. 2). Es kommt lediglich ein Spendenabzug nach § 10b Abs. 1 EStG in Betracht.

9. Vorstand. → Form. H.III.1 Anm. 21–23.

10. Stiftungsbeirat. → Form. H.III.1 Anm. 30–32.

11. Geschäftsjahr. → Form. H.III.1 Anm. 18.

12. Zweckänderung. → Form. H.III.1 Anm. 34.

13. Sonstige Satzungsänderungen. → Form. H.III.1 Anm. 35.

14. Salvatorische Klausel. Wie in Gesellschaftsverträgen auch, empfiehlt sich vorsorglich für die Satzung der Stiftung die Aufnahme einer allgemeinen salvatorischen Klausel.

IV. Anschreiben zur Anerkennung einer rechtsfähigen Stiftung

An die . . . . . .

(nach Landesrecht zuständige Anerkennungsbehörde)[1]

Antrag[1] auf Anerkennung der . . . . . .-Stiftung nach §§ 80 Abs. 1, 2, 81 Abs. 1 BGB iVm [§ . . . . . . LStiftG]

Sehr geehrte Damen und Herren,

hiermit beantrage ich die Anerkennung[3, 5] der . . . . . .-Stiftung als rechtsfähige Stiftung nach §§ 80 Abs. 1, 2, 81 Abs. 1 BGB iVm [§ . . . . . . LStiftG].

Zum Nachweis[4] der Erfüllung der Anforderungen des § 81 Abs. 1 BGB übersende ich Ihnen die Urkunde über die Errichtung der Stiftung (Stiftungsgeschäft) in zweifacher Ausführung (Anlage 1) sowie die Stiftungssatzung in zweifacher Ausführung (Anlage 2).

(Weiterhin übersende ich einen Nachweis der . . . . . .-Bank über die Bereitstellung des im Stiftungsgeschäft zugesicherten Vermögens in Höhe von EUR . . . . . . (Anlage 3).)

Ich bitte bereits jetzt, mir unverzüglich nach Bekanntgabe der Stiftungsanerkennung eine Vertretungsbescheinigung[6] zum Nachweis meiner Vertretungsberechtigung als Vorstandsmitglied zu erteilen, um ein Bankkonto, auf welches das zugewandte Vermögen zu übertragen ist, eröffnen zu können.

(Ggf. Angaben zu landesrechtlichen Besonderheiten, zB Antrag auf Verzicht der Angabe des Stifternamens im Stiftungsverzeichnis nach Art. 4 Abs. 2 S. 2 BayStG.)

Mit freundlichen Grüßen

. . . . . .[2, 7, 8]

Anmerkungen

1. Adressat. Der Antrag auf Anerkennung der Stiftung ist bei der nach jeweiligem Landesrecht zuständigen Behörde zu stellen. Die örtliche Zuständigkeit richtet sich nach dem künftigen Sitz der Stiftung, § 80 Abs. 1 BGB. Die jeweilige sachliche Zuständigkeit ergibt sich aus folgenden landesrechtlichen Vorschriften: **Baden-Württemberg:** § 3 StiftG BW; **Bayern:** Art. 3 BayStG, § 1 Abs. 1 S. 1 AVBayStG; **Berlin:** § 2 Abs. 1 StiftG Bln; **Brandenburg:** §§ 4, 5 StiftG Bbg; **Bremen:** §§ 2, 4 BremStiftG; **Hamburg:** § 5 StiftG Hmb und Abschnitt I der Anordnung zur Durchführung des Hamburgischen Stiftungsgesetzes (StiftGDAnO Hmb); **Hessen:** § 3 HessStiftG; **Mecklenburg-Vorpommern:** § 2 StiftG MW; **Niedersachsen:** §§ 3, 4 NdsStiftG; **Nordrhein-Westfalen:** §§ 2, 15 StiftG NRW; **Rheinland-Pfalz:** §§ 4, 6 StiftG RhPf; **Saarland:** §§ 2, 3 SaarlStiftG; **Sachsen:** § 3 SächsStiftG; **Sachsen-Anhalt:** §§ 4, 6 StiftG LSA; **Schleswig-Holstein:** § 2 StiftG SchlH; **Thüringen:** §§ 4, 7 ThürStiftG. S. dazu auch v. Campenhausen/Richter/*Hof* § 6 Rn. 293 ff.

2. Antragsteller. Antragsteller kann der Stifter selbst, sein gesetzlicher Vertreter, sein Erbe oder ein vom Stifter Bevollmächtigter sein. Mehrere Stifter haben den Antrag gemeinsam zu stellen. Ist der Stifter eine juristische Person, hat ihr gesetzlicher Vertreter dem Antrag eine Niederschrift über die Beschlussfassung des zuständigen Gesellschafts-

organs hinsichtlich der Stiftungserrichtung beizufügen. Bei einer Errichtung der Stiftung von Todes wegen hat das Nachlassgericht die Errichtung der zuständigen Behörde zur Anerkennung mitzuteilen, sofern die Anerkennung nicht von dem Erben oder dem Testamentsvollstrecker beantragt wird, § 83 Abs. 1 S. 1 BGB.

3. Anerkennungsverfahren. → Form H.II.1. Anm. 5; → Form. H.II.5. Anm. 6.

4. Inhalt des Antrags. Dem Antrag als solchem sind zwingend diejenigen Dokumente beizufügen, anhand derer die Stiftungsbehörde die Erfüllung der Anerkennungsvoraussetzungen überprüfen kann (v. Campenhausen/Richter/*Hof* § 6 Rn. 290). Dies sind insbesondere die Stiftungssatzung und die Urkunde über die Errichtung der Stiftung (Stiftungsgeschäft). Soll das Stiftungsvermögen nicht (nur) aus Barvermögen bestehen, ist ein entsprechender Nachweis über die Berechtigung des Stifters in Bezug auf das zu übertragende Vermögen (Grundbuch-, Handelsregisterauszug, Gesellschafterliste), die Werthaltigkeit und die Fähigkeit zur Erzielung von Erträgen vorzulegen. Zur Beschleunigung des Anerkennungsverfahrens kann der Stifter, sofern der Stiftungsvorstand nicht nur aus der Person des Stifters bestehen soll, eine schriftliche Einverständniserklärung aller künftigen Organmitglieder beifügen, wonach diese im Falle ihrer Bestellung das Amt des Stiftungsvorstandes annehmen.

5. Anerkennung der steuerlichen Gemeinnützigkeit. Die Abgabenordnung sieht kein spezielles Anerkennungsverfahren hinsichtlich der Frage der Gemeinnützigkeit vor. Ob eine Stiftung gemeinnützig ist, stellt das Finanzamt im Veranlagungsverfahren durch Steuerbescheid (ggf. Freistellungsbescheid) fest (Klein/*Gersch* AO § 59 Rn. 3). Wenn eine Satzung vorliegt, die den Anforderungen an die Gemeinnützigkeit entspricht (→ Form. H.III.1.), kann es jedoch sinnvoll sein, das Vorliegen der satzungsmäßigen Voraussetzungen der §§ 51, 59, 60 und 61 AO bei Neugründung einer Stiftung auf Antrag gem. § 60a AO verbindlich feststellen zu lassen (hierzu Klein/*Gersch* AO § 60a Rn. 5).

6. Vertretungsbescheinigung. Im Rechtsverkehr wird verschiedentlich der Nachweis über die Legitimation von Mitgliedern des Stiftungsvorstandes als Vertreter der Stiftung gefordert. Eine entsprechende Vertretungsbescheinigung wird von der Stiftungsaufsicht erteilt; die Stiftungsaufsicht ist kraft ihrer gesetzlichen Stellung zur Erteilung der Bescheinigung verpflichtet. Ein berechtigtes Interesse Dritter an der Erteilung einer förmlichen Vertretungsbescheinigung wird in der Regel verneint (vgl. v. Campenhausen/Richter/*Hof* § 10 Rn. 321). Alle Stiftungsgesetze sehen ein bei der Aufsichtsbehörde geführtes unterschiedlich ausgestaltetes Stiftungsverzeichnis vor; auskunftsberechtigt ist diesbezüglich jedermann, wobei die Eintragungen im Stiftungsverzeichnis keine Gewähr der Richtigkeit bieten. Die Inhalte der Stiftungsverzeichnisse variieren allerdings von Bundesland zu Bundesland. Überall zwingend ist nur die Angabe des Sitzes, des Namens, des Zwecks und der Anschrift der Stiftung, nicht aber die Angabe der vertretungsberechtigten Organe und der jeweiligen Mitglieder; gleichwohl sind die beiden letzteren Angaben häufig obligatorischer Inhalt des Stiftungsverzeichnisses (MüKoBGB/*Weitemeyer* § 80 Rn. 60).

7. Exkurs Transparenzregister. Mit Wirkung zum 26.6.2017 wurden in den §§ 18 ff. GWG Regelungen zur Einführung eines elektronischen Transparanzregisters getroffen, die den gesetzlichen Vertretern von juristischen Personen des Privatrechts, eingetragenen Personengesellschaften sowie Trustees und Treuhändern bestimmter Rechtsgestaltungen (vgl. §§ 20, 21 GWG) ab dem 1.10.2017 bestimmte Meldepflichten über ihre wirtschaftlich Berechtigten auferlegen. Diese Meldepflichten treffen auch rechtsfähige Stiftungen als juristische Personen des Privatrechts sowie nichtrechtsfähige Stiftungen mit eigennützigem Stiftungszweck als besondere Rechtsgestaltung gem. § 21 Abs. 2 Nr. 1 GWG. Das Transparenzregister ist ein vom Stiftungsverzeichnis unabhängiges Register und soll der Bekämpfung von Geldwäsche, Terrorismus und organisierter Kriminalität

dienen. Das GWG statuiert eine von dem Anerkennungsverfahren losgelöste Pflicht der Stiftungen, die Angaben über ihre wirtschaftlich Berechtigten stets aktuell zu halten (zu den Meldepflichten gemeinnütziger und nicht gemeinnütziger Stiftungen ausführlich *Schiffer/Schürmann* BB 2017, 2626 ff. und *Nadwornik* npoR 2017, 233 ff.).

8. Kosten. Für die Anerkennung einer rechtsfähigen Stiftung werden von der zuständigen Stiftungsbehörde in den meisten Bundesländern Gebühren erhoben; die Anerkennung einer gemeinnützigen Stiftung ist hingegen in einigen Bundesländern von den Gebühren befreit (s. v. Campenhausen/Richter/*Hof* § 6 Rn. 360). Gemeinnützige Stiftungen iSd §§ 51 ff. AO kommen zudem in den Genuss von Ermäßigungen bei Notargebühren (§ 91 Abs. 2 GNotKG).

Auch für die Führung des Transparenzregisters sowie deren Einsichtnahme können ua Gebühren entstehen, § 24 GWG.

I. Rechtsgeschäfte unter Lebenden

I. Eheliches Güterrecht

1. Checkliste: Güterrecht

Die erbrechtlichen[1] Wirkungen von Verträgen[6, 7] mit Bezug zum ehelichen Güterrecht hängen von mehreren Faktoren ab. Für eine Beurkundung/Beratung sind daher va folgende Fragen relevant:
- ☐ In welchem Güterstand sind die Beteiligten derzeit verheiratet?[2]
- ☐ Haben die Beteiligten Kinder? Handelt es sich um gemeinsame oder einseitige (evtl. aus einer früheren Ehe) Kinder? Bestehen Pflichtteilsverzichte bzw. sind die Kinder bereit, an einer einvernehmlichen Regelung mitzuwirken?[3]
- ☐ Leben die Eltern der Beteiligten noch?[4]
- ☐ Bestehen erbrechtliche Bindungen (wechselbezügliche Verfügungen in gemeinschaftlichen Testamenten bzw. bindende Verfügungen in Erbverträgen)? Wenn ja, wem gegenüber?[5]

Anmerkungen

1. Vorbemerkung. Die in diesem Abschnitt geschilderten Rechtsgeschäfte haben naturgemäß nicht nur erbrechtliche Auswirkungen. Wie die Überschrift vermuten lässt, haben sie auch – wenn nicht primär – familienrechtlichen Bezug. Die familienrechtlichen Auswirkungen und Gestaltungsfragen werden im Folgenden unter Verweis auf vertiefende Darstellungen in der entsprechenden familienrechtlichen Literatur in Grundzügen aufgezeigt. Gleiches gilt für mögliche insolvenzrechtliche Konsequenzen. Der Schwerpunkt der Bearbeitung liegt natürlich in den zu beachtenden erbrechtlichen Konsequenzen.

2. Güterstand. Der Güterstand der Beteiligten hat Bedeutung insbesondere für die Erb- und Pflichtteilsquoten (→ Form. I.I.5 Anm. 4, → Form. I.I.7 Anm. 4) und die Rückabwicklung ehebedingter Zuwendungen im Scheidungsfall (→ Form. I.I.2 Anm. 4). Weiter kann der im gesetzlichen Güterstand vorgesehene Zugewinnausgleich in bestimmten Fällen genutzt werden, um eine – uU pflichtteilsfeste – entgeltliche Vermögensverlagerung zwischen den Ehegatten zu ermöglichen (→ Form. I.I.6 Anm. 3) und Ansprüche aus § 2287 BGB zu umgehen (→ Form. I.I.6 Anm. 4).

3. Kinder. Kindern steht ein eigenes Pflichtteilsrecht zu, vgl. § 2303 Abs. 1 S. 1 BGB. Unentgeltliche Zuwendungen können daher Pflichtteilsergänzungsansprüche nach § 2325 BGB auslösen, soweit kein (gegenständlich beschränkter) Pflichtteilsverzicht (→ Form. I.II.6, → Form. I.II.8, → Form. I.II.10) der Kinder zu erreichen ist (zu Vermeidungsmöglichkeiten → Form. I.I.2 Anm. 10, → Form. I.I.6 Anm. 3). Außerdem hängen die Erb- und Pflichtteilsquoten von der Zahl der Kinder ab (→ Form. I.I.5 Anm. 4, → Form. I.I.7 Anm. 4).

4. Eltern. Auch Eltern haben nach § 2303 Abs. 2 S. 1 BGB ein eigenes Pflichtteilsrecht und beeinflussen uU die gesetzlichen Erb- und Pflichtteilsquoten (vgl. dazu die Verweise in → Anm. 3).

5. Erbrechtliche Bindungen. Bestehende erbrechtliche Bindungen können unter den Voraussetzungen des § 2287 BGB (→ Form. I.I.2 Anm. 11, → Form. I.I.3 Anm. 3, → Form. I.I.6 Anm. 4) Kondiktionsansprüche des „Vertragserben" auslösen. Soweit der Erbvertrag

zwischen den jetzigen Beteiligten geschlossen wurde, kann unproblematisch im Zuge der Vertragsgestaltung die Bindung entsprechend eingeschränkt werden. Problematischer ist die Situation, wenn die Bindung von einer Verfügung mit einem anderen Vertragspartner (zB einem vorverstorbenen früheren Ehepartner) herrührt (→ Form. I.I.2 Anm. 12).

6. Steuern. Die Wahl des Güterstandes hat nicht nur erbrechtliche, sondern insbesondere erhebliche erbschaft- und schenkungsteuerliche Auswirkungen. Die Beendigung des gesetzlichen Güterstandes der Zugewinngemeinschaft gem. § 1363 Abs. 1 BGB führt zu einem Zugewinnausgleich nach § 1371 Abs. 1 BGB (Beendigung durch Todesfall ohne realen Ausgleich), nach § 1371 Abs. 2 BGB (Beendigung durch Todesfall mit realem Ausgleich) oder § 1372 BGB (Beendigung in anderen Fällen, wie Scheidung oder vertragliche Vereinbarung eines anderen Güterstandes). Kommt es zu einem Zugewinnausgleich durch Tod eines der Ehepartner, erfolgt der Ausgleich grundsätzlich durch Erhöhung des gesetzlichen Erbteils gem. § 1371 Abs. 1 BGB um ein Viertel der Erbschaft. Der Betrag, welchen der überlebende Ehegatte als Ausgleich gem. § 1371 Abs. 2 BGB geltend machen könnte (fiktive Ausgleichsforderung), bleibt nach § 5 Abs. 1 S. 1 ErbStG steuerfrei. Für die Berechnung dieses fiktiven Ausgleichsbetrages sind die weiteren Besonderheiten des § 5 Abs. 1 S. 2 bis 5 ErbStG zu beachten. Kommt es zu einem realen Ausgleich nach § 1371 Abs. 2 BGB oder § 1372 BGB, so ist die Ausgleichsforderung nach § 1378 BGB von der Erbschaft- und Schenkungsteuer nach § 5 Abs. 2 ErbStG befreit. Die Befreiung gilt ebenso für einen Ausgleich des Zugewinns im Rahmen der **deutsch-französischen Wahl-Zugewinngemeinschaft** (§ 1519 BGB), § 5 Abs. 3 ErbStG.

Vereinbaren die Ehegatten bei Ehebeginn **Gütertrennung** gem. § 1414 BGB, entsteht bei Beendigung des Güterstandes keine güterrechtliche Ausgleichsforderung. Die steuerlichen Privilegien des § 5 ErbStG kommen nicht zum Zuge. Der überlebende Ehegatte wird – vorbehaltlich abweichender Vereinbarungen – grundsätzlich mit seinem gesetzlichen Anteil Erbe.

Vereinbaren die Ehegatten **Gütergemeinschaft** gem. § 1415 BGB, führt die Begründung der Gütergemeinschaft gem. § 7 Abs. 1 Nr. 4 ErbStG zu einem schenkungsteuerlichen Erwerb desjenigen Ehegatten, dessen Vermögen zuvor geringer war, wenn er bereichert wird und der Freibetrag gem. § 16 Abs. 1 Nr. 1 EStG von 500.000,00 EUR überschritten wird. Vgl. zu § 7 Abs. 1 Nr. 4 ErbStG auch Meincke/*Hannes*/*Holtz* ErbStG § 7 Rn. 108 ff. Die Beurkundung der Vereinbarung der Gütergemeinschaft haben Gerichte, Notare und Konsuln gem. § 34 Abs. 2 Nr. 3 ErbStG dem zuständigen Finanzamt anzuzeigen. Die Einzelheiten der Anzeige ergeben sich aus § 7 ErbStDV.

Im Rahmen der Gütergemeinschaft besteht keine Vermutung dafür, dass Zuwendungen an nur einen Ehegatten gleichzeitig auch für den anderen Ehegatten mitbestimmt sind. Diese Zuwendungen in das Gesamtgut werden daher nur in der Person des beschenkten Ehegatten besteuert (RE 7.6 Abs. 3 S. 1 ErbStR 2011). Schenkungen der Ehegatten aus dem Gesamtgut sind nach Auffassung der Finanzverwaltung stets als anteilige freigebige Zuwendungen beider Ehegatten zu behandeln (RE 7.6 Abs. 3 S. 5 ErbStR 2011).

Verstirbt einer der Ehegatten, wird die Gütergemeinschaft grundsätzlich beendet. Der Anteil des Verstorbenen fällt gem. § 1482 Abs. 1 S. 1 BGB in seinen Nachlass und er wird nach den allgemeinen Vorschriften beerbt. Vereinbaren die Ehegatten gem. §§ 1483 ff. BGB, dass die Gütergemeinschaft beim Tod eines Ehegatten fortgesetzt wird (**fortgesetzte Gütergemeinschaft**), bleibt es dennoch dabei, dass der Anteil des verstorbenen Ehegatten bei den Abkömmlingen als Erwerb von Todes wegen behandelt wird, § 4 Abs. 1 ErbStG. Verstirbt daraufhin einer der Abkömmlinge, greift § 4 Abs. 2 ErbStG. Zeugnisse über die Fortsetzung der Gütergemeinschaft haben Gerichte und Notare gem. § 34 Abs. 2 Nr. 2 ErbStG dem zuständigen Finanzamt anzuzeigen.

Das Dilemma, dass die Zugewinngemeinschaft grundsätzlich steuerlich vorteilhaft, häufig aber zivilrechtlich nicht interessengerecht ist, kann durch die Vereinbarung einer

sog. **modifizierten Zugewinngemeinschaft** gelöst werden. Durch notariellen Vertrag wird hier vereinbart, dass im Falle der Ehescheidung der Zugewinnausgleich vollumfänglich oder hinsichtlich bestimmter Vermögenswerte (wie zB Gesellschaftsbeteiligungen) ausgeschlossen ist. Endet die Zugewinngemeinschaft hingegen durch Tod eines der Ehegatten, bleiben die Steuerbefreiungen gem. § 5 Abs. 1, 2 ErbStG hinsichtlich des realen oder fiktiven Ausgleichsbetrages bestehen.

Entgeltliche Grundstücksübertragungen zwischen den Ehegatten bleiben grunderwerbsteuerfrei (§ 3 Nr. 4 GrEStG). Der Güterstand spielt hierbei keine Rolle.

Zu den Grundzügen des Erbschaft- und Schenkungsteuerrechts einschließlich der Ermittlung der erbschaft- und schenkungsteuerlichen Besteuerungsgrundlagen → Form. A.IV Kurzüberblick: Erbschaft- und Schenkungsteuerrecht.

7. **Kosten.** Jeder Ehevertrag nach § 1408 BGB löst eine 2,0-Gebühr nach Nr. 21100 KV GNotKG aus dem modifizierten Reinvermögen beider Ehegatten aus (§ 100 Abs. 1 GNotKG). Auszugehen ist von der Summe der Werte der gegenwärtigen Vermögen, wobei Verbindlichkeiten bis zur Hälfte des Aktivvermögens abgezogen werden. Verbindlichkeiten eines Ehegatten können jedoch nur von seinem Vermögen abgezogen werden. Auch bei bloßen Modifikationen des gesetzlichen Güterstandes werden keine Teilwerte vom nach § 100 Abs. 1 GNotKG maßgeblichen Wert mehr gebildet (*Diehn* Rn. 1045, zu Sonderfällen s. Rn. 1046).

2. Ehebedingte Zuwendung

[Notarieller Urkundeneingang]

ÜBERLASSUNGSVERTRAG[1]

§ 1 Grundbuchstand

Im Grundbuch des Amtsgerichts . . . . . . für . . . . . . Blatt . . . . . . ist Herr . . . . . . als Alleineigentümer des folgenden Grundbesitzes eingetragen:

Gemarkung . . . . . . Fl. Nr. . . . . .

Der Grundbesitz ist in Abteilung III des Grundbuchs lastenfrei vorgetragen und in Abteilung II belastet, wie folgt: . . . . . .

§ 2 Überlassung

Herr . . . . . .

– nachstehend „Veräußerer" genannt –

überlässt

den in § 1 dieser Urkunde näher bezeichneten Grundbesitz mit allen Rechten, Pflichten und gesetzlichen Bestandteilen

an

seine Ehefrau . . . . . .

– nachstehend „Erwerber" genannt –

zum Alleineigentum.

Der Erwerber nimmt die Überlassung hiermit an.

§ 3 Auflassung

1. Die Vertragsteile sind darüber einig, dass das Eigentum an dem vertragsgegenständlichen Grundbesitz von dem Veräußerer auf den Erwerber zum Alleineigentum übergeht und

   bewilligen und beantragen

   die Eintragung der Auflassung in das Grundbuch. Das Grundbuchamt wird um Vollzugsmitteilung an den Notar gebeten.
2. Die Eintragung einer Auflassungsvormerkung wird nach dem Hinweis auf die mit der Nichteintragung verbundenen Gefahren nicht gewünscht.

§ 4 Rechtsgrund

1. Die Überlassung erfolgt als ehebedingte Zuwendung,[2] die allein der Verwirklichung der ehelichen Lebensgemeinschaft dient.[3]
2. Die Behandlung der ehebedingten Zuwendung im Rahmen des Zugewinnausgleichs hat der Notar mit den Beteiligten erörtert.[4] Den Beteiligten ist bekannt, dass § 1374 Abs. 2 BGB auf diese Zuwendung keine Anwendung findet. Die Beteiligten vereinbaren, dass eine Anrechnung nach § 1380 BGB nicht zu erfolgen hat; die Berechnung des Zugewinns hat daher allein nach dem jeweils tatsächlich vorhandenen Endvermögen zu erfolgen, ohne dass der Wert der Zuwendung beim heutigen Veräußerer zu addieren bzw. beim heutigen Erwerber zu subtrahieren wäre.[5]
3. Die Vereinbarung von Rechten für den Veräußerer, wie zB eines Nießbrauchs- oder Wohnungsrechts, wird durch die Beteiligten nicht gewünscht. Auch sollen keine Rückforderungsrechte für den Veräußerer, insbesondere für den Fall des Vorversterbens oder der Scheidung, vereinbart werden.[6] Die Beteiligten sind darüber einig, dass eine Rückforderung der heutigen Zuwendung aus jedem Rechtsgrund ausgeschlossen ist.
4. Nach Hinweis auf die bestehenden Möglichkeiten erklären die Beteiligten, dass sie weder eine Pflichtteilsanrechnung noch einen (gegenständlich beschränkten) Pflichtteilsverzicht wünschen.[7]

§ 5 Besitz-, Nutzen-, Lasten- und Gefahrübergang[8]

1. Besitz, Nutzen, die Pflicht zur Tragung von Steuern und sonstigen öffentliche Lasten und Abgaben aller Art, die Verkehrssicherungspflicht, die Gefahr des zufälligen Untergangs und einer zufälligen Verschlechterung sind mit Beginn des heutigen Tages auf den Erwerber übergegangen.
2. Der vertragsgegenständliche Grundbesitz und die aufstehenden Gebäude sind nicht vermietet und nicht verpachtet.

§ 6 Mängelhaftung

1. Der Veräußerer übernimmt hinsichtlich des vertragsgegenständlichen Grundbesitzes sowie der aufstehenden Gebäude für Sachmängel aller Art keine Haftung. Er haftet also insbesondere nicht für die Richtigkeit der Flächengröße, die Bodenbeschaffenheit, den Bauzustand bestehender Gebäude und die Verwertbarkeit des Grundbesitzes und der aufstehenden Gebäude für die Zwecke des Erwerbers.
2. Der Veräußerer haftet für ungehinderten Besitz- und lastenfreien Übergang des vertragsgegenständlichen Grundbesitzes, soweit in dieser Urkunde nichts anderes bestimmt ist.

3. Der Erwerber übernimmt die in § 1 dieser Urkunde aufgeführten Belastungen in Abteilung II des Grundbuchs zur weiteren dinglichen Duldung unter Eintritt in die jeweils zugrundeliegenden schuldrechtlichen Verpflichtungen.

§ 7 Erschließungskosten

Unabhängig von der Haftung des jeweiligen Eigentümers trägt im Innenverhältnis der Erwerber die Erschließungsbeiträge für Erschließungslasten nach dem Baugesetzbuch sowie alle sonstigen einmaligen, den vertragsgegenständlichen Grundbesitz betreffenden öffentlichen Lasten, wie Anschlussbeiträge und Kommunalabgaben, die ab heute in Rechnung gestellt werden (maßgebend ist das Datum des Zugangs der Rechnung); gleiches gilt für wiederkehrende Leistungen, die ab heute fällig werden.

§ 8 Hinweise des Notars

Der Notar hat die Beteiligten insbesondere[9] hingewiesen

a) auf den Zeitpunkt des Eigentumsübergangs (Umschreibung im Grundbuch);
b) auf die Notwendigkeit der vollständigen und richtigen Beurkundung aller Vereinbarungen (§ 311b Abs. 1 BGB); hierzu erklären die Vertragsteile, dass Nebenabreden nicht bestehen;
c) auf die kraft Gesetzes bestehende gesamtschuldnerische Haftung aller Beteiligten für die Notariats- und Grundbuchkosten;
d) auf die kraft Gesetzes bestehende Haftung des vertragsgegenständlichen Grundbesitzes für Rückstände an öffentlichen Lasten und Abgaben sowie Versicherungsprämien;
e) auf die einschlägigen Vorschriften des Baugesetzbuchs und/oder Grundstücksverkehrsgesetzes;
f) auf die durch diese Übertragung möglicherweise ausgelösten Pflichtteilsergänzungsansprüche;[10]
g) auf § 2287 BGB; hierzu erklären die Beteiligten, dass sie nicht durch Erbvertrag oder gemeinschaftliches Testament gebunden sind;[11]

[Variante:

g) auf § 2287 BGB. Nach Angabe der Beteiligten haben sie gemeinsam einen Erbvertrag errichtet, der bindende Verfügungen von Todes wegen enthält. Hierzu hat der Notar darauf hingewiesen, dass dieser Erbvertrag uU anzupassen ist;[12]]

h) auf die Vorschriften des Erbschaft- und Schenkungsteuergesetzes sowie des Grunderwerbsteuergesetzes;
i) auf die Tatsache, dass der Notar keine steuerliche Beratung vornimmt und für die steuerlichen Wirkungen dieses Vertrages auch keine Haftung übernimmt; es kann ratsam sein, sich – insbesondere wenn Betriebsvermögen übertragen wird – anderweitig steuerlich beraten zu lassen. Nach Angabe der Beteiligten handelt es sich um das Familienwohnheim iSd § 13 Abs. 1 Nr. 4 a ErbStG.

§ 9 Abwicklungsvollmacht

Alle Beteiligten beauftragen und bevollmächtigen den amtierenden Notar, seinen amtlich bestellten Vertreter oder Nachfolger im Amt, alle zur Durchführung der Urkunde noch notwendigen oder zweckdienlichen Erklärungen und Genehmigungen unter Erstellung entsprechender Entwürfe einzuholen und entgegenzunehmen sowie namens der Beteiligten alle Erklärungen, auch rechtsgeschäftlicher Art, abzugeben, Anträge zu stellen, abzuändern oder zurückzunehmen sowie die Urkunde zum Teilvollzug vorzulegen.

§ 10 Kosten, Abschriften

1. Die Kosten[15] dieser Urkunde und des grundbuchamtlichen Vollzuges trägt ......
   Eine etwa anfallende Schenkungsteuer[13, 14] trägt ......
2. Von dieser Urkunde erhalten:
   a) einfache Abschrift: das Finanzamt – Grunderwerbsteuerstelle –,
   b) beglaubigte Abschriften: das Finanzamt – Schenkungsteuerstelle –, das Grundbuchamt, jeder Vertragsteil sofort.

   Nach Vollzug erhalten die Beteiligten lediglich je eine Vollzugsmitteilung.

Anmerkungen

1. Sachverhalt. Der Ehemann möchte eine Immobilie (hier: das gemeinsam genutzte Wohnhaus) auf die Ehefrau übertragen. Hinsichtlich des Zugewinnausgleichs wünschen die Beteiligten, dass dieser nach dem jeweils tatsächlich vorhandenen Endvermögen durchzuführen ist. Eine Bindung aus früheren Erbverträgen oder gemeinschaftlichen Testamenten ist nicht gegeben. Auf pflichtteilsberechtigte Dritte ist keine Rücksicht zu nehmen.

2. Ehebedingte Zuwendung. Zwischen Ehegatten finden nicht selten vielfältige Vermögensverschiebungen statt. Häufig erfolgt diese Zuwendung aber nicht in Erfüllung einer Rechtspflicht und auch ohne Bezug auf eine Gegenleistung; sie ist dann **objektiv unentgeltlich** (MüKoBGB/*Koch* § 516 Rn. 62). Bei diesen objektiv unentgeltlichen Leistungen eines Ehegatten kann es sich um eine Schenkung iSd §§ 516 f. BGB handeln, wenn die Ehegatten auch subjektiv über die Unentgeltlichkeit einig sind (MüKoBGB/*Koch* § 516 Rn. 14 f., 24, 62). Regelmäßig wird aber die finanzielle Zuwendung an den anderen Ehegatten **„um der Ehe willen"** und somit als Beitrag zur Verwirklichung oder Ausgestaltung, Erhaltung oder Sicherung der ehelichen Lebensgemeinschaft erbracht, wobei der Zuwendende die Vorstellung oder Erwartung zugrunde legt, dass die eheliche Lebensgemeinschaft Bestand haben werde und er innerhalb dieser Gemeinschaft am Vermögenswert und dessen Früchten weiter teilhaben werde. Die Zuwendung hat hierin ihre **Geschäftsgrundlage.** Dann handelt es sich nicht um eine Schenkung, sondern um eine sog. ehebedingte (bzw. unbenannte oder ehebezogene) Zuwendung (st. Rspr.; vgl. BGHZ 127, 48 [51] = NJW 1994, 2545; BGHZ 116, 178 = NJW 1992, 558; BGHZ 116, 167 [169] = NJW 1992, 564; BGHZ 115, 132 = NJW 1991, 2553). Die Rechtsprechung sieht in diesen ehebedingten Zuwendungen ein familienrechtliches Rechtsgeschäft eigener Art (BGHZ 142, 137 [148] = BGH NJW 1999, 2962 [2965]). Die Anerkennung der ehebedingten Zuwendungen durch die Rechtsprechung führt aber nicht dazu, dass „echte" Schenkungen zwischen Ehegatten nicht mehr möglich sind. Die Ehegatten können weiterhin durch schuldrechtliche Vereinbarung das Familienrecht überlagern (MüKoBGB/*Koch* § 516 Rn. 62 f.). Schenkungen liegen allerdings nur dann vor, wenn die Zuwendung unabhängig vom Fortbestand der Ehe erfolgt, es sich also um eine echte freigebige, einseitig begünstigende und uneigennützige, zur freien Verfügung des Beschenkten stehende Leistung handelt (*Münch* Ehebezogene Rechtsgeschäfte, Rn. 1523 mwN).

Mit Urteil vom 30.6.1999 (BGHZ 142, 137 = NJW 1999, 2962) hat sich der BGH grundlegend zur Abgrenzung der ehebedingten Zuwendung von der **Ehegatteninnengesellschaft** geäußert. Entscheidend ist danach nicht die Art der Vermögensmehrung durch Geld- und Sachleistung oder Mitarbeit. Für die Annahme einer Ehegatteninnengesellschaft kommt es vielmehr auf die mit der Vermögensbildung verfolgte Zielvorstellung an. Verfolgen die Ehegatten mit der Vermögensmehrung einen über die bloße Verwirklichung der ehelichen Lebensgemeinschaft hinausgehenden Zweck und liegt dem Tun die Vorstellung zugrunde, dass das gemeinsam geschaffene Vermögen wirtschaftlich betrachtet nicht nur

dem formal Berechtigten, sondern auch dem anderen Ehegatten zustehen soll, ist danach eine Ehegatteninnengesellschaft anzunehmen (BGHZ 142, 137 [153] = NJW 1999, 2962 [2966 unter 3]). Die Abgrenzung ist für die Beurteilung der Zuwendung bei einem Scheitern der Ehe von Bedeutung, da die Ehegatteninnengesellschaft zu Ansprüchen aus §§ 738 ff. BGB führen kann. Liegen diese Voraussetzungen nicht vor, so kann ein Ausgleich nach den bei der ehebedingten Zuwendung geltenden Grundsätzen (→ Anm. 4) erfolgen („in erster Linie"; BGHZ 142, 137 [143] = NJW 1999, 2962 [2963]; vgl. dazu die Übersicht bei *Grziwotz* DNotZ 2000, 486 [493]). Die **Fallgruppen** der ehebedingten Zuwendung dürften sich demnach auf Sachverhalte beschränken, die durch ihre Ehebezogenheit und den Bezug auf das Familienheim oder ein vergleichbares Objekt („bloße Verwirklichung der ehelichen Lebensgemeinschaft") gekennzeichnet sind (so *Langenfeld/Milzer* Handbuch der Eheverträge und Scheidungsvereinbarungen Rn. 769). Als Beispiele nennt *Münch* (Ehebezogene Rechtsgeschäfte Rn. 1323 mwN) neben verschiedenen Fällen der Mitbeteiligung des anderen Ehegatten am Familienwohnheim, den Einsatz von Vermögen zur Altersvorsorge, die haftungsmäßig günstige Verteilung des Familienvermögens sowie den Vermögenstransfer aus steuerlichen Gründen.

Handelt es ich dagegen um den Ausgleich bei Sachverhalten, die nicht auf ein bestimmtes Objekt bezogen sind, sondern sich die Wertschöpfung aus der Mitarbeit eines Ehegatten ergibt, sind Ehegatteninnengesellschaft (Ausgleich nach §§ 738 ff. BGB) und der sog. **familienrechtliche Kooperationsvertrag** (Ausgleich nach Billigkeitskriterien) voneinander abzugrenzen. Hinsichtlich der Einzelheiten sei auf die familienrechtliche Literatur verwiesen (ein Überblick findet sich zB bei Familienrecht in der Notar- und Gestaltungspraxis/*Herr* § 6 Rn. 262 f.).

3. Motivationslage. Die Gründe für die Übertragung sind – wie in → Anm. 2 skizziert – maßgeblich für die Abgrenzung der ehebedingten Zuwendung von der Ehegatteninnengesellschaft und haben damit für die Rechtsfolgen erhebliche Bedeutung. Aus diesem Grunde sollten sie zur Vermeidung späterer Auslegungsfragen in der Urkunde angegeben werden. Weiter kann es eine Rolle spielen, ob die Übertragung zB der Altersversorgung des Bedachten oder der nachträglichen Vergütung von Diensten (zB im Betrieb des Ehegatten) dient. Diese Fälle können Auswirkungen auf die Rechtslage bei § 2287 BGB und § 2325 BGB haben (→ Anm. 10, 11 sowie → Form. I.I.3 Anm. 6). Soll wie hier das Familienwohnhaus übertragen werden, ohne dass auf §§ 2287, 2325 BGB Rücksicht zu nehmen ist, sind derartige weitere Gründe nicht zwingend anzuführen.

4. Rechtsfolgen bei Scheidung der Ehe. Die Rechtsfolgen bei einem Scheitern der Ehe hängen – sofern eine Einordnung als ehebedingte Zuwendung erfolgt – vom Güterstand der Ehegatten ab. Sind diese im gesetzlichen Güterstand der **Zugewinngemeinschaft** verheiratet, so erfolgt die Auseinandersetzung des Vermögens grundsätzlich im Wege des Zugewinnausgleichs nach §§ 1372 ff. BGB (**Vorrang des Güterrechts;** vgl. nur *Münch* Ehebezogene Rechtsgeschäfte Rn. 1625 ff.). Die ehebedingte Zuwendung führt nicht zu einer Erhöhung des Anfangsvermögens des Bedachten, da es sich dabei nicht um eine Schenkung iSd § 1374 Abs. 2 BGB handelt (BGH NJW 1982, 1093 [1094]). Die Zuwendung findet somit allein beim Endvermögen des Bedachten Berücksichtigung und unterliegt insoweit dem Zugewinnausgleich. Die güterrechtlichen Vorschriften schließen eine Anwendung der Grundsätze über die Störung der Geschäftsgrundlage (§ 313 BGB) grundsätzlich aus. Zwar fällt mit einer Scheidung der Ehe die Geschäftsgrundlage der ehebedingten Zuwendung weg, da diese ja unter der Prämisse des Fortbestandes der ehelichen Lebensgemeinschaft gewährt wurde (BGHZ 142, 137 [148] = NJW 1999, 2962 [2965]; BGH NJW 1994, 2545 [2546]). Da die Zugewinnausgleichsregelungen aber einen gesetzlich normierten Spezialfall der Störung der Geschäftsgrundlage bei Ehescheidung darstellen, besteht für die allgemeinen Regelungen grundsätzlich kein Bedarf. Anders ist dies nur, wenn die Anwendung allein der güterrechtlichen Regelungen

zu einem schlechthin unangemessenen und untragbaren Ergebnis führen würde (BGHZ 142, 137 [148] = NJW 1999, 2962 [2965]). Ein billiger Ausgleich in Geld oder gar die Rückforderung des zugewendeten Gegenstandes wird daher im gesetzlichen Güterstand auf extreme Ausnahmefälle beschränkt sein.

Von größerer Bedeutung sind die Vorschriften über die Störung der Geschäftsgrundlage, falls die Ehegatten **Gütertrennung** vereinbart haben. Nach der gesetzlichen Konzeption findet hier ein vermögensmäßiger Ausgleich zwischen den Ehegatten grundsätzlich nicht statt. Daher kommt hier ein Ausgleichsanspruch oder (ausnahmsweise) die dingliche Rückforderung des Gegenstandes der Zuwendung in Betracht, wenn die Beibehaltung der durch die Ehegattenzuwendung geschaffenen Vermögensverhältnisse für den benachteiligten Ehegatten nach Treu und Glauben nicht hinnehmbar ist. Bei der Prüfung des Anspruchs hat eine umfassende Abwägung aller Umstände des Einzelfalls zu erfolgen, bei der insbesondere die Dauer der Ehe, das Alter der Parteien, Art und Umfang der erbrachten Leistungen, die Höhe der Vermögensmehrung sowie die Einkommens- und Vermögensverhältnisse der Ehegatten zu berücksichtigen sind (BGHZ 127, 48 [51] = NJW 1994, 2545 [2546]).

5. Anrechnung nach § 1380 BGB. Sofern dem Empfänger einer Ehegattenzuwendung eine Zugewinnausgleichsforderung zusteht, findet die Anrechnung der Ehegattenzuwendung nur statt, wenn eine spätestens bei dem die Zuwendung begründenden Rechtsgeschäft erklärte, grundsätzlich formfrei mögliche (BeckOK BGB/*Cziupka*, 47. Edition, § 1380 Rn. 4) **Anrechnungsbestimmung** des Zuwendenden vorliegt, § 1380 Abs. 1 S. 1 BGB. Da es sich bei § 1380 Abs. 1 S. 2 BGB um eine Zweifelsregel handelt, sollte bei der Übertragung ausdrücklich geregelt werden, ob eine Anrechnung zu erfolgen hat oder nicht. Die Rechtsfolgen, die sich aus einer **Nichtanrechnungsbestimmung** ergeben, sind derzeit höchstrichterlich noch nicht erklärt. Die **Behandlung** ist in der Literatur **umstritten** (vgl. die Zusammenstellung des Streitstandes samt Berechnungsbeispielen bei *Münch* Ehebezogene Rechtsgeschäfte Rn. 1398 ff.). Zum Teil wird die Nichtanrechnungsbestimmung so interpretiert, dass die Zuwendung vom tatsächlichen Endvermögen des Zuwendungsempfängers abgezogen wird, so dass die Zuwendung rechnerisch außerhalb des Zugewinnausgleichs steht. Weiter wird vertreten, dass die Zuwendung beim Endvermögen des Begünstigten abgezogen und gleichzeitig dem Anfangsvermögen des Zuwendenden zugerechnet wird. Nach einer dritten Ansicht schließlich hat sich die Berechnung des Zugewinns allein an den jeweils tatsächlich vorhandenen Endvermögen zu orientieren, ohne dass ein Abzug zu erfolgen hätte. Um Auslegungsfragen vorzubeugen, sollte die gewünschte Vorgehensweise mit den Beteiligten erörtert und eine entsprechende Regelung in die Urkunde aufgenommen werden. Wird dabei vereinbart, dass die Zuwendung aus dem Endvermögen des Bedachten herausgenommen wird, ist umstritten, ob dies noch eine formfreie Nichtanrechnungsbestimmung darstellt oder zu einer dinglichen Herausnahme von Gegenständen aus dem Zugewinnausgleich führt, die an sich der Form des Ehevertrages bedarf (vgl. zum Streitstand *Münch* Ehebezogene Rechtsgeschäfte Rn. 1405). Sofern die Nichtanrechnungsbestimmung – wie hier – beurkundet wird, kann dieser Streit dahinstehen.

6. Gegenleistungen iwS. Als „Gegenleistung" kommt bei der ehebedingten Zuwendung – wie bei allen anderen Vermögensübertragungen auch – die Vereinbarung eines Nießbrauchs- oder Wohnungsrechts für den Veräußerer in Betracht. Da dieser jedoch auch aufgrund des ehelichen Gemeinschaftsverhältnisses zur weiteren Nutzung des Familienwohnheims berechtigt ist, spielen diese Regelungen hier eine geringere Rolle. Hinsichtlich der Einzelheiten verweise ich auf → Form. I.III.10 ff. und die Ausführungen in den Handbüchern zur Grundstückszuwendung, wie zB Beck'sches Notarhandbuch/*Herrler/Krauß* Teil A.V. und BeckFormB BHW/*Feick* Form. III.C.1. Zum vorbehaltenen Rückforderungsrecht verweise ich auf die Ausführungen bei → Form. I.I.4.

7. Pflichtteilsanrechnung und Pflichtteilsverzicht. Vgl. insoweit die Anmerkungen bei → Form. I.I.3 bzw. → Form. I.II.6, → Form. I.II.8, → Form. I.II.10.

8. Sonstige Regelungen. Bei der ehebedingten Zuwendung sind die auch sonst bei Grundstücksübertragungen üblichen Regelungen aufzunehmen. Das Muster geht davon aus, dass Belastungen in Abteilung III des Grundbuchs nicht vorhanden sind; etwaige Belastungen in Abteilung II werden übernommen.

9. Gläubigerbenachteiligung. In Rechtsprechung und Literatur besteht Einigkeit, dass ehebedingte Zuwendungen sowohl von Gläubigern des Veräußerers nach den Vorschriften des Anfechtungsgesetzes als auch vom Insolvenzverwalter nach den §§ 129 ff. InsO angefochten werden können (vgl. nur BGH NJW 2012, 1217 [1222]; BGH NJW 1999, 1033 zur Konkursordnung; Braun/*de Bra* InsO § 134 Rn. 26; Uhlenbruck/*Ede/Hirte* InsO § 134 Rn. 138; *Schumacher/Hey* RNotZ 2004, 543 [548]). Zu klären ist daher, ob ehebedingte Zuwendungen wegen vorsätzlicher Gläubigerbenachteiligung innerhalb einer zehnjährigen Frist, innerhalb einer vierjährigen Frist wegen einer unentgeltlichen Leistung nach §§ 4 AnfG, 134 InsO oder binnen zwei Jahren als entgeltlicher Vertrag mit einer dem Schuldner nahe stehenden Personen nach § 3 Abs. 2 AnfG, § 133 Abs. 2 InsO angefochten werden können. Da ehebedingte Zuwendungen grundsätzlich unentgeltliche Leistungen darstellen, kommt eine Gläubigeranfechtung bzw. Insolvenzanfechtung innerhalb einer vierjährigen Frist in Betracht, wenn nicht ausnahmsweise die Voraussetzungen einer vorsätzlichen Gläubigerbenachteiligung gegeben sind.

10. Pflichtteilsrechte Dritter. Die Zuwendung führt – unabhängig davon, ob man sie als ehebedingte Zuwendung einstuft oder als Begründung einer Ehegatteninnengesellschaft – zu einer Ausgliederung aus dem Vermögen des Zuwendenden. Da der Berechnung etwaiger Pflichtteile gemäß **§ 2311 Abs. 1 S. 1 BGB** der Bestand und der Wert des Nachlasses **zur Zeit des Erbfalls** zugrunde gelegt wird, könnte man daran denken, Vermögenswerte des (künftigen) Erblassers zu Lebzeiten zu übertragen, um diese so dem ordentlichen Pflichtteil zu entziehen.

Dabei ist aber zu berücksichtigen, dass die gemäß § 2303 BGB (abstrakt) Pflichtteilsberechtigten über den **Pflichtteilsergänzungsanspruch** des § 2325 BGB im dort bestimmten Umfang vor den benachteiligenden Wirkungen lebzeitiger Zuwendungen geschützt werden. Danach kann ein Pflichtteilsberechtigter uU Ergänzungsansprüche, die neben dem ordentlichen Pflichtteilsanspruch stehen, geltend machen, wenn der Erblasser einem Dritten eine Schenkung gemacht hat. Nach einhelliger Ansicht ist der Begriff der Schenkung iSd § 2325 BGB dabei mit dem des § 516 BGB identisch (vgl. statt vieler Soergel/*Dieckmann* BGB § 2325 Rn. 5). Erforderlich ist demgemäß grundsätzlich die objektive Unentgeltlichkeit der Zuwendung, die von einem entsprechenden subjektiven Willen der Beteiligten getragen wird (vgl. MüKoBGB/*Koch* § 516 Rn. 24). Fraglich ist, ob für Zuwendungen unter Ehegatten etwas anderes gilt, insbesondere unter dem Gesichtspunkt, dass diese Zuwendungen durch den BGH grundsätzlich dem Schenkungsrecht entzogen wurden. Würde man diese Wertung auch im Rahmen der Pflichtteilsergänzung fortführen, würde der von § 2325 BGB verfolgte Schutz des Pflichtteilsberechtigten gegen lebzeitige Übertragungen für den bedeutsamen Bereich der ehebedingten Zuwendungen ins Leere gehen. Um dieses Ergebnis zu vermeiden, hat der für das Erbrecht zuständige IV. Zivilsenat des BGH in seiner Grundsatzentscheidung vom 27.11.1991 (BGHZ 116, 167 [170] = NJW 1992, 564) festgestellt, dass **ehebedingte Zuwendungen** lediglich objektiv unentgeltlich sein müssen, um den Anwendungsbereich der erbrechtlichen Schutzbestimmungen (§§ 2113, 2205, 2287, 2288, 2325 BGB) zu eröffnen. Objektiv unentgeltlich sei danach eine Zuwendung, auf die kein Rechtsanspruch bestehe, also eine solche, die rechtlich nicht vom Erwerb einer ausgleichenden Gegenleistung abhängig ist (BGHZ 116, 167 [170] = NJW 1992, 564). Nun gibt die Ehe an sich aber im Allgemeinen

gerade keinen „gegenleistungsfähigen“ Anspruch auf derartige Vermögenszuwendungen. Auch die Haushaltsführung ist keine Gegenleistung für ehebedingte Zuwendungen des anderen Ehegatten, sondern meist ein Beitrag zum geschuldeten Familienunterhalt. Hinzu kommt, dass Leistungen, die über das gebotene Maß hinausgehen, nach § 1360b BGB im Zweifel nicht zu vergüten sind. Daher ist nach Ansicht des BGH die ehebedingte Zuwendung in der Regel als unentgeltliche Leistung iSd erbrechtlichen Schutzvorschriften anzusehen (BGHZ 116, 167 [171] = NJW 1992, 564 [565]).

Eine die Anwendung des § 2325 BGB ausschließende objektive Entgeltlichkeit kann nach der Rechtsprechung des BGH (BGHZ 116, 167 [173, 175] = NJW 1992, 564 [565]) bei Ehegattenzuwendungen ausnahmsweise dann vorliegen, wenn die Zuwendung

- nach den konkreten Verhältnissen als angemessene Alterssicherung des Empfängers dient oder
- die nachträgliche Vergütung langjähriger Dienste darstellt (vgl. OLG Oldenburg FamRZ 2000, 638 – 30jährige Tätigkeit als Sprechstundenhilfe), wobei hier aber § 1360b BGB zu beachten wäre, oder
- unterhaltsrechtlich geschuldet ist oder
- sonst eine adäquate Gegenleistung des Empfängers vorliegt.

Die zehnjährige **Ausschlussfrist des § 2325 Abs. 3 BGB** beginnt bei Zuwendungen an den Ehegatten nicht vor Auflösung der Ehe, § 2325 Abs. 3 Hs. 2 BGB. Auf die umstrittene Frage des Fristlaufs bei einem möglicherweise fehlenden Genussverzicht des Veräußerers durch vorbehaltene Nutzungsrechte (grundlegend BGHZ 98, 226 = NJW 1987, 122) kommt es bei Ehegattenzuwendungen daher regelmäßig nicht an. Vorbehaltene Nutzungsrechte spielen hier idR ausschließlich im Rahmen der **Bewertung** der Zuwendung nach § 2325 Abs. 2 BGB eine Rolle. Nach § 2325 Abs. 2 S. 2 BGB kommt ein nicht verbrauchbarer Gegenstand grundsätzlich mit dem Wert in Ansatz, den er zur Zeit des Erbfalls hat; hatte er zur Zeit der Schenkung einen geringeren Wert, so wird nur dieser Wert in Ansatz gebracht; sog. Niederstwertprinzip. Bei der Ermittlung des Wertes zum Zeitpunkt der Schenkung (unter Berücksichtigung der Inflation auf den Zeitpunkt des Erbfalls umgerechnet) bzw. zum Zeitpunkt des Erbfalls haben etwa vorbehaltene Nutzungsrechte zunächst außer Betracht zu bleiben (BGH NJW 1992, 2887; BGHZ 125, 395 = NJW 1994, 1791; BGH ZEV 1996, 186). Wenn der Grundstückswert im Zeitpunkt des Erbfalls niedriger und so gem. § 2325 Abs. 2 BGB maßgeblich ist, lässt der BGH die Gegenrechte insgesamt unberücksichtigt (BGH ZEV 1996, 186 [188 aE]), da zu diesem Zeitpunkt kein abzugsfähiger Nießbrauch bzw. kein abzugsfähiges Wohnungsrecht mehr existiert. Ist dagegen auf den Wert zum Zeitpunkt der Schenkung abzustellen, dann kann der kapitalisierte Wert des Nutzungsrechts in Abzug gebracht werden (vgl. dazu ausführlich BeckOK BGB/*Müller-Engels*, 47. Edition, § 2325 Rn. 36 ff.).

Sofern ein Verzicht auf Ansprüche aus § 2325 BGB durch die Berechtigten nicht erreicht werden kann (vgl. zum Pflichtteilsverzicht → Form. I.II.6–10), könnte man daran denken, durch **Rückübertragung des Gegenstands auf den Veräußerer** die Ansprüche aus § 2325 BGB nachträglich zu „beseitigen“. Ob die Rückübertragung zu einem Ausschluss der Pflichtteilsergänzungsansprüche führt, wurde – soweit ersichtlich – gerichtlich noch nicht entschieden. In der Kommentarliteratur besteht Einigkeit darüber, dass es sich bei der Schenkung iSv § 2325 Abs. 1 BGB um eine rechtsgültige handeln muss (vgl. nur MüKoBGB/*Lange* § 2325 Rn. 15). Eine Schenkung, die von Anfang an nichtig war bzw. deren Nichtigkeit nachträglich (mit Rückwirkung) eingetreten ist, kann daher nach allgemeiner Auffassung nicht zur Pflichtteilsergänzung herangezogen werden. Bei Schenkungen, die nachträglich unwirksam werden oder aus sonstigen Gründen nicht bestandskräftig sind, wird dagegen differenziert. Bei einer rechtsgültigen, aber wegen § 2287 BGB nicht bestandskräftigen Schenkung wird die fortgeltende Anwendbarkeit des § 2325 BGB bejaht (MüKoBGB/*Lange* § 2325 Rn. 15). Erhält dagegen der Schenker zu Lebzeiten den verschenkten Gegenstand zurück, entfällt nach verbreiteter Auffassung ein Anspruch aus

§ 2325 BGB (*Kornexl* ZEV 2003, 196 [197 f.] [soweit es sich nicht um eine „echte Rückschenkung" handelt]; nach Palandt/*Weidlich* BGB § 2325 Rn. 7 müssen auch gezogene Vorteile zurückgewährt werden). Ob es sich um eine vertraglich vorbehaltene oder um eine freiwillige Rückabwicklung handelt, spielt nach dieser Auffassung keine Rolle (Soergel/*Dieckmann* BGB § 2325 Rn. 12 f. will dagegen unterscheiden, ob es sich um eine nach § 530 BGB widerrufene Schenkung [kein Pflichtteilsergänzungsanspruch] oder einen Rückforderungsanspruch wegen Notbedarfs gem. § 528 BGB [Pflichtteilsergänzungsanspruch] handelt). Auf die Frage, ob der Schenkungsgegenstand zum Zeitpunkt des Erbfalls im Vermögen des Erblassers noch vorhanden ist und damit zur Berechnung des ordentlichen Pflichtteils nach § 2311 BGB herangezogen werden kann, oder nicht, wird dabei nicht weiter eingegangen. Die von *Kornexl* (ZEV 2003, 196 [197]) vorgebrachte Argumentation, dass bei fortgeltender Anwendbarkeit des § 2325 BGB auf rückabgewickelte Zuwendungen eine „wundersame Nachlassvermehrung" drohe, trägt nur, wenn der Gegenstand noch vorhanden ist und somit beim ordentlichen Pflichtteil eingerechnet wird. Auf der anderen Seite lässt der BGH (ZEV 2007, 326 mAnm *Kornexl*) unter bestimmten Voraussetzungen zu, dass die Beteiligten einer Schenkung nachträglich Gegenleistungen vereinbaren und so Pflichtteilsergänzungsansprüche ausschließen können. Auf das weitere Schicksal der Gegenleistung wird dabei nicht eingegangen. Dies spricht dafür, dass das weitere Schicksal für den Pflichtteilsergänzungsanspruch gegen den ursprünglich Beschenkten ebenfalls keine Rolle spielt; allerdings kann bei einer späteren (neuen) Schenkung des Gegenstandes ein (neuer) Pflichtteilsergänzungsanspruch entstehen.

11. Beeinträchtigende Schenkung. Besondere Komplikationen ergeben sich dann, wenn der Veräußerer durch Erbvertrag oder gemeinschaftliches Testament gebunden ist. Praxishäufiger Fall ist hier die gegenseitige Erbeinsetzung in einem gemeinschaftlichen Testament (oder Erbvertrag), verbunden mit der Schlusserbeinsetzung der Kinder. Heiratet der überlebende Ehegatte wieder und möchte seinem neuen Ehepartner etwas zuwenden, stellt sich die folgende Problematik.

Durch einen Erbvertrag wird gem. § 2286 BGB das Recht des Erblassers, über sein Vermögen durch Rechtsgeschäft unter Lebenden zu verfügen, nicht beschränkt. Die Rechtsprechung zur Aushöhlungsnichtigkeit hat der BGH im Jahr 1972 aufgegeben (BGHZ 59, 343 = NJW 1973, 240). Einen gewissen Schutz zugunsten des Vertragserben vermittelt bei Verfügungen unter Lebenden jedoch die Vorschrift des **§ 2287 BGB.** Hat der Erblasser in der Absicht, den Vertragserben zu beeinträchtigen, eine Schenkung gemacht, so kann der Vertragserbe gem. § 2287 Abs. 1 BGB, nachdem ihm die Erbschaft angefallen ist, von dem Beschenkten die Herausgabe des Geschenkes nach den Vorschriften über die Herausgabe einer ungerechtfertigten Bereicherung fordern. Der Anspruch, der sich nach §§ 818 bis 822 BGB grundsätzlich auf Herausgabe des Geschenkes richtet, entsteht mit dem Anfall der Erbschaft in der Person des Vertragserben; er gehört nicht zum Nachlass (Palandt/*Weidlich* BGB § 2287 Rn. 10). Die §§ 2286, 2287 BGB sind auf wechselbezügliche Verfügungen in einem gemeinschaftlichen Testamentes entsprechend anwendbar, wenn die Verfügungen nach dem Tod eines Ehegatten bindend geworden sind (BGHZ 82, 274 [276] = NJW 1982, 43 [44]).

Der Tatbestand des § 2287 Abs. 1 BGB setzt zunächst eine **Schenkung** voraus, wobei der Schenkungsbegriff – wie bei § 2325 BGB auch – demjenigen des § 516 BGB entspricht (→ Anm. 10). Nach ganz herrschender Auffassung werden auch gemischte Schenkungen, bei denen die Zuwendung objektiv und subjektiv nur teilweise unentgeltlich ist, mit dem „überschießenden" Teil von § 2287 BGB erfasst (BGH NJW-RR 1989, 259). Weiter ist – wie bei § 2325 BGB auch – durch die Rechtsprechung entschieden, dass ehebedingte Zuwendungen den Anwendungsbereich eröffnen, wenn sie nur objektiv unentgeltlich

sind. Dabei kann in den vom BGH (BGHZ 116, 167 [173, 175] = NJW 1992, 564 [565]) entschiedenen Fällen ausnahmsweise objektive Entgeltlichkeit vorliegen (→ Anm. 10).

Ein Anspruch aus § 2287 BGB setzt weiter voraus, dass eine **objektive Beeinträchtigung** der Erberwartung des Vertragserben vorliegt (BGH NJW-RR 1989, 259; Soergel/*Wolf* BGB § 2287 Rn. 9 f.). Begründen lässt sich dies damit, dass der Schutz des Vertragserben gegen eine Beeinträchtigung nicht weiter reichen kann als die erbvertragliche Bindung selbst (BGH NJW 1982, 441 [442]). Zu den daraus resultierenden Fallgruppen → Form. I.I.3 Anm. 3.

Schließlich ist zu berücksichtigen, dass der Erblasser in der Absicht gehandelt haben muss, den Vertragserben zu beeinträchtigen. Diese sog. **Beeinträchtigungsabsicht** muss nicht der leitende Beweggrund der Schenkung gewesen sein; es reicht, wenn direkter Vorsatz vorliegt und die Beeinträchtigung mit gewollt ist (Soergel/*Wolf* BGB § 2287 Rn. 11). Da diese Beeinträchtigungsabsicht regelmäßig gegeben sein dürfte, fordert die Rechtsprechung zusätzlich, dass der Erblasser die ihm durch § 2286 BGB gegebene **Verfügungsfreiheit missbraucht** hat, was ausgeschlossen ist, wenn der Erblasser ein anerkennenswertes lebzeitiges Eigeninteresse an der Verfügung hatte (ständige Rechtsprechung seit BGHZ 59, 343 = NJW 1973, 240; Staudinger/*Kanzleiter* BGB § 2287 Rn. 10). Das „lebzeitige Eigeninteresse" des Erblassers dient damit der Abgrenzung von Zuwendungen, die Ansprüche nach § 2287 Abs. 1 BGB auslösen, von solchen, die der Vertragserbe hinnehmen muss. Es ist im Rahmen einer umfassenden Interessenabwägung zu entscheiden, ob die Beweggründe des Erblassers ihrer Art nach so sind, dass der Vertragserbe sie anerkennen und deswegen die sich daraus für ihn ergebenden Benachteiligungen hinnehmen muss (BGHZ 77, 264 [267] = NJW 1980, 2307 [2308]). Eine allgemeingültige Antwort kann daher ex ante nicht gegeben werden. Um die Ergebnisse kalkulierbarer zu machen, haben sich Rechtsprechung und Literatur bemüht, Fallgruppen zu bilden, um auf diese Weise typische Fälle zusammen zu fassen, bei denen nach der Lebenserfahrung auf eine bestimmte Einstellung des Erblassers geschlossen werden kann (Nieder/Kössinger/*R. Kössinger* § 12 Rn. 10 ff.). Für den Bereich der ehebedingten Zuwendung sind zwei Fallgruppen von besonderem Interesse (vgl. ergänzend die Ausführungen bei Nieder/Kössinger/*R. Kössinger* § 12 Rn. 12, 13 und BeckOK BGB/*Litzenburger*, 47. Ed., § 2287 Rn. 13 ff.). Als anzuerkennender Zuwendungszweck wird von der Rechtsprechung in erster Linie die **Sicherung oder Verbesserung der eigenen Altersversorgung** des Erblassers genannt (BGHZ 66, 8 [16] = NJW 1976, 749 [751]). Dabei hält es die Rechtsprechung nicht für erforderlich, dass die Zuwendung zur Erlangung dieses Zweckes notwendig war. Es schadet auch nicht, wenn der Erblasser die Altersversorgung billiger oder auch vom Vertragserben selbst hätte erhalten können (BGH FamRZ 1977, 539; BGH WM 1979, 442). Weiter hält die Rechtsprechung eine ausdrückliche vertragliche Vereinbarung für nicht erforderlich, soweit die Versorgungsleistung Geschäftsgrundlage der Zuwendung geworden ist (BGH NJW-RR 1987, 2 [3]); ausreichend ist, wenn der Beschenkte ohne rechtliche Bindung Leistungen übernimmt, tatsächlich erbringt und auch in der Zukunft vornehmen will (BGH ZEV 2012, 37 [38]). Dennoch wird in der Literatur – zu Recht – darauf verwiesen, dass bei der Vertragsgestaltung als sicherster Weg eine konkrete Pflegeverpflichtung (Leibrente oÄ) aufgenommen werden sollte (Nieder/Kössinger/*R. Kössinger* § 12 Rn. 12). Schwieriger zu beurteilen ist der Fall, in dem der Erblasser nicht seine eigene Altersversorgung, sondern die **Versorgung naher Angehöriger** sicherstellen will (sofern die Übertragung zur „angemessenen Altersversorgung des Erwerbers" nicht schon als entgeltlich gilt, → Anm. 10). Die spätere, dh nach Errichtung des Erbvertrages entstehende Einsicht, dass der Ehepartner oder ein Kind nicht ausreichend versorgt seien, ist nach Ansicht des BGH (BGHZ 77, 264 [269] = NJW 1980, 2307 [2308]; BGH WM 1977, 201; BGH NJW 1984, 731) nicht ausreichend, wenn das Versorgungsbedürfnis schon bei Abschluss des Erbvertrages gegeben war. Aus der Rechtsprechung sind kaum Fälle bekannt, in denen die Beachtlichkeit dieses Interes-

ses tatsächlich bejaht wurde. Der BGH (NJW-RR 1987, 2) hatte den Fall zu entscheiden, dass der pflegebedürftige Sohn als Schlusserbe eingesetzt war und durch die Zuwendung an die zweite Ehefrau die Pflege des Sohnes sichergestellt werden sollte. Weiter ging das OLG Köln (NJW-RR 1996, 327), das die Versorgung des überlebenden Ehegatten ausdrücklich als anerkennenswertes lebzeitiges Eigeninteresse gewertet hat. Diese Sicht trifft in der Literatur zunehmend auf Zustimmung (Nieder/Kössinger/*R. Kössinger* § 12 Rn. 13; Reimann/Bengel/J. Mayer/*J. Mayer* § 2287 Rn. 82).

Zu beachten ist schließlich, dass ein lebzeitiges Eigeninteresse – welcher Art auch immer – **nicht als Gegenleistung** anzuerkennen ist, so dass die Zuwendung weiterhin (zB im Rahmen des § 2325 BGB) unentgeltlich ist (Nieder/Kössinger/*R. Kössinger* § 12 Rn. 16).

12. Einwilligung des Vertragspartners bzw. Vertragserben. Sofern die Tatbestandsvoraussetzungen des § 2287 BGB vorliegen, kann die Mitwirkung des Vertragspartners bzw. Vertragserben mögliche Ansprüche ausschließen.

Nach Ansicht des BGH kann eine lebzeitig erklärte **Zustimmung des bedachten Vertragspartners** eines Erbvertrages zu einer ihn beeinträchtigenden lebzeitigen Verfügung den Anspruch aus § 2287 BGB ausschließen, wenn die Zustimmung in notarieller Form erfolgt. Der BGH hat dabei auf eine Analogie zur Form des Erbverzichts nach § 2348 BGB abgestellt (BGHZ 108, 252 = NJW 1989, 2618). Eine nur formlose Einwilligung kann ausnahmsweise den Arglisteinwand begründen (BGHZ 108, 252 = NJW 1989, 2618). Diese Entscheidung hat in der Literatur teilweise Zustimmung, teilweise aber auch Ablehnung erfahren (vgl. die Nachweise bei *Ivo* ZEV 2003, 101 [102]). ME dürfte weder eine formlose noch eine formgebundene „Zustimmung" ausreichen. Der Anspruch aus § 2287 BGB ist unmittelbare Folge der erbrechtlichen Bindung. Er kann daher auch nur in den vom Gesetz für die Änderung/Aufhebung der Bindungswirkung vorgesehenen Formen, dh Aufhebungs- bzw. Änderungsvertrag, beseitigt oder eingeschränkt werden (*Ivo* ZEV 2003, 101 [102]; *Damrau* FamRZ 1991, 552). Als Änderung des Erbvertrages wirkt diese Vereinbarung auch gegen etwaige Ersatzberufene (*Ivo* ZEV 2003, 101 [102]). Bei einem gemeinschaftlichen Testament stellt sich die Problematik nicht, da §§ 2287, 2288 BGB für wechselbezügliche Verfügungen erst dann entsprechend anwendbar ist, wenn diese nach dem Tod des einen Ehegatten bindend geworden sind (→ Anm. 11). Eine zu Lebzeiten beider Ehegatten vorgenommene Schenkung löst daher keinen Anspruch aus § 2287 BGB aus, auch wenn sie die Rechtsstellung des anderen Ehegatten beeinträchtigt.

Hinsichtlich der **Zustimmung des nicht bedachten Vertragspartners** ergeben sich keine Unterschiede (*Ivo* ZEV 2003, 101 [102]).

Schwieriger ist die Situation, wenn der Vertragspartner nicht mitwirken will oder kann (zB Vorversterben) und ein Dritter bindend bedacht ist. Für den **Bedachten, der nicht Vertragspartner ist,** sieht das Gesetz jedoch in §§ 2352, 2348 BGB die Möglichkeit vor, auf seine Zuwendung durch Vertrag mit dem Erblasser ganz oder teilweise zu verzichten. Er kann sich daher auch mit einer lebzeitigen Beeinträchtigung iSd §§ 2287, 2288 BGB einverstanden erklären (Staudinger/*Schotten* BGB § 2352 Rn. 14; *Damrau* FamRZ 1991, 552). Die Streitfrage, ob und unter welchen Voraussetzungen sich diese „Zustimmung" des Bedachten auch auf Ersatzberufene erstreckt (vgl. zum Streitstand und den Argumentationen die Ausführungen bei *Ivo* ZEV 2003, 101 [103]), hat sich durch die Neufassung des § 2352 S. 3 BGB für die praxishäufigsten Fälle geklärt. Aus der Verweisung auf § 2349 BGB ergibt sich, dass die Zustimmung von Abkömmlingen und Seitenverwandten zu lebzeitigen Zuwendungen auch für deren Abkömmlinge wirkt und diese somit nicht separat zustimmen müssen.

13. Steuern. Ehebedingte Zuwendungen werden im Steuerrecht nach den allgemeinen Kriterien des § 7 Abs. 1 Nr. 1 ErbStG als freigebige Zuwendung unter Lebenden beurteilt und unterfallen somit der Schenkungsteuer. Die erforderliche objektive Unentgeltlichkeit

der Leistung kann nach Auffassung der Finanzverwaltung nicht bereits deshalb verneint werden, weil der Zuwendung besondere Motive zugrunde liegen, wie etwa eine Zuwendung als „Ausgleich für geleistete Mitarbeit" des Ehegatten oder „angemessene Beteiligung an den Früchten des ehelichen Zusammenwirkens", RE 7.2 S. 3 ErbStR 2011.

Steuerfrei sind jedoch ausdrücklich gem. § 13 Abs. 1 Nr. 4a ErbStG Zuwendungen in Zusammenhang mit einem inländischen (oder in einem Mitgliedstaat der Europäischen Union oder einem Staat des Europäischen Wirtschaftsraums belegenen) Familienheim. Die Befreiung unterscheidet nicht danach, ob die Ehegatten im zivilrechtlichen Sinn eine Schenkung oder eine ehebedingte Zuwendung ausführen. Denn selbst bei einer ausdrücklich vereinbarten Schenkung wird regelmäßig auch die eheliche Lebens- und Wirtschaftsgemeinschaft gefördert. Für die Anwendung der Befreiungsvorschrift kommt es nicht darauf an, in welchem Güterstand die Ehegatten leben oder welchen Wert die Zuwendung hat. Die Befreiung kann während der Ehe mehrfach nacheinander in Anspruch genommen werden, wenn Zuwendungsgegenstand ein Familienheim ist. Eine Zuwendung ist nicht von der Schenkungsteuer befreit, wenn sie dazu führt, dass der bedachte Ehegatte gleichzeitig Eigentümer oder Miteigentümer mehrerer Familienheime wird (früherer R 43 Abs. 2 S. 6 ErbStR 2008; TGJG/*Jülicher* ErbStG § 13 Rn. 64). Das Haus oder die Eigentumswohnung muss im Zeitpunkt der Steuerentstehung eigenen Wohnzwecken dienen. Das ist dann gegeben, wenn das Objekt den Wohnzwecken der Eheleute und der zur Familie gehörenden Kinder dient; eine Mitbenutzung durch Enkelkinder, Eltern oder die Haushaltshilfe ist unschädlich (RE 13.3 Abs. 2 S. 6 ErbStR 2011). Unschädlich ist auch die unentgeltliche Überlassung von Teilen einer selbständigen Wohnung an nahe Verwandte, zB die Aufnahme der Eltern im Dachgeschoss. Die Eigennutzung setzt voraus, dass sich in dem Objekt der Mittelpunkt des familiären Lebens befinden muss. Ferien- und Wochenendhäuser sind deshalb nicht begünstigt (RE 13.3 Abs. 2 S. 4, 5 ErbStR 2011). Eine Behaltensfrist besteht hier – anders als bei der Zuwendung eines Familienwohnheims von Todes wegen nach § 13 Abs. 1 Nr. 4 b ErbStG – nicht, RE 13.3 Abs. 5 S. 5 ErbStR 2011. Die spätere Veräußerung oder Nutzungsänderung ist daher grundsätzlich unschädlich, sofern kein Missbrauch von Gestaltungsmöglichkeiten vorliegt (RE 13.3 Abs. 5 S. 6 ErbStR 2011). Dies kann etwa der Fall sein, wenn von vornherein eine Nutzungsänderung kurze Zeit nach der Zuwendung geplant ist.

Unschädlich ist eine Nutzung zu anderen als Wohnzwecken, wenn sie von untergeordneter Bedeutung (zB Arbeitszimmer) ist (RE 13.3 Abs. 2 S. 9 ErbStR 2011). Die unentgeltliche gewerbliche oder freiberufliche Mitbenutzung der Wohnung ist grundsätzlich unschädlich, wenn sie von untergeordneter Bedeutung ist (RE 13.3 Abs. 2 S. 10 ErbStR 2011); bei einer entgeltlichen gewerblichen oder freiberuflichen Mitbenutzung ist die Befreiung dagegen auf den eigenen Wohnzwecken dienenden Teil der Wohnung begrenzt (RE 13.3 Abs. 2 S. 11 ErbStR 2011).

Zur weiteren steuerlichen Behandlung der Grundstücksschenkung siehe → Form. I.III.2 Anm. 31.

Durch die Konstruktion einer sogenannten Ehegatteninnengesellschaft soll der schenkungsteuerfreie Vermögenstransfer unter Eheleuten ermöglicht werden. Eine solche Gesellschaft verfolgt den gemeinsamen Vermögensaufbau als konkludent vereinbarten eheüberschreitenden Zweck, zielt auf gleiche Vermögensbeteiligung und führt den Ausgleich einer unterschiedlichen Vermögensentwicklung durch nicht steuerbare gesellschaftsrechtliche Erfolgsbeiträge durch (näher hierzu mit Formulierungsvorschlag *Wall* ZEV 2007, 249 [253]).

Zu den Grundzügen des Erbschaft- und Schenkungsteuerrechts einschließlich der Ermittlung der erbschaft- und schenkungsteuerlichen Besteuerungsgrundlagen → Form. A.IV Kurzüberblick: Erbschaft- und Schenkungsteuerrecht.

14. Steuerliche Anzeigepflichten. Grundsätzlich sind alle Erwerbe, die der Erbschaftsteuer unterliegen, von den Erwerbern innerhalb einer Frist von drei Monaten nach erlangter Kenntnis des Anfalls gem. § 30 Abs. 1 ErbStG dem zuständigen Erbschaftsteuerfinanzamt anzuzeigen. Bei Schenkungen unter Lebenden ist gem. § 30 Abs. 2 ErbStG auch der Schenker zur Anzeige verpflichtet. Die Anzeigepflicht entfällt, wenn zB der Erwerb auf einer von einem deutschen Gericht oder Notar eröffneten Verfügung beruht (§ 30 Abs. 3 ErbStG).

Ein bundesweites Verzeichnis der örtlich zuständigen Finanzämter kann auf den Internetseiten des Bundeszentralamts für Steuern (www.bzst.de) abgefragt werden. Hier steht eine Suchfunktion zur Verfügung, mit der neben dem örtlich zuständigen Finanzamt weitere Angaben, wie zB abgegebene Aufgaben einzelner Finanzämter und besondere Zuständigkeitsregelungen, ermittelt werden können. Außerdem steht ein bundesweites Finanzamtsverzeichnis unter www.finanzamt.de nach Bundesländern sortiert zur Verfügung.

Das Finanzamt kann von jedem an einem Erbfall, an einer Schenkung oder an einer Zweckzuwendung Beteiligten innerhalb einer Erklärungsfrist von mindestens einem Monat die Abgabe einer Steuererklärung verlangen (§ 31 Abs. 1 ErbStG). Dabei spielt es keine Rolle, ob der Beteiligte selbst steuerpflichtig ist. Jeder Erwerber kann aber nur für seinen Erwerb zur Abgabe einer Erklärung verpflichtet werden. Bei mehreren Erben sind diese berechtigt, die Steuererklärung gemeinsam abzugeben (§ 31 Abs. 4 ErbStG). Dabei ist die Erklärung von allen Beteiligten zu unterschreiben.

Um alle erbschaftsteuerpflichtigen Fälle möglichst vollständig zu erfassen, sind Kreditinstitute, Vermögensverwahrer und -verwalter verpflichtet, innerhalb eines Monats ab Kenntnis vom Todesfall sämtliche Spar- und sonstigen Guthaben des Erblassers beim zuständigen Erbschaftsteuerfinanzamt anzuzeigen (§ 33 Abs. 1 ErbStG). Ebenso sind Versicherungsunternehmen verpflichtet, bevor sie Versicherungssummen oder Leibrenten einem anderen als dem Versicherungsnehmer auszahlen, hiervon dem Finanzamt gem. § 33 Abs. 3 ErbStG Anzeige zu erstatten.

Gerichte, Behörden, Beamte und Notare haben dem Erbschaftsteuerfinanzamt gem. § 34 ErbStG Anzeige über Beurkundungen, Zeugnisse und Anordnungen zu erstatten, die für die Festsetzung einer Erbschaftsteuer von Bedeutung sein können.

Zu den steuerlichen Beistandspflichten der Notare siehe auch das Schreiben des Bayerischen Landesamts für Steuern (derzeitiger Stand: Januar 2018).

Insbesondere haben gem. § 34 Abs. 2 ErbStG anzuzeigen

- Standesämter die Sterbefälle,
- Gerichte und Notare, die Erteilung von Erbscheinen, Europäischen Nachlasszeugnissen, Testamentsvollstreckerzeugnissen und Zeugnissen über die Fortsetzung der Gütergemeinschaft, die Beschlüsse über Todeserklärungen sowie die Anordnung von Nachlasspflegschaften und Nachlassverwaltungen
- Gerichte, Notare und deutsche Konsuln, die eröffneten Verfügungen von Todes wegen, die abgewickelten Erbauseinandersetzungen, die beurkundeten Vereinbarungen der Gütergemeinschaft und die beurkundeten Schenkungen und Zweckzuwendungen.

Des Weiteren haben Notare gem. § 8 Abs. 2 ErbStDV Rechtsgeschäfte anzuzeigen, die zum Teil oder der Form nach entgeltlich sind, bei denen aber Anhaltspunkte dafür vorliegen, dass eine Schenkung oder Zweckzuwendung unter Lebenden vorliegt.

Um dem Finanzamt in jedem Fall die Prüfung der Steuerpflicht zu ermöglichen, sind derartige Rechtsgeschäfte immer schon dann anzuzeigen, wenn eine Vermutung für eine freigebige Zuwendung besteht. Insbesondere sind anzeigepflichtig:

- Grundstücksüberlassungsverträge oder die Übertragung sonstiger Vermögensgegenstände zwischen Eheleuten, Lebenspartnern, Eltern und Kindern oder sonstigen Angehörigen (in Frage kommen zB Teilschenkungen in der Form von Veräußerungsverträgen, wenn das Entgelt unter dem Verkehrswert des veräußerten Gegenstandes liegt oder als Gegenleistung ein Wohn- oder Verpflegungsrecht usw eingeräumt wird),

- die Vereinbarung der Gütergemeinschaft (§ 1415 BGB, § 7 LPartG) hinsichtlich der Bereicherung, die ein Ehegatte oder Lebenspartner erfährt,
- vorgezogene Erbregelungen und Geschäfte, welche die vorzeitige Befriedigung von Pflichtteilsansprüchen oder Anwartschaften auf eine Nacherbfolge, die Abfindung für die Ausschlagung einer Erbschaft oder eines Vermächtnisses, die Abfindung für den Verzicht auf einen entstandenen Pflichtteilsanspruch oder für einen Erbverzicht sowie die entgeltliche Übertragung der Anwartschaft von Nacherben zum Gegenstand haben,
- Zuwendungen unter Ehegatten oder Lebenspartnern, wenn als Rechtsgrund auf die Ehe oder Lebenspartnerschaft Bezug genommen wird (sog. unbenannte oder ehebedingte Zuwendung),
- die Beteiligung naher Angehöriger an einem Unternehmen (Familiengesellschaft – OHG, KG usw),
- die Übertragung von GmbH-Anteilen oder anderen Anteilen an Kapitalgesellschaften, insbesondere unter Angehörigen, wenn Anhaltspunkte dafür bestehen, dass ein etwaiges Entgelt unter dem gemeinen Wert (Verkehrswert) des Geschäftsanteils liegt,
- die Bestellung von Hypotheken oder sonstigen Grundpfandrechten und deren Abtretung zugunsten naher Angehöriger, falls der Schuldgrund nicht einwandfrei ersichtlich ist,
- Leistungen zwischen Kapitalgesellschaften, insbesondere Familiengesellschaften, und Gesellschaftern (zB verdeckte Einlagen, Kapitalerhöhungen gegen zu geringes oder zu hohes Aufgeld).

15. Kosten. Die Bewertung des zu übertragenden Grundstücks erfolgt nach § 46 GNotKG. Aus dem so ermittelten Wert fällt eine 2,0-Gebühr nach Nr. 21100 KV GNotKG an.

3. Ehebedingte Zuwendung unter Anrechnung auf Zugewinnausgleichs- und Pflichtteilsansprüche

§ . . . . . . Rechtsgrund[1, 9, 10]

1. Die Überlassung erfolgt als ehebedingte Zuwendung, die allein der Verwirklichung der ehelichen Lebensgemeinschaft dient.

2. Die Behandlung der ehebedingten Zuwendung im Rahmen des Zugewinnausgleichs hat der Notar mit den Beteiligten erörtert. Den Beteiligten ist bekannt, dass § 1374 Abs. 2 BGB auf diese Zuwendung keine Anwendung findet. Der Erwerber hat sich die Zuwendung nach § 1380 BGB[2] auf eine etwaige Zugewinnausgleichsforderung anrechnen zu lassen,[3] soweit eine Anrechnung nicht schon auf den Pflichtteil erfolgt.[4]

3. Die Vereinbarung von Rechten für den Veräußerer, wie zB eines Nießbrauchs- oder Wohnungsrechts, wird durch die Beteiligten nicht gewünscht. Auch sollen keine Rückforderungsrechte für den Veräußerer, insbesondere für den Fall des Vorversterbens oder der Scheidung, vereinbart werden. Die Beteiligten sind darüber einig, dass eine Rückforderung der heutigen Zuwendung aus jedem Rechtsgrund ausgeschlossen ist.

4. Der Erwerber hat sich den Wert[5] der heutigen Zuwendung auf seinen Pflichtteil[6] nach dem Veräußerer anrechnen[7] zu lassen.
Die Pflichtteilsanrechnung ist bei der übergegangenen Unterhaltsverpflichtung nach § 1586b BGB nicht zu berücksichtigen.[8]

Anmerkungen

1. Sachverhalt. Der Ehemann möchte eine Immobilie auf die Ehefrau übertragen. Die Besonderheit besteht darin, dass es sich für den Ehemann um die zweite Ehe handelt. Er hat mit seiner vorverstorbenen ersten Ehefrau einen Erbvertrag geschlossen, in dem seine Tochter bindend und ohne Änderungsmöglichkeit bzw. Schenkungsvorbehalt zur Schlusserbin eingesetzt wurde. Eine Entgeltlichkeit der Übertragung, wie in → Form. I.I.2 Anm. 10 erwähnt, ist nicht gegeben.

2. Berechnung des Zugewinns. Bei der Ermittlung des Zugewinns ist die ehebedingte Zuwendung nicht gemäß § 1374 Abs. 2 BGB dem Anfangsvermögen des Erwerbers hinzuzurechnen (BGHZ 82, 229 = NJW 1982, 1093 [1094]). Gemäß § 1380 Abs. 2 S. 1 BGB wird der Wert der Zuwendung (maßgeblich ist der unter Berücksichtigung des Kaufkraftschwundes hochgerechnete Wert zum Zeitpunkt der Zuwendung, § 1380 Abs. 2 S. 2 BGB) dem Zugewinn des Ehegatten hinzugerechnet, der die Zuwendung gemacht hat. Nach Ansicht der Rechtsprechung (BGHZ 82, 229 = NJW 1982, 1093) hat dies zur Folge, dass der Wert der Zuwendung beim Endvermögen des Empfängers in Abzug zu bringen ist. Auf Basis der so ermittelten Endvermögen wird dann die Ausgleichsforderung berechnet, von der der Wert der Zuwendung in Abzug zu bringen ist.

Nach der genannten Rechtsprechung kommt § 1380 BGB nicht zur Anwendung, wenn ein Fall der sog. überhöhten Vorwegleistung vorliegt, also der Wert der Zuwendung den unter Berücksichtigung des § 1380 BGB ermittelten Ausgleichsanspruch des Empfängerehegatten übersteigt. Auf diese Weise wird der Gesamtzugewinn hälftig geteilt (vgl. mit Berechnungsbeispiel *Langenfeld/Milzer* Handbuch der Eheverträge und Scheidungsvereinbarungen Rn. 776 ff.).

Diese (grundsätzlich gewünschte) hälftige Teilung des Gesamtzugewinns findet uU dann nicht statt, wenn die Zuwendung im Endvermögen des Empfängers durch Verbindlichkeiten kompensiert wird oder die Zuwendung aus dem Anfangsvermögen des Veräußerers stammt. Im Einzelfall ist dabei umstritten, ob das Ergebnis über § 242 BGB zu berichtigen ist (vgl. ausführlich BeckFormB FamR/*Münch* → Form. J.I.2 und 3).

Die Folgen der Anrechnungsbestimmung lassen sich somit im Vorfeld nicht genau bestimmen, da die Wirkung vor allem von der weiteren Vermögensentwicklung bei den Ehegatten abhängt.

3. Auswirkungen im Rahmen des § 2287 BGB. Der Bereicherungsanspruch aus § 2287 BGB (vgl. zu den weiteren Anspruchsvoraussetzungen → Form. I.I.2 Anm. 11) setzt eine **objektive Beeinträchtigung** der Erberwartung des Vertragserben voraus. Nach verbreiteter Auffassung scheidet eine objektive Beeinträchtigung aus, wenn und soweit sich der Erblasser im Erbvertrag bzw. im gemeinschaftlichen Testament die Aufhebung oder **Änderung seiner letztwilligen Verfügungen vorbehalten** hat (BeckOK BGB/*Litzenburger*, 47. Edition, § 2287 Rn. 7). Der Änderungsvorbehalt des Erblassers schließt die Rechtsfolgen des § 2289 BGB aus. Sofern neue letztwillige Verfügungen wirksam wären, besteht auch kein Bedürfnis, den Erben vor lebzeitigen Verfügungen zu schützen. Aus diesem Grund greift § 2287 BGB auch dann nicht ein, wenn ein im Erbvertrag vorbehaltenes Vermächtnis schon zu Lebzeiten vom Erblasser erfüllt wird (Soergel/*Wolf* BGB § 2287 Rn. 10; BGHZ 97, 188 [194] = NJW 1986, 1755 [1756]).

An einer objektiven Beeinträchtigung fehlt es anerkanntermaßen auch bei **Zuwendungen ohne echte Wertverschiebung.** Schutzzweck des § 2287 BGB ist es, das Vertrauen des Vertragserben auf Erhalt des Nachlasswertes zu bewahren; das Vertrauen auf eine bestimmte gegenständliche Nachlasszusammensetzung wird dagegen nicht geschützt (Reimann/Bengel/J. Mayer/*J. Mayer* § 2287 Rn. 2). Nach der Rechtsprechung des BGH (BGHZ 82, 274 [278] = NJW 1982, 43 [44]) scheidet daher eine Beeinträchtigung des

bindend eingesetzten Schlussmiterben iSd § 2287 BGB aus, wenn der Erblasser bereits zu Lebzeiten im Wege der vorweggenommenen Erbfolge Vermögen an einen anderen Schlussmiterben überträgt, soweit dabei durch Ausgleichungsanordnung sichergestellt wird, dass letztlich alle Schlussmiterben das bekommen, was ihnen nach der vorgesehenen Erbquote wertmäßig zustünde. Da eine Ausgleichungspflicht gemäß § 2050 BGB nur zwischen Abkömmlingen angeordnet werden kann, scheidet dieser Weg bei Ehegattenzuwendungen aus. Darüber hinaus hat es der BGH (BGHZ 82, 274 [279] = NJW 1982, 43 [44]) sogar für zulässig erachtet, dem einzelnen Schlussmiterben durch lebzeitige Verfügung mehr Vermögen zukommen zu lassen, als es dem Wert des Erbteils des betreffenden Schlussmiterben entspricht, soweit dieser nur gleichzeitig verpflichtet wird, dem bzw. den anderen Schlussmiterben einen entsprechenden Ausgleich aus dem eigenen Vermögen zukommen zu lassen (vgl. dazu *Spellenberg* NJW 1986, 2531 [2534] mwN). Wenn der Zuwendungsempfänger eine Zahlungsverpflichtung aus dem eigenen Vermögen übernimmt, wäre es aber eigentlich konsequent, von einer teilentgeltlichen Leitung auszugehen (so auch *Spellenberg* NJW 1986, 2531 [2534]). Da der zu bedenkende Ehepartner in der Regel nicht als Schlussmiterbe eingesetzt sein wird, müsste er sich somit verpflichten, den vollen Verkehrswert zu bezahlen; gerade dies kann und wird meist nicht gewollt bzw. möglich sein.

Eine objektive Beeinträchtigung fehlt nach Ansicht der Rechtsprechung, die von der Literatur weitgehend geteilt wird, aber auch, wenn die Zuwendung an einen Pflichtteilsberechtigten erfolgt und zur **Deckung seines Pflichtteils** (vgl. allg. zur Pflichtteilsberechnung in Abhängigkeit vom Güterstand → Form. I.I.5 Anm. 4) geeignet ist. Der Vertragserbe muss von vornherein mit der Pflichtteilslast rechnen und die Pflichtteilsansprüche grundsätzlich vorrangig vor einer eigenen Entnahme aus dem Nachlass erfüllen, vgl. §§ 1991 Abs. 4, 1992 BGB iVm § 324 InsO. Erreicht der Wert der Zuwendung den Pflichtteil nicht, fehlt es daher jedenfalls dann an einer Beeinträchtigung des Vertragserben, wenn eine wirksame Anrechnung der Zuwendung auf den Pflichtteil des Erwerbers nach § 2315 BGB (→ Anm. 7) angeordnet wurde (Reimann/Bengel/J. Mayer/*J. Mayer* § 2287 Rn. 41; weiter MüKoBGB/*Musielak* § 2287 Rn. 10, der eine objektive Beeinträchtigung bei Zuwendungen, deren Wert den Pflichtteil nicht erreicht, generell ausschließt). Soweit der Schenkungswert den Pflichtteil übersteigt, ist der Anspruch aus § 2287 Abs. 1 BGB auf das beschränkt, was nach „Begleichung" des Pflichtteils dem Beschenkten übrig bleibt (Reimann/Bengel/J. Mayer/*J. Mayer* BGB § 2287 Rn. 41; NK-BGB/*Seiler/Horn* § 2287 Rn. 30). Eine objektive Beeinträchtigung dürfte ferner – soweit der Schenkungswert den Pflichtteil nicht übersteigt – auch dann nicht vorliegen, wenn der Pflichtteilsberechtigte für die Zuwendung einen (im Todeszeitpunkt nicht aufgehobenen) Pflichtteilsverzicht erklärt, da dann der Vertragserbe von vornherein nicht mehr mit etwaigen Pflichtteilsansprüchen rechnen muss und somit nicht schlechter steht, als wenn die Zuwendung nicht erfolgt, dafür aber auch kein Pflichtteilsverzicht abgegeben worden wäre. Dies folgt in einem Erst-Recht-Schluss aus der Rechtsprechung des BGH, der eine Beeinträchtigung sogar dann ablehnt, wenn der beschenkte Pflichtteilsberechtigte vor der Zuwendung schon auf sein gesetzliches Erb- und Pflichtteilsrecht verzichtet hatte, weil der Erbverzicht nach § 2351 BGB wieder aufgehoben werden könne. Der Schutz des Vertragserben ist demnach „so weit, wie dem Erblasser der Weg des § 2351 BGB offen gestanden hätte", eingeschränkt (BGHZ 7, 264 = NJW 1980, 2307 [2308]; wohl zustimmend: MüKoBGB/*Musielak* § 2287 Rn. 10). Die Rechtsprechung gelangt aber selbst dann, wenn weder ein Pflichtteilsverzicht seitens des beschenkten Pflichtteilsberechtigten abgegeben noch eine Anordnung des Erblassers zur Anrechnung des Geschenks auf den Pflichtteil nach § 2315 BGB getroffen wurde, zu einem ähnlichen Ergebnis. In diesem Fall erfüllt die Zuwendung zwar (anders als nach Ansicht von MüKoBGB/*Musielak* § 2287 Rn. 10) den Tatbestand des § 2287 BGB, so dass dem Vertragserben ein Konditionsanspruch zusteht. Der Empfänger der Zuwendung hat jedoch nach wie vor

seinen Pflichtteilsanspruch, so dass der aus § 2287 BGB Berechtigte seinen Herausgabeanspruch nur Zug um Zug gegen Zahlung des Pflichtteils an den Beschenkten geltend machen kann (BGHZ 8, 269 = NJW 1984, 121 [122]). Allerdings sollte man sich bei der Vertragsgestaltung nicht auf diese Einrede verlassen und durch eine Anrechnungsbestimmung (bzw. einen beschränkten Pflichtteilsverzicht) schon den Tatbestand des § 2287 BGB ausschließen.

Schließlich ist bei Zuwendungen an einen Ehegatten noch zu berücksichtigen, dass diesem – sofern das Ehepaar im gesetzlichen Güterstand verheiratet ist – auch der Anspruch auf **Zugewinnausgleich** zusteht, der vom Vertragserben zu erfüllen wäre (BGH NJW-RR 1996, 133 [134]; NK-BGB/*Seiler/Horn* § 2287 Rn. 30). Eine Zuwendung in einem Umfang, der dem Ehegatten nach einer zulässigen familienrechtlichen Maßnahme kraft Gesetzes zusteht (zB in Höhe des Zugewinnausgleichs nach Vereinbarung der Gütertrennung), beeinträchtigt nun die berechtigten Erberwartungen des Vertragserben nicht und führt deshalb nicht zu einem Anspruch nach § 2287 BGB (Staudinger/*Kanzleiter* BGB § 2287 Rn. 4). Es wird in dieser Konstellation auch nicht für erforderlich gehalten, dass vorher Gütertrennung vereinbart wird (Staudinger/*Kanzleiter* BGB § 2287 Rn. 4; Reimann/Bengel/J. Mayer/*J. Mayer* BGB § 2287 Rn. 41). Dem ist zuzustimmen, da es – anders als im Rahmen des § 2325 BGB (→ Form. I.I.6 Anm. 3) – nicht um die Frage der Entgeltlichkeit der Zuwendung geht, sondern um das Vorliegen einer objektiven Beeinträchtigung. Erforderlich dürfte es aber sein, dass eine entsprechende Anrechnungsbestimmung nach § 1380 Abs. 1 BGB getroffen wird. Denn anderenfalls hätte der bedachte Ehegatte im Erbfall trotz der Zuwendung ungeschmälerte Zugewinnausgleichsansprüche. Ob die oben zitierte Rechtsprechung (BGHZ 8, 269 = NJW 1984, 121 [122]) zur Rechtslage bei fehlender Anrechnung auf den Pflichtteil auf den Zugewinnausgleich übertragen werden kann, ist derzeit aber noch nicht geklärt.

In dem geschilderten Fall sind daher die Pflichtteilsanrechnung und die Anrechnung auf die Zugewinnausgleichforderung geeignet, Ansprüche der bindend eingesetzten Tochter aus erster Ehe aus § 2287 BGB auszuschließen, soweit der Wert der Zuwendung den Pflichtteil und den Zugewinnausgleich nicht übersteigt.

4. Zum Verhältnis von § 1380 BGB zu § 2315 BGB. Bei Zuwendungen an den Ehegatten kommen zwei Anrechnungsmöglichkeiten in Betracht, wenn die Ehegatten im gesetzlichen Güterstand der Zugewinngemeinschaft verheiratet sind: die Anrechnung auf die Zugewinnausgleichsforderung gemäß § 1380 BGB auf der einen Seite und die Anrechnung auf den Pflichtteil nach § 2315 BGB (→ Anm. 5, 7) auf der anderen Seite. Fest steht, dass es dem Veräußerer frei steht zu bestimmen, ob der Wert der Zuwendung auf den Pflichtteil, auf die Zugewinnausgleichsforderung oder teilweise auf beide Ansprüche angerechnet werden soll (BeckOK BGB/*Müller-Engels*, 47. Ed., § 2315 Rn. 20). Weiter besteht Einigkeit darüber, dass eine **Doppelanrechnung ausgeschlossen** ist (BeckOK BGB/*Müller-Engels*, 47. Ed., § 2315 Rn. 20). Soll auf beide Ansprüche angerechnet werden, so bestimmt sich die Reihenfolge grundsätzlich nach den Bestimmungen des Veräußerers. Fehlt eine ausdrückliche Klarstellung der Reihenfolge, geht die hM davon aus, dass erst der Pflichtteilsanspruch zu kürzen ist (Soergel/*Dieckmann* BGB § 2315 Rn. 21; ausführlich zu dem gesamten Problemkreis auch MüKoBGB/*Lange* § 2315 Rn. 31).

5. Wert der Anrechnung. Nach § 2315 Abs. 2 S. 2 BGB bestimmt sich der Wert der anzurechnenden Zuwendung nach dem Zeitpunkt der Zuwendung. Bei einem gestreckten Erwerbstatbestand ist dies der Zeitpunkt der Vollendung des dinglichen Erwerbs (BeckOK BGB/*Müller-Engels*, 47. Ed., § 2315 Rn. 14). Ein etwaiger Kaufkraftschwund ist zu berücksichtigen. Unstreitig ist, dass der Erblasser den Anrechnungswert auch niedriger ansetzen kann als den Verkehrswert, da er auf eine Anrechnung auch insgesamt verzichten könnte (BeckOK BGB/*Müller-Engels*, 47. Ed., § 2315 Rn. 16). Soll ein höherer

Wert angerechnet werden, so kann dies nur über einen (beschränkten) Pflichtteilsverzicht unter Berücksichtigung der spezifischen Formerfordernisse erfolgen (→ Form. I.II.6–10). Teilweise wird empfohlen, den Wert der Zuwendung ausdrücklich in die Urkunde aufzunehmen, um spätere Streitigkeiten zu vermeiden (früher BeckNotarHdB/*Jerschke* A.V. Rn. 82; in der aktuellen Auflage bei BeckNotarHdB/*Krauß* A.V. Rn. 99 ff. nicht mehr erwähnt). Sind Gegenleistungen vereinbart, müsste auch deren Wert angegeben werden, da die Pflichtteilsanrechnung bei teilentgeltlichen Zuwendungen nur die Differenz zwischen Verkehrswert und Gegenleistung erfasst (BeckOK BGB/*Müller-Engels*, 47. Ed., § 2315 Rn. 3).

6. Pflichtteilsergänzungsansprüche Dritter. Zu betonen ist, dass die in → Anm. 3 genannte Rechtsprechung und Literatur zur Frage der Übertragung von Vermögenswerten zur „Abgeltung des Pflichtteils" im Rahmen des § 2287 BGB an die fehlende objektive Beeinträchtigung des Vertragserben anknüpft, nicht aber an die Frage der Entgeltlichkeit bzw. Unentgeltlichkeit der Zuwendung. Insoweit sei der Vollständigkeit halber angemerkt, dass die Frage der Entgeltlichkeit einer für einen Erb- und/oder Pflichtteilsverzicht gegebenen Abfindung außerordentlich umstritten ist. Der BGH (BGHZ 113, 393 = NJW 1991, 1610) hat zu § 3 AnfG entschieden, dass der Verzicht auf den Pflichtteil in aller Regel keine Gegenleistung sei, die die Verfügung des Schuldners zu einer entgeltlichen mache (zustimmend Staudinger/*Schotten* BGB § 2346 Rn. 124; NK-BGB/*Beck/Kroiß* § 2346 Rn. 26; aA Soergel/*Damrau* BGB § 2346 Rn. 3, jeweils mwN). Pflichtteilsergänzungsansprüche Dritter dürften daher durch den bloßen Erb- und/oder Pflichtteilsverzicht (ohne weitere „echte Gegenleistungen") nicht ausgeschlossen werden können.

7. Pflichtteilsanrechnung. Nach § 2315 BGB hat sich der Pflichtteilsberechtigte auf den Pflichtteil anrechnen zu lassen, was ihm von dem Erblasser durch Rechtsgeschäft unter Lebenden mit der Bestimmung zugewendet worden ist, dass es auf den Pflichtteil angerechnet werden soll. Im Gegensatz zur Ausgleichung (§§ 2050 ff., 2316 BGB) ist die Pflichtteilsanrechnung bei allen Personen, die nach § 2303 BGB abstrakt pflichtteilsberechtigt sind, möglich; die Pflichtteilsanrechnung ist daher **auch bei Ehegattenzuwendungen** möglich. Die Pflichtteilsanrechnung mindert den Pflichtteil des Zuwendungsempfängers, ohne sich auf die Pflichtteile der anderen Pflichtteilsberechtigten auszuwirken. Insgesamt werden daher die Erben entlastet, da sich die gesamte Pflichtteilslast mindert (Soergel/*Dieckmann* BGB § 2315 Rn. 1).

Anrechnungspflichtig sind nur **freigiebige Zuwendungen** des Erblassers, worunter man das freiwillige Verschaffen eines Vorteils, wodurch das Vermögen des Erblassers gemindert wird, versteht (BeckOK BGB/*Müller-Engels*, 47. Ed., § 2315 Rn. 3). Der Begriff ist somit weiter als der der Schenkung in § 516 BGB. Ehebedingte Zuwendungen werden von § 2315 BGB erfasst, soweit sie objektiv unentgeltlich sind und im Erbrecht wie eine Schenkung zu behandeln sind (ohne ausdrücklich auf § 2315 BGB Bezug zu nehmen: BGHZ 116, 167 [170] = NJW 1992, 564).

Die **Anrechnungsbestimmung** ist eine einseitige, empfangsbedürftige Willenserklärung. Die Anrechnung hat vor oder spätestens mit der Zuwendung zu erfolgen und ist formfrei, soweit nicht das der Zuwendung zugrundeliegende Kausalgeschäft formbedürftig ist (BeckOK BGB/*Müller-Engels*, 47. Ed., § 2315 Rn. 7; Staudinger/*Otte* BGB § 2315 Rn. 15; *Thubauville* MittRhNotK 1992, 289 [297]). Ob die Anrechnungsbestimmung dem Empfänger nur zugehen muss oder diesem auch „zu Bewusstsein kommen" muss, ist umstritten (vgl. die Nachweise bei *Thubauville* MittRhNotK 1992, 289 [297]); bei notarieller Beurkundung und der damit zusammenhängenden Belehrung der Beteiligten kann diese Frage aber dahinstehen.

Die Berechnung des geminderten Pflichtteils erfolgt nach § 2315 Abs. 2 S. 1 BGB. Der nach § 2315 Abs. 2 S. 2 BGB berechnete Wert der Zuwendung wird dem nach § 2311 BGB berechneten Nachlass hinzugerechnet. Dieser sog. Anrechnungsnachlass wird

anschließend mit der Pflichtteilsquote des Anrechnungsverpflichteten (unter Berücksichtigung von §§ 2310, 1371 BGB) multipliziert. Der effektive Pflichtteilsanspruch ergibt sich schließlich, indem man von dem eben ermittelten Anrechnungspflichtteil den Wert der Zuwendung subtrahiert (vgl. detailliert Staudinger/*Otte* BGB § 2315 Rn. 36 ff.).

8. Auswirkungen im Rahmen des § 1586b BGB. Vgl. zu § 1586b BGB die Ausführungen in → Form. F.III.2 Anm. 2. Ob sich die Anrechnung auch auf den Anspruch des überlebenden Ehegatten bei Scheidung der Ehe auswirkt, sollte zur Vermeidung von Auslegungsfragen klargestellt werden.

9. Steuern. Siehe dazu die Ausführungen unter → Form. I.I.2.
Zu den Grundzügen des Erbschaft- und Schenkungsteuerrechts einschließlich der Ermittlung der erbschaft- und schenkungsteuerlichen Besteuerungsgrundlagen → Form. A.IV Kurzüberblick: Erbschaft- und Schenkungsteuerrecht.

10. Kosten. Siehe dazu die Ausführungen unter → Form. I.I.2 Anm. 15. Die Pflichtteilsanrechnungsbestimmung ist als Durchführungserklärung nach § 109 Abs. 1 GNotKG nicht gesondert zu bewerten.

4. Ehebedingte Zuwendung mit Rückforderungsrecht

[Notarieller Urkundeneingang]

§ . . . . . Rechtsgrund, Rückforderungsrecht[1, 6, 7]

1. Die Überlassung erfolgt als ehebedingte Zuwendung, die allein der Verwirklichung der ehelichen Lebensgemeinschaft dient.

2. Der Erwerber verpflichtet sich, den vertragsgegenständlichen Grundbesitz an den Veräußerer – im Folgenden „Berechtigter“ genannt – zum Alleineigentum zu übertragen und zu übereignen.
Der Berechtigte kann das Verlangen stellen, wenn[2]

a) das Eigentum am vertragsgegenständlichen Grundbesitz (ganz oder teilweise) ohne Zustimmung des Berechtigten auf eine andere Person (auch kraft Gesetzes oder im Wege der Erbfolge[3]) übergeht. Entsprechendes gilt, wenn sich der Erwerber hierzu verpflichtet. Klargestellt wird, dass das Verlangen auch gestellt werden kann, wenn der Erwerber eine Gesamthandsgemeinschaft oder eine Einbringungsverpflichtung begründet, welche den Grundbesitz erfasst; oder

b) der vertragsgegenständliche Grundbesitz ohne Zustimmung des Berechtigten mit Grundpfandrechten belastet wird; oder

c) die Zwangsvollstreckung in den vertragsgegenständlichen Grundbesitz oder einen Teil hiervon betrieben wird und nicht innerhalb von drei Monaten wieder aufgehoben wird; oder

d) über das Vermögen des Erwerbers oder eines Gesamtrechtsnachfolgers nach diesem ein Insolvenzverfahren eröffnet oder die Eröffnung mangels Masse abgelehnt wird; oder

e) einer der Vertragsteile Antrag auf Scheidung der zwischen den Beteiligten bestehenden Ehe stellt (maßgeblich ist die Rechtshängigkeit des Scheidungsantrags) oder ein anderes Verfahren, das auf eine Auflösung der Ehe durch gerichtliche Entscheidung gerichtet ist, durch einen Ehegatten rechtshängig gemacht wird.

3. Für die Rückübertragung gelten die nachfolgenden Bestimmungen:[4]
   a) Das Übertragungsverlangen kann jeweils nur innerhalb einer Frist von sechs Monaten ab Kenntnis des Berechtigten vom Vorliegen der Voraussetzungen des Übertragungsrechtes gestellt werden. Für die Bedingung in Ziffer 1e endet die Frist jedoch nicht vor Rechtskraft des Scheidungs- bzw. Auflösungsurteils. Mit Ablauf der Frist erlischt das Recht, die Rückforderung zu verlangen, endgültig, auch wenn später ein anderer Fall eintritt, der zur Übertragung berechtigt hätte.
   Das Übertragungsverlangen ist mindestens in Schriftform gegenüber dem Übertragungsverpflichteten geltend zu machen (maßgebend für die Rechtzeitigkeit ist der Zugang beim Empfänger).
   Der Anspruch ist höchstpersönlich. Er ist nicht vererblich und nicht übertragbar. Den Beteiligten ist bekannt, dass dadurch die Pfändbarkeit nicht ausgeschlossen werden kann.
   Ist das Übertragungsverlangen mindestens in Schriftform geltend gemacht, entsteht ein vererblicher und übertragbarer Übereignungsanspruch.
   b) Alle bei der Rückübertragung anfallenden Kosten und Verkehrsteuern trägt ......
   Dem Verpflichteten sind Zug um Zug mit der Rückübertragung solche Aufwendungen – hierzu gehört auch die Schuldentilgung (nicht aber die Zinszahlung) – auf den Vertragsgegenstand zu ersetzen, die nach Eheschließung getätigt wurden und die bei Stellung des Übertragungsverlangens den Wert des Vertragsgegenstandes noch erhöhen.
   Grundstücksbelastungen muss der Übertragungsempfänger nur übernehmen, wenn diese entweder Rang vor der nachstehend bestellten Auflassungsvormerkung haben oder dieser gegenüber wirksam sind bzw. mit Zustimmung des Übertragungsempfängers bestellt wurden.
   Grundstücksbelastungen in Abteilung III des Grundbuchs muss der Übertragungsempfänger auch bei Vorliegen der vorgenannten Voraussetzungen nur übernehmen, soweit diese entweder zur Sicherung von Darlehensverbindlichkeiten im Zusammenhang mit Aufwendungen auf den vertragsgegenständlichen Grundbesitz (inklusive der aufstehenden Gebäude) dienen oder zur Sicherung von Darlehensverbindlichkeiten des heutigen Veräußerers oder des Übertragungsempfängers. In diesem Fall hat der Übertragungsempfänger auch die Darlehensverbindlichkeiten in schuldbefreiender Weise mit Wirkung ab dem Tag der Geltendmachung des Übertragungsverlangens zu übernehmen, soweit er nicht bereits Schuldner ist. Kann eine schuldbefreiende Übernahme nicht erreicht werden, hat der Übertragungsempfänger den Schuldner im Innenverhältnis von der Inanspruchnahme freizustellen. Im Falle der Übernahme von gesicherten Verbindlichkeiten, die im Zusammenhang mit Aufwendungen auf den vertragsgegenständlichen Grundbesitz stehen, ist der Wert dieser Verbindlichkeiten auf die Ausgleichspflicht für etwaige Wertsteigerungen anzurechnen.
   Mit der Übertragung hat der Verpflichtete auch sämtliche Eigentümerrechte an zu übernehmenden Grundpfandrechten an den Übertragungsempfänger abzutreten. Zweckbestimmungserklärungen zu den zu übernehmenden Grundpfandrechten sind dahingehend zu ändern, dass diese nur noch Verbindlichkeiten des Übertragungsempfängers absichern.
   Im Übrigen schuldet der Übertragungsempfänger keinerlei Gegenleistung.
4. Zur Sicherung des bedingten Übertragungsanspruchs des Berechtigten
   bewilligen und beantragen
   die Vertragsteile im Grundbuch die Eintragung einer Auflassungsvormerkung für den Berechtigten am Vertragsobjekt, deren Wirkungen mit dem Tod des Berechtigten erlöschen sollen. Vorsorglich wird der Erwerber bevollmächtigt, unter Vorlage einer Sterbeurkunde des Berechtigten die Löschung zu bewilligen und zu beantragen.

Die Auflassungsvormerkung hat nächstoffene Rangstelle zu erhalten.
Auf die Auswirkungen der Vormerkung auf die Veräußerbarkeit und die Beleihbarkeit wurde hingewiesen; ebenso darauf, dass bei Geltendmachung des Rückübereignungsanspruches Aufwendungen des Erwerbers auf den Vertragsgegenstand verloren sein können.

5. **Der gesetzliche Zugewinnausgleich[5] findet auf der Basis der Vermögenslage, die nach Rückforderung des Vertragsgegenstandes aufgrund des in Ziffern (1) bis (3) geregelten Rückforderungsrechts (inklusive Übernahme etwaiger Verbindlichkeiten und Erstattung von Aufwendungen) besteht, statt. Bei Durchführung des Zugewinnausgleichs sind das vertragsgegenständliche Grundstück und die ersetzten Aufwendungen so im Anfangsvermögen des jeweiligen Ehegatten zu berücksichtigen, wie sie vor Übertragung bzw. Aufwendung im Anfangsvermögen zu berücksichtigen gewesen wären. Der Notar hat darauf hingewiesen, dass es bei Durchführung des Zugewinnausgleichs nicht immer zu einem vollen Ausgleich kommt.**
6. **Soweit eine Rückübertragung gemäß den vorstehenden Bestimmungen nicht erfolgt, hat sich der Erwerber den Wert der heutigen Zuwendung auf seinen Pflichtteil nach dem Veräußerer anrechnen zu lassen. Der Erwerber hat sich die Zuwendung nach § 1380 BGB auf eine etwaige Zugewinnausgleichsforderung anrechnen zu lassen, soweit eine Anrechnung nicht schon auf den Pflichtteil erfolgt.**
   Die Pflichtteilsanrechnung ist bei der übergegangenen Unterhaltsverpflichtung nach § 1586b BGB nicht zu berücksichtigen.
7. **Die Rückübertragung des vertragsgegenständlichen Grundbesitzes kann vom Veräußerer nur verlangt werden aufgrund der vorstehenden Bestimmungen. Rückforderungsrechte aus anderen Gesichtspunkten sind ausgeschlossen.**
8. **Die Vereinbarung von weiteren Rechten für den Veräußerer, wie zB eines Nießbrauchs- oder eines Wohnungsrechts, wird durch die Beteiligten nicht gewünscht.**

Anmerkungen

1. Rückforderungsrecht. Das vertraglich vorbehaltene Rückforderungsrecht des Übergebers spielt – im Gegensatz zu Nießbrauch und Wohnungsrecht – bei Ehegattenzuwendungen eine bedeutendere Rolle. Mit diesem sollen die sich aus der schwer einschätzbaren gesetzlichen Regelung ergebenden Folgen für die Beteiligten „berechenbar" werden. Für die Gestaltung (insbesondere für die Frage, welche Rückforderungsgründe vereinbart werden) spielt dabei die Motivationslage der Beteiligten eine besondere Rolle. Insbesondere dann, wenn Vermögen zur Vermeidung eines Gläubigerzugriffs übertragen wird, ist kritisch zu prüfen, für welche Fallgestaltungen ein Rückforderungsrecht vereinbart wird (→ Anm. 2).

Für die Ausgestaltung des Rückfalls kommen unterschiedliche rechtliche Konstruktionen in Frage:

- die Vereinbarung einer auflösenden Bedingung im Sinne von § 158 Abs. 2 BGB für den schuldrechtlichen Teil des Zuwendungsvertrages,
- die Vereinbarung eines Widerrufsvorbehalts, der über § 530 Abs. 1 BGB hinausgeht,
- ein vertragliches Rücktrittsrecht, das zur Rückabwicklung nach den §§ 346 ff. BGB führt, oder
- die Vereinbarung eines vertraglichen Rückforderungsrechts, das unabhängig von den gesetzlichen Regelungen die Voraussetzungen, die Durchführung und Rechtsfolgen des Rückfalls des Übertragungsobjekts an den Veräußerer regelt (vgl. *Ellenbeck* MittRhNotK 1997, 41 [44]).

In der Regel wird in der Gestaltungspraxis keine auflösende Bedingung nach § 158 Abs. 2 BGB vorgesehen, sondern ein **vertragliches Rückforderungsrecht** vereinbart, um dem Veräußerer ein zeitlich begrenztes Entscheidungsrecht zu geben (*Weser* ZEV 1995, 353 [356 ff.]; *Jülicher* ZEV 1998, 201 [203]). Während beispielsweise die Vereinbarung einer auflösenden Bedingung unmittelbar zur Folge hat, dass infolge des Eintritts der Bedingung der Schenkungsvertrag ipso iure unwirksam wird und der Anspruch auf Rückabwicklung des Schenkungsvertrages entsteht, besteht beim vertraglichen Rückforderungsrecht lediglich ein doppelt aufschiebend bedingter Anspruch auf Rückübertragung. Zum einen ist die Rückübertragung von der Verwirklichung eines Rückforderungsgrundes abhängig. Zum anderen setzt die Entstehung des Anspruchs die Geltendmachung durch den Berechtigten (Potestativbedingung) voraus.

2. **Rückforderungsgründe.** Bei der Ausgestaltung der Rückforderungsgründe gibt es zwei verschiedene Ansatzpunkte. Zum einen kann ein freies, nicht an bestimmte Tatbestände angeknüpftes Rückforderungsrecht vereinbart werden. Zum anderen kann die Berechtigung zur Rückforderung – wie hier – an genau definierte Sachverhalte anknüpfen. Letztere Variante verdient den Vorzug. Ein völlig freies Rückforderungsrecht wird in aller Regel den Interessen des Erwerbers nicht gerecht. Er erlangt keinerlei Planungssicherheit. Auch kann das freie Rückforderungsrecht dazu führen, dass das wirtschaftliche Eigentum beim Übergeber verbleibt oder zumindest keine Einkunftsquelle auf den Übernehmer übergeht (BFH ZEV 1998, 445).

Schließlich ist zu berücksichtigen, dass die Ausgestaltung der Rückforderungsgründe auch für die **Pfändbarkeit** von Bedeutung ist. Ausgangspunkt für die Frage, ob Rückforderungsrechte der Pfändung unterliegen, ist die Entscheidung des BGH v. 20.2.2003 (DNotZ 2004, 298 = RNotZ 2003, 391 ff. mAnm *Oertel*). Darin hat der BGH entschieden, dass ein Gestaltungsrecht in Form eines „freien Widerrufsrechts", durch welches der Rückübertragungsanspruch zur Entstehung gelangt, jedenfalls zusammen mit dem Anspruch selbst pfändbar sei. Die Pfändbarkeit von nichtakzessorischen Gestaltungsrechten richte sich nach dem Einzelfall. Das Rückforderungsrecht besitze Vermögenswert. Eine entsprechende Anwendung des § 852 Abs. 2 ZPO scheide beim freien Rückforderungsrecht aus, da Zweck dieser Pfändungsbeschränkung es sei, mit Rücksicht auf die familiären oder persönlichen Beziehungen zwischen dem Schuldner und dem Gläubiger allein diesem die Entscheidung zu überlassen, ob der Anspruch durchgesetzt werden soll. Zudem würde ein untragbares Ergebnis eintreten, wenn das Grundstück letztendlich weder beim Übergeber noch beim Übernehmer gepfändet werden könne. Der BGH hat in dem Urteil zum Ausdruck gebracht, dass die Pfändbarkeit des Rechts, die Rückübertragung zu verlangen, nicht etwa wegen dessen Unveräußerlichkeit ausgeschlossen ist (vgl. BGH DNotZ 2004, 298 [300]).

Soll das Rückforderungsrecht auf Seiten des Übergebers nicht der Pfändung unterliegen, ist daher von der Vereinbarung einer umfassenden Rückforderungsberechtigung abzuraten. Wo die Grenzen zu ziehen sind, ist derzeit nicht abschließend geklärt. Die Literatur geht davon aus, dass das Rückforderungsrecht für den Fall der Insolvenz oder Durchführung von Vollstreckungsmaßnahmen (vgl. dazu umfassend *Reul/Heckschen/Wienberg* Insolvenzrecht in der Gestaltungspraxis § 2 Rn. 164 ff.) der Pfändung unterliegt. Auf das Rückforderungsrecht für den Fall der Scheidung dürfte § 852 Abs. 2 ZPO entsprechend anwendbar sein; gleiches dürfte für das Rückforderungsrecht wegen „Veräußerung" gelten. Hinsichtlich der Einzelheiten möchte ich auf die Ausführungen von *Münch* (BeckFormB FamR/*Münch* Form. I.I.7 Anm. 2) verweisen. Auch kann, wenn eine Pfändung auf Seiten des Veräußerers nicht ausgeschlossen werden kann, diesem ein nicht auf Dritte übertragbares und damit pfändungssicheres Wohnungsrecht (vgl. MüKoBGB/*Mohr* § 1092 Rn. 11) eingeräumt werden.

3. Besonderheiten beim Vorversterben des Erwerbers. Aus **erbrechtlicher Sicht** sind insbesondere die – weitgehend ungeklärten – Folgen zu berücksichtigen, sofern ein Rückforderungsrecht auch für den Fall des Vorversterbens des Zuwendungsempfängers vereinbart wird und dieser den Rückforderungsberechtigten (wie bei Ehegatten oftmals der Fall) zum **Alleinerben** einsetzt. In diesem Fall vereinigen sich in der Person des Rückforderungsberechtigten Forderung und Schuld. Diese **Konfusion** bzw. Konsolidation hat – sofern für den Fortbestand des Schuldverhältnisses kein rechtliches Bedürfnis mehr besteht – das vollständige und endgültige Erlöschen des Schuldverhältnisses zur Folge (vgl. *Gernhuber* Die Erfüllung und ihre Surrogate S. 418; Palandt/*Grüneberg* BGB Überblick vor § 362 Rn. 4). Für die **Pflichtteilsberechnung** gem. § 2311 BGB ist nunmehr allgemein anerkannt, dass Rechtsverhältnisse, welche infolge des Erbfalls durch Konfusion (oder Konsolidation) erloschen sind, als nicht erloschen gelten (BGHZ 98, 382 = NJW 1987, 1260 [1262]; BGH DNotZ 1978, 487 [489]; MüKoBGB/*Lange* § 2311 Rn. 7 mwN). Dies wird aus dem Rechtsgedanken der §§ 1978, 1991 Abs. 2, 2143, 2175 und 2377 BGB hergeleitet (vgl. Staudinger/*Haas* BGB § 2311 Rn. 15, 37). Anderenfalls würde der Pflichtteilsberechtigte ungerechtfertigterweise davon profitieren, dass der Erblasser nicht einen Dritten, sondern den Gläubiger zum Erben eingesetzt hat (vgl. auch MüKoBGB/*Lange* § 2311 Rn. 7: „Die Höhe des Pflichtteilsanspruchs kann nicht davon abhängen, wer zufällig Erbe wird und ob in der Person des Erben die Voraussetzungen der Konfusion oder Konsolidation gegeben sind"). **Erbschaftsteuerlich** ist in dieser Situation § 29 Abs. 1 Nr. 1 ErbStG (Erlöschen der Steuer mit Wirkung für die Vergangenheit, soweit ein Geschenk wegen eines Rückforderungsrechts herausgegeben werden musste) grundsätzlich anwendbar.

Die Steuer erlischt nach § 29 Abs. 1 Nr. 1 ErbStG allerdings erst, wenn das Geschenk tatsächlich herausgegeben ist; selbst wenn eine Herausgabe nach der Natur der Sache nicht möglich ist, ist eine andere Mitwirkungshandlung des Beschenkten erforderlich (*Meincke/Hannes/Holtz* ErbStG § 29 Rn. 6). Bei Grundstücksschenkungen ist nach hM eine Auflassung des Schenkers an sich selbst als Alleinerben des Beschenkten nicht möglich. Nach *Holland* (ZEV 2000, 356 [358]) hat dies zur Folge, dass die Herausgabe des Grundstücks im Fall des Vorversterbens des Beschenkten nicht möglich ist und § 29 Abs. 1 Nr. 1 ErbStG somit ausscheidet. Bei einer Erbenmehrheit stelle sich dieses Problem hingegen nicht. Als „Notlösung" bei Alleinerbschaft empfiehlt *Holland* (ZEV 2000, 356 [358 f.]) die Beantragung der Nachlassverwaltung gemäß § 1981 BGB oder gar die Ausschlagung der Erbschaft gegen Abfindung, wobei im letzteren Fall ggf. ein Missbrauch von Gestaltungsmöglichkeiten des Rechts nach § 42 AO angenommen werden kann. Auch über die Anordnung einer Testamentsvollstreckung dürfte sich das Problem lösen lassen, da die Testamentsvollstreckung dazu führt, dass dingliche Berechtigung und Verfügungsmacht auseinanderfallen. Nach *Jülicher* (TGJG ErbStG § 29 Rn. 56) steht den von *Holland* geäußerten Bedenken das Konfusionsverbot des § 10 Abs. 3 ErbStG entgegen. *Hardt* (ZEV 2004, 408 [411 f.]) empfiehlt, bereits vertraglich zu regeln, dass der Schenker bereits zu Lebzeiten das Rückübertragungsrecht aufschiebend bedingt für den Fall des Vorversterbens des Erwerbers gegenüber diesem ausübt. Von der Rechtsprechung wurde dieser Fall – soweit ersichtlich – noch nicht entschieden.

Kann die Schenkung durch einseitige Handlungen des Schenkers aufgehoben werden, so erlischt die Schenkungsteuer, wenn die Wirkung des Geschenks durch einseitige Handlungen des Schenkers aufgehoben worden ist (*Holland* ZEV 2000, 356 [358]; vgl. auch *Meincke/Hannes/Holtz* ErbStG § 29 Rn. 6).

4. Rückforderungsmodalitäten. Das Rückforderungsrecht beruht allein auf vertraglicher Vereinbarung. Um Streit zwischen den Beteiligten zu vermeiden, sollten daher die Rückforderungsmodalitäten möglichst umfassend geregelt werden. ME sind folgende Problemkreise von besonderer Bedeutung:

- Die Ausübung des Rückforderungsrechts sollte **zeitlich befristet** sein. Auf diese Art lässt sich innerhalb eines überschaubaren zeitlichen Rahmens Rechtssicherheit herstellen. Insbesondere für den Fall der Rückforderung bei Scheidung wird so ermöglicht, dass die Rückforderung im zeitlichen Zusammenhang mit dem Scheidungsverfahren (und dem damit verbundenen Zugewinnausgleich) erledigt wird. Dabei kann auch vereinbart werden, dass der Anspruch nach Ablauf der Frist nicht vollständig erlischt und für künftige Fälle fortbesteht. Jedenfalls mit Rechtskraft der Scheidung (bzw. Eheaufhebung) sollte der Anspruch jedoch endgültig erlöschen; der Fall, dass die Rechtskraft vor Ablauf der in dem Muster vereinbarten Frist von sechs Monaten eintritt, dürfte selten sein. Das Schriftformerfordernis dient ebenfalls der Rechtssicherheit.
- Das Rückforderungsrecht sollte **höchstpersönlich** sein. Auch wenn so eine Pfändung nicht verhindert werden kann (→ Anm. 2), kann doch eine rechtsgeschäftliche Abtretung vermieden werden. Der Rückforderungsberechtigte muss somit selbst entscheiden, ob er von der Rückforderungsmöglichkeit Gebrauch macht. Hat er diese Entscheidung (frist- und formgerecht) getroffen, spricht mE nichts dagegen, den Rückübertragungsanspruch (und damit auch den Verwendungsersatzanspruch) übertragbar und vererblich zu gestalten.
- Wem die **Kosten der Rückübertragung** aufgebürdet werden sollen, kann nicht pauschal beurteilt werden. Da das Rückforderungsrecht bei Veräußerung/Belastung in einem gewissen Umfang auch „Strafcharakter" hat, spricht einiges dafür, den Verpflichteten mit den Kosten zu belasten. Bei einer scheidungs- oder vorversterbensbedingten Rückforderung ist die Situation weniger eindeutig. Letztlich ist es eine Frage der Vereinbarung zwischen den Beteiligten.
- Von besonderer Bedeutung sind die mit dem Grundstück verbundenen **Belastungen** und die vom ursprünglichen Erwerber getätigten **Verwendungen.** Insbesondere die Darlehenszinsen wird in der Regel derjenige Ehegatte tragen sollen, der die Nutzungen des Grundstücks ziehen kann. Bei den Verwendungen kann man insbesondere überlegen, ob nur solche aus dem nach § 1374 BGB privilegierten Vermögen stammenden Verwendungen berücksichtigt werden sollen oder – wie hier – sämtliche Verwendungen. Die unterschiedlichen Varianten können va Bedeutung für die Berechnung des Zugewinnausgleichs haben (vgl. dazu ausführlich BeckFormB FamR/*Münch* Form. J.I.1 Anm. 6 ff.).
- Der (doppelt bedingte) Anspruch auf Rückübertragung ist idealerweise durch **Vormerkung** im Grundbuch abzusichern. Nur so kann ein optimaler Schutz des Berechtigten erreicht werden. Wird ein bestimmter Rang gewünscht, ist dies zu beantragen.

5. Zugewinn. Die Beteiligten sollen – was die Berechnung ihres Anfangsvermögens angeht – für den Fall der Rückforderung und des Ausgleichs der Verwendungen nach Möglichkeit so gestellt werden, als sei die Übertragung nicht erfolgt. Aus diesem Grund werden das Grundstück und die Ausgleichszahlung in das Anfangsvermögen eingestellt (sofern sie ohne Übertragung bzw. Verwendung Anfangsvermögen gewesen wären), so dass sie zugewinnmindernd wirken können. Da es sich beim Anfangsvermögen um einen reinen Rechnungsposten, der vom gegenständlichen Bestand des Vermögens unabhängig ist, handelt, ist diese Vorgehensweise auch möglich. Ob die Hin- und Herübertragung bzw. die Verwendungen auf den Grundbesitz letztlich völlig „neutralisiert" werden können, hängt von mehreren Faktoren (insbes. der Wertenwicklung des Grundbesitzes und der Frage, ob die Ehegatten ihre jeweiligen Verwendungen aus privilegiertem Vermögen getätigt haben oder nicht) ab und kann somit nicht pauschal beantwortet werden. Aus diesem Grund kann es für diesen Bereich auch keine „Standardformulierung" geben (vgl. zu den verschiedenen Gestaltungsmöglichkeiten nur BeckFormB FamR/*Münch* Form. J.I.1 ff.; *Münch* Ehebezogene Rechtsgeschäfte Rn. 1427 ff. und *Langenfeld/Milzer* Handbuch der Eheverträge und Scheidungsvereinbarungen Rn. 783 ff.).

6. Steuern. Die Schenkung unter Vereinbarung eines vertraglichen Rückforderungsrechts hat zur Konsequenz, dass die Schenkungsteuer gem. § 29 Abs. 1 Nr. 1 ErbStG

erlischt, wenn das Geschenk besteuert und herausgegeben und die Herausgabe durch ein vertragliches Rückforderungsrecht erzwungen worden ist (*Meincke/Hannes/Holtz* ErbStG § 29 Rn. 4). Auf die erste Schenkung vom Ehemann an die Ehefrau hat die Vereinbarung des Rückforderungsrechts keine schenkungsteuerlichen Auswirkungen. Des Weiteren siehe die Ausführungen → Form. I.I.2.

Zu den Grundzügen des Erbschaft- und Schenkungsteuerrechts einschließlich der Ermittlung der erbschaft- und schenkungsteuerlichen Besteuerungsgrundlagen → Form. A.IV Kurzüberblick: Erbschaft- und Schenkungsteuerrecht.

7. Kosten. Siehe dazu die Ausführungen unter → Form. I.I.2 Anm. 15. Das Rückübertragungsrecht ist Gegenleistung nach § 97 Abs. 3 GNotKG und daher nicht zusätzlich zu bewerten. Werden ehevertragliche Regelungen vereinbart, die nur bestimmte Vermögenswerte betreffen, sind sie nach §§ 111 Nr. 2, 35 Abs. 1 GNotKG auch hinzuzurechnen, wenn die Vermögenswerte dem Anfangsvermögen hinzuzurechnen wären, § 100 Abs. 2 GNotKG.

5. Vereinbarung der Gütertrennung vor Eheschließung

[Notarieller Urkundeneingang]

1. Herr . . . . . ., geboren am . . . . . . in . . . . . . (Standesamt . . . . . ., Registernummer . . . . . .);
2. Frau . . . . . ., geboren am . . . . . . in . . . . . . (Standesamt . . . . . ., Registernummer . . . . . .);

beide wohnhaft in . . . . . .,

ausgewiesen durch Vorlage . . . . . .

Die Erschienenen erklären bei gleichzeitiger Anwesenheit gemeinsam mündlich mit dem Ersuchen um Beurkundung, was folgt:

§ 1 Vorbemerkungen

Wir planen, am . . . . . . vor dem Standesbeamten in . . . . . . gemeinsam die beiderseits erste Ehe zu schließen.

Wir sind beide ausschließlich deutsche Staatsangehörige.

Wir haben bisher keinen Ehevertrag geschlossen, so dass für unsere künftige Ehe der gesetzliche Güterstand der Zugewinngemeinschaft gelten würde.

Unter gegenseitiger Annahme der folgenden Erklärungen schließen wir folgenden

Ehevertrag:[1]

§ 2 Ehevertragliche Vereinbarungen

1. Wir vereinbaren für unsere künftige Ehe den Güterstand der Gütertrennung[2] nach den Bestimmungen des Bürgerlichen Gesetzbuchs.
2. Der Notar hat uns in diesem Zusammenhang auf die Grundzüge des gesetzlichen Güterstandes der Zugewinngemeinschaft und die aufgrund der Vereinbarung der Gütertrennung davon eintretenden Abweichungen hingewiesen.[3] Wir sind darüber im Klaren, dass

a) durch die Vereinbarung der Gütertrennung ein Ausgleich des Zugewinns bei Beendigung der Ehe, insbesondere bei einer Scheidung, nicht stattfindet;
b) bezüglich der Schuldenhaftung kein Unterschied zwischen dem gesetzlichen Güterstand der Zugewinngemeinschaft und der Gütertrennung besteht;
c) trotz vereinbarter Gütertrennung gemeinsames Vermögen und/oder gemeinsame Verbindlichkeiten bei einer Beendigung der Ehe, insbesondere bei einer Scheidung, auseinander zu setzen sind;
d) jeder von uns berechtigt ist, ohne Zustimmung des anderen über sein Vermögen im Ganzen sowie über die ihm gehörenden Gegenstände des ehelichen Haushalts frei zu verfügen;
e) sich das Erb- und Pflichtteilsrecht des Längerlebenden am Nachlass des erstversterbenden Ehegatten vermindern kann und dies zur Erhöhung des Erb- und Pflichtteilsrechts von Abkömmlingen und anderen Verwandten führen kann;[4]
f) § 5 ErbStG beim Tod eines Ehegatten keine Anwendung findet.[9]

3. Eine Eintragung der Gütertrennung in das Güterrechtsregister beim zuständigen Amtsgericht wünschen wir nach Hinweis des Notars auf die Rechtswirkungen einer solchen Eintragung vorerst nicht. Jeder von uns kann jedoch nachträglich einseitig die Eintragung beantragen, wozu wir uns gegenseitig bevollmächtigen.[5]
4. Die Erstellung eines Vermögensverzeichnisses wünschen wir nach Hinweis des Notars auf die Bedeutung eines solchen Verzeichnisses nicht.[6]
5. Eine Rückforderung vorehelicher Zuwendungen, gleich aus welchem Rechtsgrund, ist ausgeschlossen.
6. Der Notar hat uns auf die Rechtsfolgen sogenannter ehebedingter Zuwendungen, insbesondere auf die Frage der Rückforderbarkeit solcher Zuwendungen im Scheidungsfall, hingewiesen. Hierzu vereinbaren wir – soweit gesetzlich zulässig –, dass eine Rückforderung solcher Zuwendungen im Scheidungsfall aus jedem Rechtsgrund, insbesondere wegen Störung der Geschäftsgrundlage, ausgeschlossen ist, soweit nicht anlässlich der konkreten Zuwendung etwas anderes vereinbart wird.
7. Bei den in dieser Urkunde vereinbarten Verzichten auf Durchführung des Zugewinnausgleichs und auf Rückforderung vorehelicher Zuwendungen handelt es sich nicht um ehebedingte Zuwendungen.[7]
8. Weiter hat uns der Notar darauf hingewiesen, dass auch über die Annahme einer (unter Umständen konkludent errichteten) Ehegatteninnengesellschaft ein Ausgleich von Zuwendungen zwischen den Ehegatten erfolgen kann. Er hat angeraten über vermögensmäßige Zuwendungen zwischen den Ehegatten schriftliche Aufzeichnungen zu führen bzw. konkrete Vereinbarungen zu treffen.[8]
9. Regelungen zum Versorgungsausgleich und zum Ehegattenunterhalt bei einer etwaigen Scheidung unserer künftigen Ehe wollen wir heute nicht treffen. Es verbleibt insoweit bei den gesetzlichen Bestimmungen, die uns der Notar erläutert hat. Ebenso wünschen wir keine erbrechtlichen Regelungen.

§ 3 Schlussbestimmungen

Von dieser Urkunde erhalten wir jeweils eine Ausfertigung. Uns ist bekannt, dass die Urkunde beim Zentralen Testamentsregister registriert wird. Die Kosten[10] dieser Urkunde tragen wir gemeinsam.[9]

Anmerkungen

1. Sachverhalt. Zwei Verlobte wollen heiraten; die Eheschließung steht kurz bevor. Neben der Gütertrennung sind weitere Vereinbarungen nicht gewünscht.

2. Gütertrennung, Inhaltskontrolle von Eheverträgen. Ob die Gütertrennung für die Ehegatten ein sinnvoller Güterstand ist, kann pauschal nicht beantwortet werden. Insbesondere wegen der **Auswirkungen auf das Erb- und Pflichtteilsrecht** des anderen Ehegatten bzw. dritter Personen (→ Anm. 4) und auf die Erbschaftsteuer kann auch die Vereinbarung einer modifizierten Zugewinngemeinschaft angezeigt sein. Andererseits verlangen immer noch viele Gesellschaftsverträge von den Gesellschaftern strikt die Vereinbarung der Gütertrennung. Bei der Beratung sind die Auswirkungen mit den Beteiligten zu erörtern. Die Gütertrennung wird va. noch für ältere Ehegatten, die am gegenseitigen Vermögen nicht partizipieren wollen (BeckFormB FamR/*Münch* Form. H.I.1 Anm. 2; *Langenfeld/Milzer* Handbuch der Eheverträge und Scheidungsvereinbarungen Rn. 1050 ff.) oder beiderseits vermögende oder berufstätige Ehegatten, bei denen ein (annähernd) gleicher Zugewinn zu erwarten ist (so MüKoBGB/*Kanzleiter* Vor § 1414 Rn. 7), empfohlen. Vgl. zu den „Abgrenzungsüberlegungen" auch Münch/*Everts* Familienrecht in der Notar- und Gestaltungspraxis § 2 Rn. 97 ff.

Da die Folgewirkungen, wie zB die Höhe des Ehegattenerbrechts, von der Wirksamkeit eines vereinbarten Wahlgüterstandes abhängen, kann es (auch bei der erbrechtlichen Beurteilung eines Sachverhalts) erforderlich sein, die **Wirksamkeit des Ehevertrages** zu prüfen. Bei dieser Prüfung sind die durch den BGH (NJW 2004, 930, samt Folgeentscheidungen) aufgestellten Grundsätze zu beachten. Eine pauschale Aussage, welche ehevertraglichen Vereinbarungen danach einer Wirksamkeits- und Ausübungskontrolle standhalten, kann nicht getroffen werden. Im Rahmen der Wirksamkeitskontrolle (vgl. zu der Thematik, den vorliegenden Entscheidungen und den Folgerungen für die Vertragsgestaltung umfassend *Münch* Ehebezogene Rechtsgeschäfte Rn. 703 ff., insbes. Rn. 860 ff.; Münch/*Bergschneider/Wolf* Familienrecht in der Notar- und Gestaltungspraxis § 7 Rn. 35 ff.) prüft der BGH zunächst für jeden Verzicht bzw. Teilverzicht, ob dieser nach den Umständen bei Abschluss des Vertrages sittenwidrig ist. Danach wird im Rahmen einer Gesamtschau geprüft, ob sich die Sittenwidrigkeit aus dem Zusammenspiel der einzelnen Regelungen ergibt. Sofern der Vertrag die Inhaltskontrolle „besteht", ist im Rahmen der Ausübungskontrolle zu prüfen, ob im Zeitpunkt des Scheiterns der Ehe eine evident einseitige Lastenverteilung vorliegt.

Die isolierte Vereinbarung der Gütertrennung erscheint dabei am wenigsten problematisch. Nach der „Kernbereichslehre" des BGH nimmt der Zugewinnausgleich die letzte Stufe ein und ist somit am ehesten verzichtbar, da er nicht an eine konkrete Bedarfslage anknüpft. In der Literatur wird daher die Erwartung geäußert, dass Modifizierungen des gesetzlichen Güterstandes bis hin zum Ausschluss des Zugewinns in großem Umfang toleriert werden (vgl. *Münch* Ehebezogene Rechtsgeschäfte Rn. 957 ff.; Münch/*Everts* Familienrecht in der Notar- und Gestaltungspraxis § 2 Rn. 99, der plastisch davon spricht, dass „wohl nicht nichtig sein kann, was das BGB im Eherecht seit über 100 Jahren für Ehegatten bereit hält"). Auch die bei *Münch* (Ehebezogene Rechtsgeschäfte Rn. 811 ff.) genannten Beispiele aus der Rechtsprechung der Oberlandesgerichte bestätigen diese Einschätzung.

Eine „Gefahr" für die vereinbarte Gütertrennung besteht jedoch insoweit, als der Ehevertrag weitere Regelungen, wie zB eine Vereinbarung zum nachehelichen Unterhalt oder zum Versorgungsausgleich, enthält. Hier ist im Rahmen einer Gesamtwürdigung des Ehevertrages zu prüfen, ob „dessen Inhalt für eine Partei ausnahmslos nachteilig ist und dessen Einzelregelungen durch keine berechtigten Belange der anderen Partei gerechtfertigt werden" (so die Formel des BGH, vgl. nur BGH NJW 2006, 2331). Ist dies nicht der Fall, so kommt bei einer Unwirksamkeit einzelner Klauseln auch **Teilnichtigkeit** in Betracht (so auch *Brambring* NJW 2007, 865 [868], der bei der Frage der Gesamt- oder Teilnichtigkeit Fallgruppen bildet). Die weit verbreiteten salvatorischen Klauseln können daher (sofern sie nicht pauschal verwendet werden, vgl. *Münch* Ehebezogene Rechtsgeschäfte Rn. 940) nach wie vor sinnvoll sein, um – soweit dies gewollt ist (vgl. *Brambring* NJW 2007, 865 [869] zu Fällen, bei denen die pauschale Anwendung der

salvatorischen Klausel nachteilig sein kann) – im „Fall der Fälle“ die Vereinbarungen zum Güterstand zu halten.

3. Wirkungen der Gütertrennung. Bei der Gütertrennung handelt es sich um den „einfachsten“ Güterstand (*Langenfeld/Milzer* Handbuch der Eheverträge und Scheidungsvereinbarungen Rn. 354). Er unterscheidet sich vom gesetzlichen Güterstand va. dadurch, dass bei Scheidung der Ehe ein Zugewinnausgleich nicht stattfindet und auch während der bestehenden Ehe die Ehegatten in ihrer Dispositionsfreiheit nicht eingeschränkt werden, da § 1365 BGB nicht gilt. Vgl. zu den Wirkungen der Gütertrennung auch *Münch* Ehebezogene Rechtsgeschäfte Rn. 381 ff.

4. Erb- und Pflichtteilsrecht. Nach der gesetzlichen Regelung ist der überlebende Ehegatte erbberechtigt. Voraussetzung dafür ist, dass die Ehe im Zeitpunkt des Todes rechtsgültig, dh weder rechtskräftig geschieden (§ 1564 BGB) noch aufgehoben (§ 1313 BGB) war. Das Erbrecht des überlebenden Ehegatten ist ausgeschlossen, wenn zur Zeit des Todes des Erblassers die Voraussetzungen für die Scheidung der Ehe gegeben waren und der Erblasser die Scheidung beantragt oder ihr zugestimmt hatte, § 1933 S. 1 BGB.

Die Höhe des gesetzlichen Erbteils ist abhängig vom gesetzlichen Erbrecht der Verwandten des Verstorbenen und vom Güterstand, den die Ehegatten beim Tod des Erstversterbenden hatten. Zu prüfen ist daher in einem ersten Schritt, wie hoch der gesetzliche Erbteil ohne Berücksichtigung der güterrechtlichen Verhältnisse wäre. In einem zweiten Schritt sind etwaige güterrechtliche Auswirkungen auf den Erbteil zu untersuchen. Ergänzend sei darauf hingewiesen, dass dem überlebenden Ehegatten nach § 1932 BGB der Hausrat als Voraus zusteht, wenn er gesetzlicher (Mit-)Erbe wird (vgl. dazu detailliert *Eigel* MittRhNotK 1983, 1 ff.).

Der **gesetzliche Erbteil** (ohne Berücksichtigung des Güterrechts) bestimmt sich nach § 1931 Abs. 1, 2 BGB (MüKoBGB/*Leipold* § 1931 Rn. 20 spricht insoweit von der erbrechtlichen Grundausstattung). Danach ist der überlebende Ehegatte neben Verwandten der ersten Ordnung zu einem Viertel und neben Verwandten der zweiten Ordnung oder neben Großeltern (mit Ausnahme der Fälle des § 1931 Abs. 1 S. 2 BGB) zur Hälfte als gesetzlicher Erbe berufen, § 1931 Abs. 1 S. 1 BGB. Sind weder Verwandte der ersten oder der zweiten Ordnung noch Großeltern vorhanden, so erhält der überlebende Ehegatte die ganze Erbschaft, § 1931 Abs. 2 BGB.

Waren die Ehegatten im Zeitpunkt des Todes im **gesetzlichen Güterstand** verheiratet, ist zusätzlich § 1931 Abs. 3 BGB zu beachten. Nach der sog. **erbrechtlichen Lösung** erhöht sich der gesetzliche Erbteil des überlebenden Ehegatten um ein Viertel der Erbschaft, §§ 1931 Abs. 3, 1371 Abs. 1 Hs. 1 BGB. Das Gesetz geht insoweit von einer pauschalen Regelung aus, mit der der (potentielle) Zugewinn des überlebenden Ehegatten ausgeglichen wird. Der überlebende Ehegatte kann die erbrechtliche Lösung auch dann wählen, wenn während der Ehe überhaupt kein Zugewinn erzielt wurde, § 1371 Abs. 1 Hs. 2 BGB. Diese Wahlmöglichkeit besteht selbst dann, wenn der überlebende Ehegatte selbst ausgleichspflichtig gewesen wäre. In diesem Fall wandelt sich seine Ausgleichspflicht durch das „bloße Überleben“ in eine Vermögensbeteiligung um (rechtspolitisch kritisch dazu MüKoBGB/*Koch* § 1371 Rn. 3 ff.). Bei der erbrechtlichen Lösung erbt der überlebende Ehegatte daher neben Verwandten der ersten Ordnung zur Hälfte, neben Verwandten der zweiten Ordnung oder neben Großeltern zu drei Viertel. Nach wohl hM (vgl. MüKoBGB/*Leipold* § 1931 Rn. 33 mwN auch zur Gegenansicht) ist im Falle der Anwendung des § 1931 Abs. 1 S. 2 BGB erst der Erbteil des überlebenden Ehegatten nach §§ 1931 Abs. 1. S. 1, 1371 Abs. 1 BGB auf drei Viertel zu erhöhen, bevor auf § 1931 Abs. 1 S. 2 BGB eingegangen wird. Eine güterrechtliche Auseinandersetzung findet neben der erbrechtlichen Lösung nicht statt. Der Überlebende kann auch die **güterrechtliche Lösung** wählen, §§ 1931 Abs. 3, 1371 Abs. 2, 3 BGB. Er kann dabei ausnahmsweise die Erbschaft ausschlagen, ohne seinen Pflichtteil zu verlieren, § 1371 Abs. 3 BGB. Daneben

steht ihm nach § 1371 Abs. 2 BGB der tatsächlich erzielte Zugewinn zu. Ist der überlebende Ehegatte Erbe und steht ihm auch noch ein Vermächtnis zu, so muss er nach hM beide Positionen ausschlagen, um den tatsächlichen Zugewinn fordern zu können (Palandt/*Brudermüller* BGB § 1371 Rn. 18). Nimmt er nur das Vermächtnis an, kann er „nur" den (großen) Pflichtteil geltend machen, auf den das Vermächtnis dann nach § 2307 Abs. 1 S. 2 BGB angerechnet wird.

Bei Ehegatten, die im Todeszeitpunkt in **Gütertrennung** verheiratet waren, wird die „Grundregel" des § 1931 Abs. 1, 2 BGB durch § 1931 Abs. 4 BGB ergänzt. Danach hängt die Erbquote von der Zahl der Kinder ab. Sind als gesetzliche Erben neben dem überlebenden Ehegatten ein oder zwei Kinder des Erblassers berufen, so erben der überlebende Ehegatte und jedes Kind zu gleichen Teilen. Neben einem Kind erbt der Ehegatte daher zur Hälfte; neben zwei Kindern erbt er zu einem Drittel. Nach §§ 1931 Abs. 4 Hs. 2, 1924 Abs. 3 BGB treten dabei an die Stelle eines nicht mehr lebenden Kindes die durch dieses Kind mit dem Erblasser verwandten Abkömmlinge. Sind drei oder mehr Stämme vorhanden, ist auf § 1931 Abs. 1 S. 1 BGB zurückzugreifen. In diesem Fall erbt der überlebende Ehegatte zu einem Viertel; die Abkömmlinge teilen sich die restlichen drei Viertel nach Stämmen, § 1924 BGB.

Die eben ermittelten Erbquoten sind grundsätzlich auch für das **Pflichtteilsrecht** maßgeblich. Nach § 2303 Abs. 1 S. 2, Abs. 2 S. 1 BGB steht dem Ehegatten ein Pflichtteil in Höhe der Hälfte des Wertes des gesetzlichen Erbteils zu, wenn er durch Verfügung von Todes wegen von der Erbfolge ausgeschlossen wurde. Bei der Berechnung des Pflichtteils ist daher zu ermitteln, wie hoch die (fiktive) gesetzliche Erbquote des Pflichtteilsberechtigten gewesen wäre, wenn er nicht durch Verfügung von Todes wegen von der Erbfolge ausgeschlossen wäre. Nach § 2310 S. 1 BGB werden bei der Ermittlung des gesetzlichen Erbteils diejenigen mitgezählt, welche durch letztwillige Verfügung von der Erbfolge ausgeschlossen sind oder die Erbschaft ausgeschlagen haben oder für erbunwürdig erklärt sind. Nicht berücksichtigt werden jedoch die Personen, die durch Erbverzicht von der Erbfolge ausgeschlossen sind, § 2310 S. 2 BGB. Unstreitig gilt § 2310 S. 2 BGB nicht für Personen, die „nur" einen Pflichtteilsverzicht abgegeben haben (BGH NJW 1982, 2497). Der reine Pflichtteilsverzicht wirkt sich daher im Gegensatz zu einem Erbverzicht für die anderen Pflichtteilsberechtigten nicht pflichtteilserhöhend aus.

Keine Besonderheiten bestehen, wenn die Ehegatten im Todeszeitpunkt in **Gütertrennung** verheiratet waren. In diesem Fall sind die oben genannten Quoten zu halbieren. Der Pflichtteil des überlebenden Ehegatten beträgt daher neben einem Kind ein Viertel (§ 1931 Abs. 4 BGB), neben zwei Kindern ein Sechstel (§ 1931 Abs. 4 BGB), neben drei und mehr Kindern ein Achtel (§ 1931 Abs. 1 S. 1 BGB), neben Eltern und deren Abkömmlingen ein Viertel (§§ 1931 Abs. 1 S. 1, 1925 BGB), neben Großeltern ein Viertel (§ 1931 Abs. 1 S. 1 BGB; bei Vorversterben einzelner Großeltern ist § 1931 Abs. 1 S. 2 BGB zu beachten) und neben entfernteren Verwandten ein Halb (§ 1931 Abs. 2 BGB).

Etwas komplizierter ist die Berechnung des Pflichtteils, wenn die Ehegatten im **gesetzlichen Güterstand** verheiratet waren. Ausgangspunkt ist § 2303 Abs. 2 S. 2 BGB, wonach die Vorschrift des § 1371 BGB unberührt bleibt. Bei der Pflichtteilsbestimmung ist daher zu berücksichtigen, ob es zur erbrechtlichen oder güterrechtlichen Lösung kommt. Wird der überlebende Ehegatte nicht Erbe und steht ihm auch kein Vermächtnis zu, so kann er nach § 1371 Abs. 2 BGB die Hälfte des nicht nach § 1371 Abs. 1 BGB erhöhten gesetzlichen Erbteils (§ 1931 Abs. 1, 2 BGB) als Pflichtteil fordern, sog. **kleiner Pflichtteil.** Daneben kann er den rechnerisch exakt ermittelten Zugewinn fordern. Ein Wahlrecht, statt dieser Lösung nur den Pflichtteil auf Basis des nach § 1371 Abs. 1 BGB erhöhten gesetzlichen Erbteils zu fordern, hat der überlebende Ehegatte nicht, sog. **Einheitstheorie** (BGHZ 42, 182 = NJW 1964, 2404; BGH NJW 1982, 2497; Palandt/*Brudermüller* BGB § 1371 Rn. 15; Palandt/*Weidlich* § 2303 Rn. 16). Wird der überlebende Ehegatte jedoch Erbe und/oder Vermächtnisnehmer – und schlägt er diese Position nicht aus – so

bestimmt sich der Pflichtteil auf Basis des nach § 1371 Abs. 1 BGB erhöhten gesetzlichen Erbteils, sog. **großer Pflichtteil.** Da der Ehegatte in diesem Fall jedoch nicht durch Verfügung von Todes wegen von der Erbfolge ausgeschlossen ist (§ 2303 Abs. 1 S. 1 BGB) bzw. zumindest mit einem Vermächtnis bedacht ist, hat der große Pflichtteil für ihn „nur" Bedeutung im Rahmen der Sicherung des Pflichtteils nach §§ 2305, 2306 und 2307 BGB, der Berechnung eines ihm etwa zustehenden Pflichtteilsergänzungsanspruchs nach §§ 2325, 2329 BGB und bei den Regelungen der §§ 2318, 2319, 2328 BGB (vgl. auch BeckOK BGB/*Müller-Engels*, 47. Edition, § 2303 Rn. 40). Die Frage, ob dem Ehegatten der kleine oder große Pflichtteil zusteht, ist daneben vor allem für die Pflichtteilsquote anderer Pflichtteilsberechtigter von Bedeutung (BeckOK BGB/*Müller-Engels*, 47. Edition, § 2303 Rn. 41 spricht plastisch von der Fernwirkung der Zugewinngemeinschaft auf die Höhe der anderen Erb- und Pflichtteilsquoten).

Da der überlebende Ehegatte den kleinen Pflichtteil – sofern er nicht auf sein gesetzliches Pflichtteilsrecht nach § 2346 BGB verzichtet hat – abweichend von den sonst geltenden Vorschriften nach § 1371 Abs. 3 BGB auch dann fordern kann, wenn er die ihm zugewandte Erbschaft oder das Vermächtnis ausschlägt, ergeben sich Möglichkeiten einer **taktischen Ausschlagung.** Die Wahl hängt für den überlebenden Ehegatten davon ab, neben welchen Verwandten er erbt, in welchem Verhältnis der Zugewinn des verstorbenen Ehegatten zum Gesamtnachlass steht und welchen Zugewinn der überlebende Ehegatte selbst erzielt hat. Schließlich ist zu berücksichtigen, dass er diese „Rechenaufgabe" innerhalb der Ausschlagungsfrist des § 1944 BGB geklärt haben muss. Detaillierte Ausführungen (mit Berechnungen) finden sich bei Nieder/Kössinger/W. *Kössinger* § 1 Rn. 29 ff.

5. Güterrechtsregister. Die Wirkungen der Eintragung im Güterrechtsregister bestimmt § 1412 BGB; das Eintragungsverfahren bestimmen §§ 1558 ff. BGB (dazu auch BGHZ 66, 203 = NJW 1976, 1258). Das Güterrechtsregister soll gutgläubige Dritte im praktischen Rechtsverkehr schützen und die güterrechtlichen Verhältnisse (va im Hinblick auf die mit dem Güterstand uU verbundenen Verfügungsbeschränkungen) zur Erleichterung des Geschäfts- und Rechtsverkehrs offen legen (BeckOK BGB/*Siede*, 47. Edition, § 1558 Rn. 2). Da die Eintragung nur deklaratorisch wirkt und dem Güterrechtsregister nur negative Publizität zukommt, wird von der Eintragung praktisch kein Gebrauch gemacht. *Milzer* (*Langenfeld/Milzer* Handbuch der Eheverträge und Scheidungsvereinbarungen Rn. 462) bezeichnet es daher als „gegenwärtig praktisch tot".

6. Vermögensverzeichnis. Nach § 1362 BGB wird – unabhängig vom Güterstand – zugunsten eines Gläubigers widerleglich vermutet, dass die sich im Besitz eines Ehegatten oder beider Ehegatten befindlichen beweglichen Sachen dem Schuldner gehören. In diesem Kontext kann ein Vermögensverzeichnis helfen. Um dem (nicht selten berechtigten) Vorwurf der Rückdatierung zu entgehen, wird die notarielle Unterschriftsbeglaubigung oder die notarielle Beurkundung empfohlen. Vollen Beweis dürfte ein (praktisch bedeutungsloses) Verzeichnis nach § 1035 S. 3 BGB bringen (MüKoBGB/*Weber-Monecke* § 1362 Rn. 24). Vgl. ausführlich zu diesem Problemkreis *Langenfeld/Milzer* Handbuch der Eheverträge und Scheidungsvereinbarungen Rn. 472 ff.

7. Ehebedingte Zuwendungen. Ehebedingte Zuwendungen können nach der Rechtsprechung uU über das Rechtsinstitut der Störung der Geschäftsgrundlage beim Scheitern der Ehe zurückgefordert werden (→ Form. I.I.2 Anm. 2, 4). Der BGH (NJW 1997, 2747 [2748 unter 3.]) hat angedeutet, dass auch der bloße Güterstandswechsel hin zur Gütertrennung und der damit verbundene **Verzicht auf Durchführung des Zugewinnausgleichs** eine ehebedingte Zuwendung darstellen kann. Der Ehevertrag ist dann nach den Regeln der Störung der Geschäftsgrundlage anzupassen. Da sich diese Anpassungsmöglichkeit auch auf den in der Vereinbarung enthaltenen Verzicht auf künftigen Zugewinn auswirken kann (so jedenfalls *Münch* Ehebezogene Rechtsgeschäfte Rn. 1617), empfiehlt sich selbst bei vor

Eheschließung vereinbarter Gütertrennung eine Klarstellung. Da auch bei vorehelichen Zuwendungen nicht ausgeschlossen werden kann, dass diese „um den Bestand der Beziehung willen" gegeben wurden, empfiehlt sich auch insoweit eine Regelung.

8. Ehegatteninnengesellschaft. Vgl. zu den Ehegatteninnengesellschaften → Form. I.I.2 Anm. 2. Zum Teil wird in der Literatur eine Formulierung dahingehend empfohlen, dass eine Ehegatteninnengesellschaft nur anzunehmen sei, wenn die Beteiligten dies ausdrücklich vereinbaren (vgl. *Langenfeld/Milzer* Handbuch der Eheverträge und Scheidungsvereinbarungen Rn. 372; BeckFormB FamR/*Münch* Form. H.I.1).

9. Steuern. Siehe dazu die Ausführungen unter → Form. I.I.1, → Form. I.I.2.

10. Kosten. Siehe dazu die Ausführungen unter → Form. I.I.1 Anm. 7. Die Registrierung im Zentralen Testamentsregister der Bundesnotarkammer kostet 15 EUR je Erblasser, hier also 30 EUR. Der Notar kann diese nach Nr. 32015 KV GNotKG für die Registerbehörde (umsatzsteuerfrei) entgegennehmen.

6. Vereinbarung der Gütertrennung nach Eheschließung (Regelungen zum Ausgleich des bisher entstandenen Zugewinns)

[Notarieller Urkundeneingang]

1. Herr . . . . ., geboren am . . . . . . in . . . . . . (Standesamt . . . . ., Registernummer . . . . . .);
2. Frau . . . . ., geborene . . . . ., geboren am . . . . . . in . . . . . . (Standesamt . . . . ., Registernummer . . . . . .);

beide wohnhaft in . . . . .,

ausgewiesen durch Vorlage . . . . . .

Die Erschienenen erklären bei gleichzeitiger Anwesenheit gemeinsam mündlich mit dem Ersuchen um Beurkundung, was folgt:

Grundfall (Verzicht auf Zugewinnausgleich)

§ 1 Vorbemerkungen

Wir haben am . . . . . . vor dem Standesbeamten in . . . . . . gemeinsam die beiderseits erste Ehe geschlossen.

Wir sind beide ausschließlich deutsche Staatsangehörige.

Wir haben bisher keinen Ehevertrag geschlossen, so dass für unsere Ehe der gesetzliche Güterstand der Zugewinngemeinschaft gilt.

Unter gegenseitiger Annahme der folgenden Erklärungen schließen wir folgenden

Ehevertrag:[1]

§ 2 Ehevertragliche Vereinbarungen

1. Wir vereinbaren für die weitere Dauer unserer Ehe den Güterstand der Gütertrennung nach den Bestimmungen des Bürgerlichen Gesetzbuchs.
2. Es folgen Hinweise wie in → Form. I.I.5 unter § 2 (2)

3. Ein Ausgleich des während der bisherigen Ehedauer eventuell entstandenen Zugewinns erfolgt nicht. Einen hierin etwa liegenden Verzicht nehmen wir wechselseitig an. Soweit bislang Ansprüche auf Zugewinn entstanden sein sollten, also ein Verzicht im materiellen Sinne vorliegen sollte, kann dieser bei Scheidung der Ehe nicht rückgängig gemacht werden, gleich aus welchem Rechtsgrund (zB ehebedingte Zuwendung, Schenkung, Störung der Geschäftsgrundlage).[2]
4. Es folgen Regelungen und Hinweise wie in → Form. I.I.5 unter § 2 (3) ff.

§ 3 Schlussbestimmungen[7]

Von dieser Urkunde erhalten wir jeweils eine Ausfertigung.

Das Finanzamt – Schenkungsteuerstelle – erhält eine beglaubigte Abschrift.

Uns ist bekannt, dass die Urkunde beim Zentralen Testamentsregister registriert wird.

Die Kosten[9] dieser Urkunde tragen wir gemeinsam.

[***Abwandlung (Zugewinnausgleich durch Übertragung von Grundbesitz)***

§ 1 Vorbemerkungen

Wir haben am . . . . . . vor dem Standesbeamten in . . . . . . gemeinsam die beiderseits erste Ehe geschlossen.

Wir sind beide ausschließlich deutsche Staatsangehörige.

Wir haben bisher keinen Ehevertrag geschlossen, so dass für unsere Ehe der gesetzliche Güterstand der Zugewinngemeinschaft gilt.

Im Grundbuch des Amtsgerichts . . . . . . für . . . . . . Blatt . . . . . . ist Herr . . . . . . als Alleineigentümer des folgenden Grundbesitzes eingetragen:

Gemarkung . . . . . . Fl. Nr. . . . . . .

Der Grundbesitz ist in Abteilung III des Grundbuches unbelastet und in Abteilung II belastet, wie folgt: . . . . . .

Unter gegenseitiger Annahme der folgenden Erklärungen schließen wir folgenden

Ehevertrag:[1]

§ 2 Ehevertragliche Vereinbarungen

1. *Wir vereinbaren für die weitere Dauer unserer Ehe den Güterstand der Gütertrennung nach den Bestimmungen des Bürgerlichen Gesetzbuchs.*
2. *Es folgen Hinweise wie in → Form. I.I.5 unter § 2 (2)*
3. *Der während der bisherigen Ehedauer entstandene Zugewinn*[3] *wird gemäß § 3 dieser Urkunde ausgeglichen.*[4] *Hierzu stellen wir fest, dass sich der Zugewinn des Ehemannes seit Eheschließung bis heute unter Anwendung der §§ 1372 ff. BGB auf EUR . . . . . . beläuft. Der Zugewinn der Ehefrau beträgt im gleichen Zeitraum EUR . . . . . . Somit hat die Ehefrau einen Anspruch auf Zugewinnausgleich iHv EUR . . . . . .*
4. *Es folgen Regelungen und Hinweise wie in → Form. I.I.5 unter § 2 (3) ff.*

§ 3 Ausgleich des Zugewinns

1. *Herr . . . . . . (nachstehend „Veräußerer" genannt) überträgt hiermit zur Erfüllung des in § 2 Abs. 3 näher bezeichneten Zugewinnausgleichsanspruchs den in § 1 näher bezeichneten Grundbesitz mit allen Rechten, Pflichten und gesetzlichen Bestand-*

teilen auf seine Ehefrau, Frau . . . . . . (nachstehend „Erwerber" genannt), zum Alleineigentum. Der Erwerber nimmt die Übertragung hiermit an.

2. *Die Vertragsteile sind über den Eigentumsübergang hinsichtlich des in § 1 näher bezeichneten Grundbesitzes von dem Veräußerer auf den Erwerber zum Alleineigentum einig und bewilligen und beantragen die Eintragung der Auflassung in das Grundbuch. Das Grundbuchamt wird um Vollzugsmitteilung an den Notar gebeten.*
3. *Die Eintragung einer Auflassungsvormerkung wird nach dem Hinweis auf die mit der Nichteintragung verbundenen Gefahren nicht gewünscht.*
4. *Es folgen Ausführungen zum Besitzübergang, der Haftung und den Erschließungskosten sowie Hinweise und eine Abwicklungsvollmacht, wie zB in → Form. I.I.2 unter §§ 5 bis 9.*[5]
5. *Die Vertragsteile erkennen an und sind darüber einig, dass mit Erfüllung der Vereinbarungen in § 3 dieser Urkunde der Zugewinnausgleich für die gesamte Ehezeit bis heute vollständig durchgeführt ist und keine weiteren gegenseitigen Ansprüche in Bezug auf den Zugewinnausgleich bestehen. Einen etwa hierin liegenden Verzicht nehmen die Beteiligten wechselseitig an. Soweit ein Verzicht im materiellen Sinne vorliegen sollte, kann dieser bei Scheidung der Ehe nicht rückgängig gemacht werden, gleich aus welchem Rechtsgrund (zB ehebedingte Zuwendung, Schenkung, Störung der Geschäftsgrundlage).*[6]*]*

§ 4 Schlussbestimmungen[7]

Von dieser Urkunde erhalten wir und das Grundbuchamt jeweils eine Ausfertigung; nach Vollzug erhalten wir lediglich eine Vollzugsmitteilung.

Das Finanzamt – Grunderwerbsteuerstelle – erhält eine einfache Abschrift.

Das Finanzamt – Schenkungsteuerstelle[8] – erhält eine beglaubigte Abschrift.

Uns ist bekannt, dass die Urkunde beim Zentralen Testamentsregister registriert wird.

Die Kosten[9] dieser Urkunde tragen wir gemeinsam.

Anmerkungen

1. Sachverhalt. Im Grundfall will ein Ehepaar nach Eheschließung Gütertrennung vereinbaren, ohne dass ein Vermögenstransfer stattfinden soll. In der Abwandlung will das Ehepaar nach längerer Ehedauer Vermögen auf die Frau verlagern. Diese Übertragung soll so gestaltet werden, dass Ansprüche aus § 2287 BGB bzw. § 2325 BGB weitgehend vermieden werden. Auch soll die Übertragung möglichst steuergünstig erfolgen. Bei der zu übertragenden Immobilie handelt es sich nicht um die gemeinsam genutzte Familienwohnung. Der Ehemann hat seit Eheschließung einen höheren Zugewinn erzielt.

2. Ehebedingte Zuwendung. Wie oben (→ Form. I.I.5 Anm. 7) ausgeführt, hat der BGH (NJW 1997, 2747 [2748 unter 3.]) angedeutet, dass auch der bloße Güterstandswechsel hin zur Gütertrennung und der damit verbundene **Verzicht auf Durchführung des Zugewinnausgleichs** eine ehebedingte Zuwendung darstellen kann. Aus diesem Grund empfiehlt sich – auch wenn der Verzicht kurz nach Eheschließung erfolgt – eine entsprechende Regelung in der Urkunde.

3. Ausgleich des Zugewinns und Pflichtteilsergänzung. Die Vereinbarung der Gütertrennung führt zur Beendigung des gesetzlichen Güterstandes auf andere Weise als durch den Tod eines Ehegatten, § 1372 BGB. Ein seit der Eheschließung etwa entstandener Zugewinn ist somit nach §§ 1373 ff. BGB güterrechtlich auszugleichen.

Soweit Vermögensübertragungen in **Erfüllung einer bestehenden Zugewinnausgleichsforderung** (§ 1378 Abs. 1 S. 1 BGB) vorgenommen werden, sind sie nach hM nicht unentgeltlich und lösen daher **keinen Pflichtteilsergänzungsanspruch** nach § 2325 BGB aus (vgl. *Wegmann* ZEV 1996, 201 [205 f.]; *Brambring* ZEV 1996, 248 [252]; Worm RNotZ 2003, 535 [539]; *Weidlich* ZEV 2014, 345 [346]; *Klingelhöffer* Pflichtteilsrecht Rn. 562; BeckOK BGB/*Müller-Engels* 47. Edition, § 2325 Rn. 22; Staudinger/*Olshausen* BGB § 2325 Rn. 24; kritisch noch BeckOK BGB/*J. Mayer*, 41. Edition. § 2325 Rn. 12). Eine Schenkung iSd § 2325 BGB wird nur dann angenommen, wenn das zum Zugewinnausgleich Geleistete über demjenigen Betrag liegt, der dem ausgleichsberechtigten Ehegatten zugestanden hätte (nach *Klingelhöffer* [Pflichtteilsrecht Rn. 562] liegt eine Schenkung sogar nur vor, wenn der geleistete Betrag eklatant über dem tatsächlich Geschuldeten liegt). Erforderlich ist nach hM jedoch die tatsächliche Beendigung des Güterstandes, ein lediglich schuldrechtlicher Ausgleich unter Beibehaltung des gesetzlichen Güterstandes (**„fliegender" Zugewinnausgleich**) ist nicht ausreichend (*Brambring* ZEV 1997, 7 [8]; BeckOK BGB/*Müller-Engels* 47. Edition, § 2325 Rn. 22; aA *Langenfeld* ZEV 1997, 6 wenn und soweit die Vermögensübertragung durch einen tatsächlichen Zugewinnausgleichsanspruch zum Zeitpunkt der Zuwendung gedeckt wäre). Im Prozess trägt der Pflichtteilsberechtigte die Beweislast für die Unentgeltlichkeit (BGHZ 89, 26 = NJW 1984, 487); eine Beweislastumkehr gibt es nicht. Diese Gestaltung birgt aber auch **Risiken.** Möglicherweise werden die Vorteile aus der Vermögensübertragung durch die aus der Vereinbarung der Gütertrennung uU folgende Erhöhung der Pflichtteilsquote der Abkömmlinge (und anderer Verwandter), § 1931 Abs. 1, 4 BGB, kompensiert. Daher sollte in jedem Fall eine Vergleichsrechnung durchgeführt werden (*Wegmann* ZEV 1996, 201 [206] mit Beispiel).

Um die aus der Vereinbarung der Gütertrennung drohenden Nachteile zu vermeiden, werden in der Literatur verschiedene Wege diskutiert. *Wegmann* (ZEV 1996, 201 [206 f.]) zB schlägt vor, (unmittelbar) nach Vereinbarung der Gütertrennung und Durchführung des Zugewinnausgleichs in einem zweiten Ehevertrag zum gesetzlichen Güterstand der Zugewinngemeinschaft zurückzukehren, sog. **Schaukelmodell.** Pflichtteilsergänzungsansprüche werden seiner Meinung nach dadurch nicht ausgelöst (ebenso *Hayler* MittBayNot 2000, 290 [293]; *Hayler* DNotZ 2000, 681 [686 ff.]; so wohl auch *Langenfeld* ZEV 1997, 6; *Hüttemann* DB 1999, 249 f.). Die Vermögensübertragung erfolge zur Erfüllung der Zugewinnausgleichsforderung, sei also entgeltlich. Die „Schaffung" des Zugewinnausgleichsanspruchs durch Vereinbarung der Gütertrennung sei ebenfalls keine Schenkung, da die Begünstigung dem vermögensrechtlichen Zustand entspreche, der bei Scheidung der Ehe bestünde (*Wegmann* ZEV 1996, 201 [207]). Gegen diese Schaukelmodelle werden in der Literatur jedoch auch Bedenken geäußert (*Brambring* ZEV 1996, 248 [253 f.]; *J. Mayer* Handbuch Pflichtteilsrecht § 11 Rn. 113 ff.; BeckOK BGB/*J. Mayer*, 41. Edition, § 2325 Rn. 12), die sich auch auf die Argumentation der in → Form. I.I.7 Anm. 3 genannten Entscheidungen stützen (Verfolgung ehefremder Zwecke). Die zwischenzeitlich ergangenen Entscheidungen der **Finanzgerichte** zur Güterstandsschaukel (anerkennend BFH NJW 2005 3663 = BStBl. II 2005, 843 = ZEV 2005, 490 mAnm *Münch* = DStR 2005, 1772] zur Güterstandsschaukel, bei der der gesetzliche Güterstand sogar in derselben notariellen Urkunde neu begründet wurde; ablehnend dagegen BFH [ZEV 2006, 41 mAnm *Münch* = DStR 2006, 178] zum fliegenden Zugewinnausgleich und BFH [NJW 2008, 111 = BStBl. II 2007, 785 = ZEV 2007, 500 mAnm *Münch*] für einen Fall der Modifikation des gesetzlichen Güterstandes gegen Ausgleichszahlung [als Revision zum anerkennenden Urteil des FG Nürnberg DStRE 2007, 1154 = ZEV 2006, 45 mAnm *Gemmer* EE 2006, 66 f.]) lassen keine Rückschlüsse auf das Pflichtteilsrecht zu, da es insoweit entscheidend auf die Belange des bzw. der Pflichtteilsberechtigten ankommt (gegen eine Orientierung des bürgerlichen Rechts am Steuerrecht auch Staudinger/*Olshausen* BGB § 2325 Rn. 24; BeckOK BGB/*J. Mayer*, 41. Edition, § 2325 Rn. 12). Die **Pflichtteilsfestigkeit** der Güterstandsschaukel und noch viel

mehr des fliegenden Zugewinnausgleichs ist daher **nicht gesichert** (umfassend dazu auch BeckOK BGB/*Müller-Engels*, 47. Edition, § 2325 Rn. 23).

4. Ausgleich des Zugewinns und § 2287 BGB. Die Vereinbarung von Gütertrennung mit anschließendem Ausgleich des bisher entstandenen Zugewinns ist eine entgeltliche Zuwendung (→ Anm. 3). Dieses Vorgehen ist daher geeignet, Ansprüche aus § 2287 BGB zu verhindern. Im Gegensatz zum Pflichtteilsrecht dürften aber auch die Güterstandsschaukel und der fliegende Zugewinnausgleich geeignet sein, Ansprüche des Vertragserben aus § 2287 BGB nicht zur Entstehung zu bringen. Wie oben (→ Form. I.I.3 Anm. 3) erwähnt, reicht bei § 2287 BGB auch ein abstrakt bestehender Ausgleichsanspruch zur Anspruchsvermeidung aus, da diese Norm nicht nur auf die Unentgeltlichkeit der Zuwendung abstellt, sondern daneben auch eine objektive Beeinträchtigung des Vertragserben fordert.

5. Regularien der Übertragung. Da zur Erfüllung des Zugewinnausgleichsanspruchs ein Grundstück übertragen wird, sind die dabei „üblichen" Regelungen zum Besitzübergang ua in die Urkunde aufzunehmen.

6. Abgeltungsklausel. Da nie ausgeschlossen werden kann, dass der Wert des Grundstücks den tatsächlich entstandenen Zugewinnausgleichsanspruch nicht erreicht bzw. übersteigt, ist vorsorglich eine Abgeltungsklausel aufzunehmen, um spätere Streitigkeiten zu vermeiden. Auch hier sollte berücksichtigt werden, dass nach Ansicht des BGH der Güterstandswechsel möglicherweise eine ehebedingte Zuwendung darstellt (→ Anm. 2).

7. Gläubigerbenachteiligung. Ehevertragliche Vereinbarungen unterliegen, wie sonstige Vereinbarungen auch, grundsätzlich der **Gläubigeranfechtung** (BGHZ 57, 123 [126] = NJW 1972, 48; BGH NZI 2010, 738 = MittBayNot 2010, 439 mAnm *Lotter*; OLG Zweibrücken OLGZ 1965, 304 [306 f.]; *Langenfeld/Milzer* Handbuch der Eheverträge und Scheidungsvereinbarungen Rn. 21). Nach allgemeiner Meinung wird dabei zwischen dem Güterrechtsvertrag einerseits und dem Auseinandersetzungsvertrag oder den sonstigen Vollzugsgeschäften andererseits unterschieden (vgl. BGHZ 57, 123 [126] = NJW 1972, 48). Zu berücksichtigen ist dabei, dass Gläubiger eines Ehegatten keinen Anspruch darauf haben, dass ein einmal bestehender Güterstand für die Zukunft aufrechterhalten wird und ihnen damit eine Zugriffsmöglichkeit, die sie bei Fortbestand dieses Güterstandes gehabt hätten, erhalten bleibt (BGHZ 57, 123 [126] = NJW 1972, 48). Deshalb scheidet eine Gläubigeranfechtung des güterrechtsändernden Vertrages grundsätzlich aus (BGHZ 57, 123 [126] = NJW 1972, 48), soweit nicht ausnahmsweise in diesem Vertrag eine Schenkung liegt (dazu BGHZ 116, 178 = NJW 1992, 558). In jedem Fall möglich ist eine Anfechtung der den güterrechtsändernden Verträgen nachfolgenden **Auseinandersetzungsverträge** (BGHZ 57, 123 [126] = NJW 1972, 48). Für diese Anfechtung gelten die „normalen" Regeln. „Besonderheiten" ergeben sich insoweit, als der Auseinandersetzungsvertrag mit einer nahe stehenden Person iSd § 3 Abs. 2 AnfG, § 133 Abs. 2, 138 InsO geschlossen wird. Soweit die Vermögensübertragung zur Tilgung des Zugewinnausgleichsanspruchs erfolgt, dürfte es sich um eine entgeltliche Verfügung handeln. Sofern mehr Vermögen übertragen wird, ist die Verfügung teilentgeltlich (vgl. Uhlenbruck/*Ede/Hirte* InsO § 134 Rn. 145).

Die Gläubiger- bzw. Insolvenzanfechtung eines **Verzichts auf den bereits entstandenen Zugewinnausgleichsanspruch** ist noch nicht abschließend geklärt. Für die Nichtgeltendmachung des Pflichtteilsanspruchs hat der BGH entschieden, dass sie nicht der Gläubigeranfechtung unterliege (BGH NJW 1997, 2384). Weiter hat der BGH entschieden, dass der Verzicht auf die Geltendmachung eines (bereits entstandenen) Pflichtteilsanspruchs in der Wohlverhaltensphase keine Obliegenheitsverletzung des Schuldners darstellt (BGH ZEV 2009, 469). Ob dies auch für einen durch Erlassvertrag gem. § 397 BGB erklärten Verzicht auf den bereits entstandenen (Pflichtteils-)Anspruch gilt, wird nach wohl überwiegender Ansicht bejaht (vgl. die Nachweise bei *Ivo* ZErb 2003, 250 [255 bei Fn. 60]). Die Argumentation zum Pflichtteilsanspruch dürfte auf den Zugewinnausgleichsanspruch zu übertragen

sein (*Ivo* ZErb 2003, 250 [257 f.]). Da durch einen Erlassvertrag über den Anspruch verfügt und – anders als bei einer bloßen Nichtgeltendmachung – sein Erlöschen bewirkt wird, könnte jedoch die Anfechtbarkeit eher zu bejahen sein. Allerdings hat der Gläubiger/Insolvenzverwalter auch nach erfolgreicher Anfechtung nicht notwendigerweise eine Zugriffsmöglichkeit auf den Zugewinnausgleichsanspruch. Die Anfechtung bewirkt nur, dass der vorherige Zustand wiederhergestellt wird. Der Zugewinnausgleichsanspruch kann aber nur im Rahmen des § 852 Abs. 1, 2 ZPO, also nach Anerkenntnis oder Rechtshängigkeit, gepfändet werden. Der erklärte Verzicht als solcher führt noch nicht zur „Anerkennung", da durch ihn zum Ausdruck kommt, dass der Berechtigte seinen Anspruch gegen den Verpflichteten gerade nicht geltend machen will (OLG Düsseldorf FamRZ 2000, 367 = NJW-FER 1999, 246 für den Pflichtteilsanspruch; Reul/Heckschen/Wienberg/*Herrler* Insolvenzrecht in der Gestaltungspraxis § 6 Rn. 188, geht auch davon aus, dass durch den Verzicht auf den bereits entstandenen Zugewinnausgleichsanspruch das Wahlrecht des § 852 Abs. 2 ZPO antizipiert ausgeübt wird und damit der Anspruch der Insolvenzmasse entzogen wird).

8. Steuern. Der Wechsel vom gesetzlichen Güterstand in den Güterstand der Gütertrennung hat schenkungsteuerlich zur Folge, dass ein sich ergebender Zugewinnausgleich gem. § 5 Abs. 2 ErbStG schenkungsteuerfrei ist. Wird zur Erfüllung der Zugewinnausgleichsforderung eine Immobilie übertragen, erfolgt der Abzug gem. § 5 Abs. 2 ErbStG dennoch mit dem Nennwert der Ausgleichsforderung; der Steuerwert des hingegebenen Grundstücks ist nicht maßgeblich (BFH BStBl. II 1993, 368). Innerhalb der zehnjährigen Spekulationsfrist kann hier eine Besteuerung gem. § 23 Abs. 1 Nr. 1 EStG in Betracht kommen, da die Übertragung der Immobilie entgeltlich in Erfüllung einer Forderung erfolgt. Wird der Zugewinnausgleichsberechtigte durch Übertragung eines Grundstückes abgefunden, dessen Verkehrswert den Betrag der Ausgleichsforderung übersteigt, so liegt hierin eine gemischte Schenkung. Der Empfänger-Ehegatte hat die Bereicherung zu versteuern (OFD München v. 26.6.2001, S 2256 – 17 St 41). Wenn die Zugewinngemeinschaft zu Lebzeiten beider Partner, insbesondere durch vertraglichen Güterstandswechsel, beendet wird, kann es den Interessen der Ehegatten entsprechen, die Ausgleichsforderung bis zum Tod des verpflichteten Teils zinslos zu stunden; auch in diesem Fall gilt § 5 Abs. 2 ErbStG beim Erwerb der Ausgleichsforderung (*Meincke/Hannes/Holtz* § 5 Rn. 50).

Eine steuerlich interessante Gestaltung zur Ersparnis von Erbschaftsteuer für Ehegatten ist die sogenannte **Güterstandsschaukel.** Ist das Vermögen bei einem Ehegatten konzentriert, lässt sich durch ehevertragliche Beendigung des Güterstandes der Zugewinngemeinschaft durch Wechsel in den Güterstand der Gütertrennung eine steuerfreie Zugewinnausgleichsforderung herstellen. Diese ist als freigebige Zuwendung nicht schenkungsteuerpflichtig, wenn es tatsächlich zu einer güterrechtlichen Abwicklung der Zugewinngemeinschaft kommt und zwar auch dann nicht, wenn der Güterstand der Zugewinngemeinschaft unmittelbar, am nächsten Tag, im Anschluss daran neu begründet wird (BFH NJW 2005, 3663 = BStBl. II 2005, 843 = ZEV 2005, 490 mAnm *Münch* = DStR 2005, 1772). Voraussetzung für die steuerliche Anerkennung ist allein, dass der Güterstand der Zugewinngemeinschaft tatsächlich beendet und güterrechtlich abgewickelt wird. Ihre Grenzen findet diese Gestaltung allerdings dort, wo sie einem Ehepartner eine überhöhte Ausgleichsforderung dergestalt verschafft, dass der Rahmen einer güterrechtlichen Vereinbarung überschritten wird (BFH NJW 2005, 3663 = BStBl. II 2005, 843 = ZEV 2005, 490 mAnm *Münch* = DStR 2005, 1772). Die Beendigung und die unmittelbare Neubegründung stellt keinen Gestaltungsmissbrauch iSd § 42 AO dar. Zur Reduzierung von Pflichtteilsansprüchen durch die Güterstandsschaukel → Anm. 3. Zu den steuerlichen Anzeigepflichten des Notars → Form. I.I.2.

Zu den Grundzügen des Erbschaft- und Schenkungsteuerrechts einschließlich der Ermittlung der erbschaft- und schenkungsteuerlichen Besteuerungsgrundlagen → Form. A.IV Kurzüberblick: Erbschaft- und Schenkungsteuerrecht.

9. Kosten. Es entsteht eine 2,0-Gebühr. Die Vereinbarung der Gütertrennung und die Vereinbarung über den Ausgleich des Zugewinns sind nicht mehr gegenstandsgleich, weil der Ehevertrag nach § 111 Nr. 2 GNotKG ein besonderer Beurkundungsgegenstand ist (absolut gegegenstandsverschieden). Zum Wert des Ehevertrags siehe die Ausführungen unter → Form. I.I.1 Anm. 7. Der Wert der Grundstücksübertragung ist nach § 46 GNotKG zu ermitteln.

Die Registrierung im Zentralen Testamentsregister der Bundesnotarkammer kostet 15 EUR je Erblasser, hier also 30 EUR. Der Notar kann diese nach Nr. 32015 KV GNotKG für die Registerbehörde (umsatzsteuerfrei) entgegennehmen.

7. Vereinbarung der Gütergemeinschaft

1. Herr . . . . . ., geboren am . . . . . . in . . . . . . (Standesamt . . . . . ., Registernummer . . . . . .);
2. Frau . . . . . ., geborene . . . . . ., geboren am . . . . . . in . . . . . . (Standesamt . . . . . ., Registernummer . . . . . .);

beide wohnhaft in . . . . . .,

ausgewiesen durch Vorlage . . . . . .

Die Erschienenen erklären bei gleichzeitiger Anwesenheit gemeinsam mündlich mit dem Ersuchen um Beurkundung, was folgt:

§ 1 Vorbemerkungen

[wie → Form. I.I.5 § 1 (soweit vorhanden mit zusätzlichen Angaben zum Grundbesitz)]
Unter gegenseitiger Annahme der folgenden Erklärungen schließen wir folgenden

Ehevertrag:[1]

§ 2 Ehevertragliche Vereinbarungen

1. Wir vereinbaren für die weitere Dauer unserer Ehe den Güterstand der Gütergemeinschaft[2] nach den Bestimmungen des Bürgerlichen Gesetzbuchs.[3]
2. Der Notar hat uns in diesem Zusammenhang auf die Grundzüge des gesetzlichen Güterstandes der Zugewinngemeinschaft und die aufgrund der Vereinbarung der Gütergemeinschaft davon eintretenden Abweichungen hingewiesen. Wir sind uns darüber im Klaren, dass
   a) die Gütergemeinschaft zu einer Haftung des Gesamtgutes auch bei einseitigem Handeln führen kann;
   b) neben dem Gesamtgut jeder von uns auch mit seinem sonstigen Vermögen persönlich haften kann;
   c) sich das Erb- und Pflichtteilsrecht des Längerlebenden am Nachlass des erstversterbenden Ehegatten vermindern kann und dies zur Erhöhung des Erb- und Pflichtteilsrechts von Abkömmlingen und anderen Verwandten führen kann;[4]
   d) die Möglichkeit besteht, Vorbehaltsgut zu vereinbaren;
   e) die Möglichkeit besteht, sich zur Vertretung im Rahmen der Verwaltung des Gesamtgutes zu bevollmächtigen;

   f) eine steuerliche Beratung im Vorfeld der Vereinbarung der Gütergemeinschaft sinnvoll ist.[7]
3. Soweit einem von uns durch die Beendigung des gesetzlichen Güterstandes ein Zugewinnausgleichsanspruch zustehen sollte, wird dieser als Vermögen des berechtigten Ehegatten in die Gütergemeinschaft eingebracht.[5]
4. Das Gesamtgut verwalten wir gemeinschaftlich.
5. Vorbehaltsgut wollen wir nicht bestimmen.
6. Die Fortsetzung der Gütergemeinschaft nach dem Ableben eines von uns wünschen wir nicht.
7. Eine Eintragung der Gütergemeinschaft in das Güterrechtsregister beim zuständigen Amtsgericht wünschen wir nach Hinweis des Notars auf die Rechtswirkungen einer solchen Eintragung vorerst nicht. Jeder von uns kann jedoch nachträglich einseitig die Eintragung beantragen.
8. Hinsichtlich der Auseinandersetzung des Gesamtgutes wollen wir keine vom Gesetz abweichenden Regelungen treffen.
9. Regelungen zum Versorgungsausgleich und zum Ehegattenunterhalt bei einer etwaigen Scheidung unserer Ehe wollen wir heute nicht treffen. Es verbleibt insoweit bei den gesetzlichen Bestimmungen, die uns der Notar erläutert hat. Ebenso wünschen wir keine erbrechtlichen Regelungen.[6]

§ 3 Grundbuchberichtigung

Wir beantragen, uns bezüglich des in § 1 aufgeführten Grundbesitzes als Eigentümer in Gütergemeinschaft einzutragen und das Grundbuch entsprechend zu berichtigen. Um Vollzugsnachricht an den beurkundenden Notar wird gebeten.

§ 4 Schlussbestimmungen

Von dieser Urkunde erhalten wir und das Grundbuchamt jeweils eine Ausfertigung; nach Vollzug erhalten wir lediglich eine Vollzugsmitteilung.

Das Finanzamt – Grunderwerbsteuerstelle – erhält eine einfache Abschrift.

Das Finanzamt – Schenkungsteuerstelle[7] – erhält eine beglaubigte Abschrift.

Uns ist bekannt, dass die Urkunde beim Zentralen Testamentsregister registriert wird.

Die Kosten[8] dieser Urkunde tragen wir gemeinsam.

Anmerkungen

1. Sachverhalt. Die Ehegatten sind bereits verheiratet. Der Ehemann ist Alleineigentümer eines Grundstücks. Für die weitere Dauer der Ehe soll der gesetzliche Güterstand aufgehoben und Gütergemeinschaft vereinbart werden.

2. Gütergemeinschaft. Bei der Gütergemeinschaft handelt es sich um den Wahlgüterstand mit der (heute) geringsten praktischen Bedeutung. Dies rührt zum einen daher, dass die Pflichtteilsquoten der Abkömmlinge höher sind als diejenigen im gesetzlichen Güterstand. Weiter führt die Vereinbarung der Gütergemeinschaft dazu, dass bei den Ehegatten insgesamt **fünf verschiedene Vermögensmassen** auseinander zu halten sind. Dies führt zu komplizierten Verwaltungs- und Auseinandersetzungsmechanismen. Das Vermögen, das der Mann und die Frau bei Vereinbarung der Gütergemeinschaft haben, wird – soweit nichts anderes vereinbart wird – gemeinschaftliches Vermögen (sog. **Gesamtgut**), § 1416 Abs. 1 S. 1 BGB. Zum Gesamtgut gehört auch das Vermögen, das der Mann oder die

Frau während der Gütergemeinschaft erwirbt, § 1416 Abs. 1 S. 2 BGB. Das Gesamtgut bildet eine Gesamthandsgemeinschaft, § 1419 Abs. 1 BGB, die grundsätzlich von beiden Ehegatten gemeinschaftlich verwaltet wird, § 1421 S. 2 BGB. Zu berücksichtigen ist insbesondere, dass nach den §§ 1459 ff. BGB uU eine Haftung des Gesamtguts und beider Ehegatten persönlich für die Verbindlichkeiten eines Ehegatten eintreten kann. Eine weitere Besonderheit besteht darin, dass die Ehegatten nach §§ 1483 ff. BGB vereinbaren können, dass die Gesamthandsgemeinschaft beim Tod eines Ehegatten zwischen dem überlebenden Ehegatten und den gemeinschaftlichen Abkömmlingen fortgesetzt wird, sog. fortgesetzte Gütergemeinschaft. Neben dem Gesamtgut verfügt jeder der Ehegatten über ein eigenes **Sondergut,** das sämtliche Gegenstände, die nicht durch Rechtsgeschäft übertragen werden können (zB Nießbrauchsrechte), umfasst, § 1417 BGB. Schließlich kann für jeden Ehegatten ein eigenes **Vorbehaltsgut** bestehen, § 1418 BGB. Dieses umfasst die Gegenstände, die durch Ehevertrag zum Vorbehaltsgut erklärt sind, die ein Ehegatte von Todes wegen erwirbt oder die ihm von einem Dritten unentgeltlich zugewendet werden (soweit der Erblasser bzw. Zuwendende eine Vorbehaltsgutsbestimmung getroffen hat) sowie diejenigen Gegenstände, die Früchte und Surrogate von Vorbehaltsgut sind. Hinsichtlich der näheren Einzelheiten und der Fälle, in denen die Vereinbarung der Gütergemeinschaft sinnvoll sein kann, sei auf die allgemeine (Formular-)Literatur zum Familienrecht und die nachfolgend genannten Aufsätze/Monografien verwiesen (*Behmer* MittBayNot 1994, 377 ff.; *Bonefeld* ZErb 2002, 253 f. und 286 f.; *Everts* ZFE 2004, 273 ff.; *Klüber* FPR 2001, 84 ff.; *Mai* BWNotZ 2003, 55 ff.; *Wittich* Die Gütergemeinschaft und ihre Auseinandersetzung 2000).

3. Vereinbarung der Gütergemeinschaft als Schenkung. Nach Ansicht des BGH (BGHZ 116, 178 = NJW 1992, 558) führt die Vereinbarung der Gütergemeinschaft grundsätzlich nicht zur Annahme einer (zivilrechtlichen) Schenkung des begüterten an den bereicherten Ehegatten; der Rechtsgrund liegt regelmäßig in dem (familienrechtlichen) Vertrag über die Errichtung der Gütergemeinschaft, mit dessen Hilfe die Ehegatten ihre güterrechtlichen Verhältnisse (neu) ordnen. Aus diesem Grund begründet die Vereinbarung der Gütergemeinschaft (und ihre spätere Auseinandersetzung) grundsätzlich **keine Pflichtteilsergänzungsansprüche** Dritter und auch **keine Ansprüche** des „übergangenen" Vertragserben nach **§ 2287 BGB.**

Anerkannt ist jedoch auch, dass die Vereinbarung der Gütergemeinschaft bei entsprechender Einigkeit der Beteiligten ausnahmsweise eine Schenkung darstellen kann. So hat das RG (RGZ 87, 301) die planmäßige Vereinbarung der Gütergemeinschaft ein Jahr vor dem Tod eines Ehepartner mit fünf Tage später erfolgtem Wechsel zur Gütertrennung als eine iSd § 2325 BGB ergänzungspflichtige Schenkung angesehen (der BGH [NJW 1992, 558 (559)] bezeichnet dies selbst als einen „extrem gelagerten Sonderfall"). Diese Fälle dürften jedoch selten sein. Der BGH betont, dass den Ehegatten die Freiheit zustehe, ihre güterrechtlichen Verhältnisse für die Zukunft zu ändern und den bis dahin geltenden Güterstand durch einen anderen zu ersetzen (BGH NJW 1992, 558 [559]). Anders liegt dies ausnahmsweise nur dann, wenn die güterrechtliche causa durch einen schuldrechtlichen Schenkungsvertrag verdrängt wird, wozu die Feststellung erforderlich ist, dass die Geschäftsabsichten der Eheleute nicht zwecks Verwirklichung der Ehe auf eine Ordnung der beiderseitigen Vermögen gerichtet waren; die bloße Einigung über die Unentgeltlichkeit ist nicht ausreichend (BGH NJW 1992, 558 [559]). Als Beispiel für solche „ehefremde Zwecke" (BGH NJW 1992, 558 [559]) nennt der BGH in der aufgeführten Entscheidung, zusätzlich zu dem schon vom Reichsgericht entschiedenen Fall, die nachträgliche Verschiebung wertvoller Gegenstände aus dem Vorbehaltsgut eines Ehegatten in das des anderen oder in das Gesamtgut, die Vereinbarung der Gütergemeinschaft kurz vor dem Tod eines Ehegatten oder die Vereinbarung einer höheren als der von § 1476 BGB vorgesehenen Quote für die Auseinandersetzung zugunsten des zunächst weniger begüterten Teils.

Die „Entgeltlichkeit“ der Begründung der Gütergemeinschaft kann somit im Einzelfall genutzt werden, um den anderen Ehegatten vermögensmäßig abzusichern, ohne Pflichtteilsansprüche der Abkömmlinge auszulösen (vgl. *Münch* Ehebezogene Rechtsgeschäfte Rn. 409 ff.)

4. Erb- und Pflichtteilsrecht. Haben die Ehegatten **keine fortgesetzte Gütergemeinschaft** vereinbart, so endet die Gütergemeinschaft mit dem Tod des Erstversterbenden. Sein Anteil am Gesamtgut ist nach § 1482 S. 1 BGB Teil seines Nachlasses. Der Anteil des verstorbenen Ehegatten bildet mit dem Gesamtgutsanteil des überlebenden Ehegatten das Gesamtgut der Liquidationsgemeinschaft. Zur Auflösung findet zwischen den Erben des Verstorbenen und dem überlebenden Ehegatten die Auseinandersetzung nach den §§ 1471 ff. BGB statt. Das gesetzliche **Erbrecht** bestimmt sich gemäß § 1482 S. 2 BGB nach den allgemeinen Vorschriften, dh § 1931 Abs. 1, 2 BGB (→ Form. I.I.5 Anm. 4).

Die Ehegatten können auch vereinbaren, dass die **Gütergemeinschaft** nach dem Tod eines Ehegatten zwischen dem überlebenden Ehegatten und den gemeinsamen Abkömmlingen **fortgesetzt** wird (§§ 1483 ff. BGB). In diesem Fall zählt der Anteil des verstorbenen Ehegatten nicht zum Nachlass, § 1483 Abs. 1 S. 3 Hs. 1 BGB. Im Übrigen, dh hinsichtlich eines etwaigen Vorbehalts- oder Sonderguts, gelten nach § 1483 Abs. 1 S. 3 Hs. 2 BGB die allgemeinen Vorschriften.

Die **Pflichtteilsquoten** errechnen sich nach §§ 1931 Abs. 1, 2, 2303 Abs. 1 S. 2 BGB. Der Pflichtteil des überlebenden Ehegatten beträgt daher neben Abkömmlingen ein Achtel (§ 1931 Abs. 1 S. 1 BGB), neben Eltern und deren Abkömmlingen ein Viertel (§§ 1931 Abs. 1 S. 1, 1925 BGB), neben Großeltern ein Viertel (§ 1931 Abs. 1 S. 1 BGB; bei Vorversterben einzelner Großeltern ist § 1931 Abs. 1 S. 2 BGB zu beachten) und neben entfernteren Verwandten ein Halb (§ 1931 Abs. 2 BGB). Bei der Bewertung des Nachlasses ist zu berücksichtigen, dass nur bei der nicht fortgesetzten Gütergemeinschaft der Anteil (!) am Gesamtgut zum Nachlass gehört.

5. Zugewinnausgleich. Erfolgt die Vereinbarung der Gütergemeinschaft nach Eheschließung, ist zu regeln, was mit dem durch Beendigung des gesetzlichen Güterstandes entstehenden Anspruch auf Zugewinnausgleich geschieht. Hier bieten sich zwei Möglichkeiten an. Zum einen können die Ehegatten einen **wechselseitigen Verzicht** auf Ausgleich des bisher entstandenen Zugewinns vereinbaren. Sofern dies gewünscht ist, sollte wie im Grundfall in → Form. I.I.6 unter § 2 (3) formuliert werden, um etwaige Ansprüche nach den Grundsätzen über die Störung der Geschäftsgrundlage (§ 313 BGB) beim Scheitern der Ehe zu verhindern. Zum anderen besteht die Möglichkeit, den Ausgleichsanspruch **in das Gesamtgut der Ehegatten einzubringen** (vgl. *Mai* BWNotZ 2003, 55 [68]). Im Hinblick auf die bei Vertragsschluss bestehenden Vermögensverhältnisse unterscheiden sich die beiden Varianten nicht; in beiden Fällen wird das gesamte derzeit vorhandene Vermögen Gesamtgut. Bei Scheidung der Ehe besteht in der zweiten Variante jedoch ein Ausgleichsanspruch nach § 1478 BGB, so dass der einbringende Ehegatte seinen Zugewinnausgleichsanspruch „mit Verspätung“ erhält. Bei einem Verzicht scheidet diese Möglichkeit – vorbehaltlich etwaiger Ansprüche nach den Grundsätzen über die Störung der Geschäftsgrundlage – aus.

6. Erbeinsetzung. Die Vereinbarung der Gütergemeinschaft wird, wie sonstige Eheverträge auch, häufig zum Anlass genommen, auch die erbrechtlichen Verhältnisse zu regeln. Wird der erstversterbende Ehegatte nicht durch den Längerlebenden allein beerbt, wird durch den Tod eine Auseinandersetzung des Gesamtgutes erforderlich (für die bei der fortgesetzten Gütergemeinschaft geltenden Besonderheiten vgl. die in → Anm. 2 aE genannte Literatur). Aus diesem Grund werden sich die Ehegatten häufig gegenseitig zu Alleinerben einsetzen. Sofern diese Vermögensverteilung nach dem Tod des Erstversterbenden nicht gewollt ist, bietet sich an, den Längerlebenden mit Vermächtnissen zu

belasten, um die gewünschte Nachlassverteilung (ohne Auseinandersetzung des Gesamtgutes) zu erreichen.

7. Steuern. Schenkungsteuerlich stellt die Vereinbarung der Gütergemeinschaft eine Schenkung gem. § 7 Abs. 1 Nr. 4 ErbStG dar (RE 7.6 Abs. 1 ErbStR 2011). Die Bereicherung besteht in der Hälfte der Differenz zwischen den von den beiden Ehegatten in das Gesamtgut eingebrachten Vermögensmassen. Dabei sind die steuerlichen Werte iSd § 12 ErbStG anzusetzen; Vermögensgegenstände, deren Erwerb steuerfrei ist, blieben außer Ansatz. Bewertungszeitpunkt und Zeitpunkt der Entstehung der Schenkungsteuer ist gem. § 11 iVm § 9 Abs. 1 Nr. 2 ErbStG der Abschluss des Ehevertrages.

Wechseln die Eheleute vom Güterstand der Zugewinngemeinschaft in die der Gütergemeinschaft, so steht dem Ehegatten, der den geringeren Zugewinn erzielt hat, mit der Beendigung des gesetzlichen Güterstandes eine nach § 5 Abs. 2 ErbStG steuerfreie Ausgleichsforderung zu, die er in das Gesamtgut der Gütergemeinschaft einbringt (RE 7.6 Abs. 2 ErbStR 2011) und die auf diese Weise die durch Vereinbarung der Gütergemeinschaft vermittelte Bereicherung mindern kann. Vgl. zu § 5 Abs. 2 ErbStG die Ausführungen unter → Form. I.I.6. Vgl. im Übrigen die Ausführungen unter → Form. I.I.1, → Form. I.I.2.

Zu den Grundzügen des Erbschaft- und Schenkungsteuerrechts einschließlich der Ermittlung der erbschaft- und schenkungsteuerlichen Besteuerungsgrundlagen → Form. A.IV Kurzüberblick: Erbschaft- und Schenkungsteuerrecht.

8. Kosten. Siehe dazu die Ausführungen unter → Form. I.I.1 Anm. 7. Die Registrierung im Zentralen Testamentsregister der Bundesnotarkammer kostet 15,00 EUR je Erblasser, hier also 30,00 EUR. Der Notar kann diese nach Nr. 32015 KV GNotKG für die Registerbehörde (umsatzsteuerfrei) entgegennehmen.

II. Erb- und Pflichtteilsverzicht

1. Checkliste: Erb- und Pflichtteilsverzicht

- ❐ Gemeinsame Voraussetzungen des Erb-, Pflichtteils- und Zuwendungsverzichtsvertrages:
  - ❐ Auf ihr gesetzliches Erb- und Pflichtteilsrecht können nur Verwandte, der Ehegatte und der eingetragene Lebenspartner des Erblassers verzichten.
  - ❐ Erblasser muss die Erklärung persönlich abgeben; auf Seiten des Verzichtenden ist Stellvertretung nach den allgemeinen Regeln zulässig.
  - ❐ Geschäftsunfähige können den jeweiligen Vertrag durch ihren gesetzlichen Vertreter (Eltern, Vormund) mit Genehmigung des Familiengerichts schließen.
  - ❐ Gibt für einen geschäftsunfähigen Erblasser der Betreuer die Erklärung ab oder erklärt er für einen Geschäftsunfähigen den Verzicht, bedarf es der Genehmigung des Betreuungsgerichts.
  - ❐ Die Erklärung eines beschränkt geschäftsfähigen Erblassers bedarf keiner familiengerichtlichen Genehmigung.
  - ❐ Ein reiner Erbverzicht ohne Gegenleistung des Erblassers bedarf keiner Einwilligung des gesetzlichen Vertreters.
  - ❐ Der beschränkt geschäftsfähige Verzichtende bedarf der Zustimmung seines gesetzlichen Vertreters, sofern der Verzicht des unter elterlicher Sorge stehenden Verzichtenden nicht gegenüber Ehegatten und Verlobten erklärt wird.
  - ❐ Der Verzicht setzt keine gleichzeitige Anwesenheit bei der Beurkundung voraus. Er kann auch durch separat beurkundete Angebots- und Annahmeerklärungen vereinbart werden (§ 128 BGB).
  - ❐ Gerichtliche Genehmigungen müssen vor dem Tod des Erblassers oder des Verzichtenden erteilt werden und der jeweils anderen Seite mitgeteilt worden sein.
  - ❐ Der Verzicht kann unter der Bedingung einer Abfindungszahlung erklärt werden.
  - ❐ Es ist notarielle Beurkundung erforderlich; auch die Aufhebung des jeweiligen Verzichtsvertrages bedarf notarieller Beurkundung.
  - ❐ Verzicht zugunsten eines anderen ist möglich (gilt nur für den Erb- und Pflichtteilsverzicht).
  - ❐ Die Wirkung des Verzichts eines Abkömmlings oder eines Seitenverwandten des Erblassers erstreckt sich auch auf seine Abkömmlinge, sofern nicht ein anderes bestimmt wird.
- ❐ Besonderheiten des Erbverzichtsvertrages:
  - ❐ Gegenstand eines Erbverzichtsvertrages kann nur das gesetzliche Erbrecht des Verzichtenden sein; Erstreckung auf das gesetzliche Pflichtteilsrecht.
  - ❐ Der Erbverzicht kann auf eine bestimmte Erbquote beschränkt werden, nicht dagegen auf bestimmte Nachlassgegenstände.
  - ❐ Der Erbverzicht schließt den Verzichtenden von der gesetzlichen Erbfolge aus und erhöht die Pflichtteilsansprüche der übrigen Pflichtteilsberechtigten.
- ❐ Besonderheiten des Pflichtteilsverzichtsvertrages:
  - ❐ Gegenstand eines Pflichtteilsverzichts kann nur das Pflichtteilsrecht sein; das gesetzliche Erbrecht des Verzichtenden bleibt unberührt; es bedarf insoweit eines enterbenden Testaments.
  - ❐ Beim Pflichtteilsverzicht tritt keine Erhöhung der Pflichtteilsquoten der übrigen Pflichtteilsberechtigten ein.
  - ❐ Der Pflichtteilsverzicht kann gegenständlich, persönlich, auf bestimmte Ansprüche und auf bestimmte Nachlassgegenstände beschränkt werden.
- ❐ Besonderheiten des Zuwendungsverzichtsvertrages:
  - ❐ Der Erblasser ist durch eine frühere letztwillige Verfügung von Todes wegen – Erbvertrag oder gemeinschaftliches Testament – gebunden.
  - ❐ Gegenstand eines Zuwendungsverzichts können nur Erbeinsetzungen und/oder Vermächtnisse sein.

- ❒ Der Zuwendungsverzicht kann auf eine bestimmte Erbquote beschränkt werden, auf bestimmte Gegenstände nur bei Vermächtnissen.
- ❒ Der Zuwendungsverzicht kann sich auf das gesetzliche Erbrecht und/oder Pflichtteilsrecht beziehen, ist zugunsten einer dritten Person problematisch und erstreckt sich für Erbfälle ab dem 1.1.2010 auch auf die Abkömmlinge, sofern in dem Zuwendungsverzichtsvertrag nicht ausdrücklich etwas anderes vereinbart wurde.

2. Erbverzichtsvertrag

[Notarieller Urkundeneingang][1, 2]

Die Erschienenen zu 1 und 2[3] wollen einen Erbverzichtsvertrag[4] schließen. Dazu erklären sie bei gleichzeitiger Anwesenheit mündlich mit dem Ersuchen um Beurkundung Folgendes:

1. **Wir sind beide in zweiter Ehe verheiratet. Aus der ersten Ehe des Erschienenen zu 1 sind zwei Kinder hervorgegangen, die Söhne . . . . . . und . . . . . ., aus der ersten Ehe der Erschienenen zu 2 die Tochter . . . . . . Wir haben schon vor unserer Ehe in guten wirtschaftlichen Verhältnissen gelebt und sind auf eine Beteiligung am Nachlass des jeweils anderen nicht angewiesen.**
2. **Vor diesem Hintergrund verzichten wir gegenseitig auf unser gesetzliches Erb- und Pflichtteilsrecht.[5]**
   Der Erschienene zu 1 nimmt den Verzicht der Erschienenen zu 2 an,[6] die Erschienene zu 2 den des Erschienenen zu 1.[7]
3. **Ehevertragliche Vereinbarungen werden wir in einem noch gesondert zu beurkundenden Ehevertrag treffen.[8]**
4. **Die Kosten dieser Urkunde tragen die Erschienenen je zur Hälfte.[9, 10]**

Anmerkungen

1. Sachverhalt. Für die vertragsschließenden Eheleute handelt es sich um die zweite Ehe. Sie haben beide aus ihrer ersten Ehe Abkömmlinge, denen das jeweilige Vermögen uneingeschränkt zugewendet werden soll. Da sie finanziell unabhängig sind, sollen ihre Vermögen auch über den Tod hinaus getrennt bleiben.

2. Der Erbverzicht unterliegt gemäß § 2348 BGB der **Beurkundungspflicht.** Dadurch soll sichergestellt werden, dass die Beteiligten über die weitreichenden Auswirkungen des Verzichts sachkundig beraten und belehrt werden (§ 17 Abs. 1 S. 1 BeurkG). Sie sollen so vor übereilter und unüberlegter Abgabe der Verzichtserklärung geschützt werden. Darüber hinaus dient die Beurkundung der Klarstellung des Abschlusses und des Inhalts des Rechtsgeschäfts (MüKoBGB/*Wegerhoff* § 2348 Rn. 1). Die Beurkundung eines Erb- und Pflichtteilsverzichts ist nicht deshalb unwirksam, weil der Notar oder einer seiner in § 7 Abs. 1 BeurkG genannten Angehörigen zu den möglicherweise Erb- und Pflichtteilsberechtigten gehört (OLG Düsseldorf BeckRS 2013, 21115 = ZEV 2014, 102). Wird die Form nicht gewahrt, ist ein erklärter Verzicht gemäß § 125 BGB nichtig. Die Vorschrift des § 2348 BGB regelt die Formbedürftigkeit des Erbverzichts als abstraktes erbrechtliches Verfügungsgeschäft. Eine entsprechende Anwendung auf dingliche Vollzugsgeschäfte, die mit einem Erbverzicht im Zusammenhang stehen, kommt nicht in

Betracht (BGH ZEV 2012, 145 [148] mAnm *Keim*). Die Beurkundungspflicht aus § 2348 BGB gilt jedoch nicht nur für die Verzichtserklärung selbst, sondern auch für einen entsprechenden Verpflichtungsvertrag (KG MDR 1974, 46; OLG Köln ZEV 2011, 384; Palandt/*Weidlich* BGB § 2348 Rn. 1; Staudinger/*Schotten* BGB § 2348 Rn. 10; *v. Proff zu Irnich* DNotZ 2017, 84 [97]).

Die Form der Beurkundung richtet sich nach §§ 8 ff. BeurkG, so dass im Inland ausschließlich die Notare zuständig sind. Ein Erbverzichtsvertrag kann auch im Rahmen eines Prozessvergleichs geschlossen werden, wobei das gerichtliche Protokoll gemäß § 127a BGB die notarielle Beurkundung ersetzt (MüKoBGB/*Wegerhoff* § 2348 Rn. 5). Nicht beseitigt wird das nach § 2347 Abs. 2 S. 1 BGB bestehende Erfordernis der persönlichen Mitwirkung des Erblassers (MüKoBGB/*Wegerhoff* § 2348 Rn. 5). Mit dem Formerfordernis des § 2348 BGB nicht vereinbar ist die Auffassung, dass unter gewissen Voraussetzungen auch ein stillschweigender Erbverzicht zulässig sei (so BGH BGHZ 22, 364 = NJW 1957, 422; BGH NJW 1977, 1728 = FamRZ 1977, 390; OLG Düsseldorf FamRZ 2000, 856). Danach sollen Erklärungen, die in einem von Ehegatten mit einem ihrer Kinder geschlossenen Erbvertrag abgegeben worden sind, als Verzicht des Schlusserben auf seinen Pflichtteil und als Annahme dieses Verzichts durch den Erblasser aufgefasst werden können, wenn bestimmt wird, dass sich die Ehegatten gegenseitig als Alleinerben und das am Vertrag beteiligte Kind als Schlusserbe einsetzen, während sie anderen Kindern Vermächtnisse für den Fall zuwenden, dass diese keine Pflichtteilsansprüche geltend machen. Die Annahme des Verzichts soll in der Einsetzung des Verzichtenden als Schlusserben liegen (BGH BGHZ 22, 364 = NJW 1957, 422; dem BGH folgend BGB-RGRK/*Johannsen* § 2346 Rn. 10; Palandt/*Weidlich* BGB § 2348 Rn. 3). Ein stillschweigender Verzicht soll auch möglich sein, wenn Ehegatten sich in einem gemeinschaftlichen Testament nur geringfügig bedenken und die gemeinsamen Kinder jeweils zu Erben einsetzen (Palandt/*Weidlich* BGB § 2348 Rn. 3). Stillschweigende Erklärungen sind aber nur im Fall einer Formfreiheit denkbar (*Lange/Kuchinke* § 7 I 5 d), so dass wesentliche Bestandteile einer formgültigen Erklärung in der Urkunde selbst erkennbar sein müssen, anderenfalls die urkundliche Form den Inhalt nicht deckt (Staudinger/*Schotten* BGB § 2346 Rn. 15). Der Erbverzicht muss danach ausdrücklich erklärt werden oder sich zumindest zuverlässig aus dem Inhalt des Vertrages ergeben (so RG RGZ 115, 385 [391]; RG LZ 1932, 102 = HRR 132 Nr. 628; BayObLG BayObLGZ 1981, 30 [35] = MDR 1981, 673; OLG Hamm FamRZ 1996, 1146; Soergel/*Damrau* BGB § 2346 Rn. 8; MüKoBGB/*Wegerhoff* § 2348 Rn. 7; *Habermann* JuS 1971, 169 ff.).

3. Vertragspartner des Erbverzichtsvertrages sind der Erblasser selbst und der Verzichtende. Die Anforderungen an die **persönlichen Fähigkeiten zum Abschluss eines Erbverzichtsvertrages** sowie die Zulässigkeit einer Vertretung sind in § 2347 BGB geregelt.

Der Erblasser muss beim Abschluss eines Erbverzichtsvertrages persönlich handeln; eine Vertretung im Willen und in der Erklärung ist grundsätzlich ausgeschlossen (BGH BGHZ 37, 319 = NJW 1962, 1910; BayObLG BayObLGZ 1965, 80 [86] = NJW 1965, 1276; OLG Düsseldorf ZEV 2011, 529 [530]; MüKoBGB/*Wegerhoff* § 2347 Rn. 9). Ein beschränkt geschäftsfähiger Erblasser bedarf zum Abschluss eines reinen Erbverzichts – dh ohne Gegenleistung – weder der Zustimmung seines gesetzlichen Vertreters noch der Genehmigung des Familiengerichts, weil der Verzicht ihm lediglich einen rechtlichen Vorteil bringt. Ist der Erblasser geschäftsunfähig, kann er in Abweichung des Prinzips der Höchstpersönlichkeit vertreten werden. In diesem Fall ist eine Genehmigung des Familiengerichts notwendig. Erklärt für den geschäftsunfähigen Erblasser ein mit dem entsprechenden Aufgabenkreis ausgestatteter Betreuer den Verzicht, ist für die Genehmigung das Betreuungsgericht zuständig (→ Form. I.II.6 Anm. 9). Das schuldrechtliche Kausalgeschäft, das eine Verpflichtung zum Erb- oder Pflichtteilsverzicht begründet, muss der Erblasser –

anders als das erbrechtliche Verfügungsgeschäft gemäß § 2347 Abs. 2 S. 1 BGB – nicht persönlich schließen. Auch hängt die Wirksamkeit des Kausalgeschäftes grds. nicht von derjenigen des Erb- oder Pflichtteilsverzichts als erbrechtliches Verfügungsgeschäft ab. Ein Bedingungszusammenhang oder eine Geschäftseinheit iSv § 139 BGB ist nur in Ausnahmefällen anzunehmen (OLG Düsseldorf DNotI-Report 2014, 93).

Der Verzichtende kann sich – anders als der Erblasser – beim Abschluss eines Erbverzichtsvertrages vertreten lassen, so dass beispielsweise ein Abkömmling den anderen beim Abschluss des Erbverzichtsvertrages vertreten kann. Wird der Erbverzichtsvertrag von einem Vertreter ohne Vertretungsmacht geschlossen, muss der Verzichtende dessen Erklärungen genehmigen. Ein beschränkt geschäftsfähiger Verzichtender kann den Vertrag mit Zustimmung seines gesetzlichen Vertreters schließen. Für einen geschäftsunfähigen Verzichtenden handelt sein gesetzlicher Vertreter. Für einen geschäftsunfähigen Volljährigen kann auch sein Betreuer den Verzicht erklären, wenn diese Tätigkeit von seinem Aufgabenkreis umfasst ist, §§ 1896 Abs. 2, 1902 BGB. In diesem Fall bedarf der Verzicht der Genehmigung des Betreuungsgerichts gemäß § 2347 Abs. 1 S. 2 BGB. Die Genehmigung des Familiengerichts ist erforderlich, wenn für den Verzichtenden eine Vormundschaft gemäß § 1773 BGB oder eine Ergänzungspflegschaft gemäß § 1909 BGB angeordnet ist oder er unter elterlicher Sorge steht. Einer solchen Genehmigung bedarf es nicht, wenn der Verzicht bei bestehender elterlicher Sorge zwischen Verlobten oder Ehegatten geschlossen wird (§ 2347 Abs. 1 S. 1 Hs. 2 BGB).

Eine gerichtliche Genehmigung muss aufgrund des Gebotes der Rechtssicherheit vor dem Tod des Erblassers erteilt und der anderen Seite mitgeteilt worden sein, zumal die Vertretungsmacht des gesetzlichen Vertreters mit dem Tod des Vertretenden erlischt. Sie muss ebenfalls vor dem Tod des Verzichtenden erteilt und mitgeteilt werden, anderenfalls die Abkömmlinge nach dessen Tod eine eigene Rechtsposition hätten, in die nicht ohne deren Beteiligung eingegriffen werden kann (Damrau/Tanck/*Kurze* § 2347 Rn. 7; Staudinger/*Schotten* BGB § 2347 Rn. 9).

Ein Verstoß gegen das Persönlichkeitsprinzip führt zur Nichtigkeit des Erbverzichtsvertrages (BGH BGHZ 37, 319 = NJW 1962, 1910). Mit Rücksicht auf einen danach nicht wirksam beurkundeten Verzicht kann der Erblasser einen von einem Dritten als Vertreter ohne Vertretungsmacht geschlossenen Vertrag nicht in einer späteren notariell beglaubigten Erklärung genehmigen (OLG Düsseldorf ZEV 2011, 529 [530]).

Da ein Erb- und Pflichtteilsverzicht anders als beispielsweise ein Erbvertrag (§ 2276 Abs. 1 BGB) keine gleichzeitige Anwesenheit der Vertragsparteien voraussetzt, kann er auch durch separat beurkundete Angebots- und Annahmeerklärungen vereinbart werden (§ 128 BGB). So kann ein Abkömmling als Übernehmer in einem Übertragungsvertrag auch ein Angebot auf Abschluss eines Verzichtsvertrages abgeben. Dieses Angebot kann ein nicht erschienener Übergeber später in notariell beurkundeter – nicht nur öffentlich beglaubigter – Form zusammen mit der Genehmigung des Übertragungsvertrages gemäß § 177 BGB annehmen. Die Annahme des Angebotes muss noch vor Eintritt des Erbfalls in der erforderlichen Form erfolgen (BGH ZEV 1997, 111).

Auf ein gesetzliches Erbrecht verzichten können nur Verwandte, der Ehegatte sowie der eingetragene Lebenspartner des Erblassers. Zu den Verwandten zählen auch nichteheliche Kinder und Adoptivkinder (Staudinger/*Schotten* BGB § 2346 Rn. 4). Ein Verzicht kann auch von einem Verlobten des Erblassers und einem von diesem Anzunehmenden vor dem Ausspruch der Adoption erklärt werden, da Gegenstand eines Erbverzichts auch ein zukünftiges, erst noch entstehendes gesetzliches Erbrecht sein kann (MüKoBGB/*Wegerhoff* § 2346 Rn. 7; Staudinger/*Schotten* BGB § 2346 Rn. 6). Aus dem Wortlaut von § 2346 Abs. 1 BGB folgt, dass der Fiskus nicht auf sein gesetzliches Erbrecht verzichten kann, da er in allen Fällen als letzter gesetzlicher Erbe eintreten soll (Staudinger/*Schotten* BGB § 2346 Rn. 7). Der Verzichtende bedarf für einen Erbverzicht nicht der Zustimmung seines Ehegatten oder eines Insolvenzverwalters. Für die Zugewinngemeinschaft ergibt

sich das daraus, dass der Erbverzicht keine Verfügung über das Vermögen des Verzichtenden darstellt. § 1365 BGB kann selbst dann nicht zur Anwendung kommen, wenn das zu erwartende Erbe das einzige Vermögen des Verzichtenden darstellen würde (MüKoBGB/*Wegerhoff* § 2346 Rn. 8).

4. Der Erbverzicht ist ein abstraktes erbrechtliches Verfügungsgeschäft (BGH ZEV 2012, 145 [148] mAnm *Keim*), das ein Erblasser mit einem künftigen gesetzlichen oder durch eine Verfügung von Todes wegen berufenen Erben, einem Pflichtteilsberechtigten oder einem Vermächtnisnehmer schließt. Der Vertrag bewirkt, dass der Anfall des Erbrechts bzw. die Entstehung des Pflichtteils- oder Vermächtnisanspruchs ganz oder teilweise ausgeschlossen wird (Bamberger/Roth/*Litzenburger* BGB § 2346 Rn. 2; MüKoBGB/*Wegerhoff* § 2346 Rn. 2). Anders als der Erbvertrag ist der Erbverzicht ein erbrechtlicher Vertrag verfügenden Charakters mit ausschließlich negativem Inhalt. Er ist die einzige vom Gesetz zugelassene Verfügung eines Erbanwärters über seine Rechtsposition vor dem Erbfall (BGHZ 37, 319 [325] = NJW 1962, 1910). Da der Erblasser selbst nicht verfügt, ist der Erbverzicht anders als der Erbvertrag keine Verfügung von Todes wegen, sondern ein abstraktes Rechtsgeschäft unter Lebenden auf den Todesfall (BayObLGZ 1981, 30 [33 f.]; OLG Düsseldorf BeckRS 2013, 21115 = ZEV 2014, 102 [103]; Soergel/*Damrau* BGB § 2346 Rn. 1). Aufgrund des abstrakten Charakters treten die Wirkungen des Erbverzichts unabhängig von der Wirksamkeit des zugrunde liegenden Kausalgeschäfts ein. Der abstrakte Erbverzicht ist kein gegenseitiger Vertrag im Sinne der §§ 320 ff. BGB (MüKoBGB/*Wegerhoff* § 2346 Rn. 3). Er bezieht sich immer nur und ausschließlich auf den Erbfall, der durch den Tod derjenigen Person eintritt, mit welcher der Verzichtende den Vertrag geschlossen hat. Ein allgemeiner Verzichtsvertrag mit dem Inhalt, dass der Verzichtende auch in allen weiteren Erbfällen, die Bezug zu dem Vertragspartner haben, ausgeschlossen sein soll, ist unzulässig (BayObLG FamRZ 2005, 1781; OLG Frankfurt NJW-RR 1996, 838; MüKoBGB/*Wegerhoff* § 2346 Rn. 9; Staudinger/*Schotten* BGB § 2346 Rn. 26).

5. Der **Erbverzicht** betrifft nur die gesetzliche Erbfolge. Wenn nicht etwas anderes vereinbart wurde, **erfasst** er das gesamte gesetzliche Erbrecht des Verzichtenden zum Zeitpunkt des Erbfalls einschließlich eines Erbersatzanspruchs nach §§ 1934 a ff. BGB aF (BGH BGHZ 80, 290 [292] = NJW 1991, 1735), das Pflichtteilsrecht gemäß § 2346 Abs. 1 S. 2 Hs. 2 BGB einschließlich des Pflichtteilsergänzungsanspruchs nach §§ 2325 ff. BGB und der Ansprüche aus §§ 2305, 2307 BGB (Staudinger/*Schotten* BGB § 2346 Rn. 24), beim Verzicht des Ehegatten des Erblassers auch den Voraus nach § 1932 BGB (Palandt/*Weidlich* BGB § 2346 Rn. 12; Erman/*Simon* BGB § 2346 Rn. 8; MüKoBGB/*Wegerhoff* § 2346 Rn. 31), den Anspruch auf Unterhalt im Fall des § 1933 BGB (Palandt/*Weidlich* BGB § 2346 Rn. 12; str.) und das Hoferbrecht. Dagegen erstreckt sich der Verzicht eines zum Hausstand gehörenden Familienangehörigen des Erblassers auf sein gesetzliches Erbrecht nicht auf den Anspruch auf den Dreißigsten gemäß § 1969 BGB. Dieser Anspruch gelangt – anders als der Voraus des Ehegatten – unabhängig davon zur Entstehung, ob der begünstigte Familienangehörige Erbe wird oder nicht (Soergel/*Damrau* BGB § 2346 Rn. 16; Staudinger/*Schotten* BGB § 2346 Rn. 25; *Lange/Kuchinke* § 7 II 2 c Fn. 52; Palandt/*Weidlich* BGB § 2346 Rn. 12; aA MüKoBGB/*Wegerhoff* § 2346 Rn. 31; Bamberger/Roth/*Litzenburger* BGB § 2346 Rn. 21). Verzichtet ein nichteheliches Kind gegenüber seinem Vater, umfasst der Verzicht den vorzeitigen Erbausgleich nach § 1934d BGB aF (Staudinger/*Schotten* BGB § 2346 Rn. 24; MüKoBGB/*Wegerhoff* § 2346 Rn. 34).

6. Für den Verzichtenden bestimmt § 2346 Abs. 1 S. 2 BGB, dass er von der gesetzlichen Erbfolge ausgeschlossen ist, wie wenn er zur Zeit des Erbfalls nicht mehr lebte. Für die Beurteilung der gesetzlichen Erbfolge gilt er als vor dem Erbfall verstorben (sog. **Vorver-**

sterbensfiktion), so dass die Wirkung eines Erbverzichts in Bezug auf die gesetzliche Erbfolge einer Ausschlagung, einer Erbunwürdigkeitserklärung oder eines vom Erblasser verfügten Ausschlusses von der Erbfolge entspricht (Staudinger/*Schotten* BGB § 2346 Rn. 57, 58). Dadurch erhöhen sich die Quoten anderer Erben. Die Verzichtswirkung geht jedoch über diese Rechtsfolgen insoweit hinaus, als der Verzichtende gem. § 2346 Abs. 1 S. 2 Hs. 2 BGB auch kein Pflichtteilsrecht hat. Das sollte in dem Erbverzichtsvertrag ausdrücklich klargestellt werden und unterliegt der Belehrungspflicht des Notars.

Wie sich der Erbverzicht eines Ehegatten **auf den nachehelichen Unterhaltsanspruch aus § 1586b Abs. 1 S. 1 BGB auswirkt, ist umstritten.** Nach wohl noch überwiegender Auffassung besteht ein solcher Anspruch nach der Verzichtserklärung nicht mehr (LG Ravensburg Urt. v. 31.1.2008 – 2 O 338/07, ZEV 2008, 598 [599]; Erman/*Maier* BGB § 1586b Rn. 11; MüKoBGB/*Maurer* § 1586b Rn. 2; *Dieckmann* FamRZ 1999, 1029; näher dazu *Joachim* Erbenhaftung Rn. 27). Demgegenüber wird unter Hinweis auf den Wortlaut der Vorschrift des § 1586b BGB und seiner Betonung als familienrechtlicher Anspruch die Ansicht vertreten, der nacheheliche Unterhaltsanspruch bleibe auch bei einem erklärten Pflichtteilsverzicht uneingeschränkt bestehen (Palandt/*Brudermüller* BGB § 1586b Rn. 8; *Bergschneider* FamRZ 2003, 1049; Damrau/Tanck/*Kurze* BGB § 2346 Rn. 36; *Grziwotz* FamRZ 1991, 1258 (1259); *Pentz* FamRZ 1998, 1344 ff.). Die besseren Argumente sprechen für die erste Meinung. Eine Verzichtserklärung bedeutet eine vollständige Entäußerung rechtlicher Möglichkeiten und lässt familienrechtliche Aspekte in den Hintergrund treten.

7. Als abstraktes Rechtsgeschäft bedarf der Erbverzicht, wie jedes sonstige Verfügungsgeschäft, **als Rechtsgrundlage eines schuldrechtlichen Verpflichtungsgeschäftes** (ausführlich dazu v. Proff zu Irnich, Das schuldrechtliche Grundgeschäft zum Erbverzicht, DNotZ 2017, 84 ff.). Das Kausalgeschäft zum Erbverzicht ist im Gesetz nicht geregelt. Die Zulässigkeit ergibt sich jedoch aus dem Prinzip der Vertragsfreiheit (Staudinger/*Schotten* BGB § 2346 Rn. 116). Kausalgeschäft kann ein unentgeltlicher Verzicht sein oder eine Abfindung für einen Erbverzicht durch Zuwendung unter Lebenden (→ Form. I.II.3). Wird der Erbverzicht unentgeltlich erklärt, ist der Verzichtende bereit, auf sein zukünftiges Erbrecht ohne Abfindung ganz oder teilweise zu verzichten. Ein Erbverzicht ohne Abfindung ist keine Schenkung des Verzichtenden an den Erblasser oder an den durch den Verzicht Begünstigten (MüKoBGB/*Wegerhoff* § 2346 Rn. 5; BGB-RGRK/*Johannsen* § 2346 Rn. 1; Staudinger/*Schotten* BGB § 2346 Rn. 121; allgM), sondern ein unentgeltliches Rechtsgeschäft sui generis. Das Kausalgeschäft kann nur zu Lebzeiten des Erblassers vereinbart werden. Die charakteristische Leistung ist nur unter Mitwirkung des Erblassers zu erfüllen (*v. Proff zu Irnich* DNotZ 2017, 84 [90]). Anders als beim abstrakten Verfügungsgeschäft müssen weder der Verzichtende noch der Erblasser das Kausalgeschäft persönlich abschließen. Sie können auch kraft Vollmacht oder durch vollmachtlosen Vertreter vertreten werden (*v. Proff zu Irnich* DNotZ 2017, 84 [90]). Ist das Kausalgeschäft nicht in der Form des § 2348 BGB analog zustande gekommen, ist es ebenso wie der abstrakte Verzicht gem. § 125 BGB nichtig (Staudinger/*Schotten* BGB § 2348 Rn. 15; v. *Proff zu Irnich* DNotZ 2017, 84 [100]).

8. Ein Erbverzichtsvertrag von **im Güterstand der Zugewinngemeinschaft lebenden Ehegatten oder Lebenspartnern** enthält keinen Verzicht auf die Zugewinnausgleichsforderung (Palandt/*Weidlich* BGB § 2346 Rn. 12; Soergel/*Damrau* BGB § 2346 Rn. 16; Staudinger/*Schotten* BGB § 2346 Rn. 69; allgM). Hierzu bedarf es eines Ehevertrages nach § 1408 BGB. Der Erbverzichtsvertrag hat aber mittelbar Auswirkungen auf die Rechtsstellung des überlebenden Ehegatten. Bei ihm kann der Ausgleich des Zugewinns nicht mehr nach § 1371 Abs. 1 BGB dadurch verwirklicht werden, dass sich sein gesetzlicher Erbteil pauschal um ein Viertel der Erbschaft erhöht. Da der überlebende Ehegatte wegen des Erbverzichts nicht gesetzlicher Erbe wird, verbleibt ihm – ggf. nach

Ausschlagung einer auf einer Verfügung von Todes wegen beruhenden Erbschaft oder eines bestehenden Vermächtnisses – lediglich das Recht, den Zugewinnausgleichsanspruch gemäß §§ 1371, 1373 bis 1383, 1390 BGB zu verlangen (Staudinger/*Schotten* BGB § 2346 Rn. 70; Palandt/*Weidlich* BGB § 2346 Rn. 12). Den kleinen Pflichtteil kann er daneben nur beanspruchen, wenn er sich das Pflichtteilsrecht vorbehalten hat. Auf die Gütergemeinschaft oder die Gütertrennung hat der Erbverzicht keine güterrechtlichen Auswirkungen. Der Anteil am Gesamtgut vererbt sich bei der Gütergemeinschaft gemäß § 1482 BGB nach den allgemeinen Regeln, bei der fortgesetzten Gütergemeinschaft fällt der Anteil am Gesamtgut nicht in den Nachlass, sondern bleibt in der Gütergemeinschaft erhalten, § 1483 Abs. 1 S. 3 BGB.

9. Steuern. Erhält der Erbe für seinen Erb- und Pflichtteilsverzicht keine Abfindung, kommt es bei ihm nicht zu einem erbschaftsteuerpflichtigen Erwerb. Zum Erb- und Pflichtteilsverzicht gegen Abfindung *Wachter* DB 2017, 2500 ff., vgl. auch die Ausführungen unter → Form. I.II.3 Anm. 5.

10. Kosten und Gebühren. Für Erbverzichtsverträge richtet sich die Beurkundungsgebühr des Notars nach Nr. 21100 KV GNotKG. Es wird eine 2,0-Gebühr erhoben, was auch für Pflichtteilsverzichtsverträge gilt.

Der Erbverzicht als Rechtsgeschäft unter Lebenden wird nach § 102 Abs. 4 S. 1 GNotKG wie eine Verfügung von Todes wegen behandelt: Der Wert richtet sich nach der Erbquote vom modifizierten Reinvermögen nach § 102 Abs. 1 GNotKG. Beim Pflichtteilsverzicht ist die Pflichtteilsquote wie ein Bruchteil am Nachlass zu behandeln, § 102 Abs. 4 S. 2 GNotKG (näher *Diehn/Volpert* Rn. 1675 ff.).

Die gleichzeitige Beurkundung eines Kausalabfindungs- und Erbverzichtsvertrages stellt bei Vorliegen eines Austauschverhältnisses im Sinne von § 97 Abs. 3 GNotKG einen einheitlich zu bewertenden Vertrag dar. Es handelt sich um eine Urkunde mit mehreren Erklärungen, die denselben Gegenstand haben, so dass für sie gemäß § 109 Abs. 1 GNotKG nur der Wert des Kausalgeschäfts anzusetzen ist (OLG Hamm Beschl. v. 6.11.1970 – 15 W 49/70, DNotZ 1971, 611; Soergel/*Damrau* BGB § 2346 Rn. 23). Dabei ist der Wert der Leistung des einen Vertragspartners mit dem Wert des Erbverzichts zu vergleichen und für die Kostenberechnung von dem höheren Wert auszugehen (Korintenberg/*Bengel/Tiedtke* KostO § 39 Rn. 30).

Erfolgt die Beurkundung des Erbverzichts später als die des Kausalgeschäfts, ist für das früher beurkundete Kausalgeschäft eine 2,0-Gebühr nach Nr. 21100 KV GNotKG zu erheben. Für den Erbverzicht als Verfügungsgeschäft wird entweder eine 0,5-Gebühr nach Nr. 21101 KV GNotKG erhoben, wenn derselbe Notar beurkundet, oder eine 1,0-Gebühr nach Nr. 21102 KV GNotKG, wenn der Verzicht von einem anderen Notar protokolliert wird. Während § 38 Abs. 2 Nr. 6 KostO nur für die dort konkret aufgeführten Verfügungsgeschäfte galt und damit nicht für den abstrakten Erbverzicht (Staudinger/*Schotten* BGB Einl. zu §§ 2346 ff. Rn. 76 mwN), hat der Gesetzgeber des GNotKG Nr. 21101 f. KV GNotKG für alle isolierten Verfügungsgeschäfte geöffnet. Wird ein Erbverzicht in einer Verhandlung zusammen mit einer weiteren Erklärung beurkundet, die einen anderen Gegenstand betrifft, werden die Werte nach § 35 Abs. 1 GNotKG addiert. Wird der Erbverzicht als Rechtsgeschäft unter Lebenden gleichzeitig mit einer Verfügung von Todes wegen, beispielsweise einem Erbvertrag, beurkundet, wird ebenfalls nur eine Gebühr aus dem zusammengerechneten Wert erhoben. Die frühere Behandlung als wären getrennte Urkunden aufgenommen worden (so OLG Frankfurt JurBüro 1965, 74 [76]) hat der Gesetzgeber verworfen.

Der Geschäftswert für die Beurkundung des Erbverzichts bestimmt sich nach § 102 Abs. 4 S. 1 GNotKG. Maßgeblich sind die Erbquote des Verzichtenden sowie das gegenwärtige Vermögen nach Abzug der Verbindlichkeiten des Erblassers, wobei mindestens vom halben Aktivvermögen auszugehen ist. Für den Wert des Verzichts ist der entspre-

chende Bruchteil aus dem „modifizierten Reinnachlass" maßgebend (*Diehn* Rn. 1243 ff.). Vermögenswerte, die ein Verzichtender früher erhalten und die er aufgrund einer Anordnung des Erblassers gemäß § 2050 Abs. 3 BGB auszugleichen hat, sind bei der Wertermittlung eines Erbverzichtsvertrages nicht mehr in Abzug zu bringen. Wahrscheinlichkeitserwägungen über die zukünftige Entwicklung – Veränderungen im Vermögen des Erblassers, Überleben des Verzichtenden – sind nicht anzustellen (bereits zur KostO zutreffend Korintenberg/*Bengel/Tiedtke* KostO § 39 Rn. 30 a; *Ackermann* JVBl 1967, 221; *Reul* MittRhNotK 1997, 373 [388]; aA OLG Stuttgart Beschl. v. 20.5.1992 – 8 W 101/92, BWNotZ 1993, 15 (16); Soergel/*Damrau* BGB § 2346 Rn. 23).

Die Registrierung des Erbverzichts im Zentralen Testamentsregister der Bundesnotarkammer kostet 15,– EUR. Auf diese Gebühr wird keine Umsatzsteuer erhoben, auch nicht, wenn sie vom Notar für die Bundesnotarkammer nach Nr. 32015 KV GNotKG entgegengenommen und an die Registerbehörde weitergeleitet wird (*Diehn* Rn. 1087, 1248).

3. Erbverzichtsvertrag gegen Abfindung

[Notarieller Urkundeneingang][1, 2]

erschienen:

1. Herr . . . . . ., geboren am . . . . . . in . . . . . ., wohnhaft . . . . . .

2. Dessen Sohn . . . . . ., geboren am . . . . . ., wohnhaft in . . . . . ., handelnd für sich und in Vertretung für seinen Bruder. . . . . ., geboren am . . . . . ., wohnhaft in . . . . . . aufgrund vorliegender notariell beurkundeter Vollmacht[3] vom . . . . . .

Die Erschienenen wollen einen Erbverzichtsvertrag schließen.

Ihre Erklärungen beurkunde ich wie folgt:

1. Der Erschienene zu 1 – nachfolgend Erblasser genannt – hat 3 Kinder. Er lebt seit dem Tod seiner Ehefrau bei seiner Tochter . . . . . ., die ihn in allen Lebenslagen unterstützt und ihm die aufgrund seiner altersbedingten körperlichen Gebrechen erforderliche Pflege leistet. Die Tochter hat sich bereit erklärt, ihren Vater in dieser Weise bis zu seinem Tod zu unterstützen. Der Erschienene zu 1 möchte deshalb seine Tochter zur Alleinerbin einsetzen, ohne dass sie später Pflichtteilsansprüchen ihrer Brüder ausgesetzt ist.

2. Aus diesem Grund verzichtet der Erschienene zu 2 gegenüber dem Erblasser mit Wirkung für sich und aufgrund der Vollmacht mit Wirkung für seinen Bruder und mit Wirkung für ihre jeweiligen Abkömmlinge[4] auf das gesetzliche Erb- und Pflichtteilsrecht.
Der Verzicht erfolgt unter der Bedingung, dass der Erblasser an den Erschienenen zu 2 sowie an seinen zweiten Sohn . . . . . . im Wege der vorweggenommenen Erbfolge bis zum . . . . . . jeweils einen Abfindungsbetrag in Höhe von 50.000,00 EUR zahlt[5] und dass ihre Schwester Alleinerbin des Erblassers wird.[6]
Der Erblasser nimmt diesen Verzicht an.

3. Der Erschienene zu 2 verpflichtet sich, dem beurkundenden Notar den Geldeingang des Abfindungsbetrages für sich und seinen Bruder unverzüglich schriftlich anzuzeigen. Der beurkundende Notar weist die Erschienenen darauf hin, dass der vereinbarte Erb- und Pflichtteilsverzicht erst mit der Zahlung des Abfindungsbetrages wirksam wird. Die Erschienenen wünschen deshalb, dass der Notar die Mitteilung über den Zahlungseingang zur Urschrift nimmt.

4. Die Kosten dieser Urkunde trägt der Erblasser.[7, 8]

Anmerkungen

1. Sachverhalt. Der gebrechliche Erblasser wird nach dem Tod seiner Ehefrau von seiner Tochter gepflegt und möchte deshalb die Tochter gegenüber seinen beiden Söhnen erbrechtlich begünstigen. Die Söhne sollen gegen Zahlung eines Abfindungsbetrages auf zukünftige Erb- und Pflichtteilsansprüche für sich und ihren Stamm verzichten. Gleichzeitig wird die Tochter zur Alleinerbin bestimmt.

2. Zur **Form** des Erbverzichtsvertrages – notarielle Beurkundung – → Form. I.II.2 Anm. 2.

3. Die **Vollmacht des Vertretenden** bedarf grundsätzlich nicht der notariellen Form, was sich aus § 167 Abs. 2 BGB herleiten lässt. Anders ist es, wenn die Vollmacht unwiderruflich erteilt wird. Die notarielle Beurkundung einer widerruflichen Vollmacht schadet selbstverständlich nicht und hat den Vorteil der höheren Beweiskraft für sich.

4. Der Verzicht auf das gesetzliche Erbrecht führt nach § 2346 Abs. 1 S. 2 BGB dazu, dass der Verzichtende von der Erbfolge ausgeschlossen ist, wie wenn er zur Zeit des Erbfalls nicht mehr lebt. Ist der Verzichtende ein Abkömmling des Erblassers oder ein Seitenverwandter, erstreckt sich der Erbverzicht auf seine **Abkömmlinge,** dh auf den gesamten Stamm, § 2349 BGB. Für den reinen Pflichtteilsverzicht gilt die Vorschrift entsprechend (OLG Koblenz BeckRS 2012, 09031; MüKoBGB/*Wegerhoff* § 2349 Rn. 5). Sie durchbricht den Grundsatz, dass sich der Ausschluss auf den Verzichtenden selbst beschränkt, weil seine gesetzlichen Erben an seine Stelle treten. Die Wirkung des Erbverzichts erstreckt sich auf sämtliche Abkömmlinge des Verzichtenden und damit auf die im Zeitpunkt des Vertragsschlusses vorhandenen wie auf zukünftige Abkömmlinge (MüKoBGB/*Wegerhoff* § 2349 Rn. 4). Die Norm ist dispositiv und keine bloße Auslegungsregel (OLG Koblenz BeckRS 2012, 09031; *Muscheler* ZEV 1999, 49; Staudinger/*Schotten* BGB § 2349 Rn. 2, 14). Sie kommt nicht zur Anwendung, wenn die Vertragsschließenden vereinbaren, dass sich der Verzicht nicht auf die Abkömmlinge des Verzichtenden erstrecken soll oder die Verzichtswirkung auf einzelne Abkömmlinge beschränkt bleibt (MüKoBGB/*Wegerhoff* § 2349 Rn. 6). Eine Auslegung ist jedoch zulässig und ggf. geboten. Der entsprechende Wille der Vertragsschließenden, den Verzicht nicht auf Abkömmlinge zu erstrecken, muss aber in dem Vertragstext zumindest eine Andeutung gefunden haben (OLG München NJW-RR 2006, 1597; Palandt/*Ellenberger* BGB § 133 Rn. 19 mwN).

5. Die Söhne des Erblassers erklären den Erbverzicht gegen eine Abfindung, **sog. entgeltlicher Erbverzicht** (*v. Proff zu Irnich* DNotZ 2017, 84 (102)). Dem Erbverzicht und der Abfindung liegt ein schuldrechtliches Kausalgeschäft zugrunde, das einerseits eine Verpflichtung des Verzichtenden zur Erklärung des Erbverzichts und andererseits eine Verpflichtung des Erblassers zur Leistung der Abfindung enthält. Es handelt sich um einen gegenseitigen Vertrag im Sinne der §§ 320 ff. BGB, der durch die beiden selbstständigen Vollzugsgeschäfte erfüllt wird (Palandt/*Weidlich* BGB § 2346 Rn. 8; MüKoBGB/*Wegerhoff* § 2346 Rn. 22; Staudinger/*Schotten* BGB § 2346 Rn. 122; allgM). Der Erblasser muss diesen Vertrag – anders als den abstrakten Erbverzichtsvertrag – nicht persönlich schließen. Der Verzichtende kann die Erklärung des Erbverzichts bis zur Bewirkung der Gegenleistung verweigern; ihm steht ein Leistungsverweigerungsrecht gemäß § 320 Abs. 1 BGB zu. Jede Partei kann Klage auf Erfüllung erheben, der Erblasser auf Abgabe eines Angebots auf Abschluss des Verzichtsvertrages, der Verzichtende von dem Erblasser oder von dessen Erben Erfüllung des Vertrages, also bei einem Abfindungsvertrag Leistung der Abfindung verlangen (Soergel/*Damrau* BGB § 2346 Rn. 3). Das rechtskräftige Urteil ersetzt gemäß § 894 ZPO die Willenserklärung des Verzichten-

den (Staudinger/*Schotten* BGB § 2346 Rn. 168). Stirbt der Erblasser vor Vertragsschluss, wird der Verzichtsschuldner von seiner Leistungspflicht nach § 275 Abs. 1 BGB frei (BGH BGHZ 37, 329 = NJW 1962, 1912; v. *Proff zu Irnich* DNotZ 2017, 84 [104]; MüKoBGB/*Wegerhoff* § 2346 Rn. 23; aA *Damrau* Erbverzicht S. 127). Dem Verzichtenden steht ein Rückforderungsanspruch aus § 326 Abs. 4 BGB zu. Der Zahlungsanspruch ist schuldrechtlicher Natur und unterliegt der dreijährigen Regelverjährung gemäß §§ 195, 199 Abs. 1 BGB (OLG Celle ZEV 2008, 485). Befindet sich der Erblasser mit der ihm obliegenden Leistung im Verzug, kann der Gläubiger gemäß § 280 Abs. 1, Abs. 2 iVm § 286 BGB Ersatz des Verzögerungsschadens, bei Geldschulden als Mindestschaden Verzugszinsen gemäß § 288 BGB verlangen. Die gleichen Rechte stehen dem Erblasser zu, wenn der Verzichtende seinen Verpflichtungen nicht nachkommt. Erbringt der Erblasser die ihm obliegende Leistung nicht, kann der Verzichtende gemäß § 323 BGB vom Vertrag zurücktreten. Dies ist wegen der besonderen, auf den Erbfall bezogenen rechtsgestaltenden Wirkungen des Erbverzichts als Rechtsgeschäft unter Lebenden auf den Todesfall nur zu Lebzeiten des Erblassers möglich (Staudinger/*Schotten* BGB § 2346 Rn. 164; Soergel/*Damrau* BGB § 2346 Rn. 3; aA *v. Proff zu Irnich* DNotZ 2017, 84 [105]). Unter diesen Voraussetzungen kann der Verzichtende gemäß § 325 BGB auch Schadensersatz verlangen. Die Haftung des Erblassers ist aufgrund der Tatsache, dass es sich bei der Abfindung idR um eine Schenkung handelt, gemäß § 521 BGB auf Vorsatz und grobe Fahrlässigkeit beschränkt (Staudinger/*Schotten* BGB § 2346 Rn. 164; aA Bamberger/Roth/*Litzenburger* BGB § 2346 Rn. 30).

Voraussetzung ist immer die Wirksamkeit des Verpflichtungsgeschäfts. Sie ist unter den Voraussetzungen der Sittenwidrigkeit gemäß § 138 BGB oder der Anfechtbarkeit gemäß §§ 119, 123 Abs. 1 BGB nicht gegeben. Der **Pflichtteilsverzicht eines behinderten Sozialleistungsbeziehers** ist grds. nicht sittenwidrig (BGH BWNotZ 2011, 158; ebenso schon die Vorinstanz OLG Köln Urt. v. 9.12.2009 – 2 O 46/09; Staudinger/*Schotten* BGB § 2346 Rn. 70b; *v. Proff zu Irnich* ZErb 2010, 206; *Vaupel* RNotZ 2010, 141 ff.; aA *Dutta* FamRZ 2010, 841). Zu der Frage, inwieweit die Kernbereichslehre des BGH zu Eheverträgen relevant und ob eine Zweckmäßigkeitsprüfung von Erbverzichten „unter der Flagge" der Inhaltskontrolle nach § 138 BGB durchzuführen ist (so OLG Hamm Urt. v. 8.11.2016 – 10 U 36/15, ZEV 2017, 163; krit. dazu *Zimmer* NJW 2017, 513 [515]) oder ob eine **Inhaltskontrolle** nur in evidenten Ausnahmefällen aus verfassungsrechtlichen Gründen geboten und vorrangig auf eine Anfechtung nach §§ 119 ff. BGB oder eine Störung der Geschäftsgrundlage gemäß § 313 BGB abzustellen ist, ausführlich LG Nürnberg-Fürth BeckRS 2018, 10927 Rn. 17 ff., *v. Proff zu Irnich* ZEV 2017, 301 ff.; *Zimmer* NJW 2017, 513; *Wachter* ZErb 2004, 238 f., insbesondere 243 – 246; *Münch* ZEV 2008, 571; Schlitt/Müller/*G. Müller* Handbuch Pflichtteilsrecht § 10 Rn. 59 ff. *Röthel* tritt dafür ein, sich beim Verzicht auf den Kindespflichtteil der Voraussetzungen autonomer Selbstgestaltung zu vergewissern und eine missbräuchliche Pflichtteilsumgehung zu identifizieren, weil gerade der Verzicht jüngerer Kinder in hohem Maße anfällig für Übervorteilung und Überforderung sei, *Röthel* NJW 2012, 337 [341]). Nach erfolgreicher Anfechtung ist das Rechtsgeschäft von Anfang an nichtig, so dass der Erblasser die Herausgabe der gezahlten Abfindung gemäß § 812 Abs. 1 S. 1 BGB verlangen kann. Der Verzichtende kann im Gegenzug seinen abgegebenen Verzicht kondizieren bzw. die Aufhebung gemäß § 2351 BGB begehren (MüKoBGB/*Wegerhoff* § 2346 Rn. 24; *Horn* ZEV 2010, 295 [297]). Darüber hinaus sind die Grundsätze des Wegfalls der Geschäftsgrundlage gemäß § 313 BGB auf das Verpflichtungsgeschäft anwendbar, allerdings nur, wenn Umstände vorliegen oder Entwicklungen eingetreten sind, die außerhalb jeglicher Vorstellung der Vertragsparteien gelegen haben und mit denen vernünftigerweise niemand rechnen konnte (Staudinger/*Schotten* BGB § 2346 Rn. 191). Eine entsprechende Anpassung kann auch noch nach dem Erbfall verlangt werden (*Horn* ZEV 2010, 295 [297]).

Ein Erbverzicht gegen Zahlung einer Abfindung ist aus Sicht des verzichtenden Erben ein Fall vorweggenommener Erbfolge. Der Empfänger erhält etwas, das ihm voraussichtlich in einem späteren Erbfall zufallen würde, bereits zu Lebzeiten des Erblassers. Der unentgeltliche Erwerb von Todes wegen ist zeitlich durch einen Erwerb zu Lebzeiten des Erblassers vorgezogen und stellt somit keine Gegenleistung dar, die die Unentgeltlichkeit der Zuwendung ausschließen würde. Umstritten ist, ob die Abfindung für einen Erbverzicht als solche eine unentgeltliche Zuwendung darstellt oder als entgeltlicher Vertrag zu qualifizieren ist. Der Bundesgerichtshof hat in einer Entscheidung über eine Anfechtung nach dem AnfG – beiläufig – in der Abfindung für einen Erbverzicht eine unentgeltliche Zuwendung gesehen, ohne diese Auffassung näher zu begründen (BGH Urt. v. 28.2.1991 – IX ZR 74/90, BGHZ 113, 393 = NJW 1991, 1610; ebenso OLG Hamm Urt. v. 18.5.1999 – 10 U 65/98, NJW 1999, 3643 f.; LG Münster Urt. v. 12.1.1983 – 14 O 696/82, NJW 1984, 1188 [1189]; Staudinger/*Schotten* BGB § 2346 Rn. 124; AnwK-BGB/*Ullrich* § 2346 Rn. 25; *Speckmann* NJW 1970, 117 ff.; *Kollhosser* AcP 194, 231 [259 ff.]; *Joachim/Lange* Pflichtteilsrecht Rn. 511). Eine im Schrifttum überwiegend vertretene Auffassung qualifiziert die Abfindung für einen Erbverzicht als entgeltlichen Vertrag (Damrau/Tanck/*Kurze* BGB § 2346 Rn. 8 f.; Erman/*Simon* BGB Vorb. § 2346 Rn. 6; Soergel/*Damrau* BGB § 2346 Rn. 3; *Lange/Kuchinke* § 37 X 2 f.; differenzierend MüKoBGB/*Lange* § 2325 Rn. 28). Fraglich ist allerdings, worin die Gegenleistung des Verzichtenden liegen soll, wenn er ein künftiges Recht bereits im Wege vorweggenommener Erbfolge zu Lebzeiten erhält. Es wird lediglich das vorgezogen, was er beim späteren Eintritt des Erbfalls in gleicher Weise erhalten würde. Den Parteien ist in der Regel auch bewusst, dass durch den Vertrag lediglich die zukünftige Erbfolgeregelung zeitlich vorgezogen wird und der Erblasser die Abfindung ausschließlich als ein wirtschaftliches Surrogat für einen unentgeltlichen Erwerb von Todes wegen leistet. Die Problematik hat praktische Bedeutung, weil von ihr abhängt, ob eine Abfindung Pflichtteilsergänzungsansprüche nach §§ 2325, 2329 BGB auslösen kann oder ob der Erblasser die Möglichkeit hat, die Schenkung wegen groben Undanks gemäß § 530 BGB zu widerrufen bzw. wegen Notbedarfs nach § 528 BGB zurückzufordern (auf unbillige Ergebnisse in Fällen des § 2325 BGB bei Annahme einer Entgeltlichkeit weist *Reul* MittRhNotk 1997, 373 [380] hin). Sofern sich die Abfindung zum Zeitpunkt ihrer Zahlung der Höhe nach im Rahmen der Erberwartung des Verzichtenden hält, liegt in der Quotenerhöhung anderer Pflichtteilsberechtigter nach § 2310 S. 2 BGB eine ausreichende Kompensation. Einer Ergänzung unterliegt somit nur, was über ein Entgelt bzw. eine angemessene Abfindung hinausgeht (BGH NJW 2009, 1143; Palandt/*Weidlich* BGB § 2325 Rn. 16).

Zumeist wird die Abfindung in der Zahlung eines Geldbetrages liegen. Es kann aber auch die Übereignung eines Grundstückes oder die Übertragung eines Rechts geschuldet sein.

Wird der Erbverzicht gegen eine Abfindung erklärt, **können beide Rechtsgeschäfte durch eine Bedingung miteinander verknüpft** werden. Diese kann so ausgestaltet sein, dass die Gültigkeit der Abfindungsvereinbarung zur Bedingung des Erbverzichts gemacht wird. Zweckmäßiger erscheint es, den Erbverzicht durch Leistung der Abfindung aufschiebend oder auflösend bedingt zu gestalten (MüKoBGB/*Wegerhoff* § 2346 Rn. 25). Ein abstrakter Erbverzicht und ein Kausalgeschäft zum Erbverzicht können auch so miteinander verbunden werden, dass sie eine vertragliche Einheit bilden. Eine teilweise Unwirksamkeit führt dann dazu, dass das gesamte Rechtsgeschäft gemäß § 139 BGB nichtig ist (OLG Bamberg OLGR 1998, 169 [170]; MüKoBGB/*Wegerhoff* § 2346 Rn. 27; *Damrau* Erbverzicht 98 f.; aA Staudinger/*Schotten* BGB § 2346 Rn. 151; *Reul* MittRhNotk 1997, 373 (380)). Werden der Erbverzichtsvertrag und die Abfindungsvereinbarung in einer Urkunde aufgenommen, spricht eine tatsächliche Vermutung für die Einheitlichkeit beider Geschäfte (MüKoBGB/*Wegerhoff* § 2346 Rn. 27).

6. Der Erbverzicht wird **zugunsten** der Schwester und damit **einer bestimmten anderen Person erklärt,** § 2350 Abs. 1 BGB. Die Brüder haben den Verzicht aufschiebend bedingt erklärt, dass ihre Schwester als Begünstigte tatsächlich Erbin des Erblassers wird. Tritt diese Bedingung nicht ein, ist der Verzicht unwirksam (MüKoBGB/*Wegerhoff* § 2350 Rn. 5). Der Begünstigte kann kraft Gesetzes oder aufgrund letztwilliger Verfügung Erbe werden. § 2350 Abs. 2 BGB enthält eine Auslegungsregel für den Fall des Verzichts eines Abkömmlings des Erblassers auf das gesetzliche Erbrecht, wonach der Verzicht nur zugunsten anderer Abkömmlinge oder des Ehegatten des Erblassers gelten soll. Nach § 2350 Abs. 1 BGB ist im Zweifel anzunehmen, dass der Verzicht nur für den Fall gelten soll, dass der andere Erbe wird. Auf die Auslegungsregeln des § 2350 BGB kann die Unwirksamkeit eines Erbverzichts jedoch erst gestützt werden, wenn zuvor die Ermittlung des Willens der Verzichtsparteien ohne Erfolg geblieben ist (BGH Urt. v. 17.10.2007 – IV ZR 266/06, ZEV 2008, 36 [37]). Die Beweislast liegt bei demjenigen, der entgegen den Vermutungen des § 2350 BGB aus einem unbedingten Verzicht Rechte herleiten will (BGH Urt. v. 17.10.2007 – IV ZR 266/06, ZEV 2008, 36 [37]). Die Regelung ist auf den Pflichtteilsverzicht iSv § 2346 Abs. 2 BGB nicht anzuwenden. Durch einen solchermaßen beschränkten Verzicht ist der Verzichtende nicht von der gesetzlichen Erbfolge ausgeschlossen, so dass kein Pflichtteil des Begünstigten entsteht oder erweitert werden kann (Soergel/*Damrau* BGB § 2350 Rn. 1; Staudinger/*Schotten* BGB § 2350 Rn. 5).

7. Steuern. Die Abfindung, die der Erbe für den Erbverzicht erhält, ist erbschaftsteuerpflichtig gemäß §§ 1 Abs. 1 Nr. 2, 7 Abs. 1 Nr. 5 ErbStG. Die Steuer entsteht in diesem Fall gemäß § 9 Abs. 1 Nr. 2 ErbStG mit der Gewährung der Abfindung, dh wenn der Beschenkte dasjenige erhalten hat, was ihm nach dem Willen des Schenkers verschafft werden sollte und er frei darüber verfügen kann (BFH BStBl. II 1985, 382). Der Erbverzicht ist keine abzugsfähige Gegenleistung, weil es sich lediglich um eine ungesicherte Erwerbsaussicht ohne Vermögenswert handelt (s. zB BFH BStBl. II 1992, 809).

Der **Verzicht des Pflichtteilsberechtigten** gegen Abfindung ist ebenfalls schenkungsteuerpflichtig gemäß §§ 1 Abs. 1 Nr. 2, 7 Abs. 1 Nr. 5 ErbStG (TGJG/*Gebel* ErbStG § 7 Rn. 321; *Wachter* DB 2017, 2500 (2505)). Die Steuer entsteht gemäß § 9 Abs. 1 Nr. 2 ErbStG mit dem Gewähren der Abfindung.

Nicht geregelt ist, **wer für Zwecke der Besteuerung als Schenker und wer als Beschenkter anzusehen ist.** Unstreitig ist das, wenn der spätere Erblasser die Abfindung selbst an den Pflichtteilsberechtigten leistet. Dann ist das persönliche Verhältnis zwischen dem Erblasser und dem Verzichtenden maßgebend, so dass im Verhältnis zwischen Eltern und Kindern die günstige Steuerklasse I zur Anwendung kommt. Umstritten sind die Fälle, bei denen die Abfindung von den Erben des Erblassers, zB von anderen Kindern, bezahlt wird. Dann stellt sich die Frage, ob für die Besteuerung unverändert das günstige Verhältnis zwischen dem Erblasser und dem Verzichtenden maßgebend ist oder das zumeist ungünstige Verhältnis zwischen dem tatsächlich Leistenden und dem Verzichtenden. Der BFH hatte im Jahr 2017 über die Besteuerung der Abfindung für einen atypischen Verzicht im Rahmen eines Erbschaftsvertrages nach § 311b Abs. 5 BGB zu entscheiden. Er hat in ausdrücklicher Abkehr von seiner bisherigen Rechtsprechung darauf abgestellt, dass sich die Steuerklasse für die Abfindung nach den persönlichen Verhältnissen zwischen den beiden Erben richte und es auf das Verhältnis zu dem Erblasser insoweit nicht ankommt (BFH DB 2017, 1950). Die steuerrechtliche Gleichbehandlung des vor und nach dem Erbfall erklärten Verzichts auf Pflichtteilsansprüche sei nicht möglich. Die neuere Rechtsprechung könnte bei einem Pflichtteilsverzicht gegen Abfindung zu einer höheren Steuerbelastung als bisher führen, wenn die Abfindung nicht von dem künftigen Erblasser selbst, sondern bspw. von Geschwistern des Verzichtenden geleistet wird (krit. für den typischen Pflichtteilsverzicht zu Lebzeiten des Erblassers gegen Abfindung *Wachter* DB 2017, 2005 [2506 f.], weil der Pflichtteilsverzicht nicht gegen-

über anderen Personen, sondern stets gegenüber dem Erblasser erklärt werden müsse. Die Erben seien – anders als bei einem Erbschaftsvertrag iSv § 311b BGB – an einem Pflichtteilsverzichtsvertrag nicht beteiligt).

Einkommensteuerrechtlich ist die Abfindungsleistung ein nicht steuerbarer Vorgang (Schmidt/*Wacker* EStG § 16 Rn. 73; BFH ZEV 2013, 223, BFH BFH/NV 01, 1113).

8. Kosten und Gebühren. → Form. I.II.2 Anm. 10.

Für die Bescheinigung der Wirksamkeit nach Eintritt der aufschiebenden Bedingung samt damit verbundener Prüftätigkeiten entsteht eine Betreuungsgebühr nach Nr. 22200 Nr. 1 KV GNotKG nach einem Gebührensatz von 0,5. Geschäftswert ist nach § 113 Abs. 1 GNotKG der Wert des Erbverzichts.

Muss der Notar die Zustimmungserklärung eines vertretenen Verzichtenden einholen, liegt eine Vollzugstätigkeit nach Vorbemerkung 2.2.1.1 Abs. 1 S. 2 Nr. 5 KV GNotKG vor, die nach Nr. 22110 KV ebenfalls eine 0,5-Gebühr aus dem vollen Wert, § 112 GNotKG, auslöst.

4. Teilverzichtsvertrag auf einen Bruchteil des Erbrechts

[Notarieller Urkundeneingang][1, 2]

Die Erschienenen wollen einen Erbverzichtsvertrag schließen. Dazu erklären sie Folgendes:

1. **Der Erschienene zu 1 ist seit 10 Jahren verwitwet. Er lebt seit 5 Jahren im Hause seiner Lebensgefährtin, die ihn aufgrund seiner altersbedingten körperlichen Gebrechen pflegt. Sie möchte diese Pflege fortführen, solange ihr das selbst möglich ist. Der Erschienene zu 2 ist der einzige Sohn des Erschienenen zu 1 und lebt in gesicherten wirtschaftlichen Verhältnissen. Er ist aufgrund der räumlichen Entfernung zum Wohnort seines Vaters nicht in der Lage, sich regelmäßig um diesen zu kümmern und erforderliche Pflegeleistungen zu erbringen.[3]**
2. **Im Hinblick darauf verzichtet der Erschienene zu 2 gegenüber dem Erschienenen zu 1 in Höhe einer Quote von $^2/_3$[4] für sich und seine Abkömmlinge[5] auf sein gesetzliches Erb- und Pflichtteilsrecht.**
   Der Verzicht erfolgt unter der Bedingung, dass der Erschienene zu 1 seine Lebensgefährtin zur alleinigen Erbin einsetzt und diese ihn überlebt.[6]
   Der Erschienene zu 1 nimmt den Verzicht an.[7, 8]

Anmerkungen

1. Sachverhalt. Es kommt dem Erblasser darauf an, dass er solange wie möglich von seiner Lebensgefährtin in häuslicher Umgebung gepflegt wird. Diese soll im Gegenzug einen Teil seines Vermögens erben. Das Vermögen des Erblassers ist eher bescheiden. Der Sohn hat deshalb nichts dagegen, dass ein wesentlicher Teil des Vermögens seines Vaters beim späteren Tod der Lebensgefährtin auf deren Erben übergeht.

2. Zur **Form** des Verzichtsvertrages – notarielle Beurkundung – → Form. I.II.2 Anm. 2.

3. Der Erblasser möchte – aus welchen Gründen auch immer – keine neue Ehe eingehen. Steuerliche Überlegungen sollen nicht im Vordergrund stehen. Andererseits wünscht er, seine Lebensgefährtin – auch wegen der von ihr schon geleisteten und

zukünftig noch zu erbringenden Pflege – zu seiner Alleinerbin einzusetzen. Pflichtteilsansprüchen seines Sohnes soll sie nicht ausgesetzt sein. Dessen Pflichtteilsquote entspräche der Hälfte des Nachlasses.

4. Während Annahme und Ausschlagung der Erbschaft aufgrund der Regelung in § 1950 BGB nur für den ganzen Nachlass erklärt und nicht auf einen Teil der Erbschaft beschränkt werden können, **erlaubt ein Verzicht auch gegenständliche Beschränkungen.** Ein Teilverzicht darf nur zu keiner Rechtslage führen, die den zwingenden Vorschriften des Erbrechts widerspräche (Bamberger/Roth/*Litzenburger* BGB § 2346 Rn. 11). Deshalb kann der Verzicht auf einen Bruchteil des gesetzlichen Erbrechts beschränkt werden, **nicht** jedoch **auf einen einzelnen Nachlassgegenstand oder einen Inbegriff von Nachlassgegenständen.** Dies wäre mit dem Grundsatz der Universalsukzession nicht vereinbar (Staudinger/*Schotten* BGB § 2346 Rn. 39 ff.; *Coing* JZ 1960, 209 [210 f.]). Ein auf den Voraus gemäß § 1932 BGB oder den Dreißigsten gemäß § 1969 BGB beschränkter Verzicht scheidet aus, weil ein solcher Verzicht im Gesetz nicht vorgesehen ist und die Bestimmungen über den Erbverzicht zwingend sind (MüKoBGB/*Wegerhoff* § 2346 Rn. 17; Bamberger/Roth/*Litzenburger* BGB § 2346 Rn. 13; *Haegele* RPfleger 1968, 247; Erman/*Simon* BGB § 2346 Rn. 8; aA *Lange/Kuchinke* § 7 II 2 c Fn. 52; Staudinger/*Schotten* BGB § 2346 Rn. 43 f.). Ein – als solcher unzulässiger – Verzicht auf einen bestimmten Nachlassgegenstand kann jedoch in einen Verzicht auf einen Bruchteil des gesetzlichen Erbrechts umgedeutet werden. Für die Bestimmung der Höhe des Bruchteils ist das Verhältnis des Wertes des einzelnen Gegenstandes zum Gesamtnachlass zur Zeit des Erbfalls maßgebend (MüKoBGB/*Wegerhoff* § 2346 Rn. 14; *Haegele* RPfleger 1986, 249). Unzulässig ist ein Verzicht auf den „gegenwärtigen Nachlass" eines Erblassers.

Ein Verzichtsvertrag kann auch in der Weise geschlossen werden, dass sich der Verzichtende hinsichtlich seines Erbrechts **Beschränkungen** (Nacherbeneinsetzung, Anordnung einer Testamentsvollstreckung) oder **Beschwerungen** (Vorausvermächtnis, Auflage) **unterwirft.** Die Beschränkungen oder Beschwerungen können nur in einer letztwilligen Verfügung angeordnet werden, da der Erbverzicht die erbrechtliche Stellung nur beseitigen oder beschränken, nicht aber eine Anordnung des Erblassers ersetzen kann (*Lange/Kuchinke* § 7 II 2 c Fn. 53; MüKoBGB/*Wegerhoff* § 2346 Rn. 16).

Der einzige Sohn des Erblassers verzichtet hier auf einen erheblichen Bruchteil seines gesetzlichen Erbrechts. Er verzichtet auch auf eine Abfindung zu Lebzeiten des Erblassers, um dessen finanzielle Dispositionsmöglichkeiten nicht einzuschränken, sichert sich aber eine Mindestteilhabe am Nachlass von immerhin $^{1}/_{3}$.

5. Da der Verzichtende ein Abkömmling des Erblassers iSv § 1589 BGB ist, **erstreckt sich** der Verzicht gemäß § 2349 BGB im Zweifel **auf seine Abkömmlinge.** Trotzdem ist es sinnvoll, dies dem Verzichtenden in der Urkunde noch einmal deutlich vor Augen zu führen. Nach den Protokollen zu § 2349 BGB hatte der historische Gesetzgeber die Vorstellung, dass der Erbverzicht in der Regel gegen Zahlung einer Abfindung erfolgt und diese dem gesamten Stamm zugute käme (Prot. V S. 508; vgl. MüKoBGB/*Wegerhoff* § 2349 Rn. 1). Der Anwendung des § 2349 BGB steht nicht entgegen, wenn ein Verzicht – wie hier – ohne Abfindung erklärt wird (Staudinger/*Schotten* BGB § 2349 Rn. 3).

6. Der Verzicht wird **aufschiebend bedingt** unter der Voraussetzung **erklärt,** dass der Erblasser seine Lebensgefährtin zur Alleinerbin einsetzt und diese ihn aufgrund seiner letztwilligen Verfügung tatsächlich beerbt. Auf diese Weise wird sichergestellt, dass dem Willen der Vertragschließenden Genüge getan wird. Würde die Lebensgefährtin vor dem Erblasser versterben oder testamentarisch doch nicht bedacht, wäre der Verzicht unwirksam. Ohne eine solche ausdrücklich geregelte Bedingung ließe sich der Wille der Verzichtsparteien nicht ermitteln. Es käme dann die Auslegungsregel des § 2350 Abs. 1 BGB

zum Tragen. Danach soll ein Verzicht im Zweifel nur gelten, wenn der begünstigte Dritte – hier die Lebensgefährtin – ihrerseits Erbin wird.

7. Steuern. Beim nur teilweise verzichtenden Erben kommt es zu einem erbschaftsteuerpflichtigen Erwerb gemäß §§ 1 Abs. 1 Nr. 1, 3 Abs. 1 Nr. 1 ErbStG bezüglich des Erbteils, auf den er nicht verzichtet hat. Im Übrigen wird auf die Ausführungen unter → Form. I.II.2 Anm. 9 verwiesen.

8. Kosten und Gebühren. → Form. I.II.2 Anm. 10. Der quotale Erbverzicht wird wie die Verfügung über einen Bruchteil des Nachlasses behandelt.

5. Verzicht auf ein gesetzliches Erbrecht unter Vorbehalt des Pflichtteils

[Notarieller Urkundeneingang][1]

Die Erschienenen zu 1 und 2 wollen einen Erbverzichtsvertrag schließen. Sie bitten um Beurkundung ihrer Erklärungen wie folgt:

1. Wir sind in erster Ehe im gesetzlichen Güterstand der Zugewinngemeinschaft verheiratet. Aus unserer Ehe sind zwei volljährige Töchter hervorgegangen. Einen Ehevertrag haben wir bisher nicht geschlossen.[2]
2. Der Erschienene zu 2 verzichtet gegenüber der Erschienenen zu 1 auf sein gesetzliches Erbrecht unter dem Vorbehalt des Pflichtteilsrechts.[3, 4]
Die Erschienene zu 1 nimmt diesen Verzicht an.[5, 6]

Anmerkungen

1. Jeder Erbverzichtsvertrag bedarf der **notariellen Beurkundung** gemäß § 2348 BGB; → Form. I.II.2 Anm. 2.

2. Der Verzicht auf das gesetzliche Erbrecht führt bei der Zugewinngemeinschaftsehe **nicht zu einem Verzicht auf den Zugewinn.** Dazu bedarf es eines Ehevertrages nach § 1408 BGB (→ Form. I.II.2 Anm. 7).

3. Ein Verzicht auf das gesetzliche Erbrecht kann **in der Weise beschränkt** werden, **dass dem Verzichtenden sein gesetzliches Pflichtteilsrecht erhalten bleibt** (BayObLG BayObLGZ 1981, 30 [33] = RPfleger 1981, 305; MüKoBGB/*Wegerhoff* § 2346 Rn. 11; Staudinger/*Schotten* BGB § 2346 Rn. 34 mwN). Die Zulässigkeit eines derart beschränkten Erbverzichts ist gerechtfertigt, weil ein gesetzliches Erbrecht als Quelle des Pflichtteilsrechts erhalten bleibt. Der Verzichtende gibt durch den Erbverzicht unter Vorbehalt seines Pflichtteils das gesetzliche Erbrecht nur als eine ohnehin zur freien Disposition des Erblassers stehende Rechtsstellung als potentieller Erbe auf (Staudinger/*Schotten* BGB § 2346 Rn. 35). Der Erblasser kann wegen des Grundsatzes der Testierfreiheit das gesetzliche Erbrecht auch ohne Zustimmung des gesetzlichen Erben jederzeit durch Verfügung von Todes wegen ausschließen. Eine solche Rechtsgestaltung kann aber relevant werden, wenn der Erblasser beispielsweise wegen Geistesschwäche gemäß § 2229 Abs. 4 BGB zwar testierunfähig, trotzdem aber geschäftsfähig ist und damit einen Erbverzichtsvertrag schließen kann. Nur wenn die Geistesschwäche zur vollen Geschäftsunfähigkeit im Sinne von § 104 Nr. 2 BGB geführt hat, könnte der Erblasser persönlich keinen Erbverzichtsvertrag schließen.

Durch einen Erbverzicht unter dem Vorbehalt des Pflichtteils kommt es zur selben Rechtsfolge wie beim Ausschluss des Verzichtenden von der gesetzlichen Erbfolge, allerdings mit dem Unterschied, dass es nicht der einseitige Entschluss des Erblassers ist, sondern eine Vereinbarung zwischen ihm und dem Verzichtenden, der ihm die Enterbung erspart (Staudinger/*Schotten* BGB § 2346 Rn. 80). Der Verzichtende wird bei der Berechnung der Pflichtteilsquoten aller Pflichtteilsberechtigten entsprechend § 2310 S. 1 BGB ebenso mitgezählt wie diejenigen, die durch letztwillige Verfügung von der Erbfolge ausgeschlossen sind, die Erbschaft ausgeschlagen haben oder für erbunwürdig erklärt worden sind. Die §§ 2310 S. 2, 2316 Abs. 1 S. 2 BGB kommen nicht zur Anwendung (Palandt/*Weidlich* BGB § 2310 Rn. 2; Staudinger/*Schotten* BGB § 2346 Rn. 81).

4. Hat ein **Ehegatte** unter Vorbehalt seines Pflichtteilsrechts auf das gesetzliche Erbrecht verzichtet und wird er – aufgrund einer entsprechenden Verfügung von Todes wegen – weder Erbe noch mit einem Vermächtnis bedacht, hat er **Anspruch auf den Zugewinn und den sog. kleinen Pflichtteil** (BGH BGHZ 37, 58 [67]). Dieser bestimmt sich nach dem nicht erhöhten gesetzlichen Erbteil. Wird der verzichtende Ehegatte durch Verfügung von Todes wegen mit einer den kleinen Pflichtteil nicht erreichenden Quote zum Erben eingesetzt, steht ihm zusätzlich ein Pflichtteilsrestanspruch aus § 2305 S. 1 BGB zu. Schlägt er aus, kann er den Zugewinnausgleich sowie den kleinen Pflichtteil verlangen. Wird ihm ein Vermächtnis hinterlassen, dessen Wert den kleinen Pflichtteil nicht erreicht, kann der verzichtende Ehegatte das Vermächtnis entweder in der hinterlassenen Höhe annehmen und eine Aufstockung auf den kleinen Pflichtteil verlangen oder das Vermächtnis ausschlagen und den Zugewinnausgleich sowie den kleinen Pflichtteil geltend machen, § 2307 Abs. 1 BGB.

5. Steuern. Zum Verzicht auf das gesetzliche Erbrecht siehe die Ausführungen unter → Form. I.II.2 Anm. 9, → Form. I.II.3 Anm. 7. Zur Besteuerung des Pflichtteilsanspruchs → Form. C.VI.1.

6. Kosten und Gebühren. → Form. I.II.2 Anm. 10. Der Vorbehalt des Pflichtteilsrechts ist kostenrechtlich ohne Auswirkungen.

6. Verzicht eines Abkömmlings auf den Pflichtteil nach dem erstversterbenden Elternteil gemäß § 2346 Abs. 2 BGB

[Notarieller Urkundeneingang][1, 2, 3]

Die Erschienenen wollen einen Pflichtteilsverzichtsvertrag[4] schließen. Sie erklären bei gleichzeitiger Anwesenheit zur Beurkundung Folgendes:

1. **Der Erschienene zu 1 ist der durch amtlichen Betreuerausweis des Betreuungsgerichts ..... ausgewiesene Betreuer des geschäftsunfähigen Herrn ..... (im Folgenden Erblasser)[5] und zum Abschluss von Verträgen aller Art berechtigt. Die Erschienene zu 2 ist dessen Ehefrau. Die Eheleute haben sich durch ein gemeinschaftliches notarielles Testament vom ..... (UR-Nr. ..... des beurkundenden Notars), als der Erblasser noch uneingeschränkt testierfähig war, gegenseitig zu alleinigen Vollerben des jeweils Erstversterbenden eingesetzt und die Erschienene zu 3, ihr einziges Kind, wechselbezüglich zur Schlusserbin des Längstlebenden von beiden. Sie wäre deshalb beim Tod des erstversterbenden Elternteils pflichtteilsberechtigt. Die Erschienenen sind sich darüber einig, dass diese Rechtsfolge ausgeschlossen sein soll.**

2. Die Erschienene zu 3 verzichtet deshalb für sich und ihre Abkömmlinge[6] gegenüber ihren Eltern auf ihr Pflichtteilsrecht auf das Ableben des erstversterbenden Elternteils.[7] Die Wirksamkeit dieses Pflichtteilsverzichts soll an keine Bedingung geknüpft werden.[8] Die Erschienenen zu 1 und 2 nehmen diesen Verzicht an.

3. Der beurkundende Notar hat darauf hingewiesen, dass die Wirksamkeit dieser Urkunde von der erforderlichen Genehmigung der Erklärungen des Erschienenen zu 1 durch das Betreuungsgericht[9] abhängig ist und dass aufgrund des Verzichts beim Tode des Erstversterbenden keinerlei Erbansprüche der Verzichtenden und ihrer Abkömmlinge bestehen.[10, 11]

Anmerkungen

1. Sachverhalt. Die Ehegatten haben ein gemeinschaftliches Testament errichtet, in dem sie sich gegenseitig zu unbeschränkten Alleinerben und ihre Tochter zur Schlusserbin eingesetzt haben. Der Überlebende von beiden wäre nach dem ersten Erbfall Pflichtteilsansprüchen der Tochter nach einer Quote von $^1/_4$ des Nachlasses des Erstversterbenden ausgesetzt. Der auf das Pflichtteilsrecht beschränkte Verzicht dient dem Schutz des längstlebenden Ehegatten vor finanziellen Belastungen, die sich aus der Auszahlung des Pflichtteilsanspruchs – einer Geldsummenschuld – ergeben.

2. Obwohl der Abschnitt 7 des Fünften Buches des BGB mit „Erbverzicht" betitelt ist, hat **vor allem** der gemäß § 2346 Abs. 2 BGB **auf das Pflichtteilsrecht beschränkte Verzicht praktische Bedeutung.** Sofern nicht etwas anderes vereinbart wird, umfasst ein auf das Pflichtteilsrecht beschränkter Verzicht den Pflichtteilsrestanspruch gemäß §§ 2305, 2307 BGB (Staudinger/*Schotten* BGB § 2346 Rn. 30) und den Pflichtteilsergänzungsanspruch nach §§ 2325, 2329 BGB (Palandt/*Weidlich* BGB § 2346 Rn. 16; Erman/*Simon* BGB § 2346 Rn. 3). Der Verzicht auf das Pflichtteilsrecht wird von Gesetzes wegen wie ein Erbverzicht im Sinne von §§ 2346 ff. BGB behandelt, nur dass er auf den Pflichtteil beschränkt ist (BayObLG BayObLGZ 1981, 30 [33] = RPfleger 1981, 305).

Der Pflichtteilsverzicht ist – abgesehen von einer Pflichtteilsentziehung nach den §§ 2333 ff. BGB, die wegen ihrer engen Voraussetzungen auch nach der Neuregelung durch das Gesetz zur Änderung des Erb- und Verjährungsrechts nur selten wirksam angeordnet werden kann – praktisch die einzige Möglichkeit, zukünftige Pflichtteilsansprüche sicher auszuschließen. Ein Erlassvertrag zwischen dem Erblasser und dem Pflichtteilsberechtigten zugunsten der Erben scheidet aus. § 328 BGB ist auf Verfügungsgeschäfte nicht anwendbar und ein Pflichtteilsanspruch kann als ein zukünftiges Forderungsrecht nicht Gegenstand eines Erlassvertrages sein. Aus dem gleichen Grund kommt eine zwischen dem Erblasser und dem Pflichtteilsberechtigten vereinbarte Abtretung eines zukünftigen Pflichtteilsanspruchs zugunsten der Erben nicht in Betracht. Der Pflichtteilsberechtigte könnte sich zwar gegenüber dem Erblasser zugunsten der Erben vertraglich verpflichten, seinen Pflichtteilsanspruch nicht geltend zu machen, ihn nach dem Erbfall den Erben zu erlassen oder an diese abzutreten. Eine derartige Verpflichtung wäre jedoch gegenüber einem Pflichtteilsverzicht nachteilig, weil ein entsprechender schuldrechtlicher Vertrag, der zum Schutz des Pflichtteilsberechtigten ebenso wie der Pflichtteilsverzicht als abstraktes erbrechtliches Verfügungsgeschäft gemäß § 2348 BGB analog notarieller Beurkundung bedürfte (KG OLGZ 1974, 263 [265]), nicht in gleicher Weise sicherstellen würde, dass das gewünschte Ergebnis nach dem Erbfall auch tatsächlich eintritt. Zum einen wäre nicht auszuschließen, dass die Verpflichtung gerichtlich durchgesetzt werden muss und zum anderen wäre im Falle des Vorversterbens des Verpflichteten nicht sichergestellt, dass die Geltendmachung des Pflichtteilsanspruchs gegen die Erben unterbleibt.

Ist der Verpflichtete ein Abkömmling des Erblassers und hinterlässt er seinerseits Abkömmlinge, hätten diese beim Tod des Erblassers – wenn sie ihn nicht selbst beerben – einen originären Pflichtteilsanspruch gegen die Erben.

3. Der Verzicht auf das Pflichtteilsrecht unterliegt in gleicher Weise wie der Verzicht auf das gesetzliche Erbrecht der **Beurkundungspflicht** nach § 2348 BGB. → Form. I.II.2 Anm. 2. Ein formnichtiges Verpflichtungsgeschäft, das den Abschluss eines Verzichtsvertrages zum Gegenstand hat, wird durch den nachfolgenden Abschluss des Verzichts entsprechend §§ 311b Abs. 1 S. 2, 518 Abs. 2, 766 S. 2 BGB, § 15 Abs. 4 S. 2 GmbHG geheilt (MüKoBGB/*Wegerhoff* § 2348 Rn. 8; *Keller* ZEV 2005, 229 [233]). Da die Heilungsmöglichkeit höchstrichterlich aber bisher nicht bestätigt ist und ein Verzichtsvertrag ohne angenommene Heilung kondizierbar wäre, besteht für die Kautelarpraxis ein Risiko, wenn nur der Erbverzicht notariell beurkundet wird. Eine Rückabwicklung könnte zu Lebzeiten des Erblassers durch einen Aufhebungsvertrag gemäß § 2351 BGB erfüllt werden. Auch würde ein formgerecht erklärter Erbverzicht nur die Verpflichtung zur Erklärung des Erbverzichts, nicht jedoch diejenige zur Übertragung oder zum Erwerb beispielsweise von Grundbesitz heilen (Staudinger/*Schotten* BGB § 2348 Rn. 18).

4. Ob die **von Sozialleistungsbeziehern erklärten Pflichtteilsverzichte wegen Sittenwidrigkeit nichtig sind, wird unterschiedlich beurteilt.** Während ein Teil der obergerichtlichen Rechtsprechung und der älteren Literatur insbesondere die ohne Gegenleistung erklärten Verzichte für sittenwidrig und damit für nichtig hielt (VGH Baden-Württemberg NJW 1993, 2953 [2954 f.]; OLG Stuttgart NJW 2001, 3484; *Lambrecht* Der Zugriff des Sozialhilfeträgers auf den erbrechtlichen Erwerb S. 172), hat der **Bundesgerichtshof** ebenso wie die überwiegende Auffassung im Schrifttum die Sittenwidrigkeit eines solchen Verzichts verneint (BGH DNotZ 2011, 381; ebenso OLG Köln ZEV 2010, 85 m. krit. Anm. *Armbrüster* RNotZ 2010, 139; Staudinger/*Schotten* BGB § 2346 Rn. 70 b; *J. Mayer* ZEV 2007, 556 [559]; *Vaupel* RNotZ 2010, 141 ff.). Zur Begründung hat der Bundesgerichtshof ausgeführt, dass entsprechend dem Grundsatz der Privatautonomie Rechtsgeschäfte, die das Bürgerliche Recht vorsieht, wirksam seien, solange sie nicht gegen Gesetze verstoßen. Auch in Fällen etwaiger nachteiliger Wirkungen zu Lasten der Allgemeinheit sei die Wirksamkeit des Rechtsgeschäftes nicht durch besondere Gründe im Einzelfall zu rechtfertigen, sondern positiv festzustellen und zu begründen, gegen welche übergeordneten Wertungen das Rechtsgeschäft verstoße. Insbesondere der Pflichtteilsverzicht eines behinderten Sozialleistungsbeziehers begründet nach Auffassung des Bundesgerichtshofes keine Sittenwidrigkeit. Denkt man diese Erwägungen der Rechtsprechung konsequent weiter, dürfte auch in anderen Konstellationen, in denen Sozialleistungsbezieher einen Pflichtteilsverzicht erklären, keine Sittenwidrigkeit anzunehmen sein, was insbesondere bei größerem Vermögen bedenklich erscheint.

5. Ebenso wie den Verzicht auf das gesetzliche Erbrecht kann der **Erblasser** den Verzicht auf das Pflichtteilsrecht gemäß § 2347 Abs. 2 S. 1 BGB grundsätzlich **nur höchstpersönlich** schließen. Auch ein in einem Anwaltsprozess vor Gericht vereinbarter Pflichtteilsverzicht bedarf zu seiner Wirksamkeit neben der Erklärung des Rechtsanwalts auch der Erklärung des Erblassers persönlich (BayObLG NJW 1965, 1276; Staudinger/*Schotten* BGB § 2347 Rn. 23). Zwar ersetzt gemäß § 127a BGB das gerichtliche Protokoll die notarielle Beurkundung, doch wird das materielle Erfordernis der Höchstpersönlichkeit des Erblassers durch diese Vorschrift nicht ersetzt. Anders als bei sonstigen Rechtsgeschäften können die gesetzlichen Vertreter im Fall einer beschränkten Geschäftsfähigkeit des Erblassers nicht für diesen handeln. Dieser bedarf selbst bei einem Verzicht ohne Gegenleistung keiner Einwilligung seines gesetzlichen Vertreters, weil der abstrakte Verzicht für den Erblasser stets lediglich rechtlich vorteilhaft ist (Damrau/Tanck/*Kurze* BGB § 2347 Rn. 5; *Hahn* FamRZ 1991, 27 [29]). Nach § 2347 Abs. 2 S. 2 Hs. 1 BGB wird das Prinzip

des persönlichen Handelns im Fall der **Geschäftsunfähigkeit des Erblassers** durchbrochen. In einem solchen Fall kann der Verzichtsvertrag **von seinem gesetzlichen Vertreter** – den Eltern bzw. dem Vormund eines minderjährigen Kindes oder von einem Betreuer eines geschäftsunfähigen Volljährigen, sofern der Abschluss eines Verzichtsvertrages gemäß §§ 1902, 1896 Abs. 2 S. 1 BGB zu seinem Aufgabenkreis gehört – **geschlossen werden.** Da ein Einwilligungsvorbehalt für einen Erbverzicht durch den Erblasser gemäß § 1903 Abs. 2 Alt. 3 BGB nicht möglich ist, hängt die Rechtswirksamkeit eines von einem Betreuer des Erblassers geschlossenen Verzichtsvertrages von der tatsächlichen Geschäftsunfähigkeit des Betreuten ab. Bestehen insoweit Zweifel, sollten sowohl der Betreuer als auch der Betreute den Erbverzichtsvertrag schließen (*Cypionka* DNotZ 1991, 571 [586]; → Anm. 9).

6. Auf den Pflichtteilsverzicht findet **§ 2349 BGB entsprechende Anwendung** (OLG Koblenz BeckRS 2012, 09031; MüKoBGB/*Wegerhoff* § 2349 Rn. 5). Die Wirkung des Pflichtteilsverzichts erstreckt sich damit grundsätzlich auf sämtliche Abkömmlinge des Verzichtenden, wenn der Verzichtende selbst ein Abkömmling oder ein Seitenverwandter des Erblassers ist. Zu den Abkömmlingen gehört auch das Adoptivkind. Da der Verzichtende nicht nur über sein eigenes künftiges Erbrecht, sondern auch über das selbstständige künftige Erbrecht seiner Abkömmlinge verfügt (BGH BGHZ 139, 116 [120] = NJW 1998, 3117 [3118]), ist § 2349 BGB eine Ausnahmevorschrift, weil sie in die Rechtsstellung eines Dritten eingreift (Staudinger/*Schotten* BGB § 2349 Rn. 2). Deshalb kommt die Norm bei einem Verzicht eines Vorfahren oder des Ehegatten des Erblassers nicht zur Anwendung. Die Verfügung über das künftige Erbrecht der Abkömmlinge ist ausschließlich Folge einer vom Gesetz vorgenommenen Erstreckung der Wirkung des Verzichts auf die Abkömmlinge des Verzichtenden. Vereinbaren der Erblasser und der Verzichtende im Verzichtsvertrag nicht, dass von der Verzichtswirkung – entgegen der sonst kraft Gesetzes eintretenden Erstreckungswirkung – alle oder einzelne Abkömmlinge ausgenommen sind (dazu Damrau/Tanck/*Kurze* BGB § 2349 Rn. 6; MüKoBGB/*Wegerhoff* § 2349 Rn. 6), führt die gesetzliche Regelung unabhängig vom Willen der Vertragsparteien zu einer Rechtslage, die von ihren Wirkungen her einem Erbverzicht zwischen dem Erblasser und den Abkömmlingen des Verzichtenden entspricht. Ob es sich um einen ausnahmsweise zulässigen Vertrag zu Lasten Dritter handelt (so *Regler* DNotZ 1970, 646 [648]; *Pentz* JZ 1999, 148 [149]) oder der gesetzlichen Regelung nur die Wirkung eines solchen Vertrages zukommt (so Staudinger/*Schotten* BGB § 2349 Rn. 2), ist eher von theoretischem Interesse. Der auf das Pflichtteilsrecht beschränkte Verzicht lässt die Pflichtteilsansprüche des gesamten Stammes des Verzichtenden entfallen, ohne dass eine Neubegründung und Erweiterung von Pflichtteilsrechten anderer gesetzlicher Erben eintritt. Damit ist bei einem auf das Pflichtteilsrecht beschränkten Verzicht der Verzichtende nicht im Sinne von § 2310 S. 2 BGB von der gesetzlichen Erbfolge ausgeschlossen. Da sich die Quoten der anderen Erben nicht erhöhen, ist ein **auf den Pflichtteil beschränkter Verzicht** gegenüber dem Verzicht auf das gesetzliche Erbrecht **in der Regel vorzugswürdig.**

7. Die **Auslegungsregeln** des § 2350 BGB **finden auf den Pflichtteilsverzicht keine Anwendung,** weil der Verzichtende nicht iSv § 2310 S. 2 BGB von der gesetzlichen Erbfolge ausgeschlossen ist. Es entsteht weder ein Pflichtteilsrecht des Begünstigten noch kann es erweitert werden (Staudinger/*Schotten* BGB § 2350 Rn. 5). Besteht ein entsprechender Begünstigungswille des verzichtenden Abkömmlings, muss eine entsprechende Bedingung aufgenommen werden. Auch kann die Rechtsfolge des sonst nicht anwendbaren § 2350 Abs. 1 BGB durch eine vertraglich vereinbarte Bedingung erreicht werden.

8. Die Geltendmachung von Pflichtteilsansprüchen nach dem ersten Erbfall kann, wenn – wie zumeist – eine Stundung nach § 2331a BGB ausscheidet, zu **unbilligen**

Ergebnissen führen, so wenn der zur Zahlung des Pflichtteilsanspruchs verpflichtete Erbe Nachlassgegenstände unter Wert veräußern müsste oder auf die Gewährung eines Kredites angewiesen wäre. Abkömmlinge werden jedoch zu einem Pflichtteilsverzicht oftmals nur gegen Zahlung einer Abfindung bereit sein. Anderenfalls gehen sie das Risiko ein, dass der Nachlass nach dem Tode des Erstversterbenden durch Verfügungen unter Lebenden aufgezehrt wird und Pflichtteilsergänzungsansprüche nicht bestehen oder nicht durchsetzbar sind.

9. Ein Verzichtsvertrag, der für einen geschäftsunfähigen Erblasser in Abweichung von dem Prinzip der Höchstpersönlichkeit von seinem gesetzlichen Vertreter – Eltern, Vormund, Betreuer – geschlossen wird, bedarf nach § 2347 Abs. 2 S. 2 Hs. 2 BGB der **Genehmigung des Familien- bzw. des Betreuungsgerichts.** Das gilt auch für einen in einem gerichtlichen Vergleich erklärten Verzicht (Soergel/*Damrau* BGB § 2347 Rn. 8). Bei einem unter Betreuung stehenden Erblasser ist es sinnvoll, eine betreuungsgerichtliche Genehmigung vorsorglich immer einzuholen. Bei einer Betreuungsanordnung muss die Geschäftsunfähigkeit einer Person nicht zwingend festgestellt werden. Im Fall der Geschäftsfähigkeit des Betreuten würde nach dem Wortlaut von § 2347 Abs. 2 BGB eine Vertretung durch den Betreuer sogar bei einer erteilten Genehmigung des Betreuungsgerichts unzulässig und im Ergebnis unwirksam sein. Dies ließe sich uU ausschließen, indem der Betreute den Vertrag zum einen selbst und zum andern vertreten durch seinen Betreuer schließt (J. Mayer/Süß/Tanck/Bittler/*Berkefeld* Handbuch Pflichtteilsrecht § 11 Rn. 1). Da aber der eine von zwei Verträgen unwirksam beurkundet wurde, erscheint es vorzugswürdig, sofern der Zeitablauf es zulässt, beim zuständigen Betreuungsgericht die Anordnung einer Betreuung mit dem Aufgabenkreis „Abschluss eines Erb-/Pflichtteilsverzichtsvertrages" anzuregen. Im Rahmen der notwendigen Erforderlichkeitsprüfung gem. § 1896 BGB müsste die Geschäftsfähigkeit geprüft werden. Läge sie vor, könnte der Betreute den entsprechenden Vertrag selbst schließen und eine Betreuung mit diesem Aufgabenkreis wäre nicht erforderlich (Damrau/Tanck/*Kurze* BGB § 2347 Rn. 4; Soergel/*Damrau* BGB § 2347 Rn. 7). Einer gerichtlichen Genehmigung bedarf weder der von einem in der Geschäftsfähigkeit nur beschränkten (minderjährigen) Erblasser noch der von einem unter Betreuung stehenden volljährigen geschäftsfähigen Erblasser geschlossene Erbverzichtsvertrag (Staudinger/*Schotten* BGB § 2347 Rn. 33 f.).

10. Steuern. Erhält der Erbe für seinen Pflichtteilsverzicht keine Abfindung, kommt es bei ihm nicht zu einem erbschaftsteuerpflichtigen Erwerb. Zum Pflichtteilsverzicht gegen Abfindung siehe die Ausführungen → Form. I.II.3 Anm. 7.

11. Zu **Kosten und Gebühren** → Form. I.II.2 Anm. 10. Es fällt eine 2,0-Gebühr nach Nr. 21100 KV GNotKG an. Zum Geschäftswert bestimmt § 102 Abs. 4 S. 2 GNotKG, dass das Pflichtteilsrecht wie ein entsprechender Bruchteil des Nachlasses zu behandeln sei. Anzusetzen ist daher nicht die Erbquote, sondern die Pflichtteilsquote, was auch kostenrechtlich zu genau der hälftigen Erbquote führt (§ 2303 Abs. 1 S. 2 BGB). Jeder Pflichtteilsverzichtsvertrag ist einzeln zu bewerten; die Werte sind zu addieren.

Die Einholung der familien- oder betreuungsgerichtlichen Genehmigung löst eine 0,5-Vollzugsgebühr nach Nr. 22110 KV GNotKG aus, da es sich um eine Vollzugstätigkeit nach Vorbemerkung 2.2.1.1 Abs. 1 S. 2 Nr. 4 KV GNotKG handelt.

7. Pflichtteilsverzicht von Abkömmlingen, der unter der Bedingung der Leistung von Abfindungen steht

[Notarieller Urkundeneingang][1, 2]

I. Die Erschienenen zu 1 und 2 sind im Güterstand der Gütertrennung verheiratet. Sie haben sich durch notarielles gemeinschaftliches Testament vom . . . . . . (UR-Nr. . . . . . des beurkundenden Notars) gegenseitig zu alleinigen Vollerben und die Erschienenen zu 3 und 4, ihre gemeinsamen Kinder, zu Schlusserben des Längstlebenden eingesetzt. Die Kinder wären beim Tod des Erstversterbenden als dessen Abkömmlinge pflichtteilsberechtigt. Der Erschienene zu 1 hat von seinem Vater ein großes Immobilienvermögen geerbt. Seine Lebenserwartung ist durch eine schwere Erkrankung eingeschränkt, so dass die Erschienene zu 2 ihn voraussichtlich überleben wird. Der längstlebende Elternteil soll in jedem Fall vor Pflichtteilsansprüchen der Kinder geschützt werden.[3]

II. Dies voraussetzend vereinbaren die Erschienenen Folgendes:

1. Die Erschienenen zu 3 und 4 verzichten hiermit für sich und für ihre Abkömmlinge[4] gegenüber den Erschienenen zu 1 und 2 auf ihr Pflichtteilsrecht auf das Ableben des Erstversterbenden.[5]
2. Der Pflichtteilsverzicht wird gegenüber dem Erschienenen zu 3 nur wirksam, wenn die Erschienenen zu 1 und 2 an den Erschienenen zu 3 spätestens bis zum . . . . . . einen Geldbetrag in Höhe von 200.000,– EUR zahlen.[6]
3. Gegenüber dem Erschienenen zu 4 wird der Verzicht nur wirksam, wenn die Erschienenen zu 1 und 2 das ihnen zu gleichen Teilen gehörende Grundstück in . . . . . ., eingetragen im Grundbuch von . . . . . ., Blatt . . . . . ., Flurstück . . . . . . spätestens bis zum Ablauf des . . . . . . an den Erschienenen zu 4 auflassen und die Eigentumsumschreibung im Grundbuch bewilligen.
4. Der Erschienene zu 3 verzichtet wegen der Übertragung des Grundstücks auf den Erschienenen zu 4 auf ein eventuell bestehendes Pflichtteilsrecht in dem Umfang, in dem sich der Nachlass beim Tod des längstlebenden Elternteils um einen 200.000,– EUR übersteigenden unentgeltlich übertragenen Anteil des Wertes des Grundstücks fiktiv erhöhen würde.[7]
   Die Erschienenen zu 1 und 2 nehmen die Verzichte der Erschienenen zu 3 und 4 unter den vorgenannten Bedingungen an.[8, 9]

Anmerkungen

1. Sachverhalt. Die im Güterstand der Gütertrennung lebenden Ehegatten wollen verhindern, dass nach dem ersten Erbfall die testamentarisch zu Schlusserben des Längstlebenden eingesetzten Kinder ihren Pflichtteil geltend machen. Wegen einer schweren Erkrankung ist absehbar, dass der Erschienene zu 1 vor der Erschienenen zu 2 versterben und dieser ein erhebliches Vermögen hinterlassen wird. Aufgrund der erheblich höheren Lebenserwartung der Erschienenen zu 2 sollen die Kinder, die einen Pflichtteilsverzicht erklären, deshalb schon zu Lebzeiten ihrer Eltern eine Gegenleistung in Form einer Geldzahlung bzw. einer Grundstücksübertragung erhalten. Für die Kinder hat die gewählte Konstellation den Vorteil, dass sie zeitnah in den Genuss eines Teils des zukünftigen Nachlasses kommen.

2. Der Pflichtteilsverzichtsvertrag muss gemäß § 2348 BGB **notariell beurkundet** werden. Diese gesetzliche Form gilt auch für die Entgeltabrede (→ Form. I.II.6 Anm. 2).

3. Die Erschienenen zu 1 und 2 haben sich in einem gemeinschaftlichen Testament jeweils zu alleinigen Vollerben eingesetzt. Dessen Inhalt entspricht somit der Auslegungsregel des § 2269 Abs. 1 BGB. Ein solches Testament wird üblicherweise als **„Berliner Testament"** bezeichnet. Daneben haben sie den zweiten Erbgang geregelt, nämlich die Erbfolge des längstlebenden Ehegatten. Das gemeinschaftliche Vermögen der Eltern, das zunächst auf den überlebenden Ehegatten übergegangen ist, fällt nach seinem Tod den Kindern als Schlusserben zu. Da die Abkömmlinge für den ersten Erbfall enterbt worden sind, stehen ihnen gegen den überlebenden allein erbenden Ehegatten Pflichtteilsansprüche zu. Es entspricht aber einem verbreiteten Bedürfnis (finanzielle Unabhängigkeit, Pflegebedürftigkeit etc), den überlebenden Ehegatten nach dem ersten Erbfall vor der Geltendmachung solcher Ansprüche zu schützen. Nachhaltiger als durch sog. Pflichtteilsstrafklauseln, bei denen der als Schlusserbe eingesetzte Pflichtteilsberechtigte bei Geltendmachung seines Pflichtteilsanspruchs nach dem ersten Erbfall auch für den zweiten Erbfall auf den Pflichtteil gesetzt wird, kann dies durch den Abschluss eines Pflichtteilsverzichtsvertrages mit den Abkömmlingen auf das Ableben des Erstversterbenden ganz ausgeschlossen werden. Anderenfalls wären die Söhne im Umfang von einem Drittel des Nachlasses pflichtteilsberechtigt, da die Eheleute Gütertrennung vereinbart haben und somit § 1931 Abs. 4 BGB zur Anwendung käme.

4. Der Verzicht auf das Pflichtteilsrecht nach § 2346 Abs. 2 BGB führt – entsprechend dem Verzicht auf das gesetzliche Erbrecht – gemäß § 2349 BGB analog dazu, dass sich der **Pflichtteilsverzicht auf sämtliche Abkömmlinge des Verzichtenden erstreckt,** was in der Vereinbarung ausdrücklich klargestellt wurde und worüber zu belehren ist.

5. Der Pflichtteilsverzicht von Kindern auf das Pflichtteilsrecht nach dem erstversterbenden Elternteil steht – neben der **Bedingung** der Zahlung bzw. der Gewährung von Abfindungen – unter der Bedingung, dass er nur wirksam wird, wenn der betreffende Elternteil vor dem anderen verstirbt (Staudinger/*Schotten* BGB § 2346 Rn. 54; *Haegele* RPfleger 1968, 247 (248)).

6. Der Pflichtteilsverzicht kann wie der Verzicht auf das gesetzliche Erbrecht in der Weise bedingt geschlossen werden, dass er gegen Abfindung erklärt wird. Die Wirksamkeit des abstrakten Pflichtteilsverzichts wird von der Bedingung der Leistung der Abfindung abhängig gemacht (die Zulässigkeit einer solchen Konstellation wird heute allgemein anerkannt: siehe nur BGH BGHZ 37, 319 [327] = NJW 1962, 1910 [1912]; BayObLG BayObLGZ 1995, 29 [32] = ZEV 1995, 228; Palandt/*Weidlich* BGB § 2346 Rn. 10; Staudinger/*Schotten* BGB § 2346 Rn. 154 mwN). Die Vertragsparteien können vereinbaren, dass als Abfindung die **Zahlung eines Geldbetrages** geschuldet ist. Das dürfte der häufigste Fall sein. Möglich ist auch, dass sich der Erblasser zur **Übereignung eines Grundstücks** oder zur **Übertragung eines Rechts** verpflichtet. Wegen der Regelung in § 2302 BGB kann sich der Erblasser nicht wirksam verpflichten, solche Leistungen mittels Verfügung von Todes wegen zuzuwenden. Nur unter der Voraussetzung, dass die Verpflichtung sogleich erfüllt wird, also mit dem Verzichtsvertrag eine Verfügung von Todes wegen verbunden wird, könnte die Verpflichtung aufgrund einer teleologischen Reduktion des § 2302 BGB wirksam sein (Staudinger/*Schotten* BGB § 2346 Rn. 142).

7. Ob eine **Abfindung** für einen Erb- oder Pflichtteilsverzicht **eine unentgeltliche Zuwendung darstellt oder als entgeltlicher Vertrag zu qualifizieren ist, wird in Rechtsprechung und Schrifttum unterschiedlich gesehen** (→ Form. I.II.3 Anm. 5 mwN). Von den Vertretern einer Qualifizierung als entgeltlicher Vertrag werden immer wieder Beispiele vorgebracht, die belegen sollen, dass die Einordnung als unentgeltlicher Vertrag und damit als Schenkung bei der Berechnung des Pflichtteils zu unbilligen Ergebnissen führe. So könnte der Nachlass beim Tod des Längstlebenden bereits aufgrund von Aufwendungen für einen großzügigen Lebensstil oder für eine umfängliche Betreuung verbraucht sein. Der Erschienene zu 4 könnte dann im vorliegenden Fall wegen der Grundstücksübertragung einem

Pflichtteilsergänzungsanspruch des Erschienenen zu 3 in dem Umfang ausgesetzt sein, weil der Wert des Grundstücks die an den Erschienenen zu 3 in Geld zu zahlende Abfindung übersteigt. Bis zu einem Betrag in Höhe von 200.000,00 EUR käme § 2327 BGB zur Anwendung. Die sich aus einer Qualifikation des Pflichtteilsverzichts gegen Abfindung als Schenkung für die Berechnung des Pflichtteils möglicherweise ergebenden unbilligen Folgen, die die Beteiligten regelmäßig nicht wollen, lassen sich durch eine sorgfältige Vertragsgestaltung vermeiden (so zutreffend Staudinger/*Schotten* BGB § 2346 Rn. 136, der die Abfindung für einen Erbverzicht rechtlich als Schenkung qualifiziert). Der Erschienene zu 3 erklärt deshalb zusätzlich einen gegenständlich beschränkten Pflichtteilsverzicht dahingehend, dass die Übertragung des Grundstücks auf den Erschienenen zu 4 keinen Pflichtteilsergänzungsanspruch auslösen soll.

8. Steuern. Siehe dazu die Ausführungen unter → Form. I.II.6 Anm. 9.

9. Kosten und Gebühren. → Form. I.II.6 Anm. 11. Alle Bedingungen sind kostenrechtlich irrelevant. Bei der Wertermittlung sind die Werte der Verzichte jedes Kindes zu addieren, wobei jeweils vom vollen modifizierten Reinvermögen beider Elternteile auszugehen ist.

Soweit ein zusätzlicher beschränkt gegenständlicher Pflichtteilsverzicht für erforderlich gehalten und beurkundet wird, muss er auch bei bloß vorsorglichem Charakter hinzugerechnet werden. Der Wert wird nach § 102 Abs. 4, analog Abs. 3 GNotKG mit der Pflichtteilsquote am betroffenen Gegenstand ermittelt (*Diehn* Rn. 419).

8. Verzicht auf die Geltendmachung eines Pflichtteilsergänzungsanspruchs in Verbindung mit einer Grundstücksübertragung

[Notarieller Urkundeneingang][1]

1. Der Erschienene zu 1 ist der Vater der Erschienenen zu 2 und 3. Beiden ist bekannt, dass ihr Vater am ...... durch notariellen Übergabevertrag zur UR-Nr. ...... des beurkundenden Notars ihrem Bruder, Herrn ...... (Übernehmer) das früher in seinem Alleineigentum stehende im Grundbuch von ...... Blatt ...... eingetragene Grundstück ...... übertragen hat. Der Übernehmer ist zwischenzeitlich als Eigentümer im Grundbuch eingetragen worden.

2. Im Hinblick darauf, dass der Übernehmer sich verpflichtet hat, den Erschienenen zu 1 auch zukünftig unentgeltlich zu pflegen soweit ihm das zumutbar ist, verzichten die Erschienenen zu 2 und 3 hiermit für sich und ihre Abkömmlinge gegenüber dem Erschienenen zu 1 auf ihr Pflichtteilsrecht an dessen Nachlass in der Weise, dass der in Ziffer 1 dieser Urkunde bezeichnete Grundbesitz bei der Berechnung des Pflichtteils als nicht zum Nachlass des Erschienenen zu 1 gehörend angesehen und als Berechnungsgrundlage für den Pflichtteilsanspruch, Ausgleichspflichtteil und Pflichtteilsergänzungsanspruch ausgeschlossen wird.[2]
Der Erschienene zu 1 nimmt den solchermaßen beschränkten Verzicht der Erschienenen zu 2 und 3 an.

3. Der beurkundende Notar wies die Erschienenen darauf hin, dass dieser Verzicht die gesetzliche Erbfolge bestehen lässt, den Erschienenen zu 2 und 3 sowie ihren Abkömmlingen, jedoch bezogen auf den vorgenannten Grundbesitz im Erbfall keine Pflichtteilsergänzungsansprüche[3] zustehen.[4]

Anmerkungen

1. Zur **Beurkundungspflicht** des Pflichtteilsverzichts → Form. I.II.2 Anm. 2, → Form. I.II.6 Anm. 2.

2. Ein gegenständlich beschränkter Verzicht kann auch in der Weise erklärt werden, dass nur die **Geltendmachung eines Pflichtteilsergänzungsanspruchs** nach den §§ 2325 ff. BGB **und** ein etwaiger **Ausgleichspflichtteil nach § 2316 BGB ausgeschlossen sein soll** (MüKoBGB/*Wegerhoff* § 2346 Rn. 20; Palandt/*Weidlich* BGB § 2346 Rn. 15; Staudinger/*Schotten* BGB 2346 Rn. 51; *J. Mayer* ZEV 2000, 263 [264]). Im Zusammenhang mit Grundstücksübertragungen besteht häufig ein Interesse des Übergebers, den Übernehmer – insbesondere wenn dieser auch Erbe werden soll – vor Pflichtteilsergänzungsansprüchen anderer Abkömmlinge zu schützen. Dadurch soll sichergestellt werden, dass der Übernehmer nicht etwa gezwungen wird, das Grundstück zur Erfüllung dieser Verpflichtungen veräußern oder belasten zu müssen. Ein entsprechender Gestaltungsbedarf ergibt sich daraus, dass der Bundesgerichtshof die sog. **Theorie der Doppelberechtigung** aufgegeben hat. Der Pflichtteilsergänzungsanspruch nach § 2325 Abs. 1 BGB setzt danach nicht mehr voraus, dass die Pflichtteilsberechtigung bereits im Zeitpunkt der Schenkung bestanden hat (BGH ZEV 2012, 478 mAnm *Otte*). Dagegen sprach neben dem Wortlaut des § 2325 Abs. 1 BGB, dem sich ein zusätzliches Erfordernis der Pflichtteilsberechtigung bereits im Zeitpunkt der Schenkung nicht entnehmen lässt, insbesondere die Entstehungsgeschichte der Vorschrift (Prot. V S. 585 – 587). Sinn und Zweck der Norm rechtfertigten eine eingeschränkte Auslegung ebenfalls nicht, weshalb die Theorie der Doppelberechtigung im Schrifttum zu Recht auf breite Ablehnung gestoßen war (MüKoBGB/*Lange* § 2325 Rn. 7–10; Staudinger/*Olshausen* BGB § 2325 Rn. 66; Erman/*Röthel* BGB Vorb. § 2325 Rn. 8; Bamberger/Roth/*J. Mayer*, 3. Aufl., BGB § 2325 Rn. 3; aA noch BGH BGHZ 59, 210 = NJW 1973, 40). Insbesondere in Fällen lebzeitiger Schenkungen eines Erblassers an einen Abkömmling, die vor einer neuen Eheschließung erfolgt sind, besteht nunmehr Gestaltungsbedarf. Um Pflichtteilsergänzungsansprüche auszuschließen, muss ein beschränkter Pflichtteilsverzicht erklärt werden.

3. Anders als im Beispielsfall wird der Verzicht auf die Geltendmachung von Pflichtteilsergänzungsansprüchen **oftmals im Zusammenhang mit einer bereits geleisteten oder noch zu leistenden Zuwendung an den Verzichtenden** in Form eines Abfindungsvertrages **erklärt.** Der Verzichts- und der Abfindungsvertrag stehen zwar rechtlich selbstständig nebeneinander. Regelmäßig ist jedoch ein auf den Zusammenhang gerichteter Parteiwille anzunehmen (*Weirich* DNotZ 1986, 5 [12]). Ausgangspunkt für die Bemessung der Abfindung ist regelmäßig der Nettowert des übertragenen Vermögens. Gelegentlich entspricht es einem Interesse des Erblassers, dass an dem geschätzten Nettowert nicht alle Kinder gleichmäßig beteiligt werden.

Die Abfindung kann in der Weise geleistet werden, dass der Erblasser selbst Zahlungen vornimmt oder der Übernehmer an seine Geschwister Leistungen entsprechend ihren Anteilen erbringt. Soll eine Geldabfindung nicht alsbald, sondern erst nach Jahren geleistet werden, stellt sich für die Beteiligten die Frage nach einer **Wertsicherung.** Eine bestimmte Geldsumme ist bei sofortiger Leistung mehr wert als bei späterer Zahlung, was erfahrungsgemäß von den Beteiligten nicht immer gesehen wird. Die Äquivalenz kann durch eine entsprechende Aufzinsung des ermittelten Abfindungsbetrages erreicht werden. Je höher der gewählte Zinssatz, desto größer ist die nominelle Erhöhung des später auszuzahlenden Abfindungsbetrages. Welchen Zinssatz man wählt, ist im Einzelfall zu bestimmen (näher zur Problematik der Wertsicherung von Geldabfindungen *Weirich* DNotZ 1986, 5 [14 ff.]).

4. Zu **Kosten und Gebühren.** → Form. I.II.2 Anm. 10. Beim gegenständlich beschränkten Pflichtteilsverzicht ist nach § 102 Abs. 4, analog Abs. 3 GNotKG die Pflichtteilsquote lediglich aus dem Wert des betroffenen Gegenstands zu berechnen (*Diehn* Rn. 419).

9. Verzicht auf das Wahlrecht des § 2306 Abs. 1 Hs. 1 BGB

[Notarieller Urkundeneingang][1]

Die Erschienenen erklären, einen Pflichtteilsverzichtsvertrag durch mündliche Erklärung schließen zu wollen und bitten um Beurkundung ihrer Erklärungen wie folgt:

1. **Der Erschienene zu 1 hat am . . . . . . zur UR-Nr. . . . . . des amtierenden Notars mit seiner vorverstorbenen Ehefrau einen Erbvertrag geschlossen. Darin hat die Ehefrau den Erschienenen zu 2 einseitig zum Nacherben eingesetzt.[2] Der Erschienene zu 2 ist zudem mit einem Grundstücksvermächtnis zugunsten seiner Schwester, Frau . . . . . ., beschwert.[3]**
2. **Der Erschienene zu 2 erklärt sich ausdrücklich mit den angeordneten Beschränkungen und Beschwerungen einverstanden. Er verzichtet hiermit für sich und seine Abkömmlinge auf sein Wahlrecht aus § 2306 Abs. 1 Hs. 1 BGB, entweder das ihm Hinterlassene nebst sämtlichen Beschränkungen und Beschwerungen anzunehmen oder die Erbschaft auszuschlagen und seinen Pflichtteil geltend zu machen.[4]**
   Der Erschienene zu 1 nimmt diesen insoweit beschränkten Pflichtteilsverzicht hiermit an.
3. **Der beurkundende Notar hat den Erschienenen zu 2 darüber belehrt, dass er aufgrund des vorstehend erklärten Verzichts nach Eintritt des Todes seines Vaters keine Möglichkeit hat, aufgrund einer Ausschlagungserklärung seinen Pflichtteil geltend zu machen.[5, 6]**

Anmerkungen

1. Der erklärte beschränkte Pflichtteilsverzicht ist wie jeder Pflichtteilsverzichtsvertrag **notariell zu beurkunden,** § 2348 BGB (→ Form. I.II.6 Anm. 2).

2. Die Regelung des § 2306 BGB kommt nur zur Anwendung, wenn ein **Pflichtteilsberechtigter zum Erben eingesetzt** ist. Dabei ist unerheblich, ob sich seine Erbenstellung aus dem Gesetz oder aus einer letztwilligen Verfügung ergibt. Der ihm zugewendete Erbteil muss mit (wenigstens) einer der im Gesetz abschließend (vgl. dazu BGH Urt. v. 26.9.1990 – IV ZR 131/89, BGHZ 112, 229 [232] = NJW 1991, 169 [170]; MüKoBGB/*Lange* § 2306 Rn. 6; Damrau/Tanck/*Riedel* BGB § 2306 Rn. 5) aufgezählten Beschränkungen oder Beschwerungen belastet sein. Eine Belastung iSv § 2306 Abs. 1 1. Hs. BGB stellt es auch dar, wenn der Pflichtteilsberechtigte als Nacherbe eingesetzt wird (*Joachim/Lange* Pflichtteilsrecht Rn. 200; Damrau/Tanck/*Riedel* BGB § 2306 Rn. 10).

3. Beschwerungen iSv § 2306 Abs. 1 Hs. 1 BGB sind nur das Vermächtnis (§§ 2147 ff. BGB) und die Auflage (§§ 2192 ff. BGB). Der Dreißigste wird von der Vorschrift ebenfalls erfasst, weil nach § 1969 Abs. 2 BGB die Vorschriften über Vermächtnisse entsprechende Anwendung finden.

4. Die durch das Gesetz zur Änderung des Erb- und Verjährungsrechts vom 2.7.2009 (BGBl. 2009, Teil Nr. 63, S. 3142) eingeführte Neuregelung des § 2306 Abs. 1 Hs. 1 BGB räumt einem belasteten Erben unabhängig von seiner Erbquote ein **generelles**

Wahlrecht ein. Er kann entweder den Erbteil mit allen Beschränkungen und Beschwerungen annehmen oder ihn ausschlagen und den Pflichtteil verlangen. Behält er den Erbteil, erbt er ihn mit allen angeordneten Belastungen, während er im Falle der Ausschlagung alle Vorteile seiner Erbenstellung verliert. Die Probleme, die sich regelmäßig aus der sehr kurzen sechswöchigen Ausschlagungsfrist ergeben, bleiben ebenso wie die Schwierigkeiten der Bewertung der Belastungen selbst bestehen.

Schlägt der Erbe nicht aus und ist der Erbteil quotenmäßig geringer als der Pflichtteil, steht ihm neben dem belasteten Erbteil ein Pflichtteilsrestanspruch gemäß § 2305 S. 1 BGB zu. Bei dessen Berechnung sind – ebenso wie bei § 2307 BGB – die Beschränkungen und Beschwerungen nicht zu berücksichtigen, § 2305 S. 2 BGB. Das Wahlrecht des Erben aus § 2306 Abs. 1 Hs. 1 BGB ist vererblich, höchstpersönlich und nicht selbstständig übertragbar (MüKoBGB/*Lange* § 2306 Rn. 17).

Der **Verzicht auf das Wahlrecht** des § 2306 Abs. 1 Hs. 1 BGB stellt einen **teilweisen/eingeschränkten Pflichtteilsverzicht dar** (Schlitt/Müller/*G. Müller* Handbuch Pflichtteilsrecht § 10 Rn. 75). Der Verzicht erstreckt sich nach der Regelung des § 2349 BGB, die auf den Pflichtteilsverzicht entsprechend anwendbar ist, im Zweifel auch auf die Abkömmlinge des Verzichtenden. Nichtsdestotrotz sollte in einem Verzichtsvertrag klargestellt werden, dass der Verzicht auch für die Abkömmlinge gilt, um jegliche Zweifel zu beseitigen.

5. Der beurkundende Notar sollte vorsorglich – schon zur Vermeidung von Haftungsfällen – immer eine **Belehrung** des Verzichtenden über die Rechtsfolgen des von ihm erklärten Verzichts auf das Wahlrecht nach § 2306 Abs. 1 Hs. 1 BGB in die notarielle Urkunde aufnehmen. Durch die mit seiner Belehrung verbundene Aufklärung kann Unstimmigkeiten und Anfechtungsbegehren vorgebeugt werden.

6. Zu **Kosten und Gebühren** → Form. I.II.2 Anm. 10. Wertabschläge sind nicht möglich; es ist der volle Pflichtteilswert anzusetzen.

10. Gegenständlich beschränkter Pflichtteilsverzichtsvertrag

[Notarieller Urkundeneingang][1, 2]

1. **Die Erschienene zu 1 hat am . . . . . . vor dem beurkundenden Notar durch notariellen Übergabevertrag zur UR-Nr. . . . . . ihrer Tochter, der Erschienenen zu 2, das in ihrem Alleineigentum stehende im Grundbuch von . . . . . . Blatt . . . . . . eingetragene Grundstück. . . . . . . aufgelassen und die Eigentumsumschreibung bewilligt. Die Erschienene zu 2 ist zwischenzeitlich als Eigentümerin im Grundbuch eingetragen. Eine Gegenleistung haben die Vertragsparteien nicht vereinbart. Der Verkehrswert des Grundstücks beträgt ausweislich eines unmittelbar vor Abschluss des Übergabevertrages eingeholten Verkehrswertgutachtens 500.000,00 EUR.**
2. **Die Erschienene zu 1 hat nach Belehrung in dem Übergabevertrag keine Bestimmung treffen wollen, dass diese Zuwendung unter Lebenden auf spätere Erb- und Pflichtteilsansprüche der Erschienenen zu 2 anzurechnen ist.[3] Die Erschienene zu 1 möchte ihre Kinder aber im Wesentlichen gleich behandeln.**
3. **In Ansehung dessen verzichtet die Erschienene zu 2 auf ihr Pflichtteilsrecht in dem Umfang, in dem sich ihre Pflichtteilsansprüche nach § 2303 iVm § 2315 Abs. 1 BGB vermindern, falls die Anrechnungsbestimmung vor oder bei der Zuwendung getroffen worden wäre.[4] Der Wert des anzurechnenden Vorempfangs wird auf 400.000,00 EUR beschränkt.[5]**
   Die Erschienene zu 1 nimmt diesen Verzicht an.[6, 7]

Anmerkungen

1. Sachverhalt. Die Erblasserin hat neben der Erschienenen zu 2 weitere Kinder, die sie zu gleichen Teilen zu Erben eingesetzt hat. Sie möchte, dass ihre Kinder gleich behandelt werden. Da das auf die Erschienene zu 2 übertragene Grundstück den wesentlichen Teil ihres Vermögens darstellte, soll nachträglich sichergestellt werden, dass insoweit eine Anrechnung auf spätere Pflichtteilsansprüche erfolgt. Die Erblasserin hatte dies trotz Belehrung des Notars bei der Beurkundung des Übergabevertrages zunächst abgelehnt.

2. Zur **Beurkundungspflicht** des Verzichts nach § 2348 BGB → Form. I.II.2 Anm. 2. Auch ein gegenständlich beschränkter teilweiser Verzicht auf das Pflichtteilsrecht ist notariell zu beurkunden (MüKoBGB/*Lange* § 2315 Rn. 14).

3. Ein Pflichtteilsberechtigter muss sich auf seinen Pflichtteil nach § 2315 Abs. 1 BGB dasjenige anrechnen lassen, was ihm ein Erblasser mit der Bestimmung zugewendet hat, dass es auf den Pflichtteil angerechnet werden soll. Folge dessen ist, dass der Pflichtteil des Anrechnungspflichtigen um den erhaltenen Vorempfang gemindert wird. Voraussetzung der Anrechnungspflicht nach § 2315 Abs. 1 BGB ist jedoch, dass der Erblasser die Anrechnungsbestimmung durch eine einseitige empfangsbedürftige Willenserklärung vor oder bei der Zuwendung getroffen hat (RG RGZ 67, 306 [307 ff.]; OLG Düsseldorf FamRZ 1994, 1491 = ZEV 1994, 173; MüKoBGB/*Lange* § 2315 Rn. 10). Eine nachträgliche Anrechnungsbestimmung durch letztwillige Verfügung ist – von der Möglichkeit einer Pflichtteilsentziehung gemäß §§ 2333 ff. BGB abgesehen – nach Empfang der Zuwendung nicht mehr möglich (MüKoBGB/*Lange* § 2315 Rn. 14). Eine **nachträgliche Anordnung** ist damit nur durch eine materielle Vereinbarung zwischen dem Erblasser und dem gesetzlichen Erben **in Form eines beschränkten Erb- oder Pflichtteilsverzichts** in der Weise **möglich,** dass lebzeitige Zuwendungen des Erblassers, für die dieser keine Ausgleichspflicht im Sinne von § 2050 Abs. 3 BGB angeordnet oder Anrechnungsbestimmung getroffen hatte, nachträglich auszugleichen bzw. anzurechnen sind (RG RGZ 71, 133 [136]; Erman/*Simon* BGB § 2346 Rn. 6; MüKoBGB/*Ann* § 2050 Rn. 31; Staudinger/*Löhnig* BGB § 2050 Rn. 33). Durch die getroffene Vereinbarung ist die betreffende Beschwerung jedoch noch nicht angeordnet. Hierzu bedarf es einer entsprechenden Verfügung von Todes wegen (Staudinger/*Löhnig* BGB § 2050 Rn. 33; MüKoBGB/*Wegerhoff* § 2346 Rn. 16; Staudinger/*Schotten* BGB § 2346 Rn. 46). Da der Umfang des Pflichtteils eines durch die Zuwendung Begünstigten durch Vermächtnisse nicht beeinträchtigt werden darf, weil er sich nach dem gesetzlichen Erbrecht berechnet, kann er nur aufgrund eines mit dem Begünstigten geschlossenen insoweit teilweisen Verzichtsvertrages eingeschränkt werden (Staudinger/*Löhnig* BGB § 2050 Rn. 33). Sollte ein durch lebzeitige Übertragungen begünstigtes Kind zu einem Verzicht nicht bereit sein, kämen alternativ Vorausvermächtnisse zugunsten der anderen Kinder in Betracht.

4. Ein nur teilweise erklärter Verzicht auf das Pflichtteilsrecht wird in einem weiteren Umfang als zulässig angesehen als ein teilweiser Verzicht auf das dinglich wirkende gesetzliche Erbrecht. Der Pflichtteilsverzicht kann wirksam auch darauf beschränkt werden, dass dem Erblasser ermöglicht wird, dem Verzichtenden sonst am Pflichtteilsrecht ihre Grenze findende Beschränkungen und Beschwerungen aufzuerlegen (Palandt/*Weidlich* BGB § 2346 Rn. 15; Staudinger/*Schotten* BGB § 2346 Rn. 52). Erblasser und Pflichtteilsberechtigter können danach **nachträglich eine Vereinbarung treffen,** dass Zuwendungen des Erblassers, die er dem Pflichtteilsberechtigten gemacht hat, ohne vor oder bei der Zuwendung eine Anrechnungsbestimmung getroffen zu haben, anzurechnen sind.

5. Ein teilweiser Verzicht auf das Pflichtteilsrecht kann auch in der Weise vereinbart werden, dass der **Wert des anzurechnenden Vorempfangs** abweichend von der Bestim-

mung des § 2315 Abs. 2 S. 1 BGB **nicht mit dem vollen Betrag in Ansatz gebracht wird** (MüKoBGB/*Lange* § 2315 Rn. 25).

6. Steuern. Der gegenständlich beschränkte Pflichtteilsverzicht ist nur dann schenkungsteuerpflichtig gemäß § 7 Abs. 1 Nr. 5 ErbStG, wenn er gegen Abfindung erfolgt (→ Form. I.II.3 Anm. 7). Zur Besteuerung des geltend gemachten Pflichtteilsanspruchs → Form. C.VI.1.

7. Zu Kosten und Gebühren → Form. I.II.2 Anm. 10. Beim gegenständlich beschränkten Pflichtteilsverzicht ist nach § 102 Abs. 4, analog Abs. 3 GNotKG die Pflichtteilsquote lediglich aus dem Wert des betroffenen Gegenstands zu berechnen (*Diehn* Rn. 419).

11. Gegenständlich beschränkter Pflichtteilsverzicht, indem zur Sicherung der Unternehmensnachfolge bei der Nachlassbewertung ein bestimmter Gegenstand außer Betracht bleibt

[Notarieller Urkundeneingang][1, 2]

I. Der Erschienene zu 1 ist Inhaber eines mittelständischen einzelkaufmännischen Unternehmens, das optische Geräte herstellt. Der geschäftliche Erfolg wird wesentlich durch sein persönliches Engagement und das seines als angestellter Geschäftsführer tätigen Sohnes, des Bruders der Erschienenen zu 2 bestimmt. Der Wert des Betriebsgrundstücks, der Fertigungsanlagen und der Produktionsmittel ist vergleichsweise gering. Der Erschienene zu 1 hat mit seinem Sohn einen Erbvertrag geschlossen, in dem er ihn zum Alleinerben eingesetzt hat. Es entspricht dem Wunsch des Erschienenen zu 1, dass der Sohn aufgrund seiner Qualifikation und seines Einsatzes das Unternehmen allein fortführt.[3]

II. Vor diesem Hintergrund wollen die Erschienenen zu 1 und 2 einen Pflichtteilsverzichtsvertrag schließen und bitten um Beurkundung ihrer Erklärungen wie folgt:

1. Die Erschienene zu 2 verzichtet hiermit für sich und ihre Abkömmlinge gegenüber dem Erschienenen zu 1 auf ihr Pflichtteilsrecht bei dessen Ableben insoweit, dass bei der Bewertung des Nachlasses zum Zwecke der Bestimmung der Höhe ihres Pflichtteilsanspruchs der Wert des Unternehmens außer Betracht bleibt.[4]
   Der Erschienene zu 1 nimmt diese gegenständlich beschränkte Verzichtserklärung an.[5]
2. Der beschränkte Pflichtteilsverzicht erfolgt unter der aufschiebenden Bedingung, dass der Erschienene zu 1 der Erschienenen zu 2 bis zum ...... einen Betrag in Höhe von 100.000,00 EUR,[6] im Falle ihres Vorversterbens ihren Abkömmlingen unter sich nach der gesetzlichen Erbregel erster Ordnung zahlt.
3. Der beurkundende Notar hat die Erschienenen darauf hingewiesen, dass der Erschienenen zu 2 und ihren Abkömmlingen aufgrund dieses Vertrages keine Pflichtteilsansprüche nach dem Wert des Unternehmens zustehen.[7]

Anmerkungen

1. Sachverhalt. Der Erblasser hat in einem Erbvertrag durch Einsetzung seines Sohnes als Alleinerbe bestimmt, dass insbesondere sein Unternehmen von der Person, die er zur Fortführung des Unternehmens am besten für geeignet hält, weitergeführt wird. Es entspricht regelmäßig einem Wunsch, dass das Betriebsvermögen nicht durch Pflichtteilsansprüche beeinträchtigt wird, insbesondere wenn der Erblasser nur über ein eher

geringes sonstiges Vermögen verfügt (zur Motivation der Beteiligten in diesen Fällen *Ebenroth/Fuhrmann* BB 1989, 2049). Die Erschienene zu 2 hätte im Erbfall einen Pflichtteilsanspruch gegen ihren zum Alleinerben eingesetzten Bruder, der wertmäßig einem Viertel des Reinnachlasses entspräche. Könnte der Sohn diesen Anspruch aus Eigenmitteln oder in absehbarer Zeit durch Entnahmen aus dem Unternehmen nicht erfüllen, wäre er unter Umständen zur Veräußerung des Betriebes – möglicherweise weit unter dessen tatsächlichem Wert – gezwungen. Dieses Ergebnis entspräche weder den Interessen der Beteiligten noch wäre die Zerschlagung derartiger Vermögenswerte volkswirtschaftlich sinnvoll. Von daher ist eine Lösung anzustreben, bei der die weiteren gesetzlichen Erben jegliche Berechtigung hinsichtlich des Unternehmens oder sogar des gesamten Nachlasses verlieren. Der Ausgleich kann entweder durch Zahlung einer Abfindung oder durch ein Vermächtnis erfolgen.

2. Zur **Form** des Pflichtteilsverzichtsvertrages → Form. I.II.6 Anm. 2.

3. Die Parteien haben einen gegenständlich beschränkten Pflichtteilsverzicht in der Weise vereinbart, dass **ein Inbegriff von Nachlassgegenständen in Form eines Unternehmens wertmäßig als nicht zum Nachlass zugehörig angesehen wird.** Ein solcher Verzicht wird allgemein als zulässig erachtet (*Vettel* NJW 1970, 773; *Jordan* RPfleger 1985, 7; MüKoBGB/*Wegerhoff* § 2346 Rn. 20; Palandt/*Weidlich* BGB § 2346 Rn. 15; Staudinger/*Schotten* BGB § 2346 Rn. 56; *Weirich* DNotZ 1986, 5 [11]). Der Pflichtteilsanspruch ist eine Geldforderung, so dass ein teilweiser Pflichtteilsverzicht eine Forderungsminderung begründet. Unerheblich ist, ob der Pflichtteilsanspruch unmittelbar vermindert wird oder mittelbar durch eine besondere Art der Bewertung, der sich der Pflichtteilsberechtigte unterwirft. Denkbar ist jede Beschränkung, die mit dem Charakter des Pflichtteilsanspruchs als einer Geldforderung zu vereinbaren ist. Dem wird entsprochen, wenn die Parteien in einem Pflichtteilsverzichtsvertrag vereinbaren, dass ein dem Erblasser gehörendes Unternehmen bei der Berechnung von Pflichtteilsansprüchen ganz unberücksichtigt bleibt oder eine Gesellschaftsbeteiligung nur mit dem Buchwert angesetzt wird (Soergel/*Damrau* BGB § 2346 Rn. 10; Staudinger/*Schotten* BGB § 2346 Rn. 50; *Weirich* DNotZ 1986, 5 [11]).

4. Ein gegenständlich beschränkter Pflichtteilsverzicht, wonach ein Unternehmen bei der späteren Berechnung von Pflichtteilsansprüchen wertmäßig aus dem Nachlass herausgenommen wird, ist **mit der Regelung in § 2311 Abs. 2 S. 2 BGB vereinbar.** Diese Vorschrift schließt zwar eine für die Berechnung des Pflichtteils getroffene Wertbestimmung des Erblassers als nicht maßgebend aus, doch gilt dies nur für einseitige Anordnungen. Vertragliche Vereinbarungen, welche Vermögensgegenstände der Berechnung zugrunde zu legen sind oder wie sie bei der späteren Nachlassteilung bewertet werden sollen, sind nicht ausgeschlossen. Die Bewertung erfolgt nicht einseitig durch den Erblasser (*Jordan* RPfleger 1985, 7; Staudinger/*Schotten* BGB § 2346 Rn. 50; *Weirich* DNotZ 1986, 5 [11]; *Vettel* NJW 1970, 743 f.). Die gegenteilige Auffassung (*Schopp* RPfleger 1984, 175 [178]), dass Wertfestsetzungen, die zwischen dem Erblasser und dem Pflichtteilsberechtigten vertraglich vereinbart werden, wegen des Übergewichts des Erblassers in gleicher Weise gemäß § 2311 Abs. 2 S. 2 BGB unwirksam seien, findet im Gesetz keine Stütze und widerspräche dem Grundsatz der Vertragsfreiheit (*Jordan* RPfleger 1985, 7 [8]; *Weirich* DNotZ 1986, 5 [11]).

5. Ein Pflichtteilsverzicht kann durch die Leistung der Abfindung aufschiebend oder auflösend bedingt gestaltet werden (MüKoBGB/*Wegerhoff* § 2346 Rn. 25). Ein **praktisches Problem** ist der **Nachweis des Bedingungseintritts**, da bis zur Erfüllung der Abfindungsleistung die aufschiebende Bedingung als noch nicht eingetreten gilt. Zur Vermeidung von Problemen beim Nachweis des Eintritts der Bedingung empfiehlt sich die Hinterlegung des Betrages auf einem Notaranderkonto. Eine Ausfertigung der Ver-

tragsurkunde darf erst nach Auszahlung des hinterlegten Betrages erteilt werden. Gegebenenfalls ist auch zu regeln, was geschehen soll, wenn lediglich Teilleistungen erbracht sind oder im Nachhinein auf Teile der Abfindung verzichtet wird. Bei der Vereinbarung des Verzichtsvertrages sollten die Beteiligten auf eine rechtssichere Dokumentation der Erfüllung hingewiesen werden sowie darauf, dass nach einem Verzicht auf die Abfindung ein möglichst notariell zu beurkundender Änderungsvertrag zu schließen wäre (J. Mayer/Süß/Tanck/Bittler/*Berkefeld* Handbuch Pflichtteilsrecht § 11 Rn. 9).

6. Ist der Erblasser an einer Handelsgesellschaft beteiligt, kommt als angemessene Gegenleistung für den Abschluss eines auf den Gesellschaftsanteil beschränkten Pflichtteilsverzichtsvertrages auch die lebzeitige **Einräumung** oder eine **vermächtnisweise Zuwendung einer Unterbeteiligung an dem Gesellschaftsanteil in Betracht,** insbesondere wenn der Erblasser nicht über genügend außerbetriebliches Vermögen für eine Abfindungszahlung in Geld verfügt (*Rüthers* AcP 168 (1968), 261 [281 ff.]; *Wendelstein* BB 1970, 735; *Zimmermann* BB 1969, 969).

7. Zu **Kosten und Gebühren** → Form. I.II.2 Anm. 10. Beim gegenständlich beschränkten Pflichtteilsverzicht ist nach § 102 Abs. 4, analog Abs. 3 GNotKG die Pflichtteilsquote lediglich aus dem Wert des betroffenen Gegenstands zu berechnen (*Diehn* Rn. 419). Wenn der Wert der Abfindung höher ist, ist dieser nach § 97 Abs. 3 GNotKG allein maßgeblich.

12. Pflichtteilsverzichtsvertrag gegen Abfindung mit einem zukünftigen Leistungsversprechen in Form eines erbvertraglichen Vermächtnisses

[Notarieller Urkundeneingang][1, 2]

Die Erschienenen erklären, einen Erb- und einen Pflichtteilsverzichtsvertrag durch mündliche Erklärung schließen zu wollen und bitten um Beurkundung ihrer Erklärungen wie folgt:

1. **Der Erschienene zu 1 ist verwitwet und Vater der Erschienenen zu 2 und 3. Sein Vermögen besteht im Wesentlichen aus seiner Beteiligung an der X-OHG, deren alleiniger Geschäftsführer er ist sowie einem in seinem Alleineigentum stehenden im Grundbuch von . . . . . . Blatt . . . . . . eingetragenen Grundstück . . . . . . Die Erschienene zu 3 ist an der Übernahme des Geschäftsanteils und an der Unternehmensführung nicht interessiert, während der Erschienene zu 2 über die erforderliche Qualifikation verfügt und in dem Unternehmen bereits seit Jahren erfolgreich als Prokurist tätig ist. Der Erschienene zu 1 hat der Erschienenen zu 3 ihr Kunststudium finanziert.**
2. **Der Erschienene zu 1 beruft deshalb zu seinem Alleinerben den Erschienenen zu 2. Sollte dieser nicht Alleinerbe werden können, soll ersatzweise der Sohn des Erschienenen zu 2, der ebenfalls ein Ingenieurstudium absolviert hat, Alleinerbe sein.**
3. **Der Erschienene zu 2 wird mit einem Vermächtnis zugunsten der Erschienenen zu 3 beschwert. Er ist verpflichtet, seiner Schwester binnen drei Monaten nach Eintritt des Erbfalls auf seine Kosten das oben bezeichnete Hausgrundstück ohne Gegenleistung aufzulassen und die Eigentumsumschreibung zu bewilligen.**[3]
4. **Die Erschienene zu 3 verzichtet im Gegenzug für sich und ihre Abkömmlinge gegenüber dem Erschienenen zu 1 auf ihr Pflichtteilsrecht beim Ableben ihres Vaters.**[4]
   Der Erschienene zu 1 nimmt den Pflichtteilsverzicht der Erschienenen zu 3 an.

5. Sollte dem Erschienenen zu 2 die Erfüllung des Vermächtnisses unmöglich sein oder sollte der Vermächtnisgegenstand erheblich an Wert verlieren (mindestens 50 % des am …… gutachterlich festgestellten Wertes), hat die Erschienene zu 3 das Recht, von dem Pflichtteilsverzichtsvertrag durch schriftliche Erklärung zurückzutreten und kann beim Ableben des Erschienenen zu 1 ihren Pflichtteil verlangen. Das soll auch gelten, wenn in der Sphäre des Erschienenen zu 1 sonstige Umstände einzutreten drohen, die den ungeschmälerten Erhalt des Vermächtnisgegenstandes in Frage stellen.[5]
6. Die Erschienenen nehmen alle vorstehenden Erklärungen mit erbvertraglicher Bindung gegenseitig an.[6]

Anmerkungen

1. Sachverhalt. Der Erblasser hat den Wunsch, dass allein der Sohn in den Genuss seiner Beteiligung an der offenen Handelsgesellschaft kommt und möchte sicherstellen, dass die entsprechende Rechtsnachfolge nicht durch Pflichtteilsansprüche der Tochter gestört wird, die an dem Unternehmen nicht interessiert ist.

2. Der Erbvertrag unterliegt gemäß § 2276 Abs. 1 BGB der **Beurkundungspflicht,** der Pflichtteilsverzichtsvertrag gemäß § 2348 BGB (→ Form. I.II.6 Anm. 2).

3. Die **Abfindung** für einen Pflichtteilsverzicht kann auch in einer **Zuwendung von Todes wegen** bestehen (BayObLG FamRZ 1995, 964 [965]; *Ebenroth/Fuhrmann* BB 1989, 2049 [2050]). Die erbvertragliche Zuwendung eines Vermächtnisses durch den Erblasser an seine Tochter stellt die Gegenleistung für deren Pflichtteilsverzicht dar.

4. Die Tochter verzichtet für das ihr bindend durch Erbvertrag zugewendete Vermächtnis für sich und ihre Abkömmlinge auf ihr Pflichtteilsrecht. Der **Pflichtteilsverzicht** ist **gegenständlich** insoweit **beschränkt,** als die Verzichtende statt des schuldrechtlichen Geldanspruchs aus dem Pflichtteilsrecht, der gemäß § 2317 Abs. 1 BGB mit dem Erbfall entsteht, einen **schuldrechtlichen Vermächtnisanspruch auf Übereignung des Hausgrundstücks** aus § 2174 BGB erwirbt (*Ebenroth/Fuhrmann* BB 1989, 2049 [2051]). Dieser Anspruch entsteht ebenfalls mit dem Erbfall, § 2176 BGB. Die Erschienene zu 3 hat sich damit einverstanden erklärt, dass ihr das als Vermächtnis zugewandte Hausgrundstück binnen drei Monaten nach dem Erbfall von dem Alleinerben übertragen wird.

5. Zwischen Vertragsschluss und Erbfall sind erhebliche **Wertveränderungen im Vermögen des Erblassers denkbar.** Dieser kann sich beispielsweise wegen entstandener Kosten für Pflegeleistungen veranlasst gesehen haben, das Grundstück zu veräußern oder dessen Wert kann aus unvorhersehbaren Gründen erheblich sinken. Für derartige Fälle sollte der Vermächtnisnehmerin eine Lösungsmöglichkeit vom Vertrag eingeräumt werden. Alternativ oder hilfsweise käme die Zuwendung eines Geldvermächtnisses in Betracht. Das würde aber voraussetzen, dass sich im Nachlass entsprechende Werte befinden, wovon nicht sicher ausgegangen werden kann.

Die erbvertragliche Zuwendung eines Vermächtnisses durch den Erblasser und der Verzichtsvertrag können durch eine aufschiebende Bedingung derart miteinander verknüpft werden, dass die Erfüllung des als Gegenleistung zugewendeten Vermächtnisses tatsächlich erfolgt. Werden entsprechende Vereinbarungen nicht getroffen, könnte sich der Bedachte nicht mit der Begründung von seinem Verzicht lösen, der vermachte Gegenstand gehöre bei Eintritt des Erbfalls nicht mehr zum Nachlass. Veränderungen im Vermögen des Erblassers zwischen dem Zeitpunkt der Verzichtserklärung und dem Erbfall liegen im Bereich des – vorhersehbar – Möglichen und werden vom Risikocharakter des Geschäfts umfasst. Der Verzichtende hat deshalb bei entsprechenden Fehlvorstellungen weder ein Recht zur Anfechtung wegen Irrtums gemäß § 119 BGB noch kann er sich unter den Voraussetzungen des

Wegfalls der Geschäftsgrundlage vom Verzichtsvertrag lösen (BayObLG FamRZ 1995, 964 [966]; Soergel/*Damrau* BGB § 2346 Rn. 20).

Der Erblasser kann auch einer familienfremden Person im Wege der Alleinerbschaft eine Unternehmensbeteiligung oder ein Unternehmen zuwenden und sie mit einem Vermächtnis zugunsten eines pflichtteilsberechtigten Abkömmlings belasten, während er einen weiteren Abkömmling enterbt. Hat der als Vermächtnisnehmer bedachte Abkömmling im Gegenzug auf sein Pflichtteilsrecht verzichtet, ist eine Kürzung des Vermächtnisses zur wertverhältnismäßigen Verteilung der Pflichtteilslast aufgrund der Regelung des § 2318 Abs. 1 BGB zu vermeiden. Das kann durch eine Abbedingung der Vorschrift geschehen, indem eine anteilsmäßige Kürzung des Vermächtnisses aufgrund von Pflichtteilsansprüchen nicht statthaft sein soll, sofern der Wert des Vermächtnisses im Zeitpunkt des Erbfalls den Wert des fiktiven Pflichtteils des verzichtenden Vermächtnisnehmers nicht übersteigt. § 2318 Abs. 2 BGB findet Anwendung (*Ebenroth/Fuhrmann* BB 1989, 2049 [2060]).

6. **Zu Kosten und Gebühren** → Form. I.II.2 Anm. 10. Jeder Pflichtteilsverzicht ist ein gesonderter Beurkundungsgegenstand, § 86 GNotKG und daher zum Wert des Erbvertrages (§ 102 Abs. 1 GNotKG) hinzuzurechnen. Die 2,0-Gebühr nach Nr. 21100 KV GNotKG ist aus der Wertsumme zu erheben. Das Vermächtnis wird neben der Verfügung über den ganzen Nachlass nicht gesondert bewertet.

13. Persönlich beschränkter Pflichtteilsverzicht verbunden mit einem erbvertraglich vereinbarten Vermächtnis

[Notarieller Urkundeneingang][1, 2]

Die Erschienenen erklären, einen Erb- und Pflichtteilsverzichtsvertrag durch mündliche Erklärung schließen zu wollen und bitten um Beurkundung ihrer Erklärungen wie folgt:

1. **Die Erschienenen zu 1 und 2 sind – jeweils in zweiter Ehe – im gesetzlichen Güterstand miteinander verheiratet. Aus ihrer Ehe sind die Erschienenen zu 3 und 4 als einzige Kinder hervorgegangen. Die Erschienenen zu 1 und 2 verfügen jeder für sich über ein erhebliches Vermögen und unterliegen keiner Bindung durch frühere Verfügungen von Todes wegen. Sie behalten sich vor, über ihren jeweiligen Nachlass frei und ggf. auch zugunsten familienfremder Personen und Institutionen zu verfügen.**
2. **Dies zugrunde legend verzichten die Erschienenen zu 3 und 4 hiermit für sich und ihre Abkömmlinge jeweils persönlich beschränkt gegenüber dem Erstversterbenden ihrer Eltern, den Erschienenen zu 1 und 2, auf sämtliche Pflichtteilsrechte, soweit sie sich gegen den Längstlebenden der Erschienenen zu 1 und 2 richten.[3]**
   Das gesetzliche Erbrecht der Erschienenen zu 3 und 4 bleibt bestehen.
3. **Sollte der Erstversterbende der Erschienenen zu 1 und 2 von mehreren Personen beerbt werden, wird dem Längstlebenden von beiden vermächtnisweise das Recht eingeräumt, im Innenverhältnis der Miterben eine Freistellung von einer Beteiligung an der Pflichtteilslast zu verlangen. In diesem Fall verringert sich eine eventuelle Pflichtteilsforderung der Erschienenen zu 3 und 4 um den Betrag, der im Verhältnis der Miterben zueinander auf den Längstlebenden der Erschienenen zu 1 und 2 entfällt.[4]**
4. **Die Anordnung des unter Ziffer 3 angeordneten Vermächtnisses wird in erbvertraglicher Weise mit entsprechender Bindungswirkung vereinbart. Die Erschienenen zu 1 und 2 nehmen die Erklärung des jeweils anderen als erbvertraglich bindend gegenseitig an. Ein vertragliches Rücktrittsrecht will sich keiner von ihnen vorbehalten. Auch soll kein Ersatzvermächtnisnehmer entgegen jeder anderslautenden gesetzlichen oder richterlichen Auslegungs- oder Vermutungsregel benannt werden.**

Der beurkundende Notar hat die Erschienenen zu 1 und 2 darüber belehrt, dass sie diese erbvertragliche Verfügung nur gemeinsam aufheben oder ändern können und dass das nach dem Tode des Erstversterbenden von beiden nicht mehr möglich ist.[5]

5. **Die Erschienenen zu 1 und 2 nehmen die Pflichtteilsverzichtserklärungen der Erschienenen zu 3 und 4 hiermit an.[6]**

Anmerkungen

1. Sachverhalt. Die Eheleute und Eltern der Erschienenen zu 3 und 4 sind wirtschaftlich unabhängig. Sie möchten in der Testierfreiheit über ihr jeweiliges Vermögen soweit wie möglich nicht beschränkt sein. Ihnen soll auch die Möglichkeit eröffnet sein, durch letztwillige Verfügung familienfremde Personen oder soziale Einrichtungen zu begünstigen, aber auch, sich wechselseitig zu Allein- oder Miterben einzusetzen. Sollten beim ersten Erbfall die Kinder der Eheleute nicht Erben werden, könnten sie einen Pflichtteilsanspruch nach dem Tod des erstversterbenden Elternteils auch gegen den Willen des überlebenden Elternteils geltend machen. Der geschlossene Pflichtteilsverzicht dient dem Schutz des längerlebenden Elternteils und soll weder Geschwistern des Verzichtenden noch anderen Personen zugutekommen.

2. Der Pflichtteilsverzichtsvertrag ist gemäß § 2348 BGB (→ Form. I.II.6 Anm. 2), der Erbvertrag gemäß § 2276 Abs. 1 BGB **notariell zu beurkunden.**

3. Von dem vorliegend vereinbarten Pflichtteilsverzicht werden nur solche Pflichtteilsansprüche erfasst, die sich gegen eine bestimmte Person – hier den längerlebenden Ehegatten – richten. Der Pflichtteilsanspruch unterliegt als Geldanspruch nicht dem erbrechtlichen Typenzwang, so dass er nach allgemeiner Auffassung auf beliebige Weise beschränkt werden kann, sofern dies mit dem Charakter des Pflichtteilsanspruchs als Geldforderung vereinbar ist (*J. Mayer* ZEV 2000, 263; MüKoBGB/*Wegerhoff* § 2346 Rn. 20; *Spanke* ZEV 2012, 345 [346]). Gegen die Zulässigkeit eines sog. **persönlich beschränkten Pflichtteilsverzichts** bestehen keine Bedenken, weil das Rechtsgeschäft nicht gegen übergeordnete Wertungen verstößt. Belastungen dritter Personen, die sich als Einschränkung ihrer Begünstigung oder lediglich als Reflex darstellen, sind grundsätzlich hinzunehmen (BGH ZEV 2011, 258; *Spanke* ZEV 2012, 347). So wäre ein Beschenkter iSv § 2329 Abs. 1 S. 1 BGB in seinem Vertrauen, nur subsidiär nach dem Erben zu haften, nicht schutzwürdig. Für ihn besteht immer eine latente Gefahr, über § 2329 Abs. 1 BGB in Anspruch genommen zu werden. Erstreckt sich ein Verzichtsvertrag auf den Pflichtteilsergänzungsanspruch aus § 2329 Abs. 1 BGB mit der Folge, dass Pflichtteilsergänzungsansprüche ausschließlich gegen den oder die Erben geltend gemacht werden können, ändert sich an deren rechtlicher oder wirtschaftlicher Position grundsätzlich nichts. Sie wären auch sonst nach § 2325 Abs. 1 BGB vor dem Beschenkten in Anspruch zu nehmen.

Kommt es nach dem Tod des Erstversterbenden zu einer Erbengemeinschaft unter Beteiligung des Verzichtsbegünstigten, so würden die Miterben für Nachlassverbindlichkeiten und damit auch für Pflichtteilsansprüche gemäß § 2058 BGB als Gesamtschuldner haften. Aufgrund des vereinbarten persönlichen Verzichts könnte der Verzichtsbegünstigte von dem Pflichtteilsberechtigten zwar nicht direkt in Anspruch genommen, aber über einen Gesamtschuldnerausgleich gemäß § 426 Abs. 1 BGB mit der Schuld belastet werden, von der er durch den Verzicht gerade befreit werden soll (*Spanke* ZEV 2012, 345 [348]). In der Rechtsprechung ist jedoch anerkannt, dass ein Gesamtschuldner, dem im Außenverhältnis eine Verbindlichkeit erlassen wird, auch von seiner Haftung im Innenverhältnis befreit ist, sog. beschränkte Gesamtwirkung (BGH NJW 2000, 1942 [1943]; *Spanke* ZEV 2012, 345 [348]). Deshalb kann auch der Verzichtsbegünstigte

aufgrund der Vereinbarungen von der aus dem Innenverhältnis begründeten Haftung aus § 426 Abs. 1 BGB gegenüber den anderen Gesamtschuldnern befreit werden. Der den Pflichtteilsverzichtsvertrag schließende Gesamtschuldner wird damit gegenüber dem Gläubiger aus dem Pflichtteilsanspruch frei. Die **Anwendung der Grundsätze der beschränkten Gesamtwirkung auf den persönlich beschränkten Pflichtteilsverzicht** setzt voraus, dass dieser sich als eine Abrede zwischen dem Erblasser und dem Verzichtenden über eine Haftungsfreistellung und – zumindest auch – als ein echter Vertrag „zugunsten eines Dritten", nämlich des oder der anderen Miterben, darstellt. Nur unter dieser Prämisse könnten die anderen Miterben berechtigt sein, in ihrem Verhältnis zum Pflichtteilsberechtigten den Einwand aus dem nach § 425 BGB sonst für sie unmaßgeblichen Verhältnis zwischen Pflichtteilsberechtigten und Verzichtsbegünstigten zu erheben (*Spanke* ZEV 2012, 345 [349]). Dem entspricht regelmäßig die Interessenlage der an einen persönlich beschränkten Pflichtteilsverzicht beteiligten Person, weil der Verzichtsbegünstigte weder direkt noch über den Umweg des Gesamtschuldnerausgleichs mit Pflichtteilsansprüchen belastet werden soll. Andererseits wäre es mit den Wertungen des Gesetzgebers nicht vereinbar, dass die Pflichtteilslast in voller Höhe auf die übrigen Miterben als Gesamtschuldner abgewälzt würde (*Spanke* ZEV 2012, 345 [349]). Im Ergebnis muss dies dazu führen, dass der Pflichtteilsberechtigte den anderen Miterben nur anteilig in Anspruch nehmen kann.

4. Sollte es beim ersten Erbfall zu einer Erbengemeinschaft kommen, sollte dem überlebenden Ehegatten vorsorglich durch **Vermächtnis** ein **Anspruch auf Freistellung von der Pflichtteilslast im Innenverhältnis der Miterben zugewendet** werden, schon weil die in → Anm. 3 befürwortete Anwendung der Grundsätze der beschränkten Gesamtwirkung auf den persönlich beschränkten Pflichtteilsverzicht bisher in der Rechtsprechung nicht geklärt ist.

5. Die Anordnung wird **in erbvertraglicher Weise vereinbart.** Dadurch wird der Gefahr einer einseitigen Aufhebung des Vermächtnisses Rechnung getragen. Da auch der Pflichtteilsverzichtsvertrag notariell beurkundet werden muss, ergeben sich aus dem Formerfordernis für den Erbvertrag gemäß § 2276 Abs. 1 BGB keine Probleme.

6. Zu **Kosten und Gebühren** → Form. I.II.2 Anm. 10. Als Geschäftswert sind die Werte der Pflichtteilsverzichtsverträge jedes Kindes (§ 102 Abs. 4 GNotKG) und des Freistellungsvermächtnisses (§ 102 Abs. 3 GNotKG) zu addieren. Alle Bedingungen spielen für die Wertermittlung keine Rolle. Das Freistellungsvermächtnis ist mit dem höchstmöglichen Wert anzusetzen, also mit 50 % des Pflichtteilsanspruchs.

14. Vereinbarung der Stundung eines Pflichtteilsanspruchs

[Notarieller Urkundeneingang][1]

1. **Die Erschienenen zu 1 und 2 haben am . . . . . vor dem beurkundenden Notar ein gemeinschaftliches Testament (UR-Nr. . . . . .) errichtet, in dem sie sich gegenseitig zu Alleinerben des Erstversterbenden und den Erschienenen zu 3, ihren einzigen Abkömmling, zum Schlusserben des zuletzt Versterbenden eingesetzt haben.**
2. **Der Erschienene zu 3 erklärt sich gegenüber den Erschienenen zu 1 und 2 damit einverstanden, dass sein zukünftiger Pflichtteilsanspruch am Nachlass des Erstversterbenden seiner Eltern nicht sofort fällig, sondern bis zum Tod des letztversterbenden Elternteils zinslos gestundet wird.[2] Er verzichtet auf eine Wertsicherung oder eine Sicherung der Zahlungsverpflichtung.[3]**

Die Erschienenen zu 1 und 2 nehmen diesen insoweit beschränkten Pflichtteilsverzicht des Erschienenen zu 3 an.

3. **Der beurkundende Notar hat die Erschienenen darauf hingewiesen, dass durch die Stundung das gesetzliche Pflichtteilsrecht des Erschienen zu 3 und das seiner Abkömmlinge am Nachlass des erstversterbenden Elternteiles eingeschränkt wird und beim Tod des zuletzt Versterbenden nicht mehr durchsetzbar sein kann.**[4]

Anmerkungen

1. Zur **Beurkundungspflicht** → Form. I.II.2 Anm. 2, → Form. I.II.6 Anm. 2.

2. Ein beschränkter Pflichtteilsverzicht ist in jeder Weise möglich, die mit dem Charakter des Pflichtteilsanspruchs als Geldforderung zu vereinbaren ist. Deshalb kann auch eine **Stundung oder eine Zahlung in Raten vereinbart werden** (*Damrau* BB 1970, 467 [469]; Erman/*Simon* BGB § 2346 Rn. 7; MüKoBGB/*Lange* § 2331a Rn. 1; Staudinger/*Schotten* BGB § 2346 Rn. 53; *Weirich* DNotZ 1986, 5 [11]). Alternativ könnte eine Stundung vor dem Erbfall auch wirksam durch einen Vertrag unter den zukünftigen Pflichtteilsberechtigten gemäß § 311a Abs. 5 BGB vereinbart werden, der ebenfalls der notariellen Beurkundung bedarf, § 311b Abs. 5 S. 2 BGB (*Klingelhöffer* ZEV 1998, 121 [122]).

Oftmals entspricht es dem Wunsch von Eheleuten, dass dem Überlebenden von ihnen der Nachlass ungeschmälert zufällt, wenn beispielsweise der Überlebende nur geringe Rentenzahlungen erhält und trotzdem einen weitgehend unbeschwerten Lebensabend genießen soll.

Die gesetzliche Möglichkeit einer Stundung des Pflichtteilsanspruchs in § 2331a BGB ist im Vergleich zu der Stundung des Zugewinnausgleichsanspruchs in § 1382 BGB unter strengeren Voraussetzungen möglich. Eine Stundung ist allen Erben eröffnet. Weitere Voraussetzung ist, dass die sofortige Erfüllung des gesamten Anspruchs wegen der Art der Nachlassgegenstände eine „unbillige Härte" wäre. Es bedarf aber immer einer angemessenen Berücksichtigung der Interessen des Pflichtteilsberechtigten. Wegen dieser engen Voraussetzungen ist eine Vereinbarung von Stundungen des Pflichtteilsanspruchs oder von Ratenzahlungen durch einen beschränkten Pflichtteilsverzicht sinnvoll. Die anfängliche Stundung schiebt die Fälligkeit und damit den Verjährungsbeginn gemäß § 199 Abs. 1 BGB hinaus. Sie fällt nicht unter den Hemmungstatbestand des § 205 BGB (Palandt/*Ellenberger* BGB § 205 Rn. 2).

3. Soll jegliche finanzielle Belastung des überlebenden Ehegatten verhindert werden, muss die Auszahlung des Pflichtteilsanspruchs auf sein Ableben hinaus verzögert werden. Der Sache nach handelt es sich um einen **zeitlich beschränkten Pflichtteilsverzicht.** Dieser unterbricht die kurze regelmäßige dreijährige Verjährung des Pflichtteilsanspruchs und bietet einen erbschaftsteuerlichen Vorteil (*J. Mayer* ZEV 2000, 263 [266]). Der Abkömmling kann den Erbschaftsteuerfreibetrag nach dem Tod des Erstversterbenden in Anspruch nehmen, während der überlebende Ehegatte umgekehrt den Pflichtteilsanspruch als Nachlassverbindlichkeit bei der Bemessung einer eventuellen Erbschaftsteuer in Abzug bringen darf. Dadurch wird die Steuerprogression im zweiten Erbfall vermindert und die Inanspruchnahme der Freibeträge gegenüber beiden Elternteilen ermöglicht.

Für den Abkömmling besteht ohne Wertsicherung und Sicherstellung der Zahlung ein Risiko, dass sich der Pflichtteilsanspruch nach dem Tod des Letztversterbenden nicht mehr realisieren lässt. Deshalb sind dazu sorgfältige Belehrungsvermerke in die Urkunde aufzunehmen (*J. Mayer* ZEV 2000, 263 [265]).

4. Zu **Kosten und Gebühren** → Form. I.II.2 Anm. 10. Nur bei gegenständlich beschränkten Pflichtteilsverzichtsverträgen kommt in analoger Anwendung von § 102

Abs. 3 GNotKG in Betracht, auf den Wert der betroffenen Gegenstände abzustellen. Im Übrigen ist jeder Pflichtteilsverzicht nach § 102 Abs. 4 GNotKG zu bewerten, also mit der Pflichtteilsquote vom modifizierten Reinvermögen. Eine Teilwertbildung auf der Basis dieses Wertes hat der Gesetzgeber nicht vorgesehen. Auch wenn der Pflichtteilsverzichtsvertrag nur eine Modifikation des gesetzlichen Anspruchs umfasst, ist er mit dem vollen sich aus § 102 Abs. 4 GNotKG ergebenden Wert anzusetzen.

15. Aufhebungsvertrag gemäß § 2351 BGB

[Notarieller Urkundeneingang][1, 2]

I. Die Erschienenen zu 1 und 2 haben am ...... vor dem beurkundenden Notar zur UR-Nr. ..... einen Erbverzichtsvertrag geschlossen. Darin hat der Erschienene zu 2 für sich und seine Abkömmlinge auf sein gesetzliches Erbrecht gegen Zahlung einer Abfindung in Höhe von 100.000,00 EUR verzichtet. Grund für diese Vereinbarung war, dass der Erschienene zu 2 nach dem Tod seiner Mutter den Kontakt zu dem Erschienenen zu 1, seinem Vater, abbrach, nachdem dieser sich einer anderen Frau zugewandt hatte. Der Erschienene zu 2 lebte damals auch in sehr guten wirtschaftlichen Verhältnissen. Das Verhältnis der Erschienenen ist jedoch in den letzten Monaten wieder von großer Herzlichkeit geprägt. Das gilt auch im Verhältnis zu der neuen Lebensgefährtin des Erschienenen zu 1.

II. Im Hinblick darauf erklären die Erschienenen Folgendes:

1. **Wir heben den am ...... geschlossenen Erbverzichtsvertrag auf.**[3]
2. **Der Aufhebungsvertrag steht unter der auflösenden Bedingung, dass der Erschienene zu 2 die erhaltene Abfindung in Höhe von 100.000,00 EUR bis zum ...... an den Erschienenen zu 1 zurückzahlt.**[4]
3. **Der beurkundende Notar wies die Erschienenen darauf hin, dass aufgrund des geschlossenen Aufhebungsvertrages auch das gesetzliche Erbrecht der Abkömmlinge**[5] **des Erschienenen zu 2 wieder auflebt.**[6, 7]

Anmerkungen

1. Sachverhalt. Zum Zeitpunkt des Abschlusses des Erbverzichtsvertrages war das Verhältnis zwischen Vater und Sohn belastet, nachdem sich der Vater nach dem Tode seiner Ehefrau und Mutter des Erschienenen zu 1 einer neuen Lebensgefährtin zugewandt hatte. Zwischenzeitlich haben sich die persönlichen Verhältnisse gebessert, insbesondere auch das Verhältnis des Sohnes zu der Lebensgefährtin. Vor diesem Hintergrund soll der Sohn wieder am Nachlass seines Vaters beteiligt werden, ebenso seine Abkömmlinge. Der Sohn soll im Gegenzug die geleistete Abfindung zurückzahlen.

2. Ebenso wie der Erbverzichtsvertrag bedarf der **Aufhebungsvertrag der notariellen Beurkundung** gemäß § 2348 BGB (MüKoBGB/*Wegerhoff* § 2351 Rn. 4). Wollen die Beteiligten zunächst nur eine Verpflichtung zur Aufhebung des Erbverzichts begründen, bedarf diese ebenfalls der Form des § 2348 BGB (Bamberger/Roth/*Litzenburger* BGB § 2351 Rn. 2).

3. Ein Erbverzicht kann durch Vertrag zwischen dem Erblasser und dem Verzichtenden **jederzeit wieder aufgehoben** werden (BGH BGHZ 77, 264 [269] = NJW 1980, 2307 [2308]; MüKoBGB/*Wegerhoff* § 2351 Rn. 1). Die Aufhebung des Erbverzichts ist

nur bis zum Tode des Erblassers möglich (OLG Koblenz NJW-RR 1993, 708 [709] = FamRZ 1993, 1498 [1499]; Palandt/*Weidlich* BGB § 2351 Rn. 2). Die Vereinbarung muss bis zum Tode des Erblassers nicht nur geschlossen, sondern bis zu diesem Zeitpunkt auch wirksam geworden sein. Ein Erbverzichtsvertrag entfaltet bereits vor dem Erbfall Bindungswirkung. Er lässt sich einseitig weder durch eine letztwillige Verfügung noch durch einen Widerruf beseitigen (BGH BGHZ 30, 261 [267]). Die Parteien eines Erbverzichtsvertrages haben die Möglichkeit, ihn nachträglich unter den Voraussetzungen des § 2351 BGB wieder aufzuheben. Die Vorschrift ist auf alle Erbverzichtsverträge anzuwenden, auch auf den Zuwendungsverzicht gemäß § 2352 BGB (Bamberger/Roth/*Litzenburger* BGB § 2351 Rn. 1; *Jackschath* MittRhNotK 1977, 117 [123]; aM *Kipp/Coing* § 82 V). Möglich ist auch eine nur teilweise Aufhebung des Erbverzichtsvertrages, sofern dadurch keine Rechtslage geschaffen wird, die den sich aus dem Prinzip des Typenzwangs ergebenden zwingenden erbrechtlichen Vorschriften widerspräche. Das wäre beispielsweise bei einer Erbschaft an einzelnen Nachlassgegenständen der Fall.

Da der Erbverzichtsvertrag ein erbrechtliches abstraktes Verfügungsgeschäft ist, finden auch die §§ 346 ff. BGB, die nur für schuldrechtliche Verträge gelten, keine Anwendung (Soergel/*Damrau* BGB § 2346 Rn. 5; Staudinger/*Schotten* BGB § 2346 Rn. 111), ebenso die §§ 2293 ff. BGB. Diese Vorschriften eröffnen dem Erblasser unter gewissen Voraussetzungen die Möglichkeit, von einem Erbvertrag zurückzutreten. Der Erbverzichtsvertrag ist jedoch – anders als der Erbvertrag – keine Verfügung von Todes wegen, sondern ein Rechtsgeschäft unter Lebenden. Sonstige gesetzliche Bestimmungen, die einen Rücktritt begründen könnten, gibt es nicht, so dass ein Rücktritt von einem Erbverzichtsvertrag ebenfalls ausgeschlossen ist (Staudinger/*Schotten* BGB § 2346 Rn. 111). Der Erbverzicht kann auch nicht unter dem Vorbehalt eines Widerrufs oder eines Rücktritts vereinbart werden (MüKoBGB/*Wegerhoff* § 2346 Rn. 30; Palandt/*Weidlich* BGB § 2346 Rn. 5; Staudinger/*Schotten* BGB § 2346 Rn. 111 mwN), wohingegen die Vertragsparteien für das schuldrechtliche Kausalgeschäft einen Rücktrittsvorbehalt vereinbaren können (BayObLG BayObLGZ 1957, 292 [294] = NJW 1958, 344 [345]; Soergel/*Damrau* BGB § 2346 Rn. 5). Tritt der Verzichtende vom Kausalgeschäft zum abstrakten Erbverzicht zurück, wandelt sich der Vertrag in ein Abwicklungs- und Rückgewährschuldverhältnis um. Ist der Erbverzicht bereits erklärt, führt der Rücktritt vom Kausalgeschäft nicht ohne weiteres zur Beseitigung des Verzichts. Dem Verzichtenden steht jedoch gemäß § 346 BGB ein Anspruch auf Aufhebung des Erbverzichtsvertrages zu (MüKoBGB/*Wegerhoff* § 2346 Rn. 23; Palandt/*Weidlich* BGB § 2346 Rn. 8; Staudinger/*Schotten* BGB § 2346 Rn. 165). Ein unzulässiger rechtsgeschäftlich vereinbarter Widerruf oder ein Rücktritt vom Erbverzicht kann dahin umgedeutet werden, dass der Verzichtsvertrag auflösend bedingt ist durch den als solchen zulässigen Rücktritt vom Kausalgeschäft (BayObLG BayObLGZ 1957, 292 [294] = NJW 1958, 344 [345]; *Haegele* RPfleger 1968, 247 [250]; Staudinger/*Schotten* BGB § 2346 Rn. 112). Erklärt der Erblasser einen unzulässigen einseitigen Widerruf des Verzichtsvertrages, kann seine Erklärung, sofern die Erfordernisse für eine letztwillige Verfügung gegeben sind, in eine solche des Inhalts umgedeutet werden, dass dem Verzichtenden dasjenige zugewendet sein soll, worauf er verzichtet hat. Das Pflichtteilsrecht eines durch den Verzicht Nächstberufenen wird dadurch nicht berührt (MüKoBGB/*Wegerhoff* § 2351 Rn. 2).

Der Aufhebungsvertrag führt zur Wiederherstellung des früheren Zustandes. Er beseitigt den Erbverzicht, als sei dieser nie erfolgt (Staudinger/*Schotten* BGB § 2346 Rn. 100; Palandt/*Weidlich* BGB § 2351 Rn. 3). Der Verzichtende wird auch wieder pflichtteilsberechtigt (BGH BGHZ 77, 264 [270] = NJW 1980, 2307 [2308]; LG Aachen FamRZ 1996, 61 [62]; Palandt/*Weidlich* BGB § 2351 Rn. 3). Ein Vertragserbe, der vor einer Schmälerung seines Erwerbs aus dem Nachlass infolge von Pflichtteilsergänzungsansprüchen durch einen ergänzend geschlossenen Pflichtteilsverzicht mit dem Pflichtteilsberechtigten

geschützt werden soll, muss einen Vertrag zur Aufhebung des Pflichtteilsverzichts als einem Rechtsgeschäft unter Lebenden und seine Folgen nach § 2286 BGB hinnehmen. Selbst wenn die Aufhebung des Pflichtteilsverzichts ohne Gegenleistung erfolgt, begründet sie keine Ansprüche aus § 2287 Abs. 1 BGB (*Kanzleiter* DNotZ 2009, 86 [90]). In Ausnahmefällen kann einem Pflichtteilsberechtigten die Berufung auf die Wirksamkeit der Aufhebung des Pflichtteilsverzichts nach den Grundsätzen von Treu und Glauben gemäß § 242 BGB versagt sein (*Schindler* DNotZ 2004, 824 [836]; *Kanzleiter* DNotZ 2009, 86 [91]). Hat der Vertragserbe ein berechtigtes und vom Erblasser anerkanntes Interesse, vor Pflichtteilsansprüchen geschützt zu werden, sollte beim Abschluss des Erbvertrages über ergänzende oder andere Gestaltungen nachgedacht werden (*Schindler* DNotZ 2004, 824 [835 ff.]; *J. Mayer* ZEV 2005, 176 [177]).

Neben einer Aufhebung des Erbverzichts durch Vertrag gemäß § 2351 BGB **kommt** zur Beseitigung der Rechtswirkungen **auch eine Anfechtung in Betracht.** Da der Erbverzicht ein Rechtsgeschäft unter Lebenden auf den Todesfall ist, richtet sich die Anfechtung wegen Irrtums, Drohung oder Arglist nach den §§ 119, 123 BGB (allg[11]: OLG Koblenz NJW-RR 1993, 708 = FamRZ 1993, 1498 [1499]; Soergel/*Damrau* BGB § 2346 Rn. 20; MüKoBGB/*Wegerhoff* § 2346 Rn. 4). Die Vorschriften der §§ 2078, 2281 BGB finden keine Anwendung, so dass ein Motivirrtum iSv § 2078 Abs. 2 BGB unbeachtlich ist (Soergel/*Damrau* BGB § 2346 Rn. 20). Während die Anfechtung nach § 119 Abs. 1 BGB wegen eines Inhalts- oder Erklärungsirrtums immer möglich ist, scheidet eine Anfechtung nach § 119 Abs. 2 BGB aus. Die in § 119 Abs. 2 BGB genannten Eigenschaften gehören nicht zum Inhalt eines abstrakten Verzichtsvertrages (Staudinger/*Schotten* BGB § 2346 Rn. 104; *Pentz* MDR 1999, 785; einschränkend Soergel/*Damrau* BGB § 2346 Rn. 20).

Nach herrschender Meinung ist eine **Anfechtung** des Erbverzichts **nur zu Lebzeiten des Erblassers möglich** (BayObLG ZEV 2006, 209 mit abl. Anm. *Leipold* ZEV 2006, 212; OLG Celle ZEV 2004, 156 [157, 158] m. abl. Anm. *Damrau*; OLG Düsseldorf FamRZ 1998, 704 [705]; OLG Koblenz NJW-RR 1993, 708 [709] = FamRZ 1993, 1498 [1499]; OLG Schleswig ZEV 1998, 28, [30, 33] m. abl. Anm. *Mankowski*; Palandt/*Weidlich* BGB § 2351 Rn. 2; *Lange/Kuchinke* § 7 IV 3; aA Soergel/*Damrau* BGB § 2346 Rn. 20; *Horn* ZEV 2010, 295). Dafür spricht, dass die Erbfolge mit dem Tod des Erblassers auf einer festen Grundlage stehen muss und grundsätzlich nicht nach beliebig langer Zeit wieder geändert werden darf.

Zur Anfechtung **berechtigt** ist **der Verzichtende.** Ob auch der **Erblasser** den Erbverzicht unter den Voraussetzungen der §§ 119, 123 BGB anfechten kann, **ist umstritten.** Gegen eine Anfechtungsberechtigung des Erblassers wird zum Teil eingewandt, er könne dem Verzichtenden auf einfachere Weise, etwa durch eine Verfügung von Todes wegen, das zuwenden, worauf jener verzichtet habe (so *Kipp/Coing* § 82 IV). Aus diesem Grund fehle dem Erblasser das Rechtsschutzinteresse für die Anfechtung des Erbverzichts. Richtigerweise ist aber ein Bedürfnis für eine Anfechtungsmöglichkeit des Erblassers anzuerkennen, weil sich die Anfechtung des Verzichts und die begünstigende Verfügung nicht nur wegen der durch einen Erbverzicht verursachten Erhöhung der Erb- und Pflichtteilsquote der anderen gesetzlichen Erben unterscheiden, sondern auch wegen einer bereits gewährten Abfindung. Der Erblasser kann zudem daran gehindert sein, eine entsprechende Verfügung von Todes wegen – beispielsweise aufgrund zwischenzeitlich eingetretener Testierunfähigkeit oder aufgrund der Bindung durch einen Erbvertrag oder durch ein gemeinschaftliches Testament – wirksam zu errichten (Palandt/*Weidlich* BGB § 2346 Rn. 18; Staudinger/*Schotten* BGB § 2346 Rn. 107 mwN).

Im Fall einer wirksamen Anfechtung ist der Erbverzicht gemäß § 142 Abs. 1 BGB nichtig. Der Verzichtende bzw. der Erblasser erhält diejenige Rechtsstellung, die er vor dem Abschluss des Erbverzichtsvertrages hatte. Sowohl der Verzichtende als auch der Erblasser können die Nichtigkeit des Erbverzichtsvertrages zu Lebzeiten des Erblassers im

Wege der Feststellungsklage geltend machen (Soergel/*Damrau* BGB § 2346 Rn. 20; *Mattern* BWNotZ 1962, 229 [240]).

In Einzelfällen kommt eine **Anpassung des Verzichts nach den Grundsätzen des Wegfalls der Geschäftsgrundlage** in Betracht. Zu berücksichtigen sind die Besonderheiten des Erbverzichts und dessen Risikocharakter. Veränderungen in der Vermögenslage des Erblassers zwischen dem Zeitpunkt des Abschlusses des Erbverzichts und dem des Eintritts des Erbfalls sind unbeachtlich (BayObLG FamRZ 1995, 964 [966]). Der Erblasser ist auch nicht berechtigt, eine Abfindung von dem Erben des Verzichtenden zurückzufordern, wenn dieser vor dem Erblasser stirbt.

4. In der **Aufhebung des Erbverzichts** liegt regelmäßig eine **Aufhebung des Grundgeschäfts,** wenn der Erbverzicht gegen Zahlung einer Abfindung erklärt worden ist. Die Abfindung ist gemäß § 812 Abs. 1 S. 2 Alt. 1 BGB zurückzugewähren (MüKoBGB/*Wegerhoff* § 2351 Rn. 7; Bamberger/Roth/*Litzenburger* BGB § 2351 Rn. 9; aA Soergel/*Damrau* BGB § 2351 Rn. 5). Liegt dem Erbverzichtsvertrag kein gegenseitiger Vertrag als schuldrechtliches Kausalgeschäft zugrunde, ist die Abfindung gemäß § 812 Abs. 1. S. 2 Alt. 2 BGB zurückzuerstatten (MüKoBGB/*Wegerhoff* § 2351 Rn. 7). Die Parteien können die Einzelheiten, wann und in welcher Höhe die Abfindung dem Erblasser erstattet werden soll, vertraglich regeln. Der Anspruch des Erblassers ergibt sich dann unmittelbar aus dem Vertrag. Dieser kann auf die Rückforderung einer für die Erklärung des Erbverzichts gezahlten Abfindung auch verzichten (unentgeltlicher Aufhebungsvertrag; Staudinger/*Schotten* BGB § 2346 Rn. 194).

5. Der Aufhebungsvertrag kann **ohne Mitwirkung der Abkömmlinge des Verzichtenden,** auf die sich der Verzicht nach § 2349 BGB erstreckt hat, **geschlossen werden** (MüKoBGB/*Wegerhoff* § 2351 Rn. 2; Palandt/*Weidlich* BGB § 2351 Rn. 1; *Haegele* RPfleger 1968, 247 [250]). Die Abkömmlinge sind nicht in der Lage, die benachteiligenden Wirkungen im Einvernehmen mit dem Erblasser aufzuheben.

6. Steuern. Die Rückzahlung der Abfindung führt nicht gemäß § 29 Abs. 1 Nr. 1 ErbStG zu einem Erlöschen der für die Abfindung gezahlten Erbschaftsteuer mit Wirkung für die Vergangenheit, da es sich um eine einvernehmliche Aufhebung der ausgeführten Zuwendung handelt. Etwas anderes ergibt sich nur dann, wenn die Rückzahlung der Abfindung bereits im Erbverzichtsvertrag geregelt war (TGJG/*Jülicher* ErbStG § 29 Rn. 8).

7. Kosten und Gebühren. → Form. I.II.2 Anm. 10, jedoch mit der Abweichung, dass der Gebührensatz für den Aufhebungsvertrag nach Nr. 21102 KV GNotKG nur 1,0 beträgt.

16. Verzicht auf eine Zuwendung aus einem gemeinschaftlichen Testament

[Notarieller Urkundeneingang][1, 2]

1. Der Erschienene zu 1 hat mit seiner am ...... verstorbenen Ehefrau und Mutter seines einzigen Sohnes, des Erschienenen zu 2, ein gemeinschaftliches Testament errichtet. Darin haben die Eheleute ihren Sohn zum Schlusserben des Letztversterbenden eingesetzt. Der Erschienene zu 1 ist aufgrund seines Alters und seiner körperlichen Verfassung nicht mehr in der Lage, sich selbst zu versorgen und bedarf der ständigen Anwesenheit einer zur umfänglichen Betreuung bereiten Person. Die erforderliche Pflege wird seit mehreren Jahren von seiner Lebensgefährtin, die deshalb zu ihm

gezogen ist und ihre eigene Wohnung aufgegeben hat, geleistet. Sie erhält dafür als Gegenleistung zwar monatliche Zahlungen, doch möchte der Erschienene zu 1 ihr zusätzlich ein Geldvermächtnis in Höhe von 100.000,00 EUR zuwenden. Daran ist er durch die eingetretene Bindung aus dem gemeinschaftlichen Testament gehindert.[3]

2. **Der Erschienene zu 2 verzichtet aufgrund der dargelegten Umstände auf das ihm nach dem gemeinschaftlichen Testament seiner Eltern zustehende Erbrecht insoweit, als hierdurch die Wirksamkeit der von dem Erschienenen zu 1 beabsichtigten Vermächtnisanordnung verhindert würde.[4] Der Verzicht steht unter der Bedingung, dass die Lebensgefährtin Vermächtnisnehmerin im vom Erschienenen zu 1 gewünschten Umfang wird.[5]**
   Der Erschienene zu 1 nimmt den Verzicht an.[6]
3. **Der beurkundende Notar hat die Erschienenen darauf hingewiesen, dass sich der Verzicht des Erschienenen zu 2 auch auf dessen Abkömmlinge erstreckt.[7] Die Erschienenen erklärten daraufhin, dass dies ihrem ausdrücklichen Wunsch entspricht.[8, 9]**

Anmerkungen

1. Sachverhalt. Der Ehemann hatte mit seiner vorverstorbenen Ehefrau ein gemeinschaftliches Testament errichtet. Beide haben den einzigen Sohn zum Schlusserben des Längstlebenden eingesetzt, so dass dem überlebenden Ehegatten die Möglichkeit insoweit abweichender letztwilliger Verfügungen verwehrt ist. Dies ist nur unter Mitwirkung des Begünstigten selbst möglich. Vorliegend soll seine Alleinerbenstellung nicht vollständig aufgehoben, sondern nur der Wert des Nachlasses geschmälert werden dürfen, indem der Vater seiner pflegenden Lebensgefährtin ein Geldvermächtnis aussetzen darf.

Bei einem wirksam errichteten gemeinschaftlichen Testament tritt die Bindung an wechselbezügliche Verfügungen mit dem Tod des erstversterbenden Ehegatten ein. In diesem Zeitpunkt erlischt gemäß § 2271 Abs. 2 BGB das Widerrufsrecht des überlebenden Ehegatten. Trifft der überlebende Ehegatte später Verfügungen, sind diese unwirksam, soweit sie der Bindung widersprechen. Er kann deshalb wirksam auch keine Vermächtnisse anordnen (BGH NJW 1978, 423), außer wenn dies dem Willen beider Erblasser entsprach und dieser Wille in dem gemeinschaftlichen Testament zum Ausdruck gekommen ist (Erman/*S. Kappler*/*T. Kappler* BGB § 2271 Rn. 7). Davon ist hier nicht auszugehen. Nach ganz überwiegender Auffassung ist der überlebende Ehegatte ohne eine ausdrückliche Bestimmung im gemeinschaftlichen Testament nicht befugt, den durch eine wechselbezügliche Verfügung Bedachten durch eine Vermächtnisanordnung zu beschweren. Das gilt selbst dann, wenn das Vermächtnis eine Dankesschuld gegenüber langjährigen Angestellten, Lebensgefährten oder Familienangehörigen einlösen soll und das Vermächtnis in einem angemessenen Rahmen bleibt (BGH NJW 1978, 423; einschränkend MüKoBGB/*Musielak* § 2271 Rn. 18, der in begründeten Ausnahmefällen eine Ermächtigung im Wege ergänzender Testamentsauslegung für möglich hält; aA Soergel/*M. Wolf* BGB § 2271 Rn. 25).

2. Hinsichtlich des **Formerfordernisses** verweist § 2352 S. 3 BGB auf **§ 2348 BGB.** Zur Wirksamkeit bedarf es der notariellen Beurkundung des Zuwendungsverzichtsvertrages. Ebenso wie bei einem Erb- und Pflichtteilsverzicht können Angebot und Annahmeerklärung in zwei getrennten Urkunden beurkundet werden. Auf die Verschaffung eines rechtlichen Vorteils iSv § 7 BeurkG gerichtet und damit unwirksam ist ein Zuwendungsverzicht, wenn die die Zuwendung enthaltene letztwillige Verfügung ihrerseits wirksam ist (OLG Düsseldorf BeckRS 2013, 21115 = ZEV 2014, 102).

3. Der Erblasser kann seine – beschränkte – Testierfreiheit nur wiedererlangen, wenn der in dem gemeinschaftlichen Testament als Schlusserbe begünstigte Sohn einen Zuwendungsverzicht iSv § 2352 BGB erklärt. Die praktische Bedeutung von Zuwendungsverzichtsverträgen betrifft die Fälle, in denen der Widerruf oder die Aufhebung einer letztwilligen Verfügung ausgeschlossen ist, so wenn der Erblasser mit seinem vorverstorbenen Ehegatten ein **gemeinschaftliches Testament errichtet** oder einen **Erbvertrag geschlossen** hatte und **nach dem Tod des Erstversterbenden wegen der nunmehr eingetretenen Bindungswirkung die Verfügung nicht mehr gemäß §§ 2253 ff., 2271 BGB einseitig widerrufen kann,** eine Aufhebung erbvertraglicher Verfügungen gemäß §§ 2290 ff. BGB ausscheidet, weil der Vertragspartner zwischenzeitlich verstorben ist oder wenn der Erblasser aufgrund eingetretener Geschäftsunfähigkeit am Widerruf gemäß § 2347 Abs. 2 S. 2 BGB gehindert ist. § 2352 S. 1 BGB regelt den Verzicht auf Zuwendungen, die in einem Testament angeordnet worden sind. Aufgrund der Möglichkeit, Einzeltestamente frei zu widerrufen, beschränkt sich die praktische Bedeutung auf testamentarische Zuwendungen, wenn ein Widerruf des Testamentes nicht mehr möglich oder unzweckmäßig ist. § 2352 S. 2 BGB regelt den Verzicht auf vertragsmäßige Zuwendungen, die in einem Erbvertrag einem Dritten gemacht worden sind. Ein erbvertraglich bedachter Dritter kann durch Vertrag mit dem Erblasser auf die vertragsmäßige Zuwendung verzichten. Die praktische Bedeutung, einen solchen Zuwendungsverzichtsvertrag schließen zu können, ergibt sich schon daraus, dass ein in einem Erbvertrag begünstigter Dritter hinsichtlich der ihm gemachten Zuwendungen von dem Erblasser keine Aufhebung des Erbvertrages verlangen kann. Als Dritter ist er nicht Vertragspartei (Staudinger/*Schotten* BGB § 2352 Rn. 23).

Die Regelung des **§ 2352 S. 3 BGB verweist ua auf § 2347 BGB,** Der Erblasser kann gemäß § 2352 S. 3 iVm § 2347 Abs. 2 S. 1 Hs. 1 BGB einen solchen Vertrag nur persönlich schließen, während sich der Verzichtende vertreten lassen kann (zu den persönlichen Anforderungen und zur Vertretung → Form. I.II.3 Anm. 2). Gegenstand eines Zuwendungsverzichtsvertrages können nur eine Erbeinsetzung oder ein Vermächtnis sein, das auf einer Verfügung von Todes wegen beruht. Auf gesetzlich angeordnete Vermächtnisse wie den Voraus des Ehegatten gemäß § 1932 BGB oder den Dreißigsten gemäß § 1969 BGB kann nicht verzichtet werden (Burandt/Rojahn/*Große-Boymann* BGB § 2352 Rn. 3). Unzulässig ist auch ein Verzicht auf eine zukünftige Zuwendung (BGH BGHZ 30, 261 [267]; BayObLG RPfleger 1987, 374; *J. Mayer* ZEV 1996, 128).

Umstritten ist, ob auf eine Begünstigung aus einer Auflage gemäß § 1940 BGB verzichtet werden kann, § 2352 BGB analog. Obwohl praktisch ein Bedürfnis zur Aufhebung einer Auflage bejaht werden könnte, wenn bestimmte Personen die Vollziehung einer Auflage verlangen können, §§ 2294 Abs. 1, 2208 Abs. 2, 2223 BGB, spricht gegen eine solche Möglichkeit, dass in § 2352 BGB ausdrücklich nur die Erbeinsetzung und das Vermächtnis erwähnt sind und die Auflage keine Zuwendung an einen Berechtigten darstellt (im Ergebnis ebenso MüKoBGB/*Wegerhoff* § 2352 Rn. 4; Bamberger/Roth/*Litzenburger* BGB § 2352 Rn. 2; *J. Mayer* ZEV 1996, 127; AK-BGB/*Teubner* § 2352 Rn. 2; aA Staudinger/*Schotten* BGB § 2352 Rn. 3; Soergel/*Damrau* BGB § 2352 Rn. 1; *Lange/Kuchinke* § 7 II 3 Fn. 57).

Ebenso wie der Verzicht auf das gesetzliche Erbrecht zu Lebzeiten des Erblassers aufgehoben werden kann, ist eine **Aufhebung des Zuwendungsverzichts analog § 2351 BGB durch Vertrag möglich** (BGH ZEV 2008, 237 [238, 240] m. abl. Anm. *Kornexl*; Staudinger/*Schotten* BGB § 2352 Rn. 50; Palandt/*Weidlich* BGB § 2352 Rn. 6; Erman/*Simon* BGB § 2352 Rn. 5; aA *Kornexl* Zuwendungsverzicht Rn. 554 ff.; *Kipp/Coing* § 82 Abs. 5 S. 2).

4. Der Zuwendungsverzicht kann auch **beschränkt erklärt werden.** Deshalb ist es dem nach dem Tod seiner Ehefrau gebundenen Erblasser möglich, mit seinem als Schlusserben

eingesetzten Sohn notariell zu vereinbaren, dass diesem durch letztwillige Verfügung eine Beschränkung in Form eines Geldvermächtnisses auferlegt werden darf (Staudinger/*Schotten* BGB § 2352 Rn. 13). Zulässig ist neben einem Teilverzicht auch der Verzicht auf einen ideellen Bruchteil der Erbschaft (Palandt/*Weidlich* BGB § 2352 Rn. 2), während ein gegenständlich beschränkter Zuwendungsverzicht ausgeschlossen ist (Reimann/Bengel/*Mayer* Testament und Erbvertrag Teil D Rn. 32).

5. Nach dem übereinstimmenden Willen der Parteien des Zuwendungsverzichtsvertrages soll der Verzicht nur zugunsten der Lebensgefährtin des Erblassers wirken. Sie haben dies zum Vertragsinhalt gemacht. Der Zuwendungsverzicht ist **aufschiebend bedingt** und gilt nur dann, wenn die Lebensgefährtin als Begünstigte anstelle des insoweit verzichtenden Sohnes auch tatsächlich Vermächtnisnehmerin wird (vgl. BGH NJW 1974, 43 = DNotZ 1974, 231; MüKoBGB/*Wegerhoff* § 2352 Rn. 5).

Die Auslegungsregeln des § 2350 BGB finden auf den Zuwendungsverzicht nach überwiegender Auffassung keine Anwendung (Bamberger/Roth/*Litzenburger* BGB § 2352 Rn. 9; MüKoBGB/*Wegerhoff* § 2352 Rn. 5; *Jackschath* MittRhNotK 1977, 117 ff.; für eine analoge Anwendung von § 2350 Abs. 1 BGB OLG Hamm OLGZ 1982, 272 [275] = MDR 1982, 320 und Soergel/*Damrau* BGB § 2352 Rn. 2; darüber hinausgehend bejaht Staudinger/*Schotten* BGB § 2352 Rn. 18 auch eine analoge Anwendung von § 2350 Abs. 2 BGB). Eine entsprechende Begünstigung muss deshalb zum Inhalt eines Zuwendungsverzichts gemacht werden.

6. Der Zuwendungsverzicht verhindert den Anfall der Erbschaft. Er **bewirkt nicht die Aufhebung der vom Verzicht betroffenen Verfügung von Todes wegen.** Der Anfall der Zuwendung (Erbeinsetzung, Vermächtnis) an den Verzichtenden wird in der Weise verhindert, wie wenn der Verzichtende den Erbfall nicht erlebt hätte (MüKoBGB/*Wegerhoff* § 2352 Rn. 12; Staudinger/*Schotten* BGB § 2352 Rn. 28). Bei einem gemeinschaftlichen Testament oder einem Erbvertrag erlangt der Erblasser durch den Verzicht seine Testierfreiheit nicht zurück, wenn ein Ersatzerbe gemäß § 2096 BGB oder ein Ersatzvermächtnisnehmer gemäß § 2190 BGB bestimmt sind. In diesem Fall bewirkt der Wegfall des Verzichtenden, dass die Erbschaft dem Ersatzerben sogleich anfällt bzw. der Ersatzvermächtnisnehmer berechtigt ist, die Erfüllung des Vermächtnisses zu verlangen.

7. Der Zuwendungsverzicht eines Abkömmlings oder eines Seitenverwandten des Erblassers **erstreckt sich im Zweifel auf die Abkömmlinge des Verzichtenden.** § 2352 S. 3 BGB verweist auch auf § 2349 BGB. Nach dem Willen des Gesetzgebers soll dadurch die praktische Bedeutung des Zuwendungsverzichtsvertrages gesteigert und dieser als Gestaltungsinstrument auf eine sichere Grundlage gestellt werden (*Keim* RNotZ 2009, 574 geht davon aus, dass der Zuwendungsverzicht damit zu einem praxistauglichen Gestaltungsmittel wird, um vor allem dem durch eine wechselbezügliche Verfügung gebundenen überlebenden Ehepartner mit Einverständnis der Kinder seine Testierfreiheit zurückgeben zu können). An der Erstreckungswirkung des Zuwendungsverzichts auf Abkömmlinge wird auch Kritik geäußert (*Mattes/Lutz* BWNotZ 2011, 178 ff.; *Klinck* ZEV 209, 533 [537 f.], weil schützenswerte Interessen des Abkömmlings und desjenigen, dessen Vertrauen durch die Bindung des Erblassers an die fragliche Zuwendung geschützt werde, außer Acht gelassen würden. Da § 2349 BGB jedoch keine Auslegungsregel, sondern eine Dispositivnorm ist (Palandt/*Weidlich* BGB § 2352 Rn. 5), bei der die Erstreckungswirkung unabhängig vom Willen der Verzichtenden eintritt, ist dieses Ergebnis hinzunehmen (*Keim* RNotZ 2009, 574 [575]; aA *Mattes/Lutz* BWNotZ 2011, 178 [182]). Hinzu kommt, dass dies nur gilt, soweit nicht ein anderes bestimmt ist, § 2349 Hs. 2 BGB. Nur wenn in dem Vertrag über den Zuwendungsverzicht jeglicher Hinweis fehlt, dass sich die Wirkung des Verzichts nicht auf die Abkömmlinge erstrecken soll, bleibt regelmäßig für eine gegenteilige Auslegung kein Raum. Anders ist es, wenn sich aus

dem Inhalt der Urkunde selbst ergibt, dass die Vertragsparteien bei Vertragsschluss, bspw. aufgrund einer entsprechenden notariellen Belehrung, die in der Urkunde ihren Niederschlag gefunden hat, davon ausgingen, dass sich der Zuwendungsverzicht nicht auf die Abkömmlinge erstreckt (OLG Düsseldorf FGPrax 2016, 275). Deshalb muss der Berater im Einzelfall genau prüfen, ob sich die Wirkung des Zuwendungsverzichtes auf die Abkömmlinge erstrecken soll (*Keim* RNotZ 209, 574 [577]), anderenfalls die sonst eintretende Rechtsfolge des § 2349 BGB nur durch eine ausdrückliche Anordnung vermieden werden kann. Andererseits schadet es nicht, wenn die Erstreckungswirkung in der notariellen Urkunde ausdrücklich erklärt wird.

Nach dem eindeutigen Wortlaut des § 2349 BGB gilt die Vorschrift nicht für den Zuwendungsverzicht von Eltern und Ehegatten. In diesen Fällen ist weiterhin ein eigener Verzicht der Abkömmlinge erforderlich (*Keim* RNotZ 2009, 574 [575]). Ein gesonderter Verzicht muss auch von bindend eingesetzten Ersatzerben erklärt werden, die nicht Abkömmlinge des verzichtenden Kindes sind, wie beispielsweise als Ersatzerben bedachte Schwiegerkinder und Geschwister. Sonst tritt die Wirkung des § 2349 BGB grundsätzlich auch im Fall einer ausdrücklichen Ersatzerbenberufung ein. Der Verweis auf § 2349 BGB in § 2352 S. 3 BGB soll Zweifel beseitigen. Der Erblasser hat in dem Zuwendungsverzichtsvertrag die Möglichkeit der Klarstellung (*Herzog/Lindner* Die Erbrechtsreform 2010 Rn. 570; nach Damrau/Tanck/*Kurze* BGB § 2352 Rn. 20 soll bei gemeinschaftlichen Testamenten § 2349 BGB aus Gründen des Vertrauensschutzes für Erbfälle bis zum 31.12.2009 nur angewandt werden, wenn eine ergänzende Auslegung des Testaments ergebe, dass der zuerst verstorbene Ehegatte mit der Rechtsfolge einverstanden gewesen wäre. Das ist was aber mit dem Wortlaut der Regelung nicht vereinbar). Es ist deshalb weiterhin sinnvoll, bereits in der Verfügung von Todes wegen selbst zu regeln, dass Ersatzberufungen, die sich nicht bereits aufgrund eines Änderungsvorbehaltes korrigieren lassen, auflösend bedingt angeordnet sind oder ersatzlos wegfallen, wenn der Erstberufene durch einen Zuwendungsverzicht auf die Zuwendung verzichtet (MüKoBGB/*Wegerhoff* § 2352 Rn. 14).

8. Steuern. Siehe die Ausführungen unter → Form. I.II.2 Anm. 9, → Form. I.II.4 Anm. 7.

9. Zu **Kosten und Gebühren** → Form. I.II.2 Anm. 10. Auch bei der Wertermittlung für einen Zuwendungsverzichtsvertrag gelten nach § 104 Abs. 4 S. 1 GNotKG die Grundsätze des modifizierten Reinvermögens nach § 102 Abs. 1 GNotKG entsprechend. Der teilweise Zuwendungsverzicht insoweit, als die anderweitige Zuwendung eines Vermächtnisses gestattet wird, ist ein Fall von § 102 Abs. 4 S. 1 Alt. 2 GNotKG („soweit der Zuwendungsverzicht ein Vermächtnis betrifft"). Maßgeblich ist deshalb nach § 102 Abs. 3 GNotKG der Wert des Vermächtnisses.

17. Verzicht auf ein erbvertraglich zugewendetes Erbrecht

[Notarieller Urkundeneingang][1, 2]

1. Die Erschienene zu 1 hat mit ihrem verstorbenen Ehemann am . . . . . . einen Erbvertrag geschlossen (UR-Nr. . . . . .). Aufgrund der in dem Erbvertrag bindend angeordneten Erbfolge ist sie seine Alleinerbin geworden. Nach den erbvertraglich ebenfalls bindenden Verfügungen sind bei Eintritt des Schlusserbfalls Miterben zu je ein halb die Söhne der Erschienenen zu 1, Herr . . . . . . und Herr . . . . . ., der Erschienene zu 2 bestimmt. Der zweite Sohn . . . . . . ist kurz nach seinem Vater[3] unverheiratet und kinderlos verstorben, wodurch sein Anteil dem Erschienenen zu 2

anwachsen wird. Der Erschienene zu 2 hat zwei noch minderjährige Kinder, denen die Erschienene zu 1 besonders zugetan ist und deren spätere berufliche Entwicklung sie finanziell fördern möchte. Die Erschienene zu 1 beabsichtigt, testamentarisch ihre Enkel als Erben einzusetzen und hat deshalb den Erschienenen zu 2 gebeten, auf das ihm zugewendete Erbrecht zu verzichten.[4]

2. Der Erschienene zu 2 akzeptiert diesen Wunsch seiner Mutter und verzichtet deshalb auf alle Erb- und Pflichtteilsansprüche aus dem Nachlass der Erschienenen zu 1 für jetzt und alle Zukunft.[5] Der Verzicht erstreckt sich ausdrücklich nicht auf die Abkömmlinge des Erschienenen zu 2 und steht unter der aufschiebenden Bedingung, dass seine Kinder auch die alleinigen Erben der Erschienenen zu 1 werden.[6]
Die Erschienene zu 1 nimmt diesen Verzicht an.[7]

Anmerkungen

1. Ein Erbvertrag kann gemäß § 2290 BGB von den Vertragsschließenden jederzeit aufgehoben werden. Die **praktische Bedeutung** eines Zuwendungsverzichts ist deshalb beim Erbvertrag **auf die Fälle beschränkt, in denen ein Vertragspartner verstorben oder zur Aufhebung des Erbvertrages nicht bereit ist** (MüKoBGB/*Wegerhoff* § 2352 Rn. 2). Der Zuwendungsverzicht erstreckt sich nach § 2352 S. 3 BGB iVm § 2349 BGB auch auf die Abkömmlinge des verzichtenden Abkömmlings. Ob eine Erstreckungswirkung auf die Abkömmlinge tatsächlich gewünscht ist, muss der Berater im Einzelfall genau ergründen und sollte in der Urkunde in jedem Fall klargestellt werden.

2. Der Zuwendungsverzichtsvertrag ist **notariell zu beurkunden,** § 2352 S. 3 BGB iVm § 2348 BGB; → Form. I.II.2 Anm. 2.

3. Der Zuwendungsverzichtsvertrag zwischen dem Erblasser und dem bedachten Dritten ist nicht davon abhängig, dass der Vertragspartner des Erbvertrages zustimmt oder noch am Leben ist (Staudinger/*Schotten* BGB § 2352 Rn. 24; Soergel/*Damrau* BGB § 2352 Rn. 3).

4. Der in einem gegenseitigen Erbvertrag neben seinem verstorbenen Bruder als Schlusserbe eingesetzte überlebende Sohn kann in einem Zuwendungsverzichtsvertrag mit dem überlebenden Elternteil, hier seiner Mutter, auf die Erbeinsetzung nach dieser verzichten (vgl. MüKoBGB/*Wegerhoff* § 2352 Rn. 9). Nach dem Wortlaut des § 2352 S. 2 BGB kann ein Verzicht auf Zuwendungen aus einem Erbvertrag nur zwischen dem Erblasser und dem begünstigten Dritten vereinbart werden. Dritter kann weder der Erblasser selbst noch der Vertragspartner des Erbvertrages sein (Palandt/*Weidlich* BGB § 2352 Rn. 3), so dass bei einem **Erbvertrag zwischen zwei Personen,** die keine Zuwendungen an Dritte gemacht haben, ein Verzicht auf die vertragsmäßige Zuwendung ausscheidet (OLG Hamm RPfleger 1977, 208 = DNotZ 1977, 751; Staudinger/*Schotten* BGB § 2352 Rn. 24).

Bei einem **Erbvertrag, der zwischen mehr als zwei Personen geschlossen worden ist,** besteht ein Bedürfnis, einen Verzichtsvertrag auch zwischen dem Erblasser und dem bedachten Vertragspartner zuzulassen. Die Aufhebung einer lediglich zugunsten eines einzelnen Vertragspartners getroffenen Zuwendung hinge sonst von der Mitwirkung sämtlicher Vertragspartner ab und wäre bei fehlender Mitwirkung auch nur eines Vertragspartners ausgeschlossen. Die überwiegende Auffassung geht deshalb zu Recht davon aus, dass der Bedachte dann „Dritter" im Sinne vom § 2352 S. 2 BGB ist, wenn an dem Erbvertrag mehr als zwei Personen beteiligt sind, so dass die Mitwirkung sämtlicher Vertragspartner bei der Aufhebung der lediglich zugunsten eines einzelnen Vertragspartners getroffenen Zuwendung nicht erforderlich ist. Dies gilt nicht nur bei einer bloßen

formellen Mitunterzeichnung, sondern auch materiell-rechtlich (OLG Hamm BeckRS 2012, 02501 = ZEV 2012, 266 [267]; Bamberger/Roth/*Litzenburger* BGB § 2352 Rn. 12; Staudinger/*Schotten* BGB § 2352 Rn. 25 ff.; MüKoBGB/*Wegerhoff* § 2352 Rn. 8; aA OLG Celle NJW 1959, 1923; Erman/*Simon* BGB § 2352 Rn. 2).

Bei einer im Erbvertrag enthaltenen Zuwendung ist danach zu differenzieren, ob es sich um eine vertragsmäßige begünstigende Verfügung im Sinne von § 2278 Abs. 1 BGB oder um eine einseitige im Sinne von § 2299 Abs. 1 BGB handelt. Für einseitige begünstigende Verfügungen in einem Erbvertrag sind gemäß § 2299 Abs. 2 S. 1 BGB die Vorschriften über testamentarische Zuwendungen anzuwenden, so dass die Einschränkung in § 2352 S. 2 BGB für sie nicht gilt (MüKoBGB/*Wegerhoff* § 2352 Rn. 10; Erman/*Simon* BGB § 2352 Rn. 1). Auf einseitige Verfügungen ist § 2352 S. 1 BGB anzuwenden.

5. Der **Verzicht auf eine Zuwendung** in einer letztwilligen Verfügung **erstreckt sich in der Regel nicht auf das gesetzliche Erb- und Pflichtteilsrecht** (BGH DNotZ 1972, 500; OLG Frankfurt FamRZ 1994, 197; Erman/*Simon* BGB § 2352 Rn. 8). Ist ein gänzlicher Wegfall der zukünftigen Erbenstellung beabsichtigt, dh der Verzichtende soll nicht nur auf die Zuwendungen aus der letztwilligen Verfügung verzichten, die im Zeitpunkt der Erklärung des Verzichts bestanden, sondern auf sein gesetzliches Erb- und Pflichtteilsrecht insgesamt, muss das im Verzichtsvertrag deutlich zum Ausdruck gebracht werden, beispielsweise durch die hier gewählte Vertragsgestaltung.

6. Der Zuwendungsverzichtsvertrag enthält eine **andere Bestimmung iSv § 2352 S. 3 iVm § 2349 Hs. 2 BGB,** so dass eine Erstreckung auf die Abkömmlinge des Verzichtenden ausgeschlossen ist. Er steht zudem unter der aufschiebenden Bedingung, dass die Kinder des Erschienenen zu 2 auch wirklich Erben ihrer Großmutter werden (→ Form. I.II.14 Anm. 5).

7. Zu **Kosten und Gebühren** → Form. I.II.2 Anm. 10. Auch bei der Wertermittlung für einen Zuwendungsverzichtsvertrag gelten nach § 104 Abs. 4 S. 1 GNotKG die Grundsätze des modifizierten Reinvermögens nach § 102 Abs. 1 GNotKG entsprechend.

III. Lebzeitige Übertragung

1. Checkliste: Lebzeitige Übertragung

- ❒ Vertragstyp bei Zuwendung innerhalb der Familie (Ausstattung, ehebedingte Zuwendung, Schenkung)[1]
- ❒ Grundsätzlich Rückabwicklungsvorbehalt[2]
- ❒ Entgegenstehende Verfügung von Todes wegen[3]
- ❒ Folgen für den Zugewinnausgleich[4]
- ❒ Erbrechtliche Folgen (Pflichtteilsanrechnung, Pflichtteilsergänzung Dritter, Erbausgleichung)[5]
- ❒ Volljährigkeit des Begünstigten[6]
- ❒ Gegenleistungen und ihre dingliche Absicherung[7]
- ❒ Zeitpunkt des Übergangs der Nutzungsmöglichkeit und dinglichen Berechtigung[8]
- ❒ Landesrechtliche Sondervorschriften zum Leibgeding[9]
- ❒ Schenkungsteuerliche Folgen[10]

Anmerkungen

1. Schenkung, Ausstattung oder ehebedingte Zuwendung. Innerhalb des engeren Familienkreises stehen verschiedene Vertragstypen (vgl. Überblick bei → Form. I.III.2 Anm. 4) für unentgeltliche bzw. teilunentgeltliche Zuwendungsverträge zur Verfügung, die sich in ihren Voraussetzungen und Rechtsfolgen unterscheiden. Pflichtteilsergänzungsansprüche werden beispielsweise durch Schenkungen ausgelöst, nicht aber durch Ausstattungen (→ Form. I.III.2 Anm. 6). Der notariellen Beurkundung bedarf das Schenkungsversprechen, wohingegen das Ausstattungsversprechen formlos wirksam ist (→ Form. I.VI Anm. 2). Die Vertragsgestaltung setzt voraus, dass zunächst der anwendbare Vertragstyp bestimmt und anschließend gegebenenfalls erforderliche Anpassungen vorgenommen werden.

2. Rückabwicklungsvorbehalt. Grundsätzlich jeder Zuwendungsvertrag sollte einen vertraglichen Rückabwicklungsvorbehalt vorsehen, der es dem Zuwender erlaubt, auf unerwartete künftige Ereignisse, etwa das Vorversterben des Zuwendungsempfängers, angemessen zu reagieren. Je nach Interessenlage kann die Rückabwicklung im Rahmen eines Widerrufs (→ Form. I.III.3 §§ 6 und 7) mit für den Begünstigten schonenden Rechtsfolgen des Bereicherungsrechts oder im Rahmen eines Rücktritts mit schärferen Rückgabeverpflichtungen ausgestaltet werden (→ Form. I.III.2 §§ 6 und 7). Zu beachten ist allerdings, dass ein Rückabwicklungsvorbehalt, ggf. in Verbindung mit weiteren Einflussnahmemöglichkeiten des Zuwenders auf den Zuwendungsempfänger die ertrag- und schenkungsteuerlichen Folgen der Zuwendung beeinflussen kann (→ Anm. 10).

3. Entgegenstehende Verfügung von Todes wegen (§ 2287 BGB). Beeinträchtigt eine lebzeitige Schenkung oder ehebedingte Zuwendung eine bindend gewordene Verfügung von Todes wegen, kann der beeinträchtigte Erbe gemäß § 2287 BGB nach dem Tod des Erblassers Bereicherungsansprüche gegen den Zuwendungsempfänger geltend machen. Bis zu seinem Tod unterliegt der Erblasser keinen Beschränkungen seiner Verfügungsfreiheit, § 2286 BGB. Die **Bereicherungsansprüche** eines Erben oder Vermächtnisnehmers gegen den Zuwendungsempfänger setzen voraus, dass der Erbe oder Vermächtnisnehmer durch die Zuwendung objektiv beeinträchtigt wurde und der Erblasser in Beeinträchti-

gungsabsicht gehandelt hat. Diese wird bei objektiver Beeinträchtigung vermutet, wenn der Zuwendungsempfänger nicht ein **lebzeitiges Eigeninteresse** des Erblassers an der Zuwendung nachweisen kann. Ein solches rechtfertigendes Eigeninteresse besteht in einem Zuwendungsmotiv, das auch der beeinträchtigte Erbe oder Vermächtnisnehmer gelten lassen muss, insbesondere also die Sicherung oder Verbesserung der Altersversorgung des Erblassers beispielsweise durch eine Pflegeperson oder eine sittliche Dankesschuld des Erblassers (BGHZ 116, 167 = NJW 1992, 564). Eine Beeinträchtigung eines Vermächtnisnehmers kann nur durch ein lebzeitiges Eigeninteresse gerechtfertigt sein, wenn sich dieses gerade auf den Vermächtnisgegenstand richtete und auf anderem Wege nicht hätte verwirklicht werden können (BGH NJW-RR 1998, 577 = ZEV 1998, 68).

Soweit eine bindend gewordene Verfügung von Todes wegen der lebzeitigen Zuwendung entgegen steht, sollte im Interesse des Zuwendungsempfängers in den Zuwendungsvertrag aufgenommen werden, welches lebzeitige Eigeninteresse den Erblasser zu der Zuwendung veranlasst.

4. Folgen für den Zugewinnausgleich. Nach § 1380 Abs. 1 BGB hat sich ein Ehegatte oder eingetragener Lebenspartner grundsätzlich Zuwendungen des anderen Partners auf den Zugewinnausgleichsanspruch **anrechnen** zu lassen. Dies gilt nicht nur, wenn dies ausdrücklich angeordnet wurde, sondern nach § 1380 Abs. 1 S. 2 BGB im Zweifel immer, wenn die Zuwendung aufgrund ihres Werts nicht mehr als Gelegenheitsgeschenk anzusehen ist (Nieder/Kössinger/*Nieder* 1. Teil § 2 Rn. 326). Zweifeln zum Ob und zur Höhe einer Anrechnungspflicht sollte durch ausdrückliche Regelung vorgebeugt werden (→ Form. I.III.5).

Erfolgt die Zuwendung an einen Ehegatten oder eingetragenen Lebenspartner im Rahmen einer Schenkung oder Ausstattung **mit Rücksicht auf sein künftiges Erbrecht**, so ist der Wert der Zuwendung gemäß § 1374 Abs. 2 BGB unter Abzug der Verbindlichkeiten dem Anfangsvermögen zuzurechnen. Dabei bereitet die Bewertung laufender Gegenleistungen, insbesondere in Fällen von Pflegeleistungen, Leibrenten, Nießbrauchs- und Wohnrechten, vielfach Schwierigkeiten und wird nach der Entscheidung des BGH vom 22.11.2006 (DNotZ 2007, 849) in der Regel nur noch durch Sachverständige erfolgen können. Nach dieser Entscheidung muss als Zugewinn berücksichtigt werden, dass die Wertminderung einer Zuwendung durch Pflegeverpflichtungen, Leibrenten, Nießbrauchs- und Wohnrechte infolge der laufend sinkenden Lebenserwartung des Berechtigten stetig abnimmt.

Soll eine aufwändige Begutachtung vermieden oder die Ausgleichspflicht für den durch die sinkende Lebenserwartung des Berechtigten vermittelten Zugewinn insgesamt ausgeschlossen werden, bedarf es einer **ehevertraglichen Regelung** zwischen den Eheleuten (*C. Münch* DNotZ 2007, 795). Soweit die Zuwendung nicht unter Eheleuten erfolgt, kann das Zustandekommen einer entsprechenden ehevertraglichen Vereinbarung zum Gegenstand eines Rückforderungsrechts gemacht werden (→ Form. I.III.2 § 6 Nr. 3 oder → Form. I.III.3 § 6 Nr. 3).

5. Erbrechtliche Folgen. Die lebzeitige Zuwendung eines Vermögenswertes löst drei erbrechtliche Folgefragen aus:

- **Pflichtteilsanrechnung (§ 2315 BGB).** Ein Pflichtteilsberechtigter muss sich eine unentgeltliche lebzeitige Zuwendung des Erblassers auf seinen Pflichtteil anrechnen lassen, wenn dieser die Anrechnung entweder formlos vor oder bei der Zuwendung oder nachträglich letztwillig gemäß § 2315 BGB angeordnet hat. Da die lebzeitige Anrechnungsbestimmung auch konkludent erfolgen kann, sollte jeder Zuwendungsvertrag aus Gründen der Klarstellung eine positive oder negative Pflichtteilsanrechnungsanordnung enthalten (→ Form. I.III.5). Eine bindende Regelung zur nachträglichen Anrechnungsbestimmung kann nur durch **Erbvertrag** getroffen werden, § 2278 Abs. 2 Nr. 4 BGB.

Auf einen eigenen Pflichtteilsergänzungsanspruch wegen Zuwendungen an einen Dritten, nicht hingegen auf den Pflichtteilsanspruch muss sich der Pflichtteilsberechtigte Schenkungen (nicht: Ausstattungen), die er selbst vom Erblasser erhalten hat, gemäß § 2327 BGB immer anrechnen lassen, ohne dass es einer Anrechnungsbestimmung des Erblassers bedarf oder die Anrechnung an die Zehnjahresfrist des § 2325 Abs. 3 BGB gebunden ist.

- **Pflichtteilsergänzungsanspruch Dritter (§ 2325 BGB).** Zuwendungen, die innerhalb von 10 Jahren vor dem Erbfall vollzogen wurden, können Pflichtteilsergänzungsansprüche auslösen, wenn der Erblasser Pflichtteilsberechtigte hinterlässt. Nach § 2325 Abs. 3 BGB ist die Anrechnung bei Erbfällen seit dem 1.1.2010 degressiv ausgestaltet werden, Art. 229 § 17 Abs. 5 EGBGB-E. Ansprüche Pflichtteilsberechtigter können daher künftig durch lebzeitige Zuwendungen stets gemindert werden, sofern sie nur mehr als ein Jahr vor dem Tod des Erblassers vollzogen werden. Zusätzliche Minderungseffekte können sich bei der Übertragung von **Lebensversicherungsverträgen** (nicht bloß der Einräumung der Bezugsberechtigung) ergeben (→ Form. I.III.1). Der Pflichtteilsergänzung unterliegen nach BGH ZEV 2010, 305 der Rückkaufswert im Todeszeitpunkt; der bisherige Streit (→ Form. I.VI.1 Anm. 6) ist mithin überholt. Die Behandlung von Risikolebensversicherungen, die keinen Rückkaufswert haben, ist offen. Für Zuwendungen unter Eheleuten beginnt die Zehnjahresfrist erst mit der Auflösung der Ehe, § 2325 Abs. 3 S. 3 BGB. Im Übrigen beginnt die 10-Jahresfrist erst dann zu laufen, wenn der Leistende auf den **Genuss des Zuwendungsgegenstands** verzichtet hat (BGHZ 98, 226 [233] = NJW 1987, 122; BGHZ 125, 395 [398 f.] = NJW 1994, 1791, krit. Bamberger/Roth/*J. Mayer* BGB § 2325 Rn. 28). Es kommt auf eine **wirtschaftliche Ausgliederung** des Zuwendungsgegenstands aus dem Vermögen des Leistenden an (Nieder/Kössinger/*Kössinger* Teil 3 § 21 Rn. 145). Dies soll bereits bei einem Vorbehalt eines Zustimmungsvorbehalts des Leistenden zu Verfügungen des Zuwendungsempfängers nicht der Fall sein (OLG Düsseldorf ZEV 2008, 525). Der Pflichtteilsergänzungsanspruch kann nur durch (ggf. gegenständlich beschränkten) **Pflichtteilsverzicht** des Berechtigten, nicht also durch Vereinbarung zwischen Erblasser und Zuwendungsempfänger ausgeschlossen werden (→ Form. I.II.7 bis → Form. I.II.12).
- **Erbausgleichung (§§ 2050, 2053, 2057a, 2057b BGB).** Eine unentgeltliche Zuwendung an eigene Abkömmlinge kann gesetzliche Ausgleichungspflichten des Zuwendungsempfängers gegenüber den anderen Abkömmlingen des Erblassers im Rahmen des späteren Erbfalls auslösen. Die Anrechnungspflicht kann formlos bei der Zuwendung oder nachträglich letztwillig vom Gesetz abweichend angeordnet bzw. ausgeschlossen werden. Die Erbausgleichung wirkt gemäß § 2316 BGB **pflichtteilserhöhend.** Zur Pflichtteilsreduzierung ist gegenüber einer gewillkürten Ausgleichungspflicht die letztwillige Zuwendung eines **Vermächtnisses** in Höhe des Ausgleichungsbetrags an die zu begünstigenden Erben vorzuziehen (dazu *J. Mayer* ZEV 1996, 441). Da eine nachträgliche Ausgleichungsanordnung ausgeschlossenen ist, sollte in jeden Zuwendungsvertrag an Abkömmlinge eine ausdrückliche positive oder negative Ausgleichungsanordnung aufgenommen werden, um den in der Praxis häufigen Streit unter Erben darüber, welchem Absatz des § 2050 BGB eine frühere Zuwendung unterfällt und ob sie in der Folge auszugleichen ist oder nicht, vorzubeugen. Hierbei sollte zudem entschieden werden, ob ausnahmsweise künftige Wertänderungen des Zuwendungsgegenstands mit ausgeglichen werden müssen (→ Form. I.III.6). Das Problem einer nachträglichen Ausgleichung im Erbfall kann vermieden werden, wenn der Zuwendungsempfänger seine Geschwister sofort abfindet (→ Anm. 7). Eine (möglicherweise abweichende) spätere letztwillige Ausgleichungsanordnung nach § 2050 Abs. 4 BGB kann durch **Erbvertrag** (§ 2278 Abs. 2 Nr. 4 BGB) mit bindender Wirkung ausgeschlossen oder festgeschrieben werden, hindert aber den Erblasser nicht, den wirtschaftlichen Erfolg durch Vorausvermächtnisse in Höhe des Ausgleichungsbetrags oder die Fest-

setzung höherer oder niedrigerer Erbquoten doch wieder zu negieren (dazu RGZ 90, 419; Palandt/*Weidlich* BGB § 2050 Rn. 3).

6. Minderjährige. Nicht jede Schenkung an einen Minderjährigen, der älter als 7 Jahre ist, ist rechtlich vorteilhaft und kann von diesem nach § 107 BGB selbst wirksam angenommen werden. Da im Übrigen gegebenenfalls Ergänzungspfleger zu bestellen und familiengerichtliche Genehmigungen einzuholen sind und diese mitunter nicht erteilt werden, ist die Vertragsgestaltung bei Zuwendungen an Minderjährige an dem Maßstab der lediglich rechtlich vorteilhaften Zuwendung auszurichten (→ Form. I.III.3 Anm. 2).

Der Zuwendende kann den Zuwendungsgegenstand im Rahmen einer Schenkung, Ausstattung oder Zuwendung auf den Todesfall von der Vermögenssorge der Eltern des Minderjährigen für die Dauer der Minderjährigkeit (OLG Hamm FamRZ 2010, 1997) gemäß § 1638 Abs. 1 BGB ausschließen (dazu OLG Frankfurt FamFG 1997, 1115), was eine Pflegerbestellung nach sich ziehen kann, oder gemäß § 1639 Abs. 1 BGB Anordnungen für die Art und Weise der Vermögenssorge treffen (→ Form. I.III.9 Anm. 17).

7. Gegenleistung. Soll der Zuwendungsempfänger eine Gegenleistung erbringen, indem er zB eine persönliche Schuld übernimmt oder Pflegeleistungen erbringt, sollte der Vertrag die möglichst dingliche Absicherung der beiderseitigen Leistungspflichten vorsehen (→ Form. I.III.16 Anm. 6). Zudem ist darauf zu achten, dass die Rückabwicklung der Zuwendung auch die Gegenleistung des Zuwendungsempfängers einbezieht. Dies kann durch eine Gesamtrückabwicklung dergestalt geschehen, dass beide Seiten ihre jeweils empfangenen Leistungen zurück gewähren oder der Zuwendungsempfänger nur den Teil der Zuwendung zurückgewähren muss, der den Wert der von ihm erbrachten Leistungen übersteigt. Insbesondere, wenn Gegenleistungen an Dritte zu erbringen sind, kann eine solche saldierende Rückabwicklung zweckmäßig sein. Ein Nießbrauch ist beispielsweise mit dem von der Lebenserwartung des Berechtigten abhängigen kapitalisierten Wert des Rechts anzusetzen (vgl. BeckNotarHdB/*Jerschke* A.V. Rn. 146). Zu den gängigen Gegenleistungen zählen:

- **Auflage (§ 525 BGB).** Die Schenkung unter Auflage ist reine Schenkung, nicht gemischte Schenkung. Die Auflage stellt keine Gegenleistung des Zuwendungsempfängers dar, sondern kann nur ein Tun oder Unterlassen zum Inhalt haben, das aus dem Schenkungsgegenstand zu entnehmen ist. Sofern die Auflage einen Vermögenswert hat, mindert sie den Wert der Zuwendung für die Pflichtteilsanrechnung (§ 2315 BGB), Pflichtteilsergänzung (§ 2325 BGB) und Erbausgleichung (§ 2050 BGB). Es ist daher zweckmäßig, den wirtschaftlichen Wert der Auflage in den Vertrag aufzunehmen. Die Auflage muss nicht im Interesse einer bestimmten Person stehen. Der Anspruch auf Vollzug der Auflage ist grundsätzlich aufschiebend bedingt auf die Erfüllung des Schenkungsversprechens. Auch den Rechtsnachfolgern des Schenkers steht grundsätzlich ein Erfüllungsanspruch zu. Die Nichtvollziehung der Auflage begründet Schadensersatzansprüche nach §§ 280 ff. BGB sowie den abdingbaren Rückforderungsanspruch nach § 527 BGB. Da die Auflage zur Erfüllung aus dem Schenkungsgegenstand selbst geeignet sein muss, bietet sie sich besonders an, um Festlegungen zum Gebrauch des Schenkungsgegenstandes zu treffen, etwa eine Ausstellungspflicht von Kunstgegenständen anzuordnen.
- **Vorbehaltsnießbrauch und Vorbehaltswohnrecht.** Der Nießbrauch begründet gemäß §§ 1030 ff. BGB ein umfassendes dingliches Nutzungsrecht an dem gesamten belasteten Gegenstand. Der Nießbrauch an einer Wohnimmobilie berechtigt somit grundsätzlich zur Nutzung des gesamten Gebäudes (→ Form. I.III.11, → Form. I.III.12). Demgegenüber kann ein Wohnrecht als beschränkte persönliche Dienstbarkeit gemäß § 1093 BGB an einzelnen Räumen oder Wohnungen begründet werden (→ Form. I.III.10). Der Nießbrauch ist pfändbar, seine Ausübung kann gemäß § 1059 S. 2 BGB einem Dritten überlassen werden. Eine Überlassung des Ausübungsrechts eines Wohnrechts ist gemäß § 1092 Abs. 1 S. 2 BGB nur möglich, wenn dies vertraglich zugelassen ist. Ist dies nicht

geschehen, ist auch eine Pfändung ausgeschlossen, § 1274 Abs. 2 BGB (*Rossak* MittBayNot 2000, 383). Soweit der Nießbrauch oder das Wohnrecht dinglich gesichert sind, sind sie gegenüber nachrangigen Rechten zwangsvollstreckungsfest (§§ 44, 52 ZVG). Bei der Verwertung vorrangiger Rechte erlöschen Nießbrauch und Wohnrecht mit Zuschlag, wenn der Erlös ausreicht, erhält der Berechtigte einen Wertersatz (§§ 92 Abs. 2, 121 ZVG). Einkommensteuerlich ist zu beachten, dass der Erwerber eines nießbrauchsbelasteten Gegenstands Instandhaltungskosten nicht geltend machen kann (BeckNotarHdB/*Spiegelberger* A V Rn. 298). Soll der Erwerber die Instandhaltung des Zuwendungsgegenstandes übernehmen, empfiehlt sich die Kombination aus Dauernder Last und Mietvertrag, in dessen Rahmen dem Zuwendenden das Nutzungsrecht entgeltlich eingeräumt wird (*Spiegelberger* Vermögensnachfolge Rn. 140). Vorsicht ist hinsichtlich der Rückabwicklung insbesondere aufgrund Zwangsvollstreckungsmaßnahmen geboten: Die vertraglich vereinbarte **Höchstpersönlichkeit** des Rückabwicklungsverlangens und das Erfordernis, die Rückabwicklung durch rechtsgeschäftliche Erklärung zu verlangen, anstelle sie etwa im Zwangsvollstreckungsfall automatisch eintreten zu lassen, lassen den durch den Rückabwicklungsvorbehalt vermittelten Schutz des Schenkers leerlaufen, sobald dieser nicht mehr geschäftsfähig ist (→ Form. I.III.2 Anm. 12).

- **Leibrente (§ 759 BGB).** Die Leibrente ist nach der Definition des BGH ein einheitlich nutzbares Recht, das dem Berechtigten lebenslang durch schriftliche Erklärung, § 761 S. 1 BGB, eingeräumt ist und dessen Erträge aus fortlaufend wiederkehrenden gleichmäßigen Leistungen in Geld oder vertretbaren Sachen besteht und auf einem einheitlichen Rentenstammrecht beruht (BGH WM 1980, 593). Die Leibrente begründet den Anspruch auf gleichbleibende Leistungen, jedoch kann eine Wertsicherung in Abhängigkeit von statistischen Indizes vereinbart werden (BFH MittBayNot 1992, 298). Die Gleichmäßigkeit der geschuldeten Leistung dient dem Versorgungsinteresse des Berechtigten, da er sich auf die Leistung unabhängig von Änderungen der Leistungsfähigkeit des Verpflichteten verlassen kann. Indes kann der Berechtigte auch im Fall erhöhten Bedarfs (zB infolge seiner Pflegebedürftigkeit) keine Anpassung der Leibrentenzahlungen verlangen. Für Vermögensübertragungen bis zum 31.12.2007 war die Leibrente bei bestimmten Fällen der betrieblichen oder land- bzw. forstwirtschaftlichen Nachfolge für den Verpflichteten ertragsteuerlich nachteilig, weil er sie nur mit ihrem Ertragsteil als Sonderausgabe in Abzug bringen konnte. Dass auch der Berechtigte nur den Ertragsteil als Einnahme zu versteuern hat, ist – im Saldo – nur dann von Vorteil, wenn der Rentenberechtigte auf Dauer eine höhere Steuerprogression als der Rentenverpflichtete erwartet, was nur selten der Fall ist (→ Form. I.III.13). Bis zum JStG 2008 betraf dieser Nachteil die Leibrente generell. Da die Leibrente auf Lebenszeit des Berechtigten eingeräumt wird, besteht für den Verpflichteten das Risiko einer unerwartet langen Verpflichtung, umgekehrt kann seine Verpflichtung indes auch sehr schnell enden.
- **Dauernde Last.** Die dauernde Last ist durch ihre Abhängigkeit von den persönlichen und wirtschaftlichen Verhältnissen des Berechtigten und des Verpflichteten gekennzeichnet oder den Erträgen aus einem Wirtschaftsgut. Daher setzt eine dauernde Last voraus, dass ihre Abänderung gemäß §§ 313, 323 ZPO vorbehalten sein muss, was jedoch nicht Gegenstand der dinglichen Sicherung durch Reallast, § 1105 BGB, sein kann. Wie die Leibrente kann die dauernde Last wertgesichert sein. Der Berechtigte kann so unter dem Hinweis auf seinen gestiegenen Bedarf eine Anpassung verlangen. Die hiermit verbundene wirtschaftliche Absicherung wird jedoch erheblich eingeschränkt, weil er umgekehrt jederzeit auch eine Absenkung der Leistung bei gesunkener Leistungsfähigkeit des Verpflichteten oder geringeren Erträgen des in Bezug genommenen Wirtschaftsguts befürchten muss. Die dauernde Last erwies sich in der Praxis wegen ihrer ertragsteuerlichen Behandlung vielfach als vorzugswürdig. Für Vermögens-

übertragungen seit dem 1.1.2008, § 52 Abs. 18 EStG, hat der Gesetzgeber die ertragsteuerliche Unterscheidung zwischen Leibrente und dauernder Last vollständig aufgegeben und stattdessen den Sonderausgabenabzug auf sog. Vermögensübertragungen gegen Versorgungsleistungen bezogen. Danach kann der Verpflichtete die volle Leistung von Versorgungsleistungen als Sonderausgabe nur noch in eng begrenzten Fällen abziehen, nämlich gemäß § 10 Abs. 1a Nr. 2 EStG bei
- der Übertragung eines Mitunternehmeranteils an einer Personengesellschaft, die eine Tätigkeit iSd §§ 13, 15 Abs. 1 Nr. 1 EStG oder des § 18 EStG ausübt,
- der Übertragung eines Betriebs oder Teilbetriebs,
- der Übertragung eines Geschäftsanteils von mindestens 50 % an einer GmbH, in der der Übergeber als Geschäftsführer tätig war und der Übernehmer diese Tätigkeit nach der Übertragung übernimmt, oder
- der Übertragung eines land- oder forstwirtschaftlichen Betriebs hinsichtlich einer auf den Wohnteil des Betriebs entfallenden Versorgungsleistung.

Andere Gegenstände des Privatvermögens, insbesondere Immobilien, sind damit nicht mehr begünstigt. Rentenleistungen im Zusammenhang mit der Übertragung von Privatvermögen sind nunmehr generell als Gegenleistung ohne Sonderausgabenabzug zu sehen, die zu einem Veräußerungsgewinn bei dem Berechtigten und zu Anschaffungskosten bei dem Verpflichteten führen können (Rentenerlass BMF BStBl. I 2010, 227 Rn. 65 f.). Dass auch der Berechtigte das Empfangene voll als sonstige Einnahme zu versteuern hat, ist aufgrund seiner regelmäßig niedrigeren Steuerprogression in vielen Fällen hinnehmbar (→ Form. I.III.13).

- **Schuldübernahme.** Werden Vermögensgegenstände übergeben, sollen vielfach auch die auf diesen Gegenständen lastenden Verbindlichkeiten auf den Übernehmer übergehen, zumal Zinsen und Tilgung vielfach aus den Erträgen des belasteten Gegenstands finanziert werden. Die Übernahme der schuldrechtlichen Verpflichtung kann zwischen Gläubiger und Übernehmer, § 414 BGB, oder zwischen Schuldner und Übernehmer vereinbart werden, § 415 BGB (→ Form. I.III.15). Im letzteren Fall setzt die Schuldbefreiung des Schuldners die Zustimmung des Gläubigers voraus, § 415 Abs. 1 S. 1 BGB (dazu BGH NJW 1983, 678). Die dingliche Sicherheit geht grundsätzlich mit dem belasteten Gegenstand über. Für den Übernehmer ist die Übernahme der fremden Schuld mit Risiken verbunden. Insbesondere ist zu prüfen, ob sich der Gläubiger ein **Sonderkündigungsrecht** für den Fall der Übertragung des als Sicherheit dienenden Gegenstands vorbehalten hat. Es empfiehlt sich, vorab die Bereitschaft des Gläubigers abzufragen, der Schuldübernahme zuzustimmen (*Langenfeld/Günther* Kap. 4 Rn. 121).
- **Versorgungsverpflichtung** (Pflegeverpflichtung). Zur Sicherung der häuslichen Pflege des Übergebers bei Alter, Gebrechlichkeit und Krankheit bietet sich die Aufnahme einer Versorgungsverpflichtung an. In geeigneten Fällen können hierdurch Alten- und Pflegeheimaufenthalte vermieden und höhere Kosten erspart werden. Zudem kann eine Versorgung durch die eigenen Familienangehörigen erreicht werden. Für den Verpflichteten besteht das Risiko, möglicherweise plötzlich und über viele Jahre hinweg erhebliche Pflegeleistungen erbringen zu müssen. Zudem ist die häusliche Pflege in der Regel nur bis zu einer gewissen Pflegestufe zweckmäßig und zumutbar (→ Form. I.III.16). Als Alternative zur Versorgungsverpflichtung kommt eine Zahlungsverpflichtung (Leibrente oder dauernde Last) des Zuwendungsempfängers an den Übergeber in Betracht, die diesem beispielsweise die Finanzierung einer professionellen häuslichen Pflegekraft oder eines Heimplatzes gestattet.
- **Abfindung Dritter.** Die lebzeitige Abfindung Dritter, in der Regel der Geschwister des Zuwendungsempfängers, kommt dem Bedürfnis des Übergebers entgegen, mehrere Personen wirtschaftlich auch dann gleich zu behandeln, wenn er nicht über eine ausreichende Anzahl übertragbarerer Vermögensgegenstände verfügt oder diese nicht in gleichwertigen Teilen übertragen werden können (→ Form. I.III.17). Die lebzeitige

Abfindung hat gegenüber einem Ausgleich zum Zeitpunkt des Erbfalls im Rahmen des § 2050 BGB oder durch letztwillige Anordnung den Vorteil, dass die Höhe der Abfindung sich am gegenwärtigen Wert der Zuwendung orientieren kann und künftige Wertveränderungen grundsätzlich keine Rolle spielen. Zudem erhalten die Abfindungsempfänger die Zuwendung früher, dh in der Regel in einer Lebensphase, in der sie erst über wenig eigenes Vermögen verfügen. Indes setzt die Abfindungsverpflichtung des Zuwendungsempfängers voraus, dass er über ausreichende Mittel zur Abfindungszahlung verfügt. Selbst wenn diese in Raten zu erbringen ist, ist darauf zu achten, dass der Zuwendungsempfänger nicht über die Maßen wirtschaftlich belastet wird.

8. Zeitpunkt des Übergangs von Nutzungs- und dinglichen Rechten. Der Zeitpunkt, zu dem Nutzungsmöglichkeiten und dingliche Berechtigung übergehen, ist bedeutsam für den Lauf verschiedener Fristen, die an die Bewirkung der zugesagten Leistung anknüpfen (→ Form. I.III.2 Anm. 7) und er spielt eine Rolle für die formelle Wirksamkeit eines Zuwendungsversprechens im Anwendungsbereich der §§ 518 Abs. 2 sowie 2301 Abs. 2 BGB (→ Form. I.VII). Daneben ist er für die Frage des Sicherungsbedürfnisses der Betroffenen und für die Schenkungsteuer bedeutsam.

9. Landesrechtliche Sondervorschriften zum Leibgeding. Nicht nur bei landwirtschaftlichen Hofübergaben, sondern auch bei Grundstückszuwendungen gegen Versorgungsleistungen sind **landesrechtliche Sondervorschriften** zu Art. 96 EGBGB zu beachten (vgl. Staudinger/*Albrecht* EGBGB Art. 96 Rn. 37 ff.; *Wirich* ZEV 2008, 372). Diese Vorschriften sind zwar durchweg **abdingbar** (Palandt/*Bassenge* EGBGB Art. 96 Rn. 6). Die Vertragsgestaltung kann aber durch den Rückgriff auf das dispositive Gesetzesrecht erheblich gestrafft werden; bestehende Vertragslücken erfahren eine Ergänzung.

10. Schenkungsteuerliche Folgen. Eine unentgeltliche Vermögenszuwendung ist dann nicht nach § 7 Abs. 1 Nr. 1 ErbStG steuerpflichtig, wenn der Zuwendungsempfänger im (Innen-)Verhältnis zum Leistenden nicht tatsächlich und rechtlich frei verfügen kann. Dies beurteilt sich nicht danach, wem der Vermögensgegenstand bei wirtschaftlicher Betrachtung nach außen gemäß § 39 Abs. 2 AO zuzurechnen ist, sondern wem die Verfügungsbefugnis im Innenverhältnis zwischen Zuwendungsempfänger und Leistendem zusteht (BFH BStBl. II 2007, 669 = NJW-RR 2008, 709, 710). Auch freie **Widerrufs- oder Rücktrittsvorbehalte** hindern die Steuerpflicht nach § 7 Abs. 1 Nr. 1 ErbStG nicht (BFH BStBl. II 1989, 1034 = NJW 1990, 1750). Einer steuerpflichtigen Schenkung kann indes entgegenstehen, wenn sich der Leistende umfassende **Einflussnahmerechte** vorbehält (BFH BStBl. II 2007, 669 = NJW-RR 2008, 709 [710]), wie sie insbesondere bei Zuwendungsverträgen über unternehmerische Beteiligungen innerhalb der Familie sowie bei Nießbrauchs- und Wohnrechtsvorbehalten häufig sind. Die Schenkungsteuer fällt dann zu dem Zeitpunkt an, zu dem die Einflussnahmerechte enden, typischerweise also mit dem Tod des Leistenden mit den entsprechenden Folgen insbesondere für die Bewertung des Zuwendungsgegenstands und den Lauf der Zehnjahresfrist nach §§ 14 Abs. 1 S. 1, 16 ErbStG.

2. Grundstücksschenkung

[Notarieller Urkundeneingang[1, 2]]

§ 1 Schenkungsgegenstand, Grundbuchlage

Der Schenker ist im Grundbuch des AG ...... von ...... Blatt ...... als Eigentümer des dort verzeichneten Grundbesitzes Gemarkung ...... Flur ......, Flurstück ......, Hof- und Gebäudefläche, groß ...... Ar, eingetragen.

Der Grundbesitz ist in Abt. II und III des Grundbuchs wie folgt belastet:

In Abt. II: Unter lfd. Nr. 1 ......

In Abt. III: Unter lfd. Nr. 1 ......

Der beurkundende Notar hat den Grundbuchbestand festgestellt durch Einsichtnahme am ......[3]

§ 2 Schenkung[4] und Übertragung

Der Schenker schenkt[5-7] und überträgt das Eigentum an dem in § 1 bezeichneten Schenkungsgegenstand unter Übernahme der oben genannten grundbuchmäßigen Belastungen[8] [*mit Rücksicht auf ein künftigens Erbrecht*][9] an den Beschenkten, der die Schenkung und Übertragung annimmt.

§ 3 Auflassung[10]

Der Schenker und der Beschenkte sind über den Eigentumsübergang des Grundstücks, wie oben unter § 2 bestimmt, einig. Auf die Möglichkeit einer Eigentumsvormerkung wird verzichtet.

Die Eintragung der Rechtsänderungen im Grundbuch wird beantragt und bewilligt.

§ 4 Rechts- und Sachmängel

Der Schenker haftet – mit Ausnahme arglistigen Verschweigens – nicht wegen Sach- und Rechtsmangels des Schenkungsgegenstandes.[11]

§ 5 Besitz, Nutzungen, Gefahr und Lasten hinsichtlich des Grundbesitzes

Besitz, Nutzungen und Lasten, die Gefahr des zufälligen Untergangs und einer Verschlechterung sowie die Verkehrssicherungspflicht gehen sofort auf den Beschenkten über. Der Besitz ist weder vermietet noch verpachtet.

Die Steuer, öffentlichen Abgaben und Lasten, wozu auch Erschließungs- und sonstige Anliegerbeiträge gehören, hat der Beschenkte zu tragen, soweit Anforderungsbescheide künftig ergehen.[12]

§ 6 Rücktrittsvorbehalt[13, 14]

Der Schenker behält sich den Rücktritt vom schuldrechtlichen Teil dieses Vertrages vor, wenn[15]

1. der Beschenkte vor dem Schenker verstirbt, oder

2. der Beschenkte es unterlässt durch Ehevertrag sicherzustellen, dass der Schenkungsgegenstand nicht in einen Zugewinnausgleich einbezogen oder Zugewinnausgleichsansprüche in den Schenkungsgegenstand vollstreckt werden können, oder
3. die Scheidung der Ehe oder der eingetragenen Lebenspartnerschaft des Beschenkten beantragt[16] wird oder beide länger als ...... Monate getrennt leben (§ 1567 BGB), oder
4. der Beschenkte zu Lebzeiten des Schenkers ohne dessen vorherige schriftliche Zustimmung ein Grundpfandrecht neu valutiert oder sonstwie über den Schenkungsgegenstand verfügt, oder
5. der Beschenkte die Auflagen gemäß nachfolgendem § ...... trotz Aufforderung durch den Schenker nicht erfüllt, oder
6. über das Vermögen des Beschenkten das Insolvenzverfahren eröffnet oder mangels Masse abgelehnt wird oder die Zwangsvollstreckung in den Schenkungsgegenstand eingeleitet wird,[17] oder
7. für diese Schenkung Schenkungsteuer von mehr als EUR ...... festgesetzt wird, oder
8. der Schenker berechtigt wäre, dem Beschenkten den Pflichtteil zu entziehen, oder
9. in dem gesetzlich geregelten Fall der §§ 530 ff. BGB.[18]

Der Rücktritt kann nur vom Schenker persönlich oder nach Maßgabe des § 530 Abs. 2 BGB von dessen Erben,[19] nur schriftlich und nur innerhalb von zwölf Monaten ab Kenntnis des Rückabwicklungsgrundes gegenüber dem Beschenkten erklärt werden.[20] Daneben bleibt das Rückforderungsrecht nach § 528 BGB bestehen.[21]

§ 7 Rücktrittsfolgen[22]

Der Beschenkte hat die bis zum Zeitpunkt der schriftlichen Geltendmachung (Datum des Poststempels) des Rückforderungsrechts gezogenen Nutzungen nicht herauszugeben. Ebenso wenig ist er zum Wertersatz für nicht gezogene Nutzungen verpflichtet. Dem Beschenkten stehen auch keine Aufwendungs- oder Verwendungsersatzansprüche gegen den Schenker zu.[23] Abweichend von diesen Regelungen hat der Beschenkte im Fall des Rücktritts gemäß § 6 Ziff. 6 sämtliche tatsächlich von ihm gezogene Nutzungen herauszugeben und kann Ersatz seiner Aufwendungen verlangen.[17]

[Mgl. Ergänzung bei Schenkung unter Auflage:

Erklärt der Schenker den Rücktritt wegen Nichterfüllung einer Auflage gemäß vorstehendem § 6 Ziff. 5, so kann der Beschenkte die Rückabwicklung abwenden, indem er dem Schenker denjenigen Betrag herausgibt, der zur Erfüllung der Auflage erforderlich ist.[24]]

Zurückbehaltungsrechte hinsichtlich der zu übertragenden Gegenstände werden ausgeschlossen.[25] Im Übrigen richten sich die Rechtsfolgen des geltend gemachten Rückforderungsrechts nach Rücktrittsrecht gemäß §§ 346 ff. BGB.

§ 8 Rückabwicklungsvollmacht[26]

Der Beschenkte erteilt dem Schenker unwiderruflich Vollmacht, für ihn unter Befreiung von den Beschränkungen des § 181 BGB sämtliche Willenserklärungen abzugeben und entgegenzunehmen, um die mit dieser Vereinbarung geschenkten Gegenstände oder die hieraus erlangten Surrogate auf den Schenker oder eine von ihm benannte dritte Person zu übertragen sowie alle eventuell erforderlichen Anmeldungen gegenüber Behörden, Registern, Gerichten etc, die im weitesten Sinne hierzu erforderlich sind, vorzunehmen. Diese Vollmacht ist im Außenverhältnis unbeschränkt.[27] Im Innenverhältnis darf der Schenker davon nur Gebrauch machen, wenn die Voraussetzungen für ein Rückforderungsverlangen gemäß vorstehendem § 6 gegeben sind.

§ 9 Rückauflassungsvormerkung

Zur Sicherung des Rückforderungsanspruchs ist für den Schenker eine Rückauflassungsvormerkung einzutragen, deren Eintragung beantragt und bewilligt wird.

§ 10 Pflichtteilsanrechnung[28]

Die Schenkung nach § 1 erfolgt [nicht] unter Anrechnung [in Höhe von[29] EUR . . . . . .] auf den Pflichtteils- und Pflichtteilsergänzungsanspruch (§§ 2315, 2325 ff. BGB). Im Fall der Rückabwicklung nach § 7 entfällt die Anrechnung rückwirkend für den jeweils Betroffenen.

§ 11 Steuern

Die auf die Schenkung eventuell anfallende Schenkungsteuer übernimmt der Schenker.

§ 12 Notarvollmacht[30, 32]

Die Erschienenen beauftragen den beurkundenden Notar, alles zu tun, was im Rahmen des Vollzugs dieses Vertrages erforderlich oder nach seinem Ermessen zweckdienlich ist. In diesem Rahmen ist der Notar ermächtigt, die Eintragung des Eigentumswechsels zu bewilligen, Anträge an das Grundbuchamt und andere Behörden zu stellen, abzuändern, zu ergänzen und zurückzunehmen, verbundene Anträge auch getrennt zu stellen, Anträge zu verbinden, materielle Ergänzungen ggf. auch inhaltlich zu berichtigen, etwa durch Änderung und Ergänzung von Bewilligungen sowie Genehmigungen für die Beteiligten entgegenzunehmen. Von den Beschränkungen des § 181 BGB ist der Notar befreit. Die Vollmacht soll nicht durch den Tod der Vollmachtgeber, sondern durch den vollständigen Vollzug dieser Urkunde im Grundbuch erlöschen.

Vorstehende Vollmacht wird auch sämtlichen Angestellten des beurkundenden Notars erteilt, und zwar jedem allein.

Anmerkungen

1. Sachverhalt und Anwendungsbereich. Der volljährige Beschenkte (zur Schenkung an Minderjährige → Form. I.III.3) ist der Enkel des Schenkers, der auf dem Grundstück seines Großvaters ein Wohnhaus zur Eigennutzung errichten möchte. Die anfallenden Baukosten möchte der Schenker nicht übernehmen.

Bei der Zuwendung unbeweglicher Sachen können Rückforderungsrechte – wie im Form. in § 9 vorgesehen – im Grundbuch gesichert werden. Auch für die dingliche Sicherung von Gegenleistungen bieten Reallast und beschränkt persönliche Dienstbarkeit gute Möglichkeiten. Im Fall der Vereinbarung von Gegenleistungen müssen Vorkehrungen für die Mangelhaftigkeit des Zuwendungsgegenstands vorgesehen werden. Vgl. zu einer Übersicht möglicher Gegenleistungen → Form. I.III.1 Anm. 7.

Grundstücksschenkungen, die dem Anwendungsbereich der §§ 516 ff. BGB unterfallen, sind selten, da Grundstückszuwendungen innerhalb des engen Familienkreises gegenüber Abkömmlingen in der Regel Ausstattung (→ Form. I.VI) und zwischen Eheleuten in der Regel unbenannte Zuwendung (→ Form. I.II.2) sind (vgl. zur Abgrenzung → Form. I.IV.2 Anm. 4). Zuwendungen der Schwiegereltern an ihre Schwiegerkinder sind regelmäßig nicht mehr als unbenannte Zuwendungen, sondern als Schenkungen zu behandeln (BGH NJW 2010, 2202; dazu *Stein* FPR 2012, 88). Für Grundstücksschenkung an Minderjährigen → Form. I.III.3.

Erfolgt die Grundstücksschenkung gegen Versorgungsleistungen, können die dispositiven landesrechtlichen Sondervorschriften zu Art. 96 EGBGB zum Leibeding anwendbar sein (→ Form. I.III.1 Anm. 9; *Wirich* ZEV 2008, 372).

2. Form. Das Grundstücksschenkungsversprechen bedarf nicht nur wegen § 518 Abs. 1 BGB, sondern auch wegen § 311b Abs. 1 S. 1 BGB der **notariellen Beurkundung.** Eine Heilung ist einheitlich durch Eintragung in das Grundbuch, § 311b Abs. 1 S. 2 BGB, möglich (vgl. MüKoBGB/*Kollhosser* § 518 Rn. 11). Die Eintragung erfordert die Einhaltung der Form des § 29 Abs. 1 GBO.

3. Grundbuchbestand. Nach § 21 Abs. 1 S. 1 BeurkG soll sich der Notar bei Geschäften über im Grundbuch eingetragene Rechte – nicht nur bei Grundstückskaufverträgen (BGH 6.5.2004 – III ZR 247/03) – über den Grundbuchinhalt informieren. Soll hierauf ausnahmsweise verzichtet werden, muss er die Parteien eingehend über die hiermit verbundenen Gefahren belehren und dies in der Vertragsurkunde vermerken (BayObLG DNotZ 1990, 607).

4. Schenkung. Die Schenkung als Grundtypus unentgeltlicher Zuwendungsgeschäfte ist gekennzeichnet durch die Freigebigkeit als alleinigem Vertragszweck. Innerhalb der Familie ist sie hierdurch von anderen unentgeltlichen Rechtsgeschäften abzugrenzen (BeckNotarHdB/*Spiegelberger* A V Rn. 241 ff.):

- **Ausstattung,** § 1624 BGB, ist eine frühzeitige auflagenfreie Starthilfe von Eltern an das eigene Kind zur Erlangung einer selbständigen Lebensstellung (BGHZ 14, 205 = NJW 1954, 1522, vgl. zur Abgrenzung näher → Form. I.VI. Anm. 1, 3).
- **Ehebedingte Zuwendung** ist die Zuwendung zwischen Ehegatten, die um der Ehe willen und als Beitrag zur Verwirklichung, Erhaltung oder Sicherung der ehelichen Lebensgemeinschaft erfolgt (BGH NJW 1999, 2962 [2965], → Form. I.II.2). Auf Zuwendungen von Schwiegereltern an ihre Schwiegerkinder können die Regeln der ehebedingten Zuwendung analog anzuwenden sein (BGH NJW 1995, 1889).
- Der zivil- wie schenkungsteuerrechtlich auch rückwirkend mögliche (FG Düsseldorf, DStRE 2006, 1470) **Wechsel des ehelichen Güterstands** kann schenkungsteuerfreie Vermögensverschiebungen zwischen Ehegatten auslösen (BFH NJW 2005, 3663, → Form. I.II.).
- Eine **Ehegatteninnengesellschaft** können Ehegatten begründen, wenn sie erkennbar ihrer Zusammenarbeit über die bloßen Ehewirkungen hinaus einen dauerhaften, auch vermögenswirksamen Rahmen geben (BGH NJW 1999, 2962 [2964]).

Zu unterscheiden ist zudem nach dem jeweiligen **Zuwendungsgegenstand.** Dieser bringt Unterschiede beim Übergang des Eigentums bzw. der Inhaberschaft nach Sachen- oder Gesellschaftsrecht mit sich. Als Folge dieser Unterschiede stehen entweder Gestaltungsmittel wie zB die aufschiebende oder auflösende Bedingung, § 158 BGB oder die Vormerkung, § 883 BGB zur Verfügung oder müssen durch schuldrechtliche Vereinbarungen ersetzt werden. Zur Schenkung einer beweglichen Sache → Form. I.III.7, zur Zuwendung eines Unternehmens → Form. G.III.1 sowie zur Zuwendung eines Gesellschaftsanteils → Form. G.III.4.

5. Verfügungsbeschränkungen des Schenkers, Betreuung. Wendet nur ein Elternteil ein Grundstück zu, kann das **absolute Verfügungsverbot** des § 1365 BGB (Verfügung über Vermögen als Ganzes, § 311b Abs. 3 BGB) betroffen sein, weshalb die Einwilligung des anderen Ehepartners einzuholen ist, wenn der Zuwendungsgegenstand **nahezu das ganze Aktivvermögen** des Zuwendenden ausmacht (BGH NJW 1984, 609).

Unterliegt der Schenker der Betreuung, kann der Betreuer aus dem Vermögen des Betreuten aufgrund des Schenkungsverbots des § 1804 S. 1 BGB iVm § 1908i Abs. 2 S. 1 BGB nur Gelegenheitsgeschenke vornehmen, soweit sie dem Wunsch des Betreuten sowie seinen Lebensverhältnissen entsprechen. Eine Geldschenkung eines nennenswerten Betrages scheidet damit vielfach aus und ist auch nicht durch **betreuungsgerichtliche Geneh-**

migung heilbar. Nicht vom Schenkungsverbot des § 1804 S. 1 BGB erfasst und damit der Vornahme durch den Betreuer zugänglich ist jedoch die Ausstattung, für die gemäß § 1908 BGB die betreuungsgerichtliche Genehmigung erforderlich ist (vgl. OLG Stuttgart MittBayNot 2005, 229 mAnm *Böhmer*).

6. Pflichtteilsergänzung und Zugewinnausgleich. Nur die Schenkung iSd §§ 516 ff. BGB kann Pflichtteilsergänzungsansprüche auslösen, nicht hingegen Ausstattungen, § 1624 BGB oder ehebedingte Zuwendungen (BGH NJW 2004, 1382). Der Pflichtteilsergänzungsanspruch richtet sich gegen den Nachlass, jedoch hat auch der Beschenkte für die Pflichtteilsergänzung einzustehen, wenn der Nachlass den Anspruch des Berechtigten unter den Voraussetzungen des § 2329 BGB nicht befriedigt. In die Berechnung des Pflichtteilsergänzungsanspruchs sind Schenkungen innerhalb der 10-Jahresfrist des § 2325 Abs. 3 BGB einzubeziehen, für Erbfälle seit dem 1.1.2010 ist die Anrechnung in jährlich abschmelzender Weise ausgestaltet, § 2325 Abs. 3 S. 1 BGB. Erfolgt eine Zuwendung an einen Ehepartner ausnahmsweise als Schenkung, beginnt diese Frist erst mit der Scheidung der Ehe zu laufen (BVerfG NJW 1991, 217; *Kornexl* ZEV 2003, 196).

Erfolgt die Zuwendung – wie hier – mit Rücksicht auf ein **künftiges Erbrecht,** so hat sie der Beschenkte nicht im Rahmen des **Zugewinnausgleichs** auszugleichen, § 1374 Abs. 2 BGB. In den anderen Fällen empfiehlt sich eine positive oder negative Regelung zur Anrechnung beim Zugewinnausgleich (→ Form. I.III.5). Die Wiedergabe des Wortlauts aus § 1374 Abs. 2 BGB ist der Formulierung „in vorweggenommener Erbfolge“ vorzuziehen, weil diese die Übertragung eines wesentlichen Teils des Vermögens voraussetzen soll (BGH DNotZ 1996, 640), während auch wirtschaftlich unbedeutende Zuwendungen der Rücksicht auf ein künftiges Erbrecht geschuldet sein können. Ist der Beschenkte ein Abkömmling des Schenkers, kann in beiden Formulierungen zugleich eine konkludente Ausgleichsanordnung nach **§ 2050 Abs. 3 BGB** (BGH NJW-RR 1989, 259; NJW 1982, 43) liegen. Eine Anrechnungspflicht auf den Pflichtteil, § 2315 BGB, ergibt sich hieraus grundsätzlich nicht (Staudinger/*Haas* BGB § 2315 Rn. 23). Um Unklarheiten, insbesondere die in der Praxis häufige Auseinandersetzung, ob eine Zuwendung nach § 2050 Abs. 1 und 2 oder nach Abs. 3 BGB vorliegt, zu vermeiden, empfiehlt es sich bei Zuwendungen an die eigenen Kinder grundsätzlich eine **positive oder negative Ausgleichsanordnung** zu treffen (→ Form. I.III.6). Ist der Beschenkte pflichtteilsberechtigt, sollte ebenso klargestellt werden, ob eine **Pflichtteilsanrechnung** angeordnet wird oder nicht (→ Form. I.III.5). Es besteht auch die Möglichkeit, dass der Zuwendungsempfänger **lebzeitige Abfindungszahlungen an Dritte** leistet (vgl. hierzu → Form. I.III.17).

7. Bewirken der Leistung. Es ist grundsätzlich besonderes Augenmerk auf eine frühzeitige Leistungsbewirkung zu legen, da hierdurch zahlreiche **Fristen** in Gang gesetzt werden (Gläubiger- und Insolvenzanfechtung, § 4 AnfG und § 134 InsO: 4 Jahre bzw. 10 Jahre bei Vorsatz, § 3 AnfG, § 133 InsO; Pflichtteilsergänzung, § 2325 Abs. 3 BGB: 10 Jahre; Rückforderung wegen Notbedarfs des Schenkers – uU nach Überleitung auf den Sozialhilfeträger, § 529 Abs. 1 BGB, § 93 SGB XII: 10 Jahre; aber: steuerliche Anrechnung von Vorerwerben, § 14 ErbStG: 10 Jahre). Zudem wird ein **Formmangel** durch das Bewirken der Leistung geheilt, § 518 Abs. 2 BGB. Die Leistung ist nach hM bewirkt, wenn der Schenker alles seinerseits zur Herbeiführung des versprochenen Leistungserfolgs Erforderliche getan hat, der Eintritt des Leistungserfolgs selbst ist nicht erforderlich (BGH NJW-RR 1989, 1282; BGHZ 99, 97 = NJW 1987, 840). Es ist unschädlich, wenn die Leistung bedingt oder befristet ist (BGHZ 99, 97 = NJW 1987, 840).

8. Übernahme von Grundpfandrechten. Während § 433 Abs. 1 S. 2 BGB den Verkäufer verpflichtet, auf der Immobilie lastende Grundpfandrechte zu beseitigen, ist der Schenker hierzu nicht verpflichtet, § 523 Abs. 1 BGB. Es empfiehlt sich die vertragliche

Klarstellung, dass die Grundpfandrechte übernommen werden oder die abweichende Regelung, dass der Schenker den Beschenkten von den Lasten freistellt.

9. Zuwendung mit Rücksicht auf ein künftiges Erbrecht. § 1374 Abs. 2 BGB ordnet die Zuwendung, die ein Ehepartner mit Rücksicht auf ein künftiges Erbrecht ergibt, für die Berechnung seines Zugewinns dem Anfangsvermögen zu mit der Folge, dass lediglich Wertsteigerungen dem Zugewinnausgleich unterliegen.

10. Schenkungsteuerlicher Ausführungszeitpunkt und gemeindliches Vorkaufsrecht. Die Erbschaft- und Schenkungsteuer berechnet sich abhängig vom Ausführungszeitpunkt, § 9 ErbStG. Dieser ist bereits erreicht, wenn die **Auflassung** und **Eintragungsbewilligung erklärt** wurden, sofern das Eigentum anschließend im Grundbuch tatsächlich umgeschrieben wird (BFH ZEV 2001, 371).

Aufgrund des zumindest teilentgeltlichen Charakters der Schenkung gegen Schuldübernahme kann der Gemeinde ein **Vorkaufsrecht** am Grundvermögen zustehen. Das Vorkaufsrecht besteht gemäß § 26 Ziff. 1 BauGB nicht, wenn der Vertrag zwischen Eheleuten, Verwandten in gerader Linie (§ 1589 BGB: Kinder, Enkel, Eltern, Großeltern usw), Verschwägerten (§ 1590 BGB: Schwiegereltern, Geschwister des Ehepartners usw) oder Verwandten in der Seitenlinie bis zum dritten Grad (§ 1589 BGB: Geschwister, Onkel, Tanten, Nichten und Neffen) geschlossen wird (Battis/*Krantzberger*/Löhr § 26 Rn. 2).

11. Rechts- und Sachmängel. Nach §§ 523 f. BGB haftet der Schenker für Rechts- und Sachmängel nur bei Vorsatz und grober Fahrlässigkeit. Der hier vorgesehene Ausschluss der Haftung für grobe Fahrlässigkeit sollte insbesondere dann hinterfragt werden, wenn eine Gegenleistung geschuldet wird.

12. Erschließungs- und Anliegerbeiträge. Gemäß § 523 Abs. 2 iVm § 436 Abs. 1 BGB hat der Schenker Erschließungs- und Anliegerbeiträge für Maßnahmen, deren Bau bis zum Tag des Vertragsschlusses begonnen wurde, zu tragen. Das Formular sieht eine Überwälzung auf den Beschenkten über, soweit bis zum Vertragsschluss noch kein Beitragsbescheid ergangen ist.

13. Interessenlage bei Rücktrittsrecht. Die Ausgestaltung der Rückabwicklung unter Anlehnung an das Rücktrittsrecht, § 346 BGB, führt zu einer weit reichenden Haftung des Beschenkten (vgl. zu Alternativen → Form. I.III.2 Anm. 12) bzw. einem weitgehenden Schutz des Schenkers (→ Anm. 21).

Alternativ stehen für die Ausgestaltung der Rückabwicklung zwei weitere Regelungssysteme zur Verfügung (*Spiegelberger* MittBayNot 2000, 1; *J. Mayer* Übergabevertrag Rn. 125):

- Möglich ist zum einen die Einräumung eines vertraglichen **Widerrufsrechts** mit grundsätzlich beschenktenfreundlichen Rechtsfolgen. Der Widerruf ist insbesondere bei Schenkungen an Minderjährige vorzuziehen, denn er gefährdet die rechtliche Vorteilhaftigkeit der Zuwendung nach § 107 BGB nicht und macht keine Bestellung eines **Ergänzungspflegers** erforderlich (vgl. OLG Dresden MittBayNot 1996, 288 [289 f.]; OLG Köln NJW-RR 1998, 363).
- Zum anderen kann die Rückabwicklung ohne Bezug zu gesetzlichen Rückabwicklungssystemen als **Rückabwicklungsrecht** unter freier Vereinbarung der Rückabwicklungsfolgen außerhalb gesetzlicher Rückabwicklungsmechanismen vorgesehen werden. Hiervon ist allerdings wegen des erhöhten Risikos einer Regelungslücke idR abzuraten.
- Wird keine Vereinbarung getroffen, greifen die nur sehr engen gesetzlichen Rückabwicklungsrechte ein (→ Form. I.III.4 Anm. 5).

Grundsätzlich empfiehlt sich eine **automatische Rückabwicklung** bei Eintritt eines Rückabwicklungsgrundes nur in Ausnahmefällen. Sie nimmt dem Schenker die Freiheit, dem Beschenkten den Schenkungsgegenstand trotz Eingreifens eines Rückabwicklungsgrundes zu belassen. Eine automatische Rückabwicklung bietet sich etwa dann an, wenn der

Rückabwicklungsgrund den Schenker persönlich betrifft, aber nicht sichergestellt ist, dass er die Rückforderung wirksam wird erklären können. Zu denken ist insbesondere an die Zuwendung der selbstgenutzten Wohnimmobilie unter **Wohnrechts- oder Nießbrauchsvorbehalt.** Werden Zwangsvollstreckungsmaßnahmen in die Immobilie eingeleitet, nachdem der Schenker die Geschäftsfähigkeit verloren hat, kann weder ein Bevollmächtigter, noch ein Betreuer die Rückforderung wirksam erklären (Palandt/*Götz* BGB § 1902 Rn. 1).

Ist demgegenüber eine Willensentscheidung des Schenkers erforderlich, kann im Fall der Pfändung durch Eigengläubiger des Schenkers klar unterschieden werden zwischen dem Gestaltungsrecht der Ausübung des Rückabwicklungsverlangens und dem hieraus resultierenden Rückforderungsanspruch. Der Vertrag sollte grundsätzlich auch **keine Weiterleitung** an Dritte vorsehen, die vereinzelt als insgesamt unzulässig angesehen wird (*Feick* ZEV 2002, 85). Die Weiterleitung ist darüber hinaus vielfach steuerlich nachteilig, weil sie nach der Steuerklasse im Verhältnis zwischen Beschenktem und dem Weiterleitungsempfänger erneut besteuert wird (BFH BStBl. II 1993, 523).

14. Unpfändbarkeit des Rücktrittsrechts. Das Rücktrittsrecht ist als Gestaltungsrecht nicht pfändbar. Pfändbar ist lediglich der künftige Rückübertragungsanspruch, der durch Ausübung des Rücktrittsrechts durch den Berechtigten entsteht (BGH NJW 2003, 1858; *Langenfeld/Günther* Rn. 696).

15. Rücktrittsgründe und Pflichtteilsergänzung. Obwohl grundsätzlich zulässig, sieht das Formular **kein freies Rückabwicklungsrecht** (BGH NJW 2003, 1858; *Klumpp* ZEV 1995, 385 [388]), sondern die abschließende Aufzählung einzelner Rückabwicklungsgründe vor. Ein freies Rückabwicklungsrecht liefert den Beschenkten unnötig der Willkür des Schenkers aus. Auch ist es wegen der Gefahr der Pfändung durch Eigengläubiger des Schenkers riskant (BGH NJW 2003, 1858). Schließlich ist einkommensteuerrechtlich unklar, ob das wirtschaftliche Eigentum an einem Schenkungsgegenstand übergeht, den der Schenker beliebig zurückfordern kann (*Spiegelberger* MittBayNot 2000, 1 [9]). Allerdings muss eine abschließende Aufzählung sorgfältig zusammengestellt werden und auch unwahrscheinliche Fälle ausdrücklich aufnehmen (*Langenfeld/Günther* Kap. 3 Rn. 98 f.). Der Eintritt eines nicht ausdrücklich erwähnten, von den Beteiligten jedoch vorausgesetzten Rückabwicklungsgrundes kann die Geschäftsgrundlage stören, so dass im Rahmen von § 313 BGB eine Ergebniskorrektur in Frage kommt (*Wachter* ZEV 2002, 176). Sind **mehrere Personen** beschenkt, muss geregelt werden, ob der Eintritt eines Widerrufsgrundes in einem von ihnen nur zur anteiligen oder zur Gesamtrückabwicklung berechtigen soll. Hierbei ist auch an den Fall zu denken, dass ein Schenker aufgrund Geschäftsunfähigkeit oder Tod nicht mehr zur Ausübung eines Rückabwicklungsrechts in der Lage ist: Soll sein Gestaltungsrecht unter- oder auf den anderen Schenker übergehen oder sind beide von vornherein zur Rückabwicklung aller Zuwendungen befugt? Die Rückabwicklungsgründe im Einzelnen:

- **Vorversterben des Beschenkten (Ziff. 1).** In der Regel interessengerecht ist die Rückabwicklung beim kinderlosen Vorversterben des Beschenkten, wenn die gesetzliche Erbfolge zum erbschaftsteuerpflichtigen Rückfall des Geschenks an den Schenker führt. Nach § 13 Nr. 10 ErbStG sind nur Zuwendungen von Eltern und Voreltern, die von Todes wegen an sie zurückfallen, von der Erbschaftsteuer freigestellt. Der Vorbehalt der Rückabwicklung für den Fall des Vorversterbens eröffnet noch nicht den Anwendungsbereich des § 2301 BGB, denn die für das Schenkungsversprechen von Todes wegen erforderliche **Überlebensbedingung** führt in jedem Fall des Vorversterbens zu einer Rückabwicklung, während es dem Schenker durch die vorgeschlagene Rücktrittsklausel nur freisteht, die Zuwendung rückgängig zu machen.
- **Ehevertragsklausel (Ziff. 2).** Das Rückforderungsrecht entsteht, wenn der Beschenkte weder Gütertrennung vereinbart, noch den Schenkungsgegenstand auf sonstige Weise dem Zugewinnausgleich entzieht (dazu *C. Münch* DNotZ 2007, 795 [803]). Das

Gleiche gilt, wenn er Gütergemeinschaft vereinbart, ohne den Schenkungsgegenstand zum Vorbehaltsgut nach § 1418 Abs. 2 Nr. 2 BGB zu erklären. Auch wenn nicht gesichert ist, ob eine Ehevertragsklausel einer im Einzelfall möglicherweise mangelnden Vorwerfbarkeit Rechnung trägt und daher stets einer Sittenwidrigkeitsprüfung standhält, erleichtert sie dem Beschenkten die Argumentation gegenüber dem (künftigen) Ehepartner, einen Ehevertrag entsprechend den Wünschen des Schenkers zu schließen.

- Es kann sich anbieten, den Rückabwicklungsvorbehalt durch die Auflage gegenüber dem Beschenkten zu ergänzen, auf Verlangen des Schenkers die Güterstandsregelung nachzuweisen und die Verletzung der Auflage ebenfalls als Rückabwicklungsgrund zu vereinbaren.
- **Scheidungsklausel (Ziff. 3).** Durch die Bezugnahme auf den Wortlaut des Gesetzes werden Auslegungsstreitigkeiten weitgehend vermieden.
- **Verfügung ohne Zustimmung des Schenkers (Ziff. 4).** Eine Verfügung liegt in der Veräußerung, Belastung oder der erneuten Valutierung eines Grundpfandrechts (dazu BeckNotarHdB/*Jerschke* A V Rn. 227). Sogar die Belastung durch eine Zwangshypothek soll zur Rückforderung berechtigen (OLG Frankfurt OLGR 2003, 306; ähnlich: BGH MDR 1995, 791). Bei Geldzuwendungen ist die Klausel nicht nur erkennbar zwecklos, sondern in der Regel infolge Vermengung (§ 948 Abs. 1 BGB) unwirksam.
- **Nichtvollziehung einer Auflage (Ziff. 5).** Die Klausel tritt neben oder an die Stelle des gesetzlichen Rückforderungsrechts nach § 527 BGB (→ Anm. 17). Die Rückforderung setzt voraus, dass die Auflage nicht oder nur teilweise vollzogen und der Schenker vergeblich zum Vollzug aufgefordert hat.
- **Eröffnung des Insolvenzverfahrens oder Einleitung von Zwangsvollstreckungsmaßnahmen (Ziff. 6),** (→ Anm. 16). Der Vorbehalt einer Rückabwicklung ist nur **insolvenzfest,** wenn der Rückabwicklungsanspruch dinglich gesichert ist. Dies kann
  - bei Grundstücken durch Vormerkung (vgl. § 106 InsO, BGH ZEV 2008, 348),
  - bei beweglichen Sachen und Forderungen durch auflösend bedingte Übertragung auf den Beschenkten geschehen (→ Form. I.III.4).

  Ohne dingliche Absicherung des Rückabwicklungsanspruchs fällt der Schenkungsgegenstand bei Insolvenzeröffnung in die Insolvenzmasse. Da der Beschenkte nach Insolvenzeröffnung nicht mehr verfügungsbefugt ist, kann die bloß schuldrechtlich vereinbarte Rückabwicklung nur noch nach insolvenzrechtlichen Regeln erfolgen (vgl. hierzu BGH NJW 2006, 915). Ist eine dingliche Absicherung nicht möglich, empfiehlt sich die mittelbare Absicherung des Schenkers, indem das Widerrufsrecht nicht erst mit Eröffnung des Insolvenzverfahrens entsteht, sondern vorverlagert wird auf den Zeitpunkt, zu dem sich die wirtschaftlichen Verhältnisse des Beschenkten wesentlich verschlechtern. Zur Auslegung dieses Begriffs kann auf die Rechtsprechung zu § 490 Abs. 1 BGB verwiesen werden. Die Vorverlagerung des Widerrufsrechts kann insbesondere bei schneller Mitwirkung des Beschenkten nützlich sein (*Spiegelberger* MittBayNot 2000, 1 [7]; krit. *J. Mayer* Übergabevertrag Rn. 242).
- **Festsetzung von Schenkungsteuer (Ziff. 7).** Die Rückabwicklung für den Fall einer unerwartet hohen Schenkungsteuerfestsetzung ist als Notfallregelung insbesondere bei schenkungsteuerlich unübersichtlichen Sachverhalten zu empfehlen.
- **Pflichtteilsentziehung (Ziff. 8).** Die Pflichtteilsentziehung setzt nach §§ 2333 ff. BGB eine vorsätzliche körperliche Misshandlung oder eine schwere Straftat oder einen unsittlichen Lebenswandel eines Abkömmlings voraus. Da dies nicht in jedem Fall den Widerruf aufgrund groben Undanks nach § 530 BGB ermöglicht, ist die alternative Bezugnahme auf die Pflichtteilsentziehungsgründe zweckmäßig.
- **Gesetzliche Rückabwicklungsgründe, §§ 530 ff. BGB (Ziff. 9).** Der Verweis auf den nicht im Vorhinein verzichtbaren Widerruf wegen **groben Undanks** hat Erinnerungsfunktion. Sofern eine besondere Sicherung des Rückfalls, etwa der Eintritt einer Bedingung (→ Form. J.IV.7) oder die im Form. vorgesehene Rückabwicklungsvoll-

macht, vorgesehen ist, erfasst diese auch den ausdrücklich in Bezug genommenen Widerruf wegen groben Undanks. Das nicht abdingbare Rückforderungsrecht wegen **Notbedarfs** des Schenkers, § 528 BGB, wird nicht erwähnt, eine Sicherung dieses Anspruchs ist unüblich und würde nicht zuletzt den Rückforderungsanspruch des Sozialhilfeträgers sichern. Im Einzelfall kann der Anspruch zur besseren Absicherung des Schenkers in die Verweisung einbezogen werden („§§ 528 ff. BGB").

Für die **Pflichtteilsergänzung** soll nach einem Urteil des OLG Düsseldorf der Beginn der Zehnjahresfrist des § 2325 Abs. 3 BGB nicht zu laufen beginnen, wenn sich der Leistende ein Rückforderungsrecht für den Fall vorbehalten hat, dass der Zuwendungsempfänger ohne Zustimmung des Leistenden über den Zuwendungsgegenstand verfügt (OLG Düsseldorf ZEV 2008, 525). Diese Ansicht geht über die in der Lit. bereits kritisierte „Genussverzichtsrechtsprechung" des BGH hinaus (BGHZ 98, 226 [233] = NJW 1987, 122; BGHZ 125, 395 [398 f.]), der es für den Fristbeginn zumindest genügen lässt, wenn der Leistende auf den Genuss des Zuwendungsgegenstands „im Wesentlichen" verzichtet (vgl. Bamberger/Roth/*J. Mayer* BGB § 2325 Rn. 33 ff.).

16. Scheidungsantrag. Das Rückforderungsrecht sollte auf das Datum des Scheidungsantrags bezogen werden, weil dieser Stichtag für die Berechnung des Zugewinnausgleichs maßgeblich ist, § 1384 BGB (*C. Münch* Ehebezogene Rechtsgeschäfte Rn. 51 f.)

17. Keine Gläubigerbenachteiligung. Der an die Insolvenz des Beschenkten gebundene Rückabwicklungsvorbehalt stellt keine Gläubigerbenachteiligung iSd §§ 129 ff. InsO dar und unterliegt grundsätzlich nicht der Insolvenzanfechtung, denn der Beschenkte hat den Zuwendungsgegenstand von Anfang an belastet mit dem Rückabwicklungsvorbehalt erlangt (BGH ZEV 2008, 348). Ebenso wenig führt die Rückabwicklung zu einem unzulässigen Eingriff in die Befugnisse des Insolvenzverwalters nach § 80 InsO.

Dies gilt zumindest dann, wenn der Beschenkte infolge der Rückabwicklung **nicht schlechter steht**, als wenn er die Zuwendung nie erhalten hätte. Das Form. sieht daher für den Fall des Rücktritts nach Ziffer 6 vor, dass der Beschenkte – entgegen den vorgesehenen Rücktrittsfolgen im Übrigen – Nutzungen herauszugeben hat, dafür aber Aufwendungsersatz verlangen kann.

18. Rückabwicklung wegen Verarmung des Schenkers. Das Formular sieht keine Beschränkung des Rückforderungsrechts im Fall der Verarmung des Schenkers nach bereicherungsrechtlichen Gesichtspunkten vor. Dies führt zu einer Stärkung des Verarmungsschutzes des Schenkers gegenüber der gesetzlichen Regelung (MüKoBGB/*Kollhosser* § 528 Rn. 7). Die hierdurch veranlasste weitergehende Haftung des Beschenkten besteht allerdings auch im Fall des **Sozialhilferegresses.** Im Einzelfall kann den Parteien an einer einschränkenden Regelung gelegen sein. Möglich ist etwa eine Rückabwicklung nach Bereicherungsrecht. Der Vorbehalt eines Wohnungs- oder Nießbrauchsrechts hindert den Beginn des Zehnjahresfrist nicht (BGH MittBayNot 2012, 34 mAnm *Everts* MittBayNot 2012, 23).

19. Rücktrittsberechtigung. Ebenso wie das Widerrufsrecht nach § 530 BGB soll auch das vertragliche Rücktrittsrecht nur vom Schenker höchstpersönlich ausgeübt werden können, um eine nachträgliche Rückabwicklung lebzeitiger Verfügungen des Erblassers durch die Erben zu verhindern. Nur wenn der Beschenkte den Schenker vorsätzlich getötet oder auf sonstige Weise am Widerruf gehindert hat (§ 530 Abs. 2 BGB), sollten die Erben des Schenkers das Rücktrittsrecht ausüben können. Der aufgrund ausgeübten Rücktritts entstandene Rückforderungsanspruch ist frei vererblich (MüKoBGB/*Koch* § 530 Rn. 15), zudem kann eine **Vererblichkeit** des Rücktrittsrechts – etwa unter gleichzeitiger Befristung bis zum Tod des Alleinerben – vereinbart werden.

Die vereinbarte **Höchstpersönlichkeit** der Rückabwicklungsrechte kann ihre **Pfändbarkeit** einschränken und schließt auch den Rücktritt durch den Betreuer des Schenkers aus (Palandt/*Götz* BGB § 1902 Rn. 1 → Anm. 1). Sind **mehrere Personen** zum Rücktritt

berechtigt, muss geregelt werden, ob sie den Rücktritt nur gemeinsam, oder auch einzeln in vollem Umfang oder anteilig erklären können sollen.

20. Form und Frist. Im Interesse der Rechtsklarheit und Beweisbarkeit sieht das Formular den schriftlichen Rücktritt vor. Die **Rücktrittsfrist** dient dazu zu verhindern, dass nach Eintritt eines Rückabwicklungsgrundes praktisch ein freies Rückabwicklungsrecht des Schenkers entsteht, indem er von da an beliebig die Rückabwicklung auch mit einem möglicherweise lange zurück liegenden Rückabwicklungsgrund rechtfertigen kann. Die Frist von 12 Monaten orientiert sich an § 532 BGB. Eine kürzere Frist ist zulässig, sollte aber drei Monate betragen, um dem Schenker ausreichende Überlegungszeit und Beratungsmöglichkeiten zu verschaffen. Gerade im Fall des Vorversterbens des Beschenkten ist eine solche Frist gerade noch praktikabel. Der Schenker sollte zumindest in die Lage versetzt werden, die regelmäßige Ausschlagungsfrist nach § 1944 Abs. 1 BGB, die nicht am Todestag des Beschenkten, sondern mit Kenntnis des Erben zu laufen beginnt, abzuwarten, bevor er über eine Rückabwicklung entscheidet. Eine längere Frist jedenfalls von bis zu 10 Jahren ist möglich, da das Gesetz selbst in § 529 BGB eine 10-Jahresfrist vorsieht (*D. Mayer* ZGR 1995, 93 [105]).

21. Gesetzliches Rückforderungsrecht wegen Nichtvollziehung einer Auflage nach § 527 BGB. Das Rückforderungsrecht nach § 527 BGB ist abdingbar. Der Verweis dient der Klarstellung, ob der Rücktrittsvorbehalt nach § 6 Ziff. 5 anstelle – wie hier – oder zusätzlich zu § 527 BGB vereinbart ist.

22. Rechtsfolgen des Rücktritts. Die Erklärung des Rücktritts bringt ein gesetzliches Rückgewährschuldverhältnis nach §§ 346 ff. BGB zum Entstehen. In der Folge tritt bei Verfügungen über den Schenkungsgegenstand zwar keine dingliche Surrogation ein. Gemäß § 346 Abs. 2 BGB muss der Beschenkte aber **Wertersatz** leisten, wenn er den Schenkungsgegenstand nicht oder nur in verschlechtertem Zustand herausgeben kann. Auch Nutzungen muss der Beschenkte nach der gesetzlichen Konzeption herausgeben und Wertersatz für schuldhaft nicht gezogene Nutzungen leisten. Im Gegenzug sind ihm **Verwendungen** im Rahmen des § 347 Abs. 2 BGB vom Schenker zu ersetzen. Zu den abweichenden Regelungen des Form. → Anm. 22.

23. Vertragliche Regelung zu Nutzungen und Wertersatz. Der Beschenkte sollte grundsätzlich frei sein, den Schenkungsgegenstand bis zur Ausübung eines vorbehaltenen Rücktrittsrechts nach eigenem Belieben zu verwenden. Daher ist es zweckmäßig, die gesetzliche Nutzungsherausgabe und den Ersatz schuldhaft nicht gezogener Nutzungen ebenso auszuschließen wie die Ersatzansprüche des Beschenkten gegen den Schenker.

24. Nichterfüllung einer Auflage. Die Nichterfüllung einer Auflage berechtigt den Schenker nach § 527 BGB nur zur Rückforderung desjenigen Teils des Schenkungsgegenstands, der zur Auflagenerfüllung erforderlich ist. Ist der Schenkungsgegenstand unteilbar, beschränkt sich sein Rückforderungsanspruch von vornherein auf eine Geldsumme (vgl. MüKoBGB/*Kollhosser* § 516 Rn. 36). Diesen Regelungsgehalt schreibt die Ergänzung des Form. innerhalb der Rücktrittsregelung fort.

25. Ausschluss von Zurückbehaltungsrechten. Zurückbehaltungsrechte des Beschenkten gegenüber dem Schenker (§ 273 BGB) sind kaum interessengerecht.

26. Rückabwicklungsvollmacht. Wo die Rechtsnatur des Schenkungsgegenstands die Bestellung einer dinglichen Sicherheit nicht zulässt, dient die Erteilung einer unwiderruflichen Rückabwicklungsvollmacht dazu, die geschuldete Mitwirkung des Beschenkten an der Rückabwicklung selbst bewirken zu können. Hier vermeidet sie, dass der Schenker auf die Mitwirkung des Beschenkten angewiesen ist. Die Vollmacht bietet allerdings, wenn eine dingliche Sicherung fehlt, **keinen Schutz im Insolvenzfall** (vgl. BGH NJW

2006, 915): Ab Beschlagnahme unterliegt der Bevollmächtigte denselben Verfügungsbeschränkungen (§ 81 Abs. 1 InsO) wie der Beschenkte selbst. Auch eine Rücküberweisung (§ 676a BGB) unter Vorlage der Vollmacht und unter Hinweis auf den insolvenzbedingten Rückabwicklungsfall wird in der Regel scheitern, weil der Bank in diesem Fall ein außerordentliches Kündigungsrecht nach § 676a Abs. 3 BGB zusteht.

27. Beschränkung der Vollmacht. Beschränkungen der Vollmacht sollten sich nur auf das **Innenverhältnis** beziehen, um Zweifel des Geschäftspartners zu vermeiden, ob die Vertretungsmacht gegenüber Dritten durch die Beschränkungen ausgeschlossen sein könnte.

28. Pflichtteilsanrechnung. Der beschenkte Enkel des Schenkers ist pflichtteilsberechtigt, wenn das Elternteil des Enkels, das vom Schenker abstammt, vorverstorben ist, §§ 2303 Abs. 1 S. 1 iVm 1924 Abs. 2 BGB. Vgl. zur Pflichtteilsanrechnung im Übrigen → Form. J.IV.5 Anm. 1–5.

Die Schenkung kann Pflichtteilsergänzungsansprüche Dritter auslösen, → Form. J.IV.2 Anm. 6.

29. Anrechnungsbetrag bei Pflichtteilsanrechnung. Die Festlegung eines Anrechnungsbetrags ist zur Streitvermeidung stets empfehlenswert. Es kann auch ein vom tatsächlichen Verkehrswert abweichender höherer oder niedrigerer Anrechnungsbetrag vereinbart werden. Der Ansatz eines **höheren Betrages** ist als teilweiser Pflichtteilsverzicht gemäß § 2346 Abs. 2 BGB anzusehen, der der **notariellen Form** bedarf, § 2348 BGB. Bei ihm ist aufgrund der **Höchstpersönlichkeit** nach § 2347 Abs. 2 BGB keine Stellvertretung auf Seiten des Zuwendenden möglich. Eine Heilung durch Bewirken der Schenkung nach § 518 Abs. 2 BGB erfasst nicht den Formmangel nach § 2348 BGB (vgl. Staudinger/*Cremer* BGB § 518 Rn. 15).

30. Notarvollmacht. Die Vollzugsvollmacht zugunsten des Notars ist zweckmäßig, um ihm die nachträgliche Korrektur von Fehlern oder Ergänzung von Erklärungen zu ermöglichen, ohne dass Schenker und Beschenkter zu einem erneuten Termin erscheinen müssen. Der Notar kann erforderliche Maßnahmen durch eine bewirkende Eigenurkunde ergreifen (BGHZ 78, 36 = NJW 1981, 125). Die Bevollmächtigung auch der Angestellten wird teilweise als standesrechtlich fragwürdig angegriffen (Reithmann/Röll/Geßele/*Albrecht* Rn. 348). Da der Notar aber nicht eine von ihm selbst in Vollmacht abgegebene Willenserklärung beurkunden kann, § 6 Abs. 1 Nr. 1 BeurkG, ist die Bevollmächtigung der Angestellten erforderlich.

31. Kosten. An Gebühren fallen an: Für den Notar: Eine 2,0-Gebühr nach Nr. 21100 KV GNotKG aus dem Verkehrswert des Grundstücks, § 46 GNotKG. Vorbehaltene Rechte und sonstige Gegenleistungen erhöhen den Geschäftswert nicht, § 97 Abs. 3 GNotKG (zum Wertvergleich beim landwirtschaftlichen Betrieb s. *Diehn* Rn. 414 ff.). Für das Grundbuchamt: Eine 1,0-Gebühr nach Nr. 14110 KV GNotKG. Eine Kostenprivilegierung nach dem Vorbild von § 60 Abs. 2 KostO bei Eintragung des Ehegatten, des Lebenspartners oder von Abkömmlingen des eingetragenen Eigentümers gibt es nicht mehr.

32. Steuern. Die Grundstücksschenkung ist ein steuerpflichtiger Vorgang gem. §§ 1 Abs. 1 Nr. 2, 7 Abs. 1 Nr. 1 ErbStG. Der persönliche Freibetrag des Enkels beträgt gem. § 16 Abs. 1 Nr. 3 ErbStG 200.000,– EUR. Zur Möglichkeit der erbschaft- und schenkungsteuerfreien Übertragung des Familienwohnheims an Ehegatten und Kinder (nur für Erwerbe von Todes wegen) gem. § 13 Abs. 1 Nr. 4a bis Nr. 4c ErbStG → Form. J.II.2 Anm. 14.

Die vom Schenker übernommene Steuer erhöht gem. § 10 Abs. 2 ErbStG den Wert der Schenkung nur um den Steuerbetrag selbst, nicht aber um die auf die zugewandte Steuer erneut anfallende Schenkungsteuer. Daher ist es in der Gesamtbetrachtung für Schenker

und Beschenkten günstiger, wenn der Schenker die Steuer übernimmt (vgl. mit Berechnungsbeispiel *Meincke/Hannes/Holz* ErbStG § 10 Rn. 30).

Wird der Rücktritt erklärt, erlischt die Steuer gem. § 29 Abs. 1 Nr. 1 ErbStG mit Wirkung für die Vergangenheit (TGJG/*Jülicher* ErbStG § 29 Rn. 76). Dazu muss sich der Schenker den Rücktritt bereits im ursprünglichen Schenkungsvertrag vorbehalten haben. Wird das Rücktrittsrecht erst nach Ausführung der Schenkung vereinbart, soll dies eine erneut steuerpflichtige Rückschenkung darstellen (TGJG/*Jülicher* ErbStG § 29 Rn. 8).

3. Grundstücksschenkung an Minderjährige

[Notarieller Urkundeneingang[1, 2]]

§§ 1–5 → Form. J.IV.2

§ 6 Widerrufsvorbehalt[3]

Der Schenker behält sich das Recht[4] vor, die Schenkung zu widerrufen, wenn[5]

1. der Beschenkte vor dem Schenker verstirbt, oder
2. der Beschenkte es unterlässt durch Ehevertrag sicherzustellen, dass der Schenkungsgegenstand nicht in einen Zugewinnausgleich einbezogen oder Zugewinnausgleichsansprüche in den Schenkungsgegenstand vollstreckt werden können, oder
3. die Scheidung der Ehe oder der eingetragenen Lebenspartnerschaft des Beschenkten beantragt[6] wird oder beide länger als ...... Monate getrennt leben (§ 1567 BGB), oder
4. der Beschenkte zu Lebzeiten des Schenkers ohne dessen vorherige schriftliche Zustimmung über den Schenkungsgegenstand verfügt, oder
5. der Beschenkte die Auflagen gemäß nachfolgendem § ...... trotz Aufforderung durch den Schenker nicht erfüllt, oder
6. über das Vermögen des Beschenkten das Insolvenzverfahren eröffnet oder mangels Masse abgelehnt wird oder die Zwangsvollstreckung in den Schenkungsgegenstand eingeleitet wird,[7] oder
7. für diese Schenkung Schenkungsteuer von mehr als EUR ..... festgesetzt wird, oder
8. der Schenker berechtigt wäre, dem Beschenkten den Pflichtteil zu entziehen, oder
9. in dem gesetzlich geregelten Fall der §§ 530 ff. BGB.

Der Widerruf kann nur vom Schenker persönlich oder nach Maßgabe des § 530 Abs. 2 BGB von dessen Erben,[8] nur schriftlich und nur innerhalb von drei Monaten ab Kenntnis des Widerrufsgrundes gegenüber dem Beschenkten erklärt werden.[9] Daneben bleibt das Rückforderungsrecht nach § 528 BGB bestehen.[10]

Dem Beschenkten steht über die Regelungen der §§ 812 ff. BGB hinaus Ersatz seiner Aufwendungen auch insoweit zu, als diese nicht zu einer Wertsteigerung des Zuwendungsgegenstands oder einer sonstigen Bereicherung des Schenkers führen.[11]

§ 7 Rückauflassungsvormerkung[12]

Zur Sicherung des Rückforderungsanspruchs ist für den Schenker eine Rückauflassungsvormerkung einzutragen, deren Eintragung beantragt und bewilligt wird.

§ 8 Pflichtteilsanrechnung

Die Schenkung erfolgt unter Anrechnung[13] in Höhe des Verkehrswertes, höchstens EUR . . . . . .,[14] auf den Pflichtteils- und Pflichtteilsergänzungsanspruch (§§ 2315, 2325 ff. BGB). Die Anrechnung ist ausgeschlossen, soweit der Beschenkte beim Eintritt des Erbfalls nicht mehr bereichert ist. Im Fall des Widerrufs nach § 6 entfällt die Anrechnung rückwirkend für den Beschenkten.[15]

§ 9 Anordnung für die Vermögenssorge

Die Erträge aus dem Schenkungsgegenstand sollen ausschließlich dem Beschenkten zugute kommen. Die elterliche Abweichungsbefugnis nach § 1639 Abs. 2 BGB ist ausgeschlossen.[16]

§ 10 Steuern

Die auf die Schenkung eventuell anfallende Schenkungsteuer übernimmt der Schenker.[17]
§ 11 Notarvollmacht (wie → Form. J.IV.2 § 12)[18, 19, 20]

Anmerkungen

1. Sachverhalt und Interessenlage. Der Schenker möchte seinem 12jährigen Enkel eine Mietimmobilie zuwenden, um den Enkel finanziell abzusichern. Der Vater des Beschenkten und Sohn des Schenkers ist vorverstorben, es soll verhindert werden, dass die Mutter des Beschenkten die Erträge für sich selbst oder ihre Kinder aus zweiter Ehe vereinnahmt.

Erfolgt die Grundstücksschenkung gegen Versorgungsleistungen, können die dispositiven landesrechtlichen Sondervorschriften zu Art. 96 EGBGB zum Leibeding anwendbar sein (→ Form. J.IV.1 Anm. 9; *Wirich* ZEV 2008, 372).

2. Ergänzungspfleger und familiengerichtliche Genehmigung. Verträge über Zuwendungen eines gesetzlichen Vertreters an einen Minderjährigen können entweder, wenn der Minderjährige mindestens sieben Jahre alt und die Zuwendung lediglich rechtlich vorteilhaft ist oder ausschließlich in der Erfüllung einer Verbindlichkeit besteht, gemäß § 107 BGB vom Minderjährigen selbst angenommen werden, oder es bedarf sowohl der Bestellung eines Ergänzungspflegers, als auch einer familiengerichtlichen Genehmigung, denn gemäß §§ 1629 Abs. 2 S. 1, 1795, 1909 Abs. 1 S. 1, 181 BGB ist der gesetzliche Vertreter an der Vertretung des Minderjährigen gehindert, soweit er selbst an dem Rechtsgeschäft mitwirkt. Die Grenze zwischen lediglich rechtlich vorteilhaften und nicht lediglich rechtlich vorteilhaften Rechtsgeschäften hängt bei Grundstückszuwendungen von besonders vielen Einzelfragen ab. Daher wird zT empfohlen, bei Grundstückszuwendungen an Minderjährige aus Gründen der Rechtssicherheit stets einen Ergänzungspfleger hinzu zu ziehen (vgl. *Wilhelm* NJW 2006, 2353).

Ob eine Zuwendung **lediglich rechtlich vorteilhaft** ist, ist für den dinglichen und den schuldrechtlichen Vertragsteil getrennt zu untersuchen. Erweist sich der schuldrechtliche Teil des Vertrages als nicht lediglich rechtlich vorteilhaft, bleibt die Auflassung gleichwohl wirksam (BGH NJW 2005, 415). Nicht lediglich rechtlich vorteilhaft sind solche Vertragsgestaltungen, die den Minderjährigen zu Vermögensopfern aus seinem Eigenvermögen, das er vor der Zuwendung besessen hat, verpflichten können, sofern die Belastungen über die gewöhnlichen öffentlichen Lasten, die mit dem Erwerb verbunden sind, hinausgehen. Nur eine Haftung mit dem Schenkungsgegenstand und damit **lediglich rechtlich vorteilhaft** ist eine Zuwendung eines **unvermieteten und unverpachteten Grundstücks** (BGH NJW 2005, 1430), auch wenn sie verbunden ist mit

- der dinglichen Belastung des Grundstücks mit einer **Auflassungsvormerkung** oder **Grundpfandrechten** unabhängig von ihrer Höhe (BGH NJW 2005, 415),
- der Belastung aus einem **Vorkaufsrecht** (BayObLG NJW 1998, 3574),
- einer Einschränkung der Nutzbarkeit durch einen **Nießbrauch** (BGH NJW 2005, 415) oder ein **Wohnungsrecht** (BayObLG DNotZ 1968, 98),
- der Verpflichtung aus einer im Wesentlichen dem Gesetz entsprechenden **Gemeinschaftsordnung** bei Zuwendung einer Eigentumswohnung (BGH NJW 1981, 109; BayObLG MittBayNot 1998, 38),
- einem **Rückforderungsvorbehalt,** der lediglich bereicherungsrechtliche Ansprüche auslöst (*Fembacher/Franzmann* MittBayNot 2002, 78, offen gelassen: BGH NJW 2005, 415, aA OLG Köln, NJW-RR 1998, 363; BeckNotarHdB/*Jerschke* A V Rn. 55),
- der **Ausgleichungspflicht** gemäß § 2050 BGB (BGH NJW 1955, 1353),
- einer **Pflichtteilsanrechnung** bei Begrenzung auf den Wert der Bereicherung zum Zeitpunkt des Erbfalls (str. Staudinger/*Haas* BGB § 2315 Rn. 32; MüKoBGB/*Lange* § 2315 Rn. 16; krit. *Fembacher* MittBayNot 2004, 24).

3. Widerrufsvorbehalt. Soll ein Rückabwicklungsvorbehalt aufgenommen werden, kommt bei einem minderjährigen Beschenkten nur die Ausgestaltung als Widerruf mit den Rechtsfolgen des Bereicherungsrechts, nicht aber ein Rücktritt in Betracht (BGH NJW 2005, 415), weil hierdurch die Haftung des Minderjährigen auf die erlangte Bereicherung beschränkt wird (*Fembacher/Franzmann* MittBayNot 2002, 78). Der Widerrufsvorbehalt gefährdet die rechtliche Vorteilhaftigkeit der Zuwendung nach § 107 BGB nicht und macht keine Bestellung eines **Ergänzungspflegers** erforderlich (vgl. OLG Dresden MittBayNot 1996, 288 [289 f.]; OLG Köln NJW-RR 1998, 363).

4. Pfändbarkeit des Widerrufsrechts. Der Widerruf ist ein Gestaltungsrecht, das gemeinsam mit dem Rückabwicklungsanspruch von Gläubigern des Schenkers gepfändet werden kann (BGH ZEV 2003, 293 mAnm *Langenfeld*). Es ist noch offen, in welchem Umfang analog § 852 Abs. 2 ZPO **Pfändungsbeschränkungen** für höchstpersönliche oder ehe- oder familienbezogene Rückabwicklungsrechte gelten, zu denen die Vorversterbens-, Ehevertrags- und Scheidungsklausel sowie die Pflichtteilsentziehungsklausel zählen dürften (*C. Münch* FamRZ 2004, 1329).

5. Widerrufsgründe und Pflichtteilsergänzung. → Form. J.IV.2 Anm. 12.

6. Scheidungsantrag. → Form. J.IV.2 Anm. 15.

7. Keine Gläubigerbenachteiligung. Der an die Insolvenz des Beschenkten gebundene Rückabwicklungsvorbehalt stellt keine Gläubigerbenachteiligung iSd §§ 129 ff. InsO dar und unterliegt grundsätzlich nicht der Insolvenzanfechtung, denn der Beschenkte hat den Zuwendungsgegenstand von Anfang an belastet mit dem Rückabwicklungsvorbehalt erlangt (BGH ZEV 2008, 348). Ebenso wenig führt die Rückabwicklung zu einem unzulässigen Eingriff in die Befugnisse des Insolvenzverwalters nach § 80 InsO.

Dies gilt zumindest dann, wenn der Beschenkte infolge der Rückabwicklung **nicht schlechter steht,** als wenn er die Zuwendung nie erhalten hätte. Das Form. sieht daher für den Fall des Widerrufs nach Ziffer 6 vor, dass der Beschenkte über die bereicherungsrechtlichen Regelungen der §§ 812 ff. BGB hinaus Ersatz sämtlicher Aufwendungen verlangen kann, also auch solcher, die nicht zu einer Wertsteigerung des Zuwendungsgegenstands führen.

8. Widerrufsberechtigung. → Form. J.IV.2 Anm. 18.

9. Form und Frist. → Form. J.IV.2 Anm. 19.

10. Gesetzliches Rückforderungsrecht nach § 527 BGB. → Form. J.IV Anm. 20.

11. Rechtsfolgen des Widerrufs. Der Widerruf führt gemäß § 531 Abs. 2 BGB zur Rückabwicklung nach Bereicherungsrecht, §§ 812 ff. BGB. Herauszugeben ist nur der Schenkungsgegenstand selbst (BGH NJW-RR 2001, 6) sowie **Nutzungen,** durch die der Beschenkte zum Zeitpunkt des Zugangs der Widerrufserklärung noch bereichert ist. Umgekehrt wirken vorher getätigte **Aufwendungen** bereicherungsmindernd nach § 818 Abs. 3 BGB (BGHZ 140, 275). Kann der Beschenkte den Schenkungsgegenstand nicht herausgeben, so hat er im Rahmen seiner Bereicherung **Wertersatz** zu leisten, § 818 Abs. 2 und 3 BGB. Surrogation tritt nicht ein. Die Schenkung an einen Minderjährigen ist nicht lediglich rechtlich vorteilhaft, wenn das Risiko besteht, dass der Minderjährige keine Erstattung der aus eigenem Vermögen getätigten Aufwendungen erhält, weil diese nicht in vollem Umfang werterhöhend gewirkt haben.

12. Rückauflassungsvormerkung. Die Rückauflassungsvormerkung bewirkt lediglich eine dingliche Belastung des geschenkten Grundstücks, nicht aber eine Gefährdung der rechtlichen Vorteilhaftigkeit der Zuwendung (BGH NJW 2005, 415). Es empfiehlt sich, **keine Rückabwicklungsvollmacht** aufzunehmen, weil sie eine Unklarheit begründen kann, ob tatsächlich nur eine auf die Rückgabe der Bereicherung beschränkte Verpflichtung begründet wird (vgl. dazu OLG Köln NJW-RR 1998, 363).

13. Pflichtteilsanrechnung. Der beschenkte Enkel des Schenkers ist pflichtteilsberechtigt, weil sein Vater, der Sohn des Schenkers, vorverstorben ist, §§ 2303 Abs. 1 S. 1 iVm 1924 Abs. 2 BGB. Vgl. zur Pflichtteilsanrechnung im Übrigen → Form. J.IV.2 Anm. 28.

Die Schenkung kann Pflichtteilsergänzungsansprüche Dritter auslösen, → Form. J.IV.2 Anm. 6. Zur Notwendigkeit einer familiengerichtlichen Genehmigung und der Bestellung eines Ergänzungspflegers → Anm. 2.

14. Anrechnungsbetrag bei Pflichtteilsanrechnung. → Form. J.IV.2 Anm. 3. Der Anrechnungsbetrag darf bei Minderjährigen den Verkehrswert nicht überschreiten, weil dies als teilweiser Pflichtteilsverzicht gemäß § 2346 Abs. 2 BGB rechtlich nachteilig wäre (vgl. MüKoBGB/*Lange* § 2315 Rn. 10). Die Festlegung eines betragsmäßigen Höchstbetrags dient der Anrechnungserleichterung. Die weitere Beschränkung auf den beim Erbfall noch vorhandenen Wert vermeidet ein nach hL bestehendes familiengerichtliches Genehmigungserfordernis (dazu Bamberger/Roth/*J. Mayer* BGB § 2315 Rn. 8; Staudinger/*Haas* BGB § 2315 Rn. 26).

15. Widerrufsfolgen auf die Anrechnung. Die Klausel hat klarstellende Funktion. Ohnehin ist eine Pflichtteilsanrechnung nur in Höhe der dem Beschenkten zum Zeitpunkt des Erbfalls verbliebenen Bereicherung vorgesehen. Daher erfolgt ohnehin keine Anrechnung, wenn der Beschenkte alles Erlangte infolge des Widerrufs herausgegeben hat.

16. Anordnung zur Vermögenssorge. Die Anordnung nach § 1639 BGB verpflichtet die Eltern schuldrechtlich. Sie können mit Zustimmung des Zuwendenden (§§ 1803 Abs. 3, 182 BGB), die nur unter den Voraussetzungen des § 1803 Abs. 3 S. 2 BGB durch familiengerichtliche Genehmigung ersetzt werden kann, abweichen (Bamberger/Roth/*Veit* BGB § 1639 Rn. 6). Wird durch eine nicht genehmigte Zuwiderhandlung das Kindesvermögen gefährdet, kann das Familiengericht Maßnahmen nach § 1666 BGB ergreifen, etwa den Eltern die Vermögenssorge über den Zuwendungsgegenstand entziehen.

Als Alternative zur Anordnung zur Vermögenssorge nach § 1639 BGB kann der Zuwendende die Eltern von der **Vermögenssorge** über den Schenkungsgegenstand **ausschließen** (§ 1638 BGB) mit der Folge, dass eine Ergänzungspflegschaft in Form der Zuwendungspflegschaft gemäß § 1909 Abs. 2 BGB anzuordnen ist. Auch der Ausschluss des nicht sorgeberechtigten Elternteils kann zweckmäßig sein, denn nach dem **Tod des alleinsorgeberechtigten Elternteils** geht das Sorgerecht gemäß § 1680 Abs. 1 BGB ohne Kindeswohlprüfung auf den zuvor nicht Sorgeberechtigten über.

17. Übernahme der Schenkungsteuer durch den Schenker. Eine Freistellung des minderjährigen Beschenkten von der Schenkungsteuer im Innenverhältnis ist nicht erforderlich, um die Zuwendung als lediglich rechtlich vorteilhaft einzustufen. Als übliche, mit der Zuwendung verbundene öffentliche Last wäre es unschädlich, wenn die Schenkungsteuer eine persönliche Haftung des Minderjährigen auslöst (im Übrigen → Form. J.IV.2 Anm. 12).

18. Notarvollmacht. Die Aufnahme der Notarvollmacht begründet kein nach § 107 BGB schädliches Risiko einer persönlichen Haftung des Minderjährigen, da sie ausschließlich der Ausführung der Zuwendung an den Minderjährigen dient.

19. Kosten. An Gebühren fallen an: Für den Notar: Eine 2,0-Gebühr nach Nr. 21100 KV GNotKG aus dem Verkehrswert des Grundstücks, § 46 GNotKG. Vorbehaltene Rechte und sonstige Gegenleistungen erhöhen den Geschäftswert nicht, § 97 Abs. 3 GNotKG (zum Wertvergleich beim landwirtschaftlichen Betrieb s. *Diehn* Notarkostenberechnungen Rn. 414 ff.). Für das Grundbuchamt: Eine 1,0-Gebühr nach Nr. 14110 KV GNotKG. Eine Kostenprivilegierung nach dem Vorbild von § 60 Abs. 2 KostO bei Eintragung des Ehegatten, des Lebenspartners oder von Abkömmlingen des eingetragenen Eigentümers gibt es nicht mehr.

20. Steuern. Aufgrund des Vorversterbens der Eltern beträgt der persönliche Freibetrag des Enkels hier 400.000,–EUR gem. § 16 Abs. 1 Nr. 2 ErbStG. Vgl. im Übrigen die Anmerkungen unter → Form. I.III.2 Anm. 32.

Zu den steuerlichen Benachrichtigungspflichten des Notars → Form. I.I.2 Anm. 14.

Die Rückabwicklungsklausel ist im Hinblick auf die Übertragung des Vermögens schenkungsteuerlich unbeachtlich, da sogar ein freier Widerrufsvorbehalt den Bedachten nicht an der freien Verfügung über den schenkweise übertragenen Vermögensgegenstand hindert und somit eine Bereicherung nicht ausschließt (BFH v. 28.6.2007 – II R 21/05). Dies gilt selbst dann, wenn der Zuwendende mit Rücksicht auf ihm eingeräumte Vorbehaltsrechte wirtschaftlicher Eigentümer des Zuwendungsgegenstandes iSd § 39 Abs. 2 Nr. 1 AO bleibt (BFH BStBl. II 1983, 179). Der Steuerwert des Zuwendungsgegenstandes wird durch den Widerrufsvorbehalt nicht geschmälert (TGJG/*Gebel* ErbStG § 7 Rn. 54). Die Schenkungsteuer entsteht mit Ausführung der Zuwendung gem. § 9 Abs. 1 Nr. 2 ErbStG (BFH BStBl. II 1985, 382 [383]).

Wird der Widerruf ausgeübt, erlischt die Steuer gem. § 29 Abs. 1 Nr. 1 ErbStG mit Wirkung für die Vergangenheit (TGJG/*Jülicher* ErbStG § 29 Rn. 76). Dazu muss sich der Schenker den Widerruf bereits im ursprünglichen Schenkungsvertrag vorbehalten haben. Wird das Widerrufsrecht erst nach Ausführung der Schenkung vereinbart, so soll dies eine erneut steuerpflichtige Rückschenkung darstellen (TGJG/*Jülicher* ErbStG § 29 Rn. 8).

4. Geldschenkung

[Notarieller Urkundeneingang[1, 2]]

§ 1 Schenkung

Der Schenker[3] schenkt dem Beschenkten [*mgl. Ergänzung: mit Rücksicht auf ein künftiges Erbrecht des Beschenkten*] den Betrag von . . . . . EUR Der Beschenkte nimmt diese Schenkung an.[4]

§ 2 Bewirken der Leistung[5]

Die Schenkung wird durch Überweisung des in § 1 genannten Betrages auf das Konto des Beschenkten bei der . . . . . .-Bank, IBAN . . . . . ., BIC . . . . . . bewirkt.[6] Der Beschenkte verpflichtet sich, dem Schenker schriftlich anzuzeigen, sobald der Schenkungsbetrag seinem Konto gutgeschrieben wurde.

§ 3 Steuern[9]

Die auf die Schenkung eventuell anfallende Schenkungsteuer übernimmt der Schenker.

§ 4 Rechtswahl

Dieser Schenkungsvertrag unterliegt deutschem Recht.[7, 8]

Anmerkungen

1. Sachverhalt und Interessenlage. Der Schenker ist der Großvater des Beschenkten. Er möchte seinen Enkel bereits zu Lebzeiten mit einer finanziellen Starthilfe versehen, die er nicht an einen konkreten Zweck oder bestimmte Bedingungen knüpft.

Die Zuwendung von Barmitteln durch Handschenkung oder – wie im Form. vorgesehen – Überweisung ist häufig. Der Umstand, dass der Zuwendungsgegenstand Geld nicht mangelhaft sein kann, lässt eine knappe Gestaltung zu. Auf der anderen Seite besteht auch keine Möglichkeit mögliche Rückforderungsansprüche am Zuwendungsgegenstand dinglich zu sichern.

2. Form. Das gesamte Schenkungsversprechen, nicht aber dessen Annahme, bedarf der **notariellen Beurkundung,** § 518 Abs. 1 S. 1 BGB. Ausreichend ist auch die Aufnahme in einen Prozessvergleich, § 127a BGB. Zur Heilung → Anm. 8. Vorsicht ist bei Zuwendungen an die eigenen Kinder geboten, weil diese Ausstattungen nach § 1624 BGB darstellen können und ein Ausstattungsversprechen ohne Beachtung der Form des § 518 Abs. 1 S. 1 BGB wirksam ist (OLG Düsseldorf NJW-RR 2004, 1082; → Form. J.V Anm. 2, 3).

3. Haftung. Die §§ 521 ff. BGB sehen bereits eine Haftungsbeschränkung des Schenkers vor. Möglich ist wegen § 276 Abs. 3 BGB allenfalls die weitere Einschränkung, dass der Schenker auch die Haftung für grobe Fahrlässigkeit ausschließt.

4. Gesetzliche Rückforderungs- und Widerrufsrechte. Dem Schenker steht das unverzichtbare (BGH NJW 1995, 2287) Rückforderungsrecht für den Fall seiner Verarmung, sog. **Notbedarf,** zu, der einem Unterhaltsanspruch des Schenkers vorgeht (BGH NJW 1991, 1824). Der Anspruch ist nur im Rahmen seiner Zwecksetzung abtretbar (MüKoBGB/*Kollhosser* § 528 Rn. 11; BGH NJW 1995, 323). Einmal entstanden, ist er auch vererblich (BGH NJW 1995, 2287). Der Rückforderungsanspruch kann gem. § 93 SGB XII auf den Sozialhilfeträger übergeleitet werden (BGH NJW 1986, 1607).

Der Schenker kann die Schenkung bei **grobem Undank** des Beschenkten widerrufen, § 530 BGB. Auf das Widerrufsrecht kann der Schenker nicht im Voraus verzichten, § 533 BGB.

Direkte Zuwendungen der Schwiegereltern an ihr Schwiegerkind werden seit dem Grundsatzurteil des BGH vom 3.2.2010 (NJW 2010, 2202) nicht mehr als unbenannte Zuwendung behandelt, sondern als Schenkung. Im Fall des Scheiterns der Ehe kommt daher eine Rückforderung wegen Wegfalls der Geschäftsgrundlage in Betracht (vgl. näher *Stein* FÜR 2012, 88).

Grundsätzlich sollte jeder Zuwendungsvertrag weitergehende **vertragliche Rückforderungsrechte** vorsehen (→ Form. I.III.2 §§ 6–9 und → Form. I.III.3 §§ 6–8).

5. Bewirken der Leistung. Es ist grundsätzlich besonderes Augenmerk auf eine frühzeitige Leistungsbewirkung zu legen, da hierdurch zahlreiche **Fristen** in Gang gesetzt werden (Gläubiger- und Insolvenzanfechtung, § 4 AnfG und § 134 InsO: 4 Jahre bzw. 10 Jahre bei Vorsatz, § 3 AnfG, § 133 InsO; Pflichtteilsergänzung, § 2325 Abs. 3 BGB: 10 Jahre; Rückforderung wegen Notbedarfs des Schenkers – uU nach Überleitung auf den Sozialhilfeträger, § 529 Abs. 1 BGB, § 93 SGB XII: 10 Jahre; aber: steuerliche Anrechnung von Vorerwerben, § 14 ErbStG: 10 Jahre). Zudem wird ein **Formmangel** durch das Bewirken der Leistung geheilt, § 518 Abs. 2 BGB. Die Leistung ist nach hM bewirkt, wenn der Schenker alles seinerseits zur Herbeiführung des versprochenen Leistungserfolgs Erforderliche getan hat, der Eintritt des Leistungserfolgs selbst ist nicht erforderlich (BGH NJW-RR 1989, 1282; BGHZ 99, 97 = NJW 1987, 840). Es ist unschädlich, wenn die Leistung bedingt oder befristet ist (BGHZ 99, 97 = NJW 1987, 840). Da die Gegenansicht (MüKoBGB/*Kollhosser* § 518 Rn. 13) den Eintritt des Leistungserfolges zum Bewirken der Leistung fordert, empfiehlt es sich, den Beschenkten zur Anzeige der Gutschrift zu verpflichten. Erfolgt die Geldschenkung durch **Hingabe eines Schecks,** führt erst die Einlösung zum Bewirken der Leistung (BGH WM 1978, 844). Die Einlösung kann auch nach dem Tod des Schenkers erfolgen, Kenntnis der Erben ist nicht erforderlich.

6. Pflichtteilsergänzung. → Form. I.III.2 Anm. 6.

7. Rechtswahl. Es gilt der Grundsatz der **freien Rechtswahl,** Art. 3 Rom I-VO (Verordnung (EG) Nr. 593/2008 vom 17.5.2008, die allerdings die Fortgeltung international zwingender Normen des nationalen Rechts unberührt lässt, Art. 9 Rom I-VO. Nicht alle nicht dispositiven Normen sind auch international zwingend (vgl. näher MüKoBGB/*Martiny* Rom I-VO Art. 9 Rn. 10 ff. sowie Erwägungsgrund 37 der VO). Das Rückforderungsrecht nach § 528 BGB könnte mit Blick auf seine Wechselwirkungen zum Sozialversicherungsrecht (vgl. *Junkwe* 50 Jahre BAG S. 1214) als international zwingend anzusehen sein. Die Rechtswahl der Schenkung ist ohne Einfluss auf mögliche Pflichtteilsergänzungsansprüche nach § 2325 BGB.

8. Kosten. Es fallen Gebühren an für den Notar: Eine 2,0-Gebühr gemäß Nr. 21100 KV GNotKG aus dem Nennbetrag der verschenkten Summe, §§ 97 Abs. 1, 37 Abs. 1 GNotKG. Die Protokollierung einer Rechtswahl erhöht den Geschäftswert um 30 % nach § 104 GNotKG. Nur bei mangels Auslandsbezugs offensichtlich rein deklaratorischen Klauseln kann von einer Geschäftswerterhöhung abgesehen werden.

9. Steuern. Die Geldschenkung ist ein steuerpflichtiger Vorgang gem. § 1 Abs. 1 Nr. 2 iVm § 7 Abs. 1 Nr. 1 ErbStG. Der Freibetrag der Enkelkinder beträgt gem. § 16 Abs. 1 Nr. 3 ErbStG 200.000,–EUR. Dieser Freibetrag steht gem. § 14 Abs. 1 ErbStG alle zehn Jahre neu zur Verfügung. Die Bewertung erfolgt gem. § 12 Abs. 1 ErbStG iVm § 12 Abs. 1 BewG mit dem Nennwert. Die vom Schenker übernommene Steuer erhöht gem. § 10 Abs. 1 ErbStG den Wert der Schenkung, ist aber dennoch steuerlich vorteilhaft, → Form. I.III.2 Anm 32.

Zu den steuerlichen Benachrichtigungspflichten des Notars → Form. I.I.2 Anm. 14.

5. Pflichtteils- und Zugewinnanrechnungsklausel

Die Schenkung nach § 1 erfolgt [nicht] unter Anrechnung[1, 2] [in Höhe von[3]. . . . . EUR] auf den Pflichtteils- und Pflichtteilsergänzungsanspruch (§§ 2315, 2325 ff. BGB). Die Schenkung ist auch [nicht] auf den Zugewinnausgleich [in Höhe von . . . . . EUR] anzurechnen. Im Fall der Anrechnung auf Pflichtteil und Zugewinnausgleich erfolgt die

Anrechnung in der Weise, dass der Anrechnungsbetrag zunächst auf den Pflichtteilsanspruch anzurechnen ist. Soweit hiernach ein Anrechnungsbetrag verbleibt, ist nur dieser auf den Zugewinnausgleich anzurechnen.[4]

Im Fall der Rückabwicklung nach § . . . . . . entfällt die Anrechnung auf den Pflichtteil und den Zugewinn rückwirkend für den jeweils Betroffenen in Höhe des Anteils an dem Wert der Zuwendung, auf den sich die Rückabwicklung erstreckt.[5, 6, 7]

Anmerkungen

1. Interessenlage bei Pflichtteilsanrechnung. Vor oder bei der Zuwendung kann die Pflichtteilsanrechnung formlos angeordnet oder zumindest vorbehalten werden.

Da die lebzeitige Anordnung auch konkludent erfolgen kann, ist eine positive oder negative Klarstellung immer zweckmäßig.

Betroffen sind unentgeltliche Zuwendungen aller Art (Schenkung, Ausstattung, ehebedingte Zuwendung, vorweggenommene Erbfolge) an einen Pflichtteilsberechtigten (Ehepartner, Abkömmlinge sowie Eltern unter der Einschränkung nach § 2309 BGB). Erfolgt die Zuwendung mit Rücksicht auf ein **künftiges Erbrecht** oder im Rahmen vorweggenommener Erbfolge, kann hieraus grundsätzlich noch nicht auf die Anordnung der Pflichtteilsanrechnung geschlossen werden (vgl. Staudinger/*Haas* BGB § 2315 Rn. 23).

Wendet nur ein Elternteil lebzeitig einen Vermögensgegenstand zu, kann dieser auch nur auf den Pflichtteilsanspruch nach dem zuwendenden Elternteil, nicht aber auf den Pflichtteilsanspruch gegenüber dem anderen Elternteil angerechnet werden (BGH NJW 1983, 2875). Hier kommt nur ein Pflichtteilsverzicht in Betracht (→ Form. J.III.6 ff. sowie die Musterformulierungen bei *Mohr* ZEV 1999, 257).

Interessenlage bei Anrechnung auf den Zugewinnausgleich. Unter Eheleuten und eingetragenen Lebenspartnern ist bei Zuwendungen, die über den Wert von Gelegenheitsgeschenken hinausgehen, nach § 1380 Abs. 1 S. 2 BGB im Zweifel von einer Anrechnungspflicht auf den Zugewinn auszugehen. Eine klarstellende Regelung zum Ob und Wie der Anrechnung ist insbesondere beim Zusammentreffen mit einer Pflichtteilsanrechnung zu empfehlen, weil das Verhältnis beider Anrechnungen umstritten ist (vgl. Nieder/Kössinger/*Nieder* 1. Teil § 2 Rn. 326).

2. Berechnung der Anrechnung auf den Pflichtteil. Anzurechnen ist der **Verkehrswert** zum Zeitpunkt der Vornahme der Zuwendung, § 2315 Abs. 2 S. 2 BGB. Der **inflationsbedingte Scheingewinn** ist nach folgender Formel herauszurechnen: Verkehrswert bei Zuwendung * Preisindex für die Lebenshaltung im Todesjahr/Preisindex für die Lebenshaltung im Zuwendungsjahr (vgl. BGH NJW 1983, 1486). Der hiernach anzurechnende Verkehrswert ist dem tatsächlichen Nachlasswert hinzuzurechnen, hieraus ist der fiktive Pflichtteilsanspruch zu errechnen und anschließend der Verkehrswert der anrechnungspflichtigen Zuwendung abzuziehen. Bei der Berechnung bleiben Pflichtteilsberechtigte, die einen Erbverzicht erklärt haben, unberücksichtigt, § 2316 Abs. 1 S. 2 BGB.

3. Anrechnungsbetrag bei Pflichtteilsanrechnung. → Form. J.IV.2 Anm. 28.

4. Zusammentreffen von Pflichtteils- und Zugewinnanrechnung. Das Verhältnis der Anrechnung auf den Pflichtteil und auf den Zugewinnausgleich ist umstritten. Weitgehende Einigkeit besteht, dass die Zuwendung nicht doppelt anzurechnen ist, weil der Zuwendungsempfänger sonst schlechter als ohne Zuwendung stünde. Da die Anrechnung auf den Zugewinnausgleich den zu verteilenden Nachlass und damit auch die Höhe des Pflichtteilsanspruchs beeinflusst, sieht das Form. vor, dass zunächst auf die Pflichtteilsforderung, und sodann nur ein möglicherweise verbleibender Anrechnungsbetrag auf den Zugewinn angerechnet wird (vgl. dazu Nieder/Kössinger/*Nieder* 1. Teil § 2 Rn. 326).

5. Fortfall der Anrechnung bei Rückabwicklung. Die Vereinbarung eines rückwirkenden Fortfalls der Anrechnung auf den Pflichtteil für den Fall der Rückabwicklung der Schenkung im Schenkungsvertrag ist zulässig, da sogar eine **nachträgliche Aufhebung** der Anrechnungsbestimmung durch Aufhebungsvereinbarung, Erlassvertrag (§ 397 BGB) oder Erbschaftsvertrag (§ 311b Abs. 5 BGB (→ Form. J.VIII) möglich ist (dazu *J. Mayer* ZEV 1996, 441 [446]). Die Regelung ist sinnvoll, da nicht der Schenker, sondern allenfalls der Erbe infolge der Anrechnung auf den Pflichtteil eine Leistung in Form der Reduzierung seiner Pflichtteilslast empfängt. Daher kann der Schenker die Anrechnung nicht im Rahmen des Rücktritts oder Widerrufs an den Beschenkten zurückgewähren. Entsprechendes gilt für die Anrechnung auf den Zugewinnausgleich: Erfolgt die Rückabwicklung erst nach Berechnung des Zugewinnausgleichsanspruchs, muss der Fortfall der Anrechnung ausdrücklich vereinbart werden. Anderenfalls stünde der beschenkte Ehepartner nach der Rückabwicklung schlechter, als wenn er nicht beschenkt worden wäre.

6. Steuern. Vgl. die Ausführungen unter → Form. I.III.2 Anm. 32.

7. Kosten. Anrechnungsbestimmungen sind klassische Vertragsbedingungen und daher nicht gesondert zu bewerten. Sie sind insbesondere auch keine Gegenleistung des Beschenkten. Die Protokollierung einer Rechtswahl erhöht den Geschäftswert um 30 % nach § 104 GNotKG. Nur bei mangels Auslandsbezugs offensichtlich rein deklaratorischen Klauseln kann von einer Geschäftswerterhöhung abgesehen werden.

6. Erbausgleichungsklausel

Der Beschenkte hat die Zuwendung[1] [in Höhe von[2]. . . . . . EUR] gegenüber den übrigen Abkömmlingen des Schenkers [nicht] auszugleichen,[3] [falls sich nicht hierdurch sein Pflichtteil im Gegensatz zur bloßen Pflichtteilsanrechnung nach § . . . . . . erhöht.[4]]

Im Fall der Rückabwicklung nach § . . . . . . entfällt die Pflicht zur Erbausgleichung für den jeweils Betroffenen in Höhe des Anteils an dem Wert der Zuwendung, auf den sich die Rückabwicklung erstreckt.[5, 6]

Anmerkungen

1. Interessenlage bei Erbausgleichung. Die Erbausgleichung erfolgt im Rahmen der Erbauseinandersetzung unter mehreren Abkömmlingen, wenn sie gemäß § 2050 Abs. 3 BGB vor oder bei der Zuwendung formlos angeordnet wurde oder sich sonst aus dem Gesetz ergibt.

Die Erbausgleichung wirkt gemäß § 2316 BGB **pflichtteilserhöhend.** Zur Pflichtteilsreduzierung ist gegenüber einer gewillkürten Ausgleichungspflicht die letztwillige Zuwendung eines **Vermächtnisses** in Höhe des Ausgleichungsbetrags an die zu begünstigenden Erben vorzuziehen (dazu *J. Mayer* ZEV 1996, 441).

Eine ausdrückliche positive oder negative **Klarstellung** bei der Zuwendung ist immer **zweckmäßig,** zumal die Abgrenzung zwischen den Zuwendungen nach § 2050 Abs. 1 und 2 BGB in der Praxis streitanfällig ist. So sind Ausstattungen, § 2050 Abs. 1 BGB, und Übermaßzuschüsse, § 2050 Abs. 2 BGB, grundsätzlich auszugleichen, wenn Abkömmlinge im Rahmen der gesetzlichen Erbfolge oder untereinander in einem der gesetzlichen Erbfolge entsprechenden Anteilsverhältnis erben, § 2052 BGB. Andere Zuwendungen sind nur bei Anordnung der Ausgleichung auszugleichen, § 2050 Abs. 3 BGB. Erfolgt die Zuwendung an einen Abkömmling mit Rücksicht auf ein künftiges Erbrecht oder im

Rahmen der vorweggenommenen Erbfolge, kann darin eine **konkludente Erbausgleichungsanordnung** liegen (vgl. BGH NJW-RR 1989, 259). In der Anordnung der Erbausgleichung liegt umgekehrt indes grundsätzlich keine Anordnung der Pflichtteilsanrechnung (vgl. MüKoBGB/*Lange* § 2315 Fn. 28).

Der Zuwendungsempfänger sollte darauf hingewiesen werden, dass der schuldrechtliche Ausschluss oder Verzicht auf die Ausgleichung nicht eine gegenteilige letztwillige Anordnung hindert. Eine bindende Regelung zur nachträglichen Ausgleichungsanordnung oder ihren Ausschluss kann durch **Erbvertrag** getroffen werden, § 2278 Abs. 2 Nr. 4 BGB. Auch dieser hindert den Erblasser aber nicht, den wirtschaftlichen Erfolg der erbvertraglichen Regelung durch Vorausvermächtnisse in Höhe des Ausgleichungsbetrags oder die Festsetzung höherer oder niedrigerer Erbquoten doch wieder zu negieren (dazu RGZ 90, 419; Palandt/*Weidlich* BGB § 2050 Rn. 3).

2. Ausgleichungsbetrag. Die Festlegung eines bestimmten Betrages, der höher oder niedriger als der Verkehrswert sein kann, ist zur Streitvermeidung zweckmäßig.

3. Berechnung der Ausgleichung. Die Berechnung erfolgt nach §§ 2055, 2056 BGB. Es ergeben sich vier Rechenschritte:

- Erstens sind vom Nachlass alle Verbindlichkeiten, § 2046 Abs. 1 S. 1 BGB, sowie alle Erbteile der an der Ausgleichung nicht beteiligten Miterben (insbes. Ehepartner) abzurechnen.
- Zu dem sich hiernach ergebenden tatsächlichen Nachlassteil der Abkömmlinge sind zweitens fiktiv die auszugleichenden Zuwendungen hinzuzurechnen.
- Drittens ist der hieraus folgende fiktive Nachlassteil der Abkömmlinge unter ihnen anhand ihrer Erbquoten aufzuteilen.
- Schließlich sind die auszugleichenden Zuwendungen bei ihren Empfängern abzuziehen.

Ergibt sich hiernach, dass einzelne Abkömmlinge vorab bereits mehr empfangen haben, als es ihrem Erbanteil entspricht, so sind sie zur **Rückzahlung nicht verpflichtet,** § 2056 S. 1 BGB.

Die Ausgleichungsregeln nach §§ 2050 ff. BGB wirken sich auch auf Pflichtteilsansprüche aus, da sie die Höhe des gesetzlichen Erbteils eines Pflichtteilsberechtigten mitbestimmen. § 2316 Abs. 3 BGB schreibt allerdings für die Pflichtteilsberechnung die Berücksichtigung einer Ausstattung nach § 2050 Abs. 1 BGB auch dann vor, wenn die Ausgleichung nach § 2050 Abs. 1 BGB vom Erblasser bei der Zuwendung ausgeschlossen worden ist.

4. Zusammentreffen von Pflichtteilsanrechnung und Erbausgleichung. Wegen § 2316 Abs. 4 BGB vergrößert sich in der Regel der Pflichtteilsanspruch des Beschenkten gegenüber der alleinigen Pflichtteilsanrechnung, wenn zusätzlich die Erbausgleichung angeordnet wird (*Tanck* ZErb 2003, 41). Da der Zuwendende mit der Anordnung der Pflichtteilsanrechnung regelmäßig auf eine möglichst weitgehende Reduzierung des Pflichtteilsanspruchs des Zuwendungsempfängers abzielt, sieht das Formular den Vorbehalt vor, dass die zusätzliche Erbausgleichung nicht erfolgen soll, wenn dies den Pflichtteilsanspruch erhöht. Dies ist durch eine Alternativberechnung bei der Erbauseinandersetzung zu klären.

5. Steuern. Müssen bei einer Auseinandersetzung frühere Zuwendungen ausgeglichen werden, so verschieben sich die Teilungsanteile der Miterben im Rahmen der Erbauseinandersetzung gegenüber den Erbteilen. Durch die Ausgleichspflicht sind die Erben verpflichtet, die Erbauseinandersetzung unter Berücksichtigung der Ausgleichung vorzunehmen. Die in den §§ 2050 ff. BGB geregelte Ausgleichspflicht gehört nicht zu den Erbfallschulden (*Meincke/Hannes/Holtz* ErbStG § 3 Rn. 52).

Erbschaftsteuerlich ist der steuerliche Wert des Nachlasses jedoch den Miterben entsprechend diesen Teilungsanteilen zuzurechnen. Der Teilungsanteil ergibt sich dabei nach dem Verhältnis des Verkehrswertes der ausgleichspflichtigen Zuwendung zum Verkehrs-

wert des Nachlasses. Der steuerpflichtige Erwerb bemisst sich hingegen nach dem anteiligen Steuerwert des Nachlasses in Höhe des zuvor ermittelten Teilungsanteils. Zur Berechnung vgl. HE 3. 1 (5) ErbStR 2011. Die Rechtsprechung hat die steuerliche Berücksichtigung des Erbausgleichs bislang offen gelassen (BFH BStBl. II 1983, 329 [330]).

Bevor der Zuwendende in seinem Testament eine Ausgleichung anordnet, sollte er prüfen, ob nicht auch schon die auszugleichende Zuwendung steuerpflichtig war und gegebenenfalls auch versteuert worden ist. Andernfalls muss damit gerechnet werden, dass die Steuer auf die ursprüngliche Zuwendung, nachdem im Zusammenhang mit der Abwicklung des Erbfalls das Finanzamt erstmals hiervon Kenntnis erlangt, nacherhoben wird; denn sie ist in diesem Fall bis zum Tode des Erblassers noch nicht verjährt (§ 170 Abs. 5 Nr. 2 AO). Darüber hinaus ist zu bedenken, dass es gem. § 14 Abs. 1 ErbStG zu einer Zusammenrechnung mit dem Erwerb von Todes wegen kommt, wenn die Zuwendung in den letzten zehn Jahren vor dem Tod des Erblassers gemacht worden ist.

6. Kosten. Anordnungen zur Erbausgleichung sind klassische Vertragsbedingungen und daher nicht gesondert zu bewerten.

7. Schenkung einer beweglichen Sache

[Notarieller Urkundeneingang[1, 2]]

§ 1 Schenkung[3]

Der Schenker schenkt dem Beschenkten das Gemälde „. . . . . .“ des Malers M. aus dem Jahr . . . . . . (Maße: . . . . . .). Der Beschenkte nimmt diese Schenkung an.

§ 2 Bewirken der Leistung[4]

Die Schenkung wird durch Übergabe[5] und Übereignung des in § 1 genannten Schenkungsgegenstandes sofort bewirkt.

§ 3 Auflösende Bedingung

Die Schenkung und Übereignung sind auf den Fall auflösend bedingt, dass der Beschenkte den Schenker als Alleinerbe beerbt[6] oder dass der Rücktritt nach § 5 erklärt wird.[7]

§ 4 Rechts- und Sachmängel

Der Schenker haftet – mit Ausnahme arglistigen Verschweigens – nicht wegen Sach- oder Rechtsmangels des Schenkungsgegenstandes.[8]

§ 5 Rücktrittsvorbehalt und § 6 Rücktrittsfolgen (wie → Form. J.IV.2 §§ 6 und 7)

§ 7 Steuer[11]

Die auf die Schenkung eventuell anfallende Schenkungsteuer übernimmt der Schenker.

§ 8 Rechtswahl

Dieser Schenkungsvertrag unterliegt deutschem Recht.[9–10]

Anmerkungen

1. Sachverhalt und Interessenlage. Der Schenker ist der Großonkel des Beschenkten. Seinen Großnichten und Großneffen möchte er jeweils ein Erinnerungsstück unter Lebenden zuwenden. Die spätere Erbfolge soll hierdurch vereinfacht werden. Ein Wertausgleich der Beschenkten untereinander soll nicht stattfinden.

Bei der Zuwendung beweglicher Sachen können Rückforderungsrechte indirekt gesichert werden, indem die Übereignung auflösend bedingt wird. Insbesondere wenn Gegenleistungen vereinbart werden, müssen Vorkehrungen für die Mangelhaftigkeit des Zuwendungsgegenstands vorgesehen werden. Vgl. zu einer Übersicht möglicher Gegenleistungen → Form. I.III.1 Anm. 7.

2. Zuwendung an nahe stehende Person, Form: → Form. I.III.2 Anm. 4, 6 sowie → Form. I.III.4 Anm. 2.

3. Haftung, Betreuung und gesetzliche Rückforderungsrechte: → Form. I.III.4 Anm. 3, 5 sowie → Form. I.III.2 Anm. 5.

4. Bewirken der Leistung, Pflichtteilsergänzung. → Form. I.III.2 Anm. 6, 7.

5. Übergabe. Es können auch Übergabesurrogate, §§ 929a ff. BGB vereinbart werden. Eine möglichst genaue Beschreibung der Erfüllungshandlung ist zweckmäßig, um bestimmen zu können, welche Voraussetzungen zum Bewirken der geschuldeten Leistung eingehalten werden müssen, → Form. I.III.4 Anm. 6.

6. Auflösende Bedingung bei Alleinbeerbung des Beschenkten durch den Schenker. Es ist keine allgemeine Überlebensbedingung des Schenkers durch den Beschenkten vorgesehen. Das Formular sieht vielmehr den Eintritt der Bedingung für den Fall vor, dass der Schenker den Beschenkten überlebt und dessen Alleinerbe wird. Dies erfüllt zwei Zwecke: Erstens stellt § 13 Nr. 10 ErbStG nur den von Todes wegen veranlassten Rückfall von Zuwendungen von Eltern und Voreltern an ihre Abkömmlinge von der Erbschaftsteuer frei, so dass der infolge Gesamtrechtsnachfolge, § 1922 BGB erfolgende Rückerwerb anderer Personen steuerbar ist. Würde der Rückfall durch ein Rückforderungsrecht ausgelöst, wäre der **Rückfall** als unfreiwillige, dh **nicht freigebige Zuwendung** (§ 7 ErbStG) ohne Rücksicht auf das persönliche Verhältnis der Beteiligten immer steuerfrei. Zweitens wird die **Steuerbefreiung** nach § 29 Abs. 1 Nr. 1 ErbStG bewahrt. Nach dieser Regelung fällt die auf die ursprüngliche Schenkung angefallene Schenkungsteuer rückwirkend fort, wenn eine freigebige Zuwendung aufgrund eines Rückforderungsrechts herausgegeben wurde. Das vorbehaltene Rückforderungsrecht geht im Fall der Alleinerbschaft des Schenkers jedoch durch **Konfusion** (BGH NJW 1995, 2287) unter. Dem kommt die auflösende Bedingung zuvor und bewahrt auf diese Weise die Steuerbefreiung nach § 29 Abs. 1 Nr. 1 ErbStG. Einen ggf. ungewollten Effekt durch Aufrechterhaltung des Rückforderungsrechts wegen Notbedarfs, der auf den Sozialhilfeträger übergeleitet werden kann, entfaltet die Bedingung nicht, weil dieses gesetzliche Rückforderungsrecht ohnehin nicht durch Konfusion untergeht (BGH NJW 1995, 2287).

7. Auflösende Bedingung bei Rücktritt. Der Rücktritt hat nur schuldrechtliche, keine dingliche Wirkung. Die Vereinbarung, dass das dingliche Erfüllungsgeschäft auflösend auf den Rücktritt bedingt ist, verleiht dem Rücktritt indirekt dingliche Wirkung (RGZ 54, 341; KG NJW-RR 1997, 1259). Dies ist insbesondere im Zusammenhang mit dem Rückabwicklungsanspruch für den Fall der **Zwangsvollstreckung** und der wesentlichen Verschlechterung der wirtschaftlichen Lage des Beschenkten von Bedeutung, denn durch die auflösende Bedingung wird erreicht, dass der Vermögensgegenstand ohne eine Mit-

wirkung des Beschenkten aus seinem Vermögen ausscheidet, wenn Zwangsvollstreckungsmaßnahmen ergriffen werden oder das **Insolvenzverfahren** gegen den Beschenkten eröffnet wird (vgl. zur Insolvenzfestigkeit in diesen Fällen BGH NJW 2006, 915).

8. Rechts- und Sachmängel. → Form. J.IV.2 Anm. 10.

9. Rechtswahl. → Form. J.IV.4 Anm. 8.

10. Kosten. Es fallen Gebühren an für den Notar: Eine 2,0-Gebühr gemäß Nr. 21100 KV GNotKG. Der Geschäftswert bemisst sich bei Sachen nach dem Verkehrswert des Schenkungsgegenstandes, § 46 Abs. 1 GNotKG, bei Geschäftsanteilen oder Beteiligungen nach § 54 GNotKG. Die Protokollierung einer Rechtswahl erhöht den Geschäftswert um 30 % nach § 104 GNotKG. Nur bei mangels Auslandsbezugs offensichtlich rein deklaratorischen Klauseln kann von einer Geschäftswerterhöhung abgesehen werden.

11. Steuern. Der Erwerb ist gem. §§ 1 Abs. 1 Nr. 2, 7 Abs. 1 Nr. 1 ErbStG steuerpflichtig. Der persönliche Freibetrag für die Großneffen und -nichten beträgt gem. § 16 Abs. 1 Nr. 7 ErbStG 20.000,– EUR. Für den Fall, dass das Gemälde wegen seiner Bedeutung für Kunst, Geschichte und Wissenschaft im öffentlichen Interesse liegt, kommt zusätzlich die sachliche Steuerbefreiung gem. § 13 Abs. 1 Nr. 2 ErbStG in Betracht.

Die vom Schenker übernommene Steuer erhöht gem. § 10 Abs. 2 ErbStG den Wert der Schenkung (aber → Form. I.III.2 Anm. 32).

Zu den steuerlichen Benachrichtigungspflichten des Notars → Form. I.I.2 Anm. 14.

8. Mittelbare Grundstücksschenkung

[Notarieller Urkundeneingang[1, 2]]

§ 1 Schenkungsgegenstand, Grundbuchlage

Im Grundbuch des AG . . . . . . von . . . . . . Blatt . . . . . . ist . . . . . . als Eigentümer des dort verzeichneten Grundbesitzes Gemarkung . . . . . . Flur . . . . . ., Flurstück . . . . . ., Hof- und Gebäudefläche, groß . . . . . . Ar, eingetragen.

§ 2 Schenkungsversprechen

Unter der aufschiebenden Bedingung,[3] dass der Beschenkte den in § 1 bezeichneten Grundbesitz erwirbt, verpflichtet sich der Schenker, dem Beschenkten einen Betrag von . . . . . . EUR zu schenken.[5]

Der Geldbetrag gemäß Abs. 1 darf von dem Beschenkten nur für den Erwerb des in § 1 bezeichneten Grundbesitzes verwendet werden. Der Kaufpreis beträgt . . . . . . EUR zuzüglich Grunderwerbsteuer in Höhe von . . . . . . EUR, Maklercourtage von . . . . . . EUR sowie geschätzter Notar- und Grundbuchkosten von ca. . . . . . ., so dass die Kosten für den Erwerb des Grundbesitzes insgesamt den in Abs. 1 bezeichneten Betrag ausmachen.

Der Schenker schenkt und überträgt das Eigentum an dem in § 1 bezeichneten Schenkungsgegenstand im Wege vorweggenommener Erbfolge an den Beschenkten, der die Schenkung und Übertragung annimmt.

§ 3 Rechts- und Sachmängel

Der Schenker haftet – mit Ausnahme arglistigen Verschweigens – nicht wegen Sach- und Rechtsmängeln des Schenkungsgegenstandes.[4]

§§ 4–6 wie → Form. J.IV.2 §§ 6–8.

§ 7 Steuern

Die auf die Schenkung eventuell anfallende Schenkungsteuer übernimmt der Schenker.[5, 6]

Anmerkungen

1. Sachverhalt und Interessenlage. Der Beschenkte ist der Großneffe des Schenkers. Der Schenker möchte seinem Großneffen den Erwerb einer Immobilie finanzieren, die im Eigentum eines Dritten steht. Die Schenkung soll so ausgestaltet werden, dass nicht der zugewandte Geldbetrag, sondern der steuerliche Wert der Immobilie der Schenkungsteuer unterliegt. Auch nach der Reform des Bewertungsrechts liegt der schenkungsteuerliche Wert einer Immobilie häufig unter ihrem Verkehrswert, weshalb Grundstücksschenkungen steuerlich interessant sein können. Hieraus ist die Figur der mittelbaren Grundstücksschenkung entstanden, nachdem anerkannt wurde, dass die Zuwendung eines Geldbetrags für den Erwerb eines bestimmten Grundstücks steuerlich ebenso wie die unmittelbare Zuwendung des Grundstücks zu behandeln ist (vgl. BFH BStBl. II 1985, 160). Die Gewährung eines zinslosen Darlehens kann auch im Hinblick auf den eingeräumten Nutzungsvorteil der Zuwendung keine mittelbare Grundstücksschenkung darstellen (BFH ZEV 2005, 492).

Die Schenkung kann Pflichtteilsergänzungsansprüche Dritter auslösen, → Form. J.IV.2 Anm. 6.

2. Form. Wird die Schenkung sofort ausgeführt, bedarf sie keiner Form. Das Erfordernis der notariellen Beurkundung ergibt sich hier aus dem Schenkungsversprechen (→ Form. J.IV.4 Anm. 2).

3. Bedingung. Wird die Zuwendung eines Geldbetrages lediglich mit dem Wunsch verbunden, der Beschenkte solle ein bestimmtes Grundstück erwerben, so handelt es sich schenkungsteuerlich um eine reine Geldschenkung (BeckNotarHdB/*Spiegelberger* A V Rn. 272).

4. Rechts- und Sachmängel. → Form. J.IV.2 Anm. 10.

5. Kosten. Es fallen Gebühren an für den Notar: Eine 2,0-Gebühr gemäß Nr. 21100 KV GNotKG aus dem Nennbetrag der verschenkten Summe, §§ 97 Abs. 1, 37 Abs. 1 GNotKG. Grundstückskauf und mittelbare Schenkung sind verschiedene Gegenstände nach § 86 Abs. 2 GNotKG mit dem Ergebnis, dass deren Werte gesondert ermittelt und zusammengerechnet werden müssen, § 35 Abs. 1 GNotKG.

6. Steuern. Bei der mittelbaren Schenkung wendet der Schenker dem Erwerber einen Gegenstand (zB Geld) zu, den dieser wiederum zum Erwerb eines bestimmten anderen Gegenstandes (z. eines Grundstücks) verwenden soll. Die Schenkung des Grundstücks gilt dann mit der Geldhingabe als ausgeführt. Eine mittelbare Schenkung kann auch zweistufig erfolgen, wenn ein Vermögensgegenstand mit der Bestimmung geschenkt wird, diesen zu veräußern und den Verkaufserlös zum Erwerb eines bestimmten anderen Vermögensgegenstandes einzusetzen (FG München EFG 1999, 1193). Zur Bestimmung, was Gegenstand der Zuwendung ist, ist der Parteiwille entscheidend (BFH BStBl. II 1979, 201; BStBl. II 1985, 382 [383]). Überlässt der Schenker die Auswahl des Schenkungsgegenstandes dem Beschenkten und gibt ihm ohne Kenntnis des Erwerbsgegenstandes lediglich die erforderlichen Mittel, so wendet er dem Beschenkten nicht den Gegenstand, sondern in erster Linie nur die Mittel zum Erwerb zu.

Das **Gestaltungsmittel** der mittelbaren Schenkung ist weiterhin von Bedeutung, da vor allem Grundstücke und Betriebsvermögen schenkungsteuerlich häufig unter dem Verkehrswert bewertet werden. Zudem können Erwerbsnebenkosten in Abzug gebracht werden (vgl. Gleich lautender Erlass betr. Behandlung von Erwerbsnebenkosten und Steuerberatungskosten sowie Rechtsberatungskosten im Zusammenhang mit einer Schenkung v. 23.3.2015). Durch die mittelbare Schenkung kann über die Bestimmung der Mittelverwendung die niedrigere Steuerbelastung vor allem für Grundstückszuwendungen ausgenutzt werden.

Interessant kann die mittelbare Schenkung allerdings im Hinblick auf den Besteuerungszeitpunkt sein. Ist Gegenstand einer mittelbaren Grundstücksschenkung ein Grundstück mit einem noch zu errichtenden Gebäude, ist die Schenkung nach der Rechtsprechung des BFH erst ausgeführt, wenn die Auflassung erklärt, die Eintragungsbewilligung erteilt und das Gebäude fertiggestellt ist (BFH v. 23.8.2006 BStBl. II 2006, 786). Bei der Finanzierung einzelner Baumaßnahmen ist der Abschluss der Bauarbeiten maßgeblich. Die mittelbare Grundstücksschenkung kann in diesen Fällen jedoch auch in den Fällen eine Rolle spielen, in denen die Zehn-Jahresfrist des § 14 ErbStG relevant ist.

Im Falle der mittelbaren Grundstücksschenkung steht der Beschenkte nicht schlechter als bei der unmittelbaren, wenn er das Grundstück nicht selbst, sondern zur Erzielung von Einkünften aus Vermietung und Verpachtung nutzt. Denn Bemessungsgrundlage der Absetzung für Abnutzung des Bedachten sind die ungeschmälerten Anschaffungskosten des Schenkers als Rechtsvorgänger gem. § 11d EStDV (*van de Loo* DStR 2005, 723 [725]).

Der Gedanke der mittelbaren Schenkung ist nicht auf die Erwerbe von Todes wegen übertragbar, da bei diesem der Erbe durch den Erbfall Inhaber des Vermögens des Erblassers wird (BFH BStBl. II 1991, 786).

Die vom Schenker übernommene Steuer erhöht gem. § 10 Abs. 2 ErbStG den Wert der Schenkung (aber → Form. I.III.2 Anm. 32). Der persönliche Freibetrag des Großneffen beträgt gem. § 16 Abs. 1 Nr. 7 ErbStG 20.000,00 EUR.

Zu den steuerlichen Benachrichtigungspflichten des Notars → Form. I.I.2 Anm. 14.

9. Mietwohnungsschenkung

[Notarieller Urkundeneingang[1, 2]]

§ 1 Schenkungsgegenstand, Grundbuchlage[3]

Der Schenker ist im Grundbuch des AG . . . . . . von . . . . . . Blatt . . . . . . als Eigentümer des dort verzeichneten Wohnungseigentums eingetragen, bestehend aus

a) einem Miteigentumsanteil von . . . . . . an dem in der Gemarkung . . . . . . Flur . . . . . ., Flurstück . . . . . . bezeichneten, ... Ar großen Grundstück, verbunden mit

b) dem Sondereigentum an der im Aufteilungsplan mit Nr. . . . . . bezeichneten Wohnung nebst Kellerraum Nr. . . . . .

Zum Sondereigentum gehört das Sondernutzungsrecht an dem in der Tiefgarage belegenen Stellplatz Nr. . . . . . .

Der Grundbesitz ist in Abt. II und III des Grundbuchs wie folgt belastet:

In Abt. II: Unter lfd. Nr. 1 . . . . . .

In Abt. III: Unter lfd. Nr. 1 . . . . . .

Der beurkundende Notar hat den Grundbuchbestand festgestellt durch Einsichtnahme am . . . . . .[4]

§ 2 Schenkung und Übertragung

Der Schenker schenkt[5] und überträgt das Wohnungseigentum an dem in § 1 bezeichneten Schenkungsgegenstand auf den Beschenkten, der die Schenkung und Übertragung annimmt.

§ 3 Auflassung[6]

Der Schenker und der Beschenkte sind über den Eigentumsübergang des Grundstücks, wie oben unter § 2 bestimmt, einig. Auf die Möglichkeit einer Eigentumsvormerkung wird verzichtet.

Die Eintragung der Rechtsänderungen im Grundbuch wird beantragt und bewilligt.

§ 4 Rechts- und Sachmängel (wie → Form. J.IV.2 § 4)

§ 5 Besitz, Nutzungen, Gefahr und Lasten hinsichtlich des Grundbesitzes

Besitz, Nutzungen und Lasten, die Gefahr des zufälligen Untergangs und einer Verschlechterung sowie die Verkehrssicherungspflicht gehen sofort auf den Beschenkten über. Der Besitz ist vermietet.[7]

§ 6 Rücktrittsvorbehalt

Beide Parteien behalten sich den Rücktritt vom schuldrechtlichen Teil dieses Vertrages vor, wenn nach § 12 WEG die Zustimmung anderer Wohnungseigentümer oder eines Dritten erforderlich ist und die Zustimmung verweigert wird.[8]

Der Schenker behält sich den Rücktritt vom schuldrechtlichen Teil dieses Vertrages vor, wenn

(Rückabwicklungsgründe wie → Form. J.IV.2 § 6)

. . . . . .

§ 7 Rücktrittsfolgen (wie → Form. J.IV.2 § 7)

§ 8 Rückauflassungsvormerkung (wie → Form. J.IV.2 § 9)

§ 9 Pflichtteilsanrechnung

Die Schenkung erfolgt unter Anrechnung[9] in Höhe des Verkehrswertes, höchstens . . . . . . EUR,[10] auf den Pflichtteils- und Pflichtteilsergänzungsanspruch (§§ 2315, 2325 ff. BGB). Die Anrechnung ist ausgeschlossen, soweit der Beschenkte beim Eintritt des Erbfalls nicht mehr bereichert ist. Im Fall des Rücktritts nach § 6 entfällt die Anrechnung rückwirkend für den Beschenkten.[11]

§ 10 Steuern[13]

Die auf die Schenkung eventuell anfallende Schenkungsteuer übernimmt der Schenker.

§ 11 Notarvollmacht (wie → Form. J.IV.2 § 12)[12, 13]

Anmerkungen

1. Sachverhalt und Interessenlage. Der Schenker möchte seinem Enkel eine Eigentumswohnung zuwenden.

Gegenüber der Übertragung eines Grundstücks ergeben sich einzelne Besonderheiten bei der Übertragung einer Eigentumswohnung.

2. Form. → Form. J.IV.2 Anm. 2.

3. Bezeichnung der Wohnung. Dem Bestimmtheitsgrundsatz wird genügt, wenn die Wohnung nach § 28 GBO durch die Angabe des richtigen **Wohnungsgrundbuchblatts** bezeichnet wird (BGH NJW 1994, 1348). Weder die Wohnungsgröße, noch der Inhalt des Sondereigentums muss näher angegeben werden (BeckNotarHdB/*Rapp* A III Rn. 154).

4. Grundbuchbestand. → Form. J.IV.2 Anm. 3.

5. Zuwendungsart. → Form. J.IV.2 Anm. 4.

6. Schenkungsteuerlicher Ausführungszeitpunkt und gemeindliches Vorkaufsrecht. → Form. J.IV.2 Anm. 7.

7. Fortbestehen des Mietverhältnisses. Die Veräußerung lässt einen zum Zeitpunkt des Schenkungsvertrags (Palandt/*Weidenkaff* BGB § 566 Rn. 8) bereits bestehenden Mietvertrag unberührt, § 566 Abs. 1 BGB. Der Erwerber tritt anstelle des Veräußerers in den Mietvertrag ein. Allerdings bürgt der Veräußerer dem Mieter für Verpflichtungen, die auf den Erwerber übergehen, § 566 Abs. 2 S. 1 BGB.

8. Zustimmungserfordernis. Gemäß § 12 Abs. 1 WEG kann die die Veräußerung des Wohnungseigentums von der Zustimmung anderer Wohnungseigentümer oder eines Dritten, insbesondere des Verwalters, abhängig gemacht werden. Die Zustimmung darf nur aus wichtigem Grund verweigert werden, § 12 Abs. 2 WEG. Dieser soll lediglich in der Person des Erwerbers oder in der von ihm geplanten Nutzung der Wohnung liegen können.

9. Pflichtteilsanrechnung. Der beschenkte Enkel des Schenkers ist pflichtteilsberechtigt, wenn das Elternteil, das das Kind des Schenkers ist, vorverstorben ist, §§ 2303 Abs. 1 S. 1 iVm 1924 Abs. 2 BGB. Vgl. zur Pflichtteilsanrechnung im Übrigen → Form. I.III.5 Anm. 1–5.

Die Schenkung kann Pflichtteilsergänzungsansprüche Dritter auslösen, → Form. I.III.2 Anm. 6.

10. Anrechnungsbetrag. → Form. I.III.3 Anm. 15.

11. Rücktrittsfolgen auf die Anrechnung. Die Klausel hat klarstellende Funktion. Ohnehin ist eine Pflichtteilsanrechnung nur in Höhe der dem Beschenkten zum Zeitpunkt des Erbfalls verbliebenen Bereicherung vorgesehen. Daher erfolgt ohnehin keine Anrechnung, wenn der Beschenkte alles Erlangte infolge des Widerrufs herausgegeben hat.

12. Kosten. → Form. I.III.2 Anm. 30.

13. Steuern. Zur Grundstücksschenkung vgl. die Ausführungen unter → Form. I.III.2 Anm. 32.

Die Überlassung an den Abkömmling ist gem. § 3 Nr. 6 GrEStG grunderwerbsteuerfrei. Der Steuerwert der Schenkung wird regelmäßig um den auf die Wohnung entfallenden Anteil in der **Instandhaltungsrücklage** zu erhöhen sein.

Die vom Schenker übernommene Steuer erhöht gem. § 10 Abs. 2 ErbStG den Wert der Schenkung (aber → Form. J.IV.2 Anm. 12). Der persönliche Freibetrag des Enkels beträgt gem. § 16 Abs. 1 Nr. 3 ErbStG 200.000,– EUR.

Zu den steuerlichen Benachrichtigungspflichten des Notars → Form. I.II.2 Anm. 15.

10. Zuwendungswohnrecht

[Notarieller Urkundeneingang[1, 2]]

§ 1 Grundbuchlage (wie → Form. I.III.2 § 1)

§ 2 Wohnungsrechtszuwendung

Der Schenker wendet dem Beschenkten das unentgeltliche lebenslange Wohnungsrecht[3] nach § 1093 BGB an der Wohnung im Obergeschoss des Gebäudes zu. Demgemäß darf der Beschenkte unter Ausschluss des Eigentümers die Wohnung im Obergeschoss zum Wohnen nutzen. Hiermit verbunden ist das Recht auf Mitbenutzung der zum gemeinschaftlichen Gebrauch der Hausbewohner bestimmten Gartenanlagen und des Kellers. Das Nutzungsrecht steht dem Beschenkten höchstpersönlich zu.

Der jeweilige Eigentümer ist verpflichtet, das Gebäude zur Gewährung des Wohnungsrechts instand zu halten, so dass die Wohnung jederzeit bewohnbar und ausreichend beheizbar ist.[4] Die privaten Kosten und öffentlichen Abgaben für Heizung, Strom, Wasser und Müll trägt der Beschenkte für sich selbst.

Die Eintragung des vorstehend bestellten Wohnungsrechts als beschränkte persönliche Dienstbarkeit nach § 1093 BGB zugunsten des Schenkers wird beantragt und bewilligt.

§ 3 Wohnungsgewährungsverpflichtung[5]

Der Schenker räumt dem Beschenkten eine auf das Erlöschen des Wohnungsrechts aufschiebend bedingte Reallast auf Wohnungsgewährung im Umfang des Wohnungsrechts nach § 2 ein, deren Eintragung beantragt und bewilligt wird.

§ 4 Rechts- und Sachmängel

Eine Haftung des Schenkers – mit Ausnahme arglistigen Verschweigens – wegen Sach- oder Rechtsmangels ist ausgeschlossen.[6]

§ 5 Rücktrittsvorbehalt

Der Schenker behält sich den Rücktritt vom schuldrechtlichen Teil dieses Vertrages vor, wenn

(Rückabwicklungsgründe wie → Form. I.III.2 § 6)

. . . . . .

§ 6 Rücktrittsfolgen und § 7 Rückabwicklungsvollmacht (wie → Form. I.III.2 §§ 7 und 8)

§ 8 Steuern[8]

Die auf die Schenkung eventuell anfallende Schenkungsteuer übernimmt der Schenker.

§ 9 Notarvollmacht (wie → Form. I.III.2 § 12)[7]

Anmerkungen

1. Sachverhalt und Interessenlage. Der verwitwete Schenker möchte seiner Schwester nach ihrer Pensionierung ein Wohnrecht in seinem Haus einräumen, um ihr Bleiberecht auch gegenüber seinen Kindern für den Fall abzusichern, dass er vor seiner Schwester verstirbt. Seine Schwester führt ihm den Haushalt, indes ist eine Pflegeverpflichtung nicht gewollt, zumal dies die Schwester körperlich überfordern würde.

Die Einräumung eines Wohnungsrechts bietet sich an, wenn der Übergeber nur Teile eines selbst bewohnten Hauses überlassen möchte. Da Übergeber und Übernehmer in der Folge das Gebäude gemeinsam nutzen, ist besonderes Augenmerk auf eine Streit vermeidende Gestaltung zu richten. Auch sollte das Objekt für die gemeinsame Nutzung geeignet sein oder entsprechend angepasst werden, zB durch Einbau getrennter Strom- und Wasserzähler oder der Anbringung eines separaten Eingangs.

Die Schenkung kann Pflichtteilsergänzungsansprüche Dritter auslösen, → Form. J.IV.2 Anm. 6.

2. Form. Das Schenkungsversprechen bedarf wegen § 518 Abs. 1 BGB der notariellen Beurkundung. Zur Eintragung der beschränkt persönlichen Dienstbarkeit und der Reallast ist gemäß § 29 GBO notarielle Beglaubigung erforderlich.

3. Wohnungsrecht. Das Wohnungsrecht kann an einzelnen Räumen oder Wohnungen eines Mehrfamilienhauses bestellt werden (Palandt/*Herrler* BGB § 1093 Rn. 3). Das Wohnungsrecht ist zwingend nicht übertragbar, § 1092 Abs. 1 S. 1 BGB, und kann nicht gepfändet werden, § 1274 Abs. 2 BGB. Die Überlassung der Ausübung des Wohnungsrechts an einen Dritten kann zugelassen werden, § 1092 Abs. 1 S. 2 BGB, ohne dass dies die **Pfändbarkeit** begründen würde (Palandt/*Herrler* BGB § 1092 Rn. 6). Das im Formular angesprochene Wohnungsrecht nach § 1093 BGB ist zu unterscheiden vom **Dauerwohnrecht** nach §§ 31 ff. WEG an einer Eigentumswohnung (Gestaltungsvorschläge bei *J. Mayer* DNotZ 2003, 908).

4. Instandhaltungspflicht. Die Lastentragung beim Wohnungsrecht entspricht der Rechtslage beim Nießbrauch (→ Form. J.IV.11 Anm. 9). Grundsätzlich hat der Berechtigte für die gewöhnliche Erhaltung der Wohnung zu sorgen, §§ 1041, 1093 Abs. 1 BGB; weder ihn, noch den Eigentümer trifft eine Verpflichtung zur Vornahme **außergewöhnlicher Erhaltungsmaßnahmen** (BGHZ 52, 234 = NJW 1969, 1847). Eine abweichende Vereinbarung mit dinglicher Wirkung (Palandt/*Herrler* BGB § 1021 Rn. 1) zu Lasten des Eigentümers ist immer, zu Lasten des Wohnungsberechtigten dann möglich, wenn der Eigentümer Teile des Gebäudes selbst nutzt, § 1021 Abs. 1 BGB.

5. Wohnungsgewährungsverpflichtung und Brandvormerkung. Das Wohnungsrecht erlischt mit Zerstörung des Gebäudes (BGH NJW 1972, 584). Durch die **Wohnungsgewährungsreallast** kann die Verpflichtung gesichert werden, dem Berechtigten nach dessen Bedarf eine Wohnung zu gewähren (MüKoBGB/*Joost* § 1105 Rn. 17). Ist keine Verpflichtung zur Bereitstellung einer Wohnung gewollt, kann sich der Eigentümer auch verpflichten, ein Wohnungsrecht dann wieder einzuräumen, wenn ein neues Gebäude errichtet wurde. Dieser Anspruch kann durch sog. **Brandvormerkung** dinglich gesichert werden (*Langenfeld/Günther* Kap. 4 Rn. 58).

6. Rechts- und Sachmängel. → Form. J.IV.2 Anm. 10.

7. Kosten. An Gebühren fallen an: Für den Notar: Eine 2,0-Gebühr aus einem nach § 52 GNotKG ermittelten Geschäftswert. Der Jahreswert wird vom Nettomietzins abgeleitet. Für das Grundbuchamt: Eine 1,0-Gebühr für das Wohnungsrecht, Nr. 14121 KV

GNotKG. Die Gebühr richtet sich nach einem Vielfachen des Wertes des Jahresbezugs gemäß § 52 Abs. 2 und 4 GNotKG. Die Löschungserleichterung nach § 23 Abs. 2 GBO ist gebührenfrei.

8. Steuern. Die Zuwendung des Wohnrechts unterliegt gem. §§ 1 Abs. 1 Nr. 2, 7 Abs. 1 Nr. 1 ErbStG der Schenkungsteuer. Zur Bewertung des Wohnrechts → Form. C.V.9 Anm. 11 mit Verweis auf die Nießbrauchsbewertung, → Form. C.V.8 Anm. 9. Das vorbehaltene Wohnrecht ist eine Duldungsauflage, die mit ihrem Wert iSd §§ 13, 14 BewG den Steuerwert der Zuwendung mindert. Eine Steuerbefreiung für die Zuwendung des Familienwohnheims gem. § 13 Abs. 1 Nr. 4a ErbSt kommt bei der Einräumung eines Wohnrechts nicht in Betracht (BFH BStBl. II 2014, 806). Die Befreiung setzt grundsätzlich zivilrechtliches Eigentum voraus.

Die vom Schenker übernommene Steuer erhöht gem. § 10 Abs. 2 ErbStG den Wert der Schenkung (vgl. aber → Form. I.III.2 Anm. 32). Der persönliche Freibetrag der Schwester beträgt gem. § 16 Abs. 1 Nr. 4 ErbStG 20.000,00 EUR.

Zu den steuerlichen Benachrichtigungspflichten des Notars → Form. I.I.2 Anm. 14.

Einkommensteuerlich führt das unentgeltlich zugewendete Wohnrecht zum Werbungskostenleerlauf beim Eigentümer. Dieser kann weder AfA, Schuldzinsen noch Erhaltungsaufwendungen für die mit dem Wohnungsrecht belasteten Gebäudeteile geltend machen. Der Wohnungsberechtigte, der aus der Vermietung der vom Wohnungsrecht erfassten Räume Einkünfte erzielt, darf Werbungskosten abziehen. Er darf aber nicht gem. § 9 Abs. 1 S. 3 Nr. 7 iVm § 7 Abs. 4 EStG AfA für das unentgeltlich zugewendete Wohnungsrecht geltend machen (BFH BStBl. II 1990, 888).

Der Mietwert der vom Erwerber genutzten Wohnung unterliegt keiner Einkommensteuer. Im Umkehrschluss dürfen auch keine Werbungskosten abgezogen werden. Vgl. hierzu auch Nießbrauch-Erlass vom 24.7.1998, BStBl. I 1998, 914 Tz. 33, 49 f.

Die Überlassung an den Abkömmling ist gem. § 3 Nr. 6 GrEStG **grunderwerbsteuerfrei.**

11. Nießbrauchsvorbehaltsklausel (beschenktenfreundlich)

Der Schenker behält sich den unentgeltlichen lebenslangen[3, 4] Nießbrauch[1, 2, 5] an dem gesamten Vertragsgegenstand vor.[6, 7] Demgemäß hat der Schenker das umfassende Nutzungsrecht an dem gesamten Vertragsgegenstand. Er kann den Vertragsgegenstand entgeltlich oder unentgeltlich Dritten zur Nutzung überlassen.[8]

Für den Inhalt des Nießbrauchs gelten die gesetzlichen Bestimmungen.[9] Danach obliegt dem Nießbraucher die gewöhnliche Unterhaltung des Vertragsgegenstands. Zu außergewöhnlichen Ausbesserungen und Erneuerungen ist weder er, noch der Beschenkte verpflichtet. Der Nießbraucher trägt für die Dauer des Nießbrauchs die privaten Lasten, die schon zur Zeit der Bestellung des Nießbrauchs auf dem Schenkungsgegenstand ruhten, sowie die öffentlichen Lasten mit Ausnahme der außergewöhnlichen öffentlichen Lasten. Der Nießbraucher hat für eine Sachversicherung zu sorgen.[10] Abweichend von § 1049 BGB sind Aufwendungs- und Verwendungsersatzansprüche des Nießbrauchers gegenüber dem Beschenkten ausgeschlossen.[11]

Die Eintragung des Nießbrauchs im Grundbuch[12] an nächst offener Rangstelle wird mit der Maßgabe beantragt und bewilligt, dass zu seiner Löschung[13] der Todesnachweis des Schenkers genügen soll.[14, 15]

Anmerkungen

1. Interessenlage. Das Form. ist eigentümerfreundlich. Es eignet sich für den Vorbehalt eines Nießbrauchs bei einer Grundstückszuwendung an einen Minderjährigen. Der Nießbrauch (§ 1030 Abs. 1 BGB) vermittelt dem Berechtigten ein umfassendes Nutzungsrecht, während eine **beschränkte persönliche Dienstbarkeit** nur einzelne Nutzungsrechte vermittelt, § 1090 Abs. 1 BGB, zu denen auch das **Wohnungsrecht** zählen kann, § 1093 Abs. 1 BGB. Berührungen ergeben sich, weil der Nießbrauch durch Ausschluss einzelner Nutzungsarten beschränkt und eine beschränkt persönliche Dienstbarkeit sehr weit gefasst werden kann (zur Abgrenzung vgl. *Schöner/Stöber* Rn. 1362). Das Form. bietet sich an, wenn eine Zuwendung an einen **Minderjährigen** mit einem Nießbrauch belastet werden soll, denn sie führt nicht zu einer persönlichen Haftung des Eigentümers. Es bietet sich auch in sonstigen Fällen an, wenn es auf eine bindende Zuweisung der Verpflichtung zur Vornahme **außergewöhnlicher Reparaturen** nicht ankommt (→ Form. I.III.12). Soll der Nießbrauch neben dem Zuwendenden selbst einer weiteren Person, etwa seinem Ehepartner, zugutekommen, muss Vorsorge für den Fall des Vorversterbens des Zuwendenden durch aufschiebend bedingte Nießbrauchsbestellung zugunsten des Längerlebenden getroffen werden.

Betrifft der Nießbrauchsvorbehalt ein Grundstück, können die dispositiven landesrechtlichen Sondervorschriften zu Art. 96 EGBGB zum Leibeding anwendbar sein (→ Form. I.IV.1 Anm. 9; *Wirich* ZEV 2008, 372).

2. Gegenleistung. Durch die Gegenleistung wird die Zuwendung entgeltliches, zumindest teilentgeltliches Geschäft bzw. gemischte Schenkung. Nach hM führt dies je nach Verhältnis des Schenkungsteils, der die Einigung über die teilweise Unentgeltlichkeit voraussetzt (BGH ZEV 1996, 197), zum entgeltlichen Geschäftsteil die Anwendung von Schenkungs- oder Kaufrecht (BGHZ 112, 40 = NJW 1990, 2616).

Für den Fall der **Rückabwicklung** ist darauf zu achten, dass der Beschenkte Ersatz für außergewöhnliche Instandhaltungsaufwendungen erlangt. Zur Vornahme außergewöhnlicher Maßnahmen ist er zwar nicht verpflichtet, indes kann er sie freiwillig vornehmen. Wird die Rückabwicklung als Widerruf ausgestaltet (→ Form. I.III.3 § 6), erhält der Beschenkte seine tatsächlichen Aufwendungen nur dann ersetzt, wenn der Schenker hierdurch bereichert ist oder ein über §§ 812 ff. BGB hinausgehender Ersatz vereinbart ist (→ Form. I.III.3 § 6 aE). Soll die Rückabwicklung nach Rücktrittsrecht erfolgen, kann § 6 aus → Form. J.IV.2 ohne die Vereinbarung abweichender Rücktrittsfolgen in § 7 zugrunde gelegt werden, der den Ausschluss von Aufwendungsersatzansprüchen des Beschenkten vorsieht.

3. Alternativen zum Nießbrauch. Vgl. allgemein zu den verschiedenen Gegenleistungen → Form. J.IV.1 Anm. 7. Alternativ zum Nießbrauch oder der Bestellung einer beschränkten persönlichen Dienstbarkeit in der nach hM pflichtteilsrechtlich anders zu behandelnden (→ Anm. 5) Form des **Wohnungsrechts**, §§ 1090 Abs. 1 BGB, 1093 Abs. 1, (→ Form. I.III.10) ist an den Abschluss eines **Mietvertrages** zu denken (vgl. BFH DStRE 2004, 455). Das Wohnraummietrecht vermittelt dem Mieter ebenfalls eine starke Stellung, die indes mit dem etwa durch Nießbrauch bewirkten Schutz für den Übergeber nicht vergleichbar ist. Das früher insbesondere wegen steuerlicher Effekte empfohlene **„Stuttgarter Modell"** (vgl. *Spiegelberger* MittBayNot 2004, 228) ist infolge des JStG 2008 **überholt** (vgl. *Fleischer* ZEV 2007, 480).

4. Beschränkung der Höchstpersönlichkeit eines Rückabwicklungsvorbehalts. Soll der Schenker auch für die Zeit einer möglichen Geschäftsunfähigkeit vor Zwangsvollstreckungsmaßnahmen in den Schenkungsgegenstand geschützt werden, scheidet ein höchst-

persönliches, an eine Willenserklärung des Schenkers gebundenes Rückabwicklungsrecht aus, denn weder ein Bevollmächtigter noch ein Betreuer kann in diesem Fall die Rückabwicklung verlangen (Palandt/*Heinrichs* BGB Einf. V. § 164 Rn. 1; Palandt/*Götz* BGB § 1902 Rn. 1). Beschränkt auf diesen Fall sollte entweder die Stellvertretung zugelassen oder ein automatischer Rückfall vorgesehen werden.

5. **Beginn der 10-Jahresfrist für Pflichtteil und Notbedarf.** Der Vorbehalt eines unbeschränkten Nießbrauchs zugunsten des Schenkers führt dazu, dass die 10-Jahresfrist des § 2325 Abs. 3 Hs. 1 BGB nicht zu laufen beginnt (BGHZ 125, 395 = NJW 1994, 1791). Etwas anderes soll gelten, wenn der Übergeber nicht ein umfassendes **Nießbrauchsrecht** an dem Übergabegegenstand, sondern nur ein **Wohnungsrecht** an zwei einzelnen Zimmern vorbehalten hat (OLG Karlsruhe ZErb 2008, 164; OLG Bremen ZEV 2006, 47; vgl. dazu auch MüKoBGB/*Lange* § 2325 Rn. 38). Auch der Lauf der 10-Jahresfrist des § 529 Abs. 1 BGB für das Rückforderungsrecht wegen Notbedarfs des Schenkers soll durch einen umfassenden Nießbrauchsvorbehalt gehindert sein (*J. Mayer* Übergabevertrag Rn. 44; *Langenfeld/Günther* Rn. 324; aA mit guten Gründen *Schippers* RNotZ 2006, 42).

6. **Entstehung des Nießbrauchs.** Bei Grundstücken entsteht der Nießbrauch mit Einigung und Eintragung im Grundbuch, § 873 BGB, bei beweglichen Sachen mit Einigung und Übergabe, § 1032 BGB. Auch der Nießbrauch an Rechten ist möglich und entsteht unter Einhaltung der jeweiligen Vorschriften, die für die Abtretung gelten, § 1069 BGB.

7. **Minderung von Pflichtteilsergänzungsansprüchen.** Der Nießbrauchsvorbehalt mindert den Wert von Schenkungen zum Zeitpunkt der Schenkung. Soweit der Wert des Schenkungsgegenstands zum Zeitpunkt des Todes nicht höher als der um den Nießbrauch nicht geminderte Wert zum Zeitpunkt der Schenkung ist (Niederstwertprinzip, § 2325 Abs. 2 S. 2 BGB), so reduziert der Nießbrauchsvorbehalt mögliche Pflichtteilsergänzungsansprüche (BGHZ 118, 49; dazu auch Sudhoff/*Hübner* Unternehmensnachfolge § 82 Rn. 8).

8. **Überlassungsrecht.** Der Nießbrauch ist nicht übertragbar, allerdings kann der Nießbraucher einem Dritten die Ausübung überlassen, § 1059 S. 2 BGB. Die Überlassungsmöglichkeit kann mit dinglicher Wirkung **ausgeschlossen** werden (BGH NJW 1985, 2827). Der Nießbrauch ist auch dann **pfändbar,** wenn die Überlassung ausgeschlossen ist (BGHZ 62, 133 = NJW 1974, 750; BayObLG MittBayNot 1998, 35).

9. **Nutzung, Lastentragung, Erhaltung und Ausbesserung.** Bei Unterhaltungsmaßnahmen werden drei Gruppen unterschieden: Bestandserhaltung ist die laufende Unterhaltung, etwa Fütterung von Tieren (Palandt/*Bassenge* BGB § 1041 Rn. 2). Gewöhnliche Erhaltungsmaßnahmen und Ausbesserungen sind solche Maßnahmen, die in kürzeren Abständen erforderlich sind, etwa normale Verschleißreparaturen (BGH NJW-RR 2003, 1290). Die übrigen Maßnahmen werden als außergewöhnliche Erhaltungsmaßnahmen bezeichnet, hierunter fallen Wiederaufbau eines zerstörten Hauses (BGH NJW 1991, 837) oder Heizungsumstellung auf Öl (BGH NJW 1969, 1847).

- **Nutzungsrecht an der Sache:** Nießbraucher, § 1036 BGB, aber kein Recht umzugestalten oder wesentlich zu verändern, § 1037 BGB,
- **Sachversicherungspflicht:** Nießbraucher, § 1045 BGB, dinglich abdingbar (Bamberger/Roth/*Wegmann* BGB § 1045 Rn. 18),
- **Zinsen für auf dem Vertragsgegenstand abgesicherte Kredite:** Nießbraucher, § 1047 BGB,
- **Verkehrssicherungspflicht:** Eigentümer, kann jedoch im Innenverhältnis dem Nießbraucher auferlegt werden (BayObLG DNotZ 1991, 257; *Schippers* MittRhNotK 1996, 197 [210]),

- **Bestandserhaltung, gewöhnliche Erhaltungsmaßnahmen und Ausbesserungen:** Vornahme- und Kostentragungspflicht des Nießbrauchers, § 1041 BGB, nur schuldrechtlich abdingbar (BayObLGZ 77, 205),
- **Außergewöhnliche Erhaltungsmaßnahmen und Ausbesserungen:** Anzeigepflicht des Nießbrauchers, § 1042 BGB. Vornahmerecht sowohl des Nießbrauchers, § 1043 BGB, als auch des Eigentümers, § 1044 BGB. Vornahme- und Kostentragungspflicht weder des Nießbrauchers, noch des Eigentümers. Der Eigentümer kann sich jedoch schuldrechtlich zur Tragung außergewöhnlicher Erhaltungskosten **verpflichten** (BGHZ 113, 179 = NJW 1991, 837). Nimmt der Eigentümer die außergewöhnlichen Ausbesserungsmaßnahmen auf die Anzeige des Nießbrauchers nicht vor, steht dieser vor der Wahl, entweder eine möglicherweise folgende Einschränkung der Nutzbarkeit des nießbrauchsbelasteten Gegenstands zu dulden, oder die Ausbesserungen selbst vorzunehmen. Im letzteren Fall kann er nach der gesetzlichen Grundregel Verwendungsersatz nur nach den Regeln der Geschäftsführung ohne Auftrag, §§ 1049, 683, 684 BGB verlangen, was im Form. jedoch ausgeschlossen ist.

10. Erläuternde Auflistung. Die Auflistung der beiderseitigen Pflichten bringt keine Abweichung von der gesetzlichen Regelung mit sich, empfiehlt sich jedoch, um den Parteien die Lastenverteilung vor Augen zu führen. Eine Abweichung von der gesetzlichen Regelung ergibt sich jedoch aus dem nachfolgenden Satz, → Anm. 11.

11. Aufwendungs- und Verwendungsersatz. → Anm. 9. Die Verpflichtung des Eigentümers nach § 1049 BGB, dem Nießbraucher Verwendungen nach den Regeln der Geschäftsführung ohne Auftrag ersetzen zu müssen, kann mit dinglicher Wirkung abbedungen werden (Palandt/*Herrler* BGB § 1049 Rn. 1). Der Verwendungsersatzanspruch kann zu einer persönlichen Haftung des Eigentümers führen, weshalb er abbedungen werden muss, wenn die Zuwendung eines Grundstücks unter Nießbrauchsvorbehalt nicht den Charakter als lediglich rechtlich vorteilhaftes Geschäft gemäß § 107 BGB verlieren soll (BGH NJW 2005, 415).

Das Form. stellt den Beschenkten zwar von Gefahren der persönlichen Haftung frei, jedoch ist weder er noch der Nießbraucher zur Vornahme außergewöhnlicher Instandsetzungsmaßnahmen verpflichtet (→ Anm. 9). Es kann sich daher anbieten, dem Nießbrauchsberechtigten die Verpflichtung aufzuerlegen, nicht nur gewöhnliche, sondern auch außergewöhnliche Unterhaltungsmaßnahmen zu tragen.

12. Form. Für die Eintragung des Nießbrauchs im Grundbuch bedarf es der notariellen Beglaubigung der Nießbrauchsbestellung, § 29 GBO. Soweit eine Grundstückszuwendung zugrunde liegt, ist der Zuwendungsvertrag notariell zu beurkunden, § 311b Abs. 1 S. 1 BGB.

13. Tod des Berechtigten. Der Nießbrauch erlischt mit dem Tod des Berechtigten, § 1061 BGB. Möglich ist jedoch auch eine Sukzessivberechtigung. Danach steht der Nießbrauch nach dem Tod des Berechtigten einem Dritten zu (*Schöner/Stöber* Rn. 261a; krit. *Schippers* MittRhNotK 1996, 197 [207]). Das Formular sieht die **Löschungserleichterung** vor, dass es für die Löschung nach dem Tod des Berechtigten keiner Löschungsbewilligung bedarf, § 23 Abs. 2 GBO.

14. Kosten. An Gebühren fallen an: Für den Notar Gebühren in Abhängigkeit von dem Vertrag, in dem der Nießbrauchsvorbehalt enthalten ist. Für das Grundbuchamt: Eine 1,0-Gebühr für die Dienstbarkeit (Nießbrauch), Nr. 14121 KV GNotKG. Die Gebühr richtet sich nach einem Vielfachen des Wertes des Jahresbezugs gemäß § 52 Abs. 2 und 4 GNotKG. Die Löschungserleichterung nach § 23 Abs. 2 GBO ist gebührenfrei.

15. Steuern. Zur Bewertung des Nießbrauchs siehe die Erläuterungen unter → Form. C.V.8 Anm. 9. Umfassende Erläuterungen zur steuerlichen Behandlung des Nießbrauchs → Form. G.III.4.

12. Nießbrauchsvorbehaltsklausel (nießbraucherfreundlich)

Der Schenker behält sich den unentgeltlichen lebenslangen Nießbrauch[1, 2, 3, 4] an dem gesamten Vertragsgegenstand vor. Demgemäß hat der Schenker das umfassende Nutzungsrecht an dem gesamten Vertragsgegenstand.

Die Erhaltung des Vertragsgegenstands obliegt dem Beschenkten als Eigentümer. In Abweichung von der gesetzlichen Lastenverteilung hat er sowohl gewöhnliche, als auch außergewöhnliche Unterhaltungsmaßnahmen und für die Dauer des Nießbrauchs sämtliche auf dem Vertragsgegenstand ruhende private und öffentliche Lasten zu tragen.[5] Der Nießbraucher hat für eine Sachversicherung und die Verkehrssicherung zu sorgen.

Die Eintragung des Nießbrauchs im Grundbuch[6] an nächst offener Rangstelle wird mit der Maßgabe beantragt und bewilligt, dass zu seiner Löschung der Todesnachweis des Schenkers genügen soll.[7, 8]

Anmerkungen

1. Interessenlage. Die Klausel eignet sich, wenn dem Schenker und Nießbraucher der Genuss des Zuwendungsgegenstands weitgehend ohne finanzielle Belastung verbleiben soll. Für den Schenker kann sich diese Gestaltung als Mittel der Alterssicherung anbieten. Für den Beschenkten sind hiermit jedoch finanzielle Risiken im Rahmen der gegebenenfalls außergewöhnlichen Instandhaltungsmaßnahmen verbunden, denen aufgrund des Nießbrauchs keine laufenden Nutzungsvorteile gegenüber stehen. Gleichwohl kann auch für den Beschenkten eine solche Gestaltung noch akzeptabel sein, wenn die zugrunde liegende Zuwendung der Ausnutzung der schenkungsteuerlichen Freibeträge (§ 16 ErbStG) dient oder ihm der Zuwendungsgegenstand als Haftungsgrundlage für die Aufnahme eines Darlehens dienen soll (vgl. im Übrigen → Form. I.III.11 Anm. 1).

Betrifft der Nießbrauchsvorbehalt ein Grundstück, können die dispositiven landesrechtlichen Sondervorschriften zu Art. 96 EGBGB zum Leibeding anwendbar sein (→ Form. I.IV.1 Anm. 9; *Wirich* ZEV 2008, 372).

2. Gegenleistung. Durch die Gegenleistung wird die Zuwendung entgeltliches, zumindest teilentgeltliches Geschäft bzw. gemischte Schenkung. Nach hM führt dies je nach Verhältnis des Schenkungsteils zum entgeltlichen Geschäftsteil zur Anwendung von Schenkungs- oder Kaufrecht (BGHZ 112, 40 = NJW 1990, 2616).

Für den Fall der **Rückabwicklung** ist darauf zu achten, dass der Beschenkte Ersatz für Instandhaltungsaufwendungen erlangt. Wird die Rückabwicklung als Widerruf ausgestaltet (→ Form. J.IV.3 § 6), erhält der Beschenkte nicht seine tatsächlichen Aufwendungen ersetzt, sondern nur insoweit Ersatz für außergewöhnliche Instandhaltungsmaßnahmen, wie der Schenker hierdurch bereichert ist oder ein Ersatz vereinbart wurde (→ Form. I.III.3 § 6 aE). Soll die Rückabwicklung nach Rücktrittsrecht erfolgen, kann § 6 aus → Form. I.III.2 ohne die Vereinbarung abweichender Rücktrittsfolgen in § 7 zugrunde gelegt werden, der den Ausschluss von Aufwendungsersatzansprüchen des Beschenkten vorsieht.

3. Nießbrauchsvorbehalt, Alternativen und erbrechtliche Folgen. → Form. I.III.11 Anm. 3, 5, → Form. I.IV.11 Anm. 7.

4. Beschränkung der Höchstpersönlichkeit eines Rückabwicklungsvorbehalts. → Form. I.IV.11 Anm. 4.

5. Nutzung, Lastentragung, Erhaltung und Ausbesserung. Das Formular weist dem Beschenkten sämtliche Lasten für die Erhaltung und Instandhaltung zu. Vgl. zur gesetzlichen Regelung → Form. I.III.11 Anm. 9.

6. Form. Für die Eintragung des Nießbrauchs im Grundbuch bedarf es der notariellen Beglaubigung der Nießbrauchsbestellung, § 29 GBO. Soweit eine Grundstückszuwendung zugrunde liegt, ist der Zuwendungsvertrag notariell zu beurkunden, § 311b Abs. 1 S. 1 BGB.

7. Tod des Berechtigten. → Form. I.III.11 Anm. 13.

8. Steuern. Siehe die Ausführungen unter → Form. I.III.11 Anm. 15.

13. Leibrentenklausel

§ . . . . . . Gegenleistung[1, 2]

Der Beschenkte räumt dem Schenker und seiner Ehefrau als Gesamtberechtigten gemäß § 428 BGB ab der Bewirkung der Schenkung[3] eine lebenslange Rente als Leibrente[4] in Höhe von . . . . . . EUR monatlich ein. Die Rentenzahlungsverpflichtung endet mit dem Tod des Längstlebenden.

Die Leibrente soll wertgesichert sein.[5] Ändert sich der vom Statistischen Bundesamt ermittelte Verbraucherpreisindex für die Bundesrepublik Deutschland gegenüber dem Wert für . . . . . . (Monat und Jahr) um mehr als 5 %, so kann eine angemessene Anpassung verlangt werden.

§ . . . . . . Reallast[6]

Zur Sicherung des Leibrentenanspruchs gemäß vorstehendem § . . . . . . bestellt und bewilligt der Beschenkte als Eigentümer dem Schenker die Eintragung einer

Reallast

im Grundbuch[7] an dem in § . . . . . . bezeichneten Schenkungsgegenstand. Auf die Eintragung einer Reallast hinsichtlich der Wertsicherung der Leibrente wird verzichtet. Leistungen sind sowohl auf die Leibrente, als auch auf die Reallast anzurechnen. Eine Abtretung der Reallast darf nur unter gleichzeitiger Abtretung der Leibrente erfolgen.[8, 9]

Anmerkungen

1. Interessenlage. Die Leibrente vermittelt dem Berechtigten den Anspruch auf eine gleich bleibende, laufende Leistung in Geld oder vertretbaren Sachen (BGH WM 1980, 593). Sie dient vornehmlich der Liquiditätssicherung. Gegenüber der Alternativgestaltung durch dauernde Last (→ Form. I.III.14) zeichnet sich die Leibrente durch die Konstanz der Leistungsverpflichtung aus, die zum Preis einer nachteiligen ertragsteuerlichen Be-

handlung erkauft wird. Zudem lässt die Leibrente keine Erhöhung im Fall gesteigerter Bedürftigkeit, etwa aufgrund der Pflegebedürftigkeit des Berechtigten, zu.

Steht die Leibrente mit einer Grundstückszuwendung im Zusammenhang, können die dispositiven landesrechtlichen Sondervorschriften zu Art. 96 EGBGB zum Leibeding anwendbar sein (→ Form. I.III.1 Anm. 9; *Wirich* ZEV 2008, 372).

2. Gegenleistung. Durch die Gegenleistung wird die Zuwendung entgeltliches, zumindest teilentgeltliches Geschäft bzw. gemischte Schenkung. Nach hM führt dies je nach Verhältnis des Schenkungsteils zum entgeltlichen Geschäftsteil zur Anwendung von Schenkungs- oder Kaufrecht (BGHZ 112, 40 = NJW 1990, 2616).

Für den Fall der Rückabwicklung ist vorzusehen, dass der Beschenkte und im Rahmen der Leibrente Zahlungsverpflichtete Ersatz für seine Aufwendungen für die Erbringung der Leibrente erlangt. Wird die Rückabwicklung als Widerruf der Schenkung ausgestaltet, kann der Beschenkte nicht Ersatz seiner vollen Aufwendungen für die Leibrente verlangen, sondern erhält vom Berechtigten nur eine Erstattung, soweit dieser zum Zeitpunkt der Rückabwicklung noch bereichert ist, was vielfach nicht der Fall sein wird. Vorzugswürdig ist die Abwicklung nach Rücktrittsrecht, sofern – in Abweichung von → Form. I.III.2 § 7 – die gesetzlichen Regeln zum Verwendungs- und Aufwendungsersatzanspruch des Leibrentenverpflichteten im Rahmen der Rücktrittsfolgen nicht abbedungen werden. In Abweichung von § 346 Abs. 2 BGB sollte geregelt werden, dass der Leibrentenberechtigte keine Rückzahlung und keinen Wertersatz schuldet, der Verpflichtete jedoch seinerseits anstelle der Rückgabe des Schenkungsgegenstands Wertersatz schuldet und die seinerseits erbrachten Leistungen in Abzug bringen darf.

3. Beginn der 10-Jahresfrist für Pflichtteil. Die Vereinbarung einer Leibrente steht dem Beginn des Laufs der 10-Jahresfrist des § 2325 Abs. 3 Hs. 1 BGB nicht entgegen. Dieser beginnt mit der Leistung der Schenkung, bei der Grundstücksschenkung etwa der Eigentumsumschreibung (*Heinrich* MittRhNot 1995, 157).

4. Alternativen zur Leibrente. Es ist insbesondere an eine dauernde Last zu denken, → Form. I.III.14. Diese begründet eine der Höhe nach an die persönlichen und finanziellen Verhältnisse bzw. den Ertrag eines Gegenstands anzupassende Leistungsverpflichtung.

- **Leibrenten** begründen regelmäßig wiederkehrende Bezüge, die von der Lebensdauer des Berechtigten abhängen und auf einem einheitlichen Rentenstammrecht beruhen (Palandt/*Sprau* BGB § 759 Rn. 7a). Die Vereinbarung einer nach dem Preisklauselgesetz zu prüfenden **Wertsicherung** (→ Anm. 5) in Abhängigkeit von statistischen Indizes ist unschädlich. Das Leibrentenversprechen bedarf der Schriftform, § 761 S. 1 BGB.
- Eine **dauernde Last** liegt vor, wenn die Leistungen nicht gleichmäßig, sondern abhängig von einer äußeren Bezugsgröße, etwa den Erträgen aus einem Wirtschaftsgut oder persönlichen Umständen, bemessen werden, auf dieser Grundlage zB eine Anpassung nach § 323 ZPO vorgesehen ist.

Die Unterscheidung zwischen einer Leibrente und einer dauernden Last hatte nach alter Rechtslage generell wesentliche ertragsteuerliche Auswirkungen. Während die Leibrente nur mit ihrem Ertragsteil als Sonderausgabe vom Verpflichteten geltend gemacht werden konnte, war die dauernde Last bis zum JStG 2008 vollständig als Sonderausgaben absetzbar. Umgekehrt musste der Berechtigte die Leistungen voll versteuern. Verfügte der Zahlungsverpflichtete – wie in der Regel – über höhere Einkünfte als der Berechtigte, führte die Steuerprogression zu einem Steuervorteil gegenüber der dauernden Last. Dies gilt seit dem JStG 2008 nur noch für betriebliches Vermögen (*Wälzholz* MittBayNot 2008, 93). Die dauernde Last bietet aber weiterhin durch die Abhängigkeit von den persönlichen Verhältnissen der Beteiligten eine im Familienkreis vielfach angemessene Flexibilität.

5. Wertsicherung. Das Form. sieht keine automatische Anpassung der Rentenhöhe in Abhängigkeit von der Entwicklung des Verbraucherpreisindex vor. Die gewählte Leistungsvorbehaltsklausel ist nach § 1 Abs. 2 Nr. 1 Preisklauselgesetz (BGBl. 2007 I 2246 [2247], Änderung BGBl. 2008 I 2101) zulässig. Eine automatische Anpassung ist möglich (→ Form. J.IV.14).

6. Reallast (§§ 1105 ff. BGB). Die Reallast dient der dinglichen Absicherung des schuldrechtlichen Leibrentenversprechens. Sie ist nicht akzessorisch und somit von Entstehen und Fortbestand der Leibrentenverpflichtung unabhängig. Die Reallast führt zur dinglichen Haftung des belasteten Grundbesitzes sowie der Duldungspflicht des jeweiligen Eigentümers, § 1147 BGB. Daneben begründet sie die persönliche Haftung des jeweiligen Eigentümers auf Zahlung der Leistungen, die während seines Eigentums fällig werden, § 1108 Abs. 1 BGB. Aufgrund der fehlenden Akzessorietät der Reallast empfiehlt sich die Anrechnung von Leistungen sowohl auf Leibrente, als auch auf die Reallast. Zudem sollte die isolierte Abtretung der Reallast ausgeschlossen werden.

Die Wertsicherung der Leibrente ist gesondert als Reallast eintragungsfähig, was indes einer eigenen Vereinbarung bedarf (vgl. BGH NJW 1990, 2380).

7. Form. Für die Eintragung der Reallast im Grundbuch bedarf es der notariellen Beglaubigung der Bestellung, § 29 GBO. Soweit eine Grundstückszuwendung zugrunde liegt, ist der Zuwendungsvertrag notariell zu beurkunden, § 311b Abs. 1 S. 1 BGB.

8. Abtretung der Reallast. → Anm. 6. Die Abtretung von Leibrenten- und Reallastberechtigung führt nicht zur Verlängerung der Leistungsverpflichtung. Die Leibrente bleibt an die Lebenszeit des ursprünglich Berechtigten gebunden.

9. Steuern. Schenkungsteuerlich führt eine im Rahmen einer Zuwendung vereinbarte Gegenleistung zu einer gemischten Schenkung, wenn der Wert des zugewandten Gegenstandes und der Wert der Gegenleistung nicht wirtschaftlich ausgewogen sind. Im Schenkungsteuerrecht gilt dies auch im Rahmen von Vermögensübertragungen an Angehörige (Sudhoff/*von Sothen* Unternehmensnachfolge § 55 Rn. 6). Als bürgerlich-rechtliche Bereicherung gilt bei einer gemischten Schenkung der Unterschied zwischen dem Verkehrswert der Leistung des Schenkers und dem Verkehrswert der Gegenleistung des Beschenkten. Die schenkungsteuerliche Bemessungsgrundlage ermittelt sich wie folgt: Der Steuerwert der Leistung des Schenkers wird in dem Verhältnis aufgeteilt, in dem der Verkehrswert der Bereicherung des Beschenkten zu dem Verkehrswert des geschenkten Vermögens steht. Weiterführende Erläuterungen und ein Berechnungsbeispiel siehe *Meincke/Hannes/Holtz* ErbStG § 7 Rn. 30 bis 32.

Ertragsteuerlich stellen Vermögensübertragungen gegen Versorgungsleistungen unter den Voraussetzungen des § 10 Abs. 1a Nr. 2 EStG voll unentgeltliche Geschäfte dar (BMF BStBl. I 2010, 227 Rn. 3). In den Fällen der Vermögensübertragung auf Angehörige spricht eine widerlegbare Vermutung dafür, dass die Höhe der wiederkehrenden Leistungen nur nach dem Versorgungsbedürfnis des Berechtigten und der Leistungsfähigkeit des Verpflichteten bemessen wurde. Ist dagegen bewiesen, dass Leistung und Gegenleistung nach kaufmännischen Gesichtspunkten abgewogen wurden, liegt ein entgeltliches Geschäft vor und § 10 Abs. 1a Nr. 2 EStG ist nicht anwendbar. In den Fällen der Übertragung auf andere als Angehörige gilt dagegen die widerlegbare Vermutung, dass es sich um ein entgeltliches Geschäft handelt und bei der Bemessung der wiederkehrenden Leistungen das Versorgungsinteresse nicht im Vordergrund stand (zum Ganzen BMF BStBl. I 2010, 227 Rn. 5 f.)

Der Erwerber hat keine Anschaffungskosten, er hat ggf. die AfA seines Rechtsvorgängers fortzuführen (§ 11d Abs. 1 EStDV). Die Rentenzahlungen sind beim Verpflichteten als Sonderausgaben nach § 10 Abs. 1a Nr. 2 EStG abziehbar und beim Berechtigten als Einkünfte aus wiederkehrenden Bezügen nach § 22 Nr. 1a EStG steuerbar (Hierzu

sowie zur Neuregelung des § 10 Abs. 1a Nr. 2 EStG ab 1.1.2008 → Form G.III.5 Anm. 3, → Form. I.IV.1 Anm. 7).

Seit dem 1.1.2008 berechtigen allerdings Übertragungen privater Grundstücke gegen Versorgungsleistungen nicht mehr zum Sonderausgabenabzug. Inzwisehen regelt der sog. 4. Rentenerlass (BMF BStBl. I 2010, 227 Rn. 65 f.) die Frage, wie nicht mehr unter § 10 Abs. 1a Nr. 2 EStG fallende Vermögensübertragungen gegen wiederkehrende Leistungen steuerlich zu behandeln sind. Die ertragsteuerliche Behandlung der Veräußerung von Betriebsvermögen gegen sonstige wiederkehrende Leistungen richtet sich nach den allgemeinen Grundsätzen zu §§ 16, 34 EStG (vgl. Schmidt/*Wacker* EStG § 16 Rn. 57 f., 221 f.; → Form G.III.5 Anm. 3).

Der Wert der wiederkehrenden Leistungen ist in einen Barwert (Veräußerungspreis) und einen Zinsanteil für die Stundung des Kaufpreises aufzuteilen. Der Zinsanteil ist gem. § 20 Abs. 1 Nr. 7 EStG zu versteuern.

Im Falle der Veräußerung von Gegenständen des Privatvermögens ist der Barwert der Leistungen als Anschaffungskosten zu aktivieren; der Zinsanteil ist dagegen als Werbungskosten abzugsfähig und nach § 22 Nr. 1 S. 3 Buchst. a Doppelbuchst. bb EStG zu ermitteln. Sobald die Summe der um den Zinsanteil geminderten Zahlungen über die ursprünglichen Anschaffungs- bzw. Herstellungskosten des Veräußerers, ggf. abzüglich AfA und Sonderabschreibungen, übersteigt, liegt ein Veräußerungsgewinn vor, der in den Fällen der §§ 17, 23 EStG steuerpflichtig ist (BMF BStBl. I 2010, 227 Rn. 74).

Teilentgeltlichkeit liegt vor, wenn der Wert des übertragenen Vermögens höher ist als der Barwert der wiederkehrenden Leistungen. Ist der Barwert der wiederkehrenden Leistungen höher als der Wert des übertragenen Vermögens, ist Entgeltlichkeit in Höhe des angemessenen Kaufpreises anzunehmen. Der übersteigende Betrag ist für den Verpflichtenden eine Zuwendung iSd § 12 Nr. 2 EStG. Ist der Barwert der wiederkehrenden Leistungen mehr als doppelt so hoch wie der Wert des übertragenen Vermögens, liegt insgesamt eine Zuwendung iSd § 12 Nr. 2 EStG vor (BMF BStBl. I 2010, 227 Rn. 66).

14. Klausel zur Dauernden Last

§ . . . . . . Gegenleistung[1, 2]

Der Beschenkte räumt dem Schenker ab der Bewirkung der Schenkung[3] eine lebenslange Rente als dauernde Last[4] in Höhe von . . . . . . EUR monatlich ein.

Soweit sich die wirtschaftlichen oder persönlichen Verhältnisse in der Weise ändern, dass die Rente den standesgemäßen Unterhalt des Schenkers nicht mehr sicherstellt oder dass der Beschenkte die Finanzierung der dauernden Last nicht mehr ohne Gefährdung des eigenen angemessenen Unterhalts gewährleisten kann, kann jeder Vertragsteil eine Anpassung der dauernden Last entsprechend § 323 ZPO verlangen. Dies gilt auch [alt: nicht], wenn ein Mehrbedarf des Schenkers dadurch entsteht, dass er in ein Alters- oder ein Altenpflegeheim zieht.[5]

Die dauernde Last soll wertgesichert sein.[6] Ändert sich der vom Statistischen Bundesamt ermittelte Verbraucherpreisindex für die Bundesrepublik Deutschland gegenüber über dem Wert für . . . . . . (Monat und Jahr) um mehr als 5 %, so erhöht oder ermäßigt sich die dauernde Last entsprechend.

§ . . . . . . Reallast[7]

Zur Sicherung des Anspruchs gemäß dem vorstehenden § . . . . . . bestellt und bewilligt der Beschenkte als Eigentümer dem Schenker die Eintragung einer

Reallast

im Grundbuch[8] **an dem in § . . . . . . bezeichneten Schenkungsgegenstand. Auf die Eintragung einer Reallast hinsichtlich der Wertsicherung der dauernden Last wird verzichtet. Leistungen sind sowohl auf die dauernde Last, als auch auf die Reallast anzurechnen. Eine Abtretung der Reallast darf nur unter gleichzeitiger Abtretung der dauernden Last erfolgen.**[9]

§ . . . . . . Mietvertrag[10]

. . . . . .[11]

Anmerkungen

1. Interessenlage. Die dauernde Last vermittelt dem Berechtigten den Anspruch auf eine von den persönlichen und finanziellen Verhältnissen der Beteiligten oder vom Ertrag eines Gegenstands abhängige Leistung. Gegenüber der Alternativgestaltung durch Leibrente (→ Form. I.III.13) zeichnet sich die dauernde Last durch die variable Höhe der Leistungsverpflichtung aus, die dem Berechtigten geringere Sicherheit gegenüber der Verschlechterung der Leistungsfähigkeit des Verpflichteten bietet, dafür jedoch die Anpassung bei der Steigerung seiner Bedürftigkeit zulässt und ertragsteuerlich seit dem JStG 2008 in bestimmten Fällen der betrieblichen oder land- bzw. forstwirtschaftlichen Nachfolge günstiger behandelt wird (→ Form. I.III.1 Anm. 7).

Steht die dauernde Last mit einer Grundstückszuwendung im Zusammenhang, können die dispositiven landesrechtlichen Sondervorschriften zu Art. 96 EGBGB zum Leibeding anwendbar sein (→ Form. I.III.1 Anm. 9; *Wirich* ZEV 2008, 372).

2. Gegenleistung. → Form. I.III.13 Anm. 2.

3. Beginn der 10-Jahresfrist für Pflichtteil. Die Vereinbarung einer dauernden Last steht dem Beginn des Laufs der 10-Jahresfrist des § 2325 Abs. 3 Hs. 1 BGB nicht entgegen. Dieser beginnt mit der Leistung der Schenkung, bei der Grundstücksschenkung etwa der Eigentumsumschreibung (*Heinrich* MittRhNot 1995, 157).

4. Alternativen zur dauernden Last. Es ist insbesondere an eine Leibrente zu denken, → Form. I.III.1 Anm. 7 sowie → Form. I.III.13. Diese begründet eine der Höhe nach konstante Leistungsverpflichtung, die jedoch seit dem JStG 2008 in bestimmten Fällen der betrieblichen oder land- bzw. forstwirtschaftlichen Nachfolge ertragsteuerlich ungünstiger behandelt wird. → Form. I.III.13 Anm. 4.

5. Anpassung der dauernden Last. Die dauernde Last ist im familiären Bereich aufgrund ihrer Flexibilität besonders interessengerecht; ein möglicher späterer Mehrbedarf des Berechtigten kann durch Anpassung aufgefangen werden und erfordert nicht eine entsprechend höhere Bemessung der anfänglichen Rentenhöhe. Umgekehrt kann auch auf eine Vermögensverschlechterung des Verpflichteten entsprechend reagiert werden. Beides führt im Gegenzug aber auch zu **erheblichen Risiken** für die jeweils andere Seite, die eine Anpassung zu erdulden hat, ohne dass sich ihr Bedarf bzw. ihre Leistungsfähigkeit entsprechend verändert hat. Es kann sich daher empfehlen, die Anpassungen hinsichtlich ihres Anlasses oder Ausmaßes zu begrenzen. Vorsicht ist bei **einseitigen**

Begrenzungsregelungen geboten, weil diese die andere Partei iSd § 2 Abs. 1 PrKG unangemessen benachteiligen können.

6. Wertsicherung. Das Form. sieht eine automatische Anpassung der Rentenhöhe in Abhängigkeit von der Entwicklung des Verbraucherpreisindex vor. Die gewählte Leistungsvorbehaltsklausel ist gemäß § 1 Abs. 2 Nr. 1 Preisklauselgesetz (BGBl. 2007 I 2246 [2247], Änderung BGBl. 2008 I 2101) zulässig.

7. Reallast (§§ 1105 ff. BGB). → Form. I.III.13 Anm. 6.

8. Form. → Form. I.III.13 Anm. 7.

9. Abtretung der Reallast. → Form. I.III.13 Anm. 8.

10. Mietvertrag. Die dauernde Last kann mit einem auf Lebenszeit des Berechtigten abgeschlossenen Mietvertrag kombiniert werden. Das Wohnraummietrecht vermittelt dem Mieter ebenfalls eine starke Stellung, die indes mit dem etwa durch Nießbrauch bewirkten Schutz für den Übergeber nicht vergleichbar ist.

11. Steuern. Vgl. die Ausführungen → Form. I.III.13 Anm. 9. Zur Beschränkung des Sonderausgabenabzugs von dauernden Lasten ab dem 1.1.2008 → Form. I.III.1 Anm. 7.

15. Schuldübernahmeklausel

Als Gegenleistung für die Schenkung nach vorgenanntem § . . . . . . übernimmt der Beschenkte die [mgl. Ergänzung bei Grundstücksschenkung: auf dem Grundstück eingetragenen Belastungen sowie die zugrunde liegenden] persönlichen Verbindlichkeiten[1, 2] des Schenkers gegenüber der . . . . . . Bank in . . . . . . Diese beliefen sich zum . . . . . . auf einen Restschuldbetrag von . . . . . . EUR. Die Schuldübernahme erfolgt mit schuldbefreiender Wirkung mit persönlicher Unterwerfung des Beschenkten unter die sofortige Zwangsvollstreckung gegenüber der . . . . . . Bank.[3]

Sollte die . . . . . . Bank ihre Zustimmung zur Schuldübernahme verweigern und den Schenker nicht aus der persönlichen Haftung entlassen, verpflichtet sich der Beschenkte, dem Schenker im Innenverhältnis alle Nachteile zu ersetzen, die dem Schenker daraus erwachsen, dass ihn die . . . . . . Bank nicht aus der Haftung entlassen hat.[4, 5]

Anmerkungen

1. Interessenlage. Für den Schenker liegt es nahe, dass mit der Zuwendung eines Vermögensgegenstandes auch die auf dem Gegenstand lastenden Verbindlichkeiten übergehen sollen. Die Schuldübernahme durch den Beschenkten sollte zur Übernahme der persönlichen Haftung mit **schuldbefreiender Wirkung** für den Übergeber führen, → Anm. 4.

2. Gegenleistung. Durch die Gegenleistung wird die Zuwendung entgeltliches, zumindest teilentgeltliches Geschäft bzw. gemischte Schenkung. Nach hM führt dies je nach Verhältnis des Schenkungsteils zum entgeltlichen Geschäftsteil zur Anwendung von Schenkungs- oder Kaufrecht (BGHZ 112, 40 = NJW 1990, 2616).

Eine mögliche Rückabwicklung muss die vom Beschenkten auf die übernommene Schuld erbrachten Leistungen (Zinsen, Tilgung, Übernahme der persönlichen Haftung) ausgleichen. Wird die Rückabwicklung als Widerruf der Schenkung ausgestaltet, kann

der Beschenkte Erstattung von Zinsen und Tilgung verlangen. Der Schenker ist durch die Tilgung auf die wieder zu übernehmende Verbindlichkeit unmittelbar, durch die Zinszahlungen im Rahmen ersparter Aufwendungen bereichert. Wird die Rückabwicklung als Rücktritt ausgestaltet, sollten – in Abweichung von → Form. I.III.2 § 7 – die gesetzlichen Regeln zum Verwendungs- und Aufwendungsersatzanspruch des Beschenkten im Rahmen der Rücktrittsfolgen nicht abbedungen werden.

3. Unterwerfung unter die sofortige Zwangsvollstreckung. Soll die Zwangsvollstreckung unmittelbar aus der Urkunde ermöglicht werden, bedarf es der notariellen Beurkundung der Zwangsvollstreckungsunterwerfung, § 794 Abs. 1 Ziff. 5 ZPO.

4. Übernahme von Verbindlichkeiten. Eine Schuldübernahme kann zwischen Gläubiger und Übernehmer, § 414 BGB, oder zwischen Schuldner und Übernehmer vereinbart werden. Für die letztere Gestaltung, die auch dem Formular zugrunde liegt, ist eine grundsätzlich ausdrückliche Genehmigung oder Einwilligung des Gläubiger erforderlich, soll der Übergeber von seiner Schuld befreit, also aus der Haftung entlassen werden (BGH NJW 1983, 678). Es genügt die Bezugnahme auf die übernommene schuldrechtliche Verpflichtung, sie muss nicht mit beurkundet werden (BGH NJW 1994, 1347). Mangelt es an der **Zustimmung des Gläubigers,** kann die Vereinbarung einer Schuldübernahme in einen Schuldbeitritt umzudeuten sein. Dementsprechend sieht das Formular vor, dass der Übernehmer den Übergeber im Fall der Zustimmungsverweigerung des Gläubigers im Innenverhältnis freizustellen hat.

5. Steuern. Schenkungsteuerlich stellt die (Grundstücks-)Schenkung gegen Schuldübernahme eine gemischte Schenkung dar. Sie unterliegt der Schenkungsteuer gem. §§ 1 Abs. 1 Nr. 2, 7 Abs. 1 Nr. 1 ErbStG. Als bürgerlich-rechtliche Bereicherung gilt bei einer gemischten Schenkung der Unterschied zwischen dem Verkehrswert der Leistung des Schenkers und dem Verkehrswert der Gegenleistung des Beschenkten. Die schenkungsteuerliche Bemessungsgrundlage ermittelt sich gem. ER 7 Abs. 1 ErbStR 2011 wie folgt: Der Steuerwert der Leistung des Schenkers wird in dem Verhältnis aufgeteilt, in dem der Verkehrswert der Bereicherung des Beschenkten zu dem Verkehrswert des geschenkten Vermögens steht. Für die Ermittlung der Bemessungsgrundlage einer gemischten Schenkung kommt es nicht nur auf den Steuerwert der Leistung des Schenkers an, sondern auch auf die Verkehrswerte der Leistung des Schenkers und der Gegenleistung des Bedachten. Nach den im Rahmen der Erbschaftsteuerreform eingeführten neuen Bewertungsvorschriften sind die Steuerwerte den Verkehrswerten allerdings weitgehend angenähert. Die übernommene Schuld ist gem. § 12 Abs. 1 BewG grundsätzlich mit dem Nennwert anzusetzen.

Zur Grundstücksschenkung siehe die Erläuterungen unter → Form. I.III.2 Anm. 32.

Ertragsteuerlich führt die Übernahme privater Verbindlichkeiten des Zuwendenden durch den Erwerber zu einem Veräußerungsentgelt und zu Anschaffungskosten. Ob die Verbindlichkeiten im wirtschaftlichen oder rechtlichen Zusammenhang mit dem übertragenen Vermögensgegenstand stehen, ist dabei ohne Belang (BMF BStBl. I 1993, 80; ber. 464, Tz. 9; zur Behandlung übernommener Betriebsschulden vgl. aaO Tz. 29 f.). Bei wertmäßigem Ungleichgewicht zwischen Schuldübernahme und übertragenem Vermögen wird der Vorgang in einen entgeltlichen und in einen unentgeltlichen Teil aufgeteilt. Die Schuldübernahme kann so zu Einkünften gem. § 23 Abs. 1 Nr. 1 EStG führen, wenn das Grundstück nicht ausschließlich zu eigenen Wohnzwecken genutzt wird.

Die Übernahme betrieblicher Verbindlichkeiten im Rahmen einer Unternehmensnachfolge führt dagegen grundsätzlich nicht zur Entgeltlichkeit der Übertragung (→ Form G.III.5 Anm. 3)

16. Pflegeverpflichtungsklausel

Der Beschenkte verpflichtet[1, 2, 3] sich, den Schenker bei Krankheit und Gebrechlichkeit zu warten und zu pflegen und ihm die täglichen Mahlzeiten entsprechend den gesundheitlichen Ernährungsbedürfnissen des Schenkers zuzubereiten, solange dies in den vom Schenker bewohnten Räumen möglich und dem Beschenkten zumutbar ist. Der Beschenkte wird hierbei die vom Schenker bewohnten Räume und die Kleidung des Schenkers reinigen, erforderliche Besorgungen, die der Schenker nicht selbst erledigen kann, übernehmen und den Schenker bei Besuchen außer Haus unterstützen.

Die innerhäusliche Wartungs- und Pflegeleistung ist unmöglich, wenn der behandelnde Hausarzt des Schenkers eine Pflege außer Haus schriftlich für erforderlich erklärt. Während der Unmöglichkeit der innerhäuslichen Pflege ruht die Pflegeverpflichtung des Beschenkten. Stellt der Hausarzt des Schenkers als Schiedsgutachter gemäß § 317 BGB fest, dass der Schenker dauerhaft in einem Pflegeheim gepflegt werden muss, erlischt die Pflegeverpflichtung des Beschenkten. Weder im Fall des Ruhens, noch beim Erlöschen der Pflegeverpflichtung ist der Beschenkte zu einer Ersatzleistung verpflichtet.[4]

Ein etwaiges Pflegegeld steht dem Schenker zu.[5]

Die Eintragung der Rechte des Schenkers als Reallast mit dem Vermerk, dass zur Löschung der Nachweis des Todes des Berechtigten genügt, wird beantragt und bewilligt.[6]

Für den Fall, dass die Pflegeverpflichtung des Beschenkten erlischt, weil der Schenker dauerhaft der Pflege in einem Pflegeheim bedarf, wird . . . . . . bevollmächtigt, die Löschung der Reallast auf Kosten des Beschenkten zu bewilligen. Die Vollmacht ist im Außenverhältnis unbeschränkt. Lediglich im Innenverhältnis verpflichtet sich der Bevollmächtigte, die Zustimmung zur Löschung nur zu erteilen, wenn der Hausarzt des Schenkers seine dauerhafte Pflegebedürftigkeit in einem Pflegeheim für erforderlich erklärt hat.[7]

Anmerkungen

1. Interessenlage. Die Pflegeverpflichtung dient dazu, einen Alters- und Pflegeheimaufenthalt des Schenkers auch dann zu vermeiden, wenn er sich aufgrund von Krankheit oder Gebrechlichkeit nicht mehr vollständig selbst versorgen kann. Darüber hinaus können Heimunterbringungskosten vermieden werden (→ Form. I.III.1 Anm. 7 – Gegenleistung (Versorgungsverpflichtung)).

Steht die Pflegeverpflichtung mit einer Grundstückszuwendung im Zusammenhang, können die dispositiven landesrechtlichen Sondervorschriften zu Art. 96 EGBGB zum Leibgeding anwendbar sein (→ Form. I.III.1 Anm. 9; *Wirich* ZEV 2008, 372).

2. Gegenleistung. Durch die Gegenleistung wird die Zuwendung entgeltliches, zumindest teilentgeltliches Geschäft bzw. gemischte Schenkung. Nach hM führt dies je nach Verhältnis des Schenkungsteils zum entgeltlichen Geschäftsteil zur Anwendung von Schenkungs- oder Kaufrecht (BGHZ 112, 40 = NJW 1990, 2616).

Eine mögliche Rückabwicklung muss die vom Beschenkten bereits erbrachten Pflegeleistungen ausgleichen. Es empfiehlt sich eine vertragliche Regelung zur Bewertung der Pflegeleistungen. Wird diese nicht getroffen und ist keine sonstige Ausgleichsvereinbarung vorgesehen, führt die Rückabwicklung im Rahmen eines Widerrufs der Schenkung nur dann zu einem Ausgleichsanspruch des Beschenkten, wenn tatsächlich Heim-

unterbringungskosten vermieden wurden. Diese wären als Bereicherung vom Schenker herauszugeben. Wird die Rückabwicklung als Rücktritt ausgestaltet, hat der Schenker Wertersatz für die erbrachten Pflegeleistungen zu leisten. Anders als in → Form. I.III.4 sollte eine Ausgleichspflicht nicht ausgeschlossen werden.

3. Erbausgleichung. Nach § 2057a BGB besteht eine Ausgleichspflicht unter Miterben auch für eine Pflegeleistung, die ein Abkömmling über längere Zeit gegenüber dem Erblasser erbracht hat, ohne eine angemessene Gegenleistung zu erhalten. Um Streit darüber zu vermeiden, ob der Vertrag die Anwendung des § 2057a BGB ausschließt, sollten die Vertragspartner ausdrücklich regeln, ob sie die vereinbarte Gegenleistung als angemessen ansehen. Daneben hat der Erblasser auch die Möglichkeit, die Rechtsfolgen des § 2057a BGB letztwillig durch die Anordnung entsprechend gegenläufiger Vermächtnisse in Höhe der Ausgleichspflicht zugunsten der ausgleichspflichtigen Miterben aufzufangen.

4. Unmöglichkeit der Pflegeleistung. Wird eine Pflegeverpflichtung unmöglich, weil der Berechtigte in einem Pflegeheim untergebracht werden muss, so ist der Pflegeverpflichtete grundsätzlich dazu verpflichtet, sich in Höhe seiner ersparten Pflegeaufwendungen an den Kosten des Pflegeheims zu beteiligen (BGH ZEV 2002, 116; MittbayNot 2004, 180 mAnm *J. Mayer*). Es soll zulässig sein, eine sachlich begründete Einschränkung der Pflegeverpflichtung (zB Zumutbarkeitsvorbehalt) vorzunehmen (*Langenfeld/Günther* Kap. 4 Rn. 86), jedoch ist offen, ob nicht gleichwohl ein Geldersatz geschuldet wird, sofern der Schenker sozialhilfebedürftig wird (*Rosendorfer* MittBayNot 2005, 1). Eine solche Regelung kann mit einer Schiedsgutachterklausel (dazu *Langenfeld/Günther* Kap. 4 Rn. 87) oder durch Bezugnahme auf eine maximale festgesetzte Pflegestufe konkretisiert werden.

5. Pflegegeld. Ein mögliches Pflegegeld sollte nicht als Gegenleistung für die Pflegeleistung an den Beschenkten ausgekehrt werden. Werden anstelle von Geldleistungen Sachleistungen aus der Pflegeversicherung erbracht, kann ein vertraglich begründetes Abhängigkeitsverhältnis zwischen Pflegegeldauszahlung an den Beschenkten und der Erbringung von Pflegeleistungen Folgeprobleme bei der Durchsetzung des Pflegeanspruchs gegen den Beschenkten auslösen (*J. Mayer* Übergabevertrag Rn. 101).

6. Reallast. Die Pflegerechte des Schenkers können als Reallast, § 1105 BGB, im Grundbuch gesichert werden, wenn der Leistungsumfang zumindest bestimmbar ist (BGH NJW 1995, 2780). Wird die Pflegeverpflichtung im Rahmen eines Übergabevertrages der vom Schenker bewohnten Immobilie vereinbart und behält sich der Schenker ein Wohnrecht vor, empfiehlt sich die gemeinsame Eintragung als sog. **Leibgeding** gemäß § 49 GBO, das im Rahmen der Zwangsversteigerung privilegiert wird, § 9 Abs. 1 EGZVG.

7. Steuern. Vgl. die Ausführungen unter → Form. I.III.13 Anm. 9.

Für Zwecke der Schenkungsteuer ist der Wert der Pflegeverpflichtung erst dann vom Wert der Schenkung abzuziehen, wenn der Pflegefall eingetreten ist (§ 6 Abs. 1 BewG, HE 7.4 (1) ErbStR 2011). Dann kann der Steuerbescheid gemäß § 175 Abs. 1 Nr. 2 AO geändert werden, vgl. Erlass vom 6.12.2002 – GZ 34-S3806-45/4-54702, MittBayNot 2003, 172.

17. Geschwister-Abfindungsklausel

Als Gegenleistung für die Zuwendung nach vorstehendem § . . . . . . gegenüber dem Zuwendenden verpflichtet sich der Erwerber, den . . . . . . (A) und . . . . . . (B), die berechtigt sind, die Leistung unmittelbar vom Erwerber zu fordern,[1, 2, 3] je einen Betrag

von . . . . . . EUR zu bezahlen, der innerhalb von zwei Jahren ohne Zinsen zur Zahlung fällig ist. Die Eintragung einer untereinander gleichrangigen Sicherungshypothek zugunsten von . . . . . . (A) und . . . . . . (B) an dem Ausstattungsgegenstand wird beantragt und bewilligt.

Ebenso wie die Zuwendung nach vorstehendem § . . . . . . an den Beschenkten, erfolgt auch die Auszahlung an . . . . . . (A) und . . . . . . (B) als Schenkung des Zuwendenden an die Empfänger im Hinblick auf ein künftiges Erbrecht.[4, 5]

Anmerkungen

1. Interessenlage. Verfügt der Zuwendungsempfänger über ausreichende Liquidität, so dient die sofortige oder in Raten erbrachte Abfindung Dritter, vielfach der Geschwister, dem Gleichbehandlungsinteresse des Schenkers. Zudem erfahren die Abgefundenen gleich einen Vermögenszuwachs und müssen nicht bis zu einem späteren Erbfall warten. Die Abfindung unter Lebenden vermeidet zudem Ausgleichungsfragen, die sich aufgrund späterer Wertveränderungen ergeben können (→ Form. I.III.1 Anm. 7). Indes wirft die Rückabwicklung nach erbrachter Abfindung besondere Schwierigkeiten auf, → Anm. 2.

2. Gegenleistung. Durch die Gegenleistung wird die Zuwendung entgeltliches, zumindest teilentgeltliches Geschäft bzw. gemischte Schenkung. Nach hM führt dies je nach Verhältnis des Schenkungsteils zum entgeltlichen Geschäftsteil zur Anwendung von Schenkungs- oder Kaufrecht (BGHZ 112, 40 = NJW 1990, 2616).

Die mögliche Rückabwicklung muss berücksichtigen, ob bereits Abfindungen an Dritte erbracht wurden. Soweit sich diese für den Fall der Rückabwicklung nicht zur Rückzahlung verpflichten, muss der Beschenkte anderweitigen Ausgleich für die Abfindungsleistungen erfahren. So sollte ihm entweder gestattet werden, die Abfindungen vom Wert des zurückzugewährenden Zuwendungsgegenstands abziehen zu dürfen oder der Schenker sollte ihm die erbrachten Abfindungen erstatten. Hierdurch wird indes nur ein wirtschaftlicher Verlust des Beschenkten vermieden, während die abgefundenen Dritten einen wirtschaftlichen Zugewinn erfahren. Erfolgt die Abfindung unter Geschwistern und stammt die Zuwendung von einem Elternteil, kommt die ausdrücklich auf den Fall der Rückabwicklung beschränkte Anordnung einer Erbausgleichung nach § 2050 BGB in Betracht. Dies hat zur Folge, dass der Beschenkte zumindest im Erbgang seinen Geschwistern wirtschaftlich gleichgestellt wird. In anderen Fällen, in denen § 2050 BGB nicht anwendbar ist, kommt eine testamentarische Ausgleichungsregelung in Betracht. Für die Ausgestaltung der Rückabwicklung können weder der Widerruf, noch der Rücktritt ohne wesentliche Modifikationen der Rechtsfolgenanordnung herangezogen werden.

3. Forderungsrecht der Geschwister. Es ist nicht erforderlich, jedoch vielfach zweckmäßig, den weichenden Geschwistern ein unmittelbares Forderungsrecht gegen den Beschenkten einzuräumen. Hierdurch wird die Abfindungsverpflichtung gegenüber dem Schenker zum echten **Vertrag zugunsten Dritter,** § 328 Abs. 1 BGB.

4. Zuwendung des Schenkers. Das Form. stellt klar, dass die Abfindungsleistungen des Beschenkten an die abzufindenden Dritten keine freigebigen Zuwendungen des Beschenkten, sondern Schenkungen des Schenkers an die Abfindungsempfänger darstellen. Im Einzelfall kann es sich anbieten, dem Abfindungsempfänger im Rahmen eines echten Vertrages zugunsten Dritter gem. § 328 Abs. 1 BGB ein eigenes Forderungsrecht einzuräumen.

5. Steuern. Vgl. die Ausführungen unter → Form. I.II.3 Anm. 7.

IV. Ausstattung mit lebzeitiger Übertragung

§ 1 Ausstattungsversprechen[1, 2, 3]

Der Übergeber wendet dem Empfänger anlässlich der Eröffnung einer Filiale seines Betriebes im Wege der Ausstattung[4] den Betrag von . . . . . . EUR zu. Der Empfänger nimmt diese Ausstattung an.

§ 2 Erfüllung

Das Ausstattungsversprechen wird durch Überweisung des in § 1 genannten Betrages auf das Konto des Beschenkten bei der . . . . . .-Bank, IBAN . . . . . ., BIC . . . . . . erfüllt. Der Empfänger verpflichtet sich, dem Übergeber schriftlich anzuzeigen, sobald der Ausstattungsbetrag seinem Konto gutgeschrieben wurde.

§ 3 Rechts- und Sachmängel

Der Übergeber haftet für Rechts- und Sachmängel entsprechend den Regelungen der §§ 521 bis 524, 1624 Abs. 2 BGB.[4]

§ 4 Rücktrittsvorbehalt,[5]

§ 5 Rücktrittsfolgen und

§ 6 Rückabwicklungsvollmacht (→ Form. J.IV.2 § 8)

§ 7 Pflichtteilsanrechnung (→ Form. J.IV.5)

§ 8 Erbausgleichung (→ Form. J.IV.6)

§ 9 Steuern

Die auf die Ausstattung eventuell anfallende Schenkungsteuer übernimmt der Schenker.[6]

§ 10 Rechtswahl

Dieser Ausstattungsvertrag unterliegt deutschem Recht.[7]

. . . . . .

(Unterschriften der Beteiligten)[8]

Anmerkungen

1. Interessenlage. Die Ausstattung ist eine Sonderform der unentgeltlichen Zuwendung von Eltern an ihre Kinder, die sich von der Schenkung in materiell-rechtlicher Hinsicht in fünf Punkten unterscheidet:

- **Keine Rückforderungsrechte nach § 526 ff. BGB.** Die analoge Anwendung der schenkungsrechtlichen Rückforderungsrechte schließt § 1624 Abs. 1 BGB aus. Statt dessen

kommt eine Rückforderung bei **Zweckverfehlung** in Betracht, etwa wenn die Ausstattung mit Blick auf eine bevorstehende Eheschließung erfolgt und diese unterbleibt (vgl. MüKoBGB/*v. Sachsen Gessaphe* § 1624 Rn. 8),

- **Ehegüterrecht.** Die nach Begründung der Zugewinngemeinschaft empfangene Ausstattung wird dem Anfangsvermögen, § 1374 Abs. 2 BGB zugerechnet und unterliegt somit nicht dem Zugewinnausgleich (Palandt/*Brudermüller* BGB § 1374 Rn. 17).
- **Erbausgleichung, § 2050 Abs. 1 BGB.** Ausstattungen sind grundsätzlich gemäß § 2050 Abs. 1 BGB im Verhältnis der Kinder untereinander auszugleichen,
- **Keine Pflichtteilsergänzung, § 2325 BGB.** Die Ausstattung unterliegt nicht der Pflichtteilsergänzung nach § 2325 BGB (BGH NJW 2004, 1382), → Form. J.IV.2 Anm. 6.
- **Insolvenz- und Anfechtungsrecht.** Die Ausstattung unterliegt nicht der Anfechtung einer unentgeltlichen Leistung nach § 4 Abs. 1 AnfG, § 134 InsO und gilt auch im Rahmen des § 39 Abs. 1 Nr. 4 InsO nicht als unentgeltlich (Palandt/*Diederichsen* BGB § 1624 Rn. 3).

Im Übrigen bestehen keine Unterschiede, so stehen der Pfändung des Ausstattungsanspruchs nach § 851 Abs. 2 ZPO etwa keine Übertragungsverbote nach § 399 BGB entgegen (MüKoBGB/*v. Sachsen Gessaphe* § 1624 Rn. 10).

Betrifft die Ausstattung ein Grundstück, können die dispositiven landesrechtlichen Sondervorschriften zu Art. 96 EGBGB zum Leibeding anwendbar sein (→ Form. J.IV.1 Anm. 9; *Wirich* ZEV 2008, 372).

2. Form. Das Ausstattungsversprechen ist grundsätzlich formfrei, § 518 BGB findet gemäß § 1624 Abs. 1 BGB keine analoge Anwendung (OLG Düsseldorf NJW-RR 2004, 1082).

3. Voraussetzungen der Ausstattung. Eine Ausstattung ist die Zuwendung von Eltern an ihr Kind, wenn sie das den Verhältnissen der Eltern entsprechende Maß nicht überschreitet und anlässlich der **Verheiratung** des Kindes oder zur Erlangung einer **selbstständigen Lebensstellung** seine wirtschaftliche Existenz begründet oder erhält. Gegenstand der Ausstattung kann jede Vermögensmehrung sein (MüKoBGB/*v. Sachsen Gessaphe* § 1624 Rn. 4), etwa Geld, eine Versicherungsleistung (OLG Düsseldorf NJW-RR 2004, 1082) oder eine Wohnungseinrichtung (OLG Köln FamRZ 1986, 703), wenn sie erfolgt

- **mit Rücksicht auf die Verheiratung des Kindes.** Die Ausstattung kann vor oder nach Eheschließung erfolgen, solange ein zeitlicher Zusammenhang besteht. Erforderlich ist weiter, dass die Zuwendung auf die Begründung oder Erhaltung eines ehelichen Haushalts abzielt (MüKoBGB/*v. Sachsen Gessaphe* § 1624 Rn. 5), oder
- **zur Begründung oder Erhaltung einer selbständigen Lebensstellung des Kindes.** Denkbar ist eine Zuwendung zur Vergrößerung eines Geschäfts (MüKoBGB/*v. Sachsen Gessaphe* § 1624 Rn. 5) oder die Gewährung freier Wohnung.

Nicht zu den von § 1624 BGB umfassten Ausstattungszwecken zählt die Zuwendung eines Vermögensgegenstands, um ihn der Familie zu bewahren und dem Zugriff des Sozialhilfeträgers zu entziehen (BayObLG BeckRS 2003, 7743). Die Zuwendung muss zur Erreichung ihres Zweckes **nicht objektiv erforderlich** sein. Zudem kann sie neben einem der beiden genannten weiteren Zwecken dienen (BGHZ 44, 91 = NJW 1965, 2056). Soweit die Zuwendung das angemessene Maß überschreitet (sog. Übermaßausstattung) kann die Zuwendung Schenkung sein, wenn die Voraussetzungen des § 516 BGB erfüllt sind.

4. Haftung. Es empfiehlt sich die Klarstellung, dass der Ausstattende nur gleich einem Schenker wegen Sach- und Rechtsmängeln haftet, also analog §§ 521 bis 524 BGB nur für Vorsatz und grobe Fahrlässigkeit und nicht für Verzug haftet.

5. Rückabwicklungsvorbehalt. Auf die Ausstattung finden die schenkungsrechtlichen Rückabwicklungsregeln der §§ 526 ff. BGB keine entsprechende Anwendung. Überwiegend wird die Heranziehung der Geschäftsgrundlagenlehre nach § 313 BGB befürwortet (MüKoBGB/*v. Sachsen Gessaphe* § 1624 Rn. 9). Angesichts der hiermit verbundenen Rechtsunsicherheit ist der Vorbehalt von Rückabwicklungsrechten geboten.

6. Schenkungsteuer. Ausstattungen unterliegen als freigebige Zuwendungen gemäß § 7 Abs. 1 Nr. 1 ErbStG wie Schenkungen der Schenkungsteuer (*Meincke/Hannes/Holtz* ErbStG § 7 Rn. 10). Die vom Schenker übernommene Steuer erhöht gem. § 10 Abs. 2 ErbStG den Wert der Schenkung (→ Form. I.III.2 Anm. 32).

7. Rechtswahl. → Form. J.IV.4 Anm. 8.

8. Kosten. Der Vertragsentwurf löst eine 2,0-Gebühr nach Nr. 24100 KV aus dem Wert der Ausstattung aus, §§ 119 Abs. 1, 97 Abs. 1 GNotKG. Die Rechtswahl erhöht den Geschäftswert um 30 % nach § 104 GNotKG. Nur bei mangels Auslandsbezugs offensichtlich rein deklaratorischen Klauseln kann von einer Geschäftswerterhöhung abgesehen werden (näher *Diehn/Volpert* Rn. 1711 ff.).

V. Rechtsgeschäfte auf den Todesfall

1. Schenkung der Bezugsberechtigung einer Lebensversicherung

§ 1 Schenkung[1, 2]

Der Schenker hat unter der Versicherungs-Nummer ...... vom ...... (Datum) bei der ...... Versicherung eine Kapitallebensversicherung auf seinen eigenen Tod abgeschlossen und den Beschenkten am ...... (Datum) widerruflich zum Bezugsberechtigten eingesetzt.[3]

Der Schenker schenkt dem Beschenkten den Auszahlungsbetrag. Als Vertreter ohne Vertretungsmacht nimmt der Schenker für den Beschenkten diese Schenkung an.[4]

§ 2 Bewirken der Leistung[5]

Die Schenkung wird durch den Erwerb des Forderungsrechts beim Tod des Schenkers, §§ 330, 331 BGB, bewirkt.[6]

§ 3 Rechtswahl

Dieser Vertrag unterliegt deutschem Recht.[7]

......

(Unterschriften der Beteiligten)[8, 9]

Anmerkungen

1. Interessenlage. Es ist üblich, dass bei Lebens-, Renten- oder sonstigen Versicherungen, die Leistungen nach dem Tod des Versicherungsnehmers vorsehen, Dritte als Bezugsberechtigte vom Versicherungsnehmer benannt werden können. Ist kein Bezugsberechtigter benannt, fällt die Versicherungssumme in den Nachlass; ist ein Bezugsberechtigter eingesetzt, ist die entsprechende Vereinbarung mit der Versicherung als **Vertrag zugunsten Dritter auf den Todesfall,** §§ 328, 330, 331 BGB, anzusehen. Der Tod des Versicherungsnehmers führt dann gemäß § 331 Abs. 1 BGB zum automatischen Forderungserwerb des Bezugsberechtigten (BGH NJW 1975, 384). Der Erwerb vollzieht sich schuldrechtlich, **nicht erbrechtlich** (BGH NJW 2004, 767; *Elfring* ZEV 2004, 305). Damit unterliegt die Bezugsberechtigung keinen erbrechtlichen Beschränkungen wie Testamentsvollstreckung oder Vor- und Nacherbschaft. Als Mittel der Pflichtteilsvermeidung oder -reduzierung ist sie seit BGH ZEV 2010, 305 mAnm *Hepting Wall* kaum noch geeignet, → Anm. 6.

Der Bezugsberechtigte darf die hierdurch gewonnene Bereicherung jedoch nur dann gegenüber den Erben behalten, wenn die Vereinbarung im **Deckungsverhältnis** (Versicherung/Versicherungsnehmer) durch eine entsprechende Zuwendung im **Valutaverhältnis** (Versicherungsnehmer/Bezugsberechtigter) ihren Rechtsgrund findet. Hierbei kann es sich insbesondere um Schenkungen, Ausstattungen oder ehebedingte Zuwendungen handeln. Die Zuwendung der Forderungsberechtigung an den Ehepartner wird ebenso wenig wie die Einsetzung als Bezugsberechtigter gemäß § 2077 BGB mit Auflösung der Ehe unwirksam (BGH NJW 1995, 1082).

Durch Vertrag zugunsten Dritter auf den Todesfall können **nur Forderungen,** nicht aber Sachen übertragen werden, weil der Eigentumserwerb nach §§ 929 ff., 873 ff. BGB die Übergabe, ein Übergabesurrogat bzw. Eintragung im Grundbuch voraussetzt. Sollen Sachen oder Wertpapiere durch Vertrag zugunsten Dritter auf den Todesfall übertragen werden, kommen Treuhandgestaltungen in Betracht, weil die Forderung gegenüber dem Treuhänder der Übertragung durch Vertrag zugunsten Dritter auf den Todesfall offen steht (*Vorwold* ErbStB 2006, 22).

Die Auszahlung der Versicherungssumme an den Bezugsberechtigten unterliegt der Schenkungsteuer (→ Anm. 8). In geeigneten Fällen kann die Steuerlast dadurch reduziert werden, dass der Beschenkte eine Versicherung auf den Tod des Schenkers abschließt und dieser ihm die Beiträge zuwendet. In der Folge fallen die Wertsteigerungen im Versicherungsvertrag dem Beschenkten schenkungsteuerfrei zu.

2. Form. Die mangelnde notarielle Form des Schenkungsversprechens wird durch das Bewirken der versprochenen Leistung mit dem Forderungsübergang auf den Bezugsberechtigten zum Zeitpunkt des Todes des Versicherungsnehmers geheilt, § 518 Abs. 2 BGB.

3. Einräumung der Bezugsberechtigung. Die Einräumung der Bezugsberechtigung erfolgt durch Vereinbarung des Versicherungsnehmers mit der Versicherungsgesellschaft. Nach § 159 Abs. 1 VVG wird vermutet, dass der Versicherungsnehmer die Bezugsberechtigung sogar ohne Zustimmung der Versicherungsgesellschaft durch empfangsbedürftige Erklärung ihr gegenüber einräumen darf. Die Einräumung der Bezugsberechtigung ist widerruflich, solange nicht der Versicherungsnehmer die Unwiderruflichkeit angeboten und der bezugsberechtigte Dritte dies angenommen hat.

Die formularmäßig zum Ankreuzen von vielen Versicherungsgesellschaften angebotene Einräumung der Bezugsberechtigung zugunsten des „**Ehepartners** der versicherten Person“ kommt der Person zugute, mit der der Versicherungsnehmer zum Zeitpunkt der Einräumung der Bezugsberechtigung verheiratet ist. Eine spätere Scheidung ändert hieran im Zweifel nichts (BGH ZErb 2007, 304 = ZEV 2007, 387).

4. Annahme des Schenkungsangebots. Will der Schenker zu Lebzeiten die Zuwendung der Bezugsberechtigung gegenüber dem Beschenkten offen legen, so können sie ohne weiteres den Schenkungsvertrag schließen. Vielfach ist dem Schenker jedoch daran gelegen, seine Zuwendungsabsicht gegenüber dem Beschenkten und sonstigen Dritten mit Ausnahme der Versicherung geheim zu halten. Es ist daher üblich, dass der Schenker nur das Schenkungsvertragsangebot abgibt und die Versicherung beauftragt, dem Bezugsberechtigten das Schenkungsvertragsangebot nach dem Tod des Schenkers zu überbringen. Wurde ein entsprechender Botenauftrag nicht ausdrücklich erteilt, ist er im Zweifel konkludent der Benennung eines Bezugsberechtigten zu entnehmen (BGH ZEV 2008, 392). Der Beschenkte kann das Angebot auch nach dem Tod des Schenkers annehmen, § 153 BGB, wenn nicht die Erben das Vertragsangebot vor seinem Zugang beim Bezugsberechtigten widerrufen, § 130 Abs. 1 S. 2 BGB.

Hierdurch kann es zum **Wettlauf der Erben** mit dem Boten des Erblassers kommen (vgl. BGH ZEV 2008, 392). Um diesen Wettlauf zu vermeiden, kann der Schenker

- **testamentarische Drohklauseln** gegenüber den Erben für den Fall des Widerrufs anordnen (*Vorwold* ErbStB 2006, 22), die jedoch leer laufen, wenn die Erben den Widerruf erklären, bevor ihnen der Testamentsinhalt zur Kenntnis gebracht wird. Denkbar ist ferner
- der **wirksame Verzicht auf das Widerrufsrecht bezüglich des Schenkungsangebots** (Palandt/*Ellenberger* BGB § 130 Rn. 11), der nicht in dem formunwirksamen Schenkungsangebot liegen kann.

- Schließlich kann der Schenker **den Schenkungsvertrag als Vertreter ohne Vertretungsmacht** – wie im Formular vorgesehen – für den Beschenkten selbst annehmen (vgl. *Gubitz* ZEV 2006, 333; *Bühler* NJW 1976, 1727; krit. *Muscheler* WM 1994, 921). Der Schenkungsvertrag ist bis zur Genehmigung durch den Beschenkten gemäß § 177 BGB schwebend unwirksam. Die Genehmigung kann auch nach dem Tod des Schenkers erteilt werden (vgl. *Gubitz* ZEV 2006, 333 [336]) und wirkt auf den Zeitpunkt des Vertragsschlusses zurück, § 184 Abs. 1 BGB. Die Erben können den schwebend unwirksamen Schenkungsvertrag nicht gemäß § 178 BGB widerrufen, weil dem Schenker der Mangel seiner Vertretungsmacht bekannt war. Sie können dem Beschenkten jedoch gemäß § 177 Abs. 2 BGB eine Frist zur Genehmigung der Schenkung setzen. Durch die Einräumung der Bezugsberechtigung im Deckungsverhältnis ist der Schenkungsvertrag zudem bereits lebzeitig vollzogen worden, so dass hierin auch keine Umgehung von § 2301 BGB (→ Form. J.VII) zu sehen ist (vgl. *Gubitz* ZEV 2006, 333 [337]; krit. *Lieseke* WM 1975, 286).

5. Bewirken der Leistung. Die Leistung wird beim Vertrag zugunsten Dritter auf den Todesfall mit dem Todesfall bewirkt, weil der Beschenkte das Forderungsrecht zum Todeszeitpunkt des Schenkers nach §§ 330, 331 BGB von selbst erwirbt (BGH NJW 1975, 384), selbst wenn der Schenkungsvertrag mangels Annahme zu diesen Zeitpunkt noch nicht wirksam geschlossen wurde. Im Fall der widerruflichen Einräumung der Bezugsberechtigung erwirbt der Bezugsberechtigte das Recht auf die Versicherungsleistung erst mit dem Versicherungsfall, § 159 Abs. 2 VVG, so dass erst zu diesem Zeitpunkt die Leistung bewirkt ist; ist die Bezugsberechtigung indes mit Zustimmung des Bezugsberechtigten unwiderruflich eingeräumt, erwirbt er das Recht auf die Leistung sofort, § 159 Abs. 3 VVG, mithin ist die Leistung auch mit unwiderruflicher Einräumung der Bezugsberechtigung bewirkt. Gleichwohl unterliegt auch die unentgeltliche und unwiderrufliche Einräumung der Bezugsberechtigung noch nicht der Schenkungsteuer, sondern erst die ausgezahlte Versicherungssumme (BFH DStR 1999, 1764 mAnm UV).

6. Pflichtteil und Pflichtteilsergänzung. Fällt die Versicherungssumme aufgrund der Benennung eines Bezugsberechtigten nicht in den Nachlass, kann sie keine Pflichtteilsansprüche begründen. In Betracht kommen Pflichtteilsergänzungsansprüche deren Berechnung der BGH mit Urteil vom 28.4.2012 (ZEV 2010, 305 mAnm *Hepting/Wall*) auf eine völlig neue Grundlage gestellt hat. Der Pflichtteilsergänzung unterliegen nicht mehr die eingezahlten Prämien der letzten 10 Jahre (BGH FamRZ 1976, 616 [617]) und auch nicht die ausgezahlte Versicherungssumme (OLG Düsseldorf ZEV 2008, 292), sondern idR der Rückkaufswert der Versicherung am Todestag des Erblassers oder der objektiv belegte höhere Verkaufswert der Versicherung, der indes vor dem Tod bekannte Umstände wie eine schwere Erkrankung des Erblassers nicht berücksichten soll. Noch ungeklärt ist, ob diese Grundsätze auch gelten, wenn der Erblasser vor seinem Tod bereits unwiderruflich einen Bezugsberechtigten eingesetzt hat. Hier könnten für Zwecke der Pflichtteilsergänzung der Rückkaufswert zum Zeitpunkt der unwiderruflichen Bezugsrechtseinräumung zzgl. hiernach vom späteren Erblasser gezahlter Prämien anzusetzen sein (*Lehmann* GWR 2010, 281).

7. Rechtswahl. → Form. J.IV.4 Anm. 8.

8. Steuern. Der Erblasser kann in einem Vertrag bestimmen, dass nach seinem Tode an einen Dritten eine bestimmte Leistung zu erbringen ist. In diesem Fall erlangt der Dritte das Recht auf die Leistung erst mit dem Tode des Erblassers.

Der Erwerb des Dritten ist gem. § 3 Abs. 1 Nr. 4 ErbStG als Erwerb von Todes wegen erbschaftsteuerpflichtig. Der Begünstigte erhält die vertragliche Leistung dabei nicht aus dem Nachlass, sondern er erwirbt sie unmittelbar in eigener Person. Geht ein Vermögensvorteil allerdings bereits im Wege der Erbfolge oder aufgrund eines Vermächtnisses auf

den Erben oder Vermächtnisnehmer über, so liegt ein Erwerb nach § 3 Abs. 1 Nr. 1 ErbStG und nicht nach § 3 Abs. 1 Nr. 4 ErbStG vor (*Meincke/Hannes/Holtz* ErbStG § 3 Rn. 83).

Zum Erwerb iSd § 3 Abs. 1 Nr. 4 ErbStG zählt jedes Wirtschaftsgut, insbesondere:

- Vereinbarungen bei einer Lebensversicherung, dass eine bestimmte Person im Versicherungsfall bezugsberechtigt sein soll.
- Vereinbarung mit einer Bank oder Bausparkasse, dass nach dem Tod des Erblassers der Begünstigte eine bestimmte Spareinlage oder Bausparguthaben erhalten soll.
- Vereinbarungen in Gesellschaftsverträgen, dass an den überlebenden Ehepartner des verstorbenen Gesellschafters Hinterbliebenenbezüge zu zahlen sind.

Die **gesetzlichen Versorgungsansprüche** Hinterbliebener unterliegen hingegen nicht der Erbschaftsteuer; ebenso solche Ansprüche, die auf Tarifvertrag, Betriebsvereinbarung oder betrieblicher Übung beruhen.

Vorsicht ist geboten, wenn der Bezugsberechtigte die **Prämien** für eine Lebensversicherung ganz oder teilweise zahlt, die der Erblasser zugunsten des Bezugsberechtigten auf sein eigenes Leben abgeschlossen hat. Dadurch entfällt die Steuerpflicht nicht. In einem solchen Fall kann es unter Umständen sogar zu einer Doppelbesteuerung kommen, wenn die Prämienzahlungen entgegen ErbStR E 3.7 als freigebige Zuwendungen des Bezugsberechtigten an den Versicherungsnehmer (Erblasser) anzusehen sind und außerdem der Erwerb der Versicherungssumme durch den Bezugsberechtigten nach § 3 Abs. 1 Nr. 4 ErbStG zu versteuern ist. Daher ist die zwischen dem Versprechensempfänger und dem Bezugsberechtigten getroffene Vereinbarung darauf zu prüfen, ob die Prämienzahlung und die Zuwendung der Versicherungsleistung als jeweils zwei getrennte Zuwendungsvorgänge zu behandeln sind oder der Bezugsberechtigte im Innenverhältnis die Stellung eines Versicherungsnehmers innehatte und somit Prämienzahlung und Versicherungsleistung von vornherein seiner Vermögenssphäre zuzurechnen sind mit der Folge, dass keine Erbschaftsteuer anfällt. Ein steuerbarer Vorgang scheidet dagegen aus, wenn die **Versicherungssumme** an den Versicherungsnehmer (= Versprechensempfänger) ausgezahlt wird, auch wenn die Versicherung auf das Leben einer anderen Person abgeschlossen wurde. Steuerlich günstiger ist es daher, wenn die Person, die wirtschaftlich abgesichert werden soll, selbst als Versicherungsnehmer auftritt, während derjenige, dessen Einkommenswegfall abzusichern ist, Versicherter wird.

Bei **nichtehelichen Lebensgemeinschaften** benennen die Partner oftmals den anderen Teil als Bezugsberechtigten für Versicherungsleistungen im Todesfall, wobei die versicherte Person der Versicherungsnehmer ist. Aus einkommensteuerlichen und sparprämienmäßigen Aspekten ist das für vermögensbildende Lebensversicherungen sinnvoll, erbschaftsteuerlich aber von Nachteil. Das hängt damit zusammen, dass der nichteheliche Lebenspartner in die Steuerklasse III gem. § 15 Abs. 1 ErbStG eingruppiert ist und nur einen persönlichen Freibetrag in Höhe von 20.000,– EUR gem. § 16 Abs. 1 Nr. 7 ErbStG erhält. Da dem nichtehelichen Lebenspartner kein Versorgungsfreibetrag gem. § 17 ErbStG zusteht, sollte zu seiner finanziellen Absicherung der Lebensversicherungsvertrag so gestaltet werden, dass der Begünstigte zugleich Versicherungsnehmer ist (MAH ErbR/*Andres* § 47 Rn. 120).

Bei der **Schenkung der Bezugsberechtigung** einer Lebensversicherung unterliegt die Einräumung des Bezugsrechts als solche nicht der Schenkungsteuer. Zuwendungsgegenstand ist in diesen Fällen vielmehr (erst) die zur Auszahlung gelangende Versicherungsleistung (BFH BStBl. II 1999, 742). Dies gilt sogar bei einer unwiderruflichen Bezugsrechtseinräumung. Denn auch in diesem Fall behält sich der Versicherungsnehmer bis zum Ablauf des Vertrages das Dispositionsrecht über den Vertrag vor, aufgrund dessen er die Höhe der Versicherungssumme beeinflussen kann. Der Erwerb erfolgt aufschiebend bedingt durch den Todesfall. Besteuerungszeitpunkt ist daher gem. § 9 Abs. 1 Nr. 1a ErbStG der Zeitpunkt der Entstehung des unbedingten Anspruchs in der Person des

Erwerbers. Bewertet wird die Versicherungssumme gem. § 12 Abs. 1 ErbStG iVm § 12 Abs. 1 BewG mit dem Nennwert.

Die Leistung aus einer **Lebensversicherung auf verbundene Leben bei Ehepartnern** an den überlebenden Ehepartner ist nur zur Hälfte erbschaftsteuerpflichtig, § 3 Abs. 1 Nr. 4 ErbStG, bzw. bei Auszahlung zu Lebzeiten des Versicherungsnehmers gem. § 7 Abs. 1 Nr. 1 ErbStG, da der überlebende Ehegatte die Versicherungsleistung zur Hälfte als Versicherungsnehmer erbschaftsteuerfrei bezieht (RE 3.6 (3) ErbStR 2011). Im Erlebensfall hat die verbundene Lebensversicherung keine nachteiligen Schenkungsteuerfolgen, wenn der Endtermin für die Versicherung auf den Erlebensfall jedes Vertragsteils hälftig abstellt (MAH ErbR/*Andres* § 47 Rn. 146).

Auch bei bestehenden Lebensversicherungsverträgen ist es möglich, eine erbschaftsteuergünstige Gestaltung zu erreichen, wonach der Bezugsberechtigte Versicherungsnehmer und damit auch Vertragspartner mit allen Rechten und Pflichten (Prämienzahlungspflicht) wird. Der Austausch des Versicherungsnehmers hat vor Eintritt des Versicherungsfalles zu erfolgen (MAH ErbR/*Andres* § 47 Rn. 139, 140).

Es handelt sich ebenfalls um einen nicht steuerbaren Vorgang, wenn der Versicherungsnehmer die Lebensversicherungssumme einem Gläubiger zur Schuldentilgung zuwendet.

Um zu erwartende hohe Erbschaftsteuerverbindlichkeiten abzudecken, ist der Abschluss einer Lebensversicherung durch den zukünftigen Erben als Versicherungsnehmer auf das Leben des Erblassers als Versicherter zu empfehlen (*Meincke/Hannes/Holtz* ErbStG § 3 Rn. 86).

Wenn zur Entlastung eines künftigen Erben finanziell für Abfindungszahlungen an weichende Miterben vorgesorgt werden soll, ist es neben dem vorgenannten Modell auch möglich, dass der Erblasser selbst eine Versicherung zugunsten des übernehmenden Miterben abschließt. Denn die Versicherungssumme stellt zwar einen zusätzlichen steuerpflichtigen Erwerb (§ 3 Abs. 1 Nr. 4 ErbStG) dar, sie wird aber im Gegenzug mit den abzugsfähigen Abfindungsverbindlichkeiten (§ 10 Abs. 5 Nr. 2 ErbStG) ausgeglichen.

Hinterbliebenenbezüge aus einem Arbeitsverhältnis, die auf einem Einzelvertrag beruhen, sind nicht gem. § 3 Abs. 1 Nr. 4 ErbStG steuerpflichtig, solange sie ein angemessenes Maß nicht überschreiten. Als angemessen gilt dabei zB eine Witwenrente bis zur Höhe von 45 % des letzten Brutto-Arbeitslohnes des verstorbenen Arbeitnehmers (BFH BStBl. II 1981, 715). Die Versorgung von Hinterbliebenen eines geschäftsführenden Gesellschafters ist ohne Rücksicht auf die Rechtsform der Gesellschaft immer nur dann steuerfrei, wenn der Verstorbene in der Gesellschaft eine arbeitnehmerähnliche Stellung innehatte.

Die Lebensversicherung wird im Erbschaftsteuerrecht wie folgt bewertet:

- Ist der fällige Anspruch auf eine Auszahlung einer Kapitalsumme gerichtet, so wird sie mit dem Nennwert angesetzt gem. 12 Abs. 1 BewG;
- Noch nicht fällige Ansprüche werden gem. § 12 Abs. 4 BewG mit dem Rückkaufswert bewertet;
- Ist der Anspruch auf Auszahlung einer Rente gerichtet, so ist er mit dem Kapitalwert der jährlichen Rentenleistungen zu bewerten gem. §§ 13 ff. BewG (zur Bewertung → Form. C.V.4 Anm. 6).

9. Kosten. Der Vertragsentwurf löst eine 2,0-Gebühr nach Nr. 24100 KV aus dem Wert des Bezugsrechts aus, §§ 119 Abs. 1, 97 Abs. 1 GNotKG. Die Rechtswahl erhöht den Geschäftswert um 30 % nach § 104 GNotKG. Nur bei mangels Auslandsbezugs offensichtlich rein deklaratorischen Klauseln kann von einer Geschäftswerterhöhung abgesehen werden (*Diehn/Volpert* Rn. 1711 ff.).

2. Sparbuch auf fremden Namen

Der Schenker hat unter der IBAN ...... bei der kontoführenden ...... Bank in ...... (nachfolgend: die Bank) ein Sparbuch auf den Namen des Beschenkten eröffnet und das Sparbuch in seinem Schließfach ...... bei der Bank eingelegt. Vor diesem Hintergrund schließen der Schenker und die Bank folgende Vereinbarung:[1]

Art. 1 Vertrag zugunsten Dritter auf den Todesfall[2]

Sollte der Schenker versterben, verpflichtet sich die Bank zur Leistung aus dem Sparkontovertrag (Nr. .....) an den Beschenkten, §§ 328, 331 BGB. Ab diesem Zeitpunkt ist der Beschenkte berechtigt, die Leistung unmittelbar von der Bank zu fordern.[3]

Der Schenker behält sich das Recht vor, gemäß § 332 BGB ohne Zustimmung der Bank einen Dritten zu benennen, der anstelle des Beschenkten in den Vertrag eintreten soll.[4]

Art. 2 Überbringung des Schenkungsangebots[5]

Die Bank verpflichtet sich, sobald sie vom Tod des Schenkers Kenntnis erlangt, unverzüglich dem Beschenkten oder, an dessen Stelle, dem nach Art. 1 Abs. 2 bezeichneten Dritten im Namen des Schenkers folgendes Schenkungsangebot zu überbringen:

Schenkung

§ 1 Schenkung

Der Schenker hat unter der Kontonummer ...... bei der kontoführenden ...... Bank in ...... (nachfolgend: die Bank) ein Sparbuch auf den Namen des Beschenkten eröffnet und das Sparbuch in seinem Schließfach ...... bei der Bank eingelegt.

Der Schenker schenkt dem Beschenkten den Auszahlungsbetrag. Der Beschenkte nimmt diese Schenkung an.

§ 2 Bewirken der Leistung

Die Schenkung wird durch den Erwerb des Forderungsrechts beim Tod des Schenkers, §§ 330, 331 BGB, bewirkt.

§ 3 Rechtswahl

Dieser Vertrag unterliegt deutschem Recht.[6]

......

(Unterschriften der Beteiligten)[7, 8]

Anmerkungen

1. Sachverhalt. Die Gerichte müssen sich immer wieder mit Sparbüchern beschäftigten, die auf einen fremden Namen eröffnet wurden. Nur selten sind überzeugende Gründe erkennbar, die zu einer Sparbucheröffnung unter fremdem Namen führen. Das **gebundene Sparbuch** ist ein qualifiziertes Legitimationspapier gemäß § 808 BGB (BGH NJW-RR 1998, 1661), dessen Eigentümer der Inhaber der Forderung gegenüber der Bank ist,

§ 952 BGB. Der Forderungsinhaber muss nicht mit der im Sparbuch namentlich bezeichneten Person identisch sein, zumal die Forderung gegenüber der Bank durch Abtretung, §§ 398 ff. BGB, auch später weiter übertragen werden kann, ohne dass die Eintragung im Sparbuch geändert werden muss. Die Bank kann gemäß § 808 Abs. 1 BGB an jeden Inhaber des gebundenen Sparbuchs, unabhängig davon, ob er auch Forderungsinhaber ist, befreiend leisten, sofern sie nicht den Mangel seiner Berechtigung erkennen konnte (BGHZ 28, 368 = NJW 1959, 622). Durch die Eröffnung eines Sparbuchs **auf den Namen eines Dritten** geht die Forderungsinhaberschaft grundsätzlich nicht bereits auf den Dritten über, vielmehr wird hierin grundsätzlich nur eine Vorbereitungshandlung einer Zuwendung durch Forderungsabtretung, §§ 398 ff. BGB, oder Vertrag zugunsten Dritter auf den Todesfall gem. § 331 Abs. 1 BGB gesehen (BGH NJW 1994, 931; dazu ausführlich *Damrau* ZErb 2008, 221). Dies gilt insbesondere, wenn ein naher Angehöriger das Sparbuch auf den Namen eines Kindes eröffnet, das Sparbuch selbst jedoch in Händen behält und sich die Verfügung somit vorbehält (BGH MDR 2005, 855). Der hierdurch bewirkte **Gläubigervorbehalt** lässt die Erfordernisse der Legitimationsprüfung nach § 154 AO und die Meldepflicht nach § 33 ErbStG iVm § 1 ErbStDV unberührt. Auch hinsichtlich der Pfändbarkeit bietet das auf den Namen eines Dritten eröffnete Konto grundsätzlich keine Vorteile, §§ 829 f. ZPO, § 309 AO (vgl. *Ott-Eulenberg/Schebesta/Bartsch* 194 f.).

2. Form. Die mangelnde notarielle Form des Schenkungsversprechens wird durch das Bewirken der versprochenen Leistung mit dem Forderungsübergang auf den Begünstigen zum Zeitpunkt des Todes des Schenkers, §§ 328, 331 BGB, geheilt, § 518 Abs. 2 BGB (*Damrau* ZErb 2008, 221). Einer **Übergabe** des Sparbuchs bedarf es nicht. Bei der zweckmäßigen Zuleitung des Sparbuchs an den Beschenkten ist wegen § 808 Abs. 1 BGB darauf zu achten, dass das Sparbuch nur einer Vertrauensperson anvertraut wird. Grundsätzlich kann unter Vorlage des Sparbuchs jeder von der Bank Leistung an sich selbst verlangen.

3. Forderungsrecht des Dritten. Für Lebens- und Rentenversicherungsverträge enthält § 330 BGB die Auslegungsregel, dass der Dritte ein unmittelbares Forderungsrecht im Rahmen des Vertrages zugunsten Dritter auf den Todesfall erwerben soll. Die gleiche Rechtsfolge wird hier vertraglich vereinbart.

4. Gläubigervorbehalt. Im Rahmen des Vertrages zugunsten Dritter auf den Todesfall behält sich der Schenker (Versprechensempfänger) gemäß § 332 BGB vor, die Person des begünstigten Dritten nachträglich auszutauschen. Die Bank muss hierzu nicht **zustimmen.** Der Austausch des Begünstigten muss der Bank lediglich angezeigt werden. Außerdem sollte auf eine Sicherung geachtet werden, dass der Schenkungsvertrag nach dem Tod des Schenkers dem neu benannten Dritten zur Kenntnis gebracht wird (→ Anm. 5).

5. Bote. Der Erblasser bedient sich der Bank als Botin für sein Schenkungsangebot an den Begünstigten, das dieser zur Wirksamkeit des Schenkungsvertrages annehmen muss, bevor die Erben einen möglichen Widerruf erklären (zu Alternativen → Form. I.VI.1 Anm. 4).

6. Rechtswahl. → Form. I.IV.4 Anm. 8.

7. Steuern. Der Erwerb des Forderungsrechts durch Vertrag zugunsten Dritter auf den Todesfall stellt einen Erwerb von Todes wegen iSd § 1 Abs. 1 Nr. 1 iVm § 3 Abs. 1 Nr. 4 ErbStG dar (Niedersächs. FG, EFG 92, 143; vgl. zu § 3 Abs. 1 Nr. 4 ErbStG auch → Form. I.VI.1 Anm. 8). Das Forderungsrecht des Erwerbers entsteht grundsätzlich nicht schon durch das Anlegen des Sparbuchs im Namen des Erwerbers (TGJG/*Gebel* ErbStG § 7 Rn. 261). Die Bewertung der Forderung erfolgt zum Nennbetrag, § 12 Abs. 1 ErbStG

iVm § 12 Abs. 1 BewG. Die Erbschaftsteuer entsteht mit dem Tod des Erblassers, § 9 Abs. 1 Nr. 1 ErbStG.

8. Kosten. Der Vertragsentwurf löst eine 2,0-Gebühr nach Nr. 24100 KV aus dem Wert des Sparbuchs, §§ 119 Abs. 1, 97 Abs. 1, 36 Abs. 1 GNotKG. Die Rechtswahl erhöht den Geschäftswert um 30 % nach § 104 GNotKG. Nur bei mangels Auslandsbezugs offensichtlich rein deklaratorischen Klauseln kann von einer Geschäftswerterhöhung abgesehen werden (näher *Diehn/Volpert* Rn. 1711 ff.).

VI. Schenkungsversprechen von Todes wegen

§ 1 Schenkungsversprechen von Todes wegen[1, 2]

Der Schenker schenkt dem Beschenkten das Gemälde „Winterlandschaft" des Malers M. aus dem Jahr ...... (Maße: ......). Der Beschenkte nimmt diese Schenkung an.

§ 2 Vollzug der Schenkung[3]

Die Schenkung wird durch Übergabe und Übereignung des in § 1 genannten Schenkungsgegenstandes sofort vollzogen.

§ 3 Auflösende Bedingung

Die Schenkung und Übereignung sind auf den Fall auflösend bedingt, dass der Beschenkte vor dem Schenker verstirbt oder dass der Rücktritt nach § 5 erklärt wird.[4]

§ 4 Rechts- und Sachmängel

Der Schenker haftet – mit Ausnahme arglistigen Verschweigens – nicht wegen Sach- oder Rechtsmangels des Schenkungsgegenstandes.[5]

§ 5 Rücktrittsvorbehalt,[6]

§ 6 Rücktrittsfolgen und

§ 7 Rückabwicklungsvollmacht (wie → Form. J.IV.2 § 8)

§ 8 Steuern[8]

Die auf die Schenkung eventuell anfallende Schenkungsteuer übernimmt der Schenker.

§ 9 Rechtswahl

Dieser Vertrag unterliegt deutschem Recht.[7]

......

(Unterschriften der Beteiligten)[9]

Anmerkungen

1. Sachverhalt und Interessenlage. Der Schenker ist der Großonkel des Beschenkten. Er möchte dem Beschenkten ein Gemälde zuwenden, das als Familienerbstück nur dann an den Beschenkten fallen soll, wenn dieser seinen Großonkel überlebt.

Die Schenkung von Todes wegen zeichnet sich dadurch aus, dass die Zuwendung unter der Bedingung steht, dass der Beschenkte den Schenker überlebt (sog. **Überlebensbedingung**). Hiermit steht sie an der Schnittstelle zwischen Erbrecht und Schuldrecht. § 2301 Abs. 1 BGB erklärt daher auch die erbrechtlichen Vorschriften für anwendbar, wenn

nicht der Schenker selbst zu Lebzeiten bereits die Schenkung vollzogen hat, § 2301 Abs. 2 BGB, also das Vermögensopfer noch selbst erbracht hat (→ Anm. 3).

Mangelt es am **Schenkungsvollzug,** sind insbesondere die Vorschriften zur Form letztwilliger Verfügungen, §§ 2231, 2247, 2249 ff., 2267 BGB, zu beachten. Eine handschriftliche Zuwendung eines Vermögensgegenstands von Todes wegen kann somit als **Vermächtnis** anzusehen sein. Es ist große Vorsicht bei solchen isolierten Verfügungen geboten, weil das Risiko groß ist, dass sie durch allgemeine Widerrufsformeln („widerrufe vorsorglich alle früheren Verfügungen von Todes wegen") in späteren Testamenten ungewollt widerrufen werden.

Wird die Schenkung lebzeitig vollzogen, sind die Schenkungsregeln nach §§ 516 ff. BGB anwendbar. Die Formvorschrift des § 518 Abs. 2 BGB erlangt hierbei keine eigenständige Bedeutung, denn im Schenkungsvollzug nach § 2301 Abs. 2 BGB liegt immer zugleich auch eine Bewirkung der Schenkung nach § 518 Abs. 2 BGB.

2. Form. Soweit die Schenkung von Todes wegen lebzeitig vollzogen (→ Anm. 3) wird, ist keine weitere Form zu beachten, weil weder § 2301 Abs. 1 BGB, noch § 518 Abs. 2 BGB eingreifen (→ Anm. 1).

3. Schenkungsvollzug. Die Voraussetzungen des lebzeitigen Schenkungsvollzugs entsprechen nur teilweise denen der Bewirkung der Schenkung nach § 518 Abs. 2 BGB. Während die Schenkung nach hM bewirkt ist, wenn der Schenker **alles seinerseits Erforderliche** getan hat, damit der Beschenkte die Schenkung erlangt, auch wenn ein Leistungserfolg nicht lebzeitig eintreten muss (BGH NJW-RR 1989, 1282), setzt ein Vollzug nach § 2301 Abs. 2 BGB grundsätzlich die lebzeitige Herbeiführung des **Leistungserfolges** voraus (BGHZ 99, 97 = NJW 1987, 840 mAnm *Leipold* JZ 1987, 362; BGH JZ 1988, 1078 mAnm *Bork* JZ 1988, 1059). Dies ist jedenfalls bei vollständiger dinglicher Erfüllung der Fall, nicht jedoch, wenn dem Beschenkten durch Bankvollmacht lediglich eine Verfügungsbefugnis über ein Bankkonto eingeräumt wurde (BGHZ 87, 19 = NJW 1983, 1487). Ausnahmsweise, etwa wenn lediglich eine behördliche Genehmigung noch aussteht, soll jedoch auch hier genügen, wenn der Leistungserfolg ohne weiteres Zutun des Schenkers eintritt (Palandt/*Weidlich* BGB § 2301 Rn. 10). Hier verliert jedoch die Abgrenzung zwischen dem Schenkungsvollzug nach § 2301 Abs. 2 BGB und dem Bewirken der Schenkung nach § 518 Abs. 2 BGB an Schärfe.

4. Überlebensbedingung. Ob nur eine aufschiebende Bedingung, § 158 Abs. 1 BGB, eine Überlebensbedingung im Sinne des § 2301 Abs. 1 BGB darstellt oder auch eine **auflösende Bedingung,** § 158 Abs. 2 BGB, den Anwendungsbereich von § 2301 Abs. 1 BGB eröffnet, ist umstritten (vgl. MüKoBGB/*Musielak* § 2301 Rn. 9 (nur aufschiebend), Palandt/*Weidlich* BGB § 2301 Rn. 16). Die praktischen Auswirkungen des Meinungsstreits sind jedoch gering, weil bei lebzeitigen Vollzug unter auflösender Bedingung beide zur Wirksamkeit der Handschenkung gelangen. Nur wenn es am Vollzug mangelt, aber die Schenkung nach § 518 Abs. 2 BGB bewirkt wurde, können sich Unterschiede ergeben. Ob die Überlebensbedingung zum dinglichen Rückfall des Schenkungsgegenstands führt oder nur den schuldrechtlichen Vertrag erfasst, spielt keine Rolle (*Jülicher* ZEV 1998, 285).

5. Haftung. → Form. I.III.2 Anm. 10.

6. Rücktrittsvorbehalt. Der Rückabwicklungsgrund des Vorversterbens des Beschenkten (Ziff. 1) muss mit Blick auf die Überlebensbedingung nach § 3 gestrichen werden, im Übrigen kann der Katalog des → Form. I.III.2 § 6 übernommen werden.

7. Rechtswahl. → Form. I.III.4 Anm. 8.

8. Steuern. Die erbschaft- und schenkungsteuerliche Behandlung der Schenkung auf den Todesfall hängt davon ab, ob die Überlebensbedingung als auflösende Bedingung

(wie hier) oder als aufschiebende Bedingung formuliert ist. Liegt wie hier eine zu Lebzeiten des Schenkers vollzogene Schenkung vor, deren Rechtswirkungen auf das Vorversterben des Beschenkten **auflösend bedingt** ist, so liegt trotz der Überlebensbedingung eine freigebige Zuwendung iSd § 7 Abs. 1 Nr. 1 ErbStG vor (BFH BStBl. II 1991, 181). In diesem Fall entsteht die Schenkungsteuer mit der zivilrechtlichen Übertragung, § 9 Abs. 1 Nr. 2 ErbStG. Bei Eintritt der auflösenden Bedingung ist die bisherige Steuerfestsetzung zu berichtigen, § 5 Abs. 2 BewG. Der bisherige Erwerber wird ggf. wie ein Nießbraucher besteuert.

Ist der Erwerb hingegen **aufschiebend bedingt** durch das Vorversterben des Schenkers, so liegt ein Erwerb durch eine Schenkung auf den Todesfall vor, §§ 1 Abs. 1 Nr. 1, 3 Abs. 1 Nr. 2 ErbStG. Die Steuer entsteht hier gem. § 9 Abs. 1 Nr. 1 ErbStG erst mit dem Tod des Erblassers.

Die vom Schenker übernommene Steuer erhöht gem. § 10 Abs. 2 ErbStG den Wert der Schenkung (→ Form. I.III.2 Anm. 32). Der persönliche Freibetrag des Beschenkten beträgt gem. § 16 Abs. 1 Nr. 7 ErbStG 20.000,00 EUR. Liegt die Erhaltung des Gemäldes wegen seiner Bedeutung für Kunst, Geschichte oder Wissenschaft im öffentlichen Interesse, so kommt die sachliche Steuerbefreiung gem. § 13 Abs. 1 Nr. 2 ErbStG in Betracht.

9. Kosten. Der Vertragsentwurf löst eine 2,0-Gebühr nach Nr. 24100 KV aus dem Verkehrswert des Gegenstands der Schenkung, §§ 119 Abs. 1, 97 Abs. 1 GNotKG. Die Rechtswahl erhöht den Geschäftswert um 30 % nach § 104 GNotKG. Nur bei mangels Auslandsbezugs offensichtlich rein deklaratorischen Klauseln kann von einer Geschäftswerterhöhung abgesehen werden.

VII. Verfügung über künftigen Erbteil

1. Vorbemerkung: Erbschaftsvertrag

a) Nichtigkeit des Vertrages über den Nachlass eines lebenden Dritten als Regelfall, § 311b Abs. 4 BGB

§ 311b Abs. 4 S. 1 BGB erklärt Verträge über den Nachlass **noch lebender Dritter** grundsätzlich für nichtig. Entsprechendes gilt gemäß S. 2 über den Pflichtteil oder ein Vermächtnis aus dem entsprechenden Nachlass. Hierher gehören Vereinbarungen, die anstelle entsprechender erbrechtlicher Gestaltungsmittel, die der Mitwirkung des Erblassers bedürften (Erb- und Pflichtteilsverzichte, erbvertragliche Regelungen usf.) unter Dritten – gleich ob mit oder ohne Zustimmung des künftigen Erblassers (BGH DNotZ 1996, 763) – geschlossen werden. Ein Interesse, entsprechende Vereinbarungen **ohne Mitwirkung des Erblassers** zu treffen, ergibt sich häufig aus dessen Geschäftsunfähigkeit, seiner Mitwirkungsunwilligkeit oder dem Anstandsgefühl der künftigen Begünstigten, die den Vermögensinhaber nicht auf seine Nachlassregelung ansprechen wollen. Der weite Anwendungsbereich des § 311b Abs. 4 BGB ist in Details umstritten. § 311b Abs. 4 BGB erklärt Vereinbarungen für nichtig, sofern sie nicht als Erbschaftsverträge nach § 311b Abs. 5 BGB (→ Anm. 2) ausnahmsweise gültig sind.

Grundsätzlich **nichtig** nach § 311b Abs. 4 BGB sind (vgl. auch die Auflistung bei *Limmer* DNotZ 1998, 927):

- Vorweggenommene Verträge zur Erbschafts-, Erbteils-, Pflichtteils- oder Vermächtnisübertragung: Der künftige Begünstigte überträgt seine spätere Nachlassbeteiligung, die noch nicht zu einer Anwartschaft erstarkt ist (Nacherbenanwartschaft, str. für Schlusserben nach Tod des Erstversterbenden Ehepartners, vgl. BGHZ 37, 319 = NJW 1962, 1910; differenzierend *Limmer* DNotZ 1998, 927 [931]; Staudinger/*Wufka* BGB § 311b Rn. 35), vollständig oder in Teilen auf einen Dritten oder verpflichtet sich hierzu (offen gelassen: BGHZ 37, 319 = NJW 1962, 1910; BGHZ 26, 320 [324] = NJW 1958, 755). Künftige Pflichtteilsansprüche sind zwar als künftige Forderungen wie Anwartschaften einer sofortigen Verfügung zugänglich (Palandt/*Grüneberg* BGB § 398 Rn. 11), aber aufgrund des klaren Wortlauts des § 311b Abs. 4 BGB von der Nichtigkeitssanktion erfasst;
- vorweggenommene Erbausschlagungs- oder Erbannahmeverträge: Die Beteiligten wollen sich zu einer bestimmten späteren Ausübung erbrechtlicher Gestaltungsrechte verpflichten (Staudinger/*Wufka* BGB § 311b Rn. 4);
- vorweggenommene schuldrechtliche oder dingliche Pflichtteilsregelungsverträge: Die Beteiligten wollen sich auf ein bestimmtes späteres oder sofortiges Vorgehen hinsichtlich eines Pflichtteilsanspruchs einigen, etwa auf dessen Anrechnung oder Abfindung und Verzicht (Staudinger/*Wufka* BGB § 311b Rn. 4);
- vorweggenommene Verträge zu einem einzelnen Nachlassgegenstand, der den Wert des Nachlasses erschöpft: Die Beteiligten gehen davon aus, dass ein einzelner Vermögensgegenstand, etwa ein Grundstück, in den Nachlass fallen wird und wollen hierzu vorweggenommene Regelungen (Übertragung, Bestellung eines Nießbrauchs oder einer Dienstbarkeit) treffen. Die Nichtigkeitsfolge entsteht, wenn der Nachlassgegenstand den Nachlasswert im Wesentlichen erschöpft (OGH NJW 1949, 623; aA *Kulke* ZEV 2000, 298);

- die Erteilung einer unwiderruflichen Vollmacht durch den künftigen Erben (vgl. Palandt/*Grüneberg* BGB § 311b Rn. 71).

Gültig sind demgegenüber ohne Rückgriff auf die Ausnahmeregel des Abs. 5 (→ Anm. 2):

- **Verträge des Nacherben nach Eintritt des Vorerbfalls bezüglich der Nacherbschaft:** Der Nacherbe hat eine Anwartschaft, über die er verfügen kann (RGZ 170, 163 [168]; Bamberger/Roth/*Lohmann* BGB § 2033 Rn. 2). Ob hierher auch Verträge des **Schlusserben** nach dem Tod des erstversterbenden Ehepartners gehören, ist str. (offen gelassen: BGHZ 37, 319 = NJW 1962, 1910; *Limmer* DNotZ 1998, 927 [931]; Staudinger/*Wufka* BGB § 311b Rn. 35);
- **vorweggenommene Verträge zu einem einzelnen Nachlassgegenstand, der nicht den Wert des Nachlasses erschöpft:** Die Beteiligten gehen davon aus, dass ein einzelner Vermögensgegenstand, etwa ein Grundstück, in den Nachlass fallen wird und wollen hierzu vorweggenommene Regelungen (Übertragung, Bestellung eines Nießbrauchs oder einer Dienstbarkeit) treffen OGH NJW 1949, 623; Palandt/*Grüneberg* BGB § 311b Rn. 71);
- **die Erteilung einer widerruflichen Vollmacht durch den künftigen Erben** (vgl. Palandt/*Grüneberg* BGB § 311b Rn. 71);
- **die mit Blick auf eine künftige Erbschaft übernommene Bürgschaft durch einen vermögens- und einkommenslosen Bürgen** (vgl. *Kulke* ZEV 2000, 298).

b) Wirksamkeit von Erbschaftsverträgen als Ausnahme, § 311b Abs. 5 BGB

Verträge, die grundsätzlich der Nichtigkeit nach § 311b Abs. 4 BGB unterliegen, sind wirksam, wenn sie als Erbschaftsverträge die persönlichen, gegenständlichen und formellen Voraussetzungen des § 311b Abs. 5 BGB einhalten:

- **Persönliche Voraussetzung:** Die Vertragspartner gehören zu den gesetzlichen Erben. Nicht erforderlich ist, dass es sich um die nächsten gesetzlichen Erben bzw. diejenigen unter ihnen handelt, die zum Zeitpunkt des Vertragsschlusses Erben würden (BGH NJW 1956, 1151) und
- **Gegenständliche Voraussetzung:** Der Vertrag betrifft den
  - Pflichtteil,
  - den gesetzlichen Erbteil oder
  - den testamentarischen Erbteil, *soweit* dieser nicht über den gesetzlichen hinausgeht. Geht der testamentarische über den gesetzlichen hinaus, ist der Vertrag teilweise wirksam (BGHZ 104, 279 = NJW 1988, 2726). § 311b Abs. 5 S. 1 BGB wird lediglich als quantitative Beschränkung ausgelegt.
- **Formelle Voraussetzung:** Erbschaftsverträge bedürfen der **notariellen Beurkundung.** Dies gilt unabhängig davon, ob der künftige Erblasser von der Vereinbarung Kenntnis hat und ihr zustimmt oder nicht (BGH DNotZ 1996, 763).

2. Erbschaftsvertrag

[Notarieller Urkundeneingang[1, 2]]

Vorbemerkung

Die Vertragspartner sind die einzigen Kinder des . . . . . . und gehen davon aus, dass sie ihn zu gleichen Teilen beerben werden.

§ 1 Verpflichtung zur Erbteilsübertragung[3]

Der Versprechende verpflichtet sich gegenüber dem Versprechensempfänger, ihm unverzüglich nach dem künftigen Erbfall seinen Erbteil am späteren Nachlass seines Vaters ...... frei von Rechten Dritter durch notarielle Erbteilsübertragung gemäß § 2033 BGB zu übertragen und alle erforderlichen Erklärungen abzugeben und Anträge zu stellen.

§ 2 Gegenleistung[4]

Der Versprechensempfänger verpflichtet sich, dem Versprechenden Zug um Zug gegen die dingliche Übertragung des Erbteils einen Betrag von ...... EUR zu zahlen.[5] Dieser Betrag ist vom heutigen Tag an mit ...... Prozentpunkten über dem Basiszins zu verzinsen und die Zinsen mit der Hauptleistung auszubezahlen.

Der beurkundende Notar hat darauf hingewiesen, dass der beurkundete Vertrag nur schuldrechtliche Wirkung hat und nicht unmittelbar die Übertragung des späteren Erbteils bewirkt und dass die Gegenleistung unabhängig vom tatsächlichen späteren Nachlasswert geschuldet wird und keine Seite eine Anpassung verlangen kann, sollte der Nachlasswert unerwartet hoch oder niedrig ausfallen.[6, 7, 8]

Anmerkungen

1. Sachverhalt und Interessenlage. Die Beteiligten sind Geschwister und wollen die Erbfolge nach ihrem noch lebenden, aber nicht mehr geschäftsfähigen Vater untereinander verbindlich regeln. Sie sind über die begrenzten Möglichkeiten, die ihnen nach § 311b Abs. 4 und 5 BGB bleiben, informiert und wollen sofort zumindest schuldrechtlich die Regelung festlegen, die sie erst nach dem Tod ihres Vaters dinglich herbeiführen können.

2. Form. Der Erbschaftsvertrag bedarf – ebenso wie seine spätere Erfüllung im Rahmen des § 2033 BGB – der notariellen Beurkundung, § 311b Abs. 5 S. 2 BGB.

3. Schuldrechtliche Wirkung. Der Erbschaftsvertrag hat nach hM nur schuldrechtliche Wirkung. Dingliche Wirkungen einer Erbteilsübertragung können grds. vor dem Erbfall nur nach erbrechtlichen Regeln unter Mitwirkung des Erblassers herbeigeführt werden (BGHZ 104, 279 [280] = NJW 1988, 2726). Die sofortige dingliche Übertragung schon vor dem Anfall der Erbschaft, also vor dem Nacherb-, aber nach dem Vorerbfall, ist möglich bei der Nacherbenanwartschaft. Entsprechendes soll für die Stellung des Schlusserben nach dem Tod des Erstversterbenden (BGHZ 37, 319 = NJW 1962, 1910; Staudinger/*Wufka* BGB § 311b Rn. 35; *Limmer* DNotZ 1998, 927 [931]) und für den künftigen Pflichtteilsanspruch (Palandt/*Grünberg* BGB § 398 Rn. 11) gelten.

4. Gegenleistung. Wird der Versprechende aufgrund einer unerwarteten letztwilligen Verfügung nicht Erbe, ist im Fall des Fehlens einer ausdrücklichen vertraglichen Regelung umstritten, ob eine sofort gezahlte Gegenleistung nach bereicherungsrechtlichen Grundsätzen zurückgefordert werden kann (MüKoBGB/*Kanzleiter* § 311b Rn. 123; Staudinger/*Wufka* BGB § 311b Rn. 42) oder ob § 313 BGB ein Rückforderungsrecht eröffnet (Palandt/*Grüneberg* BGB § 311b Rn. 74) oder dieses Risiko dem Versprechensempfänger zugewiesen ist (MüKoBGB/*Kanzleiter* § 311b Rn. 123).

Das Formular löst diese Frage in der Weise, dass die Gegenleistung erst Zug-um-Zug gegen dingliche Erbteilsübertragung geschuldet wird, die Zahlungsverpflichtung also bei Unmöglichkeit der Erbteilsübertragung entfällt.

5. Notarielle Mitteilungspflichten. Die Gegenleistung ist als Abfindung iSd § 34 ErbStG, § 8 ErbStDV anzusehen und begründet Mitteilungspflichten des Notars.

6. Keine Anpassung der Gegenleistung. Auch dann, wenn der spätere Nachlasswert wesentlich von den Vorstellungen der Vertragsparteien abweicht, besteht grundsätzlich kein Anspruch auf Anpassung der Gegenleistung (Palandt/*Grüneberg* BGB § 311b Rn. 74; MüKoBGB/*Kanzleiter* § 311b Rn. 123; BFH NJW-RR 1998, 1379). Eine abweichende Vereinbarung ist allerdings möglich, sollte die Anpassung aber anhand klarer Schwellenwerte regeln. In Betracht zu ziehen ist auch die Einräumung eines **Rücktrittsrechts** für den Fall, dass der Nachlasswert über ein vorbestimmtes Maß von den festgelegten Erwartungen beider Seiten abweicht. In allen diesen Fällen sollte aber vorsorglich das Verfahren zur Bewertung der Nachlassgegenstände mit geregelt werden.

7. Steuern. Die entgeltliche Übertragung eines Erbteils hat erbschaftsteuerlich keine Auswirkung auf den Anfall der Erbschaft gem. § 1 Abs. 1 Nr. 1 iVm § 3 Abs. 1 Nr. 1 ErbStG. Allerdings gehen die Vergünstigungen der §§ 13a, 13d, 19a und 28a ErbStG auf den Miterben über und können von dem Veräußerer nicht mehr in Anspruch genommen werden (→ Form. C.IV.3 Anm. 7). Der Veräußerer bleibt Schuldner der Erbschaftsteuer. Bis zur Erbauseinandersetzung haftet der Nachlass gem. § 20 Abs. 3 ErbStG für sämtliche am Erbfall Beteiligten. Im Falle eines unentgeltlichen Erwerbs eines Erbteils haftet der Erbteilserwerber als Gesamtschuldner für die Steuerschuld des Veräußerers, § 20 Abs. 5 ErbStG.

Ertragsteuerlich stellt die entgeltliche Veräußerung eines Erbteils eine entgeltliche Veräußerung der Nachlassgegenstände dar, soweit diese der Erbquote nach dem Veräußerer zuzurechnen sind (BMF BStBl. I 2006, 253 Rn. 37). Zur steuerlichen Beurteilung bei Privatvermögen, Betriebsvermögen und sog. Mischnachlässen → Form. J.VI.6. Zur steuerlichen Beurteilung der (Teil-)Erbauseinandersetzung → Form. C.IV.3 Anm. 7.

Der Veräußerungsgewinn fällt mit Abschluss der Vertrags an, künftige Veränderungen des Nachlasses durch Verfügungen des präsumtiven Erblassers zu dessen Lezeiten haben keine Rückwirkung (BFH NJW-RR 1998, 1379).

Der vereinbarte Stundungszins ist zum Zuflusszeitpunkt gem. § 20 Abs. 1 Nr. 7 EStG mit Abgeltungsteuersatz zu versteuern.

Gehört zum Nachlass ein Grundstück, ist der Verkauf grunderwerbsteuerpflichtig gem. § 1 Abs. 1 Nr. 1 GrEStG. Beim Verkauf an einen Miterben ist der Erwerb gem. § 3 Nr. 3 GrEStG von der Grunderwerbsteuer befreit.

8. Kosten. Der Vertrag löst eine 2,0-Gebühr nach Nr. 21100 KV aus dem höheren Wert von Leistung (künftiger Erbfall) und Gegenleistung, § 97 Abs. 3 GNotKG, aus.

J. Beratung und Vertretung nach dem Erbfall – Nachlassregelungen

I. Anfechtung einer Verfügung von Todes wegen

Amtsgericht

– Nachlassgericht –

In der

Nachlasssache des am ...... verstorbenen und zuletzt in ...... wohnhaften Erblassers ......

zeigen wir unter Vorlage der beigefügten Vollmacht an, dass uns Frau ...... mit ihrer rechtlichen Vertretung beauftragt hat. Namens und im Auftrag unserer Mandantin erklären wir die

Anfechtung[1, 2]

der testamentarischen Verfügung des Erblassers zugunsten von Frau ...... vom ......

Begründung:

Die Anfechtende ist die Mutter des Erblassers. Der Vater des Erblassers ist vorverstorben. Der Erblasser errichtete im Mai 1995 ein Testament, mit dem er seine Mutter zur Alleinerbin einsetzte, nachdem er erfahren hatte, dass eine kurzzeitige Bekannte von ihm schwanger war. Das Kind, ..., kam am 5. August 1995 zur Welt. Im Juni 1999 heiratete der Erblasser Frau ...... Die Eheleute setzten sich mit gemeinschaftlichem Testament vom 1. Juli 1999 gegenseitig zu Alleinerben, mögliche künftige gemeinsame Kinder, ersatzweise ihre jeweiligen Eltern zu Schlusserben ein. Im Juni 2013 trennte sich Frau ...... von dem Erblasser, der daraufhin am 3. Juli 2013 vor Notar ...... das gemeinschaftliche Testament vom 1. Juli 1999 widerrief[3] und ein neues Testament errichtete, mit dem er einige Vermächtnisse aussetzte, seine Ehefrau enterbte und erklärte, es im Übrigen bei der gesetzlichen Erbfolge belassen zu wollen. Der Erblasser nahm sich am darauffolgenden Tag das Leben. Eine Ausfertigung der Widerrufserklärung des Erblassers ging seiner Ehefrau am 5. Juli 2013 zu.[22]

Die Testamente vom 1. Juli 1999 und 3. Juli 2013 sowie die Widerrufserklärung vom selben Tag befinden sich bereits bei der Nachlassakte.

Der Erblasser ging nach Belehrung des Notars ...... davon aus, dass im Rahmen der gesetzlichen Erbfolge die Anfechtende, seine Mutter, allein erben werde.[5] Der Notar bestätigte ihm dies auf Nachfrage sogar ausdrücklich. Dem Notar war zu diesem Zeitpunkt nicht bekannt, dass der Erblasser ein uneheliches Kind hinterließ.

Beweis: Zeugnis des Notars ......

Der wahre Wille des Erblassers, seine Mutter zur Alleinerbin einzusetzen, lässt sich durch Auslegung des notariellen Testaments nicht verwirklichen, weil das Testament keine diesbezügliche Andeutung enthält.[3] Es liegt aber ein zur Anfechtung berechtigender

Inhaltsirrtum[5] gemäß § 2078 Abs. 1 BGB vor, weil der Erblasser meinte, dass im Rahmen der gesetzlichen Erbfolge nur seine Mutter, nicht aber seine uneheliche Tochter erben werde.[6, 7]

Wir beantragen die Erteilung einer Eingangsbestätigung dieser Anfechtungserklärung.

(Rechtsanwälte)

. . . . . .

(Unterschriften)

Anmerkungen

1. Anfechtung einer Verfügung von Todes wegen. In Testamenten und Erbverträgen enthaltene Verfügungen von Todes wegen, nicht das Testament oder der Erbvertrag insgesamt unterliegen der Anfechtung. Die Anfechtung bewirkt die Unwirksamkeit der angefochtenen Verfügung von Anfang an, § 142 Abs. 1 BGB. Die Nichtigkeit einer Verfügung von Todes wegen führt nur dann ausnahmsweise zur Unwirksamkeit weiterer, in derselben Urkunde enthaltener Verfügungen, wenn ein dementsprechender Erblasserwille festgestellt werden kann, § 2085 BGB. Diese Norm kehrt den Grundsatz des § 139 BGB um und wirkt wie eine gesetzliche salvatorische Klausel. Im Beispielsfall wird die Anfechtung der Erklärung, es solle mit Ausnahme der Begünstigung der Ehefrau gesetzliche Erbfolge gelten, nicht dergestalt beschränken können, dass es bei der Begünstigung der Mutter verbleibt. Das vom Erblasser gewünschte Ergebnis lässt sich hier nur dadurch erreichen, dass die Anfechtung nicht zur Anwendung der gesetzlichen Erbfolge, sondern des Testaments von 1995 (bei Enterbung der Ehefrau) führt. Da im Testament begünstigte gemeinsame Kinder nicht vorhanden sind und der Vater des Erblassers vorverstorben ist, erbt die Mutter des Erblassers als letzte verbliebene Ersatzerbin.

Die Anfechtung steht grundsätzlich nicht dem Erblasser selbst, sondern einem Dritten offen, § 2080 BGB. Der Erblasser selbst kann sich durch **Widerruf** von eigenen Verfügungen von Todes wegen lösen, wenn nicht eine erbrechtliche Bindung entgegensteht. Ist eine erbvertraglich bindende oder bindend gewordene wechselbezügliche Verfügung betroffen, steht ausnahmsweise auch dem Erblasser selbst die Anfechtung offen, § 2281 BGB (Analog für wechselbezügliche Verfügungen, Bamberger/Roth/*Litzenburger* BGB § 2281 Rn. 2). Hier konnte der Erblasser die wechselbezügliche Verfügung zugunsten der Ehefrau widerrufen. Die anschließend getroffenen einseitigen Verfügungen unterlagen der Anfechtung.

2. Anfechtungserklärung. Die Anfechtung richtet sich gegen eine Erbeinsetzung und ist daher gegenüber dem Nachlassgericht zu erklären, § 2081 Abs. 1 BGB. Andere begünstigende Verfügungen, die nicht Eingang in einen Erbschein finden (zB Vermächtnisse), sind gegenüber dem Begünstigten anzufechten, § 143 Abs. 1 BGB. Nur wenn es – wie etwa im Fall einer Auflage – keinen Begünstigten gibt, ist gemäß § 2081 Abs. 3 BGB erneut das Nachlassgericht der richtige Empfänger der Anfechtungserklärung.

3. Widerruf. Die wechselbezügliche gegenseitige Erbeinsetzung der Eheleute untereinander und die wechselbezügliche Schlusserbenregelung konnte der Erblasser zu Lebzeiten seiner Ehefrau durch notariell beurkundete Widerrufserklärung einseitig aufheben, §§ 2271 Abs. 1 S. 1, 2296 Abs. 2 BGB. Der Widerruf wird mit Zugang einer **Ausfertigung** der beurkundeten Widerrufserklärung beim anderen Ehepartner wirksam. Der Tod des Widerrufenden vor Zugang der Widerrufserklärung steht der Wirksamkeit nicht entgegen, wenn – wie hier – alsbald mit dem Zugang zu rechnen war, § 130 Abs. 2 BGB analog (Bamberger/Roth/*Litzenburger* BGB § 2271 Rn. 12).

4. Vorrang der Auslegung. Vorrang vor der Anfechtung hat die (auch ergänzende) **Auslegung** (BGH NJW 1978, 264 [266]. Bamberger/Roth/*Litzenburger* BGB § 2078 Rn. 1). Im Beispielsfall mangelt es an der für die ergänzende Auslegung erforderlichen Andeutung des wahren Erblasserwillens im Testament.

5. Anfechtungsgrund. Die Anfechtung setzt einen Anfechtungsgrund voraus. Dieser besteht hier in einem Inhaltsirrtum gemäß § 2078 Abs. 1 Alt. 1 BGB.

Ein **Inhaltsirrtum** ist eine Fehlvorstellung des Erklärungen über die Bedeutung bzw. den rechtlichen Gehalt seiner Erklärung (MüKoBGB/*Leipold* § 2078 Rn. 21). Hier nahm der Erblasser fälschlicherweise an, nur seine Mutter, nicht auch seine uneheliche Tochter gehörten neben seiner enterbten Ehefrau zum Kreis der gesetzlichen Erben. Auch eine Fehlvorstellung über wesentliche Rechtsfolgen einer Erklärung kann als Inhaltsirrtum anfechtbar sein, sofern nicht bereits durch Auslegung dem wahren Erblasserwillen zur Geltung verholfen werden kann. Die Anfechtbarkeit ist etwa für die irrige Vorstellung über die Bindungswirkung eines Erbvertrags anerkannt (BayObLG NJW-RR 1997, 1027), soll aber nach einer neueren, durchaus umstrittenen Entscheidung des OLG München bei Fehlvorstellung über die Bindungswirkung wechselbezüglicher Verfügungen in gemeinschaftlichen Testamenten nicht gelten (OLG München NJW-RR 2011, 1020; zust. Palandt/*Weidlich* BGB § 2078 Rn. 3; aA *Kanzleiter* MittBayNot 2012, 264; MüKoBGB/*Leipold* § 2078 Rn. 28; Bamberger/Roth/*Litzenburger* BGB § 2281 Rn. 10).

Auch ein **Erklärungsirrtum** berechtigt zur Anfechtung, § 2078 Abs. 1 Alt. 2 BGB. Er liegt vor, wenn der Erblasser eine Erklärung mit diesem Inhalt überhaupt nicht abgeben wollte, zB weil er beim Verlesen des Testaments durch den Notar Teile falsch verstanden hat oder weil bei einem gemeinschaftlichen privatschriftlichen Testament der eine Partner die Schrift des anderen falsch entziffert hat.

Anders als nach den allgemeinen Regeln der §§ 119 ff. BGB berechtigt auch ein **Motivirrtum** zur Anfechtung. Dieser liegt vor, wenn sich der Erblasser bei Errichtung der Verfügung von Todes wegen konkrete fälschliche Vorstellungen von bestimmten vergangenen, gegenwärtigen oder künftigen Tatsachen oder rechtlichen Wirkungen gemacht hat. Diese Fehlvorstellungen können sich beispielsweise auf das Bestehen oder Nichtbestehen einer Verwandtschaft, der wirksamen Adoption oder Heirat oder auf wirtschaftliche oder politische Umstände oder auch rechtliche Gegebenheiten oder Folgen beziehen (Bamberger/Roth/*Litzenburger* BGB § 2078 Rn. 9).

Inwieweit auch **unbewusste oder als selbstverständlich unterstellte Fehlvorstellungen** zur Anfechtung berechtigen, ist umstritten (vgl. Palandt/*Weidlich* BGB § 2078 Rn. 6). Nicht zur Anfechtung berechtigt **Gedankenlosigkeit**, wenn der Testierende also einen Umstand weder hinterfragt, noch als selbstverständlich unterstellt hat (Staudinger/*Kanzleiter* BGB § 2281 Rn. 14).

Der hiernach festgestellte Irrtum muss **kausal** für die angefochtene Verfügung von Todes wegen sein, dh es bedarf des Nachweises, dass der Erblasser die angegriffene Verfügung nicht vorgenommen hätte, wäre er nicht der Fehlvorstellung erlegen. Hierbei kommt es nicht auf die Einschätzung eines objektiven Dritten, sondern auf die subjektive Sichtweise des Erblassers an, und zwar auch dann, wenn diese irrational sein mag (BGH FamRZ 1956, 83).

6. Anfechtungsfrist. Die Anfechtung kann binnen Jahresfrist ab Kenntnis des Anfechtungsgrundes, spätestens innerhalb von 30 Jahren nach dem Erbfall erklärt werden, § 2082 BGB.

7. Gesetzliches Erbrecht des nichtehelichen Kindes. § 1924 Abs. 1 BGB differenziert für das Erbrecht der Abkömmlinge nicht zwischen ehelichen und nichtehelichen Abkömmlingen. Etwas anderes sieht § 10 Abs. 2 NEhelG nur für das Erbrecht von vor dem 1. Juli 1949 geborenen nichtehelichen Kindern vor, soweit der Nachlass eines Erblassers

betroffen ist, der vor dem 19.5.2009 verstorben ist. Diese Stichtagsregelung hat das BVerfG zuletzt mit Beschl. vom 18.3.2013 bestätigt (ZEV 2013, 326).

8. Kosten. Entwirft der Notar die Erklärung, entsteht eine 0,5-Gebühr nach Nr. 24102 KV GNotKG, da es sich um eine Erklärung handelt, die gegenüber dem Nachlassgericht abzugeben ist iSv Nr. 21201 Nr. 7 KV GNotKG. Geschäftswert ist nach § 103 Abs. 1 GNotKG der Wert des von der Anfechtung betroffenen Vermögens oder des betroffenen Bruchteils nach Abzug der Verbindlichkeiten zum Zeitpunkt der Beurkundung bzw. der Entwurfsfertigung. Für die Entgegennahme der Erklärung über die Anfechtung einer Verfügung von Todes wegen entsteht beim Nachlassgericht eine Gebühr nach Nr. 12410 KV GNotKG iHv 15,00 EUR.

II. Geltendmachung von Auskunfts- und Rechenschaftsansprüchen

1. Außergerichtliches Auskunftsbegehren des Nacherben gegen den vom Vorerben Beschenkten

Sehr geehrter Herr ......,[1]

hiermit zeigen wir an, dass uns Herr ...... mit seiner rechtlichen Vertretung beauftragt hat. Eine auf uns lautende Vollmacht liegt diesem Schreiben im Original bei.

Wir fordern Sie auf, unserem Mandanten und seiner Schwester[2] als Nacherben des verstorbenen ...... durch Vorlage eines Bestandsverzeichnisses Auskunft zu erteilen über sämtliche Zuwendungen, die Sie von Frau ...... in der Zeit vom ...... bis ...... [Zeit der Vorerbschaft] erhalten haben.[3]

Daneben fordern wir Sie auf, nach Erteilung der Auskunft sämtliche Geschenke aus dem Nachlass des Erblassers ...... an unseren Mandanten und seine Schwester herauszugeben.

Wir fordern Sie insbesondere auf, die wertvolle Herrenuhr ...... [nähere Beschreibung] an unseren Mandanten und seine Schwester bis zum ...... [Datum] herauszugeben.

Weiter fordern wir Sie auf, im Wege der Grundbuchberichtigung der Löschung des zu Ihrem Gunsten im Grundbuch von ......, Band ......, Blatt ......, eingetragenen hälftigen Miteigentums zuzustimmen und die Löschung zu bewilligen.[4]

Wie Ihnen bekannt ist, war Frau ...... Vorerbin ihres verstorbenen Ehemanns. Nacherben sind seine beiden Kinder, unser Mandant und dessen Schwester. Mit dem Tod der Frau ...... ist der Nacherbfall eingetreten. Ein gemeinschaftlicher Erbschein hinsichtlich ihres Vaters wurde unserem Mandanten und seiner Schwester erteilt. Den Erbschein vom ...... des Nachlassgerichts ...... fügen wir in Kopie als

Anlage 1

bei.

Frau ...... machte Ihnen in der Vergangenheit mehrere Zuwendungen aus dem Nachlass ihres verstorbenen Ehemannes zu denen sie nicht berechtigt war. So räumte sie Ihnen zum einen an der Immobilie ...... unentgeltlich das hälftige Miteigentum ein. Die notarielle Urkunde über Zuwendung des Miteigentums vom ...... fügen wir in Kopie bei als

Anlage 2

Zudem schenkte Ihnen Frau ...... die genannte Herrenuhr ......, die Sie regelmäßig trugen.

Sowohl die Immobilie als auch die Uhr entstammen dem Nachlass des Vaters unseres Mandanten. Das Nachlassverzeichnis[5] vom ...... fügen wir in Kopie als

Anlage 3

bei.

Frau . . . . . . war lediglich befreite Vorerbin ihres Ehemanns. Als solche war sie zu Schenkungen aus dem Nachlass des . . . . . . nicht berechtigt (§ 2113 Abs. 2 BGB); gleichwohl vorgenommene Verfügung wurden mit Eintritt des Nacherbfalls unwirksam.[6] Als Nacherben haben unser Mandant und seine Schwester Anspruch auf Herausgabe der verschenkten Gegenstände an sich (§ 985 BGB) sowie Anspruch auf Löschung des hälftigen Miteigentums (§ 894 BGB). Ein gutgläubiger Erwerb[7] der Uhr und des Miteigentums kommt nicht in Betracht, da Sie wussten, dass Frau . . . . . . nur Vorerbin ihres Ehemannes war und die Herrenuhr aus dessen Nachlass stammte. Zudem enthielt das Grundbuch für das Grundstück . . . . . . einen Nacherbenvermerk.

Die Schenkungen lassen befürchten, dass die verstorbene Frau . . . . . . Ihnen weitere Gegenstände aus dem Nachlass des Erblassers zugewandt hat. Allein die Lebensgemeinschaft zwischen Ihnen und der Vorerbin sprechen für weitere unentgeltliche Zuwendungen. Auf anderem Wege lässt sich die gewünschte Auskunft nicht erlangen. Auch als Erben ihrer verstorbenen Mutter haben unser Mandant und seine Schwester keine Erkenntnisquellen über den Verbleib und die Entwicklung des Nachlasses ihres Vaters und insbesondere darüber, welche unentgeltlichen Verfügungen die Vorerbin vorgenommen hat. Ihnen selbst hingegen ist es ohne weiteres möglich, über Zuwendungen seitens Frau . . . . . . Auskunft zu erteilen, weshalb unserem Mandanten der geltend gemachte Auskunftsanspruch zusteht.

Mit freundlichen Grüßen

. . . . . .

(Rechtsanwälte)

Anmerkungen

1. Sachverhalt. Der Erblasser E hatte seine Ehefrau F als befreite Vorerbin und seine Kinder S und T als Nacherben eingesetzt. Nacherbfall sollte der Tod der F sein. Nach dem Tod des Erblassers lebte F in nichtehelicher Lebensgemeinschaft mit M zusammen in der in den Nachlass des E fallenden Immobilie. Zur Absicherung übertrug F ihm nach einiger Zeit das hälftige Miteigentum. Außerdem schenkte sie ihm die ebenfalls dem Nachlass des E entstammende Herrenuhr. F wird von T und S beerbt. T und S vermuten, dass M weitere unentgeltliche Zuwendungen aus dem Nachlass von E erhalten hat. T möchte jedoch nicht aktiv gegen M vorgehen.

2. Gesetzliche Prozessstandschaft. Als Mitglied der (Nach-)Erbengemeinschaft kann jeder (Nach-)Erbe Ansprüche der Erbengemeinschaft geltend machen, wobei sich der Anspruch auf Erfüllung gegenüber allen (Nach-)Erben richtet (§ 2039 BGB; BGH 1965, 396; BGH 1995, 456).

3. Auskunftsanspruch des Nacherben gegen den Beschenkten. Der BGH (NJW 1972, 907) billigt dem Nacherben gegen den vom Vorerben Beschenkten einen Auskunftsanspruch nach § 242 BGB zu, wenn ihm (1.) keine anderen, vorrangigen Auskunftsansprüche zustehen, etwa bei Eintritt des Nacherbfalls zu Lebzeiten des Vorerben gegen diesen selbst (§ 2130 Abs. 2 BGB), und (2.) gewisse Anhaltspunkte für unentgeltliche Zuwendungen vorliegen, sodass das Auskunftsverlangen nicht auf reine Ausforschung hinausläuft. Entsprechende Anhaltspunkte sieht der BGH als gegeben an gegen Personen, die mit dem Vorerben in einer Beziehung standen, die die Vermutung nahelegt, der Vorerbe könnte ihnen aus dem der Nacherbfolge unterliegenden Nachlass unentgeltliche Zuwendungen gemacht haben. Nach der Rechtsprechung des BGH bezieht sich dieser Anspruch auf alle unentgeltlichen und entgeltlichen Zuwendungen seitens des Vorerben,

da dem Beschenkten nicht die Entscheidung darüber überlassen bleiben könne, welche Verfügungen unentgeltlich waren.

4. Löschung des Miteigentums. Mit Eintritt des Nacherbfalls ist das Grundbuch unrichtig geworden, da die Übertragung des hälftigen Miteigentums gemäß § 2113 Abs. 1 BGB unwirksam geworden ist. Die Nacherben haben gemäß § 894 BGB Anspruch auf Zustimmung zur Berichtigung des Grundbuchs. Der Nacherbenvermerk verhindert nicht die Eintragung des unentgeltlichen Erwerbers (keine „Grundbuchsperre", vgl. MüKoBGB/*Grunsky* § 2113 Rn. 19).

5. Nachlassverzeichnis. In Betracht kommt insbesondere ein Nachlassverzeichnis nach § 2121 BGB über die zur Vorerbschaft gehörenden Gegenstände, dessen Anfertigung der Nacherbe nach dem Erbfall verlangen kann. Von dieser Pflicht kann der Vorerbe nicht befreit werden (vgl. § 2136 BGB). Befürchtete der Nacherbe bereits vor dem Eintritt der Nacherbschaft die Beeinträchtigung seiner Rechte durch die Verwaltung des Nachlasses durch den Vorerben, kann dieser auch gemäß § 2127 BGB zur Auskunft über den Bestand des Nachlasses verpflichtet sein. Von dieser Pflicht kann der Erblasser den Vorerben jedoch befreien.

6. Unwirksamkeit unentgeltlicher Zuwendungen. Gemäß § 2113 Abs. 2 BGB werden unentgeltliche Verfügungen des Vorerben mit dem Eintritt des Nacherbfalls unwirksam, wenn sie das Recht des Nacherben vereiteln. Ausnahmen gelten für Schenkungen, durch die einer sittlichen Pflicht oder einer auf den Anstand zu nehmenden Rücksicht entsprochen wird (§ 2113 Abs. 2 S. 2 BGB). Die sittliche Pflicht muss jedoch gerade darin bestehen, dass der Vorerbe Zuwendungen aus dem Nachlass leistet (MüKoBGB/*Grunsky,* § 2113 Rn. 39; einschränkend Staudinger/*Avenarius* BGB § 2113 Rn. 57). Die Zuwendung von Schmuck der verstorbenen Ehefrau an die spätere Lebensgefährtin des Ehemanns/Vorerbens wurde beispielsweise nicht als Anstandsschenkung iSd § 2113 Abs. 2 S. 2 BGB gewertet (Staudinger/*Avenarius*, 2013, BGB § 2113 Rn. 57 unter Hinweis auf BGH Urt. v. 21.5.1953 – IV ZR 228/52).

7. Gutgläubiger Erwerb des Beschenkten. Über § 2113 Abs. 3 BGB wird der gute Glaube des Erwerbers daran geschützt, dass der überlassene Gegenstand nicht der Nacherbfolge unterliegt oder der Vorerbe gemäß § 2136 BGB von den Verfügungsbeschränkungen befreit ist (Staudinger/*Avenarius* BGB § 2113 Rn. 98). Geht der Erwerber einer unentgeltlichen Zuwendung davon aus, dass der Schenker befreiter Vorerbe ist, schützt ihn das nicht, da der Vorerbe nicht von den Beschränkungen des § 2113 Abs. 2 BGB befreit werden kann (MüKoBGB/*Grunsky* § 2113 Rn. 42). Enthält der Erbschein zu Unrecht keinen Nacherbenvermerk, schadet gemäß § 2366 BGB nur positive Kenntnis des Erwerbers über das Vorliegen einer Vorerbschaft (Staudinger/*Avenarius* BGB § 2113 Rn. 99). Liegt ein gutgläubiger Erwerb des Beschenkten vor, ist dieser über § 816 Abs. 1 S. 2 BGB zur Herausgabe verpflichtet (Staudinger/*Avenarius* BGB § 2113 Rn. 103). Fehlt im Grundbuch ein Nacherbenvermerk (MüKoBGB/*Grunsky* § 2113 Rn. 19) oder ist fälschlicherweise eine Befreiung von § 2113 Abs. 2 BGB eingetragen (Staudinger/*Avenarius* BGB § 2113 Rn. 98), ist insoweit ein gutgläubiger Erwerb möglich.

2. Außergerichtliches Auskunftsbegehren des Nacherben gegen den Vorerben

Sehr geehrte Frau . . . . . .,[1]

hiermit zeigen wir an, dass uns Herr . . . . . . mit seiner Vertretung beauftragt hat. Eine auf uns lautende Vollmacht liegt diesem Schreiben im Original bei. Wie Ihnen bekannt ist, ist unser Mandant Nacherbe des Herrn . . . . . ., seinem Großvater und Ihrem Vater. Mit Erreichen des 30. Lebensjahres ist der Nacherbfall eingetreten. Damit endete auch Ihre Stellung als Vorerbin. Nach Eintritt des Nacherbfalls kann unser Mandant als Nacherbe von Ihnen Rechenschaft über die Verwaltung des Nachlasses verlangen.

Wir fordern Sie daher auf, unserem Mandanten Rechenschaft abzulegen[2] über die Verwaltung des Nachlasses des am . . . . . . verstorbenen . . . . . . Davon umfasst sind die Vorlage eines Bestandsverzeichnisses sowie die geordnete Zusammenstellung von Einnahmen und Ausgaben einschließlich der entsprechenden Belege. Auskunft und Rechnungslegung haben sich dabei auch auf Surrogate zu beziehen, die Sie aus Mitteln der Erbschaft erworben haben. Wir weisen Sie darauf hin, dass Sie gegebenenfalls verpflichtet sind, an Eides statt zu versichern, dass Sie die Angaben so vollständig angegeben haben, wie Sie dazu im Stande sind.[3]

Mit freundlichen Grüßen

. . . . . .

(Unterschriften)

Anmerkungen

1. Sachverhalt. S ist Nacherbe seines Großvaters. Seine Tante und Tochter des Erblassers war Vorerbin. Nacherbfall war das Erreichen des 30. Lebensjahres von S.

2. Rechnungslegung. Der Nacherbe kann vom Vorerben verlangen, Rechenschaft über die Verwaltung des Nachlasses abzulegen, § 2130 Abs. 2 BGB. Dies umfasst die Vorlage eines Bestandsverzeichnis (§§ 2130 Abs. 1, 260 BGB) einschließlich der geordneten Zusammenstellung der Einnahmen und Ausgaben sowie der Vorlage von Belegen, § 259 Abs. 1 BGB. Die Rechenschaftspflicht bezieht sich nur auf den Vermögensstamm der Erbschaft; über die dem Vorerben gebührenden Nutzungen und die zu zahlenden Erhaltungskosten muss dieser keine Rechenschaft ablegen (Staudinger/*Avenarius* BGB § 2130 Rn. 20). Von der Pflicht zur Rechnungslegung kann der Vorerbe befreit werden, § 2136 BGB. Den befreiten Vorerben trifft dann nur die Pflicht, gemäß §§ 2138, 260 BGB ein Bestandsverzeichnis vorzulegen (Staudinger/*Avenarius*, 2013, BGB § 2138 Rn. 5; widersprüchlich insoweit BeckOK BGB/*Litzenburger* § 2130 Rn. 6). Auf frühere Verzeichnisse (gemäß §§ 2121, 2127 BGB) kann Bezug genommen werden (BeckOK BGB *Litzenburger*, Stand 1.2.2013, § 2130 Rn. 6).

Tritt der **Nacherbfall mit dem Tod des Vorerben** ein, sind dessen Erben verpflichtet, den Anspruch des Nacherben auf Auskunft und Rechnungslegung zu erfüllen (OLG Celle BeckRS 2008, 20725; für den Herausgabeanspruch nach § 2130 Abs. 1 BGB: OLG Frankfurt BeckRS 1994, 10253 = FamRZ 1995, 446; Staudinger/*Avenarius* BGB § 2130 Rn. 12). Insbesondere wenn sich das Auskunftsverlangen gegen die Erben des Vorerben richtet, dürfen die Anforderungen an den Umfang der Rechnungslegung nicht überspannt werden (Staudinger/*Avenarius* BGB § 2130 Rn. 21).

3. **Eidesstattliche Versicherung.** Gegebenenfalls kann der zur Rechnungslegung verpflichtete Vorerbe auch zur Abgabe einer eidesstattlichen Versicherung aufgefordert werden, § 259 Abs. 2 BGB. Die Pflicht zur Abgabe einer eidesstattlichen Versicherung hinsichtlich des Bestandsverzeichnisses folgt aus § 261 BGB.

3. Außergerichtliches Auskunftsverlangen der Erben gegen den Bevollmächtigten einschließlich Widerruf der postmortalen Vollmacht

Sehr geehrte Frau . . . . . ,[1]

hiermit zeigen wir an, dass uns Herr . . . . . mit seiner Vertretung beauftragt hat. Eine auf uns lautende Vollmacht liegt diesem Schreiben im Original[2] bei.

Wie sie wissen, ist unser Mandant Alleinerbe[3] des am . . . . . verstorbenen Herrn . . . . . Eine Ausfertigung des Erbscheins vom . . . . . hat Ihnen unser Mandant bereits am . . . . . vorgelegt.

Hiermit widerrufen[4] wir namens und in Auftrag unseres Mandanten die Ihnen von dem verstorbenen Herrn . . . . . am . . . . . erteilte Generalvollmacht und fordern Sie auf, die notarielle Ausfertigung der Vollmacht unverzüglich an die angegebene Kanzleianschrift zu übersenden.[5]

Daneben fordern wir Sie hiermit auf, unserem Mandanten Rechenschaft abzulegen[6] über den Gebrauch der Ihnen von dem verstorbenen Herrn . . . . . erteilten Generalvollmacht in dem Zeitraum vom . . . . . bis zur Übersendung der Vollmacht an uns.

Wir weisen Sie darauf hin, dass Sie gegebenenfalls verpflichtet sind, an Eides statt zu versichern,[7] dass Sie die Angaben so vollständig angegeben haben, wie Sie dazu im Stande sind.

Mit freundlichen Grüßen

. . . . .

(Unterschriften)

Anmerkungen

1. **Sachverhalt.** Der Erblasser hatte eine Generalvollmacht erteilt, die der Alleinerbe widerrufen will. Der Bevollmächtigte soll zudem umfassend Auskunft über den Gebrauch der Vollmacht erteilen.

2. **Vollmacht im Original.** Der Widerruf der Vollmacht ist ein einseitiges Rechtsgeschäft. Die Vollmacht sollte im Original beigefügt werden, um dem Risiko einer Zurückweisung nach § 174 BGB vorzubeugen.

3. **Widerruf der Vollmacht durch Erben.** Nach dem Tod des Vollmachtgebers steht das Widerrufsrecht dessen Erben zu (Staudinger/*Schilken* BGB § 168 Rn. 34; MüKoBGB/*Schramm* § 16 Rn. 36).

Die einzelnen Miterben einer **Erbengemeinschaft** sind nicht auf den einvernehmlichen Widerruf einer Vollmacht angewiesen. Jeder Miterbe kann die Vollmacht für seine Person widerrufen, der Bevollmächtigte kann anschließend von der Vollmacht nur noch gemeinsam mit dem widerrufenden Miterben Gebrauch machen (hM vgl. nur Staudinger/

Reimann BGB vor § 2191 Rn. 73; MüKoBGB/*Schramm*, § 168 Rn. 37; aA Staudinger/*Schilken* BGB § 168 Rn. 34: gemeinsame Vornahme erforderlich). Statt der Rückgabe der Vollmachtsurkunde kann der Miterbe nur die Vorlage zur Anbringung eines Widerrufvermerks verlangen, § 175 BGB greift nicht (BeckNotarHdB/*Reetz* F. Rn. 64; BGH NJW 1990, 507; KG NJW 1957, 754).

Vollmachten des Erblassers können auch durch **Testamentsvollstrecker** bzw. Nachlassverwalter widerrufen werden (KG NJW 1971, 566; Staudinger/*Schilken* BGB § 168 Rn. 34).

4. Unwiderruflich erteilte Vollmachten. Diese sind nur aus wichtigem Grund widerrufbar (BeckNotarHdB/*Reetz* F. Rn. 63), wobei die Unwiderruflichkeit auch stillschweigend vereinbart werden kann (BayObLG NJW-RR 2002, 443 zu Umwandlungsvollmacht für Bauträger). Generalvollmachten sind nicht als unwiderrufliche Vollmachten zulässig (BGH NJW 1988, 2603; Staudinger/*Schilken* BGB § 168 Rn. 9, 35).

5. Rückgabe der Vollmachtsurkunde. Um den Rechtsschein einer wirksamen Bevollmächtigung trotz des erklärten Widerrufs zu vermeiden, muss die Vollmachtsurkunde herausverlangt werden, § 172 Abs. 2 BGB (MüKoBGB/*Schramm*, § 172 Rn. 12).

6. Rechenschaftsanspruch. Ob den Erben des Vollmachtgebers Auskunfts- und Rechenschaftsansprüche zustehen, bestimmt sich nach dem zugrunde liegenden Innenverhältnis. Hier kommen Auftrag und Geschäftsbesorgung, aber auch reine Gefälligkeitsverhältnisse in Betracht. Bei Auftrags- und Geschäftsbesorgungsverhältnissen ergibt sich der Auskunfts- und Rechenschaftsanspruch aus § 666 BGB (ggf. iVm § 675 Abs. 1 BGB); dieser ist allerdings abdingbar und kann zB vom Vollmachtgeber darauf beschränkt werden, dass nur ihm Rechenschaft geschuldet ist (BGH NJW-RR 1990, 131). Bei reinen Gefälligkeitsverhältnissen besteht kein Auskunftsanspruch. Entscheidend ist das Vorliegen eines Rechtsbindungswillens, wobei es auf die wirtschaftliche und rechtliche Bedeutung sowie die Interessenlage der Beteiligten ankommt (vgl. dazu *Horn/Schabel* NJW 2012, 3473; BGH NJW 2000, 3199; OLG Brandenburg BeckRS 2009, 10120). Ein besonderes Vertrauensverhältnis spricht gegen einen Rechtsbindungswillen. Hat ein Vollmachtgeber selbst jahrelang keine Rechenschaft gefordert, kann es seinen Erben nach Treu und Glauben verwehrt sein, diese zu verlangen (BGH NJW 2012, 58 [60]), es sei denn, es ergeben sich nachträglich Zweifel an der Zuverlässigkeit des Bevollmächtigten (BGH BeckRS 2008, 17591).

7. Eidesstattliche Versicherung. Gegebenenfalls kann der zur Rechnungslegung verpflichtete Vorerbe auch zur Abgabe einer eidesstattlichen Versicherung aufgefordert werden, § 259 Abs. 2 BGB. Die Pflicht zur Abgabe einer eidesstattlichen Versicherung hinsichtlich des Bestandsverzeichnisses folgt aus § 261 BGB.

4. Auskunfts- und Herausgabeklage gegen den Erbschaftsbesitzer

An das

Landgericht ......[1, 2]

Klage

des Herrn ......

– Kläger –

Prozessbevollmächtige: ......

gegen

Frau . . . . . .

– Beklagte –

Prozessbevollmächtige: . . . . . .

wegen: Auskunft und Herausgabe

Namens und in Auftrag des Klägers erheben wir Klage und werden beantragen:

1. Die Beklagte wird verurteilt, dem Kläger Auskunft[3] zu geben über den Bestand des Nachlasses des am . . . . . . in . . . . . . verstorbenen und zuletzt in . . . . . . wohnhaften Herrn . . . . . . am . . . . . .[4] einschließlich der Surrogate[5] und gezogener Nutzungen und Früchte[6] sowie über den Verbleib[2] der Nachlassgegenstände.
2. Für den Fall, dass die Auskunft nicht mit der erforderlichen Sorgfalt erteilt wird, wird die Beklagte weiter verurteilt, an Eides statt zu versichern,[7] dass sie nach bestem Wissen die Angaben so vollständig gemacht hat, wie sie dazu im Stande ist.
3. Die Beklagte wird weiter verurteilt, an den Kläger sämtliche Gegenstände, die zum Nachlass des Herrn . . . . . . gehören und die der Kläger nach Auskunftserteilung durch die Beklagte näher bezeichnen wird, herauszugeben.[8]

Für den Fall, dass die Voraussetzungen der § 331 Abs. 1 oder § 307 ZPO vorliegen, beantragen wir den Erlass eines Versäumnis- oder Anerkenntnisurteils ohne mündliche Verhandlung bezüglich des Klagantrags Ziffer 1 als Teilurteil.

Zur

Begründung

tragen wir vor:

Sachverhalt:

Der Kläger ist der Patensohn des verstorbenen Herrn . . . . . ., der ihn mit handschriftlichem Testament vom . . . . . . zu seinem Alleinerben einsetzte. Der Verstorbene war deutscher Staatsangehöriger und hatte seinen gewöhnlichen Aufenthalt in Deutschland.[9] Der Kläger hat die Erbschaft angenommen.

Beweis: Vorlage

1. des Eröffnungsprotokolls des AG . . . . . . vom . . . . . . einschließlich der beglaubigten Abschrift des handschriftlichen Testaments vom . . . . . ., hier in Kopie vorgelegt als Anlage K 1
2. des Erbscheins des AG . . . . . . vom . . . . . ., hier in Kopie vorgelegt als Anlage K 2.

Die Beklagte nahm Vermögensgegenstände des Erblassers an sich und machte zuletzt im Erbscheinverfahren geltend, dass ihr als langjähriger Lebensgefährtin des Verstorbenen die Erbschaft zustehe. Das handschriftliche Testament, das der Erblasser errichtet hatte, bevor er die Beklagte kennenlernte, enthält diesbezüglich indes keine Andeutung.[10] Eine spätere Verfügung von Todes wegen existiert nicht.

Versuche, die Beklagte außergerichtlich zur Auskunftserteilung und Herausgabe zu bewegen, waren erfolglos.

Rechtliche Würdigung

Das deutsche Erbrecht sieht für den nichtehelichen Lebensgefährten kein gesetzliches Erbrecht vor.[10] Da der Erblasser die Beklagte auch nicht letztwillig bedacht hat, berühmt sie sich eines Erbrechts, das ihr nicht zusteht. Sie ist daher Erbschaftsbesitzerin[3] iSd §§ 2018 ff. BGB und ist dem Kläger zur Herausgabe[8] der Nachlassgegenstände einschließlich der Surrogate und Nutzungen, §§ 2018–2020 BGB verpflichtet.

Die Auskunftspflicht der Beklagten ergibt sich aus § 2027 Abs. 1 BGB.[3]

Den Streitwert geben wir vorläufig mit ...... EUR an.[11, 12]

......

(Rechtsanwälte)

Anmerkungen

1. Sachverhalt. Vgl. die Sachverhaltsdarstellung im → Form. J.II.1 Anm 2.

2. Zuständigkeit. Nur für Erbfälle, die sich vor dem 17.8.2015 ereignen, folgt aus der örtlichen Zuständigkeit auch die Internationale Zuständigkeit deutscher Gerichte. Für Erbfälle ab diesem Stichtag bedarf es der gesonderten vorgelagerten Prüfung der Internationalen Zuständigkeit nach Art. 4 ff. der EuErbVO (VO (EU) Nr. 650/2012 vom 4.7.2012). Hier folgt sie aufgrund des deutschen gewöhnlichen Aufenthalts des Erblassers aus Art. 4 EuErbVO. Örtlich zuständig sind nach Wahl des Klägers die Gerichte am allgemeinen Gerichtsstand der Beklagten, §§ 12, 13 ZPO oder am besonderen Gerichtsstand der Erbschaft nach § 27 ZPO.

3. Auskunft. Auskunftsverpflichtet ist nach § 2027 Abs. 1 BGB der **Erbschaftsbesitzer**, also eine Person, die für sich ein Erbrecht in Anspruch nimmt. Wer ohne vermeintlichen Rechtsgrund besitzt oder sich auf ein anderweitiges Besitzrecht beruft, ist kein Erbschaftsbesitzer. Er kann allenfalls nach § 2027 Abs. 2 BGB zur Auskunft verpflichtet sein, und zwar dann, wenn er Nachlassgegenstände an sich genommen hat, bevor der Erbe den Nachlass in Besitz genommen hat. Geschuldet wird ein Verzeichnis gem. § 260 Abs. 1 BGB.

4. Stichtag. Es bietet sich an, die Auskunft auf einen bestimmten Stichtag, idealerweise auf den Todestag des Erblassers zu verlangen. Da auch Auskunft über den **Verbleib** nicht mehr vorhandener oder auffindbarer Nachlassgegenstände geschuldet wird (Bamberger/Roth/*Müller-Christmann* BGB § 2027 BGB Rn. 5), wird der Erbschaftsbesitzer mittelbar zur Rechenschaftslegung über die Nachlassverwaltung verpflichtet.

5. Surrogation. § 2019 Abs. 1 BGB regelt den Fall der rechtsgeschäftlichen Surrogation. Es ist aber anerkannt, dass dem Erben auch das zufällt, was der Erbschaftsbesitzer etwa als Ersatz für die Zerstörung eines Erbschaftsgegenstands erlangt (MüKoBGB/*Helms*, 5. Aufl., § 2019 Rn. 4). Ein Beispiel für Surrogate ist der Kaufpreis beim Verkauf eines Nachlassgegenstands. Zur Unterscheidung zwischen Bankguthaben und Kontoinhaberschaft vgl. MüKoBGB/*Helms* § 2019 Rn. 7).

6. Gezogene Nutzungen und Früchte. Nach § 2020 BGB stehen dem Erben auch die vom Erbschaftsbesitzer gezogenen Nutzungen und Früchte zu. Zu den Früchten zählt etwa die Miete aus der Vermietung eines Nachlassgegenstands (MüKoBGB/*Helms* § 2020 Rn. 4; aA Bamberger/Roth/*Müller-Christmann* BGB § 2019 Rn. 4 (Surrogat)).

7. Eidesstattliche Versicherung. Ein Anspruch auf Abgabe einer eidesstattlichen Versicherung besteht gem. §§ 259 Abs. 3, 260 Abs. 2 BGB, wenn Grund zu der Annahme besteht, dass das Bestandsverzeichnis nicht mit der erforderlichen Sorgfalt aufgestellt

wurde (OLG Brandenburg Urt. v. 6.9.2006 – 13 U 185/85). Diese Annahme ist umso eher gerechtfertigt, wenn nicht nur ein einzelner kleiner, sondern wiederholte oder erhebliche Fehler aufgedeckt wurden oder sich diese auf Fragen oder Umstände bezogen, auf deren Wichtigkeit der Auskunftsberechtigte den Auskunftsverpflichteten vor Aufstellung des Bestandsverzeichnisses besonders hingewiesen hat.

8. Herausgabe. Der gutgläubige unverklagte **Erbschaftsbesitzer**, der für sich ein Erbrecht in Anspruch genommen hat, haftet nach § 2021 BGB nur nach bereicherungsrechtlichen Grundsätzen, kann sich also insbesondere auf Entreicherung nach § 818 Abs. 3 BGB berufen. **Kein Erbschaftsbesitzer** ist, wer Nachlassgegenstände an sich genommen hat, ohne ein Erbrecht für sich in Anspruch zu nehmen, etwa weil er Dinge in verbotener Eigenmacht an sich genommen hat oder sich auf ein vertragliches Besitzrecht beruft. Der Erbe kann sich in diesen Fällen nicht auf §§ 2018–2026 BGB berufen. Zur Rechtsverfolgung aufgrund anderer Anspruchsgrundlagen kann ihm gleichwohl ein Auskunftsanspruch nach § 2027 Abs. 2 BGB zustehen (→ Anm. 3).

9. Deutsches Erbrecht. Die Ansprüche nach §§ 2018 BGB setzen deutsches Erbstatut voraus (MüKoBGB/*Helms* § 2018 Rn. 1 aE). Dies ergibt sich für Erbfälle vor dem 17.8.2015 aus der deutschen Staatsangehörigkeit des Erblassers, Art. 25 Abs. 1 EGBGB oder einer auf deutsche Inlandsimmobilien gegenständlich beschränkten Rechtswahl eines Ausländers oder aus einer Rückverweisung eines ausländischen Rechts auf deutsches Recht, Art. 4 Abs. 1 S. 2 EGBGB. Ab dem 17.8.2015 gilt deutsches Erbstatut im Fall eines letzten gewöhnlichen Inlandsaufenthalts des Erblassers, Art. 21 Abs. 1 EuErbVO oder aufgrund einer Rechtswahl eines deutschen Staatsangehörigen ohne gewöhnlichen Inlandsaufenthalt gemäß Art. 22 EuErbVO.

10. Fehlendes gesetzliches Erbrecht und fehlende Andeutung. Ein gesetzliches Erbrecht des nicht verheirateten heterosexuellen oder nicht eingetragenen gleichgeschlechtlichen Lebensgefährten kennt das deutsche Erbrecht (anders etwa als das kroatische Recht nach Art. 8 Abs. 2 S. 2 krErbG, dazu Kroiß/Ann/Mayer/*Kristic* BGB Erbrecht Kroatien Rn. 47) nicht. Wollte der Erblasser seiner Lebensgefährtin etwas vererben oder nahm er an, dass ihr ein gesetzliches Erbrecht zustehe, so kann diesem Willen des Erblassers nur zur Geltung verholfen werden, wenn er in der Testamentsurkunde eine **Andeutung** erfahren hat (BGHZ 86, 41 [47] = NJW 1983, 672). Dies ist hier ausgeschlossen, weil das Testament aus einer Zeit stammt, zu der der Erblasser die Beklagte noch nicht kannte. Eine Anfechtung der Erbeinsetzung des Klägers scheidet aus, weil hierdurch allenfalls gesetzliches Erbfolge einträte, nicht aber die Beklagte ein Erbrecht erwerben könnte.

11. Streitwert. Der Streitwert entspricht dem Nachlasswert, da nicht nur Auskunft, sondern auch Herausgabe verlangt wird.

12. Verjährung. Der Herausgabeanspruch nach § 2018 ff. BGB verjährt in 30 Jahren, § 197 Abs. 1 Nr. 1 BGB nF Diese Frist gilt auch für den Auskunftsanspruch nach § 2027 Abs. 1 BGB, der dem Erbschaftsanspruch dient. § 2026 BGB schließt aus, dass sich der Erbschaftsbesitzer nach 10 Jahren auf **Ersitzung** gemäß § 927 Abs. 1 BGB berufen kann. Die Verjährung wird durch Erhebung der Stufenklage unterbrochen.

5. Außergerichtliches Auskunftsverlangen über Vorerwerbe gegen Miterben

Sehr geehrter Herr . . . . . .,[1]

hiermit zeigen wir an, dass uns Frau . . . . . . mit ihrer Vertretung beauftragt hat. Eine auf uns lautende Vollmacht fügen wir in Kopie bei.

Wie sie wissen, ist unsere Mandantin[2] ebenso wie Sie selbst hälftige Miterbin ihres am . . . . . . verstorbenen Vaters, Herrn . . . . . . geworden.

Namens und im Auftrag unseres Mandanten fordern wir Sie auf, bis spätestens

. . . . . .

Auskunft[3, 4] über Zuwendungen des Erblassers zu erteilen, die gemäß §§ 2050 ff. BGB unter Miterben ausgleichungspflichtig sind.[4]

Wir weisen Sie darauf hin, dass Sie gegebenenfalls verpflichtet sind, an Eides statt zu versichern,[5] dass Sie die Angaben so vollständig angegeben haben, wie Sie dazu im Stande sind.

Mit freundlichen Grüßen

. . . . . .

(Unterschriften)

Anmerkungen

1. Sachverhalt. Der Erblasser hinterließ zwei Kinder unterschiedlicher Mütter, die infolge gesetzlicher Erbfolge jeweils hälftige Miterben wurden. Da beide Miterben getrennt voreinander aufwuchsen, fehlen ihnen Kenntnisse darüber, welche Zuwendungen der Erblasser dem jeweils anderen gemacht hat.

2. Anspruchsberechtigung und Auskunftsverpflichtung. Der Auskunftsanspruch gemäß § 2057 BGB besteht zwischen Miterben und bezieht sich auf Ausgleichungspflichten nach §§ 2050 bis 2053 BGB. Diese bestehen nur zwischen Abkömmlingen, die – wie hier – zu gesetzlichen Erben berufen sind, § 2050 BGB, oder letztwillig untereinander (MüKoBGB/*Ann* § 2052 Rn. 2) entsprechend der gesetzlichen Quoten zu Erben eingesetzt wurden. Der Auskunftsanspruch scheidet daher aus, wenn der Anspruchsteller oder der Anspruchsgegner nicht Abkömmlinge des Erblassers sind oder ihre Erbquoten zueinander nicht im Verhältnis der gesetzlichen Erbquoten stehen. Der Auskunftsanspruch steht auch dem Testamentsvollstrecker zu, der mit der Ausgleichung beauftragt ist, sowie dem Nachlassverwalter (Palandt/*Weidlich* BGB § 2057 Rn. 1).

Nach wohl überwiegender Ansicht kann der Erbe einen Auskunftsanspruch entsprechend § 2057 BGB gegen den seine Ansprüche geltend machenden Pflichtteilsberechtigten, der nicht Erbe geworden ist, erheben (OLG Nürnberg NJW 1957, 1482; MüKoBGB/*Ann*, 5. Aufl., § 2057 Rn. 5; Bamberger/Roth/*Lohmann* BGB, 2. Aufl., § 2057 Rn. 3; *Cornelius* ZEV 2005, 288 f.; aA OLG München BeckRS 2013, 10746).

Das Auskunftsbegehren kann auch im Klageverfahren sehr allgemein auf die Erteilung der Auskunft über auszugleichende Zuwendungen gerichtet werden (MüKoBGB/*Ann*, 5. Aufl., § 2057 Rn. 7). Der Auskunftsanspruch besteht unabhängig davon, ob Zuwendun-

gen an den Anspruchsgegner erfolgt sind. Diese Information ist vielmehr Gegenstand der Auskunft.

3. Auskunft. Die Auskunft kann formlos, auch mündlich erteilt werden. Die Vorlage eines Bestandsverzeichnisses gemäß § 260 Abs. 1 BGB ist ausnahmsweise dann erforderlich, wenn der Vorempfang aus einem Inbegriff von Sachen bestanden hat (Bamberger/Roth/*Lohmann* BGB, 2. Aufl., § 2057 Rn. 4). Der Verpflichtete muss nicht nur über die zweifelsfrei ausgleichungspflichtigen, sondern auch über die Zuwendungen Auskunft geben, die möglicherweise der Ausgleichung unterliegen. Die Auskunft muss alle Eigenschaften der ausgleichungspflichtigen Zuwendung umfassen, insbesondere wertbildende Faktoren, Zeitpunkt der Zuwendung und relevante Anordnungen des Erblassers nach § 2050 Abs. 1 und 2 BGB (MüKoBGB/*Ann*, 5. Aufl., § 2057 Rn. 5). Ein Anspruch auf Einholung eines **Wertgutachtens** folgt aus § 2057 BGB nicht. Er kann sich aber aus § 242 BGB ergeben, wobei die Kosten von dem die Auskunft begehrenden Gläubiger zu tragen sind (BGH NJW 1982, 1643; MüKoBGB/*Ann* § 2057 Rn. 5).

4. Verjährung. Es ist umstritten, ob der Auskunftsanspruch nach § 2057 BGB seit der Erbrechtsreform der kurzen dreijährigen Verjährung des § 195 BGB unterliegt (Palandt/*Ellenberger* BGB § 197 Rn. 4) oder der dreißigjährigen Verjährung nach § 197 Abs. 1 Nr. 1 BGB (Staudinger/*Werner*, 2010, BGB § 2057 Rn. 9; *Sarres* ZEV 2010, 292) oder sogar wie der Auseinandersetzungsanspruch nach § 2042 Abs. 2 iVm § 758 BGB unverjährbar ist (zweifelnd *Sarres* Erbrechtliche Auskunftsansprüche, 2. Aufl., Rn. 605).

5. Versicherung an Eides statt. → Form. J.II.4 Anm. 7.

6. Außergerichtliches Auskunfts- und Rechenschaftsverlangen gegen den Testamentsvollstrecker

Sehr geehrter Herr . . . . . .,[1]

hiermit zeigen wir an, dass uns Herr . . . . . . mit seiner Vertretung beauftragt hat. Eine auf uns lautende Vollmacht fügen wir in Kopie bei.

Wie Ihnen bekannt ist, ist unser Mandant Alleinerbe des am . . . . . . verstorbenen Herrn . . . . . . Wie Ihnen weiter bekannt ist, ordnete der Erblasser die Dauertestamentsvollstreckung über den Nachlass nur bis zur Vollendung seines 25. Lebensjahres, mithin nur bis zum . . . . . . an.

Namens und im Auftrag unseres Mandanten fordern wir Sie auf, Auskunft über den Stand der Testamentsvollstreckung zu geben,[2] insbesondere darüber, inwieweit Grundbuchumschreibungen auf den Erben noch ausstehen und Testamentsvollstreckervermerke noch eingetragen sind.

Weiter fordern wir Sie auf, binnen zwei Wochen nach Beendigung der Testamentsvollstreckung am . . . . . . eine geordnete Zusammenstellung aller Einnahmen und Ausgaben des Ihrer Verwaltung unterliegenden Nachlasses nebst Belegen für die Zeit seit dem Erbfall zu erteilen.[3]

Wir weisen Sie darauf hin, dass Sie gegebenenfalls verpflichtet sind, an Eides statt zu versichern,[4] dass Sie die Angaben so vollständig angegeben haben, wie Sie dazu im Stande sind.

Schließlich bitten wir darum, dass Sie das Testamentsvollstreckerzeugnis nach Beendigung Ihres Amtes an das Nachlassgericht zurücksenden und uns dies bestätigen.[5]

Mit freundlichen Grüßen,

. . . . . .

(Unterschriften)

Anmerkungen

1. Sachverhalt. Der Erblasser hatte Dauertestamentsvollstreckung angeordnet, um seinen zum Alleinerben vorgesehenen minderjährigen Sohn davor zu schützen, sich selbst zu schädigen, etwa indem er nach Eintritt der Volljährigkeit Nachlassvermögen verschleudert oder sich durch die Aussicht des uneingeschränkten Zugriffs auf das Erbschaftsvermögen schon vor Eintritt der Volljährigkeit von seinem Ausbildungseifer abbringen lässt. Zum Nachlass gehören auch Grundstücke. Dem Erben ist unbekannt, ob sämtliche Grundbücher auf ihn umgeschrieben und Testamentsvollstreckervermerke noch zu löschen sind.

2. Auskunft. Der Testamentsvollstrecker ist verpflichtet, unverzüglich nach Amtsantritt ein Nachlassverzeichnis vorzulegen, §§ 2215, 260 Abs. 1 BGB. Nach §§ 2218, 666 BGB muss er sodann dem Erben alle erforderlichen Nachrichten zukommen zu lassen und ihm auf Verlangen Auskunft über den Stand der Testamentsvollstreckung geben. Diese Auskunft erfordert ebenfalls die Übergabe eines **Bestandsverzeichnisses** gem. § 260 Abs. 1 BGB, das auch bevorstehende Rechtsgeschäfte einzubeziehen hat (MüKoBGB/*Zimmermann* § 2218 Rn. 9). Der Testamentsvollstreckervermerk ist bei Beendigung der Testamentsvollstreckung von Amts wegen oder auf Antrag im Grundbuch zu löschen, §§ 52, 84 ff. GBO.

3. Rechenschaft. Der Testamentsvollstrecker ist zur Rechenschaftslegung verpflichtet. Hierzu gehört gemäß § 259 Abs. 1 BGB die Aufstellung einer geordneten Zusammenstellung der Einnahmen und Ausgaben sowie die Vorlage entsprechender Belege. Der Anspruch auf Rechenschaftslegung besteht nach Beendigung des Amtes insgesamt, nach Beendigung selbstständiger Einzelaufgaben oder, bei einer – wie hier – länger dauernden Testamentsvollstreckung jährlich nach Aufforderung durch den Erben oder einen Miterben. Der Testamentsvollstrecker ist auch für seine Schlussabrechnung vorleistungspflichtig, kann also auch mit Blick auf seine Vergütung kein Zurückbehaltungsrecht beanspruchen (MüKoBGB/*Zimmermann* § 2218 Rn. 11).

4. Versicherung an Eides statt. → Form. J.II.4 Anm. 7.

5. Rückgabe Testamentsvollstreckerzeugnis. Das Testamentsvollstreckerzeugnis wird zwar gemäß § 2368 Abs. 3 BGB automatisch kraftlos, sobald das Amt des Testamentsvollstreckers endet. Nach dem Gesetz ist der Testamentsvollstrecker nicht verpflichtet, von sich aus das Testamentsvollstreckerzeugnis an das Nachlassgericht zurückzusenden oder dieses vom Ende seines Amts zu informieren. Um die auch von einem unwirksam gewordenen Testamentsvollstreckerzeugnis ausgehenden Gefahren zu vermeiden, empfiehlt es sich für den Erben, auf die Rückgabe oder notfalls Einziehung des Testamentsvollstreckerzeugnisses durch das Nachlassgericht hinzuwirken.

Hat der Testamentsvollstrecker **Vollmachten** erteilt, werden diese mit der Beendigung seines Amts unwirksam. Dem Testamentsvollstrecker ist zu empfehlen, ausgehändigte Vollmachtsurkunden einzuziehen, um seine Haftung entsprechend § 179 BGB zu vermeiden.

III. Ermittlung und (außergerichtliche) Geltendmachung von Pflichtteilsansprüchen

1. Checkliste: Pflichtteilsansprüche

- ❒ Feststellung der Pflichtteilsberechtigung:
  - ❒ Ist der Mandant überhaupt eine pflichtteilsberechtigte Person nach dem Verstorbenen? Das sind nur Abkömmlinge, Eltern oder ein Elternteil, der überlebende Ehegatte sowie der eingetragene Lebenspartner.
  - ❒ Liegt eine Adoption vor?
  - ❒ Handelt es sich um ein nichteheliches Kind, das vor dem 1.7.1949 geboren wurde?
  - ❒ Wurde ein Erb- oder Pflichtteilsverzicht gemäß § 2346 BGB erklärt?
  - ❒ Liegt eine wirksame Pflichtteilsentziehung gemäß §§ 2333 ff. BGB vor?
  - ❒ Ist Erb- oder Pflichtteilsunwürdigkeit gemäß §§ 2339, 2345 Abs. 2 BGB gegeben?
  - ❒ Ist ein Scheidungsverfahren rechtshängig oder hatte der Erblasser einer beantragten Scheidung zugestimmt? Lagen die materiellen Voraussetzungen für die Ehescheidung vor, entfällt gemäß § 1933 BGB das Pflichtteilsrecht.
  - ❒ Kommt eine Erbausschlagung gemäß § 2306 Abs. 1 Hs. 1 BGB wegen Beschränkungen oder Beschwerungen in Betracht?
  - ❒ Hat ein Ehegatte die ihm anfallende Erbschaft gemäß § 1371 Abs. 3 BGB ausgeschlagen?
  - ❒ Liegt eine Ausschlagung eines Vermächtnisses durch einen Pflichtteilsberechtigten gemäß § 2307 Abs. 1 S. 1 BGB vor?
- ❒ Feststellung der Pflichtteilsquote gemäß § 2303 Abs. 1 S. 2 BGB:
  - ❒ Zunächst ist die gesetzliche Erbquote des Pflichtteilsberechtigten zu bestimmen. Die Pflichtteilsquote entspricht der Hälfte der gesetzlichen Erbquote.
  - ❒ Festzustellen ist der Güterstand, in dem der Erblasser mit seinem Ehegatten oder eingetragenen Lebenspartner gelebt hat.
  - ❒ Liegt ein Erbverzicht eines anderen Pflichtteilsberechtigten vor, § 2310 S. 2 BGB?
- ❒ Höhe des Pflichtteilsanspruchs:
  - ❒ Zunächst sind Aktiv- und Passivbestand des Nachlasses zu ermitteln.
  - ❒ Danach ist der Umfang des Nachlasses durch Abzug der Passiva von den Aktiva zu bestimmen.
  - ❒ Es gilt das Stichtagsprinzip, so dass Bestand und Wert des Nachlasses am Todestag maßgeblich sind; eine Wertbestimmung des Erblassers ist nur bei Landgütern relevant.
- ❒ Pflichtteilsrestanspruch:
  - ❒ Bleibt der zugewendete Erbteil hinter der Pflichtteilsquote zurück, § 2305 S. 1 BGB?
  - ❒ Besteht ein Zusatzpflichtteil eines pflichtteilsberechtigten Vermächtnisnehmers gemäß § 2307 Abs. 1 S. 2 BGB?
- ❒ Pflichtteilsergänzungsanspruch:
  - ❒ Hat der Erblasser ergänzungspflichtige Schenkungen innerhalb der letzten 10 Jahre vor dem Erbfall gemacht?
  - ❒ Der Anspruch besteht auch bei einer Erbausschlagung.
  - ❒ Zu beachten ist, dass die 10-Jahres-Frist bei Ehegatten und Lebenspartnern erst mit der Rechtskraft des Scheidungsurteils bzw. dem Tod des Ehegatten zu laufen beginnt, § 2325 Abs. 3 S. 3 BGB, § 10 Abs. 6 LPartG.
  - ❒ Bei Grundstücksschenkungen ist das Niederstwertprinzip des § 2325 Abs. 2 S. 2 BGB zu beachten.
  - ❒ Kommt die pro-rata-Regelung gemäß § 2325 Abs. 3 S. 2 BGB zum Tragen?
  - ❒ Liegt eine gemischte Schenkung oder eine Anstandsschenkung vor?
  - ❒ Müssen bei der Bestimmung des Umfangs der Unentgeltlichkeit ein Nießbrauch oder eine dauernde Last berücksichtigt werden? Hat die 10-Jahres-Frist bei eingeräumten Nutzungsrechten überhaupt zu laufen begonnen?

- ❒ Kommt eine Ergänzung über die Hälfte des gesetzlichen Erbteils in Betracht, § 2326 BGB?
- ❒ Richtet sich der Anspruch gegen den Beschenkten, § 2329 BGB?

❒ Anrechnung und Ausgleichung:
- ❒ Kommt bei einem pflichtteilsberechtigten Abkömmling eine Ausgleichungspflicht nach § 2316 BGB wegen Ausstattungen gemäß § 2050 Abs. 1 BGB, wegen eines Übermaßes an Zuschüssen gem. § 2050 Abs. 2 Alt. 1 BGB oder wegen eines Übermaßes an Aufwendungen für die Vorbildung zum Beruf, § 2050 Abs. 2 Alt. 2 BGB oder wegen sonstiger lebzeitiger Zuwendungen oder Vorempfänge, § 2050 Abs. 3 BGB, in Betracht?
- ❒ Ist eine Anrechnungsbestimmung für eine Zuwendung auf den Pflichtteil getroffen worden, § 2315 Abs. 1 BGB?
- ❒ Kommt eine Ausgleichung unter pflichtteilsberechtigten Abkömmlingen gemäß § 2316 Abs. 1 S. 1 BGB iVm § 2057a BGB wegen besonderer Leistungen in Betracht?

❒ Einwendungen gegen den ordentlichen Pflichtteils- und den Pflichtteilsergänzungsanspruch:
- ❒ Ist Verjährung nach §§ 195, 199 Abs. 1 BGB eingetreten? Dafür kommt es auf den Zeitpunkt der Kenntnis vom Erbfall und der beeinträchtigenden Verfügung an (str. für den Bestand des Nachlasses).
- ❒ Sind Hemmungstatbestände gegeben?
- ❒ Die Verjährungsfrist für den Anspruch aus § 2329 BGB bestimmt sich nach § 2332 Abs. 1 BGB und beginnt mit dem Erbfall zu laufen.
- ❒ Wirksame Pflichtteilsentziehung gemäß §§ 2333 ff. BGB?
- ❒ Sind anzurechnende Vorempfänge bzw. nachträgliche Änderungen der Anrechnungsanordnung von Todes wegen gemäß § 2315 BGB zu berücksichtigen?
- ❒ Kann sich der Erbe gemäß § 1990 Abs. 1 S. 1 BGB auf die Dürftigkeitseinrede berufen?
- ❒ Kommt eine Anrechnung von Eigengeschenken gemäß § 2327 BGB in Betracht?
- ❒ Besteht ein Leistungsverweigerungsrecht eines pflichtteilsberechtigten Miterben gemäß § 2319 BGB?
- ❒ Kann sich der selbst pflichtteilsberechtigte Erbe gemäß § 2328 BGB auf ein Leistungsverweigerungsrecht berufen?
- ❒ Liegt ein Stundungsantrag des Pflichtteilsberechtigten gemäß § 2331a BGB vor?
- ❒ Gibt es eine Vereinbarung über das Pflichtteilsrecht?

❒ Auskunftsanspruch gemäß § 2314 Abs. 1 S. 1 BGB:
- ❒ Ist der die Auskunft Begehrende ein Pflichtteilsberechtigter iSv § 2303 Abs. 1 BGB?
- ❒ Die Auskunftspflicht aus § 2314 Abs. 1 S. 1 BGB trifft regelmäßig den Erben.
- ❒ Wird Auskunft auch über den fiktiven Nachlass begehrt (anrechnungs- und ausgleichspflichtige Zuwendungen oder ergänzungspflichtige Schenkungen)?
- ❒ Die Möglichkeit der Hinzuziehung des Pflichtteilsberechtigten bei der Anfertigung eines Bestandsverzeichnisses ist zu beachten, § 2314 Abs. 1 S. 2 Alt. 1 BGB.
- ❒ Ist der mit der Aufnahme eines Bestandsverzeichnisses beauftragte Notar, § 2314 Abs. 1 S. 3 BGB, seiner Ermittlungspflicht ausreichend nachgekommen?
- ❒ Liegen die Voraussetzungen der Abgabe einer eidesstattlichen Versicherung vor?

❒ Wertermittlungsanspruch aus § 2314 Abs. 1 S. 2 Alt. 2 BGB:
- ❒ Soll der Anspruch überhaupt geltend gemacht werden? Besteht die Möglichkeit einer Einigung über den Wert von Nachlassgegenständen, um die Kosten der Wertermittlung zu sparen?
- ❒ Voraussetzung ist die Zugehörigkeit des Gegenstandes zum Nachlass.
- ❒ Kosten des Sachverständigengutachtens sind Nachlassverbindlichkeiten.
- ❒ Vom Erben freiwillig oder auf Anforderung vorgelegte Sachverständigengutachten sind einer genauen Prüfung zu unterziehen.

2. Auskunftsbegehren eines pflichtteilsberechtigten Nichterben gegenüber einem Erben gem. § 2314 Abs. 1 S. 1 BGB

Einschreiben/Rückschein

Sehr geehrte Frau ......,

ich darf Ihnen anzeigen, dass mich Herr ..... in der Nachlasssache Ihres am ...... verstorbenen Ehemannes ...... mit der Wahrnehmung seiner Interessen beauftragt hat. Eine beglaubigte Kopie der Originalvollmacht ist beigefügt. Ausweislich des am ...... von dem Amtsgericht – Nachlassgericht – ...... eröffneten gemeinschaftlichen notariellen Testamentes vom ...... sind Sie Alleinerbin des Erblassers geworden. Als dessen Sohn aus erster Ehe steht meinem Mandanten ein Pflichtteilsrecht gemäß § 2303 BGB zu. Sie sind als Erbin[1] gemäß § 2314 Abs. 1 S. 1 BGB verpflichtet, gegenüber meinem Mandanten umfassend über den Bestand des Nachlasses Auskunft zu erteilen, damit dieser sein Pflichtteilsrecht durchsetzen kann.[2]

Namens und im Auftrag unseres Mandanten darf ich sie deshalb bitten, zu meinen Händen Auskunft über den gesamten tatsächlichen und fiktiven Nachlass Ihres Ehemannes durch ein Bestandsverzeichnis[3] zu erteilen. Hierfür setze ich eine Frist bis zum

......

In das Bestandsverzeichnis sind

- sämtliche am Todestag des Erblassers vorhandenen Nachlassgegenstände (insbesondere Immobilien, Bargeldbestände, Kontokorrent- und Sparkonten, Wertpapiere, Beteiligungen an Gesellschaften, Schmuck und Kunstgegenstände sowie der Hausrat) und Nachlassverbindlichkeiten aufzunehmen, wobei zu den Nachlassverbindlichkeiten ua die von dem Erblasser selbst herrührenden Verbindlichkeiten und die durch den Erbfall entstandenen Kosten gehören, aufzunehmen,[4]
- sämtliche ehebedingten Zuwendungen und Schenkungen des Erblassers an Sie aufzunehmen,[5]
- sämtliche Schenkungen des Erblassers innerhalb der letzten 10 Jahre vor seinem Tod an dritte Personen aufzunehmen unter Angabe des Jahres der Schenkung,[6]
- alle Zuwendungen des Erblassers, die eine Ausgleichungspflicht nach den §§ 2050 ff., 2316 BGB auslösen können, aufzunehmen.[7]

Darüber hinaus sind Sie verpflichtet, sämtliche von dem Erblasser abgeschlossenen Lebensversicherungs- und sonstigen Verträge zu Gunsten Dritter, die bei seinem Tod noch bestanden, mitzuteilen.[8] Gleiches gilt für die Bedingungen im Zusammenhang mit solchen Zuwendungen, die keine reinen Schenkungen sind, beispielsweise die Übertragung eines Grundstücks gegen den Vorbehalt oder die Einräumung eines Nießbrauchs-, Altenteils- oder Wohnungsrechts.[9]

Sie sind ferner verpflichtet, den Güterstand mitzuteilen, in dem Sie mit dem Erblasser zuletzt gelebt haben.[10]

Soweit Sie selbst nicht über die erforderlichen Kenntnisse verfügen, müssen Sie sich diese beschaffen. Sie können sich dazu ua an Banken mit der Bitte um Auskunft wenden, mit denen der Erblasser in Geschäftsbeziehungen stand.[11]

Mein Mandant wird von seinem Recht Gebrauch machen, zur Aufnahme des Bestandsverzeichnisses zugezogen zu werden. Dieses Recht ergibt sich aus § 2314 Abs. 1 S. 2 Alt. 1 BGB. Ob unser Mandant bei der Aufnahme des Verzeichnisses selbst anwesend sein wird

oder sich durch einen Bevollmächtigten vertreten lässt, werde ich Ihnen noch rechtzeitig mitteilen.[12]

Sollten Belege zu den einzelnen Positionen des Bestandsverzeichnisses vorhanden sein, bitte ich Sie, Kopien entsprechender Urkunden beizufügen.[13] Vorbehalten bleibt die Möglichkeit, hinsichtlich einzelner Nachlassgegenstände den Wertermittlungsanspruch aus § 2314 Abs. 1 S. 2 Alt. 2 BGB geltend zu machen.

Vorsorglich weise ich darauf hin, dass das Bestandsverzeichnis mit der erforderlichen Sorgfalt und Vollständigkeit erstellt werden muss.[14] Dies haben Sie ggf. eidesstattlich zu versichern.[15]

. . . . . .

(Rechtsanwalt)[16]

Anmerkungen

1. Ein Pflichtteilsberechtigter könnte ohne Kenntnis des Bestandes bzw. des Wertes des Nachlasses seine ihm zustehenden Ansprüche entweder gar nicht oder nur eingeschränkt durchsetzen. Die Höhe des Pflichtteilsanspruchs – einem Geldsummenanspruch – hängt aber entscheidend vom Bestand und vom Wert der Nachlassmasse ab. Das Gesetz gewährt dem pflichtteilsberechtigten Nichterben – neben der Möglichkeit, von dem Erben die Errichtung eines Inventars und dessen eidesstattliche Versicherung zu verlangen, §§ 1994, 2006 BGB – **Ansprüche, um sich die für die Berechnung des Anspruchs notwendige Kenntnis zu verschaffen.** Der Erbe ist gemäß § 2314 Abs. 1 S. 1 BGB zur Auskunft über den Bestand des Nachlasses verpflichtet. Zusätzlich gewährt ihm das Gesetz in § 2314 Abs. 1 S. 2 Hs. 2 BGB einen von der Auskunft zu unterscheidenden Anspruch auf Wertermittlung der einzelnen Nachlassgegenstände (*Coing* NJW 1983, 1298 ff.).

Während die quotenmäßige Bestimmung des Pflichtteils zumeist nicht problematisch ist, stellt sich die Festlegung von dessen Höhe häufig schwieriger dar. Zur Ermittlung des auszuzahlenden Betrages ist die Höhe des Nachlasswertes zu bestimmen. Wie dies zu erfolgen hat, regeln die §§ 2311–2313 BGB. Zunächst ist der Bestand des Nachlasses festzustellen, der sich aus einem Vergleich zwischen den Aktiva und den Passiva ergibt. Dazu müssen sämtliche Aktiv- und Passivpositionen des Erblasservermögens ermittelt werden. Anschließend wird deren Wert festgestellt. Die Höhe des Nachlasswertes errechnet sich aus der Differenz der wertmäßig bestimmten Aktiva und Passiva.

Das in das Bestandsverzeichnis aufzunehmende **Aktivvermögen des Erblassers** umfasst **alle Vermögenswerte.** Dazu gehören nicht nur die zum Zeitpunkt des Erbfalls bereits begründeten Rechtspositionen, sondern auch vom Erblasser zu seinen Lebzeiten eingeleitete vermögensrechtliche Positionen und Beziehungen, die aber erst mit oder nach seinem Tod endgültige Rechtswirkung entfalten. Nicht zum Aktivvermögen zählen ungewisse oder unsichere Rechtsbeziehungen (BGH BGHZ 32, 367 [369]; Staudinger/*Herzog* BGB § 2313 Rn. 11 ff.). Zu den vermögensrechtlichen Positionen des Erblassers, die im Erbfall bereits begründet waren, gehören Immobilien, bewegliche Sachen aller Art, Ansprüche aus schuldrechtlichen Verträgen, die in der Regel vererblich sind (MüKoBGB/*Leipold* § 1922 Rn. 20), Schadensersatzansprüche unabhängig davon, ob der durch eine bereits zu Lebzeiten des Erblassers erfolgte Rechtsgutverletzung verursachte Schaden vor oder nach dem Erbfall eintritt, vertragliche oder gesetzliche Unterlassungsansprüche, Anwartschaftsrechte für ein vom Erblasser betriebenes Handelsgeschäft, Anteile an Kapitalgesellschaften, die Mitgliedschaft in einer Genossenschaft, Immaterialgüterrechte wie Urheberrechte, Patentrechte und geschützte Marken (MüKoBGB/*Leipold* § 1922

Rn. 19). Zu Ansprüchen, die im Vermögen des Erblassers schon zu dessen Lebzeiten angelegt waren, aber erst nach seinem Tod endgültige Rechtswirkung entfalten, gehört der Zuschlag eines Grundstücks in der Zwangsversteigerung nach Eintritt des Erbfalls, sofern der Erblasser bereits zu Lebzeiten Zuschlagsberechtigter iSv § 81 ZVG geworden war (OLG Düsseldorf FamRZ 1996, 1440 [1441]). Ansprüche auf eine Steuerrückerstattung für den Veranlagungszeitraum vor dem Todesjahr und für das abgelaufene Rumpfsteuerjahr, für das eine Einkommensteuererklärung abzugeben ist, sind gleichfalls Gegenstand des Aktivvermögens. Bei gemeinsamer steuerlicher Veranlagung von Ehegatten entscheidet das Innenverhältnis, in welcher Höhe die Rückerstattung dem einzelnen Ehegatten zuzurechnen ist. Zum Aktivbestand des Nachlasses gehören auch solche Rechtsverhältnisse, die infolge des Erbfalls durch Konfusion (Vereinigung von Rechten und Verbindlichkeiten in einer Person) oder durch Konsolidation (Zusammenfallen eines Rechts und einer dinglichen Belastung) erloschen sind. Für die Ermittlung des Aktivbestandes des Nachlasses und damit für die Pflichtteilsberechnung werden diese Rechtsverhältnisse als fortbestehend fingiert. Das ergibt sich aus dem Rechtsgedanken der §§ 1978, 1991 Abs. 2, 2143, 2175 und 2377 BGB (BGH NJW 1975, 1123 [1124]; NJW 1987, 1260 [1262]; *Dieckmann* FamRZ 1984, 880 [883]).

2. Nach dem **Wortlaut** ist § 2314 Abs. 1 BGB **in persönlicher Hinsicht beschränkt.** Danach wäre lediglich der Erbe zur Auskunftserteilung verpflichtet und nur der pflichtteilsberechtigte Nichterbe anspruchsberechtigt. Auskunftsberechtigte Personen wären von der Erbfolge durch Verfügung von Todes wegen ausgeschlossene Abkömmlinge, Eltern, der Ehegatte oder gleichgeschlechtliche Lebenspartner eines Erblassers, der durch Ausschlagung nach den §§ 2306, 2307 BGB Pflichtteilsberechtigte, derjenige, der den Zusatzpflichtteil gemäß § 2305 S. 1 BGB verlangt, oder der Ehegatte einer Zugewinngemeinschaftsehe nach einer Ausschlagung gemäß § 1371 Abs. 3 BGB. Mehrere pflichtteilsberechtigte Nichterben haben den Auskunftsanspruch unabhängig voneinander. Sie sind keine Gesamtgläubiger gemäß § 428 BGB (MüKoBGB/*Lange* § 2314 Rn. 38). Auskunft kann derjenige nicht verlangen, dem der Pflichtteil wirksam entzogen worden ist (OLG Hamm NJW 1983, 1067 [1068]), auch nicht der überlebende Ehegatte, der in einem Ehescheidungs- oder Aufhebungsverfahren sein gesetzliches Erb- und Pflichtteilsrecht gemäß § 1933 BGB verloren hat und nur einen Zugewinnausgleichsanspruch verfolgt.

Eine **streng am Wortlaut des § 2314 Abs. 1 S. 1 BGB orientierte Anwendung** würde in bestimmten Fällen **zu unangemessenen Ergebnissen führen,** beispielsweise wenn sich ein pflichtteilsberechtigter Miterbe sonst keinen verlässlichen Überblick über einen fiktiven Nachlass verschaffen könnte. Die §§ 2027, 2028, 2038, 2057 BGB oder Ansprüche aus auftragsbegründender oder auftragsloser Geschäftsführung gemäß §§ 666, 681 BGB reichen oftmals nicht aus, um ihm die notwendige Kenntnis über den Nachlassbestand zu verschaffen. Es ist deshalb allgemein anerkannt, dass auch ein pflichtteilsberechtigter Erbe in Fällen schützenswert ist, in denen ein Erblasser zu Lebzeiten Zuwendungen an einen Miterben, an einen nicht als Erben eingesetzten Dritten oder ausgleichungspflichtige Zuwendungen an einen pflichtteilsberechtigten Nichterben erbracht hat (Schlitt/Müller/*Blum* § 2 Rn. 31). Die Rechtsprechung und ein Teil des Schrifttums leiten derartige Auskunftsansprüche aus § 242 BGB her (BGH BGHZ 61, 180 = NJW 1973, 1876 [1878] gegenüber einem beschenkten pflichtteilsberechtigten Miterben; BGH 1993, 2737 gegenüber einem beschenkten Miterben; Bamberger/Roth/*Müller* BGB § 2314 Rn. 5; MüKoBGB/*Lange* § 2314 Rn. 40), während ein anderer Teil des Schrifttums eine analoge Anwendung von § 2314 Abs. 1 S. 1 BGB befürwortet (*Coing* NJW 1970, 729 [734]; *Gudian* JZ 1967, 591 [593]). Die Voraussetzungen eines Auskunftsanspruchs aus § 242 BGB sind höher als die des Auskunftsanspruchs aus § 2314 Abs. 1 S. 1 BGB. Letzterer verlangt nur, dass der Berechtigte zum Kreis der Pflichtteilsberechtigten zählt. Der

allgemeine Auskunftsanspruch aus § 242 BGB erfasst auch nicht die Möglichkeit, die amtliche Aufnahme eines Verzeichnisses zu verlangen oder bei der Erstellung des Verzeichnisses hinzugezogen zu werden. Ein Unterschied ergibt sich ferner bei der Frage der Kostenlast. Im Fall einer analogen Anwendung von § 2314 Abs. 1 BGB fallen die Kosten der Auskunftserteilung gemäß § 2314 Abs. 2 BGB dem Nachlass zur Last.

3. Das Gesetz schreibt in § 2314 Abs. 1 S. 1 BGB keine bestimmte Form für das Nachlassverzeichnis vor. Dieses muss nicht einmal unterschrieben sein. Die **Form der Auskunft richtet sich grundsätzlich nach § 260 BGB,** weil der Nachlass ein Inbegriff von Sachen ist. Ein privates Bestandsverzeichnis soll dem Pflichtteilsberechtigten als Grundlage für die Berechnung seines Anspruchs dienen und unterscheidet sich insoweit von einem Nachlassinventar iSv § 1994 BGB, das Nachlassgläubiger verlangen können, um den Erben auch dem Druck unbeschränkter Haftung mit seinem gesamten Vermögen auszusetzen. Neben der Vorlage eines privaten Bestandsverzeichnisses kann der Pflichtteilsberechtigte gemäß § 2314 Abs. 1 S. 3 BGB auch die Vorlage eines amtlichen bzw. eines notariellen Nachlassverzeichnisses verlangen (→ Form. J.III.3). Das Recht auf Vorlage eines amtlichen Verzeichnisses wird durch Vorlage eines privaten Verzeichnisses grundsätzlich nicht ausgeschlossen (BGH NJW 2012, 2730 [2731]; OLG Düsseldorf FamRZ 1995, 1236 [1239]; OLG Bremen FamRZ 1997, 1437; *Joachim/Lange* Pflichtteilsrecht Rn. 439).

4. In dem Bestandsverzeichnis müssen alle Nachlassgegenstände aufgeführt sein, auf die sich die Auskunftspflicht bezieht. Wegen der zu fordernden Übersichtlichkeit sind **Aktiva und Passiva getrennt voneinander aufzuführen** und Angaben zum Bestand von rechtlichen Ausführungen zu trennen. Der Auskunftspflichtige braucht kein Gesamtverzeichnis zu erstellen, wenn bei Teilverzeichnissen die Übersichtlichkeit gewahrt ist (BGH FamRZ 1962, 429). Gegenstand des Auskunftsanspruchs ist in erster Linie der Bestand des Nachlasses **zum Zeitpunkt des Erbfalls.** Die Auskunftspflicht bezieht sich auf die beim Erbfall tatsächlich vorhandenen Vermögensgegenstände sowie auf die Nachlassverbindlichkeiten (BGH BGHZ 33, 373 [374] = NJW 1961, 602 [603]; BGH BGHZ 89, 24 [27] = NJW 1984, 485 [488]; MüKoBGB/*Lange* § 2314 Rn. 5).

5. Die Auskunftspflicht **bezieht sich gleichermaßen auf den fiktiven Nachlass.** Dazu gehören ausgleichungspflichtige Zuwendungen des Erblassers gemäß §§ 2316 Abs. 1, 2052, 2055 Abs. 1 BGB und ergänzungspflichtige Schenkungen einschließlich solcher unter Ehegatten oder eingetragenen Lebenspartnern, die nach § 2325 Abs. 3 S. 3 BGB nicht der 10-Jahres-Frist unterliegen (Soergel/*Dieckmann* BGB § 2314 Rn. 12). Nach der Rechtsprechung setzt der Pflichtteilsergänzungsanspruch nicht voraus, dass die Pflichtteilsberechtigung sowohl im Zeitpunkt des Erbfalls als auch schon zum Zeitpunkt der Schenkung bestanden hat. Dies entsprach der früheren Theorie der Doppelberechtigung (BGH BGHZ 59, 210 [211 ff.]). Die Pflichtteilsberechtigung muss nicht bereits zum Zeitpunkt der Schenkung bestanden haben (BGH ZEV 2012, 478 mAnm *Otte;* MüKoBGB/*Lange* § 2325 Rn. 7 bis 9; Staudinger/*Olshausen* BGB § 2325 Rn. 66).

Das Pflichtteilsrecht stellt einen Ausgleich für ein entgangenes oder zumindest beeinträchtigtes gesetzliches Erbrecht dar, das auch geschmälert worden wäre, wenn Nachlassverbindlichkeiten vorab befriedigt werden müssen. Der Pflichtteil kann sich deshalb nicht nur an einem schuldenfreien Nachlass ausrichten (RG RGZ 90, 202 [205]; *Joachim/Lange* Pflichtteilsrecht Rn. 118). Ob eine Verbindlichkeit den Nachlass schmälert, ist zwischen den Beteiligten oftmals umstritten. Es entspricht naturgemäß dem Interesse des Erben, möglichst alle irgendwie im Zusammenhang mit dem Erbfall stehenden Verbindlichkeiten vom Aktivnachlass abzuziehen, um auf diese Weise Pflichtteilsansprüche der Höhe nach zu reduzieren. **Unberücksichtigt bleiben** bei der Bestimmung des Nachlasswertes Verbindlichkeiten, die aus einer Verfügung von Todes wegen

herrühren (Soergel/*Dieckmann* BGB § 2311 Rn. 11), so dass Kosten der Testamentseröffnung und Beantragung eines Erbscheines – anders als die Kosten der Errichtung der Verfügung, bei denen es sich um Erblasserschulden handelt – nicht in Abzug zu bringen sind. Abzuziehen sind Verbindlichkeiten, die sich gegen den Nachlass als solchen richten. Genau zu differenzieren ist, ob etwa Geschäftsschulden allein gegen die Gesellschaft gerichtet sind oder auch gegen den Nachlass. Nur im letzteren Fall können sie bei den Passiva in Ansatz gebracht werden. Bei der Ermittlung des Passivbestandes sind alle Verbindlichkeiten, die gemäß § 1967 Abs. 2 BGB von dem Erblasser herrühren, zu berücksichtigen, sofern sie vererbbar sind (näher dazu MüKoBGB/*Lange* § 2311 Rn. 15 ff.). Zu berücksichtigen sind des Weiteren die sog. Erbfallschulden, deren Rechtsgrund und Notwendigkeit auf den Erbfall zurückzuführen und die zumindest auch im Interesse des Pflichtteilsberechtigten erfolgt sind, ihn ebenso getroffen hätten, wenn er gesetzlicher Erbe geworden wäre. Zu den Erbfallschulden gehören die Kosten der standesgemäßen Beerdigung, zu denen nach ganz überwiegender Auffassung die Kosten der laufenden Grabpflege nicht gehören (BGH BGHZ 61, 238 = WM 1975, 860 [862]; Palandt/*Weidlich* BGB § 1968 Rn. 4; str.). Ferner gehören dazu Kosten der Nachlassverwaltung, der Nachlasssicherung, der Pflichtteilsberechnung (BGH NJW 1975, 258 [259]), der Inventarerrichtung, der Ermittlung der Nachlassgläubiger sowie Kosten für die Feststellung des Nachlassbestandes und des -wertes. Die Kosten einer Testamentsvollstreckung sind nur abzugsfähig, soweit sie dem Pflichtteilsberechtigten unmittelbar Vorteile gebracht hat. Das ist der Fall, wenn durch die Tätigkeit des Testamentsvollstreckers Kosten der Nachlasssicherung oder der Feststellung des Bestandes erspart worden sind (BGH BGHZ 95, 222 [228]). Eine Erbfallschuld ist auch der Zugewinnausgleichsanspruch des überlebenden Ehegatten in den Fällen der §§ 1371 Abs. 2 und Abs. 3 BGB.

Pflichtteilsansprüche als solche sind im Passivbestand nicht einzustellen. Sie sind gerade das Objekt der Berechnung und setzen einen Nachlassüberschuss voraus. Als Verbindlichkeiten können auch nicht solche aus Vermächtnissen oder Auflagen in Abzug gebracht werden, da diese Ansprüche im Rang den Pflichtteilsverbindlichkeiten nachgehen. Erbschaftsteuern und eventuell hierauf entfallende Steuerberatungskosten können für die Berechnung von Pflichtteilsansprüchen ebenfalls nicht als Passiva berücksichtigt werden, da sie nicht den Nachlass, sondern den Erben persönlich treffen (OLG Düsseldorf FamRZ 1999, 1465; sehr streitig ist, ob es sich überhaupt um Nachlassverbindlichkeiten iSv § 1967 Abs. 2 BGB handelt. Dies bejaht der BFH ZEV 2016, 343 [344]; näher dazu *Joachim/Janzen* ZEV 2018, 74 ff. mwN Zu nicht abzugsfähigen Verbindlichkeiten ergänzend *Joachim/Lange* Pflichtteilsrecht Rn. 129 ff.).

6. Zum auskunftspflichtigen Bestand des Nachlasses zählen neben **ehebedingten Zuwendungen** (Damrau/Tanck/Riedel BGB § 2314 Rn. 16; *Joachim/Lange* Pflichtteilsrecht Rn. 433) und **Schenkungen an den Ehegatten,** Schenkungen innerhalb der letzten 10 Jahre vor dem Erbfall an Dritte, die für eine Pflichtteilsergänzung in Betracht kommen (BGH NJW 1984, 487 [488]), unabhängig davon, wer letztlich für die Pflichtteilsergänzung aufzukommen hat (*Dieckmann* NJW 1988, 1808 [1813]). Siehe hierzu auch → Form. J.III.3 „Notarielles Nachlassverzeichnis“. Die herrschende Meinung stellt dabei zu Recht auf den Leistungserfolg und nicht auf die bloße Leistungshandlung ab (BGH BGHZ 102, 289 [292] = NJW 1988, 821 [822]; MüKoBGB/*Lange* § 2325 Rn. 59; str.).

Nach der pro-rata-Regelung des § 2325 Abs. 2 S. 2 BGB kommt es zu einer kontinuierlichen Abschmelzung des Wertes der Schenkung. Schenkungen des Erblassers werden innerhalb des ersten Jahres vor dem Erbfall in vollem Umfang und innerhalb jedes weiteren Jahres vor dem Erbfall um jeweils 1/10 geringer berücksichtigt. Um beurteilen zu können, ob und inwieweit die Schenkung unter die pro-rata-Regelung des § 2325 Abs. 3 S. 1 BGB fällt, ist auch mitzuteilen, in welchem Jahr die Schenkung erfolgt ist. Die Schenkung bleibt vollständig unberücksichtigt, wenn seit der Leistung des verschenkten

Gegenstandes 10 Jahre verstrichen sind. Bei Schenkungen an den Ehegatten und ehebedingten Zuwendungen beginnt die 10-Jahres-Frist nach § 2325 Abs. 3 Hs. 2 BGB nicht vor der Auflösung der Ehe zu laufen. Die Frist beginnt mit Rechtskraft des Scheidungs- oder Aufhebungsurteils. Wird die Ehe durch Tod aufgelöst, werden Schenkungen des Erblassers an den überlebenden Ehegatten während der gesamten Ehezeit in die Pflichtteilsergänzung einbezogen.

7. Da der Erbe alle Berechnungsfaktoren mitzuteilen hat, die bei der Ermittlung des Pflichtteils- einschließlich des Pflichtteilsergänzungsanspruchs zu berücksichtigen sind, hat er auch **über ausgleichungspflichtige Zuwendungen** des Erblassers, die gemäß §§ 2316 Abs. 1, 2052, 2055 Abs. 1 BGB von Bedeutung sein können, **Auskunft zu erteilen** (BGH BGHZ 33, 373 [374]).

8. Auskunft muss **auch zu Schenkungen auf den Todesfall** sowie zu **Verträgen zugunsten Dritter** gemäß §§ 328 ff. BGB, denen im Valutaverhältnis regelmäßig Schenkungen oder gemischte Schenkungen zugrunde liegen, **erteilt werden.** Das gilt insbesondere für Lebensversicherungsverträge, bei denen der Erblasser eine Bezugsberechtigung bestimmt hat. In einem solchen Fall fällt die Lebensversicherungssumme nicht in den Nachlass. Der Bezugsberechtigte hat einen unmittelbaren Anspruch gegen das Versicherungsunternehmen. Im Verhältnis zum Erblasser kann er jedoch beschenkt sein. **Gesellschaftsvertragliche Vereinbarungen,** die auf eine Fortsetzung der Gesellschaft unter den verbleibenden Gesellschaftern oder mit einem neu eintretenden Gesellschafter unter Ausschluss der Beschränkung der Abfindung der Erben gerichtet sind, müssen ebenfalls mitgeteilt werden, weil sie Pflichtteilsergänzungsansprüche auslösen können.

9. Auskunft ist **über** sog. **gemischte Schenkungen bzw. über Schenkungen unter Auflage** zu leisten (OLG Düsseldorf FamRZ 1999, 1546; *Sarres* ZEV 1998, 4 [5]). Sie können vorliegen, wenn Grundstücke gegen den Vorbehalt oder die Einräumung eines Nießbrauchs-, Altenteils- oder Wohnungsrechts übertragen werden. Zu der Frage, wann bei einer Schenkung unter Nießbrauchsvorbehalt oder unter Vorbehalt eines Wohnungsrechts die Frist des § 2325 Abs. 3 S. 1 BGB zu laufen beginnt, siehe MüKoBGB/*Lange* § 2325 Rn. 62 mwN.

10. Nach allgemeiner Auffassung hat der Auskunftsverpflichtete auch mitzuteilen, in welchem **Güterstand** der Erblasser gelebt hat und ob der überlebende Ehegatte die erbrechtliche oder die güterrechtliche Lösung wählt bzw. ihr unterliegt (Palandt/*Weidlich* BGB § 2314 Rn. 9; Staudinger/*Herzog* BGB § 2314 Rn. 27a). Diese Kenntnisse sind zur Bestimmung der anzuwendenden Erb- bzw. Pflichtteilsquote erforderlich.

11. Die Auskunftspflicht umfasst das gesamte Wissen des Erben. Über sein eigenes Wissen hinaus muss er sich **die zur Auskunftserteilung notwendigen Kenntnisse soweit möglich verschaffen** und dazu gegebenenfalls von seinem Auskunftsrecht gegenüber Kreditinstituten des Erblassers Gebrauch machen (BGH BGHZ 107, 104 [108] = NJW 1989, 1601; MüKoBGB/*Lange* § 2314 Rn. 12). Das Interesse des Erben an der Erlangung der Auskunft geht dem Interesse des Zuwendungsempfängers an der Wahrung des Bankgeheimnisses vor. Der Erbe ist nicht persönlich zur Einholung der Auskunft verpflichtet. Er kann seinen Auskunftsanspruch gegen das Kreditinstitut an den Pflichtteilsberechtigten abtreten (BGH BGHZ 107, 104 [110] = NJW 1989, 1601).

12. Der **Auskunftsberechtigte kann** gemäß § 2314 Abs. 1 S. 2 Hs. 1 BGB **verlangen, bei der Erstellung des Verzeichnisses hinzugezogen zu werden,** unabhängig davon, ob es sich um ein privates oder ein amtliches Verzeichnis handelt (Staudinger/*Herzog* BGB § 2314 Rn. 75). Das Anwesenheitsrecht umfasst auch die Möglichkeit, dass sich der Auskunftsberechtigte von einem Beistand begleiten lässt oder einen Vertreter mit der Wahrnehmung des Termins beauftragt (KG FamRZ 1996, 767; Damrau/Tanck/*Riedel*

BGB § 2314 Rn. 27). Das Recht auf Zuziehung ermöglicht es dem Pflichtteilsberechtigten nicht, eigene Nachforschungen anzustellen oder sonst in irgendeiner Weise auf die Erstellung eines Nachlassverzeichnisses Einfluss zu nehmen. Er soll nur die Qualität der ihm zu erteilenden Auskunft besser beurteilen können. Der Erbe bzw. der aufnehmende Notar hat dem Pflichtteilsberechtigten mehrere Terminvorschläge zu unterbreiten (OLG Brandenburg ZErb 2004, 104; Staudinger/*Herzog* BGB § 2314 Rn. 78).

13. Der Auskunftspflichtige ist im Rahmen von § 2314 Abs. 1 S. 1 BGB nach überwiegender Meinung **grundsätzlich weder zur Erbringung von Nachweisen noch zur Vorlage von Belegen** (zB Bankunterlagen) **verpflichtet** (OLG Bremen MDR 2000, 1324; MüKoBGB/*Lange* § 2314 Rn. 13; Bamberger/Roth/*Müller* BGB § 2314 Rn. 19; aA *Schlitt* ZEV 2007, 515 [517]; mit Einschränkungen auch Staudinger/*Herzog* BGB § 2314 Rn. 33). Eine umfassende Rechnungslegung, die inhaltlich über die Auskunftserteilung hinausginge, muss der Erbe ebenfalls nicht leisten (Staudinger/*Herzog* BGB § 2314 Rn. 31). Ausnahmen bestehen, wenn die Vorlage von Unterlagen zwingend erforderlich ist, damit der Pflichtteilsberechtigte seinen Anspruch berechnen kann, so bei Quittungen, Konto- und Depotauszügen (MüKoBGB/*Lange* § 2314 Rn. 13). Der Auskunftsverpflichtete kann über seine rechtliche Verpflichtung hinaus freiwillig Rechnung legen, wenn er das für sinnvoll und vertretbar hält, bspw. um Misstrauen auf Seiten des Pflichtteilsberechtigten zu begegnen oder eine gerichtliche Auseinandersetzung zu verhindern.

14. Ergänzung eines Bestandsverzeichnisses kann ein Pflichtteilsberechtigter nur verlangen, wenn der Auskunftspflichtige einen bestimmten Vermögensgegenstand ganz weggelassen (Palandt/*Weidlich* BGB § 2314 Rn. 8) oder aufgrund eines Rechtsirrtums eine unbestimmte Anzahl von Gegenständen nicht aufgenommen hat (BGH JZ 1952, 492). Bei vermuteter Unvollständigkeit besteht kein Ergänzungsanspruch. Der Auskunftsanspruch erlischt mit der Erteilung der vollständigen Auskunft. Der Berechtigte kann sich aber in einem späteren Prozess über seinen Pflichtteilsanspruch auf die Unvollständigkeit oder Mangelhaftigkeit des vorgelegten Verzeichnisses berufen. Einem solchen Verzeichnis kommt keine präjudizielle Wirkung zu (*Coing* NJW 1983, 1298).

15. Besteht Grund zu der Annahme, dass das Verzeichnis nicht mit der erforderlichen Sorgfalt erstellt worden ist, hat der Erbe auf Verlangen über das Verzeichnis die **eidesstattliche Versicherung** gemäß § 260 Abs. 2 BGB **abzugeben.** Grund zu einer entsprechenden Annahme besteht, wenn sich aus dem Verhalten des Verpflichteten bei der Auskunft oder aus seinem prozessualen Verhalten ein Bestreben herleiten lässt, die Auskunftserteilung mit allen juristischen Mitteln zu verhindern oder zu verzögern, was auch schon aus seinem vorprozessualen Verhalten erkennbar geworden sein kann (OLG Frankfurt NJW-RR 1993, 1483 [1484]). Unsichere oder unvollständige Angaben lassen den Rückschluss auf mangelnde Sorgfalt zu, insbesondere wenn sie verspätet kommen (OLG Zweibrücken FamRZ 1969, 230 [231]). Der Anspruch gegen den nicht freiwillig zur Abgabe der eidesstattlichen Versicherung iSv § 260 Abs. 2 BGB bereiten Erben ist klageweise vor dem Prozessgericht geltend zu machen. Der zur Abgabe der eidesstattlichen Versicherung bereite Erbe kann die Versicherung auch vor dem Nachlassgericht im Verfahren der freiwilligen Gerichtsbarkeit abgeben. Die Kosten der Abnahme der eidesstattlichen Versicherung trägt gemäß § 261 Abs. 1 BGB der Antragsteller, während sonst gemäß § 2314 Abs. 2 BGB die Kosten eines privaten oder eines amtlichen Verzeichnisses, der Wertermittlung und der amtlichen Aufnahme Nachlassverbindlichkeiten sind. Für diese haftet der Erbe nur dann persönlich, wenn er die Möglichkeit der Haftungsbeschränkung auf den Nachlass verloren hat (OLG München NJW 1969, 436).

16. Kosten und Gebühren. Der Anwalt erhält eine Geschäftsgebühr gem. Nr. 2300 VV RVG (0,5 – 2,5; Schwellengebühr 1,3); der Wert bestimmt sich nach § 23 Abs. 1 S. 1, 3 RVG.

3. Notarielles Bestandsverzeichnis gem. § 260 Abs. 1 BGB

Verzeichnis[1] über den Bestand des Nachlasses

des am . . . . . . in . . . . . . verstorbenen . . . . . ., geboren am . . . . . ., zuletzt wohnhaft . . . . . .

Das Verzeichnis wurde am . . . . . . in der Wohnung des Erblassers durch den Notar . . . . . . in Gegenwart der Alleinerbin,[2] seiner Ehefrau . . . . . ., die sich durch Vorlage eines Erbscheins des Amtsgerichts . . . . . . – Nachlassgerichts – legitimiert hatte und seines pflichtteilsberechtigten Sohnes aus erster Ehe, Herrn . . . . . ., den der Notar von dem Termin unterrichtet hatte und der auf seinen Wunsch anwesend sein wollte,[3] aufgenommen.[4] Die Auftraggeberin wurde nochmals eindringlich über die Verpflichtung zur Abgabe von vollständigen und wahrheitsgemäßen Angaben belehrt.

Aufgrund erster Angaben der Alleinerbin und überlassener Dokumente hat der amtierende Notar Erkundigungen über den Umfang und die Zusammensetzung des Nachlasses eingeholt.

Nach den vom Notar angestellten Ermittlungen setzt sich der Nachlass des Verstorbenen zum Todestag wie folgt zusammen:

A. Aktiva

I. Immobilien (bebaute und unbebaute Grundstücke, Miteigentumsanteile, Eigentumswohnungen etc)
Eine vom Notar beim Grundbuchamt des Amtsgerichts . . . . . . am . . . . . . durchgeführte Anfrage ergab, dass aktuell landesweit (. . . . . .) folgender auf den Erblasser lautender Grundbesitz verzeichnet ist, wovon sich der Notar durch Einsicht in das elektronische Grundbuch des Amtsgerichts . . . . . . persönlich überzeugt hat. Danach war der Erblasser Eigentümer des im Grundbuch von . . . . . ., Blatt . . . . . ., eingetragenen Grundbesitzes (Hausgrundstück . . . . . .nebst Garage), der vermietet ist.[5]

II. Beteiligungen
Wie der Notar durch Einsichtnahme in das elektronische Handelsregister des Amtsgerichts . . . . . . am . . . . . . festgestellt hat, war der Erblasser an der unter der HRA . . . . . . eingetragenen Kommanditgesellschaft . . . . . . mit Sitz in . . . . . . als Kommanditist mit einem Anteil in Höhe von 30.000,00 EUR beteiligt.[6]

III. Sonstiges Vermögen
1. Guthaben bei Geldinstituten[7]
Der Notar hat bei den in . . . . . . ansässigen bzw. mit Filialen vertretenen Geldinstituten schriftlich angefragt, ob der Erblasser dort zum Todeszeitpunkt und auch in einem Zeitraum von 10 Jahren davor Konten, Wertpapierdepots, Schließfächer etc unterhielt. Die entsprechenden Antwortschreiben sind dieser Niederschrift ebenso beigefügt wie ein entsprechendes Schreiben des Finanzamtes . . . . . .
Danach unterhielt der Erblasser folgende Bankkonten:
a) Sparkasse . . . . . ., Sparkonto Nr. . . . . . ., Guthaben am Todestag . . . . . .EUR; Zinsen für das Todesjahr bis zum Todestag . . . . . .EUR;
b) . . . . . .Bank, Girokonto Nr. . . . . . ., Guthaben am Todestag . . . . . .EUR
1. Wertpapiere, Genussscheine und dgl. sind nach den eingeholten Informationen nicht vorhanden.
2. Kapitalforderungen
Die Alleinerbin legt dem beurkundenden Notar einen schriftlichen Darlehensvertrag vor, aus dem sich ergibt, dass der Erblasser gegen . . . . . . eine Darlehensforderung in Höhe von . . . . . . EUR hat, die bisher noch nicht fällig ist.

3. Ansprüche aus Lebens-, Kapital- und oder Rentenversicherungen, die infolge des Fehlens eines Bezugsberechtigten in den Nachlass fallen könnten, sind nicht vorhanden.
4. Die Erbin legte dem beurkundenden Notar einen Bescheid der ...... Lebensversicherung AG vom ...... vor, wonach ein Sterbegeld in Höhe von ...... EUR gezahlt worden ist.
5. Nach Angabe der Erbin hinterließ der Erblasser Bargeld in Höhe von ...... EUR.
6. Schmuck, Edelsteine, Perlen, Edelmetalle, Kunstgegenstände und Sammlungen hat der Erblasser nicht hinterlassen mit Ausnahme einer ca. 20 Jahre alten goldenen Taschenuhr, die ihm sein Sohn geschenkt hatte.
7. Hausrat
   Das von dem Erblasser gemeinsam mit der Alleinerbin, die vor 10 Jahren zu ihm gezogen war, zuletzt bewohnte Anwesen ...... hat der beurkundende Notar am ...... persönlich aufgesucht und sämtliche Räume begangen. Die vor Ort anwesende Ehefrau ...... öffnete bereitwillig alle Schranktüren und Schubladen, so dass der Notar uneingeschränkt die vorhandenen Sachen in Augenschein nehmen konnte. Ein separater Bericht zur vorgefundenen Ausstattung und eine genaue Auflistung des Hausrates sind dieser Niederschrift als Anlagen 1 und 2 beigefügt. Die Einrichtungsgegenstände machten einen gepflegten Eindruck, wurden jedoch ausweislich vorgelegter Rechnungen alle schon vor dem Jahr 2000 angeschafft mit Ausnahme eines Couchtisches, einer Polstergarnitur und eines Sessels, die im Jahre 2003 zu einem Kaufpreis von insgesamt ...... angeschafft worden waren. Das TV-Gerät wurde im Jahre 2010 zu einem Kaufpreis von ...... EUR erworben. Hierüber sind dem beurkundenden Notar Originalbelege vorgelegt worden, die den Erblasser als Käufer aufwiesen.
8. Kraftfahrzeuge
   Der Erblasser hat keine Kraftfahrzeuge hinterlassen. Die Alleinerbin führte dazu aus, dass ihr Ehemann zuletzt keine Kraftfahrzeuge mehr besessen hätte. Er sei körperlich und geistig nicht mehr in der Lage gewesen, Kraftfahrzeuge zu führen. Der beurkundende Notar verzichtete auf eine Anfrage bei der zuständigen Zulassungsstelle, ob zum Todeszeitpunkt auf den 89-jährig verstorbenen Erblasser Kraftfahrzeuge zugelassen waren. Der Pflichtteilsberechtigte stimmte dem ausdrücklich zu.
9. Kleidungsstücke und Wäsche
   Nach Angabe der Alleinerbin hinterließ der Erblasser Leibwäsche im üblichen Umfang ohne besonderen Wert. Die gesamte Kleidung ist – in Abstimmung mit dem pflichtteilsberechtigten Sohn – entsorgt worden.
10. Schriften, Noten, Instrumente, Waffen, Tiere sowie sonstige Sachen von Wert waren nach Auskunft der Erbin nicht vorhanden.

B. Passiva

1. Beerdigungskosten ......
   Nach Angabe der Alleinerbin und in Kopie vorgelegter, vom Notar geprüfter Unterlagen ergaben sich folgende Beerdigungskosten ...... (es folgt eine genaue Aufstellung mit Angabe der Beträge)
2. Zum Todeszeitpunkt bestehende Verbindlichkeiten laut Angabe der Beteiligten und in Kopie vorgelegter und vom Notar geprüfter Unterlagen:
   a) Rechnung vom ...... der ...... gGmbH über Pflegeleistungen im Abrechnungszeitraum ......
   b) Rechnung vom ...... der Klinikum Region ...... GmbH über die Zuzahlung für einen Krankenhausaufenthalt im Zeitraum vom ...... in Höhe von ...... EUR

3. Notarkosten für die Erstellung des Nachlassbestandsverzeichnisses in Höhe von ...... EUR
4. Einkommensteuernachzahlung für 2017 in Höhe von ...... EUR laut geprüftem Bescheid des Finanzamtes ...... vom ......

C. Schenkungen und sonstige Zuwendungen des Erblassers im Zeitraum von 10 Jahren vor seinem Ableben an Dritte

Der beurkundende Notar belehrte die Alleinerbin in diesem Zusammenhang zunächst darüber, dass eine Schenkung erst dann als vollzogen gilt, wenn der Schenker die wirtschaftliche Verfügungsmacht über den geschenkten Gegenstand verliert, so dass uU – etwa bei einem Nießbrauchvorbehalt – der rechtlich relevante Zeitpunkt der Schenkung vom Datum des Rechtsgeschäfts abweichen kann.

Darüber befragt, ob der Erblasser vor seinem Tod Schenkungen oder sonstige unentgeltliche Zuwendungen gegenüber dritten Personen gemacht habe, erklärte die Alleinerbin nach entsprechender Belehrung, dass dieses ihres Wissens nach nicht der Fall gewesen sei. Der Erblasser habe lediglich zu besonderen Anlässen wie Geburtstagen oder Weihnachten die eine oder andere übliche Anstandsschenkung an seine nahen Angehörigen vorgenommen. Der pflichtteilsberechtigte Sohn bestätigte dies, hat aber Verdachtsmomente vorgetragen, die auf mögliche Geldschenkungen an die Tochter der Alleinerbin aus erster Ehe hindeuten könnten. Der beurkundende Notar hat daraufhin die Alleinerbin aufgefordert, für einen Zeitraum von 10 Jahren vor dem Todesfall die Kontoauszüge des bei der Bank ...... für den Erblasser geführten Girokontos mit der Nr. ...... und die des Kontos bei der Sparkasse ...... vorzulegen. Eine von dem Notar erstellte detaillierte Übersicht über die zugrunde liegenden Kontobewegungen ist dieser Niederschrift als Anlage 3 beigefügt.[8]

D. Schenkungen und sonstige Zuwendungen des Erblassers an seine Ehefrau[9]

1. Der amtierende Notar hat durch Einsicht in das elektronische Grundbuch des Amtsgerichts ...... am ...... festgestellt, dass das von den Eheleuten ...... bewohnte Anwesen ......, verzeichnet im Grundbuch von ......, ursprünglich im Alleineigentum des Erblassers stand. Durch notariell beurkundeten Vertrag vom ...... des Notars ......, der auch Vereinbarungen der Eheleute ...... zu ihrem ehelichen Güterstand, Zugewinngemeinschaft, enthält, bestellte der Erblasser zugunsten seiner Ehefrau ...... an dem Grundvermögen den lebenslänglichen Nießbrauch. Dieses Recht wurde am ...... in das Grundbuch eingetragen. Durch notariell beurkundeten Vertrag vom ...... des Notars ...... übertrug der Erblasser sodann das Eigentum an dem Grundstück ...... auf seine Ehefrau. Die Eintragung der Eigentumsänderung sowie die Löschung des eingetragenen Nießbrauchrechts aufgrund der Bewilligung der Alleinerbin erfolgte am ...... In den Vertrag wurde als Rechtsgrund der Übertragung aufgenommen, dass die Überlassung im Hinblick auf die eheliche Lebens- und Wirtschaftsgemeinschaft und als angemessene Beteiligung an den Früchten des langjährigen ehelichen Zusammenwirkens erfolge. Sie sei auch als Ausgleich für Zuwendungen im Rahmen einer nach den konkreten Verhältnissen angemessenen Altersversorgung sowie zur nachträglichen Vergütung langjähriger unentgeltlicher Dienste erfolgt, auch aus Dankbarkeit für überobligatorische zeitliche und persönliche Zuwendungen durch die Übernehmerin aufgrund der Altersdifferenz zwischen den Eheleuten und der langjährig angegriffenen Gesundheit des Übergebers. Die Übertragung sei weiter als Ausgleich für Zuwendungen mit Unterhalts- bzw. Vorsorgecharakter erfolgt und als Ausgleich für die geleistete unentgeltliche Mitarbeit der Übernehmerin.

2. Auf entsprechende weitere Befragung durch den beurkundenden Notar erklärte Frau ......, dass der Erblasser noch folgende Zuwendungen vorgenommen habe, die ggf. als Schenkungen zu ihren Gunsten eingestuft werden könnten:

Im Jahre 2010 eine Einmalzahlung in Höhe von ...... EUR an die ...... Lebensversicherung zur Begründung einer Rente zum Zwecke der Altersversorgung.

In den Jahren 2011 und 2012 die Übernahme von Eigenanteilen für Zahnimplantate in Höhe von ...... EUR.

Darüber befragt, ob weitere Lebens- oder sonstige Versicherungen zu ihren Gunsten bestehen oder bestanden haben, die aufgrund der vom Erblasser gezahlten Prämien für eine Berechnung von Pflichtteilsergänzungsansprüchen von Bedeutung sein könnten, erklärte die Alleinerbin, dass derartige Versicherungsverträge nicht bestanden hätten.

Der Notar hat auch die beim Amtsgericht ...... geführte Nachlassakte (Geschäfts-Nr. .....) eingesehen. Hinweise auf weitere Nachlassgegenstände oder zur Werthaltigkeit derselben ergaben sich hierbei nicht.[10]

Die vorstehende Aufstellung ist das Ergebnis meiner vorbehaltlosen Ermittlungen zur Nachlassfeststellung.

Unterschrift des Notars[11, 12]

Anmerkungen

1. Da das Gesetz in § 2314 Abs. 1 S. 1 BGB keine bestimmte Form für das Nachlassverzeichnis vorschreibt, bestimmt sich die Form der Auskunft grundsätzlich nach § 260 BGB, weil der Nachlass ein Inbegriff von Sachen ist. Der Pflichtteilsberechtigte kann neben der Vorlage eines privaten Bestandsverzeichnisses gemäß § 2314 Abs. 1 S. 3 BGB auch die Vorlage eines notariellen Nachlassverzeichnisses verlangen. Zwischen einem **privatschriftlichen** und einem **amtlichen Verzeichnis** besteht grds. **kein Alternativverhältnis,** so dass der Pflichtteilsberechtigte zunächst die Erstellung eines privatschriftlichen und danach noch die Erstellung eines amtlichen Verzeichnisses verlangen kann. Umgekehrt gilt das nicht, weil sich das Begehren des Pflichtteilsberechtigten regelmäßig als rechtsmissbräuchlich darstellt. Die Auskunft durch die andere Verzeichnisart lässt unter keinem Gesichtspunkt neue Erkenntnisse erwarten, wenn der Pflichtteilsberechtigte erst ein amtliches und dann noch ein privatschriftliches Verzeichnis verlangt (BGH BGHZ 33, 373 [375]; *Kuhn/Trappe* ZEV 2011, 347). Das notarielle Verzeichnis schließt bei ordnungsgemäßer Erstellung zumindest das Wissen des Erben mit ein, der es in Auftrag gegeben hat und enthält regelmäßig ein Mehr an Informationen gegenüber dem privatschriftlichen Verzeichnis. Besondere gesetzliche Vorgaben für das bei der Nachlassermittlung zu beachtende Verfahren sind weder in § 2314 Abs. 1 BGB noch in § 20 Abs. 1 BNotO oder den Vorschriften des BeurkG enthalten (*Zimmer* NotBZ 2005, 208; *Braun* MittBayNot 2008, 351 [352]).

2. Der die Auskunft begehrende **Pflichtteilsberechtigte** ist nicht berechtigt, bei einem Notar die Aufnahme eines Verzeichnisses zu verlangen (OLG Stuttgart BWNotZ 1963, 265; *Weidlich* ZEV 2017, 241 [242]). Er **kann nur von dem Erben die Erstellung eines Verzeichnisses fordern.** Der Notar muss – wie bei anderen Urkundstätigkeiten – nicht von sich aus tätig werden. Erforderlich ist immer ein Antrag des Erben, der den Notar selbst auswählt und ihn beauftragt (*Weidlich* ZEV 2017, 241 [242]). Das Verzeichnis dient dem alleinigen Zweck, die Verpflichtung des Erben, die dieser in Abhängigkeit von der Mitwirkung des Notars vorzunehmen hat, zu erfüllen (*Weidlich* ZEV 2017, 241). Der Pflichtteilsberechtigte kann dem Notar keine Weisungen erteilen. Seine Funktion beschränkt sich auf die eines

reinen Beobachters (*Bracker* Notar 2016, 435 [436]). In einem ersten Besprechungstermin sollte der Notar dem auskunftsverpflichteten Erben die grundsätzlichen Anforderungen an den Inhalt des Nachlassverzeichnisses darlegen, Fragen nach konkreten Vermögenspositionen stellen und um Überlassung relevanter Unterlagen bitten. Ggf. kann der Verpflichtete selbst zunächst eine erste Aufstellung über den Nachlass erstellen und dem Notar aushändigen, die diesem als Grundlage für den Rohentwurf des amtlichen Nachlassverzeichnisses dient, in dem die Vermögensgegenstände thematisch gegliedert aufgeführt sein sollten (*Braun* MittBayNot 2008, 351 [352 f.]). Die Aufnahme des notariellen Nachlassverzeichnisses setzt regelmäßig voraus, dass der Anspruchsverpflichtete persönlich anwesend ist, um für Belehrungen, Nachfragen und Erläuterungen zur Verfügung zu stehen (Schlitt/Müller/*Blum* § 2 Rn. 51). Der Notar kann die Aufnahme des Verzeichnisses in seinen Amtsräumen vornehmen. Der Pflichtteilsberechtigte hat keinen Anspruch darauf, dass das Nachlassverzeichnis gerade in der Wohnung des Erben oder am letzten Wohnsitz des Erblassers aufgenommen wird (Staudinger/*Herzog* BGB § 2314 Rn. 73). Der Notar ist allerdings regelmäßig verpflichtet, unmittelbar vor Ort einzelne Nachlassgegenstände in Augenschein zu nehmen, um diese in dem Verzeichnis richtig wiedergeben zu können. Ob es erforderlich ist, dass sich der Notar zum letzten Wohnsitz des Erblassers bzw. dorthin begibt, wo sich dessen Nachlass im Wesentlichen befindet, ist immer eine Frage der Besonderheiten des Einzelfalls. Es kann zielführend sein, zugleich einen Ortstermin am letzten Wohnsitz des Erblassers vorzunehmen, wenn dieser erst kurz zuvor verstorben ist, während in anderen Fällen ein Ortstermin vorn vornherein entbehrlich sein kann (OLG München ZEV 2016, 331 [332]; OLG Schleswig ZEV 2011, 376; *Braun* MittBayNot 2008, 351 [353]).

3. Der **Pflichtteilsberechtigte kann** sowohl bei einem privaten Verzeichnis als auch bei einem notariellen Nachlassverzeichnis gemäß § 2314 Abs. 1 S. 2 Alt. 1 BGB **seine Zuziehung verlangen.** Der Anspruch auf Zuziehung umfasst auch das Recht, dass ein Beistand oder Vertreter anwesend ist, nicht jedoch das Recht, die Richtigkeit der Angaben vor Ort in Frage zu stellen oder zu hinterfragen (*Tegelkamp/Krüger* ZErb 2011, 33 [36]; *Kuhn/Trappe* ZEV 2011, 347). Der Notar hat den Pflichtteilsberechtigten über seine Beauftragung durch den Erben zu informieren. Verlangt der Pflichtteilsberechtigte daraufhin rechtzeitig seine Zuziehung und wurde das Verzeichnis ohne seine Zuziehung errichtet, so ist ein neues Verzeichnis unter seiner Hinzuziehung anzufertigen (*Kuhn/Trappe* ZEV 2011, 347).

4. Der Notar ist gem. § 20 Abs. 1 S. 2 BNotO für die Aufnahme von Vermögensverzeichnissen zuständig. Darunter ist mehr zu verstehen als eine bloße Bezeugung, dass dem Notar ein Vermögensverzeichnis vorgelegt wurde. Der **Notar muss** gem. § 37 Abs. 1 S. 1 Ziff. 2 BeurkG das **Verzeichnis aufgrund eigener Wahrnehmungen anfertigen.** Es handelt sich um ein von ihm selbst zu fertigendes Vermögensverzeichnis und nicht um die bloße Beurkundung einer Wissenserklärung des Erben. Deshalb hat der Notar die vorhandenen Vermögensgegenstände sorgfältig festzustellen und – soweit möglich – in Augenschein zu nehmen (*Kuhn/Trappe* ZEV 2011, 347 [350]; aA *Zimmer* ZEV 2008, 365 [369], der zu Unrecht eine Besichtigungspflicht des Notars verneint, obwohl sie sich unmittelbar aus § 37 Abs. 1 S. 1 Ziff. 2 BeurkG ergibt). Über den Inhalt des Inventars entscheidet ausschließlich der Notar und nicht der Erbe. Folglich hat auch nur der Notar das Verzeichnis zu unterschreiben (*Kuhn/Trappe* ZEV 2011, 347 [350]; *Roth* ZErb 2007, 402). Der Notar muss eigene Ermittlungen anstellen und hat dazu auch die Angaben des Verpflichteten auf ihre sachliche Richtigkeit zu überprüfen. Damit stellt sich die Frage, welche konkreten Ermittlungsmaßnahmen der Notar vorzunehmen hat. Es obliegt immer seinem pflichtgemäßen Ermessen, welche Ermittlungen er im Einzelnen vornimmt, wobei sich pauschale Betrachtungen verbieten. Im Rahmen seiner Ermittlungspflichten sollte der Notar auch den Anspruchsberechtigten anhören, um festzustellen, ob dieser selbst hinreichend konkrete Ermittlungsansätze liefern kann (*Braun* MittBayNot 2008, 351 [353]; *Kuhn/Trappe* ZEV

2011, 347 [351]). Wird ein Notar auf bestimmte Konten des Erblassers hingewiesen, muss er diesem Hinweis nachgehen. Je konkreter die Hinweise des Pflichtteilsberechtigten, desto intensiver werden die sich anschließenden Ermittlungsbemühungen des Notars sein müssen. Er hat regelmäßig den auskunftsverpflichteten Erben selbst zu befragen, der ihn im Rahmen seiner Mitwirkungspflichten vollständig und wahrheitsgemäß über den Nachlassbestand, Schenkungen und Zuwendungen des Erblassers informieren muss. Reicht das eigene Wissen des Erben nicht aus, muss er sich die notwendigen Kenntnisse verschaffen, um die Auskunft erteilen zu können. Das persönliche Wissen des Erben muss der Notar immer als Erkenntnisquelle seiner Ermittlungen ausschöpfen.

Das **Bundesverfassungsgericht** hat zu Recht darauf hingewiesen, dass ein notarielles Verzeichnis eine größere Gewähr für die Vollständigkeit und Richtigkeit der Auskunft bietet als das private Verzeichnis eines auskunftsverpflichteten Erben. Deshalb sei der Notar regelmäßig zur selbstständigen Ermittlung aufzunehmender Gegenstände und Forderungen berechtigt und verpflichtet und müsse durch die Bestätigung des Bestandsverzeichnisses als von ihm aufgenommen zum Ausdruck bringen, für den Inhalt verantwortlich zu sein (BVerfG NJW 2016, 2943). **Als eigene Ermittlungstätigkeiten des Notars kommen in Betracht** die Ermittlung von Grundbesitz, die Einsichtnahme in Kontoauszüge, Sparbücher und vergleichbare Bankunterlagen für einen 10-Jahres-Zeitraum, die Einholung einer Vollmacht des Auskunftsverpflichteten oder die Anfrage bei Geldinstituten, die in der Nähe des letzten Wohnortes des Erblassers eine Zweigstelle unterhalten, ob im 10-Jahres-Zeitraum eine Kundenverbindung zum Erblasser bestanden hat (OLG Koblenz DNotZ 2014, 780 [782]). Soweit das Oberlandesgericht Koblenz eine Veranlassung der Einholung von Bewertungsgutachten durch den Auskunftsverpflichteten und die Überprüfung eingeholter Wertgutachten auf Plausibilität als mögliche eigene Ermittlungstätigkeiten eines Notars anführt, ist dem zu widersprechen, weil nicht hinreichend zwischen dem Auskunfts- und dem Wertermittlungsanspruch aus § 2314 Abs. 1 S. 2 BGB unterschieden wird (*Weidlich* ZEV 2017, 241 [245]). Der Notar ist auch nicht verpflichtet, Nachforschungen über den früheren Vermögensverbleib eines Betreuten anzustellen, wenn geprüfte Abrechnungen der Betreuungstätigkeit aus der Betreuungsakte ersichtlich sind (OLG Hamburg ErbR 2018, 42 [94 f.]).

5. War der Erblasser Eigentümer von Immobilien, so hat der Notar die erforderlichen Registerauskünfte einzuholen. Dazu kann er gem. § 12 GBO **Auszüge aus dem Grundbuch einholen** oder **in das elektronische Grundbuch Einsicht nehmen.** Eine Einsichtnahme in Grundakten ist nicht nur zur Nachlassermittlung angezeigt, sondern auch wenn es um die Frage geht, ob Ausgleichs- bzw. Pflichtteilsergänzungsansprüche bestehen (*Kuhn/Trappe* ZEV 2011, 347 [351]).

6. Im Rahmen seiner Belehrungstätigkeit kommt auch eine **Abfrage des Handels- und Unternehmensregisters,** §§ 8, 8b, 9 HGB, in Betracht.

7. Im Rahmen seiner Ermittlungspflicht muss der Notar **Auskünfte bei Banken, Versicherungen** etc **einholen,** mit denen der Erblasser zum Zeitpunkt des Erbfalls in Geschäftsbeziehungen stand. In Betracht kommt eine Anfrage beim Bundesverband Deutscher Banken, der in Abstimmung mit den ihm angeschlossenen Landesverbänden in Nachlassfällen ein Suchverfahren nach unbekannten Konten, Wertpapierdepots und Schließfächern durchführt. Voraussetzung ist, dass objektive Anhaltspunkte dafür vorliegen, dass Vermögenswerte des Erblassers bei den Mitgliedsbanken vorhanden sein könnten (*Kuhn/Trappe* ZEV 2011, 347 [351]). Entsprechende Anfragen können auch an den Bundesverband öffentlicher Banken Deutschland, an den Deutschen Sparkassen- und Giroverband eV sowie an den Bundesverband der Deutschen Volksbanken und Raiffeisenbanken eV gerichtet werden, die ihrerseits die regionalen Verbände einschalten. Anfragen an die Postbank können an die Deutsche Postbank AG in Bonn gerichtet werden.

8. Der Notar kann im Rahmen seiner Ermittlungspflicht zur **Einsichtnahme in die vollständigen Kontoauszüge, Sparbücher** und **vergleichbare Bankunterlagen für einen 10-Jahres-Zeitraum** gehalten sein. Fraglich ist, ob die Durchsicht der Kontoauszüge der letzten 10 Jahre unabdingbare Voraussetzung für die Erstellung eines korrekten Verzeichnisses ist (unklar OLG Koblenz DNotZ 2014, 780 [781] m. krit. Anm. *Hager* DNotZ 2014, 783 ff.). Eine grundsätzliche Pflicht des Notars, alle Kontoauszüge der letzten Jahre vor dem Erbfall zu beschaffen und die Geldbewegungen insgesamt zu überprüfen, ist zu verneinen (OLG Hamburg ErbR 2018, 92 [96]). Nur beim Vorliegen von Verdachtsmomenten auf mögliche Schenkungen kann eine entsprechende Pflicht bestehen. Ohne konkrete Anhaltspunkte ins Blaue hinein muss ein Notar nicht ermitteln (OLG Hamburg ErbR 2018, 92 [95]: keine Verdachtsausforschung), sondern kann sich auf naheliegende Nachforschungen beschränken, die ein objektiver Dritter in der Lage des Gläubigers für erforderlich halten würde (*Weidlich* ZEV 2017, 241 [245]; nach *Zimmer* ErbR 2014, 388 [389] sollen die Grenzen unzulässiger Ausforschung überschritten sein, wenn man eine Konteneinsicht als verbindliche Standardmaßnahme ansähe). Gegen eine grundsätzliche Pflicht, die Kontoauszüge der letzten 10 Jahre vor dem Erbfall zu beschaffen und alle Geldbewegungen zu überprüfen, spricht auch, dass der Bundesgerichtshof zum Auskunftsanspruch des Nacherben über unentgeltliche Verfügungen des Vorerben hervorhebt, dass ein Auskunftsverlangen über mögliche unentgeltliche Verfügungen durch „gewisse Anhaltspunkte" gerechtfertigt sein müsse und nicht auf eine reine Ausforschung hinauslaufen dürfe (BGH NJW 1972, 907 [908]; krit. auch OLG Hamburg BeckRS 2016, 10391; OLG Zweibrücken BeckRS 2015, 13119 = NJW-Spezial 2015, 583; OLG Bamberg 580 [581]).

9. Der **Fristbeginn für Schenkungen und ehebedingte Zuwendungen** richtet sich nach § 2325 Abs. 3 S. 3 BGB. Die Frist **beginnt nicht vor Auflösung der Ehe.** Wird die Ehe durch Tod beendet, werden alle Schenkungen und ehebedingten Zuwendungen des Erblassers an den überlebenden Ehegatten in die Pflichtteilsergänzung einbezogen, selbst wenn sie Jahrzehnte zurückliegen. Die Regelung basiert auf der Erwägung, dass bei Schenkungen und ehebedingten Zuwendungen der geschenkte Gegenstand während der Dauer der Ehe im Allgemeinen eher gemeinschaftliches Vermögen der Ehegatten bleibt (MüKoBGB/*Lange* § 2325 Rn. 69, der die Bestimmung rechtspolitisch für überholt und verfassungsrechtlich für bedenklich hält).

Ob die vorliegend von dem beurkundenden Notar lediglich mitgeteilten Umstände im Zusammenhang mit der Übertragung des Eigentums am Grundstück auf die zweite Ehefrau der Geltendmachung von Pflichtteilsergänzungsansprüchen des Sohnes entgegenstehen, dürfte zweifelhaft sein. Die rechtliche Bewertung ist aber nicht Sache des das Verzeichnis aufnehmenden Notars.

10. Soweit der Notar den von dem Pflichtteilsberechtigten benannten Ansätzen im Rahmen seiner Ermittlungstätigkeiten nachgeht, einen gewissen Mindestkanon von anlassunabhängigen Ermittlungstätigkeiten vornimmt und diese in seinem Nachlassverzeichnis im Detail festhält, wird ein von ihm errichtetes Nachlassverzeichnis den von den Obergerichten aufgestellten Vorgaben im Regelfall entsprechen. Als anlassunabhängige Ermittlungstätigkeit kommt auch eine **Einsichtnahme in die Nachlassakte** hinsichtlich der dort gemachten Angaben in Betracht (*Hager* in seiner krit. Anm. zu OLG Koblenz DNotZ 2014, 780 [783 ff.], *Kuhn/Trappe* ZEV 2011, 347 [351]).

11. Steuern. Die Kosten des Nachlassverzeichnisses sowie etwaige Kosten für die Bewertung einzelner Nachlassgegenstände (Verkehrswertgutachten) sind als sonstige Nachlassverbindlichkeiten iSv § 10 Abs. 5 Nr. 3 ErbStG abzugsfähig. Dies gilt aufgrund der eher großzügigen Verwaltungshaltung (Meincke/*Hannes/Holtz* ErbStG § 10 Rn. 57) auch für Rechtsberatungskosten in diesem Zusammenhang. Es gilt der Pauschbetrag gem. § 10 Abs. 5, Nr. 3 S. 2 ErbStG, der Nachweis höherer Kosten ist zulässig.

12. Kosten und Gebühren. Die Kosten, die mit der Auskunftserteilung entstehen, sind Nachlassverbindlichkeiten iSv § 1967 Abs. 1 BGB. Das gilt sowohl für die Kosten der Erstellung des Bestandsverzeichnisses als auch für die Zuziehung des Auskunftsberechtigten und/oder seines Beistandes (*Joachim/Lange* Pflichtteilsrecht Rn. 456). Für die eidesstattliche Versicherung enthält § 261 Abs. 3 BGB eine spezielle Regelung, wonach deren Kosten der Auskunftsberechtigte zu tragen hat. Es geht ausschließlich um die mit der Abgabe der eidesstattlichen Versicherung als solcher verbundenen Kosten, während die Kosten, die im Zusammenhang mit der prozessualen Durchsetzung des Anspruchs stehen, dem zur Abgabe verurteilten Beklagten zur Last fallen (Staudinger/*Herzog* BGB § 2314 Rn. 151).

Die Notarkosten für das Bestandsverzeichnis bestimmen sich nach dem Wert der verzeichneten Gegenstände (§ 115 S. 1 GNotKG) ohne Abzug von Verbindlichkeiten. Abzurechnen ist eine 2,0-Gebühr nach Nr. 23500 KV GNotKG.

4. Auskunftsverlangen des pflichtteilsberechtigten Nichterben gegenüber einem Beschenkten gem. § 2314 Abs. 1 S. 1 BGB analog

Einschreiben/Rückschein

Sehr geehrte Frau . . . . . .,[1]

ich darf Ihnen anzeigen, dass mich Herr . . . . . . in der Nachlasssache des am . . . . . . verstorbenen Herrn . . . . . . mit der Wahrnehmung seiner Interessen beauftragt hat. Eine auf mich lautende Originalvollmacht füge ich diesem Schreiben bei.

Mein Mandant ist der Sohn des Erblassers, der bis zu seinem Tod mit Ihnen in einer eheähnlichen Lebensgemeinschaft zusammengelebt hat. Kontakt zum Vater bestand in den letzten Jahren kaum noch. Er hat deshalb erst jetzt zufällig erfahren, dass sein Vater vor einigen Jahren eine Eigentumswohnung erworben hatte, die er Ihnen kurz vor seinem Tod am . . . . . . durch Vertrag des Notars . . . . . . (UR-Nr. . . . . . .) vom . . . . . . unentgeltlich übertragen hat.

Wie sich aus dem in Kopie beigefügten Erbschein des Amtsgerichts – Nachlassgerichts – in . . . . . . ergibt, ist der Erblasser von seiner Tochter, der Schwester meines Mandanten, Frau . . . . . ., allein beerbt worden. Zwischenzeitlich hat die Alleinerbin zum Umfang des Nachlasses umfassende Auskünfte erteilt, hatte aber von der Übertragung der Eigentumswohnung zunächst auch keine Kenntnis.[2] Nach Begleichung der Beerdigungskosten bestand der Nachlass, wie Ihnen bekannt ist, nur noch aus einigen wertlosen Möbeln und der Leibwäsche des Erblassers. Die Alleinerbin hat alles mit Ihrer und der Zustimmung unseres Mandanten gespendet und sich danach auf die Einrede des unzulänglichen Nachlasses berufen. Meinem Mandanten steht nunmehr gegen Sie wegen der unentgeltlichen Übertragung der Eigentumswohnung ein Pflichtteilsergänzungsanspruch gemäß § 2329 Abs. 1 S. 1 BGB zu. Um die Höhe des Anspruchs ermitteln zu können, darf ich Sie bitten, den Wert durch die Vorlage eines Gutachtens eines vereidigten und öffentlich bestellten Sachverständigen, dessen Kosten mein Mandant tragen wird, zu ermitteln.[3] In dem Gutachten hat der Sachverständige auch Angaben zum Wert am Tag der Schenkung und am Todestag des Erblassers zu machen und insbesondere anzugeben, welcher der beiden Werte der geringere war. Derjenige zum Zeitpunkt der Schenkung wird inflationsbedingt zu bereinigen sein.[4]

Als Pflichtteilsberechtigtem steht meinem Mandanten gegen Sie ein weitergehender Auskunftsanspruch zu, ob Ihnen der Erblasser weitere unentgeltliche Zuwendungen gemacht hat. Ich darf Sie deshalb bitten, unserem Mandanten zu meinen Händen bis zum

. . . . . .

durch Vorlage eines entsprechenden Verzeichnisses Auskunft darüber zu erteilen, welche Schenkungen und sonstigen Zuwendungen Sie von dem Erblasser in den letzten 10 Jahren vor seinem Tode erhalten haben und in welchem Jahr die Schenkungen erfolgt sind.[5]

. . . . . .

(Rechtsanwalt)

Anmerkungen

1. Ein Pflichtteilsberechtigter kann von dem vom Erblasser **Beschenkten unter den Voraussetzungen des § 2329 Abs. 1 S. 1 BGB** im Wege der **Pflichtteilsergänzung** die Herausgabe des Geschenks zum Zwecke der Befriedigung wegen des fehlenden Betrages nach den Vorschriften über die Herausgabe einer ungerechtfertigten Bereicherung **verlangen.** Der **Anspruch ist subsidiär,** so dass nicht der Erbe zur Ergänzung des Pflichtteils verpflichtet sein darf. Der Beschenkte haftet erst, wenn und soweit eine Ergänzungsverpflichtung des Erben nicht besteht. Dieser haftet etwa dann nicht, wenn kein werthaltiger Nachlass vorhanden oder ein vorhandener Nachlass überschuldet ist (BGH NJW 1981, 1446 [1447]). Der Erbe kann seine Haftung nach den Vorschriften der §§ 1975, 1990, 1991 Abs. 5, 2060 BGB, § 327 InsO wirksam beschränkt haben (BGH NJW 1961, 870; *Joachim/Lange* Pflichtteilsrecht Rn. 360). Im vorliegenden Fall hat sich die Schwester als Alleinerbin darauf berufen, dass keinerlei werthaltiger Nachlass vorhanden ist. Damit ist der Weg zu einer Geltendmachung des Pflichtteilsergänzungsanspruchs gegen die Lebensgefährtin als Beschenkte eröffnet. Der Anspruch aus § 2329 BGB gegen den Beschenkten unterscheidet sich nach Art und Umfang der Haftung von dem gegen den Erben gerichteten Pflichtteilsergänzungsanspruch aus § 2325 BGB. Voraussetzung für beide Ansprüche ist jedoch, dass dem Grunde nach überhaupt ein Pflichtteilsergänzungsanspruch bestehen kann.

Der eigentlich zur Auskunft verpflichtete Erbe kann oftmals aus eigenem Wissen über Schenkungen des Erblassers an Dritte keine Angaben machen, die aber für einen pflichtteilsberechtigten Nichterben regelmäßig die Grundlage eines Pflichtteilsergänzungsanspruchs sind. In einem solchen Fall besteht gemäß § 2314 Abs. 1 S. 1 BGB analog ein **unmittelbarer Auskunftsanspruch gegen den Beschenkten** (BGH BGHZ 107, 200 [203] = NJW 1989, 2887 [2888]; MüKoBGB/*Lange* § 2314 Rn. 44; Palandt/*Weidlich* BGB § 2314 Rn. 5), unabhängig davon, ob tatsächlich eine Ergänzungspflichtigkeit gegeben ist (Soergel/*Dieckmann* BGB § 2314 Rn. 27).

2. Der pflichtteilsberechtigte Nichterbe hatte seinen Auskunftsanspruch aus § 2314 Abs. 1 S. 1 BGB zunächst gegen die auskunftsverpflichtete Alleinerbin gerichtet, die jedoch von Schenkungen des Erblassers an dessen Lebensgefährtin mit Ausnahme der Übertragung der Eigentumswohnung keine Kenntnis hatte. Deshalb richtet sich der Anspruch in erweiternder Auslegung des § 2314 Abs. 1 S. 1 BGB unmittelbar gegen die Lebensgefährtin als Beschenkte.

3. Der pflichtteilsberechtigte Nichterbe hat **gegenüber dem Beschenkten grundsätzlich keinen Wertermittlungsanspruch** wegen des von dem Erblasser erhaltenen Geschenks (BGH BGHZ 107, 200 = NJW 1989, 2887; MüKoBGB/*Lange* § 2314 Rn. 44). Zu bejahen ist eine Pflicht zur Wertermittlung, die auf § 242 BGB gestützt werden kann,

wenn der Auskunftsberechtigte die Kosten der Wertermittlung freiwillig selbst trägt (Staudinger/*Herzog* BGB § 2314 Rn. 139; Lange/*Kuchinke* § 37 XII 3e). Der Pflichtteilsberechtigte kann zwar nicht verlangen, dass ein Gutachten gerade durch einen öffentlich bestellten und vereidigten Sachverständigen erstellt wird. Der Beschenkte sollte die Beauftragung eines solchen Sachverständigen aber erwägen, damit später kein Streit über die Qualität des Sachverständigen und den Wert seines Gutachtens aufkommt.

4. Für nicht verbrauchbare Sachen, insbesondere **für Grundstücke, gilt** nach § 2325 Abs. 2 S. 2 BGB **das sog. Niederstwertprinzip.** Diese Gegenstände kommen grundsätzlich mit dem Wert in Ansatz, den sie zur Zeit des Erbfalls hatten. War aber der Wert zum Zeitpunkt der Schenkung geringer, so ist dieser maßgeblich. Das Niederstwertprinzip darf nicht dazu führen, dass der Ergänzungsberechtigte über das Risiko einer echten Wertminderung des verschenkten Gegenstandes hinaus zusätzlich den inflationsbedingten Wertverlust tragen muss. Deshalb ist der für die Schenkung ermittelte Nominalwert eines Grundstücks anhand des Verbraucherpreisindex, der regelmäßig im statistischen Jahrbuch der Bundesrepublik Deutschland veröffentlicht wird, auf den Zeitpunkt des Erbfalls umzurechnen. Von den beiden in Betracht kommenden Bewertungsstichtagen – Vollzug der Schenkung oder Erbfall – ist nach dem Niederstwertprinzip derjenige maßgeblich, zu dem das Geschenk einen geringeren Wert hatte, § 2325 Abs. 2 S. 2 Hs. 2 BGB.

5. Da sich der Pflichtteilsberechtigte auf zumutbare Weise die erforderliche Kenntnis über weitere Schenkungen an die Lebensgefährtin nicht verschaffen kann als durch einen unmittelbar gegen diese gerichteten Auskunftsanspruch aus § 2314 Abs. 1 S. 1 BGB analog, ist die Lebensgefährtin verpflichtet, weitergehende Auskünfte über sonstige Schenkungen, die sie von dem Erblasser innerhalb der 10-Jahres-Frist des § 2325 Abs. 3 BGB erhalten hat, zu erteilen. Die **Auskunftsverpflichtung umfasst auch den Zeitpunkt der Schenkung.** Entsprechende Auskünfte wird der Beschenkte schon im eigenen Interesse erteilen, weil nach der pro-rata-Regelung des § 2325 Abs. 3 S. 1 BGB eine Schenkung nur innerhalb des ersten Jahres vor dem Erbfall in vollem Umfang und innerhalb jedes weiteren Jahres vor dem Erbfall um jeweils $^1/_{10}$ weniger berücksichtigt wird. Der zugrunde zu legende Wert der Schenkung hat sich im Laufe der Jahre verringert.

5. Auskunftsbegehren eines Miterben gegenüber einem anderen Miterben zur Durchsetzung eines Pflichtteilsergänzungsanspruchs

Einschreiben/Rückschein

Sehr geehrter Herr . . . . . .,

ich darf Ihnen unter Vorlage einer auf mich lautenden Originalvollmacht anzeigen, dass ich die rechtlichen Interessen Ihrer Schwester, Frau . . . . . ., vertrete. Ihre Mutter hat Sie und meine Mandantin als ihre einzigen Abkömmlinge in einem notariellen Einzeltestament vom . . . . . . jeweils zu ½ als Erben eingesetzt.[1] Sie haben beide die Erbschaft angenommen. Ein entsprechender Erbschein ist erteilt worden.

Der Erbteil meiner Mandantin ist gering, weil die im Nachlass befindliche kleine Eigentumswohnung, in der die Erblasserin zuletzt lebte, in hohem Maße renovierungsbedürftig ist. Sie liegt zudem an einer viel befahrenen Straße und ist deshalb im gegenwärtigen Zustand kaum verkäuflich. Nach dem Erbfall hat meine Mandantin erfahren, dass die Erblasserin Ihnen vor drei Jahren mit einem als „Kaufvertrag" bezeichneten notariellen Vertrag vom . . . . . . (UR-Nr. . . . . . des Notars . . . . . .) das vom Vater geerbte Grundstück in . . . . . ., das nach Erkundigungen unserer Mandantin schon damals

mindestens 350.000,00 EUR wert war, übertragen hat. Der „Kaufpreis“ betrug nur 150.000,00 EUR und ist dadurch erfüllt worden, dass Sie für die Erblasserin in der Vergangenheit jahrelang umfängliche Pflegeleistungen erbracht haben sollen, die als Gegenleistung deklariert worden sind. Tatsächlich waren Sie zur entsprechenden Erbringung solcher Leistungen und schon gar nicht in dem behaupteten Umfang in der Lage. Sie waren damit beschäftigt, Ihr Studium abzuschließen und lebten räumlich weit entfernt von der Erblasserin. Die nähere Prüfung der Umstände des notariellen „Kaufvertrages“ legt nahe, dass es sich bei der Zuwendung des Grundstücks an Sie tatsächlich um eine Schenkung handelte, die verschleiert werden sollte.[2] Der Erbanteil meiner Mandantin ist geringer als der Pflichtteil unter Einbeziehung der Schenkung.

Meiner Mandantin steht wegen der Grundstücksübertragung auch ein Anspruch auf Wertermittlung[3] zu. Sie wird die Kosten für die Erstellung des Gutachtens tragen.[4] Ich habe Sie deshalb aufzufordern, Angaben zum Verkehrswert des Grundstücks im Zeitpunkt des Erbfalls zu machen. Der Wert des Grundstücks steht nicht fest und muss durch ein Sachverständigengutachten ermittelt werden. Bitte geben Sie unverzüglich ein solches Gutachten zum Verkehrswert in Auftrag und teilen Sie mir bitte mit, wen Sie mit der Wertermittlung beauftragt haben.

. . . . . .

(Rechtsanwalt)[5]

Anmerkungen

1. Die Erblasserin hat ihre beiden Kinder zu gleichen Teilen als Miterben eingesetzt. Nach dem Wortlaut des § 2314 Abs. 1 S. 1 BGB steht einem pflichtteilsberechtigten Miterben kein Auskunftsanspruch gegen einen anderen Miterben zu. Dies wird dadurch gerechtfertigt, dass der pflichtteilsberechtigte Miterbe aufgrund seiner Erbenstellung regelmäßig selbst in der Lage ist, sich die erforderlichen Informationen über den Bestand und den Wert des Nachlasses zu beschaffen. Ihm steht ein Recht auf Mitverwaltung des Nachlasses aus § 2038 Abs. 1 BGB zu, das es ihm ermöglicht, sich zu jeder Zeit die erforderlichen Kenntnisse über die Höhe des Nachlasses zu verschaffen. Darüber hinaus **stehen Miterben** speziell **geregelte Auskunftsrechte aus den §§ 2027, 2028, 2038, 2057** sowie aus **Beauftragung oder aus Geschäftsführung ohne Auftrag gemäß §§ 666, 681 BGB zu.** Diese Vorschriften reichen auch zumeist aus, um den Interessen eines Miterben an der richtigen Berechnung seines Erbteils zu entsprechen (BGH NJW 1993, 2737; BGH BGHZ 108, 393 [395] = NJW 1990, 180; MüKoBGB/*Lange* § 2314 Rn. 39). Der pflichtteilsberechtigte Miterbe kann unter den Voraussetzungen der §§ 2325, 2326 BGB auch einen Pflichtteilsergänzungsanspruch haben. Ihm stünde – anders als dem pflichtteilsberechtigten Nichterben – bei wortgetreuer Anwendung des § 2314 Abs. 1 S. 1 BGB wegen der diesen Anspruch begründenden Schenkungen aufgrund seiner Eigenschaft als Erbe kein Auskunftsanspruch zu. Das wird von der herrschenden Meinung zu Recht als unbefriedigend angesehen. Umstritten ist lediglich die Rechtsgrundlage eines entsprechenden Auskunftsanspruchs. Ein Teil des Schrifttums befürwortet eine berichtigende Auslegung des § 2314 Abs. 1 S. 1 BGB dahingehend, dass die Vorschrift zugunsten eines pflichtteilsberechtigten Miterben analog oder direkt anzuwenden sei, weil er sich in Beweisnot befinde, die derjenigen des pflichtteilsberechtigten Nichterben vergleichbar sei (*Coing* NJW 1970, 729 [734]; *Gudian* JZ 1967, 591 [593]; vgl. auch OLG München Zerb 2009, 271 f.). Die überwiegende Rechtsprechung und ein anderer Teil des Schrifttums leiten den **Auskunfts- und den darauf beruhenden Wertermittlungsanspruch aus § 242 BGB** her, wenn der Berechtigte entschuldbar über das Bestehen und den Umfang

seines Rechts im Unklaren bliebe (BGH BGHZ 61, 180 [184] = NJW 1973, 1876 [1877]; BGH BGHZ 108, 393 [395] = NJW 1990, 180; BGH NJW 1993, 2737; OLG Karlsruhe FamRZ 2004, 410 [412]; Bamberger/Roth/*Müller* BGB § 2314 Rn. 5; Lange/*Kuchinke* § 37 XII 6). Die Rechtsgrundlage wirkt sich auf die Rechtsfolgen aus. Während der Berechtigte nach § 2314 Abs. 1 S. 1 BGB nur zum Kreis der pflichtteilsberechtigten Personen zählen muss, sieht § 242 BGB die Möglichkeit einer amtlichen Aufnahme des Verzeichnisses nicht vor und auch nicht die Hinzuziehung des Pflichtteilsberechtigten bei der Erstellung des Verzeichnisses. Die direkte oder analoge Anwendung von § 2314 Abs. 1 S. 1 BGB hätte zur Folge, dass die Kosten gemäß § 2314 Abs. 2 BGB aus dem Nachlass zu begleichen wären, wohingegen sie bei § 242 BGB dem auskunftsbegehrenden Miterben zur Last fallen (BGH NJW 1993, 2737; vgl. auch MüKoBGB/*Lange* § 2314 Rn. 41).

2. Das **Auskunftsbegehren** eines pflichtteilsberechtigten Miterben **darf nicht auf eine reine Ausforschung hinauslaufen.** Es ist aber nicht erforderlich, dass ein Pflichtteilsergänzungsanspruch dem Grunde nach bereits feststeht. Der pflichtteilsberechtigte Miterbe hat lediglich Anhaltspunkte für die von ihm behauptete unentgeltliche Verfügung des Erblassers nachzuweisen, ohne dass die Schenkung bereits feststehen muss (BGH BGHZ 55, 378 = NJW 1971, 842). Hier hat der auskunftbegehrende Miterbe Umstände dargelegt, die Rückschlüsse auf eine – jedenfalls gemischte – Schenkung zulassen, so dass ein entsprechender Auskunftsanspruch zu bejahen ist.

3. Neben einem Auskunftsanspruch wird dem pflichtteilsberechtigten Miterben gegen einen anderen Miterben ein Wertermittlungsanspruch zugestanden, wobei die Rechtsgrundlage wiederum umstritten ist (→ Anm. 1). Für den Wertermittlungsanspruch reicht ebenfalls kein Verdacht aus, der Erblasser habe einen bestimmten Gegenstand innerhalb der Frist des § 2325 Abs. 3 BGB verschenkt. Ein Pflichtteilsergänzungsanspruch muss aber auch insoweit dem Grunde nach nicht bereits feststehen. Der Anspruchsberechtigte muss aber Tatsachen vortragen und gegebenenfalls beweisen, dass es sich um eine ergänzungspflichtige Schenkung handelt (BGH NJW 1984, 487).

4. Geht man mit der überwiegenden Rechtsprechung davon aus, dass Anspruchsgrundlage des Wertermittlungsanspruchs eines pflichtteilsberechtigten Miterben gegen einen anderen Miterben § 242 BGB ist (→ Anm. 1), fallen die **Kosten der Wertermittlung** dem das Gutachten begehrenden Auskunftsberechtigten zur Last. Nach Auffassung des Bundesgerichtshofes darf der Nachlass nicht in unzumutbarer Weise mit Kosten belastet werden (BGH NJW 1993, 2737). Diejenigen, die § 2314 Abs. 1 S. 1 BGB entweder analog oder direkt anwenden, verneinen eine Kostentragungspflicht des Erben, weil an den entsprechenden Anspruch des pflichtteilsberechtigten Miterben keine höheren Anforderungen als an denjenigen des Nichterben gestellt werden dürften (Damrau/Tanck/*Riedel* BGB § 2314 Rn. 4). Da es der Bundesgerichtshof für ausreichend erachtet hat, wenn der Auskunftsberechtigte die Übernahme der Kosten anbietet, sollte dies von vornherein klargestellt werden.

5. Zu **Kosten und Gebühren** → Form. J.III.2 Anm. 16.

6. Antrag eines Alleinerben auf Stundung des Pflichtteils, § 2331a BGB

An das Amtsgericht – Nachlassgericht[1] – . . . . . .

Antrag auf Stundung eines Pflichtteils

Ich zeige unter Vorlage einer Originalvollmacht an, dass ich Frau . . . . . ., vertrete. Namens und in Vollmacht meiner Mandantin (im Folgenden Antragstellerin) beantrage ich die

Stundung[2]

des von ihr mit Schreiben vom . . . . . . gegenüber Frau . . . . . . (im Folgenden Antragsgegnerin) wirksam anerkannten Pflichtteilsanspruchs in Höhe von . . . . . . EUR.

Zur Begründung führe ich aus:

1. Die Antragstellerin ist die Tochter des am . . . . . . verstorbenen Herrn . . . . . . Der Erblasser hatte sie in einem notariellen Einzeltestament vom . . . . . . zur alleinigen Erbin eingesetzt und die Antragsgegnerin, die Schwester der Antragstellerin, enterbt. Zwischen den Schwestern war die Pflichtteilsberechtigung als solche niemals streitig, ebenso wenig die Höhe des Anspruchs. Die Antragstellerin hat nach Vorlage eines Bestandsverzeichnisses, das die Antragsgegnerin akzeptiert hat, den Pflichtteilsanspruch in Höhe von . . . . . . EUR ausdrücklich anerkannt.

Beweis: Schreiben vom . . . . . . in Kopie als Anlage A 1.

2. Die Antragstellerin kann den Pflichtteilsanspruch ihrer Schwester nicht sofort erfüllen. Dies würde für sie wegen der Art der Nachlassgegenstände eine unbillige Härte iSv § 2331a Abs. 1 S. 1 BGB[3] darstellen. Der Nachlass bestand im Wesentlichen aus einem Grundstück in . . . . . ., auf dem der Erblasser bis zu seinem Tod gelebt hatte. Daneben hat er wertlose Möbel, ein sehr geringes Barvermögen, das nach Zahlung der Beerdigungskosten vollständig aufgebraucht war, sowie einige persönliche Dinge ohne Wert hinterlassen. Dies ist zwischen den Schwestern ebenfalls nicht streitig. In das renovierungsbedürftige Wohnhaus ist nach dem Tod des Erblassers die zurzeit arbeitslose Antragstellerin, die alleinerziehend ist, mit ihren zwei Kindern eingezogen. Sie bezieht Arbeitslosengeld II in Höhe von . . . . . . EUR.

Beweis: Arbeitslosengeldbescheinigung vom . . . . . . in Kopie als Anlage A 2.

Das Grundstück ist mit einer Grundschuld zu Gunsten der . . . . . . Bank in Höhe von . . . . . . EUR belastet. Das zugrunde liegende Darlehen valutiert noch in Höhe von . . . . . . EUR. Auf Grund ihrer persönlichen finanziellen Situation kann die Antragstellerin kein weiteres Darlehen, das über das Grundstück besichert werden könnte, erhalten. Die Hausbank hat ein solches Begehren kategorisch abgelehnt.

Beweis: Schreiben der . . . . . . Bank vom . . . . . . in Kopie als Anlage A 3.

3. Die Antragstellerin verfügt weder über Ersparnisse noch über sonstiges Vermögen, um den Pflichtteilsanspruch sofort zu befriedigen. Sie kann augenblicklich noch nicht wieder in Vollzeit arbeiten, weil sie sich mindestens halbtägig um ihre zwei kleinen Kinder kümmern muss. Auch deshalb ist ihr eine sofortige Zahlung des Pflichtteils an die Antragsgegnerin nicht möglich. Diese wiederum lebt in guten wirtschaftlichen Verhältnissen. Sie ist als Abteilungsleiterin in der . . . . . . Branche tätig, bezieht ein

monatliches Einkommen in Höhe von mindestens ...... EUR und bewohnt mit ihrer Familie ein in ihrem Alleineigentum stehendes schuldenfreies Grundstück. Vor diesem Hintergrund rechtfertigen Interessen der Antragsgegnerin[4] die sofortige Auszahlung des Pflichtteils nicht.

4. **Die Antragstellerin hat zwischenzeitlich einen Arbeitsvertrag mit der Firma ...... geschlossen. Sie wird dort ab dem ...... zunächst halbtägig und ab dem darauf folgenden Jahr vollschichtig arbeiten. Ein Freund der Antragstellerin hat sich bereit erklärt, ihr ein zinsloses Darlehen in Höhe von ...... EUR zu gewähren, sobald ihr Gehalt ausreicht, um die Raten zu bedienen. Die Antragstellerin wäre dann in der Lage, den Pflichtteilsanspruch ihrer Schwester zu befriedigen.**
5. **Von der Festsetzung einer Sicherheit bitte ich Abstand zu nehmen, weil sie der Antragstellerin nicht zumutbar ist und ihr bisheriges Verhalten sie nicht als vertrauensunwürdig erscheinen lässt. Die Antragstellerin bietet ausdrücklich eine Verzinsung des Pflichtteils in Höhe von ...... % jährlich an.[5]**

......

(Rechtsanwalt)[6]

Anmerkungen

1. Über das Stundungsbegehren eines Erben entscheidet gemäß § 2331a Abs. 2 S. 1 BGB das **sachlich zuständige Nachlassgericht, wenn der Pflichtteilsanspruch unbestritten ist.** Ist er dem Grunde und/oder der Höhe nach **bestritten,** entscheidet gemäß § 2331a Abs. 2 S. 2 iVm § 1382 Abs. 5 BGB das **Prozessgericht.** Wurde in einem streitigen Verfahren rechtskräftig über Grund und Höhe des Pflichtteilsanspruchs entschieden, kann der Erbe vor dem Nachlassgericht einen Antrag auf Stundung nur dann stellen, wenn die Gründe dafür erst nachträglich entstanden sind, § 2331a Abs. 2 S. 2 BGB iVm § 1383 Abs. 6 BGB (Palandt/*Weidlich* BGB § 2331a Rn. 4; RGRK/*Johannsen* BGB § 2331a Rn. 7; Staudinger/*Olshausen* BGB § 2331a Rn. 32). Findet das Verfahren vor dem Prozessgericht statt, entscheidet dieses Gericht bei rechtshängigem Pflichtteilsanspruch auch über die Stundung durch Urteil, § 2331a Abs. 2 S. 2 iVm § 1382 Abs. 5 BGB. Klagt der Pflichtteilsberechtigte seinen Pflichtteilsanspruch vor dem Prozessgericht ein, wird ein zuvor gestellter Antrag an das Nachlassgericht auf Stundung des Anspruchs unzulässig.

Für das Verfahren vor dem Nachlassgericht gilt gemäß § 362 FamFG die Vorschrift des § 264 FamFG entsprechend. Erforderlich ist ein Antrag des Schuldners des Pflichtteilsanspruchs. Das Gericht soll nach § 36 Abs. 1 FamFG mit den Beteiligten mündlich verhandeln und darauf hinwirken, sich gütlich zu einigen. Über die Einigung ist eine Niederschrift aufzunehmen, § 36 Abs. 2 FamFG. Muss vor dem Nachlassgericht streitig entschieden werden, hat das Nachlassgericht von Amts wegen die erheblichen Tatsachen zu ermitteln. Gemäß § 264 FamFG wird in Verfahren nach den §§ 1382, 1383 BGB die Entscheidung des Gerichts erst mit der Rechtskraft wirksam. Das Gericht kann gemäß § 264 Abs. 2 FamFG in dem Beschluss, in dem über die Stundung entschieden wird, auf Antrag des Gläubigers auch die Verpflichtung des Schuldners zur Zahlung des Pflichtteils aussprechen.

Haben sich die Verhältnisse nach der Entscheidung wesentlich geändert, kann das Nachlassgericht auf Antrag gemäß § 2331a Abs. 2 S. 2 iVm § 1382 Abs. 6 BGB die eigene rechtskräftige Stundungsentscheidung oder die des Prozessgerichts aufheben bzw. ändern.

2. Die Möglichkeit einer Stundung ist nach der Neuregelung durch das Gesetz zur Änderung des Erb- und Verjährungsrechts vom 2.7.2009 (BGBl. 2009 I 3142) **allen**

Erben eröffnet und nicht wie früher nur selbst pflichtteilsberechtigten Erben. Die einem Miterben antragsgemäß gewährte Stundung wirkt zu Gunsten aller anderen Miterben und nicht nur zu Gunsten eines pflichtteilsberechtigten Erben. Stundung des Pflichtteils können auch der Nachlasspfleger, der Nachlassverwalter und der Nachlassinsolvenzverwalter beantragen, nicht jedoch der Testamentsvollstrecker (MüKoBGB/*Lange* § 2331a Rn. 3). Da der Pflichtteilsanspruch mit dem Erbfall entsteht und sofort fällig ist, kann er grundsätzlich ohne Rücksicht auf die Vermögensverhältnisse des Erben geltend gemacht oder im Wege der Zwangsvollstreckung durchgesetzt werden. Dadurch können zum Nachlass gehörende Werte oder Wirtschaftseinheiten zerschlagen werden, was für den Erben eine erhebliche Härte darstellen und zudem volkswirtschaftlich schädlich sein kann (MüKoBGB/*Lange* § 2331a Rn. 1). Die Problematik hat sich noch verschärft, weil nichteheliche Kinder erbrechtlich ehelichen Kindern gleichgestellt sind (näher *Joachim/Lange* Pflichtteilsrecht Rn. 411). Ein faktisch nicht in die Vaterfamilie integriertes Kind wird – insbesondere im Fall der Enterbung – auf finanzielle Probleme von Erben eher selten Rücksicht nehmen.

3. Eine Stundung setzt nach § 2331a Abs. 1 BGB voraus, dass die **sofortige Erfüllung des gesamten Anspruchs für den Erben wegen der Art der Nachlassgegenstände eine unbillige Härte wäre.** Da die sofortige Erfüllung des Pflichtteilsanspruchs nicht wegen der sofortigen Zahlungspflicht, sondern wegen der Art der Nachlassgegenstände den Erben unbillig hart treffen muss, kann er keine Stundung verlangen, wenn die Zahlungspflicht für ihn nur mit erheblichen Schwierigkeiten verbunden wäre. Der Erbe kann sich somit nicht darauf berufen, er müsse Antiquitäten, Kunstgegenstände oder traditionsreiche Familienstücke veräußern, weil dadurch seine Existenzgrundlage oder die seiner Familie regelmäßig nicht gefährdet ist. Eine unbillige Härte iSv § 2331a Abs. 1 BGB ist auch nicht gegeben, wenn der Erbe den Pflichtteilsanspruch mit Mitteln seines Eigenvermögens oder durch Kreditaufnahme befriedigen kann (Erman/*Röthel* BGB § 2331a Rn. 4; Soergel/*Dieckmann* BGB § 2331a Rn. 7; Staudinger/*Olshausen* BGB § 2331a Rn. 15). Anders ist es, wenn eine sofortige Erfüllung den Erben zur Aufgabe eines Familienwohnheims oder zur Veräußerung eines die Lebensgrundlage bildenden Wirtschaftsgutes zwingen würde. Die Erfüllung des Pflichtteilsanspruchs muss ohne Veräußerung der betreffenden Werte praktisch unmöglich sein (Staudinger/*Olshausen* BGB § 2331a Rn. 15).

4. Eine Stundung kann nicht gewährt werden – selbst wenn die sofortige Erfüllung des gesamten Anspruchs für den Erben wegen der Art der Nachlassgegenstände eine unbillige Härte darstellt –, sofern **Interessen des Pflichtteilsberechtigten** nicht **angemessen berücksichtigt** würden, § 2331a Abs. 1 S. 2 BGB. Nach dem früheren Recht konnte Stundung nur verlangt werden, wenn sie dem Pflichtteilsberechtigten bei Abwägung der Interessen beider Teile „zugemutet" werden konnte. Die durch das Gesetz zur Änderung des Erb- und Verjährungsrechts vom 2.7.2009 (BGBl. 2009 I 3142) erfolgte Änderung soll eine weitere maßvolle Herabsetzung der früher bestehenden Hürde für die Stundung des Pflichtteilsanspruchs begründen. Zwischen dem Kriterium der „Zumutbarkeit" und dem der „Angemessenheit" mag ein qualitativer Unterschied bestehen. Ist jedoch der Pflichtteilsanspruch zum Ausgleich des Verlustes eines Unterhaltsanspruchs gegen den Erblasser als Folge des Erbfalls erforderlich oder würde eine Stundung die Fortsetzung einer Ausbildung oder den Aufbau einer beruflichen Existenz des Pflichtteilsberechtigten gefährden, wird eine Stundung weiterhin ausscheiden. Sie widerspräche dann offensichtlich den Interessen des Berechtigten. Die angemessene Berücksichtigung der Interessen des Pflichtteilsberechtigten kann im Einzelfall auch zu einer teilweisen Stundung oder einer Stundung in Form von Ratenzahlungen führen. Die Raten müssen mindestens so hoch sein, dass sie den angemessenen Unterhalt decken (MüKoBGB/*Lange* § 2331a Rn. 11).

5. Der den Pflichtteil schuldende Erbe hat die **gestundete Forderung zu verzinsen,** § 2331a Abs. 2 iVm § 1382 Abs. 2 BGB. Nach § 2331a Abs. 2 S. 2 iVm § 2382 Abs. 3 BGB kann der Pflichtteilsberechtigte auch die **Leistung einer ausreichenden Sicherheit** verlangen. Die Antragstellerin ist dazu aufgrund ihrer wirtschaftlichen Verhältnisse nicht in der Lage, was jedoch nicht dazu führen darf, dass dadurch eine Stundung generell ausgeschlossen ist (so offenbar Palandt/*Weidlich* BGB § 2331a Rn. 3). Zumeist bereitet eine brauchbare Sicherheitsleistung dem Schuldner unzumutbare Schwierigkeiten. In einem solchen Fall muss das Nachlassgericht über einen Antrag des pflichtteilsberechtigten Gläubigers, dem Erben Sicherheitsleistung aufzugeben, sowie über Art und Umfang einer Sicherheitsleistung nach billigem Ermessen entscheiden. Für diese Entscheidung ist neben der Zumutbarkeit die Vertrauenswürdigkeit des Schuldners unter Berücksichtigung seines bisherigen Verhaltens gegenüber dem Gläubiger wesentlich (Erman/*Budzikiewicz* BGB § 1382 Rn. 14). Es sollte ausführlich begründet werden, wenn den Antragsteller die Festsetzung einer Sicherheit unzumutbar belasten würde. Die Erbin bietet hier ausdrücklich eine Verzinsung an, um das Nachlassgericht zu veranlassen, für die gestundete Forderung keine Sicherheit anzuordnen, was gemäß § 2331a Abs. 2 iVm § 1382 Abs. 3 BGB möglich wäre. Über die Höhe der Verzinsung und über die Art und den Umfang einer Sicherheitsleistung entscheidet das Nachlassgericht nach freiem Ermessen gemäß § 2331a Abs. 2 iVm § 1382 Abs. 4 BGB. Die Stundung eines Pflichtteilsanspruchs bewirkt eine Hemmung der Verjährung (MüKoBGB/*Lange* § 2331a Rn. 17).

6. Die **Gerichtsgebühren** richten sich nach Nr. 12520 f. KV GNotKG, wonach grundsätzlich eine 2,0-Gebühr nach Tabelle A entsteht, die aber bei einer Endentscheidung ohne Begründung auf eine 0,5-Gebühr absinkt. Der **Geschäftswert** richtet sich mangels Spezialregelungen nach § 36 GNotKG.

7. Außergerichtliche Vereinbarung über einen Pflichtteilsanspruch

Die Erbengemeinschaft nach dem am . . . . . . in . . . . . . verstorbenen Herrn . . . . . ., bestehend aus . . . . . . (im Folgenden Erbengemeinschaft), vertreten durch Rechtsanwalt . . . . . .

und

Frau . . . . . . (im Folgenden Pflichtteilsberechtigte), vertreten durch Rechtsanwältin . . . . . .

treffen die nachfolgende

außergerichtliche Vereinbarung[1]

zur Regelung von Pflichtteilsansprüchen der Pflichtteilsberechtigten am Nachlass des Herrn . . . . . .:

1. Gegenstand der Vereinbarung

Die Erbengemeinschaft erkennt an, dass der Pflichtteilsberechtigten unter Berücksichtigung einer Pflichtteilsquote von ¼ ein Pflichtteilsanspruch am Reinnachlass in Höhe von . . . . . . EUR zusteht.[2]

Der Bestand und der Wert des Nachlasses ergeben sich aus dem dieser Vereinbarung beigefügten notariellen Bestandsverzeichnis und den gemäß § 2311 BGB festgestellten

Werten. Die Vertragschließenden erkennen das Verzeichnis und die Wertfeststellungen als verbindlich an.

Das Nachlassverzeichnis enthält auch Gegenstände, die der Erblasser dritten Personen innerhalb von 10 Jahren vor dem Erbfall unentgeltlich zugewandt hatte. Die Parteien sind sich darüber einig, dass mit dieser Vereinbarung neben Pflichtteils- auch Pflichtteilsergänzungsansprüche der Pflichtteilsberechtigten abschließend geregelt werden.[3]

2. Zahlungsverpflichtung, Verzugsfolgen

Die Erbengemeinschaft zahlt an die Pflichtteilsberechtigte zur Erfüllung ihrer Pflichtteils- und Pflichtteilsergänzungsansprüche einen Betrag in Höhe von . . . . . . EUR. Die Mitglieder der Erbengemeinschaft haften dafür gesamtschuldnerisch (§ 2058 BGB).[4] Die Zahlung ist bis zum . . . . . . (Eingang des Betrages) auf das Konto der Pflichtteilsberechtigten bei der . . . . . . Bank mit der Kontonummer . . . . . . zu leisten. Sollte die Erbengemeinschaft ganz oder teilweise nicht fristgemäß zahlen, ist der rückständige Betrag mit 6 % pa zu verzinsen, ohne dass es einer gesonderten Mahnung bedarf. In dieser Vereinbarung liegt keine Stundung.[5]

Nachträglich bekannt werdende oder entstehende Nachlassverbindlichkeiten führen nicht zu einer Reduzierung der Zahlungspflicht der Erbengemeinschaft, können aber Nachabfindungsansprüche gemäß Ziffer 4 dieser Vereinbarung reduzieren.

3. Zusicherung

Die Erbengemeinschaft sichert der Pflichtteilsberechtigten ausdrücklich zu, dass das dieser Vereinbarung beigefügte Nachlassverzeichnis richtig, vollständig und sorgfältig erstellt worden ist, insbesondere den Miterben keine weiteren Umstände bekannt sind, die für die Höhe des Pflichtteils relevant sein könnten. Die Ebengemeinschaft sichert auch zu, dass an Miterben keine weiteren Schenkungen nach §§ 2325, 2329 BGB oder Vorempfänge nach § 2316 BGB über die bekannten Zuwendungen hinaus erfolgt sind.

Die Pflichtteilsberechtigte sichert ihrerseits zu, dass sie keine weiteren Vorempfänge und Schenkungen erhalten hat als bisher bekannt.

4. Nachabfindung

Sollte sich nachträglich herausstellen, dass eine der abgegebenen Zusicherungen unzutreffend ist, wird die gegen die Zusicherung verstoßende Partei die andere Vertragspartei so stellen, wie diese stünde, wenn die Zusicherung zuträfe. Die Erbengemeinschaft wird die Pflichtteilsberechtigte umgehend in Kenntnis setzen, wobei die Inkenntnissetzung durch einen Miterben ausreicht. In diesem Fall ist der Pflichtteil neu zu berechnen und ein sich daraus gegebenenfalls ergebender Unterschiedsbetrag innerhalb von 3 Wochen nach Zugang einer schriftlichen Aufforderung auszugleichen. § 2 Abs. 2–4 dieser Vereinbarung gelten entsprechend.

Die Erbengemeinschaft verzichtet insoweit auf die Einrede der Verjährung.[6]

5. Abgeltungsklausel

Die Parteien sind sich darüber einig, dass mit der vollständigen Erfüllung der Zahlungspflicht alle Ansprüche aus und in Verbindung mit dem Pflichtteil der Pflichtteilsberechtigten erledigt sind, vorbehaltlich etwaiger Änderungen gemäß Ziffer 4 dieser Vereinbarung.

Ein Auskunftsanspruch der Pflichtteilsberechtigten gegen die Erbengemeinschaft zur Klärung etwaiger Nachabfindungen gemäß § 2314 Abs. 1 S. 1 BGB ist nicht ausgeschlossen.[7]

6. Schlussbestimmung

Sollte eine Bestimmung dieser Vereinbarung unwirksam sein, wird die Wirksamkeit der übrigen Bestimmungen davon nicht berührt. Die Parteien sind sich darüber einig, dass in einem solchen Fall anstelle der unwirksamen Bestimmung eine dieser Bestimmung möglichst nahekommende wirksame Bestimmung vereinbart wird.[8]

7. Nebenabreden

Die Parteien haben keine mündlichen Abreden und sonstige Nebenabreden getroffen. Änderungen und/oder Ergänzungen dieser Vereinbarung bedürfen zu ihrer Gültigkeit der Schriftform. Das gilt auch für die Abweichung von dieser Schriftformklausel selbst.[9]

8. Kosten

Jede Partei trägt die im Zusammenhang mit dieser Vereinbarung und der anwaltlichen Vertretung entstandenen und noch entstehenden Kosten selbst.[10]

. . . . . .

. . . . . .

. . . . . .

. . . . . .

. . . . . .

(Ort, Datum)

. . . . . .

(Unterschrift Rechtsanwalt/Rechtsanwältin)[11, 12]

Anmerkungen

1. Zwischen Erben und Pflichtteilsberechtigten kommt es vielfach zu Streitigkeiten, die wesentlich auf einer persönlichen Enttäuschung des enterbten Angehörigen beruhen, aber auch in dem Verhalten des Erben und des Erblassers begründet sein können. Diese Probleme lassen eine außergerichtliche Einigung oftmals schwierig erscheinen. Nichtsdestotrotz sollte der rechtliche Berater schon im frühen Stadium einer Pflichtteilsauseinandersetzung mit seinem Mandanten erörtern, ob – auch aus Kostengründen und um einen langwierigen Rechtsstreit zu ersparen – eine **Einigung ohne Inanspruchnahme der Gerichte möglich ist.** Ein **Pflichtteilsvergleich** ist zulässig und bedarf keiner Form, sofern keine dinglichen Rechtsgeschäfte mit geregelt werden, die ihrerseits formbedürftig sind. Das wäre bei der Übertragung von Grundstücken oder GmbH-Anteilen der Fall.

2. Die **Erben erkennen den Pflichtteilsanspruch** der Pflichtteilsberechtigten **an.** Das Anerkenntnis ist kein Rechtsgeschäft, sondern eine geschäftsähnliche Handlung, auf die die §§ 164 ff. BGB entsprechend anwendbar sind (Palandt/*Ellenberger* BGB § 212 Rn. 2). Die Bedeutung des Anerkenntnisses liegt neben der Beweiswirkung insbesondere darin, dass die für den Anspruch maßgebliche gesetzliche oder vertragliche Verjährungsfrist im Ganzen neu zu laufen beginnt (BGH NJW-RR 2005, 605; OLG NJW 2008, 1088). Maßgeblich ist der Zeitpunkt der Abgabe der Erklärung. Die Verjährung beginnt neu mit dem auf das Anerkenntnis folgenden Tag zu laufen, § 187 Abs. 1 BGB.

3. **Gegenstand** einer Vereinbarung über den Pflichtteil sollte immer ein **zuvor angefertigtes Bestandsverzeichnis** sein als Grundlage für die Berechnung des Pflichtteilsanspruchs nach der regelmäßig einfach zu bestimmenden Pflichtteilsquote.

4. Mehrere Erben haften gemäß § 2058 BGB im Außenverhältnis gesamtschuldnerisch, sofern es sich um gemeinschaftliche Nachlassverbindlichkeiten handelt. Was Nachlassschulden sind, ergibt sich aus § 1967 BGB. Dazu gehören gemäß § 1967 Abs. 2 BGB auch Verbindlichkeiten aus Pflichtteilsrechten.

5. Sollte die Pflichtteilsberechtigte Bedenken haben, ob die Erbengemeinschaft den Pflichtteilsanspruch fristgemäß erfüllt oder bestehen Bedenken, dass die Erbengemeinschaft zahlungsfähig bleibt, sollte an eine **grundbuchrechtliche Absicherung** des Anspruchs oder an eine **Zwangsvollstreckungsunterwerfung** durch Protokollierung eines notariellen Vergleichs gedacht werden (J. Mayer/Süß/Tanck/Bittler/Wälzholz/*Lenz* Handbuch Pflichtteilsrecht § 13 Rn. 82).

In jedem Fall ist eine **Verzugsklausel** anzunehmen, in der zum einen klargestellt wird, dass es zur Auslösung der Rechtsfolgen keiner gesonderten Mahnung bedarf und zum anderen, dass in der Vereinbarung keine anfängliche Stundung liegt, die die Fälligkeit hinausschieben würde.

6. In einem Vergleich über den Pflichtteil muss auch geregelt werden, wie zu verfahren ist, wenn sich der **Nachlass nach dessen Abschluss ändert,** was zB möglich ist, wenn nachträglich weitere Aktiva des Nachlasses bekannt werden. Für diesen Fall verpflichtet sich die Erbengemeinschaft, unaufgefordert und unverzüglich nach Kenntniserlangung über eine etwaige Erweiterung des Nachlassbestandes Mitteilung zu machen. Es muss klargestellt werden, dass wegen der Nachabfindungsansprüche auf die Geltendmachung der Einrede der Verjährung verzichtet wird.

7. Der Pflichtteilsberechtigte sollte nicht allein darauf verwiesen werden, dass die Erbengemeinschaft von sich aus verpflichtet ist, über etwaige Erweiterungen des Nachlassbestandes unverzüglich Mitteilung zu machen. Sollte er seinerseits Kenntnisse erhalten, die einen Nachabfindungsanspruch möglich erscheinen lassen, muss hinsichtlich etwaiger Nachabfindungen auch ein Auskunfts- und Wertermittlungsanspruch aus § 2314 Abs. 1 BGB durchsetzbar sein.

8. In jede Vereinbarung ist eine **salvatorische Klausel** aufzunehmen.

9. Jegliche **Änderungen** und/oder **Ergänzungen** der Vereinbarung sollten der **Schriftform bedürfen,** um wirksam zu sein. Das sollte auch für die Abweichung von der Schriftformklausel selbst gelten. Auf diese Weise können sich sonst eventuell ergebende Streitigkeiten von vornherein ausgeschlossen werden.

10. Jede Pflichtteilsvereinbarung sollte eine Regelung über die mit dem Vergleich im Zusammenhang stehenden **Kosten** enthalten. Wie bei Vergleichen nicht unüblich könnte diese so aussehen, dass jede Partei die Kosten ihres Rechtsberaters selbst trägt.

11. **Steuern.** Grundsätzlich ist mit der Rspr. des BFH davon auszugehen, dass mit der Geltendmachung des Pflichtteils der Steuertatbestand bereits ausgelöst ist, auch wenn der Pflichtteilsberechtigte seinen Anspruch noch nicht beziffern kann (BFH DStRE 2006, 1406). Ein späterer (Teil-) Verzicht auf den geltend gemachten Anspruch ändert an der Entstehung der Steuer nichts und kann zudem eine freigebige Zuwendung gegenüber dem Erben darstellen. Eine Ausnahme hiervon macht der BFH allerdings, wenn der Pflichtteilsberechtigte sich nach einem Streit über die Höhe des Pflichtteils vergleichsweise mit weniger zufrieden gibt, als er beansprucht hat und ihm möglicherweise auch tatsächlich zusteht (BFH DStRE 2006, 1407; BFH DStZ 2015, 817). In diesem Fall kann er auch nur aus diesem Wert besteuert werden.

12. Zu den Kosten des Nachlassverzeichnisses → Form. J.III.3 Anm. 4.

Wird der **Vergleich notariell beurkundet,** entsteht eine 2,0-Gebühr nach Nr. 21100 KV GNotKG aus dem Wert des Pflichtteilsanspruchs (§ 97 Abs. 1 GNotKG).

Wird mit der Formulierung und Aushandlung eines außergerichtlichen Vergleichs ein **Rechtsanwalt beauftragt,** entsteht eine Einigungsgebühr nach Ziffer 1000 VV RVG nach einem Gebührensatz von 1,5.

8. Fristsetzung eines Alleinerben gegenüber dem mit einem Vermächtnis bedachten Pflichtteilsberechtigten gem. § 2307 Abs. 2 BGB

Einschreiben/Rückschein

Sehr geehrter Herr . . . . . .

Ich darf ihnen anzeigen, dass ich die rechtliche Vertretung ihrer Tochter, Frau . . . . . ., übernommen habe. Eine auf mich lautende Vollmacht, die mich auch zu der nachfolgenden Fristsetzung bevollmächtigt, ist diesem Schreiben im Original beigefügt.[1, 2]

Die Mutter meiner Mandantin, die vor ihrem Tode von ihnen seit Jahren getrennt lebte, hat meine Mandantin durch notarielles Testament vom . . . . . . zu ihrer Alleinerbin eingesetzt. Eine Ablichtung des Erbscheins liegt Ihnen bereits vor.

Die Erblasserin hat ihre Erbin mit folgendem Vermächtnis beschwert:

„Mein Ehemann . . . . . ., der seit Jahren von mir getrennt lebt, erhält vermächtnisweise das Grundstück . . . . . . Flurstück . . . . . . Gemarkung . . . . . ., eingetragen als mein Eigentum im Grundbuch des Amtsgerichts . . . . . . von . . . . . . Blatt . . . . . .“

Sie sind aufgrund dieser Anordnung mit einem Grundstücksvermächtnis bedacht.[3] Bisher haben Sie nicht erklärt, ob Sie die Erfüllung des Vermächtnisanspruchs verlangen.

Als mit dem Vermächtnis beschwerte Alleinerbin hat unsere Mandantin gemäß § 2307 Abs. 2 BGB das Recht, Sie unter Bestimmung einer angemessenen Frist zur Erklärung über die Annahme des Vermächtnisses aufzufordern.[4]

Hiermit mache ich namens und in Vollmacht meiner Mandantin von dieser Aufforderung Gebrauch und darf Sie bitten, mir bis spätestens

. . . . . .

verbindlich schriftlich mitzuteilen, ob Sie unter Ausschlagung des Ihnen zugewandten Vermächtnisses Ihren Pflichtteil oder die Erfüllung des Vermächtnisanspruchs verlangen.[5]

. . . . . .

(Rechtsanwalt)[6]

Anmerkungen

1. Sachverhalt. Die Erblasserin hat durch letztwillige Verfügung ihre Tochter zur Alleinerbin eingesetzt und gleichzeitig ihrem Ehemann ein Grundstücksvermächtnis zugewandt. Die Erblasserin lebte von ihrem Ehemann zwar getrennt, was die Pflichtteilsberechtigung nicht entfallen ließ. Ein bloßes Getrenntleben von Ehegatten beseitigt die

wechselseitigen Erb- und Pflichtteilsberechtigungen nicht (Damrau/Tanck/*Riedel* BGB § 2303 Rn. 17). Der Ehemann könnte das Vermächtnis ausschlagen und den Pflichtteil verlangen, § 2307 Abs. 1 S. 1 BGB. Nimmt er das Vermächtnis an, kann er auch nur dieses verlangen. Bliebe der Wert des Vermächtnisses hinter dem Pflichtteil zurück, hätte er daneben einen Pflichtteilsrestanspruch aus § 2305 S. 1 BGB. Bei der Wertberechnung des Vermächtnisses bleiben Beschränkungen und Beschwerungen iSv § 2306 BGB außer Betracht, § 2307 Abs. 1 S. 2 Hs. 2 BGB. Sie wirken sich nicht wertmindernd aus. Für die Erbin ist es wichtig zu wissen, ob sie das Vermächtnis zu erfüllen hat. Von der Annahme des Vermächtnisses durch ihren Vater hängt es beispielsweise ab, ob sie berechtigt ist, den Grundbesitz zu veräußern.

2. Die **Fristsetzung gemäß § 2307 Abs. 2 S. 1 BGB ist ein einseitiges Rechtsgeschäft.** Eine Vertretung ohne Vertretungsmacht ist gemäß § 180 S. 1 BGB unzulässig. § 174 BGB ermöglicht es dem Empfänger der Erklärung, schnell klare Verhältnisse darüber zu schaffen, ob der als Vertreter Auftretende bevollmächtigt ist. Der Begriff des einseitigen Rechtsgeschäfts iSv § 174 S. 1 BGB ist umfassend. Dazu gehören auch Fristsetzungen (Palandt/*Ellenberger* BGB § 174 Rn. 2). § 174 BGB gilt für jeden rechtsgeschäftlichen Vertreter einschließlich bevollmächtigter Rechtsanwälte, sofern das Rechtsgeschäft nicht von ihm als Prozessbevollmächtigter in einem anhängigen Rechtsstreit aufgrund einer Prozessvollmacht vorgenommen wird. Dann findet § 174 BGB wegen der Sonderregelung in der ZPO keine Anwendung (BGH NJW 2003, 963). Der **Bevollmächtigte muss seine Vollmachtsurkunde in Urschrift oder Ausfertigung vorlegen.** Die Vorlage einer beglaubigten Abschrift oder Fotokopie genügt nicht (BGH NJW 1981, 1210; Palandt/*Ellenberger* BGB § 174 Rn. 5). Wird keine Originalvollmacht vorgelegt, kann der Erklärungsempfänger wegen der fehlenden Vollmacht das Rechtsgeschäft unverzüglich zurückweisen. Durch die Zurückweisung wird das Rechtsgeschäft endgültig unwirksam und kann nicht mehr genehmigt werden. Für die Rechtzeitigkeit trägt der Zurückweisende die Beweislast (BGH NJW 2001, 220).

3. Das Recht zur Fristsetzung aus § 2307 Abs. 2 S. 1 BGB steht dem mit einem Vermächtnis beschwerten Erben gegenüber dem Pflichtteilsberechtigten zu. Sind **mehrere Erben** mit dem Vermächtnis beschwert, müssen sie das Recht aus § 2307 Abs. 2 S. 1 BGB **gemeinschaftlich ausüben** (OLG München FamRZ 1987, 752; Palandt/*Weidlich* BGB § 2307 Rn. 3).

4. Der pflichtteilsberechtigte Vermächtnisnehmer hat nach dem Gesetz unbeschränkt Zeit, die für ihn günstigere Handlungsalternative – Geltendmachung des Pflichtteils- oder des Vermächtnisanspruchs – zu bestimmen, da eine gesetzliche Frist für die Ausschlagung eines Vermächtnisses fehlt. Dem mit einem Vermächtnis bedachten Pflichtteilsberechtigten stehen zwar die Auskunfts- und Wertermittlungsansprüche aus § 2314 Abs. 1 BGB zu. Ist der Pflichtteilsberechtigte aber beispielsweise mit einem belasteten Vermächtnis bedacht, befindet er sich trotzdem in einer schwierigen Situation. Die Belastungen bleiben bei der Annahme des Vermächtnisses bestehen und können von ihm in ihrer Tragweite oftmals nicht sogleich übersehen werden (*Joachim/Lange* Pflichtteilsrecht Rn. 222). Nimmt der Pflichtteilsberechtigte das Vermächtnis an, kann er grundsätzlich nicht mehr zum Pflichtteilsanspruch zurückkehren. Nur wenn er vorhandene Beschränkungen oder Beschwerungen nicht kennt, kann er die Annahme des Vermächtnisses nach § 119 Abs. 2 BGB anfechten, um in den Genuss des vollen Pflichtteilsanspruchs zu gelangen (Erman/*Röthel* BGB § 2308 Rn. 2; Soergel/*Dieckmann* BGB § 2308 Rn. 9). Hat sich der Pflichtteilsberechtigte nur über die rechtliche Tragweite der Beschränkung oder der Beschwerung oder über den wirtschaftlichen Wert der Zuwendung geirrt, steht ihm kein Anfechtungsgrund zu (Erman/*Röthel* BGB § 2308 Rn. 2; RGRK-BGB/*Johannsen* BGB § 2308 Rn. 3). Der **mit einem Vermächtnis belastete Erbe kann den Pflichtteilsberechtigten** über

§ 2307 Abs. 2 S. 1 BGB bei seiner Entscheidung **zusätzlich unter Druck** setzen, indem er ihm eine **angemessene Frist zur Erklärung setzt, ob er das Vermächtnis annimmt oder ausschlägt.** Das entspricht dem besonderen Interesse des Erben, der sich so Klarheit verschaffen kann, mit welchen Forderungen er zu rechnen hat. Fristsetzungsberechtigt ist nur der mit einem Vermächtnis beschwerte Erbe, nicht ein Hauptvermächtnisnehmer, der mit einem Untervermächtnis beschwert ist.

5. Die **Fristsetzung** erfolgt durch eine **empfangsbedürftige formlose Willenserklärung.** Sie muss – ausgehend vom Zugang der Erklärung – als angemessen zu beurteilen sein. Sie darf nicht vor Erfüllung einer von dem Pflichtteilsberechtigten verlangten Auskunft nach § 2314 Abs. 1 S. 1 BGB ablaufen. Wann eine **Frist angemessen** ist, lässt sich nur unter Berücksichtigung aller Umstände des Einzelfalls beurteilen. Setzt der mit einem Vermächtnis Beschwerte eine zu kurz bemessene Frist, wird sie durch eine angemessene Frist ersetzt. Besteht Streit zwischen den Parteien über die Angemessenheit der Fristsetzung, muss dies gerichtlich geklärt werden.

Das Gesetz fingiert, dass das **Vermächtnis nach erfolglosem Ablauf der Frist als ausgeschlagen** gilt, § 2307 Abs. 2 S. 2 BGB. Der pflichtteilsberechtigte Vermächtnisnehmer kann den Erben zuvor zur Auskunft und Wertermittlung gemäß § 2314 Abs. 1 BGB auffordern, um den Ablauf der Frist hinauszuschieben (Soergel/*Dieckmann* BGB § 2307 Rn. 12; Staudinger/*Otte* BGB § 2307 Rn. 22; Damrau/Tanck/*Riedel* BGB § 2307 Rn. 21; krit. Schlitt/Müller/*Schlitt* § 1 Rn. 116). Auf Antrag des Pflichtteilsberechtigten kann dem Erben auch eine Inventarfrist gemäß § 1994 Abs. 1 BGB gesetzt werden. In diesem Fall läuft die von dem Erben dem Vermächtnisnehmer nach § 2307 Abs. 2 S. 1 BGB gesetzte angemessene Frist regelmäßig nicht vor dem Ablauf der Inventarfrist ab (MüKoBGB/*Lange* § 2307 Rn. 16; Bamberger/Roth/*Müller* BGB § 2307 Rn. 14; Damrau/Tanck/*Riedel* BGB § 2307 Rn. 21; krit. Schlitt/Müller/*Schlitt* § 1 Rn. 116).

6. Für die außergerichtliche Tätigkeit richtet sich das **Honorar des Rechtsanwalts** grundsätzlich nach dem RVG. Da Umfang und Dauer eines erbrechtlichen Mandates, insbesondere die Vertretung eines Pflichtteilsberechtigten, am Anfang regelmäßig nicht überschaut werden können, sollte immer eine **Honorarvereinbarung** – entweder bemessen nach Stunden oder nach einem bestimmten Gegenstandswert – in Erwägung gezogen werden.

IV. Annahme und Ausschlagung der Erbschaft

1. Checkliste: Ausschlagung der Erbschaft

Checkliste

- ❒ Kann der (Mit-)Erbe die Erbschaft noch ausschlagen?
  - ❒ Ausdrückliche oder konkludente Erbschaftsannahme? (→ Form. J.IV.2 Anm. 2)
  - ❒ Lauf der Ausschlagungsfrist? (→ Form. J.IV.3 Anm. 2)
- ❒ Erklärung der Ausschlagung
  - ❒ Inhalt (→ Form. J.IV.3 Anm. 3)
  - ❒ Form (→ Form. J.IV.3 Anm. 5)
  - ❒ Erklärungsempfänger (→ Form. J.IV.3 Anm. 7)
  - ❒ Gewillkürte Vertretung (→ Form. J.IV.3 Anm. 6)
  - ❒ Gesetzliche Vertretung (→ Form. J.IV.4 Anm. 2, 3, → Form. J.IV.5)
  - ❒ Wirkung der Ausschlagung (→ Form. J.IV.3 Anm. 8)
- ❒ Anfechtung der Annahme oder Ausschlagung (→ Form. J.IV.12 bis → Form. J.IV.14)
  - ❒ Anfechtungsgrund (→ Form. J.IV.12 Anm. 2, → Form. J.IV.13 Anm. 2, → Form. J.IV.14 Anm. 2)
  - ❒ Anfechtungsfrist (→ Form. J.IV.12 Anm. 3)
  - ❒ Anfechtungserklärung (→ Form. J.IV.12 Anm. 4)
  - ❒ Wirkung der Anfechtung (→ Form. J.IV.12 Anm. 5)
- ❒ Besonderheiten bei der Annahme und Ausschlagung eines Vermächtnisses (→ Form. J.IV.11)
- ❒ Besonderheiten bei der Annahme und Ausschlagung eines Hofes iSd HöfeO (→ Form. J.IV.10)

2. Annahme der Erbschaft

Amtsgericht[1]

– Nachlassgericht –

. . . . . .

Nachlass des V, geb. am . . . . . ., verstorben am . . . . . .

Geschäfts-Nr.: . . . . . .

Am . . . . . . ist mein Vater V mit letztem Wohnsitz in . . . . . . verstorben. V hat mich mit notariellem Testament vom . . . . . . (UR-Nr. . . . . . . des Notars . . . . . .) zum Alleinerben eingesetzt. Ich nehme die Erbschaft hiermit an.[2]

. . . . . ., den . . . . . .[3]

(Unterschrift)[4, 5]

Anmerkungen

1. Sachverhalt. Das testamentarisch zum Alleinerben eingesetzte Kind des Erblassers will die Erbschaft annehmen und durch eine ausdrückliche Annahmeerklärung rasch für klare Verhältnisse sorgen.

2. Erbschaftsannahme. Der Erbschaftsanfall an den berufenen Erben führt gemäß § 1942 Abs. 1 BGB zunächst nur zu einem vorläufigen Erwerb, da er durch Ausschlagung rückgängig gemacht werden kann. Der Erbe kann aber die Erbschaft nicht mehr ausschlagen, wenn er sie angenommen hat oder die Ausschlagungsfrist verstrichen ist (§ 1943 BGB).

Die Annahme der Erbschaft kann der vorläufige Erbe sowohl durch eine **ausdrückliche Annahmeerklärung** als auch durch **schlüssiges Verhalten** (pro herede gestio; s. das ABC der schlüssigen Annahmehandlungen bei NK-BGB/*Ivo*, 5. Aufl. 2018, § 1943 Rn. 12) herbeiführen. Beide Formen der Annahme sind Willenserklärungen (BayObLGZ 1983, 153 [159 f.] = FamRZ 1983, 1061 [1063]). Da das Gesetz keinen Adressaten der Annahmeerklärung bestimmt, muss sie nicht notwendig gegenüber einer bestimmten Person erklärt werden. In der Praxis wird die Annahme – wenn sie überhaupt ausdrücklich erklärt wird – indes regelmäßig gegenüber einem Nachlassbeteiligten (zB Miterben, Nachlassgläubiger und -schuldner, Nachlassverwalter und -pfleger und Testamentsvollstrecker) oder aber – wie im Formular vorgesehen – gegenüber dem Nachlassgericht (zur Zuständigkeit → Form. J.IV.3 Anm. 7) erklärt, insbesondere bei der Beantragung eines Erbscheins (s. § 352a Abs. 3 S. 1 FamFG für den gemeinschaftlichen Erbschein).

3. Form. Anders als die Ausschlagung (§ 1945 Abs. 1 BGB) bedarf die Annahme einer Erbschaft **keiner besonderen Form.**

4. Vertretung bei der Annahme. Die Annahme und die Ausschlagung einer Erbschaft sind **keine höchstpersönlichen Rechtsgeschäfte,** so dass sie durch einen gewillkürten oder gesetzlichen Vertreter erklärt werden können. Im Unterschied zur Rechtslage bei der Ausschlagung

- ist die **Vollmacht** zur Erbschaftsannahme **nicht formbedürftig** (für die Ausschlagung s. § 1945 Abs. 3 BGB);
- bedarf ein **gesetzlicher Vertreter** für die Annahme **keiner** familien- oder betreuungsgerichtlichen **Genehmigung** (BayObLG FamRZ 1997, 126 [127] = Rpfleger 1996, 455; OLG Koblenz FamRZ 2008, 1031 = ZErb 2008, 119).

5. Kosten. Wird die Annahme gegenüber dem Nachlassgericht erklärt, löst die Entgegennahme der Annahmeerklärung keine gesonderte Gebühr aus; die Erbschaftsannahme ist in GNotKG KV-Nr. 12410 nicht genannt.

6. Steuern. Der Anfall der Erbschaft führt zu einem erbschaftsteuerpflichtigen Vorgang gem. §§ 1 Abs. 1 Nr. 1, 3 Abs. 1 Nr. 1 ErbStG. Die Besteuerung der Erbschaft setzt die ausdrückliche Annahme nicht voraus. Das Kind gehört gem. § 15 Abs. 1 ErbStG zur Steuerklasse I. Es erhält gem. § 16 Abs. 1 Nr. 2 ErbStG einen persönlichen Freibetrag in Höhe von 400.000,– EUR und eventuell gem. § 17 Abs. 2 ErbStG einen altersabhängigen Versorgungsfreibetrag. Die Steuer entsteht gem. § 9 Abs. 1 Nr. 1 ErbStG mit dem Eintritt des Erbfalls. Der Steuersatz beträgt für die Steuerklasse I gem. § 19 Abs. 1 ErbStG je nach Höhe des Erwerbs zwischen 7 % und 30 %.

Zu den Grundzügen des Erbschaft- und Schenkungsteuerrechts einschließlich der Ermittlung der erbschaft- und schenkungsteuerlichen Besteuerungsgrundlagen → Form. A.IV Kurzüberblick: Erbschaft- und Schenkungsteuerrecht.

3. Ausschlagung der Erbschaft durch den Erben (Grundfall)

Amtsgericht[1]

– Nachlassgericht –[7]

. . . . . .

Nachlass des V, geb. am . . . . . ., verstorben am . . . . . .

Geschäfts-Nr.: . . . . . .

Am . . . . . . ist mein Vater V mit letztem Wohnsitz in . . . . . . verstorben. Ob er eine letztwillige Verfügung hinterlassen hat, ist mir nicht bekannt. Von dem Anfall der Erbschaft habe ich durch das Schreiben des Nachlassgerichts . . . . . . vom . . . . . . Kenntnis erlangt.[2]

Hiermit schlage ich, ..., geb. am . . . . . ., wohnhaft: . . . . . ., die Erbschaft nach V aus allen Berufungsgründen aus.[3]

Die nächsten gesetzlichen Erben sind . . . . . .[4]

. . . . . ., den . . . . . .[5]

(Unterschrift) [6, 8, 9]

Anmerkungen

1. Sachverhalt. Der (gewillkürte oder gesetzliche) Erbe will die Erbschaft nach seinem Vater ausschlagen. In der Praxis liegt der häufigste Grund hierfür in der Überschuldung des Nachlasses (zur Anfechtung wegen Irrtums über die Überschuldung → Form. J.IV.12 Anm. 2). Die Erbschaftsausschlagung kann aber auch ein interessantes erbschaftsteuerliches Gestaltungsmittel sein (→ Form. J.IV.6 und 7).

2. Ausschlagungsfrist. Der Erbe kann die Erbschaft nicht mehr ausschlagen, wenn er sie (ausdrücklich oder konkludent) angenommen hat (→ Form. J.IV.2 Anm. 2) oder die Ausschlagungsfrist verstrichen ist (§ 1943 Hs. 1 BGB). Die Dauer und die Berechnung der Ausschlagungsfrist sind in § 1944 BGB geregelt. Der frühestmögliche Zeitpunkt für die Ausschlagung ist der Erbfall (§ 1946 BGB); der Erbe muss also den Beginn der Ausschlagungsfrist nicht abwarten.

Die **regelmäßige Ausschlagungsfrist** ist im Interesse der Rechtsklarheit und der übrigen Nachlassbeteiligten sehr kurz und beträgt nur **sechs Wochen** (§ 1944 Abs. 1 BGB). Diese Regelung kann bei komplizierten Nachlässen, deren Bestand und Bewertung innerhalb der Frist kaum zu ermitteln sind (insbesondere bei unternehmerischer Prägung, Vorhandensein ausländischen Vermögens etc), zu unbefriedigenden Ergebnissen führen und wird daher den geänderten wirtschaftlichen Verhältnissen nicht immer gerecht. Für diese Fälle wäre eine Kompetenz des Nachlassgerichts wünschenswert, eine Fristverlängerung zu gewähren; nach geltendem Recht ist dies freilich nicht möglich. Nach § 1944 Abs. 3 BGB beträgt die Ausschlagungsfrist **sechs Monate,** wenn der Erblasser seinen letzten Wohnsitz nur im Ausland gehabt hat oder wenn sich der Erbe bei dem Beginn der Frist im Ausland aufhält.

Die Ausschlagungsfrist **beginnt bei gesetzlicher Erbfolge,** sobald der Erbe vom **Anfall der Erbschaft** und dem **Grund seiner Berufung** Kenntnis erlangt (§ 1944 Abs. 2 S. 1 BGB). Die Kenntnis des Erbschaftsanfalls verlangt das Wissen des Erben, dass der Erbschafts-

anfall (§ 1942 Abs. 1 BGB), also der vorläufige Erwerb der Erbschaft, eingetreten ist. Dafür muss der Erbe die den Anfall begründenden **Tatsachen** kennen, nämlich

- den Eintritt des Erbfalls durch den Tod des Erblassers,
- das die gesetzliche Erbfolge begründende Familienverhältnis,
- das Nichtvorhandensein (Fehlen oder Wegfall) vorgehender Erben und
- das Nichtvorhandensein einer die gesetzliche Erbfolge ausschließenden letztwilligen Verfügung; insoweit genügt es, wenn der Erbe eine seinem Erbrecht entgegenstehende letztwillige Verfügung weder kennt noch konkrete Hinweise für das Vorliegen einer solchen Verfügung hat (OLG Schleswig ZEV 2016, 698; OLG Zweibrücken Rpfleger 2006, 407).

Da das Gesetz neben der Kenntnis des Erbschaftsanfalls diejenige des Berufungsgrundes verlangt, die Berufung zum Erben aber bereits notwendige Bedingung des Erbschaftsanfalls ist, kommt es insoweit auf den **konkreten Tatbestand** an, der die Berufung zum Erben zur Folge hat (OLG Zweibrücken Rpfleger 2006, 407). Verschiedene Berufungsgründe sind etwa die Berufung durch Gesetz und durch letztwillige Verfügung (BGH ZEV 2000, 401) oder die Berufung durch Ehe und Verwandtschaft (§ 1934 BGB).

Der Erbe erlangt **Kenntnis** iSd § 1944 Abs. 2 S. 1 BGB, wenn er die maßgeblichen Umstände, aufgrund derer ein Handeln erwartet werden kann, zuverlässig erfährt (BGH ZEV 2000, 401). Fahrlässige und auch grob fahrlässige Unkenntnis steht der Kenntnis nicht gleich (OLG Zweibrücken Rpfleger 2006, 407). Regelmäßig – aber nicht zwingend (s. BayObLGZ 1968, 68 [74]) – wird der Erbe spätestens durch eine Mitteilung des Nachlassgerichts über den Anfall und den Berufungsgrund die für den Fristbeginn erforderliche Kenntnis erlangen. Kommt es im Einzelfall für die Einhaltung der Ausschlagungsfrist auf den Zeitpunkt der Kenntniserlangung an, empfiehlt es sich, diesen Zeitpunkt schon in der Ausschlagungserklärung selbst zu dokumentieren.

Bei **gewillkürter Erbfolge** setzt der Fristbeginn neben der gemäß § 1944 Abs. 2 S. 1 BGB erforderlichen Kenntnis des Erben die Bekanntgabe der Verfügung von Todes wegen durch das Nachlassgericht voraus (§ 1944 Abs. 2 S. 2 BGB), sei es mündlich im Rahmen eines Eröffnungstermins gemäß § 348 Abs. 2 FamFG oder schriftlich nach § 348 Abs. 3 FamFG im praktischen Regelfall der stillen Eröffnung (s. BR-Drs. 309/07, 807). Bei **gemeinschaftlichen Testamenten** und **Erbverträgen** beginnt die Ausschlagungsfrist im zweiten Erbfall erst mit der Bekanntgabe der Verfügungen des Längerlebenden, auch wenn diese im ersten Erbfall als untrennbar gemäß § 349 Abs. 1 FamFG mit bekannt gemacht wurden (RGZ 137, 222 [228 ff.]). Zur Ausschlagungsfrist des pflichtteilsberechtigten Erben, der durch Anordnungen iSd **§ 2306 Abs. 1 BGB** beschränkt oder beschwert ist, → Form. J.IV.9 Anm. 4.

Für die **Berechnung der Ausschlagungsfrist** gelten die §§ 187 Abs. 1, 188 Abs. 2 und 3, 193 BGB. **Beispiel:** Tod des Erblassers: 2.3.2018; Kenntniserlangung iSd § 1944 Abs. 2 S. 1 BGB: 3.3.2018; Fristbeginn: 4.3.2018 (§ 187 Abs. 1 BGB); Fristende an sich am 14.4.2018 (Samstag), gemäß § 193 BGB aber am 16.4.2018. Gemäß § 1944 Abs. 2 S. 3 BGB finden auf den Lauf der Frist die für die Verjährung geltenden Vorschriften der §§ 206, 210 BGB entsprechende Anwendung (zur Fristhemmung wegen höherer Gewalt → Form. J.IV.5 Anm. 4).

3. Ausschlagungserklärung. Die Verwendung einer bestimmten **Formulierung** ist für die Ausschlagung gesetzlich nicht vorgeschrieben. Unklare Erklärungen sind aber im Zweifel nicht als Ausschlagung zu werten (BayObLGZ 1977, 163 [168]), so dass in der Gestaltungspraxis ausdrücklich der Begriff „Ausschlagung“ gebraucht werden sollte.

Die Ausschlagung erstreckt sich gemäß § 1949 Abs. 2 BGB (nur) im Zweifel auf alle **Berufungsgründe,** die dem Erben zur Zeit der Erklärung bekannt sind. Will der Erbe die Erbschaft – wie in der Praxis regelmäßig – auf jeden Fall und unabhängig von einem bestimmten Berufungsgrund ausschlagen, sollte dies – wie im Formular vorgesehen – ausdrücklich klargestellt werden.

Die Ausschlagungserklärung ist eine **einseitige, amtsempfangsbedürftige Willenserklärung** und wird daher nach Maßgabe des § 130 Abs. 1 und 2 BGB mit dem **Zugang** beim Nachlassgericht (zur Zuständigkeit → Anm. 7) wirksam (§ 130 Abs. 3 BGB). Die formgerecht errichtete Erklärung (→ Anm. 5) muss dem Nachlassgericht **innerhalb der Ausschlagungsfrist** (→ Anm. 2) zugehen. Hierfür ist der Zugang der **Urschrift** (bzw. einer Ausfertigung – § 47 BeurkG – bei Beurkundung der Ausschlagungserklärung gemäß §§ 8 ff. BeurkG) und nicht lediglich einer beglaubigten Abschrift erforderlich (BayObLGZ 1992, 64 [70] zur Anfechtung einer Ausschlagungserklärung).

Zur Beschränkung der Ausschlagung → Form. J.IV.6 Anm. 2; zur Unzulässigkeit bedingter Ausschlagungen → Form. J.IV.7 Anm. 4.

4. Angabe der nächsten gesetzlichen Erben. Die Angabe der nächsten gesetzlichen Erben ist nicht zwingend, erspart aber bei gesetzlicher Erbfolge eine Rückfrage des Nachlassgerichts beim Ausschlagenden (s. das Musterschreiben bei *Firsching/Graf* Nachlassrecht, 10. Aufl. 2014, Rn. 4.124 ff.), die andernfalls zur Erfüllung der Mitteilungspflicht gemäß § 1953 Abs. 3 S. 1 BGB erforderlich wird, da das Nachlassgericht den Nächstberufenen von Amts wegen (§ 26 FamFG) zu ermitteln hat.

5. Form der Ausschlagungserklärung. Das Gesetz sieht in § 1945 Abs. 1 Hs. 2 BGB zwei Möglichkeiten für eine formgerechte Ausschlagungserklärung vor:

- Gemäß § 1945 Abs. 1 Hs. 2 Alt. 1 BGB kann die Ausschlagung zur **Niederschrift des Nachlassgerichts** erklärt werden. Funktionell zuständig ist der Rechtspfleger (§ 3 Nr. 1 f RPflG). Die Niederschrift wird gemäß § 1945 Abs. 2 BGB nach den Vorschriften des BeurkG über die Beurkundung von Willenserklärungen (§§ 8–16, 22–26 BeurkG) errichtet.
- Gemäß § 1945 Abs. 1 Hs. 2 Alt. 2 BGB ist die Ausschlagungserklärung in **öffentlich beglaubigter Form** abzugeben. Es gilt § 129 BGB; die Erklärung muss also durch einen deutschen **Notar** nach Maßgabe der §§ 39 f. BeurkG **öffentlich beglaubigt** werden; notarielle Beurkundung reicht erst recht (§ 129 Abs. 2 BGB, §§ 8 ff. BeurkG). Andere Stellen als Notare sind zur öffentlichen Beglaubigung gemäß § 63 BeurkG nur befugt, wenn ihnen hierfür die Zuständigkeit durch Landesgesetz übertragen wurde (s. dazu *Winkler* BeurkG, 18. Aufl. 2017, § 63 Rn. 1). Die **amtliche Beglaubigung** durch eine Verwaltungsbehörde (§ 65 BeurkG) genügt nicht, ebenso wenig die Ausschlagung durch Anwaltsschriftsatz (LG München I FamRZ 2000, 1328 zur Anfechtung einer Ausschlagungserklärung).
- Wird die Ausschlagungserklärung im **Ausland** abgegeben, genügt gemäß Art. 11 Abs. 1 EGBGB die Einhaltung der nach dem Ortsrecht vorgeschriebenen Form (str.; ebenso Palandt/*Weidlich* BGB § 1945 Rn. 3; aA MüKoBGB/*Leipold* § 1945 Rn. 11). Die Empfangszuständigkeit des Nachlassgerichts richtet sich allerdings nach dem Erbstatut); ist dieses das deutsche Recht, bedarf es – wie allgemein (siehe → Anm. 3) – noch des Zugangs dieser Erklärung bei dem nach deutschem Recht zuständigen Nachlassgericht.

6. Vertretung bei der Ausschlagung. Ebenso wie die Annahme (→ Form. J.IV.2 Anm. 4) kann die Ausschlagung einer Erbschaft durch einen gewillkürten oder gesetzlichen Vertreter erklärt werden. Zur Erbschaftsausschlagung durch den gesetzlichen Vertreter → Form. J.IV.4 und 5.

Die Bevollmächtigung zur Ausschlagung wird häufig auf einer **Spezialvollmacht** beruhen. Indes ist auch die Ausschlagung aufgrund einer **Generalvollmacht** möglich, soweit nicht im Einzelfall die Auslegung ergibt, dass das Recht zur Ausschlagung von der Vollmacht nicht umfasst wird (missverständlich OLG Zweibrücken ZEV 2008, 194: Keine Ausschlagung durch Vorsorgebevollmächtigten; dagegen zu Recht *Müller* DNotZ 2008, 385 [387]). Entgegen § 167 Abs. 2 BGB muss die Vollmacht gemäß § 1945 Abs. 3

S. 1 BGB **öffentlich beglaubigt** sein. Die formgerechte Vollmacht muss dem Nachlassgericht mit der Ausschlagungserklärung vorgelegt oder innerhalb der Ausschlagungsfrist nachgereicht werden (§ 1945 Abs. 3 S. 2 BGB).

7. Zuständiges Nachlassgericht. Die Ausschlagung erfolgt durch Erklärung gegenüber dem **Nachlassgericht** (§ 1945 Abs. 1 BGB). Das Nachlassgericht ist eine Abteilung des Amtsgerichts (§ 23a Abs. 1 Nr. 2, Abs. 2 Nr. 2 GVG). Zu den bis zum 31.12.2017 in Baden-Württemberg geltenden Sonderregelungen siehe Vorauflage → Form. J.IV.3 Anm. 7.

Die **örtliche Zuständigkeit** des Nachlassgerichts bestimmt sich nach § 343 FamFG wie folgt:

- Maßgeblich ist in erster Linie der **letzte gewöhnliche Aufenthalt** des Erblassers (§ 343 Abs. 1 FamFG).
- In Ermangelung eines gewöhnlichen Aufenthalts im Inland **bei Eintritt des Erbfalls** ist gemäß § 343 Abs. 2 FamFG das Gericht zuständig, in dessen Bezirk der Erblasser seinen **letzten gewöhnlichen Aufenthalt** hatte.
- Besteht keine Zuständigkeit nach § 343 Abs. 1 oder 2 FamFG, ist gemäß **§ 343 Abs. 3 S. 1 FamFG** das **Amtsgericht Schöneberg** in Berlin-Schöneberg zuständig, wenn der Erblasser Deutscher war oder sich Nachlassgegenstände im Inland befinden. Das Amtsgericht Schöneberg kann die Sache aus wichtigem Grund an ein anderes Nachlassgericht verweisen (§ 343 Abs. 3 S. 2 FamFG).
- Darüber hinaus sieht **§ 344 Abs. 7 FamFG** eine besondere örtliche Zuständigkeit vor: Für die Entgegennahme einer Erklärung, mit der eine Erbschaft ausgeschlagen oder die Ausschlagung angefochten wird, ist auch das Nachlassgericht zuständig, in dessen Bezirk der **Ausschlagende oder Anfechtende seinen Wohnsitz** hat. Die Urschrift der Niederschrift oder die Urschrift der Erklärung in öffentlich beglaubigter Form ist von diesem Gericht an das zuständige Nachlassgericht zu übersenden (§ 344 Abs. 7 S. 2 FamFG). Durch die Neufassung des § 344 Abs. 7 FamFG durch Gesetz vom 29.6.2015 (BGBl. 2015 I 1042) sind die zuvor bestehenden Unklarheiten (s. dazu NK-BGB/*Ivo*, 4. Aufl. 2014, § 1945 Rn. 17) beseitigt worden.

Wird die Ausschlagungserklärung gegenüber einem **örtlich unzuständigen Nachlassgericht** erklärt, ist dies jedenfalls dann unschädlich, wenn dieses die Erklärung an das zuständige Gericht weiterleitet und die Erklärung dort vor Fristablauf eingeht. Nach überwiegender Ansicht galt bis zum 31.8.2009 analog § 7 FGG das Gleiche, wenn sich das unzuständige Gericht als Nachlassgericht betätigte, wofür die Weiterleitung an das zuständige Gericht innerhalb der Frist genügte, auch wenn die Erklärung dort verfristet einging, ebenso wenn das unzuständige Gericht die Erklärung entgegennahm, ohne sie weiterzuleiten oder zurückzugeben (BayObLG NJW-RR 1998, 798 [800]). Diese Grundsätze gelten analog § 2 Abs. 3 FamFG nach wie vor (ebenso MüKoBGB/*Leipold* § 1945 Rn. 15; diese Frage hat freilich wegen § 344 Abs. 7 FamFG an praktischer Bedeutung verloren.

In Fällen mit **Auslandsberührung** bestimmt das **Erbstatut** das anzuwendende Recht. Für **Erbfälle ab dem 17.8.2015** gelten die Vorschriften der EuErbVO und des IntErbRVG (zur früheren Rechtslage s. die Vorauflage Form. J.IV.3 Anm. 7).

Das nach der EuErbVO berufene materielle Erbrecht ist auch für die Annahme oder Ausschlagung einer Erbschaft einschlägig (Art. 23 Abs. 2 lit. e EuErbVO). Die **internationale Zuständigkeit deutscher Nachlassgerichte** folgt daher insoweit nicht mehr aus §§ 105, 343, 344 FamFG, sondern aus Art. 4, 10 EuErbVO. Danach gilt:

- **Art. 4 EuErbVO**: Zuständigkeit der deutschen Nachlassgerichte für die Entgegennahme der Ausschlagung, wenn der Erblasser im Zeitpunkt seines Todes seinen **gewöhnlichen Aufenthalt in Deutschland** hatte. Bei letztem gewöhnlichen Aufenthalt des Erblassers in einem **anderen Mitgliedstaat** sind dessen Gerichte international zuständig.
- **Art. 10 EuErbVO**: Hatte der Erblasser seinen **letzten gewöhnlichen Aufenthalt in einem Drittstaat**, sind die deutschen Nachlassgerichte internationnal zuständig, wenn

sich Nachlassvermögen in Deutschland befindet und der Erblasser deutscher Staatsangehöriger war oder seinen vorhergehenden gewöhnlichen Aufenthalt in Deutschland hatte, sofern die Änderung dieses gewöhnlichen Aufenthalts im Zeitpunkt der Anrufung des Gerichts nicht länger als fünf Jahre zurückliegt. Bei fehlender Zuständigkeit der Gerichte eines Mitgliedstaates nach Art. 10 Abs. 1 EuErbVO, sind die Gerichte eines Mitgliedstaates hinsichtlich des dort belegenen Nachlasses zuständig (Art. 10 Abs. 2 EuErbVO).

- **Art. 13 EuErbVO:** Internationale Zuständigkeit für die Entgegennahme einer Ausschlagungserklärung der Gerichte des Mitgliedstaates, **in dem der Ausschlagende seinen gewöhnlichen Aufenthalt hat**, sofern nach dem anwendbaren materiellen Erbecht die Erklärung gegenüber einem Gericht abzugeben ist und diese Erklärung nach dem Recht des Gerichts vor einem Gericht abgegeben werden kann (Form: Art. 28. EuErbVO). Ergänzend gilt insoweit Art. 31 IntErbRVG für die örtliche Zuständigkeit und die Form der Erklärung. Zur Zuständigkeit, wenn zum Nachlass ein **Hof iSd HöfeO** gehört, → Form. J.IV.10 Anm. 2.

8. Wirkung der Ausschlagung. Die wirksame Ausschlagung führt dazu, dass der Anfall der Erbschaft an den Ausschlagenden als nicht erfolgt gilt, und zwar rückwirkend auf den Erbfall. Der Ausschlagende war also von Anfang an **nicht Gesamtrechtsnachfolger** des Erblassers (§ 1953 Abs. 1 BGB). Da der Ausschlagende nicht durch Verfügung von Todes wegen von der Erbfolge ausgeschlossen ist, steht ihm grundsätzlich **kein Pflichtteilsanspruch** zu (§ 2303 BGB). Ausnahmen: §§ 1371 Abs. 3 (dazu → Form. J.IV.8), 2305, 2306 Abs. 1 BGB (dazu → Form. J.IV.9), § 10 Abs. 6 LPartG.

Die Vorschriften über die Erbschaftsausschlagung regeln selbst nicht, wer an die Stelle des Ausschlagenden tritt. Dieser ist vielmehr nach der Fiktion des § 1953 Abs. 2 Hs. 1 BGB als im Zeitpunkt des Erbfalls vorverstorben anzusehen, und auf dieser Grundlage ist der Nächstberufene nach den allgemeinen Regeln der gewillkürten oder gesetzlichen Erbfolge zu ermitteln. Auch der Erbschaftsanfall an den Nächstberufenen wirkt auf den Zeitpunkt des Erbfalls zurück (§ 1953 Abs. 2 Hs. 2 BGB).

Wegen der Rückwirkung der Ausschlagung auf den Zeitpunkt des Erbfalls kann sie im Einzelfall ein probates Gestaltungsmittel zur **Korrektur einer „fehlgeschlagenen" Gesellschafternachfolge** sein. Gehört der in erster Linie berufene Erbe (zB die überlebende Ehefrau) nicht zum Kreis der nach dem Gesellschaftsvertrag nachfolgeberechtigten Personen (infolge einer qualifizierten Nachfolgeklausel bei einer Personengesellschaft bzw. einer entsprechenden Einziehungsklausel bei einer GmbH; s. näher *Ivo* ZEV 2006, 252 [zur GmbH-Nachfolge], 302 [zur Nachfolge in Kommanditanteile]), wohl aber der nächstberufene Erbe (zB ein Abkömmling), kann mittels der Ausschlagung – ggf. gegen Abfindung (dazu → Form. J.IV.7) – die Gesellschafternachfolge in Übereinstimmung mit den gesellschaftsvertraglichen Vorgaben herbeigeführt werden.

9. Kosten. Beurkundet der Notar die Ausschlagung, erhält er eine 0,5-Gebühr nach GNotKG KV-Nr. 21201 Nr. 7, im praktischen Regelfall der Entwurfserstellung durch den Notar mit Beglaubigung der Unterschrift des Ausschlagenden fällt ebenfalls eine 0,5-Gebühr gemäß GNotKG KV-Nr. 24102 iVm § 92 Abs. 2 GNotKG an. Der Geschäftswert bestimmt sich nach **§ 103 Abs. 1 GNotKG.** Hiernach ist der Wert des betroffenen Nachlasses nach Abzug der Schulden zugrunde zu legen. Wird die Ausschlagung wegen **Überschuldung** des Nachlasses erklärt, fällt die Mindestgebühr in Höhe von 30,00 EUR an (GNotKG KV-Nr. 21201 bzw. KV-Nr. 24102). Wird die Erbschaft gleichzeitig von **mehreren nacheinander berufenen Personen** ausgeschlagen, liegen mehrere Beurkundungsgegenstände vor (§ 86 Abs. 2 GNotKG). Die Gebühr wird aus der Summe der Werte der mehreren Ausschlagungserklärungen erhoben (Korintenberg/*Diehn* GNotKG, 20. Aufl. 2017, § 103 Rn. 15). Beim **Nachlassgericht** entsteht für die Entgegennahme der Ausschlagungserklärung keine Gebühr mehr; sie ist in GNotKG KV-Nr. 12410 nicht

genannt (anders als unter Geltung von § 112 Abs. 1 Nr. 2 KostO). Die Kosten trägt der Ausschlagende, nicht der Nachlass.

10. Steuern. Erbschaftsteuer Erst der endgültige Erbe tritt erbschaftsteuerrechtlich in die Rechtsstellung des Erblassers ein. Er ist neuer Schuldner der Erbschaftsteuer. Der zivilrechtlichen Lage entsprechend entfällt die beim Ausschlagenden entstandene Erbschaftsteuer mit Wirkung für die Vergangenheit. Ein bereits ergangener Erbschaftsteuerbescheid ist gem. § 175 Abs. 1 S. 1 Nr. 2 AO aufzuheben. Bei demjenigen, bei dem die Erbschaft anstelle des Ausschlagenden anfällt, entsteht die Erbschaftsteuerpflicht zum Zeitpunkt des Erbfalls (TGJG/*Gebel* ErbStG § 3 Rn. 20). Die Ausschlagung selbst, die zugunsten eines Dritten erfolgt, ohne dass der Ausschlagende hierfür eine Gegenleistung erhält, stellt keinen steuerpflichtigen Vorgang gem. § 7 Abs. 1 Nr. 1 ErbStG dar (BFH BStBl. II 1985, 55).

Erfolgt die Ausschlagung gegen **Abfindung**, so ist die Abfindung beim Ausschlagenden wie ein Erwerb vom Erblasser zu versteuern (§ 3 Abs. 2 Nr. 4 ErbStG). Die Abfindung tritt an die Stelle des ausgeschlagenen Erwerbs. Sie gilt als vom Erblasser zugewendet ohne Rücksicht darauf, wer die Abfindung tatsächlich zahlt. Beim endgültigen Erben gehört die Abfindung zu den Kosten zur Erlangung des Erwerbs und ist deshalb gem. § 10 Abs. 5 Nr. 3 ErbStG als Nachlassverbindlichkeit abzugsfähig. Dies gilt unabhängig davon, ob die Abfindung aus dem Nachlassvermögen, aus dem eigenen Vermögen des Begünstigten oder von einem Dritten gezahlt wird. Der Empfänger der Abfindung hat den Erwerb nach seinem Verhältnis zum Erblasser zu versteuern. Die Bewertung des Abfindungsanspruchs hängt davon ab, was als Abfindung zu leisten ist. Ist ein Grundstück zu übertragen, so ist dessen Steuerwert maßgebend. Im Gegenzug kann der die Abfindung zahlende Erbe auch nur diesen Wert als Nachlassverbindlichkeit abziehen (BFH BStBl. II 1999, 23). Zur erbschaft- und schenkungsteuerlichen Bewertung sowie zu den Grundzügen des Erbschaft- und Schenkungsteuerrechts → Form. A.IV Kurzüberblick: Erbschaft- und Schenkungsteuerrecht.

Auch die negativen erbschaftsteuerlichen Folgen des Berliner Testaments (→ Form. E.II.1) können ggf. durch eine Ausschlagung des überlebenden Erben gegen Abfindung reduziert werden. Die zu leistende Abfindung ist zwar nach § 3 Abs. 2 Nr. 4 ErbStG steuerpflichtig, kann aber vom Erben nach § 10 Abs. 5 Nr. 3 ErbStG wiederum in Abzug gebracht werden. Der doppelt erbschaftsteuerbelastete Transfer des Vermögens zunächst vom Verstorbenen auf den überlebenden Ehegatten und dann auf die Kinder kann so vermieden werden (*Mayer* ZEV 1998, 50).

Schlägt der Erbe die Erbschaft aus, um der nächsten Generation ein existenzsicherndes Vermögen zukommen zu lassen und wird diese verpflichtet, dem ausschlagenden Erben im Gegenzug lebenslängliche **Versorgungsleistungen** zu zahlen, handelt es sich um eine Ausschlagung gegen Abfindung in Form von Versorgungsleistungen (BFH BStBl. II 1997, 32). In erbschaftsteuerlicher Hinsicht ist diese Konstellation ein steuerpflichtiger Erwerb gem. § 3 Abs. 2 Nr. 4 ErbStG für den Ausschlagenden. Wirtschaftlich betrachtet entspricht die Ausschlagung gegen Versorgungsleistung einer Vermögensvererbung auf die nächste Generation bei gleichzeitiger testamentarischer Nießbrauchsbestellung für den Ausschlagenden.

Die Ausschlagung mit gleichzeitiger Geltendmachung des Pflichtteils ist beim ausschlagenden Erben ein steuerpflichtiger Erwerb gem. § 3 Abs. 1 Nr. 1 ErbStG und beim Erben als Nachlassverbindlichkeit gem. § 10 Abs. 5 Nr. 1 ErbStG abzugsfähig. Zum Pflichtteil → Form. C.VI.1.

Einkommensteuerlich tritt der Ausschlagende in der Zeit zwischen dem Erbfall und der Ausschlagung in die Stellung des Erblassers ein. Wird die Erbschaft ausgeschlagen, verliert er diese Stellung rückwirkend. Der endgültige Erbe tritt dann ertragsteuerlich (ex tunc) in die Rechtsstellung des Erben ein (Schmidt/*Wacker* EStG § 16 Rn. 591). Ein zwischenzeitlich ergangener Einkommensteuerbescheid ist gem. § 175 Abs. 1 S. 1 Nr. 2 AO aufzuheben.

Die Ausschlagung der Erbschaft gegen **Versorgungsleistungen** ist grundsätzlich unentgeltlich (Zur Zulässigkeit BMF BStBl. I 2010, 227 Rn. 2; BFH BStBl. II 2008, 123). Seit dem 1.1.2008 kann der Verpflichtete Versorgungsleistungen nur noch in den in § 10 Abs. 1a Nr. 2 EStG genannten eng begrenzten Fällen als Sonderausgabe abziehen (→ Form. I.III.13 Anm. 7, 9). Auf der anderen Seite hat der Empfänger der Versorgungsleistungen die Versorgungsleistungen in vollem Umfang zu versteuern (§ 22 Nr. 1a EStG). Sofern es sich nicht um Versorgungsleistungen handelt, gelten die allgemeinen Grundsätze zu Leibrenten, vgl. → Form. I.III.13 Anm. 9.

Wird die Erbschaft ausgeschlagen und gleichzeitig der **Pflichtteil** geltend gemacht, stellt dies ebenfalls einen unentgeltlichen Vorgang dar. Die Erfüllung des Pflichtteilsanspruchs ist kein Entgelt und demzufolge kein Veräußerungs- und Anschaffungsvorgang (BFH BStBl. II 1992, 275; Schmidt/*Wacker* EStG § 16 Rn. 592).

Erhält der ausschlagende Erbe eine **Abfindung**, so stellt diese ertragsteuerlich Veräußerungserlös des ausschlagenden Erben für die Veräußerung des Erbteils und Anschaffungskosten des endgültigen Erben dar (BMF BStBl. I 2006, 253 Rn. 37; Schmidt/*Wacker* § 16 Rn. 591).

Gehört zum Nachlass nur Privatvermögen, kann die Ausschlagung der Erbschaft gegen Abfindung nur unter den Voraussetzungen §§ 17 und 23 EStG zu einer Steuerpflicht führen, da die entgeltliche Ausschlagung einer entgeltlichen Veräußerung gleichsteht (BMF BStBl. I 2006, 253 Rn. 37, 43).

Ein Steuerbelastungsvergleich zwischen der Annahme und der Ausschlagung einer Erbschaft sollte sich nicht auf die Erbschaftsteuer beschränken, sondern muss immer alle Steuern berücksichtigen, insbesondere die Einkommensteuer und die Grunderwerbsteuer.

4. Ausschlagung der Erbschaft durch den Erben und seine nächstberufenen minderjährigen und ungeborenen Kinder

Amtsgericht[1]

– Nachlassgericht –

. . . . . .

Nachlass des V, geb. am . . . . . ., verstorben am . . . . . .

Geschäfts-Nr.: . . . . . .

Am . . . . . . ist mein Vater V mit letztem Wohnsitz in . . . . . . verstorben. Ob er eine letztwillige Verfügung hinterlassen hat, ist mir nicht bekannt. Von dem Anfall der Erbschaft habe ich durch das Schreiben des Nachlassgerichts . . . . . . vom . . . . . . Kenntnis erlangt.

Hiermit schlage ich, S, geb. am . . . . . ., wohnhaft: . . . . . ., die Erbschaft nach V aus allen Berufungsgründen aus.

Durch diese Ausschlagung kommen meine minderjährigen Kinder E, geb. am . . . . . ., wohnhaft: . . . . . ., und F, geb. am . . . . . ., wohnhaft: . . . . . ., als Erben nach V in Betracht. Hiermit schlagen wir, S, vorgenannt, und ST, geb. am . . . . . ., wohnhaft: . . . . . ., als gesetzliche Vertreter von E und F für diese die Erbschaft nach V aus allen Berufungsgründen aus.[2]

Ferner kommt durch meine, S, Ausschlagung unser ungeborenes Kind (voraussichtlicher Geburtstermin . . . . . .) als Erbe nach V in Betracht. Hiermit schlagen wir, S und ST, als

künftige gesetzliche Vertreter für dieses Kind die Erbschaft nach V aus allen Berufungsgründen aus.[3]

Die nächsten gesetzlichen Erben sind ......

......, den ......

(Unterschrift)[4]

Anmerkungen

1. Sachverhalt. Der (gewillkürte oder gesetzliche) Erbe S will die Erbschaft nach seinem Vater V ausschlagen. Durch die Ausschlagung treten die minderjährigen Kinder des S und ein bereits gezeugtes, aber noch ungeborenes Kind des S als Ersatzerben oder als nächstberufene gesetzliche Erben an seine Stelle. S und seine Ehefrau ST, die Mutter der minderjährigen Kinder E und F und des ungeborenen Kindes, schlagen daher auch gleich für diese die Erbschaft nach V aus. S. zur Ausschlagung im Allgemeinen zunächst die Anmerkungen zu → Form. J.IV.3.

2. Ausschlagung für das nächstberufene minderjährige Kind. Die Ausschlagung setzt die unbeschränkte Geschäftsfähigkeit des Erklärenden voraus. Ist der Erbe **geschäftsunfähig,** kann die Ausschlagung wirksam nur durch seinen gesetzlichen Vertreter erklärt werden. Der **beschränkt geschäftsfähige** Erbe wird entweder ebenfalls gesetzlich vertreten oder kann mit Einwilligung seines gesetzlichen Vertreters selbst ausschlagen. Sind **mehrere gesetzliche Vertreter** vorhanden – insbesondere, wie im Formular, gemeinsam sorgeberechtigte Eltern, § 1629 Abs. 1 S. 2 BGB – müssen alle in der Form des § 1945 BGB die Ausschlagung erklären (BayObLGZ 1977, 163 [167]).

Zur Erbschaftsausschlagung bedürfen der **Vormund** (§ 1822 Nr. 2 BGB) und der **Pfleger**, der für einen Minderjährigen oder eine Leibesfrucht bestellt ist (§§ 1915 Abs. 1, 1822 Nr. 2 BGB), der Genehmigung des **Familiengerichts**, der **Betreuer** der Genehmigung des **Betreuungsgerichts** (§§ 1908i Abs. 1 S. 1, 1822 Nr. 2BGB; → Form. J.IV.5). **Eltern** benötigen zur Ausschlagung für ihr minderjähriges Kind grundsätzlich ebenfalls eine **familiengerichtliche Genehmigung** (§ 1643 Abs. 2 S. 1 BGB). Für Eltern normiert § 1643 Abs. 2 S. 2 BGB indes eine wichtige, in ihrer praktischen Anwendung aber nicht unproblematische Ausnahmeregelung: Tritt der Anfall der Erbschaft an das Kind erst infolge der Ausschlagung eines Elternteils ein, der das Kind allein oder gemeinsam mit dem anderen Elternteil vertritt, ist die Genehmigung nur erforderlich, wenn dieser neben dem Kinde berufen war (zu verschiedenen Fallgruppen s. *Ivo* ZEV 2002, 309). Im Formular bedürfen S und ST zur Erbschaftsausschlagung für E und F nicht der familiengerichtlichen Genehmigung. Denn der Anfall der Erbschaft an E und F tritt erst infolge der Ausschlagung durch S ein (§§ 1953 Abs. 1, 2, 1924 Abs. 3 BGB), und S war auch nicht **neben** E und F zum Erben berufen. Der Genehmigungsfreiheit liegt die Annahme des historischen Gesetzgebers zugrunde, dass die Erbschaft auch für das nächstberufene Kind ohne Vorteil sein werde und daher eine Benachteiligung des Kindes nicht zu befürchten sei, weil der vertretungsberechtigte Elternteil im Normalfall selbst das dringendste Interesse daran habe, die Erbschaft zu erwerben und nicht ohne gehörige Prüfung der Sachlage ausschlagen werde (Motive V, 515).

Die Genehmigungsfreiheit nach § 1643 Abs. 2 S. 2 BGB setzt **nicht** voraus, dass die Erbschaft aus einem bestimmten Grund ausgeschlagen wird, insbesondere wegen **Überschuldung.** Das Motiv der Ausschlagung ist im Grundsatz unbeachtlich. Auch die Ausschlagung einer **wirtschaftlich vorteilhaften Erbschaft** unterliegt daher nicht der Genehmigung durch das Familiengericht, welches somit die Zusammensetzung des Nachlasses und einen hieraus möglicherweise folgenden wirtschaftlichen Vorteil für

das Kind nicht zu prüfen hat (OLG Köln DNotZ 2012, 855 mAnm *Baumann* DNotZ 2012, 803; Motive V, 515). Dies gilt auch für den Fall, dass die Eltern eine eindeutig wirtschaftlich vorteilhafte Erbschaft für sich und das Kind ausschlagen, weil sie es ohne „vernünftigen", von einem objektiven Betrachter gutgeheißenen Grund ablehnen, dass das Vermögen des Erblassers in ihre engere Familie gelangt (Staudinger/*Engler* BGB § 1643 Rn. 37).

Auch wenn der Erbschaftsanfall an das minderjährige Kind infolge der Ausschlagung eines vertretungsberechtigten Elternteils eintritt, ist zur Ausschlagung für das Kind dann die familiengerichtliche Genehmigung erforderlich, wenn der ausschlagende Elternteil **neben dem Kind berufen** war, § 1643 Abs. 2 S. 2 Hs. 2 BGB. Denn in einer solchen Konstellation gehe die Prüfung der Ausschlagung durch den Elternteil für sich selbst nicht voraus und es liege daher ein Interessenwiderstreit nahe (Motive V, 515). Außerdem wird in Rechtsprechung und Literatur im Wege einer **teleologischen Reduktion** des § 1643 Abs. 2 S. 2 BGB die Genehmigungsbedürftigkeit nach § 1643 Abs. 2 S. 1 BGB bejaht, wenn die Eltern- und Kindesinteressen nicht gleichgerichtet sind. Als Beispiel hierfür wird der Fall genannt, dass ein vertretungsberechtigter Elternteil mit mehreren Kindern die Erbschaft für sich und einen Teil seiner Kinder ausschlägt, sie aber für einen anderen Teil der Kinder annimmt, um die **Erbschaft damit in bestimmte Bahnen zu lenken, sog. selektive Ausschlagung** (KG ZEV 2012, 332 mablAnm *Litzenburger*; *Engler* FamRZ 1972, 7 [8]; anders *Sagmeister* ZEV 2012, 121). Ebenso bedarf die Ausschlagung für das Kind der familiengerichtlichen Genehmigung, wenn der testamentarisch bedachte Elternteil die Erbschaft als Testamentserbe für sich und das Kind als Ersatzerbe ausschlägt, um die Erbschaft als gesetzlicher Erbe anzunehmen, § 1948 BGB (OLG Frankfurt NJW 1955, 466; OLGZ 1970, 81), anders aber (Genehmigungsfreiheit), wenn der vertretungsberechtigte Elternteil für sich als Vorerbe ausschlägt und dann die Eltern die Erbschaft für die als Nacherben vorgesehenen minderjährigen Kinder ausschlagen (OLG Frankfurt ZEV 2011, 597; aA *Sagmeister* ZEV 2012, 121 [125]). Allein der Umstand, dass eine (werthaltige) Erbschaft infolge der Ausschlagung ohne weiteres Zutun der Eltern einem Dritten anfällt, kann indes noch nicht zur Genehmigungsbedürftigkeit führen (s. näher *Ivo* EE 2005, 192).

Benötigen Eltern für die Ausschlagung eine familiengerichtliche Genehmigung, ist für ihre **Bekanntgabe** nach **§ 41 Abs. 3 FamFG** die Bestellung eines **Ergänzungspflegers nur dann** erforderlich, wenn die Voraussetzungen für eine Entziehung der Vertretungsmacht (§ 1796 BGB) festgestellt sind (BGH ZEV 2014, 199).

3. Ausschlagung für das nächstberufene ungeborene Kind. Das im Zeitpunkt des Erbfalls bereits gezeugte, aber noch ungeborene Kind ist **erbfähig,** wenn es später lebend geboren wird (§ 1923 Abs. 2 BGB). Für den **nasciturus** können nach der zutreffenden hM seine Eltern (§ 1912 Abs. 2 BGB) als künftige gesetzliche Vertreter oder ein Pfleger (§ 1912 Abs. 1 BGB) die Erbschaft bereits vor der Geburt **ausschlagen** (OLG Stuttgart NJW 1993, 2250 = FamRZ 1994, 264; OLG Oldenburg NJW-RR 1994, 651 = FamRZ 1994, 847; MüKoBGB/*Leipold* § 1923 Rn. 21; aA LG Berlin Rpfleger 1990, 362; AG Recklinghausen Rpfleger 1988, 106). Sind die Eltern nicht miteinander verheiratet, kommt es darauf an, ob sie bereits die Sorgeerklärungen gemäß §§ 1626a Abs. 1 Nr. 1, 1626b Abs. 2 BGB abgegeben haben. Ist dies nicht der Fall, steht gemäß § 1626a Abs. 3 BGB allein der Mutter die Fürsorge zu (MüKoBGB/*Schwab* § 1912 Rn. 12).

Für die Ausschlagung benötigt der künftige gesetzliche Vertreter – wie auch sonst (→ Anm. 2) – grundsätzlich eine **familiengerichtliche Genehmigung** (§§ 1643 Abs. 2 S. 1, 1908i Abs. 1, 1915 Abs. 1, 1822 Nr. 2 BGB). Für Eltern gilt wiederum die Ausnahme des § 1643 Abs. 2 S. 2 BGB (LG Osnabrück Rpfleger 1993, 342). Im Formular ist daher keine familiengerichtliche Genehmigung erforderlich.

Die **Annahme** der Erbschaft kann nach hM nicht schon für den nasciturus erklärt werden, da ihre Wirkung – anders als im Falle der Ausschlagung – erst mit der Voll-

endung der Geburt und der damit verbundenen Erlangung der Rechtsfähigkeit (§ 1 BGB) feststünde (Palandt/*Weidlich* BGB § 1943 Rn. 4, § 1946 Rn. 1; *Linde* BWNotZ 1988, 54 [55]; aA Staudinger/*Otte* BGB § 1946 Rn. 5).

4. Kosten. → Form. J.IV.3 Anm. 9.

5. Steuern. → Form. J.IV.3 Anm. 10.

5. Ausschlagung der Erbschaft durch den Betreuer

Amtsgericht[1]

– Nachlassgericht –

. . . . . .

Nachlass des V, geb. am . . . . . ., verstorben am . . . . . .

Geschäfts-Nr.: . . . . . .

Ich, B, geb. am . . . . . ., wohnhaft . . . . . ., bin durch Beschluss des Amtsgerichts – Betreuungsgericht – . . . . . . vom . . . . . . (Geschäfts-Nr.: . . . . . .) zum Betreuer des S, geb. am . . . . . ., wohnhaft . . . . . ., ua mit dem Aufgabenkreis „Ausschlagung der Erbschaft nach V" bestellt worden.[2]

Am . . . . . . ist V, der Vater des S, mit letztem Wohnsitz in . . . . . . verstorben. Eine letztwillige Verfügung hat V nicht hinterlassen. Von dem Anfall der Erbschaft habe ich durch das Schreiben des Nachlassgerichts . . . . . . vom . . . . . . Kenntnis erlangt.[3]

Hiermit schlage ich, B, als Betreuer des S für diesen die Erbschaft nach V aus allen Berufungsgründen aus.

Der Notar hat darauf hingewiesen, dass zur Wirksamkeit der Ausschlagung die Genehmigung des Betreuungsgerichts[5] erforderlich ist und die Erteilung der Genehmigung dem Nachlassgericht innerhalb der Ausschlagungsfrist nachgewiesen werden muss.[4]

Die nächsten gesetzlichen Erben sind . . . . . .

. . . . . ., den . . . . . .

(Unterschrift)

Anmerkungen

1. Sachverhalt. Der Sohn des Erblassers (S) steht unter Betreuung und ist geschäftsunfähig. Der Betreuer (B) will für S die Erbschaft nach dessen Vater V ausschlagen, weil
- (Ausgangsfall) der Nachlass überschuldet ist oder
- (Sachverhaltsvariante) der Nachlass werthaltig ist, S Leistungen der Sozialhilfe in Anspruch nimmt und B mit dem nächstberufenen (gewillkürten oder gesetzlichen) Erben eine Vereinbarung getroffen hat, wonach dieser dem S als Gegenleistung für die Ausschlagung die Zuwendung von Vermögenswerten verspricht, die nicht auf die Sozialhilfeleistungen anzurechnen sind (entsprechend der Verwaltungsanordnung an den Testamentsvollstrecker in einem „Behindertentestament"; → Form. F.I.2 Anm. 12).

Siehe zur Ausschlagung im Allgemeinen zunächst die Anmerkungen zu → Form. J.IV.3.

2. Aufgabenkreis des Betreuers. Der **Betreuer** kann für den Betreuten als dessen gesetzlicher Vertreter (§ 1902 BGB) eine Erbschaft ausschlagen, sofern dies zu seinem **Aufgabenkreis** (§ 1896 Abs. 2 BGB) gehört. Die Bestellung zur „Vermögenssorge" soll nach einigen Stimmen in der Literatur nicht genügen (MüKoBGB/*Schwab* § 1896 Rn. 119; Palandt/*Götz* BGB § 1896 Rn. 22). Dies überzeugt nicht (s. Gutachten DNotI-Report 2004, 1) und entspricht auch nicht der gerichtlichen Praxis (BGH NJW 2012, 685; OLG Hamm ZEV 2009, 471 = FamRZ 2009, 2036; vgl. auch BGH ZEV 2017, 33).

3. Beginn der Ausschlagungsfrist. Siehe zunächst → Form. J.IV.3 Anm. 2. Maßgeblich für den Beginn der Ausschlagungsfrist gemäß § 1944 Abs. 2 BGB ist die **Kenntnis des Erben.** Ist der Erbe geschäftsunfähig oder beschränkt geschäftsfähig, ist die Kenntnis seines **gesetzlichen Vertreters** erforderlich (Motive V, 500 f.; OLG Naumburg OLGR 2003, 325). Hat ein **geschäftsfähiger Erbe** einen gesetzlichen Vertreter (zB einen Betreuer gemäß § 1896 BGB), setzen sowohl die Kenntnis des Erben als auch die Kenntnis des Vertreters die Frist in Gang, und die früher abgelaufene Frist entscheidet (hM; KG JW 1935, 3641; MüKoBGB/*Leipold* § 1944 Rn. 16; aA Staudinger/*Otte* BGB § 1944 Rn. 15). Im Formular wird wegen der Geschäftsunfähigkeit des S allein auf die Kenntnis des B abgestellt.

4. Ausschlagungsfrist und betreuungsgerichtliche Genehmigung. Zur Erbschaftsausschlagung benötigt der Betreuer gemäß §§ 1908i Abs. 1 S. 1, 1822 Nr. 2 BGB stets die **Genehmigung des Betreuungsgerichts** (→ Form. J.IV.4 Anm. 2). Da es sich bei der Erbschaftsausschlagung um eine einseitige Willenserklärung handelt (→ Form. J.IV.3 Anm. 3), muss die Genehmigung gemäß §§ 1908i Abs. 1 S. 1, 1831 BGB an sich bereits bei der Erklärung der Ausschlagung vorliegen. Aufgrund der Besonderheiten der Erbschaftsausschlagung (fristgebunden und amtsempfangsbedürftig) genügt es indes anerkanntermaßen, wenn die Genehmigung dem Nachlassgericht **vor Ablauf der Ausschlagungsfrist nachgewiesen** wird (RGZ 118, 145 [148]; BayObLGZ 1983, 213 [219]; *Firsching/Graf* Rn. 4.106).

Innerhalb der 6-Wochen-Frist des § 1944 Abs. 1 BGB wird freilich die betreuungsgerichtliche Genehmigung häufig nicht zu erlangen sein. Hier hilft § 1944 Abs. 2 S. 3 BGB, wonach die Ausschlagungsfrist ua entsprechend § 206 BGB im Falle **höherer Gewalt gehemmt** ist. Als höhere Gewalt wird insbesondere die für den gesetzlichen Vertreter unvermeidbare Verzögerung aufgrund eines Verfahrens über die Erteilung einer familiengerichtlichen (§ 1643 Abs. 2 BGB) oder betreuungsgerichtlichen (§ 1908i Abs. 1 S. 1 iVm § 1822 Nr. 2 BGB) Genehmigung der Ausschlagung angesehen (hM; KG ErbR 2016, 210; OLG Brandenburg ZEV 2014, 540; OLG Saarbrücken RPfleger 2011, 607; BayObLGZ 1983, 9 [12 f.]. = FamRZ 1983, 834; OLG Frankfurt FamRZ 1966, 259; MüKoBGB/*Huber* § 1643 Rn. 41).

Dabei **endet die Hemmung** der Ausschlagungsfrist mit der Bekanntmachung der Genehmigung an den gesetzlichen Vertreter; danach läuft der Rest der Frist ab, § 209 BGB (OLG Saarbrücken RPfleger 2011, 607; OLG Frankfurt FamRZ 1966, 259; MüKoBGB/*Leipold* § 1944 Rn. 23). Nachdem **§ 40 Abs. 2 FamFG** die **Rechtskraft** der Genehmigung zur **Wirksamkeitsvoraussetzung** erhoben hat, kann die Hemmung erst mit Bekanntmachung der **rechtskräftig gewordenen Genehmigung** (Rechtskraftzeugnis, § 46 FamFG) enden. Der Ablauf der Hemmung ist von erheblicher praktischer Bedeutung, weil es nach Bekanntgabe der rechtskräftigen Genehmigung an den gesetzlichen Vertreter nach wie vor in seinem Ermessen liegt, ob er von ihr **Gebrauch macht.** Bei der Ausschlagung geschieht dies, indem der gesetzliche Vertreter gegenüber dem Nachlassgericht den Nachweis der Genehmigungserteilung erbringt (KG ErbR 2016, 210: OLG Brandenburg ZEV 2014, 540; *Horn* ZEV 2016, 20 [22]), etwa durch Vorlage der schriftlichen Genehmigung oder einer Abschrift (auch per Telefax). Die für die Übermittlung der Genehmigung an das Nachlassgericht ggf. noch benötigte Zeit wird in den Hemmungszeitraum nicht einbezogen (OLG Frankfurt FamRZ 1966, 259; Palandt/*Weidlich* BGB § 1944 Rn. 7), so dass der gesetzliche Vertreter

den Nachweis der Genehmigung nach ihrer wirksamen Erteilung innerhalb der dann noch verbleibenden Ausschlagungsfrist dem Nachlassgericht übermitteln muss. Dies gilt auch, wenn Nachlass- und Familien- bzw. Betreuungsgericht **Abteilungen desselben Amtsgerichts** sind (vgl. *Firsching/Graf* Rn. 4.106).

Der **Notar** kann es übernehmen, für den gesetzlichen Vertreter die familien- bzw. betreuungsgerichtliche Genehmigung einzuholen, sie für ihn im Empfang zu nehmen und von ihr durch Übermittlung an das Nachlassgericht Gebrauch zu machen. Damit ist dann freilich auch verbunden, die Einhaltung der Ausschlagungsfrist zu gewährleisten (zur Hemmung der Ausschlagungsfrist wegen höherer Gewalt bei verzögerlicher Sachbehandlung durch den Notar oder sein Personal s. KG ZEV 2004, 283 [285 f.] = FamRZ 2004, 1900). **Formulierungsvorschlag:** „Der Notar wird beauftragt und bevollmächtigt, die erforderliche betreuungsgerichtliche Genehmigung zu dieser Ausschlagung zu beantragen, die Genehmigung für mich, B, entgegenzunehmen und von ihr durch Übersendung einer beglaubigten Abschrift an das Nachlassgericht Gebrauch zu machen."

5. Betreuungsgerichtliche Genehmigung. Ob die durch den gesetzlichen Vertreter erklärte Erbschaftsausschlagung **genehmigungsfähig** ist, bemisst sich allein danach, ob sie dem **Interesse des Vertretenen** entspricht (*Bengel* ZEV 1994, 29; MüKoBGB/*Kroll-Ludwigs* § 1828 Rn. 17). Die Interessen Dritter sind nicht maßgebend, auch nicht öffentliche Interessen (Soergel/*Zimmermann* BGB § 1828 Rn. 9; MüKoBGB/*Kroll-Ludwigs* § 1828 Rn. 18).

Im **Ausgangsfall** (Ausschlagung wegen Überschuldung) ist die durch B erklärte Ausschlagung ohne weiteres genehmigungsfähig. Nachdem der BGH in seiner Entscheidung vom 19.1.2011 (NJW 2011, 1586 = DNotZ 2011, 381 mAnm *Ivo* = ZEV 2011, 528 mAnm *Leipold*) die Sittenwidrigkeit der Erbschaftsausschlagung eines Sozialhilfeempfängers verneint hat (gegen OLG Stuttgart NJW 2001, 3484 und OLG Hamm ZEV 2009, 471), ist die Genehmigungsfähigkeit der Ausschlagung auch in der **Sachverhaltsvariante** (Ausschlagung der werthaltigen Erbschaft gegen nicht auf die Sozialhilfe anzurechnende Abfindungsleistungen des Nächstberufenen im wohlverstandenen Interesse des Betreuten) zu bejahen. Nunmehr können **„unterlassene Behindertentestamente"** nach dem Erbfall quasi „nachgeholt" werden. Ist ein behinderter Sozialleistungsbezieher kraft gesetzlicher Erbfolge oder aufgrund einer nicht (mehr) passsenden letztwilligen Verfügung zum unbeschränkten Erben berufen, entsteht in seiner Person ein vorrangig einzusetzender Vermögenswert. In einer solchen Konstellation kann der Behinderte (ggf. vertreten durch seinen Betreuer) die Erbschaft ausschlagen und mit dem Nächstberufenen eine Vereinbarung treffen, wonach er von diesem als Abfindung für die Ausschlagung Leistungen erhält, die – wie aufgrund einer Verwaltungsanordnung in einem „Behindertentestament" gem. § 2216 Abs. 2 BGB – nicht auf die Sozialhilfeleitungen angerechnet werden (zur Gestaltung eines „Behindertentestaments" → Form. F.I.3 Anm. 4). Praktische Schwierigkeiten bereitet hierbei freilich die knappe Ausschlagungsfrist (→ Form. J.IV.3 Anm. 2).

6. Steuern. → Form. J.IV.3 Anm. 10.

6. Ausschlagung der gewillkürten Erbschaft bei Annahme als gesetzlicher Erbe

Amtsgericht[1, 3]

– Nachlassgericht –

. . . . . .

Nachlass des V, geb. am . . . . . ., verstorben am . . . . . .

Geschäfts-Nr.: . . . . . .

Am . . . . . . ist mein Ehemann V mit letztem Wohnsitz in . . . . . . verstorben. Wir haben uns unter Ziffer . . . . . . des gemeinschaftlichen Testaments vom . . . . . ., eröffnet durch das Nachlassgericht . . . . . . am . . . . . ., gegenseitig zu Alleinerben eingesetzt.

Hiermit schlage ich, M, geb. am . . . . . ., wohnhaft: . . . . . ., die Alleinerbschaft nach V gemäß Ziffer . . . . . . des gemeinschaftlichen Testament vom . . . . . . aus und nehme die Erbschaft als gesetzliche Miterbin nach V an.[2]

Die weiteren gesetzlichen Miterben sind unsere gemeinsamen Kinder S, geb. am . . . . . ., wohnhaft: . . . . . ., und T, geb. am . . . . . ., wohnhaft: . . . . . .

. . . . . ., den . . . . . .

(Unterschrift)

Anmerkungen

1. Sachverhalt. Die Eheleute V und M haben sich in einem gemeinschaftlichen Testament gegenseitig zu Alleinerben eingesetzt. Eine Regelung über die Erbfolge nach dem Überlebenden von ihnen haben sie nicht getroffen. V und M haben die beiden gemeinsamen Kinder S und T und lebten im gesetzlichen Güterstand. V hinterlässt ein nicht unerhebliches Vermögen, weshalb die Alleinerbschaft der M erbschaftsteuerlich nachteilig ist (fehlende Ausnutzung der Freibeträge von S und T beim Tod des V). Die gesetzliche Erbfolge (M: $^1/_2$; S und T: je $^1/_4$) wäre steuerlich deutlich günstiger. M will daher die Alleinerbschaft ausschlagen und als gesetzliche Miterbin annehmen. Als Gestaltungsalternative kommt in diesem Fall auch die umfassende Ausschlagung gegen Abfindung in Betracht (→ Form. J.IV.7).

S. zur Ausschlagung im Allgemeinen zunächst die Anmerkungen zu → Form. J.IV.3.

2. Beschränkung der Ausschlagung auf die gewillkürte Erbfolge. Die Annahme und die Ausschlagung einer Erbschaft sind grundsätzlich nicht teilbar. Fällt dem Erben die Erbschaft (oder ein einheitlicher Erbteil) aus **einem Berufungsgrund** an, kann er sie nur insgesamt annehmen oder ausschlagen (§ 1950 S. 1 BGB). Ist der Erbe dagegen **aus mehreren Gründen** zur Erbschaft im Ganzen oder zu einem Erbteil berufen, kann er nach Maßgabe des § 1948 BGB die Erbschaft (oder den Erbteil) aus dem einen Grund ausschlagen und aus dem anderen annehmen. Bei einer Berufung des Erben zu **mehreren Erbteilen** kann er für jeden Erbteil gesondert über Annahme oder Ausschlagung entscheiden, wenn die Berufung auf verschiedenen Gründen beruht (§ 1951 Abs. 1 BGB) oder der Erblasser dies durch Verfügung von Todes wegen gestattet hat (§ 1951 Abs. 3 BGB).

Wer durch Verfügung von Todes wegen als Erbe berufen ist, kann, wenn er ohne die Verfügung als gesetzlicher Erbe berufen sein würde, gemäß § 1948 Abs. 1 BGB die Erbschaft als eingesetzter Erbe ausschlagen und als gesetzlicher Erbe annehmen. Die praktische Bedeutung der Vorschrift ist gering. Bei ihrer Anwendung ist **höchste Vorsicht** geboten, da die Tatbestandsvoraussetzungen entgegen dem ersten Anschein oft nicht erfüllt sind (s. die rechtspolitische Kritik von *Holzhauer* S. 92 ff.; MüKoBGB/*Leipold* § 1948 Rn. 2). Mit der „Verfügung" iSd § 1948 Abs. 1 BGB ist nämlich nicht die letztwillige Verfügung insgesamt, sondern lediglich die **konkrete einzelne Anordnung** des Erblassers gemeint, welche die Erbeinsetzung des Ausschlagenden zum Gegenstand hat. Nur derjenige Erbe kann daher die Erbschaft (oder den Erbteil) als gewillkürter Erbe ausschlagen und als gesetzlicher Erbe annehmen, der ohne diese konkrete einzelne Anordnung, aber unter Aufrechterhaltung aller sonstigen (konkreten) Verfügungen des Erblassers dessen gesetzlicher Erbe wäre (*Holzhauer* S. 88; MüKoBGB/*Leipold* § 1948

Rn. 3). Daran fehlt es, wenn der Erblasser einen **Ersatzerben** eingesetzt hat (§ 2096 BGB), die Ersatzerbschaft auf einer **gesetzlichen Auslegungsregel** (§§ 2069, 2102 Abs. 1 BGB) beruht sowie in den Fällen der **Anwachsung,** § 2094 BGB (BayObLGZ 1977, 163 [166 f.]; OLG Frankfurt NJW 1955, 466). Damit greift § 1948 Abs. 1 BGB nur dann, wenn der Ausschlagende zum Alleinerben eingesetzt und für ihn kein Ersatzerbe bestimmt wurde (oder die angeordnete Ersatzberufung gegenstandslos geworden ist, zB durch Vorversterben oder Ausschlagung), der Ausschlagende nur gesetzliche Miterben hat (§ 2088 Abs. 1 BGB) oder die Anwachsung unter eingesetzten Miterben ausgeschlossen ist, § 2094 Abs. 2 und 3 BGB (*Holzhauer* S. 89; Staudinger/*Otte* BGB § 1948 Rn. 3).

Im Formular haben sich V und M lediglich gegenseitig zu Alleinerben eingesetzt, so dass nach der Ausschlagung durch M als testamentarische Alleinerbin keine weitere (konkrete) letztwillige Verfügung des V eingreift und somit nach ihm gesetzliche Erbfolge eintritt.

Praxishinweis: Nicht zielführend ist ein Vorgehen nach § 1948 Abs. 1 BGB, wenn Eheleute in der Form eines **Berliner Testaments** (§ 2269 BGB) verfügt und ihre Abkömmlinge zu Schlusserben des überlebenden Ehegatten eingesetzt haben, da in der Schlusserbenberufung im Zweifel auch die Einsetzung zu Ersatzerben des erstversterbenden Elternteils liegt (OLG Düsseldorf FamRZ 2007, 1359 = FGPrax 2007, 232; OLG Stuttgart BWNotZ 1979, 11; Palandt/*Weidlich* BGB § 2269 Rn. 3). Zur gesetzlichen Erbfolge kommt es in diesem Fall daher nur dann, wenn auch sämtliche Ersatzerben die testamentarische Zuwendung ausschlagen. Andernfalls ist an eine umfassende Ausschlagung des überlebenden Ehegatten gegen Abfindung zu denken; → Form. J.IV.7.

3. Steuern. Zur Ausschlagung → Form. J.IV.3 Anm. 10. Durch die Ausschlagung der testamentarischen Zuwendung unter Annahme des gesetzlichen Erbteils werden die steuerlichen Freibeträge der Kinder genutzt, die nach dem Vater andernfalls verfallen wären. Bei M und den Kindern S und T kommt es durch den Anfall der gesetzlichen Erbschaft jeweils zu erbschaftsteuerpflichtigen Vorgängen gem. §§ 1 Abs. 1 Nr. 1, 3 Abs. 1 Nr. 1 ErbStG. Die Ehefrau M gehört gem. § 15 Abs. 1 ErbStG zur Steuerklasse I. Sie erhält neben ihrem persönlichen Freibetrag gem. § 16 Abs. 1 Nr. 1 ErbStG in Höhe von 500.000,– EUR einen Versorgungsfreibetrag gem. § 17 Abs. 1 ErbStG in Höhe von 256.000,– EUR. Die Kinder S und T gehören ebenfalls gem. § 15 Abs. 1 ErbStG zur Steuerklasse I. Sie erhalten gem. § 16 Abs. 1 Nr. 2 ErbStG einen persönlichen Freibetrag in Höhe von 400.000,– EUR und eventuell gem. § 17 Abs. 2 ErbStG einen altersabhängigen Versorgungsfreibetrag. Die Steuer entsteht gem. § 9 Abs. 1 Nr. 1 ErbStG mit dem Eintritt des Erbfalls. Der Steuersatz beträgt für die Steuerklasse I gem. § 19 Abs. 1 ErbStG je nach Höhe des Erwerbs zwischen 7 und 30 %.

Zu den Grundzügen des Erbschaft- und Schenkungsteuerrechts einschließlich der Ermittlung der erbschaft- und schenkungsteuerlichen Besteuerungsgrundlagen → Form. A.IV. Kurzüberblick: Erbschaft- und Schenkungsteuerrecht.

7. Ausschlagung der Erbschaft durch den zum Alleinerben eingesetzten Ehegatten gegen Abfindung aus erbschaftsteuerlichen Gründen

[Notarieller Urkundeneingang][1, 2]

. . . . . . erschienen, ausgewiesen durch ihre Bundespersonalausweise:

1. Frau M geborene . . . . . ., geboren am . . . . . ., wohnhaft: . . . . . .;
2. die Tochter der Erschienenen zu 1:
Frau T, geboren am . . . . . ., wohnhaft: . . . . . .;

3. der Sohn der Erschienenen zu 1:
   Herr S, geboren am . . . . . ., wohnhaft: . . . . . .

Die Erschienenen ließen folgenden

Abfindungsvertrag

beurkunden und erklärten:

§ 1 Vorbemerkung

Die Vertragsbeteiligten und der Ehemann der Erschienenen zu 1., Herr V – nachstehend „Erblasser" genannt –, haben am . . . . . . einen Erbvertrag geschlossen (UR-Nr. . . . . . des Notars . . . . . .). Unter Ziffer II. dieses Erbvertrages hat der Erblasser seine Ehefrau zu seiner alleinigen und unbeschränkten Erbin eingesetzt.

Der Erblasser ist am . . . . . . verstorben. Der Erbvertrag ist durch das Amtsgericht – Nachlassgericht – . . . . . . am . . . . . . eröffnet worden (Geschäfts-Nr.: . . . . . .).

§ 2 Ausschlagung

M hat mit notariell beglaubigter Erklärung vom heutigen Tage (UR-Nr. . . . . . des Notars . . . . . .) die Ausschlagung der Erbschaft nach dem Erblasser aus allen Berufungsgründen erklärt.[3] Damit treten gemäß Ziffer IV. des vorgenannten Erbvertrages die Erschienenen zu 2. und 3. als Ersatzerben zu je $^1/_2$ Anteil an die Steller ihrer Mutter M.[4]

§ 3 Abfindung[5]

Die Erschienenen zu 2. und 3. gewähren ihrer Mutter, der Erschienenen zu 1., als Abfindung für die Erbschaftsausschlagung nach dem Erblasser folgende Leistungen:

1. Übertragung des Familienheims . . . . . .
   a) Der Erblasser ist als Alleineigentümer des folgenden Grundbesitzes im Grundbuch eingetragen: . . . . . . Es wird die Grundbuchberichtigung dahingehend beantragt, dass Eigentümer dieses Grundbesitzes nunmehr die Erschienenen zu 2. und 3. in Erbengemeinschaft sind.[6] Bei diesem Grundbesitz handelt es sich um das von M bewohnte Familienheim. Der Grundbesitz ist wie folgt belastet: . . . . . . Der Notar hat das Grundbuch am . . . . . . eingesehen.
   b) T und S übertragen hiermit das Eigentum an dem vorgenannten Grundbesitz samt aufstehendem Gebäude und allem gesetzlichen Zubehör auf ihre Mutter M, die die Übertragung annimmt.
   c) Besitz, Nutzen, Steuern und öffentliche Lasten aller Art, die Verkehrssicherungspflicht und die Gefahr des zufälligen Untergangs oder der zufälligen Verschlechterung gehen mit sofortiger Wirkung auf M über. Im Innenverhältnis vereinbaren die Parteien als Verrechnungstag den . . . . . . (Todestag des Erblassers).
   d) Der Grundbesitz einschließlich der mitübertragenen Sachen und Rechte wird im heutigen Zustand auf M übertragen, ohne Gewähr für eine bestimmt Größe, Güte und Beschaffenheit. Für Sach- und Rechtsmängel haften T und S nicht. Das Vertragsobjekt ist jedoch frei von nicht übernommenen Beschränkungen, Belastungen, Steuern und Abgaben zu übertragen. Die in Abteilung II unter lfd. Nr. . . . . . eingetragene Grunddienstbarkeit ist bekannt und wird zur weiteren Duldung übernommen.
   e) T und S einerseits und M andererseits sind sich darüber einig, dass das Eigentum an dem unter lit. a) genannten Grundbesitz auf M übergeht und bewilligen und beantragen die Eigentumsumschreibung im Grundbuch. Auf die Eintragung einer Vormerkung zur Sicherung des Eigentumsübergangs wird nach Belehrung verzichtet.

f) Die Löschung der nicht übernommenen Rechte in Abt. II und III des Grundbuchs wird beantragt nach Maßgabe der Bewilligungen der Berechtigten.

g) Den Verkehrswert des übertragenen Grundbesitzes geben die Beteiligen zu Kostenzwecken mit EUR ...... an.

2. Leibrente

a) T und S verpflichten sich, an ihre Mutter M zur Sicherung ihrer Altersversorgung eine lebenslange Leibrente in Höhe von monatlich EUR ...... (in Worten: EUR ......) zu zahlen, erstmals für den Monat ...... Die künftigen Zahlungen sind jeweils bis zum dritten Werktag eines jeden Monats fällig und zahlbar. Für die Zahlung der Leibrente haften T und S gesamtschuldnerisch; im Innenverhältnis haftet jeder von ihnen hälftig.

b) Diese Rente soll wertgesichert sein; deshalb wird folgendes vereinbart: Wenn und soweit sich der vom Statistischen Bundesamt veröffentlichte Verbraucherpreisindex für Deutschland (VPI) auf der Basis 2010 = 100 gegenüber dem Stand des Monats dieser Beurkundung um mehr als 5 % erhöhen oder ermäßigen sollte, erhöht oder ermäßigt sich auch die Rente im gleichen Umfang, und zwar von dem auf die maßgebliche Änderung des Indexes folgenden Monat an. Diese Anpassung wiederholt sich jeweils erneut, sobald eine entsprechende Änderung des VPI gegenüber der vorherigen Anpassung eingetreten ist. Bei einer späteren Umbasierung (Änderung des zugrundeliegenden Warenkorbs) soll eine rückwirkende Änderung bereits veröffentlichter Indexzahlen unberücksichtigt bleiben.[7]

c) Die vorstehende Leibrentenverpflichtung soll durch Eintragung einer Reallast im Grundbuch gesichert werden.
Der Erblasser ist als Alleineigentümer des folgenden Grundbesitzes im Grundbuch eingetragen: ...... Es wird die Grundbuchberichtigung dahingehend beantragt, dass Eigentümer dieses Grundbesitzes nunmehr die Erschienenen zu 2. und 3. in Erbengemeinschaft sind.[6]
Zur Sicherung der Leibrentenverpflichtung bestellen die Beteiligten zugunsten der M an dem vorgenannten Grundbesitz eine Reallast auf Zahlung der wertgesicherten Leibrente in Höhe von monatlich EUR ...... Die Beteiligten bewilligen und beantragen die Reallast mit dem Vermerk in das Grundbuch einzutragen, dass zur Löschung der Nachweis des Todes der Berechtigten genügen soll. Die Reallast ist an rangbereiter Stelle einzutragen.

d) T und S unterwerfen sich als Gesamtschuldner
– wegen der vorstehend vereinbarten persönlichen Zahlungsverpflichtung,
– wegen des dinglichen Anspruchs aus der Reallast und
– wegen des persönlichen Anspruchs aus der Reallast
jeweils in Höhe des Ausgangsbetrages in Höhe von monatlich EUR ...... und der vereinbarten Änderungen dieses Betrages aufgrund etwaiger Änderungen des Verbraucherpreisindexes der sofortigen Zwangsvollstreckung aus dieser Urkunde und gestatten die Erteilung einer vollstreckbaren Ausfertigung ohne Fälligkeitsnachweis.

§ 4 Schlussbestimmungen

Alle erforderlichen behördlichen Genehmigungen sowie Genehmigungserklärungen Dritter bleiben vorbehalten. Der Notar wird beauftragt, diese Genehmigungen bzw. Negativbescheinigungen zu beantragen und für die Vertragsbeteiligten entgegenzunehmen.

Alle Genehmigungen sollen für die Beteiligten mit ihrem Eingang bei dem amtierenden Notar unmittelbar wirksam werden. Alle Eintragungen im Grundbuch sollen nur nach den Anträgen des amtierenden Notars erfolgen, der auch ermächtigt ist, die Anträge getrennt und eingeschränkt zu stellen und sie in gleicher Weise zurückzunehmen.

Die Kosten dieser Urkunde und ihres Vollzugs tragen T und S je zur Hälfte.[8, 9]

Anmerkungen

1. Sachverhalt. Siehe zunächst die Darstellung unter § 1 des Formulars. Anders als im Sachverhalt → Form. J.IV.6 haben sich V und M nicht nur gegenseitig zu Erben eingesetzt, sondern auch die Schlusserbfolge geregelt, weshalb eine auf die testamentarische Alleinerbschaft beschränkte Ausschlagung bei Annahme der gesetzlichen Erbschaft (§ 1948 Abs. 1 BGB) nicht in Betracht kommt (→ Form. J.IV.6 Anm. 2). Die den (geänderten) wirtschaftlichen Verhältnissen nicht angepasste gegenseitige Erbeinsetzung ist erbschaftsteuerlich ungünstig (→ Form. J.IV.6 Anm. 1), zumal wenn M ihrerseits schon ein fortgeschrittenes Lebensalter erreicht hat und daher die (nochmalige) Vererbung des ererbten Vermögens (zusammen mit ihrem Eigenvermögen) in absehbarer Zeit ansteht. Außerdem ist M wirtschaftlich nicht auf die gesamte Erbschaft angewiesen. M will daher die Erbschaft gegen Abfindung ausschlagen.

Siehe zur Ausschlagung im Allgemeinen zunächst die Anmerkungen zu → Form. J.IV.3; zur Korrektur einer „fehlgeschlagenen Gesellschafternachfolge" durch eine Ausschlagung gegen Abfindung → Form. J.IV.3 Anm. 8 und *Wachter* ZNotP 2004, 176.

2. Form des Abfindungsvertrages. Der **Abfindungsvertrag** bedarf als solcher **keiner besonderen Form.** Etwas anderes gilt freilich, wenn die Vereinbarung der Abfindung formbedürftig ist. Im Formular folgt die Beurkundungsbedürftigkeit aus § 311b Abs. 1 BGB (Verpflichtung zur Übertragung von Grundbesitz) und aus § 794 Abs. 1 Nr. 5 ZPO (Vollstreckungsunterwerfung).

Möglich ist auch, dass sich der Erbe vertraglich gegenüber dem Nächstberufenen **zur Ausschlagung verpflichtet.** Dies ist nach dem Erbfall ohne Verstoß gegen § 311b Abs. 3 und 4 BGB möglich. Diese Verpflichtung bedarf als solche ebenfalls **keiner besonderen Form** (RG HRR 1929 Nr. 292; OLG München OLGE 26, 288; *Damrau* ZEV 1995, 425; aA *Dieterlen* Die vertragliche Verpflichtung zur Ausschlagung einer Erbschaft, 1998, S. 15 [20 ff.]: notarielle Beurkundung wegen einer Gesamtanalogie zu §§ 2371, 2385, 2348 BGB). Die Ausschlagungsverpflichtung kann nur durch **form- und fristgerechte Ausschlagung** erfüllt werden. Erfüllt der Erbe seine Verpflichtung nicht, kommt nach Ablauf der Ausschlagungsfrist nur ein Schadensersatzanspruch in Betracht (s. näher *Damrau* ZEV 1995, 425 f.).

3. Erbschaftsausschlagung. Zur Formulierung der Erbschaftsausschlagung Form. J.IV.3. Die Ausschlagung kann auch in dem notariell beurkundeten Abfindungsvertrag selbst erklärt werden (→ Form. J.IV.3 Anm. 5). Dann muss dem Nachlassgericht allerdings eine (auszugsweise) Ausfertigung des Abfindungsvertrages übersandt werden (→ Form. J.IV.3 Anm. 3). Im Formular ist vorgehen, dass M die Ausschlagung der Erbschaft nach V bereits vor Abschluss des Abfindungsvertrages erklärt hat. Zur Absicherung des Ausschlagenden kann und sollte der Notar im Regelfall beauftragt werden, die Ausschlagungserklärung erst dann dem Nachlassgericht zu übermitteln, wenn der Abfindungsvertrag geschlossen wurde. Hier entsteht freilich häufig ein Zeitproblem, da die Ausschlagungsfrist (→ Form. J.IV.3 Anm. 2) einzuhalten ist.

4. Wirkung der Ausschlagung. zunächst → Form. J.IV.3 Anm. 8. Mit der Ausschlagung gegen Abfindung soll die mit dem Tod des Erblassers eingetretene (gewillkürte oder gesetzliche) Erbfolge nachträglich korrigiert werden. Ein taugliches und empfehlenswertes Gestaltungsmittel ist die Ausschlagung aber nur dann, wenn die **Person des Nächstberufenen** (§ 1953 Abs. 2 Hs. 1 BGB) **feststeht.** Andernfalls bestehen erhebliche (Haftungs-)Risiken (s. *Ivo* ZNotP 2004, 396). Diese lassen sich auch nicht dadurch vermeiden, dass die Ausschlagung unter einer entsprechenden **Bedingung** (zB Erwerb der Erbschaft durch die angenommene Person) erklärt wird, da **§ 1947 BGB** bedingte

Ausschlagungen nicht zulässt. Ob die Ausschlagung einer Erbschaft von einer sog. **Gegenwartsbedingung** abhängig gemacht werden kann, ist nicht abschließend geklärt; die Verwendung derartiger Gegenwartsbedingungen ist daher in der Praxis riskant (s. näher *Ivo* ZNotP 2004, 396 [398]; *Specks,* ZEV 2007, 356). Hierbei wird die Ausschlagung nicht an ein künftiges ungewisses Ereignis (§ 158 BGB) geknüpft, sondern an einen objektiv im Zeitpunkt der Ausschlagung feststehenden und nur subjektiv ungewissen Umstand (zB Erbschafts**anfall** an den angenommenen Nächstberufenen, nicht aber die Annahme durch diesen). Zur **Anfechtung** → Form. J.IV.12 und 13.

Im Formular haben V und M einen Erbvertrag geschlossen, in dem sie sich nicht nur gegenseitig zu Erben eingesetzt, sondern zugleich ihre gemeinsamen Kinder T und S zu Schlusserben des Überlebenden von ihnen berufen haben (vgl. § 2269 BGB). In der Schlusserbenberufung liegt im Zweifel auch die Einsetzung zu Ersatzerben des erstversterbenden Elternteils (→ Form. J.IV.6 Anm. 2). Anhaltspunkte für einen gegenteiligen Erblasserwillen bestehen im Formular nicht.

5. Abfindung. Welche Vermögenswerte der ausschlagende Erbe von dem Nächstberufenen als Abfindung erhält, obliegt der Disposition der Parteien. Im Formular sind das Familienheim und eine Leibrente vorgesehen. Da M infolge der Ausschlagung rückwirkend als Erbin wegfällt (§ 1953 Abs. 1 BGB), ist das Eigentum an der Immobilie auf T und S übergegangen, so dass insoweit eine Eigentumsübertragung durch Auflassung und Umschreibung im Grundbuch erforderlich ist. Zur steuerlichen Bewertung der Ausschlagung gegen Abfindung → Anm. 9.

6. Grundbuchberichtigung. Das Grundbuch ist mit dem Tod des V unrichtig geworden und zu berichtigen (§ 22 GBO). Innerhalb der ersten zwei Jahre nach dem Erbfall ist die Grundbuchberichtigung beim Grundbuchamt kostenfrei (GNotKG KV-Nr. 14110). Trotz des vorhandenen Erbvertrages dürfte das Grundbuchamt berechtigt sein, als Erbnachweis einen **Erbschein** zu verlangen (§ 35 Abs. 1 S. 2 GBO), da sich die Erbfolge nicht allein aus dem Erbvertrag ergibt, sondern die Erbenstellung von T und S außerdem von der wirksamen Ausschlagung durch M abhängt.

7. Wertsicherung. → Form. G.X.3 Anm. 6. Die im Formular vorgesehene Klausel ist gemäß § 3 Abs. 1 Nr. 1 lit. a PreisklauselG zulässig.

8. Kosten. Notar: Es entsteht eine 2,0-Gebühr gemäß GNotKG KV-Nr. 21100 aus der Summe der Abfindungsleistungen. Zu den Kosten der Erbschaftsausschlagung → Form. J.IV.3 Anm. 9.

Grundbuchamt: Zur Kostenfreiheit der Grundbuchberichtigung → Anm. 6. Die Eintragung der M als Eigentümerin des Familienheims löst eine 1,0-Gebühr gemäß GNotKG KV-Nr. 14110 aus. Die dort vorgesehene Ausnahme (Gebührenfreiheit der Eintragung in Folge einer Erbauseinandersetzung) dürfte nicht einschlägig sein. Die Eintragung der Reallast löst eine 1,0-Gebühr gemäß GNotKG KV-Nr. 14121 aus (Geschäftswert: § 52 GNotKG).

9. Steuern. → Form. J.IV.3 Anm. 10.

8. Ausschlagung der Erbschaft durch den Ehegatten zwecks Geltendmachung des kleinen Pflichtteils und des Zugewinnausgleichs

Amtsgericht[1, 3]

– Nachlassgericht –

. . . . . .

Nachlass des V, geb. am . . . . . ., verstorben am . . . . . .

Geschäfts-Nr.: . . . . . .

Am . . . . . . ist mein Ehemann V mit letztem Wohnsitz in . . . . . . verstorben. Eine letztwillige Verfügung hat V nicht hinterlassen.

Hiermit schlage ich, M, geb. am . . . . . ., wohnhaft: . . . . . ., die Erbschaft nach V aus allen Berufungsgründen aus.[2]

Die weiteren gesetzlichen Miterben sind unsere gemeinsamen Kinder S, geb. am . . . . . ., wohnhaft: . . . . . ., und T, geb. am . . . . . ., wohnhaft: . . . . . .

. . . . . ., den . . . . . .

(Unterschrift)

Anmerkungen

1. Sachverhalt. Der Erblasser V wird gesetzlich von seiner Ehefrau M, mit der er im gesetzlichen Güterstand verheiratet war, und seinen beiden Kinder S und T beerbt. Der Nachlasswert beträgt 600.000,– EUR und stellt ausschließlich Zugewinn des V dar. M selbst hat keinen Zugewinn erwirtschaftet. M fragt, ob sie die Erbschaft nach V annehmen soll.

Siehe zur Ausschlagung im Allgemeinen zunächst die Anmerkungen zu → Form. J.IV.3.

2. Erbrechtliche oder güterrechtliche Lösung. Lebten die Eheleute zum Zeitpunkt des Erbfalls in Zugewinngemeinschaft, dann erhöht sich der gesetzliche Erbteil des überlebenden Ehegatten um $^1/_4$ der Erbschaft (§§ 1931 Abs. 3, 1371 Abs. 1 BGB). Durch diese Erhöhung des gesetzlichen Erbteils wird pauschal der in der Ehe erwirtschaftete Zugewinn ausgeglichen (**„erbrechtliche Lösung“**). Hierbei ist es unerheblich, ob im Einzelfall während der Ehe überhaupt ein Zugewinn erzielt wurde (§ 1371 Abs. 1 BGB). Der überlebende Ehegatte kann aber gemäß § 1371 Abs. 3 BGB die Erbschaft ausschlagen und den Pflichtteil verlangen; daneben steht ihm der Ausgleich des tatsächlich erzielten Zugewinns gemäß § 1371 Abs. 2 BGB zu (**„güterrechtliche Lösung“**). Dabei errechnet sich die Quote des Pflichtteils durch Halbierung des nicht erhöhten gesetzlichen Erbteils (§ 1931 Abs. 1, 2 BGB; **„kleiner Pflichtteil“**). Ein **Wahlrecht**, den großen Pflichtteil statt des kleinen Pflichtteils zzgl. Zugewinnausgleich zu fordern, hat der Ehegatte nach der heute in Rechtsprechung und Literatur herrschenden **„Einheitslösung“** nicht (BGHZ 42, 182; Palandt/*Brudermüller* BGB § 1371 Rn. 15).

Ob die „erbrechtliche“ oder die „güterrechtliche“ Lösung für den überlebenden Ehegatten finanziell günstiger ist, hängt davon ab,

- neben welchen Verwandten er erbt,
- in welchem Verhältnis der Zugewinn des verstorbenen Ehegatten zum Gesamtnachlass steht und

- welchen Zugewinn der Überlebende selbst erzielt hat.

Im **Formular** wird der gesetzliche Erbteil der M nach der erbrechtlichen Lösung um 1/4 erhöht und beträgt daher 1/2. Nimmt M also die Erbschaft an, erhält sie wertmäßig 300.000,– EUR. Schlägt sie aus, erhält sie den Zugewinnausgleich und den kleinen Pflichtteil. Der Zugewinnausgleichsanspruch beträgt 300.000,– EUR (= 1/2 × 600.000,– EUR) und ist als Verbindlichkeit vom Nachlass abzuziehen, so dass ein Restnachlass von 300.000,– EUR verbleibt. Hiervon erhält M den „kleinen" Pflichtteil, also 1/8 dh 37.500,– EUR. Nach der güterrechtlichen Lösung erhält M also insgesamt 337.500,– EUR.

Vergleichsberechnungen zeigen, dass sich die güterrechtliche Lösung nur dann finanziell rentiert, wenn der überlebende Ehegatte **neben Abkömmlingen** erbt und der **Zugewinn des Verstorbenen mindestens 6/7 seines Nachlasses** ausmacht (*Nieder/Kössinger* § 1 Rn. 30). Hat auch der überlebende Ehegatte einen Zugewinn erzielt, erhöht sich dieser Schwellenwert entsprechend. Neben dieser finanziellen Betrachtung ist zu berücksichtigen, dass

- der Überlebende die Erbschaft innerhalb der Ausschlagungsfrist des § 1944 BGB ausschlagen muss, ihm also für die Vergleichsberechnung nur diese kurze Zeitspanne zur Verfügung steht,
- der Überlebende bei der güterrechtlichen Lösung seine dingliche Mitberechtigung am Nachlass für einen nur schuldrechtlichen Geldzahlungsanspruch aufgibt,
- über die Höhe des Zugewinns Streit bestehen kann und
- der Überlebende nur als gesetzlicher Miterbe den Voraus gemäß § 1932 BGB erhält.

Die **„güterrechtliche Lösung"** kann im Übrigen dann für den überlebenden Ehegatten auch interessant sein, wenn er aufgrund einer **letztwilligen Verfügung** nur zu einem **geringen Anteil zum Miterben** eingesetzt oder ihm nur ein **unzureichendes Vermächtnis** zugewandt wurde. Er kann dann die gewillkürte Erbeinsetzung bzw. Vermächtniszuwendung ausschlagen und den konkreten Zugewinn sowie den „kleinen Pflichtteil" geltend machen (§ 1371 Abs. 2 und 3 BGB).

3. Steuern. Der Zugewinnausgleich nach § 1371 Abs. 2 BGB ist gem. § 5 Abs. 2 ErbStG steuerfrei. Der kleine Pflichtteil gem. § 1371 Abs. 3 BGB ist gem. §§ 1 Abs. 1 Nr. 1, 3 Abs. 1 Nr. 1 ErbStG erbschaftsteuerpflichtig (TGJG/*Gebel* ErbStG § 5 Rn. 10; *Meincke/Hannes/Holtz* ErbStG § 3 Rn. 54). Die Ehefrau M gehört gem. § 15 Abs. 1 ErbStG zur Steuerklasse I. Sie erhält neben ihrem persönlichen Freibetrag gem. § 16 Abs. Nr. 1 ErbStG in Höhe von 500.000,– EUR einen Versorgungsfreibetrag gem. § 17 Abs. 1 ErbStG in Höhe von 256.000,– EUR. Die Steuer entsteht gem. § 9 Abs. 1 Nr. 1 ErbStG mit dem Eintritt des Erbfalls. Der Steuersatz beträgt für die Steuerklasse I gem. § 19 Abs. 1 ErbStG je nach Höhe des Erwerbs zwischen 7 und 30 %.

Zu den Grundzügen des Erbschaft- und Schenkungsteuerrechts einschließlich der Ermittlung der erbschaft- und schenkungsteuerlichen Besteuerungsgrundlagen → Form. A.IV. Kurzüberblick: Erbschaft- und Schenkungsteuerrecht.

9. Ausschlagung der Erbschaft durch den gemäß § 2306 BGB beschränkten bzw. beschwerten pflichtteilsberechtigten Erben

Amtsgericht[1, 5]

– Nachlassgericht –

. . . . .

Nachlass des V, geb. am . . . . ., verstorben am . . . . .

Geschäfts-Nr.: . . . . .

Am . . . . . . ist mein Vater V mit letztem Wohnsitz in . . . . . . verstorben. V hat mich durch Testament vom . . . . . ., eröffnet durch das Nachlassgericht am . . . . . .,[3] zum Alleinerben[4] eingesetzt und mit verschiedenen Vermächtnissen beschwert.[2]

Hiermit schlage ich, S geb. am . . . . . ., wohnhaft: . . . . . ., die Erbschaft nach V aus allen Berufungsgründen aus.

. . . . . ., den . . . . . .

(Unterschrift)

Anmerkungen

1. Sachverhalt. Der Erblasser V hat seinen Sohn S testamentarisch zum Alleinerben eingesetzt und zugunsten seiner, des V, Geschwister und Nichten und Neffen diverse Vermächtnisse angeordnet, nach deren Erfüllung S weniger als sein Pflichtteil verbliebe.

S. zur Ausschlagung im Allgemeinen zunächst die Anmerkungen zu → Form. J.IV.3. Zur Anfechtung der Annahme bei einer Fehlvorstellung über ihre pflichtteilsrechtlichen Folgen → Form. J.IV.13.

2. Wahlrecht des beschränkten oder beschwerten pflichtteilsberechtigten Erben. Bei der Beschränkung eines pflichtteilsberechtigten Erben durch Einsetzung eines Nacherben, Ernennung eines Testamentsvollstreckers oder eine Teilungsanordnung oder bei der Beschwerung eines solchen Erben mit einem Vermächtnis oder einer Auflage ist die Regelung des **§ 2306 BGB** zu beachten, die zum **1.1.2010** neu gefasst und stark vereinfacht wurde. Mit der Neufassung ist eine der gefährlichsten Haftungsfallen im Erbrecht entschärft worden. Nach der bis zum 31.12.2009 geltenden Rechtslage galt: War ein als Erbe berufener Pflichtteilsberechtigter zB mit einem Vermächtnis beschwert, galt die Beschwerung gemäß **§ 2306 Abs. 1 S. 1 BGB** aF als nicht angeordnet, wenn der ihm hinterlassene Erbteil die Hälfte des gesetzlichen Erbteils nicht übersieg. War der hinterlassene Erbteil dagegen größer, so konnte der Pflichtteilsberechtigte nach **§ 2306 Abs. 1 S. 2 BGB** aF den Pflichtteil verlangen, wenn er den Erbteil ausschlug (zu den praktischen Schwierigkeiten s. 2. Auflage Form. K.I.9 Anm. 2 und 3).

Mit der **Gesetzesänderung zum 1.1.2010** ist die bisherige Unterscheidung nach der Höhe des zugewandten Erbteils in § 2306 Abs. 1 BGB entfallen. Dem beschränkten bzw. beschwerten pflichtteilsberechtigten Erben steht nunmehr nach § 2306 Abs. 1 Hs. 1 BGB **generell das Wahlrecht** zu,

- **entweder den Erbteil mit allen Beschränkungen oder Beschwerungen anzunehmen oder**
- **den Erbteil auszuschlagen und den Pflichtteil zu verlangen.**

Für die **Beratung nach dem Erbfall** bedeutet dies: Unabhängig von der Höhe des dem pflichtteilsberechtigten Erben zugewandten Erbteils muss er sich entscheiden. Behält er den Erbteil, so erbt er ihn mit den Beschränkungen oder Beschwerungen. Schlägt er aus, verliert er die Vorteile der Erbenstellung, kann aber den Pflichtteil verlangen.Mit der Reform sind auch die Schwierigkeiten beseitigt worden, die bei der Feststellung der Höhe des hinterlassenen Erbteils bestanden („Quoten- oder Werttheorie", s. dazu 2. Auflage Form. K.I.9 Anm. 3).

Bei der **Testamentgestaltung** ist es unter dem Gesichtspunkt der sonst drohenden Unwirksamkeit nicht mehr zwingend erforderlich, dem beschränkten oder beschwerten Erben mehr als die Hälfte seines gesetzlichen Erbteils zuzuwenden. Allerdings wird man **zu kleine Erbteile auch unter der neuen Rechtslage vermeiden**. Denn zum einen steigt das **Risiko einer Erbschaftsausschlagung** durch den beschränkten bzw. beschwerten pflichtteilsberechtigten Erben, je kleiner der zugewandte Erbteil ist. Zum anderen ist bei einer Erbeinsetzung unter der Pflichtteilsquote zu bedenken, dass dem Pflichtteilsberechtigten

gem. § 2305 BGB der **Zusatzpflichtteil** zusteht, der angeordneten Beschränkungen und Beschwerungen nicht unterliegt. Die Pflichtteilsquote wird daher regelmäßig auch nach neuer Rechtslage die Untergrenze einer (beschränkten oder beschwerten) Zuwendung darstellen.

3. Ausschlagungsfrist. Die Ausschlagungsfrist beginnt für den pflichtteilsberechtigten Erben, der durch Anordnungen iSd **§ 2306 Abs. 1 BGB** beschränkt oder beschwert ist, erst dann, wenn er neben den in § 1944 Abs. 2 BGB vorausgesetzten Tatsachen die Beschränkungen und Beschwerungen kennt (§ 2306 Abs. 1 Hs. 2 BGB).

4. Wahlrecht des beschränkten oder beschwerten Alleinerben. Obgleich der Wortlaut des § 2306 Abs. 1 BGB nur vom hinterlassenen **Erbteil** spricht, ist anerkannt, dass auch der beschränkte bzw. beschwerte **Alleinerbe** nach dieser Vorschrift ausschlagen kann, um den Pflichtteil geltend zu machen (vgl. BGH NJW 2006, 3353).

5. Steuern. Vgl. die Ausführungen unter → Form. J.IV.3 Anm. 10.

10. Ausschlagung eines Hofes iSd HöfeO

Amtsgericht[1, 6]

– Landwirtschaftsgericht –[2]

. . . . .

Nachlass des Landwirts V, geb. am . . . . ., verstorben am . . . . .

Geschäfts-Nr.: . . . . .

Am . . . . . ist mein Vater, der Landwirt V, mit letztem Wohnsitz in . . . . . verstorben. Er hat mich durch Testament vom . . . . ., eröffnet durch das Nachlassgericht . . . . . am . . . . ., zum Hoferben seines Hofes . . . . ., eingetragen im Grundbuch vom . . . . ., eingesetzt.[3]

Hiermit schlage ich, S, geb. am . . . . ., wohnhaft: . . . . ., den Anfall des Hofes aus allen Berufungsgründen aus (§ 11 HöfeO). Diese Ausschlagung erstreckt sich nicht auf das hofesfreie Vermögen des V.[4]

. . . . ., den . . . . .

(Unterschrift)[5]

Anmerkungen

1. Sachverhalt. Der Erblasser V war Alleineigentümer eines Hofes iSd HöfeO. Zu seinem Nachlass zählt erhebliches hofesfreies Vermögen. V hat ein Testament hinterlassen, in dem er seinen Sohn S zum Hoferben und seine beiden Kinder S und T je zur Hälfte zu Miterben seines hofesfreien Vermögens eingesetzt hat. S will den hofesfreien Nachlass annehmen, den Hof jedoch ausschlagen. S. zur Ausschlagung im Allgemeinen zunächst die Anmerkungen zu → Form. J.IV.3.

2. Zuständigkeit des Landwirtschaftsgerichts. Gehört zum Nachlass ein **Hof** iSd HöfeO, ist die auf ihn beschränkte Ausschlagung gemäß § 11 S. 1 HöfeO gegenüber dem **Landwirtschaftsgericht** zu erklären, in dessen Bezirk die Hofstelle liegt (*Lüdtke-*

Handjery/v. Jeinsen/Haarstrich HöfeO, 11. Aufl. 2015, § 11 Rn. 8). Die Ausschlagung der **gesamten Erbschaft** muss gegenüber dem Nachlassgericht erklärt werden (BGHZ 58, 105 [106]).

3. Höferechtliche Sondererbfolge. → Form. G.X.1 Anm. 6.

4. Auf den Hof beschränkte Ausschlagung. Wegen der Sonderregelung des § 11 Satz 1 HöfeO kann der Hoferbe entgegen der allgemeinen Vorschrift des § 1950 S. 1 BGB den Anfall des Hofes ausschlagen und die Erbschaft hinsichtlich des hofesfreien Vermögens annehmen (nach hM nicht aber umgekehrt, → Form. G.X.1 Anm. 6).

5. Kosten. Notar: siehe → Form. J.IV.3 Anm. 9. Für Höfe ist das Bewertungsprivileg aus § 48 Abs. 2 GNotKG anzuwenden (Korintenberg/*Diehn*, § 104 Rn. 16). **Landwirtschaftsgericht:** Für die Entgegennahme der Ausschlagung des Anfalls des Hofes nach § 11 HöfeO wird keine Gebühr erhoben (GNotKG KV Vorbemerkung 1.5.1. Abs. 1 S. 2).

6. Steuern. Bzgl. der Ausschlagung des Hofanfalls siehe die Ausführungen unter → Form. J.IV.3 Anm. 10. Bei der Annahme der Erbschaft in den hoffreien Nachlass sowie etwaiger höferechtlicher Abfindungsansprüche (§§ 12, 13 HöfeO) kommt es zu einem erbschaftsteuerpflichtigen Vorgang gem. §§ 1 Abs. 1 Nr. 1, 3 Abs. 1 Nr. 1 ErbStG. Als Sohn des Erblassers fällt der Erbe unter die Steuerklasse I gem. § 15 Abs. 1 ErbStG. Sein persönlicher Freibetrag beträgt gem. § 16 Abs. 1 Nr. 2 ErbStG 400.000,– EUR. Die Steuer entsteht gem. § 9 Abs. 1 Nr. 1 ErbStG mit dem Eintritt des Erbfalls. Der Steuersatz beträgt für die Steuerklasse I gem. § 19 Abs. 1 ErbStG je nach Höhe des Erwerbs zwischen 7 und 30 %.

Zu den Grundzügen des Erbschaft- und Schenkungsteuerrechts einschließlich der Ermittlung der erbschaft- und schenkungsteuerlichen Besteuerungsgrundlagen → Form. A.IV Kurzüberblick: Erbschaft- und Schenkungsteuerrecht.

11. Annahme und Ausschlagung von Vermächtnissen

Herrn . . . . . .[1, 2, 8]

[Datum]

Nachlass des E, geb. am . . . . . ., verstorben am . . . . . .

Sehr geehrter Herr . . . . . .,

E hat mir in seinem Testament vom . . . . . ., eröffnet durch das Nachlassgericht . . . . . . am . . . . . .[3] (Geschäfts-Nr. . . . . . .) durch Vermächtnisse[4] sein Ferienhaus . . . . . . (eingetragen im Grundbuch von . . . . . . Blatt . . . . . .) und sein Guthaben auf dem Sparkonto Nr. . . . . . bei der . . . . . . zugewandt.

Hiermit schlage ich, F, geb. am . . . . . ., wohnhaft: . . . . . ., das Vermächtnis hinsichtlich des Ferienhauses aus,[5] nehme das Vermächtnis hinsichtlich des Sparkontos an[6] und bitte insoweit um Überweisung auf mein Konto Nr. . . . . . bei der . . . . . .

Mit freundlichen Grüßen

(Unterschrift)[7]

Anmerkungen

1. Sachverhalt. Der Erblasser E hat durch Testament einen Alleinerben eingesetzt und seinem Freund F durch zwei Vermächtnisse sein Ferienhaus und das Guthaben auf einem Sparkonto zugewandt. F will ersteres ausschlagen und letzteres annehmen.

2. Erklärungsempfänger. Die Annahme und die Ausschlagung von Vermächtnissen erfolgt gemäß **§ 2180 Abs. 2 S. 1 BGB** durch **Erklärung gegenüber dem Beschwerten.** Die Ausschlagung eines Vermächtnisses ist also – anders als die Erbschaftsausschlagung – nicht gegenüber dem Nachlassgericht zu erklären. Mit einem Vermächtnis kann der Erblasser gemäß § 2147 S. 1 BGB den Erben oder einen Vermächtnisnehmer beschweren. Mangels abweichender Bestimmung durch den Erblasser ist der Erbe beschwert (§ 2147 S. 2 BGB). Bei mehreren Beschwerten genügt die Erklärung gegenüber einem von ihnen (Palandt/*Weidlich* BGB § 2180 Rn. 1). Im Formular sind die Annahme und die Ausschlagung gegenüber dem von E eingesetzten Erben zu erklären.

3. Ausschlagungsfrist. Anders als bei der Erbschaftsausschlagung (§ 1944 BGB) normiert das Gesetz für die Ausschlagung eines Vermächtnisses (Gleiches gilt für die Annahme) **keine Frist.** Ist ein Pflichtteilsberechtigter mit einem Vermächtnis bedacht, kann ihm der Erbe eine angemessene Frist zur Erklärung über die Annahme setzen; mit fruchtlosem Ablauf dieser Frist gilt das Vermächtnis als ausgeschlagen (§ 2307 Abs. 2 BGB).

4. Einheitliches Vermächtnis oder mehrere Vermächtnisse. Für die Annahme und Ausschlagung des Vermächtnisses gilt gemäß § 2180 Abs. 3 BGB ua die Vorschrift des § 1950 BGB. Nach § 1950 S. 1 BGB kann die Annahme und Ausschlagung nicht auf einen Teil der Erbschaft beschränkt werden. Eine hiergegen verstoßende Annahme oder Ausschlagung ist unwirksam (§ 1950 S. 2 BGB). Daher ist auch die nur teilweise Ausschlagung eines Vermächtnisses unwirksam.

Von der unzulässigen Ausschlagung bzw. Annahme **eines** Vermächtnisses zu unterscheiden ist die isolierte Annahme bzw. Ausschlagung eines von mehreren Vermächtnissen. Wer zu **mehreren Vermächtnissen** berufen ist, kann das eine annehmen und das andere ausschlagen (Staudinger/*Otte* BGB § 2180 Rn. 13). Der Erblasser kann aber zwei Vermächtnisse in der Weise errichten, dass der Anfall des einen durch die Annahme des anderen bedingt ist; er kann auch zwei Vermächtnisgegenstände zum Inhalt eines einzigen Vermächtnisses machen, welches dann nur einheitlich angenommen oder ausgeschlagen werden kann (Staudinger/*Otte* BGB § 2180 Rn. 13). Hat der Erblasser diese Fragen nicht ausdrücklich geregelt, muss durch **Auslegung** (§ 133 BGB) ermittelt werden, ob ein einheitliches Vermächtnis mehrerer Gegenstände vorliegt (Folge: nur einheitliche Annahme oder Ausschlagung) oder mehrere selbständige Vermächtnisse (Folge: getrennte Annahme oder Ausschlagung möglich). Entscheidend kommt es insoweit darauf an, ob der Erblasser die isolierte Annahme bzw. Ausschlagung verhindern wollte. Fehlt es an Anhaltspunkten hierfür, wird man im Zweifel davon ausgehen können, dass mehrere Vermächtnisse angeordnet wurden. So soll selbst bei dem Vermächtnis einer Sachgesamtheit (zB der „gesamte Hausrat") regelmäßig nicht von einem einheitlichen Vermächtnis, sondern von einer Mehrheit von Einzelvermächtnissen auszugehen sein (NK-BGB/*Horn*/*J. Mayer* § 2180 Rn. 2).

Liegt ein **einheitliches Vermächtnis** vor, bleibt es dem Bedachten im Übrigen unbenommen, seinen Vermächtnisanspruch (§ 2174 BGB) – teilweise – nicht geltend zu machen bzw. ihn (teilweise) zu **erlassen,** § 397 BGB. Dies ändert freilich nichts mehr an dem bereits eingetretenen Vermächtniserwerb durch den Vermächtnisnehmer. Außerdem kommt eine schenkungsteuerpflichtige Schenkung unter Lebenden gemäß § 7 Abs. 1 S. 1

Nr. 1 ErbStG des Vermächtnisnehmers an den Beschwerten hinzu, wenn und soweit der Vermächtnisnehmer dem Erben dessen Vermächtnisverbindlichkeit im Wege der freigiebigen Zuwendung erlässt (*Muscheler* ZEV 2001, 377 [378]).

5. Wirkung der Ausschlagung. Die wirksame Ausschlagung hat zur Folge, dass der Anfall des Vermächtnisses an den Ausschlagenden als nicht erfolgt gilt (§§ 2180 Abs. 3, 1953 Abs. 1 BGB). Das Vermächtnis fällt dann einem eingesetzten Ersatzvermächtnisnehmer (§ 2190 BGB) an (§§ 2180 Abs. 3, 1953 Abs. 2 BGB), es kommt zur Anwachsung (§ 2158 BGB) oder – wenn beides nicht eintritt – das Vermächtnis entfällt.

6. Wirkung der Annahme. Nach wirksamer Annahme des Vermächtnisses, die auch durch schlüssiges Verhalten möglich ist (entsprechend der Annahme der Erbschaft; s. dazu → Form. J.IV.2 Anm. 2), kann der Bedachte das Vermächtnis nicht mehr ausschlagen. Die endgültig entstandene Vermächtnisforderung (§ 2174 BGB) kann nur noch durch Erfüllung, Erfüllungssurrogat oder Erlass beseitigt werden (Staudinger/*Otte* BGB § 2180 Rn. 17).

7. Form. Sowohl die Annahme als auch die Ausschlagung eines Vermächtnisses sind **formfrei.**

8. Steuern. Zur Ausschlagung des Sachvermächtnisses siehe die Ausführungen unter → Form. J.IV.3 Anm. 10., zur Annahme des Barvermächtnisses → Form. C.V.1 Anm. 13 und → Form. C.V.3 Anm. 8.

Zu den Grundzügen des Erbschaft- und Schenkungsteuerrechts einschließlich der Ermittlung der erbschaft- und schenkungsteuerlichen Besteuerungsgrundlagen → Form. A.IV Kurzüberblick: Erbschaft- und Schenkungsteuerrecht.

12. Anfechtung der Erbschaftsausschlagung wegen Irrtums

Amtsgericht[1, 8]

– Nachlassgericht –[7]

. . . . . .

Nachlass des V, geb. am . . . . . ., verstorben am . . . . . .

Geschäfts-Nr.: . . . . . .

Am . . . . . . ist mein Vater V mit letztem Wohnsitz in . . . . . . verstorben. Ich, S, geb. am . . . . . ., wohnhaft . . . . . ., habe mit Erklärung vom . . . . . . (UR-Nr. . . . . . . des Notars . . . . . .) die Erbschaft nach V aus allen Berufungsgründen ausgeschlagen. Dabei bin ich irrtümlich davon ausgegangen, der Nachlass wäre überschuldet.[2] Durch Schreiben der . . . . . .-Bank vom . . . . . . habe ich indes erfahren, dass zum Nachlass des V ein Guthaben bei dieser Bank in Höhe von EUR . . . . . . gehört.[3]

Hiermit erkläre ich, S, die Anfechtung der Erbschaftsausschlagung wegen Irrtums und nehme die Erbschaft nach V an.[4, 5]

. . . . . ., den . . . . . .

(Unterschrift)[6]

Anmerkungen

1. Sachverhalt. Der Erbe hat die Erbschaft zunächst wegen vermeintlicher Überschuldung ausgeschlagen und später erfahren, dass zum Nachlass ein erheblicher (zur Kausalität → Anm. 2) Vermögenswert (Bankguthaben) zählt. Er möchte daher die Ausschlagung „rückgängig“ machen.

2. Irrtum über die Überschuldung. Die Ausschlagung einer Erbschaft ist als Willenserklärung (→ Form. J.IV.3 Anm. 3) nach den **allgemeinen Vorschriften der §§ 119 ff. BGB anfechtbar** (§§ 2078 f. BGB sind nicht anwendbar). Sonderbestimmungen enthalten die §§ 1954 f. BGB über Form und Frist der Anfechtung.

Der in der Praxis wohl häufigste Irrtum betrifft die **Überschuldung** des Nachlasses. Sie wird heute allgemein als **verkehrswesentliche Eigenschaft** (§ 119 Abs. 2 BGB) angesehen (OLG Düsseldorf BeckRS 2016, 19189; KG ZEV 2004, 283 = NJW-RR 2004, 941 = FamRZ 2004, 1900; OLG Düsseldorf ZEV 2000, 64 [65] = NJWE- FER 1999, 242). Dabei kommt es nach hM allerdings darauf an, ob dieser Irrtum auf einer falschen Vorstellung über die **Zusammensetzung des Nachlasses** (dann beachtlicher Eigenschaftsirrtum) oder auf einer **fehlerhaften Bewertung einzelner Nachlassgegenstände** (dann unbeachtlicher Motivirrtum) beruht (OLG Rostock NJW-RR 2012, 1356; BayObLG NJW 2003, 216, 221 mAnm *Ivo* NJW 2003, 185; BayObLGZ 1995, 120 = NJW-RR 1995, 904; offen lassend OLG Düsseldorf ZEV 2000, 64 [65]; MüKoBGB/*Leipold* § 1954 Rn. 12). Bedeutsam ist daher der Irrtum des Erben über die Zugehörigkeit einzelner Aktiva und Passiva zum Nachlass, so zB der Irrtum über das Vorhandensein einer Nachlassverbindlichkeit, etwa einer (Einkommen-)Steuerschuld des Erblassers (BayObLG FamRZ 1999, 1172; Soergel/*Stein* BGB § 1954 Rn. 3; offen lassend OLG Zweibrücken ZEV 1996, 428 = FGPrax 1996, 113; aA Palandt/*Weidlich* BGB § 1954 Rn. 6) oder – wie im Formular – die fehlende Kenntnis hinsichtlich eines zum Nachlass gehörenden Bankguthabens (KG ZEV 2004, 283) oder der Irrtum des Ausschlagenden über die Zugehörigkeit eines werthaltigen Schmerzensgeldanspruches zum Nachlass (Germanwings-Absturz; OLG Düsseldorf ZEV 2017, 92). Weiter ist stets erforderlich, dass der Irrtum **kausal** für die Annahme oder Ausschlagung war, der Erbe diese Erklärung also bei Kenntnis der Sachlage und bei verständiger Würdigung des Falles nicht erklärt hätte (s. dazu OLG Düsseldorf ZEV 2005, 255 = Rpfleger 2005, 28: Keine Anfechtung der Ausschlagung wegen Irrtums über die Überschuldung, wenn die Ausschlagung mit dem Zusatz „gleichgültig wie hoch mein Erbteil ist“ erklärt wurde; ebenso OLG Düsseldorf ZEV 2011, 317 für den Fall, dass der Erbe die Erschaft ausschlägt, weil er befürchtet, dass „da nur Schulden sind.“).

3. Ausschlagung zugunsten eines Dritten. Hat der Erbe die Erbschaft in der irrigen Erwartung ausgeschlagen, sie werde einem **bestimmten Dritten** anfallen, ist zunächst festzustellen, ob eine bedingte Ausschlagung vorliegt (NK-BGB/*Ivo* § 1947 Rn. 6 ff.). Liegt keine (unzulässige) Bedingung vor, wird in der irrigen Vorstellung des Ausschlagenden über die kraft Gesetzes oder letztwilliger Verfügung nächstberufene Person überwiegend ein unbeachtlicher Motivirrtum gesehen (OLG Schleswig ZEV 2005, 526 mAnm *Ivo* = ZErb 2005, 329; OLG Düsseldorf ZEV 1997, 258 = FamRZ 1997, 905). Nach der Rechtsprechungsänderung zur Anfechtung wegen Irrtums über die pflichtteilsrechtlichen Folgen der Annahme oder Ausschlagung (dazu → Form. J.IV.12 Anm. 2) sollte man bei der gebotenen wertenden Betrachtung aber auch diese Fehlvorstellung, die sich auf eine direkte gesetzliche Folge der Ausschlagung (§ 1953 Abs. 2 BGB) bezieht, als beachtlichen Inhaltsirrtum anerkennen (ebenso MüKo BGB/*Leipold* § 1954 Rn. 7; jüngst zustimmend OLG Düsseldorf ZEV 2018, 85 [87]).

4. Anfechtungsfrist. Parallel zur Ausschlagungsfrist (→ Form. J.IV.3 Anm. 2) beträgt die Anfechtungsfrist grundsätzlich sechs Wochen (§ 1954 Abs. 1 BGB), ausnahmsweise sechs Monate, wenn der Erblasser seinen letzten Wohnsitz nur im Ausland gehabt hat oder wenn sich der Erbe bei Fristbeginn im Ausland aufhält (§ 1954 Abs. 3 BGB). Die Anfechtung ist aber durch die 30-Jahres-Frist des § 1954 Abs. 4 BGB begrenzt. Abweichend von § 121 BGB muss die Anfechtung wegen Irrtums oder falscher Übermittlung **nicht unverzüglich** erklärt werden; andererseits gilt aber bei einer Anfechtung wegen arglistiger Täuschung oder widerrechtlicher Drohung auch nicht die Jahresfrist des § 124 BGB. Die Anfechtungsfrist **beginnt** gemäß § 1954 Abs. 2 S. 1 BGB bei einer Anfechtung wegen Drohung mit der Beendigung der Zwangslage, in den übrigen Fällen, wenn der Erbe von dem Anfechtungsgrund **Kenntnis erlangt** (s. dazu KG ZEV 2004, 283). Nach § 1954 Abs. 2 S. 2 BGB finden die §§ 206, 210, 211 BGB auf den Lauf der Anfechtungsfrist entsprechende Anwendung.

5. Anfechtungserklärung. Die Anfechtung der Annahme oder der Ausschlagung ist **gegenüber dem Nachlassgericht zu erklären** (§ 1955 S. 1 BGB). Für die Erklärung gelten die Vorschriften des § 1945 BGB über die Ausschlagung (→ Form. J.IV.3 Anm. 3, 5 bis 7). Für das Gericht muss aus der Erklärung selbst oder den sonstigen Umständen zu entnehmen sein, auf welchen Lebenssachverhalt die Anfechtung gestützt wird (MüKoBGB/*Leipold* § 1955 Rn. 3). Im Nachschieben von Gründen liegt eine neue Anfechtung, die form- und fristgerecht erklärt sein muss (BGH ZEV 2016, 31; BayObLG ZEV 1994, 105 [106]). Die tatsächlichen Grundlagen der Anfechtung sollten daher in der Erklärung selbst genannt werden.

6. Wirkung der Anfechtung. Die begründete, form- und fristgerecht erklärte Anfechtung beseitigt die angefochtene Erklärung rückwirkend (§ 142 Abs. 1 BGB). Der Anfechtende kann aber nicht erneut über die Annahme oder Ausschlagung entscheiden, denn § 1957 Abs. 1 BGB fingiert die jeweils gegenteilige Erklärung. Zur Klarstellung kann dies – wie im Formular vorgesehen – ausdrücklich ausgesprochen werden.

7. Form der Anfechtung, Vertretung, Kosten. → Form. J.IV.3 Anm. 5, 6, 9.

8. Zuständiges Nachlassgericht. → Form. J.IV.3 Anm. 7.

9. Steuern. Die Anfechtung der Ausschlagung einer Erbschaft und die darauf erklärte Annahme einer Erbschaft führt zu einem erbschaftsteuerpflichtigen Vorgang gem. §§ 1 Abs. 1 Nr. 1, 3 Abs. 1 Nr. 1 ErbStG. Die Erbschaft unterliegt der Steuerklasse I gem. § 15 Abs. 1 ErbStG. Der persönliche Freibetrag des Erben beträgt in diesem Fall gem. § 16 Abs. 1 Nr. 2 ErbStG 400.000,– EUR.

Zu den Grundzügen des Erbschaft- und Schenkungsteuerrechts einschließlich der Ermittlung der erbschaft- und schenkungsteuerlichen Besteuerungsgrundlagen → Form. A.IV Kurzüberblick: Erbschaft- und Schenkungsteuerrecht.

13. Anfechtung der Erbschaftsannahme wegen Irrtums

Amtsgericht[1, 3]

– Nachlassgericht –

. . . . . .

Nachlass des V, geb. am . . . . . ., verstorben am . . . . . .

Geschäfts-Nr.: . . . . . .

Am . . . . . . ist mein Vater V mit letztem Wohnsitz in . . . . . . verstorben. V hat mich durch Testament vom . . . . . ., eröffnet durch das Nachlassgericht am . . . . . ., zum Alleinerben eingesetzt und mit verschiedenen Vermächtnissen beschwert. Ich habe die Erbschaft durch Erklärung gegenüber dem Testamentsvollstrecker vom . . . . . . angenommen. Dabei bin ich irrtümlich davon ausgegangen, die Erbschaft annehmen zu müssen, um mir meinen Pflichtteilsanspruch zu erhalten.[2] Dass dies nicht zutrifft, habe ich anlässlich einer Besprechung mit Notar . . . . . . am . . . . . . erfahren.

Hiermit erkläre ich, S, die Anfechtung der Erbschaftsannahme wegen Irrtums und schlage die Erbschaft nach V aus allen Berufungsgründen aus.

. . . . . ., den . . . . . .

(Unterschrift)

Anmerkungen

1. Sachverhalt. → Form. J.IV.9. Zur Anfechtung im Allgemeinen → Form. J.IV.12 Anm. 3–7.

2. Irrtum über die pflichtteilsrechtlichen Folgen der Annahme oder Ausschlagung. Der Irrtum über die Rechtsfolgen der Annahme oder Ausschlagung kann als **Irrtum über den Erklärungsinhalt** (Inhaltsirrtum, § 119 Abs. 1 Var. 1 BGB) zur Anfechtung berechtigen. Dabei grenzt die Rechtsprechung danach ab, ob das Rechtsgeschäft nicht die (unmittelbar) erstrebten, sondern davon wesentlich verschiedene Rechtsfolgen erzeugt (dann **beachtlicher Inhaltsirrtum**), oder ob das Rechtsgeschäft außer der erstrebten Wirkung nicht erkannte und nicht gewollte Nebenwirkungen hat (dann **unbeachtlicher Motivirrtum;** vgl. BGH NJW 1995, 1484 [1485]; 1997, 653). Die Rechtsprechung hat den Irrtum über die pflichtteilsrechtlichen Folgen der Annahme oder Ausschlagung zunächst als unbeachtlichen Motivirrtum eingestuft (BayObLG FamRZ 1996, 59 [61]; ZEV 1998, 431). Auf Vorlagebeschluss des OLG Hamm (NJW 2005, 3808 = ZEV 2006, 168 mAnm *Haas/Jeske*) hat der BGH (NJW 2006, 3353) den gegenteiligen Standpunkt eingenommen und die Anfechtung zugelassen, wenn der Annehmende – wie im Formular – irrig davon ausging, nicht ausschlagen zu dürfen, um sich seinen Pflichtteilsanspruch zu erhalten. Dies gilt auch nach der Neufassung des § 2306 BGB (BGH NJW 2016, 2954; OLG Düsseldorf ZEV 2017, 177).

3. Steuern. Siehe die Ausführungen unter → Form. J.IV.3 Anm. 10.

14. Anfechtung der Versäumung der Ausschlagungsfrist wegen Irrtums

Amtsgericht[1, 3]

– Nachlassgericht –

. . . . . .

Nachlass des O, geb. am . . . . . ., verstorben am . . . . . .

Geschäfts-Nr.: . . . . . .

Am . . . . . . ist mein Onkel O mit letztem Wohnsitz in . . . . . . verstorben. Dass ich als Erbe des O in Betracht komme, habe ich durch ein Schreiben meines Cousins C vom

. . . . . . erfahren. Mir war nicht bekannt, dass die Ausschlagung der Erbschaft nur innerhalb von sechs Wochen erklärt werden kann.[2] Dies habe ich erst in einer Besprechung mit Notar . . . . . . am . . . . . . erfahren.

Hiermit fechte ich, N, geb. am . . . . . ., wohnhaft: . . . . . ., die etwaige Versäumung der Ausschlagungsfrist wegen Irrtums an und schlage die Erbschaft nach O aus allen Berufungsgründen aus. Der Nachlass ist überschuldet.

. . . . . ., den . . . . . .

(Unterschrift)

Anmerkungen

1. Sachverhalt. Nach dem Tod des Erblassers hat dessen Sohn C die Erbschaft wegen Überschuldung ausgeschlagen und dies dem nächsten Verwandten mitgeteilt. Dieser lässt in Unkenntnis der Rechtslage die Ausschlagungsfrist verstreichen. Zur Anfechtung im Allgemeinen → Form. J.IV.12 Anm. 3–7.

2. Anfechtung der Fristversäumung. Nach Ablauf der Ausschlagungsfrist ohne ausdrückliche oder konkludente Annahme wird diese gemäß § 1943 Hs. 2 BGB fingiert. In diesen Fällen fehlt es an einer Willenserklärung, die Gegenstand der Anfechtung sein könnte. § 1956 BGB gestattet aber die Anfechtung der Fristversäumung in gleicher Weise wie die Anfechtung der (ausdrücklichen oder konkludenten) Annahme. Dabei ist insbesondere an die Fälle zu denken, in denen der Erbe über das **Bestehen der Ausschlagungsfrist** (Formular), ihre Länge und die Rechtsfolgen ihres Ablaufs in Unkenntnis war (OLG Schleswig NJW-RR 2016, 330: irrige Annahme, die Ausschlagungsfrist beginne erst mit Erteilung des Erbscheins; OLG Hamm OLGZ 1985, 286) oder irrtümlich meinte, sein Schweigen bedeute Ausschlagung. Gleiches gilt, wenn der Erbe zu Unrecht davon ausging, er habe bereits wirksam ausgeschlagen (RGZ 143, 419 [424]; OLG Zweibrücken FamRZ 2006, 892), zB weil er über die Formbedürftigkeit der Ausschlagung (§ 1945 Abs. 1 BGB) irrte (BayObLG ZEV 1994, 112 = DNotZ 1994, 402) oder nicht wusste, dass er zur Ausschlagung einer betreuungs- bzw. familiengerichtlichen Genehmigung (→ Form. J.IV.4 Anm. 2 und → Form. J.IV.5) bedurfte (BayObLGZ 1983, 9 [13] = FamRZ 1983, 834), ferner wenn der Erbe irrig annahm, er habe bereits auf den Erbteil verzichtet (OLG Jena FamRZ 2011, 1759).

Auch im Rahmen des § 1956 BGB muss der Irrtum **kausal** für die Versäumung der Ausschlagungsfrist geworden sein. Dies ist dann der Fall, wenn der Erbe bei Kenntnis der Sachlage und verständiger Würdigung des Falles die Erbschaft ausgeschlagen hätte (BayObLGZ 1983, 9 [13] = FamRZ 1983, 834). So liegt es etwa bei einer Überschuldung des Nachlasses.

Wurde die Ausschlagung der Erbschaft für ein minderjähriges Kind durch seine Eltern gem. § 1643 Abs. 2 BGB **familiengerichtlich genehmigt** (→ Form. J.IV.4 Anm. 2), deckt diese Genehmigung auch die Anfechtung der Annahme der Erbschaft wegen Versäumung der Ausschlagungsfrist (OLG Celle ZEV 2013, 201).

3. Steuern. Vgl. die Ausführungen unter → Form. J.IV.3 Anm. 10.

V. Erbschein, ENZ und TV-Zeugnis

1. Checkliste: Erbscheinsantrag

- ❒ Vor Beantragung eines Erbscheins[3] ist zu prüfen, ob ein Bedürfnis nach Ausstellung eines Erbscheins besteht.[4, 5] Dieses kann entfallen, wenn die Erben keinen formalisierten Nachweis benötigen oder der Nachweis auch ohne Erbschein erbracht werden kann.[1]
- ❒ Ist die Erbenstellung auch im Ausland nachzuweisen, ist zu prüfen, ob statt eines Erbscheins ein ENZ beantragt werden sollte.[2] Angesichts der Skepsis gegenüber dem ENZ selbst im EU-Ausland sollte idealiter im Ausland abgeklärt werden, welcher Nachweis im Einzelfall zielführend ist.
- ❒ Nur die Antragsstellung[7] durch eine antragsberechtigte Person hat Aussicht auf Erfolg (bei grds. antragsberechtigten Erben ist die zeitliche Begrenzung bei Vor- bzw. Nacherben zu beachten).[8]
- ❒ Sowohl für das anwendbare Recht[2] als auch für die Zuständigkeit der Gerichte[11] bedeutsam ist der gewöhnliche Aufenthalt des Erblassers im Todeszeitpunkt, des Weiteren uU seine Staatsangehörigkeit.
- ❒ Bei Ehegatten als Erben ist der Güterstand des Erblassers zu prüfen und ob im Zeitpunkt des Todes ein Scheidungsverfahren anhängig war.
- ❒ Es ist zu prüfen, ob Verfügungen von Todes wegen existieren (ua Einsicht in das Zentrale Testamentsregister) und deren Inhalt zu ermitteln, ua auch, ob die Verfügung von Todes wegen Rechtswahlen oder Verfügungsbeschränkungen enthält, die auch in den Antrag aufzunehmen sind.[9, 10]
- ❒ Welche Art Erbschein soll beantragt werden (Alleinerbschein, Teilerbschein, gemeinschaftlicher Erbschein, quotenloser Erbschein, gegenständlich – auf das Inland – beschränkter Erbschein, Fremdrechtserbschein, etc).[6]
- ❒ Der Antrag ist bei dem international und örtlich zuständigen Nachlassgericht (idR Amtsgericht) zu stellen.[12] Zu beachten sind die besonderen sachlichen und örtlichen Zuständigkeiten bei Nachlasszugehörigkeit eines Hofes.
- ❒ Der Antrag ist mit den vorgeschriebenen Angaben sowie den erforderlichen Nachweisen einzureichen. Welche Angaben im Einzelnen erforderlich sind, richtet sich nach der Art des beantragten Erbscheins sowie dem der Erbfolge zu Grunde liegenden Erbrecht (vgl. im Einzelnen die verschiedenen Formulare).[13]

Anmerkungen

1. Auch wenn das Vermögen des Erblassers mit dem Erbfall von selbst auf den Erben übergeht (§ 1922 Abs. 1 BGB), wird die bloße Behauptung Erbe zu sein im Rechtsverkehr oft wenig helfen. Um tatsächlich auf das Erblasservermögen zugreifen und über dieses verfügen zu können, verlangt der Rechtsverkehr mehr als nur Vertrauen, sondern verlässliche Nachweise. Schuldner des Erblassers werden zurückhaltend sein, Leistungen an den oder die angeblichen Erben zu erbringen, wenn sie sich der Erfüllungswirkung nicht sicher sein können. Potentielle Vertragspartner werden Geschäfte mit angeblichen Erben über Nachlassgegenstände scheuen, sofern dessen Verfügungsberechtigung über die zum Nachlass gehörenden Vermögensgegenstände in Frage steht. Die **Vorlage** eines **Testaments** wird **Zweifel** an der **Rechtsstellung** des Erben **oftmals nicht beseitigen** können: Insbesondere Rechtsunkundigen mag sich aus einem Testament im Einzelfall nicht ohne weiteres erschließen, wer Erbe geworden ist. Doch selbst wenn aus einem Testament eindeutig hervorgeht, wer den Erblasser beerben soll, mag die im Testament angeordnete

Erbfolge aus verschiedensten Gründen der Rechtslage nach dem Erbfall nicht entsprechen: Das Testament mag formungültig sein, es mag längst widerrufen oder bereits angefochten sein oder die Anordnungen des Erblassers können durch anderweitige Verfügungen von Todes wegen modifiziert sein.

Der Erbschein ist neben dem ENZ zwar der einzige formalisierte Erbnachweis des Rechtsverkehrs, doch kann der Erbe sein Erbecht auch in *anderer Form* nachweisen. Ein besonders wichtiger Fall ist in § 35 GBO geregelt: Im Grundbuchverkehr kann der Nachweis der Erbfolge auch durch Vorlage einer **Verfügung von Todes wegen, die in einer öffentlichen Urkunde** enthalten ist, nebst Niederschrift über die Eröffnung der Verfügung von Todes wegen erbracht werden (§ 35 Abs. 1 S. 2 GBO). Entgegen Reimann/Bengel/J.Mayer/*Voit* BGB § 2231 Rn. 5 ist es bei einer Berichtigung des Grundbuches gemäß § 35 GBO nicht erforderlich, dass eine Erklärung der Erbschaftsannahme in das Eröffnungsprotokoll aufgenommen wurde; dies ist auch nicht praxisüblich. Im Berichtigungsantrag liegt regelmäßig eine konkludente Annahmeerklärung (*Schöner/Stöber* Rn. 786). Hierbei hat das Grundbuchamt die Verfügung(en) auch dann selbst auszulegen, wenn rechtlich schwierige Fragen zu beurteilen sind, außerhalb der eigentlichen Verfügung liegende Umstände aber nur zu berücksichtigen, wenn sie sich aus öffentlichen Urkunden ergeben, die dem Grundbuchamt vorliegen oder beigebracht werden (OLG München ZEV 2016, 288; OLG Hamm RNotZ 2013, 633; Palandt/*Weidlich* BGB § 2353 Rn. 78 ff.; *Demharter* GBO § 35 Rn. 39 ff.; *Schöner/Stöber* Rn. 787 ff.). Enthält diese Verfügung von Todes wegen **Verwirkungsklauseln** wie zB Pflichtteilsstrafklauseln, reicht eine **eidesstattliche Versicherung**, dass der Verwirkungstatbestand nicht erfüllt wurde dann aus, wenn sich auch das Nachlassgericht voraussichtlich mit einer solchen begnügen müsste (instruktiv mit einer Vielzahl von Einzelfällen zur Frage, in welchen Fällen die eröffnete öffentliche Verfügung von Todes wegen ausreicht und in welchem Fällen gleichwohl noch ein Erbschein erforderlich ist, *Böhringer* ZEV 2017, 68; sa *Schöner/Stöber* Rn. 790 jeweils mwN; → Form. J.V.5 Anm. 5). Auch eine **eidesstattliche Versicherung** kann vom Grundbuchamt **nicht** verlangt werden, wenn die Verfügung von Todes wegen „nur" einen **Abänderungsvorbehalt oder Rücktrittsvorbehalt** enthielt, den es **auszuüben** galt (OLG München ZEV 2015, 705; MittBayNot 2013, 46; OLG Düsseldorf ZEV 2013, 500; *Böhringer* ZEV 2017, 68 [70]; aA zu Unrecht noch OLG München mit ablehnender Anm. *Tönnies* RNotZ 2012, 326 und *Braun* MittBayNot 2012, 294). Denn auch bei einem Einzeltestament kann ja jederzeit ein abänderndes Testament verfasst werden, Einzeltestamente sind jedoch unstreitig geeignete Grundlagen im Anwendungsrahmen des § 35 GBO. Kommt ausländisches Recht zur Anwendung, hat das Grundbuchamt jedoch kein Recht, einen Erbschein allein deswegen zu fordern, vielmehr hat es sich nach hM die Kenntnisse dieser Rechtsordnung ggf. durch ein Gutachten eines Universitätsinstituts zu verschaffen. Während ENZ taugliche Eintragungsgrundlage nach § 35 GBO sind, sind ausländische Erbnachweise auch nach Inkrafttreten der EuErbVO nicht hinreichend, um eine Grundbuchberichtigung zu bewirken (*Schöner/Stöber* Rn. 800; *Hertel* ZEV 2013, 539 [541]; vorbehaltlich der Entscheidung des EuGH in der Rechtssache Musial-Karg, C-658/17).

Auch im privaten Rechtsverkehr kann nicht stets die Vorlage eines Erbscheins verlangt werden. So müssen sich beispielsweise Banken und Sparkassen mit der Vorlage eines eröffneten **öffentlichen Testaments oder Erbvertrages** begnügen und können kein Leistungsverweigerungsrecht bis zur Vorlage eines Erbscheins geltend machen, wenn sich keine **konkreten Zweifel** an der Gültigkeit der Verfügung von Todes wegen ergeben (BGH NJW 2005, 2779). Entsprechende AGB, die gleichwohl die Vorlage eines Erbscheines verlangen, sind unwirksam (BGH NJW 2013, 3716). Auch ein eröffnetes **eigenhändigesTestament** ist von Banken anzuerkennen, wenn dieses die Erbfolge mit der im Rechtsverkehr erforderlichen Eindeutigkeit nachweist (BGH DNotZ 2016, 708). Im Fall gesetzlicher Erbfolge soll der Nachweis dem BGH zufolge auch durch die Vorlage von

Urkunden möglich sein, aus denen sich diese ergibt (BGH DNotZ 2016, 708). Es bleibt abzuwarten, ob sich eine gegenläufige Tendenz ergibt, wenn es zB nicht „gegen die Banken geht", sondern um den Nachweis der Aktivlegitimation in einem Prozess, den ein „Erbe" gegen den Schuldner führt (zu den Sicherheitslücken im Eröffnungsverfahren vgl. vertiefend *Krug* FS Spiegelberger, 2009, 1025; zum einstweiligen Rechtsschutz gegen das Eröffungsproktokoll s. *Steiner* ZEV 2015, 319). Insofern könnten sehr unterschiedliche Aspekte von Bedeutung sein wie zB das Alter des Testamentes, auch das Alter des Testators, die Höhe des Nachlasswertes und/oder die mögliche Konfliktsituation im sozialen und wirtschaftlichen Umfeld desselben. Auch die Höhe des noch zu akzeptierendem Risikos könnte je nach Adressat unterschiedlich zu beurteilen sein (vgl. auch *Günther* NJW 2013, 3681).

Auch eine **postmortale notarielle General- und Vorsorgevollmacht** des Erblasers kann uU die Beantragung eines Erbscheins entbehrlich machen. Dies gilt bei Grundstücksgeschäften nur dann, wenn die Voreintragung der Erben nicht erforderlich ist (*Weidlich* ZEV 2016, 57), weil die Vollmacht nicht zur Eintragung der Erben berechtigt (→ Form. J.V.5 Anm. 3). Soll ein zum Nachlass gehörendes Grundstück veräußert werden (hierzu näher *Ott* notar 2017, 136 ff., insbesondere mit der zutreffenden Empfehlung, den Bevollmächtigten nur als solchen und nicht auch als Erben auftreten zu lassen), kann dies also nur dann ohne Erbschein erfolgen, wenn die Eintragung eines Finanzierungsgrundpfandrechts nicht erforderlich ist – so jedenfalls die bisher hM unter Berufung darauf, dass die Ausnahme vom Voreintragungsgrundsatz nach § 40 Abs. 1 GBO nicht für in Abt. III eingetragene Rechte nach § 39 Abs. 2 GBO gilt (*Herrler* DNotZ 2017, 508; *Weidlich* ZEV 2016, 57). Hier könnte sich jedoch uU ein Meinungsumschwung ergeben. So ist das OLG Frankfurt der Auffassung, dass die Voreintragung der Erben bei einem Finanzierungsgrundpfandrecht im Rahmen eines Grundstückskaufvertrags nicht erforderlich ist (DNotI-Report 2017, 174). Wie auch die Schriftleitung der RNotZ zur Einordnung der Entscheidung anmerkt, wäre die praktische Konsequenz dieser Entscheidung – sollten sich weitere Gerichte dieser Sichtweise anschließen – eine gesteigerte Nützlichkeit transmortaler Vollmachten in Angelegenheiten der Nachlassabwicklung (RNotZ 2018, 28). Zur Problematik der Akzeptanz der einem Mit- oder Alleinerben oder Vorerben erteilten Vollmacht → Form. C.VIII.1 lit. c) dd).

2. Dem Bedürfnis des Erben, seine Rechtsstellung nachzuweisen, und dem Verlangen des Rechtsverkehrs nach Rechtssicherheit kommt das Gesetz durch das Institut des Erbscheins nach (§§ 2353 ff. BGB), neben den (nicht anstelle!) für internationale Sachverhalte seit dem 17.8.2015 das **ENZ** getreten ist (Art. 62 ff. der EuErbVO); selbst in internationalen Fällen sollte allerdings zunächst mit den ausländischen Beteiligten und Behörden abgesprochen werden, ob nicht statt des ENZ ein Erbschein beantragt werden sollte, da dem ENZ auch im EU-Ausland jedenfalls zur Zeit noch Skepsis entgegengebracht wird, während Erbscheine nach wie vor in bestimmten Ländern anerkannt werden (näher → Form. J.V.8 Anm. 11). Der **17.8.2015** ist eine **Zäsur** auch für den Erbschein. Seit diesem Tag sind die verfahrensrechtlichen Regelungen zum Erbschein (ohne wesentliche inhaltliche Änderungen) umfassend im FamFG (§§ 352 ff. FamFG) geregelt; die bis dahin geltenden Regelungen der §§ 2354 bis 2360 BGB sind für bis zum 16.8.2015 eingetretene Erbfälle weiterhin anwendbar (Art. 229 § 36 EGBGB; siehe dazu Vorauflage). Zudem ist seit dem 17.8.2015 die **EuErbVO** anwendbar, die in internationalen Erbfällen erhebliche Auswirkungen auf das Erbscheinsverfahren hat, insbesondere wegen der Bestimmungen über das anzuwendende Erbrecht. So ist für Erbfälle seit dem 17.8.2015 – vorbehaltlich einer anderweitigen Rechtswahl zugunsten des Heimatrechts – regelmäßig das Recht des Staates des gewöhnlichen Aufenthalts anwendbar (Art. 21 EuErbVO), für Erbfälle vor diesem Zeitpunkt hingegen nach deutschem IPR das Heimatrecht des Erblassers (Art. 25 EGBGB aF; zum anwendbaren Erbrecht im

Einzelnen → Form. K). Das jeweilige nationale Erbrecht, die ehegüterrechtlichen Normen, auch die diesbezüglichen Kollisionsnormen (ab dem 29.1.2019 gelten hierfür die EU-Güterrechtsverordnungen) und das Sachenrechtsstatut werden von der EuErbVO hingegen nicht erfasst. Räumlich gilt die EuErbVO nicht für alle EU-Mitgliedstaaten, Großbritannien, Irland und Dänemark wenden sie nicht an. Des Weiteren bleiben Staatsverträge unberührt (→ Form. J.V.8).

3. Der **Erbschein bezeugt** das Erbrecht des Erben sowie bei mehreren Erben die Größe des Erbteils. Dieses Zeugnis dient – nach dem vorangegangenen Verfahren – dem Zweck, den Erben zu legitimieren, im Eigeninteresse sowie auch im Interesse des Rechtsverkehrs (MüKoBGB/*Grziwotz* Vor § 2353 Rn. 1; *Gemein* S. 37 u. 63). Auf dieser Grundlage beruht die Vermutungswirkung des § 2365 BGB: Das angegebene Erbrecht steht dem bezeichneten Erben zu und es bestehen keine Beschränkungen außer den angegebenen (*Gemein* S. 70). Es war bereits das Ziel des historischen Gesetzgebers, den Erbschein als Rechtsinstitut für den effektiven Nachweis des Erbrechts im Rechtsleben wirklich brauchbar zu machen (*Gemein* S. 2 mit Hinweis auf die Protokolle Band V S. 684 und die Motive Band V S. 557 ff.). Der Erbschein bzw. die in ihm enthaltene Legitimation **ändert jedoch die materielle Rechtslage nicht**. Er hat keine Gestaltungswirkung und erwächst nicht in materielle Rechtskraft (inzwischen wohl unstreitig, vgl. MüKoBGB/*Grziwotz* § 2353 Rn. 2; Palandt/*Weidlich* BGB § 2353 Rn. 49; *Zimmermann* Rn. 1, 8 u. 523 jeweils mwN). Trotz dieser vermeintlichen Schwäche hat das Erbscheinsverfahren eine enorme praktische Bedeutung erlangt. So wurden im Jahre 2016 im Rahmen der „Angelegenheiten der freiwilligen Gerichtsbarkeit" 649.318 „sonstige Nachlasssachen (VI)" – mit steigender Tendenz – bearbeitet (abrufbar – mit weiteren Zahlen – unter der Homepage des BMJV (www.bmjv.de) unter Service/Statistiken/Geschäftsbelastungen bei Gerichten und Staatsanwaltschaften/Geschäftsentwicklung der freiwilligen Gerichtsbarkeit – Amtsgerichte 1995-2016). Für das Erbscheinsverfahren als solches gibt es leider keine spezifischen Zahlen. Bei der Befragung einiger Amtsgerichte hinsichtlich der Einschätzung des Häufigkeitsanteils der Erbscheinsverfahren wurde eine Quote von $^2/_5$ bis $^2/_3$ genannt. Das bedeutet, dass jedes Jahr wohl mehr als 300.000 Erbscheinsangelegenheiten von den Amtsgerichten bearbeitet werden (vgl. auch das Vorwort bei *Zimmermann,* Erbschein und Erbscheinsverfahren: „Jährlich ... etwa 840.000 Sterbefälle. Das führt zu mehreren hunderttausend Verfahren jährlich bei den Nachlassgerichten, meist sind es Erbscheinsverfahren.").

In diesem Zusammenhang ist festzustellen, dass der Erbschein einen Bedeutungswandel erfahren hat: Die Erbprätendenten geben bei einer etwaigen Klärung der Erbrechtslage dem Erbscheinsverfahren den Vorzug vor dem streitigen Verfahren (MüKoBGB/*Grziwotz* Vor § 2353 Rn. 5). Man hält trotz des Nachteils der fehlenden Rechtskraft die Vorteile des Erbscheinverfahrens für ausschlaggebend (vgl. auch *Zimmermann* ZEV 2010, 457): geringere Kostenlast, keine Vorschusspflicht, in gewissem Umfang freierer Instanzenzugang, Amtsermittlung und damit mehr Fürsorge und Begleitung durch das Gericht als im streitigen Verfahren, deshalb grundsätzlich (außer vor dem BGH) kein Anwaltszwang (s. § 10 Abs. 1 FamFG). Eine gewisse Kompensation der fehlenden Rechtskraft des Erbscheins kann über vertragliche Festschreibungen, zB einen Auslegungsvertrag erreicht werden (→ Form. J.V.3). Denn noch nach Jahrzehnten (!) kann sogar wegen einer anderen Auslegung der Verfügung von Todes wegen – und nicht nur wegen neu aufgetauchter Tatsachen – ein Erbschein eingezogen oder für kraftlos erklärt werden, selbst wenn früher alle Beteiligten mit seinem Inhalt einverstanden waren (OLG Köln Rpfleger 2003, 193: Einziehung nach 27 Jahren; Palandt/*Weidlich* BGB § 2361 Rn. 1; *Zimmermann* Rn. 479 jeweils mwN). Etwa 95 % der Erbscheinsverfahren verlaufen problemlos (Keidel/*Zimmermann* FamFG § 352e Rn. 26). Vor diesem Hintergrund und der jahrzehntelangen bewährten Praxis, die zu keinen nennenswerten Problemen führt, sind

Bestrebungen zur Schaffung eines sog. „Großen Nachlassgerichts", mit dem Zuständigkeiten konzentriert werden sollen, kritisch zu sehen.

4. **Erbscheinsverfahren** und streitiges Verfahren stehen grundsätzlich **selbständig** nebeneinander, das Nachlassgericht ist jedoch nach hM (nur) in den persönlichen und sachlichen Grenzen der materiellen Rechtskraft an ein Urteil des Prozessgerichts gebunden (MüKoBGB/*Grziwotz* § 2353 Anhang Rn. 170). Der Erbschein ist auch nicht etwa ein „kleines" Urteil. Ein Vergleich zeigt: Die rechtskräftige Feststellung eines behaupteten Erbrechts besteht nur zwischen den Parteien und nur für den Streitgegenstand. Wegen dieser Beschränkung genügt ein reines Feststellungsurteil weder dem Grundbuchamt noch den Banken, während der Erbschein eine weitreichende Publizitätswirkung für den allgemeinen Rechtsverkehr entfaltet, die im praktischen Rechtsleben eine hohe Akzeptanz besitzt. In einem Prozess, bei dem es auf das Erbrecht ankommt, ist das Prozessgericht nicht an das Zeugnis eines Erbscheins gebunden (dazu und zu den fraglichen Beweislastauswirkungen des Erbscheins zugunsten des darin bezeugten Erben – Beweislastumkehr analog § 292 ZPO – siehe Firsching/*Graf* Rn. 4.141; MüKoBGB/*Grziwotz* Anh. zu § 2353 Rn. 165; Palandt/*Weidlich* BGB § 2365 Rn. 2).

5. Ein etwa notwendiges **Einziehungsverfahren** ist gemäß § 2361 S. 1 BGB von Amts wegen zu betreiben; solche Verfahren waren und sind es wohl auch immer noch, relativ selten (zur Häufigkeit der Einziehungsverfahren vgl. *Klüsener/Rausch/Walter* Rpfl 2001, 215: Von insgesamt 1180 erhobenen Nachlassakten bei 6 verschiedenen Amtsgerichten in 3 OLG-Bezirken betrafen 13 ein Einziehungsverfahren – also ca. 1,1 %). Sowohl die Urschrift des Erbscheins – sofern diese nicht in den Akten des Gerichtes verblieben war – und alle Ausfertigungen sind an das Gericht zurückzugeben; mit der Einziehung wird der Erbschein kraftlos, § 2361 S. 2 BGB. Allerdings muss nicht jede Unrichtigkeit mit einem Einziehungsverfahren beantwortet werden; auszunehmen sind Fälle, in denen eine Berichtigung erfolgen kann oder von dem unrichtigen Erbschein dem Rechtsverkehr keine Gefahren drohen (überzeugend *Zimmermann* Rn. 511 f. mit dem Hinweis, dass bei Eintritt des Nacherbfalles und der Beendigung einer Testamentsvollstreckung Anregungen seitens der Beteiligten erwartet werden dürfen). Ist der Erbschein nicht sofort zu erlangen, hat ihn das Gericht unter Beachtung der in § 353 FamFG beschriebenen Verfahrensweise für kraftlos zu erklären; die Einziehung ist, soweit sie noch Erfolg verspricht, weiter zu betreiben, denn der praktische Rechtsverkehr vertraut auf die im Umlauf befindlichen Urkunden (MüKoBGB/*Grziwotz* § 2361 Rn. 34). Auch wenn – wie bereits gesagt – Einziehungsverfahren relativ selten sind, besteht hier ein gewisses Vertrauensrisiko, so dass es unter ganz besonderen Umständen einmal angeraten sein kann, die Nachlassakten einschlägig zu überprüfen. Mit der Einziehung oder Kraftloserklärung des erteilten Erbscheins – gleichgestellt ist auch gemäß § 2362 Abs. 1 BGB die Rückgabe des Erbscheins an das Nachlassgericht in Erfüllung eines entsprechenden Anspruches des wahren Erben – endet die Legitimationswirkung eines solchen Erbscheines (*Gemein* S. 71). Mit anderen Worten: Die Entlegitimierung wirkt nur ex nunc, nicht ex tunc; es gibt keine Rückwirkung. Auf dieser Legitimierung bzw. Vermutung aufbauend ergibt sich der Schutz des Rechtsverkehrs; nach dem Wortlaut des Gesetzes entfällt dieser Schutz nur für denjenigen, der die **Unrichtigkeit kennt oder weiß**, dass das Nachlassgericht die Rückgabe des Erbscheins wegen Unrichtigkeit verlangt hat, maW ein **Einziehungsverfahren** betreibt (§ 2366 BGB). Hier besteht ein wesentlicher Unterschied zum **ENZ**, bei diesem schadet gemäß Art. 69 Abs. 3 aE bereits **grobe Fahrlässigkeit** (vgl. näher → Form. J.V.9). Dieser Schutz des Erbscheins gilt nicht nur für den in § 2366 BGB angesprochenen Erwerber eines Erbschaftsgegenstandes, sondern über § 2367 BGB auch für den an den Erbscheinserben Leistenden. Daraus – unter Beachtung obiger enger Ausnahmen – leitet die hM ab, dass es keiner positiven Vertrauensinvestition bedarf, um sich auf einen Erbschein berufen zu können; dieser muss **nur objektiv vorgelegen** haben, nicht etwa

vorgezeigt worden sein. Es kommt nicht einmal darauf an, ob der Erbe oder der Dritte von der Erteilung des Erbscheins Kenntnis hatte (MüKoBGB/*Grziwotz* § 2366 Rn. 25; *Gemein* S. 133 ff. jeweils mit Nachweisen zur Rspr. und zur in der Literatur vertretenen Gegenmeinung, die im Wesentlichen auf Rechtsscheinprinzipien zurückgreift). Aus den in den §§ 2366, 2367 BGB verwandten Begriffen „Erbschaftsgegenstand, zur Erbschaft gehörendes Recht" schließt allerdings ein Teil dieses Meinungsstranges, dass die Anwendung dieser Vorschriften voraussetze, zumindest einer der Beteiligten – wobei auch unterschiedliche Auffassungen dazu vertreten werden, welcher von ihnen – müsse von einem Nachlassbezug ausgegangen sein (vgl. MüKoBGB/*Grziwotz* § 2366 Rn. 24; Palandt/*Weidlich* BGB § 2366 Rn. 1 f. jeweils mwN). Es erscheint indessen widersprüchlich, einerseits auf Kenntnis des Erbscheins zu verzichten, aber dennoch einen subjektiven Nachlassbezug zu verlangen; außerdem ergeben sich insofern erhebliche Nachweisprobleme (*Zimmermann* Rn. 761 ff.; *Gemein* S. 156 ff insbes. 163 jeweils mwN; vermittelnd („Mitbewusstsein genügt"): MüKoBGB/*Grziwotz* § 2366 Rn. 24). In der Praxis sollte, um einer **leichtfertigen** Handhabung vorzubeugen, jedoch regelmäßig die Vorlage der Erbscheinsausfertigung verlangt werden. In der Grundbuchpraxis wird die Vorlage des Erbscheins in Urschrift oder Ausfertigung verlangt, eine beglaubigte Abschrift wird idR nicht akzeptiert (*Demharter* § 35 Rn. 23).

6. Das Gesetz kennt **verschiedene Arten von Erbscheinen,** aus denen die Rechtspraxis weitere Erbscheinsarten entwickelt hat. Gemäß § 2353 BGB ist zunächst zwischen dem Erbschein des Alleinerben (§ 2353 Alt. 1 BGB) und dem **Teilerbschein** (§ 2353 Alt. 2 BGB) zu unterscheiden, der lediglich das Erbrecht eines Miterben bezeugt. Praktisch überaus bedeutsam ist sodann bei Erbengemeinschaften der **gemeinschaftliche Erbschein** (§ 352a FamFG), der das Erbrecht aller Miterben sowie grds. deren jeweilige Erbteile bezeugt. Im Einzelfall hilfreich sein kann der **quotenlose gemeinschaftliche Erbschein** sein, bei dem keine Angabe der Erbteile erfolgt (§ 352a Abs. 2 S. 2 FamFG); das kommt praktisch insbesondere dann in Betracht, wenn zwar keine Unklarheit oder kein Streit über den Kreis der Erben, aber über die Erbteile besteht. Über den quotenlosen Erbschein kann zB die Grundbuchberichtigung erreicht werden (im Grundbuch werden bekanntermaßen keine Quoten eingetragen), zB um die kostenlose Eintragung innerhalb der zwei Jahre nach dem Erbfall zu erreichen, auch eine Veräußerung eines zum Nachlass gehörenden Grundstücks wird so möglich, die Erlösverteilung anhand der später zu bestimmenden Erbteile kann dann unabhängig davon erfolgen. Besonders gesetzlich geregelt sind zudem der **gegenständlich beschränkte Erbschein** (§ 352c FamFG; → Form. J.V.8), das **Hoffolgezeugnis** (§ 18 Abs. 2 S. 3 HöfeO) und der Erbschein über das hoffreie Vermögen (beides in → Form. J.V.9). Nicht besonders gesetzlich geregelt und von eher untergeordneter praktischer Bedeutung sind der Gruppenerbschein, der gemeinschaftliche Teilerbschein und der Sammelerbschein. Der Gruppenerbschein stellt eine Zusammenfassung mehrerer Teilerbscheine (§ 2353 Alt. 2 BGB) demselben Stamm zugehöriger Erben in einer einheitlichen Urkunde dar und wird nur bei entsprechender Antragsstellung sämtlicher der im Gruppenerbschein aufzuführenden Erben erteilt. Wie der Gruppenerbschein bezeugt auch der gemeinschaftliche Teilerbschein nicht die Erbrechte sämtlicher Miterben, sondern nur die Erbteile eines Teiles der Erben. Anders als der Gruppenerbschein kann er jedoch auf Antrag eines jeden der im gemeinschaftlichen Erbschein aufzuführenden Miterben erteilt werden. Der Sammelerbschein (auch: vereinigter Erbschein) unterscheidet sich schließlich insofern von den anderen Erbscheinsarten, als er eine Zusammenfassung von Erbscheinen über unterschiedliche Erbfälle nach mehreren Erblassern darstellt, die sich nacheinander beerbt haben. Zum Eigenrechts- bzw. Fremdrechtserbschein → Form. J.V.8 und auch bereits → Form. J.V.1.

7. Ein Erbschein wird **nur auf Antrag** ausgestellt. Welche Angaben im Zusammenhang mit einem Erbscheinsantrag zu machen sind, hängt im Einzelnen von der Art des

beantragten Erbscheins ab (vgl. daher die Anmerkungen zu den einzelnen Formularen). Die Angaben müssen zum Teil durch öffentliche Urkunden, zum Teil durch Abgabe einer eidesstattlichen Versicherung nachgewiesen werden (vgl. diesbzgl. die Anmerkungen zu den einzelnen Formularen, insbesondere → Form. J.V.2, → Form. J.V.3). Für das ENZ stellt Art. 65 Abs. 3 EuErbVO teilweise weitere Anforderungen zu den zu machenden Angaben auf. Der Erbscheinsantrag ist als solcher nicht formbedürftig und kann unter Vorlage einer Vollmacht gemäß § 10 Abs. 2 FamFG auch von einem Vertreter gestellt werden. Allerdings bedürfen bestimmte Angaben im Erbscheinsantrag der – **höchstpersönlich** abzugebenden – **eidesstattlichen Versicherung** vor Gericht oder vor einem Notar, sofern das Nachlassgericht darauf nicht verzichtet (§ 352 Abs. 3 S. 3 FamFG), so dass vor dem Notar regelmäßig der gesamte Erbscheinsantrag beurkundet wird. Der Antrag muss sämtliche Angaben enthalten, die zum gesetzlichen Inhalt des Erbscheins zählen.

8. **Berechtigt zur Stellung eines Erbscheinsantrags** ist zunächst jeder **Erbe** (§ 2353 BGB), gemäß § 2363 BGB auch der Vorerbe bis zum Eintritt des Nacherbfalls. Der Nacherbe ist hingegen erst mit Eintritt der Nacherbfolge antragsberechtigt (MüKoBGB/*Grziwotz* § 2353 Rn. 83). Antragsberechtigt ist des Weiteren derjenige, der den Erben beerbt hat (**Erbeserbe**). Erwerber eines Erbteils können ebenfalls einen Erbschein beantragen, in dem jedoch nicht der Erwerber, sondern der ursprüngliche Miterbe ausgewiesen wird (RG RGZ 64, 173; MüKoBGB/*Grziwotz* § 2353 Rn. 87). Umstritten, aber wohl überwiegend ablehnend behandelt wird das Antragsrecht des Käufers der gesamten Erbschaft (MüKoBGB/*Grziwotz* § 2353 Rn. 88; Firsching/*Graf* Rn. 4.155; aA Palandt/*Weidlich* BGB § 2371 Rn. 4; Keidel/*Zimmermann* FamFG § 352 Rn. 32). **Gesetzliche Vertreter** (Eltern, Vormund, Betreuer, organschaftliche Vertreter eines Vereins/einer Gesellschaft) sind berechtigt sowohl den Antrag zu stellen als auch die eidesstattliche Versicherung abzugeben (*Zimmermann* Rn. 32). **Gewillkürte Vertreter** dürfen den Antrag stellen, grds. aber nicht die eidesstattliche Versicherung abgeben; teilweise wird aber – uE zu Recht – angenommen, dass **General- und Vorsorgebevollmächtigte** eine wirksame eidesstattliche Versicherung abgeben können (umstr., überzeugend Staudinger/*Herzog* BGB § 2353 Rn. 210; *Grziwotz* notar 2016, 353 [354]). Eine weitere Gruppe Antragsberechtiger stellen die Personen dar, die zur **Verwaltung des Nachlasses** oder Teilen davon befugt sind, dh insbesondere der Testamentsvollstrecker, der Nachlassverwalter und der Nachlassinsolvenzverwalter. Umstritten ist das Antragsrecht des sog. Administrators, → Form. J.V.8. Nicht antragsberechtigt ist hingegen der Nachlasspfleger, da sein Amt gerade auf der noch bestehenden Unsicherheit über die Person des Erben gründet und im Erbschein lediglich bekannte Erben bezeugt werden können (MüKoBGB/*Grziwotz* § 2353 Rn. 93; Firsching/*Graf* Rn. 4.157). **Nachlassgläubiger** – auch Pflichtteilsberechtigte und Vermächtnisnehmer – haben erst dann das Recht, einen Erbschein zu beantragen, wenn sie einen **vollstreckbaren Titel** vorlegen und zur Vollstreckung des Titels eines Erbscheins bedürfen (§§ 792, 896 ZPO). Bei Beantragung des Erbscheins durch einen Nachlassgläubiger muss dieser die eidesstattliche Versicherung abgeben und den Nachweis der Erbschaftsannahme seitens des Erben erbringen (LG Leipzig Rpfleger 2008, 655; Firsching/*Graf* Rn. 4.154), also darlegen, dass die Erbschaft nicht ausgeschlagen wurde, die Zulässigkeit der Zwangsvollstreckung ist vom Nachlassgericht hingegen nicht zu prüfen (OLG München NJW 2014, 3254).

9. Insbesondere bei eigenhändigen Testamenten erschließt sich der konkret zu stellende Antrag häufig nicht ohne weiteres, da die Texte vielfach nicht klar und auch unvollständig sind; sie sind dann auszulegen. Dazu werden in den → Form. J.V.5, → Form. J.V.6 einige besonders häufig vorkommende Auslegungsprobleme dargestellt.

Dazu zunächst folgende

Auslegungshinweise:

Auch für Verfügungen von Todes wegen gelten die §§ 133, 157 BGB. Demgemäß ist der **wirkliche Wille des Erblassers zu erforschen** und nicht am buchstäblichen Sinne des Ausdrucks zu haften; § 2084 BGB fügt dann noch den Grundsatz der sog. wohlwollenden Auslegung hinzu. Für Einzeltestamente gilt dies uneingeschränkt, bei **gemeinschaftlichen Testamenten und Erbverträgen** ist – jedenfalls bei Wechselbezüglichkeit – auch noch der **Empfängerhorizont** des oder der anderen **Beteiligten** zu beachten. Über diese Maximen besteht wohl Einigkeit (vgl. zB BGH ZEV 2011, 422; MüKoBGB/*Musielak* § 2269 Rn. 17; Nieder/Kössinger/*W. Kössinger* § 23 Rn. 4 ff., jeweils mwN).

a) Den **Spagat**, die Anforderungen der §§ 133, 157 BGB **mit den Formerfordernissen** der §§ 2231 ff. BGB in **Einklang** zu bringen, sucht die hM, insbesondere die Rechtsprechung, mit Hilfe der sog. **Andeutungstheorie** zu bewältigen (grundlegend BGHZ 80, 246 = NJW 1981, 1736 und daran anschließend BGHZ 86, 41 = NJW 1983, 672). Hatte die ältere Rechtsprechung (vgl. die Nachweise in der älteren der zitierten BGH-Entscheidungen) noch den bis in römischrechtliche Zeit zurückgehenden Grundsatz bemüht, dem auch das gemeine Recht gefolgt war (Palandt/*Ellenberger* BGB § 133 Rn. 6): „Cum in verbis nulla ambiguitas est, non debet admitti voluntatis quaestio“ (Dig. 32, 25 § 1, zitiert nach Nieder/Kössinger/*W. Kössinger* § 23 Rn. 21; vgl. auch *Liebs* (1998), Lateinische Rechtsregeln und Rechtssprichwörter, C 116) „Wenn in den Worten keine Zweideutigkeit liegt, darf die Frage nach dem Gewollten nicht gestellt werden“, so wurde nunmehr diese sog. **Eindeutigkeitsformel aufgegeben**, die Wortlautgrenze abgebaut (Nieder/Kössinger/*W. Kössinger* § 23 Rn. 21). Auch der scheinbar klare und eindeutige Wortlaut ist der Auslegung zugänglich, was sich letztlich daraus ergibt, dass die Eindeutigkeit einer Formulierung erst durch ihre Auslegung ermittelt werden kann (MüKoBGB/*Busche* § 133 Rn. 53; Palandt/*Ellenberger* BGB § 133 Rn. 6, letzterer betont allerdings, dass der besagte Grundsatz der Wortlautgrenze als Hilfsmittel für die juristische Praxis seine Bedeutung habe).

Mit der Formgebundenheit letztwilliger Verfügungen wird dann begründet, dass der unter Berücksichtigung aller einschlägigen – **auch uU außerhalb der Urkunde liegenden** – Begleitumstände durch Auslegung ermittelte Wille des Erblassers in dieser irgendwie, und sei es auch nur ansatzweise, unvollkommen oder versteckt angedeutet, **zum Ausdruck gekommen sein muss** (vgl. ua BGH NJW-RR 2002, 292; 2010, 821 Rn. 12; ZEV 2002, 20; Palandt/*Weidlich* BGB § 2084 Rn. 4; Horn/Kroiß/*Horn* § 2 Rn. 63 jeweils mwN). Eine allgemein gültige Aussage, wann ein die Form wahrender Inhalt (noch) angenommen werden darf, lässt sich nicht treffen (Palandt/*Weidlich* BGB § 2084 Rn. 4).

b) Die Andeutungstheorie wird von einem Teil der Literatur (teilweise als **Willenstheorie** bezeichnet) teils wegen der aufgezeigten Problematik der schwierigen Abgrenzungsfragen, teils auch aus grundsätzlichen Erwägungen abgelehnt: Ohne Grund mache sie innerhalb des Gesamtverhaltens eine Abstufung zugunsten der ausdrücklichen Erklärung und nötige zu gekünstelt dehnender Wortinterpretation. Vom **Wortlaut** ausgehen müsse man **nur wegen denkökonomischer Aspekte**, ohne Ermittlung des Erklärungstextes bliebe oft zweifelhaft, ob überhaupt eine Willenserklärung vorliege. Die Frage nach dem wirklichen Willen des Erklärenden könne besser geprüft werden, wenn man seine Erklärung kenne. In dem Bereich, in dem ein Vergreifen im Ausdruck (falsa demonstratio) schon immer als unschädlich angesehen wurde, sei die Andeutungstheorie von Anfang an unhaltbar gewesen (so zB MüKoBGB/*Busche* § 133 Rn. 59, 60; Bamberger/Roth/*Wendtland* BGB § 133 Rn. 26). Ein nur außerhalb der Urkunde verlautbarer Wille genüge allerdings dann nicht dem Formerfordernis, wenn dadurch der Formzweck gefährdet werde, wenn etwa wie bei der Auflassung das Formgebot gerade dazu diene, Interessen Dritter zu schützen (MüKoBGB/*Busche* § 133 Rn. 30 aE).

c) Hier soll nicht weiter versucht werden, diesen Meinungsstreit über die richtige Auslegungstheorie einer Lösung näher zu bringen, sondern einer „Versuchungssituation“

– *„Im Auslegen seid frisch und munter, legt ihr's nicht aus, dann legt was unter“* (*Goethe*, Zahme Xenien) – entgegengewirkt werden: Wenn Umstände, die außerhalb der die Verfügung von Todes wegen enthaltenden Urkunde liegen, ein völlig gleichberechtigtes Gewicht gegenüber dem Wortlaut beigemessen wird, ist auf die **Beweisfrage** besonderer Augenmerk zu legen. Gerade dann sind – wie übrigens auch sonst – alle Nebenumstände zu beachten, seien sie wirtschaftlicher, sozialer und/oder familiärer Natur (vgl. MüKoBGB/*Busche* § 133 Rn. 23). In vielen Fällen werden die Ergebnisse konvergieren, nämlich dann, wenn – wie oft – eine **Falschbezeichnung** festgestellt werden kann. Deren Unschädlichkeit (der Satz „falsa demonstratio non nocet“ stammt übrigens aus dem römischen Testamentsrecht, vgl. *Liebs* aaO F14) ist geradezu sprichwörtlich, auch wenn einige Abgrenzungsfragen, zB zur erläuternden Auslegung wiederum ungeklärt sind (vgl. Bamberger/Roth/*Litzenburger* § 2084 Rn. 14 ff.). Anders als *Busche* (MüKoBGB/*Busche* § 133 Rn. 50, 60) sieht übrigens die Andeutungstheorie bei einer Falschbezeichnung diese selbst als formwahrende Andeutung an (Nieder/Kössinger/*W. Kössinger* § 23 Rn. 23). Einfach nur eine generelle Willensrichtung in der Verfügung von Todes wegen erkennen zu glauben, reicht nach der hier vertretenen Auffassung allerdings keineswegs aus, um eine erbrechtlich beachtliche Anordnung des Erblassers anzunehmen.

Zu den Auslegungsproblemen und ihren Lösungen hat sich eine umfangreiche Kasuistik entwickelt, die in allen Kommentierungen referiert wird, allerdings zum Teil wegen der Darstellung anhand der Paragraphenfolge „schwer lesbar“. Ein kurz gefasster Überblick findet sich bei *Firsching/Graf* Teil 1, Kap. IX (Rn. 1.124 ff.) und – schon umfangreicher – im MAH ErbR/*Machulla* § 6; eine umfassende Darstellung geben *Horn/Kroiß* – laut Buchbesprechung von *Wirich* ZEV 2012, Heft 12 XI wurden 7600 (!) Fundstellen zusammengetragen.

Die zuvor beschriebenen Fragen bestehen im Grundsatz – fast überflüssig es zu sagen – unabhängig davon, ob die Verfügung von Todes wegen handschriftlich oder in einer öffentlichen, insbes. notariellen Urkunde niedergelegt ist. Dies ergibt sich letztlich daraus, dass – wie dargelegt – jedes Verstehen eines Textes letztlich eine Auslegung impliziert. Auch bei einer notariellen Urkunde ist Ausgangspunkt der Auslegung das Verständnis des Testators, nicht das des Notars (Horn/Kroiß/*Horn* § 2 Rn. 40; Nieder/Kössinger/*W. Kössinger* § 23 Rn. 23). Allerdings ist hier im Hinblick auf die notarielle Belehrung davon auszugehen, dass der Erblasser entsprechend der juristischen Bedeutung der gewählten Begriffe testieren wollte, solange keine dem widersprechenden konkreten Anhaltspunkte vorliegen (Horn/Kroiß/*Horn* § 2 Rn. 35; Nieder/Kössinger/*W. Kössinger* § 23 Rn. 23, jeweils mwN).

Hinsichtlich der Prüfungsreihenfolge gilt nach herrschender Meinung, dass zunächst die Auslegung vorzunehmen ist und danach erst die Formprüfung (so bereits BGH NJW 1983, 672 (673) unter II.1. aE; Palandt/*Weidlich* BGB § 2084 Rn. 4; *W. Kössinger* aaO Rn. 21a mwN; kritisch MüKoBGB/*Leipold* § 2084 Rn. 13).

10. In **internationalen Erbfällen** ist die EuErbVO zu beachten. Für die Zulässigkeit und die materielle Wirksamkeit von Testamenten und Erbverträgen ist das Recht maßgebend, das nach der EuErbVO anzuwenden wäre, wenn die Person(en), die die Verfügung errichtet hat/haben, zum Zeitpunkt der Errichtung verstorben wäre(n) (**hypothetisches Erbstatut** – Art. 24 für Testamente, Art. 25 für Erbverträge, *Simon/Buschbaum* NJW 2012, 2393 (2395 f.); *Odersky* notar 2013, 3 [7]). **Rück- und Weiterverweisungen** spielen gem. Art. 34 EuErbVO bei Berufung eines Drittstaatenrechts – nur dort wird die Frage ja erheblich – noch eine Rolle, die deshalb allerdings nicht mehr so bedeutsam ist. Wichtig sind auch die **Übergangsbestimmungen** des Art. 83 EuErbVO. Für die Wirksamkeit einer Rechtswahl und/oder einer Verfügung von Todes wegen aus der Zeit vor dem 17.8.2015 müssen entweder die Voraussetzungen des Kap. III (Art. 20–38 EuErbVO) oder die Vorschriften des IPR des Staates, in dem der Erblasser seinen gewöhnlichen

Aufenthalt hatte oder des Staates, den er angehört hat, beachtet worden sein (Art. 83 Abs. 2 EuErbVO). Eine vor dem 17.8.2015 getätigte **Rechtswahl nach Art. 25 Abs. 2 EGBGB aF** ist damit auch für Erbfälle nach diesem Stichtag wirksam, wenn sie nach dem Kollisionsrecht des gewöhnlichen Aufenthalts oder der Staatsangehörigkeit des Erblassers anerkannt wird (MüKoBGB/*Dutta* EuErbVO Art. 83 Rn. 11; *Odersky* notar 2013, 3 [6]; *Dutta* FamRZ 2013, 4 [15]; DNotI-Report 2012, 121; aA *Lehmann* ZEV 2012, 533, der zu Unrecht eine generelle Unwirksamkeit nach dem Stichtag annimmt). Da eine solche Rechtswahl dem IPR Deutschlands genügte, ist das zB der Fall, wenn der Erblasser deutscher Staatsangehöriger war bzw. ein Ausländer seinen gewöhnlichen Aufenthalt in Deutschland hatte. Hat aber beispielsweise ein in Spanien wohnhafter Grieche für seinen in Deutschland gelegenen Grundbesitz vor dem 17.8.2015 deutsches Recht gewählt, hatte seine Rechtswahl nur bis zum 17.8.2015 Bestand (*Leitzen* ZEV 2013, 128 [131] – wobei der 17. nicht mehr mitzählt, Hinzufügung vom Verfasser). **Heilungsvorschriften** enthält die EuErbVO indessen nicht: Hat zB ein Ehepaar, das gemeinsam einem Staat angehörte, der gemeinschaftliche Testamente als formell und sachlich unzulässig einstufte und auch keine Rechtswahl kannte, in Deutschland ein solches (allgemeines) gemeinschaftliches Testament – vielleicht von dem benachbarten deutschen Ehepaar übernommen – verfasst, gibt es insoweit keine fiktive Rechtswahl. Es bleibt beim sog. „Handeln unter falschem Recht"; denn es wurde weder das IPR Deutschlands noch des Heimatstaates beachtet (→ Form. J.V.8 Anm. 12.). Die Möglichkeit einer – helfenden – sehr weiten Auslegung deutet *Döbereiner* an (MittBayNot 2013, 437 [445]). Die Fiktion einer umfassenden Rechtswahl des Art. 83 Abs. 4 EuErbVO gilt nur für das Staatsangehörigkeitsrecht, auch insoweit gibt es (wie bei Art. 22 EuErbVO) kein Recht, das Recht des bisherigen gewöhnlichen Aufenthaltes für den Fall der Verlagerung desselben beizubehalten (vgl. insoweit auch *Döbereiner* MittBayNot 2013, 437 [445]).

11. **Verfahrensregelungen**

a) **International zuständig** ist bei Erbfällen bis zum 16.8.2015 unstreitig das Gericht, das örtlich zuständig ist (§ 105 FamFG, dazu s. u. c)). Bei Erbfällen seit dem 17.8.2015 war umstritten, ob das auch weiterhin gilt (so BT-Drs. 18/4201, 59; *Weber/Schall* NJW 2016, 3564) oder ob die Zuständigkeitsregelungen der Art. 4 ff. EuErbVO auch für die Erteilung des Erbscheins gelten (vgl. umfassend zum Streitstand den Vorlagebeschluss des KG BeckRS 2017, 100728; dazu auch *Dörner* DNotZ 2017, 407). Der EuGH hat mittlerweile entschieden, dass Art. 4 ff. EuErbVO auch bei Erbscheinen zu beachten sind (C-20/17, RNotZ 2018, 486 – Oberle dazu *Weber* RNotZ 2018, 454). Damit sind deutsche Nachlassgerichte grundsätzlich (es sei denn, eine ausnahmsweise Zuständigkeit nach Art. 5 ff. EuErbVO wäre gegeben, dazu → Form. J.V.9) nicht mehr befugt, einen Erbschein zu erteilen, wenn der Erblasser im Zeitpunkt seines Todes seinen gewöhnlichen Aufenthalt im Ausland hatte.

b) **Sachlich zuständig** für die Ausstellung eines Erbscheins ist das **Amtsgericht** (Nachlassgericht) gem. § 2353 BGB iVm § 23a Abs. 2 Nr. 2 GVG, § 342 Abs. 1 Nr. 6 FamFG). In einigen Bundesländern ist bei Nachlasszugehörigkeit eines **Hofes iSd HöfeO** die Zuständigkeit des **Landwirtschaftsgerichts** nach § 18 Abs. 2 HöfeO zu beachten (Keidel/*Zimmermann* FamFG § 352e Rn. 11; → Form. G.X. sowie die Anmerkungen zu → Form. J.V.10).

c) **Örtlich zuständig** ist grds. das Gericht, in dessen Bezirk der **Erblasser** seinen **letzten gewöhnlichen Aufenthalt** im Inland hatte (§ 343 Abs. 1, 2 FamFG). Fehlt es daran, ist das Amtsgericht Schöneberg in Berlin zuständig, wenn der Erblasser Deutscher ist oder sich Nachlassgegenstände im Inland befinden (§ 343 Abs. 2 S. 1 FamFG). Das Amtsgericht Schöneberg kann die Sache aus wichtigem Grund an ein anderes Gericht verweisen (§ 343 Abs. 2 S. 2 FamFG). Bei einem **Hof iSd HöfeO** ist das Gericht örtlich zuständig, in dessen Bezirk die Hofstelle liegt (§ 10 LwVfG).

d) **Funktional zuständig** innerhalb des Nachlassgerichts ist bei Ausstellung eines Erbscheins nach gesetzlicher Erbfolge – mit Ausnahme von Fremdrechtserbscheinen – der Rechtspfleger, im Übrigen der Richter (§§ 3 Nr. 2c, 16 Abs. 1 Nr. 6 RPflG).

e) Das Nachlassgericht darf den Erbschein nur in der Weise erlassen, wie er beantragt worden ist. Allerdings kann der Erbscheinsantrag mit **Hilfsanträgen** gestellt werden (→ Form. J.V.5 Anm. 4). Den Verfahrensbeteiligten ist rechtliches Gehör zu ermöglichen. Bei Anträgen mit behebbaren Mängeln hat sich auch im Erbscheinsverfahren die Praxis einer **Zwischenverfügung** entwickelt. Eine solche Zwischenverfügung ist, wenn sie vom Richter erlassen wird, nicht anfechtbar. Gegen eine Zwischenverfügung des Rechtspflegers kann Erinnerung eingelegt werden (§ 58 Abs. 1 FamFG, § 11 Abs. 2 S. 2 RpflG). Erachtet das Nachlassgericht die zur Begründung des Antrags auf Erteilung eines Erbscheins erforderlichen Tatsachen für festgestellt, wird dieses durch **Beschluss** festgehalten (§ 352e Abs. 1 S. 2 FamFG). Der Beschluss wird nur dann bekannt gegeben, wenn er dem erklärten Willen eines Beteiligten widerspricht (§ 352e Abs. 1 S. 2, Abs. 2 S. 1 FamFG). In diesem Fall ist die sofortige Wirksamkeit des Beschlusses auszusetzen und die Erteilung des Erbscheins (im Hinblick auf die damit verbundenen Vermutungs- und Gutglaubenswirkungen (§§ 2365 ff. BGB) bis zur Rechtskraft des Beschlusses zurückzustellen, um eine Beschwerdemöglichkeit zu eröffnen. Damit erübrigt sich der unter Geltung des FGG mögliche Vorbescheid (MüKoBGB/*Grziwotz* § 2353 Rn. 112; Firsching/*Graf* Rn. 4.256; *Zimmermann* ZEV 2009, 53). Ergeht gleichwohl noch ein Vorbescheid ist er ggf. in einem entsprechenden Feststellungsbeschluss umzudeuten (OLG Frankfurt NJW-RR 2012, 11; Palandt/*Weidlich* BGB § 2353 Rn. 50; anders OLG Köln NJW 2011, 320, wonach der gleichwohl erlassene Vorbescheid keine Wirkung entfaltet, so dass ein Rechtsmittel hiergegen nicht stattfindet, zum Feststellungsbeschluss s. ausf. Keidel/*Zimmermann* FamFG § 352 Rn. 82 ff.). Gegen die Entscheidungen des Nachlassgerichts kann **Beschwerde** eingelegt werden, wenn der Wert des Beschwerdegegenstandes 600 EUR übersteigt (§ 61 Abs. 1 FamFG) oder die Beschwerde zugelassen ist (§ 61 Abs. 2 FamFG). Die Beschwerde ist zuzulassen, wenn die Angelegenheit grundsätzliche Bedeutung hat oder die Fortbildung des Rechts oder die Sicherung einer einheitlichen Rechtsprechung eine Entscheidung des Beschwerdegerichts erfordert (§ 61 Abs. 3 Nr. 1 FamFG). Die Beschwerde gegen den Beschluss, der die zur Erbscheinserteilung erforderlichen Tatsachen als festgestellt beschreibt, ist bei dem Gericht einzulegen, dessen Entscheidung angefochten wird (§ 64 Abs. 1 FamFG). Die Beschwerde gegen den vorstehend beschriebenen Beschluss ist innerhalb einer **Frist von einem Monat** einzulegen (§ 63 Abs. 1 FamFG). Diese Frist beginnt mit der schriftlichen Bekanntgabe des Beschlusses an die Beteiligten, wenn eine Bekanntgabe des Beschlusses nicht erfolgt ist, mit Ablauf von fünf Monaten nach Erlass des Beschlusses (§ 63 Abs. 3 FamFG). Das Gericht, welches den angefochtenen Beschluss erlassen hat, kann der Beschwerde abhelfen (§ 68 Abs. 1 S. 1 FamFG). Ansonsten entscheidet über die Beschwerde das Oberlandesgericht (§ 119 Abs. 1 Nr. 1b GVG). Gegen die Entscheidung des Oberlandesgerichts ist **Rechtsbeschwerde** zulässig, wenn sie das OLG zugelassen hat (§ 70 Abs. 1 FamFG). Die Ausnahmebestimmungen in § 70 Abs. 3 FamFG betreffen nicht Nachlassangelegenheiten. Die Rechtsbeschwerde ist zuzulassen, wenn die Angelegenheit grundsätzliche Bedeutung hat oder die Fortbildung des Rechtes oder Sicherung einer einheitlichen Rechtsprechung eine Entscheidung des Rechtsbeschwerdegerichts erfordert (§ 70 Abs. 2 FamFG). Die Rechtsbeschwerde ist binnen einer **Frist von einem Monat** beim BGH einzulegen (§ 71 Abs. 1 S. 1 FamFG), der über die Rechtsbeschwerde entscheidet (§ 133 GVG). Gegen die Entscheidung des Amtsgerichts kann statt einer Beschwerde (zum OLG) auch eine **Sprungrechtsbeschwerde** zum BGH eingelegt werden, wenn die Beteiligten in die Übergehung der Beschwerdeinstanz einwilligen und der BGH die Sprungrechtsbeschwerde zulässt (§ 75 FamFG). Eine **Vertretung durch Bevollmächtigte** kann nur durch Beschäftigte des Beteiligten oder eines mit ihm verbundenen Unternehmens, volljährige Familien-

angehörige, Personen mit Befähigung zum Richteramt (zB Rechtsanwälte) und Notare erfolgen (§ 10 Abs. 2 FamFG). Im Verfahren der Rechtsbeschwerde vor dem BGH müssen sich die Beteiligten durch einen beim **Bundesgerichtshof zugelassenen Rechtsanwalt** vertreten lassen (§ 10 Abs. 4 S. 1 FamFG). Behörden und juristische Personen des öffentlichen Rechts einschließlich der von ihnen zur Erfüllung ihrer öffentlichen Aufgaben gebildeten Zusammenschlüsse können sich durch eigene Beschäftigte mit Befähigung zum Richteramt oder durch Beschäftigte mit Befähigung zum Richteramt der zuständigen Aufsichtsbehörde oder des jeweiligen kommunalen Spitzenverbandes, dem sie angehören, vertreten lassen (§ 10 Abs. 4 S. 2 FamFG).

f) Nach Erteilung des Erbscheins ist nur noch das **Einziehungsverfahren** zulässig (§ 2361 BGB, § 352e Abs. 3 FamFG). Soweit der Rechtspfleger den Erbschein erteilt hat, ist auch eine Erinnerung nicht zulässig (§ 11 Abs. 3 S. 1 RPflG). Von der Einziehung abzugrenzen ist die Berichtigung im Hinblick auf Schreibfehler oder unzulässige bzw. überflüssige Zusätze, die den sachlichen Inhalt des Erbscheins unberührt lassen, wenn die vorherigen Bezeichnungen nicht am öffentlichen Glauben teilnehmen (Palandt/*Weidlich* BGB § 2361 Rn. 5). Im Einziehungsverfahren sind auch einstweilige Anordnungen nach § 49 FamFG denkbar, zB die Anordnung der einstweiligen Rückgabe des Erbscheines zu den Nachlassakten oder die Untersagung bestimmter Handlungen durch den im möglicherweise einzuziehenden Erbschein genannten Erben.

g) Das Verfahren nach den og Regelungen des FamFG ist gemäß Art. 112 des FGG-RG für alle Verfahren, die seit dem 1.9.2009 eingeleitet wurden anzuwenden. Nur für Verfahren, die bis zu diesem Tag eingeleitet worden sind oder deren Einleitung bis zum Inkrafttreten des Gesetzes beantragt wurde, gilt weiterhin das FGG (Art. 111 FGG-RG; zum Überblick über das FGG-Verfahren s. Vorauflage).

12. Gemäß KV 12210 GNotKG wird für die Erteilung eines Erbscheins durch das Nachlassgericht eine **1,0-Gebühr** erhoben. Die Gebühr bemisst sich gemäß § 40 Abs. 1 S. 2 GNotKG nach dem Wert des Nachlasses im Zeitpunkt des Erbfalls, wobei nach § 40 Abs. 1 S. 2 GNotKG vom Erblasser herrührende Verbindlichkeiten abgezogen werden (Erblasserschulden), nicht hingegen Erbfallschulden. Bezeugt der Erbschein lediglich das Erbrecht eines Miterben, so bemisst sich die Gebühr nach dem Wert des Erbteils des Miterben (§ 40 Abs. 2 GNotKG). Wird der Erbschein nach § 352c FamFG auf im Inland befindliche Gegenstände beschränkt, ist deren Wert maßgeblich (§ 40 Abs. 3 GNotKG). Wird ein formalisierter Nachweis nur Grundbuchzwecke benötigt, kann sich aber uU das Überweisungszeugnis nach § 36 GBO anbieten (→ Form. J.V.4 ; der Erbschein für Grundbuchzwecke ist demgegenüber nicht mehr privilegiert). Neben der Gebühr nach KV 12210 GNotKG wird für die Beurkundung der eidesstattlichen Versicherung der im Erbscheinsantrag gemachten Angaben eine **1,0-Gebühr** nach KV 23300 GNotKG aus demselben Wert erhoben. Die Aufnahme des Erbscheinsantrags durch einen Notar ist mit der Gebühr für die Beurkundung der gleichzeitigen eidesstattlichen Versicherung abgegolten (Vorbemerkung 2.3.3. Abs. 2 KV GNotKG).

13. Nach § 3 Abs. 1 Nr. 1 ErbStG bestimmt die zivilrechtliche Lage, wer als Erbe in welchem Umfang durch Erbanfall erwirbt. Dazu gehört seit 2001 auch das LPartG. Die Vermutungswirkung des Erbscheins gem. § 2365 BGB, dass demjenigen, welcher im Erbschein als Erbe bezeichnet ist, das in dem Erbschein angegebene Erbrecht zustehe, gilt auch im Steuerrecht. Die Finanzbehörden und die Finanzgerichte haben deshalb regelmäßig von dem Erbrecht auszugehen, wie es im Erbschein bezeugt ist (vgl. BFH NJW 1996, 2119; TGJG ErbStG § 3 Rn. 104). Gegen diese Vermutung ist der Gegenbeweis zulässig. Sprechen gewichtige Gründe gegen die Richtigkeit des Erbscheins, so sind Finanzbehörden und Finanzgerichte berechtigt und verpflichtet, das Erbrecht und – bei Miterben – die Erbanteile selbst zu ermitteln (BFH NJW 1996, 2119).

2. Antrag auf Erteilung eines Erbscheins bei gesetzlicher Erbfolge

[Notarieller Urkundeneingang][1, 2]

Am . . . . . . verstarb in . . . . . . unser/unsere . . . . . ., zuletzt wohnhaft in . . . . . ., nachstehend auch „Erblasser" genannt.

Der Erblasser hatte seinen letzten gewöhnlichen Aufenthalt in . . . . . . und war deutscher Staatsangehöriger.

[Alternative:

Der Erblasser hatte zwar seinen gewöhnlichen Aufenthalt in . . . . . . aber in einer Verfügung von Todes wegen[3] *für die Rechtsnachfolge nach seinem Tod sein Heimatrecht – das Recht . . . . . . – gewählt ohne weitere zusätzliche Anordnungen zu treffen.*]

Der Erblasser hat keine Verfügung von Todes wegen hinterlassen.

[Alternative:

Der Erblasser hat zwar eine Verfügung von Todes wegen hinterlassen[3]*, die jedoch keine Erbeinsetzung enthält, da er nur einige wenige Gegenstände, die im Verhältnis zur gesamten Erbmasse auch nur von untergeordneter Bedeutung sind, bestimmten Personen zugewiesen hat. Gemäß der Auslegungsregel des § 2087 Abs. 2 BGB ist deshalb keine Erbeinsetzung anzunehmen. Bei den bedachten Personen handelt es sich um . . . . . . (Namen und Anschriften).*]

Er war im Zeitpunkt seines Todes verheiratet mit . . . . . . und lebte im gesetzlichen Güterstand der Zugewinngemeinschaft, die auch für den Todesfall nicht einzelgegenständlich modifiziert war. Aus dieser Ehe sind als Kinder hervorgegangen: . . . . . .

Vor dem Erblasser verstarben . . . . . .

Andere Personen, durch die die vorgenannten Erben von der Erbfolge ausgeschlossen oder deren Erbteile gemindert würden, sind und waren nicht vorhanden.

Ein Rechtsstreit über das Erbrecht [*ggf. bei Ehegattenerbrecht: und ein Scheidungs-, Eheaufhebungs- oder Ehenichtigkeitsverfahren*[4] *sind*] ist [*bzw. sind*] nicht anhängig.

Die Erben haben die Erbschaft angenommen.[5]

Auslandsvermögen ist nicht vorhanden.[6]

Nach Belehrung über die Bedeutung einer eidesstattlichen Versicherung und die Strafbarkeit unrichtiger an Eides Statt versicherter Angaben versichere[2] ich an Eides Statt, dass mir nichts bekannt ist, was der Richtigkeit der vorstehenden Angaben entgegensteht. Es wird gebeten, den anderen Erben die Abgabe einer dieser Angaben bestätigenden eidesstattlichen Versicherung zu erlassen.[5]

Der Erblasser ist daher aufgrund gesetzlicher Erbfolge beerbt worden von[1]

a) mir als Miterben zu . . . . . . Anteil,

b) . . . . . . als Miterben zu je . . . . . . Anteil.

[Alternative:

Der Erblasser ist daher aufgrund gesetzlicher Erbfolge beerbt worden von mir und . . . . . . als Miterben. Auf die Aufnahme der Erbteile in den Erbschein wird verzichtet.]

Ich beantrage die Erteilung eines Erbscheins vorstehenden Inhalts und die Zusendung einer Ausfertigung desselben zu Händen des amtierenden Notars.

Der reine Wert des Nachlasses beträgt ca. . . . . . EUR.

Zum Nachlass gehört Grundbesitz, eingetragen im Grundbuch von: . . . . . .[7]

Die Kosten dieser Urkunde und ihrer Durchführung insbes. auch des Erbscheins trägt die Erbengemeinschaft; die Kostenrechnungen werden zu meinen Händen erbeten.

Ich bevollmächtige[8] den amtierenden Notar, seinen Vertreter oder Amtsnachfolger, den vorstehenden Erbscheinsantrag zu ergänzen, ihn zu ändern und alle etwa noch erforderlichen Schritte zu unternehmen, die erforderlich oder auch nur zweckmäßig sind, um den erstrebten Erbschein zu erlangen.

Anmerkungen

1. Der Antrag auf Erteilung eines Erbscheins bei gesetzlicher Erbfolge sollte folgende Angaben enthalten (vgl. insbes. § 352 Abs. 1 FamFG, insoweit besteht ein „muss"):
a) Name des Erblassers;
b) Todeszeitpunkt des Erblassers;
c) letzer gewöhnlicher Aufenthalt des Erblassers; an dieser Stelle sind je nach Lage des Einzelfalls mehr oder weniger detaillierte Angaben zu dem familiären, sozialen und beruflichen Hintergrund des Erblassers zu machen, wobei einige Informationen sich bereits aus der Sterbeurkunde ergeben. Bei einem Deutschen, der in Deutschland geboren und gestorben ist und nur kurze Auslandsaufenthalte hatte, erübrigen sich nähere Angaben und Nachforschungen bzw. Beweise. Bei einem Ausländer sind jedoch mindestens Angaben zur Dauer und zum Grund des Aufenthalts sowie zur sozialen Eingebundenheit zu machen, wozu insbesondere auch die familiäre Situation gehört.
d) Staatsangehörigkeit des Erblassers; war der Erblasser nicht deutscher Staatsangehöriger, kommt man gleichwohl zur Anwendung deutschen Rechts, es sei denn, er hatte das Recht seines Heimatstaates gewählt (Art. 22 EuErbVO). Der Fall einer isolierten Rechtswahl mit der Folge der spezifischen gesetzlichen Erbfolge (siehe Variante) mag zwar selten sein, er ist aber nicht ausgeschlossen. Zum sog. Fremdrechtserbschein → Form. J.V.8.
e) Nicht-Vorhandensein von Verfügungen von Todes wegen; etwaige widerrufene oder ungültige Verfügungen oder solche, die keine Erbeinsetzung enthalten, sind jedoch anzugeben, um dem Nachlassgericht eine entsprechende Prüfung zu ermöglichen. Die Ablieferungspflicht ergibt sich aus § 2259 BGB.
f) Benennung des/der Erben samt Erbquoten; die bisherige Praxis, nach der die Angabe von Berechnungsgrundlagen genügte, kann nach der Neufassung des § 352 Abs. 1 Nr. 8 FamFG nicht mehr empfohlen werden (MüKoBGB/*Grziwotz* § 2353 Anh. Rn. 17). Die Angabe der Erbquoten ist nicht erforderlich, wenn alle Antragsteller auf die Angabe verzichten (§ 352a Abs. 2 S. 2 FamFG; siehe Variante). Da es allein auf den Verzicht der Antragsteller – und nicht auf die Miterben – ankommt, genügt der Verzicht durch den Antragsteller auch bei mehreren Miterben (Bumiller/*Harders* Nachtrag FamFG 352a Rn. N 1);
g) Aussage zu dem Verhältnis, auf dem das Erbrecht der Erben beruht (Verwandtschaft, Ehe, Eingetragene Lebenspartnerschaft); im Falle des Todes eines verheirateten Erblassers ist in diesem Zusammenhang die Angabe des Güterstandes, ggf. auch eine Erklärung hinsichtlich einer Modifikation der Zugewinngemeinschaft erforderlich; entsprechendes gilt für die Eingetragene Lebenspartnerschaft;

h) Erklärung, ob Personen vorhanden sind oder vorhanden waren, durch die der/die Erbe (n) von der Erbschaft ausgeschlossen oder sein/ihr Erbteil gemindert werden würde;
i) Erklärung, ob ein Rechtsstreit über die Erbschaft anhängig ist (die Verfahren sollen nicht zusammenhanglos nebeneinander laufen);
j) ggf. Erklärung, dass kein Scheidungsverfahren/Aufhebungsverfahren anhängig ist (bei Ehegattenerbrecht/Lebenspartnerschaftserbrecht);
k) Aussage zum Vorhandensein von im Ausland belegenen Nachlassgegenständen,
l) Erklärung, dass die Erben die Erbschaft angenommen haben.

2. Der Antragsteller hat die Richtigkeit bestimmter Angaben im Antrag auf Erteilung des Erbscheins durch **öffentliche** Urkunden nachzuweisen (§ 352 Abs. 3 S. 1 FamFG). Zum Nachweis geeignet sind die Urschrift, Ausfertigungen der Urkunde, aber auch beglaubigte Abschriften, befindet sich die Urkunde bereits bei dem betreffenden Gericht, kann auch eine Bezugnahme genügen (MüKoBGB/*Grziwotz* § 2353 Anh. Rn. 29; Firsching/*Graf* Rn. 4.183). Eines Nachweises durch öffentliche Urkunde bedarf zunächst der Todeszeitpunkt (§ 352 Abs. 3 S. 1 iVm § 352 Abs. 1 Nr. 1 FamFG). Zum Nachweis geeignet ist insbesondere, aber nicht ausschließlich, die Sterbeurkunde (zu den weiteren tauglichen Urkunden vgl. Firsching/*Graf* Rn. 4.177). Ebenfalls durch öffentliche Urkunde nachzuweisen ist das Verhältnis, auf dem das Erbrecht beruht (§ 352 Abs. 3 S. 1 iVm § 352 Abs. 1 Nr. 3 FamFG). Für diesen Nachweis kommen insbesondere das Eheregister (§§ 3, 15 PStG), das Lebenspartnerschaftsregister (§§ 3 Abs 1 Nr 2 PStG), die Eheurkunde und Lebenspartnerschaftsurkunde (§§ 55 Abs 1 Nr 2 und 3, 57, 58 PStG) in Betracht, des Weiteren das Geburtenregister (§§ 3 Abs. 1 Nr. 3, 21 PStG), die Abstammungsurkunde und die Geburtsurkunde (Firsching/*Graf* Rn. 4.179; MüKoBGB/*Grziwotz* § 2353 Anhang Rn. 29 ff.). Beglaubigte Abschriften hiervon reichen aus (§ 55 Abs 1 Nr. 1 PStG). Des Nachweises durch öffentliche Urkunden bedürfen schließlich die Angaben zum Wegfall von Personen, durch die der Antragsteller von der Erbfolge ausgeschlossen oder sein Erbteil gemindert werden würde (§ 352 Abs. 3 S. 1 iVm § 352 Abs. 1 S. 2 FamFG). Je nach Art und Weise des Wegfalls (zB Vorversterben, Enterbung, Erbverzicht, Ausschlagung der Erbschaft, Scheidung) kommen unterschiedliche öffentliche Urkunden für diesen Nachweis in Betracht (Sterbeurkunden; notarielle und gerichtliche Urkunden; vgl. Palandt/*Weidlich* BGB § 2353 Rn. 24).

Die **Urkundenanforderung bzw. -beschaffung** obliegt dem **Antragsteller**, nicht dem Notar oder Nachlassgericht (WürzNotHdB/*Baumann* Teil 4 Kap. 2 Rn. 54). Übernimmt der Notar diese Arbeit, muss er dazu bevollmächtigt werden, da er insofern keine Vollmacht kraft Amtes hat (DNotI-Report 2001, 194). Nur wenn die Urkunden gar nicht oder nur mit unverhältnismäßigen Schwierigkeiten beschafft werden können, genügt gem. § 352 Abs. 3 S. 2 FamFG die Angabe anderer Beweismittel.

3. Auch in den Fällen, in denen trotz einer **Verfügung von Todes** wegen die gesetzliche Erbfolge eintritt, darf ihre Existenz nicht etwa verschwiegen werden (§ 2259 BGB); ihre **Ablieferung** an das Nachlassgericht kann durch dieses erzwungen werden, § 358 FamFG (Keidel/*Zimmermann* FamFG § 358 Rn. 14 ff.). Gemäß § 23 Abs. 1 FamFG soll ein verfahrenseinleitender Antrag begründet werden – weshalb im Formular kurz begründet wurde, warum es bei der gesetzlichen Erbfolge bleibt; gibt es keine Verfügung von Todes wegen, braucht die gesetzliche Erbfolge nicht eigens begründet, sondern nur dargelegt zu werden. Zwingend erforderlich wäre diese Begründung nicht. Denn § 23 FamFG fordert keine über §§ 352 ff. FamFG hinausgehende Begründung; die dort gemeinte Begründung soll der frühzeitigen Strukturierung und sachgerechten Förderung des Verfahrens dienen (Keidel/*Sternal* FamFG § 23 Rn. 39), und dieser ratio legis entsprechen bereits die Vorschriften der § 352 FamFG. Da das Gericht den Antrag auch den übrigen Beteiligten (§ 23 Abs. 2 FamFG) übermitteln soll, empfiehlt es sich, auch deren Namen und Anschriften mitzuteilen. Wer als Beteiligter in Frage kommt und wie das Gericht ihn zu berücksichtigen hat, ergibt sich aus § 345 FamFG (vgl. zu den Einzelheiten Keidel/*Zimmermann* FamFG § 345 Rn. 5 ff.).

4. Das Erfordernis der in das Formular aufgenommenen Angabe zur Nicht-Anhängigkeit eines **Scheidungsverfahrens** (oder entsprechenden Verfahrens) ergibt sich nicht unmittelbar aus dem Gesetz. Gleichwohl wird in der Praxis im Hinblick auf den Ausschluss des Ehegattenerbrechts nach § 1933 BGB zum Teil eine entsprechende Angabe bei Erbscheinsanträgen nach verstorbenen Ehegatten verlangt (so wohl OLG Braunschweig RPfleger 1990, 462; *Zimmermann* Rn. 112). Nach hM ist eine solche Versicherung jedoch nicht generell notwendig (vgl. OLG Hamm DNotZ 1993, 139 [140]; MüKoBGB/*Grziwotz* § 2353 Anh. Rn. 11; *Promberger* DNotZ 1991, 552 [554]). Ebenso müssen andere denkbare sonstige Ausschlussgründe, wie zB das Nichtvorhandensein eines **Hofes** oder ein vertraglicher **Erbverzicht** nicht in jedem Fall aufgenommen werden, sondern nur, wenn hierfür ein Anlass besteht (MüKoBGB/*Grziwotz* § 2353 Anh. Rn. 11).

5. Voraussetzung für die Erteilung eines Erbscheins ist die **Annahme der Erbschaft** durch den bzw. die im Erbschein als Erben bezeugten Personen. Zwar liegt in der Antragstellung auf Ausstellung eines Erbscheins regelmäßig eine konkludente Erbschaftsannahme, die Annahme sollte aber wegen der nun ausdrücklichen gesetzlichen Regelung in § 352 Abs. 1 Nr. 7 FamFG ausdrücklich erklärt werden. Beantragt der Antragsteller aber einen Erbschein, in dem (auch) andere Personen als Erben bezeugt werden, so bedarf es einer Erklärung des Antragstellers, dass auch die anderen Erben die Erbschaft angenommen haben (§ 352a Abs. 3 S. 1 FamFG).

Wird die eidesstattliche Versicherung nur von einer Person abgegeben, können **weitere eidesstattliche Versicherungen** nicht mehr gefordert werden, wenn erstere dem Nachlassgericht ausreichenden Aufschluss erbracht hat. In § 352a Abs. 4 FamFG wird anders als in § 352 Abs. 3 S. 4 FamFG nicht auf das Ermessen, sondern auf das **objektive Erfordernis** abgestellt. Die Praxis begnügt sich meist mit der Versicherung nur durch einen oder einige Erben, bei Seitenverwandten wird jedoch regelmäßig die Abgabe der Versicherung von mindestens einem der Angehörigen eines jeden Stammes verlangt (MüKoBGB/*Grziwotz* § 2353 Anhang Rn. 62). Im Hinblick auf das vom Nachlassgericht den übrigen Beteiligten zu gewährende rechtliche Gehör kann es sich empfehlen, alle oder möglichst viele Beteiligte mitwirken zu lassen, um Zeit und Aufwand zu sparen.

6. Eine Pflicht zur Angabe, ob es **im Ausland Nachlassgegenstände** gibt oder nicht, ergibt sich nicht aus §§ 352 ff. FamFG. Sie dient dazu, dem Nachlassgericht die Prüfung zu ermöglichen, ob nur deutsches oder auch ausländisches Recht anzuwenden sein könnte, da die Frage nach dem anwendbaren Erbrecht von der Lage der Nachlassgegenstände (oder auch nur eines einzelnen) abhängen kann (WürzNotHdB/*Baumann* Teil 4 Kap. 2 Rn. 52 Fn. 90). Zwar gilt unter Geltung der EuErbVO der Grundsatz der Nachlasseinheit, insbesondere im Verhältnis zu Drittstaaten und bei vorrangigen Staatsverträgen (für Deutschland: mit dem Iran, der Sowjetunion und der Türkei) kann es aber nach wie vor zu einer Nachlassspaltung kommen. Da das Nachlassgericht über die von Gesetzes wegen zu versichernden Angaben hinaus im Rahmen seiner Amtsermittlungspflicht auch andere entscheidungserhebliche Einzelumstände ermitteln muss und auch hinsichtlich dieser bei Bedarf eine zusätzliche Versicherung verlangen kann, wird im Formular angeregt, eine solche Erklärung gleich mit abzugeben (so im Ergebnis auch WürzNotHdB/*Baumann* Teil 4 Kap. 2 Rn. 52).

Der Antrag auf Erteilung eines **gegenständlich beschränkten Erbscheines** (§ 352c FamFG, näher → Form. J.V.8) ist auch dann möglich, wenn uneingeschränkt nur eine Rechtsordnung – sei es die deutsche oder eine ausländische – zur Anwendung kommt. Eine derartige Beschränkung kann ua sinnvoll sein, um dem Nachlassgericht eine zeit- und vielleicht auch kostenaufwändige **Prüfung ausländischen Rechts zu ersparen,** sodass der Antragsteller schneller in den Besitz des Erbscheins kommt (zur internationalen Zuständigkeit → Form. J.V.1 Anm. 11). Außerdem können sich gemäß § 102 Abs. 3 GNotKG Kostenvorteile ergeben (*Wittkowski* RNotZ 2010, 104 [112]). Ist nur inländischer Nach-

lass vorhanden, wird stets ein allgemeiner Erbschein erteilt (OLG Karlsruhe FamRZ 2015, 1644; OLG Brandenburg NJW-RR 2012, 10; Palandt/*Weidlich* BGB § 2353 Rn. 64 mwN auch zur Gegenmeinung). Ein einschränkender Geltungsvermerk des Inhalts, dass sich der Erbschein nur auf inländischen Nachlass bezieht, ist nicht in den Erbschein aufzunehmen und demgemäß auch nicht zu beantragen. Nach Ansicht des OLG Brandenburg sind massive Probleme auch dann nicht zu erwarten, wenn später unverhofft Auslandsvermögen festgestellt werden sollte, für das ein anderes Erbstatut gilt. In einem solchen – praktisch seltenen – Fall werde dem amtlichen Erbschein im Ausland die Anerkennung regelmäßig versagt bleiben, und im Übrigen sei er auch einzuziehen oder für kraftlos zu erklären. Die insoweit auch hier in der 2. Auflage (in Form. K.II.8 Anm. 6) geäußerten Bedenken (möglicher unkorrekter Einsatz des Erbscheins) hielt das OLG nicht für ausreichend.

7. Die Erwähnung des Nachlassbestandteiles Grundbesitz erfolgt im Hinblick auf § 83 GBO.

8. Die Vollmacht dient der Abwicklungserleichterung; ob man sie stets aufnimmt, mag jeder für sich entscheiden.

3. Antrag auf Erteilung eines Erbscheins bei testamentarischer Erbfolge

[Notarieller Urkundeneingang]

Am . . . . . . verstarb in . . . . . . unser/unsere . . . . . ., zuletzt wohnhaft in . . . . . ., nachstehend auch „Erblasser“ genannt.[1, 2]

Der Erblasser hatte seinen letzten gewöhnlichen Aufenthalt in . . . . . . und war . . . . . . Staatsangehöriger. Der Erblasser hat ein eigenhändiges Testament vom . . . . . . hinterlassen; dessen Inhalt erschöpft sich in der Benennung der Erben: . . . . . .

Weitere Verfügungen von Todes wegen hat der Erblasser nicht hinterlassen.

Auslandsvermögen ist nicht vorhanden. Demgemäß sind Erben des Erblassers:

1. . . . . . . zu . . . . . . Anteil,
2. . . . . . . zu je . . . . . . Anteil.

Gesetzliche Erben des Erblassers wären: . . . . . .

Ein Rechtsstreit über das Erbrecht ist nicht anhängig.

Die Erben haben die Erbschaft angenommen.

Nach Belehrung über die Bedeutung einer eidesstattlichen Versicherung und die Strafbarkeit unrichtiger an Eides Statt versicherter Angaben versichern wir an Eides Statt, dass uns nichts bekannt ist, was der Richtigkeit der vorstehenden Angaben entgegensteht.[3, 4]

Wir beantragen beim zuständigen Nachlassgericht die Erteilung eines Erbscheins vorstehenden Inhalts und die Zusendung einer Ausfertigung desselben zu Händen des amtierenden Notars.

Der reine Wert des Nachlasses beträgt ca. . . . . . . EUR.

Die Kosten dieser Urkunde und des Erbscheines trägt die Erbengemeinschaft; die Kostenrechnungen werden zu meinen Händen erbeten.

Anmerkungen

1. Die im Antrag auf Erteilung eines Erbscheins bei testamentarischer Erbfolge zu machenden Angaben entsprechen denjenigen, die auch bei der Beantragung eines Erbscheins aufgrund gesetzlicher Erbfolge erforderlich sind, mit Ausnahme der Angaben nach § 352 Abs. 1 Nr. 3 bis 5 FamFG (§ 352 Abs. 2 Nr. 3 FamFG und → Form. J.V.2). Das Gesetz verlangt bei der Beantragung eines Erbscheins bei gewillkürter Erbfolge darüber hinaus auch die Angabe der **Verfügung von Todes wegen,** auf der das **Erbrecht beruht** (§ 352 Abs. 2 Nr. 1 FamFG). Auch widerrufene und unwirksame Verfügungen müssen benannt werden, um dem Nachlassgericht eine Überprüfung und Bewertung zu ermöglichen. Dies ist Sache des Nachlassgerichts und nicht des Besitzers einer Verfügung von Todes wegen. Die Ablieferungspflicht ergibt sich aus § 2259 BGB. Die Ablieferung kann durch Beschluss angeordnet werden (§ 358 FamFG) und auch mittels Zwangsgeld, ersatzweise sogar Zwangshaft, durchgesetzt werden (zu weiteren Einzelheiten vgl. Palandt/*Weidlich* BGB § 2259 Rn. 3; Keidel/*Zimmermann* FamFG § 358 Rn. 14 ff.). Ablieferungs- bzw. Eröffnungsverbote des Erblassers sind gemäß § 2263 BGB nichtig. Das Nichtabliefern der entsprechenden Urkunden kann zu Schadensersatzpflichten führen; außerdem ist Urkundenunterdrückung strafbar (Keidel/*Zimmermann* FamFG § 358 Rn. 3).

Anzugeben sind etwaige **Beschränkungen** des Erben, die, soweit sie dinglich wirken, in den Erbschein aufzunehmen sind (Nacherbschaft einschließlich Ersatznacherbschaft und Testamentsvollstreckung, es sei denn, letztere ist nur in der Weise angeordnet, dass sie zu keinem Verfügungsentzug führt). Nicht aufgenommen werden müssen die das Erbrecht als solches nicht berührenden Beschwerungen wie Vermächtnis, Erbersatzanspruch, Pflichtteilsanspruch, Auflagen, Teilungsanordnungen (mit Ausnahme des Vorausvermächtnisses beim alleinigen Vorerben) (Firsching/*Graf* Rn. 4.163). Des Weiteren sollten – zur Beschleunigung des Verfahrens – diejenigen Personen, die ohne die Verfügung von Todes wegen erben würden, in dem Antrag aufgeführt werden.

2. Für die Urkundenvorlage gelten die Anmerkungen zu → Form. J.V.2 entsprechend. Verfügungen von Todes wegen sind grundsätzlich in Urschrift vorzulegen, um damit deren Bestand zu beweisen. Falls **Erben** in einer maßgeblichen Verfügung von Todes wegen nur durch ihr **Verwandtschaftsverhältnis** benannt sind, müssen die entsprechenden **Personenstandsurkunden** vorgelegt werden.

3. Zur etwaigen Aufnahme einer Vollmacht in den Antrag → Form. J.V.2.

4. Nach ständiger Rspr. des BFH sind selbst formunwirksame Verfügungen von Todes wegen erbschaftsteuerlich anzuerkennen, wenn sie von den Beteiligten tatsächlich befolgt und umgesetzt werden (zB BFH BStBl. II 1982, 28, TGJG/*Gottschalk* ErbStG § 3 Rn. 57 mwN).

4. Antrag auf Erteilung eines Überweisungszeugnisses (§ 36 GBO)

[Notarieller Urkundeneingang]

§ 1 Erbfall[1]

Am . . . . . . verstarb in . . . . . . unser/unsere . . . . . ., zuletzt wohnhaft in . . . . . ., nachstehend auch „Erblasser" genannt.

Der Erblasser hatte seinen letzten gewöhnlichen Aufenthalt in . . . . . . und war deutscher Staatsangehöriger. Der Erblasser hat ein eigenhändiges Testament vom. . . . . . hinterlas-

sen. Das Amtsgericht . . . . . . hat das Testament am . . . . . . unter dem Az. . . . . . . eröffnet. Nach dem Inhalt des Testaments sind wir, die beiden Kinder des Erblassers, Sohn . . . . . . und Tochter . . . . . ., dessen Erben zu je $^1/_2$ Anteil.

Weitere Verfügungen von Todes wegen hat der Erblasser nicht hinterlassen.

Gesetzliche Erben des Erblassers wären: . . . . . .

Ein Rechtsstreit über das Erbrecht ist nicht anhängig.

Wir haben die Erbschaft angenommen.

Nach Belehrung über die Bedeutung einer eidesstattlichen Versicherung und die Strafbarkeit unrichtiger an Eides Statt versicherter Angaben versichern wir an Eides Statt, dass uns nichts bekannt ist, was der Richtigkeit der vorstehenden Angaben entgegensteht.

§ 2 Auseinandersetzungsvertrag[2]

Zu dem Nachlass gehört das mit dem Einfamilienhaus bebaute Grundstück in . . . . . ., eingetragen im Grundbuch von . . . . . . auf den Namen des Erblassers.

In Anbetracht der Tatsache, dass Sohn S bereits in einem Eigenheim wohnt, soll Tochter . . . . . . das zum Nachlass zugehörige, vorgenannte Grundstück zum Alleineigentum übertragen werden.

Die Erschienenen vereinbaren daher wie folgt:

1. Tochter T erwirbt das vorgenannte Grundstück zu Alleineigentum.
2. Tochter T ist verpflichtet, an ihren Bruder S einen Betrag von . . . . . . zu zahlen.
3. [Allgemeine Vertragsklauseln zu Mängelhaftung, Zahlungsmodalitäten, Vollstreckungsunterwerfung, etc]
4. Wir sind uns einig, dass das Eigentum an dem vorgenannten Grundstück auf Tochter T . . . . . . übergeht und bewilligen die Eintragung von Tochter T als Eigentümer im Grundbuch. [ggf. Absicherung des Veräußerers hinsichtlich der Zahlung des Erwerbers wie sonst durch Aussetzung der Eintragungsbewilligung oder sog. verfahrensrechtliche Lösung (dazu allg. zB BeckNotarHdB/*Krauß* Rn. 447 ff.].

§ 3 Antrag

Wir beantragen ein Überweisungszeugnis gemäß § 36 GBO mit dem folgenden Inhalt:

Der am . . . . . . in . . . . . . mit letztem gewöhnlichen Aufenthalt in . . . . . . verstorbene . . . . . . ist je zur Hälfte beerbt worden von . . . . . . Das im Grundbuch von . . . . . . eingetragene Grundstück wurde dem Miterben/der Miterbin . . . . . . aufgelassen und seine/ihre Eintragung als Eigentümer im Grundbuch bewilligt.

Hinsichtlich der Eintragungsgebühren beantragen wir Befreiung nach KV 14110 Abs. 1 GNotKG.[3]

Anmerkungen

1. Der Vorlage eines Erbscheins für Zwecke des Grundbuchverkehrs bedarf es **nicht,** wenn ein zu einem Nachlass oder einem Gesamtgut gehöriges Grundstück, Erbbaurecht oder Grundpfandrecht einem der Beteiligten übertragen werden soll. Für diesen Fall eröffnen §§ 36, 37 GBO die Möglichkeit der Eintragung auf Grund eines sog. **Überweisungszeugnisses (auch: Auseinandersetzungszeugnis).** Ein Vorgehen nach §§ 36, 37 GBO kommt nicht für den Alleinerben, sondern nur für eine Erbengemeinschaft in

Betracht und dies auch nur dann, wenn das Grundstück, Erbbaurecht oder Grundpfandrecht auf einen der Erben – und nicht einen Dritten – umgeschrieben werden soll. Die Normen sind auch dann anwendbar, wenn die Auseinandersetzung durch einen Testamentsvollstrecker vorgenommen wird (*Demharter* GBO §§ 36, 37 Rn. 1). **Zuständig** für die Erteilung eines Überweisungszeugnisses für nachlasszugehörige Grundstücke ist das **Nachlassgericht** (§ 36 Abs. 1 Alt. 1 GBO; § 36 Abs. 1 Alt. 2 GBO betrifft lediglich die Gütergemeinschaft). Das Nachlassgericht stellt das Zeugnis nur auf Antrag aus. Voraussetzung für die Ausstellung eines Überweisungszeugnisses ist des Weiteren das Vorliegen der Voraussetzungen für die Erteilung eines Erbscheins (§ 36 Abs. 2a GBO). Das Zeugnis ist auch für den Fall erteilbar, dass der eingetragene Eigentümer von einer Person beerbt wurde, die ihrerseits nun mehrere Erben hinterlassen hat (Kersten/Bühling/*Wegmann* § 113 Rn. 42; vgl. weiter *Schöner/Stöber* Rn. 830 ff.).

2. Das Überweisungszeugnis muss zum einen die Erbfolge, zum anderen die Abgabe der zur **Übertragung erforderlichen Erklärungen sämtlicher Beteiligter bezeugen** (*Demharter* GBO §§ 36, 37 Rn. 13). Daher muss gegenüber dem Nachlassgericht der Nachweis der seitens der Beteiligten abgegebenen Erklärungen in einer den Vorschriften der Grundbuchordnung entsprechenden Weise erbracht werden (§ 36 Abs. 2b GBO). Je nachdem, ob einem Beteiligten ein Grundstück, Erbbaurecht oder Grundpfandrecht übertragen werden soll, sind dem Nachlassgericht somit die Auflassung (§ 20 Alt. 1 GBO), die dingliche Einigung (§ 20 Alt. 2 GBO) bzw. die Eintragungsbewilligung (§ 19 GBO) bzw. eine Abtretungserklärung nach § 26 GBO in der Form des § 29 GBO nachzuweisen. Das kann entweder – wie im Formular – in derselben Urkunde erfolgen oder in einer gesonderten Urkunde, die dem Nachlassgericht dann in Ausfertigung oder beglaubigter Abschrift vorzulegen ist.

3. Im Vergleich zum Erbschein weist das Überweisungszeugnis **Kostenvorteile** auf, da sich der Geschäftswert nach § 41 GNotKG sowohl für den Antrag und die eidesstattliche Versicherung sowie für die Erteilung des Zeugnisses nur nach dem Wert der Gegenstände richtet, auf die sich der Nachweis der Rechtsnachfolge erstreckt (ohne Abzug von Verbindlichkeiten). Es entsteht jeweils eine 1,0-Gebühr nach KV 23300 GNotKG bzw. KV 12210 GNotKG (Vorbemerkung 1.2.2 Abs. 1 Nr. 3 KV GNotKG; dies übersieht Kersten/Bühling/*Wegmann* § 113 Rn. 43). Die Umschreibung im Grundbuch ist – ein Antrag innerhalb von zwei Jahren vorausgesetzt – gebührenfrei vorzunehmen. Bei den Notargebühren kommen die Gebühren für den Auseinandersetzungsvertrag als eigenständigen Beurkundungsgegenstand hinzu.

5. Erbscheinsantrag mit Hilfsantrag; Antrag des Vorerben auf Erteilung eines Erbscheins

[Notarieller Urkundeneingang][1, 2]

Am . . . . . . verstarb in . . . . . . unser/unsere . . . . . ., zuletzt wohnhaft in . . . . . ., nachstehend auch „Erblasser“ genannt.

Der Erblasser hatte seinen letzten gewöhnlichen Aufenthalt in . . . . . . und war deutscher Staatsangehöriger. Er hat ein handschriftliches Testament hinterlassen. In seinem Testament hat der Erblasser wie folgt verfügt: „Mein Sohn . . . . . . erbt meine unbelastete Eigentumswohnung in . . . . . . zur sofortigen freien Verfügung. Mein restliches

Vermögen, zu dem auch noch anderweitiger, allerdings noch belasteter Grundbesitz gehört, vermache ich meiner Ehefrau. Wenn meine Frau verstirbt, soll mein Sohn auch dasjenige bekommen, was meine Ehefrau von meinem Erbe übrig gelassen hat."

Weitere Verfügungen von Todes wegen hat der Erblasser nicht hinterlassen.

Gesetzliche Erben des Erblassers wären: . . . . . .

Das Testament ist wie folgt auszulegen: Obgleich das Testament dahingehend lautet, dass der Sohn „erbt" und mir etwas vermacht wird, bin ich als Erbe anzusehen. Der Erblasser hat sich über die gesetzliche Begriffsbedeutung geirrt. Wahrscheinlich hat er mit dem Vermachen ein Machen, maW noch eine Tätigkeit assoziiert und kam so zu einer Falschbezeichnung. Mir ist der Nachlass im Einzelnen bekannt. Ich lebe vor Ort, der Sohn des Erblassers, der übrigens aus dessen erster Ehe stammt, schon lange – auch bereits zur Zeit der Abfassung des Testamentes – nicht mehr. Ich habe auch eine notarielle General- und Vorsorgevollmacht des Erblassers mit Geltung über den Tod hinaus. Es ist deshalb nicht anzunehmen, dass der Erblasser seinen Sohn mit der Abwicklung des Nachlasses befassen wollte, sondern vielmehr, dass er mich als seine alleinige Rechtsnachfolgerin sah, die insbes. die Nachlassverbindlichkeiten regulieren sollte, wozu dann auch die Erfüllung des Vermächtnisses der Eigentumswohnung gehört. Dieses wird mein Stiefsohn im Rahmen des rechtlichen Gehörs bestätigen. Im Hinblick darauf, dass der von mir nicht verbrauchte Nachlass meines Ehemannes mit meinem Tode an seinen Sohn fallen soll, sehe ich mich als befreite Vorerbin an und meinen Stiefsohn als Nacherben. Da auch dieses noch für die Auslegung bedeutsam sein könnte, sei noch erwähnt, dass das vererbte Vermögen zum größten Teil – auch die dem Sohn zugewiesene Eigentumswohnung – vor unserer Eheschließung erworben wurde, und die Eigentumswohnung wie das Restvermögen unter Beachtung der Nachlassverbindlichkeiten jeweils ziemlich genau die halbe Erbschaft darstellen. Gleichwohl bin ich alleinige Vorerbin, weil mir die Rolle zugedacht war, die „Sache in die Hand zu nehmen". Nacherbe ist nach dem Text des Testamentes mein Stiefsohn . . . . . .

Ersatznacherben sind zwar nicht benannt, jedoch entsprechend den gesetzlichen Bestimmungen dessen im Zeitpunkt des Nacherbfalles vorhandene Abkömmlinge. Ein Rechtsstreit über das Erbrecht ist nicht anhängig.

Ich habe die Erbschaft angenommen.

Nach Belehrung über die Bedeutung einer eidesstattlichen Versicherung und die Strafbarkeit unrichtiger an Eides Statt versicherter Angaben versichere ich an Eides Statt, dass mir nichts bekannt ist, was der Richtigkeit der vorstehenden Angaben entgegensteht.

Ich beantrage beim zuständigen Nachlassgericht:[3, 4, 5]

1. die Erteilung eines Erbscheins mit dem Inhalt, dass ich, Frau . . . . ., alleinige befreite Vorerbin meines Ehemannes . . . . . . geworden bin, die Nacherbfolge mit meinem Tod eintritt und mein Stiefsohn . . . . . . Nacherbe ist, ersatzweise dessen im Zeitpunkt des Nacherbfalles vorhandene Abkömmlinge,
2. hilfsweise die Erteilung eines Erbscheins mit dem Inhalt, dass mein Stiefsohn und ich Erben zu gleichen Teilen geworden sind, wobei ich nur befreite Vorerbin bin, der Nacherbfall mit meinem Tode eintritt und mein Stiefsohn . . . . . . Nacherbe ist, ersatzweise dessen im Zeitpunkt des Nacherbfalles vorhandene Abkömmlinge.

Der reine Wert des Nachlasses beträgt ca. . . . . .

Die Kosten dieser Urkunde und des Erbscheines trage ich, ...

Anmerkungen

1. Aufgrund der dem Erbschein zukommenden Gutglaubenswirkung (§§ 2366, 2367 BGB) werden gutgläubige Dritte in ihrem Vertrauen auf das Erbrecht des im Erbschein bezeichneten Erben geschützt, insbesondere ihr guter Glaube daran, dass der Erbe mit dem Erwerb des Eigentums an den Nachlassgegenständen auch die mit dem Eigentum regelmäßig verbundene **Verfügungsbefugnis** erlangt hat. **Fehlt** dem Erben ausnahmsweise aufgrund erbrechtlicher Anordnungen die Verfügungsbefugnis über Nachlassgegenstände, so sind derartige Anordnungen im Erbschein zu **vermerken.** Dies gilt ua für eine **Testamentsvollstreckung,** aufgrund derer es dem Erben an der Verfügungsbefugnis über die Nachlassgegenstände ermangelt (§ 2214 BGB), aber auch für die **Nacherbschaft;** denn der Vorerbe ist gemäß den §§ 2112 ff. BGB in seiner Befugnis zu Verfügungen über die Nachlassgegenstände beschränkt.

Den Vorerben begünstigende **Vorausvermächtnisse** finden Eingang in den Erbscheinsantrag und dementsprechend in den Erbschein, soweit sie die Verfügungsbeschränkung, die in der Nacherbschaft liegt, wieder beseitigen, Vermächtnisse ansonsten nicht, da sie wegen ihrer nach dem deutschen Recht lediglich schuldrechtlichen Ausgestaltung die Verfügungsbefugnis dinglich nicht berühren.

2. Der **Vorerbe** kann einen Erbschein nur **bis zum Eintritt des Nacherbfalls** beantragen, da seine Erbenstellung nur bis zu diesem Zeitpunkt andauert. Der **Nacherbe** kann einen Erbschein hingegen erst **mit Eintritt des Nacherbfalls** beantragen. Der Erbscheinsantrag unterliegt bei Anordnung der Vor- und Nacherbschaft den allgemeinen Bestimmungen der §§ 352 ff. FamFG. Darüber hinaus muss der Antrag auf Erteilung eines Erbscheins zugunsten des Vorerben auch die im Erbschein zu bezeugenden Angaben des § 352b Abs. 1 FamFG enthalten (MüKoBGB/*Grziwotz* § 2353 Anh. Rn. 72 ff.). Das bedeutet für den Vorerben im Einzelnen (1) Angabe der Anordnung der Vor- und Nacherbschaft; (2) Angabe der Voraussetzungen des Eintritts der Nacherbfolge; (3) Angabe der Person des Nacherben; (4) Angabe zu etwaigen Befreiungen des Vorerben, (5) evtl. Nichtvererblichkeit des Nacherbenrechtes und (6) evtl. Benennung der Ersatznacherben. Gegebenenfalls sind Angaben zu machen zu einer mehrfachen Nacherbfolge oder zu Bedingungen für den Eintritt der Nacherbfolge. Dabei ist zu beachten, dass die Anordnung einer Ersatznacherbfolge die gemäß § 2108 BGB grundsätzlich bestehende **eigenständige Vererblichkeit der Nacherbenanwartschaft** nicht unbedingt ausschließt. Wenn der Erblasser zB die spätere Weitervererbung des dem Nacherben zufallenden Vermögens durch diesen an familienfremde Erben hingenommen hätte, kann daraus möglicherweise geschlossen werden, dass die eigenständige Weitervererbung – der Nacherbenanwartschaft – auch nicht ausgeschlossen sein sollte, wenn der Nacherbe wider Erwarten des „Ausgangserblassers" zwischen dem Erb- und dem Nacherbfall verstirbt. Im Gesetz angesprochener Hauptfall der Nichtvererblichkeit des Nacherbenrechts ist die Einsetzung des Nacherben unter einer aufschiebenden Bedingung, §§ 2108 Abs. 2 S. 2, 2074 BGB. Da die Vererblichkeit des Nacherbenrechts die Regel ist, braucht sie im Erbscheinsantrag nicht eigens erwähnt zu werden. Die Nichtvererblichkeit muss jedoch im Antrag – wie auch in dem zu erteilenden Erbschein – deklariert werden (MüKoBGB/*Grziwotz* § 2353 Anh. Rn. 75; Firsching/*Graf* Rn. 4.288 ff.). Wer sich auf die Ausnahmen beruft, ist darlegungs- und beweispflichtig, und zwar selbst dann, wenn Ehegatten sich zu befreiten Vorerben und ihren einzigen kinderlosen Sohn zum Nacherben eingesetzt haben (OLG Karlsruhe Rpfl 2009, 151). Nach *Bestelmeyer* Rpfl. 2010, 635 [645] darf diese auf einer individuellen Auslegung beruhende Entscheidung jedoch nicht verallgemeinert werden (vgl. auch Palandt/*Weidlich* BGB § 2069 Rn. 6 und § 2108 Rn. 5).

3. Das Nachlassgericht darf den **Erbschein** grundsätzlich nur so erteilen, **wie er beantragt** worden ist (strenge Antragsbindung, – die Bindung ist nach hM strenger als im Zivilprozess – Keidel/*Zimmermann* FamFG § 352e Rn. 75 mwN). In diesem Zusammenhang bedeutsam ist, dass nach § 352 Abs. 1 Nr. 8 FamFG die beanspruchten Erbquoten anzugeben sind. Allerdings ist seit dem 17.8.2015 (auch für davor eingetretene Erbfälle) die Angabe der Erbteile nicht erforderlich, wenn alle Antragsteller in dem Antrag auf die Aufnahme der Erbteile in den Erbschein verzichten (§ 352a Abs. 2 S. 2 FamFG). Bis zu dieser Neuregelung behalf man sich mit dem „vorläufigen gemeinschaftlichen Erbschein", in dem die Quoten offen blieben (näher dazu siehe Vorauflage mwN sowie BT-Drs. 18/4201, 60).

a) Eine Aufteilung des Nachlasses nach Vermögensgruppen mit den daraus folgenden Auslegungsproblemen ist ein gängiges Verhaltensmuster (vgl. Palandt/*Weidlich* BGB § 2087 Rn. 3 f.; Horn/Kroiß/*Horn* § 5 Rn. 35 ff. mit insbes. von der Rechtsprechung entwickelten Auslegungskriterien). Ebenso ist ein Fehlgebrauch der gesetzlichen Begriffe häufig (sa → Form. J.V.6). Problematisch kann insoweit der Aspekt sein, dass die Vorstellungen des Erblassers zur Zeit der Testamentserrichtung maßgeblich sind, sich die Verhältnisse bis zu seinem Tod aber beträchtlich geändert haben können, die Auslegung aber auch ergeben kann, dass der Erblasser auf den Zeitpunkt seines Todes abstellen wollte (Horn/Kroiß/*Horn* § 5 Rn. 43).

b) Im konkreten Fall kann die Erbenstellung der Antragstellerin daran angeknüpft werden, dass der Erblasser ihr – sonst hätte er ihr keine *Generalvollmacht* gegeben – eine **starke Stellung** zukommen lassen wollte, was auch die anderen Umstände nahelegen (zu dieser Indikation vgl. Palandt/*Weidlich* BGB § 2087 Rn. 4 für den Fall, dass Erblasser den Hauptbedachten zum Testamentsvollstrecker ernannt hat). Mit den entsprechenden Bestätigungen des Sohnes hätte dann das Nachlassgericht seiner Amtsermittlungspflicht Genüge getan. Der Erbschein ist im zugrunde liegenden Fall nicht auf Grund dieser Vollmacht entbehrlich. Denn die Erbin könnte zwar auf Grund der Vollmacht (sofern sie der Form des § 29 GBO genügt) möglicherweise das Vermächtnis erfüllen, muss aber auch selbst für den ihr zufallenden Grundbesitz im Grundbuch eingetragen werden. Dies ermöglicht die Vollmacht gerade nicht, weil auch der Erblasser zu seinen Lebzeiten keine grundbuchtaugliche Bewilligung zur Eintragung seiner Erben abgeben könnte. Der Bevollmächtigte kann aber nicht mehr rechtliche Möglichkeiten haben als der Vollmachtgeber selbst (näher dazu LG Heidelberg NJW 1973, 1088; *Schöner/Stöber* Rn. 3571 Fn. 12; vgl. auch OLG Stuttgart DNotZ 2012, 371 [372]). Die Vollmacht über den Tod hinaus ist zumindest nach noch hM nur dann ein geeignetes Instrument zur Eintragung von Grundstücksverfügungen im Grundbuch, wenn es nach § 40 GBO keiner Voreintragung des Erben bedarf (*Weidlich* ZEV 2016, 57; → Form. J.V.1 Anm. 1).

c) Ähnliche Probleme können sich auch unter folgenden Aspekten ergeben:

Im Rahmen des § 1923 Abs. 2 BGB ändert die Rückwirkungsfiktion nichts daran, dass das Erbrecht erst tatsächlich mit der Geburt erlangt wird, so dass wegen der Risikobehaftung allen Lebens bis dahin ein Schwebezustand besteht (Palandt/*Weidlich* BGB § 1923 Rn. 6), mithin die Erbquoten bis zu dem Zeitpunkt der Geburt sich als unsicher darstellen. Gelegentlich setzen Erblasser auch eine **noch nicht abgeschlossene Gruppe von Erben** ein. So hatte ein Erblasser in einem vom OLG Köln entschiedenen Fall (Rpfl. 1992, 391 mAnm *Eschelbach*) die drei bereits geborenen Kinder seiner Tochter und etwa weiter geborene eheliche Abkömmlinge dieser Tochter zu seinen Erben eingesetzt. Das OLG Köln fasste den Erbschein wie folgt: „Der Erblasser ist zu gleichen Teilen von den Geschwistern A/B/C sowie weiteren ehelichen Kindern ihrer Mutter (geb. 11.7.1949), die in Zukunft noch geboren werden, beerbt worden. Die Geschwister sind somit Erben zu dem gleichmäßigen Bruchteil, der sich ergibt, wenn die endgültige Kinderzahl feststeht. Hinsichtlich des auf nachgeborene Kinder entfallenden Bruchteils sind sie bis zu deren Geburt Vorerben." Das ist unrichtig, weil Personen, die noch nicht gezeugt sind, nicht

erbfähig sind (vgl. § 1923 BGB; *Eschelbach* Rpfl. 1992, 392). Richtigerweise wäre zu formulieren „Der Erblasser ist beerbt worden von A/B/C zu je 1/3 Anteil. A/B/C sind zugleich nicht befreite Vorerben hinsichtlich des Anteils, der den weiteren ehelichen Kindern, die der . . . . . . (Name der Mutter) noch geboren werden, jeweils mit deren Geburt (= Eintritt des Nacherbfalls) zufällt. Ebenso ist jedes weitere, noch geboren werdende eheliche Kind der . . . . . . (Name der Mutter) hinsichtlich der Anteile, die auf spätere Geschwister entfallen, zum nicht befreiten Vorerben berufen. Die Anteile der geborenen und noch geboren werdenden Kinder der . . . . . . (Name der Mutter) sind stets gleich groß." (*Eschelbach* aaO S. 393). Auch die zumindest früher weit verbreiteten Wiederverheiratungsklauseln sind in diesem Zusammenhang zu erwähnen; zu ihrer Auslegung und zu grundbuchrechtlichen Folgen vgl. OLG Köln ZEV 2017, 96; OLG Celle ZEV 2013, 40 mAnm *Weidlich*.

4. Zulässig ist es jedoch, verschiedene Erbscheinsanträge **hilfsweise** miteinander zu verknüpfen, so dass das Nachlassgericht, sofern es dem in erster Linie verfolgten Erbscheinsantrag nicht Folge leisten will, zumindest auf den hilfsweise gestellten Antrag hin bei Vorliegen der gesetzlichen Voraussetzungen einen Erbschein erteilen wird. Zulässig ist die Antragstellung mit **Haupt- und Hilfsantrag jedoch nur,** wenn der Antrag die **Reihenfolge,** in der das Nachlassgericht über die Anträge befinden soll, **bestimmt** und jeder Antrag die zu bezeugende Erbfolge bezeichnet (Firsching/*Graf* Rn. 4.163). Wird dem Hauptantrag entsprochen, erübrigt sich der Hilfsantrag, wird letzterem entsprochen, ist der Hauptantrag – ohne Kostenfolgen – zurückzuweisen (Keidel/*Zimmermann* FamFG § 352e Rn. 79). **Alternativanträge** sind nur zulässig, wenn bei verschiedenen in Frage kommenden Berufungsgründen hinsichtlich des einen oder anderen Unsicherheit hinsichtlich seiner Beachtlichkeit besteht, das Ergebnis sich jedoch nicht ändert (Keidel/*Zimmermann* FamFG § 352 Rn. 10).

5. Der **Nacherbe** hat mit Eintritt des Nacherbfalles grundsätzlich einen **eigenen Erbschein** zu beantragen, wenn er sein Erbrecht nachweisen will. Es genügt nicht, auf den dem Vorerben erteilten Erbschein, der mit Eintritt des Nacherbfalles ohnehin unrichtig geworden und folglich einzuziehen ist, zu verweisen, auch nicht, unter Vorlage einer Sterbeurkunde auf einen etwaigen Nacherbenvermerk im Grundbuch Bezug zu nehmen. Gemäß § 352b Abs. 1 FamFG wird nur die Beschränkung der Verfügungsbefugnis des Vorerben bezeugt, nicht das künftige und nur potentielle Erbrecht des Nacherben.

Liegt für den Vorerben ein notarielles Testament iVm einer Eröffnungsniederschrift vor, kann der Eintritt des Nacherbfalls auch durch Vorlage einer Sterbeurkunde des Vorerben geführt werden – vorausgesetzt natürlich, dass hierin die Bedingung für den Eintritt des Nacherbfalles lag – und der Nachweis des Erbrechts des Nacherben, des nunmehrigen Erben dem Grundbuchamt gegenüber ohne Vorlage eines Erbscheins durch eine eidesstattliche Versicherung erbracht werden, dass bestimmte Tatsachen nicht gegeben sind, wenn dann logisch nur noch der Schluss auf den (oder die) Nacherben möglich ist. Insofern wird § 35 GBO nicht streng angewandt (hM – vgl. DNotI Report 2008, 114 mit umfangreichen Nachweisen; häufiger Fall: zu Nacherben werden die Enkel A und B berufen und etwaige weitere, die noch geboren werden könnten. Hier kommt die eidesstattliche Versicherung zum Zuge, dass eben keine weiteren Enkel geboren wurden, s. auch Einleitung → Form. J.V.1 Anm. 1).

6. Gemeinschaftlicher Erbscheinsantrag aller als Erben in Betracht kommender Beteiligter, Berücksichtigung außerurkundlicher Gesichtspunkte, (möglicher) Auslegungsvertrag

[Notarieller Urkundeneingang]

Am . . . . . . verstarb in . . . . . . mein Ehemann bzw. unser Vater . . . . . ., zuletzt wohnhaft in . . . . . ., , nachstehend auch „Erblasser" genannt.

Der Erblasser hatte seinen letzten gewöhnlichen Aufenthalt in . . . . . . und war deutscher Staatsangehöriger. Er hat ein handschriftliches gemeinschaftliches Testament hinterlassen, das bereits in den Akten des Amtsgerichts . . . . . . unter dem AZ . . . . . . eröffnet worden ist.

In diesem Testament heißt es wörtlich:[1]

Wir, die Eheleute . . . . . . setzen uns gegenseitig zu Vorerben ein. Nacherben sind unsere Kinder . . . . . .

Dieses Testament ist zwar von der überlebenden Ehefrau geschrieben worden, beide Eheleute haben es jedoch – auch unter demselben Datum – unterschrieben, so dass im Hinblick darauf, dass die Ehefrau ebenfalls ihren gewöhnlichen Aufenthalt in . . . . . . hatte und deutsche Staatsangehörige war und ist, keine Zweifel an der Formgültigkeit bestehen.

Nachdem wir von dem amtierenden Notar in einem gemeinsamen längerem Informationsgespräch vor diesem Beurkundungstermin über die gesetzliche Terminologie und das System der Vor- und Nacherbschaft sowie die Bedeutung der Wechselbezüglichkeit aufgeklärt wurden, legen wir das Testament übereinstimmend dahingehend aus[2, 3], dass es ein sog. Berliner Testament sein sollte: Die Eheleute wollten sich gegenseitig zu unbeschränkten Erben und die Kinder zu Schlusserben einsetzen. Dabei gehen wir auch davon aus, dass das Testament insgesamt wechselbezüglich ist, somit auch eine Bindung zugunsten der Kinder als Schlusserben besteht.

Diese Auslegung,[4-6] die auch von uns Kindern im Hinblick darauf gestützt wird, dass das Testament mit uns besprochen worden war, und wir die Ziele der Eltern kannten bzw. kennen, ergibt sich daraus, dass mit der Bezeichnung Vor/Nacherbe nur eine zeitliche Reihenfolge beschrieben werden sollte. Die Bedeutung einer Einschränkung der lebzeitigen Verfügungsmacht des Überlebenden war dieser Bezeichnung nicht beigemessen worden. Nur das, was beim Tode des Überlebenden noch da sein würde, sollte von den Kindern geerbt werden, allerdings nicht von Fremden.

Eine solche Bindung wurde für ausreichend gehalten. Auch ein Verbot unentgeltlicher Verfügungen war nicht angedacht, da man schlicht davon ausging, dass seitens des Überlebenden das Wohl der Kinder immer bedacht werden würde, auch ohne spezifische rechtliche Einschränkungen.[7-9]

Ein Rechtsstreit über das Erbrecht ist nicht anhängig.

Ich, Frau . . . . . ., habe die Erbschaft angenommen.

Nach Belehrung . . . . . .

versichern wir . . . . . .

Wir beantragen . . . . . .

der Frau ...... als Alleinerbin ausweist.

Der reine Wert ......

Die Kosten ......[10]

Anmerkungen

1. Den meisten Nicht-Fachleuten sind Begrifflichkeit und System des Erbrechtes nicht hinreichend geläufig, um sich darin korrekt auszudrücken. Gerade bei der Verwendung von Rechtsbegriffen besteht in hohem Maße die Gefahr von Auslegungsstreitigkeiten. Die juristischen Fachbegriffe, wie zB Vermächtnis, Schlusserbe, Ersatzerbe, Vorerbe, Nacherbe werden von Laien oft in einem ganz anderem Sinn als dem im Gesetz vorausgesetzten verstanden und gebraucht (MüKoBGB/*Leipold* § 2084 Rn. 36 ff.; Horn/Kroiß/*Horn* § 1 Rn. 8, der die unzutreffende Verwendung der Begriffe „Vorerben" bzw. „Vermachen" geradezu als Klassiker bezeichnet). Zu ermitteln ist der wirkliche Wille des Erblassers, ergänzt durch den Grundsatz der wohlwollenden Auslegung. Eine **Auslegung** ist **trotz** des **scheinbar eindeutigen und klaren Wortlauts möglich.** Dabei sind alle Umstände heranzuziehen, auch wenn sie außerhalb der Urkunde liegen (s. Vorbemerkung/Checkliste → Anm. 9; ferner MüKoBGB/*Leipold* § 2084 Rn. 28 ff. mwN). Auch mündliche Äußerungen vor und nach der Niederlegung des letzten Willens können von Bedeutung sein (Firsching/*Graf* Rn. 1.132 ff.; MAH ErbR/*Machulla* § 6 Rn. 2 ff., insbes. Rn. 13–18). Bei unklaren Testamenten ist es deshalb durchaus angeraten, bereits bei der Beantragung des Erbscheins alle als Erben in Betracht kommenden Personen hinzuzuziehen, um etwas über die Hintergründe des Sprachgebrauchs und die Ziele des Erblassers zu erfahren; denn die Auslegung einer Willenserklärung erfordert zunächst die Feststellung des Erklärungstatbestandes sowie der weiteren Umstände, die für das Verständnis der Erklärung von Bedeutung sind, im Wege der Tatsachenfeststellung. Danach sind die Tatsachen im Hinblick auf die – möglicherweise – umstrittenen Rechtsfolgen zu würdigen, erst diese fällt in die Anwendung materiellen Rechts. Der Wille des Erblassers ist als sog. innere Tatsache dem Geständnis und der Beweisaufnahme zugänglich (OLG Karlsruhe Rpfl 2009, 151 mwN). Äußern sich alle Beteiligten dann derart einmütig wie hier beschrieben, kann auch seitens des Nachlassgerichts dem ohne weiteres gefolgt werden. Außerdem dürfte sich für das Nachlassgericht dann die Gewährung eines weiteren rechtlichen Gehörs, möglicherweise auch das Anberaumen eines Anhörungstermins, erübrigen. Wegen des **Amtsermittlungsgrundsatzes** ist das Nachlassgericht allerdings nicht grundsätzlich an den Vortrag der Beteiligten und/oder an eine einvernehmliche Auslegung des Testaments gebunden. Das Gesetz oder der Erblasser bestimmen, wer Erbe wird, nicht die Erbanwärter durch Vereinbarung. Die vereinzelt vertretene Auffassung ein Erbschein, welcher der Einigung der Beteiligten nicht folgt, dürfe nicht erteilt werden, ist deshalb nicht richtig. Allerdings hat die Einigung aller Beteiligter (uU also auch Vermächtnisnehmer, Nacherben, möglicherweise auch Ersatzerben, Testamentsvollstrecker) eine erhebliche indizielle Bedeutung, und das Nachlassgericht hat schon aus Gründen der Pragmatik keine Veranlassung davon abzuweichen, es sei denn, die vorgenommene Auslegung kann auch im Rahmen der Andeutungstheorie nicht mehr vertreten werden (WürzNotHdB/*Baumann* Teil 4 Kap. 2 Rn. 88, insbes. Fn. 157; vgl. weiter *Zimmermann* Rn. 172 und 245 ff.)

2. Aus den besagten Gründen lässt sich auch mit Hilfe eines Auslegungsvertrages eine **Bindung** des Nachlassgerichtes **nicht** herbeiführen; auch ein solcher Vertrag vermag die rechtsdogmatischen Grenzen nicht zu verrücken (so auch MAH ErbR/*Machulla* § 6 Rn. 53 ff.; aA – jedoch uE widersprüchlich – wohl Firsching/*Graf* 4.192). Der Abschluss

eines solchen über die einmütige Tatsachen- und Meinungsäußerung hinausgehenden Vertrags über die Auslegung möglicher Zweifelsfragen im Verständnis eines Testaments – uU auch eines notariellen Testaments oder Erbvertrags – kann dennoch sehr sinnvoll sein; denn, wie bereits gesagt, erwächst der Erbschein nicht in Rechtskraft; es ist denkbar, dass ein Gericht auch nach Jahren zu einer anderen Auslegung kommt. Die fehlende Bindung für das Nachlassgericht hat zur Folge, dass ein solcher „vereinbarter" Erbschein bei Unrichtigkeit eingezogen werden kann (*Zimmermann* Rn. 249).

3. Gegen derartige Überraschungen kann man sich im Ergebnis wenigstens teilweise durch schuldrechtliche Vereinbarungen, häufig etwas ungenau einfach als **Auslegungsvertrag** bezeichnet, wappnen. Im konkreten Fall könnte eine solche vertragliche Erweiterung im Rahmen des Erbscheinsantrags etwa wie folgt lauten:

Formulierungsvorschlag:
Unsere obigen Ausführungen sind nicht nur im Sinne eines gemeinsamen Auslegungsvorschlages gemeint, sie sollen vielmehr auch zu einer Innenbindung der Beteiligten führen. Sollte das Nachlassgericht unserer Auslegung nicht folgen, verpflichten wir uns einander so zu stellen, als sei unsere Auslegung die richtige, was möglicherweise dann durch eine Übertragung der Nacherbenanwartschaft auf den Vorerben geschehen soll. Entsprechende Willenserklärungen zum Vollzug wollen wir im Augenblick jedoch noch nicht abgeben, da wir von unserer Auslegung überzeugt sind. Wir verpflichten uns jedoch bereits hier und jetzt keine gegenteiligen Anträge, weder in einem Verfahren der freiwilligen Gerichtsbarkeit noch in einem streitigen Verfahren zu stellen.

In Betracht käme eine solche Vereinbarung zB dann, wenn bei durchaus identischem Wortlaut des Testaments die Gesamtumstände andere wären und die Tatsachen bzw. die Auslegung nicht so eindeutig wären wie in dem zuvor geschilderten Fall.

4. Im Einzelnen ist es allerdings umstritten, welche Fragen materiellrechtlich und/oder verfahrensrechtlich zu lösen sind (vgl. dazu etwa die unterschiedlichen Nuancen im MüKoBGB/*Leipold* § 2084 Rn. 154 ff. und MüKoBGB/*Grziwotz* § 2353 Anh. Rn. 131 f.). Durch seine obligatorische Wirkung schafft ein solcher Vertrag aber auf jeden Fall klagbare **Ansprüche** oder **Einreden** wie etwa die einer unzulässigen Rechtsausübung (MAH ErbR/*Machulla* § 6 Rn. 54 ff. auch mit Hinweisen zu der Meinung, die dem Auslegungsvertrag nicht nur eine schuldrechtliche, sondern auch eine Bedeutung im Verfahrensrecht und bei der Tatsachenermittlung zubilligen will). Eine **Feststellungswirkung** im eigentlichen Sinne kommt dem **Auslegungsvertrag nicht** zu; denn in unserer Rechtsordnung gibt es keinen Feststellungsvertrag, dessen Wirkungen über die obligatorischen Wirkungen eines Schuldverhältnisses hinausgehen können (*Baumann* FS RhNotK, 1999, 59 ff.; WürzNotHdB/*Baumann* Teil 4 Kap. 2 Rn. 86 f.; *Eisele* S. 24; *Storz* ZEV 2008, 308; MüKoBGB/*Grziwotz* § 2353 Anh. Rn. 131). So können Erben nicht etwa mit dinglicher Wirkung feststellen, es bestünde eine Testamentsvollstreckung, um deren Wohltaten (vgl. obige Formulare zum sog. Behinderten- und Verschuldetentestament) herbeizuführen.

5. Eine weitere wichtige Funktion können Auslegungsverträge auch zur Vorbereitung oder im Rahmen einer gegebenenfalls später durchzuführenden **Erbauseinandersetzung** haben (uE zu skeptisch daher der Hinweis in WürzNotHdB/*Baumann* Teil 4 Kap. 2 Rn. 88). Sie können auch für den Testamentsvollstrecker interessant sein, wenn er zB vor der Frage steht, ob eine Anordnung des Erblassers als Teilungsanordnung oder Vorausvermächtnis zu verstehen ist, eine im Übrigen häufig vorkommende Auslegungsproblematik. Auf die nur relative Wirkung eines Auslegungsvertrags sind die Beteiligten hinzuweisen, außerdem ist zu beachten, dass der Auslegungsvertrag kein Vertrag zulasten Dritter werden darf, etwa zulasten eines Ersatznacherben, mit der Folge, dass der Vertrag dann ins Leere geht, weil er nicht mit der richtigen Person beschlossen ist; hier können gegebenenfalls Probleme wie beim Zuwendungsverzichtsvertrag nach § 2352 BGB ent-

stehen (→ Form. C.VII.14 Anm. 3, → Form. I.II.16, → Form. I.II.17). Auch wenn der Auslegungsvertrag von sich aus keiner Form bedarf, empfiehlt sich doch eine Beurkundung, da fast regelmäßig Komponenten der Erbteilsübertragung, des Erbverzichts oder des Erbschaftskaufs impliziert sind (vgl. MAH ErbR/*Machulla* § 6 Rn. 55; *Berresheim* RNotZ 2007, 501 [527]). Enthält ein Auslegungsvertrag auch vergleichende Bestandteile, ist § 779 Abs. 1 BGB bei der Konzeption zu berücksichtigen (*Storz* ZEV 2008, 353).

6. Das Ergebnis eines Auslegungsvertrages in einen **Erbschein** einzubringen ist auch bedeutsam im Hinblick auf die sich aus dem Erbschein ergebenden **Bindungen.** Denn die Erbscheinsvermutung ist **in allen staatlichen Verfahren** zu beachten, insbesondere im Rahmen der freiwilligen Gerichtsbarkeit. Auch wenn § 2365 BGB unmittelbar nur privatrechtliche Beziehungen betrifft, besteht im Ergebnis dennoch Einigkeit, dass diese Vorschrift auch im öffentlichem Recht und gegenüber Behörden zumindest entsprechende Anwendung findet (MüKoBGB/*Grziwotz* § 2365 Rn. 20 ff.; *Zimmermann* Rn. 749; *Gemein* S. 12 f.). Zu nennen ist insoweit zunächst das **Grundbuchamt.** Solange der Erbschein nicht eingezogen oder für kraftlos erklärt wurde, ist das Grundbuchamt an den Erbschein gebunden und nicht berechtigt, das Testament abweichend selbst auszulegen (*Demharter* § 35 Rn. 26). Nur dann, wenn das Grundbuchamt Tatsachen kennt, die das Nachlassgericht offenbar nicht berücksichtigt hat, und diese die Unrichtigkeit des Erbscheins bewirken, so dass der Erbschein einzuziehen wäre, ist das Grundbuchamt berechtigt und verpflichtet, dem Erbschein nicht zu folgen, sondern das Nachlassgericht zu informieren, damit dieses, wenn es die Bedenken für gerechtfertigt hält, den Erbschein einziehen, gegebenenfalls auch für kraftlos erklären kann und möglicherweise einen neuen – anderen – Erbschein erteilt (*Schöner/Stöber* Rn. 785; *Zimmermann* Rn. 747 f.). Im Ausgangsfall ist das Grundbuchamt also nicht berechtigt, wenn der erteilte Erbschein die Beschränkung der Erbenstellung durch Nacherbschaft nicht enthält, diese von sich aus einzutragen; das Grundbuchamt hat nur ein Hinweisrecht (Firsching/*Graf* Rn. 4.139). Für das Registergericht gilt ebenfalls dasselbe wie für das Grundbuchamt (*Zimmermann* Rn. 749).

7. Auch das **Finanzamt** hat das im Erbschein enthaltene Ergebnis zu beachten. Bei gewichtigen Gründen gegen die Richtigkeit des Erbscheins in tatsächlicher und/oder rechtlicher Hinsicht ist es jedoch verpflichtet, das Erbrecht selbst zu ermitteln, ohne dass zuvor der Erbschein eingezogen wurde (→ Form. J.II.1 Anm. 13). Auch bedarf es nicht unbedingt der Erteilung eines neuen Erbscheins (*Zimmermann* Rn. 749; *Meincke/Hannes/Holtz* § 3 Rn. 14). Diese **Befugnisse** gehen also **über das bloße Remonstrationsrecht des Grundbuchamts hinaus.** Dabei wird wohl überwiegend vertreten, dass die Vermutung nur durch Beweis von Tatsachen, nicht durch eine abweichende Auslegung entkräftet werden kann (MüKoBGB/*Grziwotz* § 2365 Rn. 30 Fn. 77 mwN). Man wird hinzufügen können, dass Entsprechendes auch dann gilt, wenn die gesetzliche Erbfolge nicht richtig gesehen wurde. Nach der Rechtsprechung des BFH (BeckRS 2004, 25007398) sind allerdings auch rechtliche Gesichtspunkte, die zu einer anderen Auslegung führen, beachtlich. Demgemäß ist eine Einigung der Beteiligten auch dann zu akzeptieren, wenn diese zu einer niedrigeren Besteuerung führt als die Auslegung, die das Finanzamt oder das Finanzgericht vertreten hätte, wenn die Einigung nicht zustande gekommen wäre (Reimann/Bengel/J. Mayer/*Geck* Teil C Rn. 21).

Ob indessen aus der bisherigen Rechtsprechung abgeleitet werden kann, dass das Finanzamt an jeden ernst gemeinten Vertrag gebunden ist, erscheint nicht sicher; so warnt denn *Geck* (in Reimann/Bengel/J. Mayer Teil C Rn. 21) davor, die Rechtsprechung extensiv auszulegen, auch wenn es als für die Besteuerung maßgeblich anerkannt wurde, dass die Beteiligten eine Auseinandersetzung vereinbarten, die so in der Verfügung von Todes wegen nicht vorgesehen war und so auch nicht Gegenstand eines zivilgerichtlichen

Urteils sein könnte (BFH BStBl. II 1972, 886; FG München BeckRS 2000, 21.011 586; *Meincke/Hannes/Holtz* § 3 Rn. 31). Diese Rechtsprechung beruht auf dem Gedanken, dass die Erbschaftsteuer die **wirkliche Bereicherung** und nur diese erfassen will (*Meincke/Hannes/Holtz* § 3 Rn. 31), also das, was zwischen den Beteiligten gilt und praktiziert wird (Reimann/Bengel/J. Mayer/*Geck* Teil C Rn. 21). Liegen jedoch keine irgendwie gearteten begründeten Zweifel – nicht unbedingt durch Auslegungsfragen begründete – am Inhalt der letztwilligen Verfügung vor, und wird nur die **Änderung unzweifelhafter Rechtsfolgen** bewirkt, bleibt der Vergleich im Hinblick auf die durch den Erbgang eingetretene Vermögenszuordnung **steuerlich einflusslos** (*Meincke/Hannes/Holtz* § 3 Rn. 31). Eine andere Frage ist, ob der Vergleich in einem solchen Fall eigenständige steuerliche Folgen zeitigt, etwa, soweit durch den Vergleich selbst freigebige Zuwendungen unter den Miterben erfolgen. Erbschaftsteuerlich ungünstige letztwillige Verfügungen können nicht durch Vergleiche unter den Beteiligten zu Lasten des Finanzamtes beseitigt werden (vgl. FG München BeckRS 2017, 129029). Dient der Vergleich nicht der Beseitigung der Unsicherheit über die erbrechtliche Lage, ist nach *Geck* in aller Regel davon auszugehen, dass er seine Grundlage nicht in der Klarstellung des Erblasserwillens oder der Erbauseinandersetzung hat, sondern in den privaten Beziehungen zwischen den Beteiligten (Reimann/Bengel/J. Mayer/*Geck* Teil C Rn. 21). Selbst wenn man es für möglich hält, über die für die Auslegungsgrenzen maßgebliche Andeutungstheorie hinausgehen zu dürfen, bleibt doch die Grenzziehung, dass der Vergleich seinen letzten Rechtsgrund im Bereich des Erbrechts haben muss (BFH ZEV 2008, 302 und DNotI-Report 2011, 118; weiterführend *Berresheim* RNotZ 2007, 501 [525]). Entsprechendes dürfte auch für Auslegungsverträge gelten, die vielleicht wegen des Fehlens des Merkmals des gegenseitigen Nachgebens kein Vergleich im Sinne des § 779 BGB sind. Es ist aber nicht erforderlich, dass die Beteiligten über die Erbsrechtslage streiten oder die Rechtslage in tatsächlicher Hinsicht ungewiss ist (*Freiherr v. Proff* ZEV 2010, 348 mN zur Gegenmeinung; uE zu sehr diesen Aspekt betonend das DNotI-Gutachten 12123, vgl. DNotI-Report 2005, 145; im Ergebnis wie hier MAH ErbR/*Machulla* § 6 Rn. 62 ff.).

8. Diese Ergebnisse lassen sich auch auf das **Sozialrecht** und vielleicht auch auf das **Insolvenzrecht** übertragen; letzteres scheint bisher indessen wenig diskutiert zu sein.

9. Hinweis: Das OLG Celle hat mit Beschluss vom 10.12.2009 (NJW Spezial 2010, 104) bei einem notariellen Testament, dessen Text dem oben beschriebenen entsprach, und das auf der Tatsachenseite nicht dessen besonderen Hintergrund hatte, für den Erbfall nach dem Überlebenden der Ehegatten das Verlangen des Grundbuchamtes nach einem Erbschein gebilligt, da insoweit hinsichtlich der Schlusserben eine Regelungslücke bestehe, die nicht vom Grundbuchamt geschlossen werden könne. Wird vom Grundbuchamt allerdings die Auslegungsregel des § 2102 Abs. 1 BGB nicht beachtet, ist das Verlangen nach einem Erbschein rechtsfehlerhaft (OLG Hamm RNotZ 2013, 633).

10. Der Auslegungsvertrag ist kostenrechtlich mit einer 2,0-Gebühr nach KV 21100 GNotKG zu bewerten. Als Geschäftswert ist ein Teilwert nach § 36 Abs. 1 GNotKG vom Wert des Erbscheinsantrags zu bilden, der sich nach dem Maß an Unsicherheit richtet. Angemessen erscheinen zwischen 10 und 30 %.

7. Antrag auf Erteilung eines Erbscheins mit der Beschränkung eines Erben durch Nacherbschaft und Testamentsvollstreckung unter Mitwirkung eines Betreuers

[Notarieller Urkundeneingang][1-4]

2 Beteiligte

Sachverhalt

Die Erblasserin hat zwei eigenhändige Testamente hinterlassen:

1. ein gemeinschaftliches mit dem vorverstorbenen Ehemann verfasstes vom ......
2. ein eigenhändiges Ergänzungstestament vom ......

In dem gemeinschaftlichen Testament von ...... hatten sich die Eheleute gegenseitig zu Erben und ihre Kinder, ihren Sohn ...... und ihre Tochter ...... zu Schlusserben zu gleichen Teilen eingesetzt. Sie hatten auch ihrer Hoffnung Ausdruck gegeben, einen gewissen Beitrag zur Absicherung der Kinder und Enkel zu liefern.

Nach dem Tode des vorverstorbenen Ehemannes hat der Sohn ...... einen Autounfall erlitten und ist seitdem geistig und körperlich behindert; für ihn wurde seitens des Vormundschaftsgerichtes eine Betreuung angeordnet.

Daraufhin fühlte sich die Erblasserin veranlasst, ein Ergänzungstestament zu verfassen, in dem es wörtlich heißt: „Da ...... sein Erbe nicht mehr sinnvoll nutzen kann, ich aber seiner Familie eigentlich alles gönne, möchte ich, dass meine Tochter, seine Schwester, nach meinem Tod alles für ihn regelt und ihm auch später hilft. Dadurch sollen aber nicht die Krankenkasse und das Sozialamt billiger wegkommen. Ich hoffe, dass dann dennoch etwas für die Enkel überbleibt.“

Wir, ... als Miterbin und ...... als Betreuer des Miterben ......, legen die Testamente übereinstimmend wie folgt aus:

1. Frau ...... und Herr ...... sind Miterben zu je $^1/_2$ Anteil,
2. das Ergänzungstestament enthält jedoch zwei Beschränkungen der Erbenstellung von ......
   a) Zunächst enthält es die Anordnung einer Nacherbschaft; ...... ist nur Vorerbe. Nacherben sind die Enkel ...... und ...... zu gleichen Teilen. Der Vorerbe ist von den Beschränkungen, die sich aus der Nacherbschaft ergeben, nicht allgemein befreit. Der Nacherbfall tritt ein mit dem Tode des Vorerben.
   b) Darüber hinaus ist Testamentsvollstreckung angeordnet. Aufgabe des Testamentsvollstreckers ist für ...... bzw, bei der Erbauseinandersetzung mitzuwirken und danach auch die Verwaltungsvollstreckung für die Nachlassgegenstände bzw. deren Surrogate, die nach der Auseinandersetzung ...... verbleiben.
3. Die Anordnung der Testamentsvollstreckung enthält nicht nur die Testamentsvollstreckung für den Vorerben sondern auch die Aufgabe, die Rechte der Nacherben wahrzunehmen – sog. Nacherbenvollstreckung.

Ein Rechtsstreit über das Erbrecht ist nicht anhängig.

Die Erben haben die Erbschaft angenommen.

Nach Belehrung ......

Wir beantragen die Erteilung eines Erbscheins, der . . . . . . als Erbin zu $^1/_2$ Anteil und . . . . . . als Erben zu $^1/_2$ Anteil ausweist, für dessen Anteil Nacherbschaft und Testamentsvollstreckung angeordnet sind. Nacherben sind . . . . . . zu je $^1/_2$ Anteil, ersatzweise die jeweiligen Abkömmlinge entsprechend den Regeln der gesetzlichen Erbfolge.

Anmerkungen

1. → Form. F.I.1, → Form. F.I.2.

2. Die nachträgliche Anordnung der Vor- und Nacherbschaft sowie der Testamentsvollstreckung verstoßen hier uE **nicht gegen** die sich aus dem gemeinschaftlichen Testament – von einer Wechselbezüglichkeit der Verfügung sei ausgegangen – ergebenden **Schutzwirkung** gegen beeinträchtigende Verfügungen des Überlebenden. Dies ergibt sich aus einer ergänzenden Auslegung des gemeinschaftlichen Testaments dahingehend, dass dieses einen (stillschweigenden) Abänderungsvorbehalt enthält: Grundlage für das ursprüngliche gemeinschaftliche Testament war der normale Verlauf der Dinge. Mit einem Schutz vor Beeinträchtigungen der Erbenstellung wollten die Eheleute keineswegs ein sinnvolles Reagieren auf veränderte Umstände unterbinden; denn sie wollten – so hatten sie ja ihrer Hoffnung Ausdruck gegeben – gerade etwas tun, um die **Kinder und Enkel** abzusichern. Ohne eine solche Zweckandeutung wäre die Auslegung zweifelhafter; denn wenn sich – und dies hielt das OLG Düsseldorf (ZErb 2012, 46) für maßgeblich – gar keine Andeutungen in der Verfügung von Todes wegen finden ließen, in welcher Weise eine Anpassung der Verfügung erfolgen könnte, wäre ein stillschweigender Abänderungsvorbehalt eventuell zu verneinen (kritisch zu dieser Entscheidung *Keim* DAI-Skript 2012, 73). Die Richtigkeit dieser Interpretation im zugrunde liegenden Fall ergibt sich weiter auch aus folgender Hilfsüberlegung: Wäre die Erblasserin besser beraten gewesen, hätte der Berater ihr empfohlen, den sichereren Weg zu wählen und noch zu ihren Lebzeiten mit ihrem, durch den Betreuer vertretenen behinderten Sohn einen Verzichtsvertrag gemäß § 2352 BGB zu schließen, in dem die Testierfreiheit wieder eröffnet werden würde, am besten gleich gekoppelt mit einem Erbvertrag gemäß den „Standards" des Behindertentestaments (für eine solche Gestaltungsmöglichkeit auch *Keim* DAI-Skript 2012, 73 f.; mAnm *Ivo* BGH DNotZ 2011, 381 [388]; → Form. F.I.2 Anm. 9).

3. Ungewiss ist indessen, ob das Sozialamt sich ohne weiteres der vorgetragenen Auslegung fügt; wird der **Erbschein** so wie vorgesehen erteilt, stellt sich zunächst die Frage, ob es wie das Grundbuchamt nur ein Remonstrationsrecht hat, oder ob ihm weitergehende Rechte wie dem Finanzamt zustehen mit dem Anspruch, auch von der dem Erbschein zu Grunde liegenden Auslegung eine eigene abweichende Auslegung vornehmen zu dürfen.

4. Ein **Auslegungsvorschlag** bedarf **keiner familiengerichtlichen Genehmigung.**

8. Antrag auf Erteilung eines Erbscheins unter Berücksichtigung ausländischen Rechts/Fremdrechtserbschein/gegenständlich beschränkter Erbschein

1. Fallgestaltung: Gesetzliche Erbfolge

[Notarieller Urkundeneingang][1]

Am ...... verstarb in ...... unser ......, zuletzt wohnhaft in ......, nachstehend auch „Erblasser" genannt.

Der Erblasser hatte seinen letzten gewöhnlichen Aufenthalt in ...... und war ...... Staatsangehöriger.

Der Erblasser hat keine Verfügung von Todes wegen hinterlassen. Er war im Zeitpunkt seines Todes verheiratet mit ......[9]

Diese war ebenso wie der Erblasser im Zeitpunkt der Eheschließung im Jahr ...... Staatsangehörige des Staates ...... Einen Ehevertrag hatten die Eheleute nicht abgeschlossen, sodass sie im gesetzlichen Güterstand des Staates ...... (......) lebten.

Aus dieser Ehe sind als Kinder hervorgegangen: ......

Der Erblasser war Eigentümer eines in Deutschland gelegenen, im Grundbuch von ...... eingetragenen Grundstücks sowie eines bei der B-Bank (Sitz in Deutschland) unter der Kto-Nr. ...... geführten Wertpapierdepots. Außerdem besaß er in seinem Heimatland (Ausland ......) noch ...... (Immobilien/Mobilien).

Der Erblasser ist[2, 3, 4]

[Variante 1:

hinsichtlich der in Deutschland gelegenen Immobilie in Anwendung des Rechts des Staates ...... und hinsichtlich seines übrigen Nachlasses in Anwendung des Rechts des Staates ...... beerbt worden.]

[Variante 2:

hinsichtlich seines gesamten Nachlasses in Anwendung des Rechts des Staates ...... beerbt worden von ......

Am Nachlass/Am Nachlassteil ...... besteht Testamentsvollstreckung nach dem Recht des Staates ......]

Außerdem besteht nach dem Recht des Staates ......

[Alternative 1:

hinsichtlich ...... ein dinglich wirkender Nießbrauch.]

[Alternative 2:

ein dinglich wirkendes Vermächtnis ......]

Andere Personen, durch die die vorgenannten Erben von der Erbfolge ausgeschlossen oder deren Erbteile gemindert würden, sind und waren nicht vorhanden.

Ein Rechtsstreit über das Erbrecht und ein Scheidungsverfahren sind nicht anhängig. Die Erben haben die Erbschaft angenommen.

Nach Belehrung über die Bedeutung einer eidesstattlichen Versicherung und die Strafbarkeit unrichtiger an Eides statt versicherter Angaben versichere ich an Eides statt, dass mir nichts bekannt ist, was der Richtigkeit der vorstehenden Angaben entgegensteht.

Ich beantrage beim zuständigen Nachlassgericht die Erteilung eines Erbscheins,[6, 7, 8, 10]

*wobei der Antrag auf die in Deutschland befindlichen Gegenstände beschränkt wird,[5]

[Variante 1:

der für die in Deutschland gelegene Immobilie in Anwendung des Rechts des Staates ...... als Erben ausweist: ......

und für den übrigen Nachlass in Anwendung des Rechts des Staates ...... als Erben ausweist: ......]

[Variante 2:

der gemäß dem für den gesamten Nachlass anzuwendenden Recht des Staates ...... als Erben ausweist: ......]

Nach Auffassung des Antragsstellers sind die dinglich wirkenden Vermächtnisse einschließlich des Nießbrauchsrechts nicht in den Erbschein aufzunehmen, ebenso nicht die Testamentsvollstreckung; denn es ist davon ausgegangen, dass dessen Rechte nicht zu einer Verfügungsbeschränkung des/der Erben führen.

Die Zusendung einer Ausfertigung des Erbscheins wird erbeten zu Händen des amtierenden Notars.

Der Wert der betroffenen Gegenstände beträgt

für ...... (in Deutschland gelegenen Gegenstände) ca. EUR ......

für ...... (im Ausland gelegenen Gegenstände) ca. EUR ......

Die Kosten dieser Urkunde und des Erbscheins trägt ......[15]

2. Fallgestaltung: Erbfolge auf Grund einer Verfügung von Todes wegen

[Notarieller Urkundeneingang]

Am ...... verstarb mein ......, nachstehend auch „Erblasser" genannt.

Der Erblasser hatte seinen letzten gewöhnlichen Aufenthalt in ...... und war ...... Staatsangehöriger.

Der Erblasser hat eine Verfügung von Todes wegen hinterlassen, in der er seine Kinder ...... unter Übergehung seines Ehegatten zu Erben berufen hat. In dieser Verfügung von Todes wegen hat er das Recht des Staates ...... als sein Heimatrecht gewählt. Nach dem Recht des Staates ...... steht dem Ehegatten jedoch ein Noterbrecht zu. Der/Die Berechtigte(r) hat sich noch nicht geäußert, ob dieses Recht geltend gemacht wird.

Ein Rechtsstreit über das Erbrecht und ein Scheidungsverfahren sind nicht anhängig. Die Erben haben die Erbschaft angenommen.

Nach Belehrung über die Bedeutung einer eidesstattlichen Versicherung und die Strafbarkeit unrichtiger an Eides statt versicherter Angaben versichere ich an Eides statt, dass mir nichts bekannt ist, was der Richtigkeit der vorstehenden Angaben entgegensteht.

Ich beantrage beim zuständigen Nachlassgericht die Erteilung eines Erbscheins,[11, 12, 13, 14]

***wobei der Antrag auf die in Deutschland befindlichen Gegenstände beschränkt wird,[5]**

Alternativen wie bei gesetzlicher Erbfolge

Anmerkungen

1. Zur internationalen Zuständigkeit deutscher Nachlassgerichte → Form. J.V.1 Anm. 11. Wenn die Zuständigkeit eines deutschen Nachlassgerichts gegeben ist, ist der Erbschein (für In- und Ausländer) sogar dann zu erteilen, wenn der Nachlass ausschließlich im Ausland belegen ist und ausschließlich ausländisches Recht anwendbar ist, sofern nicht ausnahmsweise ein Rechtschutzbedürfnis verneint werden kann oder Aufgaben zurückzuweisen sind, die einem deutschen Gericht funktionsfremd sind (MüKoBGB/*Dutta* EuErbVO Vorb. Art. 4 Rn. 31).

2. Je nach anwendbarem Erbstatut (→ Form. K) kann der Erbschein deutsches Recht (sog. Eigenrechtserbschein) oder ausländisches Recht (sog Fremdrechtserbschein) ausweisen. Fremdrechtserbscheine für Erbfälle seit dem 17.8.2015 gibt es grds. nur noch dann, wenn der Erblasser eine (wirksame) Rechtswahl zugunsten seines Heimatrechts getroffen hat oder die EuErbVO wegen eines vorrangigen Staatsvertrags nicht anwendbar ist (Art. 75 Abs. 1 EuErbVO). Denn nach der EuGH Entscheidung in der Rs. Oberle (C-20/17) sind deutsche Nachlassgerichte nach der EuErbVO grds. nur noch bei gewöhnlichem Aufenthalt im Inland zuständig (zur ausnahmsweisen Zuständigkeit in anderen Fällen → Form. J.V.9 Anm. 13), was – außer in den Fällen einer Rechtswahl oder eines vorrangigen Staatsvertrags – die Anwendbarkeit deutschen Erbrechts zur Folge hat.

Vorrangige Staatsverträge bestehen mit der Türkei, dem Iran sowie den Nachfolgestaaten der Sowjetunion, soweit sie (wie insbesondere Russland) deren Rechtsnachfolge angetreten haben (→ Form. K.VI.2). Da eine isolierte Rechtswahl ohne andere Verfügungen von Todes wegen selten ist, ist die 1. Fallgestaltung (gesetzliche Erbfolge) praktisch nur noch relevant bei den – in der Praxis allerdings bedeutsamen – genannten Staatsverträgen. So würde zB bei einem türkischen Staatsangehörigen mit gewöhnlichem Aufenthalt in Deutschland eine Nachlassspaltung eintreten; unbewegliches Vermögen unterläge dem Recht des Belegenheitsstaates (in Variante 1: Deutschland), bewegliches Vermögen türkischem Recht (§ 14 Deutsch-Türkisches Nachlassabkommen; zu Doppelstaatlern s. *Kaya* ZEV 2015, 208). Bei einem iranischen Staatsangehörigen würde sich das anwendbare Recht insgesamt nach dem Heimatrecht, dh iranischem Recht richten (Variante 2; Art. 8 Abs. 3 Deutsch-Persisches Niederlassungsabkommen).

3. Möglich ist auch die Ausweisung mehrerer ausländischer Erbstatute, sofern das materiellrechtlich der Fall ist. Eine solche sog. Nachlassspaltung war bei Erbfällen bis zum 16.8.2015 häufiger, für Erbfälle seit dem 17.8.2015 ist wegen des Grundsatzes der Nachlasseinheit unter Geltung der EuErbVO grds. nur noch ein einziges Erbrecht anwendbar (→ Form. K; s. aber den deutsch-türkischen Erbfall in → Anm. 1 und MüKoBGB/*Dutta* EuErbVO Vorb. Art. 20 Rn. 7 zu weiteren möglichen Fällen der Nachlassspaltung unter Geltung der EuErbVO). Eigenrechtserbschein und Fremdrechtserbschein können zusammen beantragt und in einer Urkunde zusammengefasst werden (sogenannter Doppelerbschein, vgl. Firsching/*Graf* Rn. 4.149; *Fetsch* RNotZ 2006, 77 [83]; MAH ErbR/*von Oerzen/Pfeiffer* § 33 Rn. 84 ff. mit Hinweisen zur Behandlung von Nachlassverbindlichkeiten).

4. Grundsätzlich müssen auch bei der Beantragung eines Fremdrechtserbscheins dem Nachlassgericht gegenüber die in §§ 352 ff. FamFG genannten Angaben, insbesondere

zum **Berufungsgrund**, gemacht und die entsprechenden Nachweise erbracht werden. Darüber hinaus muss der Antrag auf Ausstellung eines Fremdrechtserbscheins jedoch weitere Angaben enthalten: Zunächst muss in dem Erbscheinsantrag das anwendbare **ausländische Erbrecht** benannt werden (OLG Nürnberg ZEV 2016, 510; Firsching/*Graf* Rn. 2.106; *Johnen* MittRhNotK 1986, 57 [64]). Die Angabe der Rückverweisungsnorm – zu einer Rückverweisung kommt es für die Erbfälle seit dem 17.8.2015 wegen der insoweit einschränkenden EUErbVO nur noch recht selten (Palandt/*Thorn* EuErbVO Art. 34 Rn. 1) – wird zwar nicht unbedingt für erforderlich gehalten, ist jedoch üblich (*Fetsch* RNotZ 2006, 77 [86]). Die zur Entscheidung erforderlichen Kenntnisse des ausländischen Rechts muss sich das Nachlassgericht von Amts wegen verschaffen bis hin zur einschlägigen Rechtsprechung. Über den Umfang und die Art der Ermittlung entscheidet das freie richterliche Ermessen. Ein deutscher Erbscheinsantragsteller hat jedenfalls keine Pflicht, das ausländische Erbrecht zu ermitteln und dem Nachlassgericht mitzuteilen (*Zimmermann* Rn. 21 f. iVm 163 ff.; dessen Anregung, die Zuständigkeit in den Fällen der Anwendbarkeit ausländischen Rechts bei bestimmten Amtsgerichten zu konzentrieren – FGPrax 2006, 190 – ist der Gesetzgeber bisher nicht gefolgt). Bei einem Doppelerbschein – evtl. auch Mehrrechtserbschein – ist in jedem Antrag bzw. Erbschein die jeweilige Rechtsordnung anzugeben, welche die Erbfolge bestimmt; außerdem ist jeweils eine **Geltungsbeschränkung** zur Bestimmung und Abgrenzung der Nachlassgegenstände aufzunehmen, die hinsichtlich der Erbfolge entweder der einen oder der anderen Rechtsordnung unterliegen (MüKoBGB/*Grziwotz* § 2353 Rn. 27a mwN; Palandt/*Weidlich* BGB § 2353 Rn. 74).

5. Vom Fremdrechtserbschein ist der **gegenständlich beschränkte Erbschein** zu trennen, auch wenn diese zusammentreffen können. Nach § 352c Abs. 1 FamFG kann der Antrag auf Erteilung eines Erbscheins auf die im Inland befindlichen Gegenstände beschränkt werden, wenn zu einer Erbschaft auch Gegenstände gehören, die sich im Ausland befinden. Ein gegenständlich beschränkter Erbschein kann sowohl bei deutschem als auch bei ausländischem Erbstatut erteilt werden (MüKoBGB/*Grziwotz* § 2353 Anh. Rn. 103). Voraussetzung ist lediglich, dass sich Erbschaftsgegenstände im In- und Ausland befinden (OLG Brandenburg NJW-RR 2012, 10). Der gegenständlich beschränkte Erbschein kommt in der Praxis insbesondere aus Kostengründen in Betracht, weil bei der Berechnung der Gebühren die ausländischen Nachlassgegenstände nicht berücksichtigt werden (§ 40 Abs. 3 GNotKG).

Soll eine entsprechende gegenständliche Beschränkung erfolgen, ist das ausdrücklich in den Antrag aufzunehmen (Keidel/*Zimmermann* FamFG § 352 Rn. 8). Nicht erforderlich ist die gegenständliche Bezeichnung der einzelnen Nachlassgegenstände im Antrag, da sich die Vermutungswirkung des Erbscheins ohnehin nicht auf die Nachlasszugehörigkeit bestimmter Gegenstände erstreckt (*Johnen* MittRhNotK 1986, 57 [64]; zum Problem der Belegenheit von Ansprüchen vgl. *Fetsch* ZEV 2005, 425).

6. Auch für die Beantragung des Fremdrechtserbscheins gilt, dass das Nachlassgericht diesen nur so erteilen darf, wie er beantragt worden ist, Antrag und erteilter Erbschein also **deckungsgleich** sein müssen. Dieses Problem der Deckungsgleichheit berührt sich mit der – umstrittenen – Frage, welche der oft vom deutschem Erbrecht abweichenden Begriffe (Rechtsinstitute) des ausländischen Erbrechts in den Erbschein aufzunehmen sind. Hierzu wird zT vertreten, es seien die dem **deutschem Recht unbekannten Rechtsinstitute** als solche im Fremdrechtserbschein aufzuführen, weil jede Angleichung eine Verfälschung sei; fremde Rechtsinstitute könnten nicht mit wenigen Worten ins Deutsche übertragen werden (*Zimmermann* Rn. 431). Damit würde man den Fremdrechtserbschein jedoch für den Gebrauch in Deutschland weitgehend entwerten; denn durch den Erbschein soll die Verfügungsmacht des Erben nachgewiesen und der Rechtsverkehr mit dem Erben abgesichert werden. Dies gelingt jedoch nur, wenn der Erbschein in Katego-

rien des deutschen Rechts formuliert wird (wohl hM vgl. zB MüKoBGB/*Dutta* EuErbVO Vorb. Art. 4 Rn. 31; Staudinger/*Herzog* BGB § 2369 Rn. 26 ff.). Hier kann sich ein Zielkonflikt ergeben, wenn der Erbschein im Ausland Verwendung finden soll. Wird der Erbscheinsantrag/Erbschein auf im Inland befindliche Gegenstände beschränkt, sollte aus Praktikabilitätsgründen der bisherigen hM weiter gefolgt werden.

7. Probleme ergeben sich bei der Beantragung des Fremdrechtserbscheins insbesondere durch **inhaltliche Abweichungen** des materiellen **ausländischen Erbrechts** vom deutschen Erbrecht. Weicht die Rechtsstellung eines Nachlassberechtigten nach ausländischem Recht von der durch das Prinzip der **Universalsukzession** geprägten Rechtsstellung des Erben nach deutschem Recht ab (vgl. zu derartigen Abweichungen idealtypisch *Edenfeld* ZEV 2000, 482), so ist im Einzelfall zu prüfen, ob die Berechtigung am Nachlass noch mit der Erbenstellung des deutschen Rechts **vergleichbar** ist und daher als eine Erbeinsetzung betrachtet werden kann, welche die Ausstellung eines Erbscheins ermöglicht. Eine solche der Universalsukzession vergleichbare Rechtsstellung des Begünstigten wird beispielsweise angenommen für die Rechtsordnungen, in denen einem einzigen Miterben mit dinglicher zum Zeitpunkt des Todes wirkender Berechtigung (Teilungsanordnung mit dinglicher Wirkung) alle Aktiva und Passiva zugewiesen und die übrigen Miterben auf Geldansprüche beschränkt werden (MüKoBGB/*Grziwotz* § 2353 Anhang Rn. 117). Auch die Universalvermächtnisnehmer und Erbteilsvermächtnisnehmer des französischen, belgischen und luxemburgischen Rechtes gehören hierher und damit als Erbenstellung in den Erbschein (MüKoBGB/*Grziwotz* § 2353 Anhang Rn. 117; für das belgische Recht *Zimmermann* Rn. 438).

Nicht als Erbe aufzunehmen ist hingegen ein **Vindikationslegatar** (BGH ZEV 1995, 298 mit zustimmender Anm. *Birk;* MüKoBGB/*Grziwotz* § 2353 Anh. Rn. 117 mwN; zur Frage inwieweit diese als Beschränkung der Erben aufzunehmen sind → Anm. 8 a)). Zwar hat der EuGH hat entschieden, dass dinglich wirkende Vermächtnisse ausländischen Rechts auch im Inland dingliche Wirkung entfalten (EuGH C-218/16 – Kubicka, RNotZ 2018, 31), so dass die ursprüngliche Begründung, diese seien nicht aufzunehmen, weil sie in schuldrechtliche Ansprüche umzudeuten sind (vgl. noch MüKoBGB/*Grziwotz* § 2353 Anh. Rn. 125) nicht mehr trägt. Allerdings ist *Dutta* darin zu folgen, dass der Ausweis eines Vindikationslegatars im Erbschein als „Erbe" missverständlich wäre; zudem würde ein Ausweis der Einzelrechtsnachfolge in einem „Legatzeugnis" den Rechtsverkehr angesichts der Bezeichnung als „Erbschein" überfordern (MüKoBGB/*Dutta* EuErbVO Vorb. Art. 4 Rn. 39). Der Vindikationslegatar ist daher – anders als beim ENZ (→ Form. J.V.9) nicht berechtigt, einen Erbschein zu beantragen.

8. Weitere Probleme können auch **Beschränkungen des Erben** nach ausländischem Recht bereiten: Wie der Eigenrechtserbschein soll auch der Fremdrechtserbschein Anordnungen bezeugen, durch die der Erbe in seinem Verfügungsrecht an den Nachlassgegenständen beschränkt wird. Daher sind grundsätzlich auch derartige Beschränkungen des Erben nach ausländischem Recht in dem Fremdrechtserbschein zu bezeugen. Nach hM können in dem Fremdrechtserbschein nur solche Beschränkungen des Erben nach ausländischem Recht aufgenommen werden, die in vergleichbarer Weise auch dem deutschen Recht bekannt sind (MüKoBGB/*Grziwotz* § 2353 Anh. Rn. 122). Daher darf sich bereits der Erbscheinsantrag nicht mit einer bloß wörtlichen Übersetzung der Beschränkung des ausländischen Rechts oder mit der Verwendung der ausländischen Terminologie begnügen, sondern muss die ausländischen Begrifflichkeiten den deutschen Rechtsbegriffen angleichen (exemplarisch für die „Testamentsvollstreckung" nach anglo-amerikanischem Recht *Johnen* MittRhNotK 1986, 57 [70 f.]).

a) Umstritten ist ua die Auswirkung von sog. Vindikationslegaten (dinglich wirkende Vermächtnisse) und Noterbrechten, wie sie sich in vielen Rechtsordnungen finden.

Hinzukommt, dass die Noterbrechte häufig so ausgestaltet sind, dass sie von der vorherigen Einleitung eines bestimmten Verfahrens abhängen, dann aber dinglich wirken.

aa) Nach der bislang hM wurden **Vindikationslegate** nicht in den Erbschein aufgenommen, weil sie in Deutschland nur schuldrechtliche Wirkungen entfalteten (MüKoBGB/*Grziwotz* § 2353 Anh. Rn. 125). Nach der EuGH-Entscheidung in der Rechtssache Kubicka entfalten Vindikationslegate indes auch in Deutschland dingliche Wirkung (→ Anm. 7), so dass sie – da der Erbe hinsichtlich des dem dinglichen Vermächtnis unterliegenden Gegenstandes keine Verfügungsmacht hat – als dingliche Beschränkung in den Erbschein (und damit auch in den Antrag) aufzunehmen sind (MüKoBGB/*Dutta* EuErbVO Vorb. Art. 4 Rn. 39).

bb) Die Behandlung der **Noterbrechte,** dh ihre Aufnahme oder Nichtaufnahme in den Erbschein, ist dagegen äußerst umstritten und von einer für die Praxis so wichtigen hM lässt sich schwerlich sprechen. Zusammenfassend lässt sich folgendes sagen: Sind Noterbrechte von Gesetzes wegen als Mindesterbteil ausgestaltet, oder ist eine Herabsetzungsklage rechtskräftig entschieden, sind sie in den Erbschein aufzunehmen – bzw. nicht aufzunehmen, wenn sie wegen Verstreichung der Klagefrist nicht mehr geltend gemacht werden können (Schlitt/Müller/*Lehmann* § 14 Rn. 400; *Fetsch* RNotZ 2006, 77 [85]). Entsprechendes gilt, wenn das Noterbrecht formgerecht anerkannt oder formgerecht darauf verzichtet wurde. Ist die Inanspruchnahme der Noterbrechte jedoch noch ungewiss, besteht Streit, wie zu verfahren ist. Die vorgeschlagenen Lösungsversuche lassen sich – etwas vereinfacht – wie folgt darstellen (vgl. auch die Zusammenfassung bei OLG Frankfurt ZEV 2014, 160):

- Solange kein Herabsetzungsurteil vorliegt, kann der Erbschein ohne Hinweis auf die Noterben erteilt werden (Bamberger/Roth/*S. Lorenz* EGBGB Art. 25 Rn. 70).
- Steht noch nicht fest, dass ein Herabsetzungsurteil nicht oder nicht mehr erwirkt werden kann, darf entweder kein Erbschein ausgestellt werden oder die Noterben sind mit ihren möglichen Quoten in den Erbschein aufzunehmen (MüKoBGB/*Dutta* EuErbVO Vorb. Art. 4 Rn. 45 mwN). Nach dieser Meinung käme vielleicht noch ein Teilerbschein in Frage.
- Wegen der Unsicherheit der Rechtsbeständigkeit der Erbquoten ist in den Erbschein ein Hinweis auf ihre mögliche Herabsetzung nach einer entsprechenden Klage aufzunehmen (Staudinger/*Dörner* EGBGB Art. 25 Rn. 886).
- Wegen der Ähnlichkeit in der Bedingungsstruktur mit einer bedingten Nacherbfolge – die ja dem deutschen Recht vertraut ist – ist es möglich und richtig, einen Hinweis auf die mögliche Geltendmachung von Noterbrechten in den Erbschein aufzunehmen. Die jeweilige Quote und die Noterben sind zu benennen. Sobald Klarheit über den Eintritt oder Nichteintritt der Bedingung herrscht, ist dieser Erbschein einzuziehen und ein der nunmehr vorhandenen Rechtslage entsprechender Erbschein neu zu erteilen (*Johnen* MittRhNotK 1986, 57).
- Den Noterben ist rechtliches Gehör zu geben, auf die Möglichkeit der Herabsetzungsklage ist hinzuweisen. Wird diese Gelegenheit nicht wahrgenommen, treffen sie die damit verbundenen Risiken zu Recht. Der Erbschein ist dann ohne einen Hinweis auf die Noterbrechte zu erteilen (OLG Frankfurt ZEV 2014, 160; MüKoBGB/*Grziwotz* § 2353 Anh. Rn. 119).

UE ist der letztgenannten Meinung zu folgen. Die Stellung der Noterbberechtigten kann mit der eines **Vermächtnisnehmers,** der zur Verbesserung seiner Rechtsposition zum **Testamentsvollstrecker** berufen ist (→ Form. C.VII.7) verglichen und entsprechend behandelt werden. Auch der Testamentsvollstrecker muss sein Amt annehmen, um es zu erlangen. Ihm kann das Nachlassgericht auf Antrag eines Beteiligten eine Erklärungsfrist setzen; wird die Annahme nicht innerhalb der Frist erklärt, gilt das Amt als abgelehnt, § 2202 BGB. Diese Wirkung ist nicht revidierbar (MüKoBGB/*Zimmermann* § 2202 Rn. 10), so dass dann die mit der Testamentsvollstrecker-Stellung verbundene Position

nicht mehr erreicht werden kann, auch wenn der Vermächtnisanspruch als solcher weiter aufrecht erhalten bleibt. Nach der zu § 2202 BGB hM kann dort die Frist sogar ohne Antrag eines Beteiligten seitens des Nachlassgerichtes in Gang gesetzt werden, allerdings ohne die Ablehnungswirkung zu erzielen (→ Form. J.V.13 Anm. 4). Im Hinblick auch auf den Amtsermittlungsgrundsatz im Nachlassverfahren werden die Rechte der Betroffenen – und das sind nicht nur die Erben und Noterbberechtigten- angemessen gewahrt. Der allgemeine Rechtsverkehr ist dann geschützt. Da ein Erbschein nicht in materieller Rechtskraft erwächst, können die Noterben – dann allerdings unter schwierigeren Bedingungen – immer noch versuchen, gegen die Erben vorzugehen.

b) Des Weiteren sind die Befugnisse des **Testamentsvollstreckers** in den einzelnen Ländern (Übersicht bei Bengel/Reimann/*Sieghörtner* § 9 Rn. 174 ff.) insbes. auch des anglo-amerikanischen Rechtskreises recht unterschiedlich ausgestaltet, so dass häufig fraglich ist, ob sie als Beschränkung des Erben in den Erbschein aufzunehmen sind. Wegen der auch hier geltenden Maxime der „Deckungsgleichheit" betrifft dieses Problem sowohl den Erbscheinsantrag wie auch den Erbschein selbst. Entsprechend dem Zweck des Erbscheins sind nur solche Rechtsverhältnisse in den Erbschein aufzunehmen, welche die Verwaltung des Nachlasses oder die Geltendmachung von Rechten ganz oder zumindest teilweise dem Erben vorenthalten und einem Dritten zuweisen. Lediglich beaufsichtigende oder den Miterben gegenüber legitimierende Funktionen oder ein vollmachtsähnlicher Aufbau der Testamentsvollstreckung, die zu keiner **Einschränkung der Verfügungsmacht** führen, sind deshalb nicht im Erbschein zu vermerken; dieses würde im durchschnittlichen Rechtsverkehr nur zu Missverständnissen führen. Soweit trotz Angleichung der nach fremden Recht angeordneten Testamentsvollstreckung die Befugnisse vom deutschen Leitbild abweichen, ist dieses im Erbschein zu vermerken (Bengel/Reimann/*Sieghörtner* § 9 Rn. 107). Gelegentlich kann auch fraglich sein, ob überhaupt schon jemand als Erbe bezeichnet werden kann und – vielleicht auch nur auf Zeit – Erbe ist; denn längst nicht alle Rechtsordnungen folgen dem Modell des „von-selbst-Anfalls" der Erbschaft. Vielfach sind zunächst verschiedene Verfahrenshandlungen vorzunehmen (Bengel/Reimann/*Sieghörtner* § 9 Rn. 109; vgl. im Folgenden → Anm. 11).

aa) Umstritten ist insbesondere die Behandlung der **„personal representatives"** (administrator, executor, uU auch trustee) der anglo-amerikanisch beeinflussten Rechtsordnungen. Kennzeichnend für dieses Modell ist, dass der Nachlass zunächst – in einigen Rechtsordnungen nur der bewegliche Teil desselben – auch dinglich auf eine **treuhänderisch berechtigte Zwischenperson** übergeht und nach Erledigung bestimmter Regularien an die Begünstigten – entweder die durch Verfügung von Todes wegen Eingesetzten (residuary legatees) oder die von Gesetzes wegen Berufenen (distributees) – als sog. beneficiaries verteilt wird (MüKoBGB/*Grziwotz* § 2353 Anh. Rn. 120; Staudinger/*Dörner* EGBGB Art. 25 Rn. 111; Flick/Piltz/*Wachter* Rn. 336). Hier wird in der Praxis nicht dem administrator, sondern dem/den letztlich Begünstigten der Erbschein erteilt (MüKoBGB/*Dutta* EuErbVO Vorb. Art. 4 Rn. 36; Staudinger/*Dörner* EGBGB Art. 25 Rn. 893). Zu beachten ist auch, dass im Einzelfall stets zu prüfen ist, ob den einzelnen materiellrechtlich Bedachten eine Rechtsnachfolgepositon (Erbenstellung) zugedacht ist oder nicht; bei den gesetzlich Berufenen (distributees) ist ersteres zu bejahen, bei den testamentarisch Bedachten (residuary legatees) nicht immer, bei den specific legatees idR nicht (BeckOK BGB/*Lorenz* EGBGB Art. 25 Rn. 34).

bb) Neben der Frage nach der Erbenstellung ist auch umstritten, ob und in welcher Form eine **administration** oder **execution/trustee** als **Verfügungsbeschränkung** in den Erbschein aufzunehmen ist. Dies wird von der wohl – uE zutreffenden – hM bejaht, jedenfalls dann, wenn die Wirkung der die Verfügungsbeschränkung den gesamten Nachlass erfasst (MüKoBGB/*Dutta* EuErbVO Vorb. Art. 4 Rn. 36; MüKoBGB/*Grziwotz* § 2353 Anh. Rn. 120; Bengel/Reimann/*Sieghörtner* § 9 Rn. 114; differenzierend Firsching/

Graf Rn. 2.103). Ein solcher Hinweis ist bereits deshalb geboten, um den Rechtsverkehr zu warnen.

cc) Zu beachten ist auch, dass die administration nicht etwa in allen Ländern rechtlich einheitlich ausgestaltet ist; zu prüfen ist stets auch, ob nicht eine **Rückverweisung** auf das deutsche Recht vorliegt mit der Folge, dass dann eine Administration entfällt (zur Rückverweisung allgemein vgl. Bengel/Reimann/*Sieghörtner* § 9 Rn. 84). Eine sog. versteckte Rückverweisung wird man aber seit Anwendbarkeit der EuErbVO eher nicht mehr annehmen können (näher Hausmann/*Odersky* § 15 Rn. 84 ff.).

9. Einfluss auf das Erbrecht kann auch das **Ehegüterrecht** haben.

a) Ob deutsches oder ausländisches Recht für das Ehegüterrecht anwendbar ist, richtet sich für Ehen, die bis zum 29.1.2019 geschlossen wurden, nach Art. 15, 14 EGBGB. Für Ehen, die ab dem 30.1.2019 geschlossen werden oder für die ab diesem Datum eine güterrechtliche Rechtswahl getroffen werden wird gilt hingegen die EuGüVO (Art. 69 Abs. 3). Nach der EuGüVO wird – unbeschadet einer möglichen Rechtswahl – unwandelbar primär an den ersten gemeinsamen gewöhnlichen Aufenthalt angeknüpft (Art. 26 EuGüVO; näher *Weber* DNotZ 2016, 659).

b) Jahrzehntelang war die Frage umstritten, ob für die Erhöhung des gesetzlichen Erbteils des überlebenden Ehegatten nach § 1371 Abs. 1 BGB (sog. güterrechtliche Viertel) das Erbstatut oder das Güterrechtsstatut entscheidend ist. Nachdem der BGH endlich (durch die FamFG-Reform ermöglicht) im Jahr 2015 entschieden hatte, dass das güterrechtliche Viertel nach deutschem IPR güterrechtlich zu qualifizieren sei (BGH MittBayNot 2015, 507), entschied der EuGH im Jahr 2018, dass das güterrechtliche Viertel nach der EuErbVO erbrechtlich zu qualifizieren sei und daher in den Anwendungsbereich der EuErbVO falle (EuGH RNotZ 2018, 252). Das bedeutet Folgendes: Im ersten Schritt ist zu fragen, welches Erbrecht nach der EuErbVO anwendbar ist.

- Gilt danach **deutsches Erbrecht**, ist auch **§ 1371 Abs. 1 BGB anwendbar**, und zwar **unabhängig vom anwendbaren Güterrecht**. Dann stellt sich im zweiten Schritt die Frage, ob der konkret vorliegende Güterstand eine Zugewinngemeinschaft iSd §§ 1931 Abs. 3, 1371 Abs. 1 BGB ist, weil nur dann der Tatbestand der Norm eröffnet ist. Bei der Frage, ob eine Zugewinngemeinschaft vorliegt, ist zunächst kollisionsrechtlich zu entscheiden, welches Güterrechtsstatut Anwendung findet. Wie bei solchen Vorfragen im Bereich der EuErbVO anzuknüpfen ist, ist umstritten. Bei einer selbständigen Anknüpfung würde stets die lex fori entscheiden, bei der unselbständigen Anknüpfung kommt es hingegen darauf an, auf welches Recht die güterrechtlichen Kollisionsnormen derjenigen Rechtsordnung verweisen, deren Erbrecht nach der EuErbVO zur Anwendung berufen ist (*Weber* NJW 2018, 1356 [1357]). Da die selbständige Anknüpfung naturgemäß zu einer Rechtszersplitterung führt, ist die unselbständige Anknüpfung zu bevorzugen (*Weber* NJW 2018, 1356 [1357] mwN). Bei der unselbständigen Anknüpfung ist also bei deutschem Erbstatut Art. 15 EGBGB zu prüfen. Ist kollisionsrechtlich deutsches Güterrecht anwendbar, erhöht sich der Erbteil unproblematisch nach § 1371 BGB. Bei ausländischem Güterstatut ist zu fragen, ob der ausländische Güterstand der Zugewinngemeinschaft nach deutschem Recht gleichzustellen ist (Substitution; *Fornasier* FamRZ 2018, 634 [635]; DNotI-Report 2018, 49 [50]). Dazu ist der ausländische Güterstand zu untersuchen, ob er – vereinfacht – in seinen wesentlichen Zügen funktional äquivalent zur deutschen Zugewinngemeinschaft ist (MüKoBGB/*v. Hein* Einl. IPR Rn. 227). Welche Maßstäbe hier gelten, ist derzeit kaum geklärt (DNotI-Report 2018, 49 zum österreichischen Güterstand). *Fornasier* stellt zB darauf ab, ob das ausländische Güterrecht im Fall der todesbedingten Beendigung des Güterstandes dem überlebenden Ehegatten einen vorrangigen Vermögensausgleich nach güterrechtlichen Regeln gewährt (dann keine Erhöhung des gesetzlichen Erbteils; FamRZ 2018, 634 [635]). *Weber* zufolge ist eine Substitution

nur dann möglich, wenn das ausländische Güterrecht zur Abwicklung eines bestimmten Güterstands eine Erbteilserhöhung vorsieht (NJW 2018, 1356 [1358]).

- Gilt **ausländisches Erbrecht**, ist § 1371 Abs. 1 BGB nicht anwendbar, so dass keine Erhöhung des Erbteils erfolgt. Dem überlebenden Ehegatten drohen hierdurch Nachteile, namentlich dann, wenn dem überlebenden Ehegatten nach dem ausländischen Recht im Wesentlichen ein güterrechtlicher Ausgleich zusteht, aber nur ein relativ geringer Erbanteil (kritisch daher zur EuGH-Entscheidung, die diese Fragen nicht einmal in Erwägung gezogen hat *Bandel* ZEV 2018, 207 ff., s. dort auch denkbare (güterrechtliche) Lösungsmöglichkeiten für den überlebenden Ehegatten, ebenso bei *Fornasier* FamRZ 2018, 634 [635] und *Weber* NJW 2018, 1356 [1358]).

10. Von den Rechtsspaltungen zu unterscheiden sind die sog. **hinkenden Rechtsverhältnisse**, die dann entstehen, wenn verschiedene Rechtsordnungen für ein und denselben Sachverhalt zu unterschiedlichen Ergebnissen kommen, nicht nur eingegrenzt auf die Fälle, in denen ein Rechtsverhältnis in der einen Rechtsordnung als gültig behandelt wird, in der anderen hingegen nicht (*Hausmann*/Odersky § 3 Rn. 95 f. und → Form. K.II). Mit den Mitteln des Verfahrensrechts lassen sich im Erbscheinsverfahren hinkende Rechtsverhältnisse nicht vermeiden. Das – deutsche – Nachlassgericht kann nicht einfach auf die Anwendung deutschen Rechtes verzichten. Um Verwicklungen zu vermeiden, sollten jedoch die oben aufgeführten Hinweise in den Erbschein aufgenommen werden. Seit Anwendbarkeit der EuErbVO werden hinkende Rechtsverhältnisse wohl seltener (Nachlasseinheit), können aber im Verhältnis zu Drittstaaten keineswegs ausgeschlossen werden. *Odersky* (notar 2013, 3 [4]) meint, es könne sogar verstärkt zu solchen Fällen kommen, weil ein dem bisherigen Art. 3 Abs. 3 EGBGB – er meint wohl Art. 3a EGBGB – entsprechende Regelung in der VO fehle.

11. Eine Reihe von Ländern geht nicht von einem „Von-Selbst-Erwerb" der Erbschaft aus, sondern macht den Erhalt der Erbschaft von der Durchführung verschiedener **Verfahrensschritte** abhängig (so zB das österreichische Recht (Verlassenschaftsverfahren) oder das italienische Recht (accettazione Art. 459 codice civile); Zwischenerwerbe durch Treuhänder, häufig im anglo-amerikanisch beeinflussten Rechtskreis). War man früher hier recht großzügig, da dem Fremdrechtserbschein ohnehin nur Wirkung in Deutschland zufiel, so dass auf die Beachtung dieser Verfahrensschritte verzichtet werden konnte, wenn Unzumutbarkeiten bestanden (*Zimmermann* Rn. 405), wird man nun, wenn der Erbscheinsantrag nicht gemäß § 352c FamFG auf im Inland befindliche Gegenstände beschränkt wird, eher die Beachtung dieser Regelungen fordern müssen. Die ohnehin unsichere Anerkennung des durch ein deutsches Gericht erteilten Erbscheins im Ausland würde sonst in vielen Fällen von Anfang an in die Nichtanerkennung münden. Es sollten deshalb alle Erben an dem Erbscheinsantrag mitwirken, ggf. müssen nicht anwesende Erben die Annahme dem Nachlassgericht gegenüber gesondert erklären (*Fetsch* RNotZ 2006, 77 [86]).

Die Frage, ob ein deutscher Erbschein im **Ausland Anerkennung** findet, ist im Grundsatz zu verneinen. Dies gilt besonders zB für die Staaten: Belgien (mit gelegentlichen Ausnahmen in der Praxis), England, Frankreich (Ausn.: Elsass-Lothringen), Luxemburg, Österreich, Polen, Schweden, Ungarn, Slowakei und Tschechien (für Immobilien). Allerdings gibt es auch einige Ausnahmen; es werden – soweit ersichtlich auch nach Anwendbarkeit der EuErbVO – zB deutsche Erbscheine, die – je nach Land – mit einer Legalisation bzw. Apostille versehen sind, anerkannt in: Finnland, Elsass-Lothringen, Griechenland, Italien, Niederlande, Norwegen, Portugal, Russland, Schweiz (Art. 96 IPRG), Slowakei und Tschechien (für beweglichen Nachlass), Spanien, Türkei – für beweglichen Nachlass, für Immobilien nur nach förmlichem Anerkennungsverfahren (*Fetsch* RNotZ 2006, 77 [87]). Derzeit ist allerdings vor dem EuGH das Verfahren in der Rs. Musial Karg (C-658/17) anhängig zur Frage, inwieweit ein polnischer Erbnach-

weis in den Mitgliedstaaten nach der EuErbVO verwendet werden kann. Hieraus könnte sich uU sogar die Pflicht zu einer Anerkennung in den Mitgliedstaaten ergeben (näher zu dieser Frage *Schmitz* RNotZ 2017, 269 [271 f.])

12. Ein erbrechtliches **Handeln unter falschem Recht** liegt vor, wenn der Erblasser sich bei Abfassung seiner Verfügung von Todes wegen über das nach seinem Tod maßgebliche **Erbstatut geirrt** hat (Staudinger/*Dörner* EGBGB Art. 25 Rn. 274). Mögliches Handeln unter falschem Recht beschränkt sich zwar keineswegs auf das Erbrecht, kommt dort allerdings besonders häufig vor (*Hausmann*/Odersky § 3 Rn. 85). Seit Anwendbarkeit der EuErbVO seit dem 17.8.2015 mögen die Fälle des Handelns unter falschem Recht vielleicht seltener werden, vorkommen werden sie aber nach wie vor. Die meisten in Deutschland lebenden Ausländer wissen nicht, welches Erbstatut für sie maßgeblich ist. Gesetzesänderungen werden – wenn überhaupt – erst mit einiger Verzögerung wahrgenommen. So kann je nach Lage der Dinge irrtümlich von der Anwendbarkeit des deutschen oder des Heimatrechts ausgegangen und genau auf das falsche Recht gesetzt werden. Die älteren ausländischen Mitbürger, die ja zum Teil bereits jahrzehntelang in Deutschland gelebt haben, gehen allerdings überwiegend davon aus, dass deutsches Erbrecht zumindest für ihr in Deutschland belegenes Vermögen für sie Anwendung findet. Denkbar ist aber, dass die Deutschen im Ausland anders orientiert sind.

Ein Handeln unter falschem Recht darf jedoch nicht voreilig angenommen werden. Zunächst sind alle kollisionsrechtlichen Regeln zur Bestimmung des Erbstatuts auszuschöpfen, auch teleologische Reduktionen und sog. Ausweichklauseln zu überprüfen, was jedoch nicht dazu führen darf, die Kollisionsnorm überhaupt aufzulösen (OLG Schleswig ZEV 2014, 570; *Hausmann*/Odersky § 3 Rn. 86). Verwendet der Erblasser Institute und Vorschriften einer anderen Rechtsordnung, kann darin eine konkludente **Rechtswahl** des betreffenden Rechts liegen; eine solche muss nicht ausdrücklich getroffen werden. Dann muss aber auch ein Hinwendungswille zu dieser Rechtsordnung feststellbar sein, und dieser ergibt sich nicht von sich aus schon aus der Irrtumssituation. Es muss ein Erklärungsbewusstsein vorhanden sein (*Leitzen* ZEV 2013, 128 [129] mwN; unter dem Aspekt der EuErbVO s. den Erwägungsgrund 39). Aus Gründen der Rechtssicherheit muss die gewählte Rechtsordnung aber konkret erkennbar werden (*Dörner* ZEV 2012, 505 [511]; *Janzen* DNotZ 2012, 484 [486]).

Steht nach dieser weitreichenden Prüfung fest, dass unter falschem Recht gehandelt wurde, ist die Lösung in dem letztlich anzuwendenden materiellen Recht zu suchen. Die am falschen Recht ausgerichtete Rechtsgestaltung ist in die Sprache (das System) des richtigen Rechts zu übersetzen (vgl. BGH NJW 1987, 2161 für den Fall einer sog. Morgengabe; BayObLG ZEV 2003, 503), dh nach Maßgabe der im anwendbaren Recht geltenden Grundsätze auszulegen, gegebenenfalls auch umzudeuten. Dabei ist auch vorstellbar, dass sich der wirkliche Wille des Testators erst wieder durch Rückgriff auf die Funktion der fremden Rechtsinstitute oder auch der Auslegungsregeln des fremden Rechts erschließt, so dass dieses genau zu analysieren ist. Hierbei handelt es sich dann nicht um die Anwendung fremden Rechts, sondern um die Auslegung eines privaten Aktes (Staudinger/*Dörner* EGBGB Art. 25 Rn. 268; MüKoBGB/*v. Hein* Einl. IPR Rn. 225). Erst wenn auf diese Weise klar geworden ist, was der Testator, vielleicht auch weitere Beteiligte, gewollt haben, kann daran gegangen werden, dem Willen der Beteiligten durch Subsumtion unter das maßgebliche Recht zum Erfolg zu verhelfen (BGH NJW 2004, 3558; vgl. weiter MüKoBGB/*v. Hein* Einl. IPR Rn. 225; *Fetsch* RNotZ 2006, 1 [18]). Diese Auslegungsgrundsätze werden durch die EuErbVO nicht berührt (*Nordmeier* ZEV 2012, 513 [519]).

13. Nach Art. 35 EuErbVO darf die Anwendung einer ausländischen Rechtsnorm nur versagt werden, wenn ihre Anwendung mit der öffentlichen Ordnung (**ordre public**) Deutschlands offensichtlich unvereinbar ist. Für Erbfälle bis zum 16.8.2015 gilt Art. 6

EGBGB. Beide Normen decken sich, so dass auch für Art. 35 EuErbVO auf die bisherigen Diskussionen zu Art. 6 EGBGB zurückgegriffen werden kann (Hausmann/*Odersky* § 15 Rn. 341; grundlegend zum ordre public Vorbehalt BGHZ 50, 370; zur Benachteiligung auf Grund der Religionszugehörigkeit und weiblicher Personen gegenüber männlichen vgl. auch → Form. K.VI.3 Anm. 5). Dabei darf die anzuwendende Norm des ausländischen Rechts nicht aus ihrem Zusammenhang gerissen werden, möglicherweise schafft dieses an anderer Stelle – etwa im Güterrecht – einen Ausgleich (MüKoBGB/*Dutta* EuErbVO Art. 35 Rn. 7; Staudinger/*Dörner* EGBGB Art. 25 Rn. 712, 719). Außerdem muss der zu beurteilende Sachverhalt einen hinreichenden Inlandsbezug aufweisen, wobei folgende Faustformel gilt: Je stärker die Inlandsbeziehung, umso weniger werden fremdartige Ergebnisse hingenommen und umgekehrt (sog Relativität des ordre public, dazu *Hausmann*/Odersky § 3 Rn. 132 ff.; MüKoBGB/*v. Hein* EGBGB Art. 6 Rn. 184). Liegt ein Verstoß gegen den ordre public vor, ist die Ersatzregel nach Möglichkeit dem fremden Recht selbst zu entnehmen; nur wenn sich keine solche findet, ist auf das deutsche Recht zurückzugreifen (vgl. zu den Einzelheiten MüKoBGB/*v. Hein* EGBGB Art. 6 Rn. 214; Staudinger/*Dörner* EGBGB Art. 6 Rn. 721 ff. mit Einzelbeispielen Rn. 726 ff., auch zum Pflichtteilsrecht; MüKoBGB/*Dutta* EuErbVO Art. 35 Rn. 8 ff.). Insgesamt wird ein Verstoß gegen den ordre public eher selten anzunehmen sein (Firsching/*Graf* Rn. 288: regelmäßiges Scheitern).

Eine etwaige Korrektur gemäß dem **ordre public ist im Erbschein zu vermerken** (OLG Hamburg MittBayNot 2016, 261; *Fetsch* RNotZ 2006, 77 [85]).

Ein **ausländischer ordre public** soll im Erbscheinsverfahren zu beachten sein, wenn die Verweisung auf das deutsche Recht auch die Mitverweisung des ausländischen ordre public enthält (vgl. zB MüKoBGB/*v. Hein* EGBGB Art. 6 Rn. 77 mwN; dagegen überzeugend BeckOK BGB/*Lorenz* EGBGB Art. 6 Rn. 19 und insbes. für den Fall des gemeinschaftlichen Testamentes und Erbvertrages *Eckelskemper* FS Brambring, 2011, 73: Insoweit keine Beachtlichkeit eines etwaigen konträren ausländischen ordre public). Die Bedeutung des ordre-public-Vorbehaltes ist seit Anwendbarkeit der EuErbVO nochmals geringer geworden, weil es grundsätzlich zu einem Gleichlauf von internationaler Zuständigkeit und anwendbarem Recht kommt (BeckOGK/Stürner EGBGB Art. 6 Rn. 74).

14. Da die verschiedenen nationalen Rechtsordnungen inkl. ihrer Kollisionsnormen viele Möglichkeiten bieten, auf das anwendbare Recht Einfluss zu nehmen, eröffnen sich auch Möglichkeiten zur Gesetzesumgehung bis hin zum Rechtsmissbrauch (**fraus legis, fraude à la loi**). Dieser Grundsatz des IPR wird in EG 26 EuErbVO ausdrücklich anerkannt (dazu *Hausmann*/Odersky § 3 Rn. 145 ff.). Für die Praxis der Erbscheinsverfahren scheint dies indes bisher keine größere Rolle gespielt zu haben, so dass die entsprechenden Fragen hier nicht weiter vertieft werden (vgl. zu Einzelheiten der Umgehung allgemein zB MüKoBGB/*v. Hein* Einl. IPR Rn. 282 ff.).

15. Kosten. Ein Fremdrechtserbschein löst dieselben Kosten aus wie ein Eigenrechtserbschein. Wenn der Erbscheinsantrag (egal ob Eigen- oder Fremdrechtserbschein) auf im Inland befindliche Gegenstände beschränkt wird, ist nur deren Wert maßgeblich (§ 40 Abs. 3 GNotKG). Verbindlichkeiten werden in diesem Fall nicht abgezogen, § 40 Abs. 3 S. 1 Hs. 2 GNotKG.

9. Antrag auf Ausstellung eines Europäischen Nachlasszeugnisses bei gesetzlicher Erbfolge

[Notarieller Urkundeneingang einschließlich Geburtsort[7] der erschienenen Antragsteller][12]

Die Erschienenen erklärten zur Beurkundung folgenden Antrag auf Ausstellung eines Europäischen Nachlasszeugnisses.[1, 2, 4] Weitere Angaben zu den Antragstellern[6, 7]

Wir sind ...... Staatsangehörige. Ich, ..., war die Ehefrau des Erblassers, Ich, ..., war die Tochter des Erblassers; ich bin ledig.

2. Zweck[3]

Das Europäische Nachlasszeugnis wird in einem anderen Mitgliedstaat als Nachweis der Rechtsstellung und/oder der Rechte der Erben benötigt, weil ......[13]

3. Angaben zum Erblasser

......, geborener ......, geboren am ...... in ......, zuletzt wohnhaft in ...... (nachstehend auch „Erblasser" genannt), verstarb am ...... in ......[13]

Der Erblasser hatte seinen letzten gewöhnlichen Aufenthalt in ...... und war ...... Staatsangehöriger.

4. Angaben zum Ehegatten des Erblassers[8]

Der Erblasser war zum Zeitpunkt seines Todes mit mir, ..., verheiratet. Zum Zeitpunkt der Eheschließung am ...... vor dem Standesamt in ...... hatten wir die ...... Staatsangehörigkeit und unseren gewöhnlichen Aufenthalt in ...... Einen Ehevertrag haben wir nicht geschlossen. Eine Rechtswahl haben wir nicht getroffen, auch nicht in Gestalt einer Teilrechtswahl gemäß Art. 15 Abs. 2 Nr. 3 EGBGB. Ein Scheidungs-, Eheaufhebungs- oder Ehenichtigkeitsverfahren ist nicht anhängig.

5. Weitere Angaben

Der Erblasser hat keine Verfügung von Todes wegen hinterlassen. Eine Rechtswahl hat der Erblasser nach unserer Kenntnis nicht getroffen.

Wir sind daher Erben des Erblassers nach gesetzlicher Erbfolge in Anwendung des Rechts des Staates ...... geworden.

Wir haben die Erbschaft angenommen.

Andere Personen, durch die die vorgenannten Erben von der Erbfolge ausgeschlossen oder deren Erbteile gemindert würden, sind und waren nicht vorhanden.[9]

Ein Rechtsstreit über das Erbrecht ist nicht anhängig.

Ein Gericht oder eine sonstige Behörde war und ist nicht mit der Erbsache als solcher befasst.[10]

6. Eidesstattliche Versicherung

Nach Belehrung über die Bedeutung einer eidesstattlichen Versicherung und die Strafbarkeit unrichtiger an Eides Statt versicherter Angaben versichern wir an Eides Statt, dass uns nichts bekannt ist, was der Richtigkeit der vorstehenden Angaben entgegensteht.

7. Erben

Der Erblasser ist daher aufgrund gesetzlicher Erbfolge beerbt worden von:

a) . . . . . . als Miterben zu . . . . . . Anteil,

b) . . . . . . als Miterben zu . . . . . . Anteil.

8. Antrag, Kosten und Vollmacht

Wir beantragen die Ausstellung eines entsprechenden Europäischen Nachlasszeugnisses und die Zusendung einer beglaubigten Abschrift desselben zu Händen des amtierenden Notars.

Der reine Wert des Nachlasses beträgt ca. . . . . . . EUR.

Zum Nachlass gehört auch Grundbesitz in Deutschland, eingetragen im Grundbuch von: . . . . . .

Die Kosten dieser Urkunde und ihrer Durchführung insbes. auch des Europäischen Nachlasszeugnisses trägt die Erbengemeinschaft; die Kostenrechnungen werden zu Händen von . . . . . . erbeten.[14, 13]

Wir bevollmächtigen den amtierenden Notar, seinen Vertreter oder Amtsnachfolger, den vorstehenden Antrag zu ergänzen, ihn zu ändern und alle etwa noch erforderlichen Schritte zu unternehmen, die erforderlich oder auch nur zweckmäßig sind, um das erstrebten Europäische Nachlasszeugnis zu erlangen.[11]

Anmerkungen

1. Im Hinblick darauf, dass auch die Mitgliedstaaten der EU die Erbnachweise anderer Staaten, auch eines Mitgliedstaates, bisher eher nicht anerkennen, der Handlungsbedarf aber im Hinblick auf die Zahl ausländischer Mitbürger in vielen EU-Staaten groß war (*Eckelskemper* FS Brambring, 2011, 73 [77]), hat der europäische Gesetzgeber das ENZ als neues Rechtsinstitut geschaffen. Seine Konzeption ähnelt der des deutschen Erbscheins (DNotI-Report 2012, 121 [123]). Wie dieser stellt es keinen vollstreckbaren Titel, sondern ein Zeugnis dar (*Dorsel* ZErb 2014, 212; *Buschbaum* FS Hübner, 2012, 589 [598]). Seine Wirkungen ergeben sich aus Art. 69 EuErbVO (näher → Anm. 14).

2. Neben der Frage, ob im konkreten Fall überhaupt ein formalisierter Erbnachweis notwendig ist (→ Form. J.V.1 Anm. 1), sollte vor Stellung eines Antrags auf Ausstellung eines ENZ geprüft werden, ob ein deutscher Erbschein beantragt werden kann und im Ausland ebenfalls zum Ziel führt. Das ENZ verdrängt nicht die nationalen der Erbnachweise wie den Erbschein, sondern tritt neben sie (Art. 62 Abs. 3 EuErbVO). Dabei ist der **Erbschein dem ENZ regelmäßig vorzuziehen**, weil er einfacher, übersichtlicher und leichter handhabbar ist als das ENZ sowie insbesondere weitergehende Gutglaubenswirkungen hat (→ Anm. 13). Führt der Erbschein im Ausland aber nicht zum Ziel (zur Verwendbarkeit eines deutschen Erbscheins im Ausland → Form. J.V.8 Anm. 11), bleibt jedenfalls im geographischen Anwendungsbereich der EuErbVO nur das ENZ.

3. Das ENZ setzt einen **grenzüberschreitenden Bezug** voraus, für reine Inlandssachverhalte darf ein ENZ daher nicht ausgestellt werden (OLG München FGPrax 2016, 254; MüKoBGB/*Grziwotz* § 2353 Rn. 21a). Insbesondere um dies nachzuprüfen, muss der Zweck des ENZ immer angegeben werden (Art. 65 Abs. 3 lit. f EuErbVO). Darüber hinaus dient die Angabe des Zwecks dazu, den zu bescheinigenden Sachverhalt zu umgrenzen. Hierbei sind lediglich pauschale Behauptungen, das ENZ werde im Ausland

benötigt, insoweit nicht ausreichend. Der beabsichtigte Zweck ist vielmehr substantiiert darzulegen (OLG München FGPrax 2016, 254; Palandt/*Weidlich* BGB Anh zu §§ 2353 ff. EuErbVO Art. 62, 63 Rn. 4) und nach den allgemeinen Regeln des deutschen Verfahrensrechts als lex fori (§ 35 IntErbRVG iVm FamFG) auch nachzuweisen (*Simon/Buschbaum* NJW 2012, 2393 [2397]). Auslandsvermögen muss allerdings nicht vorhanden sein (Palandt/*Weidlich* BGB Anh. zu §§ 2353 ff.), ausreichend ist, dass sich der Berechtigte im Ausland auf seine Stellung berufen will bzw. muss. Soll das ENZ mehreren Zwecken dienen, bietet es sich an, sämtliche Zwecke aufzuführen, zwingend ist das jedoch nicht; die Angabe eines (hinreichenden) Zwecks ist ausreichend. Bei einem ursprünglich nicht gesehenen oder vergessenen Einsatzzweck muss also kein neuer Antrag gestellt werden.

4. Das Verfahren ist im IntErbRVG geregelt und hinsichtlich Form des Antrags und eidesstattlicher Versicherung im Wesentlichen parallel zum Erbscheinsverfahren ausgestaltet (näher zu den Verfahrensregelungen → Anm. 12). Das ENZ wird nur auf Antrag ausgestellt (Art. 65 Abs. 1 EuErbVO), der schriftlich oder zur Niederschrift des Nachlassgerichts zu stellen ist (§ 35 Abs. 1 IntErbRVG iVm §§ 23, 25 FamFG). Der Antrag auf Ausstellung eines ENZ kann auf einem **amtlichen Formblatt** gestellt werden (Teil der Durchführungsverordnung (EU) Nr. 1329/2014, abrufbar unter https://e-justice.europa.eu/content_successions-166-de.do). Dieses Formblatt ist allerdings unübersichtlich, für die allermeisten Fälle unnötig kompliziert und daher uE insbesondere im Hinblick auf die Pflicht zur Verlesung für die notarielle Praxis **unbrauchbar** (*Volmer* notar 2016, 323). Da Art. 65 Abs. 2 EuErbVO die Verwendung der Formblatt in das Belieben des Antragstellers stellt („kann"), kann auch ein selbst entworfenes Muster verwendet werden, sofern es die von Art. 65 Abs. 3 EuErbVO geforderten Angaben enthält. Zur Arbeitserleichterung des Gerichts, das bei der Ausstellung zwingend das amtliche Formblatt zu verwenden hat, orientiert sich das Muster aber an den amtlichen Formblättern.

Vor dem **EuGH** ist allerdings ein **Verfahren anhängig** (Rs. Brisch – C-102/18), ob das **Formblatt zwingend** verwendet werden muss. Die Zweifel des vorlegenden Gerichts (entgegen der einhelligen Meinung in der Literatur, s. nur die Nachweise bei *Hartlich* RNotZ 2018, 254) rühren von der Formulierung des Art. 1 Abs. 4 Durchführungsverordnung (EU) Nr. 1329/2014 her, wonach das Formblatt IV in Anhang zu verwenden *ist*. UE ist damit aber keine obligatorische Nutzung des Formblatts verbunden, weil dies gegen den eindeutigen Wortlaut des Art. 65 Abs. 2 EuErbVO als höherrangiges Recht verstieße. Sofern der EuGH allerdings entscheiden würde, dass das Formblatt zwingend zu verwenden ist, wäre das hier vorgeschlagene Muster obsolet. Für das ENZ selbst ist die Rechtslage hingegen eindeutig, für dieses ist gem. Art. 67 Abs. 1 S. 2 EuErbVO zwingend das – ebenfalls ziemlich unübersichtliche – Formblatt zu verwenden.

Wie im Erbscheinsverfahren hat der Antragsteller **an Eides statt zu versichern**, dass ihm nichts bekannt ist, was der Richtigkeit seiner Angaben zur Ausstellung des ENZ (Art. 66 Abs. 3 EuErbVO) entgegensteht (§ 36 Abs. 2 S. 1 IntErbRVG). Auch beim ENZ besteht eine Doppelzuständigkeit der Notare und Nachlassgerichte zur Entgegennahme der eidesstattlichen Versicherung.

5. Antragsberechtigt sind Erben, Vermächtnisnehmer mit unmittelbarer Berechtigung am Nachlass, Testamentsvollstrecker und Nachlassverwalter (Art. 65 Abs. 1 iVm Art. 63 Abs. 1 EuErbVO). Sämtliche Begriffe sind autonom auszulegen, dh nicht unter Rückgriff auf nationales Recht, sondern unter Berücksichtigung des Wortlauts der Verordnung, ihrer Entstehungsgeschichte, ihrer Ziele und ihrer Systematik sowie der allgemeinen Rechtsgrundsätze, die sich aus der Gesamtheit der nationalen Rechtsordnungen ergeben (Dutta/Weber/*Weber* Einl. Rn. 41). **Erbe** ist, wer eine unmittelbare – ggf. quotale – Berechtigung am gesamten Nachlass innehat (Dutta/Weber/*Fornasier* EuErbVO Art. 63 Rn. 5). Bei deutschem Erbstatut fallen hierunter Erben iSd BGB. Bei **Vor- und Nacherb-**

schaft gilt das zum Erbschein Gesagte (→ Form. J.V.1 Anm. 8). Auch der Vorerbe ist antragsberechtigt, die Beschränkungen werden nach Art. 68 lit. n EuErbVO im ENZ bescheinigt. Mit Eintritt des Nacherbfalls verliert der Vorerbe sein Antragsrecht, der Nacherbe ist erst ab diesem Zeitpunkt antragsberechtigt. Auch der **Erbeserbe** ist antragsberechtigt (Dutta/Weber/*Fornasier* EuErbVO Art. 65 Rn. 5). Anders als beim Erbschein ist der **Erbteilserwerber** (§ 2033 BGB) uE nicht antragsberechtigt, weil die autonom auszulegende EuErbVO diesen nicht erfasst (näher *Schmitz* RNotZ 2017, 269 [276]; aA MüKoBGB/*Dutta* EuErbVO Art. 65 Rn. 5), erst recht nicht der Erbschaftskäufer. **Gesetzliche Vertreter** (Eltern, Vormund, Betreuer, organschaftliche Vertreter eines Vereins/einer Gesellschaft) sind antragsberechtigt und können die eidesstattliche Versicherung abgeben. **Gewillkürte Vertreter** sind zwar antragsberechtigt (Art. 65 Abs. 3 lit. c EuErbVO sieht eine Vertretung ausdrücklich vor), allerdings ist deren eidesstattliche Versicherung grds. nicht ausreichend, weil der gewillkürte Vertreter nicht die Wahrnehmungen des Vertretenen bezeugen kann; Ausnahmen hierzu sollten allerdings wie beim Erbschein für den Fall des **General- und Vorsorgebevollmächtigten** gemacht werden (str., dazu *Grziwotz* notar 2016, 353 [354]). Einen **Vermächtnisnehmer** mit unmittelbarer Berechtigung am Nachlass kennt das deutsche Recht nicht, so dass bei deutschem Erbstatut Vermächtnisnehmer nicht berechtigt sind, ein ENZ zu beantragen (*Buschbaum/Simon* Rpfleger 2015, 444). Einzige Ausnahme ist das Vorausvermächtnis zugunsten des alleinigen Vorerben, bei dem das Vorausvermächtnis ausnahmsweise unmittelbar dingliche Wirkung hat (BeckOK BGB/*Müller-Christmann* § 2150 Rn. 4). Auch **Testamentsvollstrecker** und **Nachlassverwalter** sind berechtigt, ein ENZ im Namen der Erben zu beantragen. Unter den Begriff des Nachlassverwalters fallen der Nachlassverwalter gem. § 1975 BGB sowie der Nachlasspfleger gem. § 1960 BGB, soweit ihnen die Verwaltung des Nachlasses übertragen wurde (OLG Schleswig BeckRS 2018, 1230; MüKoBGB/*Dutta* EuErbVO Art. 63 Rn. 11).

Bei **ausländischem Erbstatut** ist zunächst die Rechtsstellung nach dem materiellen ausländischen Erbrecht herauszuarbeiten und zu prüfen, ob diese unter einen der autonom auszulegenden Begriffe fällt (vgl. EG 47 S. 1 EuErbVO; zu Noterbenrechten → Form. J.V.8 Anm. 8). In der Praxis dürfte allerdings im Regelfall deutsches Recht anwendbar sein, da nach der EuErbVO *forum* und *ius* grds. gleichlaufen und beim ENZ klar ist, dass sich die Zuständigkeit ausschließlich nach Art. 4 ff. EuErbVO richtet (zur Zuständigkeit → Anm. 12 ; zur Rechtslage beim Erbschein → Form. J.V.8 Anm. 2). Die Rechtsstellung als Vermächtnisnehmer mit unmittelbarer dinglicher Berechtigung am Nachlass ausländischen Rechts kann anders als beim Erbschein im ENZ bescheinigt werden.

6. Ein ENZ kann auch **Erbengemeinschaften** ausweisen. Sofern alle Miterben einen entsprechenden Antrag stellen, ist das ENZ ohne weiteres auszustellen (*Lutz* BWNotZ 2016, 34 [42]). Nicht besonders geregelt, aber uE trotzdem zulässig ist ein gemeinschaftliches ENZ, das sämtliche Miterben ausweist, sowie ein „Teil-ENZ" (analog zum Teilerbschein nach § 2353 Alt. 2 BGB) und ein „gemeinschaftliches Teil-ENZ" (analog zum gemeinschaftlichen Teilerbschein) (Palandt/*Weidlich* BGB Anh. zu §§ 2353 ff. Rn. 4 zu Art. 63; Dutta/Weber/*Fornasier* EuErbVO Art. 63 Rn. 33; Geimer/Schütz/*Dorsel* Bd. III. B Vorb. I 43, EuErbVO Art. 65 Rn. 20). Allerdings hält das deutsche Verfahrensrecht im IntErbRVG (anders als § 352a Abs. 1 FamFG für den gemeinschaftlichen Erbschein) keine entsprechenden Vorschriften für diese Fälle bereit. Im Ergebnis gilt uE aber für den ENZ-Antrag nichts anderes als für den Erbscheinsantrag. Dass ein Antrag durch einen Miterben ausreichend ist (was § 352a Abs. 1 FamFG für den Erbschein regelt), ergibt sich uE bereits aus der EuErbVO selbst (näher *Schmitz* RNotZ 2017, 269 [275]). Zur Versicherung an Eides statt sieht § 36 Abs. 2 S. 2 IntErbRVG diese (nur) durch den Antragsteller vor. Das bedeutet indes nicht, dass die eidesstattliche Versicherung im Falle

eines Antrags nur eines Miterben in jedem Falle ausreichend wäre. Denn maßgebend, ob das Gericht ein ENZ ausstellen darf, ist, dass der darin zu bescheinigende Sachverhalt feststeht (vgl. Art. 67 Abs. 1 S. 1 EuErbVO). Zur Überzeugungsbildung hat das Gericht das Verfahren nach Art. 66 EuErbVO einzuhalten, das nach der insoweit maßgeblichen lex fori auch die eidesstattliche Versicherung enthält (§ 36 Abs. 2 S. 2 IntErbRVG). Daher müssen bei einer Erbengemeinschaft eidesstattliche Versicherungen grundsätzlich von allen Miterben abgegeben werden, sofern nicht – und insofern deckt sich § 36 Abs. 2 S. 3 IntErbRVG im Ergebnis mit § 352a Abs. 4 Hs. 2 FamFG – das Gericht es nicht für notwendig erachtet (ausführlich zum Ganzen *Schmitz* RNotZ 2017, 269 [275 f.]). Dabei gelten uE für das ENZ dieselben Maßstäbe wie beim Erbschein (→ Form. J.V.2 Anm. 5).

7. Zum **Inhalt des Antrags** verlangen Art. 65 Abs. 3 lit. a bis m EuErbVO eine Vielzahl von Angaben. Das bedeutet jedoch nicht, dass sämtliche dort genannten Daten auch tatsächlich im Antrag angegeben werden müssen. Denn nach Art. 65 Abs. 3 S. 1 EuErbVO muss der Antrag nur die Angaben enthalten, soweit sie dem Antragsteller bekannt sind und von der Ausstellungsbehörde zur Beschreibung des Sachverhalts, dessen Bestätigung der Antragsteller begehrt, benötigt werden. Angaben, die für den zu bescheinigenden Sachverhalt irrelevant sind, müssen daher nicht angegeben werden.

Die notwendigen **Daten des Antragstellers** ergeben sich größtenteils aus dem Urkundeneingang mit den Angaben nach § 26 DONot. Über diese hinaus verlangt Art. 65 Abs. 3 lit. a EuErbVO noch weitere Angaben. Das Muster enthält diese nicht alle, sondern orientiert sich insoweit an den im Formblatt gekennzeichneten Pflichtangaben. In Ergänzung zu den Angaben nach § 26 DONot müssen zusätzlich der Geburtsort, der Familienstand und die Staatsangehörigkeit der Antragsteller angegeben werden. Es sei darauf hingewiesen, dass das Formblatt zum Antrag die Angabe des Familienstandes des Antragstellers nicht als obligatorische Angabe vorsieht, das Formblatt zur Ausstellung des ENZ hingegen schon. Um Rückfragen der Gerichte zu vermeiden, sollte daher der Familienstand angegeben werden, obwohl dieser für den im ENZ zu bescheinigenden Sachverhalt regelmäßig ohne Bedeutung ist. Die in Art. 65 Abs. 3 lit. a EuErbVO geforderte Angabe der **Identifikationsnummer** ist uE entbehrlich, weil diese erstens für den zu bescheinigenden Sachverhalt irrelevant und zweitens auch keine Pflichtangabe im Formblatt ist. Nur wenn absehbar ist, dass der Staat, in dem das ENZ verwendet werden soll, die Angabe in der Praxis zur Identifikation verlangt, sollte die Nummer aufgenommen werden. Denkbare Identifikationsnummern sind nationale Identifikationsnummern wie ausländische Staaten sie teilweise kennen, die Sozialversicherungsnummer, eine Steuernummer und die Nummer der Geburts- oder der Sterbeurkunde. Anzugeben ist stets das **Verwandtschafts- oder Schwägerschaftsverhältnis** des Antragstellers zum Erblasser (Art. 65 Abs. 3 lit. b EuErbVO).

Bei den **Angaben zum Erblasser** (Art. 65 Abs. 3 lit. b EuErbVO) werden im Muster ebenfalls nur diejenigen Angaben vorgesehen, die auch in den amtlichen Formularen Pflichtfelder sind.

8. Nach Art. 65 Abs. 3 lit. d EuErbVO sind Angaben zum **Ehegatten oder Partner des Erblassers** und ggf. zu etwaigen ehemaligen Ehegatten oder Partnern zu machen. Nach lit. j ist zudem die Angabe erforderlich, ob der Erblasser einen Ehevertrag geschlossen hatte und die entsprechende Urschrift oder Abschrift dieses Vertrags ist beizufügen bzw. anzugeben, wo sich die Urschrift befindet. Sofern die amtlichen Formblätter verwendet werden, ist Anlage IV beizufügen, ansonsten können – wie im hier vorgeschlagenen Muster – die Angaben schlicht in den Antrag aufgenommen werden. Nur die im Zeitpunkt des Todes bestehende Ehe bzw. Partnerschaft und der aktuell gültige Ehevertrag ist uE anzugeben (*Schmitz* RNotZ 2017, 269 [277 f.]). Das ergibt sich auch aus dem Formblatt zum ENZ, das die Beifügung der Anlage III (in denen Angaben zum ehelichen Güterstand oder zu einem anderen gleichwertigen Güterstand des Erblassers aufgeführt werden) als obligatorisch vorsieht, wenn für den Erblasser *zum Zeitpunkt seines Todes*

ein Güterstand galt. Diese Angabe ist allerdings zwingend. Daher sind Angaben zum Ehegatten und Partner selbst dann zu machen, wenn sich die Rechtsfolge nach einer Verfügung von Todes wegen richtet. Ehemalige Ehegatten und aufgehobene Eheverträge (wie in Art. 65 Abs. 3 lit. d EuErbVO erwähnt) sind uE dagegen nur dann anzugeben, wenn dies Auswirkungen auf den zu bescheinigenden Sachverhalt hätte. Wird beispielsweise das ENZ zum Zweck des Nachweises der Erbenstellung benötigt, ist die Angabe ehemaliger Ehegatten nur dann notwendig, wenn dies nach dem jeweils anwendbaren Erbstatut Auswirkungen auf die Erbenstellung hätte.

9. Anzugeben sind sonstige **mögliche Berechtigte** (außer den Antragstellern) „aufgrund einer Verfügung von Todes wegen und/oder nach gesetzlicher Erbfolge" (Art. 65 Abs. 3 lit. e EuErbVO). Berechtigte sind generell die in Art. 63 Abs. 1 EuErbVO genannten Personen. Bei gesetzlicher Erbfolge sind die weiteren gesetzlichen Erben aufgrund der vom Antragsteller angenommenen Erbfolge anzugeben. Zudem sollten auch hier die Angaben nach § 352 Abs. 1 Nr. 4 FamFG aufgenommen werden, also ob und welche Personen vorhanden sind oder vorhanden waren, durch die der Antragsteller von der Erbfolge ausgeschlossen oder sein Erbteil gemindert werden würde. Im Muster wird beispielsweise durch diese Angabe klargestellt, dass der Erblasser keine weiteren Kinder hatte.

10. Die Kontaktangaben des Gerichts oder der Behörde, die mit der Erbsache als solcher befasst ist oder war ist ebenfalls anzugeben (Art. 65 Abs. 3 lit. g EuErbVO). Wenn das wie regelmäßig nicht der Fall ist, empfiehlt sich die Angabe einer Negativerklärung wie im Muster. Ebenfalls ist anzugeben, dass kein Rechtsstreit anhängig ist (Art. 65 Abs. 3 lit. l EuErbVO). Die Pflicht zur Angabe, ob einer der Berechtigten die Erbschaft angenommen oder ausgeschlagen hat ergibt sich aus Art. 65 Abs. 3 lit. k EuErbVO.

11. Dem Antrag sind die „einschlägigen" **Schriftstücke** (Urkunden) in Urschrift oder Abschrift, die die erforderlichen Voraussetzungen für ihre Beweiskraft erfüllt, **beizufügen** (Art. 65 Abs. 3 EuErbVO). Welche Anforderungen konkret hieran zu stellen sind richtet sich nach der lex fori. Da das IntErbRVG eine spezielle Regelung wie die des § 352 Abs. 3 FamFG nicht enthält, gelten die allgemeinen Normen der §§ 29 ff. FamFG gem. § 35 Abs. 1 IntErbRVG (MüKoBGB/*Dutta* EuErbVO Art. 66 Rn. 3). Im Ergebnis kann man sich gleichwohl in derr Praxis darauf einstellen, dass die Nachlassgerichte dieselben Anforderungen an die Urkunden und andere Beweismittel stellen wie im Erbscheinsverfahren, auf die Ausführungen hierzu sei daher verwiesen (→ Form. J.V.2 Anm. 2).

12. Verfahrensregelungen

a) Die **internationale Zuständigkeit** richtet sich nach Art. 64 EuErbVO iVm Art. 4, 7, 10 und 11 EuErbVO (zur Frage, ob dies auch für Erbscheinsverfahren gilt → Form. J.V.1 Anm. 11). Hierbei gilt Folgendes: Primär sind die Gerichte (bzw. Behörden) in dem Mitgliedstaat zuständig, in dem der Erblasser im Todeszeitpunkt seinen **letzten gewöhnlichen Aufenthalt** hatte (Art. 4 EuErbVO). Subsidiär wird an die **Staatsangehörigkeit** des Erblassers und – sofern dieser nicht Staatsangehöriger eines Mitgliedsstates war – an den **letzten vorübergehenden Aufenthalt** in den letzten fünf Jahren bzw. an der Belegenheit von Nachlassvermögen angeknüpft (Art. 10 EuErbVO). Hat der Erblasser eine wirksame **Rechtswahl** nach Art. 22 EuErbVO getroffen, sind die Gerichte des Mitgliedstaats, dessen Erbstatut anwendbar ist, **nur** dann zuständig, wenn einer der drei folgenden Fälle vorliegt (Dutta/Weber/*Fornasier* EuErbVO Art. 64 Rn. 10):

- Ein in derselben Sache zuvor angerufenes Gericht hat sich für unzuständig erklärt (Art. 7 lit. a iVm Art. 6 EuErbVO). In der Praxis wird beim ENZ-Antrag (anders als bei streitigen Verfahren) wohl häufig – jedenfalls in streitigen Fällen – allein diese Variante in Betracht kommen. Denn bei den anderen beiden Varianten wird es faktisch oftmals nicht in Betracht kommen, sämtliche Verfahrensparteien dazu zu bewegen, eine ent-

sprechende Vereinbarung zu unterschreiben oder eine Anerkennung abzugeben. Zum deutschen Nachlassgericht kommt man in diesen Fällen also nur bei einer entsprechenden Unzuständigkeitserklärung der ausländischen Ausstellungsbehörde.

- Es liegt eine schriftliche Zuständigkeitsvereinbarung der Verfahrensparteien vor (Art. 7 lit. b iVm Art. 5 EuErbVO). Verfahrensparteien sind nicht nur die Antragsteller, sondern sämtliche betroffenen Parteien iSd Art. 66 Abs. 4 EuErbVO und damit alle potentiell erbrechtlich berechtigten Personen, die durch die Ausstellung des ENZ in ihrer Rechtsstellung berührt sein könnten (Dutta/Weber/*Fornasier* EuErbVO Art. 64 Rn. 16.). Theoretisch wäre es möglich, eine solche Vereinbarung bereits bei Errichtung der Verfügung von Todes wegen abzuschließen. Erweitert sich jedoch später der Kreis der betroffenen Verfahrensparteien, ist die Vereinbarung im Ergebnis wertlos, sofern sich die weiteren Beteiligten nicht anschließen. Denkbar wäre noch, den Erben eine entsprechende Gerichtsstandsvereinbarung zur Auflage zu machen; auch dies versagt aber bei nicht begünstigten Pflichtteilsberechtigten.
- Die Verfahrensparteien haben die Zuständigkeit der angerufenen Ausstellungsbehörde ausdrücklich anerkannt (Art. 7 lit. c EuErbVO). Eine solche Anerkennung kommt nur bei einem bereits anhängigen Verfahren in Betracht.

Eine Zuständigkeit aufgrund rügeloser Einlassung greift beim ENZ-Verfahren hingegen nicht, weil Art. 64 EuErbVO nicht auf Art. 9 EuErbVO verweist. Schließlich greift die Notzuständigkeit nach Art. 11 EuErbVO, wenn ein Verfahren in einem Drittstaat unmöglich oder unzumutbar ist.

Ist eine Zuständigkeit begründet, gilt diese grundsätzlich umfassend für den gesamten Nachlass (vgl. Art. 4 und Art. 10 Abs. 1 EuErbVO). Ein **gegenständlich beschränktes ENZ** ist nach wohl überwiegender Meinung **unzulässig** (MüKoBGB/*Dutta* EuErbVO Art. 64 Rn. 3; Geimer/Schütze/*Dorsel* Bd. III B Vor I 43, Art. 65 Rn. 22 und Art. 67 Rn. 10; *Schmitz* RNotZ 2017, 269 [273]; *Buschbaum/Simon* ZEV 2012, 525 [526]; aA Dutta/Weber/*Fornasier* EuErbVO Art. 64 Rn. 4 und Art. 63 Rn. 39). Denn die Zuständigkeitsregel des Art. 64 EuErbVO verweist nicht auf Art. 12 EuErbVO, wonach das Gericht auf Antrag einer der Parteien beschließen kann, über einen oder mehrere in einem Drittstaat belegene Vermögenswerte nicht zu befinden. Ein gegenständlich beschränktes ENZ gibt es nur in einer Sonderkonstellation, nämlich wenn ein Fall der subsidiären Zuständigkeit nach Art. 64 S. 1 iVm Art. 10 Abs. 2 EuErbVO vorliegt, wonach die Gerichte des Mitgliedstaates zuständig sind, in dem sich Nachlassvermögen befindet, allerdings nur für *dieses Nachlassvermögen* (MüKoBGB/*Dutta* EuErbVO Art. 64 Rn. 3).

Ist bereits ein Antrag auf Ausstellung eines ENZ bei einem Gericht in einem Mitgliedstaat anhängig, so können die Gerichte das Verfahren aussetzen (Art. 17 und 18 EuErbVO). Die Aussetzung nach Art. 18 EuErbVO gilt wohl auch, wenn bei Gerichten verschiedener Mitgliedstaaten ein Antrag auf Ausstellung eines nationalen Erbnachweises und ein Antrag auf Ausstellung eines ENZ anhängig sind (MüKoBGB/*Dutta* EuErbVO Art. 62 Rn. 15).

b) **Sachlich zuständig** sind wie im Erbscheinsverfahren die Amtsgerichte als Nachlassgerichte (§ 34 Abs. 4 IntErbRVG).

c) **Örtlich zuständig** ist – jedenfalls sofern keine an sich vorrangige Gerichtsstandsvereinbarung vorliegt – das Amtsgericht, in dessen Bezirk der Erblasser im Zeitpunkt seines Todes seinen gewöhnlichen Aufenthalt hatte (§ 34 Abs. 3 S. 1 IntErbRVG). Gab es keinen inländischen gewöhnlichen Aufenthalt des Erblassers im Zeitpunkt seines Todes, ist das Gericht des letzten gewöhnlichen Aufenthalts im Inland zuständig. Hatte der Erblasser gar keinen gewöhnlichen Aufenthalt im Inland, ist das Amtsgericht Schöneberg in Berlin zuständig, das die Sache aus wichtigem Grund an ein anderes Nachlassgericht verweisen kann.

d) Die **funktionelle Zuständigkeit** ist ebenfalls wie im Erbscheinsverfahren geregelt, dh grundsätzlich ist der Rechtspfleger zuständig (§ 3 Nr. 2c RPflG), der Richter entscheidet

nach § 16 Abs. 2 RPflG, sofern eine Verfügung von Todes wegen vorliegt oder die Anwendung ausländischen Rechts (darunter fällt nicht die EuErbVO) in Betracht kommt.

e) Das Verfahren richtet sich im Wesentlichen nach der *lex fori*, dh gem. § 35 IntErbRVG nach FamFG, so dass auf das Erbscheinsverfahren verwiesen wird (→ Form. J.V.1 Anm. 11 lit. e)). Auch der Instanzenzug mit den entsprechenden Fristen ist gleich aufgebaut (Beschwerde zum OLG, Rechtsbeschwerde zum BGH, §§ 42 f. IntErbVG). Abweichungen gibt es bedingt durch die EuErbVO bei der Entscheidung des Gerichts. Sofern die Voraussetzungen hierfür vorliegen entscheidet das Gericht durch Ausstellung *einer* **Urschrift** des ENZ (§ 39 Abs. 1 S. 1 IntErbVG). Diese Urschrift bewahrt das Gericht auf und stellt dem Antragsteller und jeder anderen Person, die ein berechtigtes Interesse nachweist, eine oder mehrere **beglaubigte Abschriften** aus (Art. 70 Abs. 1 EuErbVO, § 39 Abs. 1 S. 2 IntErbRVG). Diese beglaubigte Abschrift ist übersetzt in die deutsche Diktion eine Ausfertigung, die die Urschrift im Rechtsverkehr vertritt, und daher von der beglaubigten Abschrift nach § 42 BeurkG zu unterscheiden. Die beglaubigten Abschriften sind zwingend auf einen Zeitraum von sechs Monaten zu befristen (Art. 70 Abs. 3 EuErbVO), das Ablaufdatum wird auf dem ENZ angegeben. Nur in begründeten Ausnahmefällen, zB bei einer Dauertestamentsvollstreckung, kann das Gericht eine längere Gültigkeitsfrist beschließen. Danach muss eine Verlängerung der Frist oder eine neue beglaubigte Abschrift beantragt werden. Liegen die Voraussetzungen für die Ausstellung des ENZ oder für die Erteilung der beglaubigten Abschriften nicht vor, entscheidet das Gericht durch Beschluss (§ 39 Abs. 1 S. 3 IntErbRVG).

f) Die Ausstellung eines **ENZ ist ausgeschlossen**, sofern **Einwände anhängig** sind (Art. 67 Abs. 1 S. 3 EuErbVO). Es ist derzeit nicht geklärt, ob hierbei nur Einwände in anderen Verfahren als dem Ausstellungsverfahren (zB im Rahmen einer Feststellungsklage) zur Versagung führen (so BeckOGK/*Schmidt* EuErbVO Art. 67 Rn. 9; *Steiner* ZEV 2016, 487 (488)) oder auch Einwände im eigentlichen Ausstellungsverfahren (so Dutta/Weber/*Fornasier* EuErbVO Art. 67 Rn. 5; MüKoBGB/*Dutta* EuErbVO Art. 67 Rn. 5). Geht man davon aus, dass auch Einwände im Ausstellungsverfahren ein Ausstellungshindernis darstellen, wäre das ein gravierender Unterschied zum Erbscheinsverfahren. In diesem wird gerade auch über solche Einwände entschieden, so dass Erbstreitigkeiten regelmäßig im Rahmen des Erbscheinsverfahrens ausgefochten werden. Die hM ist allerdings der Auffassung, dass zumindest das OLG in der Beschwerdeinstanz über die Einwände entscheiden kann (Dutta/Weber/*Fornasier* EuErbVO Art. 67 Rn. 6; MüKoBGB/*Dutta* EuErbVO Art. 67 Rn. 6; *Volmer* notar 2016, 323 [326]; aA *Milzer* NJW 2015, 2997 [2999], dem zufolge auch das Beschwerdegericht die Ausstellung bereits dann ablehnen muss, wenn die Einwände noch anhängig sind).

g) Ein unrichtiges ENZ ist auf Antrag zu **ändern oder zu widerrufen**, der Widerruf erfolgt auch von Amts wegen (Art. 71 EuErbVO, § 38 IntErbRVG). Eine Einziehung oder eine Kraftloserklärung wie beim Erbschein ist hingegen nicht vorgesehen und nach (uE zutreffender) hM und Auffassung des Gesetzgebers auch nicht möglich (MüKoBGB/*Dutta* EuErbVO Art. 71 Rn. 7; Dutta/Weber/*Fornasier* EuErbVO Art. 71 Rn. 13; BR-Drs. 644/14, 59; aA *Schmidt* ZEV 2014, 389 [394]). Vor einer Entscheidung über die Änderung oder den Widerruf können (als Maßnahme im einstweiligen Rechtsschutz) die Wirkungen des ENZ ausgesetzt werden (Art. 73 Abs. 1 EuErbVO, § 33 Nr. 3 IntErbRVG) entweder vom Nachlassgericht als Ausstellungsbehörde auf Antrag einer Person, die ein berechtigtes Interesse nachweist (lit. a) oder vom OLG während der Anhängigkeit eines Rechtsbehelfs nach Art. 72 EuErbVO (lit. b).

13. Das ENZ entfaltet seine **Wirkungen** automatisch in allen Mitgliedstaaten, auch eine Legalisation/Apostille ist nicht erforderlich (Art. 74 EuErbVO). Art. 69 Abs. 2 enthält zwei – widerlegliche – Vermutungen. Nach Art. 69 Abs. 2 S. 1 EuErbVO wird vermutet, dass das ENZ die Sachverhalte, die festgestellt wurden, zutreffend ausweist.

Darüber hinaus enthält Art. 69 Abs. 2 S. 2 EuErbVO eine Rechtsvermutung; hiernach wird zum einen positiv vermutet, dass die Person, die im ENZ als Berechtigte genannt ist, die im ENZ genannte Rechtsstellung und/oder die genannten Befugnisse hat und zum anderen negativ vermutet, dass diese Befugnisse keinen anderen Bedingungen und Beschränkungen unterliegen. Das ENZ ist – gleich ob durch in- oder ausländische Gerichte/Behörden ausgestellt – Grundlage für die Eintragung in Register (Art. 69 Abs. 5 EuErbVO), also auch zB im Grundbuch (§ 35 Abs. 1 S. 1 GBO) und Handelsregister.

In der wohl wichtigsten Funktion, einen **Gutglaubensschutz** zu bieten, ist diese beim ENZ im Vergleich zum Erbschein schwächer ausgeprägt: Während bei diesem erst positive Kenntnis von dessen Unrichtigkeit schadet, verliert beim ENZ bereits der grob fahrlässig Handelnde gemäß Art. 69 Abs. 3 EuErbVO diesen Schutz. Dies könnte insbesondere in Deutschland die Akzeptanz des ENZ beeinträchtigen *(Simon/Buschbaum* NJW 2012, 2393 [2397]) und der Erbschein bzw. in anderen Staaten ggf. ein anderer Erbnachweis mit weiter gehenden Gutglaubenswirkungen, bevorzugt werden (*Buschbaum* GS Hübner, 2013, 589 [600]). Weitere Probleme beim ENZ sind, ob die beglaubigte Abschrift vorgezeigt werden muss, um die Gutglaubensschutzfunktion zu begründen, oder ob das Vertrauen in seine bloße Existenz genügt. Ferner kann der Gutglaubensschutz entfallen, wenn widersprechende Erbnachweise erteilt wurden oder das ENZ zwischenzeitlich geändert oder widerrufen wurde (zu diesen Fragen ausführlich, auch im Hinblick auf die Verwendung eines ENZ im Rahmen eines Grundstückskaufvertrags, *Schmitz* RNotZ 2017, 269 [284 ff.]).

14. Angesichts der zumindest verfahrensrechtlichen Gleichstellung von ENZ und Erbschein dürfte in steuerverfahrensrechtlicher Hnsicht das in → Form J.V.1. Anm. 13 Gesagte für das ENZ entsprechend gelten.

15. Kostenrechtlich ist das ENZ dem Erbschein gleichgestellt. Als **Geschäftswert** ist sowohl für den Antrag als auch für die Ausstellung jeweils der Netto-Wert des Nachlasses im Zeitpunkt des Erbfalls zugrunde zu legen (§ 40 Abs. 1 S. 1 Nr. 1 GNotKG). Erstrecken sich die Wirkungen nur auf einen Teil des Nachlasses, zB wenn das ENZ ein Vindikationslegat nach ausländischem Recht bezeugt, so ist nach § 40 Abs. 3 S. 3 GNotKG nur dessen Wert (ohne Abzug von Verbindlichkeiten) maßgebend (Bormann/Diehn/Sommerfeldt/*Pfeiffer* GNotKG § 40 Rn. 15). Wie beim Erbschein fällt eine 1,0 Gebühr sowohl für den Antrag als auch für die Ausstellung an (KV 12210 und KV 23300 GNotKG).

Wird zunächst ein Erbschein und anschließend ein ENZ ausgestellt, wird die Gebühr für die Ausstellung des Erbscheins mit 75 % auf die Gebühr für die Ausstellung des ENZ **angerechnet** (KV 12210 Abs. 2 GNotKG), wenn sich der Erbschein und das ENZ nicht widersprechen. Gleiches gilt auch im umgekehrten Fall (erst ENZ, dann Erbschein). Die Anrechnung gilt allerdings **nicht für die Gebühr für die Beurkundung der eidesstattlichen Versicherung** und auch nicht für die Notarkosten (Korintenberg/*Wilsch* GNotKG KV 12210–12212 Rn. 9e). Ist also absehbar, dass beide Erbnachweise beantragt werden sollen (weil man zB im Inland von der leichteren Handhabbarkeit und dem weitgehenderen Gutglaubensschutz profitieren will), empfiehlt es sich, beide Anträge in einer Urkunde zusammenzufassen. Ist das nicht erfolgt, wird das Nachlassgericht in der Regel aber auch auf eine erneute eidesstattliche Versicherung verzichten können, da die Anträge deckungsgleich sein müssen (BeckOK KostR/*Rupp* GNotKG KV 12210 Rn. 13).

Die Ausstellung oder **Verlängerung einer beglaubigten Abschrift** des ENZ löst gem. KV 12218 GNotKG eine Festgebühr beim Gericht von 20 EUR aus. Der Antrag wird in aller Regel formlos zum Gericht ohne erneute eidesstattliche Versicherung gestellt werden können. Wird doch eine eidesstattliche Versicherung beurkundet, ist der Geschäftswert nach billigem Ermessen zu bestimmen, wobei hier 10 % bis 20 % als angemessen bezeichnet werden (Prüfungsabteilung der Ländernotarkasse A.d.ö.R., NotBZ 2015, 295). Es fällt hierfür eine 0,5 Gebühr an gem. KV 21201 Nr. 6 GNotKG.

10. Antrag auf Ausstellung eines Europäischen Nachlasszeugnisses bei testamentarischer Erbfolge

[Notarieller Urkundeneingang einschließlich Geburtsort der erschienenen Antragsteller]

Die Erschienenen erklärten zur Beurkundung folgenden Antrag auf Ausstellung eines Europäischen Nachlasszeugnisses:[1]

1. Weitere Angaben zu den Antragstellern

Wir sind . . . . . . Staatsangehörige. Ich, ... , war die Ehefrau des Erblassers; ich, ... , war der Neffe des Erblassers, ich bin verheiratet.

2. Zweck

Das Europäische Nachlasszeugnis wird in einem anderen Mitgliedstaat als Nachweis der Rechtsstellung und/oder der Rechte der Erben benötigt, weil . . . . . .

[Alternative:

Das Europäische Nachlasszeugnis wird in einem anderen Mitgliedstaat als Nachweis der Rechtsstellung und/oder der Rechte des Vermächtnisnehmers, der unmittelbare Ansprüche aus dem Nachlass hat, benötigt, weil . . . . . .]

3. Angaben zum Erblasser

. . . . . ., geborener . . . . . ., geboren am . . . . . . in . . . . . ., zuletzt wohnhaft in . . . . . . (nachstehend auch „Erblasser“ genannt), verstarb am . . . . . . in . . . . . .

Der Erblasser hatte seinen letzten gewöhnlichen Aufenthalt in . . . . . . und war . . . . . . Staatsangehöriger.

4. Angaben zum Ehegatten des Erblassers[2]

Der Erblasser war zum Zeitpunkt seines Todes mit mir, ... , verheiratet. Zum Zeitpunkt der Eheschließung am . . . . . . vor dem Standesamt in . . . . . . hatten wir die . . . . . . Staatsangehörigkeit und unseren gewöhnlichen Aufenthalt in . . . . . . Einen Ehevertrag haben wir nicht geschlossen. Eine Rechtswahl haben wir nicht getroffen, auch nicht in Gestalt einer Teilrechtswahl gemäß Art. 15 Abs. 2 Nr. 3 EGBGB. Ein Scheidungs-, Eheaufhebungs- oder Ehenichtigkeitsverfahren ist nicht anhängig.

5. Weitere Angaben

Der Erblasser hat ein eigenhändiges Testament vom . . . . . . hinterlassen; dessen Inhalt erschöpft sich in der Benennung der Erben:

. . . . . .

Der Erblasser hat zudem ein weiteres Testament vom . . . . . . hinterlassen, das er aber mit dem oben genannten Testament widerrufen hat. In diesem widerrufenen Testament waren als Erben eingesetzt: . . . . . .[3]

[Alternative:

Der Erblasser hat ein eigenhändiges Testament vom . . . . . . hinterlassen; darin hat er mir mittels eines dinglich wirkenden Vermächtnisses folgende Gegenstände zugewendet: . . . . . .]

Weitere Verfügungen von Todes wegen hat der Erblasser nicht hinterlassen.

Wir haben die Erbschaft angenommen.

[Alternative:

Ich habe das Vermächtnis angenommen.]

Ein Rechtsstreit über das Erbrecht ist nicht anhängig.

Ein Gericht oder eine sonstige Behörde war und ist nicht mit der Erbsache als solcher befasst.

6. Eidesstattliche Versicherung

Nach Belehrung über die Bedeutung einer eidesstattlichen Versicherung und die Strafbarkeit unrichtiger an Eides Statt versicherter Angaben versicheren wir an Eides Statt, dass uns nichts bekannt ist, was der Richtigkeit der vorstehenden Angaben entgegensteht.

7. Erben

Der Erblasser ist aufgrund des oben genannten Testaments beerbt worden von:

a) . . . . . . als Miterben zu . . . . . . Anteil,

b) . . . . . . als Miterben zu . . . . . . Anteil.

[*Ggf.: Gesetzliche Erben des Erblassers wären: . . . . . .*[3]]

[Alternative:

7. Vermächtnisnehmer

Der Erblasser hat ein eigenhändiges Testament vom . . . . . . hinterlassen; darin hat er mir mittels eines dinglich wirkenden Vermächtnisses folgende Gegenstände zugewendet: . . . . . .]

8. Antrag, Kosten und Vollmacht → Form. J.V.9

Anmerkungen

1. Zum ENZ allgemein → Form. J.V.9 .

2. Angaben zum Ehegatten und Partner und etwaigen Verträgen sind selbst dann zu machen, wenn sich die Rechtsfolge nach einer Verfügung von Todes wegen richtet (→ Form. J.V.9 Anm. 8).

3. Anzugeben sind sonstige (außer den Antragstellern) **mögliche Berechtigte** aufgrund einer Verfügung von Todes wegen und/oder nach gesetzlicher Erbfolge (Art. 65 Abs. 3 lit. e EuErbVO). Bei **testamentarischer Erbfolge** sind zunächst die Erben zu nennen, die sich aus der Verfügung von Todes wegen ergeben, auf die sich der Antragsteller beruft. Da nach dem Wortlaut auch „mögliche" Berechtigte anzugeben sind, sind auch Erben aufgrund anderer Verfügungen von Todes wegen anzugeben, die nach Ansicht des Antragstellers unwirksam bzw. überholt sind. Die gesetzlichen Erben sind in diesem Fall uE nicht anzugeben, das „und/oder" in lit. e) wird in diesem Fall zu einem bloßen „oder". Zu einem „und" (mit der Folge, dass sowohl gesetzliche als auch testamentarische Erben anzugeben sind) wird es nur dann, wenn die Verfügung von Todes wegen die Berechtigten, also zB die Erben nicht abschließend benennt. Die vorstehenden Grundsätze gelten uE auch dann, wenn es sich um Pflichtteilsberechtigte handelt. Denn das Merkmal „mögliche Berechtigte" verlangt dies uE deshalb nicht, weil Pflichtteilsberechtigte nicht zu den in Art. 63 Abs. 1 EuErbVO legaldefinierten „Berechtigten" gehören. Lit. e verlangt

insofern nur eine Angabe der Personen, die in den Kreis der dort genannten Personen fallen. In der Praxis ist allerdings bei deutschen Nachlassgerichten zu empfehlen, die gesetzlichen Erben zumindest dann zu benennen, wenn Zweifel an der Wirksamkeit des Testaments bestehen.

11. Antrag auf Ausstellung eines Europäischen Nachlasszeugnisses als „Testamentsvollstreckerzeugnis"

[Notarieller Urkundeneingang einschließlich Geburtsort des erschienenen Antragstellers]

Der Erschienene erklärte zur Beurkundung folgenden Antrag auf Ausstellung eines Europäischen Nachlasszeugnisses:[1, 2, 5]

1. Weitere Angaben zum Antragsteller[3]

Ich bin ledig und war mit dem Erblasser weder verwandt noch verschwägert. Ich bin ...... Staatsangehörige.

2. Zweck

Das Europäische Nachlasszeugnis wird in einem anderen Mitgliedstaat für die Ausübung der Befugnisse des Testamentsvollstreckers benötigt, weil ......

3. Angaben zum Erblasser[4]

......, geborener ......, geboren am ...... in ......, zuletzt wohnhaft in ...... (in dieser Urkunde auch „Erblasser" genannt), verstarb am ...... in ......

Der Erblasser hatte seinen letzten gewöhnlichen Aufenthalt in ...... und war ...... Staatsangehöriger.

Er war im Zeitpunkt seines Todes verwitwet.[3]

4. Weitere Angaben

Der Erblasser hat ein eigenhändiges Testament vom ...... hinterlassen, in dem er Testamentsvollstreckung angeordnet und mich zum Testamentsvollstrecker ernannt hat. Das Testament wurde vom Nachlassgericht bereits am ...... unter (Az. ......) eröffnet. Weitere Verfügungen von Todes wegen hat der Erblasser nicht hinterlassen.

Die Anordnung zur Testamentsvollstreckung erstreckt sich auf den gesamten Nachlass.

[Alternative:

Die Anordnung zur Testamentsvollstreckung erstreckt sich nur auf den Erbteil des Miterben ......]

Ich bin als Testamentsvollstrecker befugt, das vom Erblasser im vorgenannten Testament bestimmte Vermächtnis zu erfüllen, dh den Vermächtnisgegenstand, ein Grundstück, an den Vermächtnisnehmer zu übertragen sowie diesen Vermächtnisgegenstand bis zur Vermächtniserfüllung zu verwalten. Ich bin von den Beschränkungen des § 181 BGB befreit.

Über die Gültigkeit des Testaments oder über meine Ernennung als Testamentsvollstrecker ist kein Rechtsstreit anhängig.

Ein Gericht oder eine sonstige Behörde war und ist nicht mit der Erbsache als solcher befasst.

Ich nehme das Amt des Testamentsvollstreckers an.

5. Eidesstattliche Versicherung

Nach Belehrung über die Bedeutung einer eidesstattlichen Versicherung und die Strafbarkeit unrichtiger an Eides Statt versicherter Angaben versichere ich an Eides Statt, dass mir nichts bekannt ist, was der Richtigkeit der vorstehenden Angaben entgegensteht.

6. Antrag, Kosten und Vollmacht[6] → Form. J.V.9

Anmerkungen

1. Zum ENZ-Antrag, Verfahren und Wirkungen allgemein → Form. J.V.9.

2. Ein Testamentsvollstrecker kann die Ausstellung eines ENZ zum Nachweis seiner Befugnisse verlangen (Art. 63 Abs. 2 lit. c EuErbVO; „TV-ENZ") – vergleichbar dem Testamentsvollstreckerzeugnis nach § 2368 BGB. Unter den autonom auszulegenden (→ Form. J.V.9 Anm. 5) Begriff des Testamentsvollstreckers iSd Art. 63 Abs. 1 EuErbVO fällt eine Person, die aufgrund des Willens des Erblassers Befugnisse, vor allem Verwaltungsbefugnisse, im Hinblick auf den Nachlass oder einen Nachlassteil ausübt, wobei die Erben nicht ohne Weiteres über die Beschränkung disponieren können (MüKoBGB/*Dutta* EuErbVO Art. 63 Rn. 10). Hierunter fällt jedenfalls der Testamentsvollstrecker iSd § 2197 BGB. Bei ausländischem Erbstatut ist zu untersuchen, ob die jeweilige Stellung nach der Ausgestaltung nach nationalem Erbrecht unter den Begriff subsumiert werden kann (zu typischen Fällen in diesem Sinne nach ausländischem Recht – executor, trustee, Bevollmächtigter aufgrund postmortaler Vollmacht – im Überblick MüKoBGB/*Dutta* EuErbVO Art. 63 Rn. 10; ausführlich die Länderberichte in Bengel/Reimann § 9 Rn. 174 ff.).

3. Hinsichtlich der **Angaben zum Antragsteller** sehen weder die EuErbVO noch die Formblätter Abweichungen vom „Erben-ENZ" vor, insoweit sei auf → Form. J.V.9 Anm. 7 verwiesen. Auch wenn die Angabe des Familienstandes, der Verhältnisses zum Erblasser sowie die Staatsangehörigkeit des Antragstellers als Testamentsvollstrecker ersichtlich regelmäßig keine Auswirkungen auf den zu bescheinigenden Sachverhalt haben wird, sollten diese Angaben „sicherheitshalber" mit aufgenommen werden, jedenfalls so lange sich keine abweichende Praxis des jeweiligen Registergerichts etabliert. Denn in dem vom Nachlassgericht auszufüllenden Formblatt sind diese Angaben bei der Ausstellung des ENZ als Pflichtangaben gekennzeichnet. Ähnliches gilt auch für die **Angaben zum Güterstand.** Lebte der Erblasser im Zeitpunkt seines Todes in einem Güterstand, sollte diese Angabe in den Antrag mit aufgenommen werden, weil die Formblätter von den Registergerichten bei Ausstellung des ENZ in einem solchen Fall zwingend die Beifügung der entsprechenden Anlage verlangen.

4. Gemäß Art. 68 lit. o EuErbVO sind die Person und die **Befugnisse des TV** in das TV-ENZ aufzunehmen. Das (bei der Ausstellung des TV-ENZ zwingend zu verwendende) Formblatt sieht zu den Befugnissen diverse „Ankreuzkästchen" sowie „Freifelder" vor, die vom Nachlassgericht auszufüllen sind. Entsprechend „bittet" auch das amtliche Formular um die Angabe der Befugnisse des Testamentsvollstreckers. Zwingend ist das an sich nicht, weil Art. 65 Abs. 3 EuErbVO solche Angaben nicht fordert. Die entsprechenden Befugnisse ergeben sich aus der jeweiligen Verfügung von Todes wegen bzw. aus

den gesetzlichen Vorschriften. Dem Nachlassgericht sind die für die Angaben im TV-TNZ notwendigen Grundlagen daher ersichtlich bzw. es kann diese ermitteln. Allerdings gibt es in der Praxis jedenfalls beim TV-Zeugnis teilweise die Tendenz der Nachlassgerichte, entsprechende Angaben zu verlangen (→ Form. J.V.14 Anm. 5). Jedenfalls zur Beschleunigung des Verfahrens bietet es sich entsprechend des hier vorgeschlagenen Musters uE an, eine entsprechende Erklärung in den Antrag aufzunehmen, worauf sich die Testamentsvollstreckung erstreckt und welche Befugnisse der TV hat. Dem Muster liegt der einfache Fall zugrunde, dass der TV ein vom Erblasser bestimmtes Vermächtnis erfüllen soll. Hierzu sollte der grundsätzliche Aufgabenbereich des TV lt. Testament kurz im Antrag wiedergegeben werden. Im Zweifel sollte man sich an der „Litanei“ der einzelnen Befugnisse, wie sie im Formblatt in Nr. 4 bei der Ausstellung des TV-ENZ vorgesehen ist, orientieren. Eine möglichst umfassende Darstellung der Befugnisse dürfte auch die Verwendbarkeit des TV-ENZ im Ausland förderlich sein. Zudem nehmen die Befugnisse, soweit sie im TV-ENZ ausgewiesen sind, am Gutglaubensschutz teil (→ Anm. 5).

5. Die **Wirkungen des TV-ENZ** entsprechen grds. denen des normalen ENZ, dazu allgemein → Form. J.V.9 Anm. 14. Bedeutsam beim TV-ENZ ist, dass wenn das ENZ die Befugnisse des Testamentsvollstreckers konkret, aber unrichtig benennt, sogar das Vertrauen in die eigentlich nicht vorhandene Verfügungsbefugnis geschützt wird (*Buschbaum/Simon* ZEV 2012, 525 [528]). Ein wesentlicher Unterschied zum TV-Zeugnis nach BGB besteht insofern, als die EuErbVO keine dem § 2368 S. 2 Hs. 2 BGB entsprechende Vorschrift kennt. Nach dieser Norm wird das TV-Zeugnis nach BGB ohne weiteres mit Beendigung des Amtes kraftlos, ein guter Glaube wird dann selbst bei Vorlage des TV-Zeugnisses nicht mehr geschützt. Beim TV-ENZ gibt es diese Vorschrift nicht. Allerdings bestehen beim TV-ENZ anderweitige Risiken durch einen möglichen Widerruf, Änderung oder Aussetzung des ENZ; inwieweit diese zum Wegfall der Gutglaubenswirkung fallen, ist derzeit unklar. Dem Gebot des sichersten Wegs bei der notariellen Wirkung entsprechend sollten die damit verbundenen Risiken bei der Verwendung eines TV-ENZ aber in jedem Fall abgesichert werden (zur Verwendung des TV-ENZ im Rahmen eines Kaufvertrags *Schmitz* RNotZ 2017, 269 [289 ff.])

6. Kostenrechtlich gilt wie beim TV-Zeugnis nach BGB auch für das TV-ENZ § 40 Abs. 5 GNotKG. Anzusetzen sind also 20 % des Brutto-Nachlasswertes (Bormann/Diehn/Sommerfeldt/*Pfeiffer* GNotKG § 40 Rn. 20). Wird in einer Urkunde sowohl ein ENZ bzgl. der Stellung als Erbe als auch als Testamentsvollstrecker beantragt, löst das mehrere eigenständige Verfahrensgebühren nach KV 12210 GNotKG aus (Korintenberg/*Wilsch* GNotKG Rn. 9b).

12. Antrag auf Erteilung eines Erbscheins mit Hoffolgezeugnis (HöfeO)

[Notarieller Urkundeneingang]

Am . . . . . . verstarb mein Vater . . . . . ., zuletzt wohnhaft in . . . . . ., nachstehend auch „Erblasser“ genannt.

Der Erblasser besaß die deutsche Staatsangehörigkeit.

Vor meinem Vater verstarb seine Ehefrau, meine Mutter . . . . . .

Der Erblasser hat keine Verfügungen von Todes wegen hinterlassen. Er war im Zeitpunkt seines Todes nicht verheiratet. Mein Vater hat folgende Kinder hinterlassen:

. . . . . .

Vor dem Erblasser verstarben – außer meiner Mutter – . . . . . .

Zum Nachlass gehört der Abtshof in . . . . . ., eingetragen im Grundbuch von . . . . . . Der Abtshof stellt einen Hof[1, 2, 3] iSd Höfeordnung dar.[1, 2, 3] Der Hof stand im Alleineigentum des Erblassers. In . . . . . . gilt das Ältestenrecht. Ich bin der älteste Nachfahre meines Vaters und wirtschaftsfähig. Ich habe eine Landwirtschaftslehre erfolgreich absolviert und arbeite bereits seit sieben Jahren auf dem Hof meines Vaters. Meine Schwester . . . . . . ist (Berufsangabe).

Hinsichtlich des hoffreien Nachlasses ist der Erblasser beerbt worden von seinen Kindern

a) mir, ...
b) meiner Schwester . . . . . ., geboren am . . . . . ., wohnhaft in . . . . . .

zu je $^1/_2$.

Andere Personen, durch welche die Vorgenannten von der Erbfolge oder Hoferbfolge ausgeschlossen oder deren Erbteile gemindert würden, sind und waren nicht vorhanden.

Ein Rechtsstreit über das Erbrecht ist weder hinsichtlich des Hofes noch des hoffreien Vermögens anhängig. Ich habe das Hoferbe angenommen. Alle Erben haben die Erbschaft des hoffreien Vermögens angenommen.

Nach Belehrung über die Bedeutung einer eidesstattlichen Versicherung und die Strafbarkeit unrichtiger an Eides Statt versicherter Angaben versichere ich an Eides Statt, dass mir nichts bekannt ist, was der Richtigkeit der vorstehenden Angaben entgegensteht.

Ich beantrage beim Landwirtschaftsgericht . . . . . . die Ausstellung eines Hoffolgezeugnisses mit dem Inhalt, dass ich Hoferbe des im Grundbuch von . . . . . . eingetragenen Abtshof geworden bin. Zudem beantrage ich beim Landwirtschaftsgericht . . . . . . die Ausstellung eines Erbscheins vorstehenden Inhalts über das hoffreie Vermögen. Des Weiteren beantrage ich, dem Notar eine Ausfertigung des Hoffolgezeugnisses sowie des Erbscheins zu übersenden.

Der Wert des Hofes beträgt ca. . . . . . . EUR, der Wert des übrigen Nachlasses beträgt ca. . . . . . . EUR.

Die Kosten dieser Urkunde, des Hoffolgezeugnisses und des Erbscheins trage ich.

Anmerkungen

1. Erbrechtliche Besonderheiten sind auch hinsichtlich des Erbscheins zu berücksichtigen, wenn zu dem Nachlass ein Hof iSd Höfeordnung (HöfeO) gehört (vgl. allgemein zu den erbrechtlichen Besonderheiten des Landwirtschaftserbrechts MüKoBGB/*Leipold* Einl. vor § 1922 Rn. 146 ff.). Der **Geltungsbereich der Höfeordnung** ist auf die Bundesländer Hamburg, Niedersachsen, Nordrhein-Westfalen und Schleswig-Holstein beschränkt. Gemäß § 18 Abs. 2 HöfeO ist für die Erteilung eines Erbscheins bei Nachlasszugehörigkeit eines Hofes das Landwirtschaftsgericht zuständig. Örtlich zuständig ist gemäß § 10 des Gesetzes über das gerichtliche Verfahren in Landwirtschaftssachen (LwVG) das Amtsgericht des Bezirks, in dem die Hofstelle belegen ist. § 18 Abs. 2 S. 3 HöfeO sieht vor, dass auf Antrag eines Beteiligten anstelle eines Erbscheins ein Hoffolgezeugnis ausgestellt werden kann, welches ausschließlich die (Sonder-) Nachfolge in den Hof bezeugt, sich also nicht zum hoffreien Vermögen verhält.

Im Falle der Nachlasszugehörigkeit eines Hofes iSd Höfeordnung besteht gleichwohl die Möglichkeit, zunächst nur die Erteilung eines auf das hoffreie Vermögen beschränkten Erbscheins (MüKoBGB/*Leipold* Einl. vor § 1922 Rn. 177 und MüKoBGB/*Grziwotz*

§ 2353 Rn. 166) zu beantragen. Die langjährigen Kontroversen bezüglich der gerichtlichen Zuständigkeit für die Erteilung eines solchen Erbscheins sind höchstrichterlich dahingehend entschieden worden, dass die Landwirtschaftsgerichte auch dann zuständig sind, wenn lediglich ein derartiger auf das hoffreie Vermögen beschränkter Erbschein beantragt wird (BGHZ 104, 363 [367] = NJW 1988, 2739).

2. Für die Erteilung eines Erbscheins sowie eines Hoffolgezeugnisses bei Nachlasszugehörigkeit eines Hofs gelten die Vorschriften des **LwVG** sowie der **HöfeO** und der Verfahrensordnung in Höfesachen (HöfeVfO). Diese Vorschriften **gehen** denjenigen des **BGB** sowie des **FamFG vor.** Die Hoferbfolge kann ebenso wie die gewöhnliche Erbfolge auf Gesetz oder auf Verfügung von Todes wegen beruhen. Beruht die Hoferbfolge auf Gesetz und nicht auf einer Verfügung von Todes wegen, so sind im Rahmen des Antrags auf Ausstellung eines Hoffolgezeugnisses die besonderen Voraussetzungen der gesetzlichen Hoffolge darzulegen sowie die Erfüllung dieser Voraussetzungen durch den Hoffolgeberechtigten anzugeben.

3. Im Rahmen des **IPR** ist Art. 30 EuErbVO zu beachten; danach gilt die Erbfolge nach der HöfeO für den inländischen Hof auch dann, wenn nach der EuErbVO ein anderes Erbstatut Anwendung findet (MüKoBGB/*Dutta* EuErbVO Art. 30 Rn. 8). Für Erbfälle vor dem 17.8.2015 gilt das im Ergebnis ebenfalls, den Vorrang des Einzelstatuts nach der HöfeO vor dem Gesamtstatut regelte Art. 3a Abs. 2 EGBGB aF (MüKoBGB/*v. Hein* EGBGB Art. 3a Rn. 38; *Janzen* DNotZ 2012, 484 [488]). So wird zB ein in seinem Heimatland lebender Niederländer, der am Niederrhein Eigentümer eines Hofes iSd HöfeO ist, in Bezug auf den Hof nach deutschem Recht beerbt (*Schotten/Schmellenkamp* Rn. 282, dort noch zu Art. 3 Abs. 3 EGBGB aF, → Form. K.VII.9).

13. Erklärung der Annahme des Testamentsvollstreckeramtes

An das Amtsgericht[3] . . . . . .

Der am . . . . . . in . . . . . . verstorbene . . . . . . hat mich durch notarielles Testaments vom . . . . . ., welches am . . . . . . durch das Amtsgericht . . . . . . unter dem Az. . . . . . . eröffnet worden ist, zum Testamentsvollstrecker[1] berufen. Ich nehme das Amt des Testamentsvollstreckers an.[2, 4]

Der Wert des Nachlasses beträgt ca. . . . . . .

Ich ersuche das Nachlassgericht, mir den Eingang der Annahmeerklärung auf der beigefügten Kopie zu bestätigen.[5]

. . . . . .

(Ort, Datum)

. . . . . .

(Unterschrift des Testamentsvollstreckers)[6, 7, 8]

Anmerkungen

1. Anders als beim Erwerb des Nachlasses durch den Erben gibt es keinen „Vonselbsterwerb" des Testamentsvollstreckeramtes. Es bedarf vielmehr der **Annahme dieses Amtes** durch den Testamentsvollstrecker (§ 2202 BGB); dies gilt selbst im Falle der Ernennung

des Testamentsvollstreckers durch das Nachlassgericht. Niemandem soll das Amt des Testamentsvollstreckers gleichsam „aufgezwungen" werden. Aus dem in § 2226 BGB verankerten Recht des Testamentsvollstreckers, sein Amt jederzeit kündigen zu können, wird daher auch abgeleitet, dass **keine Pflicht zur Annahme** des Amtes besteht (Bengel/Reimann/*Reimann* § 2 Rn. 256; Bonefeld/Mayer/*J. Mayer* § 6 Rn. 3). Es kommen jedoch Schadensersatzansprüche, evtl. sogar Ansprüche aus einem Vertragsstrafeversprechen, gegen den zum Testamentsvollstrecker Ernannten in Betracht, wenn dieser sich zuvor zur Annahme des Amtes verpflichtet hatte, was die hM für zulässig hält (vgl. *Zimmermann* Rn. 117 mwN). In jedem Fall bedarf es sorgfältiger **Überlegungen des Ernannten** nicht nur vor der Ablehnung, sondern erst recht vor der Annahme des Testamentsvollstreckeramtes. Dabei sind insbesondere folgende Aspekte zu erwägen (*Zimmermann* Rn. 118):

- Verfügt der Ernannte über ausreichend **Zeit und Kenntnisse** für die Ausübung des Amtes?
- Welche **Belastungen** sind neben der zeitlichen Belastung zu gegenwärtigen (zB Auseinandersetzungen mit den Erben)?
- Welche **Haftungsrisiken** bestehen für den Testamentsvollstrecker?
- Ist eine **Vergütung** für die Tätigkeit zu erwarten und steht sie in angemessenem Verhältnis zu den Belastungen und den Risiken der Testamentsvollstreckung?
- Ist ggf. eine **Nebentätigkeitsgenehmigung** (so bei Richtern, Beamten, öffentlichen Bediensteten) erforderlich und kann diese erteilt werden?

2. Die **verfügungsbeschränkenden Wirkungen** der Anordnung einer Testamentsvollstreckung ergeben sich jedoch unabhängig vom Zeitpunkt der Annahme des Amtes aus den Anordnungen des Erblassers, in den meisten Fällen also **bereits mit dem Erbfall** (MüKoBGB/*Zimmermann* § 2211 Rn. 3; Bonefeld/Mayer/*J. Mayer* § 6 Rn. 2). Zu beachten ist aber, dass der Testamentsvollstrecker ungeachtet der Anordnung der Testamentsvollstreckung **vor Annahme** seines Amtes **keine Verwaltungsbefugnisse** hinsichtlich des Nachlasses hat. Ihm steht somit auch keine Rechtsmacht zu, entsprechende Rechtsgeschäfte wirksam zu tätigen. Unter welchen Voraussetzungen gleichwohl getätigte Rechtsgeschäfte nach Annahme des Amtes wirksam werden, ist im Einzelnen umstritten. **Einseitige Rechtsgeschäfte** des Testamentsvollstreckers vor Annahme des Amtes, zB eine Kündigung, sind jedoch gemäß § 180 BGB analog grundsätzlich **nichtig.** Im Übrigen sind die vor Amtsannahme getätigten **Rechtsgeschäfte nach hM unwirksam,** aber gemäß §§ 177, 180 BGB analog **genehmigungsfähig**; nach einer Mindermeinung werden sie ohne weiteres auch ohne Genehmigung mit Amtsannahme wirksam (vgl. im Einzelnen Bengel/Reimann/*Reimann* § 2 Rn. 274; MüKoBGB/*Zimmermann* § 2202 Rn. 4; *Zahn* MittRhNotK 2000, 89 [91]). Große praktische Bedeutung hat die Streitfrage regelmäßig nicht, wie *Zimmermann* (aaO) hervorhebt, weil die Genehmigung auch durch schlüssiges Handeln erklärt werden kann. Zu einem Problemfall mit registerrechtlichen Bezügen vgl. DNotI-Report 2013, 37.

3. Die Erklärung der **Annahme** des Testamentsvollstreckeramts hat gemäß § 2202 Abs. 2 S. 1 BGB gegenüber dem **Nachlassgericht** also idR dem Amtsgericht – → Form. J.V.1 Anm. 11 – zu erfolgen. Sie ist **bedingungs- und befristungsfeindlich** (§ 2202 Abs. 2 S. 2 Hs. 2 BGB). Weder die Erklärung der Annahme des Amtes noch die Erklärung der Ablehnung des Amtes können nach ihrem Zugang beim Nachlassgericht widerrufen werden (§ 130 BGB). Allerdings kann der Testamentsvollstecker, der das Amt angenommen hat, dieses jederzeit kündigen (§ 2226 BGB). Formerfordernisse für die Abgabe der Erklärung bestehen nicht. Die Erklärung kann somit insbesondere auch privatschriftlich oder in mündlicher Form zu Protokoll der Geschäftsstelle des Nachlassgerichts bzw. des Amtsgerichts oder eines anderen Amtsgerichts abgegeben werden (§ 25 FamFG). Wird die Erklärung nicht bei dem auch örtlich zuständigen Nachlassgericht abgegeben, ist unter dem Aspekt der im vorangehenden Absatz beschriebenen

Wirksamkeitsvoraussetzungen des Testamentsvollstreckerhandelns auch § 25 Abs. 3 S. 2 FamFG zu beachten: Die Wirkung der (Annahme)-Erklärung tritt nicht ein, bevor sie **dort** eingeht. Bei der Erklärung der Annahme des Testamentsvollstreckeramtes handelt es sich nicht um eine höchstpersönliche Erklärung; eine **Vertretung** bei der Abgabe der Erklärung ist vielmehr **zulässig** (MüKoBGB/*Zimmermann* § 2202 Rn. 5). Die Erklärung muss den Willen zur Annahme des Testamentsvollstreckeramtes zum Ausdruck bringen. Dies sollte tunlichst ausdrücklich erfolgen. Zwingend notwendig ist dies jedoch nicht. Vielmehr kann eine Erklärung der Annahme des Testamentsvollstreckeramtes auch Erklärungen oder Handlungen des Ernannten gegenüber dem Nachlassgericht entnommen werden, die einen entsprechenden Willen erkennen lassen. Dies ist zum Beispiel bei dem Antrag auf Erteilung eines Testamentsvollstreckerzeugnisses der Fall. Konkludente **Erklärungen** gegenüber **Dritten** sind nicht ausreichend, da Erklärungsempfänger der Annahmeerklärung **nur** das **Nachlassgericht** sein kann. Die Erklärung der Annahme des Testamentsvollstreckeramtes kann erst nach dem Eintritt des Erbfalls abgegeben werden (§ 2202 Abs. 2 S. 2 Hs. 1 BGB). Einer vorherigen Annahme der Erbschaft durch den Erben bedarf es ebenso wenig wie einer vorherigen Testamentseröffnung. Ist die Testamentsvollstreckung lediglich für den Nacherben ab Eintritt der Nacherbfolge vorgesehen, so kann die Erklärung der Annahme wegen § 2202 Abs. 2 S. 2 Hs. 2 iVm § 2139 BGB erst mit dem Eintritt der Nacherbfolge wirksam erfolgen (MüKoBGB/*Zimmermann* § 2202 Rn. 3).

4. Da die verfügungsbeschränkenden Wirkungen der Testamentsvollstreckung unabhängig von der Annahme des Amtes idR bereits mit dem Erbfall eintreten, häufig jedoch nach dem Erbfall dringende Maßnahmen hinsichtlich des Nachlasses erforderlich sind, will das Gesetz übermäßig lange Zeiträume zwischen dem Erbfall und der Klärung der Frage, ob ein berufener Testamentsvollstrecker sein Amt antritt oder mit dessen Ablehnung des Amtes ggf. die Testamentsvollstreckung insgesamt entfällt, vermeiden (MüKoBGB/*Zimmermann* § 2202 Rn. 1). Denn in diesem Zeitraum kann weder der Testamentsvollstrecker über den Nachlass verfügen, noch der Erbe, da die Wirkungen des § 2211 BGB bereits mit dem Erbfall eintreten. Aus diesem Grunde sieht § 2202 Abs. 3 BGB vor, dass das Nachlassgericht dem ernannten Testamentsvollstrecker eine **Frist zur Erklärung** über die Annahme setzen kann. Sofern der ernannte Testamentsvollstrecker das Amt nicht innerhalb der gesetzten Frist annimmt, gilt es als abgelehnt. Funktional handelt innerhalb des Nachlassgerichts bei einer derartigen Fristsetzung der Rechtspfleger (§ 3 Nr. 2c RPflG). Dieser nimmt die Fristsetzung idR nicht von Amts wegen vor; vielmehr bedarf es des Antrages eines Beteiligten (§ 2202 Abs. 3 S. 1 BGB). Bei gegebener Veranlassung kann das Gericht nach hM entgegen dem Wortlaut des Gesetzes jedoch auch von sich aus dem Testamentsvollstrecker eine Frist setzen; dies löst allerdings bei nicht erklärter Annahme ohne Antrag eines Beteiligten die Ablehnungswirkung nach Abs. 3 S. 2 noch nicht aus (Palandt/*Weidlich* § 2202 Rn. 3; MüKoBGB/*Zimmermann* § 2202 Rn. 10; Bengel/Reimann/*Reimann* § 2 Rn. 270). Dem zur Testamentsvollstreckung Ernannten steht gegen die Fristsetzung die sofortige Beschwerde (§ 355 Abs. 1 FamFG) zu.

5. Auf Antrag wird dem berufenen Testamentsvollstrecker, der die Annahme des Amtes gegenüber dem Nachlassgericht erklärt hat, von diesem ein **Zeugnis über die Annahme** ausgestellt. Dieses Annahmezeugnis ist von einem Testamentsvollstreckerzeugnis iSd § 2368 BGB zu unterscheiden, insbesondere kommt ihm **nicht** die **Gutglaubenswirkung** des Testamentsvollstreckerzeugnisses zu. Allerdings kann der Testamentsvollstrecker mit dem Annahmezeugnis und der Eröffnungsniederschrift über eine notarielle Verfügung von Todes wegen auch ohne Testamentsvollstreckerzeugnis gegenüber dem **Grundbuch** seine Befugnis zu Verfügungen über dem Nachlass zugehörigen Grundbesitz nachweisen (§ 35 Abs. 2 S. 2 iVm § 35 Abs. 1 S. 1 Hs. 2 GBO). Ohne Annahmezeugnis kann der Nachweis der Amtsannahme gegenüber dem Grundbuchamt auch dadurch

erbracht werden, dass auf eine – ggf. auch in Ausfertigung oder beglaubigter Kopie – auch vorzulegende Niederschrift über die Amtsannahme bei dem Nachlassgericht verwiesen werden kann. Auf eine notariell beglaubigte Annahmeerklärung, die dem Nachlassgericht zugegangen ist, zu verweisen, wird von den Grundbuchämtern wohl regelmäßig akzeptiert, wenn Nachlassgericht und Grundbuchamt bei demselben Amtsgericht geführt werden. Die weitergehende Anforderung, es müsse noch zusätzlich eine formgerechte (gesiegelte) Bescheinigung des Nachlassgerichtes über die erfolgte Amtsannahme – denn dieses und nicht das Grundbuchamt habe über deren Wirksamkeit zu entscheiden – vorgelegt werden (so *Bestelmeyer* Rpfleger 2010, 635 [650] unter Berufung auf Rechtsprechung des KG und ähnlich *Schöner/Stöber* Rn. 3462) wird bei einer solchen Sachlage kaum erhoben. Werden Grundbuchamt und Nachlassgericht nicht bei demselben Amtsgericht geführt, ist das Grundbuchamt allerdings berechtigt, eine solche Bescheinigung, die letztlich ein Annahmezeugnis enthält, zu fordern. Wegen § 29 Abs. 1 S. 1 GBO reicht es auch nicht aus, wenn die Nachlassakten nur eine privatschriftliche Annahmeerklärung enthalten (*Demharter* § 35 GBO Rn. 63; DNotI-Report 2008, 114). Vom Annahmezeugnis zu unterscheiden ist die ausschließliche Eingangsbestätigung des Annahmeschreibens (MüKoBGB/*Zimmermann* § 2202 Rn. 9).

6. Kosten. Für die Entgegennahme der Annahmeerklärung durch das Nachlassgericht fällt gemäß KV 12410 GNotKG eine Festgebühr iHv 15 EUR an. Kostenschuldner sind die Erben (§ 24 Nr. 8 GNotKG). Das Annahmezeugnis ist **kostenpflichtig,** und löst eine 1,0 Gebühr nach Tabelle B aus (MüKoBGB/*Grziwotz* § 2368 Rn. 59 sowie Korintenberg/*Sikora* GNotKG Nr. 25104 Rn. 7, die im Ergebnis übereinstimmen und lediglich von unterschiedlichen KV 12210 bzw. 25104 – ausgehen). *Zimmermann* geht demgegenüber davon aus, dass die Ausstellung des Annahmezeugnisses in Ermangelung eines ausdrücklichen Tatbestands im GNotKG gebührenfrei ist (MüKoBGB/*Zimmermann* § 2202 Rn. 9; Keidel/*Zimmermann* FamFG § 345 Rn. 61). Als Geschäftswert ist nicht der Wert des Testamentsvollstreckerzeugnisses nach § 65 GNotKG anzusetzen (20 % des Wertes des Nachlasses im Zeitpunkt des Erbfalls, wobei Nachlassverbindlichkeiten nicht abgezogen werden), sondern nur ein Teilwert davon. Denn mit dem Annahmezeugnis ist nicht die Gutglaubenswirkung des Testamentsvollstreckerzeugnisses verknüpft, so dass uE ein entsprechend **niedrigerer Wert** gerechtfertigt ist (aA MüKoBGB/*Grziwotz* BGB § 2368 Rn. 59). Hinsichtlich einer im Hinblick zB auf § 29 GBO vorgenommenen Beglaubigung der Annahmeerklärung gelten diese Ausführungen entsprechend.

7. Anders als beim Nachweis der Erbenstellung, wo nicht stets ein Erbschein gefordert werden darf (→ Form. J.V.1 Anm. 1), wird der sonstige Rechtsverkehr stets den Nachweis der Amtsannahme durch ein Annahmezeugnis fordern können – und dieses Recht wird man auch wohl den Banken und Sparkassen nicht absprechen können. In der Praxis scheint das Annahmezeugnis hinsichtlich seiner Beachtlichkeit vielfach nicht recht verstanden zu werden, so dass es sich häufig empfehlen wird, gleich ein Testamentsvollstreckerzeugnis zu beantragen (vgl. insoweit auch *Eckelskemper* RNotZ 2012, 412 [413], Buchbesprechung zu *Bonefeld/Mayer*, 3. Aufl. 2010). So empfiehlt *Schaal* (notar 2010, 431 [432]) denn auch, stets die Vorlage eines Testamentsvollstreckerzeugnisses zu verlangen. Die Bemerkung [42] in BGH NJW 2013, 3716 führt in ihrer Allgemeinheit in die Irre, weil die Nachweisproblematik betreffend die Amtsannahme wohl nicht reflektiert würde – zu den Risiken → Anm. 2, 3.

8. Steuern. Zu den steuerlichen Pflichten des Testamentsvollstreckers → Form. C.VII.2 Anm. 7.

14. Antrag auf Erteilung eines Testamentsvollstreckerzeugnisses

[Notarieller Urkundeneingang][4]

Am . . . . . . verstarb Herr . . . . . . , zuletzt wohnhaft in . . . . . . , nachstehend auch „Erblasser“ genannt.[3]

Der Erblasser hatte seinen letzten gewöhnlichen Aufenthalt in . . . . . . und war . . . . . . Staatsangehöriger.[5] Der Erblasser hat folgende Verfügungen von Todes wegen hinterlassen:

1. Testament vom . . . . . .
2. . . . . . .

Das Amtsgericht . . . . . . hat diese Verfügungen am . . . . . . unter (Az. . . . . . .) eröffnet.

Weitere Verfügungen von Todes wegen hat der Erblasser nicht hinterlassen.

Die Anschriften der Beteiligten ergänze ich wie folgt:. . . . . .

In seinem Testament vom . . . . . . hat der Erblasser . . . . . . die Testamentsvollstreckung über den Erbteil seines Sohnes . . . . . ./seiner Tochter . . . . . . angeordnet und mich zum Testamentsvollstrecker berufen.

Über die Gültigkeit des Testaments oder über meine Ernennung als Testamentsvollstrecker ist kein Rechtsstreit anhängig.

Ich nehme das Amt des Testamentsvollstreckers an.

Nach Belehrung über die Bedeutung einer eidesstattlichen Versicherung und über die Strafbarkeit unrichtig an Eides Statt versicherter Angaben versichere ich an Eides Statt, dass mir nichts bekannt ist, was der Richtigkeit meiner Angaben entgegensteht.

Ich beantrage, mir ein Testamentsvollstreckerzeugnis mit der Angabe der Beschränkung der Testamentsvollstreckung auf den Erbteil des/der . . . . . . zu erteilen.[1, 2, 6, 7, 8]
Der Nachlass hat einen Wert von ca. EUR . . . . . .[9, 10]

Anmerkungen

1. Dem Testamentsvollstrecker ist gemäß § 2368 Abs. 1 S. 1 BGB auf Antrag ein Zeugnis über seine Ernennung zu erteilen, das sog. Testamentsvollstreckerzeugnis („TV-Zeugnis“). Das TV-Zeugnis bezweckt, dem Testamentsvollstrecker im Rechtsverkehr die Legitimation hinsichtlich seines Amtes und der damit verbundenen Rechtsmacht zu erleichtern. Gleichzeitig dient das TV-Zeugnis dem **Schutz des Rechtsverkehrs.** Mit ihm wird nicht nur für den Rechtsverkehr mit Dritten der Nachweis erbracht, dass der durch das Zeugnis als Testamentsvollstrecker Ausgewiesene **wirksam** zum Testamentsvollstrecker **bestellt** worden ist, sondern auch, dass seine Befugnisse keinen anderen als den im TV-Zeugnis genannten Beschränkungen unterliegen (§ 2368 S. 2 iVm § 2365 BGB). Eine besteht indes keine positive Vermutung, dass im TV-Zeugnis vermerkte Beschränkungen tatsächlich bestehen (MüKoBGB/*Grziwotz* § 2368 Rn. 40). Hinsichtlich der Erweiterungen gilt, dass sie bestehen, soweit sie benannt sind, nicht jedoch dass es keine anderen Erweiterungen gibt (MüKoBGB/*Grziwotz* § 2368 Rn. 39). Das TV-Zeugnis genießt insofern **öffentlichen Glauben** (§ 2368 S. 2 iVm § 2366 BGB). Die Vermutungswirkung des TV-Zeugnisses erstreckt sich allerdings nicht darauf, dass ein bestimmter Nachlassgegen-

stand von der Testamentsvollstreckung erfasst ist (allgM vgl. MüKoBGB/*Grziwotz* § 2368 Rn. 47). Ebenso begründet das TV-Zeugnis keine Vermutung hinsichtlich des Fortbestandes des Testamentsvollstreckeramts, da das Zeugnis mit der Beendigung des Amtes von selbst, dh ohne besondere Erklärung, kraftlos wird (§ 2368 S. 2 Hs. 2 BGB; vgl. zu der umstrittenen Zulässigkeit eines sog. Fortbestandszeugnisses MüKoBGB/*Grziwotz* § 2368 Rn. 60; *Zahn* MittRhNotK 2000, 89 [106]. Das „TV-ENZ" folgt hingegen anderen Grundsätzen, bei diesem besteht der gute Glaube nach hM auch bei einem Widerruf fort, allerdings werden ohnehin nur (grds. auf sechs Monate) befristete beglaubigte Abschriften erteilt, näher dazu → Form. J.V.11.

Das TV-Zeugnis ist **funktional dem Erbschein ähnlich** und daher gesetzessystematisch nicht im Kontext der Testamentsvollstreckung, sondern in demjenigen des Erbscheins geregelt. Aufgrund der Verweisung des § 354 Abs. 1 FamFG auf §§ 352 f. FamFG gelten für die Erteilung des TV-Zeugnisses die **Vorschriften über das Erbscheinsverfahren** entsprechend. Daher sei hier im Wesentlichen auf die Anmerkungen zum Erbscheinsverfahren verwiesen (→ Form. J.V.1 Anm. 11) und nur auf nachfolgende Besonderheiten hingewiesen. Die Frage der internationalen Zuständigkeit deutscher Nachlassgerichte stellt sich beim TV-Zeugnis in gleicher Weise wie beim Erbscheinsverfahren. Nach der EuGH- Entscheidung in der Rs. Oberle (C-20/17) sind deutsche Nachlassgerichte international grds. nur noch dann zuständig, wenn der Erblasser seinen letzten gewöhnlichen Aufenthalt in Deutschland hatte (näher → Form. J.V.1 Anm. 11). Ist die internationale Zuständigkeit gegeben, ist in Deutschland grds. das **Nachlassgericht** (§ 342 FamFG) zuständig, in den dessen Bezirk der Erblasser im Zeitpunkt seines Todes seinen gewöhnlichen Aufenthalt hatte. Funktionell entscheidet der Richter (§ 16 Abs. 1 Nr. 6 RPflG); dies gilt nicht nur für die Erteilung, sondern auch für die Einziehung und/oder die Kraftloserklärung eines TV-Zeugnisses (§ 16 Abs. 1 Nr. 7 RPflG). Auch hinsichtlich der Frage, ob im Rechtsverkehr die Vorlage eines Testamentsvollstreckerzeugnisses – insbes. seitens der Banken und Sparkassen – verlangt werden kann, gilt das zum Erbschein Gesagte (→ Form. J.V.1 Anm. 1) sinngemäß – modifiziert allerdings durch die Besonderheiten des Nachweises der Amtsannahme, → Form. J.V.13 Anm. 7.

2. Das TV-Zeugnis wird nur auf **Antrag** erteilt (§ 2368 S. 1 BGB). Zu beantragen ist stets ein bestimmtes TV-Zeugnis. Das Nachlassgericht darf dem Antrag nur ohne Änderungen stattgeben, dh nur das bestimmt beantragte TV-Zeugnis erteilen, oder den Antrag zurückweisen, Keidel/*Zimmermann* FamFG § 354 Rn. 22 (vgl. insoweit auch die Ausführungen zum Erbscheinsanrag → Form. J.V.1 Anm. 11 und → Form. J.V.5 Anm. 3). Berechtigt zur Stellung des Antrags auf Erteilung des TV-Zeugnisses ist zunächst der berufene Testamentsvollstrecker. Zwar steht diesem das Antragsrecht erst nach Annahme des Amtes zu, doch wird mit einem Antrag auf Erteilung eines TV-Zeugnisses **konkludent** auch die Amtsannahme erklärt. Bei einer **gemeinschaftlichen Testamentsvollstreckung** steht das Recht auf Erteilung eines gemeinschaftlichen Testamentsvollstreckerzeugnisses jedem Mitvollstrecker zu, wobei er die Annahme des Amtes auch durch die anderen Mitvollstrecker nachweisen muss. Zulässig ist auch die Erteilung eines Teil-Testamentsvollstreckerzeugnisses über die Rechtsstellung eines einzelnen oder mehrerer der Mitvollstrecker. Antragsberechtigt sind unter den Voraussetzungen der §§ 792, 896 ZPO auch Nachlassgläubiger. Umstritten ist dagegen, ob auch die Erben antragsberechtigt sind (bejahend zB MüKoBGB/*Grziwotz* § 2368 Rn. 6; *Winkler* Rn. 687; Keidel/*Zimmermann* FamFG § 354 Rn. 6; verneinend hingegen zB BayObLG ZEV 1995, 22 [23] m. abl. Anm. *Klumpp* ZEV 1995, 24; Bengel/Reimann/*Reimann* § 2 Rn. 299 mwN).

Für Art und Inhalt des Testamentsvollstreckerzeugnisses gelten gemäß § 2368 S. 2 Hs. 1 BGB sinngemäß die Regeln des Erbscheins. Auch im TV-Zeugnis ist zu unterscheiden zwischen einem Eigenrechtstestamentsvollstreckerzeugnis und einem Fremdrechtstestamentsvollstreckerzeugnis, je nachdem, ob für den der Testamentsvollstreckung unterlie-

genden Nachlass deutsches oder fremdes Erbrecht gilt. So wie beim Erbschein ein Doppelerbschein erteilt werden kann, kann auch ein Doppeltestamentsvollstreckerzeugnis erteilt werden. In diesem ist zu vermerken, **welchem Recht die Testamentsvollstreckung unterliegt.** Ferner sind in einem solchen Zeugnis die Befugnisse des Testamentsvollstreckers näher zu beschreiben, nach Möglichkeit in der Sprache des deutschen Rechts. Im Fremdrechtstestamentsvollstreckerzeugnis müssen ferner je die territorialen und/oder gegenständlichen Geltungsbeschränkungen aufgenommen werden; dies gilt je nach Sachlage auch für das Eigenrechtstestamentsvollstreckerzeugnis (→ Form. J.V.8 Anm. 8 ff. zum Fremdrechtserbschein). Allerdings wird es wegen der EuGH-Entscheidung in der Rs. Oberle zur internationalen Zuständigkeit deutscher Nachlassgerichte Fremdrechtstestamentsvollstreckerzeugnisse für Erbfälle seit dem 17.8.2015 grds. nur noch dann geben, wenn der Erblasser eine wirksame Rechtswahl zugunsten seines Heimatrechts getroffen hat oder die EuErbVO wegen eines vorrangigen Staatsvertrags nicht anwendbar ist (Art. 75 Abs. 1 EuErbVO); denn deutsche Nachlassgerichte sind nach der EuErbVO grds. nur noch bei gewöhnlichem Aufenthalt im Inland zuständig (zur ausnahmsweisen Zuständigkeit in anderen Fällen → Form. J.V.9 Anm. 13), was – außer in den Fällen einer Rechtswahl oder eines vorrangigen Staatsvertrags – die Anwendbarkeit deutschen Erbstatuts zur Folge hat.

3. Der **Antrag** auf Erteilung des TV-Zeugnis muss die im Zeugnis zu verlautbarenden Angaben zur Person des Erblassers sowie Testamentsvollstreckers sowie zu etwaigen Abweichungen von der gesetzlichen Verfügungsmacht des Testamentsvollstreckers und etwaigen Beschränkungen, zB auf Tätigkeiten nur im Inland, und Erweiterungen der Testamentsvollstreckung enthalten. **Erforderliche Angaben** (MüKoBGB/*Grziwotz* § 2368 Rn. 8; Keidel/*Zimmermann* FamFG § 354 Rn. 8, 17) sind darüber hinaus:

- Der Zeitpunkt (nicht aber Ort) des Todes des Erblassers
- Die Verfügung von Todes wegen, durch welche die Testamentsvollstreckung angeordnet wird
- Weitere Verfügungen von Todes wegen, soweit solche vorliegen
- Die Anhängigkeit/Nichtanhängigkeit eines Rechtsstreits über das Testamentsvollstreckeramt
- Ggf. der Wegfall von Personen, die den Testamentsvollstrecker von seinem Amt ausschließen oder seine Rechtsstellung beeinflussen bzw. beeinträchtigen würden
- Die Annahme des Amtes, sofern das Zeugnis durch eine andere Person als den Testamentsvollstrecker oder nur durch einen von mehreren Mitvollstreckern beantragt wird
- Den letzten gewöhnlichen Aufenthalt des Erblassers und seine Staatsangehörigkeit

Weitergehende Angaben sind ansonsten nur bei besonderer Veranlassung zu machen. Der Todeszeitpunkt sowie die Verfügung von Todes wegen, durch welche die Testamentsvollstreckung angeordnet wird, ggfs. auch die Angaben zur ausländischen Staatsangehörigkeit des Erblassers sind durch Urkunden nachzuweisen. Die weiteren Angaben sind an Eides statt zu versichern, sofern das Nachlassgericht nicht auf die eidesstattliche Versicherung verzichtet oder die Tatsachen bei Gericht offenkundig sind. Die erforderliche eidesstattliche Versicherung kann nicht nur durch Notare, sondern auch bei den Amtsgerichten beurkundet werden (§ 354 Abs. 1 iVm § 352 Abs. 3 S. 3 FamFG).

4. Das **Nachlassgericht prüft** nach Eingang eines Antrags auf Erteilung eines TV-Zeugnisses von Amts wegen den maßgeblichen **Sachverhalt.** Dabei hat das Nachlassgericht in erster Linie die Wirksamkeit der Anordnung der Testamentsvollstreckung sowie der Ernennung des Testamentsvollstreckers zu prüfen. Ferner hat das Nachlassgericht zu ermitteln, ob die angeordnete Testamentsvollstreckung zum Zeitpunkt der Entscheidung über den Antrag bereits gegenstandslos geworden ist. Unabhängig davon, ob die Ernennung des Testamentsvollstreckers in einer öffentlichen Urkunde, in einem

eigenhändigen Testament, uU auch bei Benennung durch einen Dritten, hat das Nachlassgericht nunmehr vor der Erteilung eines TV-Zeugnisses allen formell und materiell Beteiligten, insbes. den durch die Testamentsvollstreckung belasteten Erben, gemäß Art. 103 Abs. 1 des Grundgesetzes rechtliches Gehör zu gewähren (MüKoBGB/*Grziwotz* § 2368 Rn. 11; Keidel/*Zimmermann* FamFG § 354 Rn. 13). Bei einem Widerspruch eines Beteiligten ergeht zunächst der Feststellungsbeschluss, dessen Wirksamkeit zunächst ausgesetzt wird und die Erteilung des TZ-Zeugnisses zurückgestellt wird (§ 354 Abs. 1 iVm § 352e Abs. 2 S. 2 FamFG), ein Vorbescheid ergeht nicht mehr. Auch im Übrigen sind die für den Erbschein geltenden Vorschriften zu beachten (→ Form. J.V.1 Anm. 11).

5. Das **TV-Zeugnis** muss **Angaben** zu den folgenden Punkten beinhalten:
- Bezeichnung des Erblassers (inkl. Todestag)
- Bezeichnung des/aller Testamentsvollstrecker
- Abweichungen von der gesetzlichen Verfügungsmacht des Testamentsvollstreckers sowie zu Beschränkungen und Erweiterungen – gerade auf diese kommt es im Rechtsverkehr häufig an – der Testamentsvollstreckung. In der Praxis ist insofern eine Tendenz der Nachlassgerichte zu beobachten, strenge Maßstäbe anzulegen und eine genaue Beschreibung der vom Gesetz abweichenden Befugnisse zu fordern. Dabei sind die in § 354 Abs. 2 FamFG genannten Beschränkungen nicht abschließend, sondern nur beispielhafte Einzelfälle (MüKoBGB/*Grziwotz* § 2368 Rn. 37). Insbesondere können bzw. sind folgende Abweichungen anzugeben:
  - Gegenständliche Beschränkungen der Testamentsvollstreckung (zB Erbteilsvollstreckung, Vermächtnisvollstreckung, Nacherbenvollstreckung; Vollstreckung über einzelne Gegenstände, territoriale Beschränkung)
  - Zeitliche Beschränkungen der Testamentsvollstreckung (weitere Beispiele etwa bei MüKoBGB/*Grziwotz* § 2368 Rn. 36 f.; Keidel/*Zimmermann* FamFG § 354 Rn. 34)

  Soweit sich die Befugnisse des Testamentsvollstreckers nach den gesetzlichen Bestimmungen richten, sind diese nicht in das TV-Zeugnis aufzunehmen (MüKoBGB/*Grziwotz* § 2368 Rn. 35; *Zimmermann* Rn. 31); auch bloße interne Anweisungen an den Testamentsvollstrecker bspw. zur Verwaltung des Nachlasses sind daher nicht in das Zeugnis aufzunehmen.

6. Wird ein TV-Zeugnis erteilt, so ist die Beschwerde gegen die Erteilung des Zeugnisses nicht mehr möglich, vielmehr kommt dann nur noch ein Einziehungsverfahren in Betracht (Keidel/*Zimmermann* FamFG § 354 Rn. 40, dort ab Rn. 39 auch weitere Einzelheiten).

7. Kann das TV-Zeugnis im Rechtsverkehr im gewissen Umfang durch das Annahmezeugnis ersetzt werden (→ Form. J.V.13), so mag die Beantragung eines TV-Zeugnis gleichwohl ratsam sein, zumal auch das Annahmezeugnis kostenpflichtig ist. Zwar wird durch die Ausstellung eines TV-Zeugnisses weder die Rechtsstellung des Testamentsvollstreckers noch der gegenständliche Umfang der Testamentsvollstreckung rechtskräftig festgestellt, und obgleich der **öffentliche Glaube** des TV-Zeugnisses **nur Dritte** schützt (MüKoBGB/*Grziwotz* § 2368 Rn. 49), mag die Ausstellung eines TV-Zeugnisses im Lichte der Prüfungspflichten des Nachlassgerichts auch den (vermeintlichen) Testamentsvollstrecker idR von dem **Vorwurf entlasten,** schuldhaft irrtümlich die Wirksamkeit seiner Berufung zum Testamentsvollstrecker angenommen oder, praktisch relevanter, die Beschränkung der Testamentsvollstreckung auf bestimmte Nachlassgegenstände verkannt zu haben. Wenn der Erbschein nicht nur die Funktion hat, den Rechtsverkehr zu schützen, sondern auch dem Erben Legitimation zu geben (MüKoBGB/*Grziwotz* Vor § 2353 Rn. 5; *Gemein* S. 37 u. 63), gilt dieses wegen der Verweisung in § 2368 BGB auf die Erbscheinsvorschriften auch für den Testamentsvollstrecker. Es bleibt jedoch zu beachten, dass ein unkritisches Befolgen gerichtlicher Auffassungen keineswegs immer

entlastet (vgl. insbesondere zur Vergütung des vermeintlichen Testamentsvollstreckers bei Ausstellung eines TV-Zeugnisses Bengel/Reimann/*Eckelskemper* § 10 Rn. 173 ff.).

8. Trotz des Gesichtspunktes, dass im TV-Zeugnis Beschränkungen und Erweiterungen der gesetzlichen Verfügungsmacht anzugeben sind und damit schon eine gewisse Verdeutlichung der Befugnisse des Testamentsvollstreckers gegeben ist, können sich im Hinblick darauf, dass sich die Aktionen des Testamentsvollstreckers stets im Rahmen ordnungsgemäßer Verwaltung bewegen müssen, im Einzelfall Zweifel ergeben – insbesondere bei Verpflichtungsgeschäften mit Dritten und im Hinblick auf die analoge Anwendung des § 181 BGB. Hier ergibt sich für den Testamentsvollstrecker und auch für den Vertragspartner eine Hilfe über § 2206 BGB: Der Testamentsvollstrecker, nicht aber der Dritte, kann **von dem Erben** – auch nach Eingehung des Verpflichtungsgeschäfts – die **Einwilligung** zur Begründung der Verbindlichkeit verlangen, die der Erbe nur bei nicht ordnungsgemäßer Verwaltung verweigern darf, anderenfalls kann er erfolgreich verklagt werden – wie auch umgekehrt der Testamentsvollstrecker seitens des Erben auf Einhaltung der ordnungsgemäßen Verwaltung verklagt werden kann (vgl. im Einzelnen Bonefeld/Mayer/*J. Mayer* § 10 Rn. 11 und *Bonefeld* § 36 Rn. 11; Bengel/Reimann/*Schaub* Kap. 4 Rn. 108 ff.; MüKoBGB/*Zimmermann* § 2206 Rn. 12; *Winkler* Rn. 183 ff.; und als praktisches Beispiel das zu → Form. J.IX.6. formulierte Schreiben mit den dortigen Anmerkungen).

9. Steuern. Zu den steuerlichen Pflichten des Testamentsvollstreckers → Form. C.VII.2 Anm. 7.

10. Kosten. Der Geschäftswert bestimmt sich sowohl für die Erteilung eines TV-Zeugnisses als auch für das Verfahren zur Abnahme der eidesstattlichen Versicherung nach § 40 Abs. 5 GNotKG (Korintenberg/*Sikora* GNotKG § 40 Rn. 52). Danach beträgt der Geschäftswert 20 % des Bruttonachlasswerts ohne Abzug von Schulden. Die Art der Testamentsvollstreckung hat auf den Wert keinen Einfluss (Korintenberg/*Sikora* GNotKG § 40 Rn. 53). Bezieht sich das TV-Zeugnis nur auf das Erbrecht eines Miterben oder erstrecken sich die Wirkungen nur auf einen Teil des Nachlasses, ist nur der jeweilige Anteil bei der Berechnung des Geschäftswerts zugrunde zu legen (§ 40 Abs. 5 S. 2 iVm Abs. 2 und Abs. 3 GNotKG). Sowohl für die eidesstattliche Versicherung als auch für die Erteilung fällt eine 1,0-Gebühr an (KV 23300 bzw. 12210 GNotKG). Die eidesstattliche Versicherung zur Erlangung eines Erbscheins und zur Erlangung eines Testamentsvollstreckerzeugnisses sind verschiedene Gegenstände innerhalb eines sonstigen notariellen Verfahrens. Deren Werte sind daher nach § 35 Abs. 1 GNotKG zu addieren.

VI. Erbauseinandersetzung

1. Checkliste: Erbauseinandersetzung

- ❐ Wurde der Erblasser durch mehrere Personen beerbt?[1]
- ❐ Hat der Erblasser die Auseinandersetzung ausgeschlossen oder bestimmte Anordnungen getroffen?[2]
- ❐ Sind sich die Beteiligten über Art und Umfang der Auseinandersetzung einig oder bedarf es der Unterstützung Dritter?[3]
- ❐ Soll die Erbauseinandersetzung vollständig oder teilweise erfolgen? Sind Gegenleistungen zu erbringen? Besteht ein Sicherungsbedürfnis für Leistung oder Gegenleistung?[4]
- ❐ Ist eine Erbausgleichung zwischen den Miterben zu berücksichtigen?[5]
- ❐ Wer ist für die Durchführung der Erbauseinandersetzung zuständig (Miterben oder Testamentsvollstrecker)?[6]
- ❐ Wer ist außer den Miterben ggf. noch an der Erbauseinandersetzung zu beteiligen[8] (Erbteilserwerber, Testamentsvollstrecker, Pfandgläubiger, Nacherben)?[7] Besteht ein Vertretungsverbot für gesetzliche Vertreter eines Miterben?[9]
- ❐ Muss die Erbauseinandersetzung (hinsichtlich schuldrechtlicher oder dinglicher Seite) gerichtlich genehmigt werden?[10]
- ❐ Welche Formvorschriften sind für den (schuldrechtlichen) Auseinandersetzungsvertrag und dessen Vollzug einzuhalten?[11]

Anmerkungen

1. Erbengemeinschaft. Obwohl es sich bei der Erbengemeinschaft um einen „Zwangsverbund" handelt, der ohne Willen der Beteiligten und ihr Zutun zustande kommt, existieren viele Erbengemeinschaften in der Praxis auch über längere Zeit, manchmal sogar mehrere Jahrzehnte und Generationen von Erben und Erbeserben hindurch. Gleichwohl handelt es sich bei der Erbengemeinschaft an sich um eine **Abwicklungsgemeinschaft,** die nach dem Gesetz nicht auf Dauer, sondern auf Liquidation, angelegt ist. Dies zeigt sich va an § 2042 Abs. 1 S. 1 BGB, wonach jeder Miterbe jederzeit Auflösung der Gemeinschaft verlangen kann (vgl. aber §§ 2043, 2044 BGB).

Das **gesetzliche Teilungsmodell** für die Erbengemeinschaft, das notfalls auch eingeklagt werden kann, ist in den §§ 2042 ff. BGB geregelt. Zunächst sind danach die Nachlassverbindlichkeiten zu berichtigen (§ 2046 BGB). Der Überschuss (vgl. § 2047 BGB) wird dann in erster Linie in Natur – also real – zwischen den Erben nach dem Verhältnis ihrer Erbteile (vgl. aber §§ 2050 ff. BGB) aufgeteilt (§§ 2042 Abs. 2, 752 BGB). Falls eine Realteilung nicht möglich ist, sind die gemeinschaftlichen Gegenstände – in zweiter Linie – zu veräußern, notfalls durch Zwangsverkauf (bei Grundstücken im Wege der Teilungsversteigerung, § 753 BGB iVm den §§ 180 ff. ZVG). Anschließend ist der Erlös aufzuteilen.

Daneben gibt es die (vorrangige) **einvernehmliche Erbauseinandersetzung.** Bei dieser kann ohne weiteres von den gesetzlichen Teilungsvorschriften abgewichen werden (was regelmäßig auch der Fall ist). Diese einvernehmliche Auseinandersetzung erfolgt nicht zwangsläufig durch Teilung des Nachlasses im Wege der Verfügung über Einzelgegenstände (→ Form. J.VI.2 bis 5). Vielmehr kann eine einvernehmliche Erbauseinander-

setzung auch durch Erbteilsübertragung erfolgen (→ Form. J.VI.6) oder im Wege der sog. Abschichtung (→ Form. J.VI.7).

2. Auseinandersetzungsverbot. Der Erblasser kann gem. § 2044 Abs. 1 BGB durch letztwillige Verfügung die Auseinandersetzung in Ansehung des Nachlasses oder einzelner Nachlassgegenstände ausschließen oder von der Einhaltung einer Kündigungsfrist abhängig machen. Das vom Erblasser derart einseitig bestimmte Teilungs- bzw. Auseinandersetzungsverbot hat – wie eine Teilungsanordnung gem. § 2048 BGB auch – lediglich schuldrechtlichen Charakter. **Einvernehmlich** können sich die Miterben daher über ein solches Verbot **hinwegsetzen,** sofern es nicht den Charakter einer Auflage hat (vgl. nur Palandt/*Weidlich* BGB § 2044 Rn. 3).

Untersagt werden damit sowohl Veräußerungen von Nachlassgegenständen an Dritte, als auch Teilungsmaßnahmen unter Miterben, ferner die Umwandlung von Gesamthands- in Miteigentum der Miterben (MüKoBGB/*Ann* § 2044 Rn. 8; vgl. auch Staudinger/*Löhnig* BGB § 2044 Rn. 7). Ein Teilungsverbot schränkt allerdings nicht auch das jedem Miterben (zwingend) zustehende Recht, über seinen **Erbanteil gem. § 2033 Abs. 1 BGB** zu verfügen, ein (*Weckbach* Die Bindungswirkung von Erbteilungsverboten, 1987, S. 42; vgl. auch OLG Hamburg NJW 1961, 610 [611]; aA Erman/*Bayer* BGB § 2044 Rn. 6; MüKoBGB/*Ann* § 2044 Rn. 8). Allerdings tritt der Erbteilserwerber anstelle des Miterben in die vermögensrechtliche Position am Nachlass ein und unterliegt damit auch dem angeordneten Auseinandersetzungsverbot (vgl. *Weckbach* aaO; Staudinger/*Löhnig* aaO; OLG Hamburg aaO).

3. Vermittlung der Erbauseinandersetzung/Erbauseinandersetzungsklage. Können sich die Miterben nicht einvernehmlich (→ Form. J.VI.2 Anm. 3) auf die Erbauseinandersetzung verständigen, kommt die Durchführung eines **Vermittlungsverfahrens** nach den §§ 363 ff. FamFG in Betracht. Nach dem zum 1.9.2013 in Kraft getretenen Gesetz zur Übertragung von Aufgaben im Bereich der freiwilligen Gerichtsbarkeit auf Notare v. 26.6.2013 (BGBl. 2013 I 1800) sind hierfür nunmehr die **Notare ausschließlich zuständig** (vgl. § 23a Abs. 3 GVG nF; vgl. zur notariellen Vermittlung der Erbauseinandersetzung allg. *Eberl-Borges* ErbR 2017, 590 ff.). Örtlich zuständig sind alle Notare, deren Amtssitz sich im Amtsgerichtsbezirk befindet, in dem der Erblasser seinen letzten Wohnsitz hatte (§ 344 Abs. 4a S. 1, Abs. 5 S. 1 FamFG). Fehlt es an einem inländischen Wohnsitz, ist jeder Notar zuständig, der seinen Amtssitz im Bezirk eines Amtsgerichts hat, in dem sich Nachlassgegenstände befinden (§ 344 Abs. 4a S. 2 FamFG). Sind mehrere Notare örtlich zuständig, gilt nach § 344 Abs. 4a S. 3 FamFG das Prioritätsprinzip, vorbehaltlich einer abweichenden Vereinbarung der Beteiligten nach S. 4 der Vorschrift (vgl. dazu auch *Heinemann* FGPrax 2013, 139).

Das Verfahren (vgl. dazu ausf. *Ihrig* MittBayNot 2012, 353 ff.) erstreckt sich grundsätzlich auf den gesamten noch ungeteilten Nachlass unter Einbeziehung aller Beteiligten. Der Zulässigkeit des Vermittlungsverfahrens steht aber nicht entgegen, dass bereits (beispielsweise außergerichtlich) eine Teilauseinandersetzung stattgefunden hat (*Firsching/Graf* Nachlassrecht Rn. 4898; Jansen/*Müller-Lukoschek,* FGG, 3. Aufl. 2006, § 86 Rn. 9). Daraus wird hergeleitet, dass der Wille der Beteiligten zulässigerweise auch darauf gerichtet sein könne, lediglich eine subjektiv beschränkte Teilauseinandersetzung oder eine gegenständlich beschränkte Auseinandersetzung zu vermitteln und die Erbauseinandersetzung im Übrigen noch aufzuschieben (Jansen/*Müller-Lukoschek* aaO).

Der Antrag ist **unzulässig** bei Vorhandensein eines zur Auseinandersetzung befugten Testamentsvollstreckers sowie während der Dauer der Nachlassverwaltung bzw. Nachlassinsolvenz (Staudinger/*Löhnig* BGB § 2042 Rn. 33 mwN). Das Verfahren wird durch Ladung zum Verhandlungstermin eingeleitet (§ 365 FamFG). Dabei geht dem Verhandlungstermin regelmäßig eine Verhandlung über vorbereitende Maßnahmen wie Bewer-

tung der Nachlassgegenstände, Art der Teilung bzw. des Verkaufs, usw voraus (vgl. §§ 366, 368 FamFG; *Bracker* MittBayNot 1984, 114 [115 f.]).

Vor dem Verhandlungstermin stellt dann die zuständige Behörde (Notar) einen **Auseinandersetzungsplan** auf (§ 368 FamFG). Dessen Annahme hängt von der Zustimmung aller Erben ab. Dabei gelten säumige Erben als zustimmend (vgl. §§ 368 Abs. 2, 366 Abs. 3 FamFG). Kommt auf diese Weise eine Auseinandersetzungsvereinbarung zustande, wird diese Vereinbarung für alle Beteiligten (auch für die nicht Erschienenen) bindend, wenn sie vom Notar bestätigt wird, und dient nach Eintritt der Rechtskraft des Bestätigungsbeschlusses als Vollstreckungstitel (vgl. § 371 FamFG; *Bracker* MittBayNot 1984, 114 [117]).

Erhebt aber nur ein Miterbe Widerspruch gegen den Auseinandersetzungsplan, ist das Verfahren gescheitert. Allein aus diesem Grund spielte das Vermittlungsverfahren in der Praxis – zumindest bislang – eine völlig untergeordnete Rolle.

Bei **Uneinigkeit** der Beteiligten bleibt nur die Erhebung der **Auseinandersetzungsklage.** Der Miterbe muss dazu einen Teilungsplan vorlegen und seine Miterben auf Zustimmung zu dieser Teilung verklagen. Gehören zum Nachlass Grundstücke oder grundstücksgleiche Rechte, so kann jeder Miterbe (auch ohne Klageerhebung und rein zur Vorbereitung der späteren Auseinandersetzung) die Teilungsversteigerung betreiben (§§ 2042 Abs. 2, 743 Abs. 1 BGB, § 180 ZVG). Allerdings sollten sich die Beteiligten darüber im Klaren sein, dass dieses Vorgehen regelmäßig zu starken wirtschaftlichen Einbußen gegenüber einer einvernehmlichen Erbauseinandersetzung führt, so dass eine Kooperation der Miterben in jedem Fall vorzugswürdig ist (vgl. *Sarres* ZEV 1999, 377 [379]; *Keim* RNotZ 2003, 375 [376]).

4. Umfang der Auseinandersetzung. Bei der freiwilligen Erbauseinandersetzung ist es Sache der Miterben, den Umfang der Auseinandersetzung zu regeln. Gleiches gilt für Art und Umfang der Gegenleistung und die bei der Abwicklung zu beachtenden Sicherungsmittel. Vgl. dazu die Anmerkungen zu den einzelnen Formularen.

5. Berücksichtigung von Ausgleichungspflichten zwischen den Miterben. Im Rahmen der Erbauseinandersetzung sind ggf. **Ausgleichungspflichten** iSd §§ 2050 ff. BGB zu berücksichtigen. Denn eine unentgeltliche Zuwendung des Erblassers an eigene Abkömmlinge oder Leistungen der in § 2057a BGB bezeichneten Art können bei Eintritt des Erbfalls und Durchführung der Erbauseinandersetzung Ausgleichungspflichten des Zuwendungsempfängers oder Ausgleichungsansprüche des Leistenden gegenüber den anderen Abkömmlingen des Erblassers auslösen (vgl. §§ 2050, 2057a BGB). Dies gilt nicht nur im Falle der **gesetzlichen Erbfolge,** sondern eine Ausgleichung kommt uU auch unter gewillkürten Erben in Betracht. Voraussetzung ist dafür aber nach § 2052 BGB, dass die Abkömmlinge entweder genau auf die gesetzlichen Erbteile gesetzt oder zumindest ihre (höheren oder niedrigeren) Erbteile in demselben Verhältnis wie die gesetzlichen Erbquoten zueinander bestimmt wurden.

Ausgleichungspflichten führen im Ergebnis zu einer Erhöhung des Auseinandersetzungsguthabens des ausgleichungsberechtigten Miterben und zu einer Verkürzung desjenigen des Ausgleichungspflichtigen. Jeder erhält bei der Teilung des Nachlasses damit umso weniger, als er vorzeitig empfangen hat. Ausgleichungspflichten bewirken also keine Minderung der Erbquote, sondern nur eine Verschiebung der Teilungsquote nach § 2047 Abs. 1 BGB.

Gegenstand der Ausgleichung sind die lebzeitigen Zuwendungen des Erblassers (im Falle des Berliner Testaments nach hA auch die des anderen Ehegatten; vgl. Palandt/*Weidlich* BGB § 2050 Rn. 5, § 2052 Rn. 2). Eine Ausgleichung findet kraft Gesetzes aber nur statt bei Ausstattungen iSv §§ 1624 BGB, 2050 Abs. 1 BGB und bei den Aufwendungen und Zuschüssen des Erblassers iSd § 2050 Abs. 2 BGB. Bei den anderen lebzeitigen

Zuwendungen bedarf es einer entsprechenden **Anordnung** des Erblassers, die spätestens bei der Zuwendung erfolgen muss (vgl. § 2050 Abs. 3 BGB).

Die **Durchführung der Ausgleichung** ist in den §§ 2055, 2056 BGB festgelegt und vollzieht sich in folgenden vier Schritten: Zunächst werden vom Nachlass alle Verbindlichkeiten (§ 2046 Abs. 1 BGB) sowie alle Erbteile der nicht an der Ausgleichung beteiligten Miterben (insbesondere der des Ehegatten) abgezogen. Zu dem sich hierdurch ergebenden tatsächlichen Nachlassteil der Abkömmlinge werden fiktiv die auszugleichenden Zuwendungen hinzugerechnet (die 10-Jahres-Frist nach § 2325 Abs. 3 BGB spielt insoweit keine Rolle). Anschließend wird der fiktive Nachlassteil der Abkömmlinge unter ihnen anhand ihrer Erbquoten aufgeteilt. Schließlich werden die auszugleichenden Zuwendungen bei ihren Empfängern abgezogen und so die konkreten Anteile der Abkömmlinge bestimmt.

Beispiel:

Der Erblasser wird von seiner Ehefrau, mit der er im gesetzlichen Güterstand gelebt hat, und den Kindern K1, K2 und K3 beerbt. Der Wert des Nachlasses beträgt 100.000,00 EUR. K1 hat 15.000,00 EUR, K2 hat 10.000,00 EUR auszugleichen. Die nicht an der Ausgleichung beteiligte Ehefrau erhält $^1/_2$ des Nachlasses (50.000,00 EUR) nach §§ 1931 Abs. 1, 3, 1371 Abs. 1 BGB. Den verbleibenden 50.000,00 EUR werden die Vorempfänge von 25.000,00 EUR hinzugezählt. Von den ermittelten 75.000,00 EUR erhält jeder 25.000,00 EUR, wobei für K1 nach Abzug des Vorempfangs 10.000,00 EUR und für K2 15.000,00 EUR verbleiben. Nur K3 erhält die vollen 25.000,00 EUR.

Hat ein Miterbe durch die lebzeitige Zuwendung mehr erhalten, als ihm bei der Auseinandersetzung zukommen würde, so ist er zur Herauszahlung des **Mehrbetrags** nach § 2056 Abs. 1 BGB nicht verpflichtet. Nach § 2056 S. 2 BGB wird der Nachlass in einem solchen Fall unter den übrigen Erben in der Weise geteilt, dass der Wert der Zuwendung und der Erbteil des Miterben außer Ansatz bleiben. Die übrigen Erben teilen den Nachlass im Verhältnis ihrer Erbteile zueinander.

Beispiel:

K1, K2 und K3 haben den Erblasser E zu gleichen Teilen beerbt ($^1/_3$). Der Nachlass beträgt 240.000,00 EUR. K1 hat einen Vorempfang von 150.000,00 EUR auszugleichen. Der (fiktive) Ausgleichungsnachlass gem. § 2055 BGB würde in diesem Fall 390.000,00 EUR betragen. Jeder erhielte 130.000,00 EUR. K1 hat aber mehr als seinen Erbanteil vorab erhalten. Zur Herausgabe des Mehrempfangs in Höhe von 20.000,00 EUR ist er gem. § 2056 Abs. 1 BGB nicht verpflichtet. Er und die lebzeitige Zuwendung bleiben daher unberücksichtigt. K2 und K3 teilen sich den tatsächlich vorhandenen Nachlass von 240.000,00 EUR im Verhältnis ihrer Erbteile, jeder erhält also 120.000,00 EUR.

Im Zuge der **Erbrechtsreform** 2010 waren ursprünglich auch Änderungen bei der Erbausgleichung vorgesehen (vgl. dazu *Progl* ZErb 2008, 78 ff.; *Keim* ZEV 2008, 161 ff.; *Windel* ZEV 2008, 305 ff.). Diese wurden dann aber leider nicht bzw. nur unzureichend umgesetzt (vgl. § 2057a BGB; *Keim* MittBayNot 2010, 85 ff.; *J. Mayer* ZEV 2010, 2 ff.; *Lange* DNotZ 2009, 732 ff.).

6. Erbauseinandersetzung durch den Testamentsvollstrecker. Im Regelfall ist die Erbauseinandersetzung Angelegenheit der Miterben. Die Auseinandersetzung kann aber aufgrund Erblasseranordnung auch Aufgabe eines (oder mehrerer) Testamentsvollstrecker, eines Dritten (gem. § 2048 S. 2 BGB) oder eines Schiedsgerichts sein.

Die letzten beiden Varianten spielen in der Praxis keine bedeutende Rolle. Häufig fällt die Auseinandersetzung aber in den Aufgabenbereich eines **Testamentsvollstreckers.** Dies gilt va, wenn es sich um notariell beurkundete Verfügungen von Todes wegen handelt, in denen dieses Rechtsinstitut aufgrund seiner vielfältigen Vorteile häufig zur Anwendung gelangt. Eine Auseinandersetzung des Nachlasses durch einvernehmliche Vereinbarung der Miterben ohne Zustimmung des Testamentsvollstreckers ist dann ausgeschlossen. Außerdem ist der Testamentsvollstrecker (anders als die

Miterben) gem. § 2204 Abs. 1 BGB zur Auseinandersetzung **verpflichtet**, soweit der Erblasser kein Teilungsverbot (§ 2044 BGB) verfügt hat.

Ist der Testamentsvollstrecker allerdings nicht über den ganzen Nachlass, sondern nur über den Erbteil eines Miterben eingesetzt, steht ihm die Befugnis zur Auseinandersetzung nicht zu. Er kann dann nur an Stelle des Miterben, dessen Erbteil von ihm verwaltet wird, von den anderen Miterben Mitwirkung bei der Auseinandersetzung verlangen (Soergel/*Wolf* BGB § 2042 Rn. 3 mwN). Außerdem ist die Auseinandersetzung des Nachlasses nicht Aufgabe des Testamentsvollstreckers, wenn es sich um eine reine Verwaltungsvollstreckung handelt (vgl. § 2209 S. 1 BGB) oder dem Testamentsvollstrecker diese Befugnis iSd § 2208 Abs. 1 BGB entzogen worden ist.

Die Auseinandersetzung durch den Testamentsvollstrecker erfolgt derart, dass dieser zunächst einen **Auseinandersetzungsplan** (vgl. § 2204 Abs. 2 BGB) erstellt. Dabei hat er die Anordnungen des Erblassers zu beachten (vgl. § 2203 BGB). Sind solche nicht vorhanden, kann er die Erbauseinandersetzung nach billigem Ermessen vornehmen, wenn er hierzu iSv § 2048 S. 2 BGB befugt ist. Ist dies nicht der Fall, gelten grundsätzlich die gesetzlichen Teilungsregeln nach den §§ 2042 bis 2056 BGB (vgl. § 2204 Abs. 1 BGB). Dies bedeutet ua, dass zunächst die Nachlassverbindlichkeiten zu berichtigen sind und dass Vorempfänge der einzelnen Miterben im Rahmen der Erbauseinandersetzung nach Maßgabe der §§ 2050 ff. BGB auszugleichen sind (vgl. dazu *Enzensberger/Klinger* NJW-Spezial 2006, 61). Nach hA ist der Testamentsvollstrecker außerdem an die gesetzlichen Teilungsvorschriften der § 2042 Abs. 2, §§ 752–754 BGB gebunden (OLG Karlsruhe NJW-RR 1994, 905 [906]; *Eberl-Borges* S. 100 ff.; diff. MüKoBGB/*Zimmermann* § 2204 Rn. 2). Er kann daher nicht die Zuteilung einzelner unteilbarer Gegenstände an Miterben vornehmen. Allerdings gilt der Testamentsvollstrecker nach hA entgegen § 753 BGB als zum freihändigen Verkauf berechtigt, da eine Zwangsversteigerung im Zweifel nicht dem Willen des Erblassers entsprechen würde (RGZ 108, 289 [290]; *Muscheler* AcP 195 (1995), 35 [67]; Staudinger/*Reimann* BGB § 2204 Rn. 32; *Keim* RNotZ 2003, 375 [376]; aA NK-BGB/*Eberl-Borges* Vorb. §§ 2042–2057a Rn. 12).

Hat der Testamentsvollstrecker den Auseinandersetzungsplan erstellt, dann hat er hierzu noch die Erben anzuhören, § 2204 Abs. 2 BGB. Anschließend wird der Plan für verbindlich erklärt und durch den Testamentsvollstrecker ausgeführt (durch Übereignung von Nachlassgegenständen, Abtretung von Forderungen, usw).

Bei minderjährigen oder betreuten Miterben bedarf der vom Testamentsvollstrecker erstellte Auseinandersetzungsplan (anders als die Auseinandersetzungsvereinbarung der Miterben; vgl. → Anm. 9) nicht der Genehmigung des Familien- oder Betreuungsgerichts, weil der Testamentsvollstrecker nur den Willen des Erblassers vollstreckt. Weicht der Auseinandersetzungsplan aber im Einvernehmen mit den Erben von den Anordnungen des Erblassers ab, muss die Genehmigung des Gerichts eingeholt werden, da die Wirksamkeit des Plans dann auf die Zustimmung der Erben zurückgeht (BGHZ 56, 275 [284] = NJW 1971, 1805; MüKoBGB/*Zimmermann* § 2204 Rn. 9).

Dem Teilauseinandersetzungsverlangen einzelner Miterben hat der Testamentsvollstrecker nicht nachzugeben (*Klinger/Roth* NJW-Spezial 2006, 541). Seine Aufgabe ist vielmehr die vollständige Auseinandersetzung des Nachlasses. Der Testamentsvollstrecker kann aber zur Teilauseinandersetzung verpflichtet sein, wenn die Voraussetzungen des § 2217 BGB vorliegen, der Testamentsvollstrecker also den Gegenstand zur Erfüllung seiner Aufgaben offenbar nicht benötigt (*Klinger/Roth* NJW-Spezial 2006, 541).

7. Erbauseinandersetzung bei Vor- und Nacherbschaft. Handelt es sich um eine **nicht befreite** Vorerbschaft, darf der Vorerbe grundsätzlich nicht über nachlasszugehörigen Grundbesitz verfügen (vgl. § 2113 Abs. 1 BGB). Eine Verfügung über Grundbesitz, auch im Wege der Nachlassauseinandersetzung, ist daher über den Eintritt der Nacherbfolge hinaus nur dann wirksam, wenn die Nacherben (nicht auch die Ersatznacherben) dieser

Verfügung **zustimmen** oder die Verfügung der Erfüllung einer (gültigen) **Teilungsanordnung** oder eines **Vermächtnisses** des Erblassers dient (vgl. KG JFG 22, 98 [100]; OLG Hamm Rpfleger 1984, 312; BayObLG FamRZ 1992, 728 [729]; BayObLGZ 1994, 312 [314]). Denn nur dann wird durch eine solche Grundstücksverfügung entgegen § 2113 Abs. 1 BGB das Recht der Nacherben nicht beeinträchtigt.

Problematisch sind auch Verfügungen des **befreiten** Vorerben, sofern diese unentgeltlich oder teilentgeltlich erfolgen (vgl. § 2113 Abs. 2 BGB). Liegt also eine teilweise unentgeltliche Übertragung an einen anderen Miterben vor, dh erhält dieser mehr, als ihm aufgrund seines Erbteils zusteht und liegt auch subjektiv eine Einigung über die Unentgeltlichkeit vor, kann die Verfügung mit Eintritt des Nacherbfalls gem. § 2113 Abs. 2 BGB unwirksam werden. Daher ist auch in solchen Fällen die Einholung der Zustimmungserklärungen der Nacherben erforderlich, wenn der Gegenstand (endgültig) wirksam aus der gesamthänderischen Bindung der Vormiterben ausscheiden soll.

Außerdem bleibt zu berücksichtigen, dass ein Grundstück, das von einem (selbständig durch Nacherbfolge beschränkten) Vormiterben im Wege der Auseinandersetzung des Nachlasses erworben wird, der Nacherbenbeschränkung „seiner" Nacherben unterliegt, **soweit es gem. § 2111 BGB mit Mitteln des Nachlasses erworben wurde** (BGH NJW-RR 2001, 217 ff.; RGZ 89, 53 ff.; BGH NJW 1969, 2043 [2044]; OLG Celle NJW 1968, 801 [802]; BayObLGZ 1986, 208 [213]; OLG Hamm ZEV 1995, 336 [337]; KG DNotZ 1993, 607 [609]; Palandt/*Weidlich* BGB § 2111 Rn. 7). Bei der Eigentumsumschreibung auf einen der Vorerben wäre dann zwar der ursprünglich eingetragene Nacherbenvermerk von Amts wegen zu löschen; es ist aber ebenfalls von Amts wegen ein **neuer Nacherbenvermerk (nur) zugunsten der Nacherben des erwerbenden Vormiterben** einzutragen (KG DNotZ 1993, 607 [609]; vgl. auch BayObLGZ 1986, 208 [213]; OLG Hamm ZEV 1995, 335 [338]).

Beispiel:

Der Erblasser hat seine beiden Kinder S und T zu befreiten Vor-Miterben zu je $^1/_2$ eingesetzt und beide durch Nacherbfolge zugunsten der jeweiligen Abkömmlinge beschränkt. Setzen sich S und T jetzt über den Nachlass derart auseinander, dass S das Hausgrundstück zu Alleineigentum (und T die anderen Nachlassgegenstände) erwirbt, ist bei der Eigentumsumschreibung auf S der eingetragene Nacherbenvermerk (zugunsten der Abkömmlinge beider Vorerben) zu löschen. Gleichzeitig ist ein neuer Nacherbenvermerk nur zugunsten der Abkömmlinge des S einzutragen.

Soll der Vormiterbe das Grundstück ohne weitere Nacherbenbindung erwerben, ist dazu ein sog. **Eigenerwerb des Vorerben** erforderlich. Eine derartige Überführung des Eigentums in das Eigenvermögen des Vorerben ist nach nunmehr hA zulässig und zwar derart, dass der Gegenstand mit Zustimmung der Nacherben (nicht auch der Ersatznacherben) endgültig aus der Nacherbenbindung gelöst wird (BGH NJW-RR 2001, 217 ff. = DNotZ 2001, 392; BayObLG NJW-RR 2005, 956 = DNotZ 2005, 790 = RNotZ 2005, 368 mAnm *Keim*; OLG Hamm NJW-RR 2016, 1103 = ZEV 2016, 638 mAnm *Litzenburger*; *Ivo* EE 2006, 73 ff.; *Friederich,* Rechtsgeschäfte zwischen Vorerben und Nacherben, 1998, S. 260 ff., 276 ff.; *Hartmann* ZEV 2009, 107 [111]; *Heskamp* RNotZ 2014, 517 ff.; *Keim* DNotZ 2016, 751 [759]; die früher hA hielt hierfür eine Doppelübereignung zwischen Vor- und Nacherben für erforderlich; vgl. *Maurer* DNotZ 1981, 225 [229 f.]). Da im Regelfall nicht unterstellt werden kann, dass eine Mitwirkung der Nacherben an einer „Auseinandersetzungsvereinbarung" bzw. die Zustimmung zu einer Verfügung zugleich ihren Verzicht auf sämtliche Rechte an dem betroffenen Gegenstand (auch hinsichtlich des Surrogates) beinhaltet, sollte der auf Herbeiführung des Eigenerwerbs des Vorerben gerichtete Wille der Beteiligten deutlich in der Urkunde dokumentiert werden (und ggf. von Seiten der Nacherben ausdrücklich auf die Eintragung eines (neuen) Nacherbenvermerks verzichtet werden).

8. Beteiligung Dritter. Die Auseinandersetzung der Erbengemeinschaft erfolgt – sofern es sich nicht um eine bloße Erbteilsübertragung handelt – durch Vereinbarung zwischen allen **Miterben** und ggf. den Erbteilserwerbern, die an die Stelle von Miterben getreten sind. **Stellvertretung** der Miterben ist grundsätzlich möglich; dabei ist aber § 181 BGB zu beachten.

Ist der Erbteil an einen Gläubiger **verpfändet** worden, so muss dieser neben den Miterben gem. §§ 1273 Abs. 2, 1258 Abs. 2 BGB dem Vertrag zustimmen. § 1258 BGB gilt aber nicht, wenn es sich um ein Pfändungspfandrecht handelt; der Miterbenschuldner, dessen Anteil gepfändet ist, kann sich nach Pfändung und Überweisung nicht mehr an der Auseinandersetzung beteiligen (*Keim* RNotZ 2003, 375 [378]; MüKoBGB/*Ann* § 2042 Rn. 32). Zustimmen muss ferner ein **Nießbraucher** am Erbteil in entsprechender Anwendung von § 1071 BGB, ebenso wie der Testamentsvollstrecker über einen Erbteil oder der Insolvenzverwalter über das Vermögen eines Miterben (Soergel/*Wolf* BGB § 2042 Rn. 30).

Sind einzelne **Miterben unbekannt**, dann kann ein Nachlasspfleger, der nur Nachlasspfleger über einen Erbteil ist (was zulässig ist), den oder die unbekannten Erben, für die er eingesetzt ist, bei der Auseinandersetzung vertreten (KG NJW 1971, 565; Soergel/*Stein* BGB § 1960 Rn. 26 mwN; *Zimmermann* Die Nachlasspflegschaft Rn. 406 mwN). Nach wohl hA kann allerdings ein Nachlasspfleger nicht allein zum Zweck der Auseinandersetzung mit bekannten Miterben bestellt werden, da es sich hierbei nicht um eine Maßnahme der Nachlasssicherung handelt (KG NJW 1971, 565; Soergel/*Stein* BGB § 1960 Rn. 27 mwN).

9. Vertretungsverbote. Die Bestellung eines **Ergänzungspflegers** (§ 1909 BGB) oder **Ergänzungsbetreuers** (§ 1899 Abs. 4 BGB) ist erforderlich, wenn eine Erbauseinandersetzung zwischen den Mitgliedern einer Erbengemeinschaft vorgenommen werden soll, an der ein **Minderjähriger** oder **Betreuter** und dessen gesetzlicher Vertreter (bzw. im Falle des § 1795 Abs. 1 Nr. 1 BGB der Ehegatte, Lebenspartner oder einer der Verwandten in gerader Linie des gesetzlichen Vertreters) beteiligt sind (vgl. §§ 1795 Abs. 2, 181, 1629 Abs. 2, 1908i Abs. 1 S. 1 BGB; OLG Saarbrücken Rpfleger 1999, 535; OLG Koblenz OLGR 2006, 1003; *Sonnenfeld* NotBZ 2001, 322 [324] mwN). Denn dann tritt der gesetzliche Vertreter (unzulässigerweise) auf beiden Seiten des Rechtsgeschäfts auf, auf der einen Seite im eigenen Namen, auf der anderen Seite im Namen des Vertretenen.

Dabei muss bei der Beteiligung mehrerer Minderjähriger in der Erbengemeinschaft für jedes Kind ein besonderer Pfleger bestellt werden, da jeder Miterbe bei der Erbauseinandersetzung wiederum als Vertragsgegner der anderen Miterben auftritt (vgl. BGHZ 21, 229 ff.; Staudinger/*Löhnig* BGB § 2042 Rn. 19; Lange/*Kuchinke* § 44 III 4 c mwN). Die Vertretungsverbote greifen jedoch nicht ein, wenn das Rechtsgeschäft ausschließlich in der **Erfüllung einer Verbindlichkeit** besteht; dies ist der Fall, wenn ausschließlich Vermächtnisse und Teilungsanordnungen des Erblassers erfüllt werden, da auch letztere die schuldrechtliche Verpflichtung beinhalten, die Erbauseinandersetzung entsprechend vorzunehmen. Gleiches gilt, wenn die Auseinandersetzung exakt nach Maßgabe der gesetzlichen Vorschriften (§§ 2042 ff., 752 ff. BGB) vorgenommen wird, da in diesem Fall die Rechtshandlungen des gesetzlichen Vertreters ausschließlich in Erfüllung der gesetzlichen Pflicht der Erben erfolgen, an der Auseinandersetzung iSv § 2042 Abs. 1 BGB mitzuwirken (BGHZ 21, 229 [232]; Staudinger/*Löhnig* § 2042 Rn. 19).

Fraglich ist, ob die Vertretungsverbote bereits für eine **Grundstücksveräußerung im Vorfeld der Erbauseinandersetzung** gelten. Hier ist wie folgt zu differenzieren: Für den Abschluss des Kaufvertrages und die Erklärung der Auflassung (§§ 1821 Abs. 1 Nr. 1, 4 BGB, §§ 1643, 1908i Abs. 1 S. 1 BGB) muss grundsätzlich kein Ergänzungspfleger (§ 1909 BGB) oder Ergänzungsbetreuer (§ 1899 Abs. 4 BGB) bestellt werden. Denn es liegen von Seiten der Miterben bzw. des Vertreters (oder seines Ehegatten oder Verwandten) lediglich

gleichgerichtete (parallele) Willenserklärungen vor, so dass kein unzulässiges **Insich-Geschäft** iSd § 181 BGB gegeben ist. Auch hinsichtlich des Kaufpreises liegt keine Erbauseinandersetzung vor, wenn dieser auf ein Konto der Erbengemeinschaft zu zahlen ist, da in diesem Fall das aus dem Verkauf erlöste Surrogat weiter der Erbengemeinschaft zusteht (vgl. OLG Frankfurt NJW-RR 2007, 1308 = ZEV 2007, 581; OLG Stuttgart Rpfleger 2003, 501; OLG Hamm NotBZ 2014, 57 f.; *Ott*, DNotZ 2017, 646 [650]). Soll der Kaufpreis dagegen direkt nach Quoten an die einzelnen Miterben überwiesen werden, handelt es sich um eine Erbauseinandersetzung, da im Anschluss an diese Zahlung diesbezüglich kein gemeinschaftliches Vermögen mehr gegeben ist. Daher liegt bei einer Veräußerung, bei der **zugleich die Erlösverteilung** unter den Miterben **geregelt** wird, nach hA ein unzulässiges Insich-Geschäft vor, so dass anstelle des gesetzlichen Vertreters ein Ergänzungspfleger (bzw. Ergänzungsbetreuer) für den Minderjährigen (bzw. Betreuten) handeln muss (vgl. Gutachten DNotI-Report 2002, 107 f.; Müller/Renner/*G. Müller* Betreuungsrecht und Vorsorgeverfügungen in der Praxis Rn. 139; vgl. auch Lange/*Kuchinke* § 44 III 4c; *Ott* DNotZ 2017, 646 ff.). Auch die Ausnahme „Erfüllung einer Verbindlichkeit" greift nicht ein, da es sich bei der freihändigen Veräußerung mit anschließender Erlösverteilung nicht um eine Art der Erbauseinandersetzung handelt, die streng nach den gesetzlichen Vorschriften der §§ 2042 ff. BGB (die bei Grundstücken Veräußerung im Wege der Zwangsversteigerung vorsehen) erfolgt.

10. Genehmigungserfordernisse. Gem. **§ 1822 Nr. 2 BGB** bedarf der Vormund zu einem Erbteilungsvertrag der Genehmigung des Familiengerichts. Genehmigungsbedürftig ist damit auch ein Erbauseinandersetzungsvertrag und zwar gleichgültig, ob er gerichtlich oder außergerichtlich, schuldrechtlich oder bereits dinglich erfolgt, ob die Erbengemeinschaft dadurch im Ganzen oder nur bezüglich eines Nachlassgegenstandes aufgehoben wird (MüKoBGB/*Kroll-Ludwigs* § 1822 Rn. 10). Schließlich spielt es in diesem Zusammenhang keine Rolle, ob die Auseinandersetzung inhaltlich einer letztwilligen Verfügung des Erblassers entspricht oder der gesetzlichen Regelung (§§ 2042 Abs. 2, 752 ff. BGB) folgt (Palandt/*Götz* BGB § 1822 Rn. 4; Erman/*Schulte-Bunert* BGB § 1822 Rn. 4). Die Vorschrift gilt außer für den Vormund auch für Pfleger (§ 1915 BGB) und den Betreuer (§ 1908i Abs. 1 S. 1 BGB), **nicht aber für Eltern** (vgl. § 1643 Abs. 1 BGB). Die Eltern bedürfen daher grundsätzlich keiner Genehmigung für den Abschluss eines Auseinandersetzungsvertrages für ihr Kind (Staudinger/*Löhnig* BGB § 2042 Rn. 18). Gleichwohl kann der Vertrag oder sein Vollzug genehmigungspflichtig sein, wenn hierin ein nach §§ 1821, 1822 Nr. 1, 3, 5, 8–11 BGB genehmigungspflichtiges Rechtsgeschäft vorgenommen wird. So ist der Vertrag beispielsweise nach § 1821 Abs. 1 Nr. 1 BGB genehmigungspflichtig, wenn im Rahmen der Erbauseinandersetzung über ein Grundstück verfügt werden soll, das im Gesamthandseigentum des Minderjährigen steht (MüKoBGB/*Kroll-Ludwigs* § 1822 Rn. 10, § 1821 Rn. 20).

Zur Erleichterung der späteren Vertragsabwicklung empfiehlt sich in den Fällen, in denen ein Genehmigungserfordernis besteht, die Aufnahme einer sog. **Doppelvollmacht** in die Vereinbarung. Mithilfe dieser Doppelvollmacht kann später die Einhaltung des Verfahrens nach § 1829 BGB in öffentlicher Form nachgewiesen werden.

Im Hinblick auf die **Genehmigungsfähigkeit** ist zu prüfen, ob das Rechtsgeschäft unter Berücksichtigung aller Umstände im Interesse des Minderjährigen oder Betreuten liegt. Dabei ist hauptsächlich zu prüfen, ob der Minderjährige für die Aufgabe seines Gesamthandsanteils ein geeignetes und ausreichendes Äquivalent enthält. Daher ist die Erbauseinandersetzungsvereinbarung beispielsweise nicht genehmigungsfähig, wenn ein minderjähriger Miterbe im Zusammenhang mit der Erbauseinandersetzung durch Bildung von Bruchteilseigentum hinsichtlich eines Grundstück ohne jede Gegenleistung für andere Miterben (oder Dritte) ein dingliches Nutzungsrecht bestellt (vgl. OLG Zweibrücken OLGR 2006, 1002 = ZErb 2007, 153).

Außerdem ist nach hA die Auseinandersetzung einer Erbengemeinschaft **als Gesamtvermögensgeschäft gem. § 1365 BGB** (bzw. § 6 S. 2 LPartG) **zustimmungspflichtig**, wenn hierbei über das wesentliche Vermögen eines Ehegatten (bzw. eines eingetragenen Lebenspartners) verfügt wird (BGHZ 35, 135 [143 ff.] = NJW 1961, 1301; OLG Celle NJW 1960, 437 f.; Staudinger/*Thiele* BGB § 1365 Rn. 44; Bamberger/Roth/*J. Mayer* BGB § 1365 Rn. 19; aA nur MüKoBGB/*Koch* § 1365 Rn. 78, da durch die Zustimmungspflicht die an sich auf Auseinandersetzung angelegte Erbengemeinschaft normzweckwidrig perpetuiert würde). Etwas anderes gilt nur dann, wenn die Auseinandersetzung genau entsprechend einer Teilungsanordnung oder einem Vorausvermächtnis oder nach den gesetzlichen Bestimmungen der §§ 2042, 752 BGB (auch durch reale Aufteilung des Grundstücks unter den Miterben entsprechend ihrem Gesamthandsanteil) erfolgt (vgl. OLG München FamRZ 1971, 93; Bamberger/Roth/*J. Mayer* aaO; Palandt/*Brudermüller* BGB § 1365 Rn. 4). Da diese Rechtsansicht aber nicht unumstritten ist, dürfte es sich in der Praxis empfehlen, sicherheitshalber die Zustimmung des anderen Ehegatten auch in den Fällen der Bildung von Bruchteilseigentum einzuholen, wenn sich das Rechtsgeschäft als Gesamtvermögensgeschäft darstellt (so auch *Keim* RNotZ 2003, 375 [379]).

Eine Bestätigung nach § 28 Abs. 1 S. 2, 3 BauGB ist dagegen nicht erforderlich, da es sich bei der Auseinandersetzung einer Erbengemeinschaft, auch wenn sie entgeltlich erfolgt, nicht um einen Verkauf iSd § 24 BauGB handelt (vgl. Battis/Krautzberger/Löhr/*Reidt* BauGB § 24 Rn. 16).

11. Form. → Form. J.VI.2 Anm. 4.

2. Vollständige Erbauseinandersetzung

[Notarieller Urkundeneingang]

1. Herr . . . . . ., geboren am . . . . . ., wohnhaft in . . . . . ., nach Angabe . . . . . ., (A)
2. Frau . . . . . ., geborene . . . . . ., geboren am . . . . . ., wohnhaft in . . . . . ., nach Angabe . . . . . ., (B)
3. Herr . . . . . ., geboren am . . . . . ., wohnhaft in . . . . . ., nach Angabe . . . . . . (C)

Die Beteiligten haben sich ausgewiesen durch Vorlage . . . . . .

Das Grundbuch wurde eingesehen.

Auf Ansuchen der Beteiligten beurkunde[4] ich ihren bei gleichzeitiger Anwesenheit abgegebenen Erklärungen gemäß folgenden

Erbauseinandersetzungsvertrag:[3]

§ 1 Grundbuch- und Sachstand[1]

1. Im Grundbuch des Amtsgerichts . . . . . . für . . . . . . Blatt . . . . . . sind A, B und C als Eigentümer in Erbengemeinschaft des folgenden Grundbesitzes eingetragen:
Gemarkung . . . . . .
Fl. Nr. . . . . . .
Der Grundbesitz ist im Grundbuch belastet, wie folgt: . . . . . .
2. Im Handelsregister des Amtsgerichts . . . . . . ist unter HRB . . . . . . die . . . . . . – GmbH mit dem Sitz in . . . . . . eingetragen. Das Stammkapital der Gesellschaft beträgt 25.000,– EUR und ist nach Angabe der Beteiligten vollständig einbezahlt. Die Gesellschaft hat nach Angabe der Beteiligten keinen Grundbesitz.

Nach Angabe der Beteiligten ist die aus A, B und C bestehende Erbengemeinschaft Inhaber eines Geschäftsanteils mit der Nummer 1 zu 12.500,00 EUR. Inhaberin eines weiteren Geschäftsanteils mit der Nummer 2 zu 12.500,00 EUR ist B.
Die aktuell im Handelsregister eingestellte Gesellschafterliste lag bei Beurkundung vor. Diese Liste besteht seit drei Jahren unverändert. Ein Widerspruch iSd § 16 Abs. 3 GmbHG ist der Liste nicht zugeordnet.
Nach Angabe der Beteiligten hat der Erblasser für Verbindlichkeiten der Gesellschaft keine persönlichen Sicherheiten geleistet, insbesondere keine Bürgschaftserklärungen, Schuldbeitritte oder abstrakte Schuldanerkenntnisse abgegeben und auch keine dinglichen Sicherheiten am eigenen Vermögen für Verbindlichkeiten der Gesellschaft bestellt.
Nach Angabe der Beteiligten ist der Geschäftsanteil weder gepfändet, verpfändet, abgetreten oder mit sonstigen Rechten anderer Personen belastet.

3. Nach Angabe der Beteiligten ist die aus A, B und C bestehende Erbengemeinschaft weiterhin Inhaber folgender Bankkonten:
   Konto Nummer . . . . . . bei . . . . . ., derzeit valutiert in Höhe von . . . . . ., sowie
   Konto Nummer . . . . . . bei . . . . . ., derzeit valutiert in Höhe von . . . . . .
4. Die in Abs. 1 bis 3 näher bezeichneten Vermögenswerte standen ursprünglich im Eigentum von X. Dieser ist am . . . . . . verstorben und hat eine Verfügung von Todes wegen nicht hinterlassen. Gemäß Erbschein des Amtsgerichts – Nachlassgericht – . . . . . . vom . . . . . . (Az: . . . . . .) wurde X durch A, B und C als gesetzliche Erben zu je einem Drittel beerbt.
5. Nach Angabe der Beteiligten ist neben den in Abs. 1 bis 3 näher bezeichneten Vermögensgegenständen weiteres erbengemeinschaftliches Vermögen nicht mehr vorhanden. Die Erbengemeinschaft wurde insoweit bereits auseinandergesetzt. Andere als die in § 4 Abs. 2 dieser Urkunde genannten Verbindlichkeiten sind nach Angabe der Beteiligten nicht mehr vorhanden; diese wurden bereits getilgt.

§ 2 Übertragung

Die Erbengemeinschaft[2] bestehend aus A, B und C

– nachstehend „Veräußerer" genannt –

überträgt[3]

1. den in § 1 Abs. 1 dieser Urkunde näher bezeichneten Grundbesitz mit allen Rechten, Pflichten und gesetzlichen Bestandteilen an A
   – nachstehend „Erwerber" genannt –
   zum Alleineigentum.
   A nimmt die Übertragung hiermit an.
2. den in § 1 Abs. 2 dieser Urkunde näher bezeichneten Geschäftsanteil mit der Nummer 1 in Höhe von 12.500,00 EUR mit allen Rechten und Pflichten an B
   – nachstehend ebenfalls „Erwerber" genannt –
   zur Alleininhaberschaft.
   B nimmt die Übertragung hiermit an.
3. die in § 1 Abs. 3 dieser Urkunde näher bezeichneten Bankkonten mit allen Rechten und Pflichten, insbesondere den sich aus den Konten ergebenden Forderungen, an C
   – nachstehend ebenfalls „Erwerber" genannt –
   zur Alleininhaberschaft.
   C nimmt die Übertragung hiermit an.

§ 3 Auflassung, Abtretung,[3] Grundbuchanträge

1. Die Vertragsteile sind darüber einig, dass das Eigentum an dem in § 1 Abs. 1 dieser Urkunde näher bezeichneten Grundbesitz von dem Veräußerer auf A zum Alleineigentum übergeht.
   Diese unbedingte Auflassung enthält keine Eintragungsbewilligung und keinen Eintragungsantrag. Die Vertragsteile erteilen dem amtierenden Notar, seinem amtlich bestellten Vertreter oder Nachfolger im Amt, unwiderrufliche und unbedingte Vollmacht, die Eintragungsbewilligung zum Grundbuch wegen des Eigentumsübergangs abzugeben und die Umschreibung zu beantragen. Der Notar darf dies im Innenverhältnis jedoch erst, wenn ihm die in § 4 Abs. 3 dieser Urkunde genannte Bestätigung der .....-Bank vorliegt.
2. Die Eintragung einer Auflassungsvormerkung wird von allen Beteiligten bewilligt, derzeit aber nicht beantragt.[5] A ist berechtigt, jederzeit Eintragungsantrag zu stellen. Auf die mit diesem Vorgehen verbundenen Risiken wurden die Beteiligten hingewiesen.
3. Das Grundbuchamt wird um Vollzugsmitteilung an den Notar gebeten.
4. In Erfüllung der in § 2 Abs. 2 näher bezeichneten Verpflichtung tritt der Veräußerer seinen in § 1 Abs. 2 dieser Urkunde näher bezeichneten Geschäftsanteil mit der Nummer 1 in Höhe von 12.500,00 EUR an der .....-GmbH mit sofortiger Wirkung an B zur alleinigen Berechtigung ab. B nimmt die Abtretung an. Die Vereinbarung aufschiebender bzw. auflösender Bedingungen wird durch die Beteiligten nicht gewünscht.
5. Weiter tritt der Veräußerer in Erfüllung der in § 2 Abs. 3 näher bezeichneten Verpflichtung sämtliche ihm zustehenden Rechte an den in § 1 Abs. 3 dieser Urkunde näher bezeichneten Bankkonten an C ab. C nimmt die Abtretung an. Die Vereinbarung aufschiebender bzw. auflösender Bedingungen wird durch die Beteiligten nicht gewünscht.

§ 4 Rechtsgrund,[3] Erfüllungsübernahme[6]

1. Die Übertragungen erfolgen zur Auseinandersetzung der in § 1 Abs. 4, 5 dieser Urkunde näher bezeichneten Erbengemeinschaft.
2. Der Wert des Grundstücks beträgt nach Angabe der Beteiligten 100.000,00 EUR. Der Geschäftsanteil an der .....-GmbH sowie die Bankkonten haben einen Wert von jeweils 25.000,00 EUR.
   Die in § 1 Abs. 1 genannte Grundschuld zu ..... EUR für die ..... sichert nach Angabe der Beteiligten ausschließlich das Darlehen Nummer ..... bei der ....., das derzeit noch in Höhe von 75.000,00 EUR valutiert.
3. A übernimmt anstelle des Veräußerers die in § 1 Abs. 1 genannte Grundschuld samt Zinsen und Nebenleistungen zur weiteren dinglichen Duldung. Soweit dem Veräußerer Eigentümerrechte bzw. Rückgewähransprüche zustehen, tritt er diese – aufschiebend bedingt mit Eigentumsumschreibung – an den Erwerber ab, der die Abtretung annimmt. Die Eintragung der Abtretung der Eigentümerrechte im Grundbuch wird bewilligt.
   Weiter übernimmt A gegenüber der ..... (Grundschuldgläubiger) für einen sofort fälligen Betrag in Höhe von EUR ..... nebst Zinsen in Höhe von .....% ab ..... (Daten und Zinsbeginn entsprechend der übernommenen Grundschuld) auch die volle persönliche Haftung und unterwirft sich wegen dieser Zahlungsverpflichtung der sofortigen Zwangsvollstreckung aus dieser Urkunde in sein gesamtes Vermögen. Der Gläubiger ist berechtigt, den Erwerber aus dieser persönlichen Haftung schon vor der Vollstreckung in das Pfandobjekt in Anspruch zu nehmen. Auf Verlangen kann

der Notar ohne weitere Nachweise eine vollstreckbare Ausfertigung dieser Urkunde erteilen.
A verpflichtet sich, den Veräußerer mit Wirkung ab heute von jeder Inanspruchnahme aus dem oben genannten Darlehen Nummer ...... freizustellen. Es ist dabei Sache des Erwerbers, die Art der Freistellung zu wählen (zB befreiende Schuldübernahme, Ablösung des Darlehens). Die Beteiligten wurden darauf hingewiesen, dass zur Durchführung dieser Verpflichtung eine Mitwirkung des Darlehensgläubigers erforderlich ist und bis dahin der Veräußerer weiterhin haftet.
Die Beteiligten beauftragen den Notar, den Darlehensgläubiger unter Übersendung einer einfachen Abschrift dieser Urkunde von der Freistellungsverpflichtung und der Abtretung der Eigentümerrechte zu verständigen und um Abgabe einer Erklärung zu bitten, dass
- B und C aus jeglicher Haftung aus dem genannten Darlehen Nummer ...... entlassen sind;
- B und C aus jeglicher Haftung aus der Grundschuldbestellungsurkunde, insbesondere aus dem abstrakten Schuldanerkenntnis nebst Zwangsvollstreckungsunterwerfung, im Außenverhältnis entlassen sind;
- die Grundschuld zu ...... EUR, die in der Grundschuldbestellungsurkunde enthaltenen Sicherungsmittel und das in dieser Urkunde enthaltene abstrakte Schuldversprechen künftig nur Verbindlichkeiten von A sichern.

4. Die Beteiligten sind darüber einig, dass mit Erfüllung der Vereinbarungen in dieser Urkunde zwischen ihnen keine Rechte und Ansprüche mehr im Hinblick auf die Erbengemeinschaft nach X bestehen. Einen hierin etwa liegenden Verzicht nehmen die Beteiligten wechselseitig an.

§ 5 Sonstige Regelungen hinsichtlich des Grundstücks[7]

1. Besitz, Nutzen, die Steuern und sonstige öffentliche Lasten und Abgaben aller Art, die Verkehrssicherungspflicht, die Gefahr des zufälligen Untergangs und einer zufälligen Verschlechterung hinsichtlich des Grundstücks Fl. Nr. ...... der Gemarkung ...... sind mit Beginn des heutigen Tages auf A übergegangen.
2. Der Grundbesitz und die aufstehenden Gebäude sind nicht vermietet und nicht verpachtet.
3. Der Veräußerer übernimmt hinsichtlich des genannten Grundbesitzes sowie der aufstehenden Gebäude für Sachmängel aller Art keine Haftung. Er haftet also insbesondere nicht für die Richtigkeit der Flächengröße, die Bodenbeschaffenheit, den Bauzustand bestehender Gebäude und die Verwertbarkeit des Grundbesitzes und der aufstehenden Gebäude für die Zwecke des Erwerbers.
Der Veräußerer haftet für ungehinderten Besitz- und lastenfreien Übergang des vertragsgegenständlichen Grundbesitzes, soweit in dieser Urkunde nichts anderes bestimmt ist.
Der Erwerber übernimmt die in § 1 Abs. 1 dieser Urkunde aufgeführten Belastungen in Abteilung II des Grundbuchs zur weiteren dinglichen Duldung unter Eintritt in die jeweils zugrundeliegenden schuldrechtlichen Verpflichtungen.
4. Unabhängig von der Haftung des jeweiligen Eigentümers trägt im Innenverhältnis der Erwerber die Erschließungsbeiträge für Erschließungslasten nach dem Baugesetzbuch sowie alle sonstigen einmaligen, den vertragsgegenständlichen Grundbesitz betreffenden öffentlichen Lasten, wie Anschlussbeiträge und Kommunalabgaben, die ab heute in Rechnung gestellt werden oder die bereits in Rechnung gestellt, derzeit aber noch nicht beglichen sind; gleiches gilt für wiederkehrende Beiträge. Dem Erwerber werden sämtliche Ansprüche des Veräußerers (als Gesamtrechtsnachfolger nach X) aus Vorausleistungen bzw. auf Rückerstattung abgetreten. Den Vertragsteilen ist bekannt,

dass zur Wirksamkeit der Abtretung eine Anzeige an den Zahlungsempfänger durch den Veräußerer erforderlich ist. Dieser bevollmächtigt den Erwerber unwiderruflich zur Vornahme dieser Anzeige.

§ 6 Sonstige Regelungen hinsichtlich des GmbH-Geschäftsanteils[7]

1. Der im laufenden Geschäftsjahr erwirtschaftete Gewinn steht dem Erwerber zu, soweit er auf den vertragsgegenständlichen Geschäftsanteil entfällt. Hierzu sichert der Veräußerer zu, dass Abschlagsdividenden hierauf an ihn noch nicht ausgezahlt wurden. Gewinne, die in vorangegangenen Geschäftsjahren erwirtschaftet worden sind und auf den vertragsgegenständlichen Geschäftsanteil entfallen, stehen ebenfalls dem Erwerber zu, soweit deren Ausschüttung bisher noch nicht beschlossen wurde.
2. Darüber hinausgehende Rechte und Ansprüche des Erwerbers werden ausgeschlossen. Der Veräußerer haftet also nicht für den Wert und die Ertragsfähigkeit des vertragsgegenständlichen Geschäftsanteils sowie nicht für Umfang und Eigenschaften der zum Vermögen der GmbH gehörenden Gegenstände, insbesondere nicht für die Freiheit von Sach- und Rechtsmängeln bezüglich dieser Gegenstände.
3. Nach § . . . . . . der Satzung der Gesellschaft ist zur Veräußerung bzw. Abtretung eines Geschäftsanteils an einen Mitgesellschafter die Zustimmung weiterer Gesellschafter bzw. der Gesellschaft nicht erforderlich.

§ 7 Sonstige Regelung hinsichtlich der Bankkonten[7]

Hinsichtlich der auf C übertragenen Bankkonten wird die Haftung für Rechtsmängel ausgeschlossen. Der Notar wird beauftragt, der kontoführenden Bank die Abtretung durch Übersendung einer einfachen Abschrift dieser Urkunde anzuzeigen. Sofern für die Übertragung der Konten und der damit zusammenhängenden Forderungen gegen die Bank weitere Erklärungen (insbesondere eine vertragliche Vereinbarung mit der Bank) notwendig sein sollten, wird C vom Veräußerer hiermit unter Befreiung von den Beschränkungen des § 181 BGB bevollmächtigt, diese Erklärungen abzugeben.

§ 8 Hinweise des Notars

Der Notar hat die Beteiligten insbesondere hingewiesen

a) auf die Notwendigkeit der vollständigen und richtigen Beurkundung aller Vereinbarungen (§ 311b Abs. 1 BGB bzw. § 15 GmbHG);[4] hierzu erklären die Vertragsteile, dass Nebenabreden nicht bestehen;
b) auf die kraft Gesetzes bestehende gesamtschuldnerische Haftung aller Beteiligten für die Notariats- und Grundbuchkosten;
c) auf die mögliche Haftung von Veräußerer und Erwerber nach den §§ 16 Abs. 2, 21, 22 und 24 GmbHG sowie auf Möglichkeiten und Grenzen des gutgläubigen Erwerbs von Geschäftsanteilen;
d) auf die Vorschriften des Erbschaft- und Schenkungsteuergesetzes sowie des Grunderwerbsteuergesetzes.[10] Die Beteiligten beantragen vorsorglich die Befreiung von der Grunderwerbsteuer nach § 3 Nr. 3 GrEStG;
e) auf die Tatsache, dass der Notar keine steuerliche Beratung vornimmt und für die steuerlichen Wirkungen dieses Vertrages auch keine Haftung übernimmt; es kann ratsam sein, sich – insbesondere wenn Betriebsvermögen übertragen wird – anderweitig steuerlich beraten zu lassen.

§ 9 Sonstiges[8]

Die Beteiligten verfügen nach ihrer Angabe in dieser Urkunde nicht über den wesentlichen Teil ihres Vermögens, so dass eine Zustimmung ihres jeweiligen Ehegatten nicht erforderlich ist.

§ 10 Abwicklungsvollmacht

Alle Beteiligten beauftragen und bevollmächtigen den amtierenden Notar, seinen amtlich bestellten Vertreter oder Nachfolger im Amt, alle zur Durchführung der Urkunde noch notwendigen oder zweckdienlichen Erklärungen und Genehmigungen unter Erstellung entsprechender Entwürfe einzuholen und entgegenzunehmen sowie namens der Beteiligten alle Erklärungen, auch rechtsgeschäftlicher Art, abzugeben, Anträge zu stellen, abzuändern oder zurückzunehmen sowie die Urkunde zum Teilvollzug vorzulegen.

§ 11 Kosten,[10] **Abschriften**

1. Die Kosten dieser Urkunde sowie des gesamten Vollzuges tragen die Beteiligten zu gleichen Anteilen. Eine etwaige Erbschaftsteuer trägt jeder der Beteiligten unabhängig von dieser Auseinandersetzung für seinen Erbteil.[9]
2. Von dieser Urkunde erhalten:
   a) einfache Abschriften: das Finanzamt – Grunderwerbsteuerstelle –, die . . . . . .-Bank (Grundpfandrechtsgläubiger), die . . . . . .-Bank (zur Anzeige der Abtretung an C), die zuständige Kreisverwaltungsbehörde (Gutachterausschuss);
   b) beglaubigte Abschriften: das Finanzamt – Schenkungsteuerstelle –, das Finanzamt zur Steuer-Nr. der Gesellschaft, das Grundbuchamt, jeder Vertragsteil sofort. Nach Vollzug erhalten die Beteiligten lediglich je eine Vollzugsmitteilung;
   c) Ausfertigung: die Gesellschaft, C auf Antrag (zum Nachweis der Vollmacht nach § 7).
   Der beurkundende Notar hat dem Registergericht eine aktualisierte Gesellschafterliste mit der Bescheinigung nach § 40 GmbHG einzureichen.

Anmerkungen

1. Sachverhalt. Der Erblasser ist verstorben und wurde von A, B und C als gesetzliche Erben zu je einem Drittel beerbt. Zum Nachlass gehören noch (mit einer Grundschuld belasteter) Grundbesitz im Wert von 100.000,00 EUR, ein Geschäftsanteil an einer GmbH im Nennbetrag von 12.500,00 EUR (und einem Wert von 25.000,00 EUR) und zwei Bankkonten (ebenfalls mit einem Wert von insgesamt 25.000,00 EUR). Hinsichtlich des restlichen Nachlasses wurde die Erbengemeinschaft bereits auseinandergesetzt. Nunmehr soll das restliche erbengemeinschaftliche Vermögen gegenständlich so auseinander gesetzt werden, dass B den Geschäftsanteil, C das Guthaben auf den Bankkonten und A den Grundbesitz erhält (gegen Übernahme der Grundschuld und des noch in Höhe von 75.000,00 EUR bestehenden Darlehens, zu dessen Sicherung die Grundschuld bestellt worden war).

2. Erbengemeinschaft. Wird der Erblasser durch mehrere Personen beerbt, entsteht eine Erbengemeinschaft. Hierbei handelt es sich um eine **Gesamthandsgemeinschaft** (§ 2032 Abs. 1 BGB). Es besteht daher kein Bruchteilseigentum der Miterben an den einzelnen Nachlassgegenständen. Der Nachlass steht den Miterben bis zur Teilung des Nachlasses vielmehr in gesamthänderischer Verbundenheit zu. Der einzelne Miterbe kann daher nicht über seinen „Anteil" an einzelnen Nachlassgegenständen verfügen (vgl.

§ 2033 Abs. 2 BGB), sondern nur die Erbengemeinschaft als solche über den Gegenstand an sich (vgl. § 2040 Abs. 1 BGB).

Beendet ist die Erbengemeinschaft, wenn der letzte Nachlassgegenstand verteilt oder der vorletzte Miterbe ausgeschieden ist (NK-BGB/*Ann* § 2032 Rn. 9). Nach ihrer Beendigung kann die Erbengemeinschaft auch vertraglich nicht mehr wiederhergestellt werden. Sie lebt allenfalls wieder auf, wenn ihre Beendigung nicht von Dauer war, zB weil Willenserklärungen rückwirkend durch Anfechtung oder Rücktritt vernichtet wurden (NK-BGB/*Ann* § 2032 Rn. 10 mwN).

3. Einverständliche Erbauseinandersetzung. Die einverständliche Erbauseinandersetzung erfolgt in der Regel durch gegenständliche Teilung des Nachlasses. Dabei kann man zwei Stufen unterscheiden, wobei diese beiden Stufen in (notariellen) Auseinandersetzungsvereinbarungen regelmäßig in einer Vereinbarung (Urkunde) zusammengefasst werden (vgl. die §§ 2 bis 4 im Muster):

In der **ersten Stufe** wird festgelegt, wie die Auseinandersetzung vorgenommen werden soll. Dies erfolgt in der Regel in einem **Auseinandersetzungsplan** bzw. einer **Auseinandersetzungsvereinbarung** (vgl. Scherer/Erker/*Koslowski* § 26 Rn. 108 mit ausführlichem Formulierungsmuster für eine Teilerbauseinandersetzung). Bei der Auseinandersetzungsvereinbarung handelt es sich nicht um einen Kauf oder Vergleich, sondern um ein mehrseitiges (schuldrechtliches) Rechtsgeschäft eigener Art (*Keim* RNotZ 2003, 375 [377]). Inhaltlich sind die Miterben bei Abschluss der Auseinandersetzungsvereinbarung weitgehend frei. Sind sich die Miterben einig, können sie auch von der gesetzlichen Regelung (zB den §§ 2050 ff. BGB) bzw. Anordnungen des Erblassers (§§ 2044, 2048 BGB) abweichen.

In der **zweiten Stufe** wird die – rein schuldrechtliche und im Innenverhältnis der Miterben wirkende – Auseinandersetzungsvereinbarung mit Wirkung im Außenverhältnis durch die entsprechenden **Vollzugsgeschäfte** ausgeführt, zB durch Vornahme von Erbteilsübertragungen (Gesamtrechtsübertragung) oder Verfügung über Nachlassgegenstände (Einzelrechtsübertragungen). Bei der Übertragung von Einzelgegenständen ist nach § 2040 Abs. 1 BGB die Mitwirkung aller Miterben erforderlich (→ Anm. 2). Die Übertragung der Einzelgegenstände erfolgt dabei nach den einschlägigen gesetzlichen Vorschriften. Im konkreten Sachverhalt ist daher hinsichtlich des Grundstücks Auflassung und Grundbucheintragung (§§ 873, 925 BGB), hinsichtlich des Geschäftsanteils eine Abtretung in der Form des § 15 Abs. 3 GmbHG und hinsichtlich der Bankkonten eine „schlichte" Abtretung der Ansprüche aus dem Kontovertrag erforderlich.

4. Form der Auseinandersetzungsvereinbarung. Für die **Auseinandersetzungsvereinbarung** durch gegenständliche Teilung des Nachlasses ist gesetzlich eine besondere Form nicht vorgeschrieben. Es sind aber die allgemeinen Formvorschriften zu beachten. So ist beispielsweise für die wirksame Verpflichtung der Gesamthand zur Übertragung eines **Grundstücks** (§ 311b Abs. 1 BGB) oder eines **GmbH-Geschäftsanteils** (§ 15 Abs. 4 GmbHG) die notarielle Beurkundung erforderlich.

Dabei ist auch der **Umfang des Formerfordernisses** zu beachten. Nach § 311b Abs. 1 BGB unterliegt nicht nur die Verpflichtung zur Übertragung von Grundbesitz dem Formzwang; vielmehr sind sämtliche Vereinbarungen, aus denen sich nach dem Willen der Beteiligten die schuldrechtliche Vereinbarung zusammensetzen soll, beurkundungsbedürftig (vgl. nur MüKoBGB/*Kanzleiter* § 311b Rn. 49 ff.). Gleiches gilt im Anwendungsbereich des § 15 Abs. 4 GmbHG (Baumbach/Hueck/*Fastrich* GmbHG § 15 Rn. 30). Dies führt dazu, dass bei einer vollständigen Auseinandersetzung des Nachlasses der ganze Vertrag (also auch hinsichtlich des beweglichen Vermögens, das noch nicht verteilt worden ist) beurkundungsbedürftig ist (*Keim* RNotZ 2003, 375 [380]).

Auch für die **Verfügungen**, die zum Vollzug der Erbauseinandersetzungsvereinbarung vorgenommen werden, gelten die allgemeinen Vorschriften (für Grundbesitz §§ 873, 925

BGB, für GmbH-Geschäftsanteile § 15 Abs. 3 GmbHG). Dies ist vor allem dann von Bedeutung, wenn das schuldrechtliche Verpflichtungsgeschäft und das dingliche Erfüllungsgeschäft in mehreren Urkunden enthalten sind.

5. Sicherungsmittel. Die **Absicherung von Leistung und Gegenleistung** spielt bei der Erbauseinandersetzung keine entscheidende Rolle. Denn in der Regel wünschen die Beteiligten eine Abwicklung auf Vertrauensbasis und verzichten – im Hinblick darauf, dass oft engste Familienangehörige an der Vereinbarung beteiligt sind – auf eine wechselseitige Absicherung (*Keim* RNotZ 2003, 375 [377]; Scherer/*Koslowski* § 26 Rn. 172). Im Einzelfall kann aber bei Grundbesitz eine Sicherung des Erwerbers durch Vormerkung angezeigt sein, etwa im Hinblick auf eine etwaige Pfändung des Erbteils eines Miterben; gleiches gilt für die Sicherung des Veräußerers, wenn beispielsweise die Fälligkeit der Gegenleistung aufgeschoben ist (*Keim* RNotZ 2003, 375 [377 f.]; vgl. zu den Sicherungsmöglichkeiten allgemein MAH ErbR/*Koslowski* § 26 Rn. 172 ff.).

Um den Veräußerer zu schützen wird im Muster auf die sofortige Vorlage des Vertrages beim Grundbuchamt verzichtet, da zur Durchführung der Erfüllungsübernahme die Mitwirkung des Gläubigers erforderlich ist. Ob man auch die Vormerkung eintragen lässt, wird regelmäßig davon abhängen, wie weit die Vorgespräche mit der Gläubigerbank bei Abschluss des Auseinandersetzungsvertrages gediehen sind. Da Besitz, Nutzen und Lasten (und damit das „wirtschaftliche Eigentum") aber mit der Beurkundung auf A übergehen (vgl. § 5 des Musters), wurde darauf verzichtet, auch die Übertragungen auf die anderen Miterben aufzuschieben.

6. Erfüllungsübernahme. Vgl. zur Übernahme grundpfandrechtlich gesicherter Darlehen allgemein die Ausführungen bei → Form. J.VIII.2 Anm. 7 (dort ohne Sicherung für den Veräußerer). Hier wurde – um B und C zu sichern – die Vorlage an das Grundbuchamt von einer Enthaftungsbestätigung der Gläubigerbank abhängig gemacht.

Zu berücksichtigen wäre bei der Erfüllungsübernahme eigentlich, dass die Übertragung im konkreten Beispiel von einer Erbengemeinschaft auf ein Mitglied dieser Erbengemeinschaft erfolgt. Mit dem Tod des X sind somit auch seine ganzen Verbindlichkeiten (und damit auch das Darlehen und das abstrakte Schuldversprechen) auf die Erben als Gesamtschuldner übergegangen, §§ 1967, 2058 BGB. Damit haftet jeder der Miterben im Außenverhältnis zu den Gläubigern vollumfänglich (mit dem Verweigerungsrecht nach § 2059 BGB vor der Teilung des Nachlasses) und ist bei einer Inanspruchnahme auf einen Ausgleich im Innenverhältnis unter den Miterben angewiesen. Man könnte deshalb daran denken, dass ein erneutes Schuldversprechen und eine Schuld- bzw. Erfüllungsübernahme durch A nicht erforderlich ist. Mit einer „schlichten" Schuldhaftentlassung von B und C durch die Bank würde A im Außenverhältnis einziger Schuldner (nach der Teilung ohne Einrede nach § 2059 BGB); auf die Ausgleichsansprüche aus dem Innenverhältnis könnte er gegenüber B und C verzichten. Allerdings birgt dieses Verfahren Risiken für die weiteren Miterben und die Bank. Zu berücksichtigen ist nämlich, dass die Bank aus dem ursprünglichen Schuldversprechen einen Titel gegen sämtliche Erben hat. Eine „Umschreibung" dieses Titels auf A allein ist nur möglich, wenn der umschreibenden Stelle (also dem Notar, der die Grundschuld beurkundet hat) die Entlassung von B und C in öffentlicher Form nachgewiesen wird; dies ist aber nur möglich, wenn die Bank die Schuldhaftentlassung notariell beglaubigen lassen würde. B und C wären somit auf die Vollstreckungsabwehrklage zu verweisen. Aber auch für die Bank bestehen Risiken, da A nach der Teilung uU nur noch als Teilschuldner haftet, § 2060 BGB. Die bloße Entlassung von B und C ohne Übernahme der vollen Verbindlichkeit durch A kann daher kaum angeraten werden. Aus diesem Grund wird im Muster wie „unter fremden Dritten" verfahren.

7. Haftung, Sonstige Regelungen. Nach §§ 2042 Abs. 2, 757 BGB haften die Miterben dem begünstigten Erben bei Zuteilung eines Nachlassgegenstandes für Rechts- und Sach-

mängel wie ein Verkäufer. Dies wird in der Regel als zu weitgehend empfunden. Die h. Lit. empfiehlt daher, vertraglich einen Haftungsausschluss (zumindest für die Sachmängel) zu vereinbaren (Lange/*Kuchinke* § 44 IV 5a, S. 1165 f.; WürzNotHdB/*Baumann* Teil 4 Kap. 2 Rn. 90).

Schließlich sind auch die sonst bei Grundstücksübertragungen bzw. Geschäftsanteilsveräußerungen üblichen Regelungen aufzunehmen.

8. Zustimmungen. Vgl. zu den Zustimmungserfordernissen die Hinweise in der Checkliste → Form. J.VI.1 Anm. 8, 10.

9. Steuern. Zur steuerlichen Behandlung der Erbauseinandersetzung → Form. C.IV.3 Anm. 7.

10. Kosten. Der Erbauseinandersetzungsvertrag ist ein zweiseitiges (bzw. mehrseitiges) Rechtsgeschäft. Für seine Beurkundung fällt daher eine 2,0-Gebühr nach Nr. 21100 KV GNotKG an. Geschäftswert des Auseinandersetzungsvertrages ist der Gesamtwert des auseinander gesetzten Vermögens ohne Schuldenabzug (§§ 97, 38 GNotKG). Enthält der Erbauseinandersetzungsvertrag zugleich dingliche Geschäfte (wie zB Auflassung, Abtretung), sind diese gegenstandsgleich iSd § 109 Abs. 1 GNotKG. Hinzu kommen – fallabhängig – die Gebühren für die Vollzugs- und Betreuungstätigkeiten des Notars (insbes. nach Nr. 22110 – Vollzug – und 22200 KV GNotKG – Betreuung). Für die Fälligkeitsmitteilung und die Umschreibungsüberwachung sowie die Anzeige der Abtretung fällt bspw. die Betreuungsgebühr nach Nr. 22200 KV GNotKG an. Geschäftswert ist nach § 113 Abs. 1 GNotKG der volle Wert der Erbauseinandersetzung. Das gilt auch für die Vollzugsgebühr, § 112 GNotKG.

Die Erstellung einer neuen Gesellschafterliste ist Vollzugstätigkeit (Vorbemerkung 2.2.1.1 Abs. 1 S. 2 Nr. 3 KV GNotKG) mit einer Höchstgebühr von 250,00 EUR nach Nr. 22113 KV GNotKG.

Für die Einreichung der neuen Liste mit XML-Strukturdaten entsteht eine 0,3-Gebühr nach Nr. 22114 KV GNotKG aus dem vollen Wert der Erbauseinandersetzung, allerdings maximal in Höhe von 250,00 EUR.

3. Gegenständliche Teilerbauseinandersetzung mit Ausgleichszahlung an die Miterben

[Notarieller Urkundeneingang]

Das Grundbuch wurde eingesehen.

Auf Ansuchen der Beteiligten beurkunde[3] ich ihren bei gleichzeitiger Anwesenheit abgegebenen Erklärungen gemäß folgenden

Erbauseinandersetzungsvertrag:

§ 1 Grundbuch- und Sachstand[1]

1. Im Grundbuch des Amtsgerichts . . . . . . für . . . . . . Blatt . . . . . . sind A, B, C und D als Eigentümer in Erbengemeinschaft des folgenden Grundbesitzes eingetragen:
Gemarkung . . . . . .
Fl. Nr. . . . . . .
Der Grundbesitz ist in Abteilung III des Grundbuchs lastenfrei vorgetragen und in Abteilung II belastet, wie folgt: . . . . . .

2. A, B, C und D sind Erben des am . . . . . . verstorbenen X (Erblasser). Der Erblasser hat keine Verfügung von Todes wegen hinterlassen. Gemäß Erbschein des Amtsgerichts – Nachlassgericht – . . . . . . vom . . . . . . (Az: . . . . . .) wurde X durch A, B, C und D als gesetzliche Erben zu je einem Viertel beerbt. Neben dem in Abs. 1 genannten Grundstück sind weitere Nachlassgegenstände vorhanden.
3. Die in dieser Urkunde enthaltenen Erklärungen dienen der teilweisen Auseinandersetzung[2] der genannten Erbengemeinschaft hinsichtlich des in Abs. 1 genannten Grundstücks. Die Erbengemeinschaft bleibt im Übrigen bestehen.

§ 2 Übertragung

Die Erbengemeinschaft bestehend aus A, B, C und D

– nachstehend „Veräußerer“ genannt –

überträgt

den in § 1 Abs. 1 dieser Urkunde näher bezeichneten Grundbesitz mit allen Rechten, Pflichten und gesetzlichen Bestandteilen an B

– nachstehend „Erwerber“ genannt –

zum Alleineigentum.

Der Erwerber nimmt die Übertragung hiermit an.

§ 3 Auflassung, Grundbuchanträge[4]

1. Die Vertragsteile sind darüber einig, dass das Eigentum an dem vertragsgegenständlichen Grundbesitz von dem Veräußerer auf den Erwerber im angegebenen Berechtigungsverhältnis übergeht.
   Diese unbedingte Auflassung enthält keine Eintragungsbewilligung und keinen Eintragungsantrag. Die Vertragsteile erteilen dem amtierenden Notar, seinem amtlich bestellten Vertreter oder Nachfolger im Amt, unwiderrufliche und unbedingte Vollmacht, die Eintragungsbewilligung zum Grundbuch wegen des Eigentumsübergangs abzugeben und die Umschreibung zu beantragen. Der Notar darf dies im Innenverhältnis jedoch erst, wenn ihm die Zahlung der in § 4 näher bezeichneten Beträge jeweils bestätigt oder durch Bankbestätigung nachgewiesen ist.
2. Zur Sicherung des Anspruchs des Erwerbers auf Eigentumsübertragung bewilligt der Veräußerer die Eintragung einer Vormerkung gem. § 883 BGB in das Grundbuch für den Erwerber im angegebenen Berechtigungsverhältnis. Der Erwerber beantragt die Eintragung der Vormerkung.
3. Im Falle der Eintragung der Vormerkung beantragt der Erwerber, diese gleichzeitig mit Eintragung der Auflassung im Grundbuch wieder zu löschen, vorausgesetzt, dass Zwischeneintragungen ohne Zustimmung des Erwerbers nicht erfolgt sind.
4. Das Grundbuchamt wird um Vollzugsmitteilung an den Notar gebeten.

§ 4 Rechtsgrund, Ausgleichszahlungen[3]

1. Die Übertragung erfolgt zur teilweisen Auseinandersetzung[2] der in § 1 Abs. 2 dieser Urkunde näher bezeichneten Erbengemeinschaft hinsichtlich des in § 1 Abs. 1 dieser Urkunde aufgeführten Grundbesitzes.
2. Der Wert des Grundstücks beträgt nach Angabe der Beteiligten 100.000,00 EUR.
3. B verpflichtet sich, an A, C und D

jeweils

einen Betrag in Höhe von 25.000,00 EUR – iW fünfundzwanzigtausend EUR – zu bezahlen.

Der jeweilige Betrag ist zur Zahlung fällig (dh Zahlungseingang) innerhalb von vierzehn Tagen nach Absendung einer Mitteilung des beurkundenden Notars an die ihm zuletzt bekannte Adresse von B, dass die Auflassungsvormerkung zugunsten des Erwerbers im Rang ausschließlich nach den in § 1 Abs. 1 dieser Urkunde aufgeführten und etwaigen weiteren, mit Zustimmung des Erwerbers bestellten Belastungen oder an günstigerer Rangstelle eingetragen ist.

A, C und D erhalten jeweils einen Abdruck dieses Schreibens.

Der Notar hat darauf hingewiesen, dass Verzug auch ohne Mahnung mit Ablauf der festgesetzten Zahlungsfrist eintritt.

Bei Fälligkeit ist jeweils ein Betrag in Höhe von 25.000,00 EUR zu überweisen auf das Konto

des A bei ......, BIC ......, IBAN ......,
des C bei ......, BIC ......, IBAN ......, und
des D bei ......, BIC ......, IBAN ......

A, C und D verpflichten sich, dem Notar den Zahlungseingang unverzüglich mitzuteilen.

Der Erwerber unterwirft sich wegen der eingegangenen Zahlungsverpflichtung der sofortigen Zwangsvollstreckung aus dieser Urkunde in sein gesamtes Vermögen; für die Zwangsvollstreckung gelten 7 % Zinsen jährlich ab heute als geschuldet. Der Notar ist berechtigt, dem jeweiligen Gläubiger jederzeit eine vollstreckbare Ausfertigung dieser Urkunde zu erteilen, ohne dass es des Nachweises der die Fälligkeit begründenden Tatsachen bedarf.

Eine Belastung des vertragsgegenständlichen Grundbesitzes mit Grundpfandrechten zur Finanzierung der genannten Zahlbeträge ist nach Angabe des Erwerbers nicht erforderlich.

4. Die Beteiligten sind darüber einig, dass mit Erfüllung der Verpflichtungen aus dieser Urkunde zwischen ihnen keine Rechte und Ansprüche mehr im Hinblick auf den in § 1 Abs. 1 dieser Urkunde genannten Grundbesitz bestehen. Einen hierin etwa liegenden Verzicht nehmen die Beteiligten wechselseitig an.

§ 5 Besitz-, Nutzen-, Lasten- und Gefahrübergang, Mängelhaftung, Erschließungskosten

Vgl. die Regelungen in → Form. J.VI.2 § 5

§ 6 Hinweise des Notars

Der Notar hat die Beteiligten insbesondere hingewiesen

a) auf den Zeitpunkt des Eigentumsübergangs (Umschreibung im Grundbuch);
b) auf die Notwendigkeit der vollständigen und richtigen Beurkundung aller Vereinbarungen (§ 311b Abs. 1 BGB); hierzu erklären die Vertragsteile, dass Nebenabreden nicht bestehen;
c) auf die kraft Gesetzes bestehende gesamtschuldnerische Haftung aller Beteiligten für die Notariats- und Grundbuchkosten;
d) auf die Vorschriften des Erbschaft- und Schenkungsteuergesetzes sowie des Grunderwerbsteuergesetzes. Die Beteiligten beantragen vorsorglich die Befreiung von der Grunderwerbsteuer nach § 3 Nr. 3 GrEStG;
e) auf die Tatsache, dass der Notar keine steuerliche Beratung vornimmt und für die steuerlichen Wirkungen dieses Vertrages auch keine Haftung übernimmt; es kann ratsam sein, sich – insbesondere wenn Betriebsvermögen übertragen wird – anderweitig steuerlich beraten zu lassen.

§ 7 Sonstiges

Vgl. die Regelungen in → Form. J.VI.2 § 9.

§ 8 Abwicklungsvollmacht

Vgl. die Regelungen in → Form. J.VI.2 § 10.

§ 9 Kosten,[6] Abschriften

1. Die Kosten dieser Urkunde und des grundbuchamtlichen Vollzuges sowie etwaige Lastenfreistellungskosten trägt B. Eine etwaige Erbschaftsteuer trägt jeder der Beteiligten unabhängig von dieser Auseinandersetzung für seinen Erbteil.[5]
2. Von dieser Urkunde erhalten:
   a) einfache Abschriften: das Finanzamt – Grunderwerbsteuerstelle –, die zuständige Kreisverwaltungsbehörde (Gutachterausschuss);
   b) beglaubigte Abschriften: das Finanzamt – Schenkungsteuerstelle –, das Grundbuchamt, jeder Vertragsteil sofort. Nach Vollzug erhalten die Beteiligten lediglich je eine Vollzugsmitteilung.

Anmerkungen

1. Sachverhalt. Der Erblasser wurde im Wege der gesetzlichen Erbfolge von A, B, C und D zu gleichen Anteilen beerbt. Im Nachlass befinden sich verschiedene Gegenstände, ua der in der Urkunde näher bezeichnete Grundbesitz. Die Beteiligten wünschen keine vollständige Auseinandersetzung des Nachlasses. Der Grundbesitz soll aber auf B gegen Zahlung eines dem Verkehrswert des Grundbesitzes und ihrer Erbbeteiligung entsprechenden Betrages an die übrigen Miterben zum Alleineigentum übertragen werden.

2. Teilauseinandersetzung der Erbengemeinschaft. Im Rahmen des § 2042 BGB ist anerkannt, dass sich die Miterben **einvernehmlich** ganz oder teilweise über den Nachlass auseinandersetzen können. Besteht kein Einverständnis zwischen den Beteiligten und wird der Auseinandersetzungsanspruch gegen die übrigen Miterben gem. § 2042 BGB erhoben, so richtet sich der Anspruch (wie auch eine entsprechende Klage) grundsätzlich auf Auseinandersetzung der ganzen Erbengemeinschaft, dh hinsichtlich des gesamten Nachlasses (vgl. Staudinger/*Löhnig* BGB § 2042 Rn. 59). Dies wird ua damit begründet, dass sich die Miterben regelmäßig nicht auf das Verlangen einzelner Teilauseinandersetzungen einlassen müssten (Staudinger/*Löhnig* aaO). Letztlich dürfte dahinter aber auch die Überlegung stehen, dass es sich bei der Erbengemeinschaft um eine Abwicklungsgemeinschaft handelt, die grundsätzlich der – vollständigen – Auflösung zugeführt werden sollte (Staudinger/*Löhnig* BGB § 2042 Rn. 1).

Nach allgemeiner Auffassung in Rechtsprechung und Literatur sind die Miterben aber berechtigt, einvernehmlich und unter Mitwirkung aller eine (auf einzelne Personen oder Gegenstände beschränkte) Teilauseinandersetzung vorzunehmen und die Erbengemeinschaft im Übrigen fortbestehen zu lassen (vgl. nur Palandt/*Weidlich* BGB § 2042 Rn. 9; MüKoBGB/*Ann* § 2042 Rn. 17 mwN; *Reimann* FS Meincke, 2016, 287 ff.). In Betracht kommt eine Teilauseinandersetzung dahin gehend, dass ein bestimmter Miterbe aus der Erbengemeinschaft ausscheidet (sog. **persönliche Teilauseinandersetzung**; vgl. dazu noch unten → Form. J.VI.6, → Form. J.VI.7). Außerdem können sich die Miterben darüber einigen, dass ein einzelner Nachlassgegenstand aus der gesamthänderischen Bindung entlassen wird (sog. **gegenständliche oder sachliche Teilauseinandersetzung;** → Form. J.VI.3, → Form. J.VI.4, → Form. J.VI.5). Im ersten Fall besteht die

gesamthänderische Bindung hinsichtlich der übrigen Miterben, im zweiten Fall hinsichtlich der übrigen Nachlassgegenstände fort.

Die persönliche und die gegenständliche Teilauseinandersetzung können auch derart miteinander kombiniert werden, dass ein Miterbe gegen Abfindung aus dem Nachlass vollständig aus der Erbengemeinschaft ausscheidet. Eine Mischform dahin gehend, dass bestimmte Nachlassgegenstände einzelnen Miterben mit der Vereinbarung zugewiesen werden, dass unter ihnen die Erbengemeinschaft bezüglich dieser Gegenstände fortgesetzt werden soll, ist jedoch unzulässig (BGH WM 1975, 1110 f.; KG OLGZ 1965, 244 [247]). Dies kann im wirtschaftlichen Ergebnis nur dadurch erreicht werden, dass die Miterben eine Gesellschaft gründen, auf die der Nachlassgegenstand übertragen wird oder dadurch, dass die (verbleibenden) Miterben am Gegenstand Bruchteilseigentum (§§ 741 ff. BGB) begründen (vgl. NK-BGB/*Eberl-Borges* Vorb. §§ 2042–2057a Rn. 7).

3. Gegenständliche Teilauseinandersetzung. Im vorliegenden Fall wird die Auseinandersetzung auf einen einzelnen Nachlassgegenstand beschränkt, der durch die Veräußerung aus der gesamthänderischen Bindung ausscheidet, während der restliche Nachlassbestand zunächst ungeteilt bleibt. Dies erfolgt in der Weise, dass der Grundbesitz durch die Erbengemeinschaft als derzeitige Eigentümerin auf einen Miterben zu Alleineigentum übertragen wird. Der Erwerb erfolgt dabei unter Ausgleichszahlung des Erwerbers an die einzelnen Miterben. Auch hinsichtlich des „Erlöses“ besteht daher keine Gesamthandsbindung mehr.

4. Sonstige Regelungen. Da es sich bei der gegenständlichen Teilauseinandersetzung einer Erbengemeinschaft gegen Zahlung an die Miterben letztlich um eine entgeltliche Grundstücksübertragung handelt, kann – soweit von den Beteiligten eine Sicherung gewünscht wird – auf das aus dem Kaufrecht bekannte Sicherungsinstrumentarium zurückgegriffen werden. Aus diesem Grund wird daher zunächst für den Erwerber eine Vormerkung eingetragen. Nach Eintragung der Vormerkung im Rang nach den derzeit bestehenden Belastungen (oder günstiger) wird der Ausgleichsbetrag fällig gestellt. Nach Bestätigung der Kaufpreiszahlung wird schließlich das Eigentum umgeschrieben (vgl. dazu WüNotar-HdB/*Hertel*, 5. Aufl. 2018, Teil 2 Kap. 2 Rn. 140 ff.).

Hinsichtlich der sonstigen Regelungen kann auf → Form. J.VI.2 Anm. 4, 7 verwiesen werden.

5. Steuern. Wird die Erbengemeinschaft nach und nach in der Weise auseinandergesetzt, dass einzelne Miterben bestimmte Wirtschaftsgüter des Privatvermögens gegen Ausgleichszahlung übernehmen, aber am Restnachlass in Höhe ihrer Erbquote beteiligt bleiben, ist eine Ausgleichszahlung in voller Höhe Entgelt für die Erbquoten der anderen Miterben an diesem Wirtschaftsgut, unabhängig davon, dass der Miterbe am Restnachlass beteiligt bleibt (BFH BStBl. II 2000, 61). Im vorliegenden Fall hat B deshalb Anschaffungskosten für den Grundbesitz, die Erbengemeinschaft erzielt einen Veräußerungserlös und die Mitglieder der Erbengemeinschaft Einkünfte gem. § 23 Abs. 1 Nr. 1 EStG. Die zur Realteilung mit Ausgleichszahlung dargestellten Grundsätze gelten entsprechend (*Sudhoff* Unternehmensnachfolge § 54 Rn. 97).

Zur steuerlichen Behandlung der (Teil-)Erbauseinandersetzung → Form. C.IV.3 Anm. 7.

Für Grundstücke besteht bei der Erbauseinandersetzung Grunderwerbsteuerfreiheit gem. § 3 Nr. 3 GrEStG.

6. Kosten. → Form. J.VI.2 Anm. 10.

4. Gegenständliche Teilerbauseinandersetzung mit Ausgleichszahlung an die Erbengemeinschaft

[Notarieller Urkundeneingang]

§ 1–§ 3 wie → Form. J.VI.3[1]

§ 4 Rechtsgrund, Ausgleichszahlungen[2]

1. Die Übertragung erfolgt zur teilweisen Auseinandersetzung der in § 1 Abs. 2 dieser Urkunde näher bezeichneten Erbengemeinschaft hinsichtlich des in § 1 Abs. 1 dieser Urkunde aufgeführten Grundbesitzes. Die Erbengemeinschaft bleibt im Übrigen bestehen; sie setzt sich auch hinsichtlich des in Erfüllung der in den nachfolgenden Absätzen 2 bis 3 geregelten Zahlungsverpflichtung Geleisteten fort.
2. Der Wert des Grundstücks beträgt nach Angabe der Beteiligten 100.000,00 EUR.
3. B verpflichtet sich zur Zahlung eines Betrages in Höhe von 100.000,00 EUR – iW einhunderttausend EUR –.
   Dieser Betrag ist zur Zahlung fällig (dh Zahlungseingang) innerhalb von vierzehn Tagen nach Absendung einer Mitteilung des beurkundenden Notars an die ihm zuletzt bekannte Adresse von B, dass die Auflassungsvormerkung zugunsten des Erwerbers im Rang ausschließlich nach den in § 1 Abs. 1 dieser Urkunde aufgeführten und etwaigen weiteren, mit Zustimmung des Erwerbers bestellten Belastungen oder an günstigerer Rangstelle eingetragen ist.
   A erhält für die Veräußerer einen Abdruck dieses Schreibens.
   Der Notar hat darauf hingewiesen, dass Verzug auch ohne Mahnung mit Ablauf der festgesetzten Zahlungsfrist eintritt.
   Bei Fälligkeit ist der Betrag auf das Konto der Erbengemeinschaft bei der . . . . . ., BIC . . . . . ., IBAN . . . . . ., zu überweisen.[2] Der Veräußerer verpflichtet sich, dem Notar den Zahlungseingang unverzüglich mitzuteilen; die Beteiligten sind darüber einig, dass eine Bestätigung durch A ausreichend ist.
   Der Erwerber unterwirft sich wegen der eingegangenen Zahlungsverpflichtung der sofortigen Zwangsvollstreckung aus dieser Urkunde in sein gesamtes Vermögen; für die Zwangsvollstreckung gelten 7 % Zinsen jährlich ab heute als geschuldet. Der Notar ist berechtigt, dem Gläubiger jederzeit eine vollstreckbare Ausfertigung dieser Urkunde zu erteilen, ohne dass es des Nachweises der die Fälligkeit begründenden Tatsachen bedarf.
   Eine Belastung des vertragsgegenständlichen Grundbesitzes mit Grundpfandrechten zur Finanzierung der genannten Zahlbeträge ist nach Angabe des Erwerbers nicht erforderlich.

§ 4 Abs. 4, § 5–§ 9 wie → Form. J.VI.3[3-5]

Anmerkungen

1. Sachverhalt. → Form. J.VI.3 Anm. 1. Im Unterschied zum dortigen Sachverhalt erfolgt die Ausgleichszahlung hier an die Erbengemeinschaft und stellt damit Gesamthandsvermögen dar. Das erbengemeinschaftliche Konto wird von A verwaltet.

2. Zahlung an die Erbengemeinschaft. Die gegenständliche Teilauseinandersetzung erfolgt hier nicht gegen Zahlung eines entsprechenden Betrages an die Miterben, sondern gegen Zahlung des Wertes des übertragenen Grundbesitzes an die Erbengemeinschaft selbst. Damit setzt sich hinsichtlich des Erlöses die Gesamthand fort, so dass die Erbengemeinschaft wertmäßig unverändert fortbesteht. Dieses Vorgehen ist eher unüblich. Es kann sich aber anbieten, wenn einer (oder alle) der Miterben den Beschränkungen der Vor- und Nacherbfolge unterliegen und von den Beschränkungen des § 2113 Abs. 1 BGB befreit sind oder ein anderer Gegenstand als Grundbesitz auf einen der Miterben übertragen werden soll (vgl. dazu Checkliste → Form. J.VI.1 Anm. 7). In diesem Fall ist den Miterben eine vollentgeltliche Verfügung gestattet (vgl. § 2113 Abs. 2 BGB). Eine solche liegt in der Regel dann vor, wenn für den weggegebenen Gegenstand ein gleichwertiges Surrogat (§ 2111 BGB) in den Nachlass gelangt (vgl. BeckOGK/*Müller-Christmann*, 1.9.2018, BGB § 2113 Rn. 73 ff.).

3. Sonstiges. Vgl. hinsichtlich der sonstigen Regelungen die Anmerkung zu → Form. J.VI.3 Anm. 4.

4. Steuern. Vgl. die Ausführungen unter → Form. J.VI.3 Anm. 5.

5. Kosten. → Form. J.VI.2 Anm. 10.

5. Gegenständliche Teilerbauseinandersetzung mit späterer Berücksichtigung

[Notarieller Urkundeneingang]

§ 1–§ 2 wie → Form. J.VI.3[1]

§ 3 Auflassung, Grundbuchanträge

1. Die Vertragsteile sind darüber einig, dass das Eigentum an dem vertragsgegenständlichen Grundbesitz von dem Veräußerer auf den Erwerber im angegebenen Berechtigungsverhältnis übergeht und
   bewilligen und beantragen
   die Eintragung der Auflassung in das Grundbuch.
2. Die Eintragung einer Auflassungsvormerkung zugunsten des Erwerbers wird nach dem Hinweis auf die mit der Nichteintragung verbundenen Gefahren nicht gewünscht.

§ 4 Rechtsgrund, Ausgleichsleistung[2]

1. Die Übertragung erfolgt zur teilweisen Auseinandersetzung der in § 1 Abs. 2 dieser Urkunde näher bezeichneten Erbengemeinschaft hinsichtlich des in § 1 Abs. 1 dieser Urkunde aufgeführten Grundbesitzes. Die Erbengemeinschaft bleibt im Übrigen bestehen.
2. Der heutige Wert des Grundstücks beträgt nach Angabe der Beteiligten 100.000,00 EUR.
3. Die Beteiligten sind darüber einig, dass B für die Übertragung des Grundstücks heute keine Gegenleistung zu erbringen hat. Der Wert des Grundstücks in Höhe von 100.000,00 EUR ist vielmehr bei der weiteren Erbauseinandersetzung zu berücksichtigen. Dies erfolgt dadurch, dass der Wert des Grundstücks bei der späteren Auseinandersetzung dem Wert des Nachlasses hinzugerechnet wird. Wertveränderungen

des Grundstücks, die durch eine Veränderung des Verbraucherpreisindexes für Deutschland angezeigt werden (Basis 2010 = 100), sind zu berücksichtigen. Der Wert ist im Rahmen des billigen Ermessens unter Berücksichtigung des Standes im Monat der Beurkundung und im vorletzten Monat vor Auseinandersetzung festzulegen. Aus dem so ermittelten Wert des Gesamtnachlasses sind die den einzelnen Miterben zustehenden Anteile zu berechnen. Vom Anteil der B ist dann der (inflationsbereinigte) Wert des heute übertragenen Grundstücks abzuziehen. Sollte der der B zustehende Anteil am Gesamtnachlass kleiner sein als der (inflationsbereinigte) Wert des heute übertragenen Grundbesitzes, hat sie eine etwaige Differenz in den Nachlass einzuzahlen.

Die Beteiligten wurden vom Notar darauf hingewiesen, dass es sich bei dieser Vereinbarung um eine ungesicherte Vorausleistung handeln kann. Er hat mit den Beteiligten Alternativgestaltungen (wie zB die Vereinbarung einer hypothekarisch gesicherten Zahlungspflicht des Erwerbers, falls der ihm bei der vollständigen Auseinandersetzung zustehende Teil des Nachlasses wertmäßig das heute übertragene Grundstück nicht übersteigt) erörtert; solche werden nicht gewünscht.

§ 4 Abs. 4, § 5–§ 9 wie → Form. J.VI.3[3-5]

Anmerkungen

1. Sachverhalt. → Form. J.VI.3 Anm. 1. Abweichend hiervon soll die Erwerberin aktuell keine Gegenleistung für den Erwerb erbringen. Vielmehr soll der Wert des Gegenstandes bei der späteren Erbauseinandersetzung zu berücksichtigen sein.

2. Ausgleichsleistung. Die gegenständliche Teilauseinandersetzung erfolgt hier – anders als bei → Form. J.VI.3, → Form. J.VI.4 – nicht gegen Ausgleichszahlung der Miterbin an die anderen Miterben bzw. in den Nachlass. Der Wert des Gegenstandes soll vielmehr im Rahmen der weiteren Auseinandersetzung des Nachlasses Berücksichtigung finden. Die Miterbin erwirbt den Gegenstand mit anderen Worten „unter Anrechnung auf ihren Erbteil". Dabei sollte klargestellt werden, ob eine wertmäßig ungleiche Verteilung, die später bei der endgültigen Auseinandersetzung auszugleichen ist, aus dem Restnachlass oder sogar aus dem sonstigen Vermögen eines Miterben erfolgen soll (*Keim* RNotZ 2003, 375 [378]; Scherer/*Koslowski* § 26 Rn. 201).

Regelmäßig ist es auch sinnvoll, festzulegen, mit welchem Wert der Gegenstand bei der späteren Auseinandersetzung berücksichtigt werden soll (vgl. § 4 Abs. 3 des Formulars).

3. Sonstiges. Vgl. hinsichtlich der sonstigen Regelungen die Anmerkung zu → Form. J.VI.3 Anm. 4.

4. Steuern. Vgl. die Ausführungen unter → Form. J.VI.2 Anm. 9.

5. Kosten. → Form. J.VI.2 Anm. 10.

6. Persönliche Teilerbauseinandersetzung durch Erbteilsübertragung

[Notarieller Urkundeneingang]

1. Herr . . . . ., geboren am . . . . ., wohnhaft in . . . . ., nach Angabe . . . . ., (A)
2. Frau . . . . ., geborene . . . . ., geboren am . . . . ., wohnhaft in . . . . ., nach Angabe . . . . . (B)

Die Beteiligten haben sich ausgewiesen durch Vorlage . . . . .

Das Grundbuch wurde eingesehen.

Auf Ansuchen der Beteiligten beurkunde[3] ich ihren bei gleichzeitiger Anwesenheit abgegebenen Erklärungen gemäß folgenden

Erbteilskaufvertrag:

§ 1 Grundbuch- und Sachstand[1, 2]

1. Am . . . . . ist X, geboren am . . . . ., verstorben.
   Gemäß Erbschein des Amtsgerichts . . . . . vom . . . . . (Az.: . . . . .) wurde X beerbt von A, B und C zu je einem Drittel.
2. Zum Nachlass gehört noch das in Abteilung II und III des Grundbuchs lastenfrei vorgetragene Grundstück Fl. Nr. . . . . . der Gemarkung . . . . ., vorgetragen im Grundbuch des Amtsgerichts . . . . . für . . . . . Blatt . . . . .
   In Abteilung I des Grundbuchs sind A, B und C in Erbengemeinschaft als Eigentümer eingetragen.
   Der Nachlass ist mit Ausnahme des genannten Grundstücks nach Angabe der Beteiligten bereits auseinandergesetzt; Nachlassverbindlichkeiten bestehen nach ihrer Angabe nicht mehr.
3. Gegenstand dieses Vertrages ist der vorbezeichnete Erbteil zu ein Drittel von B am Nachlass von X.

§ 2 Verkauf[7]

B

– im Folgenden „Verkäufer“ genannt –

verkauft

den in § 1 Abs. 1, 3 näher bezeichneten Erbteil zu einem Drittel mit allen Rechten und Pflichten

an

A

– im Folgenden „Käufer“ genannt –

zur Alleininhaberschaft.

A nimmt den Kaufvertrag an.

§ 3 Kaufpreis[4]

1. A verpflichtet sich, an B als Gegenleistung für die Übertragung des Erbteils einen Betrag in Höhe von 25.000,00 EUR – iW fünfundzwanzigtausend EUR – zu bezahlen. Der Kaufpreis ist am . . . . . . zur Zahlung fällig (dh Zahlungseingang) und zu überweisen auf das Konto der B bei . . . . . ., BIC . . . . . ., IBAN . . . . . .
   Der Notar hat darauf hingewiesen, dass Verzug auch ohne Mahnung mit Ablauf der festgesetzten Zahlungsfrist eintritt.
   Der Käufer unterwirft sich wegen der eingegangenen Zahlungsverpflichtung der sofortigen Zwangsvollstreckung aus dieser Urkunde in sein gesamtes Vermögen; für die Zwangsvollstreckung gelten 7 % Zinsen jährlich ab heute als geschuldet. Der Notar ist berechtigt, dem Gläubiger jederzeit eine vollstreckbare Ausfertigung dieser Urkunde zu erteilen, ohne dass es des Nachweises der die Fälligkeit begründenden Tatsachen bedarf.
2. Der Notar hat die Beteiligten darauf hingewiesen, dass bei der vereinbarten Vorgehensweise für beide Vertragsbeteiligte Risiken bestehen. Das von ihm vorgeschlagene Alternativmodell (Fälligkeit des Kaufpreises erst, wenn die Übertragung des Erbteils oder ein Widerspruch gegen die Inhaberschaft der B im Grundbuch eingetragen ist; aufschiebend bedingte Rückübertragung für den Fall der Nichtzahlung des Kaufpreises mit Eintragung der daraus resultierenden Verfügungsbeschränkung im Grundbuch; Rücktrittsrecht für den Verkäufer für den Fall der Nichtzahlung) wird von den Beteiligten nicht gewünscht.

§ 4 Wirtschaftlicher Übergang[5]

1. Der wirtschaftliche Übergang erfolgt mit dem Beginn des heutigen Tages. Der Käufer trägt von diesem Zeitpunkt an die Gefahr des zufälligen Untergangs und einer zufälligen Verschlechterung der Erbschaftsgegenstände. Von diesem Zeitpunkt an gebühren ihm die Nutzungen und trägt er die Lasten. Den Beteiligten ist bekannt, dass es sich insoweit um eine Vorausleistung handelt; eine andere Vorgehensweise (Übergang der Nutzungen nach Zahlung des Kaufpreises) wird von den Beteiligten nicht gewünscht.
   Hinsichtlich des zur Erbengemeinschaft gehörenden Grundbesitzes stellt im Innenverhältnis zwischen den Vertragsparteien der Käufer den Verkäufer von der Haftung für Erschließungsbeiträge für Erschließungslasten nach dem Baugesetzbuch sowie alle sonstigen einmaligen öffentlichen Lasten, wie Anschlussbeiträge und Kommunalabgaben, die ab heute in Rechnung gestellt werden (maßgebend ist das Datum des Zugangs der Rechnung), frei; gleiches gilt für ab heute fällig werdende wiederkehrende Beiträge.
2. Die Beteiligten erklären, dass mit Durchführung dieses Vertrages sämtliche etwaigen gegenseitig bestehenden Ansprüche zwischen ihnen aus der Erbengemeinschaft nach X abgegolten sind. Insbesondere bestehen keine Ansprüche auf den Ersatz von auf den Nachlass gemachten Verwendungen, Aufwendungen, erfüllten Verbindlichkeiten, Abgaben und Lasten, auch soweit es sich um außerordentliche Lasten handelt. Eine auf den vertragsgegenständlichen Erbteil entfallende Erbschaftsteuer[9] hat der Verkäufer zu tragen. Einen etwaigen in dieser Vereinbarung liegenden Verzicht nehmen die Beteiligten wechselseitig an.
   Sollten sich außer dem in § 1 Abs. 2 genannten Grundbesitz doch noch weitere Gegenstände im ungeteilten Nachlass befinden, hat der Käufer insoweit keinen Ersatz zu leisten. Eine Wertersatzpflicht für den Verbrauch, die unentgeltliche Veräußerung sowie die unentgeltliche Belastung von Erbschaftsgegenständen ist ausgeschlossen.
3. Der in § 1 Abs. 2 genannte Grundbesitz und die aufstehenden Gebäude sind derzeit nach Angabe der Beteiligten nicht vermietet.

§ 5 Haftung[5]

1. Der Verkäufer haftet lediglich nach der gesetzlichen Regelung für die in § 2376 Abs. 1 BGB aufgeführten Rechtsmängel des verkauften Erbteils, nicht jedoch für Rechts- und Sachmängel an den Nachlassgegenständen. Dem Käufer steht insoweit jedoch nur das Recht zu, von diesem Vertrag zurückzutreten, dagegen kein Schadensersatzanspruch und kein Recht, den Kaufpreis zu mindern.
2. Über die vorstehend beschriebene Haftung hinaus garantiert der Verkäufer dem Käufer, dass
   - er nicht wegen einer vom Verkäufer zu entrichtenden Erbschaftsteuer[9] in Anspruch genommen wird;
   - der vertragsgegenständliche Erbteil nicht anderweitig veräußert oder verpfändet wurde und auch nicht gepfändet oder mit sonstigen Rechten Dritter belastet ist.

§ 6 Dingliche Übertragung, Grundbuchanträge[6]

Der Verkäufer überträgt hiermit den vertragsgegenständlichen Erbteil mit sofortiger dinglicher Wirkung an den Käufer zur Alleininhaberschaft. Der Käufer nimmt die Übertragung an.

Da durch die erfolgte Erbteilsübertragung das in § 1 Abs. 2 genannte Grundbuch unrichtig geworden ist, bewilligen die Beteiligten und beantragt der Käufer die Berichtigung des Grundbuchs durch Eintragung der Erbteilsübertragung.

§ 7 Hinweise

Der Notar hat die Beteiligten insbesondere auf folgendes hingewiesen:

a) Sämtliche im Zusammenhang mit dem Erbteilskauf getroffenen Vereinbarungen müssen notariell beurkundet sein, da sie ansonsten wegen Formmangels nichtig sind und die Nichtigkeit des gesamten Vertrages zur Folge haben können.[3]
b) Die Übertragung des Erbteils erfasst sämtliche zum Nachlass gehörenden Aktiva und Passiva, auch wenn diese den Beteiligten nicht bekannt sind.
c) Der Verkäufer haftet weiter für alle etwaigen Nachlassverbindlichkeiten, soweit keine Schuldhaftentlassung durch den jeweiligen Gläubiger erfolgt.[7]
d) Alle Vertragsteile haften als Gesamtschuldner für die Notariats- und Grundbuchkosten sowie eine etwa anfallende Grunderwerbsteuer.
e) Der Erbschein (und die Grundbucheintragung) sagt nichts darüber aus, ob der Erbteil dem Verkäufer noch gehört, ob er unbelastet ist und welche Aktiva und Passiva noch zum Nachlass gehören.

§ 8 Sonstiges[8]

B verfügt in dieser Urkunde nicht über den wesentlichen Teil ihres Vermögens, so dass eine Zustimmung ihres Ehemannes nicht erforderlich ist.

§ 9 Abwicklungsvollmacht

Alle Beteiligten beauftragen und bevollmächtigen den amtierenden Notar, seinen amtlich bestellten Vertreter oder Nachfolger im Amt, alle zur Durchführung der Urkunde noch notwendigen oder zweckdienlichen Erklärungen und Genehmigungen unter Erstellung entsprechender Entwürfe einzuholen und entgegenzunehmen sowie namens der Beteiligten alle Erklärungen, auch rechtsgeschäftlicher Art, abzugeben, Anträge zu stellen, abzuändern oder zurückzunehmen sowie die Urkunde zum Teilvollzug vorzulegen.

Der amtierende Notar, sein amtlich bestellter Vertreter oder Nachfolger im Amt, werden darüber hinaus beauftragt und bevollmächtigt, für die Beteiligten dem Nachlassgericht den Verkauf des Erbteils durch Übersendung einer beglaubigten Abschrift dieser Urkunde anzuzeigen.[7]

§ 10 Kosten,[10] Abschriften

1. Die Kosten dieser Urkunde und des grundbuchamtlichen Vollzuges sowie eine etwaige Grunderwerbsteuer trägt . . . . . . Befreiung nach § 3 Nr. 3 GrEStG wird beantragt.
2. Beglaubigte Abschriften erhalten: jeder Vertragsteil, das Nachlassgericht . . . . . . als Anzeige gemäß § 2384 Abs. 1 BGB, das Grundbuchamt . . . . . ., das Finanzamt – Schenkungsteuerstelle –. Eine einfache Abschrift erhält das Finanzamt – Grunderwerbsteuerstelle –.

Anmerkungen

1. Sachverhalt. Der Erblasser ist verstorben und wurde von A, B und C beerbt. Der Nachlass ist weitgehend auseinander gesetzt. Hinsichtlich des noch im Nachlass befindlichen Grundstücks herrscht zwischen den Mitgliedern der Erbengemeinschaft Streit, so dass das Haus derzeit auch nicht vermietet werden kann. A würde das Anwesen gerne übernehmen. B ist einverstanden, scheut jedoch die Diskussionen mit C, der sich dem Erwerb durch A verweigert. A möchte daher den Anteil von B übernehmen, um bei einer Diskussion mit C bzw. einer Teilungsversteigerung „bessere Karten" zu haben.

2. Persönliche Teilerbauseinandersetzung. Zu den zulässigen Teilauseinandersetzungen, die die Miterben einvernehmlich durchführen können, gehört auch die sog. persönliche Teilerbauseinandersetzung (→ Form. J.VI.3 Anm. 2). Dabei scheiden einzelne Miterben aus der Erbengemeinschaft aus, während sie die übrigen fortsetzen (MüKoBGB/*Ann* § 2042 Rn. 14 mwN). Die persönliche Teilauseinandersetzung kann erfolgen durch **Erbteilsübertragung** (in der Form des § 2033 Abs. 1 S. 2 BGB) oder durch **Abschichtung** (vgl. dazu das nachfolgende → Form. J.VI.7). Sie kann auch mit der gegenständlichen Teilauseinandersetzung (→ Form. J.VI.3, → Form. J.VI.4, → Form. J.VI.5) kombiniert werden (→ Form. J.VI.3 Anm. 2).

Im vorliegenden Fall erfolgt die persönliche Teilerbauseinandersetzung durch **Erbteilsübertragung** (vgl. zum Erbteilskauf auch → Form. J.VII.2 mit den dortigen Anmerkungen). Diese Gestaltung kommt insbesondere dann in Betracht, wenn alle Miterben bis auf einen aus der Erbengemeinschaft ausscheiden wollen. Dann können die Erbteile der ausscheidungswilligen Miterben gegen Abfindung auf den verbleibenden Miterben übertragen werden (Gesamtrechtsübertragung). Dadurch wird die Erbengemeinschaft aufgehoben (vgl. BGHZ 86, 379 = NJW 1983, 1555 = DNotZ 1983, 628), ohne dass die Nachlassgegenstände einzeln übertragen werden müssen. Dies hat ua kostenrechtliche Vorteile (→ Anm. 9 sowie → Form. J.VII.2 Anm. 4).

Die persönliche Teilerbauseinandersetzung durch Erbteilsübertragung kommt auch in Betracht, wenn lediglich ein Miterbe aus der Erbengemeinschaft ausscheiden will oder sich ein Miterbe – wie im vorliegenden Fall – den Erbteil eines anderen sichern will, während die anderen Miterben noch nicht zur vollständigen Auseinandersetzung des Nachlasses bereit sind (vgl. *Keim* RNotZ 2003, 375 [385]).

Bei der persönlichen Teilerbauseinandersetzung durch Erbteilsübertragung ist es nicht zwingend erforderlich, dass der Erbteil an alle übrigen Miterben übertragen wird. Er kann ferner nur auf einen oder mehrere übertragen werden, wobei die Quoten, zu denen die Übertragung erfolgt, frei bestimmt werden können. Weiter ist es auch möglich, dass nur ein Bruchteil des Erbteils übertragen wird (→ Form. J.VII.2 Anm. 2).

3. Form. Die persönliche Teilauseinandersetzung durch Erbteilsübertragung erfolgt dadurch, dass ein Miterbe seinen Erbteil (gegen Abfindung) auf die übrigen Miterben überträgt. Die Erbteilsübertragung (dh die Abtretungserklärung und deren Annahme) muss **notariell beurkundet** werden, § 2033 Abs. 1 S. 2 BGB. Andernfalls ist sie gem. § 125 S. 1 BGB formnichtig. Allerdings ist im Falle eines formunwirksamen Vertrages zu prüfen, ob dieser evtl. als (formfreie) dingliche Abschichtung (→ Form. J.VI.7 mit Anmerkungen) ausgelegt oder in eine solche umgedeutet werden kann.

Umstritten ist nach wie vor, ob das Kausalgeschäft, dh die Verpflichtung eines Miterben, im Rahmen eines Auseinandersetzungsvertrages seinen Erbteil an einen anderen Miterben zu übertragen, der Form der §§ 2385, 2371 BGB bedarf (bejahend: *Keim* RNotZ 2003, 375 [382]; *Eberl-Borges* S. 256 ff.; *Wesser/Saalfrank* NJW 2003, 2937 [2938]; Palandt/*Weidlich* BGB § 2033 Rn. 10; aA *Rieger* DNotZ 1999, 64 [65]).

4. Abfindung. Die Abfindung, die der übertragende Miterbe regelmäßig als Gegenleistung für die Übertragung seines Erbteils erhält, kann nach hA aus dem Nachlass oder aus dem Privatvermögen eines oder der übrigen Miterben stammen (NK-BGB/*Eberl-Borges* Vorb. §§ 2042–2057a Rn. 8 mwN).

Da bei der Übertragung von Erbteilen nicht mit der Eintragung von Vormerkungen gearbeitet werden kann, ist die Absicherung von Leistung und Gegenleistung kompliziert. Insoweit ist auf die Ausführungen bei → Form. J.VII.3 Anm. 3 zu verweisen.

5. Wirtschaftlicher Übergang/Haftung. Vgl. insoweit die Ausführungen bei → Form. J.VII.2 Anm. 10. Zu berücksichtigen ist hier, dass die Übertragung zwischen Miterben, also nicht zwischen fremden Dritten erfolgt. Umfassende Garantien des Veräußerers sowie ausführliche Regelungen zum Ersatz gezogener Nutzen und getätigter Verwendungen dürften daher regelmäßig weder gewollt noch erforderlich sein.

6. Rechtsfolgen. Die Erbteilsübertragung begründet eine **Gesamtrechtsnachfolge**. Sie hat unmittelbar dingliche Wirkung, dh der Erwerber tritt mit der Veräußerung an Stelle des Miterben in dessen vermögensrechtliche Stellung am Nachlass ein (ohne allerdings die Miterbenstellung als solche zu erwerben). Wird die Übertragung an die übrigen Miterben vorgenommen, entsteht – mangels entgegenstehender Anhaltspunkte – keine Bruchteilsgemeinschaft am übertragenen Erbteil. Der übertragene Erbteil wächst vielmehr den übrigen Miterben im Verhältnis ihrer Erbteile zu (BayObLGZ 1980, 328 [330] = NJW 1981, 830 = DNotZ 1981, 292; *Damrau* ZEV 1996, 361 [362]). Dies bedeutet, dass jeder in der Erbengemeinschaft verbliebene Miterbe nach wie vor einen einheitlichen Erbteil (nach der Erbteilsübertragung aber entsprechend dem Verhältnis der Erbteile vergrößert) innehat.

Bei der Erbteilsübertragung handelt es sich um eine Gesamtrechtsübertragung, nicht um eine Einzelrechtsübertragung wie bei der klassischen Erbauseinandersetzung durch gegenständliche Teilung. Selbst wenn Grundbesitz zum Nachlass gehört, ist daher keine Auflassung erforderlich. Der Eigentumswechsel tritt vielmehr unmittelbar mit Abschluss des notariellen Erbteilsübertragungsvertrages ein. Das Grundbuch wird hierdurch unrichtig und kann gem. §§ 22, 29 GBO berichtigt werden (*Winkler* ZEV 2001, 435 [437]). Somit würde an sich ein reiner Berichtigungsantrag ausreichen, da die Grundbuchunrichtigkeit durch öffentliche Urkunde nachgewiesen werden kann. Allerdings schadet es auch nicht, eine Bewilligung in die Urkunde aufzunehmen, da dann die Eintragung im Grundbuch über § 19 GBO möglich wird, ohne dass der Rechtspfleger die Grundbuchunrichtigkeit zu prüfen hat (vgl. § 6 des Formulars).

7. Entsprechende Anwendung der Vorschriften über den Erbschaftskauf. Über § 2385 BGB finden die meisten Vorschriften über den Erbschaftskauf entsprechende Anwendung auf Verträge, die auf die Veräußerung einer dem Veräußerer angefallenen Erbschaft gerichtet sind. Dazu zählen nach hA auch Auseinandersetzungsvereinbarungen, sofern

zum Zwecke der Auseinandersetzung Erbteile übertragen werden (Lange/*Kuchinke* § 45 I 3; NK-BGB/*Beck*/*Kroiß* § 2385 Rn. 3).

Aus der entsprechenden Anwendung der Vorschriften über den Erbschaftskauf folgt zB die Haftung des Erwerbers gegenüber Nachlassgläubigern gem. § 2382 BGB. Außerdem ist der Vertrag entsprechend § 2384 BGB dem Nachlassgericht anzuzeigen (vgl. §§ 9, 10 des Formulars).

8. Genehmigungserfordernisse. → Form. J.VII.2 Anm. 7.

Bei **minderjährigen** Erben oder unter **Betreuung** stehenden Erben, für die der Betreuer handelt, ist die familien- bzw. betreuungsgerichtliche Genehmigung des Vertrages erforderlich, §§ 1822 Nr. 1, 1643 Abs. 1, 1908i Abs. 1 S. 1 BGB (zu den Vertretungsverboten vgl. bereits Checkliste bei → Form. J.VI.1 Anm. 9).

Bei Ehegatten (oder eingetragenen Lebenspartnern) kann **§ 1365 Abs. 1 BGB** zu beachten sein (vgl. BGHZ 35, 135 = NJW 1961, 1301).

Eine Genehmigungspflicht nach § 2 GrdstVG kommt hinsichtlich der Erbteilsübertragung nicht in Betracht, auch wenn der Nachlass im Wesentlichen aus einem land- oder forstwirtschaftlichen Betrieb besteht, da die Übertragung auf einen Miterben ausdrücklich ausgenommen ist.

9. Steuern. Die Veräußerung des Erbteils hat keine Auswirkungen **auf die Erbschaftsteuer**. Wird der Erbteil auf einen Miterben übertragen, so gehen die Vergünstigungen der §§ 13a, 19a und 13c ErbStG allerdings auf den Miterben über und können von dem ausscheidenden Erben nicht mehr in Anspruch genommen werden (→ Form. C.IV.3 Anm. 7). Die Veräußerung des Erbteils ist – jedenfalls bei Veräußerung an die Miterben – keine schädliche Handlung iSd § 13a Abs. 5 ErbStG (FG Münster v. 3.6.2004 – 3 K 1433/02).

Zur steuerlichen Behandlung der (Teil-)Erbauseinandersetzung vgl. im Übrigen → Form. C.IV.3 Anm. 7.

Ertragsteuern: Überträgt ein Miterbe seinen Erbanteil nach § 2033 Abs. 1 BGB gegen Entgelt auf einen Dritten, kommt es beim Erwerber zu einem entgeltlichen Anschaffungsvorgang. Das gilt auch für den Fall, dass der Erwerber ein Miterbe ist (BFH BStBl. II 1990, 837). Gehört zum Nachlass nur Privatvermögen, so unterliegt der Veräußerungsgewinn, der beim Verkauf eines Erbteils bzw. einer Erbschaft entsteht, nur dann der Steuerpflicht, wenn die Voraussetzungen der §§ 17, 23 EStG vorliegen (BMF BStBl. I 2006, 253 Tz. 43). Im vorliegenden Fall hat A deshalb Anschaffungskosten für den Grundbesitz, B erzielt einen Veräußerungserlös und Einkünfte gem. § 23 Abs. 1 Nr. 1 EStG. Der Erwerber hat seine AfA ausgehend von seinen Anschaffungskosten nach § 7 EStG zu bemessen (BMF BStBl. I 2006, 253 Tz. 41).

Gehört zum Nachlass nur Betriebsvermögen, so stellt die entgeltliche Übertragung des Erbanteils die Veräußerung eines Mitunternehmeranteils iSv § 16 Abs. 1 S. 1 Nr. 2 EStG dar, und zwar auch dann, wenn der Erwerber Miterbe ist. Anschaffungskosten und Veräußerungsgewinn errechnen sich wie bei der Übertragung eines Mitunternehmeranteils (BMF BStBl. I 2006, 253 Tz. 39). Zur Behandlung eines Mischnachlasses vgl. BMF BStBl. I 2006, 253 Tz. 32.

Gehört zum Nachlass ein Grundstück, so fällt beim Verkauf des Erbteils an einen Dritten Grunderwerbsteuer gem. § 1 Abs. 1 Nr. 1 GrEStG an. Erfolgt der Verkauf an einen Miterben, so ist der Erwerb gem. § 3 Nr. 3 GrEStG grunderwerbsteuerfrei.

10. Kosten. Die Auseinandersetzung durch Erbteilsübertragung hat Kostenvorteile gegenüber der klassischen Erbauseinandersetzung durch gegenständliche Teilung des Nachlasses. Diese ergeben sich daraus, dass sich die für die Beurkundung anfallende 2,0-Gebühr (Nr. 21100 KV GNotKG) nach § 97 Abs. 3 GNotKG nur aus dem Kaufpreis für den Erbteil (bzw. dessen höheren Wert) bestimmt, während sich für die klassische

(vollständige) Erbauseinandersetzung der Gegenstandswert nach dem gesamten Nachlass bemisst (zur KostO *Keim* RNotZ 2003, 375 [385]).

Die Anzeige gemäß § 2384 Abs. 1 BGB ist Betreuungstätigkeit, für die eine 0,5-Gebühr nach Nr. 22200 Nr. 5 KV GNotKG nicht anfällt, wenn dem Nachlassgericht lediglich eine Abschrift der Urkunde ohne förmliche Anzeige übersandt wird.

7. Persönliche Teilerbauseinandersetzung durch Abschichtung

Abschichtungsvereinbarung[4, 11]

§ 1 Sachstand[1]

1. A, B und C sind Erben des am . . . . . . verstorbenen X (Erblasser). Der Erblasser hat kein Testament hinterlassen. Ausweislich des Erbscheins des Amtsgerichts . . . . . . vom . . . . . . (Az: . . . . . .) wurde X durch A, B und C als gesetzliche Erben zu je einem Drittel beerbt. Der Nachlass besteht im Wesentlichen aus dem im Grundbuch des Amtsgerichts . . . . . . für . . . . . . Blatt . . . . . . vorgetragenen Grundbesitz sowie den bei der . . . . . . – Bank geführten Konten Nummer . . . . . . und Nummer . . . . . .

2. B will aus der Erbengemeinschaft gegen Abfindung ausscheiden.[2]

§ 2 Auseinandersetzungsvereinbarung

A, B und C vereinbaren, dass B mit Wirkung zum Ende des heutigen Tages im Wege der Abschichtung[3, 5] aus der Erbengemeinschaft nach X ausscheidet. Der Anteil von B wächst somit bei A und C an.

§ 3 Gegenleistungen[7]

1. A, B und C sind darüber einig, dass der Gesamtwert des Nachlasses nach X nach Abzug sämtlicher Verbindlichkeiten 150.000,00 EUR beträgt.

2. A und C verpflichten sich, an B einen baren Geldbetrag in Höhe von jeweils 25.000,00 EUR (iW fünfundzwanzigtausend EUR) zu bezahlen. Der jeweilige Betrag ist binnen 14 Tagen zur Zahlung fällig und bis dahin nicht zu verzinsen. Er ist bei Fälligkeit auf das Konto von B bei . . . . . ., BIC . . . . . ., IBAN . . . . . ., zu überweisen (maßgeblich ist der Eingang auf dem Konto).

3. A und C verpflichten sich, B von sämtlichen Nachlassverbindlichkeiten und jedweden Ausgleichsansprüchen freizustellen.[8] Soweit in der Vergangenheit bereits Nachlassverbindlichkeiten erfüllt wurden, hat es dabei sein Bewenden.

4. A, B und C sind darüber einig, dass eine Gewährung von Sicherheiten für die in Abs. 2 und 3 übernommenen Verpflichtungen nicht erforderlich ist. Insbesondere soll die Erfüllung der in Abs. 2 genannten Zahlungsverpflichtung nicht zur aufschiebenden Bedingung der Auseinandersetzvereinbarung nach § 2 gemacht werden.

§ 4 Haftung[9]

1. Den Beteiligten ist Art, Umfang und Beschaffenheit des zum ungeteilten Nachlass gehörenden Vermögens bekannt. Die Beteiligten schließen jegliche Haftung für Sach- und Rechtsmängel der zum Nachlass gehörenden Gegenstände aus.

2. Für Rechtsmängel seines Erbteils haftet B analog § 2376 Abs. 1 BGB. B garantiert darüber hinaus, dass sein Erbteil nicht anderweitig veräußert oder verpfändet wurde und auch nicht gepfändet oder mit sonstigen Rechten Dritter belastet ist.

§ 5 Grundbuchberichtigung[6]

Durch das Ausscheiden von B aus der Erbengemeinschaft ist das Grundbuch unrichtig geworden. Die Beteiligten bewilligen und beantragen daher, dass A und C als Eigentümer in Erbengemeinschaft in dem in § 1 Abs. 1 genannten Grundbuch berichtigend eingetragen werden.

(Beglaubigungsvermerk)[4, 10]

Anmerkungen

1. Sachverhalt. Der Erblasser X ist ohne Errichtung eines Testamentes verstorben und hinterließ als gesetzliche Erben zu gleichen Teilen A, B und C. Der Nachlass besteht im Wesentlichen aus dem näher bezeichneten Grundbesitz. B will gegen Abfindung auf ihr Mitgliedschaftsrecht an der Erbengemeinschaft verzichten und aus dieser (ohne Erbteilsübertragung) ausscheiden.

2. Persönliche Teilauseinandersetzung durch Abschichtung. Die persönliche Teilerbauseinandersetzung kann derart erfolgen, dass ein Miterbe seinen Erbteil in einem notariell beurkundeten Vertrag (vgl. § 2033 Abs. 1 S. 2 BGB) auf die übrigen Miterben überträgt (→ Form. J.VI.6). In der Folge wächst dann der übertragene Erbteil den übrigen Miterben im Verhältnis ihrer Erbteile zu (BayObLGZ 1980, 328 [330] = NJW 1981, 830 = DNotZ 1981, 292).

Daneben kann nach hA (BGH NJW 1998, 1557 = ZEV 1998, 141 = DNotZ 1999, 60; vgl. dazu noch die nachfolgende → Anm. 4) das Ausscheiden eines Miterben aus der Erbengemeinschaft auch ohne Erbteilsübertragung durch Aufgabe der Mitgliedschaftsrechte an der Erbengemeinschaft erfolgen (sog. **Abschichtung**; vgl. dazu allg. *Krug* ErbR 2017, 2 ff.). Die Abschichtung unterscheidet sich konstruktiv von der Erbteilsübertragung dadurch, dass der Miterbe dabei lediglich auf seine Rechte als Mitglied der Erbengemeinschaft verzichtet, sie aber nicht auf bestimmte Rechtsnachfolger überträgt. Die Abschichtung ist zwingend stets ein Verzicht auf den Erbteil als solchen und ergreift von daher sämtliches Gesamthandsvermögen, welches als Ganzes den übrigen Miterben kraft Gesetzes anwächst. Die Abschichtung kann also nicht „objektbezogen" erfolgen.

3. Zulässigkeit der Abschichtung. Der BGH hat in seinem Urteil vom 21.1.1998 (BGH NJW 1998, 1557 = ZEV 1998, 141 = DNotZ 1999, 60; bestätigt in ZEV 2005, 22 = NJW 2005, 284; ZEV 2011, 38 ff.; ihm folgend LG Köln NJW 2003, 2993) die Abschichtung als dritten Weg der Erbauseinandersetzung anerkannt und dabei eine **Analogie zum Gesamthandsmodell der BGB-Gesellschaft** vertreten. Die Erbauseinandersetzung durch Abschichtung sei, so der BGH, wie das Ausscheiden eines Gesellschafters aus der BGB-Gesellschaft, dem Grundmodell der rechtsgeschäftlichen Gesamthand, zu sehen. Es existiere zwar für die Erbengemeinschaft keine dem § 738 BGB vergleichbare Vorschrift; aus dem Wesen der Gesamthand folge aber die Möglichkeit, das Anwachsungsprinzip auch auf die Auseinandersetzung der Erbengemeinschaft anzuwenden.

Die Abschichtung wird nach Auffassung des BGH abgewickelt wie der Austritt eines Gesellschafters aus der BGB-Gesellschaft mit der Folge der **Anwachsung des Vermögens** der Gesamthand (hier des Nachlasses) bei den übrigen Gesamthändern (hier den Miterben). Verbleibt nach der Abschichtung nur noch ein Miterbe, erfolgt bei diesem Anwachsung, ähnlich der Situation beim Ausscheiden eines Gesellschafters aus einer zweigliedrigen BGB-Gesellschaft. Die dingliche Rechtsänderung am verbleibenden Nachlass tritt daher nach Auffassung des BGH (auch wenn aus der zweigliedrigen Erbengemeinschaft ein Miterbe im Wege der Abschichtung ausscheidet), nicht aufgrund eines auf die Veräußerung oder den Erwerb dieser Nachlassgegenstände gerichteten Verkehrs-

geschäfts ein, sondern **kraft Gesetzes** durch Anwachsung des Erbteils. Sofern sich im Gesamthandseigentum der Erbengemeinschaft Grundbesitz befindet, wird durch das wirksame Ausscheiden eines Miterben infolge Abschichtung gleichzeitig das **Grundbuch unrichtig**, so dass ein Anspruch auf Grundbuchberichtigung gem. § 894 BGB besteht (vgl. dazu noch unten → Anm. 6). Ein bereits erteilter Erbschein wird durch die Abschichtung – wie auch durch eine Erbteilsübertragung – nicht unrichtig (*Bredemeyer/Tews* ZEV 2012, 352 [354] mwN).

4. Form. Das wohl **umstrittenste Thema** bei der Abschichtung ist die Formfrage. Der BGH (NJW 1998, 1557 = ZEV 1998, 141 = DNotZ 1999, 60) ist der Ansicht, dass die Abschichtung als eine Unterart der Teilauseinandersetzung **formfrei** erfolgen kann. Die Abschichtungsvereinbarung sei nur formbedürftig, wenn sich die verbleibenden Miterben verpflichteten, dem ausscheidenden Miterben als Abfindung einen Gegenstand zu übertragen, und die Verpflichtung zur Abfindung ihrerseits formbedürftig sei, wie in den Fällen des § 311b Abs. 1 BGB oder des § 15 Abs. 4 S. 1 GmbHG. Zur Begründung führt der BGH an, dass der Schutzzweck der §§ 2033 Abs. 1 S. 2, 2371 BGB in diesem Fall nicht zutreffe. Die hM in der Literatur hat dem **widersprochen** (*Eberl-Borges* MittRhNotK 1998, 242 [243]; *Keller* ZEV 1998, 281 [282 ff.]; *Reimann* ZEV 1998, 213 [214]; *Rieger* DNotZ 1999, 64 [77]; *Schöner/Stöber* Grundbuchrecht Rn. 976 b; *Keim* RNotZ 2003, 375 [386]). Gleichwohl hat der BGH in einer neueren Entscheidung (ZEV 2005, 22 = NJW 2005, 284) seine Rechtsansicht bekräftigt, ohne sich eingehend mit der vorgebrachten Kritik zu beschäftigen.

Die Ansicht des BGH zur Formfrage wird in der herrschenden Literatur zu Recht abgelehnt, da die Formvorschrift des § 2033 Abs. 1 S. 2 BGB nicht nur Erbteilsübertragungen erfasst, sondern auch alle sonstigen Verfügungen, wie Belastungen und Inhaltsänderungen sowie den Verzicht auf den Erbteil (vgl. nur *Reimann* ZEV 1998, 213 [214]; *Hagmaier* Erbauseinandersetzung durch Abschichtung S. 153 ff.; *Spanke* Das Ausscheiden einzelner Miterben aus der Erbengemeinschaft durch Abschichtung S. 63 ff.). Außerdem ist in der Sache Übereilungsschutz geboten, so dass zumindest eine analoge Anwendung der Formvorschriften, auch der §§ 2385, 2371 BGB, auf das schuldrechtliche Grundgeschäft angezeigt wäre (NK-BGB/*Eberl-Borges* Vorb. §§ 2042–2057a Rn. 9; vgl. auch *Spanke* Das Ausscheiden einzelner Miterben aus der Erbengemeinschaft durch Abschichtung S. 50 ff.). Gleichwohl wird man in der Praxis mit der höchstrichterlichen Rspr. leben müssen. Eine Rechtsprechungsänderung des BGH ist – angesichts der Bekräftigung seiner Rechtsansicht im Jahre 2004 – nicht zu erwarten.

Zu den aus formellen Gründen einzuhaltenden Formerfordernissen im Grundbuchverfahren → Anm. 6.

5. Würdigung der Abschichtung. Der BGH (→ Anm. 3) hat zwar die Zulässigkeit der dinglichen Abschichtung als dritte Art der zulässigen Erbauseinandersetzung anerkannt und seine Rechtsansicht hierzu – trotz der vielfältigen Kritik in der Literatur – im Jahre 2004 in einer erneuten Entscheidung bekräftigt (→ Anm. 4), so dass mit einer Rechtsprechungsänderung aktuell wohl nicht gerechnet werden kann. Gleichwohl besteht kein Grund, die Abschichtung im Hinblick auf ihre Formfreiheit und die hierdurch bewirkten Gebührenvorteile als Ideallösung zu propagieren (so tendenziell *Wesser/Saalfrank* NJW 2003, 2937; *Klinger/Maulbetsch* NJW-Spezial 2005, 397). Denn nach wie vor erscheint das praktische Bedürfnis für die Zulassung einer weiteren Auseinandersetzungsart angesichts der Möglichkeit der Miterben, ihren Gesamthandsanteil gem. § 2033 Abs. 1 BGB zu übertragen, fraglich und die vom BGH angenommene Formfreiheit der betreffenden Rechtsgeschäfte mehr als problematisch. Die Kostenersparnis, die mit der Abschichtung erzielt werden kann (vgl. dazu nur *Krug* ErbR 2017, 2 [7]), ist nämlich mit fehlender oder mangelhafter fachkundiger Beratung, Gestaltung und Belehrung erkauft. Des Weiteren darf man nicht übersehen, dass die Erbteilsübertragung der Abschichtung in Sachen

Flexibilität als Gestaltungsinstrument überlegen ist: während mit der Abschichtung nur (und immer) eine verhältnismäßige Anwachsung des Erbteils des Ausgeschiedenen bei sämtlichen übrigen Miterben erreicht werden kann, lässt sich ein Erbteil bei der Erbteilsübertragung auch nur auf bestimmte Miterben oder disproportional verteilen (vgl. *Keim* RNotZ 2003, 375 [386]). Schließlich lässt sich die Formfreiheit der Abschichtung zumindest dort nicht durchhalten, wo eine privatschriftliche Vereinbarung aus formellrechtlichen Gründen nicht genügt, wie zB im Grundbuchverfahren (vgl. dazu die folgende → Anm. 6). Endlich kann es selbst bei der Abschichtung zweckmäßig sein, zwecks der (problematischen) Sicherung des Leistungsaustauschs die notarielle Beurkundung zu wählen, um eine Zug-um-Zug-Abwicklung zu gewährleisten (*Reimann* ZEV 1998, 213 [215]; vgl. zu den Sicherungsinstrumentarien noch unten → Anm. 7).

6. Grundbuchverfahren. Von der materiell-rechtlichen Seite der Formfreiheit der Abschichtung ist die formell-rechtliche Seite zu trennen: im Grundbuchverfahren bedarf der Nachweis der eingetretenen Rechtsänderung bestimmter Formen. So ist für die Herbeiführung der Grundbuchberichtigung bei formfrei vereinbarter Abschichtung entweder gem. § 19 GBO die Vorlage entsprechender **Berichtigungsbewilligungen aller Miterben** oder der **Nachweis der Unrichtigkeit des Grundbuchs** gem. § 22 GBO erforderlich. In den wegen § 29 GBO durch öffentliche oder öffentlich beglaubigte Urkunden nachzuweisenden Berichtigungsbewilligungen nach § 19 GBO muss schlüssig dargelegt werden, dass das Grundbuch unrichtig ist und durch die bewilligte Berichtigung richtig wird. Bei Unrichtigkeitsnachweis nach § 22 GBO muss der Nachweis ebenfalls in der Form des § 29 GBO geführt werden, so dass die der Abschichtung zugrunde liegenden Erklärungen zumindest notariell beglaubigt werden müssen (vgl. LG Köln NJW 2003, 2993; *Wesser/Saalfrank* NJW 2003, 2937 [2940]). Im Grundbuchverfahren ist damit die Vorlage nur eines privatschriftlichen, materiell-rechtlich wirksamen Abschichtungsvertrages im Hinblick auf § 29 GBO in beiden Fällen unzureichend. Nach Ansicht des OLG München (ZEV 2018, 268) kann entsprechend § 40 GBO eine Voreintragung der Erbengemeinschaft unterbleiben, wenn Miterben ihre Erbteile im Wege der Abschichtung auf einen Miterben übertragen, der anschließend als Alleineigentümer eingetragen werden soll.

7. Abfindung/Sicherungsprobleme. Gewöhnlich erfolgt die Aufgabe der Mitgliedschaftsrechte im Zusammenhang mit der Abschichtung gegen Entgelt. Dieses kann aus dem Nachlass oder aus dem sonstigen Vermögen der anderen Miterben geleistet werden (*Reimann* ZEV 1998, 213 [214]). Dabei ergibt sich eine ähnliche Sicherungsproblematik wie bei der Erbteilsveräußerung (→ Form. J.VII.3 Anm. 3 f.). Denn auch hier besteht die Gefahr, dass das Entgelt nicht gezahlt wird, obwohl die dingliche Rechtsänderung bereits mit Abschluss des Vertrages eintritt.

Anders als bei der Erbteilsübertragung empfiehlt sich aber keine durch Ausübung eines Rücktrittsrechts auflösend bedingte Abschichtung, da dies bei normativer Betrachtung einer (unzulässigen) vertraglichen Wiederaufnahme des abgeschichteten Miterben in die Erbengemeinschaft gleichkommt (*Hagmaier* Erbauseinandersetzung durch Abschichtung, S. 228 ff., 319). Stattdessen wird empfohlen, bei Geldleistungen die Abfindungssumme auf einem Anderkonto zu hinterlegen oder den dinglichen Anteilsverzicht des abzuschichtenden Miterben **aufschiebend bedingt durch die vollständige Erbringung der Gegenleistung** durch die verbleibenden Miterben zu erklären (vgl. *Klinger/Maulbetsch* NJW-Spezial 2005, 397; *Reimann* ZEV 1998, 213 [215]; *Hagmaier* Erbauseinandersetzung durch Abschichtung, S. 228 ff., 319, dort auch zur zusätzlichen Möglichkeit, den Nachweis des Bedingungseintritts gegenüber dem Grundbuchamt durch weitere Vereinbarungen zu erleichtern).

8. Haftung für Nachlassverbindlichkeiten. Die zum Nachlass gehörenden Verbindlichkeiten wachsen bei der Abschichtung ebenfalls entsprechend § 738 BGB dem bzw. den verbleibenden Miterben an. Dies hat aber nicht zugleich im Außenverhältnis eine Beendigung der Haftung zur Folge. Hierzu bedarf es vielmehr – wie im vergleichbaren Fall des Ausscheidens eines Gesellschafters aus einer BGB-Gesellschaft – rechtsgeschäftlicher Vereinbarungen (*Reimann* ZEV 1998, 213 [215]; *Krug* ErbR 2017, 2 [8]; vgl. Freistellungsverpflichtung in § 3 Abs. 3 des Formulars).

Die Rechtsposition des abzuschichtenden Miterben lässt sich dabei durch eine vertragliche Verpflichtung der anderen Miterben nicht nur zu seiner Freistellung von den Nachlassverbindlichkeiten, sondern zur Herbeiführung seiner Schuldhaftentlassung im Außenverhältnis verstärken (*Hagmaier* Erbauseinandersetzung durch Abschichtung S. 265; vgl. auch *Amann* MittBayNot 2002, 245 ff.). Außerdem kann der dingliche Anteilsverzicht unter der aufschiebenden Bedingung des Vorliegens der Schuldhaftentlassungserklärung bestimmter Nachlassgläubiger erklärt werden (*Hagmaier* aaO).

9. Entsprechende Anwendung der Kaufrechtsvorschriften? Bei der Abschichtung ist die Rechtsnatur des zugrunde liegenden schuldrechtlichen Rechtsgeschäfts weithin ungeklärt. Daraus ergeben sich Unsicherheiten in Bezug auf die weiteren Folgen des Geschäfts. So ist beispielsweise fraglich, welches **Gewährleistungsrecht** Anwendung findet. Da der BGH die §§ 2371 ff. BGB nicht auf das der Abschichtung zugrundeliegende Verpflichtungsgeschäft anwenden will und dieses auch nicht als Kaufvertrag angesehen werden kann, dürfte es empfehlenswert sein, die Sach- und Rechtsmängelhaftung explizit zu regeln. *Keim* (RNotZ 2003, 375 [387]) empfiehlt, die Sachmängelhaftung auszuschließen und eine Rechtsmängelhaftung entsprechend den Kaufvertragsvorschriften vorzusehen.

Hinsichtlich des Erbteils trifft für die Rechtsmängelhaftung die Wertung des § 2376 Abs. 1 BGB im Grundsatz auch auf die dingliche Abschichtung zu. Allerdings setzen sich wegen der fehlenden Rechtsnachfolge nicht alle in § 2376 Abs. 1 BGB genannten Rechtsmängel an den bei den verbleibenden Miterben anwachsenden (Teil-)Erbteilen fort; dies gilt insbesondere für Pfandrechte, die lediglich am Erbteil des abzuschichtenden Miterben bestehen oder die Beschränkungen durch eine nur für diesen Miterben angeordnete Nacherbfolge oder Testamentsvollstreckung (*Hagmaier* Erbauseinandersetzung durch Abschichtung S. 317 f.).

Als ungeklärt ist ferner anzusehen, ob die Abschichtung entsprechend § 2384 BGB dem **Nachlassgericht anzuzeigen** ist. Dies dürfte eher zu bejahen sein (vgl. auch *Keim* RNotZ 2003, 375 [387]), so dass man sicherheitshalber die Anzeige vornehmen sollte. Die bislang ungeklärte Frage, ob das Ausscheiden eines Minderjährigen oder Betreuten aus der Erbengemeinschaft im Wege der Abschichtung gem. §§ 1822 Nr. 1, 1643, 1908i Abs. 1 S. 1 BGB der gerichtlichen **Genehmigung** bedarf (vgl. dazu *Keim* RNotZ 2003, 375 [387]), wurde vom OLG Hamm mittlerweile im bejahenden Sinne entschieden (OLG Hamm FGPrax 2017, 276 [277] im Anschluss an MüKoBGB/*Kroll-Ludwigs*, 7. Aufl. 2017, § 1822 Rn. 10 Fn. 18).

10. Steuern. Das Ausscheiden stellt eine Erbteilsveräußerung an die verbleibenden Miterben dar (BFH BStBl. II 2004, 987). → Form. J.VI.6 Anm. 9.

11. Kosten. Eine notarielle Beurkundung löst eine 2,0-Gebühr nach Nr. 21100 KV GNotKG aus. Geschäftswert ist nach § 97 Abs. 3 GNotKG der Abfindungsbetrag oder, wenn höher, der Wert des Erbteils. Die gleichen Kosten entstehen nach Nr. 24100 KV iVm §§ 92 Abs. 2, 119 Abs. 1 GNotKG bei notariellem Entwurf mit Unterschriftsbeglaubigung.

Werden nur Grundbucherklärungen entworfen und beglaubigt, entsteht eine 0,5-Gebühr nach Nr. 24102 KV GNotKG. Für die Beglaubigung der Erklärungen ohne Entwurf wird eine 0,2-Gebühr, höchstens jedoch ein Betrag von 70,00 EUR, erhoben (Nr. 25100 KV GNotKG).

VII. Erbteilsübertragung

1. Checkliste: Erbteilsübertragung

- ❒ Wurde der Erblasser durch mehrere Personen beerbt?
- ❒ Ist die Erbengemeinschaft bereits endgültig auseinander gesetzt?
- ❒ Erfolgt die Übertragung zur Auseinandersetzung der Erbengemeinschaft (Alternativen: gegenständliche Auseinandersetzung, Abschichtung) oder an einen außenstehenden Dritten?
- ❒ Soll der Erbteil ganz oder nur zum Teil übertragen werden? In welchem Verhältnis sollen die Erwerber erwerben?
- ❒ Bestehen Besonderheiten hinsichtlich des zu übertragenden Erbteils (Erbteil eines Vorerben, Nacherbenanwartschaftsrecht, Anordnung der Testamentsvollstreckung)?
- ❒ Soll der Erbteil entgeltlich oder unentgeltlich übertragen werden?
- ❒ Welche Gegenleistung soll erbracht werden? Welche Sicherungen müssen zugunsten des Verkäufers oder des Käufers vorgesehen werden?
- ❒ Sollen die gesetzlichen Gewährleistungsregeln zugunsten des Käufers modifiziert werden?
- ❒ Welche Form ist für die Erbteilsübertragung bzw. das zugrunde liegende schuldrechtliche Geschäft einzuhalten?
- ❒ Bedarf der Vertrag der Genehmigung?
- ❒ Muss der Vertrag dem Nachlassgericht angezeigt werden?
- ❒ Besteht im Falle des Verkaufs ein Vorkaufsrecht der übrigen Miterben?

2. Erbteilskauf (kurze Variante ohne Absicherung)

[Notarieller Urkundeneingang]

Das Grundbuch wurde eingesehen.

Auf Ansuchen der Beteiligten beurkunde[5] ich ihren bei gleichzeitiger Anwesenheit abgegebenen Erklärungen gemäß folgenden

Erbteilskaufvertrag:

§ 1 Grundbuch- und Sachstand[1]

1. Am ...... ist X, geboren am ......, verstorben.
   Gemäß Erbschein des Amtsgerichts – Nachlassgericht – ...... vom ...... (Az.: ......) wurde X beerbt von A und B zu je ein Halb.
2. Zum Nachlass gehört noch das in Abteilung II und III des Grundbuchs lastenfrei vorgetragene Grundstück Fl. Nr. ...... der Gemarkung ......, vorgetragen im Grundbuch des Amtsgerichts ...... für ...... Blatt ......
   In Abteilung I des Grundbuchs sind A und B in Erbengemeinschaft als Eigentümer eingetragen.
   Der Nachlass ist mit Ausnahme des genannten Grundstücks nach Angabe der Beteiligten bereits auseinandergesetzt; Nachlassverbindlichkeiten bestehen nach ihrer Angabe nicht mehr.

3. Gegenstand dieses Vertrages ist der vorbezeichnete Erbteil zu ein Halb von B am Nachlass von X.

§ 2 Verkauf[3, 4, 5, 13]

B

– im Folgenden „Verkäufer" genannt –

verkauft

den in § 1 Abs. 1, 3 näher bezeichneten Erbteil zu ein Halb mit allen Rechten und Pflichten

an

A

– im Folgenden „Käufer" genannt –

zur Alleininhaberschaft.

A nimmt den Kaufvertrag an.

§ 3 Kaufpreis

1. A verpflichtet sich, an B als Gegenleistung für die Übertragung des Erbteils einen Betrag in Höhe von 25.000,00 EUR – iW EUR fünfundzwanzigtausend – zu bezahlen. Der Kaufpreis ist am . . . . . . zur Zahlung fällig (dh Zahlungseingang) und zu überweisen auf das Konto des B bei . . . . ., BIC . . . . ., IBAN . . . . . .
   Der Notar hat darauf hingewiesen, dass Verzug auch ohne Mahnung mit Ablauf der festgesetzten Zahlungsfrist eintritt.
   Der Käufer unterwirft sich wegen der eingegangenen Zahlungsverpflichtung der sofortigen Zwangsvollstreckung aus dieser Urkunde in sein gesamtes Vermögen; für die Zwangsvollstreckung gelten 7 % Zinsen jährlich ab heute als geschuldet. Der Notar ist berechtigt, dem Verkäufer jederzeit eine vollstreckbare Ausfertigung dieser Urkunde zu erteilen, ohne dass es des Nachweises der die Fälligkeit begründenden Tatsachen bedarf.
2. Der Notar hat die Beteiligten darauf hingewiesen, dass bei der vereinbarten Vorgehensweise für beide Vertragsbeteiligte Risiken bestehen. Das von ihm vorgeschlagene Alternativmodell (Fälligkeit des Kaufpreises erst, wenn die Übertragung des Erbteils oder ein Widerspruch gegen die Inhaberschaft des B im Grundbuch eingetragen ist; aufschiebend bedingte Rückübertragung für den Fall der Nichtzahlung des Kaufpreises mit Eintragung der daraus resultierenden Verfügungsbeschränkung im Grundbuch; Rücktrittsrecht für den Verkäufer für den Fall der Nichtzahlung) wird von den Beteiligten nicht gewünscht.

§ 4 Wirtschaftlicher Übergang

1. Der wirtschaftliche Übergang erfolgt mit dem Beginn des heutigen Tages. Der Käufer trägt von diesem Zeitpunkt an die Gefahr des zufälligen Untergangs und einer zufälligen Verschlechterung der Erbschaftsgegenstände. Von diesem Zeitpunkt an Gebühren ihm die Nutzungen und trägt er die Lasten. Den Beteiligten ist bekannt, dass es sich insoweit um eine Vorausleistung handelt; eine andere Vorgehensweise (Übergang der Nutzungen nach Zahlung des Kaufpreises) wird von den Beteiligten nicht gewünscht.
   Hinsichtlich des zur Erbengemeinschaft gehörenden Grundbesitzes trägt im Innenverhältnis zwischen den Vertragsparteien der Käufer die Erschließungsbeiträge für Erschließungslasten nach dem Baugesetzbuch sowie alle sonstigen einmaligen öffent-

lichen Lasten, wie Anschlussbeiträge und Kommunalabgaben, die ab heute in Rechnung gestellt werden oder die bereits in Rechnung gestellt, derzeit aber noch nicht beglichen sind; gleiches gilt für wiederkehrende Beiträge.

2. Die Beteiligten erklären, dass mit Durchführung dieses Vertrages sämtliche etwaigen gegenseitig bestehenden Ansprüche zwischen ihnen aus der Erbengemeinschaft nach X abgegolten sind. Insbesondere bestehen keine Ansprüche auf den Ersatz von auf den Nachlass gemachten Verwendungen, Aufwendungen, erfüllten Verbindlichkeiten, Abgaben und Lasten, auch soweit es sich um außerordentliche Lasten handelt. Eine auf den vertragsgegenständlichen Erbteil entfallende Erbschaftsteuer hat der Verkäufer zu tragen. Einen etwaigen in dieser Vereinbarung liegenden Verzicht nehmen die Beteiligten wechselseitig an.
   Der Verkäufer hat den Nachlass in seinem derzeitigen Bestand herauszugeben. Sollten sich außer dem in § 1 Abs. 2 genannten Grundbesitz doch noch weitere Gegenstände im ungeteilten Nachlass befinden, hat der Käufer insoweit keinen Ersatz zu leisten. Eine Wertersatzpflicht für den Verbrauch, die unentgeltliche Veräußerung sowie die unentgeltliche Belastung von Erbschaftsgegenständen ist ausgeschlossen.
3. Der in § 1 Abs. 2 genannte Grundbesitz und die aufstehenden Gebäude sind derzeit nach Angabe der Beteiligten nicht vermietet; sie werden ausschließlich durch den Käufer genutzt.

§ 5 Haftung[10]

1. Der Verkäufer haftet lediglich nach der gesetzlichen Regelung für die in § 2376 Abs. 1 BGB aufgeführten Rechtsmängel des verkauften Erbteils, nicht jedoch für Rechts- und Sachmängel an den Nachlassgegenständen. Dem Käufer steht insoweit jedoch nur das Recht zu, von diesem Vertrag zurückzutreten, dagegen kein Schadensersatzanspruch und kein Recht, den Kaufpreis zu mindern.
2. Über die vorstehend beschriebene Haftung hinaus garantiert der Verkäufer dem Käufer, dass
   - er nicht wegen einer vom Verkäufer zu entrichtenden Erbschaftsteuer in Anspruch genommen wird;
   - der vertragsgegenständliche Erbteil nicht anderweitig veräußert oder verpfändet wurde und auch nicht gepfändet oder mit sonstigen Rechten Dritter belastet ist.

§ 6 Dingliche Übertragung,[2, 6, 8, 9] Grundbuchanträge

Der Verkäufer überträgt hiermit den vertragsgegenständlichen Erbteil mit sofortiger dinglicher Wirkung an den Käufer zur Alleininhaberschaft. Der Käufer nimmt die Übertragung an.

Da durch die erfolgte Erbteilsübertragung das in § 1 Abs. 2 genannte Grundbuch unrichtig geworden ist, bewilligen die Beteiligten und beantragt der Käufer die Berichtigung des Grundbuchs durch Eintragung der Erbteilsübertragung.

§ 7 Hinweise

Der Notar hat die Beteiligten insbesondere auf folgendes hingewiesen:

a) Sämtliche im Zusammenhang mit dem Erbteilskauf getroffenen Vereinbarungen müssen notariell beurkundet[5] sein, da sie ansonsten wegen Formmangels nichtig sind und die Nichtigkeit des gesamten Vertrages zur Folge haben können.
b) Die Übertragung des Erbteils erfasst sämtliche zum Nachlass gehörenden Aktiva und Passiva, auch wenn diese den Beteiligten nicht bekannt sind.

c) Der Verkäufer haftet weiter für alle etwaigen Nachlassverbindlichkeiten, soweit keine Schuldhaftentlassung durch den jeweiligen Gläubiger erfolgt.[11]
d) Alle Vertragsteile haften als Gesamtschuldner für die Notariats- und Grundbuchkosten sowie eine etwa anfallende Grunderwerbsteuer. Der Grundbesitz haftet kraft Gesetzes für Rückstände an öffentlichen Lasten und Abgaben sowie Versicherungsprämien.
e) Der Erbschein (und die Grundbucheintragung) sagt nichts darüber aus, ob der Erbteil dem Verkäufer noch gehört, ob er unbelastet ist und welche Aktiva und Passiva noch zum Nachlass gehören.[4]

§ 8 Sonstiges[7]

B verfügt in dieser Urkunde nicht über den wesentlichen Teil seines Vermögens, so dass eine Zustimmung seiner Ehefrau nicht erforderlich ist.

§ 9 Abwicklungsvollmacht

Alle Beteiligten beauftragen und bevollmächtigen den amtierenden Notar, seinen amtlich bestellten Vertreter oder Nachfolger im Amt, alle zur Durchführung der Urkunde noch notwendigen oder zweckdienlichen Erklärungen und Genehmigungen unter Erstellung entsprechender Entwürfe einzuholen und entgegenzunehmen sowie namens der Beteiligten alle Erklärungen, auch rechtsgeschäftlicher Art, abzugeben, Anträge zu stellen, abzuändern oder zurückzunehmen sowie die Urkunde zum Teilvollzug vorzulegen.

Der amtierende Notar, sein amtlich bestellter Vertreter oder Nachfolger im Amt, werden darüber hinaus beauftragt und bevollmächtigt, für die Beteiligten dem Nachlassgericht den Verkauf des Erbteils durch Übersendung einer beglaubigten Abschrift dieser Urkunde anzuzeigen.[12]

§ 10 Kosten,[15] Abschriften[14]

1. Die Kosten dieser Urkunde und des grundbuchamtlichen Vollzuges sowie eine etwaige Grunderwerbsteuer trägt . . . . . . Befreiung nach § 3 Nr. 3 GrEStG wird beantragt.
2. Beglaubigte Abschriften erhalten: jeder Vertragsteil, das Nachlassgericht . . . . . . als Anzeige gemäß § 2384 Abs. 1 BGB, das Grundbuchamt . . . . . ., das Finanzamt – Schenkungsteuerstelle –. Eine einfache Abschrift erhält das Finanzamt – Grunderwerbsteuerstelle –.

Anmerkungen

1. Sachverhalt. Der Erblasser ist verstorben und wurde von seinen beiden Kindern A und B beerbt. Die beiden Erben haben den Nachlass weitgehend auseinander gesetzt; Verbindlichkeiten waren und sind nicht vorhanden. Da A mit seiner Familie schon vor dem Erbfall in dem vom Erblasser errichteten Haus gewohnt hat, soll das sich noch im Nachlass befindliche Grundstück auf ihn übertragen werden. Den Beteiligten liegt daran, dass die Kosten für die Übertragung möglichst niedrig ausfallen. Versteckte Risiken (Verbindlichkeiten oder „unentdeckte" Nachlassgegenstände) sind ihrer Ansicht nach auszuschließen. Weiter wollen sie für in der Vergangenheit gezogene Nutzungen und für bisher getragene Leistungen keinen Ersatz. Mit Erfüllung der Urkunde soll die Erbengemeinschaft „erledigt" sein.

2. Erbteilsübertragung. § 2033 Abs. 2 BGB schließt eine Verfügung des Miterben über den **Anteil an einzelnen Nachlassgegenständen** aus. Zweck dieser Bestimmung ist es, eine

Zersplitterung des Nachlasses zu verhindern und die Auseinandersetzung der Erbengemeinschaft nicht zu erschweren (BGH NJW 1969, 92). Die Unzulässigkeit einer Verfügung des Miterben über seinen Anteil an einzelnen Nachlassgegenständen der noch ungeteilten Erbengemeinschaft ergibt sich aber auch aus dem Gesamthandsprinzip der Erbengemeinschaft.

In Abweichung von den anderen Gesamthandsgemeinschaften des BGB (vgl. §§ 719, 1419 BGB) räumt das Gesetz aber jedem **Miterben** gem. § 2033 Abs. 1 S. 1 BGB das Recht ein, über seinen **Erbteil,** dh seine ideelle quotale Berechtigung am Gesamthandsvermögen, zu verfügen. Dies lässt sich damit begründen, dass es sich bei der Erbengemeinschaft aus der Sicht der Miterben um eine zufällige Gemeinschaft handelt, die nicht auf den persönlichen Beziehungen der Beteiligten beruht (Soergel/*Wolf* BGB § 2033 Rn. 1).

Die Verfügung ist zulässig, solange der Erbteil existiert, dh ab Eintritt des Erbfalls und bis zur **vollständigen Auseinandersetzung** des Nachlasses.

Zulässig ist nach hA auch die Verfügung über einen **Bruchteil** dieses Anteils (BGH NJW 1963, 1610 f.; BFH NJW 1975, 2119; BayObLG NJW-RR 1991, 1030 [1031]; Soergel/*Wolf* BGB § 2033 Rn. 4 mwN). Hiervon ist allerdings allein wegen der Verkomplizierung der Struktur der Erbengemeinschaft eher abzuraten (so auch NK-BGB/*Ann* § 2033 Rn. 29). Verfügen kann nach hA ferner derjenige, der durch Rechtsgeschäft einen **Erbteil erworben** hat (Erbteilserwerber; vgl. § 2037 BGB), bzw. derjenige, der als Alleinerbe einen Miterben beerbt hat (sog. Erbeserbe), über diesen ererbten Erbteil (vgl. OLG Hamm DNotZ 1966, 744; BGH NJW 1966, 2207; MüKoBGB/*Gergen* § 2033 Rn. 5). Wurde der Miterbe durch mehrere Miterben (Erbeserben) beerbt, kann die Erbeserbengemeinschaft gem. § 2040 BGB nur gemeinsam über den ererbten Erbanteil verfügen. Verfügungsbefugt ist ferner jeder bedingt oder befristet berufene Miterbe, also auch der Vormiterbe (NK-BGB/*Ann* § 2033 Rn. 7; → Anm. 8). Der **Alleinerbe** kann demgegenüber nicht über die Erbschaft als Ganzes oder einen Bruchteil davon verfügen, sondern nur über die einzelnen Gegenstände des Nachlasses (selbst wenn die Erbschaft als solche gem. § 2371 BGB verkauft worden ist).

Mit „Verfügung“ ist in diesem Zusammenhang nur das **dingliche Rechtsgeschäft** gemeint. Im Allgemeinen wird hierunter die Übertragung, Belastung, Aufhebung oder Inhaltsänderung des Rechts verstanden (Palandt/*Weidlich* BGB § 2033 Rn. 1). Praxisrelevant sind va die Übertragung (Veräußerung) des Erbteils, seltener auch die Belastung (durch Verpfändung oder Nießbrauchsbestellung; vgl. zur Verpfändung des Erbteils noch unten → Form. J.VII.5). Im vorliegenden Fall soll der angefallene Erbteil an das einzige andere Mitglied der Erbengemeinschaft gegen Entgelt veräußert werden.

3. Causa. Vom dinglichen Rechtsgeschäft ist das zugrunde liegende **schuldrechtliche Rechtsgeschäft** zu unterscheiden, das in seiner Wirksamkeit nicht vom dinglichen Rechtsgeschäft abhängt (Abstraktionsprinzip). Insoweit ist va zu unterscheiden, ob die Übertragung unentgeltlich erfolgt (dann regelmäßig Schenkung) oder nicht. Liegt eine entgeltliche Veräußerung vor, handelt es sich in der Regel um eine Vereinbarung im Rahmen der Erbauseinandersetzung (→ Form. J.VI.6) oder (häufiger) um einen Kaufvertrag. In letzterem Fall gelten die Vorschriften über den Erbschaftskauf nach §§ 2371 ff. BGB (vgl. dazu unten → Anm. 10 ff.). Außerdem ist das Vorkaufsrecht der Miterben zu beachten (§ 2034 BGB; → Form. J.VII.3 Anm. 5). Die Vorschriften über den Erbschaftskauf gelten über § 2385 BGB auch im Falle einer unentgeltlichen Erbteilsübertragung (→ Form. J.VII.4 Anm. 4) oder einer Übertragung zur Auseinandersetzung der Erbengemeinschaft (hM; → Form. J.VI.6 Anm. 3).

4. Würdigung des Erbteilsverkaufs. Die (entgeltliche) Erbteilsveräußerung an Dritte ist nicht nur wegen des bestehenden Vorkaufsrechts der Miterben **problematisch,** sondern auch, weil dem Erwerber des Erbteils weder der öffentliche Glaube des Erbscheins zu

Gute kommt (da § 2366 BGB nur den Erwerber einzelner Nachlassgegenstände schützt) noch § 892 BGB gilt (vgl. Scherer/*Keim* § 28 Rn. 4). Zusammenfassend betrachtet ist daher die **Veräußerung von Einzelgegenständen** regelmäßig **vorzugswürdig** (Scherer/*Keim* § 28 Rn. 5; *N. Mayer* ZEV 1997, 105 [107]), die vorliegend aus Kostengründen nicht gewünscht ist.

5. Form. Der Vertrag über die **Erbteilsabtretung** (-veräußerung, -übertragung) muss gem. § 2033 Abs. 1 S. 2 BGB **notariell beurkundet** (vgl. § 128 BGB) werden. Hinsichtlich des **schuldrechtlichen Erbteilsveräußerungsgeschäfts** finden über § 1922 Abs. 2 BGB die Sondervorschriften der §§ 2371 ff. BGB über den Erbschaftskauf Anwendung. Das schuldrechtliche Rechtsgeschäft bedarf also ebenfalls gem. § 2371 BGB der notariellen Beurkundung. Dies gilt auch im Falle der unentgeltlichen Erbteilsübertragung, § 2385 Abs. 1 BGB.

6. Rechtsfolge der Erbteilsveräußerung. Infolge wirksamer Erbteilsübertragung tritt der Erwerber – ohne selbst Miterbe zu werden – in die vermögensrechtliche Stellung des Miterben ein. Damit wächst ihm durch **Gesamtrechtsnachfolge** eine gesamthänderische Berechtigung an den einzelnen Nachlassgegenständen zu (Palandt/*Weidlich* BGB § 2033 Rn. 6), ohne dass es einer Einzelrechtsübertragung hinsichtlich der Einzelpositionen des Nachlasses bedarf. Dies bedeutet für den nachlasszugehörigen Grundbesitz, dass es zur Herbeiführung des Eigentumswechsels keiner Auflassung und Eintragung bedarf, sondern sich der Rechtsübergang im Wege der Gesamtrechtsnachfolge außerhalb des Grundbuchs vollzieht. Mit wirksamer dinglicher Rechtsübertragung wird das Grundbuch daher unrichtig, so dass die Erbteilsübertragung **im Wege der Berichtigung** in das Grundbuch einzutragen ist (BayObLG NJW-RR 1987, 398). Ist der übertragende Erbe noch nicht im Grundbuch als Eigentümer eingetragen, muss dieser (mit den anderen Miterben) allerdings zunächst voreingetragen werden, da § 40 Abs. 1 GBO in diesem Zusammenhang nicht anwendbar ist (BayObLGZ 1994, 158 = NJW-RR 1995, 272). Etwas anderes gilt nach Ansicht des OLG Nürnberg, wenn ein Miterbe seinen Erbteil auf ein anderes Mitglied der Erbengemeinschaft überträgt (FGPrax 2014, 17).

Der Erbteilserwerber erwirbt mit dem übertragenen Erbteil auch dessen Beschränkungen und Beschwerungen, insbesondere durch Anordnung von Nacherbfolge, Vermächtnissen, Auflagen, Pflichtteile, Teilungsanordnungen, Ausgleichungspflichten und Testamentsvollstreckung (vgl. zur Nacherbfolge noch unten → Anm. 8, zur Testamentsvollstreckung noch unten → Anm. 9). Der Erbteilserwerber übernimmt auch alle Rechte und Pflichten hinsichtlich der Verwaltung und Auseinandersetzung des Nachlasses. Er allein kann zB nach der Übertragung gem. § 2042 BGB die Auseinandersetzung des Nachlasses verlangen.

Werden alle Erbteile **auf eine Person übertragen** oder überträgt bei zwei Miterben – wie hier im Formulierungsmuster – der eine seinen Erbteil auf den anderen Miterben, erlischt die Erbengemeinschaft. Wird der Erbteil dagegen auf die anderen Miterben übertragen, so wächst der übertragene Erbteil (mangels abweichender Vereinbarung) den in Gesamthandsgemeinschaft stehenden Miterben zur gesamten Hand entsprechend ihren Erbteilen an (BayObLGZ 1980, 328 [330] = NJW 1981, 830 = DNotZ 1981, 292; → Form. J.VI.6 Anm. 4).

Wird der Bruchteil eines Erbteils übertragen (→ Anm. 2), führt dies nach hA dazu, dass innerhalb der Erbengemeinschaft eine Bruchteilsgemeinschaft hinsichtlich des ungeteilten Erbteils entsteht (Palandt/*Weidlich* BGB § 2033 Rn. 2 mwN). Diese ist dann ins Grundbuch einzutragen (*Schöner/Stöber* Grundbuchrecht Rn. 964 mwN).

Ein **etwaig erteilter Erbschein** wird durch die Erbteilsveräußerung weder unrichtig, noch ist er danach auf den Namen des Erbteilserwerbers auszustellen. Denn der Miterbe behält seine formale Rechtsposition trotz Veräußerung seines Erbteils (dh des Vermögenswertes). Infolge der Erbteilsübertragung erlangt aber auch der Erbteilserwerber

ein eigenes Recht, einen Erbschein auf den Namen „seines" Miterben (oder aller Mitglieder der Erbengemeinschaft; vgl. § 352a Abs. 1 2 FamFG) ausstellen zu lassen.

7. **Genehmigungserfordernisse.** Veräußern Eltern den Erbteil ihres **minderjährigen** Kindes, dann bedarf gem. § 1643 Abs. 1 iVm § 1822 Nr. 1 BGB sowohl das Verpflichtungs- als auch das Verfügungsgeschäft der **familiengerichtlichen Genehmigung.** Denn hierbei handelt es sich iSd Vorschrift um Rechtsgeschäfte, durch die das minderjährige Kind zur Verfügung über eine ihm angefallene Erbschaft verpflichtet wird bzw. das minderjährige Kind über seinen Anteil an einer Erbschaft verfügt.

Entsprechend genehmigungsbedürftig ist es, wenn ein zivilrechtlicher Betreuer den Erbteil seines **Betreuten** veräußert (§ 1908i Abs. 1 S. 1 BGB iVm § 1822 Nr. 1 BGB). Erforderlich ist dann aber die Genehmigung durch das Betreuungsgericht.

Tritt der Minderjährige bzw. Betreute nicht auf Veräußerer- sondern auf **Erwerberseite** auf, so ist der Erbteilsübertragungsvertrag (unabhängig davon, ob der Erwerb entgeltlich oder unentgeltlich erfolgt) nach hA im Hinblick auf § 2382 BGB (der über § 2385 BGB auch im Rahmen von Erbteilsschenkungen Anwendung findet) nach **§ 1822 Nr. 10 BGB** genehmigungsbedürftig (AG Stuttgart BWNotZ 1970, 177 = FamRZ 1971, 182; Soergel/*Wolf* BGB § 2033 Rn. 10; vgl. auch OLG Köln Rpfleger 1996, 446, das den Erwerb wegen Übernahme der Haftung für die Nachlassverbindlichkeiten – selbst im Falle der Schenkung – als gem. § 1821 Abs. 1 Nr. 5 BGB genehmigungspflichtig angesehen hat).

Die Erbteilsübertragung kann ferner eine Verfügung über das **Vermögen im Ganzen** eines Ehegatten darstellen iSv **§ 1365 Abs. 1 BGB** und bedarf dann zu ihrer Wirksamkeit der Zustimmung des anderen Ehegatten (BGHZ 35, 135 [143 ff.] = NJW 1961, 1301). Gleiches gilt nach § 6 S. 2 LPartG für Verfügungen eines eingetragenen Lebenspartners, die sich als Gesamtvermögensgeschäft darstellen. Daher ist es im Rahmen der Erbteilsveräußerung durch einen im gesetzlichen Güterstand lebenden Ehegatten (oder eingetragenen Lebenspartner) sinnvoll, eine Erklärung des Veräußerers über das Nicht-Vorliegen der Voraussetzungen des § 1365 BGB einzuholen und diese in die Urkunde aufzunehmen (vgl. dazu § 8 des Formulars). Bei Gütergemeinschaft kann sich ein Zustimmungserfordernis des anderen Ehegatten aus § 1423 BGB ergeben.

Besteht der Nachlass im Wesentlichen aus einem **land- oder forstwirtschaftlichen Betrieb,** so bedarf die Erbteilsübertragung an einen anderen als an einen Miterben nach **§ 2 Abs. 2 Nr. 2 GrdstVG** der Genehmigung. Gleichgestellt ist die Bestellung eines Nießbrauchs am Erbteil (§ 2 Abs. 2 Nr. 3 GrdstVG), nicht jedoch die Verpfändung (Soergel/*Wolf* BGB § 2033 Rn. 10 mwN). Das siedlungsrechtliche Vorkaufsrecht nach den §§ 4 ff. RSG findet jedoch auf den Erbteilskauf keine Anwendung (*Netz* GrdStVG Rn. 3237).

Gehört zum Nachlass ein **Erbbaurecht** oder **Wohnungseigentum,** so ist eine nach § 5 ErbbauRG oder nach § 12 WEG vorgesehene Zustimmung für die Übertragung des Erbteils **nicht** erforderlich, da nur der betreffende Gegenstand von der Verfügungsbeschränkung betroffen wird (vgl. Soergel/*Wolf* BGB § 2033 Rn. 12). Dies gilt im Falle des § 12 WEG nach der Rspr. selbst dann, wenn der Nachlass nur aus dem Wohnungseigentum besteht (OLG Hamm NJW 1980, 1397; differenzierend Soergel/*Wolf* BGB § 2033 Rn. 12).

8. **Erbteilsübertragung bei Vor- und Nacherbfolge.** Die Erbteilsübertragung gem. § 2033 BGB ist ein unentziehbares Recht des einzelnen Miterben. Ist Nacherbfolge angeordnet, so kann der **Mitvorerbe ohne Zustimmung der Nacherben** über seinen Erbteil verfügen, da die durch die §§ 2113 ff. BGB angeordneten Beschränkungen nur die einzelnen Gegenstände des Nachlasses betreffen (Bamberger/Roth/*Litzenburger* BGB § 2112 Rn. 2; Palandt/*Weidlich* BGB § 2112 Rn. 2). Andererseits ist diese zustimmungsfrei mögliche Erbteilsübertragung aber für die Beschränkungen oder Beschwerungen unschädlich, mit denen der übertragene Erbteil belastet ist. Denn die für diesen Erbteil

angeordnete Testamentsvollstreckung oder Nacherbfolge besteht ungeachtet der Erbteilsübertragung für diesen Erbteil fort (Palandt/*Weidlich* BGB § 2033 Rn. 6).

Was den **Nacherben** anbelangt, so ist dieser mit dem Erbfall (aber vor Eintritt des Nacherbfalls) zwar noch nicht Erbe geworden, doch hat er bereits eine so sichere Aussicht auf die Erbschaft, dass ihm anerkanntermaßen ein **Anwartschaftsrecht** zusteht (Staudinger/*Avenarius* BGB § 2100 Rn. 69; Soergel/*Harder*/*Wegmann* BGB § 2100 Rn. 13, jeweils mwN). Das Anwartschaftsrecht ist grundsätzlich auch veräußerlich, sofern der Erblasser dies nicht ausgeschlossen hat (Palandt/*Weidlich* BGB § 2100 Rn. 13 mwN). Über das Nacherbenanwartschaftsrecht kann der Nacherbe **unter Wahrung der Form des § 2033 Abs. 1 S. 2 BGB** (notarielle Beurkundung) verfügen (RG DNotZ 1942, 145) und zwar selbst als Alleinnacherbe (Soergel/*Wolf* BGB § 2033 Rn. 5 mwN).

Dabei kann der Nacherbe sein Anwartschaftsrecht auf einen Dritten oder **auf den Vorerben** übertragen. Die Übertragung führt dazu, dass der Erwerber Inhaber des Nacherbenanwartschaftsrechts wird und er somit bei Eintritt des Nacherbfalls – anstelle des bisherigen Nacherben – zur Nacherbfolge berufen wäre. Der Vorerbe kann durch die Übertragung der Anwartschaftsrechte die Rechtsposition eines Vollerben erlangen, wenn er alle Anwartschaftsrechte erwirbt (vgl. Soergel/*Wolf* BGB § 2033 Rn. 5).

Der Zustimmung etwaiger Ersatznacherben bedarf die Übertragung des Nacherbenanwartschaftsrechts nicht, zumal durch die Übertragung die **Rechtsstellung der Ersatznacherben nicht berührt wird.** Denn der Nacherbe kann nicht mehr Rechte übertragen, als er selbst besitzt. Tritt vor Eintritt des Nacherbfalls der Ersatzfall ein, etwa weil der vorgesehene Nacherbe verstirbt und es sich nicht um ein vererbliches Anwartschaftsrecht handelte, würde das Nacherbenanwartschaftsrecht in der Person des Erwerbers vielmehr untergehen und das Nacherbenanwartschaftsrecht für die bisherigen Ersatznacherben entstehen (vgl. BayObLGZ 1970, 137 [141] = DNotZ 1970, 687 mAnm *Kanzleiter* DNotZ 1970, 693 ff.; OLG Hamm FamRZ 1970, 607 [609]).

Will der Erwerber des Nacherbenanwartschaftsrechts also sichergehen, dass die Ersatznacherben nicht im Ersatzfall an die Stelle des Nacherben treten können, muss er sich sämtliche Anwartschaftsrechte (dh **auch die Anwartschaften der Ersatznacherben**) übertragen lassen. Für noch nicht erzeugte Ersatznacherben ist hierbei, wenn auch ihre Anwartschaft auf den Vorerben bzw. Dritten übertragen werden soll, die Bestellung eines Pflegers nach § 1913 BGB und die Einholung der familiengerichtlichen Genehmigung gem. § 1822 Nr. 1 BGB erforderlich (LG Duisburg NJW 1960, 1205 [1206]). Die Erteilung der familiengerichtlichen Genehmigung dürfte aber in der Praxis regelmäßig ausscheiden, da sich das Familiengericht bei der Prüfung der Genehmigungsfähigkeit in erster Linie am Wohl und den Interessen des beteiligten Mündels und nicht dem sonstiger Dritter zu orientieren hat.

Eine Lösungsmöglichkeit ist in diesen Fällen, in denen die Rechtsposition des Vorerben verbessert und ihm die Rechtsstellung eines Vollerben verschafft werden soll, oftmals nur hinsichtlich einzelner Gegenstände des Nachlasses möglich, indem diese mit Zustimmung der Nacherben in das freie, dh nicht nacherbengebundene Vermögen des Vorerben überführt werden (sog. **Eigenerwerb des Vorerben**). Eine derartige Überführung des Eigentums in das Eigenvermögen des Vorerben ist nach nunmehr hA zulässig und zwar derart, dass der Gegenstand mit Zustimmung der Nacherben (nicht auch der Ersatznacherben) endgültig aus der Nacherbenbindung heraus gelöst wird (BGH NJW-RR 2001, 217 ff. = DNotZ 2001, 392; BayObLG NJW-RR 2005, 956 = DNotZ 2005, 790 = RNotZ 2005, 368 mAnm *Keim;* OLG Hamm NJW-RR 2016, 1103 = ZEV 2016, 638 mAnm *Litzenburger*; *Ivo* EE 2006, 73 ff.; *Friederich* Rechtsgeschäfte zwischen Vorerben und Nacherben, 1998, 260 ff. [276 ff.]; *Hartmann* ZEV 2009, 107; *Keim* DNotZ 2003, 822 ff.; *ders.* DNotZ 2016, 751 (759); *Heskamp* RNotZ 2014, 517 ff.; Gutachten DNotI-Report 2010, 85 ff.; die früher hA hielt hierfür eine Doppelübereignung zwischen Vor- und Nacherben für erforderlich; vgl. *Maurer* DNotZ 1981, 225 [229 f.]).

9. Beteiligung eines Testamentsvollstreckers. Hat der Erblasser Testamentsvollstreckung angeordnet, ist der Testamentsvollstrecker vorbehaltlich abweichender Erblasseranordnungen gem. § 2205 S. 2 BGB insbesondere berechtigt, den Nachlass in Besitz zu nehmen und über Nachlassgegenstände zu verfügen. Im Umfang dieses Verfügungsrechts sind die Erben gem. § 2211 Abs. 1 BGB von der Verfügung ausgeschlossen. Wie sich aus der Formulierung des § 2205 S. 2 BGB ergibt, erstreckt sich die Verfügungsmacht des Testamentsvollstreckers nur auf **einzelne Nachlassgegenstände,** nicht aber auf den Anteil einzelner Miterben am Nachlass insgesamt. Der **Erbteil eines Miterben** fällt selbst also nicht unter die Verfügungsmacht des Testamentsvollstreckers und kann dieser auch durch Anordnung des Erblassers nicht unterworfen werden. Der Miterbe kann daher trotz Testamentsvollstreckung über seinen Anteil am Nachlass verfügen (MüKoBGB/*Zimmermann* § 2211 Rn. 6; Palandt/*Weidlich* BGB § 2033 Rn. 3). Die dem Miterben zustehende Möglichkeit, durch Veräußerung oder Verpfändung seines Erbteils an „flüssige Mittel" zu gelangen, wird durch die Testamentsvollstreckung also nicht eingeschränkt (MüKoBGB/*Zimmermann* § 2205 Rn. 63). Auf die Gegenleistung, die der Miterbe durch die Verfügung über seinen Erbteil erzielt, erstreckt sich die Verwaltung des Testamentsvollstreckers nach hA nicht (MüKoBGB/*Zimmermann* § 2205 Rn. 63).

Andererseits ist die zustimmungsfrei mögliche Erbteilsübertragung aber für die Beschränkungen oder Beschwerungen unschädlich, mit denen der übertragene Erbteil belastet ist. Denn die Beschränkungen und Beschwerungen, insbesondere die Testamentsvollstreckung, bestehen ungeachtet der Übertragung für diesen Erbteil fort und treffen von nun an den Erbteilserwerber (Bamberger/Roth/*Lohmann* § 2033 Rn. 9; MüKoBGB/*Gergen* § 2033 Rn. 26a; → Anm. 6).

10. Gewährleistung. Nach § 2376 BGB ist die Haftung des Erbschaftsverkäufers gegenüber den allgemeinen kaufrechtlichen Bestimmungen eingeschränkt:

Die **Rechtsmängelhaftung** beschränkt sich nach der dispositiven Vorschrift des § 2376 Abs. 1 BGB auf die Haftung für das Bestehen des Erbrechts (insbesondere darauf, dass der Erbteil nicht bereits anderweitig abgetreten oder verpfändet ist), dessen Freiheit von Nacherbschaft und Testamentsvollstreckung, das Nichtbestehen von Vermächtnissen, Auflagen, Pflichtteilslasten und Teilungsanordnungen sowie den Nichteintritt unbeschränkter Haftung gegenüber einzelnen oder allen Nachlassgläubigern. Dagegen haftet der Verkäufer nicht dafür, dass die einzelnen Gegenstände frei von Rechten Dritter sind oder der Erblasser Eigentümer der Gegenstände war (NK-BGB/*Beck/Ullrich/Kroiß* § 2376 Rn. 1). Nach hA haftet der Veräußerer auch nicht für die Freiheit von Zugewinnausgleichsansprüchen nach § 1371 Abs. 2, 3 BGB (vgl. *Lange/Kuchinke* § 45 IV 1 b Fn. 73, S. 1177; NK-BGB/*Beck/Ullrich/Kroiß* § 2376 Rn. 1 mwN).

Die Haftung für **Sachmängel** ist durch § 2376 Abs. 2 BGB ausgeschlossen. Ausnahmen bestehen nach hA wie im Falle des vertraglichen Gewährleistungsausschlusses (§ 444 BGB) bei Arglist des Verkäufers (§ 442 Abs. 1 S. 2 BGB) oder bei Übernahme einer Garantie für die Beschaffenheit (§ 443 BGB) (Staudinger/*Olshausen* GBB § 2376 Rn. 18).

Regelmäßig wird es in der kautelarjuristischen Literatur für sachgerecht angesehen, die Rechts- und Sachmängelgewährleistung des Verkäufers durch Übernahme einzelner Garantien auszuweiten, zB dahin gehend, dass bestimmte Gegenstände auch Nachlassbestandteil sind (vgl. Groll/*Grötsch* Praxis-Handbuch Erbrechtsberatung C.XI. Rn. 30; Kersten/Bühling/*Wegmann* § 118 Rn. 21M; MVHdB VI BürgerlR II/*Otto* Form. XVIII 1 Anm. 14). § 5 Abs. 2 des Formulars enthält daher eine situationsbezogene Regelung des Gewährleistungsrechts (→ Form. J.VII.3 für eine detaillierte Regelung).

11. Haftung im Außenverhältnis. Gegenüber Nachlassgläubigern haftet der Erbteilskäufer gem. § 2382 Abs. 1 BGB zwingend (vgl. § 2382 Abs. 2 BGB) ab dem Zeitpunkt des Erbteilskaufs neben dem Verkäufer (als Gesamtschuldner gem. §§ 421 ff. BGB) für die

Nachlassverbindlichkeiten. Dabei bestimmt sich im Falle des Erbteilskaufs die Haftung des Käufers nach der des Miterben gem. §§ 2058–2063 BGB (RGZ 60, 126 [132]).

Im Innenverhältnis zum Verkäufer ist der Käufer allerdings nach § 2378 Abs. 2 BGB verpflichtet, diese Verbindlichkeiten zu erfüllen und dem Verkäufer die hierfür entstehenden Aufwendungen zu ersetzen. Diese Regelung ist für die Beteiligten dispositiv (Groll/*Grötsch* Praxis-Handbuch Erbrechtsberatung C.XI. Rn. 37).

12. Anzeigepflichten. Gem. § 2384 Abs. 1 S. 1 BGB ist der **Verkäufer einer Erbschaft** den Nachlassgläubigern gegenüber verpflichtet, den Verkauf der Erbschaft und den Namen des Käufers unverzüglich dem Nachlassgericht anzuzeigen. Diese Anzeigepflicht dient dem Interesse der Nachlassgläubiger, welche über die durch den Erbschaftskauf veränderte Haftungslage gem. §§ 2382, 2383 BGB informiert sein müssen (vgl. Bamberger/Roth/*J. Mayer* BGB § 2384 Rn. 1; Soergel/*Zimmermann* BGB § 2384 Rn. 1).

Die Vorschrift des § 2384 Abs. 1 BGB gilt anerkanntermaßen **entsprechend** für den **Erbteilskauf** (Soergel/*Zimmermann* BGB § 2384 Rn. 1). Soweit der Erbteilsübertragung eine Schenkung zugrunde liegt, ist die Anzeigepflicht über die Vorschrift des § 2385 Abs. 1 BGB zu bejahen. Im Ergebnis ist damit jede dingliche Erbteilsübertragung **unabhängig von ihrem Rechtsgrund** gegenüber dem Nachlassgericht anzuzeigen. Dies entspricht letztlich auch dem Zweck dieser Vorschrift, den Nachlassgläubigern eine Information über die geänderte Haftungslage zu ermöglichen.

Eine Verpflichtung des **Notars,** die Anzeige gem. § 2384 BGB vorzunehmen, besteht kraft Gesetzes **nicht** (Staudinger/*Olshausen* BGB § 2384 Rn. 2). Der Notar ist nur dann zur Anzeige gem. § 2384 Abs. 1 S. 1 BGB verpflichtet, wenn er insoweit einen besonderen Auftrag des Verkäufers übernimmt.

13. Miterbenvorkaufsrecht. Vgl. zum Vorkaufsrecht ausführlich → Form. J.VII.3 Anm. 5.

14. Steuern. Vgl. die Ausführungen unter → Form J.VI.6. Anm. 9.

15. Kosten. Die Auseinandersetzung durch Erbteilsübertragung hat Kostenvorteile gegenüber der klassischen Erbauseinandersetzung durch gegenständliche Teilung des Nachlasses. Diese ergeben sich daraus, dass sich die für die Beurkundung anfallende 2,0-Gebühr (Nr. 21100 KV GNotKG) nach § 97 Abs. 3 GNotKG nur aus dem Kaufpreis für den Erbteil (bzw. dessen höheren Wert) bestimmt, während sich für die klassische (vollständige) Erbauseinandersetzung der Gegenstandswert nach dem gesamten Nachlass bemisst (zur KostO *Keim* RNotZ 2003, 375 [385]). Allerdings „kauft" man sich damit auch die „Nachteile" einer Erbteilsübertragung ein (→ Anm. 4).

Die Anzeige gemäß § 2384 Abs. 1 BGB ist Betreuungstätigkeit, für die eine 0,5-Gebühr nach Nr. 22200 Nr. 5 KV GNotKG nicht anfällt, wenn dem Nachlassgericht lediglich eine Abschrift der Urkunde ohne förmliche Anzeige übersandt wird.

3. Erbteilskauf (ausführliche Variante – mit Absicherung)

[Notarieller Urkundeneingang]

Das Grundbuch wurde eingesehen.

Auf Ansuchen der Beteiligten beurkunde ich ihren bei gleichzeitiger Anwesenheit abgegebenen Erklärungen gemäß folgenden

Erbteilskaufvertrag:[1]

§ 1 Grundbuch- und Sachstand[1]

1. Am . . . . . . ist X, geboren am . . . . . ., verstorben.
   Gemäß Erbschein des Amtsgerichts – Nachlassgericht – . . . . . . vom . . . . . . (Az.: . . . . . .) wurde X beerbt von A, Herrn . . . . . . (wohnhaft: . . . . . .) und Herrn . . . . . . (wohnhaft: . . . . . .) zu je einem Drittel.
2. Zum Nachlass gehören noch das jeweils in Abteilung II und III des jeweiligen Grundbuchs lastenfrei vorgetragene
   - Grundstück Fl. Nr. . . . . . der Gemarkung . . . . . ., vorgetragen im Grundbuch des Amtsgerichts . . . . . . für . . . . . . Blatt . . . . . .;
   - Grundstück Fl. Nr. . . . . . der Gemarkung . . . . . ., vorgetragen im Grundbuch des Amtsgerichts . . . . . . für . . . . . . Blatt . . . . . . und
   - Grundstück Fl. Nr. . . . . . der Gemarkung . . . . . ., vorgetragen im Grundbuch des Amtsgerichts . . . . . . für . . . . . . Blatt . . . . . .

   In Abteilung I des jeweiligen Grundbuchs sind die in Abs. 1 genannten Erben in Erbengemeinschaft als Eigentümer eingetragen.
   Der Nachlass ist mit Ausnahme der genannten Grundstücke nach Angabe des A bereits auseinandergesetzt; Nachlassverbindlichkeiten bestehen nach seiner Angabe nicht mehr.
3. Gegenstand dieses Vertrages ist der vorbezeichnete Erbteil zu einem Drittel von A am Nachlass von X.

§ 2 Verkauf[2]

A

– im Folgenden „Verkäufer“ genannt –

verkauft

den in § 1 Abs. 1, 3 näher bezeichneten Erbteil zu einem Drittel am Nachlass von X mit allen Rechten und Pflichten

an

B

– im Folgenden „Käufer“ genannt –

zur Alleininhaberschaft.

B nimmt den Kaufvertrag an.

§ 3 Kaufpreis

1. B verpflichtet sich, an A als Gegenleistung für die Übertragung des Erbteils einen Betrag in Höhe von 25.000,00 EUR – iW EUR fünfundzwanzigtausend – zu bezahlen.
2. Der Kaufpreis ist zur Zahlung fällig (dh Zahlungseingang), vierzehn Tage nach Absendung einer Mitteilung des beurkundenden Notars an die ihm zuletzt bekannte Adresse von B, dass
   - der Widerspruch nach § 6 Abs. 3 dieser Urkunde oder die Grundbuchberichtigung nach § 6 Abs. 2 dieser Urkunde in sämtlichen in § 1 Abs. 2 genannten Grundbüchern bezüglich des vertragsgegenständlichen Erbteils eingetragen ist und Zwischeneintragungen ohne Zustimmung des Erwerbers nicht erfolgt sind[4] sowie

- (soweit erforderlich) sämtliche zur Wirksamkeit dieses Vertrages erforderlichen Genehmigungen[2] dem Notar auflagenfrei vorliegen.

Der Verkäufer erhält einen Abdruck dieses Schreibens.

3. Weitere vom Notar nicht zu überprüfende Voraussetzung für die Fälligkeit des Kaufpreises ist, dass sämtliche vorkaufsberechtigten Miterben ihr gesetzliches Vorkaufsrecht nach § 2034 BGB nicht ausgeübt haben (sei es durch ausdrücklich erklärten Verzicht auf das Vorkaufsrecht, sei es durch Verstreichenlassen der Frist zur Ausübung des Vorkaufsrechts, ohne dass eine Ausübung erfolgt).[5]
4. Der Notar hat darauf hingewiesen, dass Verzug auch ohne Mahnung mit Ablauf der festgesetzten Zahlungsfrist eintritt.
   Bei Fälligkeit ist der Kaufpreis zu überweisen auf das Konto des A bei . . . . . ., IBAN . . . . . .
   A verpflichtet sich, dem Notar den Zahlungseingang unverzüglich mitzuteilen.
5. Der Käufer unterwirft sich wegen der eingegangenen Zahlungsverpflichtung der sofortigen Zwangsvollstreckung aus dieser Urkunde in sein gesamtes Vermögen; für die Zwangsvollstreckung gelten 7 % Zinsen jährlich ab heute als geschuldet. Der Notar ist berechtigt, dem Verkäufer jederzeit eine vollstreckbare Ausfertigung dieser Urkunde zu erteilen, ohne dass es des Nachweises der die Fälligkeit begründenden Tatsachen bedarf.

§ 4 Wirtschaftlicher Übergang

1. Der wirtschaftliche Übergang erfolgt mit dem Beginn des Tages der vollständigen Kaufpreiszahlung.[3] Von diesem Zeitpunkt an gebühren dem Käufer die Nutzungen. Abweichend davon trägt der Käufer vom Zeitpunkt der Fälligkeit des Kaufpreises an die Gefahr des zufälligen Untergangs und einer zufälligen Verschlechterung der Erbschaftsgegenstände sowie die Lasten.
   Hinsichtlich des zur Erbengemeinschaft gehörenden Grundbesitzes stellt im Innenverhältnis zwischen den Vertragsparteien der Käufer den Verkäufer von der Haftung für Erschließungsbeiträge für Erschließungslasten nach dem Baugesetzbuch sowie alle sonstigen einmaligen öffentlichen Lasten, wie Anschlussbeiträge und Kommunalabgaben, die ab heute in Rechnung gestellt werden (maßgebend ist das Datum des Zugangs der Rechnung), frei; gleiches gilt für ab heute fällig werdende wiederkehrende Beiträge.
2. Der Verkäufer hat andere Nachlassgegenstände als den in § 1 Abs. 2 beschriebenen Grundbesitz sowie etwaige Surrogate hierfür nicht herauszugeben und insoweit auch keinen Wertersatz zu leisten.
   Der Verkäufer verzichtet auf den Ersatz aller von ihm auf den Nachlass gemachten Verwendungen, Aufwendungen, erfüllten Verbindlichkeiten, Abgaben und Lasten, auch soweit es sich um außerordentliche Lasten handelt. Der Käufer nimmt den Verzicht an. Eine auf den vertragsgegenständlichen Erbteil entfallende Erbschaftsteuer[7] hat der Verkäufer zu tragen.
   Sollten sich außer dem in § 1 Abs. 2 genannten Grundbesitz noch weitere Gegenstände im ungeteilten Nachlass befinden, verpflichtet sich der Käufer, diesbezüglich auf Verlangen des Verkäufers an einer Auseinandersetzung auf den Verkäufer zur Mitberechtigung zu einem Drittel auf dessen Kosten mitzuwirken, ohne eine Gegenleistung zu fordern. Auf mögliche Abwicklungsschwierigkeiten wurde hingewiesen.
3. Der in § 1 Abs. 2 genannte Grundbesitz nebst aufstehender Gebäude ist derzeit nach Angabe des Verkäufers nicht vermietet; die Gebäude stehen leer.

§ 5 Haftung[2]

1. Der Verkäufer haftet lediglich nach der gesetzlichen Regelung für die in § 2376 Abs. 1 BGB aufgeführten Rechtsmängel des verkauften Erbteils, nicht jedoch für Sachmängel an den Nachlassgegenständen.
2. Über die vorstehend beschriebene Haftung hinaus garantiert der Verkäufer dem Käufer, dass
   - er Erbe des X zu einem Drittel geworden ist;
   - sich der in § 1 Abs. 2 beschriebene Grundbesitz im Nachlass befindet;
   - Nachlassverbindlichkeiten nicht bestehen, soweit in dieser Urkunde nichts anderes vereinbart ist;
   - er nicht wegen einer vom Verkäufer zu entrichtenden Erbschaftsteuer in Anspruch genommen wird;
   - der vertragsgegenständliche Erbteil nicht anderweitig veräußert oder verpfändet wurde und auch nicht gepfändet oder mit sonstigen Rechten Dritter belastet ist;
   - zwischen den Erben in Bezug auf den in § 1 Abs. 2 genannten Grundbesitz kein Auseinandersetzungsvertrag (auch nicht lediglich schuldrechtlich) geschlossen worden ist.

§ 6 Dingliche Übertragung, Grundbuchanträge

1. Der Verkäufer überträgt[2] hiermit den vertragsgegenständlichen Erbteil mit sofortiger dinglicher Wirkung an den Käufer zur Alleininhaberschaft. Der Käufer nimmt die Übertragung an.
   Die Übertragung erfolgt unter der auflösenden Bedingung[3] des Rücktritts des Verkäufers von diesem Vertrag nach § 9 dieser Urkunde wegen Nichtzahlung des vereinbarten, vom Käufer geschuldeten Kaufpreises.
2. Da durch die erfolgte Erbteilsübertragung die in § 1 Abs. 2 genannten Grundbücher unrichtig geworden sind, bewilligen die Beteiligten und beantragt der Käufer die Berichtigung des jeweiligen Grundbuchs durch Eintragung der Erbteilsübertragung.
3. Da die Berichtigung des Grundbuchs erst nach Vorliegen der Unbedenklichkeitsbescheinigung des Finanzamtes möglich ist, bewilligen und beantragen die Vertragsteile die Eintragung eines Widerspruchs nach § 899 BGB gegen die Richtigkeit des Grundbuchs.[4]
   Der Käufer bewilligt und beantragt bereits heute die Löschung des Widerspruchs Zug um Zug mit Vollzug der Grundbuchberichtigung nach Abs. 2, sofern keine Zwischeneintragungen ohne seine Zustimmung erfolgt sind.
4. Um den Verkäufer bis zum Wegfall der auflösenden Bedingung zu schützen, bewilligt der Käufer gleichzeitig (§ 16 Abs. 2 GBO) mit Vollzug der beantragten Grundbuchberichtigung nach Abs. 2 die in Abs. 1 vereinbarte auflösende Bedingung als Verfügungsbeschränkung in das Grundbuch einzutragen. Der Notar wird angewiesen, den Antrag auf Eintragung der Verfügungsbeschränkung aufgrund der ihm in dieser Urkunde erteilten Vollmacht zusammen mit der Vorlage dieser Urkunde an das Grundbuchamt zum Vollzug des in Ziffer 2 enthaltenen Antrages zu stellen, wenn zu diesem Zeitpunkt die Bezahlung des Kaufpreises dem Notar noch nicht nachgewiesen ist (sei es durch Bestätigung des Verkäufers, sei es durch Bankbestätigung). Liegt die Kaufpreisbestätigung zu diesem Zeitpunkt vor, kann die Stellung des Antrags unterbleiben.
5. Der Verkäufer bewilligt und der Käufer beantragt bereits heute die Löschung des in Abs. 4 genannten Vermerks (Verfügungsbeschränkung) im Grundbuch.
   Die Vertragsteile weisen hiermit den beurkundenden Notar sowie dessen Vertreter und Nachfolger im Amt unwiderruflich an, diesen Antrag an das Grundbuchamt erst

weiterzuleiten, wenn entweder der Verkäufer bestätigt oder der Käufer durch Bankbestätigung nachweist, dass der Kaufpreis bezahlt ist.[3]
Bis zu diesem Zeitpunkt sind von dieser Urkunde nur einfache Abschriften oder beglaubigte Abschriften im Auszug ohne die in Abs. 5 enthaltenen Grundbucherklärungen zu erteilen.

§ 7 Miterbenvorkaufsrecht[5]

1. Der Notar hat darauf hingewiesen, dass die übrigen Miterben nach § 2034 Abs. 1 BGB zum Vorkauf berechtigt sind, wenn ein Miterbe seinen Erbteil an einen Dritten verkauft.
2. Dem Verkäufer ist bekannt, dass er den Inhalt des Kaufvertrages und – wenn dieser genehmigungsbedürftig ist – auch die Rechtswirksamkeit des Vertrages dem jeweiligen Vorkaufsberechtigten anzuzeigen hat. Das Vorkaufsrecht kann bis zum Ablauf von zwei Monaten nach dem Empfang dieser Mitteilung durch den Miterben ausgeübt werden. Die Ausübung des Vorkaufsrechts kann gemäß § 2035 Abs. 1 BGB nach Übertragung des Erbteils (die der Verkäufer den Miterben ebenfalls anzuzeigen hat) nur gegenüber dem Käufer erklärt werden.
   Die Beteiligten bevollmächtigen und beauftragen den Notar, den Miterben eine einfache Abschrift dieses Kaufvertrages nach dessen Rechtswirksamkeit namens des Verkäufers als Mitteilung gemäß §§ 469, 2035 Abs. 2 BGB per Einwurf-Einschreiben an die in § 1 Abs. 1 dieser Urkunde genannten Anschriften zu übersenden, mit der Aufforderung, innerhalb von zwei Monaten nach Empfang dieser Mitteilung gegenüber dem Käufer zu erklären, ob sie das Vorkaufsrecht ausüben oder auf die Ausübung verzichten. Weitergehende Verpflichtungen obliegen dem Notar nicht.
3. Sollten die Miterben das Vorkaufsrecht ausüben, so stehen dem Käufer keine Ansprüche auf Erfüllung oder Schadensersatz aus diesem Vertrag zu. Der Kaufvertrag kommt mit dem in dieser Urkunde vereinbarten Inhalt mit den Miterben zustande.
   Jeder Vertragsteil ist im Falle der Ausübung des Vorkaufsrechts berechtigt, von diesem Kaufvertrag zurückzutreten. Der Rücktritt hat durch eingeschriebenen Brief an die im Urkundeneingang bezeichnete oder sonst dem Zurücktretenden letztbekannte Anschrift des anderen Teils zu erfolgen. Im Falle der berechtigten Ausübung des Rücktrittsrechts hat der heutige Verkäufer alle durch diese Beurkundung, ihren Vollzug und ihre Rückabwicklung anfallenden Kosten bei Notar, Grundbuchamt, Behörden und Finanzamt zu übernehmen, soweit die Kosten nicht vom Vorkaufsberechtigten zu tragen sind. Die Beteiligten wurden darauf hingewiesen, dass das Rücktrittsrecht nicht zu Lasten des Vorkaufsberechtigten wirkt.
   Der heutige Käufer verpflichtet sich, bei einer erforderlichen Lastenfreistellung mitzuwirken.
   Bei Ausübung des Vorkaufsrechts tritt der Verkäufer seinen Kaufpreisanspruch gegen den Vorkaufsberechtigten insoweit an den heutigen Käufer ab, als dieser den Kaufpreis bereits bezahlt hat. Dieser nimmt die Abtretung an. Die Abtretung wird hiermit den Vorkaufsberechtigten nach § 409 BGB angezeigt.

§ 8 Hinweise

Der Notar hat die Beteiligten insbesondere auf folgendes hingewiesen:

a) Sämtliche im Zusammenhang mit dem Erbteilskauf getroffenen Vereinbarungen müssen notariell beurkundet sein, da sie ansonsten wegen Formmangels nichtig sind und die Nichtigkeit des gesamten Vertrages zur Folge haben können.
b) Die Übertragung des Erbteils erfasst sämtliche zum Nachlass gehörenden Aktiva und Passiva, auch wenn diese den Beteiligten nicht bekannt sind.

c) Der Verkäufer haftet weiter für alle etwaigen Nachlassverbindlichkeiten, soweit keine Schuldhaftentlassung durch den jeweiligen Gläubiger erfolgt.
d) Alle Vertragsteile haften als Gesamtschuldner für die Notariats- und Grundbuchkosten sowie eine etwa anfallende Grunderwerbsteuer. Der Grundbesitz haftet kraft Gesetzes für Rückstände an öffentlichen Lasten und Abgaben sowie Versicherungsprämien.
e) Der Erbschein (und die Grundbucheintragung) sagt nichts darüber aus, ob der Erbteil dem Verkäufer noch gehört, ob er unbelastet ist und welche Aktiva und Passiva noch zum Nachlass gehören.

§ 9 Rücktrittsrecht[3]

Der Verkäufer ist berechtigt, von diesem Vertrag zurückzutreten, wenn der Käufer den dem Verkäufer geschuldeten Kaufpreis nicht oder nicht vollständig innerhalb von vier Wochen nach Eintritt der Fälligkeit leistet. Das Rücktrittsrecht erlischt, wenn der Kaufpreis (einschließlich etwaiger Verzugszinsen) vor Ausübung bezahlt wird.

Der Rücktritt hat durch eingeschriebenen Brief an die im Urkundeneingang bezeichnete oder sonst dem Verkäufer letztbekannte Anschrift des Käufers zu erfolgen. Im Falle der berechtigten Ausübung des Rücktrittsrechts hat der heutige Käufer alle durch diese Beurkundung, ihren Vollzug und ihre Rückabwicklung anfallenden Kosten bei Notar, Grundbuchamt, Behörden und Finanzamt zu übernehmen. Er verpflichtet sich, bei einer erforderlichen Lastenfreistellung mitzuwirken.

§ 10 Sonstiges[2]

A versichert, dass er in dieser Urkunde nicht über den wesentlichen Teil seines Vermögens verfügt, so dass eine Zustimmung seiner Ehefrau nicht erforderlich ist.

§ 11 Abwicklungsvollmacht

Alle Beteiligten beauftragen und bevollmächtigen den amtierenden Notar, seinen amtlich bestellten Vertreter oder Nachfolger im Amt, alle zur Durchführung der Urkunde noch notwendigen oder zweckdienlichen Erklärungen und Genehmigungen unter Erstellung entsprechender Entwürfe einzuholen und entgegenzunehmen sowie namens der Beteiligten alle Erklärungen, auch rechtsgeschäftlicher Art, abzugeben, Anträge zu stellen, abzuändern oder zurückzunehmen sowie die Urkunde zum Teilvollzug vorzulegen.

Der amtierende Notar, sein amtlich bestellter Vertreter oder Nachfolger im Amt, werden darüber hinaus beauftragt und bevollmächtigt, für die Beteiligten dem Nachlassgericht den Verkauf des Erbteils durch Übersendung einer beglaubigten Abschrift dieser Urkunde anzuzeigen.

§ 12 Kosten,[7] Abschriften

1. Die Kosten dieser Urkunde und des grundbuchamtlichen Vollzuges sowie die Grunderwerbsteuer[6] trägt ......
2. Beglaubigte Abschriften erhalten: jeder Vertragsteil; das Nachlassgericht ...... als Anzeige gemäß § 2384 Abs. 1 BGB,[2] das Grundbuchamt ......
   Einfache Abschriften erhalten das Finanzamt – Grunderwerbsteuerstelle – und die in § 1 Abs. 1 genannten Miterben.
   Bis zur vollständigen Zahlung des geschuldeten Kaufpreises sind von dieser Urkunde nur einfache Abschriften oder beglaubigte Abschriften im Auszug ohne die in § 6 Abs. 5 enthaltenen Grundbucherklärungen zu erteilen.

Anmerkungen

1. Sachverhalt. A und seine beiden Geschwister wurden zu je ein Drittel Erben am Nachlass des X. A möchte seine Erbschaft „versilbern". Da A sich mit den Geschwistern aber nicht auf eine Auseinandersetzung des Nachlasses einigen kann und er den Aufwand einer „förmlichen Auseinandersetzung" scheut, verkauft er seinen Erbteil an einen außerhalb der Erbengemeinschaft stehenden **Dritten B** (anders → Form. J.VII.2, wo an einen Miterben verkauft wird).

2. Vgl. zum **Erbteilskauf** und zur **Erbteilsübertragung** zunächst die Anm. zu → Form. J.VII.2.

3. Sicherungsprobleme auf Seiten des Verkäufers. Bei Erbteilsveräußerungen innerhalb der Familie (beispielsweise zur (Teil-)Auseinandersetzung des Nachlasses; → Form. J.VI.6, → Form. J.VII.2) wird oftmals auf spezielle Sicherungen des Leistungsaustauschs verzichtet.

Bei Veräußerungen an **Familienfremde** ergeben sich spezielle Sicherungsprobleme dadurch, dass der Veräußerer bereits mit der Beurkundung der Erbteilsabtretung seine Beteiligung auf den Erwerber überträgt, ohne dass es weiterer Vollzugsakte bedarf. Der Veräußerer muss in diesem Zusammenhang davor geschützt werden, dass er trotz **Verlust seines Erbteils** den vereinbarten Kaufpreis nicht erhält (beispielsweise infolge Insolvenz des Erwerbers) oder der Erwerber über den Erbteil weiterverfügt.

Kein geeigneter Weg zur Sicherung des Veräußerers ist es, die dingliche Übertragung bis zur Bezahlung des Kaufpreises **zurückzustellen.** Denn dies ermöglicht einerseits dem Veräußerer vertragswidrige Verfügungen über den Erbanteil und führt außerdem zu einer Verdoppelung der Notargebühren (*Keim* RNotZ 2003, 375 [383]).

Eine mögliche Sicherung besteht dagegen in der **Hinterlegung des Kaufpreises** bereits vor Abschluss des Vertrages, verbunden mit der Anweisung an den Notar, die Auszahlung erst dann vorzunehmen, wenn alle Genehmigungen und Verzichtserklärungen der Miterben auf ihre Vorkaufsrechte vorliegen bzw. die Frist für die Ausübung der Vorkaufsrechte verstrichen ist. Allerdings hat diese Lösung den Nachteil, dass wegen der Vorkaufsrechtserklärungen zwischen Hinterlegung und Auszahlung des Kaufpreises ein relativ langer Zeitraum vergehen kann, so dass höhere Zinsverluste entstehen können (*Keim* RNotZ 2003, 375 [383]). Außerdem ist die Anweisung durch den Notar schwer zu überprüfen, da die Ausübung des Vorkaufsrechts nicht ihm gegenüber zu erklären ist.

Eine weitere Möglichkeit der Sicherung des Veräußerers besteht in der **bedingten Übertragung** des Erbteils. Diese ist zulässig, selbst wenn Grundstücke zum Nachlass gehören, da § 925 Abs. 2 BGB nicht einschlägig ist. Eine **aufschiebend bedingte** Übertragung des Erbteils (vgl. dazu *N. Mayer* ZEV 1997, 105 [106]) hat den Vorteil, dass der Veräußerer gegen vertragswidrige Verfügungen des Erwerbers vor Kaufpreiszahlung durch § 161 Abs. 1 bzw. 2 BGB geschützt ist. Wird als aufschiebende Bedingung für die Erbteilsübertragung die Kaufpreiszahlung vereinbart, ergibt sich allerdings dann, wenn Grundbesitz zum Nachlass gehört, die Schwierigkeit, den Bedingungseintritt gegenüber dem Grundbuchamt in öffentlich beglaubigter Form nachzuweisen (*Neusser* MittRhNotK 1997, 143 [147]; MVHdB VI BürgerlR II/*Otto* Form. XVIII 1 Anm. 8).

Daher besteht die in der Kautelarpraxis gebräuchlichste – und auch im vorliegenden **Formular** (vgl. § 6 Abs. 1) verwandte – Variante der Sicherung des Veräußerers darin, die Erbteilsübertragung **auflösend bedingt** vorzunehmen und als auflösende Bedingung den Rücktritt des Veräußerers wegen Zahlungsverzugs vorzusehen (MVHdB VI BürgerlR II/*Otto* Form. XVIII 1 Anm. 8; *Schöner/Stöber* Grundbuchrecht Rn. 970; *Keim* RNotZ 2003, 375 [384]). Der Veräußerer ist dann gegen vertragswidrige Verfügungen des Erwerbers über den Erbteil nach § 161 Abs. 1, 2 BGB geschützt. Das für den Verkäufer

noch bestehende Restrisiko, dass der Käufer nach Eintragung im Grundbuch mit den anderen Miterben das Grundstück wirksam an einen Gutgläubigen veräußert (§ 161 Abs. 3 BGB iVm § 892 BGB) kann durch gleichzeitige Eintragung einer **Verfügungsbeschränkung** in Abt. II des Grundbuchs beseitigt werden (*Keim* RNotZ 2003, 375 [384]; MVHdB VI BürgerlR II/*Otto* Form. XVIII 1 Anm. 8; vgl. § 6 Abs. 4 des Formulars). Gleichzeitig bewilligt der Veräußerer bereits deren Löschung und weist den Notar an, diese Löschungsbewilligung so lange nicht an den Käufer herauszugeben, bis die Kaufpreiszahlung nachgewiesen ist (*Keim* RNotZ 2003, 375 [384]; MAH ErbR/*Keim* § 28 Rn. 17; vgl. § 6 Abs. 5 des Formulars).

Außerdem wird empfohlen, zur Absicherung des Veräußerers als Zeitpunkt für den Übergang von Nutzen und Lasten anstelle des sonst geltenden Zeitpunkts des Vertragsschlusses (§§ 2379, 2380 BGB) den der Kaufpreiszahlung festzulegen (*Keim* RNotZ 2003, 375 [384]; vgl. dazu § 4 des Formulars).

4. Sicherungsprobleme auf Seiten des Käufers. Im Falle der auflösend bedingten Übertragung des Erbteils bzw. der Hinterlegung des Kaufpreises auf Anderkonto (vgl. dazu die vorherige → Anm. 3) muss der Erwerber davor geschützt werden, dass er den Kaufpreis zahlt, ohne dafür den Erbteil zu erhalten. Daher sollte der Kaufpreis erst fällig gestellt bzw. von dem Anderkonto ausgezahlt werden nach Vorlage

- eines Erbscheins oder einer notariellen Verfügung von Todes wegen verbunden mit der Eröffnungsniederschrift des Nachlassgerichts,
- der Verzichtserklärungen der Miterben auf ihr Vorkaufsrecht und
- sonstiger notwendiger Genehmigungen

(*Keim* RNotZ 2003, 375 [384]; *N. Mayer* ZEV 1997, 105 [106]; vgl. § 3 Abs. 2 des Formulars). Dabei muss der Vorlage der Verzichtserklärungen der Miterben – um die Vollziehbarkeit des Vertrages nicht zu gefährden – zusätzlich der Fall gleichgestellt werden, dass die Ausübungsfrist für das Vorkaufsrecht (ohne Abgabe einer Verzichterklärung der Miterben) abgelaufen ist. Außerdem ist es zweckmäßig – wie in § 3 Abs. 3 des Formulars vorgesehen – zu bestimmen, dass der Notar diese Fälligkeitsvoraussetzung nicht zu prüfen hat (da er diese nicht prüfen kann).

Um den Käufer vor vertragswidrigen Verfügungen des Verkäufers über den Grundbesitz (zusammen mit den anderen Miterben) zu schützen, müsste normalerweise weitere Fälligkeitsvoraussetzung die Eintragung des Käufers in das Grundbuch sein. Da die Eintragung aber nach § 22 GrEStG von der Zahlung der Grunderwerbsteuer abhängig ist, die regelmäßig vom Käufer zu zahlen ist, darf die Eintragung als Eigentümer nicht zur Fälligkeitsvoraussetzung gemacht werden, da sonst der Käufer die Fälligkeit beliebig durch Nichtzahlung der Grunderwerbsteuer hinauszögern könnte (vgl. Scherer/*Keim* § 28 Rn. 18). Um den Käufer dennoch zu sichern, kann als weitere Fälligkeitsvoraussetzung die Eintragung eines **Widerspruchs** gegen die Richtigkeit der bisherigen Grundbuchlage, der bereits vor Zahlung der Grunderwerbsteuer eintragungsfähig ist, vereinbart werden (vgl. *Keim* RNotZ 2003, 375 [383]; *Schöner/Stöber* Grundbuchrecht Rn. 970; *N. Mayer* ZEV 1997, 105 [106]; vgl. § 6 Abs. 3 des Formulars). Die in § 22 Abs. 1 S. 2 GrEStG genannten Ausnahmen (Grundbuchvollzug ohne Vorlage der Unbedenklichkeitsbescheinigung) betreffen va geringwertige Rechtsgeschäfte oder Übertragungen an Ehepartner bzw. in gerader Linie verwandte Personen und dürften somit in den Fällen, in denen ein Absicherungswunsch besteht, selten greifen.

5. Vorkaufsrecht der Miterben. Nach **§ 2034 Abs. 1 BGB** sind die übrigen Miterben zum Vorkauf berechtigt, wenn – wie im vorliegenden Fall – ein Miterbe seinen Anteil an einen Dritten verkauft. Der **Notar** hat auf das Vorkaufsrecht des Miterben nach § 2034 BGB hinzuweisen (vgl. BGH BB 68, 1016 = BWNotZ 68, 265). Im Kaufvertrag über einen Erbteil sollte außerdem in der Regel eine Haftung des Verkäufers für den Fall der Vorkaufsrechtsausübung ausgeschlossen werden (MAH ErbR/*Keim* § 28 Rn. 13). Im

vorliegenden Fall (vgl. § 7 Abs. 3 des Formulars) wurde den Vertragsbeteiligten für den Fall der Vorkaufsrechtsausübung zudem ein Rücktrittsrecht eingeräumt (das selbstverständlich nicht zu Lasten des Vorkaufsberechtigten wirkt). Zweckmäßig ist es in diesem Zusammenhang auch, ausdrücklich zu regeln, von wem im Falle der Vorkaufsrechtsausübung die entstandenen Vertragskosten zu tragen sind.

Verkäufer des Erbanteils muss ein **Miterbe** sein, damit ein Vorkaufsrecht gem. § 2034 BGB zur Entstehung gelangt. Dies ist nach hA nicht der rechtsgeschäftliche Erwerber eines Erbteils, da die formale Erbenposition nicht auf ihn übergeht und § 2037 BGB nicht auf die Vorschrift des § 2034 BGB verweist (vgl. Soergel/*Wolf* BGB § 2034 Rn. 6; aA *Ann* Die Erbengemeinschaft S. 220 f.). Verkauft der Erbteilskäufer also den Erbanteil weiter, kann kein neues Miterbenvorkaufsrecht entstehen.

Anders ist dies hinsichtlich des Erben eines verstorbenen Miterben (sog. **Erbeserbe**), da dieser völlig in die Rechte und Pflichten des von ihm beerbten Miterben eintritt und Mitglied der Ober-Erbengemeinschaft wird. Verkauft der Erbeserbe den ererbten Erbanteil, löst dieser Verkauf daher grundsätzlich ein Vorkaufsrecht der übrigen Miterben aus (BGH NJW 1966, 2207; Staudinger/*Löhnig* BGB § 2034 Rn. 10). Gleiches gilt, wenn der Erbeserbe die (ganze) Erbschaft des verstorbenen Miterben, zu der auch der Erbanteil am Nachlass des ersten Erblassers gehört, gem. § 2371 BGB verkauft. Denn auch dann liegt ein Verkauf des Erbanteils, der im Nachlass des verstorbenen Miterben einen Einzelgegenstand darstellt, vor. Der Verkauf des Erbanteils als Teil eines „Gesamtpaketes" schließt daher die Entstehung eines Miterbenvorkaufsrechts der übrigen Miterben nicht aus (vgl. auch § 467 BGB).

Wurde der Miterbe dagegen nicht durch einen einzelnen Erben, sondern durch eine **Erbengemeinschaft** (sog. Erbeserbengemeinschaft) beerbt, sind die übrigen Mitglieder der Ober-Erbengemeinschaft nur dann vorkaufsberechtigt, wenn die Mitglieder der Erbeserbengemeinschaft den ererbten Anteil an der Ober-Erbengemeinschaft verkaufen (über den sie gem. § 2040 BGB nur gemeinsam verfügungsbefugt sind). Verkauft dagegen ein Erbeserbe seinen Anteil an der Erbeserbengemeinschaft, entsteht nur ein Vorkaufsrecht der übrigen Mitglieder der Erbeserbengemeinschaft, nicht aber ein Vorkaufsrecht der Mitglieder der Ober-Erbengemeinschaft (vgl. BGH NJW 1975, 445 [446]; *Kanzleiter* DNotZ 1969, 625; Staudinger/*Löhnig* BGB § 2034 Rn. 10). Dies gilt zumindest dann, wenn der Nachlass des verstorbenen Miterben nicht ausschließlich aus dem Erbanteil am Nachlass des von ihm beerbten Erblassers besteht (BGH NJW 1975, 445 ff.).

Das Vorkaufsrecht entsteht nur bei einem **Verkauf** durch einen Miterben an einen Dritten. Es besteht dagegen anerkanntermaßen nicht bei einer **Schenkung** oder **gemischten Schenkung** (RGZ 101, 99 [101]; vgl. auch KG MDR 2000, 147; MüKoBGB/*Gergen* § 2034 Rn. 7; differenzierend *Ann,* Die Erbengemeinschaft, S. 240 f.; *Diedenhofen* Das Vorkaufsrecht der Miterben S. 54 f., die eine Ausgleichsmöglichkeit analog § 466 BGB für denkbar halten, wenn sich das Geschäft teilen lässt). Auch eine Schenkung unter Auflage (wie zB Schenkung unter Nießbrauchsvorbehalt) wird nicht als Vorkaufsfall angesehen (vgl. OLG Düsseldorf ZMR 1989, 19; Soergel/*Stürner* BGB § 1097 Rn. 3 für das dingliche Vorkaufsrecht an Grundstücken). Versuchen jedoch die Parteien die in der Regel mit einem Kaufvertrag realisierte endgültige und entgeltliche Überlassung des Anteils mit Hilfe anderer Rechtskonstruktionen oder Vertragskombinationen zu erreichen, so liegt ein **Umgehungsgeschäft** vor, auf das § 2034 BGB Anwendung findet (MüKoBGB/*Gergen* § 2034 Rn. 11; Soergel/*Wolf* BGB § 2034 Rn. 3;). Für die Annahme eines Umgehungsgeschäftes ist dabei nicht auf die von den Parteien gewählten Begriffe und Konstruktionen, sondern auf den nach dem übereinstimmenden Willen beider Teile beabsichtigten wirtschaftlichen Zweck abzustellen (BGHZ 25, 174 [182] = NJW 1957, 1515). So wird ein Vorkaufsrecht beispielsweise bejaht bei der Hingabe eines Erbteils an Zahlungs Statt für eine Geldschuld (Staudinger/*Werner* § 2034 Rn. 5; Soergel/*Wolf* BGB § 2034 Rn. 3). Ebenso hat der BGH für den Fall entschieden, dass ein Erbteil zur

Sicherheit für ein gewährtes Darlehen abgetreten wurde und die Rückzahlung des Darlehens praktisch für immer ausgeschlossen war (BGHZ 25, 174 = NJW 1957, 1515).

Käufer des Erbanteils muss ein **„Dritter"** sein. Denn die Vorschrift des § 2034 BGB bezweckt, die Miterben gegen das Eindringen unerwünschter Fremder und gegen eine Überfremdung der Erbengemeinschaft zu schützen. „Dritter" ist damit jeder, der **nicht Miterbe** ist (oder war). Dies gilt auch für den Erbteilserwerber, so dass ein Vorkaufsrecht besteht, wenn dieser einen weiteren Erbteil aufkaufen will (BGHZ 121, 47 [48] = NJW 1993, 726).

Als „Dritter" iSd § 2034 BGB ist nach hA **nicht** anzusehen, wer einen Erbanteil von einem Miterben durch Rechtsgeschäft unter Lebenden im Wege der vorweggenommenen Erbfolge erworben hat (vgl. § 511 BGB; BGH JZ 1965, 617 f.; NK-BGB/*Ann* § 2034 Rn. 11 mwN; aA Staudinger/*Löhnig* BGB § 2034 Rn. 11a). Schließt man sich der Ansicht des BGH an, muss dies erst recht für die **Erben eines Miterben** gelten, die den Erbteil im Wege der Erbfolge erlangt haben, da sie hiermit in dessen Rechtsstellung eingetreten sind. Der Verkauf an einen Erbeserben löst damit das Vorkaufsrecht nicht aus (Soergel/*Wolf* BGB § 2034 Rn. 7; aA *Dumoulin* MittRhNotK 1967, 764; im Anschluss an ihn auch *Ann* Die Erbengemeinschaft S. 233).

Vorkaufsberechtigt sind bei Erfüllung der übrigen Tatbestandsvoraussetzungen die **„übrigen Miterben"**. Dabei muss immer auf die Miterben der Erbengemeinschaft abgestellt werden, zu der der verkaufte Erbanteil gehörte. Der **Miterbe**, der seinen Anteil insgesamt an einen Dritten veräußert hat, zählt nach hM – mangels Schutzbedürfnis – nicht mehr zu den übrigen Miterben im Sinne von § 2034 Abs. 1 BGB (BGHZ 121, 47 = NJW 1993, 726; MüKoBGB/*Gergen* § 2034 Rn. 22 mwN). Vorkaufsberechtigt ist aber nach § 2034 BGB auch nicht der **Anteilserwerber**, da dieser durch den Erbteilserwerb nicht die Miterbenposition erlangt (BGHZ 121, 147 = NJW 1993, 726; MüKoBGB/*Gergen* § 2034 Rn. 23). Dies gilt selbst für einen Erbteilserwerber, der den Erbteil von einem Miterben im Wege der vorweggenommenen Erbfolge erworben hat (OLG München DNotI-Report 2009, 140 = BeckRS 2009, 08108; vgl. dazu auch *Herrler* ZEV 2010, 72 ff.). Ferner lebt das Vorkaufsrecht eines Miterben auch dann in der Person des Erbanteilserwerbers nicht wieder auf, wenn er den Miterben später beerbt (BGH NJW 2011, 1226 = ZEV 2011, 248 mAnm *Herrler*).

Demgegenüber steht auch den **Erben** bzw. Erbeserben **eines Miterben** die Vorkaufsberechtigung zu, wie sich bereits aus § 2034 Abs. 2 S. 2 BGB herleiten lässt (vgl. MüKoBGB/*Gergen* § 2034 Rn. 24; Soergel/*Wolf* BGB § 2034 Rn. 8; *Ann* ZEV 1994, 342).

Mehreren Miterben steht das Vorkaufsrecht **gemeinschaftlich** in einer gesamthänderischen Verbundenheit zu, § 472 S. 1 BGB. Das Vorkaufsrecht muss einheitlich, wenn auch nicht gleichzeitig, ausgeübt werden. Einer der Miterben kann das Vorkaufsrecht nur dann alleine ausüben, wenn es für die übrigen Berechtigten erloschen ist oder von ihnen nicht ausgeübt wird, § 472 S. 2 BGB. § 472 BGB enthält damit den Grundsatz der Unteilbarkeit des Vorkaufsrechts (vgl. BeckOGK/*Damm,* Stand: 1.7.2018, BGB § 472 Rn. 2).

Adressat der Ausübungserklärung, die an keine Form gebunden ist (Bamberger/Roth/*Lohmann* BGB § 2034 Rn. 9), ist grundsätzlich der verkaufende Miterbe, § 2034 BGB. Ist der verkaufte Anteil bereits auf den Käufer übertragen, so können die Miterben das ihnen nach § 2034 BGB dem Verkäufer gegenüber zustehende Vorkaufsrecht nur noch dem Käufer gegenüber ausüben, § 2035 Abs. 1 S. 1 BGB. Dem Verkäufer gegenüber erlischt das Vorkaufsrecht mit der Übertragung des Anteils, § 2035 Abs. 1 S. 2 BGB.

Die **Frist** zur Ausübung des Vorkaufsrechts beträgt **zwei Monate,** § 2034 Abs. 2 Satz 1 BGB. Sie beginnt mit dem Zugang der Mitteilung über den Inhalt des mit dem Dritten geschlossenen Vertrages (§ 469 Abs. 2 BGB; zur Anwendbarkeit vgl. Bamberger/Roth/*Lohmann* § 2034 Rn. 9). Zu beachten ist, dass für jeden der vorkaufsberechtigten Miterben eine eigene Frist läuft. Es handelt sich um eine Ausschlussfrist. Ist die Ausübungserklärung genehmigungsbedürftig, muss die Genehmigung innerhalb der Frist erfolgen (BGHZ 32, 375 [382 f.] = NJW 1960, 1805).

6. **Steuern.** Vgl. die Ausführungen unter → Form. J.VI.6 Anm. 9.

7. **Kosten und Gebühren.** Vgl. die Ausführungen unter → Form. J.VII.2 Anm. 14.

4. Erbteilsübertragung und Überlassung (vorweggenommene Erbfolge)

[Notarieller Urkundeneingang]

Das Grundbuch wurde eingesehen.

Auf Ansuchen der Beteiligten beurkunde[4] ich ihren bei gleichzeitiger Anwesenheit abgegebenen Erklärungen gemäß folgenden

Erbteilsübertragungs- und Überlassungsvertrag:

§ 1 Grundbuch- und Sachstand[1]

1. Am . . . . . ist X, geboren am . . . . ., verstorben.
   Gemäß Erbschein des Amtsgerichts – Nachlassgericht – . . . . . vom . . . . . (Az.: . . . . .) wurde X beerbt von ihrem Ehemann A und ihrer Tochter B zu je ein Halb.
2. Zum Nachlass gehört noch das in Abteilung II und III des Grundbuchs lastenfrei vorgetragene Grundstück Fl. Nr. . . . . . der Gemarkung . . . . ., vorgetragen im Grundbuch des Amtsgerichts . . . . . für . . . . . Blatt . . . . .
   Als Eigentümer sind A zur Hälfte und A und B in Erbengemeinschaft zur Hälfte eingetragen.
3. Einziger noch ungeteilter Nachlassgegenstand nach der verstorbenen X ist nach Angabe der Beteiligten deren Hälftemiteigentumsanteil an dem vorstehend in Abs. 2 näher bezeichneten Grundbesitz.
   Der übrige Nachlass nach X ist nach Angabe der Beteiligten bereits auseinandergesetzt.

§ 2 Überlassung

A

– im Folgenden „Veräußerer“ genannt –

überlässt

a) seinen in § 1 Abs. 2 näher beschriebenen $^1/_2$-Miteigentumsanteil an dem Grundstück Fl. Nr. . . . . . der Gemarkung . . . . . mit allen Rechten, Pflichten und den gesetzlichen Bestandteilen sowie
b) seinen in § 1 Abs. 1 näher bezeichneten Erbteil zu ein Halb mit allen Rechten und Pflichten

an

seine Tochter B

– im Folgenden „Erwerber“ genannt –

zur Alleininhaberschaft.

Der Erwerber nimmt die Übertragung hiermit an.

§ 3 Rechtsgrund,[3] Gegenleistungen[8]

1. Die Übertragung erfolgt als Schenkung.
2. B hat sich den Wert der heutigen Schenkung auf ihren Pflichtteil nach A anrechnen zu lassen. Regelungen zur Ausgleichung sind nicht erforderlich, da es sich bei B um das einzige Kind des Veräußerers handelt.
3. Der Veräußerer behält sich hiermit auf seine Lebensdauer ein

   Nießbrauchsrecht

   an dem Grundstück Fl. Nr. . . . . . der Gemarkung . . . . . . vor.
   Für den Nießbrauch gelten die gesetzlichen Bestimmungen, soweit nachstehend nichts anderes bestimmt ist. Der Nießbraucher hat das volle Besitz- und Verwaltungsrecht. Er hat, soweit gesetzlich zulässig, alle mit dem Nießbrauchsgegenstand verbundenen privaten und öffentlichen Lasten, also auch die außerordentlichen Lasten, zu tragen, auch soweit sie kraft Gesetzes der Eigentümer zu tragen hätte. Ferner obliegen dem Nießbraucher sowohl die gewöhnlichen als auch die außergewöhnlichen und zur Substanzerhaltung erforderlichen Ausbesserungen und Erneuerungen.
   Der Nießbraucher ist berechtigt, seinen Nießbrauch durch einseitige Erklärung gegenüber dem Grundbuchamt ohne Zustimmung des Eigentümers aufzugeben und zur Löschung zu bringen.
   Die Eintragung des Nießbrauchs zugunsten des Veräußerers im Grundbuch wird bewilligt und beantragt, mit dem Zusatz, dass zu seiner Löschung der Nachweis des Ablebens des Berechtigten genügt.
   Der Nießbrauch erhält in Abteilung II und III des Grundbuchs erste Rangstelle, jedenfalls nächstoffene Rangstelle.
4. Weitere Gegenleistungen, wie die Vereinbarung eines Übertragungsanspruchs, zB für den Fall des Vorversterbens, werden nicht gewünscht.

§ 4 Dingliche Übertragung, Auflassung, Grundbuchanträge[2, 5]

1. Der Veräußerer überträgt hiermit den vertragsgegenständlichen Erbteil mit sofortiger dinglicher Wirkung an den Erwerber zur Alleininhaberschaft. Der Erwerber nimmt die Übertragung an.
   Da durch die erfolgte Erbteilsübertragung das in § 1 Abs. 2 genannte Grundbuch unrichtig geworden ist, bewilligen die Beteiligten und beantragt der Erwerber die Berichtigung des Grundbuchs durch Eintragung der Erbteilsübertragung.
2. Die Vertragsteile sind weiter darüber einig, dass die Inhaberschaft an dem vertragsgegenständlichen $^1/_2$–Miteigentumsanteil von dem Veräußerer auf den Erwerber zur Alleinberechtigung übergeht und bewilligen und beantragen die Eintragung der Auflassung in das Grundbuch.
3. Die Eintragung einer Auflassungsvormerkung sowie eines Widerspruchs gegen die Richtigkeit des Grundbuchs werden nach dem Hinweis auf die mit der Nichteintragung verbundenen Gefahren nicht gewünscht.

§ 5 Wirtschaftlicher Übergang

1. Besitz, Nutzen, die Steuern und sonstige öffentliche Lasten und Abgaben aller Art, die Verkehrssicherungspflicht, die Gefahr des zufälligen Untergangs und einer zufälligen Verschlechterung hinsichtlich des Grundstücks Fl. Nr. . . . . . der Gemarkung . . . . . . und etwaiger weiterer Erbschaftsgegenstände sind mit Beginn des heutigen Tages auf den Erwerber übergegangen, soweit sich aus dem Nießbrauch nichts anderes ergibt.
2. Die Beteiligten erklären, dass mit Durchführung dieses Vertrages sämtliche etwa gegenseitig bestehenden Ansprüche zwischen ihnen aus der Erbengemeinschaft nach

X abgegolten sind. Insbesondere bestehen keine Ansprüche auf Ersatz von auf den Nachlass gemachten Verwendungen, Aufwendungen, erfüllten Verbindlichkeiten, Abgaben und Lasten, auch soweit es sich um außerordentliche Lasten handelt. Eine auf den Erwerb des vertragsgegenständlichen Erbteils nach dem Tod von X entfallende Erbschaftsteuer hat der Veräußerer zu tragen. Einen etwaigen in dieser Vereinbarung liegenden Verzicht nehmen die Beteiligten wechselseitig an.

3. Sollten sich außer dem Miteigentumsanteil an dem Grundstück Fl. Nr. . . . . . der Gemarkung . . . . . . noch weitere Gegenstände im ungeteilten Nachlass befinden, hat der Erwerber insoweit keinen Ersatz zu leisten. Das Grundstück ist nach Angabe der Beteiligten nicht vermietet; es wird ausschließlich von A bewohnt.

§ 6 Haftung

1. Der Veräußerer übernimmt hinsichtlich des Grundstücks Fl. Nr. . . . . . der Gemarkung . . . . . . sowie der aufstehenden Gebäude für Sachmängel aller Art keine Haftung. Er haftet also insbesondere nicht für die Richtigkeit der Flächengröße, die Bodenbeschaffenheit, den Bauzustand bestehender Gebäude und die Verwertbarkeit des Grundbesitzes und der aufstehenden Gebäude für die Zwecke des Erwerbers.
   Der Veräußerer haftet für ungehinderten Besitz- und lastenfreien Eigentumsübergang des genannten Grundstücks, soweit in dieser Urkunde nichts anderes bestimmt ist.
2. Hinsichtlich des vertragsgegenständlichen Erbteils haftet der Veräußerer lediglich für die Freiheit des übertragenen Erbteils von Rechten Dritter, insbesondere dafür, dass der Erbteil nicht anderweitig veräußert oder verpfändet und auch nicht gepfändet oder mit sonstigen Rechten Dritter belastet ist.[6, 8]

§ 7 Erschließungskosten

Unabhängig von der Haftung des jeweiligen Eigentümers trägt im Innenverhältnis der Erwerber die Erschließungsbeiträge für Erschließungslasten nach dem Baugesetzbuch sowie alle sonstigen einmaligen, das Grundstück Fl. Nr. . . . . . der Gemarkung . . . . . . betreffenden öffentlichen Lasten, wie Anschlussbeiträge und Kommunalabgaben, die ab heute in Rechnung gestellt werden (maßgebend ist das Datum des Zugangs der Rechnung), soweit sich nicht aus dem Nießbrauch etwas anderes ergibt; gleiches gilt für ab heute fällig werdende wiederkehrende Beiträge.

§ 8 Hinweise

Der Notar hat die Beteiligten insbesondere auf folgendes hingewiesen:

a) Sämtliche im Zusammenhang mit dem Vertrag getroffenen Vereinbarungen müssen notariell beurkundet[4] sein, da sie ansonsten wegen Formmangels nichtig sind und die Nichtigkeit des gesamten Vertrages zur Folge haben können; hierzu erklären die Vertragsteile, dass Nebenabreden nicht bestehen.
b) Die Übertragung des Erbteils erfasst sämtliche zum Nachlass gehörenden Aktiva und Passiva, auch wenn diese den Beteiligten nicht bekannt sind.
c) Das Eigentum am $^1/_2$-Miteigentumsanteil des A geht erst mit Umschreibung im Grundbuch auf den Erwerber über.
d) Der Veräußerer haftet weiter für alle etwaigen Nachlassverbindlichkeiten, soweit keine Schuldhaftentlassung durch den jeweiligen Gläubiger erfolgt.[6]
e) Alle Vertragsteile haften als Gesamtschuldner für die Notariats- und Grundbuchkosten. Der Grundbesitz haftet kraft Gesetzes für Rückstände an öffentlichen Lasten und Abgaben sowie Versicherungsprämien.

f) Bei Verarmung des Veräußerers innerhalb von zehn Jahren ab Eigentumsübergang besteht ein gesetzliches Rückforderungsrecht, das bei Bezug von Sozialleistungen auf den Sozialleistungsträger übergeht.
g) Der Notar nimmt keine steuerliche Beratung vor und übernimmt für die steuerlichen Wirkungen dieses Vertrages auch keine Haftung; es kann ratsam sein, sich – insbesondere wenn Betriebsvermögen übertragen wird – anderweitig steuerlich beraten zu lassen. Auf die Vorschriften des Erbschaft- und Schenkungsteuergesetzes sowie des Grunderwerbsteuergesetzes wurde hingewiesen.

§ 9 Abwicklungsvollmacht

Alle Beteiligten beauftragen und bevollmächtigen den amtierenden Notar, seinen amtlich bestellten Vertreter oder Nachfolger im Amt, alle zur Durchführung der Urkunde noch notwendigen oder zweckdienlichen Erklärungen und Genehmigungen[5] unter Erstellung entsprechender Entwürfe einzuholen und entgegenzunehmen sowie namens der Beteiligten alle Erklärungen, auch rechtsgeschäftlicher Art, abzugeben, Anträge zu stellen, abzuändern oder zurückzunehmen sowie die Urkunde zum Teilvollzug vorzulegen.

Der amtierende Notar, sein amtlich bestellter Vertreter oder Nachfolger im Amt, werden darüber hinaus beauftragt und bevollmächtigt, für die Beteiligten dem Nachlassgericht die Übertragung des Erbteils durch Übersendung einer beglaubigten Abschrift dieser Urkunde anzuzeigen.[7]

§ 10 Kosten,[10] Abschriften

1. Die Kosten dieser Urkunde und des grundbuchamtlichen Vollzuges sowie eine etwaige Schenkungsteuer[9] trägt . . . . . .
2. Beglaubigte Abschriften erhalten: jeder Vertragsteil, das Nachlassgericht . . . . . . als Anzeige gemäß § 2384 Abs. 1 BGB,[7] das Grundbuchamt . . . . . ., das Finanzamt – Schenkungsteuerstelle –.
   Eine einfache Abschrift erhält das Finanzamt – Grunderwerbsteuerstelle –.

Anmerkungen

1. **Sachverhalt.** Die Ehefrau von A und Mutter von B ist vor mehreren Jahren verstorben und wurde nach der gesetzlichen Erbfolge von beiden Beteiligten zu gleichen Anteilen beerbt. Die Ehefrau war zusammen mit ihrem Ehemann Eigentümerin je zur Hälfte des genannten Grundstücks. Das Grundstück, in dem früher die gesamte Familie lebte und das nunmehr nur noch von A bewohnt wird, stellt das wesentliche Vermögen der Familie dar. Nachdem der sonstige Nachlass über die Jahre auseinandergesetzt wurde, soll nunmehr das gesamte Familienheim im Wege der „vorweggenommenen Erbfolge" auf die Tochter B übertragen werden. A möchte das Anwesen allerdings – wie bisher – nutzen können. Daher behält er sich ein lebenslanges Nießbrauchsrecht am Grundbesitz vor.

2. **Erbteilsübertragung und Auflassung.** Hinsichtlich der Erbteilsübertragung → Form. J.VII.2 zum Erbteilskauf (insbes. → Anm. 2 hinsichtlich allgemeiner Fragen und → Anm. 6 hinsichtlich der Rechtsfolgen).

Im vorliegenden Fall besteht die Besonderheit, dass die Erbteilsabtretung mit einem weiteren Rechtsgeschäft unter Lebenden, der Überlassung des $^1/_2$ Miteigentumsanteils von A am Grundbesitz, verbunden ist. Insoweit bedarf es zur Herbeiführung des Eigentumswechsels nach allgemeinen Grundsätzen der Auflassung und Eintragung des Erwerbers (hier: B) im Grundbuch.

3. Causa. Anders als in den → Form. J.VII.2, → Form. J.VII.3 geht es im vorliegenden Fall nicht um einen Erbteilskauf, sondern um eine **unentgeltliche** Erbteilsabtretung. Rechtsgrund dafür ist nach Vereinbarung der Beteiligten eine **Schenkung** (vgl. § 3 Abs. 1 des Formulars).

Gekoppelt ist die Schenkung des Erbanteils mit einer Überlassung des hälftigen Miteigentumsanteils am Grundbesitz, der A alleine gehörte. Auch diesbezüglich liegt eine **Schenkung** vor (vgl. § 3 Abs. 1 des Formulars).

Das Nutzungsrecht, das sich A im Zusammenhang mit der Schenkung vorbehalten hat (Nießbrauchsrecht), führt regelmäßig nicht zur Annahme einer gemischten Schenkung, sondern lässt den Vertrag als Schenkung unter Auflage erscheinen (vgl. OLG Köln FamRZ 1994, 1242).

Erfolgt die Schenkung an eine gesetzlich erbberechtigte Person bzw. den vorgesehenen testamentarischen Erben, ist häufig auch von **„vorweggenommener Erbfolge"** die Rede (vgl. die Überschrift des Formulars). Dieser Begriff spielt vor allem im Steuerrecht eine Rolle (vgl. *Meincke/Hannes/Holtz* ErbStG, 17. Aufl. 2018, § 7 Rn. 4). Zivilrechtlich betrachtet handelt es sich hierbei nicht um eine gesetzlich gesondert geregelte Vertragsart. Es ist vielmehr notwendig, solche Verträge in das System des BGB einzuordnen. Regelmäßig stellen diese reine oder gemischte Schenkungen oder Schenkungen unter Auflagen dar. Es kommt aber selbst die Annahme eines voll entgeltlichen Vertrages in Frage (vgl. BGH NJW 1995, 1349).

Bei freigiebigen Zuwendungen hat der Erblasser gem. § 2315 Abs. 1 BGB die Möglichkeit, zu bestimmen, dass sich der Erwerber die lebzeitige Zuwendung auf seinen **Pflichtteil** nach dem Erblasser anrechnen lassen muss. Da dies für den Erblasser nur vorteilhaft ist, werden lebzeitige unentgeltliche Zuwendungen des Erblassers in der notariellen Praxis regelmäßig – wie auch die hier vorliegenden Schenkungen – mit einer Anrechnungsbestimmung versehen.

4. Form. Der Vertrag über die **Erbteilsabtretung** muss gem. § 2033 Abs. 1 S. 2 BGB **notariell beurkundet** (vgl. § 128 BGB) werden. Hinsichtlich des **schuldrechtlichen Erbteilsveräußerungsgeschäfts** finden über § 1922 Abs. 2 BGB die Sondervorschriften der §§ 2371 ff. BGB über den Erbschaftskauf Anwendung. Das schuldrechtliche Rechtsgeschäft bedarf also ebenfalls gem. § 2371 BGB der notariellen Beurkundung und zwar gem. § 2385 Abs. 1 BGB auch im Falle der unentgeltlichen Erbteilsübertragung. Eine Beurkundung nur des Schenkungsversprechens nach § 518 Abs. 1 BGB ist damit nicht ausreichend (Staudinger/*Olshausen* BGB § 2385 Rn. 5).

5. Genehmigungserfordernisse. Die Veräußerung eines Erbteils durch den gesetzlichen Vertreter eines Minderjährigen oder eines Betreuten bedarf gem. §§ 1822 Nr. 1, 1643 Abs. 1, 1908i Abs. 1 S. 1 BGB der familien- bzw. betreuungsgerichtlichen Genehmigung (→ Form. J.VII.2 Anm. 7). Gleiches gilt für die Veräußerung eines Grundstücks des Minderjährigen oder Betreuten durch seinen gesetzlichen Vertreter (§ 1821 Abs. 1 Nr. 1, 4 BGB).

Eine **unentgeltliche** Veräußerung scheidet aber bereits wegen des für gesetzliche Vertreter geltenden **Schenkungsverbotes** aus (vgl. §§ 1641, 1804, 1908i Abs. 2 S. 1 BGB). Stünde im vorliegenden Fall A daher unter Betreuung iSd §§ 1896 ff. BGB und könnte er selbst aufgrund Geschäftsunfähigkeit (§ 104 Nr. 2 BGB) nicht mehr wirksam rechtsgeschäftlich handeln, könnte sein Betreuer (mit entsprechendem vermögenssorgerechtlichen Aufgabenkreis) zwar den Erbteil und die Miteigentumshälfte des A verkaufen, dürfte diese aber nicht verschenken. Anders wäre dies wiederum, wenn A eine Vollmacht (auch in Gestalt einer General- oder Vorsorgevollmacht) erteilt hätte, da der Bevollmächtigte grundsätzlich auch zur Vornahme von Schenkungen aus dem Vermögen des Vollmachtgebers befugt ist.

Tritt der Minderjährige bzw. Betreute nicht auf Veräußerer- sondern auf **Erwerberseite** auf, so ist der Erbteilsübertragungsvertrag (unabhängig davon, ob der Erwerb entgeltlich oder unentgeltlich erfolgt), nach hA im Hinblick auf die Haftung für Nachlassverbindlichkeiten im Außenverhältnis gem. § 2382 BGB (der über § 2385 BGB auch im Rahmen von Erbteilsschenkungen Anwendung findet) nach **§ 1822 Nr. 10 BGB** genehmigungsbedürftig (AG Stuttgart BWNotZ 1970, 177 = FamRZ 1971, 182; Soergel/*Wolf* BGB § 2033 Rn. 10; vgl. auch OLG Köln Rpfleger 1996, 446, das den schenkweisen Erwerb wegen Übernahme der Haftung für die Nachlassverbindlichkeiten als gem. § 1821 Abs. 1 Nr. 5 BGB genehmigungspflichtig angesehen hat).

6. Haftung/Gewährleistung. Auf die **unentgeltliche Erbteilsveräußerung** finden die meisten Regelungen über den Erbschaftskauf Anwendung (vgl. § 2385 BGB). Dies gilt insbesondere für die Haftungsregelungen der §§ 2382 bis 2384 BGB (Staudinger/*Olshausen* BGB § 2382 Rn. 4).

§ 2385 Abs. 2 BGB enthält für die unentgeltliche Erbteilsveräußerung allerdings Einschränkungen für das Gewährleistungsrecht. So ist der Schenker nach S. 1 der Vorschrift von der Ersatzpflicht gem. § 2375 BGB befreit. Nach S. 2 der Vorschrift haftet der Schenker ferner nicht gem. § 2376 BGB für Rechtsmängel, sofern er diese nicht arglistig verschwiegen hat.

7. Anzeigepflichten. Gem. § 2384 Abs. 1 S. 1 BGB ist der **Verkäufer einer Erbschaft** den Nachlassgläubigern gegenüber verpflichtet, den Verkauf der Erbschaft und den Namen des Käufers unverzüglich dem Nachlassgericht anzuzeigen. Die Vorschrift gilt nach hA entsprechend für die Erbteilsübertragung und den Erbteilskauf (Bamberger/Roth/*J. Mayer* BGB § 2384 Rn. 1; Soergel/*Zimmermann* BGB § 2384 Rn. 1).

Soweit der Erbteilsübertragung – wie hier – eine **Schenkung** zugrunde liegt, ist die Anzeigepflicht über die Vorschrift des § 2385 Abs. 1 BGB zu bejahen. Im Ergebnis ist damit jede dingliche Erbteilsübertragung **unabhängig von ihrem Rechtsgrund** dem Nachlassgericht anzuzeigen. Dies entspricht letztlich auch dem Zweck dieser Vorschrift, den Nachlassgläubigern eine Information über die geänderte Haftungslage zu ermöglichen.

8. Vorkaufsrecht. Voraussetzung für das Entstehen eines Vorkaufsrechts der übrigen Miterben ist der (freiwillige) **Verkauf** eines Erbanteils durch einen Miterben an einen Dritten (§ 2034 Abs. 1 BGB). Anerkanntermaßen entsteht das Vorkaufsrecht daher nicht bei einer **Schenkung** oder einer Übertragung im Rahmen der **vorweggenommenen Erbfolge** (Soergel/*Wolf* BGB § 2034 Rn. 2). Etwas anderes gilt nur, wenn ein Umgehungsgeschäft vorliegt (→ Form. J.VII.3 Anm. 5).

9. Steuern. Bei der unentgeltlichen Erbteilsabtretung handelt es sich um einen schenkungsteuerpflichtigen Vorgang gem. §§ 1 Abs. 1 Nr. 2, 7 Abs. 1 Nr. 1 ErbStG. Die Schenkung unterliegt im vorliegenden Fall der Steuerklasse I gem. § 15 Abs. 1 ErbStG. Der persönliche Freibetrag der Beschenkten beträgt in diesem Fall gem. § 16 Abs. 1 Nr. 2 ErbStG 400.000,00 EUR. Zu der des Nießbrauchsrechts → Form. G.III.4 Anm. 10. Zur Bewertung des Nießbrauchs siehe die Erläuterungen unter → Form. C.V.8 Anm. 10.

Für einkommensteuerliche Zwecke hat der Erwerber des Erbteils die Buchwerte und AfA-Bemessungsgrundlagen des Schenkers fortzuführen. Für Nachlass, der aus Betriebsvermögen besteht, ergibt sich dies aus § 6 Abs. 3 EStG; für Nachlass, der aus Privatvermögen besteht, aus § 11 d Abs. 1 EStDV (BMF BStBl. I 2006, 253 Tz. 38, 40).

10. Kosten. Es entsteht eine 2,0-Gebühr nach Nr. 21100 KV GNotKG aus dem nach § 35 Abs. 1 GNotKG zusammengerechneten Wert des Miteigentumsanteils am Grundstück und des Erbteils. Der Wert für die Übertragung des Miteigentumsanteils richtet

sich nach dem Grundstückswert (§ 46 GNotKG); der Wert des Erbteils bestimmt sich nach dem Anteil des Miterben am Nachlassvermögen ohne Abzug von Verbindlichkeiten (§ 38 GNotKG). Befindet sich im Nachlass – wie hier – nur noch der Miteigentumsanteil an dem Grundstück, fällt die 2,0-Gebühr letztlich aus ¾ des Grundstückswerts an. Damit ist die Übertragung des Miteigentumsanteils verbunden mit einer Erbteilsübertragung günstiger als die Übertragung verbunden mit einer gegenständlichen Auseinandersetzung der Erbengemeinschaft (doppelte Gebühr aus dem vollen Grundstückswert). Allerdings „kauft" man sich damit auch die „Nachteile" einer Erbteilsübertragung ein (→ Form. J.VII.2 Anm. 4). Die Grundbucherklärungen sind gegenstandsgleich iSd § 109 Abs. 1 GNotKG. Hinzu kommen – fallabhängig – die Gebühren für die sonstigen Tätigkeiten des Notars (zB Anzeige an das Nachlassgericht; Einholung von Genehmigungen oÄ).

5. Erbteilsverpfändung

[Notarieller Urkundeneingang]

Das Grundbuch wurde eingesehen.

Auf Ansuchen der Beteiligten beurkunde[3] ich ihren bei gleichzeitiger Anwesenheit abgegebenen Erklärungen gemäß folgenden

Erbteilsverpfändungsvertrag:

§ 1 Grundbuch- und Sachstand[1]

1. Am . . . . . . ist X, geboren am . . . . . ., verstorben.
Gemäß Erbschein des Amtsgerichts – Nachlassgericht – . . . . . . vom . . . . . . (Az.: . . . . . .) wurde X beerbt von A, Herrn . . . . . . (wohnhaft: . . . . . .) und Frau . . . . . . (wohnhaft: . . . . . .) zu je ein Drittel.

2. Zum Nachlass gehören unter anderem
- **das Grundstück Fl. Nr. . . . . . der Gemarkung . . . . . ., vorgetragen im Grundbuch des Amtsgerichts . . . . . . für . . . . . . Blatt . . . . . .;**
- **das Grundstück Fl. Nr. . . . . . der Gemarkung . . . . . ., vorgetragen im Grundbuch des Amtsgerichts . . . . . . für . . . . . . Blatt . . . . . .; und**
- **das Grundstück Fl. Nr. . . . . . der Gemarkung . . . . . ., vorgetragen im Grundbuch des Amtsgerichts . . . . . . für . . . . . . Blatt . . . . . .**

3. B hat nach Angabe der Beteiligten A am . . . . . . ein Darlehen in Höhe von 100.000,00 EUR zzgl. Zinsen in Höhe von 5 % jährlich gewährt. Die Darlehensvaluta wurde nach Angabe der Beteiligten ausbezahlt. Die Erklärungen in dieser Urkunde dienen der Sicherung dieses Darlehens.

§ 2 Schuldanerkenntnis

A erkennt an, B einen Betrag in Höhe von 100.000,00 EUR zzgl. 5 % Zinsen jährlich hieraus ab dem . . . . . . zu schulden. A unterwirft sich wegen dieser Zahlungsverpflichtung der sofortigen Zwangsvollstreckung aus dieser Urkunde in sein gesamtes Vermögen. Auf Verlangen kann der Notar B ohne weitere Nachweise eine vollstreckbare Ausfertigung dieser Urkunde erteilen.

§ 3 Verpfändung[2, 6, 8]

1. Zur Sicherung der Ansprüche von B gegen A aus dem Schuldanerkenntnis nach § 2 dieser Urkunde und aller sonstigen etwaigen Ansprüche, die B gegen A aus dem in § 1 Abs. 3 genannten Darlehen zustehen, verpfändet A hiermit B seinen vorgenannten Erbanteil zu einem Drittel am Nachlass von X.
   B nimmt die Verpfändung an.
2. Die Beteiligten wurden vom Notar auf die Wirkung der Verpfändung hingewiesen,[4] insbesondere darauf, dass eine Anzeige[7] an die übrigen Miterben sinnvoll ist, da diese nur bei einer solchen Anzeige von der Verpfändung und dem damit verbundenen Übergang der Ausübungsbefugnisse hinsichtlich der Miterbenrechte Kenntnis erlangen.
   Diese Anzeige werden die Beteiligten selbst vornehmen.

   [Alternativ:

   Die Beteiligten bevollmächtigen den Notar, seinen amtlich bestellten Vertreter oder Nachfolger im Amt, für sie diese Anzeige an die Miterben an die in § 1 Abs. 1 genannten Anschriften durch Übersendung einer beglaubigten Abschrift dieser Urkunde vorzunehmen.]

§ 4 Grundbuchvollzug[5]

Die Beteiligten bewilligen und beantragen, die Erbteilsverpfändung bei dem in § 1 Abs. 2 dieser Urkunde genannten Grundbesitz einzutragen.

§ 5 Abwicklungsvollmacht

Alle Beteiligten beauftragen und bevollmächtigen den amtierenden Notar, seinen amtlich bestellten Vertreter oder Nachfolger im Amt, alle zur Durchführung der Urkunde noch notwendigen oder zweckdienlichen Erklärungen[8] und Genehmigungen[6] unter Erstellung entsprechender Entwürfe einzuholen und entgegenzunehmen sowie namens der Beteiligten alle Erklärungen, auch rechtsgeschäftlicher Art, abzugeben, Anträge zu stellen, abzuändern oder zurückzunehmen sowie die Urkunde zum Teilvollzug vorzulegen.

§ 6 Kosten,[9, 10] **Abschriften**

1. Die Kosten dieser Urkunde und des Vollzugs trägt . . . . . .
2. Beglaubigte Abschriften erhalten: jeder Vertragsteil; das Grundbuchamt . . . . . ., (für die Alternative: Herr . . . . . ., Frau . . . . . .). Ferner erhält B eine vollstreckbare Ausfertigung.

Anmerkungen

1. Sachverhalt. B hat A ein Darlehen gewährt und möchte dafür (dingliche) Sicherheiten. Da A über keinen Grundbesitz verfügt, scheidet die Bestellung einer Grundschuld bzw. Hypothek aus. Aus diesem Grund soll der Erbteil des A am Nachlass von X zur Sicherheit verpfändet werden.

2. Verpfändung eines Erbteils. Der Miterbenanteil ist grundsätzlich als Vermögensrecht iSd § 859 Abs. 2 ZPO der Pfändung und als Recht iSd § 1273 BGB auch der Verpfändung unterworfen (*Schöner/Stöber* Grundbuchrecht Rn. 973; Palandt/*Wicke* BGB § 1273 Rn. 1). Die Verpfändung setzt voraus, dass der Verpfänder Inhaber des Rechts ist.

Die Verpfändung eines Erbteils spielt in erster Linie für die Kreditsicherung eine Rolle. Es handelt sich um die Verpfändung eines Rechts, so dass die §§ 1273 ff. BGB Anwendung finden.

3. Form. Die Erbteilsverpfändung ist als Verfügung über den Erbteil gem. § 2033 Abs. 1 S. 2 BGB **beurkundungspflichtig** (Bamberger/Roth/*Lohmann* BGB § 2033 Rn. 10).

Von der Verpfändung des Rechts ist der zugrunde liegende **schuldrechtliche Vertrag** zu unterscheiden (sog. Verpfändungsvertrag, Sicherungsvereinbarung, Sicherungsabrede, Sicherungsvertrag; vgl. MüKoBGB/*Damrau* § 1274 Rn. 2). Die schuldrechtliche Verpflichtung zur Verfügung über einen Erbteil ist nicht generell formgebunden, sondern nur dort, wo das Gesetz diesbezüglich besondere Formvorschriften vorsieht (MüKoBGB/*Gergen* § 2033 Rn. 23). Dies gilt insbesondere für die Verpflichtung zur Anteilsveräußerung (§ 2371 BGB) und für Verträge, die einem Erbschaftskauf gleichgestellt sind (vgl. § 2385 BGB). § 2385 BGB gilt aber nicht für Verträge, die ausschließlich eine Vermögenssicherung zum Gegenstand haben (Staudinger/*Olshausen* § 2385 Rn. 15). Daher geht die hM in der Literatur auch davon aus, dass die Verpflichtung zur Verpfändung eines Erbteils **nicht nach § 2371 BGB beurkundungsbedürftig** ist, sondern formfrei übernommen werden kann (MüKoBGB/*Gergen* § 2033 Rn. 23; Staudinger/*Löhnig* BGB § 2033 Rn. 18; Lange/*Kuchinke* § 42 II 4 Fn. 117; aA MüKoBGB/*Damrau* § 1274 Rn. 2, 41).

4. Rechtsfolgen der Verpfändung. § 1258 Abs. 1 BGB findet auf die Verpfändung eines Erbteils nach allgemeiner Meinung entsprechende Anwendung. Da die Miterben gem. § 2038 BGB gemeinschaftlich den Nachlass verwalten, übt der Pfandgläubiger die Rechte aus, die sonst der Miterbe bezüglich Verwaltung und Nutzung des Nachlasses auszuüben hätte. Der Pfandrechtsgläubiger erwirbt mit der Verpfändung das **Recht auf Mitverwaltung und -verfügung** sowie auf Mitwirkung bei der Auseinandersetzung (MüKoBGB/*Gergen* § 2033 Rn. 31). Vor der Pfandreife können dabei der Pfandrechtsgläubiger und der Miterbe die Auseinandersetzung nur gemeinsam verlangen, nach Eintritt der Pfandreife auch der Gläubiger alleine (vgl. § 1273 Abs. 2 BGB iVm § 1258 Abs. 2 BGB). Setzen sich die Miterben (unter Mitwirkung des Pfandgläubigers) auseinander, setzt sich sein Pfandrecht an allen dem Pfandschuldner bei der Auseinandersetzung zugewiesenen Gegenständen fort (BGHZ 52, 99 = NJW 1969, 1347; Staudinger/*Löhnig* BGB § 2033 Rn. 30).

Durch die Verpfändung des Erbteils erwirbt der Pfandgläubiger ein Pfandrecht am Erbteil, nicht an den einzelnen zum Nachlass gehörenden Gegenständen (RGZ 83, 27 (30); MüKoBGB/*Damrau* § 1274 Rn. 42). Gleichwohl bedarf die Veräußerung einzelner Nachlassgegenstände der **Zustimmung des Pfandrechtsgläubigers.** Wird ohne seine Zustimmung bzw. Mitwirkung verfügt, ist die Verfügung dem Pfandgläubiger gegenüber unwirksam. Dies wird damit begründet, dass durch die Verfügung das Pfandrecht am Erbteil ausgehöhlt würde und das Mitverwaltungsrecht des Pfandgläubigers beeinträchtigt wäre (siehe zum Ganzen MüKoBGB/*Damrau* § 1274 Rn. 42 f. mwN). Umstritten ist, ob sich die Zustimmungspflicht des Pfandgläubigers aus der entsprechenden Anwendung von §§ 1258 Abs. 1, 1273 Abs. 2 BGB oder aus § 1276 BGB ergibt (vgl. MüKoBGB/*Damrau* § 1274 Rn. 42 mwN).

Dass die Mitwirkung des Pfandgläubigers bei Verfügungen erforderlich ist, gilt aber nicht für die **Übertragung des Erbteils** durch den Verpfänder, da hierdurch das Pfandrecht des Pfandgläubigers nicht beeinträchtigt wird. Das Pfandrecht bleibt vielmehr trotz Erbteilsübertragung bestehen, auch wenn es dem Erwerber des Erbteils unbekannt sein sollte (vgl. OLG Köln MittBayNot 1997, 240).

Zur Pfandverwertung vgl. MüKoBGB/*Damrau* § 1274 Rn. 48.

5. Verlautbarung/Grundbuch. Das Pfandrecht schränkt die Verfügungsbefugnis der gesamten Erbengemeinschaft im Sinne eines relativen Verfügungsverbotes nach §§ 135,

136 BGB ein (BGH NJW 1967, 200 [201]). Verfügungen über Nachlassgegenstände sind dem Pfandgläubiger gegenüber ohne dessen Zustimmung relativ unwirksam (BayObLG NJW 1959, 1780; MüKoBGB/*Damrau* § 1274 Rn. 43). Obwohl die einzelnen Nachlassgegenstände nicht verpfändet sind, sondern nur mittelbar dem Pfandrecht am Erbteil unterliegen, ist nach hA die **Eintragung der Erbteilsverpfändung im Grundbuch** (bei Grundstücken in Abteilung II) im Wege der Grundbuchberichtigung zur Kundgabe der (relativen) Verfügungsbeschränkung möglich (MüKoBGB/*Damrau* § 1274 Rn. 43 mwN). Dies schließt einen gutgläubigen Erwerb durch Dritte zu Lasten des Pfandrechtsgläubigers aus.

6. Genehmigungserfordernisse. Die Verfügung eines gesetzlichen Vertreters eines Minderjährigen oder eines Betreuten über dessen Erbteil bedarf gem. §§ 1822 Nr. 1, 1643 Abs. 1, 1908 i Abs. 1 S. 1 BGB der familien- bzw. betreuungsgerichtlichen Genehmigung (→ Form. J.VII.2 Anm. 7). Da es sich bei der Verpfändung des Erbteils um eine Verfügung iSd Vorschrift handelt, ist auch die **Verpfändung genehmigungsbedürftig.**

Besteht der Nachlass im Wesentlichen aus einem land- oder forstwirtschaftlichen Betrieb, so bedarf die Erbteilsübertragung an einen anderen als an einen Miterben nach § 2 Abs. 2 Nr. 2 GrdstVG der Genehmigung. Gleichgestellt ist die Bestellung eines Nießbrauchs am Erbteil (§ 2 Abs. 2 Nr. 3 GrdstVG), **nicht** jedoch die Verpfändung (Soergel/*Wolf* BGB § 2033 Rn. 10 mwN).

7. Keine Anzeigepflicht. Eine Anzeigepflicht gegenüber dem Nachlassgericht besteht nicht. Denn Verträge, die lediglich Sicherungscharakter haben, etwa die Verpflichtung zur Sicherungsübertragung oder Verpfändung einer Erbschaft oder eines Erbteils, fallen nicht unter § 2385 BGB (vgl. Bamberger/Roth/*J. Mayer* BGB § 2385 Rn. 3; NK-BGB/*Beck/Ullrich/Kroiß* § 2385 Rn. 3, jew. mwN) und begründen daher auch keine Anzeigepflicht nach § 2384 BGB.

Ferner besteht keine Anzeigepflicht gegenüber den anderen Miterben. Eine Anzeige der Verpfändung gegenüber den anderen Miterben ist aber ratsam, da nur die mitgeteilte Verpfändung die Rechte der übrigen Miterben beschränkt (NK-BGB/*Ann* § 2033 Rn. 12). Daher sieht das Formular in § 3 Abs. 2 einen entsprechenden Hinweis des Notars (alternativ: einen entsprechenden Auftrag an den Urkundsnotar) vor.

8. Kein Vorkaufsrecht. Voraussetzung für das Entstehen eines Vorkaufsrechts der übrigen Miterben ist der **Verkauf** eines Erbanteils durch einen Miterben an einen Dritten (§ 2034 Abs. 1 BGB). Anerkanntermaßen entsteht das Vorkaufsrecht daher zB nicht bei Tausch, Schenkung oder auch bei der Verpfändung des Erbteils (Soergel/*Wolf* BGB § 2034 Rn. 2).

9. Steuern. Steuerlich hat die Verpfändung des Erbteils keine Auswirkungen. Insbesondere bewirkt die Verpfändung bei der Einkommensteuer keinen Zu- und Abfluss (BFH BStBl. II 1975, 776). Die Verpfändung steht der Einkommensbesteuerung auch nicht entgegen (BFH BStBl. II 1988, 342).

10. Kosten. Da es sich bei der Verpfändung eines Erbteils um einen Vertrag handelt (§§ 2033, 1274 BGB), fällt eine 2,0-Gebühr nach Nr. 21100 KV GNotKG an. Der Geschäftswert bestimmt sich grundsätzlich gemäß § 53 Abs. 2 GNotKG nach dem Betrag der gesicherten Forderung bzw., wenn der verpfändete Erbteil einen niedrigeren Wert hat, nach dem Wert des Erbteils (ohne Abzug von Verbindlichkeiten, § 38 GNotKG). Die grundbuchlichen Erklärungen sind gegenstandsgleich iSd § 109 Abs. 1 GNotKG. Hinzu kommen – fallabhängig – die Gebühren für die sonstigen Tätigkeiten des Notars.

VIII. Erfüllung eines Vermächtnisses

1. Checkliste: Erfüllung eines Vermächtnisses

- ❒ Ist das Vermächtnis wirksam, fällig und in voller Höhe zu erfüllen?
- ❒ Was ist zur Erfüllung des Vermächtnisses erforderlich? Sind Formvorschriften einzuhalten?
- ❒ Wer ist für die Erfüllung des Vermächtnisses zuständig (Erbe, Vermächtnisnehmer oder Testamentsvollstrecker)?
- ❒ Ist die Vermächtniserfüllung genehmigungsbedürftig oder besteht im Falle der gesetzlichen Vertretung ein Vertretungsverbot?
- ❒ Ist der Vermächtnisgegenstand fehlerhaft oder nachträglich untergegangen?
- ❒ Wem stehen Früchte und Nutzungen des Vermächtnisgegenstandes zu? Hat der Beschwerte Anspruch auf Verwendungsersatz?
- ❒ Welche Regelungen sind beim Vermächtnis eines dinglich belasteten Grundstücks hinsichtlich der Übernahme der dinglichen Belastung bzw. der persönlichen Schuld erforderlich?
- ❒ Wer hat die Kosten der Vermächtniserfüllung zu tragen? Welche Kosten fallen im Zusammenhang mit der Erfüllung eines Grundstücksvermächtnisses an?

2. Erfüllung eines Grundstücksvermächtnisses – kurze Variante

[Notarieller Urkundeneingang]

Das Grundbuch wurde eingesehen.

Auf Ansuchen der Beteiligten[11, 12] beurkunde ich ihren bei gleichzeitiger Anwesenheit abgegebenen Erklärungen gemäß folgenden

Vermächtniserfüllungsvertrag:

§ 1 Grundbuch- und Sachstand[1]

1. **Im Grundbuch des Amtsgerichts . . . . . . für . . . . . . Blatt . . . . . . ist X als Alleineigentümer des folgenden Grundbesitzes eingetragen:**
   Gemarkung . . . . . .
   Fl. Nr. . . . . .
   Der Grundbesitz ist in Abteilung III des Grundbuchs unbelastet vorgetragen und in Abteilung II des Grundbuchs belastet, wie folgt: . . . . . .
2. **A ist Alleinerbe des am . . . . . . verstorbenen X (Erblasser). Zur Urkunde des Notars . . . . . . in . . . . . . vom . . . . . . (UR-Nr. . . . . . .) hat X ein notarielles Testament errichtet. In Abschnitt . . . . . . hat er dabei A als Alleinerben eingesetzt. Weiter hat er in Abschnitt . . . . . . der genannten Urkunde ein Vermächtnis[4, 13] zugunsten von B ausgesetzt, wonach B berechtigt ist, die Übertragung des in Abs. 1 genannten Grundbesitzes zu verlangen.**
3. **Das Testament des X wurde am . . . . . . vor dem Nachlassgericht . . . . . . (Az: . . . . . .) eröffnet. Auf die Zwischeneintragung von A als Eigentümer wird nach Hinweis auf die Risiken verzichtet.[3]**

§ 2 Übertragung

A

– nachstehend „Veräußerer“ genannt –

überträgt

den in § 1 Abs. 1 dieser Urkunde näher bezeichneten Grundbesitz mit allen Rechten, Pflichten und gesetzlichen Bestandteilen

an

B

– nachstehend „Erwerber“ genannt –

zum Alleineigentum.

Der Erwerber nimmt die Übertragung hiermit an.

§ 3 Auflassung[2]

1. Die Vertragsteile sind darüber einig, dass das Eigentum an dem vertragsgegenständlichen Grundbesitz von dem Veräußerer auf den Erwerber zum Alleineigentum übergeht und

   bewilligen und beantragen

   die Eintragung der Auflassung in das Grundbuch. Das Grundbuchamt wird um Vollzugsmitteilung an den Notar gebeten.
2. Die Eintragung einer Auflassungsvormerkung wird nach dem Hinweis auf die mit der Nichteintragung verbundenen Gefahren nicht gewünscht.
3. Der Erwerber übernimmt die in § 1 Abs. 1 dieser Urkunde aufgeführten Belastungen in Abteilung II des Grundbuchs zur weiteren dinglichen Duldung unter Eintritt in die jeweils zugrundeliegenden schuldrechtlichen Verpflichtungen.

§ 4 Rechtsgrund[2, 4, 5]

Die Übertragung erfolgt in Erfüllung des in § 1 Abs. 2 dieser Urkunde näher bezeichneten Vermächtnisses.

§ 5 Hinweise des Notars

Der Notar hat die Beteiligten insbesondere hingewiesen

a) auf den Zeitpunkt des Eigentumsübergangs (Umschreibung im Grundbuch);
b) auf die kraft Gesetzes bestehende gesamtschuldnerische Haftung aller Beteiligten für die Notariats- und Grundbuchkosten;
c) auf die kraft Gesetzes bestehende Haftung des vertragsgegenständlichen Grundbesitzes für Rückstände an öffentlichen Lasten und Abgaben sowie Versicherungsprämien.

§ 6 Abwicklungsvollmacht

Alle Beteiligten beauftragen und bevollmächtigen den amtierenden Notar, seinen amtlich bestellten Vertreter oder Nachfolger im Amt, alle zur Durchführung der Urkunde noch notwendigen oder zweckdienlichen Erklärungen und Genehmigungen[7] unter Erstellung entsprechender Entwürfe einzuholen und entgegenzunehmen sowie namens der Beteiligten alle Erklärungen, auch rechtsgeschäftlicher Art, abzugeben, Anträge zu stellen, abzuändern oder zurückzunehmen sowie die Urkunde zum Teilvollzug vorzulegen.

§ 7 Kosten,[12] Abschriften[11]

1. **Die Kosten dieser Urkunde und des grundbuchamtlichen Vollzuges trägt der Erwerber.**
2. **Von dieser Urkunde erhalten:**
   a) **einfache Abschriften: das Finanzamt – Grunderwerbsteuerstelle –;**
   b) **beglaubigte Abschriften: das Finanzamt – Schenkungsteuerstelle –, das Grundbuchamt, jeder Vertragsteil sofort. Nach Vollzug erhalten die Beteiligten lediglich je eine Vollzugsmitteilung.**

Anmerkungen

1. Sachverhalt. Der Erblasser X hat ein notarielles Testament hinterlassen, in dem er einen Alleinerben eingesetzt hat (A). Zugunsten einer dritten Person (B) hat er ein Grundstücksvermächtnis angeordnet, in dem er ausführliche Regelungen zur Übernahme von eingetragenen Rechten im Grundbuch getroffen hat (vergleiche zur Gestaltung eines derartigen Vermächtnisses → Form. C.V.6). Das zu übertragende Grundstück ist in Abteilung III unbelastet vorgetragen. Die Beteiligten wünschen eine möglichst kostengünstige Vermächtniserfüllung.

2. Erfüllung eines Vermächtnisses. Das Vermächtnis begründet für den Bedachten nur einen schuldrechtlichen Anspruch auf Leistung des vermachten Gegenstands (sog. Damnationslegat; vgl. § 2174 BGB). Es wirkt daher – außer im Falle des Vorausvermächtnisses an den alleinigen Vorerben oder eines ausländischen Vindikationslegats (vgl. EuGH DNotZ 2018, 33 ff. = FamRZ 2017, 2057 ff. mAnm *Döbereiner*; *Weber* DNotZ 2018, 16 ff.; *Bandel* MittBayNot 2018, 99 ff.) – nicht dinglich, sondern muss durch den Beschwerten (→ Form. C.V.1 Anm. 3) oder durch einen für die Erfüllung zuständigen Testamentsvollstrecker (→ Anm. 12) nach Eintritt des Erbfalls zur Herbeiführung des dinglichen Rechtsübergangs noch **erfüllt** werden (vgl. zum Anfall und zur Fälligkeit des Vermächtnisses bereits → Form. C.V.1 Anm. 9, 10; Verjährung: 3 Jahre, bzw. bei Grundstücksvermächtnissen nach § 196 BGB: 10 Jahre). Was zur Erfüllung erforderlich ist, richtet sich nach der Art des vermachten Gegenstandes. In Betracht kommt insoweit zB die Übereignung beweglicher Sachen nach den §§ 929 ff. BGB, die Abtretung von Forderungen nach § 398 BGB und GmbH-Anteilen nach § 15 GmbHG oder der Abschluss eines Erlassvertrages iSv § 397 BGB bei einem Befreiungsvermächtnis (vgl. NK-BGB/*J. Mayer* § 2174 Rn. 14). Ist ein dingliches Recht, beispielsweise ein **Wohnungsrecht** iSd § 1093 BGB, vermacht, bedarf es der Einigung der Beteiligten und Eintragung des Rechts im Grundbuch, § 873 BGB (vgl. dazu Krug/Rudolf/Kroiß/Bittler/*Krug* § 15 Rn. 203 ff., mit Formulierungsbeispiel). Auch bei einem **Nießbrauchsvermächtnis** entsteht das Nießbrauchsrecht nicht direkt mit dem Erbfall durch Anfall des Vermächtnisses, sondern dieses Vermächtnis muss, wie in den anderen Fällen auch, erst durch Bestellung des Rechts durch den Beschwerten erfüllt werden. Ist der Vermächtnisnehmer hierzu – unter Befreiung von § 181 BGB – zum Testamentsvollstrecker bestellt oder (postmortal) bevollmächtigt, kann er die Erfüllung selbst vornehmen (vgl. BayObLG Rpfleger 1982, 344 = DNotZ 1983, 176; OLG Köln NJW-RR 1992, 1357 = DNotZ 1993, 136; Krug/Rudolf/Kroiß/Bittler/*Krug* § 15 Rn. 101 ff.; Groll/*Nienaber* Praxis-Handbuch Erbrechtsberatung B VI Rn. 155).

Bei einem **Grundstücksvermächtnis** ist die Erklärung der Auflassung gem. §§ 873, 925 BGB und Eintragung des Eigentumswechsels im Grundbuch erforderlich. Handelt es sich um ein Verschaffungsvermächtnis (vgl. § 2170 BGB), muss der Vermächtnisgegenstand vor der Übereignung erst noch auf Kosten des Beschwerten beschafft werden. In diesem

Zusammenhang reicht es aber, wenn der Beschwerte die Übertragung durch einen Dritten herbeiführt.

Zu den Sicherungsmöglichkeiten des Vermächtnisnehmers vor Vermächtniserfüllung → Form. J.VIII.4 Anm. 4.

3. **Grundbuchberichtigung.** Mit dem Tod des X ist das Grundbuch unrichtig geworden. Nach § 35 Abs. 1 GBO muss, damit das Grundbuch berichtigt werden kann, **die Erbfolge** grundsätzlich durch einen Erbschein **nachgewiesen** werden. Allerdings genügt nach § 35 Abs. 1 S. 2 Hs. 1 GBO die Vorlage der Verfügung von Todes wegen und der Eröffnungsniederschrift, wenn die Verfügung in einem öffentlichen Testament oder Erbvertrag enthalten ist und die Erbeinsetzung in der Urkunde klar und eindeutig formuliert ist, so dass konkrete Zweifel hinsichtlich der Person der Erben nicht bestehen (*Schöner/Stöber* Grundbuchrecht Rn. 786). Die Verfügung von Todes wegen und die Eröffnungsniederschrift sind dabei in beglaubigter Abschrift vorzulegen, § 29 Abs. 1 S. 1 GBO. Gehören Grundbuchamt und Nachlassgericht – wie hier – zum gleichen Gericht, kann auch auf die Nachlassakten verwiesen werden (BGH NJW 1982, 170; *Schöner/Stöber* Grundbuchrecht Rn. 786). Die Kosten für Grundbuchberichtigung (der Antrag kann durch den Erben auch formfrei gestellt werden, §§ 13, 29 GBO) werden nicht erhoben, wenn der Eintragungsantrag binnen zwei Jahren seit dem Erbfall beim Grundbuchamt eingereicht wird, → Anm. 1 zu Nr. 14110 KV GNotKG.

Zu berücksichtigen ist weiter, dass nach § 40 Abs. 1 GBO die Voreintragung des Erben grundbuchrechtlich ua dann entbehrlich ist, wenn die Übertragung oder Aufhebung eines Rechts (hier: Auflassung) eingetragen werden soll. Dieses Verfahren kann aber in der Regel nicht empfohlen werden, da es für den Erwerber mit Nachteilen verbunden ist. Der öffentliche Glaube des § 892 BGB beruht auf den Eintragungen im Grundbuch. Ohne Grundbuchberichtigung besteht daher ein öffentlicher Glaube nur, soweit ein Erbschein auch tatsächlich erteilt wurde. Der Schutz des § 2366 BGB geht dabei aber weniger weit, da er nur das Vertrauen auf die Erbfolge, nicht aber das Vertrauen auf den Bestand des Nachlasses schützt (Palandt/*Weidlich* BGB § 2366 Rn. 1; vgl. umfassend zu dieser Problematik *Egerland* NotBZ 2005, 286; *Wolfsteiner* NotBZ 2001, 134).

4. **Haftung des Beschwerten/Überschwerungseinrede/Kürzungsmöglichkeiten.** Die Verbindlichkeit aus einem Vermächtnis stellt für den Erben eine **Nachlassverbindlichkeit** dar (§ 1967 Abs. 2 BGB), für die er nach den allgemeinen Regeln der Erbenhaftung haftet. Bei mehreren Erben (Miterben) oder Vermächtnisnehmern besteht im Außenverhältnis eine gesamtschuldnerische Haftung (§ 2058 BGB), während im Innenverhältnis die Vermächtnislast im Verhältnis der Erbteile bzw. im Verhältnis des Wertes der Vermächtnisse (§ 2148 BGB) zu tragen ist (sofern der Erblasser nichts anderes bestimmt hat).

Besonderheit: Ist der Nachlass überschuldet und beruht die Überschuldung des Nachlasses allein auf Auflagen und Vermächtnissen, ist der Erbe nach § 1980 Abs. 1 S. 3 BGB nicht verpflichtet, die Eröffnung eines Nachlassinsolvenzverfahrens zu beantragen. Der Erbe kann nach § 1992 BGB der Vermächtnisforderung die **Einrede der Überschwerung** entgegenhalten. Dies eröffnet ihm die Möglichkeit, auch ohne Separation des Nachlasses gegenüber Vermächtnisnehmern (und Auflageberechtigten) die Haftung nach Maßgabe der §§ 1990, 1991 BGB zu begrenzen und zwar auch dann, wenn eine die Kosten des Insolvenzverfahrens deckende Masse vorhanden ist. Voraussetzung für die Überschwerungseinrede ist aber ua, dass der Erbe sein Recht zur Haftungsbeschränkung noch nicht verloren hat (vgl. MüKoBGB/*Küpper* § 1992 Rn. 2).

Erhebt der Erbe die Überschwerungseinrede, muss er die Vermächtnisse und Auflagen erfüllen, wie sie im Nachlassinsolvenzverfahren zur Berichtigung kommen würden (vgl. § 1991 Abs. 4 BGB iVm § 327 Abs. 1 Nr. 2 InsO). Dies gilt allerdings nur, sofern der Erblasser keine abweichende Regelung getroffen hat (§ 2189 BGB). Ist der Vermächtnis-

anspruch auf eine bestimmte Sache (zB Grundstück) gerichtet und macht der Erbe sein Leistungsverweigerungsrecht geltend, steht dem Vermächtnisnehmer die Vermächtnisleistung nur in Geld (in entsprechend gekürztem Umfang) zu. Er kann jedoch stattdessen gegen Zahlung eines entsprechenden Ausgleichsbetrages die Übertragung des Gegenstandes selbst (ohne Kürzung) verlangen (BGH NJW 1964, 2298 [2300] = MDR 1964, 667).

Außerdem bleibt noch auf die „Verteidigungsmöglichkeiten" des Erben aus Gründen des **Pflichtteilsrechts** hinzuweisen, auch wenn keine Überschuldung des Nachlasses besteht: Zwar ist ein **Vermächtnis** nicht mehr nach § 2306 Abs. 1 S. 1 BGB aF **unwirksam,** wenn der mit dem Vermächtnis beschwerte pflichtteilsberechtigte Erbe nicht mehr als seinen Pflichtteil erhält. Nach § 2306 Abs. 1 BGB nF kann der mit einem Vermächtnis Beschwerte aber unabhängig von der Größe seines Erbteils die Erbschaft ausschlagen und seinen Pflichtteil geltend machen.

Außerdem können **Vermächtnisse** beim Zusammentreffen mit Pflichtteilslasten nach Maßgabe des § 2318 BGB **gekürzt** werden: So kann der Erbe nach § 2318 Abs. 1 BGB die Erfüllung eines ihm auferlegten Vermächtnisses soweit verweigern, dass die Pflichtteilslast von ihm und dem Vermächtnisnehmer **verhältnismäßig getragen** wird. Der Erbe als alleiniger Pflichtteilsschuldner im Außenverhältnis kann folglich im Innenverhältnis auf den Vermächtnisnehmer einen Teil der Pflichtteilslast abwälzen als Ausgleich dafür, dass er bei der Pflichtteilsberechnung (§ 2311 BGB) nicht die im Range nachgehenden Vermächtnisse und Auflagen absetzen kann (vgl. *Schlitt* ZEV 1998, 91).

Beispiel:
Der Nachlass des Erblassers beträgt 300.000,00 EUR. Der Sohn S des Erblassers wurde enterbt, Alleinerbin ist seine nichteheliche Lebensgefährtin L. Außerdem wurde zugunsten des Vereins V ein Vermächtnis über 100.000,00 EUR ausgesetzt. – Hat der Erblasser nichts Abweichendes angeordnet, dann haben die Erbin und der Vermächtnisnehmer im Innenverhältnis den Pflichtteilsanspruch des Sohnes in Höhe von 150.000,00 EUR im Verhältnis 200.000,00 EUR zu 100.000,00 EUR (dh 2 : 1) zu tragen; die Erbin kann daher das Vermächtnis zugunsten des Vereins um 50.000,00 EUR kürzen.

Ist der Vermächtnisnehmer selbst pflichtteilsberechtigt, dann ist eine Kürzung nach § 2318 Abs. 2 BGB allerdings nur soweit zulässig, dass diesem sein Pflichtteil verbleibt (**Einschränkung des Kürzungsrechts**).

Eine **Erweiterung des Kürzungsrechts** nach § 2318 Abs. 1 BGB enthält dagegen Abs. 3 der Vorschrift: Ist der Erbe selbst pflichtteilsberechtigt, kann er wegen der Pflichtteilslast das Vermächtnis soweit kürzen, dass ihm sein eigener Pflichtteil verbleibt.

Beispiel:
Der Nachlass des Erblassers beträgt 300.000,00 EUR. Alleinerbe ist sein Sohn S, die Tochter T ist enterbt. Zugunsten der Lebensgefährtin L ist ein Vermächtnis in Höhe von 240.000,00 EUR ausgesetzt. – Nach § 2318 Abs. 1 BGB hätten der Erbe S und die Vermächtnisnehmerin L die Pflichtteilslast hinsichtlich der Schwester in Höhe von 75.000,00 EUR anteilig zu tragen im Verhältnis 60.000,00 EUR zu 240.000,00 EUR (dh 1 : 4). Nach § 2318 Abs. 3 BGB kann S, nachdem ihm nach Erfüllung des Vermächtnisses nur 60.000,00 EUR vom Nachlass verbleiben, seinen Pflichtteil in Höhe von 75.000,00 EUR insoweit verteidigen, als er das Vermächtnis um die (gesamte) Pflichtteilslast in Höhe von 75.000,00 EUR kürzen darf. Der Erbe darf aber nicht das Vermächtnis soweit kürzen, dass ihm sein eigener Pflichtteilsanspruch in Höhe von 75.000,00 EUR verbleibt. Dies hätte er nur durch Ausschlagung nach § 2306 Abs. 1 BGB erreichen können, da § 2318 Abs. 3 BGB nicht die dort vorgesehenen Belastungsgrenzen verschiebt (vgl. KG OLGE 14, 308 [309]; *Schlitt* ZEV 1998, 91 f.).

§ 2318 Abs. 3 BGB ist damit in Bezug auf das eben erläuterte Verhältnis zu § 2306 Abs. 1 BGB missverständlich formuliert. Außerdem wird häufig übersehen, dass die Kürzungsvorschrift des § 2318 Abs. 3 BGB nur im „Dreipersonenverhältnis" eingreift, dh dann, wenn zur Vermächtnislast noch eine Pflichtteilslast hinzutritt (vgl. KG OLGE 14, 308 [309]). Ist Letzteres nicht der Fall und hat es der Erbe in einem Fall des § 2306

Abs. 1 BGB versäumt, sich durch Ausschlagung von der Beschwerung zu befreien, muss er das Vermächtnis voll erfüllen, grundsätzlich auch auf Kosten seines Pflichtteils (BGHZ 168, 210 ff. = NJW 2006, 3353 = ZEV 2006, 498 = DNotZ 2006, 926; BGHZ 95, 222 ff. = NJW 1985, 2828; *Schlitt* ZEV 1998, 91 f.; *Tanck* ZEV 1998, 132 [133]).

Beispiel:
Der Erblasser hat seinen Sohn S und seine Tochter T zu je $^1/_2$ zu Miterben seines Nachlasses im Wert von 500.000,00 EUR eingesetzt. Der T wurde zusätzlich im Wege des Vorausvermächtnisses das Hausgrundstück, das mit 400.000,00 EUR den wesentlichen Nachlasswert ausmacht, zugewandt. – Nimmt S in dieser Situation die Erbschaft an, muss er das Vermächtnis zugunsten der T voll erfüllen, auch wenn ihm danach nur 50.000,00 EUR und damit weniger als sein Pflichtteil (125.000,00 EUR) verbleibt.

Bislang war umstritten, ob die Erbschaftsannahme in einem solchen Fall wegen eines etwaigen Irrtums über die pflichtteilsrechtliche Folge wirksam **angefochten** werden kann, oder ob es sich hierbei um einen unbeachtlichen Rechtsfolgenirrtum handelt (so die früher hM; vgl. BayObLG NJW-RR 1995, 904 [906]; DNotI-Report 1998, 235 = ZEV 1998, 431 [432]; aA *Keim* ZEV 2003, 358 [360]; vgl. auch OLG Düsseldorf ZEV 2001, 109). Der BGH hat in seiner Entscheidung vom 5.7.2006 (ZEV 2006, 498 = DNotZ 2006, 926 m. zust. Anm. *Keim* ZErb 2006, 378) wegen der irrigen Vorstellung des Erben, er dürfe die Erbschaft nicht ausschlagen, um seinen Anspruch auf den Pflichtteil nicht zu verlieren, die Anfechtung wegen Inhaltsirrtums zugelassen. Diese neue Rspr. hat der BGH mit Urt. V. 29.6.2016 (NJW 2016, 2954 = ZEV 2016, 574 mAnm *Lange* = MttBayNot 2017, 402 mAnm *Sammet*) für den zum 1.1.2010 neugefassten § 2306 Abs. 1 BGB bestätigt.

5. Leistungsstörungen. Das mit dem Erbfall entstehende Schuldverhältnis zwischen dem Beschwerten und dem Vermächtnisnehmer richtet sich grundsätzlich nach den §§ 241 ff. BGB (MüKoBGB/*Rudy* § 2174 Rn. 11). Sonderregeln des Vermächtnisrechts bestehen allerdings für die anfängliche **Unmöglichkeit** in den §§ 2169 bis 2173 BGB. So ist nach § 2169 Abs. 1 BGB ein Stückvermächtnis grundsätzlich unwirksam, wenn der Gegenstand zur Zeit des Erbfalls nicht zum Nachlass gehört. Unwirksam ist nach § 2171 Abs. 1 BGB ferner ein Vermächtnis, das auf eine zur Zeit des Erbfalls für jedermann unmögliche Leistung gerichtet ist. Für das Vermächtnis einer Geldforderung, die noch zu Lebzeiten des Erblassers durch Leistung erfüllt wurde, bestimmt § 2173 Abs. 1 S. 2 BGB, dass im Zweifel die entsprechende Geldsumme vermacht ist.

Geht der Gegenstand nach dem Erbfall unter, gelten die §§ 275 ff. BGB. So haftet der Beschwerte beispielsweise nach den §§ 275, 283 BGB, wenn er wegen einer von ihm zu vertretenden Unmöglichkeit das Stückvermächtnis nicht erfüllen kann (MüKoBGB/*Rudy* § 2174 Rn. 11). Verschlechtert sich der Gegenstand nach dem Erbfall durch ein Verschulden des Beschwerten, gelten die allgemeinen Grundsätze über den Schadensersatz bei Pflichtverletzung nach den §§ 280 ff. BGB (*Brambring* ZEV 2002, 137 [139]).

Der Beschwerte kommt gem. § 286 Abs. 1 BGB mit der Erfüllung des Vermächtnisses in **Verzug,** wenn er auf eine Mahnung des Vermächtnisnehmers, die nach dem Eintritt der Fälligkeit erfolgt, nicht leistet. § 286 Abs. 3 BGB gilt nicht, auch nicht für Geldvermächtnisse. Dagegen kann der Beschwerte nach § 286 Abs. 2 Nr. 2 BGB in Verzug geraten, wenn der Erblasser bestimmt hat, dass das Vermächtnis innerhalb eines bestimmten Zeitraums zu erfüllen ist (*Brambring* ZEV 2002, 137 [139]).

Die Regeln über den **Wegfall der Geschäftsgrundlage** (sowie § 313 BGB nF) finden auf das Vermächtnis keine Anwendung, da kein gegenseitiger Leistungsaustausch auf der Ebene des Schuldrechts vorliegt, sondern eine unentgeltliche Zuwendung erbrechtlicher Natur, bei der der Erbe rein dem Willen des Erblassers unterliegt (BGH NJW 1993, 850 = DNotZ 1993, 532). Dies bedeutet ua, dass ein Erbe nach Annahme der Erbschaft ein Vermächtnis grundsätzlich bis zur völligen Ausschöpfung des Nachlasses zu erfüllen hat.

Der nachträglichen Änderung von Verhältnissen kann aber ggf. durch ergänzende Testamentsauslegung Rechnung getragen werden (BGH NJW 1993, 850 = DNotZ 1993, 532; OLG Düsseldorf ZEV 1996, 466 mAnm *Medicus*).

6. Gewährleistung. Die Gewährleistung für Sach- und Rechtsmängel des vermachten Gegenstands ist im Vermächtnisrecht abschließend geregelt. Hinsichtlich der **Mängelhaftung** unterscheidet das Gesetz dort auch nach der Schuldrechtsreform weiterhin zwischen Stück- und Gattungsvermächtnis und zwischen Sach- und Rechtsmängeln:

Beim **Stückvermächtnis** scheidet eine Haftung für Sach- und Rechtsmängel aus; der Vermächtnisnehmer erhält den Gegenstand grundsätzlich in dem Zustand, in dem er sich beim Erbfall befindet (Bamberger/Roth/*Müller-Christmann* BGB § 2182 Rn. 1).

Nach § 2165 BGB hat der Vermächtnisnehmer bei einem Grundstücksvermächtnis ferner keinen Anspruch auf **lastenfreie Übereignung** des Gegenstandes. Andererseits hat der Bedachte nur die dingliche Belastung zu dulden und haftet nicht für die persönliche Schuld des Erblassers (Bamberger/Roth/*Müller-Christmann* BGB § 2165 Rn. 4; MüKoBGB/*Rudy* § 2165 Rn. 4). Dies gilt allerdings nur, soweit vom Erblasser nichts anderes angeordnet wurde bzw. soweit in den §§ 2166 bis 2168a BGB keine abweichende Regelung enthalten ist. So bestimmt beispielsweise § 2166 Abs. 1 BGB, dass dann, wenn ein vermachtes Grundstück (bzw. ein Bruchteil hiervon) mit einer Hypothek belastet ist und der Erblasser auch persönlicher Schuldner der zugrunde liegenden Forderung ist, der Bedachte dem Erben für die Erfüllung der Hypothekenschuld haftet, soweit sie durch den Wert des Grundstücks gedeckt wird. Die Vorschrift findet nach hA entsprechend auf die Sicherungsgrundschuld Anwendung (KG NJW 1961, 1680; BGH NJW 1963, 1612; einschränkend für Grundschulden, die eine Forderung absichern, für die weder ein Bezug zum Grundstück besteht noch die dem Grundstück zu Gute kommen *Grunewald/Rizor* ZEV 2008, 510 [511]). Im Zweifel ist daher auch bei der Sicherungsgrundschuld der Vermächtnisnehmer im Innenverhältnis gegenüber dem Erben verpflichtet, den Gläubiger rechtzeitig zu befriedigen, hat also die persönliche Haftung des Erblassers weiter zu tragen.

Für das **Gattungsvermächtnis** verweist § 2182 Abs. 1 BGB hinsichtlich der Rechtsmängelhaftung auf das Kaufrecht. Der Beschwerte muss dem Vermächtnisnehmer die Sache entsprechend § 435 S. 1 BGB frei von Rechten Dritter verschaffen. Bei einem Grundstücksvermächtnis sind Grunddienstbarkeiten, beschränkte persönliche Dienstbarkeiten und Reallasten allerdings im Zweifel von der Rechtsmängelhaftung ausgenommen (§ 2182 Abs. 3 BGB). Für sonstige dingliche Rechte haftet der Beschwerte dagegen nach § 435 S. 1 BGB. Außerdem ist er nach § 436 Abs. 1 BGB verpflichtet, Erschließungs- und sonstige Anliegerbeiträge für solche Maßnahmen zu tragen, die bis zum Anfall des Vermächtnisses bautechnisch begonnen worden sind.

Für die **Sachmängelhaftung** beim Gattungsvermächtnis gilt § 2183 BGB. Ist die zur Erfüllung des Gattungsvermächtnisses geleistete Sache mit einem Sachmangel behaftet, kann der Vermächtnisnehmer zunächst Nachlieferung einer mangelfreien Sache verlangen (S. 1). Hat der Beschwerte den Mangel arglistig verschwiegen, kann der Vermächtnisnehmer statt der Nachlieferung auch Schadensersatz wegen Nichterfüllung verlangen (S. 2). Aus S. 3 leitet die hA ferner das Recht des Bedachten her, statt der in S. 1 vorgesehenen Nachlieferung auch Nachbesserung entsprechend § 439 Abs. 1 BGB zu verlangen (*Amend* ZEV 2002, 227 [229]; *Schlichting* ZEV 2002, 478 [479]; *Brambring* ZEV 2002, 137 [140]; Palandt/*Weidlich* BGB § 2183 Rn. 2; aA Staudinger/*Otte* BGB § 2183 Rn. 2).

7. Genehmigungsbedürftigkeit der Vermächtniserfüllung. Ggf. ist das Erfüllungsgeschäft genehmigungsbedürftig, wie etwa nach § 2 GrdstVG bei **landwirtschaftlichen Grundstücken** oder weil einer der Genehmigungstatbestände nach den §§ 1821, 1822 BGB vorliegt (vgl. §§ 1643, 1915, 1908i Abs. 1 BGB).

Beispiel:
Eine Erbengemeinschaft, an der ein Minderjähriger (oder Betreuter) beteiligt ist, erfüllt ein Grundstücksvermächtnis zugunsten eines Dritten (wobei der Minderjährige bzw. Betreute durch seinen gesetzlichen Vertreter vertreten wird; zur Beteiligung eines Testamentsvollstreckers → Anm. 12). Dies löst eine Genehmigungspflicht des Rechtsgeschäfts nach § 1821 Abs. 1 Nr. 1 BGB aus, denn dieser Genehmigungstatbestand ist auch gegeben, wenn der Minderjährige (oder Betreute) am Grundstück lediglich als Gesamthänder berechtigt ist (vgl. BayObLG NJW-RR 2000, 1030 = MittBayNot 2000, 118). Dass eine rechtliche Verpflichtung zur Vornahme der Verfügung (aus dem Vermächtnis) besteht, schließt nach allg. Auffassung die Genehmigungspflichtigkeit – anders als hinsichtlich der Frage der Notwendigkeit der Bestellung eines Ergänzungspflegers oder -betreuers (→ Anm. 11) – nicht aus (vgl. KG OLGE 33, 363; BayObLG FamRZ 1977, 171 [173]; MüKoBGB/*Kroll-Ludwigs* § 1821 Rn. 16, § 1828 Rn. 21). In solchen Fällen beschränkt sich die Prüfungspflicht des Familien- oder Betreuungsgerichts allerdings auf die Frage, ob eine solche Verpflichtung wirklich besteht (KG JW 1938, 1600; MüKoBGB/*Kroll-Ludwigs* aaO). Ist dies zu bejahen, hat das Gericht – ohne dass ein Ermessensspielraum bestünde – die Genehmigung zu erteilen, um den Mündel nicht andernfalls einem aussichtslosen, mit Kosten verbundenen Rechtsstreit auszusetzen (KG JW 1938, 1600). Ist dagegen der Minderjährige (oder Betreute) nur **auf Erwerberseite** beteiligt, da ein zu seinen Gunsten ausgesetztes Grundstücksvermächtnis erfüllt wird, ist keine Genehmigung erforderlich. Denn der Vertrag ist nicht iSv § 1821 Abs. 1 Nr. 5 BGB auf den entgeltlichen Erwerb eines Grundstücks gerichtet. Genehmigungspflichtig ist die Vermächtniserfüllung aber beispielsweise nach § 1822 Nr. 10 BGB bei vermächtnisweisem Erwerb des Bruchteils eines Wohnungseigentums im Hinblick auf die damit eintretende persönliche gesamtschuldnerische Haftung des Mündels gem. § 16 Abs. 2 WEG, wobei es auf die Wahrscheinlichkeit der Heranziehung des Mündels nicht ankommt (vgl. OLG München DNotZ 2013, 205 ff. mAnm *G. Müller*; vgl. auch KG BeckRS 2010, 28459 = NZM 2011, 78).

Im Übrigen kann sich eine **privatrechtliche Zustimmungsbedürftigkeit** ergeben aus § 15 GmbHG oder § 12 WEG (MüKoBGB/*Rudy* § 2174 Rn. 17; NKBGB/*J. Mayer* § 2174 Rn. 17 mwN). Für eine wirksame Vermächtniserfüllung ist dagegen **nicht erforderlich** die Zustimmung des **Ehegatten** nach den §§ 1365, 1369 BGB oder des Lebenspartners nach § 6 S. 2 LPartG, weil aufgrund des Vermächtnisses bereits eine wirksame Verpflichtung zur Verfügung besteht (vgl. Staudinger/*Otte* BGB § 2174 Rn. 26).

Nicht erforderlich ist nach hA auch die **Zustimmung des Nacherben,** wenn ein Vorerbe über ein Nachlassgrundstück in Erfüllung eines vom Erblasser angeordneten fälligen Vermächtnisses verfügt. Denn die Verfügung ist auch ohne Zustimmung des Nacherben mangels Beeinträchtigung desselben iSv § 2113 BGB endgültig wirksam (vgl. OLG Düsseldorf DNotZ 2003, 637 = ZEV 2003, 296 mAnm *Ivo;* BayObLG DNotZ 2001, 808 = ZEV 2001, 403; OLG Hamm NJW-RR 1996, 1230; *Ivo* EE 2004, 206; Staudinger/*Avenarius* BGB § 2113 Rn. 53; aA Bamberger/Roth/*Litzenburger* BGB § 2113 Rn. 25; MüKoBGB/*Grunsky* § 2113 Rn. 14: Zustimmung des Nacherben erforderlich, zu deren Erteilung er aber gem. § 2120 S. 1 BGB verpflichtet ist). Im **Grundbuchverfahren** kann im Übrigen der Nachweis (vgl. § 29 GBO), dass ein fälliges Vermächtnis erfüllt wurde, nach nunmehr hA auch durch Vorlage eines privatschriftlichen Testaments geführt werden (OLG Celle RNotZ 2005, 365 [366]; OLG Düsseldorf DNotZ 2003, 637 = ZEV 2003, 296; OLG Hamm NJW-RR 1996, 1230 [1231]; *Ivo* EE 2004, 206 [207]; *Schöner/Stöber* Grundbuchrecht Rn. 3520a).

8. Vertretungsverbote. Ist bei der Vermächtniserfüllung auf der Erwerberseite ein Minderjähriger beteiligt, der hierbei durch seine Eltern als gesetzliche Vertreter vertreten werden muss, dann ist eine Ergänzungspflegerbestellung regelmäßig nicht erforderlich, selbst wenn ein Elternteil auf der anderen Seite des Rechtsgeschäfts (dh auf Veräußererseite) auftritt oder die Grundkonstellation des § 1795 Abs. 1 Nr. 1 BGB gegeben ist. Denn ein Vertretungsausschluss besteht nach §§ 1629, 1795, 181 BGB nicht, wenn das Rechtsgeschäft ausschließlich in der **Erfüllung einer Verbindlichkeit** besteht. Dies ist auch bei der Vermächtniserfüllung der Fall (vgl. BayObLG Rpfleger 1982, 344 = DNotZ 1983, 176).

Dies gilt selbst dann, wenn in der Veräußerungsurkunde für die Kinder nachteilige Regelungen enthalten sind, sofern diese nur die Rechtslage wiedergeben oder sich als Beschränkung des Vermächtnisses darstellen (BayObLG ZErb 2004, 291 = RNotZ 2004, 328). Zwar hat das OLG München in einem Beschl. v. 8.2.2011 (ZEV 2011, 263 ff.; vgl. dazu *Keim* ZEV 2011, 563 ff.) für den Fall des Vermächtnisses eines **vermieteten** Grundstücks die Mitwirkung eines Ergänzungspflegers auf der Erwerberseite für erforderlich gehalten, ua im ausdrücklichen Anschluss an die aktuelle Rspr. des BGH (NJW 2010, 3643) zum lebzeitigen schenkweisen Erwerb durch den Minderjährigen. Der Beschluss wurde jedoch in der familienrechtlichen Literatur (vgl. *Sonnenfeld* Rpfleger 2011, 475 ff.; *Zorn* FamRZ 2011, 776) zu Recht stark kritisiert, da eine teleologische Reduktion des Tatbestandsmerkmals „in Erfüllung einer Verbindlichkeit" für das Erfüllungsgeschäft nur dann erforderlich ist, wenn das Verpflichtungsgeschäft durch den gesetzlichen Vertreter nur deshalb wirksam zustande gekommen ist, weil es in Anwendung der Rechtsprechung des BGH als rechtlich vorteilhaft zu qualifizieren ist. Ist dagegen – wie im Falle der Vermächtniserfüllung – das Verpflichtungsgeschäft wirksam, ohne dass es der Anwendung der Rechtsprechung zum lediglich rechtlichen Vorteil bedurfte, ist die Erfüllung stets „Erfüllung einer Verbindlichkeit" iSv § 181 BGB, ohne dass es insoweit auf den rechtlichen Vorteil ankommt. Das OLG München hat sich wohl aufgrund der überzeugenden Kritik mittlerweile von seiner abweichenden Ansicht ausdrücklich distanziert (OLG München MittBayNot 2012, 145 m. zust. Anm. *Röhl* = ZEV 2011, 658 m. zust. Anm. *Keim*; DNotZ 2013, 205 ff. mAnm *G. Müller*), so dass mittlerweile wieder davon ausgegangen werden kann, dass der Umstand, dass das in Erfüllung des Vermächtnisses übertragene Eigentum vermietet ist oder es sich um Wohnungseigentum handelt, anders als beim lebzeitigen schenkweisen Erwerb des Minderjährigen keine Ergänzungspflegerbestellung bedingt.

9. Beteiligung eines Testamentsvollstreckers. Ist Testamentsvollstreckung angeordnet, dann wird die Erfüllung des Vermächtnisses regelmäßig zum Aufgabenbereich des Testamentsvollstreckers gehören (vgl. § 2203 BGB). Der Testamentsvollstrecker nimmt dann auf Veräußererseite (dh für den/die Erben bzw. den Vermächtnisnehmer, der mit einem Untervermächtnis beschwert ist), die zur Erfüllung erforderlichen sachenrechtlichen Rechtsgeschäfte vor. Seine Rechtsmacht hierfür leitet sich aus seiner Verfügungsbefugnis über die Nachlassgegenstände her (vgl. § 2205 S. 2 BGB). Dabei handelt der Testamentsvollstrecker **nicht** iSv § 2205 S. 3 BGB **unentgeltlich,** wenn er zur Erfüllung eines Vermächtnisses Verfügungen, wie beispielsweise die Übereignung eines Grundstückes oder die Bestellung eines dinglichen Wohnungsrechts, vornimmt. Denn hierdurch erlangt der Nachlass einen Gegenwert in Gestalt der **Befreiung von einer Verbindlichkeit** (BayObLG NJW-RR 1989, 587; OLG Düsseldorf NJW-RR 1991, 1056; vgl. auch BGH NJW 1963, 1613; BayObLGZ 1986, 208 = Rpfleger 1986, 470; für In-Sich-Geschäft auch OLG Düsseldorf FGPrax 2014, 7 [8]). Die Verfügungsbefugnis des Testamentsvollstreckers erfasst ggf. auch die Erfüllung des Vermächtnisses **auf Erwerberseite**, zB durch Entgegennahme der Auflassung, wenn eine Vermächtnisvollstreckung iSv § 2223 BGB bzw. eine Verwaltungsvollstreckung über den Vermächtnisgegenstand vorliegt (vgl. OLG Hamm FGPrax 2011, 26 f.). Für einen Testamentsvollstrecker, zu dessen Aufgaben die Erfüllung von Vermächtnissen gehört, gilt dies jedoch nicht ohne weiteres (aA offenbar OLG München MittBayNot 2013, 393 ff. mAnm *Reimann*).

Der Nachweis der Verfügungsbefugnis des Testamentsvollstreckers ist gegenüber dem **Grundbuchamt** durch ein Testamentsvollstreckerzeugnis (§ 2368 BGB) oder ein Europäisches Nachlasszeugnis mit entsprechendem Inhalt zu führen, das in Urschrift oder Ausfertigung vorzulegen ist (ersatzweise kann auf die das Testamentsvollstreckerzeugnis enthaltenden Nachlassakten des gleichen Amtsgerichts verwiesen werden). Der Vorlage eines Testamentsvollstreckerzeugnisses oder eines Europäischen Nachlasszeugnisses bedarf es allerdings in der Regel nicht, wenn der Testamentsvollstrecker in einer öffentlich

beurkundeten Verfügung von Todes wegen ernannt wurde, da es dann gem. § 35 Abs. 2 GBO genügt, wenn eine beglaubigte Abschrift der Verfügung von Todes wegen nebst Eröffnungsniederschrift vorgelegt und die Amtsannahme nachgewiesen wird (Bamberger/Roth/*J. Mayer* BGB § 2205 Rn. 62).

Fällt die Vermächtniserfüllung in den Aufgabenbereich eines Testamentsvollstreckers, so ist die Einholung einer betreuungs- oder familiengerichtlichen **Genehmigung** (→ Anm. 8) nicht erforderlich. Denn es ist anerkannt, dass der Testamentsvollstrecker für Rechtshandlungen über den Nachlass oder einzelne Nachlassgegenstände nicht der sonst nach den allgemeinen Vorschriften erforderlichen familien- oder betreuungsgerichtlichen Genehmigung bedarf, selbst wenn einzelne Erben noch minderjährig sind oder für sie ein Betreuer bestellt ist (vgl. Soergel/*Damrau* BGB § 2205 Rn. 88; Bamberger/Roth/*J. Mayer* BGB § 2205 Rn. 15 mwN). Dies lässt sich damit begründen, dass der Testamentsvollstrecker nicht als Vertreter des minderjährigen oder unter Betreuung stehenden Erben handelt, sondern als Inhaber eines privaten Amtes.

10. Vorweggenommene Erfüllung. Wird der vermachte Gegenstand vom Erblasser bereits zu seinen Lebzeiten unentgeltlich auf den Bedachten übertragen, so kann dies im Falle eines Stückvermächtnisses zur Unwirksamkeit der Vermächtnisanordnung nach § 2171 BGB führen. Nach der mittlerweile hM ist es aber auch zulässig, dass der Erblasser zu Lebzeiten zur Erfüllung des erst künftig entstehenden Vermächtnisanspruchs leistet (vgl. *Kuchinke* JZ 1983, 486; Staudinger/*Otte* BGB § 2174 Rn. 29; Bamberger/Roth/*Müller-Christmann* BGB § 2174 Rn. 12; MüKoBGB/*Rudy* § 2174 Rn. 18). Das (später) anfallende Vermächtnis bleibt dann wirksam und stellt den Rechtsgrund für die vorweggenommene Erfüllung dar, mit der Folge, dass beispielsweise auch ein angeordnetes Nachvermächtnis (§ 2191 BGB) seine Wirksamkeit behielte (OLG Frankfurt a. M. ZEV 1997, 295 [296] mAnm *Skibbe*).

11. Steuern. Zur steuerlichen Behandlung des Vermächtnisses → Form C.V.1 Anm. 13.

12. Kosten der Erfüllung. Die Kosten der Vermächtniserfüllung hat der Beschwerte zu tragen, soweit der Erblasser nichts anderes bestimmt hat. Dies gilt im Falle des Grundstücksvermächtnisses auch für die Kosten der Auflassung und der Eigentumsumschreibung im Grundbuch (BGH NJW 1963, 1602).

Bei einem privatschriftlichen Testament fällt dabei für die zur Erfüllung des Vermächtnisses notwendige Auflassung eine 2,0-Gebühr nach Nr. 21100 KV GNotKG an. Ist das Vermächtnis und damit der Rechtsgrund für die Übertragung in einem öffentlichen Testament oder Erbvertrag enthalten, fällt für die Beurkundung eine 1,0-Gebühr an, Nr. 21102 KV GNotKG, soweit nur die Auflassung (und „auflassungsnahe" Regelungen) beurkundet wird. Der Wert bestimmt sich in beiden Fällen nach dem Wert des Grundstücks, § 46 GNotKG. Werden in die Urkunde Regelungen aufgenommen, die über die Übertragung des Grundstücks hinausgehen, fällt auch beim notariellen Testament oder einem Erbvertrag die 2,0-Gebühr nach Nr. 21100 KV GNotKG an. Hinzu kommen – fallabhängig – die Gebühren für die sonstigen Tätigkeiten des Notars (zB Einholung von Genehmigungen = Vollzugsgebühr oÄ).

3. Erfüllung eines Grundstücksvermächtnisses – lange Variante

[Notarieller Urkundeneingang]

Das Grundbuch wurde eingesehen.

Auf Ansuchen der Beteiligten[11, 12] beurkunde ich ihren bei gleichzeitiger Anwesenheit abgegebenen Erklärungen gemäß folgenden

Vermächtniserfüllungsvertrag:

§ 1 Grundbuch- und Sachstand[1]

1. Im Grundbuch des Amtsgerichts . . . . . . für . . . . . . Blatt . . . . . . ist X als Alleineigentümer des folgenden Grundbesitzes eingetragen:
   Gemarkung . . . . . .
   Fl. Nr. . . . . .
   Der Grundbesitz ist in Abteilung III des Grundbuchs unbelastet vorgetragen und in Abteilung II des Grundbuchs belastet, wie folgt: . . . . . .
2. A ist Alleinerbe des am . . . . . . verstorbenen X (Erblasser). X hat am . . . . . . ein privatschriftliches Testament errichtet. Darin hat er A als Alleinerben eingesetzt. Weiter hat er in dem Testament ein Vermächtnis[4, 13] zugunsten von B ausgesetzt, wonach B berechtigt ist, die Übertragung des in Abs. 1 genannten Grundbesitzes zu verlangen.
3. Das Testament des X wurde am . . . . . . vor dem Nachlassgericht . . . . . . (Az: . . . . . .) eröffnet. Der Erbschein wurde am . . . . . . erteilt. Die Beteiligten beantragen, das Grundbuch zu berichtigen und A als Eigentümer einzutragen. Auf die Nachlassakten wird Bezug genommen.[3]
4. Die in dieser Urkunde enthaltenen Erklärungen dienen der Erfüllung des in Abs. 2 genannten Vermächtnisses.

§ 2 Übertragung

A

– nachstehend „Veräußerer" genannt –

überträgt

den in § 1 Abs. 1 dieser Urkunde näher bezeichneten Grundbesitz mit allen Rechten, Pflichten und gesetzlichen Bestandteilen

an

B

– nachstehend „Erwerber" genannt –

zum Alleineigentum.

Der Erwerber nimmt die Übertragung hiermit an.

§ 3 Auflassung[2]

1. Die Vertragsteile sind darüber einig, dass das Eigentum an dem vertragsgegenständlichen Grundbesitz von dem Veräußerer auf den Erwerber zum Alleineigentum übergeht und

bewilligen und beantragen

die Eintragung der Auflassung in das Grundbuch. Das Grundbuchamt wird um Vollzugsmitteilung an den Notar gebeten.

2. Die Eintragung einer Auflassungsvormerkung wird nach dem Hinweis auf die mit der Nichteintragung verbundenen Gefahren nicht gewünscht.

§ 4 Rechtsgrund[2, 4, 5]

1. Die Übertragung erfolgt in Erfüllung des in § 1 Abs. 2 dieser Urkunde näher bezeichneten Vermächtnisses. Gegenleistungen sind nicht zu erbringen. Etwaige Pflichtteilsansprüche werden von dieser Urkunde nicht berührt.
2. Die Beteiligten sind darüber einig, dass mit Vollzug dieser Urkunde die Verpflichtungen von A aus dem in § 1 Abs. 2 dieser Urkunde näher bezeichneten Vermächtnis vollständig erfüllt sind und insoweit keine gegenseitigen Ansprüche mehr bestehen. Die Beteiligten stellen ausdrücklich klar, dass keine Ansprüche auf Herausgabe gezogener Früchte bzw. Nutzungen[4] sowie auf Erstattung getätigter Verwendungen und Aufwendungen[5] bestehen. Einen hierin etwa liegenden Verzicht nehmen die Beteiligten wechselseitig an.

§ 5 Besitz-, Nutzen-, Lasten- und Gefahrübergang

1. Besitz, Nutzen, die Steuern und sonstige öffentliche Lasten und Abgaben aller Art, die Verkehrssicherungspflicht sowie die Gefahr des zufälligen Untergangs und einer zufälligen Verschlechterung sind mit Beginn des heutigen Tages auf den Erwerber übergegangen.
2. Der vertragsgegenständliche Grundbesitz und die aufstehenden Gebäude sind nicht vermietet und nicht verpachtet.

§ 6 Mängelhaftung

1. Der Veräußerer übernimmt hinsichtlich des vertragsgegenständlichen Grundbesitzes sowie der aufstehenden Gebäude für Sachmängel aller Art keine Haftung. Er haftet also insbesondere nicht für die Richtigkeit der Flächengröße, die Bodenbeschaffenheit, den Bauzustand bestehender Gebäude und die Verwertbarkeit des Grundbesitzes und der aufstehenden Gebäude für die Zwecke des Erwerbers.
2. Der Veräußerer haftet für ungehinderten Besitz- und lastenfreien Eigentumsübergang des vertragsgegenständlichen Grundbesitzes, soweit in dieser Urkunde nichts anderes bestimmt ist.
3. Der Erwerber übernimmt die in § 1 Abs. 1 dieser Urkunde aufgeführten Belastungen in Abteilung II des Grundbuchs zur weiteren dinglichen Duldung unter Eintritt in die jeweils zugrundeliegenden schuldrechtlichen Verpflichtungen.

§ 7 Erschließungskosten

Unabhängig von der Haftung des jeweiligen Eigentümers trägt im Innenverhältnis der Erwerber die Erschließungsbeiträge für Erschließungslasten nach dem Baugesetzbuch sowie alle sonstigen einmaligen, den vertragsgegenständlichen Grundbesitz betreffenden öffentlichen Lasten, wie Anschlussbeiträge und Kommunalabgaben, die ab heute in Rechnung gestellt werden oder die bereits in Rechnung gestellt, derzeit aber noch nicht beglichen sind; gleiches gilt für wiederkehrende Beiträge. Dem Erwerber werden sämtliche Ansprüche des Veräußerers (als Gesamtrechtsnachfolger nach X) aus Vorausleistungen bzw. auf Rückerstattung abgetreten. Den Vertragsteilen ist bekannt, dass zur Wirksamkeit der Abtretung eine Anzeige an den Zahlungsempfänger durch den Ver-

äußerer erforderlich ist. Dieser bevollmächtigt den Erwerber unwiderruflich zur Vornahme dieser Anzeige.

§ 8 Hinweise des Notars

Der Notar hat die Beteiligten insbesondere hingewiesen

a) auf den Zeitpunkt des Eigentumsübergangs (Umschreibung im Grundbuch);
b) auf die kraft Gesetzes bestehende gesamtschuldnerische Haftung aller Beteiligten für die Notariats- und Grundbuchkosten;
c) auf die kraft Gesetzes bestehende Haftung des vertragsgegenständlichen Grundbesitzes für Rückstände an öffentlichen Lasten und Abgaben sowie Versicherungsprämien.

§ 9 Abwicklungsvollmacht

Alle Beteiligten beauftragen und bevollmächtigen den amtierenden Notar, seinen amtlich bestellten Vertreter oder Nachfolger im Amt, alle zur Durchführung der Urkunde noch notwendigen oder zweckdienlichen Erklärungen und Genehmigungen unter Erstellung entsprechender Entwürfe einzuholen und entgegenzunehmen sowie namens der Beteiligten alle Erklärungen, auch rechtsgeschäftlicher Art, abzugeben, Anträge zu stellen, abzuändern oder zurückzunehmen sowie die Urkunde zum Teilvollzug vorzulegen.

§ 10 Kosten, Abschriften

1. Die Kosten dieser Urkunde und des grundbuchamtlichen Vollzuges, etwaige Lastenfreistellungskosten sowie eine etwa anfallende Erbschaftsteuer[15] trägt der Erwerber.
2. Von dieser Urkunde erhalten:
   a) einfache Abschriften: das Finanzamt – Grunderwerbsteuerstelle –;
   b) beglaubigte Abschriften: das Finanzamt – Schenkungsteuerstelle –, das Grundbuchamt, jeder Vertragsteil sofort. Nach Vollzug erhalten die Beteiligten lediglich je eine Vollzugsmitteilung.

Anmerkungen

1. Sachverhalt. Der Erblasser X hat ein privatschriftliches Testament hinterlassen, in dem er einen Alleinerben eingesetzt hat (A). Zugunsten einer dritten Person (B) hat er ein Grundstücksvermächtnis angeordnet. Das Vermächtnis enthält keine Regelungen zur Übernahme von im Grundbuch eingetragenen Belastungen oder sonstige Regelungen, so dass die Beteiligten eine ausführliche Regelung in der Übertragung wünschen. Das zu übertragende Grundstück ist in Abteilung III unbelastet vorgetragen. Sollten durch Grundschulden gesicherte Verbindlichkeiten vorliegen, die der Vermächtnisnehmer zu übernehmen hat, sind zusätzlich die in → Anm. 3 enthaltenen Regelungen zu berücksichtigen.

2. Erfüllung eines Vermächtnisses. Vgl. allg. zur Vermächtniserfüllung (insbesondere Kürzungsrechte, Leistungsstörungen und Gewährleistung) → Form. J.VIII.2 Anm. 2–6.

3. Darlehens- und Grundschuldübernahme. Sofern der Erwerber verpflichtet ist, die auf dem übertragenen Objekt lastenden Sicherungsgrundschulden und die gesicherten Forderungen zu übernehmen (→ Form. J.VIII.2 Anm. 6), sind mehrere Regelungen erforderlich. Zum einen müssen dem Erwerber die dem Veräußerer an der Grundschuld zustehenden Rechtspositionen (die **Eigentümerrechte und Rückgewähransprüche**) abgetreten werden. Da der Erwerber das im Zusammenhang mit der Grundschuldbestellung vom Gläubiger regelmäßig geforderte abstrakte Schuldversprechen noch nicht abgegeben

hat, muss auch dies nachgeholt werden. Schließlich ist auch die Zweckvereinbarungserklärung dahingehend zu ändern, dass die Grundschuld und das abstrakte Schuldversprechen nur noch Verbindlichkeiten des Erwerbers absichern (vgl. dazu ausführlich *Krauß* Immobilienkaufverträge in der Praxis Rn. 1502 ff.).

Weiter hat der Erwerber auch die **gesicherten Verbindlichkeiten** zu übernehmen. Üblicherweise erfolgt dies dadurch, dass in der Urkunde eine befreiende Schuldübernahme zwischen Veräußerer und Erwerber vereinbart wird, der der Gläubiger später zustimmt, vgl. § 415 BGB. Dies sollte durch die Beteiligten im Vorfeld mit dem Gläubiger abgestimmt werden. Für den Fall der Verweigerung wird hilfsweise eine Erfüllungsübernahme im Innenverhältnis zwischen Veräußerer und Übernehmer vereinbart (vgl. umfassend zu dieser Problematik, *Krauß* Vermögensnachfolge in der Praxis Rn. 2015 ff.). Nun ist derzeit noch nicht abschließend geklärt, ob die Regelungen der §§ 491 ff. BGB zum **Verbraucherkredit** auf die durch einen Verbraucher erklärte Schuldübernahme Anwendung finden. Bejaht man dies, so müssten in den Vertrag die nach den Verbraucherkreditvorschriften vorgesehenen Informationen und auch eine Widerrufsbelehrung aufgenommen werden.

Der BGH hatte ursprünglich die Anwendbarkeit des Verbraucherkreditgesetzes für den Schuldbeitritt (NJW 2003, 2746) durch einen Verbraucher und auch für die Vertragsübernahme (DNotI-Report 1999, 130) zwischen zwei Verbrauchern im Wege eines echten dreiseitigen Vertrages, an dem also bisheriger Schuldner, neuer Schuldner und Gläubiger beteiligt sind, bejaht. Offen gelassen wurde vom BGH dagegen, ob die §§ 491 ff. BGB auch dann Anwendung finden, wenn die Schuldübernahme zweiseitig zwischen altem und neuem Schuldner vereinbart wird und der neue Gläubiger nur zustimmt. Das OLG Düsseldorf (MittBayNot 2001, 313) hat für diesen Fall die Anwendbarkeit der Verbraucherkreditvorschriften verneint. Will man diese „Klippe umschiffen", kann man in der Urkunde auf eine Erfüllungsübernahme ausweichen (vgl. dazu auch *Amann* MittBayNot 2002, 245 ff.). Es ist dann allein Sache des Übernehmers, die Art der Freistellung des Veräußerers zu wählen. Wenn man den Veräußerer stärker sichern möchte, kann man den Vollzug der Urkunde von der Vorlage einer Bankbescheinigung, wonach die Zweckerklärung geändert wird und der Veräußerer auch materiell nicht mehr haftet, abhängig machen (→ Form. J.III.2 § 4 Abs. 3 und die dortige → Form. J.III.2 Anm. 6). Für den Fall, dass diese Bescheinigung nicht innerhalb einer bestimmten Frist beigebracht wird, kann weiter ein Rücktrittsrecht für den Veräußerer vereinbart werden (vgl. *Krauß* Vermögensnachfolge in der Praxis Rn. 2028, 2030).

In diesem Fall könnte im Anschluss an die Ausführungen zur Sach- und Rechtsmängelhaftung folgender Abschnitt eingefügt werden (bei den Abschriften ist die Bank zu berücksichtigen):

§ 7 Schuldübernahme

Die in § 1 Abs. 1 genannte Grundschuld zu . . . . . . EUR nebst . . . . . .% Zinsen für die . . . . . . sichert nach Angabe der Beteiligten ausschließlich das Darlehen Nummer . . . . . . bei der . . . . . ., das derzeit noch in Höhe von . . . . . . besteht.

Der Erwerber übernimmt anstelle des Veräußerers die vorgenannte Grundschuld samt Zinsen und Nebenleistungen zur weiteren dinglichen Duldung. Soweit dem Veräußerer Eigentümerrechte bzw. Rückgewähransprüche zustehen, tritt er diese an den Erwerber ab, der die Abtretung annimmt. Die Eintragung der Abtretung der Eigentümerrechte im Grundbuch wird bewilligt.

Weiter übernimmt der Erwerber gegenüber der . . . . . . (Grundschuldgläubigerin) für einen sofort fälligen Betrag in Höhe von . . . . . . EUR nebst Zinsen in Höhe von . . . . . .% ab . . . . . . (Daten und Zinsbeginn entsprechend der übernommenen Grundschuld) auch die volle persönliche Haftung und unterwirft sich wegen dieser Zahlungsverpflichtung der sofortigen Zwangsvollstreckung aus dieser Urkunde in sein gesamtes Vermögen. Der Gläubiger ist berechtigt, den Erwerber aus dieser persönlichen Haftung schon vor der Vollstreckung in das Pfandobjekt in Anspruch zu nehmen. Auf Verlangen kann der Notar ohne weitere Nachweise eine vollstreckbare Ausfertigung dieser Urkunde erteilen.

Der Erwerber verpflichtet sich, den Veräußerer mit Wirkung ab heute von jeder Inanspruchnahme aus dem oben genannten Darlehen Nummer ...... freizustellen. Es ist dabei Sache des Erwerbers, die Art der Freistellung zu wählen (zB befreiende Schuldübernahme, Ablösung des Darlehens). Die Beteiligten wurden darauf hingewiesen, dass zur Durchführung dieser Verpflichtung eine Mitwirkung der Darlehensgläubigerin erforderlich ist und bis dahin der Veräußerer weiter haftet. Die Beteiligten beauftragen den Notar, die Darlehensgläubigerin unter Übersendung einer einfachen Abschrift dieser Urkunde von der Freistellungsverpflichtung und der Abtretung der Eigentümerrechte zu verständigen. Eine weitergehende Tätigkeit des Notars ist nicht erforderlich. Der Vollzug dieser Urkunde hängt nicht davon ab, dass die Haftung des Veräußerers für die genannten Verbindlichkeiten erloschen ist.
Die erforderliche Änderung der Zweckbestimmungserklärung werden die Beteiligten selbst veranlassen.

4. Früchte/Nutzungen des Vermächtnisgegenstandes. Beim Stückvermächtnis hat der Beschwerte gem. § 2184 S. 1 BGB dem Vermächtnisnehmer die seit dem Anfall des Vermächtnisses (tatsächlich) gezogenen **Früchte** (vgl. § 99 BGB; zB Mietzinsen) sowie das sonst aufgrund des vermachten Rechts Erlangte herauszugeben. Zur Fruchtziehung verpflichtet ist der Beschwerte erst ab Verzug oder Rechtshängigkeit. Bei einem **Nießbrauchsvermächtnis** hinsichtlich einer Sache sind die nach dem Erbfall aber vor Bestellung des Nießbrauchs gezogenen Früchte solche des Gegenstands und nicht des Nießbrauchs und daher nicht dem Nießbrauchsvermächtnisnehmer herauszugeben (KG NJW 1964, 1808 (1809)). Durch Auslegung kann sich aber auch hier ein anderes Ergebnis ergeben (BGH WM 1977, 416).

Nach § 2184 S. 2 BGB sind ferner **Nutzungen,** die nicht zu den Früchten gehören (also Gebrauchsvorteile iSv § 100 BGB) nicht herauszugeben. Der Beschwerte schuldet daher beispielsweise keinen Ersatz dafür, dass er das vermachte Hausgrundstück bis zur Vermächtniserfüllung unentgeltlich genutzt hat.

§ 2184 BGB gilt nach seinem Wortlaut nur für das Stückvermächtnis. Bei einem Gattungsvermächtnis (§ 2155 BGB) hat der Bedachte einen Anspruch auf Früchte und Nutzungen erst ab Verzug (§§ 286, 280, 281 BGB; Palandt/*Weidlich* BGB § 2184 Rn. 3).

5. Verwendungsersatz. Beim Stückvermächtnis haftet der Vermächtnisnehmer gem. § 2185 BGB dem Beschwerten für die nach dem Erbfall auf die Sache gemachten Verwendungen sowie für Aufwendungen, die der Beschwerte nach dem Erbfall zur Bestreitung von Lasten der Sache gemacht hat, nach den Vorschriften über das Eigentümer-Besitzer-Verhältnis. Daraus folgt, dass der Beschwerte **notwendige Verwendungen** nur vor dem Eintritt der Rechtshängigkeit oder Bösgläubigkeit ersetzt verlangen kann (§ 994 Abs. 1 S. 1 BGB). Danach kommt ein Ersatz nur noch über die Regeln der Geschäftsführung ohne Auftrag in Betracht (§ 994 Abs. 2 BGB; vgl. dazu Staudinger/*Otte* BGB § 2185 Rn. 6). Auch für **sonstige (nicht notwendige) Verwendungen** besteht ein Ersatzanspruch nach § 996 BGB nur vor Eintritt der Rechtshängigkeit oder Bösgläubigkeit. Für die **gewöhnlichen Erhaltungskosten** kann der Beschwerte nach §§ 2185, 994 Abs. 1 S. 2 BGB keinen Ersatz für die Zeit verlangen, für die ihm die Nutzungen verbleiben (Palandt/*Weidlich* BGB § 2185 Rn. 1; → Anm. 8).

4. Erfüllung eines Grundstücksvermächtnisses mit Nachvermächtnisanordnung

[Notarieller Urkundeneingang]

Das Grundbuch wurde eingesehen.

Auf Ansuchen der Beteiligten beurkunde ich ihren bei gleichzeitiger Anwesenheit abgegebenen Erklärungen gemäß folgenden

Vermächtniserfüllungsvertrag:

§ 1 Grundbuch- und Sachstand[1]

1. Im Grundbuch des Amtsgerichts ...... für ...... Blatt ...... ist A als Alleineigentümer des folgenden Grundbesitzes eingetragen:
   Gemarkung ......
   Fl. Nr. ......
   Der Grundbesitz ist im Grundbuch belastet, wie folgt: ......
2. A ist Alleinerbe des am ...... verstorbenen X (Erblasser). Zur Urkunde des Notars ...... in ...... vom ...... (URNr. .....) hat X ein notarielles Testament errichtet. In Abschnitt ...... hat er dabei A als Alleinerben eingesetzt. Weiter hat er in Abschnitt ...... der genannten Urkunde ein Vermächtnis zugunsten von B ausgesetzt, wonach B berechtigt ist, die Übertragung des in Abs. 1 genannten Grundbesitzes zu verlangen.
   Weiter hat X angeordnet, dass B nur Vorvermächtnisnehmerin[3] ist. Nachvermächtnisnehmer beim Tode von B ist C. C ist dabei berechtigt, seine Stellung als Nachvermächtnisnehmer durch Eintragung einer Vormerkung im Grundbuch absichern zu lassen.[5]
3. Die in dieser Urkunde enthaltenen Erklärungen dienen der (teilweisen) Erfüllung der genannten Vermächtnisse.

§ 2 Übertragung

A

– nachstehend „Veräußerer“ genannt –

überträgt

den in § 1 Abs. 1 dieser Urkunde näher bezeichneten Grundbesitz mit allen Rechten, Pflichten und gesetzlichen Bestandteilen

an

B

– nachstehend „Erwerber“ genannt –

zum Alleineigentum.

Der Erwerber nimmt die Übertragung hiermit an.

§ 3 Auflassung[3, 4, 5]

1. Die Vertragsteile sind darüber einig, dass das Eigentum an dem vertragsgegenständlichen Grundbesitz von dem Veräußerer auf den Erwerber zum Alleineigentum übergeht und

bewilligen und beantragen

die Eintragung der Auflassung in das Grundbuch.

2. Die Eintragung einer Auflassungsvormerkung zugunsten des Erwerbers wird nach dem Hinweis auf die mit der Nichteintragung verbundenen Gefahren nicht gewünscht.
3. Zur Sicherung des bedingten Übertragungsanspruchs des C

bewilligen und beantragen

die Vertragsteile im Grundbuch die Eintragung einer Auflassungsvormerkung zugunsten von C als Alleinberechtigten am vertragsgegenständlichen Grundbesitz.

Die Auflassungsvormerkung hat nächstoffene Rangstelle zu erhalten. Auf die Bedeutung dieser Rangstelle, insbesondere im Hinblick auf die vorrangige Grundschuld zu ...... für die ...... hat der Notar die Beteiligten hingewiesen. B verpflichtet sich gegenüber C, die genannte Grundschuld nicht erneut für eigene Zwecke zu valutieren. Der Notar hat angeraten, die Zweckerklärung entsprechend einzuschränken. Soweit B Eigentümerrechte bzw. Rückgewähransprüche hinsichtlich der Grundschuld zustehen, tritt sie diese an C ab, der die Abtretung annimmt. Die Beteiligten bevollmächtigen und beauftragen den Notar, der Grundschuldgläubigerin durch Übersendung einer einfachen Abschrift dieser Urkunde die Abtretung anzuzeigen. Die Eintragung der Abtretung der Eigentümerrechte im Grundbuch wird bewilligt. B und C verpflichten sich, die Grundschuld bei Löschungsreife unverzüglich löschen zu lassen.

§ 4 Rechtsgrund[2]

1. Die Übertragung des Grundbesitzes an B erfolgt in Erfüllung des in § 1 Abs. 2 dieser Urkunde näher bezeichneten Vermächtnisses.
2. A und B sind darüber einig, dass mit Vollzug dieser Urkunde die Verpflichtungen von A aus dem in § 1 Abs. 2 dieser Urkunde näher bezeichneten Vermächtnis vollständig erfüllt sind und insoweit keine gegenseitigen Ansprüche mehr bestehen.
3. C und B sind darüber einig, dass mit Vollzug dieser Urkunde die Verpflichtungen von B zur Bestellung der Vormerkung erfüllt sind. Die Erfüllung des Nachvermächtnisses bleibt einer späteren Urkunde vorbehalten.

§ 5–§ 6 wie → Form. J.VIII.2

§ 7 Kosten,[6, 7] Abschriften

1. Die Kosten dieser Urkunde und des grundbuchamtlichen Vollzuges sowie etwaige Lastenfreistellungskosten trägt B zu ...... und C zu ......
   Eine etwa anfallende Erbschaftsteuer trägt für das Vermächtnis B und für das Nachvermächtnis C.
2. Von dieser Urkunde erhalten:
   a) einfache Abschriften: das Finanzamt – Grunderwerbsteuerstelle –, die ...... Bank (Darlehensgläubigerin);
   b) beglaubigte Abschriften: das Finanzamt – Schenkungsteuerstelle –, das Grundbuchamt, jeder Vertragsteil sofort. Nach Vollzug erhalten die Beteiligten lediglich je eine Vollzugsmitteilung;
   c) vollstreckbare Ausfertigung (nach Aufforderung): die ...... Bank (als Gläubigerin des abstrakten Schuldversprechens).

Anmerkungen

1. Sachverhalt. → Form. J.VIII.2 Anm. 1. Der Erblasser X hat hier zusätzlich zugunsten des C ein **Nachvermächtnis** angeordnet und bestimmt, dass der Nachvermächtnis-

nehmer die Sicherung seines Anspruchs durch Vormerkung verlangen kann. Soweit es sich um ein privatschriftliches Testament handelt, so dass bei der Erfüllung weitere Regelungen bezüglich Besitzübergang, Haftung oÄ erforderlich werden, oder Regelungen zur Schuldübernahme notwendig sind, kann ergänzend auf die Formulierungen und Anmerkungen zu → Form. J.VIII.3 zurückgegriffen werden.

2. Nachvermächtnis. Vgl. dazu zunächst → Form. C.VIII.1 Anm. 8. Das Nachvermächtnis ist in § 2191 BGB nur lückenhaft geregelt. Auf dieses sind die Vorschriften über die Nacherbschaft weder unmittelbar noch analog anwendbar mit Ausnahme der Bestimmungen, die in § 2191 Abs. 2 BGB ausdrücklich genannt sind. Es zeichnet sich dadurch aus, dass der Vermächtnisgegenstand vom Eintritt eines bestimmten Zeitpunkts oder einer bestimmten Bedingung an vom Vorvermächtnisnehmer an einen anderen, den sog. Nachvermächtnisnehmer, herausgegeben werden muss. Es handelt sich hierbei stets um ein **aufschiebend bedingtes bzw. befristetes** Vermächtnis iSd § 2177 BGB, da es nicht bereits mit dem Erbfall, sondern erst mit dem vom Erblasser bestimmten Zeitpunkt oder Ereignis (zB Tod des Vorvermächtnisnehmers) anfällt. Das Nachvermächtnis stellt außerdem zugleich ein **Untervermächtnis** dar, da nicht der Erbe, sondern der Vorvermächtnisnehmer beschwert ist (vgl. §§ 2186 ff. BGB). Als Gründe für die Anordnung eines Nachvermächtnisses lassen sich das Interesse des Erblassers an der Erhaltung von Nachlassgegenständen oder das Interesse am Ausschluss von Personen von der weiteren Erbfolge nennen (vgl. *Watzek* MittRhNotK 1999, 37 [38]). Im ersteren Fall kommt es dem Erblasser regelmäßig darauf an, dass der Vorvermächtnisnehmer nicht über den Vermächtnisgegenstand unter Lebenden verfügen kann, während im zweiten Fall der Erblasser in der Regel ein Interesse daran haben wird, den Vorvermächtnisnehmer weitgehend von Beschränkungen freizuhalten (wie beispielsweise im Rahmen eines sog. Geschiedenentestaments).

3. Vermächtniserfüllung bei Vor- und Nachvermächtnis. Da es sich beim Vorvermächtnis um ein „normales" Vermächtnis handelt, ist dies zunächst vom Beschwerten (dh regelmäßig dem Erben) nach Eintritt des Erbfalls zu erfüllen. Im Falle eines Grundstücksvermächtnisses bedarf es hierzu der Auflassung an den Vorvermächtnisnehmer nebst dessen Eintragung als Grundstückseigentümer im Grundbuch.

Das Nachvermächtnis spielt in diesem Zusammenhang zunächst keine Rolle. Es begründet nur einen **schuldrechtlichen Anspruch** auf Herausgabe des vermachten Gegenstands ab dem Eintritt des Termins oder der Bedingung. Der schuldrechtliche Anspruch des Nachvermächtnisnehmers wird nicht im Grundbuch vermerkt, anders als im Falle der Anordnung der Nacherbfolge (vgl. § 51 GBO), die eine dingliche Rechtsänderung beinhaltet.

Erst bei Eintritt der Bedingung oder des Ereignisses entsteht das Forderungsrecht des Nachvermächtnisnehmers, das vom Vorvermächtnisnehmer bzw. dessen Erben zu erfüllen ist. Der Erfüllungsanspruch kann auch gegen einen Testamentsvollstrecker geltend zu machen sein, wenn dieser auch für den Vollzug des Nachvermächtnisses eingesetzt ist (was nach hA zulässig ist; vgl. *Hartmann* ZEV 2001, 89 [91]; *Spall* ZEV 2002, 5; aA *Damrau/J. Mayer* ZEV 2001, 293 [294]).

Beispiel:

Ist X auf Lebenszeit Vorvermächtnisnehmer eines Grundstückes, entsteht mit seinem Tod das Forderungsrecht des Nachvermächtnisnehmers, das vom Erben des X zu erfüllen ist. Dieser muss daher den Eigentumswechsel zugunsten des Nachvermächtnisnehmers durch Auflassung und Eintragung im Grundbuch herbeiführen. Ist ein Testamentsvollstrecker für den Vollzug des Nachvermächtnisses zuständig, muss dieser die Rechtsänderung bewirken.

4. Sicherungsmöglichkeiten des Vermächtnisnehmers. Da zu Lebzeiten des Erblassers das Vermächtnis – selbst als vertragsmäßige Zuwendung – kein Anwartschaftsrecht, sondern eine bloße Erwerbsaussicht bietet, bestehen vor Eintritt des Erbfalls nach hA keine Sicherungsmöglichkeiten (insbesondere nicht durch Vormerkung). Dies lässt sich ua damit begründen, dass der Erblasser seine Verfügung von Todes wegen jederzeit widerrufen kann bzw. – selbst im Falle des Vorliegens erbrechtlicher Bindung – noch unter Lebenden wirksam verfügen kann (vgl. § 2286 BGB; Palandt/*Herrler* BGB § 883 Rn. 18). Außerdem besteht Personenverschiedenheit von Eigentümer (Erblasser) und Schuldner des Übereignungsanspruchs (Erbe), was dem bei der Vormerkung geltenden Identitätsgebot widerspricht. Auch deshalb sind künftige Vermächtnisansprüche zu Lebzeiten des Erblassers selbst dann nicht vormerkungsfähig, wenn der Erblasser dauerhaft testier- und geschäftsunfähig sein sollte (vgl. *Zimmer* DNotZ 2006, 724 ff. gegen *Baldus/Stremnitzer* DNotZ 2006, 598 ff.).

Der Erblasser kann sich allerdings in einem **Verfügungsunterlassungsvertrag** gegenüber dem Bedachten schuldrechtlich verpflichten, nicht über den Gegenstand (zB ein Grundstück) zu verfügen. Wenn er sich zusätzlich verpflichtet, im Falle des Verstoßes gegen die Verfügungsunterlassungsverpflichtung den Gegenstand auf den Bedachten zu übertragen, kann dieser (aufschiebend bedingte) Übereignungsanspruch im Grundbuch durch Eintragung einer Vormerkung iSv § 883 BGB gesichert werden.

Auch **nach Eintritt des Erbfalls** bestehen für den Vermächtnisnehmer nach dem Gesetz keine besonderen Sicherungsmechanismen. Wird sein Anspruch gefährdet, hat der Vermächtnisnehmer nur nach den allgemeinen Vorschriften die Möglichkeit, einen Arrest (§§ 916 ff. ZPO) oder eine einstweilige Verfügung (§§ 935 ff. ZPO) zu beantragen, um dadurch ein gerichtliches Verfügungsverbot zu erwirken. Der Schutz durch Arrest setzt aber beispielsweise voraus, dass ein Arrestgrund gegeben ist, wie etwa eine konkrete Gefährdung des Anspruchs in Form von Verschwendungssucht des Erben (vgl. *Sarres* EE 2004, 215 [216]). Außerdem besteht die Möglichkeit, Nachlassverwaltung zu beantragen nach § 1981 Abs. 2 BGB (NK-BGB/*J. Mayer* § 2174 Rn. 27). Der Erblasser kann dem Bedachten aber zur Verstärkung seines (auch aufschiebend bedingten oder befristeten) Anspruchs ein Sicherungsrecht, beispielsweise auf Eintragung einer **Vormerkung**, mitvermachen (BGHZ 148, 187 [191] = ZEV 2001, 362 = DNotZ 2001, 805 mAnm *Schippers* DNotZ 2001, 756 ff.: Sicherung eines testamentarisch vermachten Ankaufsrechts; OLG Hamm MDR 1984, 402; vgl. dazu auch *Halding-Hoppenheit* RNotZ 2005, 311 [314]). Dies ist va dann sinnvoll, wenn das Vermächtnis erst längere Zeit nach Eintritt des Erbfalls zu erfüllen ist.

Weitere Sicherungsmöglichkeiten bestehen beim Vermächtnis dinglicher Rechte an Grundstücken (zB Nießbrauch, Wohnungsrecht) darin, dass die dingliche Einigung (evtl. bedingt durch das Vorversterben des Bewilligenden) wie auch die Bewilligung direkt in die Verfügung von Todes wegen aufgenommen werden (*Mayer* BWNotZ 1997, 62; *Halding-Hoppenheit* RNotZ 2005, 311 [315]). Außerdem kann der Vermächtnisnehmer dadurch abgesichert werden, dass dieser unter Befreiung von den Beschränkungen des § 181 BGB **bevollmächtigt** wird, das vermachte Eigentum am Grundbesitz auf sich zu übertragen oder zu Lasten des Nachlasses sich dingliche Rechte hieran zu bestellen (*Mayer* BWNotZ 1997, 62 [63]; *Halding-Hoppenheit* RNotZ 2005, 311 [319]). Die naheliegendste Möglichkeit zur Absicherung ist aber immer noch die der Einsetzung eines **Testamentsvollstreckers**, der (ua) für die Vermächtniserfüllung zu sorgen hat.

5. Sicherungsmöglichkeiten bei Nachvermächtnis. Der Nachvermächtnisnehmer ist im Vergleich zum Nacherben hinsichtlich seines Erwerbs relativ schlecht gesichert. Nach hA unterliegt der Vorvermächtnisnehmer keinen Verfügungsbeschränkungen, insbesondere nicht dem Verfügungsverbot nach § 161 BGB (vgl. *Watzek* MittRhNotK 1999, 37 [38 f.]; *Randt* BWNotZ 2001, 73 [75]). Der Nachvermächtnisnehmer ist damit nicht dinglich,

sondern lediglich nach §§ 2177, 2179, 160, 162 BGB schuldrechtlich gegen Verfügungen des Vorvermächtnisnehmers geschützt. Ist dem Vorvermächtnisnehmer beispielsweise aufgrund seines Verschuldens die Herausgabe des Vermächtnisgegenstandes an den Nachvermächtnisnehmer unmöglich (da er ihn anderweitig veräußert hat), muss er (nur) das Surrogat gem. § 285 BGB herausgeben oder gem. §§ 160, 280 BGB Schadensersatz leisten. Auch Letzteres gilt nur, wenn der Nachvermächtnisnehmer nicht „auf den Überrest" eingesetzt ist, was nach hA zulässig ist, um die Verfügungsbefugnisse des Vorvermächtnisnehmers zu erweitern (vgl. *Werkmüller* ZEV 1999, 343 [344]; *Randt* BWNotZ 2001, 73 [78]; *Bengel* NJW 1990, 1829 mwN).

Eine Sicherung ist im Falle eines aufschiebend befristeten Anspruchs (zB in Gestalt eines Geldvermächtnisses nach der Jastrow'schen Klausel zugunsten der den Pflichtteil nicht verlangenden Abkömmlinge) dahin gehend denkbar, dass der Erbe verpflichtet wird, den Vermächtnisbetrag zu hinterlegen oder entsprechend „mündelsicher" anzulegen (vgl. *Sarres* EE 2004, 215). Bei Anordnung eines Nachvermächtnisses hinsichtlich eines beweglichen Gegenstands (zB Gemälde) kann der Erblasser anordnen, dass der mit dem aufschiebend bedingten oder befristeten Vermächtnis Beschwerte zur Erfüllung seiner Verpflichtung durch entsprechend aufgeschobene Verfügung verpflichtet sein soll (um damit die Anwendbarkeit des § 161 BGB zu erreichen; vgl. *Watzek* MittRhNotK 1999, 37 [47]).

Ist der Vermächtnisgegenstand ein **Grundstück** oder dingliches Recht, dann kann die Rechtsstellung des Nachvermächtnisnehmers dadurch verbessert werden, dass ihm ein Anspruch auf Sicherung seines aufschiebend bedingten oder befristeten Anspruchs gegen den Vorvermächtnisnehmer durch Eintragung einer **Vormerkung** (§ 883 BGB) zugewandt wird (wie dies vorliegend der Fall war). Denn nach § 883 Abs. 1 S. 2 BGB ist die Eintragung einer Vormerkung auch zur Sicherung eines künftigen oder bedingten Anspruchs zulässig. Dazu gehört nach hA auch der Anspruch aus dem Nachvermächtnis für die Zeitspanne zwischen Erbfall und Anfall des Nachvermächtnisses (vgl. nur BayObLG Rpfleger 1981, 190). Die Sicherung ist dann möglich, sobald der Vorvermächtnisnehmer als Eigentümer im Grundbuch eingetragen ist, dh nach Eintritt des Erbfalls und Erfüllung des Vorvermächtnisses.

Hat der Erblasser in seiner Verfügung von Todes wegen keine Verfügung hinsichtlich der Sicherung des Anspruchs durch Eintragung einer Vormerkung getroffen, dann muss durch **Auslegung** der Verfügung von Todes wegen ermittelt werden, ob dem Bedachten ein solches Sicherungsrecht zustehen soll (*Bengel* NJW 1990, 1826 [1828]; *Randt* BWNotZ 2001, 73 [77]). Angesichts dessen, dass der dadurch bewirkte Schutz über den eines Nacherben hinausgeht, da dem Vorvermächtnisnehmer durch Eintragung der Vormerkung jede Verfügungsmöglichkeit über das Grundstück genommen wird, während ihm andererseits nach hA die dem Vorerben in §§ 2124 ff., 2120 BGB eingeräumten Rechte nicht zustehen (vgl. *Maur* NJW 1990, 1161 [1162 f.]), kann ein entsprechender Wille des Erblassers nicht ohne weiteres unterstellt werden (*Watzek* MittRhNotK 1999, 37 [42 f.]; *Muscheler* AcP 208 (2008), 69 [87 f.]). Allerdings waren die gerichtlichen Entscheidungen, die bislang zu dieser Problematik vorliegen, eher großzügig und vertraten, dass dem Nachvermächtnisnehmer in der Regel ein Anspruch auf Bewilligung einer Vormerkung zustehe (LG Stuttgart BWNotZ 1999, 22 ff.; OLG Frankfurt OLGR 1999, 112 ff.).

6. Kosten. Vgl. zu den Kosten der Vermächtniserfüllung allgemein oben → Form. J.VIII.2 Anm. 11.

Zusätzlich ist hier zu berücksichtigen, dass für die Bewilligung der Vormerkung für den Nachvermächtnisnehmer eine 0,5-Gebühr nach Nr. 21201 KV GNotKG entsteht; Geschäftswert ist nach § 45 Abs. 3 Hs. 1 GNotKG der Wert des vorgemerkten Rechts. Da

mehrere Erklärungen in einer Urkunde mit verschiedenen Gebührensätzen vorliegen, ist § 94 Abs. 1 GNotKG zu berücksichtigen.

7. Steuern. Zur steuerlichen Behandlung des Nachvermächtnisses → Form. C.II.2 Anm. 8 und des Grundstücksvermächtnisses → Form. C.V.1 Anm. 13, → Form. C.V.6 Anm. 8. Bei einem Grundstücksvermächtnis fällt für die Vermächtniserfüllung keine Grunderwerbsteuer an, da es sich um einen Erwerb von Todes wegen handelt, § 3 Nr. 2 GrEStG.

IX. Nachlassregelung bei Testamentsvollstreckung

1. Checkliste: Testamentsvollstreckung

- ❒ Beginn der Testamentsvollstreckung
  - ❒ Die Beschränkungen des Erben aufgrund der angeordneten Testamentsvollstreckung, insbesondere der Entzug der Verfügungsmacht (§ 2211 Abs. 1 BGB) treten idR bereits mit dem Erbfall ein.
  - ❒ Das Amt des Testamentsvollstreckers beginnt erst mit dessen Annahme gegenüber dem Nachlassgericht.
- ❒ Erforderliche/gebotene Handlungen im Rahmen der Konstituierung des Nachlasses sind unter anderem:
  - ❒ Veranlassung der Eintragung des Testamentsvollstreckervermerks im Grundbuch
  - ❒ Erstellung eines Nachlassverzeichnisses
  - ❒ Regelung der Nachlassverbindlichkeiten
  - ❒ Begleichung von Erbschaftsteuerschulden
- ❒ Die Testamentsvollstreckung endet:
- ❒ mit Erfüllung sämtlicher Aufgaben des Testamentsvollstreckers
- ❒ mit der Freigabe einzelner Nachlassgegenstände durch den Testamentsvollstrecker (§ 2217 BGB) für diese Gegenstände
- ❒ mit der Beendigung des Amtes des Testamentsvollstreckers, sofern keine Fortführung der Testamentsvollstreckung durch einen Ersatztestamentsvollstrecker angeordnet ist, dh
  - ❒ mit dem Tod des Testamentsvollstreckers (§ 2225, Alt. 1 BGB)
  - ❒ mit dem Verlust der vollen Geschäftsfähigkeit des Testamentsvollstreckers bzw. mit der Bestellung eines Betreuers für alle Vermögensangelegenheiten (§§ 2225 Alt. 2, 2201 BGB)
  - ❒ mit der Kündigung des Testamentsvollstreckers (§ 2226 BGB)
  - ❒ mit der Entlassung durch das Nachlassgericht (§ 2227 Abs. 1 BGB)

Hat der Erblasser Testamentsvollstreckung angeordnet, so wird mit dem Erbfall der vom Erblasser bzw. von einem Dritten, ggfs. dem Nachlassgericht, berufene Testamentsvollstrecker mit einer Reihe von Fragen und Aufgaben konfrontiert. Zunächst stellt sich dem berufenen Testamentsvollstrecker die Frage, ob er dieses Amt, zu dessen Ausübung er nicht gezwungen werden kann, annehmen will. Entscheidet er sich für die **Annahme** des Amtes, so ist diese gegenüber dem Nachlassgericht zu **erklären** (→ Form. J.V.13). Dann stehen dem Testamentsvollstrecker die testamentarisch bzw. gesetzlich bestimmten Befugnisse zu. Oftmals wird der Testamentsvollstrecker zur Legitimation im Rechtsverkehr aber eines besonderen Nachweises seiner Rechtsstellung bedürfen; diesem Bedürfnis genügt das Testamentsvollstreckerzeugnis, das auf Antrag des Testamentsvollstreckers vom Nachlassgericht ausgestellt wird (→ Form. J.V.14).

Die Aufgabenstellung des Testamentsvollstreckers nach der Annahme des Amtes variiert danach, welche Aufgaben der Erblasser dem Testamentsvollstrecker zugewiesen hat, insbesondere danach, ob eine Auseinandersetzungsvollstreckung oder eine Verwaltungsvollstreckung angeordnet worden ist. Zentrale Aufgabe des Testamentsvollstreckers nach der Annahme des Amtes ist, sofern die Testamentsvollstreckung nicht auf einzelne Nachlassgegenstände begrenzt ist, die sog. **Konstitutierung** des Nachlasses. Im Rahmen der Konstituierung des Nachlasses hat der Testamentsvollstrecker insbesondere die Nachlassgegenstände in Besitz zu nehmen. Grundlegend für die Ausübung des Testamentsvollstreckeramtes ist sodann die Aufstellung eines Nachlassverzeichnisses (→ Form. J.IX.2). Darüber hinaus zählen insbesondere auch die Regelung der Nachlassverbindlich-

keiten und die Begleichung der Erbschaftsteuerschuld zur Konstituierung des Nachlasses (vgl. im Einzelnen zu den weiteren Konstituierungshandlungen Bengel/Reimann/*Klumpp* § 3 Rn. 80 ff; Bonefeld/Mayer/*J. Mayer* § 8 Rn. 1 ff.).

Die Hauptaufgabe des Testamentsvollstreckers im Anschluss an die Konstituierung des Nachlasses besteht bei der Auseinandersetzungsvollstreckung darin, nach Bereinigung der Nachlassverbindlichkeiten den verbleibenden Nachlass unter den Erben zu **verteilen.** Grundlage hierfür ist ein Auseinandersetzungsplan (→ Form. J.IX.2), bei Einvernehmen der Beteiligten ggfs. aber auch ein Auseinandersetzungsvertrag, dessen Abschluss häufig vorzugswürdig ist, auch wenn uU höhere Kosten zB beim Notar anfallen. Durch das Einbinden der Erben vermindert der Testamentsvollstrecker auch sein Haftungsrisiko. So können zB in einem vorgeschalteten Auslegungsvertrag Auslegungsfragen beantwortet und die Ergebnisse festgelegt werden. Ohnehin kommt nur ein **Auseinandersetzungsvertrag** in Frage, wenn der Testamentsvollstrecker nur für einen **Erbteil** berufen ist, vgl. Vorbemerkung zu → Form. J.VI.3 und die dortigen Formulare. Bei der Verwaltungsvollstreckung obliegt dem Testamentsvollstrecker dagegen für einen mehr oder weniger langen Zeitraum (vgl. zu den zeitlichen Grenzen § 2210 BGB) die Verwaltung des Nachlasses. Dabei ist der Testamentsvollstrecker grundsätzlich an die Anordnungen des Erblassers gebunden. Geht mit einer Verwaltungsanordnung des Erblassers eine erhebliche Gefährdung des Nachlasses einher, kann jedoch beim Nachlassgericht Befreiung hiervon beantragt werden (→ Form. J.IX.4). Sind sich alle Erben und der Testamentsvollstrecker einig, kann sich der Testamentsvollstrecker freilich auch ohne gerichtliche Befreiung über eine Verwaltungsanordnung des Erblassers hinwegsetzen, ohne die Geltendmachung von Schadensersatzansprüchen durch die Erben fürchten zu müssen (→ Form. J.IX.5). Wenn Zweifel bestehen, ob die Eingehung einer Verbindlichkeit ordnungsgemäßer Wirtschaft entspricht, der Testamentsvollstrecker jedoch von der Richtigkeit seiner Auffassung überzeugt ist, kann er von dem Erben die Einwilligung verlangen (vgl. das Schreiben zu → Form. J.IX.6). Notfalls ist die Frage durch Klage zu klären.

2. Aufstellung eines Nachlassverzeichnisses

Nachlassverzeichnis[1, 6]

des . . . . . . (Erblassers)[3]

verstorben am . . . . . . in . . . . . .

erstellt zum Stichtag . . . . . . (Tag der Annahme des Amtes)[4]

A. Aktivvermögen[2]

I. Grundbesitz
Eigentumswohnung, S-Straße, X-Stadt, Grundbuch des Amtsgerichts von . . . . . ., Blatt . . . . . ., Flur . . . . . ., Flurstück . . . . . .

Wert ca. 300.000,00 EUR

II. Bewegliche Sachen[7]

1. Bargeld am Todestag 5.000,00 EUR

2. Pkw, Mercedes, amt. Kennzeichen: . . . . . .
Wert ca. 15.000,00 EUR

3.	Gemälde „Amalfi-Küste“ in og Eigentumswohnung Wert ca.	45.000,00 EUR

III. Forderungen, Wertpapiere, Beteiligungen

1.	5350 Stück Aktien der A-AG im Depot Nr. . . . . . bei der B-Bank	535.000,00 EUR
2.	Kommanditanteil an der K-KG	100.000,00 EUR
3.	Festgeldkonto bei der B-Bank, Kto.-Nr.	42.000,00 EUR
4.	Girokonto bei der B-Bank, Kto.-Nr.	3.000,00 EUR
5.	Sparguthaben bei der B-Bank, Kto.-Nr.	3.000,00 EUR
6.	Honorarforderung gegenüber dem V-Verlag	2.000,00 EUR
Summe des Aktivvermögens		1.050.000,00 EUR

B. Nachlassverbindlichkeiten[2]

I. Erbfallschulden

1.	Vermächtnis zugunsten der V[8]	10.000,00 EUR
2.	Bestattungskosten	
	a) Kosten des Bestattungsunternehmens	3.500,00 EUR
	b) Kosten des Grabsteins	2.500,00 EUR
3.	Nachlasskostenschulden	1.500,00 EUR
	a) Kosten der Testamentseröffnung	. . . . . . EUR
	b) Kosten der Erteilung des Testamentsvollstreckerzeugnisses	. . . . . . EUR
	c) Erbschaftsteuer	. . . . . . EUR

II. Erblasserschulden

1.	Grundschuld, noch voll valutiert, an dem Grundstück S-Straße, X-Stadt, Grundbuchangaben s.o.	20.000,00 EUR
2.	Darlehen von der X-Bank	5.000,00 EUR
3.	Werkvertragsforderung der Dachdeckerei D	5.000,00 EUR
4.	Steuerrückstände	2.500,00 EUR
Summe der Nachlassverbindlichkeiten		50.000,00 EUR
Überschuss des Aktivvermögens über die Nachlassverbindlichkeiten		1.000.000,00 EUR

. . . . . ., den . . . . . .

. . . . . .

(Unterschrift des Testamentsvollstreckers)[5, 9]

Anmerkungen

1. Der Testamentsvollstrecker ist gemäß § 2215 Abs. 1 BGB verpflichtet, unmittelbar nach Annahme seines Amtes ein Nachlassverzeichnis aufzustellen und dieses dem bzw. den Erben vorzulegen. Diese Verpflichtung besteht in erster Linie gegenüber den Erben, bei Nacherben allerdings erst mit Eintritt des Nacherbfalls. Im Übrigen sind auch Pfändungsgläubiger eines Erbteils oder Nießbrauchsberechtigte an den der Erbschaft unterliegenden Gegenständen oder einem Erbteil berechtigt, die Aufstellung eines Nachlassverzeichnisses zu verlangen (Bengel/Reimann/*Klumpp* § 3 Rn. 34; MüKoBGB/*Zimmermann* § 2215 Rn. 2). Bei einer Erbteilsvollstreckung ist der Testamentsvollstrecker auch schon vor der Auseinandersetzung der Erbengemeinschaft verpflichtet, ein Nachlassverzeichnis über den gesamten Nachlass zu erstellen und nicht erst dann, wenn die Auseinandersetzung ansteht. Es entpflichtet den Testamentsvollstrecker nicht, dass er als Erbteilsvollstrecker nur zur **Mit**verwaltung des Nachlasses befugt ist (OLG München NJW Spezial 2009, 104, entspricht BeckRS 2009, 04.004; MüKoBGB/*Zimmermann* § 2215 Rn. 2). Verletzen die Miterben dabei jedoch ihre Mitwirkungspflicht, kann ihnen dieses als selbstwidersprüchliches Verhalten (venire contra factum proprium) entgegengehalten werden. Sinn und Zweck des Nachlassverzeichnisses ist es, die **Grundlage für eine ordnungsgemäße Wahrnehmung** des Testamentsvollstreckeramtes zu liefern; weiter erleichtert es den Erben die Kontrolle über die nachfolgende Tätigkeit des Testamentsvollstreckers und erlangt Bedeutung insbesondere für die Pflicht des Testamentsvollstreckers zur Rechnungslegung und zur Herausgabe des Nachlasses (§ 2218 iVm §§ 666, 667 BGB) sowie für eine etwaige Haftung des Testamentsvollstreckers (§ 2219 BGB). Aufgrund der besonderen Bedeutung des Nachlassverzeichnisses kann der Erblasser den Testamentsvollstrecker bei entsprechender Aufgabenstellung von der Pflicht zur Aufstellung eines solchen Verzeichnisses nicht befreien (§ 2220 BGB); allenfalls der Erbe vermag auf die Vorlage eines Nachlassverzeichnisses zu verzichten (MüKoBGB/*Zimmermann* § 2215 Rn. 3; Staudinger/*Reimann* BGB § 2215 Rn. 7). Anderenfalls stellt die fehlende Aufstellung eines Nachlassverzeichnisses eine grobe Pflichtverletzung des Testamentsvollstreckers dar (Bengel/Reimann/*Klumpp* Kap. 3 Rn. 15). Schon aus eigenem Interesse sollte der Testamentsvollstrecker bei der Aufstellung des Nachlassverzeichnisses große Sorgfalt walten lassen.

2. Das Nachlassverzeichnis muss die der Testamentsvollstreckung unterliegenden Nachlassgegenstände und die dem Testamentsvollstrecker bekannten Nachlassverbindlichkeiten, dh die **Aktiva und Passiva** auflisten (§ 2215 Abs. 1 BGB). Die **Form des Nachlassverzeichnisses** ist im Gesetz nicht besonders geregelt, doch wird aus dem Erfordernis der Angabe des Tages seiner Aufnahme sowie der Unterzeichnung durch den Testamentsvollstrecker das Erfordernis der Schriftform abgeleitet; eine mündliche Mitteilung der Nachlassgegenstände und Nachlassverbindlichkeiten genügt somit nicht. Die Erstellung des Nachlassverzeichnisses setzt voraus, dass der Testamentsvollstrecker den Nachlass sichtet und sich Kenntnis über die dem Nachlass zugehörigen Vermögensgegenstände und Verbindlichkeiten verschafft. Der Testamentsvollstrecker muss zu diesem Zwecke alle ihm zugänglichen Informationsquellen nutzen, insbesondere relevante Urkunden und Unterlagen des Erblassers überprüfen. Ist die Nachlasszugehörigkeit zweifelhaft, so ist der betroffene Gegenstand gleichwohl in das Nachlassverzeichnis mit entsprechendem Hinweis aufzunehmen (MüKoBGB/*Zimmermann* § 2215 Rn. 4). Besondere Anforderungen an die äußerliche Gestaltung des Nachlassverzeichnisses stellt das Gesetz nicht auf; sinnvollerweise sind Aktiva und Passiva getrennt und nacheinander aufzulisten. Einer eingehenden Beschreibung der Nachlassgegenstände bedarf es nicht. So genügt bei einzelnen dem Nachlass zugehörigen Wertpapieren bspw.

die Angabe des Depots, in dem diese verwahrt werden. Ebenso wenig verlangt das Gesetz die Angabe des Wertes der im Nachlassverzeichnis erfassten Vermögensgegenstände und Verbindlichkeiten. Eine zumindest **ungefähre Wertbezifferung** ist jedoch **ratsam,** soweit eine solche dem Testamentsvollstrecker ohne Schwierigkeiten möglich ist; denn nicht nur für die Schätzung der Notar- bzw. Gerichtsgebühren für die Testamentseröffnung bzw. die Erbscheinserteilung sind derartige Angaben von Nutzen. Vielmehr ist der Testamentsvollstrecker gemäß § 2215 Abs. 1 BGB ohnehin verpflichtet, dem Erben bei der Aufstellung des Inventars (§§ 1993, 2001 ff. BGB) Hilfe zu leisten; da diese Pflicht insbesondere die Hilfestellung bei der Wertermittlung umfasst (Bengel/Reimann/*Klumpp* Kap. 3 Rn. 8, 72 ff.; Bonefeld/Mayer/*J. Mayer* § 8 Rn. 20), ist es ratsam und üblich, bereits in das Nachlassverzeichnis zumindest vorläufige, ungefähre Wertangaben aufzunehmen.

3. Jeder **Erbe** kann verlangen, bei der Aufnahme des Verzeichnisses **zugezogen** zu werden (§ 2215 Abs. 3 BGB). Bei Anhaltspunkten für ein sorgfaltswidriges Vorgehen des Testamentsvollstreckers bei der Aufstellung des Nachlassverzeichnisses kann jeder Erbe die **eidesstattliche Versicherung** der Vollständigkeit und Richtigkeit der Angaben verlangen (§§ 2218 Abs. 1, 666, 260 Abs. 2, 261 BGB). Zuständig für die Abnahme der eidesstattlichen Versicherung ist grundsätzlich das Amtsgericht, in dessen Bezirk die Pflicht zur Erstellung des Nachlassverzeichnisses zu erfüllen ist (§ 261 Abs. 1 S. 1 BGB).

4. Das Nachlassverzeichnis ist **unverzüglich** nach Annahme des Amtes **zu erstellen.** Das Gesetz verlangt zwar, dass das Verzeichnis mit der Angabe des Tages seiner Aufstellung versehen wird (§ 2215 Abs. 1 BGB), schweigt sich aber über den maßgeblichen Zeitpunkt aus, auf den sich die Aufstellung bezieht. Angesichts möglicher Veränderungen zwischen dem Erbfall und der Annahme des Testamentsvollstreckeramtes, die dem Testamentsvollstrecker möglicherweise nicht ersichtlich sind, stellt die hM auf den Zeitpunkt der Amtsannahme ab (Bengel/Reimann/*Klumpp* Kap. 3 Rn. 17 ff). Sind dem Testamentsvollstrecker derartige Abweichungen ersichtlich, sollte er diese im Nachlassverzeichnis gesondert vermerken.

5. Grundsätzlich obliegt es dem Testamentsvollstrecker, das Nachlassverzeichnis aufzustellen. Der Testamentsvollstrecker ist jedoch gemäß § 2215 Abs. 4 BGB berechtigt und auf Verlangen eines Erben auch verpflichtet, das Verzeichnis durch die zuständige **Behörde** oder durch einen zuständigen Beamten oder **Notar** aufnehmen zu lassen. Während sich die Zuständigkeit der Notare zur Aufnahme von Nachlassverzeichnissen aus § 20 Abs. 1 BNotO ergibt, sind die behördlichen Zuständigkeiten landesrechtlich unterschiedlich geregelt (Übersicht bei Bengel/Reimann/*Klumpp* § 3 Rn. 28). In jedem Fall ist die amtliche Aufnahme des Nachlassverzeichnisses mit dem Recht und der Pflicht der aufnehmenden Stelle verbunden, eigenständige Ermittlungen bezüglich der in das Nachlassverzeichnis aufzunehmenden Angaben anzustellen (Bengel/Reimann/*Klumpp* § 3 Rn. 26; s. weiter *Weidlich* ZEV 2017, 242, wobei sich dieser Aufsatz primär zu § 2314 verhält). Insbesondere zu erwartende Auseinandersetzungen mit den Erben können es aus Perspektive des Testamentsvollstreckers ratsam erscheinen lassen, aus eigener Initiative eine amtliche Aufnahme des Nachlassverzeichnisses vornehmen zu lassen.

6. Im Gegensatz zum Inventar des Erben (§ 2009 BGB) kommt dem Nachlassverzeichnis **keine gesetzliche Vermutung der Vollständigkeit** bzw. der **Richtigkeit** der in ihm enthaltenen Angaben zu. Das Verzeichnis ist lediglich eine frei zu würdigende Urkunde, die nur Beweis dafür erbringt, dass die aufgelisteten Vermögensgegenstände und Verbindlichkeiten nach dem Wissen des Testamentsvollstreckers zum Zeitpunkt der Aufstellung des Verzeichnisses zum Nachlass gehörten (Bonefeld/Mayer/*J. Mayer* § 8 Rn. 9).

Dritten bleibt es unbenommen, Gegenbeweis gegen den Inhalt des Nachlassverzeichnisses anzutreten und bspw. nachzuweisen, dass ein in das Verzeichnis aufgenommener Gegenstand nicht zum Nachlass gehört. Zwar spricht bei einem amtlich aufgenommenen Nachlassverzeichnis mehr für die Richtigkeit des Verzeichnisses als bei einer Erstellung durch den Testamentsvollstrecker, doch ist auch gegen ein amtlich aufgenommenes Nachlassverzeichnis ein Gegenbeweis möglich.

7. Im Rahmen der **allgemeinen Auskunftspflicht** des Testamentsvollstreckers ist zudem § 260 Abs. 1 BGB zu beachten. Danach hat derjenige, der verpflichtet ist, einen Inbegriff von Gegenständen herauszugeben oder über den Bestand eines solchen Inbegriffs Auskunft zu erteilen hat, dem Berechtigten ein Verzeichnis des Bestandes vorzulegen. Zu den derartigen „Inbegriffen von Gegenständen" gehört auch der Nachlass, so dass der Pflichteninhalt des § 260 Abs. 1 BGB auch den Testamentsvollstrecker trifft. Dieser hat dem Erben zwar gemäß § 2215 Abs. 1 BGB bereits unverzüglich nach Annahme des Amtes ein Nachlassverzeichnis aufzustellen, doch bestehen die Verpflichtungen aus § 2215 BGB und diejenige aus § 2218 iVm §§ 666, 260 Abs. 1 BGB nebeneinander. Insbesondere nach Ablauf einer längeren Zeit seit der Erstellung des anfänglichen Nachlassverzeichnisses oder bei erheblichen Umschichtungen des Nachlasses durch den Testamentsvollstrecker kann ein berechtigtes Interesse des Erben an einem aktuellen Bestandsverzeichnis bestehen, das der Testamentsvollstrecker gemäß § 260 Abs. 1 BGB zu befriedigen hat (Palandt/*Weidlich* BGB § 2218 Rn. 3). Der Testamentsvollstrecker sollte deshalb im eigenen Interesse den Bestand des Nachlasses stets aktualisieren.

8. Bei Beteiligung Minderjähriger stellen sich bei der Mitteilung des Plans an den Minderjährigen auch hier die allgemeinen Vertretungsprobleme, die darin einmünden: Ist eine Pflegerbestellung erforderlich, wenn die gesetzlichen Vertreter Testamentsvollstrecker sind? Da durch das Nachlassverzeichnis anders als beim Auseinandersetzungsplan (→ Form J.IX.3 Anm. 5), bei dessen Anhörung der Minderjährige ja auch vertreten wird, keine Rechte und Pflichten begründet werden, könnte man wegen der sich in der Deskription erschöpfenden Qualität des Nachlassverzeichnisses wohl eher dafür plädieren, dass eine solche Bestellung nicht erforderlich ist. Indessen ist die Sache sehr streitig, weil durch eine fehlerhafte oder gar bewusst falsche Darstellung der Fakten die Grundlage für eine fehlerhafte Begründung von Rechten und Pflichten des Minderjährigen geschaffen werden könnte (zum Streitstand vgl. auch MAH ErbR/*Pawlytta* § 42 Rn. 117).

9. Die **Kosten** der Errichtung des Nachlassverzeichnisses fallen dem Nachlass zur Last (§ 2215 Abs. 5 BGB). Gleiches gilt für eine etwaige Beglaubigung der Unterzeichnung des Nachlassverzeichnisses durch den Testamentsvollstrecker.

Wird der Notar bei der Aufnahme nur hinzugezogen, entsteht eine 1,0 Gebühr nach Nr. 23502 KV GNotKG. Nimmt der Notar das Nachlassverzeichnis selbst auf, entsteht eine 2,0 Gebühr nach Nr. 23500 KV GNotKG. Der Geschäftswert für die Aufnahme von Vermögensverzeichnissen ist nach § 115 GNotKG der Wert der Verzeichneten Gegenstände. Dies gilt auch für dir Mitwirkung als Urkundsperson bei der Aufnahme von Vermögensverzeichnissen.

3. Auseinandersetzungsplan

Auseinandersetzungsplan[3] über den Nachlass des/der am ...... verstorbenen ......

I. Feststellung der Erben[1]

Der Erblasser hat ein eigenhändiges Testament vom ...... hinterlassen. Das Amtsgericht ...... hat dieses Testament am ...... unter dem Az. ...... eröffnet. Nach dem Testament sind die Erben[5] des Erblassers:

1.	seine Frau		zur Hälfte des Nachlasses
2.	seine beiden ehelichen Kinder[6]		zur Hälfte des Nachlasses
	a)	Tochter T	jeweils zu einem Viertel
	b)	Sohn S	des Nachlasses

Sämtliche Erben haben die Erbschaft angenommen. In seinem Testament vom ...... hat der Erblasser die Testamentsvollstreckung über sein gesamtes Vermögen angeordnet und mich zum Testamentsvollstrecker eingesetzt. Ich habe das Amt des Testamentsvollstreckers angenommen.

II. Feststellung des Nachlasses[2]

Der Testamentsvollstrecker hat am ...... ein Nachlassverzeichnis zum Stichtag seines Amtsantrittes erstellt, wobei Veränderungen im Bestand des Nachlasses zwischen dem Tode des Erblassers und der Amtsannahme nicht festgestellt werden konnten. Die Erben wurden zu dem Nachlassverzeichnis angehört: Der Nachlass wurde wie folgt festgestellt:

→ Form. J.IX.2

III. Testamentarische Anordnungen zur Auseinandersetzung[4]

Der Erblasser hat in seinem Testament angeordnet, dass der Nachlass dergestalt aufzuteilen ist, dass seine Frau die Eigentumswohnung in der S-Straße in der X-Stadt erhalten soll. Ansonsten soll die Auseinandersetzung nach billigem Ermessen des Testamentsvollstreckers erfolgen.

IV. Aufteilung des Nachlasses[7]

Es wird folgender Auseinandersetzungsplan aufgestellt: Aus dem Reinnachlass im Wert von 1.000.000,00 EUR erhalten:

a)	die Ehefrau des Erblassers:	500.000,00 EUR
b)	die Tochter T des Erblassers:	250.000,00 EUR
c)	der Sohn S des Erblassers:	250.000,00 EUR

V. Ausgleichung von Vorausempfängen

Dem Sohn S wurde seitens des Erblassers im Jahr 1998 zur Renovierung seiner Zahnarztpraxis ein Betrag von 10.000,00 EUR zugewendet. Die Zuwendung ist im Zuge des

Erbgangs gemäß seinerzeit getroffener Anordnung ausgleichspflichtig. Die Erbteile der beiden Kinder des Erblassers sind daher mit 500.000,00 EUR + 10.000,00 EUR zu veranschlagen, welche die Kinder jeweils zur Hälfte, dh in Höhe von 255.000,00 EUR erben. Nach Ausgleichung der Zuwendung erhalten daher aus dem Nachlass:

a) der Sohn S: 245.000,00 EUR.
b) die Tochter T: 255.000,00 EUR.

VI. Nachlassverteilung

Der Erblasser hat in seinem Testament angeordnet, dass seine Ehefrau die Eigentumswohnung in X-Stadt erhalten soll und seine Tochter T seinen Mercedes-Pkw übernehmen darf. Der Gutachterausschuss der Stadt X hat den Wert der Eigentumswohnung mit 300.000,00 EUR beziffert. Der Mercedes-Pkw hat ausweislich der „Schwacke"-Liste einen Wert von 15.000,00 EUR. Die Tochter hat ihr Übernahmerecht ausgeübt.

Die Ehefrau erhält aus dem Nachlass:

a)	die Eigentumswohnung in der X-Stadt im Wertanschlag von	300.000,00 EUR
b)	1950 Stück Aktien der A-AG	195.000,00 EUR
c)	Bargeld	5.000,00 EUR

Der Sohn S erhält aus dem Nachlass:

a)	2000 Stück Aktien der A-AG	200.000,00 EUR
b)	Gemälde „Amalfi-Küste" aus der Eigentumswohnung in X-Stadt	45.000,00 EUR

Die Tochter T erhält aus dem Nachlass:

a)	den Kommanditanteil an der K-KG	100.000,00 EUR
b)	1400 Stück Aktien der A-AG	140.000,00 EUR
c)	den Mercedes-Pkw, amtl. Kennzeichen	15.000,00 EUR

VII. Vollzug des Auseinandersetzungsplans

1. Frau ...... ist verpflichtet, an der Übereignung der Eigentumswohnung mitzuwirken. Ein Termin zur Auflassung ist bei dem Notar ...... bereits vereinbart auf den ...... Im Übrigen sind die Erben verpflichtet, die ihnen zugewiesenen Nachlassgegenstände zu übernehmen und den Vollzug unverzüglich zu ermöglichen.
2. Die Kosten der Testamentsvollstreckung haben die Erben im Verhältnis ihrer Erbanteile zu tragen. Der insgesamt vereinbarte Betrag von ...... EUR wird von der jeweiligen Auszahlungssumme entnommen. Entsprechendes gilt für die Notar- und Gerichtskosten in Höhe von ...... Im Hinblick auf die relativ geringe Höhe der zu erwartenden Erbschaftsteuer wird wegen des bestehenden Vertrauensverhältnisses aller Beteiligter zueinander kein Einbehalt gemacht.
3. Nach dem Vollzug der Übereignung der Eigentumswohnung und der sonstigen Übertragungen ist die Testamentsvollstreckung beendet. Der Testamentsvollstrecker wird das Nachlassgericht unverzüglich nach Beendigung der Testamentsvollstreckung hiervon in Kenntnis setzen und sein Testamentsvollstreckerzeugnis zurückgeben.

4. Der Teilungsplan wird hiermit für verbindlich erklärt.

. . . . . .

(Ort, Datum)

. . . . . .

(Unterschrift des Testamentsvollstreckers)[8]

[Hinweis: Ein ausführliches Muster findet sich bei Bonefeld/Mayer/*Bonefeld* § 42 Rn. 13]

Anmerkungen

1. Bei mehreren Erben besteht die Kernaufgabe des Testamentsvollstreckers – bei der Abwicklungsvollstreckung – in der Auseinandersetzung des Nachlasses. Der Testamentsvollstrecker ist grundsätzlich zur unverzüglichen Auseinandersetzung des Nachlasses verpflichtet, sofern diese nicht ausgeschlossen ist. Letzteres ist insbesondere der Fall, wenn der Erblasser selbst die Auseinandersetzung ausgeschlossen hat (§ 2044 BGB, vgl. auch die sonstigen Ausschlussgründe der §§ 2034–2045 BGB), diese dem Testamentsvollstrecker entzogen hat (§ 2208 BGB) bzw. eine Verwaltungsvollstreckung (§ 2209 BGB) oder nur eine Erbteilsvollstreckung angeordnet hat. Schuldrechtliche Grundlage dieser Auseinandersetzung ist der Auseinandersetzungsplan, zu dessen Aufstellung der Testamentsvollstrecker grundsätzlich verpflichtet ist, wie sich aus § 2204 Abs. 2 BGB ergibt (MüKoBGB/*Zimmermann* § 2204 Rn. 4 ff.). Dogmatisch betrachtet handelt es sich bei dem Auseinandersetzungsplan um ein **einseitiges, schuldrechtliches Rechtsgeschäft** mit **Bindungswirkung** gegenüber den Erben, aber auch dem Testamentsvollstrecker. Zur Entstehung dieser Bindungswirkung bedarf es der Erklärung der endgültigen Verbindlichkeit des Planes durch den Testamentsvollstrecker (Bengel/Reimann/*Schaub* Kap. 4 Rn. 243; *Winkler* Rn. 522; aA *Zimmermann* Rn. 655 – er hält eine solche Erklärung nicht wortwörtlich für erforderlich. Nach seiner Auffassung wird der Plan bindend mit Zugang des (endgültigen) Planes bei den Miterben und zwar auch für den Testamentsvollstrecker, was wohl so zu verstehen ist, dass der Verbindlichkeitswille auch konkludent geäußert werden kann). Formvorschriften bestehen nicht. Auch bei Zuweisung von Grundstücken bedarf es keiner Beurkundung, da kein verpflichtender Vertrag vorliegt. Letztlich wird der Wille des Erblassers vollzogen (Bengel/Reimann/*Schaub* § 4 Rn. 220 f.; im Ergebnis ebenso *Winkler* Rn. 526; *Zimmermann* Rn. 655 und in MüKoBGB § 2204 Rn. 4). Zweifelhaft ist dieses jedoch bereits dann, wenn der Testamentsvollstrecker die Auseinandersetzung nach billigem Ermessen durchzuführen hat und dabei auch Grundstücke betroffen sind. Nach *Schaal* (notar 2010, 431 [436 f.]) ist der Auseinandersetzungsplan dann beurkundungsbedürftig, da der Testamentsvollstrecker in Folge seiner eigenen Entscheidung sich rechtsgeschäftlich verpflichte. Daran kann man jedoch Zweifel hegen, leitet sich doch auch das Ermessen noch vom Erblasser ab. Zwingend erforderlich ist ein Auseinandersetzungsplan allerdings nicht; bei Einvernehmen unter den Erben und dem Testamentsvollstrecker kommt vielmehr auch ein **Auseinandersetzungsvertrag** (Formulare zu → Form. J.VI) in Betracht, dem allerdings wiederum typischerweise Vorschläge des Testamentsvollstreckers zu Grunde liegen. Laut *Zimmermann* (MüKoBGB § 2204 Rn. 5) ist ein Auseinandersetzungsplan sogar sehr selten.

2. Das Gesetz verleiht dem Testamentsvollstrecker allerdings nicht die Rechtsmacht, die zum Nachlass zugehörigen Vermögensgegenstände zum Zwecke der Auseinandersetzung mit **dinglicher** Wirkung den einzelnen Erben zuzuweisen. Vielmehr bedarf es zum **Vollzug des Auseinandersetzungsplans** wie bei einer rechtsgeschäftlichen Auseinandersetzung des Nachlasses entsprechender **Verfügungsgeschäfte.** Für diese Geschäfte gelten die allgemeinen Anforderungen an Verfügungsgeschäfte samt etwaiger Form- und Genehmigungserfordernisse, dh bei der Übertragung eines dem Nachlass zugehörigen Grundstücks bedarf es der Auflassung und Eintragung des Eigentumswechsels im Grundbuch, bei der Übertragung einer Forderung der Abtretung, etc. Die **Erben** sind aufgrund der schuldrechtlichen Wirkung des Auseinandersetzungsplans **zur Mitwirkung** bei dessen Umsetzung **verpflichtet,** sofern der Auseinandersetzungsplan nicht – zB wegen Fehlens der ausnahmsweise erforderlichen Zustimmung der Erben – unwirksam ist. Zählt der Testamentsvollstrecker selbst zu den Erben, so ist mangels abweichender Bestimmung des Erblassers regelmäßig davon auszugehen, dass der Testamentsvollstrecker auch die zur Ausführung des Auseinandersetzungsplans erforderlichen Rechtsgeschäfte mit sich selbst vornehmen darf, **§ 181 BGB** also nicht entgegensteht (Bengel/Reimann/*Schaub* Kap. 4 Rn. 255). Dies muss auch dann gelten, wenn der Testamentsvollstrecker anderweitig berechtigt ist, zB als Vermächtnisnehmer (→ Form. C.VII.3 Anm. 6 und → Form. C.VII.7 Anm. 1; zur Vermächtniserfüllung → Form. J.VIII.2).

3. Inhaltliche **Richtschnur für die Auseinandersetzung** des Nachlasses und damit auch für die Aufstellung des Auseinandersetzungsplans sind gemäß § 2204 Abs. 1 BGB die Vorschriften der §§ 2042–2056 BGB in Verbindung mit den Vorschriften der §§ 750–758 BGB. Danach hat der Testamentsvollstrecker zunächst die Nachlassverbindlichkeiten zu berichtigen und sodann den verbleibenden Überschuss unter den Erben gemäß ihren Erbteilen zu verteilen, wobei der Testamentsvollstrecker insbesondere etwaige Ausgleichungspflichten unter den Erben (§§ 2050 ff. BGB) zu beachten hat. (→ Form. J.VI.1 Anm. 5; auch § 2057a BGB ist zu beachten (Bonefeld/Mayer/*Bonefeld* § 44 Rn. 21)

4. Maßgeblich für die Verteilung der konkreten Nachlassgegenstände unter den Erben sind **vorrangig** die vom **Erblasser** getroffenen **Anordnungen** (§ 2048 S. 1 BGB). Über Anordnungen des Erblassers bezüglich der Aufteilung des Nachlasses kann sich der Testamentsvollstrecker grundsätzlich nur mit der Zustimmung der Erben hinwegsetzen. Anstatt detaillierte Anordnungen zu treffen, kann der Erblasser dem Testamentsvollstrecker allerdings auch ein weiträumiges **Ermessen für die Aufteilung** des Nachlasses einräumen (§ 2048 S. 2 BGB). Anderenfalls bleibt der Testamentsvollstrecker bei der Auseinandersetzung des Nachlasses an die gesetzlichen Auseinandersetzungsregeln der §§ 2042 Abs. 2, 750–758 BGB gebunden. Bei in Natur **teilbaren Nachlassgegenständen** (z. Geld, Wertpapierdepots, unbebaute Grundstücke) hat danach grundsätzlich eine **Teilung** zu erfolgen (§§ 2204 Abs. 1, 2042 Abs. 2, 752 BGB), im Einzelnen → Form. C.VII.3 Anm. 3 und weiter → Form. J.VI.1 Anm. 1.

5. Das Gesetz bestimmt, dass die von der Auseinandersetzung betroffenen Erben vor der Ausführung des Auseinandersetzungsplanes von dem Testamentsvollstrecker zu hören sind. Eine ordnungsgemäße **Anhörung** verlangt, dass der Testamentsvollstrecker zuvor den Entwurf eines Auseinandersetzungsplans im Einklang mit den Anordnungen des Erblassers erstellt. Sinnvollerweise sollten die Vorstellungen der Erben aber bereits im Rahmen der Aufstellung des Planes berücksichtigt werden, auch im Hinblick auf die sich aus der **Teilung** ergebenden **Steuerfolgen,** die der Erblasser vielleicht nicht bedacht hat – Stichwort ua Betriebsvermögen; hier lassen sich möglicherweise noch durch Vertragsgestaltungen bessere Ergebnisse erzielen (vgl. insofern die Hinweise zu → Form. C.IV.3 Anm. 8; s. auch Stichwortverzeichnis „Betriebsvermögen"). Für abwesende und ungeborene Erben bedarf es uU zwecks ordnungsgemäßer Durchführung der **Anhörung** der

Bestellung eines Pflegers (§§ 1909, 1911 ff. BGB), ebenso für minderjährige Erben, sofern auch deren gesetzliche Vertreter Testamentsvollstrecker und/oder ebenfalls Erben sind (→ Form. C.VII.1 a; s. ausführlich zu Vertretungsverboten und Genehmigungen auch → Form. J.VIII.2. Anm. 10 ff. und → Form. J.VI.1 Anm. 9 ff.). Dabei ist streitig, ob für mehrere minderjährige Erben nur ein Pfleger zu bestellen ist (so zB Bengel/Reimann/*Schaub* Rn. 237 iVm Rn. 242), weil sie auf „derselben Seite" stehen und untereinander keine Rechtsgeschäfte tätigen oder mehrere Pfleger zu bemühen sind, wenn Interessengegensätze bestehen (so *Zimmermann* Rn. 673). Dabei scheint das Argument, die Kinder bzw. minderjährige Erben würden nicht untereinander, sondern gegen den Testamentsvollstrecker agieren, nicht stichhaltig, weil über diese formale Betrachtungsweise die möglichen materiellen Interessengegensätze vernachlässigt werden (so auch *Zimmermann* aaO). Unterlässt der Testamentsvollstrecker die Anhörung, so beeinträchtigt dies zwar nicht die Wirksamkeit des Auseinandersetzungsplans, kann aber Haftungsansprüche gegen den Testamentsvollstrecker begründen. Erforderlich ist lediglich die Anhörung der Erben; einer **Genehmigung des Auseinandersetzungsplans** durch die **Erben bedarf** es dagegen grundsätzlich **nicht.** Dieser kann vielmehr auch gegen Einwände der Erben umgesetzt werden, sofern er keine Abweichungen von Anordnungen des Erblassers bzw. mangels solcher von gesetzlichen Regelungen beinhaltet; in letzteren Fällen bedarf es der Zustimmung der Erben bzw. eines Auseinandersetzungsvertrages. Jeder Erbe kann gegen den Testamentsvollstrecker klageweise die Feststellung der Unwirksamkeit des Auseinandersetzungsplans begehren. Soll die Durchführung eines unwirksamen Planes abgewendet werden, kommt eine Klage und bei Eilbedarf eine einstweilige Verfügung in Betracht. Klagen gegen die Wirksamkeit eines Auseinandersetzungsplanes scheint es vor allem wegen dem Testamentsvollstrecker vorgeworfener falscher Bewertung zugewiesener Gegenstände – häufig sind es Grundstücke –, zu geben, wenn einer der Miterben sich bei der Verrechnung benachteiligt fühlt. Bewertungsfragen ist höchste Aufmerksamkeit zu widmen, es sollte möglichst im Vorfeld Einvernehmen hergestellt werden.

6. Ungeachtet der Erforderlichkeit eines Pflegers zur wirksamen Durchführung der Anhörung über den Auseinandersetzungsplan bedarf der Plan als solcher trotz Beteiligung minderjähriger oder unter Betreuung (Pflegschaft) stehender Erben grundsätzlich **nicht** der **Zustimmung des Familiengerichts.** Anderes gilt nur, wenn der Plan von den Anordnungen des Erblassers oder den gesetzlichen Bestimmungen abweicht, sei der Grund auch noch so gut (Bengel/Reimann/*Schaub* Kap. 4 Rn. 242; *Winkler* Rn. 532). Hinsichtlich der Pflegerbestellung gilt das im Rahmen der Anhörung Gesagte entsprechend. Dem Testamentsvollstrecker ist insoweit jedoch zu besonderer Vorsicht zu raten; denn die Grenzen zum regelrechten Auseinandersetzungsvertrag sind nicht klar zu ziehen, was vor allem auch für Formvorschriften von Bedeutung sein kann. Im Zweifel sollte der Testamentsvollstrecker deshalb eher den Abschluss eines Auseinandersetzungsvertrages ansteuern (→ Form. J.VI.7 Anm. 4; bejahend wohl *Schaal* notar 2010, 431 [436]). Zur Vorsicht mahnt auch *Koslowski* (MAH ErbR § 26 Rn. 206 f.).

Denn der vom Testamentsvollstrecker verfasste Auseinandersetzungsplan bezieht seine Autorität aus den Anordnungen des Erblassers und den Vorgaben des Gesetzes – nur deshalb kann die aus ihm herrührende einseitig bewirkte Verbindlichkeit begründet werden. Vereinbarungen der Erben, die den Handlungsspielraum des Testamentsvollstreckers erweitern können sollen, lassen sich uE nicht in diese Einseitigkeitsstruktur „transplantieren". Ein Beispiel mag das Gesagte verdeutlichen: Ein Erblasser hat mittels Teilungsanordnung ein Grundstück A dem Erben A und ein Grundstück B dem Erben B – seinen Kindern – zugewiesen; C erhält andere Werte. Die Erben A und B wollen nun die Grundstücke genau andersherum haben und bitten den Testamentsvollstrecker darum, den anstehenden Auseinandersetzungsplan entsprechend zu gestalten; C ist einverstanden. Dieses würde Notarkosten sparen, da nur eine Auflassung zu erklären sei, und

vielleicht auch noch grunderwerbsteuerliche Probleme vermeiden helfen. Dieser Weg dürfte gemäß den aufgezeigten dogmatischen Grundlagen des Rechtsinstitutes „Auseinandersetzungsplan" nicht gangbar sein, es ist uE ein beurkundungsbedürftiger Auseinandersetzungsvertrag zu schließen. Von notarieller Seite ist § 925a BGB zu beachten, wobei der Umfang der Prüfungspflichten problematisch sein kann: Die Frage, ob der Notar einen vom Testamentsvollstrecker eventuell sogar professionell aufgestellten Auseinandersetzungsplan auf seine Gründung in der Verfügung von Todes wegen zu prüfen hat, scheint bisher kaum erörtert.

Die Furcht vor etwa anfallender Grunderwerbsteuer dürfte auch wohl unbegründet sein, da der jeweilige Erwerb als im Sinne von § 3 Nr. 3 GrEStG zur Aufteilung des Nachlasses erfolgt anzusehen sein dürfte. Einschlägige Rechtsprechung scheint insoweit jedoch noch nicht zu existieren. Für den Notar ist auch noch beachtlich, dass er sich nicht an der Tarnung grunderwerbsteuerlich beachtlicher Vorgänge beteiligen darf. Urkundstechnisch könnte der Plan als Verweisungsurkunde gem. § 13a BeurkG gestaltet werden, die dann zB im Rahmen des Vollzuges, da für diesen ohnehin eine notarielle Form erforderlich wäre, auch so bestätigt werden könnte. Wegen der gesamthänderischen Bindung des Grundstückseigentums muss auch C notariell mitwirken. Eine besondere Beurkundung der Verbindlichkeitserklärung, wie sie wohl *Schaal* fordert, scheint hier nicht erforderlich, da es sich letztlich um einen Vertrag handelt.

7. Grundsätzlich ist der Testamentsvollstrecker bei der Auseinandersetzung des Nachlasses auch an **einvernehmliche Vereinbarungen der Erben nicht gebunden.** Gleichwohl ist es für den Testamentsvollstrecker zur Vermeidung unnötiger Streitigkeiten ratsam, auf einvernehmliche Wünsche der Erben Rücksicht zu nehmen; denn nach der Auseinandersetzung des Nachlasses können die Erben regelmäßig ohnehin, wenn auch nur durch weitere Rechtsgeschäfte, die von ihnen erwünschte Güterzuordnung bewirken. Auch hier hat der Testamentsvollstrecker, selbst wenn man ihm mit *Zimmermann* (Rn. 681 und MüKoBGB § 2204 Rn. 7) einen breiten Ermessungsspielraum zugesteht, weil er sonst bei verwickelten Nachlässen die Auseinandersetzung nicht durchführen kann, darauf zu achten, nicht unbemerkt den Rahmen zu sprengen, innerhalb dessen noch von einem Auseinandersetzungsplan gesprochen werden kann. Wie bereits dargestellt, sollte im Zweifel eine vertragliche Vereinbarung getroffen werden. Von dem Grundsatz, dass der Testamentsvollstrecker hinsichtlich der Auseinandersetzung des Nachlasses an Vereinbarungen unter den Erben nicht gebunden ist, gibt es verschiedene Ausnahmen, so sind seitens des Testamentsvollstreckers zum einen Vereinbarungen der Erben über Ausgleichungspflichten, die noch von Abkömmlingen zu erfüllen sein könnten, zu beachten. Ebenso ist der Testamentsvollstrecker an einen Aufschub oder einen Ausschluss der Auseinandersetzung durch die Erben gebunden; denn die Erben haben zwar das Recht, die Auseinandersetzung des Nachlasses zu verlangen, nicht aber die Pflicht, eine solche Auseinandersetzung zu dulden. Nur bei Vorliegen eines wichtigen Grundes darf der Testamentsvollstrecker die Auseinandersetzung trotz einer entgegenstehenden Vereinbarung der Erben vornehmen (§ 749 Abs. 2 BGB). Im Übrigen ist der Testamentsvollstrecker im Falle einer Vereinbarung der Erben zur Fortsetzung der Erbengemeinschaft berechtigt, den Erben den Nachlass ungeteilt zu übergeben und die Nachlassauseinandersetzung als erledigt zu betrachten (Bengel/Reimann/*Schaub* Kap. 4 Rn. 245 ff., 249 ff.).

8. Steuern. Zur steuerlichen Behandlung der Teilungsanordnung → Form. C.IV.3, zu der des Testamentsvollstreckers → Form. C.VII.1, → Form. C.VII.2, im Übrigen s. auch die Anmerkungen zu → Form. J.VI.1–7.

4. Antrag des Testamentsvollstreckers auf Befreiung von einer Anordnung des Erblassers

An das Amtsgericht ......

– Nachlassgericht –

......

Am ...... ist der ......, nachfolgend auch als Erblasser bezeichnet, in ...... gestorben. In seinem notariellen Testament vom ......, welches vom Amtsgericht ...... am ...... unter dem Az. ...... eröffnet worden ist, hat der Erblasser Testamentsvollstreckung über seinen gesamten Nachlass angeordnet und mich zum Testamentsvollstrecker berufen. Ich habe dieses Amt mit Erklärung gegenüber dem Amtsgericht ...... am ...... angenommen.

Der Erblasser[1, 2, 3, 4] hat in seinem Testament angeordnet, dass seine bislang einzelkaufmännisch geführte Eissporthalle in der X-Stadt nicht zu einem Preis von unter 300.000,00 EUR veräußert werden darf. Als Testamentsvollstrecker habe ich über einen Zeitraum von mehr als einem Jahr durch eine Vielzahl von Anzeigen in einschlägigen Zeitungen und Zeitschriften (s. beigefügte Kopien) sowie durch Einschaltung mehrerer Makler vergeblich versucht, den Grundbesitz zu einem Preis von mehr als 300.000,00 EUR zu veräußern.

Der Erblasser hatte bereits in den vier Geschäftsjahren vor seinem Ableben erhebliche Verluste mit der Eissporthalle erwirtschaftet. Ein Gutachten des Gutachterausschusses der Stadt X misst der Eissporthalle lediglich einen Wert von 50.000,00 EUR bei. In dieser Größenordnung bewegten sich auch die maximalen Preisvorstellungen der Kaufinteressenten. Die Eissporthalle verursacht derzeit jährliche Kosten, welche die Einnahmen um 60.000,00 EUR übersteigen. Zudem sind in den kommenden Jahren Erhaltungsaufwendungen in beträchtlicher Höhe zu gegenwärtigen.

Aufgrund der erheblichen Gefährdung des Nachlasses durch die Anordnung des Erblassers wird hiermit beantragt,

die Anordnung des Erblassers, die Eissporthalle in der X-Stadt nicht zu einem Preis von unter 300.000,00 EUR zu veräußern, außer Kraft zu setzen.

......

(Ort, Datum)

......

(Unterschrift)

Anmerkungen

1. Der Erblasser wird oftmals und typischerweise Testamentsvollstreckung anordnen und einen Testamentsvollstrecker ernennen, weil er damit die Erwartung verbindet, dass der Testamentsvollstrecker seinem letzten Willen auch im Sinne der praktischen Umsetzung „Geltung verschaffen“ wird. Diese Erwartung schützt das Gesetz unter anderem, in dem es den Testamentsvollstrecker grundsätzlich an Anordnungen des Erblassers für die Verwaltung des Nachlasses bindet (§ 2216 Abs. 2 S. 1 BGB). Aus unterschiedlichen

Gründen, sei es aufgrund von **Fehlvorstellungen des Erblassers,** sei es aufgrund einer **nachträglichen Veränderung von Umständen,** können sich bestimmte Anordnungen des Erblassers als überaus belastend für den Nachlass darstellen. In solchen Konstellationen hat der Testamentsvollstrecker zunächst zu prüfen, ob der Erblasseranordnung nicht bereits im Wege der **Auslegung** ein den veränderten Umständen angemessener Sinngehalt beigemessen werden kann; gelangt der Testamentsvollstrecker zu diesem Ergebnis, sollte er jedoch tunlichst die betroffenen Nachlassbeteiligten zu seiner Auslegung der Erblasseranordnung im Lichte der neuen Verhältnisse anhören. Lässt die Erblasseranordnung aber keine derartige Auslegung zu, so bindet das Gesetz den Testamentsvollstrecker gleichwohl nicht unlösbar – gleichsam „auf Gedeih und Verderb" – an die Anordnungen des Erblassers: Vielmehr sieht das Gesetz die Möglichkeit der Außerkraftsetzung von Anordnungen des Testamentsvollstreckers vor, wenn ihre Befolgung den Nachlass erheblich gefährden würde (§ 2216 Abs. 2 S. 2 BGB). Der Testamentsvollstrecker ist zu einer entsprechenden **Antragstellung** sogar **verpflichtet,** wenn nur auf diese Weise eine ordnungsgemäße Nachlassverwaltung möglich ist. Um der Geltendmachung von Haftungsansprüchen zuvorzukommen, kann der Testamentsvollstrecker die Außerkraftsetzung einer Erblasseranordnung auch dann noch beantragen, wenn er sich bereits über diese hinweggesetzt hat (Palandt/*Weidlich* BGB § 2206 Rn. 5; Bengel/Reimann/*Schaub* § 4 Rn. 44). Anderer Ansicht ist *Reimann* (Staudinger/*Reimann* BGB § 2216 Rn. 40) mit dem Argument, wenn man diesen Weg zuließe, würde man den Testamentsvollstrecker am falschen Ende ermutigen; es müsse dabei bleiben, dass der risikofreudige Testamentsvollstrecker auf eigene Gefahr handle.

2. Voraussetzung für die Außerkraftsetzung einer Erblasseranordnung ist eine **erhebliche Gefährdung des Nachlasses** durch die Anordnung. Es reicht nicht aus, dass eine Erblasseranordnung als für die effiziente Verwaltung des Nachlasses hinderlich oder als lästig empfunden wird. Auf der anderen Seite verlangt das Gesetz nur eine „Gefährdung" des Nachlasses; eine bereits eingetretene Schädigung des Nachlasses wird nicht verlangt. Es genügt vielmehr, dass bei einer Befolgung der Erblasseranordnung eine erhebliche Beeinträchtigung des Nachlasses wahrscheinlich ist (zu Beispielen einer Befreiung in der gerichtlichen Praxis, vgl. Staudinger/*Reimann* BGB § 2216 Rn. 27). Sind Eltern Testamentsvollstrecker für Minderjährige, ist umstritten, ob im Rahmen der gemäß § 2216 Abs. 2 S. 3 BGB obligatorischen Anhörung für den Minderjährigen ein Pfleger zu bestellen ist (MAH ErbR/*Pawlytta* § 42 Rn. 122). Das zum Nachlassverzeichnis und zum Auseinandersetzungsplan Gesagte gilt hier sinngemäß.

3. Zuständig für die Außerkraftsetzung von Anordnungen des Erblassers ist das **Nachlassgericht** (§ 2216 Abs. 2 S. 2 BGB). Antragsberechtigt sind der Testamentsvollstrecker sowie die am Nachlass Beteiligten, sofern sie ein rechtliches Interesse an der ordnungsgemäßen Verwaltung des Nachlasses haben. Dies sind regelmäßig die Erben, die Vermächtnisnehmer und die Auflagenberechtigten. Nicht als antragsberechtigt werden dagegen im Rahmen des § 2216 BGB (anders bei §§ 2198 Abs. 2, 2200 Abs. 2, 2202 Abs. 3 BGB) die Nachlassgläubiger oder Gläubiger des Erben betrachtet (Palandt/*Weidlich* BGB § 2216 Rn. 6). Innerhalb des Nachlassgerichts ist funktional der Richter für die Entscheidung zuständig. Die Entscheidungsbefugnis des Nachlassgerichtes ist auf die Aufhebung der Erblasseranordnung beschränkt. Dagegen steht es dem Nachlassgericht nicht zu, die Erblasseranordnung durch eine eigene Anordnung zu ersetzen (Bengel/Reimann/*Schaub* Kap. 4 Rn. 44; zu den Beschwerdemöglichkeiten vgl. die Ausführungen zum Erbschein und Bengel/Reimann/*Schaub* § 4 Rn. 46; Palandt/*Weidlich* BGB § 2216 Rn. 6).

4. Die Möglichkeit, eine Verwaltungsanordnung des Erblassers gerichtlich außer Kraft setzen zu lassen, ist **nicht der einzige Weg,** auf dem der Testamentsvollstrecker über

derartige Anordnungen „hinwegkommen" kann. Soweit diese keine sich uU aus anderen Anordnungen ergebenden dinglichen Begleitkomponenten haben, folglich also nur schuldrechtlich wirken, kann der Testamentsvollstrecker bei **Einigsein aller Berechtigter** die Anordnung des Erblassers unbeachtet lassen. Vor allem bei kleineren Erbengemeinschaften kann dieser Weg häufig gangbar sein, dies auch einfacher und schneller (→ Form. J.IX.5). Ob ein Rechtsschutzinteresse seitens des Gerichtes verneint werden könnte, wenn es erkennt, dass der Testamentsvollstrecker diese Möglichkeit ungenutzt lässt, scheint bisher auch in der Literatur nicht thematisiert worden zu sein. Für den Fall, dass sich die Erbengemeinschaft nicht einig ist oder etwa in dem Fall der Beteiligung Minderjähriger, Behinderter oder Abwesender gibt § 2216 Abs. 2 S. 2 BGB dem Testamentsvollstrecker aber eine Möglichkeit, diese Schwierigkeiten zu überwinden, um zu dem gewünschten, sinnvollen Ergebnis zu kommen (weitere Einzelheiten s. *Winkler* Rn. 669 ff.).

Zu den Grundzügen des Erbschaft- und Schenkungsteuerrechts einschließlich der Ermittlung der erbschaft- und schenkungsteuerlichen Besteuerungsgrundlagen → Form. A.IV Kurzüberblick: Erbschaft- und Schenkungsteuerrecht.

5. Einvernehmliche Nichtbeachtung eines Auseinandersetzungsverbots und einer Teilungsanordnung; Beendigung der Testamentsvollstreckung

[Notarieller Urkundeneingang][1]

Wir beziehen uns auf die Verfügung von Todes wegen, die unser . . . . . . getroffen hat; sie ist dieser Urkunde in Kopie als Anlage beigefügt.

Wir, die Erben, erklären untereinander und gegenüber dem Testamentsvollstrecker, dass wir die Erbauseinandersetzung des Nicht-Immobilienvermögens für korrekt abgeschlossen erachten. Auch seine diesbezügliche Vergütungsabrechnung akzeptieren wir.[2]

Hinsichtlich des Immobilienvermögens haben sich die wirtschaftlichen und rechtlichen Rahmenbedingungen nach Aufstellung und Rechtswirksamkeit des neuen Bebauungsplanes grundlegend geändert. Dies ist auch die Auffassung des Testamentsvollstreckers. Aus diesem Grund beschließen wir, die Erben – wie der Testamentsvollstrecker – uns über das seitens unseres . . . . . . verfügte Auseinandersetzungsverbot und auch über die Teilungsanordnung hinwegzusetzen.[3]

Wir vereinbaren, das Grundstück . . . . . . zu verkaufen; mit der Durchführung wird der Testamentsvollstrecker beauftragt, der auch insoweit sein Einverständnis erklärt. Der Testamentsvollstrecker ist auch berechtigt, auf unsere Kosten einen Makler einzuschalten. Wir, die Erben, werden ihm noch in gesonderter Urkunde eine entsprechende notarielle Vollmacht erteilen, die auch die Möglichkeit einer Bevollmächtigung des Käufers vorsieht, zu Gunsten von Kreditinstituten Grundpfandrechte zum Zwecke der Kaufpreisfinanzierung im Grundbuch eintragen zu lassen.

Auch hinsichtlich der übrigen Grundstücke beabsichtigen wir, nicht an der seitens unseres . . . . . . verfügten Zeitdauer des Auseinandersetzungsverbots und an der Teilungsanordnung festzuhalten. Wir beabsichtigen einen einvernehmlichen Auseinandersetzungsvertrag zu schließen. Demgemäß vereinbaren wir mit dem Testamentsvollstrecker, dass dieser keinen Auseinandersetzungsplan aufstellt. Wir, die Erben, und der Testamentsvoll-

strecker vereinbaren, dass dieser die Bewertung der Grundstücke veranlasst und auch vorbereitende Verhandlungen mit den Grundpfandrechtsgläubigern über die Entflechtung unserer gesamtschuldnerischen Haftung führt.[4, 5]

Hinsichtlich der weiteren Vergütung des Testamentsvollstreckers wird eine Einigung dahingehend erzielt, dass dieser . . . . . % des Wertes der Immobilien zzgl. der Umsatzsteuer erhält.[6, 7]

Anmerkungen

1. → Form. C.VII.6, → Form. C.VII.14.

2. Eine **Teilungsanordnung,** ein **Veräußerungsverbot** und auch ein **Ausschluss der Auseinandersetzung** wirken grundsätzlich nur **schuldrechtlich** (MüKoBGB/*Zimmermann* § 2204 Rn. 21). Wenn **alle,** die schuldrechtlich (eventuell also auch Nacherben, Ersatzerben und Vermächtnisnehmer) durch diese Anordnungen **anspruchsberechtigt** sind, und auch der Testamentsvollstrecker, der ja erst für eine dingliche Wirkung sorgt, mit einer Abänderung **einverstanden** sind, kann eine entsprechende Vereinbarung geschlossen werden (vgl. für den Ausschluss der Auseinandersetzung BGHZ 40, 115 = DNotZ 1964, 623; BGH NJW 1971, 1805; DNotZ 1972, 86, vgl. ferner MüKoBGB/*Ann* § 2042 Rn. 29, *ders.* § 2044 Rn. 7 ff., *ders.* § 2048 Rn. 9 und MüKoBGB/*Zimmermann* § 2204 Rn. 21; Staudinger/*Reimann* BGB § 2204 Rn. 8 ff.). Der Erblasser kann derartige Vereinbarungen jedoch **verhindern,** indem er für den Fall, dass solche Vereinbarungen geschlossen werden, **Bedingungen,** ggfs. auch **Auflagen** anordnet, welche die Durchführung der Vereinbarung unmöglich machen. Konstruktiv kann dies zB erreicht werden, wenn der Erblasser an die Verletzung aus Auseinandersetzungsverbot die auflösende Bedingung knüpfen würde, dass dann der Nacherbfall einträte. Auf Seiten der Erben läge damit eine auflösend bedingte Vorerbschaft vor (Nieder/Kössinger/*R.Kössinger* § 15 Rn. 256, MAH ErbR/*Koslowski* § 26 Rn. 220). Vor einer solchen Engführung ist jedoch zu **warnen:** Die Anordnungen des Erblasser könnten sich als die sprichwörtliche evolutionäre **Sackgasse** erweisen, weil sie nicht mehr in eine veränderte Wirklichkeit passen und möglicherweise auch nur einfach über das Ziel hinausschießen. Sanfter und im Regelfall empfehlenswertere Druckmittel, wenn der Testator denn darauf beharren sollte, wären Vermächtnisse (Strafvermächtnisse) oder Auflagen (Nieder/Kössinger/*R.Kössinger* aaO; in der Empfehlung wie hier Kölner FormB ErbR/*Dorsel* Kap. 9 Rn. 251 ff.). Hier hilft dann auch §§ 2216 Abs. 2 S. 2 BGB, mit dem prinzipiell auf die Veränderung von Verhältnissen reagiert werden kann, nicht mehr weiter, da dieser nur ein Außerkraftsetzen von Verwaltungsanordnungen ermöglicht und nicht das Außerkraftsetzen von anderen Verfügungen des Erblassers (MüKoBGB/*Zimmermann* § 2216 Rn. 20; Palandt/*Weidlich* BGB § 2216 Rn. 5; Staudinger/*Reimann* BGB § 2216 Rn. 43).

3. Auch wenn der Testamentsvollstrecker grundsätzlich einen **Auseinandersetzungsplan** aufzustellen hat, ist er nicht daran **gehindert,** gemeinsam mit den Erben einen **Auseinandersetzungsvertrag** zu schließen (allgM vgl. Staudinger/*Reimann* BGB § 2204 Rn. 57). Soweit machbar, ist der Abschluss eines Auseinandersetzungsvertrages vorzuziehen, da die Erben/Vermächtnisnehmer dadurch unmittelbar beteiligt werden und der Auseinandersetzungsplan auch nur schuldrechtliche Wirkung hat und des dinglichen Vollzuges bedarf, wozu häufig auch Willenserklärungen der Erben abzugeben sind. So sind zB zur Übertragung des Eigentums an einem Nachlassgrundstück an einen Miterben Auflassung und Eintragung im Grundbuch erforderlich, wozu bekanntermaßen der Gang zum Notar erforderlich ist. Entsprechendes gilt bei Übertragung eines Geschäftsanteils an einer GmbH (vgl. zum dinglichen Vollzug Staudinger/*Reimann* BGB § 2204 Rn. 53).

Insbesondere dann, wenn es sich anbietet, die vom Erblasser stammenden Verbindlichkeiten nicht zu tilgen, sondern von einem oder mehreren Erben fortführen zu lassen, gibt es eigentlich nur den Weg des Vertrages (→ Form. J.VI.2 Anm. 6). Zum Auseinandersetzungsvertrag wird im Übrigen auf → Form. J.VI verwiesen.

4. Der **Abschluss des Auseinandersetzungsvertrags ist grundsätzlich formfrei** möglich (Bengel/Reimann/*Schaub* § 4 Rn. 262). Im vorliegenden Fall ist jedoch **§ 311b Abs. 1 BGB** zu beachten, da die Miterbengemeinschaft beschlossen hat – und damit eine **Innenbindung** erzeugen wollte –, ein Grundstück zu **verkaufen;** keiner sollte sich mehr auf den Ausschluss der Auseinandersetzung berufen können. Auch weitere, als solche nicht formbedürftige Vereinbarungen eines solchen Auseinandersetzungsvertrags, in dem Grundstücke betroffen sind, bedürfen dann der notariellen Form, wenn sie miteinander stehen und fallen sollen (vgl. zum Umfang des Formzwangs zB MüKoBGB/*Kanzleiter* § 311b Rn. 49 ff.), was von Fall zu Fall zu beurteilen ist. Hinzuweisen bleibt noch darauf, dass sich diese Frage des Formumfangs auch auf anderen Rechtsgebieten, zB im GmbH-Recht, stellen kann (→ Form. J.VI.2 Anm. 4).

5. Eine Testamentsvollstreckung **endet,** wenn die **Aufgaben** des Testamentsvollstreckers **erfüllt** sind. Es ist ratsam, eine gemeinsame entsprechende Erklärung zwischen Erben (ggf. auch Vermächtnisnehmer) und Testamentsvollstrecker nicht nur zum Schluss, sondern insbesondere bei Abweichungen von der ursprünglichen Richtung bei einem „Etappenende“ zu dokumentieren und möglichst auch eine Einigung über die Vergütung zu erzielen.

6. Kosten. Da das Formular nur vertragliche Regelungen enthält, findet Nr. 21100 KV GNotGK Anwendung (2,0-Gebühr). Hinsichtlich des Geschäftswertes liegt ein bestimmter Wert bei der Einigung über die Testamentsvollstreckergebühren vor. Bei den weiteren Vereinbarungen ist zu bedenken, dass die Aufhebung des Veräußerungshindernisses die vom Gesetz bereits vorgesehene Möglichkeit der Teilung durch Verkauf oder Aufteilung ermöglicht. Für die Aufhebung des Veräußerungs- bzw. Aufteilungshindernisses lässt sich kein bestimmter Wert feststellen. In ihrer Bedeutung ist diese Vereinbarung jedoch – als Gegenakt – einem eigenständig vereinbarten Verfügungsverbot vergleichbar, für das nach § 51 Abs. 2 GNotKG 30 % des Wertes der betroffenen Gegenstände vorgesehen sind (s. auch *Diehn* Notarkostenberechnung Rn. 1231).

7. Steuern. Zur steuerlichen Behandlung der Teilungsanordnung → Form. C.IV.3, zu der des Testamentsvollstreckers → Form. C.VII.2 Anm. 7.

6. Aufforderungsschreiben einer Testamentsvollstreckerin an einen nicht sehr kooperativen Erben, einer ihrer Handlungen zuzustimmen

Sehr geehrter Herr . . . . . .,[1]

wie ich es bereits vor einigen Wochen angekündigt hatte, habe ich nunmehr das Objekt . . . . . . verkauft.

Wegen der Besonderheiten der Ihnen ja bekannten Lage des Objektes, dessen weiteren Eigenheiten und wegen der schwierigen derzeitigen Marktlage, habe ich allerdings nur einen um 15 % unter von dem Gutachterausschuss[2] geschätzten Wert liegenden Preis erzielen können.

Wegen der Liquiditätsprobleme des Nachlasses ging es nicht mehr an, noch länger auf einen höheren Preis zu warten. Im Rahmen der im notariellen Vertrag formulierten Fälligkeitsvoraussetzungen ist vorgesehen, dass der Kaufpreis ua erst dann zu zahlen ist, wenn Sie dem Verkauf in notarieller Form zugestimmt[3] haben. Da der Verkauf sich im Rahmen ordnungsgemäßer Wirtschaft bewegte, fordere ich Sie gemäß § 2206 Abs. 2 BGB auf, Ihre Einwilligung (Genehmigung) in notarieller Form zu erklären. Ein entsprechendes Schreiben mit einer Ausfertigung des Kaufvertrages wird auch der Notar an Sie richten. Ich weise daraufhin, dass Sie zur Einwilligung verpflichtet sind, da es keine Alternative zum Verkauf gab, wenn man noch etwas von den mit der Testamentsvollstreckung verfolgten Zielen retten wollte. Der hier eingeschlagene Weg, Ihre Zustimmung zur Fälligkeitsvoraussetzung zu machen, ist gewählt worden, weil dem Käufer nicht zugemutet werden kann, das Risiko zu tragen, ob eine Verfügung des Testamentsvollstreckers teilunentgeltlich ist und damit zur (Gesamt-)Nichtigkeit führt. Der Käufer kennt nämlich das Gutachten, er hält den angesetzten Wert aber für zurzeit einfach nicht erzielbar.[4, 5]

Ich kann das nur bestätigen, da ich seit ...... Monaten versuche das Objekt ...... zum vom Gutachterausschuss angenommenen Wert zu verkaufen. Der jetzt akzeptierte Kaufpreis war jedoch der höchste, der geboten wurde.

Bedenken Sie bitte noch, dass bereits bei einer verzögerten Einwilligung[10] Schadensersatzansprüche gegen Sie entstehen können, und ich Sie auf die Einwilligung verklagen werde. Auch wenn dem Käufer ein Rücktrittsrecht bei verzögerter oder nicht erteilter Einwilligung Ihrerseits eingeräumt wurde, muss er es nicht ausüben. Seine Rechte wurden nicht auf den Rücktritt begrenzt.

Um den Verkauf zu ermöglichen, habe ich auch auf das mir zustehende Wohnrecht verzichtet und stattdessen eine finanzielle Abfindung aus dem Kaufpreis in Höhe von nur ...... % des Betrages,[7] den das Wohnrecht gemäß den Kriterien des Bewertungsgesetzes kapitalisiert ausmacht, beansprucht. Der Käufer ist angewiesen, diesen Betrag an mich zu zahlen. Leider enthält die Anordnung der Testamentsvollstreckung keine ausdrückliche Befreiung von dem Verbot des In-sich-Geschäftes (§ 181 BGB).[8] Im Hinblick auf die Empfindlichkeit der Grundbuchämter im Hinblick auf In-sich-Geschäfte des Testamentsvollstreckers ist im Kaufvertrag Ihre Genehmigung in notarieller Form als Fälligkeitsvoraussetzung vorgesehen.[6]

Das konkrete Verfahren wurde insbesondere auf Betreiben der Miterben gewählt, die bereits bei dem Vertragsabschluss, zu dem Sie trotz dringenden Bitten und entgegen Ihren Andeutungen und unseren Erwartungen, nicht erschienen waren, dem Verkauf in notarieller Form zugestimmt haben. Ihre Miterben wollen endlich vorankommen und ich auch. Letztlich glaube ich auch, dass der Tausch „Wohnrecht gegen Geld“ auch dem Willen des Erblassers entspricht. Es war sicherlich nicht sein Ziel, mich auf das Wohnrecht festzulegen, wenn dieses keinen rechten Sinn mehr machte.[9]

Völlig unabhängig vom obigen Gesichtspunkt erbitte ich die Einwilligung dazu, dass ich den PKW ...... als meine Vergütung[11] aus dem Nachlass für mich entnehmen darf. Das Gesetz sieht jedoch grundsätzlich eine Vergütung in Geld vor und ich möchte nicht gegen das Verbot des § 181 BGB verstoßen, denn die Anordnung der Testamentsvollstreckung enthält – wie bereits gesagt – keine ausdrückliche Befreiung von dem Verbot des In-sich-Geschäftes (§ 181 BGB). Die anderen Erben haben dieser Vorgehensweise bereits zugestimmt. Ich betone, dass auch insoweit meine Handlungsweise völlig im Rahmen ordnungsgemäßer Wirtschaft liegt, Sie also auch insoweit verpflichtet sind zuzustimmen.

Anmerkungen

1. Zu Grunde liegt dem Schreiben der Testamentsvollstreckerin „ein Fall wie ihn das Leben schreibt“: Ein geschiedener, vor seinem Tode bereits seit längerer Zeit kränkelnder mittelständiger Unternehmer setzt seine Kinder – von denen eines ein „Problemfall“ war und nach wie vor auch ist – zu Erben ein und vermacht seiner Lebensgefährtin ein lebenslanges Wohnrecht an seinem Einfamilienhaus, das ganz nach seinem persönlichen Geschmack gebaut worden war. Die Lebensgefährtin berief er zur Testamentsvollstreckerin mit dem Aufgabenkreis, das Unternehmen abzuwickeln und den Nachlass auseinanderzusetzen. Das Einfamilienhaus sollte nicht verkauft werden, solange die Lebensgefährtin lebte. Das Wohnrecht wurde im Grundbuch eingetragen. Nach und nach stellte sich heraus, dass der Nachlass wegen der von dem Erblasser unterschätzten Probleme des Unternehmens nicht gerade überschuldet war, das durchaus recht wertvolle Einfamilienhaus jedoch praktisch den weit überwiegenden Anteil des verbleibenden Erbes ausmachen würde. Dieses Objekt war noch mit Grundschulden belastet, denen weite Zweckerklärungen (Erstreckung auch auf Unternehmenskredite) zu Grunde lagen. Die Banken machten Druck und kündigten die Kredite, so dass Liquiditätsprobleme entstanden. Aus diesem Grunde – und auch weil die Lebensgefährtin wegen der Unterhaltskosten das Wohnrecht gar nicht mehr so recht schätzte und den Erben nicht länger im Wege stehen wollte schlug sie den Erben vor, das Einfamilienhaus zu verkaufen und ihr Wohnrecht in Geld abzufinden. Dem stimmten alle Erben zu bis auf einen, das Problemkind, das unentwegt nur subjektive Interessen der Testamentsvollstreckerin unterstellte – ein nicht gerade seltenes Phänomen bei Testamentsvollstreckungen. Die Testamentsvollstreckerin ließ danach das Objekt durch den Gutachterausschuss schätzen und verkaufte es ua zu den Modalitäten, wie sie in dem Anschreiben dargestellt sind. Neben den nicht zu unterschätzenden psychologischen Problemen ergaben sich auch solche rechtlich schwieriger Art: Dem Testamentsvollstrecker sind **unentgeltliche** – auch teilweise unentgeltliche – **Verfügungen verboten** (allgM vgl. zB Bengel/Reimann/*Bengel/Dietz* § 1 Rn. 112 ff., 140; *Zimmermann* Rn. 395, 473 ff.).

2. Insofern hat die Testamentsvollstreckerin zunächst einmal richtig gehandelt, wenn sie durch das Einholen eines Gutachtens des Gutachterausschusses einen Maßstab für die Frage der Entgeltlichkeit/Unentgeltlichkeit zu finden suchte. Der Begriff der Entgeltlichkeit i.S. der Testamentsvollstrecker-Normen ist jedoch nicht abstrakt zu beurteilen; es gibt keine Gleichung: Vom Gutachterausschuss festgestellter Wert gleich Entgeltlichkeit. Der Maßstab der **Entgeltlichkeit** beurteilt sich letztlich nach dem Maßstab **ordnungsgemäßen Wirtschaftens** nach den gegebenen Umständen (Bengel/Reimann/*Schaub* § 5 Rn. 35). Das Risiko hierüber – gegebenenfalls auch zu seinen Lasten – zu urteilen, wird ein Käufer idR nicht übernehmen wollen und auch dem Testamentsvollstrecker ist dieses im Zweifel nicht zumutbar. Deshalb war es richtig, den Käufer über das Gutachten zu informieren und nicht auf dessen Gutgläubigkeit zu bauen, die dieser im Streitfall beweisen müsste (vgl. zu diesem Problem Palandt/*Weidlich* BGB § 2206 Rn. 1; Staudinger/*Reimann* BGB § 2206 Rn. 12 f.; Bengel/Reimann/*Schaub* § 4 Rn. 81 ff.).

3. Einen Ausweg aus der Krise weist hier § 2206 BGB: Der **Erbe** ist verpflichtet, zu Maßnahmen ordnungsgemäßer Wirtschaft seine **Einwilligung** zu erteilen. Dazu kann ihn der Testamentsvollstrecker **auffordern** und letztlich sogar verklagen, wenn der Erbe der Aufforderung nicht nachkommt, so dass dann Klarheit herrscht. Nach dem Wortlaut des Gesetzes – § 183 BGB – bezeichnet die Einwilligung die vorherige Zustimmung und die Genehmigung – § 184 BGB – die nachträgliche Zustimmung. Die Einwilligung im Rahmen des § 2206 BGB wird deshalb auch in der Literatur hauptsächlich unter dem Gesichtspunkt der vorherigen Zustimmung behandelt (vgl. zB Bengel/Reimann/*Schaub*

§ 4 Rn. 111 ff.; Bonefeld/Mayer/*Bonefeld* § 36 Rn. 11 ff.). Daraus ist jedoch nicht zu schließen, dass in § 2206 BGB nur die Möglichkeit der vorherigen Zustimmung eröffnet wird, denn das BGB führt den Sprachgebrauch der §§ 183, 184 nicht streng aus (Palandt/*Ellenberger* BGB Einf. v. § 182 Rn. 1). Da es in § 2206 BGB letztlich um die Feststellung ordnungsmäßiger Wirtschaft geht und diese Feststellung auch noch nach der Vornahme des Geschäftes getroffen werden kann, ist es für den Testamentsvollstrecker auch möglich, den Weg der nachträglichen Zustimmung (Genehmigung) zu wählen. Ausdrücklich thematisiert wird die Frage kaum (vgl. Staudinger/*Reimann* BGB § 2206 Rn. 14, der einfach von Zustimmung – §§ 183, 184 BGB – spricht, und MüKoBGB/*Zimmermann* § 2206 Rn. 12: gleiche Wirkung von nachträglicher Zustimmung – Genehmigung – und vorher erteilter Einwilligung). Es war, da wegen der Feststellung eines objektiven Kriteriums kein unzulässiger Druck auf den Miterben ausgeübt wird, auch nicht erforderlich, den Beurkundungstermin zu verschieben – auch nicht für den Notar im Hinblick auf die Gestaltung des Beurkundungsverfahrens.

4. Um **einseitige ungesicherte Vorleistungen** des Käufers zu vermeiden, ist es auch sachgerecht, die Kaufpreisfälligkeit im notariellen Grundstückskaufvertrag – ebenso in sonstigen Verträgen – auch nur bei geringen Zweifeln an der Entgeltlichkeit von der Einwilligung des Erben abhängig zu machen. Auch wenn die Einwilligung grundsätzlich formfrei ist, sollte im Hinblick auf das Grundbuchrecht die Einwilligungserklärung in notarieller Form eingefordert und auch in dieser Weise nicht nur in den grundbuchtechnischen Vollzug sondern auch in den Katalog der Fälligkeitsvoraussetzungen eingebracht werden. Denn das Grundbuchamt könnte – ob zu Recht oder Unrecht sei hier dahingestellt – auf den Gedanken kommen, aus der Gestaltung der Fälligkeitsvoraussetzungen auf eine mögliche Teilunentgeltlichkeit zu schließen, und sich weigern, die Eigentumsverschaffungsvormerkung (Auflassungsvormerkung) einzutragen, so dass der Kaufpreis entsprechend üblicher Fälligkeitsgestaltungen gar nicht fällig würde.

5. Ob § 2206 Abs. 2 BGB sich nur auf Fälle bezieht, die zweifelhaft sind und nicht auf die Fälle, die eindeutig den Rahmen der **Verpflichtungsbefugnis** sprengen und deshalb nach § 177 BGB zu behandeln sein könnten, ist umstritten. Wegen der besonderen Regelung des § 177 Abs. 2 BGB ist der Streit nicht nur akademisch. Bei einmal eingetretener Verweigerung der Genehmigung seitens des Erben – sei es ausdrücklich, sei es per Fiktion, kann bei Anwendung des § 177 Abs. 2 BGB nichts mehr zurückgenommen, sondern lediglich das Rechtsgeschäft neu vorgenommen werden (→ Form. J.V.14 Anm. 8 mit den dortigen Belegstellen).

6. Noch schwieriger gestaltet sich die Frage, ob der Erbe der **Umgestaltung/Ablösung** des Wohnrechtes durch eine Abfindungssumme zustimmen muss. Im Ergebnis wird die Frage wohl zu bejahen sein; denn Ausgangspunkt ist die Aussage des Gesetzes, dass der Erbe solchen Verpflichtungen (Einwilligung in die Eingehung von Verbindlichkeiten) zustimmen muss, die für eine **ordnungsgemäße Verwaltung** erforderlich sind. In der Praxis ist ein Einfamilienhaus belastet mit einem Wohnrecht auf Lebenszeit fast unverkäuflich. Wäre ein Dritter und nicht die Testamentsvollstreckerin Inhaber des Wohnrechtes gewesen und hätte dieser sich zu den beschriebenen günstigen Konditionen abfinden lassen, wären die Zweifel weit geringer, die hier aus der Interessenvermischung bzw. -Überlagerung herrühren. Das Urteil ist jedoch letztlich ohne Ansehen der Person objektiv zu treffen.

7. Nicht nur aus Sicht des Grundbuchamtes ist weiter problematisch, dass die Testamentsvollstreckerin ein sog. **In-sich-Geschäft betreibt,** sie vertritt nicht nur den Nachlass, wenn sie sich für die Aufgabe des Wohnrechtes aus dem Kaufpreis abfinden lässt, sondern auch sich selbst. Auch ihre eigenen Interessen ist sie zu wahren bemüht, sie will dem Geld nicht „hinterher laufen müssen". Nach wohl allg. Meinung ist die

Vorschrift des § 181 BGB auf den Testamentsvollstrecker jedoch analog anwendbar (→ Form. C.VII.3 Anm. 6 und allg. zur Frage der In-sich-Geschäfte des Testamentsvollstreckers: Bengel/Reimann/*Schaub* § 4 Rn. 160 ff. und Kap. 5 Rn. 52 ff., zu Grundbuchaspekten, diesbezüglich auch: Staudinger/*Reimann* BGB § 2205 Rn. 123; *Zimmermann* Rn. 464 ff.).

8. Auch wenn man die Anwendbarkeit des § 181 BGB im Bereich des Rechtes der Testamentsvollstreckung teleologisch reduziert auf die Orientierung am Maßstab ordnungsmäßiger Wirtschaft und diese mit der Umwandlung des Wohnrechtes in Geld für gewahrt und damit für gestattet hält, ist damit zu rechnen, dass das Grundbuchamt sich auf den Standpunkt stellt, für das **Grundbuch sei § 181 BGB formell** zu sehen, die Gestattung müsse in grundbuchmäßiger Form vorliegen. Selbst dann, wenn es einen solchen formellen Standpunkt nicht vertreten würde, dürfte das Grundbuchamt das Recht haben, an den Testamentsvollstrecker die Aufforderung zu richten, gemäß den Verfahrensmöglichkeiten des § 2206 BGB zu handeln; denn unter den besonderen Umständen dieses Falles könne es nicht mit allgemeinen Erfahrungssätzen die Entgeltlichkeit beurteilen. Nach der hier vertretenen Auffassung reicht insoweit die Beglaubigung aus; eine Beurkundung ist nicht erforderlich, weil der Erbe keine eigene Verpflichtung zur Übertragung des Eigentums begründet, sondern nur eine Verpflichtung bestätigt, die der Testamentsvollstrecker für ihn schon vorher begründet hatte.

9. Um diese Vollzugsunsicherheiten nicht auf dem Rücken der anderen Beteiligten auszutragen, ist deshalb die Form zu wahren und deren Einhaltung auch von dem Erben forderbar. Die Form folgt insoweit der materiellen Verpflichtung; denn es ist Aufgabe des Notars, keine nicht vollziehbaren Urkunden zu erstellen, auch etwaige **Hindernisse beim Vollzug** zu **beachten** und über diese im Rahmen seiner Belehrungspflicht zu informieren (vgl. zB BGH NJW 2009, 516). Nach hM steht das Recht, den Erben zur Einwilligung aufzufordern nur dem Testamentsvollstrecker, nicht dem Vertragspartner zu (→ Form. J.V.14 Anm. 8, Staudinger/*Reimann* BGB § 2206 Rn. 9, 14; *Zimmermann* Rn. 406). Der Testamentsvollstrecker wird allerdings den Notar entsprechend beauftragen können. Um jedoch keinerlei Zweifel aufkommen zu lassen, wird hier vorgeschlagen, doppelspurig vorzugehen.

10. **Schadensersatzansprüche** könnten sowohl von Seiten der Miterben – Verzug im Hinblick auf eine verspätete Mitwirkungshandlung zu deren Vornahme eine Verpflichtung bestand – wie auch uU vom Käufer geltend gemacht werden, ebenfalls im Hinblick auf einen möglichen Verzug. Dabei wäre dieser Anspruch wohl gegen die Erbengemeinschaft, repräsentiert durch den Testamtensvollstrecker, zu richten, der wiederum im Rahmen des Gesamtschuldnerausgleichs bzw. -regresses gegen den Erben vorgehen könnte.

11. Auch wenn der Testamentsvollstrecker seine **Vergütung** grundsätzlich aus dem Nachlass **entnehmen** darf, § 181 BGB also nicht entgegensteht, ist er nicht ohne weiteres berechtigt, einzelne bestimmte Gegenstände statt Geld dem Nachlass zu entnehmen (BGH NJW 1963, 1616 = DNotZ 1964, 169; Bengel/Reimann/*Eckelskemper* Kap. 10 Rn. 147). Auch dieses ist eine Frage der ordnungsmäßigen Wirtschaft, liegt diese vor, besteht eine Verpflichtung des Erben zur Einwilligung.

7. Handhabungsvertrag zwischen zwei Vertragserben und dem Testamentsvollstrecker

Wir, ...

wollen uns über die Handhabung folgenden Sachverhaltes einigen:

1. In seinem Schreiben vom . . . . . . hatte der Erblasser der Lebensversicherung[1]. . . . . . zu deren Lebensversicherungsvertrag vom . . . . . . Nr. . . . . . . mitgeteilt, die Lebensversicherungssumme solle an seine Erben fallen.[2]
2. Der Erblasser hatte dem Vertragserben . . . . . . zunächst einige kleinere Geschenke gemacht, dann aber kurz vor seinem Ableben diesem ein wertvolles Bild geschenkt und ihm dieses geradezu aufgedrängt. Auch bestehen hier bereits gewisse Zweifel an der Geschäftsfähigkeit des Erblassers.[3]

Wir stellen gemeinsam fest, dass diese Vorgehensweise nicht mit der Konzeption des Erbvertrages und auch nicht mit den an den Testamentsvollstrecker gerichteten Handlungsanweisungen übereinstimmt. Deshalb verständigen wir uns darauf, die Lebensversicherungssumme und das Bild, so zu behandeln, als gehörten diese Gegenstände zum Nachlass unabhängig davon, wie die genaue rechtliche Einordnung vorzunehmen sein könnte. Soweit diese Gegenstände nicht dem Erbrecht und damit auch nicht der Testamentsvollstreckung unterliegen, wird dem Testamentsvollstrecker eine entsprechende Vollmacht erteilt, wobei er von den Beschränkungen des § 181 BGB befreit wird. Der Gesamtnachlass soll unter Einschluss dieser beiden Gegenstände einheitlich abgewickelt werden. Damit wird der Testamentsvollstrecker auch beauftragt. Wir verpflichten uns, etwa noch erforderliche Mitwirkungshandlungen unverzüglich vorzunehmen.

Anmerkungen

1. Zur Lebensversicherung → Form. J.VI.1.

2. Zweifelhaft ist hier zunächst, ob der Erblasser durch sein Schreiben an die Lebensversicherung tatsächlich einen Wechsel vom **Schuldrecht** in das **Erbrecht** vollzogen hat; denn nur dann, wenn kein Bezugsberechtigter existiert, fällt die Lebensversicherung, dh die entsprechende Forderung in den Nachlass. Mit der Adressatenangabe „Erben“ könnte auch einfach nur eine Sammelbezeichnung für die Bezugsberechtigten geäußert worden sein.

3. Hinsichtlich des Bildes bestehen nicht nur Zweifel wegen der Geschäftsfähigkeit – wenn Geschäftsunfähigkeit vorgelegen hätte, würde es zum Nachlass gehören, sondern weil auch möglicherweise ein Rückforderungsrecht des benachteiligten Vertragserben aus § 2287 BGB besteht. Dieser Anspruch fällt nicht in den Nachlass, er entsteht von vornherein in der Person des Erben (Staudinger/*Kanzleiter* BGB § 2287 Rn. 22 und Staudinger/*von Olshausen* BGB § 2325 Rn. 42), weshalb er auch nicht einer Testamentsvollstreckung unterliegt. Derartige Fragen lassen sich vernünftig eigentlich nur pragmatisch lösen, Streitigkeiten sind insoweit meistens recht unfruchtbar. Eine Lösung kann dann in einem Vertrag wie dem beschriebenen bestehen: Die Erben binden sich durch schuldrechtliche Vereinbarungen, die **Kompetenz** des Testamentsvollstreckers wird durch **Auftrag** und **Vollmacht** abgesichert.

X. Nachlassverwaltung und Nachlassinsolvenz

1. Checkliste: Nachlassverwaltung und Nachlassinsolvenz

- ❒ Einreden des Erben gegen unbeschränkte Haftung für Nachlassverbindlichkeiten[1]
- ❒ Verlust der Beschränkbarkeit der Erbenhaftung[2]
- ❒ Handlungsmöglichkeiten der Nachlassgläubiger[3, 4]

Anmerkungen

1. Einreden des Erben gegen unbeschränkte Haftung für Nachlassverbindlichkeiten. Mit dem Erbfall wird der Erbe Schuldner der Nachlassgläubiger und haftet gemäß § 1967 Abs. 1 BGB grundsätzlich unbeschränkt mit dem Nachlass und seinem eigenen Vermögen. Das wirksamste Mittel zur Haftungsvermeidung ist die Ausschlagung der Erbschaft, § 1943 ff. BGB. Schlägt der Erbe nicht aus, kann er eine Haftungsbeschränkung auf den Nachlass erreichen, wenn ein Nachlassverwaltungs- oder Nachlassinsolvenzverfahren (→ Form. J.X.1, → Form. J.X.2) durchgeführt wird und er nicht bereits unbeschränkbar haftet (→ Anm. 2).

Ohne **Nachlassverwaltung oder Nachlassinsolvenz** stehen dem Erben lediglich mehrere Einreden gegen seine unbeschränkte Haftung zur Verfügung. Die Einreden ändern nichts an seiner Schuldnerschaft und entfalten ihre Wirkung daher erst im Prozess bzw. im Zwangsvollstreckungsverfahren, §§ 780, 781, 785, 767 ZPO (vgl. Sudhoff/*Scherer* Unternehmensnachfolge § 12 Rn. 4; MAH ErbR/*Siegmann* § 23 Rn. 46 f., 49, 52, 56 f.).

- **Aufgeboteinrede, § 2015 BGB:** Der über den Umfang von Nachlassverbindlichkeiten unsichere Erbe sollte ein gerichtliches Gläubigeraufgebotsverfahren nach §§ 1970 ff. BGB, §§ 454 ff. FamFG beantragen. Er vermeidet das Risiko, im Fall einer späteren Nachlassinsolvenz den Insolvenzgläubigern aufgrund der einseitigen Befriedigung von Gläubigern aus dem Nachlass zu haften, vgl. § 1980 Abs. 2 S. 2 BGB (OLG Düsseldorf ZEV 2000, 236 mAnm *Küpper*). Das Risiko einer späteren Haftung im Fall der Nachlassinsolvenz lässt sich auch durch ein privates Aufgebot nach § 2061 BGB vermeiden (*Zimmermann* ZErb 2011, 259). Anders als das gerichtliche Aufgebotsverfahren (vgl. § 455 Abs. 1 FamFG) steht das private Aufgebot auch dem bereits unbeschränkbar haftenden Erben offen. Nach § 2015 BGB kann der Erbe die Befriedigung von Nachlassverbindlichkeiten bis zur Beendigung des gerichtlichen Aufgebotsverfahrens **verweigern**, wenn er das Aufgebot innerhalb eines Jahres nach Erbschaftsannahme bestellt hat.
- **Ausschlusseinrede, § 1973 BGB:** Mit dem Aufgebot werden Nachlassgläubiger aufgefordert, ihre Forderungen gegen den Nachlass anzumelden. Versäumt ein Gläubiger die Aufgebotsfrist, kann er vom Erben Befriedigung nur noch nach bereicherungsrechtlichen Grundsätzen verlangen, also insoweit, wie der Erbe nach Befriedigung der Gläubiger, die ihre Forderungen fristgemäß angemeldet haben, noch bereichert ist, § 1973 Abs. 2 BGB. Der Erbe kann die Herausgabe von verbliebenen Nachlassgegenständen gegen Zahlung ihres Wertes abwenden, § 1973 Abs. 2 S. 2 BGB. Die Ausschlusseinrede wirkt nicht gegenüber Pflichtteilsansprüchen und Vermächtnissen, die gemäß § 1973 Abs. 1 S. 2 BGB nachrangig zu bedienen sind.

- **Verschweigungseinrede, § 1974 BGB:** Macht ein Nachlassgläubiger seine Forderung erst mehr als fünf Jahre nach dem Erbfall geltend und war seine Forderung dem Erben nicht bekannt, kann ihm der Erbe die Verschweigungseinrede des § 1974 BGB entgegen halten. Er haftet ihm dann wie einem Gläubiger, der seine Forderung nicht fristgerecht im Aufgebotsverfahren angemeldet hat.
- **Dürftigkeitseinrede, § 1990 BGB:** Ist der Wert des Nachlasses so gering, dass er die voraussichtlichen Kosten eines Nachlassverwaltungs- oder -insolvenzverfahrens nicht deckt oder wurde die Durchführung des Nachlassverwaltungs- oder -insolvenzverfahrens mangels Masse abgelehnt oder eingestellt, kann der Erbe einem Nachlassgläubiger die Dürftigkeitseinrede nach § 1990 Abs. 1 BGB entgegen halten, wenn er ihm den Nachlass vollständig herausgibt und nicht bereits unbeschränkbar haftet (→ Anm. 2). Er haftet dann wie ein seit Annahme der Erbschaft von den Nachlassgläubigern Beauftragter, für die Zeit davor greifen die Regeln zur Geschäftsführung ohne Auftrag, § 1990 Abs. 1 iVm § 1978 Abs. 1 S. 1 bzw. S. 2 BGB (vgl. Bamberger/Roth/*Lohmann* BGB § 1991 Rn. 1).
- **Überschwerungseinrede, § 1992 BGB:** Übersteigt die Belastung durch Vermächtnisse und Auflagen den Wert des Nachlasses, kann er ihnen die Überschwerungseinrede entgegen halten und ihre Ansprüche nach den Regeln des § 1991 BGB erfüllen. Alternativ kann er Nachlassinsolvenz beantragen mit der Folge, dass die Ansprüche von Vermächtnisnehmern und Auflagenbegünstigten nachrangig berücksichtigt werden, § 327 InsO. Die vorschnelle Erfüllung von Vermächtnissen oder Auflagen ist in der Nachlassinsolvenz nach § 322 InsO, außerhalb der Insolvenz wie eine unentgeltliche Leistung nach § 5 AnfG anfechtbar (vgl. Bamberger/Roth/*Lohmann* BGB § 1992 Rn. 1).
- **Einrede nach § 2059 Abs. 1 S. 1 BGB:** Ein Miterbe kann seine Haftung nach § 2059 Abs. 1 S. 1 BGB ohne weiteres bis zur Teilung der Erbengemeinschaft auf den Nachlass beschränken. Die Erhebung dieser Einrede hat lediglich aufschiebende Wirkung und verhindert nicht den Eintritt des Verzugs (Bamberger/Roth/*Lohmann* BGB § 2059 Rn. 3).

2. Verlust der Beschränkbarkeit der Erbenhaftung. Der Erbe verliert **gegenüber sämtlichen Gläubigern** die Möglichkeit, seine grundsätzlich unbeschränkte Haftung für Nachlassverbindlichkeiten nach § 1967 BGB zu beschränken (vgl. dazu *Herzog* ErbR 2013, 70 [73]), wenn er

- eine auf Antrag eines Gläubigers vom Gericht gesetzte **Frist** zur Errichtung eines Inventars versäumt, § 1994 Abs. 1 S. 2 BGB oder
- bei einem freiwillig oder nach gerichtlicher Aufforderung errichteten Inventar absichtlich erheblich unrichtige oder unvollständige Angaben macht (sog. **Inventaruntreue**), § 2005 Abs. 1 S. 1 BGB oder
- er bei einer amtlichen Inventaraufnahme Auskünfte verweigert oder absichtlich erheblich verzögert, §§ 2005 Abs. 1 S. 2 BGB.

Nur **gegenüber einem einzelnen Gläubiger** verliert der Erbe die Möglichkeit, seine Haftung zu beschränken, wenn

- er sich weigert, die Richtigkeit seiner Angaben an Eides statt zu versichern, § 2006 Abs. 3 BGB oder
- er verurteilt wurde, ohne den Vorbehalt seiner beschränkten Haftung gemäß § 780 Abs. 1 ZPO im Prozess angemeldet hat.

Verletzt der Erbe im Fall der Überschuldung des Nachlasses oder der Zahlungsunfähigkeit seine Insolvenzantragspflicht, so macht er sich nach § 1980 BGB schadensersatzpflichtig und haftet insoweit auch mit seinem Eigenvermögen.

3. Handlungsmöglichkeiten der Nachlassgläubiger. Einem Nachlassgläubiger, der die Erfüllung einer Nachlassverbindlichkeit durch den Erben durchsetzen will, stehen insbesondere die folgenden Handlungsmöglichkeiten zur Verfügung:

- Er kann beim Nachlassgericht beantragen, dass dem Erben eine Frist zur Errichtung eines Inventars nach § 1994 Abs. 1 BGB gesetzt wird, sofern der Nachlassgläubiger seine Forderung glaubhaft macht.
- Er kann beim Nachlassgericht Nachlassverwaltung nach § 1981 Abs. 2 BGB beantragen, wenn er glaubhaft macht, dass die Befriedigung der Nachlassgläubiger aus dem Nachlass gefährdet ist, etwa weil Eigengläubiger des Erben in den Nachlass vollstrecken oder der Erbe Nachlassgegenstände verschleudert.

4. Steuern. Der Nachlassverwalter hat ebenso wie der Nachlassinsolvenzverwalter die steuerlichen Pflichten des Erben zu erfüllen (Meincke/*Hannes/Holtz* ErbStG § 31 Rn. 12). Dazu gehört die Anzeigepflicht gem. § 30 ErbStG und die Pflicht zur Abgabe einer Steuererklärung gem. § 31 Abs. 5 ErbStG. Die Bekanntgabe des Steuerbescheids hat an ihn zu erfolgen, § 32 Abs. 1 S. 1 ErbStG. Der Nachlassverwalter muss für die Bezahlung der Erbschaftsteuer sorgen, und zwar aus Mitteln des Nachlasses, §§ 20 Abs. 3, 32 Abs. 1 S. 2 ErbStG. Auf Verlangen des Finanzamts hat er aus dem Nachlass Sicherheit zu leisten. Händigt er den Erben den Nachlass aus, ohne die Entrichtung der Erbschaftsteuer sichergestellt zu haben, kann er bei Ausfall der Erben als Haftungsschuldner gem. §§ 34, 35 AO in Anspruch genommen werden (Meincke/*Hannes/Holtz* ErbStG § 20 Rn. 33). Auch ertragsteuerlich hat der Nachlassverwalter bzw. Nachlassinsolvenzverwalter gem. § 34 Abs. 3 AO sämtliche steuerliche Pflichten der Erben in Bezug auf den Nachlass zu erfüllen. Befindet sich ein Betrieb im Nachlass, gilt das insbes. für die Aufzeichnungspflichten, die Steuererklärungspflicht sowie die Pflicht zur Berichtigung unrichtiger Erklärungen aus der Vergangenheit. Umsatzsteuerlich hat der Nachlassverwalter bzw. Nachlassinsolvenzverwalter ebenso die Aufzeichnungspflichten des Unternehmens zu erfüllen und USt-Voranmeldungen abzugeben. Unternehmer bleibt allerdings der Erbe.

2. Antrag des Nachlassgläubigers auf Anordnung der Nachlassverwaltung

An das

Amtsgericht (. . . . . .)[1, 2]

– Nachlassgericht –

Aktenzeichen: (. . . . . .)

In der Nachlasssache des Herrn (. . . . . .), geboren am (. . . . . .), verstorben am (. . . . . .) in (. . . . . .) und zuletzt wohnhaft (. . . . . .)

zeigen wir an, dass uns Herr . . . . . . mit seiner Vertretung beauftragt hat. Eine auf uns lautende Vollmacht fügen wir in Kopie bei. Namens und im Auftrag unseres Mandanten

beantragen[3] wir,

die Verwaltung des Nachlasses des oben genannten Erblassers anzuordnen.[4-6]

Begründung:

Der Erblasser wurde in gesetzlicher Erbfolge von seiner einzigen Tochter, Frau (. . . . . .) allein beerbt. Frau (. . . . . .) hat die Erbschaft am (. . . . . .) angenommen.[7] Der

Antragsteller hat gegen den Erblasser offene Forderungen aus der Lieferung von Wein und Spirituosen, die der Erblasser am (. . . . . .) bei dem Antragsteller bestellte und die am (. . . . . .) ausgeliefert wurden.[8]

Glaubhaftmachung:

Vorlage der vom Erblasser unterzeichneter Bestellschein vom (. . . . . .), hier in Kopie als

Anlage A1,

Vorlage des Erblasser quittierten Lieferscheins vom (. . . . . .), hier in Kopie als

Anlage A2,

Vorlage der diesbezüglichen Rechnung vom (. . . . . .), hier in Kopie als

Anlage A3.

Die Erbin befindet sich in Privatinsolvenz.[9]

Glaubhaftmachung:

Ausdruck der Eröffnungbekanntmachung vom (. . . . . .), hier in Kopie abgerufen unter www.insolvenzbekanntmachungen.de als

Anlage A4.

Aufgrund der schlechten Vermögenslage der Erbin ist die Realisierung der Forderung des Antragstellers gefährdet.

. . . . . .

(Unterschriften)

. . . . . .

(Rechtsanwälte)[10]

Anmerkungen

1. Sachverhalt. Vgl. die obige Sachverhaltsdarstellung.

2. Zuständigkeit. Der Antrag ist beim Nachlassgericht zu stellen, in dessen Bezirk der Erblasser zum Zeitpunkt seines Todes seinen Wohnsitz, hilfsweise seinen letzten Aufenthalt hatte, §§ 343 FamFG, 23a Abs. 2 Nr. 2 GVG. Bei einem ausländischen Erblasser genügt gemäß § 343 Abs. 3 FamFG im Inland belegenes Vermögen.

3. Antragsbefugnis. Antragsbefugt ist neben dem Erben selbst jeder Nachlassgläubiger, § 1982 Abs. 2 BGB, nicht aber ein Eigengläubiger des Erben. Der Antragsbefugnis steht nicht entgegen, wenn ein Nachlassgläubiger nach § 1973 BGB oder § 1974 BGB ausgeschlossen ist oder wenn ein Nachlassgläubiger zugleich Miterbe ist. Ebenfalls antragsbefugt sind Pflichtteilsberechtigte und Vermächtnisnehmer (MAH ErbR/*Wiester* § 24 Rn. 11 ff). Antragsbefugt in entsprechender Anwendung des § 317 Abs. 1 InsO ist auch der Testamentsvollstrecker. Anstelle des Erben ist der Erbschaftskäufer gemäß § 2383 Abs. 1 S. 1 BGB antragsbefugt. Außerdem ist der mit dem Erben in Gütergemeinschaft lebenden

Ehepartner entsprechend § 318 InsO zum Antrag befugt. Ob auch dem Nachlasspfleger eine Antragsbefugnis entsprechend § 317 InsO zukommt, ist umstritten und soll davon abhängen, ob einige der Erben bekannt sind (näher MAH ErbR/*Wiester* § 24 Rn. 19).

4. Kostendeckung. Die Anordnung setzt voraus, dass ein die Kosten deckender Nachlass vorhanden ist, § 1982 BGB. Dies soll erst dann anzunehmen sein, wenn die Verwertung des Nachlasses einen nicht unerheblichen Überschuss über die Kosten erwarten lässt (MüKoBGB/*Siegmann* § 1982 Rn. 1). Das Nachlassgericht prüft die Kostendeckung nach freier Schätzung und wird den Erben zur Vorlage eines Nachlassverzeichnisses verpflichten, sofern sich der Nachlassbestand nicht aus Nachlassakte oder Antrag ergibt. Das Angebot eines Massekostenvorschusses entsprechend § 26 Abs. 1 InsO zur Abwendung einer Ablehnung mangels Masse ist zwar zulässig, ist jedoch selten dem direkten Antrag der Eröffnung der Nachlassinsolvenz vorzuziehen.

5. Anhörung des Erben. Im Fall eines zulässigen Fremdantrags hat das Nachlassgericht den Erben entsprechend § 14 Abs. 2 InsO vor Anordnung der Nachlassverwaltung anzuhören. Er erhält Gelegenheit, die Behauptungen des Antragstellers durch Glaubhaftmachung zu entkräften oder Sicherheit zu leisten, um die Anordnung abzuwenden.

6. Anordnung der Nachlassverwaltung. Es ist üblich, aber nicht erforderlich, dass die Anordnung förmlich beschlossen wird. Sie ist gemäß § 1983 BGB öffentlich bekannt zu machen durch Anzeige in einer überregionalen, aber örtlich verbreiteten Tageszeitung. Das zuständige Finanzamt ist gemäß § 34 Abs. 2 ErbStG, § 7 ErbStDV zu informieren. Die Anordnung wird mit Bekanntgabe gegenüber dem Erben bzw. dem Testamentsvollstrecker oder Nachlasspfleger wirksam.

Die Anordnung der Nachlassverwaltung führt zum **Verlust der Verwaltungs- und Verfügungsbefugnis** des Erben bzw. Testamentsvollstreckers oder Nachlasspflegers, § 1984 Abs. 1 S. 1 BGB. An ihrer Stelle ist der Nachlassverwalter zur Verwaltung und Verfügung und zur Prozessführung befugt (MAH ErbR/*Wiester* § 24 Rn. 30 ff.). Dennoch vom Erben vorgenommene Verfügungen sind unwirksam, § 1984 Abs. 1 S. 2 BGB. Vor Anordnung der Nachlassverwaltung vorgenommene Verwaltungsmaßnahmen oder Verfügungen bleiben indes wirksam.

Der Nachlassverwalter hat den Nachlass in Besitz zu nehmen und zu verwalten, ein Nachlassverzeichnis aufzunehmen zu prüfen, ob der Nachlass insolvent ist und gegebenenfalls Insolvenzantrag zu stellen. Anderenfalls hat er Nachlassgegenstände zu verwerten, die Nachlassgläubiger zu befriedigen und einen hiernach möglicherweise verbleibenden Überschuss an den Erben auszukehren (vgl. näher MAH ErbR/*Wiester* § 24 Rn. 79 f.).

7. Zweijahresfrist seit Annahme der Erbschaft. Der Antrag des Nachlassgläubigers auf Anordnung der Nachlassverwaltung muss entsprechend § 319 InsO innerhalb von zwei Jahren nach Annahme der Erbschaft durch den Alleinerben oder durch den letzten Miterben gestellt werden.

8. Glaubhaftmachung einer eigenen Forderung. Der Antrag setzt voraus, dass der Antragsteller glaubhaft macht, eine fällige Forderung gegen den Erblasser zu haben. Stellt sich später heraus, dass die Forderung tatsächlich nicht besteht, berührt dies die Wirksamkeit des Antrags und einer hierauf beruhenden Anordnung der Nachlassverwaltung nicht.

9. Glaubhaftmachung der Gefährdung der Erfüllung. Der Antrag ist nur statthaft, wenn glaubhaft gemacht wird, dass die Befriedigung der Forderung des Antragstellers gefährdet ist, § 1981 Abs. 2 S. 1 BGB. Die Gefährdung entfällt, wenn der Erbe Sicherheit leistet (MAH ErbR/*Wiester* § 24 Rn. 14). Eine Gefährdung kann sich aus dem Verhalten des Erben oder des Testamentsvollstreckers ergeben, wenn dieser zB Nachlassgegenstände leichtfertig verschleudert, voreilig einzelne Nachlassgläubiger befriedigt oder den Nachlass verwahrlosen lässt (Bamberger/Roth/*Lohmann* BGB § 1981 Rn. 6). Die Gefähr-

dung kann sich auch aus der Vermögenslage des Erben ergeben, wenn sein Eigenvermögen nicht zur Befriedigung seiner Eigengläubiger genügt und daher die Gefahr besteht, dass diese aus diesem Grund auf den Nachlass zugreifen. Hiervon ist auszugehen, wenn der Erbe die Eidesstattliche Versicherung abgegeben hat.

3. Antrag des Erben auf Eröffnung des Nachlassinsolvenzverfahrens

An das

Amtsgericht (. . . . . .)[1, 2]

– Insolvenzgericht –

Aktenzeichen: – neu –

Sehr geehrte Damen und Herren,

wir zeigen an, dass uns Herr . . . . . . mit seiner Vertretung beauftragt hat. Eine auf uns lautende Vollmacht fügen wir in Kopie bei. Namens und im Auftrag unseres Mandanten

beantragen[3] wir,

über den Nachlass des am (. . . . . .) geborenen und am (. . . . . .) in (. . . . . .) verstorebenen und zuletzt in (. . . . . .) wohnhaften Herrn (. . . . . .), den unser Mandant allein beerbt hat, wegen Überschuldung das Insolvenzverfahren zu eröffnen.[4-6]

Begründung:

Der Erblasser wurde in gesetzlicher Erbfolge von seinem einzigen Sohn, unserem Mandanten allein beerbt. Unser Mandant hat die Erbschaft angenommen. Einen auf unseren Mandanten lautenden Erbschein[3] fügen wir in Kopie als

Anlage A1,

bei. Die Überschuldung ergibt sich aus dem als

Anlage A2

beigefügten Nachlassverzeichnisses, dessen Richtigkeit und Vollständigkeit unser Mandant darauf versichert hat. Aus dem Nachlassverzeichnis ergeben sich auch die Namen und Anschriften der Nachlassgläubiger sowie -schuldner, soweit sie unserem Mandanten bekannt sind.

Auf den Konten des Erblassers befindet sich ein Guthaben von (. . . . . .) EUR, das zur Deckung der Verfahrenskosten genügen sollte.[7]

Wir bitten um Übersendung einer Abschrift des Beschlusses über die Eröffnung des Nachlassinsolvenzverfahrens, die Bestellung des Nachlassinsolvenzverwalters und weiterer Anordnungen. Die hierfür anfallenden Kosten werden wir tragen.

. . . . . .

(Unterschriften)

. . . . . .

(Rechtsanwälte)[8]

Anmerkungen

1. Sachverhalt. Vgl. die obige Sachverhaltsdarstellung.

2. Zuständigkeit. Zuständig ist das Insolvenzgericht, in dessen Bezirk der Erblasser seinen letzten gewöhnlichen Aufenthalt (Mittelpunkt seiner selbständigen wirtschaftlichen Tätigkeit oder hilfsweise seinen allgemeinen Gerichtsstand) hatte, §§ 2, 315 InsO. Die Internationale Zuständigkeit folgt aus Art. 3 Abs. 1 EuInsVO (VO (EG) Nr. 1346/2000 vom 29.5.2000). Liegt hiernach keine internationale Zuständigkeit für ein Nachlassinsolvenzverfahren über den weltweiten Nachlass des Erblassers vor, kommt die Eröffnung eines **Partikularinsolvenzverfahrens** nach Art. 3 Abs. 4 EuInsVO, § 354 InsO über den deutschen Nachlassteil in Betracht, wenn hieran ein besonderes rechtliches Interesse des Antragstellers besteht.

3. Antragsbefugnis und Glaubhaftmachung des Eröffnungsgrundes. Der **Erbe** ist antragbefugt und hat seine Erbenstellung durch Vorlage eines Erbscheins oder einer notariellen letztwilligen Verfügung mit Eröffnungsprotokoll des Nachlassgerichts nachzuweisen (MAH ErbR/*Wiester* § 25 Rn. 27). In der Praxis wird regelmäßig die Vorlage einer Erbscheinskopie genügen. Es kommt darauf an, dass dem Insolvenzgericht keine materiell-rechtliche Prüfung der Erbenstellung aufgebürdet wird. Stellen nicht sämtliche Miterben gemeinsam den Insolvenzantrag, so muss der **Insolvenzgrund** nach § 317 InsO im Antrag **glaubhaft gemacht** werden.

Rechtlich zulässig, in der Praxis aber kaum relevant ist die Antragsbefugnis durch **Nachlassgläubiger.** Diese müssen im Antrag sowohl den Insolvenzgrund nach § 320 S. 1 InsO, als auch das Bestehen einer eigenen Forderung und ihr rechtliches Interesse an der Verfahrenseröffnung **glaubhaft machen,** § 14 Abs. 1 InsO. Hieran fehlt es bei voll besicherten Gläubigern, da sie ihre Forderung auch ohne Nachlassinsolvenzverfahren durchsetzen können. Zudem ist ein Insolvenzantrag eines Nachlassgläubigers nur innerhalb der **Zweijahresfrist** des § 319 InsO statthaft.

Im Fall des Insolvenzantrags durch Nachlassgläubiger oder durch einzelne von mehreren Miterben müssen die am Antrag nicht beteiligten Erben angehört werden, damit sie den glaubhaft gemachten Insolvenzgrund durch Glaubhaftmachung widerlegen können, §§ 14 Abs. 2, 317 Abs. 2 S. 2 InsO.

4. Eröffnungsgründe. Nach § 320 InsO kommen drei Eröffnungsgründe in Betracht, die sich jeweils auf den Nachlass als Sondermasse beziehen müssen:

- **Zahlungsunfähigkeit.** Dies ist das Fehlen ausreichender flüssiger Nachlassmittel, um die fälligen Nachlassverbindlichkeiten zu begleichen, § 320 S. 1 InsO (*Vallender/Fuchs/Rey* NZI 1999, 355);
- **Überschuldung.** Dies ist das Zurückbleiben des Aktivnachlasses hinter den Nachlassverbindlichkeiten, § 19 Abs. 2 S. 1 InsO. Zu ihrer Feststellung ist ein Überschuldungsstatus aufzustellen, in den die Aktiva mit ihrem realistischen aktuellen Veräußerungswert den Verbindlichkeiten einschließlich der Masseverbindlichkeiten nach § 324 InsO gegenüber zu stellen sind. Zu der Berücksichtigung der nachrangigen Verbindlichkeiten nach § 327 InsO vgl. MAH ErbR/*Wiester* § 25 Rn. 17.
- **Drohende Zahlungsunfähigkeit.** Drohende Zahlungsunfähigkeit liegt vor, wenn es überwiegend wahrscheinlich ist, dass bei künftigem Eintritt der Fälligkeit noch nicht fälliger Verbindlichkeiten der Nachlass nicht ausreichen wird, um die Zahlungsverpflichtungen fristgemäß zu erfüllen, § 18 Abs. 2 InsO. Die drohende Zahlungsunfähigkeit lässt sich durch einen Liquiditätsplan belegen. Die drohende Zahlungsunfähigkeit begründet allein für den Erben ein Insolvenzantragsrecht, aber keine Antragspflicht, vgl. § 1980 BGB.

5. Vorläufige Nachlasssicherung. Bis zur Entscheidung über die Eröffnung des Nachlassinsolvenzverfahrens können als vorläufige Sicherungsmaßnahmen ein vorläufiger Insolvenzverwalter nach § 21 Abs. 2 Nr. 1 InsO eingesetzt, ein allgemeines Verfügungsverbot nach § 21 Abs. 2 Nr. 2 InsO oder ein allgemeines Veräußerungsverbot nach § 21 Abs. 2 Nr. 2 Alt. 2 InsO verhängt oder Zwangsvollstreckungsmaßnahmen in den beweglichen Nachlass untersagt werden, § 21 Abs. 2 Nr. 3 InsO. Zudem können Gegenstände versiegelt, die Herausgabe an Dritte untersagt und die Post gesperrt werden, § 21 Abs. 2 Nr. 1 bis 4 InsO.

6. Eröffnung der Nachlassinsolvenz. Die Eröffnung des Nachlassinsolvenzverfahrens erfolgt durch Beschluss, mit dem ein vorläufiger Insolvenzverwalter zu bestellen ist, den die erste Gläubigerversammlung nach § 57 InsO ersetzen kann. Die Eröffnung ist mit Datum und Uhrzeit zu vermerken und die Gläubiger werden unter Fristsetzung aufgefordert, ihre Forderungen und Sicherheiten beim Insolvenzverwalter anzumelden, § 28 Abs. 1 InsO. Schuldner werden aufgefordert, nur noch an den Insolvenzverwalter zu leisten, § 28 Abs. 3 InsO. Schließlich wird im Eröffnungsbeschluss ein Termin für die erste Gläubigerversammlung und ein Prüfungstermin für die angemeldeten Forderungen bestimmt, § 29 InsO. Der Eröffnungsbeschluss ist im elektronischen Bundesanzeiger und dem regionalen Veröffentlichungsblatt öffentlich bekannt zu machen.

Wird die Eröffnung des Insolvenzverfahrens abgelehnt, steht dem Antragsteller die sofortige Beschwerde offen, § 34 Abs. 1 InsO. Gegen den Eröffnungsbeschluss steht dem Erben das Rechtsmittel der sofortigen Beschwerde nach § 34 Abs. 2 InsO zur Verfügung.

Die Eröffnung des Insolvenzverfahrens führt zum **Verlust der Verwaltungs- und Verfügungsbefugnis** des Erben, die ausschließlich auf den Insolvenzverwalter übergeht, §§ 27, 80 Abs. 1 InsO. Damit geht auch die ausschließliche Prozessführungsbefugnis des Insolvenzverwalters in Aktiv- wie Passivprozessen einher. Wenn der Erbe nicht bereits unbeschränkbar haftet, beschränkt sich seine Haftung auf den Nachlass, § 1975 BGB, der ausschließlich den Nachlassgläubigern vorbehalten ist, § 325, 327 InsO. Einzelzwangsvollstreckungsmaßnahmen sind während der Insolvenz unzulässig, §§ 89, 90 InsO. Im Wege der Zwangsvollstreckung im letzten Monat vor Insolvenzeröffnung erlangte Sicherheiten werden unwirksam, sog. **Rückschlagsperre**, § 88 InsO. Rechtsgeschäftlich erlangte Sicherungen unterliegen der Insolvenzanfechtung, §§ 129 ff. InsO, die auch zur Beseitigung dem Erben unliebsamer Schenkungen des Erblassers führen kann.

7. Kostendeckung. Die Eröffnung des Insolvenzverfahrens ist nach § 26 InsO abzulehnen, wenn die voraussichtlichen Verfahrenskosten aus der Masse nicht gedeckt werden können. Nach § 54 InsO sind die Gerichtskosten, die Vergütungen des vorläufigen Insolvenzverwalters, des Insolvenzverwalters und der Mitglieder des Gläubigerausschusses, soweit einschlägig, zu berücksichtigen. Die Abweisung mangels Masse kann durch einen Massekostenvorschuss gemäß § 26 Abs. 2 InsO abgewendet werden. Gegen die Abweisung steht das Rechtsmittel der sofortigen Beschwerde, § 34 Abs. 1 InsO, zur Verfügung.

8. Steuern. Vgl die Ausführungen → Form. J.X.1 Anm. 4.

K. Letztwillige Verfügungen mit Auslandsbezug

I. Aufgabe und Rechtsquellen des Internationalen Privatrechts

Bei Fällen mit Auslandsberührung bestimmt das Internationale Privatrecht, welches Recht zur Anwendung gelangt. Die Quellen des Internationalen Privatrechts finden sich – soweit nicht unmittelbar wirkende EU-Verordnungen vorgehen – im EGBGB (Art. 3 ff.) aber auch in staatsvertraglichen Regelungen, die gem. Art. 3 Nr. 2 EGBGB vorrangig zu berücksichtigen sind. Grundlegend hat sich die Gestaltung für Erbrechtsfälle innerhalb der Mitgliedsstaaten der Europäischen Union geändert: Die Europäische Erbrechtsverordnung (EuErbVO) gilt für alle Erbfälle ab dem 17.8.2015 in deren Anwendungsbereich (→ Form. A.IV). Daneben regeln verschiedene multilaterale und bilaterale Verträge der Bundesrepublik Deutschland das auf die Erbfolge anwendbare Recht. Nur soweit keine Staatsverträge vorrangig zu berücksichtigen sind, ist das autonome Kollisionsrecht berufen. Das Internationale Privatrecht regelt nur das anwendbare Recht, es sagt nicht, wie sich die Lösung nach der berufenen Rechtsordnung gestaltet.

Internet-Adressen:
http://www.successions-europe.eu
http://www.unidroit.org
http://www.europarl.europa.eu
http://www.isdc.ch/de/

II. Testamentsgestaltung und Vermeidung von hinkenden Rechtsverhältnissen

Bei der Internationalen Testamentsgestaltung ist eines der größten Probleme jenes der weitest gehenden Vermeidung von sogenannten **hinkenden Rechtsverhältnissen.** Hierunter versteht man, dass aus Sicht verschiedener beteiligter Staaten unterschiedliches Sachrecht zur Anwendung gelangen kann. Das Internationale Privatrecht ist kein internationales Recht, vielmehr nationales Recht und in den verschiedenen Rechtsordnungen unterschiedlich geregelt. Insbesondere im internationalen Erbrecht kennen verschiedene Staaten verschiedene Anknüpfungsmomente – Staatsangehörigkeit des Erblassers, gewöhnlicher Aufenthalt/Wohnsitz, Belegenheit des Vermögens, Rechtswahl – und unterschiedliche Regelungen über Rück- und Weiterverweisungen, die zu unterschiedlichen Ergebnissen und damit zu den Möglichkeiten eines „*forum shopping*" führen. Während für den Richter das hinkende Rechtsverhältnis ohne Bedeutung ist, da er immer nur sein eigenes Kollisionsrecht anwendet, sollte die Kautelarpraxis ihm größte Beachtung widmen. Ein Testament kann in mehreren Rechtsordnungen Geltung beanspruchen.

Häufige erste Ursache für ein hinkendes Rechtsverhältnis war bisher die **doppelte Staatsangehörigkeit.** Viele Rechtsordnungen sehen nämlich in ihren eigenen IPR-Gesetzen bzw. in ungeschriebenen Regeln vor, dass die eigene Staatsangehörigkeit vorrangig zu berücksichtigen ist. So auch Art. 5 Abs. 1 S. 2 EGBGB. Ist der Testator beispielsweise zugleich Deutscher mit gewöhnlichem Aufenthalt in Deutschland und zugleich Serbe, so bestimmt sich die Rechtsnachfolge aus deutscher Sicht nach deutschem Recht, während der serbische Richter gem. Art. 30 Abs. 1 IPRG 1982 die eigene serbische Staatsangehörigkeit vorrangig beachtet und somit die Erbfolge serbischem Recht unterstellen würde. Umgangen werden kann dieses hinkende Rechtsverhältnis, indem der Testator eine Staatsangehörigkeit (theoretisch) aufgeben würde. Praktisch kann das Problem irrelevant sein, wenn das Vermögen des Erblassers nur in einem Staat belegen ist, so dass die Gerichte des anderen Staates nicht mit der Nachlassabwicklung befasst sind. Verhindern lässt sich aber auch dann nicht, dass beispielsweise ein pflichtteilsberechtigter Erbe im anderen Staat seine höheren Pflichtteilsrechte geltend macht und dieses Urteil im Staat der Vermögensbelegenheit anerkennen lässt und vollstreckt. Er muss jedoch ein insoweit zuständiges Gericht finden.

Zweite Ursache für ein hinkendes Rechtsverhältnis ist die **unterschiedliche Anknüpfung der Rechtsnachfolge von Todes wegen.** Ein Deutscher, der in Dänemark lebt und stirbt, wurde bisher aus deutscher Sicht aufgrund der Staatsangehörigkeit nach deutschem Recht, aus dänischer Sicht nach dänischem (Wohnsitz-)Recht beerbt. Vermeiden ließ sich diese unterschiedliche Betrachtung nicht, ihre Konsequenzen konnten jedoch weitgehend harmonisiert werden durch eine testamentarische Gestaltung, die beiden Rechtsordnungen Rechnung trägt. Dies erforderte regelmäßig, dass der Erblasser keine erbrechtlichen Gestaltungen trifft, die typisch deutsch sind, also zB eine komplizierte Vor- und Nacherbfolgeregelung. Er sollte sich dann im Wesentlichen auf einfache Gestaltungen wie Erbeinsetzungen und Vermächtnisse beschränken, die nahezu jede Rechtsordnung vorsieht. Hinsichtlich der Formgültigkeit kann man sich kumulativ auch am materiellen Recht des Staates orientieren, in dem das Testament Wirkung entfalten soll. Seit dem 17.8.2015 gilt auch nach der EuErbVO die Anknüpfung an den gewöhnlichen Aufenthalt (auch wenn die EuErbVO in Dänemark nicht gilt), sodass im Beispiel nun auch aus deutscher Sicht es zur Anwendung dänischen Erbrechts kommt. Unter Geltung der

EuErbVO können daher hinkende Rechtsverhältnisse nur noch bei Konflikten mit Rechtsordnungen entstehen, die weiterhin auf die Staatsangehörigkeit abstellen.

Dritte Ursache für ein hinkendes Rechtsverhältnis konnten bisher die **Regeln über Rück- bzw. Weiterverweisungen sein.** Ein in Deutschland lebender Franzose wurde aus deutscher Sicht kraft Rückverweisung des französischen Rechts nach deutschem Recht beerbt. Der französische Richter hingegen berief zunächst das Domizilrecht des Erblassers, damit das deutsche Recht, beachtete jedoch auch das Internationale Privatrecht der berufenen Rechtsordnung. Gem. Art. 25 Abs. 1 EGBGB nahm er eine Rückverweisung auf das französische Recht an. Diese Probleme sind nun mehr durch die EuErbVO gelöst, da die Erbfolge nach Art. 21 EuErbVO einheitlich an den gewöhnlichen Aufenthalt angeknüpft wird.

Vierte Ursache für ein hinkendes Rechtsverhältnis kann schließlich eine **Rechtswahl** sein. Eine Rechtswahl führt nämlich immer dann zu einem hinkenden Rechtsverhältnis, wenn die Rechtswahl in einem anderen Staat nicht anerkannt wird. Dies betrifft nun ausschließlich Staaten, die nicht in den Anwendungsbereich der EuErbVO fallen und deren IPR an den objektiven Aufenthalt anknüpft (zu den Vor- und Nachteilen einer Rechtswahl → Form. K.VIII.3 Anm. 2).

Eine weitere Ursache, die zu hinkenden Rechtsverhältnissen führen kann, können Konflikte mit insbesondere *Common Law* Rechtsordnungen sein, die dem Prinzip der **Nachlassspaltung** folgen, dh die Erbfolge in den beweglichen und den unbeweglichen Nachlass unterschiedlich anknüpfen (→ Form. K.VII.9). In Deutschland wurde dies bisher durch den Grundsatz „Einzelstatut bricht Gesamtstatut" nach Art. 3a Abs. 2 EGBGB vermieden. Die EuErbVO kennt hingegen diesen Grundsatz nicht mehr: Art. 21 EuErbVO geht von einem Gesamtstatut aus, dass in Art. 30 EuErbVO nur durch zwingende Sachnormen des Belegenheitsrechts eingeschränkt wird; Kollisionsnormen, welche die Erbfolge der *lex rei sitae* unterwerfen, beschränken das Gesamtstatut hingegen nicht mehr (Hausmann/Odersky IPR § 3 Rn. 103). Verstirbt beispielsweise ein deutscher Erblasser mit gewöhnlichen Aufenhalt in Deutschland und einer Immobilie in Kalifornien, so bestimmt sich das anwendbare Recht nach der EuErbVO und damit auf Grund des gewöhnlichen Aufenthalts auf das deutsche Recht. Das deutsche Erbrecht umfasst dabei aber nun auch die Immobilie in Kalifornien. Das kalifornische Recht wendet hingegen hinsichtlich der Immobilie sein eigenes Erbrecht an. Auch im Fall der Nachlassspaltung ist bei der Testamentsgestaltung besondere Aufmerksamkeit geboten, finden doch unterschiedliche Rechtsordnungen Anwendung (→ Form. K.VII.9, → Form. K.VII.10).

Jedenfalls innerhalb der an der EuErbVO teilnehmenden EU-Mitgliedsstaaten werden für Nachlassfälle ab dem 17.8.2015 Probleme aufgrund hinkender Rechtsverhältnisse weitestgehend vermieden, da einheitlich die Erbfolge an den Aufenthaltsort angeknüpft wird. Es gilt der **Grundsatz der Nachlasseinheit.** Aufgrund vorrangiger Staatsverträge (Art. 75 EuErbVO) kann es aber hinsichtlich der Nachfolgestaaten der Sowjetunion bzw. der Türkei weiterhin zu einer Nachlassspaltung kommen, da diese hinsichtlich des anwendbaren Erbrechts auf die Staatsangehörigkeit abstellen, für Immobilien aber an den Belegenheitsort (*lex rei sitae*).

III. Hinweisvermerke bei möglicher Geltung ausländischen Rechts

1. Hinweis auf eine mögliche Geltung ausländischen Rechts mit Haftungsausschlussklausel

Der beurkundende Notar hat auf Folgendes hingewiesen:[1, 2]

- Aufgrund der Staatsangehörigkeit bzw. des gewöhnlichen Aufenthalts des Erblassers im Ausland kann auf die Rechtsnachfolge von Todes wegen möglicherweise ausländisches Recht,[3, 4] insbesondere das Erbrecht des Staates . . . . ., zur Anwendung gelangen; dies könnte auch durch ein in der Zukunft liegendes Ereignis der Fall sein, etwa durch Erwerb von (unbeweglichem) Vermögen im Ausland, durch einen Wechsel der Staatsangehörigkeit oder des gewöhnlichen Aufenthalts.
- Hinsichtlich des in . . . . . . gelegenen Vermögens kann ganz oder teilweise ausländisches Erbrecht anwendbar sein und somit eine sog. Nachlassspaltung eintreten.
- Im Erbfall kann möglicherweise ein eigenes Nachlassverfahren in einem ausländischen Staat notwendig sein.
- Es ist möglich, dass bei Geltung ausländischen Rechts einzelne in dieser Urkunde getroffene Verfügungen ganz oder teilweise unwirksam sind.
- Ausländisches Recht kennt der Notar nicht. Er hat weder darüber belehrt noch beraten. Er wies auf die Möglichkeit der Errichtung im Ausland oder unter Hinzuziehung eines ausländischen Juristen oder der Einholung eines Universitätsgutachtens hin.

Der Erblasser wünscht ausdrücklich die Beurkundung des Testaments zum jetzigen Zeitpunkt und mit diesem Inhalt.

Anmerkungen

1. Sachverhalt. Im Rahmen der Testamentsgestaltung ergibt sich eine Auslandsberührung, da der Erblasser seinen gewöhnlichen Aufenthalt im Ausland, Vermögen im Ausland hat oder eine andere Staatsangehörigkeit besitzt.

2. Hinweispflicht. Auf eine eventuelle Geltung ausländischen Rechts hat der Notar bei Beurkundung einer letztwilligen Verfügung nach § 17 Abs. 3 BeurkG hinzuweisen und dies in der Urkunde zu vermerken. Eine unterlassene Belehrung kann zu einer Haftung des Notars führen (OLG Frankfurt a.M. NJW 2011, 392). Auch wenn die EuErbVO grundsätzlich auf den gewöhnlichen Aufenthalt im Zeitpunkt des Ablebens abstellt, muss der Notar nicht auf die Wandelbarkeit des anwendbaren Erbrechts hinweisen. Dies gilt jedenfalls solange keine besonderen Anzeichen für einen geplanten Aufenthaltswechsel bestehen. Vorsorglich sollte dies festgehalten werden:

„Der Erblasser hat seinen gewöhnlichen Aufenthalt in Deutschland. Ein Wegzug ist nicht beabsichtigt."

3. Kollisionsrechtliche Prüfung. Zu beachten ist, dass der Notar zwar nicht über den Inhalt ausländischen Rechts belehren muss, jedoch das deutsche internationale Privatrecht samt der IPR-Regelungen nach europäischem Recht (insbesondere EuErbVO)

daraufhin zu untersuchen hat, ob möglicherweise eine fremde Rechtsordnung berufen sein könnte. Ergibt sich aus den Angaben des Testators, dass er einen gewöhnlichen Aufenthalt jetzt oder in Zukunft im Ausland, (auch) eine ausländische Staatsangehörigkeit besitzt oder über Vermögen im Ausland verfügt, so ist dies Anlass zu einer kollisionsrechtlichen Prüfung. Die Feststellung, dass möglicherweise ausländisches Recht zur Anwendung gelangt, hindert den Notar in der Folge allerdings nicht, das Testament nach deutschem Recht zu gestalten; es ist jedoch insoweit ratsam, darauf hinzuweisen, dass einzelne Verfügungen (oder möglicherweise das ganze Testament) nach ausländischem Recht unwirksam sein könnten (vgl. WürzNotHdB/*Hertel* Teil 7 Kap. 1 Rn. 58 ff.). Um eine Anerkennung des Testaments im Ausland so weit wie möglich zu gewährleisten, sollten komplizierte Gestaltungen vermieden werden. Soweit dies möglich ist, sollte sich der Testamentsinhalt auf die Einsetzung von Erben und die Aussetzung von Vermächtnissen beschränken (*Fetsch* RNotZ 2006, 28).

4. Ausländisches Recht. Trotz des Grundsatzes, dass der Notar über den Inhalt ausländischer Rechtsordnungen nicht belehren braucht, muss, sofern eine Belehrung dennoch erfolgt, diese richtig sein. Sofern der Notar einzelne Kenntnisse hat, kann er auch nur teilweise über ausländisches Recht belehren (teilweise Belehrung über ausländisches Recht, vgl. WürzNotHdB/*Hertel* Teil 7 Kap. 1 Rn. 60). Insoweit ist zu bedenken, dass es auch als Belehrung gelten muss, wenn der Notar versucht, das Testament entsprechend den ausländischen Bestimmungen zu errichten (*Nieder/Kössinger* § 5 Rn. 47).

„Der Notar wies die Beteiligten darauf hin, dass auf die Erbfolge nach dem Ehemann österreichisches Recht anwendbar ist und dass nach österreichischem Recht – soweit dem Notar bekannt – eine erbvertragliche Bindung nur zwischen Ehegatten und nur hinsichtlich von Verfügungen zugunsten des anderen Ehegatten sowie nur hinsichtlich von höchstens drei Vierteln des Nachlasses möglich ist. Im Übrigen belehrte der Notar nicht über das österreichische Erbrecht. Er wies auf die Möglichkeit der Errichtung im Ausland oder unter Hinzuziehung eines ausländischen Juristen oder der Einholung eines Universitätsgutachtens hin. Die Beteiligten wünschten ausdrücklich die Beurkundung zum jetzigen Zeitpunkt und mit diesem Inhalt."

2. Hinweisvermerk bei Rechtswahl nach Art. 25 Abs. 2 EGBGB aF

Rechtswahl nach Art. 25 Abs. 2 EGBGB aF. Die EuErbVO lässt eine auf Immobilien beschränkte Rechtswahl nicht mehr zu (zur früheren Rechtslage WürzNotHdB/*Hertel* Teil 7 Kap. 3 Rn. 87 ff.). Würde eine derartige Rechtswahl ab dem 17.8.2015 in einer letztwilligen Verfügung von Todes wegen vorgenommen, wäre die Rechtswahl unwirksam. Von einer Gesamtnichtigkeit des Testaments dürfte indes nicht auszugehen sein. Bei einer beschränkten Rechtswahl, die vor dem 17.8.2015 getroffen wurde, der Erbfall aber erst nach der Anwendbarkeit der EuErbVO eingetreten ist, ist die Übergangsvorschrift des Art. 83 Abs. 2 EuErbVO maßgeblich, dh die Rechtswahl ist nur wirksam, wenn sie nach dem Kollisionsrecht des gewöhnlichen Aufenthalts oder der Staatsangehörigkeit des Erblassers anerkannt wird (MüKoBGB/*Dutta* EuErbVO Art. 83 Rn. 11; → Form. J.V.1 Anm. 10).

IV. Das auf die Form einer letztwilligen Verfügung und andere Verfügungen von Todes wegen anwendbare Recht

1. Vorbemerkungen

Rechtsquellen

Die Formgültigkeit letztwilliger Verfügungen und anderer Verfügungen von Todes wegen werden im deutschen Internationalen Privatrecht gesondert angeknüpft nach dem **Haager Testamentsformübereinkommen** (HTestformÜ) vom 5.10.1961 (Text siehe Palandt/*Thorn* EGBGB Anh. zu Art. 26). Das HTestformÜ wird in Deutschland durch Art. 26 EGBGB ergänzt. In Art. 27 EuErbVO sind die Anknüpfungsregeln des Haager Testamentsformübereinkommen übernommen und auf Erbverträge erweitert worden. Im Anwendungsbereich des HTestformÜ gelten dessen Regelungen allerdings im Verhältnis derjenigen Mitgliedstaaten fort, die auch Vertragsparteien des Abkommens sind (Art. 75 Abs. 1 UAbs. 2 EuErbVO). Das deutsch-türkische Nachlassabkommen enthält ebenfalls eine besondere Kollisionsregel für letztwillige Verfügungen in § 16. Letzteres wird weitgehend durch das Haager Testamentsformabkommen verdrängt, welches sowohl für Deutschland als auch für die Türkei in Kraft getreten ist. Eigenständige Bedeutung hat es allerdings noch für Verfügungen von Todes wegen, die nicht vom Haager Testamentsformabkommen geregelt werden, vor allem für den Erbvertrag.

Das **Washingtoner UNIDROIT-Übereinkommen über ein einheitliches Recht der Form eines Internationalen Testaments** vom 26.10.1973 ist in der Bundesrepublik Deutschland nicht in Kraft, jedoch in Australien, Belgien, Bosnien-Herzegowina, Ecuador, Frankreich, Italien, Kanada (Alberta, Manitoba, Newfoundland, Ontario, Saskatchewan, Prince Edward Island, New Brunswick, Nova Scotia), Kroatien, Libyen, Mazedonien, Montenegro, Niger, Portugal, Serbien, Slowenien und Zypern (aktuelle Übersicht siehe https://www.unidroit.org/status-successions). In verschiedenen US-amerikanischen Staaten ist es ebenfalls umgesetzt worden (zB Kalifornien s. Probate Code, sec. 6380–6390). Es hat aber auch in diesen Ländern nur eine untergeordnete praktische Bedeutung (Text bei Staudinger/*Dörner* EGBGB Vorb. Art. 25 f. Rn. 136 ff.). Das Abkommen verfolgt keinen kollisionsrechtlichen Ansatz, sondern schafft die besondere Form eines „Internationalen Testaments" (Einzelheiten bei *Süß* ErbR § 4 Rn. 20).

Das **Haager Testamentsformübereinkommen** gilt aktuell in 17 Mitgliedsstaaten der EU, darunter auch Großbritannien, Dänemark und Irland, in denen die EuErbVO nicht in Kraft getreten ist. Auf der Homepage der Haager Konferenz (https://www.hcch.net/en/instruments/conventions/status-table/?cid=40) kann man sich über den jeweiligen aktuellen Stand informieren und die Vorbehalte einzelner Staaten einsehen.

Soweit EU-Mitgliedsstaaten nicht das HTestformÜ ratifiziert haben, gelten die Anknüpfungen nach Art. 27 EuErbVO. Für die Testamentserrichtung eines portugiesischen Staatsangehörigen ist daher etwa die feierliche Form (*forma solene*) nach Art. 2223 port. Codigo Civil (CC) nicht mehr erforderlich.

Letztwillige Verfügungen

Unter einer letztwilligen Verfügung versteht man einseitige und gemeinschaftliche Testamente. Die Formgültigkeit dieser Rechtsgeschäfte wird durch das Haager Testamentsformübereinkommen (HTestformÜ) geregelt, das gem. Art. 75 Abs. 1 UAbs. 2 EuErbVO als Staatsvertrag Vorrang genießt. Das HTestformÜ erfasst sowohl einseitige als auch gemeinschaftliche Testamente (Art. 4 HTestformÜ), nicht aber Erbverträge. Für letztere gilt Art. 27 EuErbVO, der ausdrücklich auch einen Erbvertrag einer schriftlichen Verfügung gleichstellt. Art. 2 HTestformÜ regelt die Formgültigkeit eines Widerrufs letztwilliger Verfügungen.

Welche Vorschriften als zur Form gehörig betrachtet werden, ist der jeweiligen Rechtsordnung überlassen. Art. 5 HTestformÜ regelt einige Zweifelsfälle.

Von praktischer Bedeutung ist das in romanischen Rechtsordnungen häufig anzutreffende **Verbot gemeinschaftlicher Testamente.** Ob das jeweilige Verbot als Formfrage oder als materiell-rechtliche Frage anzusehen ist, sagt Art. 4 HTestformÜ nicht. Auch die EuErbVO lässt dies ungelöst (zum Streitstand siehe Palandt/*Thorn* EuErbVO Art. 25 Rn. 4; Hausmann/*Odersky* IPR § 15 Rn. 197). Nur wenn es in der betreffenden Rechtsordnung als Formfrage angesehen wird, hilft das Haager Testamentsformübereinkommen über dieses Verbot hinweg, sofern das entsprechende Land dieses Abkommen ratifiziert hat.

Keine Formfrage ist insbesondere auch, welche **Bindungswirkung** eine letztwillige Verfügung hat. Dies richtet sich nach dem anwendbaren Erbstatut. Soweit dieses zwar das gemeinschaftliche Testament nicht verbietet, aber auch keine Regelung hierzu vorsieht, wäre ein in Deutschland errichtetes gemeinschaftliches Testament zwar nach Art. 4 HTestformÜ als formwirksam anzuerkennen, es würde aber keine Bindungswirkung haben.

Art. 1 des Haager Testamentsformübereinkommens sehen im jeweiligen Anwendungsbereich verschiedene Anknüpfungsmomente für die Formgültigkeit von Testamenten vor. Es müssen die Formerfordernisse entweder

- des Errichtungsortes (Art. 1 Abs. 1 Buchst. a HTestformÜ), oder
- des Heimatrechts des Erblassers zum Zeitpunkt der Errichtung der Verfügung (Art. 1 Abs. 1 Buchst. b HTestformÜ), oder
- des Heimatrechts des Erblassers zum Zeitpunkt seines Todes (Art. 1 Abs. 1 Buchst. b HTestformÜ), oder
- des Wohnsitzrechts des Erblassers zum Zeitpunkt der Errichtung der Verfügung (Art. 1 Abs. 1 Buchst. c HTestformÜ), oder
- des Wohnsitzrechts des Erblassers zum Zeitpunkt seines Todes (Art. 1 Abs. 1 Buchst. c HTestformÜ), oder
- des gewöhnlichen Aufenthaltsrechts des Erblassers zum Zeitpunkt der Errichtung der Verfügung (Art. 1 Abs. 1 Buchst. d HTestformÜ), oder
- des gewöhnlichen Aufenthaltsrechts des Erblassers zum Zeitpunkt seines Todes (Art. 1 Abs. 1 Buchst. d HTestformÜ), oder
- soweit unbewegliches Vermögen vorhanden ist, des Belegenheitsorts (Art. 1 Abs. 1 Buchst. e HTestformÜ) beachtet worden sein.

Zu den subsidiär geltenden Anknüpfungsregelungen der EuErbVO siehe Art. 27 Abs. 1 EuErbVO, der weitgehend inhaltsgleich mit der Anknüpfung nach dem HTestformÜ ist.

Nach Art. 26 Abs. 1 S. 1 EGBGB sind darüber hinaus weitergehende Anknüpfungen vorgesehen. Es genügt die Beachtung

- des Rechts, das auf die Rechtsnachfolge von Todes wegen anwendbar ist (tatsächliches Erbstatut nach Art. 21, 22 EuErbVO), oder

- des Rechts, welches zum Zeitpunkt der Errichtung der Verfügung anwendbar gewesen wäre (hypothetisches Erbstatut nach Art. 24 ff. EuErbVO).

Bei den vorgenannten Verweisungen handelt es sich um Sachnormverweisungen, so dass die kollisionsrechtlichen Bestimmungen der ausländischen Rechtsordnung nicht zu befragen sind (Hausmann/*Odersky* IPR § 15 Rn. 182 Fn. 173).

Andere Verfügungen von Todes wegen sind jene Rechtsgeschäfte, die Anordnungen über das Vermögen für den Fall des Todes vorsehen, also insbesondere **Erbverträge und Schenkungen von Todes** wegen. Sie werden nicht vom Haager Testamentsformübereinkommen erfasst. Für Erbverträge gelten die Anknüpfungen nach Art. 27 Abs. 1 EuErbVO, dessen Anknüpfungen in Buchst. a bis e den obigen Anknüpfungen nach Art. 1 Abs. 1 Buchst. a bis e HTestformÜ entsprechen. Art. 26 Abs. 2 EGBGB erweitert die Möglichkeiten der Anknüpfungen weiterhin für mündlich geschlossene Erbverträge sowie für Testierverträge, für die ebenfalls Art. 27 EuErbVO anwendbar ist.

Erb-, Pflichtteils- und Zuwendungsverzichte werden nach hM als Erbvertrag iSd Art. 3 Abs. 1 Buchst. b EuErbVO qualifiziert (MüKoBGB/*Dutta* EuErbVO Art. 3 Rn. 10), nicht aber ein etwaiges Kausalgeschäft. Für die Form gilt daher gleichfalls Art. 27 Abs. 1 EuErbVO.

Schenkungen auf den Todesfall, also das Versprechen einer Zuwendung, die erst nach dem Tod vollzogen werden soll, werden ebenfalls als Erbvertrag iSd Art. 3 Abs. 1 Buchst. b EuErbVO angesehen, sodass für die Anknüpfung der Form auf Art. 27 EuErbVO abzustellen ist (MüKoBGB/*Dutta* EuErbVO Art. 3 Rn. 10; differenzierend *Süß* ErbR § 4 Rn. 77 ff.; Hausmann/*Odersky* IPR § 15 Rn. 317).

2. Zwei- und Dreizeugentestament – Common Law

. . . . . .

Dies ist mein letzter Wille. Ich bitte die unterzeichnenden Personen, meine Zeugen zu sein.[1, 2, 3, 4]

Unterschrieben am . . . . . . in . . . . . .

Unterschrift des Testators[5]. . . . . .

Die Zeugen erklären in Kenntnis der Strafbarkeit des Meineids nach dem Recht von Kalifornien, dass Nachfolgendes wahr und richtig ist:

I. Am unten genannten Datum hat der Testator uns erklärt, dass es sich hierbei um seinen letzten Willen handelt und uns gebeten dies zu bezeugen.
II. Wir wissen, dass es sich um den letzten Willen des Testators handelt.
III. Der Testator hat dieses Testament in unserer Gegenwart unterzeichnet, wobei wir alle zugleich anwesend waren.
IV. Auf Verlangen des Testators und in seiner und unserer gleichzeitigen Anwesenheit werden wir unten als Zeugen unterzeichnen.
V. Wir glauben, dass der Testator sich im Vollbesitz seiner geistigen Kräfte befindet.
VI. Wir glauben, dass dieses Testament nicht durch Zwang, Drohung, Täuschung oder unzulässige Beeinflussung zustande gekommen ist.
VII. Wir erklären, dass der Testator 18 Jahre oder älter ist.
VIII. Wir erklären, dass jeder von uns, heute 18 Jahre oder älter, ein befähigter Zeuge und wohnhaft unter der nach seinem Namen aufgeführten Adresse ist.

<table>
<tr><td>......
Unterschrift des Zeugen</td><td>......
Unterschrift des Zeugen</td></tr>
<tr><td>......
Name</td><td>......
Name</td></tr>
<tr><td>......
Wohnsitzanschrift</td><td>......
Wohnsitzanschrift</td></tr>
</table>

Anmerkungen

1. Sachverhalt. Ein Erblasser verfügt über Vermögen in einem Common Law-Staat, dass der Nachlassabwicklung unterliegen wird und errichtet ein privatschriftliches Testament.

2. Errichtung mit Zeugen. Sofern die Formwirksamkeit des Testaments auch im Ausland sichergestellt werden soll, hat man sich entweder zu vergewissern, dass das entsprechende Land das Haager Testamentsformabkommen ratifiziert hat (→ Form. K.IV.1), im betroffenen EU-Mitgliedsstaat ersatzweise Art. 27 EuErbVO anwendbar ist, eine vergleichsweise liberale Formanknüpfung kennt oder aber man orientiert sich an den materiellen Formvorschriften des entsprechenden Staates, um auf diese Weise die Anerkennung der Formgültigkeit zu sichern. Von besonderer praktischer Bedeutung sind insoweit die USA, die das Haager Testamentsformübereinkommen nicht ratifiziert haben und deren materielle Bestimmungen der verschiedenen Einzelstaaten besondere Formvorschriften vorsehen. Die Beachtung der lokalen Formvorschriften ist insbesondere dann von großer Bedeutung, wenn die kollisionsrechtlichen Bestimmungen der Staaten keine Anknüpfung an das Recht des Errichtungsortes oder des Domizilortes vorsehen (vgl. BGH NJW 2004, 3558: Haus in Florida). Sie kann darüber hinaus dem ausländischen Juristen die Prüfung der formellen Wirksamkeit eines Testaments erleichtern, ohne dass er auf die vielleicht für ihn schwierigen und unbekannten Bestimmungen seines Internationalen Privatrechts zurückgreifen muss. Traditioneller Lehre im Common Law entspricht es, dass sich die Formgültigkeit nach dem Recht richtet, das auf die Sache selbst Anwendung findet, also bei einer Immobilie in Florida nach dem Recht von Florida. In den USA wird in zahlreichen Einzelstaaten ebenfalls die Einhaltung der Ortsform als ausreichend angesehen. Will man jedoch die Testamentsform nach dem autonomen Recht der US-amerikanischen Staaten einhalten, so sollte die Zuziehung von Zeugen erfolgen. Das vorstehende Muster orientiert sich an dem Mustertestament in sec. 6240 California Probate Code. Der kalifornische Probate Code sieht auch vor, dass die Zeugen in Kenntnis der Strafbarkeit eines falschen Eides nach dem Recht von Kalifornien erklären, das Nachfolgendes wahr und richtig ist *(under penalty of perjury under the laws of the State of California)*. Eine Beurkundung dieser Erklärung vor einem deutschen Notar wirft schwierigste Belehrungsfragen auf. Ist aber die Beurkundung durch den Notar vorgesehen, sollte der Weg eines *self-proved will* eingeschlagen werden (→ Form. K.IV.3).

3. Für die wirksame Errichtung eines Zeugentestaments sind folgende drei Voraussetzungen zu beachten: 1. der Testator erklärt den Zeugen, dass es sich um seinen letzten Willen handelt, 2. die Zeugen unterzeichnen als Zeugen das Testament des Erblassers und 3. die Zeugen unterzeichnen in Gegenwart des Erblassers.

4. Das **Zweizeugentestament** sehen verschiedene andere US-amerikanische Bundesstaaten in vergleichbaren Formen vor. Zu beachten ist, dass die Beurkundung allein nicht

immer ausreichend ist, um die Anerkennung in einzelnen US-amerikanischen Bundesstaaten sicherzustellen, vielmehr mindestens zwei Zeugen unterzeichnen sollten, vgl. sec. 61110 California Probate Code. Einzelne Bundesstaaten, wie zB Vermont oder Massachusetts, verlangten früher sogar die Mitwirkung von drei Zeugen. Der Notar wäre nur ein einziger Zeuge. Die Zeugen müssen bei Errichtung des Testaments nicht zugegen gewesen sein und müssen den Inhalt des Testaments auch nicht kennen. Sie müssen lediglich bei der Unterzeichnung des Testators anwesend sein und der Testator muss ihnen gegenüber erklärt haben, dass es sich bei der Schrift um sein Testament handelt. Die Zeugen sollten nicht in den Kreis der begünstigten Personen fallen. Muster der Testamentsform der verschiedenen Einzelstaaten der USA finden sich häufig in den Gesetzen selbst, die im Internet recherchiert werden können.

5. Der Testator sollte vorsorglich nach dem in einigen Bundesstaaten geltenden „International Wills Act“ bei einem mehrseitigen Testament zusätzlich noch auf jeder Seite unterzeichnen, auch wenn zum Teil auch andere Nachweise der Zusammengehörigkeit (fortlaufende Sätze, Heftung) von der Rechtsprechung zugelassen werden. Weiterhin kann es sich empfehlen, entsprechend einer üblichen Gepflogenheit im angloamerikanischen Rechtsraum alle Seiten am unteren Ende mit einer Paraphe des Testators und der Zeugen zu versehen (WürzNotHdB/*Hertel* Teil 7 Kap. 4 Rn. 650 ff.).

3. Self-proved will – Common Law attestation clause

. . . . . .

Nach Verlesung bis hierhin werden als Zeugen hinzugezogen:

a) Frau . . . . . ., geboren am . . . . ., wohnhaft in . . . . ., ausgewiesen durch . . . . .,

b) Herr . . . . . ., geboren am . . . . ., wohnhaft in . . . . ., ausgewiesen durch . . . . ..

Dann genehmigt der Erblasser den verlesenen Urkundstext und erklärt gegenüber den Zeugen und dem Notar:

Ich, der unterzeichnende Testator, erkläre, dass es sich hierbei um meinen letzten Willen handelt, den ich freiwillig unterzeichne in der Gegenwart eines jeden der genannten Zeugen und dass ich ihn für die hierin ausgedrückten Zwecke frei und ohne Zwang ausübe.[1, 2, 3, 4]

. . . . . .

(Testator)

Wir, die unterzeichnenden Zeugen, erklären hiermit in Gegenwart des besagten Testators, dass er diese Urkunde freiwillig in Gegenwart eines jeden von uns als seinen letzten Willen unterzeichnet und ausgeübt hat, dass jeder von uns dieses Testament als Zeuge in Gegenwart des Testators unterzeichnet und dass der Testator nach unserer besten Kenntnis 18 Jahre oder älter ist, sich im Vollbesitz seiner geistigen Kräfte befindet und weder unter Zwang noch unzulässiger Beeinflussung stand.

. . . . . .

(Zeuge)

......

(Zeuge)

Ich, Notar, bestätige hiermit, dass das vorliegende Testament nach Verlesung vom Erblasser genehmigt und eigenhändig unterschrieben wurde. Ferner bestätige ich, dass die vorstehenden Erklärungen von den Zeugen abgegeben, nach Verlesung genehmigt und eigenhändig unterschrieben wurden.

(Siegel) ......

......

Notar

Anmerkungen

1. Sachverhalt. Ein Erblasser verfügt über Vermögen in einem Common Law-Staat, dass dort der Nachlassabwicklung unterliegen wird und errichtet vor einem Notar ein Testament.

2. Errichtung mit Zeugen. Das Zeugnis zweier Zeugen führt idR zwar zur Formgültigkeit nach anglo-amerikanischem Recht, ist aber uU nicht ausreichend, um dem Testament im Todesfall Wirkung zu verleihen. Mindestens ein Zeuge oder aber eine dritte Person muss beim Tod des Erblassers im probate Verfahren bestätigen, dass es sich bei der Unterschrift auf dem Testament tatsächlich um die Unterschrift des Erblassers handelt. Um die damit verbundenen Unsicherheiten und auch das kosten- und zeitaufwendige Verfahren zu vermeiden, sehen die US-amerikanischen Erbrechtsgesetze regelmäßig einen sog. *self-proved will* vor. Dabei wird dem Zweizeugentestament regelmäßig eine *attestation clause* der unterzeichnenden Zeugen und des Erblassers beigefügt. Zu beachten ist, dass die Zeugen nicht durch das Testament begünstigt werden dürfen. Vor einem *notary public* beschwören der Erblasser, dass es sich um seinen letzten Willen handelt und die Zeugen, dass sie die Unterzeichnung gesehen haben. Die *attestation clause* wird demgemäß im Muster, das sich am *self-proved will* des Uniform Probate Code orientiert, als Eidesleistung (§ 38 BeurkG) behandelt. Der Notar hat die Erklärungen daher zu beurkunden (zur Beurkundung als Mischform der deutschen notariellen Formvorschriften und der Formvorschriften eines Zweizeugentestaments nach dem Common Law, siehe WürzNotHdB/*Hertel* Teil 7 Kap. 4 Rn. 654). Für den Gebrauch in den USA sollte eine Apostille angefügt werden, damit sich die zuständigen Behörden davon überzeugen können, dass eine öffentliche Urkundsperson gehandelt hat.

3. Die Wirkung eines *self-proved will* sollte aber nicht überschätzt werden. Er ist im Nachlassverfahren (Probate) grds. ebenso zu behandeln wie jedes andere Testament. Lediglich die Notwendigkeit der Aussage eines Zeugen wird entbehrlich und die Unterschrift des Erblassers wird vermutet (sec. 3–406(b) Uniform Probate Code). Es unterliegt aber denselben Anfechtungsgründen wegen Widerrufs, fehlender Testierfähigkeit, Fälschung, Drohung etc

4. Zur erleichterten Anwendung im Ausland empfiehlt sich eine zweisprachige Fassung, siehe zu einem Vorschlag in deutsch-englischer Sprache BeckFormB ZivilR/*Hertel* Form. G.I.3.

4. Contract to make or not to revoke a will or to die intestate – Common Law

......

Soweit das Erbrecht eines US-amerikanischen Staates zur Anwendung kommen sollte, verpflichten wir uns gegenseitig schuldrechtlich, diese letztwillige Verfügung nicht aufzuheben oder zu ändern.[1, 2] Diese Verpflichtung reicht nur soweit, wie die vorstehenden Verfügungen gemäß Ziffer ...... mit Bindungswirkung getroffen wurden. Handelt einer von uns dieser Verpflichtung zuwider, verpflichtet er sich, den daraus entstehenden Schaden dem anderen oder seinen Erben zu ersetzen. Für diese schuldrechtliche Vereinbarung wählen wir das Recht des US-Bundesstaates ......

......

Anmerkungen

1. Sachverhalt. Ehegatten mit gewöhnlichem Aufenthalt in Deutschland möchten eine bindende Verfügung in Form eines Erbvertrags bzw. gemeinschaftlichen Testamensts errichten, die auch für Nachlassgegenstände in einem Common Law-Staat gelten soll.

2. Testiervertrag. Nach der EuErbVO ist für die Erbfolge einheitlich das Recht nach dem gewöhnlichen Aufenthalt maßgeblich; dies gilt umfassend, sodass es nicht zu einer Nachlassspaltung kommt. Für Immobilien in einem Common Law-Staat ist jedoch aus Sicht des dortigen IPR das jeweilige Belegenheitsrecht anwendbar. Es kommt daher zu einer Entscheidungsdivergenz. Nach dem Recht eines der US-Staaten oder nach einem der Rechte des Vereinigten Königreichs, ist zu beachten, dass nach dortigem Verständnis Erbverträge *(mutual wills)* und gemeinschaftliche Testamente *(joint wills)* grds. keine Bindungswirkung entfalten. Die Bindungswirkung kann lediglich auf schuldrechtlicher Ebene herbeigeführt werden durch einen sogenannten *contract to make a will or not to revoke a will or to die intestate.* Die Beteiligten müssen sich also in einer Vereinbarung ausdrücklich verpflichten, ihre Verfügung nicht ohne Zustimmung des jeweils anderen Testierenden aufzuheben. Außerdem sollte ausdrücklich vereinbart werden, dass jedenfalls eine Schadensersatzpflicht eintritt, soweit nach dem anwendbaren Erbrecht eine Abrede widrig getroffene Verfügung wirksam wäre. Diese schuldrechtliche Vereinbarung ist an bestimmte formelle Mindestanforderungen gebunden (sec. 2–514 Uniform Probate Code). Sie muss entweder im Testament enthalten sein oder es muss ein ausdrücklicher Bezug im Testament auf den Vertrag vorliegen sowie ein äußerlicher Nachweis über die Bestimmungen des Vertrages oder ein Schreiben des Erblassers, dass den Vertrag nachweist. Dieser *contract to make or not to revoke a will* wird in den USA schuldrechtlich und nicht erbrechtlich qualifiziert. Er ist daher nur wirksam, sofern das auf die schuldrechtliche Vereinbarung anwendbare Recht diesen zulässt. Verträge werden aber nach traditionellem IPR der USA dem Recht am Ort des Vertragsabschlusses unterstellt (anders § 189 Restatement 2nd: Verträge über Grundstücke unterstehen dem Recht am Belegenheitsort). Im deutschen Recht ist ein solcher Testiervertrag unzulässig (§ 2302 BGB), sodass im Muster eine schuldrechtliche Rechtswahl zugunsten eines US-Bundesrechts aufgenommen wurde. Ob diese Vereinbarung in Deutschland dann schuldrechtlich oder erbrechtlich zu qualifizieren ist (zur offenen Anknüpfungsfrage Palandt/*Thorn* EuErbVO Art. 1 Rn. 11), kann bei Aufnahme einer Rechtswahl dahingestellt bleiben, da beide Qualifikationen zum US-amerikanischen Recht führen. Der Grundsatz der Parteiautonomie findet sich auch im Vertragsrecht der USA, sofern das gewählte Recht einen Bezug zu dem Rechtsgeschäft hat (§ 187 Restatement 2nd).

V. Testierfähigkeit

Testierfähigkeit bedeutet die Fähigkeit einer Person, Verfügungen von Todes wegen zu errichten, aufzuheben oder abändern zu können. Die Testierfähigkeit beurteilt sich grundsätzlich nach dem Erbstatut zum Zeitpunkt der Errichtung der letztwilligen Verfügung (*Kropholler* Internationales Privatrecht § 51 V 3) und nicht gem. Art. 7 EGBGB nach dem Statut, welches über die Geschäftsfähigkeit befindet (so noch unter altem Recht BGH NJW 1967, 1177). Die EuErbVO verweist daher für die Testierfähigkeit auf das Errichtungsstatut nach Art. 26 Abs. 1 Buchst. a iVm Art. 24 bzw. 25 EuErbVO. Maßgeblich für die Bestimmung der Testierfähigkeit ist daher das Errichtungsstatut, also das Erbrecht am gewöhnlichen Aufenthalt des Erblassers zum Zeitpunkt der Errichtung der Verfügung. Während die Testierfähigkeit in Deutschland grds. mit der Vollendung des 16. Lebensjahres beginnt (§§ 2229, 2233 BGB), ist die Testierfähigkeit in anderen Ländern häufig an das 18. Lebensjahr gebunden (zB Österreich, Belgien, Dänemark, Finnland, Griechenland, Irland, Italien, Luxemburg, Portugal, England, Schweden). Insbesondere in diesem Zeitraum ist daher genau zu untersuchen, ob der Testator die notwendige Testierfähigkeit besitzt oder ob er ausnahmsweise auf besondere Weise testieren darf. Durch eine Rechtswahl nach Art. 24 bzw. Art. 25 EuErbVO kann der Testator ggf. aber auch eine frühere Testierfähigkeit nach seinem Heimatrecht wählen.

Ist hingegen im nationalen Erbrecht die Testierfähigkeit nicht speziell geregelt, sondern an die allgemeine Geschäftsfähigkeit angeknüpft, ist diese Vorfrage selbständig anzuknüpfen, da Fragen der Rechts-, Geschäfts- und Handlungsfähigkeit nach Art. 1 Abs. 2 Buchst. b EuErbVO vom Anwendungsbereich der EuErbVO ausgenommen sind (Hausmann/*Odersky* IPR § 15 Rn. 205).

VI. Das kraft Staatsvertrages auf die Rechtsnachfolge von Todes wegen anwendbare Recht

1. Deutsch-türkischer Konsularvertrag vom 28.5.1929

......

Ich bin ausschließlich türkischer Staatsangehöriger.[1, 2, 4] In Deutschland und in der Türkei habe ich unbewegliches Vermögen. Mein gesamtes bewegliches Vermögen befindet sich in Deutschland.

Über mein Vermögen, welches deutschem Erbrecht untersteht,[3] verfüge ich letztwillig wie folgt:

......

Über mein Vermögen, welches türkischem Recht untersteht, verfüge ich letztwillig wie folgt:

......

Beide Verfügungen sollen unabhängig voneinander sein; insbesondere soll die Unwirksamkeit der einen Verfügung oder von Teilen von ihr nicht die Unwirksamkeit der anderen Verfügung zur Folge haben.

Anmerkungen

1. Sachverhalt. Ein türkischer Staatsangehöriger mit Grundbesitz in Deutschland möchte ein Testament errichten.

2. Vorrangiger Staatsvertrag. Im Verhältnis zwischen Deutschland und der Türkei gilt der dem deutschen autonomen Recht gem. Art. 3 Nr. 2 EGBGB vorgehende deutsch-türkische Konsularvertrag vom 28.5.1929 (RGBl. 1930 II 748) gemäß Bekanntmachung vom 26.2.1952 (Bek. v. 29. 5. über die Wiederanwendung deutsch-türkischer Vorkriegsverträge: BGBl. 1952 II 608) fort. Als Anlage zu Art. 20 des Konsularvertrags wurde das deutsch-türkische Nachlassabkommen geschlossen. Das Nachlassabkommen regelt das anwendbare Recht (§ 14), die internationale Zuständigkeit für erbrechtliche Klagen und die Anerkennung der einschlägigen Entscheidungen (§ 15) sowie die gegenseitige Anerkennung von Erbschein und Testamentsvollstreckerzeugnis (§ 17). Hinsichtlich der Anknüpfung differenziert § 14 Nachlassabkommen zwischen dem beweglichen und dem unbeweglichen Nachlass des Erblassers. Der bewegliche Nachlass unterliegt dem Heimatrecht des Erblassers (§ 14 Abs. 1), der unbewegliche Nachlass unterliegt dem Recht des Belegenheitsstaates, „und zwar in der gleichen Weise, wie wenn der Erblasser zur Zeit seines Todes Angehöriger dieses Landes gewesen wäre“ (§ 14 Abs. 2). Die Formulierung in § 14 Abs. 2 Nachlassabkommen dürfte eine Beschränkung des Abkommens auf solche Nachlassgegenstände bedeuten, die in einem der beiden Vertragsstaaten belegen sind (*Dörner* ZEV 1996, 90 [94]; aA MüKoBGB/*Dutta* EuErbVO Art. 75 Rn. 20). Bei Erblassern mit doppelter Staats-

angehörigkeit, die auch die deutsche Staatsangehörigkeit haben, gilt das Abkommen nicht (MüKoBGB/*Dutta* EuErbVO Art. 75 Rn. 19).

3. Nachlassspaltung. Nach deutschem wie auch nach türkischem IPR findet damit eine Nachlassspaltung statt. Die Rechtsnachfolge von Todes wegen nach einem türkischen Erblasser beurteilt sich damit hinsichtlich des in Deutschland gelegenen Grundbesitzes nach deutschem Erbrecht (BGH ZEV 2012, 590) und hinsichtlich des übrigen – mit Ausnahme des in Drittstaaten belegenen unbeweglichen Vermögens – Nachlasses nach türkischem Recht. Im Falle der Nachlassspaltung entstehen zwei verschiedenen Nachlassmassen, die grds. ihren eigenen Regeln folgen (→ Form. K.VII.9). Nach § 17 des deutsch-türkischen Nachlassabkommens genügt der Erbschein eines türkischen Gerichts zum Nachweis der Erbfolge nach türkischem Erbrecht (LG München I ZEV 2012, 596).

4. EuErbVO. Der Staatsvertrag gilt auch vorrangig gegenüber der EuErbVO, Art. 75 Abs. 1 EuErbVO. Eine Rechtswahl nach der EuErbVO ist daher nicht möglich (siehe auch DNotI-Report 2016, 19 für Erbvertrag deutsch-türkischer Ehegatten; DNotI-Report 2016, 103 für gesetzliche Erbfolge nach einem türkischen Staatsangehörigen). Auch das Nachlassabkommen bzw. das autonome Kollisionsrecht der Türkei sehen keine Möglichkeit einer Rechtswahl.

2. Deutsch-sowjetischer Konsularvertrag vom 25.4.1958

. . . . . .

Ich bin ukrainischer Staatsangehöriger[1, 2, 3] und habe meinen gewöhnlichen Aufenthalt in Deutschland. Ich habe in Deutschland bewegliches und unbewegliches Vermögen. Auslandsvermögen habe ich keines.

Über mein gesamtes gegenwärtiges und zukünftiges Vermögen verfüge ich letztwillig nach deutschem Recht wie folgt:

. . . . . .

Anmerkungen

1. Sachverhalt. Ein ukrainischer Staatsangehöriger mit Grundbesitz in Deutschland möchte ein Testament errichten.

2. Vorrangiger Staatsvertrag. Seit dem 24.5.1959 ist der deutsch-sowjetische Konsularvertrag in Kraft. Er gilt seit der Auflösung der UdSSR im Verhältnis zur Russischen Föderation weiter (Bek. v. 14.8.1992, BGBl. 1992 II 1016; vgl. zu den Vertragsstaaten, dh zur Wiederanwendung nach der Auflösung der Sowjetunion MüKoBGB/*Dutta* EuErbVO Art. 75 Rn. 28). Der Staatsvertrag gilt vorrangig gegenüber der EuErbVO, Art. 75 Abs. 1 EuErbVO, Art. 3 Nr. 2 EGBGB. Eine Rechtswahl nach der EuErbVO ist daher nicht möglich. Das Erbstatut des *unbeweglichen* Vermögens bestimmt Art. 28 Abs. 3 Konsularvertrag:

„Hinsichtlich der unbeweglichen Nachlassgegenstände finden die Rechtsvorschriften des Staates Anwendung, in dessen Gebiet diese Gegenstände belegen sind."

Die Erbfolge in *bewegliche* Nachlassgegenstände wird vom Abkommen nicht geregelt, es bestimmt sich also nach dem autonomen Kollisionsrecht. Gem. Art. 70 des ukr. IPRG

v. 23.6.2005 unterliegen die erbrechtlichen Verhältnisse hinsichtlich des beweglichen Vermögens dem Recht des Staates, in dem der Erblasser seinen letzten Wohnsitz hatte. Ist der Wohnsitz in Deutschland, kommt es somit zu einer Rückverweisung auf die EuErbVO, so dass der Erblasser insgesamt nach deutschem Recht testieren kann. Lediglich Auslandsgrundvermögen wäre ggf. ausgenommen und insoweit käme es zu einer Nachlassspaltung.

3. Fortgeltung. Durch gemeinsame Erklärung oder Notenwechsel hat Deutschland mit den meisten Nachfolgestaaten vereinbart, dass die zwischen Deutschland und der früheren UdSSR geschlossenen völkerrechtlichen Verträge im Verhältnis zwischen Deutschland und dem betreffenden Nachfolgestaat so lange angewandt werden sollen, bis beide Seiten etwas Abweichendes vereinbaren. Dies gilt für Armenien (BGBl. 1993 II 169), Aserbeidschan (BGBl. 1996 2471), Belarus/Weißrussland (BGBl. 1994 II 2533), Georgien (BGBl. 1992 II 1128), Kasachstan (BGBl. 1992 II 1120), Moldau (BGBl. 1996 II 768), die Russische Föderation, Tadschikistan (BGBl. 1995 II 255), der Ukraine (BGBl. 1993 II 1189) und Usbekistan (BGBl. 1993 II 2038). Die baltischen Staaten sowie Turkmenistan haben keine Verträge über die Fortgeltung abgeschlossen (hierzu MüKoBGB/*Dutta* EuErbVO Art. 75 Rn. 28). Im Verhältnis zu Kirgisistan ist der Konsularvertrag nicht mehr anwendbar (BGBl. 2016 II 128).

3. Deutsch-iranisches Niederlassungsabkommen vom 17.2.1929

......

Ich bin ausschließlich iranischer Staatsangehöriger.[1, 2, 3] Ich bin weder asylberechtigt noch Flüchtling iSd Genfer Flüchtlingskonvention. Ich gehöre der schiitischen Glaubensgemeinschaft an.[4]

Mein Vermögen befindet sich ausschließlich in Deutschland; meine Frau und meine Söhne und Töchter leben hier. Wir haben in Deutschland eine unbeschränkte Aufenthaltserlaubnis. Meine Kinder gehen hier zur Schule, sie sprechen deutsch. Ich arbeite in Deutschland und beabsichtige, mit meiner Familie in Deutschland zu verbleiben und nicht in den Iran zurückzukehren.

Meine Ehefrau und meine Kinder sind ebenfalls iranische Staatsangehörige schiitischen Glaubens.[4]

Ein Drittel meines Vermögens vermache ich letztwillig. Vermächtnisnehmerin soll meine Ehefrau sein.

IÜ soll gesetzliche Erbfolge eintreten. Insoweit ist ausdrücklich von mir einerseits die Gleichbehandlung meiner Töchter und Söhne gewollt und andererseits die Gleichbehandlung meiner Ehefrau mit mir, für den Fall, dass ich vor ihr versterben sollte.[5, 6]

Anmerkungen

1. Sachverhalt. Ein iranischer Staatsangehöriger mit Vermögen in Deutschland möchte ein Testament errichten.

2. Vorrangiger Staatsvertrag. Im deutsch-iranischen Rechtsverkehr ist das Niederlassungsabkommen vom 17.12.1929 zu beachten, dessen Fortgeltung mit Bekanntmachung vom 15.8.1954 bestätigt wurde (Bek. v. 15.8.1955 über das Prot. v. 4.11.1954

über die Geltung des Freundschaftsvertrages v. 12.2.1929: BGBl. 1955 II 829). Es enthält in Art. 8 Abs. 3 auch eine erbrechtliche Kollisionsnorm, die durch das Schlussprotokoll vom 17.12.1929 (RGBl. 1930 II 1012) erläutert wird:

Art. 8 Abs. 3
In Bezug auf das Personen-, Familien- und Erbrecht bleiben die Angehörigen jedes der vertragsschließenden Staaten im Gebiet des anderen Staates jedoch den Vorschriften ihrer heimischen Gesetze unterworfen. Die Anwendung dieser Gesetze kann von dem anderen vertragsschließenden Staat ausnahmsweise nur insoweit ausgeschlossen werden, als ein solcher Ausschluss allgemein gegenüber jedem anderen Staat erfolgt.
Schlussprotokoll zu Art. 8 Abs. 3:
Die vertragsschließenden Staaten sind sich darüber einig, dass das Personen-, Familien- und Erbrecht, dh das Personalstatut, die folgenden Angelegenheiten umfasst: Ehe, eheliches Güterrecht, Scheidung, Aufhebung der ehelichen Gemeinschaft, Mitgift, Vaterschaft, Abstammung, Annahme an Kindes statt, Geschäftsfähigkeit, Volljährigkeit, Vormundschaft und Pflegschaft, Entmündigung, testamentarische und gesetzliche Erbfolge, Nachlassabwicklung und Erbauseinandersetzung, ferner alle anderen Angelegenheiten des Familienrechts unter Einschluss aller den Personenstand betreffenden Fragen.

Das Abkommen knüpft sowohl für bewegliches als auch für unbewegliches Vermögen an die **Staatsangehörigkeit** an. Nicht unter das Abkommen fallen daher Doppelstaatler, die sowohl die iranische wie die deutsche Staatsangehörigkeit besitzen, sowie Flüchtlinge und Asylberechtigte; für diese ist die EuErbVO maßgeblich. Im Zweifel fallen unter das Heimatrecht alle Rechtsfragen, die im autonomen deutschen Kollisionsrecht unter Art. 25 Abs. 1 und 26 Abs. 5 EGBGB aF subsumiert werden konnten. Die Anknüpfung der Formgültigkeit einer Verfügung von Todes wegen richtet sich hingegen nach den allgemeinen Regeln. Der Staatsvertrag gilt auch vorrangig gegenüber der EuErbVO, Art. 75 Abs. 1 EuErbVO. Eine Rechtswahl nach der EuErbVO ist daher nicht möglich.

3. Keine Rechtswahl. Problematisch war in der Vergangenheit, ob gem. Art. 25 Abs. 2 EGBGB aF ein iranischer Erblasser für seinen in Deutschland belegenen Immobiliarnachlass die Anwendbarkeit deutschen Erbrechts wählen konnte. Insoweit ist zu bedenken, dass im Verhältnis zum Iran das Niederlassungsabkommen vom 17.12.1929 als Staatsvertrag gem. Art. 75 Abs. 1 EuErbVO, Art. 3 Nr. 2 EGBGB vorrangig ist. Die hM geht davon aus, dass die erbrechtliche Anknüpfung des Niederlassungsabkommens abschließend und zwingend ist.

4. Interpersonale Rechtspaltung. Sofern der Erblasser erklärt, iranischer Staatsangehöriger und weder asylberechtigt noch Flüchtling zu sein, ist weiter zu klären, welchem Glauben er angehört. Das iranische Recht ist interpersonal gespalten und die verschiedenen Glaubensgemeinschaften haben ihr eigenes Erbrecht. Von der iranischen Verfassung werden gem. Art. 12 die Hanafiten, Shafi'i, Malikiten, Hanabaliten und die Zaydi als religiöse nicht-schiitische Minderheiten anerkannt.

Es werden ferner die nicht-moslemischen Iraner (Zoroastrier, Juden und Christen) unterschieden. Soweit aber das iranische Erbrecht der Schiiten zur Anwendung gelangt, ist zu beachten, dass der Erblasser lediglich über ein Drittel seines Vermögens frei verfügen kann, sofern die übergangenen Erben nicht zustimmen (Art. 842 ZGB). Die erforderliche Zustimmung kann nach schiitischem Recht schon vor dem Tod des Erblassers von den gesetzlichen Erben erklärt werden (IPG 1983 (Köln), Nr. 34, S. 305), nach anderen islamischen Rechtsordnungen hingegen überhaupt nicht oder erst nach dem Tod des Erblassers. Der benannte Vermächtnisnehmer kann nach dem iranischen (libanesischem und syrischem) Zivilrecht auch ein gesetzlicher Erbe sein. Die sunnitischen Rechtsordnungen sehen allerdings regelmäßig vor, dass nicht zugunsten gesetzlicher Erben verfügt werden kann (*Nasir* The Islamic Law of Personal Status S. 240).

Über das Drittel kann der Erblasser lediglich ein Vermächtnis aussprechen, nicht aber Erben einsetzen. Die Erben werden durch den Koran bestimmt. Verfügt der Erblasser nicht über eine bestimmte Sache, so wird der Vermächtnisnehmer gemeinsam mit den gesetzlichen Erben zu den entsprechenden Quoten Bruchteilseigentümer (Art. 848 ZGB).

5. Ordre public Vorbehalt. Das Vermögen fällt an die gesetzlichen Erben. Besonderheit des iranischen ZGB ist ebenso wie in anderen islamischen Rechtsordnungen auch, dass die weiblichen Verwandten gegenüber den männlichen Verwandten grds. schlechter gestellt werden, so zB die Töchter lediglich die Hälfte dessen erhalten, was den Söhnen zufällt (Koran Sure 4 Vers 11). Auch die Erbquote der Ehefrau ist regelmäßig nur halb so groß wie die Erbquote des Ehemannes (Koran Sure 4 Vers 12). Diese Ungleichbehandlung wird in der deutschen Literatur und Rechtsprechung ganz überwiegend als ordre public Verstoß (Art. 6 EGBGB) behandelt (Staudinger/*Dörner* EGBGB Art. 25 Rn. 727 mwN; OLG München ZEV 2012, 591; OLG Düsseldorf RNotZ 2009, 247; zurückhaltend OLG Hamm ZEV 2005, 436). Im Testament sollte daher klar gestellt werden, ob diese Ungleichbehandlung dem Willen des Erblassers entspricht oder ob der Erblasser die Gleichbehandlung wünscht (vgl. OLG Hamm ZEV 2005, 436). Ein ordre public Verstoß kann sich auch ergeben (Staudinger/*Dörner* EGBGB Art. 25 Rn. 728), wenn die Erben nicht die Religion des Erblassers teilen (Erbverbot der Religionsverschiedenheit, zB Iran Art. 881a ZGB). Auch in diesem Fall sollte im Testament geklärt werden, ob die sich aus dem Gesetz ergebende Benachteiligung vom Erblasser gewollt ist oder nicht. Offen bleibt in diesen Fällen die Frage, ob der Erblasser bei erklärtem beabsichtigten Ausschluss der Kinder oder des Ehegatten aufgrund der Religionsverschiedenheit die Betroffenen gänzlich von der Erbfolge ausschließen kann (BGH NJW 1993, 1921: der Pflichtteil gehört nicht zu ordre public) oder aber ihnen unter Berufung auf die *„unentziehbare und bedarfsunabhängige wirtschaftliche Mindestbeteiligung“* des Art. 14 GG (BVerfG NJW 2005, 1561) zumindest der Pflichtteil gewährt wird.

Neben einer offensichtlichen Unvereinbarkeit des ausländischen Rechts mit den Grundsätzen des deutschen Rechts ist weitere Voraussetzung des ordre public Vorbehalts, dass ein „hinreichender Inlandsbezug“ gegeben ist (Palandt/*Thorn* EGBGB Art. 6 Rn. 6). Im Testament sollten daher hierzu weitere Erklärungen aufgenommen werden. Nur bei einem hinreichenden Inlandsbezug kann ein Verstoß gegen den deutschen ordre public angenommen werden.

6. Alternativgestaltungen. Um die schwierigen Fragen des iranischen Erbrechts oder allgemein des islamischen Erbrechts zu vermeiden und um zeitaufwendige Nachlassabwicklungen zu umgehen, sollte insbesondere bei gemischt-nationalen Ehen überlegt werden, ob statt einer erbrechtlichen Regelung nicht eine Übertragung unter Lebenden erfolgt, ggf. mit den notwendigen Absicherungen des übertragenden islamischen Ehegatten durch Nießbrauch, Wohnrecht etc.

4. Das Haager Erbrechtsübereinkommen vom 1.8.1989

Das Haager Erbrechtsübereinkommen (ErbÜbk) war bislang lediglich von den Niederlanden ratifiziert worden und daher noch nicht in Kraft (Art. 44 ErbÜbk). Es ist durch die EuErbVO außer Kraft gesetzt worden und hat daher lediglich für Erbfälle vor dem 17.8.2015 noch Bedeutung im deutsch-niederländischen Rechtsverkehr (eingehend Würz-NotHdB/*Hertel* Teil 7 Kap. 4 Rn. 319 ff.). Art. 3 ErbÜbk regelte das anwendbare Recht mangels Rechtswahl des Erblassers und unterstellt es gemäß Art. 3 Abs. 1 ErbÜbk dem Recht des letzten gewöhnlichen Aufenthalts des Erblassers, wenn er zu diesem Zeitpunkt

Staatsangehöriger dieses Staates war, bzw. gem. Art. 3 Abs. 2 ErbÜbk dem Aufenthaltsrecht, wenn der Aufenthalt 5 Jahre vor dem Tod ununterbrochen bestanden hat und keine engsten Verbindungen zum Heimatstaat vorliegen. In den übrigen Fällen war das Heimatrecht des Erblassers berufen. Das anwendbare Recht konnte aber auch durch eine Rechtswahl gemäß Art. 5 ErbÜbk bestimmt werden.

VII. Das nach autonomen Kollisionsrecht objektiv berufene Recht

1. Heimatrecht

. . . . . .

Ich[1] bin ausschließlich polnischer Staatsangehöriger.[2] Ich habe meinen gewöhnlichen Aufenthalt in Polen und beabsichtige, diesen dauerhaft beizubehalten.[3] [*Ggf. ergänzende Darstellung der Tatsachen für Bestimmung des gewöhnlichen Aufenthalts*]. Eine Wahl des Rechts meiner Staatsangehörigkeit wünsche ich nicht,[4] sodass für das heutige Testament polnisches Recht gilt.[5]

Der Notar wies darauf hin, dass die heute getroffenen Verfügungen von Todes wegen einem anderen Recht unterliegen können, wenn im Zeitpunkt des Ablebens der gewöhnliche Aufenthalt sich nicht mehr in Polen befindet. Der Notar hat keine Kenntnisse des polnischen Rechts und hat hierüber auch nicht beraten. Er wies auf die Möglichkeit der Hinzuziehung eines ausländischen Juristen oder die Einholung eines Universitätsgutachtens hin. Der Erblasser wünschte dennoch eine Beurkundung zum jetzigen Zeitpunkt und mit dem nachstehenden Inhalt.

Anmerkungen

1. Sachverhalt. Ein polnischer Staatsangehöriger, der in Polen seinen gewöhnlichen Aufenthalt hat, beabsichtigt, eine testamentarische Verfügung von Todes wegen zu errichten

2. Frühere Rechtslage. Das internationale Erbrecht war in der Vergangenheit wenig harmonisiert. Es standen sich zwei grundsätzlich unterschiedliche Systeme gegenüber. Während der eine Teil der Welt vom Grundsatz der Nachlassspaltung ausgeht, folgen andere Teile dem Prinzip der Nachlasseinheit. Bei dem System der **Nachlassspaltung** wird idR unterschieden zwischen beweglichem und unbeweglichem Vermögen. Ersteres untersteht häufig dem Domizils- aber auch dem Heimatrecht, das unbewegliche Vermögen hingegen der *lex rei sitae*. Geht die Rechtsordnung vom Prinzip der **Nachlasseinheit** aus, dann wird entweder an das Heimatrecht (*lex patria*) oder an das Domizilrecht bzw. Recht des gewöhnlichen Aufenthaltsortes (*lex domicilii*) angeknüpft. Das deutsche internationale Erbrecht ging früher vom Prinzip der Nachlasseinheit aus. Die Rechtsnachfolge von Todes wegen unterstand gem. Art. 25 Abs. 1 EGBGB aF dem Staatsangehörigkeitsrecht des Erblassers zum Zeitpunkt seines Todes. Die Anknüpfung erfolgte vorbehaltlich einer Rückverweisung der berufenen Rechtsordnung und vorbehaltlich der Durchbrechung des Gesamtstatuts durch ein Einzelstatut gem. Art. 3a Abs. 2 EGBGB aF. Das so berufene Recht regelte grds. die gesamte Rechtsnachfolge von Todes wegen, also den Eintritt des Erbfalls, das gesetzliche Erbrecht, den Erbschaftserwerb, Annahme und Ausschlagung, deren Form und Frist, Anfechtung und Ausschlagung, Erbunwürdigkeit, Erbfähigkeit, Erbschaftsanspruch, Auskunftsanspruch gegen den Erbschaftsbesitzer, Erb- und Pflichtteilsverzicht, Anrechnung und sonstige Berücksichtigung von Vorempfängen; Verhältnisse in der Erbengemeinschaft, Übertragbarkeit des Erbteils, Inhalt des Erbschaftskaufs; Pflichtteilsrechte und Pflichtteilsergänzungen; Behandlung nichtehelicher

Kinder; Auslegung letztwilliger Verfügungen; Anfechtung der letztwilligen Verfügung; Zulässigkeit bestimmter letztwilliger Verfügungen: Gemeinsame Verfügungen, gemeinschaftliches Testament, Erbvertrag, Testiervertrag; Testamentsvollstreckung; Zulässigkeit und Inhalt von Sukzessiverbfolgen; Behandlung noch nicht vollzogener Schenkung von Todes wegen; Bindungswirkung einer bestimmten Art letztwilliger Verfügungen; Haftung des Erben für Nachlassverbindlichkeiten und das Fiskalerbrecht.

Staaten, die dem Prinzip der **Nachlasseinheit** (*lex patriae*) folgen, sind – bzw. (für Mitgliedsstaaten im Anwendungsbereich der EuErbVO) waren ua: Afghanistan, Ägypten, Algerien, Angola, Bosnien-Herzegowina, Bundesrepublik Deutschland, Griechenland, Irak, Iran, Italien, Japan, Kongo (Brazzaville), Kroatien, Kuba, Korea (Süd-), Libyen, Liechtenstein, Marokko, Mosambik, Österreich, Portugal, Polen, Schweden, Slowakei, Slowenien, Spanien, Syrien, Taiwan, Tschechien, Tunesien *(Stufenverhältnis)*, Ungarn, Vatikanstadt.

Staaten, die dem Prinzip der **Nachlasseinheit** (*lex domicilii*) folgen, sind ua: Argentinien, Bolivien, Brasilien, Chile, Dänemark, Ecuador, El Salvador, Finnland *(Stufenverhältnis)*, Island, Israel, Kolumbien, Nicaragua, Niederlande *(Stufenverhältnis)*, Norwegen, Peru, Schweiz, Venezuela.

Staaten, die dem Prinzip der **Nachlassspaltung** folgen, sind ua: Albanien, Armenien, Australien, Brasilien (bei brasilianischen Erben), Belgien, Bulgarien, China (Volksrepublik), Estland, Frankreich, Gabun, Ghana, Großbritannien, Indien, Irland, Kanada, Litauen, Luxemburg, Madagaskar, Neuseeland, Pakistan, Paraguay, Rumänien, Russische Föderation, Singapur, Südafrika, Thailand, Türkei, USA.

3. **EuErbVO.** Für Erbfälle seit dem 17.8.2015 gelten in den EU-Mitgliedsstaaten (mit Ausnahme von Dänemark, Großbritannien und Irland) die Anknüpfungsregelungen der Europäischen Erbrechtsverordnung. Diese vereinheitlicht die internationalen Erbrechte innerhalb der EU. Insbesondere wird jetzt das Erbstatut an das Recht des letzten gewöhnlichen Aufenthalts angeknüpft, soweit nicht eine Rechtswahl getroffen wird (→ Form. A.IV). Auch Art. 24 Abs. 1 EuErbVO knüpft das Errichtungsstatut an das Erbstatut, das auf die Verfügung von Todes wegen anzuwenden wäre, wenn der Erblasser zum Zeitpunkt der Vornahme verstorben wäre. Maßgeblich für die Anknüpfung an polnisches Erbrecht ist das Vorliegen eines gewöhnlichen Aufenthalts des Erblassers in Polen zum Zeitpunkt des Todes.

4. **Rechtswahl.** Schließt der Erblasser einen Umzug ins Ausland nicht aus, ist aus Gründen der Rechtssicherheit eine Rechtswahl zu Gunsten des Heimatrechts nach Art. 22 EuErbVO zu empfehlen, um einen Statutenwechsel und damit eine Gefahr für die Wirksamkeit der getroffenen Verfügungen zu vermeiden (→ Form. K.VIII.3).

5. **Errichtungsstatut.** Da das Erbstatut bei Errichtung einer letztwilligen Verfügung nicht feststeht, hat der europäische Gesetzgeber entschieden, dass sich die Zulässigkeit und die materielle Wirksamkeit einer Verfügung von Todes wegen nicht nach dem Erbstatut, sondern nach dem Errichtungsstatut beurteilt (Art. 24 Abs. 1 EuErbVO). Errichtungsstatut ist das Erbstatut, welches zur Anwendung kommen würde, wenn der Erblasser zum Zeitpunkt der Vornahme des Rechtsgeschäfts verstorben wäre. Das Errichtungsstatut entscheidet darüber, ob eine Verfügung von Todes wegen zulässig und materiell wirksam ist nach dem (nicht abschließenden) Katalog des Art. 26 Abs. 1 EuErbVO, insbesondere zur Testierfähigkeit, Beschränkungen der Verfügungsfreiheit, Zulässigkeit einer Stellvertretung, Auslegung und der Behandlung von Willensmängeln sowie Testierwillen. Dies dient dem Vertrauensschutz, da ein späterer Wechsel des Erbstatuts ohne Auswirkungen auf die Zulässigkeit und die Wirksamkeit des Testaments ist (Erwägungsgrund 48). Nicht zu den Fragen der Zulässigkeit und Wirksamkeit gehören jedoch Inhalt und Wirkungen einer Verfügung von Todes wegen. Diese Fragen werden vom Erbstatut beherrscht. Zur isolierten Rechtswahl des Errichtungsstatuts nach Art. 24 Abs. 2 EuErbVO (→ Form. K.VIII.3 Anm. 4).

2. Staatenlose

......

Ich bin staatenlos.[1] Meinen Wohnsitz und gewöhnlichen Aufenthalt[2] habe ich seit über 10 Jahren in Deutschland. Diesen will ich auch dauerhaft beibehalten. Eine Rechtswahl wünsche ich nicht. Ich verfüge daher nach deutschem Recht wie folgt:[3]

......

Anmerkungen

1. Sachverhalt. Ein staatenloser Erblasser beabsichtigt, eine Verfügung von Todes wegen zu errichten.

2. Staatenlose. Der UNHCR schätzt, dass es etwa zehn Millionen Staatenlose gibt. Art. 1 des New Yorker UN-Staatenlosen Übereinkommens v. 28.9.1954 (BGBl. 1976 II 473; 1977 II 235) regelt den Begriff des Staatenlosen. Staatenlos ist danach eine Person, die kein Staat auf Grund seines Rechtes als seinen Staatangehörigen ansieht. Ihr Personalstatut ist gem. Art. 12 des New Yorker UN-Staatenlosen-Übereinkommens das Recht an ihrem Wohnsitz, hilfsweise das Recht ihres Aufenthaltslandes. Art. 5 Abs. 2 EGBGB stimmt hiermit weitgehend überein und sieht eine besondere Anknüpfung an das Recht des Staates vor, in dem die staatenlose Person ihren letzten gewöhnlichen Aufenthalt oder hilfsweise ihren letzten schlichten Aufenthalt hatte.

3. EuErbVO. Die Anknüpfung des Erbstatuts an den gewöhnlichen Aufenthalt nach Art. 21 Abs. 1 EuErbVO entspricht dem bisherigen Ergebnis des Art. 5 Abs. 2 EGBGB aF. Die EuErbVO sieht für Staatenlose bzw. Flüchtlinge keine besonderen Regelungen vor. Art. 12 UN-Staatenlosen Übereinkommen ist gegenüber der EuErbVO vorrangig (Art. 75 Abs. 1 UAbs. 1 EuErbVO). Staatenlosen steht daher die Möglichkeit einer Rechtswahl nach Art. 22 EuErbVO zu Gunsten des Wohnsitzes oder mangels eines solchen das Recht des schlichten Aufenthalts offen (so Palandt/*Thorn* EuErbVO Art. 22 Rn. 4; ablehnend Hausmann/*Odersky* IPR § 15 Rn. 12).

3. Mehrstaater mit deutscher Staatsangehörigkeit

......

Ich[1] besitze die deutsche und die italienische Staatsangehörigkeit.[2]

Ich habe meinen gewöhnlichen Aufenthalt seit mehr als 25 Jahren in Deutschland. Diesen will ich auch dauerhaft beibehalten. Eine vorsorgliche Rechtswahl wünsche ich nicht.[3]

Meine Alleinerben sollen sein ......

Vermächtnisweise bestimme ich ......

Anmerkungen

1. Sachverhalt. Ein Erblasser, der sowohl über die deutsche als auch die italienische Staatsangehörigkeit verfügt, beabsichtigt, ein Testament zu errichten.

2. Bisherige Rechtslage. Hat ein Erblasser mehr als eine Staatsangehörigkeit, so ist zu entscheiden, welche von ihnen die maßgebliche ist. Ist der Erblasser auch deutscher Staatsangehöriger, so ist an die deutsche Staatsangehörigkeit anzuknüpfen (Art. 5 Abs. 1 S. 2 EGBGB), und zwar selbst dann, wenn eine andere Staatsangehörigkeit die effektive ist. Der Vorrang der eigenen Staatsangehörigkeit findet sich in zahlreichen anderen Rechtsordnungen und war bisher eine der Hauptursachen für hinkende Rechtsverhältnisse (→ Form. K.II): Aus deutscher Sicht wurde der deutsch-italienische Erblasser nach deutschem Recht beerbt, aus italienischer Sicht hingegen nach italienischem Recht (Art. 19 Abs. 2 ital. IPRG). Dieses hinkende Rechtsverhältnis konnte im Verhältnis zu Italien durch eine **Rechtswahl** zugunsten des Aufenthaltsrechts vermieden werden. Die Rechtswahl war aber nur unter Vorbehalten möglich. Allerdings ist die Vermeidung eines hinkenden Rechtsverhältnisses durch eine professio iuris nur im Verhältnis zu wenigen Staaten möglich, da eine Rechtswahlmöglichkeit im Erbrecht rechtsvergleichend betrachtet eine große Ausnahme darstellt. Sollte das Testament in allen beteiligten Rechtsordnungen Anerkennung finden, so waren sämtliche betroffenen Rechtsordnungen zu beachten. Der Erblasser sollte dann nur auf dem kleinsten gemeinsamen Nenner der beteiligten Rechtsordnungen testieren. In der Praxis bedeutete dies, dass der Erblasser keine testamentarischen Gestaltungen treffen sollte, die die fremde Rechtsordnung nicht kennt, sich also im Wesentlichen auf Erbeinsetzungen und Vermächtnisse beschränken.

3. EuErbVO. Die EuErbVO knüpft einheitlich an den gewöhnlichen Aufenthalt des Erblassers an, sodass hinkende Rechtsverhältnisse vermieden werden. Durch die Möglichkeit einer Rechtswahl nach Art. 22 EuErbVO können bei Mehrstaatern Wechsel des Erbstatuts aufgrund eines späteren Wechsel des Aufenthalts vermieden werden. Nach Art 22. Abs. 1 UAbs. 2 EuErbVO kann eine Person, die mehrere Staatsangehörigkeiten besitzt, das Recht einer dieser Staaten wählen. Dies gilt gleichermaßen für die Rechtswahl nach Art. 25 Abs. 3 EuErbVO bei einem Erbvertrag. Soweit ein Erblasser seriell mehrere Staatsangehörigkeiten besitzt, so kann er entweder das Recht seiner Staatsangehörigkeit zum Zeitpunkt der Rechtswahl oder zum Zeitpunkt seines Todes wählen. Zu beachten ist aber, dass die Wahl des Rechts einer Staatsangehörigkeit, die der Erblasser zu einem anderen Zeitpunkt besitzt, ohne Auswirkungen ist (MüKoBGB/*Dutta* EuErbVO Art. 22 Rn. 3). Zu einer Rechtwahl → Form. K.VIII.3.

4. Mehrstaater ohne deutsche Staatsangehörigkeit

. . . . . .

Ich[1] bin zugleich spanischer und französischer Staatsangehöriger.[2] Meine effektive Staatsangehörigkeit ist die französische. Vor Aufnahme meines gewöhnlichen Aufenthaltsortes[3] in Deutschland habe ich in Frankreich die Schule besucht und anschließend eine berufliche Tätigkeit aufgenommen. Französisch ist meine Muttersprache. In Frankreich habe ich meine Familienwohnung gehabt und bin polizeilich gemeldet gewesen. Inzwischen lebe ich in Deutschland, wo sich auch meine Familie befindet. Die spanische Staatsangehörigkeit besitze ich, weil mein Vater spanischer Staatsangehöriger gewesen ist; zu Spanien habe ich nur untergeordnete Beziehungen.

Anmerkungen

1. Sachverhalt. Ein Erblasser, der mehrere Staatsangehörigkeiten besitzt, nicht aber die deutsche Staatsangehörigkeit, beabsichtigt, ein Testament zu errichten.

2. Frühere Rechtslage. Hatte der Testator mehrere Staatsangehörigkeiten, ist aber keine davon die deutsche, so ist das Recht des Staates anzuwenden, mit dem die Person am engsten verbunden ist, insbesondere durch ihren gewöhnlichen Aufenthalt oder durch den Verlauf ihres Lebens (Art. 5 Abs. 1 S. 1 EGBGB). Ist die maßgebliche Staatsangehörigkeit festgestellt, war in einem weiteren Schritt zu klären, wie sich diese Staatsangehörigkeit hinsichtlich des anwendbaren Erbrechts auswirkt. Bei einer effektiven französischen Staatsangehörigkeit beispielsweise kam eine Rückverweisung auf das deutsche Recht in Betracht, bei effektiver spanischer Staatsangehörigkeit war hingegen das spanische Heimatrecht als Erbstatut berufen, wobei dann jedoch noch die maßgebliche spanische Teilrechtsordnung zu ermitteln war.

3. EuErbVO. Die in der Praxis schwierige Anknüpfung an die effektive Staatsangehörigkeit wird jetzt durch die Anknüpfung an den gewöhnlichen Aufenthalt nach Art. 21 EuErbVO vermieden. Dabei ist zu beachten, dass der Begriff des „gewöhnlichen Aufenthalts“ autonom nach der EuErbVO auszulegen ist (→ Form. A.IV). Bei Mehrstaatern ohne deutsche Staatsangehörigkeit, die nach deutschem Aufenthaltsrecht testieren wollen, ist eine Rechtswahl zu Gunsten ihres Heimatrechts nicht sinnvoll. Da für das Erbstatut der gewöhnliche Aufenthalt maßgeblich ist, empfiehlt sich, vorsorglich im Testament Angaben zum gewöhnlichen Aufenthalt zu dokumentieren.

5. Asylberechtigte, Asylbewerber und Flüchtlinge

. . . . . .

Ich[1] bin afghanischer Staatsangehöriger sunnitischen Glaubens. In der Bundesrepublik Deutschland bin ich am . . . . . . von . . . . . . als Asylberechtigter[2, 3] anerkannt worden, wo ich auch meinen gewöhnlichen Aufenthalt habe. Ich beabsichtigte diesen dauerhaft beizubehalten. Eine Rechtswahl wünsche ich nicht. Ich verfüge daher nach deutschem Recht wie folgt:[4]

. . . . . .

Anmerkungen

1. Sachverhalt. Ein ausländischer Staatsangehöriger wurde als Asylbewerber anerkannt und beabsichtigt, ein Testament zu errichten.

2. Asylberechtigte. § 2 Abs. 1 AsylVfG bestimmt, dass – anerkannte – Asylberechtigte die gleiche Rechtsstellung genießen wie Flüchtlinge iSd Genfer Flüchtlingskonvention, rückwirkend auf den Zeitpunkt vor der Asylentscheidung (BGH NJW 2003, 3339). Art. 12 der Genfer Flüchtlingskonvention bestimmt als Personalstatut das Recht des Wohnsitzlandes, hilfsweise das Recht des Aufenthaltslandes. Hat ein Asylberechtigter seinen Wohnsitz in Deutschland, ist somit Personalstatut das deutsche Recht und nicht sein Heimatrecht.

3. Flüchtlinge. Ist eine Person nicht als Asylberechtigter anerkannt worden, kann sie gleichwohl Flüchtling iSd Genfer Flüchtlingskonvention sein. Wer Flüchtling ist, definiert Art. 1 der Genfer Flüchtlingskonvention (hierzu Palandt/*Thorn* Anh. zu Art. 5 Rn. 28). Als **Flüchtling** ist eine Person anzusehen, die aus der begründeten Furcht vor Verfolgung wegen ihrer Rasse, Religion, Nationalität, Zugehörigkeit zu einer bestimmten sozialen Gruppe oder wegen ihrer politischen Überzeugung sich außerhalb des Landes befindet, dessen Staatsangehörigkeit sie besitzt, und den Schutz dieses Landes nicht in Anspruch nehmen kann oder wegen dieser Befürchtungen nicht in Anspruch nehmen will. Personalstatut von Flüchtlingen ist insoweit gem. Art. 12 Genfer Flüchtlingskonvention das Wohnsitzrecht hilfsweise das Aufenthaltsrecht, so dass sich die Rechtsnachfolge von Todes wegen nach diesem Recht beurteilt. Als Flüchtling gem. Art. 1 Genfer Flüchtlingskonvention ist ohne weiteres ausgewiesen, wer als Flüchtling oder Asylberechtigter iSv § 3 Abs. 4 AsylVfG anerkannt wurde. Nicht rechtskräftige Entscheidungen oder gar ablehnende Entscheidungen des Bundesamtes sind hingegen nicht bindend (str. MüKoBGB/*v. Hein* Anh. II EGBGB Art. 5 Rn. 75). Die Behörden und Gerichte befinden in diesem Fall autonom, ob die Flüchtlingseigenschaft vorliegt und es zur kollisionsrechtlichen Anwendung des Aufenthaltsrechts kommt.

4. EuErbVO. Sonderregelungen für Flüchtlinge, Asylbewerber oder Asylberechtigte enthält die Verordnung nicht. Die Rechtsnachfolge bestimmt sich unabhängig vom Personalstatut nach dem gewöhnlichen Aufenthalt, sodass der Erblasser nach deutschem Recht testieren kann. Die EuErbVO erwähnt zwar weder eine Bleibeabsicht, noch ausdrücklich einen Aufenthaltswillen, bei Fehlen eines solchen subjektiven Moments kann unter Umständen eine Anknüpfung an den gewöhnlichen Aufenthalt aber schwierig sein (→ Form. A.IV). Überwiegend wird jedoch angenommen, dass Flüchtlinge aufgrund des Art. 12 der Genfer Flüchtlingskonvention das Recht an ihrem gewöhnlichen Aufenthalt nach Art. 22 EuErbVO wählen können (Palandt/*Thorn* EuErbVO Art. 22 Rn. 4). Daneben könnten Flüchtlinge und Asylberechtigte, die noch über eine Staatsangehörigkeit verfügen, nach Art. 22 EuErbVO auch das Recht dieser Staatsangehörigkeit wählen dürfen (MüKoBGB/*Dutta* EuErbVO Art. 22 Rn. 5). Für eine Rechtswahl → Form. K.VIII.3.

6. Interlokales- und Interpersonales Privatrecht

……

Der Erblasser[1] erklärt, ich bin spanischer Staatsangehöriger[2, 3, 4] und besitze die Gebietszugehörigkeit zu Katalonien. Ich habe meinen gewöhnlichen Aufenthalt in Deutschland. Ich beabsichtigte diesen dauerhaft beizubehalten. Eine Rechtswahl wünsche ich nicht. Ich verfüge daher nach deutschem Recht:[5]

……

Anmerkungen

1. Sachverhalt. Ein Spanier aus dem Gebiet Katalonien mit Wohnsitz in Deutschland beabsichtigt, ein Testament zu errichten.

2. Interlokale Rechtsspaltung. Das Privatrecht ist in den verschiedenen Staaten nicht immer einheitlich. So kennen in Europa insbesondere Spanien (Katalonien, Aragonien,

Galizien, Balearen, Biscaya/Alava, Navarra; nicht jedoch in den anderen Provinzen) und Großbritannien (England und Wales, Schottland, Nordirland, Kanalinseln) mehrere Teilrechtsordnungen, aber auch Frankreich (Insel Mayotte). In Deutschland galt interlokales Privatrecht im Verhältnis zur DDR. Außerhalb Europas bestehen territorial konkurrierende Rechtsordnungen etwa in Australien, der Volksrepublik China und den Vereinigten Staaten von Amerika. Unterliegt ein Erblasser einer interlokalen Rechtsspaltung, so bestimmen die internen Kollisionsnormen des (gesamtstaatlichen) interlokalen Privatrechts, das Recht welchen Teilstaats anwendbar ist (Art. 36 Abs. 1 EuErbVO). Zur Bestimmung des Personalstatuts tritt im interregionalen Recht Spaniens an die Stelle der Staatsangehörigkeit die zivilrechtliche Gebietszugehörigkeit (*vecindad civil*, Art. 16 Nr. 1 Abs. 1 Codigo Civil (c. c.)). Die Vorschriften über den Erwerb der zivilrechtlichen Gebietszugehörigkeit finden sich in den Art. 14 Nr. 2 f. c. c. Sie beruhen in erster Linie auf dem Abstammungsprinzip.

Interlokale Normen existieren aber zB nicht im Vereinigten Königreich oder in den USA. In Ermangelung solcher internen Kollisionsvorschriften wird nach Art. 36 Abs. 2 EuErbVO eine eigene autonome Unteranknüpfung vorgenommen, entweder nach dem gewöhnlichen Aufenthalt, der engsten Verbindung zu einer Gebietseinheit oder sonstigen anderen Anknüpfungspunkten für eine Gebietseinheit. Regelmäßig berufen wird das Recht des letzten gewöhnlichen Aufenthaltsortes des Testators sein (MüKoBGB/*Dutta* EuErbVO Art. 36 Rn. 9).

3. Interpersonale Rechtsspaltung. Neben einer interlokalen Rechtsspaltung kennen zahlreiche – insbesondere islamische – Staaten eine **interpersonale Rechtsspaltung.** Diese orientiert sich regelmäßig an der Religionszugehörigkeit des Testators. Das anwendbare Recht wird dann durch das interreligiöse Recht der berufenen Rechtsordnung ermittelt. Dies betrifft etwa Griechenland (Muslime in Thrakien), Israel, Indien, Pakistan, Malaysia, Ägypten oder Mexiko. Für interpersonale Rechtsspaltungen trifft Art. 37 EuErbVO eine vergleichbare Anknüpfungsregel wie bei Art. 36 EuErbVO und ordnet zunächst den Vorrang des jeweiligen interpersonalen Kollisionsrechts an. Nur für Mehrrechtsstaaten, die über ein solches nicht verfügen, wird eine Unteranknüpfung geregelt, dass diejenige Rechtsordnung zum Zuge kommt, zu der der Erblasser die engste Verbindung besaß.

4. Gestaltung. Im Testament genügt es in Fällen einer interlokalen bzw. interpersonalen Rechtsspaltung nicht, nur die Staatsangehörigkeit anzugeben, es sollte auch die Angabe der maßgeblichen Teilrechtsordnung erfolgen. Deren Ermittlung kann bereits schwierige Rechtsfragen aufwerfen. Länderberichte zur Unteranknüpfung bei Mehrrechtsstaaten finden sich bei Staudinger/*Hausmann* EGBGB Art. 4 Rn. 665 ff.

5. EuErbVO. Die Anknüpfung des Erbstatuts an den gewöhnlichen Aufenthalt nach Art. 21 EuErbVO gilt auch in einem Land mit einer interlokalen bzw. interpersonalen Rechtsspaltung, indem der Erblasser seinen gewöhnlichen Aufenthalt hat. Die Gestaltung letztwilliger Verfügungen wird damit erleichtert. Die Regelungen der Art. 36 bis 38 EuErbVO gelten wegen der weiten Wirkung der Verordnung auch etwa bei einem Aufenthalt in einem nicht an der Verordnung teilnehmenden Mitgliedsstaat (Art. 20 EuErbVO – *loi uniform*). Besteht am gewöhnlichen Aufenthalt hingegen keine Rechtsspaltung, entfällt die Ermittlung einer Teilrechtsordnung. Auch für einen Spanier mit katalonischer Herkunft, aber gewöhnlichem Aufenthalt in Deutschland, gilt daher deutsches Erbrecht, vorbehaltlich einer abdrängenden Rechtswahl für sein Heimat(teil-)recht. Dabei ist eine abdrängende Teilrechtswahl nicht möglich; ein Spanier mit katalonischer Gebietszugehörigkeit kann also nicht etwa galizisches Erbrecht wählen (*Heggen* ZEV 2013, 128).

7. Rückverweisung

. . . . . .

Ich[1] bin deutscher Staatsangehöriger. Meinen gewöhnlichen Aufenthalt habe ich in New York und beabsichtige, dort auch dauerhaft zu verbleiben. In Deutschland, Frankreich und Großbritannien verfüge ich über unbewegliches Vermögen, nämlich:[2]

. . . . . .

Über mein Vermögen, welches dem deutschem Erbrecht untersteht, verfüge ich letztwillig wie folgt:[3]

. . . . . .

Anmerkungen

1. Sachverhalt. Ein deutscher Staatsangehöriger, dessen anwendbares US-amerikanisches Erbrecht für Immobilien auf das Recht am Belegenheitsort (*lex rei sitae*) verweist, möchte für seinen deutschen Grundbesitz ein Testament errichten.

2. Rückverweisung. Das nach der EuErbVO maßgeblich Recht ist auch dann anzuwenden, wenn sich um das Recht eines Drittstaates handelt (Art. 20 EuErbVO – *loi uniforme*). Da es sich bei den Verweisungen in der Verordnung grundsätzlich um Sachnormverweisungen handelt, sind Rück- und Weiterverweisungen daher ausgeschlossen. Demgegenüber sieht jedoch Art. 34 Abs. 1 EuErbVO vor, dass Rück- oder Weiterverweisungen durch das Recht eines Drittstaats zu beachten sind. Eine Rückverweisung liegt vor, wenn die durch unsere Kollisionsnorm berufene fremde Rechtsordnung aufgrund ihrer eigenen geschriebenen oder ungeschriebenen Kollisionsnormen auf unsere Rechtsordnung zurückverweist. Die fremde berufene Rechtsordnung kann aber auch auf eine dritte Rechtsordnung verweisen. In diesem Fall spricht man von einer Weiterverweisung. Rück- und Weiterverweisung werden unter dem französischen Begriff *renvoi* zusammengefasst.

3. Gestaltung. Aufgrund des gewöhnlichen Aufenthalts gilt für die Erbfolge grundsätzlich US-amerikanisches Recht, und zwar hier des Bundesstaates New York. Für Immobilien verweist das US-amerikanische Recht jedoch auf das Belegenheitsrecht zurück, in unserem Fall also auf deutsches, französisches und englisches Recht. Diese Rückverweisung wird für die Immobilien in Deutschland und Frankreich jeweils angenommen (Art. 34 Abs. 1 Buchst. a EuErbVO). Da die EuErbVO für Großbritannien nicht anwendbar ist, gilt hier Art. 34 Abs. 1 Buchst. b EuErbVO, sodass hinsichtlich der dort belegenen Immobilie englisches Recht maßgeblich ist. Für das bewegliche Vermögen bleibt es bei der Anwendung des US-amerikanischen Erbrechts des Bundesstaats New York (vgl. auch *Frank/Döbereiner* Nachlassfälle mit Auslandsbezug Rn. 135). Weiter- bzw. Rückverweisungen werden nach Art. 34 EuErbVO nur durch einen Nicht-Mitgliedsstaat (einschließlich Dänemark, Großbritannien und Irland) zugelassen. Aufgrund einer teilweisen Rückverweisung kann es damit im Einzelfall weiterhin zu einer Nachlassspaltung kommen (zu den damit verbundenen Problemen siehe Hausmann/*Odersky* IPR § 15 Rn. 80 f.).

8. Declaration of Domicile

......

Ich[1] bin US-amerikanischer Staatsangehöriger. Ich erkläre, dass ich meinen gewöhnlichen Aufenthalt in Deutschland habe und gegenwärtig beabsichtige, in Deutschland dauerhaft zu verbleiben[2] und nicht in die USA zurückzukehren. Hier habe ich meine familiären, wirtschaftlichen und sozialen Bindungen und betrachte Deutschland als meine Heimat. Ich erkläre hiermit, dass mein domicile in Deutschland ist.[3] Über Auslandsvermögen verfüge ich nicht. Eine Rechtswahl zu Gunsten meines Heimatrechts möchte ich ausdrücklich nicht treffen.

Über mein gesamtes Vermögen verfüge ich nach deutschem Recht letztwillig wie folgt:

......

Anmerkungen

1. Sachverhalt. Ein US-amerikanischer Staatsangehöriger hat sein *domicile* in Deutschland, wo sich auch sein gesamtes Vermögen befindet, über das er letztwillig verfügen möchte.

2. Domicile. Die Rückverweisung auf das deutsche Recht kann mitunter fraglich sein, wenn sie nicht auf objektiven Umständen beruht. So wird insbesondere im Common Law Rechtskreis die Rechtsnachfolge von Todes wegen hinsichtlich des beweglichen Vermögens dem Recht des letzten Domizils des Erblassers unterstellt. Domizil ist nicht gleichzusetzen mit Wohnsitz oder gewöhnlichem Aufenthalt. Ein *domicile* im Sinne der US-amerikanischen Rechtsordnungen erfordert eine festere Verbindung zu einem bestimmten Ort als dies für einen Wohnsitz im Sinn des deutschen Rechts erforderlich ist. Anders als beim Wohnsitz ist zB ein mehrfaches *domicile* oder ein fehlendes *domicile* nicht denkbar. Ein *domicile* wird zunächst durch Geburt begründet. Dieses *domicile of origin* ist das *domicile* der sorgeberechtigten Person (*Hay* Conflict of Laws p. 41 f.). Sobald eine Person volljährig geworden ist, kann sie ihr eigenes *domicile* begründen. Voraussetzung für die Begründung eines derartigen *domicile of choice* ist, dass sich die Person an einem Ort tatsächlich aufhält und beabsichtigt, an diesem Ort ein *domicile* zu begründen. Diese Absicht liegt zB vor, wenn der Betroffene die Wohnung an dem neuen Ort zur dauernden und unbefristeten Wohnung machen will (*Hay* p. 42). In der Rechtsprechung der US-Gerichte wird häufig noch vermutet, dass eine verheiratete Frau dasselbe *domicile* hat wie ihr Ehemann (*Hay* p. 46), wobei dies jedoch keinesfalls als zwingend angesehen werden kann. Die Umstände, die ein *domicile* ausmachen, können in das Testament aufgenommen werden, um so Rechtssicherheit zu schaffen. Allerdings kann diese Erklärung nicht verhindern, dass sich die Umstände bis zum Tod des Erblassers ändern und er insbesondere ein neues *domicile* begründet.

3. EuErbVO. Aufgrund des gewöhnlichen Aufenthalts kommt es vorliegend auch aus deutscher bzw. europäischer Sicht zu einer einheitlichen Anwendung des deutschen Erbrechts (Art. 21 Abs. 1 EuErbVO). Die Verweisung des US-amerikanischen Rechts wird angenommen (Art. 20, 34 EuErbVO). Eine Rechtswahl zu Gunsten des Staatsangehörigkeitsrechts empfiehlt sich nicht, da der Nachlass sich ausschließlich in Deutschland befindet.

9. Nachlassspaltung

......

Ich[1] bin deutscher Staatsangehöriger. Mein gewöhnlicher Aufenthalt ist in New York. Ich beabsichtige dort, dauerhaft zu verbleiben. Außer meinem beweglichen und unbeweglichen Vermögen[2] in Deutschland bin ich Eigentümer einer Ferienimmobilie in Frankreich

......

Die nachfolgenden Verfügungen von Todes wegen sollen nur für jenes unbewegliche Vermögen gelten, welches deutschem Erbrecht untersteht.[3, 4] Über das Vermögen, welches der französischen Rechtsordnung untersteht, habe ich in einer gesonderten Verfügung vor dem Notar ...... am ...... in ...... zu Gunsten meiner Tochter verfügt, die in Aix en Provence – Bureau Principal d'Enregistrement des Testaments – registriert wurde. Diese in Frankreich errichtete Verfügung soll insoweit als gesonderte Vermächtnisanordnung betrachtet werden.

Alternativ: Soweit es beim Erbfall zu einer Nachlassspaltung kommt, soll diese Verfügung auch getrennt für jeden Spaltnachlass wirksam sein,

Zu meiner Alleinerbin ernenne ich meine Ehefrau ......, ersatzweise ......

Anmerkungen

1. Sachverhalt. Ein deutscher Staatsangehöriger mit gewöhnlichem Aufenthalt in New York hat unbewegliches Vermögen in Frankreich, das aufgrund der Anwendung des Drittstaaten-Rechts hinsichtlich der Immobilien in Deutschland und Frankreich zu einer Nachlassspaltung führt.

2. Nachlassspaltung. Infolge der EuErbVO sind Nachlassspaltungen seltener geworden, sind aber regelmäßig noch möglich, wenn das anwendbare Erbrecht eines Drittstaats hinsichtlich von Immobilien auf das Recht an Belegenheitsort verweist. Im Musterfall werden die Immobilien in Deutschland bzw. Frankreich aufgrund Rückverweisung des zunächst anwendbaren US-amerikanischen Erbrechts dem Recht am Belegenheitsort unterstellt, und damit bei Belegenheit in Frankreich dem französischem Recht bzw. dem deutschen Recht. Mobilien hingegen unterliegen dem Domizilrecht. Zur Rückverweisung → Form. K.VII.7.

3. Getrennte Gestaltung. Aufgrund der Nachlassspaltung entstehen grds. drei verschiedene Nachlassmassen (Spaltnachlässe), die jeweils ihren eigenen Regeln folgen. So kann insbesondere über jeden Nachlass gesondert testiert werden, es kann aber zB auch nur über den einen Nachlass testiert werden, der andere Nachlass hingegen der gesetzlichen Erbfolge unterstellt bleiben. Bei bestehender Nachlassspaltung kann – anders als bei der Nachlasseinheit – auch in mehreren Testamenten (mit verschiedenen Erbeinsetzungen) testiert werden, die allerdings aufeinander abzustimmen sind, wenn ein Testament in Urschrift zur Nachlassabwicklung im Ausland bestimmt sein soll. Soweit eine fremde Rechtsordnung zur Anwendung gelangt, sollte das Testament, das dem ausländischen Recht untersteht, mit Hilfe eines Juristen aus der berufenen Rechtsordnung errichtet werden. Die Testamente können aber auch äußerlich in einer Verfügung von Todes wegen zusammengefasst werden. Auch dann sind jedoch jeweils die Besonderheiten der berufenen Rechtsordnungen zu beachten, für die das Testament Geltung erlangen soll. Daneben ist auch darauf zu achten, dass das Testament den Formerfordernissen der

jeweils in Frage kommenden Rechtsordnung genügt. Kommt es zu einer Nachlassspaltung, so hat der Erblasser die Möglichkeit, etwa hinsichtlich seines dem deutschen Recht unterliegenden Nachlasses mittels Erbvertrag zu verfügen und im Hinblick auf den dem bspw. französischem Recht, welches den Erbvertrag verbietet (vgl. Art. 1130 Abs. 2 C. C.), unterfallenden Nachlass durch Einzeltestament.

Im Falle der Nachlassspaltung kommt es häufig vor, dass der Erblasser sich der Nachlassspaltung nicht bewusst gewesen ist oder aber die Erben den Erblasserwillen als mit dieser Rechtslage inkongruent betrachten. Im Muster wurde daher eine Klausel aufgenommen, wonach das weitere Testament als Vermächtnis anzusehen sein soll. Auf diese Weise können zB Pflichtteilsansprüche von Personen abgegolten werden, die im deutschen Testament übergangen wurden. Die Tochter kann daher im Musterfall in Deutschland keine Pflichtteilsansprüche geltend machen, wenn der Wert der Immobilie in Frankreich den Wert ihres Pflichtteils deckt und sie die Erbschaft nicht ausschlägt. Umgekehrt kann die Mutter kein Noterbrecht in Frankreich geltend machen, weil dieses zugunsten der Ehegatten im französischen Recht nicht existiert. Aufgrund der vielfältigen Rechtsunsicherheiten sollten Nachlassspaltungen soweit als möglich vermieden werden. Alternativ bieten sich lebzeitige Schenkungen oder Übertragungen auf den Todesfall an.

4. EuErbVO. Bei Immobilien in EU-Mitgliedsstaaten gibt es aufgrund der einheitlichen Anknüpfung der EuErbVO keine Nachlassspaltung mehr. Damit sind Auslandsimmobilien auch kein Mittel mehr zur Reduzierung von Pflichtteilsansprüchen (*Everts* ZEV 2013, 124).

10. Nachlasshaftung bei Nachlassspaltung

. . . . . .

Vermächtnisweise bestimme ich[1] Folgendes:

Soweit die Nachlassverbindlichkeiten[2] sich dem dem deutschen Recht unterliegenden Nachlass zuordnen lassen, sollen meine Erben haften, die nach deutschem Recht Erben wurden. Für die Nachlassschulden, die sich dem . . . . . . (fremden) Recht unterliegenden Nachlass zuordnen lassen, sollen die Personen haften, die nach . . . . . . (fremden) Recht Erben wurden.[3] Zu den zuordnungsfähigen Nachlassverbindlichkeiten zählen insbesondere dingliche Schulden, die Verpflichtung zur Herausgabe von Nachlassgegenständen, der Dreißigste iSv § 1969 BGB sowie öffentlich-rechtliche Forderungen staatlicher deutscher Stellen. Nachlassverbindlichkeiten, die sich weder dem deutschen noch dem . . . . . . (fremden) Recht zuordnen lassen, insbesondere die Erbfall- und die Erblasserschulden, soll mein Sohn . . . . . . tragen. Ein Ausgleich unter den Begünstigten findet nicht statt.

Anmerkungen

1. Sachverhalt. Wie bei → Form. K.VII.9. Die Immobilie in Frankreich ist jedoch noch mit Verbindlichkeiten belastet.

2. Nachlassverbindlichkeiten. Bei der Frage der Haftung für Nachlassverbindlichkeit ist grundsätzlich zu unterscheiden zwischen der Haftung im Außenverhältnis, also der Frage, ob die Gläubiger auf alle Spaltnachlässe Zugriff nehmen können oder nur auf den sie betreffenden Nachlassteil, und der Haftung im Innenverhältnis, also der Frage des Ausgleichs im Verhältnis der Nachlassmassen. Aus der Sicht des deutschen Rechts (zur

Bestimmung des Haftungsstatut: *Staudinger/Dörner* EGBGB Art. 25 Rn. 790 f.) wird nach heute beinahe einhelliger Auffassung eine solidarische Haftung der Nachlassmassen angenommen, wobei jedoch nach Meinung des überwiegenden Schrifttums eine Ausnahme für sog. **„fixierte Nachlassverbindlichkeiten"** (also solche Nachlassverbindlichkeiten, die ganz eindeutig einem Nachlass zugewiesen werden können, etwa bei einer dinglich gesicherten, objektbezogenen Nachlassverbindlichkeit, vgl. *Staudinger/Dörner* EGBGB Art. 25 Rn. 791; BeckOK BGB/*Lorenz* EGBGB Art. 25 Rn. 52) zu machen ist.

Für die Testamentsgestaltung hat die Haftung im Außenverhältnis regelmäßig freilich keine Bedeutung, eine testamentarische Regelung des Ausgleichs unter den Erben kann vielmehr nur mit Wirkung für das Innenverhältnis erfolgen. Dabei werden die Schulden im Innenverhältnis nach überwiegender Auffassung in der Literatur den einzelnen Nachlassmassen nach ihrer Beteiligungsquote am Nachlass zugeordnet (*Steiner* Testamentsgestaltung bei kollisionsrechtlicher Nachlassspaltung, 2001, 137), mit Ausnahme – soweit man dieser Lehre folgt – der nicht auszugleichenden „fixierten Nachlassverbindlichkeiten".

3. Gestaltung. Angesichts der Vielzahl noch offener Streitfragen im Bereich der Nachlasshaftung bei Nachlassspaltung, empfiehlt es sich, im Testament klarzustellen, wer von den letztwillig Begünstigten im Innenverhältnis welche Nachlassverbindlichkeiten endgültig zu tragen hat. Im Muster wurde danach differenziert, ob sich die Schulden einem der anwendbaren Rechte besonders zuordnen lassen („fixierte Nachlassverbindlichkeiten"). Im Zweifel sollten die zuzuordnenden Nachlassverbindlichkeiten einzeln aufgeführt werden. Die nicht zuordenbaren Verbindlichkeiten wurden im Muster dem Haupterben im Innenverhältnis überantwortet.

VIII. Die Rechtswahl

1. Die Rechtswahl nach deutschem Recht

Durch die frühere Rechtswahl nach Art. 25 Abs. 2 EGBGB aF konnte ein Erblasser für sein im Inland belegenes unbewegliches Vermögen deutsches Erbrecht wählen. Das sonstige Vermögen unterfiel der objektiven Anknüpfung, so dass sich der Nachlass bei Ausübung der Rechtswahl in verschiedene Nachlassmassen spaltete. Die Vor- und Nachteile einer solchen Nachlassspaltung (→ Form. K.VII.9) waren stets im Einzelfall abzuwägen.

Ausländische Rechtsordnungen erkannten die Rechtswahl nur dann an, wenn aus ihrer Sicht ohnehin deutsches Erbstatut anwendbar war oder wenn das ausländische Recht eine Rechtswahl des Belegenheitsrechts für Grundstücke ermöglichte. Die Rechtswahl erfolgte in Form einer Verfügung von Todes wegen.

Seit dem Inkrafttreten der EuErbVO ist eine solche beschränkte Rechtswahl nach Art. 22 EuErbVO unwirksam, da sie sich nicht auf den gesamten Nachlass erstreckt.

Eine vor dem 17.8.2015 getroffene beschränkte Rechtswahl bleibt aber wirksam, wenn der Erblasser zum Zeitpunkt der Rechtswahl deutscher Staatsangehöriger war oder seinen gewöhnlichen Aufenthalt in Deutschland hatte (Art. 83 Abs. 2 EuErbVO). Keine Übergangsvorschrift gilt jedoch für die beschränkte Rechtswahl eines ausländischen Erblassers, der zum Zeitpunkt seiner Rechtswahl keinen gewöhnlichen Aufenthalt in Deutschland hatte. Diese wird *ex nunc* unwirksam (Palandt/*Thorn* EuErbVO Art. 83 Rn. 5).

2. Die Rechtswahl nach ausländischem Recht

Wahl deutschen Rechts

Ich[1] bin deutscher Staatsangehöriger und habe meinen gewöhnlichen Aufenthalt in der Schweiz. Ich beabsichtige nicht, meinen gewöhnlichen Aufenthalt zu ändern.

Nachdem ich über die Grundzüge des deutschen Erbrechts belehrt worden bin, wähle ich für mein gesamtes jetziges und zukünftiges Vermögen das deutsche Recht als mein Heimatrecht.[2, 3, 4, 5] Diese Rechtswahl ist auch nach Art. 90 Abs. 2 IPRG Schweiz zulässig, da ich in der Schweiz meinen gewöhnlichen Aufenthalt habe.

Ich wurde vom Notar darauf hingewiesen, dass diese Rechtswahl unwirksam wird, wenn ich mich im Erbfall nicht mehr in der Schweiz aufhalte. Meine Erben sind verpflichtet, sich in jedem Falle so zu stellen, als wäre in meinem gesamten Nachlass die Erbfolge nach deutschem Recht eingetreten.

(Hinweis auf Anwendung ausländischen Rechts nach § 17 Abs. 3 BeurkG, → Form. K.III.1)

Wahl ausländischen Rechts

Ich bin Schweizer Staatsangehöriger und habe meinen gewöhnlichen Aufenthalt seit 20 Jahren in Deutschland.

Nachdem ich über die Grundzüge des schweizerischen Erbrechts belehrt worden bin, wähle ich das schweizerische Recht als auf die Rechtsnachfolge von Todes wegen anwendbare Recht beschränkt auf mein in der Schweiz befindliches bewegliches und unbewegliches Vermögen.

(Hinweis auf Anwendung ausländischen Rechts nach § 17 Abs. 3 BeurkG, → Form. K.III.1)

Anmerkungen

1. Sachverhalt. Ein deutscher Staatsangehöriger mit gewöhnlichem Aufenthalt in der Schweiz möchte für seine Erbfolge deutsches Recht wählen. In der Variante beabsichtigt ein Schweizer Staatsangehöriger mit gewöhnlichem Aufenthalt in Deutschland, für seinen in der Schweiz befindlichen Nachlass sein Heimatrecht zu wählen.

2. Rechtswahl nach ausländischem Recht. Nur wenige andere Rechtsordnungen lassen eine eigenständige Rechtswahl des Erbstatuts zu. Soweit EU-Mitgliedsstaaten bisher Rechtswahlen ermöglichten (Italien, Niederlande, Finnland, Rumänien, Estland) sind diese Rechtswahlen seit Inkrafttreten der EuErbVO nicht mehr zulässig. Rechtswahlen sind damit nur möglich, soweit die Bestimmungen des internationalen Erbrechts eines Drittstaats eine Rechtswahl des Erbstatuts zulassen. Möglich ist eine Rechtswahl für ausländisches Recht daher noch bei Anknüpfung an des Erbrecht von Aserbeidschan (Art. 29 Abs. 1 IPRG), Québec (Art. 3098 Abs. 2 c. c. q.), Liechtenstein (Art. 29 Abs. 3 IPRG) und der Schweiz (Art. 91 Abs. 2 schweiz. IPRG → Form. K.XIX.11). Nicht verwechselt werden darf diese Möglichkeit mit der insbesondere im angelsächsischen Rechtskreis verbreiteten Möglichkeit, das auf die Auslegung eines Testaments anwendbare Recht zu bestimmen. Die Rechtsordnungen des Common Law, die der ehemals kommunistischen Staaten und die islamischen Rechtsordnungen sehen ebenso wie viele Staaten des Rechtskreises des Code Napoleon keine Rechtswahlmöglichkeit vor. Zur Rechtswahl nach dem Recht einzelner US-Bundesstaaten *S. Frank/Leithold* ZEV 2014, 462 [464].

3. Keine Rechtswahl eines ausländischen IPR. Zu beachten ist, dass eine Rechtswahl gemäß Art. 22 EuErbVO sich nur auf innerstaatliches Recht beziehen kann (Sachnormverweisung gem. Art. 34 Abs. 2 EuErbVO); die Wahl eines ausländischen IPR ist nicht möglich. Gelangt man hingegen aufgrund der Anknüpfungsregel des Art. 21 EuErbVO an den gewöhnlichen Aufenthalt zur Geltung eines ausländischen Rechts, erfolgt eine Gesamtnormverweisung auch auf das ausländische IPR, Art. 34 Abs. 1 EuErbVO. Soweit dieses ausländische Recht eine Rechtswahl erlaubt, kann diese dann getroffen werden.

4. Gestaltungsempfehlung. Sieht das anwendbare ausländische Recht eine Rechtswahlmöglichkeit vor, dann hat der Testator nicht nur die Möglichkeit nach seinem Aufenthaltsrecht zu testieren, sondern auch nach seinem Heimatrecht. Kommt ein fremdes Recht in Deutschland zur Anwendung, ist die Nachlassabwicklung zeit- und kostenaufwendiger, so dass von der Wahl des ausländischen Heimatrechts nur vorsichtig Gebrauch gemacht werden sollte, sofern Teile des Nachlasses in Deutschland belegen sind. Allerdings kann die Wahl des Heimatrechts für die vom Erblasser gewünschten Ziele sehr viel dienlicher sein als es das deutsche Aufenthaltsrecht wäre. So können insbesondere die Pflichtteilsrechte geringer sein. Umgekehrt kann durch eine Rechtswahl nach ausländischem Recht unter Umständen ein Gleichlauf des anwendbaren Rechts sowohl aus Sicht der EU-Mitgliedsstaaten als auch aus Sicht des betroffenen Drittstaates erreicht werden (Vermeidung hinkender Rechtsverhältnisse). Die Rechtswahl muss grundsätzlich in Form einer Verfügung von Todes wegen getroffen werden. Auch wenn der Notar zur Belehrung über das gewählte ausländische Recht zu nicht verpflichtet ist, ist es *nobile officium* über das konkret bestimmte Recht zu belehren und zugleich auf die Möglichkeiten einer Einholung eines Rechtsgutachtens oder Beiziehung eines ausländischen Juristen hinzuweisen (§ 17 Abs. 3 BeurkG). Erste

Erkenntnisquellen sind hierzu entsprechende Länderberichte (→ Form. K.XIX) sowie die umfangreiche Gutachtendankbank des Deutschen Notarinstituts (DNotI).

5. Altfälle. Für bereits erfolgte Rechtswahlen vor dem 17.8.2015 regelt Art. 83 Abs. 2 EuErbVO eine Weitergeltung, soweit der Erblasser zum Zeitpunkt der Rechtswahl diese nach den dann geltenden Kollisionsregelungen aufgrund seines gewöhnlichen Aufenthalts oder seiner Staatsangehörigkeit zulässig vornehmen konnte.

6. Kosten. Rechtswahlen, die eine Rechtsnachfolge von Todes wegen betreffen, erhöhen nach § 104 Abs. 2 GNotKG den Geschäftswert um 30 Prozent des Werts der Verfügung von Todes wegen (§ 102 GNotKG). Auch die nur vorsorgliche Wahl, etwa bei deutschen Staatsangehörigen mit dem „Risiko" eines gewöhnlichen Aufenthaltes im Ausland, erhöht den Geschäftswert (*Diehn* Notarkostenberechnungen Rn. 1252). Die bloße Feststellung, den gewöhnlichen Aufenthalt in Deutschland beibehalten zu wollen, ist demgegenüber keine Rechtswahl und nicht gesondert zu bewerten. Bei ausländischen Staatsangehörigen in Deutschland ist eine „bestätigende Rechtswahl" zugunsten des Rechts des aktuellen gewöhnlichen Aufenthaltsortes nicht vorgesehen. Die Klarstellung, dass eine konkludente Wahl des Staatsangehörigkeitsrechts nicht gewünscht ist, ist keine gesondert zu bewertende (negative) Rechtswahl (*Diehn* Rn. 1253).

3. Die Rechtswahl im Testament nach der EuErbVO

Deutscher Staatsangehöriger mit gewöhnlichem Aufenthalt in Deutschland

. . . . . .

Ich bin ausschließlich deutscher Staatsangehöriger und habe meinen gewöhnlichen Aufenthalt in Deutschland, den ich dauerhaft beibehalten will.[1] Ich wähle[2, 3, 5, 6, 8] hiermit vorsorglich für die Rechtsnachfolge von Todes wegen in mein gesamtes Vermögen sowie für Fragen der Rechtswirksamkeit[4] dieses Testaments das deutsche Recht.

Der Notar hat insbesondere darauf hingewiesen, dass diese Rechtswahl nicht nur für das heutige Testament, sondern für alle Aspekte der Rechtsnachfolge von Todes wegen, also etwa auch für Pflichtteilsrechte gilt. Ohne eine entsprechende Rechtswahl des Erbrechts wäre unter Umständen das Recht an einem künftigen gewöhnlichen Aufenthaltsort anwendbar.

. . . . . .

Deutscher Staatsangehöriger mit gewöhnlichem Aufenthalt im Ausland

. . . . . .

Ich bin ausschließlich deutscher Staatsangehöriger und habe meinen gewöhnlichen Aufenthalt in . . . . . .[1] Ich wähle[2, 3, 5, 6, 8] hiermit für die Rechtsnachfolge von Todes wegen in mein gesamtes Vermögen sowie für Fragen der Rechtswirksamkeit[4] dieses Testaments das deutsche Recht.

Der Notar hat insbesondere darauf hingewiesen, dass diese Rechtswahl nicht nur für das heutige Testament, sondern für alle Aspekte der Rechtsnachfolge von Todes wegen, also etwa auch für Pflichtteilsrechte gilt. Ohne eine entsprechende Rechtswahl des Erbrechts wäre das Recht an meinem gewöhnlichen Aufenthaltsort anwendbar. Der Notar muss ausländisches Recht nicht kennen, insbesondere auch nicht alternativ zu meinem Aufenthaltsrecht beraten.

Ausländischer Staatsangehöriger mit gewöhnlichem Aufenthalt in Deutschland

. . . . . .

Ich bin ausschließlich . . . . . . Staatsangehöriger und habe meinen gewöhnlichen Aufenthalt in Deutschland, den ich auch dauerhaft beibehalten möchte.[1] (*Ggf. ergänzende Darstellung der Tatsachen für Bestimmung des gewöhnlichen Aufenthalts*). Eine Rechtswahl[2, 3, 6] zu Gunsten meines Staatsangehörigkeitsrechts soll ausdrücklich nicht erfolgen, sodass das für das heutige Testament deutsches Recht anwendbar ist.

Der Notar hat insbesondere darauf hingewiesen, dass für die Erbfolge und dieses Testament das Recht eines auch zukünftigen, gewöhnlichen Aufenthaltsorts maßgeblich ist. Der Notar muss ausländisches Recht nicht kennen, insbesondere hat er auch nicht alternativ zu meinem Staatsangehörigkeitsrecht beraten.

Alternativ Rechtswahl nach ausländischem Recht:

Ich wähle hiermit für die Rechtsnachfolge von Todes wegen in mein gesamtes Vermögen sowie für Fragen der Rechtswirksamkeit dieses Testaments das US-amerikanische Recht. Dabei gehe ich davon aus, dass meine engste Verbindung zu den Staaten innerhalb der USA nach Kalifornien besteht, da ich dort (Gründe für engste Verbindung).

Der Notar hat insbesondere darauf hingewiesen, dass diese Rechtswahl nicht nur für das heutige Testament, sondern für alle Aspekte der Rechtsnachfolge von Todes wegen, also etwa auch für Pflichtteilsrechte gilt. Ohne eine entsprechende Rechtswahl des Erbrechts wäre das Recht an meinem gewöhnlichen Aufenthaltsort anwendbar. Der Notar muss ausländisches Recht nicht kennen, insbesondere auch nicht alternativ zu meinem Aufenthaltsrecht beraten. Er kann nicht beurteilen, ob diese Rechtswahl von einer ausländischen Rechtsordnung anerkannt wird, und ob das Testament im Ausland ganz oder teilweise als nicht wirksam oder nicht durchführbar angesehen wird.

Änderung einer Rechtswahl

Ich bin . . . . . und . . . . . Staatsangehöriger, habe aber meinen gewöhnlichen Aufenthalt in Deutschland, den ich auch dauerhaft beibehalten möchte. Ich habe am . . . . . eine Rechtswahl zu Gunsten des Rechts von . . . . . vorgenommen.[1]

Ich ändere diese Rechtswahl und wähle stattdessen für die Rechtsnachfolge von Todes wegen sowie für Fragen der Rechtswirksamkeit[4] dieses Testaments das Recht von . . . . ..[7]

Der Notar hat insbesondere darauf hingewiesen, dass diese Rechtswahl nicht nur für das heutige Testament, sondern für alle Aspekte der Rechtsnachfolge von Todes wegen, also etwa auch für Pflichtteilsrechte gilt. Ohne eine entsprechende Rechtswahl des Erbrechts wäre unter Umständen das Recht an einem künftigen gewöhnlichen Aufenthaltsort anwendbar.

Widerruf einer Rechtswahl

Ich bin ausschließlich . . . . .Staatsangehöriger und habe meinen gewöhnlichen Aufenthalt in Deutschland, den ich auch dauerhaft beibehalten möchte. Ich habe am . . . . . eine Rechtswahl zu Gunsten des Rechts von . . . . . vorgenommen.[1]

Ich widerrufe diese Rechtswahl.[7] Eine neue Rechtswahl möchte ich nicht treffen. Maßgeblich soll stattdessen das Recht meines gewöhnlichen Aufenthalts sein.

Der Notar hat insbesondere darauf hingewiesen, dass für die Erbfolge und dieses Testament das Recht eines auch zukünftigen, gewöhnlichen Aufenthaltsorts maßgeblich ist. Der Notar muss ausländisches Recht nicht kennen, insbesondere hat er auch nicht alternativ zu meinem Staatsangehörigkeitsrecht beraten.

Anmerkungen

1. Fallgruppen. Bei der Rechtswahl nach der EuErbVO lassen sich vier Fallgruppen unterscheiden: a) deutscher Staatsangehöriger mit gewöhnlichem Aufenthalt in Deutschland, b) deutscher Staatsangehöriger mit gewöhnlichem Aufenthalt im Ausland, c) ausländischer Staatsangehöriger mit gewöhnlichem Aufenthalt in Deutschland und d) ausländischer Staatsangehöriger mit gewöhnlichem Aufenthalt im Ausland. Lediglich in letzterer Fallgruppe kann mangels inländischen Aufenthalts künftig eine erbrechtliche Gestaltung nach deutschem Recht nicht mehr erfolgen; bei der Testamentsgestaltung sind ausschließlich die Vorgaben des ausländischen Rechts zu beachten. Eine getroffene Rechtswahl kann geändert oder vollständig widerrufen werden. In der Variante der Fallgruppe c) möchte ein ausländischer Staatsangehöriger mit gewöhnlichem Aufenthalt in Deutschland ausdrücklich sein Heimatrecht wählen, um die Abwicklung dort etwa befindlicher Nachlassgegenstände zu vereinfachen oder um etwa bestehende Beschränkungen am anwendbaren Recht des Aufenthaltsorts (Pflichtteilsrechte) zu vermeiden.

2. Rechtswahl. Die EuErbVO ermöglicht eine Rechtswahl zu Gunsten des Heimatrecht eines Erblassers (Art. 22 EuErbVO). Auch dabei ist der Vorbehalt abweichender staatsvertraglicher Sonderregelungen, Art. 75 EuErbVO zu beachten (Türkei, Iran, Nachfolgestaaten der Sowjetunion, → Form. K.VI). Auslegungsschwierigkeiten und Zweifelsfragen bei der Bestimmung des gewöhnlichen Aufenthalts werden damit vermieden. Eine Rechtswahl kann zudem die Abwicklung des Nachlasses erleichtern, wenn der wesentliche Nachlass des Erblassers sich nicht am Ort des gewöhnlichen Aufenthalts, sondern in dessen Heimtatland befindet. Durch eine Rechtswahl besteht ferner die Möglichkeit, ggf. nicht gewollte Pflichtteils- oder Noterbansprüche zu reduzieren oder ganz zu vermeiden. Zugleich eröffnet die Rechtswahl des Erblassers auch die Möglichkeit, die internationale Zuständigkeit für das Nachlassverfahren zu verlagern. Ohne Rechtswahl wäre im Erbfall eine spätere Gerichtsstandvereinbarung nach Art. 5 EuErbVO oder eine Verweisung nach Art. 6 lit. a EuErbVO nicht möglich. Insbesondere für Erblasser, die sich längere Zeit im Ausland aufhalten, empfiehlt sich die Aufnahme einer solchen Rechtswahl, um zu verhindern, dass die gewünschte erbrechtliche Gestaltung sich im Todesfall an einem fremden Recht orientiert, das gegebenenfalls bei der Nachlassplanung noch nicht einmal absehbar ist. Soweit ein längerer Aufenthalt im Ausland oder ein Wegzug nicht gänzlich ausgeschlossen erscheint, sollte daher bei der Testamentsgestaltung eine vorbeugende Rechtswahl erfolgen. Im Hinblick auf die **erhöhten Kosten** (→ Anm. 7) ist jedoch dem Vorschlag, in jedem Testament vorsorglich eine Rechtswahl aufzunehmen, nicht zu folgen. Stattdessen sollte allgemein auf die Notwendigkeit einer Überprüfung im Fall eines Aufenthaltswechsels in das Ausland hingewiesen werden.

3. Wahlmöglichkeiten. Zulässig ist die Rechtswahl zu Gunsten des Rechts des Staates, dem der Erblasser im Zeitpunkt der Rechtswahl angehört. Alternativ kann aber auch das Recht des Staates gewählt werden, dem der Erblasser zum Zeitpunkt seines Versterbens angehören wird, Art. 22 Abs. 1 EuErbVO. Letzteres wird in der Praxis ein Ausnahmefall sein, da im Falle eines Nichterwerbs der Staatsangehörigkeit die Rechtswahl unwirksam wäre. Bei Staaten mit mehreren Teilrechtsordnungen ist die Wahl einer bestimmten Teilrechtsordnung zwar möglich, beschränkt aber auf die nach dem anwendbaren Kollisionsrecht des Heimatrechts zulässige Rechtsordnung. Die Rechtswahl ist schließlich nicht auf das Recht eines anderen Mitgliedsstaates begrenzt, sondern kann auch zu Gunsten eines Drittstaates (einschließlich Dänemark, Großbritannien oder Irland) ausgeübt werden. Die Rechtsordnung des Drittstaats muss dazu selbst keine Rechtswahl vorsehen. Eine Rück- oder Weiterverweisung aufgrund des Kollisionsrechts der gewähl-

ten Rechtsordnung ist dann ausgeschlossen (Art. 34 Abs. 2 EuErbVO). Zur Möglichkeit einer Rechtswahl nach ausländischen Rechtsordnungen → Form. K.VIII.2 Anm 2.

Bei Mehrstaatern kann das Recht jedes einzelnen Staates gewählt werden, ohne dass es auf eine besonders enge Verbindung zu dem jeweiligen Staat ankäme (Art. 22 Abs. 1 S. 2 EuErbVO). Die Frage einer „effektiven" Staatsangehörigkeit stellt sich also nicht. Die Rechtswahl bleibt auch wirksam, wenn der Erblasser die gewählte Staatsangehörigkeit zum Zeitpunkt des Erbfalls nicht mehr innehaben sollte. Nicht zulässig ist jedenfalls die Wahl eines Rechts, dem der Erblasser weder zum Zeitpunkt seiner Rechtswahl noch zum Zeitpunkt seines Versterbens angehört. Damit ist auch eine Rechtswahl für das Recht am bestehenden oder früheren gewöhnlichen Aufenthalt nicht möglich. Eine solche „bestätigende" Rechtswahl des Aufenthaltsrechts ist zur Vermeidung eines „forum-shoppings" nicht möglich. Konkret muss die Rechtswahl zu Gunsten einer bestimmten Staatsangehörigkeit lauten. Auch eine dynamische Rechtswahl ist zulässig, auch wenn dies wohl nur bei einem vorhersehbaren Wechsel der Staatsangehörigkeit sinnvoll ist (MüKoBGB/*Dutta* EuErbVO Art. 22 Rn. 11).

Meine Rechtsnachfolge von Todes wegen soll dem Recht meiner Staatsangehörigkeit (zum Zeitpunkt meines Todes) unterliegen.

Ebenfalls zulässig sind bedingte bzw. befristete Rechtswahlen, um unterschiedliche Gestaltungsspielräume etwa bei Ehegatten zu nutzen (*Ludwig* DNotZ 2014, 12)

Die Rechtswahl umfasst dabei immer den gesamten Nachlass; eine Teil-Rechtswahl nur für Immobilien etwa ist nicht möglich. Beschränkungen der Rechtswahl nach Art. 35 EuErbVO (ordre public-Vorbehalt) wegen Unvereinbarkeit einer Rechtswahl mit nationalem Recht dürften regelmäßig nicht vorliegen, auch bei Wahl eines Staatsangehörigkeitsrechts, dessen Rechtsordnung keine Pflichtteilsrechte kennt (str. *Döbereiner/Frank* Nachlassfälle mit Auslandsbezug Rn. 202; aA Hausmann/*Odersky* IPR § 15 Rn. 344).

4. Rechtswahl für materielle Wirksamkeit. Für Fragen der materiellen Wirksamkeit eines Testaments, also etwa Testierfähigkeit, Auslegungsfragen und mehr nach Art. 26 EuErbVO, empfiehlt sich stets eine gesonderte Rechtswahl nach Art. 24 Abs. 2 EuErbVO zu treffen. Dies kann ggf. auch konkludent in der Rechtswahl nach Art. 22 Abs. 1 EuErbVO gesehen werden. Eine isolierte Rechtswahl lediglich für die materielle Wirksamkeit hat keine praktische Bedeutung.

5. Form. Die Rechtswahl nach Art. 22 EuErbVO kann sowohl isoliert als auch zusammen mit anderen testamentarischen Verfügungen in einer wirksamen letztwilligen Verfügung erfolgen. Für die Wirksamkeit sind die Formvorschriften des anwendbaren, materiellen Erbrechts zu beachten. Eine Rechtswahl außerhalb einer letztwilligen Verfügung, etwa in einem Ehevertrag, ist nur wirksam, wenn die erbrechtlichen Formvorschriften ebenfalls erfüllt sind (etwa bei einem Ehe- und Erbvertrag).

6. Übergangsregelungen. Frühere, insbesondere im Hinblick auf die Verabschiedung der EuErbVO vorgenommene Rechtswahlen behalten ihre Wirksamkeit, Art. 83 Abs. 2 Alt. 1 EuErbVO. Soweit in der Vergangenheit Testamente und Erbverträge errichtet wurden, gilt für diese eine Rechtswahlvermutung (**fiktive Rechtswahl**) zu Gunsten des Staatsangehörigkeitsrechts, Art. 83 Abs. 4 EuErbVO.

7. Änderung und Widerruf einer Rechtswahl. Die Frage der materiell zulässigen Änderbarkeit bzw. des Widerrufs einer getroffenen Rechtswahl ergibt sich nicht aus der EuErbVO, sondern aus dem gewählten Recht entsprechend Art. 22 Abs. 3 EuErbVO (MüKoBGB/*Dutta* EuErbVO Art. 22 Rn. 31). Eine Rechtswahl zu Gunsten deutschen Rechts in einem einseitigen Testament kann daher jederzeit widerrufen oder geändert werden. Für die Form der Änderungs- und Widerrufserklärung gilt § 22 Abs. 4 EuErbVO. Für die Frage der wirksamen Abänderungs- oder Widerrufserklärung kommt es auf

hingegen auf das gewählte Staatsangehörigkeits- bzw. Aufenthaltsrecht an (MüKoBGB/*Dutta* EuErbVO Art. 22 Rn. 32).

8. Kosten. → Form. K.VIII.2 Anm. 6.

4. Erbstatut und Rechtswahl bei gemeinschaftlichen Testamenten und Erbverträgen

......

Wir[1] sind beide marokkanische Staatsangehörige.[2] Unseren gewöhnlichen Aufenthalt haben wir in Deutschland und beabsichtigen, diesen dauerhaft beizubehalten.[3] (Ggf. ergänzende Darstellung der Tatsachen für Bestimmung des gewöhnlichen Aufenthalts). Wir verfügen ausschließlich über bewegliches und unbewegliches Vermögen in Deutschland. Auslandsvermögen, insbesondere in Marokko, haben wir nicht. Eine Rechtswahl wünschen wir nicht.[4]

Über unser Vermögen verfügen wir in Form[5] eines Erbvertrags bindend wie folgt:[6]

......

Anmerkungen

1. Sachverhalt. Zwei ausländische Staatsangehörige mit gewöhnlichem Aufenthalt in Deutschland beabsichtigen den Abschluss eines bindenden Erbvertrages.

2. Bisherige Rechtslage. Viele Rechtsordnungen halten Erbverträge und gemeinschaftliche Testamente wegen der damit verbundenen Vereinbarungen auf den Tod für materiell-rechtlich verboten oder nur eingeschränkt zulässig (Übersicht bei *Frank/Döbereiner* Nachlassfälle mit Auslandsbezug Rn. 630 ff.). Aus deutscher Sicht war für die materielle Zulässigkeit eines Erbvertrags auf das hypothetische Erbstatut nach Art. 26 Abs. 5 EGBGB aF abzustellen, also auf das Recht, das gelten würde, wenn der Erblasser im Zeitpunkt der Errichtung des gemeinschaftlichen Testaments oder Erbvertrags verstorben wäre. Strittig war, ob eine getrennte oder kumulative Prüfung bei einem beiderseitig bindenden Erbvertrag erforderlich war. Schließlich war zu prüfen, ob die wirksame Verfügung auch im Ausland Bindungswirkung entfaltete. Als Gestaltungsmittel wurde daher in der Vergangenheit eine Rechtswahl nach Art. 25 Abs. 2 EGBGB aF oder einem ausländischen IPR getroffen, um trotz des Verbots im anwendbaren ausländischen Erbrecht einen Erbvertrag oder ein gemeinschaftliches Testament zu schließen.

3. Anknüpfung an die EuErbVO. Für Erbverträge, gemeinschaftliche Testamente und andere erbrechtliche Verträge enthält Art. 25 EuErbVO eine Sonderregelung, sodass die bisherige Unterscheidung zwischen materiellen und formellen Verbot eines Erbvertrags nach einer ausländischen Rechtsordnung keine Rolle mehr spielt. Bei einem **einseitigen Erbvertrag,** der den Nachlass nur einer Person betrifft, ist das hypothetische Erbstatut des Erblassers für Zulässigkeit, materielle Wirksamkeit und Bindungswirkungen anzuwenden (Art. 25 Abs. 1 EuErbVO). Maßgeblich ist damit das gewöhnliche Aufenthaltsrecht des Erblassers bei Vertragsschluss. Soweit hingegen ein **mehrseitiger Erbvertrag** geschlossen werden soll, der den Nachlass mehrerer Personen umfasst, ist nach Art. 25 Abs. 2 UAbs. 1 EuErbVO für jeden Erblasser getrennt das hypothetische Erbstatut zu prüfen. Bei unterschiedlichen Erbstatuten richtet sich die Zulässigkeit, materielle Wirksamkeit

und die Bindungswirkungen nach demjenigen Erbstatut, zu dem der Erbvertrag die engste Bindung hat (Art. 25 Abs. 2 UAbs. 2 EuErbVO). Bei Ehegattenerbverträgen gilt jedoch wegen der Anknüpfung an das Aufenthaltsrecht regelmäßig ein einheitliches Erbrecht für beide Ehegatten. Diese Regelungen gelten gleichermaßen für **gemeinschaftliche Testamente**, die als Erbverträge im Sinne des Art. 25 EuErbVO zu subsumieren sind (str., vgl. Palandt/*Thorn* EuErbVO Art. 25 Rn. 3 mwN). Im Ergebnis ist daher die Anerkennung von in Deutschland errichteten Erbverträgen und gemeinschaftlichen Testamenten innerhalb der EU-Mitgliedsstaaten gesichert und kann nicht mehr als Verstoß gegen den ordre public eines Mitgliedsstaates angesehen werden. Gegenüber Drittstaaten gilt dies nicht, sodass – soweit die Anerkennung eines bindenden Erbvertrags durch das anwendbare Recht nicht sicher feststellbar ist – hilfsweise einseitige Testamente errichtet werden sollten.

4. Rechtswahl. Durch eine Rechtswahl nach Art. 25 Abs. 3 EuErbVO können die Parteien für die Zulässigkeit, die materielle Wirksamkeit und die Bindungswirkungen ihres Erbvertrags das hypothetische Erbstatut eines Erblassers wählen. Diese Rechtswahl ist unabhängig von einer etwaigen Wahl des anwendbaren Erbrechts nach Art. 22 EuErbVO. Zur Wahl des Erbstatuts → Form. K.VIII.5.

5. Form. Da das HTestFormÜ auf Erbverträge nicht anwendbar ist, ist die Formwirksamkeit für Erbverträge in Art. 27 EuErbVO geregelt, der bezüglich der Formwirksamkeit eines mehrseitigen Erbvertrags sehr großzügig ist.

6. Kosten. → Form. K.VIII.2 Anm. 6.

5. Die Rechtswahl bei gemeinschaftlichen Testamenten und Erbverträgen nach der EuErbVO

Deutsche Staatsangehörige mit gewöhnlichem Aufenthalt in Deutschland

. . . . . .

Wir sind beide ausschließlich deutsche Staatsangehörige[1] und haben unseren gewöhnlichen Aufenthalt in Deutschland. Diesen wollen wir dauerhaft beibehalten.

Für die materielle Wirksamkeit dieses Erbvertrages/gemeinschaftlichen Testaments gilt deutsches Recht.[2–7]

(Ggf. vorsorgende Rechtswahl für das anwendbare Erbrecht im Falle eines Wechsel des Aufenthalts, → Form. K.VIII.3)

Deutscher und ausländischer Staatsangehöriger mit gewöhnlichem Aufenthalt in Deutschland bzw. im Ausland

. . . . . .

Ich, A, bin ausschließlich deutscher Staatsangehöriger. Ich, B, bin ausschließlich . . . . . . Staatsangehöriger.[1] Wir haben beide unseren gewöhnlichen Aufenthalt in Deutschland/in . . . . . . Diesen wollen wir dauerhaft beibehalten.[2–7]

Für die materielle Wirksamkeit und die Bindungswirkung dieses Erbvertrages/gemeinschaftlichen Testaments wählen wir das deutsche Recht als Staatsangehörigkeitsrecht des A. Diese Rechtswahl vereinbaren wir mit erbvertraglicher Bindungswirkung.

(Ggf. vorsorgende Rechtswahl für das anwendbare Erbrecht im Falle eines Wechsels des Aufenthalts, → Form. K.VIII.3)

Ich, B, wünsche keine Wahl meines derzeitigen Staatsangehörigkeitsrechts. Für meine Verfügungen gilt aufgrund meines gewöhnlichen Aufenthalts in Deutschland das deutsche Recht.

Der Notar hat insbesondere darauf hingewiesen, dass für die Rechtsnachfolge von B das Recht an einem auch zukünftigen, gewöhnlichen Aufenthaltsort maßgeblich ist. Wird der Aufenthalt daher bis zum Ableben ins Ausland verlegt oder wird nachträglich eine Rechtswahl zu Gunsten eines ausländischen Heimatrechts getroffen, können wesentliche Ziele dieses Erbvertrags/gemeinschaftlichen Testaments verfehlt werden. Der Notar muss ausländisches Recht nicht kennen, insbesondere hat er auch nicht zum Staatsangehörigkeitsrecht des B im Einzelnen konkret beraten.

Ausländische Staatsangehörige mit gewöhnlichem Aufenthalt in Deutschland

. . . . . .

Ich, A, bin ausschließlich . . . . . . Staatsangehöriger. Ich, B, bin ausschließlich . . . . . . Staatsangehöriger.[1] Wir haben beide unseren gewöhnlichen Aufenthalt in Deutschland. Diesen wollen wir dauerhaft beibehalten.[2–7]

Für die materielle Wirksamkeit und die Bindungswirkung dieses Erbvertrages/gemeinschaftlichen Testaments gilt das deutsche Recht als Errichtungsstatut.

(Ggf. vorsorgende Rechtswahl für das anwendbare Erbrecht im Falle eines Wechsels des Aufenthalts, → Form. K.VIII.3)

Der Notar hat insbesondere darauf hingewiesen, dass für die Rechtsnachfolge der Vertragsteile das Recht an einem auch zukünftigen, gewöhnlichen Aufenthaltsort maßgeblich ist. Wird der Aufenthalt daher bis zum Ableben ins Ausland verlegt oder wird nachträglich eine Rechtswahl zu Gunsten eines ausländischen Heimatrechts getroffen, können wesentliche Ziele dieses Erbvertrags/gemeinschaftlichen Testaments verfehlt werden. Der Notar muss ausländisches Recht nicht kennen, insbesondere hat er auch nicht zum jeweiligen Staatsangehörigkeitsrecht im Einzelnen konkret beraten.

Anmerkungen

1. Fallgruppen. Bei Erbverträgen mit Auslandsberührung lassen sich vier Fallgruppen bei Rechtswahlmöglichkeiten unterscheiden: a) deutscher Staatsangehöriger mit gewöhnlichem Aufenthalt in Deutschland, b) deutscher Staatsangehöriger mit gewöhnlichem Aufenthalt im Ausland, c) ausländischer Staatsangehöriger mit gewöhnlichem Aufenthalt in Deutschland und d) ausländischer Staatsangehöriger mit gewöhnlichem Aufenthalt im Ausland. Lediglich in letzterer Fallgruppe kann mangels inländischen Aufenthalts eine Rechtswahl für deutsches Recht nicht mehr erfolgen; bei der Testamentsgestaltung sind die Vorgaben des ausländischen Erbstatuts zu beachten, soweit es nicht zu einer Rückverweisung (etwa für Immobilien nach Belegenheitsrecht kommt).

2. Hypothetisches Erbstatut. Erbverträge und gemeinsame Testamente knüpfen nach Art. 25 Abs. 1, 2 EuErbVO hinsichtlich ihrer materiellen Wirksamkeit an das maßgebliche Recht bei Abschluss der entsprechenden Vereinbarung. Aufgrund des vorverlagerten Anknüpfungszeitpunkts bleibt ein Erbvertrag nach dem Recht des Errichtungsorts daher auch bei einem späteren Wechsel des Aufenthalts wirksam. In der Fallgruppe a) ist daher eine erbvertragliche Rechtswahl nicht geboten.

3. Rechtswahl für Errichtungsstatut. Die EuErbVO „exportiert" die Möglichkeiten eines bindenden Erbvertrages bzw. gemeinschaftlichen Testaments in die europäischen

Erbrechte. Nach der Neuregelung können Erblasser unabhängig von ihrem jeweils anwendbaren Erbrecht für die Zulässigkeit, die materielle Wirksamkeit und die Bindungswirkungen ihres Erbvertrags nach Art. 25 Abs. 3 EuErbVO („Erbvertragsstatut") ihr gemeinsames Heimatrecht bzw. bei verschiedenen Staatsangehörigkeiten eines der Heimatrechte eines der Erblasser wählen. Auf den gewöhnlichen Aufenthalt kommt es dabei nicht an, sodass etwa auch ein deutsch-spanisches Ehepaar mit Aufenthalt in Spanien einen Erbvertrag mit bindender Wirkung dauerhaft vereinbaren kann. Der Begriff des Erbvertrages ist in Art. 3 Abs. 1 Buchst. b EuErbVO definiert und daher autonom auszulegen. Auch ein gemeinschaftliches Testament ist daher als Erbvertrag im Sinne der Verordnung zu qualifizieren (Palandt/*Thorn* EuErbVO Art. 25 Rn. 3 mwN auch zur Gegenansicht). Gleichermaßen fallen Erb- und Pflichtteilsverzichte unter diese Auslegung, sodass auch für diese eine Rechtswahl nach Art. 25 Abs. 3 EuErbVO möglich ist.

4. Rechtswahl für Erbstatut. Durch die Anknüpfung für die Wirksamkeit des Erbvertrags an das Errichtungsstatut ist noch nicht das anwendbare materielle Erbrecht festgelegt. Dies ist gesondert an den gewöhnlichen Aufenthalt anzuknüpfen, Art. 21 EuErbVO. Weitergehend kann daher für jeden Erblasser getrennt eine Rechtswahl seines Staatsangehörigkeitsrechts erfolgen. Eine Wahl des Aufenthaltsrechts ist nicht möglich. Auch wenn damit die Wirksamkeit und die Bindungswirkung eines Erbvertrags sich nach deutschem Recht richtet, können damit inhaltlich nur Verfügungen nach den jeweiligen materiell anwendbaren Erbrechten der Vertragsbeteiligten getroffen werden.

5. Bindungswirkung. Die Bindungswirkung eines Erbvertrags wird nach Art. 25 EuErbVO dem Errichtungsstatut unterstellt. Darunter fallen etwa Fragen der Dauer der Bindung, Auswirkung des Erbvertrags auf spätere Verfügungen von Todes wegen und inwieweit spätere einseitige Änderungen der Verfügungen zulässig sind. Davon zu unterscheiden ist die Möglichkeit einer erbvertraglich bindenden Rechtswahl zu Gunsten des Erbstatuts. Dies ist in der EuErbVO nicht geregelt; es bestimmt sich stattdessen nach dem anwendbaren bzw. gewählten materiellen Erbstatut. Bei einer Anknüpfung an den Aufenthaltsort (Art. 21 EuErbVO) bzw. einer Rechtswahl zu Gunsten deutschen Erbrechts (Art. 22 EuErbVO) ergibt sich die Möglichkeit der bindenden Rechtswahl aus § 2278 Abs. 2 BGB bzw. § 2270 Abs. 3 BGB. Soweit nach einem etwa anwendbaren ausländischen Recht eine Verfügung mit Bindungswirkung nicht möglich ist (etwa in den Ländern des Common Law), wäre zusätzlich eine Verpflichtung zu treffen, auf eine vertraglich bestimmte Art zu testieren, samt entsprechenden Sanktions- und Herausgabepflichten (**Testiervertrag**), hierzu → Form. K.IV.4.

6. Übergangsregelungen. Frühere, insbesondere im Hinblick auf die Verabschiedung der EuErbVO vorgenommene Rechtswahlen behalten ihre Wirksamkeit, Art. 83 Abs. 2 EuErbVO. Soweit in der Vergangenheit Testamente und Erbverträge errichtet wurden, sind diese nach Art. 83 Abs. 3 EuErbVO zulässig und wirksam, wenn sie ordnungsgemäß errichtet wurden. Zugleich gilt für diese eine Rechtswahlvermutung (fiktive Rechtswahl) zu Gunsten des Staatsangehörigkeitsrechts, Art. 83 Abs. 4 EuErbVO.

7. Kosten. Die Beurkundung einer Rechtswahl in einem Erbvertrag oder gemeinschaftlichen Testament unterliegt einem separaten Geschäftswert, unabhängig ob diese isoliert in einer Verfügung von Todes wegen oder zusammen mit anderen letztwilligen Verfügungen getroffen wird. Nach § 104 Abs. 2 GNotKG beträgt der Geschäftswert 30 % des nach § 102 GNotKG ermittelten Geschäftswerts und ist ggf. mit dem ansonsten ermittelten Geschäftswert der Verfügung zu addieren. Der Gebührensatz beträgt für Erbverträge und gemeinschaftliche Testamente 2,0 nach Nr. 21100 KV. 5. → Form. K.VIII.2 Anm. 6.

6. Erbvertrag u. gemeinschaftliches Testament österreichischer Ehegatten

. . . . . .

Erbvertrag[1, 2, 3]

1. Wir setzen einander in Höhe von drei Viertel des jeweiligen Nachlasses des Erstversterbenden erbvertraglich als Erben ein. Diese Erbeneinsetzung nehmen wir wechselseitig an und verzichten auf das Recht, diesen Erbvertrag aufzuheben oder zu widerrufen.
2. Bezüglich des freien Viertels setzen wir uns wechselseitig testamentarisch als Erben ein.
3. Erben des Letztversterbenden sollen sein . . . . . . Diese Anordnung erfolgt mit testamentarischer Wirkung.

(Hinweis auf eingeschränkte Belehrung zum österreichischen Recht → Form. K.III.1)

Vorgelesen, genehmigt und unterschrieben

. . . . . .

(Notar)

Anmerkungen

1. Sachverhalt. Österreichische Ehegatten wollen sich gegenseitig, soweit als möglich, bindend als Erben einsetzen.

2. Zulässigkeit eines Erbvertrags. Nach österreichischem Recht kann ein Erbvertrag nur zwischen Ehegatten oder Verlobten unter der Bedingung der Eheschließung erfolgen (§§ 1249 ff. ABGB, Länderbericht Österreich, → Form K.XIX.8). Erbverträge zwischen nicht verheirateten Personen sind nach österreichischem Recht unwirksam (§ 602 Abs. 1 AGBGB). Regelmäßig setzen sich die Ehegatten wechselseitig ein, möglich ist aber auch ein einseitiger Erbvertrag. Der Erbvertrag ist auf $^3/_4$ des Nachlassvermögens beschränkt und seinem Wesen nach unwiderruflich. Ein Viertel bleibt den Testatoren zur freien Verfügung (§ 1253 ABGB). Dies freie Viertel wird häufig durch gemeinsame testamentarische Verfügung dem Erbvertragspartner überlassen, kann aber nach österreichischem Recht jederzeit einseitig widerrufen werden. Verbindliche Schlusserbeinsetzungen sind nach österreichischem Recht nicht möglich (WürzNotHdB/*Hertel* Teil 7 Kap. 4 Rn. 59). Ein gemeinschaftliches Testament hat nach österreichischem Recht keine Bindungswirkung. Das österreichische Recht kennt aber als Gestaltungsvariante die Vor- und Nacherbschaft (fideikommissarische Substitution, §§ 608 ff. ABGB). Der Erbvertrag bedarf in Österreich der Form eines Notariatsaktes. Bei einer Beurkundung durch einen deutschen Notar in Deutschland wird der Erbvertrag in Österreich als formell wirksam angesehen, da die Ortsform nach Art. 1 HTestFormÜ gewahrt ist (WürzNotHdB/*Hertel* Teil 7 Kap. 4 Rn. 56).

3. Rechtslage nach EuErbVO. Die Zulässigkeit der Errichtung eines Erbvertrages nach Art. 25 Abs. 2 EuErbVO ändert grds. nichts an den materiellen Beschränkungen für die Personen eines Erbvertrages nach österreichischem Recht. Jedoch kann bei österreichischen Staatsangehörigen mit gewöhnlichen Aufenthalt in Deutschland oder bei gemischt-nationalen Erbverträgen mittels einer Rechtswahl für die Zulässigkeit, die mate-

rielle Wirksamkeit und die Bindungswirkung des Erbvertrags nach Art. 25 Abs. 3 EuErbVO das deutsche Recht gewählt werden (→ Form. K.VIII.5). Auf diese Weise kann ein Erbvertrag auch zwischen nicht verheirateten Erblassern mit Bindungswirkung für den gesamten Nachlass und mit bindender Schlusserbeinsetzung vereinbart werden (WürzNotHdB/*Hertel* Teil 7 Kap. 4 Rn. 59).

IX. Gemeinschaftliches Testament mit Ersatzerbfolge

. . . . . .

Alleinerbin meines[1] gesamten Vermögens soll meine Ehefrau . . . . . . sein. Für den Fall, dass meine Frau vor mir versterben sollte, bestimme ich als Ersatzerben meine Kinder . . . . . . zu gleichen Teilen.

Alleinerbe meines gesamten Vermögens soll mein Ehemann . . . . . . sein. Für den Fall, dass mein Mann vor mir versterben sollte, bestimme ich als Ersatzerben meine Kinder . . . . . . zu gleichen Teilen.

Sollte, aus welchen Gründen auch immer, eines der Kinder die Erbschaft nicht antreten können, soll der andere, ersatzweise seine Abkömmlinge, seinen Anteil erben.

Soweit deutsches Recht zur Anwendung gelangt, bestimmen wir, dass die vorgenannten Bestimmungen wechselbezüglich[2, 3] erfolgen. Soweit eine fremde Rechtsordnung zur Anwendung gelangt, nach welcher wechselbezügliche letztwillige Verfügungen nicht möglich sind, sollen diese Verfügungen als einseitige testamentarische Verfügungen gelten. Soweit möglich sollen dann die wechselbezüglichen Verfügungen in schuldrechtliche Verpflichtungen umgedeutet werden.

Sollte eine der Verfügungen unwirksam sein, so beeinträchtigt dies die Wirksamkeit der übrigen Verfügungen nicht. Soweit möglich, ist die unwirksame Verfügung in eine wirksame Verfügung umzudeuten oder auszulegen, sodass die Verfügung dem wirtschaftlichen Ergebnis am nächsten kommt. Falls eine Nachlassspaltung eintritt (etwa aus Sicht eines ausländischen Rechts) sollen die Verfügungen für alle Nachlassteile gelten.[4]

Anmerkungen

1. Sachverhalt. Dieses Muster ist gedacht für den Fall, dass deutsche Ehegatten eine Ferienimmobilie im Ausland besitzen, das Recht des Belegenheitsortes aber sein eigenes Recht für anwendbar erklärt und gemeinschaftliche Testamente für unzulässig oder nicht bindend hält (wie zB in England). Nachdem aufgrund der Entscheidungsdivergenz (aus Sicht des Belegenheitsrechts) möglicherweise fremdes Erbrecht anwendbar ist, sollte die Gestaltung daher aus Sicht aller beteiligten Rechtsordnungen wirksam und vollziehbar sein. Es empfehlen sich einfache Gestaltungen. Das Testament enthält daher statt einer Schlusserbeinsetzung bzw. einer Vor- und Nacherbfolgeregelung eine Ersatzerbfolge.

2. Verbot gemeinschaftlicher Testamente. Zahlreiche ausländische Rechtsordnungen kennen die Form eines gemeinschaftlichen Testaments nicht oder verbieten es gar. Beruht das Verbot auf formellen Gründen, nicht aber auf materiellen Gründen, so wird das gemeinschaftliche Testament idR gleichwohl als wirksam anerkannt, wenn die Ortsform bei der Errichtung beachtet worden ist. Ist in dem gemeinschaftlichen Testament aber auch eine Schlusserbeinsetzung enthalten, so droht, dass dieses Testament in einer fremden Rechtsordnung zumindest teilweise nicht anerkannt wird, da die Schlusserbeinsetzung im Ausland als eine verbotene Vor- und Nacherbfolge qualifiziert werden könnte. Eine Ersatzerbfolge aber kennt nahezu jede fremde Rechtsordnung, so dass eine

Qualifikation in der fremden Rechtsordnung als verbotenes und damit nichtiges Rechtsgeschäft ausscheidet.

3. EuErbVO. Die Zulässigkeit und Bindungswirkung gemeinschaftlicher Testamente nach der EuErbVO ist bisher nicht höchstrichterlich entschieden. Nach einer Ansicht unterliegen diese Art. 24 EuErbVO mit der Folge, dass eine testamentarische Bindungswirkung durch einen bloßen Wechsel des Aufenthalts beeinträchtigt werden könnte (*Nordmeier* ZEV 2012, 513). Nach anderer, überwiegender Ansicht sind gemeinschaftliche Testamente wie Erbverträge nach Art. 25 EuErbVO zu behandeln, sodass ein späterer Aufenthaltswechsel nichts am anwendbaren Erbrecht mehr ändert (Palandt/*Thorn* EuErbVO Art. 25 Rn. 3; → Form. K.VIII.5 Anm. 3). Diese richtet sich nach dem Errichtungsstatut, Art. 25 Abs. 3 EuErbVO. Im vorliegenden Sachverhalt führt die EuErbVO zur Anerkennung des in Deutschland geschlossenen gemeinschaftlichen Testaments auch in den anderen EU-Mitgliedsstaaten (mit Ausnahme von Großbritannien, Irland und Dänemark). Auch wenn das ausländische Recht am Belegenheitsort solche Testamentsformen nicht kennt, führt die EuErbVO zu einem „Export" der Anerkennung gemeinschaftlicher Testamente.

4. Salvatorische Klausel. Die salvatorische Klausel soll die Aufrechterhaltung der bindenden, wechselbezüglichen Verfügungen als einseitige Verfügungen sicherstellen und eine zusätzliche schuldrechtliche Verpflichtung vorsehen (*contract to make a will oder not to make a will* → Form. K.IV.4). Zusätzlich ist der Fall einer möglichen Nachlassspaltung genannt (→ Form. K.VII.9) und eine allgemeine Wirksamkeitsklausel enthalten (vgl. BeckFormB ZivilR/*Hertel* Form. G.II.2 Anm. 4).

X. Testament für eine Ferienimmobilie in England mit Alleinerbeinsetzung

. . . . . .

Dies ist mein[1] Testament. Ich, der Unterzeichner (Name des Testators), deutscher Staatsangehöriger, Rentner, wohnhaft in . . . . . ., Deutschland, Witwer von Frau . . . . . ., geboren am . . . . . . in . . . . . , verfüge letztwillig wie folgt:

Dieses Testament soll lediglich das Vermögen regeln, welches dem englischen Erbrecht[2] untersteht. Ich widerrufe insoweit alle früheren Verfügungen von Todes wegen. Verfügungen von Todes wegen, die materiell-rechtlich einer anderen Rechtsordnung unterstehen, sollen von diesem Widerruf jedoch nicht betroffen sein.[3, 4, 5]

Meine Immobilie in England . . . . . . (genaue Bezeichnung) samt allen dortigen Möbeln und Zubehör erhält meine Tochter . . . . . ., wohnhaft in . . . . . . zu Alleineigentum.

Im Fall des Vorversterbens meiner Tochter bestimme ich, dass ihre Abkömmlinge nach den Regeln der (englischen) gesetzlichen Erbfolge erben sollen.

Geschehen und eigenhändig geschrieben und unterschrieben in . . . . . . am . . . . . .

. . . . . .

(Unterschrift)

Anmerkungen

1. Sachverhalt. Ein deutscher Staatsangehöriger verfügt über eine Immobilie in England, über die er testamentarisch verfügen will.

2. Ausländisches Erbrecht. Nach bisherigem Recht kam es aufgrund der unterschiedlichen Anknüpfung der Erbrechte an die Staatsangehörigkeit bzw. den Belegenheitsart zu einer Nachlassspaltung, die das deutsche Recht anerkannte (Art. 3a Abs. 2 EGBGB aF) Auf das Immobilienvermögen im Ausland war dessen Erbrecht anwendbar, auf den restlichen Nachlass hingegen deutsches Recht (ausführlich zur Nachlassspaltung → Form. K.VII.9). Seit der Anwendbarkeit der EuErbVO hat sich dies geändert, da nach Art. 21 Abs. 1 EuErbVO ausschließlich das Erbrecht am letzten gewöhnlichen Aufenthaltsort des Erblassers gilt. Ein abweichendes Belegenheitsrecht für Immobilien kennt die EuErbVO nicht. Es kommt daher zu einer Entscheidungsdivergenz, da aus Sicht des ausländischen Staates für die Immobilie dessen ausländisches Erbrecht anwendbar ist.

3. Gestaltung. Für den ausländischen Grundbesitz bestehen drei unterschiedliche Regelungsmöglichkeiten: (a) alle Verfügungen werden für den gesamten Nachlass in einem Testament zusammengefasst, was die Abstimmung der Verfügungen erleichtert. In einem späteren Nachlassverfahren sind alle Regelungen aus einer Urkunde ersichtlich. Die Verfügungen für die unterschiedlichen Erbrechten unterliegenden Nachlassbestandteile sollten dabei möglichst getrennt werden; (b) für den ausländischen Immobilienbesitz wird ein getrenntes Vermächtnistestament errichtet, dass ggf. am Belegenheitsort unter Beratung durch einen örtlichen Notar/Rechtsanwalt errichtet wird. Zu bedenken ist aber, dass in Nachlassverfahren im Zweifel alle Testamente (evtl. einschließlich öffentlich-

beglaubigter Übersetzung) vorgelegt und geprüft werden müssen; (c) für den ausländischen Grundbesitz wird eine lebzeitige Übertragung (Schenkung von Todes wegen, Einbringung in eine Gesellschaft bzw. einen ausländischen Trust (zu Lebzeiten oder als testamentarischer Trust)) vorgenommen. Diese Regelungen bedürfen regelmäßig einer Hinzuziehung eines ausländischen Beraters. Im Testamentsmuster wurde nur über das Immobilienvermögen, welches dem englischen Recht untersteht, verfügt. Das Testament kann daher zur Nachlassabwicklung in England benutzt werden. Die Tochter wurde als Begünstigte bestimmt. Um die Nachlassabwicklung in England zu erleichtern, wurden auch die englischen Begriffe aufgenommen. In einer weiteren Verfügung von Todes wegen könnte der Erblasser über jenes Vermögen verfügen, welches seinem (deutschen) Aufenthaltsrecht untersteht. Beide Verfügungen sind ggf. wegen Nachlassverbindlichkeiten und insbesondere wegen möglicher Pflichtteilsansprüche aufeinander abzustimmen (→ Form. K.VII.10).

4. Steuern. Das Testament hat folgende Auswirkungen: Zur Erbeinsetzung der Tochter siehe → Form. C.I.1. Deren persönlicher Freibetrag beläuft sich auf 400.000,00 EUR gem. § 16 Abs. 1 Nr. 2 ErbStG. Eventuell kommt noch ein Versorgungsfreibetrag gem. § 17 Abs. 2 ErbStG in Betracht. Die Ferienimmobilie wird gem. § 12 Abs. 7 ErbStG iVm § 31 BewG mit dem Verkehrswert bewertet. Die eventuell anfallende ausländische Erbschaftsteuer kann gem. § 21 Abs. 1 ErbStG auf die deutsche Erbschaftsteuer angerechnet werden.

XI. Testament für eine Ferienimmobilie in England mit Einsetzung der Abkömmlinge und Nießbrauch zugunsten des Ehegatten

. . . . . .

Dies ist mein[1, 2, 3] Testament. Ich, der Unterzeichner (Name des Testators), deutscher Staatsangehöriger, Rentner, wohnhaft in . . . . . ., verheiratet mit Frau . . . . . ., geboren am . . . . . . in . . . . . , verfüge letztwillig wie folgt:

Dieses Testament soll nur das Vermögen regeln, welches englischem Erbrecht untersteht. Ich widerrufe insoweit alle früheren Verfügungen von Todes wegen. Verfügungen von Todes wegen, die materiell-rechtlich einer anderen Rechtsordnung unterstehen, sollen von diesem Widerruf jedoch nicht betroffen sein.

Meine Immobilie in England . . . . . . (genaue Bezeichnung) samt allen dortigen Möbeln und Zubehör erhalten meine Tochter . . . . . ., wohnhaft in . . . . . . und mein Sohn . . . . . ., wohnhaft in . . . . . .

Sie erben zu gleichen Teilen. Sollte, aus welchen Gründen auch immer, einer von ihnen die Erbschaft nicht antreten können, soll der andere seinen Anteil erben.

Sofern meine Ehefrau mich überlebt, vermache ich ihr ein Nießbrauchsrecht an der gesamten Immobilie.

Anmerkungen

1. Gestaltung. Wie im vorhergehenden Muster wird nur über das Vermögen verfügt, welches englischem Recht untersteht. Um eine zweifache Nachlassabwicklung zu vermeiden, wurden als Erben die Kinder benannt. Dem überlebenden Ehegatten hingegen wurde der Nießbrauch vermacht, der nach dem Tod des Letztversterbenden ohne weiteres gelöscht werden kann. Die Rechte des überlebenden Ehegatten können iÜ anhand des Vermögens gesichert werden, welches deutschem Erbrecht untersteht.

2. EuErbVO. → Form. K.XI Anm. 2.

3. Steuern. Das Testament hat folgende Auswirkungen. Zur Erbeinsetzung des Sohnes und der Tochter siehe → Form. C.I.1. Deren persönliche Freibeträge belaufen sich auf je 400.000,00 EUR gem. § 16 Abs. 1 Nr. 2 ErbstG. Eventuell kommt noch ein Versorgungsfreibetrag gem. § 17 Abs. 2 ErbStG in Betracht. Zum Nießbrauch der Ehefrau → Form. C.V.8 Anm. 4. Die Ferienimmobilie wird gem. § 12 Abs. 7 ErbStG iVm § 31 BewG mit dem Verkehrswert bewertet. Die eventuell anfallende ausländische Erbschaftsteuer kann gem. § 21 Abs. 1 ErbStG auf die deutsche Erbschaftsteuer angerechnet werden.

XII. Waiver of a right of election of surviving spouse

. . . . . .

Wir,[1] die Ehegatten, vereinbaren schriftlich: Sofern wir den jeweils anderen überleben, verzichten[2, 3] wir schon heute vollständig gem. sec. 72–2–224 Montana Probate Code auf unser Recht zur Wahl des elective share nach dem Recht des US-Bundesstaates Montana gem. sec. 72–2–221 Montana Probate Code. Wir verzichten ferner sowohl auf homestead allowance, exempt property und family allowance. Dieser Verzicht erfolgt freiwillig und ohne Zwang. Jeder von uns hat sein Vermögen und seine Verbindlichkeiten dem jeweils anderen vollständig aufgelistet. Die Vermögensliste fügen wir diesem Verzicht als Anlage an.

. . . . . .

(Unterschrift des Ehemannes)

. . . . . .

(Unterschrift der Ehefrau)

Anmerkungen

1. Sachverhalt. Ehegatten mit gewöhnlichem Aufenthalt in Deutschland, deren Nachlass (zum Teil) sich nach dem Recht von Montana vererbt, wollen wechselseitig auf die gesetzlichen Mindestrechte verzichten.

2. Verzicht auf gesetzliches Wahlrecht des Ehegatten. Die US-amerikanischen Teilrechtsordnungen kennen mit Ausnahme von Louisiana kein Pflichtteilsrecht, so dass der Erblasser durch entsprechende testamentarische Verfügungen für die Enterbung der nahen Angehörigen sorgen kann. Dem überlebenden Ehegatten steht allerdings in den meisten US-amerikanischen Staaten ein gesetzlicher Wahlanteil zu, um zu verhindern, dass der überlebende Ehegatte unversorgt hinterlassen wird. Die schwierige Berechnung dieses Ehegattenteils ist im Uniform Probate Code ausführlich geregelt (2–203 ff. UPC). Der Erbanteil hängt insbesondere von der Ehedauer ab und beträgt nach 15 Jahren 50 %. Der Ehegatte hat die Wahl, ob er die testamentarischen Zuwendungen annimmt oder den gesetzlichen Wahlanteil beansprucht. Der Verzicht auf den gesetzlichen Wahlanteil ist allerdings möglich. Er muss schriftlich sein, freiwillig erfolgen und darf nicht gegen die guten Sitten verstoßen. Voraussetzung für einen wirksamen Verzicht ist, dass das Vermögen des Verzichtsempfängers offengelegt wird *(fair and reasonable disclosure),* freiwillig und ausdrücklich auf die Offenlegung verzichtet wird *(a voluntary and express waiver of any disclosure)* oder Kenntnis der Vermögensverhältnisse des Erblassers bestanden hat oder vernünftigerweise hätte bestehen können (*did not have or reasonably could not have an adeqequate knowledge of the property,* vgl. sec. 72–2–224(2) (b)(i)–(iii) Montana Probate Code).

3. EuErbVO. Für eine Immobilie in den USA gilt aus US-Sicht, nicht aber nach der EuErbVO, weiterhin das anwendbare Erbrecht am Lageort. Aus Sicht deutscher Gerichte gilt jedoch einheitlich deutsches Erbrecht. Es kommt damit zu einer Nachlassspaltung. Aufgrund der einheitlichen Anknüpfung nach Art. 20 EuErbVO wird jedoch auch die ausländische Immobilie in das Pflichtteilsrecht nach deutschem Recht einbezogen. Im vorliegenden Sachverhalt empfiehlt sich daher ergänzend die Vereinbarung eines Pflichtteilsverzichts nach deutschem Recht.

XIII. Last will and testament

Letztwillige Verfügung[4]

Von

. . . . . .

Ich,[1]. . . . . ., deutscher Staatsangehöriger, zum Zeitpunkt der Unterzeichnung dieser Urkunde mit gewöhnlichem Aufenthalt in Deutschland und im Vollbesitz meiner geistigen Kräfte, möchte über mein Vermögen, das sich nach dem Recht des Bundesstaates Florida/USA vererbt, verfügen, damit nach meinem Tod darüber kein Streit entsteht, und erkläre hiermit öffentlich als meine letztwillige Verfügung:[2]

I.

Alle früheren Testamente und Testamentsnachträge, die sich nach dem Recht von Florida beurteilen, werden hiermit widerrufen.

II.

Ich erkläre, dass ich keine Kinder habe. Ich bin verheiratet mit . . . . . .

III.

Für die Nachlassabwicklung, soweit sie dem Recht von Florida unterliegt, benenne ich als executor meine Ehefrau . . . . . .[3] Von der Leistung irgendwelcher Sicherheiten ist sie befreit. Dies stellt keine Anordnung einer Testamentsvollstreckung im Sinne des deutschen Rechts dar.

IV.

Ich weise an, dass alle geschuldeten Beträge und Bestattungskosten umgehend bezahlt werden und dass meine Ehefrau als executor alle Nachlass- und Erbschaftsteuern sowie andere Steuern, die bei meinem Tod fällig werden, als Verbindlichkeiten meines Nachlasses behandelt und ohne Umlegung begleicht.

V.

Meine Immobilie in Florida[5]. . . . . . vermache ich an

. . . . . . zu . . . . . %.

. . . . . . zu . . . . . %.

Gegenüber den anwesenden Zeugen erkläre ich, dass dies mein letzter Wille ist und bitte sie, das Testament und meine nachfolgende Unterschrift zu bezeugen. Dies bestätige ich mit meiner eigenhändigen Unterschrift in (Ort) am (Datum)

(Unterschrift) . . . . . .

Die vorstehende Urkunde wurde am angegebenen Datum in unserer Gegenwart von (Name) als letztwillige Verfügung öffentlich erklärt und unterzeichnet. Auf Wunsch des Testators haben wir in seiner und in Gegenwart des jeweils anderen Zeugen als Zeugen unterschrieben.

Name in Druckschrift . . . . . . wohnhaft . . . . . .

……

(Unterschrift)

Name in Druckschrift …… wohnhaft ……

……

(Unterschrift)

Anmerkungen

1. Sachverhalt. Dieses Grundmuster eines einfachen Testaments eines deutschen Erblassers über seine Ferienimmobilie in den USA enthält eine quotale Aussetzung von Vermächtnissen. Zu den unterschiedlichen Regelungsmöglichkeiten in Form eines einheitlichen Testaments, eines gesonderten Vermächtnistestaments oder einer lebzeitigen Gestaltung siehe → Form. K.X Anm. 3)

2. Rechtslage. Da der Erblasser seinen gewöhnlichen Aufenthalt in Deutschland hat, ist grundsätzlich deutsches Erbrecht anwendbar. Für eine Immobilie in den USA gilt hingegen auch nach Maßgeblichkeit der EuErbVO das anwendbare Erbrecht am Lageort. Es kommt daher zu einer Entscheidungsdivergenz. Aufgrund der einheitlichen Anknüpfung nach Art. 20 EuErbVO wird allerdings auch die ausländische Immobilie in das Pflichtteilsrecht nach deutschem Recht einbezogen. Auslandsimmobilien eignen sich damit nicht mehr zur Minimierung von Pflichtteilsansprüchen nach deutschem Recht (*Everts* ZEV 2013, 124). Anders als das deutsche Recht unterscheiden die US-amerikanischen Rechtsordnungen nicht zwischen Erbeinsetzung und Vermächtnissen.

3. Executor. Vorgesehen ist auch die Einsetzung eines executors, da – anders als im deutschen Recht – der Nachlass zunächst auf eine zwischenberechtigte Person (*personal representative*) übergeht, die den Nachlass zu sammeln hat und die Schulden begleichen muss, um ihn anschließend an die Berechtigten auszukehren. Dabei ist der Übergang des Nachlasses keine Frage des materiellen Erbrechts, sondern des Verfahrensrechts, da ein Nachlassgegenstand dem Nachlassverfahren von – hier – Florida unterliegt (*Fetsch* RNotZ 2006, 1 [28]). Executor sollte regelmäßig eine Person sein, die sich mit den örtlichen Gegebenheiten auskennt und vor Ort anwesend ist, um die Formalitäten erfüllen zu können. Bei größeren Nachlässen ist insbesondere auch an eine Bank oder an einen Rechtsanwalt zu denken. Deutsche Rechtsanwälte oder Steuerberater dürften hingegen regelmäßig als executor ungeeignet sein und müssten sich eines ausländischen Juristen bedienen, was letztlich nur zu weiteren Kosten führen würde. Da sich in der Regel die Funktionen des eingesetzten executor auf die vom Common Law rechtlich geforderten beschränken sollen, ist es sinnvoll, im Testament klarzustellen, dass keine Testamentsvollstreckung iSd deutschen Rechts angeordnet werden soll.

4. Testamentsform. Das Testament muss von zwei Zeugen (in einigen US-amerikanischen Bundesstaaten von drei Zeugen) bezeugt werden, wenn die US-amerikanischen Formvoraussetzungen erfüllt werden sollen. Die Beurkundung durch einen deutschen Notar sichert nicht in allen Bundesstaaten der USA die Anerkennung einer formgültigen letztwilligen Verfügung (eine Einhaltung ihrer eigenen Formvorschriften fordern etwa Georgia und North Carolina); der Notar kann nur als ein Zeuge angesehen werden. Zur erleichterten Verwendung in den USA empfiehlt sich eine zweisprachige Verfassung in deutscher und englischer Sprache (BeckFormB ZivilR/*Hertel* Form. G.I.3.)

XIV. Joint and mutual will (Florida)

Letzter Wille und Testament[1]

von Herr . . . . . . und Frau . . . . . .

Wir, ... und . . . . . ., Ehemann und Ehefrau, deutsche Staatsangehörige, mit gewöhnlichem Aufenthalt in . . . . . ., jeder im Vollbesitz seiner geistigen Kräfte und dem Bewusstsein zu verfügen, errichten, machen bekannt und erklären diese Urkunde als unseren letzten Willen und Testament.[2] Wir widerrufen hiermit alle Testamente, Testamentsnachträge und alle Schreiben mit testamentarischer Bedeutung, die wir früher errichtet haben, soweit sich die Erbfolge nach dem Recht von Florida/USA richtet.

Art. I. Geltungsbeschränkung

Diese Verfügung von Todes wegen soll für jenes Vermögen gelten, welches dem Recht von Florida/USA untersteht, insbesondere für unsere dort belegene Immobilie . . . . . .

Art. II. Bindungswirkung

Wir verpflichten uns gegenseitig schuldrechtlich nach dem Recht von Florida/USA, die nachfolgend getroffenen Verfügungen von Todes wegen weder aufzuheben noch abzuändern. Wir verpflichten uns ferner, beeinträchtigende Schenkungen iSv § 2287 BGB zu unterlassen.

Art. III. Nachlassverbindlichkeiten, Steuern und Verwaltungskosten

Wir ordnen an, dass alle Nachlassverbindlichkeiten einschließlich der Beerdigungskosten sowie Steuern und Verwaltungskosten in Bezug auf den Nachlass so bald wie möglich nach dem Tod zu erfüllen sind.

Art. IV. Verfügung über den Nachlass

Wir vermachen das dem Recht von in Florida/USA unterliegende Nachlassvermögen,[3, 4] welches wir bereits besitzen oder künftig erwerben werden, gegenseitig an den jeweils Überlebenden von uns.

Im Fall unseres gleichzeitigen Versterbens oder des Versterbens des Überlebenden von uns vermachen wir das dem Recht von Florida unterliegende Nachlassvermögen an unsere Kinder . . . . . .

Art. V. Executor

Soweit die Nachlassabwicklung dem Recht von Florida/USA unterliegt, bestimmen wir Folgendes:

I. Executor: Als executor bestimmen wir Herrn . . . . . ., geb. am . . . . . ., wohnhaft . . . . . . Ersatzweise, falls der Benannte aus irgendeinem Grund unfähig oder nicht gewillt sein sollte, als executor zu handeln, ernennen wir Frau . . . . . ., geb. am . . . . . ., wohnhaft in . . . . . . als executor. Damit ist keine Testamentsvollstreckung iSd deutschen Rechts angeordnet.

II. Verzicht auf Sicherheitsleistungen: Wir ordnen an, dass kein in diesem Artikel ernannter executor verpflichtet ist, Sicherheiten irgendwelcher Art zu erbringen. Auf die Leistung von Sicherheiten verzichten wir hiermit ausdrücklich.

III. Befugnisse des Personal Representative: Die Befugnisse des Personal Representative sollen sich nach dem Recht des Bundesstaates Florida/USA richten.

Wir, die unterzeichnenden Testatoren, erklären, dass wir die vorstehende Urkunde am ...... vor den Zeugen ...... und ...... und ...... einzeln unterschrieben, gesiegelt, bekannt gegeben und als unseren letzten Willen und Testament erklärt haben.

......

(Unterschrift der Ehefrau)

......

(Unterschrift des Ehemannes)

Am ...... haben in unserer Gegenwart die oben genannten Testatoren ...... (Name des Testators) und ...... (Name der Testatorin) die vorstehende, aus zwei (2) Seiten bestehende Urkunde einzeln unterzeichnet, besiegelt, bekannt gegeben, und diese als ihren letzten Willen und Testament erklärt. Auf ihr jeweiliges Ersuchen und in ihrer Gegenwart und in der Gegenwart des (der) jeweils anderen Zeugen unterschreiben wir hierunter mit unseren Namen und als Zeugen

Zeuge ......, wohnhaft ......

......

(Unterschrift)

Zeuge ......, wohnhaft ......

......

(Unterschrift)

Zeuge ......, wohnhaft ......

......

(Unterschrift)

......

Self-Proved-Will (→ Form. K.IV.3)

Anmerkungen

1. Sachverhalt. Ehegatten beabsichtigen eine gemeinsame, wechselseitige Verfügung über ihren Grundbesitz in Florida, USA. Zu den unterschiedlichen Regelungsmöglichkeiten in Form eines einheitlichen Testaments, eines gesonderten Vermächtnistestaments oder einer lebzeitigen Gestaltung → Form. K.X Anm. 3.

2. Joint and mutual will. Beim *joint and mutual will* nach US-amerikanischem Verständnis verfügen regelmäßig die Ehegatten wechselseitig und zugunsten der Kinder nach dem Tod des Letztversterbenden. Der *joint and mutual will* ist in allen US-amerikanischen Staaten anerkannt mit Ausnahme von Louisiana und Puerto Rico (*Ferid/Firsching/Heusler* Vereinigte Staaten von Amerika, Stand: Jan. 1959/Jan. 2002, Grdz. F III Rn. 234 Fn. 7).

Beim Tod des zuerst versterbenden Testators wird das Testament als sein letzter Wille wirksam, beim Tod des Überlebenden als dessen letzter Wille. In beiden Todesfällen ist ein Probate Verfahren durchzuführen. Der *joint and mutual will* ist grundsätzlich jeder-

zeit widerruflich (*Ferid/Heusler* Rn. 235). Allerdings kann durch einen vom Testament zu unterscheidenden Vertrag (*contract not to revoke a will*, s. Art. II des Musters) der Widerruf schuldrechtlich ausgeschlossen werden.

Das vorliegende Muster beschränkt den *joint and mutual will* auf den dem Recht von Florida unterstehenden Nachlass. Grundsätzlich wäre es jedoch auch möglich, das Testament so abzufassen, dass es auch das übrige (bewegliche) in Florida belegene Vermögen mitregelt. Bei der Errichtung des *joint and mutual will* ist dann jedoch zu berücksichtigen, dass teils das Recht von Florida und andernteils das deutsche Recht zur Anwendung gelangt. Beiden Rechtsordnungen ist dann Rechnung zu tragen und sie müssen sorgfältig aufeinander abgestimmt werden. Ein Testament, welches das gesamte in Florida belegene Vermögen erfasst, hätte den Vorteil, dass mit ihm der gesamte dort belegene Nachlass abgewickelt werden könnte, birgt jedoch die Gefahr, dass nicht hinreichend zwischen den verschiedenen Rechtsordnungen unterliegenden Nachlassmassen unterschieden und unter falschem Recht letztwillig verfügt wird.

3. EuErbVO: Zu Auswirkungen der Anwendbarkeit der EuErbVO → Form. K.XIII Anm. 2.

4. Steuern. Für Zwecke der Erbschaftsteuer wird die Auslandsimmobilie gem. § 12 Abs. 7 ErbStG iVm § 31 BewG mit dem Verkehrswert bewertet. Mit den USA besteht ein Doppelbesteuerungsabkommen auf dem Gebiet der Erbschaftsteuer (BStBl. I 2001, 114). Zur weiteren steuerlichen Behandlung → Form. E.II.1 Anm. 9.

XV. Das gesonderte Vermächtnistestament – Kanada

......

Ich[1] bin Eigentümer der in Ontario/Kanada gelegenen Immobilie ...... Insoweit bestimme ich, dass diese Immobilie vermächtnisweise an meinen Neffen ...... fallen soll. Ersatzvermächtnisnehmer soll sein ......[2, 3] Dieses gesonderte Vermächtnistestament soll nicht die am ...... errichtete Verfügung von Todes wegen ersetzen, sondern ergänzen. Mein *personal representative* soll, soweit die Nachlassabwicklung dem Recht von Ontario/Kanada unterliegt, mein Ehegatte ...... sein; ersatzweise soll der *personal representative* durch das zuständige Gericht in Ontario benannt werden. Mein Ehegatte ist als *executor* von allen Sicherheitsleistungen befreit.

Anmerkungen

1. Sachverhalt. Ein Erblasser möchte über eine Immobilie in Kanada gesondert verfügen. Zu den unterschiedlichen Regelungsmöglichkeiten in Form eines einheitlichen Testaments, eines gesonderten Vermächtnistestaments oder einer lebzeitigen Gestaltung → Form. K.X Anm. 3.

2. Vermächtnistestament. Soweit kanadisches Erbrecht bzw. genauer gesagt, das Recht einer der angelsächsischen Provinzen oder Territorien anwendbar ist, sollte keine Erbeinsetzung erfolgen, da eine Universalsukzession dem common law unbekannt ist. Stattdessen sollte nur die Aussetzung von Vermächtnissen erfolgen. Dabei sind nicht nur Einzelvermächtnisse möglich, sondern auch Quotenvermächtnisse – sowohl hinsichtlich des gesamten Nachlasses als auch hinsichtlich bestimmter Teile des Nachlasses.

Nach dem common law fällt der Nachlass nicht unmittelbar an die Erben, sondern zunächst an einen *personal representative* des Erblassers (→ Form. K.XIII Anm. 3) – entweder an einen von diesem testamentarisch bestimmten *executor* oder an einen vom Gericht ernannten *administrator.* Ein *executor* ist nicht nur insoweit zu bestellen als kanadisches Erbrecht gilt, sondern hinsichtlich aller in Kanada belegenen Nachlassgegenstände. Man sollte einen kanadischen Staatsangehörigen als *personal representative* benennen – einen dortigen Bekannten, Rechtsanwalt oder auch die dortige Bank (ausführlich zum *executor,* → Form. K.XIII Anm. 3).

Sofern die Regelungen hinsichtlich des deutschen Nachlasses nicht allzu kompliziert werden, könnte man die Regelungen bezüglich des dem deutschen Recht und des dem kanadischen Recht unterliegenden Nachlasses in getrennte Abschnitte derselben Urkunde aufnehmen.

Bei Erstellung von getrennten Urkunden über den dem deutschen Recht und über den dem kanadischen Recht unterfallenden Nachlass sind Widersprüche zwischen beiden Urkunden zu vermeiden. Am einfachsten stellt man in der Urkunde hinsichtlich des deutschen Nachlasses lediglich fest, dass bezüglich des einer Teilrechtsordnung Kanadas unterliegenden Vermögens Verfügungen in einer getrennten Urkunde errichtet werden bzw. worden sind.

3. EuErbVO. Zu Auswirkungen der Anwendbarkeit der EuErbVO → Form. K.XIII Anm. 2.

XVI. Post- und transmortale Generalvollmacht

Generalvollmacht

Der Vollmachtgeber[1]...... bestellt hierdurch zu seinem Generalbevollmächtigten ...... und erteilt ihm alle notwendigen Befugnisse,[2, 3] insbesondere auch,

I. zu handeln und zu verwalten
......
II. Investitionen zu tätigen und zu verfügen
......
III. auszuleihen und zu verleihen
......
IV. Bürgschaften zu leisten
......
V. gerichtlich vorzugehen
......
VI. Erbschaften anzutreten und unentgeltliche Zuwendungen anzunehmen
......
VII. Untervollmachten zu erteilen
......

Für die Wirkungen der Vollmacht wird das deutsche Recht gewählt.[4]

Die Vollmacht soll vom heutigen Tag über den Tod des Vollmachtgebers hinaus Wirkung entfalten. Die Vollmacht soll im weitesten Sinne ausgelegt werden. Der Generalbevollmächtigte ist berechtigt, Untervollmacht zu erteilen.

Vorgelesen, genehmigt und unterschrieben[5, 6]

......

(Notar)

Anmerkungen

1. Sachverhalt. Zur Abwicklung eines Nachlassfalles im Ausland soll eine Vollmacht den Erben erteilt werden.

2. Ausgangslage. Postmortale Vollmachten haben sich vor allem im deutsch-spanischen Rechtsverkehr durchgesetzt und Bedeutung erlangt für die Ferienimmobilien der Deutschen in Spanien. Ihr Erfolg dürfte nicht zuletzt auf die steuerlichen Vorteile zurückzuführen sein, die mit einer postmortalen Vollmacht zu erreichen sind, die bis zu den Möglichkeiten der Steuerhinterziehung reichen (im Einzelnen: *Gantzer* Spanisches Immobilienrecht S. 111 f.; kritisch zum Gebrauch einer deutschen postmortalen Vollmacht in Spanien, *Börner* ZEV 2005, 146). Die postmortale Vollmacht kann aber auf entsprechende Weise auch im Verhältnis zu anderen Ländern Wirkung entfalten, nur hat sich insoweit die Praxis noch nicht so durchgesetzt wie im Verhältnis zu Spanien. Mit der postmortalen Vollmacht kann der Bevollmächtigte regelmäßig über das im Ausland belegene Grundstück verfügen, ohne ein aufwendiges Nachlassverfahren durchführen zu müssen. Der Bevollmächtige vermeidet aufwendige Kommunikationsprobleme, wenn er einen Ortsansässigen beauftragt. Auch die Anerkennungsproblema-

tik einer Testamentsvollstreckung nach deutschem Recht im Ausland kann durch eine postmortale Vollmacht vermieden werden (*Fetsch* RNotZ 2006, 1 [13]).

3. Zulässigkeit. Zu beachten ist, dass die Möglichkeit der Erteilung einer Vollmacht über den Tod hinaus rechtsvergleichend eher die Ausnahme sein dürfte. Nicht zugelassen ist die postmortale Vollmacht grundsätzlich im romanischen Rechtskreis, aber auch in etlichen anderen Rechtsordnungen (vgl. zB Belgien: Art. 2003 Abs. 3 c. c. – möglich ist jedoch die transmortale Vollmacht; Frankreich: Art. 2003 c. c.; Italien: Art. 1722 c. c.; Schweiz: Art. 35 Abs. 1 OR – möglich ist jedoch die transmortale Vollmacht; Spanien: Art. 1732 Nr. 3 Cc.; anglo-amerikanischer Rechtskreis). Die Vollmacht sollte also materiell-rechtlich deutschem Recht unterstellt werden, sofern sie nicht nach dem Recht des Wirkungslandes post mortem zulässig ist (zu Frankreich s. aber Cour de Cassation v. 28.6.1988, D. 1989, 181: danach ist eine postmortale Vollmacht zulässig, wenn sie sich auf einen bestimmten Gegenstand bezieht).

4. Anwendbares Recht. In Deutschland wird die Vollmacht nach ganz hM nach dem Recht des Landes beurteilt, in dem die Vollmacht ausgeübt wird (sog. Wirkungsstatut, vgl. BGHZ 43, 21; 64, 183; NJW 1982, 2733, str.). Das Recht des Wirkungslandes ist zB auch in Spanien (Art. 10 Nr. 11 Cc.) und in Italien (Art. 60 Abs. 1 ital. IPRG) maßgebend. Argentinien, Frankreich, die Niederlande und Portugal haben das Haager Stellvertretungsabkommen vom 14.3.1978 ratifiziert, das zwischen Innen- und Außenverhältnis unterscheidet. Allerdings kann der Vollmachtgeber sowohl nach deutschem (Reithmann/Martiny/*Hausmann* Internationales Vertragsrecht, 6. Aufl. 2004, Rn. 2435) als auch nach spanischem internationalen Privatrecht bestimmen, welchem Recht die Vollmacht unterliegen soll (*Gantzer* S. 112). Eine Rechtswahl ist auch in Österreich (§ 49 Abs. 1 IPRG) und gem. Art 14 des Haager Stellvertretungsabkommens zulässig. Seit 1.1.2009 besteht ferner die Möglichkeit einer Rechtswahl zu Gunsten der Staatsangehörigkeit, des Aufenthaltsorts oder des Ortes, an dem sich Vermögen befindet (Art. 15 Abs. 1 des Haager Übereinkommens zum internationalen Schutz Erwachsener (ESÜ; hierzu Palandt/*Thorn* EGBGB Anh 24 Rn. 8). Die post- oder transmortale Vollmacht kann somit deutschem Recht unterstellt werden, um auf diese Weise sicher zu stellen, dass sie wirksam bleibt. Verhindert werden kann aber dadurch nicht, dass sich die ortsansässigen Behörden am eigenen Recht orientieren und die Zulässigkeit der Vollmacht über den Tod hinaus zunächst einmal bestreiten (iE Süß ZEV 2008, 71).

5. Form. Für die Form der Vollmacht gilt aus deutscher Sicht Art. 11 EGBGB. Allerdings sind bei Grundstücksvollmachten stets auch die am Ort des Grundstücksregisters geltenden grundbuchverfahrensrechtlichen Anforderungen zu beachten; so bedarf, sofern eine Eintragung in das deutsche Grundbuch erfolgen soll, die im Ausland nach dortiger Ortsform erteilte Vollmacht zusätzlich der Form des § 29 GBO (Hausmann/*Odersky* IPR § 6 Rn. 67). Die postmortale Vollmacht sollte zum Gebrauch im Ausland auch in der entsprechenden Landessprache errichtet und ggf. mit Apostille versehen oder legalisiert sein. Das hier erläuterte Muster, das sich an der Generalvollmacht der UINL/CAUE orientiert, ist als Gerüst zu verstehen. Im konkreten Einzelfall sollten – da dies in ausländischen Rechtsordnungen häufig verlangt wird – die gewünschten Befugnisse des Bevollmächtigten im Einzelnen genau auflisten werden. IÜ hat die UINL/CAUE Mustervollmachten in verschiedenen Sprachen herausgegeben, mit denen den Anforderungen aller Länder in der Regel Genüge getan sein sollte.

6. Kosten. Für die Beurkundung der Vollmacht entsteht eine 1,0-Gebühr nach Nr. 21200 KV GNotKG. 1 Der Geschäftswert einer allgemeinen Vollmacht ist gemäß § 98 Abs. 3 GNotKG nach billigem Ermessen zu bestimmen, wobei der Umfang der erteilten Vollmacht und das Vermögen des Vollmachtgebers angemessen zu berücksichtigen ist. Höchstens darf die Hälfte des Vermögens des Auftraggebers angesetzt werden. In allen Fällen beträgt der Geschäftswert maximal 1 Million EUR, § 98 Abs. 4 GNotKG. Die Rechtswahl erhöht den Geschäftswert nach § 104 Abs. 3 GNotKG um 30 %.

XVII. Erb- und Pflichtteilsverzicht

I. Ich,[1] der Ehemann, bin deutscher Staatsangehöriger, ich, die Ehefrau, bin spanische Staatsangehörige. Wir haben unseren gewöhnlichen Aufenthalt in Deutschland und beabsichtigten, diesen beizubehalten. Ich, die Ehefrau, habe keine testamentarische Rechtswahl zu Gunsten des spanischen Erbrechts getroffen.[2]

II. Wir verzichten hiermit gegenseitig auf unser gesetzliches Erb- und Pflichtteilsrecht am Nachlass des jeweils anderen. Ich, Frau . . . . . ., nehme den Erb- und Pflichtteilsverzicht meines Ehemannes . . . . . ., an, ich, Herr . . . . . ., nehme den Erb- und Pflichtteilsverzicht meiner Ehefrau . . . . . ., an.

III. Wir sind uns darüber einig, dass der Verzicht eines jeden von uns auch dann wirksam ist, wenn der Verzicht des jeweils anderen unwirksam ist. Der Verzicht hängt nicht davon ab, wer Erbe wird. Der Verzicht umfasst auch Pflichtteilsergänzungsansprüche sowie andere erbrechtliche Rechte, die dem Verzichtenden nach einem anwendbaren ausländischen Erbrecht beim des Tod anderen Ehegatten kraft Gesetzes zustehen, wie etwa „legal rights", „prior rights" oder einen „elective share", einschließlich von Nutzungsrechten an Ehewohnung oder Hausrat.[3]

IV. Unterhaltsansprüche gegen die Erben des zuerst verstorbenen Ehegatten im Fall der Scheidung sollen durch den Pflichtteilsverzicht nicht beeinträchtigt werden.[4]

V. Der Notar hat darauf hingewiesen, dass im Falle eines späteren Wechsels des Aufenthalts nach der Ehefrau möglicherweise das gemein-spanische Recht bzw. spanisches Foralrecht zur Anwendung gelangt und dass der Erb- und Pflichtteilsverzicht nach dem berufenen ausländischen Recht eventuell unwirksam sein kann. Im Übrigen hat der Notar nicht über ausländisches Recht belehrt.[5, 6]

Anmerkungen

1. Sachverhalt. Gemischt-nationale Ehegatten wollen wechselseitig, etwa im Rahmen einer Scheidungsvereinbarung, auf sämtliche erbrechtlichen Ansprüche verzichten. Beide Ehegatten haben ihren gewöhnlichen Aufenthalt in Deutschland, jedoch kann bei einem Wechsel des Aufenthalts auch ausländisches Erbrecht zur Anwendung kommen.

2. Anwendbares Recht. Mit dem Erbverzichtsvertrag verzichten die gesetzlichen Erben durch Vertrag mit dem Erblasser schon vor Eintritt des Erbfalls auf ihr gesetzliches Erbrecht (einschließlich des Pflichtteilsrechts), beim isolierten Pflichtteilsverzicht verzichten sie lediglich auf das ihnen zustehende Pflichtteilsrecht. Der Erb- und Pflichtteilsverzicht stellt keine Verfügung von Todes wegen dar; er wirkt sich jedoch auf die zukünftige Erbfolge aus. Pflichtteile unterliegen daher nach Art. 23 Abs. 2 Buchst. h EuErbVO dem Erbstatut. Die Zulässigkeit und die Wirkungen eines Erb- und Pflichtteilsverzichts sind daher nach dem Erbstatut des jeweiligen Erblassers zu beurteilen. Erb- und Pflichtteilsverzichte sind (negative) Erbverträge im Sinne des Art. 3 Abs. 1 lit. b EuErbVO, da die Rechte des Verzichtenden am Nachlass entzogen werden (*Dutta* FamRZ 2013, 4 [10]). Damit bestimmt sich die Zulässigkeit, materielle Wirksamkeit und Bindungswirkung des Erb- oder Pflichtteilsverzichts nach Art. 25 EuErbVO, mithin nach der Person des zukünftigen Erblassers, nicht jedoch nach dem Verzichtenden. Für die Gestaltung kann insbesondere bei deutscher Staatsangehörigkeit dabei die Möglichkeit einer Rechtswahl nach Art. 25 Abs. 3 EuErbVO nutzbar gemacht werden (→ Form.

K.VIII.5). Höchst unsicher ist die Frage, ob das Errichtungsstatut sich auch bei einem späteren Statutenwechsel (etwa aufgrund Wechsels des gewöhnlichen Aufenthalts in das Ausland) gegen etwaige Verbote oder Beschränkungen des anwendbaren Erbrechts (→ Anm. 3) durchsetzt (dafür *Weber* ZEV 2015, 503; zweifelnd Hausmann/*Odersky* IPR § 15 Rn. 273 ff.). Bis zu einer Entscheidung des EuGH empfiehlt sich zur Vermeidung eines wirkungslos werdenden Erbverzichts vorsorglich eine gesonderte Rechtswahl des Staatsangehörigkeitsrechts nach Art. 22 EuErbVO in einer letztwilligen Verfügung zu prüfen.

3. Zulässigkeit nach jeweiligem nationalem Recht. Probleme kann der wechselseitige Erb- bzw. Pflichtteilsverzicht aufwerfen, wenn die jeweiligen Erblasser verschiedenen Erbstatuten unterliegen. In einem solchen Fall muss für jeden Erblasser einzeln geprüft werden, ob der Erb- bzw. Pflichtteilsverzicht zulässig ist. Im obigen Muster ist für beide Ehegatten aufgrund des gewöhnlichen Aufenthalts das deutsche Erbrecht berufen (Art. 21 Abs. 1 EuErbVO). Anders wäre es, wenn die Ehefrau das spanische Erbrecht als Erbstatut gewählt hätte oder aufgrund eines späteren Wechsels des gewöhnlichen Aufenthalts in Spanien das dortige Erbrecht anwendbar werden würde. Da es sich bei Spanien um einen Mehrrechtsstaat handelt, wäre dann weiter interlokal zu klären, ob das gemein-spanische Recht oder eines der in Spanien noch geltenden Foralrechte zu Anwendung gelangt. Während nach deutschem Recht der Erb- und Pflichtteilsverzicht problemlos möglich ist (§ 2346 BGB), lässt das gemein-spanische Recht den Erbverzicht (und damit auch den Pflichtteilsverzicht) nicht zu (Art. 816 c. c.). Anders stellt sich die Rechtslage allerdings teilweise nach Foralrecht dar, etwa nach dem auf den Balearen geltenden Erbrecht, welches einen Erbverzicht durch volljährige Abkömmlinge gegen Abfindung ermöglicht (Art. 77 CDB). So wie das gemein-spanische Recht verbieten etliche andere ausländische Rechtsordnungen den Erb- oder Pflichtteilsverzicht. Dies gilt insbesondere für die romanischen Länder wie Frankreich, Italien und Portugal sowie für die ehemals kommunistischen Länder (WürzNotHdB/*Hertel* Teil 7 Kap. 3 Rn. 145). Ist bei unterschiedlichem Erbstatut der eine Verzicht wirksam und der andere nicht, so ist durch Auslegung zu klären, welche rechtlichen Folgen sich aus der Unwirksamkeit des einen Verzichts für die Wirksamkeit des anderen ergeben. Für die Gestaltungspraxis bedeutet dies, dass, sofern hinsichtlich eines der beteiligten Erblasser möglicherweise ausländisches Recht zur Anwendung gelangt und es nicht ausgeschlossen werden kann, dass nach diesem Recht ein Erb- oder Pflichtteilsverzicht unzulässig ist, von einem gegenseitigen Verzicht gänzlich abgesehen oder jedenfalls eindeutig klargestellt werden sollte, wie sich die Unwirksamkeit des einen Verzichts auf den anderen auswirken soll (Ziff. III des Formulars). Im Falle eines hinkenden Rechtsverhältnisses kann es vorkommen, dass ein Nachlassteil einer Rechtsordnung untersteht, die den Erb- bzw. Pflichtteilsverzicht als zulässig ansieht und der andere Nachlassteil einer Rechtsordnung, die den Erbverzicht nicht kennt. In einem solchen Fall sollte über eine salvatorische Klausel klargestellt werden, dass die Unwirksamkeit des Verzichts nach der einen Rechtsordnung nicht zur Unwirksamkeit des Verzichts nach der anderen Rechtsordnung führt.

4. Ansprüche gegen die Erben auf Unterhalt. Nach § 1586b BGB besteht bei einer Scheidung der Unterhaltsanspruch des geschiedenen Ehegatten über den Tod des Unterhaltsverpflichteten hinaus gegenüber dessen Erben. Dies gilt gleichermaßen wenn im Todeszeitpunkt Scheidungsantrag gestellt ist und die Voraussetzungen für eine Scheidung vorliegen, § 1933 S. 3 BGB. Da der Unterhaltsanspruch der Höhe nach auf den Pflichtteil beschränkt wird, ist offen, ob er mit einem Pflichtteilsverzicht wegfällt (Palandt/*Brudermüller* BGB § 1586b Rn. 8). Um Unsicherheiten zu vermeiden, empfiehlt sich eine ausdrückliche Klarstellung.

5. Form. Die Frage der Formgültigkeit eines Erb- und Pflichtteilsverzichts unterliegt nunmehr Art. 27 EuErbVO, da es sich beim Erb- bzw. Pflichtteilsverzicht nicht um eine Verfügung von Todes wegen handelt. Das Haager Testamentsformübereinkommen ist nicht anwendbar. Bei deutschem Errichtungsstatut bzw. Erbstatut muss der Verzicht gem. § 2348 BGB notariell beurkundet werden (Übersicht zu den Formvorschriften in vielen europäischen Staaten WürzNotHdB/*Hertel* Teil 7 Kap. 3 Rn. 148).

6. Kosten. Verzichtsverträge lösen eine 2,0-Gebühr nach Nr. 21100 KV GNotKG aus. Bei der Geschäftswertermittlung ist die Quote des Verzichtenden an der Erbmasse nach § 102 Abs. 4 GNotKG maßgeblich, wobei auch der Pflichtteil wie ein Bruchteil am Nachlass behandelt wird.

XVIII. Weitere Gestaltungen

Des Weiteren gibt es unzählige alternative Gestaltungen. Zu denken ist insbesondere an die Errichtung eines *trust*, einer *joint tenancy (Anwachsungsmodelle)*, Schenkungen auf den Todesfall, *clause tontine*, *patto di famiglia*, Verträge zugunsten Dritter auf den Todesfall, Bankverfügungen, Stiftungen, gesellschaftsrechtliche Gestaltungen, Lebensversicherungen, Vollmachten etc. Die Besonderheiten sind jeweils länderspezifisch. Hier können nur ein paar Beispiele dargestellt werden.

Errichtung einer deutschen Grundstücksgesellschaft

Hinterlässt der Testator eine Immobilie im Ausland und vererbt sich diese Immobilie aufgrund des Geltungsanspruchs des Belegenheitslandes nach dem Belegenheitsrecht, so kann die Geltung des fremden Erbrechts regelmäßig umgangen werden, indem die Immobilie durch eine deutsche Grundstücksgesellschaft erworben wird. In den Nachlass fällt dann nicht die Immobilie, sondern der Gesellschaftsanteil. Dieser ist als bewegliches Vermögen zu qualifizieren. Seine Vererbung unterliegt dann idR auch aus der Sicht des fremden Staates nicht mehr der *lex rei sitae*, sondern dem Recht, welches für bewegliches Vermögen berufen ist. Die Vererbung des beweglichen Vermögens beurteilt sich in den Ländern des common law sowie den romanischen Ländern häufig – aber nicht immer – nach dem Recht des letzten Domizilortes des Erblassers. Zu beachten ist regelmäßig dann die Anerkennung für Registerzwecke der deutschen Grundstücksgesellschaft im Ausland.

Errichtung einer französischen Grundstücksgesellschaft

Hinterlässt der Testator eine Ferienimmobilie in Frankreich und beurteilte sich nach früherer Rechtslage insoweit die Rechtsnachfolge von Todes wegen nach französischem Recht, so konnte die Geltung französischen Rechts umgangen werden, wenn die Immobilie in eine französische Grundstücksgesellschaft eingebracht wird. Die socíété civil immobilière (SCI) ist nach französischem Recht rechtsfähig und kann in das Gesellschaftsregister eingetragen werden. In den Nachlass fällt nunmehr nicht mehr eine Immobilie, sondern ein Gesellschaftsanteil. Dieser wird auch in Frankreich als bewegliches Vermögen qualifiziert (*Revillard* Droit international privé et communautaire, 6. Aufl. 2006, 309) und untersteht daher nicht der lex rei sitae, sondern dem Domizilrecht des Erblassers und somit bei deutschem Domizil dem deutschen Recht. Da zum Teil die Grundstücksgesellschaften mit einer Vermögensteuer belegt sind, sollte die Gestaltung immer unter Hinzuziehung eines lokalen Steuerberaters erfolgen. Seit der Anwendbarkeit der EuErbVO kommt es im Verhältnis zu Frankreich nicht mehr zu einer Nachlassspaltung, sodass aus erbrechtlichen Gründen die Verwendung einer französisches Grundstücksgesellschaft nicht mehr angezeigt ist.

Communauté avec clause d'attribution

Hinsichtlich in Frankreich belegenen Grundbesitzes besteht die Möglichkeit, dass die Ehegatten auf güterrechtlichem Weg den Übergang des Anteils des verstorbenen Ehegatten auf den überlebenden Ehegatten bewirken. Dies ist im französischen Recht in Form der *communauté avec clause d'attribution* (Gütergemeinschaft mit Zuteilungsklausel) grundsätzlich ermöglicht.

Die Eheleute können gem. Art. 15 Abs. 2 Nr. 3 EGBGB für ihr in Frankreich belegenes unbewegliches Vermögen französisches Recht als das Recht am Belegenheitsort für ihre güterrechtlichen Beziehungen wählen. Auch aus französischer Sicht ist gem. Art. 6 Abs. 1 des für Frankreich am 1.9.1992 in Kraft getretenen Haager Übereinkommens vom 14.3.1978 über das auf Ehegüterstände anzuwendende Recht während der Ehe sowohl eine umfassende Rechtswahl des Heimatrechts eines der Ehegatten als auch eine (auch objektbeschränkte) Wahl der lex rei sitae für unbewegliches Vermögen zugelassen. Gem. Art. 21 des Übereinkommens findet es Anwendung auf Eheleute, die nach Inkrafttreten des Übereinkommens am 1.9.1992 geheiratet oder nach diesem Zeitpunkt eine Rechtswahl in Übereinstimmung mit dem Übereinkommen getroffen haben.

Wählen die Eheleute für die in Frankreich belegene Immobilie französisches Ehegüterrecht, ohne weitere ehevertragliche Vereinbarungen zu treffen, so tritt für sie insoweit der französische gesetzliche Güterstand der Errungenschaftsgemeinschaft gem. Art. 1400 ff. CC in Kraft. Gem. Art. 1401 CC wird dasjenige Vermögen Gesamtgut, das die Eheleute während der Ehe (bzw. ab dem Wechsel in diesen Güterstand) zusammen oder getrennt erwerben, soweit es nicht nach Art. 1404 ff. CC als Eigenvermögen eines der Ehegatten anzusehen ist. Gem. Art. 1526 Abs. 1 CC können die Ehegatten in einem Ehevertrag aber auch die vollständige Gemeinschaft ihres Vermögens, bezogen auf Mobilien sowie Immobilien und gegenwärtiges sowie künftiges Vermögen vereinbaren *(communauté universelle)*. Gem. Art. 1524 Abs. 1 CC kann die Übertragung der gesamten Gemeinschaft auf den überlebenden Ehegatten vereinbart werden *(clause d'attribution au survivant)*. Die *clause d'attribution* ermöglicht es, dass beim Tode des erstversterbenden Ehegatten kraft Güterrechts (vgl. Art. 1525 CC) das Gesamtgut insgesamt an den überlebenden Ehegatten fällt, ohne dass nach französischem Recht Schenkung- oder Erbschaftsteuer anfällt und Pflichtteilsrechte geltend gemacht werden können; die Klausel versagt allerdings gegenüber Kindern aus früheren Ehen (*Ferid/Sonnenberger* Das Französische Zivilrecht Rn. 4 B 322; zum gerichtlichen Genehmigungserfordernis nach französischem Recht *Revillard* Droit International Privé et Communautaire Rn. 264).

Deutsch-französischer Wahlgüterstand

Keine erbrechtliche Gestaltung ermöglicht hingegen der deutsch-französische Wahlgüterstand (WahlZugAbk-F) nach § 1519 BGB. Dieser deutsch-französische Güterstand kann gewählt werden, wenn deutsche Ehegatten in Frankreich oder französische Ehegatten in Deutschland leben, deutsch-französische Ehegatten in Frankreich oder in Deutschland leben, oder ausländische Ehegatten ihren gewöhnlichen Aufenthalt in Deutschland oder in Frankreich haben. Er steht aber zB auch deutschen Ehegatten, die in Deutschland leben, oder französischen Ehegatten, die in Frankreich leben, offen. Unter gleichen Voraussetzungen können auch eingetragene Lebenspartner den Wahlgüterstand wählen. Der Wahlgüterstand ist zwar dem in Deutschland geltenden gesetzlichen Güterstand der Zugewinngemeinschaft nachgebildet, doch fehlt ihm die erbrechtliche Wirkung. Eine § 1371 Abs. 1 BGB vergleichbare Regelung (Erhöhung der Erbquote) wurde in dem

Abkommen über die Wahl-Zugewinngemeinschaft nicht vorgesehen. Nach Art. 7 Abs. 1 WahlZugAbk-F endet beim Tod eines Ehegatten der Güterstand, sodass der Zugewinnausgleich wie bei einer Scheidung durchzuführen ist. Eine Erhöhung der Erbquote tritt nicht ein. Die Zugewinnausgleichsforderung selbst ist eine Nachlassverbindlichkeit. Damit kann bei erheblichen Zugewinnausgleichansprüchen der Wahlgüterstand eine Gestaltungsmöglichkeit zur Verringerung von Pflichtteilsansprüchen darstellen (*Jäger* DNotZ 2010, 804 [825]; *Jünemann* ZEV 2013, 353).

XIX. Länderübersicht

1. Vorbemerkung

Die nachfolgende Übersicht über einige, ausgewählte nationale Erbrechte, die in der Praxis immer wieder relevant werden, erhebt keinen Anspruch auf Vollständigkeit und dient der Orientierung. Stets sollte eine genaue Prüfung im Einzelfall anhand des jeweils nationalen Gesetzes vorgenommen werden. Es kann nicht ausgeschlossen werden, dass es zu Gesetzesänderungen kommt oder das Verständnis aus deutscher Sicht sich nicht mit dem jeweiligen nationalen Verständnis decken sollte. Eine Haftung für die inhaltliche Richtigkeit kann daher nicht übernommen werden. Eine Hinzuziehung eines Juristen in der jeweiligen Rechtsordnung oder eine vertiefte Prüfung in der jeweiligen, nationalen Literatur sollte bei der konkreten Bearbeitung einer Nachlassgestaltung selbstverständlich erfolgen. Eine erste Orientierung bieten auch die Berichte zum nationalen Erbrecht von 22 EU-Mitgliedsstaaten des Council of the Notariats of the European Union (CNUE, www. www.successions-europe.eu), die Überblicksseiten im Europäischen Justiznetzwerk der EU-Kommission (https://e-justice.europa.eu/content_succession-166-en.do?init=true) sowie die Datenbank des Deutschen Notarinstituts (www.dnoti.de). Hinweise zur Registrierung von Testamenten und zum Auffinden von letztwilligen Verfügungen innerhalb Europas gibt die von der European Network of Registers of Wills Association betriebene Internetplattform www.arert.eu.

In den Mitgliedsstaaten der Europäischen Union, mit Ausnahme von Dänemark, Irland und Großbritannien, sind für Erbfälle seitdem 17.8.2015 der Regelungen der EuErbVO (→ Form. A.VI) zu beachten. Vorbehaltlich einer Rechtswahl zu Gunsten der Staatsangehörigkeit wird seitdem das Erbstatut an den gewöhnlichen Aufenthalt des Erblassers angeknüpft.

2. Belgien

Erbstatut

In Belgien ist mit Wirkung zum 1.10.2004 ein kodifiziertes IPR in Kraft getreten, dessen Art. 77 bis 84 bisher das internationale Erbrecht regelten (Gesetz zur Einführung des Gesetzbuches über das internationale Privatrecht vom 16.7.2004, nachfolgend IPRG). Art. 78 Abs. 2 IPRG sah vor, dass der unbewegliche Nachlass sich nach dem Recht am Belegenheitsort vererbte. Soweit also zum Nachlass ein Grundstück in Deutschland gehörte, kam es zu einer Rückverweisung auf das deutsche Recht. Sofern zum Nachlass allerdings ein Grundstück in Belgien gehörte, erhob das belgische Recht insoweit einen Geltungsanspruch. Seit 17.8.2015 ist die EuErbVO anwendbar, sodass eine Nachlassspaltung nach Art. 78 Abs. 2 IPRG nicht mehr eintreten kann.

Die Formgültigkeit eines Testamentes beurteilt sich nunmehr nach Art. 27 EuErbVO. Ein in Deutschland formwirksam errichtetes Testament wird daher auch in Belgien als formwirksam anerkannt. Testamente können in Belgien dem Belgischen Zentralregister für Testamente mitgeteilt werden, das von der Belgischen Notarkammer geführt wird (Adresse: CREDOC ASBL, Rue de la Montagne, 30-32, B-1000 Bruxelles, Belgien). Auch

in Deutschland errichtete notarielle Testamente können dort registriert werden (Süß ErbR/*Hustedt* Belgien Rn. 50 Fn. 91).

Testamentsinhalt

Das belgische Recht unterscheidet zwischen dem Universal- oder Erbvermächtnis, dem Erbteilsvermächtnis und dem Erbstückvermächtnis, Art. 1002 ff. c. c. Beim Universalvermächtnis geht das Vermögen des Erblassers automatisch im Wege der Gesamtrechtsnachfolge auf den oder die Bedachten über. Das gleiche gilt beim Erbteilsvermächtnis hinsichtlich der bestimmten Quote (Süß ErbR/*Hustedt* Belgien Rn. 57). Das Erbstückvermächtnis entspricht in etwa dem Vermächtnis iSd deutschen Rechts. Der Erblasser kann ein Ersatzvermächtnis anordnen (Art. 898 c. c.), ein Nachvermächtnis ist aber grds. verboten (Art. 896 c. c.).

Das belgische materielle Recht verbietet das gemeinschaftliche Testament und den Erbvertrag, Art. 943, 1130 Abs. 2, 968 iVm 895, 1001, 1097 c. c. Es geht davon aus, dass Verfügungen von Todes wegen ihrem Wesen nach jederzeit frei widerruflich sind. Die maßgebenden Bestimmungen sind die Art. 943, 963 und 1130 c. c. Dem Verbot zuwider abgeschlossene Erbverträge und errichtete gemeinschaftliche Testamente sind nach belgischem Recht nichtig (Süß ErbR/*Hustedt* Belgien Rn. 50). Dabei wird das Verbot nicht nur als Formvorschrift, sondern als Verbot mit materiell-rechtlichem Inhalt verstanden (vgl. WürzNotHdB/*Hertel* Teil 7 Kap. 4 Rn. 208). Infolge der Anwendbarkeit der EuErbVO sind nun jedoch in Deutschland errichtete Erbverträge oder gemeinschaftliche Testamente auch in Belgien anzuerkennen, da Art. 25 EuErbVO auf das hypothetische Erbstatut abstellt (WürzNotHdB/*Hertel* Teil 7 Kap. 4 Rn. 208).

Pflichtteil/Noterbrecht

Das Pflichtteilsrecht ist im belgischen Recht als echtes Noterbrecht ausgestaltet. Pflichtteilsberechtigt sind der überlebende Ehegatte, die Kinder sowie grundsätzlich Aszendenten, Art. 913 ff. c. c. Der Pflichtteil des überlebenden Ehegatten besteht in einem Nießbrauch an der Hälfte der Erbschaft (Art. 915 bis § 1 c. c.). Der überlebende Ehegatte kann aber als Nießbrauch auch die Ehewohnung und den Hausrat konkret geltend machen (Art. 915 bis § 2 c. c.). Das Pflichtteilsrecht der Kinder beurteilt sich nach ihrer Anzahl. Ein Kind hat Anspruch auf die Hälfte, zwei Kinder auf $^2/_3$ und drei oder mehr Kinder auf $^3/_4$. Der Rest ist frei verfügbar, sog. *libéralités*. (Art. 913, 914 c. c.). Konkurrieren Kinder und Ehegatte, ist das Nießbrauchsrecht des überlebenden Ehegatten jeweils anteilig auf die freie Quote am Nachlass und auf das Noterbrecht der Kinder zu beziehen. Das Pflichtteilsrecht der Aszendenten ist in Art. 915 c. c. geregelt. Grundsätzlich steht bei Fehlen von Kindern $^1/_4$ der Erbschaft jedem Aszendenten zu vollem Eigentum zu. Konkurriert ein Ehegatte jedoch mit Aszendenten, so kann der Erblasser über den gesamten Nachlass zugunsten des Ehegatten verfügen und gem. Art. 915 Abs. 2 c. c. den Aszendenten ihren Pflichtteil entziehen (tabellarische Übersicht bei Schlitt/Müller/*Heggen* § 15 Rn. 30).

Ein Verzicht auf die Erbschaft bzw. das Noterbecht ist nach belgischem Recht gem. Art. 791, 1120 Abs. 2 c.c. nicht möglich. Eine Ausnahme gilt für Ehegatten beim Vorhandensein von Stiefkindern (vgl. Süß ErbR/*Hustedt* Belgien Rn. 77), ferner im Rahmen eines Scheidungsantrags sowie bei lebzeitigen Übertragungen (eingehend Schlitt/Müller/*Heggen* § 15 Rn. 37). Indirekt können Pflichtteilsrechte teilweise gemindert werden durch eine ehevertragliche Vereinbarung oder eine Schenkung auf den Todesfall (*institution contractuelle*) (hierzu mit Formulierungsbeispielen Süß ErbR/*Hustedt* Belgien Rn. 80 f., 86 f.)

3. Bosnien-Herzegowina

Erbstatut

Seit der Abspaltung Bosnien-Herzegowinas von der ehemaligen SFR Jugoslawien bildet Bosnien-Herzegowina einen eigenständigen Staat. Dennoch gelten in Bosnien-Herzegowina weiterhin die Bestimmungen des ehemals jugoslawischen Gesetzes zur Lösung von Gesetzeskollisionen mit den Vorschriften anderer Staaten für bestimmte Verhältnisse (bosn. IPRG; in Süß ErbR/*Povlakić*/*SoftićKadenić* Bosnien-Herzegowina Rn. 2). Bosnien-Herzegowina ist bisher nicht Mitgliedsstaat der EU, sodass die EuErbVO nicht anwendbar ist. Nach Art. 30 Abs. 1 des daher autonom anwendbaren bosn. IPRG untersteht die Rechtsnachfolge von Todes wegen dem Heimatrecht des Erblassers. Es gilt also der Grundsatz der Nachlasseinheit. Die Testierfähigkeit richtet sich gem. Art. 30 Abs. 2 IPRG nach dem Recht des Staates, dessen Staatsangehöriger der Erblasser zum Zeitpunkt der Errichtung war. Die Möglichkeit einer Rechtswahl sieht das internationale Erbrecht von Bosnien-Herzegowina nicht vor. Die Verweisungen des bosn. IPRG sind als Gesamtverweisungen zu verstehen, Rück- und Weiterverweisungen sind also beachtlich, vgl. Art. 6 Abs. 1 bosn. IPRG. Die Formgültigkeit eines Testaments beurteilt sich nach dem Haager Testamentsformübereinkommen.

Testamentsinhalt

Der Erblasser kann einen oder mehrere Erben einsetzen (Art. 82 ErbG) sowie Ersatzerben bestimmen (Art. 83 ErbG). Die Einsetzung von Nacherben ist im Recht von Bosnien-Herzegowina nicht möglich. Daneben besteht die Möglichkeit Vermächtnisse auszusetzen, wobei es sich hierbei um einen schuldrechtlichen Anspruch gegen den/die Erben handelt (Art. 84 ErbG). Das Testament kann jederzeit ausdrücklich, also durch Widerrufstestament oder Vernichtung des Testaments oder auch stillschweigend, etwa durch Errichtung eines neuen Testaments mit anders lautenden letztwilligen Verfügungen widerrufen werden, Art. 103 ff. ErbG.

Ein gemeinschaftliches Testament lässt das bosnisch-herzegowinische Recht nicht zu und auch der Erbvertrag im engeren Sinne, also ein Vertrag, mit welchem der Erblasser die andere Vertragspartei oder einen Dritten als Erben einsetzt, ist gem. Art. 106 ErbG nichtig.

Pflichtteil/Noterbrecht

Das Pflichtteilsrecht ist im Erbrecht von Bosnien-Herzegowina als echtes Noterbrecht, also als dingliche Beteiligung am Nachlass ausgestaltet, vgl. Art. 30 Abs. 1 ErbG. Allerdings ist diese Rechtsnatur disponibel, so dass der Testator auch festlegen kann, dass der Pflichtteilsberechtigte seinen Anteil in Rechten, Sachen oder Geld erhält. Hinsichtlich der Pflichtteilsberechtigten unterscheidet das Erbrecht von Bosnien-Herzegowina zwischen der ersten Ordnung der Pflichtteilsberechtigten und der zweiten Ordnung. Pflichtteilsberechtigte der ersten Ordnung sind der überlebende Ehegatte sowie die leiblichen und adoptierten Kinder und ihre Abkömmlinge. Innerhalb dieser Gruppe wird jedoch nochmals unterschieden zwischen den absolut und den relativ Pflichtteilsberechtigten (Süß ErbR/*Povlakić*/*SoftićKadenić* Bosnien-Herzegowina Rn. 72). Absolut pflichtteils-

berechtigt sind der Ehegatte. die leiblichen und die voll adoptierten Kinder. Den übrigen Pflichtteilsberechtigten der ersten Ordnung steht hingegen der Pflichtteil gem. Art. 28 Abs. 2 ErbG nur dann zu, wenn sie auf Dauer erwerbsunfähig und bedürftig sind. Die zweite Ordnung bildet der überlebende Ehegatte zusammen mit den Eltern des Erblassers und deren Abkömmlingen. Auch in dieser Ordnung hat der Ehegatte ein absolutes Pflichtteilsrecht, wohingegen die Übrigen wiederum nur unter den Voraussetzungen des Art. 28 Abs. 2 ErbG pflichtteilsberechtigt sind (Süß ErbR/*Povlakić/SofticKadenić* Bosnien-Herzegowina Rn. 73). Hinsichtlich der Höhe des Pflichtteils unterscheidet das bosnisch-herzegowinische Erbrecht wiederum zwischen den absoluten und den relativen Pflichtteilsberechtigten der ersten und zweiten Ordnung: Während die absolut Berechtigten die Hälfte des gesetzlichen Erbteils als Noterbrecht erhalten, beträgt das Noterbrecht der relativ Pflichtteilsberechtigten nur ein Drittel ihres gesetzlichen Erbteils, vgl. Art. 29 Abs. 2 ErbG (tabellarische Übersicht bei Schlitt/Müller/*Kristic* § 15 Rn. 79). Unter bestimmten Voraussetzungen (Verletzung einer gesetzlichen oder moralischen Pflicht gegenüber dem Erblasser, Begehung einer schwerwiegenden Straftat gegenüber dem Erblasser und seinen nahen Verwandten oder Ähnliches) kann der Pflichtteil auch entzogen werden, Art. 45 ff. ErbG. Daneben kennt das Recht von Bosnien-Herzegowina das Institut der Pflichtteilsentziehung zugunsten der Nachkommen eines Abkömmlings des Erblassers (etwa bei Überschuldung des Abkömmlings, vgl. Art. 48 ErbG).

Ein Verzicht auf das Noterbrecht im engeren Sinne ist nach dem Recht von Bosnien-Herzegowina nicht möglich, Art. 107 Abs. 1 ErbG. Jedoch können Abkömmlinge bereits zu Lebzeiten des Erblasser vor einem Richter die Erbschaft ausschlagen, was von den Wirkungen einem Erbverzicht gleich ist (Schlitt/Müller/*Kristic* § 15 Rn. 105)

4. Dänemark

Erbstatut

Das Erbkollisionsrecht ist in Dänemark nicht kodifiziert. Erbstatut kraft Gewohnheitsrecht ist das Recht des Domizils des Erblassers zum Zeitpunkt seines Todes (Süß ErbR/*Ring/Olsen-Ring* Dänemark Rn. 12; WürzNotHdB/*Hertel* Teil 7 Kap. 4 Rn. 1138). Unter einem Domizil versteht man nach dänischem Recht diejenige Stätte, wo die betreffende Person ihren festen und dauerhaften Wohnsitz hat. Die Verweisung wird als Sachnormverweisung verstanden. Die EuErbVO ist für Erblasser mit gewöhnlichem Aufenthalt in Dänemark nicht anwendbar.

Die Formgültigkeit eines Testamentes beurteilt sich nach dem Haager Testamentsformüberkommen.

Testamentsinhalt

Seit dem 1.1.2008 gilt in Dänemark das Erbgesetz 2008 (*arvelov*, ErbG). Wie bisher unterscheidet das dänische Recht zwischen Erbeinsetzung und Vermächtnis. Das dänische Recht unterscheidet drei Arten von Testamenten unter Beteiligung mehrerer Personen, nämlich ein gemeinsames Testament, das nicht gegenseitig ist, ein gegenseitiges Testament, das nicht gemeinsam ist und ein gemeinsames und gegenseitiges Testament. In der dänischen Praxis ist das gemeinsame und gegenseitige Testament das häufigste (*Thorbek/Steiniger* in Ferid/Firsching/Dörner/Hausmann Rn. 177). Hervorzuheben ist, dass auch zwei Personen, die seit mindestens zwei Jahren in einem eheähnlichen Verhältnis zusammengelebt haben oder ein gemeinsam Kind erwarten oder haben, ein gemeinschaftliches,

gegenseitiges Testament wie Ehegatten (von einigen Ausnahmen abgesehen) errichten können (§§ 87 ff. ErbG; Süß ErbR/*Ring/Olsen-Ring* Dänemark Rn. 73 ff.). Einen Erbvertrag kennt Dänemark nur in der Form, dass sich der Erblasser im Wege eines sog. konservativen Erbvertrags nach Maßgabe der Vorschriften über die Testamentserrichtung verpflichtet, ein Testament nicht zu errichten oder nicht zu widerrufen (§ 68 ErbG, hierzu: Süß ErbR/*Ring/Olsen-Ring* Dänemark Rn. 48). Ein renunziativer Erbvertrag, also ein Erbverzichtsvertrag ist hingegen statthaft, § 42 Abs. 1 ErbG (Süß ErbR/*Ring/Olsen-Ring* Dänemark Rn. 54),

Pflichtteil/Noterbrecht

Kinder und Ehegatten sind nach dänischem Recht pflichtteilsberechtigt. Der schuldrechtliche Pflichtteil eines Abkömmlings beträgt nach § 5 Abs. 1 ErbG ein Viertel des gesetzlichen Erbteils. Daneben besteht die Möglichkeit, die Höhe des Erbteils auf eine Million dänische Kronen (ca. 134.000 EUR) zu begrenzen (§ 5 Abs. 2 ErbG). Auch der Pflichtteil des Ehegatten beträgt ein Viertel seines gesetzlichen Erbteils, § 10 ErbG. In begrenztem Umfang kann über den dem Pflichtteil reservierten Nachlassteil testamentarisch disponiert werden, § 50 Abs. 2 ErbG (Süß ErbR/*Ring/Olsen-Ring* Dänemark Rn. 102).

Ein Erbverzicht ist nach § 42 ErbG möglich und entfaltet regelmäßig auch gegenüber den Abkömmlingen des Verzichtenden Wirkungen.

5. Frankreich

Erbstatut

Eine Kodifizierung des Internationalen Erbrechts in Frankreich fehlte bisher. Bewegliches Vermögen wurde bisher gewohnheitsrechtlich nach dem Recht des letzten dauernden Aufenthaltsortes des Erblassers *(domicile)* vererbt (*Revillard,* Droit Internationale Privé et Pratique Notariale, Rn. 572 ff.; Staudinger/*Dörner* EGBGB Anh. zu Art. 25 ff. Rn. 241). Die Rechtsnachfolge von Todes wegen in *unbewegliches Vermögen* richte sich nach der *lex rei sitae* (vgl. Art. 3 Abs. 2 Code Civil (c. c.); Süß ErbR/*Döbereiner* Frankreich Rn. 1). Demnach unterlag die Vererbung von unbeweglichem Vermögen in Frankreich besonderen Vorschriften iSv Art. 3a Abs. 2 EGBGB aF, die aus deutscher Sicht vorrangig zu beachten waren (BayObLG NJW-RR 1990, 1033). Für die Qualifikation eines Nachlassgegenstands als beweglich oder unbeweglich entschied aus französischer Sicht das französische Recht am Lageort. Seit 17.8.2015 ist nunmehr für das Internationale Erbrecht die EuErbVO anwendbar. Damit sollte in Frankreich insbesondere auch die Anerkennung eines in Deutschland geschlossenen Erbvertrags oder gemeinschaftlichen Testaments nach Art. 25 EuErbVO sichergestellt sein (Süß ErbR/*Döbereiner* Frankreich Rn. 37, 41).

Soweit bisher ein fremdes, also nicht französisches Erbrecht anwendbar war und französische Staatsangehörige dadurch schlechter gestellt wurden, so konnten die französischen Erben eine überproportionale Beteiligung an dem in Frankreich belegenen Nachlass verlangen (*Droit de Prélèvement* – Vorwegnahmerecht). Dieses Vorwegnahmerecht wurde 2011 vom französischen Verfassungsrat für verfassungswidrig und unanwendbar erklärt (*Süß* ZEV 2011, 464; WürzNotHdB/*Hertel* Teil 7 Kap. 4 Rn. 231).

Die Formgültigkeit eines Testamentes beurteilt sich nach dem Haager Testamentsformabkommen.

Testamentsinhalt

Das französische materielle Erbrecht ist mit Wirkung zum 1.1.2007 zuletzt reformiert worden. Die grundlegenden Änderungen betreffen vor allem die Bereiche der Vor- und Nacherbfolge und der rechtlichen Ausgestaltung des Pflichtteilsrechts (*Gresser* ZErb 2006, 407).

Nach französischem Erbrecht steht dem Erblasser nicht die Möglichkeit offen, durch Testament einen Erben zu berufen. Erben sind die Blutsverwandten und der Ehegatte (*Döbereiner* ZEuP 2010, 368). Das französische Erbrecht verbietet grundsätzlich die Vor- und Nacherbschaft (Art. 896 c. c.). Vom Verbot ausgenommen sind lediglich einige Fallgruppen der Vor- und Nacherbschaft, insbesondere wenn Eltern ihre Kinder zu Vor- und ihre Enkel als Nacherben einsetzen (Art. 897 iVm Art. 1048 c. c.) und sämtliche Kinder bzw. Enkel gleich behandelt werden (Art. 1050 c. c.). Erbrechtlich kann der Testator sein Vermögen nicht durch Erbeinsetzungen, sondern ausschließlich durch Vermächtnisse verteilen. Hierfür bietet das französische Erbrecht drei Vermächtnisformen: das Universal- bzw. Erbvermächtnis („*legs universel*") gem. Art. 1003 c. c. als eine testamentarische Verfügung, durch die der Erblasser einer oder mehreren Personen das gesamte im Zeitpunkt seines Todes existierende Vermögen zuwendet; das Erbteilsvermächtnis („*legs à titre universel*") gem. Art. 1010 Abs. 1 c. c. als eine testamentarische Anordnung, die auf die Zuwendung eines Vermögensbruchteiles oder auf die Zuwendung aller Mobilien oder Immobilien oder auf die Zuwendung eines Bruchteils der Mobilien oder Immobilien gerichtet ist; das Erbstückvermächtnis („*legs particulier*") gem. Art. 1010 Abs. 2 c. c. als testamentarische Anordnung, die weder Erb- noch Erbteilsvermächtnis ist. Die Vermächtnisse sind dinglicher Natur. Weiterhin ermöglicht nunmehr Art. 1048 c. c., den Vermächtnisnehmer zu verpflichten, das ihm zugewandte Vermögen für einen im Testament benannten Nachvermächtnisnehmer zu erhalten (ähnlich einer nicht befreiten Vor- und Nacherbschaft) bzw. ein Vermächtnis auszusetzen mit der Maßgabe, das die beim Tod des Vorvermächtnisnehmers noch verbliebenen Vermögensgegenstände des Erblassers an einen im Testament benannten Nachvermächtnisnehmer übergehen (befreite Vor- und Nacherbschaft, iE *Gresser* ZErb 2006, 407 [409]). Testamentsvollstreckung kann zeitlich begrenzt zur Abwicklung des Nachlasses nach Art. 1025 c. c. angeordnet werden.

Die Errichtung eines Testaments durch mehrere Personen ist zwar nach französischem Recht grundsätzlich unzulässig, Art. 968 c. c., gemeinschaftliche Testamente iSv §§ 2265 ff. BGB fallen jedoch in den Anwendungsbereich des Art. 4 des Haager Testamentsformübereinkommens. Art. 968 c. c. wird von der französischen Gerichtspraxis und von der herrschenden Meinung in der französischen Literatur als bloße Formvorschrift angesehen (*Gresser* ZEV 1997, 492 [493], ebenso nun *Cour de cassation* vom 21.11.2012), so dass ein in Deutschland nach §§ 2265 ff. BGB formgerecht errichtetes gemeinschaftliches Testament im Hinblick auf Art. 4 des Haager Testamentsformübereinkommens auch in Frankreich als formwirksam anerkannt wurde. Erbverträge werden im französischen Recht grundsätzlich als unzulässig angesehen, Art. 1130 Abs. 2 c.c. Bei Anwendbarkeit eines ausländischen Erbstatuts ist nun jedoch Art. 25 EuErbVO zu beachten, sodass etwa ein in Deutschland geschlossener Erbvertrag bzw. ein von Ehegatten errichtetes gemeinschaftliches Testament nicht mehr als Verstoß gegen den *odre public* in Frankreich angesehen werden kann (Süß ErbR/*Döbereiner* Frankreich Rn. 37, 41). Für eine mögliche Bindungswirkung kommt es auf das anwendbare materielle Recht an, sodass ggf. eine Rechtswahl für die Bindungswirkung nach Art. 25 Abs. 3 EuErbVO zu prüfen ist (WürzNotHdB/*Hertel* Teil 7 Kap. 4 Rn. 259).

Notarielle Testamente können beim *fichier centrel des dispositions de derniéres volontés* in Aix en Provence gegen eine geringe Gebühr registriert werden (Adresse: Les Logissons, F-1307 Venelles-Cedex). Auch vor einem ausländischen Notar errichtete Verfügungen von Todes wegen können registriert werden (*Döbereiner* ZEuP 2010, 588 [590]). Auskünfte aus dem Register erhält jeder Notar gegen Vorlage einer Sterbeurkunde.

Pflichtteil/Noterbrecht

Gesetzliche Beschränkungen der Verfügungsfreiheit des Erblassers bestehen in Frankreich nicht wie im deutschen Pflichtteilsrecht als schuldrechtliche Ansprüche übergangener gesetzlicher Erben, vielmehr sind sie als Noterbrechte ausgestaltet. Demzufolge kann ein Erblasser nur über einen bestimmten Teil seines Vermögens frei verfügen (*quotité disponible*). Dies betrifft auch Schenkungen unter Lebenden (*Döbereiner* ZEuP 2010, 588 [608]). Die Erbrechtsreform zum 1.1.2007 hat das Noterbrecht neu geregelt und zwar in Art. 912 ff. c. c. Noterben sind nunmehr nur noch die Kinder, Art. 913 c. c. Der frei verfügbare Teil des Nachlasses variiert je nach Anzahl der Kinder und beträgt bei zwei Kindern $^1/_2$, bei drei Kindern $^1/_3$ und bei vier und mehr Kindern $^1/_4$. Der überlebende Ehegatte hat nur dann ein Noterbrecht, wenn keine Abkömmlinge vorhanden sind, und zwar iHv $^1/_4$, Art. 914–1 c. c. (tabellarische Übersicht bei Schlitt/Müller/*Heggen* § 15 Rn. 164). Der Erblasser kann nach französischem Recht jedoch gem. Art. 1094–1 c. c. dem überlebenden Ehegatten wahlweise das Eigentum an dem, worüber er zugunsten Fremden verfügen könnte, oder $^1/_4$ seines Vermögens zu Eigentum und $^3/_4$ zu Nießbrauch oder schließlich das gesamte Vermögen zum Nießbrauch zuwenden (*Hök* ZFE 2007, 337). Ein Testament, dass das Noterbrecht missachtet, ist nicht unwirksam, sondern in einer Frist von fünf Jahren herabsetzbar *(action de reduction)*. Der Noterbe hat nach Art. 924 c. c. in der Regel einen in Geld zu erfüllenden Ausgleichsanspruch.

Nach Art. 929 f. c. c. ist ein vorzeitiger Pflichtteilsverzicht, als ein Verzicht zu Lebzeiten des Erblassers, auf die Herabsetzungsklage im Rahmen eines sog. *pacte de famille* möglich. Die Möglichkeit des Verzichts hat jeder Noterbberechtigte ohne Einschränkungen (*Gresser* ZErb 2006, 409). Der Verzicht muss durch zwei Notare beurkundet werden, und dabei der Verzichtende und der Erblasser getrennt jeweils in Anwesenheit der Notare unterzeichnen (näher Süß ErbR/*Döbereiner* Frankreich Rn. 112). Eine Beurkundung des Verzichts in Deutschland könnte als unwirksam angesehen werden, da das deutsche Beurkundungsrecht keine Beurkundung durch zwei Notare gleichzeitig zulässt (Schlitt/Müller/*Heggen* § 15 Rn. 177).

6. Italien

Erbstatut

Die Rechtsnachfolge von Todes wegen wurde bisher international-privatrechtlich in Art. 46 ital. IPRG geregelt. Danach unterstand die Rechtsnachfolge nach italienischem IPR grundsätzlich dem Heimatrecht des Erblassers. Diese Anknüpfung galt für den gesamten Nachlass. Eine Rechtswahlmöglichkeit ergab sich aus Art. 46 Abs. 2 ital. IPRG: der Erblasser konnte die gesamte Erbfolge dem Recht des Staates unterstellen, in dem er seinen gewöhnlichen Aufenthalt hatte. Die Rechtswahl verlor allerdings ihre Wirksamkeit, wenn der Erblasser zum Zeitpunkt des Todes seinen gewöhnlichen Aufenthalt nicht mehr in diesem Staat hatte (Art. 46 Abs. 2 S. 2 ital. IPRG), zudem blieben die Rechte der nach italienischem Recht Pflichtteilsberechtigten unberührt, soweit sie im Todeszeitpunkt

ihren gewöhnlichen Aufenthalt in Italien hatten (Art. 46 Abs. 2 S. 3 ital. IPRG). Sofern der in Deutschland lebende Erblasser hier von seiner Rechtswahlmöglichkeit nach Art. 46 Abs. 2 ital. IPRG Gebrauch gemacht hatte, führte dies aus der Sicht des deutschen Rechts zu einer Rückverweisung auf das deutsche Recht, welche hier auch gem. Art. 4 Abs. 1 S. 2 EGBGB angenommen wurde. Bei Mehrstaatern wurde das Recht angewandt, mit dem die engste Verbindung bestand, wobei nach Art. 19 Abs. 2 Satz 2 ital. IPRG die italienische Staatsangehörigkeit den Vorrang hatte. Der damit entstehende Entscheidungsdissens zum deutschen Recht (Art. 5 Abs. 1 S. 2 EGBGB) konnte durch eine Rechtswahl zu Gunsten des deutschen Rechts vermieden werden (Schlitt/Müller/*Geier* § 15 Rn. 250).

Für das Erbstatut ist nunmehr auch in Italien die EuErbVO für Nachlassfälle seit 17.8.2015 anwendbar, die die bisherigen Regelungen der Art. 46–50 ital. IPRG ersetzt (Süß ErbR/*Cubeddu Wiedemann*/*Wiedemann* Italien Rn. 2). Eine Rechtswahl zu Gunsten des Rechts am Aufenthaltsort nach Art. 46 Abs. 2 ital. IPRG ist damit nicht mehr möglich. Für Altfälle ist die Übergangsvorschrift des Art. 83 Abs. 2 EuErbVO zu beachten → Form. A.VI.4. lit. d).

Die Formgültigkeit eines Testamentes beurteilte sich bisher nach Art. 48 ital. IPRG. Es genügte ua die Einhaltung der Ortsform. Das Haager Testamentsübereinkommen findet in Beziehung zu Italien keine Anwendung, sodass für die Form nunmehr die Anknüpfungsregeln des Art. 27 EuErbVO gelten.

Testamentsinhalt

Das italienische Recht erlaubt die Erbeinsetzung und die Vermächtnisanordnung. Die Erbeinsetzung hat die Verfügung über den Gesamtnachlass oder eine Nachlassquote zum Inhalt, das Vermächtnis bezieht sich auf einzelne Gegenstände. Das Vermächtnis ist dinglicher Natur (Art. 649 ital. c. c., Vindikationslegat). Teilungsanordnungen, Bedingungen und Befristungen und Auflagen kennt das italienische Recht ebenso wie eine Ersatzerbschaft. Romanischer Tradition entsprechend verbietet es aber grds. die Anordnung einer Vor- und Nacherbschaft (Ausnahme: Einsetzung eines Entmündigten als Nacherben, iE Art. 692 ital. c. c.). Das italienische Recht kennt lediglich eine zeitlich auf ein Jahr beschränkte Abwicklungsvollstreckung, Art. 700-712 ital. c.c. Die Erben sind zwar von der Verwaltung ausgeschlossen, können jedoch über Nachlassgegenstände verfügen. Der Testamentsvollstrecker kann hingegen nur mit vormundschaftsgerichtlicher Genehmigung verfügen (WürzNotHdB/*Hertel* Teil 7 Kap. 4 Rn. 303).

Der Ehegatte des Erblassers erhält neben seiner ggf. gesetzlichen Erbquote ein Nutzungsrecht an der Wohnung und dem Hausrat als gesetzliches Vorausvermächtnis (Art. 540 Abs. 2 ital. c.c.). Daneben erhält er außerhalb des Erbrechts seinen Anteil am Gesamtgut, soweit die Ehegatten im gesetzlichen Güterstand der Errungenschaftsgemeinschaft (*comunione dei beni*) verheiratet sind.

Das italienische Recht bestimmt in Art. 589 des ital. c. c. ausdrücklich, dass zwei oder mehrere Personen nicht in derselben Urkunde verfügen können. Dementsprechend sind nach italienischem Recht gemeinschaftliche testamentarische Verfügungen unwirksam (OLG Koblenz ZEV 2013, 557). Auch vertragsmäßige Verfügungen sind gem. Art. 458 ital. c. c. nichtig. Art. 458 und 589 ital. c. c. werden in Rechtsprechung und Literatur überwiegend als materiell-rechtlich wirkende Verbote qualifiziert (WürzNotHdB/*Hertel* Teil 7 Kap. 4 Rn. 295). Unter Geltung der Art. 24, 25 EuErbVO ist die Unterscheidung zwischen formellen und materiellen Verboten irrelevant. Soweit nach Art. 21 EuErbVO deutsches Erbrecht maßgeblich ist, kann daher auch ein italienischer Staatsangehöriger mit gewöhnlichem Aufenthalt in Deutschland ein gemeinschaftliches Testament oder einen Erbvertrag errichten. Gleiches gilt im Falle einer möglichen Rechtswahl nach Art. 25 Abs. 3 EuErbVO.

Pflichtteil/Noterbrecht

Die Testierfreiheit des Erblassers wird gem. Art. 457 Abs. 3 c. c. zugunsten der nächsten Angehörigen insoweit eingeschränkt, als testamentarische Verfügungen die Rechte nicht beeinträchtigen dürfen, die das Gesetz den Pflichtteilserben vorbehält. Das Pflichtteilsrecht ist nach italienischem Recht ein echtes Erbrecht *(riserva)*. Allerdings sind pflichtteilswidrige Testamentsbestimmungen nicht ipso iure nichtig und das Noterbrecht fällt nicht von selbst an, sondern muss durch eine Herabsetzungsklage geltend gemacht werden (Art. 554 c. c.). Bis zur Rechtskraft des Urteils sind die testamentarischen Verfügungen gültig (WürzNotHdB/*Hertel* Teil 7 Kap. 4 Rn. 285). Nach italienischem Erbrecht sind pflichtteilsberechtigt der überlebende Ehegatte, die ehelichen, nichtehelichen, legitimierten, adoptierten Kinder und deren Abkömmlinge, und die ehelichen Aszendenten (Art. 536 c. c.). Die Pflichtteilsquote variiert je nach Art der Verwandtschaft sowie der Art und Zahl der mit dem Berechtigten zusammentreffenden anderen Pflichtteilsberechtigten. Der Pflichtteil der Abkömmlinge ist in Art. 537 c. c. geregelt. Hinterlässt ein Elternteil ein einziges eheliches oder nichteheliches Kind, ist diesem die Hälfte des Vermögens vorbehalten. Sind mehrere Kinder vorhanden, ist ihnen ein Anteil von zwei Dritteln zu gleichen Teilen vorbehalten. Die Pflichtteilsquote beträgt für den Ehegatten, wenn keine Abkömmlinge vorhanden sind, $^1/_2$ (Art. 540 Abs. 1 ital. c. c.). Hinterlässt der Erblasser neben dem Ehegatten ein Kind, beträgt der Pflichtteil für den Ehegatten und das Kind je $^1/_3$ (Art. 542 Abs. 1 ital. c. c.); sind es mehrere Kinder, beträgt der Pflichtteil für den Ehegatten $^1/_4$ und für die Kinder – unter sich zu gleichen Teilen – insgesamt die Hälfte (Art. 542 Abs. 2 ital. c. c.). Die Aszendenten sind pflichtteilsberechtigt, wenn der Erblasser keine Kinder hinterlässt. Ihnen steht $^1/_3$ zu. Treffen sie aber mit dem Ehegatten zusammen, so steht ihnen $^1/_4$ und dem Ehegatten $^1/_2$ zu (Art. 540, 544 ital. c. c.). Geschwister, Onkel und Tanten sowie Cousins sind im italienischen Recht nicht pflichtteilsberechtigt (Süß ErbR/*Cubeddu Wiedemann*/*Wiedemann* Italien Rn. 126; tabellarische Übersicht bei Schlitt/Müller/*Geier* § 15 Rn. 263).

Ein Erb- und Pflichtteilsverzicht zu Lebzeiten des Erblassers ist nicht zulässig (Verbot der *patti successori*, vgl. Süß ErbR/*Cubeddu Wiedemann*/*Wiedemann* Italien Rn. 153). Ebenso kann durch eine Zustimmung zu einer Schenkung nicht auf eine spätere Herabsetzungsklage verzichtet werden; wohl aber ist ein Verzicht nach dem Tod des Erblassers auf Erhebung der Herabsetzungsklage formlos möglich (Schlitt/Müller/*Geier* § 15 Rn. 270).

Eine Besonderheit in pflichtteilsrechtlicher Sicht stellt der zur Erleichterung der Unternehmensnachfolge eingeführte *patto di famiglia* dar (Art. 768 bis ff. ital. c.c.). Bei diesem werden Unternehmen oder Gesellschaftsanteile vom Erblasser auf einen oder mehrere Abkömmlinge übertragen, wobei die weiteren Familienmitglieder entsprechende Abfindungsleistungen erhalten. Diese Schenkung sowie die Abfindungsleistungen unterliegen dann weder einer Herabsetzungsklage noch sind diese im Erbfall auszugleichen (Süß ErbR/*Cubeddu Wiedemann*/*Wiedemann* Italien Rn. 163 ff.).

7. Niederlande

Erbstatut

In den Niederlanden galt bisher das IPR gemäß seiner abschließenden Kodifizierung in Buch 10 des niederländischen Bürgerlichen Gesetzbuches (Burgerlijk Wetboek/N. B. W.; hierzu *Eule* ZEV 2010, 242; *ders.* ZEV 2012, 201). Art. 10:145 N. B. W. verwies für das

Erbstatut auf das Haager Erbrechtsübereinkommen vom 1.8.1989, welches allerdings völkerrechtlich noch nicht in Kraft getreten war. Seit 17.8.2015 ist nunmehr die EuErbVO anwendbar und das bisherige Haager Erbrechtsübereinkommen wurde gekündigt.

Die Formgültigkeit eines Testamentes beurteilt sich nach dem Haager Testamentsformabkommen und ergänzend nach Art. 27 EuErbVO.

Testamentsinhalt

Mit Wirkung zum 1.1.2003 wurde in den Niederlanden ein vollständig neues Erbrecht in Kraft gesetzt. Grund der Neuregelung war insbesondere die Stärkung des Erbrechts des überlebenden Ehegatten und des registrierten Partners gegenüber den Kindern des Erblassers. Der Ehegatte oder der registrierte Partner soll finanziell versorgt hinterlassen werden. Das Testament ist in den Niederlanden per definitionem eine einseitige persönliche Rechtshandlung des Erblassers, die er jederzeit frei widerrufen kann (Art. 4:42 N. B. W.). Testamente werden in den Niederlanden grundsätzlich in notarieller Form errichtet, Privaturkunden sind beim Notar zu hinterlegen (Art. 4:94 N. B. W.). Durch Verfügung von Todes wegen kann der Erblasser Erben einsetzen und Vermächtnisse aussprechen. Vermächtnisse haben nur schuldrechtliche Wirkung.

Weiterhin verboten sind im niederländischen Recht Erbverträge und gemeinschaftliche Testamente (Art. 4:4, 4:93 N. B. W.). Das Verbot, gemeinschaftlich zu testieren, findet sich unter den Formvorschriften für Testamente des niederländischen Rechts. Wohl aber kann eine Schenkung von Todes wegen ausgesprochen werden, doch muss sich diese auf bestimmte Güter beziehen und darf nicht den gesamten Nachlass oder einen entsprechenden Anteil davon betreffen (Art. 4:4, Abs. 2 N. B. W.). Aufgrund der Anknüpfung an die Ortsform ist ein in Deutschland beurkundetes gemeinschaftliches Testament bzw. ein Erbvertrag daher dennoch formwirksam (WürzNotHdB/*Hertel* Teil 7 Kap. 4 Rn. 351). Soweit auch eine Bindungswirkung beabsichtigt ist, muss jedoch zusätzlich auch deutsches materielles Erbrecht anwendbar sein, wofür eine Rechtswahl nach Art. 22 EuErbVO bzw. Art. 25 Abs. 3 EuErbVO erforderlich ist (WürzNotHdB/*Hertel* Teil 7 Kap. 4 Rn. 353).

Das Verbot des gemeinschaftlichen Testaments nach niederländischem Recht ist praktisch unbedeutend. Obwohl der überlebende Ehegatte zwar mit den Kindern des Erblassers grundsätzlich zu gleichen Teilen erbt, sieht das niederländische Recht vor, wenn Ehegatten und Kinder beteiligt sind, dass grundsätzlich alle zum Nachlass gehörenden Güter zunächst an den überlebenden Ehegatten fallen (besonderes gesetzliches Erbrecht des Ehegatten, *wettelijke verdeling,* Art. 4:13 N. B. W.). Der überlebende Ehegatte wird Eigentümer des Nachlasses und kann hierüber frei verfügen. Er hat aber auch die Schulden und Nachlassverbindlichkeiten zu erfüllen (Art. 4:14 N. B. W.). Die Kinder hingegen erhalten lediglich eine Forderung gegen den Ehegatten im Wert ihres Erbteils (Art. 4:13 Abs. 3 N. B. W.). Diese Forderung wird jedoch erst mit dem Tod des Ehegatten oder dessen Insolvenz fällig (WürzNotHdB/*Hertel* Teil 7 Kap. 4 Rn. 341).

Pflichtteil/Noterbrecht

Eine der grundlegenden Reformen des niederländischen Erbgesetzes betraf das Pflichtteilsrecht. Während es sich bei dem alten niederländischen Pflichtteilsrecht um ein echtes Noterbrecht handelte, also dinglicher Natur war, ist es nun im niederländischen Erbrecht

schuldrechtlich ausgestaltet (Art. 4:80 N. B. W.). Der Pflichtteil kann nicht geltend gemacht werden gegen den Ehegatten des Erblassers (Art. 4:81 Abs. 2 N. B. W.) oder gegen den registrierten Partner. Pflichtteilsberechtigt sind die Abkömmlinge des Erblassers, die kraft Gesetzes als Erben berufen würden, sei es aus eigenem Recht, sei es durch Repräsentation. Zu beachten ist, dass das besondere gesetzliche Erbrecht des Ehegatten aus niederländischer Sicht nicht als Enterbung der Kinder gilt, da diese einen, wenn auch auf den Tod des Ehegatten hinaus geschobenen Erbteil erhalten (Schlitt/Müller/*Heggen* § 15 Rn. 443). Der Pflichtteil beläuft sich auf die Hälfte des gesetzlichen Erbteils (tabellarische Übersicht bei Schlitt/Müller/*Heggen* § 15 Rn. 444). Kodifizierte Ausnahmen hinsichtlich der Geltendmachung von Pflichtteilsrechten bestehen jedoch für Stiefkinder gem. den Art. 4:19–21 N. B. W.

Der Erb- und Pflichtteilsverzicht ist aus der Sicht des niederländischen Rechts als Unterart des Erbvertrags nicht zulässig (Art. 4:4 Abs. 2 N. B. W.; Schlitt/Müller/*Heggen* § 15 Rn. 453).

8. Österreich

Erbstatut

Das auf die Rechtsnachfolge von Todes wegen anwendbare Recht war bisher im österreichischen Recht durch das Bundesgesetz vom 15.6.1978 über das Internationale Privatrecht (IPRG) geregelt. § 28 Abs. 1 österr. IPRG bestimmte für das auf die Rechtsnachfolge von Todes wegen berufene Recht (titulus) die Anwendung des Personalstatuts des Erblassers im Zeitpunkt seines Todes. Personalstatut einer natürlichen Person ist das Recht des Staates, dem die Person angehört (§ 9 Abs. 1 S. 1 österr. IPRG). Nunmehr bestimmt auch in Österreich die EuErbVO das anwendbare Erbstatut. Entsprechend wurden die §§ 28 – 30 österr. IPRG aufgehoben. Das materielle österreichische Erbrecht wurde für Erbfälle ab 1.1.2017 umfassend reformiert (hierzu *Steiner* ZEV 2016, 131).

Die Formgültigkeit eines Testamentes beurteilt sich nach dem Haager Testamentsformübereinkommen und ergänzend nach Art. 27 EuErbVO.

Testamentsinhalt

Erben sind nach österreichischem Recht die Personen, denen eine Quote am Nachlass zugewendet wird. Die Erben werden Miteigentümer. Das Vermächtnis (Legat) enthält die Zuwendung bestimmter Nachlasswerte. Unter einem Kodizill versteht man ein Testament, das nur Vermächtnisse enthält. Nacherben können benannt werden, hinsichtlich beweglichen Vermögens aber nur zwei Generationen und hinsichtlich unbeweglichen Vermögens nur über eine Generation. Wohnungseigentum in Österreich kann nur einer (einzigen) natürlichen oder juristischen Person oder einer Eigentümerpartnerschaft zweier natürlicher Personen mit gleichen Anteilen zugewendet werden (§ 12 österr. WEG). Dies gilt auch, wenn die Erbfolge ausländischem Recht unterliegt (Schlitt/Müller/*Solomon* § 15 Rn. 504). An der Ehewohnung erhält der Ehegatte als gesetzliches Vorausvermächtnis ein Wohnrecht sowie alle zum ehelichen Haushalt gehörenden beweglichen Sachen, die zur Fortführung des bisherigen Lebensverhältnisses notwendig sind (Süß ErbR/*Haunschmidt* Österreich Rn. 16).

Österreichische Ehegatten können gemeinschaftliche Testamente und Erbverträge errichten. Gem. § 1248 ABGB können Ehegatten auch ein gemeinschaftliches gegenseitiges Testament errichten, wobei aber in § 1248 S. 2 ABGB bestimmt ist, dass auch bei gegenseitigen Verfügungen der Eheleute eine Wechselbezüglichkeit nicht gegeben ist.

Dies hat zur Folge, dass trotz des Widerrufs der einen Verfügung die andere fort gilt (Süß ErbR/*Haunschmidt* Österreich Rn. 53). Soll die gegenseitige Erbeinsetzung bindend sein, so bietet sich der Erbvertrag an. Die diesbezüglichen Regelungen finden sich in den §§ 1249 ff. ABGB. Bei der Errichtung eines österreichischen Erbvertrags ist aber zu beachten, dass der österreichische Ehegatte erbvertraglich bindende Verfügungen lediglich bis zu $^3/_4$ des Nachlasses treffen kann. $^1/_4$ des Nachlasses (das sog. freie Viertel) muss dem Verfügenden zur freien testamentarischen Verfügung verbleiben (WürzNotHdB/*Hertel* Teil 7 Kap. 4 Rn. 57; Formulierungshilfe → Form K.VIII.6). Der Erbvertrag ist – wie das gemeinschaftliche Testament – allerdings Ehegatten vorbehalten. Hinsichtlich der Bindungswirkung ergibt sich grundsätzlich nur eine wechselseitige Bindung der Ehegatten. Soweit sich die Ehegatten also gegenseitig zu Erben einsetzen, ist dies – soweit das freie Viertel beachtet wird – bindend. Setzen Ehegatten zB ihre Kinder als Schlusserben ein, so ist dies nach der im österreichischen Recht vertretenen hM nicht bindend; vielmehr ist die Schlusserbeinsetzung durch den Überlebenden frei widerruflich (Süß ErbR/*Haunschmidt* Österreich Rn. 70). Es gibt auch keinen Schutz des Schlusserben gegen beeinträchtigende Schenkungen des überlebenden Ehegatten. Selbst beim Erbvertrag sieht das österreichische Recht keinen Schutz des Vertragserben, also des anderen Ehegatten, gegen beeinträchtigende Schenkungen vor (§ 1252 ABGB; dazu: *Steiner* ZEV 2004, 362 [364]). Möglich ist lediglich hinsichtlich von Liegenschaftsvermögen zwischen den Ehegatten zu Lebzeiten ein dinglich wirkendes Belastungs- und Veräußerungsverbot nach § 364c ABGB zu vereinbaren (Süß ErbR/*Haunschmidt* Österreich Rn. 70).

Unter Geltung der EuErbVO hat nun auch ein Erbvertrag oder ein gemeinschaftliches Testament von Ehegatten, für die auf Grund ihres gewöhnlichen Aufenthalts oder auf Grund einer Rechtswahl deutsches Erbrecht gilt, uneingeschränkte Bindungswirkung auch in Bezug auf Nachlassgegenstände in Österreich.

Pflichtteil

Die Regelungen über das Pflichtteilsrecht, welches als schuldrechtlicher Anspruch ausgestaltet ist, sind in den §§ 756 ff. ABGB nF enthalten. Pflichtteilsberechtigt sind nur mehr die Nachkommen sowie der Ehegatte bzw. eingetragene Lebenspartner. Eltern (Vorfahren) sind nicht mehr pflichtteilsberechtigt (*Steiner* ZEV 2016, 131 [133]). Als Pflichtteil gebührt jedem Kind und dem Ehegatten/Lebenspartner die Hälfte dessen, was ihm nach der gesetzlichen Erbfolge zugefallen wäre (tabellarische Übersicht bei Schlitt/Müller/*Solomon* § 15 Rn. 518). Wenn und soweit das Pflichtteilsrecht eines Berechtigten nicht mit einer geeigneten Zuwendung unter Lebenden oder von Todes wegen abgedeckt ist, hat der Berechtigte ein Forderungsrecht auf einen Wertanteil in Geld (Süß ErbR/*Haunschmidt* Österreich Rn. 35).

Ein Erb- und Pflichtteilsverzicht zu Lebzeiten des Erblassers ist zulässig und erfolgt meist gegen Abfindung (Süß ErbR/*Haunschmidt* Österreich Rn. 78). Er wirkt, sofern nichts anderes bestimmt ist, auch für die Nachkommen des Verzichtenden, § 551 Abs. 2, 757 Abs. 2 S. 2 ABGB nF. Er ist notariell bzw. durch gerichtliches Protokoll zu beurkunden (§ 551 AGBGB) und kann formwirksam auch vor einem deutschen Notar erklärt werden (WürzNotHdB/*Hertel* Teil 7 Kap. 4 Rn. 54).

9. Polen

Erbstatut

Das polnische Kollisionsrecht wurde durch das Gesetz über das Internationale Privatrecht (IPRG) vom 4.2.2011 reformiert, welches an die Stelle des bisherigen polnischen Gesetzes über das internationale Privatrecht vom 12.11.1965 getreten ist. Für die Rechtsnachfolge von Todes wegen galt das Heimatrecht des Erblassers zum Zeitpunkt seines Todes (Art. 64 Abs. 2 IPRG). Diese Rechtsfolge galt für sein gesamtes Vermögen im In- und Ausland. Das Erbstatut umfasste das gesamte gesetzliche Erbrecht einschließlich der Verwaltung des Nachlasses und seiner Auseinandersetzung. Neu geschaffen wurde die Möglichkeit einer Rechtswahl gem. Art. 64 Abs. 1 IPRG seitens des Erblassers für sein Heimatrecht, das seines Wohnsitzes oder das des gewöhnlichen Aufenthalts, wobei der Anknüpfungszeitpunkt sowohl für den Zeitpunkt der Errichtung einer Verfügung von Todes wegen als auch für den Zeitpunkt seines Todes gewählt werden kann (WürzNotHdB/*Hertel* Teil 7 Kap. 4 Rn. 893). Für den Nachlass galt das Prinzip der Nachlasseinheit, mit Ausnahme von in Polen belegenen landwirtschaftlichen Grundstücken (NK-BGB/*Ludwig* Länderbericht Polen Rn. 11). Seit 17.8.2015 wird das Erbstatut nunmehr durch die EuErbVO bestimmt.

Die Formgültigkeit eines Testamentes beurteilt sich nach dem Haager Testamentsformabkommen, Art. 66 IPRG, und ergänzend nach Art. 27 EuErbVO.

Testamentsinhalt

Nach polnischem Recht können ein oder mehrere Erben (auch Ersatzerben) benannt werden. Bestimmt werden können auch Vermächtnisse (Art. 968 ZGB) und Auflagen (Art. 982 ZGB). Vermächtnisse können nun auch als Vindikationslegat gestaltet werden (*Zakrzewski* ZEV 2011, 127). Das polnische Erbrecht sieht nicht die Möglichkeit vor, ein gemeinschaftliches Testament zu errichten bzw. einen Erbvertrag zu schließen. Vielmehr bestimmt Art. 942 ZGB, dass ein Testament nur die Verfügungen eines Erblassers enthalten darf. Es ist nicht ersichtlich, dass das Verbot von gemeinschaftlichem Testament bzw. Erbvertrag lediglich als Formvorschrift angesehen wird. Vielmehr ist davon auszugehen, dass das polnische Recht die gegenseitige Bindung der Vertragspartner bzw. Erblasser ausschließen will und die Zuwiderhandlung mit der Nichtigkeit der letztwilligen Verfügung sanktioniert. Dies folgt aus der systematischen Stellung des Art. 942 ZGB, der sich bei den allgemeinen Vorschriften findet und nicht bei den Formvorschriften (vgl. auch IPG Bonn, 1980/81 Nr. 45, S. 388; iE Schlitt/Müller/*Kristic* § 15 Rn. 552).

Pflichtteil/Noterbrecht

Der Pflichtteil ist im polnischen Recht – wie im deutschen – als schuldrechtlicher Anspruch ausgestaltet (Süß ErbR/*Lakomy* Polen Rn. 52). Pflichtteilsberechtigt sind in Polen die Abkömmlinge, der Ehegatte sowie die Eltern des Erblassers, sofern diese gesetzliche Erben sein würden. Den Berechtigten steht, wenn sie dauernd arbeitsunfähig sind bzw. wenn ein Abkömmling minderjährig ist, $^{2}/_{3}$ des Wertes des Erbteils zu, der ihnen im Fall der gesetzlichen Erbfolge zufallen würde, anderenfalls erhalten sie die

Hälfte dieses Erbteils (Art. 991 § 1 ZGB; tabellarische Übersicht bei in Schlitt/Müller/*Kristic* § 15 Rn. 580).

Durch notariellen Vertrag kann ein gesetzlicher Erbe mit dem Erblasser zu dessen Lebzeiten auf seinen Erbteil verzichten (Art. 1048 ZGB). Dabei kann der Verzicht auch auf Pflichtteilsansprüche beschränkt werden (*Margonski* ZEV 2017, 569). Dieser Verzicht wirkt, sofern nichts anderes vereinbart wurde, auch für die Abkömmlinge des Verzichtenden (Art. 1049 § 1 ZGB).

10. Portugal

Erbstatut

Das auf die Rechtsnachfolge von Todes wegen anwendbare Recht regelten bisher die Art. 62 ff. portugiesischer Codigo Civil (CC). Nach Art. 62 CC folgte Portugal dem Prinzip der Nachlasseinheit und knüpfte das Erbstatut an das Personalstatut des Erblassers zum Zeitpunkt seines Todes an. Personalstatut ist gem. Art. 31 CC das Recht der Staatsangehörigkeit des Einzelnen. Die Testierfähigkeit, die Zulässigkeit und Auslegung einer Verfügung von Todes wegen und die Wirksamkeit des Errichtungsaktes folgten nach Art. 63 Abs. 1, 64 CC dem Heimatrecht des Testators zum Zeitpunkt der Errichtung der Verfügung. Nunmehr richtet sich das anwendbare Erbstatut nach der EuErbVO, mithin nach dem gewöhnlichen Aufenthalt oder einem ggf. gewählten Staatsangehörigkeitsrecht.

Portugal ist dem Haager Testamentsformübereinkommen nicht beigetreten. Für die Form eines Testaments gilt daher nun Art. 27 EuErbVO. Daneben ist das Washingtoner UNIDROIT-Übereinkommen über ein einheitliches Recht der Form eines Internationalen Testaments zu beachten, da Portugal Mitglied dieses Abkommens ist. Die bisher für portugiesische Staatsangehörige bei Errichtung eines Testaments im Ausland nach Art. 2223 CC erforderliche besondere, feierliche Form (*forma solene*) dürfte daher nicht mehr erforderlich sein (aA wohl Süß ErbR/*Huzel/Wollmann* Portugal Rn. 61).

Testamentsinhalt

Erbrechtliche Verfügungen können nach portugiesischem Erbrecht sowohl als Erbeinsetzung als auch durch Anordnung von Vermächtnissen erfolgen. Auch die Einsetzung von Ersatzerben (*substituição directa,* Art. 2281 ff. CC) ist möglich. Grundsätzlich kennt das portugiesische Erbrecht auch die Vor- und Nacherbschaft (*substituição fideicommissária,* Art. 2286 ff. CC), wobei es jedoch in Art. 2288 CC die Nacherbeinsetzung insoweit einschränkt, als die Einsetzung über eine Generation hinaus nicht gestattet wird (Süß ErbR/*Huzel/Wollmann* Portugal Rn. 78). Das Vermächtnis (*legado* Art. 2350 CC) ist als Vindikationslegat ausgestaltet, so dass der Bedachte mit dem Erbfall ohne weiteres Eigentümer der ihm vermachten Sache wird (*Müller-Bromley* ZEV 2011, 123).

Nach Art. 2181 CC ist das gemeinschaftliche Testament nach portugiesischem Recht ausdrücklich verboten (Art. 2181 CC). Art. 64 lit. c CC unterstellt die Zulässigkeit von gemeinschaftlichem Testament und Erbvertrag dem Heimatrecht des Erblassers zur Zeit der Errichtung der Verfügung, qualifiziert also das Verbot gemeinschaftlicher bindender letztwilliger Verfügungen materiell-rechtlich (*Baptista/Machado,* Liçóes de Direito International Privado, S. 447; *Müller-Bromley* ZEV 2011, 123). Unzulässig sind auch Erbverträge (Art. 2028 Abs. 2 CC), sofern sie nicht vom Gesetz ausnahmsweise zugelassen werden. Ein solcher Fall ist in Art. 1698 CC geregelt; danach können Erbverträge als

Teil eines vorehelichen Ehevertrages geschlossen werden (Süß ErbR/*Huzel/Wollmann* Portugal Rn. 70).

Pflichtteil/Noterbrecht

Das Pflichtteils- bzw. Noterbrecht ist in den Art. 2156 ff. CC geregelt. Nach der Legaldefinition des Art. 2156 CC steht nach portugiesischem Recht einzelnen Personen ein Noterbrecht im Hinblick auf einen bestimmten Teil des Nachlasses zu. Über diesen Teil des Nachlasses kann der Testierende nicht frei verfügen (Noterbrecht, vgl. Schlitt/Müller/*Emmerling de Oliveira* § 15 Rn. 607). Wird das Noterbrecht verletzt, so können die betroffenen Noterben eine Herabsetzung im Wege der Herabsetzungsklage innerhalb einer Frist von zwei Jahren verlangen (Art. 2168 ff. CC).

Noterbberechtigt sind die Abkömmlinge, der Ehegatte und die Vorfahren und zwar nach den Regeln der gesetzlichen Erbfolge. Nach Art. 2133 Abs. 1 CC werden die gesetzlichen Erben in fünf Ordnungen aufgeteilt: Zur ersten Ordnung gehören die Abkömmlinge des Erblassers und der überlebende Ehegatte, zur zweiten Ordnung der Ehegatte und die Vorfahren, zur dritten Ordnung die Geschwister des Erblassers und deren Abkömmlinge und zur vierten Ordnung die übrigen Seitenverwandten bis zum vierten Grad (Süß ErbR/*Huzel/Wollmann* Portugal Rn. 45). An letzter Stelle erbt der Staat. Die Höhe des Noterbteils richtet sich nach den vorhandenen Noterben. Hinterlässt der Erblasser nur Abkömmlinge und keinen Ehegatten, so erhält ein einzelner Abkömmling die Hälfte des Nachlasses und mehrere Abkömmlinge zusammen zwei Drittel des Nachlasses, vgl. Art. 2159 Abs. 2 CC. Treffen die Kinder mit einem überlebenden Ehegatten zusammen, erhalten sie zusammen mit diesem zwei Drittel des Nachlasses (Art. 2159 Abs. 1 CC). Ist nur ein Ehegatte allein vorhanden, bekommt dieser als Noterbteil die Hälfte des Nachlasses (Art. 2158 CC). Trifft der Ehegatte mit Vorfahren des Erblassers zusammen, so erhalten alle zusammen gem. Art. 2161 Abs. 1 CC zwei Drittel des Nachlasses. Hinterlässt der Erblasser weder einen Ehegatten noch Abkömmlinge, so beträgt der Noterbteil für die Vorfahren des ersten Grades die Hälfte und für die Vorfahren des zweiten oder eines entfernteren Grades ein Drittel des Nachlasses (Art. 2161 Abs. 2 CC; tabellarische Übersicht bei Schlitt/Müller/*Emmerling de Oliveira* § 15 Rn. 608).

Einen Erbverzicht bzw. einen Verzicht auf das Noterbrecht zu Lebzeiten des Erblassers lässt das portugiesische Recht nicht zu (Art. 2028 Abs. 2, 2170 CC).

11. Schweiz

Erbstatut

Das schweizerische IPR ist im Bundesgesetz über das internationale Privatrecht vom 18.12.1987 (schweiz. IPRG) geregelt. Es gilt der Grundsatz der Nachlasseinheit. Maßgeblich sind die Art. 86 ff. schweiz. IPRG. Der Nachlass einer Person mit letztem Wohnsitz in der Schweiz untersteht gem. Art. 90 schweiz. IPRG dem schweizerischen Recht. Gem. Art. 91 Abs. 1 schweiz. IPRG untersteht der Nachlass einer Person mit letztem Wohnsitz im Ausland dem Recht, auf welches das Kollisionsrecht des Wohnsitzstaates verweist (Gesamtverweisung). Die EuErbVO ist in der Schweiz nicht anwendbar. Die schweizerische Anknüpfung wird aber in den meisten Fällen mit der Anknüpfung nach Art. 21 EuErbVO übereinstimmen, sodass dasselbe Erbstatut anwendbar ist (Schlitt/Müller/*Solomon* § 15 Rn. 695).

Ebenso wie Art. 22 EuErbVO ermöglicht Art. 91 Abs. 2 schweiz. IPRG Schweizer Staatsangehörigen mit Wohnsitz im Ausland die umfassende Wahl des Rechts ihres letzten Wohnsitzes als Erbstatut. Gem. Art. 87 Abs. 2 iVm Art. 91 Abs. 2 schweiz. IPRG können Auslandsschweizer aber auch lediglich ihr in der Schweiz belegenes Vermögen oder ihren gesamten Nachlass der Schweizer Zuständigkeit unterstellen (Art. 91 Abs. 2 schweiz. IPRG). Eine solche Teilrechtswahl ist hingegen aus deutscher Sicht unwirksam, sodass der gesamte Nachlass nach dem Recht des gewöhnlichen Aufenthalts vererbt würde, Art. 21 EuErbVO.

Ein Deutscher mit letztem Wohnsitz in der Schweiz wird aus Schweizer Sicht nach schweizerischem Recht beerbt (Art. 90 schweiz. IPRG, s. auch oben). Für einen Deutschen mit Wohnsitz in der Schweiz gilt zudem gem. Art. 90 Abs. 2 schweiz. IPRG, dass er als Ausländer durch letztwillige Verfügung oder Erbvertrag den Nachlass seinem Heimatrecht unterstellen kann. Die Unterstellung wird allerdings hinfällig, wenn er im Zeitpunkt des Todes diesem Staat nicht mehr angehört hat oder wenn er Schweizer Bürger geworden ist.

Eine Sonderanknüpfung findet sich für den Erbvertrag: Dieser untersteht gem. Art. 95 Abs. 1 schweiz. IPRG dem Recht des Wohnsitzes des Erblassers zur Zeit des Vertragsabschlusses. Dieses Erbvertragsstatut bestimmt den Vertrag in seiner Gesamtheit, dh, sowohl über die Zulässigkeit und die bindende Kraft, als auch über die erbrechtlichen Wirkungen des Vertrages (Botschaft Nr. 264.1; zitiert nach Züricher Kommentar zum IPRG/*Heini* Art. 95 Rn. 1). Ein späterer Wohnsitzwechsel ist ohne Einfluss auf die Wirksamkeit des Erbvertrags (Basler Kommentar, Internationales Privatrecht/*Schnyder*/*Liatowitsch* Art. 95 Rn. 1). Ein Erblasser kann im Vertrag den ganzen Nachlass seinem Heimatrecht unterstellen (Art. 95 Abs. 2 schweiz. IPRG), so dass dieses an die Stelle des Wohnsitzrechts tritt. Verfügen im Erbvertrag mehrere Beteiligte im Wege gegenseitiger Verfügungen, so müssen die Verfügungen dem Wohnsitzrecht jedes Verfügenden oder dem von ihnen gemeinsam gewählten Heimatrecht entsprechen (Art. 95 Abs. 3 schweiz. IPRG). Eine Bindungswirkung besteht nur, wenn sich diese nach sämtlichen Rechtsordnungen ergibt (Schlitt/Müller/*Solomon* § 15 Rn. 700).

Die Formgültigkeit eines Testamentes beurteilt sich nach dem Haager Testamentsformübereinkommen, vgl. auch Art. 93 schweiz. IPRG.

Testamentsinhalt

Das Schweizer ZGB kennt Erbeinsetzungen, Vermächtnisse (Legate), Ersatzerbeinsetzungen und Ersatzvermächtnisse, Nacherben und Nachvermächtnisnehmer, Auflagen und Bedingungen, Art. 483 ff. ZGB. Durch eine Erbeinsetzung wird eine Gesamtnachfolge erreicht, das Vermächtnis begründet ein obligatorisches Forderungsrecht (Süß ErbR/*Wolf*/*Dorjee-Good* Schweiz Rn. 86).

Das Schweizer Erbrecht kennt das gemeinschaftliche Testament nicht. Nach hA im schweizerischen Schrifttum und der Rechtsprechung des Bundesgerichts sind gemeinschaftliche, korrespektive Testamente ungültig, soweit sich nicht im Wege der Umdeutung (Konversion) die Gültigkeit der Verfügungen ergibt (vgl. *Druey* Grundriß des Erbrechts § 9 Rn. 7; Süß ErbR/*Wolf*/*Dorjee-Good* Schweiz Rn. 22, 75). Soweit jedoch ein gemeinschaftliches Testament nach der jeweiligen Ortsform wirksam errichtet wurde (Art. 93 Abs. 1 schweiz. IPRG iVm Art. 4 und Art. 1 Abs. 1 Buchst. a des Haager Testamentsformübereinkommens), wird es in der Schweiz als wirksam anerkannt. Bei Anwendung materiellem schweizerischen Erbrechts kommt einem solchen zwar formwirksam errichteten gemeinschaftlichen Testament keine Bindungswirkung zu (Würz-NotHdB/*Hertel* Teil 7 Kap. 4 Rn. 104). Das Schweizer Erbrecht kennt aber das Institut des Erbvertrages (Art. 494, 512 ff. ZGB). Der Erbvertrag kann sowohl vertragsmäßig

bindende Verfügungen als auch einseitige Verfügungen enthalten. Auch sind Änderungsvorbehalte möglich.

Pflichtteil/Noterbrecht

Nach dem Schweizer Recht ist der Pflichtteil als Noterbrecht ausgestaltet (Schlitt/Müller/*Solomon* § 15 Rn. 708). Pflichtteilsberechtigt sind die Nachkommen, die Eltern und der Ehegatte (Art. 471 ZGB). Für die Frage, in welcher Höhe mögliche Pflichtteilsansprüche bestehen, ist zunächst maßgeblich, wie die gesetzliche Erbfolge ausgestaltet ist. Hier sind insbesondere die Art. 457 ff. schweiz. ZGB zu berücksichtigen. Die nächsten Erben des Erblassers sind seine Nachkommen. Ein Nachkomme erhält als Pflichtteil gem. Art. 471 Ziff. 1 ZGB $^3/_4$ seines gesetzlichen Erbteils. Der überlebende Ehegatte, der eingetragene gleichgeschlechtliche Partner und die Eltern erhalten jeweils die Hälfte ihres gesetzlichen Erbteils, Art. 471 Ziff. 2 u. 3 ZGB (tabellarische Übersicht bei Müller/Schlitt/*Solomon* § 15 Rn. 709). Der Erbe, dessen Pflichtteil nicht beachtet wurde, muss zur Durchsetzung seines Anspruchs fristgemäß innerhalb eines Jahres ab Kenntnis von der Pflichtteilsverletzung, spätestens aber innerhalb von zehn Jahren nach dem Todes die Herabsetzungsklage gem. Art. 522 ff. schweiz. ZGB erheben.

Ein Erb- und Pflichtteilsverzicht ist möglich und wirkt, sofern nichts anderes vereinbart wurde, auch für die Nachkommen des Verzichtenden (Art. 495 ZGB; Schlitt/Müller/*Solomon* § 15 Rn. 725).

12. Slowakei

Erbstatut

Seit Auflösung der Tschechoslowakischen Republik gelten in der Slowakei das tschechoslowakische Gesetz über das internationale Privat- und Prozessrecht vom 4.12.1983 (Nr. 97/1963 Slg.; IPRG) und das tschechoslowakische Zivilgesetzbuch vom 26.2.1964 weitgehend unverändert fort (Staudinger/*Dörner* EGBGB Anh. 25 f. Rn. 611, 615). Anders als in der tschechischen Republik ist eine Neukodifizierung nicht erfolgt. Die Erbverhältnisse beurteilten sich bisher gem. § 17 IPRG nach dem Recht des Staates, dessen Staatsangehöriger der Erblasser zum Zeitpunkt seines Todes war. Nun gilt auch in der Slowakei die EuErbVO. Das materielle Erbstatut wird also nicht mehr an die Staatsangehörigkeit, sondern an das Recht am gewöhnlichen Aufenthalt angeknüpft.

Dem Haager Testamentsformübereinkommen vom 15.10.1961 war die Slowakei nicht beigetreten; nun gilt Art. 27 EuErbVO.

Testamentsinhalt

Das slowakische Recht gleicht wörtlich dem bisherigen tschechisch-slowakischen Erbrecht und gewährt dem Erblasser nur sehr beschränkte Gestaltungsmöglichkeiten. Es kennt lediglich die Erbeinsetzung sowie die Ersatzerbeinsetzung als zulässige testamentarische Verfügung. Vermächtnisse sind diesem Recht unbekannt. Darüber hinaus darf die Erbeinsetzung an keinerlei Bedingungen geknüpft werden (§ 478 slow. ZGB). Auch die Anordnung von Auflagen und einer Vor- und Nacherbfolge ist nicht vorgesehen. Einen Testamentsvollstrecker kennt das slowakische Recht nicht.

Gemeinschaftliche Testamente sind gemäß § 476 Abs. 3 slow. ZGB, Erbverträge gemäß § 461 Abs. 1 slow. ZGB unzulässig (*Kurzböck* Die Abwicklung deutsch-tschechischer Erbfälle S. 36; Schlitt/Müller/*Kristic* § 15 Rn. 821).

Pflichtteil/Noterbrecht

Das Pflichtteilsrecht ist in der Slowakei als Noterbrecht ausgestaltet. Noterben sind lediglich die Abkömmlinge des Erblassers. Gem. § 479 slowak. ZGB steht minderjährigen Abkömmlingen mindestens ihr gesetzlicher Erbteil zu. Der Pflichtteil volljähriger Abkömmlinge beträgt die Hälfte ihres gesetzlichen Erbrechts (tabellarische Übersicht bei Schlitt/Müller/*Kristic* § 15 Rn. 835).

Einen Erb- und Pflichtteilsverzicht ermöglicht das slowakische Recht nicht (§ 574 Abs. 2 slow. ZGB). Die Pflichtteilsberechtigten können erst nach dem Tod des Erblassers auf die Geltendmachung ihres Pflichtteils verzichten (§§ 463 ff. slow. ZGB).

Ein Pflichtteil kann gem. § 469a Abs. 1 slow. ZGB entzogen werden, wenn der Pflichtteilsberechtigte dem Erblasser im Alter oder Krankheit sittenwidrig keine Hilfe geleistet hat, keine Interesse eines Abkömmlings für den Erblasser bestehe oder wegen einer vorsätzlichen Tat zu min. einem Jahr Haft verurteilt wurde oder langjährig ein unordentliches Leben geführt habe. Eine solche qualifizierte Enterbung erfolgt durch eine ausdrückliche testamentarische Anordnung des Erblassers, der die Gründe für die Enterbung aufführen muss (Süß ErbR/*Sovova/Baloga* Slowakei Rn. 87). Ein Pflichtteil besteht ebenfalls nicht bei Erbunwürdigkeit nach Art. 469 slow. ZGB.

13. Spanien

Erbstatut

Die Rechtsnachfolge von Todes wegen richtete sich bisher gem. Art. 9 Nr. 8 S. 1 Código civil (c. c.) nach dem Heimatrecht des Erblassers im Zeitpunkt seines Todes. Das spanische Recht ging dabei von einer Nachlasseinheit aus. Abweichend unterstellte Art. 9 Nr. 8 S. 3 c. c. das Erbrecht des Ehegatten dem Recht der Ehewirkungen (Art. 9 Nr. 2 S. 1 c. c.) und damit gemäß Art. 9 Nr. 2 c. c. nach dem gemeinsamen Heimatrecht der Ehegatten bzw. bei Fehlen eines solchen nach dem Recht des gemeinsamen gewöhnlichen Aufenthalts unmittelbar nach Eheschließung. Für Erbfälle ab dem 17.8.2015 gilt nun die EuErbVO. Maßgeblich ist daher nun das Recht des Staates, in dem der Erblasser zuletzt seinen gewöhnlichen Aufenthalt hatte. Wegen der unterschiedlichen Foralrechte ist interlokal auf die Gebietszugehörigkeit des Erblassers abzustellen, Art. 36 Abs. 1 EuErbVO (eingehend zur Anknüpfung nach Art. 36 EuErbV, vgl. Schlitt/Müller/*Emmerling de Oliveira* § 15 Rn. 916).

Die Formgültigkeit eines Testamentes beurteilt sich nach dem Haager Testamentsformabkommen; ergänzend gilt Art. 27 EuErbVO.

Testamentsinhalt

Das spanische Zivilrecht ist nicht vereinheitlicht: in den Provinzen Aragonien, Katalonien, Navarra, Galizien, auf den balearischen Inseln, und in Teilen des Baskenlandes gelten sog. Foralrechte (zur interlokalen Anknüpfung vgl. Art. 13–16 c. c. und Art. 36

EuErbVO). Die nachfolgenden Ausführungen beziehen sich auf das gemein-spanische Recht (eingehend zu den foralrechtlichen Regelungen, vgl. Schlitt/Müller/*Emmerling de Oliveira* § 15 Rn. 942 ff.; zur Berufung eines spanischen Foralrechts bei ausländischem Erblasser mit gewöhnlichem Aufenthalt in Spanien, s. *Steinmetz* ZEV 2016, 145).

Nach Art. 763 c. c. kann der Erblasser Erben einsetzen, er kann eine Ersatzerbschaft anordnen (Art. 774 c. c.) und dinglich wirkende Vermächtnisse aussetzen (Art. 660, 881 ff. c. c.). Möglich ist auch die Anordnung einer befreiten oder nicht befreiten Vor- und Nacherbschaft (*sustituicion fideicomisaria,* Art. 781 ff. c. c.).

Der gemein-spanische Código civil sieht ein materiell-rechtliches Verbot für die Errichtung eines gemeinschaftlichen Testaments bzw. den Abschluss eines Erbvertrages für die unter seiner Geltung stehenden spanischen Staatsangehörigen vor (Art. 669, 733, 1271 Abs. 2 c. c., vgl. auch *Steinmetz/Löber/Garcia* ZEV 2010, 236; *Löber* Erben und Vererben in Spanien S. 41). Lediglich in den gem. Art. 13 Abs. 2 c. c. dem Código civil grundsätzlich vorgehenden Foralrechten von Aragon, Biskaya und Navarra sind gemeinschaftliche Testamente, nach den Foralrechten von Aragon, den Balearen, des Baskenlandes, von Katalonien, Galizien und Navarra auch Erbverträge zugelassen (WürzNotHdB/*Hertel* Teil 7 Kap. 4 Rn. 422). Testieren hingegen deutsche Ehegatten unter Geltung des deutschen Erbstatuts in einem gemeinschaftlichen Testament wird die Bindungswirkung auch in Spanien anerkannt (*Steinmetz/Löber/Garcia* ZEV 2011, 454 mHa Urt. des *Tribunal Supremo* v. 8.10.2010, 313/2007); dies gilt auch für einen Erbvertrag (WürzNotHdB/*Hertel* Teil 7 Kap. 4 Rn. 423).

Pflichtteil/Noterbrecht

Das spanische Recht sieht als Pflichtteilsrecht ein echtes Noterbrecht vor *(legitima).* Werden die Noterben testamentarisch übergangen, haben sie das Recht, die Ergänzung bzw. Einräumung des ihnen zustehenden Noterbteils durch Herabsetzungsklage geltend zu machen. Noterben sind neben den Kindern des Erblassers und deren Abkömmlingen der überlebende Ehegatte des Erblassers hinsichtlich des Nießbrauchs an einem Teil des Nachlassvermögens. Die Eltern und Vorfahren des Erblassers sind noterbberechtigt, sofern der Erblasser keine Abkömmlinge hat (Schlitt/Müller/*Emmerling de Oliveira* § 15 Rn. 931).

Das Noterbrecht der Kinder beträgt $^2/_3$, das der Eltern $^1/_2$ des Reinnachlasses; treffen letztere aber mit dem Ehegatten zusammen, so verringert es sich auf $^1/_3$, vgl. Art. 806 ff. c. c. (tabellarische Übersicht bei Schlitt/Müller/*Emmerling de Oliveira* § 15 Rn. 932). Ein Erb- und Pflichtteilsverzicht ist nach gemein-spanischem Recht nicht zulässig, Art. 816 c. c.

14. Tschechische Republik

Erbstatut

Mit Wirkung zum 1.1.2014 wurde das tschechische Privatrecht grundlegend neu kodifiziert. Es traten ein neues Zivilgesetzbuch, ein neues Gesetz über Handelsgesellschaften und ein neues Gesetz über das Internationale Privatrecht in Kraft. Im Erbrecht wurde das Erbstatut nicht mehr an die Staatsangehörigkeit sondern an den gewöhnlichen Aufenthalt einer Person im Zeitpunkt ihres Todes angeknüpft (§ 76 tschech. IPRG). Eine Definition des „gewöhnlichen Aufenthalts" enthielt das Tschechische Recht ausdrücklich nicht. Soweit ein tschechischer Staatsangehöriger seinen gewöhnlichen Aufenthalt im Ausland hat und wenigstens ein Erbe seinen gewöhnlichen Aufenthalt in der tschechischen Republik hat, war bisher hingegen die tschechische Rechtsordnung maßgeblich

(*Bohata* WiRO 2012, 198). Für Erbfälle ab dem 17.8.2015 gilt nun auch die EuErbVO, sodass einheitlich auf den gewöhnlichen Aufenthalt abgestellt wird.

Das Haager Testamentsformübereinkommen wurde von der Tschechischen Republik nicht gezeichnet. Für die Testamentsform gilt nun Art. 27 EuErbVO (WürzNotHdB/*Hertel* Teil 7 Kap. 4 Rn. 1051).

Testamentsinhalt

Das tschechische Recht gewährt dem Erblasser seit seiner Neukodifizierung weitergehende Gestaltungsmöglichkeiten. Bisher kannte das tschechische Recht lediglich die Erbeinsetzung sowie die Ersatzerbeinsetzung als zulässige testamentarische Verfügungen. Das neue Zivilgesetzbuch ermöglicht nun sowohl die Möglichkeit der Anordnung von Vermächtnissen (§§ 1549 ff. tschech. ZGB) und Auflagen, als auch die Bestimmung einer Vor- und Nacherbschaft (§§ 1512 ff. tschech. ZGB) oder eines Ersatzerben nach §§ 1570 ff. tschech. ZGB. Neben dem Gericht ist auch weiterhin der Testator befugt, gem. § 480d tschech. ZGB einen Nachlassverwalter zu bestimmen (Süß ErbR/*Rombach* Tschechien Rn. 61 ff.) oder auch Testamentsvollstreckung anzuordnen (§§ 1553 ff. tschech. ZGB).

Ebenfalls seit 2014 besteht die Möglichkeit eines notariellen Erbvertrags (§§ 1476, 1491, 1582 ff. tschech. ZGB), der auch unter Ehegatten geschlossen werden kann.

Pflichtteil/Noterbrecht

Das Pflichtteilsrecht ist in Tschechien nicht mehr als Noterbrecht, sondern als bloßer Geldanspruch ausgestaltet. Pflichtteilsberechtigt sind wie bisher lediglich die Abkömmlinge des Erblassers. Gem. § 1643 Abs. 2 tschech. ZGB steht minderjährigen Abkömmlingen drei Viertel ihres gesetzlichen Erbteils zu. Der Pflichtteil volljähriger Abkömmlinge beträgt ein Viertel ihres gesetzlichen Erbrechts (tabellarische Übersicht bei Schlitt/Müller/*Kristic* § 15 Rn. 988).

Ein Erb- und Pflichtteilsverzicht sieht § 1484 tschech. ZGB vor, wobei der Verzichtsvertrag auch auf den Pflichtteil beschränkt sein kann. Soweit nicht abweichend vereinbart, gilt dieser auch für die Abkömmlinge des Verzichtenden. Der Verzicht bedarf notarieller Form (eingehend Süß ErbR/*Rombach* Tschechien Rn. 103 ff.).

15. Türkei

Erbstatut

Das auf die Erbfolge anwendbare Recht bestimmt sich im Verhältnis zur Türkei gem. Art. 3 Nr. 2 EGBGB vorrangig nach den Bestimmungen der §§ 14 ff. der Anlage zu Art. 20 des deutsch-türkischen Konsularvertrages vom 28.5.1929 („Nachlassabkommen", RGBl. 1930 II 747). Dieses Abkommen gilt laut Bekanntmachung vom 26.2.1952 (BGBl. II 608) im Verhältnis zwischen der Bundesrepublik Deutschland und der Türkei fort, Art. 3 Nr. 2 EGBGB und Art. 1 Abs. 2 türk. IPRG (vgl. *Dörner* ZEV 1996, 90 ff.). § 14 Nachlassabkommen bestimmt das auf die Erbfolge anwendbare Recht. Hiernach unterliegt die Erbfolge grundsätzlich dem Heimatrecht des Erblassers. Diese Geltung des Heimatrechts wird jedoch in § 14 Abs. 2 Nachlassabkommen durch die Berufung des

Belegenheitsrechts für das Immobiliarvermögen durchbrochen. Es findet also für in Deutschland belegenen Grundbesitz deutsches Recht Anwendung, so dass im Falle eines türkischen Erblassers insoweit eine Nachlassspaltung eintritt. Die Verweisungen stellen Sachnormverweisungen dar, sodass eine Prüfung etwaiger Rück- oder Weiterverweisungen des berufenen Rechts entfällt. Eine Rechtswahl sieht weder das Nachlassabkommen noch das autonome Erbrecht der Türkei vor. Dies gilt auch unter Geltung der EuErbVO, da das Nachlassabkommen vorrangig zu beachten ist, Art. 75 Abs. 1 EuErbVO (WürzNotHdB/*Hertel* Teil 7 Kap. 4 Rn. 116).

Gem. § 16 Nachlassabkommen sind Verfügungen von Todes wegen hinsichtlich ihrer Form gültig, wenn sie die Gesetze des Landes beachten, in dem die Verfügungen errichtet worden sind. Darüber hinaus ist die Türkei dem Haager Testamentsformübereinkommen, welches im Verhältnis zwischen der Türkei und Deutschland vorrangig Anwendung findet, beigetreten. § 16 Nachlassabkommen hat jedoch weiterhin für die Form von Erbverträgen, welche nicht in den Anwendungsbereich des Testamentsformübereinkommens fallen, Bedeutung.

Testamentsinhalt

Das türkische Recht kennt, wie das Schweizer Recht, die Möglichkeit, testamentarisch Erbeinsetzungen (Art. 516 türk. ZGB), Vermächtnisse (Art. 517 türk. ZGB), Auflagen und Bedingungen (Art. 515 türk. ZGB) anzuordnen. Die Anordnung der Nacherbschaft ist, wie im schweizerischen Recht, nur einstufig möglich (Art. 521 Abs. 2, 522 Abs. 3 türk. ZGB; Süß ErbR/*Kiliç* Türkei Rn. 57 ff.). Die Benennung eines weiteren Nacherben des Nacherben ist also nicht möglich. Der Vorerbe nach türkischem Recht hat eine schwache, einem Nießbraucher ähnliche Stellung, wobei es auch möglich ist, den Nacherben auf den Überrest einzusetzen (*Emmerling de Oliveira/Heggen* notar 2011, 46). Zulässig ist auch die Einsetzung von Ersatzerben (Art. 520 türk. ZGB) und die Benennung eines Testamentsvollstreckers.

Das türkische Recht sieht das gemeinschaftliche Testament nicht vor. Damit folgt es wiederum dem schweizerischen Recht. Allerdings kennt das türkische Recht – wie das schweizerische – den Erbvertrag, Art. 527 türk. ZGB (WürzNotHdB/*Hertel* Teil 7 Kap. 4 Rn. 139). Dagegen sieht das türkische ZGB die Möglichkeit eines ein- oder zweiseitigen Erbvertrags vor, Art. 527 ZGB.

Pflichtteil/Noterbrecht

Das Pflichtteilsrecht ist als echtes Noterbrecht ausgestaltet (Süß ErbR/*Kiliç* Türkei Rn. 63). Es sieht eine den Noterben vorbehaltene quotale Beteiligung am Vermögen des Erblassers vor, die im Wege der gerichtlichen Klage geltend gemacht werden kann. Pflichtteilsberechtigt sind die Abkömmlinge, der überlebende Ehegatte sowie die Eltern des Erblassers (Art. 505 Abs. 1, 506 türk. ZGB). Ein Noterbrecht der Geschwister besteht nicht mehr. Der Pflichtteil der Nachkommen beträgt die Hälfte und der der Eltern je $^{1}/_{4}$ des gesetzlichen Erbteils. Der Ehegatte erhält neben den gesetzlichen Erben den gesamten ihm zustehenden Erbteil, ansonsten $^{3}/_{4}$ des gesetzlichen Erbteils (tabellarische Übersicht bei Schlitt/Müller/*Emmerling de Oliveira* § 15 Rn. 1019).

Das türkische Recht lässt einen notariell beurkundeten Erbverzichtsvertrag zu, der vom Erblasser persönlich abzuschließen ist, Art. 528 türk. ZGB (Süß ErbR/*Kiliç* Türkei, Rn. 71).

16. Vereinigtes Königreich

Erbstatut

Das Vereinigte Königreich von Großbritannien und Nordirland ist ein Mehrrechtsstaat, so dass stets zunächst gem. Art. 4 Abs. 3 EGBGB die maßgebliche Teilrechtsordnung zu ermitteln ist. Dies ist mangels eines einheitlichen interlokalen britischen Kollisionsrechts iSv Art. 4 Abs. 3 S. 1 EGBGB gem. Art. 4 Abs. 3 S. 2 EGBGB das Recht der Teilrechtsordnung, mit der der Erblasser im Zeitpunkt seines Todes am engsten verbunden ist bzw. war. Regelmäßig ist dies derjenige Einzelstaat, in dem der Erblasser zuletzt seinen gewöhnlichen Aufenthalt hatte (vgl. Palandt/*Thorn* EGBGB Art. 4 Rn. 14). Einzelstaaten sind neben England noch Nordirland, Wales und Schottland.

Ein umfassendes, kodifiziertes internationales Privatrecht besteht nicht. Nach den ungeschriebenen Regeln wird in sämtlichen Teilrechtsordnungen des Vereinigten Königreichs die Erbfolge des beweglichen und des unbeweglichen Nachlasses gesondert angeknüpft. Es gilt der Grundsatz der Nachlassspaltung. Ob es sich bei einer Sache um eine bewegliche oder unbewegliche handelt, beurteilt sich nach dem Recht des Lageortes (Staudinger/*Dörner* EGBGB Anh. zu Art. 25 f. Rn. 283; Bengel/Reimann/*Haas/Sieghörtner* Kap. 9 Rn. 175 f.). Die Rechtsnachfolge in den unbeweglichen Nachlass unterliegt dem Recht des Lageortes (*lex rei sitae;* BayObLG NJW 1988, 2745; *Dicey/Morris,* The Conflict of Laws, Bd. II, 2006, 1233 (1236 ff.); WürzNotHdB/*Hertel* Teil 7 Kap. 4 Rn. 498). Für die Erbfolge des beweglichen Nachlasses verweist das englische Recht auf das Recht am letzten *domicile* des Erblassers (Staudinger/Dörner EGBGB Anh. zu Art. 25 f. Rn. 281). Ein *domicile* im Sinne des britischen Rechts bezeichnet die Zugehörigkeit zu einem bestimmten Rechtsgebiet. Der Begriff des *domicile* ist nicht mit dem Wohnsitz oder gewöhnlichen Aufenthalt gleich zu setzen. Das *domicile* wird zunächst durch Geburt begründet *(domicile of origin).* Jede Person verfügt über ein eigenes *domicile.* Sie kann das *domicile* auch verlegen *(domicile of choice).* Erforderlich dafür ist die Begründung des gewöhnlichen Aufenthaltes in einem anderen Rechtsgebiet mit der Absicht, dort auf Dauer zu bleiben (*animus manendi et non revertendi;* eingehend Bengel/Reimann/*Haas/Sieghörtner* Kap. 9 Rn. 170 ff.).

Verweisungen des englischen Rechts werden nach der sog. *foreign court theory* beurteilt. Verweisungen werden also so verstanden, wie das ausländische Gericht sie verstehen würde (NK-BGB/*Odersky* Großbritannien Rn. 9).

Nicht vom Erbstatut erfasst wird die Nachlassabwicklung (*administration*). Diese ist gesondert nach dem Lageort des Nachlassvermögens anzuknüpfen (Bengel/Reimann, *Haas/Sieghörtner* Kap. 9 Rn. 184 ff.).

Die Formgültigkeit eines Testamentes beurteilt sich aufgrund des Wills Act von 1963 nach dem Haager Testamentsformübereinkommen.

Großbritannien und Irland haben auf eine Teilnahme an der Anwendung der EuErbVO verzichtet. Im Rahmen einer Verweisung auf das Recht eines Drittstaates nach Art. 21, 34 Abs. 1 EuErbVO ist auch dessen IPR zu berücksichtigen, sodass ein *renvoi* Beachtung findet (*Richters* ZEV 2012, 578).

Testamentsinhalt

Im englischen Recht werden grundsätzlich unterschieden: *specific devises,* also die Zuwendung eines bestimmten Gegenstandes, *general legacies,* Gattungsvermächtnisse, *demonstrative legacies,* eine Mischform von *specific* und *general legacies,* sowie die

Zuwendung des Rests *(residuary legacy)*. Das Testament sieht regelmäßig die Ernennung eines *executors* vor, der den Nachlass zu sammeln hat, Schulden begleichen muss und den Rest an die Begünstigten auskehrt. Daneben besteht die Möglichkeit der Anordnung von *testamentary trusts*, mit denen zugewendetes Vermögen etwa für noch minderjährige Personen bis zum Erreichen der Volljährigkeit verwaltet werden kann (Süß ErbR/*Odersky* Großbritannien: England und Wales Rn. 46).

Das gemeinschaftliche Testament und der Erbvertrag sind dem englischen Recht unbekannt, wohl aber kennt es *joint wills* als zusammengefasste Testamente mehrerer Personen und *mutual wills* als gegenseitige Testamente. Bindungen bedürfen einer schuldrechtlichen Abrede der Beteiligten *(contract to make a will)*.

Pflichtteil

Ein Pflichtteils- oder Noterbrecht kennt das englische Recht nicht. Nahe Angehörige werden aber durch den *Inheritance (Provision for Family and Dependants) Act* 1975 geschützt. Soweit Ehegatten oder Abkömmlinge testamentarisch in „nicht angemessener Weise" berücksichtigt werden, kann der testamentarisch enterbte Ehegatte bzw. sonstige Angehörige eine Zuteilung vom Vermögen aus dem Nachlass nach billigem Ermessen des Gerichts einklagen (Schlitt/Müller/*Kristic* § 15 Rn. 224). Die Möglichkeit eines lebzeitigen Verzichts auf diese Rechte ist gesetzlich nicht vorgesehen, soll aber nach einer älteren Entscheidung grundsätzlich zulässig sein (Schlitt/Müller/*Kristic* § 15 Rn. 224 mHa Zamet v. Hyman (1961) 3 All E. R. 933).

Anderes gilt für Schottland. Der *Succession (Scotland) Act* 1964 sieht *legal rights* vor, die wahlweise auch bei testamentarischer Begünstigung geltend gemacht werden können. Die *legal rights* beziehen sich allerdings nur auf das bewegliche Vermögen des Erblassers und betragen für den Ehegatten $^1/_3$, wenn Kinder vorhanden sind, sonst $^1/_2$. Für die Kinder beträgt das *legal right* $^1/_3$, wenn sie mit einem Ehegatten konkurrieren, sonst $^1/_2$. Auf die *legal rights* kann schon zu Lebzeiten des Erblassers verzichtet werden (Süß ErbR/*Odersky* Großbritannien: Schottland Rn. 27).

L. Digitaler Nachlass

I. Vorbemerkung

1. Begriff des „digitalen Nachlasses". „Digitaler Nachlass" wurde von *Deusch* (ZEV 2014, 2) als „Gesamtheit der Rechtsverhältnisse des Erblassers betreffend informationstechnische Systeme, einschließlich des gesamten elektronischen Datenbestandes des Erblassers" beschrieben. Konkret geht es hierbei also ua um sämtliche Rechtsbeziehungen (vgl. bspw. *Deusch* ZEV 2014, 2 [4]; Kroiß/Horn/Solomon/*Herzog* Nachfolgerecht 9. Kap. Rn. 2; *Raude* ZEV 2017, 433 [434]; *Salomon* NotBZ 2016, 324 [325]) des Erblassers zu Diensteanbietern wie etwa Betreibern von E-Mail-Diensten oder sozialen Netzwerken (zu Einzelfällen ausführlich Staudinger/*Kunz* BGB § 1922 Rn. 595). Richtigerweise sollte man sich innerhalb vorgenannter Definition hinsichtlich des Datenbestandes auf die vererblichen Rechte des Erblassers daran beziehen (*Gloser* MittBayNot 2016, 12 [13] mwN). Umfasst sind also auch bspw Urheberrechte des Erblassers (Burandt/Rojahn/*Bräutigam* BGB § 1922 Anhang. Digitaler Nachlass Rn. 3) an selbstgeschriebenen Texten, Lichtbildschutzrechte (§ 72 UrhG) an eigenen Fotoaufnahmen und Nutzungsrechte (*Herzog* NJW 2013, 3745 [3750]) an fremden Werken wie e-Books und Musikdateien. Eine Legaldefinition des „digitalen Nachlasses" fehlt bislang (vgl. *Leeb* K&R 2014, 693). Alle diese Rechtspositionen sind vererblich (statt vieler *Herzog* NJW 2013, 3745 [3749 f.]; zu Nutzungsverträgen mit sozialen Netzwerken BGH Urt. v. 12.7.2018 – III ZR 183/17). Der „digitale Nachlass" ist dabei kein besonderer oder abgrenzbarer Nachlass, sondern Teil eines einzigen erbrechtlichen Nachlasses (*Alexander* K&R 2016, 301 [302]; *Herzog/Pruns* Der digitale Nachlass in der Vorsorge- und Erbrechtspraxis, 2018, § 1 Rn. 19; *Lange/Holtwiesche* ZErb 2016, 125; MAH ErbR/*Biermann* § 50 Rn. 7; *ders.* ZErb 2017, 210 [212]).

2. Gründe für Zugriff auf „digitalen Nachlass". Die Gründe für einen Zugriff auf den „digitalen Nachlass" sind vielschichtig. Verbindlichkeiten oder laufende Vertragsverhältnisse, die möglicherweise zu kündigen sind, müssen ermittelt werden (statt vieler *Herzog* NJW 2013, 3745 [3746]; *Stiftung Warentest* test 3/2015, 49), nicht zuletzt zwecks Entscheidung über die fristgerechte (§ 1944 BGB) Erbausschlagung (*Biermann* ZErb 2017, 210 [211]; *Deusch* ZEV 2014, 2 [7 f.]; Nieder/Kössinger/*W. Kössinger* § 1 Rn. 100). Auch zur Rechtsverteidigung kann ein Zugriff nötig sein, etwa wenn der Erbe Schadensersatzansprüche abwehren will (vgl. BGH Urt. v. 12.7.2018 – III ZR 183/17 Tz 5).

3. Zugriffsberechtigung. Auf den sog. „digitalen Nachlass" darf zugreifen, wer hierzu materiell-rechtlich berechtigt ist. Ist eine Zugangssperre zu überwinden, bspw. eine Passwortabfrage, müssen zusätzlich die korrekten Zugangsdaten vorliegen, damit der materiell Berechtigte (zB Erbe) tatsächlich zugreifen kann. Es bestehen also mit der materiell-rechtlichen und der praktischen zwei Ebenen des Zugriffs (*Gloser* MittBayNot 2016, 12 [15]).

Auf materiell-rechtlicher Ebene war bis zur Entscheidung BGH Urt. v. 12.7.2018 – III ZR 183/17 nicht klar, wer – selbst bei bekannten Zugangsdaten – im Erbfall auf das E-Mail-Konto des Erblassers sowie auf sonstige entfernt oder lokal liegende Datenspeicher zugreifen und diese sichten darf, insbesondere wenn dadurch persönliche, nichtvermögensrechtliche Daten betroffen sein sollten. Nach *Hoeren* (NJW 2005, 2113 [2114 ff.]; ähnlich *Martini* JZ 2012, 1145 [1152]; *Brinkert/Stolze/Heidrich* ZD 2013, 153 [155]; *Rott/Rott* NWB-EV 2013, 160 [163 ff.]) wäre zwischen privaten und geschäftlichen E-

Mails zu differenzieren. Geschäftliche E-Mails und Daten wären den Erben zuzuleiten, weil hier „der vermögensrechtliche Aspekt im Vordergrund" stehe, private E-Mails „den nächsten Angehörigen des Erblassers". Erben und Angehörige müssen nicht zwingend identisch sein. Dass der Vorschlag *Hoerens* praktisch nicht durchführbar ist, insbesondere wenn die gleiche E-Mail sowohl persönlichkeits- als auch vermögensrechtliche Bereiche betrifft, leuchtet ein (BGH Urt. v. 12.7.2018 – III ZR 183/17 Tz. 51; vgl MAH ErbR/*Biermann* § 50 Rn. 23 m. Fn. 66; Burandt/Rojahn/*Bräutigam* BGB § 1922 Anhang. Digitaler Nachlass Rn. 10; Deutscher Anwaltverein/*Herzog* Stellungnahme zum Digitalen Nachlass, 2013, 49). Die hM gewährt allein den Erben ein Zugriffsrecht (statt vieler Burandt/Rojahn/*Bräutigam* BGB § 1922 Anhang. Digitaler Nachlass Rn. 8 mwN, 11; *Gloser* MittBayNot 2016, 12 [16 f.]; *Herzog* NJW 2013, 3745 [3749]; *Pruns* NWB 2014, 2175 [2178]; *Raude* ZEV 2017, 433 [435 allgemein und 436 zu „social media"]) und beschränkt die Rechte der Angehörigen des Erblassers auf Abwehransprüche bei der Verletzung der Menschenwürde des Erblassers (*Herzog* NJW 2013, 3745 [3750]). Der BGH (Urt. v. 12.7.2018 – III ZR 183/17 Tz. 17 ff.) hat sich mit ausführlicher Begründung der hM angeschlossen: Dem Zugriff stehen „weder das postmortale Persönlichkeitsrecht noch das Fernmeldegeheimnis, datenschutzrechtliche Regelungen oder das allgemeine Persönlichkeitsrecht" des Erblassers entgegen. Das Gericht lehnt insbesondere eine differenzierte Zuweisung von bestimmten Inhalten eines Benutzerkontos an nächste Angehörige oder Erben zugunsten der Erben ab, und zwar unabhängig davon, ob Erben und nächste Angehörige zufällig identisch sind oder nicht (Tz. 48). Eine materiell-rechtliche Zugangsberechtigung kann sich darüber hinaus bspw. aus Vollmacht (→ Form. L.VI.3) oder gesetzlicher Vertretungsmacht ergeben.

Selbst bei unstreitig vorhandener materiell-rechtlicher Berechtigung zum Zugriff können auf der praktischen Ebene Probleme bestehen: Ausländische Diensteanbieter stützen sich möglicherweise auf angeblich entgegenstehendes ausländisches Recht, verstehen das Anliegen des Zugreifenden (sprachlich) nicht oder verlangen besondere Nachweise für die Zugangsgewährung. Wurden Daten durch den Erblasser verschlüsselt (gleich ob online oder offline), gibt es in der Regel keinen Provider, der bei Unkenntnis des Passwortes helfen könnte. Diese Thematik ist unter dem Stichwort „Zero Knowledge" bekannt (*Gloser* MittBayNot 2016, 12 [19]; *Raude* RNotZ 2017, 17 [27]; *Schmidt/Schüler* c't 19/2015, 114). Ohne Vorsorgemaßnahme des Erblassers sind diese Daten verloren. Gerade aus diesem Grund kann diese Technik bei ausreichender Verschlüsselung umgekehrt dazu eingesetzt werden kann, Daten „mit ins Grab zu nehmen" (→ Form. L.II Anm. 3; *Gloser* MittBayNot 2016, 101 [107]; *Raude* RNotZ 2017, 17 [27]).

4. Gestaltungsempfehlung. Aus Sicht des Praktikers folgt aus der Entscheidung BGH Urt. v. 12.7.2018 Az. III ZR 183/17: Sollen Erben, wie im Regelfall, auf sog. „digitalen Nachlass" zugreifen können, sind bezüglich des reinen Zugriffs auf materiell-rechtlicher Ebene über die Erbeinsetzung hinaus keine weiteren Regelungen erforderlich, insbesondere keine Zuweisungen von Zugriffsberechtigungen oÄ. Weiter sollte an die Errichtung einer Vorsorgevollmacht gedacht werden, um bereits zu Lebzeiten bestimmten Personen materiell-rechtlichen Zugang zu ermöglichen. Ungeachtet dessen empfiehlt es sich angesichts der angesprochenen praktischen Probleme (→ Anm. 3), zugunsten der gewünschten Rechtsnachfolger und Vertreter eine tatsächliche Zugangsberechtigung zu schaffen, etwa mithilfe notarieller Vorsorgeurkunden (Niederschrift von Masterpasswörtern). Zur notariellen Vorsorgeurkunde siehe → Form. L.VI.1 und 2.

Will man den Erblasser für die Problematik des „digitalen Nachlasses" sensibilisieren (statt vieler *Raude* RNotZ 2017, 24 [27]; ebenso *Salomon* NotBZ 2016, 324 [330] in Bezug auf Vorsorgevollmachten), erreicht man dies am besten durch einen kurzen Hinweis auf mögliche Vorsorge in der Urkunde („Auf mögliche Vorsorge im Bereich sog. „digitalen Nachlasses" wurde hingewiesen.").

5. Praktische Vorbereitungen. Unabhängig von der Schaffung erforderlicher Zugriffsmöglichkeiten sollte der Erblasser – nicht nur im Interesse seiner Rechtsnachfolger, sondern auch in seinem eigenen – versuchen, seinen „digitalen Nachlass“ möglichst strukturiert (*Herzog/Pruns*, Der digitale Nachlass in der Vorsorge- und Erbrechtspraxis, 2018, § 9 Rn. 4 f.) und technisch nutzbar zu halten. Hierzu gehört zum einen die regelmäßige Löschung unnötiger Daten (insbesondere Fotos!) und Benutzerkonten: „Nichts wäre frustrierender, als den Nachkommen später eine amorphe Masse aus Videoschnipseln und missglückten Selfies zu überlassen“, wie *Iordanidis* (c't 8/2017, 106 [108]) anschaulich formuliert. Anders ausgedrückt: Wer sich auf das Wesentliche beschränkt und anderen mühsames Suchen und Sortieren erspart, wird zum „Autor der Erinnerung“ (*Gieselmann/Brors/Trinkwalder/Hilgefort/Kramer* c't 8/2017, 110). Zum anderen erfordert die Wahl des Dateiformats (dazu ausführlich *Gieselmann/Brors/Trinkwalder/Hilgefort/Kramer* c't 8/2017, 110 [111 f.]) und des Speichermediums (ausführlich dazu *Labs* c't 8/2017, 114) Sorgfalt. Ein Überblick über den vorhandenen Bestand und die Löschung überflüssiger Daten und Benutzerkonten ist daher Grundvoraussetzung jeglicher Überlegung zur Behandlung „digitalen Nachlasses“ im Vorsorge- oder Erbfall – viele (juristische und praktische) Probleme werden sich durch den Klick auf „Löschen“ erledigen. Auch wenn hierzu selbstverständlich keine Amtspflicht des Notars besteht, hilft den Beteiligten in der Praxis ein Hinweis auf erforderliche Strukturiertheit ihrer Daten sehr.

6. Verfügbarkeit wichtiger Daten. Stets sollte man sich vor Augen halten, dass auch die beste Vorsorge kein Allheilmittel ist. Hat der Provider vollendete Tatsachen geschaffen, bspw durch Löschung des Benutzerkontos, sind die darin gespeicherten Daten verloren. Wichtige Daten sollten immer (auch) so gespeichert sein, dass sie für Rechtsnachfolger oder Vertreter erreichbar sind, etwa offline (vgl. *Strauß* GRUR-Prax 2017, 313) oder bei vertrauenswürdigen oder entsprechend vertraglich verpflichteten Diensteanbietern (*Gloser* MittBayNot 2016, 12 [14]; *Rott/Rott* NWB-EV 2013, 160 [167]).

II. Verhinderung des Datenzugriffs

1. Sachverhalt. Der Erblasser hat auf Online-Speichern und auf seinem lokalen Computer Bilddateien abgespeichert, die nach seiner Ansicht nach seinem Ableben (oder auch bei Eintritt von Geschäftsunfähigkeit) niemand einsehen darf – weder Vertreter noch Rechtsnachfolger oder Angehörige (vgl. zu dieser Problematik *Gloser* MittBayNot 2016, 101 [107]).

2. Problemstellung. Bei unverschlüsselter Speicherung von Daten auf Systemen Dritter ist man von deren Verhalten abhängig. Nachdem Diensteanbieter Erben jedenfalls dann Zugang zum Benutzerkonto des Erblassers samt Inhalten gewähren müssen, wenn dies nicht wirksam vertraglich ausgeschlossen ist (vgl. BGH Urt. v. 12.7.2018 – III ZR 183/17 Rn. 17, 24 f.), ist eine bloße Verheimlichung der Zugangsdaten idR zwecklos. Auflagen erscheinen nicht im Erbschein (MüKoBGB/*Grziwotz* § 2353 Rn. 41; BeckOK BGB/*Siegmann/Höger*, Ed. 46 (Stand: 1.5.2018), § 2353 Rn. 14) und können deshalb wirkungslos sein.

3. Vorsorgemöglichkeit. Derartige „Zero-Knowledge-Daten" (*Gloser* MittBayNot 2016, 101 [108]; *Raude* RNotZ 2017, 17 [27]) können in einer gesonderten, ausreichend verschlüsselten Datei abgespeichert werden, wobei zur Verschlüsselung einmalige (dh für keinen anderen Zweck verwendete) und undokumentierte Zugangsdaten zu schaffen sind (→ Form. L.I.3). Ohne diese Zugangsdaten bleiben die verschlüsselten Daten für jedermann wertlos (*Gloser* DNotZ 2015, 4 [14 m. Fn. 71]; ähnlich *Rott/Rott* NWB-EV 2013, 160 [167] zur Trennung bestimmter Konten). Zutreffend weist *Raude* RNotZ 2017, 17 [27] darauf hin, dass dieses Vorgehen keine letzte Sicherheit bieten kann, da aufgrund fortschreitender Technik eine Entschlüsselung nie völlig ausgeschlossen werden kann. Der Erblasser sollte daher die eingesetzte Verschlüsselung stark genug wählen und fortlaufend an den Stand der Technik anpassen.

III. Vermächtnisse

1. Vermächtnis von Daten auf „Original-Datenträgern"

Ich beschwere meine Erben bzw. Ersatzerben, gleichgültig ob aufgrund gesetzlicher oder gewillkürter Erbfolge, mit folgendem Vermächtnis:

. . . . . .

erhält vermächtnisweise zu Alleineigentum bzw. Alleininhaberschaft diejenigen meiner optischen Datenträger,[3] hinsichtlich derer das Verbreitungsrecht des Berechtigten im urheberrechtlichen Sinne mittels körperlichem Inverkehrbringen durch den oder mit Zustimmung des Berechtigten erschöpft ist,[3] einschließlich aller mir in diesem Zusammenhang zustehenden Rechte.[1, 2, 5]

Auf §§ 31, 34 UrhG und die diesbezügliche Rechtsprechung wurde hingewiesen; der Notar kann Vererblichkeit und Abtretbarkeit des Vermächtnisgegenstands nicht prüfen. Soweit sich der Vermächtnisgegenstand beim Erbfall nicht mehr im Nachlass befindet oder nicht auf den Vermächtnisnehmer übertragbar sein sollte, entfällt das Vermächtnis insoweit ersatzlos. Ein Verschaffungsvermächtnis ist nicht ausgesetzt.[4]

Auf mögliche Aktualisierungserfordernisse wurde hingewiesen.[3]

Weitere Regelungen, insbesondere zu Ersatzvermächtnisnehmern, Fälligkeit, Kosten und etwaigem Vorausvermächtnis wie **→ Form. C.V.2.[6, 7]**

Anmerkungen

1. Sachverhalt. Der Erblasser hat eine Sammlung diverser Musik-CDs, welche er ordnungsgemäß (bespielt) erworben hatte. Er will diese CDs einem Vermächtnisnehmer zuwenden, sodass dieser sie nutzen kann.

2. Vermächtnisgegenstand. Sacheigentum am Datenträger und urheberrechtliche Nutzungsrechte an darauf gespeicherten Daten (vgl. §§ 31 ff. UrhG) sind zu unterscheiden (vgl. zuletzt *Herzog/Pruns* Der digitale Nachlass in der Vorsorge- und Erbrechtspraxis, 2018, § 1 Rn. 27 und 31 mwN). Richtigerweise sagen Rechte am Datenträger nichts über die Rechte an den Daten aus (*Gloser* Die Rechtsnachfolge in das Urheberrecht, 2012, 250 ff. [zum umgekehrten Fall ausführlich *Herzog/Pruns* Der digitale Nachlass in der Vorsorge- und Erbrechtspraxis, 2018, § 1 Rn. 33 ff.], anders aber *Herzog* NJW 2013, 3745 [3749]; *Hoeren* NJW 2005, 2113 [2114]; *Lange/Holtwiesche* ZErb 2016, 125 [127]; *Raude* RNotZ 2017, 17 [19]); dies jedenfalls insoweit, als dem Erblasser an den Daten Immaterialgüterrechte oder beschränkte dingliche Rechte an solchen zustehen (ähnlich und zutreffend Staudinger/*Kunz* BGB § 1922 Rn. 611). Zwar wird man in der Regel im Wege der Auslegung zu dem Ergebnis gelangen, dass etwa beim Vermächtnis „einer Musik-CD" auch diesbezügliche urheberrechtliche Nutzungsrechte mit vermacht sind – ansonsten wäre die CD für den Vermächtnisnehmer wertlos. Dennoch sind bei Vermächtnissen, die im weitesten Sinne lokale Datenbestände betreffen, stets Sacheigentum sowie die Rechten an darauf gespeicherten Daten zu trennen und jeweils eine Aussage zum rechtlichen Schicksal zu treffen. Im vorgenannten Formulierungsvorschlag

geschieht dies dadurch, dass sowohl das Eigentum an den Datenträgern wie auch alle dem Erblasser „in diesem Zusammenhang zustehenden Rechte“ und damit die Nutzungsrechte an den darauf gespeicherten Daten vermacht werden.

3. Insbesondere Medienbezeichnung. Der Erblasser sollte sich gerade bei medienbezogenen Verfügungen (bspw. Vermächtnis einer „CD“) bewusst sein, dass Medien technischer Veränderungen und Aktualisierungen unterliegen (vgl. *Labs* c't 8/2017, 114). Es erscheint fraglich, ob ein im Jahr 1970 verfügtes Vermächtnis, das sich ausdrücklich auf „Schallplatten“ bezog, beim Tod des Erblassers im Jahr 2018 auch dessen optische Speichermedien (CDs, DVDs usw) erfasst. Trifft der Erblasser eine Verfügung wie im o.g. Formular, sollte er diese aktualisieren, wenn sich seine Medienwahl ändert oder erweitert. Konkret stellt der Erblasser auf seine „optischen Datenträger“ ab und schränkt diese Menge unter Orientierung an §§ 17 Abs. 2, 69c Nr. 3 S. 2 UrhG („Erschöpfung“) weiter ein (vgl. näher zum Erschöpfungsbegriff → Anm. 4). Hierdurch wird der Vermächtnisgegenstand insbesondere von Privatkopien (vgl. § 53 UrhG) und rechtswidrig geschaffenen (Wandtke/Bullinger/*Heerma* UrhG § 17 Rn. 31) abgegrenzt. Die weitere Einschränkung, dass die Erschöpfung „mittels körperlichem Inverkehrbringen durch den oder mit Zustimmung des Berechtigten“ erfolgt sein muss, soll Abgrenzungsschwierigkeiten zu online erworbenen Werkstücken vermeiden (→ Form. L.III.2 Anm. 3 und Wandtke/Bullinger/*Heerma* UrhG § 17 Rn. 27). Diese werden aus dem Vermächtnisgegentand herausgenommen, sodass letztendlich nur die umgangssprachlich so bezeichneten „gekauften Original-Datenträger“ vermacht sind.

4. Urheberrechtliche Grenzen. Zu beachten sind die §§ 31, 34 UrhG und die damit zusammenhängende Frage, ob ein Verschaffungsvermächtnis angeordnet ist oder nicht (zu letzterem vgl. allgemein → Form. C.V.7 Anm. 1). Vererblichkeit und Übertragbarkeit von Nutzungsrechten können vertraglich ausgeschlossen sein – dies ergibt sich bereits aus §§ 31 Abs. 1, 34 Abs. 1 UrhG (*Bock* AcP 217, 370 [376] mit Verweis auf *Lange/Holtwiesche* ZErb 2016, 125 [128]; zur Anwendbarkeit des § 34 UrhG vgl. MAH ErbR/*Biermann* § 50 Rn. 20). In der Regel kann davon ausgegangen werden, dass Nutzungsrechte an Multimediadaten jedenfalls dann vererblich sind, wenn diese Daten auf einem ordnungsgemäß erworbenen „Werkstück“ (bspw. CD, DVD, BD → Anm. 3) gespeichert sind (*Lange/Holtwiesche* ZErb 2016, 125 [130] mit Verweis auf §§ 17 Abs. 2, 69c Nr. 3 S. 2 UrhG; *Steiner/Holzer* ZEV 2015, 262 [264]; vgl. MAH ErbR/*Biermann* § 50 Rn. 19 und 62). Gleiches gilt hinsichtlich der für die Vermächtniserfüllung bedeutsamen Übertragbarkeit unter Lebenden, denn es ist bezüglich des konkreten Vervielfältigungsstückes (Werkstückes) Erschöpfung iSd § 17 Abs. 2 UrhG eingetreten (*Apel* ZUM 2015, 640 [645] mwN; MAH ErbR/*Biermann* § 50 Rn. 17; *Herzog/Pruns* Der digitale Nachlass in der Vorsorge- und Erbrechtspraxis, 2018, § 3 Rn. 12, § 5 Rn. 26; *Steiner/Holzer* ZEV 2015, 262 [264]; Wandtke/Bullinger/*Heerma* UrhG § 17 Rn. 23). Erschöpfung bedeutet, dass die Weiterveräußerung eines Werkstückes nach § 17 Abs. 2 UrhG ohne Zustimmung des Urhebers zulässig ist, wenn es erstmalig mit seiner Zustimmung veräußert worden ist (*Steiner/Holzer* ZEV 2015, 262 [264]; Wandtke/Bullinger/*Heerma* UrhG § 17 Rn. 23). Die der Vermächtniserfüllung vorgeschaltete *Vererbung* des Nutzungsrechts (Vererblichkeit vorausgesetzt) ist in jedem Fall zustimmungsfrei iSd § 34 UrhG und auch unabhängig von einer Erschöpfung (MAH ErbR/*Biermann* § 50 Rn. 18; Staudinger/*Kunz* BGB § 1922 Rn. 616).

Fragen der Vererblichkeit und Übertragbarkeit von Nutzungsrechten kann und braucht der Notar nicht zu prüfen. Es ist Sache des Erblassers, mit seinen Vertragspartnern entsprechende Regelungen zu treffen und so den Weg für die Erfüllbarkeit des Vermächtnisses zu ebnen. Soweit dies der Erblasser nicht macht, ist der Erbe, nachdem kein Verschaffungsvermächtnis ausgesetzt ist, nicht verpflichtet, dem Vermächtnisnehmer Ersatz für nicht übertragbare Nutzungsrechte zu verschaffen (§§ 2169 Abs. 1, 2170 BGB).

5. Weitergehende Regelungen bei Urheberrechten. Sind – anders als im Formulartext – auf den betroffenen Datenträgern keine Kopien fremder Werke, sondern persönliche geistige Schöpfungen des Erblassers gespeichert, die Urheberrechtsschutz genießen (können), sollten urheberrechtliche Aspekte wie Befugnisse des Rechtsnachfolgers des Urhebers mit geregelt werden. Insoweit sei auf die entsprechende Spezialliteratur verwiesen (vgl. *Gloser* DNotZ 2013, 497 [510 ff.] mit Formulierungsvorschlag, der auf die Datenträger anzupassen wäre).

6. Steuern. → Form. C.V.1 Anm. 13.

7. Kosten. → Form. C.V.1 Anm. 14.

2. Vermächtnis rein digitaler Werkexemplare

Ich beschwere meine Erben bzw. Ersatzerben, gleichgültig ob aufgrund gesetzlicher oder gewillkürter Erbfolge, mit folgendem Vermächtnis:[1]

. . . . . . erhält vermächtnisweise zur Alleininhaberschaft sämtliche mir beim Erbfall zustehenden Rechte an allen auf meinem Heimserver (Computername: „SRV2018") im Verzeichnis „Vermächtnis" gespeicherten Werkexemplaren[3] [*ggf.: und an allen beim Anbieter XY von mir oder meinen Rechtsvorgängern erworbenen digitalen Werkexemplaren*] sowie einen Anspruch gegen den mit diesem Vermächtnis Beschwerten auf Datenzugriff gemäß nachfolgenden Maßgaben.[2]

Der Beschwerte hat dem Vermächtnisnehmer beginnend innerhalb von sechs Monaten nach Anfall des Vermächtnisses sämtliche zum Zeitpunkt des Erbfalls vorhandenen, vorstehend beschriebenen Werkexemplare unverändert für einen angemessenen Zeitraum zur Übernahme in die eigene EDV zur Verfügung zu stellen; Einzelheiten der technischen Abwicklung bestimmt der Beschwerte nach billigem Ermessen.[5] Soweit betreffende und übernommene Daten im Herrschaftsbereich des Beschwerten verbleiben, hat sie dieser im Wege der Auflage Zug-um-Zug mit Übernahme durch den Vermächtnisnehmer unbrauchbar zu machen.[6] Etwa vorhandene Lizenzunterlagen und Bedienungsanleitungen sind mit vermacht.[7] Das Eigentum an Trägermedien, insbesondere am Heimserver, ist nicht mitvermacht.[2, 5]

Auf §§ 31, 34 UrhG und die diesbezügliche Rechtsprechung wurde hingewiesen; der Notar kann Vererblichkeit und Abtretbarkeit des Vermächtnisgegenstands nicht prüfen. Soweit sich der Vermächtnisgegenstand beim Erbfall nicht mehr im Nachlass befindet oder nicht auf den Vermächtnisnehmer übertragbar sein sollte, entfällt das Vermächtnis insoweit ersatzlos. Ein Verschaffungsvermächtnis ist nicht ausgesetzt.[4]

Erforderlichen Datenzugang wird der Erblasser selbst schaffen.[8] Auf mögliche Aktualisierungserfordernisse wurde hingewiesen.

Weitere Regelungen, insbesondere zu Ersatzvermächtnisnehmern, Kosten und etwaigem Vorausvermächtnis wie → Form. C.V.2.[9, 10]

[Variante:

Die Zugangsdaten zur Öffnung der verschlüsselten Datei/zu dem beim Anbieter XY gespeicherten Datenbestand sind in einem verschlüsselten Passwortcontainer gespeichert (folgt genauere Beschreibung). Das Masterpasswort hierzu habe ich zur Urkunde des Notars . . . . . . vom . . . . . ., URNr. . . . . ., niederschreiben lassen.

Entsprechende Berechtigung zum Erhalt des Passworts für die Berechtigten habe ich dort bereits vorgesehen.[8]]

Anmerkungen

1. Sachverhalt. Der Erblasser hat in Onlineshops diverse Computerprogramme, E-Books, Musik- und Videodateien ohne Trägermedium käuflich erworben und auf seinem Heimserver mittels Download (teilweise) abgespeichert. Er will erreichen, dass diese sowie bei einem bestimmten Anbieter noch verfügbare Daten nach seinem Ableben nicht vom Erben, sondern vom Vermächtnisnehmer genutzt werden können. Im Unterschied zum dem → Form. L.III.1 zugrunde liegenden Sachverhalt hat der Erblasser im vorliegenden Fall keine Datenträger erworben. Die hier vorgeschlagene Formulierung wäre also auch dann (evtl angepasst bezüglich des Eigentums an Trägermedien) zugrunde zu legen, wenn der Erblasser seine Downloads etwa selbst auf CD gebrannt hätte.

2. Vermächtnisgegenstand. Vgl. zunächst → Form. L.III.1 Anm. 2. Der Erbe bleibt hier Eigentümer der (möglicherweise wertvolleren) Serverhardware, auf welcher noch weitere, nicht vom Vermächtnis betroffene Daten gespeichert sein können. Vermächtnisgegenstand sind also urheberrechtliche Nutzungsrechte sowie, nachdem es kein vermachtes Eigentum an einem Trägermedium gibt, als „Surrogat" ein Anspruch auf Datenzugriff.

In diesem Zusammenhang sei darauf hingewiesen, dass es den „Anbieter XY", auf den sich der Erblasser im vorstehenden Formulierungsvorschlag bezieht, bei seinem Ableben möglicherweise nicht mehr gibt. Die dort erworbenen Werkexemplare sind selbstverständlich weiterhin bestimmbar, wenn entsprechende Unterlagen vorliegen. Dennoch empfiehlt es sich, dass der Erblasser sämtliche Daten (wenigstens auch) lokal in seinem Vermächtnisordner speichert, um Schwierigkeiten bei der Datenübernahme insbesondere bei Wegfalls des Anbieters zu vermeiden. Dann kann der Einschub betreffend bestimmte Anbieter weggelassen werden.

3. Insbesondere: Bezeichnung des Speicherortes. Der Erblasser hat die das Vermächtnis betreffenden Daten in einem bestimmten Verzeichnis auf seiner Serverhardware abgespeichert. Hiernach richtet sich der Umfang des Vermächtnisgegenstands. Der Heimserver ist durch seinen Namen (gemeint ist der im Netzwerk eindeutige Computername, vgl https://de.wikipedia.org/wiki/Computername, *nicht* die Typenbezeichnung!) bestimmt. Die im Formulierungsvorschlag gewählte Bezeichnung „SRV2018" ist lediglich ein Beispiel und selbstverständlich *immer* anzupassen!

Durch diese Vorgehensweise kann der Erblasser bei eventueller Erneuerung des Servermodells oder der Anschaffung weiterer Hardware durch Anpassung des Computernamens eine Aktualisierung der letztwilligen Verfügung vermeiden. Der Erblasser muss darauf achten, dass das im Vermächtnis bezeichnete Verzeichnis („Vermächtnis") auf dem konkreten Computer nur einmal (oder im Falle von Backups jedenfalls nur in identischen Fassungen) existiert, um Missverständnisse zu vermeiden. Selbstverständlich ist es auch möglich, dass sich der Erblasser statt des Computernamens auf eine bestimmte, bei ihm verwendete IP-Adresse bezieht. Dann muss die letztwillige Verfügung jedoch aktualisiert werden, sobald sich hieran etwas ändert.

Alternativ kann sich der Erblasser auch auf ein Verzeichnis beziehen, dass sich auf einem bestimmten externen Datenträger (zB USB-Stick, CD-ROM usw) befindet. Hier könnte unter Bezugnahme auf die Datenträgerbezeichnung (weniger empfehlenswert aus Aktualisierungsgründen: das Fabrikat) oder dessen Lagerort oder Beschriftung der Vermächtnisgegenstand definiert werden.

4. Urheberrechtliche Grenzen. Im vorliegenden Fall stellt sich die Frage nach der Vererblichkeit und Abtretbarkeit der vermächtnisgegenständlichen Nutzungsrechte (vgl. §§ 31, 34 UrhG) und damit die des Verschaffungsvermächtnisses in besonderem Maße. Vgl. zunächst → Form. L.III.1 Anm. 4.

Von dem in → Form. L.III.1 geregelten Fall unterscheidet sich der vorliegende dadurch, dass der Erblasser keine (bereits bespielten) Trägermedien erworben hatte, sondern lediglich Nutzungsrechte an Daten. Der in → Form. L.III.1 Anm. 3 angesprochene Erschöpfungsgrundsatz gilt nach EuGH (GRUR 2012, 904 – UsedSoft) und BGH (GRUR 2014, 264 – UsedSoft II; GRUR 2015, 772 – UsedSoft III) für per Internetdownload erstveräußerte Computerprogramme – eine allgemeine „digitale Erschöpfung" (so anschaulich *Apel* ZUM 2015, 640 [641], also bspw. auch iFv Musikdownloads) wird allerdings von hM und Rspr verneint (ausführlich *Apel* ZUM 2015, 640; *Hauck* NJW 2014, 3616; vgl MAH ErbR/*Biermann* § 50 Rn. 17; *Herzog/Pruns* Der digitale Nachlass in der Vorsorge- und Erbrechtspraxis, 2018, § 3 Rn. 13, § 5 Rn. 26; *Steiner/Holzer* ZEV 2015, 262 [265]).

Der Erblasser muss also damit rechnen, dass die Abtretung vermachter Nutzungsrechte vom Erben an den Vermächtnisnehmer im vorstehend geschilderten Rahmen nicht möglich ist und sich darüber hinaus bewusst sein, dass möglicherweise bereits eine Vererbung vertraglich ausgeschlossen ist (zu praktischen Einzelfällen *Steiner/Holzer* ZEV 2015, 262 [265]). Auch insoweit ist es ausschließlich Aufgabe des Erblassers und nicht des Notars, eine Prüfung und ggf. Anpassung der Nutzungsverträge vorzunehmen. Ausführlich zu AGB-rechtlichen Fragen in diesem Zusammenhang *Herzog/Pruns*, Der digitale Nachlass in der Vorsorge- und Erbrechtspraxis, 2018, § 5 Rn. 21 ff.

5. Erfüllung des Vermächtnisses. Zur Erfüllung iSd § 362 Abs. 1 BGB ist erforderlich, dass der Beschwerte dem Vermächtnisnehmer zunächst sämtliche vermachten Nutzungsrechte (vollwirksam) abtritt (§§ 413, 398 ff. BGB). Eine bestimmte Form ist hierfür nicht vorgeschrieben. Außerdem muss der Beschwerte sämtliche im beschriebenen Serververzeichnis sowie ggf. beim bezeichneten Diensteanbieter vorhanden Werkexemplare dem Vermächtnisnehmer zur Übernahme in die eigene EDV zur Verfügung stellen, dh ihm Datenzugriff gewähren. Wie dies technisch geschieht, bspw. mittels Fernzugriff oder Bereitstellung der Daten auf Datenträgern, ist Sache des Beschwerten (Zweckvermächtnis, § 2156 BGB; vgl. hierzu → Form. C.V.10 Anm. 6). Ggf. sind vom Beschwerten Dateien vom Diensteanbieter herunterzuladen und für den Vermächtnisnehmer abrufbar zu speichern, wenn dieser nicht Zugangsdaten dem Vermächtnisnehmer bekannt geben will. Mit Zurverfügungstellung der Daten ist der Anspruch auf Datenzugriff erfüllt; die Datenübertragung selbst ist Sache des Vermächtnisnehmers. Der Vermächtnisnehmer hat keinen Anspruch auf Eigentumserwerb an ihm zur Verfügung gestellten Datenträgern (was die Beteiligten freilich nicht hindert, dies im Rahmen der Vermächtniserfüllung abweichend zu vereinbaren). Dem Vermächtnisnehmer muss aber Eigentum und Besitz an den mit vermachten Lizenzunterlagen und Bedienungsanleitungen (→ Anm. 7) oder entsprechende Datenübernahmemöglichkeit eingeräumt werden.

6. Keine weiteren Vervielfältigungshandlungen durch Vermächtniserfüllung. Im Falle eines Verkaufs von „gebrauchter" Software muss der Ersterwerber, der eine körperliche oder nichtkörperliche Programmkopie weiterverkauft, an der das Recht des Urheberrechtsinhabers auf Verbreitung nach Art. 4 Abs. 2 der RL 2009/24/EG erschöpft ist, zum Zeitpunkt des Weiterverkaufs seine eigene Kopie unbrauchbar machen; vorher tritt keine Erschöpfung (→ Anm. 4) ein (BGH GRUR 2014, 264 [270 Tz. 63] – UsedSoft II). Fehlt es an einer Erschöpfung, so ist die Zustimmung des Urhebers zur Abtretung des Nutzungsrechtes erforderlich, bis dahin ist die Abtretung (schwebend) unwirksam (BeckOK UrhR/*Soppe*, 21. Ed. (Stand: 4.6.2018), § 34 Rn. 12; Wandtke/Bullinger/*Grunert/Wandtke*, UrhG § 34 Rn. 10). Weitere Vervielfältigungen von Werken sind auch bei einer Vermächtniserfüllung ohne Zustimmung des Urhebers nicht gestattet, was insbesondere bei einer Zurückbehaltung einer Kopie der Daten beim Erben der Fall wäre (vgl. BGH NJW 2015, 3576 [3581 Tz. 49] – Green IT). Solange das Nutzungsrecht nicht wirksam übertragen wurde, ist das Vermächtnis nicht erfüllt. Die Voraussetzungen für die Über-

tragung von Nutzungsrechten ergeben sich unmittelbar aus dem Gesetz (namentlich § 34 UrhG), sodass weitere Regelungen zur Löschung von Daten in der letztwilligen Verfügung entbehrlich sind. Die im Formulierungsvorschlag dennoch gewählte Formulierung soll die möglicherweise nicht rechtskundigen Beteiligten an ihre entsprechenden Pflichten (und Wirksamkeitsvoraussetzungen!) bei der Vermächtniserfüllung erinnern. Zusammengefasst sind beim Beschwerten verbleibende Daten – soweit diese durch den Vermächtnisnehmer übernommen worden sind, also zB nicht im Falle des Erlasses oder der Ausschlagung des Vermächtnisses – durch diesen unbrauchbar zu machen. Dies gilt selbstverständlich auch hinsichtlich solcher Daten, die beim bezeichneten Diensteanbieter gespeichert sind, nachdem der Beschwerte hierauf weiterhin Zugriff hätte. Nicht löschbare Datenträger (zB CD-ROMs) sind zu vernichten; sollten sich hierauf weitere, nicht zu vernichtende Daten befinden, muss sich der Beschwerte diese vorab sichern.

7. Mitvermachte Unterlagen. Auch wenn zur Zeit des Erbfalls vorhandenes Zubehör (§ 97 BGB) gem. § 2164 Abs. 1 BGB im Zweifel mit vermacht ist, sollten etwa vorhandene Lizenzunterlagen vorsorglich ausdrücklich mit vermacht werden. Dies betrifft vor allem Produktschlüssel und Lizenzbedingungen. Gleiches gilt hinsichtlich Bedienungsanleitungen. Vgl *Herzog/Pruns* Der digitale Nachlass in der Vorsorge- und Erbrechtspraxis, 2018, § 10 Rn. 28.

8. Zugriffsfragen. Tatsächlicher Datenzugriff ist in zweierlei Hinsicht von Bedeutung: Zum einen, wenn betreffende Daten verschlüsselt sein sollten und der mit dem Vermächtnis Beschwerte die Entschlüsselungsdaten (ggf. auch beabsichtigt) nicht kennt. Dann muss er zwar Zugang zu den verschlüsselten Daten verschaffen; der Vermächnisnehmer kann diese aber nur mit dem richtigen Passwort entschlüsseln, welches ihm der Erblasser zur Verfügung stellen muss. Zum anderen muss der mit dem Vermächtnis Beschwerte überhaupt in der Lage sein, dem Vermächtnisnehmer Zugang zu den (ggf. auch verschlüsselten) Daten zu verschaffen – dies betrifft vor allem Server – oder Benutzerkontozugangsdaten. Im Ausgangsfall sorgt der Erblasser eigenverantwortlich für Datenzugriff, etwa durch entsprechende Vereinbarung mit Diensteanbietern oder Mitteilung von Zugangsdaten. In der Variante hat der Erblasser hat eine Vorsorgeurkunde entsprechend → Form. L.VI.1 errichtet, auf die er vorsorglich verweist.

9. Steuern. → Form. C.V.1 Anm. 13.

10. Kosten. → Form. C.V.1 Anm. 14.

IV. Auflagen

1. Löschungsauflage bezüglich Online-Daten

Ich mache meinen Erben bzw. Ersatzerben zur Auflage, unverzüglich und soweit möglich meine sämtlichen beim Erbfall bestehenden Internet-Benutzerkonten (insbesondere E-Mail-Postfächer, Benutzerkonten bei Online-Versandhändlern, Konten bei sozialen Netzwerken einschließlich Internet-Zugängen) zu schließen und dafür zu sorgen, dass dort oder bei Dritten gespeicherte betreffende Daten schnellstmöglich gelöscht werden.[1, 2, 7] Mir ist bekannt, dass dies nur im Rahmen des gesetzlich und vertraglich Zulässigen geschehen kann.[3]

[Alternativ, wenn nur bestimmte Online-Konten betroffen:[1]

Ich mache meinen Erben bzw. Ersatzerben zur Auflage, unverzüglich und soweit möglich meine sämtlichen beim Erbfall bestehenden Online-Konten beim Online-Versandhaus XY oder Nachfolgeunternehmen zu schließen und dafür zu sorgen, dass dort oder bei Dritten gespeicherte betreffende Daten schnellstmöglich gelöscht werden. Mir ist bekannt, dass dies nur im Rahmen des gesetzlich und vertraglich Zulässigen geschehen kann.

Auf mögliche Aktualisierungserfordernisse wurde hingewiesen.[4]*]*

[In allen Fällen, entweder Variante 1:

Etwa vorhandener Inhalt darf von den Beschwerten gesichtet, zum Zwecke der Erfüllung der Auflage verwendet und zur Erinnerung an den Erblasser von ihnen dauerhaft aufbewahrt werden; eine weitergehende Verwendung, insbesondere eine Veröffentlichung, ist nicht gestattet.[5]*]*

[Oder Variante 2:

Eine Sichtung etwa vorhandenen Inhalts hat zu unterbleiben, soweit dies nicht zur Erfüllung der Auflage erforderlich ist. Auf die hiermit verbundenen Schwierigkeiten und fehlenden tatsächlichen Kontrollmöglichkeiten wurde hingewiesen.[6]*]*

Anmerkungen

1. Sachverhalt. Der Erblasser will erreichen, dass der Erbe sämtliche „digitalen" Hinterlassenschaften des Erblassers im Internet, etwa Konten bei Online-Händlern oder E-Mail-Postfächer samt Inhalt, bestmöglich beseitigt. In der Alternative sollen dagegen nur alle Konten bei einem bestimmten Diensteanbieter gelöscht werden. Das Grundformular oder die Alternative sollte stets durch eine Regelung zur Datenverwendung entsprechend Variante 1 oder 2 ergänzt werden. In der Variante 1 ist eine Speicherung des Inhalts durch den Erben zulässig, in der Variante 2 nicht.

2. Umsetzung. Ein hierfür geeignetes Gestaltungsmittel ist die Auflage (§§ 2192 ff. BGB). Zur grundsätzlichen Zulässigkeit letztwilliger Verfügungen, die auf Löschung von Daten gerichtet sind, vgl. statt vieler *Herzog* NJW 2013, 3745 [3750]; MAH ErbR/*Biermann* § 50 Rn. 81; *Müller*/Renner Betreuungsrecht und Vorsorgeverfügungen in der

Praxis, 5. Aufl. 2018, Rn. 1092; *Willems* ZfPW 2016, 494 [510]. Vgl. auch *Steiner/Holzer* ZEV 2015, 262 [266] zur Löschung eines Blogs sowie MVHdB VI BürgerLR II/*Otto* Form. XII.4. Formulierungsvorschlag § 5 (2) zur Löschung durch einen Testamentsvollstrecker.

3. Grenzen der Gestaltung. Der Beschwerte kann nur im Rahmen gesetzlicher und vertraglicher Grenzen handeln. Bspw. können gesetzliche Aufbewahrungsfristen für Unterlagen nach Steuer- oder Handelsrecht bestehen (vgl. §§ 147 AO, 257 HGB, vgl. hierzu Ebenroth/Boujong/Joost/*Wiedmann* HGB § 257 Rn. 1 f., speziell zu per Datenfernübertragung übertragenen Nachrichten Rn. 15), die es einem Online-Händler verbieten, selbst auf Wunsch des Erben bestimmte Daten (sofort) zu löschen. Solange und soweit kein durchsetzbarer Löschungsanspruch besteht, bleibt die Auflage wirkungslos. Selbstverständlich bleibt der Beschwerte verpflichtet, die datenspeichernde Stelle anzuhalten, betroffene Daten nach Ablauf etwaiger Aufbewahrungsfristen zu löschen.

Unabhängig davon weist MAH ErbR/*Biermann* § 50 Rn. 82 zu Recht darauf hin, dass sich die Erben über Anordnungen des Erblassers hinwegsetzen können. Dann bleiben diese (faktisch) wirkungslos.

4. Bestimmtheit und Aktualisierung. Ähnliche Probleme wie in → Form. L.IV.2 Anm. 3 stellen sich bei – wie in der Variante – konkreten, insbesondere auf bestimmte Vertragspartner bezogenen Anordnungen. Das „Online-Versandhaus XY“ muss es im Zeitpunkt des Erbfalles nicht mehr geben, ebenso wenig etwaige Nachfolgeunternehmen. Gleiches gilt hinsichtlich aller anderen etwaig näher bezeichneten Online-Konten. Der Erblasser sollte sich dieser Problematik, auf die er hingewiesen wird, bewusst sein und bei Änderungen (bspw. Hinzukommen neuer Konten, Wechsel von Anbietern usw) seine letztwillige Verfügung aktualisieren. Aus diesem Grund sollten derart konkrete Anordnungen jedenfalls im Regelfall vermieden werden.

5. Variante 1. Eine ähnliche Regelung schlagen *Steiner/Holzer* ZEV 2015, 262 [266 dort Formulierungsvorschlag Ziffer 3] vor. Im Regelfall geht es dem Erblasser darum, ihn betreffende Daten von Systemen Dritter weitestgehend zu entfernen, ohne seine Erben von deren Sichtung auszuschließen. Der Erbe wäre bspw. berechtigt, Bilddateien aus einem Online-Speicher des Erblassers dauerhaft auf seinem eigenen Server abzuspeichern, bevor er den Online-Speicher löscht und das Benutzerkonto kündigt. Die Veröffentlichung der Bilder in der Zeitung oder in einem sozialen Netzwerk wäre dagegen untersagt. Eine Verwendung der Daten ist aber zum Zwecke der Erfüllung der Auflage zulässig – dies ist bspw. dann notwendig, wenn aus einer in einem E-Mail-Konto gespeicherten E-Mail des Providers Einzelheiten für die Kündigung des Zugangs entnommen werden sollen.

6. Variante 2. In der Variante 2 hat die Löschung weitestmöglich ohne Sichtung der Daten zu erfolgen. Hierbei sollte dem Erblasser bewusst sein, dass eine Kontrolle der „Nichtsichtung“ kaum möglich ist. Legt der Erblasser Wert darauf, dass bestimmte Daten von niemand anders als ihm persönlich eingesehen werden können, ist ihm die Schaffung sog. „Zero-Knowledge-Daten“ zu empfehlen (→ Form. L.II).

7. Kosten. Wird die Löschungsauflage im Zusammenhang mit letztwilligen Verfügungen, welche den gesamten Nachlass betreffen, angeordnet, verbleibt es bei der Grundregel des § 102 Abs. 1 S. 1 und 2 GNotKG, wonach der Vermögenswert abzüglich berücksichtigungsfähiger Verbindlichkeiten zur Ermittlung des Geschäftswertes maßgebend ist. Gleiches gilt, wenn nur über einen Bruchteil verfügt wird (also etwa über eine Erbquote zu ein Halb) und mit der Auflage nur die eingesetzten Erben beschwert werden. Die Regelung zur Zugriffsberechtigung ist dann als kostenrechtlich „integriert“ anzusehen (vgl. Bormann/Diehn/Sommerfeldt/*Pfeiffer* GNotKG § 102 Rn. 22; Korintenberg/*Reimann* GNotKG § 102 Rn. 3).

Im Falle der isolierten Anordnung der Auflage gilt § 102 Abs. 3 GNotKG. Die Bewertung richtet sich nach § 36 GNotKG, und zwar je nach Art der betroffenen Daten (vermögensrechtlich oder nichtvermögensrechtlich) gem. dessen Abs. 1 (zB Auflösung von Bankkonten) oder Abs. 2 (zB Löschung privater E-Mail-Konten). Sind sowohl vermögensrechtliche wie auch nichtvermögensrechtliche Daten betroffen, sind die Geschäftswerte getrennt zu ermitteln (vgl. § 86 Abs. 2 GNotKG) und zu addieren (§ 35 Abs. 1 GNotKG; Korintenberg/*Bormann* GNotKG § 36 Rn. 8). Fehlen entsprechende Anhaltspunkte, kann der Auffangwert gem. § 36 Abs. 3 GNotKG herangezogen werden.

Wird dagegen lediglich über einen Bruchteil des Vermögens verfügt und werden mit der Auflage „überschießend" alle (auch gesetzlichen, vgl. MüKoBGB/*Rudy* § 2147 Rn. 2) Erben beschwert, so ist sowohl auf den vermögensrechtlichen wie auch auf den nichtvermögensrechtlichen Teil der Auflage § 102 Abs. 1 S. 3 GNotKG anzuwenden.

2. Spezielle Behandlung bestimmter Onlineaktivitäten

Ich mache meinen Erben bzw. Ersatzerben zur Auflage, meine Profile in sozialen Netzwerken, soweit vorhanden und soweit möglich, unverzüglich nach meinem Ableben unverändert in den Gedenkzustand oder einen vergleichbaren Modus nach den jeweils anwendbaren AGB zu versetzen.[1, 2, 4] Dem Beteiligten ist bekannt, dass er diese Auflage zur Vermeidung von Zweifeln bei providerseitigen Änderungen anpassen muss.[3]

Anmerkungen

1. Sachverhalt. Der Erblasser hat ein Konto bei einem sozialen Netzwerk und wünscht, dass dieses nach seinem Ableben in den (nach den AGB des Diensteanbieters vorgesehenen) „Gedenkzustand" versetzt wird.

2. Umsetzung. Auch in diesen Fällen bietet sich die Verfügung einer entsprechenden Auflage an (siehe Formulartext). Eine ähnliche Regelung schlagen *Steiner/Holzer* ZEV 2015, 262 [266] vor (dort Formulierungsvorschlag Ziffer 3). Zusätzlich kann der Erblasser mit dem Diensteanbieter direkt individualvertraglich vereinbaren, dass dieser unter bestimmten Voraussetzungen – etwa bei Vorlage einer Sterbeurkunde – das Konto in den gewünschten Zustand versetzt (vgl. *Brisch/Müllerter Jung* CR 2013, 446 [448 und 454]; *Gloser* MittBayNot 2016, 12 [14]; *Kutscher* Der digitale Nachlass S. 128; *Steiner/Holzer* ZEV 2015, 262 [263] speziell zu Cloud-Anbietern).

3. Grenzen der Gestaltung. Vgl. zunächst → Form. L.IV.1 Anm. 4. Nicht vergessen sollte man bei derart konkreten Anordnungen, dass sich die providerseitige Handhabung bestimmter Online-Konten mit der Zeit aufgrund von AGB-Änderungen oder Rechtsprechung ändern kann – man denke nur an die Entscheidung BGH Urt. v. 12.7.2018 – III ZR 183/17, nach welcher *Facebooks* Regelungen zum Gedenkzustand kein Vertragsbestandteil geworden sind (vgl. erstinstanzlich LG Berlin DNotZ 2016, 537 [541] m. zust. Anm. *Gloser* (ebenfalls zust. *Leeb* K&R 2016, 139 [140] sowie *Alexander* notar 2017, 354 [355 f.]) sowie die Berufungsentscheidung KG DNotZ 2018, 286 m. abl. Anm. *Gloser*). Deswegen nimmt der Formulierungsvorschlag dynamisch auf die jeweils anwendbaren AGB Bezug. Möglich und empfehlenswert ist es, die Auflage nicht nur auf *Facebook*, sondern – wie hier – auf sämtliche sozialen Netzwerke zu beziehen (vgl. Vorschlag bei *Salomon* NotBZ 2016, 324 [330, dort dritter Spiegelstrich]). Es bleiben aber erhebliche Unsicherheiten, denn gerade bei jungen Erblassern können Jahrzehnte bis

zum Eintritt des Erbfalls vergehen, was in der digitalen Welt eine Ewigkeit ist. Niemand weiß, ob es einen „Gedenkzustand" (insbesondere im Hinblick auf bestehende AGB-rechtliche Zweifel) oder überhaupt das Format des „sozialen Netzwerks" dann noch gibt. Im Zweifel erscheint es empfehlenswerter, die vollständige Löschung des Profils anzuordnen, wenn nicht der Erblasser seine letztwillige Verfügung stets aktualisiert.

4. Kosten. Bewertung erfolgt wie bei → Form. L.IV.1 Anm. 7. Regelungen zu sozialen Netzwerken sind nichtvermögensrechtliche Angelegenheiten iSd § 36 Abs. 2 GNotKG, weil sie keine unmittelbaren wirtschaftlichen Auswirkungen haben (vgl. Korintenberg/*Bormann* GNotKG § 36 Rn. 8).

V. Besonderheiten bei Dauertestamentsvollstreckung

Dauertestamentsvollstreckung[2] *zunächst entsprechend den Formulierungsvorschlägen* → Form. C.VII.

Im Wege der Verwaltungsanordnung im Sinne des § 2216 Abs. 2 BGB weise ich den Testamentsvollstrecker an,[1, 3, 4, 6]

a) unverzüglich und soweit möglich sämtliche Daten und Unterlagen betreffend meine sämtlichen beim Erbfall bestehenden Benutzerkonten bei Online-Versandhaus XY oder Nachfolgeunternehmen, insbesondere Bestelldaten, meinem Erben in Kopie zur Verfügung zu stellen, sowie
b) nach Erfüllung der Anordnung gem. lit. a unverzüglich und soweit möglich meine sämtlichen beim Erbfall bestehenden Online-Konten beim Online-Versandhaus XY oder Nachfolgeunternehmen zu schließen und dafür zu sorgen, dass dort oder bei Dritten gespeicherte betreffende Daten schnellstmöglich gelöscht werden. Mir ist bekannt, dass dies nur im Rahmen des gesetzlich und vertraglich Zulässigen geschehen kann, sowie
c) sämtlichen Inhalt meines E-Mail-Kontos beim Diensteanbieter XY (E-Mail-Adresse: . . . . . .), auch solchen, der erst nach meinem Ableben hinzugekommen ist, unverändert beizubehalten und nach Durchsicht und etwa erforderlicher Datenübernahme, wozu der Testamentsvollstrecker berechtigt ist, meinen Erben unverzüglich Schreibzugriff darauf zu gewähren und alle im Zusammenhang mit dem E-Mail-Konto als solchem stehenden Rechte von der Testamentsvollstreckung freizugeben.

Rein vorsorglich werden meine Erben bzw. Ersatzerben im Wege der Auflage angewiesen, das Handeln des Testamentsvollstreckers im Rahmen seines Aufgabenbereichs, insbesondere die darin liegende Löschung von Daten, zu dulden.

Auskunftsansprüche des mit der Testamentsvollstreckung Beschwerten bleiben unberührt.[5]

Auf mögliche Aktualisierungserfordernisse wurde hingewiesen.[4]

Anmerkungen

1. Sachverhalt. Der Erblasser hat Dauertestamentsvollstreckung über seinen Nachlass angeordnet, beispielsweise bis der Erbe ein bestimmtes Lebensalter erreicht hat. Dem Testamentsvollstrecker hat er dabei weitestgehende Befugnisse eingeräumt. Es soll erreicht werden, dass Bestelldaten des Erblassers bei einem bestimmten Anbieter bestmöglich gelöscht werden, wobei diese dem Erben in Kopie zur Verfügung gestellt werden sollen. Auf das E-Mail-Konto des Erblassers sollen die Erben unverzüglich Schreibzugriff erhalten, um bspw. Nachrichten löschen zu können.

2. Allgemeines. Bei der Anordnung der Testamentsvollstreckung, insbesondere der Dauertestamentsvollstreckung, bestehen auch bei Vorhandensein sog. „digitalen Nachlasses" keine Besonderheiten, weswegen zunächst auf allgemeine Formulierungsvorschläge hierzu verwiesen werden kann. Von einer Dauertestamentsvollstreckung sollte generell nur Gebrauch gemacht werden, wenn dies aus allgemeinen Gründen geboten ist, etwa bei Minderjährigkeit oder Unerfahrenheit des Erben. Sog. „digitaler Nachlass" ist isoliert betrachtet nur dann ein Grund hierfür, wenn bspw. wegen sehr schwieriger technischer

Verhältnisse oder einer großen Datenmenge der Erbe überfordert wäre oder die konkrete Gefahr des Widerrufs einer transmortal erteilten Vollmacht besteht (*Gloser* MittBayNot 2016, 101 [104]; *Rott/Rott* NWB-EV 2013, 160 [168]; vgl. *Müller*/Renner Betreuungsrecht und Vorsorgeverfügungen in der Praxis, 5. Aufl. 2018, Rn. 1094; *Schleifenbaum* ErbR 2015, 230 [236]).

3. Verwaltungsanordnung. Anders als Verfügungsbeschränkungen gem. § 2208 BGB wirken Verwaltungsanordnungen nur schuldrechtlich (BeckOK BGB/*Lange*, 46. Ed. (Stand: 1.5.2018), § 2216 Rn. 30). Aus diesem Grund sind sie das ideale Mittel, um dem Testamentsvollstrecker ohne Schwächung seiner Stellung nach außen Vorgaben zu seiner Tätigkeit zu machen, und zwar auch im Bereich sog. „digitalen Nachlasses" (vgl. *Rott/Rott* NWB-EV 2013, 160 [168]; *Steiner/Holzer* ZEV 2015, 262 [266]). Zu möglichen Inhalten vgl. MAH ErbR/*Biermann* § 50 Rn. 77.

4. Grenzen der Gestaltung, Bestimmtheit und Aktualisierung. Wie → Form. L.IV.1 Anm. 3, 4.

5. Verhältnis zur Zugriffsberechtigung der Erben; Einsichtsrecht. Gem. § 2205 S. 1 und 2 BGB hat der Testamentsvollstrecker den Nachlass zu verwalten und ist insbesondere berechtigt, diesen in Besitz zu nehmen und über die Nachlassgegenstände zu verfügen. Im Gegenzug fehlt dem Erben entsprechende Verfügungsbefugnis (§ 2211 Abs. 1 BGB).

Inwieweit diese Grundsätze im Bereich des Zugriffs auf „digitalen Nachlass" gelten, ist bisher nicht geklärt. Die Geltendmachung von Auskunftsansprüchen gegenüber Banken durch den Erben trotz Testamentsvollstreckung wird zugelassen (AG Kaiserslautern ZEV 2011, 585; *Bonefeld* ZErb 2007, 142; MüKoBGB/*Zimmermann* § 2211 Rn. 8 mwN; in diese Richtung *Herzog/Pruns* Der digitale Nachlass in der Vorsorge- und Erbrechtspraxis, 2018, § 10 Rn. 32). Dies ist zutreffend, denn die bloße Auskunft ist keine Verfügung – letztere setzt begrifflich voraus, dass bestehende Rechte mit unmittelbarer Wirkung aufgehoben, übertragen, belastet oder inhaltlich verändert werden (AG Kaiserslautern aaO; *Bonefeld* ZErb 2007, 142 [143] mwN). Übertragen auf Zugriffsansprüche gegenüber Diensteanbietern bleibt dieser Grundsatz nur richtig, wenn sich Auskünfte an Erben höchstens auf den Erhalt von Kopien der Daten oder reinen Lesezugriff beschränken. Zugangsdaten für Schreibzugriff stehen wegen des verfügungsähnlichen Charakters (damit wäre Bearbeitung oder Löschung der Daten möglich) dem Testamentsvollstrecker zu; etwa dennoch erhaltene oder vorhandene solche Zugangsdaten hat der Erbe an den Testamentsvollstrecker zur Durchführung der Testamentsvollstreckung abzuliefern, und zwar ohne Änderung der durch sie geschützten Daten (vgl. § 2205 S. 2 BGB).

Dass etwaige Auskunftsansprüche des Erben (gleich gegenüber wem) unberührt bleiben, stellt der Formulierungsvorschlag ausdrücklich klar. Eine vollständige Vorenthaltung von Dateneinsicht durch den Testamentsvollstrecker während der Testamentsvollstreckung ist – jedenfalls dann, wenn (wie hier) diese Daten nicht aufgrund letztwilliger Verfügung ungesehen gelöscht werden sollen – wegen des zwingenden Charakters des Auskunftsanspruchs des Erben (§§ 2218, 666, 2220 BGB), welcher auch auf Einsichtnahme in Unterlagen gerichtet sein kann (vgl. BGH NJW 1990, 510 [511]), ohnehin nicht denkbar (aA wahrscheinlich *Herzog/Pruns* Der digitale Nachlass in der Vorsorge- und Erbrechtspraxis, 2018, § 10 Rn. 32; MAH ErbR/*Biermann* § 50 Rn. 77; *Raude* RNotZ 2017, 17 [26]; *Steiner/Holzer* ZEV 2015, 262 [266]). Soweit gewünscht, kann dem Testamentsvollstrecker – ausschließlich oder neben dem Erben (zu praktischen Schwierigkeiten bei Ausschließlichkeit vgl. *Gloser* DNotZ 2015, 4 [18 f.] und → Form. L.VI.1 Anm. 10) – durch Hinterlegung von Masterpasswörtern beim Notar vereinfachter Zugang zu elektronischen Daten geschaffen werden (vgl. *Gloser* DNotZ 2015, 4 [18 f.]; *ders.* MittBayNot 2015, 537 [540]; *Raude* RNotZ 2017, 17 [26]; hierzu → Form. L.VI.1 Anm. 10).

6. Kosten. Wird vorstehende Regelung, wie häufig, im Zusammenhang mit anderen letztwilligen Verfügungen getroffen, welche den gesamten Nachlass betreffen, verbleibt es bei der Grundregel des § 102 Abs. 1 S. 1 und 2 GNotKG, wonach der Vermögenswert abzüglich berücksichtigungsfähiger Verbindlichkeiten zur Ermittlung des Geschäftswertes maßgebend ist. Die Regelung zur Testamentsvollstreckung ist als kostenrechtlich „integriert" anzusehen (vgl. Bormann/Diehn/Sommerfeldt/*Pfeiffer* GNotKG 2. Aufl. 2016, § 102 Rn. 22; Korintenberg/*Reimann* GNotKG § 102 Rn. 3).

Wird die Regelung isoliert getroffen, gilt Folgendes: § 102 GNotKG regelt den Geschäftswert nur für die in der Vorschrift selbst aufgeführten Angelegenheiten (vgl. Korintenberg/*Reimann* GNotKG § 102 Rn. 3). Eine isolierte Anordnung von Testamentsvollstreckung unterliegt § 102 GNotKG nicht, weil hier weder zur Gesamt-, noch zur Einzelrechtsnachfolge verfügt wird (Bormann/Diehn/Sommerfeldt/*Pfeiffer* GNotKG, 2. Aufl. 2016, § 102 Rn. 3; Korintenberg/*Reimann* GNotKG § 102 Rn. 3 und 51). Der Geschäftswert ist in diesem Fall gem. § 36 GNotKG zu ermitteln (vgl. Bormann/Diehn/Sommerfeldt/*Pfeiffer* GNotKG, 2. Aufl. 2016, § 102 Rn. 3; Korintenberg/*Reimann* GNotKG § 102 Rn. 51), wobei der Aufwand des Testamentsvollstreckers angemessen zu berücksichtigen ist (allgemein hierzu Korintenberg/*Bormann* GNotKG § 36 Rn. 97; *Notarkasse A.d.ö.R.*, Streifzug durch das GNotKG Rn. 930 f.). Fehlen Anhaltspunkte, kann der Auffangwert gem. § 36 Abs. 3 GNotKG herangezogen werden.

VI. Vorsorgeurkunde, Vorsorgevollmacht

1. Passwort-Vorsorgeurkunde

(Notarieller Urkundseingang)

I. Niederschrift eines Passworts[1, 2, 3]

Der Erschienene wünscht, zu Vorsorgezwecken ein Passwort zu einer Datenbank mit Zugangsdaten niederzuschreiben.

Das Passwort ist in der Anlage zu dieser Urkunde enthalten. Auf die Anlage wird verwiesen. Der Erschienene erklärt, das Passwort selbst niedergeschrieben zu haben und hat die Anlage mir, dem Notar, übergeben.

II. Hinweise und Belehrungen[4]

Der Notar hat darüber belehrt, dass der Erschienene selbst

- überprüfen muss, ob die Überlassung des niedergeschriebenen Passworts an die in Ziffer III. bestimmten Personen zulässig ist. Dem Erschienenen ist bekannt, dass die heutige Urkunde keine Vollmacht und keine letztwillige Verfügung darstellt und damit die Berechtigung zur Nutzung des niedergeschriebenen Passworts gesondert geschaffen werden muss;
- den in Ziffer III. genannten Personen eventuell zur Benutzung des niedergeschriebenen Passworts erforderliche weitere Zugangsvoraussetzungen schaffen, insbesondere die mit dem niedergeschriebenen Passwort verschlüsselten Daten sowie eventuell weiter erforderliche Schlüsseldateien zur Verfügung stellen muss.

III. Erteilung von Abschriften[5]

1. Der Notar wird angewiesen, dem Erschienenen von der heutigen Niederschrift eine beglaubigte Abschrift im Auszug (ohne Anlage) zu erteilen.

2. Der Notar wird weiter angewiesen, ausschließlich folgenden Personen jederzeit auf deren jeweiligen gesonderten Antrag, jedoch nur bei persönlicher Anwesenheit vor dem Notar,[6] eine vollständige Abschrift der heutigen Urkunde (einschließlich etwa mit ihr gemäß Ziffer IV.2 verbundener Niederschriften) zu erteilen:

a) dem Erschienenen persönlich; und/oder

b) volljährigen[12] Personen, welche sich durch Vorlage einer wenigstens öffentlich beglaubigten[7] Vollmacht als vertretungsberechtigte Bevollmächtigte[8] des Erschienenen ausweisen; und/oder

c) Personen, welche sich durch Vorlage eines Betreuerausweises als gerichtlich bestellte vertretungsberechtigte Betreuer[8] des Erschienenen ausweisen; die Anordnung des Aufgabenkreises gemäß § 1896 Abs. 4 BGB ist zum Zwecke der Erteilung von Abschriften nicht erforderlich; und/oder

d) volljährigen[12] Personen, welche sich durch in § 35 Abs. 1 GBO bezeichnete Unterlagen[9] wenigstens als Miterbe[12] (Vorerbe ist ausreichend) nach dem Erschienenen ausweisen. Dies gilt unabhängig von etwa angeordneter Testamentsvollstreckung.[10]

[Variante statt d), zu kombinieren mit lit. e):

Die Erteilung von vollständigen Abschriften der heutigen Urkunde und etwaiger weiterer Niederschriften im Sinne der Ziffer IV.2 an Erben des Erschienenen wird ausgeschlossen.

Oder weitere Variante in Ergänzung zu d):

Die Erteilung von vollständigen Abschriften der heutigen Urkunde und etwaiger weiterer Niederschriften im Sinne der Ziffer IV.2 an Erben des Erschienenen wird innerhalb eines Zeitraumes von ...... Jahren nach dem Erbfall/bis einschließlich zum ...... (Datum) ausgeschlossen.

Oder, in den beiden vorstehenden Varianten jeweils:

(......) an Herrn X und/oder dessen gesetzliche Abkömmlinge (......)]

[Variante:

und/oder

e) Personen, welche sich durch Testamentsvollstreckerzeugnis wenigstens als Mit-Testamentsvollstrecker über den Nachlass des Erschienenen mit beliebigem Aufgabenkreis und unabhängig von etwaigen gegenständlichen Beschränkungen der Testamentsvollstreckung ausweisen.[10]]

[Variante:

und/oder:

f) Herrn X, sofern er eine Sterbeurkunde des Erschienenen vorlegt, und/oder

g) Frau Y, sofern sie eine Sterbeurkunde des Erschienenen vorlegt sowie entweder

sie eine Sterbeurkunde des Herrn X vorlegt oder

sie eine wenigstens öffentlich beglaubigte Erklärung des Herrn X des Inhalts vorlegt, dass Herr X hiermit einverstanden ist oder

ein Vertreter des Herrn X entsprechend den Ziffern b) oder c) bei persönlicher Anwesenheit vor dem Notar sein Einverständnis hiermit erklärt.[11]]

Untervollmachten sind unbeachtlich.[12]

Der Notar ist bei Vorliegen vorstehender Voraussetzungen zur Erteilung einer vollständigen Abschrift der heutigen Niederschrift berechtigt. Umstände, die sich nicht aus den vorgelegten Legitimationsunterlagen ergeben, sind für die Erteilung von Abschriften unbeachtlich; zu weiteren Nachforschungen ist der Notar nicht verpflichtet.[13]

Notar in vorstehendem Sinne sind auch dessen amtlich bestellte Vertreter und Amtsnachfolger.

IV. Schlussbestimmungen

1. Die Kosten der heutigen Urkunde trägt der Erschienene. Die Kosten der weiteren Niederschrift (Ziffer IV.2) trägt derjenige, der die Erteilung einer vollständigen Abschrift begehrt.[14]

2. Über jede Erteilung einer vollständigen Abschrift gemäß Ziffer III.2 soll der Notar eine weitere Niederschrift errichten, welche mit der heutigen Urkunde zu verbinden ist.

3. Der Erschienene versichert die Richtigkeit vorstehender Niederschrift.

(Unterschrift des Erschienenen)

. . . . . ., den . . . . . .

Hierüber Niederschrift

. . . . . .

(Unterschrift Notar und Siegel)

ANLAGE

Das Passwort des Erschienenen lautet:

. . . . . .

– Ende der Anlage –

Anmerkungen

1. Sachverhalt. Der Beteiligte wünscht die „Hinterlegung" von elektronischen Zugangsberechtigungen, insbesondere von Passwörtern. Dabei soll individuell und genau bestimmt sein, wer unter welchen Voraussetzungen diese Daten vom Notar ausgehändigt bekommt. Das vorgeschlagene Formular samt Erläuterungen beruht auf *Gloser* MittBayNot 2015, 537.

2. Umsetzung. Elektronische Zugangsdaten werden in eine notarielle Niederschrift aufgenommen. Die Beteiligten können im Einzelfall bestimmen, an wen (bspw Vorsorgebevollmächtigte oder an einen für bestimmte Aufgabenkreise bestellten Betreuer) der Notar vollständige Abschriften der Urkunde herausgeben soll. Die Dauerhaftigkeit dieser Lösung wird durch die Vorschriften der BNotO zur Vertretung, Verwaltung von Notarstellen und Aktenverwahrung gewährleistet, der Datenschutz durch die notarielle Schweigepflicht (§ 18 BNotO). Um häufige Neubeurkundungen bei evtl Passwortänderungen oder Hinzutreten neuer Benutzerkonten (*Bleich* c't 2/2013, 62 [64]; *Rott/Rott* NWB-EV 2013, 160 [168] mit Verweis auf *Dopatka* NJW-aktuell 49/2010, 14; *Salomon* NotBZ 2016, 324 [329]; *Steiner/Holzer* ZEV 2015, 262 [265 f.]) zu vermeiden, sollte man die Vorsorgeurkunde auf ein gleichbleibendes „Masterpasswort" beziehen, mit welchem auf eine vom Berechtigten eigenverantwortlich gepflegte verschlüsselte Passwortdatenbank (in welcher sämtliche Zugangsdaten einschließlich sog. „Sicherheitsfragen" samt zugehöriger Antworten enthalten sind, vgl. *Rott/Rott* NWB-EV 2013, 160 [168]; *Leeb* K&R 2014, 693 [698]; *Pruns* NWB 2013, 3161 [3162]) zugegriffen werden kann (ebenso statt vieler *Bleich* c't 2/2013, 62 [64]; ausführlich dazu *Gloser* DNotZ 2015, 4 [13]).

3. Beurkundungsverfahren. Nachdem keine Willenserklärungen zu beurkunden sind, kann die Niederschriftsform der §§ 36 ff. BeurkG gewählt werden (vgl. Winkler BeurkG Vorb. § 36 Rn. 3, ebenso *Salomon* NotBZ 2016, 324 [330]). Es empfiehlt sich, den Erschienenen das Passwort handschriftlich in eine Anlage zur Niederschrift eintragen zu lassen, um eine Speicherung im Entwurf in der EDV des Notars zu vermeiden. Die Aufspaltung in Haupturkunde und Anlage gewährleistet eine leichtere Trennbarkeit bei der Erstellung auszugsweiser Abschriften. Eine Identitätsfeststellung ist beurkundungsrechtlich nicht zwingend erforderlich, denn § 10 BeurkG ist im Rahmen der §§ 36, 37 BeurkG nicht anwendbar (vgl. Eylmann/Vaasen/*Limmer* Bundesnotarordnung, Beurkundungsgesetz BeurkG § 36 Rn. 1; *Winkler* BeurkG Vorb. § 36 Rn. 12 ff.; § 37 Rn. 9 ff.). Aus Beweisgründen ist dies aber zu empfehlen (*Winkler* BeurkG § 37 Rn. 10 und Vorb. § 36 Rn. 15).

4. Belehrungen. Die Belehrungen verdeutlichen die Funktionsweise der Vorsorgeurkunde. Der Erschienene muss sicherstellen, dass zugangsgeschützte Daten je nach deren Art nur berechtigten Dritten zur Verfügung gestellt werden dürfen. Dies gilt insbesondere bei schweigepflichtrelevanten Datenbeständen (ebenso *Rott/Rott* NWB-EV 2013, 160 [168]; vgl *Gloser* DNotZ 2015, 4 [14] mwN). *Rott/Rott* empfehlen zu Recht, dass „im Bereich extrem sensibler Zugangsdaten" (genannt werden Bankkonten und Unternehmensnetzwerke) eine Abstimmung mit dem Vertragspartner erfolgen sollte. AGB der meisten Online-Dienste, wonach Zugangsdaten nicht an Dritte gegeben werden dürfen, stehen der Niederschrift eines Masterpassworts nicht entgegen (*Rott/Rott* NWB-EV 2013, 160 [168]). Die Zugangsdaten bleiben schließlich in lesbarer Form ausschließlich beim Berechtigten.

Die hier vorgestellte Urkunde ist darüber hinaus weder Vollmacht noch letztwillige Verfügung. Sie schafft nur eine rein tatsächliche Zugriffsmöglichkeit und setzt eine anderweitige materiell-rechtliche Berechtigung (zB Betreueramt, Erbenstellung) voraus (*Gloser* DNotZ 2015, 4 [11]), die ggf. zu gesonderter Urkunde geschaffen werden muss (zB Vollmacht). Die angesprochenen Punkte kann der Notar allerdings nicht überprüfen, sondern liegen in der Verantwortung des Beteiligten. Müssen verschiedene Datenbestände getrennt an unterschiedliche Personen gelangen, empfiehlt es sich mehrere Vorsorgeurkunden zu errichten (*Gloser* DNotZ 2015, 4 [14]; *Rott/Rott* NWB-EV 2013, 160 [167]). Es wäre zwar denkbar, mehrere Passwörter in verschiedenen Anlagen niederzuschreiben und unterschiedliche Herausgabeanweisungen zu erteilen (*Raude* RNotZ 2017, 17 [25]; *Salomon* NotBZ 2016, 324 [329]). Aus Übersichtlichkeits- und damit auch aus Haftungsgründen ist hiervon jedoch idR abzuraten (*Gloser* MittBayNot 2015, 537 [539 Fn 18]).

Die Vorsorgeurkunde beschränkt sich auf die Niederschrift eines Passworts. Die Verwahrung und Pflege der zugangsgeschützten Daten erfolgt ausschließlich eigenverantwortlich durch den Erschienenen (*Gloser* DNotZ 2015, 4 [15]). Dieser legt eine durch das niedergeschriebene Passwort geschützte Passwortdatenbank an, in welcher er – regelmäßig aktualisiert – sämtliche Zugangsdaten verwaltet. Die Datenbank muss der Erschienene zugriffsbereit (*Steiner/Holzer* ZEV 2015, 262 [266]) verwahren. Eine aufwändige notarielle Datenträgerverwahrung wird dadurch vermieden.

5. Allgemeines zur Herausgabeanweisung. Um unnötige Verzögerungen und Verstöße gegen § 51 BeurkG zu vermeiden, muss die Aushändigung vollständiger Abschriften, dh einschließlich der Anlage mit Passwort, aufgrund möglichst genauer Vorgaben formal und ohne Prüfung weitergehender Erfordernisse (ebenso *Salomon* NotBZ 2016, 324 [329 f.]) erfolgen, es sei denn diese ergeben sich aus der Vorsorgeurkunde selbst. Aus diesem Grund ist in Ziffer III. des Formulierungsvorschlags eine detaillierte Herausgabeanweisung enthalten. Allgemein sollte man auf eine genaue Abstimmung mit einer etwa bereits vorhandenen (Vorsorge-)Vollmacht des Beteiligten Wert legen; dies betrifft sowohl deren Form wie auch deren Umfang.

6. Persönliche Erteilung. Vollständige Abschriften dürfen dem Berechtigten „nur bei persönlicher Anwesenheit vor dem Notar" erteilt werden. Es erscheint sachgerecht, sich aufgrund der hiermit verbundenen großen Verantwortung persönlich durch Vorlage eines Ausweisdokuments und etwa erforderlicher Legitimationsurkunden (Vollmachten, Erbscheine usw) von der Identität der die Abschrift begehrenden Person zu überzeugen. Darüber hinaus wird durch dieses Verfahren die Dokumentation der Erteilung vollständiger Abschriften mittels eigener Niederschrift gesichert.

7. Form von Vollmachtsurkunden. Der Beteiligte kann frei entscheiden, welcher Form die vorzulegende Vollmachtsurkunde entsprechen muss. Empfehlenswert ist aber, aufgrund der besonderen Bedeutung des herauszugebenden Passworts wenigstens die Vorlage einer öffentlich beglaubigten Vollmacht (§ 129 BGB) zu verlangen.

8. Erforderliche Vertretungsmacht. Die erforderliche Vertretungsmacht kann ebenfalls frei gewählt werden. Nachdem im Formulierungsvorschlag keine weiteren Voraussetzungen aufgestellt wurden, muss die Vertretungsmacht die Entgegennahme von (beliebigen) Passwörtern umfassen („vertretungsberechtigt"). Entsprechend den üblichen Formulierungsvorschlägen erteilte General- und Vorsorgevollmachten, welche zur Vertretung in allen Angelegenheiten betreffend das Vermögen und die Person des Erschienenen (ggf. soweit rechtlich zulässig) ermächtigen, sind ausreichend. Selbstverständlich kann man dort die Entgegennahme von Passwörtern zur Verdeutlichung („insbesondere") erwähnen (vgl. Kroiß/Horn/Solomon/*Herzog* Nachfolgerecht, 2015, 9. Kap. Rn. 79; *Steiner/Holzer* ZEV 2015, 262 [265]: „Unterpunkt in allgemeiner Vorsorgevollmacht"; ähnlich Rott/Rott, NWB-EV 2013, 160 [167]: „eine auf diesen Anwendungsbereich hin formulierte (notarielle) Generalvollmacht sollte ebenfalls akzeptiert werden"). Erforderlich ist das aber nicht (vgl. zum ähnlichen Fall der an sich entbehrlichen „Postklausel" in Vorsorgevollmachten *G. Müller* DNotZ 2015, 403 [407 f.]).

Will man lediglich eine (Spezial-)Vollmacht zur Entgegennahme von Passwörtern errichten, kann man sich diesbezüglich an → Form. L.VI.3 orientieren.

Bei Betreuern genügt jedenfalls eine Betreuung für alle Angelegenheiten oder ein speziell auf die Erteilung einer vollständigen Abschrift der Vorsorgeurkunde angepasster Aufgabenkreis. Eine gesonderte Anordnung des (schwerwiegenden, vgl. BeckOK BGB/*Müller-Engels*, Ed. 46, (Stand: 1.11.2017), § 1896 Rn. 53) Aufgabenkreises gemäß § 1896 Abs. 4 BGB (Entscheidungen über Fernmeldeverkehr sowie Entgegennahme, Anhalten und Öffnen von Post des Betreuten) ist nicht erforderlich, was das Formular ausdrücklich regelt. Nachdem regelmäßig nicht bekannt ist, was durch das Passwort gesichert ist, wäre eine derartige Anordnung auch rein spekulativ (*Gloser* DNotZ 2015, 4 [17]). Ebenso wenig ist (bereits im Hinblick auf Briefpost) eine ausdrückliche Erwähnung von Post- und Fernmeldeangelegenheiten in General- und Vorsorgevollmachten erforderlich, weil das Gesetz dies – anders als bei bestimmten Maßnahmen im Rahmen der §§ 1904, 1906 BGB – nicht vorsieht, so zutreffend *G. Müller* DNotZ 2015, 403 [407 f.] mwN; Müller/*Renner* Betreuungsrecht und Vorsorgeverfügungen in der Praxis, 5. Aufl. 2018, Rn. 400. Dies gilt konsequenterweise auch im Hinblick auf die Herausgabe von Passwörtern, die sich (möglicherweise oder sicher) auf E-Mail-Konten beziehen.

9. Erbnachweise. Erben müssen sich zum Erhalt des Passwortes durch Unterlagen ausweisen, die für einen Erbnachweis gegenüber einem Grundbuchamt gem. § 35 Abs. 1 GBO erforderlich wären. Geeignet sind also Erbschein, Europäisches Nachlasszeugnis oder nachlassgerichtliche Eröffnungsniederschrift samt beglaubigter Abschrift einer notariell errichteten Verfügung von Todes wegen. Nachdem Umstände, die sich nicht aus den vorgelegten Legitimationsunterlagen ergeben, für die Erteilung von Abschriften unbeachtlich sind und der Notar weitere Nachforschungen nicht anstrengen muss, sind bspw. keine Prüfungen bezüglich einer evtl. Wirkungsaussetzung gem. Art. 73 EuErbVO (vgl. hierzu *Volmer* notar 2016, 323 [331]) erforderlich.

Vorliegend reicht das Erscheinen eines von mehreren Miterben aus, wobei dieser selbst dann eine vollständige Abschrift nach dort genannter Maßgabe erhält, wenn er lediglich Vorerbe wäre. Ein Nacherbe ist erst ab Eintritt des Nacherbfalls zum Erhalt von vollständigen Abschriften berechtigt, weil ihm der Nachlass erst mit Eintritt des Nacherbfalls anfällt (§ 2139 BGB) und er bis dorthin lediglich Anwartschaftsberechtigter ist (statt vieler Palandt/*Weidlich* BGB § 2100 Rn. 12).

10. Testamentsvollstrecker. Ist keine Testamentsvollstreckung beabsichtigt oder bezieht sie sich lediglich auf andere Aufgaben (zB Erfüllung eines Grundbesitzvermächtnisses), kann sie, wie im Formular, für unbeachtlich erklärt werden. Vollständige Abschriften der Niederschrift werden dann lediglich dem Erben, nicht aber einem dennoch bestellten Testamentsvollstrecker erteilt.

Soll dem Testamentsvollstrecker zusätzlich zu den Erben ein Anspruch auf Erteilung einer Abschrift gewährt werden, kann man in Ziffer III.2 des Grundmusters ergänzend die Variante einfügen. Darin wird zur Ermöglichung einer zügigen Prüfung ausschließlich auf das Testamentsvollstreckerzeugnis als Legitimationsurkunde abgestellt, dessen Vorlage im Rechtsverkehr jederzeit verlangt werden kann (Bengel/Reimann/*Reimann* Kap. 2 Rn. 275 mit Hinweis auf BGH WM 1961, 479). Dabei braucht der Notar nicht prüfen, ob es aufgrund außerhalb des Zeugnisses selbst liegender Umstände noch in Kraft (vgl § 2368 Abs. 3 Hs. 2 BGB sowie statt vieler Bengel/Reimann/*Reimann* Kap. 2 Rn. 277) ist.

Alternativ kann zusätzlich die Abschriftenberechtigung von (einzelnen) Erben ausgeschlossen werden. Man sollte zur Vermeidung komplizierter Prüfungen auch in diesem Fall eine klare Regelung vorsehen, bspw. Ausschluss auf Zeit (wenn etwa die Testamentsvollstreckung bis zu einem bestimmten Zeitpunkt angeordnet ist) oder ein genereller Ausschluss bezüglich aller oder einzelner Erben (*Gloser* DNotZ 2015, 4 [18 f.]). Allerdings kann (sofern vorgesehen) dann ein Bevollmächtigter auch nach dem Tod des Beteiligten an das Passwort gelangen, denn der Notar ist nicht zur Prüfung verpflichtet, ob der ursprünglich Beteiligte noch lebt. Außerdem ist dann nur ein Testamentsvollstrecker (anstatt der Erben) zum Erhalt von Abschriften berechtigt. Gibt es keinen (mehr), so kann (außer Bevollmächtigten) niemand mehr vollständige Abschriften der Niederschrift verlangen (*Gloser* DNotZ 2015, 4 [19]).

11. Konkrete Herausgabe- oder Nichtherausgabeanweisung. Einem Vermächtnisnehmer oder einer anderweitig konkret bestimmten Person kann auch namentlich ein Abschriftenanspruch zugestanden werden (ebenso *Salomon* NotBZ 2016, 324 [330]). Um sich nicht mit der (kaum sicher möglichen) Prüfung der Annahme oder Ausschlagung von Vermächtnissen befassen zu müssen, sollte die Berechtigung von Ersatzvermächtnisnehmern oder sonstigen Ersatzpersonen von abstrakten Gegebenheiten abhängig gemacht werden. Konkret wird die Vorlage von Sterbeurkunden oder bestimmten Einverständniserklärungen verlangt.

12. Optionale Regelungen. Die Herausgabe des Passworts an Vertreter von Erben ist im konkreten Formulierungsvorschlag aus Vereinfachungsgründen ausgeschlossen. Selbstverständlich ist aber die Erteilung einer Abschrift an transmortal Bevollmächtigte des ursprünglich Erschienenen auch nach dessen Tod noch möglich, denn der Tod ergibt sich (selbst bei positiver Kenntnis des Notars) nicht aus der Vollmachtsurkunde (→ Anm. 10). Im Formulierungsvorschlag ist darüber hinaus die Erteilung von Abschriften an minderjährige Erben und Vertreter (vgl. § 165 BGB) sowie die Berücksichtigung von Untervollmachten ausgeschlossen.

13. Zweifelsfälle. Sollten bei der Erteilung vollständiger Abschriften Zweifel an der Anspruchsberechtigung (vgl. § 51 BeurkG) bestehen, etwa an der Gleichwertigkeit (näher hierzu WürzNotHdB/*Hertel* Teil 7 Kap. 1 Rn. 13 f.) einer ausländischen Unterschriftsbeglaubigung oder sonstiger Legitimationsurkunden oder an der Reichweite von Vollmachten, kann auf das Beschwerdeverfahren gemäß § 54 BeurkG verwiesen werden. Dieses Vorgehen gereicht dem Notar, auch bei vorgegebener Eilbedürftigkeit, nicht zum (haftungsrechtlichen) Nachteil – ganz im Gegenteil wird er bei Befolgung einer gerichtlichen Anweisung von der Haftung frei (*Winkler* BeurkG § 54 Rn. 24). Unabhängig davon empfiehlt es sich, bei der Niederschrift eines Passworts auf die Errichtung einer wenigstens notariell beglaubigten General- und Vorsorgevollmacht hinzuwirken, sofern noch nicht vorhanden.

14. Kosten. Eine eigene Bewertungsvorschrift für Vorsorgeurkunden wie die vorliegende kennt das GNotKG nicht. Die allgemeine Wertvorschrift des § 36 GNotKG gelangt jedoch nur dann zur Anwendung, soweit eine Wertermittlung hinsichtlich bestimmter Punkte nicht mittels spezielleren Vorschriften erfolgen kann (§ 36 GNotKG schließt

„Bewertungslücken“, Bormann/Diehn/Sommerfeldt/*Diehn* GNotKG § 36 Rn. 4; Korintenberg/*Bormann* GNotKG § 36 Rn. 6). Es ist also zu erfragen, was im Zeitpunkt der Beurkundung durch das Masterpasswort verschlüsselt worden ist. Gibt der Beteiligte bspw. an, dass Informationen zu einer bestimmten Sache durch das Masterpasswort gesichert seien, so wäre zur Ermittlung deren Wertes § 46 GNotKG heranzuziehen. Bei Zugängen zu Bankkonten ist das dort vorhandene Guthaben maßgebend. Ein Abzug von evtl. Verbindlichkeiten erfolgt nicht (§ 38 GNotKG). Sind sowohl vermögensrechtliche wie auch nichtvermögensrechtliche Daten gesichert, sind die Geschäftswerte getrennt zu ermitteln (vgl. § 86 Abs. 2 GNotKG) und zu addieren (§ 35 Abs. 1 GNotKG; Korintenberg/*Bormann* GNotKG § 36 Rn. 8). Erst dann, wenn keine weitergehenden Anhaltspunkte vorliegen, kann auf den Auffangwert des § 36 Abs. 3 GNotKG zurückgegriffen werden (Korintenberg/*Bormann* GNotKG § 36 Rn. 7). Bei Anwendung des § 36 Abs. 2 GNotKG (nichtvermögensrechtliche Angelegenheiten) ist der dort genannte Höchstwert (1 Million EUR) zu beachten. In allen Fällen gelangt die Vorschrift des § 98 GNotKG mangels Vorliegen einer Vollmacht nicht zur Anwendung.

Zu erheben ist eine 1,0-Gebühr gem. KV 21200 GNotKG. Bei der Vorsorgeurkunde handelt es sich, nachdem keine Willenserklärungen zu beurkunden sind (*Gloser* DNotZ 2015, 4 [14]), um eine Tatsachenfeststellung in Niederschriftsform iSd §§ 36 ff. BeurkG (vgl. Korintenberg/*Hey'l* GNotKG Nr. 21200 KV Rn. 18). Die Fälle der KV 21100 ff. und 21201 GNotKG liegen nicht vor.

Begreift man die Vorsorgeurkunde als Verwahrung im technischen Sinne (vgl § 24 Abs. 1 S. 1 BNotO), wäre gem. § 126 GNotKG eine angemessene Gegenleistung in Geld durch öffentlich-rechtlichen Vertrag zu vereinbaren (*Notarkasse AdöR* Streifzug durch das GNotKG, 12. Aufl. 2017, Rn. 2202; vgl Korintenberg/*Schwarz* GNotKG Nr. 25300, 25301 KV Rn. 7). Richtigerweise handelt es sich bei der Vorsorgeurkunde aber um keine solche „Verwahrung“, denn die vom Beteiligten übergebene Anlage wird Teil der Urschrift einer Urkunde, bei der sich – anders als bei gem. §§ 23, 24 Abs. 1 S. 1 BNotO verwahrten Sachen – wegen § 45 Abs. 1 BeurkG nicht schon von Natur aus die Frage nach einer Herausgabe *der Urschrift* als verwahrtem „Gegenstand“ stellt.

2. Niederschrift über die Herausgabe eines Passworts

(notarieller Urkundseingang)

I. Abschriftenbegehren[1]

Mit Urkunde des amtierenden Notars vom . . . . . . [Datum] („Vorurkunde“) hat . . . . . . (nachfolgend „Passwortinhaber“ genannt) ein Passwort zur Weitergabe an bestimmte Personen niederschreiben lassen.

Der heute Erschienene bat um Erteilung einer vollständigen beglaubigten Abschrift der Vorurkunde.

II. Legitimation

Der heute Erschienene legte eine Ausfertigung der General- und Vorsorgevollmacht zur Urkunde des Notars . . . . . . vom . . . . . . (URNr. . . . . . ./. . . . . . .) vor. Hierin hat der Passwortinhaber den heute Erschienenen, soweit rechtlich zulässig, ohne Einschränkungen zur Vertretung in allen vermögens- und persönlichkeitsrechtlichen Angelegenheiten bevollmächtigt. Beglaubigte Abschrift dieser vorgelegten Ausfertigung ist der heutigen Niederschrift als Anlage beigefügt; auf die Anlage wird verwiesen.[2]

Gemäß Ziffer III.2. b) der Vorurkunde war damit eine vollständige Abschrift der Vorurkunde an den heute Erschienenen zu erteilen.

III. Schlussbestimmungen

1. Die Kosten der heutigen Niederschrift trägt der heute Erschienene.[3]

Die heutige Niederschrift ist mit der Vorurkunde zu verbinden und mit dieser auszufertigen.[2]

2. Der heute Erschienene versichert die Richtigkeit vorstehender Niederschrift.

Unterschrift des heute Erschienenen

. . . . ., den . . . . . .

Hierüber Niederschrift

. . . . .

Unterschrift Notar

Anmerkungen

1. Bedeutung. Es sei zunächst auf → Form. L.VI.1 verwiesen. Verlangt ein Berechtigter eine vollständige Abschrift der Passwort-Vorsorgeurkunde (einschließlich Passwort), so ist dies nach den Regelungen des → Form. L.VI.1 zu dokumentieren.

2. Beweisfunktion. Durch die Verbindung eventueller weiterer Niederschriften über die Herausgabe von Passwörtern mit der Haupturkunde lässt sich später feststellen, wer Passwörter entgegengenommen hat (was bei späteren Passwortänderungen aus Beweisgründen nützlich sein kann). Verlangt ein Berechtigter eine vollständige Abschrift der Niederschrift, ist dessen Berechtigung zu prüfen (*Winkler* BeurkG § 51 Rn. 5 ff.) und über die Erteilung der vollständigen Abschrift eine weitere Niederschrift zu errichten, welche dann mit der Haupturkunde verbunden wird. Es empfiehlt sich, aus Beweisgründen von den vorgelegten Legitimationsurkunden eine beglaubigte Abschrift zu erstellen und diese der weiteren Niederschrift beizufügen.

3. Kosten. Vgl. zunächst → Form. L.VI.1 Anm. 14. Die Errichtung von Niederschriften über erteilte vollständige Abschriften ist keine Vollzugs- oder Betreuungstätigkeit in Bezug auf die Haupturkunde (ein Fall des KV Teil 2 Hauptabschnitt 2 GNotKG liegt nicht vor), sondern ein eigenständiges Beurkundungsverfahren, nachdem hier wieder eine eigene Niederschrift angefertigt wird (§ 85 GNotKG; Bormann/Diehn/Sommerfeldt/*Diehn* GNotKG § 85 Rn. 7; Korintenberg/*Bormann* GNotKG § 35 Rn. 7). Mangels anderweitiger Anhaltspunkte ist dabei auf den bei Beurkundung der Hauptniederschrift ermittelten Wert zurückzugreifen. Es ist je Niederschrift eine Gebühr zu erheben.

3. Besonderheiten in Vorsorgevollmachten

Die Vollmacht ermächtigt insbesondere:[1, 2]

(. . . . . .)

- **zur Vertretung in allen Angelegenheiten betreffend Post, Telekommunikation, informationstechnische Systeme und Daten aller Art einschließlich jeglicher Verfügung**

darüber, insbesondere medienunabhängige Entgegennahme und Öffnung von Sendungen aller Art sowie Anforderung, Entgegennahme und Verwendung von Zugangsdaten; dies alles auch, wenn für mich persönlich bestimmt.[3, 4, 6, 7]

(. . . . . .)

Die Vollmacht erlischt nicht im Falle meines Todes oder meiner Geschäftsunfähigkeit.[5, 8, 9]

Anmerkungen

1. Sachverhalt. Es soll eine Vorsorgevollmacht (Generalvollmacht) errichtet werden, in welcher der Bereich der digitalen Daten ausdrücklich als Beispiel („insbesondere") aufgezählt wird. Vorstehender Formulierungsvorschlag kann selbstverständlich auch angepasst isoliert als Spezialvollmacht zur Entgegennahme von Zugangsdaten in den Fällen der Vorsorgeurkunde für elektronische Zugangsberechtigungen (→ Form. L.VI.1 und → Form. L.VI.2) verwendet werden.

2. Erfordernis ausreichender Vertretungsmacht. Vorsorgebevollmächtigte müssen sowohl im Falle des Todes wie auch des Eintritts der Geschäftsunfähigkeit des Vollmachtgebers häufig auf E-Mail-Konten und sonstige Datenbestände des Vollmachtgebers – online wie offline – zugreifen, beispielsweise um offene Rechnungen zu ermitteln. Selbst wenn der Vorsorgebevollmächtigte über korrekte Zugangsdaten verfügt, muss die Vollmacht auch materiell-rechtlich den Zugriff erfassen (→ Form. L.I Anm. 3).

Vorstehender Formulierungsvorschlag ist sehr weit und deckt mit der „medienunabhängigen Entgegennahme und Öffnung von Sendungen aller Art" nicht nur den Bereich der Briefpost, sondern daneben auch bspw. das Öffnen von elektronischer Post und sonstigen Nachrichten (insbesondere sog. Messengerdienste) ab. Hat der Beteiligte eine Passwort-Vorsorgeurkunde errichtet, sollte die Vorsorgevollmacht auch darauf abgestimmt sein und die Entgegennahme des Passwortes vom Notar umfassen (*Gloser* DNotZ 2015, 4 [16 f.]; *ders.* MittBayNot 2015, 537 [539]; WürzNotHdB/*G. Müller* Teil 3 Kap. 3 Rn. 19; *Salomon* NotBZ 2016, 324 [330]). Dies ist vorliegend aufgrund der umfassten „Entgegennahme (. . . . . .) von Zugangsdaten" der Fall. Der Bevollmächtigte kann aufgrund seiner Befugnis zu „jeglicher Verfügung" über „Daten aller Art" Daten löschen, ändern, verwenden, beibehalten usw (vgl. Formulierungsvorschlag bei *G. Müller* aaO). Auch wenn nach dieser Formulierung eine Einsicht bspw. in Krankenakten erfasst wäre, sollte dieser Punkt der Klarstellung halber gesondert ausdrücklich aufgenommen werden (vgl. Formulierungsvorschlag bei Müller/*Renner* Betreuungsrecht und Vorsorgeverfügungen in der Praxis, 5. Aufl. 2018, Rn. 1113, S. 368).

3. Keine Daten in Vollmacht. Keinesfalls sollten Zugangsdaten in Vollmachten aufgenommen werden, da ansonsten dritte Personen im Rechtsverkehr vom Vollmachtgeber ungewollt Kenntnis davon nehmen könnten (*Gloser* DNotZ 2015, 4 [9]; *ders.* MittBayNot 2016, 101 [104]; MAH ErbR/*Biermann* § 50 Rn. 87; *Müller*/Renner Betreuungsrecht und Vorsorgeverfügungen in der Praxis, 5. Aufl. 2018, Rn. 1083; *Raude* RNotZ 2017, 17 [25]; *Salomon* NotBZ 2016, 324 [328]). Auch sog. Masterpasswörter sollten aus gleichem Grund nicht in Vorsorgevollmachten aufgenommen werden (anders MAH ErbR/*Biermann* § 50 Rn. 87), dies gilt insbesondere dann, wenn der damit verschlüsselte Datencontainer in irgendeiner Weise für Dritte zugänglich ist.

4. Beispielhafte Nennung in Vollmacht. Die üblicherweise als Generalvollmachten im persönlichen und vermögensrechtlichen Bereich ausgestalteten „General- und Vorsorgevollmachten" erfassen auch den Bereich digitaler Daten (*Gloser* DNotZ 2015, 4 [17]; *ders.* MittBayNot 2015, 537 [539]; *ders.* MittBayNot 2016, 101 [103]; *G. Müller* DAI-

Skript 15. Jahresarbeitstagung des Notariats S. 146; *Müller*/Renner Betreuungsrecht und Vorsorgeverfügungen in der Praxis, 5. Aufl. 2018, Rn. 1081; *Salomon* NotBZ 2016, 324 [330]; vgl. aber *Zimmermann* Vorsorgevollmacht Betreuungsverfügung Patientenverfügung für die Beratungspraxis, 3. Aufl. 2017, Rn. 142: Die gewöhnliche *Vermögens*vollmacht (Hervorhebung durch Verf.) erstrecke sich nicht auf digitale Angelegenheiten). Bereits ohne gesonderte „Postklausel" genügen sie für den Zugriff auf Postsendungen (*G. Müller* DNotZ 2015, 403 [407 f.]; Müller/*Renner* Betreuungsrecht und Vorsorgeverfügungen in der Praxis, 5. Aufl. 2018, Rn. 400). Die Verwendung des vorgestellten Formulierungsvorschlags ist also nicht zwingend.

Nimmt man zur Vermeidung praktischer Schwierigkeiten eine Regelung zu Post und Telekommunikation in die Generalvollmacht mit auf, so empfiehlt es sich, hierbei den Bereich digitaler Daten mit aufzuführen (*Müller*/Renner Betreuungsrecht und Vorsorgeverfügungen in der Praxis, 5. Aufl. 2018, Rn. 1081; WürzNotHdB/*G. Müller*, 5. Aufl. 2018, Teil 3 Kap. 3 Rn. 18; *Raude* RNotZ 2017, 17 [24] mwN; *Salomon* NotBZ 2016, 324 [330]; vgl. *Steiner/Holzer* ZEV 2015, 262 [265]). Dies sollte im Rahmen einer „insbesondere"-Aufzählung geschehen (vgl. WürzNotHdB/*G. Müller* aaO Rn. 11; speziell zum „digitalen Nachlass" *Herzog/Pruns* Der digitale Nachlass in der Vorsorge- und Erbrechtspraxis, 2018, § 10 Rn. 21).

5. Transmortale Vollmacht. Stets ist darauf zu achten, dass die Vollmacht transmortal ausgestaltet ist, um dem Bevollmächtigten auch nach dem Erbfall ein zügiges Handeln zu ermöglichen (vgl *Deusch* ZEV 2014, 2 [7]; Groll/*Holzer* Praxis-Handbuch Erbrechtsberatung, 4. Aufl. 2015, B.XVII Rn. 87; MAH ErbR/*Biermann* § 50 Rn. 85; *Müller*/Renner Betreuungsrecht und Vorsorgeverfügungen in der Praxis, 5. Aufl. 2018, Rn. 1080; *Raude* RNotZ 2017, 17 [24]; *Rott/Rott* NWB-EV 2013, 160 [168 (postmortale Vollmacht)]; *Salomon* NotBZ 2016, 324 [330]; *Steiner/Holzer* ZEV 2015, 262 [265]).

6. Weitere Formulierungsvorschläge. Ähnlich WürzNotHdB/*G. Müller* Teil 3 Kap. 3 Rn. 19 sowie *Bayerisches Staatsministerium der Justiz* Vorsorge für Unfall Krankheit Alter, 18. Aufl. 2017, Anhang VOLLMACHT S. 3, welche jeweils ebenfalls eine Regelung zu Zugangsdaten und „eigenhändig" gekennzeichneter Post vorsehen, sowie MAH ErbR/*Biermann* § 50 Rn. 91 und *Salomon* NotBZ 2016, 324 [330]. Ausführlich *Herzog/Pruns* Der digitale Nachlass in der Vorsorge- und Erbrechtspraxis, 2018, § 10 Rn. 21 und Groll/*Holzer* Praxis-Handbuch Erbrechtsberatung, 4. Aufl. 2015, B XVII Rn. 94.

7. Regelungen im Innenverhältnis. Ebenso wie im Bereich anderer vermögens- oder nichtvermögensrechtlicher Angelegenheiten ist es möglich, hinsichtlich des „digitalen Nachlasses" konkrete Anweisungen im Innenverhältnis an den Bevollmächtigten zu erteilen (*Salomon* NotBZ 2016, 324 [330]). Teilweise wird dies ausdrücklich empfohlen (Groll/*Holzer* Praxis-Handbuch Erbrechtsberatung, 4. Aufl. 2015, B XVII Rn. 88; *Steiner/Holzer* ZEV 2015, 262 [265]). Auch wenn keine grundsätzlichen Bedenken gegen die Aufnahme von Anweisungen im Innenverhältnis in Vollmachten bestehen (Müller/*Renner* Betreuungsrecht und Vorsorgeverfügungen in der Praxis, 5. Aufl. 2018, Rn. 291), bleibt zu beachten: Zum einen gilt auch hier der allgemeine Grundsatz, dass Innen- und Außenverhältnis sprachlich so deutlich wie möglich zu trennen sind (Müller/*Renner* Betreuungsrecht und Vorsorgeverfügungen in der Praxis, 5. Aufl. 2018, Rn. 287 und 1082; *Salomon* NotBZ 2016, 324 [331]). Zum anderen können zu detaillierte Ausführungen in der Vollmachtsurkunde nicht nur zu deren Überfrachtung (so bereits allgemein zutreffend Müller/*Renner* Betreuungsrecht und Vorsorgeverfügungen in der Praxis, 5. Aufl. 2018, Rn. 647), sondern auch zu ungewollten Kenntnisnahmen Dritter (vgl. *Raude* RNotZ 2017, 17 [24 Fn. 100], mit zutreffendem Beispiel des *Tinder*-Kontos, dessen Existenz der Vollmachtgeber möglicherweise nicht jedem Vertragspartner offenbaren will) und zu einem erhöhten Aktualisierungsaufwand und damit verbundenen zusätz-

lichen Kosten führen (vgl. zum Parallelproblem bei Passwort-Vorsorgeurkunden *Gloser* DNotZ 2015, 4 [13]; *Raude* RNotZ 2017, 17 [25]; *Salomon* NotBZ 2016, 324 [329]). Angesichts der erläuterten Probleme erscheint es sinnvoller, möglichst auf derartige Anweisungen zu verzichten oder diese entsprechend des Vorschlags von *Raude* (RNotZ 2017, 17 [24] mit Bezug ua auf *Lange/Holtwiesche* ErbR 2016, 487 [491]) außerhalb der Vollmachtsurkunde zu treffen. Bei letztwilligen Verfügungen kann Letztgenanntes aufgrund der dort bestehenden Formvorschriften selbstverständlich nicht umgesetzt werden.

8. Form. Ein Formzwang besteht bezüglich des Regelungsgegenstands nicht. Empfehlenswert ist wenigstens Schriftform (siehe § 1901c BGB), aus Gründen der besseren Akzeptanz gerade gegenüber internationalen Anbietern auch notarielle Beglaubigung oder Beurkundung (zu Letzterem ebenso *Salomon* NotBZ 2016, 324 [331]; *Steiner/Holzer* ZEV 2015, 262 [265]).

9. Kosten. Im Rahmen einer Generalvollmacht verursacht die Regelung keine zusätzlichen Kosten („insbesondere"); es gelten die allgemeinen Grundsätze des § 98 GNotKG. Ist die Regelung Gegenstand einer Spezialvollmacht, ist mangels anderweitiger Anhaltspunkte § 36 Abs. 3 GNotKG anzuwenden (vgl. zur Postvollmacht Korintenberg/*Tiedtke* GNotKG § 98 Rn. 22).

Sachverzeichnis

Die fett gesetzten römischen Ziffern, Großbuchstaben und arabischen Ziffern beziehen sich auf die Systematik des Formularbuches; die nachfolgenden mageren Ziffern und Buchstaben kennzeichnen die betreffende Anmerkung.

Abfärbetheorie
- Testamentsvollstreckervergütung **C.VII.1** e) bb) (2) (a) (bb)

Abfindung
- Abschichtung **J.VI.7** 7
- Abtretungsklausel **G.I.8** 2
- Anzeigepflicht erbschaftsteuerrelevanter Vorgänge **I.I.2** 14
- bei Pflichtteilsverzicht **G.III.10** 2
- Doppelstiftung **H.III.6** 8
- Dritter bei lebzeitiger Übertragung **I.III.1** 7
- durch erbvertragliche Zuwendung eines Vermächtnisses **I.II.12** 3
- Ehegatte bei Hofübergabevertrag **G.X.6** 12
- Eintrittsklausel **G.I.5** 3
- Einziehungsklausel **G.I.9** 2
- Einziehungsklausel GmbH-Anteil **G.I.7** 3
- Erbschaftsausschlagung **A.II.5** 5 aa); **J.IV.7** 3, 5
- Erbteilsübertragung **J.VI.6** 4
- Erbverzicht **I.II.2** 7
- Erbverzichtsvertrag gegen **I.II.3** 5
- Form des Abfindungsvertrages **J.IV.7** 2
- Fortsetzungsklausel **G.I.1** 3; **G.II.3** 2
- Geschwister bei Hofübergabevertrag **G.X.6** 11
- Geschwister-Abfindungsklausel **I.III.17**
- gesellschaftsvertragliche Beschränkung bei Kapitalgesellschaft **G.II.4**
- gesellschaftsvertragliche Beschränkung bei Personengesellschaft **G.II.3**
- Hoferbfolge **G.X.3** 8
- Nachfolgeklausel, rechtsgeschäftliche **G.I.6** 3
- Nachweis des Bedingungseintritts **I.II.11** 5
- Pflichtteilsverzicht **G.III.10** 2; **I.II.7** 5 ff.
- Pflichtteilsverzichtsvertrag gegen **I.II.12**
- qualifizierte Nachfolgeklausel **G.I.4** 2
- Ratenzahlung **G.II.5** 2
- Rückgewähr bei Aufhebungsvertrag **I.II.15** 4
- steuerliche Behandlung **G.I.1** 5
- steuerliche Behandlung bei Eintrittsklausel **G.I.5** 4
- steuerliche Behandlung bei Einziehungsklausel GmbH-Anteil **G.I.7** 5
- steuerliche Behandlung bei Erb- und Pflichtteilsverzicht **I.II.2** 9
- steuerliche Behandlung bei Erbschaftsausschlagung **J.IV.3** 10
- steuerliche Behandlung bei Erbverzichtsvertrag **I.II.3** 7
- steuerliche Behandlung bei Kapitalgesellschaftsanteil **G.II.4** 3
- steuerliche Behandlung bei Personengesellschaft **G.II.3** 5
- steuerliche Behandlung bei Pflichtteilsverzicht **G.III.10** 4
- steuerliche Behandlung bei qualifizierter Nachfolgeklausel **G.I.4** 6
- stille Beteiligung **G.II.7** 2
- Stundung **G.II.5** 2
- Verzicht auf **I.II.4** 4 f.
- Verzicht auf Geltendmachung Pflichtteilsergänzungsanspruch **I.II.8** 3
- Verzicht auf isolierte **G.X.5** 2
- weichender Miterbe bei Hoferbfolge **G.X.1** 12

Abfindungsanspruch
- Ausschluss **G.II.3** 4; **G.II.4** 2
- Beschränkung **G.II.3** 4; **G.II.4** 2
- Bewertung **G.II.3** 3
- Bewertungsklausel **G.II.3** 4
- Buchwertklausel **G.II.3** 3 f.; **G.II.4** 2

Abfindungsvertrag
- bei Erbschaftsausschlagung **J.IV.7** 3
- Form **J.IV.7** 2
- Geschwisterabfindung **G.X.6** 11
- Pflichtteilsverzicht **G.III.10** 2
- steuerliche Behandlung **J.IV.3** 10
- Wertsicherung **J.IV.7** 7
- Zuwendung an den Verzichtenden **I.II.8** 3

Abgeltungsklausel
- Zugewinnausgleich **I.I.6** 6

Abkömmling
- begünstigte Familienstiftung **H.III.2** 6
- Erbverzicht **I.II.3** 4
- Ersatzerbe **C.I.2** 5
- Familienstiftung **H.III.2** 2
- Vermögensanfall Familienstiftung **H.III.2** 22
- Wirkung Erbverzichtsvertrag **I.II.4** 5

– Wirkung Pflichtteilsverzicht **I.II.6** 6
Abkömmling, einseitiger
– Pflichtteilsstrafklausel **C.VI.5** 9 f.
Abkömmling, überschuldeter
– Vor-/Nacherbschaft **A.II.5** d) bb)
Ableben, gemeinsames **A.II.5** c) bb)
Ablieferungspflicht
– Erbscheinsantrag **J.V.2** 1 e
– Erbvertrag **B.IV** 8; **B.V** 1
Ablösung
– Wohnrecht **J.IX.6** 6
Abschichtung
– Abfindung **J.VI.7** 7
– Abschichtungsvereinbarung **J.VI.7**
– Anwendung Kaufrecht **J.VI.7** 9
– Anzeigepflicht **J.VI.7** 9
– Bedingung **J.VI.7** 7
– Form **J.VI.7** 4
– Genehmigungserfordernisse **J.VI.7** 9
– Geschäftswert **J.VI.7** 11
– Gewährleistung **J.VI.7** 9
– Grundbuchverfahren **J.VI.7** 6
– Haftung **J.VI.7** 8
– Kosten **J.VI.7** 11
– Sicherungsprobleme **J.VI.7** 7
– steuerliche Behandlung **J.VI.7** 10
– Teilerbauseinandersetzung, persönliche **J.VI.7** 2
– Zulässigkeit **J.VI.7** 3, 5
Abschrift, beglaubigte
– Testament, notarielles **B.II.1** 9
Absicherung
– Erbteilskaufvertrag **J.VII.3** 3 f.
Abspaltungsverbot
– bei Nießbrauch an Gesellschaftsanteil **G.III.4** 6
Abtretungsklausel
– Abfindung **G.I.8** 2
– gesellschaftsvertragliche Nachfolgeregelungen **G.I.7** 3
– GmbH-Anteil **G.I.8** 2
– steuerliche Behandlung **G.I.7** 5
Abwicklungsgemeinschaft
– Erbengemeinschaft **J.VI.1** 1
Abwicklungsvollstreckung **A.II.5** h
– steuerliche Behandlung Testamentsvollstreckervergütung beim Erben **C.VII.1** e) bb) (2) (b)
– Testamentsvollstreckervergütung **C.VII.1** e) bb) (1) (d)
– Testamentsvollstreckung **G.IX.2** 4
– Unternehmensbeteiligung **G.IX.1** 3 f.
Abzugsfähigkeit, steuerliche
– Testamentsvollstreckervergütung **C.VII.1** e) bb) (2) (b)
Ackernahrung **G.X.2** 3
Administrator
– Fremdrechtserbschein **J.V.8** b) (aa)
Adoption
– adoptiertes Kind **A.II.1** 1 f.
AG
– Schenkung Gesellschaftsanteil **G.III.4**
– vorweggenommene Erbfolge **G.III.2**
AG-Anteil
– Abfindungsbeschränkung/-ausschluss **G.II.4** 2
– Einziehungsklausel **G.I.9**
– steuerliche Behandlung **G.I.7** 5
Agrarförderung
– Hofübergabevertrag **G.X.6** 7
Ägypten
– interpersonale Rechtsspaltung **K.VII.6** 3
– Nachlasseinheit **K.VII.1** 2
Aktien
– Einziehungsklausel **G.I.9** 2
– Schenkung **G.III.4**
Algerien
– Nachlasseinheit **K.VII.1** 2
Alleinerbe
– Bevollmächtigter **C.VII.1** a) dd)
– Erbeinsetzung **A.II.5** b; **C.I.2** 2
– Testamentsvollstrecker **C.VII.1** a; **C.VII.2** 2
– Vorausvermächtnis **C.II.3** 3
Altenteil
– Begriff **G.X.6** 9
– des überlebenden Ehegatten bei Hoferbfolge **G.X.3** 5
– erbschaftsteuerliche Behandlung **G.X.3** 11
– Hofübergabevertrag **G.X.6** 9
– Pflegegrade **G.X.6** 9
– Rangvorbehalt **G.X.3** 7
Altenteilsleistung
– steuerliche Behandlung **G.X.3** 11
Altersversorgung
– Sicherung bei ehebedingter Zuwendung **I.I.2** 11
Amtsgericht
– Erbschaftsausschlagung **J.IV.3** 7
– Zuständigkeit Erbschein **J.V.1** 11
Amtsinhaber
– Testamentsvollstrecker **C.VII.1** a
Änderung
– Stiftungssatzung **H.III.1** 34 f.
– Stiftungssatzung unselbständige Stiftung **H.III.3** 15
Änderungsmöglichkeit
– bei Pflichtteilsklausel **E.II.7** 6
– erbvertragliche Bindung für Längstlebenden **D.II.4** 2
Änderungsrecht
– Testament, gemeinschaftliches **D.I.2** 3; **D.I.4**
Änderungsvorbehalt
– Abgrenzung zu Pflichtteilsstrafklausel **C.VI.5** 5
– Ausübung **C.I.8** 6
– Beratung **A.II.6** c

- beschränkter **A.II.6** c
- Erbvertrag **C.I.8** 6; **D.II.3**; **D.II.4**
- Hoferbfolge Ehegattenhof **G.X.4** 7
- Totaländerungsvorbehalt **A.II.6** c
- Verfügung, wechselbezügliche **A.III.1** d

Andeutungstheorie J.V.1 9

Anerbengesetz
- landesrechtliches **G.X.1** 2

Anerkennung
- Erb-/Fremdrechtserbschein **J.V.8** 11
- Gemeinnützigkeit der Stiftung **H.III.1** 5 f.
- rechtsfähige Stiftung **H.IV**
- Stiftung als Ersatzerbin **H.II.7** 5

Anerkennungsverfahren
- Familienstiftung **H.II.2** 6
- Stiftung unter Lebenden **H.II.1** 5
- Stiftung von Todes wegen **H.II.5** 6

Anfechtung
- Abgrenzung zu Aufhebungsvertrag **I.II.15** 3
- Anfechtungserklärung **J.I** 2
- Anfechtungsgrund **J.I** 5
- Ausstattung **I.IV** 1
- Erbschaftsannahme wegen Irrtums **J.IV.13**
- Erbschaftsausschlagung **J.IV.12**
- Erbvertrag **A.III.1** e
- Erklärungsirrtum **J.I** 5
- Fehlvorstellung **J.I** 5
- Frist **J.I** 6
- Gebühren **J.I** 8
- Gedankenlosigkeit **J.I** 5
- gemeinschaftliches Testament **D.I.2** 5
- Geschäftswert **J.I** 8
- Gläubigerbenachteiligung **I.I.6** 7
- Inhaltsirrtum **J.I** 5
- Kausalität Anfechtungsgrund **J.I** 5
- Kosten **J.I** 8
- Motivirrtum **J.I** 5
- Verfügung von Todes wegen **J.I**
- Verhältnis zu Auslegung **J.I** 4
- Versäumung der Ausschlagungsfrist wegen Irrtums **J.IV.14** 1 ff.
- Verzicht wegen Übergehung Pflichtteilsberechtigter **A.II.6** e
- wegen Übergehung Pflichtteilsberechtigter **A.III.1** e
- Wegfall des Beschwerten **C.V.1** 5

Anfechtungsausschluss C.VI.8
- Pflichtteilsberechtigter **C.VI.8**
- steuerliche Behandlung **C.VI.8** 4

Anfechtungserklärung
- Erbschaftsausschlagung **J.IV.12** 5
- Verfügung von Todes wegen **J.I.** 2

Anfechtungsfrist
- Erbschaftsausschlagung zugunsten eines Dritten **J.IV.12** 3

Anfechtungsverzicht
- Erbvertrag **C.I.8** 9

Angemessenheit
- Testamentsvollstreckervergütung **C.VII.1** e) bb)

Angriff, körperlicher
- Pflichtteilsentziehung **C.VI.2** 1

Anknüpfung
- Rechtsverhältnis, hinkendes **K.II**

Anliegerbeitrag
- Grundstücksschenkung **I.III.2** 12

Annahme
- Ausschlagung auf die gewillkürte Erbfolge **J.IV.6** 2
- Checkliste **J.IV.1**
- Erbschaft **J.IV.2** 2
- Schenkungsangebot **I.V.1** 4
- Vermächtnis **J.IV.11** 2, 4

Annahmeerklärung
- Testamentsvollstrecker **J.IX.2**

Annahmezeugnis
- Verhältnis zu Testamentsvollstreckerzeugnis **J.V.13** 5 ff.

Anordnung
- Anzeigepflicht erbschaftsteuerrelevanter Vorgänge **I.I.2** 14
- Nachlassverwaltung **J.X.2** 6
- Testamentsvollstreckung **C.VII.2** 1 f.

Anordnung, familienrechtliche
- Beratung **A.II.5** e
- Pflichtteilsrecht **C.VI.14**
- Trennung Personen-/Vermögenssorge **A.II.5** e
- Widerruflichkeit **A.III.1** a

Anrechnung
- ausländische Erbschaftsteuer **A.IV** 5 a
- ehebedingte Zuwendung **I.I.2** 5
- Erbschaftsteuer auf Einkommensteuer **A.IV** 5 f
- nach § 1380 BGB **I.I.2** 5
- Pflichtteil **C.VI.1**; **G.IV.1** 2
- Pflichtteilergänzung **G.III.4** 8
- Pflichtteilsverzichtsvertrag **I.II.10** 3
- Übertragung, lebzeitige **I.III.1** 5
- Wert ehebedingter Zuwendung **I.I.3** 5
- Zugewinn **G.IV.1** 2
- Zuwendung, ehebedingte **I.I.3** 2

Anrechnungserklärung
- Zuwendung, ehebedingte **I.I.3** 7

Anrechnungsklausel
- Übertragung, lebzeitige **I.III.5**

Anspruch, betagter
- Vermächtnis **C.V.1** 10

Anspruchspfändung
- Auseinandersetzung **C.VII.6** 2

Anwachsung
- Erbeinsetzung **A.II.5** c) aa); **C.I.2** 6
- Vermächtnis **C.V.1** 7

Anzeigepflicht
- Abschichtung **J.VI.7** 9
- erbschaftsteuerrelevante Erwerbe **I.I.2** 14

- Erbteilsübertragung **J.VII.2** 12; **J.VII.4** 7
- Erbteilsverpfändung **J.VII.5** 7

Arbeitsverhältnisse
- bei Übertragung Einzelunternehmen **G.III.1** 3

Argentinien
- Haager Stellvertretungsabkommen **K.VXI** 4
- Nachlasseinheit **K.VII.1** 2

Armenien
- Deutsch-sowjetischer Konsularvertrag **K.VI.2** 3
- Nachlassspaltung **K.VII.1** 2

Aserbaidschan
- Deutsch-sowjetischer Konsularvertrag **K.VI.2** 3

Asylberechtigter
- EuErbVO **K.VII.5** 4
- Recht, anwendbares **K.VII.5**

Asylbewerber
- EuErbVO **K.VII.5** 4
- Recht, anwendbares **K.VII.5**

attestation clause **K.IV.3** 2

Atypisch stille Gesellschaft
- Abgrenzung zu Stiller Gesellschaft **G.VIII.2** 3
- Begründung **G.III.7** 1
- ertragsteuerliche Behandlung **G.III.7** 4
- steuerliche Behandlung **G.II.7** 3

Aufenthalt
- Auslandsbezug **A.II.8**

Aufenthalt, gewöhnlicher
- Begriff **K.VII.4** 2
- Begriff Inländer **A.VI** 2
- EuErbVO **J.V.1** 10 f.; **J.V.2** 1; **J.V.8** 2; **J.V.9** 12

Aufgabendelegation
- Testamentsvollstrecker **C.VII.1** a

Aufgebotseinrede
- Erbe **J.X.1** 1

Aufhebung
- frühere Verfügung von Todes wegen **A.III.2**; **E.I.1** 3
- Teilungsverbot **C.IV.2**

Aufhebungsvertrag
- Abgrenzung zu Anfechtung **I.II.15** 3
- Erbverzichtsvertrag **I.II.15**
- Form **I.II.15** 2
- Frist **I.II.15** 3
- Kosten **I.II.15** 7
- Rückgewähr Abfindung **I.II.15** 4
- steuerliche Behandlung **I.II.15** 6

Auflage
- Abgrenzung zu Vermächtnis **C.V.11** 1
- als Ersatz für rechtsfähige Stiftung **C.V.11** 2
- Anspruch auf Einhaltung **G.VI.4** 4
- Auseinandersetzung **C.IV.2** 2
- Ausschlagung der Auflage zur Stiftungserrichtung **H.II.6** 4
- Begriff **C.V.11** 1
- Begünstigter **C.V.11** 6; **C.V.12** 1
- Begünstigung Erbunfähiger **C.V.11** 2
- bei Unternehmertestament **G.V.1** 4 f.
- Beratung **A.II.5** g
- Beschwerter **C.V.11** 3; **C.V.12** 1
- Bindung Erblasser **A.III.1** a
- Drittbestimmungsmöglichkeiten **C.V.11** 2
- Erbeinsetzung **C.I.3** 1
- Erbschaftsteuer **C.V.11** 9
- Erbvertrag **C.V.11** 1
- Fälligkeit **C.V.11** 8
- fiduziarische Stiftung **H.I.**
- Gegenstand **C.V.11** 2
- gemeinschaftliches Testament **C.V.11** 1
- Grabpflege **C.V.12** 2
- Haustierversorgung **E.I.2** 9
- Kosten **C.V.12** 5
- lebzeitige Übertragung **I.III.1** 7
- Sicherung **G.VI.4** 4
- steuerliche Behandlung **C.V.11** 9; **C.V.12** 4; **G.VI.4** 5; **G.VI.5** 6
- steuerliche Behandlung der Stiftungserrichtung von Todes wegen **H.II.6** 7
- Stiftungserrichtung von Todes wegen **H.II.5** 1
- Stiftungsgeschäft **H.II.5** 1
- Teilungsverbot **C.IV.2** 2
- Testamentsvollstreckung **C.V.12** 1
- Unternehmensumwandlung **G.VI.4** 9
- Verhältnis zu Zuwendung **C.V.11** 4
- Versorgung von Haustieren **C.V.12** 3
- Vollziehungsberechtigter **C.V.11** 7; **C.V.12** 1
- Wegfall des Beschwerten **C.V.11** 5
- Wertbestimmung **C.V.11** 10
- zur Unternehmensfortführung **G.VI.4** 7 f.
- zur Unternehmensgründung **G.VI.4** 2 f.

Auflagenvollzug
- Testamentsvollstreckung **C.VII.15** 1

Auflassung
- Erbteilsübertragung **J.VII.2** 2

Auflösung
- auflösende Bedingung **C.I.8** 7
- Ehe/Lebenspartnerschaft **A.III.1** b
- Stiftung **H.III.2** 20
- Stiftung, unselbständige **H.III.3** 16

Auflösung der Gesellschaft
- Familienstiftung **H.III.6** 9
- Fortsetzungsklausel **G.I.1** 2

Aufwandsentschädigung
- Rechtsträger nichtrechtsfähiger Stiftung **H.III.3** 13

Aufwendungsersatz
- bei Nießbrauchsvorbehalt **I.III.11** 11

Auseinandersetzung
- Anspruch **C.IV.3** 2
- Anspruchspfändung **C.VII.6** 2
- Ausschluss **A.II.5** c) dd) ff.; **A.III.1** a; **C.IV.2** 1 ff.; **E.I.3** 5
- Ausschluss einzelner Nachlassgegenstände **E.II.4** 2

- Ausschluss, zeitweiliger **C.VII.6** 1
- Ausschlussfrist **C.IV.1** 6
- Checkliste **C.IV.1**
- freihändiger Verkauf **C.VII.3** 3
- Konstituierung des Nachlasses **C.VII.3** 2
- Kosten **C.IV.2** 7
- Kostentragung **C.IV.3** 6
- persönliche Teilerbauseinandersetzung **J.VI.6** 2; **J.VI.7** 2
- Pfandverkauf **C.VII.3** 3
- steuerliche Behandlung **C.IV.3** 7
- Teilerbauseinandersetzung durch Abschichtung **J.VI.7**
- Teilerbauseinandersetzung durch Erbteilsübertragung **J.VI.6**
- Teilerbauseinandersetzung mit Ausgleichszahlung an die Erbengemeinschaft **J.VI.4**
- Teilerbauseinandersetzung mit Ausgleichszahlung an die Miterben **J.VI.3**
- Teilerbauseinandersetzung mit späterer Berücksichtigung **J.VI.5**
- Teilungsanordnung **C.IV.3** 1
- Übernahmepflicht **C.IV.3** 3
- Übernahmerecht **C.IV.3** 5
- Vereinbarungen/Wünsche der Erben **J.IX.3** 7
- Verwertung **C.VII.3** 4
- vorzeitige **C.VII.6** 2
- Zuteilung **C.VII.3** 4

Auseinandersetzungplan J.IX.3

Auseinandersetzungsgebühr
- Testamentsvollstreckervergütung **C.VII.1** e) bb) (b)

Auseinandersetzungsklage J.VI.1 3

Auseinandersetzungsplan
- Anhörung der Erben **J.IX.3** 5
- Anordnungen des Erblassers **J.IX.3** 4
- Aufstellung **J.IX.5** 3
- einverständliche Erbauseinandersetzung **J.VI.2** 3
- Erbauseinandersetzung **J.VI.1** 3, 6
- Minderjährige **J.IX.3** 5
- Mitwirkung der Erben **J.IX.3** 2
- Vereinbarungen/Wünsche der Erben **J.IX.3** 7
- Verteilung Nachlassgegenstände **J.IX.3** 4
- Vollzug **J.IX.5** 2

Auseinandersetzungsverbot J.VI.1 2
- Nichtbeachtung, einvernehmliche **J.IX.5** 2

Auseinandersetzungsvereinbarung J.VI.1 3
- Erfüllungsübernahme **J.VI.2** 6
- Form **J.VI.2** 4
- Kosten **J.VI.2** 10
- Sicherungsmittel **J.VI.2** 5
- Vollzug der **J.VI.2** 3

Auseinandersetzungsvertrag J.IX.3 1, 6; **J.IX.5** 3
- Beendigung Testamentsvollstreckung **J.IX.5** 5
- Form **J.IX.5** 4
- Geschäftswert **J.IX.5** 6
- Gläubigeranfechtung **I.I.6** 7
- Kosten **J.IX.5** 6

Auseinandersetzungsvollstreckung
- Testamentsvollstrecker **C.VII.3** 3
- Testamentsvollstreckung **C.VII.4** 1 f.

Auseinandersetzungszeugnis
- Antrag auf Erteilung **J.V.4** 1 f.

Ausgleichsanspruch
- bei Übertragung Einzelunternehmen **G.III.1** 4
- Wertausgleich **G.I.4** 5

Ausgleichsleistung
- unter Anrechnung auf Erbteil **J.VI.5** 2

Ausgleichspflicht
- bedingtes Vorausvermächtnis **F.I.2** 9
- Pflegeleistung **I.III.16** 3

Ausgleichszahlung
- an Erbengemeinschaft bei gegenständlicher Teilerbauseinandersetzung **J.VI.4**
- an Miterben bei gegenständlicher Teilerbauseinandersetzung **J.VI.3**

Ausgleichung
- bei Bestimmungsvermächtnis **C.VII.8** 5
- bei lebzeitiger Übertragung eines Einzelunternehmers auf den Nachfolger **G.III.1** 4
- bei Schenkung unter Begründung einer stillen Gesellschaft **G.III.7** 2
- bei Schenkung von Gesellschaftsnateilen zu Lebzeiten **G.III.3** 2
- Durchführung bei Erbauseinandersetzung **J.VI.1** 5
- Erbrechtsreform **J.VI.1** 5
- lebzeitiger Zuwendungen **A.II.5** c) ff)
- nachträgliche Anordnung bei gegenseitiger Erbeinsetzung und Einsetzung der Kinder als Schlusserben **E.II.6** 1 f.
- zu niedrigerem Wert **A.II.5** c) ee)

Auskunft
- Bevollmächtigter **J.II.3** 6

Auskunft, außergerichtliche
- bei Testamentsvollstreckung **J.II.6**
- Erbe **J.II.3**
- Miterbe **J.II.5**
- Nacherbe **J.II.1**; **J.II.2**
- Nichterbe, pflichtteilsberechtigter **J.III.2**; **J.III.4**
- notarielles Bestandsverzeichnis gem. § 260 Abs. 1 BGB **J.III.3**

Auskunftsanspruch
- Dauertestamentsvollstreckung **L.V** 5
- gegen Erbschaftsbesitzer **J.II.4** 3
- gegen Miterben wegen Vorerwerbs **J.II.5**
- gegen Testamentsvollstrecker **J.II.6**
- Geldvermächtnis **C.V.3** 6
- Miterbe gegen Miterben bei Pflichtteilsergänzung **J.III.5**
- Nacherbe gegen vom Vorerben Beschenkten **J.II.1** 3
- Nacherbe gegen Vorerben **J.II.2** 1 f.

- Nichterbe, pflichtteilsberechtigter **J.III.4**
- Nichterbe, pflichtteilsberechtigter gegen Beschenkten **J.III.4**
- Nichterbe, pflichtteilsberechtigter gegen Erben **J.III.2**
- Pflichtteil **J.III.2**
- Pflichtteilsstrafklausel **C.VI.5** 2

Auskunftsklage
- gegen Erbschaftsbesitzer **J.II.4**

Auslandsbezug
- anwendbares Recht **K.VI**
- Asylbewerber/-berechtigter **K.VII.5**
- autonomes Kollisionsrecht **A.II.8** c
- Belgien **K.XIX.2**
- Bosnien-Herzegowina **K.XIX.3**
- Checkliste anwendbares Recht **A.II.8** c
- Checkliste Sachverhaltsermittlung **A.II.8** b
- Communauté avec clause d'attribution **K.XVIII**
- Dänemark **K.XIX.4**
- Declaration of Domicile **K.VII.8**
- Deutsch-französischer Wahlgüterstand **K.XVIII**
- Deutsch-iranisches Niederlassungsabkommen **K.VI.3**
- Deutsch-sowjetischer Konsularvertrag **K.VI.2**
- Deutsch-türkischer Konsularvertrag **K.VI.1**
- Entscheidungsdivergenz **A.II.8** c
- Erbschaftsausschlagung **J.IV.3** 7
- Erbvertrag **K.IV.1**
- Erbvertrag und gemeinschaftliches Testament österreichischer Ehegatten **K.VIII.6**
- Erbverzicht **K.IV.1**
- Erbverzichtsvertrag **K.XVII**
- Errichtung deutscher Grundstücksgesellschaft **K.XVIII**
- Errichtung einer französischen Grundstücksgesellschaft **K.XVIII**
- Errichtungsstatut **K.VII.1** 5
- EuErbVO **A.II.8** a, b
- Europäisches Nachlasszeugnis **A.VI** 6
- Flüchtling **K.VII.5**
- Formstatut **A.II.8** c
- Frankreich **K.XIX.5**
- gegenseitige Erbeinsetzung **C.I.8** 2
- gemeinschaftliches Testament mit Ersatzerbfolge **K.IX**
- gemeinschaftliches Testament und Erbvertrag **C.I.8** 2; **K.VIII.4**
- gesondertes Vermächtnistestament (Kanada) **K.XV**
- Gestaltungsmöglichkeiten **K.XVIII**
- Güterrecht **A.II.8** b
- Haager Erbrechtsübereinkommen **K.VI.4**
- Heimatrecht **K.VII.1**
- interlokale Rechtsspaltung **K.VII.6** 2
- interlokales Privatrecht **K.VII.6**
- interpersonales Privatrecht **K.VII.6**
- interpersonales Rechtsspaltung **K.VII.6** 3
- IPR **K.I**
- Italien **K.XIX.6**
- joint and mutual will (USA/Florida) **K.XIV**
- Kosten Vollmacht **K.XVI** 6
- last will and testament (USA) **K.XIII**
- materielles ausländisches Recht **A.II.8** c
- Mehrstaater mit deutscher Staatsangehörigkeit **K.VII.3**
- Mehrstaater ohne deutsche Staatsangehörigkeit **K.VII.4**
- nach autonomem Kollisionsrecht berufenes Recht **K.VII**
- Nachlasseinheit **K.VII.1** 2
- Nachlasshaftung bei Nachlassspaltung **K.VII.10**
- Nachlassspaltung **A.II.8** c; **K.VII.1** 2; **K.VII.9**
- Niederlande **K.XIX.7**
- Österreich **K.XIX.8**
- Pflichtteilsverzicht **K.XVII**
- Polen **K.XIX.9**
- Portugal **K.XIX.10**
- postmortale Generalvollmacht **K.XVI**
- Recht, anwendbares **K.IV.1**
- Rechtswahl **A.II.8** c
- Rechtswahl bei gemeinschaftlichem Testament **K.VIII.5**
- Rechtswahl bei gemeinschaftlichem Testament und Erbvertrag **K.VIII.4**
- Rechtswahl EuErbVO bei Testament **K.VIII.3**
- Rechtswahl nach ausländischem Recht **K.VIII.2**
- Rechtswahl nach deutschem Recht **K.VIII.1**
- Rechtswahl nach EuErbVO bei Erbvertrag **K.VIII.5**
- Rückverweisung **K.VII.7**
- Schenkung von Todes wegen **K.IV.1**
- Schweiz **K.XIX.11**
- Slowakei **K.XIX.12**
- Spanien **K.XIX.13**
- Staatenlose **K.VII.2**
- Staatsangehörigkeit **A.II.8** b
- Testament Ferienimmobilie (England) **K.X**; **K.XI**
- Testament nach der EuErbVO **K.VIII.3** 3 f.
- Testament, notarielles **B.II.1** 6
- Testamentsgestaltung **A.II.8**
- Testamentsregister **A.II.8** c
- Testierfähigkeit **K.V**
- transmortale Generalvollmacht **K.XVI**
- Tschechische Republik **K.XIX.14**
- Türkei **K.XIX.15**
- Verbot gemeinschaftliches Testament **K.IX** 2
- Vereinigtes Königreich **K.XIX.16**
- Vermeidung hinkender Rechtsverhältnisse **K.II**
- Vollmachtsform **K.XVI** 5

- waiver of a right of election of a surviving spouse (USA) **K.XII**
- Zukunftsentwicklung **A.II.8** c

Auslandsvermögen
- Checkliste Sachverhaltsermittlung **A.II.8** b
- Erbschaftsteuer **A.IV** 5a
- Erbscheinsantrag **J.V.2** 6
- gewöhnlicher Aufenthalt **A.VI** 3
- Testamentsgestaltung **A.II.8** a

Auslegung
- Abgrenzung des Vermächtnisses von der Erbeinsetzung **C.V.1** 1
- andere Ersatzerben als Abkömmlinge **C.I.2** 5
- Andeutungstheorie **J.V.1** 9a
- Auflage **C.V.12** 1
- Auflösung der Ehe **A.III.1** b
- Auflösung der Lebenspartnerschaft **A.III.1** b
- aufschiebend bedingtes Vermächtnis **C.V.8** 5 f.
- Ausschluss der Vererblichkeit der Anwartschaft **C.II.1** 4
- automatische Pflichtteilsstrafklausel **C.VI.5** 6
- Beschwerung mehrerer Erben **C.V.1** 3; **C.V.11** 3
- Beweisfrage **J.V.1** 9 c
- eigenhändiges Testament **B.I.1** 6
- Eindeutigkeitsformel **J.V.1** 9 a
- Einheitslösung **C.I.8** 2
- Erbanlasseranordnung **J.IX.4** 1
- Erbeinsetzung **A.II.5** b
- Erbscheinsantrag **J.V.1** 7; **J.V.6** 1
- Erbscheinsantrag des Vorerben **J.V.5** 2 f.
- Ersatzbedachter **C.V.3** 5
- Ersatzbenennung durch Testamentsvollstreckung **C.VII.2** 3
- Ersatzerbfolge **A.II.** e
- Ersatzvermächtnis **C.V.1** 7
- Fälligkeit des Vermächtnisanspruchs **C.V.1** 10
- falsa demonstratio **J.V.1** 9 a
- Forderungsvermächtnis **C.V.5** 2
- Formverstoß **B.I.1** 3
- Handeln unter falschem Recht **J.V.8** 12
- Juristische Personen als Erben **C.I.6** 2
- mehrere Vermächtnisnehmer **C.V.9** 1
- Nacherbe **C.VII.1** a
- nachträgliche Anordnung der Vor- und Nacherbschaft sowie der Testamentsvollstreckung **J.V.7** 2 ff.
- Nachvermächtnis **C.V.1** 8
- Person des Nacherben **C.II.1** 3
- Pflichtteilsentziehung **C.VI.2** 6
- Pflichtteilsverzicht **I.II.6** 7
- Sachvermächtnis **C.V.2** 1
- Schlusserbeneinsetzung **C.I.8** 3 ff.
- Stiftungsgeschäft **H.II.1** 1
- Testierfreiheit des Erblassers **A.III**
- Tod eines Miterben **C.IV.1** 9
- Verfügung von Todes wegen **J.V.1** 9 f.
- Verhältnis zu Anfechtung **J.I** 4
- Vermächtnisgegenstand **L.III.1** 2
- Vollmacht **C.VII.1** c
- Vorversterben des Untervermächtnisnehmers **C.V.10** 8
- wechselseitiger Erb- bzw. Pflichtteilsverzicht **K.XVII** 3
- Willenstheorie **J.V.1** 9b
- Zuwendung von Einzelgegenstände **C.I.5** 2

Auslegungsvertrag **J.V.6** 3
- Bindung Finanzamt **J.V.6** 7
- Bindung Grundbuchamt **J.V.6** 6
- Bindung im Sozial-/Insolvenzrecht **J.V.6** 8
- Bindung Nachlassgericht **J.V.6** 2
- Bindungswirkung **J.V.6** 6
- Erbauseinandersetzung **J.V.6** 5
- Erbscheinsantrag **J.V.6** 1 f.
- Feststellungswirkung **J.V.6** 4
- Form **J.V.6** 5
- Geschäftswert **J.V.6** 10
- Kosten **J.V.6** 10

Ausnahmegenehmigung
- Grenzen der Testierfreiheit durch HeimG **A.II.4** b
- Vermächtnis zugunsten Heimträger **F.I.5** 7

Ausschlagung
- Anfechtung **J.IV.12; J.IV.13; J.IV.14**
- Anwachsung an übrige Miterben durch **C.I.2** 6
- Auflage zur Stiftungserrichtung **H.II.8** 4
- auflösend bedingte Erbeinsetzung **C.I.3**
- bei annähernd gleichzeitigem Versterben der Ehegatten **C.I.8** 3
- bei Pflichtteilsbeschränkung **C.VI.3** 3
- Besonderheiten bei Ausschlagung eines Hofes iSd HöfeO **J.IV.10** 2
- Besonderheiten bei Ausschlagung eines Vermächtnisses **J.IV.11**
- cautela Socini **C.VI.10**
- Ceckliste Pflichtteilsansprüche **J.III.1**
- Checkliste Ausschlagung der Erbschaft **J.IV.1**
- Checkliste zur Prüfung der Testierfreiheit **A.III.1**
- durch den Betreuer **F.I.3** 8
- durch Ehegatte zwecks Geltendmachung des kleinen Pflichtteils **J.IV.8**
- durch gesetzlichen Vertreter **J.IV.4; J.IV.5**
- durch Sozialleistungsträger **A.II.4** a
- Ehegattenverfügung **C.VI.11**
- Erbeinsetzung **A.II.5** c) aa)
- Ersatzerbenbestimmung **C.I.2** 3
- Ersatzerbfolgeausschluss **C.VI.10**
- Ersatzvermächtnis **C.V.1** 7
- Fortfall der Bindung **A.III.1** f
- Gefährdung der Stiftungserrichtung durch **H.II.8** 4
- Hof **J.IV.10**

– im Restschuldbefreiungsverfahren **F.II.2** 3
– Lauf der Ausschlagungsfrist **J.IV.3** 2
– Pflichtteilsverlangen **C.I.3** 4
– taktische **I.I.5** 4
– Unzulässigkeit bedingter **J.IV.7** 4
– Vermächtnis **C.V.2** 5; **J.IV.11**
– Vermächtnis bei Behindertentestament **F.I.3** 8
– Wegfall des Beschwerten **C.V.1** 5
– Wirkung **J.IV.3** 8
Ausschlagungserklärung J.IV.3 3
– Form **J.IV.3** 5
Ausschlagungsfrist J.IV.2 2; **J.IV.9** 3
– Beginn **J.IV.5** 3
– Berechnung **J.IV.3** 2
– betreuungsgerichtliche Genehmigung bei Erbschaftsausschlagung **J.IV.5** 4
– Hemmung bei Betreuung **J.IV.5** 4
– pflichtteilsberechtigter beschränkter/beschwerter Erbe **J.IV.9** 3
– Vermächtnis **J.IV.11** 3
– Versäumung wegen Irrtum **J.IV.14**
Ausschlagungsvertrag F.I.1 9
Ausschluss
– Abfindung **G.II.3** 4; **G.II.4** 2
– Auseinandersetzung **A.II.5** c) dd); **A.III.1** a; **C.IV.2**
– Auseinandersetzung einzelner Nachlassgegenstände **E.II.4** 1
– Auseinandersetzung, vorzeitige **C.VII.6** 2
– Beurkundung, notarielle **B.II.1** 2
– Checkliste Auseinandersetzung **C.IV.1**
– Ehegattenrechts **A.III.1** b
– Fremdbestimmung **A.II.4** a
– Vererblichkeit **C.II.2** 4
– zeitweiliger der Auseinandersetzung **C.VII.6** 1
Ausschlusseinrede
– Erbe **J.X.1** 1
Ausschlussfrist
– Auseinandersetzung **C.IV.1** 6
– ehebedingte Zuwendung **I.I.2** 10
Ausstattung
– Abgrenzung zu Schenkung **I.IV** 1
– Anfechtung **I.IV** 1
– anlässlich Verheiratung **I.IV** 3
– Begriff **I.IV** 3
– Erbausgleichung **I.IV** 1
– Form **I.III.4** 2; **I.IV** 2
– Grundstücksschenkung **I.III.2** 4
– Haftung **I.IV** 4
– Insolvenz **I.IV** 1
– Kosten **I.IV** 8
– lebzeitige Übertragung **I.IV**
– Pflichtteilsergänzung **I.IV** 1
– Rückabwicklungsvorbehalt **I.IV** 5
– Rückforderung **I.IV** 1
– steuerliche Behandlung **I.IV** 6
– Übernahme Schenkungsteuer **I.IV** 6
– Vermögensmehrung **I.IV** 3
– Zugewinngemeinschaft **I.IV** 1
– zur Erlangung selbständiger Lebensstellung des Kindes **I.IV** 3
Australien
– interlokales Privatrecht **K.VII.6** 2
– Nachlassspaltung **K.VII.1** 2
– territorial konkurrierende Rechtsordnungen **K.VII.6** 2
– Washingtoner UNIDROIT-Übereinkommen über ein einheitliches Recht der Form eines Internationalen Testaments **K.IV.1**
Austritt-Eintritt-Modell
– Haftung des bei Anteilsschenkung ausscheidenden/eintretenden Gesellschafters **G.III.3** 1
Austrittsrecht
– bei Umwandlungsklausel **G.I.3** 2
Auswahl
– Testamentsvollstrecker **C.VII.1** a
Auswechslung
– Testamentsvollstrecker **C.VII.13** 6

Baden-Württemberg
– Anerbengesetz **G.X.1** 2
– Anerkennung Stiftung **H.IV** 1
– Kapitalisierungsfaktor Landgut **G.X.2** 4
– Stiftungsgesetz **H.I**
Bargründung
– Familien-Gesellschaft **G.IV.2** 3
Bayern
– Anerkennung Stiftung **H.IV** 1
– Kapitalisierungsfaktor Landgut **G.X.2** 4
– Stiftungsgesetz **H.I**
Bedachter
– Bestimmung Testamentsvollstrecker **C.VII.2** 6
– minderjähriger **A.II.5** h
– Vermächtnisnehmer **C.V.1** 6
– Vorversterben des **C.V.1** 7
Bedingung
– aufschiebend bedingte Erbeinsetzung **G.VI.5** 5
– Erbteilsübertragung **J.VII.3** 3
– Erbverzichtsvertrag **I.II.3** 5, 6
– mittelbare Grundstücksschenkung **I.III.8** 3
– Nacherbfolge **A.II.5** d) cc)
– Nachweis des Bedingungseintritts **I.II.11** 5
– Pflichtteilsverzicht **I.II.4** 6; **I.II.6** 7
– Pflichtteilsverzichtsvertrag **I.II.7** 5, 6
– steuerliche Behandlung **G.VI.5** 6
– Stiftungsgeschäft **H.II.1** 1
– Unternehmertestament **G.VI.5** 4
– Vermächtnis **E.I.4** 12
Bedingung, auflösende
– bei Schenkung **I.III.7** 6, 7
– Ehegattenerbvertrag **C.I.8** 7
– Erbschaftsteuer **A.IV** 4 b; **G.I.7** 5

– Rückforderungsrecht bei Schenkung eines Gesellschaftsanteils **G.IV.7** 1
– Rücktritt bei Schenkung **I.III.7** 7
– steuerliche Behandlung **C.II.4** 5
– Überlebensbedingung **I.VI** 4
– Vor-/Nacherbfolge **C.II.4** 3
– Widerruf der Schenkung **G.III.3** 2
Bedingung, aufschiebende
– Erbschaftssteuer **A.IV** 4 b
– nachfolgende Übertragung von Gesellschaftsanteilen **G.IV.3** 3
– Schenkung von Gesellschaftsteilen **G.III.3** 1
– Überlebensbedingung **I.VI** 4
– Wegfall des Beschwerten **C.V.1** 5
Beeinträchtigungsabsicht
– Bindungswirkung an Erbvertrag **E.III.2** 4
– ehebedingte Zuwendung **I.I.2** 11
– Grundstücksvermächtnis **C.V.6** 4
Beendigung
– gesetzlicher Güterstand **I.I.6** 3; **I.I.7** 5
– steuerliche Behandlung der Beendigung des Güterstandes **I.I.6** 8; **I.I.7** 7
– Testamentsvollstreckung **J.II.6** 2 f.; **J.IX.5**
Befreiung
– Testamentsvollstrecker **A.II.5** h
– Vorerbe nach § 2136 BGB **A.II.5** d) cc)
Befristung
– Eintrittsklausel **G.I.5** 2
– Erbschaftsteuer **A.IV** 4 b
– Rücktrittsberechtigung **I.III.2** 19
Befristung, aufschiebende
– Herausgabevermächtnis **C.II.2** 2
Begünstigter
– Anordnung von Auflagen **C.V.12** 1
– Auflage **C.V.11** 6
– Stiftungszweck **H.II.2** 2
Begünstigter, verschuldeter
– bei Wegfall der Verschuldung **F.II.4**
– Dauertestamentsvollstreckung **F.II.2**
– Vor-/Nacherbfolge **F.II.2**
– Vorvermächtnis mit Dauertestamentsvollstreckung **F.II.2** 5
– Vorvermächtnis mit Testamentsvollstreckung **F.II.2** 4
– Zuwendung nicht pfändbares Vermächtnis **F.II.1** 8
Behindertentestament
– Ausschlagung Vermächtnis **F.I.3** 8
– bedingtes Vorausvermächtnis **F.I.2** 9; **F.I.4** 4
– Beurkundungskosten **F.I.2** 15
– Bindungswirkung **F.I.2** 11
– Checkliste **F.I.1**
– Dauertestamentsvollstreckung **F.I.2** 10; **F.I.3** 2, 10
– Einsetzung des behinderten Kindes nur zum nicht befreiten Vorerben **F.I.2** 6
– Einsetzung des überlebenden Ehegatten zum befreiten Vorerbe **F.I.2** 7
– Erbeinsetzung nach dem Erstversterbenden **F.I.2** 3
– Erbquote **F.I.2** 5
– gemeinschaftliches Testament **F.I.2**
– Gestaltungsmöglichkeiten **F.I.1** 4
– güterrechtlicher Einfluss **F.I.1** 6
– Hinweise **F.I.2** 12
– lebzeitige Zuwendungen **F.I.2** 9
– lebzeitige Zuwendungen an die nicht behinderten Kinder **F.I.1** 7
– Leibrentenvermächtnis **F.I.3** 6
– Nachrangprinzip, sozialhilferechtliches **F.I.1** 3, 5
– nachträgliches **F.I.1** 9
– Nachvermächtnis **F.I.3** 7
– Pflichtteil **F.I.1** 3
– Pflichtteilsergänzung **F.I.3** 9
– Pflichtteilsergänzungsansprüche **F.I.2** 9
– Pflichtteilsklauseln **C.VI.5** 6
– Pflichtteilsrestanspruch **F.I.3** 9
– Pflichtteilsstrafklausel **F.I.2** 4
– Pflichtteilverzicht **F.I.1** 8
– Quotenvermächtnis **F.I.3** 5
– Sachverhaltsaufklärung **F.I.1** 2
– salvatorische Klausel **F.I.2** 13
– salvatorische Klausel bei Zuwendungen an Heimträger **F.I.5** 8
– Schlusserbfolge **F.I.2** 8
– Sittenwidrigkeit der Gestaltungen **F.I.1** 5
– Sozialhilferecht **F.I.1** 3
– steuerliche Behandlung **F.I.2** 14
– Teilungsanordnung **F.I.2** 10
– Testamentsvollstrecker **F.I.2** 10
– Testamentsvollstreckungsvergütung **F.I.2** 10
– Überprüfung **F.I.1** 2
– umgekehrte Vermächtnislösung **F.I.4**
– unterlassenes **J.IV.5** 5
– Verfügung der Ehegatten zugunsten Heimträger **F.I.5**
– Vermächtnis zugunsten des behinderten Kindes **F.I.3** 5
– Vermächtnislösung **F.I.1** 4; **F.I.3**
– Vermächtnislösung, umgekehrte **F.I.1** 4
– Vermächtnisse zugunsten sonstiger Pflichtteilsberechtigter **F.I.4** 3
– verschuldete Erben **F.II.1** 6
– Verwaltungsanordnung **F.I.2** 10
– Vor-/Nacherbschaftslösung **F.I.1** 4; **F.I.2**
– Wohnungsrechtsvermächtnis **F.I.3** 6
– Zentrales Testamentsregister (ZTR) **F.I.2** 15
– Zugriff des Sozialträgers auf den Nachlass **A.II.4** a
Behinderter
– Mehrfachbehinderter **B.III.1**
– Testament **B.III.1**
– Verfügung von Todes wegen **B.III.1**
Behörde
– Nachlassverzeichnis **J.IX.4** 5

Beirat
- Doppelstiftung **H.III.6** 5
- Stiftug **H.III.1** 30 ff.
- unselbständige Stiftung **H.III.3** 8 ff.

Belastungsübernahme
- Grundstücksvermächtnis **C.V.6** 4
- Verschaffungsvermächtnis **C.V.6** 4

Belastungsverbot
- Hofübergabevertrag **G.X.6** 13

Belegenheitsprinzip K.VII.9 2

Belegvorlage
- bei Auskunftsanspruch Pflichtteil **J.III.2** 13

Belehrung
- ausländisches Recht **K.III.1** 4
- bei Rückgabe aus notarieller Verwahrung **A.III.4**
- Erbvertrag **B.IV** 4; **D.II.1** 2
- gemeinschaftliches Testament **D.I.2** 2
- Testamentsurkunde **D.I.1** 2
- Vorsorgeurkunde **L.VI.1** 4

Belehrungsvermerk
- Beratung über Bindung **A.II.6** f

Belgien K.XIX.2
- ausländische Anerkennung eines deutschen Erbscheins **J.V.8** 11
- Nachlassspaltung **K.VII.1** 2
- postmortale Vollmacht **K.XVI** 3
- Testierfähigkeit **K.V**
- transmortale Vollmacht **K.XVI** 3
- Washingtoner UNIDROIT-Übereinkommen über ein einheitliches Recht der Form eines Internationalen Testaments **K.IV.1**

Benachrichtigung
- in Nachlasssachen **B.V**
- Zentrales Testamentsregister (ZTR) **B.V** 3

Benennung
- Vormund **A.II.5** e; **E.I.3** 8; **E.II.3**

Beratung
- Änderungsvorbehalt **A.II.6** c
- Auflage **A.II.5** g
- Auslandsbezug **A.II.8**
- Belehrungsvermerk über Bindung **A.II.6** f
- Berücksichtigung von Vermögensveränderungen **A.II.2** c
- Bindung Erblasser an Verfügung von Todes wegen **A.II.6**
- des Erblassers **A.II.1**
- eheliches Güterrecht **I.I.1**
- einseitige Verfügung **A.II.6** a
- Erbeinsetzung **A.II.5** b
- erbschaftsteuerliche **A.II.2** b
- familienrechtliche Anordnung **A.II.5** e
- Freizeichnungsklausel **A.II.6** c
- Gesamtrechtsnachfolge **A.II.4** c
- gesetzliche Erbfolge **A.II.3** c
- Gestaltungsmöglichkeiten **A.II.5**
- gewillkürte Erbfolge **A.II.3**
- nach Erbfall **J.IV.9** 2
- nichteheliche Lebensgemeinschaft **E.V**
- Notarkosten **A.V** 1
- persönliche Verhältnisse des Erblassers **A.II.**
- Pflichtteilsergänzungsanspruch **A.II.3** e
- Pflichtteilsrecht **A.II.3** d
- Rücktrittsvorbehalt bei Erbvertrag **A.II.6** b
- Testamentsgestaltung bei Auslandsbezug **A.II.8** a
- Testamentsvollstreckung **A.II.5** h
- Testierfreiheit **A.II.3** b; **A.II.4** a; **A.III**
- typische Regelungsziele **A.II.7**
- Unternehmenserbrecht **A.II.9**
- Verfügung von Todes wegen **A.V** 1
- Verfügungsunterlassungsvertrag **A.II.6** d
- Verhältnis Erb-/Gesellschaftsrecht **A.II.9**
- Vermächtnis **A.II.5** f
- vermögensrechtliche Verhältnisse **A.II.2** b
- vertragsgemäße Verfügung **A.II.6** a
- Verzicht auf Anfechtung wegen Übergehung Pflichtteilsberechtigter **A.II.6** e; **A.III.1** e
- Vor-/Nacherbfolge **A.II.5** d
- wechselbezügliche Verfügung **A.II.6** a

Beratungsgespräch A.I

Berichtigung
- Erbschaftsteuer **A.IV** 4b

Berlin
- Anerkennung Stiftung **H.IV** 1
- Kapitalisierungsfaktor Landgut **G.X.2** 4
- Stiftungsgesetz **H.I**

Berliner Testament E.II.1 8; **E.II.9** 2
- Ernennung Ehegatten als Testamentsvollstrecker **E.II.10** 3
- gegenseitige Erbeinsetzung und Einsetzung der gemeinsamen Kinder als Schlusserben mit Vermächtnis des Erstversterbenden zugunsten der Kinder **E.II.9**
- gegenseitige Erbeinsetzung und Einsetzung der gemeinsamen Kinder als Schlusserben mit Vermächtnis durch den Erstversterbenden zugunsten der Kinder mit Nießbrauchuntervermächtnis für den längstlebenden Ehegatten **E.II.10**
- Kosten **D.I.1** 4; **D.I.2** 7
- Pflichtteilsverzichtsvertrag bei **I.II.7** 3
- steuerliche Behandlung **C.I.8** 10; **E.II.1** 9; **E.II.9** 2

Beschenkter
- Auskunftspflicht gegenüber Pflichtteilsberechtigtem **J.III.4** 1
- grober Undank **I.III.4** 5

Beschlussfassung
- abweichende Stimmrecht **G.III.6** 2
- Stiftungsrates **H.III.1** 32
- Stiftungssatzung **H.III.1** 29

Beschränkung
- Ausschlagung auf die gewillkürte Erbfolge **J.IV.6** 2
- elterliche Vermögenssorge **A.II.5** e; **C.I.7** 3
- Erbeinsetzung **C.I.3** 1
- Erbschaftsausschlagung des pflichtteilsberechtigten Erben **J.IV.9** 2
- Erbverzicht **I.II.4** 3
- Höchstpersönlichkeit eines Rückabwicklungsvorbehalts **I.III.11** 4
- Pflichtteil **C.VI.3**
- Testamentsvollstrecker **A.II.5** h
- Vermögenssorge Minderjähriger **E.I.3** 7
- Vollmacht **I.III.2** 27
- Vorerben hinsichtlich Verwaltung **H.II.9** 3

Beschränkung, gegenständliche
- Pflichtteilsverzicht **I.II.8** 2

Beschränkung, persönliche
- Pflichtteilsverzicht **I.II.13** 3

Beschränkung, zeitliche
- Pflichtteilsverzicht **I.II.14** 3

Beschwerter
- Alleinerbe **J.IV.9** 4
- allgemeine Vermächtnisanordnungen **C.V.3** 2
- Anfall des Nachvermächtnisses **C.V.1** 8
- Anfall des Vermächtnisses **C.V.1** 9
- Auflage **C.V.11** 3
- Ersatzbeschwerter **C.V.1** 3
- Fälligkeit des Vermächtnisanspruchs **C.V.1** 10
- Haftung **J.VIII.2** 4
- Kosten der Erfüllung **C.V.1** 11
- mehrere **C.VI.9** 2
- Untervermächtnis **C.V.9** 1
- Vermächtnislast **C.V.1** 3
- Wegfall **C.V.1** 5; **C.V.9** 2; **C.V.11** 5

Beschwerung
- Erbeinsetzung **C.I.3** 1
- Erbschaftsausschlagung des pflichtteilsberechtigten Erben **J.IV.9** 2
- Erbverzicht **I.II.4** 4
- Wahlrechtsverzicht **I.II.9** 3

Bestandsverzeichnis
- außergerichtliche Auskunft **J.II.5** 3; **J.II.6** 2
- außergerichtliche Vereinbarung **J.III.7** 3
- Checkliste Pflichtteilsansprüche **J.III.1**
- Eidesstattliche Versicherung **J.II.2** 3; **J.II.3** 7; **J.II.4** 7; **J.III.2** 15
- Ergänzungsanspruch **J.III.2** 14
- Nachlass **J.III.2** 3, 4
- notarielles **J.III.3**
- Rechnungslegung **J.II.2** 2

Besteuerung
- Testamentsvollstreckervergütung **C.VII.1** e bb) (j) (2)
- wiederkehrende Nutzungen und Leistungen **A.IV** 5 b

Bestimmungsberechtigter
- gesellschaftliches Präsentationsrecht **G.II.6** 2
- Testamentsvollstreckung **C.VII.2** 2; **C.VII.8**
- Unternehmenstestament **G.VI.1** 2 ff.
- Vermächtnis **C.V.10** 3

Bestimmungsvermächtnis **C.VII.8** 1 f.
- Adressat Bestimmungserklärung **C.VII.8** 5
- Ausgleichung **C.VII.8** 5
- Ausschluss Bestimmungsberechtigung **C.VII.8** 2
- Auswahl der Bedachten **C.VII.8** 1
- Bestimmung Anteilshöhe **C.VII.8** 3
- Estate-Planing **C.VII.8** 4
- steuerliche Behandlung **G.VI.1** 11
- Testamentsvollstreckung **C.VII.8**

Betagung
- Erbschaftsteuer **A.IV** 4 b

Beteiligung
- Bargründung einer vermögensverwaltenden KG **G.VI.3**
- Bewertung **A.IV** 4 c
- Eintrittberechtigung am Vertragsscgluss **G.I.6** 2
- Herausnahme aus Zugewinnausgleich **G.III.9**
- Schenkung unter Begründung einer Untergesellschaft **G.III.8**

Beteiligung, atypisch stille s Atypische stille Gesellschaft

Beteiligung, lebzeitige
- Nachfolger an Einzelunternehmen **G.III.2**

Beteiligung, stille s Stille Gesellschaft

Betreuer
- Ausschlagung Vermächtnis bei Behindertentestament **F.I.3** 8
- Ausschlagungsfrist **J.IV.5** 3, 4
- Betreuungsgerichtliche Genehmigung bei Erbschaftsausschlagung **J.IV.5** 4, 5
- Erbauseinandersetzung **J.VI.1** 9
- Erbschaftsausschlagung **J.IV.5** 2
- Erbscheinsantrag mit Beschränkung eines Erben durch Nacherbschaft/Testamentsvollstreckung **J.V.7**
- Hemmung Ausschlagungsfrist **J.IV.5** 4
- Pflichtteilsverzichtsvertrag **I.II.6** 9

Betreuungsgericht
- Genehmigung Erbschaftsausschlagung **J.IV.4** 2; **J.IV.5** 4, 5

Betrieb, forstwirtschaftlicher sa Landgut

Betrieb, landwirtschaftlicher
- Nachfolge **G.X.1** 2
- Übernahmerecht zum Ertragswert **G.X.2** 2
- Zuweisung nach GrdstVG an Miterben **G.X.1** 15

Betriebseinnahme
- Testamentsvollstreckervergütung **C.VII.1** e bb) (2a) (dd)

Betriebsübergang
- rechtsgeschäftlicher **G.VII.3** 5

Betriebsübertragung
- Form **G.III.1** 2
- Hofübergabevertrag **G.X.6** 16

Betriebsvermögen
- Begünstigung **A.IV** 4d
- Bewertung **A.IV** 4c, 4d
- Grundstücksvermächtnis **C.V.6** 8
- steuerliche Behandlung bei Realteilung **C.IV.3** 7
- steuerliche Behandlung bei Umwandlung **G.VI.4** 12
- steuerliche Behandlung der Übertragung bei Erbauseinandersetzung **G.V.4** 6; **G.V.6** 6; **G.V.7** 6
- Vermächtnisausschlagung **G.V.2** 5

Betriebswohnung
- Bewertung **G.X.2** 6

Beurkundung
- Angaben auf Testamentsumschlag **B.V** 2
- Anzeigepflicht erbschaftsteuerrelevanter Vorgänge **I.I.2** 14
- Aufhebungsvertrag **I.II.15** 2
- Auseinandersetzungsvereinbarung **J.VI.2** 4
- Auslandsbezug **B.II.1** 6
- Ausschluss **B.II.1** 2
- Benachrichtigung des Zentralen Testamentsregisters **B.V** 3
- Doppelbehinderung **B.III.4** 5
- Erbschaftsverträge **I.VII.1** b; **I.VII.2** 2
- Erbteilsabtretungsvertrag **J.VII.4** 4
- Erbteilskaufvertrag **J.VII.2** 5
- Erbteilsverpfändung **J.VII.5** 3
- Erbvertrag **C.I.8** 4
- Erbvertrag (Österreich) **K.VIII.6** 2
- Erbverzicht **I.II.2** 2
- Genehmigung der Niederschrift **B.II.1** 8
- Grundstücksschenkung **I.III.2** 2
- Hofübergabevertrag **G.X.1** 11
- Kosten bei Übergabe einer Schrift **B.II.3** 9
- Kosten bei Zuziehung **B.III.2** 4; **B.III.3** 4
- Last will and testament (USA) **K.XIII** 4
- Nachlassverzeichnis **J.III.3** 3
- Noterbrecht (Frankreich) **K.XIX.5**
- Pflichtteilsverzichtsvertrag **I.II.6** 3; **I.II.10** 2
- Rücktrittserklärung **A.III.1** c
- Schenkungsversprechen **I.III.4** 2; **I.III.8** 2; **I.III.10** 2
- Sprachunkundigkeit **B.II.2** 1
- Stiftung **H.II.1** 3; **H.II.4** 5
- Testament **B.II.1**
- Testierfähigkeit **B.II.1** 4
- Testierfreiheit **B.II.1** 7
- Übergabe einer Schrift **B.II.3** 1
- Unterschrift **B.II.1** 8
- Verfügung von Todes wegen **A.V** 1
- Verschließung **B.II.1** 9
- Widerrufserklärung **A.III.1** c
- Willen der Beteiligten **B.II.1** 3
- Zeugenzuziehung **B.II.1** 5
- Zusatzgebühr **B.II.2** 6
- Zuwendungsverzichtsvertrag **I.II.16** 2
- Zuziehung Dolmetscher **B.II.2**
- Zwangsvollstreckungsunterwerfung **I.III.15** 3
- Zwei-/Dreizeugentestament **K.IV.2** 4

Beurkundungskosten **K.I.** 9
- auf Hof beschränkter Erbverzicht **G.X.5** 5
- Behindertentestament **F.I.2** 15
- Berliner Testament **D.I.1** 4; **D.I.2** 7
- Ehevertrag **I.I.1** 7
- Einzeltestament **E.I.1** 8
- Einziehungsklausel **G.I.7** 6
- Erb-/Pflichtteilsverzicht **F.III.1** e
- Erbauseinandersetzung **J.VI.6** 10; **J.VII.2** 14
- Erbschaftsausschlagung **J.IV.3** 9
- Erbvertrag **D.II.1** 5; **E.III.2** 6
- Erbverzichtsvertrag **I.II.2** 10
- Errichtung Stiftung von Todes wegen **H.II.5** 9
- gemeinschaftliches Testament **D.I.1** 4; **D.I.2** 7
- gemeinschaftliches Widerrufstestament **F.III.1** e
- Grundstücksschenkung **I.III.2** 31
- Hofübergabevertrag **G.X.6** 17
- Nachfolgeregelung **G.I.1** 6
- Nachlassverzeichnis **J.III.3** 11
- Pflichtteilsverzichtsvertrag **G.III.10** 5; **I.II.6** 11
- Satzungsänderung GmbH **G.I.7** 6
- Schenkung von Gesellschaftsteilen **G.III.3** 5
- Schenkungsvertrag unter Nießbrauchsvorbehalt **G.III.4** 11
- Stille Gesellschaft/Atypische stille Gesellschaft **G.III.7** 5
- stufenweise Übertragung Beteiligung an Einzelunternehmen **G.III.2** 8
- Testament **E.I.4** 14
- Testament (Landgut) **G.X.2** 7
- Übertragung Einzelunternehmen **G.III.1** 8
- unternehmensbezogene Vorsorgevollmacht **G.III.11** 3
- Verfügungsunterlassungsvertrag **D.II.7** 6

Beurkundungsverbot
- notarielles Testament **B.II.1** 2

Beurkundungsverfahren
- Passwort-Vorsorgeurkunde **L.VI.1** 3

Bevollmächtigter
- Auskunftsanspruch **J.II.3** 6
- postmortale Vollmacht **C.VII.1** c
- Rechenschaftsanspruch **J.II.3** 6
- transmortale Vollmacht **C.VII.1** c
- Unternehmervollmacht **G.III.11** 1 f.

Bevollmächtigung
- gesellschaftsvertragliche Zulassung Testamentsvollstreckung **G.II.2**

Beweiskraft
- öffentliches Testament **B.II.1** 10

Beweislast
– Pflichtteilsentziehung **C.VI.2** 1
Bewertung
– Abfindungsanspruch **G.II.3** 3
– Betriebsvermögen **A.IV** 4 c, 4 d; **G.III.1** 7
– Betriebswohnung **G.X.2** 6
– Forderungsvermächtnis **C.V.5** 5
– gemeiner Wert **G.II.3** 5
– Grabpflegeauflage **C.V.12** 5
– Grundstücksvermächtnis **C.V.1** 13; **C.V.6** 8; **C.V.7** 8
– Grundvermögen **A.IV** 4 e
– Landgut **G.X.2** 4, 6
– Nachlass **I.I.7** 4
– Nießbrauch **C.V.8** 9
– Nießbrauchsvorbehalt **G.III.5** 10
– Pflichtteilsbeschränkung **C.VI.3** 10
– Rentenvermächtnis **C.V.4** 6
– Schenkungssteuer **I.I.7** 7
– Stichtag **A.IV** 4 b
– Unternehmensbeteiligung **G.III.10** 1
– Untervermächtnis **C.V.9** 12
– Vermächtnisgegenstand **C.V.1** 13; **C.V.10** 9; **C.V.11** 10
– Wirtschaftsteil Landgut **G.X.2** 6
– Wohnteil **G.X.2** 6
– Wohnungs-/Teileigentum **C.V.7** 8
– Zuwendung, ehebedingte **I.I.2** 10
Bewertung sa Geschäftswert
Bewertungsklausel
– Abfindungsbeschränkung **G.II.3** 4
Bewertungsrecht
– Erbschaftsteuer **A.IV** 4 c
Bewertungsstichtag
– Erbschaftsteuer **A.IV** 4 b
Bezugsberechtigung
– Auswirkung späterer Scheidung **F.III.1** c
Bezugsberechtigung einer Lebensversicherung
– Annahme als Vertreter ohne Vertretungsmacht **I.V.1** 4
– Annahme Schenkungsangebot **I.V.1** 4
– Einräumung **I.V.1** 3
– Kosten Bezugsrechtschenkung **I.V.1** 9
– Leistungsbewirkung **I.V.1** 5
– nichteheliche Lebensgemeinschaft **I.V.1** 8
– Pflichtteilsergänzung **I.V.1** 6
– Schenkung **I.V.1**
– steuerliche Behandlung **I.V.1** 8
– widerrufliche **I.V.1** 5
BGB-Gesellschaft s GbR
Bindung
– Befreiung durch Ausschlagung **A.III.1** f
– Belehrungsvermerk über Bindung **A.II.6** f
– Eheauflösung **A.III.1** b
– Erblasser **A.III.1** a
– Erblasser an Verfügung von Todes wegen **A.II.6**
– erbrechtliche **I.I.1** 5
– Wegfall durch Rücktritt **A.III.1** c
– Widerruf **A.III.1** c
Bindungswirkung
– Anfechtungsverzicht **C.I.8** 9
– Behindertentestament **F.I.2** 11
– Erbvertrag **C.I.8** 4, 8; **E.III.2** 4
– gemeinschaftliches Testament **C.I.8** 4, 8; **K.VIII.5** 5
– joint will/mutual will **K.IV.4** 2
– Teilungsverbot **C.IV.2** 3
– Zuwendungsverzichtsvertrag **C.I.8** 8
Bitte
– Teilungsverbot **C.IV.2** 2
Blindenschrift
– eigenhändiges Testament **B.I.1** 6
– Testament **B.III.3** 1
Blindheit
– Verfügung von Todes wegen **B.III.1**
Bodenrichtwert **A.IV** 4 b, 4 c
Bosnien-Herzegowina **K.XIX.3**
– Nachlasseinheit **K.VII.1** 2
– Washingtoner UNIDROIT-Übereinkommen über ein einheitliches Recht der Form eines Internationalen Testaments **K.IV.1**
Brandenburg
– Anerkennung Stiftung **H.IV** 1
– Kapitalisierungsfaktor Landgut **G.X.2** 4
– Stiftungsgesetz **H.I**
Brandvormerkung **I.III.10** 5
Bremen
– Anerbengesetz **G.X.1** 2
– Anerkennung Stiftung **H.IV** 1
– Kapitalisierungsfaktor Landgut **G.X.2** 4
– Stiftungsgesetz **H.I**
Buchwertklausel
– Abfindung Gesellschaftsanteil **G.II.3** 3 f.
Bulgarien
– Nachlassspaltung **K.VII.1** 2
Bürgermeister
– gemeinschaftliches Testament vor **B.I.2** 2
– Nottestament vor **B.I.1** 11
Bürgschaft
– im Hinblick auf künftige Erbschaft **I.VII.1** a

cautela socini **C.VI.10**
– Pflichtteilsbeschränkung **C.VI.3** 4
– Vermächtnis **C.VI.10** 5
China, Volksrepublik
– Interlokales Privatrecht **K.VII.6** 2
– Nachlassspaltung **K.VII.1** 2
clause tontine **K.XVIII**
contract to make or not to revoke a will or to die intestate **K.IV.4**

Damnationslegat
– Grundstücksvermächtnis **J.VIII.2** 2
– Vermächtnisgegenstand **C.V.1** 2

Dänemark **K.XIX.4**
– EuErbVO **A.VI** 1; **J.V.1** 2; **K.VII.1** 3; **K.IX** 3; **K.XIX.2** 1
– Haager Testamentsformübereinkommen **K.IV.1**
– Nachlasseinheit **K.VII.1** 2
– Rechtsnachfolg von Todeswegen **K.II**
– Rechtswahl nach EuErbVO **K.VIII.3** 3
– Rückverweisung **K.VII.7** 3
– Testamentsinhalt **K.XIX.4**
– Testierfähigkeit **K.V**
Darlehen
– Grundstücksvermächtnis **C.V.6** 4
Darlehensübernahme sa Schuldübernahme
– Schuldübernahmeklausel **I.III.15**
– Vermächtniserfüllung **J.VIII.2** 7
Datenzugriff **L.II** 2
– Verhinderung **L.II** 2
Datum
– Testament **B.I.1** 8
Dauernde Last **I.III.14**
– 10-Jahresfrist für Pflichtteil **I.III.14** 3
– Alternativen **I.III.14** 4
– Anpassung **I.III.14** 5
– anstelle Leibrente **I.III.13** 4
– Anteilsrecht HöfeO **G.X.3**
– lebzeitige Übertragung **I.III.1** 7
– Leibrente **I.III.13**
– mit Mietvertrag **I.III.14** 10
– steuerliche Behandlung **I.III.14** 11
– Wertsicherung **I.III.14** 6
Dauerschuldverhältnisse
– bei Übertragung Einzelunternehmen **G.III.1** 3
Dauertestamentsvollstreckung
– Behindertentestament **F.I.1** 5; **F.I.2** 10; **F.I.3** 2, 10; **F.I.4** 5
– Besonderheiten **L.V**
– Checkliste Pflichtteilsrecht in der Erbrechtsberatung **C.VI.1**
– Gesellschaftsanteil **G.II.1** 2
– Hoferbfolge **G.X.1** 10
– Kommanditanteil **G.IX.1** 3
– minderjähriger Alleinerbe **J.II.6**
– Pflichtteilsbeschränkung **C.VI.3** 4
– Stiftung **H.III.7** 5
– verschuldeter Erbe **F.II.2**
– Verwaltungsanordnung **F.I.2** 10
– Verwaltungsvollstreckung **G.IX.2** 6
– Vorvermächtnisnehmer **F.II.2** 5
Dauervollstreckung **E.II.5**
– Testamentsvollstreckervergütung **C.VII.1** e) bb) (2) (a) (gg)
– Testamentsvollstreckung **A.II.5** f; **C.VII.12** 1; **G.IX.2** 4
– Unternehmensbeteiligung **G.IX.1** 3, 4
– Unternehmertestament **G.V.5** 11
– Vormundbenennung **A.II.5** e
Dauerwohnrecht
– Abgrenzung zu Wohnungsrecht **I.III.10** 3
Declaration of Domicile **K.VII.8**
– EuErbVO **K.VII.8** 3
Delegation
– Aufgaben des Testamentsvollstreckers **C.VII.1** a
– Bestimmung Testamentsvollstrecker **C.VII.2** 2
Destinatäre **H.III.1** 10
Deutsch-Iranisches Niederlassungsabkommen **K.VI.3**
– ordre public **K.VI.3** 5
– Rechtswahl **K.VI.3** 3
Deutschland
– Interlokales Privatrecht **K.VII.6** 2
– Nachlasseinheit **K.VII.1** 2
– Testierfähigkeit **K.V**
Deutsch-Sowjetischer Konsularvertrag **K.VI.2**
Deutsch-Türkischer Konsularvertrag **K.VI.1**
– EuErbVO **K.VI.1** 4
– Nachlassspaltung **K.VI.1** 3
Dolmetscher
– Gebärdensprachdolmetscher **B.III.4** 2; **B.III.5** 2
– Schreibzeuge **B.III.2** 2
– schriftliche Übersetzung **B.II.2** 5
– Vereidigung **B.II.2** 4
– Zusatzgebühr bei Beurkundung **B.II.2** 6
– Zuziehung **B.II.2** 3
– Zuziehung bei notariellem Testament **B.II.2**
Domizil
– Auslandsbezug **A.II.8** b
– Declaration of Domicile **K.VII.8** 2
Domizilprinzip
– gewöhnlicher Aufenthalt **A.IV** 3
Doppelbehinderung
– Niederschrift **B.III.4** 3, 5
Doppelbesteuerungsabkommen
– steuerliche Behandlung **K.XIV** 4
– Steuersätze **A.IV** 4i
Doppelerbschein **J.V.8** 3 f.
– Fremdrechtserbschein **J.V.8** 3, 4
Doppelstiftung
– Holding GmbH **H.III.6** 1
Doppeltestamentsvollstreckerzeugnis
– Erbschein **J.V.14** 2
Doppelvollmacht
– bei Genehmigungserfordernis **J.VI.1** 10
Dreimonatseinrede
– Anfall **C.V.1** 10; **C.V.2** 3
Dreißigster
– Teilverzicht **I.II.4** 4
Dreizeugentestament **B.I.1** 11; **K.IV.2**
– gemeinschaftliches **B.I.2** 2
Drittabfindung, bei lebzeitiger Übertragung **I.III.1** 7

Drittbestimmung
- Auflage **C.V.11** 2
- Bestimmungsberechtigter **C.V.10** 3
- gerichtliche Überprüfung **G.VI.1** 3
- Hoferbe **G.X.1** 10
- Nachfolger **G.II.6** 3
- Nachfolger in Unternehmertestament **G.VI.1** 2
- Supervermächtnis **C.V.10** 6
- Teilungsanordnung **G.VI.1** 15
- Vermächtnis **C.V.10** 1; **G.VI.1** 2

Dritter
- Abfindung **I.III.1** 7
- pflichtteilsberechtigt **I.I.2** 10
- Pflichtteilsergänzungsansprüche **I.I.3** 6; **I.I.7** 3; **I.III.1** 5
- Unternehmertestament zugunsten **G.V.6** 1 f.

Drittschenkung
- Auskunftsanspruch bei Pflichtteil **J.III.2** 8

Drohklausel
- für Widerruf **I.V.1** 4

Duldungsauflage
- steuerliche Behandlung **I.III.10** 8
- steuerliche Behandlung Nießbrauchsvorbehalt **G.III.4** 10

Dürftigkeitseinrede
- Erbe **J.X.1** 1

Eckelskempersche Tabelle **C.VII.1** e (bb) (1) (d)

Ehe
- Wegfall der Bindung **A.III.1** b

Ehegatten
- Abfindung bei Hofübergabevertrag **G.X.6** 12
- Altenteil bei Hoferbfolge **G.X.3** 5
- ältere, mit Kind **A.II.7** d
- altere, ohne Kind **A.II.7** b
- Änderungsvorbehalt Erbvertrag **C.I.8** 6
- Anfechtungsverzicht **A.II.6** e
- Anfechtungsverzicht Erbvertrag **C.I.8** 9
- annähernd gleichzeitiges Versterben **C.I.8** 3
- Antrag auf Ausstellung eines Europäischen Nachlasszeugnisses bei gesetzlicher Erbfolge **J.V.9** 8
- Anwendung des § 2314 Abs. 1 BGB **J.III.2** 2
- Aufhebung früherer Verfügungen, Erb- bzw. Pflichtteilsverzicht und Auswirkungen auf den Unterhalt **F.III.2**
- auflösend bedingter Erbvertrag **C.I.8** 7
- Ausschlagung der Erbschaft durch den zum Alleinerben eingesetzten Ehegatten gegen Abfindung aus erbschaftssteuerlichen Gründen **J.IV.7**
- Ausschlagung, taktische **I.I.5** 4
- automatische Pflichtteilsstrafklausel **C.VI.5** 1
- Bargründung einer vermögensverwaltenden KG **G.IV.2**
- Berechnung des Zugewinns **I.I.3** 2
- Berliner Testament **E.II.1** 8; **E.II.9**; **I.II.7** 3
- Beschränkung der Vermögenssorge der **C.I.7** 3
- Beseitigung des Erb- und Pflichtteilsrechts **F.III.1** a
- Beseitigung früherer Verfügungen von Todes wegen **F.III.1** b
- Beseitigung früherer Verträge zugunsten Dritter **F.III.1** c
- Bindung an frühere Verfügung von Todes wegen **A.III.1** a
- Bindungsauflösung **A.III.1** b
- Bindungswirkung Erbvertrag **C.I.8** 4, 8
- Bindungswirkung gemeinschaftliches Testament **C.I.8** 4, 8
- Checkliste Behindertentestament **F.I.1**
- Checkliste Pflichtteilsansprüche **J.III.1**
- Checkliste Pflichtteilsrecht in der Erbrechtsberatung **C.VI.1**
- dauernde Last bei Hoferbfolge **G.X.3** 5; **G.X.6** 9
- ehebedingte Zuwendung **I.I.2** 2
- Ehegatten setzen sich gegenseitig zum Vorerben und die gemeinsamen Kinder zum Nacherben ein, bedingt für den Fall der Wiederverheiratung **E.VI.1**
- Ehegattenhof **G.X.1** 9 f.
- Ehegatteninnengesellschaft **I.I.2** 2
- Ehegattenverfügung mit Einsetzung des Verschuldeten zum Nacherben **F.II.3**
- Ehegüterrecht **J.V.8** 9
- Einsetzung des überlebenden Ehegatten zum befreiten Vorerbe bei Behindertentestament **F.I.2** 7
- Eintritt der Nacherbfolge **C.II.1** 5
- Enterbung **C.III** 2
- Erbeinsetzung **A.II.5** c
- Erbeinsetzung auf gemeinschaftliche Erbteile **C.I.4** 1
- Erbeinsetzung der Kinder mit Nießbrauchsvermächtnis für den längstlebenden Ehegatten **E.II.11**
- Erbeinsetzung des längstlebenden Ehegatten zum Vorerben und der gemeinsamen Kinder zu Nacherben des Erstversterbenden und zu Schlusserben des Längstlebenden **E.II.12**
- Erbeinsetzung einseitiger Kinder und Vermächtnis zugunsten des längerlebenden Ehegatten kombiniert mit Pflichtteilsverzichtsvertrag **E.III.6**
- Erbfolge **A.II.3**
- erbrechtliche Lösung **J.IV.8** 2
- Erbrechtliche Regelungen in einer Scheidungsvereinbarung **F.III.2**
- Erbschaftsausschlagung zur Geltendmachung des kleinen Pflichtteils und des Zugewinnausgleichs **J.IV.8**
- Erbschaftsteuer **A.IV** 4e
- Erbvertrag mit Rücktrittsvorbehalt **D.II.5**

– Erbvertrag mit Verfügungen und beschränktem Änderungsvorbehalt **D.II.3**
– Erbvertrag mit vertragsmäßigen und einseitigen Verfügungen **D.II.2**
– Erbvertrag mit vertragsmäßigen Verfügungen **D.II.1**
– Erbvertragsliche Bindung mit Änderungsmöglichkeit für den Längstlebenden **D.II.4**
– Erbverzicht und Unterhalt **F.III.2** 2
– Erbverzichtsvertrag **I.II.2** 6
– Ernennung zum Testamentsvollstrecker **E.II.10**
– Folgen Zgewinnausgleich **I.III.1** 4
– Formvorschriften Erbverzichtsvertrag **I.II.2** 2
– Freibeträge **A.IV** 4f
– gegenseitige Erbeinsetzung **C.I.8**
– gegenseitige Erbeinsetzung als Vorerben und Einsetzung der Kinder des Erstversterbenden als Nacherben und der Kinder des Längstlebenden als Schlusserben **E.III.5**
– gegenseitige Erbeinsetzung und Anordnung von Vermächtnissen zugunsten der gemeinsamen Kinder für den Fall der Wiederverheiratung **E.VI.2**
– gegenseitige Erbeinsetzung und Einsetzung der einseitigen und der gemeinsamen Kinder zu Schlusserben mit Pflichtteilsklausel **E.III.2**
– gegenseitige Erbeinsetzung und Einsetzung der gemeinsamen Kinder als Schlusserben **E.II.1**
– gegenseitige Erbeinsetzung und Einsetzung der gemeinsamen Kinder als Schlusserben mit Ausgleichung einer lebzeitigen Schenkung an ein Kind **E.II.6**
– gegenseitige Erbeinsetzung und Einsetzung der gemeinsamen Kinder als Schlusserben mit Ausschluss der Auseinandersetzung einzelner Nachlassgegenstände **E.II.4**
– gegenseitige Erbeinsetzung und Einsetzung der gemeinsamen Kinder als Schlusserben mit Dauertestamentsvollstreckung für ein Kind **E.II.5**
– gegenseitige Erbeinsetzung und Einsetzung der gemeinsamen Kinder als Schlusserben mit fakultativer Pflichtteilsklausel **E.II.7**
– gegenseitige Erbeinsetzung und Einsetzung der gemeinsamen Kinder als Schlusserben mit Teilungsanordnung/Übernahmerecht **E.II.2**
– gegenseitige Erbeinsetzung und Einsetzung der gemeinsamen Kinder als Schlusserben mit Vermächtnis des Längstlebenden zugunsten der Enkelkinder **E.II.9**
– gegenseitige Erbeinsetzung und Einsetzung der gemeinsamen Kinder als Schlusserben mit Vermächtnis durch den Erstversterbenden zugunsten der Kinder mit Nießbrauchuntervermächtnis für den längstlebenden Ehegatten **E.II.10**
– gegenseitige Erbeinsetzung und Einsetzung der gemeinsamen Kinder zu Schlusserben mit Anordnung eines Vermächtnisess in Höhe Pflichtteilsanspruch zugunsten der einseitigen Kinder **E.III.3**
– gegenseitige Erbeinsetzung und Einsetzung der gemeinsamen Kinder zu Schlusserben mit Anordnung vonVermächtnissen jedes Elternteils zugunsten seiner Kinder **E.III.4**
– gegenseitige Erbeinsetzung und Einsetzung der minderjähriger Kinder als Schlusserben mit Benennung eines Vormunds und Anordnung der Testamentsvollstreckung **E.II.3**
– gegenseitige Erbeinsetzung und Einsetzung eines Kindes als Schlusserben und Enterbung eines weiteren Kindes **E.II.8**
– gegenseitige Erbeinsetzung und Hoferbenbestimmung durch überlebenden Ehegatten **G.X.4**
– gemeinsames Testament **A.II.6** a
– gemeinschaftliche Verfügung von Todes wegen **C.I.8** 2
– gemeinschaftliches Testament mit ausschließlich wechselbezüglichen Verfügungen **D.I.2**
– gemeinschaftliches Testament mit wechselbezüglichen und einseitigen Verfügungen **D.I.3**
– gemeinschaftliches Testament mit wechselbezüglichen Verfügungen und beschränktem Änderungsvorbehalt **D.I.4**
– Genehmigung Erbteilsübertragung bei Gesamtvermögensgeschäft **J.VII.2** 7
– getrennte Verfügungen von Todes wegen **C.I.8** 2
– Getrenntlebensunterhalt **F.III.2** 2
– Gleichstellung der gleichgeschlechtlichen und verschiedengeschlechtlichen Ehe **E.III.6** 2
– gleichzeitige Answesenheit **B.IV** 1
– gleichzeitiges Versterben **C.I.8** 3
– Grunderwerbsteuer bei Grundstücksübertragung zwischen **I.I.1** 6
– Grundstücksschenkung **I.III.2** 4
– Gründung einer vermögensverwaltenden GbR mit implizierter Schenkung **G.IV.1**
– güterrechtliche Lösung **J.IV.8** 2
– Herausnahme von Gesellschaftsteilen aus dem Zugewinnausgleich **G.III.9**
– Hoferbfolge nach dem erstversterbenden **G.X.4** 4
– Hoferbfolge nach dem zweitversterbenden **G.X.4** 4
– Jastrow'sche Klausel mit gestundeten Vermächtnissen **C.VI.6**
– joint and mutual will (Common Law-Staat) **K.IV.4**
– jüngere, mit Kind **A.II.7** c
– jüngere, ohne Kind **A.II.7** a
– kleiner Pflichtteil **I.II.5** 4; **J.IV.8** 2

– Kooperationsvertrag, familienrechtlicher **I.I.2** 2
– Lebensversicherung auf verbundene Leben **I.V.1** 8
– nachfolgende Übertragung von (Teil-)Gesellschaftsanteilen an die Abkömmlinge **G.IV.3** 3
– Nießbrauchsvermächtnis **C.V.8** 4
– Ordre public Vorbehalt **K.VI.4** 5
– persönliche Verhältnisse des Erblassers **A.II.1**
– Pflichtteilsentziehung **C.VI.2** 7
– Pflichtteilsrecht **A.II.3**
– Pflichtteilsverzicht und Unterhalt **F.III.2** 2
– Pflichtteilsverzichtsvertrag zum Schutz der Unternehmensnachfolger **G.III.10**
– Rücktrittsvorbehalt bei einem zweiseitigen Erbvertrag **D.II.6**
– Rücktrittsvorbehalt Erbvertrag **A.II.6** b; **C.I.8** 5
– Schlusserbeneinsetzung **C.I.8**
– schuldrechtliches Ertragsvermächtnis an GmbH & Co. KG **G.V.2** 4
– Steuerbefreiung **A.IV** 4f
– steuerliche Behandlung getrennt lebender **F.III.1** d
– Stiftungsgeschäft durch Erbvertrag **H.II.6** 1
– Testament bei nichtehelicher Lebensgemeinschaft **E.I.4**
– Testament zugunsten eines nicht verheirateten Lebensgefährten **E.I.4**
– Testamentsvollstreckerberufung **C.VII.13**
– Testierfreiheit **A.III**
– Totalvorbehalt **A.II.6** c
– Unternehmenstestament zugunsten eines Kindes **G.V.1** 3
– Unternehmertestament bei Mitarbeit des Ehegatten im Unternehmen **G.V.5**
– Unternehmertestament zugunsten **G.V.3**
– Unternehmertestament zugunsten des Ehegatten und Kind **G.V.4**
– Vereinbarung der Gütergemeinschaft **I.I.7**
– Vereinbarung Gütertrennung nach Eheschließung **I.I.6**
– Vereinbarung Gütertrennung vor Eheschließung **I.I.5**
– Verfügung von Ehegatten mit behindertem Kind und weiteren Kindern – Vor- und Nacherbschaftlösung **F.I.2**
– Verfügung von Ehegatten mit nur einem behinderten Kind **F.I.5**
– Verfügung zugunsten Heimträger **F.I.5**
– Verfügungen getrennt lebender **F.III**
– Vermächtnis bei gegenseitiger Erbeinsetzung und Einsetzung der einseitigen und der gemeinsamen Kinder zu Schlusserben **E.III.2** 3
– Vermächtnislösung bei Verfügung von Ehegatten mit einem behinderten Kind **F.I.4**
– Vermächtnislösung bei Verfügung von Ehegatten mit einem behinderten Kind und weiteren Kindern **F.I.3**
– Vermächtnisvertrag zugunsten Kind vor Scheidung **F.III.3**
– vermögende **E.II.9**
– vermögensrechtliche Verhältnisse des Erblassers **A.II.2**
– verwitwt, ledig oder geschieden **A.II.7** e
– Verzicht auf eine Zuwendung aus einem gemeinschaftlichen Testament **I.II.16**
– Vor-/Nacherben **E.I.3** 3
– Vor-/Nacherbeneinsetzung **C.II.1** 1
– Vor-/Nacherbfolge **A.II.5** d
– Vorbehaltsnießbrauch **G.III.4**
– Vorerbeneinsetzung im Erbvertrag bei erstehelichen Kindern **C.II.6**
– Vormundbenennung **E.II.3** 2
– Widerruf bzw. Rücktritt **A.III.1** c
– Widerruf früherer Verfügungen von Todes wegen **A.III.2**
– Widerrufs-/Rücktritterklärung **A.III.3**
– Wohnungsrecht bei Hoferbfolge **G.X.3** 5; **G.X.6** 9
– zeitlich beschränkter Pflichtteilsverzicht **I.II.14** 3
– Zustimmung Hofübergabevertrag **G.X.6** 6
– Zuwendungsnießbrauch **G.III.4**
– Zuwendungsverzichtsvertrag **C.I.8** 8

Ehegattenerbrecht
– bei Scheidung **F.III.1** a
– Voraussetzungen für den Ausschluss **A.III.1** b
– wechselseitiger Erb- und Pflichtteilsverzicht **F.III.1** a

Ehegattenhof G.X.1 9
– Änderungsvorbehalt **G.X.4** 7
– Erbvertrag über einen Ehegattenhof mit gegenseitiger Erbeinsetzung und Hoferbenbestimmungsrecht desd überlebenden Ehegatten **G.X.4**

Ehegatteninnengesellschaft I.I.5 8
– Abgrenzung **I.I.2** 2
– steuerliche Behandlung Vermögenstransfer **I.I.2** 13
– Verhältnis zu Schenkung **I.III.2** 4

Ehegattenunterhalt, nachehelicher F.III.2 2

Ehegattenverfügung
– Ehegattenverfügung mit Einsetzung des Verschuldeten zum Nacherben **F.II.3**
– Pflichtteilsklausel **C.VI.5** 1
– Verzicht auf Rechte nach §§ 2306, 2305, 2307 **C.VI.11** 1

Ehegattenversorgung
– bei Unternehmertestament zugunsten Kind **G.V.1** 3

Ehegattenzuwendung s Zuwendung, ehebedingte

Ehegüterrecht
- Ausstattung mit lebenzeitiger Übertragung **I.IV** 1
- Fremdrechtserbschein **J.V.8** 9

Ehescheidung s Scheidung
Eheschließung
- Anfechtung wegen Übergehung eines Pflichtteilsberechtigten **A.III.1** e) (bb) (2) (a)
- Erbstatut (Spanien) **K.XIX.13**
- Erhaltung des Nachlasses für Kinder bei neuer Eheschließung **A.II.5** d) aa)
- Gleichstellung der gleichgeschlechtlichen und verschiedengeschlechtlichen Ehe **E.IV.1** 2
- Güterrecht bei Auslandsbezug **A.II.8** b
- Sittenwidrigkeit einer Verfügung von Todes wegen **A.II.4** a
- Vereinbarung Gütertrennung nach **I.I.6**
- Vereinbarung Gütertrennung vor **I.I.5**
- Zulässigkeit Erbvertrag nach österreichischem Recht **K.VIII.6** 2

Ehevertrag
- Antrag auf Ausstellung eines Europäischen Nachlasszeugnisses bei gesetzlicher Erbfolge **J.V.9** 8
- Beurkundungskosten **I.I.1** 7
- Gläubigeranfechtung **I.I.6** 7
- Herausnahme Gesellschaftsanteilen aus Zugewinnausgleich **G.III.9**
- Inhaltskontrolle **I.I.5** 2
- Klausel **I.III.2** 15
- Kosten Vorerbeneinsetzung **C.II.6** 7
- Vereinbarung Gütergemeinschaft **I.I.7**
- Vereinbarung Gütertrennung nach Eheschließung **I.I.6**
- Vereinbarung Gütertrennung vor Eheschließung **I.I.5**

Ehevertragsklausel
- Grundstücksschenkung **I.III.2** 15

Eidesstattliche Versicherung
- Erbengemeinschaft **J.V.9** 6
- Erbschaftsannahme **J.V.2** 5
- Erbschaftsbesitzer **J.II.4** 7
- Erbscheinsantrag **J.V.1** 8
- Glaubhaftmachung der Gefährdung der Erfüllung **J.X.2** 9
- Nachlass-/Bestandsverzeichnis **J.III.2** 15
- Notarielles Bestandsverzeichnis **J.III.3** 11
- Rechnungslegung **J.II.2** 3; **J.II.3** 7
- Verwirkungsklausel **J.V.I** 1

Eigenerwerb
- Vorerbe **J.VI.1** 7

Eigenhändigkeit
- gemeinschaftliches Testament **B.I.2** 1
- Testament **B.I.1** 6 f.

Eigenrechtserbschein J.V.1 7
- Abgrenzung Fremdrechtserbschein **J.V.8** 2 f.
- Erbschein **J.V.8** 2 f.

Eigenschaftsirrtum
- Anfechtung Erbschaftsausschlagung **J.IV.12** 2

Eigentümer-Grundpfandrecht
- Grundstücksvermächtnis **C.V.6** 4

Eigentumswohnung
- Miteigentum des Erblassers **C.V.7** 4
- Nutzungsrecht bei nicht verheirateten Lebensgefährten **E.I.4** 1
- Schenkung **I.III.9**
- steuerliche Behandlung ehebedingter Zuwendung **I.I.2** 13

Einbuchung
- Einbuchungsfall **G.III.2** 4

Eindeutigkeitsformel J.V.1 9
Einflussnahmerechte
- lebzeitige Übertragung **I.III.1** 10

Einheits-GmbH G.IV.5
- steuerliche Behandlung **G.IV.5** 3

Einheitslösung
- Erbeinsetzung durch Ehegatten **C.I.8** 2
- Wahlreht zwischen kleinen und großen Pflichttiel **J.IV.8** 2

Einheitswert
- Bewertung Hof **G.X.1** 12

Einkommensteuer
- Erbschaftsausschlagung **J.IV.3** 10
- Testamentsvollstreckervergütung **C.VII.1** e) bb) (2)(a)
- Testamentsvollstreckung **C.VII.2** 7
- Verhältnis zu Erbschaftsteuer **A.IV** 5 f
- Zuwendungswohnrecht **I.III.10** 8

Einkünfte, gewerbliche
- Testamentsvollstreckervergütung **C.VII.1** e) bb) (2)(a)

Einlage
- Immobilie **G.IV.2** 4
- quotengleiche verdeckte Einlage in eine vermögensverwaltende KG **G.IV.3**

Einlage, verdeckte
- Anzeigepflicht **I.I.2** 14
- quotengleiche verdeckte Einlage in eine vermögensverwaltende KG **G.IV.3**

Einlagevertrag G.IV.3 1
Einrede
- Erbe **J.X.1** 1

Eintrittsklausel G.I.5 2
- Abfindung **G.I.5** 3
- erbrechtliche **G.I.5** 3
- Erbschaftsteuer **G.I.5** 4
- Ertragsteuer **G.I.5** 4
- Personengesellschaft **G.I.4** 4
- personengesellschaftsvertragliche **G.I.5**
- rechtsgeschäftliche **G.I.5** 3
- rechtsgeschäftliche Nachfolgeklausel **G.I.6**
- steuerliche Behandlung **G.I.5** 4
- unmittelbare Zuwendung **C.I.2** 2
- Zuwendungsverzicht **C.I.3**

Einzelkaufmann
- steuerliche Behandlung Unternehmertestament **G.V.7** 6
- Unternehmertestament **G.V.7**

Einzelunternehmen
- Firmenfortführung **G.V.7** 3
- Haftung des Erben **G.V.7** 4
- lebzeitige Übertragung auf Nachfolger **G.III.1**
- Spendenabzug **H.III.1** 15
- steuerliche Behandlung bei Umwandlung **G.VI.4** 12
- steuerliche Behandlung Unternehmertestament **G.V.7** 6
- Testamentsvollstreckung **G.IX.1** 4
- Treuhandlösung **G.IX.2**
- Treuhandlösung Testamentsvollstreckung **G.IX.2** 4
- Unternehmertestament **G.V.7**
- vermögensrechtliche Verhältnisse des Erblassers **A.II.2** a
- Vollmachtslösung Testamentsvollstreckung **G.IX.2** 4
- vom Einzelunternehmen zur Personenhandelsgesellschaft durch Aufnahme **G.III.2**
- Zuwendung **G.VII.3**

Einzelunternehmen s lebzeitige Übertragung auf Nachfolger

Einziehungsklausel
- Abfindung **G.I.7** 3
- Abfindung AG-Anteil **G.I.9** 2
- AG-Satzung **G.I.9**
- bei GmbH & Co. KG **G.I.10** 4
- Beurkundungskosten **G.I.7** 6
- Erbschaftsteuer **G.I.7** 5
- Ertragsteuer **G.I.7** 5
- Gesellschafterrechte **G.I.7** 4
- GmbH-Anteil **G.I.7** 2
- steuerliche Behandlung **G.I.7** 5

Einziehungsverfahren
- Erbschein **J.V.1** 5

Eltern
- Adoptivkinder **A.II.1** f
- als Testamentsvollstrecker für Minderjährige **J.IX.4** 2
- Ausstattung mit lebzeitiger Übertragung **I.IV**
- Behindertentestament **F.I.1**
- Beschränkung der Vermögenssorge der **C.I.7** 3
- Erben zweiter Ordnung **A.II.3** c
- Erbschaftsausschlagung für Kind **J.IV.4** 2
- Familiengerichtliche Genehmigung **J.VII.2** 7
- gegenseitige Erbeinsetzung der Lebensoartner und Einsetzung der jeweiligen Verwandten zu Schlusserben **E.IV.1**
- gegenseitige Erbeinsetzung und Einsetzung der gemeinsamen Kinder als Schlusserben mit Anordnung von Vermächtnissen jedes Elternteils zugunsten seiner Kinder **E.III.4**
- gegenseitige Erbeinsetzung und Einsetzung der Kinder zu Schlusserben mit fakultativer Pflichtteilsklausel **E.II.7**
- Genehmigungserfordernisse für Abschluss eines Auseinandersetzungsvertrages **J.VI.1** 10
- Gesellschaftsvertrag der Personengesellschaft mit disquotalen Sonderrechten zugunsten der **G.III.6**
- Interessenlage bei Pflichtteilsanrechnung **I.III.5** 1
- lebzeitige Grundstücksschenkung mit Nießbrauch **A.II.2** a
- Noterbrecht (Bosnien-Herzegowina) **K.XIX.3**
- Noterbrecht (Italien) **K.XIX.6**
- Noterbrecht (Polen) **K.XIX.10**
- Noterbrecht (Schweden) **K.XIX.12**
- Noterbrecht (Spanien) **K.XIX.13**
- Noterbrecht (Türkei) **K.XIX.16**
- persönlich beschränkter Pflichtteilsverzicht verbunden mit einem erbvertraglich vereinbarten Vermächtnis **I.II.13**
- Pflichtteil (Österreich) **K.XIX.8**
- Pflichtteilsberechtigt **A.II.3** d
- Pflichtteilsentziehung **C.VI.2** 7
- Pflichtteilsergänzungsanspruch **A.II.4** e
- Pflichtteilsklausel **A.II.1** e
- Pflichtteilsrecht **A.II.3** a; **I.I.1** 4
- Pflichtteilsverzicht von Abkömmlingen, der unter der Bedingung der Leistung von Abfindungen steht **I.II.7**
- steuerliche Behandlung Familienstiftung **H.II.2** 5
- Testament eines Geschiedenen mit minderjährigem Kind **E.I.3**
- umgekehrte Vermächtnislösung **F.I.4**
- Verfügung von Ehegatten mit behindertem Kind **F.I.4**
- Verfügung von Ehegatten mit behinderten Kind und weiteren Kindern **F.I.2**
- Verfügung von Ehegatten mit nur einem behinderten Kind **F.I.5**
- Verfügung zugunsten des Heimträgers **F.I.5**
- Vermögenssorge **I.III.3** 16
- Vertretungsausschluss **G.IV.8** 1
- Vertretungsverbote **J.VIII.2** 8
- verwitweter/geschiedener/lediger Erblasser **A.II.7** e
- Verzicht eines Abkömmlings auf den Pflichtteil nach dem erstversterbenden Elternteil gem. § 2346 Abs. 2 BGB **I.II.6**
- Vor- und Nacherbschaftslösung **F.I.2**
- Vor-/Nacherbschaft (Frankreich) **K.XIX.5**
- Vormundbenennung **C.I.7** 2
- Vormundsbenennung **A.II.5** e

Eltern-Kind-Verhältnis
- Pflichtteilsentziehung bei Missachtung **C.VI.2** 3

Empfangsvollmacht
- Steuerbescheid **C.VII.2** 7

Enkelkind
- Anordnung von Vermächtnissen zugunsten der **E.II.9** 5
- Erbvertrag mit Verfügungen und beschränktem Änderungsvorbehalt **D.II.3** 2
- Familiengesellschaft **G.IV.2** 1
- gegenseitige Erbeinsetzung und Einsetzung der gemeinsamen Kinder als Schlusserben mit Vermächtnis des Längstlebenden zugunsten der Enkelkinder **E.II.9**
- Rechtsgeschäft zwischen Großeltern und minderjährigem **G.IV.8** 1
- steuerlicher Freibetrag **C.V.10** 7; **I.III.5** 9
- Vermächtnis **A.II.5** f

Enterbung
- § 1938 BGB **C.III**
- Abfindungsanspruch HöfeO **G.X.1** 12
- Abgrenzung zu Pflichtteilsentziehung **C.III** 2
- ausdrückliche Anordnung **C.III** 4
- bei Verschuldung **F.II.1** 2 ff.
- Erbeinsetzung **A.II.5** b
- erbvertragliche **E.II.8**
- Erstreckung auf Abkömmlinge **C.III** 3
- Folgen **E.III.2** 2
- isolierte Aufrechterhaltung **C.III** 4
- Kosten **C.III** 6
- Pflichtteil (Niederlande) **K.XIX.8**
- Pflichtteil (Slowakei) **K.XIX.13**
- Pflichtteilsklausel **A.II.1** e
- steuerliche Behandlung **C.III** 5
- Verzicht auf gesetzliches Wahlrecht des Ehegatten (USA) **K.XII** 2
- Widerruflichkeit **A.III.1** a

Entprägung **G.IV.4**

Entziehung
- Beschränkung der Vermögenssorge **C.I.7** 3
- Pflichtteil **C.III** 2; **C.VI.1**; **C.VI.2**; **C.VI.3**; **I.III.2** 15; **J.III.1**
- Vertretungsmacht **J.IV.4** 2

Erbanfallsteuer **A.IV**

Erbannahme
- vorweggenommene **I.VII.1** a

Erbanteil
- Verfügung über **J.VI.1** 2
- Verkauf **J.VII.4** 8; **J.VII.5** 8
- Verkäufer des **J.VII.3** 5
- Wahlanteil (USA) **K.XII** 2

Erbauseinandersetzung
- Abschichtung **J.VI.7** 3
- Auseinandersetzungsklage **J.VI.1** 3
- Auseinandersetzungsplan **J.VI.1** 3, 6; **J.VI.2** 3
- Auseinandersetzungsvereinbarung **J.VI.2** 3
- Ausgleichspflichten zwischen Miterben **J.VI.1** 5
- Ausgleichungsverfahren **J.VI.1** 5
- Auslegungsvertrag **J.V.6** 5
- Beteiligung Dritter **J.VI.1** 8
- Betreuter **J.VI.1** 9
- Checkliste **J.VI.1**
- Doppelvollmacht bei Genehmigungserfordernis **J.VI.1** 10
- durch Testamentsvollstrecker **J.VI.1** 6
- Eigenerwerb Vorerbe **J.VI.1** 7
- einvernehmliche **J.VI.1** 1
- einverständliche **J.VI.2** 3
- Erbengemeinschaft **J.VI.1** 1; **J.VI.2** 2
- Ergänzungsbetreuer/-pfleger **J.VI.1** 9
- gegenständliche Teilerbauseinandersetzung **J.VI.5**
- gegenständliche Teilerbauseinandersetzung mit Ausgleichszahlung an die Erbengemeinschaft **J.VI.4**
- gegenständliche Teilerbauseinandersetzung mit Ausgleichszahlung an die Miterben **J.VI.3**
- Genehmigungserfordernisse **J.VI.1** 10
- Gesamtvermögensgeschäft **J.VI.1** 10
- Geschäftswert **J.VI.2** 10
- Grundstücksveräußerung im Vorfeld der **J.VI.1** 9
- Haftung **J.VI.2** 7
- Kosten **J.VI.2** 10
- Minderjährige **J.VI.1** 9
- Nacherbenvermerk **J.VI.1** 7
- neutraler Dritter **C.VII.3** 1
- persönliche Teilerbauseinandersetzung durch Erbteilsübertragung **J.VI.6**
- spätere Berücksichtigung Teilauseinandersetzung **J.VI.5**
- steuerliche Behandlung **C.IV.3** 7
- steuerliche Behandlung Betriebsvermögen **G.V.2** 5; **G.V.4** 6; **G.V.6** 6; **G.V.7** 6
- Umfang **J.VI.1** 4
- unbekannter Miterbe **J.VI.1** 8
- Vereinbarungen/Wünsche der Erben **J.IX.5** 7
- Vermittlungsverfahren **J.VI.1** 3
- Vertretung bei **J.VI.1** 8
- Vertretungsverbote **J.VI.1** 9
- vollständige **J.VI.2**
- Vor-/Nacherbschaft **J.VI.1** 7
- vorzeitige Auseinandersetzung **C.VII.6** 2

Erbausgleichsklausel **I.III.6**
- Ausgleichsberechnung **I.III.6** 3
- Ausschluss **I.III.6** 1
- Festlegung Ausgleichsbetrag **I.III.6** 2
- konkludente **I.III.6** 1
- nachträgliche **I.III.6** 1
- steuerliche Behandlung **I.III.6** 5
- Verhältnis zu Pflichtteilsanrechnung **I.III.6** 4

Erbausgleichung
- Ausgleichungspflichten zwischen den Miterben **J.VI.1** 5
- Ausstattung **I.IV** 1
- lebzeitige Übertragung **I.III.1** 5
- Pflegeleistung **I.III.16** 3

– vorweggenommene **I.VII.1** a
Erbbaurecht
– Erbteilsübertragung **J.VII.2** 7
Erbe
– Anhörung **J.X.2** 5
– Antrag auf Nachlassinsolvenzverfahren **J.X.3**
– Antrag des Nachlassgläubigers auf Anordnung der Nachlassverwaltung **J.X.2**
– Antragsbefugnis **J.X.2** 2
– Antragsbefugnis und Glaubhaftmachung des Eröffnungsgrundes **J.X.3** 3
– Aufforderungsschreiben einer Testamentsvollstreckerin an einen nicht sehr kooperativen Erben, einer ihrer Handlungen zuzustimmen **J.IX.6**
– Aufgebotseinrede **J.X.1** 1
– Aufstellung eines Nachlassverzeichnisses **J.IX.2**
– Auseinandersetzungsplan **J.IX.3**
– Ausschlagung und Geltendmachung Pflichtteil **C.VI.10** 1
– Ausschlusseinrede **J.X.1** 1
– außergerichtliche Vereinbarung über einen Pflichtteilsanspruch **J.III.7**
– außergerichtliches Auskunftsverlangen der Erben gegen den Bevollmächtigten einschließlich Widerruf der postmortalen Vollmacht **J.II.3**
– Bestimmung durch Dritte **G.VI.1** 2
– Beteiligung eines Testamentvollstreckers **J.VII.2** 9
– Checkliste Testamentsvollstreckung **J.IX.1**
– Dreimonatseinrede gegen Vermächtnis **C.V.1** 10; **C.V.2** 3
– Dürftigkeitseinrede **J.X.1** 1
– Einrede nach § 2059 Abs. 1 S. 1 BGB **J.X.1** 1
– Einreden gegen unbeschränkte Haftung **J.X.1** 1
– Eintrittklausel **G.I.4** 4
– einvernehmliche Nichtbeachtung Auseinandersetzungsverbot **J.IX.5**
– Erbschein **J.V.1** 7
– Erbscheinsantrag **J.V.1** 8
– Fristsetzung gegenüber mit Vermächtnis bedachten Pflichtteilsberechtigten **J.III.8**
– Haftung bei Fortführung Einzelunternehmen **G.V.7** 4
– Haftung des Beschwerten **J.VIII.2** 4
– Haftung, unbeschränkbare **J.X.1** 1
– Haftungsvermeidung **J.X.1** 1
– Handhabungsvertrag zwische zwei Vertragserben und dem Testamentsvollstrecker **J.IX.7**
– Herausgabevermächtnis auf Tod des Erben **C.II.2**
– Hinnahme Pflichtteilsbeschränkung **C.VI.3** 3
– Inventaruntreue **J.X.1** 1
– juristische Person **C.I.6** 2
– Minderjähriger **C.I.7**
– Personenvereinigung **C.I.6** 3
– Rechtsbeeinträchtigung durch Testamentsvollstreckung **C.VII.13** 5
– Sicherungsmöglichkeiten des Vermächtnisnehmers **J.VIII.4** 4
– steuerliche Behandlung bei Ausschlagung **C.VI.10** 8
– steuerliche Behandlung bei Vermächtnis **C.V.1** 13
– steuerliche Behandlung der Errichtung einer Stiftung **H.II.1** 4
– Stundungsbegehren Pflichtteil **J.III.6**
– Testamentsvollstrecker **C.VII.1** a
– Überschwerungseinrede **J.VIII.2** 4; **J.X.1** 1
– Unternehmertestament zugunsten mehrerer Kinder **G.V.2**
– unwiderruflich erteilte Vollmachten **J.II.3** 4
– Verlust der Verwaltungs- und Verfügungsbefugnis **J.X.2** 6
– Verschweigenseinrede **J.X.1** 1
– Wertausgleich **G.I.4** 5
– Widerruf postmortaler Vollmacht **J.II.3** 3
– Zuziehung bei Aufnahme Nachlassverzeichnis **J.IX.4** 3
Erbe, künftiger
– Nichtigkeit des Vertrages über den Nachlass eines lebenden Dritten als Regelfall **I.VII.1** a
Erbe, pflichtteilsberechtigter
– Ausschlagungsfrist des beschränkten/beschwerten **J.IV.9** 3
– Erbschaftsausschlagung des beschränkten/beschwerten **J.IV.9**
– Wahlrecht **J.IV.9** 2
Erbe, verschuldeter
– bei Wegfall der Verschuldung **F.II.4** 1
– Dauertestamentsvollstreckung **F.II.2**
– Ehegattenverfügung mit Einsetzung des Verschuldeten zum Nacherben **F.II.3**
– im Restschuldbefreiungsverfahren **F.II.4** 4
– Vor-/Nacherbfolge **F.II.2**
– Vorvermächtnis mit Dauertestamentsvollstreckung **F.II.2** 5
– Vorvermächtnis mit Testamentsvollstreckung **F.II.2** 4
– Zuwendung nicht pfändbares Vermächtnis **F.II.1** 5
Erbeinsetzung
– Abgrenzung zu Vermächtnis **C.V.1** 1
– Alleinerbeinsetzung Ferienimmobliie (England) **K.X**
– Änderungsvorbehalt Erbvertrag **C.I.8** 6
– Anwachsung **A.II.5** c) aa); **C.I.2** 6
– Auflagen **C.I.3** 1
– auflösend bedingte **C.I.3**
– auflösend bedingter Erbvertrag **C.I.8** 7
– aufschiebend bedingt **G.VI.5** 4 f.
– Ausgleich lebzeitiger Zuwendung **A.II.5** c) ff)
– Ausgleich Pflegeleistung **A.II.5** c) ff)

- Auslandsbezug **C.I.8** 2
- Auslegung **A.II.5** b
- Ausschlagung **A.II.5** c) aa)
- Ausschluss der Auseinandersetzung **A.II.5** c) dd)
- Beibehaltung gesetzlicher Erbfolge **C.I.5**
- Berliner Testament **C.I.8** 10
- Beschränkung **C.I.3** 1
- Beschwerung **C.I.3** 1
- Bindung Erblasser **A.III.1** a
- Bindungswirkung Erbvertrag **C.I.8** 4, 8
- Checkliste **A.II.5** b
- Checkliste Erbeinsetzung und Ersatzerbe **C.I.1**
- der ‚einseitigen' und der gemeinsamen Kinder zu Schlusserben mit Pflichtteilsklausel **E.III.2**
- der Kinder mit Anordnung von Vermächtnissen zugunsten des längerlebenden Ehegatten, kombiniert mit einem Pflichtteilsverzichtsvertrag **E.III.6**
- der Kinder mit Nießbrauchvermächtnis zugunsten des überlebenden Ehegatten und dessen Ernennung tum Testamentsvollstrecker **E.II.11**
- des Behinderten **F.I.2** 3
- des Kindes eines Lebenspartners mit Vermächtnissen zugunsten des anderen Lebenspartners **E.IV.2**
- des überlebenden Ehegatten zum Vorerben und der gemeinsamen Kinder zu Nacherben des Erstversterbenden und zu Schlusserben des Überlebenden **E.II.12**
- Einheitslösung **C.I.8** 2
- Einsetzung einer Stiftung als Ersatzerbin **H.II.8**
- Erbenbestimmung **C.I.2** 2
- Ersatzerbe **A.II.5** c) aa)
- Ersatzerbenbestimmung **C.I.2** 3
- Frankfurter Testament **C.I.8** 10
- gegenseitige **C.I.8**
- gemeinsame Kinder mit Vermächtnissen zugunsten des Längstlebenden **E.V**
- gemeinsames Ableben **A.II.5** c) bb)
- gemeinschaftliche Erbteile **C.I.4**
- Geschäftswert **C.I.2** 8
- gleichzeitiges Versterben **A.II.5** c) bb)
- Herausgabevermächtnis auf Tod des Erben **C.II.2**
- juristische Person **C.I.6**
- Kosten **C.I.2** 8
- Minderjährige **C.I.7**
- Miterbe **C.I.2** 2
- nach Vermögensgruppen **A.II.5** b
- Niedersches Testament **C.I.8** 10
- Personenvereinigung **C.I.6**
- Pflichtteilsbeschränkung in guter Absicht **C.VI.3**
- Rücktrittsvorbehalt Erbvertrag **C.I.8** 5
- Schlusserbe **A.II.5** c) bb)
- Schlusserbeneinsetzung **C.I.8**
- Schlusserbeneinsetzung Kind **A.II.5** c) bb)
- steuerliche Behandlung **C.I.2** 7; **C.I.3** 6; **C.I.4** 3; **C.I.5** 3; **C.I.7** 4; **C.I.8** 10
- steuerliche Behandlung Erbvertrag **C.I.8** 10
- steuerliche Hinweise **C.I.6** 4
- Teilungsanordnung **A.II.5** c) ee); **C.I.3** 1
- Testamentsvollstreckung **C.I.3** 1
- Trennungslösung **C.I.8** 2
- Übernahmerecht **A.II.5** c) ee)
- Überspringen einer Generation **G.VI.6**
- Verein **E.I.2** 3
- Vermächtnis **C.I.3** 1
- Versterben, annähernd gleichzeitiges **C.I.8** 3
- Versterben, gleichzeitiges **C.I.8** 3
- Verzicht auf Rechte nach §§ 2306, 2305, 2307 **C.VI.11** 1
- Vor-/Nacherbeneinsetzung **C.II.1**
- Vorerbeneinsetzung im Ehegattenvertrag bei erstehelichen Kindern **C.II.6**
- Wiederverheiratungsklausel **A.II.5** c) gg)
- Zuwendung Einzelgegenstand **C.I.5** 2
- Zuwendungsverzichtsvertrag **C.I.8** 8

Erbeinsetzung, gegenseitige
- Anordnung von Vermächtnissen zugunsten der gemeinsamen Kinder für den Fall der Wiederverheiratung **E.VI.2**
- Berliner Testament **E.II.1** 7; **E.II.9**
- der Ehegatten als Vorerben und Einsetzung der Kinder des Erstversterbenden als Nacherben und Einsetzung der Kinder als Längerlebenden als Schlusserben **E.III.5**
- der Lebenspartner und Einsetzung der jeweiligen Verwandten zu Schlusserben **E.IV.1**
- Ehegattenhof **G.X.4**
- Einsetzung der gemeinsamen Kinder als Schlusserben mit Anordnung eines Vermächtnisses in Höhe des Pflichtteilsanspruchs zugunsten der einseitigen Kinder **E.III.3**
- Einsetzung der gemeinsamen Kinder als Schlusserben mit Anordnung eines Vermächtnisses jedes Elternteils zugunsten seiner Kinder **E.III.4**
- Einsetzung der gemeinsamen Kinder zu Schlusserben **E.II.1**
- Einsetzung der gemeinsamen Kinder zu Schlusserben mit Anordnung eines Vermächtnisses durch den Erstversterbenden zugunsten der Kinder und des Überlebenden **E.II.9**
- Einsetzung der gemeinsamen Kinder zu Schlusserben mit Teilungsanordnung **E.II.2**
- Einsetzung der gemeinsamen Kinder zu Schlusserben mit Testamentsvollstreckung als Dauervollstreckung für ein Kind **E.II.5**
- Einsetzung der gemeinsamen Kinder zu Schlusserben zu Schlusserben mit Ausschlie-

ßung der Auseinandersetzung hinsichtlich einzelner Nachlassgegenstände **E.II.4**
- Einsetzung der Kinder zu Schlusserben mit Ausgleichung einer lebzeitigen Schenkung an ein Kind **E.II.6**
- Einsetzung der Kinder zu Schlusserben mit fakultativer Pflichtteilsklausel **E.II.7**
- Einsetzung der minderjährigen Kinder zu Schlusserben mit Benennung eines Vormunds und Anordnung der Testamentsvollstreckung **E.II.3**
- Einsetzung eines Kindes zum Schlusserben und Enterbung des weiteren Kindes **E.II.8**
- gemeinsame Kinder zu Nacherben, bedingt für den Fall der Wiederverheiratung **E.VI.1**
- vermögender Ehegatten **E.II.9**
- vermögender Ehegatten und Einsetzung der gemeinsamen Kinder zu Schlusserben mit Anordnung eines Vermächtnisses durch den Erstversterbenden zugunsten der Kinder mit Nießbrauchuntervermächtnis für den überlebenden Ehegatten **E.II.10**
- Vorerbe **E.VI.1**

Erben, weichende
- Erbverzicht bei Hoferbfolge **G.X.5**

Erbenanhörung
- bei Fremdantrag auf Nachlassverwaltung **J.X.2** 5

Erbenbestimmung
- Alleinerbe **C.I.2** 2
- Ersatzerbe **C.I.2** 3; **C.I.6** 2
- Miterbe **C.I.2** 2
- Nachfolgeklausel, qualifizierte **G.I.4** 2

Erbengemeinschaft
- Abwicklungsgemeinschaft **J.VI.1** 1
- Anspruch auf Freistellung von der Pflichtteilslast im Innenverhältnis der Miterben **I.II.13** 4
- Anteile an einer Kapitalgesellschaft **G.V.3** 3; **G.VII.1** 3; **G.VII.5** 3
- Auflösung **J.VI.1** 1
- Auseinandersetzungsverbot **J.VI.1** 2
- Auseinandersetzungszeugnis **J.V.4** 1
- Beendigung **J.VI.2** 2
- Beteiligung Dritter **J.VI.1** 8
- Erbauseinandersetzung **J.VI.1** 1; **J.VI.2** 2
- Erbauseinandersetzungsklage **J.VI.1** 3
- Erbteilskauf **J.VII.2**
- Europäisches Nachlasszeugnis (ENZ) **J.V.9** 6
- gegenständliche Teilerbauseinandersetzung mit Ausgleichszahlung an die Erbengemeinschaft **J.VI.4**
- gegenständliche Teilerbauseinandersetzung mit Ausgleichszahlung an die Miterben **J.VI.3**
- gemeinschaftlicher Erbschein **J.V.I** 6
- Genehmigungserfordernisse **J.VI.1** 10
- Gesamthandsgemeinschaft **J.VI.2** 2
- Geschäftsanteil einer GmbH **G.V.5** 2
- gesetzliche Prozessstandschaft **J.II.1** 2
- grundbuchrechtliche Absicherung des Pflichtteilsanspruchs **J.III.7** 5
- Nachabfindung der weichenden Erben **G.X.1** 13
- Nachabfindungsanspruch **J.III.7** 7
- Nachlassänderung nach dessen Abschluss **J.III.7** 6
- persönliche Teilerbauseinandersetzung durch Abschichtung **J.VI.7**
- Pflichtteilsverzicht **I.II.13** 3
- steuerliche Behandlung atypisch stiller Gesellschaft **G.II.7** 3
- steuerliche Behandlung bei Teilauseinandersetzung **J.VI.3** 5
- steuerliche Behandlung bei Vermächtnis **C.V.1** 13
- steuerliche Behandlung stiller Gesellschaft **G.II.7** 3
- stille Beteiligung **G.VIII.2** 3 f.; **G.VIII.3** 2
- Teilauseinandersetzung **J.VI.3** 2
- Teilerbauseinandersetzung **J.VI.5**
- Teilungsmodell **J.VI.1** 1
- Teilungsordnung **G.VI.1** 14
- Übernahmerecht landwirtschaftlicher Betrieb **G.X.2** 2
- Unternehmenstestament **G.V.2** 2
- Vertretungsverbote **J.VI.1** 9
- Wegfall der Hofeigenschaft **G.X.3** 9
- Widerruf der Vollmacht durch Erben **J.II.3** 3
- Zahlung an **J.VI.4** 2

Erbeninsolvenz
- Verhältnis zu Testamentsvollstreckung zum Nachlassverwalter bzw. Insolvenzverwalter **C.VII.1** d) bb)

Erberwartung
- beeinträchtigende Schenkung **I.I.2** 11
- entgeltlicher Erbverzicht **I.II.3** 5
- objektive Beeinträchtigung **I.I.3** 3

Erbeserbe
- Antragsberechtigung **J.V.9** 5
- Checkliste Erbauseinandersetzung **J.VI.1** 1
- Erbschaftsausschlagung **C.VI.11** 2
- Erbscheinsantrag **J.V.1** 8
- Erbteilskauf **J.VII.2** 2
- gleichmäßige Verteilung bei Pflichtteilsstrafklausel **C.VI.5** 10
- Vorkaufsrecht Erbanteil bei Erbteilsübertragung durch **J.VII.3** 5

Erbeserbengemeinschaft
- Erbteilsübertragung **J.VII.2** 2
- Vorkaufsrecht **J.VII.3** 5

Erbfallschulden
- Anteil am Kapitalvermögen **C.V.3** 6
- Auskunftspflicht hinsichtlich fiktiven Nachlasses **J.III.2** 5
- Erbschaftsteuer **A.IV** 4 a; **G.I.4** 6

Erbfolge **F.I.5** 3
– annähernd gleichzeitiges Versterben der Ehegatten **C.I.8** 3
– Checkliste Erbschein **J.V.I** 1
– Erb- und Pflichtteilsrecht **I.I.5** 4
– gleichzeitiges Versterben der Ehegatten **C.I.8** 3
– umgekehrte Vermächtnislösung **F.I.4** 2
– Vermächtnislösung **F.I.3** 4
– Wirkung der Ausschlagung **J.IV.7** 4
Erbfolge, gesetzliche
– Ausschlagung der Erbschaft durch den Erben **J.IV.3**
– Beibehaltung **C.I.5**
– Beratung **A.II.1** 3c
– Enterbung **C.III** 2
– Erbausgleichungsklausel **I.III.6** 1
– Erbscheinsantrag **J.V.2**
– Erbverzicht **I.II.2** 5 f.
– Fremdrechtserbschein **J.V.8**
– negatives Testament **E.II.9** 2
– Pflichtteilsverzicht **I.II.6** 6 f.
– steuerliche Behandlung **C.I.5** 3
– Vorausvermächtnis **C.V.2** 2
Erbfolge, gewillkürte
– Ausschlagung **J.IV.6** 2
Erbfolge, testamentarischer
– Erbscheinsantrag bei testamentarischer Erbfolge **J.V.3**
Erbfolge, vorweggenommene s Vorweggenommene Erbfolge
Erbfreiheit, negative **F.II.1** 6
Erblasser
– Adoptivkind **A.II.1** f
– Alter **A.II.1** a
– ältere Ehegatten ohne Kind **A.II.7** b
– Änderungsvorbehalt **A.II.6** c
– Anfall des Vermächtnisses **C.V.1** 9
– Anfechtung einer Verfügung von Todes wegen **J.I**
– Anfechtungsausschluss wegen Übergehens eines Pflichtteilsberechtigten **C.VI.8**
– Angaben auf dem Testamentsumschlag **B.V** 2
– Anordnung der Testamentsvollstreckung **C.VII.2** 2
– Auflage **A.II.5** g; **C.V.11**
– Auflage zur Errichtung einer rechtsfähigen Stiftung **H.II.7**
– Auflage zur Unternehmensfortführung oder Unternehmensgründung **G.VI.4**
– auflösend bedingte Erbeinsetzung bei Ausschlagung und Pflichtteilsverlangen bzw. Zuwendungsverzicht **C.I.3**
– auflösend bedingte Nacherbschaft mit lebzeitiger Übergabebefugnis **C.II.4**
– Augleichungspflicht **E.II.6** 2
– Auseinandersetzungsverbot **J.VI.1** 2
– Auseinandersetzungsvollstreckung **C.VII.3** 2 ff.; **C.VII.4**
– Ausgleichung **G.III.3** 2
– Ausgleichung lebzeitiger Zuwendungen **A.II.5** c) ff)
– Ausnahmen von der Gesamtrechtsnachfolge **A.II.4** c
– Ausschluss der Auseinandersetzung **A.II.5** c) dd); **C.IV.2**
– Auswahl des Testamentsvollstreckers **C.VII.1** a
– Bedachter **C.V.1** 6
– Bedeutung der Rechtswahl für die internationale Zuständigkeit **A.VI** 6 e
– Bedingungen **G.VI.5**
– beeinträchtigende Schenkung **I.I.2** 11
– Behindertentestament **F.I.1**
– Beibehaltung der gesetzlichen Erbfolge **C.I.5**
– Belehrungsvermerk über Bindung **A.II.6** f
– Benennung eines Vormunds **A.II.5** e
– Beratungsgespräch mit **A.I**
– Berliner Testament **E.II.1**
– Berücksichtigung Vermögensveränderungen **A.II.2** c
– Beschränkung der Vermögenssorge **E.I.3** 7
– Bestand früherer Rechtswahlen **A.VI** 4 d
– Bestimmung des Ersatzerben oder Anwachsung **A.II.5** c) aa)
– Bestimmung des Nachfolgers durch Dritte **G.VI.1**
– Bestimmung Testamentsvollstrecker **C.VII.2** 5
– betagter Anspruch **C.V.1** 10
– Bindung an Verfügung von Todes wegen **A.II.6**
– Bindung des **A.III.1** a
– Checkliste **A.II.8** b
– Checkliste Erb- und Pflichtteilsverzicht **I.II.1**
– Checkliste Erbeinsetzung **A.II.5** b
– Checkliste Pflichtteilsansprüche **J.III.1**
– Checkliste Pflichtteilsrecht in der Erbrechtsberatung **C.VI.1**
– Dauertestamentsvollstreckung am Gesellschaftsanteil **G.II.1** 2
– eigenhändiges Testament **B.I.1**
– einseitige Verfügung **A.II.6** a
– Einsetzung eines Abkömmlings zum Hoferben **G.X.3**
– Einzelkaufmännisches Unternehmen **G.IX.2**
– Einzeltestament **D.I.1**
– Enterbung **C.III**
– Erb- und Pflichtteilsrecht **I.I.5** 4
– Erbeinsetzung auf gemeinschaftliche Erbteile **C.I.4**
– Erbeinsetzung einer juristischen Person **C.I.6**
– Erbeinsetzung mit Ersatzberufung und Anwachsung **C.I.2**
– Erblasserschuld **F.II.2** 4

- Erbschaftsteuer **G.I.7** 5; **G.I.9** 3
- erbschaftsteuerliche Auswirkungen **G.I.1** 5
- Erbvertrag **B.IV**
- Erbverzicht der weichenden Erben bzgl. des Hofes **G.X.5**
- Erbverzichtsvertrag **I.II.2** 3
- Errichtung eines Testaments durch mündliche Erklärung **B.II.1**
- Errichtung eines Testaments durch Übergabe einer Schrift **B.II.3**
- Errichtung eines Testaments unter Zuziehung eines Dolmetschers **B.II.2**
- Ersatzbenennung durch Testamentsvollstrecker **C.VII.2** 3
- Ersatzerbe **G.VI.2**
- Ersatzvermächtnis **C.V.1** 7
- EU-Erbrechtsverordnung **A.II.5** a
- Europäische Erbrechtsverordnugn **A.VI**
- Familienrechtliche Anordnung mit Bezug auf das Pflichtteilsrecht **C.VI.14**
- Fehlvorstellung **J.I** 5; **J.IX.4** 1; **A.II.3** a
- Forderungsvermächtnis **C.V.5**
- formlose Hoferbenbestimmung **G.X.3** 2
- Freizeichnungsklausel **A.II.6** c
- frühere Verfügung von Todes wegen **E.I.1** 2
- Gattungsvermächtnis **C.V.10** 5
- gegenseitige Erbeinsetzung und Einsetzung der gemeinsamen Kinder zu Schlusserben mit Testamentsvollstreckung als Dauervollstreckung für ein Kind **E.II.5**
- gegenseitige Erbeinsetzung und Schlusserbeinsetzung durch Ehegatten **C.I.8**
- gegenständlich beschränkte Nacherbfolge **C.II.3**
- Geldvermächtnis **C.V.3**
- gemeinschaftliches Testament **B.I.2**; **D.I.2**
- geschiedener **A.II.1** b; **A.II.7** e
- gesellschaftsvertragliche Nachfolgeklausel **G.I.6** 4
- gesellschaftsvertragliches Präsentationsrecht **G.II.6**
- gesetzliche Hoferben **G.X.1** 7
- gewöhnlicher Aufenthalt **A.VI** 3
- Grenzen der Gestaltungsfreiheit **A.II.4** a
- grundlegende Vermächtnisanordnungen **C.V.2** 1
- Grundstücksvermächtnis **C.V.6**
- Grundzüge der gesetzlichen Erbfolge **A.II.3** c
- Gütergemeinschaft **A.II.1** d
- Güterstand **A.II.1** d
- Gütertrennung **A.II.1** d
- Handeln unter falschem Recht **J.V.8** 12
- Heimatrecht **A.VI** 4a
- Heimgesetz **A.II.4** b
- Herausgabevermächtnis auf den Tod des Erben **C.II.2**
- Hör- und Sprachbehinderung **B.III.6**
- Hörbehinderung **B.III.4**
- Irrtum über maßgebliches Erbstatut **J.V.8** 12
- Jastrow'sche Klausel **A.II.1** e
- keine Bindung **G.X.3** 2
- keine Erbeinsetzungsanordnung **E.I.4** 3
- Kinder **A.II.1** e, h
- kinderlos **E.I.2** 1
- kombinierte Klauseln **G.I.10** 2
- konkludente Rechtswahl **J.V.8** 12
- Kosten Registrierung im Zentralen Testamentsregister **E.III.2** 6; **F.I.2** 15
- Lebenspartnerschaft **A.II.1** c
- lediger **A.II.1** b; **A.II.7** e
- mehrere Testamentsvollstrecker **C.VII.1** e) bb) (1) (a), e) bb) (1) (i)
- mehrfacher Nacherbfolge **C.II.5**
- minderjähriger Erbe **C.I.7**
- Miteigentum **C.V.7** 4
- Nacherbfolge **A.II.5** d) bb)
- Nachteile der Vor- und Nacherbefolge **A.II.5** d) aa)
- Nachvermächtnis **C.V.1** 8
- negatives Testament **E.II.9** 2
- nichteheliche Lebensgemeinschaft **A.II.1** c
- Nießbrauchsvermächtnis **C.V.8**
- Notar- und Gerichtskosten im Erbrecht **A.V**
- öffentliches Testament **B.II.1** 1
- personengesellschaftsvertrgliche Nachfolgeklausel **G.I.2**
- personengesellschaftsvertrgliche qualifizierte Nachfolgeklausel **G.I.4**
- persönliche Steuerpflicht **A.IV** 2
- persönliche Verhältnisse **A.II.1**
- Pflichtteil **A.II.1** d
- Pflichtteilsberechtigung **A.II.3** d
- Pflichtteilsergänzungsanspruch **A.II.3** e
- Pflichtteilslast **C.V.1** 12
- Pflichtteilsverzicht **C.VI.11** 2
- Pflichtteilsvormacht **C.VI.12**
- Probleme der wirksamen Testamentsvollstreckungsberufung **C.VII.13**
- Problemkind **A.II.1** g
- Prüfung/Neuerteilung etwaiger Vollmachten **C.VII.1** c
- Rechtswahl **A.VI** 4 b
- Regelungsschwerpunkte **A.II.5** d) cc)
- Rentenvermächtnis **C.V.4**
- Rückgabe des Erbvertrags aus der notariellen Verwahrung **A.III.4**
- Rücktittsvorbehalt bei einem zweiseitigen Erbvertrag **D.II.6**
- Rücktritt vom Erbvertrag **A.III.3** b
- Rücktrittserklärung **A.III.1** c
- Rücktrittsvorbehalt bei Erbvertrag **A.II.6** b
- sachliche Steuerbefreiung **A.IV** 4 f
- Sachvermächtnisse **E.I.4** 11
- Schreibunfähigkeit **B.III.2**
- Schuldbefreiungsvermächtnis **C.V.5**

– Sehbehinderung **B.III.3**
– Sprachbehinderung **B.III.5**
– Stärkung Rechtsposition durch Testamentsvollstreckung **C.VII.2** 6
– Steuerklassen **A.IV** 4 h
– steuerliche Behandlung **C.VII.2** 7
– Steuerpflicht **A.IV** 5 f
– steuerpflichtiger Erwerb **A.IV** 4 a
– Supervermächtnis **C.V.10** 6
– Tarifermäßigung **C.VII.1** e) bb) (2) (a) (cc)
– Teilungsanordnung **C.VII.14**
– Teilungsanordnung oder Übernahmerecht **A.II.5** c) ee)
– Teilungsordnungen **C.IV.3**
– Teilungsverbot **J.VI.1** 2
– Testamentsgestaltung bei Auslandsbezug **A.II.8**
– Testamentsvollstreckung **A.II.5** h
– Testamentsvollstreckung bei Vor- und Nacherbschaft **C.VII.9**
– Testamentsvollstreckung über eine Kommanditbeteiligung **G.IX.1**
– Testamentsvollstreckung zur Erfüllung eines Bestimmungsvermächtnisses **C.VII.8**
– Testierfreiheit **A.II.1** b; **A.II.3** b; **A.III**
– typische Regelungsziele **A.II.7**
– Übersicht einschlägigen Sondervorschriften für Verfügungen von Todes wegen behinderter Personen **B.III.1**
– Überspringen einer Generation **G.VI.6**
– umgekehrte Vermächtnislösung **F.I.4**
– Unternehmenstestament zugunsten eines Kindes **G.V.1**
– Unternehmenstestament zugunsten mehrerer Kindes **G.V.2**
– Unternehmertestament bei Mitarbeit des Ehegatten im Unternehmen **G.V.5**
– Unternehmertestament des Einzelkaufsmanns **G.V.7**
– Unternehmertestament zugunsten des Ehegatten **G.V.3**
– Unternehmertestament zugunsten des Ehegatten und des Kindes **G.V.4**
– Unternhemertestament zugunsten eines Dritten **G.V.6**
– verfolgte Ziele der Nachfolgeregelung und die Ermittlung des letzten Willens **A.II.1**
– Verfügungsunterlassungsvertrag **A.II.6** d; **D.II.7**
– Vermächtnis **A.II.5** f; **C.V.7**
– Vermächtnisgegenstand **C.V.1** 2
– Vermächtnisse **E.I.3** 9
– Vermächtnisse mit Drittbestimmungsmöglichkeiten **C.V.10**
– vermögensrechtliche Verhältnisse **A.II.2** a
– Verschaffungsvermächtnis **C.V.7**
– verschiedene Betiligwe **C.VII.1** e) bb) (1) (h)
– Verteilung von Pflichtteilslast und Vermächtnislast **C.VI.9**
– vertragsgemäße Verfügung **A.II.6** a
– Verwaltungsvollstreckung **C.VII.5**
– verwitweter **A.II.1** b; **A.II.7** e
– Verzicht auf Anfechtung wegen Übergehung Pflichtteilsberechtigter **A.II.6** e; **A.III.1** e
– Vor- und Nacherben **E.I.3** 3
– Vor- und Nacherbeneinsetzung **C.II.1**
– Vor- und Nacherbfolge Unternehmenstestament **G.VI.3** 2
– Vor- und Nachvermächtnis **G.VII.4**
– Vorausvermächtnis **E.II.3** 3; **G.VII.5**
– Vorausvermächtnis für einen Miterben **A.II.5** c) cc)
– Vormund **E.I.3** 8
– vorverstorbenes Kind **A.II.1** e
– Wahlvermächtnis **C.V.10** 4
– wechselbezügliche Verfügung **A.II.6** a
– Wegfall der Bindung **A.III.1** b
– Widerruf früherer Verfügungen von Todes wegen bei Errichtung eines Testaments **A.III.2**
– Widerruf Verfügung von Todes wegen **J.I** 3
– Widerrufserklärung **A.III.1** c; **A.III.3**
– Widerrufsmöglichkeiten bei einseitigen Verfügungen von Todes wegen **A.III.3** a
– wirklicher Wille **A.II.3**
– Wohnungsrechtsvermächtnis als Untervermächtnis **C.V.9**
– Zugewinngemeinschaft **A.II.1** d
– Zuwendung einer Beteiligung an einer Kapitalgesellschaft **G.VII.1**
– Zuwendung nicht pfändbarer Vermächtnisse **F.II.1** 2
– Zuwendung unter Lebenden **A.III.1** i
– Zuwendungsverzichtvertrag **A.III.1** h
– Zweckvermächtnis **C.V.10** 6

Erblasseranordnung
– Antrag auf Befreiung bei Testamentsvollstreckung **J.IX.4** 1
– Antrag des Testamentsvollstreckers auf Befreiung von einer Anordnung des Erblassers **J.IX.4**
– Auseinandersetzungsplan **J.IX.5** 3
– Außerkraftsetzung **J.IX.4** 2
– Beteiligung eines Testamentvollstreckers **J.VII.2** 9
– durch Testamentsvollstrecker **J.VI.1** 6
– Testamentsvollstreckung **C.VII.1** e) bb) (2) (cc)

Erblasserschenkung
– Auskunftsanspruch bei Pflichtteil **J.III.2** 5, 6

Erblasserschulden
– Bestimmung des Nachlasswertes **J.III.2** 5
– Erbschaftsteuer **A.IV** 4a
– Gebühr Erteilung eines Erbscheins **J.V.1** 12
– Geldvermächtnis **C.V.3** 6

Erblassersteuern
- Testamentsvollstrecker **C.VII.2** 7

Erblasserwille
- Anfechtung einer Verfügung von Todes wegen **J.I** 4 f.
- Auslegung **J.V.6** 1
- Ersatzerbfolge **A.II.5** c) aa)
- Folgen eines Formverstoßes **B.I.1** 3
- Nachlassspaltung **K.VII.9** 3
- Nachteile eines eigenhändigen Testaments **B.I.2** 10
- Problemkind **A.II.1** g
- Testamentsvollstreckung **C.VII.1** e) bb) (1) (a)

Erbmasse
- aus unterschiedlichen Gegenständen **C.VII.3** 1
- Errichtung einer Stiftung von Todes wegen **H.II.5** 1
- Schutz vor Eigengläubigern des Vorerben **C.VII.9** 2

Erbnachweis
- ausländischer **J.V.1** 1
- Europäisches Nachlasszeugnis (ENZ) **A.VI** 6; **J.V.9** 2, 13 f.
- Grundbuchberichtigung **J.IV.7** 6
- Passwort-Vorsorgeurkunde **L.VI.1** 9

Erbquote
- Behindertentestament **F.I.2** 5
- Berliner Testament **C.I.8** 10
- Erbenbestimmung **C.I.2** 2
- isolierte Enterbung **C.III** 6
- nachgeborene Kinder als Nacherben **C.II.5** 5
- Vorausvermächtnis **G.VI.1** 9; **G.VII.5** 5

Erbrecht
- ausländisches **J.V.8** 4
- deutsches **J.II.4** 8
- fehlendes gesetzliches **J.II.4** 10
- gesellschaftsrechtliche Beratung **A.II.9**
- gesetzlicher Erbteil **I.I.5** 4
- gesetzlicher Güterstand **I.I.5** 4
- getrennt lebende Ehegatten **F.III.1** a
- Gütertrennung **I.I.5** 4
- HöfeO **G.X.1** 5
- Nachweis **J.V.1** 6
- nichteheliches Kind **J.I** 7
- Notar- und Gerichtskosten **A.V**
- Scheidungsvereinbarung **F.III.2**
- Teilverzichtsvertrag auf einen Bruchteil **I.II.4** 4
- Zuwendungsverzicht **I.II.17**

Erbrecht, gesetzliches
- Erbverzichtsvertrag unter Pflichtteilsvorbehalt **I.II.5**

Erbrechtsverordnung, europäische s EuErbVO

Erbregelung, vorgezogene
- Anzeigepflicht **I.I.2** 14

Erbschaftsannahme **J.IV.2** 2
- Anfechtung **J.IV.13**; **J.VIII.2** 4
- Checkliste **J.IV.1**
- Erbscheinsantrag **J.V.2** 5
- Form **J.IV.2** 3
- Kosten **J.IV.2** 5
- steuerliche Behandlung **J.IV.2** 6
- Verhalten, schlüssiges **J.IV.2** 2
- Vertretung **J.IV.2** 4

Erbschaftsausschlagung **J.IV.3**; **J.IV.4**
- Abfindung **J.IV.7** 5
- Abfindungsvertrag **J.IV.7** 3
- Anfechtung **J.IV.12**
- Anfechtungserklärung **J.IV.12** 5
- Anfechtungsfrist **J.IV.12** 4
- Anfechtungswirkung **J.IV.12** 6
- Angabe nächster gesetzlicher Erben **J.IV.3** 4
- Auslandsbezug **J.IV.3** 7
- bei Zugewinngemeinschaft **J.IV.8** 2
- Beschränkung auf gewillkürte Erbfolge **J.IV.6** 2
- Betreuungsgerichtliche Genehmigung **J.IV.4** 2; **J.IV.5** 4, 5
- Checkliste **J.IV.1**
- des beschränkten/beschwerten pflichtteilsberechtigten Erben **J.IV.9**
- durch Betreuer **J.IV.5** 2
- Erklärung **J.IV.3** 3
- familiengerichtliche Genehmigung **J.IV.4** 2, 3
- Form **J.IV.3** 5
- Frist **J.IV.3** 2; **J.IV.5** 3 f.; **J.IV.9** 3
- für nächstberufenen Minderjährigen **J.IV.4** 2
- für nächstberufenes ungeborenes Kind **J.IV.4** 3
- gegen Abfindung aus erbschaftsteuerlichen Gründen **J.IV.7**
- Geschäftswert **J.IV.3** 9
- gewillkürte Erbschaft bei Annahme als gesetzlicher Erbe **J.IV.6**
- Hof **G.X.1** 6; **J.IV.10**
- Korrektur fehlgeschlagener Nachfolgeregelung **J.IV.3** 8
- Kosten **J.IV.3** 9
- selektive **J.IV.4** 2
- steuerliche Behandlung **J.IV.3** 10; **J.IV.6** 3
- steuerliche Behandlung Anfechtung **J.IV.12** 9
- steuerliche Behandlung bei Zugewinngemeinschaft **J.IV.8** 3
- Vermächtnis **J.IV.11**
- Versäumung der Ausschlagungsfrist wegen Irrtum **J.IV.14**
- Vertretung **J.IV.3** 6
- Wahlrecht des beschränkten/beschwerten Pflichtteilsberechtigten Erben **J.IV.9** 2
- Wirkung **J.IV.3** 8; **J.IV.7** 4
- zugunsten Dritter **J.IV.12** 3
- zur Geltendmachung des kleinen Pflichtteils **J.IV.8**

– zur Geltendmachung des Zugewinnausgleichs **J.IV.8**
– Zuständigkeit **J.IV.3** 7
Erbschaftsbesitzer
– Auskunftsklage gegen **J.II.4** 3
– Auskunftspflicht **J.II.4** 3
– Eidesstattliche Versicherung **J.II.4** 7
– Herausgabe **J.II.4** 8
– Herausgabeklage gegen **J.II.4**
– Nutzungen/Früchte **J.II.4** 6
– Surrogation **J.II.4** 5
Erbschaftskäufer
– Antragsbefugnis **J.X.2** 3
– Erbscheinsantrag **J.V.1** 9
Erbschaftsteuer
– Abfindung Kapitalgesellschaftsanteil **G.II.4** 3
– Abtretungsklausel **G.I.7** 5
– Anrechnung auf Einkommensteuer **A.IV** 5 f
– Anrechnung ausländischer **A.IV** 5 a
– Anteil Komplementär-GmbH **G.I.10** 5
– Aufhebung/Widerruf früherer Verfügung von Todes wegen **A.III.2** 2
– Auflage **C.V.11** 9; **H.II.7** 6
– auflösende Bedingung **A.IV** 4 b
– aufschiebende Bedingung **A.IV** 4 b
– Auslandsvermögen **A.IV** 5 a
– Ausstattung **I.IV** 6
– Ausübung Wahlrechte durch Testamentsvollstrecker **C.VII.2** 7
– Auszahlung Lebensversicherung an Bezugsberechtigten **I.V.1** 1
– Berechnung **A.IV** 4
– Bewertungsrecht **A.IV** 4 c
– Bewertungsstichtag **A.IV** 4 b
– Checkliste Pflichtteilsrecht in der Erbrechtsberatung **C.VI.1**
– Communauté avec clause d'attribution **K.XVIII**
– ehebedingte Zuwendung **I.I.2** 13
– Eintrittsklausel **G.I.5** 4
– Einziehungsklausel **G.I.7** 5
– Entstehung **A.IV** 3
– Erbfallschulden **A.IV** 4 a
– Erblasserschulden **A.IV** 4 a
– Erbschaftsausschlagung **J.IV.3** 10
– Erhebung **A.IV** 5
– Erlöschen **A.IV** 5 d
– Ermäßigung **A.IV** 5 c
– Errichtung Familienstiftung **H.II.2** 5
– Errichtung rechtsfähiger Stiftung von Todes wegen **H.II.5** 8
– Errichtung Stiftung **H.II.1** 4
– Erstberatung **A.II.2** b
– Ferienimmobilien in England **K.XI** 3
– Festsetzung **A.IV** 5
– Fortsetzungsklausel **G.I.1** 5
– Freibeträge **A.II.2** b; **A.IV** 4 f
– frühere Erwerbe **A.IV** 4 g
– Geldschenkung **I.III.4** 9
– gemischte Schenkung **A.IV** 5 f
– Grundstücksschenkung **I.III.2** 31
– Grundstücksschenkung an Minderjährige **I.III.3** 20
– Güterstandsschaukel **I.I.6** 8
– Härteausgleich **A.IV** 4i
– Hinterbliebenenbezüge **I.V.1** 8
– Jahresversteuerung **A.IV** 5 b
– Joint and mutual will (Florida) **K.XIV** 4
– Kapitalgesellschaftsanteile **G.I.9** 3
– Lebensversicherung auf verbundene Leben bei Ehegatten **I.V.1** 8
– lebzeitige Übertragung **I.III.1** 10
– mehrfacher Erwerb **A.IV** 5 c
– Nachfolgeklausel **G.I.2** 2
– Nachlassverbindlichkeiten **A.IV** 4 a
– nichteheliche Lebensgemeinschaft **I.V.1** 8
– Nießbrauchsvorbehalt an Gesellschaftsanteil **G.III.4** 10
– örtliche Zuständigkeit **A.IV** 5 e
– persönliche Steuerpflicht **A.IV** 2
– Progressionsvorbehalt **A.IV** 4 i
– Prüfung/Neuerteilung etwaiger Vollmachten **C.VII.1** c) cc)
– qualifizierte Nachfolgeklausel **G.I.4** 6
– rechtsgeschäftliche Nachfolgeklausel **G.I.6** 5
– Rückforderung **A.IV** 5 d
– Rückgabe/-schenkung **A.IV** 5 d
– sachliche Steuerpflicht **A.IV** 1
– Schenkung der Bezugsberechtigten einer Lebensversicherung **I.V.1** 8
– Schenkung unter Begründung Untergesellschaft **G.III.8** 4
– Sofortversteuerung **A.IV** 5 b
– Sparbuch auf fremden Namen **I.V.2** 7
– Steuerbefreiung **A.IV** 4 f
– Steuerklassen **A.IV** 4 h
– steuerlicher Erwerb **A.IV** 4 a
– steuerrechtliche Relevanz des Güterstandes **I.I.1** 6
– Steuersatz **A.IV** 4 i
– Steuerschuldner **A.IV** 5
– Stiftungserrichtung durch Erben **H.II.1** 4
– Stundung **G.II.5** 3
– Stundung Abfindung **G.II.5** 2
– Testamentsvollstrecker **C.VII.2** 7
– Testamentsvollstreckervergütung **C.VII.1** e) bb) (2) (a)
– Testamentsvollstreckung **C.VII.2** 7
– Übertragung Einzelunternehmen **G.III.1** 7
– unentgeltliche Zuwendung stiller Beteiligung **G.III.7** 4
– unselbständige Stiftung **H.III.3** 6
– Verhältnis zur Einkommensteuer **A.IV** 5 f
– Verhältnis zur Grunderwerbsteuer **A.IV** 5 g
– Versorgungsfreibetrag **A.IV** 4 f
– Vor-/Nacherbfolge **A.II.5** d) aa)

– Wechsel von gesetzlichem Güterstand in Güterstand der Gütertrennung **I.I.6** 8
– wiederkehrende Nutzungen/Lasten **A.IV** 5 b
Erbschaftsteuerbescheid
– Testamentsvollstrecker **C.VII.2** 7
Erbschaftsteuererklärung
– Testamentsvollstrecker **C.VII.2** 7
– Vorschenkungen bei Testamentsvollstreckung **C.VII.2** 7
Erbschaftsteuerpflicht, beschränkte A.IV 2
Erbschaftsteuerpflicht, unbeschränkte A.IV 2
Erbschaftsteuerrecht A.IV
– Lebensversicherung **I.V.1** 8
– persönliche Steuerpflicht **C.I.7** 4
– Stichtagsprinzip **C.VII.1** c) cc)
Erbschaftsvertrag I.VII.1; I.VII.2
– Form **I.VII.2** 2
– Gegenleistung **I.VII.2** 4
– keine Anpassung der Gegenleistung **I.VII.2** 6
– Nichtigkeit bei Vertrag über den Nachlass eines lebenden Dritten **I.VII.1** a
– notarielle Mitteilungspflichten **I.VII.2** 5
– schuldrechtliche Wirkung **I.VII.2** 3
– Wirksamkeit von Erbschaftsverträgen als Ausnahme **I.VII.1** b
Erbschein J.V.1 3
– Abgrenzung Testamentsvollstreckerzeugnis **J.V.14**
– Alleinerbe **J.V.1** 6
– Anerkennung im Ausland **J.V.8** 11
– Antrag **J.V.1** 7
– Antrag auf Erteilung mit Beschränkung eines Erben durch Nacherbschaft und Testamentsvollstreckung unter Mitwirkung eines Betreuers **J.V.7**
– Antragsberechtigung **J.V.1** 8
– Arten **J.V.1** 6
– ausländisches Recht **J.V.8**
– Auslegungsvertrag **J.V.6** 6
– bei Erbteilsverkauf **J.VII.2** 6
– beschränkte Testamentsvollstreckung **C.VII.7** 2
– Bindung Finanzamt **J.V.6** 7
– Bindung Grundbuchamt **J.V.6** 6
– Bindung im Sozial-/Insolvenzrecht **J.V.6** 8
– Checkliste **J.V.1**
– Doppelerbschein **J.V.1** 6; **J.V.8** 4
– Eigenrechtserbschein **J.V.1** 6
– Einziehungsverfahren **J.V.1** 5
– EuErbVO **J.V.1** 11
– Fremdrechtserbschein **J.V.1** 6; **J.V.8**
– gegenständlich beschränkter **J.V.2** 6; **J.V.8**
– Gegenstandswert **D.I.1** 4
– gemeinschaftlicher **J.V.1** 6
– Geschäftswert **J.V.1** 12
– Gruppenerbschein **J.V.1** 6
– Gutglaubenswirkung **J.V.5** 1
– Hoffolzeugnis **J.V.12**
– hoffreies Vermögen **J.V.1** 6
– konkludente Rechtswahl **J.V.8** 12
– Kosten **D.I.1** 4
– Kosten/Gebühren **J.V.1** 12
– Kraftloserklärung **J.V.1** 5
– Miterbe **J.V.1** 6
– Nachlasswert **J.V.1** 12
– Notar-/Gerichtskosten **A.V** 3
– nur für Grundbuchzwecke **J.V.4** 1
– ordre public **J.V.8** 13
– Sammelerbschein **J.V.1** 6
– steuerliche Behandlung **J.V.1** 13
– Teilerbschein **J.V.1** 6
– Testamentsvollstreckung **C.VII.7** 3
– vereinigter **J.V.1** 6
– Verfahren **J.V.1** 4
– Verhältnis zu Europäischem Nachlasszeugnis (ENZ) **J.V.9** 1
– Vor- und Nacherbfolge **A.II.5** d) cc)
– Vorlage **J.V.4** 1
– Zuständigkeit **J.V.1** 11
Erbscheinsantrag J.V.2
– Antragsberechtigung **J.V.1** 8
– Auslandsvermögen **J.V.2** 5
– Auslegung Verfügung von Todes wegen **J.V.1** 9; **J.V.6** 1
– Auslegungsvertrag **J.V.6**
– bei gesetzlicher Erbfolge **J.V.2**
– bei testamentarischer Erbfolge **J.V.3**
– Berücksichtigung ausländischen Rechts **J.V.8**
– Beschränkung eines Erben durch Nacherbschaft **J.V.7**
– Beschränkung eines Erben durch Testamentsvollstreckung **J.V.7**
– Beschränkungen **J.V.3** 1
– Checkliste **J.V.1**
– Eidesstattliche Versicherung **J.V.1** 7
– Einzeltestament **E.I.1** 8
– Erblasserwille **J.V.6** 1
– Erbschaftsannahme **J.V.2** 5
– Europäisches Nachlasszeugnis (ENZ) **J.V.9**
– Fremdrechtserbschein **J.V.8**
– gegenständlich beschränkter Erbschein **J.V.8**
– gemeinschaftlicher **J.V.6**
– gewöhnlicher Aufenthalt **J.V.1** 11c
– Hilfsantrag **J.V.1** 11; **J.V.5** 4
– Hoffolgezeugnis **J.V.12**
– Kosten **A.V** 3
– Kosten der Beurkundung **D.I.1** 4
– nach Höfeordnung **J.V.12**
– Nacherbe **J.V.5** 2, 5
– Nachweis **J.V.2** 2
– Nicht-Anhängigkeit Scheidungsverfahren **J.V.2** 4
– nur für Grundbuchzwecke **J.V.4** 1
– Rechtsmittel gegen Vorbescheid **J.V.1** 11
– Testamentsauslegung **J.V.6** 1
– Verfügung von Todes wegen **J.V.2** 3

- Verknüpfung **J.V.5** 4
- Vermögensgruppen **J.V.5** 3
- Vorerbe **J.V.5** 2

Erbscheinsverfahren
- Amtsermittlungsgrundsatz **J.V.6** 1
- Angaben Erbscheinsantrag **J.V.2** 1
- Antragsberechtigung **J.V.1** 8
- Auslegungsvertrag **J.V.6**
- Bedeutung **J.V.1** 3
- Einziehungsverfahren **J.V.1** 5
- EuErbVO **J.V.1** 2
- Hilfsantrag **J.V.1** 12; **J.V.5** 4
- Nachweise **J.V.2** 2
- ordre public **J.V.8** 13
- Verhältnis zu streitigem Verfahren **J.V.1** 4
- Zäsur **J.V.1** 2
- Zuständigkeit **J.V.1** 11
- Zwischenverfügung **J.V.1** 12

Erbstatut
- ausländisches **J.V.9** 5; **J.V.11** 2
- Auslandsberührung **J.IV.3** 7
- bei Erbvertrag **K.VIII.4**
- bei gemeinschaftlichem Testament **K.VIII.4**
- Belgien **K.XIX.2**
- Bindungswirkung **K.IV.1**
- Bosnien-Herzegowina **K.XIX.3**
- Dänemark **K.XIX.4**
- deutsches Erbrecht **J.II.4** 9
- Errichtungsstatut **K.VII.1** 5
- EuErbVO **K.VII.1** 3; **K.VII.4** 3; **K.VII.6** 5; **K.VIII.4** 3
- Frankreich **K.XIX.5**
- gewöhnlicher Aufenthalt **A.VI** 1, 3
- hypothetisches **J.V.1** 10; **K.VIII.5** 2
- Irrtum über maßgebliches **J.V.8** 12
- Italien **K.XIX.6**
- Niederlande **K.XIX.7**
- Österreich **K.XIX.8**
- Polen **K.XIX.9**
- Portugal **K.XIX.10**
- Rechtswahlnach ausländischem Recht **K.VIII.2** 2
- Schweiz **K.XIX.11**
- Slowakei **K.XIX.12**
- Spanien **K.XIX.13**
- Testierfähigkeit **K.V**
- Tschechische Republik **K.XIX.14**
- Türkei **K.XIX.15**
- Vereinigtes Königreich **K.XIX.16**

Erbteil
- Anwachsung **C.I.2** 6
- Erbteilskauf **J.VII.2**
- Erbteilskauf mit Absicherung **J.VII.3**
- gemeinschaftlicher **C.I.4**
- Insolvenzverfahren **F.II.1** 3
- Teilverzicht **I.II.4** 4
- Testamentsvollstreckung an **C.VII.4** 1; **C.VII.5** 1
- Verfügung über künftigen **I.VII.1**
- Verpfändung **J.VII.5** 2
- Vorweggenommene Erbfolge **J.VII.4**

Erbteil, gemeinschaftlicher
- Erbeinsetzung **C.I.4** 1

Erbteil, unterschiedlicher
- Erbeinsetzung **A.II.5** b

Erbteilerwerber
- Erbscheinsantrag **J.V.1** 8

Erbteilsabtretung
- Form **J.VII.2** 5; **J.VII.4** 4
- Sicherungsprobleme **J.VII.3** 3
- steuerliche Behandlung unentgeltlicher **J.VII.4** 9
- unentgeltliche **J.VII.4** 3

Erbteilserwerb
- Auseinandersetzungsverbot **J.VI.1** 2
- durch Minderjährigen **J.VII.4** 5
- Erbscheinsantragsberechtigung **J.V.9** 5
- Rechtsfolge der Erbteilsveräußerung **J.VII.2** 6
- Vorkaufsrecht der Miterben **J.VII.3** 5

Erbteilskaufvertrag **J.VII.2**; **J.VII.3**
- Absicherungen **J.VII.3** 3, 4
- Bedingung **J.VII.3** 3
- Beurkundung **J.VII.2** 5
- persönliche Teilerbauseinandersetzung durch Erbteilsübertragung **J.VI.6**
- Vorkaufsrecht **J.VII.3** 5

Erbteilsübertragung **J.VII.2** 2
- Abfindung **J.VI.6** 4
- Anwendung der Vorschriften über Erbschaftskauf **J.VI.6** 7
- Anzeigepflicht **J.VII.2** 12; **J.VII.4** 7
- Auflassung **J.VII.4** 2
- bedingte **J.VII.3** 3
- bei Testamentsvollstreckung **J.VII.2** 9
- Bruchteil **J.VII.2** 2
- Checkliste **J.VII.1**
- Erbbaurecht **J.VII.2** 7
- erbschaftsteuerliche Behandlung **J.VI.6** 9
- Erbteilserwerber **J.VII.2** 2
- Erbteilskauf **J.VII.2** 2
- Erbteilskauf mit Absicherung **J.VII.3**
- ertragsteuerliche Behandlung **J.VI.6** 9
- Form **J.VI.6** 3; **J.VII.2** 5; **J.VII.4** 4
- Genehmigungserfordernisse **J.VI.6** 8; **J.VII.2** 7; **J.VII.4** 5
- Gesamtrechtsnachfolge **J.VI.6** 6
- Gesamtvermögensgeschäft **J.VII.2** 7
- Geschäftswert **J.VI.6** 10; **J.VII.2** 14; **J.VII.4** 10
- Gewährleistung **J.VII.2** 10; **J.VII.4** 6
- Grundbuchberichtigung **J.VII.2** 6
- Haftung **J.VI.6** 5; **J.VII.2** 10, 11; **J.VII.4** 6
- Kaufpreishinterlegung **J.VII.3** 3
- Kosten **J.VI.6** 10; **J.VII.2** 14; **J.VII.4** 10
- land-/forstwirtschaftlicher Betrieb **J.VII.2** 7
- Minderjährige **J.VII.2** 7

– Miterbe **J.VII.2** 2
– persönliche Teilerbauseinandersetzung **J.VI.6** 2
– Rechtsfolge **J.VII.2** 6
– Rechtsfolgen **J.VI.6** 6
– Schenkung **J.VII.4** 3
– schuldrechtliches Rechtsgeschäft **J.VII.2** 3
– steuerliche Behandlung unentgeltlicher **J.VII.4** 9
– Überlassung **J.VII.4**
– Vor-/Nacherbfolge **J.VII.2** 8
– Vorkaufsrecht bei unentgeltlicher **J.VII.4** 8
– Vorkaufsrecht Miterbe **J.VII.3** 5
– Vorweggenommene Erbfolge **J.VII.4** 3
– wirtschaftlicher Übergang **J.VI.6** 5
– Wohnungseigentum **J.VII.2** 7

Erbteilsverkauf
– Erbschein bei **J.VII.2** 6
– Gesamtrechtsnachfolge **J.VII.2** 6
– Hinweispflicht auf Vorkaufsrecht **J.VII.3** 5
– Kaufvertrag mit Absicherung **J.VII.3**
– Kaufvertrag ohne Absicherung **J.VII.2**
– Rechtsmängelhaftung **J.VII.2** 10
– Sachmängelhaftung **J.VII.2** 10
– Sicherung Käufer **J.VII.3** 4
– Sicherung Verkäufer **J.VII.3** 3
– Würdigung **J.VII.2** 4

Erbteilsverpfändung J.VII.5
– Anzeigepflicht **J.VII.5** 7
– Form **J.VII.5** 3
– Genehmigungserfordernisse **J.VII.5** 6
– Grundbuch **J.VII.5** 5
– Kosten **J.VII.5** 10
– Rechtsfolgen **J.VII.5** 4
– steuerliche Behandlung **J.VII.5** 9
– Verlautbarung **J.VII.5** 5
– Vorkaufsrecht **J.VII.5** 8

Erbteilsverzicht
– Ersatzerbe bei **G.VI.2**

Erbunfähiger
– Begünstigung mittels Auflage **C.V.11** 2

Erbunwürdigkeit
– Wegfall des Beschwerten **C.V.1** 5

Erbvertrag B.IV
– Ablieferung **B.IV** 8; **B.V** 1
– Änderungsvorbehalt **A.II.6** c; **A.III.1** d; **C.I.8** 6; **D.II.4**
– Anfechtung **A.III.1** e
– Anfechtungsverzicht **C.I.8** 9
– Anordnung Testamentsvollstreckung **C.VII.2** 1
– Auflage **C.V.11** 1
– auflösende Bedingung **C.I.8** 7
– Auflösung Ehe/Lebenspartnerschaft **A.III.1** b
– Auslandsbezug **C.I.8** 2; **K.IV.1**
– ausschließlich vertragsmäßigen Verfügungen **D.II.1**
– Ausschluss Erbausgleichsklausel **I.III.6** 1
– Auswirkung späterer Scheidung **F.III.1** b
– beeinträchtigende Schenkung **I.I.2** 11
– Belehrung **B.IV** 4
– Beurkundung **C.I.8** 4
– Beurkundungskosten **D.II.1** 5; **E.III.2** 6; **F.I.2** 15
– Bindung an Verfügung von Todes wegen **A.II.6** a; **A.III.1** a
– Bindungswirkung **C.I.8** 4, 8; **E.III.2** 4
– Ehegattenhof **G.X.1** 5; **G.X.4**
– einseitige und vertragsgemäße Verfügungen **D.II.2**
– Einwilligung des Vertragspartner/-erben **I.I.2** 12
– Erbeinsetzung der Kinder mit Nießbrauchsvermächtnis für den längstlebenden Ehegatten und dessen Ernennng zum Testamentsvollstrecker **E.II.11**
– Erbeinsetzung des Kindes eines Lebenspartners mit Vermächtnissen zugunsten des anderen Lebenspartners **E.IV.2**
– Erbeinsetzung des längstlebenden Ehegatten zum Vorerben und der gemeinsamen Kinder zu Nacherben des Erstversterbenden und zu Schlusserben des Längstlebenden **E.II.12**
– Erbeinsetzung einseitiger Kinder und Vermächtnis zugunsten des längerlebenden Ehegatten kombiniert mit einem Pflichtteilsverzichtsvertrag **E.III.6**
– Erbvertragsverzeichnis **B.IV** 8
– Errichtung einer gemeinnützigen Stiftung **H.II.7**
– Errichtung eines Vermächtnisvertrages zugunsten eines Kindes vor Scheidung **F.III.3**
– Errichtung Stiftung **H.II.5**
– Form **K.VIII.4** 5
– Formulierung **B.IV** 3
– Formulierungsmuster Rücktritt **A.III.3** b
– Freizeichnungsklausel **A.II.6** c
– gegenseitige Erbeinsetzung der Ehegatten als Vorerben und Einsetzung der Kinder des Erstversterbenden als Nacherben und der Kinder des Längstlebenden als Schlusserben **E.III.5**
– gegenseitige Erbeinsetzung der Ehegatten und Vermächtnisse zugunsten der gemeinsamen Kinder für den Fall der Wiederverheiratung **E.VI.2**
– gegenseitige Erbeinsetzung der Ehegatten zu Vorerben und der gemeinsamen Kinder zu Nacherben, bedingt für den Fall der Wiederverheiratung **E.VI.1**
– gegenseitige Erbeinsetzung der Lebenspartner und Einsetzung der Verwandten als Schlusserben **E.IV.1**
– gegenseitige Erbeinsetzung ujunger Ehegatten und Erbeinsetzung der (minderjährigen) Kinder zu Schlusserben mit Benennung eines

Vormunds und Anordnung der Testamentsvollstreckung **E.II.3**
– gegenseitige Erbeinsetzung und Einsetzung der einseitigen und der gemeinsamen Kinder zu Schlusserben mit Pflichtteilsklausel **E.III.2**
– gegenseitige Erbeinsetzung und Einsetzung der einseitigen und der gemeinsamen Kinder zu Schlusserben mit Vermächtnissen jedes Elternteils zugunsten seiner Kinder **E.III.4**
– gegenseitige Erbeinsetzung und Einsetzung der gemeinsamen Kinder als Schlusserben **E.II.1**
– gegenseitige Erbeinsetzung und Einsetzung der gemeinsamen Kinder als Schlusserben durch den Erstversterbenden zugunsten der Kinder mit Nießbrauchuntervermächtnis für den längstlebenden Ehegatten und dessen Ernennung zum Testamentsvollstrecker **E.II.10**
– gegenseitige Erbeinsetzung und Einsetzung der gemeinsamen Kinder als Schlusserben mit Ausschluss der Auseinandersetzung einzelner Nachlassgegenstände **E.II.4**
– gegenseitige Erbeinsetzung und Einsetzung der gemeinsamen Kinder als Schlusserben mit Dauertestamentsvollstreckung für ein Kind **E.II.5**
– gegenseitige Erbeinsetzung und Einsetzung der gemeinsamen Kinder als Schlusserben mit fakultativer Pflichtteilsklausel **E.II.7**
– gegenseitige Erbeinsetzung und Einsetzung der gemeinsamen Kinder als Schlusserben mit Teilungsanordnung **E.II.2**
– gegenseitige Erbeinsetzung und Einsetzung der gemeinsamen Kinder als Schlusserben mit Vermächtnis des Erstversterbenden zugunsten der Kinder und des Überlebenden zugunsten der Enkelkinder **E.II.9**
– gegenseitige Erbeinsetzung und Einsetzung der gemeinsamen Kinder zu Schlusserben und Vermächtnis in Höhe Pflichtteilsanspruch zugunsten der einseitigen Kinder **E.III.3**
– gegenseitige Erbeinsetzung und Einsetzung der gemeinsamen Kinderzu Schlusserben mit Ausgleichung einer lebzeitigen Schenkung an ein Kind **E.II.6**
– gegenseitige Erbeinsetzung und Einsetzung eines Kindes als Schlusserben und Enterbung eines weiteren Kindes **E.II.8**
– gegenseitiger Erbeinsetzung **C.I.8**
– gemeinschaftliches Testament **D.I.2** 5
– Geschäftsfähigkeit **B.IV** 1
– Geschäftswert **B.IV** 9
– gleichzeitige Anwesenheit bei Abschluss **B.IV** 1
– Grundstücksvermächtnis **C.V.6** 4
– Gütergemeinschaftsvereinbarung **I.I.7** 6
– Hinterlegungsgebühr **C.I.8** 4
– Kosten **B.IV** 9; **C.I.8** 11
– Kosten für Entwurf **C.I.8** 11
– Notarkosten **A.V** 1
– Österreich **K.VIII.6**; **K.XIX.8**
– Pflichtteilsklausel **E.II.7** 2; **E.III.2** 2
– Rechtswahl **K.VIII.4** 4
– Rechtswahl bei Auslandsbezug **K.VIII.4**
– Rechtswahl nach EuErbVO bei Auslandsbezug **K.VIII.5**
– Rückgabe aus notarieller Verwahrung **A.III.4** 4
– Rückgabe aus Verwahrung **B.IV** 6
– Rücktritt **A.III.1** c; **A.III.3** b
– Rücktrittsvorbehalt **A.II.6** b; **C.I.8** 5; **D.II.5**
– Rücktrittsvorbehalt bei nichtehelicher Lebensgemeinschaft **E.V**
– Rücktrittsvorbehalt bei zweiseitigem Erbvertrag **D.II.6**
– Sicherheiten **E.III.2** 4
– steuerliche Behandlung **C.I.8** 10
– Stiftungsgeschäft **H.II.5**
– Stuftungsgeschäft durch gemeinschaftliches Testament **H.II.6**
– Testierfreiheit **B.IV** 2
– Umdeutung in Testament **C.I.8** 4
– Umfang Rechtswahl **A.VI** 4b
– Unwirksamkeit bei Scheidung **F.III.3** 5
– Verfügungen und beschränkter Änderungsvorbehalt **D.II.3**
– Verfügungsunterlassungsvertrag **D.II.7** 2
– Vermächtnis **C.V.1** 1, 3; **E.III.2** 3
– Verschließung **B.IV** 5
– Verwahrung **B.IV** 5, 9
– Vollerbeneinsetzung und Vor-/Nacherbfolge **C.II.6** 2
– Widerruf früherer Verfügung von Todes wegen **A.III.2**
– Zuwendungsverzicht **C.I.8** 8
– Zuwendungsverzicht auf Erbrecht **I.II.17**
Erbvertragsverzeichnis **B.IV** 8
Erbverzicht
– Anfechtung **I.II.15** 3
– auf Hof beschränkter **G.X.5** 2
– Aufhebungsfrist **I.II.15** 3
– Aufhebungsvertrag **I.II.15** 1
– bei Unternehmensnachfolge **G.III.10** 1
– beschränkter **I.II.5** 3
– Beschränkungen/Beschwerungen **I.II.4** 4
– Beurkundungskosten **F.III.1** e
– Checkliste **I.II.1**
– ehebedingte Zuwendung für **I.I.3** 6
– Ehegattenunterhalt **F.III.2** 2
– Erbverzichtsvertrag **I.II.2**
– Erbverzichtsvertrag gegen Abfindung **I.II.3**
– Form **I.II.2** 2; **I.II.5** 1
– gegenständlich beschränkter **G.X.5** 2
– gegenständliche Begrenzung **I.II.4** 4
– Hof **G.X.1** 6
– isolierte Abfindung **G.X.5** 2

– kleiner Pflichtteil **I.II.5** 4
– Kosten auf Hof beschränkten **G.X.5** 5
– Nachabfindung **G.X.5** 3
– nachehelicher Unterhalt **I.II.2** 6
– Pflichtteilsverzicht **I.II.6** 3
– Rückgewähr Abfindung bei Aufhebung **I.II.15** 4
– steuerliche Behandlung **G.X.5** 4
– steuerliche Behandlung Teilverzicht **I.II.4** 7
– wechselseitiger **F.III.1** a
– Wegfall des Beschwerten **C.V.1** 5
– weichende Erben bei Hoferbfolge **G.X.5**
– Wirkung auf Abkömmlinge **I.II.4** 5
– Zugewinnausgleich **F.III.3** 3
– Zulässigkeit **K.XVII** 3
Erbverzichtsvertrag I.II.2
– Anfechtung **I.II.15** 3
– auf gesetzliches Erbrecht unter Pflichtteilsvorbehalt **I.II.5**
– Aufhebungsvertrag **I.II.15**
– Auslandsbezug **K.XVII** 2
– Bedingung **I.II.3** 5, 6; **I.II.4** 6
– bei Gütergemeinschaft **I.II.2** 8
– bei Gütertrennung **I.II.2** 8
– bei Zugewinngemeinschaft **I.II.2** 8
– Beurkundung **I.II.2** 2
– Beurkundungskosten **I.II.2** 10
– Checkliste Erb- und Pflichtteilsverzicht **I.II.1**
– Dänemark **K.XIX.5**
– entgeltlicher Erbverzicht **I.II.3** 5
– Form **I.II.2** 2
– Geschäftswert **I.II.2** 10
– Inhaltskontrolle **I.II.3** 5
– Kausalgeschäft **I.II.2** 7
– Kosten **I.II.2** 10; **I.II.3** 8; **K.XVII** 6
– Pflichtteilsverzicht eines behinderten Sozialleistungsbeziehers **I.II.3** 5
– steuerliche Behandlung **I.II.2** 9
– steuerliche Behandlung Abfindung **I.II.3** 7
– steuerliche Behandlung bei Pflichtteilsvorbehalt **I.II.5** 5
– Teilverzicht **I.II.4** 3
– Türkei **K.XIX.15**
– Umfang **I.II.2** 4
– Verhältnis zu Verzicht auf Zugewinnausgleich **I.II.2** 8
– Vertragspartner **I.II.2** 3
– Vertretung bei **I.II.3** 3
– Vollmacht **I.II.3** 3
– Vorversterbensfiktion **I.II.2** 6
– Wirkung **I.II.2** 5; **I.II.3** 4
– Wirkung auf Abkömmlinge **I.II.4** 5
– Zentrales Testamentsregister (ZTR) **I.II.2** 10
Ereignis
– annähernd gleichzeitiges Versterben **C.I.8** 3
Erfolgshonorar
– steuerliche Behandlung Testamentsvollstreckervergütung **C.VII.1** e) bb) (2) (a) (bb)
Erfüllungsübernahme
– Erbauseinandersetzung **J.VI.2** 6
– Übergang von Schuldverhältnissen **G.III.1** 3
– zwischen zwei Verbrauchern **J.VIII.3** 3
Ergänzungsabfindung
– steuerliche Behandlung **G.X.5** 4
– weichender Miterbe bei Hoferbfolge **G.X.1** 13
Ergänzungsanspruch
– Bestandsverzeichnis **J.III.2** 14
Ergänzungsbetreuer
– Erbauseinandersetzung **J.VI.1** 9
Ergänzungspfleger
– Aufnahme Minderjähriger als Kommanditist **G.III.3** 1
– bei Bekanntgabe familiengerichtlicher Genehmigung der Ausschlagung **J.IV.4** 2
– bei Grundstücksschenkung an Minderjährige **I.III.3** 2
– Bestellung bei Gesellschaftsbeteiligung von Minderjährigen **G.IV.8**
– Beteiligung Minderjähriger an Einzelunternehmen **G.III.2** 1
– Checkliste **C.I.7**
– Erbauseinandersetzung **J.VI.1** 9
– familienrechtliche Anordnung in Bezug auf Pflichtteilsrecht **C.VI.14**
– Minderjährige **C.I.7** 3
– Schenkung an Minderjährige **I.III.1** 6
– Schenkung Gesellschaftsanteil an Minderjährigen **G.III.7** 1
– Schenkung unter Begründung einer stillen Gesellschaft an Minderjährige **G.III.8** 1
– Vermächtnis eines vermieteten Grundstücks **J.VIII.2** 8
– Widerruf Schenkung an Minderjährige **I.III.2** 13
Ergänzungspflichtteil C.VI.3 3
Erhaltungsaufwand
– bei Nießbrauchsvorbehalt **I.III.11** 9
Erklärungsirrtum
– Anfechtungsgrund **J.I** 5
Erlöschen
– Erbschaftsteuer **A.IV** 5 d
ermächtigungstreuhand
– Vor- und Nacherben **C.VII.12** 1
Ermächtigungstreuhand G.IX.2 4
Eröffnung
– Gerichtskosten **A.V** 2
Errichtungsdotation
– Stiftung **H.III.1** 12
Errichtungsstatut K.VII.1 5
– Rechtswahl **K.VIII.5** 3
Ersatzbenennung
– Testamentsvollstrecker **C.VII.2** 3
Ersatzbeschwerter
– Vermächtnis **C.V.1** 3

Ersatzerbe **G.VI.2**
– Abkömmling/andere Person **C.I.2** 5
– auflösend bedingte Erbeinsetzung bei Ausschlagung und Pflichtteilsverlangen bzw. Zuwendungsverzicht **C.I.3**
– bei Erbteilsverzicht **G.VI.2** 8
– Beibehaltung der gesetzlichen Erbfolge **C.I.5**
– Bestimmung **C.I.2** 3, 4
– Bestimmung/Anwachsung **A.II.5** c) aa)
– Checkliste **C.I.1**
– Checkliste Erbeinsetzung **A.II.5** b
– Checkliste Vor- und Nacherbfolge **A.II.5** d
– Einsetzung Stiftung als **H.II.9** 2
– Erbeinsetzung **C.I.2** 3
– Ersatzerbnachfolge **C.II.1** 4
– gegenseitige Erbeinsetzung und Schlusserbeinsetzung durch Ehegatten **C.I.8**
– gemeinschaftliche Erbteile **C.I.4**
– juristische Person **C.I.6** 2
– minderjähriger Erbe **C.I.7**
– Nacherbe **A.II.5** d) cc)
– Pflichtteilsklausel **C.VI.10** 1
– Testamentsvollstreckung **C.VII.13** 4; **C.VII.15** 3
– Unternehmertestament **G.VI.2** 2
– Unternehmertestament bei Mitarbeit des Ehegatten im Unternehmen **G.V.5** 5
– Unternehmertestament zugunsten des Ehegatten **G.V.3** 5
– Unternehmertestament zugunsten des Ehegatten und des Kindes **G.V.4** 3
– Unternehmertestament zugunsten eines Dritten **G.V.6** 3
– Unternehmertestament zugunsten mehrerer Kinder **G.V.2** 3
– Vor- und Nacherbfolge **E.III.5** 2
– Vorversterben eines Kindes **A.II.1** e

Ersatzerbfolge
– Auslandsbezug **K.IX** 2
– bei Zuwendungsverzicht **C.I.3** 5
– gemeinschaftliches Testament **K.IX**
– Testamentsvollstreckung bei **C.VII.13** 4

Ersatzerbfolgeausschluss
– bei Ausschlagung **C.VI.10**

Ersatznacherbe **C.II.9** 1
– Abgrenzung zu Nacherbe **C.II.1** 4
– minderjähriger **C.II.9** 1
– Unternehmertestament **G.V.5** 8
– Vor-/Nacherbfolge **G.VI.3** 7

Ersatznacherbfolge **J.V.5** 2
– Vor- und Nacherbeneinsetzung **C.II.1** 4

Ersatztestamentsvollstrecker **C.VII.2** 3; **G.V.1** 6; **G.VI.4** 4
– Benennung **C.VII.13** 6
– Checkliste **A.II.5**
– Checkliste Testamentsvollstreckung **J.IX.1**
– Mit-Testamentsvollstrecker **C.VII.2** 4
– Schiedsrichter **C.VIII** 6
– Unternehmertestament **G.V.1** 6; **G.V.5** 12

Ersatzvermächtnis **C.V.1** 7

Ersatzvermächtnisnehmer **A.II.5** f
– Anwachsung **C.V.1** 7
– isoliertes Vermächtnis **C.V.2** 1

Ertragsnießbrauch
– Geschäftsführungsbefugnis **G.III.4** 6
– Gesellschaftsvertrag **G.II.8** 3
– Haftung bei **G.III.4** 6
– Handelsregister **G.III.4** 2
– Kapitalgesellschaftsanteil **G.III.4** 3
– Kontroll-/informationsrechte bei **G.III.4** 7
– Mitwirkungsrechte Nießbraucher **G.III.4** 5
– Rechte Nießbraucher **G.III.4** 4
– Schenkung eines Personengesellschaftsanteils **G.III.4**
– steuerliche Behandlung **G.III.4** 10
– Stimmrecht bei **G.III.4** 6

Ertragsteuer
– Abfindung Gesellschaftsanteil **G.II.4** 3
– achweichende Gewinnverteilung **G.III.6** 3
– Anteil Komplementär-GmbH **G.I.10** 5
– atypisch stille Gesellschaft **G.III.7** 4
– Eintrittsklausel **G.I.5** 4
– Einzelübertragung **G.III.2** 7
– Einziehungsklausel **G.I.7** 5
– Fortsetzungsklausel **G.I.1** 5
– GmbH & Co. KG **G.I.10** 5
– Kapitalgesellschaftsanteil **G.I.7** 5
– Kommandit-Anteil **G.I.10** 5
– Nachfolgeklausel **G.I.2** 4
– Nießbrauchsvorbehalt Schenkung Gesellschaftsanteil **G.III.4** 10
– Nießbrauchsvorbehalt Schenkung Kapitalgesellschaftsanteil **G.III.4** 10
– Nießbrauchsvorbehalt Schenkung Personengesellschaftsanteil **G.III.4** 10
– qualifizierte Nachfolgeklausel **G.I.4** 6
– rechtsgeschäftliche Nachfolgeklausel **G.I.6** 4
– Schenkung Einzelunternehmen **G.III.1** 7
– Stille Gesellschaft **G.III.7** 4
– Unterbeteiligung **G.III.8** 4
– Vermögensübertragung auf Stiftung **H.II.2** 5

Ertragsvermächtnis
– schuldrechtliches **G.V.2** 4

Ertragsverwendung
– Stiftung **H.III.1** 11

Ertragswert
– Abfindung weichender Miterben Hof **G.X.1** 12
– Landgut **G.X.2** 4
– Unternehmensbeteiligung **G.III.10** 1

Ertragswertanordnung
– Checkliste Pflichtteilsrecht in der Erbrechtsberatung **C.VI.1**

Ertragswertklausel
– Übernahme Landgut **G.X.2** 2

Ertragswertverfahren
- Bewertung nach **A.IV** 4 c
- gesellschaftsvertraglicher Abfindungsanspruch **G.II.3** 3
- modifizierter Verkehrswert **G.X.2** 6
- Pflichtteilsverzicht **G.III.10** 1

Erwerb, erbschaftsteuerlicher **A.IV** 4 a
- Anzeigepflicht **I.I.2** 14

Erwerbe, frühere
- Erbschaftsteuer **A.IV** 4 g

estate-planing **C.VII.8** 4

Estland
- Nachlassspaltung **K.VII.1** 2
- Rechtswahl nach ausländischem Recht **K.VIII.2** 2

EUErbVO **A.VI**; **J.V.2** 1; **K.I**; **K.VIII.4** 3
- Anknüpfung **K.VII.1** 3
- anwendbares Recht **A.II.8** c
- Anwendungsbereich **A.VI** 1
- Bedeutung der Rechtswahl für die internationale Zuständigkeit **A.VI** 4e
- Declaration of Domicile **K.VII.8** 3
- Deutsch-Iranisches Niederlassungsabkommen **K.VI.3** 2
- Deutsch-sowjetischer Konsularvertrag **K.VI.2** 3
- Deutsch-Türkischer Konsularvertrag **K.VI.1** 4
- Doppelerbschein **J.V.8** 3
- Erbvertrag österreichischer Ehegatten **K.VIII.6** 3
- Erbverzicht **K.XVII** 2
- Europäisches Nachlasszeugnis (ENZ) **A.VI** 6; **J.V.1** 2; **J.V.9**; **J.V.11**
- Ferienimmobilie **K.X** 2
- Flüchtling/Asylbewerber/-berechtigter **K.VII.5** 4
- Fremdrechtserbschein **J.V.8** 2
- frühere Rechtswahl **A.VI** 4 d
- gemeinschaftliches Testament **K.IX** 3
- gewöhnlicher Aufenthalt **A.VI** 3; **J.V.1** 10
- Haager Erbrechtsübereinkommen **K.VI.4**
- Handeln unter falschem Recht **J.V.8** 12
- Heilungsvorschriften **J.V.1** 10
- Hinweis auf eine mögliche Geltung ausländischen Rechts mit Haftungsausschlssklausel **K.III.1**
- hypothetisches Errichtungsstatut **J.V.1** 10
- Immobilie USA **K.XII** 3; **K.XIII** 2
- interlokales Privatrecht **K.VII.6** 5
- interpersonales Privatrecht **K.VII.6** 5
- letzwillige Verfügungen **K.IV.1**
- Mehrstaater **K.VII.3** 3; **K.VII.4** 3
- Nachlassspaltung **K.VII.9** 4
- ordre-public-Vorbehalt **A.VI** 5
- Pflichtteilsverzicht **K.XVII** 3
- Rechtswahl **A.II.5** a; **A.VI** 4; **K.VIII.1**; **K.VIII.2** 2 f.; **K.VIII.3** 2
- Rechtswahl bei Erbvertrag **K.VIII.5**
- Rechtswahlform **A.VI** 4c
- Rückverweisung **K.VII.7** 2
- Staatenlose **K.VII.2** 3
- Testamentsgestaltung mit Auslandsbezug **A.II.8** a, b
- Testamentsgestaltung und Vermeidung von hinkenden Rechtsverhältnissen **K.II**
- Testamentsvollstrecker-ENZ (TV-ENZ) **J.V.11**
- Übergangsbestimmungen **J.V.1** 10
- Umfang **A.VI** 4 b
- Zuständiges Nachlassgericht **J.IV.3** 7
- Zuständigkeit **A.VI** 2

Europäische Stiftung **H.I**

Europäisches Nachlasszeugnis **A.VI** 6; **L.VI.1** 9

executor **K.XIII** 3
- Fremdrechtserbschein **J.V.8** b) aa)

Fälligkeit **C.V.1** 10
- Auflage **C.V.11** 8
- Verfügung von Todes wegen **C.V.9** 7
- Vermächtnisanspruch **C.V.2** 3

Falschbezeichnung
- falsa demonstratio **J.V.1** 9 a, 9 c

Familienangehörige
- Testamentsvollstrecker **C.VII.1** a

Familiengericht
- Genehmigung Erbschaftsausschlagung **J.IV.4** 2, 3

Familiengerichtliche Genehmigung
- Grundstücksschenkung an Minderjährige **I.III.3** 2

Familien-Gesellschaft **G.IV.2** 2
- Bargründung **G.IV.2** 3

Familienstiftung **H.II.2**; **H.III.2** 2; **H.III.6** 3
- Anerkennungsverfahren **H.II.2** 6
- Bezugs-/Anfallsberechtigte **H.II.2** 5
- Doppelstiftung **H.III.6** 1
- Errichtung unter Lebenden **H.II.2**
- Errichtungszeitpunkt **H.II.2** 5
- Form **H.II.1** 3
- Grunderwerbsteuer Grundstückszuwendung **H.II.2** 5
- steuerliche Behandlung der Errichtung **H.II.2** 5
- Stiftungsaufsicht **H.III.2** 16
- Stiftungsgeschäft **H.II.1** 1
- Stiftungssatzung **H.III.2**
- Stiftungszweck **H.II.2** 3; **H.III.2** 5
- stufenweise Errichtung **H.II.2** 5
- Vermögensanfall **H.III.2** 4

Familienunternehmen **G.I.9** 1

Familienwohnheim
- Begünstigung von Grundvermögen **A.IV** 4 e
- steuerliche Behandlung ehebedingter Zuwendung **I.I.2** 13

Fehlvorstellung
– Anfechtungsgrund **J.I** 5
– des Erblassers **J.IX.4** 1
Ferienimmobilie
– England **K.XI**
– England (Testament) **K.X; K.XI**
– gemeinschaftliches Testament mit Ersatzerbfolge **K.IX**
– Grundstücksgesellschaft (Frankreich) **K.XVIII**
– last will and testament (USA) **K.XIII**
– Spanien **K.XVI** 2
– USA **K.XII** 3
Ferienwohnung/-haus
– steuerliche Behandlung ehebedingter Zuwendung **I.I.2** 13
Festsetzung
– Erbschaftsteuer **A.IV** 5
FGG J.V.1 11
Fiduziarische Stiftung H.I
Finanzamt
– Bindung durch Erbschein/Auslegungsvertrag **J.V.6** 7
– ehebedingte Zuwendung **I.I.2** 14
– Gemeinnützigkeitsbescheinigung **H.IV** 5
– örtliche Zuständigkeit **A.IV** 5 e
Finnland
– Nachlassspaltung **K.VII.1** 2
– Rechtswahl nach ausländischem Recht **K.VIII.2** 2
– Testierfähigkeit **K.V**
Firma
– Fortführung Einzelunternehmen **G.V.7** 3
Flüchtling A.II.8 b; **K.VII.6** 3
Forderungsvermächtnis C.V.5 2
Förderverein
– Unwirksamkeit der Zuwendung nach heimrechtlichen Vorschriften **F.I.5** 6
forma solene
– Portugal **K.IV.1; K.XIX.10**
Formstatut
– Auslandsbezug **A.II.8** c
Forstwirtschaftlicher Betrieb G.X.1 2
– Erbteilsübertragung **J.VII.2** 7
Forstwirtschaftlicher Betrieb sa Landgut
Fortführung
– Einzelunternehmen durch Vermächtnisnehmer **G.VI.5** 2
Fortsetzungsbeschluss
– Personengesellschaft **G.I.1** 4
Fortsetzungsklausel
– Abfindung **G.I.1** 3
– Abfindungsanspruch **G.II.3** 2
– Beurkundungskosten **G.I.1** 6
– Erbschaftsteuer **G.I.1** 5
– Ertragsteuer **G.I.1** 5
– Geschäftswert **G.I.1** 6
– Personengesellschaft **G.I.1** 2
– steuerliche Behandlung **G.I.1** 5
– Stille Gesellschaft **G.II.7** 2
Frankfurter Testament
– steuerliche Behandlung **C.I.8** 10
– Unternehmertestament zugunsten mehrerer Kinder **G.V.2** 2
Frankreich K.XIX.5
– Auslandsanerkennung deutscher Erbschein **J.V.8** 11
– communauté avec clause d'attribution **K.XVIII**
– Grundstücksgesellschaft **K.XVIII**
– Interlokales Privatrecht **K.VII.6** 2
– Nachlassspaltung **K.VII.1** 2
– Washingtoner UNIDROIT-Übereinkommen über ein einheitliches Recht der Form eines Internationalen Testaments **K.IV.1**
Freiberuflerpraxis
– berufsfremde Erben **G.V.2** 5
– steuerliche Behandlung letztwilliger Verfügung **G.V.2** 5
Freibetrag
– Begünstigung von Betriebsvermögen **A.IV** 4f
– Erbschaftsteuer **A.II.2** b; **A.IV** 4e
– Lebenspartner **E.IV.1** 4
– Vor- und Nacherbfolge **C.II.1** 6
Freistellungsklausel A.II.6 c
Freizeichnungsklausel
– Beratung **A.II.6** c
– gemeinschaftliches Testament **D.I.2** 3
Fremdrechtserbschein J.V.1 11
– Abweichung des materiellen ausländischen Erbrechts **J.V.8** 7
– administrator/executor/trustee **J.V.8** 8 b) bb)
– Anerkennung **J.V.8** 11
– Antrag auf Erteilung **J.V.8**
– Antragsbindung **J.V.8** 6
– Beschränkung **J.V.8** 5
– Beschränkung des Erben **J.V.8** 8
– Doppelerbschein **J.V.8** 3
– Ehegüterrecht **J.V.8** 9
– Erhöhung des gesetzlichen Erbteils **J.V.8** 9
– Geltungsbeschränkung **J.V.8** 5
– Geschäftswert **J.V.8** 15
– Güterrechtsspaltung **J.V.8** 9
– Handeln unter falschem Recht **J.V.8** 12
– hinkende Rechtsverhältnisse **J.V.8** 10
– konkludente Rechtswahl **J.V.8** 12
– Kosten **J.V.8** 15
– Noterbrechte **J.V.8** 8 a
– ordre public **J.V.8** 13
– personal representatives **J.V.8** 8 b) aa)
– Rechtsmissbrauch **J.V.8** 14
– Rechtswahlmöglichkeit **J.V.8** 2
– Testamentsvollstreckerbefugnisse **J.V.8** 8 b
– Universalsukzession **J.V.8** 7
– Vindikationslegate **J.V.8** 8 a
– Zuständigkeit **J.V.8** 1

Fremdrechtstestamentsvollstreckerzeugnis J.V.14 2
Fristsetzung
– Alleinerbe gegenüber mit Vermächtnis bedachten Pflichtteilsberechtigten **J.III.8**
Fristversäumung
– Anfechtung **J.IV.14** 2
Früchte
– Anspruch gegen Erbschaftsbesitzer **J.II.4** 6
– Vermächtnisgegenstand **J.VIII.3** 4

Gattungsauflage C.V.11 2
Gattungsvermächtnis C.V.10 5
– Kosten **C.V.10** 10
– steuerliche Behandlung **C.V.10** 9
– Vermächtniserfüllung **J.VIII.2** 6
– Wertbestimmung **C.V.10** 10
GbR
– einfache Nachfolgeklausel **G.I.2** 2
– Fortsetzungsklausel **G.I.1** 2
– Haftung bei Schenkung Gesellschaftsanteil **G.III.3** 1
– Haftung des eintretenden Nachfolgers **G.I.4** 4
– Testamentsvollstecker **C.VII.1** a
Gebärdensprachdolmetscher B.III.2 2; **B.III.3** 2; **B.III.4** 2; **B.III.5** 4; **B.III.6** 4
Gedankenlosigkeit
– Anfechtungsgrund **J.I** 5
Gegenleistung
– ehebedingte Zuwendung **I.I.2** 6
Gegenstandswert
– Beurkundung Testament **D.I.1** 8
– Erbschein **D.I.1** 8
– Honorar des Rechtsanwalts **J.III.8** 6
– Testament **E.I.1** 8
– Testamentsvollstreckervergütung **C.VII.1** e) bb) (1) (a)
– Vermächtnisvollstreckung **C.VII.1** e) bb) (1) (a)
Gegenstandswert sa Geschäftswert
Geldschenkung I.III.4
– steuerliche Behandlung **I.III.4** 9
Geldvermächtnis A.II.5 f; **C.V.3**
– Abänderungsbedarf **C.V.3** 3
– Anteil an Kapitalvermögen **C.V.3** 6
– auf Überrest bei Jastrow'scher Klausel **C.VI.7** 2
– Auskunftsanspruch **C.V.3** 6
– Berücksichtigung Vermögensveränderungen **A.II.2** c
– Erblasserschulden **C.V.3** 6
– Ersatzbedachter **C.V.3** 5
– Fälligkeit **C.V.3** 4
– fester Geldbetrag **C.V.3** 3
– Geschäftswert **C.V.3** 9
– Kosten **C.V.3** 9
– Kürzungsregelung **C.V.3** 4
– sonstige Anordnungen **C.V.3** 7
– steuerliche Behandlung **C.V.3** 8
– Wertsicherung **C.V.3** 4
Gemeiner Wert A.IV 4 c
Gemeinnützigkeit
– Anerkennung **H.III.1** 8
– Stiftung **H.II.1** 4; **H.III.1** 8
– Stiftungsanerkennung **H.IV** 5
– unselbstständige Stiftung **H.III.3** 4
– vorläufige **H.II.1** 4
– Wegfall **H.II.1** 4
Gemeinnützigkeitsbescheinigung
– Finanzamt **H.IV** 5
Genehmigung
– Erbauseinandersetzung mit Minderjährigen **J.VI.1** 10
– Erbteilsübertragung **J.VII.2** 7
– Gesamtvermögensgeschäft **J.VI.1** 10
– Hofübergabevertrag **G.X.1** 11; **G.X.6** 14
– Niederschrift **B.II.1** 8
– Schenkung eines Personengesellschaftsanteils an einen Minderjährigen **G.IV.9** 1
Genehmigung, betreuungsgerichtliche
– Erbschaftsausschlagung **J.IV.4** 2; **J.IV.5** 4, 5
Genehmigung, familiengerichtliche
– Erbschaftsausschlagung **J.IV.4** 2, 3
– Grundstücksschenkung an Minderjährige **I.III.3** 2
– Kosten **J.IV.4** 5
Genehmigungserfordernisse
– Erbauseinandersetzung **J.VI.1** 10
Generalvollmacht
– post-/transmortale **K.XVI**
– Widerruf **J.II.3** 4
Generation
– Überspringen einer **G.VI.6**
Georgien
– Deutsch-sowjetischer Konsularvertrag **K.VI.2** 3
Gerichtskosten A.V
Gesamtgut
– Gütergemeinschaft **I.I.7** 2
Gesamthandsgemeinschaft
– Erbauseinandersetzung **J.VI.2** 2
Gesamtrechtsnachfolge A.II.4 c
– Einzelunternehmen **G.VII.3** 3
– Erbteilsübertragung **J.VI.6** 6
– Erbteilsveräußerung **J.VII.2** 6
– Kapitalgesellschaftsbeteiligung **G.VII.1** 5
Gesamtvermögensgeschäft
– Auseinandersetzung Erbengemeinschaft **J.VI.1** 10
– Erbteilsübertragung **J.VII.2** 7
Gesamtverweisung
– Bosnien-Herzegowina **K.XIX.3**
– Schweiz **K.XIX.11**
Geschäftsanteil
– Bewertung **A.IV** 4 c
– Nennbetrag bei Teilung **G.VII.1** 3

– Vererblichkeit **G.I.7** 3
Geschäftsfähigkeit
– Erbvertrag **B.IV** 1
Geschäftsführungsbefugnis
– bei Nießbrauch Gesellschaftsanteil **G.III.4** 6
– Nießbraucher **G.II.8** 4
Geschäftsjahr **H.III.3** 14
– Stiftung **H.III.1** 18
Geschäftsordnung
– Stiftungsvorstand **H.III.1** 28
Geschäftsunfähiger
– Pflichtteilsverzichtsvertrag **I.II.6** 9
Geschäftsunfähigkeit
– Rückgabe Erbvertrag bei G. des Erblassers **A.III.4**
Geschäftswert **G.V.1** 8; **H.II.1** 6
– Abschichtung **J.VI.7** 11
– Anfechtung **J.I** 8
– Auslegungsvertrag **J.V.6** 10
– Beurkundung der Vollmacht **K.XVI** 6
– Beurkundung Einzeltestament **E.I.1** 8
– Beurkundung Erbvertrag **E.III.2** 6; **F.I.2** 15
– Beurkundung Gesellschaftsvertrag **G.III.2** 8; **G.III.7** 5
– Beurkundung Schenkungsvertrag **G.III.3** 5
– Erb- und Pflichtteilsverzicht **F.III.1** e
– Erbauseinandersetzung **J.VI.2** 10
– Erbeinsetzung **C.I.2** 8
– Erbschaftsausschlagung **J.IV.3** 9
– Erbschein **J.V.4** 3
– Erbteilsübertragung **J.VII.5** 10
– Erbvertrag **B.IV** 9
– Erbverzichtsvertrag **I.II.2** 10
– Errichtung Stiftung von Todes wegen **H.II.5** 9
– Europäisches Nachlasszeugnis (ENZ) **J.V.9** 14
– Fortsetzungsklausel **G.I.1** 6
– Grabpflege **C.V.12** 5
– Nachlassverzeichnis **J.IX.2** 9
– Pflichtteil **C.VI.1** 3
– Pflichtteilsverzichtsvertrag **G.III.10** 5; **I.II.6** 11
– Rechtswahl **K.VIII.2** 6; **K.VIII.5** 7
– Satzungsänderung GmbH **G.I.7** 6
– Schenkung **I.III.7** 10
– Stundungsbegehren Pflichtteil **J.III.6** 6
– Testamentsvollstreckung **C.VII.1** e) aa); **C.VII.2** 8; **J.IX.5** 6
– Tierpflegeauflage **C.V.12** 5
– Übertragung Einzelunternehmen **G.III.1** 8
– unternehmensbezogene Vorsorgevollmacht **G.III.11** 3
– Verfügungsunterlassungsvertrag **D.II.7** 6
– Vermächtnisgegenstand **C.V.1** 13, 14
– Vor-/Nacherbfolge **C.II.1** 7; **C.II.4** 6
Geschäftswert sa Gegenstandswert
Geschiedenentestament **A.II.1** d; **C.II.2** 1
– minderjährige Kinder(Formulierungsmuster) **E.I.3**
– Nacherbfolge **E.I.3** 4
– Nachvermächtnis **J.VIII.4** 2
– Pflegerbestellung **E.I.3** 7
– Testamentsvollstreckung **E.I.3** 6
– Vermächtnis **E.I.3** 9
– Vor-/Nacherbfolge **E.I.3** 3
– Vormundbenennung **E.I.3** 8
Geschwisterabfindung
– Hofübergabe **G.X.6** 11
Geschwister-Abfindungsklausel **I.III.17**
– Gegenleistung **I.III.17** 2
Gesellschaft
– Ausgestaltung als reziproker Familienpool **G.III.6**
Gesellschaft bürgerlichen Rechts s GbR
Gesellschaft, rein vermögensverwaltende
– Ausschluss des Genehmigungserfordernisses **G.IV.9** 2
Gesellschafterliste **G.II.1** 3
Gesellschafterrechte
– bei Einziehung GmbH-Anteil **G.I.7** 4
– Testamentsvollstrecker **G.IX.1** 6
– Umfang **G.VIII.1** 3
– Wahrnehmung **G.IV.8** 3
Gesellschafterwechsel **G.III.4** 10
Gesellschaftsanteil
– Dauertestamentsvollstreckung **G.II.1**
– Ertragsnießbrauch **G.III.5** 1
– Familiengesellschaft **G.IV.3** 2 f.
– freie Vererblichkeit **G.IV.6** 5
– Herausnahme aus dem Zugewinnausgleich **G.III.9**
– lebzeitige Schenkung **G.III.3**
– Rückforderungsrechte bei Schenkung **G.IV.7**
– Schenkung an Minderjährigen **G.III.3** 1
– Schenkung unter Nießbrauchsvorbehalt **G.III.5**
– steuerliche Behandlung Schenkung **G.III.2** 7
– steuerlilche Behandlung **G.III.5** 3
– Unterbeteiligung **G.III.8** 1
– Verwaltungstestamentsvollstreckung **G.II.1** 2
– Zurückweisungsrecht **G.III.5** 2
Gesellschaftsbeteiligung
– Minderjähriger **G.IV.8**
– vermögensrechtliche Verhältnisse **A.II.2** a
Gesellschaftsrecht
– erbrechtliche Beratung **A.II.9**
Gesellschaftsvertrag
– der Kommanditgesellschaft **H.III.4** 2
– Doppelstiftung & Co. KG **H.III.6** 4
– Personengesellschaft mit diquotalen Sonderrechten zugunsten der Eltern **G.III.6**
– Stiftung & Co. KG **H.III.4**
Gestaltungsmöglichkeiten
– erbrechtliche **A.II.5**; **C**

Getrenntleben
– Ehegattenunterhalt **F.III.2** 2
– Vermächtnis zugunsten Kind vor Scheidung **F.III.3**
Gewährleistung
– Abschichtung **J.VI.7** 9
– Erbteilsübertragung **J.VII.2** 10
– unentgeltliche Erbteilsübertragung **J.VII.4** 6
– Vermächtniserfüllung **J.VIII.2** 6
Gewerbesteuer
– Schenkung Gesellschaftsanteil **G.III.5** 10
– Stiftung **H.III.1** 11
– Testamentsvollstreckung **C.VII.2** 7
Gewerbeverlust
– bei Schenkung Einzelunternehmen **G.III.1** 7
Gewinnverteilung, disquotale
– steuerliche Behandlung **G.III.6** 3
Gläubigeranfechtung
– Auseinandersetzungsvertrag **I.I.6** 7
– ehevertragliche Vereinbarung **I.I.6** 7
– Verzicht auf Zugewinnausgleichsanspruch **I.I.6** 7
Gläubigerbenachteiligung
– ehebedingte Zuwendung **I.I.2** 9
– ehevertragliche Vereinbarung **I.I.6** 7
– Grundstücksschenkung **I.III.2** 17; **I.III.3** 7
Gläubigerzustimmung
– Schuldübernahme **I.III.15** 4
Gleichlaufklausel
– GmbH & Co. KG **G.I.10** 3
Gleichlauftheorie
– Zuständigkeit Nachlassgericht **J.IV.3** 7
GmbH
– Nießbrauch an GmbH-Anteil **G.VI.6** 4
– Schenkung Gesellschaftsanteil **G.III.4** 3
– vorweggenommene Erbfolge **G.III.2** 1
GmbH & Co. KG
– Einziehungsklausel **G.I.10** 4
– Gleichlaufklausel **G.I.10** 3
– kombinierte Klausel **G.I.10** 2
– steuerliche Behandlung **G.I.10** 5
GmbH & Co. KG, entprägte G.IV.4
– steuerliche Behandlung **G.IV.4** 2
– Vermeidung von Steuernachteilen **G.IV.4** 2
GmbH-Anteil
– Grundstücksvermächtnis **J.VIII.2** 2
– kombinierte Klausel **G.I.10** 2
– Schenkung Gesellschaftsanteil **G.III.3** 1
– Stiftung **H.II.1** 3
GmbH-Satzung
– kombinierte Einziehungs- und Abtretungsklausel **G.I.7**
– vorrangige Zwangsabtretungsklausel **G.I.8**
good will
– Anfindungshöhe **G.II.3** 3
Grabpflege
– Auflage **C.V.12** 2
– Geschäftswert **C.V.12** 5
– steuerliche Behandlung **C.V.12** 4
– Testament **E.I.2** 8
GrdStVG
– Genehmigung Erbteilsübertragung land-/forstwirtschaftlicher Betrieb **J.VII.2** 7
– Nachfolge landwirtschaftlicher Betrieb **G.X.1** 11
Griechenland
– Auslandsanerkennung deutscher Erbschein **J.V.8** 11
– interpersonale Rechtsspaltung **K.VII.6** 3
– Nachlasseinheit **K.VII.1** 2
– Testierfähigkeit **K.V**
Grundbesitz C.V.9 9
– Bewertung durch Testamentsvollstrecker **C.VII.14** 1
Grundbuch
– Auseinandersetzungszeugnis **J.V.4** 1
– Erbteilsverpfändung **J.VII.5** 5
Grundbuchamt
– Bindung durch Erbschein/Auslegungsvertrag **J.V.6** 6
– Kosten Hofübergabevertrag **G.X.6** 17
Grundbuchberichtigung
– Erbschaftsausschlagung **J.IV.7** 6
– Grundstücksvermächtnis **J.VIII.2** 3
Grundbucheintragung
– Löschungserleichterung **C.V.8** 7
– Wohnungsrecht **C.V.9** 7
Grundbuchverfahren
– Abschichtung **J.VI.7** 6
Grunderwerbsteuer
– bei Nießbrauch **G.III.5** 10
– Grundstücksvermächtnis **C.V.6** 8
– Pflichtteil **C.VI.1** 2
– Schenkung Gesellschaftsanteil **G.III.5** 10
– Testamentsvollstreckung **C.VII.2** 7
– Verhältnis zu Erbschaftsteuer **A.IV** 5 g
Grundpfandrecht
– Grundstücksschenkung **I.III.2** 8
– Grundstücksvermächtnis **C.V.6** 4
Grundschuld
– Grundstücksvermächtnis **C.V.6** 4
Grundschuldübernahme J.VIII.3 3
Grundstockvermögen
– Admassierungsverbot **H.III.1** 11
– Stiftung, unselbständige **H.III.3** 5
– Zustiftungen **H.III.1** 14
– Zuwendung **H.III.1** 14
Grundstück
– Verfügungsunterlassungsvertrag **D.II.7** 3
Grundstück, landwirtschaftliches
– Genehmigung Vermächtniserfüllung **J.VIII.2** 11
Grundstück, unbebautes
– Bewertung **A.IV** 4 c
Grundstücksgesellschaft
– deutsche **K.XVIII**

– französische **K.XVIII**
Grundstücksschenkung I.III.2
– absolutes Verfügungsverbot **I.III.2** 5
– an Minderjährige **I.III.3**
– Ausführungszeitpunkt **I.III.2** 10
– automatische Rückabwicklung **I.III.2** 13
– Erschließungs- und Anliegerbeiträge **I.III.2** 12
– Form **I.III.2** 2
– Form und Frist **I.III.2** 20
– Gläubigerbenachteiligung **I.III.3** 7
– Grundbuch **I.III.2** 3
– Grundpfandrechte **I.III.2** 8
– Kosten **I.III.3** 19
– Leistungsbewirkung **I.III.2** 7
– Mietwohnungsschenkung **I.III.9**
– mittelbare **I.III.8**
– Notarvollmacht **I.III.2** 30
– Pfändbarkeit Widerrufsrecht **I.III.3** 4
– Pflichtteilsanrechnung **I.III.2** 28; **I.III.3** 13, 14
– Pflichtteilsergänzung **I.III.2** 6, 15
– Rechts- und Sachmängel **I.III.2** 11
– Rechtsfolgen des Rücktritts **I.III.2** 22
– Rückabwicklungsrecht **I.III.2** 13
– Rückabwicklungsvollmacht **I.III.2** 26
– Rückabwicklungsvorbehalt **I.III.3** 3
– Rücktrittsberechtigung **I.III.2** 19
– Scheidungsantrag **I.III.2** 16
– Schenkung **I.III.2** 4
– steuerliche Behandlung **I.III.2** 32; **I.III.3** 20
– Übernahme der Schenkungsteuer durch den Schenker **I.III.3** 17
– Übernahme Schenkungssteuer **I.III.3** 18
– Widerrufsfolgen **I.III.3** 11
– Widerrufsfolgen auf die Anrechnung **I.III.3** 15
– Widerrufsvorbehalt **I.III.3** 3
Grundstücksschenkung, mittelbare
– Bedingung **I.III.8** 3
– Besteuerungszeitpunkt **I.III.8** 6
– Form **I.III.8** 2
– Kosten **I.III.8** 5
– noch zu errichtendes Gebäude **I.III.8** 6
– steuerliche Behandlung **I.III.8** 6
– Übernahme Schenkungssteuer **I.III.8** 6
Grundstücksüberlassung
– Anzeigepflicht **I.I.2** 14
Grundstücksübertragung
– Grunderwerbsteuer bei Ehegatten **I.I.1** 6
– Verzicht auf Pflichtteilsergänzung bei **I.II.8**
Grundstücksvermächtnis A.II.5 f; **C.V.6** 2
– Bewertung **C.V.7** 8
– Darlehen **C.V.6** 4
– Eigentümer-Grundpfandrecht **C.V.6** 4
– Erfüllung **J.VIII.2** 2; **J.VIII.3**
– ergänzende Anordnung Testamentsvollstreckung **C.V.6** 5
– Gattungsvermächtnis **C.V.6** 4
– Grundbuchberichtigung **J.VIII.2** 3
– Grunderwerbsteuer **C.V.6** 9
– Grundpfandrechte **C.V.6** 4
– Grundschuld-/Darlehensübernahme **J.VIII.2** 7
– Kosten **C.V.6** 3, 9
– Kosten der Erfüllung **J.VIII.2** 11
– Kostentragung **C.V.1** 11
– Lastenfreiheit **J.VIII.2** 6
– sonstige Anordnungen **C.V.6** 4
– steuerliche Behandlung **C.V.6** 8
– Testamentsvollstreckung **C.V.6** 7
– Übernahme von Belastungen **C.V.6** 4
– Verschaffungsvermächtnis **C.V.7** 3
– Vertretungsverbot **J.VIII.2** 8
– vorweggenommene Erfüllung **J.VIII.2** 10
Grundstücksvermächtnis sa Vermächtniserfüllung
Grundvermögen
– Begünstigung **A.IV** 4 e
– Bewertung **A.IV** 4 c
Grundvermögen, ausländisches K.VI.2 2
Gruppenerbschein J.V.1 7
Gütergemeinschaft A.II.1 d; **I.I.7** 2
– Anzeigepflicht bei Vereinbarung der **I.I.2** 14
– Erbverzichtsvertrag bei **I.II.2** 8
– fortgesetzte **I.I.7** 2, 4
– Gesamtgut **I.I.7** 2
– Sondergut **I.I.7** 2
– steuerliche Behandlung **I.I.1** 6
– Vereinbarung der **I.I.7**
– Vorbehaltsgut **I.I.7** 2
Gütergemeinschaft, fortgesetzte
– steuerliche Behandlung **I.I.1** 6
Gütergemeinschaftsvereinbarung I.I.7
– als Schenkung **I.I.7** 3
– Erbrecht **I.I.7** 4
– Erbvertrag **I.I.7** 6
– Kosten **I.I.7** 8
– Pflichtteilsergänzung **I.I.7** 3
– Pflichtteilsrecht **I.I.7** 4
– steuerliche Behandlung **I.I.7** 7
– Zugewinnausgleich **I.I.7** 5
Güterrecht
– Auslandsbezug **A.II.8** b
– Behindertentestament **F.I.1** 6
Güterrecht, eheliches
– Checkliste **I.I.1**
– erbrechtliche Bindungen **I.I.1** 5
Güterrechtsregister I.I.5 5
Güterstand F.I.1 6; **I.I.1** 2
– Auskunftsanspruch bei Pflichtteil **J.III.2** 10
– Einfluss **F.I.2** 2; **F.I.3** 3
– Erblasser **A.II.1** d
– steuerliche Relevanz **I.I.1** 6
Güterstand, gesetzlicher
– Erbrecht **I.I.5** 4
– Pflichtteil **I.I.5** 4
– Pflichtteilsrecht **I.I.5** 4

Güterstandsschaukel **I.I.6** 3
– steuerliche Behandlung **I.I.6** 8
Güterstandswechsel **C.VI.1**
– Abgeltungsklausel **I.I.6** 6
– Verzicht auf Zugewinnausgleich als ehebedingte Zuwendung **I.I.5** 7
Gütertrennung **A.II.1** d; **A.II.3** d; **I.I.5** 2
– Abtretungsklausel bei Zugewinnausgleich **I.I.6** 6
– ehebedingte Zuwendung **I.I.2** 4
– Ehegattenzuwendungen bei **I.I.5** 7; **I.I.6** 2
– Erbrecht **I.I.5** 4
– Erbverzichtsvertrag bei **I.II.2** 8
– gesetzliche Erbfolge **A.II.3** c
– Güterrechtsregister **I.I.5** 5
– Pflichtteilsquote **A.II.3** a
– Pflichtteilsrecht **I.I.5** 4
– steuerliche Behandlung **I.I.1** 6
– Vereinbarung nach Eheschließung **I.I.6**
– Vereinbarung vor Eheschließung **I.I.5**
– Verhältnis zu Ehegatteninnengesellschaft **I.I.5** 8
– Vermögensverzeichnis **I.I.5** 6
– Wirkung **I.I.5** 3
Gütertrennungsvereinbarung
– Kosten **I.I.5** 10; **I.I.6** 9
– nach Eheschließung **I.I.6**
– Pflichtteilsergänzung bei **I.I.6** 3
– vor Eheschließung **I.I.5**
– Zugewinnausgleich bei **I.I.6** 3
Gutglaubenswirkung
– Erbschein **J.V.5** 1
– Europäisches Nachlasszeugnis (ENZ) **J.V.9** 2
– Wirkung des TV-ENZ **J.V.11** 5
Gutgläubiger Erwerb **J.II.1** 7
– Testamentsvollstreckung **C.VII.7** 3

Haager Erbrechtsübereinkommen **K.VI.4**
– Niederlande **K.XIX.7**
Haager Testamentsformübereinkommen
– Bosnien-Herzegowina **K.XIX.3**
– Erb- und Pflichtteilsverzichts **K.XVIII** 5
– Geltungsbereich **K.IV**
– letztwillige Verfügung **K.IV.1**
– Portugal **K.XIX.10**
– Schweiz **K.XIX.11**
– Slowakei **K.XIX.12**
– Tschechische Republik **K.XIX.14**
– Vereinigtes Königreich **K.XIX.16**
– Zwei- und Dreizeugentestament **K.IV.2** 2
Haftung **G.III.2** 3
– Abschichtung **J.VI.7** 8
– Ausstattung **I.IV** 4
– bei Grundstücksschenkung **I.III.2** 18
– bei Übertragung Einzelunternehmen **G.III.1** 1, 3
– Einreden des Erben **J.X.1** 1
– Erbauseinandersetzung **J.VI.2** 7
– Erbteilsübertragung **J.VI.6** 5; **J.VII.2** 10, 11; **J.VII.4** 6
– Nießbrauchers **G.III.4** 6
– Regelung in einer Gesellschaft mit beschränkter **G.IV.6**
– Schenkung **I.III.4** 3
– Stiftungsorgane **H.III.1** 20; **H.III.3** 10
– Verlust der Beschränkbarkeit **J.X.1** 2
– Vermächtniserfüllung **J.VIII.2** 4
– Wertausgleich **G.I.4**
Haftungsvermeidung
– Erbe **J.X.1** 1
Hamburg
– Anerkennung Stiftung **H.IV** 1
– Kapitalisierungsfaktor Landgut **G.X.2** 4
– Stiftungsgesetz **H.I**
Handeln unter falschem Recht **J.V.8** 12
– internationale Erfälle **J.V.1** 10
Handelsgesellschaft
– Testamentsvollstrecker **C.VII.1** a
Handelsregister
– Anordnung von Dauertestamentsvollstreckung über einen Kommanditanteil **G.IX.1** 3
– Nießbrauchsrecht an Personengesellschaftsanteil **G.III.4** 2
Handelsregisteranmeldung
– Satzungsänderung GmbH **G.I.7** 6
– Schenkung **G.III.3** 5
– Vom Einzelunternehmer zur Personenhandelsgesellschaft durch Aufnahme **G.III.2**
Handhabungsvertrag
– Testamentsvollstrecker mit Vertragserben **J.IX.7**
Härteausgleich
– Erbschaftsteuer **A.IV** 4i
Hauptvermächtnis **A.II.5** f
– Fälligkeit **C.V.1** 10; **C.V.2** 3; **C.V.9** 7
Haushalt
– gemeinsamer **E.II.11** 1
– Sachvermächtnis **E.I.4** 11
Hausratsvermächtnis **E.III.5** 3
Haustierversorgung
– Auflage **C.V.12** 3
– Testament **E.I.2** 9
Heimatrecht
– Auslandsbezug **K.VII.1**
– Wahl **A.VI** 4a
Heimgesetz
– Nichtigkeit Testierfreiheit **A.II.4** b
– Unwirksamkeit der Zuwendung an Heimträger/Förderverein **F.I.5** 6
Heimleiter
– Testamentsvollstrecker **C.VII.1** a
Heimmitarbeiter
– Testamentsvollstrecker **C.VII.1** a
Heimträger
– Ausnahmegenehmigung bei Zuwendung an **F.I.5** 7

– Heimgesetz **A.II.4** b
– sich-gewähren-lassen **F.I.5** 6
– Testament, stilles **F.I.5** 6
– Verfügung der Ehegatten des behinderten Kindes zugunsten **F.I.5**
– Vermächtnis zugunsten **F.I.5** 5
– Zuwendung an Alternativempfänger **F.I.5** 8
Herausgabeanspruch
– Pflichtteilsfestigkeit **C.II.2** 7
– Verjährung **J.II.4** 12
Herausgabeklage
– gegen Erbschaftsbesitzer **J.II.4**
Herausgabeobliegenheit
– Restschuldbefreiungsverfahren **F.II.1** 5
– Wegfall der Beschränkung mit Wegfall der Verschuldung **F.II.4** 4
Herausgabevermächtnis
– auf Tod des Erben **C.II.2**
– auf Überrest bei Jastrow'scher Klausel **C.VI.7**
Hessen
– Anerbengesetz **G.X.1** 2
– Anerkennung Stiftung **H.IV** 1
– Ertragswert **G.X.2** 4
– Stiftungsgesetz **H.I**
Hilfsantrag
– Erbscheinsantrag **J.V.5** 4
Hinkendes Rechtsverhältnis
– Vermeidung **K.II**
Hinterlegung
– des Kaufpreises **J.VII.3** 3
– elektronischer Zugangsberechtigungen **L.VI.1** 1
– Notar-Gerichtskosten **A.V** 2
Hinweise
– Behindertentestament **F.I.2** 12
– beurkundungsrechtliche Hinweise beim notariellen Testament **B.II**
– steuerliche **C.I.6** 4; **E.II.12** 4
– Testament **D.I.1**
Hinweispflicht
– auf mögliche Geltung ausländischen Rechts **K.III.1** 2
Hinweisvermerk
– auf mögliche Geltung ausländischen Rechts **K.III.1**
– Beurkundung Rechtswahl **K.III.2**
– Haftungsausschlussklausel **K.III.1**
Höchstpersönlichkeit
– Rückabwicklungsvorbehalts **I.III.11** 4; **I.III.12** 4
– Testament **B.I.1** 4
Hof
– Auflösung wirtschaftlicher Betriebseinheit **G.X.1** 5
– Ausschlagung **J.IV.10**
– Begriff **G.X.1** 3
– beschränkte Ausschlagung **J.IV.10** 4
– beschränkter Erbverzicht **G.X.5** 2, 3
– Bestandteile **G.X.1** 4
– Bewertung für Abfindung **G.X.1** 12
– Ehegattenhof **G.X.1** 9
– Einheitswert **G.X.1** 12
– Erbschaftsausschlagung **G.X.1** 6
– Erbverzicht **G.X.1** 6
– Landguterbrecht **G.X.1** 14
– steuerliche Behandlung Ausschlagung **J.IV.10** 6
– Verlust der Hofeigenschaft **G.X.1** 5
– verwaister **G.X.1** 6
– Zubehör **G.X.1** 4
– Zuweisung nach GrdstVG an Miterben **G.X.1** 15
Hofeigenschaft
– Begründung **G.X.1** 3
– Verlust der **G.X.1** 5
– Verlust während Vorerbschaft **G.X.1** 5
– Wegfall der **G.X.3** 9
– zeitlich beschränkte Aufgabe **G.X.1** 5
Hofeigentümer
– Checkliste **G.X.1**
Höfeordnung
– Antrag auf Erteilung eines Erbscheins mit Hoffolgezeugnis **J.V.12**
– Ausschlagung eines Hofes im Sinne der **J.V.10**
– Checkliste **G.X.1**
– Einsetzung eines Abkömmlings zum Hoferben **G.X.3**
– Erbvertrag über einen Ehegattenhof **G.X.4**
– Erbverzicht der weichenden Erben bzgl. des Hofes **G.X.5**
– Geltungsbereich **G.X.1** 1
– Sondererbfolge **G.X.1** 6
Hoferbe
– Abfindung weichender Miterben **G.X.1** 12
– Bestimmung bei Ehegattenhof **G.X.1** 9
– Bestimmung durch Verfügung von Todes wegen **G.X.1** 10
– Bestimmung, formlose **G.X.3** 2
– Drittbestimmung **G.X.1** 10
– Einsetzung mehrerer **G.X.1** 10
– Erbeinsetzung und Altenteil für überlebenden Ehegatten **G.X.3**
– Ergänzungsabfindung weichender Miterben **G.X.1** 12
– gesetzlicher **G.X.1** 7
– juristische Person **G.X.1** 10
– mangelnde Altersreife **G.X.1** 8
– Nachabfindung weichender Miterben **G.X.1** 12
– Personengesellschaft **G.X.1** 10
– sämtliche Abkömmlinge **G.X.1** 8
– Sondererbfolge **G.X.1** 6
– überlebender Ehegatte **G.X.1** 8
– Vorweggenommene Erbfolge **G.X.1** 11
– Wirtschaftsfähigkeit **G.X.1** 8

– Writschaftsfähigkeit G.X.1 8
Hoferbenbestimmung G.X.1 10; G.X.3 2
– erbschaftsteuerliche Behandlung G.X.3 11
– erbvertragliche G.X.4
Hoferbenordnung G.X.1 7
Hoferbfolge
– Abfindung G.X.3 8
– Abfindung weichender Miterben G.X.1 12
– Altenteil des überlebenden Ehegatten G.X.3 5
– Änderungsvorbehalt G.X.4 7
– Beschränkung G.X.1 10
– Bindungswirkung früherer/s Testament/Erbvertrag G.X.1 7, 10; G.X.3 2
– Erbvertrag über Ehegattenhof mit gegenseitiger Erbeinsetzung und Hoferbenbestimmung durch überlebenden E. G.X.4
– Erbverzicht der weichenden Erben G.X.5
– Ergänzungsabfindung weichender Miterben G.X.1 12
– gesetzliche G.X.1 7
– gewillkürte G.X.1 10
– Hof G.X.1 6
– hofesfreies Vermögen G.X.1 6; G.X.3 3
– nach erstversterbendem Ehegatten G.X.4 4
– nach zuletztversterbendem Ehegatten G.X.4 5
– Nachabfindung G.X.3 8
– Nachabfindung weichender Miterben G.X.1 12
– Pflichtteil G.X.3 10
– Pflichtteilsanspruch G.X.1 12
– Preisklausel G.X.3 6
– Testamentsvollstreckung G.X.1 10
– Vor-/Nacherbfolge G.X.1 10
– Wegfall Hofeigenschaft G.X.3 9
– Wertsicherung G.X.3 6
Höferecht
– Ertragswertanordnung C.VI.1
– fakultatives G.X.1 5
Hoferklärung
– negative G.X.1 5, 11
– positive G.X.1 3
Hofesbestandteile G.X.1 4
Hofesfreies Vermögen J.IV.11 1
– Verfügung über G.X.3 3
Hofeszubehör G.X.1 4
Hoffolgezeugnis J.V.1 6
– Erbscheinsantrag J.V.12 2
Hofübergabe
– Rechtsnatur G.X.1 11
Hofübergabevertrag G.X.1 11; G.X.6
– Abfindung G.X.6 11
– Abfindung Ehegatte G.X.6 12
– Agrarförderung G.X.6 7
– Altenteil G.X.6 9
– Belastungsverbot G.X.6 13
– Beurkundung G.X.1 11
– Bindungswirkung früherer/s Testament/Erbvertrag G.X.1 11
– Form G.X.1 11
– Genehmigung Hofübergabevertrag G.X.1 11
– Genehmigung Landwirtschaftsgericht G.X.1 11
– Geschwisterabfindung G.X.6 11
– Grundbuchkosten G.X.6 17
– Kosten G.X.6 17
– landwirtschaftsgerichtliche Genehmigung G.X.6 14
– negative Hoferklärung G.X.1 11
– Notarkosten G.X.6 17
– Pflichtteilsverzicht G.X.6 10
– Rechtsnatur G.X.1 11
– Rückforderungsrecht G.X.6 13
– Schuldübernahme G.X.6 8
– Stellvertretung bei G.X.1 11
– steuerliche Behandlung G.X.6 16
– Umfang G.X.6 7
– Unbedenklichkeitsbescheinigung G.X.6 15
– Veräußerungsverbot G.X.6 13
– Zugewinngemeinschaft G.X.6 6
Hofvermerk
– Löschung G.X.1 5
– Wirkung der Eintragung G.X.1 3
Hörbehinderung B.III.4
– Niederschrift B.III.4 5

Immobilie
– ausländische K.XVIII
– Einlage G.IV.2 4
Immobilieneinlage
– steuerliche Behandlung G.IV.2 3
Immobilienübertragung
– steuerliche Behandlung G.IV.3 4
Indexierungsverbot G.X.3 6
Indien
– Interpersonale Rechtsspaltung K.VII.6 3
– Nachlassspaltung K.VII.1 2
Infektionstheorie
– Testamentsvollstreckervergütung C.VII.1 e) bb) (2) (a) (aa)
Informationsrecht
– Kontrollrecht G.II.8 5; G.III.4 7
– Stiftung & Co. KG H.III.4 7
Inhaltsirrtum
– Anfechtung Erbschaftsannahme J.IV.13 2
– Anfechtungsgrund J.I 5
– Nachlassverbindlichkeit J.VIII.2 4
Insolvenz
– Grundstücksschenkung I.III.2 15
– Pflichtteilsbeschränkung C.VI.3 1
– Teilungsverbot bei C.IV.2 5
Insolvenzanfechtung
– Verzicht auf Zugewinnausgleichsanspruch I.I.6 7

Insolvenzgericht
– Nachlassinsolvenzverfahren **J.X.3** 2
Insolvenzrecht
– Bindung durch Erbschein/Auslegungsvertrag **J.V.6** 8
Insolvenzverfahren
– Erb-/Pflichtteil bei **F.II.1** 3
– Eröffnung **I.III.2** 15
– Pflichtteilsverzicht während **F.II.1** 7
Instandhaltungspflicht
– Wohnungsrecht **I.III.10** 4
Interlokales Privatrecht K.VII.6
– interlokale Rechtsspaltung **K.VII.6** 2
Internationales Privatrecht
– Testierfähigkeit **K.V**
– Vereinigtes Königreich **K.XIX.16**
Inventarerrichtung
– Antrag Nachlassgläubiger **J.III.2** 5
Inventaruntreue J.X.1 2
Iran
– Auslandsbezug **A.II.8** c
– Deutsch-Iranisches Niederlassungsabkommen **K.VI.3**
– Nachlasseinheit **K.VII.1** 2
– Rechtswahl **K.VIII.3** 2
Irland
– EuErbVO **K.IX** 3
– Haager Testamentsformübereinkommen **K.IV.1**
– interlokale Rechtsspaltung **K.VII.6** 2
– Testerfähigkeit **K.V**
Irrtum
– Anfechtung der Versäumung der Ausschlagungsfrist **J.IV.14**
– Anfechtung Erbschaftsannahme **J.IV.13** 2
– Anfechtung Erbschaftsausschlagung **J.IV.12**
– über maßgebliches Erbstatut **J.V.8** 12
– über Überschuldung **J.IV.12** 2
Israel
– Interpersonale Rechtsspaltung **K.VII.6** 3
– Nachlasseinheit **K.VII.1** 2
Italien K.XIX.6
– Nachlasseinheit **K.VII.1** 2
– Rechtswahl **K.VIII.2** 2
– Testierfähigkeit **K.V**
– Washingtoner UNIDROIT-Übereinkommen über ein einheitliches Recht der Form eines Internationalen Testaments **K.IV.1**

Jahresversteuerung A.IV 5 b
Jastrow'sche Klausel A.II.1 e
– Geldvermächtnis auf Überrest **C.VI.7**
– gestundeten Vermächtnissen **C.VI.6**
– Herausgabevermächtnis auf Überrest **C.VI.7**
– Sicherung Nachvermächtnis **J.VIII.4** 5
– Unternehmertestament **G.V.5** 6
joint and mutual will (USA/Florida) K.XIV
joint tenancy K.XVIII
joint will
– Bindungswirkung **K.IV.4** 2
Juristische Person
– Erbeinsetzung **C.I.6**
– Erbfähigkeit **C.I.6** 2
– Ersatzerbe **C.I.6** 2
– Nacherbe **C.I.6** 2
– Testamentsvollstrecker **C.VII.1** a

Kanada
– Nachlassspaltung **K.VII.1** 2
– Vermächtnistestament **K.XV**
Kapitalerhöhung
– Nießbrauch **G.III.4** 5
– Überspringen einer Generation **G.VI.6** 4
Kapitalforderung
– Bewertung **A.IV** 4 c
Kapitalgesellschaft
– Beschränkung der Abfindung der ausscheidenden Erben in der Satzung **G.II.4**
– Bewertung **A.IV** 4 c
– Nießbrauch **G.III.4** 3
– Testamentsvollstreckung **G.II.1** 3
– Zuwendung einer Beteiligung **G.VII.1**
Kapitalgesellschaftsanteil
– Anzeigepflicht erbschaftsteuerrelevanter Vorgänge **I.I.2** 14
– erbschaftsteuerliche Behandlung **G.I.7** 5
– Schenkungsteuertatbestand **G.III.5** 3
– Testamentsvollstreckung **G.II.1** 3
– unentgeltliche Übertragung **G.III.4** 10
– Unterbeteiligung **G.III.8** 4
Kapitalgesellschaftsanteil sa Unternehmensbeteiligung
Kapitalisierungsfaktor
– Bewertung **A.IV** 4
– Reinertrag Landgut **G.X.2** 4
Kapitalvermögen
– Anteil **C.V.3** 6
– Geldvermächtnis **C.V.3**
Kapitalwert
– Hoferbe **G.X.3** 11
– Nießbrauch **C.V.8** 10
Kasachstan
– Deutsch-sowjetischer Konsularvertrag **K.VI.2** 3
Kaufpreishinterlegung
– Erbteilsverkauf **J.VII.3** 3
KG
– einfache Nachfolgeklausel **G.I.2** 2
– Erbfähigkeit **C.I.6** 3
– OHG und Komplementär der **G.III.3** 1
KGaA
– vorweggenommene Erbfolge **G.III.2** 1
Kind
– abstrakte Erben **E.II.1** 5
– adoptiertes **A.II.1** f
– aus früherer Ehe **A.II.1** h

– Ausgleichungspflicht **E.II.6** 2
– Ausschluss Auseinandersetzung **E.II.4** 2
– Bevorzugung eines bestimmten **A.II.1** e
– Einheitslösung **E.VI.1** 2
– Einsetzung als Nacherbe **E.II.12**
– Enterbung **E.II.8** 1
– Erb-/Vermächtnisvertrag der getrennt lebenden Eltern zugunsten K. vor Scheidung **F.III.3**
– Erbschaftsausschlagung für **J.IV.4** 2
– Geschiedenentestament **A.II.1** h
– Lebenspartner **E.IV.1** 2; **E.IV.2** 2
– nachgeborenes als Nacherbe **C.II.5** 5
– Nachlassvermögen **E.VI.2** 2
– negatives Testament **E.II.9** 2
– nichteheliche Lebensgemeinschaft **E.V**
– nichteheliches **A.II.1** h
– Nießbrauch **E.II.11** 2
– Patchwork-Familie **A.II.1** h
– Pflichtteil des enterbten **A.II.1** e
– Pflichtteilsklausel **E.II.7** 2; **E.III.2** 2
– Pflichtteilsrecht **I.I.1** 3
– Pflichtteilsvermächtnis **E.III.3** 2
– Problemkind **A.II.1** g
– Schlusserbeneinsetzung **A.II.5** c) bb)
– Testament eines Alleinstehenden ohne **E.I.2**
– Testament eines Geschiedenen mit minderjährigem **E.I.3**
– Testament eines Verwitweten mit erwachsenen Kindern **E.I.1**
– Testamentsvollstrecker **E.II.5** 2
– Unternehmertestament zugunsten **G.V.1** 1
– Unternehmertestament zugunsten Ehegatte und K. **G.V.4**
– Unternehmertestament zugunsten mehrerer **G.V.2**
– Vermächtnis **E.III.4** 2; **E.III.6** 2
– Vermächtnisnehmer **E.II.10** 2
– Vor- und Nacherbfolge **E.III.5** 2
– Vorerbeneinsetzung Ehevertrag bei erstehelichen **C.II.6**
– Vormund für minderjähriges **E.II.3** 2
– vorverstorbenes **A.II.1** e
Kind, behindertes
– Ausschlagungsvertrag **F.I.1** 9
– Behindertentestament **F.I.1; F.I.2; F.I.3; F.I.4; F.I.5**
– Behindertentestament, nachträgliches **F.I.1** 9
– Verfügungen **F.I**
Kind, einseitiges
– Erbeinsetzung bei Lebenspartnerschaft **E.IV.2**
– Erbeinsetzung durch Elternteil und Vermächtnis zugunsten des längerlebenden Ehegatten sowie Pflichtteilsverzichtsvertrag **E.III.6**
– Pflichtteilsstrafklausel **C.VI.5** 8, 10
– Pflichtteilsvermächtnis **E.III.3** 2
– Schlusserbe **E.III.2**
Kind, gemeinsames
– Erbeinsetzung der gemeinsamen Kinder der nichtehelichen Lebensgemeinschaft und Vermächtnisse zugunsten des Lebensgefährten **E.V**
– Schlusserbe **E.III.2**
– Vermächtnisse bei Wiederverheiratung **E.VI.2** 1
Kind, minderjähriges
– Benennung Vormund **A.II.5** e
Kind, nichteheliches
– Erbrecht, gesetzliches **J.I** 7
Kind, ungeborenes
– Erbschaftsausschlagung für **J.IV.4** 2 f.
Kingelhöffersche Tabelle **C.VII.1** e) bb) (1) (b)
Kirchlicher Zweck
– Stiftung **H.III.1** 8
Kirgisistan
– Deutsch-sowjetischer Konsularvertrag **K.VI.2** 3
Kollisionsrecht
– Auslandsbezug **A.II.8** c
– berufenes Recht **K.VII**
– Prüfung **K.III.1** 3
Kommandit
– Haftung bei Schenkung Gesellschaftsanteil **G.III.3** 1
Kommanditbeteiligung
– Dauertestamentsvollstreckung **G.II.1** 2
– schenkweise Einräumung **G.III.3** 1
– Testamentsvollstreckung **G.IX.1**
– Zuwendung Nießbrauch **G.VIII.1**
Kommanditist
– Aufnahme Minderjähriger als **G.III.2** 1
– einfache Nachfolgeklausel **G.I.2** 2
– Schenkung Gesellschaftsanteil **G.III.3** 1
– Vom Einzelunternehmer zur Personenhandelsgesellschaft durch Aufnahme **G.III.2**
Komplementär
– einfache Nachfolgeklausel **G.I.2** 2
– Einlage **H.III.4** 3
– kombinierte Nachfolge- und Umwandlungsklausel **G.I.3** 2
– Komplementärstiftung **H.III.5**
– Vorversterben **G.IV.2** 2
Komplementärbeteiligung
– Gesellschafteraufnahme **G.III.3** 5
Komplementär-GmbH
– qualifizierte Nachfolgeklausel **G.I.10**
– steuerliche Behandlung **G.I.10** 5
– Vererbung **G.V.2** 2
Konfusion
– Rückforderungsrecht bei **I.I.4** 3
– Schenkung beweglicher Sachen **I.III.7** 6
Konsolidation
– Rückforderungsrecht bei **I.I.4** 3

Konstituierung
– Nachlasses durch Testamentsvollstrecker **C.VII.3** 2
Konstituierungsgebühr
– Testamentsvollstreckervergütung **C.VII.1** e) bb) (1) (d)
Kontrollrecht
– Nießbraucher **G.II.8** 5
Kooperationsvertrag, familienrechtlicher
– Abgrenzung **I.I.2** 2
Kosten **C.I.5** 4
– Abänderunfsbefugnis **C.VI.6** 3; **C.VI.7** 4
– Abschichtung **J.VI.7** 11
– Anfechtung einer Verfügung von Todes wegen **J.I** 8
– Anfechtungsausschluss **C.VI.8** 5
– Antrag auf Erteilung eines Testamentsvollstreckerzeugnisses **J.V.14** 10
– Auflage **C.V.12** 5
– Ausstattung mit lebzeitiger Übertragung **I.IV** 8
– Beurkundung Behindertentestament **F.I.2** 15
– Beurkundung Erb-/Pflichtteilsverzicht **F.III.1** e
– Beurkundung Erbvertrag **D.II.1** 5; **E.III.2** 6
– Beurkundung gemeinschaftliches Testament **D.I.2** 7
– Beurkundung Testament **D.I.1** 4; **E.I.1** 8; **E.I.4** 14
– Beurkundung Widerrufstestament **F.III.1** e
– Beurkundungsfall **G.III.11** 3
– Ehevertrag **G.III.9** 2; **I.I.1** 7
– einfache Nachfolgeklausel **G.I.1** 6
– Enterbung **C.III** 6
– Entwurf Erbvertrag **C.I.8** 11
– Entziehung des Pflichtteils **C.VI.2** 10
– Erbauseinandersetzung **J.VI.3** 10; **J.VI.6** 10
– Erbeinsetzung **C.I.2** 8
– Erbschaftsausschlagung **J.IV.3** 9; **J.IV.7** 8
– Erbschaftsvertrag **I.VII.2** 8
– Erbschein **J.V.8** 15
– Erbteilsübertragung **J.VII.2** 14; **J.VII.4** 10
– Erbteilsverpfändung **J.VII.5** 10
– Erbvertrag **B.IV** 9; **C.I.8** 11; **G.X.4** 10
– Erbverzicht **G.X.5** 5
– Erbverzichtsvertrag **I.II.2** 10; **K.XVIII** 6
– Erklärung der Annahme des Testamentsvollstreckeramtes **J.V.13** 6
– Errichtung Stiftung von Todes wegen **H.II.5** 9
– Forderungs-/Schuldbefreiungsvermächtnis **C.V.5** 6
– Geldschenkung **I.III.4** 8
– Grundstücksschenkung **I.III.2** 31; **I.III.3** 19
– Grundstücksvermächtnis **C.V.6** 9
– Gründung der stillen Gesellschaft **G.III.7** 5
– Gründung KG **G.III.2** 8
– Herausgabevermächtnis **C.II.2** 9
– Hofübergabevertrag **G.X.6** 17
– mittelbare Grundstückschenkung **I.III.8** 5
– Nachlassverzeichnis **J.IX.2** 9
– Nießbrauchsvermächtnis **C.V.8** 11
– Nießbrauchsvorbehaltsklausel **I.III.11** 14
– notarielles Nachlassverzeichnis **J.III.3** 11
– Pflegerbestellung **C.I.7** 5
– Pflichtteil **C.VI.1** 3
– Pflichtteils- und Zugewinnanrechnungsklausel **I.III.5** 7
– Pflichtteilstrafklausel **C.VI.5** 12; **C.VI.10** 9
– Pflichtteilsverzicht, gegenständlich beschränkter **C.VI.11** 10
– Pflichtteilsverzichtsvertrag **G.III.10** 5; **I.II.6** 11
– Pflichtteilsvollmacht **C.VI.12** 3
– Rechtswahl **K.VIII.2** 6; **K.VIII.5** 7
– Rentenvermächtnis **C.V.4** 7
– Satzungsänderung GmbH **G.I.7** 6
– Schenkung der Bezugsberechtigung einer Lebensversicherung **I.V.1** 9
– Schenkung einer beweglichen Sache **I.III.7** 10
– Schenkungsversprechen **I.VI** 9
– Sparbuch auf fremden Namen **I.V.2** 8
– Stiftungsanerkennung **H.IV** 8
– Stiftungsgeschäft **H.II.1** 6
– Teilungsverbot **C.IV.2** 7
– Testament eines Landwirts **G.X.2** 7
– Testament, gemeinschaftliches **C.I.8** 11
– Testamentsvollstreckung **C.I.7** 5; **C.II.7** 6; **C.VII.1** e) aa); **C.VII.2** 8; **J.IX.5** 6
– Übergabe einer Schrift **B.II.3** 9
– Unternehmertestament **G.V.1** 8; **G.V.2** 6
– Unternehmertestament zugunsten Dritter **G.V.5** 14
– Vereinbarung der Gütertrennung **I.I.6** 9
– Verfügung von Todes wegen **C.I.3** 7; **C.I.4** 4; **C.V.12** 5
– Verfügungsunterlassungsvertrag **D.II.7** 6
– Vermächtnis **C.V.1** 14
– Vermächtnisanordnung **C.V.6** 3
– Vermächtniserfüllung **J.VIII.2** 11; **J.VIII.4** 6
– Vermächtnisse mit Drittbestimmungsmöglichkeit **C.V.10** 10
– Verschaffungsvermächtnis **C.V.7** 8
– Verwahrung Testament **B.I.1** 12; **B.I.2** 8
– Verwahrung, amtliche besondere **C.I.8** 11
– Vollmachtsbeurkundung **K.XVI** 6
– Vor- und Nacherbfolge **C.II.4** 6; **C.II.5** 8
– Vor- und Nacherbschaft **C.VI.3** 9
– Vor-/Nacherbfolge **C.II.1** 7
– Vorausvermächtnis **C.II.3** 5
– Vorerbeneinsetzung Ehevertrag **C.II.6** 7
– Vormundbenennung **C.I.7** 5
– Wohnungsrechtsvermächtnis **C.V.9** 12
– Zentrales Testamentsregister (ZTR) **C.I.2** 8; **C.I.8** 11
– Zuwendungswohnrecht **I.III.10** 7

– Zuziehung Dolmetscher **B.II.2** 6; **B.III.5** 6
– Zuziehung Notar **B.III.3** 4; **C.I.6** 5
– Zuziehung Zeuge **B.III.2** 4; **B.III.3** 4; **B.III.5** 6
Kostenerstattung
– Einsetzung des behinderten Kindes nur zum nicht befreiten Vorerben **F.I.2** 6
Kostentragung
– Teilungsanordnung **C.IV.3** 6
– Vermächtnis **C.V.1** 11
– Vermächtniserfüllung **C.V.2** 8
Kraftfahrzeug
– Kosten Hofübergabevertrag **E.I.4** 11
– Vermächtnis zugunsten des nichehelichen Lebensgefährten **E.I.4** 4
Kraftloserklärung
– Antrag auf Erteilung eines Testamentsvollstreckerzeugnisses **J.V.14** 1
– Erbschein **J.V.1** 5
– Erbscheinsantrag **J.V.9** 11
Kreditinstitut
– Auskunftsrecht **J.III.2** 11
– Testamentsvollstrecker **C.VII.1** a
Kuratorium
– Stiftung **H.III.1** 19; **H.III.3** 8
Kürzungsrecht
– Erfüllung eines Vermächtnisses **J.VIII.3** 2
– Pflichtteilsrecht **C.VI.9** 4
– Vermächtnis/-erfüllung **J.VIII.2** 4
Kürzungsregelung
– Geldvermächtnis **C.V.3** 3

Landgut
– Begriff **G.X.2** 3
– Beurkundungskosten Testament **G.X.2** 7
– Bewertung **G.X.2** 4, 6
– Bewertung Betriebswohnung **G.X.2** 6
– Bewertung Wirtschaftsteil **G.X.2** 6
– Bewertung Wohnteil **G.X.2** 6
– erbschaftsteuerliche Behandlung **G.X.2** 6
– ertragsteuerliche Behandlung **G.X.2** 6
– Ertragswert **G.X.2** 4
– Kapitalisierungsfaktor Reinertrag **G.X.2** 4
– Nachabfindung **G.X.2** 5
– Reinertrag **G.X.2** 4
– Übernahmerecht zum Ertragswert **G.X.2** 2
Landguteigenschaft
– Feststellung **G.X.2** 3
Landguterbrecht **G.X.1** 14
Landwirt
– Testament **G.X.2**
Landwirtschaftlicher Betrieb
– Checkliste **G.X.1**
– Erbteilsübertragung **J.VII.2** 7
– Übernahmerecht zum Ertragswert **G.X.2** 2
– Zuweisung nach GrdstVG an Miterben **G.X.1** 15
Landwirtschaftsgericht
– Ausschlagung Hof **J.IV.10** 2
– Genehmigung Hofübergabevertrag **G.X.6** 14
– Kosten Hofübergabevertrag **G.X.6** 17
– Zuständigkeit Erbschein **J.V.1** 11
last will and testament (USA) **K.XIII**
Last, dauernde
– Alternativen zur Leibrente **I.III.13** 4
– des überlebenden Ehegatten bei Hoferbfolge **G.X.3**; **G.X.6** 9
– Erbschaftsausschlagung **J.IV.3** 10
– Gegenleistung Zuwendung **I.III.1** 7
– Klausel **I.III.14**
– steuerliche Behandlung **G.X.3** 11
Lasten
– steuerlicher Erwerb **A.IV** 4a
Lebensgefährte
– Begriff **E.V**
– Erbeinsetzung der gemeinsamen Kinder der nichtehelichen Lebensgemeinschaft und Vermächtnisse zugunsten des Lebensgefährten **E.V**
– Erbrecht **E.V**
– Nießbrauchsvermächtnis **C.V.8**
– persönliche Verhältnisse des Erblassers **A.II.1** c
– Sachvermächtnis **E.I.4** 11
– steuerliche Behandlung **E.I.4** 15
– Testament zugunsten nichtehelichem **E.I.4** 4
Lebensgemeinschaft, nichteheliche
– Abgrenzung zu eingetragener Lebenspartnerschaft **E.I.4** 1
– bedingtes Vermächtnis **E.I.4** 12
– Ende Nießbrauchsrecht **E.I.4** 10
– Erbeinsetzung der gemeinsamen Kinder und Vermächtnisse zugunsten des Lebensgefährten **E.V**
– Erblasser **A.II.1** c
– frühere Verfügung von Todes wegen **E.I.4** 2
– Nießbrauch **E.I.4** 5, 7
– Rücktrittsvorbehalt bei Erbvertrag **A.II.6** b; **E.V**
– Sachvermächtnis **E.I.4** 11
– steuerliche Behandlung **E.I.4** 15; **E.V**
– steuerliche Behandlung Bezugsberechtigung Lebensversicherung **I.V.1** 8
– Testament **E.I.4**
– Testamentsvollstreckung **E.I.4** 13
– Vermächtnis zugunsten Lebensgefährten **E.I.4** 4
– Vor-/Nacherbschaft **A.II.5** d) bb)
Lebenspartner
– Erbeinsetzung des Kindes eines Lebenspartners mit Vermächtnissen zugunsten des anderen Lebenspartners **E.IV.2**
– Erblasser **A.II.1** c
– Erbrecht **E.IV.1** 3
– Freibetrag **E.I.4** 1; **E.IV.1** 4
– gegenseitige Erbeinsetzung und Einsetzung der Verwandten als Schlusserben **E.IV.1**

- Güterstand **A.II.1** d
- letztwillige Verfügungen **E.IV.1** 2
- steuerliche Behandlung **E.IV.1** 4
- Versorgungsfreibetrag **E.IV.1** 4
- Wegfall der Bindung **A.III.1** b

Lebenspartnerschaft, eingetragene
- Abgrenzung zu nichtehelicher Lebensgemeinschaft **E.I.4** 1
- Auflösung **A.III.1** b
- Erbeinsetzung des Kindes eines Lebenspartners mit Vermächtnissen zugunsten des anderen Lebenspartners **E.IV.2**
- gegenseitige Erbeinsetzung und Einsetzung der Verwandten als Schlusserben **E.IV.1**
- Pflichtteilsrecht **A.II.3** d
- steuerliche Behandlung **E.IV.1** 4

Lebensversicherung
- auf verbundene Leben **I.V.1** 8
- Auskunftsanspruch bei Pflichtteil **J.III.2** 8
- Auswirkung späterer Scheidung **F.III.1** c
- Einräumung Bezugsberechtigung **I.V.1** 3
- Pflichtteilsergänzung **I.III.1** 5
- Schenkung Bezugsberechtigung **I.V.1**
- steuerliche Behandlung Schenkung Bezugsberechtigung **I.V.1** 8
- steuerliche Bewertung **I.V.1** 8
- Vermögenswerte des Erblassers **A.II.2** a

Lebenswandel, unsittlicher
- Pflichtteilsentziehung **I.III.2** 15

Lebzeitige Übertragung s Übertragung, lebzeitige

Leibgeding
- Altenteil **G.X.6** 9
- lebzeitige Übertragung **I.III.1** 9
- Pflegeverpflichtungsklausel **I.III.16**
- Reallast **I.III.17** 6

Leibrente
- Abtretung Reallast **I.III.13** 8
- Alternativen **I.III.13** 4
- Anzeigepflicht erbschaftsteuerrelevanter Vorgänge **I.I.2** 14
- Dauernde Last anstelle **I.III.13** 4
- erbschaftsteuerliche Behandlung **I.III.13** 9
- ertragsteuerliche Behandlung **I.III.13** 9
- Form **I.III.13** 7
- Gegenleistung **I.III.13** 2
- lebzeitige Übertragung **I.III.1** 7
- Leibrentenklausel **I.III.13**
- Reallast **I.III.13** 6
- Schenkung, gemischte **I.III.13** 9
- Vermächtnis **F.I.3** 6
- Wertsicherung **I.III.13** 4, 5

Leibrentenklausel I.III.13
- Leibgeding **I.III.13** 1

Leibrentenvermächtnis
- Behindertentestament **F.I.3** 6

Leistungen
- Bewertung **A.IV** 4 c

Leistungsbewirkung
- Grundstücksschenkung **I.III.2** 7
- Schenkung **I.III.4** 5

Leseunkundigkeit
- Verfügung von Todes wegen **B.III.1**

lex domicilii
- Geltungsbereich **K.VII.1** 2

lex partiae
- Geltungsbereich **K.VII.1** 2

Liquidationswert
- Unternehmensbeteiligung **G.III.10** 1

Litauen
- Nachlassspaltung **K.VII.1** 2

Löschungserleichterung
- Nießbrauch **E.I.4** 9 f.
- Nießbrauchsvermächtnis **C.V.8** 7
- Nießbrauchsvorbehaltsklausel **I.III.11** 14
- Wohnungsrechtsvermächtnis **C.V.9** 7
- Zuwendungswohnrecht **I.III.10** 7

Luxemburg
- Auslandsanerkennung deutscher Erbschein **J.V.8** 11
- Nachlassspaltung **K.VII.1** 2
- Testamentsgestaltung mit Auslandsbezug **A.II.8** a
- Testerfähigkeit **K.V**

Mecklenburg-Vorpommern
- Anerkennung Stiftung **H.IV** 1
- Kapitalisierungsfaktor Landgut **G.X.2** 4
- Stiftungsgesetz **H.I**

Mehrbetrag
- Ausgleichung bei Erbauseinandersetzung **J.VI.1** 5

Mehrfachbehinderter
- Verfügung von Todes wegen **B.III.1**

Mehrstaater
- Italien **K.XIX.6**
- mit deutscher Staatsangehörigkeit **K.VII.3** 3
- ohne deutsche Staatsangehörigkeit **K.VII.4**
- Wahl des Heimatsrecht **A.VI** 4 a
- Wahlmöglichkeit **K.VIII.3** 3

Mexiko
- interpersonale Rechtsspaltung **K.VII.6** 3

Mietverhältnis
- bei Schenkung Mietwohnungseigentum **I.III.9** 7
- im Erbfall **A.II.4** c

Mietvertrag
- anstelle Nießbrauchsvorbehalt **I.III.11** 3
- Dauernde Last mit **I.III.14** 10

Mietwohnungsschenkung I.III.9
- Fortbestehen Mietverhältnis **I.III.9** 7
- Pflichtteilsanrechnung **I.III.9** 9
- Rücktrittsfolgen **I.III.9** 11
- steuerliche Behandlung **I.III.9** 13

Mildtätigkeit
- Stiftung **H.III.1** 9

Minderjährige
- Abschichtng **J.VI.7** 9
- Anordnung zur Vermögenssorge mit Bezug auf Pflichtteilsrecht **C.VI.14**
- Antrag auf Bestellung eines Ergänzungspflegers bei der Gesellschaftsbeteiligung von **G.IV.8**
- Außerkraftsetzung Erblasseranordnung **J.IX.4** 2
- Auswahl Testamentsvollstrecker **G.IX.1** 5
- Benennung Vormund **A.II.5** e
- Beschränkung der Vermögenssorge der Eltern **C.I.7** 3
- Checkliste Erbauseinandersetzung **J.VI.1** 9
- einfache Nachfolgeklausel **G.I.2** 3
- Eintritt im Erbfall auf einer Nachfolgeklausel **G.IV.8** 4
- Erbauseinandersetzung **J.VI.1** 9
- Erbeinsetzung **C.I.7**
- Erbschaftsausschlagung für **J.IV.4** 2
- Erbteilserwerb durch **J.VII.4** 5
- Erbteilsübertragung **J.VII.2** 7
- Ergänzungspfleger **C.I.7** 3
- Familien-Gesellschaft **G.IV.2** 2
- Genehmigungserfordernisse bei Erbauseinandersetzung **J.VI.1** 10; **J.VI.6** 8
- Geschiedenentestament **E.I.3**
- Grundstücksschenkung an **I.III.3**
- lebzeitige Übertragung **I.III.1** 6
- Nachlassverzeichnis **J.IX.2** 8
- Nießbrauchvorbehaltsklausel **I.III.11**
- Pflegerbestellung **E.I.3** 7
- Schenkung eines Personengesellschaftsanteils an einen Minderjährigen **G.IV.9**
- Schenkung Gesellschaftsanteil an **G.III.3** 1
- Schenkung unter Begründung einer stillen Gesellschaft **G.III.7** 1
- Schenkung unter Begründung einer Untergesellschaft **G.III.8** 1
- Testamentsvollstreckung **C.I.7** 2
- Übertragungsvertrag **G.III.1** 1
- Verfügung von Todes wegen **B.III.1**
- Vermächtniserfüllung **J.VIII.2** 8
- Vormundbenennung **C.I.7** 2; **E.I.3** 8

Mischnachlass
- steuerliche Behandlung Realteilung **C.IV.3** 7

Missachtung
- Testamentsvollstreckung **C.VII.1** a

Misshandlung, körperliche
- Pflichtteilsentziehung bei **I.III.2** 15

Mitbestimmungsrecht
- Stiftung & Co. KG **H.III.3** 11

Miteigentum
- Löschung **J.II.1** 4
- Verschaffungsvermächtnis an **C.V.7** 4

Miterbe
- Ausgleichspflicht bei Erbauseinandersetzung **J.VI.1** 5
- Ausgleichszahlung an M. bei Teilerbauseinandersetzung **J.VI.3**
- Auskunftsanspruch gegen Miterben bei Pflichtteilsergänzung **J.III.5**
- Auskunftsanspruch gegen Miterben wegen Vorerwerbe **J.II.5**
- Einrede nach § 2059 Abs. 1 S. 1 BGB **J.X.1** 1
- Erbeinsetzung **A.II.5** b; **C.I.2** 2
- Erbschein **J.V.1** 6
- Erbteilsübertragung **J.VII.2** 2
- Nießbrauch **E.II.11** 2 c)
- Testamentsvollstrecker **C.VII.1** a
- Vorausvermächtnis **A.II.5** c) cc); **C.IV.4** 1
- Vorkaufsrecht bei Erbteilsverkauf **J.VII.3** 5
- Wertermittlungsanspruch gegen Miterben **J.III.5** 3
- Zuweisung landwirtschaftlicher Betrieb nach GrdstVG **G.X.1** 15

Miterbe, unbekannter
- Vertretung bei Erbauseinandersetzung **J.VI.1** 9

Miterbe, weichender
- Abfindung bei Hoferbfolge **G.X.1** 12
- Auseinandersetzung Erbengemeinschaft **G.X.1** 12
- Ergänzungsabfindung bei Hoferbfolge **G.X.1** 12
- Nachabfindung bei Hoferbfolge **G.X.1** 12
- Nachabfindungsanspruch bei Landgut **G.X.2** 5

Miterbengemeinschaft
- Abschluss des Auseinandersetzungsvertrages **J.IX.6** 4
- Erbfähigkeit **C.I.6** 3

Mitteilungspflicht
- Benachrichtigung des Zentralen Testamentsregisters **B.V** 3
- besondere amtiche Verwahrung **D.I.1** 3
- notarielle **I.VII.2** 5

Mittestamentsvollstrecker
- Testamentsvollstreckung **C.VII.1** a
- Vergütung **C.VII.1** e) bb) (1) (a)

Mitwirkungspflicht
- Nachlassverzeichnis **J.IX.2** 1
- notariellens Bestandsverzeichnis **J.III.3** 4

Mitwirkungsrechte
- gesellschaftsvertragliche Zulassung der Begründung eines Nießbrauchs **G.II.8** 2 f.
- Schenkung einer Personengesellschaft unter Nießbrauchsvorbehalt **G.III.4** 6
- Schenkung unter Begründung einer Untergesellschaft **G.III.8** 1

Mitwirkungsverbote
- Beurkundung durch Sozius **C.VII.1** a
- Dolmetscher **B.II.3** 3
- Gebärdensprachdolmetscher **B.III.5** 2
- notarielles Testament **B.II.1** 2
- Zeugen **B.III.3** 2

Möhringsche Tabelle **C.VII.1** e) bb) (1) (c)
Moldau
- Deutsch-sowjetischer Konsularvertrag **K.VI.2** 3
Motivirrtum
- Anfechtung Erbschaftsannahme **J.IV.13** 2
- Anfechtung Erbschaftsausschlagung **J.IV.12** 2
- Erbverzicht **I.II.15** 3
mutual will
- Bindungswirkung **K.IV.4** 2
- Florida **K.XIV** 2
- Vereinigtes Königreich **K.XIX.16**

Nachabfindung
- Hoferbfolge **G.X.3** 8
- Landgut **G.X.2** 5
- Verzicht auf **G.X.5** 3
- weichender Miterbe bei Hoferbfolge **G.X.1** 13
Nacherbe **C.II.9** 1
- Abgrenzung zu Ersatznacherbe **C.II.1** 4
- Auskunftsanspruch gegen vom Vorerben Beschenkten **J.II.1** 3
- Auskunftsanspruch gegen Vorerben **J.II.2**
- Ehegattenverfügung mit Einsetzung des Verschuldeten **F.II.3**
- Einsetzung Kind **E.II.12**
- Einsetzung Kind des Erstversterbenden **E.III.5**
- Erbscheinsantrag **J.V.1** 8; **J.V.5** 2, 5
- Ersatzerbe **A.II.5** d) cc)
- gemeinsame Kinder **E.VI.1**
- Juristische Person **C.I.6** 2
- Person **C.II.1** 3
- Rechnungslegungsanspruch **J.II.2** 2
- Rechtsstellung **C.II.1** 2
- steuerliche Behandlung **C.II.1** 6
- Testamentsvollstrecker **C.VII.1** a
- Testamentsvollstreckung **C.VII.10** 1; **C.VII.11** 1; **C.VII.12** 1
- Überrest **C.VI.7** 1
- Vertrag des N. nach Eintritt des Vorerbfalls **I.VII.1** a
Nacherbenanwartschaft
- Erbteilskauf **J.VII.2** 8
- Übertragbarkeit **A.II.5** d) cc)
- Veräußerung **C.II.1** 4
- Vererblichkeit **A.II.5** d) cc); **C.II.1** 4
Nacherbenanwartschaft s Übertragung der Nacherbenanwartschaft
Nacherbeneinsetzung **C.II.1**
- Kombination Vollerbeneinsetzung **C.II.6** 2
Nacherbentestamentsvollstreckung **C.II.5** 6
Nacherbenvermerk
- Erbauseinandersetzung **J.VI.1** 7
Nacherbenvollstreckung **A.II.5** h; **C.II.7** 3; **C.VII.10** 2; **C.VII.12** 2
Nacherbfall
- Nachlassverbindlichkeiten **C.II.9** 4
Nacherbfolge
- bedingte **A.II.5** d) cc)
- Beratung **A.II.5** d
- doppelte **A.II.5** d) cc)
- Eintritt **C.II.1** 5
- Ersatznacherbfolge **C.II.1** 4
- gegenständlich beschränkte **C.II.3** 1
- Geschiedenentestament **E.I.3**
- Höchstfrist bei mehrfacher **C.II.5** 2
- mehrere **C.II.5** 2
- mehrfache **C.II.5**
- Nacherbentestamentsvollstreckung **C.II.5** 6
- nachgeborene Kinder **C.II.5** 5
- Stellung nachrangiger Nacherben **C.II.5** 4
- Testamentsvollstreckung **C.II.7**
- Zeitpunkt **A.II.5** d) cc)
Nacherbschaft
- auflösend bedingte **C.II.4** 3
- bedingte **C.II.4** 3
- Dauertestamentsvollstreckung **F.II.2**
- Erbscheinsantrag mit Beschränkung eines Erben **J.V.7**
- Erbscheinsantrag mit Hilfsantrag **J.V.5**
- steuerliche Behandlung auflösend bedingter **C.II.4** 5
- Testamentsvollstreckung nur für den Nacherben, beginnen mit **C.VII.11**
- Übergabebefugnis **C.II.4** 1
- Verwaltungstestamentsvollstreckung **C.II.7** 2
- Verwaltungsvollstreckung **C.II.7** 4
Nachfolge
- land-/forstwirtschaftlicher Betrieb **G.X.1**
Nachfolge-/Umwandlungsklausel, kombinierte
- Personengesellschaft **G.I.3** 2
Nachfolgeklausel
- einfache **G.I.2** 2
- Erbschaftsteuer **G.I.2** 4
- Ertragsteuer **G.I.2** 4
- Partnerschaftsgesellschaft **G.I.11** 2
- Personengesellschaft **G.I.1**; **G.I.2** 2
- qualifizierte **G.I.4** 2
- steuerliche Behandlung **G.I.2** 4
- steuerliche Behandlung Sonderbetriebsvermögen **G.I.2** 4
Nachfolgeklausel, qualifizierte
- Ausgleichsanspruch **G.I.4** 5
- Erbenbestimmung **G.I.4** 2
- Erbschaftsteuer **G.I.4** 6
- Ertragsteuer **G.I.4** 6
- Haftung **G.I.4** 5
- kombinierte Klausel **G.I.10** 2
- Personengesellschaft **G.I.4** 2
- steuerliche Behandlung **G.I.4** 6
- steuerliche Behandlung Sonderbetriebsvermögen **G.I.4** 6

Nachfolgeklausel, rechtsgeschäftliche
– Abfindung **G.I.6** 3
– Beteiligung des Eintrittsberechtigten **G.I.6** 2
– Personengesellschaft **G.I.6** 1
– steuerliche Behandlung **G.I.6** 5
Nachfolger
– Bestimmung durch Dritte in Unternehmertestament **G.VI.1** 2
– Drittbestimmung **G.II.6** 3
– lebzeitige Aufnahme in Personengesellschaft **G.III.2** 1
– lebzeitige Übertragng eines Einzelunternehmen **G.III.1**
– Präsentationsrecht **G.II.6** 2
– Schenkung von Gesellschaftsanteien **G.III.3** 2
Nachfolgeregelung
– Beratung des Erblassers **A.II.1**
– Beurkundungskosten **G.I.1** 6
– einfache Nachfolgeklausel **G.I.2**
– Eintrittsklausel **G.I.4** 4; **G.I.5**
– Einziehungsklausel Aktien **G.I.9**
– Einziehungsklausel GmbH-Anteil **G.I.7**
– Fortsetzungsbeschluss **G.I.1** 4
– gesellschaftsvertragliche **G.I**
– gesellschaftsvertragliche Nachfolgeklausel **G.I.6**
– GmbH & Co. KG **G.I.10**
– kombinierte Nachfolge-/Umwandlungsklausel **G.I.3**
– Nachfolgeklausel PartG **G.I.11**
– qualifzierte Nachfolgeklausel **G.I.4**
– Vermächtnisweise Zuwendung Kapitalgesellschaftsbeteiligung **G.VII.1**
– Vermächtnisweise Zuwendung Personengesellschaftsbeteiligung **G.VII.2**
– Vertreterklausel **G.I.3** 3
Nachlass
– Bestandsverzeichnis **J.III.2** 3, 4
– Eigenschaftsirrtum über Zusammensetzung **J.IV.12** 2
– Ergänzung/-sanspruch Bestandsverzeichnis **J.III.2** 14
– Irrtum über pflichtteilsrechtliche Folgen **J.IV.13** 2
– Irrtum über Überschuldung **J.IV.12** 2
– Konstituierung **C.VII.3** 2
– Motivirrtum über Bewertung **J.IV.12** 2
Nachlass, digitaler
– Begriff **L.I** 1
– Datensicherung **L.I** 6
– praktische Empfehlungen **L.I** 4
– praktische Vorbereitung **L.I** 5
– Zugriffgründe **L.I** 2
– Zugriffsberechtigung **L.I** 2
Nachlassabwicklung
– Testamentsvollstrecker **C.VII.7** 2
Nachlassänderung, nachträgliche
– Pflichtteilsvereinbarung **J.III.7** 6
Nachlassbewertung
– gegenständlich beschränkter Pflichtteilsverzicht **I.II.11**
Nachlasseinheit
– Geltungsbereich **K.VII.1** 2
– Grundsatz der **K.II**
Nachlassgegenstand
– Ausschluss Auseinandersetzung **E.II.4** 1
– gegenständlich beschränkter Pflichtteilsverzicht **I.II.11**
– Teilerbauseinandersetzung **J.VI.3** 3
– Teilverzicht **I.II.4** 4
– vorweggenommener Vertrag zu **I.VII.1** a
Nachlassgericht
– Bindung durch Auslegungsvertrag **J.V.6** 2
– Erbschaftsausschlagung **J.IV.3** 7
– Kosten Annahmeerklärung/-zeugnis Testamentsvollstrecker **J.IX.2** 9
– sachlich zuständig **J.III.6** 1
– Vermittlungsverfahren Erbauseinandersetzung **J.VI.1** 3
– Zuständigkeit Erbschein **J.V.1** 11
Nachlassgläubiger
– Antrag auf Nachlassverwaltung **J.X.1** 3; **J.X.2**
– Antragsfrist Nachlassverwaltung **J.X.2** 7
– Erbscheinsantrag **J.V.1** 8
– Glaubhaftmachung **J.X.2** 9
– Glaubhaftmachung Forderung **J.X.2** 8
– Glaubhaftmachung Gefährdung Forderungserfüllung **J.X.2** 9
– Nachlassinsolvenzverfahren **J.X.3** 3
Nachlasshaftung
– bei Nachlassspaltung **K.VII.10**
Nachlassinsolvenz **J.X.1**
– Eröffnung **J.X.3** 6
– Verhältnis zu Testamentsvollstreckung **C.VII.1** d) aa)
Nachlassinsolvenzverfahren **J.X.1** 1
– Antrag des Erben auf Eröffnung **J.X.3** 3
– Antragsbefugnis **J.X.3** 3
– Checkliste **J.X.1**
– drohende Zahlungsunfähigkeit **J.X.3** 4
– Eröffnung **J.X.3** 6
– Eröffnungsgründe **J.X.3** 4
– Glaubhaftmachung Eröffnungsgrund **J.X.3** 3
– Kostendeckung **J.X.3** 7
– Rechtsmittel **J.X.3** 7
– Überschuldung **J.X.3** 4
– vorläufige Nachlasssicherung **J.X.3** 5
– Zahlungsunfähigkeit **J.X.3** 4
– Zuständigkeit **J.X.3** 2
Nachlasspfleger
– Bestellung für unbekannten Miterben **J.VI.1** 8
– Erbscheinsantrag **J.V.1** 9
Nachlassregelung
– Testamentsvollstreckung **J.IX**

Nachlassrichter
- Testamentsvollstrecker **C.VII.1** a
Nachlasssache
- Benachrichtigung **B.V**
- Benachrichtigung Zentrales Testamentsregister (ZTR) **B.V** 3
Nachlasssicherung, vorläufige
- Nachlassinsolvenzverfahren **J.X.3** 5
Nachlassspaltung **J.V.8** 2; **K.VII.9** 2
- Abgrenzung zu hinkendem Rechtsverhältnis **K.II**
- Auslandsbezug **A.II.8** c
- Deutsch-Türkischer Konsularvertrag **K.VI.1** 3
- Einzelstatut bricht Gesamtstatut **K.VII.9**
- Geltungsbereich **K.VII.1** 2
- Nachlasshaftung bei **K.VII.10**
- Pflichtteil **C.VI.1**
Nachlassverbindlichkeit
- Auskunftsanspruch bei Pflichtteil **J.III.2** 5
- Bewertung **A.IV** 4c
- Einreden des Erben **J.X.1** 1
- Erbschaftsteuer **A.IV** 4a
- Geldvermächtnis **C.V.3** 6
- Haftung bei Abschichtung **J.VI.7** 8
- Verlust der Beschränkbarkeit der Erbenhaftung **J.X.1** 2
- Vermächtniserfüllung **J.VIII.2** 4
Nachlassverwalter
- Erbscheinsantrag **J.V.1** 9
Nachlassverwaltung **J.X.1**
- Anhörung der Erben **J.X.2** 5
- Anordnung **J.X.2** 6
- Antrag auf Befreiung von Erblasseranordnung **J.IX.6** 1
- Antrag des Nachlassgläubigers **J.X.2**
- Antragsbefugnis **J.X.2** 3
- Checkliste **J.X.1**
- Glaubhaftmachung **J.X.2** 8, 9
- Handlungsmöglichkeiten des Nachlassgläubigers **J.X.1** 3
- Kostendeckung **J.X.2** 4
- Verhältnis zu Testamentsvollstreckung **C.VII.1** d) aa)
- Zuständigkeit **J.X.2** 2
Nachlassverzeichnis **J.II.1** 5; **J.III.2** 3, 6; **J.IX.2**
- Aufstellung **J.IX.4**
- Eidesstattliche Versicherung **J.III.2** 15
- Ergänzung/-sanspruch **J.III.2** 14
- Erstellung durch Testamentsvollstrecker **J.IX.4** 1
- Hinzuziehung des Auskunftsberechtigten **J.III.2** 12
- Kosten notarielles **J.III.3** 11
- notarielles Verzeichnis **J.III.3**
- Pflichtteilsberechtigte **J.III.3** 3
Nachlasswert
- Erbschein **J.V.1** 1
Nachlasszeugnis, europäisches **A.VI** 6; **J.V.9**
- Funktion **J.V.9** 1
- grenzüberschreitender Bezug **J.V.9** 3
- Verhältnis zu Erbschein **J.V.9** 1
- Verhältnis zu nationalen Nachweisen **J.V.9** 2
Nachrangprinzip, sozialhilferechtliches
- Behindertentestament **F.I.1** 5
Nachtragsverteilung
- Erb-/Pflichtteil **F.II.1** 3, 5
- Wegfall der Beschränkung mit Wegfall der Verschuldung **F.II.4** 1
Nachvermächtnis **A.II.5** f; **C.II.2** 1; **C.V.1** 8; **J.VIII.3** 2; **J.VIII.4** 2
- Behindertentestament **F.I.3** 7
- Sicherung Vermächtnisnehmer **J.VIII.4** 4
- steuerliche Behandlung **J.VIII.4** 7
- Unternehmensbeteiligung **G.VII.4** 3
- Vermächtniserfüllung **J.VIII.4** 3
Nachvermächtnisnehmer **C.V.1** 8
Nachweise
- bei Auskunftsanspruch Pflichtteil **J.III.2** 13
Name
- Stiftung **H.III.1** 2
- unselbständige Stiftung **H.III.3** 2
Namensaktien
- Anteile Kapitalgesellschaft **G.VII.1** 5
- erbrechtliche Übertragung **G.V.3** 2
nasciturus
- Erbschaftsausschlagung für **J.IV.4** 3
Nennbetrag
- Erbauseinandersetzung **J.VI.2** 1
- Geschäftsanteil bei Teilung **G.VI.1** 5; **G.VII.1** 3
Neue Rheinische Tabelle **C.VII.1** e, e) bb) (1) (d)
Neugründung
- Haftung **G.III.2** 3
Neuseeland
- Nachlassspaltung **K.VII.2**
Nichtbeachtung, einvernehmliche
- Auseinandersetzungsverbot **J.IX.5**
Nichterbe, pflichtteilsberechtigter
- Auskunftsanspruch gegen Beschenkten **J.III.4**
- Auskunftsanspruch gegen Erben **J.III.2**
Nichtigkeit
- Heimgesetz **A.II.4** b
- Vertrag über künftigen Erbteil **I.VII.1** a
Niederlande **K.XIX.7**
- Auslandsanerkennung deutscher Erbschein **J.V.8** 11
- Nachlasseinheit **K.VII.1** 2
- Rechtswahl **K.VIII.2** 2
Niedersachsen
- Anerkennung Stiftung **H.IV** 1
- Kapitalisierungsfaktor Landgut **G.X.2** 4
- Stiftungsgesetz **H.I**
Niedersches Testament
- steuerliche Behandlung **C.I.8** 10

Niederschrift
- Doppelbehinderung **B.III.4** 5
- eigenhändiges Testament **B.II** 1 1
- Erbvertrag **B.IV**
- Genehmigung **B.II.1** 8
- notarielles Testament durch Übergabe einer Schrift **B.II.3** 1
- Sprachunkundigkeit **B.II.2** 1
- Testament **B.I.1** 6
- Vorlage zur Durchsicht **B.III.4** 5

Nießbrauch C.V.8 4; **E.I.4** 7
- Abgrenzung **E.II.11** 2
- Alternativen **I.III.11** 3
- an Gesellschaftsanteil **G.II.8** 2
- an GmbH-Anteil **G.VI.6** 4
- Arten **G.III.4** 1
- bei ehebedingter Zuwendung **I.I.2** 6
- bei Thesaurierung **G.VI.6** 4
- Dauer **E.I.4** 10
- Erlöschen **I.III.11** 13
- gesellschaftsvertragliche Zulassung **G.II.8**
- Grunderwerbsteuer **G.III.4** 10
- Handelsregistereintragung bei Personengesellschaft **G.III.4** 2
- Kapitalgesellschaftsanteil **G.III.4** 3
- Personengesellschaftsanteil **G.III.4** 1
- Personengesellschaftsbeteiligung **G.VIII.1** 3
- Pfändbarkeit **F.II.1** 5; **I.III.11** 8
- Rechte bei Ertragsnießbrauch **G.III.4** 4
- steuerliche Behandlung **A.IV** 5d
- steuerliche Behandlung bei Gesellschaftsanteil **G.III.5** 10
- steuerliche Folgen **G.III.4** 10
- Vollrechtsnießbrauch Gesellschaftsanteil **G.III.4** 1
- Vorbehaltsnießbrauch **I.III.1** 7
- Zuwendungsnießbrauch **G.III.4** 1

Nießbraucher
- Geschäftsführungsbefugnis **G.II.8** 4; **G.III.4** 6
- Kontroll-/Informationsrechte **G.II.8** 5; **G.III.4** 7
- Mitwirkungsrechte **G.III.4** 4
- Rechte bei Ertragsnießbrauch **G.III.4** 4
- Stimmrecht bei **G.II.8** 3; **G.III.4** 6
- Testamentsvollstrecker **C.VII.1** a

Nießbrauchsrente
- Bewertung **A.IV** 4 c

Nießbrauchsvermächtnis C.V.8
- Entfall des Vermächtnisses **C.V.8** 6
- Erfüllung **J.VIII.2** 2
- Grundbucheintragung **C.V.8** 7
- Kosten **C.V.8** 11
- Löschungserleichterung **C.V.8** 7
- Nießbrauch **C.V.8** 4
- Nutzungen **J.VIII.2** 4
- Nutzungsrecht **C.V.8** 7
- steuerliche Behandlung **C.V.8** 10

Nießbrauchsvorbehalt I.III.11; I.III.12
- 10-Jahresfrist **I.III.11** 5
- Alternativen **I.III.11** 3
- Aufwendungs-/Verwendungsersatz **I.III.11** 11
- Beschränkung der Höchstpersönlichkeit eines Rückabwicklungsvorbehalts **I.III.11** 4
- Bewertung **G.III.4** 10
- Entstehung des Nießbrauchs **I.III.11** 6
- erbschaftsteuerliche Behandlung **G.III.4** 10
- Erhaltungsaufwand **I.III.11** 9
- ertragsteuerliche Behandlung **G.III.4** 10
- Gegenleistung **I.III.11** 2; **I.III.12** 2
- Gewerbesteuer **G.III.4** 10
- Grunderwerbsteuer **G.III.4** 10
- Instandhaltungsaufwand **I.III.11** 2; **I.III.12** 2
- Kosten **I.III.11** 14
- Lasten **I.III.11** 9
- Minderung Pflichtteilsergänzung **I.III.11** 7
- Notbedarf **I.III.11** 5
- Nutzungen **I.III.11** 9
- Rückabwicklung **I.III.11** 2; **I.III.12** 2
- Schenkung Gesellschaftsanteil unter **G.III.4**
- steuerliche Behandlung bei Personengesellschaft **G.III.4** 10
- Überlassungsrecht **I.III.11** 8
- Unterhaltungsmaßnahmen **I.III.11** 9
- Verkehrssicherungspflicht **I.III.11** 9
- Versicherungspflicht **I.III.11** 9

Nießbrauchsvorbehaltsklausel
- beschenktenfreundliche **I.III.11**
- Form **I.III.11** 12
- Leibgeding **I.III.12** 1
- nießbraucherfreundliche **I.III.12**

Nießbrauchuntervermächtnis
- zugunsten Ehegatte **E.II.10**

Nordrhein-Westfalen
- Anerkennung Stiftung **H.IV** 1
- Geltungsbereich HöfeO **G.X.1** 1
- Kapitalisierungsfaktor Landgut **G.X.2** 4
- Stiftungsgesetz **H.I**
- Zuwendung nach heimrechtlichen Vorschriften **F.I.5** 6

Norwegen
- Auslandsanerkennung deutscher Erbschein **J.V.8** 11

Notar
- Anzeigepflicht erbschaftsteuerrelevanter Vorgänge **I.I.2** 14
- Erbvertragsverzeichnis **B.IV** 8
- Mitwirkungs-/Beurkundungsverbotverbot **B.II.1** 2
- Nachlassverzeichnis **J.IX.4** 2
- Sondervorschriften bei behinderten Personen **B.III**
- Testamentsvollstrecker **C.VII.1** a
- Übersetzung durch **B.II.2** 3

Notar, beurkundender
- als Testamentsvollstrecker **G.IX.1** 5

Notarkosten **A.V** 1
– bei Zuziehung **B.III.3** 4
– Beurkundung Schenkungsvertrag **G.III.3** 5
– Erbeinsetzung **C.I.2** 8
– Erbvertrag **B.IV** 9
– Hofübergabevertrag **G.X.6** 17
– Vor-/Nacherbfolge **C.II.1** 7
Notarvollmacht
– Vollzug Grundstücksschenkung **I.III.2** 31; **I.III.3** 19
Notbedarf
– Nießbrauchsvorbehalt **I.III.11** 5
– Schenkung **I.III.4** 5
Noterbrecht
– Belgien **K.XIX.2**
– Bosnien-Herzegowina **K.XIX.3**
– Dänemark **K.XIX.4**
– Frankreich **K.XIX.5**
– Fremdrechtserbschein **J.V.8**
– Italien **K.XIX.6**
– Niederlande **K.XIX.7**
– Polen **K.XIX.9**
– Portugal **K.XIX.10**
– Schweiz **K.XIX.11**
– Slowakei **K.XIX.12**
– Spanien **K.XIX.13**
– Tschechische Republik **K.XIX.14**
– Türkei **K.XIX.15**
– Vereinigtes Königreich **K.XIX.16**
Nottestament **B.I.1** 1, 11
– gemeinschaftliches **B.I.2** 2
Nutzungen
– Anspruch gegen Erbschaftsbesitzer **J.II.4** 8
– Bewertung **A.IV** 4c
– Ersatzanspruch bei Herausgabevermächtnis **C.II.2** 7
– Vermächtniserfüllung **J.VIII.2** 7
Nutzungen, wiederkehrende
– Besteuerung **A.IV** 5b
Nutzungsrecht
– Nießbrauch **C.V.8** 7
Nutzungsrechte, urheberrechtliche
– Datensicherung **L.III.2** 2
– Vermächtnisgegenstand **L.III.2** 2

OHG
– einfache Nachfolgeklausel **G.I.2** 2
– Erbfähigkeit **C.I.6** 3
– Fortsetzungsklausel **G.I.1** 2
– Haftung **G.III.2** 3
– Haftung bei Schenkung Gesellschaftsanteil **G.III.4**
– Haftung des eintretenden Nachfolgers **G.I.4** 5
– Übertragungsvertrag **G.III.1** 1
OHG-Anteil
– schenkweise Zuwendung **G.III.2** 1
Online-Daten
– Aktualisierung **L.IV.1** 4
– Aufbewahrungsfristen **L.IV.1** 3
– Löschungsauflage **L.IV.1**
– Löschungsauflage mit Sichtungsausschluss der Erben **L.IV.1** 6
– Löschungsauflage ohne Sichtungsausschluss der Erben **L.IV.1** 5
– Umsetzung der Löschungsauflage **L.IV.1** 2
Optionsklausel
– Personengesellschaft **G.I.3** 2
ordre public
– Deutsch-iranisches Niederlassungsabkommen **K.VI.3** 5
– Fremdrechtserbschein **J.V.8** 13
ordre-public-Vorbehalt
– EuErbVO **A.VI** 5
Organe
– Stiftung **H.III.1** 19
Ortsangabe
– Stiftungsgeschäft **H.II.5** 1
Österreich **K.XIX.8**
– Auslandsanerkennung deutscher Erbschein **J.V.8** 11
– Erbvertrag und gemeinschaftliches Testament mit Ehegatte aus **K.VIII.6**
– Nachlasseinheit **K.VII.1** 2
– Testierfähigkeit **K.V**

Partnerschaftsgesellschaft
– Nachfolgeklausel **G.I.11** 2
Passwortherausgabe
– Niederschrift **L.VI.2**
Passwort-Vorsorgeurkunde
– Abschriftsherausgabe inklusive Passwort **L.VI.2**
Patchwork-Familie **A.II.1** h
– Verfügungen von Ehegatten mit Kindern aus einer früheren Ehe **E.III.1**
patto di famiglia **K.XVIII**
– Italien **K.XIX.6**
Person, nahestehende
– Checkliste Pflichtteilsrecht in der Erbrechtsberatung **C.VI.1**
– nach dem Leben Trachten **C.VI.2** 2
– Unwirksamkeit der Zuwendung nach heimrechtlichen Vorschriften **F.I.5** 10
personal representatives
– Executor **K.XIII** 3
– Fremdrechtserbschein **J.V.8** b) aa)
– Vermächtnistestament (Kanada) **K.XVIII** 2
Personengesellschaft
– Beteiligung **G.VII.2** 3
– Bewertung **A.IV** 4c
– Dauertestamentsvollstreckung Gesellschaftsanteil **G.II.1** 2
– einfache Nachfolgeklausel **G.I.2** 2
– Einheits-GmbH **G.IV.5**
– Eintrittsklausel **G.I.4** 3; **G.I.5** 2

– ertragsteuerliche Behandlung bei Nießbrauchsvorbehalt **G.III.4** 10
– Fortsetzungsbeschluss **G.I.1** 4
– Fortsetzungsklausel **G.I.1** 2
– gesellschaftsvertragliche Abfindungsbeschränkung der ausscheidenden Erben **G.II.3**
– Haftung des eintretenden Nachfolgers **G.I.4** 4
– kombinierte Nachfolge-/Umwandlungsklausel **G.I.3** 2
– qualifizierte Nachfolgeklausel **G.I.4** 2
– rechtsgeschäftliche Nachfolgeklausel **G.I.6** 1
– Schenkung Gesellschaftsanteil **G.III.3** 1
– steuerliche Behandlung Abfindung Gesellschaftsanteil **G.II.3** 5
– steuerliche Behandlung Fortsetzungsklausel **G.I.1** 5
– steuerliche Behandlung Schenkung Gesellschaftsteil **G.III.2** 7
– Stiftung **H.III.4**
– stille Beteiligung **G.VIII.2** 4
– Übernahmeklausel **G.I.1** 2
Personengesellschaftsanteil
– Ersatzlösung **G.II.2** 2
– Schenkung an Minderjährigen **G.IV.9**
– Sonderrechtsnachfolge **G.VII.2** 3
– steuerliche Behandlung Nießbrauch **G.VIII.1** 5
– steuerliche Behandlung Schenkung **G.III.2** 5; **G.III.4** 10
– Steuerwert **G.II.3** 5
– Unterbeteiligung **G.III.8** 3
Personengesellschaftsanteil sa Unternehmensbeteiligung
Personensorge
– Trennung von Vermögenssorge **A.II.5** e
– Vormund **E.I.3** 8
Personenvereinigung
– Erbeinsetzung **C.I.6**
– Erbfähigkeit **C.I.6** 3
Pfandrecht
– Erbteilsverpfändung **J.VII.5** 4
Pfändung
– Anspruch auf Auseinandersetzung **C.VII.6** 2
– Erbteilsverpfändung **J.VII.5**
– Pflichtteilsanspruch **F.II.1** 2
– Rechtsfolgen **J.VII.5** 4
– Rückforderungsgründe **I.I.4** 2
Pfändungsschutz F.II.1 5
– Pflichtteilsbeschränkung **C.VI.3** 4
Pfandverkauf
– Auseinandersetzung **C.VII.3** 3
Pflegegeld I.III.16 5
Pflegeleistung
– Ausgleich bei Erbeinsetzung **A.II.5** c) ff)
– Bestimmungsberechtigt **C.VII.8** 3
– Erbausgleichung **I.III.16** 3
– Gegenleistung **I.III.16** 2
– Reallast **I.III.16** 6
Pfleger
– Erbschaftsausschlagung für Minderjährigen **J.IV.4** 2
– testamentarische Bestellung für Minderjährige **E.I.3** 7
Pflegerbestellung
– Kosten **C.I.7** 5
Pflegestufen
– Altenteil **G.X.6** 9
– Checkliste Lebzeitige Übertragung **I.III.1** 7
– Unmöglichkeit der Pflegeleistung **I.III.16** 4
Pflegeverpflichtung
– Hofübergabevertrag **G.X.6** 9
– lebzeitige Übertragung **I.III.1** 7
– steuerliche Behandlung **I.III.16** 7
– Unmöglichkeit **I.III.16** 4
Pflegeverpflichtungsklausel I.III.16
Pflichtteil A.II.1 d; **A.II.3** d
– 10-Jahresfrist dauernde Last **I.III.14** 3
– 10-Jahresfrist Leibrente **I.III.13** 3
– Abfindung **I.II.7** 7
– Änderungsmöglichkeit **D.II.4** 2
– Anfechtungsausschluss **C.VI.8**
– Anrechnung **G.IV.** 2; **C.VI.1**
– Anrechnung lebzeitiger Zuwendung **A.II.5** c) ff)
– Auskunftsanspruch des pflichtteilsberechtigten Nichterben gegen Beschenkten **J.III.4**
– Auskunftsanspruch des pflichtteilsberechtigten Nichterben gegen Erben **J.III.2**
– Ausschaltung der Pflichtteilsberechtigten des Vorerben **C.II.1** 1
– außergerichtliche Vereinbarung **J.III.7**
– automatische Pflichtteilsstrafklausel **C.VI.5** 2
– Behindertentestament **F.I.1** 3; **F.I.2**; **F.I.3**
– bei Einsetzung einer Stiftung als Erbe **H.II.1** 1
– bei Erbschaftsausschlagung **J.IV.3** 8
– bei Herausgabevermächtnis **C.II.2** 7
– bei Schenkung Gesellschaftsanteil **G.III.4** 8
– bei Schenkung unter Begründung einer stillen Gesellschaft **G.III.7** 2
– bei Übertragung Einzelunternehmen **G.III.1** 4
– Belgien **K.XIX.2**
– Beschränkung **C.VI.3**
– Bewertung Pflichtteilsanspruch **C.VI.1**
– Bezugsberechtigung Lebensversicherung **I.V.1** 6
– Bosnien-Herzegowina **K.XIX.3**
– cautela Socini **C.VI.10**
– Dänemark **K.XIX.4**
– Enterbung **E.II.8** 3
– Entzug **C.VI.2**
– Erbausgleichungsklausel **I.III.5**
– Erbschaftssteuer **J.IV.3** 10
– Erbschaftsteuer **C.VI.1**
– Ertragswertanordnung **C.VI.1**
– fakultative Strafklausel **C.VI.4**
– falsche Vorstellungen des Erblassers **A.II.3** a

– familienrechtliche Anordnung **C.VI.14**
– Form Verzichtsvertrag **I.II.6** 3
– Frankreich **K.XIX.5**
– gegenständlich beschränkter Pflichtteilsverzicht bezüglich Unternehmensbeteiligung **G.III.10**
– Geldanspruch **C.VI.1**
– Geltendmachung **C.VI.5** 2
– Geltendmachung nach Ausschlagung **C.VI.10** 1
– Geschäftswert **C.VI.1**
– gesellschaftsrechtliche Gestaltung **C.VI.1**
– gesetzlicher Güterstand **I.I.5** 4
– getrennt lebende Ehegatten **F.III.1** a
– großer **I.I.5** 4
– Grunderwerbsteuer **C.VI.1**
– Güterstandswechsel **C.VI.1**
– Insolvenzverfahren **F.II.1** 3
– Italien **K.XIX.6**
– Jastrow'sche Klausel **C.VI.6; C.VI.7**
– Kind, enterbtes **A.II.1** e
– kleiner **I.I.5** 4; **J.IV.8** 2
– Kosten **C.VI.1**
– Kürzungsrecht Vermächtniserfüllung **J.VIII.2** 4
– nacheheliche Unterhaltspflicht **F.III.2** 2
– Nachlassspaltung **C.VI.1**
– Nachtragsverteilung **F.II.1** 3
– Niederlande **K.XIX.7**
– Österreich **K.XIX.8**
– Pfändbarkeit **F.II.1** 5
– Polen **K.XIX.9**
– Portugal **K.XIX.10**
– Quotentheorie **C.VI.10** 2
– Regelung durch Testamentsvollstrecker **A.II.5** h
– Restschuldbefreiungsverfahren **F.II.1** 1
– Sachvermächtnis bei **C.V.2** 4
– Schiedsklausel **C.VIII** 2
– Schweiz **K.XIX.11**
– Slowakei **K.XIX.12**
– Spanien **K.XIX.13**
– steuerliche Behandlung **C.VI.1**
– steuerliche Behandlung bei Ausschlagung **C.VI.10** 8
– Strafklausel **C.VI.5**
– Stundungsbegehren des Alleinerben **J.III.6**
– Teilungsverbot bei **C.IV.2** 5
– Tschechische Republik **K.XIX.14**
– Türkei **K.XIX.15**
– Übergehen eines Pflichtteilsberechtigten **C.VI.8**
– Übertragung spätere Nachlassbeteiligung **I.VII.1** a
– Vereinigtes Königreich **K.XIX.16**
– Verjährungsvereinbarung **C.VI.1**
– Vermächtnis **E.III.2** 3; **E.III.3** 2; **E.III.4** 2; **E.III.6** 3
– Vermächtnis zur Verjährungsverlängerung **C.VI.13**
– Verteilung Pflichtteils-/Vermächtnislast **C.VI.9** 1
– Verzicht **E.II.7** 5; **I.II.6** 2
– Verzicht auf Rechte nach §§ 2306, 2305, 2307 **C.VI.11** 1
– Verzinsung bei Stundung **J.III.6** 5
– Vollmacht für Testamentsvollstrecker **C.VI.12** 1
– Vor-/Nacherbschaft **C.VI.1**
– Vorbehalt bei Erbverzicht **I.II.5**
– Werttheorie **C.VI.10** 2
– Zugriff Sozialhilfeträger auf Restpflichtteil **F.II.1** 5

Pflichtteil, kleiner
– Erbschaftsausschlagung zur Geltendmachung des **J.IV.8**
– Erbverzicht des Ehegatten unter Pflichtteilsvorbehalt **I.II.5** 4

Pflichtteilenstziehung C.VI.2; I.III.2 15
– Enterbung **C.III**
– Widerruflichkeit **A.III.1** a

Pflichtteilsanrechnung C.VI.1; G.III.4 8; **G.III.7** 2; **G.IV.1** 2; **I.I.3** 7
– bei gegenseitiger Erbeinsetzung und Einsetzung der Kinder als Schlusserben mit Ausgleichung einer lebzeitigen Schenkung an ein Kind **E.II.6** 1
– bei lebzeitiger Übertragung **I.III.5** 1
– bei Schenkung unter Begründung einer stillen Gesellschaft **G.III.7** 2
– Berechnung **I.III.5** 2
– Festlegung **I.III.5** 3
– Fortfall bei Rückabwicklung **I.III.5** 5
– Grundstücksschenkung **I.III.2** 28 f.; **I.III.3** 13 ff., 15
– lebzeitige Übertragung **I.III.1** 5
– Mietwohnungsschenkung **I.III.9** 9
– Verhältnis zu Erbausgleichsklausel **I.III.6** 4
– Verhältnis zu Zugewinnanrechnung **I.III.5** 4

Pflichtteilsanrechnungsklausel I.III.5
– Kosten **I.III.5** 7

Pflichtteilsanspruch
– Anrechnung ehebedingter Zuwendung **I.I.3** 3, 4, 7
– Behindertentestament **F.I.2** 3
– Checkliste **J.III.1**
– Erbrechtsberatung **C.VI.1**
– Pfändung **F.II.1** 2
– Pflichtteilsvermächtnis **E.III.3** 2
– Stundung **G.VI.6** 3; **I.II.14**
– Testamentsvollstreckung **A.II.5** h

Pflichtteilsberechnung
– bei Konfusion/Konsolidation **I.I.4** 3
– Erbausgleichsklausel **I.III.6** 3
– pflichtteilsberechtigter Nichterbe **J.III.2** 5
– Vermächtnis **J.VIII.2** 4

Pflichtteilsberechtigter
– Anfechtungsausschluss bei Übergehen des C.VI.8
– Annahme Vermächtnis C.V.2 5
– Auskunftsanspruch gegen Beschenkten J.III.4
– Auskunftsanspruch gegen Erben J.III.2
– Ausschlagung Vermächtnis C.V.2 5; C.VI.9 3
– Erbscheinsantrag J.V.1 9
– Interessenberücksichtigung bei Stundungsbegehren J.III.6 4
– Pflichtteilsbeschränkung A.III.1 a
– Pflichtteilsvereinbarung mit Erben J.III.7
– Vermächtnis C.VI.10 7
Pflichtteilsbeschränkung
– Bindung an frühere Verfügung A.III.1 a
– in guter Absicht C.VI.3
Pflichtteilsentziehung C.VI.2
– Abgrenzung zu Enterbung C.III 2
– Beweislast C.VI.2 1
– Checkliste Pflichtteilsansprüche J.III.1
– Ehegatte C.VI.2 7
– Eltern C.VI.2 7
– Formulierungsmuster C.VI.2
– Geschäftswert C.VI.2 9
– Grundstücksschenkung I.III.2 15
– körperlicher Angriff C.VI.2 1
– Kosten C.VI.2 9
– Missachtung Eltern-Kind-Verhältnis C.VI.2 3
– Pietätsverletzung C.VI.2 3
– Schulderfordernis C.VI.2 1
– steuerliche Behandlung C.VI.2 8
– Tötungsabsicht C.VI.2 2
– unsittlicher/ehrloser Lebenswandel C.VI.2 5
– Unterhaltspflichtverletzung C.VI.2 4
– Vermögensdelikt C.VI.2 3
– Vermutungen C.VI.2 6
Pflichtteilsergänzung
– Anspruch J.III.2 5
– Auskunftsanspruch des Miterben gegen Miterben J.III.5
– Ausstattung I.IV 1
– Behindertentestament F.I.3 9
– bei Einsetzung einer Stiftung als Erbe H.II.5 2
– bei Gütertrennungsvereinbarung I.I.6 3
– bei Schenkung Gesellschaftsanteil G.III.4 2
– bei Übertragung Einzelunternehmen G.III.1 8
– Beratung A.II.3 e
– Bezugsberechtigung Lebensversicherung I.V.1 6
– Checkliste J.III.1
– ehebedingte Zuwendung I.I.2 10
– gegenständlich beschränkter Pflichtteilsverzicht bezüglich Unternehmensbeteiligung G.III.10 1
– Gütergemeinschaftsvereinbarung I.I.7 7
– lebzeitige Übertragung I.III.1 5; I.III.2 6, 15
– lebzeitige Zuwendungen bei Behindertentestament F.I.2 9
– Minderung bei Nießbrauchsvorbehalt I.III.11 7
– Pflichtteilsverzicht I.II.6 2
– Strafklausel C.VI.5 2
– Verzichtsvertrag I.II.8 2
– Zuwendung, ehebedingte I.I.3 6
Pflichtteilsklausel A.II.1 e
– Ausgestaltung E.II.7 2, 3
– automatische Pflichtteilsstrafklausel C.VI.5 1
– bei gegenseitiger Erbeinsetzung und Einsetzung der einseitigen und der gemeinsamen Kinder zu Schlusserben E.III.2 2
– bei gegenseitiger Erbeinsetzung und Einsetzung der gemeinsamen Kinder als Schlusserben E.II.7 2
– Ersatzerbfolgeausschluss bei Ausschlagung C.VI.10
– Hoferbfolge G.X.4 6
– Sicherheit für Enterbungswirkung E.III.2 4
Pflichtteilsklausel sa Pflichtteilsstrafklausel
Pflichtteilslast
– Grundstücksvermächtnis J.VIII.2 4
– Pflichtteilsverzicht I.II.13 4
– Vermächtnis A.II.5 f; C.V.1 12; C.V.2 4
– Verteilung Pflichtteils-/Vermächtnislast C.VI.9 1
Pflichtteilsrecht A.II.3
– Auskunftsanspruch J.III.2
– Auskunftspflicht J.III.2 2, 5, 11
– Belegvorlage des Auskunftspflichtigen J.III.2 13
– Belgien K.XIX.2
– Beseitigung F.III.1 a
– Bestandsverzeichnis J.III.2 3, 4
– Bosnien-Herzegowina K.XIX.3
– Checkliste C.VI.1; J.III.1
– Dänemark K.XIX.4
– ehebedingte Zuwendung I.I.2 10
– Ehegattenerbvertrag C.II.6 7
– Ehegattenhof G.X.4 8
– Eltern I.I.1 4
– Ergänzung/-sanspruch Bestandsverzeichnis J.III.2 14
– familienrechtliche Anordnung C.VI.14
– Frankreich K.XIX.5
– gesetzlicher Güterstand I.I.5 4
– Gütergemeinschaftsvereinbarung I.I.7 4
– Gütertrennung I.I.5 4
– Hinzuziehung des Auskunftsberechtigten zu Verzeichniserstellung J.III.2 12
– Hoferbe G.X.3 10
– Italien K.XIX.6
– Kinder I.I.1 3
– Landwirtstestament G.X.1 2
– Nachlassverzeichnis J.III.2 3, 4
– Nachweise des Auskunftspflichtigen J.III.2 13
– Niederlande K.XIX.7
– Österreich K.XIX.8

– Polen **K.XIX.9**
– Portugal **K.XIX.10**
– Schenkung Gesellschaftsanteilen **G.III.3** 2
– Schweiz **K.XIX.11**
– Slowakei **K.XIX.12**
– Spanien **K.XIX.13**
– Tschechische Republik **K.XIX.14**
– Türkei **K.XIX.15**
– Umfang Auskunftsanspruch **J.III.2** 5
– USA **K.XII** 2
– Vereinigtes Königreich **K.XIX.16**
– Verzicht **I.II.6** 3
Pflichtteilsregelungsvertrag
– vorweggenommener **I.VII.1** a
Pflichtteilsrest
– Pflichtteilsverzicht **I.II.6** 2
Pflichtteilsrestanspruch
– Behindertentestament **F.I.3** 9
Pflichtteilsstrafklausel C.VI.1
– Abgrenzung zu Änderungsvorbehalt **C.VI.5** 5
– Abgrenzung zu Auskunftsanspruch **C.VI.5** 2
– Abschreckungseffekt **C.VI.5** 7, 9, 10
– Auslegung **C.VI.5** 6
– automatische **C.VI.5**
– Behindertentestament **F.I.2** 4
– bei Trennungslösung **C.VI.5** 7
– Bezeichnung **C.VI.5** 8
– einseitige Abkömmlinge **C.VI.5** 9, 10
– Erfüllung Pflichtteilsanspruch **C.VI.5** 3
– fakultative **C.VI.4**
– Geschäftswert **C.VI.5** 12
– Kosten **C.VI.10** 9
– Pflichtteilsergänzung **C.VI.5** 2
– Pflichtteilsverzichtsvertrag **I.II.7** 3
– Rechtsfolge **C.VI.5** 4
– Reflexwirkung **C.VI.5** 6
– Rückzahlung **C.VI.5** 6
– unterschiedliche Vermögensverteilung **C.VI.5** 9
Pflichtteilsvereinbarung J.III.7 10
– Kosten **J.III.7** 11
– Kostenregelung **J.III.7** 10
– Nachabfindung **J.III.7** 6
– nachträgliche Nachlassänderung **J.III.7** 6
Pflichtteilsvergleich J.III.7 1
Pflichtteilsverlangen
– auflösend bedingte Erbeinsetzung **C.I.3** 4
Pflichtteilsvermächtnis
– einseitiges Kind bei gegenseitiger Erbeinsetzung und Einsetzung der gemeinsamen Kinder zu Schlusserben **E.III.3** 2
Pflichtteilsverzicht I.II.6 2
– Abfindung **I.II.7** 6, 7
– Abfindung bei **G.III.10** 2
– Abfindung mit Leistungsversprechen (Vermächtnis) **I.II.12**
– auf Rechte nach §§ 2306, 2305, 2307 **C.VI.11** 1
– Auslandsbezug **K.XVII**
– Behindertentestament **F.I.1** 8
– bei ehevertraglicher Vorerbeneinsetzung **C.II.6** 4
– bei Sozialhilfebezug **F.II.1** 7
– Beurkundungskosten **F.III.1** e
– Bewertung Nachlassgegenstand **I.II.11**
– Checkliste **I.II.1**
– ehebedingte Zuwendung für **I.I.3** 6
– Ehegattenunterhalt **F.III.2** 2
– erbvertragliches Vermächtnis **I.II.13**
– gegenständlich beschränkter **C.VI.11** 2
– gegenständlich beschränkter P. bezüglich Unternehmensbeteiligung **G.III.10**
– gegenständliche Beschränkung **I.II.8** 2; **I.II.10** ; **I.II.11**
– Geltendmachung Pflichtteilsergänzung **I.II.8** 2
– Hofübergabevertrag **G.X.6** 10
– persönliche Beschränkung **I.II.13**
– Pflichtteilsergänzung **I.II.6** 2
– Pflichtteilsrest **I.II.6** 2
– Sozialleistungsbezieher **I.II.6** 4
– steuerliche Behandlung der Abfindung **G.III.10** 4
– teilweiser **I.II.10** 4, 5
– Vorversterben **C.VI.11** 4
– wechselseitiger **F.III.1** a
– zeitliche Beschränkung **I.II.14** 3
Pflichtteilsverzichtsvertrag I.II.6
– Abfindung **I.II.7**
– Anrechnung **I.II.10** 3
– Auslegung **I.II.6** 7
– Bedingung **I.II.6** 8; **I.II.7** 5, 6
– bei Betreuung **I.II.6** 9
– bei Erbeinsetzung einseitiger Kinder und Vermächtnis zugunsten des längerlebenden Ehegatten **E.III.6**
– Berliner Testament **I.II.7** 3
– Beurkundungskosten **G.III.10** 5
– Bewertung Nachlassgegenstand **I.II.11**
– Form **I.II.6** 3
– gegen Abfindung mit künftigem Leistungsversprechen **I.II.12**
– gegenständliche Beschränkung **I.II.10**; **I.II.11**
– Genehmigung Familien-/Betreuungsgericht **I.II.6** 9
– geschäftsunfähiger Erblasser **I.II.6** 9
– Geschäftswert **I.II.6** 11
– Kosten **I.II.6** 11
– persönliche Beschränkung **I.II.13**; **I.II.14** 3
– Pflichtteilsergänzung **I.II.8** 2
– Pflichtteilsstrafklausel **I.II.7** 3
– teilweiser Verzicht **I.II.10** 4, 5
– Unternehmensnachfolge **G.III.10** 1
– Vermächtnis erbvertragliches **I.II.13** 5
– Vertretung bei **I.II.6** 5

- Verzicht auf Wahlrecht gem. § 2306 Abs. 1 BGB **I.II.9**
- Wirkung **I.II.6** 6

Pflichtteilsvollmacht
- Kosten **C.VI.12** 3
- Testamentsvollstrecker **C.VI.12** 1
- Widerruf **C.VI.12** 2

Pflichtteilsvorbehalt
- Erbverzichtsvertrag auf gesetzliches Erbrecht **I.II.5**

Pietätsverletzung
- Pflichtteilsentziehung **C.VI.2** 3

Polen K.XIX.9
- Heimatrecht **K.VII.1** 3

Portugal K.XIX.10
- Auslandsanerkennung deutscher Erbschein **J.V.8** 11
- Nachlasseinheit **K.VII.1** 2
- Testierfähigkeit **K.V**
- Washingtoner UNIDROIT-Übeinkommen über ein einheitliches Recht der Form eines Internationalen Testaments **K.IV.1**

Präsentationsrecht
- Nachfolger **G.II.6** 2

Preisklausel
- Hoferbfolge **G.X.3** 6
- Wertsicherungsklausel **G.VI.4** 8

Preisklauselgesetz
- Wertsicherungsklausel **G.X.3** 6
- Zulässigkeit Wertsicherungsklausel **C.V.3** 4

Privatvermögen
- steuerliche Behandlung Realteilung **C.IV.3** 7

Problemkind A.II.1 g

Progressionsvorbehalt
- Erbschaftsteuer **A.IV** 4 i

Prozessstandschaft
- gesetzliche **J.II.1** 2

Quotentheorie F.I.2 5

Rangvorbehalt
- Altenteilsrecht **G.X.3** 7

Ratenzahlung
- Abfindung **G.II.5** 2
- Pflichtteilsanspruch **I.II.14** 2

Ratschlag
- Teilungsverbot **C.IV.2** 2

Reallast
- Form **I.III.13** 7
- Leibrente **I.III.13** 6
- Pflegerecht **I.III.16** 6
- Sicherung Rentenvermächtnis **C.V.4** 3

Realteilung
- steuerliche Behandlung bei Betriebsvermögen **C.IV.3** 7
- steuerliche Behandlung bei Mischnachlass **C.IV.3** 7
- steuerliche Behandlung bei Privatvermögen **C.IV.3** 7

Rechenschaftsanspruch J.II.3 6

Rechnungslegung
- Anspruch des Nacherben gegen Vorerben **J.II.2**
- Anspruch gegen Testamentsvollstrecker **J.II.6** 3
- Eidesstattliche Versicherung **J.II.2** 3; **J.II.3** 7
- Pflicht des Bevollmächtigter **J.II.3** 6
- Stiftung **H.III.5** 16
- Vor-/Nacherbschaft **J.II.2** 2

Rechtsbehelfe
- Testamentsvollstrecker **C.VII.2** 7

Rechtsform
- Stiftungssatzung **H.III.1** 3; **H.III.3** 2

Rechtsgeschäft unter Lebenden A.III.1 i
- Annahme als Vertreter ohne Vertretungsmacht **I.V.1** 4
- Anordnung Testamentsvollstreckung **C.VII.2** 1
- Bezugsberechtigung Lebensversicherung **I.V.1**
- Sparbuch auf fremden Namen **I.V.2**
- steuerliche Behandlung **I.V.1** 8
- Testament **D.II.7**

Rechtsmängelhaftung
- Erbteilsverkauf **J.VII.2** 10
- lebzeitige Übertragung **G.III.1** 5
- Vermächtniserfüllung **J.VIII.2** 6

Rechtsmissbrauch
- Fremdrechtserbschein **J.V.8** 14

Rechtsnachfolge
- Personengesellschaft **G.III.1** 1

Rechtsverhältnis, hinkendes K.II

Rechtswahl A.II.5 a; **J.V.9** 12a
- Auslandsbezug **A.II.8** c
- Deutsch-iranisches Niederlassungsabkommen **K.VI.3** 3
- EuErbVO **A.VI** 4; **J.V.1** 10; **K.VIII.3**
- gemeinschaftliches Testament mit Auslandsbezug **K.VIII.4** 4; **K.VIII.5** 3 f.
- Heimatrecht **K.VII.1** 4
- hinkendes Rechtsverhältnis **K.II**
- Hinweisvermerk **K.III.2**
- konkludente **J.V.8** 12
- nach ausländischem Recht **K.VIII.2** 2 f.
- nach deutschem Recht **K.VIII.1**

Rechtswahlmöglichkeit K.VII.4 2
- gemeinschaftliches Testament **K.VIII.5** 1
- Internationales Privatrecht **J.V.8** 2
- nach ausländischem Recht **K.VIII.2** 2

Reinertrag
- Kapitalisierungsfaktor **G.X.2** 4
- Landgut **G.X.2** 4

Rente
- Bewertung **A.IV** 4 c
- steuerliche Behandlung **A.IV** 5 b

Rentenvermächtnis **C.V.4** 3
– Pfändbarkeit **F.II.1** 5
– Unternehmertestament **G.VI.4** 8
Repräsentantenhaftung
– Stiftung **H.III.1** 12
Restschuldbefreiungsverfahren **F.II.1** 3
– Ausschlagung **F.II.2** 3
– verschuldeter Erbe im **F.II.4** 4
Rheinische Tabelle **C.VII.1** e, e) bb) (1) (b)
Rheinland-Pfalz
– Anerbengesetz **G.X.1** 2
– Anerkennung Stiftung **H.IV** 1
– Kapitalisierungsfaktor Landgut **G.X.2** 4
– Stiftungsgesetz **H.I**
Rückabtretung
– bei lebzeitiger Beteiligung eines Nachfolgers **G.III.2** 3
– bei Schenkung unter Begründung einer stillen Gesellschaft **G.III.7** 3
– Grundstücksschenkung **I.III.2** 12, 14
– Nießbrauchsvorbehalt **I.III.11** 2; **I.III.12** 2
Rückabwicklungsvollmacht
– Grundstücksschenkung **I.III.2** 26
Rückabwicklungsvorbehalt
– Ausstattung **I.IV** 5
– Beschränkung der Höchstpersönlichkeit **I.III.11** 4
– Grundstücksschenkung **I.III.3** 3
– lebzeitige Übertragung **I.III.1** 2
Rückauflassungsvormerkung
– bei Übertragung Einzelunternehmen **G.III.1** 6
– Grundstücksschenkung **I.III.3** 12
Rückforderung
– Ausstattung **I.IV** 1
– Befristung **I.I.4** 4
– Belastungen bei **I.I.4** 4
– ehebdingte Zuwendung **I.I.4**
– Erbschaftsteuer **A.IV** 5d
– Geldschenkung **I.III.4**
– Grundstücksschenkung **I.III.2**
– Grundstücksschenkung an Minderjährige **I.III.3**
– Hofübergabevertrag **G.X.6** 13
– Kosten **I.I.4** 7
– Kostentragung bei **I.I.4** 4
– Modalitäten **I.I.4** 4
– Pflichtteilsberechnung bei Konfusion/Konsolidation **I.I.4** 3
– Schenkung **I.III.4** 5
– Schenkung eines Gesellschaftsanteils **G.IV.7** 1
– steuerliche Behandlung **I.I.4** 6
– Verwendungen bei **I.I.4** 4
– Vorversterben des Erwerber **I.I.4** 3
– Zugewinn **I.I.4** 5
Rückgabe
– Erbvertrag aus notarieller Verwahrung **A.III.4**
– Testamentsvollstreckerzeugnis **J.II.6** 5
Rückgabe aus Verwahrung
– Erbvertrag **B.IV** 6
Rückgabe, freiwillige
– Erbschaftsteuer bei **A.IV** 5 d
Rückkaufswert **A.IV** 4 c
Rücklagen
– Stiftung **H.III.1** 17
– Stiftung, unselbständige **H.III.3** 6
Rückschenkung
– Erbschaftsteuer bei **A.IV** 5 d
Rücktritt
– Auflösende Bedingung **I.III.7** 7
– Bedingung, auflösende bei Schenkung **I.III.7** 7
– Erbvertrag **A.III.3** b
– Folgen **I.III.2** 22
– Wegfall der Bindung **A.III.1** c
– zweiseitigen Erbvertrag **D.II.6**
Rücktrittserklärung
– Formulierungsmuster **A.III.3** b
– zweiseitigen Erbvertrag **D.II.6** 1
Rücktrittsrecht
– Grundstücksschenkung **I.III.2** 13 ff.
Rücktrittsvorbehalt
– bei Pflichtteilsklausel **E.II.7** 6
– Erbscheinsantrag **J.V.1** 1
– Erbvertrag **A.II.6** b; **C.I.8** 5; **D.II.5**
– Erbvertrag nichtehelicher Lebensgemeinschaft **E.V**
– Übertragung, lebzeitige **I.III.1** 10
– zweiseitiger Erbvertrag **D.II.6**
Rückübertragung
– ehebedingte Zuwendung **I.I.2** 10
Rückverweisung **J.V.8** 8; **K.VII.7** 2
– Fremdrechtserbschein **J.V.8** 4
– hinkendes Rechtsverhältnis **K.II**
Rückzahlung
– Erbausgleichsklausel **I.III.6** 3
Rumänien
– Nachlassspaltung **K.VII.1** 2
– Rechtswahl **K.VIII.2** 2
Russische Föderation
– Deutsch-sowjetischer Konsularvertrag **K.VI.2** 3

Saarland
– Anerkennung Stiftung **H.IV** 1
– Kapitalisierungsfaktor Landgut **G.X.2** 4
– Stiftungsgesetz **H.I**
Sache, bewegliche
– Schenkung **I.III.7**
Sachmängelhaftung
– Erbteilsverkauf **J.VII.2** 10
– Grundstücksschenkung **I.III.2** 11
– Vermächtniserfüllung **J.VIII.2** 6
Sachsen
– Anerkennung Stiftung **H.IV** 1
– Kapitalisierungsfaktor Landgut **G.X.2** 4

– Stiftungsgesetz **H.I**
Sachsen-Anhalt
– Anerkennung Stiftung **H.IV** 1
– Kapitalisierungsfaktor Landgut **G.X.2** 4
– Stiftungsgesetz **H.I**
Sachverhaltsermittlung
– Grundstücksvermächtnis **C.V.6** 4
Sachvermächtnis C.V.2
– Anordnung **C.V.2** 1
– Ausschlagung **C.V.2** 4
– Fälligkeit **C.V.2** 3
– isoliertes **C.V.2** 7
– Kostentragung **C.V.2** 5
– Lebensgefährte **E.I.4** 11
– Pflichtteilsberechtigter **C.V.2** 4
– Pflichtteilslast **C.V.2** 1, 4
– steuerliche Behandlung **C.V.2** 9
– Testamentsvollstreckung **C.V.2** 1
– Vorausvermächtnis **C.V.2** 2
Salvatorische Klausel
– außergerichtliche Vereinbarung **J.III.7** 8
– Behindertentestament **F.I.2** 13
– bei Zuwendungen an Heimträger im Behindertentestament **F.I.5** 8
– gemeinschaftliches Testament **K.IX** 4
– Gesellschaftsverträge **H.III.1** 40; **H.III.2** 23
Sammelerbschein J.V.1 6
Satzung
– gemeinnützige Zwecke **H.III.1**
– Stiftungsgeschäft **H.II.1**
Satzungsänderung
– Beurkundungskosten **G.I.7** 6
– Geschäftswert **G.I.7** 6
– Stiftung **H.III.1** 35; **H.III.6** 10
– Stiftung, unselbständige **H.III.3** 15
Schaukelmodell
– Zugewinnausgleich **I.I.6** 3
Scheidung
– Anrechnung ehebedingter Zuwendung **I.I.3** 8
– Auswirkung auf Bezugsberechtigung Lebensversicherung **F.III.1** c
– Auswirkung auf Erbvertrag getrennt lebender Ehegatten **F.III.3** 5
– Auswirkung auf frühere Verfügung von Todes wegen **F.III.1** b
– Auswirkung auf frühere Verträge zugunsten Dritter **F.III.1** c
– ehebedingte Zuwendung **I.I.2** 4
– Erb- und Pflichtteilsrecht **F.III.1** a
– steuerrechtliche Auswirkungen **F.III.1** d
– Wegfall der Bindung **A.III.1** b
Scheidungsantrag
– gemeinschaftliches Testament **D.I.2** 4
– Grundstücksschenkung **I.III.2** 16
Scheidungsfolgenvereinbarung F.III.2
– Erb- und Pflichtteilsrecht **K.XVII** 1
– Erbverzicht und Unterhalt **F.III.2** 2 f.
– Pflichtteilsverzicht und Unterhalt **F.III.2** 2
Scheidungsklausel
– gemeinschaftliches Testament **D.I.2** 4
– Grundstücksschenkung **I.III.2** 15
– Grundstücksschenkung an Minderjährige **I.III.3** 4
Scheidungsvereinbarung
– Erb- und Pflichtteilsverzicht **F.III.1** a; **K.XVII** 1
– erbrechtliche Regelung **F.III.2**
Scheidungsverfahren
– Angabe zur Anhängigkeit im Erbscheinsantrag **J.V.2** 4
Schenkung
– Abgrenzung zu Ausstattung **I.IV** 1
– an ein Kind **E.II.6**
– Anrechnungsklausel **I.III.5**
– Auskunftsanspruch bei Pflichtteil **J.III.2**
– beeinträchtigende **I.I.2** 11
– bei Vor-/Nacherbfolge **C.II.4** 1
– bewegliche Sache **I.III.7**
– Bezugsberechtigung Lebensversicherung **I.V.1**
– Einräumung Kommanditbeteiligung **G.III.2** 1
– Einzelunternehmen **G.III.1** 1
– Erbteilsüberlassung **J.VII.4**
– Geldschenkung **I.III.4**
– Gesellschaftsanteil mit Versorgungsleistung **G.III.4**
– Gesellschaftsanteil unter Nießbrauchsvorbehalt **G.III.4**
– Gesellschaftsteile **G.III.3**
– Grundstücksschenkung **I.III.2**
– Grundstücksschenkung an Minderjährige **I.III.3**
– Gütergemeinschaftsvereinbarung als **I.I.7** 3
– implizierte **G.IV.1**
– lebzeitige Übertragung **I.III.1** 1
– Leibrente **I.III.13** 2
– mittelbare **I.III.8** 1
– Personengesellschaftsanteil an einen Minderjährigen **G.IV.9**
– Pflichtteilsergänzungsanspruch **A.II.4** e
– Rückforderungsrecht **G.IV.7**
– Schenkungsversprechen von Todes wegen **I.VI**
– Sparbuch auf fremden Namen **I.V.2**
– steuerliche Anzeigepflicht **I.I.2** 14
– steuerliche Behandlung **G.IV.1** 3
– unter Begründung einer stillen Gesellschaft **G.III.7**
– unter Begründung Untergesellschaft **G.III.8**
– Vorkaufsrecht Erbanteil bei **J.VII.3**
– Wohnungseigentum **I.III.9**
Schenkung an Dritte
– Auskunftsanspruch bei Pflichtteil **J.III.2** 6
Schenkung auf den Todesfall
– Auskunftsanspruch bei Pflichtteil **J.III.2** 8

Schenkung unter Auflage
– Stiftung, unselbständige **H.III.3** 1
Schenkung von Todes wegen I.VI
– letztwillige Verfügung **K.IV.1**
Schenkung, gemischte
– Auskunftsanspruch bei Pflichtteil **J.III.2** 9
– beeinträchtigende **I.I.2** 11
– Erbschaftsteuer **A.IV** 5f
– Leibrente **I.III.13** 9
– Vorkaufsrecht Erbanteil bei **J.VII.3** 5
Schenkung, lebzeitige
– an Kind **A.II.1** e
– behindertes Kind **A.II.1** e
Schenkungsangebot
– Annahme **I.V.1** 4
Schenkungssteuer
– Grundstück **I.III.2** 32
Schenkungssteuer sa Erbschaftsteuer
Schenkungsversprechen
– Beurkundung **I.III.4** 2
– durch Testamentsvollstrecker **C.VII.3** 5
Schenkungsversprechen von Todes wegen I.VI
– aufschiebende/auflösende Bedingung **I.VI** 4
– Form **I.VI** 2
– Kosten **I.VI** 9
– Schenkungsvollzug **I.VI** 3
– steuerliche Behandlung **I.VI** 8
– Überlebensbedingung **I.VI** 4
– Vorversterben **I.VI** 4
Schenkungsvertrag
– Annahme als Vertreter ohne Vertretungsmacht **I.V.1** 4
– Begründung stiller Gesellschaft **G.III.7** 1
– Verfügungsunterlassungsvertrag **D.II.7** 4
Schiedachterklausel
– Begriff **C.VIII** 3
– erbvertragliche Bindung **C.VIII** 3
Schiedsgutachten
– Rechtskraft **C.VIII** 3
Schiedsklausel
– Begriff **C.VIII** 3
Schiedsklausel, letztwillige C.VIII
– Checkliste **C.VIII**
– Form **C.VIII** 5
– inhaltliche Grenzen **C.VIII** 2
– Schiedsrichter **C.VIII** 6
Schiedsrichter C.VIII 6
Schleswig-Holstein
– Anerkennung Stiftung **H.IV** 1
– Kapitalisierungsfaktor Landgut **G.X.2** 4
– Stiftungsgesetz **H.I**
Schlusserben A.II.5 c) bb); **D.I.2; D.I.4; D.II.1; D.II.5; E.III.5; E.IV.1**
– einseitiges Kind **E.III.2**
– gemeinsame Kinder **E.II.1; E.II.2; E.II.3; E.II.4; E.II.5; E.II.6; E.II.7; E.II.8; E.II.9; E.II.10; E.II.12; E.III.2; E.III.3; E.III.4**
– Zuwendungsverzichtsvertrag **C.I.8** 8
Schlusserbeneinsetzung A.II.5 b, c) bb); **C.I.8**
Schlusserbfolge
– Behindertentestament **F.I.2** 8
Schreibbehinderung
– Verfügung von Todes wegen **B.III.1**
Schreibunfähigkeit B.III.2 1; **B.III.3** 3
Schreibzeuge B.III.1; B.III.4 3
– Zuziehung **B.III.2** 2, 3
Schrift
– Testament durch Übergabe einer **B.II.3** 1, 4
– Verfügung von Todes wegen **B.III.1**
Schriftunkundigkeit
– Verfügung von Todes wegen **B.III.1**
Schuldbefreiungsvermächtnis C.V.5 1, 3
Schuldübernahme
– erbschaftsteuerliche Behandlung **I.III.15** 5
– ertragsteuerliche Behandlung **I.III.15** 5
– Gegenleistung **I.III.15** 2
– Hofübergabevertrag **G.X.6** 8
– Klausel **I.III.15** 1
– lebzeitige Übertragung **I.III.1** 7
– Vermächtniserfüllung **J.VIII.2** 7
– Zwangsvollstreckungsunterwerfung **I.III.15** 3
Schuldübernahme, befreiende
– bei Übertragung Einzelunternehmen **G.III.1** 5
Schuldübernahmeklausel I.III.15
Schweden
– Auslandsanerkennung deutscher Erbschein **J.V.8** 11
– Nachlasseinheit **K.VII.1** 2
– Testierfähigkeit **K.V**
Schweiz K.XIX.11
– Auslandsanerkennung deutscher Erbschein **J.V.8** 11
– Nachlasseinheit **K.VII.1** 2
– transmortale Vollmacht **K.XVI** 3
Seetestament B.I.1 1, 11
Sehbehinderter
– Testament **B.I.1** 6
Sehbehinderung B.III.3 1
– Verfügung von Todes wegen **B.III.1**
Selbstkontrahieren
– Testamentsvollstrecker **C.VII.1** c; **C.VII.3** 6
– Vollmacht **C.VII.1** c
Selbstlosigkeit
– Stiftung **H.III.1** 8
Self-proved will K.IV.3
– attestation clause **K.IV.3**
Sicherheiten
– Enterbungswirkung Pflichtteilsklausel **E.III.2** 4
Sicherheitsleistung
– Rentenvermächtnis **C.V.4** 3, 5
– Stundung **J.III.6** 5
– Testamentsvollstrecker **C.VII.2** 7
Sicherung G.VI.5 4; **I.III.2** 1; **J.VII.2; J.VII.3; J.VIII.4** 4 f.
– Abschichtung **J.VI.7** 7

– Erbauseinandersetzung **J.VI.2** 5
– lebzeitige Übertragung **I.III.1**
– Vermächtnisanwartschaft **C.II.2** 5
– Zuwendung nicht pfändbarer Vermächtniss **F.II.1** 1
Sich-gewähren-lassen
– Unwirksamkeit der Zuwendung nach heimrechtlichen Vorschriften **F.I.5** 6
Singapur
– Nachlassspaltung **K.VII.1** 2
Sittenwidrigkeit
– Behindertentestament **F.I.1** 5
– Testierfreiheit **A.II.4** a
Sitz
– Stiftung **H.III.1** 4
– unselbstständige Stiftung **H.III.3** 2
Slowakei K.XIX.12
– Auslandsanerkennung deutscher Erbschein **J.V.8** 11
– Nachlasseinheit **K.VII.1** 2
Slowenien
– Nachlasseinheit **K.VII.1** 2
– Washingtoner UNIDROIT-Übeinkommen über ein einheitliches Recht der Form eines Internationalen Testaments **K.IV.1**
Sofortversteuerung A.IV 5b
Sonderbetriebsvermögen
– Nachfolgeklausel **G.I.2** 4
– Nachfolgeklausel, qualifizierte **G.I.4** 6
Sondererbfolge
– Höfeordnung **G.X.1** 6
– Vererbung GmbH & Co. KG **G.V.2** 2
Sondergut
– Gütergemeinschaft **I.I.7** 2
Sonderrechtsnachfolge
– Personengesellschaftsbeteiligung **G.VII.2** 3
– Wirkung Teilungsverbot **C.IV.1** 10; **C.IV.2** 5
– Zuwendung einer Unterbeteiligung **G.VIII.3** 2
Sowjetunion (Nachfolgestaaten)
– Auslandsbezug **A.II.8** c
Soziale Netzwerke
– Gedenkzustand **L.IV.2** 2
– Gedenkzustand oder Löschung **L.IV.2** 3
Sozialhilfe
– Behindertentestament **F.I.1**
– Pflichtteilsbeschränkung **C.VI.3** 2
Sozialhilferecht
– Behindertentestament **F.I.1**
Sozialleistungsbezieher
– Erbschaftsausschlagung **J.IV.5** 5
– Pflichtteilsverzicht **I.II.6** 4
– Verfügung zugunsten Verschuldeten **F.II.3**
– Zuwendung nicht pfändbarer Vermächtniss **F.II.1**
Sozialrecht
– Bindung durch Erbschein/Auslegungsvertrag **J.V.6** 8
Spanien K.XIX.13
– Auslandsanerkennung deutscher Erbschein **J.V.8** 11
– interlokale Rechtsspaltung **K.VII.6** 2
– Nachlasseinheit **K.VII.1** 2
– Post- und transmortale Generalvollmacht **K.XVI** 2
– Rechtswahl **K.VIII.5** 3
Sparbuch
– gebundenes **I.V.2** 1
Sparbuch auf fremden Namen I.V.2 1 f.
– Kosten **I.V.2** 8
– steuerliche Behandlung **I.V.2** 7
Spenden H.III.1
– Abgrenzung zu Zustiftung **H.II.10** 3
Spendenabzug H.II.3 4; **H.III.7** 8
Spendenempfangsberechtigung H.III.7 8
Sprachbehinderung B.III.5 1
– und Hörbehinderung **B.III.6** 1
– Verfügung von Todes wegen **B.III.1**
Sprachunkundigkeit
– Beurkundung bei **B.II.2** 1
– Verfügung von Todes wegen **B.III.1**
Staatenlose K.VII.2
– EuErbVO **K.VII.2** 3
Staatsangehörigkeit
– Erbschein **J.V.9** 12a
Staatsangehörigkeit Auslandsbezug A.II.8 b
Staatsangehörigkeit, doppelte
– hinkendes Rechtsverhältnis **K.II**
Staatsvertrag
– Deutsch-sowjetischer Konsularvertrag **K.VI.2** 2
– Deutsch-türkischer Konsularvertrag **K.VI.1** 2
Stellvertretung
– bei Hofübergabevertrag **G.X.1** 11
– Erbauseinandersetzung **J.VI.1** 8
– Hofübergabevertrag **G.X.6** 2
Steuerbefreiung
– Erbschaftsteuer **A.IV** 4f
– Schenkung beweglicher Sachen **I.III.7** 6
Steuerberater
– Besteuerung der Testamentsvollstrecker-Vergütung **C.VII.1** e) bb) (2) (a) (aa)
– Testamentsvollstrecker **C.VII.1** a
Steuerbescheid
– Empfangsvollmacht **C.VII.2** 7
Steuererklärung
– Testamentsvollstrecker **C.VII.2** 7
Steuerfestsetzung
– Erbschaftsteuer **A.IV** 5
Steuerklassen
– Erbschaftsteuer **A.IV** 4h
Steuerpflicht, persönliche
– Erbschaftsteuer **A.IV** 2
Steuerpflicht, sachliche
– Erbschaftsteuer **A.IV** 1

Steuersatz
- Erbschaftsteuer **A.IV** 4i

Steuerschuldner
- Erbschaftsteuer **A.IV** 5

Steuervergünstigung
- unselbstständige Stiftung **H.III.3** 4

Steuerwert
- Personengesellschaftsanteil **G.II.3** 5

Stifter H.II.1 2
- Familienstiftung **H.III.2** 14
- Mitwirkung im Stiftungsvorstand **H.III.1** 20

Stiftung H.I
- Anerkennungsantrag **H.IV**
- Begriff **H.I**
- Doppelstiftung & Co. KG **H.III.6** 1
- Einsetzung als Ersatzerbin **H.II.8; H.II.9**
- Ertragsteuer bei Vermögenszuwendung **H.II.2** 5
- Europäische Stiftung **H.I**
- Familienstiftung **H.II.2; H.III.2** 2
- Gemeinnützigkeit **H.II.1; H.II.1** 4; **H.II.7; H.II.10; H.III.1**
- Grunderwerbsteuer **H.II.2** 5
- juristische Personen als Erben **C.I.6** 2
- kirchliche **H.I**
- kommunale **H.I**
- landesrechtliche Gesetze **H.I**
- Mischformen **H.I**
- nicht rechtsfähige **H.II.4**
- öffentlich-rechtliche **H.I**
- privatnützige **H.I**
- privatrechtliche **H.I**
- rechtsfähige **H.I; H.II.5**
- Satzungen **H.III**
- steuerliche Behandlung bei Errichtung durch Erben **H.II.1** 4
- steuerliche Behandlung der Vermögenszuwendung an **H.II.1** 4
- Stiftung & Co. KG **H.III.4**
- Stiftungsgeschäft **H.II.6**
- Umsatzsteuer bei Vermögenszuwendung **H.II.2** 5
- unselbstständige **C.V.11** 2; **H.III.3** 1
- unternehmenstragende **H.I**
- Verbrauchsstiftung **H.II.3; H.III.7**
- vorläufige Gemeinnützigkeit **H.II.1** 4
- Wegfall Gemeinnützigkeit **H.II.1** 4

Stiftung & Co. KG
- Gesellschaftsvertrag **H.III.4**
- Stiftungssatzung **H.III.4**

Stiftung, gemeinnützige
- Anerkennungsantrag **H.IV**
- Anerkennungsverfahren **H.II.1** 5
- Auflage zur Errichtung einer rechtsfähigen S. **H.II.7**
- Doppelstiftung & Co. KG **H.III.6** 2
- durch Vermächtnis **H.II.10**
- Errichtung unter Lebenden **H.II.1**
- Errichtung von Todes wegen **H.II.5**
- Form **H.II.1** 3
- Kosten bei Errichtung von Todes wegen **H.II.5** 9
- Satzung **H.III.1**
- steuerliche Behandlung bei Errichtung von Todes wegen **H.II.5** 8
- steuerliche Behandlung der Errichtung unter Lebenden **H.II.1** 4
- steuerliche Behandlung der Errichtung von Todes wegen durch Auflage **H.II.7** 6
- Verbrauchsstiftung **H.III.7**

Stiftung, unselbständige H.II.4; H.III.3
- durch Auflage **C.V.11** 2

Stiftungsanerkennung
- Antrag **H.IV**
- Antragsteller **H.IV** 2
- Gebühren **H.IV** 4
- Gemeinnützigkeit **H.IV** 5
- Kosten **H.IV** 8
- Verfahren **H.IV** 4
- Vertretungsbescheinigung **H.IV** 6
- Zuständigkeit **H.IV** 1

Stiftungsaufsicht H.III.1 33
- Familienstiftung **H.III.2** 16

Stiftungsbehörde
- Anerkennungsverfahren **H.II.1** 5; **H.II.2** 6

Stiftungsbeirat H.III.3

Stiftungsgeschäft H.II.1 1; **H.II.2** 2
- Auflage zur Errichtung eines rechtsfähigen **H.II.7** 2
- Erbvertrag **H.II.5** 1
- Familienstiftung **H.II.2**
- Form **H.II.1** 3
- gemeinschaftliches Testament **H.II.6** 4
- Inhalt **H.II.4** 4
- treuhänderische Stiftung **H.II.4**
- Verbrauchsstiftung **H.II.3**
- von Todes wegen **H.II.5** 1

Stiftungsmittel
- Erbauseinandersetzung **J.VI.2** 5

Stiftungsorgane H.III.1 16
- Familienstiftung **H.III.2** 8
- Haftung **H.III.1** 20; **H.III.3** 10
- unselbstständige **H.III.3**

Stiftungsrat H.III.1 30 ff.

Stiftungsrecht
- Gesetz zur Modernisierung **H.I**

Stiftungssatzung H.III; H.III.1 1
- Admassierung **H.III.1** 7
- Beirat/Stiftungsrat **H.III.1** 30
- Ergänzung **H.II.2** 3
- Familienstiftung **H.III.2** 2
- gemeinnützige Stiftung **H.III.1**
- Gemeinnützigkeit **H.III.1** 8
- Geschäftsjahr **H.III.1** 18
- Geschäftsordnungen **H.III.1** 28

– Haftung Stiftungsorgane **H.III.1** 20
– Name **H.III.1** 2
– Organe **H.III.1** 19
– Rechtsform **H.III.1** 3
– Rücklagen **H.III.1** 17
– Satzungsänderung **H.III.1** 34 f.
– Sitz **H.III.1** 4
– Stiftungszweck **H.III.1** 5
– Verbrauchsstiftung **H.III.7** 1
– Vorstand **H.III.1** 21
– Zustiftung **H.III.1** 14
Stiftungsvermögen H.III.1 11
– unselbstständige Stiftung **H.III.3** 5
– Verbrauchsstiftung **H.III.7** 7
Stiftungsvorstand H.III.1 21
– Anerkennungsantrag **H.IV** 4
– Ermessensstiftung **H.III.2** 7
– Geschäftsordnung **H.III.1** 28
– Vertretungsbescheinigung **H.IV** 4
Stiftungszweck H.I
– Anerkennungsverfahren **H.II.1** 5
– Familienstiftung **H.II.2** 3; **H.III.2** 2
– Stiftungssatzung **H.III.1** 5
– unselbstständige Stiftung **H.II.4; H.III.3** 15
– Verbrauchsstiftung **H.III.7** 5
Stille Gesellschaft G.VIII.2 3
– Begründung **G.II.7** 2; **G.III.7** 1
– ertragsteuerliche Behandlung **G.III.7** 4
– gesellschaftsvertragliche Zulassung/Begründung **G.II.7**
– Schenkung unter Begründung einer **G.III.7**
– steuerliche Behandlung **G.II.7** 3
– steuerliche Behandlung der unentgeltlichen Zuwendung **G.III.7** 4
Stille Gesellschaft, atypische s Atypische stille Gesellschaft
Stille Reserven
– Abfindung **G.II.3** 3
– Schenkung Nießbrauchsvorbehalt **G.III.4** 10
– Wertermittlung Unternehmensbeteiligung **G.III.8** 1
Stimmrecht
– abweichende **G.III.6** 2
– bei Nießbrauch **G.III.4** 6
– Doppelstiftung & Co. KG **H.III.6** 6
– Nießbraucher **G.II.8** 3
– Personengesellschaft **G.I.3** 1
Strafklausel G.VI.5 4
– Anwendungsbereich **G.VI.5** 9
– automatische Pflichtteilsstrafklausel **C.VI.5**
– fakultative Pflichtteilsstrafklausel **C.VI.4**
– Untauglichkeit **F.I.2** 4
Stückländerei
– steuerliche Behandlung **G.X.2** 6
Stückvermächtnis
– Grundstücksvermächtnis **J.VIII.3** 4 f.
– Vermächtniserfüllung **J.VIII.2** 6
Stummheit
– öffentliches Testament **B.III.5** 1
– Verfügung von Todes wegen **B.III.1**
Stundung J.III.6
– Abfindung **G.II.5** 2
– Pflichtteilsanspruch **G.VI.6** 3; **I.II.14** 2
– steuerliche Behandlung **G.II.5** 3
Stundungsbegehren Pflichtteil
– Angemessene Berücksichtigung der Interessen des Pflichtteilsberechtigten **J.III.6** 4
– Antrag des Alleinerben **J.III.6**
– Gebühren **J.III.6** 6
– Geschäftswert **J.III.6** 6
– Zuständigkeit **J.III.6** 1
Stuttgarter Modell
– anstelle Nießbrauchsvorbehalt **I.III.11** 3
Substanzwert
– Unternehmensbeteiligung **G.III.10** 1
Substitutionsverbot
– Testamentsvollstrecker **C.VII.1** a
Surrogation
– Anspruch gegen Erbschaftsbesitzer **J.II.4** 5

Tadschikistan
– Deutsch-sowjetischer Konsularvertrag **K.VI.2** 3
Taubheit
– öffentliches Testament **B.III.4** 1
– Verfügung von Todes wegen **B.III.1**
Taubstummheit
– öffentliches Testament **B.III.6** 1
– Verfügung von Todes wegen **B.III.1**
Teilerbauseinandersetzung
– Abfindung Erbteilsübertragung **J.VI.6** 4
– Abschichtung **J.VI.7**
– Ausgleichszahlung an Erbengemeinschaft **J.VI.4**
– Ausgleichszahlung an Miterben **J.VI.3**
– Erbengemeinschaft **J.VI.3** 2
– Erbteilsübertragung **J.VI.6**
– Form bei persönlicher **J.VI.6** 3
– gegenständliche **J.VI.3; J.VI.4; J.VI.5**
– mit späterer Berücksichtigung **J.VI.5**
– Nachlassgegenstand **J.VI.3** 3
– persönliche **J.VI.3** 2; **J.VI.6** 2; **J.VI.7**
– sachliche/gegenständliche **J.VI.3** 2
Teilerbschein J.V.1 6
– Europäisches Nachlasszeugnis (ENZ) **J.V.9** 6
– gemeinschaftlicher **J.V.1** 6
Teilgewinnabführungsvertrag
– stille Beteiligung **G.VIII.2** 4
Teilungsanordnung A.II.5 c) ee); **C.IV.3** 1; **C.VII.14**
– Abgrenzung zu Vorausvermächtnis **A.II.5** c) ee); **C.IV.1** 11; **C.IV.3** 4
– Anspruch **C.IV.3** 2
– Checkliste **C.IV.1**
– Drittbestimmung **G.VI.1** 15

– einvernehmliche Nichtbeachtung Auseinandersetzungsverbot **J.IX.5** 2
– Erbeinsetzung **C.I.3** 1
– Erfüllung **C.IV.3** 2
– Formulierungsmuster **A.II.5** c) ee); **C.IV.3**
– gegenseitige Erbeinsetzung und Einsetzung der gemeinsamen Kinder als Schlusserben **E.II.2** 2
– Kosten **C.IV.2** 7
– Kostentragung **C.IV.3** 6
– steuerliche Behandlung **C.IV.3** 7; **G.VI.1** 18
– Testamentsvollstreckung **C.VII.14** 2; **G.VI.1** 17
– Übernahmepflicht **C.IV.1** 13; **C.IV.3** 3
– Übernahmerecht **C.IV.3** 5
– Unternehmensbeteiligung **G.VII.5** 5
– Unternehmertestament **G.VI.1** 14
– wertverschiebende **A.II.5** c) ee); **C.VII.14** 2
– Widerruflichkeit **A.III.1** a
– zeitweiliger Ausschluss der Auseinandersetzung **C.VII.6**

Teilungsmodell
– Erbengemeinschaft **J.VI.1** 1

Teilungsverbot **C.IV.2** 1; **J.VI.1** 2
– Aufhebung **C.IV.2** 5
– Bindungswirkung **C.IV.2** 3
– Checkliste **C.IV.1**
– Dauer **C.IV.2** 4
– Ende vor Fristablauf **C.IV.2** 5
– Kosten **C.IV.2** 7
– Rechtsnatur **C.IV.2** 2
– Sonderrechtsnachfolger **C.IV.1** 10
– steuerliche Behandlung **C.IV.2** 6
– Testamentsvollstreckung **C.IV.2** 2
– zeitliches **C.IV.1** 9

Teilverzicht
– Erbverzichtsvertrag **I.II.4** 4
– Zuwendungsverzicht **I.II.16** 4

Testament
– Alleinstehender **E.I.2** 1
– Alleinstehender ohne Kinder (Formulierungsmuster) **E.I.2**
– Änderungsvorbehalt **A.III.1** d
– Angaben auf Testamentsumschlag **B.V** 2
– Anordnung Testamentsvollstreckung **C.VII.2** 1
– Aufhebung früherer Verfügung von Todes wegen **E.I.1** 3
– Auswirkung späterer Scheidung **F.III.1** b
– Behindertentestament **F.I.1**
– Behinderter **B.III.1**
– Belgien **K.XIX.2**
– Benachrichtigung des Zentralen Testamentsregisters **B.V** 3
– Berliner Testament **E.II.1**
– Beurkundungskosten **E.I.1** 8; **E.I.4** 14
– Bezeichnung Pflichtteilsstrafklausel **C.VI.5** 8
– Bezugnahme auf Schriftstücke **B.I.1** 6
– Blindenschrift **B.I.1** 6; **B.III.3** 1
– Bosnien-Herzegowina **K.XIX.3**
– Dänemark **K.XIX.4**
– Datum **B.I.1** 8
– Dreizeugentestament **K.IV.2**
– durch Übergabe einer Schrift **B.II.3**
– Eigenhändigkeit **B.I.1** 1, 6
– Einschaltungen, maschinelle **B.I.1** 6
– Einzeltestament **D.I.1** 4
– Erbeinsetzung Verein **E.I.2** 3
– Erbstatut **K.VIII.4**
– Errichtung fiduziarische Stiftung von Todes wegen **H.II.5** 1
– Errichtung gemeinnütziger Stiftung durch **H.II.6** 1
– Ferienimmobilie (England) **K.X; K.XI**
– Formen **B.I.1** 1, 2, 11
– Formulierungsmuster **B.I.1**
– Formverstoß **B.I.1** 3
– Frankreich **K.XIX.5**
– frühere Verfügung von Todes wegen **E.I.1** 2
– Gegenstandswert **E.I.1** 8; **E.I.4** 14
– gemeinschaftliches **B.I.2** 1; **D.I.2; D.I.3; D.I.4**
– gemeinschaftliches Testament mit Ersatzerbfolge **K.IX**
– Geschiedener **E.I.3** 1
– Geschiedener mit minderjährigen Kindern (Formulierungsmuster) **E.I.3**
– Grabpflege **E.I.2** 8
– Hinweis auf amtliche Verwahrung **D.I.1** 3
– Hinweise/Belehrungen **D.I.1**
– Höchstpersönlichkeit **B.I.1** 4
– Hoferbfolge und Altenteil für überlebenden Ehegatten **G.X.3**
– Italien **K.XIX.6**
– joint and mutual will (USA/Florida) **K.XIV**
– Kinder **A.II.1** e
– Kosten **B.I.1** 12
– Kosten der Beurkundung **D.I.1** 4
– Landwirt **G.X.2**
– last will and testament (USA) **K.XIII**
– Nachteile/Risiken **B.I.1** 10
– negatives **E.II.8** 2
– nichteheliche Lebensgemeinschaft **E.I.4**
– Niederlande **K.XIX.7**
– notarielles **B.II.1**
– Notarkosten **A.V** 1
– öffentliches **B.II.1** 1
– Ortsangabe **B.I.1** 8
– Österreich **K.XIX.8**
– österreichischer Ehegatte **K.VIII.6**
– Pflegerbestellung für Minderjährige **E.I.3** 7
– Pflichtteilsvollmacht **C.VI.12**
– Polen **K.XIX.9**
– Portugal **K.XIX.10**
– Rechtswahl bei gemeinschaftlichem **K.VIII.5**

– Rechtswahl nach EuErbVO **K.VIII.3**
– Sachvermächtnis **E.I.4** 11
– Schlusserbeneinsetzung **C.I.8** 4
– Schweiz **K.XIX.11**
– Self-proved will **K.IV.3**
– Slowakei **K.XIX.12**
– Spanien **K.XIX.13**
– steuerliche Behandlung **E.I.1** 9; **E.I.2** 13; **E.I.3** 11; **E.I.4** 15
– stilles **F.I.5** 7
– Testamentsvollstreckung **C.VII.1**
– Testierwille **B.I.1** 5
– Tschechische Republik **K.XIX.14**
– Türkei **K.XIX.15**
– Unternehmertestament **G.V**
– Unternehmertestament bei Mitarbeit des Ehegatten **G.V.5**
– Unternehmertestament Einzelkaufmann **G.V.7**
– Unternehmertestament zugunsten Dritter **G.V.6**
– Unternehmertestament zugunsten Ehegatte **G.V.3**
– Unternehmertestament zugunsten Ehegatte und Kind **G.V.4**
– Unternehmertestament zugunsten Kind **G.V.1** 1
– Unternehmertestament zugunsten mehrerer Kinder **G.V.2**
– Unterzeichnung **B.I.1** 7
– Unterzeichnung auf Umschlag **B.I.1** 7
– Vereinigtes Königreich **K.XIX.16**
– Vermächtnis **E.I.1** 5; **E.I.3** 9
– Vermächtnistestament (Kanada) **K.XV**
– Vermeidung hinkender Rechtsverhältnisse **K.II**
– Vermögenssorge für Minderjährige **E.I.3** 7
– Versorgung Haustier **E.I.2** 9
– Verwahrung **B.I.1** 9
– Verwitweter **E.I.1** 1
– Verwitweter mit erwachsenen Kindern (Formulierungsmuster) **E.I.1**
– Vor-/Nacherbfolge bei Geschiedenen **E.I.3** 3
– Vormundbenennung **C.I.7** 1; **E.I.3** 8
– Vormundschaft **E.I.3** 8
– Widerruf des Erblassers **A.III.3**
– Widerruf früherer Verfügung von Todes wegen **A.III.2**
– Widerrufstestament **A.III.3** a; **F.III.1** e
– Wirkung späteres auf früheres **A.III.2**
– zugunsten nichtehelichem Lebensgefährten **E.I.4**
– Zusätze Dritter **B.I.1** 6
– Zuziehung eines Dolmetscher **B.II.2**
– Zweizeugentestament **K.IV.2**

Testament, gemeinschaftliches B.I.2; D.I.1
– amtliche Verwahrung **B.I.2** 7; **D.I.2** 6
– Änderungsrecht **D.I.2** 3; **D.I.4**
– Änderungsvorbehalt **A.III.1** d
– Anfechtung **A.III.1** e
– Anfechtungsrecht **D.I.2** 5
– Anordnung Testamentsvollstreckung **C.VII.2** 1
– Antrag auf Erteilung eines Erbscheins **J.V.7**
– Aufhebungsvertrag **I.II.15**
– Auflage **C.V.11** 1
– Auflösung Ehe/Lebenspartnerschaft **A.III.1** b
– auschließlich wechselbezüglichen Verfügungen **D.I.2**
– Auslandsbezug **C.I.8** 2; **K.IX**
– Ausschlagung der gewillkürten Erbschaft bei Annahme als gesetzlicher Erbe **J.IV.6**
– Auswirkung späterer Scheidung **F.III.1** b
– beeinträchtigende Schenkung **I.I.2** 11
– Behindertentestament **F.I.2**
– Berliner Testament **E.II.1** 8
– Beurkundungskosten **D.I.2** 7
– Bindung **A.II.6** a; **D.I.2** 2
– Bindungswirkung **C.I.8** 4, 8
– Eigenhändigkeit **B.I.2** 1
– einseitige und wechselbezügliche Verfügungen **D.I.3**
– Erbschaftsausschlagung **J.IV.3** 2
– Errichtung Stiftung **H.II.6**
– EuErbVO **K.IX** 3
– Formulierungsmuster **B.I.1**
– gemeinschaftlicher Erbscheinsantrag **J.V.6**
– Gemeinschaftlichkeit **B.I.2** 4
– Kosten **B.I.2** 8; **C.I.8** 11
– Notarkosten **A.V** 1
– Österreich **K.VIII.6**
– Rechtswahl bei Auslandsbezug **K.VIII.4**; **K.VIII.5**
– Scheidungsklausel **D.I.2** 4
– steuerliche Behandlung **C.I.8** 10
– Stiftungsgeschäft **H.II.6**
– Stundung des Pflichtteils **I.II.14**
– Unternehmertestament bei Mitarbeit des Ehegatten im Unternehmen **G.V.5**
– Unwirksamkeit **D.I.2** 4
– Verfügung der Ehegatten zugunsten Heimträger **F.I.5**
– Verfügungen, wechselbezügliche **D.I.2**
– Vermächtnis **C.V.1** 1, 3
– Vermächtnislösung bei Behindertentestament **F.I.3**
– Verzicht auf Zuwendung aus **I.II.16**
– wechselbezügliche Verfügungen und beschränkter Änderungsvorbehalt **D.I.4**
– Widerruf **A.III.1** c; **C.I.8** 4
– Widerruf wechselbezüglicher Verfügung **A.III.3** a
– Zuwendungsverzichtsvertrag **C.I.8** 8

Testament, notarielles B.II.1
– Auslandsbezug **B.II.1** 6
– beglaubigte Abschrift **B.II.1** 9

– Beurkundungsverbot **B.II.1** 2
– Beweiskraft **B.II.1** 10
– blinder Erblasser **B.III.3** 1
– durch Übergabe einer Schrift **B.II.3** 1
– durch Übergabe einer Schrift und mündliche Erklärung **B.II.3** 7
– Formulierungsmuster **B.II.1**
– Genehmigung Niederschrift **B.II.1** 8
– hörbehinderter Erblasser **B.III.4** 1
– hörund sprachbehinderter Erblasser **B.III.6** 1
– Mitwirkungsverbote **B.II.1** 2
– schreibunfähiger Erblasser **B.III.2** 1
– sehbehinderter Erblasser **B.III.3** 1
– sprachbehinderter Erblasser **B.III.5** 1
– Sprachunkundigkeit **B.II.2** 1
– stummer Erblasser **B.III.5** 1
– tauber Erblasser **B.III.4** 1
– taubstummer Erblasser **B.III.6** 1
– Testierfähigkeit **B.II.1** 4
– Testierfreiheit **B.II.1** 7
– Unterzeichnung **B.II.1** 8
– Verschließung **B.II.1** 9
– Verwahrung, amtliche **B.II.1** 9
– Willen der Beteiligten **B.II.1** 3
– Zeugenzuziehung **B.II.1** 5
– Zuziehung Dolmetscher **B.II.2**

Testament, öffentliches
– beurkundender Notar als Testamentsvollstrecker **G.IX.1** 5

Testamentsauslegung
– Erbscheinsantrag **J.V.6** 1

Testamentserbe
– Ausgleichungspflicht **E.II.6** 2
– Beeinträchtigung **A.III.1** g

Testamentsgestaltung
– bei Auslandsbezug **A.II.8**
– internationale **K.II**

Testamentsumschlag
– Angaben auf **B.V** 2

Testamentsvollstrecker
– Alleinerbe **C.VII.1** a; **C.VII.2** 2
– als Schiedsrichter **C.VIII** 6
– als Treuhänder der Erben **G.II.2** 3
– Amtsinhaber **C.VII.1** a
– Anhörung Erben zu Auseinandersetzungsplan **J.IX.3** 5
– Annahme des Amtes zum **J.V.13**
– Antrag auf Befreiung von Erblasseranordnung **J.IX.4** 1
– Aufforderungsschreiben an Erbe zur Zustimmung **J.IX.6** 3
– Aufgaben **A.II.5** h
– Aufgabenbeschreibung **C.VII.3**
– Aufgabendelegation **C.VII.1** a
– Auflage **C.VII.15**
– Auseinandersetzung **C.VII.6**
– Auseinandersetzungsplan **J.VI.1** 6; **J.IX.3** 3
– Auseinandersetzungsvertrag **J.IX.5** 3
– Auseinandersetzungsvollstreckung **C.VII.3** 3
– Auskunftsanspruch gegen **J.II.6** 2
– Ausschluss **C.VII.1** a
– Auswahl **C.VII.1** a
– Auswahl der Person **A.II.5** h
– Befreiung **A.II.5** h
– Befugnisse im Fremdrechtserbschein **J.V.8** a) bb)
– Behindertentestament **F.I.2** 10
– Behörde **C.VII.1** a
– bei Minderjährigen **G.IX.1** 5
– Benennung Nachfolger **C.VII.7** 4
– Beschränkung **A.II.5** h; **C.VII.4** 1
– Bestimmung des **C.VII.2**
– Bestimmung durch Bedachten **C.VII.2** 6
– Bestimmung durch Erblasser **C.VII.2** 5
– Bestimmungsrecht Nachfolger **G.II.6** 3
– Beteiligung **J.VII.2** 9; **J.VIII.2** 9
– beurkundender Notar als **G.IX.1** 5
– Checkliste Nachlassverwaltung **J.IX.1**
– Dauer Verwaltungsvollstreckung **C.VII.5** 2
– Delegation der Bestimmung des **C.VII.2** 2
– Eigenernennung Dritter **C.VII.2** 2
– Eingehen von Verbindlichkeiten **C.VII.3** 5
– Empfangsvollmacht Steuerbescheid **C.VII.2** 7
– Erbauseinandersetzung **J.VI.1** 6
– Erblasserwille **C.VII.5** 3
– Erbschaftsteuererklärung **C.VII.2** 7
– Erbscheinsantrag **J.V.1**
– Ernennung **C.VII.2** 1
– Ernennung Ehegatten **E.II.10** 4; **E.II.11**; **E.II.12** 3
– Ernennung Kinder **E.II.9** 6
– Ersatzbenennung **C.VII.2** 3
– Ersatzregelung **C.VII.2** 5
– estate-planing **C.VII.8** 4
– Eurpoäisches Nachlasszeugnis **J.V.11**
– Familienangehörige **C.VII.1** a
– GbR **C.VII.1** a
– Gesellschafterrechte **G.IX.1** 6
– Haftung für Steuerschulden **C.VII.2** 7
– Handelsgesellschaft **C.VII.1** a
– Handhabungsvertrag mit Vertragserben **J.IX.7** 1
– Heimleiter/-mitarbeiter **C.VII.1** a
– Juristische Person **C.VII.1** a
– Kreditinstitut **C.VII.1** a
– Miterbe **C.VII.1** a
– Mit-Testamentsvollstrecker **C.VII.1** a; **C.VII.2** 4
– Mittestamentsvollstrecker **C.I.7** 2
– Nacherbe **C.VII.1** a
– Nacherbenvollstreckung **C.VII.10**
– Nacherbschaft **C.VII.11**
– Nachlassabwicklung **C.VII.7** 2
– Nachlassgericht/-richter **C.VII.1** a
– Nachlassverzeichnis **J.IX.2** 1
– nicht rechtsfähiger Verein **C.VII.1** a

– Notar **C.VII.1** a
– Pflegevergütungsvermächtnis **C.VII.8**
– Pflichtteilsregelung **A.II.5** h
– Pflichtteilsvollmacht **C.VI.12** 1
– Probleme der wirksamen Beratung **C.VII.13**
– Rechenschaftspflicht **J.II.6** 3
– Rechtsbehelfe **C.VII.2** 7
– Risiken bei Treuhandlösung **G.IX.2** 4
– Schenkungsversprechen durch **C.VII.3** 5
– Selbstkontrahieren **C.VII.1** c; **C.VII.3** 6
– Sicherheitsleistung, steuerrechtliche **C.VII.2** 7
– Steuerberater **C.VII.1** a
– Steuererklärung des Erblassers **C.VII.2** 7
– steuerliche Pflichten als Treuhänder **C.VII.2** 7
– steuerliche Rechte/Pflichten **C.VII.2** 7
– steuerliche Wahlrechte **C.VII.2** 7
– Steuern des Erblassers **C.VII.2** 7
– Steuern nach Erbfall **C.VII.2**
– steuerrechtliche Aufgaben **C.VII.2** 7
– Substitutionsverbot **C.VII.1** a
– Teilungsanordnung **C.VII.14**
– Testamentsvollstreckerzeugnis **J.V.11**; **J.V.14**
– Unternehmertestament **G.V.1** 6
– unwirksame Anordnung **C.VII.1** b
– Vereinbarungen/Wünsche der Erben **J.IX.3** 7
– Vergütung **A.II.5** h; **C.VII.1** e) bb)
– Vergütungsanspruch **C.VII.1** c
– Verwaltung des vermachten Gegenstandes **C.VII.7** 1
– Verwaltungsvollstreckung **C.VII.5** 1
– Vollmacht **C.VII.1** c; **J.II.3** 3
– Vor- und Nacherben **C.VII.12**
– Vor- und Nacherbschaft **C.VII.9**
– Vorerbe **C.VII.1** a
– Vormund **C.I.7** 2
– Vorschenkungen **C.VII.2** 7
– Wahl **G.IX.1** 5
– Widerrufbarkeit Vollmacht **C.VII.1** c
– Wirtschaftsprüfer **C.VII.1** a
– Zuteilung/Verwertung **C.VII.3** 4

Testamentsvollstreckervergütung **A.II.5** h; **C.VII.1** c, e) bb); **G.IX.1** 7; **G.IX.2** 5
– Abwicklungsvollstreckung **C.VII.1** e) bb) (1) (d)
– Angemessenheit **C.VII.1** e, e) bb) (1) (b)
– Auseinandersetzungsgebühr **C.VII.1** e) bb) (1) (b)
– Bestimmung durch Erblasser **C.VII.1** e) bb) (1) (f), h
– Betriebseinnahme **C.VII.1** e) bb) (2) (a)
– Dauertestamentsvollstreckung **F.I.2** 10
– Dauervollstreckung **C.VII.1** e) bb) (1) (d)
– Differenzierung, gegenständliche **C.VII.1** e) bb) (1) (a)
– Differenzierung, zeitliche **C.VII.1** e) bb) (1) (b)
– Differenzierungsgebot **C.VII.1** e) bb) (1) (a)
– DNotV-Empfehlung **C.VII.1** e) bb) (1) (d)
– Einkommensteuer **C.VII.1** e) bb) (2) (a)
– Einkünfte, gewerbliche **C.VII.1** e) bb) (2) (a)
– Erblasserwille **C.VII.1** e) bb) (1) (a)
– Erbschaftsteuer **C.VII.1** e) bb) (2) (a)
– Erkelskempersche Tabelle **C.VII.1** e) bb) (1) (d)
– Ermessens-/Beurteilungsspielraum **C.VII.1** e) bb) (1) (f)
– Erschwernisse, beteiligtenbezogene **C.VII.1** e) bb) (1) (d)
– Erschwernisse, nachlassbezogene **C.VII.1** e) bb) (1) (d)
– Fallgruppen **C.VII.1** d, e) bb) (1) (b)
– Gegenstandswert **C.VII.1** e) bb) (1) (a)
– Hilfskräfte **C.VII.1** e) bb) (1) (g)
– Kingelhöffersche Tabelle **C.VII.1** e) bb) (1) (c)
– Konstituierungsgebühr **C.VII.1** e) bb) (1) (b)
– mehrere Testamentsvollstrecker **C.VII.1** e (bb) (1) (i)
– Möhringsche Tabelle **C.VII.1** e) bb) (1) (c)
– Neue Rheinische Tabelle **C.VII.1** e, e) bb) (1) (d)
– Rheinische Tabelle **C.VII.1** e, e) bb) (1) (b)
– Sachvergütung **J.IX.6** 11
– Schuldnerbestimmung **C.VII.1** e) bb) (1) (h)
– steuerliche Abzugsfähigkeit **C.VII.1** e) bb) (2) (b)
– steuerliche Behandlung **C.VII.1** e) bb) (2)
– steuerliche Behandlung beim Erben **C.VII.1** e) bb) (2) (b)
– steuerliche Behandlung Erfolgshonorar **C.VII.1** e) bb) (2) (a)
– steuerliche Behandlung von Zuwendungen **C.VII.1** e) bb) (2) (a)
– Tarifermäßigung § 34 EStG **C.VII.1** e) bb) (2) (a)
– Teilungsplan **C.VII.1** e) bb) (1) (d)
– Umsatzsteuer **C.VII.1** e) bb) (2) (b)
– Vermächtnisvollstreckung **C.VII.1** e) bb) (1) (a)
– Vervielfältigungstheorie **C.VII.1** e) bb) (2) (a)
– Verwaltungsgebühr **C.VII.1** e) bb) (1) (b)
– Wertgebühr **C.VII.1** e) bb) (1) (a)
– Zeitaufwand **C.VII.1** e) bb) (1) (a)

Testamentsvollstreckerzeugnis **J.V**; **J.V.11**; **J.V.14**
– Rückgabe **J.II.6** 5
– Verhältnis zu Annahmezeugnis Testamentsvollstrecke **J.IX.2** 5, 6
– Verhältnis zu Europäischem Nachlasszeugnis (ENZ) **J.V.9**

Testamentsvollstreckung **C.V.6** 6 ff.; **H.II.6** 4
– Abwicklungsvollstreckung **A.II.5** h; **G.IX.2** 4
– an Erbteil **C.VII.4** 1; **C.VII.5** 1
– Anordnung **C.VII.2** 1

- Anordnung einer Vor- und Nacherbschaft mit Dauertestamentsvollstreckung **F.II.2**
- Antrag auf Befreiung von Erblasseranordnung **J.IX.4** 1
- Auflage **C.V.12** 1
- Auseinandersetzung **C.VII.3** 2, 3; **J.IX.5** 5
- Auseinandersetzungsplan **J.IX.3** 1
- Ausgestaltung **C.VII.3**
- Auskunftsanspruch gegen Testamentsvollstrecker **J.II.6** 2
- beaufsichtigende **C.VII.5** 3
- Beendigung **J.IX.**
- befreiter Vorerbe **C.VII.9** 4
- Behindertentestament **F.I.2** 10; **F.I.3** 10
- bei Ausschluss Auseinandersetzung **A.II.5** c) dd)
- bei Erbeninsolvenz **C.VII.1** d) bb)
- bei gegenseitiger Erbeinsetzung und Einsetzung der gemeinsamen Kinder als Schlusserben **E.II.3** 1
- bei Nachlassinsolvenz **C.VII.1** d) aa)
- bei Nachlassverwaltung **C.VII.1** d) aa)
- Beratung **A.II.5** h
- Beschränkung **C.VII.4** 1
- Bestimmungsvermächtnis **C.VII.8**
- Bewertung Grundbesitz **C.VII.14** 1
- Checkliste **A.II.5** h; **J.IX.1**
- Dauer **C.VII.5** 2
- Dauer-/Verwaltungsvollstreckung **G.IX.2** 4
- Dauertestamentsvollstreckung **A.II.5** h; **C.VII.12** 1; **E.II.5** 1
- Dauertestamentsvollstreckung Gesellschaftsanteil **G.II.1** 1
- Drittbestimmung Unternehmensnachfolger **G.VI.1**
- Einzelunternehmen **G.IX.2**
- Ende/Höchstdauer Verwaltungsvollstreckung **G.IX.1** 8
- Erbeinsetzung **C.I.3** 1
- Erblasserwille **C.VII.5** 3
- Erbscheinsantrag mit Beschränkung eines Erben **J.V.7**
- Erbvertrag mit Verfügung und beschränktem Änderungsvorbehalt **D.II.4**
- Ermächtigungstreuhand **G.IX.2** 4
- Ersatzbenennung Testamentsvollstrecker **C.VII.2** 3
- Geschiedenentestament **E.I.3** 6
- Gesellschaftsanteil Personengesellschaft **G.II.1** 2
- gesellschaftsvertragliche Zulassung von Ersatzlösungen **G.II.2** 2
- Grundlagen **C.VII.1**
- Hoferbfolge **G.X.1** 10
- Kapitalgesellschaftsanteil **G.II.1** 3
- Kommanditbeteiligung **G.II.1** 2; **G.IX.1**
- Komplementärbeteiligung **G.IX.2** 4
- Konstituierung des Nachlasses **C.VII.3** 2
- Kosten **C.I.7** 5; **C.II.7** 6; **C.VII.1** e) aa); **C.VII.2** 8
- Lebensgemeinschaft, nichteheliche **E.I.4** 13
- Minderjährige **C.I.7** 2
- nach Erbfall entstehende Steuern **C.VII.2** 7
- Nacherbe **C.VII.10** 1; **C.VII.11** 1
- Nacherbentestamentsvollstreckung **C.II.5** 6
- Nacherbenvollstreckung **A.II.5** h; **C.II.7** 3
- Nachlassregelung **J.IX.1**
- Nachlassverzeichnis **J.IX.2** 2
- Personengesellschaftsbeteiligung **G.IX.1** 4
- Pflichtteilsbeschränkung **C.VI.3** 4
- Pflichtteilsvollmacht für den Testamentsvollstrecker **C.VI.12**
- Probleme der wirksamen **C.VII.13**
- Rechenschaft **J.II.6** 3
- Sachvermächtnis **C.V.2** 1
- Schutz Vermächtnisnehmer durch **C.VII.7** 2, 3
- steuerliche Behandlung **C.II.7** 5; **G.II.1** 4
- Stiftung **H.II.5** 5
- Teilungsanordnung **C.VII.14**; **G.VI.1** 17
- Teilungsverbot **C.IV.2** 2
- Testamentsvollstreckervergütung **G.IX.1** 7
- Trennung Personen-/Vermögenssorge **A.II.5** e
- Treuhandlösung **G.IX.2** 4
- Unternehmensbeteiligung **G.IX.1** 4
- Unternehmertestament **G.V.1** 5; **G.V.5** 11
- unwirksame Testamentsvollstreckeranordnung **C.VII.1** b
- Vergütung Testamentsvollstrecker **C.VII.1** e) bb)
- Vermächtnis **A.II.5** f
- Vermächtniserfüllung **C.VII.7** 1, 4; **C.VII.8** 1
- Verwaltungstreuhand **G.IX.2** 4
- Verwaltungsvollstreckung **C.VII.5** 1
- Vollmachten **C.VII.1** c
- Vollmachtslösung **G.IX.2** 4
- Vollzug einer Auflage **C.VII.15** 1
- Vor-/Nacherbschaft **A.II.5** d) cc), h; **C.II.7** 1; **C.VII.9** 1; **C.VII.12** 1
- Vorausvermächtnis **C.IV.4** 4
- Vorvermächtnisnehmer **F.II.2** 4
- Wahl des Testamentsvollstreckers **G.IX.1** 5
- zeitweiliger Ausschluss der Auseinandersetzung **C.VII.6** 1
- Zuteilung/Verwertung **C.VII.3** 4

Testamentsvollstreckungsanordnung **C.VII.2** 1
- Eigenanordnung **C.VII.2** 2
- Formulierungsmuster **C.VII.2**

Testierfähigkeit
- Auslandsbezug **K.V**
- notarielles Testament **B.II.1** 4

Testierfreiheit **A.II.3** b; **A.III**
- Beratung **A.II.4** a
- Checkliste zur Prüfung **A.III.1**
- durch Zuwendungsverzicht **A.III.1** h
- Erblasser **A.II.1** b

– Erbvertrag **B.IV** 2
– frühere Verfügung von Todes wegen **E.I.1** 2
– Grenzen **A.II.4**
– Nichtigkeit **A.II.4** b
– notarielles Testament **B.II.1** 7
– Prüfung **A.III.1**
– Sittenwidrigkeit **A.II.4** a
– Unwirksamkeit **A.II.4** a
Testierunfähigkeit B.II.1 4; **B.III.1**
Testierwille
– Testament **B.I.1** 5
Thesaurierung
– bei Nießbrauch **G.VI.6** 4
Thüringen
– Anerkennung Stiftung **H.IV** 1
– Kapitalisierungsfaktor Landgut **G.X.2** 4
– Stiftungsgesetz **H.I**
Tierpflegeauflage C.V.12 3
– Geschäftswert **C.V.12** 5
– steuerliche Behandlung **C.V.12** 4
Tod
– Wegfall des Beschwerten **C.V.1** 5
Totaländerungsvorbehalt A.II.6 c
Tötung, versuchte
– Pflichtteilsentziehung bei **C.VI.2** 2
Tötungsabsicht
– Pflichtteilsentziehung bei **C.VI.2** 2
Tötungsvorbereitung
– Pflichtteilsentziehung bei **C.VI.2** 2
Trennung
– Auswirkung auf frühere Verfügung von Todes wegen **F.III.1** b
Trennungslösung
– Erbeinsetzung durch Ehegatten **C.I.8** 2
– Pflichtteilsstrafklausel bei **C.VI.5** 7
Treuhand
– Ermächtigungstreuhand **G.IX.2** 4
– unselbstständige Stiftung **H.III.3** 1
– Verwaltungstreuhand **G.IX.2** 4
Treuhandlösung G.IX.2 4
– gesellschaftsvertragliche Zulassung Testamentsvollstreckung **G.II.2** 3
– Testamentsvollstreckung Einzelunternehmen **G.IX.2** 1
trust K.XVIII
trustee
– Europäisches Nachlasszeugnis (ENZ) **J.V.11** 2
– Fremdrechtserbschein **J.V.8** b) aa)
– Transparenzregister **H.IV** 7
Tschechische Republik K.XIX.14
Türkei K.XIX.15
– Auslandsanerkennung deutscher Erbschein **J.V.8** 11
– Auslandsbezug **A.II.8** c
– Deutsch-Türkischer Konsularvertrag **K.VI.1**
– Nachlassspaltung **K.VII.1** 2
Turkmenistan
– Deutsch-sowjetischer Konsularvertrag **K.VI.2** 3

Übergabe einer Schrift
– Erklärung **B.II.3** 6
– Kosten der Beurkundung **B.II.3** 9
– Mischform **B.II.3** 7
– notarielles Testament durch **B.II.3** 1
– Schrift **B.II.3** 4
– Verschließung/Verwahrung **B.II.3** 8
– verschlossene **B.II.3** 5
Übergabebefugnis
– bei auflösend bedingter Nacherbschaft **C.II.4**
– lebzeitige **C.II.4** 4
Übergangsbestimmungen
– EuErbVO **J.V.1** 10
Übergehen
– Anfechtung früherer bindender Verfügung **A.III.1** e
– Pflichtteilsberechtigter **A.III.1** e; **C.VI.8**
Überlassung
– Erbteilsübertragung **J.VII.4**
Überlassungsvertrag
– ehebedingte Zuwendung **I.I.2**
Überlebensbedingung I.IV 4
– Rücktrittsvorbehalt **I.IV** 6
– steuerliche Behandlung **I.IV** 8
Übernahmeklausel
– Personengesellschaft **G.I.1** 2
– Schuldübernahme **I.III.15**
Übernahmepflicht
– Teilungsanordnung **C.IV.1** 13; **C.IV.3** 3
Übernahmerecht A.II.5 c) ee); **C.IV.3** 5
– bei gegenseitiger Erbeinsetzung und Einsetzung der gemeinsamen Kinder als Schlusserben **E.II.2** 2
– Formulierungsmuster **A.II.5** c) ee)
– Landgut **G.X.2** 2
– landwirtschaftlicher Betrieb zum Ertragswert **G.X.2** 2
– Übernahmepflicht **C.IV.3** 3
– Vorausvermächtnis **C.IV.4** 3
Überschuldung
– Irrtum über **J.IV.12** 2
– Nachlassinsolvenzverfahren **J.X.3** 4
– Pflichtteilsbeschränkung **C.VI.3** 1, 2, 5, 6
Überschwerungseinrede
– Erbe **J.X.1** 1
– Vermächtniserfüllung **J.VIII.2** 4
Übersetzung
– durch Notar/Dolmetscher **B.II.2** 3
Übersetzung, schriftliche
– notarielles Testament **B.II.2** 5
Überspringen einer Generation
– Pflichtteilsansprüche **G.VI.6** 3
– steuerliche Behandlung **G.VI.6** 6
– Unternehmertestament **G.VI.6**

Übertragbarkeit
– Nacherbenanwartschaft **A.II.5** d) cc)
Übertragung
– Ausschluss **F.II.4** 4
– Checkliste Herausgabevermächtnis auf den Tod des Erben **C.II.2** 1
– Checkliste Vor- und Nacherbeneinsetzung **C.II.1**
– Geschäftsanteile **G.IV.6** 3
– Nießbrauch **G.II.8** 2
– Nutzungsrechte **L.III.1** 4
Übertragung der Nacherbenanwartschaft auf den Vorerben
– Checkliste **C.II.8**
– Form **C.II.8** 2
– steuerliche Behandlung **C.II.8** 3
– Übertragbarkeit **C.II.8** 1
– Übertragung durch Gesamtrechtsnachfolge **C.II.8** 2
– Vererblichkeit **C.II.8** 1
Übertragung einer Immobilie in das nacherbenfreie Vermögen des Vorerben
– Checkliste **C.II.9**
– steuerliche Behandlung **C.II.9** 5
Übertragung GmbH-Anteile
– Anzeigepflicht **I.I.2** 14
Übertragung, lebzeitige
– Ausstattung **I.IV**
– Checkliste **I.III.1**
– dauernde Last **I.III.1** 7; **I.III.14**
– Einflussnahmerechte **I.III.1** 10
– entgegenstehende Verfügung von Todes wegen **I.III.1** 3
– Erbausgleichsklausel **I.III.6**
– Erbausgleichung **I.III.1** 5
– erbrechtliche Folgen **I.III.1** 5
– Gegenleistung **I.III.1** 7
– Geldschenkung **I.III.4**
– Geschwister-Abfindungsklausel **I.III.17**
– Grundstücksschenkung **I.III.2**
– Grundstücksschenkung an Minderjährige **I.III.3**
– Leibgeding **I.III.1** 9
– Leibrente **I.III.1** 7
– Leibrentenklausel **I.III.13**
– Minderjährige **I.III.1** 6
– mittelbare Grundstücksschenkung **I.III.8**
– Nießbrauchsvorbehaltsklausel **I.III.11**; **I.III.12**
– Pflegeverpflichtung **I.III.1** 7
– Pflegeverpflichtungsklausel **I.III.16**
– Pflichtteilsanrechnung **I.III.1** 5
– Pflichtteilsanrechnungsklausel **I.III.5**
– Pflichtteilsergänzung **I.III.1** 5
– Rückabwicklungsvorbehalt **I.III.1** 2
– Rücktrittsvorbehalt **I.III.1** 10
– Schenkung beweglicher Sache **I.III.7**
– Schuldübernahme **I.III.1** 7
– Schuldübernahmeklausel **I.III.15**
– steuerliche Behandlung **I.III.1** 10
– Versorgungsverpflichtung **I.III.1** 7
– Vorbehaltsnießbrauch **I.III.1** 7
– Vorbehaltswohnrecht **I.III.1** 7
– Widerrufsvorbehalt **I.III.1** 10
– Wohnungseigentum **I.III.9**
– Zeitpunkt Übergang Nutzen/Lasten **I.III.1** 8
– Zugewinnanrechnungsklausel **I.III.5**
– Zugewinnausgleich **I.III.1** 4
– Zuwendungswohnrecht **I.III.10**
Übertragungsmodell **G.III.3** 1
Übertragungsvertrag **G.IV.3** 1
Überweisungszeugnis
– Antrag auf Erteilung **J.V.4**
Ukraine
– Deutsch-sowjetischer Konsularvertrag **K.VI.2** 3
Umbuchung
– Schenkungssteuer **G.III.2** 7
– Vermögensübergang **G.III.2** 4
Umgehung
– Vorkaufsrecht **J.VII.3** 5
Umgestaltung
– Wohnrecht **J.IX.6** 6
Umsatzsteuer
– Einbringung Einzelunternehmen **G.III.2** 7
– Stiftung **H.III.1** 11
– Testamentsvollstreckervergütung **C.VII.1** e) bb) (2) (b)
– Testamentsvollstreckung **C.VII.2** 7
– Vermögensübertragung auf Stiftung **H.II.2** 5
Umwandlung
– Auflage zur Unternehmensumwandlung **G.VI.4** 9
– steuerliche Behandlung **G.VI.4** 12
– Testamentsvollstreckung **C.VII.1** a
Umwandlungsklausel
– einfache Nachfolgeklausel **G.I.2** 2
– kombinierte Nachfolgeklausel **G.I.3** 2
– Personengesellschaft **G.I.3** 2
Unbedenklichkeitsbescheinigung
– Hofübergabevertrag **G.X.6** 15
Undank, grober
– Erbverzicht **I.II.3** 5
– Grundstücksschenkung **I.III.2** 15
– Rückabwicklung Schenkung bei vorweggenommener Erbfolge **G.III.7** 3
– Schenkungswiderruf bei **I.III.4** 4
Ungarn
– Auslandsanerkennung deutscher Erbschein **J.V.8** 11
– Nachlasseinheit **K.VII.1** 2
Universalsukzession **C.VII.1** c
– Fremdrechtserbschein **J.V.8** 7
– Vermächtnistestament **K.XV**
Unmöglichkeit
– der schriftlichen Verständigung **B.III.5** 3

– Pflegeverpflichtung **I.III.16** 4
– Vermächtniserfüllung **J.VIII.2** 5
Unterbeteiligung G.III.8 1; **G.VIII.3** 2
– ertragsteuerliche Behandlung **G.III.8** 4
– Kapitalgesellschaftsanteil **G.III.8** 4
– Personengesellschaftsanteil **G.III.8** 4
– Schenkung unter Begründung einer **G.III.8**
– steuerliche Behandlung **G.VIII.3** 4
– steuerliche Behandlung Schenkung **G.III.8** 4
– Zuwendung **G.VIII.3**
Unterbeteiligung, atypische G.III.8 1
– ertragssteuerliche Behandlung **G.III.8** 4
– Kapitalgesellschaftsanteil **G.III.8** 4
– Personengesellschaftsanteil **G.III.8** 4
– steuerliche Behandlung Schenkung **G.III.8** 4
Unterbringung, psychiatrische
– Pflichtteilsentziehung bei **C.VI.2** 1, 5
Untergesellschaft
– ertragsteuerliche Behandlung **G.III.8** 4
– Schenkung unter Begründung einer **G.III.8**
Unterhalt
– Scheidungsfolgenvereinbarung mit Erb-/Pflichtteilsverzicht **F.III.2** 2
Unterhalt, nachehelicher F.III.2 2
– Erbverzichtsvertrag **I.II.2** 6
Unterhaltspflichtverletzung
– Pflichtteilsentziehung **C.VI.2** 4
Unterhaltungsmaßnahmen
– bei Nießbrauchsvorbehalt **I.III.11** 9
Unternehmen
– Einbindung in Familie **G.VI.6** 2
– einzelkaufmännische (Treuhandlösung) **G.IX.2** 4
– Kommanditgesellschaft als Inhaberin **G.V.III2** 4
– Pflichtteilsverzicht mit künftigem Leistungsversprechen(Vermächtnis) **I.II.12**
– Pflichtteilsverzicht, gegenständlich beschränkter **I.II.11**
– Testamentsvollstreckung **G.IX.1** 4
– Unternehmertestament bei Mitarbeit des Ehegatten **G.V.5**
– Vermächtnisweise Zuwendung **G.VII**
– Zuwendung eines einzelkäufmännischen **G.VII.3**
Unternehmensbeteiligung
– Abwicklungsvollstreckung **G.IX.1** 3, 4
– Anzeigepflicht bei Familienunternehmen **I.I.2** 14
– befreiter Vorerbe **G.VI.3** 3
– Bewertung **G.III.10** 1
– Dauervollstreckung **G.IX.1** 3, 4
– gegenständlich beschränkter Pflichtteilsverzicht **G.III.10**
– Herausnahme aus Zugewinnausgleich **G.III.9**
– Teilungsanordnung **G.VII.5** 5
– Testamentsvollstreckervergütung **G.IX.1** 7; **G.IX.2** 5
– Testamentsvollstreckung **G.IX.1** 4
– Verfügungen des Vorerben **G.VI.3** 6
– Verkehrswert **G.III.10** 1
– Verwaltungsvollstreckung **G.IX.1** 3, 4
– Vor-/Nacherbfolge **G.VI.3** 2
– Vor-/Nachvermächtnis **G.VII.4**
– Vorausvermächtnis **G.VII.5** 5
– Zuwendung Nießbrauch an Kommanditbeteiligung **G.VIII.1**
– Zuwendung stiller Beteiligung **G.VIII.2**
– Zuwendung Unterbeteiligung **G.VIII.3**
Unternehmenserbrecht A.II.9
Unternehmensfortführung
– Auflage zur **G.VI.4**
– Testamentsvollstreckung **C.VII.1** e) bb) (2) (b) (ff)
Unternehmensnachfolge
– Abfindungsbeschränkung Kapitalgesellschaftsanteil **G.II.4**
– Abfindungsbeschränkung Personengesellschaft **G.II.3**
– Auflage zur Unternehmensfortführung **G.VI.4**
– Auflage zur Unternehmensgründung **G.VI.4** 1, 8 f.
– Beteiligung eines Nachfolgers am Einzelunternehmen zu Lebzeiten **G.III.1**
– Beurkundungskosten **G.I.1** 6
– Checkliste **A.II.9**
– Dauertestamentsvollstreckung **G.II.1**
– einfache Nachfolgeklausel **G.I.2**
– Eintrittsklausel **G.I.4** 4; **G.I.5**
– Einziehungsklausel in AG-Satzung **G.I.9**
– Erbverzicht bei **G.III.10** 1
– Familienpersonengesellschaft **G.III.6**
– Fortsetzungsbeschluss **G.I.1** 4
– Fortsetzungsklausel **G.I.1**
– gegenständlich beschränkter Pflichtteilsverzicht bezüglich Unternehmensbeteiligung **G.III.10**
– gesellschaftsvertragliche **G.I; G.II**
– gesellschaftsvertragliche Ersatzlösungen **G.II.2**
– GmbH & Co. KG **G.I.10**
– Haftung des ausscheidenden Erben **G.I.4** 5
– Haftung des eintretenden Nachfolgers **G.I.4** 5
– Implementierung Familiengesellschaften **G.IV**
– Kind zum Alleinerben **G.V.1** 2
– kombinierte Einziehungs- und Abtretungsklausel in GmbH-Satzung **G.I.7**
– kombinierte Nachfolge-/Umwandlungsklausel **G.I.3**
– landwirtschaftlicher Betrieb **G.X.1**
– lebzeitige Aufnahme eines Nachfolgers in Personengesellschaft **G.III.2**
– lebzeitige Schenkung von Gesellschaftsanteilen **G.III.3**
– Nachfolgeklausel PartGG **G.I.11**

– Pflichtteilsverzichtsvertrag **G.III.10** 1
– Präsentationsrecht **G.II.6**
– qualifizierte Nachfolgeklausel **G.I.4**
– rechtsgeschäftliche Nachfolgeklausel **G.I.6**
– Schenkung Gesellschaftsanteil unter Nießbrauchsvorbehalt **G.III.4**
– Schenkung unter Begründung einer stillen Gesellschaft **G.III.7**
– Schenkung unter Begründung Untergesellschaft **G.III.8**
– steuerliche Behandlung Vor-/Nacherbfolge **G.VI.3** 8, 13
– Treuhandlösung **G.II.2** 3
– unternehmensbezogene Vorsorgevollmacht **G.III.11** 1
– Vertreterklausel **G.I.3** 3
– Vor-/Nacherbfolge **G.VI.3**
– Vorrangige Zwangsabtretungsklausel in GmbH-Satzung **G.I.8**
– vorweggenommene Erbfolge **G.III**
– Zulassung/Begründung Nießbrauch **G.II.8**
– Zulassung/Begründung Stille Gesellschaft **G.II.7**

Unternehmensübertragung
– rechtsgeschäftlicher Betriebsübergang **G.VII.3** 5

Unternehmensumwandlung
– Auflage zur **G.VI.4** 9
– steuerliche Behandlung **G.VI.4** 12

Unternehmertestament
– Alleinerbe **G.V.1** 2
– Auflage **G.V.1** 4
– Auflage zur Umwandlung **G.VI.4** 9
– Auflage zur Unternehmensfortführung **G.VI.4**
– Auflage zur Unternehmensgründung **G.VI.4** 9
– Bedingung **G.VI.5** 5
– bei Mitarbeit des Ehegatten im Unternehmen **G.V.5**
– Bestimmung des Nachfolgers durch Dritte **G.VI.1** 2
– Ehegattenversorgung bei U. zugunsten Kind **G.V.1** 3
– Einzelkaufmann **G.V.7**
– Ersatzerbe **G.V.1** 2; **G.V.5** 5; **G.VI.2** 2
– Ersatznacherbe **G.V.5** 8
– Jastrow'sche Klausel **G.V.5** 6
– Kosten **G.V.1** 8
– Namensaktien **G.V.3** 2
– Pflichtteilsansprüche **G.V.1** 2
– Rentenvermächtnis **G.VI.4** 8
– schuldrechtliches Ertragsvermächtnis bei GmbH & Co. KG **G.V.2** 4
– Sicherung von Auflagen **G.VI.4** 4; **G.VI.5** 2
– steuerliche Behandlung **G.V.1** 7; **G.V.2** 5; **G.VI.4** 12
– steuerliche Behandlung bei Einzelunternehmen **G.V.7** 6
– steuerliche Behandlung bei Unternehmensumwandlung **G.VI.4** 12
– steuerliche Behandlung Bestimmungsvermächtnis **G.VI.1** 11
– Strafklausel **G.VI.5** 4
– Teilungsanordnung **G.VI.1** 14
– Testamentsvollstrecker/Ersatz- **G.V.1** 6; **G.V.5** 12
– Testamentsvollstreckung **G.V.1** 5; **G.V.5** 11
– Überspringen einer Generation **G.VI.6**
– Vermächtnisse bei **G.V.1** 3
– Verwirkungsklausel **G.VI.5** 4
– Vor-/Nacherbfolge **G.V.5** 2; **G.VI.3**
– Vorausvermächtnis **G.VI.1** 9
– Vorausvermächtnis bei Vor-/Nacherbfolge **G.VI.3** 11
– wechselbezügliche Verfügungen **G.V.5** 10
– Wertsicherungsklausel **G.VI.4** 8
– zugunsten Dritter **G.V.6**
– zugunsten Ehegatte **G.V.3**
– zugunsten Ehegatte und Kind **G.V.4**
– zugunsten Kind **G.V.1** 1
– zugunsten mehrerer Kinder **G.V.2**
– Zuwendungsverzicht **G.VI.2** 8

Untervermächtnis **A.II.5** f; **C.V.1** 4
– betroffener Grundbesitz nicht im Nachlass **C.V.9** 9
– Fälligkeit **C.V.9** 7
– Grundstücksverhältnisse **C.V.9** 4
– Nachvermächtnis **J.VIII.4** 2
– Nießbrauch **E.II.10** 1
– Unwirksamkeit (Haupt-)Vermächtnis **C.V.1** 7
– Vorversterben Untervermächtnisnehmer **C.V.9** 8
– Wegfall des Hauptvermächtnisnehmers **C.V.9** 2
– Wohnungsrecht **C.V.9** 5, 6
– Wohnungsrechtsvermächtnis **C.V.9** 1

Unterzeichnung
– Testament **B.I.1** 7
– Testament, notarielles **B.II.1** 8

Unwirksamkeit
– bei Scheidung **F.III.3** 5
– Testamentsvollstreckeranordnung **C.VII.1** b
– Testierfreiheit **A.II.4** a
– unentgeltlicher Zuwendungen **J.II.1** 6
– Vermächtnis zugunsten Heimträger **F.I.5** 6

Unzumutbarkeit
– Pflichtteilsentziehung bei **C.VI.2** 5

Unzurechnungsfähigkeit
– Pflichtteilsentziehung bei **C.VI.2** 5

USA
– contract to make or not to revoke a will or to die intestate **K.IV.4**

– Immobilie **K.XIII**
– interlokales Privatrecht **K.VII.6** 2
– joint and mutual will(Florida) **K.XIV**
– last will and testament **K.XIII**
– Nachlassspaltung **K.VII.1** 2
– Self-proved will **K.IV.3**
– waiver of a right of election of a surviving spouse **K.XII**
– Zwei-/Dreizeugentestament **K.IV.2**
Usbekistan
– Deutsch-sowjetischer Konsularvertrag **K.VI.2** 3

Verarmung
– Rückabwicklung wegen **I.III.2** 18
– Rückforderung Schenkung **I.III.4** 4
Veräußerung
– Nacherbenanwartschaft **C.II.1** 4
Veräußerungsverbot
– einvernehmliche Nichtbeachtung eines Auseinandersetzungsverbots **J.IX.5** 2
Verbindlichkeit
– Eingehen durch Testamentsvollstrecker **C.VII.3** 5
Verbrauchsstiftung **H.III.1** 7
– steuerliche Behandlung **H.II.3** 4
Vereidigung
– Dolmetscher **B.II.2** 4
Verein
– Erbeinsetzung **E.I.2** 3
Verein, nicht rechtsfähiger
– Erbfähigkeit **C.I.6** 3
– Testamentsvollstrecker **C.VII.1** a
Vereinbarung
– gesellschaftsvertragliche **J.III.2** 8
– Gütergemeinschaft **I.I.7** 3
– Gütertrennung nach Eheschließung **I.I.6**
– Gütertrennung vor Eheschließung **I.I.5**
– Honorar **J.III.8** 6
– Stundung eines Pflichtteilsanspruchs **I.II.14**
– Versorgungsleistungen **G.III.5**
Vereinbarung, außergerichtliche
– Pflichtteil **J.III.7**
Vereinbarung, ehevertragliche
– Pflichtteil **C.II.6** 5
Vereinigtes Königreich **K.XIX.16**
– contract to make or not to revoke a will or to die intestate **K.IV.4**
– Interlokales Privatrecht **K.VII.6** 2
Vererblichkeit
– Einziehungsklausel **G.I.7** 3; **G.I.9** 2
– Ersatznacherbfolge **C.II.1** 4
– Nacherbenanwartschaft **A.II.5** d) cc)
– Rücktrittsrecht **I.III.2** 19
Verfahrensregeln
– Anfrage Testamentsvollstreckerzeugnis **J.V.1** 11; **J.V.9** 12
– Erbscheinsantrag **J.V.1** 11; **J.V.9** 12
Verfügung
– Anfechtung **J.I** 1
– Aufhebung früherer **F.III.2**
– bei einem behinderten Kind **F.I**
– Beschränkung des Schenkers **I.III.2** 5
– Beseitigung früherer **F.III.1** b
– Bindung Erblasser an **A.II.6** a
– des Vorerben **G.VI.3** 6
– Erbvertrag mit vertragsgemäßigen und einseitigen **D.II.2**
– Erbvertrag und beschränktem Änderungsvorbehalt **D.II.4**
– Form **B.I.1** 3
– gemeinschaftliches Testament mit wechselbezüglichen und einseitigen **D.I.2**; **D.I.4**
– getrennt lebender Ehegatten **F.III**
– Grundstücksschenkung **I.III.2** 14
– Partnern einer nichtehelichen Lebensgemeinschaft **E.V**
– umgekehrte Vermächtnislösung **F.I.4**
– Vermächtnislösung **F.I.3**
– von Ehegatten mit einem behinderten Kind **F.I.4**
– von Ehegatten mit einem behinderten Kind und weiteren Kindern **F.I.2**; **F.I.3**
– von Ehegatten mit gemeinsamen Kindern **E.II**
– von Ehegatten mit Kindern aus einer früheren Ehe **E.III**
– von Ehegatten mit nur einem behinderten Kind **F.I.5**
– von Lebenspartnern **E.IV**
– von Todes wegen **A.V** 1; **E.I.3** 2
– von Todes wegen behinderter Personen **B.III.1**
– Vor- und Nacherbschaftslösung **F.I.2**
– Widerruf **A.III.2**
– Widerrufsmöglichkeit bei einseitigen **A.III.3** a
– zugunsten des Heimträgers **F.I.5**
Verfügung über künftigen Erbteil
– Erbschaftsvertrag **I.VII.2**
– Nichtigkeit **I.VII.1** a
– Wirksamkeit **I.VII.1** b
Verfügung von Todes wegen
– Ablieferungspflicht **B.V** 1
– Anfechtung **J.I**
– Anfechtungsgrund **J.I** 5
– Anfrage Testamentsvollstreckerzeugnis **J.V.3**
– Angabe im Erbscheinsantrag **J.V.2** 3
– anwendbares Recht bei Auslandsbezug **K.IV**
– Anwendbarkeit Haager Testamentsformübereinkommen **K.IV**
– Aufhebung früherer **A.III.2**; **E.I.1** 3; **E.I.3** 2; **E.I.4** 2
– Auslandsbezug **A.II.8**
– Auswirkungen späterer Scheidung **F.III.1** b
– Behinderte **B.III.1**

- Bestimmungen zur Testamentsvollstreckervergütung **C.VII.1** e) bb) (1) (f), h
- Bindung Erblasser **A.II.6**
- Checkliste **J.V.1**
- entgegenstehende bei lebzeitiger Übertragung **I.III.1** 3
- Erbscheinsantrag **J.V.3**
- Formulierungsmuster Widerruf **A.III.3** a
- Fremdrechtserbschein **J.V.8**
- frühere **E.I.1** 2; **E.I.3** 2; **E.I.4** 2
- gesetzliche Erbfolge **J.V.2** 3
- Handeln unter falschem Recht **J.V.8** 12
- Hoferbe **G.X.1** 10
- Kosten der Eröffnung **A.V** 2
- Kosten der Verwahrung **C.I.8** 11
- Mehrfachbehinderte **B.III.1**
- Mitteilungspflicht **B.V** 1
- Notarkosten **A.V** 1
- Pflichtteilsentziehung **C.VI.2**
- Prüfungsschema bei Behinderten **B.III.1**
- Staatsverträge **A.II.8** c
- Verhältnis Auslegung/Anfechtung **J.I** 4
- Verwahrungspflicht **B.V** 1
- Widerruf des Erblassers **J.I** 1, 3
- Widerruf einseitiger **A.III.3** a
- Widerruf früherer **A.III.2**
- Wortlaut Auslegung **J.III.2** 2

Verfügung, beeinträchtigende
- Einwilligung/Zustimmung **I.I.2** 12

Verfügung, einseitige
- Beratung **A.II.6** a

Verfügung, letztwillige
- anwendbares Recht bei Auslandsbezug **K.IV**
- Bedingung **G.VI.5** 4
- Begriff nach Haager Testamentsformübereinkommen **K.IV**
- Wegfall der Bindung **A.III.1** b

Verfügung, medienbezogen
- Aktualisierung **L.III.1** 3
- Erschöpfung **L.III.1** 3 f.
- Vererblichkeit und Übertragbarkeit von Nutzungsrechten **L.III.1** 4

Verfügung, vertragsgemäße A.II.2 a
- Bindung Erblasser **A.III.1** a

Verfügung, wechselbezügliche
- Änderungsvorbehalt **A.III.1** d
- Aufhebung/Widerruf **A.III.2**
- Beratung **A.II.6** a
- Bindung Erblasser **A.III.1** a
- Testament, gemeinschaftliches **D.I.2; D.I.3; D.I.4**
- Unternehmertestament **G.V.5** 10
- Widerruf **A.III.1** c; **A.III.3** a

Verfügungsbeschränkung
- des Schenkers **I.III.2** 5
- Erbteilsveräußerung **J.VII.3** 3
- Grundstücksschenkung **I.III.2** 5
- Testamentsvollstrecker **C.VII.7** 3; **J.IX.2** 2

Verfügungsunterlassungsvertrag
- Beratung **A.II.6** d
- Erbvertrag **D.II.7** 1, 3
- Formulierungsmuster **D.II.7**
- Grundstück **D.II.7** 2
- Kosten **D.II.7** 6
- Schenkungsvertrag **D.II.7** 4
- Schlusserbe **D.II.7** 5
- Vermächtniserfüllung **J.VIII.4** 4

Verfügungsverbot
- Grundstücksschenkung **I.III.2** 5

Vergleichswertverfahren
- Bewertung nach **A.IV** 4 c

Vergütung
- Rechtsträger unselbständiger Stiftung **H.III.3** 13
- Testamentsvollstrecker **A.II.5** h; **C.VII.1** c, e) bb); **G.IX.1** 7; **G.IX.2** 5

Vergütung sa Testamentsvollstreckervergütung

Vergütungsanspruch
- Testamentsvollstrecker **C.VII.1** e

Verhaltensweisen
- Vor-/Nacherbeneinsetzung **C.II.1** 1

Verhältnisse, vermögensrechtliche
- Erblasser **A.II.1**

Verjährung
- Auskunftsanspruch **J.II.5** 4
- Gesetzesänderung **G.VI.2** 8
- Herausgabeanspruch **J.II.4** 12
- Pflichtteilsvermächtnis **E.III.3** 2

Verjährungsvereinbarung
- Pflichtteil **C.VI.1**
- Vermächtnis zur Verlängerung **C.VI.13**

Verkauf, freihändiger
- Auseinandersetzung **C.VII.3** 3

Verkauf, zeitnaher
- Bewertung **A.IV** 4 c

Verkaufswert A.IV 4 c

Verkehrssicherungspflicht
- bei Nießbrauchsvorbehalt **I.III.11** 9

Verkehrswert A.IV 4 c
- Auslandsimmobilie **K.XI** 3; **K.XIV** 4
- Pflichtteil **I.III.5** 2
- Unternehmensbeteiligung **G.III.10** 1

Vermächtnis E.III.6 2
- Abgrenzung zu Auflage **C.V.11** 1
- Abgrenzung zu Erbeinsetzung **C.V.1** 1
- Anfall **C.V.1** 9
- Annahme **J.IV.11** 2, 4
- Annahme/Ausschlagung **J.IV.11**
- Anwachsung **C.V.1** 7
- Arten **C.V.1** 1
- auflösend bedingtes **C.V.8** 5
- aufschiebend bedingtes **C.V.8** 5; **E.I.3** 9
- aufschiebend befristetes **C.II.2** 2
- Ausschlagung **C.V.1** 7; **J.IV.11** 2, 4
- Ausschlagung bei Behindertentestament **F.I.3** 8

- Ausschlagung durch Pflichtteilsberechtigten **C.VI.9** 3
- Ausschlagungsform **J.IV.11** 7
- Ausschlagungsfrist **J.IV.11** 3
- Bedachter **C.V.1** 6
- bedingtes **E.I.4** 12; **F.I.3** 9; **F.I.4** 4
- bedingtes Voraus bei Behindertentestament **F.I.2** 9
- Begriff **C.V.1** 1
- Behindertentestament **F.I.1** 4; **F.I.3** 5
- bei gegenseitiger Erbeinsetzung und Einsetzung der einseitigen und der gemeinsamen Kinder zu Schlusserben **E.III.2** 3
- Beratung **A.II.5** f
- Beschwerter **C.V.1** 3
- Bestimmungsberechtigter **C.V.10** 3
- Bestimmungsvermächtnis **G.VI.1** 2
- betagter Anspruch **C.V.1** 10
- Bindung Erblasser **A.III.1** a
- cautela Socini **C.VI.10** 5
- Checkliste **A.II.5** f; **J.VIII.1**
- des Erstversterbenden zugunsten der Kinder **E.II.9** 3
- des Längstlebenden zugunsten der Enkelkinder **E.II.9** 5
- Dreimonatseinrede des Erben **C.V.1** 10; **C.V.2** 3
- Drittbestimmung **C.V.10** 1
- Einsetzung des Kindes eines Lebenspartners **E.IV.2**
- Einzeltestament **E.I.1** 5
- Elternteil zugunsten seiner Kinder bei gegenseitiger Erbeinsetzung **E.III.4** 2
- Erbeinsetzung **C.I.3** 1
- Erbschaftsausschlagung des pflichtteilsberechtigten Erben **J.IV.9**
- Erfüllung **J.VIII.2** 2; **J.VIII.3** 2
- Ersatzberufung durch Auslegung **C.V.1** 7
- Ersatzbeschwerter **C.V.1** 3
- Ersatzvermächtnis **C.V.1** 7
- Ersatzvermächtnisnehmer **A.II.5** f
- Fälligkeit **A.II.5** f
- Fälligkeit Vermächtnisanspruch **C.V.1** 10
- Forderungsvermächtnis **C.V.5** 2
- Fristsetzung gegenüber mit Vermächtnis bedachten Pflichtteilsberechtigten **J.III.8**
- Früchte/Nutzungen **J.VIII.3** 4
- Gattungsvermächtnis **C.V.10** 5
- Gegenstand **A.II.5** f; **C.V.1** 2; **J.VIII.3** 4
- Geldvermächtnis **C.V.3**
- Geldvermächtnis auf Überrest **C.VI.7** 2
- Geschäftswert Vermächtnisgegenstand **C.V.1** 13, 14
- Geschiedenentestament **E.I.3** 9
- gestundetes **C.VI.6** 1
- getrennt lebende Ehegatten zugunsten Kind vor Scheidung **F.III.3** 2
- Grundstücksvermächtnis **C.V.6** 2; **J.VIII.3**
- Hausratsvermächtnis **E.III.5** 3
- Herausgabevermächtnis auf Tod des Erben **C.II.2**
- Herausgabevermächtnis auf Überrest **C.VI.7** 1
- in Erbvertrag **C.V.1** 1, 3
- in gemeinschaftlichem Testament **C.V.1** 1, 3
- isoliertes **C.V.2** 7; **E.I.4** 1
- Jastrow'sche Klausel **C.VI.6** 1
- Kosten **C.V.1** 14
- Kostentragung **C.V.1** 11; **C.V.2** 8
- Leibrentenvermächtnis **F.I.3** 6
- Nachvermächtnis **C.II.2** 1; **C.V.1** 8; **F.I.3** 7
- Nachvermächtnis Unternehmensbeteiligung **G.VII.4** 3
- nicht (mehr) im Nachlass befindlicher Gegenstand **A.II.5** f
- Nießbrauch an Kommanditbeteiligung **G.VIII.1**
- Nießbrauchsvermächtnis **C.V.8**
- noch nicht gezeugter Vermächtnisnehmer **A.II.5** f
- Nutzungen bei **C.II.2** 6
- ohne Mitwirkung der Erben **A.II.5** f
- persönlichen Pflichtteilsverzicht mit erbvertraglichem V. **I.II.13** 4
- Pflichtteilsberechtigter **C.VI.10** 7
- Pflichtteilslast **A.II.5** f; **C.V.1** 12; **C.V.2** 1
- Pflichtteilsreduzierung **I.III.1** 5; **I.III.6** 1
- Pflichtteilsvermächtnis des einseitigen Kindes **E.III.3** 2
- Pflichtteilsverzicht mit künftigem Leistungsversprechen **I.II.12**
- Rentenvermächtnis **C.V.4**; **F.II.1** 5
- Sachvermächtnis **C.V.2**
- Schuldbefreiungsvermächtnis **C.V.5** 3
- schuldrechtliches Ertragsvermächtnis **G.V.2** 4
- Steuer **C.V.1** 13
- steuerliche Behandlung **C.V.1** 13
- steuerliche Gestaltung **A.II.5** f
- Stiftungserrichtung **H.II.7**
- stille Beteiligung **G.VIII.2**
- Teilungsverbot **C.IV.2** 2
- Testamentsvollstreckung **A.II.5** f
- Testamentsvollstreckung Bestimmungsvermächtnis **C.VII.8** 1
- Testamentsvollstreckung zur Erfüllung **C.VII.7** 1; **C.VII.8** 1
- Überrest **C.II.2** 3; **C.VI.7** 1
- Überschwerungseinrede **J.VIII.2** 4
- Übertragung spätere Nachlassbeteiligung **I.VII.1** a
- umgekehrte Vermächtnislösung bei Behindertentestament **F.I.4**
- Unterbeteiligung **G.VIII.3**
- Unternehmenstestament zugunsten eines Kindes **G.V.1**

– Unternehmenstestament zugunsten mehrerer Kinder **G.V.2**
– Unternehmertestament **G.V.7** 2
– Untervermächtnis **C.V.1** 3; **C.V.9** 1
– unzureichendes **J.IV.8** 2
– Vermächtnislast **C.V.1** 3
– Vermächtnislösung bei Behindertentestament **F.I.3** 4
– Vermächtnisnehmer **C.V.1** 6; **J.V.9** 5
– Vermögenszuwendung an rechtsfähige Stiftung **H.II.10** 2
– Verschaffung Wohnungseigentum **C.V.7** 1
– Verteilung Pflichtteils-/Vermächtnislast **C.VI.9** 2
– Verwendungsersatz bei **C.II.2** 6
– vinkulierte Namensaktien **G.VII.1** 5
– Vollmacht, postmortale **A.II.5** f
– Vor-/Nachvermächtnis **J.VI.1** 7
– Vorausvermächtnis **G.VI.1** 9; **G.X.2** 2; **J.V.5** 1
– Vorausvermächtnis Unternehmensbeteiligung **G.VII.5** 5
– Vorvermächtnis mit Testamentsvollstreckung **F.II.2** 4
– Vorvermächtnis Unternehmensbeteiligung **G.VII.4** 3
– Vorversterben Vermächtnisnehmer **C.V.1** 7
– Wahlvermächtnis **C.V.10** 4
– Wegfall des Beschwerten **C.V.1** 5
– Wohnungseigentum **C.V.7** 1
– Wohnungsrecht **C.V.8** 1; **F.II.1** 5
– Wohnungsrechtsvermächtnis **C.V.9**; **F.I.3** 6
– Zinserträge bei **C.II.2** 6
– zugunsten Heimträger **F.I.5** 5
– zugunsten nichtehelichem Lebensgefährten **E.I.4** 4
– zur Verjährungsverlängerung Pflichtteilsanspruch **C.VI.13**
– Zuwendung Einzelunternehmen **G.VII.3**
– Zuwendung Kapitalgesellschaftsbeteiligung **G.VII.1** 3
– Zuwendung nicht pfändbares **F.II.1** 5
– Zuwendung Personengesellschaftsbeteiligung **G.VII.2** 3
– Zweckvermächtnis **C.V.10** 6, 7
– zwischen Anfall und Erfüllung **C.V.1** 9

Vermächtnisanwartschaft **C.II.2** 4, 5

Vermächtniserfüllung **A.V** 4; **C.V.1** 1; **J.VIII.2** 2
– auf sich selbst **C.VII.1** e) bb) (2) (a) (bb)
– Auflassungsbeurkundung Kosten **C.I.2** 8
– Checkliste **J.VIII.1**
– Darlehensübernahme **J.VIII.2** 7
– Erfüllungsübernahme **J.VIII.2** 7
– Gattungsvermächtnis **J.VIII.2** 6
– Genehmigungsbedürftigkeit **J.VIII.2** 7
– Gewährleistung **J.VIII.2** 6
– Grundbuchberichtigung **J.VIII.2** 3
– Grundschuldübernahme **J.VIII.2** 7
– Grundstücksvermächtnis **J.VIII.2** 6
– Grundstücksvermächtnis mit Nachvermächtnisanordnung **J.VIII.4**
– Haftung des/r Beschwerten **J.VIII.2** 4
– Kosten **J.VIII.2** 11
– Kostentragung **C.V.2** 8
– Kürzungsrecht **J.VIII.2** 4
– Leistungsstörung **J.VIII.2** 5
– Notar-/Gerichtskosten **A.V** 3
– Rechtsmängelhaftung **J.VIII.2** 6
– Sachmängelhaftung **J.VIII.2** 6
– Sicherung **J.VIII.3** 4
– Stückvermächtnis **J.VIII.2** 6
– Testamentsvollstreckung **C.VII.7** 1, 4; **C.VII.8** 4
– Überschwerungseinrede **J.VIII.2** 4
– Unmöglichkeit **J.VIII.2** 5
– Vor-/Nachvermächtnis **J.VIII.3** 3
– Wegfall der Geschäftsgrundlage **J.VIII.2** 5

Vermächtniserfüllungsvertrag **J.VIII.2**

Vermächtnislast
– Beschwerter **C.V.1** 3
– gewillkürte Erben **C.V.2** 1
– Verteilung Pflichtteils-/Vermächtnislast **C.VI.9** 2

Vermächtnislösung
– Behindertentestament **F.I.1** 4; **F.I.3**; **F.I.3** 4
– Geschiedenentestament **E.I.3** 9

Vermächtnislösung, umgekehrte **F.I.4**
– Behindertentestament **F.I.1** 4; **F.I.4**
– Dauertestamentsvollstreckung **F.I.4** 5
– Erbfolge **F.I.4** 2
– steuerliche Behandlung **F.I.4** 6

Vermächtnisnehmer
– Bedachter **C.V.1** 6
– Beschwerter **C.V.9** 1
– Erbscheinsantrag **J.V.1** 9
– Ersatzvermächtnisnehmer **C.V.2** 1
– Fortführung Einzelunternehmen **G.VII.3** 4
– postmortale Vollmacht **A.II.5** f
– Schutz bei Testamentsvollstreckung **C.VII.7** 2, 3
– steuerliche Behandlung **C.V.1** 13
– Testamentsvollstrecker **C.VII.1** a
– Vorausvermächtnis **C.IV.1** 11
– Vorversterben des **C.V.1** 7
– Wegfall des **C.V.1** 5
– zugleich Pflichtteilsberechtigter **C.V.2** 5

Vermächtnistestament
– Kanada **K.XV** 2

Vermächtnisvollstrecker **A.II.5** f; **C.V.2** 1

Vermächtnisvollstreckung
– Testamentsvollstreckervergütung **C.VII.1** e) bb) (1) (a)

Vermittlungsverfahren
– Erbauseinandersetzung **J.VI.1** 3
– Unzulässigkeit **J.VI.1** 3
Vermögen
– Anteil an Kapitalvermögen **C.V.3** 6
– Auslandsvermögen **A.II.8** b; **A.IV** 5a
– Berücksichtigung denkbarer Veränderungen **A.II.2** c
– Beschränkung der Vermögenssorge **C.I.7** 3; **E.I.3** 7
– hofesfreies **G.X.3** 3
– Inlandsvermögen **A.II.8** b
– Kapitalvermögen **C.V.3**
– laufendes Vermögensausstattung einer Stiftung unter Lebenden **H.II.1** 4
– Realteilung von Betriebsvermögen **C.IV.3** 7
– Reinvermögen **A.V** 1
– Stiftungsvermögen **H.III.1** 11
– Vorteil **C.IV.3** 4
– Zuwendungsvermächtnis an Stiftung **H.II.10**
Vermögen, hofesfreies
– Verfügung über **G.X.3** 3
Vermögensbindung
– Stiftung **H.III.1** 38
Vermögensdelikt
– Pflichtteilsentziehung **C.VI.2** 3
Vermögensgegenstand
– Bewertung **A.IV** 4b
Vermögensgruppe
– Erbeinsetzung **A.II.5** b
Vermögensmehrung
– Ausstattung **I.IV** 3
Vermögenssorge
– Anordnung bei Grundstücksschenkung **I.III.3** 16
– Anordnung mit Bezug auf Pflichtteilsrecht **C.VI.14**
– Beschränkung **C.I.7** 3
– Beschränkung bei Minderjährigen **E.I.3** 7
– geschiedener Ehegatte **A.II.1** h
– Trennung von Personensorge **A.II.5** e
Vermögenssorge, elterliche
– Beschränkung **A.II.5** e
Vermögensübertragung
– Anzeigepflicht **I.I.2** 14
Vermögensveränderungen
– Berücksichtigung **A.II.2** c
Vermögensverwahrer
– Anzeigepflicht erbschaftsteuerrelevanter Vorgänge **I.I.2** 14
Vermögensverwaltung
– unselbstständige Stiftung **H.III.3** 12
Vermögensverzeichnis
– Beurkundung **I.I.5** 6
– Gütertrennung **I.I.5** 6
Vermögenszuwendung
– an eine rechtliche Stiftung durch Vermächtnis **H.II.10**
– steuerliche Behandlung der V. an Stiftung **H.II.1** 4
Vermögenverwalter
– Anzeigepflicht erbschaftsteuerrelevanter Vorgänge **I.I.2** 14
Vermutung
– gesetzliche **C.V.3** 5
– Pflichtteilsentziehung bei **C.VI.2** 6
– Testamentsvollstreckung **C.VII.1** e) bb) (2) (a) (dd)
– Vollständigkeit **J.IX.2** 6
Verpfändung
– Erbteil **J.VII.5** 2, 5
– genehmigungsbedürftig **J.VII.5** 6
– Rechtsfolgen **J.VII.5** 4
Verschaffungsvermächtnis **C.V.7**
– Belastungen **C.V.7** 5
– Dritteigentum **C.V.7** 4
– Gegenstand **C.V.1** 2
– Grundstücksvermächtnis **C.V.7** 3
– Kosten **C.V.7** 8
– Miteigentum **C.V.7** 4
– Rechtsmängel **C.V.7** 1
– steuerliche Behandlung **C.V.7** 7
– Wertersatz **C.V.7** 1
– Wohnungseigentum **C.V.7**
Verschließung
– Erbvertrag **B.IV** 5
– notarielles Testament **B.II.1** 9
– Übergabe einer Schrift **B.II.3** 8
Verschuldung
– Ehegattenverfügung mit Einsetzung des Verschuldeten zum Nacherben **F.II.3**
– Enterbung bei **F.II.1** 2
– Vor- und Nacherbschaft bei Dauertestamentsvollstreckung **F.II.2**
– Wegfall **F.II.4**
– Zuwendung zugunsten verschuldeter Erben **F.II.1**
Verschweigenseinrede
– Erbe **J.X.1** 1
Verschwendungssucht
– Grundstücksvermächtnis **J.VIII.4** 4
– Pflichtteilsbeschränkung **C.VI.3** 2, 5
Versicherungspflicht
– bei Nießbrauchsvorbehalt **I.III.11** 9
Versicherungsunternehmen
– Anzeigepflicht erbschaftsteuerrelevanter Vorgänge **I.I.2** 14
Versorgung
– Haustier **C.V.12** 3; **E.I.2** 9
Versorgungsfreibetrag
– Erbschaftsteuer **A.IV** 4f
– Lebenspartner **E.IV.1** 4
Versorgungsleistung
– steuerliche Behandlung bei Erbschaftsausschlagung **J.IV.3** 10

Versorgungsnießbrauch
– Gesellschaftsanteil **G.III.5** 1
Versorgungsverpflichtung
– lebzeitige Übertragung **I.III.1** 7
– Pflegeverpflichtungsklausel **I.III.16** 1
Versterben
– annähernd gleichzeitiges **C.I.8** 3
– gleichzeitiges **A.II.5** c) bb); **C.I.8** 3
Verteilung
– Pflichtteils-/Vermächtnislast **C.VI.9** 1
Vertrag zugunsten Dritter
– Auskunftsanspruch bei Pflichtteil **J.III.2** 8
– Auswirkung späterer Scheidung **F.III.1** c
– Geschwister-Abfindungsklausel **I.III.17** 3
Vertrag zugunsten Dritter auf den Todesfall I.V.1 1
– Leistungsbewirkung **I.V.1** 5
Vertragserbe
– Beeinträchtigung durch neues Testament **A.III.1** g
– Ehebedingte Zuwendung **I.I.2** 12
– Handhabungsvertrag mit Testamentsvollstrecker **J.IX.7**
Vertretung J.V.13 3
– Ausschluss der Eltern **G.IV.8** 1
– Ausschluss infolge der Schenkung eines Personengesellschaftsanteils **G.IV.8** 2
– bei Erbauseinandersetzung **J.VI.1** 8
– Bevollmächtigter **J.V.1** 11e
– Erbschaftsannahme **J.IV.2** 4
– Erbschaftsausschlagung **J.IV.3** 6
– Gesellschaft **H.III.4** 5
– Verzicht **C.VII.14** 3
– Vorstand gemeinnütziger Stiftung **H.III.1** 24
Vertretungsbescheinigung H.IV 6
Vertretungsklausel
– Nachfolgeregelung **G.I.3** 3
Vertretungsmacht L.VI.1 8
– Erfordernis ausweichender **L.VI.3** 2
Vertretungsverbot
– Erbauseinandersetzung **J.VI.1** 9
– Grundstücksveräußerung im Vorfeld Erbauseinandersetzung **J.VI.1** 9
– Vermächtniserfüllung **J.VIII.2** 8
Verurteilung, strafrechtliche
– Pflichtteilsentziehung bei **C.VI.2** 1, 5
Vervielfältigungstheorie
– Testamentsvollstreckervergütung **C.VII.1** e) bb) (2) (a)
Verwahrung
– eigenhändiges Testament **B.I.1** 9
– Erbvertrag **B.IV; B.IV.5**
– gemeinschaftliches Testament **B.I.2** 7
– Testament **B.II.1** 9
– Übergabe einer Schrift **B.II.3** 8
Verwahrung, amtliche
– gemeinschaftliches Testament **D.I.2** 6
– Hinweis auf **D.I.1** 3
– Kosten **C.I.8** 11; **D.I.1** 4
Verwahrung, besondere amtliche B.IV 5
– Kosten **A.V** 2; **C.I.2** 8; **E.III.2** 6; **F.I.2** 15
– Notarkosten **A.V** 2
Verwahrung, notarielle
– Belehrung bei Rückgabe **A.III.4**
– Kosten **A.V** 2
– Rückgabe Erbvertrag aus **A.III.4**
Verwahrungspflicht
– Nachlasssache **B.V** 1
Verwaltungsanordnung
– Dauertestamentsvollstreckung **L.V** 3
– Dauertestamentsvollstreckung bei Behindertentestament **F.I.2** 10
– Teilungsverbot **C.IV.2** 2
Verwaltungsgebühr
– Testamentsvollstreckervergütung **C.VII.1** e) bb) (1) (b)
Verwaltungsrecht
– Beschränkung der Vermögenssorge **C.I.7** 3
– Testamentsvollstrecker **C.VII.5** 2
Verwaltungsstiftung
– Doppelstiftung & Co. KG **H.III.6** 1
Verwaltungstestamentsvollstreckung G.IX.2 4
– Ende/Höchstdauer der **G.IX.1** 8; **G.IX.2** 6
– Gesellschaftsanteil **G.II.1** 2
– Unternehmensbeteiligung **G.IX.1** 4
– Verwaltungstreuhand **G.IX.2** 4
Verwendungen H.III.1
– Ersatzanspruch bei Herausgabevermächtnis **C.II.2** 6
– Preisklauselverwendungsverbot **G.VI.4** 8
Verwendungsersatz
– bei Nießbrauchsvorbehalt **I.III.11** 11
– Grundstücksvermächtnis **J.VIII.3** 5
Verwertung
– Auseinandersetzung **C.VII.3** 4
Verzeihung
– Pflichtteilsbeschränkung **C.VI.3** 5
Verzicht
– Anfechtung wegen Übergehung eines Pflichtteilsberechtigten **A.II.6** e
– auf Rechte nach § 2306 BGB **C.VI.11**
– auf Rechte nach §§ 2305, 2307 BGB **C.VI.11**
– auf Zuwendung aus gemeinschaftlichem Testament **I.II.16**
– Erb- bzw. Pflichtteil **F.III.2**
– Pflichtteil **C.VI.1; E.II.7** 5; **F.I.1** 8; **F.II.1** 7; **I.II.6** 2
Verzinsung
– bei Stundung Pflichtteil **J.III.6** 5
Vindikationslegate
– Fremdrechtserbschein **J.V.8** a
– Vor- und Nacherbfolge **G.VI.4** 11
Vinkulierung
– bei erbrechtlicher Übertragung **G.V.3** 2
– bei Vermächtnis **G.VII.1** 5
Vollerbeneinsetzung
– bei erstehelichen Kindern **C.II.6** 2

Vollmacht **I.II.3** 3
– Auslegung **C.VII.1** c
– Erteilung durch künftigen Erben **I.VII.1** a
– Generalvollmacht **J.IV.3** 6
– Gesellschafter **G.III.11**
– Kosten (Auslandsbezug) **K.XVI** 6
– Nichtwiderrufbarkeit **C.VII.1** c
– Notar **I.III.2** 30
– Notarvollmacht **I.III.3** 18
– Pflichtteil **C.VI.12**
– postmortale **C.VII.1** c
– Prozessvollmacht **J.III.8** 2
– Rückabwicklungsvollmacht **I.III.2** 26; **I.III.3** 12
– Selbstkontrahieren **C.VII.1** c
– Spezialvollmacht **J.IV.3** 6
– Testamentsvollstrecker **C.VII.1** c; **J.II.6** 5
– transmortale **C.VII.1** c
– Vorsorgevollmacht **L.VI**; **L.VI.3**
– Widerrufbarkeit **C.VII.1** c
– Wirkungsstatut **K.XVI** 4
Vollmacht, postmortale **C.VII.1** c
– Auslandsbezug **K.XVI**
– Generalvollmacht **J.V.1** 1
– Original **J.II.3** 2
– Vermächtnisnehmer **A.II.5** f
– Vorsorgevollmacht **J.V.1** 1
– Widerruf des Erben **J.II.3** 3, 4
Vollmacht, transmortale **C.VII.1** c; **L.VI.3** 5
– Auslandsbezug **K.XVI**
– Rückgabe der Vollmachtsurkunde **J.II.3** 5
Vollmachtlösung **G.II.2** 2
Vollmachtslösung
– Testamentsvollstreckung Einzelunternehmen **G.IX.2** 4
Vollmachtsurkunde
– Form **L.VI.1** 7
– Rückgabe **J.II.3** 5
Vollrechtsnießbrauch
– Gesellschaftsanteil **G.III.4** 1
Vollrechtstreuhand
– steuerliche Behandlung Testamentsvollstreckervergütung **C.VII.1** e) bb) (2) (a)
Vollstreckungsschutz
– Vor-/Nacherbeneinsetzung **C.II.1** 1
Vollziehungsberechtigter
– Anordnung **C.V.12** 1
– Auflage **C.V.11** 7; **C.V.12** 1
Vollzug Auflage
– Testamentsvollstreckung **C.VII.15** 1
Vollzugsvollmacht
– Grundstücksschenkung **I.III.2** 30
Vor-/Nacherbeneinsetzung **C.II.1**
Vor-/Nacherbfolge **C.II.1**
– Abgrenzung zu Vorausvermächtnis **A.II.5** d) cc)
– Abkömmling, überschuldeter **A.II.5** d) cc)
– auflösend bedingte Nacherbschaft **C.II.4** 1
– bedingtes Vorausvermächtnis **C.II.1** 2
– befreiter Vorerbe **C.VII.9** 4
– Behindertentestament **F.I.1** 4; **F.I.2**
– Beratung **A.II.5** d
– Checkliste **A.II.5** d
– Eintritt Nacherbfolge **C.II.1** 5
– Erbauseinandersetzung **J.VI.1** 7
– Erbeinsetzung **A.II.5** b
– Erbeinsetzung des längstlebenden Ehegatten zum Vorerben und der gemeinsamen Kinder zu Nacherben des Erstversterbenden und zu Schlusserben des Längstlebenden **E.II.12**
– erbschaftsteuerliche Behandlung **A.II.5** d) cc)
– Erbscheinsantrag **J.V.5** 2
– Erbteilsübertragung **J.VII.2** 8
– Ersatznacherbe **G.VI.2** 2
– Ersatznacherbfolge **C.II.1** 4
– gegenseitige Erbeinsetzung der Ehegatten als Vorerben und Einsetzung der Kinder des Erstversterbenden als Nacherben und der Kinder des Längstlebenden als Schlusserben **E.III.5**
– gegenseitige Erbeinsetzung der Ehegatten zu Vorerben und der gemeinsamen Kinder zu Nacherben, bedingt für den Fall der Wiederverheiratung **E.VI.1**
– gegenständlich beschränkte **C.II.3** 1
– Geschäftswert **C.II.1** 7; **C.II.4** 6
– Geschiedenentestament **E.I.3** 3
– Gesellschaftsbeteiligung **G.VI.3** 2
– Grundbesitz **A.II.5** d) cc)
– Gutgläubiger Erwerb **J.II.1** 7
– Herausgabevermächtnis auf Tod des Erben **C.II.2**
– Hoferbfolge **G.X.1** 10
– Kosten **C.II.1** 7
– mehrfache Nacherbfolge **C.II.5**
– Nacherbe **C.II.1** 3
– Nachlassverzeichnis **J.II.1** 5
– nichteheliche Lebensgemeinschaft **A.II.5** d) bb)
– Patchwork-Familie **A.II.5** d) bb)
– Pflichtteilsrecht **C.VI.1**
– Pflichtteilsverzicht **C.II.6** 4
– Rechtsstellung Vor-/Nacherbe **C.II.1** 2
– Schutz vor Eigengläubigern des Vorerben **C.VII.9** 2
– steuerliche Behandlung **C.II.1** 6
– steuerliche Behandlung Unternehmensnachfolge **G.VI.3** 8, 13
– Testamentsvollstreckung **A.II.5** d) cc), h; **C.II.7** 1; **C.VII.9** 1; **C.VII.12** 1
– Unternehmensnachfolge **G.VI.3**
– Unternehmertestament **G.V.5** 2
– Unwirksamkeit unentgeltlicher Zuwendung **J.II.1** 6
– verschuldeter Erbe **F.II.3**

- Vorausvermächtnis bei Unternehmertestament **G.VI.3** 10
- Vorerbe **C.II.1** 2
- Vorerbeneinsetzung im Erbvertrag bei erstehelichen Kindern **C.II.6** 1
- Wiederheirat **A.II.5** d) aa)
- Zentrales Testamentsregister (ZTR) **C.II.1** 7

Voraus
- Erbverzicht **I.II.2** 5

Vorausvermächtnis **A.II.5** c) cc); **C.IV.4**
- Abgrenzung zu Teilungsanordnung **A.II.5** c) ee); **C.IV.1** 11; **C.IV.3** 4
- Abgrenzung zu Vor-/Nacherbfolge **A.II.5** d) cc)
- Abgrenzungen **C.IV.4** 1
- an Alleinerben **C.II.3** 3
- Anspruch **C.IV.4** 2
- Ausgleichung zu niedrigerem Wert **A.II.5** c) ee)
- bedingtes **C.II.1** 2; **C.II.4** 4
- Begriff **C.IV.4** 1
- bei gegenseitiger Erbeinsetzung und Einsetzung der gemeinsamen Kinder als Schlusserben **E.II.2** 3
- Hausrat **E.III.5** 3
- Kosten **C.II.3** 5; **C.IV.2** 7
- Sachvermächtnis **C.V.2** 2
- steuerliche Behandlung **C.II.3** 4; **C.IV.4** 5
- Testamentsvollstreckung **C.IV.4** 4; **J.V.5** 1
- Übernahmerecht **C.IV.4** 3
- Übernahmerecht landwirtschaftlicher Betrieb zum Ertragswert **G.X.2** 2
- Unternehmensbeteiligung **G.VII.5** 5
- Unternehmertestament **G.VI.1** 9
- Vor-/Nacherbfolge bei Unternehmertestament **G.VI.3** 11

Vorausvermächtnis, bedingtes
- Behindertentestament **F.I.2** 9; **F.I.4** 4
- Dauertestamentsvollstreckung **F.I.2** 10

Vorbehaltsgut
- Gütergemeinschaft **I.I.7** 2

Vorbehaltsnießbrauch
- lebzeitige Übertragung **I.III.1** 7
- Schenkung Personengesellschaftsanteil **G.III.4** 1

Vorbehaltswohnrecht
- lebzeitige Übertragung **I.III.1** 7

Vorbescheid
- Erbschein **J.V.1** 11

Vorerbe **A.II.5** d) cc)
- befreiter **C.II.1** 2
- Eigenerwerb **J.VI.1** 7
- Einsetzung Ehegatten als **E.II.12**
- Erbscheinsantrag **J.V.1** 8; **J.V.5** 2
- nicht befreiter **C.II.1** 2
- Rechnungslegung **J.II.2** 2
- Rechtsstellung **C.II.1** 2
- steuerliche Behandlung **C.II.1** 6
- Testamentsvollstrecker **C.VII.1** a; **C.VII.9** 2
- Testamentsvollstreckung **C.VII.12** 1
- Umgehung der Verfügungsbeschränkung **C.II.9** 1
- Verfügungen des **G.VI.3** 6
- Verfügungsbeschränkungen **C.II.9** 1
- Vorausvermächtnis **C.II.3** 3

Vorerbe, befreiter
- Einsetzung des überlebenden Ehegatten **F.I.2** 7
- Erbauseinandersetzung **J.VI.1** 7
- Testamentsvollstreckung **C.VII.9** 4
- Unternehmensbeteiligung **G.VI.3** 3

Vorerbe, nicht befreiter
- Einsetzung des behinderten Kindes **F.I.2** 6
- Erbauseinandersetzung **J.VI.1** 7
- verschuldeter Erbe **F.II.2**

Vorerbeneinsetzung **C.II.1**
- bei erstehelichen Kindern **C.II.6** 1
- Kosten **C.II.6** 7

Vorerbschaft
- gegenständlich beschränkte **C.II.1** 2
- Rechtsstellung Vor-/Nacherbe **C.II.1** 2
- Verlust Hofeigenschaft während **G.X.1** 5

Vorerwerb
- Auskunftsanspruch gegen Miterben **J.II.5**

Vorkaufsrecht **G.IV.6** 4
- Adressat der Ausübungserklärung **J.VII.3** 5
- Ausübungsfrist **J.VII.3** 5
- bei Erbteilsübertragung durch Erbeserbe **J.VII.3** 5
- bei Schenkung/gemischter Schenkung Erbanteil **J.VII.3** 5
- bei unentgeltlicher Erbteilsübertragung **J.VII.4** 8
- Erbeserbengemeinschaft **J.VII.3** 5
- Erbteilsverpfändung **J.VII.5** 8
- Grundstücksschenkung **I.III.2** 9
- Grundstücksschenkung an Minderjährige **I.III.3** 2
- Miterbe bei Erbteilsverkauf **J.VII.3** 5
- Umgehung **J.VII.3** 5
- Vorkaufsberechtigung **J.VII.3** 5

Vormund
- Ausschluss bestimmter Personen **A.II.5** e
- Benennung **A.II.5** e
- Benennung und Anordnung Testamentsvollstreckung **E.II.3**
- Erbschaftsausschlagung für Minderjährigen **J.IV.4** 2
- testamentarische Benennung **E.I.3** 8
- Testamentsvollstrecker **C.I.7** 2

Vormundbenennung **C.I.7** 1; **E.II.3** 2
- Eltern **C.I.7** 2
- Kosten **C.I.7** 5

Vormundschaft **E.I.3** 8

Vorratsstiftung
- Errichtung **H.II.5** 3; **H.II.6** 2

Vorschenkungen
– bei Testamentsvollstreckung **C.VII.2** 7
– Herausnahme von Gesellschaftsanteilen aus Zugewinnausgleich **G.III.9** 1
Vorsorgevollmacht L.VI.1
– ausreichende Vertretungsmacht **L.VI.3** 2
– Beurkundungskosten **G.III.11** 3
– Erbschein **J.V.1** 1
– erforderliche Vertretungsmacht **L.VI.1** 8
– Form **L.VI.3** 8
– Formulierungsmuster unternehmensbezogene **G.III.11**
– Geschäftswert **G.III.11** 3
– Innenverhältnis **L.VI.3** 7
– Kosten **L.VI.3** 9
– Passwort-Vorsorgeurkunde **L.VI.1** 8
– Postklausel **L.VI.3** 4
– Sonderheiten **L.VI.3**
– transmortale **L.VI.3** 5
– unternehmensbezogene **G.III.11** 1
– Zugangsdaten **L.VI.3** 3
– Zweifelsfälle **L.VI.1** 13
Vorstand
– Stiftung **H.III.1** 19, 21, 27
Vorvermächtnis A.II.5 f
– an verschuldeten Erben mit Dauertestamentsvollstreckung **F.II.2** 4 f.
– Unternehmensbeteiligung **G.VII.4** 3
Vorvermächtnisnehmer C.V.1 8
Vorversterben
– Grundstücksschenkung **I.III.2** 14
– Pflichtteilsverzicht **C.VI.11** 4
– Rückforderungsrecht **I.I.4** 3
– Vermächtnisnehmer **C.V.1** 7
Vorversterbensfiktion
– Erbverzichtsvertrag **I.II.2** 6
Vorweggenommene Erbfolge
– Einzelunternehmen **G.III.2** 1
– Erbteilsübertragung **J.VII.4** 3
– Familiengesellschaft **G.III.6**
– gegenständlich beschränkter Pflichtteilsverzicht bezüglich Unternehmensbeteiligung **G.III.10**
– Hofübergabevertrag **G.X.1** 11
– lebzeitige Aufnahme eines Nachfolgers in Personengesellschaft **G.III.2**
– lebzeitige Schenkung Gesellschaftsanteil **G.III.3**
– Schenkung Gesellschaftsanteil unter Nießbrauchsvorbehalt **G.III.4**
– Schenkung unter Begründung einer stillen Gesellschaft **G.III.7**
– Schenkung unter Begründung Untergesellschaft **G.III.8**
– Schenkung unter Vereinbarung von Versorgungsleistungen **G.III.5**
– Übertragung Einzelunternehmen zu Lebzeiten **G.III.1**
– Widerrufsrecht **G.III.1** 6
Vorwegleistung, überhöhte
– ehebedingte Zuwendung **I.I.3** 2

Wahlanteil
– waiver of a right of election of a surviving spouse (USA) **K.XII** 2
Wahlauflage C.V.11 2
Wahlgüterstand
– deutsch-französischer **K.XVIII**
Wahlrecht
– des beschränkten/beschwerten pflichtteilsberechtigten Erben **J.IV.9** 2, 4
– Ehegatte **K.XII** 2
– Wahlvermächtnis **C.V.10** 4
Wahlrechte, steuerliche
– Testamentsvollstrecker **C.VII.2** 7
Wahlvermächtnis C.V.10 4
– Kosten **C.V.10** 10
– steuerliche Behandlung **C.V.10** 9
– Wertbestimmung **C.V.10** 10
waiver of a right of election of a surviving spouse (USA) K.XII
Washingtoner Testamentsformübereinkommen
– Geltungsbereich **K.IV.1**
Wegfall
– Verschuldung **F.II.4**
Wegfall der Geschäftsgrundlage
– Vermächtniserfüllung **J.VIII.2** 5
Weiterverweisung
– Bosnien-Herzegowina **K.XIX.3**
– EuErbVO **J.V.1** 10
– Rechtsverhältnis, hinkendes **K.II**
– Rückverweisung **K.VII.7** 2
– Türkei **K.XIX.15**
Werkexamplare, digitale
– Speicherort **L.III.2** 3
– Urheberrecht **L.III.2** 4
– Vermächtniserfüllung **L.III.2** 5 f.
– Vermächtnisgegenstand **L.III.2**
Wert, gemeiner
– Steuer **G.II.3** 4
Wertausgleich
– Nachfolgeklausel, qualifizierte **G.I.4** 4
Wertermittlungsanspruch
– Auskunftsbegehren **J.III.5** 1
– Kosten **J.III.5** 4
– Miterbe gegen Miterben **J.III.5** 3
– pflichtteilsberechtigte Nichterbe **J.III.4** 3
Wertersatz
– Rechtsfolgen Rücktritt **I.III.2** 22
– Verschaffungsvermächtnis **C.V.7** 1
Wertgebühr
– Testamentsvollstreckervergütung **C.VII.1** e) bb) (1) (a)
Wertpapier
– Bewertung **A.IV** 4c

Wertsicherung **J.IV.7** 7
– dauernde Last **I.III.14** 6
– Hoferbfolge **G.X.3** 6
– Leibrente **I.III.13** 4, 5
Wertsicherungsklausel
– Geldvermächtnis **C.V.3** 5
– Preisklauselgesetz **G.X.3** 6
– Rentenvermächtnis **C.V.4** 4
– Zulässigkeit **C.V.3** 5; **G.VI.4** 8
Wertsteigerung, reflexartige
– des jeweiligen Gesellschaftsanteils **G.IV.3** 2
Werttheorie
– Pflichtteil **C.VI.10** 2; **F.I.2** 5
Wertverschiebung
– durch Teilungsanordnung **C.VII.14** 2
– Zuwendungen **I.I.3** 3
Widerruf
– einseitige Verfügung von Todes wegen **A.III.3** a
– Erblasser **A.III.1** c
– frühere Verfügung von Todes wegen **A.III.2**
– gemeinschaftliches Testament **A.III.1** c; **C.I.8** 4
– Pflichtteilsvollmacht **C.VI.12** 2
– Schenkung **G.III.7** 3
– Schenkungsangebot **I.V.1** 4
– Stiftungsgeschäft **H.II.1** 1
– Stiftungsgeschäft von Todes wegen **H.II.5** 1
– Verfügung von Todes wegen **J.I** 1, 3
– Vollmacht, postmortale durch Erben **J.II.3** 3, 4
– Wegfall der Bindung **A.III.1** c
Widerrufbarkeit
– Vollmacht **C.VII.1** c
Widerrufserklärung
– Formulierungsmuster **A.III.3** a
Widerrufsrecht
– bei Übertragung Einzelunternehmen **G.III.1** 6; **G.III.3** 3
– Geldschenkung **I.III.4** 4
– Grundstückschenkung **I.III.2** 13
– Grundstückschenkung an Minderjährige **I.III.3** 3 ff.
– vorweggenommene Erbfolge **G.III.1** 6
Widerrufstestament **A.III.3** a; **K.XIX.3**
– Beurkundungskosten **F.III.1** e
Widerrufsvorbehalt
– bei Übertragung Einzelunternehmen **G.III.1** 6
– Grundstücksschenkung **I.III.3** 3
– Schenkung Gesellschaftsanteil **G.III.4** 3
– Übertragungsvertrag Einzelunternehmen **G.III.1** 6
Wiederverheiratung
– Checkliste **C.VI.1**
– Vor-/Nacherbfolge **A.II.5** d) aa)
Wiederverheiratungsklausel **A.II.5** c) gg); **C.I.8** 7; **E.VI.2** 3
– bedingte gegenseitige Erbeinsetzung der Ehegatten zu Vorerben und der gemeinsamen Kinder zu Nacherben **E.VI.1**
– gegenseitige Erbeinsetzung der Ehegatten und Vermächtnisse zugunsten der gemeinsamen Kinder für den Fall der Wiederverheiratung **E.VI.2**
– Zulässigkeit **E.VI.1** 2
Wirtschaftsfähigkeit
– Hoferbe **G.X.1** 8, 11
Wirtschaftsprüfer
– Testamentsvollstrecker **C.VII.1** a
– Testamentsvollstreckung **C.VII.1** e
Wirtschaftsteil Landgut
– Bewertung **G.X.2** 6
Witwer
– Testament **E.I.1** 1
– Testierfreiheit **A.III**
Wochenendhaus
– steuerliche Behandlung ehebedingter Zuwendung **I.I.2** 13
Wohneigentum
– Bewertung **C.V.7** 8
Wohnrecht
– Ablösung **J.IX.6** 6
– bei ehebedingter Zuwendung **I.I.2** 6
– Hoferbenbestimmung **G.X.3** 11
– steuerliche Behandlung **A.IV** 5b
– Testamentsvollstreckung zur Sicherung/Erfüllung **C.VII.7** 4
– Umgestaltung **J.IX.8** 6
– Unpfändbarkeit **F.II.1** 5
– Vorbehaltswohnrecht **I.III.1** 7
– Zuwendungswohnrecht **I.III.10** 8
Wohnrechtsvorbehalt
– Grundstücksschenkung **I.III.2** 13
Wohnsitz
– Auslandsbezug **A.II.8** b
Wohnteil
– Bewertung **G.X.2** 6
Wohnungseigentum
– Erbteilsübertragung **J.VII.2** 7
– Schenkung **I.III.9**
– Verschaffungsvermächtnis **C.V.7**
– Zustimmung nach WEG **I.III.9** 8
Wohnungseigentümergemeinschaft
– Zustimmung bei Mietwohnungsveräußerung/-schenkung **I.III.9** 8
Wohnungsgewährungsreallast **I.III.10** 5
Wohnungsrecht **C.V.9** 6; **I.III.10** 3; **J.VIII.2** 9; **J.VIII.4** 4
– 10-Jahresfrist für Pflichtteil und Notbedarf **I.III.11** 5
– Beibehaltung gesetzlicher Erbfolge **C.I.5** 3
– des überlebenden Ehegatten bei Hoferbfolge **G.X.3**; **G.X.6**

– Fälligkeit **C.V.9** 7
– Grundbucheintragung **C.V.9** 7
– Grundstücksschenkung an Minderjährige **I.III.3** 2
– nicht übertragbares **F.II.1** 5
– Verhältnis zu Nießbrauchsvorbehalt **I.III.11** 3
– Vermächtnis **C.V.8** 1; **C.V.9** 5; **E.III.6** 2; **F.I.3** 6
Wohnungsrecht sa Zuwendungswohnrecht
Wohnungsrechtsvermächtnis C.V.9
– Behindertentestament **F.I.3** 6
– Kosten **C.V.9** 12
– Löschungserleichterung **C.V.9** 7
– steuerliche Behandlung **C.I.5** 3; **C.V.9** 11; **F.II.1** 9
– Untervermächtnis **C.V.9** 1
Wohnungsverwalter
– Zustimmung bei Mietwohnungsveräußerung/-schenkung **I.III.9** 8

Zahlungsunfähigkeit
– Nachlassinsolvenzverfahren **J.X.3** 4
Zahlungsunfähigkeit, drohende
– Nachlassinsolvenzverfahren **J.X.3** 4
Zentrales Testamentsregister (ZTR)
– Behindertentestament **F.I.2** 15
– Benachrichtigung **B.V** 3
– Erbvertrag **B.IV** 7
– Kosten **C.I.2** 8; **C.I.8** 11; **D.I.2** 7
– Kosten Testamentsverwahrung **B.I.1** 12; **B.I.2** 8
– Registrierung **A.II.8** c; **B.V** 3; **E.III.2** 6
– Vor-/Nacherbfolge **C.II.1** 7
Zero-Knowledge-Daten
– Begriff **L.II** 2 f.
– Entschlüsselung **L.II** 3
– Verwertbarkeit **L.II** 2 f.
Zeugenzuziehung
– Testament, notarielles **B.II.1** 5
Zeugnis
– Anzeigepflicht erbschaftsteuerrelevanter Vorgänge **I.I.2** 14
Zinserträge
– bei Herausgabevermächtnis **C.II.2** 6
Zugewinn A.II.1 d
– Berechnung **I.I.3** 2
– Rückforderungsrecht **I.I.4** 5
Zugewinnanrechnung
– bei lebzeitiger Übertragung **I.III.5** 1
– Verhältnis zu Pflichtteilsanrechnung **I.III.5** 4
Zugewinnanrechnungsklausel I.III.5 1 f.
– Kosten **I.III.5** 7
Zugewinnausgleich I.I.1 6; **I.I.2** 5
– Abgeltungsklausel **I.I.6** 6
– Anrechnung ehebedingter Zuwendung **I.I.3** 3, 4
– Anrechnung lebzeitiger Übertragung **I.III.1** 4
– bei Gütertrennungsvereinbarung **I.I.6** 3
– Erbschaftsausschlagung zur Geltendmachung des **J.IV.8**
– Erbvertrag getrennt lebender Ehegatten zugunsten Kind vor Scheidung **F.III.3** 3
– Ermittlung Zugewinn **I.I.3** 2
– fliegender **I.I.6** 3
– Gläubigeranfechtung des Verzichts auf **I.I.6** 7
– Grundstücksschenkung **I.III.2** 6
– Gütergemeinschaftsvereinbarung **I.I.7** 5
– Herausnahme Unternehmensbeteiligung **G.III.9**
– Kosten **I.I.6** 9
– Pflichtteilsanrechnung **I.III.5** 4
– Rechtsfolgen Scheidung **I.I.2** 4
– Schaukelmodell **I.I.6** 3
– Verzicht bei ehevertraglicher Erbeneinsetzung **C.II.6** 5
Zugewinngemeinschaft A.II.1 d
– Ausstattung **I.IV** 1
– Beendigung **I.I.1** 6
– Deutsch-französischer Wahlgüterstand **K.XVIII**
– Erbschaftsausschlagung **J.IV.8** 2
– Erbverzichtsvertrag bei **I.II.2** 8
– gesetzliche Erbfolge **A.II.3** c
– Herausnahme von Gesellschaftsanteilen aus Zugewinnausgleich **G.III.9**
– Pflichtteilsrecht **A.II.3** d
– steuerliche Behandlung **I.I.1** 6
– Vorrang des Güterrechts **I.I.2** 4
– Zustimmung zu Hofübergabevertrag **G.X.6** 6
Zugewinngemeinschaft, modifizierte
– Güterrechtsspaltung **J.V.8** 9 b
– steuerliche Behandlung **I.I.1** 6
Zugriffberechtigung auf digitalen Nachlass
– materiell-rechtlicher **L.I** 3
– praktischer **L.I** 3
Zurückbehaltungsrecht
– Grundstücksschenkung **I.III.2** 25
Zusatzgebühr
– Beurkundung **B.II.2** 6
Zuständigkeit A.VI 2
– Auskunfts- und Herausgabeklage **J.II.4** 2
– Erbschaftsausschlagung **J.IV.3** 7
– Landwirtschaftsgericht **J.IV.11** 2
– Rückverweisung **J.V.8** 2
Zuständigkeit, internationale A.VI 6e
– Gleichlaufgrundsatz **J.V.8** 1
Zuständigkeit, örtliche
– Erbschaftsteuer **A.IV** 5e
Zustiftung H.II.10 3; **H.III.1** 14
– Abgrenzung zu Spende **H.II.10** 3
– unselbstständige Stiftung **H.III.3** 7
Zustimmung
– ehebedingte Zuwendung **I.I.2** 12
– Ehegatten **G.X.6** 6
– Erfordernis **I.III.9** 8

– Gläubiger **I.III.15** 4
Zuteilung
– Auseinandersetzung **C.VII.3** 4
Zuweisung
– einzelner Nachlassgegenstände **C.IV.3** 1
– landwirtschaftlicher Betrieb nach GrdstVG an Miterben **G.X.1** 15
Zuwendung
– an Heimträger/Förderverein/nahestehende Person **F.I.5** 6
– an nicht behinderte Kinder **F.I.1** 7
– Anrechnung auf den Pflichtteil **A.II.5** c) ff)
– Auflage **F.II.1** 8
– ehebedingte Zuwendung **I.I.2** 2
– Einzelunternehmen **G.VII.3**
– Erbausgleichsklausel **I.III.6** 1
– freigiebige **I.I.3** 7
– Kapitalgesellschaftsbeteiligung **G.VII.1**
– nicht pfändbares Vermächtnis **F.II.1** 5
– Nutzungsrechte **G.VIII.1**
– Personengesellschaftsbeteiligung **G.VII.2**
– steuerliche Behandlung Testamentsvollstreckervergütung **C.VII.1** e) bb) (2) (a) (dd)
– Stiftung **H.III.1**
– stille Beteiligung **G.VIII.2**
– Übernahmerecht landwirtschaftlicher Betrieb zum Ertragswert **G.X.2** 2
– Unterbeteiligung **G.VIII.3**
– Verhältnis zu Auflage **C.V.11** 4
Zuwendung unter Lebenden **A.III.1** i
Zuwendung, ausgleichspflichtige
– Auskunftsanspruch bei Pflichtteil **J.III.2** 5, 7
Zuwendung, ehebedingte **I.I.2** 2
– Abgrenzung zu Schenkung **I.III.2** 4
– Abgrenzungen **I.I.2** 2
– Anrechnung **I.I.2** 5; **I.I.3**
– Anrechnung auf Pflichtteilsanspruch **I.I.3** 3, 4, 7
– Anrechnung auf Zugewinnausgleich **I.I.3** 3, 4
– Anrechnung bei Scheidung **I.I.3** 8
– Anrechnungserklärung **I.I.3** 7
– Anrechnungswert **I.I.3** 5
– Auskunftsanspruch bei Pflichtteil **J.III.2** 5
– Ausschlussfrist **I.I.2** 10
– beeinträchtigende Schenkung **I.I.2** 11
– Beeinträchtigungsabsicht **I.I.2** 11
– bei Güterstandswechsel **I.I.5** 7; **I.I.6** 2
– bei Scheitern der Ehe **I.I.2** 4
– Doppelanrechnung **I.I.3** 4
– Eigeninteresse, lebzeitiges **I.I.2** 11
– Einwilligung Vertragserbe/-partner **I.I.2** 12
– Familienwohnheim **I.I.2** 13
– Ferien-/Wochenendhaus **I.I.2** 13
– für Erb-/Pflichtteilsverzicht **I.I.3** 6
– Gegenleistung **I.I.2** 6
– Gläubigerbenachteiligung **I.I.2** 9
– Grundstücksbelastungen **I.I.2** 8
– Gütertrennung **I.I.2** 4
– Motivation **I.I.2** 3
– objektive Beeinträchtigung der Erberwartung **I.I.3** 3
– objektive Unentgeltlichkeit **I.I.2** 10
– Pflichtteil Dritter **I.I.2** 10
– Pflichtteilsanrechnung **I.I.3** 1 f.
– Pflichtteilsergänzung **I.I.2** 10; **I.I.3** 6
– Pflichtteilsrecht **I.I.2** 7
– Rückforderungsgrund **I.I.4** 2
– Rückforderungsrecht **I.I.4** 1 f.
– Rückforderungsrecht bei Konfusion/Konsolidation **I.I.4** 3
– Rückübertragung **I.I.2** 10
– Schenkung-/Erbschaftsteuer **I.I.2** 13
– steuerliche Anzeigepglicht **I.I.2** 14
– steuerliche Behandlung **I.I.2** 13
– überhöhte Vorwegleistung **I.I.3** 2
Zuwendung, entgeltliche
– Gütertrennung mit Zugewinnausgleich **I.I.6** 3, 4
Zuwendung, lebzeitige
– an nicht behinderte Kinder bei Behindertentestament **F.I.1** 7
– Anrechnung auf Pflichtteil **A.II.5** c) ff)
– Ausgleich bei Erbauseinandersetzung **J.VI.1** 5
– Ausgleich bei Erbeinsetzung **A.II.5** c) ff)
– bei Behindertentestament **F.I.2** 9
Zuwendungsbestätigung
– Spendenabzug **H.III.1** 15
Zuwendungsnießbrauch **G.III.4** 1
Zuwendungsspende
– Stiftung **H.III.1** 15
Zuwendungsverzicht
– auf durch Erbvertrag zugewendetes Erbrecht **I.II.17**
– auflösend bedingte Erbeinsetzung **C.I.3** 5
– aufschiebend bedingter **I.II.16** 5
– beschränkter **I.II.16** 4
– Bindungswirkung **C.I.8** 8
– Checkliste **I.II.1**
– Erstreckung **G.VI.2** 8
– Wirkung **I.II.16** 6, 7
– Zuwendung aus gemeinschaftlichem Testament **I.II.16**
Zuwendungsverzichtsvertrag **A.III.1** h; **C.I.8** 8
– auf durch Erbvertrag zugewendetes Erbrecht **I.II.17**
– Form **I.II.16** 2
– Wirkuntsavetsaveg auf Abkömmlinge **I.II.16** 7
– Zeitpunkt **I.II.16** 3
– Zuwendung aus gemeinschaftlichem Testament **I.II.16**
Zuwendungswohnrecht **I.III.10**
– Brandvormerkung **I.III.10** 5
– Grunderwerbsteuer **I.III.10** 8
– Instandhaltungspflicht **I.III.10** 4
– Kosten **I.III.10** 7

– steuerliche Behandlung **I.III.10** 8
– Wohnungsgewährungsverpflichtung **I.III.10** 5
Zuwendungswohnrecht sa Wohnrecht
Zuziehung
– Dolmetscher bei notariellem Testament **B.II.2**
– Gebärdensprachdolmetscher **B.III.4** 2; **B.III.5** 4
– Kostenerstattung **B.III.4** 6
– Notarkosten **B.III.3** 2
– Schreibzeuge **B.III.2** 2, 3
– Zeuge **B.II.1** 5; **B.III.3** 2
Zwangsvollstreckungsunterwerfung
– Schuldübernahme **I.III.15** 3
Zweckauflage C.V.11 2
Zweckbetrieb
– Stiftung **H.III.1** 6
Zweckverfolgung
– Stiftung **H.III.1** 6
Zweckvermächtnis C.V.10 6, 7
– Kosten **C.V.10** 10
– steuerliche Behandlung **C.V.10** 9
– Wertbestimmung **C.V.10** 10
Zweckzuwendung
– Anzeigepflicht, steuerliche **I.I.2** 14
– sachliche Steuerpflicht **A.IV** 3
– steuerliche Behandlung **C.V.11** 9
Zweizeugentestament K.IV.2
– attestation clause **K.IV.3**
Zwischenverfügung
– Erbscheinsverfahren **J.V.1** 11d